高山流水

上卷

《美术研究》创刊60年优秀学术论文选集

殷双喜 主编

文化藝術出版社
Culture and Art Publishing House

图书在版编目（CIP）数据

高山流水：《美术研究》创刊60年优秀学术论文选集／殷双喜主编. — 北京：文化艺术出版社，2018.12
ISBN 978-7-5039-6608-8

Ⅰ. ①高… Ⅱ. ①殷… Ⅲ. ①美术－文集 Ⅳ. ①J-53

中国版本图书馆CIP数据核字（2018）第266480号

高山流水：《美术研究》创刊60年优秀学术论文选集

主　　编　殷双喜
执行编辑　戴　陆
责任编辑　梁一红　左灿丽　赵　月
书籍设计　姚雪媛
出版发行　文化艺术出版社
地　　址　北京市东城区东四八条52号　（100700）
网　　址　www.caaph.com
电子邮箱　s@caaph.com
电　　话　（010）84057666（总编室）　84057667（办公室）
　　　　　（010）84057696—84057699（发行部）
传　　真　（010）84057660（总编室）　84057670（办公室）
　　　　　（010）84057690（发行部）
经　　销　新华书店
印　　刷　国英印务有限公司
版　　次　2020年7月第1版
印　　次　2020年7月第1次印刷
开　　本　710毫米×1000毫米　1/16
印　　张　118.5
字　　数　2543千字
书　　号　ISBN 978-7-5039-6608-8
定　　价　438.00元（全三卷）

编 委 会

序　言

殷双喜

编选一套《美术研究》创刊60年的优秀论文选集，一直是我职业生涯中的一个理想，这是因为作为《美术研究》的作者和编者，我对《美术研究》怀有深深的敬意和感情。敬意来自对《美术研究》在新中国美术发展中所具有的学术品格与水准，而感情来自我从1995年进入《美术研究》编辑部以来先后与共事的领导、同人20多年的朝夕相处。正是在中央美术学院这所中国最高美术学府，以及《美术研究》这个中国美术的重要学术平台上，我和编辑部的同人们不仅切身感受到了个人在编辑工作中的成长，而且也见证了中国美术和中央美术学院的辉煌发展。作为作者，我的第一篇论文《转折时期的中国现代美术》发表于1989年第2期的《美术研究》，这是我学术生涯的一个转折点。作为编者，记得20世纪90年代初期我在《美术》杂志工作时，著名编辑家、《美术》副主编吴步乃先生指着身后书架上排列的《美术》合订本，平静地对我说："这就是我的一生。"我当时所感受到的震撼至今记忆犹新，60多年《美术研究》的编辑出版工作，凝结了多少美术家、教育家、史论家、编辑家的不凡人生！

每一个时代的学术发展，当然来自学者专家们的深入研究，但同时不应忘记众多学术期刊的编辑们的埋头奉献，正是他们的慧眼识珠与编辑出版，支撑起了一个时代的学术世界。可以说，自1957年创刊以来，今日《美术研究》之所以能够成为中国美术学术界广泛认可的学术核心期刊，成为学者与硕士、博士研究生必备的参考文献，美术史家的研究资料，艺术家的创作参考，与《美术研究》60多年来的优秀作者的学术贡献和众多编辑的无私奉献是分不开的。我们编选《高山流水：〈美术研究〉创刊60年优秀学术论文选集》的主要目的就是向《美术研究》的作者——优秀的学者、艺术家，以及长期支持我们的读者表达敬意；同时，也是为了留下中国美术研究的历史成果，为今后的学者与学生进一步学习研究提供方便；当然，这本选集也是一份向中央美术学院建校100周年的学术献礼，我们期待着它能在中央美术学院新的百年辉煌中成为一块铺路的基石。

这里有必要向读者简单地介绍一下《美术研究》创刊至今60多年的编辑出版情况。在编辑撰写中央美术学院建校百年校史的过程中，根据近年来整理的中央美术学院档案，我们了解到，《美术研究》创刊于1957年1月15日，最初被定名为"《美术研究》中央美术学院、中央美术学院华东分院学报"。学院为此成立了《美术研究》编辑委员会，作为季刊，在每季的第一个月的15日由上海人民美术出版社出版。刊名由潘天寿先生题写。中央美术学院和中央美术学院华东分院分别设立了编辑部(《美术研究》1957年第1期编后记)，负责组稿与编辑事宜。刊物的宗旨是：根据"百花齐放，百家争鸣"的方针推动美术理论与教学研究工作，以提高学术水平和教学质量。1957年创刊的第1期，受到广大读者的欢迎，以至于各地售缺，许多读者来信要求重印，因此于当年的8月重新印刷了第1期。1959年，《美术研究》被明确定为"中央美术学院学报"，在中央美术学院党委领导下成立编辑委员会，由天津人民美术出版社出版。1960年，《美术研究》转由人民美术出版社出版。1979年，《美术研究》复刊，扉页上刊发了"百花齐放，百家争鸣"的篆书印章，以本刊编辑部的名义发表了《勇于探索　大胆创新》的复刊词。1995年邵大箴先生接任《美术研究》主编，中央美术学院在学报编辑部的基础上成立《美术研究》杂志社，独立负责《美术研究》学刊的编辑出版至今。

根据《美术研究》1957年创刊时的有关档案材料，《美术研究》的稿约体现了这本学报的指导思想和编辑方向，这里摘录如下：

本刊发表下列稿件：

（一）论文：包括对我国和外国古代至现在的作家、作品，美术史上的问题，有关教学、技法理论、创作问题的研究，美术理论和民间美术的研究，对美术研究论著的评论，对错误的美术思想和美术研究中的错误的观点、方法的批评。

（二）有关作家、作品和美术史上的重要问题和重要材料的考证。

（三）经过整理的有关美术研究的重要材料。

（四）对国内外新出版的美术研究、理论批评方面的著作的简短评介。

（五）有关美术研究方面的问题的讨论。

从以上《美术研究》的稿约中可以看到这本学术刊物的指导方针和办刊方向，反映了《美术研究》崇尚学术、联系实际、中外兼容、百花齐放的办刊特点。这些特点，读者可以从我们精心编选的这本《高山流水：〈美术研究〉创刊60年优秀学术论文选集》中获得直观的感受。

回顾《美术研究》走过的60多年历程，《美术研究》始终伴随着中央美术学院的不断发展走向辉煌，也始终呈现着中国美术事业和学术的发展历程。刊物的成长与发展，离不开历任主编和众多编辑同事的辛勤付出。在这里，我们向《美术研究》的历任主编朱丹、金维诺、靳尚谊、佟景韩、邵大箴诸位先生以及杜哲森副主编致以崇高的敬意！向60多年来参与《美术研究》编辑工作的各位编辑同事致以深深的谢意！当然，还要感谢中央美术学院的历任校领导对《美术研究》的编辑出版给予的大力支持和办刊方向的指导！对1995年建立《美术研究》杂志社以来靳尚谊、潘公凯、范迪安三位院长，丁士中、杨力、高洪三位书记的全力支持与关心表示真诚的感谢与敬意！

回望来路，《美术研究》走过了60多年坎坷而丰富的学术道路，在中国美术教育、创作、史论研究的发展历程中留下了独特的学术积累，它将激励着我们继续前进。在习近平总书记的文艺思想指导下，《美术研究》必将投身于中华民族文艺复兴的伟大梦想；在中央美术学院迈入新的百年、建设“双一流”大学的伟大事业中，夯实基础，专注学术，服务教学，推动美育，做出自己应有的贡献。

2019年1月15日

总目录

上卷

中 卷

下 卷

目录

〔上卷〕

论马克思列宁主义美学中艺术的上层建筑性

金　冶

艺术的上层建筑性问题，始终是马克思列宁主义美学和艺术理论上的根本问题。在艺术理论和艺术实践中，如果不能从基础与上层建筑的关系上正确认识艺术的上层建筑性，就不能了解艺术的美学实质、职能以及艺术批评的标准、创作方法上的现实主义和反现实主义的界限。

众所周知，几年来我们对于艺术的上层建筑性问题，流行着一种简单的有害的看法：认为艺术既是一定社会经济基础的上层建筑，就必然是一个阶级的产物，专为一个阶级服务，因此简单地、机械地把艺术的上层建筑性问题与艺术的阶级性混淆起来，认为艺术的思想内容只能是阶级思想意识的反映；把艺术上的一切表现都草率地、牵强附会地分成两类，贴上"人民的"和"反人民的"政治标签。这样就从基础上层建筑的关系上，抹杀了艺术的特征，歪曲了艺术的上层建筑性。应该说：凡抱这样看法的人，不管他具有怎样善良的愿望，不管他是怎样重视艺术的阶级性和艺术的政治内容，都是离开了马克思列宁主义的美学原理，其结果只能为艺术事业的发展造成危害！

艺术的上层建筑性问题，取决于历史唯物主义的原理。

马克思主义基础上层建筑的学说教导我们：艺术是社会意识形态之一。艺术反映一定社会思想观点，因此它也和政治、法律、宗教、哲学一样，应被列为上层建筑，即某一时代社会经济结构的思想上层建筑。

马克思在他所著《政治经济学批判》一书序言里写道："人们在自己生活的社会生产中彼此间发生一定的、必然的、不以他们本身意志为转移的关系，即与他们当时物质生产力的一定发展程度相适应的生产关系。这些生产关系的总和就组成社会的经济结构，即法律的和政治的上层建筑所赖以树立起来而有一定的社会意识形态与其相适应的现实基础。物质生活的生产方式决定着社会生活、政治生活以及精神生活的一般过程。……随着经济基础的变更，在全部庞大的上层建筑中也就会或迟或速地发生变革。在考察这种变革时，必须时刻把经济生产条件方面所发生的那些可用自然科学精确眼光指明出来的物质变革，去与人们所借以意识到这种冲突并力求把它克服的那些法律的、政治的、宗教的、艺术的或哲学的形式——简言之，思想形式——分别清楚。”[1]

马克思关于基础上层建筑的原理，第一次说明了人类社会生活的真实情况；包容了历史唯物主义的真理。马克思之所以能够从纷繁的社会现象中制定出这个伟大的原理，正如列宁所指出的，他所使用的方法“就是从社会生活各个部门中划分出经济部门，从所有一切社会关系中划分出生产关系，当作决定其他一切关系的基本初始关系”[2]。

马克思的上述原理，具有非常丰富的内容。依据这个原理可以使我们认识到，在社会发展的每一历史时期，任何民族的社会生活都具有两个基本内容：一是物质生活的经济内容；二是精神生活的思想内容。人们在社会生活中互相联系的基础是经济基础；统治者和被统治者，有产者和无产者之间的关系取决于财产关系。因此人们社会生活的思想内容，归根到底取决于人们物质生活条件的内容。

构成社会经济基础的是社会生产力发展的程度和生产关系的情况；构成社会思想基础的是人们对于物质财富的所有制观念，亦即生产关系的性质规定社会制度的性质，以及各种思想形式上层建筑的性质。这就是马克思为历史唯物主义学说所下的基本定义。

除此以外，马克思更从上层建筑和基础互相依赖的关系上，揭示出上层建筑的性质、职能以及上层建筑的诸多特征。它对基础的适应性、能动性、反作用以及随基础改变而改变的特征。

当我们研究马克思的这项原理时，谁都不能忽略这样的事实，即这个经济基础的庞大上层建筑具有两个基本方面：一方面是直接保卫基础的强硬制度，如依照政治法律制度所建立起来的一切政权机关、文教机关、学校以及出版机关（当然也包括艺术事业方面的国家管理机关、艺术学校和艺术出版社）等；另一方面是与基础，亦即与所有制观念相适应的思想形式——社会意识形态。

由此可知，虽然同属上层建筑，但一方面是直接建立在基础上的政治、法律制度，另一方面是与政治法律制度相适应的观点。一定的政治法律制度虽然是一定社会观念的集中表现形式，但就其捍卫基础的性质、职能来看，与其他思想上层建筑相比较，却是不无差别的。政治、法律制度本身既为基础所创造，当然就只能作为一种强制的手段，为保卫一定经济结构的所有制形式而顽强地服务；哲学、艺术、宗教既是政治法律制度的从属物，与一定的社会政治法律观点相适应，就其捍卫基础的职能来说，必然是各依其特性得到不同的反映，从而也是各依其特性在不同的程度上以不同的效能为基础服务的。

不难理解，分清上层建筑的两个组成部分，从而认识它们作为上层建筑的共同性及其不同特征，对于研究艺术的上层建筑性来说，具有特别重要意义。因为当我们运用基础上层建筑的原理考察具体问题时，如果不从各种上层建筑的特征中区别出它们的性质，就不能了解它们和基础之间的真实关系；往往由于不顾思想上层建筑的不同性质，与作为强硬制度的政治法律上层建筑等量齐观，以致不能了解各种思想上层建筑的作用的情况是非常普遍的。例如，当研究艺术问题时，对于艺术的上层建筑性的理解，较普遍的情况是存在着不适当地夸大了艺术作品中抽象的政治、哲学等思想的作用，而忘记了艺术是以直接反映现实生活本身的形式来体现政治、哲学等思想观点的原理。因而得出了艺术是以形象反映（其实是图解）政治、哲学思想的结论。正因为这样，也就为流行已久的庸俗社会学的艺术观点，对待艺术问题的简单化风气、艺术创作上的千篇一律和艺术性的低落，开辟了广阔的道路。

其次，当我们研究艺术的上层建筑性时，如果不能从基础和上层建筑的关系上，了解整个基础和全部上层建筑的性质，就无从了解艺术的阶级性和人民性。

很久以来在根本理论上，对基础和上层建筑的性质就存在着这样的问题：所谓经济基础，到底是专指占统治地位的单一阶级的基础还是指一切阶级的基础？所谓上层建筑，到底是专为占统治地位的阶级服务还是全部经济基础的反映，为整个阶级而服务？

自从斯大林所著《马克思主义与语言学问题》一书出版后，在苏联的学术界，很多理论家在论述上层建筑的阶级性时，显然都倾向于把经济基础看成单一阶级性的基础；把上层建筑看成一个阶级的附属物而专为一个阶级服务。例如一篇已在我国流传很久影响较大的苏联《哲学问题》杂志的讨论总结中就这样写道："在一切对抗的社会经济形态里，除了占统治地位的、决定一定的基础的性质的生产关系外，还存在着旧经济成分的残余和代替现存制度的新制度的萌芽。而在思想方面便也反映出为一定的社会阶级所支持的各种经济成分的存在。……被压迫阶级的艺术、政治、法律和哲学的观点的锋芒是反对统治的思想和机关、反对现存的反动的基础的，自然它们不包括而且也不能包括在反动统治阶级为保卫自己的基础而创立的上层建筑之内。它们是帮助先进阶级推翻反动的旧基础及其反动的上层建筑的动员力量、组织力量和改造力量。先进的被压迫阶级的政治、艺术等观点是未来上层建筑的萌芽、思想部分。"[3]

从对抗性的社会关系中，把占统治地位的经济基础和上层建筑与旧的残余和新的萌芽划分开；把基础和上层建筑分成三个彼此孤立的部分而只承认其中占统治地位的一种为基础的上层建筑；把其余的两种排除到上层建筑以外。这样不仅把基础和上层建筑的概念缩小到仅限于一个阶级的范围，而且取消了基础和上层建筑本身所存在的对抗性质。

把对抗性的阶级斗争完全置于生产关系范围之外，不了解生产关系本身正是统治者和被统治者互相联系的纽带，是阶级和阶级之间的产物，亦即否定了阶级斗争普及于一切现象中并普及于整个社会生产关系中的性质。抱上述见解的人，不谈生产关系直接反映阶级斗争的本性，而只从社会经济形态上划分出三种不同性质的社会经济成分，人们就必然要问：这些经济成分到底又是怎样产生的？包括全部经济基础在内，难道在对抗性的社会关系中，生产关系本身就不反映阶级斗争吗？

在对抗性社会中，基础不是一个阶级的基础。上层建筑也不是一个阶级的附属物。基础存在着矛盾，上层建筑也存在着矛盾，基础和上层建筑本身都是矛盾的统一体，正因为这样，在各个历史时期，无论是封建社会经济基础还是资本主义经济基础，在其阶级上升时期，推动社会发展的同时也反映全民的利益。哪怕这种利益对于当时被压迫的劳动人民来说，其真实的价值是怎样微少，但也必然由于经济上、文化上的繁荣发展，促使了人类生活的进步，从而充实了人民生活的内容。

不这样也是不可能的。因为在对抗性社会中，生产关系的改变永远适应于生产力的发展，而生产关系的改变和生产力的发展必然是一定历史时期全民利益的反映，即不仅仅体现统治阶级的利益，也在一定范围内体现劳动者本身的利益。尽管那些利益在我们今天看来是怎样的微不足道，也仍然依靠它们担负了生产发展的历史任务。

把整个上层建筑的概念同上层建筑的阶级性混为一谈，并且认为上层建筑的阶级性就是专指统治阶级的阶级性，必然导致否定了统治阶级在其历史发展中的积极作用，从而在艺术领域内对于遗产也就无法作出正确的评价。抱这样见解的人，实际上是把马克思主义物质基础决定思想基础的原理作了简单的庸俗化的理解，既不了解上层建筑的实质，更不了解思想上层建筑的全部复杂性。

马克思和恩格斯关于基础上层建筑的理论，在其许多名著中都一致认为基础是生产关系的总和，上层建筑是依照这种“总和”的情况被建立起来的；从来没有主张过上层建筑的单一阶级性。例如马克思在《路易·波拿巴政变记》中分析当时法国社会复杂纷乱的政治情况时就这样写道：“合法王朝君主国不过是地主世袭权力的政治表现，而七月王朝君主国则不过是资产阶级暴发户篡夺权力的政治表现。所以，这两个集团彼此间分离并不是由于所谓原则，而是由于有本身生存的不同物质条件，由于有两种不同的所有制形式——城市与农村间的旧有对立，资本与地产间的竞争。至于同时把它们与某一王朝联结起来的还有旧日的回忆、个人的仇怨、忧虑和希望、偏见和幻想、同情和反感、信念、信条和原则——这点有谁会否认呢？在不同的所有制形式上，在生存的社会条件上，耸立有由各种不同感情、幻想、思想和世界观构成的整个上层建筑。由整个阶级在其物质条件及与其相适应的社会关系的基础上来创造和确定着这一切。”[4]（重点是笔者所加）

正是由于不了解基础与上层建筑在阶级社会的任何历史时期都是属于整个阶级的，具有全民的性质，长久以来在艺术理论研究上，对艺术究竟有没有非上层建筑性的问题发生了许多无谓的争论。而进行这些争论时因为完全离弃了问题的实质，其结果就使得这种争论进行得好像猜谜一样不得要领。

上层建筑是一个时代一个民族社会经济基础的产物。作为思想上层建筑的艺术，也是一个时代一个民族的产物。即在某一具体民族内，依照生产发展的情况（包括自然地理条件在内），有什么样的经济基础，就有什么样的社会制度、社会生活、社会意识，从而也就产生什么样的艺术。

任何民族的艺术，都具有牢不可破的民族性和民族风格的特征。所谓艺术是现实生活的反映，更正确地说是指一定时代、一定民族生活特征的反映。任何民族都有其自己的生活特征，而这种特征的形成，既有其一定时代经济基础的原因，也有其远为复杂的历史传统原因。当然，无论怎样复杂的历史传统原因，也是各依其经济发展的情况来决定的。因此艺术始终是适应传统的发展，为一定民族一定时代的现实生活所制约的。

艺术体现着各种不同的思想、感情和世界观，所有这一切，都是由于不同的阶级处在不同的物质生活条件下具有不同的社会地位而产生的。正因为这样，艺术不仅具有上层建筑性也有其阶级的倾向性。艺术的上层建筑性是指某一具体时代的具体社会整个艺术中各种倾向的性质，艺术的阶级倾向性是指各种不同的个别艺术作品对于某一或某些阶级的有利或有害的品质。

艺术的阶级倾向性，实际上就是指思想的倾向性，即在历史发展中有反映先进思想倾向于进步的现实主义艺术，也有反映颓废思想倾向于保守的反现实主义艺术。

艺术尽管有其不同的思想倾向性，有现实主义与反现实主义的差别，然而当我们衡量古典艺术遗产的价值时，切不可按照某种特定的成规制定出任何一种不变的标尺。只有当我们具体地、历史地根据每一民族思想发展的实际情况来研究各个历史时期艺术流派的特点以及艺术巨匠们的风格特征时，才能了解艺术表现上的现实主义和反现实主义的实质。大家知道，恩格斯曾经给艺术上的现实主义下了经典性的定义，他说："照我看来，现实主义是除了细节的真实之外，还要正确地表现出典型环境中的典型性格。"恩格斯的这个定义非但没有提供给我们任何现成不变的标尺，恰恰相反，他在这里正是非常明确地告诉我们艺术表现的真实，严格取决于历史具体性的原理。

在社会生活中，人们的活动范围是非常广泛的，因此艺术反映生活的范围就具有无限的广泛性。即艺术反映社会意识，也反映一般意识；反映政治生活，也反映非政治生活。从而也就包括了人们生活中广泛的生活面，包括他们的生活习惯、风尚、爱好、希望、理想、对于是非善恶的评价、喜怒哀乐的感情等。艺术反映生活的范围虽然无限广泛，但所有这些纷繁复杂的生活面貌都不是不可理解的。因为人们在其生活活动中，从表面看来尽管都是出自自然的行动，带有很大的偶然性，但任何一种行动、任何一种思想感情都不是盲目的、无意识的、不可理解的。人们永远是根据自己所期望的进行活动，恨他们所恨的，爱他们所爱的。正如恩格斯在《路德维希·费尔巴哈与德国古典哲学的终结》中所说的那样："在社会历史领域内起作用的则是人，而人是赋有意识，经过深思熟虑行动或在热情影响下行动，并且抱有一定目的的。这里，没有哪一种动作是没有意图，没有所期望的目的的。"[5]

人们在其生活活动中的思想行为尽管千差万别，但如果根据每个人的实际情况认真追究一下，就不难发现所有这一切都是受制约于物质生活的条件，因此从表面上看来哪怕是显露得怎样微少，也必然反映其阶级意识的根性。

人们在社会生活中，所有这些生动的、不以人们的意识为转移的生活现实，都可以直接构成艺术的材料。但艺术家在其创作活动中反映这些材料时，却永远是凭借自己的观点、爱好，选择那些最使他们感兴趣的东西进行剪裁加工，因此所有这一切又必然为艺术家的世界观所染色。

艺术家用自己的观点判断这些事物时，可以产生各种不同的情况，从而确定其作品的价值。譬如说他们的观点可以这样、那样地受时代和阶级意识的限制，也可以在某种程度上突破这种限制；可以站在事物的中间来看待事物，也可以站得更高一点来看待事物。正因为这样，在古典艺术中凡是伟大的作品，都能够成为时代生活的镜子，具有高度的艺术概括力量。

然而当我们研究艺术家的世界观和作品的关系时，却不能不注意这样的事实：所有历史上伟大的艺术家们，在其作品中虽然可以体现出伟大的思想，但并不能说他们的世界观因此也是完整无缺的。反过来也是一样，历史上被公认为思想颓废的艺术家，在其作品中也未必因为体现了狭隘保守的阶级观点而一无可取之处。因为人既生活在阶级社会中，既没有这种土壤，这种清一色的世界观是不会产生的，从而也不会产生纯粹倾向于进步或纯粹倾向于保守的作品。所有的仅仅是倾向或比较倾向于进步；倾向或比较倾向于保守而已。当然，所谓"进步"也还有其具体的含义，谈到如何衡量艺术的价值时，马克思曾说："进步这个概念不可在通常的抽象的意义下去把握。"[6]

正是由于上述原因，认真地讲，当我们评价产生于对抗性社会中的古典艺术作品时，一般是很难在现实主义和反现实主义之间划出一条清晰的界线的。关于这一点，列宁在他一系列论述列夫·托尔斯泰的文章中都给予了最确切的说明。他指出这个伟大作家的世界观所存在的矛盾和他的作品中所存在的两种倾向的矛盾，并反复指出："托尔斯泰的观点中的矛盾，不仅是他个人思想的矛盾，而且是一些极其复杂和矛盾的条件、社会影响、历史传统的反映。"[7]

正是由于不了解人的世界观和人的行为中所存在的矛盾，在研究古典艺术作品或评价历史人物时，非但不能根据历史的具体性进行正确的分析，而且也不能正确地对待现实；不能在自己的文艺创作中按照现实生活所应有的情形塑造出真实的正面人物或反面人物的形象。

人的思想观点虽然为经济生活条件所决定，但如果单从人们的思想意识方面来观察就不难了解，人们在社会生活中毕竟不是互相隔绝的。人们的思想感情可以互相影响并得到广泛交流，而这种思想上的互相交流，互受影响虽然难以改变其经济根源的阶级本性，但由此所引起的作用却是可以肯定的。人们生活在阶级社会中，不论是属于哪个阶级，都是既体现不同的阶级观点，也体现一切阶级的共同观点，哪怕他们所体现的共同观点是那样微少，也必然借此达到思想沟通的作用。认真地讲，一个精明的地主或是一个资本家，他们对于自己的牺牲者——雇农或工人的阶级命运非但并不生疏，恰正是非常清楚地懂得他们，在现实生活中我们常会碰到这样情况，即使从这些最险恶的人物身上，有时也可以对劳动人民流露出一些隐秘的或是公然的同情，至于从劳动人民这方面来看，在整个历史时期，几乎没有哪个人不为占统治地位的思想所烙印，在他们的身上或多或少沾染着统治阶级意识的情况是无法避免的。

只要我们研究一下历史上那些出身于贵族阶级的伟大的艺术家们的生活情况，就不难了解他们总是可以从很多方面找到足以影响其世界观的条件。正因为这样，在文艺创作上非但出现了难以计数的出身于贵族地主阶级的伟大艺术家，而且就其切身的生活体验，在其作品中即使是刻画封建贵族人物的形象，也并不妨碍凭借这些人物形象去体现进步思想和崇高的感情。例如，出现在曹雪芹笔下的贾宝玉、林黛玉，莎士比亚的罗密欧与朱丽叶，列夫·托尔斯泰的安娜·卡列尼娜，提香、鲁本斯以及苏里柯夫的绘画中的贵族人物，非但不为人民所厌弃，相反还偏偏表达了人民的希望和理想。

人们极容易从这里提出问题，为什么这些人物的思想感情可以和劳动人民的思想感情互相沟通呢？我想能够找到的答案只有一个，这就是凡是人们生活中一切美好的东西，纯真的爱情、友谊、母爱、幸福和欢乐，都永远是整个人类共同希望的东西。物质生活贫困、精神上遭受奴役的劳动人民，对统治阶级所抱的仇恨，正是意味着他们所企望的幸福和欢乐遭受了无理的掠夺，他们正是永远向往于那些已失的幸福和欢乐。因此在文艺作品中不管那些体现了崇高思想的人物，是资产阶级还是贵族，只要他表达了人民的理想和愿望，就必然具有人民性，因而受到劳动人民的欢迎。

艺术上的人民性不是一个空洞的概念，它包括广泛的内容，包括人们正当的思想感情、趣味爱好、生活习惯。因此我们不能将阶级性和人民性对立起来，有时候也不能够用艺术上的阶级倾向性来概括人民性。要研究艺术上的人民性，首先不能不对人们的正当感情有明确认识。

我们知道人们在社会生活中的一切幸福，归根到底取决于物质财富。人们的思想感情是为经济生活所制约的，从而也就决定了人们的思想感情、兴趣爱好、生活习惯的可变性。一个穷人，失业没有饭吃，不管是多么美丽的风景花草都不会引起他的欣赏兴趣。终日挣扎在饥饿线上而不得温饱的劳动人民，对于风景花草的爱好也很难产生如同有钱人那般雅兴。这般人为什么缺少喜爱风景花草的感情呢？事情很明白，只要他们的经济生活条件有了改变，他们的兴趣和爱好也就会有所改变。有钱人可以从容不迫地对待事物，养成良好的生活习惯、培养各种生活趣味和爱好，而在穷苦的劳动人民身上，随着物质生活条件的恶劣，正常的生活感情非但没有得到培养，反而遭受了残酷的损害。因为在阶级社会的历史发展中，整个人类社会的文明既为统治阶级所独占，留给被压迫阶级的东西当然也就非常稀少了。正因为这样，在整个人类文化发展史中，从来就没有哪一个真正的奴隶和雇工处在极端恶劣的生活条件下，能够成为诗人或艺术家。如果真有这样的人，只能出自两种情况，要么是他有那样的机会，在生活条件的容许下，从先前的人们的书籍中学会了他所必要的东西，接受了伟大的思想，丰富了他的精神领域；要么是他有条件改变了自己的生活处境。当然，想要取得这样的条件，首先就必须摆脱奴隶或雇工的枷锁。

艺术上的人民性虽然包括广泛的生活内容，但当我们衡量古典艺术遗产的人民性时，必须把正常的东西健康的东西与含有浓厚封建意识，或为资本主义制度作辩护的东西分辨清楚。除此以外，我们辨别艺术上的人民性时，还必须时刻从历史的具体性出发，切不可死搬教条抱永不变易的看法。例如当我们谈论到底什么是形式主义的绘画时，往往很难弄清这个概念的含义，很多人保持了这样一种看法：认为只要描写方法不是写实的，把绘画上个别因素加以夸大，排除了艺术内容的东西就是形式主义。但是问题产生了，自从毕加索在反抗德国法西斯的斗争中描绘了那幅有名的《格尔尼卡》[8]以后，随着战后世界上民主主义运动的发展和进一步高涨，偏偏就在现代欧洲的形式主义艺术的胎基上，越来越多地出现了一些反映进步思想而且具有“形式主义”外观的作品。这笔账到底怎么算呢？是形式主义还是现实主义？还是两样都不算呢？为了慎重起见我们当然还不便遽下结论，但是至少可以这样说：这种艺术和法国印象主义以后泛滥与20世纪初的各种形式主义艺术流派相比，早就不是一种东西了。自从以苏联为首的反法西斯斗争取得了胜利以后，包括资本主义国家在内，全世界人民对于现实的认识提高了，作为艺术基础的思想感情也有了新的内容和新的变化，从而也就使我们考虑到，想要了解这种艺术的性质，只有从历史的具体性出发才能找到真正的评价。至于这种新兴的艺术究竟有没有人民性？我想这是极易找到答复的。

综括上述情况不难看出，艺术既然远离基础，反映整个时代整个阶级的社会思想，它也就不能像政治法律制度那样顽强地为维护一个阶级的利益服务。因此，正如我们所熟知的情况一样，在古典艺术中凡是伟大作品，各依其程度的不同都具有较高的思想性和人民性，从来不是为维护一个阶级（统治阶级）的利益作辩护的。不仅如此，在整个艺术发展的历史中站立过许多这样的人：从政治上看他们是一些十足反动的人物；从他们创作的艺术作品来看，却是经久不衰地深为人民所喜爱。以我国古典艺术宗匠为例，甚至不乏帝王而兼为艺术家的人物，不仅出现了唐明皇，也出现了李后主和宋徽宗，这些封建统治阶级的最高代表者，偏偏竟都是做不好皇帝而能够成为一个出色的艺术家，用他们的艺术劳动来扩大艺术领域，丰富人类文化传统，说起来也不是没有原因的。

从另一方面来看，艺术虽然并不顽强地为维护一个阶级的利益而服务，但在整个艺术领域内，亦即艺术本身并不是没有斗争的。如果有人把艺术上的斗争仅仅看成纯粹艺术领域内的事，认为这种斗争与政治无关那就错了。从整个艺术史的发展来看，不论是哪一个国家，任何一种艺术流派的斗争，都是思想观点的斗争，都反映不同的政治见解，因而也不能不是政治斗争的表现。恩格斯于1885年为马克思所著《路易·波拿巴政变记》的第三版曾写了一篇简短的序言，在这篇序言的最后他这样概括马克思关于这方面的思想说：“正是马克思最先发现了伟大的历史进展法则，按照这个法则，一切历史上发生的斗争（不论它是在政治的、宗教的、哲学的领域中发生的，或是在任何其他意识形态领域中发生的），实际上只是各个社会阶级彼此斗争的多少明显的表现……”[9]

艺术上的斗争既然是阶级斗争、政治斗争的一部分，因此历来统治阶级从不放弃这种斗争的武器，利用艺术手段进攻人民的思想，而被压迫阶级也就永远从思想上武装人民，号召人民起来反抗统治阶级。所有这些情况我们都可以从俄国19世纪的文学艺术活动中找出最好的证明。

艺术之所以被列为上层建筑，为不同的阶级所利用，主要由于艺术可以反映各种不同的观点。艺术不同于其他纯观点的思想上层建筑，认真地讲，艺术本身并没有自己的观点和观念，它依附于其他思想上层建筑的观点和观念。例如它依附政治法律观点、社会道德观念、宗教观念和哲学观念，因此对于各种思想形态来说，艺术只不过是一种表现手段的形式。

然而作为表现各种观点的手段来说，艺术却具有其自己的特性。它使人们接受的方式是建立在人们自愿的基础上，利用感情的感染而没有丝毫的强制性。正是由于这种原因，想要使艺术内容在人民中间发生作用，就必须具有较高的艺术技巧和艺术性，要用人民易于接受的艺术语言和高度的艺术性把内容包裹起来，正如同恩格斯对女作家哈克纳斯所说的："作者的观点愈隐蔽，对于艺术作品就愈加好些。"[10]

在艺术表现上要求高度的艺术技巧和较高的艺术性，不仅是人民对于现实主义和社会主义艺术的要求，同时也是古往今来的反动统治阶级对于反动艺术的要求，为了做到这一点，历史上所有代表反动统治阶级利益、企图为反动统治阶级作辩护的艺术家们，在艺术技巧和艺术性上是下过功夫的。毛主席于1942年在延安文艺座谈会上的讲话中曾尖锐地指出："有些政治上根本反动的东西，也可能有某种艺术性。内容愈反动的作品而又愈带艺术性，就愈能毒害人民，就愈应该排斥。"[11]我们如果把毛主席所指出的这个艺术上的规律稍稍运用一下，就不难理解，当然内容愈进步、愈具有高度的艺术技巧、愈带艺术性的艺术作品，才愈能有益于人民的革命事业。

各种观点和观念既然都可利用艺术来反映，当然根据反映的内容也必然为艺术创造出丰富的形式。这里值得注意的是艺术本身被广泛利用的这一事实，决定了艺术上的审美价值。也就是说所有上述那些抽象的思想形态和艺术结合时，都产生可供肉体和精神感受的形象或是抽象的形式，由此使人获得美的欣赏价值。

由此可知，所谓美的欣赏价值，无论怎样讲也不是纯形式的东西，更不是像人们所常谈起的那样玄妙和不可理解。应该说，在艺术中任何种类的美，都必然是一定思想观念的反映并在人们的感情上起作用的东西。从这一观点来看，即使是那种永远能够给我们以艺术享受的希腊艺术，其审美价值也不是不可理解的。

希腊艺术产自希腊神话，希腊神话是一种把自然界和社会形态用人民朴素的幻想、热烈的感情糅合在一起的神话。把这种特殊的神话用艺术方式表现出来的希腊雕刻，其审美价值，在于使后来的人们看到了人类在其发展的幼年时期，用不可企及的真挚的感情把人的美提高到无比崇高和理想的境地，成为美的规范。因此，人们从希腊艺术所得到的审美感受，既不同于中世纪的基督教艺术，也不同于印度的佛教艺术。至于那些直接与当时的政治历史以及时代的社会观点相结合的艺术，其审美价值或是建立在正义、邪恶或社会道德原则上，或是建立在时代精神的趋向上，就更不是找不出原因了。达·芬奇笔下的《蒙娜丽莎》或伦勃朗笔下的《莎士基亚》所体现的美的价值，并不在于这两个妇女形象是否比当时的其他妇女长得更美丽一些，而在于透过这两个真实的妇女形象，反映了一定时代的社会观念，她们的美，实际上也就包容了由那个时代的社会观念所铸成的内容。

说艺术在阶级对抗的社会条件下可以反映各种思想观点，并不等于说艺术在阶级已经被消灭了的社会条件下永远不能单独反映人民的进步思想观点以及社会主义的道德观念。而想要使艺术体现进步的思想意识，成为表现各种进步思想形态的手段，主要决定于艺术家的世界观，而不决定于艺术本身，只有当艺术家们建立起最先进的世界观——共产主义世界观时，才能使整个艺术事业推向于真正的进步。

说艺术在阶级对抗的社会条件下不顽强地为一个阶级服务，并不等于说艺术在阶级已经被消灭了的社会条件下，不能顽强地为人民的革命事业服务。在我国的社会主义建设中能不能使艺术顽强而具有成效地为人民的革命事业服务，依然决定于艺术家，而不决定于艺术本身。只有当我们的艺术家努力争取精通艺术这门科学，努力争取掌握这个难以掌握的武器时，它才能够称心如意地发挥出神通广大的力量来。

关于艺术的上层建筑性的特征方面，还有很多问题在这里并未提到，例如，艺术对基础来说也和整个上层建筑一样有它自己的相对独立性，艺术在其某些繁荣时期与物质生产发展和社会的一般发展不相适应的不平衡性，以及艺术一经在人类社会上产生就有其独自的继承性，等等，在这篇短文里就不一一论述了。

注释

[1]《马克思恩格斯文选》两卷集第一卷，莫斯科外文书籍出版局1954年版，第340—341页。

[2]《列宁文选》两卷集第一卷，莫斯科外文书籍出版局1947年版，第100页。

[3]《苏联文学艺术论文集》，学习杂志社1954年版，第15—16页。

[4]《马克思恩格斯文选》两卷集第一卷，莫斯科外文书籍出版局1954年版，第249页。

[5]《马克思恩格斯文选》两卷集第二卷，莫斯科外文书籍出版局1954年版，第389页。

[6]《马克思恩格斯列宁斯大林论文艺》，人民文学出版社1953年版，第63页。

[7]《马克思恩格斯列宁斯大林论文艺》，人民文学出版社1953年版，第96页。

[8]“格尔尼卡”是西班牙北部的一个小城市，在第二次世界大战中被德国法西斯的飞机轰炸夷为平地。毕加索的这幅画，主要是描写西班牙人民在反对德、意法西斯战争中所受的苦难，然而是用立体主义的表现方法描绘的。

[9]《马克思恩格斯文选》两卷集第一卷，莫斯科外文书籍出版局1954年版，第222页。

[10]《马克思恩格斯列宁斯大林论文艺》，人民文学出版社1953年版，第21页。

[11]《毛泽东选集》第三卷，人民出版社1953年版，第891页。

本文载于《美术研究》1957年第1期

金冶（1913—2006），北京人。中国美术学院教授，著名油画家、美术理论家与教育家。1950年4月调中央美术学院华东分院（现中国美术学院）工作，主编《美术座谈》《美术理论资料》《美术研究》《新美术》《美术译丛》等刊物。

麦积山石窟北朝雕塑的两大风格体系及其流布情况

史 岩

参观过莫高窟、麦积山和云冈、龙门等石窟艺术的人，都会一致地产生这样一些疑问：为什么同样是北朝时代的作品，而其风格样式各地却有不同或不很相似？甚至在同一石窟群中同一时代的作品也出现许多不同的样式？这不同的样式，是不是在年代上还有先后之分呢？还是同时并存的呢？假使是有先后的交替关系，那么它的先后样式特征是怎样的？由这一样式转变到另一样式的过程又是怎样的情况？是什么目的和要求促成这样的转变的呢？的确，这是一个美术史上表现在北朝雕塑上最为突出的一种现象。这个既复杂又重要的问题，过去资本主义国家的某些伪学者对云冈、龙门的北魏造像泛指是受印度犍陀罗式的影响或竟称犍陀罗风格，因此国内一些资产阶级的学者也曾盲从他们的学说，认为受印度犍陀罗式的影响很大。究竟是影响还是模仿？哪些地方受了它们的影响？是不是有传统风格存在？对于这些却从未仔细地探求过它们的究竟。我认为此类笼统的说法，危险性实在太大了，易使人发生很多误解，因此对这样一个关联到雕塑艺术发展之实际的历史事实，如果不把它搞一个透彻，不仅使我国雕塑发展史中北朝阶段成了空白的一页，无所理解和交代，而且使我国雕塑的全部发展过程中发生前后不相连贯的现象，也将使这个历史阶段的许多宝贵经验和教训，对今后祖国雕塑建设失去了借鉴的作用。因此把北朝时代各地雕塑遗产的风格样式和表现手法的特征加以分析研究，并整理出它们的体系，从而找出这些风格发生的原因及其成长、繁荣和衰亡或相互影响、发生转变等现象的规律，我想，在当前的雕塑史研究上应该是极为必要的工作之一。

佛教艺术在我国，从开始出现到南北朝时期，为期还不很久远。从整个历史来看，佛教雕塑到了南北朝还处在不断发生和成长的阶段，各地的艺术家凭着自己的智慧和创造能力来意匠和造作，因而形成各地不同的独特风格这是必然的现象。同时由于南北朝初期，黄河流域和西北地区正处于小国纷争的混乱环境，各地成长起来的佛教艺术一时不易沟通，这也是加强艺术风格上地方性特征的原因之一。各地雕塑风格的不一致，一方面正反映了当代佛教艺术蓬勃发展的情况，另一方面也足见当代艺术家创造力的丰富，而这些丰富多彩的特殊样式，也正好给予后一时代雕塑发展上一大有利的条件。

南北朝时期的雕塑艺术的确是复杂化多样化的，今姑且不讲南朝，单就北朝方面各地现存遗迹的风格样式来看，就有几种类型；而每一种类型由于表现手法逐渐走向健康，又不断在演变着，因此在同一类型里又形成许多阶段，每一阶段也各自有其不同的面貌。同时，每一风格类型由甲地传播到乙地，绝不会和甲地一模一样，这就是说在乙地发展过程中由于当地艺术家的独创性的发挥或受到其他风格的影响，又出现了某些地方性特征。但是对于这样错综复杂的变化现象，如果能从它的表现手法上进行分析研究，是不难找出它的来龙去脉从而整理出它的风格体系来的。

这里限于篇幅，不可能对北朝各地的各种类型作全面的考察，准备先从麦积山石窟现存北朝遗迹中所存在的不同风格作一初步的分析和研究，并以此为中心，附带对散布在其他各地的同体系的风格作适当的阐述。

佛教艺术的繁荣和佛教的昌盛是分不开的，麦积山早在北魏初期就成为中原西缘一个佛教大据点，曾有与鸠摩罗什齐名的佛陀跋陀罗（觉贤）的高足玄高以及玄绍、昙弘等一系师徒百余人先后在这里长期参禅。[1]这里的佛教既这样兴旺，这里的龛窟艺术的造作当然也得到了大发展。据今日的情况来看，麦积山现存194个龛窟中属于北朝所造的约占全部龛窟的95%，假使把破残不堪内部空无遗存物和目前还无法攀登因而内容不够详明的少数龛窟除外，北朝遗迹还在90%以上。在这批北朝龛窟中，可以肯定是北魏营造的占着绝对多数，西魏和北周的也有一定数量，这说明整个北朝时代的作品，在这里都有丰富的遗存。麦积山石窟的建始年代，虽由于缺乏文献和碑铭的记载，目前不可能绝对明确，但从现存塑迹的样式技法上考察，是有很多属于北魏前期即4世纪末至5世纪初的作品，至少比中原地区的任何石窟如云冈石窟的早期遗迹要提前半世纪。在这些北朝龛窟中所遗存的塑像，虽有毁损和经后世补修或改装的，为数却不是很多，特别是位置在西崖约占全部70%的龛窟，由于木造阁道长期毁损，通路断绝的关系，塑像保存上比较完整，大半都能保持数百年前未经变动的原状。

麦积山这个龛窟集群既具备以上所说各种优点，也就较易窥见此处的北朝雕塑艺术的全貌。我们从各龛窟塑迹的风格样式和表现手法上看，可以发现两种不同的类型，并且它们是同时共存着。由于这里的年历很长，因此对于这两个风格类型都有足够的遗迹供我们有系统地了解其成长、发展和相互影响等的实况。这里更保存有在他处石窟中不能看到的前期样式，因此对形成这两种风格的渊源更易清楚地辨认出来。更因为这里存有两种类型的前期样式，因此对于云冈和龙门等石窟的艺术中某些作风也可以认出它们的传承本源及其发展体系。

第一类型

在这里首先要说明的是：这一类型是指麦积山石窟北朝塑像中某一体系的风格而言。所谓“第一”“第二”……并不含有品评等第的意义，仅仅为了说明上的方便而作出的编号。如果要用一个合适的特别名词来代替，那么第一类型相当于“写实型”，但在意义上并不能完全妥帖地概括它的特征和精神。

这一类型的塑像，在麦积山现存北朝龛窟中占着绝对多数；假使根据它的发展情况分为前后两阶段来看，那么后期的作品要比前期为数更多。它能取得这样的优势，足以说明此种风格有其独特的优越性，具备极受广大群众喜爱的条件，同时也可以推知它是有其光辉的发展前途的。

这一类型的风格样式和它的表现手法的特征是怎样的呢?

为了讨论上的便利，今根据风格手法的发展情况把它划分为前后两阶段来谈。前期指北魏“太武灭法”开始以前，即5世纪50年代以前；后期从北魏“文成复法”至西魏终了为止，即5世纪60年代至6世纪60年代止。西魏、东魏以后20余年的北周、北齐，在艺术上是大转变开始的时期，在此不拟讨论。风格手法的转变是渐进而不是突变，所以在此只划出一个约略的期限，不可能求得明确的界限；同时由于麦积山这一类型的龛窟造像，至今未发现有纪元的铭文，因此只能以云冈的早期艺术为衡量的准绳，凭着风格手法的发展规律进行上下各时期的观测，所以前后时期的划分是一种相对的而不是绝对的划分。

今提选下列各窟为前后两期塑像的代表作例：

前期：大型窟——第140号。

中型窟——第139号、第126号。

后期：大型窟——第135号、第87号、第133号。

中型窟——第123号、第121号。

根据这些典型龛窟的塑像的成就，先从形象整体进行考察，再进一步对其细部的技法加以分析。

这一类型的作品，主要由于承继民族雕塑艺术的传统风格，因此它所表现出来的形象，基本上能显示出纯粹的民族精神和面貌，很少有异国的情调和气氛。原来本类型初期的艺术家们，对待这种新的佛教题材，是以本民族传统的造型手法和技术经验为基础，并以本民族的现实形象为依据，创造性地来进行试作，并逐渐取得成就的，往后由于这种独创风格有亲切动人之感，受到广大信徒们的喜爱，才在原有基础上得到了大发展。

民族艺术传统的最大特征是写实的表现手法，在本类型作品中，充分反映了由这种手法所表达出来的真实性，如容相、体型、服饰、衣褶以及精神状态等，无一处不充满着民族的现实性成分。印度犍陀罗和秣菟罗的艺术当然也是在写实基础上作出的，但是它们所表现出来的样式和本类型的样式完全异趣，这显然可以确定没有模仿印度的地方。正由于贯彻了传统的写实手法，使所造作出来的形象显露出民族的一切特征，而忽略了宗教特性的表现，因此对于佛教艺术最应具备的那种超人间的神化气氛也就大为减弱。人间性的真实感超过了宗教性的神秘感，民族的典型形象和神态替代了印度宗教人物的形象和神态，这便成了本类型风格特征。这种特征自始至终未稍改变，而且越到后期越表现充分。

但是，也不等于说本类型的造像纯然是写实的，佛教对其艺术所特定的许多形象上的仪则，本类型也尽可能遵守了这些规定，例如佛部像的肉髻、白毫、耳轮垂埵、胸表卍字等特殊相好，都加以描写。不过这些特殊相好的样式，也都是通过作家的意匠而作出，没有模仿的痕迹可以发现。同时佛教特定的这些相好是能助长造像的庄严气氛的，但表现到本类型作品中并未能充分发挥这种效果。

毫无疑问：在同一地区同一时期有两种风格并存着，相互之间绝不会没有影响的。麦积山既另有第二种风格和它同时存在，虽然第一类型保持传统的精神十分坚定，也绝不可能没有受到第二类型的影响。但从各方面搜索，除开背光、莲座和龛窟形制等不谈，在各种造像本身所发现的影响，除了弥陀的定印、弥勒的交脚和须式的采用蝌蚪形等在遗迹里偶然出现之外，未发现其他。这里值得注意的是：定印、交脚和须式等仅是一种外表形式，而表现这类形式所采用的手法却和第二类型不同，依然显示出传统的风格。

为了更进一步深入了解采用传统的写实手法加上新的创意所造作出来的佛教像的具体情况及其发展情况，今把形象上各细部的主要特征分前后两期排列于后，以供参考。

麦积山石窟北朝雕塑的两大风格体系及其流布情况参考：

部位	前期	后期
头型	极为扁平，顶微平，后脑部平移如削。	正面不再扁平，前额已不前突，立体感加强了。后脑已能着意表现，侧观较浑圆，但仍有欠缺。
脸型	长方。前头骨特别高出，侧面与颏球成一直线，因此感到过直。前庭平广，额角处作急剧转折。颏结节特别隆起而尖，颧骨不显，故两颊平削。颚骨开阔，直至耳下，故其正面极为方正。	长而不方。前头骨不突出；前庭平正，两额角转折和缓；颏结节隆起部特别尖。
发髻	佛的肉髻，高如短圆柱，上大下微束；侧观：位置略前，不在顶心，并略前倾。 发光平，无螺纹或波浪纹，极厚，高出额面半厘米左右，与额部成明显的界线，远望如冠。 菩萨束发于顶，四下作疏简划线，厚约3毫米，发式有数种，多民族形式。	佛肉髻作高圆形，基部稍束，略似圆球，位置移至顶心，不前偏，亦不前倾。 发厚度较前略减，约三四毫米，光平无纹，但已有个别发髻使用划线作独创的螺纹。 菩萨发多对分，束于顶，略前。髻式极多样，有作前倾的扇状，也有类似英雄髻的，高者达11毫米。
眉目	眉作蛾眉式，起自鼻根，消失于眼梢上方；眉棱不很显著，主要依靠妆绘来表达。 目的轮廓极堪注意，上睑缘作曲线，下睑缘却成直线；外眦（眼梢）较长；眼裂的刻画极浅。佛眼多半张，作下视状。上睑肌丰满，眉骨低平，侧观：上与额、下与颊成垂直，因此睑颊沟不很显著。 佛有白毫，极小；位置接近鼻根，高与眉峰齐平；也有用彩墨画作宝珠形的[2]，特殊色。	眉式同前期。 目眶作杏仁形，上下睑缘均成曲线，内外眦并尖，内眦略向下。佛眼半张，下视。上睑肌不过分丰满，眉下略作凹面，内眦外方也微凹陷，眼裂不深刻。 佛的白毫作圆形，位置比前期高。亦有不作白毫的。
鼻	鼻根不高，侧观：自额至鼻尖成显著曲度。鼻梁圆转，其断面：两侧作倾斜，标准的民族鼻型。鼻翼正常，下开鼻孔。	鼻型和前期无异。鼻翼作较深的轮廓划线，但不像第二类型的过分钩曲。

续表

部位	前期	后期
口	唇形正常，上唇出，下唇缩入，口角作较深的圆涡。有用墨画蝌蚪式须的[3]，和整体形象不相调和，显是受另一风格影响，但样式不同。 颏唇沟不很深，也有于中部作凹涡，佛和菩萨同。[4]颏线多作划线，有无也不定。	长于目；上唇突出，下唇薄，略缩进；口角深陷，充满笑意。无须。 颏唇沟浅而圆转，颏结节隆起而尖，无颏线，下平，不丰满。
耳	佛部耳轮宽大，不外翻；耳垂宽广，不过长，附于颚部，不临空下垂，无穿孔；长度：上与眉齐，下与颏尖齐平，大体遵照特定相好作出。 菩萨、声闻部像耳均短，近真实。	耳轮较前为小，平正如贴；耳垂较前为短，仍无穿孔；长度，上高于眉，下与口齐平，不过长。
颈项	过分细长，下部较粗，断面扁圆；无横皱线，亦无喉骨突起。	仍有瘦长感觉，直通胸际，但较前缩短；断面仍扁圆。头与项交接处有横皱线一道。
体型	平肩，较开阔，佛和菩萨都如此。胸腹部极显扁平，缺立体感；背部亦然；侧观：更显薄，平直如板状。第140窟本尊和胁侍更为显著，如本尊坐身高108厘米，厚仅14厘米。 各部比例：以胁侍菩萨立像为例，身高为头长的六个半至七个，不等。	各部像较前期更近真实，两肩向下低斜，圆肩；胸部较前稍隆圆，纠正了扁平现象；但背部无刻画，侧观仍扁。 各部比例：胁侍菩萨立像的身高为头长的六个至七个半，不等。
手足	技法成熟，能忠实于真实，形象圆润，唯较纤薄。	手法极写实，婉转、圆润、细腻，绝无生硬和不合生理之处。
姿态	佛部作“吉祥式结跏趺坐”，有露脚与不露脚两式。手作“施无畏印”，或作“禅定印”，位于胸腹之间，作前后重叠。 菩萨部多立像，动态无定。 其他如声闻部和天王、力士等多为立像。	佛部坐式、手印同前期，但能挣脱定式的束缚，以自然姿态为依据，故手印坐式都出现了许多变形。[5] 菩萨部多立像，但也出现交脚坐的弥勒。[6]有动有静，生动自然，不再拘束呆板；其动态并能与感情相结合。[7]
服饰	佛部非右袒，也非通肩，多着敞胸的民族形式的“三衣”，中衣结带于胸，也有不结带的；下作悬裳，亦三层，不过长；下缘作对称的波浪纹转折，装饰性极浓。露胸处有绘“卍”字的。 菩萨部不上裸，上衣下裳，长及足踝。肩披飘带，颈有项圈，腕有手镯，两肩各佩璎珞一圈，于腹部作X形交叉，有笨重烦琐感觉，所缀为珊瑚、玛瑙、珠、玉等，均为我国古代习用的珠璧样式。手执莲花、荷叶、澡瓶和心脏形物等。跣足。 声闻部着僧衣，下着毡靴或圆头鞋。	无论何部像，多着长服。 佛部座前悬裳较前期更修长，多者四五重，作不规则转折的褶襞，大体保持对称。下缘每作密排的垂直划线，表示流苏。[8] 菩萨部多宽衣大袖，裙裾曳地，仅露脚尖。上加披肩，并增多了纷披的饰带，长短不一；腰带亦长，代替了繁重的璎珞。因此整体形象多由垂直线条组成古雅的美，显出时代特色。

续表

部位	前期	后期
衣裙作法	上衣小褶襞主用划线，线型有粗细深浅变化，并能灵活运用，线条生动流畅；也开始粗细线合用，以粗线表示衣褶，线沟作出不同的倾斜面，以表明暗；而以细如发丝的铁线描式的锥划细线附于粗线之旁。悬裳等处大褶襞主用断面如阶段式的作法，线纹简净，真实中带装饰性，曲直线交互组织，富有自然的韵律，但立体感比较缺乏。 衣缘有正反表现，好作锐角的图案化加工，手法别致，发挥了装饰趣味。	小褶襞所用划线的线型，粗健深阔而流畅，说明作者认识过去纤弱无力的铁线划法在造型上作用不大。大褶襞变化复杂，其断面出现了阶段式、波浪式和翻波式，并能适应场合自由运用。线条组织统一在不同曲度和方向的曲线配合之下，极尽温柔、婉转、流畅、谐调的意趣，和精神状态能取得统一调和的效果。 领缘袖缘都作宽阔的翻转，能充分表现厚重的棉衣的质感和量感。衣缘的装饰性正反曲折，渐形少用，样式倾向于简洁的波浪纹连续，真实性较前加强。
塑造技法	头和手采用“装配法”，部分衣饰如华鬘、璎珞、飘带等采用“贴附法”。	同前期。

从上面这个不是很完备的记录，可以明显地看出本类型的主要特征和它的发展路线。

那头型、体型的扁平如板，和汉代石雕如河南登封嵩岳庙、山东曲阜鲁王墓等地的翁仲的方柱体同样是原始的古拙作法。我们所见战国的木俑，汉代和北朝时期的某些陶俑，也都同样扁平如板，这也足以说明这种作法是有其渊源的。但是它并没有形成长期停顿的现象，到了后期这种缺点就有了初步改正，更到北朝末期（北周、北齐）此种古拙作法完全不再存在。那高额、阔颚、尖颏的好似“五岳朝天”那样的脸型，并非佛教所特定的相好，而接近于北方劳动人民的魁伟雄健的体格；颈项特别纤长，在佛、菩萨的相好中也无这个规定，原来鲜卑出身的拓跋族的形象有细腰秀颈的特点，这儿的佛教像，由于所着的是宽博的衣裳，“细腰”虽无法显露，而“秀颈”却得到了充分的表现。此外，如前期造像的眼睑，上睑缘特别变曲而下睑缘呈一直线，这种特征在我国是非常多见的，或许在当时的拓跋族中更为普遍也未可知；后期眼睑改为内眦下向的杏仁形，更是我国典型美的眼睛，而上睑肌的肥厚和鼻梁的弯曲，这也是本民族脸型上显著的特点。

这些形象特征，在佛教像是如此，在当代非宗教性的小品塑作里也完全一样。我们从出土的许多同时代陶俑中可以看到无论头型、脸型和体型以及眉、目、鼻、颈等细部的形象，完全和佛教像是一模一样[9]，由此可见：这一类型佛教像的作家与陶俑制造者是同出一系的，他们把制造陶俑的一套优良的写实经验用来从事佛教像的造作，并在这种大型的造像上进一步发挥了他们的传统手法和美的意匠才能。本类型的艺术之所以能够得到快速的成长和远大的前程，和以写实的传统经验为基础是有密切关系的。

本类型佛菩萨的形象也和供养人像完全一致。供养人像是以佛教信徒为对象的，虽然不一定能做到如今天所谓肖像写生那样的程度，手法总是写实的，这种写实性的表现，可能比小品的陶俑之类还要高强一级。麦积山各龛窟中遗存有无数“影塑”作法的小型供养像，大型圆雕的也有遗存[10]，把它们和佛菩萨以及陶俑对照地来观察，无论是形象、性格刻画还是表现手法各方面，三者都有其一致性。这有力地证明本类型佛教像是属于传统的写实体系的。

印度古代的佛教像，不论哪一地区的作品，都是按照当地的风俗好尚来刻画的，如佛陀所着质地柔薄的右袒和通肩的法衣，菩萨的上裸、下跣和华鬘、璎珞以及臂镯、腕轮、脚环等，都是印度古代的真实情况；而本类型的佛教像，仅接受了这种原则，形式上却完全是民族化的。这种情况表现在菩萨高高的发髻、曳地的衣裾以及璎珞、饰带的样式上更为突出。甚至在服装的质感和量感上，还反映了地方性，如到后期，无论何部的像体上都表达了厚重的棉衣感觉，声闻部像着用半高筒的毡靴，更是有力的明证。能抛弃对印度的盲目模仿和凭空意匠的刻画，而改以我国北方的真实情况为对象，这显然是面向现实的进一步表现。

因此模仿印度任何地区任何风格的情况，在这一类型的作品中是很难，或竟可以说绝对找不到痕迹。但是这种塑作既是为佛教服务，自然就得遵守佛教特定的仪则，也就不得不表现一些佛教像的特点。对于这些仪则，本类型却是根据口头传说和经典指示来试行意匠，在前期作品里可以看到的，如肉髻、白毫、耳轮、卍字、印相等，都是在不断摸索的过程中不断在修正。虽然不断改变样式，结果还只做到象征性的形式，从今日来看，是有许多地方不合规格的，如果和印度样式比较，那就相差更远了，例如发髻的光平，不作波浪式或螺纹刻画，肉髻的过高过前，耳垂的不穿孔，白毫之作宝珠形之类，都是印度所没有的。但是在后期作品中，艺术家却连这些仅有的特定相好也很少重视了，如耳轮改近真实，禅定印等印相改作极自然的姿态，佛的白毫、卍字和菩萨的璎珞逐渐少用或不用等，都是明证。这种突破不可违反的仪则约束的表现，和衣饰的民族形式化一样，充分反映了艺术家写实精神的高涨和他们对佛教性质的造像所持的态度。由此可见：写实的表现手法，就在受到重重约束的佛教艺术中还是能取得优势。正因为坚持了写实的创作精神，也就能大胆地把本民族的形象替代印度佛教人物的形象，使作品具有亲切和纯化的民族特色；也就能从实际生活中汲取创作源泉，所以无论怎样用仪则来限制，也不会完全脱离现实。

在翻转的领缘和袖口、下裾等处作出适度的图案化形式的正反转折的刻画，是艺术家发挥传统的装饰趣味的艺术才能之处。在前期作品中对袖缘的处理法，接近于先代的纹样化图案形式，而后期虽同样是装饰性质，却改用了接近真实的手法。悬裳部分是发挥装饰趣味最适当的场所，在前期作品里还表现得不够充分和自然，后期才以此为重点，用了具有旋律性的曲线，反复作出转动的边缘，尽量使悬垂部分极度拉长，手法是在图案的基础上加强了真实性。从这一点足以看出：继承先代的形式手法是有选择的，不是一成不变的，肯定了装饰趣味应该保留，但手法却应走向写实。这种作法，从此时起直到近代始终保持着，形成民族雕塑上一大特色。

由于基本上采用了写实的表现手法，按照本民族的真实形象和服饰为描写对象，并能尽量摆脱佛教所特定的相好束缚，毫无疑问，这样表现出来的形象，它所显露的内相（内在精神）必然和它的外相（外表形象）完全一致，佛教所要求于造像的那种人神化的气氛就显得很不够，而现实的人类精神却特别高涨。佛教赋予佛部像的特性，首先是神性的庄严和威仪，其次才是人性的慈和。而这里所显示的，仅有慈和而缺乏庄严，这就完全如前所说：本类型的艺术特质，是人间性的真实感比较浓厚，宗教性的神秘感特别薄弱，而此种倾向，越到后来越觉明显。

以上主要是对佛和菩萨两部造像的阐明，至于声闻部和天部诸像，由于它们在佛教中处于次要地位，对造型上的仪则限制也就比较不严格，因此雕塑家有适度的自由来发挥各自的艺术才能。由于这个关系，本类型的制作必然更走向写实了。声闻弟子如阿难、迦叶等都是佛教上产自印度的真实可靠的历史人物，经典中有对他们的形象、性格、思想和生平事迹等的记载，于是本类型的作品就直接以印度人的形象为描写对象。当时印度高僧东来的很多，他们的形象特征已为作家所熟悉，所以不仅刻画了印度人的外表形象，还把弟子个别的年龄、个性以及道行成就等表达无遗。[11]天王、力士等在前期遗迹中早有出现。由于佛教上对这类神化的人物只有原则性的规定，这给了艺术家们发挥写实才能的机会，他们从平常最熟悉的现实社会中物色对象，以武士形象来代表天王，以劳动人民形象代表金刚力士，不但表现了他们的典型形象，也深入刻画了他们的典型性格。[12]这足见本类型雕塑家的写实能力的高强和生活的丰富，如果对各种现实人物没有深刻的观察和体会，如果对佛教经典没有一定的修养和了解，是绝不可能有这样高度成就的。

本类型的后期风格，也可以在云冈、龙门和小积石山[13]等石窟群中看到。在云冈未见有像麦积山前期那样的古拙质朴的手法，而和麦积山后期作风相似的作品的遗存量却很丰富，这点极足证明在年代上此地后于麦积山，即麦积山本类型的前期作品，当是在云冈创窟之前所造。

本类型后期的云冈制作，技术水平很高，达到了石雕如同泥塑那样自由的地步，精巧细腻，没有斧凿刀削的痕迹。我们知道云冈位于当代的国都近郊，同时这儿又是当代的佛教中心，在佛教艺术上当然也起着领导作用，因此可以推想，天下名工巨匠一定云集于此地，作品的优异也是必然的现象。实例如西部某摩崖龛的“多宝释迦二佛并坐像”[14]，足称杰出精品之一。在性格的表现上，那种精神蓬勃、含笑细语和那超然物外、气韵生动的神情，可见作者对民族的表情特征有深刻的体会；在艺术的技巧上，如开相，能有选择地吸取民族的各种美的典型作概括性的表现，如服装，能把质感量感和随着肉体动向的动态完全表达出来，衣褶也已不再见原始的线型，因此它所取得的成就，足以代表云冈期内石雕方面在这个风格体系中的最高成就。

龙门和云冈也同样具有政治上、宗教上和艺术上的优越条件，同时造窟时代比云冈又晚了半世纪，因此它的艺术也更走向成熟和圆满。龙门造像情况不同于麦积山，所开洞窟几乎都经后世陆续在内增造龛像，因此各窟内容大半包含许多不同风格或不同时期的作品，本类型的造像也散布在所有北魏开凿的洞窟里。比较集中的洞窟，要推北魏太和十九年就开凿直到北齐武平年间

（495—575）为止几乎历代都在造作龛像的古阳洞。在这个洞窟里，从中央本尊到左右壁许多大小龛像，大半是本类型晚期的典型样式。[15]如宾阳洞、莲华洞、第十四洞、石窟洞、魏字洞以及药方洞，也都有丰富的代表性作例。宾阳中洞前壁下端的“帝王后妃礼佛图”[16]，是本类型浮雕方面的代表作例，这种供养人群像是近于肖像性质的作品，真实性比较强，其中部分人物的精神状态和脸型以及衣裾曳地的样式，和晚期佛教像完全一致，有力地说明当代佛教像的形象是以鲜卑族的形象为对象而作写实的描写的。

新中国成立后发现的小积山石窟，也有十余个龛窟造像同属这个风格类型。这里早在北魏初期就是佛教据点，孝文帝太和六年（482）郦道元著的《水经注》里记载过这石窟群中的“唐述”和“时亮”二窟的情况；远在太武帝始光四年至太平真君元年（427—440）之间原在麦积山参禅的高佛玄高、昙弘和玄绍等都先后来住“唐述”。[17]这些纪事不仅可以看出这里佛教的盛况，也可以推知这里和麦积山有着近亲关系。但现存雕塑遗迹都是本类型后期的作品，至今为止，尚未发现前期的遗迹。正由于两地有着密切的血缘关系，所以风格手法完全成为麦积山的嫡系；主题除通行的释迦三尊之外，也出现了交脚弥勒的胁侍，那拙朴的手法似乎是交脚形式的初次试作，造作时期当较麦积山第101窟为前。同时还增加了“涅槃像”和“二佛并坐像”等经变题材，后者的手法也较云冈所见略早。

本类型的实例，除云冈、龙门和小积石山以外，如巩县石窟以及其他北魏创凿的石窟中都可以发现：用各种不同物质材料所制作的小型造像和碑形、四面形等形式的石雕像中也有大量存在，在这里不可能多作介绍。

第二类型

第二类型是指麦积山石窟另一种风格体系的北朝遗迹而言，当然也包括其他各地同类型的作品。这一类型的风格也没有一个适当名称可以代替，假使称它为“理想型”，在前期还勉强可以说明其特征；但至后期写实性加强后，这名称就不能代表这种发展方向了。如果以“湿褶派”或“湿褶型”称它，比较适当，但也只能代表它的表现手法而不能说明它的精神面貌。

这种风格在麦积山遗迹中，虽远远及不上第一类型那样的繁荣，但也占着一定的数量，特别是在西崖的中下部各层阁道上散布有很多本类型的大窟小龛，与此同一风格体系的作品，在云冈、龙门和其他北朝遗迹中都可以看到，足见它的分布面是和第一类型同样广阔的。但麦积山部分遗迹，却比云冈所见为早，另一部分还比云冈为后，所以把麦积山作为考察的中心，也是比较全面的。

在时代上，它和第一类型大体是同时并存的，根据它的发展转变的情况，也可以“太武灭法”为界线，区分为前后两个阶段。因此云冈期约当晚期的初首，龙门那就更要后。云冈西部五大窟[18]，究竟是不是昙曜所造暂且不论，从风格上考察，作为本类型后期初首的杰作是毫无疑问的。麦积山第115小窟本尊须弥座前有墨书的景明三年（502）张元伯造像发愿文，这对于本类型造像风格发展的理解上有极大的帮助。

今以下列各龛窟的造像作为前后两期的代表：

前期：

大型窟——第74号、第100号。

中型窟——第128号。

小型窟——第70号、第71号、第77号。

后期：

小型窟——第114号、第115号。

摩崖龛——第69号、第169号。

根据这些遗迹来进行考察，初步的认识大致如下：

本类型前期的作品，主要坚守经典上有关造像相好方面的一切清规戒律，并把印度造像样式的口头传闻作为造型上唯一法典而进行意匠和创作的。印度是佛教的发源地，造像应以印度样式为准则，似乎这是本类型最初创意者所坚持的主张和努力的方向。我们从佛部像的右袒的法衣样式、高平长直的鼻梁、肩阔腰细的体型等，菩萨部像的上体裸露、耳臂的环饰和天衣、飘带以及“湿褶”的做法等，都可以考见作家造像时的苦心追求印度样式的意图。

由于这一类型的艺术，在宗教观点上坚持一切以印度为规范，而又仅是依据经典指示和口头传闻，未能做到直接的模仿，因此它所呈现的风格样式和表现手法，虽然含有一些印度成分，但也产生有某种程度的根据佛教精神新创出来的理想成分。因此在这种情况下所形成的特殊风格中，必然和继承写实传统的第一类型恰好相反，也就无从在他们的作品里找到传统的影子。在容仪、体态、服饰、褶线各方面，无一处不显露出一种异乎寻常的特征。通过这些形象特征所表达出来的内心精神状态，也就充满着一种异域的情调；可是这种精神状态既不是印度的，更不是民族的，只能说是一种宗教理想的创造。按照艺术学的原则来说，任何理想的创造绝不会脱离传统，因此最初创意的作家是不是西来的外族？是不是受印度僧侣的指导？还是出于鲜卑族拓跋氏艺术家之手？还有待今后深入研讨的必要。由于本文意图，重点在说明风格特征，因此对此不拟深究。

这种理想的宗教精神，主要集中表现在开相上。本类型前期的面相，简括地说，现实性成分大大被削减，相反地，那超现实的宗教气氛却大为加强。因此佛的那种庄严和威仪极为浓厚，而对人性的表现却感不足；虽也表现了微笑，但性质上是超人间的，缺乏慈爱和温柔可亲的人情味。总之：那种崇高雄伟的神态，作为宗教偶像来说，是有其独到的成就的。

但是本类型的主张和方向并未长期固执不变，风格手法更是在不断摸索中逐步在改变着。前期之末开始了转变，对衣裙刻画初步有了改进；到了后期上半阶段以西北印度犍陀罗样式为造型上的参考，对造型和技法都有极显著的提高；后期下半阶段部分造像受到第一类型的影响，走上民族形式化的写实道路，取得了新的成就。

从后期前半阶段的遗迹上，可以看出作家依旧坚持尊重印度造像规范的一贯主张，由于中国和印度的高僧不断往还，佛教文化的交流更为密切，已有条件放弃根据经典和传闻，进而采用西来的蓝本和实迹作为造像上的参考与范例。这些佛教像的小样和原作，大概以来自西北印度犍陀罗地方为数比较多，因此在这个历史阶段的作品里，也就出现了近似犍陀罗式的作风。但他们也不是盲目模仿，原有的技法基础并未改变，如群像的构成形式以及容相、体态等都还保持原来特点，影响也就局限于衣褶作法和服装样式等方面。例如佛部像由“右袒”改为“通肩”的式样，衣褶由直线改用曲线的组织形式，以及线型转变为较有立体感的阶段式，等等，其样式手法固然不是犍陀罗风格的翻版，但在精神上却是受它们直接影响。

后期的中叶是本系风格开始发生极大转变的时期。这个转变的情况，总的来说，是放弃过去尊重印度规范的一贯主张，面向现实，以民族形象为描写对象。这个转变虽然和元魏统治者自迁都洛阳以后的汉化政策有关，但是最直接的关系，还是受到了第一类型的精神特质及其繁荣情况的刺激。转变的结果，使神性的偶像获得了人性的生命，并赋予形象以民族的独特精神和风度。于是那种超现实的庄严神秘的气氛得到适度的减煞，代之而来的是慈和温柔的人情味的增长。加上历年积累起来的丰富经验和熟练技巧，使艺术有了写实的细腻刻画，逐渐达到富有气韵的纯化境地。本类型后期时就由于这个勇敢的大转变，从带有浓重的异国情调的风格扭转过来成为充满民族精神的一种艺术新形式，和第一类型的风格同样各自发挥着独特的光辉。

今据调查所得资料，把有关前后两期风格手法的细部特征作对比的分析排列，作为更进一步了解其发展情况的参考。

部位	前期	后期
头型	正面圆转正常，有充分立体感；后脑部略欠饱满。	同前期。
脸型	额部圆深，颧骨略高，两颊不丰，颚骨缩入，颏部略尖，因此整个脸型长而不方，极为端庄。	大体同前期，额部高敞，颧骨不很高，面颊肌不丰，而颚骨稍宽大，因此较为清癯。
发髻	佛部像肉髻，位置适中，作馒头形，无过前和过高过大之感。 发作极浅的波浪纹，曲线流畅，殆用大圆头篦卧倒压出，而非划线。发与额交界处略作厚度，极为合适。 菩萨部像多束发于顶，部分自耳后披于两肩；用划线以表发纹。	佛肉髻同前期样式，位置略前。 小型像，发作波纹划线，也有光平无纹的；发根高出额面约2毫米。 菩萨作高髻，左右前三面饰华鬘，样式别致。
眉目	眉自鼻根外侧向左右作倒“八”字分开，眉梢略向下曲，消失于眼梢之上。以眉为界，眉线下成显著的向里倾斜，近鼻根处的角度尤为显著。 目的下睑缘较平随，上睑缘作曲线，内眦下向，外眦长而平；表现方法较原始，仅把眼裂划出轮廓，线内薄薄铲去一层泥片，不做深入刻画；眼眶分明，上下起凹陷的沟，上眼眶沟内有划线；一般都张目远视，佛部像亦复如是，精神表现上未能和手的禅定印取得统一。 眉间未见白毫。	眉式同前期，眉棱不高，因鼻根过高，使眉头部分成显著的转折面。期末作品，眉棱渐平，鼻根略凹，接近于民族形象。 上下睑缘都成曲线，上缘比下缘为曲；眼梢极长；刻画均浅；上睑肌肥满，故眼眶不深陷。眼半张，视前下方。期末作例，目更细长，过于口长；睑缘改为上直下曲；又上睑肌丰满，与额部齐平。作俯首下视状。 无白毫。

续表

部位	前期	后期
鼻	鼻梁高而长直，上和前庭相通，侧观呈一直线，脊部车三四毫米宽的平面，直到鼻尖处始作圆转的曲面。鼻根不凹，极为高峻，其断面如⋂形，因此眼头显得深陷。 鼻尖略向下，较尖，两翼的倾斜面极平正，不向外隆起，如∩形；鼻翼轮廓用深入的划线，作极度的钩曲，如ɕ形；下不开鼻孔。	本期初，鼻型及其作法基本上与前期无异，仅鼻根中部略凹。 本期末，鼻梁高度已减缩，鼻根作适当凹陷，侧观，与额部不再呈一直线，完全成为民族的美样式。鼻翼轮廓仍作钩线，鼻孔仍无。
口	口型正常，口角深陷，起自下唇两端，与颏唇沟相通，形成浓厚的默笑，颏部尖突而长，其下略凹。佛和菩萨都有蝌蚪形须，用石绿色描绘于人中左右和下唇颏唇沟处。	人中较宽，余同前期。颏结节隆起而尖，下有划线一道。
耳	佛部像：耳轮不过分宽大，不前翻；耳垂极长，悬空下垂，无穿孔；耳长：上起于眉，下达于颏；位置略后，感到不自然，而面部更觉突出。 菩萨部像：耳垂短，下与口齐平，形象极真实；有穿孔，佩有饰带。	均同前期。 期末作品，轮廓刻画更近真实，位置也适中，耳垂仍长。
颈项	细长圆转，下部较粗，颏项交界处作横皱线一道，有的不作。	大体同前期。期末作品有项线三道，划出，佛有，菩萨无。
体型	一般都肩阔、腰瘦、颈细长，四肢也瘦削如柴；胸部平正，无肌肉表现；加以体态硬挺，故整体形象有瘦劲感觉。 身体各部比例：以菩萨立像为例，体高约为头长的六个半至八个，若以我国人体比例衡量，下肢都觉过长。	依旧保持颈长，肩阔、胸平、腰细等瘦长挺直的特征；本期终了时部分造像虽服饰宽大，从露出的肉体部分仍可看出此种遗型，但不再硬挺。 比例较前期匀称，体高比头长约为六个半，期末更符合我国人体比例。
手足	四肢细长而僵直，无肌肉骨骼的表现。佛的手，用生硬的直线作浮雕的刻画，仰翻的脚掌，也用浮雕方法，平满而薄。 菩萨的手势，没有多种变化，但刻画极为细腻精到，技法很写实成熟，具有生命气息，并有纤长柔和的美感，此点很突出。 下肢长直，如上粗下细的棍状物，无膝盖和脚踝等关节表现，脚趾和脚跟、脚尖也无长短、阔狭变化。	本期初，仍然和前期同一手法。 期末，对手的写实能力极为惊人，更能努力于细骨丰肌的美的追求。不过对菩萨双足，仍沿袭旧法，过分狭长，无稍进步；脚趾虽细长而以简略法作出，但远无手指精致。
姿态	佛部像：坐式一概是全跏坐，手印一概作禅定印，采用两手前后重叠置于脚胫之上的样式，没有作其他印相的。 菩萨部像：多立像，一律两足分开，一手当胸执花，一手僵直下垂提长颈澡瓶。 弥勒菩萨多作交脚的坐像，姿态极自然安定。	逐渐开始由公式化的呆板姿态走向多样化的以真实为依据的自然姿态。 佛部像除禅定印之外，最后出现了说法相。 胁侍菩萨虽大半袭用前期手势，但执花的手不一定当胸，下垂的手不一定提瓶；期末更出现了许多美姿态，如第69龛一佛二胁侍，六手无一相同。

续表

部位	前期	后期
服饰	佛部像多右袒的翻领衣，无悬裳。 菩萨部像多上裸，披天衣，裙裾下及脚踝而止，有长飘带缠于肩臂，曲折下垂于两侧，极生动，有华鬘、耳饰、项圈、臂镯、腕轮、脚环等饰物，而无璎珞。	佛部像多改为通肩形式，无悬裳。 菩萨部像在本期初首仍沿袭前期样式，即上裸加天衣和飘带，下着长裙等服饰；往后完全改用民族形式的服饰，不再上裸，宽衣长裙，衣外加阔幅的天衣，裙裾亦有数重，佩带亦多，分披胸部两侧。项圈保持前期样式，也无璎珞。
衣褶	全体以刚畅长直的线条组织而成，除了菩萨的裙裾外，少用圆转的曲线；佛的领缘虽作出正反变化的曲折面，还是以直线划出。 无论何部像都采用紧贴于身的湿褶作法，但手法较原始。 线条多并行，骤然看去，似无变化；细致观察，始能发现其有一定规律和条理。大致从性质上可分主线和衬线。组织法，每一褶襞多作两道主线，中间高而平，挟一道衬线，以表示衣褶的突起部；而两主线和另外两主线之间，则略低平，也嵌一道衬线，以表示衣褶的凹入部。线沟的倾斜面，因线的性质不同，也略有不同。 线型平而浅，圆底，断面，多在平滑的泥面未干时划出；所用的篦，其头极圆大，有比大拇指还大的。 前期之末，手法略有进步，已由原始划线改用阶段式线型，且较有条理，断面；线条组织，也由硬挺的直线改为曲线。	本期初，全体线条组织，主要用并行的曲线，配以手部的直线，极富旋律感。 线型普遍采用阶段式，在每一阶段上又作出一小阶段。实际上这小阶段就是一种划线，因其线沟的倾斜面两不相同，所以也形成了小阶段。有时也把大小阶段简化为粗细划线，交互作出，对衣褶的表现，效果仍极美。拖长的袖缘，多作两道屈曲的波线，增加了变化和美感。 菩萨的长裙，开始和飘带同样作出动态；衣褶作法大体同佛部；线条组织却以长直线为主。 本期末，全体以对称的曲线组成，加上双手和袖缘的细曲线，更觉多样统一。 佛体多用深刻的波浪式线纹，断面，加强了明暗感觉。 菩萨主用划线，有时则深阔线和细线配合使用，这是前期旧法，极能加强褶襞的感觉；裙裥则用第一类型的阶段式。
造作技法	佛部像一律圆雕，两胁侍菩萨多于壁面作半浮塑，上肢和裙带等多紧附于体躯与壁面，技法上基本未能脱离浮塑的原始状态。 服饰飘带不用贴附法，是在光平的泥面作出；衣褶等高出肉面极有限，如臂镯、腕轮等仅在臂部泥面划出轮廓，填上彩色，缺立体感。 本尊脚掌采用浮塑方法作出，前后重叠的禅定印，仅于胫间用泥筑成围墙一道，于外壁划出长直的指形，技法极为原始、粗率、大胆。	始终沿用前期作法，两胁侍仍是半浮塑，手的姿态尚未能临空作出，使动态的表现大受限制。 期末的胁侍，初步表现了临空的自然感，但仅限于饰带等。

从上面记录中前期部分的具体情况来看：像面貌细部各种特点（主要如鼻根高平、鼻梁长直、眼眶凹陷以及蝌蚪式须等），服饰样式及其着法的特点（主要如佛陀的右袒、菩萨的上裸，以及华鬘、臂镯之类饰物及其样式等），以及手印和湿褶作法等特点，可以明显地看出这一切都非本民族所有而是具有异族情调的，毫无疑问是根据经典仪轨和口头传闻而构思出来的印度形象。为什么说这是凭经说传闻而不干脆称为印度造像样式的模仿呢？这个区别是有一定根据的，

最鲜明的例证：如禅定印的双手作前后重叠，和印度像式的上下重叠大不相同；如对于服饰也只知热带印度有右袒和上裸以及身体各部有饰物的风习，而其样式和着法却未能完全符合印度的真实情况；又如湿褶作法也有同样的情况，本类型采用湿褶的目的，是想忠实于热带衣着物质感的描写，是想追求中印度秣菟罗造像的作风，可是结果仍是大有出入；其他如肉髻、发式、耳型等细部也都同样有此情形。这雄辩地说明本类型前期的风格样式和表现手法是受印度——特别是秣菟罗的影响，并且对于印度风格的追求是出于有意识的；但由于造作上只根据经说和传闻进行推测想象，没有做到直接模仿，才使作品的样式手法未能和印度规格完全类同。

前期作品除了间接仿效秣菟罗作风之外，也部分摄取了西域，特别是敦煌一系的风格样式。例如彩绘的蝌蚪式须（与第一类型的形式不同），是印度任何地区艺术中所未见，而为西域敦煌独创的样式；如交脚式弥勒菩萨在印度绝对找不到类似的，无疑也是我国独创的形式，最早见于敦煌系彩塑中，并在整个北朝时代流行。这些样式东传到中原，首先都被麦积山本类型所接受了。在前期作品中，交脚弥勒尚未作为本尊，多造作于大型洞窟里的壁间小龛中；到后期，随着宗教上弥勒信仰的流行，在云冈、龙门的本体系作品中成为极突出的像式，因此麦积山在后期之末也出现以它为本尊的遗例[19]，同时第一类型也采用了这种样式。足见本类型风格的形成，西方（包括印度和西域）艺术是它的主要因素之一。从这一点也可以说明麦积山石窟的开创比中原地区任何石窟群为早。在早期，除了像第一类型那样继承传统手法创造性地进行造作外，就只有多方面摄取西方艺术之一途，这两种倾向都应该说是必然会发生的现象。

后期摄取西方作风的情况却和前期不同，从佛陀的装束采用通肩样式以及褶襞处理方法上都可以看出是模仿性质的。这种模仿可能是以西北印度犍陀罗地区带来的粉本或小品原作为依据，因为那样接近于犍陀罗风的样式手法，绝不是仅凭经说和传闻所能办到。证之史实：如迁都洛阳后所建立的永明、永宁等大寺里都集中收藏了历年由外国所献的大量经像[20]，如521年沙门惠生也由犍陀罗带回许多佛像摹本等[21]，足以考见这些印度摹本和原作，对当时的造像一定起过作用。可是这种作用是有限度的，作家们仅是在继承前期的基本形态和手法之下，酌量吸收一些犍陀罗风的精神，例如采用了通肩的服装样式之后，对衣褶处理方法，是按照犍陀罗样式通体作出左右对称的曲线组织，以表现软薄的质感和量感，而其手法依然沿袭前期传统，不过略为提高而已，并未像犍陀罗式作出断面如波浪式那样富有立体感的褶线。因此影响虽较前期大，但要说它是盲目模仿是不正确的。同时这种影响也仅局限于本尊佛陀的服装衣褶，而没有使开相变成希腊型的犍陀罗式。与此相反，容相只有日渐接近于民族的真实形象。至于胁侍菩萨，不仅连服装衣褶也未受到任何影响，而且往后更趋于民族形式化了。想是当时传入的图像以教主佛陀为多，菩萨之类偏少，因而发生这种不全面的现象也未可知。

本类型虽然长期固执于推尊印度、效仿西方的主张，忽视了民族风格的表现，但到后期中叶居然也扭转过来看到了第一类型的伟大成就，因而在其原有基础上汲取民族的和现实的成分作为营养，这从云冈、龙门的本体系造像中表现得最为明显，此地如第69龛的造像——特别是两胁侍像上可以有力地证明这一点，无论容相、体态、服饰和各种处理手法还是从这种形象特征上所表达出来的性格感情，无一处不透露出民族性和真实性的特质，这说明本类型到了后期终于受到在它近旁的另一风格的极大影响。

从记录中还可以看出：对于容相、体态和衣褶等各方面的表现手法，在前期是比较原始粗野的，那刚畅长直的褶线和那瘦削枯槁的肢体，僵呆硬挺的姿态极为一致。这种表现正如唐释道宣所谓“唇厚，鼻隆，目长，颐丰，挺然有丈夫之相”[22]那样，使整体形象有健强、刚劲、雄伟的气质和庄严、崇高、肃穆的精神，但是缺乏艺术上最重要的真实感和生动柔和的韵味。虽然这种衣褶作法也是为了追求真实，为了刻画衣着的紧贴于身的感觉，对于热带地方那种柔薄细滑的衣料质感却未能表达出来，因此这种湿褶作法还是停留在古拙的理想阶段。但是这不等于说这一类型的作家没有写实才能，在作品中透露出的写实才能最突出的例子如胁侍像的双手和缭绕于肩臂上的飘带，虽然还只能利用壁面进行浮塑，可是表现能力达到了高度的成熟，对手的刻画不仅做到真实，也能掌握美的原则；飘带除了正反转折、变化多样之外，能表现风动的意态，从这种飘带的样式来看，那所谓“吴带当风”的作法，就不能算是吴道子的独特风格了。

这样的艺术手法保持了很长时期，直到前期之末才显露了蜕变的迹象，衣褶开始改为接近真实的阶段式，并使用了曲线的组织形式。这样到了后期更逐渐走上写实的轨道，和服式衣褶的犍陀罗样式化的同时，也出现了与第一类型相同的服装并有袖缘褶线和悬裳的装饰性样式，开相上也从前期的基础上面向了真实，逐渐把各种特征婉转化，如鼻高减缩、目不凹陷等，因此精神显得极为秀丽、慈祥和可亲，形成毫无异国情调的民族容相，胁侍像更采用了民族的服饰，手法也和第一类型极为接近。这种倾向越到后来越为显著，终于在后期之末完全融化在民族的精神和形式里，异族成分才告绝迹。

从上面记录中还可以看出，本类型始终保持这样一贯的特点：像种的单纯和姿态的呆板以及塑法的无变化等，一律是一佛二胁侍菩萨、一坐二立、一圆雕二半浮塑，显得非常枯燥贫乏，虽有交脚弥勒的美形式，也长期只作壁间小龛的点缀，直到晚期才把它作为本尊。从这些上面足以想见这一宗派的清规戒律异常严重，以致产生了定型化公式化的现象，这也是比第一类型为差的一点。

这种作风东传到云冈已在后期初头，云冈最初开凿的洞窟，便是由本系作家造作的；那西部五大窟的艺术成就，应该被认为是这种风格在云冈期内的代表作。[23]这批规模巨大、工程达八年之久的石窟造像，虽传为沙门统昙曜所造，实际上是他和统治者（文成帝）相互勾结以追念已故祖先（五帝）的名义而进行开凿，他们受了“太武灭法”的刺激，特在“复法”开头变本加厉地宣传佛教是别有用意的。他们不惜人民的血汗，集中国内的雕塑人才来长期服役。这批大窟造像可能就是由麦积山派遣来的优秀作家们所造作。作家们也借此发挥了艺术天才，在原有基础上对造型手法各方面快速地做出了更多的贡献，无论在内心精神还是外表形象方面都比前期提高了。为了加强富丽，对细部的刻画采取了图案形式的琐碎刻画，但这种纹样和它所表达出来的情趣，依然是异域的；由于技法工整精巧过度，刀法都显出锐角，不免显露出一种刻板的匠气，因此要像同地的第一类型作品那样的有韵味是不可能的；但从整体来看，其富丽、庄严、雄伟等是达到空前的地步。此外，也有部分作品——特别是菩萨部像开始受到其他作风的感染，在容相、服饰、衣褶各方面都有了一些改变。

在龙门诸龛窟中也有很多属于这个风格体系后期的遗迹。最具代表性的实例：如古阳洞里几十个龛像大半是这个体系的作风。龛像的组织依然是一佛二胁侍菩萨、一坐二立、一圆雕二半浮雕的格式[24]，交脚弥勒和二佛并坐像已成为非常流行的主题。手法比麦积山前期作品有显著进步，佛陀的容相能兼顾到宗教的庄严性和真实的人情味两方面，虽有一部分龛像依然采用右袒的服式，却另有一部分龛像作出和第一类型同样的敞胸并有悬裳的样式。[25]民族形式化的倾向以表现在所有胁侍菩萨和交脚弥勒的服饰上最为显著，特别是交脚弥勒在艺术上达到了登峰造极的地步，那下垂于腿胫之间像百裥裙似的长裾的图案化褶襞，作出极有规则的平行的阶段式刻画，能在接受民族形式基础上发挥独创的精神，取得艺术上的新成就。[26]但本类型的基本精神并未稍改变，如那种刚劲的气质、瘦挺的体型、衣褶的做法，以及细硬的线条组织之类，依然呈露出它固有的基本特征。

本类型前后期也都有一些小型的石雕像和金铜像遗迹，尤其是后期作品时可发现。由于体积过小，制作时趋于粗糙，不易充分表现特征，因此在这里不拟多加论述。

现在对麦积山石窟北朝雕塑艺术的风格体系可以概括地得出这样一些初步理解：

第一种风格类型是在民族传统风格手法的基础上发生和成长起来的，它仅接受来自印度的佛教主题和内容形式方面一些不可缺少的原则性条件，用了写实的表现手法把它创造性地纳入传统的范畴里，成为纯净的民族风格和样式，并逐步发展了这个风格和样式。这种风格类型的主流向东传播到云冈、龙门以及巩县等石窟群，在民族文化基地的中原地区得到极大繁荣，也曾西向经小积石山通过河西走廊到达西北地区文化中心的敦煌，但仅是影响未成主流。关于这方面的影响，拟另文阐明。

第二种风格类型是在严格遵守经典指示和造像仪轨的主张之下出现的，先后受到印度秣菟罗和犍陀罗两种样式的间接或直接的影响；但在表现手法上没有进行盲目模仿，与此相反，充分发挥了独创的才能。同时也汲取了西域敦煌方面一些成分，这种成分被融化在独创的风格里。由于它是摄取了印度和西域等地的成分而成长起来的，所以除了在中原地区取得活跃的环境之外，并未逆流而上为河西走廊以及敦煌所吸引，这些都是和第一类型迥不相同的地方。

这两大体系，在前期几乎是处于对立的地位，坚持各自的主张，诚如唐释道世所说："自泥洹以来，久逾千祀，西方像制，流式中夏，虽依经镕铸，各务仿佛，名士奇匠，竞心展力，而精分密数，未有殊绝。”[27]形成各立门户、分庭抗礼的状态，但任何事物绝不会孤立而无关联的，因此这种状态也不能保持永久，到了后期，二者之间开始了形式和手法各方面的相互影响。这种相互影响表现了不同程度的情况，那就是第二类型受到第一类型的感染比较多些。第二类型这种影响也仅限于感染，并未被第一类型完全同化，依然能保持它那种基本的独创的风格特征，自成一个体系。由外来成分较浓的混血状态大量汲取民族的血液，使其艺术变成具有纯化的民族精神和面貌，这种发展现象不仅完全正规同时也是必然的趋势。只有符合于民族传统精神的风格，才能取得人民的喜爱，也才能得到发展前途，因此这种转变绝不是偶然的现象。

综观麦积山石窟的艺术，它在北朝前期的艰苦创造，在中国雕塑史上占着非常重要的一页；它为中原地区奠定了发展的基础，使北朝后期的佛教雕塑发出灿烂的光辉；它曾成为艺术领导中心，不断影响着附近地区。当“复法”以后，大同云冈开始大规模兴造石窟时，这两种风格曾移植到了云冈，由于那里是政治和佛教的中心，因此这两种风格受到丰富的滋养而发展起来，取得了新的成就，这时麦积山也就随着失去了原有的独立性和领导作用，反过来受到云冈方面来的影响。之后，政治和佛教中心又转移到洛阳，麦积山艺术也就更处于从属地位，不断受到龙门的支配。但云冈、龙门等地这两种风格体系，毫无疑问是祖源于麦积山石窟的，如果没有麦积山前期两种风格的创造，也就绝不可能出现云冈、龙门等地那样丰富多彩的优秀艺术。

最后还得说明：这里仅就麦积山所见北朝时代雕塑上的两大风格类型加以分析研究，并附带述及散布在各地的同体系的雕塑情况。但是这个主题内容牵涉颇广，并且也是一件相当复杂的工作，由于篇幅和时间的限制，仅就问题的核心加以简单扼要的阐明，对许多关联的问题未能畅所欲言，今后如有必要，当再加以补充。同时，对这类问题的探讨，还只是初步的初步，意见绝不会完全正确，本人热切希望同志们共同进行深入研究，展开争鸣。

注释

[1]见《梁高僧传》和《贞元录》。

[2]实例如第154窟本尊。

[3]实例如第154窟本尊，于口角外方和颏唇沟下画大圆点，旁加一条屈曲的细线，呈露滑稽的微笑。

[4]实例如第140窟各像。

[5]实例如第123窟左右龛佛坐像，以右手按胸，疑是“施无畏印”的变形；又如第112窟左龛佛坐像，用右手握左手置于胸下，疑是“禅定印”的变形。

[6]实例如第100窟左胁侍。

[7]实例如第127窟左龛的左胁侍，做奉献供养品的姿态，能在不超越仪轨范围内作大胆处理，使动态不落常态。

[8]实例如第135窟左右龛中尊。

[9]实例见第9图和第10图。

[10]实例如第123窟的童男童女立像，参照第6图左方童女立像。

[11]参照第5图迦叶立像。

[12]参照第3图力士立像。

[13]小积石山石窟即甘肃永靖小积石山区域内的炳灵寺石窟，因该寺早已不存在，故以寺名窟不如以山名窟为妥当。

[14]是据《法华经》中“见宝塔品”内容而作，参照第11图。

[15]参照第12图释迦龛像，这是北魏正光四年(523)比丘法昤所造，全龛共七尊。

[16]已于1933—1934年被美帝国主义劫走，现在纽约市博物馆。

[17]事见《梁高僧传》。

[18]这五窟，据大同文管会编号是第16—20窟，即俗称的接引佛洞、阿閦佛洞(有二窟)、宝生佛洞和白耶佛洞(露天大佛)。

[19]实例如第169龛。

[20]史实散见于《魏书·释老志》,《洛阳伽蓝记》卷四,《开元释教录》卷六,《历代三宝纪》卷六、卷九,《释氏稽古略》,《历代通载》卷十等书。

[21]事见《洛阳伽蓝记》卷五、《魏书·释老志》。

[22]见《释氏稽古略》。

[23]实例如第18图露天大佛。

[24]实例如第19图弥陀三尊像。

[25]实例如第20图弥陀坐像。

[26]实例如第21图弥勒菩萨坐像。

[27]见《法苑珠林》卷24。

本文载于《美术研究》1957年第1期

史岩(1904—1994)，江苏宜兴人。1924年毕业于上海大学美术系。浙江美术学院(现中国美术学院)教授。

关于彩墨画系安排素描和临摹作业的问题

莫　朴

对于在今天美术院校彩墨画系的课程中安排素描与临摹作业问题，各方面反映了一些不同的意见。我想对于其中的几个问题，谈谈我个人的看法和我个人认为彩墨画系的素描与临摹教学上某些应该改进的地方。

有一种意见，认为今天彩墨画系安排素描课，没有好处，主张取消。主要的理由，是感到彩墨画系学生成绩中，中国传统绘画的风格和技法保存得太少，其所以如此，则是由于学生学了素描。因为中国传统绘画一向不讲究用明暗描写形象，一学习了素描，便会使学生偏爱西洋画的表现方法，所以要反对。

首先我想先谈一谈素描。有些人以为素描只是要求用一种颜色：通过明暗调子的变化去掌握形象；以为素描的好处，只是能锻炼学生把一个东西画得准而已。

当然，要画得准很不容易，但在绘画上，这到底还不是顶困难的事。可是要在二度空间的画面上，以有限的色彩，表现出大自然的无限层次，要求在一幅薄薄的平面上，表现出物体的轻重、厚薄、软硬，以及各种不同物体的质感量感，要求用最巧妙的技法，丰富生动地表达出那些变化无穷的形象，并不是一件容易的事。但这却是一个画家所必须掌握，而且是需要终生不断磨炼的。学校中的素描教育，就是为了奠定这样的一个基础。

那么学习中国传统绘画，素描是不是有妨害呢？

有一次我和刘开渠、李可染两位同志，去看齐白石老先生作画。老先生正画着一幅荷花。里面画着一片枯黄的大荷叶和一朵鲜红的荷花，前后穿插着五六枝墨色丰润的新荷叶，两枝焦墨画的莲蓬。整个的章法、色调和用笔都非常好。可是我们三人觉得顶上的莲蓬略感处理不够。老先生画好，照例要挂起来细细再看一遍的。老先生看了一会儿，随即又拿起笔蘸了一点淡墨，最后就在顶上莲蓬的几笔浓墨中补了一笔。这一笔一补，不但改变了几笔浓墨孤立的情况，而且把莲蓬的质感量感也更充分地表现出来，使我们感到更生动、更满意。

我们的议论，老先生是没有听见的；我们三人中也只有李可染同志是画国画的，可是为什么有着共同的感觉呢？我想不是别的，这就是素描的要求。老先生是没有学过素描，可是在他几十年的锻炼中是已经深深体会到素描的关系的。

又如第二次全国国画展中的许多优秀作品，像吴湖帆先生的《云中山顶》画中的瀑布，虽然在很有限的画面上，却把瀑布的上源推进画面很深，使人感到其中有一片非常深远的空间，非常耐人寻味。可是我们试想，如果瀑布没有表现出那样的深远，这张画还有什么吸引人的魅力呢？或者试想于非闇先生的那张《黄鹂玉兰》中的玉兰，假使画得像纸一样，又薄又脆，不管整个章法色调安排怎么好，又怎能令人喜爱呢？

虽然这些画家都未学过素描，但应肯定地说，假使画家根本没有体会这些素描上的要求，那他在表现上也就不会有这样的成就。

如蒋风白同志的那张《鹰》，整个布局，鹰的精神，树干以及枝叶等，都画得很好，假使要找缺点的话，我感觉鹰的翅膀，特别是下腹的羽毛，画得显不出鹰的身体那般重的分量。从事国画的同志说是这部分用笔尖，施墨愣，因此强烈刺目而不协调。若是从素描上的要求讲，则就是缺乏量感，是素描关系问题。虽然这种情况，在蒋先生的其他作品中不一定常有，但我想假使有强烈的素描要求和成熟的素描修养，便不会产生这部分的偶然的缺点。

同时这种缺点，一般在有修养的老画家中比较少，但在年轻些的国画家作品中则较多。这主要是由于老画家从不断制作中，对于素描有了深切的体会。因为所谓“笔墨”，科学地分析起来，它不仅是像有些人说的只是为了达到艺术表现上的趣味，而且它也含着充分的素描要求。

如黄宾虹先生的山水，有一个时期画得很黑。我想这并不是黄老先生追求黑，而是由于黄老先生想在画幅中充分地表现他对自然的感受，想充分地表现出南方山水的那种浑厚华滋的面貌，力求运用自己的画笔表现出大自然的层次和变化，除了追求笔墨的艺术效果外，同时也深深地包含着对素描的追求。而年轻的国画家，虽然在笔墨上力求追上前辈，但由于不理解中国笔墨中包含的素描要求（当然，中国笔墨功夫还有其他的要求），因此常常依靠很久的艰苦摸索，才逐渐有所体会。同时这些体会有时也不是明确地理解的，所以有的又难免在某张画上，或某张画上的一部分，又出现这样的缺点。

至于说西洋传来的素描，是用明暗来表现的，不适宜学国画的人学，我也不同意。姑且不论今天有许多国画家也学过素描，并没有妨害了他保持传统风格，同时中国传统的绘画在明暗处理上，虽然与西洋画有很大的区别，但不是不画明暗的，更不是无须懂明暗规律的。如龚半千论画石：“……画石块上白下黑，白者阳也，黑者阴也。石面多平故白，上承日月照临故白；石旁多纹，或草苔所积，或不见日月为状故黑。”这说明古来画家是想了解明暗规律的。

虽然我国历来的画家们，深切地了解了要在二度空间的画面上，强调表现三度空间，像视觉所感受的一样，这在事实上不但是不可能的，而且作为艺术，也是不必要的，因而才创造了特殊的优美的风格，但这并不等于说无须素描修养。在中国画论里，如六法提出应“……应物象形，随类赋彩……”，三病中批评“……状物平偏，不能圆浑”，十二忌中反对“远近不分石只一面。……滃淡失宜，点染无法”等，均无一不是要求画家要有掌握形的能力，均无一不是素描问题。

因此我觉得学素描，对于学国画不但没有矛盾，而且应肯定地说是完全必要的。

另一种相反的意见，就是认为只要素描学好，便能解决问题，而且认为过去的彩墨画形式和技法已不能满足今天的要求，不应让古人的一套来束缚年青的一代。我认为是不对的。

首先，我想我们今天建立彩墨画系，并不是仅仅要培养一些能够掌握中国彩墨画工具，能够熟练地运用中国毛笔和纸墨性能的画家。假使是这样，我想我们设立彩墨画系也就没有意义、没有必要了。虽然中国的纸笔与西洋的油画或水彩画，在工具上有很多不同，甚至在某些方面还较难掌握些，但这些毕竟是纯粹的技术问题。只要掌握了一般的绘画技巧，花上一定的时间，积累些经验，我想是完全可以解决的。

当然，中国的毛笔、宣纸等工具，无论如何画，它总是与油画、水彩画的效果有些不同，并有另一种趣味。有一些画家愿意用中国的纸笔作画，想创造出一种更适合表达自己艺术风格的作品，我们当然也不应反对。

但在今天的美术院校建立这样一个学系，它除了培养学生获得一定的专门技术以外，同时还应该根据社会和历史发展的需要，担负起一定的历史任务。

事实说明，中国传统绘画中的多种多样的形式能够表现今天中国人民的生活。因为中国传统绘画是在民族的生活发展中所创造的，所以一向为中国人民所喜爱。我们今天有必要并且有责任来继承和发展它。彩墨系的建立，无疑的就是要培养一些既能够服务于社会主义建设，也能够继承和发展我国绘画传统的新的画家。我想，这就是我们彩墨画系的任务。

因此我不同意那种认为只要把学生培养到有一定的素描基础，拿起中国毛笔和纸墨到处写生便解决问题的看法。我认为必须深入地，而且有系统地学习传统绘画的形式，以及具体的表现技法。

同时，有些同志提出应将彩墨画系的名称仍改为国画系，根据以上的认识，我觉得也可以改。

还有一种意见，是反对临摹，特别反对低年级进行临摹。理由也是认为会妨害学生的发展，认为中国传统绘画自有其一套独特的教学方法，主张按原来的教学法进行教学。只主张在高年级的时候，根据学生风格发展的情况，再给予学生作风相近的作品进行临摹，作为研究，去体会前人的制作意图、表现方法和传统绘画中的成就。

提出这问题的出发点是好的。可是问题在于中国传统绘画是否有一套完整的教学方法呢?

中国传统绘画，由于其独特的风格，在教学上是有自己的一套独特的体系的。例如对于初学者，不但要求有描写客观对象的能力，而且一开始便同时强调一个画家要有主观的要求——“中法心源”。如画花不仅要像花，而且要求像自己意境中最好的姿态。不仅在章法上，而且要在作者的笔下，一笔一墨都能传达出自己的感情。同时由于中国工具的特点，不可能修改，以及其所形成的朴素的表现方法，要求每一根线的变化，每一块颜色和笔触，都要成为整个画面的谐调和节奏中不可分的一部分。这种对初学者的要求，是和学习西洋绘画有着不小的差别的。我们应该保持这样的传统教学方法，去进行教育是对的。

可是实际上，如何通过写生贯彻这样的教学体系，或者说如何将这一套教学体系贯彻到写生中，以及具体的写生方法，不但有发展成为完备具体的基本练习的教学方法，而且实际上自宋以后已完全丧失，并造成元明以来崇尚模仿的情况。而在教学方法上，也完全以临摹为唯一的教学方法了。

当然，我们并不应该以这种方法为满足，不应该一成不变地因袭下去，但在还没有按照中国绘画思想体系创造出完备的教学方法以前，今天学习素描和吸收原有的临摹方法，并由此再向前发展，是完全有必要的。

关于学素描的问题，前面我已谈过了。这儿我想专门谈谈关于临摹问题，特别是临摹一般传统技法的范本和作品问题。

据我个人认识，中国传统绘画除了包括题材的选择、处理和章法等艺术上的手法有独特的风格外，在表现具体形象的技法上，随着风格的要求，也有着丰富的创造。例如画树叶，古来画家创造了各种不同的点叶法、夹叶法，这些笔法既表现了各种不同的树叶，同时这些笔法的疏密浓淡，错综反复的运用，也表现了色彩明暗，远近层次和气候。其他如山的皴法，人物或花鸟的描法，以及渲染的方法等，都是形成中国传统绘画风格不可缺少的一部分。而这些技法是为中国人民所能接受和非常热爱的艺术语言和字汇。如果不能熟悉这些语言字汇，便不可能进一步去发扬它、丰富它，也不能脱离它去凭空地追求传统风格，否则那将成为想说话而不能说话的哑巴。

因此，我认为今天不仅应临摹，要素描，而且应在这样的基础上去进行写生，创造出一条既能充分反映今天的现实生活，又能保持和发挥中国绘画思想体系的新的教学方法。

也许将来还可以找到更适合中国画的素描方法，不用现在的临摹的方法，但今天我们只能按这条道路一面改进，一面创造。只要我们有明确的方向，我们一定会创造出新的教学方法。但我们不能等，不应否定今天所走的道路。

前面我谈到今天彩墨画系安排素描和临摹是完全有必要的，但今天的素描教学和临摹教学是不是常使同学产生偏爱西洋风的绘画，或者不满足于临摹，不注意学习传统绘画的优点，而满足于用一般的素描方法去画彩墨画呢？

我觉得这种现象还是有的，但绝不是说素描或临摹教学今天根本不需要，而只是在执行教学上或教学组织上还存在着一些需要改进的地方。

在素描教学上存在着的主要问题，首先因为我们的素描教员，差不多全是学西洋画出身的。西洋绘画自文艺复兴以后，无论在构图的处理上还是形象的描写上，都非常讲究明暗调子的使用。特别自印象派以后，强调了没有光便没有形和色，在这样条件下出身的素描教员本身，即受西洋画这种影响很深。同时对于中国传统绘画的研究和知识太少，不能从中国传统绘画中帮助同学说明和理解素描中的问题，宣扬中国优秀绘画在技巧上的成就，甚至有时对传统绘画表示怀疑，并常常不自觉地在同学面前片面地宣扬西洋绘画的优点，因此无形中影响了某些同学偏爱西洋画，而对传统绘画抱着怀疑态度。

在技法教学上，更由于过去主要不是从结构关系上去教同学观察对象和描写对象，而是从光暗关系上去教同学观察和描写对象。同时在教材上，只是头像、人体等，也未能同彩墨画技法课的内容相应结合。在教材的布置上，如安排模特儿时也比较强调放在明暗调子距离大的地方（在某些练习阶段这样做还是必要的）。所以也养成了某些同学离开了明暗调子，便无法掌握形象的情况。我觉得这许多地方应加以适当的改进。

除了素描课外，应适当加多速写和背画的作业，并有步骤地与彩墨写生和白描适当结合。

关于临摹教学，过去旧的临摹教学的缺点，主要在于不是让学生熟悉前人的表现技法去写生，去表现现实生活，也很少讲授前人这些技法是如何形成的，以及如何去适用等问题。甚至说各种表现技法的形成，不是从观察自然中体会得到的，而片面地说是从前人的技法中发展而来的，因此使后学者忽视写生，往往囿于前人的技法而不能自拔，削弱了后学者艺术上的创造能力。

新的彩墨画教学在这方面已有许多改进，但由于缺乏对前人的作品的分析和技法的研究，以及对传统画论缺乏科学的整理，因而在讲解上，往往使学生感到很玄奥，或者虽讲到些具体的表现技法，但又不能与中国传统绘画的创作思想很好地结合起来。如前面谈到的“笔墨”的运用问题，在传统绘画中确是重要的一环，但“笔墨”中包含些什么问题，如何才能达到笔墨的效果，则缺少科学的分析。因此在临摹作业中，往往也只是表面地提到些起笔落笔的技法。如临白描人物只讲衣褶的关系、线的用笔用墨方法，但如何应用线描画出人的神态、动势、质和量的效果以及运用线的疏密浓淡和粗细强弱，形成整个画面的协调等，则缺乏讲解，不能提高学生的欣赏水平。

因此学生在进行临摹时，不是从艺术的效果上去追求前人的表现技法和经验，往往是依靠铅笔准确地按照范本临摹下来，然后再用毛笔按着铅笔底子依样葫芦地去硬描。同样，运用在写生上，也不是根据铅笔稿子再去体会自然形象，用笔墨去生动地画出来，而只是把铅笔线勾成毛笔线，失去了画家对于自然的感受，也失去了自然的生动面貌。虽然是在学传统绘画的技法，但完全失去了学习传统绘画的基本精神。因此很多学生在真正有所感，而想灵活地运用传统技法的时候，则感到困难。我认为这种情况必须大力地予以改变，特别是应努力研究如何提高学生们对于中国传统绘画的欣赏水平。

除了具体的教学内容、教学方法应加以改进外，我觉得应尽可能将今天的素描教学和彩墨画教学的联系加强，使两种课的教学计划、教学内容以及教材等，尽可能取得更密切的结合。在有条件的情况下，应抽出一些从事彩墨画的教员专门担任彩墨画系的素描课，并将素描课的教员和彩墨画的教员编成一个教研组。这样不仅课程便于互相配合，而且可以相互提出改进的意见和互相学习，共同研究教学实践中的问题。这样，不仅可以进一步改进现有的教学，而且也一定能由此创造出一条新的教学道路。

本文载于《美术研究》1957年第1期

莫朴（1915—1996），江苏南京人。美术教育家、油画家。1933年毕业于上海美术专科学校。历任中央美术学院华东分院副院长、浙江美术学院院长。

关于国画写生与临摹的关系

王伯敏

在国画教学上，写生与临摹应该并重，不可偏废。因为发展国画，写生与临摹是相互为因，又是相互为果的。

对于临摹的问题，在教学上曾一度引起了论争，有人主张临摹，有人主张不要临摹；就在最近，还有人提出不要临摹。主张不要临摹的主要理由是：临摹会使初学者陷入“泥古不化”，会失去独创的能力，并认为古代画家之所以得到成就，乃是从辛勤的写生实践中得来的，不是得力于临摹之功，并且还说，明清画家多“从事临古”，就使得绘画停滞不前。

一味临摹，自然不对，但不能说画家由于“从事临古”，就会使绘画停滞不前。明清绘画之所以呈衰颓的现象，其原因不在于“从事临古”，是在于许多画家缺乏以生活为创作的源泉，缺乏对真山真水的领会与观察以及社会其他原因等。在我们的教学上，只要善于教导学生重视生活，善于启发学生对生活的体验，教学生作一番“从事临古”的学习过程，那还是十分必要的。

从历届全国国画展览会上可以看到，也从画展评介的文字中可以了解到，年轻的画家对民族传统的技法掌握都很不够。这是什么缘故呢？对临摹古代绘画的功夫做得不够到家，便是其中一个缘故。临摹固然不是画家的目的，但通过临摹，不只是可以充分地了解并学习到传统笔墨的运用及“位置”的“经营”，还可以了解到古代画家对对象的观察方法及其创作的特点。一幅古代优秀的山水画，使人看了激动，使人感到大自然的雄伟或优美。这是画家对大自然的生命有所感受，才使得他的作品赋予人们这样的感染力，如张择端的《清明上河图》、黄子久的《富春山居图》等，画中有宫殿楼阁也好，有茅舍草棚也好，有帆卷江渚也好，有高人隐士也好，全局总是和谐统一。这是古人在表现上，不是把对象的各种事物作孤立的处理，不是“漫为填补、东添西凑”，而是“有一定主见”，十分注意“一局物色”的“各相顾盼”和“得适相和”的艺术效果。对于这些，当我们临摹之际，都有深入去理会它的必要。

事实就是如此，凡优秀的作品，都是画家深入生活，从写生中得来的。古画中有所谓“斧劈”“解索”“披麻”等皴法，有所谓“小混点”“胡椒点”“垂头点”，或所谓“泼墨”“焦墨”“积墨”等，都是画家通过辛勤的实际的写生与对山川的体会，才得到的各种表现方法。“搜尽奇峰打草稿”正是我们优良的传统。产生所谓“泥古不化”之弊，这不能归咎于临摹，而在于作者没有很好地进行写生的缘故。

对于写生，古人有古人的历史条件和物质环境。古人作画，反映的是古人的思想与生活，即是说，古人在他那历史环境里，按照他自己的生活感情，创造出他那时代的真实性和具体性。黄鹤山樵画《泉声松韵图》，倪云林画《西林禅室图》，这是元代画家所画元代江南的景色，是元代画家对事物认识的一种反映。现代人作画，有现代人的思想感情和他的物质环境。这是说，古今画家的思想感情是在变化的，古今物质环境也是在变化的，这种错综复杂的变化与关系，也就使得古今绘画之所以在表现上的不同。这从历史上也可以了解到，宋代绘画与元代以至明清的绘画，就有着明显的不同，不仅是主题内容的变化，在对对象的处理上、表现手法上，也都显得有很大的变化。

决定自然风景的面貌与它的情调，有两种不同的因素：一是自然间的变化，即季节、晨昏、风雨、烟云等的变化；二是社会的变化，即人们在其间的生活活动起了变化，人为的建筑物等有了改变。前者古今变化不大，后者古今的变化就很大。作为承继传统的风格与手法，只是来表现仅仅是限于自然变化的山水景物，虽然，画家的思想感情有了变化，但如果掌握了一定的传统表现方法，问题还是不大的，但是，祖国是广阔而丰富的，我们不能只是描绘这样的山水景物。在我们的国土上，有日新月异的伟大的建设，工厂的烟囱在本无人烟的平原上矗立了，火车开过了本无人迹的巉岩峭壁间，拖拉机出现在一片金黄的稻田上等，我们都有描写它的必要。这些巨大的建筑物、交通工具和生产工具，都根本地改变了自然的面貌。那么所画祖国情景给予人们的感觉，与古人所作的山水画，必然有所不同了。假如说，古人画过这座山，古时山前经过的是驴车，山的深处是寺院；今人也画这座山，在这座山前经过的是火车，山的远处是个厂矿。这便是两种内容、两种情调和两种感觉。作为山水画的创作来说，这种不同，不只是建筑物或交通工具的艺术形象给予人的不同感觉，而是由于这些物象（内容）的不同所引起，使得所画山水的方法及赋予山水画的形式感，与古人所画的必然有所不同了。或许有人要问，社会变化了，人为的建筑物等有了改变，然而自然界的山水树石与烟云风雨总是古今一样，为什么在古今绘画的艺术形象上，又有所不同呢？在客观的存在中，自然界的山水树石与烟云风雨的变化，古今好像是没有什么大的不同，但是，客观存在中的物象，一经过画家的描写，反映在艺术的创作中，便是艺术的形象。艺术的形象，不等于客观存在中的物象，艺术的形象，是艺术家经过许多次观察、体验、思考、感觉的成果和总结，包含着作者对对象的认识和他的思想感情，所以艺术形象，必然有别于客观存在中的物象。否则，绘画便如自然主义者那样摄影般的反映事物了。既然，我们反对自然主义的作品，那么，就得认识到艺术形象与客观存在中的物象是有所区别的。

艺术的对象是包含着人们各方面的生活，这里当然包含着整个社会生活，也包含着各种物象，以及物象的各种形式和它们的彼此关系。在创作过程中，艺术家必须把他所感受到的现象加以概括，辨别各种事物的性质、形象的特征，作出一般的概念，使其在艺术表现上，得到统一调和。然而，现在就有一些作品，便不是这样做，在历届国画展览上，不是都可以看到吗？譬如画山画树硬套传统的形式，火车、洋房无传统可套，便是以西洋的画法来一套，可是效果呢？有人评论道：山水树石以及烟云的变化画得好，有传统的方法；火车、铁轨画不好，看去与山水树石不相和合。或有人说，火车等景物画得好，有生活，而所画山水树石，倒是老一套，看上去没有新鲜的感觉。姑不论这两种论点如何，但是，这样的作品，使人看了会感到不满意，这是可以肯定的。然而这个问题的症结在哪里？即在于作者没有注意到艺术描写的真实性和历史的具体性；只注意到内容的丰富和交代，却没有注意到形式的完美和调和，而且也过于强调地赋予了线条、色彩、节奏等以独立的意义。古人论画，当谈到山水画中的“堂户”或“舟车”时，往往把这些物象比作人的“面目”。既是“面目”，其所露表情，应当与这个人的思想感情及各方面的体态神情相一致。现在，我们所见到自然中的“堂户”不同了，那么，所画山水，当要求“一局物色”能“各相顾盼”和“得适相和”时，现代的画家，以现代的思想感情，既画了古人所未有见过的“面目”——堂户或舟车，则对所画山水树石，是不是就可以硬套古人所画的山水树石呢？这便应该有所考虑了。在前面已经提到，艺术的形象，不等于被描写的客观存在中的物象；我们古代优秀的绘画，既不是如自然主义者照相般的作品，那么在画家笔下的山水树石以及其他等，自有古代历史的具体性，以及包含着古代画家对这些事物的看法。现在，如果机械地、单纯地把这些古代的艺术形象硬套在我们的创作中，使人们看了，如何会感到满意呢？这个意思，倒不是说我们不要继承传统，而只是说，继承传统，必须与自己画的一套方法要结合得很好很恰切。钱杜在《松壶画忆》中说得很明确：“一种粗枝大叶及米家烟岚杳霭之境，石田翁是其所长，其中屋宇篱落，当以羊毫秃颖中锋提笔写之，意态自别。”这个意思很值得重视，这使我们可以体会到，对于艺术形象的创造，不能把个别现象加以抽象化；当处理它们之间的相互关系时，对各种物象，都应该调和地体现在统一的艺术形式中。那么，当我们进行创作的时候，譬如以这样的一种方法去表现了建筑物或交通工具，也就应该以这样的一种方法去表现山水树石。只有这样，才能使“一局物色”得到“得适相和”。古人画山水，当然想不到过若干年后此间会通火车，他所看到的，只是他在当时所见到的驴车、轿子和牛车之类，因而古人所画山水树石，以及云雾的变幻，凡与古人所能见及的建筑物等，一般看来，就能得适相和。即是说，古人所画，只能把古人所看到的各种物象，体现在古代绘画的统一的艺术形式中；当然不可能顾到与今天的火车、飞机等物象，体现在统一的艺术形式中。画家作画，当其塑造某一个形象时，对于对象，他不是把它孤立地来处理，必须与各个有关的形象取得相顾调和，虽然，各种物象的实质、性格、形态是最多样的，但是它们都合乎规律地联系着，艺术家只要能合乎逻辑地表达由这些个别事物所概括出来的某一主题内容，就可以把这些各种不同的物象，处理在统一和谐的形式中。正因如此，所以今人在画飞机、轮船以及细小的电线木杆之类的时候，画家在传统的基础上，对山水树石的表现，应有所创造和发展，使所画自然风景能与今天人们的生活行动以及新型的建筑物、交通工具、生产工具等，体现在统一的艺术形式中，而得到“得适相和”，才不会使国画产生“夹生饭”与“闹别扭”的不调和的现象。既然大家都认为国画必须发展，发展就得有所创造，明确一点地说，在山水画的某些地方，是应该与古人所画有所不同了。许多画展评介的文字中反映出来，知道观众都要求今天的山水画也要有新鲜的感觉，要有新的发展。这种要求都是实际的，也是必然的。从古代绘画中，我们也可以了解到，譬如古人画江南之山，可用“披麻皴”“胡椒点”来画，但为了表现某种情调或与某些形象取得调和统一时，改用“乱云皴”“菊花点”或其他方法也是可以表现的。一个大画家，固有他独特的风格与成就，但在表现上，点染皴擦，都不是刻板固定的，董源、郭熙、马远、赵松雪等名家，他们对于创作，便是把方法灵活地运用着，使“千变万化，无一处不相和合”，正如张庚所谓“此古人之善变也”。向古人学习这种“善变”的精神，才能适应并表达现实对象中的千变万化的情景。不如此，就不符合今天创作的实际需要。我们有很多国画家，已经描写了水库、水坝的建设，也描写了钻探、勘察等新题材，其中所画的，自然都是新事物，也就是在古画中所找不到的。对于这些新事物，画家只有深入地去观察、体会、认识它，也只有作认真的写生与创造，才能使作品达到真挚的、实事求是的、感情洋溢的境界，才能使人们感到新鲜和亲切。但是，所谓“创造”，这也不是无原则的、切断历史的创造，而必须是摸清民族绘画的传统规律，按照民族传统的规律去发展，是在传统的基础上来创造。就因为这样，要摸清民族绘画的传统规律，便应该切实地来研究古代优秀的作品。切实地研究古代优秀的作品，对古代优秀的绘画进行必要的临摹，便是非常重要的事情了。

以生活为创作的源泉，这是首要的事，但必须了解传统的规律，对传统的技法也必须要有精炼。更要紧的便是应该创造性地吸收传统的画法，按照传统的规律来创造。不能做传统成法的俘虏，要能做传统成法的主人。唐岱曾说：“临古，在于用古人之规矩格法，不用古人之丘壑蹊径。”(《绘事微言》)如近人黎雄才的《武汉防汛图》、贺天健的《七里泷秋色》等作品，在这方面的努力是有一定成功的。恽南田也曾说，“作画须优入古人法度中”，传统的画法，有好方法，值得借鉴，值得学习，但也有欠缺处，如果不是“优入古人法度中”，不是创造性地吸收传统的画法，即使吸收的是“前贤奥妙之法”，也会在创作中落空，而成为无用的东西。米点画江南云山，表现出江南山川在烟雾弥漫中的特色，这是好方法。如果以吸收米点作为表明我是“米家”传统，而用来画任何景色，这就做了成法的俘虏，就变成法为无法了。所谓创造性，即是在描写现实生活中，能使传统方法，在显示并交代主题时表现出灵活与机动的效用。而这，也正是表明写生与临摹的相互关系，张庚论画说：“法，固要取于古人；然所资者，不可不求诸活泼之地。”(《浦山论画》)这意思是：通过临摹，可以理解并熟识传统的规律以及各种表现方法；进行写生，可以理解到现实生活中具体事物本质的、感性的以及彼此之间的关系和这些事物感染人的因素，更能把握物象造型的特征、色彩的浓淡，以及空间关系等的可靠的视觉。只有对这两者加以重视，才能在国画创作上有所创造，对于国画的发展，才有一定的帮助。即于此，最不能忽视的，对于古人所创造的形象，应该从其对于各个物象的认识、理解（审美观念）、观察方法上做深入的分析，然后结合到自己对新事物的认识、理解、观察方法上来考虑对形象的创造。而此间也必然包含着古今画家对于生活、创作的态度和兴趣在某一点上是有共通的，又有所完全不同的地方。正因为这样，所以对写生与临摹应加以并重，不可有所偏废。而这个，也正是画家对繁荣与发展国画所应该具有的切实际的艺术实践。

本文载于《美术研究》1957年第1期

王伯敏（1924—2013），浙江台州人。美术史论家、画家。1947年毕业于上海美术专科学校。中国美术学院教授、博士生导师。

国画与素描

王曼硕

过去我们对继承和发扬国画的优良传统，确实是重视得不够，这有它的历史的和社会的原因，现在先不谈。近来这种情况虽有改变，但国画的优良传统怎样继承和发扬，对这个问题还有不同的认识和看法，反映在国画教学上更为显著。其中学国画能否先学素描，成为当前最突出的问题。有的主张应当先学，不过素描的教法须有改进；有的认为素描是外来的，先学有危险，会把国画融化了；有的甚至说"主张先学素描，就是要消灭国画"。这些问题不搞清楚，对继承遗产和学习外国的先进经验也就不能很好地解决，更严重的是也将阻碍国画的发展。现在想就这些问题谈谈个人的看法，并希望能引起争论，如果自己的看法有错误，也想借此得到纠正。

谈到素描这个名称，确是在我国过去不会见于经传，它是从外国翻译过来的。但是"对于我国过去的和外国的一切有益的文化知识，必须加以继承和吸收"（见中共八大决议），自然在美术上也不应当例外。素描在我国美术学校教学上的采用，已有近40年的历史。国画的教学方法过去也不一致，最主要的有：师傅带徒弟的方法和学校教学的方法。学校教学的方法又有两种：从临摹入手的方法和先学素描的方法。这两种教学方法同时并存，也有将近30年的历史了。单就先学素描的方法来谈，虽是到现在还没有形成比较完整的一套，还有缺点必须加以改进，但从先学素描而已经有成绩的国画家来看，其中不仅有青年的、有中年的也有老年的。他们先学了素描并没有把国画融化了，也没有把国画的优良传统丢掉。另外，还应当提到的是，其中有些青年的和中年的国画家，对发展人物画的优良传统方面也是有成绩的。1955年在国际青年联欢节获奖的国画《两个羊羔》就是例证。根据历史的实践的证明，学国画先学素描，起码不是有害而是有益的。近几年来，我国各美术院校在教学上采用的素描基本练习方法，是学习了苏联根据契斯恰可夫的素描教学原理所实行的办法。从总的方面来说，我们学习了苏联的素描教学方法，不仅提高了教学质量，学生基本练习的成绩也是显著的。事实证明苏联的素描教学法是相对系统、科学的教学方法。虽然我们在学习过程中也产生了一些问题，今后应当加以改进，但这不是根本性的问题。

为了搞清楚问题，还必须谈谈学国画先学素描之所以有益而且已获得成绩的原因。先从素描基本练习的教学目的谈起。素描基本练习是为了提高观察和表现空间物象的能力，也就是通过基本练习的学习步骤，锻炼着对空间物象能观察得周密，理解得深透，看得准确，同时锻炼着把观察和理解了的对象准确地表现出来，不但形象要准，神情也要真。这和国画要求“形神兼备”，在学习写生中要求“真”的道理基本上是一致的。油画和国画虽各有其特征，各有自己的传统，但因为都是造型艺术之一种，所以也有其共同之处。我国古代画家初学画时的作品，没有流传下来，今天已不可见，但还能从记载中了解一些情况。五代荆浩在他所著的《笔法记》中谈到他画松树，是在太行山中发现了一处有很多古松，“因惊其异，遍而赏之。明日携笔复就写之，凡数万本，方如其真”。他画松“凡数万本，方如其真”，可以推知他是经过了一个艰巨的锻炼过程。他所指的“真”，不只意味着形似，同时也意味着神似。何以见得？因为他初接触到这些古松时所惊异的是“围大者皮老苍藓，翔鳞乘空，蟠虬之势，欲附云汉，成林者爽气重荣；不能者抱节自屈”。这正是他所感受到的松树的神情。他所指的“真”，自然也包括了松树的这种气势和神情。再从现存的古代画家的作品来看，如唐代周昉的《簪花仕女图》，刻画了当时的时装妇女。五代顾闳中的《韩熙载夜宴图》，反映了韩熙载夜饮时宾客糅杂，狂逸不拘的生活（见《铁网珊瑚画品》卷一）。北宋李公麟的《五马图》，画下了当时名贵的骏骥。元代黄子久的《富春山居图》，描绘了当时富春山一带的景色。清代徐扬的《姑苏繁华图》，反映了当时苏州市民的生活和街巷的情景。这些作品可以说都在不同的程度上做到“形神兼备”“气韵生动”。除了前面举例所提到的以外，历代杰出的画家还有很多，他们也多半留下了具有相当高度的艺术技巧和各有自己风格的优秀作品。我们历代杰出的画家，之所以能有这样高的造诣，固然是由于他们坚持了“师造化”从生活出发的创作道路，但如果不经过对观察和表现空间物象的能力的严格锻炼，获得这样的成就是不能想象的。从元代永乐宫（现在山西省永济县永乐镇）的壁画所表现出来的作者的成就来谈，他们能够把等身大的人物，画得那样比例准确，姿态生动，许多人物并有各自不同的性格，更使我们相信，如果作者没有经过严格的锻炼，是不可能做到的。基本练习的锻炼之所以需要，还可以从清代沈宗骞所著的“传神总论”中得到进一步的体会。他谈到肖像画的形神问题时说：“若神有少乖，则竟非其人矣。然所以为神之故，则又不离乎形。耳目口鼻，固是形之大要，至于骨骼起伏高下，皱纹多寡隐现一一不谬，则形得而神自来矣。”（见《芥舟学画编》）这不仅解决了形神的关系问题，同时也说明了所要表现的对象，从整体到细部必须做到准确的刻画。要做到这一点，不经过严格的锻炼，是不可能的。

我国古代杰出的画家给我们留下了许多优秀的作品和高明的画论，确实值得好好地钻研，认真地继承和发展它。但遗憾的是，对初学者应如何教如何学的问题，古代画家没有给我们留下一套比较完备的有系统的方法。所以在国画的教学上迄今也还存在着几种不同的教法。20多年前，学国画先学素描的教学方法的产生，追究起来，就是为了克服当时国画家多半没有写生的能力，不能反映现实生活的缺点。这正是取人之长，补己所短，学习外来有益于自己的经验或方法，是为了发展民族艺术。这也是我国古代画家早已做过的，如敦煌的壁画、云冈的石刻，就是明显的例证。为了继承和发扬国画的优良传统，创造能反映现实生活的和具有高度艺术技巧的新作品，现在应着重考虑的倒不是是否先学素描的问题，应该考虑的倒是应如何改进素描教学中的缺点，使教得更好、学得更好的问题。

为了更进一步搞清问题，还有必要谈谈素描教学法在外国形成比较早的原因，以及油画和国画的共同之处。外国的古代画家培养青年一代，也用过师傅带徒弟的办法。近两百年来，欧洲的一些国家，因为美术学校建立的早，为了在一定的时间内能有顺序地教会学生掌握造型的基本规律，基本练习课的素描教学方法也就逐渐形成了比较有系统的一套。我国美术学校的建立是比较晚的，自己要建立美术学校，须先学习别人的经验，基本练习课的素描教学方法，自然也随之而来。近代诸流派的油画作品和国画的现实主义的优秀作品相比，确实共同点很少，但和现实主义的油画相比是有共同点的，如意大利文艺复兴时期达·芬奇的《最后的晚餐》、拉斐尔的《雅典学院》，17世纪荷兰画家伦勃朗的肖像画，19世纪法国画家柯尔培的动物画（如《树林中的鹿》）和柯洛的风景画，俄罗斯画家列宾的《伏尔加河上的拉纤夫》和苏里柯夫的《近卫军临刑的早晨》，以及苏联现在的老画家盖拉西莫夫的《老画家群像》。这些作品的印刷复制品大家多半是熟悉的。盖拉西莫夫的作品的原作还在我国展出过。仅就这些作品的艺术技巧来说，也应该说是“气韵生动”和达到了“形神兼备”的地步。根据我们所见到的外国画家的传记和作品的集子，可以了解凡是杰出的画家，他们的素描没有一个不达到了极高的造诣，也说明了他们是经过严格的基本练习的锻炼过程。去年在北京展览过的德国19世纪门采尔素描大师的原作，就可以作为有力的证明。从素描基本练习的教学目的来说，从国画和油画的共同点来说，作为造型艺术的共同基础课的素描，学国画先学它，就是作为写生的基础也好，作为利用现代的比较科学的教学方法来研究和整理过去国画的教学方法也好，都是有益而无害的。

现在有不少在美术院校学习国画的高年级学生，多半感到学国画先学素描是有帮助的，先学素描对古代和现代的好国画并没失去爱好，只要教师善于指导，对国画的各种表现方法反而更易深入理解。但是也有人认为先学了素描再学国画特有的表现方法，有些矛盾，所以主张用白描作初学国画的基本练习，不主张先学素描。实际上，问题的产生，并不是因为先学了素描，而是因为现在的素描教法上还有缺点。素描基本练习总的来说，应该是最初要注意对象的整体结构，而后进行细部的研究，但任何细部都要作为整体的组成部分来看。研究细部要互相联系比较地观察，不论刻画得多么细致，不能破坏了整体感。在联系比较研究时，不能停留于表面的观察，而要理解它的内部结构，只有理解了内部的结构，才能正确地认识表面的现象。观察和表现对象的能力发展到上述程度，就要练习提炼取舍的表现对象，就是要能略去次要的部分，着重地刻画主要的部分，而且要使整体感更强，略去的部分不感空虚。现在素描教学上对提炼取舍的练习注意得不够，还多半停留在细部的刻画和追求比较表面的明暗效果上。因为素描基本练习上存在着这样的缺点，所以一旦用简练的线来表现对象，便不知应怎样取舍，还是注意在细部和明暗的效果上。如果在素描教学上把上述缺点改正了，素描和白描就不会有什么矛盾。如果不先学素描，一开始就用白描这种单纯概括的表现方法，是不易做到的。因为白描是作者经过深刻的观察和理解了对象之后，用极其洗练的线，形神兼备地把对象表现出来的结果。白描的用线，常是因一线的出入，便影响了表现物象的形神的准确。如果不经过上述严格的素描基本练习的锻炼，一开始就用白描写生，会事倍功半的，只有具备了观察和表现空间物象的能力之后，才能用简练的线描方法或明暗对比的方法表现对象。白描应该说是同国画的重彩、水墨有同等价值的一种表现形式，而不宜作为初学的基本练习。

是否素描基本练习反对用线呢？不是的。瓦斯涅佐夫在他的回忆录里谈道：“契斯恰可夫是把对象的形状与线，明暗与色彩联系起来研究作为教学的基础。他不是从线描出发，而是从形象出发。”（见原文化部印发的全国素描教学座谈会参考资料第48页）从形象出发，不从线描出发，正是为了使线服从对象的需要，不是使对象来符合线的要求。我国古代画家的用线也是如此，如李公麟的《五马图》中的“照夜白”，当我们一眼接触到画面时，首先看到的是马的形象，不是线。这也可以说明李公麟的用线是从形象出发，不是从线描出发。从线描出发的作品，在国画中并不是没有，这样的画，首先使人感到的是多种多样的线条，而后才能看到形象，这样的画也反映了作者的兴趣是放在线条上，不是放在刻画形象上。我们应当继承和发扬的线描优良传统，是前者，不是后者。为了发展线描的优良传统，先在素描基本练习上多下些功夫，有了能比较准确地观察和表现空间物象的能力之后，逐渐地不用明暗而用线来表现对象，这样的做法是需要的，也正是在素描基本练习教学上应当着重研究和解决的问题。

是否国画就不需要研究明暗的关系呢？也不是这样。丁皋在他所著的《写真秘诀》的“阴阳虚实论”中说：“凡天下之事事物物，总不外乎阴阳。以光而论，明曰阳，暗曰阴。以宇舍论，外曰阳，内曰阴。以物而论，高曰阳，低曰阴。以培塿论，凸曰阳，凹曰阴，岂人之面独无然乎？惟其有阴有阳，故笔有虚有实。”（见《芥子园画传》四集）他所指的明暗是指物体上的高低部分，是从物体的结构来谈的。在素描上的明暗是指物体上直接受光与不直接受光部分。丁皋虽没有明确地指出内外阴阳高低凹凸与直接受光和不直接受光的关系，其实道理上是相通的。在素描基本练习过程中，借明暗的关系来观察物体上的高低凹凸的差别，通过物体表面的变化，认识物体的内部结构，对初学者只会有益，并没害处。从清代无名肖像画家的“多尔衮半身像”（去年曾在中央美术学院大礼堂公开展出）来看，作者不仅做到了传神，而且对面部肌肉的起伏变化和肌下骨骼的关系也做到了准确的刻画，画面上的明暗关系虽不显著，但质量感是充分的表现出来了。更重要的是，作者在刻画面部上用线少，以用色彩为主。这可以说是肖像画上的新成就，很值得研究和发展。在素描基本练习过程中，借明暗的关系进一步来研究物体的结构，对研究和发展上述一类的肖像画或人物画，也是会有帮助的。

从前面谈过的问题来看，学国画先学素描基本练习是有益无害的，而且还有很重要的一点，就是能够缩短掌握国画基本功夫的时间，这也是肯定的。为了继承和发扬国画的优良传统，不但素描要学，速写和默写（记忆画）也要学。我国历代杰出的画家，在处理题材上和艺术技巧上，都显示出卓越的概括能力。如宋代梁楷的减笔人物画，张择端的《清明上河图》和许多优秀的山水长卷，都可以充分地说明这一点。达到高度的艺术概括能力，自然是要具有很多条件，但速写对初学者锻炼这种能力是有帮助的，因为速写不仅可以锻炼在极短的时间内，能把转眼即逝的生动姿态画下来，同时更能锻炼正确的概括能力。沈宗骞曾谈到“观人之神，如飞鸟之过目，其去愈速，其神愈圣，故当瞥见之时，神乃全而真。作者能以数笔勾出，脱手而神活现，是笔机与神理凑合，自有一般天然之妙也”（见《芥舟学画编》卷三）。如果没有速写的功夫，“以数笔勾出，脱手而神活现”是做不到的。我国古代杰出的画家多是善于凭记忆作画的，如《韩熙载夜宴图》，是作者晚间到了韩熙载的宅第，偷偷地观察了那种夜宴生活，“目识心记”回来才画的（见《铁网珊瑚画品》卷一）。郭熙在谈到进行山水画创作时，曾说道：“欲夺其造化，则莫神于好，莫精于勤，莫大于饱游饫看，历历罗列于胸中，而目不见绢素，手不知笔墨，磊磊落落，杳杳漠漠，莫非吾画。”这样进行的创作，首先需要有对形象的敏感和记忆能力，默写（记忆画）也正是为了锻炼这种能力。所以说，为了继承和发扬国画的优良传统，速写、默写（记忆画）都是应该学的。

素描基本练习，速写和默写，应同时开始学习。这样做的好处，可以克服现在美术院校在素描教学上的一些缺点，如素描长期作业多，短期作业少，学生能画静的东西，画动的东西就感到困难的缺点。默写可以促使学生去认真地观察对象，认真地研究整体的结构和部分与整体的关系，因为不如此，就不能准确地默写出来。这些课程如果进行得好，对培养学生的创作能力，也会起一定的作用。

在基本练习过程中，还可以和练习掌握国画现有的绘画工具和表现方法结合起来。如用同一对象先进行长期作业的素描基本练习，在其间可用毛笔画速写，而后进行默写。根据基本练习作业的顺序，可把水墨或线描等课结合着进行。同时也应研究增加中国古代的雕刻作为写生的对象。只要把素描基本练习的目的和要求同国画所要求的共同点联系起来研究，不仅矛盾可以减少，而且是相得益彰的。

清代杰出的画家石涛，他在谈到画家对物象的感受和认识的问题时，认为先有感受而后才有认识。他又说“古今至明之士，借其识而发其受；知其受而发其识”（见《苦瓜和尚画语录》尊受章）。他的意思是说，聪明的人，对事物进行分析研究，是为了借对事物的深刻的具体的认识，使所得的感受更充实更明确；因为意识到了所得的感受，才进一步对事物进行分析研究以至于加深其认识。他把这个道理又运用在绘画创作问题上说“夫受，画者必尊而守之，强而用之”。这是说，从生活中得到的感受，画家必须重视它，抓住它，并把它加强起来，而后用绘画的手段把它表现出来。现在我们需要的素描基本练习的教学法，就是要在发展观察和表现空间物象的能力的过程中，引导学生从感性认识进入理性认识，加深理性认识，也是为了使感性认识能更充实、更明确。引导学生学会提炼取舍，略去次要的细部，着重去刻画主要的部分，而且要使整体感更强，就是把石涛所说的画家对于“受”必须“尊而守之，强而用之”的道理，也贯彻到素描基本练习的教学过程中。石涛的画之所以能给人以深刻的印象，就是因为他能把自己从生活中得来的感受，“强而用之”的结果。石涛不但继承了国画的优良传统，而且把它发展了。这也正是我们要向古代画家学习的地方。

为了继承和发扬国画的优良传统，为了整理国画的优秀遗产，为了国画能创作出反映现实生活的新作品，据我看来，学国画先学素描基本练习，是有益而无害的，是应该学，而且是必须学的。

“为了保证科学和艺术的繁荣，必须坚持‘百花齐放，百家争鸣’的方针”（见中共八大决议）。学国画先学素描的这一种教学方法，既然已有相当长的历史，而且是行之有效的，就不应当轻率地把它否定了。为了使国画能有新的发展，为了在国画的园地上也能“百花齐放”，这种教学方法（以素描作为基本练习的教学方法），必须坚持下去，它会在发展的过程中，不断地纠正缺点，逐渐地成长起来和完备起来。

本文载于《美术研究》1957年第2期

王曼硕（1905—1985），山东肥城人。美术家、艺术教育家。毕业于日本东京美术学校。中央美术学院教授、副院长。

素描基本练习对于彩墨画教学的关系

董希文

为了满足今天人民群众对于美术的新的要求，中国画应该向着表现新的现实生活的方向发展。但在发展过程中，却又产生了许多矛盾。这里不从国画创作上存在的问题说，即以美术学校的教学来讲，到现在彩墨画究竟如何教学各方面还在争论。过去中央美术学院彩墨画系的教学上确实遇到不少困难，虽然在教学实施上不断地进行了改革，而院外许多关心国画前途的人，对美术学院彩墨画系的教学还是提出了不少非难，主要的是他们认为这样的做法，由于西画对于国画的影响太多，会给国画的发展引错了方向，也有人指出问题应归结到彩墨画系的基本练习的素描教学方法成问题，甚至认为学国画的根本用不到学素描。

彩墨画系教学上存在的问题，不仅是一个如何对待民族美术遗产的继承和发展的问题，而且在国画和西画并存的今天，则又是一个如何对待外来的影响的问题，问题确实复杂，影响又大，我们应该很好地来加以研究。过去国画家为了这些问题已经提出了很多宝贵的意见，但是我认为我们油画家对于中西画关系问题的研究何尝没有责任，尤其是同在一个院校的油画系素描教研组来讲，对彩墨画系的素描教学法不能说没有关系。教学问题可以公开讨论，今天我想就素描教学这个角度，对彩墨画系基本练习教学问题的看法，提出一些粗浅的意见，作为彩墨画系素描教研上的参考，并请国画家们多加指正！

一、从学习国画应该掌握写生技术来谈学素描

我以为任何古今中外现实主义画家表现技法的获得，是除了从古代遗产中吸取现实主义创作方法和表现技巧的因素外，更重要的是他们能够从生活中来汲取智慧和才能。我们古代有许多画家他们在掌握表现技术和搜集创作素材时，并不是只坐在家里由自己臆构出来的，从画史上的一些记载知道，有不少画家他们是做了许多对景写生的功夫的。但是一些不好的画家，他们并不注意绘画的表现与现实生活的关系，只知道师承古人技法，以因袭模仿为能事，使中国绘画的另一方面走到日趋衰落的路上去。

国画有它独特的形式，为了继承国画的特点，接受古人的技法经验，临摹前人的作品本来是一个最直接的办法，我们并不反对学习国画也应该临摹，如果今天我们在教学中片面强调写

生，忽略了对传统的学习当然是不对的，但如认为学习国画技法只有从临摹入手，或者等临摹好了再去写生，这种做法将使学生以后观察生活时会带了许多先入为主的看法，或者在表现对象时容易养成习惯性地以古人的方法来套对象，其结果，原是为了要想达到技法的速成，反而会走弯路。所以我们认为真正要发扬国画的现实主义传统，并把国画的发展前途看得更宽广一些，今天的国画教学，绝不仅是依靠临摹或先从临摹入手就可以解决问题的。我们认为学习国画，除一方面适当地临摹古人的作品外，同时更重要的是通过对象的写生，对着对象经过直接观察认识以后，真正地适应于表现这个对象的技法才能够产生出来。

今天我们的现实生活是如此的丰富、如此的复杂，要真实而生动地表现这种现实生活，如果单凭画家观察之后的记忆来作画终究是不够充分的，许多人物的形象和动作，只能经过直接写生之后，回来创作加工时所描绘的形象才有所依据，刻画人物才能更加深刻。

古人学画往往不计较时日，可以用一生的精力与时间来逐渐解决表现对象的能力，但这种掌握形象的基本能力应该说毕竟是缓慢的，而今天的美术教学，要求每个学生在短期内就要入门，从学习程序上说，由写生入门也是一个直接的办法。

学习国画，主要的是在写生中掌握表现技术，而写生能力的准备，掌握写生的基本法则，这就决定了国画教学的出发点，因之我们认为学习彩墨画应该谈到如何通过素描基本练习来掌握造型的基本法则的问题。素描基本练习，主要的是研究科学的造型法则，通过素描写生来培养学生具有正确的认识和表现对象的基本能力，现在的素描教学法，应该说是一种能透彻理解形象的构成的科学方法，这对学习国画，锻炼造型的基本能力来说，也是一个最直截了当的门径。另外，就画种的工具性能说，彩墨画的工具性能虽有它独特的长处，但墨痕落在纸上就不易修改，初学者要运用难于修改的工具来反复研究形象是会感觉困难的。相反地，素描画的工具性能对于初学者练习表现形象确是适合些。

二、从彩墨画系的重点课目问题来谈素描学习

风景画和花鸟画应该画，因为有多方面的需要。但是今天新的社会主义文化对于美术创作的要求，除了题材内容的广泛开展外，应该说绘画的主要描写对象还应当是人，描写新的人民的生活与斗争，无论如何，这总是绘画的一个重要部分，在美术学校的教学上也不应该把人物、风景和花鸟画这三门课程放在同样重要的地位。

从如何继承古人的技法来讲，古代的花鸟和今天的花鸟它们本身的变化极少，甚至并没有什么改变，所以画花鸟不写生，只学古人的方法，还不容易发现困难，但风景画则不同了，今天大自然的面貌其变化真是日新月异，于是新的内容对表现形式提出了许多新的要求。至于人物画，从今天人物的思想感情、生活环境一直到衣着已经大大地不同了，描写如此复杂的人民生活的形象与精神活动，如果还仅仅停留在画古代的人物画技法上就会感到不能适应了。

要求描写复杂的人物，跟着就产生如何更进一步地去表现人的方法问题，过去许多画家不经过写生而画出画来，但今天要描写复杂的人物，表现上的要求则更高了，如果再只用那种推想默画的方法是不可能表现得很充分的。为了要更真实地表现人物，我们认为基本上应该先从直接对着人的写生练习入手。今天美术学校里的素描人物画，就是一个训练描写人物形象的最基本的而且最易于入手的方法，素描基本练习这里面包括了表现人物形象的组织结构、运动和表情等描写人物的种种法则，熟悉和运用这些基本法则才能够更好地刻画人物的外貌形象和复杂的内心活动。这对于初学国画者要求掌握人物形象和精神状态来说，也是一个最可靠和有效的办法。

三、从国画有无科学性、够不够科学的问题来谈素描学习

把遗产全部肯定或全部否定都是错误的，我们应该正确地理解遗产，分析它究竟好在哪里，坏在哪里。国画在创作方法上的特点和优点很多，不在这里多说了。但这里应该特别提出的国画的特点之一是重画理、重规律的问题，我们可以从许多古代画论和绘画上的作法中看出，中国画是有着许多科学的法则的。我们不能忽视国画上的科学性，但另一方面，也应该承认中国画里面还有许多不够科学的地方，古代画家因为受着时代的限制，对于科学规律的探求，终究有其局限性。今天我们对待遗产的正确态度应该是对固有的精华加以发扬，同时对于不足的地方则应尽量地吸收世界艺术的先进经验来丰富我们自己的艺术，这样才能促进我们的新艺术的发展。

再讲到素描基本练习，素描基本练习的任务是培养具有正确的认识与表现对象的造型能力，是使学生透彻地理解自然外貌现象中的科学规律的一门学问。学习素描、透视和解剖不但与训练学生掌握中国画的规律性并无矛盾，而且能更有系统地去帮助国画在追求自然外貌现象中的规律性。

四、外来技法与民族传统形式之间的关系

有的人认为今天从事国画，应该完全保存国画原来的面目才好，如果稍有一点西洋画的因素加进去，就不承认它是国画了，或者认为这样的画其格调不高。我们想，暂且不谈过去所说的“格调”的历史的、阶级的意义。如果一般地谈格调高下，其实不论纯粹的中国画，或有西洋因素在内的国画，都有格调的高下，格调原是艺术上总的效果，并非只是有了西洋的因素进去而影响了格调，要是这样来看所谓格调，倒不如说，这只是对于既成的风格看不看得习惯的问题而已。

当然，尊重人民的欣赏习惯是艺术创作中要加以认真考虑的事，但人民的欣赏习惯并非固定不变的，事实上美术史上记载的历代画风是有如此多的变化，说明自古以来人民的欣赏习惯原是在逐渐变化着。过去一个时期出现的一些新中国画，因为有了明暗、透视、解剖等西画的因素羼入，曾引起很多人的指摘，不论这些新中国画在若干形式上是否有其不够成熟的地方，但它们终

究能够真实地反映今天的现实生活，因之今天的群众对它们的看法，已经逐渐改变了。

中西文化交流，在美术史上原有很多的例子，美术本身有它发展的历史，中间经常在吸收外来的影响，何况中西绘画并存的今天，必然会产生相互影响，比起历史上任何时期都要突出。我们的民族就是如此的伟大，吸收了外来的，迟早又会变成自己的。因为能不断地丰富自己，才能使美术表现不断地推向前进。所以国画有了一点新的因素，我们应该把它看作一件可喜的事。

有人认为吸收是可以吸收的，但学习外国的东西应该马上就使它变成中国自己的模样才好。当然，这种理想是好的，但在实际工作中，这种要求并不是如此的简单容易做到，事实上，消化与吸收，中间一定需要经过一个较长的过程。今天有许多所谓不像国画的彩墨画，虽然还存在着若干不成熟的地方，但它们毕竟能表现或热心于表现我们今天的生活，至于它们尚在成长着的形式，我们也不能过早地肯定说，将来也不可能变得更成熟些，更多吸收一些传统艺术的长处及特点。何况国画也应该有多种多样的形式。即使是有一种彩墨画今天被人指斥为不中不西，但它逐渐取得了本身的协调，虽不同于传统的国画，也不同于水彩，而有自己的特点，为什么我们就不能承认它又是一种新的国画的或绘画的形式呢？

五、外来技法和传统形式之间是否有矛盾的问题

大家都承认国画有其特点，但由于各人的着眼点不同，解释不同，有人认为笔墨是国画的特点；有人认为章法与透视是国画的特点；或者从线条或明暗问题上来解释国画的特点，因之认为国画与西画根本有着矛盾。但我们认为这里首先要弄清楚究竟何谓国画，国画有些什么特点。我们认为研究中国画主要的是应该从中国绘画的现实主义的创作方法方面来分析。本来中国绘画的格式与创作方法方面的精神实质应该加以区别，如果我们只从枝节的形式上和表面的技巧来讲国画的特点，那就会把中国画凝固为一种死的程式，就会把国画引到形式主义的路上去。

我们认为从中西画的现实主义的创作方法方面来看原是没有矛盾的，两者的关系并不是不能沟通的，所以在国画上吸取西洋画的技法可以说是容易做得到而且是有必要的。今天学国画的来学习透视和解剖，我们想对于国画来说也只有好处没有坏处，但有人认为学了解剖学、透视学和素描画的科学法则就会使得中国画变成很机械的了，的确，有些人因为死抱着所谓科学规律，弄得画面上十分死板，但这是属于他自己能否灵活地运用法则的问题。

上面所说，从中西画的现实主义的创作方法来谈是没有矛盾的，但我们应该承认素描与中国画在表现形式上来讲的确是有其距离的。譬如国画多用线，不重明暗（但不能简单地说中国画就永远不表现光线），而素描练习钩线并不突出，一般的作法必须通过光暗来表现立体感空间感，等等，但我们认为这种表面形式的距离并不使素描妨碍国画应该掌握准确的形象的基本要求。素描和中国画之间的距离，并不是不可能找出一个办法来使之逐渐统一，我们认为这个矛盾可以从

学习素描的方法和步骤上来加以解决。

六、是否应创造一种符合彩墨画形式的特殊的素描来代替一般的素描基本练习

我们认为这个问题应从两个方面来谈，并且分步骤地来做。

第一阶段，对于彩墨画系素描的入门课来讲素描基本练习。

当彩墨画系低年级的学生最初学素描时，写生练习应该完全忠实于对象，严格而完整地训练学生对对象整个形象的感觉、理解与表现。在这个时期内，彩墨画系的学生，除了通过一般的临摹作业外，在素描练习上，我们不能要求他们过早地运用单纯的手法来表现对象，因为构成一个形象中的各种视觉因素如轮廓、线条、体面、光线、色彩、空间、气氛和调子等，它们原是相互联系着而成为一个有机体。初学素描者在没有获得分析研究这些综合现象的实际经验以前，他们是很难分清对象上的明暗和线条之间的正确关系的，即使这样做，一上来就要求他们完全用线条来表现对象，也只能使学生造成不从具体对象描写出发的概念化地勾画轮廓而已。所以我们认为只有使学生学习了全面的素描以后，在这个稳固的基础上，才能够取得在复杂的外貌形象中逐渐做到对于形象的取舍与概括的能力。不然过早地强调线描，就会束缚了初学者对于绘画对象的全面感觉与表现形象的变化的能力。

总之，素描的基本练习，原是一切造型艺术的基础，它是一切专业的素描，而不是指某一种如油画的专业素描。所谓专业素描只是在有了素描基本练习的基础以后的取舍和变化，做了专业以后所画的素描才有所不同。所以如一开始就要求初学素描者去结合专业形式，譬如像白描这样对对象进而提炼取舍着重概括的写生方法，不是对低年级的学生所应采用的教学方法。

第二阶段，使彩墨画系的基本练习过渡到与国画形式相结合的练习。

当初学者有了一定的理解对象和表现对象的基本能力以后，为了适应国画形式上的特点，使彩墨画系的基本练习过渡到与国画形式相结合，我们应该逐渐地使素描做到提炼地表现对象，同时加强白描和水墨写生及临摹等的国画基础，使它们的作用在反复的作业中有机地结合起来。学素描和学习传统技法应该结合，但这结合必须建立在一定的造型能力的基础上，本来白描和水墨画原是造型的高级表现法，是素描画的较高阶段的发展，当一个初学者没有预先通过素描研究对象，分析形、光、色、线、体、面等的相互关系之前，他们是没有能力来用这种极简练的方法表现形象中的变化的。

彩墨画系的素描画到了这个阶段，在表现方法上除了形象的提炼取舍，如多运用线，适当地减轻明暗调子，不必过于强求立体感和虚实的关系，以及强调形的塑造如人体的结构外，我们还可以把对象摆在比较平的光源下来画素描，甚至画素描可以不画背景，这样做或者更易于符合彩墨画的特点和要求。其他如速写和默写到这时候也应该更加增多，速写不但能锻炼手眼的准确性，而且更能锻炼概括地表现对象的能力。默写是培养观察对象的注意力与记忆力的最好的学习方法，两者对于学习彩墨画的作用都是很大的，

不在这里多说了。

关于第一阶段与第二阶段学习步骤上如何联系的问题，我们认为从上述第一阶段一般的素描基本练习，进入第二阶段要求提炼概括地表现对象，这中间不可能断然划分，应该逐渐推移。前后阶段如何联系，教学中应适当地掌握，教员应该根据每一个学生的能力、学习中的具体情况出发来引导他们如何从第一阶段逐渐进入第二个阶段。

本文载于《美术研究》1957年第2期

董希文（1914—1973），浙江绍兴人，油画家、美术教育家。中央美术学院教授。

敦煌本生图的内容与形式

金维诺

由于时代的变迁，不仅艺术形式与风格不断地在发生变化，题材内容也发生着重大的变化，而题材的演变常常起着主导作用。在艺术发展的整个历史中，新的题材总是在不断地出现，而某些旧的题材却一天天地为人所生疏。时代相去远了，生活、思想、习俗不同了，过去在美术上所反映的某些内容也就不为后代所熟悉。可是在从事美术研究的人来说，如果弄不清楚古代艺术作品的内容，就谈不到进一步分析作品的社会价值与艺术价值。因此研究古代绘画与雕刻，一开始就要了解作品所表现的题材内容。

敦煌壁画是我国的重要美术遗产，这些壁画内容是极为丰富的，但它所依据的大部分是佛教经典与传说，所描述的故事内容也就不是一般人都熟悉的了。这里试将敦煌本生图的内容与形式作简单介绍，为研究敦煌艺术与佛教艺术的同志提供一点原始资料。

睒变[1]

法显《佛国记》记述西游渡海还国时，见师子国供养佛齿，三月中佛齿出时，“王便夹道两边，作菩萨五百身已来种种变现，或作须人（应为大）、或作睒变、或作象王、或作鹿马，如是形象皆彩画庄校，状若生人。”此处初见谈到睒变。

睒子本生（Sūma Jâtaka）见于吴康僧会译《六度集经》卷第五“睒道士本生”、《菩萨睒子经》、西秦圣坚译《睒子经》、《僧伽罗刹所集经》卷上、《杂宝藏经》卷第一诸篇。故事是说：睒子与盲父母在深山修行，一日睒披鹿皮衣往汲水，遇迦夷国王入山射猎，误睒为鹿，箭中其胸。睒临终唯念盲父母无人供养，国王乃许以身代。睒子死后，国王引盲父母至睒身旁，祈神拔箭，得天神药救，死而复苏。

敦煌西千佛洞与莫高窟有睒变，松本荣一氏在《敦煌画之研究》一书中未作介绍。按敦煌的睒变以西千佛洞第十窟一铺为较早（北魏），且因有题榜明示内容，形象、情节历历可指，是辨识现存其他睒变的一把钥匙。

西千佛洞的睒变仍然很简略，布置犹未有定规，似乎是最初组成连环图画形式的睒变，图由左至右作上下二列。第一节画二人于室内，是表现睒子愿父母入山修行的情景。题榜称：“睒子将盲父母到山作草屋将甘果供养父母时”。

其下部为第二节，画迦夷国王射箭误中

睒胸。题榜已漫漶，仅余以下数字：“迦夷国王……盲父母闻……”

第一节的右边为第三节，画盲父母坐草屋内，右有二人行近。题榜记二事：

“盲父母在草屋里坐闻□□时

国王□睒子□向父母边……时”

第三节右侧隔一树为国王引盲父母去睒子身旁时状。而题榜记盲父母抱睒子头脚拔箭事。惜文已剥蚀不全：

“盲父母到儿边父抱睒……

国王执盲父母手将回……”

第四节右为第五节，画天神飞来以药救睒子。题榜剥蚀不全：

“诸天□□药□……伏出

睒子……”

第四、第五节下为第六节。睒子复活，盲父母也因喜悦而两眼复明。国王别去。题榜称：

“盲父母眼目开□□还活……

父母还国去时”

这一铺壁画以土红、石青等色为主，形象很简略，情节也较少。中部下方不明。整个故事作以下方式排列：

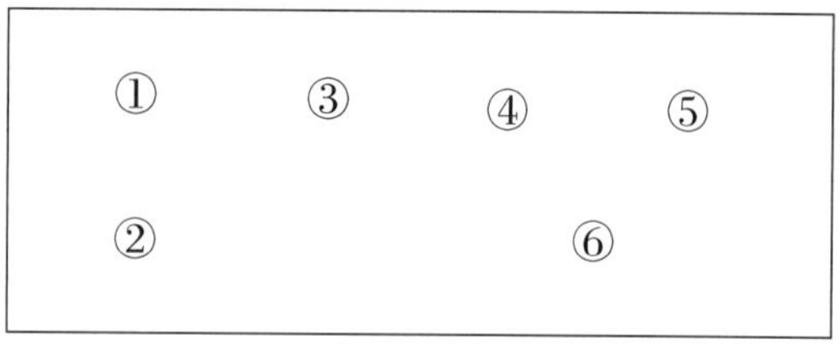

比这一铺较晚的是莫高窟第302窟窟顶人字披上的睒变。它与前者不同，故事作一行顺列，情节较详。以迦夷国王辞父出猎为开端，不似西千佛洞睒变，以睒子共父母入山修行开始。这铺壁画原来也有题榜，已漫漶不可辨。其所描绘情节由左至右为：

迦夷国王辞父出猎。三人骑马见鹿。国王追猎，睒子在溪边汲水中箭。国王等下马问伤。盲父母在山中闻声惊怖。国王骑马往盲父母处，拜见盲父母。引盲父母去睒子身旁。天神以药救睒子。国王拜别盲父母还国。

这一铺壁画以山树穿插其中，已形成长卷形构图。417窟窟顶人字披睒变大体与之相同。只是已大部残损。

除此以外，莫高窟尚有睒变三铺，其构图又与上两铺不同。299窟与301窟睒变画在倒斗形窟顶斜面，与舍身饲虎图同绕藻井四周成一方形圈，两画各占一半。睒变全画构图成“凹”形，情节大体与302窟睒变相同。这一铺不同之处，是故事由两端向中发展，一端作迦夷国王辞父出猎起首；一端作盲父母闻声惊惶，随王来视；中以睒中箭倒地、天神来救相衔接。

另外，在莫高窟北端462窟尚有睒变一铺。北端大部为空窟，有少数元窟，462窟是北端仅有的隋窟。睒变在龛楣上，很精致。隋以后，敦煌未见有睒变。

这是敦煌睒变的概况。

新疆赫色尔石窟也有睒变，则更加简略，均作单幅构图。第17窟窟顶，在一菱形格中，上部画盲父母二人在茅屋内。下部一人蹲池边汲水，左方一人在马上张弓欲射，是表现迦夷国王射鹿误中睒子。第69窟等睒变则较前者晚，描绘很真实，构图也很精美，上部盲父母已略去，图中只作国王在马上向下射箭，睒子蹲地执陶瓶汲水。不似前图二人虽一在马上一蹲于地而仍相对平列。

新疆睒变都为5世纪作品，是又早于西千佛洞的睒变，以之与敦煌作品相联系来观察，则可以看出睒变由简而繁、由单幅构图发展到连环图画形式的演变过程。

麦积山第127窟是北魏晚期窟，在入门上方窟顶斜面也有睒变一铺，这是麦积山残留壁画中最完整的一铺故事画。故事情节大体与敦煌莫高窟睒变相同，而时间还较早。整个画幅比敦煌的都大，因此情节表现得更加明显，比如在睒子中箭以后，佛经上所说："当尔之时，大风暴起，吹折树木。百鸟悲鸣，师子熊罴走兽之辈皆大号呼动一山中，日无精光，流泉为竭，众花萎死，雷电动地"的情景历历在目。这一铺睒子本生故事画对我们了解敦煌现存早期作品与内地绘画的关系，提供了非常重要的线索。[2]

须大拏

须大拏（Sudǎna，或作苏达拏、须提拏、一切持、尾施缚多罗、Viśvantara）太子乐善好施，因以国宝六牙白象施给婆罗门，被父王驱逐入山。而须大拏沿途仍不断施舍，将财宝、车马、衣服等舍尽，以后又将儿女舍人为奴。后儿女被转卖时，为祖父所赎，须大拏夫妇才被接回王宫。这一故事在《六度集经》卷第二、《太子须大拏经》、《根本说一切有部毗奈耶药事》卷第十四、《根本说一切有部毗奈耶破僧事》卷第十六、《菩萨本缘经》卷上、《菩萨本行经》卷下、《大智度论》卷第十二和卷第三十三等中均有记载。从现存《须大拏本生图》来看，似乎是依据《六度集经》卷第二或《太子须大拏经》所作的变相。

从现存敦煌与新疆的图像来探索其演变，其中有非常耐人寻味的地方。特别值得注意的是新疆具有两种不同形式的《须大拏本生图》，这两种不同的形式显示着外来影响以及西域本土形式的成长。

密远寺院壁画有《须大拏本生图》[3]，这一宝贵的古代艺术遗址不幸被帝国主义盗宝者所破坏，今天我们只能通过照片来了解原物的大体情况了。原画残留在东南壁，长十八尺，故事由右至左，其起始部分因墙塌已不明，中部为须大拏以白象施与四婆罗门，左方近门处为须大拏因施舍无节，为父王所逐，骑马别去。其前马车上为妻及二子。北面之残余壁画为王子夫妇隐居林中及回宫团圆等情节。这一铺故事画虽然已残损不全，但是可以想见它原来是情节完整的连环图画，而这一连环画又是与敦煌等地的连环画不相一致的，如果说敦煌的横卷式的本生故事画基本上是接受中国传统形式演变而成的，那么密远的《须大拏本生图》，则是明显的接受西方影响的作品，从Bhārhut石栏浮雕、Sanchi大塔北门石雕、Amarāvati大塔石栏雕刻及Gandhara等处的石雕《须大拏本生图》可寻求到密远壁画所受的影响。而且非常特别的是这些作品表现须大拏布施白象时都是"左持象勒，右持金瓮，澡梵志手，慈欢授象"。这正与《六度集经》卷第二所载相符。

新疆赫色尔、喀剌和卓等地的须大拏本生则全然与之不同，均作单幅构图，唯选舍子一节表现之，因此它不但与密远壁画在构图形式上不同，与印度石刻之以施象为故事中心者也不同。这也说明了西域画家在对题材的理解上与创造本土风格上所付出的重大努力。在赫色尔有作婆罗门来草屋乞二子者，又有作婆罗门鞭二子而去者，而喀剌和卓则合乞二子与鞭二子而去为一图[4]。

敦煌不见单幅构图之须大拏本生，魏隋作品多作连环图画形式，其中以423窟东壁北侧一铺较早，为6世纪初作品。此图与南侧舍身饲虎相对，分三层横列，故事作“己”形连续发展。因其情节引申较多，一壁未完成，致将其尾部画于南侧舍身饲虎之末。日本松本荣一氏在《敦煌画之研究》书中曾指此图第一层为猕猴本生。有人曾疑舍身饲虎之后为四兽奉侍婆罗门，是均未以之与北侧图像相互查看的缘故。

419窟窟顶前披与423窟窟顶前披均为《须大拏本生图》。423窟为白底，以土红、石青等为主色，图像特别明晰。图以山石、庭院为间隔，图上方左端为起点，至右端，则从其下复转向左，下层或作二列、或作一列，参差不齐，至左端中部，全家团圆为止。419窟须大拏本生图虽同以庭院、山树为间隔，然全图以石青为主色，金碧辉煌。且全图作四层平列，情节极为详尽，技巧亦较进步，是敦煌须大拏变之杰出作品。其故事发展如下图。

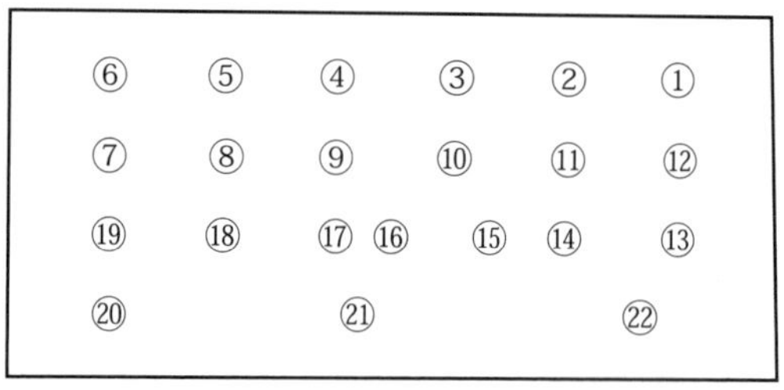

①叶波国王许太子须大拏取珍宝于四门及诸市布施。

②敌国遣道士八人来乞行莲花上白象，须大拏敕左右被象金鞍，牵以授之。道士累骑白象欢喜而去。

③国王闻知，逐须大拏往檀特山。须大拏请求布施七日。

④于宫门布施。

⑤须大拏与妃及二子至母所辞别。

⑥须大拏于城外树下辞谢来送者，与妃及子御车而去。

⑦前行已远，止息树下。有婆罗门来乞马而去。

⑧前行复逢婆罗门来乞车，须大拏自负其男，妃负其女而去。

⑨又遇婆罗门来乞，须大拏解衣与之。

⑩忉利天化城郭以迎，须大拏不违父命，离城负子女入山。

⑪ 遇山中道人阿州陀。

⑫ 须大拏法道人结头编发，以泉水果蔬为饮食，取柴薪作小室。二儿在水边与禽兽戏。妃采果以饲太子及其男女。

⑬ 鸠留有一婆罗门年老形丑，其妇年轻貌美。妇行汲水逢青年调笑，归告其夫，令夫往乞须大拏子女作奴婢，免自汲水。

⑭ 婆罗门入山遇猎师，猎师知太子因布施婆罗门被逐，乃鞭责婆罗门。老婆罗门诡言来迎太子还国，猎师始指示其处。

⑮ 妃在外采果，欲还视儿为狮所阻。

⑯ 婆罗门向须大拏乞二子，须大拏缚二子与之，婆罗门以捶鞭之而去。

⑰ 婆罗门得儿归家，妇令卖之。

⑱ 至叶波国，诸臣问婆罗门何处得二子。

⑲ 国王唤婆罗门将二子入宫。

以上为上部三列图像所示之故事，最下一列

应为：

⑳ 王遣使迎太子，须大拏以期未满不归。

㉑ 使者复持国王手书往迎太子。

㉒ 释迦牟尼为徒众说法等情节。

但图像所表现的却不完全相符，又似乎是另一本生故事。

427窟中心柱南西北三面龛沿，作一列连续之须大拏变。此图因在窟之阴暗处，久未被人发现。图中人物形象较大，比敦煌其他须大拏变表现得更加真实。可惜因图太低矮，大部被摩擦损伤。

内地石刻中也曾见有《须大拏本生图》。而两铺有纪年铭的石刻对我们推定敦煌《须大拏本生图》的时代有特别重要的意义。一铺是在东魏武定元年（543）碑刻上[5]，一铺是在梁大宝二年（551）碑[6]两侧。武定元年《须大拏本生图》有题榜示知图像的情节。大宝二年须大拏本生图很清晰，与敦煌图像很相似。似晚于428窟之须大拏，而早于其他数铺。

须阇提

《贤愚经》卷第一须阇提品及《报恩经》孝养品记昔特义尸利（波罗奈）国大王被大臣罗睺所杀，其子为边国国王，罗睺亦欲尽灭之。国王乃携子须阇提（Sujātā ）与夫人逃往邻国求救，因误入远道，所带食粮半途吃完，国王欲杀夫人以济父子之命，为须阇提所阻，须阇提乃日割身肉以养父母。待身肉割尽，而离城犹远，须阇提乃刮骨节间余肉以延父母命，往求救兵。父母别去后，须阇提因诚感天，还复身肉，待父母求兵归来，同骑大象返国，伐贼得胜。须阇提因立以为王。

此事表现为图像常见于报恩经变中，其单独描绘者在莫高窟仅见于296窟北壁。这一铺壁画是隋以前作品（可能为西魏画），色彩、形象均甚精当，主色为土红、石青、石绿，图作横卷形式。由左而右有以下情节：

首为帝释告知罗睺来攻，以下为商议出走，国王、夫人与子逾城逃走，国王负子、夫人肩物而行，国王在后执刀欲杀夫人、须阇提制止，须阇提割肉饱父母、父母别去、帝释变狮虎试须阇提，国王夫人抵邻国、借兵、作战。以下因被王道士穿通道时破坏，图像不明，原来似应为须阇提归国为王。

296窟须阇提本生从构图、色彩、形象等方面看，当时发展已很成熟，可惜在敦煌未见以后继续单独发展。

《须阇提本生图》在新疆石窟中也有，赫色尔第69窟窟顶就有两铺。一铺于菱形图中作一妇女背一小儿，身后一男作抽剑状，是表现国王欲杀夫人，以济父子饥渴，须阇提制止时景象。另一铺下部已残损，从残余部分看，图亦大体相同，夫人背须阇提前行，国王右手持剑而目视太子，须阇提则挥手作制止状，神情犹较前图真切。

割肉贸鸽

《六度集经》卷第一、《大智度论》卷第四，《大庄严论》卷第十二、《贤愚经》卷第一及《菩萨本生鬘论》卷第一、《度无极集》卷第一等，均有尸毗（Sivi）[萨婆达（Sabbadatta）]王割肉贸鸽的详细叙述。其他如《菩萨本行经》卷下、《大宝积经》卷第八十、《护国尊者所问大乘经》卷第二、《师子素驮娑王断肉经》、《大般涅槃经》卷第三十九等也有简单的记载。这些记载虽多少有些出入，但故事梗概仍然相同。故事是说：尸毗王慈惠，帝释惧夺己位欲试之。与臣毗首化为鹰、鸽，鸽被鹰追食，逃避尸毗王胁下，为救鸽命，尸毗王乃自割身肉贸鸽。以秤量肉，身肉已尽犹不及鸽重，乃举身上秤。

赫色尔第17窟有割肉贸鸽，图上方作鹰追鸽，尸毗王举手作迎护状，右侧有眷属一，左一人割尸毗王股肉。这铺画企图在同一画面表现故事的始末，似为西域较早的作品。其上除鹰追鸽较逼真，人物情态尚不明显。赫色尔窟顶壁画中另一割肉贸鸽[7]构图也相近，但更加成熟，上部仅作一鸽飞来，尸毗王双手迎护，其右侧一人蹲下为割股肉，左侧立一人执秤，此处是表现护鸽、割股、秤肉三事于一图。

另外赫色尔尚有描尸毗王身肉割尽，“举身自起，欲上称盘”状的[8]，有的且画出尸毗王股、臂之肉已割尽的形状，其称亦作“以钩钓中，两头施盘”[9]，疑此时已直接根据《贤愚经》卷第一“梵天请法六事品”作画。

以上均赫色尔石窟5世纪的作品，而割肉贸鸽的图像也见于敦煌莫高窟。日本松本荣一氏于《敦煌画之研究》中曾举三例叙述。唯其所举皆附属经变的下部连环图画中的片段，非独立之画幅，亦非早期作品，故无法与西域作品相比较，以明其异同，寻其演变的迹象。

莫高窟现存最早的割肉贸鸽图，为5世纪末的作品，其中似又以275窟一铺为较早。275窟北壁有本生故事画数铺，其用笔设色均甚简，构图虽不同新疆赫色尔石窟窟顶壁画作菱形，而作平行排列，然画面亦同样简洁，且同样是以单幅画面表现故事情节，实际上是受龟兹艺术直接影响的作品。其尸毗王割肉贸鸽一图在北壁中部，其右为尸毗王着天衣而坐，左一人割其股肉，画左一人执秤之中部，一盘为鸽，一盘尸毗王坐于其上。图上作四飞天。

除晚唐附属大型经变的连环图画外，以“割股肉”与“举身坐盘”平列地表现在一图的尚有302窟窟顶人字披上的尸毗王割肉贸鸽图。这可以看为以举身坐盘为主与以割股肉为主两种表现形式的中间形式。

254窟的割肉贸鸽图，则是以尸毗王割股肉为中心的一铺。254窟的割肉贸鸽与投崖饲虎、降魔等图相对称，为求其一致，画面人物较275窟的复杂，与同窟的说法图、降魔图相似，构图甚为完整，尸毗王割身肉时其眷属并做阻拦、哀怨状，而尸毗王犹慨然自持，毫不动心。全部画面除依靠人物动态说明故事，已能显示人物感情，为北朝末期的成熟作品。

此外，割肉贸鸽图与投崖饲虎等本生图亦散见于晚唐之龛壁连环画、楞伽经变、法华经变等图像中。

舍身饲虎

日本松本荣一氏未见敦煌金光明经变，在《敦煌画之研究》中曾疑文献所载的金光明经变即舍身饲虎图。但据敦煌壁画实例，金光明经变实为较晚的《金光明最胜王经》的变相。而早期的舍身饲虎与割肉贸鸽等图同为据《贤愚经》所作的变相。较后始有据北凉昙无谶译《金光明经》之“舍身品”描绘者。

摩诃萨埵（Máhāsattva，梅檀摩提）与兄弟出猎，投崖舍身济饿虎是极著名的本生故事[10]。新疆及内地有此变相甚多，而新疆与敦煌之图像时代相互衔接，其相互关系很明确。

新疆赫色尔第17窟与第69窟窟顶均有舍身饲虎图。菱形画面的上部作萨埵投崖而下，画下半部作饿虎舐血啖食，第17窟壁画萨埵之身侧尚有二虎子啖食其肉。此二图部分已残毁。第38窟也有此图，且完整明晰，技巧更为纯熟，萨埵投崖时背向外，较前者真实自然。以上为我国现存最早的萨埵本生图像。这时是在菱形画面作投崖与饲虎二事。

焉耆的舍身饲虎图稍晚[11]，除作投崖、饲虎之状，并在萨埵身侧描其兄长一人或二人，虎子亦为二。这与赫色尔者同是据《贤愚经》所作的图像，只是此处多一兄长返回见萨埵尸骨的情景。

莫高窟254窟南壁有舍身饲虎一铺，为北魏末期作品，其图与新疆早期作品极为相近，然而有新的发展。其不同处是不作菱形构图，而在长方形中表现了更多的情节，除了投崖、饲虎之外，还表现了萨埵自刺流血、二兄悲号、埋骨、造塔等。这是以后发展为连环图画形式的先声。其相同处则为原在菱形构图中之投崖、饲虎等形象仍然保存在画面的左侧。这里明显地显示了敦煌壁画与新疆壁画的相互关系。

254窟所完成的这种新构图的舍身饲虎，在敦煌没再见到第二铺，龙门宾阳洞（中洞）的舍身饲虎图有部分相同的地方，而出现于高昌的唐代舍身饲虎绢画残片[12]，却甚为相似，有出猎、造塔等图像。这又可看出新疆晚期绘画所受内地的影响。

428窟东壁南侧的舍身饲虎亦为北朝末期作品，图作S形排列，形成故事情节完整的连环图画，实为254窟舍身饲虎进一步发展而成的新的形式，以后虽也没再见有作S形的舍身饲虎图，但此图所形成的连环画形式则基本上为以后的舍身饲虎图所采纳。（单幅构图虽仍然可以从遗存的较晚的作品中找到，如日本法隆寺玉虫厨子之漆画等，但敦煌晚期未见单幅者。）

如302窟窟顶人字披，后披上层的舍身饲虎，虽作一字平列，仍为情节连续的连环画。

画由左至右，首为三王子别父母出猎，次为并辔而行、追猎、见饿虎、萨埵动救虎念劝二兄先行、投身饲虎、二兄见弟尸骨悲号，最后为造塔。

其他如419窟窟顶人字披后披的舍身饲虎、299窟与301窟窟顶藻井外围的舍身饲虎均为连环画，唯后二窟均为与睒变相对称作凹形排列者，情节稍简略。

在敦煌石窟，隋以后，除附属于大型经变者外，舍身饲虎图极少见，仅85窟东壁门楣上有一铺，形色俱佳，亦为横列之连环图画。

敦煌舍身饲虎图尚有一显明的特点，就是从画上虎子的数量，可以推知这时图像的依据已非《贤愚经》而为《金光明经》。

在麦积山第127窟倒斗形窟顶的右斜面，也有舍身饲虎图一铺，是北魏晚期作品，也是了解敦煌壁画与内地作品相互关系的重要遗例。

以钉钉身、以眼施人

在莫高窟275窟北壁中部割肉贸鸽图的右侧是以钉钉身图，这是一铺少见的变相。故事是说：从前阎浮提有一婆罗门名劳度差，称能说法，如有愿以千钉钉身者，即为说之。国王毗楞羯梨心好妙法，求说法，劳度差即以钉钉其身。这故事载于《贤愚经》卷第一。

275窟以钉钉身图上方有二飞天，中部为毗楞羯梨，其右侧一婆罗门左手扶钉，右手挥锤，向毗楞羯梨胸部钉钉。毗楞羯梨左膝下有一眷属。302窟有一铺与此大体相同，唯挥大锤之婆罗门在毗楞羯梨王身左侧，膝下亦无眷属。

302窟较275窟一铺晚，图亦较小，但两图均与割肉贸鸽等图相并列。

在302窟以钉钉身同一列，尚有以眼施人一铺。以眼施人故事见于《贤愚经》卷第六、《弥勒菩萨所问本愿经》、《福盖正行所集经》卷第七、《大方便佛报恩经》卷第三、《菩萨本行经》卷下等经籍。故事说：国王须提罗（Sudhirā，快目王或作月明王、无胜王）仁慈好施。敌国因使盲婆罗门来乞王眼，王许七日后相与。届时王即授刀使人剜眼，并以眼安婆罗门眼眶中，婆罗门因之眼得复明，而国王毫不悔恨，立誓求佛，两眼也得平复。

敦煌仅见这一铺以眼施人。图作须提罗合十坐须弥座上，左侧一人举右手做挑眼状。此图与赫色尔所见很相近。如赫色尔第17窟窟顶之以眼施人图形式就大体相同。仅挑眼者立于须提罗右侧，举双手挑眼。

九色鹿

《六度集经》卷第六、《九色鹿经》、《菩萨本缘经》卷下，《根本说一切有部毗奈耶破僧事》卷第十五、《大宝积经》卷第八及《护国尊者所问大乘经》卷第二都记有九色鹿修凡（Suvarna）的故事。

莫高窟第257窟西壁有九色鹿王变相一铺，画作横卷形，故事由两端向中部发展，图的南端下角作九色鹿于水上背一落水者上岸，溺人得救后向鹿拜谢而去。图北部作王后因梦见九色鹿要求王捕捉，以其皮作衣、角作环。溺人贪赏告知鹿之所在。中部画国王带兵往猎，乌鸦惊告鹿王，等九色鹿惊醒，国王已走近，九色鹿乃告以救溺人经过，得免于害。

这一铺九色鹿变相是敦煌现存北魏本生变相中最早作连环图画形式的一铺，也是敦煌唯一的一铺九色鹿变相，比这铺变相早的有新疆赫色尔石窟中的九色鹿本生图。

赫色尔九色鹿变相有两种，一种作王向鹿拔剑状[13]，一种作王合掌向鹿[14]。在这里都是单幅构图，除此以外，作画依据似与敦煌者也不同，新疆壁画中，王不挽弓而持刀杖，不是鹿向王跪告，而是王向鹿作礼，似与《菩萨本缘经》卷下“鹿品”所记者相近。而敦煌九色鹿变相有叙述王后梦鹿之情节，则又不同于《菩萨本缘经》记载而近于《六度集经》与《九色鹿经》之记述。

注释

[1]各种本生故事画的名称，皆依中国最早的定名称呼，本文未强求统一。这是作者认为古人的定名是有优点的：一般的定名都能概括说明内容，如“舍身饲虎”“割肉贸鸽”等，只有难以用少数文字说明内容的，才取人名作变相名称，如“睒变”“须大拏”等。

[2]大足宝顶大佛湾石刻中亦有睒变，是宋代雕刻。河南林县小屯乡杨家庄宋墓壁画中亦有睒变。可知这一题材在内地宋代仍极流行。

[3]图见 Stein：*Serindia*，I，Fig.135，137，138.

[4]图见 Grünwedel：*Alt Buddhistische Kultstätten in Chinesisch—Turkistan*，Fig.129，317，674.

[5]图见 Chavannes：*La Chine Septentrionale*，PL.CCLXXXIV.

[6]图见 Sirén：*Chinese Sculpture*，III，PL.234.

[7]图见 Grünwedel：*Alt Buddhistische Kultstätten in Chinesisch-Turkistan*，Fig.251.

[8]图见 Grünwedel：*Alt-Kutscha*，Fig.45.

[9]图见 Grünwedel：*Alt Buddhistische Kultstätten in Chinesisch-Turkistan*，Fig.130.

[10]摩诃萨埵本生在《六度集经》卷第一、《菩萨投身饿虎起塔因缘经》、《金光明经》卷第四、《合部金光明经》卷第八、《金光明最胜王经》卷第十、《贤愚经》卷第一、《菩萨本生鬘论》卷第一、《分别功德论》卷第二、《修行本起经》卷上、《菩萨本行经》卷下、《大宝积经》卷第八十、《护国尊者所问大乘经》卷第二等中均有记载。

[11]图见 Grünwedel：*Alt Buddhistische Kultstätten in Chinesisch-Turkistan*，Fig.446，447.

[12]图见 Le cog：*Chotscho*，p.12.

[13]图见 Grünwedel：*Alt Buddhistische Kultstätten in Chinesisch-Turkistan*，Fig.154。

[14]图见 Grünwedel：*Alt-Kutscha*，Fig.45.

本文载于《美术研究》1957年第3期

金维诺（1924—2018），湖北武汉人。美术史家、美术教育家，知名敦煌学者。1946年毕业于武昌艺术专科学校艺术教育系。中央美术学院教授、博士生导师。

谁说“中国画必然淘汰”

潘天寿

江丰是在1949年秋来华东美术学院的。大约在第二年秋天，江丰曾指示院中研究室召开一次国画改革讨论会。被邀参加的人，除院内全体国画老先生和研究室部分人员以外，尚有杭州市国画界代表约20人。当时，开会的主持人，是吴茀之，由研究室指定的。倪贻德、江丰，都出席了这个会议。

吴茀之的开会词，大体是由研究室划定范围的。黄宾虹老先生，只准他书面发言，也预先划定他讲些“中国画重写生”及人物技法两点。当时参加开会的人，对于国画的改革问题所谈的意见，大家都从绘画成为工农兵服务的原则出发，并考虑到国画的优缺点，认为国画是应改应革的。然而最后江丰起来作总结说：“中国画，不能反映现实，不能作大画，必然淘汰。将来定有世界性的绘画出来。油画能反映现实，能作大画，是有世界性的。……”我记忆力差，不能全部记得他所讲的话；但以上的这段话，与我几十年来所研究的传统民族绘画有关，因此印象极深，到了相隔六七年的今天，仍极清楚，好像就在前几天说过的一样。

当时江丰说话的态度，是很神气的，参加会的如黄宾虹先生等，都好像是积威下的童养媳，谁也不敢提出不同的意见。一面也因解放不久，许多国画老先生对于党的文艺方针了解不多，只得哑口无言地抱着姑且听之的态度。

我听了江丰的总结以后，不但感到那天与会的国画老先生所发表的意见“一无是处”，却相反地在改革的范围以外，得到中国画必然淘汰的断语。很像判决一个死囚一样，真使我非常茫然。然在茫然中，我心里却产生这样的疑问：难道有着数千年的历史，成千成万的老祖先，尽全有的智慧与辛勤的劳动所获得的成为东方系统最高水平的传统绘画，在共产党领导的政治制度下反而“必然淘汰”吗？这个疑问，总是难以解决。

然而同时我心里又想着：我是搞学术的人，是非的界限是要遵守的。如说中国画真该淘汰的，我可绝无留恋地改行。如说中国画不该淘汰，我应该为学术站起来作维护。然而我在当时，对于国画该淘汰与不该淘汰的问题，还不能十分搞得清楚，因此只能噤若寒蝉，不敢发一句言论。但是同时由于逐渐学习了一些党的文化政策，逐渐知道党是极重视民族传统的，是不许切断历史的；在文艺上，则要求有自己的民族形式、民族风格、民族气派。

毛主席在“新民主主义论”中，就曾明确地指出：“中国文化应有自己的形式，这就是民族形式。”列宁也说过：“无产阶级文化并不是从空中掉下来的，也不是那些自命为无产阶级文化专家的人所臆想出来的。……无产阶级文化，应当是人类在资本主义社会、地主社会、官僚社会压迫下所创造出来的知识总汇发展底必然结果。”

以上这些言论，都是以传统的文化艺术为每一个民族的特有主权，每个民族的独立灵魂，并且应有它独特的历史和独特的形式。从这来看，中国画必然淘汰吗？

1953年第二次全国文代大会上周总理的报告中，曾郑重说明：“中国是古文化的国家，在文艺方面，我们的祖先，是有极丰富光辉的成绩的，不要妄自菲薄。”周扬部长的报告中，对于祖国丰富多彩的民族传统的艺术再次说明过去重视不够，号召我们要重视民族形式、民族风格、民族气派，并说明今后应好好地从事传统艺术的发掘、整理、研究工作，并发扬与光大之。从这来看，中国画必然淘汰吗？

中国油漆泥水工作者，往往在板壁墙壁上画着墨龙、狮子、人物、山水、花鸟以及梅兰竹菊等，为工农大众所欢欣鉴赏。农村妇女，在小孩的衣帽上，自己的鞋子上，往往要绣些花鸟等以为装饰，就要传统的双勾绘画作底子。城市中妇女的刺绣品，如湖南的湘绣，上海、苏州的顾绣等，尤全要传统绘画的山水花卉等作稿子。日常应用的花纱布、绸缎，工艺品中的陶瓷、搪瓷以及竹、木、象牙等的雕刻品，均需要变化的传统国画作为底稿或装饰，以满足全国工农大众的爱好。这些都是极普通的事例。中国画必然淘汰吗？

然而来自老区的党员江丰，他对于民族绘画的态度，却非但与党的文艺方针不相联系，而且完全是对立的，这实使我感到万分惊异。因此，对江丰的“中国画必然淘汰”的理论根据是什么，有必要加以详尽的研究与分析。

江丰所说的“中国画必然淘汰”的理由，不外乎“不能反映现实”“不能作大画”“没有世界性”三点（江丰在国画改革讨论会上，否定国画的理由，只此三点。但是江丰在平时否定中国画的谬论，还很多，如中国画不科学，不能为工农兵服务，等等，在此暂时不谈），但事实是如此的吗？

对于“不能作大画”一点，大概是因江丰没有见到和听到敦煌、麦积山、永乐宫等地的大壁画，更没有见到和听到石涛和尚、八大山人等曾画有四张丈二匹宣纸的浅绛山水、四张八尺匹宣纸水墨荷花等。这是江丰所见所闻太可怜的缘故，不必加以责备。然而现在的西洋水彩画、西洋版画等，现在中国的年画、中国的版画等，幅头都是较小的。难道也要必然淘汰吗？绘画种类的存在与否，在幅头的大小吗？不知道古代到现在，曾有何人说，幅头小的画种，就要淘汰？

对于“不能反映现实”一点，我们全国的老国画家，绝对不肯加以苟同的。《孔子家语》说：“孔子观乎明堂，睹四门墉，有尧舜之容，桀纣之象，而各有善恶之状，兴废之戒焉。”唐张璪说：“外师造化，中得心源。”郭熙说：“学画花者，以一株花置深坑中，临其上而瞰之，则花之四面得矣。学画竹者，取一枝竹，因月夜照其影子素壁之上，则竹之真形出矣。学画山水者，何以异此；盖身即山川而取之，则山水之意度出矣。”从这来看，谁说中国画不是从现实反映而来？

又有人说：江丰所说的现实范围，是专指阶级斗争的生活范围而说的；故传统的山水、花鸟以及古装人物等，都不能表现现有阶级的生活斗争，因之必然淘汰。那么苏联及东欧许多人民民主国家，对于风景画静物画，以及古装人物画，也必然不该画了。为什么他们都可画呢？而江丰又为什么在1950年以后，对油画系的学生，鼓励他们画风景静物呢？

据以上的分析，中国画是能作大画的，也能反映现实的。为什么江丰信口雌黄，说成不能呢？我曾多方推测他的用意，主要是在“中国画无世界性”的一点上。“不能作大画”，“不能反映现实”，无非是作为“无世界性”一点的陪客罢了。

据当时江丰谈中国画无世界性的口气来说，是断定世界上的绘画，只有油画有世界性的。故将来全世界的绘画，也只有油画一种，这种说法，完全是美帝国主义所提倡的亡国亡种族的世界主义。日丹诺夫在联共（布）中央召开的音乐工作者会议上的发言中说：艺术中的国际主义，并不是诞生在民族艺术缩小和贫乏的基础上的。相反地，国际主义是诞生在民族艺术繁荣的地方。忘记了这个真理，就是丧失了领导的路线，丧失了自己的面目，成为没有祖先的世界主义者了。

我们的老国画先生，都是来自旧社会，然而到了解放后的今天，在党的领导下不断地学习，也明白了世界主义的内容实质，是极端反动的。江丰是一个来自老区的党员，并且在老区早就领导艺术教育，对于世界主义的内容实质，就一般的推想来说，定不至于全不了解。然而江丰初到杭州我院做领导时，就将我院的中国画系取消，中国画系的所有的学生，都合并到西画系去，称为绘画系。实则绘画系中，没有一个重点是传统中国画的课程，这是何等粗暴？这就是江丰一贯的对于“中国画必然淘汰”的主张，以人为的办法，企图阻止历史发展的规律，达到他必然淘汰的目的。故将江丰所说的“油画有世界性”“中国画必然淘汰”两句话联系起来看，就是日丹诺夫所说的“成为无祖宗的世界主义者了”。这是完全“若合符节”，无丝毫差异的。

我们的老国画先生到了今天，头脑也清醒过来了，知道江丰在1950年召开的国画改革讨论会，实际上是以改革为名，来达到他所说的中国画必然淘汰的议论。因为江丰以党员的身份，全国美术院校领导的地位，所以指示全杭州市的老国画专家，再不必画中国画，以达割断中国画传统的阴谋。

共产党是要传统文艺的。苏联40年来的文艺，是以民族传统的文艺为基础，向新的方向蓬勃发展的。我们党的文艺根本政策，也是以民族传统文艺为基础，以百花齐放、推陈出新的方针，去建设社会主义的丰富多彩的新文艺的。全中国的广大工农群众，也都需要惯见的中国画来丰富、美化人们的日常生活。那么，究竟谁在说“中国画必然淘汰呢”？

从以上的事实来看，对于“谁在说中国画必然淘汰呢”这句问话，可以清清楚楚地回答说：

这是无祖宗的世界主义者的江丰和他的喽啰们站在大沙漠中疯狂的叫嚣！

本文载于《美术研究》1957年第4期

潘天寿（1897—1971），浙江宁海人。中国国画家，美术教育家。毕业于浙江省立第一师范学校。浙江美术学院（现中国美术学院）教授、院长。

关于“六法”的初步分析

刘纲纪

“六法”是我国历代绘画批评与创作所遵依的准则。对“六法”加以探讨，对于理解我国绘画的现实主义精神、对于科学地整理中国绘画理论，以至对于我国美学思想史的整理，都是有重要意义的。

关于“六法”，过去国内外都有不少人研究过。但在研究的观点与方法上，从大的方面说，都是错误的，所以始终未能真正搞清楚“六法”的真义。过去的研究，大体不外两种情况：一种是只孤立地看到“六法”或是古人论到“六法”的个别字句，未能从实际的历史发展中去考察“六法”，结果或者陷入了古人关于“六法”的各种似乎很分歧、很难以捉摸的说法里而无所适从，或者就字面上加以引申出去，对“六法”作了许多虽然玄妙难解实际上是和“六法”不相干的解释。另一种研究方法是资产阶级的。这种研究方法，是在借谢赫来发挥、宣扬西方资产阶级唯心主义、形式主义的美学理论(如克罗齐·里普士的)。常常把和谢赫的“六法”毫不相关的思想，强加在谢赫身上。以上的两种做法，都是我们今天研究“六法”所不应采取的，虽然前人研究中的个别成果是我们所应吸取的。

我们所应采取的做法，应该是以马克思主义的方法论和一般美学理论作为指南，从实际的历史发展中去阐明“六法”的真义。“六法”是谢赫所处的时代绘画实践的一个理论上的总结。“六法”的研究和阐明，只有联系谢赫当时绘画发展的实际情况，才可能对“六法”的本意，达到正确的了解。在谢赫的时代，充分发展的还只有人物画，所以“六法”在谢赫那里主要就是从总结人物画的实践中提出的。注意到这一简单的事实很为重要，否则一开始便不能正确理解“六法”的含义。其次，“六法”在谢赫提出以后，又随着绘画实践的发展而不断扩展、变化它的含义，从原来主要是对人物画而提出的准则，逐渐发展为一般绘画的准则。最初主要是对人物画而提出的准则，在以后发展中扩展到各种题材的绘画，成为一般的准则，这种情形正符合于人类认识的一般规律：从特殊上升到一般。

本文准备依据上述的途径对“六法”作一个概略的考察。对于“六法”的研究，是只有随着研究者的一般美学理论和绘画理论水平的不断提高而不断深化的。作者在一般美学理论和绘画理论上都还是一个刚刚开始的年轻的学徒，所以研究所得的结果是相当贫乏而且一定包含许多不妥当和错误的东西的，希望得到前辈专家们的指正。

一、“六法”的提出

谢赫的活动时期，约在南齐末朝到梁武帝时期。《古画品录》的成书，约在公元532年（梁武帝中大通四年）至公元549年（梁武帝太清三年）之间[1]。

谢赫活动期间，在我国文学艺术史上可说是一个自觉地提出和讨论文艺的理论与批评问题的时期。魏晋以来，文艺不再像从前那样，主要是“鉴戒贤愚”的工具，而更多地被用来“吟咏情性”了。文艺的题材扩大了，与在现实社会中生活着的人的思想感情有了更加密切的联系。在魏晋以至南北朝这一期间，文艺成了当时唯务享乐的上层社会精神生活的重要内容。上层社会中的人物大多精于诗、文、琴、棋、书、画等，甚至以不能为耻。例如当时的“膏腴子弟，耻文不逮，终朝点缀，分夜呻吟”。一般的“世俗”，“裁能胜衣，甫就小学”，也就开始在那里忙着学作诗（见钟嵘《诗品》）。在这种情况下，文艺作品的“优劣”的问题，也就是文艺批评的问题，很自然地成了上层社会十分感兴趣的问题。于是文艺理论和批评的各种观点，作为当时各阶级、阶层的思想斗争的一种反映提了出来。在文学方面，出现了刘勰的《文心雕龙》，稍后又出现了钟嵘的《诗品》。刘勰在他的著作中论述了他的文学理论，并依据这一理论提出了“六观”以制定文章的“优劣”。钟嵘的《诗品》之作更是专门为了评定诗的“优劣”，使“王公缙绅之士”再不能“随其嗜欲，商榷不同”，以致“淄渑并泛，朱紫相夺，喧议竞起，准的无依”。在书法方面，出现了庾肩吾的《书品》。甚至关于围棋也有《棋品》。绘画方面，就是谢赫的《画品》[2]。刘勰提出了“六观”以论文章的“优劣”，谢赫则提出了“六法”以论“众画之优劣”，视画家对“六法”“备该”的程度如何而定“优劣”的品第。这“六法”就是：（一）气韵生动。（二）骨法用笔。（三）应物象形。（四）随类赋彩。（五）经营位置。（六）传移模写。

我国从汉代以前，就因表彰功勋而开始发展了人物肖像画，因以绘画作为“鉴戒贤愚”的工具而发展了以历史故实为内容的人物画。汉代以后，又迅速地发展了宗教的人物画。就整个人物画的发展上来看，如果从魏、晋考察起，那么从顾恺之的《女史箴图》到阎立本的《历代帝王图像》，可说是我国古代人物画逐渐发展而达于成熟的一段时期。这段时期，张彦远又依据绘画发展的状况很正确地把它划分为“上古”“中古”“近代”三个时期。他说：“上古之画，迹简意淡而雅正，顾、陆之流是也；中古之画，细密精致而臻丽，展、郑之流是也；近代之画，焕烂而求备……”（见《历代名画记》）关于“近代”，他没有举出代表人物来。但那当然的代表人物自然应该是初唐的阎立本（以及之后的吴道子）。谢赫活动的时期就是在“中古”这段时期。“中古”这段时期在发展上是很为重要的。“上古”时期，人物画的表现技巧还未能完全脱去汉代的那种原始的稚拙气，还处在一种素朴的状态，也就是张彦远所说的那种“迹简意淡”的状态。“中古”的达于“细密精致而臻丽”，也就是完全脱去了汉代的那种原始稚拙气，摆脱了人物画发展初期的素朴状态，在技巧上达到了精密、熟练、成熟的境地。这是一个重大的变化，它为后来初唐的、以阎立本为代表的“焕烂而求备”的时代做好了坚实的准备。谢赫本人在使“中古”时期达到这种“细密精致而臻丽”的境界上，是一个起了重大作用的、有代表性的画家。在他对于一些画家的评论，他也不止一次地提到了技巧的“精微谨细”的问题。这也就是张彦远所说的“细密精致”。正是由于谢赫活动时期人物画的发展达到了上述的境界，即在技巧上趋于成熟的境界，同时谢赫自己又是画家，他自己的作品也达到了这种境界，这就使谢赫能够从当时的绘画实践中那样系统地、明确地总结出“六法”来。这样的总结，在“上古”时期，即在顾、陆时期，是还作不出来的。这种总结既然又是从人物画的实践出发的，所以我们在以后的论述中可以看到：“六法”在谢赫那里实际上是人物画表现技巧的若干方面。

谢赫在绘画上的活动，他活动的时期人物画的发展，是和当时宫廷绘画的发展分不开的。这时作为贵族地主极端腐朽堕落的生活的反映，在文学上出现了所谓“宫体”。这种反映在绘画领域中也可以看到。据画史记载，这一时期“善画妇人”的画家很不少，他们就是绘画上的“宫体”派。宫廷贵族地主们要求画家以尽可能逼真的视觉形象来表现“宫体”诗以语言“吟咏”着的“神女”“佳人”以至“娈童”们，表现越逼真越好，最好是做到不能“辨真伪”的地步[3]。由于当时“神女”等服饰的花样差不多每天都在改变着，所以画家们还须竭力使自己作品中的“神女”们的服饰不要落在时髦的后面，方不致被欣赏者们笑为“古拙”(见《续画品》)。这样的“宫体”画，自然是完全为当时的统治阶级服务的，说不上有什么进步的意义。但“宫体”画训练了、发展了人物画的写实技巧，使它达到了“细密精致而臻丽”的境界。

从姚最《续画品》的记载，我们知道谢赫是当时一个最大的、最有影响的为宫廷服务的画家。他曾在宫中作画，而且他的作品自创一体，在当时的画坛上有很大的影响。对于人物形象，他有着惊人的敏锐、准确的观察力、记忆力。在表现的技巧上，可说达到了“细密精致而臻丽”的极境。所画的妇女的服饰，不仅不落在时髦的后面，还几乎走到了前面。同时由于和宫廷的接近，还使他有可能看到宫廷所藏的名迹。例如他在宫中的“秘阁”内看过曹不兴唯一的遗迹：龙。熟谙绘画的实际技巧，站在当时绘画发展的最高水平上，又和宫廷有密切的关系，在画坛上有很大影响，这一切就使谢赫在当时上层社会对文艺作品的“优劣”问题很感兴趣的情况下，有条件、有资格出来评论还没有人评论过的关于绘画艺术的“优劣”问题。

“六法”虽然是谢赫提出来的，但魏晋以来绘画思想的发展，已为谢赫做了准备。在顾恺之以至宗炳的思想中，已经开始孕育了“六法”。顾恺之对于人物画提出了“传神写照”这个总的准则，又在他关于魏晋时期一些画的评论中应用了“骨法”“置陈布势”这些概念。另外，在谈摹写绘画的方法时谈到“用笔”“彩色”“神气”“形”与“神”等问题。宗炳的思想虽然没有顾恺之这样丰富，但他在探求山水画的表现技法时解决了在绘画上何以能“以形写形”这个问题(这点我们下面还要谈到)。以上的这些思想准备，对于谢赫的提出“六法”，可说是相当充分了。但谢赫的功绩仍然是十分伟大的。谢赫的功绩，在于他适应当时绘画批评的需要，把原来在顾恺之和宗炳那里还是零碎、散乱、模糊的思想，加以明确化、系统化、完善化，提升为创作与批评的准则。

“六法”经谢赫提出后，成了画家、批评家们公认的准则。紧接在谢赫之后，续作《画品》的姚最，虽然在对顾恺之的评价上和谢赫有很大的分歧，但他仍然认定“画有六法”并以之作为批评的准则。唐裴孝源作《贞观公私画史》，也以“六法”作为准则。他的没有流传下来，仅被张彦远在《历代名画记》中引用了若干的《画评》一书，自然也是以“六法”作准则的。《历代名画记》有专章讨论“六法”，并把画家的作品分为五等，“以包六法，以贯众妙”。自此以后，直至清代，“六法”的地位从未被动摇过，真如《四库全书总目提要》所说的“千载不易”。虽然五代荆浩提出过“六要”，宋代刘道醇提出过“六要”“六长”，但作为绘画批评与创作的一般准则，他们没有“六法”所具有的那种明确性、系统性、概括性，实际上可以直接、间接地包含到“六法”中。

历代对“六法”提出过异议的，仅有明代的谢肇淛。他认为“六法”“不过为绘人物花鸟者道”，没有“一语道得画中三昧”。“六法”是“古人之法”，对今人是不适用的(见《五杂俎》)。说“六法”没有“一语道得画中三昧”，这是毫无根据的说法。至于说“六法”“不过为绘人物花鸟者道”，似乎含有正确的成分。那就是看到了“六法”原来是针对着人物画提出的。但谢肇淛看不到这原来是针对人物画提出的“六法”，在以后的发展中成了各种题材的绘画所共有的准则。

“六法”之所以“千载不易”并不是偶然的。在谢赫提出“六法”之后，随着绘画的发展，原来完全是针对人物画提出的“气韵生动”发展成了整个绘画创作与批评所遵依的一般的理论、美学准则。“骨法用笔”“应物象形”“随类赋彩”“经营位置”等四法则概括了我国绘画艺术表现技巧的各个方面。原来所指的是一种复制名作的特殊技能的“传移模写”，具有了向传统学习的意思。这样，“六法”就构成了我国绘画理论的一个相当完备的纲领、体系。这个体系是有科学的系统性的。

在下面的论述中，我们准备先论述为“骨法用笔”等法所概括了的我国绘画的表现技巧，然后再论述“气韵生动”这一理论的、美学的准则。

二、我国绘画艺术表现技巧的三个基本方面——“应物象形”“随类赋彩”“经营位置”

“存形莫善于画。”(陆士衡)不是用语书、声音、动作等，而是用可见的视觉形象去反映现实，这是绘画艺术不同于其他门类艺术的特点，也决定了绘画艺术有着不同于其他门类艺术的表现技巧。

我们的视觉所见的物象，有着一定的形体、颜色，同时各个物象又共处于一定的空间中，彼此有着一定的联系。要在画面上把所见到的物象描写出来，画家就必须具有从形、色上去描写对象的技巧，和表现出各个物象在空间中所处的位置，并且为了绘画主题表现的需要，去求得各个物象在空间位置上的一种最好的配置。所有这些方面，是绘画艺术表现技巧的最基本的方面。“六法”中的“应物象形”“随类赋彩”“经营位置”，第一次从理论上明确地规定了绘画艺术表现技巧的三个最基本的方面。至于“骨法用笔”则是“应物象形”的实际技巧，也就是我国绘画所特有的造型技巧。“六法”中的以上四法合起来，概括了我国绘画艺术的表现技巧。

谢赫从绘画的实践中总结出了以上所说的三个基本方面，尽管在他的时代还不能对于这三个方面的技巧，作出精微详尽的论述，尽管关于这三个方面的技巧的知识，只能随绘画实践的发展而不断丰富起来，但不论绘画如何发展，这始终是绘画艺术表现技巧的最基本的方面。这也就是“六法”何以“千载不易”的原因之一。谢赫明确地规定了这三个方面，对于绘画技法理论的发展，对于画家的创作实践都有重要的意义。这也是谢赫的“六法”的重要贡献之一。

从形、色、空间等方面去表现物象，要达到真实的境地，仅从技术方面看，要求画家要真实地表现出物象的形体结构、质量感、空间感等，也就要真实地表现出物象的造型构成的各个要素。物象造型构成的各个要素是客观的存在。无论古今中外的画家，要在画面上真实地表现出物象，就必须真实地表现出这些要素。但由于各民族复杂历史条件所形成的审美要求的不同，表现这些造型因素的技法，也就会产生不同的特点。

我国历代的画家，从顾恺之开始，就在自己的创作中深切地意识到了这些因素，并且不断地在探求着如何达到生动真实的表现。任何现实主义的画家在力求真实地表现对象的时候，在技巧上一定要碰到如何表现这些造型因素的问题。我国历代的大师在不倦的探求中，积累了丰富的经验，形成了自己民族的和西洋比较起来有着很大不同的一套表现技巧。今天放在我们面前的一个重大的任务，就是要从理论上科学地、系统地把这一套技法整理出来。这是我们当前继承和发展传统的一项很重要的工作。

对国画抱着虚无主义观点的“权威”或是普通的艺术学徒们否定国画的一个最常听到的理由就是说国画“不科学”。他们用看西画的眼光来衡量中国画。他们看不到或不愿看到我国画家所特有的那种在世界绘画艺术中独具一格的表现技巧和应用这种技巧于对象的表现上所取得的那种生动真实的效果。在他们看来，西画的表现方法是绘画艺术唯一的表现方法。

西方的透视学、解剖学、色彩学、素描原理等知识，都是我们今天的国画家所应汲取的。因为这些知识确乎是科学的知识，它可以帮助国画提高表现技巧，使今天的国画家在某些方面（例如解剖、透视上）比古人表现得更真实。但是我们绝不能像虚无主义者们所想的那样，用西画的方法来改造、代替中国画的方法。和西洋一样同样是要求真实表现造型构成的各个因素，但是中国画有自己所特有的一套表现方法。举一个简单的例子，同样是画一只虾，西画有它的表现方法，中国的白石老人也有他的表现方法，而并不比西画的方法逊色，同样能生动真实地表现出虾的形体结构、质量感等（我们这里且不谈白石老人对于虾的生命感的那种强烈的感人的表现）。并且这样的表现方式又为广大群众所习见、所喜爱，有什么理由可以把这种方法斥为“不科学”而加以否定呢？的确，中国的这种表现技法，还没有系统地、有科学条理地整理出来，但并不能因此就断定中国画的方法是“不科学”的。中国画的方法，既然已经在现实的反映上收到了那样生动真实的效果，它就必然有着自己的符合于客观实际的规律。这种规律存在在历代极其丰富的画论中、作品中，并且还活生生地存在在现代老国画家们的创作中。我们的任务就是要从这些方面去总结出中国画表现技法的规律来，而不是像虚无主义者们那样以“不科学”为口实而一笔抹杀传统。尽管虚无主义者们常常都是极顽强地持着他们的谬论，现代新、老国画家和国画理论研究者们的工作，广大群众的审美要求，一定会证明虚无主义者们的谬论是站不住脚的。

限于篇幅和笔者的能力，本文在谈到“骨法用笔”等概括了我国绘画表现技巧的四法时，我们所能做的是概略地指出这四法在谢赫提出后随绘画的发展所发生的变化，指出我国绘画表现技巧在各个方面的最显著的特色，以及它所达到的那种生动真实的境界。

“应物象形”，这就是从形的方面去表现各种物象的技巧。这是画家的最基本的技巧。

南北朝时期的画家大都有着很高的写实能力。例如梁元帝的长子能“写真”，“座上宾客，随宜点染，即成数人，以问童孺，皆知姓名”（见《颜氏家训》）。不仅人物画家，早期的山水画也都是通过写生而进行创作的。宗炳在山水的写生中探索到了绘画上何以能“以形写形”的原理。另一个早期的山水画家萧贲也是“含毫命素，动必依真”（见《续画品》）。

宗炳在他的《画山水序》中说，思想、观念，是很抽象的东西，我们仍然可以用心灵去捕捉和体察，何况对“身所盘桓、目所绸缪”的东西，也就是我们的视觉、触觉可以感触到的东西呢？对于这样的东西，是可以“以形写形，以色貌色”的。然而在一个有限的平面上，也就是在画面上，如何能够把比画面大许多倍的东西，例如昆仑山，描写下来呢？宗炳从实际的创作实践中意识到了透视的原理。他指出只要人的眼睛和山离开了足够的距离，这时“张绡素以远映”，“昆阆之形，可围于方寸之内”，于是在画面上“竖划三寸”就可以“当千仞之高”，“横墨数尺”就可以“体百里之遥”。宗炳指出，这是一种“自然之势”，也就是说是一个客观的事实、规律。宗炳的这种探求精神，很好地说明了我国画家向来就十分留意于绘画表现技巧所依据的客观规律的探求，并不像虚无主义者们所想象的那样“不科学”“落后”。

物的“形”如何在画面上表现出来呢？这要依靠画家的“骨法用笔”的技巧。“骨法用笔”是我国绘画的造型技巧，这我们在下节中再详谈。

“随类赋彩”，就是从色彩方面去表现对象的技法。“类”是区别不同的具体对象。按照不同的具体对象的要求而给以色彩的表现，这就是“随类赋彩”。我国绘画的用色很早以来就是要画家从表现具体对象的要求出发的。

在“随类赋彩”一语中还包含这样的意思，那就是对象的色彩是为它所属的“类”所规定的。例如郭熙认为“水色春绿、夏碧、秋青、冬黑”（见《林泉高致》）。《宣和画谱》说花卉画家滕昌祐“精于芙蓉、茴香，兼为夹纻果实，随类赋色，宛有生意也”。这里可以看到我国绘画在色彩应用上的一个最显著的特点，那就是从对象的固有色出发，而不像西洋那样去描写在光的映照下色彩所发生的复杂变化。色彩的施用，大多在笔墨已完成了基本的造型以后。即使直接用色彩描绘，色彩的变化也只是“一色中之变化”（见《画筌》），即固有色的明度上的变化。但就借助于固有色明度的变化，各个固有色相互的对比与映发，色彩与笔墨的配合，以及考虑到纸绢的素地的作用，我国画家虽然不去描写光色的复杂变化，仍然收到了极有感染力的、真实的效果。

我国古代画家把用色上的最成熟的境界称之为“浑化”。什么是“浑化”呢？达到了“浑化”之境的用色，在画面上看不到人为的色彩的涂痕，看到的是“浓纤得中，灵气惝恍”的形象。颜色虽然“浅淡”，然而却“愈浅淡愈见浓厚”（见《瓯香馆画跋》）。色彩不是“涂附”上去的（华翼纶《画说》）。如果着色之先先有笔墨，色彩与这负担着基本造型任务的笔墨融合到了一起，看上去似乎“墨中有色，色中有墨”（见《雨窗漫笔》）。整幅画的色彩“不浮不滞”，同时没有“可憎可厌”的“红绿火气”（见《雨窗漫笔》）、“眩目”的“火气”（见《东庄论画》）。我国画家所说的色彩应用上的这种“浑化”的境界是一点也不抽象的。达到这种境界的作品，鲜明而真实地呈现了对象的固有色调，同时又呈现了对象的质量感、体积感，并在整幅画的色彩配合上达到了协和。这样的作品，在绘画史上，在我们现在白石老人的作品中，都是很不少的。为了节省篇幅，不举例做具体分析了。

我国画家以“浑化”为自己在色彩应用上所追求的最高境界，这表明我国画家如何在色彩上力求达到对象的生动真实的表现，虽然在表现的方法上是与西画有着很大的不同的。

我国绘画向来就是重视色彩的效果的。谢赫的时代，西域佛教画的传入，在色彩的应用上，无疑给了画家们一种新的刺激，开阔了画家的眼界。在当时迅速发展起来的壁画上，画家们在大胆地做着色彩应用的各种新尝试。因为壁画与卷轴画不同，它是面对广大的群众的。而“色彩的感觉在一般美感中是最大众化的形式”（见马克思《政治经济学批判》）。历代的壁画在色彩的应用上都有不可忽视的成就。此外，如前所说，谢赫这一时期的画风是以“细密精致而臻丽”为特色的。没有色彩的效果，当然不能达到这种境界。谢赫之后，宋代的花卉画的发展，从一个新的方面促进了画家们“随类赋彩”的技巧的提高。至于水墨山水中的色彩，主要起着标明山水的季节感和增强整个画面的气氛、情调的作用。例如以淡赭增强秋日的萧条的气氛，以花青增强严冬的冷寂的气氛。这里我们可以附带地指出一点来，那就是我国画家一向是十分理解色彩对于人的感情的感染力的。应用成功的色彩，不仅达到了“浑化”的境界，同时造成了符合于所表现的主题的情感氛围。

“经营位置”，顾恺之称之为“置陈布势”，张彦远说是“画之总要”。“总要”就是纲要、概要。作画如写文章，在内容结构上须有一个纲领，也就是张彦远之后古人所说的“布局”“章法”。所以“经营位置”，实际上就是为了表达主题而进行的画面结构的探求。这就是通常所理解的构图。这也是绘画艺术表现技巧的一个不可缺少的基本方面。

谢赫提出“经营位置”，和他当时的绘画实践是密切相关的。从汉代起，直到谢赫的时代、唐代的前期，有教训意义的历史故事画，始终是一个重要的题材。对于创作这样的故事画，“经营位置”是一个重要的问题。画家要在画面上表现的既是一个故事，这故事有着一定的情节，发生在一定的环境中，绘画所能描写的又只能是一个瞬间的视觉形象，因此在创作之前，就要求画家先经过构思，确定环境如何安排，人物与环境、人物与人物的关系等如何安排。这一切都必须先加以“经营”。我们在前面所提到过的谢肇淛虽然对“六法”有不正确的认识，但对于作人物故事画“经营位置”是个重要问题这点他却是看对了。他指出“自唐以前，名画未有无故事者”，而“有故事便须立意结构”，考虑“宫室规模大略，城郭山川形势”等，不能够“草草下笔”的（见《五杂俎》）。顾恺之画过一张画来表现张道陵在云台山七试他的弟子赵升向道决心的故事[4]，这张画现在虽已不能见到，但可以读到顾恺之关于这张画的创作札记《画云台山记》。其中记述了顾恺之准备如何表现这个故事的情节。为了情节的需要，画面准备分为几段，表现相互如何衔接，背景和人物如何安排等。其很具体地告诉我们古代的大师为了求得故事主题的充分表现是如何“立意结构”“经营位置”的。

从宋代起，山水画充分发展后，“经营位置”的问题对于山水画也十分重要。我国的山水画很少是具体的某个地方的风景写生，而是典型化地求得自然的某一美的意境的体现。因此只有在“丘壑”的“位置”得当时，山水才能引人入胜，耐人寻味。在花卉画中，“位置”的问题也很重要。清代的花卉画家邹一桂甚至把它提到了第一位。花卉的美主要是一种形式的美，在画面结构的形式感不和谐时就会削弱这种美。这样，谢赫原来针对人物故事画而提出的“经营位置”的问题，扩展到了其他题材的绘画。实际上，任何题材的绘画都有这个问题，不过在谢赫的时代尚只集中表现在人物故事画的创作上罢了。

我国绘画在构图上十分留意于主体的突出表现，同时又注意到主体与局部的联系，在主体与局部的相互呼应、映照、对比、衬托之中去获得主体的表现。画面有着鲜明的中心，同时整体的形式感又是统一和谐的。此外，我国画家还十分注意构思的含蓄、耐人寻味。历代的画论谈到构图上的这样一些规律：宾主、呼应、虚实、藏露、简繁、疏密、参差，等等。

特别值得指出来的一点是我国画家很注意、很理解画面形式感的完美和谐的问题。清代的华琳曾指出画面空白分割的适当与否和画面形式感的完美和谐有很微妙的关系。他说：“于通幅之空白处，尤当审慎。有势当宽阔者，窄狭之则气促而拘；有势当窄狭者，宽阔之则气懈而散。务使通体之空白毋迫促、毋散漫、毋过零星、毋过寂寥、毋重复，则通体之空白，亦即通体之龙脉矣。”（见《南宗抉秘》）我们看古代的大师或现在白石老人的作品，不论寻丈巨幅还是尺幅小品，在构图上都给我们一种十分完整、协调的感觉。那些最好的作品真达到所谓“灵空”“空妙”的境地（李日华《六研斋二笔》）。

服从于中心主题表现的要求，同时又要取得整体形式感的完美和谐，这可说是构图上的一个最一般的规律。对于这个规律，我国画家的理解是很深切的。

和西洋比较起来，我国绘画在构图上一看就知道的一个特色，就是应用了散点透视的方法。宋代的沈括甚至认为不如此就不能“成画”（见《梦溪笔谈》）。我国画家之所以采取了这种方法，完全是为了绘画表现上的要求，并非虚无主义者所想的那样是因为不懂“科学”“落后”。前面我们已经说过，汉代以来有教训意义的历史故事画是我国绘画中的一个重要的题材。历史故事有着一定的情节，它的教训意义就寓含在这情节中。为了在画面上情节一目了然地表现出来，常常需要使观者在同一时间看到在不同地点发生的事。这就使我国画家在创作中大胆地打破了通常的焦点透视的方法，采用了散点透视的方法。应用这种方法，例如画“屋舍”就可以同时“见其中庭及后巷中事”（见《梦溪笔谈》）。此外，我国山水画的制作，古人很早就指出不是用来“案城域、辨方州、标镇阜、划浸流”的（见王微《叙画》），而是为了表现大自然的美、“造化”的美，使人们即使足不出户，也能“卧以游之”（见《宋书·宗炳传》），“不下堂筵，坐穷泉壑”（见《林泉高致》）。为了使观者能够“卧以游之”，就要求“咫尺之图，写千百里之景，东西南北，宛尔目前”（见王维《山水诀》）。做到“收敛众景，发之图素”，“囊藏万里，都在阿堵中”（见《广川画跋》）。山水画表现上的这种要求，又使我国画家大胆地采用了散点透视的方法。如果用焦点透视的方法，正如沈括所说的：“若人在东立，则山西便合是远境；人在西立，则山东却合是远境。”（见《梦溪笔谈》）要“东西南北，宛尔目前”是不行的。可见我国画家并非不懂什么是焦点透视，而是为了绘画表现上的要求而不采取这种方法。我们现在看古人那些画“大丘大壑”的作品，山前山后、东西南北的景致都可以看到，确像自己就在大自然中游览一样。至于画“小丘小壑”古人也常用焦点透视的。因为这时画的只是自然的某一片段，并不须“收敛众景，发之图素”。

我国画家所创造性地应用了的散点透视在表现上的一个特殊的效能，就是可以“收敛众景，发之图素”，即可以突破通常空间上的限制，抛弃不必要的东西，达到集中的表现。这种表现方法，在我们今天仍然可以按照表现的需要（在所画的场面、空间颇为广大的时候）而加以采取，一点也不“落后”的。

三、我国绘画的造型技巧——“骨法用笔”

在“六法”当中，“应物象形”与“骨法用笔”是密切联系的。这两者的联系，谢赫就已经指出来过了。他在评张墨、荀勖时说：“风范气韵，绝妙参神，但取精灵，遗其骨法。若拘以体物则未见精粹，若取之象外方厌膏腴。”“遗其骨法”，也就是说忽视了对象的“骨法”，结果在“体物”上就不能达到完善的程度。可见“骨法”与“体物”是相互联系的。唐代的张彦远更明确地指出了“象物”、“形似”、“骨气”（骨法）、“用笔”这四者的关系。他说：“夫象物必在于形似，形似须全其骨气，骨气、形似，皆本于立意而归乎用笔……”（见《历代名画记》）这就是说要“象物”，也就是谢赫所说的“体物”，就必须肖似对象，要肖似对象就必须把对象的“骨法”正确表现出来，而“骨法”能否得到正确的表现，“形似”与否，最后又是取决于“用笔”的(这里我们暂不谈“立意”的问题)。简单来说，通过“用笔”而表现出对象的“骨法”，这就是“应物象形”的实际技巧、实际过程。因为“骨法”的表现是与“用笔”分不开的，所以谢赫把“骨法”与“用笔”并举，作为“六法”中的一法。从以上我们可以看到，“骨法用笔”是“六法”中的相当重要的一法。画家“应物象形”的能力如何，是取决于他在这一法上的修养的。也就是说，“骨法用笔”是我国绘画的造型技巧。

这里，我们首先要弄清楚，究竟什么是“骨法”？何以“象物”要“形似”就须“全其骨气”呢？

古时迷信，认为人体的“形状颜色”“长短、小大、美恶形相”是与人的“吉凶妖祥”有关，决定着人的“吉凶妖祥”的(见《荀子·非相篇》)。我国古代伟大的唯物论者荀子曾指出这种说法是毫无根据的。楚宋玉作《神女赋》，在赞颂“神女”时说她“骨法多奇，应君之相”。汉司马迁也称“贵贱在于骨法”。魏曹植依宋玉作《洛神赋》也有“奇服旷世，骨象应图”之语。所有这里所说的“骨法”“骨象”，都是指的人体的形状，即《荀子》所说的与人的“吉凶妖祥”相关的人的“形状颜色”“长短、小大、美恶”，等等。由于“骨法”的含义如此，所以在魏晋南北朝时期，就成了绘画技法理论中的一个术语。因为这时的绘画主要是人物画，而人物画的制作首先要正确地表现出人体的外形，尤其是面部的外形。总之，就是古来在用语上称之为一个人的“骨法”的东西。

作为绘画技法理论上的一个术语而开始用“骨法”这个词，是从顾恺之开始的。他在评历史人物画《周本纪》时写道：“重叠弥纶有骨法，然人形不如小列女也。”(见《历代名画记》)由于原文有很大的错落，所以我们对顾恺之所说的这段话很难加以解释。但就“有骨法”三字体会，这就是说“骨法”得到了表现的意思。顾恺之所评的画既是人物画，则这里所说的“骨法”应该也是指的人物形体。谢赫进一步提出“骨法用笔”。谢赫所理解的“骨法”的含义，可以从他关于张墨、荀勖两画家的评语中看到。他说张、荀所画“风范气韵，绝妙参神”，这显然说的是人物画。接下去又说张、荀在表现上“但取精灵，遗其骨法”，以致“体物”“未见精粹”。这里谢赫把“精灵”与“骨法”相对并举，说张、荀取其一，遗其一。“精灵”就是人的精神，与之相对的“骨法”自然就是人的形体了。正是因为张、荀得其“精灵”的缘故，所以能表现得“绝妙参神”，但由于忽视了“骨法”，也就是忽视了形体，所以在“体物”上就不能达到完善的程度。唐代的张彦远把“骨法”称之为“骨气”，这是星相学中对人的“骨法”的另一种称谓，意思是一样的。“气”就是与“吉凶妖祥”有关的气色。宋代的郭若虚认为“象人”的技巧有四个方面：“神气、骨法、衣纹、向背”(见《图画见闻志》)，“骨法”是其中之一。郭若虚无疑也是在我们上述的意义下来理解“骨法”的。元代的王绎在《写像秘诀》中说：“凡写像须通晓相法。”“相法”自然是与“骨法”不可分的。古代的“相法”虽然是一种迷信，但在“相法”中颇为系统地观察比较了人体各部的形状，这些包含在“相法”中的关于人体形状的知识，对于古代人物画家当然是有帮助的。

在我们前面的论述中证明了一点，那就是说“骨法”是人体的“形状颜色”“长短、小大、美恶形相”。这些字眼虽然简单，但含义是丰富的。古人所说的“骨法”，意味着我们现在所说的人体的形体比例、结构、质量感、体积感等，即人体造型构成的各个要素。搞清楚了“骨法”的含义之后，我们就可看到谢赫的“骨法用笔”是完全从人物画出发提出来的。他所说的“应物象形”的“物”，“体物未见精粹”的“物”，实际上主要的就是人。因为在他的时代，绘画艺术表现的对象主要还只是人。

既然“骨法”是人体的形状，意味着人体的造型构成，“象物”如果要“形似”的话，就自然必须如张彦远所说的那样“全其骨气”了。

“骨法”的表现，中、西画是有着很大不同的。在西画中，“骨法”是通过光投射到对象上所产生的明暗变化的描写而表现出来的。因此，最主要的手法是由明暗调子所构成的各个面的描写。线只在面相交的地方，特别是明暗面相交的地方显现出来。至于有个别的画家［如法国的安格尔（Ingres）］特别喜欢应用线那只是特殊的情形。在我国绘画中，“骨法”的表现最后“归乎用笔”。“用笔”在我国绘画也就是线的应用。对象的明暗调子几乎不为我国画家所注意。不取明暗面的描写方法，在绘画艺术上的另一个重要手段就是线的效能的发挥。在构成对象的面的起伏、转折、相交的地方，我们可以体察到线的存在与对象的结构、质量感相联系的线的微妙变化。借助于线的应用，仍然可以取得造型的效果，同时那效果并不见得就低于以明暗面造型。虽然在下面我们还可以看到我国画家对明暗调子的描写在绘画艺术上的效能也是理解到了的，但我国绘画中的明暗调子的描写仍然与西洋不同。而线始终是造型的基础。

这种中西绘画的不同特点，在看到了西画的清代画家也是完全理解到了的。邹一桂从中国画的观点出发去看西画，认为它的一大缺点是“笔法全无”（见《小山画谱》）。清代画家松年认为西画的全部“底蕴”就在于“阴阳起伏”的表现，至于“中国画则专讲笔墨勾勒”（见《颐园论画》）。这些看法，都正确地看到了中西画在造型上的不同特点。

由于线是我国绘画造型的重要工具，所以我国一般都认为“工画者多善书”（见《历代名画记》）。反过来，“善书者往往善画”（见《林泉高致》）。因为我国的书法，能够训练对于线的各种变化的掌握，训练对于形体比例判断的眼力，以至对于形式感的和谐的感受力。由于西画以明暗面的描写为造型的重要手段，所以歌德以为一个人在“造型美术”上的“真正的才能”是特别地表现在“对于物的形体的感性，有用光表现得神态活现的那种本能”（见《对话集》）。我国以“善书”为一个人有绘画才能的一种标志，歌德则以能“用光表现”物的形体为标志，这种不同，正显示了中西画在造型观点上的不同。

在应用线来造型上，我国历代的大师有着很高的成就。“骨法”通过“用笔”得到了十分真实的表现。宋代的董逌对于吴道子的画这样说：“吴生之画如塑。然隆眉丰额，跌目陷脸，非谓引墨浓厚，而面目自具，其势有不得不然者。……旁见周视，皆四面可意会。其笔迹细如铜丝萦盘。朱粉厚薄，皆见骨高下而肉起陷处。”（见《广川画跋》）这可说是达到了“六法”中的“骨法用笔”这一法的极境了。今天我们看传为吴道子作的《天王送子图》，可以证明董逌所说是不错的。不仅吴道子达到了这个境界，其他人物画大师们的不少作品也达到了这个境界。

用线造型，一点不比用明暗造型更为容易。下笔之前，画家必须对对象的形体构成已有充分准确、透彻、肯定的分析，下笔之后又须适应着对象的要求掌握笔的“轻重疾徐，偏正曲直”（见《芥舟学画编》）的微妙变化。由于用线造型要求对于对象事先就必须有深切的分析认识，又由于我国绘画下笔之后就很难改动，所以我国绘画十分重视“立意”的功夫。张彦远说：“骨气、形似皆本于立意而归乎用笔。”这“立意”就是“用笔”之前对于对象的分析认识的功夫。

线的应用，亦即“用笔”是为了“象物”“体物”，亦即真实地表现对象，这点我国画家是完全清楚地理解到，而且在创作中实践了的。我国画家通常都以雄强有力、苍老为“用笔”的最高境界。例如谢赫在评论各个画家时，就认为“纵横逸笔，力遒韵雅，超迈绝伦”是好的，“笔迹超越”是好的，而“笔迹轻盈”“笔迹困弱”都是不好的。因为我国绘画下笔之后就不能改，所以那种有表现力的“用笔”，必然是下笔之先已充分的“立意”，做到了“意存笔先”，下笔后“不滞于手，不凝于心”，一气呵成，画完后又能做到“画尽意在”（见《历代名画记》）。纸上的笔迹，看去是大胆、流畅而准确、自然的，常常可以给人一种力的感觉。这就是古人何以认为“用笔”有力量是一种最高的境界的原因。但是古人同时反对离开表现对象的要求，去追求笔迹的形式上的苍老有力。明代的唐志契指出有一些画家在“用笔”上“故为苍老”，实际上并无表现力。表面上看去好像是“老”，其实是“极嫩”的。唐志契很正确地指出，这种“老”是“难逃识者一看”的（见《绘事微言》）。此外，在我国古代的画论中常常指出“用笔”的忌病，也就是指出要怎样的去应用线才是有塑造力、表现力的。

宋代山水画的发展，使谢赫提出的“骨法用笔”的含义有了一个重大的变化，同时使我国绘画的“应物象形”的技巧，也就是造型的技巧，有了一个很大的提高。

在山水画还未充分发展以前，即在宋以前，我国绘画的造型技巧，就是上述的“骨法用笔”的技巧。先用线塑出形体，然后再行“随类赋彩”。不仅人物画如此，早期的山水画也如此。例如展子虔的《游春图》就是这样。

这种仅仅应用线去塑造形体的方法，对于表现人体和人所穿的衣服等的形体构成、质量感等，只要画家经过长期的锻炼，是可以收到很好的效果的。但对于山水画，如仅应用线，即使技巧很好，也是不行的了。因为山水画的不断发展，必然要求更好地表现自然的空间感，树木山石的体积感、质量感，气候的变化，等等，也就是表现古人所说的阴阳明晦、远近疏密、朝暮阴晴等。所有这些，都不是线的效能所能胜任的。因此，随着山水画的发展，在“用笔”之外就提出了“用墨”的问题。

韩拙说：“笔以立其形质，墨以分其阴阳，山水悉从笔墨而成。”（见《山水纯全集》）在山水画家看来，原来人物画那种“骨法用笔”的技巧应用到山水画上，还只能确立山水的形体的基本结构，也就是韩拙所说的“形质”。但仅仅有这一步还不行，还须进一步用墨以“分其阴阳”，也就是表现明暗调子。没有这后一步，对于人物画还可以，对于山水画就不行了。大自然的阴阳明晦、远近疏密、朝暮阴晴等就无法表现。例如画山石，“骨法用笔”的技巧还只能确立它的基本结构，不用墨以“分其阴阳”，山石的体积感、质量感，它在一定的大气下的状态等就无从表现。

在山水画发展的初期，一些人物画家，例如吴道子，把人物画中的“骨法用笔”的技巧应用到了山水的描写上，结果“有笔无墨”；另一些画家不用人物画的“骨法用笔”的技巧，开始探索墨的应用，结果“有墨无笔”。据画史记载，只有到了荆浩才把笔与墨很好地结合了起来，做到了“有笔有墨”。这正是山水画的发展达于成熟的标志。我们上面所引用的韩拙的话，是在山水画成熟之后，对于山水画技巧的一个最概括、最正确的总结。

山水画家按照他们创作实践中的要求去理解“六法”、理解“骨法用笔”，于是“骨法”的含义逐渐起了变化。它不再是指人的形体，人的形体的造型构成，而指的是山水中的树木、山石、房屋等（后来也指花鸟等）的形体的基本结构。山水画家们一方面从字面上去理解“骨法”这个术语，另一方面形象地用人的身体作比方。“骨法”就好比人的“筋骨”“骨干”。清代的华琳一方面比之为人的“骨”，另一方面又更明确地认为就是“轮廓”。人体只有骨没有肉是不行的，山石、树木等也如此。什么是肉呢？这就是对象的“起伏成实”（见《笔法记》），“起伏圆混”（见《山水纯全集》）。实际上就是对象的质量感、体积感。笔还只能确立对象的骨，还须用墨表现出它的肉，最后做到“骨肉相辅”（见《山水纯金集》）。所谓“骨肉相辅”，就是既正确地确立了对象的形体结构，又表现了对象的体积感、质量感，也就是荆浩的“有笔有墨”。

在笔之外提出了墨，在对象的表现上，区分了“形质”与“阴阳”，“骨”与“肉”，这是我国画家对于绘画造型规律认识上的一大进步。这一进步大大提高了我国绘画的表现力。我国画家不仅认识了线在造型上的效能，而且也认识了明暗调子的描写在造型上的效能。也只有认识了后者，山水画、花鸟画的技巧才能达于完成。那种认为我国画家只知道应用线的说法是不正确的。这种说法把我国绘画的造型手段大大地贫乏化了。

适应着表现山水这一新的对象的要求，与用墨相结合，用笔的方法就不像从前在人物画中那样，仅限于线的勾勒，而有了更为多样的方法。在宋代关于山水画的一部重要的专著《林泉高致》中，第一次详述了用笔的多样的方法。我国历代的画家，从荆浩到齐白石，在他们的创造活动中，展示了笔墨在表现对象上的极其丰富多样的变化和表现力。“水晕墨章”的方法大大提高了我国绘画的表现技巧。它不仅使山水画家有了表现大自然的空间、广袤和体积的足够的手段，而且也应用到了人物和花鸟画上。宋代的石恪和梁楷已开始尝试用当时水墨山水画的技法去画人物，并且取得了不可忽视的成就。明、清两代一直延续到白石老人，在水墨花鸟杂画上有很大的发展和成就。自宋以来的画论中，特别是明、清两代的画论中，关于用墨的问题讨论得特别详细，记述了画家们创作的宝贵经验，是很值得我们加以科学地整理的。这种整理，对于理解和掌握我国绘画造型的规律，有很重要的意义。

虽然我国画家完全理解到了在绘画的造型上要有“分其阴阳”的功夫才行，山水画家们在创作实践中也领会到了“石分三面”，并以为“石只一面”是山水画的一大病忌，但在我国绘画的造型上，明暗调子的描写终究是与西洋不同的。这是因为我国画家有着自己的、为历史的传统所形成的造型要求。

我国的传统，向来就十分注意绘画的教育意义、认识意义。绘画可以“照远显幽，侔列群象”（见《贞观公私画史》）。绘画有使人“识魑魅，知神奸”，“明礼乐，著法度”，以及“夸大勋劳，纪叙名实”的作用，而不仅仅是为“五色之章以取玩于世”的（见《宣和画谱》序）。因此在绘画上就要求画家把所画的对象的各个细节都精密地描写出来，使人看了以后不但得到美感的享受，而且可以增加对于自然和历史的认识，从中受到教育。画历史故事不用说了，画中的各种物象必须“指事绘形，可验时代”（见《历代名画记》）。所以对于人物衣冠、舟车建筑等的体制构造、花纹等都须加以精密的描写，就是画花鸟虫鱼、树木山石等，也似乎像动植物学标本图那样的精确。这种传统的、对于绘画的要求，使我国画家在造型上采取了一个特别的观点，那就是近看与远看相结合，即郭熙所说的：“远望之以取其势，近看之以取其质。”画家不像西洋画那样，立在一定点上描写下所见到的对象的明暗变化，而在远观之后还要近察在一定距离之外就隐没到了光暗中的对象结构上的各个细节，也就是郭熙所说的“质”。“质”即质地，就是对象的颜色、花纹、肤理等。这样的描写方法，使我国画家放弃了环境的光的变化的描写，在画面上看不到复杂的光影变化。色彩的应用，如前面已说过的，是从固有色着眼。画面上的东西看去“宛尔目前”，没有西画那种一切都隐没在空气中的感觉（除了一些专以描写自然的大气变化为主题的山水而外）。

我国画家所特有的这种造型方法，同样能真实地表现出对象的体积感、质量感、空间感等。松是我国画家最喜欢画的题材。我们试把我国画家所画的松和俄国画家施什金所画的加以比较，就可以清楚看到中西画在造型观点上的不同。但我们并不能说中国画家（当然指的是那些大师们）所画的松就低劣于施什金所画的。不同的表现方法，同样表现了松在物理上的造型构成和它的内在生命。

与上述的造型要求相适应，在用墨上韩拙作了一个规定。他说：“用墨太多，则失其真体，损其笔而且浊。”（见《山水纯全集》）这规定历代画家都是遵循了的。没有墨便无法表现对象的“肉”，但用墨不可多到掩没了对象的“真体”，即郭熙所说的“质”。这“真体”“质”又是通过笔表现出来的，所以不能“损其笔”。这里我们又可以看到，虽然我国画家也同样描写明暗调子，但笔始终是造型的重要基础。西画那种追求明暗的复杂的描写，必然要打破韩拙的用墨不可太多的规定，以至于邹一桂因此说西洋画

“笔法全无”。

我国绘画虽然要求一丝不苟、精确地描写出对象的细节构造，但是画家并不是在自然主义地、相似地记录对象，相反，这正是我国绘画所极力反对的。像一切现实主义的绘画一样，对“细节的真实”我国绘画十分注意，但我国绘画更注意于对象的内在本质、内在精神的表现。这点我们在论述“气韵生动”中就可以见到。

四、我国绘画的现实主义的美学准则——“气韵生动”

“气韵生动”是“六法”的第一法，也是我国绘画创作与批评的最高准则和历代画家所追求的最高境界。

它成为我国历代不可逾越的创作与批评的最高准则，充分表明我国绘画有着深远而持久的现实主义传统。

自从谢赫提出“气韵生动”以后，一直到现在，对于它有各种不同的解释。不过解释虽然很多，实际不外现实主义的或是唯心主义、形式主义的两种。在对于“气韵生动”的不同解释中，可以见到现实主义与唯心主义、形式主义的斗争。但我国绘画传统的主导的、优势的倾向，一直是现实主义。

“气韵生动”的提出，是和魏晋南北朝时期的社会政治状况有着关联的。

魏晋南北朝时期，以所谓“九品中正制”取士，品藻人物的问题成了当时上层社会中一个十分重要的问题。社会舆论对一个人的品格、才能、气质、风度等十分留意并且加以议论。议论的好坏，常常直接关乎士大夫的升迁进退。当时的清谈不仅是谈玄也是谈人物。这种社会思想和风习，很自然地反映到了绘画上。既然在实际生活中一个人的品格、气质、才能等有着那样重要的意义，因此就要求绘画中的人物画，特别是肖像画把这些东西表现出来，也就是把一个人的精神面貌表现出来，而不只是在外形上做到肖似。生活在人物品藻极盛时期的人物画大师顾恺之第一个开始提出了人物画要“传神写照”的思想。“神”就是一个人的精神面貌。顾恺之为他的同时代人裴楷作肖像时，特为在他的颊上“益三毛”，就是为了用这个细节来强调出裴楷的“神”——“俊朗有识具”。这所谓“俊朗有识具”，是裴楷在当时的人物品藻所得到的评语。据《世说新语》所说，裴楷正是因为能得到这样的评语而当上了“吏部郎”的。

谢赫的时代仍然流行着人物品藻，虽然已不及顾恺之的时代那样重要。谢赫的“气韵生动”就是从顾恺之的“传神”思想而来的。南北朝时期的文学批评中应用着“气韵”这个术语，谢赫在不同的意义下在绘画批评中沿用了它。谢赫所说的“气韵”就是《世说新语·任诞》篇中所说的一个人的“风气韵度”的略语，就是人物的风韵。顾恺之所说的“神”，也就是我们今天所说的一个人的精神面貌、精神风貌。所以谢赫在评论张墨、荀勖时说“风范气韵，绝妙参神”，把“风范”与“气韵”并举，同时以“绝妙参神”来形容。紧接在谢赫之后的姚最在评论谢赫的时候说他“气韵精灵，未穷生动之致”（见《续画品》），将“气韵”与“精灵”并举。而“精灵”也就是人的精神。此外，作为一个为宫廷服务且最善画妇女的画家，谢赫使用“气韵”这一个词，自然也特别含有妇女的风韵、韵度的意思。他在评陆绥时说：“体韵遒举，风彩飘然”；在评戴逵时说：“情韵连绵，风趣巧拔”。这里的“体韵”“情韵”都是指妇女而言的。

从上面我们又可以看到，“六法”中的最重要的一法“气韵生动”最初的提出也完全是针对着人物画的。“气韵生动”这一法，要求画人物的精神面貌、神情风姿，“生动”地表现出来，越“生动”越好。由于谢赫的时代的绘画主要就是人物画，“六法”主要就是针对人物画提出的，而人物的“气韵”的表现又因当时人物品藻的风气的盛行而显得十分重要，因此，谢赫把“气韵生动”列为他的“六法”的第一法。

人物画不仅要求形体的逼肖，而且要求表现人物的内在精神，在魏晋南北朝时期提出的这个要求中，就已蕴含着我国绘画上的现实主义的要求。自然主义地、照相式地记录人物的外形，虽能做到外形的逼真，但并不能做到内在精神的逼真。人物内在精神的表现，要求画家必须深入地观察、认识、理解所描写的对象，捕捉住和概括地表现出那些具有本质意义的形体特征、细节、动态表情等，删略那些偶然的、无关紧要的东西。顾恺之画人，“四体”的“妍蚩”都已表现出来了，但却“数年不点目睛”。这就是因为“眼睛是灵魂的窗户”，或者如顾恺之所说的“传神写照正在阿堵之中”。但是在“阿堵之中”，却并不是每时每刻都能看到人的灵魂的。顾恺之“数年不点目睛”，大概是一直在探求那最能映照出一个人精神状态的某一瞬间，却一直还没有探求到吧。至于他在裴楷的颊上“益三毛”的做法，就正是为了用这个细节来增强裴楷的精神的表现。据说由于加了这三毛，就顿使“观者觉神明殊胜”。

在谢赫对各个画家的评论中，贯彻着现实主义的要求。谢赫是一点也不忽视画家在写实能力上的修养和技巧上的“精微谨细”的意义的。但是他很正确地把技巧的“精微谨细”和表现效果的“气韵生动”区别了开来。他在评顾骏之时说：“神韵气力，不逮前贤，精微谨细，有过往哲。”可见，技巧上的“精微谨细”不一定就能传达出对象的“神韵”。谢赫赞扬那些即使在技巧上还不够精谨，但能够传出“气韵”的画家，完全不吝那些仅仅在技巧上精谨的画家。在评卫协时说卫协“虽不备该形似而妙有气韵”（依《历代名画记》引）；说晋明帝“虽略于形色而颇得神气”；说丁光“非不精谨，乏于生气”。所有这些评论都是完全符合于现实主义的精神而排斥着自然主义的。

唐代的张彦远更进一步明确地发挥了谢赫的思想。他提出“形似”这个概念和“气韵”相并立。他认为那些“纵得形似而气韵不生”的画，那些“气韵不周，空陈形似”“得其形似则无其气韵”的画，是不能称作真正的绘画艺术的。他还正确地指出了“形似”与“气韵”的关系，认为如果着眼于“气韵”，“气韵”表现出来了，“形似”也就“在其中”了。（以上均见《历代名画记》）

自从张彦远明确提出了“形似”这一概念和“气韵”相并立，并且指出了它们之间的关系，此后“形似”与“气韵”的问题，也就是“形”与“神”的问题，就成了中国画论中时时讨论到的一个带有根本的理论意义的问题。在这个问题上，有着现实主义和形式主义以至自然主义倾向的斗争。现实主义者，如顾恺之、谢赫、张彦远等都并不否定绘画要“形似”，但他们反对自然主义的记录现象，亦即反对徒然的“精微谨细”和“空陈形似”。至于倾向形式主义的画家，批评家则对“气韵”作了唯心主义的解释，并由此而达到了对“形似”的否定，去追求笔墨的抽象的形式趣味。这我们在下面还要谈到。

“气韵生动”是完全针对人物画而提出的。“气韵”是人的内在精神，因此只有在画人时才有“气韵生动”与否的问题可言。无论是顾恺之还是谢赫、张彦远都是这样看的。

正如山水画的发展引起了“骨法用笔”含义的变化一样，宋代描写人以外的自然的绘画——山水、花鸟等的发展，也使“气韵”的含义起了一个重大的变化。原来认为只适用于人物画的“气韵生动”的原则，推广到了一切题材的绘画。

首先，董逌提出了这样的思想：“顾恺之绘画，以人物为主，次山水，次狗马、台榭，不及禽鸟。故张爱宾评画，‘以禽鸟为下，而蜂蝶蝉虫又次之’。大抵画以得其形似为难，而人物则又以神明为胜。苟求其理，物各有神明也，但患未知求于此耳！”（见《广川画跋》）这里还只是消极地说顾恺之、张彦远都以为人物以外的山水等都无“神明”（气韵）可言，只有“形似”可言，所以不重视人物以外的各种题材，其实不仅人有“神明”，“物”也是有“神明”的。邓椿则更进一步作了十分肯定的发挥：“画之为用大矣！盈天地之间者万物，悉皆含毫运思，曲尽其态，而所以能曲尽者，止一法耳！一法者何？曰：‘传神而已矣。’世徒知人之有神而不知物之有神，此若虚深鄙众工，谓虽曰画而非画者，盖止能传其形而不能传其神也。故画法以‘气韵生动’为第一……”（见《画继》）“物”也是有“神”的，画“物”也须“传其神”，也须“以‘气韵生动’为第一”，这是在谢赫之后对于“气韵生动”的一个大胆的、新的解释（这里我们暂不管邓椿是如何去理解郭若虚的话的）。

适应着绘画的新发展，邓椿打破了原来那种认为画人物才有“气韵生动”可言的传统旧说，把这一原则普及绘画的全领域。最初绘画仅仅是传人物的神，而且认为只有人物才有神可传，现在则不仅应传人物之神，还要传山水之神，传花之神……一句话，传万物之神。

什么是物的神、物的“气韵”呢？这当然不是说万物像人那样是有精神、有灵魂的。物的神、物的“气韵”，用我们今天常用的话来说，就是事物的内在本质、内在生命、内在意义等，即现实主义绘画艺术如果要达到对象的生动真实的表现就必须对之加以认识和表现的东西。明代唐志契的一段话具体地给我们指出什么是物的“气韵”。他说：“凡画山水，最要得山水性情。得其性情，山便得环抱起伏之势……水便得浪涛潆洄之势……岂独山水，虽一草一木，亦莫不有性情。若含蕊舒叶，若披枝行干，虽一花而或含笑，或大放，或将谢，或未谢，俱有生化之意。写意者正在此著精神，亦在未举笔之先预有天巧耳！不然画家六则，首云‘气韵生动’，何所得‘气韵’耶？”（见《绘事微言》）清代的沈宗骞也认为“气韵”指的就是“贯乎”万物之间的“生气”，就是万物所呈现的“活动之趣”（见《芥舟学画编》取势篇）。所有这些说法，都指出了

"气韵"就是我们今天所说的对象内在的本质特征、内在生命等。

我国历代的画论，无论谈画山水、画花鸟草虫、画梅、画竹等，都无不贯穿这样一个精神，那就是要画家不要以"形似"为能事，而要表现出那些更为本质的东西。举一个最简单的例子，如画竹，宋代李衎在他所著的《竹谱》中要求画竹"须一笔笔有生意，一面面得自然，四面团圈，枝叶活动，方为成竹"。表现竹这样一种植物，也要求达到如此的境地，即此可以看出我国绘画的现实主义精神的一斑。

这些，也就是"六法"中"气韵生动"这一最高准则的深刻的现实主义的精神所在。

"气韵"如何在画面上得到表现呢？这是依存于画家的艺术技巧的。"气韵由笔墨而生"（见唐岱《绘事发微》）。在用色上，"宜浓而反淡则神不全，宜淡而反浓则韵不足"（见笪重光《画筌》）。艺术修养到了最高的境界时，"气韵藏于笔墨，笔墨都成气韵"（恽寿平评董源语。见《南田画跋》）。画家在我们前面所谈到的"气韵生动"以外的各法上的修养越高，就越能臻于"气韵生动"的境界。

在上面我们是由创作的角度，即画家在创作中应如何去反映、描绘现实的角度去论述"气韵生动"的。从这角度去看，"气韵"是对象的内在本质、内在生命。"气韵生动"的准则要求画家不要停留在表面现象的记录上。但从批评的角度去看，"气韵生动"却还有着更为丰富深广的含义。

当画家最后完成了他的作品，把作品放在鉴赏家、批评家面前的时候，鉴赏家通常总是先指出这作品的"气韵"如何，"气韵"是否生动，"气韵"是"雄强""沉郁"还是"萧疏""洒落"等。这时鉴赏家口中所说的"气韵"不是说的现实对象的内在本质、内在生命等，而是说的这种本质、生命等等在作品中所得到的表现，这种表现所取得的艺术效果。换句话说，这时的"气韵"，即从批评的角度去应用的"气韵"，意味着画家所塑造的整个艺术形象的生命力、艺术感染力，这种感染力所达到的特殊的境界，以至作品的整个的风格，等等。

谢赫在评张墨、荀勖时说"风范气韵，绝妙参神"；评陆绥时说"体韵遒举，风彩飘然"；评戴逵时说"情韵连绵，风趣巧拔"。这些简练的评语，就是从批评的角度去指出画家在"气韵"的表现上所取得的艺术效果，指出画家的作品的艺术感染力的所在。

明代的唐志契曾经指出有人以为画上的用墨"烟润"就是"气韵生动"，他认为这是十分错误的。他说："气韵生动与烟润不同。……盖气者有笔气，有墨气，有色气，俱谓之气；而又有气势，有气度，有气机，此间即谓之韵。而生动处又非韵之可代矣。生者，生生不穷，深远难尽；动者，动而不板，活泼迎人。要皆可默会而不能名言。至如烟润，不过点墨无痕迹，皴法不生涩而已，岂可混而一之哉！"（见《绘事微言》）这些话，虽然有许多牵强玄虚之处，但唐志契很正确地意识到了我们说一幅画是否"气韵生动"，绝不是说它用墨"烟润"而已。一幅画的"气韵"是由笔、墨、色的艺术地使用所构成的整个形象的活生生的感染力。有时这确乎是"可默会而不能名言"的。

在上面我们还引用过唐志契的另一段也论到“气韵生动”的话，在那里唐志契是从创作的角度去解释的，至于在这里则是从鉴赏的角度解释的。此外，如金绍城在他的《画学讲义》中说：“气韵生动一语，包括画之全体。譬如一画张之壁间，觉其美妙者，气韵之生动也。”这也是从鉴赏的角度对于“气韵”的正确的解释。

我国绘画在批评上始终以“气韵生动”为最高的准则。那些没有“气韵”的画甚至被认为是没有资格称作画的。要求一张画有“气韵”，这就是要求它达到艺术的生动真实最高境界，就是要求它具有永恒的感人的生命。也就是反对那种呆板乏味的自然主义的现象记录。这是我国绘画传统中永远最可宝贵的精神。

五、对于“气韵生动”的唯心主义、形式主义的解释

第一个给“气韵生动”以唯心主义解释的是宋代的郭若虚。

从创作的角度、绘画反映现实的角度说，“气韵”是现实对象的内在本质、内在生命，是客观存在在画家身外的东西。画家要生动地把它传达出来，就须有对于对象的反复深入认识、体验，就须有艺术技巧的修养。画家的人格教养如何，即画家的“人品”如何，会直接影响到认识、体验，表现的深度、广度，影响到“气韵”的高低，但不管画家的“人品”有多高，如果没有对于现实对象的认识、体验，根本就说不上“气韵生动”。

郭若虚把“气韵”和画家的“人品”等同了起来，把原来存在画家身外须待画家在创作中加以反映的东西，弄成了就是先天地存在在画家内心的东西。“气韵”就是“人品”的表现，“人品”的高下决定“气韵”的高下。而“人品”是天生的，人生来就有“君子小人”之分，所以“六法”中的其他的各法都可以经过后天的努力而达到，唯有“气韵必在生知，固不可以巧密得，复不可以岁月到”。“气韵”是“得自天机，出于灵府”的(见《图画见闻志》)。

这种解释把“气韵”说成了画家先天具有的、神秘不可知的东西，这无疑是唯心主义的解释，虽然郭若虚在其他的问题上有着许多正确的见解，个别地方他对“气韵”也有正确的理解。

郭若虚对“气韵生动”作这种唯心主义解释的实际意义，就是要从根本上贬低民间画工的地位，抬高出身于所谓“轩冕才贤，岩穴上士”的画家的地位。民间的画工，即郭若虚深为鄙夷的“众工”，在郭若虚看来自然生来就是“小人”，因此他们在绘画上是永远注定不能达到“气韵生动”的境界的。这当然完完全全是统治阶级的偏见。敦煌壁画是历代“众工”的作品，然而其中不少“气韵”是很“生动”的，并不见得逊色于“轩冕才贤，岩穴上士”们的作品。

郭若虚对“气韵”的唯心主义解释中一个关键的地方，就是他错误地把原来存在于现实对象中的“气韵”，视作先天地存在于画家内心的东西，把在物的东西视作在心的东西。这种唯心主义的看法在元代更引向了形式主义。郭若虚并不否认而且还很强调画家要有严格的技巧训练，要真实地描写对象，他只是要贬低画工而已。

元代，由于异族的野蛮压迫，尤其是对汉族

知识分子的压迫，许多画家常常以绘画来抒发自己的苦闷、愤懑以至抗议。其中一个重要的人物就是倪云林。他说过这样几句有名的话："以中（他的一个朋友）每爱余画竹，余之竹，聊以抒胸中逸气耳！岂复较其形之似与非，叶之繁与疏，枝之斜与直哉！或涂抹久之，他人视以为麻为芦，仆亦不能强辩为竹，真没奈览者何。"又说："仆之所谓画者，不过逸笔草草，不求形似，聊以自娱。"（见《云林集》）

这些话，是倪云林在画的题跋中抒发他的愤懑，我们当然不能由此说倪云林在宣扬形式主义。倪云林的画画得并不错，并不如他自己所说的那样。而且据他自己的诗"郊行及城游，物物归画笥"（见《清秘阁集》）可见，他也观察实物，并且还就地写生的。但是，不管如何，倪云林这几句话在我国绘画史上确实开始透露了形式主义倾向的消息。

绘画既然不过是抒写"胸中逸气"的工具，于是"形似"与否，对象表现的真实与否就完全不关紧要了。因为我原来要表现的不过是存在我"胸中"的"逸气"而已。这样，就否定了"形似"，否定了画家必须有严格的技巧训练，认为这是"画工"们的事。同时就抛开真实表现对象的要求，去追求某种似乎玄妙难言的、为"俗人"所不解的笔墨趣味。这就是我国绘画史上的形式主义倾向。倪云林后的对"气韵"的形式主义解释，不外故弄玄虚把"气韵"解为抽象的笔墨趣味。

当然，我国绘画十分注意在绘画中抒发画家的内心感受，但情感只有通过对象的真实描写而抒发出来，才是真实的、感人的。用某种"不求形似"的符号似的东西体现出来的情感，其情感是虚矫的、无力的。

一方面有"不求形似"的倾向产生，另一方面历代许多坚持现实主义的画家也在尖锐地反对这种倾向。明代的王绂指出："今人或寥寥数笔，自矜高简，或重床叠屋，一味颟顸，动曰不求形似，岂知昔人所云不求形似者，不似之似也，彼繁简失宜者，乌可同年语哉！"（见《书画传习录》）清代的笪重光也很深刻地指出："时流托士夫气，藏拙欺人。"（见《画筌》）鲁迅先生也曾指出我国绘画传统中不好的这一方面，他说："我们的绘画，自从宋以来就盛行'写意'，两点是眼，不知是长是圆，一画是鸟，不知是莺是燕，竞尚高简，变成空虚。"（《且介亭杂文末编·记苏联版画展览会》）鲁迅先生还指出这不好的倾向、这种"弊病"，甚至影响到了现代的青年木刻家。他认为这样的"写意"，是一种应该坚决加以抛弃的"懒惰的空想"。

在西方资产阶级美学理论输入中国以后，有不少人开始用这种理论来解释"六法"，特别是解释"气韵生动"。这些解释，可说都很少与"六法"和"气韵生动"的真义相关，解释者都不过是在借"六法""气韵生动"来做他们自己的文章，发挥他们所喜爱的某一种资产阶级的美学观点而已。因此解释不是建立在科学的研究上，而多是牵强附会。例如刘海粟早年所写的《中国绘画上的六法论》一书，虽有许多可以参考的地方，但把"气韵"解释为英国的裴德（Pater）所说的艺术中的音乐状态、"节奏"，是没有根据的。当然，"气韵"就其为一幅画的艺术感染力、艺术效果而言，也可以包含"节奏"这一意义在内，但绝不就是“节奏”。至于说“骨法”就是所谓“生生的力量”，这是很难找到什么根据的。

六、结语

“六法”是谢赫从他当时的绘画实践，主要是人物画的实践中总结出来的。谢赫作出这样的总结，是为了适应他当时的绘画批评上的需要。由于当时社会十分重视人物品藻，要求画家们表现人物的精神面貌，于是有“气韵生动”这一法，而且是最重要的一法。在这一法中蕴含了我国绘画的现实主义的精神。由于人物画，尤其是肖像画首先必须做到外形的肖似，于是有“骨法用笔”这一法。谢赫把它列在第二。至于“应物象形”“随类赋彩”“经营位置”则不只是人物画，而且是所有题材的绘画所共有的问题，是绘画艺术表现技巧的三个基本方面。其中的“应物象形”又是和“骨法用笔”相联系的，物的形是通过“骨法用笔”的技巧而得到表现的。因为在谢赫的时代绘画所象的物，主要就是人。在谢赫那里，“骨法用笔”，就是人物画的造型技巧。

随着绘画的发展，特别是宋代山水、花鸟等题材的绘画的发展，引起了“六法”的含义的变化，使它发展为整个绘画的一般准则。其中原来完全是针对人物画而提出的“气韵生动”和“骨法用笔”的含义发生了重大的变化。“气韵生动”成了整个绘画批评与创作的一般美学理论的准则，“骨法用笔”则不再仅是人物画的造型技巧，而成了各种题材的绘画所共有的造型技巧。至于其他的各法则在具体内容上逐渐丰富起来。这样，“六法”中既包含了创作与批评的一般的理论上的准则，又包含了绘画艺术技巧的准则，构成了我国绘画理论思想的有着科学系统性的体系。这个体系，为我国历代的批评家、画家所公认并遵循。

我们直到现在还没有详谈到的“六法”中最后的一法：“传移模写”，是魏晋南北朝以至唐代复制名画（或名书）的一种技术。顾恺之和张彦远都谈到过这种技术。传写所得的画，“既可希其真踪，又得留为证验”（见《历代名画记》），就像我们现在的绘画复制品、敦煌壁画的摹品一样。所以谢赫说最善传写的刘绍祖，时人曾经给他一个绰号叫“移画”。谢赫正确地指出来，传写是“述而不作，非画所先”。但这在当时终究是一种难能的技术。谢赫“六法”之后附上“传移模写”一法，大约是为了使具有这种难能的技术的人，也能在《画品》中占一席地位吧。

后世把“传移模写”解释成经过名作的临摹而向传统学习，是一个新的解释，也可说是“六法”的含义的一个新发展。它使作为我国绘画理论体系的“六法”中包含了向传统学习这一正确的思想，从而使作为我国绘画理论纲领的“六法”更为完善。直到今天，“传移模写”也仍然是我们向传统学习的重要方式之一。

注释

[1]在谢赫评论到的画家中，以陆杲的时代为最晚。据梁书，陆杲卒于梁武帝中大通四年，即公元532年。而谢赫评论到他时说他的作品“传于后者，殆不盈握”，可知谢赫著书时陆杲已死，故他著书的时间，

必在此年之后。姚最续谢赫作《续画品》，其中称梁元帝为“湘东殿下”，可知《续画品》的写作必在梁元帝即位前，即梁武帝太清三年，公元549年以前。谢赫著作的成书，当然不能在此年之后。

[2]谢赫的著作现在通称《古画品录》。据历代著录和《历代名画记》以及谢赫的著作的内容，它的正确名字大约应是《画品》或《古今画品》。《古画品录》这个名字是后人弄错了的。

[3]见梁武帝《咏美人观画》诗:“殿上图神女，宫里出佳人，可怜俱是画，谁能辨真伪。分明净眉眼，一种细腰身，所可持为异，常有好精神。”

[4]关于《画云台山记》，日本人小林太市郎曾作了考证，证明画的是见于《神仙传》的张道陵试赵升的故事，并由此校改了记中一些错漏的地方。见他所著《中国绘画史论考》。我不通日文，这是别人所转告的。其实这考证也并不难作。顾恺之就已说明他所画的是“天师”和他的弟子的故事，只要人们肯耐心翻检一下有关“天师”的各种故事就可以了。

本文载于《美术研究》1957年第4期

刘纲纪，1933年生，贵州普定人。哲学家、美学家。1956年毕业于北京大学哲学系。武汉大学教授。

日本绘画艺术的发展与中国的关系

常任侠

日本是一个爱美术的国家，由于劳动人民辛勤的创造，和中国文化历代的熏染，培养出普遍爱好美术的风尚。日本美术与中国美术，长期以来，有血肉相连的关系。日本劳动人民创造自己的艺术，远从史前时代，已在他们的土地上，展露出美术的萌芽。日本考古学者所发掘的史前遗物，如绳纹土器、弥生式土器、埴轮土偶等，这些原始朴质的塑造，显示了日本艺术的开始期。当汉魏时代的文化输入日本，把他们从原始蒙昧的状态，向前推动了一步。我们从日本的铜铎、画像镜和弥生式土器上，看见了日本先民的图画。在铜铎上铸有射鹿、捣米、纺织、房屋、穗仓、狩猎、水鸟、鱼龟等图画，在画像镜上铸有房屋、战斗的图画，在弥生式土器上刻有乘船的图画，从而知道日本古代的劳动人民由狩猎生活过渡到农耕生活的小景。这些图画记录着他们社会生活的进展与发明创造的喜悦。由于汉委奴国王金印在日本志贺岛被发现，日本袭棺古墓中，有不少汉铜镜出土，魏景初三年（239）铭文镜，在大阪黄金冢古坟被发现，中国汉魏时代的文化艺术向日本传播，使他们受到不少影响已是不言而喻的了。再从隅田八幡出土的国象镜铭文上、江田船山古坟出土的大刀银嵌铭文上，我们看见了6世纪初年（503）的日本古代艺术遗物使用汉字记录他们历史年代的确证。当时造型艺术与中国艺术密切的联系，也由这些证物的发现得到说明。可知海洋虽深，风媒已把种子吹去，两国人民的手臂，已经遥遥相挽了。

日本人民最热衷于学习中国文化艺术是在隋唐时期（581—906），大批的遣隋生、遣唐生和学问僧，从大陆带回了文化艺术的各方面，给日本的初期封建社会，塑造了一个完全的模型，帮助了日本文化飞跃的进步，大大促进了日本美术的发展。到这时日本美术才蓬勃地生长，呈现出前所未有的光辉。

日本自钦明十三年（552），佛教由百济传入，佛教的经论、造像不断地由大陆输往，律师、禅师、比丘、尼、咒禁师、造佛工、造寺工等也相随而至。因为崇信佛教、建筑寺院、雕塑佛像、绘壁画、绘经卷等一系列的艺术工作不断发展，使日本初期的美术成为服务于宗教的工具。当他们对美术技法的研究还在空白的时候，无论创制或学习，在初期都必须借外来艺术工作者的帮助。这些早期艺人的名字，曾载入日本的史册，日本雄略七年（463）七月诏命新汉陶部高贵、鞍部坚贵、画部因斯罗我等，迁居于桃原、下桃原、真神原等地。相传魏安贵公之子龙一名辰贵，也以善画入日本。这些从大陆来的第一批艺术工作者，对于日本美术的植基工作，贡献了不少力量。在推古十八年（610）时，高丽僧昙征入日本，传色彩及纸墨制法，对于绘画艺术，也有很大的贡献。由于这些因素，以及日本美术家的努力，使日本的绘画与装饰画，很快脱离了原始状态，向前发展。

从日本飞鸟时代的艺术遗物看，法隆寺所藏玉虫厨子作中国宫殿的式样。下承须弥座，正面绘舍利供养图，左侧面绘金光明经舍身品舍身饲虎图，右侧面绘涅槃经圣行品施身闻偈图，背面绘须弥山图。厨子上部宫殿部分，绘有天部、菩萨诸像，画法于黑漆地上，施以朱、绿、黄等色，赋彩虽简，而线条雄健，似我国六朝时代的画风。据传为推古时代遗物，初藏橘寺，橘寺既废，转送法隆寺。

又中宫寺所藏天寿国曼荼罗丝绣残片，据铭文为推古二十九年（621）十二月圣德太子之母橘妃所绘，在这个绣品上残存有比丘敲钟、天女飞翔、玉兔捣药、莲花坐佛各部分。这个图的作者是东汉末贤、高丽加西溢、汉奴加已利三人，由掠部秦文麻指导宫中采女绣成。这两件遗物的绘画，虽然色彩简单，尚未脱幼稚的状态，但是韵味笔致都受到中国六朝时期绘画的浓重影响。它的制作也显明有中国艺术工作者参加。当其时在中国画坛上，陆探微、张僧繇、曹仲达等名家辈出，谢赫六法阐述了绘画的原则，画风东渐，由朝鲜半岛而至日本，给予日本初期的美术以巨大的推进力量。

日本奈良时代，在公元7世纪建筑的法隆寺，完全仿照中国宫殿式样，是古建筑的宝贵遗物。寺内金堂殿画绘于7世纪末8世纪初年，妙相庄严、婉丽多姿，盛唐佛画的多彩与壮大，在这个壁画上，传习了很好的实例。它与盛唐时期的敦煌壁画同一风格。这个壁画是中国、日本和朝鲜的艺术家们精彩合作，在共同劳动下达到的极高成就。中、日古代美术的关系在这个可纪念的遗物上，结成不解之缘。它不仅为日本人民所喜爱，也为中国人民所喜爱。不幸流传一千多年的瑰宝，竟在美帝国主义者占领下遭到烧毁，这确是最可惋惜的重大损失。与壁画同时的圣德太子像，服饰冠带，仿效唐制，写貌传神，也仿佛是一幅美好的唐画，这幅肖像画可以称为日本大和绘的初祖。在奈良正仓院中，曾保存着不少唐代传去的宝物，这些精美的工艺与绘画为日本美术传播了优良的规范，由此而产生了奈良与平安时代的许多优秀作品。我们研究日本的大和绘，可以看出它与唐画的密切关系。

奈良时代包括白凤（7世纪至8世纪）与天平（8世纪至9世纪）两个时期，前期的法隆寺金堂壁画与五重塔壁画规模宏大、内容充实，而且艺术水平很高，是很有气魄的作品。在奈良时代的盛期，绘画内容，巧致有余，但缺少泼辣的味道。所谓丰丽柔媚，可以说是白凤时期绘画的特色。到天平时期，药师寺所藏公元8世纪的吉祥天女图，与正仓院所藏鸟毛立女屏风作风相同，都是胎息于唐画的手法，画出了天平时代美人的风貌。若与张萱、周昉所画唐代的美人相比，细致丰腴、色彩柔和，颇有近似之感。

正仓院所藏琵琶的拨面，绘有骑象鼓乐图，阮咸的拨面，绘有松下围棋图，两者虽然是附在乐器上的绘画，但这种即兴点染的生活小景，不像佛画那样有一定的程序，它可以自由抒写，随意表现人物的情态，因之更能看出当时写实技法所达到的成就。另外，附在阮咸和琵琶上的还有弹奏阮咸图、骑猎酒宴图，也属于这一类的绘画。从这些遗品上我们可以知道，中国古代用油彩作画的技法也已传到日本。

8世纪的另一著名作品，是醍醐寺报恩院所藏的绘因果经八卷。这个绘卷以上图下文的形式，描绘了佛本生的种种故事，并且衬托着树木、山岩，其中人物的画法，以及表现树石的方法、写经的书法，都显示着唐朝的艺术作风。这个绘卷下启日本绘卷物的美术式样，并且是后来木刻印刷经卷上图下文的常用形式。

到8世纪末，日本都城由奈良迁于京都，从9世纪开始的平安时代，在画风上继续着唐绘的规范，盛行的仍然是佛教美术。自日本高僧空海（弘法大师）与最澄（传教大师）等随遣唐使入唐求法，传入了天台、真言两宗，把唐朝佛教密宗的佛画图样也传入日本，于是佛教美术，由显教转于密教，出现了不少白描的图像，如京都神护寺的“金刚界曼荼罗”、教王护国寺的“胎藏界曼荼罗”，便是9世纪的密宗佛画代表作品。此外著名的密宗佛画，如高野山智证大师的“赤不动尊”、园城寺僧空光的“黄不动尊”，以及歌山的“五大力吼像”等，怒目注视、威猛慑人，强烈的色调与凹凸的画法，应是传习了中晚唐的佛画作风。又李真所绘金刚智、善无畏、大广智、一行、惠果五祖肖像，由弘法大师传入日本，这种细致而谨严的写貌传神的技术，使日本肖像画家，有了学习的典范。其后加入龙猛、龙智及弘法大师像，称为真言八祖，这些肖像画长期地成为日本肖像画法的基础。在画艺的培养上，到这时日本有了自己的著名画家，同时中国与朝鲜的画家，也有不少人定居日本，子孙世传其业，因此中国、朝鲜、日本的美术，融会调和，到10世纪产生了日本大和绘的独特作风。

佛教艺术的日本化，是唐代影响下的艺术教育所产生的新品种。在天历五年（951）落成的醍醐寺五重塔内，绘有两界曼荼罗壁画，天喜元年（1053）落成的平等院凤凰堂壁画，绘有九品来迎图，这种优婉华丽的笔致，逐渐表现了日本美术的新作风，适合了社会的爱好与贵族们的趣味。

日本美术的成熟期，是从公元10世纪到16世纪，包括日本美术史上的藤原（10世纪至12世纪）、镰仓（12世纪末至14世纪）、室町（14世纪至16世纪）各时代，日本美术有着多样的发展，建立了自己的风格。从唐绘演变到大和绘，绘卷物与屏障画盛行一时。绘卷物是从“绘因果经”等佛画绘卷发展的。日本今传的古绘卷，在11世纪中期，有圣德太子绘传、伴大纳言绘词、吉备大臣入唐绘词、寝觉物语绘卷等。这时期以佛教为内容的绘卷仍复不少，如地狱草纸、善财童子绘卷之类。但是绘卷的题材内容，以后逐渐扩大，描写战争、描写闺情、描写寻常世态，遂开江户时代浮世绘的先路。例如源氏物语绘卷、紫式部日记绘卷、古物语绘卷、蒙古袭来绘画等，它的内容完全脱离了宗教范围。绘卷有如现在的连环画一样，它用连续的长幅绘画，解说一个故事的内容，从佛绘到物语绘，可以区分为说经、和歌、故事、战记、缘起、记录、传记、小说等，从11世纪到15世纪，留下了不少优秀的作品。它的画风和内容，纯然是日本特有的，它用绘画记录了这一时期的传说、习俗和故事，表现了日本社会各阶层的生活。

这一时期的另一特殊艺术是屏障画，由于贵族社会，考究园庭，室内多用壁障，于是屏障绘画成为时尚。屏障画特别重视装饰趣味，内容有风景、花鸟、舞乐、游戏等，色彩喜用金碧。金碧屏障风行一时，至桃山时代达于极盛。在大和绘中，占有重要的地位。

唐绘可以说是大和绘的推进力量，从飞鸟、奈良到平安时代的前期，唐画的作风笼罩着日本的画坛。到公元894年以后，日本遣唐使中断，大和绘逐渐发展，日本民族绘画的风格逐渐形成。在日本延喜天历（901—956）之间，平安京与渤海国发生贸易关系，时有中国船舶来往，其后中国宋代的绘画，因此媒介，又复输入日本，日本水墨画的产生，即系受这个影响而成。

佛教在宋元时代，与宋元的理学相结合，发展而为禅宗，弃渐进而倡顿悟，常说心即是佛，不拘于形式，在绘画上也发展出新作风，产生了逸笔草草、不拘形似、不用艳丽色彩的水墨画，以古淡为贵。日本的僧人不断到中国求法，中国僧人一宁、良全等，也到日本去传教，在文化交流上，把佛教的禅宗传入日本，把宋元的水墨画也传入日本。在13世纪以后，就产生了如拙、周文、宗湛、雪舟、宗誉、雪村、秋月、宗渊、周德等一系列的禅师而兼画师，日本水墨画与禅宗的关系是很深的。在日本室町时代，中国的水墨画风，可以说代表了日本的画坛。试以大画家雪舟为例，他的画风曾经汲取了夏珪、马远的精神，他又曾游历中国，住四明天童山学习，所画的山水，至老还眷眷于中国的风物，在画中带有浓重的中国景色。

到16世纪的后期，日本绘画从水墨画的笼罩下，发生了新的变化，以狩野正信为首，开始了狩野派，这一画派一直繁荣到江户时期。正信之子元信，生于16世纪的后期，在足利将军家为官，因此使狩野派成为官派画家，子孙世袭其业。狩野派的特点，即意图把汉画的样式，转为日本化。他们常为封建贵族的邸宅画屏障，屏障画多以花鸟、风景为内容。到江户时期，也写社会风俗，与后期的浮世绘发生了关联。在欧洲画风东渐以后，接触了异国新事物，狩野派的绘画中，也常有所表现，所谓南蛮屏风，就多出于狩野派画家之手。

把日本绘画更向前推进，创造了自己的面貌，在17世纪有海北·长谷川派、土佐·住吉派、宗达·光琳派等，宗达与光琳对于写生有坚实的基础，描绘现实生活，作风严谨。日本绘画这才形成了独特的作风。

在这时期不可忽视的是浮世绘版画的兴起。浮世绘产生于17世纪，当时市民阶级抬头，这种艺术表现了他们的趣味、愿望和生活，对封建统治者曾有批评嘲讽，这在当时，颇有进步的意义。浮世绘产生于我国明代版画艺术高度发达以后，明弘治以至万历时期（1488—1619）的小说戏曲插图版画，传入日本，影响了日本的市民文艺，浮世绘艺术应运而生。这种艺术结合了日本人民的生活，于是多彩多样地发展。日本早期的浮世绘，从宽永年到宽文年（1624—1672）为京阪的肉笔浮世绘，即彩色风俗画，而非木刻。到日本庆长十三年（1608）光悦本《伊势物语》刊行，是为木刻浮世绘的开端。进入江户时代，艺人辈出。岩佐又兵卫胜以（1578—1650）绘有庶民游乐团扇图、王昭君图、三十六歌仙图等作品，为木版浮世绘首出的画师。但上溯此种艺术的源流，土佐派与狩野派绘画，已开其端，岩佐胜以的画艺，即从土佐派所传习。至木版浮世绘的成就，菱川师宣实为其重要的一人。师宣的作品显明地受有中国版画的影响。如其所作绘本风流绝畅图，即由于看到中国彩色版画风流绝畅图，加以模刻。浮世绘彩色版画的发展，与此不无关系。又如丹绘开始于延享年间，延享三年（1746）法眼大冈春卜出版明朝生动画园三册，刻有明画五十九图，绘者有文徵明、东郭、克弘、戴文进、丁玉川、朱铨、文衡、王维烈等，康熙时我国所印套色版芥子园画传，亦为日本所翻刻。日本浮世绘师们，常常参考中国的版画，这在日本浮世绘版画初期的发展上，当给予不少影响。在后期则自行研究，时时改进，逐渐提高，遂独创日本自有的民俗艺术风格。

浮世绘的代表画家，除菱川师宣是其早期的先行者，继起的有宫川长春、鸟居清信、怀月堂安度、西川祐信、奥村政信、鸟居清满、铃木春信、礒田湖龙斋、胜川春章、东洲斋写乐、喜多川歌麿、鸟居清长、葛饰北斋、安藤广重等人，所表现的多是舞台优人、艺伎、市井风俗，以及风景、花鸟等。在印刷的技术上，初为单色墨印，继为丹绘、漆绘、红绘等，由单色发展为多色。到18世纪的后期，由于套印繁复，称之为锦绘，色彩绚烂，在手工印刷技术上，有很高的成就。浮世绘与中国的木版年画作用相似。它植根在群众中间，在都市和农村，有广大的爱好者，因此非常流行。

从18世纪的末期到19世纪，还应该提到的有文人画派和圆山·四条派，它们与中国美术，也发生着联系。文人画以池大雅、与谢芜村、浦上玉堂、青木大米等为代表，画风与中国的文人画相似。作画取材于山水、花鸟、人物，重主观挥洒，自抒性灵，不拘泥于纯客观的描绘。但在后期的渡边华山，学习谷文晁的技法，却以善于写生著称。他长于人物肖像、花鸟虫鱼，把握形象超过常人。到幕末维新时期，文人画派达到全盛。在同时的狩野、土佐、圆山·四条以及浮世绘艺术等流派，均被文人画的波涛所卷，但它自身也逐渐变化，非复本来的面目。

圆山·四条派以圆山应举为代表，他学习了元、明、清画家钱舜举、仇十洲、沈南苹等的写生画法，更加参用欧西的科学透视、写实的基础，非常严谨，在日本画中，开一新派。他的追随者有吴春、源琦、山口素绚、森狙仙等。吴春画风景，混合着抒情和装饰趣味。源琦善画中国美人，山口素绚善画日本美人，森狙仙善画猿猴，写生妙技，都达到很高的造诣。应举画有群兽图屏风，其中各种兽类，都能抓住它独具的生态，观察的仔细与状写的妙肖，可以称为写生大家。

自室町时代到江户时代，所有水墨画、狩野派、文人画派以至圆山·四条派等，虽派别不同，可以说都受到中国画的影响。日本画家，向来尊重中国美术，自雪舟入明，从张有声、李在传习宋元画技，在日本艺坛，得到极高的声誉，其后宋元明清的画幅，就多量地输入日本，各种画传画谱，日本也多翻刻。到清代的伊孚九，在日本传授文人画、沈南苹传授写生画，都给日本画坛以很大的影响。如费汉源、诸葛晋、李用云、董可亭、宋紫石、方西园、张秋谷、费晴湖、孟涵九、江稼圃、陆云鹄、朱柳桥、陈逸舟、华昆田、颜亮生、徐雨亭、王克三等清代画家，常在日本，遂使日本画与中国画长期地保持着亲密的关系。

在现代能继续保持着日本美术传统优点的，是日本的写生画。自明治以后，写生派在京都的画家有森宽斋、幸野梅岭、今尾景年、岸竹堂、熊谷直彦等人，又菊池芳文、竹内栖凤等出于梅岭的门下，山元春举出于宽斋的门下。在东京的画家，有川端玉章、野村文举、柴田是真、荒木宽亩等，其中以竹内栖凤能综合各流派的特色，圆融超脱，最为突出。栖凤的门下，有桥本关雪、土田麦仙、西山翠嶂等，关雪放笔雄健，状物亦很生动，我国岭南画家高剑父、高奇峰兄弟，颇受其影响。宽斋门下的山元春举，常与栖凤并立。东京画家，出于川端玉章门下的有结城素明等人。这些画家的作品，对于写实的基础，多有很好的训练，因此写景状物，都有现实的感觉，把西欧的透视、解剖科学，运用在日本画中，独创出优秀的风格。特别是栖凤的作品，可以说较之圆山·四条派，更有新的发展。

日本版画，也在逐步发展之中。浮世绘版画是日本封建社会末期的产物，曾盛行于江户时代，随着这个王朝的结束，也同时衰落。自明治维新以后，日本社会向资本主义发展，版画已有转变。现在的作家如伊东深水、高桥诚一郎等，他们的画笔描绘的多是社会上层妇女，明朗富丽，在艺术上达到很高的成就。

中国木刻与日本木刻，在过去即有很深的历史关系，到现代它们之间也是互相影响、互相协助，像亲兄弟般共同向前进步。在中国新木刻运动开始的时候，鲁迅先生曾请日本的木刻家内山嘉吉讲授木刻技法，并亲自译述，由学习者把讲稿记下来，广泛流通日本木刻家的经验，在新兴木刻运动上起了很大作用，为人民革命艺术的事业，立下不少功绩。在抗战时期以及抗战结束之后，中国进步的木刻作品，却不断被介绍到日本去，给日本新木刻运动以很大的影响。日本共产党领袖德田球一同志曾号召日本木刻工作者学习毛泽东文艺方向，学习中国的新木刻。在这方面，中国和日本的关系，可以说互相得到启发，才有今日的成果。在木刻艺术上，从发展的历史上看，从斗争的方向上看，都有亲密的联系。现代的日本版画，已经不再局限于浮世绘的传统，虽然它采用了欧西的方法，却具有日本特殊的风格。由于社会的前进发展，版画的内容也有更多方面的反映。过去的浮世绘为市民阶级所爱，今天的版画，更为广大的农工群众所爱。版画成为人民斗争的武器，比之日本一切艺术，它更能反映现实，显出日本人民斗争的英勇姿态。近几年来，日本人民正在同他们国内的反动统治者和来自美国的占领者做殊死的斗争，在版画中强烈地表现出人民的意志和力量。仅就所见到的日本新版画说，如铃木贤二的《在美军基地》，人民坚决反对美军把从事生产的土地，变作了演武的场所。在基地的周围，美国占领军树立着“禁止日本人入内”的侮辱性标牌，愤怒的日本人民经常在深夜拆毁这种标牌、拔除美军基地的木桩和电网。铃木贤二的这幅作品所表现的正是某一美军基地夜间斗争的场景。铃木贤二的又一作品《游行队伍占领了人民广场》，也是一场激烈斗争的画面。1954年五一节时，美国占领军和前吉田政府，曾指使美日宪警袭击游行的日本人民，造成了空前的五一节屠杀事件，这幅版画反映了日本人民在这次英勇斗争中的胜利。上野诚的版画《第五福龙丸》所反映的是在1954年，日本渔船第五福龙丸遭受美国氢弹的袭击，船员久保山因此殉难，激起了日本全国人民的愤怒。还有村上芳夫的《冷落的鱼摊》和另一作品《1954年五一节所见》，都反映了由于美帝试验原子弹和氢弹，放射毒性沾染鱼类，引起的灾难。在后一幅作品内，刻的是一群游行者，抬着一个巨大的海鱼模型，上面写着："鱼在叫喊，反对氢弹试验！"也正是广大日本人民为这种灾难所发出的呼声。

日本人民受美帝原子弹的灾害最惨，杀死了20万居民，使广岛成为废墟。北冈文雄的两幅《废墟》，在洋画界驰名国际的丸木位里和赤松俊子，曾作原子弹爆炸图，所表现的就是这种悲惨景象。上野诚的《原子病害者的控诉》《残病者》和新居广治的《美国试验氢弹的灾害》等，都代表着广大人民的意志，坚定了反氢弹和原子弹的斗争力量。

日本人民与中国人民的友谊是悠久而深厚的，新居广治和泷平二郎合作的56幅连环木刻画，表现了日本帝国主义者对于战俘的残酷暴虐行为，中国人民大批地死于花冈劳役虐杀中，造成惨绝人寰的事件。这事件中的屠杀惨状与反抗的英勇行为，都连续地表现在画幅中，中日两国人民共同为正义而斗争，在这一事件中结成了强固的友谊。在日本版画中，对于新中国的革命胜利，也表现出无限的向往。例如小口一郎的木刻《谈新中国》，表现出日本人民在谈新中国时的兴奋心情。中国人民革命的伟大胜利，给日本人民争取民族独立和反对美国侵略者的斗争以极大的鼓舞。他们对于新中国革命的乐观景象，也非常喜爱，例如大田耕士的《中国孩子》《京戏即景》等，正是这种心情的流露。

中日两国文化，有着一千多年的关系，密切的程度，是无可比拟的。中国艺术与日本艺术，从一千多年前开始，就缔结成难解的因缘，东方艺术研究者常把中日艺术归于一个系统，曾说日本艺术是中国艺术的种子在日本土壤上所开的花朵，这正说明了两者血肉相连的深厚的感情。中国从唐宋元明一直到清代，凡是美术上的运动变化，都对日本美术产生影响。今后两国人民将在革命斗争中更加发展新的友情，在文化上艺术上的创造发展交流中，会呈现出更新的光彩，这将是在新世纪中可以预期的成果。

本文载于《美术研究》1958年第3期

常任侠（1904—1996），安徽颍上人。艺术考古学家、东方艺术史研究专家。毕业于南京国立中央大学，后留学日本。中央美术学院教授兼图书馆馆长。

抗日战争时期国统区的木刻运动史料

李 桦

这篇文章是李桦同志在抗日战争最后一年（1945）写的，当时他掌握国统区木刻运动的资料比较丰富，所以能较全面地叙述了这个时期的木刻运动。为了保持原貌，现按原文发表，未予删改。这种史料是研究中国新兴木刻史以及中国现代美术史的有用的素材，特发表出来，供读者参考。

——编者

一、武汉时期

中国木刻运动的武汉时期指的是上海、南京相继失守后1938年由夏至冬的半年间。

沪宁沦陷后，文化人络绎向广州、武汉撤退，而武汉地近南京，且当时已成为军事及政治中心之一，加以北方文化人的集中，武汉马上代替了上海的地位而成为当时全国文化的中心了。木刻工作者亦大部集中武汉、重整旗鼓，配合着当地的文化界，发展成为一种更具规模的运动。1938年夏天，抵达武汉的木刻工作者有罗工柳、刘建庵、力群等，阵容相当的整齐。当时广州方面虽有“现代版画会”诸同志，然因主持者他去，反沉寂不振了。集中在武汉的同志，原来就是在上海主持木刻运动的先驱，现大部随总政治部来汉工作，以第三厅为工作据点，所以能处处利用机会，很快就形成一个蓬勃的局面去推动木刻运动。

这个时期的中心工作主要是“中华全国木刻界抗敌协会”的组成，这是当时全国同志的共同要求。也是因当时各文化界都有这样的一个组织。过去木刻界虽有七八年的历史，但无全国性组织，彼此间的联系，只有靠着一些工作和友谊的存在，他们虽会利用过通讯网的方法把各地间的同志组织起来，然这些都不过是一种不彻底，不健全的方法，每至要真正拿出自己力量去满足广大群众要求的时候，便感到毫无力量了。为了参加抗战，深入民间，为了更好地发挥木刻艺术的作用，每个木刻工作者都迫切地有组成一个全国性组织的要求。当时的漫画界也在武汉组成“全国漫画作家协会”，更获得了政治部的协助，成立了“漫画宣传队”。眼看到漫画界的发展，木刻工作者对于本身组织的要求，更感迫切，所以在1938年9月间，便以最大的努力，组成了“中华全国木刻界抗敌协会”（以下简称“全木协会”）。当时因为全国木刻工作者的分散，会里的事由留武汉的几个同志主持，进入了木运发展上的新阶段。

当时木刻界的活动，在协会领导之下，是相当活跃的。但是因为木刻工作者散布各地、各执不同的职业，无法大量地集中起来，这对于木刻运动的发展实有很大的限制。所以木刻界此时虽有一个全国性的组织，尚谈不到有领导全国木刻运动的力量。当时“全木协会”的工作是向着这四个方向发展的:（一）发起各种各样的大小型木刻展览会;（二）设立木刻训练班培养新干部;（三）发展出版事业以期木刻运动的扩大;（四）举办各种座谈会，以求加强理论与技术上的修养。

这些工作的表现，我们首先看到的是1938年2月在汉口出现的一个全国性的“抗敌木刻展览会”。作品的来源除一部分是第一次全国木刻联合展览会留下的，及临时向当地木刻作者征集的外，一部分是上海沦陷后，由沃渣等同志抢救来的、为第三次全国木刻流动展览会所征得的全部作品。作品总数有三百多帧，在当时的武汉已是一个难得的充满战斗性的展览会了。这个展览会因为充分地带着战斗性，极适合战斗前夜的武汉社会各阶层的要求，留下了一个深刻的印象。

同年6月，在南昌也出现了一个“全国抗战木刻展览会”，是由当地的木刻工作者李海流所主持的。作品多系临时征募得来，未加精选，共有二百帧上下，这个展览会的质量不能过于高估，但在偏僻的南昌，已属不可多得的了。展览期中，曾举办了一次木刻座谈会，展览会后，又印行一本《全抗木展杰作集》，都收得了木运启蒙的效果。

这个时期其他各地没有较大的木刻展览会出现，连战前南方木刻运动中心的广州，也十分的沉寂。广州的木刻工作者此时正热衷于漫画的制作，和“漫宣队”合作出版《漫画画刊》《抗敌画刊》和《抗战画报》（联合版）等，同时举办几次街头漫画展览会，虽也有木刻作品参加，却以漫画为主，算不得木刻界本身的活动。至于桂林，这时却有一点木刻界的活动，是值得记述的：如1938年秋出现于桂林市上的“木刻街头展览会”，是一种贴于广告牌上经常定期更换的木刻展览，这是一种新型的木刻活动。是年12月，又举办了一个“广西抗战木刻展览会”，可惜在展览期中，桂林遭到轰炸，会场被毁，全部作品损失。致未能展览到展览会的结束，是一件最大的憾事。此外，还有好些同志纷纷带着漫画及木刻的作品，或是参加一个宣传团体，或是个人行动，下乡去，到部队里去，作个别的小规模展览，这里就无法调查统计了。其余各机关部队之宣传机构，往往向木刻协会或私人借去一批一批的作品，作为宣传工具，这种间接的活动，更不计其数了。

这时期新发展的工作是开设训练班。这个培养新生力量问题，是由于客观对本刻的要求日增，木刻界本身已感应付不了，才被注意的。在战前爱好木刻者很多，但想直接染指木刻创作者却很少，现在，年轻人都有献身国家的觉悟，那些爱好木刻的青年，这时便决心学习木刻，以求有一艺之长，能为抗战效力。而站在木刻运动的立场上看，增加一批生力军，是一种加强本身力量的好方法，所以设训练班培养新生力量便成为主观客观的迫切的要求了。

木刻训练班之出现于汉口，是1938年5月间的事。主办者是“中华全国木刻界抗敌协会”，负责者是马达同志。这个训练班，附设在一个小学校的楼上，每星期上三天的课，有木刻实习，素描实习，一般基本艺术理论，和木刻史等课程。参加的前后有百余人，其中成分很复杂，有学生、店员、公务员、工人等。马达同志为适应学生的需要，造出了一批木刻刀，很有耐性地教导他们创作和素描。果然，这种玩意吸引着许多青年浓厚的兴趣。他们冒着汉口的奇热，在暑假中，不息地学习。到了10月，曾将成绩，举办过几次木刻习作展览会，博得了社会的奖誉。当时任课的还有力群等同志。

这个训练班只办了一期，终因战局恶化而停办，它在木刻运动上的贡献，是奠下了青年学习木刻艺术的基础。然这个意义还不算大，重要的是争取了不少青年投入革命艺术的队伍中。当每个青年要求加入这个训练班的时候，他们问：“你为什么要加入我们这个训练班呢？”学员率直地回答：“因为我爱好木刻呀！”可是他们为什么爱好木刻，这时却没有一个能够答复出来的。等到他们结业的时候又这样问：“你为什么爱好木刻呢？”这时他们就能正确地答道：“因为木刻是一种时代所需要的革命的艺术！”他们主办木刻训练班的意义，就在这个事实上获得说明了。

关于出版，这个时期并不怎样兴盛。然而也有一点像样的东西问世。前述在南昌出版的《全抗木展杰作集》是一本用道林纸精印的十六开本画册，内容收集作品二十三帧，末附论文两篇，编印都精，惜作品并不精选，为美中不足。至于“全木协会”8月间在汉口出版的《全国木刻选集》，亦用道林纸精印，精美多了。这本集子，内收作品三十帧，都是当时国内木刻作家的代表作，选择颇严，内容更觉充实完美。至于出版这本集子的意思，力群同志在“序言”上面写着：“自中华全国木刻界抗敌协会成立以来，就有许多初学木刻的同志向我们要参考品，也有许多救亡团体向我们要宣传材料，我们为了满足大家的要求，所以选印了这个集子。”由此可知当时客观环境很需要木刻刊物，这本集子的出版，自然是很受欢迎的。

也许基于力群同志所指出的两种理由，当时军委会政治部又选印了两种《抗战木刻选集》，每种选入木刻作品达三十帧之多，正可供社会上多方面的需要。惜这两种集子的印刷并不精美，未能尽满人意。政治部除出版了以上所说的木刻选集外，又编印了一种《战斗美术》定期刊，共出了三期，内容包含艺术全领域的研讨，而于木刻运动的提倡最力，卷前插画全是木刻创作。政治部更出版一种《抗战艺术》，内容包括一般造型美术、音乐、电影、戏剧各部门之评介，是一种较大型之艺术综合刊物，对于木刻创作及论文给予极大的篇幅，惜只出一期就停刊了。

各地的木刻刊物在这时期亦间有出现，大概都是各种形式的机印和手拓木刻画报、画片及各种宣传品等，至于附于各地报纸杂志上发表的木刻创作及论文则更多。作为单行本出版的，以我所知，还有张慧同志在广东兴宁出版的《木刻阵地》一种，这是图文并重的木刻期刊，但该刊投稿者只限于粤东一隅，选择不精，印刷甚劣，未能认为是一种有价值的刊物，只出创刊号就停了。其他如在广西的南宁，也出版过一种《抗战诗画》半月刊，张在民同志主编，只出了两期。个人画集可数出的有唐英伟的《抗战木刻集》，胡其藻的《抗战版画集》，李东平的《战时木刻选》，杨日基的《木刻诗画》，吴尚清的《抗战版画》等。

这时期的木刻工作者利用当时文化界广泛地发展着的“座谈会”的形式，不断地作团体的或社会性的种种木刻问题讨论。当时风涌一时的“民族形式问题”的讨论，木刻工作者也参加过，而且获得了这样的结论：“新兴木刻应以‘创作’为主，对于‘复制’的中国古代木刻的遗产，是应该批判地予以接受的。”而最可注意的是当时的木刻工作者已经提出了“绘画的现实主义的实践”这个问题。他们经过多次的探讨，认定艺术思潮是时代的产物，在这个时代里，必然地要产生与时代相适应的现实主义艺术，因为只有现实主义才能够表现这个大时代的精神。木刻工作者以自身的实践去探索现实的本质，但他们并不以能建立木刻的现实主义为满足，更在努力使现实主义扩大成为绘画全领域的高潮。

综观这时期的木刻运动，为时虽短，但显著地露出了一种转变的光芒，就是从单纯地作为政治宣传的要求下，转变成为艺术运动；更从单纯地发展木刻版画的要求下，转变成为绘画现实主义的运动了。这一期间，除展览会的举行和出版物的编印是过去木刻运动主要工作的延续外，最可注意的是木刻训练班的创办，木刻座谈会的召集。前者说明木刻工作者已经明白认识想扩大木刻运动的影响必须有赖于新生力量的培养，不是几个前辈苦干所能为力。后者说明他们的眼光更为远大，认识木刻运动是一种长久的事业。不仅仅是抗日战争的产物，更不仅仅是木刻圈子内的问题，而是整个艺术发展上的重要组成部分了。在这以后的几年，培养新生力量的空气弥漫全中国，收到极宏大的效果，整百整千的爱好木刻的艺术青年，经过短期的训练，果然明白了木刻运动的意义，成为木刻运动的忠实参与者了。而不断召集座谈会的结果，不但提高了理论上的认识，而且由于养成互相讨论的风气，对于工作态度和创作技术上的种种缺点，都予以克服，一个光明的前途是摆在他们的面前了。

当木刻运动正以飞跃的速度迈进着的时候，1938年冬，武汉吃紧了，文化界跟着战局的转移而内迁，“中华全国木刻界抗敌协会”也同时西撤重庆，于是武汉时期的木刻运动遂告结束。

二、桂林时期

桂林时期指的是1939年6月至1940年年底，国统区木刻运动中心落在桂林的一段时期。这时期的木刻运动范围比武汉时期扩大了，工作的成绩更可观了，由于当时战局比较稳定，更因为有不少木刻工作者集中桂林，客观对木刻艺术有迫切的需要，木刻运动的蒸蒸日上，是必然的。但是我们说过当1938年冬武汉紧张的时候，“中华全国木刻界抗敌协会”已经撤至重庆，由酆中铁、黄铸夫、文云彪等同志负责，为什么不到半年，“全木协会”忽又移到桂林来？此中情形，我们到今天还没有弄清楚。事实上，酆中铁同志所负责的一个短时期，实在是一个过渡期罢了，当时重庆文艺界也刚好热闹起来，“全木协会”显不出有什么贡献。至于桂林方面，自1938年冬，木刻运动已有赖少其、刘建庵两同志主持，组成“全木协会桂林办事处”，推动当地木运不遗余力，后来据他们的报告，“全木协会”总会的文件是于1939年6月突然寄到，事前并未接到任何通知，据事后调查，也许因当时渝方同志内部发生了争执，“全木协会”才把总会移桂的。

桂林时期的木刻运动中心工作除继承过去的展览和出版两种活动外，更注重干部的培养、对木刻运动意义的重新估价这两个问题。关于前者，这时期特别发展的有函授班和学校木运两项工作，关于后者，却提出了木刻的大众化问题，木刻质量的提高问题，木刻的实用问题，和绘画现实主义的建立问题，这是纵的方面的发展。至于横的方面，这一时期发现有两个木刻运动的新垦地——浙江和福建。这两个地方，在从前对于木运是全无贡献的，而现在却由于木刻工作者的集中，形成一个新的木运据点了。

这一时期的展览会活动，比前期活跃得多，不论数量和质量都较进步了。首先于1939年年初，我们就注意到在重庆将会有一个综合全国作品的大规模的“全国抗战木刻展览会”的出现，但是这个希望卒因大轰炸与木刻界同志间的一些意见的阻碍，竟成泡影，殊深惋惜。继着这个展览会的尾声，至1940年元旦，在重庆出现了一个“抗建木刻展览会”。这个展览会成绩倒不差，有中外木刻共四百余帧，参观者达二万人以上，在遭受惨炸后的重庆，可谓盛况空前。这个展览会是由张望同志主持的，后复移至北碚、黄桷树，并沿嘉陵江及公路附近乡村等地巡回展览。

战时，首先出现于浙西南一带的木刻展览会，恐怕是1939年“七七”纪念日在金华与丽水同时展出的浙江省战时美术工作者协会所主办的“七七木刻流动展览会”了。这个展览会后来更流动到平阳、鳌江、温州、青田、松阳等地，展出共六次，影响甚佳，收到了抗战宣传及木刻启蒙的效果。其后，温州复于1940年农历元旦以“木刻合作工厂”的名义举办过一次“抗战木刻展览会”，并出特刊一种。

在同一时期内，长沙所出现的“全木协会湖南分会”主办的“元旦木刻展览会”，也可说是战后首次出现于湖南的木刻展览会。由于武汉失守，长沙变成了国防第一线，是一个战斗气氛十分浓厚的城市，在这样的一个地方展览木刻是有深刻的意义的。这个展览会后来于同年8月16日移展于衡阳的成章中学，收效亦大，并在《开明日报》出特刊一种。

至1940年“七七”三周年纪念日，在长沙又出现“七七纪念木刻展览会”，作品共三百一十帧，参加作者包括湘、桂、川、赣、浙、闽、粤共四十八人，量与质都比较的高，极受社会的好评，展后出纪念册一本，画刊二十三种。

然而这个时期最具声色的木刻展览会、而且是“全木协会”移桂后的重要工作表现之一的，却是1939年10月19日出现于桂市的“鲁迅逝世三周年纪念木刻展览会”和次年10月22日出现于桂林乐群社的“木刻十年展览会”了。前者说明木刻工作者以行动来纪念他们的开路先驱鲁迅先生，意义自然是重大的。木刻工作者以极大的热诚，筹备了一年的时间，复利用当时桂林的诸般有利条件，创造了这个可说是战后最完美的木刻展览会。这个展览会的内容，国内现代木刻作品精选三百二十九帧、中国古代木刻三十种、西洋古今木刻六十二种，木刻运动史料及文献八十四种。在当时西南文化中心的桂林，有这样一个内容充实的木刻展览会，在热烈地纪念鲁迅先生的一种氛围中出现，会获得怎样强烈的反响，是可想而知的。这个纪念展得到上万观众的拥护，认为是鲁迅先生手植佳果的收获，都引为无上的慰藉。展时出特刊三种，并有各界的评论。

其次就是翌年10月举行的“木刻十年展”了。桂林木协总会原定每年举办全国木刻展览会一次的计划，是用很大的力量去推行的。关于展览日期，为了表示对鲁迅先生的纪念，和连接着上一年的纪念展的关系，就定为每年的10月19日，而1940年刚好是中国木刻运动的第十个年头，故定名为“木刻十年展”。这回展览会的筹备也是花了很多的时间与力量的，作品差不多完全是在全国范围内（包括了陕北）新征得来的最近佳作，和各同志或文化界所搜集得来的近十年中较好的作品。总数竟达四百九十四幅，尤其重要的是展出了木运十年来有历史价值的文献一百四十种。可以说这个展览会的意义是无遗地被表现出来了。人们可以在这近五百张的新旧作品中，看到中国木刻艺术发展的足迹，人们更可以由此认识中国木刻运动前途的远大和它的真实意义在哪里。这个展览会又曾移至曲江、长沙展览，都收得美满的效果。

至于出版方面的活动，这一时期亦比前期更为兴盛。这期的出版物分几方面发展：画集有手拓的和机印的杂志、画报、副刊、年片，门神。另外纯木刻的期刊或单行本如雨后春笋地出现，与艺术有关之刊物，也多以极大的篇幅刊登木刻创作及木刻论文，形成了很热闹的空气。

1939年，全木协会桂林办事处曾由赖少其、刘建庵两同志的主持，在《救亡日报》编印《救亡木刻》十日刊（2月21日创刊），内容包含木刻创作和理论的介绍、工作报道等，并附有《艺坛简报》，颇称新鲜活泼，出至十二期停刊。后“全木协会”迁桂，又与漫画宣传队在《救亡日报》上合编《漫木旬刊》，本来这就是《救亡木刻》的延长，所不同的是加入了漫画家，于是便成为一种木刻与漫画的综合刊物，而这种木刻与漫画的合作形式，竟成为这一时期的流行作风，画题上面都标明“某某作，某某刻”，作的似乎都是漫画家，而刻的自然是木刻家了。因此就画面上说，显然是一张漫画，便不能说是木刻，这风气一流行起来，即木刻家亦不自觉地染上了漫画的色彩，如张在民的《张果老的命运》（《漫木旬刊》二十三期），陈仲刚的《看谁跃得过去》（《漫木旬刊》二十四期）等，都只能说是漫画，然这时的漫画家亦有从事木刻创作的，如周令钊、刘元等，于是在桂林便发挥了木刻家与漫画家的合作精神。后来到《工作与学习·漫画与木刻》的出版，更趋白热化。这种杂志，一半是救亡理论、一半是漫木图画，是一本最新型、最进步的杂志，然而所谓木刻，至此已渐变质了，变为漫画的附庸了，因为在这里所出现的木刻，只可说是漫画，漫画当时以制版的困难，遂利用了木刻，将漫画雕成版，虽不至完全“复制”，然木刻家在这场合的地位只是一个刻匠的附庸地位罢了。当时有人怀疑过漫木合作会不会促使木刻退步？可是白热的合作期，这种议论是不易引起大家的注意的。漫木合作的结晶，后来更表现在1940年1月与8月出版的二辑《漫画木刻月选》上面，这本半独立性的集子，总名月选，实在是半年选，而且只出过两辑，集子的内容有纯漫画，纯木刻，亦有木刻与漫画的混合物。等到这本集子停刊的时候，漫木合作的风气也似乎跟着衰退了。我们认为漫木合作可能刺激起木运的发展，也可能使木运变质衰落。我们不反对漫木的合作，可是也不赞成这种忘却木刻自身特点的合作，因为它可能使木刻运动“漫画化”了。

“全木协会”在桂林时期在出版工作的成绩可说是《木艺》杂志的出版了。这本较纯粹而充实的带有全国性的木刻杂志，创刊于1940年11月，本来是月刊，因经济及稿件的困难，遂以不定期刊出现，不幸到了次年1月出了第二期后，便无力挣扎下去了。正如《木艺》的卷头语所说，它不过是“萤火似的光”，然这微小的荧光也终究是“光明”的，所以它的出世是我们所期望的，而它的夭折是我们的损失。只可惜由于种种条件的限制，《木艺》的编印都未尽如理想，首先，它未能显示自己是一种木刻的刊物，强调木刻的特性，只表现为一种普通的艺术杂志罢了。其次，文画都选得不精，远地的作品没有征入，更不能说是代表全国。然而在动荡的混战时，能出现这样的刊物，已属难得的了。

在浙江方面，这一期间，出版之盛甲于全国，而且印刷也特别精美。在这里所能述及的恐怕只是一部分，由于手头所有资料的限制，挂一漏万是免不了的。自从浙江的木刻工作者俞乃大、金逢孙、万湜思等于沪宁失陷后相继返浙，在金华组成了“浙江省战时美术工作者协会”后，他们努力推动战时美术工作的活动，于1939年初编印了《战画》月刊。这个刊物的内容漫画、木刻都有，尤其木刻的创作与文字，发表得最多，当时“美工协会”内有战时木刻研究社的组织，于是便以《战画》作为该社的宣传刊物，除发表为该社研究参考用的木刻创作外，并按月发表该社的书面木刻讨论问题。可以说《战画》就是一种纯粹的木刻杂志。出至十一期，到1940年2月停刊。

1939年12月，他们又用“刀与笔社”名义出版一种文字与木刻的综合杂志《刀与笔》，照名字的表面看，是文字与木刻同样被重视的刊物，在形式上完全受了桂林《工作与学习·漫画与木刻》的影响。《刀与笔》的内容一半是时事论评和抗战论文，一半却是漫画与木刻的混合作品。他们也完全学得了桂林的作风，在画题上标明“某某作，某某刻”。此外，《刀与笔》每期辟有“木刻与木刻理论”一栏，专门提倡木刻运动，是值得一提的。惜只出三期，1940年2月就停刊了。

我们在上面提过，“浙江战时美工协会”内附设了一个“战时木刻研究社”，这社原来是独立发展的，更组成了一个“战时木刻函授班”，支持整个东南木运的发展。为了满足函授班三百名木刻学徒的要求，他们出了几种刊物，第一种是《战时木刻半月刊》，专介绍木刻作品与理论，对木刻创作进行指导批评，灌输基本的艺术知识，以及社内功课的批阅、公告等，虽完全是一种内部刊物，但不能否认对于木运的启蒙工作是有极大贡献的。当时东南各地木刻新作者辈出，而且果然有了不少的成绩，都可说主要是这种最适合一般要求的通俗教科书式的刊物的功绩。为了获得较高水准的参考品，他们又印出了一套丛集，精选全国的木刻创作，编印成专集，每月出一集，作为“木函班”讲义的一种。照他们在第一期《旌旗》的“编后”中说：“《木刻丛集》是决定每月出一期，‘木函班，四个月内出四期，集名《旌旗》《号角》《战鼓》《铁骑》四种。这是随便取得的名字，没有什么特别的意义。……本社出版物，除《木刻丛集》外，还有一种《战时木刻半月刊》，内容分载‘木函班’的各科讲义，及有关木刻理论与技巧各方面的零星杂文，指导者及社员的作品等。《木刻丛集》和《战时木刻半月刊》都是按期分寄各社员，不另取费。”照此我们可以认识这两种出版物的性质与内容了。《旌旗》是1939年11月出版的，《号角》于次年1月出版，《战鼓》于4月出版，《铁骑》则于6月出版，他们所预期的每月出一种的计划，虽没有贯彻，却还真的能够全部出齐，而印刷精美，内容作品亦选得精当，自然是战时最不易得的一种木刻集子了。

福建这个时期的木刻运动也蓬勃发展起来，宋秉恒服务于福建军管区司令部，在沙县出版了一种《大众画刊》，最初的大小形式都与过去的画报略同（八开），主要是木刻与漫画，一些抗战短篇和有趣的通俗文字亦附刊在内，但内容漫画过半是复制的，因为自战后，常有人认为刻字匠刻成的图画为木刻，木刻运动者应该为木刻创作辩护，给社会一个正确的答案，而木刻作者非但不如此，却反而自己手编这种复制木刻与创作木刻混合的刊物，这对木刻运动不是一种嘲笑吗？该刊至二十四期后改为十六开本，内容亦见充实。1940年6月停刊，编者从两年来所发表的250余幅作品中，挑选了24张作品，印成一本专集《大众版画选》，内容及印刷都精美。据编者在“前言”上说：“本部（军管区司令部——引者注）自去年（1939年）1月起，创办大众画刊，内容即以木刻画为主，目的即在提倡新兴木刻艺术，及借作宣传的有力武器。……使木刻艺术走向更光明的大道，发挥宣传、教育、陶冶的效能，以尽木刻艺术所能负的责任。”在三元，王时峨又编一种《木刻画报》，1940年1月创刊。在福州，赵肃芳组织刀尖木刻社，出《刀尖》月刊，但只出至第二期。在永定出版了一种《木刻画报》，但不知为何人所编。福建改进社则出有《战时木刻画报》，邓向椿又在福州出版《战地木刻半月刊》。1940年至1941年，福建的木刻画刊等，真如雨后春笋，数不清，但除了《大众画刊》有两年的历史外，寿命大体都是很短促的。

湖南方面，以“全木协湘分会”名义，1939年在《开明日报》出版《抗战木刻》周刊，后在该报编印《诗与木刻》旬刊，都颇获好评。1939年6月李桦编印《燎原集》并出《木刻广播》小型通讯刊物一种，至三期停刊。1940年“七七”三周年纪念木刻展览会印行《抗战木刻选集》，1941年湘分会办函授班曾选学员作品出二集。

这时期个人画集的出版亦不少，陈仲刚在桂林合作编刻《抗战必胜连环图》（“全木协会”发行），陆田在古安由战地文化社出版专集《战地》，何其宏在浙江出版《曙光木刻集》（手拓及机印两种），万湜思在金华出版《中国战斗》手拓本，尚有其他私人出版物则不易调查了。

这时期有3本关于木刻技法的单行本：《怎样

研究木刻》（浙江丽水会文图书社版），鄞中铁的《木刻版画概论》（香港商务印书馆版），李桦的《木刻教程》（“全木协会”版新知书店发行）。这证明中国木刻运动已进入建设阶段，由于新生木刻工作者的激增，对于学习木刻基础知识的读物需要得更迫切了。木刻运动者本身也注意到培养后代，所以这样的3本书先后出版了。

这时期另有一个新的发展就是“学校木刻运动”，这意思是把木刻推进到学校里去，吸收大量的木刻拥护者与学习者。因此他们在学校里也出版了好些木刻集之类的东西，如迁至金华的杭州树范中学，由金逢孙同志领导，组成“木刻队”，发展校内木刻运动，十分热闹，于1940年元旦，举行木刻展览会，并以过去一年的成绩，印成一本《树范木刻集》作为纪念。胡其藻亦于广东开平光裕小学编印一本《光裕木刻集》，温州学校木运青年王里仁、樊祖林出版一种《前哨木刻》期刊。其他学校木刻出版物尚多。

这期间又有抗战门神及年片、书签等制作的提倡。门神的制作，在桂林有赖少其、刘建庵各一套（行营政治部出版）。湖南有温涛、李桦合作一套（开明日报出版）。浙江潘仁、子颐、逢孙等合作一套（生产合作社出版）。金逢孙独作一套、抗战灶君图一幅（丽水民教馆出版）。均彩色套版，颇精彩，再通过当地机关大量发行，收一时宣传之效。另外还有“抗战年片”十余种，年画两种，由丽水会文图书社大量发行。这时所谓木刻大众化问题，由于这种种的实践，成绩已颇有可观了。

让我们再从横的方面去考察这时期各地木刻会的活动情形吧。自“全木协会”迁桂后，即积极登记会员，健全组织，而且发动各地分会的筹备，以加强本身的活动力量。到1941年，先后组成的各地分会有下列几个：广东分会，设于曲江，由刘仑同志负责；湖南分会，设于长沙，由李桦同志负责；东南分会设于上饶，由徐堡甫同志负责；福建分会，设于永安，由宋秉恒同志负责。其他各地纷纷出现的木刻会，有福州的“刀尖木刻会”（赵肃芳负责），浙西陈才庸同志组成“星火漫木会”，出《星火》手拓木刻集。浙江温岭方中组织“巨轮木刻研究班”，瑞安县立中学组织“光锋木刻研究社”出《光锋木刻集》；丽水战时木刻研究社于1940年成立“木刻班”，并组成“木刻用品合作社”，1940年元旦举行扩大木流展。湘分会于1939年底亦组成“木刻班”。其他如广西之南宁、梧州、兴业，湖北之恩施，四川的三台，贵阳的遵义等地都先后有木刻会或研究社的出现。

这时期“学校木运”的蓬勃，是前所未有的，这是木刻发展更广泛而深入的一种象征。因为木刻是一种进步的新兴艺术，容易吸引青年，而木刻与学校的劳作课程接近，亦易引起学生的兴趣，所以向学校推动木刻运动，最易收得巨大效果。这一时期的活动情形大概如此：1939年昆明未能组成木协分会，由黄荣灿同志在西南联大组织“木刻习作会”，有会员30余人，都是热心木运的大学生。1940年，浙江建德严州中学由艺术教师陈石龙指导，组织“严州木刻研究会”。张慧、罗桢清在广东大埔县立中学及百侯中学组织木刻会并发售刀子工具。青田温州中学由金逢孙积极推动，除高中外，各班皆授木刻课。金逢孙后又在金华树范中学组成“木刻队”，开展览会及出纪念集子，参加一般抗战宣传。1941年浙江松杨中学发展木运甚好，学习者达400人，由连逸卿主持。平阳中学美术教师施公敏亦在校内组成木刻研究会。浙江“木合社”社员叶蓁在宣平战时临时中学组织木刻队，并在《宣平新报》上编“抗战木漫版”，至于广西方面，也有不少木刻同志在学校组成学校木刻会。其他各地这种现象都普遍存在，不过以浙东南及粤东北两个区域为最著。

其次，为了培养新生力量，这一时期特别发展了“函授班”事业，规模最大者当推“浙江战时木刻社”主办的“木函班”，另外是“湘分会”主办的“全木协会”，在渝时也办过木函班，但不久就停顿了。

至于木刻工具的供应问题，过去由于工具不易制造，经营缺乏经验，感到无法解决。后由木刻工作者的努力，于1939年，在金华、重庆两地先后成立了木刻供应社，这对木运的推进，是有极大意义的。

最后，我们特别注意这时期的关于木刻意义的估价问题。我们曾强调指出自“七七”以后的中国木刻运动，已在逐渐地变得更深刻化了，这个倾向，先在武汉时期显露了端倪，但还没有明朗化。到了桂林时期，木刻家们才提出了一些具体的问题：如木刻的大众化实践问题、质量的提高问题以及绘画的现实主义的建立问题。木刻运动到这个阶段，不但要求量的发展，更要求质的提高，这种趋势是很自然的。因为要求使人认识什么是木刻的时期已经过去，这时要人们认识的是怎样才是好木刻。作为单纯适应客观需要只求完成抗战宣传任务的木刻创作，已经不能满足群众的需要，这时更需要努力建立绘画现实主义的大道。然而，木刻之所以与过去绘画不同的地方，不在形式的分别，而在对艺术见解的分歧。自始，作为现实主义运动先驱的木刻画，其所采取的题材就没有离开过“现实”，即是说，它是为社会而创作、表现，提出并解决着现实生活中的迫切问题，它要求接近大众，为大众所理解、所接受。正如鲁迅先生所说的，最为大众所理解的艺术品是最伟大的，这里，在木刻运动中，与当时进步的艺术一样，便提出了“大众化”的问题。由于木刻作者的实践，这个问题在“实用化”和“民族形式”两方面，作过相当大的努力。我们读过了不少关于木刻民族形式问题的论文[1]，我们更看到了在1939年、1940年间风起云涌的“抗战门神”“抗战年画”“木刻年片”“木刻笺封”等[2]实际工作的表现。木刻作品技术上的逐渐“民族形式化”，和运用单线平涂套色版等通俗形式的尝试，已经多少有了成绩，木刻大众化问题，是在被理解着、实践着了。然而由于部分人对“大众化”错误理解，往往使艺术品庸俗、陷入低劣的趣味，所以，木刻工作者更警惕地提出了“质量的提高”的要求。这是防止木刻为了“大众化”而庸俗化的一种努力。木刻工作者这时已经自觉到是一个现实主义的艺术家，而且负有时代使命，他必须把自己的武器磨得更锋利，才可以对准敌人的胸膛刺过去。这样，1940年以后的创作，确实是有了进步的，虽然质量的提高还未尽合理想。他们不知多少次数在文章上、言论上互相批评着“粗制滥作”的倾向，虽则由于先天的不足，木刻工作者常在苦闷，然而只要看到他们热衷学习的情形，不可限量的光明前程是可预期的。

木刻工作者要求把运动扩大到艺术领域，建立绘画的现实主义，这个自觉的要求，在这时期更显著了。代表当时木运中心的桂林“全木协会”的机关杂志《木艺》第一号上所发表的《十年来中国木刻运动的总检讨》一文，是建庵、温涛、新波、李桦等集体写作的，在这篇文章的“序论”上，论述“中国木刻运动的本质”，指出了木刻运动的本质不是关起门来自己塑造着木刻偶像，而是踏出门限，努力宣传抗战，同时去建立绘画的现实主义。他们写着：

> 如果我们把中国木刻只圈在木刻的范畴，那就是偏狭的见解；以木刻始，以木刻终决不是这一运动的路线。我们应该肯定地说：木刻否定过去脱离大众的绘画和负起建立中国新绘画——现实主义绘画——的责任。所谓国画，数千年来都是掌握在士大夫手里，西洋画传入中国以来，我们又走入了许多错误的路：最初以陈腐的学院派思想盲目地模仿西洋中古时代的作风，成为死灰的状态；后来又受了法国现代主义画派的影响，完全堕入资本主义末期个人主义思想深渊，这些思想落伍的画家，认为艺术是超功利的东西，便在艺术与大众之间挖下了一条远隔的鸿沟，木刻运动就是要把这条鸿沟填平起来！

我们凭借什么来达到我们的理想呢？这里可以分三方面来说：第一，站在中国本身绘画而言，国画虽然是为上层阶级所垄断，而我们固有的富丽堂皇的木刻的遗产却出自市民阶级之手，由于当时社会性质所决定，这些作品的内容没有突出宗教的以至封建的圈套，可是几千年来人民大众只有和木刻接近得最为亲密，新兴木刻的形式虽然与旧木刻不同，而木刻画是大众最熟习的艺术却是无可怀疑的事实，由此可知，通过木刻运动把中国新绘画——现实主义的绘画在大众中建立起来是最适当的方法。第二，从工具上来说，木刻可说是最适合大众艺术的要求，它所能表现的范围不同于黑白装饰画和漫画那样偏于绘画的一隅，它能够甚至代替了贵重的油画来完成一种有高尚价值的绘画；并且由于它的“印刷性”，容易把作品普遍推广，通过木刻的形式使新绘画与大众接近、提高大众对绘画艺术的认识，甚至启导大众对绘画的制作能力。这是我们在新绘画建立运动中最有效的策略。最后，特别要注意的，我们最可凭借的力量是新兴木刻的新现实主义的实践。新木刻开始萌芽的时候，便以大众为对象，以启导大众、改造社会、辅导政治、争取全民族解放、拥护民主为中心内容，以新写实的手法表现了画面。然而，由于历史的浅短、最初沾染过来的西洋风格未能消化、民族形式未能完成，使它在这短短的十年中不可能完全达到这个目的，新木刻的技术表现仍感贫乏，所以木刻还未能深入民间，是不能否认的事实。但是，我们敢说木运自开始直到今天，并没有离开过这正确的路线，而且我们能从它发展的每一阶段中看出是一天天接近他们努力的目标的，它领导着中国绘画向这个目标行进！于此，我们便可认识木刻运动不是死圈在木刻之内，只是单独提高木刻的艺术品质来换取自己的艺术地位，这不是木运的终点。特别要认识中国木刻是中国新绘画的前哨，扩大木刻运动对整个绘画的影响以期开辟新绘画的大道就是我们的责任。假如木刻工作者忽略了木运在整个绘画运动中的重要意义，便不能知道我们责任之所在，减低了我们努力的热潮，停滞了中国新绘画的发育！第三，所谓新现实主义的艺术是否定个人主义、照相主义的旧写实主义及一切陈腐的学院见解。个人主义脱离群众、逃避现实，旧写实主义只是把现实事象分割白描，没有给现实以正确的表现；新现实主义的艺术不只是要给予大众欣赏，更不是白描现实和把生活动态硬生生地搬上画面，而是凭着艺术的力量去激动大众，使大众知道所爱与所憎，指导他们如何去战斗，如何去争取幸福的生活，所以新现实主义是含有政治性的，是一种不能与政治割离的崭新的艺术思潮。中国木刻运动开始于民族危机最严重的关头，政治急激变化的前夜，并且受到了欧洲进步的艺术潮流所影响，为富有前进意识的青年艺术工作者所支持，使它不能不含有浓厚的政治意味。站在新现实主义的立场，以反帝、反封建作为其政治上的任务，而在这伟大的抗战中，我们自然把刀锋集中于反日反汉奸的工作上面，可见中国木刻运动是如何把握着政治的中心，活用政治的策略，能够跟着政治每一阶段的变动而担负起政治上的任务！

从上面所引的这段文章，很显明地看出这时的木刻工作者已不把木刻运动作为单纯的一种提倡木刻的运动，而是要进一步把它作为一种广泛的绘画的现实主义运动看的，不但如此，而且更强调它的政治性，使它在这个大时代中成为社会运动的一环。我们认为这是“七七”以后中国木刻运动的新转向，这个转向开始于武汉时期，而到桂林时期更发展得明朗化了。

注释

[1]李桦在《木刻艺术》第一期(1930年9月出版)上发表了《试论木刻的民族形式》一文论及“木刻民族形式的特殊性”，把木刻的“复制”和“创作”两种特质分开来说：这两种木刻各有源流，成了古今两代木刻的分野。……古代木刻目的是用来印刷的，因为它只有忠实地复刻原稿。……现代木刻是以刀代笔、以木代纸，不模仿，不复刻，作者捏刀向木，直刻下去……所以它根本与古代木刻不同，而且现代木刻不应模仿纯粹的古代复制刻法；所以，所谓木刻的民族形式问题便不容易解决了。他再在“如何建立现代木刻的民族形式”一节上指出，我们指出建立木刻民族形式的具体方法是：接受民族艺术的历史遗产的优点(如古代木刻明朗的刀法、优美的线条、套色及拓印法等)，同时吸收国际艺术新技巧的优点(白线阴刻法、光与黑白对照的运用等)；它不应该是狭隘的“民族主义”，以为我们古代的东西才是好的，也不应该是排外的“关门主义，以为外国的东西都不能为中国大众所了解的。我们要从古今中外的艺术提炼出一种最适宜的东西(不是复刻，而是创作的)，才能算是我们今日的民族形式。……而且一种被认为民族形式的艺术，最主要还要问它有没有民族精神的表现……我们必先确实地把握到中国的民族精神，创造一种最适合表现这种精神的形式，那么，这就是最典型的民族形式了”。此外，

在《刀与笔》《战时木刻半月刊》及各地杂志报纸上亦均有"木刻民族形式问题"的讨论，大部分是支持着李桦的见解的。

[2]附刊在湖南《开明日报》的《抗战木刻》周刊第二期上（1939年11月）发表了一篇《抗战年片与抗战门神》的文章，曾引起了浙江方面极大的反应，《战时木刻半月刊》上即写文扩大宣传，其实"抗战门神"是于1938年底由赖少其在桂林做了初度的尝试，才引起人们的注意的。至1939年底，桂、湘、浙三省同志都准备门神的制作，建庵、李桦、温涛、逢孙等制作的门神、套色精印，都颇收效果。

本文载于《美术研究》1958年第3期

李桦（1907—1994），广东番禺人。版画家、美术史论家、美术教育家。1927年毕业于广州市立美术学校，后留学日本。中央美术学院教授、版画系主任。

抗日战争时期国统区的木刻运动史料（续）

李　桦

三、重庆时期

重庆时期指的是由1941年到1944年全国木刻运动中心又移回重庆，而以1942年改组成功的“中国木刻研究会”为活动中心的一个时期。这一期间，不论在展览、出版、培养新生力量和理论的探讨上，以至木刻艺术的国际活动上，都相当的活跃。

从回溯来看，桂林木运的停滞以至衰退，大概有两个原因：第一，1940年秋至1941年春，桂林的反动势力增强，环境恶劣，文化人多离桂林，木刻工作者也不能例外，留桂林的仅有两三个人，也不能露面作什么活动；第二，是因为木刻工作者也有些泄气和组织不健全，敌不过环境的剧变，本身也开始动摇了。然而，全国木刻工作者的热烈雄心，是不会因桂林一隅的挫折而自馁的，于是各地泛滥着一片恢复“全木协会”的呼声，桂林同志既不能负起领导全国木刻运动的责任，这个木运中心再到重庆是当然的趋势。

在重庆的木刻工作者还是那批从武汉退出来的老战友。他们认为重庆为战时的陪都，全国文化界的首脑组织都应集中陪都，所以不知多少次要求木刻总会迁回重庆了。但桂林方面的同志久久不能满足他们的要求，因此形成了渝桂两方的矛盾。现在桂方既不能负起领导全国木运的责任，而且1941年元旦，国民党的中央社会部以“全木协会”三年来未呈报工作报告亦不接受领导为辞，和其他二三十个人民团体一起，被宣布解散了。渝方同志这时可不必再向桂方作任何争辩，就另组了一个全国性的团体，定名为“中国木刻研究会”。

这时期的中心工作仍然继续着过去的楷模，但另有新的发展。比如展览就定出了两个计划，那就是每年10月10日定为全国的“木刻沙龙”期，分区同时举行“双十木展”。这个计划算成功了，至1944年止，全国已经热烈地举办过两次“双十木展”。各地响应的情形也正如所料，大体上已获得了完满的效果。其次是“出国木展”举办过好几次，也算有成绩。至于出版，这时期附刊在报纸上的木刻期刊特别发达，而专集的刊行也激增，且印刷和内容都较以前精美。而特别值得注意的是筹办了全国性的木刻函授班。虽然这个计划终未获得彻底成功，但也可见此时木运却扩大到全国，不是像过去那样散沙一盘，各管各的事了。关于建立绘画的现实主义运动问题，这时期利用各种期刊，发表了不少的文章，以图酿成空气，一举把顽固的个人主义的艺术思想廓清，然而，在这方面，尚未获得成绩。

重庆的"中国木刻研究会"（以下简称"木研会"）成立于1942年1月3日。自"全木协会"被解散后，留渝同志王琦等力图使它复活，不果，只得组织"木研会"，因为国民党不许以"全国"两字号召，就只得代以"中国"两字。这是当时全国性的木刻组织，也可以说是"全木协会"的延长，获得了全国木刻同志的拥护。该会负责人，除王琦等外，尚有卢鸿基、刘平之、王树艺、韩尚义、罗颂清、宋肖虎等同志，此外各区（湘、赣、皖、粤、黔、陕、闽、浙、桂、滇）另选当地木刻同志为负责人推动各区木运，又发动各地同志广泛地组织分会及支会等。会务的进行很积极，组织力也加强了。"木研会"一开始便表现得很有希望。

先述展览会的活动。在三年间各地大大小小的展览会总数在100次以上。在"木研会"尚未成立之前，重庆木刻界已经举办过两次盛大的木刻展览会了。第一次是在1941年春，第二次是在同年11月。春季展览成绩较差，主要是筹备时间短促、作品质量不及理想。至秋季展览，获得了满意的成绩。展出作品达250件，参加者130人，观众预展700，正展三日上2万余，获得了很好的评价。木研会1942年发表的展览会报告书认为："倘把春季木展作品看作是木刻新的民族的现实主义的起点，则这次木展可算是已经奠定了这种新作风的永久的基础与描出了明显而正确的路线了。……这种新风格的特点是作品画面的趋于明朗化，而含有浓厚的中国气派，白多黑少，而仍保留着一向努力学习得来的西洋木刻的优点和绘画的写实的长处。每幅木刻都紧密地反映了现实生活的内容。使人惊异的是作者们虽远隔千里，而在他们作品的风格上却常可以发现有共通点，这绝不是偶然的，而是中国木刻界已努力走上了正确的现实主义的创作道路。并且很明显的，在别的任何文艺部门，关于民族形式的创造，都是先有了口号，有了理论的指导，而后产生这种作品。现在我们木刻作品则没有普遍蓬勃的民族形式的论争，而是先在创作的实践中见到了正确的新风格，然后才产生理论的，这样恐怕比较坚实而永久得多了！"

接着就是1942年的"展览会"了，在重庆市出现的有三次大规模的木刻展览：第一次是2月11日至13日举行的"中国木刻研究会第一次木刻作品展览会"，出品总数260件，展出内容包含创作木刻作品和木刻工具，并有连环木刻四套。参加者58人。第二次是5月3日至5日，在中苏文化协会举行的"中国运苏木刻作品重庆预展"，作品总数270件，内连环木刻一套，参加者80人，观众达一万五千人，出特刊2种，编集选苏文献1篇，并附选中国木刻研究会致苏联全国人民书，中国400余木刻工作者给苏联木刻家信及木刻印刷品3种。这次展览原为中苏文协所促成的，为着中苏文华的交流，并使苏联人民明了中国木刻界在战时活动情形，中苏文协特向木研会商借一部分作品运苏展览，这事很快就成功了。第三次是"全国双十木刻展览会"。这个有计划进行的木展是由全国木刻作者所支持，同时分区举行的。木研会拟订了详细办法，在1942年7月开始发动各地筹备双十木展，先后响应的达11个区，且各地均能准时展出，盛况空前，为中国木刻史上的创举。为了更详细地考察这种全国普遍性的木刻展览在两年内的总成绩，我在下面将另为详述。

这一年内，国内各地的木展亦风起云涌，最值得一记的有：3月15日至17日举行于福建永安的“国内木刻作家作品展览会”。这个展览会的内容很丰富，应有尽有，合计独幅木刻画389件，参加者共97人，连环木刻画7套，共157幅，木刻传单、插图、报楣等45种，木刻书报共198种，民间木刻共267种，外国木刻67幅，木刻用具49种，木刻制作过程图说12幅，古代木刻60幅（内有彩色的明十竹斋画谱）。观此，真是一个最完备的木刻启蒙画展，它不单给已经了解木刻的人们以研究和欣赏的机会，主要的还是给未十分了解木刻的人们以一个正确的认识。福建原来在木刻运动上是一个落后的地方，现在经萨一佛、宋秉恒、赵肃芳等同志的努力，不到两年工夫，已成为东南木运的重要据点了。这个拥有2万观众的木展，对于闽区木刻新垦地的贡献是很大的。

4月2日至4日，出现于福建泉州青年服务处的有“全国木刻作家作品展览会”，由“白燕艺术学社”主办，作品共320幅，参加者104人，规模也颇为可观，惜未精选，观众约5000人。

12月25日，“第三届全国美术展览会”在重庆开幕，这原来是一个“国立沙龙”，也是一个“学院派”的活动，从来就不许“雕虫小技”的木刻占有一席之地的。这次不知怎样，为了时髦的缘故吧，招揽了木刻作品，于是“木研会”送去了48幅，据说已占了版画部门全数出品十分之九，但把它们陈列在扶梯下的暗室中，颇引起社会人士之不满。此次美展中富有时代色彩、现实意义的作品，却以木刻为最多，故仍不失其光彩与价值。有人后来写了一篇短文，题为“全国美展所见所感”，兹摘录几节：

> 粉红衣裳的少女的画像在画厅冬阳之下微笑，作得意状，颇佳。
>
> 暗黑的走廊和扶梯后面，木刻画上的战士在微微叹气。
>
> “抗战题材”叹气了。“雕虫”的“小技”自然不上“巧”，明珠暗投，自不能怪主持者之不对此种题材注意也。

由此可见，观众是十分爱护木刻艺术的。

1943年，各地的木刻展览会也相当热闹，重要者列举如次：

渝“木研会”响应文化劳军运动于1月11日至13日举办“劳军木刻画展”，内容除去年双十木展全部作品外，并加入北方（延安）木刻家古元、李少言、罗工柳等作品30余幅，颇获好评。

2月18日至21日，贵州遵义浙江大学举行“筹赈豫灾全国木刻展览会”，木展在当地尚属创举。

2月10日至12日，江西信丰干报主办“中国抗建木刻画展”。

旧历元旦，福建文运会为庆祝废约，在长汀举办“木刻绘画金石书法展览会”，木刻占全部作品之半数，有200余幅。

3月15日，苏联大使馆将运到的大批苏联现代木刻及漫画在渝展览。一连十天，内容有克拉甫钦科及法沃尔斯基等前辈的杰作，独幅木刻画共153幅，大半套五六色，异常精彩，如铜蚀、铅刻、钢版、石版画等共有80余幅，漫画31件，宣传画33件，水彩画素描40件，塔斯社图片100余件，分三室陈列，布置堂皇，十天内观众达5万人次。作品的内容有表现苏联卫国战争的英雄事迹的，有描写人民生活的，还有许多精美的文学作品插图和风景画。漫画则多以反法西斯为题材。22日完满闭幕。23日晨由苏联对外文化协会将全部作品由飞机运往兰州，后在兰州及西安二地作劳军画展展出，7月运返渝，再在武昌艺专及国立社会教育学院美术组展览，最后又在文化工作委员会内展览三天。全部作品便交由“木研会”保管，本来有继续移至桂、湘、粤、闽四区流动展览的计划，但以人事的流动变迁，不果。这是自1935年在沪宁举办过首次苏联版画展后再度在中国出现的苏联作品，这次最惹人注意的作品是套色木刻，给予中国木刻工作者以一个极大的影响，后在1943年双十木展上出现很多套色木刻，即可见一斑。中国创作木刻初期即有模仿苏联作风的倾向，尤其自《引玉集》出版后，青年木刻作者多以之为“蓝本”，法沃尔斯基的平匀白线，冈察洛夫的黑白对照法和毕斯卡略夫、克拉甫钦科、斯塔洛索夫等大师的影响，都处处显露于中国木刻画面之上，一直到“民族形式问题”的提出，才慢慢地脱离了这种影响，我们可以说苏联木刻内容的革命性艺术技巧的独特之处，仍在不断地给予中国木运以有益的影响。

此外，永安的“木刻及招贴联合展览会”，诏安及附近乡村的巡回木展，厦门大学木研会举办的“中外木刻展”，赣州的“木刻画展览会”，衡阳的梁永泰木刻展，湖北美术研究会举办的“全国木刻展览会”，都具有一定规模和较充实的内容，颇博好评。

1944年1月22日至28日，为了纪念中国木刻研究会成立二周年，在重庆举行了一次“全国木刻展”，参加的有9省的作品共500件，木刻家80人，真如其广告上所说的，可谓“新兴木刻15年来成绩的总检阅”了！当时出特刊6种，有轰动一时之盛况，根据各特刊上所发表关于这次木展的评论，我们可以看出群众对当时木刻的反映：

臧克家：“它（木刻）不是供少爷小姐玩赏的画片，它负有时代给予的任务——斗争，是的，每一种艺术都是如此。”

任钧：“抗战以来，版画更以一种轻骑队和尖兵的姿态，带着无限的活力，出现在抗战艺坛，歌颂战士的英勇，鼓励民众的奋发向前，暴露敌伪的残暴无耻……显然地，它已经相当地发挥了它的作为‘武器’的效能。”

以群：“我们确是需要木刻的，而木刻艺术在中国、在战时，也正找到了它发展的土壤和空气。”

洪毅然：“人说抗战以来造型艺术各部门惟木刻艺术之进步最速、成就最大，的确不可否认。……在前时我曾说今日中国的木刻家们对于民族形式的创造有相当的成绩，我的意思是说他们的创作方法大都出于一种真正现代中国人的现实主义之认识和表现，而非盲目的外国版画的抄袭……”

田仲济：“这并不是说，别的画面无法反映现实，只是说木刻最适宜于表现现实，木刻工作者也最能把握现实。而其他的绘画者，除了寥寥的少数人而外，大半不愿以血腥的现实玷污了幽静的画面，他们的意境是高尚的、超然的，然而可惜那不是大众所能理解的。不是生长在大众中的艺术，便不是国家民族所需要的艺术。”

2月22日出现于赣州的梁永泰、荒烟等人合办的“世界木刻展览会”，除梁永泰在粤汉路所创作的铁路风光及铁路工人生活30幅外，尚有国内作家作品200余幅，外国作品160幅，甚获好评，近年在江西出现的木刻展览会，以这次为最热闹。

罗映球、梁永泰1月在广东坪石举办了“艺友作品联合展览会”，又元旦日，罗映球与吴宗翰在曲江举行了“木刻展览会”，并加入罗清桢遗作一部展出。

现在特别追述以下1942—1943年这两年间的全国双十木刻展览会的盛况：

1942年第一届双十木展分了川、湘、滇、黔、桂、闽、粤七区举行，流动到17个地方，计重庆、长沙、昆明、贵阳、柳州、泉州、三台、兴业、璧山、龙岩、石狮、衡阳、坪石。

作为一年一度的“木刻沙龙”首次在渝出现了，一连展览三天，在中苏文化协会的大礼堂中举行，这是从来所没有过的，全国同时分区举行规模宏大的展览会。它没有受到国民党一点一滴的资助，是自发地作为最前进、最能代表群众立场的艺术新军的姿势而出现的。在渝市以前出现的大大小小木展都不足道了，当这带有历史意味的首届“木刻沙龙”的出现，社会人士就用一种惊奇的眼光来看。此次双十木展的作品共255幅，八九是新征来的新作，有远寄自西北、西南的边区，也有来自战场上、渝区里，可谓网罗全国佳作，加以精选，以作一年成绩的总结。当在儿童学园内举行预展的时候，人们都一致承认这新兴艺术是以巨人似的力量存在着，而且发展着。不错，木刻运动的远大前途在双十木展可以看出来了。此外更加入展览木刻刊物25种，木刻副刊26种，三天观众达万余人，盛况空前。

1943年度的第二届全国双十木展沙龙的发展又有了进步。计响应的共有川、闽、浙、皖、湘、赣、黔、桂等八区，展出地点有重庆、三台、云和、泉州、云霄、建瓯、龙岩、屯溪、长沙、耒阳、信丰、贵阳、桂林、兴业、百色等15处。

渝市第二届木刻沙龙的300多张创作木刻中，五分之一是套色的，这是今回木展最突出的现象。

在这里，更为清楚地看出两次双十木展的全国活动情形和所收的效果，列出一个统计表如下：

表1

年度	展出地点		出品数量	附加展品数量	参加木刻家人数	观众	负责者	备考
1942年度（第一届）	川区	重庆	255	书报51种	86	15, 000	渝木研总会	套色木刻25幅
		璧山	120	连环画2套	40	2, 000	国立社会教育学院	
		三台	162		42	2, 000	谢梓文	
	湘区	长沙	180		40	3, 000	木研湘分会	
		衡阳	180		40	4, 000	木研湘分会	
	黔区	贵阳	215	书报工具64种	84	4, 000	贵阳民报社	
	桂区	柳州	513	连环画2套 书报41种 期刊52种 古代木刻231幅	81	6, 000	黄图出版社	发行纪念画集《收获》一种
		桂林	513		81	4, 000		
		宜山	600		85	3, 000		
		兴业	173		21	1, 500	杨纳维	
	闽区	泉州	450		136	5, 000	白燕艺术学社	
		石狮	450		136	1, 500	同上	
		惠安	450		136	1, 500	同上	
		同安	450		136	1, 500	同上	
		龙岩	409		116	4, 000	凯锋	
	滇区	昆明	216	书报史料工具64种	40	2, 000	卜易	
	粤区	坪石	269		39	1, 500	刘仑	外国木刻15幅
合计	七区	17	5, 605			61, 500		套色木刻以渝为准占10%

表2

年度	展出地点		出品数量	附加展品数量	参加木刻家人数	观众	负责者	备考
1943年度（第二届）	川区	重庆	320		75	20,000	木研总会	内套色木刻70幅
		三台	160		52	2,000	谢梓文	内套色木刻40幅
	湘区	长沙	193	连环画2套 西洋木刻18幅 书报118种	43	4,000	木研湘分会	出图录一种
		耒阳	193		43	3,000	耒阳国民日报社	
	桂区	桂林	162	连环画4套西洋木刻18幅	51	4,000		
		百色	168		63	1,500	力夫	当地第一次木展
		兴业	200		24	2,000	兴业中学漫木研究会	
	闽区	泉州	657	学校木刻132幅 外国木刻25幅 书报工具36种	155	7,000	白燕艺术学社	
		龙岩	266		55	2,000	木研福建分会龙岩支会	
		云霄	108		44	3,000	青年艺术研究社	
		建瓯	286	国外木刻47幅 书报26种	56	2,500	肖代	
	黔区	贵阳	215	书报工具60种	59	20,000	贵阳民报社	套色40幅
	皖区	屯溪	360	学校木刻64幅	88	3,000	东南漫木社	
	赣区	信丰	320	外国木刻120幅 书报40种	60	4,000		
	浙区	云和	267			3,000	杨可扬	
合计	八区	15	3,875			81,000		套色木刻以渝为准占25%强

在这个统计表里，我们再来作一个简单的比较，对两年来的双十木展发展情形由此可获进一步的认识：

年度 进展	1942年度 （第一届）	1943年度 （第二届）
分布省份	7区	8区
展出地点	17处	15处
作品总数	5, 605幅	3, 875幅
套色木刻	占10% （以渝为准）	占25%强 （以渝为准）
参加人数	61, 500人	81, 000人

由上面的比较表，我们可以看出1943年度双十木展分布省份比上年多一区，展出地点1942年虽多二处，只是同一木展的多移两个小地方罢了（如泉州的移至惠安、同安、石狮等地），而1943年度则出现了浙、赣、皖三个新垦地，所以在发展上看，还是进步了的。出品的数量1943年是显然增加了，尤其是套色木刻的激增之比例为百分之十五，最后，观众的总数由6万余增为8万以上，这就说明社会对木刻支持的力量也在与时俱长了。

在这期间中国木刻曾有过一些国际展览的活动。1944年通过中苏文化协会“木研会”送了一批中国木刻赴苏展览，获得好评。美国作家赛珍珠带了一批中国木刻回国展览并选印中国木刻选集一本。中国木刻也曾在印度及英国展览，均留深刻印象，值得一提。

下面我们又试将重庆时期的出版活动作一考察：

作为一本画集出版的，在1941年6月，我们看到有一本印得很漂亮的“反攻”。这是浙江木刻函授班的《木刻丛集》出版的第二卷第一本集子，照他们的计划继续出下去的有《袭击》《决斗》与《歼灭》。这《木刻丛集》第一卷出版后，其中因浙东战事的影响，停顿了将近一年，等到木刻用品合作社改组后，再出第二卷，果然第二卷的第一集出世了，印得相当精致，改成了活页，附中西文画题，共收入作品12幅。编者在“编后”说：“我们曾向大家立誓：当以最大的毅力将这丛集出得像样些。”然而，不幸得很，“反攻”以后，就再不见有《袭击》《决斗》以至最后的《歼灭》出现了！

我们在这里要提起一件事，当木运中心还是在桂林时，一部分人主张集中全国木刻作者的力量，出一较像样的全国性木刻刊物，于是定了一个计划，以粤、湘、闽及东南木协分会的名义，合编一种叫作《木刻艺术》的中型杂志，本来定为双月刊，交由印刷条件较好的浙江负出版之责，几经辛苦，《木刻艺术》第一期终于在1941年9月1日问世了。全国木刻作者引为自慰。然而由于各分会会员分布在千里以外，征稿、集款都十分困难，于是双月刊竟变成了双年刊，一直到1943年12月《木刻艺术》第二期才再问世。这个文画并重的木刻杂志曾收入了几篇有意义的文章，和一些有价值的木刻运动史料，都是值得注意的。

《战地真容》是罗清桢主编发刊于1941年1月的一种专以报道赣北战地生活为内容的定期木刻画刊，一直继续出版到同年12月。这整一年间，共出了33期，后来合订成一集。其中还有荒烟、李光楣、邓民生等的作品。

1941年3月1日在重庆出现的《幼苗集》，是一本很有意思的木刻集子。这里面收集了16幅

15岁以下育才小学的儿童的作品，虽然是那么幼稚，却使人感到木运的前途寄托在这些“幼苗”上面是远大的。正如集子“小引”上引出陶行知校长的话：“我们不是为着训练‘小专家’或‘小老头’，只是在于培养人才之幼苗，使有才能者的幼苗不致枯萎，而且能够发展；我们爱护和培养他们正如园丁一样，谨慎辛勤地工作着，希望他们一天天的生长繁荣。”

《收获》是柳州黄图出版社为第一届全国双十木展柳州展出时编印的一本纪念集子，内收集木刻20幅，木刻论文15篇，印刷尚称精美，惜文画的选择欠精。

1943年9月屯溪东南漫画木刻社出版了一本《东南版画选集》，32开本，编印都不很精美，但也可作考察当地木运的一种资料看。

重庆政治部编印的《中国抗战木刻选集》于1943年初出版，内容收集木刻17幅，都经精选，颇见充实新颖，唯印刷欠精。这本集子尚能看出今日中国木刻战斗气氛相当浓厚。

《鸣冈木刻画集》手拓本在1943年一共出了两本活页厚纸印刷，相当精彩。内容收集他个人作品，每集达20幅，有用色纸印刷，有套一两版者。

《黑白集》是讷维创作木刻手拓本画集，1944年3月出版于柳州，内容作品12幅，套色3幅，用漂白纸印刷，十分精美。惜套版所用色彩多不调和，有浮躁之感，内容题材相当现实，技巧亦纯熟，可以作为他个人一时期作风的代表，亦一佳本也。

宋秉恒作的《12个月》是福建现代青年丛刊的第一种，用图画描写12个月的神话，据作者说，这是一种特约作品，后来勉强拿来作单行集子出版的。每幅套一色版，刻技相当熟辣，纯西洋风格，是一本带浓厚文学趣味的抒情小画集。

同时宋秉恒又将历来为刊物报纸所刻的版头、报楣等装饰画印成一小套，活页装在一封套里，名为“小品集”，亦觉别致。

《心曲》是春草画丛之一，新波作，内收集创作10幅，全是抒情作品，每个画面都是寄予极大的深情的，正如作者在小引上自白：“所以，凭着心底真诚，以还没有被时间的侵蚀尽了的生命力量，希望从中去追求人间的共同的理想，以艺术来消除人间的隔膜，融和着崇高的友爱精神，充沛着永恒的美的生命。”然而，在血的时代里，憧憬着这样个人的美的世界，似乎还是不很实际吧。我们要达到这样伟大而幸福的人间理想，必得用血肉来书写我们的历史，可惜得很，这血肉奋斗的意识在作者的“心曲”里并没有传达出来，所传出来的只是一丝幽怨的个人的幻想罢了。以作者的静如止水的画面，吾人是感不到有群众的斗争，有如火如荼的熔岩奔滚的战斗的。

《陆田木刻画集》是朝花丛刊之一，陆田作，内容有10幅活页木刻，印刷颇精美，但内7幅套色版，所用色彩多黄色，有失美感。作者以粗壮的线条，刻成黑多白少的画面是可取的，但在人物刻画上则欠加工，而且题材又多卑近的琐事，美中不足。

《烽烟集》是李桦作的创作木刻集，内容收集作者两年来木刻12幅，其中套色的5幅，8开本精印，是近年来木刻集子中篇幅最大的一本。作者以多年来战地生活最现实的题材为内容，刻制这12个富有战斗性的画面。

《木刻新丛》第一集是迪支编印的一种木刻集，内收集各作家作品10幅，但大都是已经发表之作，并不新鲜。

《中外木刻集》是1944年3月在渝出版的一本集子。内容收集作品相当丰富，共49幅，大部是历来在《中苏文化》上发表过的国内的和苏联的木刻作品，因有了版子，便印成专集的，所以其中作品多是小幅，印成专集，总觉有点不像样似的。内容可说网罗了全国木刻家的作品，相当充实，外国作品共有17幅。

邵克萍作中国木刻用品合作工厂出版的《武夷的山、水、茶》是一本很别致的木刻游记，共收集武夷风景12幅，皆套一色版，印刷十分精致，可谓一本饶有趣味的小画册。

《铁的动脉》是收获出版社出版梁永泰作的木刻集，内32个画面都是粤汉铁路风光和铁路工人生活，是现实活泼而新颖的题材。作者以纤巧的线条、整齐而明朗的刀法刻出活跃在《铁的动脉》中的血流，是那么有力，可以说完全描出作为我们战时生命线的交通的意义了。精装活页，颇精巧。

如桂林出版的木刻集子尚有几种:《十二个文豪》、《名画巡礼》（刘建庵作）和《世界伟大的女性》都是些通俗东西。

这时期，各地附刊于报纸上的定期木刻刊物风起云涌，如渝木研总会编过三种期刊:《新蜀报》的《半月木刻》;《国民公报》的《木刻研究》;《新华日报》的《木刻阵线》。泉州白燕艺术学社创刊的《木刻运动》,《柳州日报》的《草原木艺版》，兴业《民报》的《紫荆》，上饶《前线日报》的《版画艺术》,《军民版画》,《浙江日报》的《新艺术半月刊》,《晓报》的《新艺风》等较精彩，影响也较大。这时的木刻画报除《建军画报》外，尚有另页的《精忠画刊》（长沙）、《坚攻画报》（广东坚攻部队）……几年间，画报真如雨后春笋，宣传主旨是以所属机关部队任务性质为中心，但大都寿短，画稿粗滥，虽可认为是木刻实践的一种表现，但并不能以之度量当时木刻艺术的水准。

关于培养新生力量的工作自1939年以后就注意到了，桂林时期曾发展了各地的木刻训练班及函授班，有相当的成绩，而且推行了学校木刻运动，木刻新生力量已经在全国增加着，只要看各地的木刻工具供应事业的发展，就可以证明。在重庆时期对于新生力量的培养也一样地重视，而且更作较长远的计划在推进着。

武汉时期开始创办训练班，桂林时期有地方的函授班，到重庆时期便进而筹设全国统一的“全国木函班”了。这是一种进步。“全国木函班”的组织是于1943年5月间由渝木研总会发起，也是全国木刻同志的共愿、合力推动的。1940年浙美工协会木函班获得相当美满的成绩，1941年许霏主持的白燕艺术学社木函班于同年年底也算结业了，这回全木函班的组织本来应该以这两次经验为基础，设立于陪都由总会负责以资号召。但结果又把这件事情推到许霏身上，名为全国的木函班，也名为全木研会所主办，却实际是白燕艺术学社木函班的延长。然而不管怎样，这事是在进行了，就是办得不能满意，也获得了一定的成绩。

他们的计划是很大的，采取分区指导制，将全国分为15个区，每区设导师若干人，负指导该区学员之责，于是全国各地学员可以就近获得导师的指导。这个广泛的分区指导办法在战时是现实的。学员修习的课程，共分10部：(1)木刻创作法，(2)木刻概述，(3)素描，(4)构图学，(5)透视学，(6)解剖学，(7)色彩学，(8)木刻运动史，(9)艺术概论，(10)美学。学员的研究范围：(1)木刻实习，(2)素描速写实习，(3)学术讨论，(4)名作观摩。学员的学习方法是每月缴交素描速写15幅，木刻5幅(分拓4份)，分寄所指定之各区导师，请予批改。学员如有疑问可随时函向各区导师询问，由导师专函解答，或在班刊(全木函决定出定期“班刊”一种)上公开答复。该班印发各课讲义及示范画片，各学员接到后，应详加研究，每次习作试题及论文均须按期缴交。学员成绩优良者二年发给修业期满证书。这是该班的大概情况。

全木函班因未完全获得全国各地同志的协助，所以筹备工作进行得相当困难。最难解决的是各区导师的分配和各导师的讲义的集印问题。但结果都次第地大体解决了。1944年3月“全木函班”宣布开课了，各地参加学员颇踊跃，统计有300人以上。然正如他们的宣言上所指出的：“我们知道木刻艺术的进展，不单要靠‘老作家’们加紧的努力，还得有无限量的‘新作家’不断的继起，才不致走了绝路。为了建立新兴木刻艺术的强固基础，促使木刻艺术的向上繁荣，严防它的堕落和衰退，这新生力量的训练已成为今天木刻运动的重要工作之一了。”随着新生力量的剧增，木刻工具的需要也普遍而迫切了。桂林时期重庆、桂林、浙江等地做了好些木刻刀具，其中尤以浙江的木刻用品合作社的产品最完备，规模也最大，但是由于战时经济的枯竭，交通的困难，都直接影响其业务的发展，全国木运的开展，既必须有赖于木刻工具的制造与供应，所以虽然进入更艰苦的阶段，亦不能因艰苦而怠工。木合社以勇往沉毅的精神，一迁上饶，再迁崇安，不因战争中所受的精神打击和物质损失而气馁，终于1943年改组扩大为“中国木刻用品合作工厂”。

“木合工厂”在改组后的一年内(1943年度)，在生产上，制成了各种木刻刀、木版、木刻箱，磨石、砂纸、油墨、印刷用的纸等一大批，并兼供应美术书报及用品等，计供应出2000盒以上的木刻刀具及3000本以上的美术书报。木合工厂定了一个发行网为重庆、屯溪、长汀、永安、南平、建阳、浦城、铅山、河口、赣州，然而由于战时交通的迂滞，仍不能普遍地供应全国的需要，有许多新木刻作者仍无法找到合适的工具，感到异样的痛苦。木合工厂为弥补这缺点，曾于1943年5月在柳州设一西南分厂，然终因主持不得其人，三个月后资金耗尽而停闭了。

这时期其他各地制造木刻刀具的有广东的兴宁，成绩也很好，但因缺乏组织，只能供应当地的需要，对各地的供应没有多大的帮助。

最后，我们要论及这时期木刻运动的理论的发展。各地同志在各种期刊上所发表的文章，代表当时木刻界的一般思想情况，也表现整个运动的动向，我们试列举这两三年来值得注意的文章如下：

《充实木艺理论》(陈丹：《福建木运》第五期)

《加紧建立新木刻的理论》(讷维：《半月木刻》第三十五期)

《严肃生活》(植仪:《半月木刻》第三十四期)

《质的提高应该是新的木运的总口号》(讷维:《紫荆》木艺版第二期)

《严防堕落、衰退，严防蛀虫》(王琦:《漫画与木刻》第二期)

《我也来谈谈照相主义》(李桦:《渝七天文艺》一〇五期)

《关于木刻上照相主义一感》(王琦:《木刻研究》第三期)

《加强木刻批评》(毓林:《半月木刻》第二十期)

《木刻艺术应深入民间》(黄也夫:《半月版画》第十六期)

《普遍建立木刻副刊》(阿杨:《福建木运》第三期)

《民族形式木刻的建立》(谢梓文:《木刻研究》第四期)

《木刻的民族形式散论》(讷维:《木刻研究》第十期)

《旧形式的利用问题》(鉴:《新艺术》第四期)

《民族形式与现实主义》(汪长熙:《半月版画》第十八期)

《论木刻艺术之现实主义》(《新兴艺术》第一期)

《走向现实主义的大路》(其敏:《闽区1942年双十木展特刊》)

《泛论木刻创作的现实主义》(杨嘉昌:《木刻艺术》第一期)

这些文章包含了以下几方面的要求：

1. 要求加强理论的建设。理论是行动的指南，一种文化运动理论落于实践之后是不能发展开去的。中国木刻运动一向以实践为主，木刻工作者只凭一些概念去行动，往往对真理的认识不够彻底，不够深刻，其实中国的木刻运动是走着一条自己践踏出来的道路的，既没有可因袭的理论遗产，那么新理论的研讨更感必要。但是“我们不妨把眼睛放远一点看，许多木刻工作者(并非全部)只努力于创作技术上求进步，而对于理论的充实漠不关心——我并不是说应该放弃创作而专心理论的充实，而是说两者应该是均衡的发展”(陈丹:《充实木艺理论》)。然则要怎样培养木刻工作者的理论呢？讷维在《加紧建立新木刻的理论》上写道:“作为一个新艺术的工作者，他不独是一个艺术工作者，同时又应是一个革命的理论者。他的视野不仅是刻刀木板与白纸黑墨，‘作者的阅历不深，观察不够，那也是无法创造出伟大的艺术品来的’(鲁迅语)。这就说明我们的视野应扩展到全社会，深入到全历史去。因之对一般艺术理论以至历史、社会科学、哲学的学习，也正是我们木刻工作者的今天的重要课程。只有切实把握社会与历史的钥匙，才能精确观察，才能加深阅历，同样地，只有切实把握社会与历史的钥匙，才能建立起新木刻的理论。”

2. 要求提高木刻的质量。这是多年来木刻工作者常引以自勉的，有了这样的自勉，大家便严肃创作，甚至严肃生活。在最近两年来，综观历届木展的作品，质量的提高确已做出了相当的成绩了。但是要健全自己，首该“严肃生活”，植仪的见解以为:“‘严肃生活’与‘严肃制作’是不能分开的。谁否认存在决定意识，谁才会反对生活的严肃决定制作的严肃。拙劣的作品的作者，虽不敢断定他的生活是怎样不严肃，但所谓吊儿郎当的作者，既不忠于自己的生活，当然也不会忠于自己的创作的……”(《严肃生活》)至于如何提高木刻的质的具体方法，讷维在《质的提高应是新的木运的总口号》上指出：“一、对历史科学和艺术科学做深入的研究，切实把握新现实主义的创作方法；二、投身战斗生活的各部门，做成一个战斗实践者；三、埋头于民族艺术遗产的研究使有新的发扬和创造。”换句话说，木刻工作者一方面要读书、创作，另一方面更要深入生活在实践中锻炼自己，然后才可以逐渐成为一个优秀的木刻家，有了优秀的木刻家，自然会产生优秀的作品了。

为了提高木刻的质量，人们提出了两个警告：那就是“照相主义”和“八股主义”。王琦在《关于木刻上照相主义一感》上面写着：“犯着照相主义的毛病的人，一般地说，也犯下了思想力灰白和漠不关心于众人的事的自私打算的病症……生活圈子的狭小，透视现实能力的薄弱，使得自己的创作的领域不能广阔的伸张，也无法从广阔的领域中去集纳淘炼出典型的事物和人物，于是刀尖下刻画出来的，自然不能不是一些零碎事实的记录了。……但是，如果是一个具有同情人类解放到底的决心的艺术家，或者是一个肯扩大其生活范围的作者，他显然不以记录平凡的事件为满足，他一定要把自己对于生活的感动同样用艺术的形象来感动别人，把自己对于世界的认识通过画面来征服别人的看法，以达到一定的社会的目的，使观众从他的画面上获得某种暗示，由感激而同情而诉诸行动。这样的作品，才不致如科学干片的一样呆板贫弱，才有永远的社会意义和艺术价值。”关于克服这照相主义和八股主义的办法，李桦在《我也来谈谈照相主义》上主张：“就是要多训练自己的头脑，一个画家能够懂得怎样去想东西，怎样去看东西，怎样去处理东西和怎样去创造东西，一定不会陷入于死板的照相主义的泥淖里，他的作品自然是新鲜的，也不致成为千篇一律的‘八股派’，一定是内容充实的，不致成为空虚的‘照相主义’，是有意义的、有生命的。”

最后为了提高木刻的质量，普遍要求加强批评，毓林说：“果真是目前有几个批评家对木刻作品能公正而精确的批评，同时木刻工作者自身也能将这些好的批评接受，那末，至少那些乱七八糟、不堪入目的作品总可逐渐减少了吧！”(《加强木刻批评》)这个论断是对的。

3.要求木刻运动的普遍化，木刻运动不单要在绘画领域上建立木刻版画的地位，它一开始就与救亡运动打成一片，作为一种社会革命运动而出现的，所以它的对象是大众，人们因此称木刻为“大众艺术”。它自然要求深入民间，发展普及社会的每个角落里。这是今日中国木刻之所以能扩大成为现实主义绘画运动的道理。它一方面不独要深入民间，另一方面更要深入画坛。阿杨就提出了一个“文字攻势”的计划，他在《普遍建立木刻副刊》上面写着：“因为这工作实在太需要了，在今天，不但办一个大型刊物太困难，就是一张四开或八开的东西，也不是我所吃得消的啦。但是，我们的木刻运动就作兴因此拉倒吗？没有办法，得去想出办法来。”这办法就是：“只要在十几里路附近，有两三个木刻同志，一百多里内有四五个木刻同志的话，那么，好，大家商量，跟报馆接洽一下，来出一个定期的木刻副刊吧！”这么一来，木刻运动就可迅速地推进到全社会去，去建立绘画的现实主义的最大的目标。

4.要求民族形式的创造。这是一个老题目，经过许多同志的实践，一般来说，是被认为有了很好的成绩的。关于这个问题的讨论，木刻界并不比文艺界来得热烈、透彻，但是确也把握到几个要点：第一，认清了中国古代木刻与今日新兴的现代木刻是不同源的道理，以为接受中国木刻遗产就不能不先予以批判。其实民族形式的创造在整个文化界里也是一个不易解决的问题。第二，就是“旧形式”或“民间形式”与所谓“民族形式”的辩论，大家自然是认识它们的分歧点，正确地主张民族形式是应由旧形式蜕变而重新创造出来的，断不是旧瓶装新酒、换汤不换药的意思。所以谢梓文在《民族形式木刻的建立》上写着：“但这并不是说旧形式就是民族形式了。现在虽然要利用旧形式，不过这绝不是创造民族形式木刻的根本。因为民族形式是要从旧的当中去创造，我们要批判地接受旧形式，而不是对旧形式的屈服，它是从旧的里面，滤除封建意识形态的糟粕，发现了积极的东西。……所以，目前问题的重心，是要如何将传统的遗产（旧形式）及十余年来新兴木刻的成果，同时表现在我们的作品里。尤其应当使新兴木刻与革命，实践地联系在一起，并批判地吸取西洋木刻的创作方法，与高度的理论，有机地融合起来。但这不是‘折中主义’，因为它的目的是创造；也非复古，更非旧瓶装新酒的办法。”那么，民族形式的木刻应该是怎样产生出来的呢？谢梓文用这样的解答结束了他的文章：“基于上面的认识，我们已不难想见民族形式的木刻，是要通过旧形式，从旧的当中去吸取积极的营养，将它武装起来，同时掺和西洋木刻的技法与理论，矛盾地统一着，相辅发展，在实践中使两种不同渊源的木刻相互融合，加以批判与扬弃，同时要运用现实主义的创作方法，和正确的世界观，去创造出中国气派中国作风的木刻来，为大众所喜闻乐见的东西，是大众自己的艺术，在国际上是中华民族的，但也含有国际性的。因此，它一方面要求通俗，另一方面又是具有艺术性，这即是说，它不但是有民族性，而且也富有国际性的。”关于这个问题，讷维也在《木刻的民族形式散论》上写着：“中国新兴木刻的历史既短，与古代木刻又不同源，那么，现代木刻的民族形式似乎无从成长了。但是，它是有它优良的种子的。民众的爱憎是沃土、西洋木刻的长处是风雨，它在这种条件下生长与壮大是完全可能的。这即是说：我们新木刻工作者能多拿刻作去给大众看，合乎遗产和西洋的作风，让大众毫不留情的去检讨，虚心地听取他们的意见，抉择应该保留和发展的，并深入大众中间去，熟悉他们的生活，了解他们的生活，体会他们的痛苦，理解他们的需要，为他们申诉、呼喊、抗争、战斗，那么一定会有成就的。”这是木刻工作者对于民族形式的一般见解，自然这些见解，还须再加以研讨，但是，就近年来木刻作者对这方面的努力和所获得的成绩看，路线是正确的。我们正寄予木刻很大的希望，同时也承认了木刻工作者对这问题的认识是进步的。

四、结语

以上我把1937年至1944年七年来的中国木刻运动画出了一个轮廓，1945年抗战结束后，中国木刻运动又应进入一个新阶段了。1944年5月，长沙第四次会战，我被逼离开那个住了五年的城市，与各地的联络隔断了，再无法搜集国内木刻运动的资料。我只好拿着从战火中艰苦地保存下来的资料写成这篇东西，供大家参考。

不过在这里也好让我们来作一次小结吧，我们觉得中国木刻运动（指国民党统治区的活动）在过去还是有缺点的，虽然一方面显得很有进步作用。我们可以指出有下面几个缺点：

1. 组织力还不够结实。我们综观武汉、桂林、重庆各时期，木刻工作者虽有一种可敬的实践精神和一定的觉悟，但仍多少摆脱不了一般艺术家自由散漫的坏习气；虽有革命者的热情而无革命者的清醒理智和毅力，虽有时代感的自觉而无贯彻主张的决心。

2. 斗争情绪薄弱，对恶劣环境未能坚持苦战不懈的不妥协精神，在上面我们也指出过："木刻工作者过于'宽恕'，处处避免对反现实主义的顽固分子作正面的斗争，对反动势力的姑息，于是木刻活动便成为一种'洁身自爱'的艺术活动……木刻工作者似乎只想以自己的行动去说服他们的反对者，其实往往得到相反的结果。这种苦干精神，在木刻工作者自己看来也许是一种美德，而在木刻运动上，便表现得全无力气了。"

3. 建立绘画现实主义的雄图壮志还不够旺盛。在上面，我们虽然曾指出："这个伟大的企图不管能否达到，至少木刻工作者确已放大了眼光，不再在方寸的木板上面兜圈子了……但是，以目前情形看，木刻工作者要建设整个现实主义绘画的运动，力量还嫌不够的，时代虽然需要现实主义的绘画，但现实主义绘画不会自然的到来，必须靠主观的努力，今日木刻工作者距他们努力的目标还很远……"这主观努力得不够，就是因为雄图壮志未能普遍的培养起来，已觉悟的木刻工作者虽然有不少，但仍有不知不觉的木刻工作者，只以能刻成一张半张木刻为满足的。所以今天的木运，对内应发动一种普遍的自觉运动，对外则要发动一种大规模的革命攻势，是必要的。

我们期望于今日的木刻运动者至为迫切，所以不自觉地做了上面种种的苛求。我们只希望木刻运动者不以这些是吹毛求疵，而认为值得猛醒的一回事。一种文化运动的发生以至发展不是无因，但也不是自然成功的，它一定要求运动参加者有深刻的认识、不断的努力和坚强的意志。现在中国的木刻运动，就它十五年来的历史看，足以证明它从发生以至发展的客观条件完全具备了，但我们还得要求木刻工作者加深认识，不断努力和坚定自己的意志为木刻运动的广阔前途而奋斗。

本文载于《美术研究》1958年第4期

我国五十年来艺术教育史料之一页

姜丹书

近与陈叔亮同志便谈中涉及艺术教育上一些掌故，他是有心人，要随笔记录，我请勿劳，让我写一些出来作为刍荛之献吧，将来总有一天要从事艺术教育史的编辑，这也是一小撮资料。尤其最古老的情况，趁我辈老而未死之人写些出来，比较要真切些。唐诗云“白头宫女在，闲坐说玄宗”，我不是白头宫女，乃是艺术园地上的白胡子园丁。

从科举教育过渡到和近六十年来的学校教育，是一个划时代的转变。我生在这个过渡时代，两重制度的教育皆受过。今且缩小范围，专谈艺术教育。

1905年（清光绪三十一年）废科举，兴学堂，一时患在无适当的各级师资，故首先注重办师范教育，汲汲乎造就大量师资以应急需。在南方最先办的是两江师范学堂，故此校是我国师范教育（包括艺术师范）的鼻祖。

△两江师范学堂在准备废科举之前三年，即1902年（光绪二十八年）创立于南京北极阁下，直至1911年冬（辛亥革命时）停办，共计十年，此十年中，造成各种师资千余人。

那时的师范教育制度，分优级、初级两级，优级师范即后来所称的高等师范，所培养的师资为中学以上的教师。初级师范即后来的普通师范（甲种），所培养的师资为小学教师。

两江师范，是单独的优级师范，规模宏大，学生最多时有六七百人。起初几年尚是各科混合制，自始即有图画、手工、音乐等课。后来乃行分科制。那时学部（民元改称教育部）所订的分科章程，有理化科、数学科（或数理化科）、博物科（或农学博物科）、历史地理科等，独无艺术性质的专科。监督（校长）李瑞清（字梅庵，晚号清道人，江西临川人，翰林）眼光远大，且自己擅长书画，故提出主张，同时学生又竭力争取，于是呈准学部，特别添设了图画手工科。图画包括中、西画及用器画、图案画等。手工包括各种工艺美术。这两门功课是主科；并以音乐为副主科；再附加各种普通科为副科；另外，当然以教育为总主科。每周上课有42小时之多。连办此科甲、乙两班，各三十余名学生。甲班三年半毕业（1906秋—1909冬）。乙班亦三年半毕业（1907秋—1910冬）。我是乙班毕业生。

教师，除国文、英文、日文，历史、地理、数学、体操等课是本国人外，其余许多课程，都聘日本学者任教。

1.图画课目：素描（铅笔、木炭）、水彩画，油画、用器画（平面几何画、立体几何画——正投影画、均角投影画、倾斜投影画、透视画、图法几何等），图案画、中国画（山水、花卉等）。

西画教师：盐见竞（日本人）。

用器画教师：亘理宽之助（日本人）、盐见竞。

中国画教师：萧俊贤（字厔泉，湖南衡阳人）。

2. 手工课目：各种纸类细工、绳类细工、黏土工、石膏工、竹工、木工、漆工，金工等。

教师：一户清方、杉田森（均日本人）。

3. 音乐课目：乐典、风琴、钢琴、唱歌。（用五线谱，当时称大谱表）

教师：石野巍（日本人）、许崇光（江苏海州人）。

4. 教育课目：教育史、教育学、训育论、心理学、论理学、教授法、学校行政等。

各种副科课程从略。

学生入学资格：举、贡、生、监。（那时无中学毕业生，连高等小学毕业生也极少。）

招生范围：江苏、安徽、江西三省。（三省各县派有一定名额，且须经过三次严格考试方得录取。）

学生待遇：各费（包括膳费）全免。且供给制服及一切学业上的用品——工具、材料等（起初时还有零用钱津贴），此是一般情况。当时的学业用品，都是日本货，而且上海不大买得到。

其中两班图画手工科毕业生，共计只有六七十人。此六七十人为我国第一辈的艺术教育师资，也就是最早播下的艺术种子生长出来的苗秧。再移植到各地滋长起来，扩展了艺术花果的园地。

此六七十人，除当然分派在上述三省的中学、师范为图画、手工、音乐教师外，还有派别省服务的，如乔治恒派到山西，李健、陈琦、吕凤子派到湖南，郑庚元派到贵州，沈企侨派到广东，我派到浙江等。到了今日，差不多都作古了，据我所知道的尚生存而且仍在教育岗位者，只有吕凤子、吴溉亭及我三人（或尚有不知的），也都是七十余岁的老朽了。

说到这里，有一个故事，是关于这一时代的典制的，就是授予学位制度。大家知道，举人、进士的名目，都是从科举考出来的。到了科举废后，这些名目，似乎无从出了，但在1905年罢废科举的同时，定出了一个“考试出洋留学生”制度，（清史纲要上载明）凡考中者，仍授予举人、进士学位，故有所请医科举人、进士、工科举人、进士等名目（那时国内绝无这类高等专门学校，故归之于出洋留学生，亦甚少）。后数年，国内虽仍无其他的高等专门学校，却已有了优级师范毕业生，故亦援用这个制度，选拔毕业生中名列最优等（毕业总分数在80分以上的）者，提到北京，参加这个学位考试。考中者，授予师范科举人学位。考不中者，予以降等处分。[其他名列优等、中等者，到了义务年满（三年）后，亦作举人。]

我曾被选拔参加当时学部所举办的全国性的、分科性的这种考试，各科考生虽共有数百人（同考生中有所谓高等学堂——大学预科毕业生，各省都有），但属于艺术科的只有两江师范及北洋师范的图画手工科毕业生数人。

记得所考西画的创作（当时称思想画或命题画）题目是：海面浮一巨舰，远岸烟雾迷离，楼

房隐约，作深夜之景。（水彩画，限两小时当场缴卷）

国画题：芍药两朵，一已开，一未开。（用宣纸和中国笔墨颜料）

几何画题：试画抛物线及双曲线，并说明其原理。（用制图仪器）

此外尚有七八门试题，从略。以上每题亦均限两小时当场缴卷。

△北洋女子师范学堂（名称或有出入），此校亦是优级，同时创设在直隶省（今河北省）保定府。它们亦援两江师范的成例开一班图画手工科，办法当然相仿。它们的毕业生三十余人，亦是最早的艺术师资，发展在北方。有几个被选拔的毕业生与我们一同参加学位考试。

△浙江两级师范学堂，此校光绪三十三、三十四年间建立在杭州贡院（科举时代考乡试的场所）旧址。其优级部，起初只开理化，数学、博物、史地等科，无艺术性质的专科。外加初级部几班。但它们那时虽无艺术专科，而作为普通科目的图画、手工、音乐课，却是各班都有的。

辛亥革命成功了，于1911年，校长经亨颐（日本东京高等师范学校物理科毕业）与我共同计划筹备，亦开高师图画、手工专修科一班，招生三十余名，是年秋季开课，三年毕业。

主要教师：李叔同（日本东京国立美术学院毕业，是我国专学艺术的第一个留学生。他任教西画及音乐。后出家为僧，字弘一）、樊羲臣（国画）及我（图画、手工）。后又添请一位日本教师（手工），姓本田（忘其名）。用器画教师，先姓薛，后姓郑，均忘其名。

此班于1915年（民国四年）夏毕业。大多数派在浙江全省中学、师范任教。亦有少数派往外省的，如周玲荪派至南京高等师范；朱稣典派至山东济南第一师范。

此校于1912年（民国元年），遵照教育部通令改称浙江省立第一师范学校。

我在此校一直任教图画、手工十四年。吴梦非、李鸿梁、刘质平、丰子恺、潘天授（寿）、王隐秋等，皆是此校出身。

△广东（或两广？）优级（或两级？）师范学堂，此校清季建立在广州。至民初，亦开过图画手工专科一班。我同学沈企侨是其主要教师之一。

△国立南京高等师范学校，上述两江师范办到清亡为止。民国二、三年间，承袭其遗址开办此校。约于民国四、五年间，亦曾开设三年制的图画手工科一班。此校后改称东南大学，后又改称中山大学，后又改称中央大学。

它在改称中山大学（1927年）后，于其教育学院内设置一个艺术科，内分国画组、西画组、音乐组、工艺组，共四组。（工艺组数年后即停）

其中主要教师：吕凤子、汪采白（均两江师范出身）、张书旂（均国画）、李毅士、徐悲鸿、潘玉良（女）等（均西画）。程懋筠、唐学咏（均音乐）。吴溉亭（两江师范出身）、钟道錩（均工艺）等。这是此较前期的一部分。后来人才济济，更难尽列。

△国立北京高等师范学校，民国四年曾开三年制的手工图画科一班。其主要教师：李毅士（西画）、陈师曾（国画）、郑锦（图案画）、徐作哲（用器画、手工——两江师范出身）、美国人丁荫（手工）。俞剑华等是此科出身。

△国立北京美术专门学校民国七年建立，首任校长郑锦。后是萧俊贤（代理）、林风眠等。

主要教师：陈师曾、王梦白、姚茫父、萧俊贤、凌直支（两江师范出身）等。刘开渠、李有行、雷圭元、李苦禅等，皆此校出身。此校初名美术学校：民国十年改称美术专门（后改科）学校。

△国立北京女子高等师范学校民国七年秋建立，曾办三年制的图画专修科一班。重要的图画教师是陈师曾、吕凤子、萧俊贤等。

△私立上海美术专门学校（民国十六年后，“门”改“科”，他校亦如此）民国元年建，张聿光及丁悚等为最早教师。起初规模小，逐年扩大，至民国十年后，学生最多的达七八百人。内设国画科、西画科、艺术教育科（分图音、图工两组）、图案科、音乐科（后均改称系）等。我在此校任教二十余年。最后，于1952年，因调整院系，并为今日的华东艺术专科学校，迁址无锡，我仍随来继续任教。此校校史最长，人才众多，不能一一指名尽列。

此校于民国十四年秋冬之际，因西画科主任与一个学生闹口角，态度傲慢，竟至激起了很大的风潮，好久才平复。但因此分化出了一个新华艺专。

△私立上海新华艺术专科学校，上述上海美专风潮中，艺术师范科主任俞寄凡率领了部分师生组织，于民国十五年春成立。不数年，经费极困难，不能维持，乃改推徐朗西为校长，汪亚尘为教务长，接办下去。校址由打浦桥北堍移至南堍，规模由小而大，办得很上轨道。所设课程亦是西画、国画、音乐。工艺（后改称劳作）及应有的理论课。抗日战争初起，校舍即被敌人烧毁。抢救出一些图书、模型和校具，迁至那时的法租界开课。一直艰苦维持到1941年冬（民国三十年）珍珠港事发，敌人上了租界，才毅然停办。我在此校任教十余年。此校所出人才亦甚多，如陈烟桥、刘健庵、陆地、凌虚、伏文彦、杨剑龙、陈尹生、冉熙等。

此校除专门部外，尚附设一所“新华艺术师范学校”，汪亚尘为校长。名义上虽分开，但实际上两部合一，且大多数功课混合教学。

△私立上海专科师范学校1920年（民国九年）建，浙江两级师范毕业生吴梦非、刘质平、丰子恺共同筹设此校于上海，推吴梦非为校长。此校是艺术师范性质，以图画、手工、音乐为主科。我在此校亦兼课三四年。到了民国十三年与民国十四年间，与周劲豪的“东方绘画学校”合并，改称“上海艺术大学”，不久即停办。并分裂出一部分，由陈抱一、丁衍庸等主持，称“中华艺术大学”，不久亦停办。此校所出人才亦不少，唐学咏、徐希一、钱君陶、周大雄等皆是专科师范出身。

△立达学园美术科，上海江湾的立达学园，在当时是一所新型的中、小学。民国十四年，丰子恺等创设此科，教师多知名之士，惜仅一年即停办。

△南通刺绣传习所，1909年（清宣统元年）建，南京开过一个破天荒的、全国性的物产展览会，名“南洋劝业会”（当时划全国为两大政治区域：北方称北洋；南方称南洋。北洋大臣驻保定；南洋大臣驻南京，故名），规模甚大，出品丰富。其中所设“美术馆”内陈列着一幅突出的

“意大利皇后象”，是余沈寿女士的刺绣，精美生动，传赞一时。因此，张謇（状元）就在南通开办一个刺绣传习所。特聘余沈寿为主教，教出许多刺绣艺术人才。

余沈寿是苏州人，为“顾绣”派的杰出者。此绣像在当时评价很高，给予特别荣誉金牌奖。后赠送意后，作为邦交的礼品。

△私立丹阳正则艺术专科学校，起初，吕凤子早已办了正则女学于丹阳。抗日胜利后，增设艺术专科（男女兼收），以图画及工艺美术为主；又办劳作（工艺美术）专修科，均是造就艺术师资性质。又曾办绘绣专科数班，是美术职业性质。其中最有特色的，是一种创造性的刺绣，名“乱针绣”。精美自然，不落刻板，注重在丝光配合，显出明暗，既闪耀，又文雅。它是用粗绒线绣成，故极合画意，远望似油画，近看才知是绣品，确是最新颖的绣法，与“顾绣”派的风格大不同。此种新绣法，是画家吕凤子设计，杨守玉（武进人）女士练达而成。传授许多学生。成品颇多外销。

△私立苏州美术专科学校于1922年（民国十一年）由颜文樑、朱士杰、胡粹中共同筹办，推颜文樑为校长。后由吴子深资助扩充。内设中画、西画及实用美术等科，成绩显著。1952年调整院系，与上海美专及山东大学艺术科合并而为今日的华东艺术专科学校，迁址于无锡。

此校所出人才亦多，不能一一列举。

△私立无锡美术专门学校于1926年（民国十五年）由胡汀鹭、诸健秋、贺天健、钱殷之等十余人筹办。分中画、西画两科。重要教师为胡汀鹭、王云轩、周恺士，邓春澍、钱松喦等。至民国二十年停办，大部分学生转送苏州美专。杨建候、孙文林、陈晓南、陈立平等皆此校出身。

△私立南京美术专门学校于民国八、九年间，由我的同学沈溪桥（企侨、字蕙田，江阴人，拔贡）创办，设有西画、国画等科。民国十五年停办。重要教师：萧俊贤、关良、许敦谷等。马万里等是此校出身。

1936年（民国二十五年），高希舜（北京美专毕业生，湖南人）亦办一校，校名同此（门用科）。翌年，抗战起，即停办。

△私立浙江美术专门学校，1923年（民国十二年），由林求仁创设于杭州。以绘画为主科。存在三年，因江浙连年战争而停闭。我曾一度在内讲学。

△南京江苏省第四师范学校，1924年（民国十三年）秋建，曾设一班二年制的中等图画手工专修科，至民国十五年秋毕业。又续招一班，于民国十六年并入中大艺术科。

△福州省立第一师范学校于1912年（民国元年）开过图画手工专修科一班，十数人，民国四年毕业。记得有蔡继煌者即此班毕业留校为艺术教师。

△济南省立第一师范学校于1919—1920年（民国八、九年间）开过图画手工专修科。不详。我学生朱稣典是其主要教师之一。

△国立杭州艺术专科学校，此校1928年（民国十七年）春创设于西湖边。首任校长林风眠。初名国立西湖艺术院。后一年，改名国立杭州艺术专科学校。抗战初期，迁至沅陵时，与国立北平艺专合并而称国立艺术专科学校。新中国成立后，改称中央美术学院华东分院。现又改称浙江美术学院。

此校最初设绘画科（包括西画组、国画组）、图案科、雕塑科。招收初中毕业学生入学，肄习六年毕业。1937年抗战事起，11月迁至内地。由杭历迁贵溪、沅陵、昆明（还迁附近一处）、璧山而终止于重庆。校长历更滕固、吕凤子、陈之佛、潘天寿。直至抗战胜利后一年（1945年）夏才迁回杭州复校。几经苦难奋斗而发展为今院。此校所出人才甚多，名不尽列。

我于开校时起至内迁时止，任教十年。抗战胜利后，我又受聘为其办理收拾校舍，保管校产，迎接复学事宜一年，但因所任沪校职务重要，未能复员。

以上这些东鳞西爪的话，有些是我亲历的，有些是记忆所及的，撮要略述，其中年代、细节不一定十分准确。其余不知道的只好从阙了。

本文载于《美术研究》1959年第1期

姜丹书（1885—1962），江苏溧阳人。画家、美术教育家、美术史论家。1907年毕业于南京两江优级师范学堂图画手工科。1924年起历任上海美术专科学校、上海新华艺术专科学校、国立杭州艺术专科学校、中国纺织工学院教授。

十年来我国新年画的发展和成就

薄松年　王树村

年画在中国有着悠久的历史，但作为为无产阶级服务的新年画创作，却还是一门年轻的艺术。从1939年老解放区试创新年画算起，至今不过20年；在全中国大规模地发展只不过十年的光景。然而，在这短短的时期里，由于党的正确的领导和辛勤培育，已经开出了灿烂的花朵。十年来，它有着不可抹杀的巨大成就，也有着不少的经验教训。在今天重新认识它的发展道路和成就，找出发展中的经验和教训，对于今后新年画的发展、民族民间形式的继承与发扬和解决贯彻普及与提高相结合的方针等问题都是必需的。

全国解放以后，新年画即有飞跃的发展。旧中国文化的落后，大量旧年画的风行，在时时地影响着群众，而翻了身的人民尤其是广大的农民，对那些宣扬封建迷信的过了时的旧年画已渐渐失掉兴趣。他们希望在年画上看到新的生活面貌，看到更幸福更美好的未来；他们把对旧年画的批判和对新年画的希望纷纷寄给出版社、报社，要求改变当前年画的面貌。于是大力开展新年画创作，迅速占领旧年画阵地，通过新年画宣扬革命的思想，扫除封建的、殖民地的思想，创作为人民所喜爱的，反映新中国面貌的新年画的任务，就首先被提上了日程。

由于老解放区的美术工作者在改造旧年画方面已经获得相当的成绩和经验，这些经验在全国各地区被普遍运用。解放后新加入革命队伍的美术工作者大部分都要求改造，愿用他们的画笔为人民服务，而首先选中了为当时迫切需要的年画创作。革命的美术阵线得到扩大；全国解放后，出版和印刷有着较雄厚的物质条件，这些，都是新年画发展的有利因素。

解放后，党对年画工作给予极大的关怀和重视，并且有组织有计划地扶植这一事业的发展。1949年11月文化部颁发的关于开展新年画工作的指示中指出，应将开展新年画工作作为春节文教宣传工作重要任务之一。这个指示从创作方针、内容到具体组织做法都作了极明确的规定。它指出“在年画中应当着重表现劳动人民新的、愉快的斗争生活和他们英勇健康的形象”；“在技术上必须充分运用民间形式，力求适合广大群众的欣赏习惯。要求各地文艺团体发动和组织美术工作者从事这一画种的创作和进行对旧艺术帮助改造工作”。文化部在1950年全国文化艺术工作报告与1951年计划要点中更明确地指出：“在整个文化艺术工作中，首先选择那些对于开展普及工作最为需要，在广大人民中间最有影响的部门作为重点来进行。”而发展新年画、改造旧年画就被列入美术工作的重点方面之一。

新年画工作的指示成为这一阶段年画发展的指针。各地都根据这一指示，组织了新旧美术家进行创作，通过了年画创作会议，作品观摩会、年画展览等对美术家进行了帮助和对作品进行了审阅，使他们和群众之间建立了较亲密的联系。由于大家认识到了年画工作的重要性，所以当时年画工作开展得如火如荼。据不完全统计，1949年即有23个地区创作出版了新年画379种，发行数近700万份之多。很多美术工作者，包括新老区的国画家、油画家、版画家，都参加了这一创作。美术学校也把年画创作作为教学内容之一。许多新美术工作者如邓澍、李琦、古一舟、冯真、姜燕、乌力吉图、张怀信等，他们的创作都以年画形式为人民所熟悉。一些国画家如王叔晖、黄均、卜孝怀、戈湘岚等，也以人民所熟悉的工笔人物创作了许多受群众喜爱的年画。同时通过年画创作也培养了一批新生力量。美术工作者们把年画当作与群众结合、为人民服务的主要业务之一。他们对中央的指示进行了认真的学习，对旧的和解放区的年画进行了研究，请老解放区的同志介绍经验，有些画家还亲身携带年画到农村展览做调查工作。通过这一系列工作，使美术家本身受到很大教育。也正由于他们正确执行了新的文艺方针，所以使新年画能迅速占领旧阵地，出现了蓬勃发展的新面貌。

新年画一开始就以它强烈的政治性，表现了重要的政治内容，反映了人民生活和理想而获得群众的喜爱。新的历史时代本身，给年画提供了丰富的内容。以1950年出版的年画而言，90%以上都是反映一年来新中国建设中的新气象，内容上宣传了中国人民解放战争的伟大胜利；宣传了中华人民共和国成立，反映了发展工农业生产和发扬民主生活（《我们的老英雄回来了》冯真；《建政权、选好人》乌勒；《四季生产图》毕成、王角）；反映了人民大团结及人民对于毛主席的热爱（《新疆代表向毛主席献礼》黄均）；反映了中苏友好互助（《欢迎苏联朋友》邓澍）……几乎所有的重大事件都在年画上得到了反映。同时，可以看出不少的年画家是在有意识地追求继承发展民间年画和解放区年画的形式（尽管在某些作品中是有缺点的），符合了广大群众的欣赏习惯，获得了人民的喜爱。出现了像《农民和拖拉机》（李琦作）那样用拖拉机表演来描述新中国农业远景的作品，尽管当时农村中还没有使用拖拉机，但画面上却展示了将来农民幸福生活的好兆头，把现实生活与幸福的远景用浪漫主义的手法结合起来。在形象刻画上也基本上体现了劳动人民健康、朴实的特点，没有以前年画中形象一般化的毛病，也没有不恰当的表面美化或夸张。在形式运用上尽量吸收了民间绘画的长处，因而受到了群众热烈的欢迎。古一舟的《劳动换来的光荣》通过夫妻从群英会归来受到乡亲们的热烈欢迎这一情节，歌颂了劳动战线上的英雄人物。冯真的《我们的老英雄回来了》，也较好地完成了这一内容的表达。张仃的《新中国的儿童》利用了旧年画中的娃娃画形式，表现了新中国儿童的爱憎，也结合了当时的政治斗争而使作品具有生动的教育意义。

这样众多的新年画出现后，影响很大，在新美术战线上树立了榜样。

党和各级文艺领导机构及时地总结肯定了这一阶段的成绩，同时也指出了年画创作上的缺点：有些题材的选取有一般化倾向，单调贫乏，形象不够美，还没有充分地利用民间年画中为人民所喜闻乐见的形式，对于旧形式机械搬用的现象还大量存在，某些作者创作态度不够严肃，有粗制滥造的倾向。针对这些缺点，在1951年文化部和出版总署颁布了《关于加强年画工作的指示》，同时对1950年中出现的较好的作品进行了评奖，报刊上也发表了许多指导性的文章和有关的理论文字，给年画工作以及时的鼓励和指导。

1950—1952年是不平常的三年。全国人民在党领导下奋战三年，胜利地完成了国民经济恢复和改造任务。很多画家都参加了抗美援朝、土改，“三反”“五反”“镇压反革命”等一系列政治运动，觉悟迅速提高。随着经济的恢复和发展，人民文化生活也随之提高，这些都对艺术工作者直接提出了新的要求。另外，通过文艺整风，经过知识分子思想改造运动和在高等学校进行的教学改革运动，美术工作者中脱离政治、脱离人民群众的倾向受到批判，新的美术工作者初步树立了革命的人生观，较深入地学习了毛泽东的文艺思想，因而促进了年画这一创作领域的繁荣。为了发展年画事业，文化部把“培养绘画人才、供各地发展新年画之需要”纳入了1951年工作计划要点，而且一些新生力量确实已创作出较好的作品。

1951—1952年的年画基本上巩固了前一阶段的成就，并有新的提高。很多年画创作都克服了关门赶任务的现象，不少画家去农村和工厂搜集素材和体验生活，有的地方把年画创作作为某一时期的中心工作。为了加强对这一工作的领导，并成立了专门性团体（如山西省的新年画委员会、上海的年画改进会）。大多数地方都通过创作座谈会方式座谈年画创作问题，并布置年画工作，积累了不少经验。尤其是贵州省1951年组织年画工作，由于加强了年画作者与群众之间的联系，发挥了集体作用和一切创作力量，抓紧了创作思想的领导，所以在美术力量较薄弱的地区在创作上也取得了良好的成绩，并受到文化部的奖励。

从1951—1952年度年画创作评奖中获奖的作品看，新年画在质量上确有很大的提高。这些年画的题材，密切地反映了几年来祖国各方面的深刻变化和政治斗争，在群众中起了最好的宣传作用。如《群英会上的赵桂兰》（林岗）、《毛主席和农民谈话》（古元）较成功地创造了领袖的形象，长时期以来群众要求在年画中看到理想的领袖形象的愿望，初步得到了满足。《群英会上的赵桂兰》更形象地通过优秀的共产党员赵桂兰和领袖会见的题材，表现了在恢复、发展生产建设祖国的斗争中奋不顾身的先进人物，表现了领袖与群众间的关系。《中朝部队前线联欢》《中朝人民伟大友谊万岁》反映了抗美援朝这一伟大斗争。《保卫和平》及时结合了和平签名运动，鼓舞了人民为和平事业而奋斗的信心。其他如《毛主席访问太行老根据地人民》（力群）、《结婚登记》（雷正灵）、《农村新气象》（尹国梁）、《农忙托儿所》（向阳）、《表演新农具》（张怀信）、《收割归来遇喜报》（赵泮滨）、《工农劳模北海游园大会》（李可染）都结合了国家建设的发展，选择了较有意义的题材。从取材上可以明显地看出较1950年为广阔。不少年画在构思上也已经摆脱了以前那种从空洞口号出发缺乏具体形象，或停留在表面形象的描写的弊病，而是选择了较动人的情节和形象。这些作品使人耐看，也发人深思，继承了民族民间绘画之长，着力策划了优美的形象，继承了年画中歌颂美好事物的特色，而所描写的又是当前和群众关系最密切的新鲜事物。这些作品大都用饱满的政治热情创造了真实而生动的人物形象，尤其是《群英会上的赵桂兰》和《保卫和平》有着较高的成就，一直到今天，仍不失为优秀的作品。

这一时期的年画在表现形式上也开始走向多样化。传统形式的门历画、四扇屏、连环画开始更多地被美术家所注意并采用。一些新美术工作者的加入，给年画技巧运用增添了光彩。在表现方法上已不只是单线平涂而有了多种方法，例如《群英会上的赵桂兰》是吸收了年画和中国工笔界画的优点而形成一种新风格；《毛主席和农民谈话》也运用了水粉画的技法；《工农劳模北海游园大会》则是中国画重彩山水的方法。这些作品大都在年画的传统风格的基础上，在技法上予以发展提高，这样就多方面满足了人民群众的审美要求，另外对其他画种民族化和向民间艺术学习等方面也有推动作用。

但是这一阶段的年画仍存在着不少问题，一些作品中仍缺乏真实生动的人物形象，对题材处理有一般化倾向，尽管有些作品主题很重要，但缺少艺术的魅力，这些缺点暴露了不少的画家缺乏深入的生活实践，缺乏政治修养和对新生事物的敏锐辨察力，缺乏更高的艺术技巧；轻视普及的现象也仍存在着。必须赶快解决这些问题，年画才能向前发展。

两次年画评奖在年画发展上起着重要的作用。它对年画发展从数量到质量，从形式到内容，以至年画发展方向是一个检查。它的意义正如蔡若虹同志在《从年画评奖看两年来年画工作的成就》一文中所写的："是将这一具有民族艺术传统并获得广大人民喜爱的美术形式的发展，当作人民美术事业发展中的一个重点，当作美术工作与人民生活紧相结合的榜样，同时由于年画工作在全国范围内普遍推广，它不但为美术普及工作打下了基础，而且也为提高美术创作的质量准备了条件；它标志着美术普及工作的深度与广度，也标志着美术创作思想的发展与提高，客观实际的需要促使年画在美术创作领域中最先迈开了大步。"选出的优秀作品成为这一时期提高创作水平的范例，这一措施起了促进普及和提高的双重作用，把两者很好地结合了起来。

1953年以后，我国进入了计划经济建设时期，在文化艺术上则根据了"整顿巩固，重点发展，提高质量，稳步前进"的文教事业方针，积极发展各种适合人民需要的文艺创作，以力求满足广大群众日益增长的文化要求。反映在美术上的特点之一是绘画向多方面发展了。国画、油画、版画、速写、水彩、工艺美术都得到了相应的发展，很多画刊的印销量大大发展了。许多原来从事于年画创作的同志转而从事于其他画种的研究和创作，显示了人民群众对美术欣赏领域日渐扩大和丰富。但另外方面由于在年画中还没有培育出专业的队伍，于是年画的创作力量相对的减少了，更由于一些美术工作者在片面追求提高的目标下，非常错误地把提高理解为单纯在技术上的提高，而忽视了要在为工农兵服务的美术普及的基础上提高。于是在很多美术干部头脑中形成了三不画——年画不画、连环画不画、幻灯不画。专门从事于年画创作的已很少，认真加以研究和提高的亦鲜有人在。

然而，由于在美术界所进行的反对一般化、公式化、概念化斗争和一些作者深入生活的结果，也出现了一些通过真实具体的人物形象和精神状态表现了浓郁的新的生活气息的作品。这些作品已发现了生活中的戏剧和诗，发现了平凡生活中的积极方面，如中央美术学院学生到农村深入生活，和农民打成一片，并在下面构初稿，征求农民的意见，经过反复修改和苦心经营就创作出了一些较好的作品。其中有歌颂农村发展中新的劳动妇女和她们社会地位的变化的《又增加了两分》，表现了夫妻劳动竞赛的《瞧这两口子》，利用了传统构图方法表现农村经济繁荣的《赶春会》等都受到人们的喜爱。其他地区的作品如《幸福婚姻》（石鲁）、《唱个山歌送代表》（刘政德、恽忻苍）、《妈妈安心去生产》（张乐平）、《工人同志给我们安好了抽水机》（赵延年）等也是较优秀的作品。

1953年以后，年画的销行量逐年迅速增长，由此也可以看出人民对这一画种的迫切需要和喜爱。从内容看优秀作品也不少，如《漳河两岸鲜花开》（吴静波）、《建庄的一天》（刘文西）、《种瓜得瓜，种豆得豆》（张乐平等）、《好婆媳》（杨文秀）、《毛主席来到咱们农庄》（金志远）、《丰收》、《夸媳妇》（邓澍）等都是较优秀的作品。在一般的作品中初期年画的粗制滥造作风已绝迹，丑劣的形象也基本上得到消除。在这一时期里，年画的题材范围也有所扩大，尤其是近年来年画在一些风景、戏曲、历史故事题材的创作上是有一定成绩的。一些较好的作品如《武松打虎》（刘继卣）、《梁祝》（任率英）、《首都十二景》、《北京动物园》等，在情感上给人以健康的影响。年画的形式在某些方面做了一些试探，而且获得一定的成功，如电影戏剧照片加工而成的四扇屏（《宇宙锋》《杜十娘》）及武汉地区的门画、历画都有所发展。

但是就整个年画发展的情况看来，这一阶段年画的发展较之其他画种还是逊色的。由于一些美术工作者滋长了脱离人民、脱离政治的倾向，使年画一方面在内容上渐渐不如以前那样具有强烈的时代色彩，一些作者和编辑，对于年画的社会作用不如以前重视，很多人在思想上把年画满足人民年节娱乐的要求和教育作用割裂开来，或者理解得片面，把接受传统中的人民性因素和尾巴主义混为一谈。这种现象不是个别的，很多历史戏曲题材都在各地出版的年画中重叠出现，形成了内容的贫乏，而表现时代面貌和政治斗争的东西却相对减少。另一方面是形式上渐渐脱离年画的特点，发展成以一切画种代替年画的倾向（当然这和近年来年画创作的减少也有关系），年画渐渐失去了它固有的特色。这是一种完全脱离群众欣赏习惯的作法。由于存在以上种种错误观点，导致年画日益脱离群众。形式上的脱离人民和内容上的老一套，使年画发展趋于迟缓。尤其是近年来，年画如何为政治服务，形式上如何提高和发展就成为一个常常被探讨的尚未很好解决的大问题。

1958年初，党公布了建设社会主义的总路线，工农业掀起了生产高潮，人民公社运动和全民办钢铁取得了辉煌成就，全民性的“文化大革命”正普遍开展，美术界经过了整风和反右，在思想认识上大大地提高了，无产阶级思想在创作中树起帅旗，美术干部深入生活，群众美术运动蓬勃开展，有的作者参加了劳动，也有的参加了年画巡回展览，这些都直接推动了新年画工作，作为美术大普及的重要形式——年画有了新的发展和提高。不少的美术工作者，重新参与这一形式的创作，美术学校中也把年画创作作为学习的重要内容之一。

从新出版的年画看，不仅数量多、题材宽广，而且大多数作品洋溢着“大跃进”的时代气氛。出版社也更加注意有计划地组织作者创作结合当前形势任务的作品，那种厚古薄今的风气已经得到纠正。作者们在有意识地吸收探索民间年画的特点并且有新的发展；装饰美术家们也注意研究民间年画，并且进行创作……所有这些都是非常可喜的现象。已见到的如《鲤鱼跳龙门》（葛文山）、《幸福桃》（葛文山）、《服龙胜天》（冯国琳）都可以看到受民歌民间画的影响；《人民公社光芒万丈》（冯一鸣、陈林祥）集中地描写了人民公社的新气象，《欢迎志愿军归国》通过志愿军归国列车，经过中朝边界凯旋门的一刹那，歌颂了中国人民在保卫和平上的光辉胜利业绩，表现了人们对最可爱的人的热爱；门画《和平幸福》（单应桂作）较成功地运用了民间门画的特点而获得不少人的喜爱；上海的月份牌年画也较多地反映了生产“大跃进”的面貌。已故的女国画家姜燕过去一直对年画有着积极贡献，她的国画有着浓郁的民间年画色彩，她的遗作《远方来客》描写了党帮助少数民族建设和各族人民团结友爱的关系，《办食堂去》反映了人民公社化以后，家庭妇女的进一步解放。还有许多好的作品尚未出版，仅就目前所见到的作品，已较过去有了很大跃进。

新中国成立后，根据党的政策和群众的要求，立即展开了改造旧年画的工作。旧年画包括民间木版年画和月份牌画两种形式。两者性质不同，改造的方式也不一样。旧年画在长期的发展中，有着深厚的群众基础，不少东西值得我们加以吸收、借鉴，但也由于在旧社会中，受着封建的资产阶级的思想侵蚀，也有着不少不健康的东西，如何把这一为人民所喜闻乐见的形式，加以改造与发扬，使其成为革命美术的一部分，是一项非常重要的工作。尤其是月份牌画过去一直被资产阶级利用商品宣传和更多地受着资产阶级思想的影响，出版发行又操纵在资本家手中，所以对月份牌年画的改造，就是一件艰巨而又复杂的工作了。

下面我们就先来谈月份牌年画的改造。

对月份牌年画的改造，鲁迅先生早就说过：“全国美术工作者必须重视那种描写神话的和民间故事等的版画艺术（其中包含装饰性的壁画上的图案艺术等），必须改造那些用粗制滥造的石印代替了旧日木刻版画的庸俗化的贺年片与月份牌；尤其是改造它的作法与取材。”所以对月份牌的改造，首先是题材内容的改造。

月份牌画内容上的转变不是一件容易事，因为当时出版还掌握在资本家手中，他们从生意经着眼，不考虑内容的改进。另外，大多数画家习惯于表现“时装美女”“福禄寿三星”等题材，对新事物不熟悉，尚难从新生活中汲取创作题材，即使找到新题材，也未必表现得好。但是新社会经济基础的改变，引起了人民思想感情的巨大变化，旧的年画无法适应人民的欣赏要求，许多新的年画又为旧年画的改造提供了范例。这些因素促使着月份牌年画作者不能不改变创作道路。

1949年11月，文化部颁布了开展新年画工作指示后，月份牌画家也和新年画画家一起，积极响应了号召，热情地描写人民解放战争的胜利和中华人民共和国的成立等重大题材。这种积极热情拥护党的态度，在当时说来是难能可贵的。其中较优秀的作品《支援前线》（俊生、清泉作）、《新中国的歌声》（梅生作）还获得了1950年新年画创作奖金。这表明了月份牌年画形式也能很好地表现新中国的面貌，能传达人民的思想感情，这是月份牌年画题材、内容扔掉那种庸俗的资产阶级的画风，转向和劳动人民结合，表现劳动人民生活的开始。

这个时期，月份牌作者的觉悟逐渐提高。1950年10月初，华东军政委员会文化部与新闻出版局联合发出了《关于开展1951年新年画工作通告》。积极投入这一创作活动的月份牌作者在上海即有40人。一个半月就画好了107种包括土改、鼓励劳动生产、赞扬劳动模范、保卫和平、反对侵略战争、表扬战斗英雄和宣传卫生常识等内容的年画。从作品的思想性和表现技巧上看，比以前有显著进步。较优秀的作品如《养小鸡、捐飞机》《军帮民，民帮军》等都受到广大群众的欢迎和喜爱。1953年后，月份牌作者要求下乡、下厂和加强政治理论学习，新题材的作品不断出现，在风格上也努力摆脱旧的庸俗气味，朝向社会主义现实主义道路发展。到1955年经过社会主义改造运动，月份牌私商联营并店统一领导后，月份牌年画改造始暂告一段落。

1955年以后的月份牌画有了巨大的发展。很多作品深受群众喜爱，如《叶绿瓜肥产量多》（金梅生）、《挑灯夜战》（李慕白）等较优秀作品的出现意味着月份画年画的新发展。从1958年的统计数字看；新年牌共546种，重版481种，印数13613万张，其中月份牌年画竟占75%，比解放初不知提高多少倍。这样巨大的数字和普及范围之广，引起各界的注视。1968年2月周扬同志在上海与美术家座谈时，曾肯定了月份牌年画的成绩。他说："既然月份牌受到广大群众欢迎，就应该发展。"他认为"月份牌将来也会出现大作品、好作品的。现在有些作品表现力和风格已有提高，为什么说这种形式画不出来好东西呢？为什么色彩鲜明就庸俗？问题是格调要提高。要一方面保持群众喜爱的特点，另一方面又提高它"。

月份牌画的改造是一项较艰巨的工作。在月份牌年画的发展中也还有"旧瓶新酒"的现象，甚至到"双反"前还出现了"晚会新装图"等旧月份牌画形式的作品。但由于广大群众的监督和月份牌画家觉悟的提高，这种现象很快受到了批判和纠正。有的作者更进一步要求在创作方法上也来个变革，如老画家谢之光就提出："过去画的东西都是呆板乏味，一点灵气都没有，很多是抄画报的，没有把人的感情带过来。……要画工人、农民，一定要深入工农的实际斗争，不深入生活是不可能进行创作的。"通过月份牌作者的不断努力，月份牌画今后在创作方法上将会出现新的跃进，从而促使这一具有广泛群众基础的画种获得进一步的繁荣。

在民间年画的改造方面：木刻年画在解放前由于农村经济的破产，几已陷入停滞状态，很多具有悠久历史的民间年画集中地的生产都陷入停顿。新中国成立后为了保护民族文化遗产，并继承与发扬民间艺术优良传统，政府首先对木刻年画重点产地做了调查（如杨柳青、桃花坞、潍县、凤翔、佛山、邵阳等），调查内容包括行业现状、过去销行概况、印行数量以及起源年代、发展源流、现存版样种类、数量和艺人生活情况等各个方面。其次是搜集整理工作，包括版片、原画等（如杨柳青有些贵重版片由河北省文管会全部收去保管起来，以备将来研究）。同时还抓紧了对年画创作经验与技法等资料的搜集整理工作，对老艺人的工作和生活也做了妥善照顾。

在对旧年画的整理过程中对传统的优秀作品充分地予以肯定。新中国成立后杨柳青所印的40种出口年画，如《红楼梦》《五子夺莲》等，都是传统中的优秀作品，得到国外好评，对文化交流起了积极作用。此外还用胶版复印了六种较为优秀的作品以满足国内人民的需求。其他地方如桃花坞、潍县、阜阳、扬州、南京等地也都拣选了传统的优秀题材继续印刷出售。

为了促使民间年画不断推陈出新，获得更大的繁荣，从1950年到1953年先后在平原省（今河南）新乡、山东潍县、皖北阜阳、苏北扬州、湖北武汉等地，都派去了美术干部，一面帮助旧年画的改造，一面向民间年画学习，较成功的是潍县年画改造工作。1951年华东军政委员会文化部派出了一支年画工作队，首先宣传了党对旧年画的改造政策，打消了民间艺人们多余的顾虑，接着建立了“年画业改进筹备委员会”，供给他们画稿，并请他们提意见，任意选刻，毫不强迫，避免包办代替的方法。通过这些工作，新旧画家都得到了相互学习机会。年画工作队第一次创作的九张新题材的画样，基本上没脱离传统形式，印数虽然仅仅五万份，却给民间年画的发展前途铺平了前进的道路，使潍县年画几年来有了很大的发展。但在初期的少数地区中也还存在生硬的工作方法，只控制作坊不准印旧年画，或没有很好地与民间画师结合，单纯由美术工作者供应画稿，由于作者忽视了民间传统形式，因此群众反映说是“四不像”，结果印出来销不掉，这种情况很快就得到了纠正。以上两个例子一方面说明改造年画工作要走群众路线，尊重当地艺人，反对取而代之的方法；另一方面也说明民间年画有着强烈的风格特点，是其他画种所代替不了的。只有从它原有的基础上来不断改进，方能使年画有所发展。

在十年来的年画发展中，我们对年画创作问题多次进行讨论，并广泛收集了群众意见。从群众意见和讨论中、从目前的作品中，还可以看出不少问题，仍需要我们努力提高。

进一步提高年画的思想性创作富有民族民间色彩的新年画无疑是目前最迫切的课题之一。新中国成立后，曾经有些同志片面看到年画的装饰作用，而没有看到年画作为特殊节令画所具有的特点，因而过分强调了年画的发展，逐渐导致年画失去了固有的特色。这种情况在“大跃进”以后，已有所转变，但还需要年画工作者付出更大的劳动。

否认年画特点，易于导向脱离人民生活和欣

赏习惯去创作，也必然得不到群众欢迎。这不只是创作思想问题，也是对人民生活理解得过于狭隘所致。

有些画家还不太理解年画的装饰性和现实性、娱乐作用和教育作用的完美统一的特点，总是强调了一方面，而忽略了另一方面，这就使得某些年画徒具形式而缺乏动人的内容，把年画降低到补壁作用，或虽有好内容却不耐看。群众评论这样的作品“画的都是咱们常见的事，有啥看头”“近看有色，远看无色”“贴在墙上一点不亮堂”（没有与年节特点相适应的形式）。这些群众的反映说明我们的新年画从内容到形式还需要更好地和群众结合。年画创作中如何向传统的年画学习也是一项很重要而又迫切的工作。传统年画在发展中经受过长期考验，积累了丰富的创作经验，多方面地体现了群众的爱好是创作新年画时很好的借鉴，当然，年画工作者也应该在传统年画基础上，向其他绘画形式吸收养料。

年画中的思想性还需要大大提高，需要努力通过人的形象反映更深刻的思想内容，反映人们“大跃进”的凌云壮志和对共产主义远景的美好憧憬。积极的美好的题材和浪漫主义的创作方法，一向在我国年画创作中占有重要成分，所以如何适应当前发展，发掘深刻的主题，克服自然主义的倾向是很重要的。另外，在祖国河山面貌上、好的山水花鸟的刻画上，还应该继续丰富和发展。

培养一支年画的专业队伍，重视年画的组稿发行工作也非常重要。

十年来，年画艺术继承了解放区革命美术的优良传统，得到了蓬勃的发展。虽然在发展过程中道路曲折，斗争很复杂，而且有许多问题在今天仍在不断探讨中，但已取得的成就却是很显著的。

首先，这样一个有悠久历史、为人民所喜闻乐见的形式在中国的蓬勃发展就是一个最大的成就，是美术面向群众，为工农兵，为政治生产服务的具体表现。其散布之广及接触群众之多远超过其他绘画形式，成为和人民生活联系最密切的重要美术普及形式之一。虽然还有缺点，但根本面貌的改变和在革命中的影响却是不容忽视的。这是党的文艺政策的胜利。

其次，年画在继承和发扬民族民间传统方面作出了相当的成绩，尤其是新中国成立后三年，继承了年画的以表扬歌颂为主的特点，表现了新中国的各方面的成就和新气象。1953年以后虽然题材上时代气息有所减弱，但题材范围却更加宽广了，为年画表现多方面生活积累了丰富经验；在年画形式上也有很大发展。画家开始运用多样的工具在年画固有传统的基础上探索新的通路，而且获得一定成绩。在艺术技巧和形象刻画能力上也有所提高，逐渐摆脱了公式化、概念化的倾向。尤其是1958年，党提出革命的现实主义与革命的浪漫主义相结合的创作方法以后，为年画的进一步发展打开了更加宽广的道路。

最后，年画创作中锻炼了很多美术干部，今天不少画家中都会从年画创作得到思想上、技术上的锻炼。在新中国成立初期开展新年画创作时，各种错误的思想和艺术观点在年画创作面前也暴露得最明显，矛盾最尖锐。很多美术家通过年画创作密切了和人民的联系，使自己的风格更趋向民族民间化，新年画的创作也证实了一条新的深入群众生活吸收传统形式在创作中锻炼画家的创作道路，这条道路将会越走越宽广，将会给美术事业带来更大的丰收。

本文载于《美术研究》1959年第2期

薄松年（1932—2019），河北保定人。美术史论家。1955年毕业于中央美术学院绘画系。中央美术学院教授。

王树村（1923—2009），天津人。毕业于天津市立美术学校，后入华北大学美术科，曾在中央美术学院专修美术史论。《美术》杂志编辑，中国艺术研究院研究员。

关于中国画的素描教学

蒋兆和

一、必须试行改革素描教学

过去国画系的素描教学，片面地强调西画“素描为现实主义一切造型艺术的基础”，以西画素描作为国画的基础课。结果，基础课练习和传统的造型规律有矛盾，妨碍了对传统的继承和发扬。“反右”以后，彻底批判了右派分子轻视遗产和“素描万能”的说法，明确了继承传统与学习西洋的主从关系。素描与国画在造型观点上和表现方法上各有不同的规律与要求。中国画的基本造型法则是强调从物象本身的结构出发，基本上运用线条的变化去概括物象的精神特征，而素描的基本造型规律，主要是依据光源反射于物体而产生的明暗调子进行分面去塑造形象的体积，简单地说，这就是中西绘画在造型观点上和表现方法上最主要的区别之一。为了更快更好地掌握具有现代写实能力的国画造型基础，学习一点素描虽有必要，但不能无原则地或喧宾夺主地去学，更不能以素描来代替或改造国画造型规律和写实的基础，否则都是错误的。我们只能适当地汲取素描中有益于国画造型的某些因素，使之促进国画在线描基础上更丰富、更有变化、更加强写实的能力。要以白描的表现方法为基础，汲取素描中某些成分和某些合于国画要求的表现方法，融会贯通以丰富白描的造型能力。这种白描，不单纯地以能够表现现实生活为满足，并且要在线描的基础上，更进一步有浓淡、皴擦的变化、与水墨画的形式相结合，并与重彩及其他多种传统的技法相沟通，形成一套具有民族特点的、科学的、完整的“现代国画写生法”。这种写生法，要在一定时期内（估计三学年）使没有国画基础的学生们，首先获得传统的初步造型基础。同时要求努力继承遗产、深入生活，才能为创作实践准备好推陈出新的条件。

二、改革后的素描教学，所应采取的基本原则和方法、步骤

1. 遵循传统“骨法用笔”的原则，运用现代的解剖知识，加强对具体形象的分析能力，明确构成形体的具体结构，用线条去刻画形体各部的组织和整个的轮廓。然后在形象凸凹的必要之处，加以皴擦，增强整个画面的体积感和真实感。

2. 必须首先强调运用线条去画轮廓，才能严格注意于形体本身的结构，不至于仅从表面的

明暗关系出发。只有彻底理解形体各部的组织结构，才能知其然又知其所以然。以期做到胸有成竹，意在笔先。

3. 用线描写形象各部轮廓，必须严格要求准确。经过反复观察研究，在形象各部的比例关系、骨骼筋肉的结构未达到准确完整以前，不得急于皴擦明暗调子，以避免忽视形体的具体结构。如果在规定课时以内，还不能正确画准轮廓，必须严格要求学生继续加强分析或特别加以辅导，务必达到准确肯定用线造型这一基本要求。

4. 每完成一幅写生的基本作业以后，必须进行默写。以考验通过写生后的认识能力和想象记忆能力。同时在课外必须配合速写，自己生活范围内所接触的人物和一切环境，均可作为速写的对象；要不断地锻炼眼手的敏锐感觉和概括物象的能力，但这种速写，只限于用线条勾勒，不必画明暗调子，而应着重于形象的动态和各种形象的特点与结构。速写每周应规定一定的数量。

5. 素描工具用木炭不用铅笔（速写不限），因为木炭既便于修改，又便于用线来发挥粗细虚实等效果。它与用墨笔作画比较接近，便于皴擦，下笔痛快，容易结合作者的敏锐感觉。

6. 本课程所要达到的教学目的，只在于正确理解形象的结构。画得准确，不在于表面精细，也不限定作画的风格。初学时，即使运用线条上的虚、实、轻、重、粗、细不甚协调，或不明快简练，均无关系，不要过高要求。首先要在正确的轮廓上，敢于肯定落笔即可。

上述几点教学原则和方法步骤，是为了使素描练习符合国画造型的规律要求，也便于白描课写生练习适当汲取外来艺术的有利因素。在开始实行新的素描教学时，面临着最大的困难，是要使每个学生对素描取得一致的看法并获得正确的理论根据，再就是从实践中大力扭转过去所习惯的光色分面等一套素描表现方法。经过一系列的思想工作和具体指导，在教学过程中已逐步取得一定成效。

1957年在一年级开始进行本课之前，首先在班上详细讲明素描练习必须符合国画造型的基本原则，并且明确地提出在一年级试行新的素描教学是一种有关继承与发扬传统问题上的重要尝试。先生与学生要共同肩负起这一责任。以两天的时间讨论这些问题，在思想上基本取得统一认识。在画第一张作业时，暂不提出画的步骤和目的要求，首先让同学自己去体会，自己想办法去画。这样做的结果，就可看出每个同学的作业有不同的特点和共同的毛病。掌握了这一基本情况以后，在第二张开始时，再针对每个同学应注意的问题与步骤原则等提出要求。同学们的共同问题是：形不准，结构不明确，思想上还在犹疑、动摇，能力差的同学根本画不准，甚至无法下笔；能力强一些的，在开始时结构画得尚明确，可是越画越糊涂。针对这种情况，根据每个同学在画上的缺点，做了认真的改画示范，并详细分析了作画的步骤，明确课程要求。着重形象的大体比例和形成角度的透视关系。运用解剖知识去理解形象的结构，以线条去造型的原则。严格要求对形象尚未充分理解和概括准确以前，不许涂明暗。这样，第三、四张习作有了很大进步，造型较前严密，结构清楚，就全班来说基本上纳入以线描为主的轨道。原来步骤较乱、要求不明、思想犹豫的同学，这次都有了突出的改变。但是这种改变还不巩固，由于过去一般学画都迷恋于光线的魅力，忽视由形体本身的结构所形成的精神实质，往往习惯于追求表面效果。稍一放松，原来已经明确了的东西就又糊涂起来。所以大部分同学在后来又有从明暗出发的倾向，在有意无意之间去追求表面细节、黑白调子对比等，而忽视结构，甚至认为只有画出明暗关系才满足。

在进入画半身见手的阶段，就更难掌握整个构图与形象各部的主次关系了。更不明确应肯定什么取舍什么，以致步骤又有些紊乱。在这种情况下，就不能不再反复讲述素描课的目的，强调首先要认识形象结构，整体与局部的统一，用线去概括要肯定准确。在练习中必须有步骤，要理解以后才下笔。经过严格督促和改画示范之后，大部分同学都按要求去画，成绩逐渐提高。但另有一小部分同学，片面追求形象的表面特征，而不深入研究构成形象特征与精神本质的因素，结果随画随改，越画越糟。又有个别同学好高骛远，不依靠科学知识，去掌握作画规律，片面强调不加分析的“感受”，认为遵循科学的作画规律，会束缚了自己，诚然作画是脱离不开感觉，但是那种不加分析的“感受”，显然是很危险的。作画必须首先对形象有充分的认识，才能胸有成竹，有把握地去画。否则，不能将感受提高到理性认识，也就很难准确地将对象表达出来，因此，只有加强科学分析能力，并有正确的艺术思想，才能获得真正的感受。在基本练习中，如果不端正学生的思想方法和学习态度，那么就会走向形而上学的学习道路。

上述教学中的问题，可以说一直还没有彻底克服（一学年内）。所以我们的成绩还没有达到一定的理想。

改革后的素描教学，由于在一年级取得某些成绩，对二、三年级的素描改革也就提供了有利条件。因此在1958年第一学期，二、三年级也开始按照新的素描教学原则上课。课程计划基本上与一年级相同，所不同的是，进度稍快。因为在一年级已经取得某些教学上的经验，步骤和要求也更加明确。比如在实践中，普遍的现象是步骤不容易掌握，形象画不准，结构弄不清楚，解剖知识不会运用，下笔不肯定，用线概念无力。而且在规定的课时以内不能完成。根据这些情况，提出素描课尝试运用“多快好省”的办法。只要打破对素描的旧成见，打消长期作业的思想，切合实际需要，改变画画的方法，就可能做到“多”。认真掌握中国画的造型规律，下笔前尽可能做到胸有成竹，就有“快”。结构分析清楚，形象画得准确，强调构成形象的特征，就能做到“好”。每堂课都能善于掌握时间，集中精力，抓着感觉中某些主要的东西，做到下笔不乱就是“省”。

总之，要认真重视中国画在造型上的基本原则，适当地汲取西洋素描中分析形象的科学知识和某些表现方法，分阶段地对形象进行研究，明确目的要求。找出构成形象的主次关系，就可能有把握地去画，其效果就要好些，也不致浪费时间和精力。

有了这些精神准备以后，明确提出现阶段素描的要求有三个主要方面。

1．“形态”——首先要分析对象各部的正确比例和角度，就能求出对象的正确姿态。

2.“结构”——运用具体的解剖知识，细心研究对象的结构在动态中所形成的一定规律和变化。

3.“特征”——认真去理解构成对象特征的主要部分，以及形成整个动态中的主要关系，然后自然明确如何夸张取舍，以笔直取。

同学们根据这三点要求，在实践中有些收获。但由于原来的素描基础从表面光暗出发的影响很深，一时就难以从对象的本身结构去追求，更不善于运用具体的解剖透视去分析，以致画不准，步骤乱，主要的东西表现不出来，或在大部分位置确定之后，不能更深入地去研究细节比例和角度。下笔概念，线条成为轮廓的符号。大家虽很用心，但不是有把握地去画，而是在慢慢地描。根据这种情况，又作一次认真的改画示范。指明对象大部比例确定后，如何细致地去分析具体角度和透视关系、局部与整体的解剖联系和变化的规律等。然后有重点地、有轻重虚实地用线“画”轮廓，而不是去“描”轮廓，并且说明哪些部分需要用皴擦突出形体的结构和起伏等。这次示范起了一些作用。在第五次作业中一般都有显著进步。由于该学期情况特殊，在第七周进入画裸体的阶段，即因故结束（共画了五十节课，等于过去一张长期作业的时间），一年级的成绩比二、三年级稍好（由于多画了一学期的关系），但并未巩固。因为在此课结束以前，进行了一次对同学的测验，方法是：让同学们对模特儿作三点主要的分析。①形成对象姿态的主要部分在哪里？②这个姿态中的表情的主要部分又在哪里？③先画哪里、后画哪里？取舍什么东西等。有一个同学能够正确的答复，这就说明同学们到现在还画不准确或不精确的原因了。其责任在于教学过程中，还不够严格，还没有认真让同学掌握科学的基础规律。另外，又由于时间关系，没有同时和速写课默写配合进行，以致收效不完善。再则是因为新的素描教学的要求，和过去的素描观点与表现方法大不相同，在习惯上不易改变。新素描教学的要求，从理论上说，虽然同学们已有一致的认识，但在实践中还有很大困难。有的同学过去没学过以前那样的素描，学习态度比较踏实，进步就很显著，这是一个很好的例子。这一阶段的素描教学有一些很宝贵的收获，根据同学的反映，有如下几点：

1. 由于强调形象准确，明确结构，用线条去概括，画面的效果显然与过去的素描不同，对光线的看法有了转变，纠正了非依赖光不能作画的成见。因此现在所走的道路，基本上是符合国画要求的。

2. 因为加强了对形象的分析能力，所以画完一张作业之后，记忆较深，不像过去画完之后什么都忘了。

3. 现在画素描，感到费脑子，对对象的体会更深入，比过去更能明确把握主次之分。

4. 这样画素描，对年画、连环画创作的造型和表现方法上有很大帮助。

从以上几点收获来看，现在的素描教学，可以肯定不但符合国画的要求，而且与创作可以密切结合。这种改革后的素描，基本上是遵循中国画的造型原则“骨法用笔”，同时也汲取了西洋素描中某些适合于国画要求的科学因素和表现方法，使之融会贯通，成为自己的造型基础。不仅如此，这种素描教学完全可以进一步与白描、水墨、重彩等形式和各种传统技法相沟通、相衔接，有步骤地进行教学，形成自己的完整的基本练习体系，即“现代国画写生法”。我们现阶段所学的素描是为了进一步运用中国的笔和墨，发挥传统的特点，结合现实去发展技巧，促进中国传统的造型艺术能够最好地表现今天的生活。

当然，在现阶段教学中还有很大缺点。事先没有标准的示范作品，学生无所遵循。以后必须加强备课，同时应大力培养导师。根据这次总结的经验，建议下期教学准备好示范作品和有系统的讲义，教学时间必须有所保证，同时要与速写课和默写课配合进行，以使学生进步更快，并不断巩固学习成果，促使试行改革素描教学的工作胜利完成。

本文载于《美术研究》1959年第2期

蒋兆和（1904—1986），四川泸州人。现代水墨人物画家，美术教育家。中央美术学院教授。

延安美术活动回顾

张　望

在抗日战争期间和抗战以后，革命圣地延安在党中央和毛主席的直接领导下，战胜了无数困难，在政治、经济、军事、文化上，都取得了光辉的成绩。延安及整个陕甘宁边区的新美术运动，虽然受到某些客观条件的限制，但也和其他事业一样，有其光辉的成就。值得今日借鉴的地方很多。但我这里所谈的，仅是个人有限的见闻与回忆。由于材料不完整和认识水平所限，其中遗漏或欠妥之处在所难免，希望美术界同志和读者们多加指正。

一、延安美术工作动态

延安的美术工作，由于政治条件的优越，开展得很快。许多进步的美术工作者，经过千山万水，冲破百般阻难，到达延安。他们来自全国各地。有的是从海外返国，也有的是刚从国民党反动派的监狱中出来。这些美术家分布在延安各机关学校中，其中以“鲁迅艺术文学院”（以下简称“鲁艺”）集中人才较多。

“鲁艺”是由毛泽东、周恩来、吴玉章、康生、成仿吾、周扬等同志发起，于1938年春季成立的。任务是为了适应形势的需要，培养新的革命的艺术干部，使艺术武器在革命事业中发挥更大的作用。该院美术部分设美术研究室、美术系。“鲁艺”不少干部在抗战前都受过鲁迅先生直接或间接的教育和影响。当该院正式成立时，举行了第一次美展。其中有木刻、漫画（宣传画）等。自此以后，“鲁艺”不断举行画展，内容都是反映抗战时期各方面生活的。

此外，延安美术界抗敌协会、边区文协美术工作委员会、西北文艺工作团、陕甘宁边区留守兵团部队艺术学校美术队、青年干部学校艺术部和各级政治部宣传队、《解放日报》、《边区群众报》、边区新华书店以及其他出版机关等，都集中了不少美术工作者，对抗战宣教工作和美术运动的发展起了很大作用。另外，鲁艺美术部的美术工场（曾一度名为“美术供应社”，后改为“美术研究室”）、边区“文协”的美术玩具工厂的设立，对边区的文化事业的发展，也贡献了一定的力量。

当希特勒背信弃义侵犯苏联、发动侵略战争的那年8月，边区美协举行了1941年美展。展品内容有绘画、雕塑、漫画、招贴画、摄影等，为数达千余幅。这次展览会的特色是：援苏反德的漫画战斗性非常鲜明；反映边区生活的木刻十分抒情优美；前方抗战摄影激动人心。

1942年1月，边区美协又举行一个“反侵略画展”。这个展览会几乎动员了全延安的美术工作者参加，其中展出作品较多的作者有华君武、蔡若虹、古元、张谔、王式廓、力群、张仃、朱吾石（米谷）、杨廷滨、张望等。

同年2月，又举行了华君武、张谔、蔡若虹的讽刺画展。

延安美术活动，不仅以画展的形式出现，同时在延安城墙上还画有巨幅宣传画，街头巷尾贴满标语，各机关学校也都编绘定期或不定期的图画壁报，其中最出色的图画壁报有：边区文委、文化俱乐部在文化沟设立的“文化台”，《街头画报》（张仃、朱丹合编）；鲁艺美术系的《桥儿沟画报》；边区文协在新市场设立的《大众画报》。这三个图画壁报，很受群众欢迎。它们除了及时报道国内外时事外，还能够及时地反映当时当地的新鲜事物，内容与群众生活紧密地结合起来。在画刊方面有：八路军总政治部出版的，由陈钧等先后主编的《前线画报》；边区职工会出版，由丁里等先后主编的《抗敌画报》等。连环图画方面，新华书店出版的有古元的《刘志丹》，夏风、王式廓合作的《赵占魁》，马达等的《陶端敌》，以及力群、陈叔亮、安林、钟灵等人的作品。当时延安连环画多采取木刻画形式。其中有一套给人印象很深的就是在《解放日报》上发表的《敌人怕地雷》（肖玲作）。这套木刻连环画的故事内容，描写当时敌人在冀中平原的“扫荡”中，胆战心惊，怕中了游击队的地雷，有时推门、开茶壶……也会遇到爆炸。于是不少孩子在路旁埋上绳子，弄得敌人真假莫辨、惊恐万状。

延安的年画、招贴画也都具有鲜明的艺术特色和强烈的宣传教育意义。受到群众喜爱的还有新的窗花剪纸。例如，古元、夏风、孟化风、许群等人创作的窗花剪纸就是好的范例。它开拓了向民间艺术学习的新道路。

延安的美术作品不仅在各机关、学校或群众的俱乐部陈列着，装饰着，供大家欣赏，而且也及时地配合了各种运动。如在生产运动、识字运动、卫生运动中，都制作了各种教具、挂图和各种典型故事（真人真事）的连环画，如《马川婆姨》《王东花的媳妇》《梁玉才》等，颇受群众欢迎，起了不小作用。同时在各种纪念日、骡马大会上，尤其是秧歌队伍中，随着热闹的锣鼓声出现了大幅的领袖画像、宣传画等。记得1943年“十月革命节”中，王朝闻等同志曾塑制了巨型的斯大林的浮雕（纸塑）像。许多美术品不仅流行在延安，也普及全边区。延安美术工作者不仅为陕甘宁边区工作，同时他们也为前方各抗日根据地工作。例如，1938年底，胡一川、陈铁耕、罗工柳等，曾组织前方“鲁艺”木刻工作团赴晋东南；1939年7月又由木刻家沃渣、漫画家丁里等率领一批美术工作者，开赴晋察冀前方；1940年，陈铁耕、汪占非等在前方办鲁艺分校。延安美术工作者往返前沿阵地，播下了抗战美术的种子，对解放区美术运动起了积极推动作用。

延安的美术作品中，以木刻画最受国内外注目。特别是1942年，解放区木刻首次在重庆展出时，震动了大后方的文化界，博得不少好评。茅盾、徐悲鸿等先生均著文表扬。大后方木刻界对此尤为重视。1943年重庆“中国木刻研究会”，曾向延安木刻界表示敬佩与鼓励。大后方(包括抗战胜利初期的上海、北京等地)许多刊物对延安木刻的采用，也大为盛行。1947年夏，北京《新星画报》出延安木刻特辑(其中并有木刻套色年画)。此外，早在1939年，延安的木刻就曾运往苏联展览。后来，英国、美国许多报纸杂志，也登载过延安的木刻，他们非常珍爱这些美术作品，并著文介绍。英国《生活杂志》曾出版延安木刻选集，虽然对作品内容百般歪曲，但解放区革命艺术的面貌，总算介绍于各国公众之前了。后来许多外国记者到延安时，没有不去“鲁艺”参观的。他们摄取了各种艺术活动的照片，并索取木刻画原作带到海外去。宋庆龄副主席也很注意延安的美术活动，曾经向延安要美术作品——木刻、年画、剪纸窗花等，带到大后方，或出国举行展览。1945年又有孟化风所作的《延安保育院一天的生活》一组25幅，描绘革命后代美好生活的情景。这套富有装饰趣味的组画，也曾传至美国。

二、延安美术活动的特点

延安的美术活动为什么能够这样蓬勃地开展起来呢?

第一，由于我们身处在民主的、进步的环境中，有党的正确的文艺方针作指导，有陕甘宁边区政府的扶助。延安的美术工作者和解放区广大干部、群众一样，生活得到保障，享受了言论、出版、集会等各种民主权利，可以随意去接近群众，寻求深刻的生活感受，选择自己所要的题材，安心创作，自由发挥。政府对有成绩的美术工作者还给予奖金以资鼓励。这些优越条件是在国民党和敌伪统治区根本不可能拥有的。

第二，延安美术工作者，有不少是过去“左翼美联”的骨干，较早地受到党的思想教育。也有不少是当年受到鲁迅先生教导、具备着优良的革命品质和进步思想的画家。他们大多数经历过实际斗争生活，一经与边区进步的环境接触和边区广大人民群众结合，他们的艺术才能就得到迅速和充分的发挥。

延安革命美术作品的内容以反映抗日战争，争取民族独立为主。另一大类的创作主题是反映解放区的民主生活，争取全国的民主。总括说来，延安的美术是“民族、民主、人民大众的艺术”。

延安的美术工作者面向群众，经常深入农村、工厂、部队中，与群众生活在一起，直接从生活中汲取创作的素材，因而保证了他们的作品不致与现实生活脱节。此外，在创作中特别重视向群众学习，重视同志间的互相帮助。例如“鲁艺”美术系1944年创作年画时，就是这样做的，大家事先深入农村，体验生活，并且从事调查，了解群众的需要，听取群众对以往年画的意见，然后讨论分配创作素材；在创作过程中，互相批评研究；创作完成后，又通过小型展览会或个别征求意见(由作者带作品到农民家里去)的方式纠正缺点。群众的意见给了作者很大的启发。老乡们给有的画提意见说：“这脸太红啦！不像真人啦！”“养过好几个娃娃的婆姨会这样年轻吗！”有的作品中某些劳动姿态，或农具不适当的也得到正确的批评而得到了改正。除了向老百姓请教外，对于艺术理论、中外名画研究、民间艺术研究等，也颇重视。例如，艺术概论讨论会、素描方法研究会，以及举办列宾、凯绥·珂勒惠支、米勒等的作品（复制品）观摩会，或者是习作观摩会，《桥儿沟画报》观摩会等。通过集体研究，提高了大家的理论与业务水平。

第三，陕甘宁边区地位偏僻，又遭受国民党反动派严密封锁，物质条件困难，但延安美术工作者，并不因此而动摇信心或减低工作热情。相反地，在自力更生的号召下，大家想出了许多克服困难的办法。例如，自制颜料、工具，用柳条烧成画素描用的木炭条，自塑石膏模型，作画框画架，自行印刷作品，以至动手挖窑洞，建筑画室等。不仅是在物质上克服了各种困难，尤其可贵的是对新的艺术形式的创造。延安美术工作者深深认识到，抗战主要是依靠党的领导，依靠抗日民族统一战线，和全国人民团结一致的力量，特别是依靠工农兵大众。因此，美术宣传工作，就必须适合老百姓的要求，使作品容易为群众所理解和接受，创造新形式，这种新形式要求杜绝一切生硬的搬用和抄袭，而要在中国绘画的优良传统基础上，汲取西洋画法中的优秀成分。这些新的尝试，或多或少体现在延安的木刻或绘画作品中。例如，鲁艺美术系创作的大批新年画、窗花，边区文协石鲁、肖肃、施展、辛可等创作的新洋片，三边陈叔亮、陇东张作民和绥德文工团等制作的皮影子。这些新型的艺术品，扎根在民间，其活动形式又是最适于战争环境和深入乡村的。

三、延安文艺座谈会以后的收获

延安的美术活动，以1942年延安文艺座谈会为分界线，大体上分成前后两个时期。

延安前期的美术活动由于和群众运动结合，迅速发展起来。文艺座谈会以后，进一步明确了文艺为工农兵服务的方向，美术活动得到了更大的发展。

在延安文艺座谈会上，毛泽东同志向文艺工作者明确地指出文艺为工农兵服务的方向。要求文艺工作者深入群众生活和火热斗争，指出人民的生活是文学艺术取之不尽、用之不竭的源泉。

延安的美术工作者过去也下过乡，但是普遍地深入群众，参加实际工作与劳动，真正深刻地认识与体验到这样做的巨大意义，却是在文艺座谈会以后。

延安文艺座谈会上毛泽东同志的讲话，鼓舞了美术工作者们。他们热情地深入农村或工厂中，有的到了部队。1943年起，全边区开展大生产运动。文艺工作者也参加了各种生产，加强了劳动观念，更明确地树立起为工农兵服务的思想。

深入生活参加劳动的结果，使作品的内容与形式都获得了新的发展。以木刻为例，文艺座谈会以前，木刻家们虽然对革命艺术满腔热情，但生活上、思想感情上却是和工农大众有距离的。在艺术技巧上也多是仅仅接受了西方革命艺术的影响，对于自己民族艺术的特点了解很少。文艺座谈会以后，通过深入群众生活和斗争，认真向群众学习，才普遍认识到应该具有民族的风格，并在创作实践中进行了各种尝试与探讨。在木刻作品中：马达1945年作的《陶端敌》比起1939年作的《春耕》，力群1949年作的《革命老教师》比起1941年作的《裸姆》就都有显著的进步。《陶端敌》和《革命老教师》等作品和文艺座谈会以前的作品相比，不仅在取材上，而且在艺术风格与形象的刻画上更加生动，在艺术风格上更加具有民族色彩。这些都是深入群众生活以后的显著收获。

据笔者所能记忆的，这个时期优秀的美术作品很多。首先应当提出的是获得国际声誉的古元的作品，如《哥哥的假期》《结婚登记》《减租斗争》《马锡五调解婚姻诉讼》等。其他还有沃渣的《夺回我们的牛羊》《威武不屈》，马达的《莫待天旱误农时》，力群的《丰衣足食图》《革命老教师》，焦心河的《为战士缝寒衣》《蒙古牧羊女》，夏风的《自卫军打靶子》，以及罗工柳、施展、陈叔亮、庄言、陈因、郭钧等人的作品。倘若延安的美术家不是经过长期深入敌后，在枪林弹雨中体验和锻炼，如何能创作出像《夺回我们的牛羊》等可歌可泣的作品？倘若他们不投身到丰衣足食、充分享受民主自由权利的陕甘宁边区老百姓的生活中去，又如何能塑造出像《哥哥的假期》等作品中那样优秀的形象呢？古元作品的成功，尤其是一个有力证明。

笔者在这里也有一些体会，例如《八路军也救了我》这幅木刻，尽管今天看来，很不成熟，其中形象的刻画也十分幼稚，但它的产生却是遵循着毛主席所指示的道路的。当时（1943年冬）组织上给我的任务是到边区的荒僻地方（靖边县长城区）去办冬学。通过这个机会，不仅使我进一步体会到陕甘宁边区人民的生活，而且亲眼看到他们如何机智勇敢地与国民党反动派进行顽强的斗争。《八路军也救了我》，正是通过八路军和少数民族的关系、通过那种生动而亲切的事件来体现人民对斗争胜利的信心和乐观主义的精神。深入群众生活给我们艺术创作提供了无比丰富的源泉。自从文艺座谈会以后，延安整个的文艺界，普遍形成了深入群众生活和斗争的新趋向。

在延安要经常从事油画的创作是困难的，因而油画普及也受到一定限制。但优秀的油画创作还是有的，如王式廓的《自卫军》《变工开荒》以及汪占非等人的领袖像，都得到好评。

延安文艺座谈会以后的另一个重大收获，是美术工作者从思想上和艺术实践上重视了普及工作。开展普及工作不仅是为了满足当时边区人民精神文化生活的要求，同时也关系着艺术本身的发展和提高。艺术的提高必须建立在普及的基础上，这是毛主席所明确指示的，延安的美术普及工作，不是“为普及而普及”，而是与边区的政治任务和生产建设各方面紧密结合的。它体现着艺术为无产阶级政治服务、为抗战服务、为生产建设服务的要求。每当国内外政治形势发生大的变化，或传来前方的捷报，每当边区生产运动步入新的阶段，美术制作都是紧密配合的，从中出现了大量的连环画、年画。《解放日报》经常发表单幅作品和插图。民间剪纸、新创作的窗花剪纸也大为盛行。

当年，延安的美术工作者能够如此重视普及工作，面向工农兵，这和延安的整风运动也是分不开的。整风运动中对形式主义的创作思想和创作方法进行了严肃批判。认真克服了教条主义、简单化的倾向，使美术工作者从思想感情上更接近了人民群众，把踏踏实实的美术普及工作摆在第一位。事实也证明了“在普及的基础上提高”这一指示的正确性。

延安的美术界不只是在文艺思想与创作方法上有斗争，而且在美术教学上（如对素描教学的争论）也有斗争。通过斗争，使美术工作者更加坚定了革命人生观和艺术观，更加明确了革命的、现实主义的创作道路。

延安文艺座谈会和整风运动，为中国革命美术开拓了广阔的前途。

四、一个与实际结合的大型美展

文艺座谈会以后，延安美术活动深入实际工作中，和边区的人民结合得更加紧密。美术工作者的阵营也扩大了。这可以从1943年边区文教展览会和建设展览会得到证明。这次的展览会，用美术形式形象地表现了陕甘宁边区的军事、政治与经济建设、文化教育等各方面的发展情况。另外，展览会本身也显示了边区美术工作者两年来遵循文艺为工农兵服务的方向，所取得的进步与成绩。

这次展出的作品据不完全统计，人像、年画、连环画、木刻、剪纸、窗花、图表、画册等，共有3545幅（其中连环画349套，共计2831幅）。参加这次展览工作的美术工作者达百人以上。这个展览会，反映内容之宽阔、和实际生活联系之密切是空前的。不论是边区部队的练兵、生产、学文化，还是边区政府政治上的各种民主措施、建设工作、文化事业等方面，都得到了具体的反映。所以整个展览会的内容包罗万象、丰富多样，成了边区民主社会的缩影。

这个展览会，不仅教育了广大的观众，而且教育了美术工作者自己。每当我们在描绘各方面的先进人物的事迹时，首先是自己先受到深刻的教育和感动。而且由此增加了不少实际的生产知识。不少图表中也出现了生动的艺术形象。此其一。通过参加展览会的工作，不仅提高了美术业务，而且进一步加强了和实际生活的接触；创作不仅依据文字资料，而且到生活中去采访，更多地体验到边区各种具体的民主政策。此其二。在搜集创作材料的过程中，亲身感受了边区许多战斗英雄们的共产主义革命品质和模范事迹。这对于美术工作者本身的思想改造和提高是有益的。此其三。这一点也是最重大的收获。

回顾延安的美术活动时，特别提及美术工作者参加展览会工作这个事例，不仅由于它是一个创举，而且由于它是美术为政治服务、为劳动生产和各项建设事业服务的突出事例。延安的美术工作者不只是创作上的能手，对待展览工作也是认真负责、刻苦勤劳，充分发挥了创造精神的，因而使展览会在广大群中产生了深远影响。延安美术工作者们忠于党的艺术事业，勤勤恳恳为革命事业服务的精神是我们年青一代美术工作者的榜样。

本文载于《美术研究》1959年第4期

张望（1916—1993），广东潮州人。1935年毕业于上海美术专科学校西洋画系。鲁迅美术学院院长。

谈学山水画

李可染

许多热心于中国画、山水画的同志，要我谈谈学山水画的问题。我想从自己学画的经历出发做一点总结。这些只是我个人的体会，不一定正确，其中即或有可取之处，也不一定完全适用于别的同志。加上近来有病，来不及下一番深入研究的功夫，现在先从几个方面的问题谈谈我不成熟的看法。

一

美术是创造性的工作，真正搞好是不容易的。要有正确的艺术道路、把路子走正，还要下很大的苦功夫。“生而知之”“不学而能”是没有的，只有学而知之。对学画的人来说，天分是有高低区别，但也只是学习上有快慢之分。绘画本身应该说是很难的，因为它不仅是门学问，同时还要有很高的技能。随随便便是搞不好的。我在广东温泉养病时，有个女孩子问我，她能不能学画，我说楼下有一棵树，你坐下来认认真真画四个小时，不要起来。关键不在几个小时不起来，而在考验她有没有坚韧不拔的毅力。

我一生很有幸，有机会与齐白石、徐悲鸿、黄宾虹、林风眠、盖叫天等前辈艺术家在一起，我与他们很熟悉，他们都有很高的成就，我看他们在艺术苦功方面无一不是惊人的。“天道酬勤”是齐白石的一方图章，这是他的座右铭。我是在他八十七岁到九十七岁这十年里向他学画的。他在八十几岁时，每天早上至少要画七八张画。九十多岁高龄，每天还要画四五张画。去世前两天仍在作画。他的另一方图章“痴思长绳系日”，是说不愿时光流逝，恨不得把太阳拴住。黄宾虹是在1955年去世的。生前，他每天不停作画。1954年他九十一岁了，有一次我在他家待了六天，看到他在一个晚上就画了八张画稿。徐悲鸿同样也是很勤奋，常以“拳不离手，曲不离口”这两句话勉励青年。回想我在杭州时，有一次和盖叫天在茶馆里喝茶，当时他已七十多岁了，穿着长衫、盖着两腿。我发现他把一只脚放在八仙桌的横档里，原来是在练“抻筋拔骨”的苦功夫，他是什么时候都不忘练基本功的。著名武生京剧老演员尚和玉对我说：我们在台上演戏，别人看来很轻松愉快，不知我们在台下流过多少血汗，实际上我像是半个出家人，许多休息、娱乐都牺牲了。当代画家黄胄作画很勤奋，听说他一年画了二十多刀宣纸；吴冠中画画，可以坐下去连续画十个小时不起来，只吃点干粮接着又画。

这种艰苦精神是很重要的。基本功是艺术家的地下工作，要天天练。他们露面的只是展览会上的作品、舞台上的表演，观众往往不知道，作者付出了多么巨大的艰辛劳动。鲁迅先生说得好，我坐在桌子前写作是工作，坐在藤椅上看书是休息，“哪里有天才，我是把别人喝咖啡的工夫都用在工作上的”（《鲁迅全集编校后记》，《鲁迅全集》第20卷，第663页）。确实，千千万万人学艺术，真正有成就的不多。学文学艺术的废品率相当高，搞不好就成了空头的文学家、艺术家，随随便便是难以成功的。这次在黄山，我看到两个青年在写生，一边画、一边聊天，嘀嘀咕咕没个完，画画完了，话还没说完，半心半意是不成的。绘画最根本的关键是道路的正确和坚强的毅力，古今中外，有成就的艺术家没有一个例外。你把全部精力放进去还不一定能学好，何况半心半意呢！50年代，我几次外出写生，背着沉重的画具，每天跋山涉水，行程数万里；力求创造有现实生活气息、反映社会主义时代精神的新山水画。现在不知不觉已是七十以外了，我总结了一下，刻了一方图章“七十始知已无知”，意思是天地之大，万物之广，道理之深，自己知道一点，也是微不足道的，实在是无知得很。

我七十总结中还有两句话是：“做一辈子基本功”“天天做总结”。

画画必须根据创作的需要，练一辈子基本功。有一次我在香山画一棵树，有个青年人看我一笔一笔地仔仔细细地描画，他说老伯伯头发都白了还练基本功哪！我说因为没有学好，所以练基本功。客观事物无止境，学问也无止境，我请唐云同志刻了一方印章，叫“白发学童”，我觉得我在中国画学习上，还是一个小学生。

有些青年作者问我，学习中难以提高，为什么？我看原因当然不止一端，但基本功不扎实，根基不深，有碍事物的成长，往往是个主要原因。

做基本功，勤学苦练，说来容易，真正做到很难，要一辈子做到更难。“四人帮”在美术界的那个代理人最反对做基本功，说是只要到生活中去画画速写就可以搞好创作了，这真是千古奇谈。其实，他们哪里真心提倡到生活中，以我看来，他们是千方百计在毁灭艺术。

我们要求艺术真实地反映社会主义时代的生活，必须遵循艺术的特殊规律，发展和提高我们的艺术。这里要把树立起无产阶级世界观、深入三大革命斗争实践放在第一位：要掌握革命的现实主义和革命的浪漫主义相结合的创作方法，要用形象思维反映现实，同时必须在正确思想指导下踏踏实实做一辈子基本功。

基本功概括了创作的基本需要，完全是为创作服务的。假若不创作就无须乎基本功，如同不盖房子就无须乎打地基一样。“四人帮”一伙所谓“用基本功反对创作”的说法，如不是捏造歪曲，强加罪名，那就是愚蠢无知。还有一种说法，“基本功好，不一定能创作”，言外之意，创作不行，病根在基本功。其实，不能创作，是因为没有在创作上下功夫，基本功仅仅是创作的一个基础环节，其他还要做很多很多工作，创作必不可少的生活根基和各方面的修养如果有所欠缺，难以搞出创作，这能怪基本功吗？这种否定基本功作用的说法使我想起一个笑话：一个人饿了，先吃了个烧饼，不饱。再吃个馒头，还不饱。又吃一个包子，饱了。他说：早知道烧饼、馒头无用，开头就只吃一个包子就好了。在基本功和创作的关系上，有的人也如此浅见，总想走捷径，“毕其功于一役”。

基本功看来是不等同于创作，但它是创作需要的某些最基础的规律、法则的集中表现；是从历代艺术家长期艺术实践中提炼出来的艺术语言的规范化。如歌唱家的练发声吐字，武打、舞蹈演员练腰腿功夫，看来似乎不同于舞台上的表演，但歌唱家如不在练发声吐字上下功夫，歌唱就不能字正腔圆，武打、舞蹈演员如不在腰腿上下苦功，动作就不能准确有力。基本功的高低决定创作发展水平的高低。

盖叫天生前曾请黄宾虹老人写“学到老”三个大字刻在他的墓碑上，他说他要用这三个字教育后来的青年。他到了晚年仍不分寒暑每天都在院子里练基本功。他演的武松等戏动作矫健、准确有力，真是静若泰山、动若游龙，被人誉为“杰作惊人”，绝不是偶然的。他之所以能达到这样的境界，除了各方面修养的广博外，一个不可缺少的重要条件就是因为严格的、天天苦练基本功。艺术创造没有基本功，就是无根之木、无源之水。这里再说一个打虎的故事：传说有一个村庄，虎患严重。村民计议备酒筵请别村高手除害。结果请来的竟是一个驼背老头和一个小孩，村民大失所望。老人观察到众人神情，便未入席而先去寻虎。老人让小孩走在前边，行近虎穴时，小孩模仿幼畜的声音，老虎闻声而出。老人手攥利斧、置于肩头。老虎猛扑过来，老人头略偏，饿虎扑空，垂地而毙，众人大为惊异。走近观看，恶虎自咽喉至胸腹剖裂一条直线，命中要害。这时老人才从容入席，酒肴犹温。老人向众人讲述来由：自己父亲、祖父都被猛虎伤害，父亲临死告他，老虎伤人主要在于向前猛扑，因下决心针对虎性苦练基本功，练到眼前晃动毛帚而眼不眨；臂力能攀九人而不动，终成杀虎高手。这个故事启发我们认识“基本功”和“用”的关系，要有决心、有毅力练一辈子基本功，而不是等到急用时才去练，临渴掘井是不行的。

上面说的是练一辈子基本功的重要性。再说说我的另一句话：“天天做总结。”

天天做总结，总结什么？主要总结自己的缺点。人的进步有两条，一是发展自己的特长，一是改正自己的缺点。这是一对矛盾，而改正缺点是矛盾的主要方面。因为长处跑不了，缺点是拦路虎，是前进中的障碍。缺点是自己感到最困难、最画不好的地方。如同走路，后脚不向前，你只好永远停留在那个地方。如果你画不好树，就要花气力专攻画树，树画好了，就前进了一步。一个善于学习的人就是善于认识缺点、改正缺点的人。客观事物的发展是永远不平衡的，缺点永远存在，事物总是在不断改正缺点而逐步前进的。我觉得我的画缺点多，每克服一个缺点、每前进一步，都要付出艰苦的努力。我画画时总是在旁边放一个本子或一张纸，有所感受就记上几句，是不断总结的。天天做总结，总结很重要。我的总结都是从实践中得出来的。没有实践，就没有理论，有了实践而不总结也不会有理论，有总结而不做系统周密的思考，就不会有系统完整的理论。实践经验只有提高到理论上来，知识、技能才能巩固和发展，减少盲目性。这就是毛主席说的，从感性认识到理性认识的过程。

不做总结，不知道自己的缺点，就要停滞不前、就不能进步，就会很愚蠢。董其昌画山水不会画点景人物，倪云林也不会，董其昌就原谅自己说：“有云林遮丑于前。”有的人画山水一辈子没画好点景小人。其实，只要善于总结，全力攻关，全力攻克缺点，“难”是可以向“易”转化的。不会画点景人物，我就花上一个月工夫专画点景小人，一个月不行两个月，两个月不行三个月……一年都画小人，一年画几万个小人，还能画不好吗？一年看来很长，但对比一生来说到底还是短暂的。山画不好，专门画山，树画不好，专门画树，最后一定能画好。我还有一方图章“千难一易”，是说困难是绝对的，容易是相对的，容易是困难的解决。俗话说，“踏破铁鞋无觅处，得来全不费功夫”。“不费功夫”从“踏破铁鞋”中得来，没有前者就没有后者。“世上无难事，只要肯登攀”，天下没有什么困难是不能克服的。

说到这里，不能不涉及学习态度问题、学序问题以及治学方法问题。

有一次，一个青年人要我写几个字作为座右铭。我写了“实者慧”三个字，意思是老老实实的人、诚实治学的人，才能有智慧。做学问一定要踏踏实实，来不得半点虚假。争名争利、投机取巧是不会有成就的。投机取巧必然带欺骗性，就好比拿一百元想买两百元的东西，是愚蠢的、不可能的。学艺术一定要付出很高的代价，想廉价获得是办不到的。投机取巧的人看来很机灵，实际是在欺骗自己。有些青年人模仿一两张画，表面看来差不多，就觉得自己有才气、了不起，就骄傲了。学习的最大障碍是态度不老实，是骄傲自满。骄傲自满是浅薄无知的表现。

学序、治学方法很重要。毛主席说，饭要一口一口吃，万里长征要一步一步地走。眉毛胡子一把抓，不打好地基就想盖摩天大楼，想同时把什么问题都解决，想一举就达到最终最高目的，这完全违反了事物发展的规律，看似聪明，实则是愚蠢。学习要有严格的顺序，循序渐进。学序混乱、想躐等，是造成困难和不能进步的重要原因。天分高，也不能例外。自己是二年级认为是一年级可以，这样能够把基础打得更结实些。你是一年级认为是二三年级就架空了。破格录取、破格跳级，那当然不是躐等，因为他的知识、理解力都达到了那一步。没有经过那个学序，跳级、躐等是不行的。我从小爱拉胡琴，对琴音的感觉很敏锐，音色很好，一个琴师听见我拉胡琴，说这孩子将来可以成为一个很好的琴手。但因为没有好的老师指点，学序混乱，没有在基础上下功夫，不会读谱、记谱等一套基本功，其结果半途而废、没学成功，很可惜。

天底下的大学问家都知道这个治学方法：先搞通一个问题，把另一个问题搞通了，了解了一个事物的规律性，再研究另一事物，对把握客观事物的共性，也就有了借鉴。所谓深入一点，普及全面。聪明人之所以能触类旁通、举一反三，关键在于先对某一事物有了规律性的理解。各个击破的方法是最聪明、最有效的方法，所以，为了击破一个要害环节，不惜以最大的精力来对待最小的问题。挖井七八个，一个也没有挖出水，不如集中力量挖一口井见水，了解地层的结构，掌握规律，再挖第二口井就容易多了。共产党三万人要消灭国民党八百万人，这个仗怎样打？毛主席用了这个最聪明的方法。伤其十指，不如断其一指，各个击破，集中优势兵力，消灭其有生力量，而后总攻，夺取了胜利。“集中优势兵力打歼灭战”，历代兵家都把它看作重要的制胜法宝，我们治学也不例外。

许多青年同志问我，绘画的基本功指什么？做基本功应从何入手？我看绘画的基本功至少有三个方面的要求。

第一，是一般的造型能力。

绘画语言是以可视形象反映客观事物，造型能力不好等于没有绘画语言。造型能力，指对形象、轮廓、明暗、层次、透视等的描绘能力，即对客观事物的刻画要准确。提高一般的造型能力，是艺术发展首要的前提。

怎样对待素描？我认为学中国画、山水画学点素描是可以的，或者说是必要的。素描是研究形象的科学，它概括了绘画语言的基本法则和规律，素描的唯一目的，就是准确地反映客观形象。形象描绘的准确性，体面、明暗、光线的科学道理，对中国画的发展只有好处，没有坏处。我们的一些前辈画家，特别是徐悲鸿把西洋素描的科学方法引进中国，对中国绘画的发展起了很大促进作用，这是近代美术史上的一大功绩，我想这是任何人都不能否认的。

有人说，学中国画的学了素描有碍民族风格的发展，我是不同意这样的看法的。我画中国画有数十年，早年也学过短期的素描，现在看来我的素描学习不是多了，而是少了。我曾有补习素描的打算，可惜晚了。假若我的素描修养能再多些，对我的中国画创作会带来更大的好处。说西洋素描会影响发展民族风格，这是一种浅见。缺乏民族风格关键在于对民族传统的各个方面没有进行深入的研究，没有把自己民族的东西放在主要地位，而不在于学了素描。我过去学习素描算来不到两年，而我钻研民族传统仅仅笔墨一项就在齐白石、黄宾虹那里浸沉了十年之久，这样，西洋的素描能阻碍民族作风的发展吗？实践是检验真理的唯一标准，徐悲鸿先生在欧洲学习素描功力最深，造诣也最高，后来他画了大量的中国画，能说他失去民族风格了吗？我看不光没有失去，反而是促进了中国民族绘画艺术的发展，使民族风格发出了新的光彩。中国是一个有高度发达的传统文化的国家，在中国美术史上，一些外来的文化传入，中国都有能力吸收消化，都曾变为有益的滋养促进中国绘画向更高更广阔的道路上发展，这难道不是事实吗？

新中国成立以来，中国画突飞猛进，首先在于政治的、经济的、社会的各方面条件，而中国画得益于外来素描进一步提高了造型能力，丰富了表现力，这些事实，我看也是不容否认的。至于说有的画家没有学过素描而造诣很高，这也可能通过别的渠道而达到造型能力的提高，这是另一个问题，因为事情不是那么绝对的。这个问题比较复杂，是一个学术问题，值得专题研究和探讨，这里我只初步谈谈我的看法。

第二，是专业的基本功。

专业的基本功，是指对于表现对象的深入研究和精确描绘的能力。

中国画专业，一般分山水、花鸟、人物。例如画山水画的人，对自己专业的特定对象要进行深入研究，进行专业基本功的严格训练。一个具备一般造型能力的人，不见得能画好山水画。画山水还要有画山水专业的基本功。一定要对山、水、树、石、云、点景人物等进行专门研究，深入观察、研究大自然山川的组织规律，要超过一般人的认识程度。古人讲，“石分三面”“下笔便有凹凸之形”，这就很难。山有脉络，不同的岩石有不同的纹理，千变万化，要表现好是不容易的，得下很大功夫。古人又讲：“树分四枝”，要把树的前后、左右关系画出来，画不好就只有左、右两面，没有前、后关系。画人物就更严格，要研究颜面、动态、手足、衣纹，等等。不管画什么都要有专业的基本功，并不是只要有了一般的造型能力，就能解决一切。徐悲鸿对我说过：“我很欢喜荷花，但我不敢画荷花，要画，就得给我廿刀宣纸，把这廿刀纸画完了，才可以说会画荷花了。”这说明对一定专业的表现对象如果缺乏深入研究和透彻了解，即使有高超的造型能力，要画好它也还是不可能的。徐悲鸿的话是经验有得之言，是很精辟的。

第三，是掌握绘画工具性能的基本功。

我们画画，对自己绘画专业的工具性能、特点，表现手法、技巧、技法都要深入研究。画中国画，对笔墨的研究要下很大功夫。宣纸、笔墨是中国画的专用工具，画中国画就得对宣纸、用笔、用墨有所认识。如何使用笔墨，笔墨在宣纸上的表现效果，都关系着中国画的特色，因此对中国画的工具运用、技法要进行专门刻苦的锻炼。

笔墨问题，我还要在下面单独谈。

道路正确，遵循学序做一辈子基本功，天天做总结，这是我要讲的第一个问题。

二

现在讲讲关于学习的问题。

要善于学习，学习的面越宽越好。“四人帮”，这也不让学，那也不让学。学传统，他说是封建主义的，学外国，他说是资本主义的，只有闭关自守、夜郎自大这怎么行？吸收面窄，像豆芽菜，一条细根，怎能长大？一棵树要成长，根须吸收面广，才能长成参天大树。

毛主席教导我们：要古为今用、洋为中用。就是说，不论古代的、外国的，封建主义的、资本主义的东西，只要是好的，对我们今天有用的，都要学习、吸收，哪怕是一点点长处，都要吸收。

当然，不能生搬硬套。不加分析，认为古代的、外国的东西都是好的，那也不对。学习要善于分析，要反复检验哪些是好的、有用的精华；哪些是不好的、有害的糟粕。

有种保守主义者，认为古代的都是好的，凡是传统的东西，好极了，一切都好。有人说：“只要学好传统，画现代题材也就没有问题。”无数实践证明，这话不对。崇拜西洋的人则认为中国的东西不科学，外国的东西都科学、都好……这也是形而上学，不正确的。

古代的东西，由于时代不同、思想感情不同，而不能完全适用于我们今天。外国的东西也因为地域不同、民族习惯不同，不能完全适合于中国。因此，古、洋都有局限性。总而言之，一定要像毛主席说的那样，去粗取精、去芜存菁，凡是好的、对我们今天有用的东西都要，鲁迅也主张“拿来主义”！

中国的艺术在世界上很有特色。中国画有悠久的历史，中国山水画具有鲜明的民族风格，形成独立画种又很早，比外国出现风景画大约早一千年。中国六朝时就有独立的山水画了。而西方独立的风景画大约在文艺复兴后，17世纪时才有的。东方绘画多受中国画的影响。日本画家东山魁夷是很有成就的。他很谦虚诚恳，在黄山见到我，说他的绘画接受了中国绘画和西洋绘画的影响。中国古代绘画艺术有很多好的传统，如线的表现力，笔墨上的功夫，山水画构图上的气魄：千岩万壑、重峦叠嶂，千里江山，万里长江，都可以进入一幅画面，这是世界上其他绘画艺术所少见的，反映中华民族的伟大气魄，独树一帜。中国画反映出的境界非常开阔，中国画不仅是画所见，而且画所知、所想，想象力很强。理想是现实经验的总结和推移。可以画现在看到的，也可以画昨天见到的，并因而想到明天。中国画论有很多精辟的论述，如“以大观小，小中见大”等。一千多年前，东晋顾恺之提出“以形写神、形神兼备”这一卓越的绘画理论，到现在看来还是正确的。中国绘画在世界美术史的发展中有独特的贡献。

中国的绘画造诣很高，现在看来，也有缺点、局限性，需要革新。明代以后，由于封建社会没落，已经走了下坡路，创造力受到压抑，美术上临摹仿古盛行，脱离生活逐渐形成公式八股，算来已有六百多年的历史。有些画家看宋、元人的画好，一张嘴就讲宋、元，到了清朝更甚。所谓“正统”派的画家“四王”就有三王——王时敏、王鉴、王原祁一辈子基本上是临摹元代黄子久的作品，王石谷的学习范围广一些，但也不能脱开古人窠臼。当然，黄子久是元代有成就的大家，但如果后世画家们一辈子都在古人的圈子里打转，就不能发展。总之，清代画家，除少数例外，脱离生活的现象很严重，笔笔讲来历，“离开古人不敢着一笔”，所以有人骂他们“拘束如阶下囚”。清代绘画除了“行乐图”和一些肖像画外，在山水画里看不见一个人是着清代服装的，岂不是怪事。当然，明清绘画、包括文人画，也有好的。画家中也有人倾向进步，主张革新，反对死摹古人，主张“师造化”。石涛就是倡导发挥个性、歌颂创造的最有代表性的人物。

西洋画我也学过。西洋画造型准确，明暗、光感的分析，色彩的运用，都是很好的。十七八世纪受自然科学的影响，艺术的表现力跟着提高，这是优点。印象派是19世纪在西方兴起的一种资产阶级流派，它运用外光有重大发展创造。印象派对色彩与光的关系进行了科学研究。你要是到欧洲博物馆观赏历代油画，就会明显感到印象派以前的绘画，色彩都较为灰暗，而看到印象派，画面就忽然光亮起来；印象派在光和色上都有所发展。

我们的艺术要随着时代的前进而前进，世界观、艺术观就一定要阔达宏大，古今中外的作品都要下一番研究功夫，好的、有用的都要吸收，促进民族艺术的发展。

京剧名丑萧长华生前讲过，谭鑫培的艺术之所以有那样高的成就，就是他“逮着谁学谁”。不论谁有长处，他都学习吸收，他甚至把花脸、青衣的唱腔都糅合在老生的唱腔里，吸收面极广，因而成为京剧老生的一代宗匠。

黄宾虹老师对我讲，要交朋友多。“交朋友”

就是与古今名画交朋友。有一天，黄老叫我去看他的收藏。他的房子周围都是画，房子满了，空间很小。墙上安一个小滑轮，一拉就把画挂上了。我看了两天，他问我："你看这些画如何？"我说："看了黄老师的藏画，很多都不如您画得好。"他说："这些画都是我的朋友，一个人交朋友多，见识才广。别人有长处，我就吸收。"

学习传统，贵在直接传授，所谓"真传"。再就是间接传授，看原作、读原著、听人介绍。间接传授比直接传授差得远。大凡技艺上的事，往往不是文字轻易表达的。你用二十万字，也不能教会人打太极拳。文章写得再俏，也不能说透艺术技法的微妙。有机会见一些有成就的大师，看他们画画，亲聆指教，其收获不是读几十万字的文章所能代替。我跟齐、黄两位老师直接学习，所得到的教益，终生难忘。

我十三岁开始拜师学习中国画，也学过"四王"的山水。后来跟一个法国人学习了两年西画，再后来又学中国画。我们这一代人造型能力还可以，甚至比前人强，但最大弱点是笔墨功夫差。抗战胜利后，我接到两个聘书：一是北京的，一是杭州的。因为北京是文化古城，有故宫收藏，又有齐、黄两位老师，结果我到了北京。

当时我四十岁，我想，四十岁的人如果不直接向前辈艺术家学习，不向传统学习，会犯历史性错误。现在许多前辈艺术家不在了，有些青黄不接了。如不认真学习，不抓住接力棒，艺术就会中断。

我在齐老师家跟他学画十年，主要学他的创作态度与笔墨功夫。齐白石的创作态度非常严肃，从来不肯信笔涂抹，作画笔力雄健，气势逼人，为我们这一代人远不可及。齐白石老师在我眼前好像是一座艺术的高山。

有人反对学别人的画，说学他不要像他。学老师不要像老师，否则没有出息。这种说法可能出于好心，似乎主张创造，这对食而不化的人有针对性。泛泛而论，有点片面，是把创造看得太容易了。我以为学而后创，开始学谁像谁往往是很自然的，也没有什么不好，先把别人的本领学到手，再广泛吸收，加上自己的生活实践、感情体验、个性、爱好的发展以达到创造，这是学习绘画的正常规律。

即以齐白石为例，他在湖南家乡时学何绍基的字，非常像。到北京以后，眼界宽了，觉得何字格调不高，于是学金冬心，学得很像，可以乱真。后来改学李北海，时间最久，功力最深，结体笔势都相似，最后兼学汉碑、魏碑、篆隶……脱化出来，加上自己的创造，形成个人的风格，但我们还能隐约看到李北海的影子。艺术上的创造谈何容易，它是在一定条件下自然形成的。黄宾虹常说："学艺不可求脱太早。"齐白石的风格，六十岁后才逐渐形成，当然这可能是晚了一些，条件不够而侈谈创造是徒劳。齐白石曾说："学我者生，似我者死"，后一句就是指终生食而不化的人说的。"像"与"不像"是相对的，但又是相反相成的。钻进去以后一定要脱出来，有的人不愿进去，有的人进去了不愿出来，前者是虚无主义，后者是保守主义，两者都不懂得相反相成的道理。对于学习前辈艺术家，学习传统，我的体会是要"以最大的功力打进去，以最大的勇气打出来"。

一个善于学习的人，要向高手学习，甚至也

可向比自己差的人学习。如有的人，他的某一想象是对的，可取的，但他由于条件不够，不能达到，你吸收这一点，达到了，就是一个进步。所以我一再强调，学习面要广。学习面窄了，非常吃亏。学习最大障碍是骄傲自满，一个人骄傲自满是最无知、最浅薄的表现。

学习山水画，要做到三点：第一是学习传统，广泛吸收中、外艺术的长处，要有读遍天下名迹、名著的气概。第二是到生活中去、到祖国的壮丽河山中去写生。第三是集中生活资料，进行创作。三者有联系又有区别，循序渐进、相辅相成，是逐步深化的一个全过程，绝不可偏废，任意舍掉其中一环。如果投机取巧、学序混乱，终将一事无成。在基本功中最关键的一条是写生。按照毛主席的思想，实践、直接经验是第一位的，学习古人、学习外国人都是间接经验。生活是创作的源泉，生活是第一位的。写生，是画家面向生活，积累直接经验、丰富生活感受、汲取创作源泉的重要一环。

毛主席批评过文艺工作者，一是不熟悉自己的描写对象；二是不熟悉作品的接受者即服务对象。写生，是熟悉描写对象必不可少的关键。你的艺术要有时代精神，要发展，要为人民群众喜闻乐见，只是学习传统，遍览中、外艺术是不够的，主要是反映生活，要按照毛主席教导的到生活中去，去“观察、体验、研究、分析”，然后进入创作过程，使自己的作品富有时代气息和现实感。

有些青年人不肯在基础工作上下苦功夫，好高骛远，作画信笔涂抹，以奇怪为创新，这是不对的。创新是在传统的基础上，深入观察研究客观世界，从而得到新的启发，以至发现前人没有发现的规律，因而创造了与前人不尽相同的艺术风格、表现方法，这绝不是随随便便可以幸得的。人离开客观世界和前人的成果不会创造出任何东西来的。

古人在客观世界中长期观察、分析、研究，已经发现了很多规律，这都是留给后人的宝贵财富，我们必须珍视，认真继承。但客观事物发展是无限的，而人类文化只有四五千年，这与宇宙纪年相比，真是微乎其微，在历史的长河中，一万年后回顾现在，可能会认为我们还处于一个愚昧的时代。事物发展永无止境，脱离实际、凭空乱想，骄傲自满、故步自封都是错误的。

中国画取得很高的成就，在世界艺术宝库中放出奇异的光彩，但是还没有到头，还有许许多多的规律，有待我们去发现。马列主义、毛泽东思想为我们认识真理、发现客观规律开辟了道路，但不是真理的终结，我们应当运用“实践论”来指导我们解决中国画的创新问题。我们对待传统的正确态度，是尊重而不迷信。不能说传统已经到了顶点，我们要在传统的基础上不断寻找新的规律。深入生活、勇于实践是有所发现、大胆创新的前提。前人发现近处物体清晰、颜色深，远处物体模糊、颜色淡，这是在一般条件下的规律。我50年代出去写生时发现特定条件下，景物出现前面亮而淡、后面暗而深的情况，与一般条件下近深远淡正好相反。例如，虚实关系：近景的树，如若要与后边的景物离开，就必须留出空白，这是虚中见虚，是一个规律。但我们走进一座密林，树隙的空间往往呈现黑色，同样感到虚空，这是实中见虚，与前者刚刚相反。

我们一般认识，画水要光亮就必须空白，但林荫下的小溪黝黑而光亮，光亮得像宝石，像小儿的眼珠……

传统要尊重它，但有时必须突破它。前人讲各种皴、擦、点、染、线描，都是规律的总结，但与自然界相比，与无限丰富的现实生活相比，这些规律的发现和总结，又显得太少了。我们还应当在实践中不断加深对客观规律的认识，不断去丰富它、发展它。

三

这里我想谈谈山水画的写生问题。

“师造化”是我国古代一切有创造性的画家所提倡的。明、清食古不化之风曾遭到一些革新派的反对。清人石涛痛恨那些把“师造化”变成一句空话的“正统”派，在他的画语录中针对脱离生活、一味崇古仿古的恶习，提出“搜尽奇峰打草稿”的艺术主张，慷慨陈词：“古之须眉不能生在我之面目，古之肺腑不能安入我之腹肠”，发出“我自发我之肺腑、揭我之须眉”的大胆议论。

终生伏案摹古，所谓“画于南窗之下”，那就是没有走出画室。有些人走了出去，看看真山真水，这很好，比经年关在画室里要好得多，但若能进行写生就更进了一步。“看”比写生要差得多，因为“看”只能得到一个模糊的印象，只有写生才能形象地、真实而具体地深入认识客观世界，丰富和提高形象思维。

有些人，出去写生，贪多求快，浮光掠影，匆匆忙忙只勾一些非常简略的轮廓，记些符号，回来再按自己的习惯、作风来画，这样难免把作品画得千篇一律。顶多只在构图上说明是某某地方，是不能深入对象、真实反映生活的。因为客观事物千变万化，以山水画的主要表现对象自然景物来说，有春夏秋冬，风晴雨雪，朝霞暮霭……变化无穷无尽。写生时应当每一笔都与生活紧密结合，都是生活本质美的提炼，只简单地画一个符号，还是脱离生活，画出来还是自己固有的面貌。我认为写生的主要目的是加强对客观世界的认识，能踏实认真画一张，比随随便便画十张要得益得多。

写生是对客观事物的认识、认识、再认识，不断深化的过程，所以写生是基本功中最关键的一环，要非常认真。写生并不是说任何东西都可以入画，画的内容应有所选择。境界比较好，富有时代气息，有刻画的价值，才可以入画，并不是看到什么画什么。

我们常常看见有的画没有一个精粹的中心内容，像从一幅画里裁下来的最不重要的配景部分，平平常常、味同嚼蜡，就不会有什么感人的力量。所以一定要很仔细地选择对象。画的时候不要坐下就画，要对景久坐，对景久观，对景凝思结想，要设计。这张画反映什么思想，如何加工，它是什么情调，是浓重的，是淡雅的，是雄是秀，是热调子还是冷调子……古人说“向纸三日”，就是说对着白纸多多构思，最好是对象在脑子里已形成一张画的时候再动笔。

看景要分析。一个有绘画经验的人，眼前千岩万壑、变化万千，也能分清哪些是最重要的，哪些是次要的，哪些是不重要的……哪些要强调，哪些该减弱？画时要把重要部分放在整个画面最显著的地方。最精彩的部分要先画，使它能尽量发挥。否则，先画了次要的，那最精彩的部分就要受到牵扯。一个有经验的画家写生时不一定用铅笔打稿，而他的画面往往能处理得恰到好处。关键在于把主要的、次要的先画在妥善的部位，就像钉了几个钉子，然后把不太重要的部分接连上去，就形成一个整体的构图。五代山水画家荆浩在他的画论《笔法记》中提出“观者先看气象，后辨清浊，定宾主之朝揖，列群峰之威仪”，我体会这是对山水写生的基本要求。山水画家为要表达自然界的万千气象，不能不分清主次，注重整体感。我以前画过一个瀑布，瀑布是主体，是第一位的；亭子是第二位的；树是第三位的；岩石、灌木是第四位的；等等。从明暗关系讲，瀑布，最亮的，亭子次之，然后才是树、岩石，按一、二、三、四排下去，明暗层次很清楚。如果在岩石部分留出空白，就会使主体瀑布不突出。为了突出主体，次亮部分都要压下去，色阶不乱、层次分明、整体感强，主体就能明显突出。

我们常说：“河山如画”，但实际上客观事物不可能完全像一幅画。自然形态的东西很美，但往往也带一些缺点，不可能都是完美无缺的，例如画一棵树，凡是最精彩的树枝都要全力肯定下来，尽量地发挥，充分地表现。缺点部分删去不画，其他也是这样。欠缺的部分要按照客观规律，用自己全部经验加以补充，使之完整。

写生，首先必须忠实于对象，但当画面进行到百分之七八十，笔下活起来了，画的本身往往提出要求，这时就要按照画面的需要加以补充，不再由对象做主，而是由画面本身做主了。

一些大文学家，当他们把人物写活了时，人物本身提出要求，这时往往改变原来写作计划，离开提纲，根据人物性格发展来写。例如托尔斯泰写《安娜·卡列尼娜》，女主角那个悲剧性结局就离开了预定的提纲，这结局是由人物性格、行动本身的发展逻辑决定的，因而也就更加真实感人。所以，艺术家对客观现实应是忠实的，但不是愚忠，真正忠于生活的结果是主宰生活。

有些极其美好、特殊的对象，一次是画不出来的，需要反复加以研究。比如有一次，我在黄山清凉台上，忽然云气开了，山从天际高空露了出来，而时当新雨初霁，云气蒸腾，隐隐约约还看得见层叠的树木……真是人间仙境。这样美好的景致，即使是个最高明的画手，我敢说，也很难一下子画出来。怎么办？这就要下一番研究的功夫，要不断积累经验，写生能力并不能解决一切。在写生过程中，随着对客观世界新的发现，应力求有新的艺术语言、新的表现方法、新的创造，这样会不断促进你创作的意象和表现力、感染力，促进你创作风格的形成和发展。

有一次，我在万县，看到暮色苍茫之中，山城的房子，一层一层，很结实，又很丰富、含蓄。要是画清楚了，就没有那种迷蒙的感觉了，其中有看不完的东西，很复杂也很深厚。后来，我就研究，先把树、房子都画上，以后慢慢再加上去，以纸的明度为“零”，树、房子画到“五”，色阶成“0”与“5”之比，显得树、房子都很清楚，然后把最亮的部分一层层加上墨色，加到“4”与“5”之比，就很含蓄了。我把这种画法叫作“从无到有，从有到无”。先什么都有，后来又逐渐地消失，使之含蓄起来。采取怎样的艺术加工手段，以传达出特定的意境，要煞费苦心地去研究，经营。

“师造化”就是要把对象，把生活看作你最好的老师，古人画画的笔法、墨法等无一不来源于客观世界，要把客观世界看成是第一个老师。

写生既是对客观世界反复的再认识，就要把写生作为最好的学习过程。不要以为自己完全了解对象了，最好是以为自己像是从别的星球上来的，一切都充满了新鲜感觉。不用成见看事物，对任何对象都要再认识。俗话说“心怀成见，视而不见”，所以写生时，要把自己看成是小学生。艺术家对客观事物的观察应与一般人的理解有区别，探究对象应当较之深刻得多。树，路过的人不在意，一旦经艺术家加工描绘，就成了大众瞩目的艺术品了。

观察生活、认识对象、进行写生时要虚心，而在创作时要充满信心。考虑成熟以后，下笔不能犹豫，犹豫不决画面就会软弱无力。力量来源于肯定。当你作画时，下笔浓了，你不要怀疑，认为就应该这样浓；淡了，就应该这样淡。画时不要怕这怕那。一张画有缺点，要在画完后总结，而不要在画时犹豫不决，否则，一定画不好。

画画的过程，永远是自己在学画、研究画的过程。一棵树或某一部分画好了，觉得精彩，就不敢再碰了，就维护，这样就难以发展。你要是觉得该加就大胆往上加，不怕失败，加坏了，最后总结。敢于胜利，实际上是不怕失败，一个人永远都在学习过程中。

毛主席讲相反相成是辩证法。我们学画的，要懂得相反相成这个道理，顺应这个规律，步子一定快得多，或者说似慢实快。任何事物的发展都要经过一定的过程。就此而论，学艺术也同学科学一样，要经过很多过程，要攻破很多难关。在前后过程中，事物的发展形态不会是一样的，甚至会截然相反，这是规律。想一蹴而就，“毕其功于一役”是错误的，是不可能的，“欲速则不达”。初学画的人，从基本功来讲，当你对客观对象认识不够充分，经验不足，还不能准确表现时，画得呆板是难免的，从呆板到生动自如，需要有一个过程。

我小时候在家乡徐州时喜欢写字，十一岁时字写得受到称赞。但家乡找不到好的书法老师，有一个老师教我赵体字，一味追求漂亮。后来才知道，由于追求表面漂亮，产生了“流滑”的毛病，结果费了很大功夫纠正。纠正的方法就是尽量工整，不怕刻板。我不但写颜字、魏碑，还写我自创出来的极其呆板的字体，我戏名之曰“酱当体”，即像旧社会酱园、当铺墙上工匠描画出来极其刻板的正体字。就这样，以极其刻板的字体纠正自己，防止了“流滑”，真是所谓“学拳容易改拳难”。

所以，做基本功要带强制性。由于不熟练，那就强制一点好；或者有些不好的习性非纠正不可，也强制一点好。写生，就是强制自己的眼和手，使之符合于客观规律。一个人有坚强的毅力，这个毅力中就带有强制性。人多少带有惰性、随意性，要强制，要吃苦，要锻炼自己的毅力，才能使学习上进，艺术上有显著成效。你不能说想做什么，而必须说应该做什么，强制久了，就形成了习惯，艰苦的事就不艰苦了，甚至苦中有乐，乐趣无穷了。“习惯成自然”！有的人作画养成了习惯，天天要画画，一天不画画就像没有吃饭一样，像缺少了什么，这就好了。

四

笔墨问题。

中国画在世界美术中的特色是以线描和墨色为表现基础的，因此笔墨的研究成为中国画的一个重要问题。我国历代著名的画家可说没有一个不是在笔墨上下很大功夫的。中国画家把书法看作绘画线描的基本功，几千年来在这方面积累了极为宝贵的经验，以至达到出神入化的程度。

这里我想先讲一个谈论书法、赞叹笔墨功夫的民间故事：传说当年修雁门关，要请一位大书法家写“雁门關”三个大字。但这位书法家有个怪癖——不愿给人写正式的东西。于是设计请一个与他要好的和尚去办。和尚先请他写一个“门”字，过了些时又请他写了个“雁”字，几个月后又请他写一个“關”字，书法家刚写到“關”字的“门”字，忽然联想起“雁门關”三个字，一怒掷笔而去。大家无法，只好请另一个较差的书法家补了“關”内的“丝”字。后来刻在门关上，人们在二里外只看见“雁门门”三个大字。这个传奇故事当然不会是事实，却包含艺术上的真理，中国书法线描功夫到家，确会有精神突出、气势逼人的效果。

由以上的故事，使我想起另一件事：在一次展览会上展出了徐悲鸿藏的齐白石的兰花。这张画很小，大不过方尺，但我一进会场，就被它所吸引，真是光彩夺目，力量扑人眉宇。挂在它旁边的作品虽然大它数倍，但感到黯然无光，像个影子。

我们现代的中国画，由于各方面条件的优越，有了很大的发展。我们要超越前代并非奢想，在某些方面甚至应当说已经超过了古人。但在笔墨和书法上，还远远赶不上我们的先辈。由于笔墨的功力差，往往使画面软弱无力而又降低了中国画特色。尤其是书法，可以说青年作者的大多数没有在这方面下过苦功，在画上题上几个字，就像在一首优美的音乐中突然出现几个不协调的噪音，破坏了画面。比喻总是蹩脚的，其实，我说的“优美的音乐”——画面本身也往往因为笔墨底气的不足而大大逊色、减少了“逼人”“感人”的艺术力量。因此我们要提高中国画现有的水平，还必须同时在笔墨上下一番功夫，向传统、向我们的前辈认真学习。要做到这一点，我看还要从思想上纠正不重视中国画工具性能的错误看法，以为用中国笔墨在中国宣纸上画速写就是中国画，是简单化的、有害的。

笔墨是一个很复杂的问题，不可能在这样简短的谈话里做深入、详细的阐述。这里略略谈谈个人的一点意见。

黄宾虹同我讲过他自己学书的故事：他说，他小时候有一个书法家看望他父亲，他父亲不在家，他就要求书家给讲讲书法要点。那个书法家叫他写个字看看，黄宾虹就写了一个“大”字。书法家当时把纸反过来看了看说：“你没有写‘大’字，只是点了五个点。”因为这个“大”字只有起笔、落笔处透过了纸，其他笔画都浮在纸上，书法家说这就是最大的毛病。

由此可见，写字画线最根本的一条是力量基本要匀，不能忽轻忽重。古人名之曰“平”，这是笔法的基本规律。“如锥画沙”就是对“平”字最好的形容。你用铁锥在沙盘上画线，既不可能沉下去，也不可能浮起来，必然力量平匀。力量平匀是笔法的基础，就是说线条到任何地方都是有力的。用古人的话说“细如丝发全身力到”。我们首先了解“平”的道理，然后才能在“平”的基础上求变化，这就是笔法中的提、顿、轻、重、疾、徐等变化，用笔的变化是无穷的，但无论怎样变化都要力量基本平匀，所用力量不能悬殊太大。黄宾虹说幼时学书法，开头写“大”字只有五个“点”，就是起落笔太重、行笔太轻，力量悬殊；形成线条的空虚。书家把这叫作“系马桩”。像两根木桩中间拴一条绳子，两头实、中间虚。“系马桩”是笔法的大忌。

唐人画论“凡画山水，意在笔先”，是说作画先立意的重要，也包括用笔的要求。可以意到笔不到，绝不可笔到意不到，行笔要高度控制，控制到每一点，所谓“积点成线”，这才能有意识地支使线条反映出细致、微妙的内容。画线绝不能像骑自行车走下坡路似的直冲下去，也不能像溜冰似的滑了过去. 这种用笔看似痛快实则流滑无力。好的用笔，要处处收得住，意到笔随。古人叫“留”，又曰“如屋漏痕”。这是笔法中极重要的一点，达到这一点很不容易，要下很大功夫。

我在齐白石家十年，主要在于学习他笔墨上的功夫。他画大写意画，不知者以为他信笔挥洒，实则他行笔很慢。他画枝干、荷梗起笔无顿痕，行笔沉涩、力透纸背，收笔截然而止、毫无疙瘩，笔法中叫“硬断”，力平而留，到处可收。齐师笔法达到高峰。在他的画上常常题着：“白石老人一挥”，我在他身边，见他作画写字，严肃认真、沉着缓慢，在我心里时时冒出一句潜词：“我看老师作画从来就没有‘挥’过。”

黄宾虹论画、论笔墨，以我浅见所知是古今少有的。黄老作画，笔在纸上摩擦有声，远听如闻刮须，我戏问黄师，他说行笔最忌轻浮顺滑，笔重遇到纸的阻力则沙沙作响，古已有之，所以唐人有句诗“笔落春蚕食叶声”。黄老师笔力雄强，笔重“如高山坠石”，笔墨功力达到了很高的境界。

前人曾把绘画各种线描归纳成“十八描”。依我看只有两种基本描法：一是铁线描，就是“如锥画沙”，力量平匀、无提顿轻重等变化的描法，东晋顾恺之基本上就是用的这种描法。二是兰叶描，就是在力量平匀的基础上有提顿、轻重、转折等变化的描法，唐代吴道子就惯用这种描法。力量平匀是基础，变化则无穷尽。“十八描”难以概括，看来很多，实际少了。

现在简单讲讲用墨。

实际说来，笔墨是难分的，用墨好多由于用笔，不善于用笔而能用墨好的则很少见。

用墨由最浓到最淡，分出多少层次，这比较容易理解，不再解说。

好的笔墨在于苍润。黄老形容说：“干裂秋风，润含春雨。”“苍”和“润”是相反的、矛盾的。一般用墨苍了就不能润，润了就不能苍。因此有作画先用干笔皴擦，后用湿墨渲染，这实际不是高手的表现方法。真正笔墨有功力的人，每笔下去都是又苍又润，所谓腴润而苍劲，达到了对立因素相统一的效果，这是作者长期实践磨炼而成，很难用简单语言来表明。粗浅说来，笔内含水不太多，行笔涩重有力，因而能把笔内水分挤了出来。这是我的一点体会，当然不能说这就是其中的奥秘。

杜甫诗云“元气淋漓幛犹湿”，这是对水墨画的一个很高的要求。水墨画用水实不容易，一般用笔没有功力，墨中水分不宜太多，而笔墨得法，画面就产生水墨淋漓的效果。初学画的人由于笔内水分过多，用笔又不能控制，使墨漫漶漂浮纸上，成为浮烟涨墨，画面物象泡松滑腻，失去骨力，是一大病。

所谓用墨的变化应是微妙的变化，局部的变化不能太大。初学中国画者，见一笔中就有浓淡，觉得很新鲜。如果笔笔都求变化，就会使画面“花”“乱”，破坏了整体，失去大效果。齐白石画虾，基本上用一种墨色。通过用笔的顿挫、轻重，产生虾的关节伸缩，虾体透明而有弹跳力等新鲜感觉和微妙的变化。八大山人也一样，极强的整体效果、极细致的变化，显得统一和谐、浑然一体。他们用墨，少有忽浓忽淡，浓淡悬殊的地方。

画山水要层次深厚，就要用“积墨法”，积墨法最重要也最难。大家都知道在宣纸上画第一遍时，往往感到墨色活泼鲜润，而积墨法就要层层加了上去。不擅此法者一加便出现板、乱、脏、死的毛病。近代山水画家黄宾虹最精此道，甚至可以加到十多遍，越加越觉浑厚华滋而愈益显豁光亮。

“积墨法”往往要与“破墨法”同时并用。画浓墨用淡墨破，画淡墨用浓墨破，最好不要等墨太干反复进行。其中最重要的一点是整体观念强。何处最浓，何处最亮，何处是中间色，要胸有成竹。黄老常说“画中有龙蛇”，意思是不要把光亮相通处填死了。加时第二遍不是第一遍的完全重复，有时用不同的皴法、笔法交错进行，就像印刷套版没有套准似的。

笔笔交错，逐渐形成物体的体积、空间、明暗和气氛。

古人讲笔墨，说要“无起止之迹”，因为客观事物都是浑然一体没有什么开头完了的痕迹，这不难理解。又说“无笔痕”，看来颇为费解。既然用笔作画，又讲究有笔有墨，怎能说“无笔痕”呢？这并不是说画法工细到不见笔触，而是说笔墨的痕迹要与自然形象紧密结合，笔墨的形迹已化为自然的形象。笔墨缘由表现客观物象而产生，笔墨若脱离客观物象就无存在的必要了。

笔墨是形成中国画艺术特色的一个重要组成部分。画家有了笔墨功夫，下笔与物象浑然一体，笔墨腴润而苍劲；干笔不枯、湿笔不滑、重墨不浊、淡墨不薄。层层递加，墨越重而画越亮，画不着色而墨分五彩。笔情墨趣，光华照人。我国历代画家、书家在长期实践中为我们留下了极其丰富宝贵的遗产，我们必须珍惜、慎重分析研究，这里只能略举一二，挂一漏万，以后还需大家做深入的探讨。

五

关于山水画创作中的意境和意匠问题。

什么叫意境？要下一个确切的定义也不是那么容易。我在50年代末，结合写生创作的体会，写了《漫谈山水画》一文（见《美术》1959年第5期）。内中谈了点山水画的意境和意匠问题，这里我再简略谈一下自己的认识和体会。

意境是什么？意境是艺术的灵魂。是客观事物精粹部分的集中，加上人的思想感情的陶铸，经过高度艺术加工达到情景交融；借景抒情，从而表现出来的艺术境界；诗的境界，就叫作意境。

艺术从生活中来，但它不等同于生活，毛主席讲艺术与生活的辩证关系，生活是艺术唯一的源泉，艺术来源于生活，是现实生活的反映，但艺术中反映出来的生活，可以而且应当比实际的生活更高、更典型、更理想。就是说，艺术又要求对生活进行高度集中和概括，要求典型化、理想化，从而创造出比现实更美好、更富有诗意、更理想的艺术境界，创造出革命时代新的意境。这是革命的现实主义与革命的浪漫主义相结合的创作方法最基本的一条，也是其他的创作方法所不及、难以充分达到的。

千余年来，中国山水画为什么那么发达，这与河山壮丽分不开的。中国向来把江山、河山、山水作为祖国的象征或代词。毛主席词"江山如此多娇"，这里"江山"就指的祖国。宋岳飞说"还我河山"，也是指的祖国疆土。我们在山水画中描绘山山水水，一草一木，其主要思想在于歌颂祖国、美化祖国、把热爱祖国的感情感染给广大的人民。

艺术家选择物象必须是很严格的。要选择生活中最美好、最典型的部分入画，一幅好画是精粹事物的集中。石涛说"搜尽奇峰打草稿"，当你走遍了名山大川，才能从万千气象中取材，精粹而集中地反映出祖国河山的壮丽。再举一个小小的例子：你站在嘉陵江边看来往船只络绎不绝，用电影机拍摄千百只，我看真正能入画的可能只有极少的几个。因为要选择能表现船的结构的最好角度和一定风向中行驶疾徐的动态。若是几船并行，更要表现出相互呼应协调而不混乱的关系。这虽是小小的点景细物，经过加工也能引人入胜，把人引入艺术的境界。

有人画船，形象像一个侧面的盘子，变成一个简单的符号，其实他并没有画船，只像是写了一个船字，观众看了甚至毫无感觉。以上不过举了个小小例子，其他画山、树、云、水等无不如此。作者对描画的对象，必须要有深入的研究，有严格的选择、有充沛的感情、有高度的如工。绝不能把描写对象变成说明性的图解或地理志，使观者看了索然无味、无动于衷，这样当然谈不上什么意境。

绘画艺术要有意境，画画时首先作者自己要有充沛的感情，画祖国河山就要反映出对祖国河山无限的尊崇和热爱。要进入境界，感情要进去。我怕人看我画画是个人习惯，我感觉有人看，站在旁边，就会使我精神分散。

意境，既是客观事物精粹部分的集中反映，又是作者自己感情的化身，一笔一画既是客观形象的表现，又是自己感情的抒发。一个艺术品，艺术家不进入境界是不会感动人的。你自己都没有感动，怎么能感动别人？

有些著名的戏剧演员，站在台上一动不动，一句台词没有，却浑身是戏，因为他们的精神已进入了艺术境界。我有一次看京剧《长坂坡》，刘备吃了败仗，在当阳道上露宿。当时刘备身边坐着甘、糜两位夫人。这时两位夫人都是既没有台词又没有动作，但是我看糜夫人一身都是戏，而甘夫人一点戏也没有。糜夫人抱着小孩，使人感到是在战场上风尘仆仆，精神疲惫。而甘夫人完全走了神，使我看到的已不是甘夫人而是化了装的演员。她这时可能想着下妆后赶快回家买菜、接孩子……

我以前看过余叔岩的戏，他化好妆、戴上髯口，对着镜子静静地坐着，一句话不说，没有出台就已进入了境界。梅兰芳说过，程砚秋演《窦娥冤》，梅兰芳在后台见他面带忧怨之气，完全沉浸在艺术境界之中。话剧演员金山演戏之前，白天一天不出门，在酝酿情绪。所以说，艺术要通过艺术家深厚的感情，正确地反映客观世界。而有些演员在后台又说又笑，就像我前面提到的那两个青年，一边写生、一边聊天。没有进入境界，戏演不好；画也是一定画不好的。

意境的创造不是一件轻松的事情，我在画水墨山水时，感觉到自己就像进入战场，在枪林弹雨中。因为画在宣纸上不能涂改，所以一点疏忽差错都不行。每一笔都要解决形象问题，感情问题，远近虚实、笔墨浓淡等问题。要集中全力反映客观世界的实质，创造出有情有景的艺术境界，不是容易的事。正如前人所说“狮子搏象”，要全力以赴。

所以我认为，意境是山水画的灵魂。没有意境或意境不鲜明，绝对创作不出引人入胜的山水画。为要获得我们时代新的意境，最重要的有两条：一是深刻认识客观对象的精神实质，二是对我们的时代生活要有强烈、真挚的感情。客观现实最本质的美，经过主观的思想感情的陶铸和艺术加工，才能创造出情景交融、蕴含着新意境的山水画来。

表现意境的加工手段，叫“意匠”。在艺术上这个“匠”字是很高的誉词，如“匠心”“宗匠”等。对艺术家来说，加工手段的高低关系着艺术造诣的高低，历代卓越的艺术家没有不在意匠上下功夫的。杜甫诗云“意匠惨淡经营中”，又云：“平生性癖耽佳句，语不惊人死不休。”惨淡经营，写不出感人的诗句，死了都不甘心，这是何等的精神。贾岛诗句“鸟宿池边树，僧敲月下门”，本来“敲”字想用“推”字，反复吟咏，犹豫不决，后来还是韩愈给他决定用了“敲”字，“敲”就有声音了，更能传达出月夜幽深空寂的意境。千百年来，这推敲二字竟成了人们斟酌考虑事物的习惯用语。贾岛另一首诗：“夜吟晓不休，苦吟神鬼愁。两句三年得，一吟双泪流。”王安石“春风又绿江南岸”一句，初云“又到江南岸”，圈去“到”字，改为“过”，又圈去，改为“入”，又改为“满”……如此经过十多字的推敲选择，最后才决定用一个“绿”字，非常形象生动，不但洋溢着春意，而且绘出了色彩。我不懂诗，但从这些诗句来看，我们的前辈艺术家对于意境创造、意匠经营，一字一句、一笔一画，反复琢磨，真是呕心沥血，所下的苦心是何等惊人！

在世界艺术中，我国绘画艺术以讲究意匠著称。意匠加工在绘画中，简单说来不外是选材（选出最精粹部分），剪裁（去芜存菁），夸张（全力强调主题）笔墨和构图等。

以上几点，前边已略略说过，现在就对构图问题多说几句。

意境高低、能否引人入胜，构图关系很大。漓江的山水甲天下，如不苦心经营，构图就很不容易搞好。漓江两岸都是如笋的尖峰。你坐东岸画西岸，下边是江，上边是山；你坐西岸画东岸，也是下边是江，上边是山。有人画了二十层山，感觉只有一层，只能得到水平线上一排景物，显得非常单薄。江山堆砌，没有曲折、深度和层次，看来也很平常，不是好构图。

纸是平面，上下堆垒，左右分列都很容易，但表现出前后纵深，就要苦心经营。

宋郭熙主张山水画要使人仿佛身临其境，他强调山水画“可行、可望，不如可居、可游之为得”。正因如此，他十分重视画面的深度：画远山远林都是很认真的，画两棵树，后面又插一棵淡树，使人从近树透过去能见到远树，有纵深感，很丰富。石涛画远山远树也都有交代，能透进去。

《清明上河图》是手卷，一般这样的画，构图上容易形成一字排列。但是这幅画一点不使人感到平。景物安排巧妙，角度灵活多变化，一开始，那些路、村庄、街道都可以深进去。画船，有平列的船，也有纵置的船，把水面推远过去，有空间，这种构图自然引人入胜。

古代这些杰出的作品证明，构图取景不能仅仅看到上下左右，主要应该看到前后。要不怕麻烦东跑西转，最好能找出一个上下左右前后可以连接起来的角度，形成一个明确具体的空间深度，其中还要有些曲折和穿插。

“似奇而反正”是中国字画结构的规律，同于西画的变化中求统一的构图法。奇是变化，正是均衡。奇、正相反相成，好的构图要在变化中求统一。比如说画面一边东西很多很实，一边东西很少很虚，但看起来不偏不倚均衡统一。所以说好的构图像一杆秤。秤上称五十斤柴草，体积很大，另一边是秤砣，体积很小，但提起来两边均衡。

山水画表现的景物比较大，相对说，透视关系不能大。你要画泰山，但你近处有一棵小树，按透视来看，它可能比泰山还高，这怎能表现出泰山的雄伟。所谓“一叶障目不见泰山”，我们常常在一些拙劣的风景照片中看见这样的构图。所以画大场面时要把透视关系缩至最小，最好把中景作为近景，这样远近大小差别就会减少。

要在最小一张纸上，表现出最大最丰富的内容。一张纸与大自然相比，即便是一张丈二匹，也仍然是很小的。因此要珍惜画面。我常说一寸画面一寸金。内容值得用一寸的地方，决不能让它占一寸半。有人作画，让极不重要的部分如不起什么作用的地坡占很大面积，或留出毫无意义的空白，因而缩小了主要部分，使它不能尽量发挥，这都是不懂构图法的。

中国画对于构图，有极为精辟的见解。如“经营位置”，就是独具匠心的构图法，也是形成中国画民族特色的重要因素之一。它与西方绘画的构图法大不相同。一般来说，西方绘画总有个固定的立脚点，只能把视野所见的东西收入画面（当然有时也有些集中、变化），而中国画创作，可以全然不受这个限制而大大超脱了固定的立脚点、超越了一定的视野范围。当你观察生活、感受生活，获得了一定的意境、有了一个中心思想内容时，可以把你经年累月所见所知以至所想全部重新唤起，只要是与这中心内容有关的，情调一致的，都可组织在一幅画里。因此中国画常常可以反映出极其广阔宏伟的内容，如前面所说的千岩万壑、层峦叠嶂、千里江山、万里长江，同时出现在一幅画面之中，使人站在这样的画幅面前，感到祖国河山的壮丽伟大，引起热爱祖国的感情。

艺术绝不是某一事物的图解和说明。它是艺术家在深入生活中得到了深刻的认识和强烈的感受；在不能对自己的激情下，通过了高度的意匠加工创造出的珍品，从而把人引导到这艺术境界之中，得到深刻的感染。

记得我童年时期听了程砚秋的戏曲，他那独具风格刚劲委婉的唱腔、韵律，在我耳边回旋数月不绝，当时情境，至今难忘。杜甫赞李白诗云："笔落惊风雨，诗成泣鬼神。"艺术经过意匠加工，千锤百炼，炉火纯青，达到"诗美"的境界，风雨鬼神都为之惊心落泪，何况是人。艺术动情力之大，感人之深，以至于此。

中国山水画的艺术实践和理论，有着悠久的历史传统，是无比丰富的艺术宝库，值得我们认真学习，认真总结，认真探讨，以便继承与发展。我自己读书不多，学习不够，头发白了，感觉自己还是个小学生。"七十始知己无知""白发学童"，这不是谦辞。真理只有一个，规律是无穷尽的，追求真理和探索规律的道路和具体实践都不是绝对的，它将因各人的条件不同而不尽相同。从大处看，往远处看，只要致力于寻求真理，殊途可以同归。以上所讲的，不过是自己在学习实践过程中总结出来的点点滴滴，作为个人的体会，偏颇和错误更是不可避免的。俗话说，"愚者千虑必有一得"。这些谈话，假若其中某一点或某一句话，对学画的青年同志有所帮助，也就是我最大的愿望了。至于谬误之处，还请指正。

本文载于《美术研究》1979年第1期

李可染（1907—1989），江苏徐州人。中国画画家。1925年毕业于上海美术专科学校，1930年毕业于西湖艺术院研究部。中央美术学院教授、中国画研究院院长。

关于人体模特儿

邵大箴

在美术教育中使用模特儿，以培养造型能力，是人们在长期的艺术实践中摸索出来的宝贵经验。我国美术界在新中国成立以后，曾就如何正确地运用模特儿和画模特儿的不同方法，展开过学术讨论，这本来是正常的现象。“文化大革命”前，个别人提出过禁止使用模特儿的意见，受到了毛主席的批评。1965年，毛主席对这个问题作了重要批示，指出：男女老少裸体模特儿是绘画和雕塑必需的基本功，不要不行，封建思想，加以禁止，是不妥的。即使有些坏事出现，也不要紧。为了艺术学科，不惜小有牺牲。毛主席的批示，科学地阐述了使用模特儿进行艺术训练的必要性，充满了辩证唯物主义的精神，是我们批判唯心论和形而上学，坚持用唯物论和辩证法来指导艺术教育工作的有力武器。

林彪、“四人帮”出于不可告人的目的，长期以来封锁和抵制毛主席关于模特儿问题的批示。他们推行法西斯文化专制主义，反对艺术科学，蛮横地禁止画模特儿。在美术界以行家自居、至死效忠于“四人帮”的那个女干将，给中央美术学院主张画模特儿的师生扣上“复辟”“回潮”“资产阶级学院派”的大帽子。她信口雌黄，提出禁止画人体模特儿的荒谬主张。由于林彪、“四人帮”反革命修正主义路线的干扰和破坏，近几年来，我国美术教育的水平严重下降，基础训练几乎被统统取消，美术院校呈现出万马齐喑、一片荒芜的景象。我们必须把林彪、“四人帮”颠倒了的是非重新纠正过来，肃清他们在美术教育中的流毒和影响。毛主席关于模特儿问题的科学批示，必须得到认真的贯彻和执行。“四人帮”在模特儿问题上散布的种种奇谈怪论，必须得到彻底的批判。

“模特儿”这个词，是西语“Model”（模型、范本）的音译。作为文艺术语，它有两个含义。一是泛指文艺创作参照的客观对象。例如，小说、戏剧、美术作品中的人和事，是以生活中的某（些）人和某（些）事为对象、为背景加以描写和发挥的，这种生活中的原型对文艺创作来说，就是模特儿。鲁迅说：“小说也如绘画一样，有模特儿，我从来不用某一整体，但一肢一节，总不免和某一相似，倘使无一和活人相似处，即非具体化了的作品。”（《鲁迅书信集》下卷·致徐懋庸，1936年2月21日）

模特儿的另一个含义是狭义的，是专指绘画和雕塑中用来作基本功训练的人物。毛主席说的“男女老少裸体模特儿”，就是这层意思。

文艺反映生活，主要是描写以人为主体的社会生活。美术创作的基本特点之一，是要在可视的形象中表现社会理想。画人，塑造人的形象，要有科学知识为指导。在平面上描绘，或在空间立体地摹拟客观对象，需要起码的人体比例、解剖、结构等知识。原始社会的人们从事艺术活动，是不自觉地、很粗浅地运用这些知识的。在长期的艺术实践中，人类逐渐积累和掌握了这些表现技能，这就是我们通常说的“基本功”的一个重要方面。几千年的人类艺术发展史告诉我们，获得绘画和雕塑的基本功，训练观察和表现人的能力，可以有各种各样的途径和方法，而其中直接画人，画裸体模特儿，是必需的、不可缺少的途径和方法之一。

早在三千多年以前，古代埃及的艺术匠师们就尝试着运用模特儿。新王朝有革新精神的帝王埃赫那东时期的雕刻作坊，曾被发掘出来，其中许多石膏模型和雕刻品，突破了传统的表现程式，具有追求写形传神和逼真生动的特色，无疑是直接参照和依据模特儿创作的。古代希腊对模特儿的运用就更为广泛。希腊的艺术家和匠师们，可以在许多公共场合得到观察和研究人体的机会，一般不需要把男女老少请到画室中作模特儿。希腊奴隶社会的自由民（奴隶主阶级）在许多场合下，如参加体育竞技活动和祭神的典礼，男子裸体出入于大庭广众之中，女子穿戴也很单薄、近乎半裸。希腊雕刻和绘画中的男子裸体人像从公元前7世纪开始出现，大量的女子裸体人像产生得晚一些，大多在公元前4世纪以后。歌颂人体的健美，成为希腊的社会风尚。希腊建筑柱式的样式，也参照了男女人体的结构和比例。希腊的哲学家和艺术家们认为，在万物中，人体最匀称、和谐，最富有生气和最庄重、柔美。古希腊人的这种美学观是和他们的朴素唯物主义精神以及肯定人生的乐观主义态度相联系的。希腊人奠定了欧洲美术表现体系的基础。欧洲进入中世纪以后，基督教强制推行封建愚昧主义，反对科学，否定以表现人为中心的古代绘画和雕刻，在美术创作中只准画花鸟虫鱼和象征寓意的情节，以歌颂上帝的伟大和神圣，表现现世痛苦和来世幸福，使欧洲的文明倒退了好几百年。他们从禁欲主义出发，把人体艺术视同洪水猛兽，多次大规模地洗劫表现了人体的艺术品，以压制异端。只是到了文艺复兴时期，新兴的市民阶层在封建社会内部推进人文主义运动，这种状况才得到改变。欧洲的人文主义者们，先从古代废墟中把希腊罗马的雕刻品清理出来，作为模仿的范本。继而不满足于此而转向对真人体的研究。他们一面一丝不苟地解剖尸体，了解人体的内部结构，一面孜孜不倦地画人体素描，体察活人的外部形态、思想感情。现代美术训练中使用模特儿的方法，就是从欧洲文艺复兴时期开始逐渐形成起来的（把画人体模特儿作为教学训练，始于意大利的波伦亚美术学院，约在16世纪70年代。至于文艺复兴时期在美术创作中参照人体模特儿，则从15世纪即已开始）。文艺复兴时期的美术家们在这方面也付出了代价。有的画家被指控为侮辱宗教、亵渎神权，受到宗教裁判所的审判和许多不公正的待遇。一些提倡人性反对神性、提倡个性自由反对宗教桎梏的好作品，被诬为“淫画”而失去了存在的权利。即使像米盖朗哲罗这样的大画家，在巨幅壁画《最后的审判》

中，也因为描写了赤身露体的人群，受到教皇保罗三世的斥责。教会和流氓文人攻击这些人物形象“使人害羞得不能睁眼”“不配出现在神圣的地方”“只配装饰浴室旅馆”，甚至提出控诉状，给米盖朗哲罗扣上异教徒“路德派”的罪名。科学一定要战胜迷信，真善美终究要战胜假恶丑。从15世纪开始，欧洲美术家们运用模特儿，深入研究人体，不只是推动了美术教育的发展，提高了艺术表现力，促进了美术的繁荣，而且还用它作为武器，推行了人文主义和人道主义的思想意识，扫荡了腐朽的封建意识，普及了人体科学知识。

石膏像可不可以代替模特儿？

当林彪、“四人帮”横行之时，画石膏像也是在被禁之列。“文化大革命”初期，在林彪、“四人帮”的煽动下，许多艺术院校的石膏教具被砸掉和烧毁。直到1975年，“四人帮”的那个女干将还凶狠狠地说，谁要画石膏就批斗谁。“四人帮”一伙反对石膏教具，也正像他们反对画模特儿一样，出于对科学的畏惧和仇恨。

一件好的石膏像可以起到艺术范本的作用，帮助人们领悟把生活变成艺术的原理，理解和学习运用提炼和概括的艺术手法。画静止的石膏像也是为画真人体做准备。石膏像之所以不能代替模特儿，不只是因为时代和生活方式的变化，会对人体的发展发生一定的影响。现代人和古代人不一样，现代的中国人和古代的外国人更不一样。我们要表现现代人，必须直接研究现代的人体。而且，还因为人体所包含的内在活力，体现的丰富的思想感情，其具体性和微妙的变化，是任何石膏像不能与之相比拟的。

同样，临摹也不能代替画模特儿。历史上的优秀画家们，重视对前人遗产的学习和研究，往往用临摹的方法，揣摩和探究前人的表现手法。无疑，临摹是美术家训练基本功的一种辅助手段。但是，如果把临摹的作用夸大到不适当的地步，也是错误的。前人的好作品是他们在彼时彼地对生活观察和体验的结果，它们在内容和形式技巧上可供我们借鉴，给我们以启示，它们却不能取代我们对现实生活中真人的观察和研究。从实践论的观点来看。画模特儿具有直接的现实的品格，临摹却不具有这种品格。我国古代画论中把“师造化”“师法自然”（在这里，“自然”应作客观世界解）放在第一位，把“师古人”、临摹和学习前人放在第二位。达·芬奇把摹拟自然比喻为“到源泉中汲水”，而把临摹别人比喻为“从水壶里取水喝”。徐悲鸿认为师法造化犹如使用电灯，没有创造性的临摹则像是点蜡烛。这些主张独创性的艺术创造，防止落入古人窠臼的论述，是十分有道理的。

练习速写是美术家们不可缺少的基本功。是搜集素材、记录生活中生动形象和场面的重要手段。速写和人体素描不是相互对立、相互排斥，而是相互联系又各有特色的表现手段，是彼此不能代替的训练方法。速写之所以不能代替人体素描，是因为：第一，速写主要是锻炼人们捕捉对象瞬间的动势、神态，仅仅画速写，不能获得人体造型的全面知识。第二，事实上要画好速写，必须要有比较扎实的人体知识，否则，速写也很难画得准确。法国雕刻家罗丹为大作家雨果作雕像，雨果只答应给他做半个小时的模特儿。罗丹因为有坚厚的素描功夫，有熟练的表现人体的技巧，在很短的时间内，用铅笔和泥塑迅速而准确地记录了雨果的特征，为做好雨果雕像打好了基础。速写和人体素描应该是相互补充、相得益彰的。这二者不可偏废。

一张好的人体素描，虽然用单色处理形象，但它是绘画的一种。事实上，它具有的丰富表现力和生动活泼的创造性，不亚于其他一切绘画形式。我们说人体素描是科学的，是必需的基本功，不仅是因为它可以使人们获得人体解剖学和透视学的知识，而且还在于它能培养学生的意志、毅力和心手相应的观察、表现力。学生在画一张人体素描的作业中，要解决主次、明暗、虚实、局部与整体、形似与神似、忠实于对象和发挥主观创造性等方面的辩证关系。这些关系的解决，有助于学生掌握辩证法，获得一个艺术家必须具备的审察精微、把握全局和提炼、取舍的艺术概括能力。正因如此，艺术大师们对人体素描特别地予以注意。米盖朗哲罗认为，素描功夫的深浅，对一个作家的成败有直接的影响，艺术实践家和理论家瓦萨里（G.Vasari，1511—1574）发挥了米盖朗哲罗的思想，说素描是一切造型艺术的基础，楚加里（F. Zuccari，1542—1609，意大利画家）在论述素描的论文中进一步指出，素描是表现思想的艺术样式。事实上，一张好的人体素描，是不可能不或多或少地表达一定的社会理想和给人以审美享受的。

欧洲的美术学院，有其发生和发展的过程。本来，不分青红皂白地把历史上的美术学院统统称之为“资产阶级学院派”，就是不科学的。把画人体素描算作学院派的主要标志更不科学。早期的美术学院摆脱封建行会的控制，建立独立的美术教育机构，对于提高艺术家的社会地位，发挥他们的主观创造性，健全美术教育体系，有一定的积极作用，不能忽视其进步意义而加以全盘否定。当然，美术学院的产生同时也带来了消极的后果。它使艺术家们和手工业者相脱离，和劳动群众的联系相对削弱。在意大利的波伦亚和罗马美术学院中，最早滋生着崇古的气氛，给艺术发展以不利的影响。到了十八九世纪，学院中的这种倾向愈演愈烈，产生了所谓学院派。学院中不只是把古希腊和意大利文艺复兴时期的美术视为最高典范，把一切艺术训练作为达到这种典范的阶梯，而且用围墙把学生和社会生活隔绝了，引导学生一味模仿前人，从事于千篇一律、没有创造性的艺术活动，以适应食利者的需要，为封建贵族和大资产阶级效劳。学院派的教学体系包括画模特儿的训练，这是事实。但是画模特儿，画人体素描，却不是学院派的主要特征。从根本上说，学院派切断艺术创造的生活源泉，扼杀艺术创造性，对人体素描的要求也是僵死的、没有生气的。正是在这种情况下，有进步理想的美术家们纷纷起来和学院派做斗争。法国革命古典主义的首领、画家大卫曾经取缔了站在复辟势力一边的法国皇家美术学院。在反对波旁王朝的复辟斗争中，用自己的画笔参加战斗做出重要贡献的籍里柯、德拉克洛瓦，是法国古典学院派的叛逆者。俄国的克拉姆斯科伊等，为了摆脱学院派的束缚，毅然离开彼得堡美术学院，走向社会，按照车尔尼雪夫斯基的美学原则，建立和社会生活有直接联系的巡回展览画派。不论是大卫、籍里柯、德拉克洛瓦，还是克拉姆斯科伊，在人体素描上都有很高的造诣，他们遗留下来的人体写生，至今仍有迷人的艺术魅力。他们是不能被称为学院派的。

显而易见，不能因为模特儿这个方法是资产阶级美术教育中首先使用的，我们就要宣判它的死刑。列宁说，“马克思主义这一革命无产阶级思想体系赢得了世界历史性的意义，是因为它并没有抛弃资产阶级时代最宝贵的成就，相反地却吸收和改造了两千多年来人类思想和文化发展中一切有价值的东西”（《论无产阶级文化》，《列宁选集》第4卷，第362页）。列宁的这段话是在批判当年苏联无产阶级文化派时说的。无产阶级文化派以“左”的面貌出现，“臆造自己的特殊文化”，宣布一切文化遗产是“剥削阶级遗留下来的渣滓”，要“彻底清除”。在他们的鼓动下，古典文艺作品遭禁，剧场、艺术博物馆、图书馆被封闭，美术院校的石膏教具被砸，画模特儿也被绝对禁止。当然，“四人帮”给革命事业、文化教育所造成的破坏，不知要比无产阶级文化派大多少倍！

无产阶级的美术教育体系和资产阶级的学院派有本质的不同。无产阶级美术教育要培养为工农兵服务的美术人才。一切基础训练，不是为了别的目的，只是为了表现社会生活和自然生活、表现工农兵的需要。我们培养学生的基本功，是为了他们进行有益的艺术创造，而不是像资产阶级学院派那样，把描写人体美作为艺术表现的目的。我们要引导学生从画室走向社会，从研究画室中的模特儿到观察、研究社会上各式各样的人们，去表现新的世界和新的人物。“四人帮”故意混淆无产阶级和资产阶级美术教育体系的本质区别，别有用心地把一些行之有效的方法和手段扣上资产阶级的大帽子，实质上是取消无产阶级的美术教育。在“四人帮”横行时期，美术学院的学生不准上文化课，不准接触中外遗产，不准学透视、解剖，更不准人体写生，学生得不到起码的专业训练，连人物的基本形态都把握不准，更不用说表现人物的动势、表情和性格了。没有手眼敏捷相应搜集素材捕捉形象的本领，他们只能去嚼别人嚼过的馍，找现成的作品作依据，或者去翻画报、寻照片，拼凑“形象”，结果只能是公式化、概念化，缺乏形象特征，落入“四人帮”的帮套套。

我国现代画模特儿的方法是从外国引进来的。只是我们不要忘记，我们自己有辉煌的遗产。我国古代优秀的民间匠师和美术家，创造了世界上独树一帜的绘画和雕刻艺术。他们同样出色地把自然科学的成果运用于艺术表现，建立了独特的、精湛的、自成一体的美术表现体系。我国封建社会初期和中期的人物画和人体雕刻十分发达，造型技巧达到炉火纯青的境地。对于我国古代美术家掌握人体基本功的科学经验，还有待于我们认真总结。

在我国封建社会后期，由于政治、社会的原因和美学观念的变化，士大夫阶层忽视人物画，出现了轻视写实、崇尚摹古的倾向。五四运动以后，随着无产阶级领导的文化新军的兴起，在我国美术教育中，有人开始运用模特儿训练写实手法，发展人物画。这是对封建思想体系的有力冲击，给长期停滞不前的我国美术事业以推动的力量。

我国美术教育家徐悲鸿和刘海粟在融汇中西画法、古为今用、洋为中用方面，做出了不应忽视的贡献。徐悲鸿大声疾呼要发展人物画，提倡美术创作要“以人为主体，尽量以人的活动为题材”(《复兴中国艺术运动》)。在运用模特儿问题上，他们和反动的封建势力、艺术上的守旧派做过坚决的斗争。尽管在五四运动的有力推动下，北洋军阀政府的教育部于1922年就作为课程标准，颁布了“艺术专门列生人之模型，为西洋画实习之必需”的条文，但是盘踞在各地的大小军阀仍然对画模特儿的师生进行摧残。上海美专设置模特儿课程，引起封建遗老遗少的恐惧和仇视。1926年，上海县长危道丰下令严禁美专画裸体人物。江西、江苏等地军阀势力，也相继取缔人体写生展览，禁画模特儿。大军阀孙传芳写信给刘海粟施加压力，说什么“生人模型，东西洋固有此事，惟中国则重礼教，四千年轩辕衣裳而治，即以裸裎袒裼为鄙野”，掀起一股取缔模特儿的逆流。在进步舆论的支持下，当时的美术教育工作者不畏强暴，据理力争，军阀势力才被迫让步。对于这伙以封建礼教卫道士面目出现的伪道学家，鲁迅当时就曾给予辛辣的揭露和讽刺。他在《马上支日记》(1926年7月4日)中写道：“这是真的，要证明中国人的不正经，倒在自以为正经地禁止男女同学，禁止模特儿这些事件上。”(《华盖集续编》)

画模特儿有没有副作用呢?

一切事物都有它的正面和反面，画模特儿同样是如此。通常被人们认为画模特儿的副作用，不外乎是两个方面。其一，有人以为，照着模特儿画画，会养成依赖性，担心离开模特儿便画不出画来，或者画出来甚少变化，是模特儿搬家。其二，有人以为，学生在画裸体模特儿的过程中，可能产生“邪念”，引起一些不轨的事情来，不如不用为妥。

关于第一种副作用，人们可以举出欧洲美术史上的不少事例来，说明有些画家人体的写实功夫很深，却缺乏艺术创造力，创造不出动人的作品来。这种现象确实存在。但是，细细考究起来，产生这种现象的原因，不在于用模特儿方法本身，而在于如何正确使用模特儿，即如何把人体训练和发挥艺术创造性有机地结合起来。前面已经说过，人体素描包含着丰富的创造精神，不能把它看作僵死的技术训练。依样画葫芦、死抠技术，只能学到教条，不能学到真正的基本功，其结果只能机械地摹拟对象，不能艺术地表现对象，不能为创作服务。一个有活泼的创造精神的艺术家，即使在基础训练中，也不会忘记发挥自己独有的主观感受。因此，避免这种弊病的途径，不应该是取消模特儿，而应该是合理地、科学地使用模特儿。此外还应看到，要使基本功能灵活地为创作服务，关键在于每个人的社会实践和主观努力。石涛说过：“天能授人以法，不能授人以功。天能授人以画，不能授人以变。”(《石涛画语录》)这就是说，一个人要取得成就，不拘泥于生活原型，而善于变化，是不能靠传授的，要靠自己的努力。艺术史上无数的事实证明了这样一个朴素的真理：要成为有贡献的艺术家，除了有必要的艺术技能外，最重要的是要有丰富的社会实践经验和先进的世界观。生活阅历浅薄，对现实生活没有正确的判断能力，是不能成为大艺术家的。俄罗斯画家列宾和斯米拉茨基(1843—1902)，几乎生活在同一个时代。斯米拉茨基得到过彼得堡、罗马、柏林、斯德哥尔摩等美术学院院士的称号，艺术技巧闻名全欧。但是，他最得意的作品《海神节上的美女弗丽娜》（1889年作），只能被认为是技术高超的、为社会上层享受的“艺术品”，而没有积极的社会价值。列宾，彼得堡美术学院中并不十分显眼的“外乡佬”，由于受进步民主主义思想的感染，接触社会下层，在青年时代就创造出不朽的画幅《伏尔加河上的纤夫》。鉴于历史上的经验教训，解放以后，遵照毛主席的文艺方针和教育方针，我国美术教育工作者，不仅在基础训练中注意培养学生的速写、默写和构思的能力，更特别注意发挥延安鲁艺的革命传统，把课堂教学和社会实践结合起来，定期组织学生下乡、下厂，参加劳动，体验工人农民的思想感情，使学生不断从社会生活中汲取丰富的思想和艺术的养料。

关于第二种所谓副作用，画模特儿属于艺术科学研究的范畴，和不轨的事情没有必然的联系。事实上，美术院校学生中这类事情并不突出。个别不正常现象的产生，原因是多方面的，并非由于画模特儿引起。自然，作为教育工作者，我们应该向学生进行唯物主义的科学知识教育，克服学生对异性人体的神秘感。我国封建社会延续了两千多年，近百年又沦为半封建半殖民地。封建思想意识有浓厚的社会基础。封建的禁欲主义，实际上是秘密的纵欲主义。封建的禁欲主义在一定的条件下会向资产阶级纵欲主义的方面转化。从封建思想出发，不让人们接触人体科学知识，结果只能造成人为的神秘感。在没有正确思想指导的情况下，受封建思想禁锢的人们，可能从一个极端走到另一个极端。因此，反对资产阶级纵欲主义的正确途径，只能是普及科学知识，而不是用落后的封建意识形态去束缚人们的思想和行动。鲁迅主张应该让青少年多接触些事物，扩大知识领域，增加免疫力。他说，母亲洗澡可以不要回避自己的孩子，让孩子从童年时代就受到生理知识的教育。鲁迅的思想对我们很有启发。

我们要引导和教育学生培养高尚的艺术趣味和健康的情操，批判资产阶级审美观和低级庸俗的艺术趣味。著名的苏联雕刻家穆希娜认为，对人体美的正确认识应该成为社会主义审美观的组成部分。她还说过，谁用庸俗的眼光看人体，谁的灵魂就是丑恶的，衣服和帷布是挡不住庸人的眼睛和改变不了低级趣味者的丑恶心灵的（《穆希娜论文集·论苏联美术发展中的若干缺点》）。我们还要告诉青年学生，要以历史唯物主义的态度，用批判的眼光，看待历史上的优秀遗产。从欧洲文艺复兴到19世纪批判现实主义的许多画家和雕刻家，创造了为数甚多的描写人体的艺术品，他们用资产阶级人性论反对封建神权，往往也有用纵欲主义反对禁欲主义的。他们完成了历史赋予他们的使命。他们是值得纪念的人物，他们也有历史的和阶级的局限。正如恩格斯在评价歌德时指出的，他“有时非常伟大，有时极为渺小”，有时是“世界的天才”，有时则是“庸人”（《诗歌和散文中的德国社会主义》）。欧洲的大艺术家们在描写人体尤其是女人体的作品中，常常夹杂着一些消极的、不健康的成分，拖着庸人的尾巴。我们要学习的是他们批判封建制度的战斗精神，是他们严肃的科学态度和对艺术精益求精的探索。对于他们作品中的庸俗的东西，我们一定要有清楚的认识。

上面我们是从基本功练习这一角度谈模特儿的必要性的。至于在美术创作中是否要直接参照人体模特儿，那是另外一个问题。美术家们可以根据自己的需要，使用或不使用人体模特儿，不应强求一致。艺术家有广阔的创造天地，可以充分发挥自己的想象。只要从现实出发，完全可以“俯拾万物”“从心所欲”。还有，描写男女人体，在欧洲已经成了传统的、为人们习惯了的艺术语言，我们则并不一定要机械搬用。

自然，画人体模特儿作为基本练习，也还有许多学术问题需要讨论。例如，怎样把欧洲画人体素描的方法进一步和我国民族传统的写生方法结合起来，糅成一体，创造出有民族气派的人体写生体系？中国画专业和油画、雕塑专业的人体素描训练，要不要有所区别？需要哪些区别？中国画专业的山水花鸟科，要不要画模特儿？对于这些问题，现在在美术院校中有不同的主张。画人体素描的方法，国内也存在着不同的学派。至于有人坚持不主张用模特儿作为基本练习，这种学术见解，可以保留，可以争鸣。总之不同意见的讨论，不同学派的争鸣，对于活跃我们的思想，打破“四人帮”制造的清规戒律，发展美术教育事业，繁荣美术创作，是必要的，是很有好处的。

本文载于《美术研究》1979年第1期

邵大箴，1934年生，江苏镇江人。美术史论家。1960年毕业于苏联列宁格勒列宾美术学院美术史论系。中央美术学院教授、博士生导师。

鲁迅论版画、插画、讽刺画和连环画的特点

王 琦

艺术上不同的形式和体裁，都各具特点，彼此不能代替。它们有自己独特的表现方式，有不同的艺术语言，在观众中发挥其不同的功能。这些艺术形式和体裁，如果失去了自己的特点，便会失去它存在的价值。

鲁迅理解艺术的特点，他在论述版画时，不但把版画和其他的绘画相区别，而且把现代的创作版画与古代的复制版画相区别。古代的复制版画，所保留的是绘画的特点，而不是版画本身的特点，因为当时是由画家作画稿，刻工根据画稿进行复制，刻工不能在板面上任意用刀。只有当它摆脱了对于画稿的依赖，而能用刻刀在木板上发挥出自己的创作性能时，版画才能以自己独特的面貌出现。鲁迅曾说："所谓创作木刻者，不模仿，不复制，作者捏刀向木，直刻下去。……这放刀直干，便是创作底版画首先所必需，和绘画的不同，就在以刀代笔，以木代纸或布，中国的刻图，虽是所谓'绣梓'，也早已望尘莫及，那精神，惟以铁笔刻石章者，仿佛近之。"[《近代木刻选集》(一)小引]这段话实在把创作版画的主要特点讲得再清楚不过的了。善于运用版画特点的作者，就在于他能够充分掌握刻刀与木板的性能，运用木刻特有的艺术语言，以多种多样的刀法，鲜明强烈的黑白对比，朴素典雅的色调，在画面上产生不同于其他绘画的艺术效果，给人以不同的美感享受。这样的创作木刻，从18世纪英国版画家汤玛士·比维克开始，经过后来许多版画家的实践，不断改进和提高它的表现技巧，不断扩大和丰富它的艺术语言，促进了版画艺术的发展，鲁迅在提倡新兴版画时，就再三强调要发挥创作版画的特点，他反对作者复制自己的画稿，更不赞成在木刻版画上去追求其他绘画的效果，虽然鲁迅也曾强调素描对于木刻的重要性，但他却绝不是要木刻去复制素描。因为在科学制版术已经高度发达的今天，木刻家实在没有必要去重复前人已做过的事业。早在一个世纪以前，在科学制版术尚未发达的时代，欧洲的雕版工匠，便曾经用木刻来代替复制黑白绘画原稿的工作，那翻刻出来的效果，可以达到和画稿分毫不差的地步，但那毕竟是绘画的复制品，而不能说是创作版画。正如鲁迅所说："……但精巧的雕镌，后又偏于别种版式的模仿，如拟水彩画、

蚀铜版、网铜版等，或则将照相版移在木面上，再加绣雕，技术固然极精熟了，但已成为复制的木板。”[《近代木刻选集》(一)小引]在外国，当时有些能够绘画的雕版工匠，后来也放弃自己的复制工作，而成为很好的创作版画家，比如俄罗斯的巴甫洛夫，当他早期还是一个熟练的雕镌工的时候，便刻过许多著名画家的作品，后来成为创作版画家，也还用木刻复制过画家列宾的《库尔斯克的礼拜行列》一画的缩小素描画，木刻画上色调层次之丰富，用刀技术之精到，实使人赞赏不止。

有的木刻作者为了追求画面的逼真，精细，而流于复制画稿的倾向，是值得注意的。本来精细与粗豪反映了不同的艺术表现方法和风格，都应该得到发展，而不应互相排斥。但不管是用哪一类方法和风格，同样应该保持版画本身的特点。用刻刀在木板上表现出来的效果和用笔在纸或布上表现出来的效果，究竟有什么不同之处呢？用鲁迅的话来说，就是“有美，有力，仔细看去，虽在复制的画稿上，总还可以看出一点‘有力之美’来”[《近代木刻选集》(二)小引]。这种“有力之美”，是和木刻上的单纯、强烈、刚健分明的特点一致的，它们构成了木刻不同于其他绘画的特殊的艺术语言。作为一个版画家，应该懂得，从刀尖下是可以产生出丰富多彩的表现技法来的，这些表现技法(主要是刀法)是画笔所不能代替的，认为木刻的表现技法很简单，其中没有广阔的天地可供版画家去探索的看法是不正确的。

“四人帮”安插在美术界的那个亲信，丝毫不懂得艺术的特点，竟胡说什么“我最讨厌木刻上的刀法”，真使人啼笑皆非。他否定木刻上的刀法，也就是否定木刻的特点，企图把木刻变为复制绘画的工具。近几年来在“四人帮”的控制影响下，木刻越来越失去自己原有的面貌，套色木刻成了油画、水粉画的复制品，黑白木刻成了素描或黑白画的翻版，鲁迅提倡的“捏刀向木，直刻下去”的创作精神，从木刻上淡漠了，从木刻上发现不了什么别的妙处，这是“四人帮”抹杀艺术特点所造成的恶果。

木刻版画上的“有力之美”，还表现在它的光耀的黑白对比中，即使是中间色调，在黑白木刻画面上，也比其他绘画显得强烈有力。其他绘画上的深浅不同的色调层次(如素描)可以用轻重不同的笔触来表现，但在木刻上，却只能用块、面、点、线的疏、密、粗、细来解决。这些点、线、块、面都是用同一的黑色构成的，它清晰明确，毫不含糊，所以，木刻上黑白对比关系的处理是否得当，是检验一个木刻家的基本功的重要标志。套色木刻不是不可以采用，但是版画上的色彩效果，也应保持一种单纯、朴实、典雅的特色，如果把它弄得和油画、水粉画一样，就失去套色版画的意义。有些作者甚至是用套色板来弥补画面表现力之不足，用多版套印来掩盖版画基本功的缺欠。鲁迅早就指出，套色木刻“是可暂而不可常，一常，要流于纤巧，因为木刻究以黑白为正宗”(复李桦信)。所以，鲁迅在翻印介绍外国版画作品时，都是介绍黑白版画。他极力劝告木刻青年要努力在黑白木刻上下功夫，他曾在给曹白的信里说：“木刻只有黑白二色，光线一错，就一塌糊涂。现在常有学麦绥莱勒的，但你看，麦的明暗，是多么清楚。”

版画还有一套比其他绘画更为复杂的制作工序，从处理工具材料到最后印刷，都需作者自己动手。木刻在刻制完成后，还有最后一道工序是拓印，拓印不好，常常使作品减色。鲁迅曾提醒当时的青年木刻作者，要认真讲究拓印技术，他说“木刻的美，半在纸质和印法”，又说：“创作木刻虽是版画，仍须作者自印，细处这才全备，一经机器处理，和原作会大不同的。”（复李桦信）有些青年木刻作者，往往不重视木刻的拓印技术，因而大大影响了作品的质量，鲁迅的教导应该作为他们的指针。

鲁迅提倡木刻，主要是把木刻作为战斗武器交给艺术青年，发挥它的战斗作用。但鲁迅也十分重视木刻的欣赏作用，认为木刻也可以使人们在紧张工作之余，看看画面，怡悦心情，有消除疲劳的作用。鲁迅曾在《木刻创作法》序里，谈到他介绍木刻的原因，第一是因为好玩，第二是因为简便，第三是因为有用。这三种原因，实际上指明了木刻艺术的三种意义：欣赏性、普遍性、实用性。

这里值得我们注意的是木刻的实用性。鲁迅在这个问题上着重指出：“木刻原是小富家儿艺术，然而一用在刊物的装饰，文学或科学书的插图上，也就成了大家的东西，是用不着多说的。”（《木刻创作法》序）鲁迅指明了木刻的广阔的活动领域是书籍，这一点具有特别重要的意义。书籍的装饰与插图，是充分发挥木刻特点的最好场所。根据现有的史料可以证明，木刻一开始就是与书籍插图相结合的，一部木刻史几乎也就是一部书籍插图史。中国古代版画，十之有九是书籍插图。在欧洲，正如鲁迅所说：“木版画之用，单幅而外，是作书籍的插图，然则巧致的铜版图术一出现，这就突然中衰，也正是必然之势。”[《近代木刻选集》（一）小引]我国现代木刻，书籍插图和装饰还未得到大发展，其原因一个是出版界尚未认识到用版画装饰书籍和用作插图的好处，也没有培养出较多的书籍装饰和插图木刻家；另一个重要的原因，是木刻家还不大热心于作书籍装饰和插图，甚至错误地认为小巧精致的书籍插图，不得大幅版画之伟大而有意义。他们宁愿放弃这块最具有普遍性和永久性的阵地——书籍，而乐于在展览会或博物馆的墙壁上，与巨幅油画或国画争衡，这是舍本而逐末。这并不是说木刻就不可以参加展览会或博物馆的创作任务，但木刻在展览会或博物馆，也应照顾到自己的特点，画幅以较小为宜，艺术作品意义之大小，主要看它的内容和艺术技巧，不是以画幅的大小为准则的，现在应当提倡在版画上多搞些小而精的作品，以代替那些大而空的作品。这里，提倡多搞些书籍插图是必要的。早在四十多年前，鲁迅便向艺术青年们指出版画艺术的发展前途，要广泛地向书籍插图进军。他说：“用版画装饰书籍，将来也一定成为必要，我希望仍旧不要放弃。”（复赖少其信）还说：“我的私见，以为在印刷术还未发达的中国，美术家倘能兼作木刻，是颇为切要的，因为容易印刷而不至于很失真，因此流布也较广远，可以不再如巨幅或长卷，固定一处，仅供几个人的鉴赏了。”（《奔流》二卷二期编辑后记）鲁迅的这些话，至今还是值得我们的版画界和出版界引为重视的。

鲁迅十分重视插图的作用，一部好的文学作品插图，可以形象地再现书中的人物活动和当时的社会环境，他从《死魂灵百图》上，便能清楚地看到当时俄国上流社会的生活细节，男人们的服饰，妇女的发型，马车，蜡烛台……“凡这些，倘使没有图画，是很难想象清楚的。”(《死魂灵百图》小引)这明显地说明了插图的认识作用。鲁迅一方面希望插画家要忠实于原作精神，正确地表现原著中的人物和事件，另一方面又希望插画家不要单纯依赖文字，把插图当成文字的简单图解。他说：“书籍的插画，原意是在装饰书籍，增加读者的兴趣的，但那力量能辅助文字之所不及，所以也是一种宣传画。”(《连环图画辩护》)这说明插画的特殊功能，一个好的插画家，能根据自己对原作的理解，并充分发挥自己的想象，在插画上补充并丰富文学作品的内容与人物形象。我们曾经看到，同一部文学作品有好几种不同的插图版本，这些不同的画家所创作出来的插画，都同是真实地再现了原著的内容精神，但又保持各种不同版本插画的特点，这些特点便是画家自己的思想感情和艺术修养对于原著精神的补充。所以，一部成功的插画作品，是作家与画家共同创作的结晶。

鲁迅曾在好几篇文章中，谈到讽刺画的问题。他认为讽刺画和杂文一样，“可以针砭社会的痼疾”，负有批判旧社会，向人们指出前进方向、道路的责任。因此，讽刺画家必须首先站在人民大众立场上，具有高度的政治眼光，能洞察时代社会的脉搏，以锐利的笔锋去解剖那个社会。讽刺画家是用图画形象来表达自己观点的政治家，使其作品发挥投枪和匕首的战斗作用，而不是制作一些低级无聊的图画，以博取人们的一笑，像当时上海滩上某些漫画家那样。鲁迅就指出以攻击新文化、新思想为能事的“泼克”美术家(按：“泼克”系当时上海出版的一种低级趣味的漫画杂志)，未必可说得上是真正的美术家的。

鲁迅从美术史的发展看到讽刺画的演变，说明在不同的时代社会，由于讽刺的对象不同，因而决定了讽刺画的本质的区别，他指出：“欧洲先前……漫画虽是暴露，讥刺，甚而至于是攻击的，但因为读者多半是上等的雅人，所以漫画家的锋芒所向，往往只在那些无拳无勇的无告者，用他们的可笑，衬托雅人们的完全和高尚来，以分得一支雪茄的生意。像西班牙的戈雅和法国的杜米埃那样的漫画家，到底是不可多得的。”(《漫谈漫画》)戈雅的笔锋，是针对西班牙的王室贵族和当时的畸形社会；杜米埃则把法兰西资产阶级统治者和上层社会的人物作为嘲讽的对象。他们都是站在人民大众立场上，代表广大人民在说话，和当时的统治阶级处在对立的地位，因而也不能不受到当时统治者的迫害，但同时也得到广大人民的支持。讽刺画家如果和反动统治者站在一起，与人民为敌，便失去作为讽刺画家的应有品质，无怪乎鲁迅对于当时像上海“泼克”那样的漫画家是嗤之以鼻，指出他们“对于自己的本业，尚且罩在黑罐子里，摸不清楚，怎能有优美的创作，贡献于社会呢？”(《随感录四十六》)

讽刺画在艺术处理手法上，不同于其他绘画的一个显著特点，便是“夸张”。除了自然主义和爬行的“现实主义”以外，任何艺术领域，都不能排斥夸张的因素，但比起其他绘画来，讽刺画更有运用夸张手法的充分权利，在人物或其他事物的表现上容许“变形”。如果说，早期的讽刺画，还是一种带有讽喻意义的风俗画性质，比如18世纪英国画家威廉·荷加斯的笔下所产生的《时式婚姻》或《婢女的故事》等，仍然属于叙事性绘画的范围，表现手法还是写实的，可是到了现代，讽刺画主要是表达作者对社会、政治问题的观点和态度，象征性就代替了叙事性，那种如实地描写社会生活场面的情况，在讽刺画上就难得一见了，“夸张”与“变形”便成为讽刺画上必不可少的表现手段。但是，强调讽刺画上的“夸张”，并不等于说它就不要一点“诚实”，便可以由作者任所欲为地歪曲人物和事态的原来面貌，弄得观众莫名其妙。鲁迅指出：“夸张这两个字也许有些语病，那么，说是‘廓大’也可以的。廓大一个事件或人物的特点，固然使漫画容易显出效果来，但廓大了并非特点之处却更容易显出效果。”（《漫谈漫画》）这样，夸张便成为集中表现对象特征，突出形象，达到艺术典型化的重要手段。这样的“夸张”，其中也包含了“诚实”，所以，一幅成功的讽刺画，总是在通过“夸张”而使人发笑的外表下，包含着严肃的发人深省的内容。鲁迅说：“漫画要使人一目了然，所以那最普遍的方法是‘夸张’，但又不是胡闹……所以漫画虽有夸张，却还是要诚实。”（《漫谈漫画》）这是提醒漫画家们，不可滥用夸张，要正确处理艺术上夸张与诚实之间的辩证关系。

鲁迅对连环画的重视与爱护，从他当时所撰写的文章里已充分看出。他认为连环画的主要特点便是它的群众性。连环画能让不识字的人或是毫无艺术修养的人，也容易看懂，其原因是“用图画来代替文字的故事，同时也是用连续来代活动的电影”（《一个人的受难》序）。和其他单幅画比起来，这是连环画的优越性，它突破了单幅画只能表现一瞬间情节的局限，而把整个故事前后情节连接起来，有头有尾，取得引人入胜的效果，因此，鲁迅把连环画看成是向群众进行宣传教育的有力工具。

鲁迅不仅肯定连环画的宣传教育作用，而且还肯定连环画的艺术价值。他从美术史上举出例子，证明连环画可以产生像达·芬奇、米盖朗哲罗那样的绘画圣手，证明连环画早已高踞在“艺术之宫”。鲁迅表明，他“对麦绥莱勒的木刻的翻印，是还在证明连环画确可以成为艺术这一点的”（《论翻印木刻》）。比利时木刻家麦绥莱勒用黑白木刻为连环画创造了新的表现形式，但它的读者对象主要还是知识分子，对于中国的广大群众来说，是不大容易被接受的。所以，鲁迅不主张用这种方法来表现我们的连环画，而主张多采用我国的旧画法，以线描为宜，这是符合于我国广大群众的欣赏习惯的。在内容题材上，也应该照顾到广大群众的兴趣和爱好，并考虑到连环画本身的特点而有所选择。连环画是古老的绘画体裁，它和传统剧目一样，适宜于表现一些人所共知的历史故事和民间传说，但应该增加一些符合于今天时代要求的新内容，所以鲁迅主张连环画的取材“要取中国历史上的，人物是大众知道的人物，但事迹不妨有所更改。旧小说也好，例如白蛇传（一名义妖传）就很好，但有些地方须增加（如百折不回之勇气），有些地方须削弱（如报私恩及为自己而水漫金山等）”（复家骏、企霞信）。这样，使历史题材也能在今天发挥它的积极作用，使连环画也体现了“古为今用”的原则。

“四人帮”不顾广大群众的需要，和他们对

待传统剧目一样地专横武断，连环画也不允许表现传统历史题材，这和鲁迅生前的主张是截然对立的，他们的倒行逆施，不能不引起广大群众的反对。

连环画没有辜负鲁迅生前的殷切期望，新中国成立以来连环画获得了重大的发展，无论在思想内容还是在艺术水平上都有很大提高。今天的连环画，主要是表现新人新事，表现现代革命历史题材，这固然是正确的，但对于那些为人民群众所喜爱所熟悉的传统历史题材，也应该适当地保留它应有的地位，这也是今天的大众所需要的，大众所感激的。

本文载于《美术研究》1979年第1期

王琦（1918—2016），重庆人。版画家，美术理论家。1937年毕业于上海美术专科学校，1938年曾于延安鲁艺美术系学习。中央美术学院教授、中国美术家协会分党组书记，中国版画家协会主席。

画家董希文的创作道路和艺术素养

艾中信

我第一次看到董希文的作品是在1942年。这是一幅很有特色的油画——《苗女赶场》，它以新颖简洁的面貌吸引了我。时隔三十多年，至今留有深刻的印象。苗女描绘得朴素而秀丽，皮肤的用色透明纯净，熟练地运用了西欧的传统油画技法。可是形象的刻画，包括服饰、道具和景物的处理，却部分地采用了中国传统绘画的线描。特别是脸部的勾勒和油画的敷色结合得相当好。它的绘画形式比较独特，有中西合璧的效果。从这幅画里还可以看出他对绘画技巧相当熟谙。它布局周密，构图的韵律动荡，突出了苗女匆忙赶路的神情；她的头部正好在画面的中心，眼睛直视前方，很引人注目；而背景上的山陵和飞云，起伏有势。整个画面大调子处理有方，使人景相融，谱成一首动人的民间短歌。

这是董希文刚走出校门以后的早期创作，却可以从中看到他对中外艺术传统具有素养和勇于探索艺术表现力的品性，由此窥见他要走的创作道路和他所追求的艺术风格。

此后，董希文去敦煌研究民族传统艺术将近三年。我和他相识是在1946年，从此在一起工作了27年。我对他的艺术从喜欢而不甚了解，到比较了解而更加喜爱是经过了一个过程的。我从董希文那里看到他所临摹的敦煌壁画比较全面。其中有普遍受到油画工作者喜爱的北魏时期的虽然变了色但是古朴浑厚的摹本，还有大量的与原作等大的盛唐时期的至今还基本上保持原作本来面目的富丽堂皇的摹本。他在这项艰巨的工作中埋头钻研，对许多无名的宗教画巨匠在表现人物（包括裸体）时运用勾勒（大都用赭、黑两色套勾）和设色的精微入化深有体会。他认为敦煌壁画上的人物不依靠明暗法塑造形体及质量感，其效果，比之欧洲文艺复兴时期的大师的杰作绝不逊色。这些人物（包括裸体）画的手法有东方艺术的特点，是西方所没有的。稍后，我发现他的造型手法（不论是素描还是油画）的独到之处，是和他下苦功临摹敦煌壁画上的人物有着密切的关系。至于在艺术表现上，他对我说过：试想当时石窟里的壁画，在油灯和烛光照耀下，那富丽堂皇的色彩，乃历代无名的匠人所精心创造，经过长期的熏陶，这种画风便形成了人们对绘画艺术的欣赏习惯。他对欧洲文艺复兴时期的绘画，在艺术表现上也是喜欢早期的乔托。因为他的作品朴实，爱用珍贵高雅的蓝色作为宗教画的底色来衬托人物，这和敦煌壁画又有一些相同之点。他对西班牙的艾尔·格列柯、意大利的塞庚蒂尼也很称赞。董希文的艺术素养很广，作画的手法也极其多样，有些试探性的习作，其作法有时使我惊讶。我只举这几个方面，是因为他经常谈到而每次都讲得眉飞色舞的。而这几个方面对他的创作，无论是造型手法还是色彩的装饰性风貌，确实也是深有影响的。

在敦煌期间，董希文还画了不少创作。我所看到的只有其中的少数草图和粉本。印象最深的是《扎西跳月》，这是忆写他在贵州时期的生活感受的。粉本完全是用线描，可以想象到这件作品比《苗女赶场》更富有民族特色。

综上所述，不难看出董希文很重视艺术的表现力，这并不等于说他不重视生活的体验，体验和表现在他的创作上是统一的。他说："艺术中的思想不是一个简单的概念，而是要用形象来体现的。想要作品有感情，只有作为形象出现在画面，才能发生艺术的感染作用。"他强调艺术的表现，绝不是表现主义者那种观点。相反，他是一个诚实的现实主义者。在早期，他是一个朴素的现实主义者。他说："自然本身总是美得很，变化丰富而和谐……只有表现得不好才把它搞糟了。即使很有艺术经验的人，一旦关起门来，绘画上总是很快地走下坡路。"可见，他之所以强调艺术的表现，是为了使作品很好地产生艺术的感染作用，是"不让观者在自己的作品前漠不关心地走过"。他总结前人从事艺术的精神时说：是否能够"在自己作品上一笔下去几乎是要负千年的责任的精神……使作品对人民负责和对自己负责，是区别画家最大的幸福还是最大的烦恼"。董希文正是在艺术上不断探索、深思熟虑、不惜付出精力、非常负责的画家，他正如一个高明的建筑师一样，懂得盖大楼要有坚实基础，要考虑周详，有主见，也像一个木工高手一样懂得"工欲善其事，必先利其器"，他在从事一件创作之前，总是煞费苦心地研究如何艺术地表现每个特定的内容；在形象思维方面。同时也在技巧、技术上，他都花了不少心血。

前面我说到董希文在油画民族化这条道路上的试探，是说他的基本的创作路子和所追求的基本的艺术风貌。但在他的创作道路上，并不绝对如此。1946年，当他到北平艺专以后，他所创作的《戈壁驼影》就是一例。作为一个现实主义者，他孜孜于探求形式，是为了使作品更好地表现生活感受。他虽然一向不主张绘画上过分强调光影，也不夸大油画的光色运用，但是为了表现在荒漠中的渺茫行旅，《戈壁驼影》既强调了光影，又夸张了光色，其目的只是更好地反映他当时切身体会过的沙漠中漫长的旅途和寂寞的心情。为此，他选择了日落时分，用拉长的驼影以抒写苍茫晚色，这是作品的主题所决定的。同时期的作品《哈萨克牧羊女》则完全是另外一个样子。这幅画虽然色彩比较明媚，但又蒙上一层薄雾之感，反映了草原牧女的一丝哀愁。生活本来是复杂的，这件作品的主题是比较含蓄的，作者的思想情绪也有种种矛盾，反映生活的艺术语言就比较别致。董希文早期所遵循的朴素的现实主义，非常忠实于生活的实际，不追求构思的出奇，但在艺术形式上的探求往往煞费苦心，"语不惊人死不休"。从这个意义上来说，他是一个表现派。但对于形式的探求，完全是出于对生活的诚挚的感情。所以看了这幅以淡红、淡蓝、淡黄为基调的《哈萨克牧羊女》，并不觉得矫揉造作，也没有把古代壁画生搬硬套的痕迹，倒是把边远地区兄弟民族的日常生活富有诗意地和我们从感情上拉在一起了。

北京解放之初，董希文创作了大型水粉画《北平解放》。这幅画的体裁近似于洞窟壁画。他采用这种构图的用意，是要把北京人民获得解放时的欢欣鼓舞的情景叙事诗一般表达出来，作品有一定的效果。但是这种体裁过去用于描绘宗教题材，人物的大小是可以随心所欲地夸大或缩小的，画面上的人物、景物可以完全不受实际的情况、远近法则和时空的限制。用于画现实题材，《北平解放》的优点是构图饱满，情绪热烈，古城景象一新，但未免限于表面的平铺直叙，虽有人物的细节的描绘，也缺乏全面的概括，这和他一向注重的所谓“整体规律”即整体地观察事物，并作概括的描写，排除烦琐，不用噱头、作料的创作路子是不同的。当然，他也说过，画家为了抒发感情，往往不择手段。《北平解放》这个题材本身是开纪元的，他画这幅画采用装饰壁画的形式，是完全可以理解的。

解放初期的另一幅作品《新解放区生产自救》，是他在党的教育下，开始接受毛泽东文艺思想，参加土改斗争以后的第一幅揭示现实生活中新人、新事、新思想的作品。在他的创作道路上，这是从朴素现实主义走向革命现实主义的转折点。我们如果把这幅画和他到西藏以后所创作的《千年土地翻了身》和《雅鲁藏布江之歌》一起来研究他的创作思想，不难看出董希文对他的作品的主人公是充满了感情的，他对土改以后的农民和解放了的农奴，对他们摆脱封建统治和备受牛马般奴役的地位而今天翻身作主人的共命运的心情，其喜悦是何等的真挚！在这些画幅上，也没有出人意料的情节，唯独充满了获得新生以后意气风发的主人翁感。这一点，在《苗女赶场》《哈萨克牧羊女》上是看不到的，因为这在那时的生活中是不存在的。这些作品的共同品质是画风朴素，充满了艺术家对于劳动人民的深情。《千年土地翻了身》共有两幅，一幅是水粉，一幅是油画，都画得很淳厚，就像生活本身那样和谐、恬适，好像画家并不需要刻意去描写什么，好像画得信手拈来，却感人至深。其原因就在于在艺术上概括得有力，而不是简单地把生活在画面上再现。

以藏族生活为题材的创作还有非常卓越的作品《春到西藏》，这幅画深受广大群众和艺术工作者的赞赏。《春到西藏》和《千年土地翻了身》的思想内容是类似的，题目也都有双重含义。这既是自然景色之春，又是西藏人民胸中之春；既是千年古土翻了个儿，又是千年农奴翻了身。董希文在创作中多次抓住翻土耕地作为揭示主题的契机，是深深懂得土地在人民群众心理上的重大意义的。泥土在劳动人民心目中是乌金、是命根，土地滋养了整个人类。董希文精心描绘了这些泥土，给土地倾注了深厚的感情，他曾说：被犁头铲起的新土，闪闪发光，熟褐色的湿土、可可色的干土需经形象加工，使它们散发出难以形容的芳香。他为创作《新解放区生产自救》曾专程到北京郊区去观察新翻的土地，并画写生。他在《春到西藏》这幅深受群众喜爱的油画上又精心地描画了刚被开垦的土地，其中还夹杂着干草的根茎。土地的深沉色调和鲜艳的杏花相对比、相衬托，而又统一为和煦的春色。他在《春到西藏》上画了人物，但是作为一幅风景题材的作品，他下了很大力气的地方是土地、杏花和天空，因为这幅画的风景部分是关系全局的。他对我说过，为了找到天空和杏花的色彩关系，他曾画了又刮，刮了又画，天空的多层厚敷以致有些地方的油色最后干裂剥落了下来。大家都欣赏杏花点出春来到，却未必都了解他在天空和土地上也花了许多心思，这里寄托着艺术家独到的形象思维，是他在造型和设色上经过反复推敲，一遍又一遍地修改出来的。这幅画上的五个藏族妇女似乎处在陪衬的地位，但在整幅画的构思上，也处理得非常得当。她们几乎都是背影，只有一人回头说笑，鞠着背铲土的姿态又正是藏族妇女很美的劳动形象。有位艺术表演家曾对我说，在“四人帮”控制下的文艺创作，受尽种种莫名其妙的条条框框的限制。凡是劳动场面，那些人物表情，一概要咧着嘴笑，还要装腔作势地“亮相”。美术作品也深受这种影响。《春到西藏》的人物形象，看来似乎平常，可是轻言细语的诗情，实则非常耐人寻味。绘画上戏剧性的情节，处理得好，也是一种体裁，但是，有些看起来似乎平淡，实则十分真实的绘画情景，倒是百看不厌、很有回味的。这或许是绘画艺术和戏剧艺术的不同之点吧。董希文处理这五个藏女时还有意把其中一个直起身子远望新开通的公路上奔驰的汽车，公路上还有两人在往汽车的方向奔跑。这些细节都不显眼，它既符合构图的节奏，细看起来也很有味道。

油画《开国大典》是董希文以高昂的热情在两个月内创作出来的，这幅精心杰作，受到广大人民群众的喜爱，还受到毛主席和周总理的称赞。毛主席看了这幅画以后说：“是大国，是中国。”“我们的画拿到国际间去，别人是比不过我们的，因为我们有独特的民族形式。”（引自1956年2月11日《光明日报》）董希文自己说过：“在带有装饰性处理的《开国大典》这幅画里，尽力想做到富丽堂皇，把风和日丽的日子里的一个庄严而热烈的场面描写出来。”前文讲到董希文意识到洞窟壁画的富丽堂皇的色彩是历史形成的广大人民群众的欣赏习惯，是我国民族艺术传统的一大特色。他还提出民族风格的特征是内容和作法的单纯，所以富于想象而又含蓄。技法上则重视规律和法则，不满足于视觉感受，落笔就要求有形象，并通过个性去概括对象的典型。《开国大典》的色彩构思卓有成效地达到了他孜孜以求的民族风格的特征，为油画的民族化开创了一条路子。董希文这幅画的构图和其他绘画技巧都体现出鲜明的民族气派，而且是富有创造性的。为了艺术地反映这个有着重大历史意义的庄严庆典，他并没有局限于当时人们所能见到的实际场面。他采取了从天安门城楼大厅朝南看的角度，使得天安门广场和一片碧蓝的天空展现在观众眼前。为了开阔视野，他把按一般透视的规律应该看到的一根天安门城楼的廊柱抽去，使画面顿觉敞亮起来，真正是泱泱大国的“天安门”气象。天安门和正阳门的子午线也不是强求按焦点透视机械地完全一致，这样画的目的是使广场矗立起正面的正阳门，因此更加完整和庄严。而城楼上的走廊向东南倾斜，是为了充分地安排人物。总之，画面上的天安门城楼，无论其方位还是结构，如果从建筑设计的实际来对照，是有许多不符之处，甚至是错误的。用一般透视学的规律来衡量又是有偏差的。他在画面上表现了光影，但并未按实际的光影来画。凡此种种，都和我们亲眼看到或在新闻纪录片上看到的开国大典的实际情况不同。画面上的人物只有毛主席站在中央，这符合于使主要人物画在画面中心点的一般构图规律，但其他大都偏立在左方，从一般绘画构图的习惯看来，极不平衡。然而从艺术手法来考察，这个构图是非常成功的创造。由于大胆的处理，特别是抽去了一根廊柱，毛主席虽然只画了一个侧面，但端庄的身躯，气度非凡，“中国人民从此站起来了”的庄严宣言，便形象地概括出来了。《开国大典》的色彩，用碧蓝、大红、金黄组成基调，用灰、蓝、棕、绿使之调和。董希文曾说：“绘画，应找对比关系，因为这样才有画头，有绘画性……一切从根本上对比起来，而又使之统一和联系，才有表现力。”《开国大典》就是按照中国民族传统审美习惯表现出来的。他在创作中还有不少细节，例如把汉白玉的栏杆画得稍带赭黄色，使人感到它更加结实古老，用以加强古国新生的气象。在张澜先生穿的那件绸长褂上面，画家也非常用心地进行了一番刻画。他细腻地设想到，这件绸长褂是在大庆前夜熨平、叠好，准备穿着上天安门的。他说他画这件长褂曾严格按照实物写生，连褶叠的纹路也都一丝不苟。还如他在画面右下角画了一盆相当大的傲霜黄菊，也是物色实物特地布置上去的，既象征着中华民族不屈不挠的高贵气节，又是色彩布局的需要。再看晴空万里浮游着洁白的祥云，大红灯笼的金黄色瓔珞，被微风吹向左方，廊柱上加上红绿彩球（他说事实上当时并无这个装饰），等等，这些都很微妙地加强了风和日丽的革命节日的喜庆景象和时令季节的描写。

董希文还创作了《百万雄师下江南》。为此画过许多不同构思的草图，其中有还未升帆、正在整队待命出征的寂静的瞬间描写。他最后采取了这个热火朝天、乘风破浪即将登岸的画面。他说，这幅画必须采用火红的调子，否则不能尽兴，达到大快人心的目的。

另一幅《红军不怕远征难》则完全是另一个基调。他自己曾写道：“我在创作《红军不怕远征难》这幅画的时候，明确主题思想是长征过草地时那种最困苦的物质生活同最大的乐观主义精神的对比，所以在色彩上也想追求困难与坚毅的配合。”为此，他采取了冷蓝、黑棕为基调，只有淡淡的一点黄色灯光和火苗。董希文自己说过这幅画的构思是“明确”的，但对怎样表现，只是说“想追求”。据我在和他的接触中的了解，他对这幅画的形象思维（包括色彩的构思），其用心实不下于其他几件创作。他在这幅画上画红军战士相互依偎着休息的革命友情，画吹短笛的乐观主义情调。与此相对比的是疲乏和困倦，并突出了围着篝火烤衣服的人物的描绘。很可能，这幅画较多地保留了他早年的朴素现实主义成分。可以想象，他在为这幅创作去草地体验生活时的亲身感受是实实在在的，他的这番经历，必然使他对红军过草地时的艰难困苦无法低估，然而对于“红军不怕远征难”

的乐观主义精神，他却没有足够的切身体会。因此，这幅画的基调看起来稍低，艰苦困难的描写有余，乐观主义的情绪不足。但是，董希文一贯着重运用形象思维进行创作，他的探索和挖掘的精神是可嘉的，例如他在表现天空的夜云时，做过种种设想，企图用它来造成惊天动地、“鬼”哭“神”嚎（鬼神也可寓意革命的）的氛围。也就是说，红军长征过草地这样的革命壮举，只能用惊天地、泣鬼神的艺术表现才能感动人、教育人，他的这种想法是从事艺术创作者很宝贵的素质，是反对概念化、一般化、理想化的示范。

董希文还有不少创作如《抗美援朝》，也是大型的油画，这是等人大的作品，却是在他卧室中画的。徐悲鸿去看他作画时，很夸奖他的刻苦坚毅，对这幅画大刀阔斧的手法也很赞赏，并说可与鲁本斯的作法媲美。《抗美援朝》共有两幅，先画的一幅发表在《人民画报》上，是用水粉画的。

董希文的作品，除了课堂上的技术性习作，一般都富有生活意味。有许多写生，也具有思想内容，用我国传统的说法，可以称之为即兴之作（景生情之作）。这个情况，在他两次入藏和长征路上的写生上面可以明显地看到；从他的画集中所收的作品中，可以提出很多例子。这和有些画家有时不免把在生活中的写生画成习作适成对比。例如他画过不少以放牧为题材的作品，如《高原战士学毛著》。有的是描绘牧童短笛，顺便提一笔，他本人很喜欢这小幅的《喜马拉雅山颂》，他确实画出了诗一般的境界。藏童吹笛倒是其次的，妙在山光水色及倒影，更妙在陶醉于苍茫暮色和悠扬笛声中的羊群，它们几乎都要打盹了。他画了好几张牧歌，或者叫作山歌，都是很好的即兴之作，其他还有《草地军医》《丰收》《唐古拉山下挤奶》《芦花小藏民和解放军叔叔》（水粉）等。同类题材还有一幅油画《芦花军营》，虽是风景但也有人物细节。这些都是写生，但都有一定的创作构思，而且是很有情趣的。值得提出的是《拉萨河边》，画的是藏女洗发，粗看好像极平常，仔细一想却很有意思。大家知道，解放前的藏族妇女是编着很多小辫子的，藏族旧习惯又不洗头。今天解放了，洗头这件平常的小事也就寓有政治意义。他把这个藏女画得心情舒畅，她仰望天空，嘘了一口气，这洗头也成了不平凡的事。谁说小题材不能包含政治意义呢？即使像《毛儿盖贸易公司》这样的平常风景，看来平淡得很，在边远地区可是生活中的新事。鲁迅在《作文秘诀》中写道：“有真意，去粉饰，少做作，勿卖弄而已。”董希文的不少作品体现了这种创作素质。

现在我要谈谈董希文的艺术功力问题。简言之，也可说是他的基本功问题。但是我觉得说艺术功力更恰当一些，因为基本功的含义，主要是指艺术技巧和技术，光从这方面去探讨还不能阐明一个艺术家在运用他的艺术技巧去表现生活的艺术成就。

为了说明这个问题，有必要先介绍董希文的速写和草图，这样比较容易讲得清楚。他的速写，忆写的成分很强（严格说来，写生也是要运用记忆力的，不能看一眼，画一笔。不加强记忆力，就避免不了描摹、拷贝），画得很概括，得其要领，造型扎实，神态自如。他画的创作初稿，和这些速写很相似。因为默写能力强，能用很简练的线条把人物画得很传神。我所看到的《开国大典》的初稿只比明信片略大一些，他放在衣袋里经常拿出来征求意见的《开国大典》草图，就是这样一张小卡片，但是人们一眼看去就能领会到所画人物的概貌（可惜此件作品已找不到）。我这样介绍是为了说明董希文的绘画功力强，他不但能够对着模特儿画得非常正确，合乎造型规律，而且由于对造型形象有着高度的整体观念，就像他自己所说的："从整体入手，合乎整体规律"，所以能够把造型形象概括地默写出来。他说："自然界的细节是非常多的，表面现象是找不完的，自然主义地找，准忙不过来。"所以他非常强调从整体去观察对象和概括地描写。他的速写、草图、画稿是这样，他在创作中参考照片作画也是这样。他画《开国大典》，当然不可能有写生的习作，都是参考照片进行创作的。参考照片作画不是绝对不可以，有时还必须这样做，重要的是看你怎样运用它。有一次我去看他画《开国大典》，他正好在画郭老的头部，那时整幅画布基本上已铺上一层基调，有些肖像已经完整地画好，就像现在我们看到的那样，容貌和体态都画得生动而有个性。当时郭老的头像还只用中国狼毫笔蘸着油色勾了一个底稿，作法基本上是线描，间有一些皴擦（这个画法他自己称为简写）。我去看的时候，还没有作明暗上的素描处理，但是郭老的神情已经十分肖似，作为简写，作法利索，好像再画下去有点难于下手了，但是他却能在这个基础上进一步刻画，不破坏最初简写下来的传神之笔，而且把形象从造型上和油画技术上更加完整起来。这一步工作是很不容易的，往往要思考得很多，然后才能有效地着笔，不致把已经掌握住的生动的形象搞糟。我们可以看到他根据照片画的董老、林老的形象草稿，也都好像是对着真人速写的。从这里可以看出，董希文的素描是画得很活的。我说他的艺术功力强，就是指的捕捉生活中的形象能力强，造型能力也强，即使是照着照片画，他也能用绘画的手法把它改造成为他所要求的绘画效果。这里我要说明一下，我常用造型形象这个词，是因为造型通常是指形体结构而言，形象则着重指神态和感情的刻画。

他的素描画得活，艺术功力强，首先在于整体观念强（包括环境在内的统一性），观察得周密而且深入，因此能做到由表及里的概括。首先是观察、分析要准确，心中有数，从作法上讲，他的素描关系也是处理得很高明的。举例说，《山歌》这幅肖像就是他的艺术功力的代表作，真可以说是眼到手到，笔不虚落，游刃有余。在《山歌》和其他一些画上，都可看出他对造型的分析、综合很得当，捕捉形象的感觉敏锐，达到胸有成竹，画得虚实得宜，面与面、笔与笔之间的衔接像水墨画一般气韵生动。鲁迅论画时说过："静观默察，烂熟于心，然后凝神结想，一挥而就。"有成就的画家虽然风格不同，其作画过程，大抵如此。

我曾说董希文的素描，庶几可以称得上稳、准、狠。他在刻画造型形象方面的能力，从本集所收的许多作品中，可以看出相当有把握。他的两幅《翻身农奴》和这幅《农村互助组组长》也画得简练扼要而又扎实。他不废笔墨，笔笔俱到，连《翻身农奴》的白胡子、白头发也用笔杆画得恰到好处。画画的大都有这个经验，老人的抬头纹、皱眉纹往往是很难处理好的。画少画浅了不够，画多画繁了累赘。若要恰到好处，就要从整体去观察，把造型诸因素进行恰当的分析综合，才能不慌不乱，正确无误地着笔。等到经验多了，下笔就能毫不含糊，甚至不需修改，画得恰到好处，达到稳、准、狠的境地。他画《千年土地翻了身》上面的牦牛，其用笔和中国画一般称得上是有笔墨的。董希文在处理人物和背景的关系上也浑然一体，很注意黑、白、灰的层次和布局，光影明暗和谐统一。这里要补充一点，观察分析对象主要靠理性的逻辑思维；形象的综合表现，必须靠形象思维。董希文对这两方面的思维是结合得很紧的。

关于董希文的油画色彩，论者有些不同的看法。前文我已讲到他对民族传统绘画的热爱，并作过深入的研究，深受熏陶。所以他的色彩见解是强调物体的固有色（物体的本色），减弱条件色（指外来因素，主要是光色作用）。这和他在素描上强调不变的形，减弱可变的光，在理论上是一致的。但是他作画并不排斥光色作用，对西欧的油画传统也是很有研究的。虽然他对印象派的色彩并不十分喜欢，而相当热衷于后期印象派色彩的装饰性，但也并不否定印象派油画在色彩运用上的科学的发现是合乎自然法则的。他只是认为印象派的色彩有点自然主义的倾向，今天看来，彩色照片就几乎能达到这种色彩效果。当然，印象派的各家作法还是有其个性的，彩色照片是决不能代替的。他自己也画过纯属印象派的《窗前静物》。为了表现明媚春光，《春到西藏》上的杏花也吸收了印象派的点彩手法。他对冷热色的分析和运用也是很有研究的。在这方面他并不比别的油画家关心得少些。他甚至发觉“塞尚在分析画面上的色彩冷热对比和中间色层的推移上，对于他追求形体的坚实感是很有力量的”。可见，在色彩的研究上，他也是很广泛的。但是在运用时，他主张“把色彩用在最需要的地方。因之，画面上的色彩自然显得单纯而美”。《春到西藏》的色彩运用就是这样。所以，他是反对色彩堆砌的，这和他的创作思想上崇尚朴实，不主张过分加油加醋也是一致的。但是对于色彩的运用，只要有利于表现，他也主张“不择手段”“无法之法”。这个主张，在他第三次入藏的写生中，体现得更加明显。

董希文对艺术表现力的不断探索，经历了漫长的一段时间。他的艺术特色和个人风格的形成首先在于艺术功力的深厚，其中有个重要的因素是对造型的掌握有切实的功夫。简言之，还要归结到他的素描基础扎实。所谓扎实，不仅是写实能力强，能把客观的形体实实在在地画下来，用他自己的话来说，还要用艺术家的眼光“富于感情地观察，更富于感情地去表现”，“形要有感情的形，色要有感情的色”。要使作品有感情，画面上的一切“要作为形象出现，才能有感染力”。所以，造型上的唯物主义是重要的，而且是首先要注意的，但造型基础的扎实，不在于描摹得如何逼真，而在于抓住要点，把造型形象高度概括起来，而且在心里记住，才能一笔是一笔，笔不虚落。他作画，反复修改的情况也是不可避免的，但完成后的面貌，能使人感到一气呵成，看了很畅快。

凡是有成就的画家，大都有这样的艺术功

力。在创作上如何运用，则是另一回事（特别是大幅的作品），不可一概而论。重要的是在作画时对于所描写的物象要尊重其客观存在，要从实际出发，而且要热情奔放和冷静观察相结合。董希文强调了用感情作画的一面，这无疑是非常重要的。把对象用冷眼看待，绝不能塑造生动的形象。但是对于造型问题，却需要有非常冷静的头脑，否则不能很好地对事物的结构及其三度空间进行科学的研究并找到其中的各种关系。在这里，冷热结合是非常重要的。在我接触到的画家中，董希文在作画时的冷静态度是相当突出的。以课堂作业而言，通常在找到一个激动人心的模特儿时，不免情不自禁地赶忙打开画箱，巴不得立即把他画下来，生怕失去了新鲜的感觉，抓不住动人的形象感受。因此往往手忙脚乱，以至于不知所措。董希文却很少有这样的情况，虽然心里是很热的，表面上看来却异乎寻常地冷静。他作画的第一个步骤是冷静地长时间地观察对象。经常点燃一支烟，默望着静静地观察所要画的对象。同时准备画具，把洗得很干净的画笔排得整整齐齐，以便随时可以顺手选择一支；颜料和其他工具也收拾得有条有理，可以予取予求。等到他把对象作了全面的考察，心中大致有数，就用大线条布局落幅。这第一步经营位置的工作也是很细心推敲的。有时我看他提起画笔却在空中比画了好几下，然后在画布上画上一笔，他的“稳”，从这里就已经体现出来了。他的整个作画过程，都是“稳”字当头，没有随便下笔的习气。他在没有肯定该怎样下笔之前绝不轻易涂抹。他最不喜欢似是而非地任意甩上几笔，也反对貌似完整地画得有鼻子有眼，可是经不起推敲的所谓细致周到。这些，都是每个有成就的画家的共同素质，而董希文是严格实践这个准则的。

讲到艺术家的素质，重要的是见识广博，胸怀宽阔，明辨是非、优劣，善于发现各家之长并吸收之，很重要的一条是要文人相敬。每个人容易有偏爱，但要排除偏见，绝不能心地狭窄，只看到别人的短处。董希文解放以后很注意吸收群众的意见，在艺术创作上很有群众观点，《开国大典》和《春到西藏》都是在群众的审美观的基础上提高起来的。为创作不辞辛苦，深入生活，他在这方面的修养也是很值得我们学习的。

董希文本来是学土木工程的，由于热爱艺术，终于决心学画。他的学画过程，他自己说是想尽办法到处求师。他先进苏州美专学习。他说在那里主要是画素描，曾经一味追求精细，甚至把布衣上手缝的针眼都能显示出来。随后，他曾到上海美专见习，到每个画室、对每个名家进行观摩学习。在上海美专虽然是借读学，却也了解到各家之长，增长了许多知识。最后进杭州国立艺专学习，从林风眠教授学油画。最后在常书鸿教授的画室毕业。去敦煌研究期间，也是在常书鸿所长的领导下工作，所受的熏陶就更深一层。他在重庆时，对当时迁蜀的武昌艺专也作了考察。1946年，应徐悲鸿校长之请到北平艺专执教。他曾对我说，他以前之所以没有到徐悲鸿、吴作人等画家办学的地方来，是因为他觉得对写实的画派比较了解，不急于做进一步的研究。但最后还是来了。在共同的工作中，他觉得徐悲鸿学派艺术观点和教学主张确有许多优点，特别是对于绘画基础教学和对于素描造型的法则，徐悲鸿的学派很值得好好总结。在我们一起进行素描教学的过程中，董希文很热情地提出了许多宝贵意见。关于“三大面”“五调子”“明暗交接线”等素描技术上的论述，就是在中央美术学院成立后的素描教研组的活动中逐渐形成的。董希文在中央美术学院任预科主任期间，对基础教学也付出了不少精力。有许多今天的教师骨干，是他精心培育成长的。1962年后，中央美术学院为董希文成立了工作室，希望通过开办工作室的办法，使他的艺术成就、艺术主张、教学特长有条件发挥出来。在一年多的时间里，他所主持的工作室在基础课和创作上都有独到的建树，工作室的学术空气相当浓厚。可是正当他贯彻了毛主席提出的“百花齐放，百家争鸣”的方针，在“古为今用，洋为中用”上做出了努力，在油画民族化的道路上刚刚迈出一步时，林彪、“四人帮”就把黑线专政的帽子也扣到了他的头上。莫须有的罪名一大堆，使他的身心受到了极大的摧残。1970年，在他胃病极其严重的情况下，他还被强令到工厂劳动，以致胃穿孔晕倒在地，经邻居亲友急忙设法送医院。在这种生命攸关的时刻，还要等待所谓“领导”批准，几乎来不及做胃切除的抢救手术。1971年，他又以病残之身去部队劳动。我们看到他赤足涉水，用瘦削的双臂割草，而每顿只能吃很少的食物。人们于心不忍，而他却以乐观的态度坦然处之，但到1972年，终于不能支持，回京治疗，确诊患了癌症。但董希文仍以乐观的态度与病魔做斗争。他坚信世间任何病患终有克它的办法，相信医学的发展，一定能克服癌症。为了表示决心，他刻了一方《抗癌》和另一方《百折不挠》的图章，还刻了一方《雄关漫道真如铁，而今迈步从头越》，用毛主席在《忆秦娥·娄山关》中的豪迈词句，作为他与病魔做斗争的座右铭。病重期间，他还到革命历史博物馆修改《开国大典》，他坚决要抱病亲自去改，是实践他“对自己的作品要千年负责，对人民负责，对自己负责”的信念。在最后住院的日子里，他忍着剧烈的病痛在病房窗口描绘北京建设的景象；当他卧病不能动弹的时候，他还把想到的创作构思记下来，希望有一天能重新拿起画笔，“再为党工作二十年”。董希文一向勤勤恳恳，刻苦工作。他创作《开国大典》从接受任务到完成只用了不到两个月的时间。为了把作品画好，从不吝惜花费精力。他在教学中很重视因材施教，能够对不同才能的学生“顺水推舟”，使他们顺利地发展各自的特长。董希文是我党的一个好党员，是忠诚于党的文艺事业的卓越的画家和优秀的教育家，他为社会主义的美术事业做出了出色的贡献。他的早逝，使我们感到十分惋惜。

1972年7月的一个下午，当我要到斯里兰卡去的前两天，我去看过他。那时他的病情已经严重恶化，但还坚持起床看书学习。他依然兴致勃勃地和我研究为班达拉奈克大厦作画的问题，设想怎样表现海洋景色，提供了不少宝贵的意见。虽然他对我说感到肩背之间有些异样，意识到癌病可能转移，但仍然关心艺术，谈得很激动，并无疲倦之态，充分表现出一个艺术家的可贵素质。临别时他一定要送我出大门，我们紧紧地握手，他的大手握得格外有力。夕阳从树隙中照射到他的脸上，眼眶里禁不住闪着晶莹的泪花。我们惜别吞声，相对无言。我们心里都明白，这是我们二十多年共事相叙友情的最后一刻。我们咽声告别，都预感到是永别，此情此景，至今一想起犹使我凄戚。我在国外闻讯董希文同志于1973年7月8日不幸逝世，水阔鱼沉，徒自悲切。“夜深风竹敲秋韵，万叶千声皆是恨。”但当我看到他的许多生机盎然的作品跃然纸上时，又想起他所说的“一笔下去几乎是要负千年的责任的精神”而感到安慰。

本文载于《美术研究》1979年第1期

艾中信（1915—2003），上海人。油画家。1940年毕业于中央大学艺术系。中央美术学院教授。

苏轼和宋代文人画

王　逊

文人学士——从事绘画艺术的封建阶级士大夫，他们的生活、素养和爱好在作品上打着明显的烙印，他们的活动给我国封建社会后期绘画的发展以重大影响。文人画成为笼罩画坛的巨大潮流。

文人画家们自己往往把王维，甚至顾恺之作为这一潮流的开始。这一说法在一定程度上把文人画潮流的历史地位夸大了。这一潮流的真正形成是在北宋晚期——神宗时期。

文人画是从山水画艺术范围内开始的，也涉及花鸟画。

从北宋熙宁、元丰年间到南宋建炎、绍兴年间（高宗时期）是文人画家活跃的时期。其中著名的画家如画墨竹、枯木窠石和山水平远小景的文同和苏轼，画梅的仲仁和尚和扬无咎等。这一时期也是书法艺术史上又一高峰，苏轼、米芾和蔡襄、黄庭坚等人是当时名家，也都有重要的历史地位。其中苏轼和米芾二人影响后世绘画和书法的发展尤其大。苏轼在绘画理论方面提出的见解，有力地推动了文人画潮流的发展。

苏轼未曾系统地阐述自己的绘画思想，只有一些片段的文字，是一些相当简短的诗歌或跋语题记。但是他有一个一贯的观点，这一观点贯穿在他对诗、书、画各种艺术的见解中。

他在一篇《书黄子思诗集后》的文章中，提出书法的最高艺术境界是“萧散简远”，诗的最高境界是“简古”和“澹泊”。他说：“予尝论书，以谓钟（繇）王（羲之）之迹，萧散简远，妙在笔墨之外。至唐颜（真卿）柳（公权）始集古今笔法而尽发之，极书之变，天下翕然以为宗师。而钟王之法益微。”“至于诗亦然。苏（武）李（陵）之天成，曹（植）刘（桢）之自得，陶（潜）谢（灵运）之超然，盖亦至矣。而李太白、杜子美以英玮绝世之姿，凌跨百代，古今诗人尽废。然魏晋以来，高风绝尘亦少衰矣。李杜之后，诗人继作，虽间有远韵，而才不逮意。独韦应物、柳宗元发纤秾于简古，寄至味于澹泊，非余子所及也。”

下面，他又提出唐末的诗人及评论家司空图，加以推崇。而特别赞赏司空图论诗所说：“梅止于酸，盐止于咸。饮食不可无盐梅，而其美常在咸酸之外。”

在上面这一篇文字中，苏轼就书法和诗提出了三点主要见解：1. 技巧上的最高成就不是艺术上的最高境界，甚至妨碍了最高境界的完成。2. 艺术上的最高境界是“萧散简远”或“简古”。

3. 艺术的最高表现"常在咸酸之外"，即超越感情的具体的形象之外。

这一见解运用在绘画方面，就是苏轼评论吴道子、王维的艺术高下的那几段有名的言论。

《书吴道子画后》中，他说："知者创物，能者述焉。非一人而成也。君子之于学，百工之于技，自三代历汉至唐而备矣。故诗至于杜子美，文至于韩退之，书至于颜鲁公，画至于吴道子。而古今之能事毕矣。"

接着，苏轼就对吴道子的艺术才能大加赞叹："道子画人物，如以灯取影，逆来顺往，旁见侧出，横斜平直，各相乘除，得自然之数，不差毫末。出新意于法度之中，寄妙理于豪放之外。所谓游刃余地，运斤成风。盖古今一人而已矣。"

但是，在《凤翔八观》第二首中，谈到他在凤翔开元寺见到了王维和吴道子的壁画，他又说："吴生虽妙绝，犹以画工论。摩诘得之于象外，有如仙翮谢笼樊。吾观二子皆神俊，又于维也敛衽无间言。"

苏轼认为王维之高于吴道子是由于他"得之于象外"。

苏轼的诗文集中可以见到他不断地赞扬文同所画的墨竹，有一首诗强调文同的"得之于象外"："斯人定何人，游戏得自在。诗鸣草圣余，兼入竹三昧。时时出木石，荒怪轶象外。举世知珍之，赏会独余最。"

因此，苏轼在绘画艺术方面认为掌握高度艺术技巧的吴道子虽然能够做到"出新意于法度之中，寄妙理于豪放之外"，然而还不是"得之于象外"，还是"画工"。然而王维，甚至文同都能"得之于象外"，所以王维高于吴道子。那么，苏轼在绘画艺术中追求的是什么，他所提倡的是一种怎样的绘画呢？

在评论王维、吴道子的《凤翔八观》第二首中，苏轼也透露了他的这一方面的看法。《凤翔八观》第二首全诗：

何处访吴画，普门与开元。
开元有东塔，摩诘留手痕。
吾观画品中，莫如二子尊。
道子实雄放，浩如海波翻。
当其下手风雨快，笔所未到气已吞。
亭亭双林间，彩晕扶桑暾。
中有至人谈寂灭。
悟者悲涕，迷者手自扪。
蛮君鬼伯千万万，相排竞进头如鼋。
摩诘本诗老，佩芷袭芳荪。
今观此壁画，亦若其诗清且敦。
祇园弟子尽鹤骨，心如死灰不复温。
门前两丛竹，雪节贯霜根。
交柯乱叶动无数，一一皆可寻其源。
吴生虽妙绝，犹以画工论。
摩诘得之于象外，有如仙翮谢笼樊。
吾观二子皆神俊，又于维也敛衽无间言。

首先，这里排除了一个问题，即王维和吴道子的区别不在于表现方法，"得之于象外"的问题不是表现方法上的写意与工笔的问题。

凤翔开元寺东塔下王维所画的《祇园弟子像》早已不存。但门前的两丛竹，曾经宋人摹刻于石，苏东坡同时人游师雄据当时郭某的摹本的刻石，现在西安博物馆。由这一石刻所见王维画的是双钩竹，异常工整，甚至可以认为相当拘谨于物象。在这一点上，王维完全不能说："仙翮谢笼樊"，若与吴道子的"雄放""笔所未到气已吞"相比，王维更接近画工，吴道子应该说是更接近于"得之于象外"。

苏轼之推崇王维显然是由于王维表现了诗人的情怀。吴道子尽管才艺超卓，他画瑰丽动人的佛说法图，可以用雄健的笔墨表现思想和想象，却不曾直接抒写富有诗味的思绪，如描绘心情清寂的祇园弟子和烘染这种清寂气氛的丛竹那样。

要求在绘画中表现一种超脱世俗的带诗味的情怀和思绪，所以苏轼在另一处曾说："神机巧思无所发，化为烟霏沦石中。古来画师非俗士，摹写物象略与诗人同。"(《欧阳少师令赋所蓄石屏》)苏轼提出绘画艺术的"摹写物象"也就是形象的创造"略与诗人同"，这里我们可以看出，第一，表现超脱的带诗味的情怀和思绪；第二，强调构成绘画形象的主观方面比客观方面更主要，更根本。而显然他所强调的主观方面只有他心目中的特定的意义，并不是指艺术家对客观事物及其规律的认识，艺术家的社会思想及理解，等等。

绘画艺术的"摹写物象略与诗人同"，自然也就产生了苏轼对于某一部分绘画题材的偏好。他自己以及和他一起的其他画家所选择的都是竹、枯木怪石、云山等，而他们在作品中表现的正是这些自然事物能体现超脱的品格的抒情特质。这种抒情特质显然是仙佛鬼神、历史人物故事等题材所不能表现的。

一方面，他重视构成艺术形象的主观方面，他说："得之于象外。"另一方面，他指斥"论画以形似，见与儿童邻。赋诗必此诗，定知非诗人。诗画本一律，天工与清新"。苏轼又有"常形""常理"的理论，也反映了他对于绘画中"物象"的这一看法。

苏轼在《净因院画记》中评论文同画竹说："余尝论画以为人禽宫室器用，皆有常形。至于山石竹木水波烟云，虽无常形，而有常理。常形之失，人皆知之。常理之不当，虽晓画者有所不知。""虽然常形之失，止于所失，而不能病其全。若常理之不当，则举废之矣。以其形之无常，是以其理不可不谨也。世之工人或能曲尽其形，而至于其理，非高人逸才不能辨。"

他又特别指出文同画竹："根茎节叶，牙角缕脉，千变万化，未始相袭，而各当其处。合于天造，厌于人意，盖达士之所寓也。"

在这里，苏轼把绘画描写的对象分为两类：有常形之物（人禽宫室器用）和无常形而有常理之物（山石竹木水波烟云）。值得注意的是，苏轼并未说明有常形之物是否也有常理，他只强调了无常形而有常理之物的处理难于有常形之物，如果他所说的"常理"是指客观事物的内在的规律，那样他必须承认有常形之物也有常理。在表现上的难易是要看表现了常形还是常理，是表面现象还是内在规律，难易之区别不在于两类事物之间。

所以，苏轼所说的"无常形而有常理"是指出了，例如竹子的枝叶纷杂中具有组织与排列的规律，但他所着重的是区别两类描写对象：一类是人禽宫室器用，造型上有明显的规律，所谓有

"常形"；另一类是"无常形而有常理"，造型上似无规律而实有规律的竹石枯木云水等。苏轼认为能表现后一类事物更难、更高，必须诗人达士才能做到。因为这一类事物的艺术表现既要"合于天造"，又要"厌于人意"，他把以竹石枯木云水为题材的绘画的地位置于描绘人禽宫室器用的作品之上，前面已指出是因为他认为这些自然事物具有一定的抒情的特质，"常形""常理"之说是他提出了又一论据。

由于强调构成绘画的主观方面，他提出"胸有成竹"这一著名的主张，强调艺术形象的内心根据，进而宣传艺术创作的直抒胸臆，强调艺术创作的直观的特点，他比较了两种创作的方法："今画者乃节节而为之，叶叶而累之，岂复有竹乎。故画竹必先得成竹于胸中，执笔熟视乃见其所欲画者，急起从之，振笔直遂以追其所见。如兔起鹘落，少纵则逝矣。与可之教予如此。"（《筼筜谷偃竹记》）

而这正是他在《欧阳少师令赋所蓄石屏》一诗中所说："神机巧思无所发，化为烟霏沦石中。"在《郭祥正家醉画竹石壁上》一诗中他说："枯肠得酒芒角出，肝肺槎牙生竹石。森然欲作不可回，吐向君家雪色壁。……"

苏轼的这些见解也反映在和他接近的其他人的言论中。如黄庭坚作诗咏题苏轼的作品，说："胸中元自有丘壑"（《题子瞻枯木》），"醉时吐出胸中墨"（《题子瞻画竹石》）。又一画家宋迪谈创作山水画时酝酿构思，可以悬布在破墙上，隔了布隐见墙面的凸凹不平，以想象山峦树木等等。这些说法都是强调艺术形象的主观方面。

此外，苏轼的绘画思想中又一值得注意之点，是他屡屡提到的"画工"、"俗士"和"诗人"、"逸士"的问题。这一论调的极端表现是以下一段文字：

> 观士人画如阅天下马，取其意气所到。乃若画工，往往只取鞭策皮毛，槽枥刍秣，无一点俊发，看数尺便倦。（《跋汉杰画山》）

苏轼在诗歌中赞美过赵昌、郭熙、崔白等人的作品，和这里所表现的轻蔑态度是矛盾的。但是如前面已经见到的，他对吴道子的评价也未始没有矛盾。事实上是只有卓越的才能的确还创作不出符合文人的心理爱好的那样一种绘画。而就是在这一矛盾中，也可以看出苏轼的绘画思想中不能说不是带有一定程度的阶级偏见的。这也正是"文人画"潮流中一个有重要意义的因素。上面引到的《跋汉杰画山》的最后一句是："汉杰，真士人画也。"这是"文人画"的概念第一次正式出现在古代绘画史上。

苏轼的绘画思想，作为对于绘画艺术的一种具体主张即"文人画"思想，强调表现山石竹木等自然事物及其抒情的特质，强调作者情怀的直接流露，强调作者主观的创造作用和创作过程中的直观性，强调文士诗人的对于美的事物的理解力和感受力，等等。而这一些也正是作为封建社会后期美术史上重要现象的"文人画"思想的基本内容。所以，苏轼是"文人画"的重要创导者。

而同时，苏轼的"文人画"思想，作为理论的探讨，却是具有一定的创造性。他们的创造性主要是锐敏地见到了这样一些在绘画理论上带有普遍的美学意义的问题：超越具体的感性的形象的艺术表现，所谓“咸酸之外”；艺术表现中描述与感染的区别与联系；主观因素——思想、感情和理想之决定着艺术形象的成败；“胸有成竹”；诗与画的一致性；艺术技巧的修养与创造艺术境界的关系；等等。苏轼这些探讨本身也就是对于绘画理论发展的重要贡献。在此以前，绘画理论的探讨着重在构成艺术形象的客观方面，即艺术和对象的关系问题（如形似—神似的问题）。而苏东坡是从构成艺术形象的主观方面出发，提出一系列见解。这是一个重要的新的起点，在艺术形象作为主观与客观相统一的辩证关系方面更深入了一步。只是他自己没有真正回答自己所提出的问题。而在后期的绘画史上，走在文人画的道路上的画家不断用创作实践的经验揭示了这一辩证关系的更多的侧面，也未完全回答这些问题。

苏轼是一个多才多艺的人。若对他在文学艺术多方面的成就和声誉加以比较，可以说他的书画不如诗文，画不如书，而绘画创作不如理论。但是他的创作恰恰是他的理论的具体阐明者，也是最好的补充。

他和父亲苏洵、弟弟苏辙，同以文知名于世，当时称为“三苏”。他的交往很广，亲朋间很多倾倒一时的文学家和艺术家，如黄庭坚、秦观、王诜、李公麟、米芾等。苏轼性情豪爽，而恃才傲物，常结怨于人。苏轼一生在政治上极不如意。王安石变法以后，数十年中新旧党争十分激烈，苏轼曾两次受到厉害的打击。他的诗文书画都曾一度被视为违禁，只能不公开地流传。他的诗保留下来的有两千多首，书法作品也达百余种，个人创作数量之大，是历史上罕见的。但绘画作品保留不多，只有一件《枯木图》是可靠的。

这幅《枯木图》只作一枯树，一顽石，石后露出一二稀疏小竹，树下三两细草。构图上略有经营意匠。可知是由唐代已开始的窠石一体而来。这幅作品，重意趣，而弱于造型。这就暴露了苏轼的绘画思想中隐藏的错误倾向。这样的作品在他同时的少数人中间是有吸引力的。米芾曾说：“子瞻作枯木，枝干虬屈无端倪。石皴硬，亦怪怪奇奇，如其胸中蟠郁也。”黄山谷说：“东坡居士作枯槎寿木，丛筱断山，笔力跌宕于风烟无人之境。”但是给后人的感受却不像他们所说的那样强烈。

在苏东坡的友人中，文同的墨竹尤其有很高的声誉，称为湖州竹派。在当时和后世都被当作画墨竹的宗师。文同，字与可，是苏轼的表兄弟，他画墨竹，以苏轼为知己。文同也擅长画山水及篆隶行草各体书法。他的墨竹不但在表现竹叶附枝善于选取其潇洒生动的姿态，而且在描绘方法上，是运用了书法行草的用笔。

此外，还有蔡肇、晁补之、刘泾、宋子房等人也都能画山水或墨竹。宋子房的叔父宋迪也是士大夫圈中引人注意的山水画家。宋子房字汉杰，苏轼为他所作的山水画题词中曾称说：“汉杰，真士人画也。”徽宗初期，大兴画学，也曾被举荐为画学博士。

和苏东坡一样，米芾和他的儿子米友仁也是这一时期新兴的文人画画家的代表人物。而他们父子在绘画艺术上有新创造。他们父子擅长于画烟云掩映中的山峦树木。在画面上水墨淋漓，笔迹模糊一片，但作为艺术形象却不是模糊的，在透过蒙蒙的烟云水气，显露的远山、村落、树木的远近，前后，高下都很巧妙地表现了出来。他们的成功就在于用模糊的笔墨作不模糊的表现，而且准确地、层次清楚地表现了朦胧的景色。他们的画法称为“墨戏”，是指他们在创造有生活根据的艺术形象时的自由如意，如漫不经意，如游戏。他们把自然景物，景物的清趣和笔墨效果有效地结合在一起，这种在艺术表现方面的寓丰富于单纯的理想地步，虽是描绘造型比较简单的自然对象时获得的，但是问题不在于难易，而是在于绘画史上有意识地作这种追求，并成功地达到了这一境地，却有首创的意义。这是处于成熟阶段的绘画艺术向作者和观者提出富有诱惑力的要求。

现在米友仁的作品，最著名的是《云山得意图卷》（现藏台湾）和《潇湘奇观图卷》（藏故宫）。

《潇湘奇观图卷》后有米友仁的题词说：米芾住在镇江四十年，在山城东山岗上修筑一所住居，名“海岳庵”。此卷所画就是在山上所见。米友仁还有其他描写同一景物的作品，如《潇湘图卷》，过去也是名作。米芾自己也画过《海岳庵图》。米友仁的《大姚村图卷》（大姚在苏州城东南三十里），《湖山烟雨图卷》（绍兴元年初逃到南方的江苏溧阳，为他的妹妹作），《五洲图卷》（绍兴元年，在镇江作）也都是有名的作品，取景都是这一地区云山烟树变幻出没之景。

墨梅画家，在北宋末有仲仁和尚，会稽人，住在衡州华光山，人称华光长老。他和黄山谷相识。他也画山水。另一个和尚德洪称：“华光老人眼中阁，烟雨胸须有丘壑。故戏笔和墨即江湖云石之趣便足。春光不可收蓄也，而此老人藏于耐寒冻枝头，一时高韵哗于士林。”又说：“华光作此梅，如西湖篱落间烟重雨昏时，见便觉赵昌生不足道也。”他的梅花可以引起欣赏者对于尚未解冻时的春意，对于“西湖篱落间烟重雨昏时”等联想。

南宋初的墨梅画家扬无咎的作品《雪梅图》保存至今，可以看出这一时期墨梅画家用寥寥数笔勾绘的瘦硬枝头，透露出微茫的诗思。扬无咎，字补之，号逃禅老人，是华光仲仁以后又一墨梅宗师。

从苏轼等人以后，文人画逐渐流行起来。他们的题材大多是枯木、怪石、云山、竹、梅，所采取的形式大多是小幅水墨画。士大夫们的文学生活赋予这些平凡的自然事物以丰富的微妙细腻的感受和趣味，因而所创造出的艺术形象发散着浓郁的诗味。他们的水墨技法又和书法相通，书法用笔的造型感也加强了艺术形象的魅力。古代的文化生活的熏习与陶冶为这一类作品提供了欣赏者。诗、书、画的合一乃成为我国古典美术的传统。

本文载于《美术研究》1979年第1期

王逊（1915—1969），山东莱阳人。美术史论家。毕业于清华大学哲学系，1957年主持创建了中央美术学院美术史系。中央美术学院教授。

中国重彩人物画技法的演变

刘凌沧

重彩画是我国绘画艺术的一个重要组成部分。在悠久的历史进程中，前辈画师给我们留下了丰富精湛的作品。重彩画技法谨严、布局缜密，用色大部分取材于天然的矿质原料，画面效果灿烂绚丽、光彩夺目，而且经久不褪色，便于保存，长期以来极为我国人民所喜爱。

陕西西安半坡和甘肃甘谷地区发现的新石器时代的彩陶，画有人面纹、鱼形和鸟兽纹。这些陶器，一般在深赭色底子或灰色土质的底子上画着黑色或红色的纹样，从流畅生动的线条中留有类似毛笔的痕迹，可以推想，当时使用的绘画工具，已初具毛笔的性能。

彩陶使用的颜料，大致有赭红、黑和白三种，赭红可能是赤铁矿，黑色可能是一种含铁很高的红土，白色可能是配入溶剂的垩土。这些萌芽状态的绘画，虽然造型原始，但泼辣大胆，生动感人，呈现出一种天真、纯朴、稚拙的美。

这种陶器，在四五千年以前，是人类贮藏食物，汲取饮料以及烹煮食物不可缺少的用具，由于和生活关系密切，原始人自然而然地对它产生了喜爱的心情，便把它拿来装饰一番，"生活中的美好事物是印象的重复"，在艺术手法中产生了节奏美和韵律感，于是，双边连续或多边连续的图案花纹出现了，天地间目不暇接的活跃生命也使鸟兽纹相人面形象出现了，这些物象都是原始民族在劳动、渔猎生活中常见的景象，经过人类能动地加工，便成为民间绘画的始祖，也是重彩画的起源。

1972年4月，在湖南长沙马王堆一号汉墓中发现了一幅彩色帛画，构图精细，色彩绚丽，是两千年前我国"重彩"画法的实迹。画面分为天上（上部）、人间（中部）、地下（下部）三个部分。天上部分画着女娲帝阍等神话中的人物，以及日、月、扶桑树和异兽，人间部分是墓主人轪侯利苍之妻的画像和侍者进食的幕景，地下部分画一巨人手托大地，配以鳌鱼水螺之类。

这幅画由于保存完整，虽然已经在地下埋藏了两千多年，仍然光彩夺目，成为我国考古发掘史上的奇迹。使用的颜料，大部分是矿质颜料，如朱砂、辰砂、蛤粉、石黄、青黛等，画中人物衣纹线描绵密犀利，设色技巧细致工整。由此可见，西汉时代的重彩人物画技法，已达到相当高的水平。

研究南北朝的人物画技法，要举出顾恺之。因为东晋顾恺之的画风已经形成一种衣纹飘忽，形象夸张的典型风格，这种风格传播非常悠远。

传为顾恺之的人物画作品，要举出《女史箴图》和《洛神赋图》。

《女史箴图》使用的色彩，以朱红、米黄、橙色、赭色为主，倾向于“暖调”的色彩，这些颜料大部分是矿质的，从使用材料的范围说，属于“重彩”，只是顾恺之的设色法，不像民间艺人涂得那样厚重（如敦煌壁画）罢了。

顾恺之的人物画，已经善于运用颜色情调以衬托主题内容，这和敦煌285窟壁画上的骑马武士倾向于青绿冷调，有着同样的意图。这就表明，中国古代的画家对于色彩的运用，从来不是“自然主义”的，他们能够根据内容的要求，运用不同的色彩借以增强思想主题的“感染力”，注重色彩的“韵律感”。南北朝时期的画家，已经善于运用色彩的“主调”而恰当地衬托作品的内容。

另一种民间绘画重彩作品，便是司马金龙墓出土的北魏漆画屏风。屏风上画的是历史人物故事。这件漆画屏风尽管发现于北方，而人物形象、构图布局、肩舆车马、床帐器物，和顾恺之的《女史箴图》的绘画风格极为相近，可以看出它们之间一脉相承的继承关系。衣纹生动，色调明快，用红、橙、黄、青、绿等色组合而成，除平涂外还运用了渲染法，呈现出爽朗、朴实的民间绘画特征。

值得注意的是，这座位于漠北平城（今大同）的司马金龙墓建于北魏拓跋氏的太和八年（484）当时正处于南北斗争十分激烈的时代，而建康（今南京）一带的画风仍然流行于黄河流域鲜卑族治下的地域。这就表明，尽管统治阶级之间进行着尖锐的斗争，而各族人民间的文化交流却从未间断，为多民族的祖国文化的发展与繁荣，做出了各自的贡献。

1972—1973年，在甘肃省嘉峪关的东北的新城公社的古墓群中，发现了大批的墓室壁画。这批壁画达六百多幅，对研究魏晋时代的绘画提供了实物依据，找到了衔接汉画和南北朝绘画的重要线索。

壁画的重要价值，在于它反映了当时的阶级关系和民族关系，展现了魏晋时期河西地区社会生活的各个方面，内容有农桑、畜牧、狩猎、园林、屯垦、营垒、饮宴、出行等场面。

这批壁画，给我们研究重彩画法提供了重要资料。壁画用白垩刷底，黑色勾线，黄土和红土着色，强烈而明快，又由于毛笔的含色含水量不同，自然地画出深浅层次，呈现出一种既单纯又丰富、既强烈又和谐的效果。

壁画线描用中锋，泼辣明快，粗细变化很大，增加了人物的运动感。不仅显示出劳动人民画家的创造力，更为艺术来源于生活提供了有力的例证。

唐代绘画，在我们绘画的发展史上，有如春花怒放，更加繁荣。而重彩人物画的创作和技法的改进，成为当时的主流。从现存的画迹分析，卷轴画如阎立本《列帝图卷》和《步辇图》，张萱的《捣练图》《虢国夫人游春图》，周昉的《纨扇仕女图》和韩幹的《牧马图》都是重彩。壁画从敦煌千佛洞、麦积山石窟直到近年陕西省发现的章怀太子（李贤）和懿德太子（李重润）墓室壁画等都是采用重彩技法绘制的，重彩画占据了画坛的压倒性优势。而王维、王洽的水墨画只占了画坛一隅。绘画理论家张彦远在他写的《历代名画记》中说当时绘画“并为重彩，郁而用之”“近代之画灿烂而求备”，可见当时的“重彩”画风呈现了风华正茂之概。

唐代绘画，流传下来不少的优秀作品，这里仅从技法风格发展的角度，举一些不同的作品作为例证。

阎立本的《步辇图》是一幅现实主义的政治历史画，描写的是贞观十五年（641）吐蕃使者禄东赞来迎文成公主入藏，朝觐唐太宗李世民的情景。着色方法基本上是初唐时期的勾填和平涂手法，如大礼官的红袍用朱砂平涂，用胭脂依衣纹的线条凹凸面略加渲染，看去更加厚重，侍女的服装，除朱砂石绿之外，还用透明的草绿略加渲染，比六朝时期的着色法前进了一步，这种“辅助色”的增益，相对地衬托出“石色”厚重的效果。

盛唐时代，张萱的《虢国夫人游春图》（宋赵佶临本）在表现技巧上比初唐又进一步，特点是构图严整、线描流畅、色彩协调，体现了盛唐工笔重彩仕女画技法的高度水平。

《虢国夫人游春图》，人物姿态生动，着色工整鲜明，是盛唐时期重彩技法的典范作品，画面色彩有青、绿、绯红、米黄和三青三绿等色，色彩的处理比起《步辇图》有了创新。它不像《步辇图》仅用朱砂、石青、石绿平铺与晕染，而是除了运用石色之外，还运用了石色和水色相互调配的“融合色”、半透明色交混渲染技法，具体地讲，就是花青可与石青相混合，胭脂可与朱砂相混合。这样，色彩就富于变化，绚丽多彩。服装上的花纹图案也吸收了外来的养分加以融合，如图案的组织规律和色彩情调都能融合于固有的技法之中。

敦煌藏经洞遗存下来的绢幡画，是些无名画师的作品，如《引路菩萨》，工整典丽的程度可与《捣练图》《虢国夫人游春图》相媲美，是晚唐时期工笔重彩人物画的代表作。

五代时期（907—959）优秀的重彩人物画作品，要提到顾闳中的《韩熙载夜宴图》。可以这样说：这幅画在全面地继承了唐代重彩技法的基础上，又有所创新。

顾闳中（约910—980）在宫廷中官至待诏，善作人物画，曾受李后主的委托，探察北人仕江南的官僚韩熙载的行迹，顾闳中“目识心记，绘图以上之”（见《宣和画谱》），反映了封建社会官场的声色歌舞奢靡生活。作者的默写和构图的本领何等高超而表现得又多么生动。

人物情节的描写很不一般，如第一段，宾主之间，杂沓地坐在床上和椅上，静听李妹弹琵琶，有人静听，有人注视着弹者的手；第二段宾客和主人看王屋山舞《六幺》，击鼓者击槌起落如闻其声。从构图的巧妙，人物的姿态，可以看出作者是一个“妙技在手，成竹在胸”的写生高手。

从重彩技法的角度来看，第一，这幅画的线描和色彩，是沿着唐代重彩技法积累的成果发展下来的。线描方面，继承了张萱和周昉的“铁线描”，又有所发展，图案纹样继承了张萱《捣练图》的组织规律和色彩情调，并加以变化，使花纹更多样，色调更丰富。第二，透明色（植物颜料）和不透明色（矿质颜料）的融合使用，使色彩更加浑融、协调而厚重。繁缛不失雅致，艳丽不失协调。第三，善于运用颜色的对比关系。为了表达主要人物的气度，常用一二种单纯的色彩表现之。陪衬人物的色彩则细致繁缛，以繁托简，对比之下，主体人物形象更加突出。第四，道具器物多用黑色，使画面有重量，和仕女鲜明漂亮的衣着相对比，使全画色彩感鲜明而沉着。

人物画发展到宋代，绘画技巧已达到成熟境地。在宋代出现了很多卓越的作家和优秀的作品，给后世的“重彩”人物画遗留下不少可贵的范本。然而，后来的“美术史”的作者，总是把唐代定为“人物画”发展的高峰，这是什么缘故呢？我想，不外以下几点：

1. 唐代的“人物画”，紧密地配合了政治的宣传。举例说，如阎立本的《步辇图》《列帝图》和吴道子的《明皇受箓图》《净土变》这些作品，都和当时的政治的或宗教的事件相关联，后世人作史，不能抛开这些人和事。画史著作如《历代名画记》《图画见闻志》《宣和画谱》中收录的作家和作品便是例证。

2. “山水画”“花鸟画”兴起，出现了这两个画种的专家。北宋的山水画家如李成、范宽、董源号称三大家，徐熙、赵昌、崔白、易元吉是著名的花鸟画家，和人物画家取得了“平分秋色”的地位，人物画已非唐代的“绝对优势”。

3. “文人画”的出现，士大夫作者和专业作者分了家。苏轼“论画以形似，见与儿童邻”的诗句，不啻是一篇提倡文人画主张的宣言。他们以“不求形似”“写意寄情”相标榜，主张“画以适吾意”（《书朱象先画后》）。实际上，是对“遵循传统、恪守法格”的重彩画家包括“院体”画家的冲击。从美学观点上，他们把文学的、书法的和其他方面的学识融入绘画的意境情趣之中，宋元之后蔚然成风，与专讲矩度和法格的作家画形成了“分道扬镳”的局面。

但是，“山水画”“花鸟画”成为独立的画种、和人物画取得了平衡位置，并不意味着人物画的水平在宋代已经降低，正是由于人物画经历了不断的提炼和发展，变得更加成熟、更加洗练了。凡一种绘画风格具有了较雄厚的传统基础以后，其不足和薄弱之处，都会由后继者增益补充而使之更臻完备圆熟。宋代重彩人物画的特点，是遵循传统、恪守法格，保持了由唐代传下来的一套完整的体系，但也由于美学思想的变化而又有所不同。

宋承五代之后，建立了画院，把南唐和西蜀的画家都吸收过来了。绘画风格，特别是“重彩人物画”，仍然保留了浓厚的唐、五代时期的传统，产生了不少历史性的鸿篇巨制，其典型作品有：

宋人：《朱云折槛图》；

宋人：《袁盎却座图》；

宋人：《望贤迎驾图》等。

这些作品构图宏大、形象生动、色彩绚烂，人物造型夸张不失准确，色彩明快不失和谐，体现出北宋人物画的庄重沉雄的气魄。武宗元的《朝元仙仗图》，虽是白描作品，却体现了“天衣飞扬，满壁风动”的吴道子线描风格的美姿。这是一种壁画的粉本，是宋代人物画的第一流作品。

谈到宋代的重彩人物画，还得一提赵佶（徽宗）。这个政治上无能的庸人，除了设立画院而外，自己也是一个绘画中的能手，《听琴图》传是他的创作。这幅画反映了他本人的颓废生活的片断。他临摹过唐代张萱的《捣练图》和《虢国夫人游春图》，盛唐人物画的“色彩绚丽”“花纹繁缛”的灿烂风格，是借着赵佶的临本流传于现代的。

高宗（赵构）南渡之后，虽在遭受金人的侵略，苟安一隅的形势下，却仍然保持了画院的制度。收入厉鹗《南宋院画录》的画院画家有九十六人之多，其中重彩人物画家主要有苏汉臣、李嵩、陈居中和萧照等。

肖照的《中兴瑞应图》、陈居中的《文姬归汉图》和《胡笳十八拍》，都是能够代表宋代重彩人物画水平的历史画，可与北宋时期的历史画相媲美。

南宋时期院体画的特点，仍是“追求形似，恪守法格”。“形似”意味着忠实于描写对象，以求逼真，这是绘画创作应该具备的条件；“恪守法格”指遵循传统，不逾规矩。然而，这两个方面都不应该成为绘画的桎梏。囿于形似者不免了无意趣，缚于陈法者常陷入故步自封，都不利于艺术的发展。

宋代的“院体画”，给我们留下不少好的作品可资借鉴，然而，其中有的作品，由于过分地追求细节，不免陷入“雕镂刻画”，看来觉得板滞，失去了绘画应有的生动的神采。

另一部分南宋画家，很可能是不满意这种“雕镂刻画”的画风，重视性灵意趣，打破“法格”的束缚，起而别创出一种简笔写意人物画，如梁楷、牧溪的作品。

另外，赵构（宋高宗）在绘画上的迂执偏见，束缚了画院画家们的创造性的发挥，形成“谨小慎微”“细心雕镂”“巧密太过”而神不足的倾向。

唐宋时代，是我国绘画的一个辉煌时代，画家除了少数士大夫阶层出身的文人外，大部分是工匠出身，在封建社会，这些画工是一个被压迫阶层，没有人身自由的工匠在创作上也是没有自由的，他们不能不按照封建统治者的伦理道德风俗仪制的要求从事创作。因此，这些作品从内容来说，大多是宣扬当时封建统治阶级的封建思想的，在当时起着维护封建统治阶级的作用。

唐宋以前，民间画工的绘画，无论从艺术技巧和作品数量上都居于主流地位而自成体系。可是，过去士大夫文人撰写的绘画史，却有意识地抬高“文人画”，压低工匠画，这是对绘画史的歪曲，这种论调明清之际更为风行，他们人为地在“士大夫”和“工匠作家”之间划出一道不可逾越的鸿沟，把士大夫画神秘化：“固不可以巧密得，复不可以岁月到”，这种唯心主义的观点无疑是应予以批判的。

重彩画材料本身的进化相应地促进了重彩画派的发展，原始社会的彩陶，只有红、黑、白三色。汉画增至六七色。唐代绘画使用的颜料，已达到完备的阶段。宋代的颜料品种和表现技法，集中地体现了重彩技法的大成。王希孟的《千里江山图》渲染天水，能够把石色和水色融合使用，而且渲染得那样浑厚润泽，看上去天光恍动、水天一色，没有高度技巧是不能达到这种境界的。五代顾闳中的《韩熙载夜宴图》除了石色与水色融合运用之外，在色彩的对比关系上，做到了多样统一，相辅相成，在技巧上比唐代更为炉火纯青。

可以这样说，中国重彩绘画颜料的运用与发展是：由少色进为多色，由纯色进为复色，由单纯色进为混合色，由石色单用、水色单用进为石、水二色的融合色，以及各种颜料可融合使用的全部过程。

宋元以来的“水墨画”的发展，我认为，正是浓重艳丽的重彩画发展到顶点而引起的一种必然反抗，“物极必反”，它形成了中国绘画史的转折点，此后，两种画派并驾齐驱了一千多年，一直继续到现在，使民族绘画传统更加丰富多彩。“水墨画”的作者运用单纯的“墨色”能够体现出“色彩”的效果，以“墨色”代“颜色”是中国画的美学思想在绘画创作中的一大发挥。

元代的重彩人物画家，有赵孟頫、任月山等少数人，从内容到形式，只不过重复两宋的遗规，维持现状，并没有新的创获。

但另一方面，由于政治和宗教上的需要以及建筑等方面的装饰的发展，使广大的民间画工继续保持着原有的传统，唐宋时代传下来的重彩技法，借着这些画工之手继承了下来。遗留下来的寺观和洞窟壁画，有敦煌千佛洞的元代壁画、山西省永济市永乐宫的道观壁画、山西省稷山兴化寺佛教壁画、青龙寺至正年间的壁画、洪洞县水神庙壁画等。此外，还有不少出于民间画工之手的卷轴形式的水陆画。这些作品，给明代绘画重彩技法的发展留下了可资借鉴的依据和基础。

公元1368年，农民起义军推翻了元朝统治，建立了明政权，朱元璋的政治措施以“恢复汉宫威仪”为号召，恢复了宋时的画院，招募画人进入宫廷供职。与此同时，院外画家创作风气盛极一时，形成了朝野争妍的局面。

明代的重彩人物画家，要推仇英和唐寅。

仇英，号十洲，太仓人，出身于民间画工，善画历史故事画，衣冠规制，都有考证，参用宋法，又出新机，工细流丽，气格清新，有时一幅画常创作经年。他的杰作《九成宫图》，山峰回绕，楼阁连绵，勾金镂玉，丹碧交映，画中的人物大小不到一寸而须眉毕现。

仇英曾在项子京家临摹过项氏收藏的唐宋名画，在继承宋元时代重彩技法上取得了丰富的实践经验，为后来他的工笔画创作打下了坚实的基础。但由于仇英长年地受到封建官僚的役使，精力消耗过度，年龄不大便死了。仇英是明四家之一，遗留下来的作品比唐寅多，著名的作品有《春夜宴桃李园图》《九成宫图》《子虚上林图》《光武渡河图》《仙山楼阁图》等。

唐寅，字子畏，号六如，他的重彩人物，清丽妍雅，是重彩技法渗入了文人意境的产物。唐寅作画，深追技法的渊源，能够吸取各派的精华，加以融炼，成为自己的风格。他的作品，骨风奇峭，墨气淋漓，色彩妍雅。故宫博物院收藏他的《孟蜀官妓图》笔法娟秀，人面渲染用“三白法”（前额、鼻和下颏用白粉渲染，用以体现凸出）宫妓四人，姿态不同，是一幅技法精到的重彩人物画。流传到现在的有《孟蜀宫妓图》《西洲话旧图》和《陶谷赠词图》等。

重彩人物画家有崔子忠、尤求等。

明代末年的人物画家陈洪绶，作品以淡彩为多，他的重彩作品如《炼丹图》亦厚重高古，但不多见。

肖像画家有沈希远、陈遇、陈远和曾鲸。

在传统重彩肖像画方面，应当举出故宫博物院收藏的一批原南薰殿的《历代帝王像》和名将、名人画像。这批画像共有二百多幅，大部分是工笔重彩。结构严整，色彩沉着，神气充沛，是我国传统肖像画的珍品。其中除伏羲至周武王的五幅是南宋马麟的作品以外，大部分画像是明代画家的手笔，代表了传统重彩人物画技法的精华。这批画像已被运往台湾地区。

另外一批工笔重彩作品，便是多年来收藏于北京法源寺的明代“水陆画”，内容无非宣传宗教教义封建迷信，殊不足取，但在工笔重彩技法上却仍然可以批判吸收。

北京西郊模式口法海寺的壁画，是堪与山西永济永乐宫媲美的工笔重彩壁画，法海寺建于明正统年间（1439—1443）。画中的佛陀、天王、伎乐天的形象，生动异常，线条流畅，色彩鲜明，堆金立粉，细致严整，是民间传统工笔重彩的代表作，也是我国重点保护文物之一。

清代画坛，是一个文人画盛行的时代。山水画和花鸟画占了很大的比例，追求笔墨趣味，相对之下，人物画处于低潮阶段。

16世纪至17世纪（康熙至乾隆年间）之间，随着西方传教士的东来，西学东渐，西画也开始渗入，给一向自成体系的中国画带来了影响，使得固有的传统绘画的面貌加进了西方因素而发生了变化。

外国来的画家有郎世宁、艾启蒙、安德义等人，以画士身份供职清廷，其中著名的是郎世宁。他自康熙五十四年（1715）从意大利来华，至1766年死于中国。他的作品遗留的也最多，据《石渠宝笈》的著录就有五十六幅，与别人合作的还不在内。他原是画“油画”的，清帝看了不合口味，他只得用中国工具画中国画。尽管更换了工具和材料，但其造型观点仍然不是东方本色，线条笔墨缺乏气韵，光暗描写流于烦腻。

有些外国传教士，刚到中国时服务于“钦天监”，后来以画业供奉清廷，因而西方体系的绘画在“如意馆”也产生了一定的影响，接受这些影响的画家有焦秉贞、唐岱、冷枚、罗福旻等人。

但是，这种画风，并不为当时的大部分画家所接受，如清代画家邹一桂说：

> 西洋善勾股法，故其画于阴阳远近，不差锱黍，所画人物屋树皆有日影。其所用颜色与笔，与中华绝异，布影由阔而狭，以三角量之，画宫室于墙壁，令人几欲走进。学者参用一二，亦具醒法；但笔墨全无，虽工亦匠，故不入画品。

清代的重彩人物画，大部分出自“如意馆”。据《清史稿》载：“清制，画史供御者无官秩（官衔），设‘如意馆’于启祥宫南，凡绘工，文史，及雕琢玉器，装潢帖轴皆在焉。初类工匠，后渐士流，由大臣引荐，或献画称职，召入，与词臣体制不同。”就是说，在“如意馆”工作的画家，大部分是工匠，没有官衔，和在朝作官的士大夫规制不同。由此可见，这种“重士轻工”的阶级意识渗透于封建制度的各个角落，对画工也不能例外。

“如意馆”总馆在故宫，还有一个作坊在西郊颐和园挂甲屯附近。

“如意馆”画家的作品大致可分以下几类：

1. 纪念清廷政绩的历史故实画；

2. 表扬替清廷征伐的功臣像；

3. 供应清廷和官僚馈赠需用的卷轴画；

4. 为清廷点缀屋宇庭堂的装饰画。

关于第一类如：

《南巡盛典图》，召集全国名画工集体制作，临时召王翚主持工作。（除画卷原作之外，另刊刻成书）

《万寿盛典图》，冷枚、金昆等画。（画卷之外已刊刻成书）

《准噶尔贡马图》，郎世宁画。

《塞上四事图》，金廷标画。

《紫光阁赐宴图》，姚文瀚画。

关于第二类如：

乾隆四十一年（1776）《平金川五十功臣像》；

乾隆五十三年（1788）《平台湾三十功臣像》；

乾隆五十八年（1793）《平定廓尔喀十五功臣像》以及其他的清代帝后像，缪炳泰等画。

关于第三、四类如：

郎世宁《百骏图》《孔雀开屏图》《粉鹰图》。

焦秉贞《山水楼阁图》《耕织图》。

冷枚《避暑山庄图》。

丁观鹏《太平春市图》《中秋月色图》。

以上列举的这些作品，大部分是"工笔重彩"画，是清王朝动员了大批人工，经历了很长的时间才绘制成功的。无疑地，这些作品的内容反映了封建制度的伦理道德，但是，其中有些作品特别是康、乾时期的作品，却从侧面记录了历史发展的重大事件，反映了那个时代的山河面貌和生活习俗。

这些作品，在重彩绘画的艺术上尽管不是头等的，从它使用国画技法——特别是从重彩技法描写现实生活这一点看来，却打破了清代"文人画"因袭模仿的局面。像《南巡盛典图》《万寿盛典图》这类长卷，采用了手卷的形式，把故事内容一幕一幕地展开，好像现代的连环画，这种构图手法，还可以作为今天创新借鉴之用。

这类作品构图场面宏大，构思缜密，描写工整，色彩鲜明。画工所费精力是非常浩大的，可以想象封建统治者精神奴役的酷烈，也可看出画工们惨淡经营的苦辛。

这些作品，特别是乾嘉以后的东西，由于逢迎封建统治者骄奢的欲念和胡乱指挥，大多数的绘画作品追逐华丽，流于甜俗，造型也限于自然主义的物象，不用取舍提炼的方法。有些作品受到西方美术的影响，但不能把西洋画的优点吸收融合于传统技法之中，因而未能取得和谐。如在造型手法上，出现了"光影造型"和"线描造型"的矛盾；在构图上，"焦点透视"和"散点透视"的矛盾；在色彩上，"意匠色"和"天然色"的矛盾等。这些矛盾着的两个方面，都没有取得协调。具体地讲，也就是没有把西方绘画的积极因素融入民族绘画的意匠之中，从而出现了在画面上"中西不相统属"的现象。

由以上论述，可知从远古到近代，我国重彩人物画的发展，不但形象地反映了各个历史时期社会生活，而且生动地展示出几千年来我国绘画技法的发展和演变，为我们学习和运用古代艺术丰富的创作经验，继承发扬民族的优秀艺术遗产、推陈出新创造社会主义的新绘画提供了有利条件。

本文载于《美术研究》1979年第1期

刘凌沧（1908—1989），河北固安人。工笔重彩人物画家。1926年入北京中国画学研究会。中央美术学院教授。

回忆延安木刻运动

江　丰

延安的木刻，是在承继20世纪30年代鲁迅先生苦心培育的新兴木刻的革命传统的基础上发展起来的。把新兴木刻的革命传统带到延安来，主要是通过一批20世纪30年代活动于上海的左翼木刻家。自1936年至1940年间，相继到达延安的温涛、胡一川、沃渣、江丰、马达、陈铁耕、黄山定、张望、刘岘、力群等，除温涛于1938年离开延安之外，他们都以鲁艺美术系（后来扩大改称美术部）为活动阵地，将新兴木刻的创作经验直接传授给青年一代。另一个传授经验的渠道是作品本身。由于“八一三”战争的爆发，未能在上海举办的全国第三届木刻展览会所征集的二百多幅作品，在1938年年初，由我带到延安，延安的美术青年因而得到了观摩全国各家的木刻作品的机会。后来又由以胡一川为团长，成员有彦涵、罗工柳等组成的“鲁艺木刻工作团”将这些作品带往晋东南各地，流动展出。这对延安和华北解放区木刻运动的开展，起了推动的作用。

被国民党反动派和日本侵略军层层封锁的延安，就是绘画用品如颜料、画布、画纸、画笔等物也很难输入，同时价钱又贵。只有宜于刻木刻的梨木板和枣木板可以就地取材，木刻刀和印木刻用的纸张，甚至黑色油墨延安都能自制。同时，用木刻代替锌板，可以解决延安报刊缺乏制版设备的困难。这都是促使木刻艺术发展的有利因素。因此木刻在延安就成了最大、最有吸引力的“远行及众”的画种，以至于画家王式廓、陈叔亮等也兼作木刻了。鲁艺美术系实际上成了“木刻系”，木刻成了学员的必修课。当时许多优秀和比较优秀的青年木刻家，如彦涵、罗工柳、王琦、焦心河、古元、夏风、张映雪、戚单、牛文等，都出身于鲁艺。

延安木刻的思想水平和艺术水平提高很快，它将中国的新兴木刻推进到一个新的发展阶段，成为中国现代木刻史上光辉的一页。其所以能够达到这样的成就，关键在于延安的木刻作者，在党的文艺为工农兵服务的方针引导和鼓舞下，深入农村，深入部队，同农民、战士交朋友，和他们生活、工作在一起。参加火热的革命斗争，从中去感受，去熟悉他们的生活与思想感情，大大丰富了艺术创作的源泉。作品生动地反映了解放区军民改天换地的革命面貌。这就使得延安的木刻作品充满着浓厚的生活气息和战斗气氛，民族解放斗争和阶级斗争以及人民的劳动生产和新型的民主生活，成为作品中压倒一切的主题。这种表现新的人物和新的生活而且内容又如此充实的作品，当时在国统区和30年代的木刻作者，做起来是有困难的。这主要是由于国民党反动派害怕群众运动，制造种种限制和禁例使得木刻工作者和其他文艺工作者一样，很少有机会能接近工农群众。所以作品所描绘的工农群众的生活显得狭窄，抽象，不够真实。同时，那里的一般木刻作者，在政治和经济的双重压迫下，又要为自己的物质生活奔波，缺乏安心创作的条件，这也是创作受到一定局限发展较慢的一个原因。

同工农兵群众生活密切结合的延安木刻，除了内容充实、情节生动以外，还有一个显著的特色，那就是艺术形式日趋民族化。延安木刻民族化的探索，有明确的目的，是以群众化为前提，促进木刻作品适应工农兵群众的欣赏习惯，更好地成为激发他们革命觉悟的精神食粮。如果忽视这个前提，民族化就成了无原则的、谁都可以利用的口号。我们不能忘记周总理为发展我国新的民族艺术而提出的“革命化、民族化、群众化”三者不可分割的这个光辉的原则。

取法西欧的阴刻法，用黑白对比组织画面，刻画形象的新兴木刻，不容易为人民群众接受，确实是它的弱点。但延安木刻的民族化，并不是把早已传到中国的外来技法排除于木刻创作之外，而是有选择地保留着曾为中国新兴木刻革命化有过影响的外来技法，并在适当地融合于阳刻线条造型的中国传统木刻技法过程中，创造性地形成了具有时代特色和民族风格的木刻艺术。这样做，是符合当时木刻创作的实际的，也符合鲁迅先生在《〈木刻纪程〉小引》里的主张，他指出：发展中国木刻两条道路之一，即“采用外国的良规，加以发挥，使我国的作品更加丰满，是一条道路”。所谓“发挥”，也包括有融合中国传统木刻表现方法的意思。

为人称道的古元的木刻作品，就是采取这种中西结合而又保持原有基础的方法，成为探索木刻民族化富有成效的范例。古元运用明快简练手法创作的具有民族风格的作品，既克服了西法木刻“阴阳脸”的弱点，又浓厚地保留着他初期作品中的珂勒惠支的艺术因素，作品的艺术表现因而更加丰满了。作者在探索木刻的民族化过程中，不仅不抛弃而且还充分利用了西欧木刻黑白对比的表现手法组织画面。画面显得有重量，所表现的事物也层次分明，同时又可以造成整个画面的视觉中心，就是最突出主题的地方。那处理黑白关系的豪放而又朴实的刀法，不仅显示了木刻艺术的“力之美”，而且加强了人物形象性格特征的表现，这种独特的民族风格的木刻艺术，大大丰富和提高了表现新生活的能力。又如王式廓的《改造二流子》和彦涵的《审问》这两幅富有民族特色的优秀木刻作品，它们成功的重要原因之一，显然是得力于作者原有的写实功夫及其创作方法。这说明，延安木刻的民族化，能够取得比较好的成绩，是由于作者善于利用外国的先进经验，正确地体现了“外为中用”的原则。这个原则，正是改进、发展、丰富和繁荣我们民族艺术的一个必要条件。这是在中国美术史上早已被证实了的事实，也是时代向美术家提出的新的要求：使美术作品更多样地、更有效地为新时代的新群众服务。

鲁迅先生曾谆谆教导木刻青年：为了使木刻创作进一步发展，并扩大观众的范围，要“仔细观察社会状态”和融合中西木刻所长作出“别开生面”的木刻艺术。经过延安木刻工作者的认真实践，获得了可喜的成绩，得到了中外人士的好评。

在延安，最初试作木刻新年画的，是沃渣和我。我俩于1938年年初，刻成《五谷丰登》和《保卫家乡》两幅年画，用彩色油墨各自套印四十份，以供鲁艺春节宣传队分发给农家张贴之用。新年画逐步成为有组织有领导的木刻创作中的一个重要的组成部分，并由延安发展到陕甘宁边区各地。发动许多木刻作者积极参加新年画创作，是1942年冬季开始的。鲁艺美术部美术研究室成立了“年画研究组”，收集群众反映，总结经验，改进年画的创作工作，曾在延安《解放日报》上发表了《关于新的年画利用神像格式问题》和《年画的内容和形式》两篇文章，以纠正新年画创作中某些不正确的观念。古元和夏风等还根据我国西北地区春节贴在窗格子上的剪纸窗花形式，刻了一批反映生产、识字、民兵、劳军等题材的新窗花，颇得好评。延安的新年画大多用油墨手印，印刷数量受到限制，所以发行不广。到了解放战争时期，延安的一部分木刻作者到冀中、冀南地区，得到与当地的旧年画作坊合作的机会，用传统的套色水印方法，每种画稿印数多达成千上万份，才代替或挤进旧年画市场，较广地满足了广大群众的需要。到了有条件利用现代印刷机器能够又快又精并且大量地印刷年画时，木刻与新年画才不得不脱离关系，完成了它的历史使命。

1942年，毛泽东同志发表了《在延安文艺座谈会上的讲话》。延安的木刻作者，为了贯彻毛主席提出的利用民间的文艺形式，把文艺更有效地普及到工农兵群众中去的号召，他们广泛地利用民间年画的形式，在突破神像格式的创作过程中，充实和扩大了新年画的内容，以配合当时的各种政治任务，并把政治性与真实性相一致的要求作为发展新年画的创作目标，使新年画也为群众所喜爱。

当时常在国统区忙于为革命事业斗争的周恩来同志，对延安的木刻也很关心和重视。曾多次嘱咐将鲁艺拓印的木刻作品一批批送到重庆，参加在那里举行的全国性木刻展览会。展览会中的延安木刻得到国统区广大观众的赞赏，艺术界前辈徐悲鸿曾著文热情称赞古元“乃中国共产党中之大艺术家”，“其作品为世界艺术竞争的选手”（载于1942年10月18日重庆《新民报》）。后来，凡是访问过延安的国际友人，尤其是新闻记者，几乎都要带一份木刻作品回去作为纪念品或新闻报道的资料。1943—1945年送到苏联、印度、美国等国的木刻作品，举办了展览会，出版了画册，还有许多发表在报刊上，促进了各国人民之间的文化交流，并使外国观众得以从木刻作品中了解中国解放区军民的英勇抗战和人民生活的真实情况，收到了良好的宣传效果。

人们会感觉到，延安的木刻，在艺术上一般较优于各个解放区的作品。其重要原因之一，是由于英勇的陕甘宁边区军民，在抗日战争中，多次打退了国民党反动派的进攻和骚扰，保证了延安的安定。一定的安定环境，对木刻创作是必要的条件。延安的木刻作者可以安坐在窑洞里刻制作品，进行较多的艺术加工，作品的艺术质量自然会高些。而处于战争频繁和残酷的斗争环境中，流动太多，经常得不到安定创作条件的华北和华东解放区的木刻作者，他们的作品大多是急就之作，缺乏必要的加工过程，显得粗糙些。在华北解放区从事美术工作多年的胡一川、彦涵、罗工柳等，刻印了大批水印套色的宣传性木刻作品，但他们的那些描写战地生活题材的质量高的作品，都是回到延安后经过精心构思和加工刻制的。延安的木刻作者，还有一个优越的条件，他们几乎都集中在鲁艺工作。在教学方面，为了收到教学相长的效果，师生之间在艺术上形成了一种互相切磋、互相评论的良好风气，这也是延安的木刻提高较快的一个有利因素。

本文载于《美术研究》1979年第2期

江丰（1910—1982），上海人。版画家，美术教育家。1931年参加上海左翼美术活动，筹建上海“一八艺社”研究所。中国美术家协会主席，中央美术学院院长。

现实主义、写实主义及其他

奚静之

现实主义这个词是从拉丁语“realis”翻译过来的。它有时被用来指现实主义的精神，有时被用来指现实主义的方法。前者属于创作方法，后者属于表现手法。作为表现手法解释时，也可以译成“写实主义”。在一些文艺史论的著作中，写实主义和现实主义这两个词又常常是通用的。由于没有精确的解释，这两个词常常被混淆。在人们的心目中产生一种印象，以为现实主义的作品只能采用写实的手法，唯有运用写实手法的作品才是现实主义。这种误解所产生的后果是明显的，现实主义创作方法所包含的无比广阔的领域变得狭窄了，多样化的风格、手法被取消了，艺术家的想象、联想、虚构、夸张……也都没有了，现实主义的道路越走越窄，自然主义倾向也就愈加泛滥。

艺术反映生活的重要特点之一，是用艺术手段对生活进行“摹拟”或“模仿”。“摹拟”或“模仿”的欲望，孕育了艺术创作的萌芽。即使原始人类再现周围事物时，也包含着“表现”的因素。这说明艺术从它产生的时候起，“摹拟”和“创造”，“再现”和“表现”，便是孪生兄弟，有着非常密切的关系。从艺术史的角度来考察，写实手法是一种基本的手法。写实手法之所以在艺术创作中有长久存在的可能，不仅是因为用这种手法塑造的艺术形象便于大家理解和接受，而且写实手法包含了丰富的变化。写实主义，人们很难给它下一个确切的定义，它应该局限在什么范围之内。大致可以说，它是基本上按照生活的原型来进行艺术表现的。古代埃及、巴比伦、希腊、罗马、印度和中国的艺术，同样运用写实手法，面貌却各不相同。欧洲文艺复兴和19世纪批判现实主义的写实手法，也各具风采。认为古典艺术在运用写实手法方面已经走到了尽头，现在应该抛弃这种手法了，或者认为，摄影技术的进步，艺术表现现实生活的任务应该由摄影来完成了，这种见解是值得讨论的。摄影技术的进步，部分地取代了绘画记载生活的任务，这是无可争辩的事实。我们已经不需要像古代人那样，用绘画和雕刻来忠实地记录自己的面容，作为传给后人的纪念；也不需要像文艺复兴时期城市市民那样，用油画来描绘他们舒适的庭园，闪闪发光的金银器皿，豪华的衣着，以显示自己的富有。但是，摄影艺术的表现手段，不能取代绘画、雕刻艺术的表现手段，尽管随着科学技术的发达，摄影技术还会进一步完善。绘画家、雕刻家可以调动的造型手段和技巧，可以发挥的创造性，可以运用的虚构、想象的能力，是任何高明的摄影家望尘莫及的。客观现实在不断地发生变化，人们的审美趣味也在变化，艺术家的写实能力也会随着这些变化不断地得到提高、丰富和多样化，写实的方法不会停留在一个水平上，也不会局限在原来格式的范围之内。人们对写实的运用和探索，永远不会终结。至于抽象派艺术，我们暂不讨论它消极的思想倾向和艺术趣味，就其彻底抛弃写实手法这一点来说，是它根本的致命伤，注定了它必然脱离群众的后果。我国古代画论说的："图形，绘画是也"，"有形莫善于画"，科学地阐明了造型艺术的特征。美术作品总是通过具体的形象来抒发思想感情的。如果离开了具体的描绘，而仅仅用线条、色彩、形体和构图所包含的韵律、节奏，至多也只能表达某种情绪，不能表达丰富的感情和深邃的思想内容。而且，纯形式所表现的情绪，也没有客观的检验标准。这种失去了真实性的抽象的艺术，注定要走向反面。这已经为抽象派艺术发展的历史所证明。艺术创作中容许有抽象的成分，但是离开具体物象的描绘，把艺术中的抽象因素发展到绝对的、失去现实感的地步，就成了荒谬了。所以齐白石说："作画妙在似与不似之间"；黄宾虹也说："惟绝似又绝不似物象者，此乃真画。"这些论述是非常有道理的。

鲁迅说过：凡是艺术品"必须令人能懂，而且有益，也还是艺术，才对"（《〈鲁迅书信集〉补遗》，见1977年2月19日《光明日报》）。他还说，"懂是最要紧的"。绘画、雕刻的内容和形式的明白易懂，一目了然是很重要的。有人以为，明白易懂、一目了然只是低级的、普及的艺术品所具有的品格。这是误解，是把一目了然和一览无余混为一谈了。造型艺术形象的深刻性、丰富性是应该与具体性、明确性有机地结合在一起的。历史上一切有价值的绘画和雕刻品，几乎无不是明白易懂、一目了然的。艺术作品要能吸引人，感动人，使人久久不能忘怀。如果有一件作品，人们看不懂，对它的题材、情节、构思、主题猜测纷纷，众说不一，人们怎能从中受到感动呢？罗丹在《艺术论》中反复告诫年青的艺术家们，要注意选取大众所熟悉的题材，不要使观众在作品的题材上费解，削弱艺术形象的感染力量。古代优秀画家很注意这一点，他们常常不厌其烦地选取家喻户晓的题材和情节。有很多画家表现过圣母，拉斐尔画的圣母典雅、恬静和安详，伦勃朗的圣母则朴实、真挚，丝毫不使人觉得有任何重复。他们之所以能够避免一般化，是因为敢于面向生活，从实际生活中汲取创作源泉。拉斐尔不仅从许多美丽的妇人中选择最美的作模特儿，而且把其他妇女的美，也综合在他创作的形象中。伦勃朗，用马克思的话来说，"是以尼德兰农妇作模特儿来画圣母的"，他们都发挥了写实技巧的长处。艺术品要"能懂"，是不是说，凡是能懂的，就是艺术品呢？也不是。艺术品还要有益于人类，"还要有艺术"。"有益"这一条，大家容易理解。艺术品要有"艺术"，人们却往往不大注意。至少在我们实际生活中，在当前艺术创作中有这个倾向。有人似乎认为，只要能懂，有益（能配合当前的政治任务），用艺术工具创作的，就是艺术品。其实不然，依样画葫芦地模仿生活，只能创造出公式化、概念化、传达政治口号的"代用品"，而不能创造出真正能打动人们心灵、鼓舞人们斗志的艺术品。

艺术品的艺术性，我们认为包含了再现美和创造美两方面的因素。再现美和创造美（或者说表现美）又是水乳交融、化为一体的。如果顾恺之在《女史箴图》的“人咸知修其容”一段画幅中，仅仅具体地再现贵族女性梳妆的场面，而不是把人物神态描绘得那样真切，富有感情，生活场面不是那样有节奏地、生动地展示出来，如果没有运用精炼的、似春蚕吐丝的线条等造型手法，那么这幅画就只有历史照片的价值，没有艺术的价值。又如秦代的大型陶俑，正因为在形象感很强的体积艺术中，揭示了在强权统治下农民出身的秦代武士质朴、倔强和彪悍的性格，所以它们能使人百看不厌。艺术要比生活更美，它除了包含自然美（客观物体所固有的形和神的美）以外，还包含着创造美，包含着作者炽烈的、不可抑制的爱或憎的感情。照相式地把生活中的场景搬到艺术中来，既取消了创造美、艺术美，也使自然美受到损害。德拉克洛瓦曾批评过德国肖像画家德纳尔，说他一丝不苟地把对象的胡须都画了出来，使人感到恶心。这种表现手法，不是写实手法的罪过，而是运用写实手法的作者认识上的谬误，也可以说，这是对写实手法的践踏。

写实，是艺术创作的基本手法之一，但又不是唯一的手法。写实手法中多少包含了某些艺术夸张的因素。然而，它毕竟与夸张的手法是不同的。它和象征、寓意手法的不同那就更明显了。我们不能用写实与否作为标尺去评判艺术品的高低，更不能把现实主义创作方法简单地理解为写实主义的手法。19世纪中叶法国以库尔贝为代表的现实主义运动，提倡写实的手法，这丝毫不意味着现实主义的艺术只能采用写实的语言。现实主义既然是一种创作方法，它应该贯穿在艺术史的始终。人类有艺术史以来，凡是反映了生活本质的艺术，都应该是现实主义的。现实主义不是从库尔贝等人开始的。库尔贝是追求写实的美。他要求艺术家忠实于自然，忠实于客观。他说：“艺术家无权对这种表现增添些东西。”库尔贝发起的以写实为特点的现实主义运动，其矛头是针对腐朽的学院派和弥漫法国画坛的消极的浪漫主义艺术的。他在法国艺术陷入形式主义边缘时，力挽狂澜，大力提倡写实手法，用艺术作为武器，推动了资产阶级革命任务的完成，适应了新兴无产阶级用艺术作为斗争武器的需要，使法国绘画的面貌为之一新。这种提倡写实手法的文艺运动，充满着革新精神，有不可低估的历史意义。许多外国艺术史家把法国19世纪80年代以前的美术划分为四大流派：古典主义，浪漫主义，现实主义，印象主义。其中的现实主义又常常被称为自然主义（naturalism）。只是这里说的自然主义这个词不是贬义，而是表示这一派别忠实于自然，注意揭示客观世界的美。如果把库尔贝的艺术说成是唯一的现实主义（创作方法）的流派，那么以大卫为代表的革命古典主义，以马奈、莫奈为代表的印象主义，就都被排斥在现实主义范畴之外了。甚至被认为是反现实主义的了。事实上，古典主义、浪漫主义和印象主义，在发展过程中也是从生活出发、充满着朝气的艺术。谁能否认大卫的《马拉之死》《卖菜女工》不是有强烈现实主义倾向的作品呢？即便是他用理想化的语言，用古典美的法则创造的《布鲁托斯》《荷加斯兄弟的宣誓》，也是不失现实感的作品。藉里柯、德拉克洛瓦树起浪漫主义的大旗，是为了反抗僵化了的古典主义，用更多的激情和夸张的手法表现生活。《梅陀萨之筏》和《自由女神领导着人民》既是从生活出发的，又是体现作者强烈爱憎的作品。它们是不朽的现实主义杰作。马奈、莫奈发起的印象派运动又有什么罪过呢？我们不能因为持学院派立场的批评家路易·列鲁阿讥笑这种艺术“不完整”“不典雅”，是“印象主义”的，印象派就有了罪过。应该说，印象派用比较新的艺术手法，表现日常的、周围的生活，艺术风格自由活泼，较少造作，在表达光和色的技法上取得了较大的成果，他们创作了许许多多出色的风景画、肖像画、风俗画，揭示了19世纪60—80年代法国生活的各个方面，包括形象地记录了巴黎公社期间的场面和刻画了许多珍贵的农民形象。在写实派运动以后兴起的印象主义，并没有抛弃写实派的成就，而是在写实的技巧上，更重视形式感，注意画面的美感效果。印象派的这些探索，是和欧洲画家接受日本、中国绘画的影响分不开的。鲁迅说：“中国及日本画入欧洲，被人采用，便发生了‘印象派’……”以写实手法称著的大师徐悲鸿也是很欣赏印象派的。他说：“印象主义出，绘画上益重视韵律。”可见印象派的成就不容抹杀。当然他们像任何一个派别一样，印象派艺术也有主流和次流，有积极面和消极面，过分地从自然科学的角度去分析和表现不断变化着的外光，导致某些艺术家在这方面无穷尽地追求，忽视对生活真实的研究，这是印象派的不足之处。不同意印象派画法而另辟蹊径的新印象派，重视艺术家的主观感受，强调表现作者对客观事物的主观感情，在艺术形式上（如线的运用，稳定的体积表现，画面的装饰效果）进行新的探索，有不少生动活泼的创作，其艺术成就也不能视而不见。我们承认库尔贝、米勒写实派的艺术是现实主义的，但不能说现实主义的艺术只能采用库尔贝、米勒的表现手法。现实主义的艺术，可以用库尔贝、米勒那样的忠实于客观事物的手法，也可以用从客观实际出发，充分发挥想象力，发挥主观创造性的凡·高、塞尚的手法，关键在于艺术是不是真实地反映了生活，是不是揭示了客观世界的本质。恩格斯说：“现实主义是除了细节的真实之外，还要真实地再现典型环境中的典型性格。”这个论述指出了现实主义创作方法的一般原则，是很正确的，是有指导意义的。但各门艺术有自己的特点。绘画、雕刻与小说不一样。历史画、风俗画、肖像画和风景画互相又有区别。它们都要形象地反映生活，都要努力创造典型形象。要求美术作品中每个形象都是典型，实际上很难。一件艺术品为典型地反映生活提供某一点有益的贡献，就应该受到赞扬和鼓励。一切艺术品，不论题材、手法和风格如何，只要能满足人们精神生活的需要，鼓舞人们的斗志，提供健康的美感和情趣，都应该承认是有现实主义精神的，都应该属于现实主义范畴的艺术。自然，除了现实主义的创作方法之外，还有浪漫主义的创作方法。不过，浪漫主义的创作方法也应该具有现实主义精神。没有现实主义精神的浪漫主义是不足取的。关于这个问题，需要专门讨论，这里就不赘述了。

有人说，吴凡的《蒲公英》不是现实主义的，因为它“没有反映现实生活”。这种对现实主义的理解是不全面的。《蒲公英》用含蓄、精炼的艺术语言，表现一个美的境界。人们从“蒲公英”中感受到的，不只是儿童的天真烂漫，而且是人们对生活的爱，对美的追求。“蒲公英”帮助人们体察蕴藏在普通生活中的美。李平凡描绘的许多儿童形象，并不那么具体逼真，但是形象却是鲜明、生动的。他的风景画善于创造意境，善于用别致的构图、色彩和线条，表现普通生活中的诗意。董希文在写实技巧中巧妙地运用变形、夸张的手法，用线条、色彩的韵律、节奏，创造有装饰意味的形象。他的《哈萨克牧羊女》，画面上充满着委婉曲纡的牧歌情调，揭示边区生活的美，像一首抒情曲。李可染山水的“黑”，林风眠风景的“奇”，应该说都是独创的艺术风格。艺术形象的完整性，不能和没有个性、没有特点的四平八稳画等号。艺术中的“野”“怪”“乱”“黑”，只要符合艺术表现规律，符合群众审美要求，就不应该反对。古代画论中关于无法与有法，乱与不乱，不齐与齐，“须入乎规矩之中，又超于规矩之外”的论述，是很有价值的。欧洲有独创性的艺术家，也有类似的论述，如德拉克洛瓦说，善于创造的艺术家从来不承认有固定不变的美的法则和一套陈陈相因的表现手段。

值得我们注意的是，在一个时期内（更不用说林彪、“四人帮”推行法西斯文化专制主义时期了），有不少具有创造性的艺术，被指责为形式主义而挨棍子。原因是多方面的，其中原因之一就是机械地、片面地理解艺术反映生活这一原则。似乎生活原型是怎样，艺术创造就应该怎样，只要照着生活现象描绘就行了，不必去探索艺术形式。照抄生活表面现象的作品被戴上现实主义的桂冠，表现了独特感受，在形式上有所创造的作品，被扣上形式主义的帽子。结果自然主义（可不是像库尔贝那样写实的自然主义）很有市场。长期以来，我国文艺界反形式主义不反自然主义，而且把形式美、形式感和形式主义混为一谈，统统加以反对，造成的恶果是有目共睹的。

脱离艺术的社会功能，脱离思想内容去片面地追求形式，应该反对。为了充分地表现内容，表现社会理想去探讨形式，应该提倡。艺术作品的内容离不开表现的形式，世界上从来不存在没有艺术形式的内容，或者没有内容的形式。内容和形式是辩证统一的。我国古代的和外国的艺术家，在利用艺术形式表达他们个人感受和时代的内容方面，呕心沥血，有丰富的经验积累。我们不应该拒绝借鉴。在借鉴古代和外国遗产方面，我们应该冲破“禁区”，要多看、多比较，要学习鲁迅号召的“拿来主义”，不要画框框，左顾右盼。要真正做到这点，“首先要这人沉着，勇猛，有辨别，不自私”。“他占有，挑选。看见鱼翅，并不就抛在路上以显其‘平民化’，只要有养料，也和朋友们像萝卜白菜一样的吃掉，只不用它来宴大宾；看见鸦片，也不当众摔在茅厕里，以见其彻底革命，只送到药房里去，以供治病之用……”（《且介亭杂文·拿来主义》，1933年）要做到这样确实是很不容易的，例如，提起外国美术作品，就认为只能看文艺复兴和19世纪批判现实主义的，现代派的不让看。现代派的东西为什么不能接触呢？所谓现代派，无非是指19世纪末以来的野兽派、表现派、立体派、未来派、超现实主义派、抽象派以及近十年来流行的波普派、超级写实派，等等。这些派别并不是统一的整体，无论在思想倾向还是艺术形式方面，相互都有区别。他们当中有些人的艺术形式，也并不是完全不足取的。即使其中含有毒素的东西，对我们来说，也许有治病的用处。也可以说"以毒攻毒"吧！何况哪些东西有毒，为什么说有毒，毒害的程度如何，需要大家认识、鉴别，不能由几个人或少数人说了算数。真的、善的、美的东西总是和伪的、丑的、恶的东西相比较而存在，相斗争而发展的。人们在和有毒素的东西的斗争中，会产生抗生素，会提高和壮大自己。

形式主义和自然主义，都是反对现实主义的，都是危害文艺创作的坏倾向，我们应该坚持文艺上两条战线的斗争，既反对形式主义，也反对自然主义。在目前，我们认为自然主义是艺术创作中的主要危险倾向，应该对症下药，好好医治一番。

在我们的美术评论和创作中，对写实手法的误解，还往往表现在过分热衷于描写戏剧性的情节上面。似乎一件美术作品一定要描写某一个戏剧性的情节，不刻画故事的绘画、雕刻，常常受到非难。综观中外古今的美术作品，描写戏剧情节的雕刻、绘画，是一种表现方式，用得好，是有艺术感染力的，像达·芬奇的《最后的晚餐》，列宾的《意外的归来》，苏里科夫的《近卫军临刑的早晨》，罗丹的《加莱义民》，等等；如用得不好，都会削弱艺术作品固有的感染力，成为戏剧场面的图解。苏联在50年代初期的"情节性绘画"，曾经出现过这种倾向。戏剧性的情节，是戏剧艺术的生命，没有故事情节，戏剧是难以展开的。绘画、雕刻则不然。绘画、雕刻是静止的艺术，在静止的一瞬间揭示生活的美，是绘画、雕刻的长处，也是它们的局限所在。人们要求绘画、雕刻要"静中有动"，主要是指它内在的生命力，不是指有无戏剧性的情节。在希腊雕刻中有戏剧性情节的作品，其艺术魅力往往比不上单个的神像雕刻。例如《拉奥孔》、《百费德勒的阿波罗》（即《射箭的阿波罗》），比起许许多多没有故事情节的雕像来，就显得外在和表面化一些，也许是作者对情节的追求，超过了对人物形象深度挖掘的缘故吧！我国古代石窟中的雕刻和壁画所表现的戏剧性情节（以佛经故事为主要题材），在艺人、技师的笔下，往往只是表达形象的媒介。他们孜孜以求的不是情节描绘，而是来自生活的生动的形象刻画，因而它们耐人寻味。不表现任何戏剧性情节的肖像画、风景画，只要是从生活出发，真正有艺术感染力的，其动人的程度往往不亚于任何叙事的风俗画。我们评论作品的优劣，不应着眼于作品是否有情节，应着眼于是否有艺术。群众看画，首先是要从作品中得到美感享受，并从美感享受中得到鼓舞和高尚情操的感染，不是要简单地了解故事的梗概。

社会生活和自然生活是无限丰富和广阔的，人民群众的审美要求是多样的。

本文载于《美术研究》1979年第2期

奚静之，1935年生，江苏常州人。美术史论家。1960年毕业于苏联列宁格勒列宾美术学院美术史论系。中央工艺美术学院（现清华大学美术学院）教授、博士生导师。

论色调

李天祥

油画离不开油色，但用油色画的并不全是油画。油画离不开素描，但油画不等于用颜色画素描。五百年来的油画历史，展现出它在色彩上的基本特点和规律——条件色的规律。离开了它，也就离开了传统油画色彩技巧的精华和特征。

条件色的运用，晚于装饰色彩的运用。但条件色规律的发现和发展，并不意味装饰色彩规律的衰落和死亡，而是艺术色彩技巧的丰富与发展，百花园里开辟了一个新的领域。

绘画性，即写生色彩的生动性，非掌握条件色的规律不能获得。而条件色规律的第一个关键问题是色调问题。

在生活中，在艺术中，色调从来不是孤立存在的，它都是与“形”结合在一起的。但它却有其独立的自身规律。

在生活中，色调无处不存在，它笼罩一切。在艺术品中，对欣赏者来说，它是艺术品的主要色彩倾向；对创作者来说，它是艺术品的统帅和指挥。丰富的局部冷暖色彩，如果没有色调的统帅和指挥，就失去了整体色彩的统一性；就必然“花”“乱”，不和谐；就没有统一的气氛、情调；就难以达到以色传神、以色抒情、以色写意的作用。

色调

在大自然中，色调是色光的产儿。物象呈现的色调，反映了光源色的特点。不同的色光产生不同的色调。莫奈的几张不同的《卢昂大教堂》正显示出因光照的色相不同，而产生不同的色调。教堂亮面的色调依阳光色的变化而变化，暗面随天光色与环境色的变化而变化。早晨阳光偏暖黄，天光偏蓝紫，照射在浅灰色的教堂上，教堂的亮面色调便随阳光而近暖黄，暗面随天光而近蓝紫。近午阳光偏白微暖，天光偏蓝，教堂的亮面与暗面亦随之而变。黄昏教堂处于逆光之中的影子里，见不到阳光照射的一面，整个教堂受天光影响而偏冷，伫立在充满暖光的天幕之中。

光源色冷暖倾向明确者，色调服从光源色。光源色倾向微弱或近于无色者（白色），物象本身的色相便成为色调的主宰。如马奈的《吹笛少年》，光色倾向微弱。画中物象本身色相组成了以暖色为主的微暖色调。

色调是客观存在，但不是人人都认识到它的存在。一般人看物象多注意于每个物体本身的色相，而且善于摒除光色、环境色的影响，识别出物体在白光下所呈现的色相——即固有色。这种观察方法称为“固有色观察方法”。杜甫的诗句中有这样的描写：“两个黄鹂鸣翠柳，一行白鹭上青天。”其中的黄鹂、翠柳、白鹭、青天都是固有色。我国几千年来对固有色及其规律的研究是非常完备的。油画需要用“条件色的观察方法”。只有运用这种观察方法观察物象，才能看到物象的条件色，也才能发现色调。在李白的《秋浦歌十七首》中，第十四首是歌颂冶炼工人的。诗中写道：

炉火照天地，红星乱紫烟。
赧郎明月夜，歌曲动寒川。

烟，原是墨灰色。这里因炉火红光照射而呈紫色。冶炼工人也因照成红色而被李白称为“赧郎”。这首诗描写的景物已不只是固有色，而是有条件色了。诗中还展示出了两种色调：一是作为主体的“赧郎”与炉火的暖色调部分；二是作为陪衬的冷色调的“月夜”和“寒川”。比较李白和杜甫的这两首诗对于色彩的描写：李白的诗，正如郭老所说“好像是近代的一幅油画”；而杜甫的诗就很像一幅重彩国画。从李白的这首诗来看，早在一千多年前对条件色已经有所发现了。可惜没有将其规律总结下来并运用到绘画当中。

西方对条件色、色调规律的发现与运用约开始于15世纪文艺复兴时期，以后逐渐深入普及，以至形成了他们传统的观察方法。这不只体现在他们的油画、儿童画中，在诗中以及小说中也都有所表现。例如屠格涅夫的《猎人日记》里描写日落的景色：“森林深处逐渐黑下去了。血红的暮霭逐渐爬上了树根、树身，一直不停地向高处爬，从低处爬到静止不动沉睡着的树梢上去。”作者在这里描绘了一幅暖色调的森林夕照图。

以上有关黄昏色调的描写，使人想起俄国画家库因之的油画《乌克兰的傍晚》，描绘了夕阳中的山村。浓密的山林笼罩着玫瑰色的落日余晖，笼罩在微暖的红色调子里。中间茅屋的墙，亮面是用浅玫瑰色，树枝的投影是用淡的冷绿色画成的。但人们却感觉它是白色的墙，是光源色与环境色影响下的白墙，是黄昏光照下的白色的墙。是这种条件下，红色的余晖与青绿色天光两种色调汇集在一起时的白墙。画家像魔术师一样把红色与绿色变成观众眼中的白色，从而把自然中存在的又常被人忽视的色调的美，展现在观众眼前。

由于画家作品中色调的启示，打开了学习者观察色调的眼睛。然而自然界、生活中物象的色调却是千变万化和无比生动自然的。任何名画也无法比拟。“师古人不如师造化。”但这些生动、丰富的物象色调，却多不是集中的、统一的、典型的。在两种或两种以上色调并存时，也多是无主无次、纷陈杂沓的，必须经画家综合概括、提炼取舍，做到集中统一。在两种或两种以上色调并存时，分清主调与辅调。

生活中、自然界色调常不统一的现象是就其全体物象而言。而从某一角度、某一瞬间、某一光照条件看，又可以找到色调大体统一之物象。正因为有较统一和较不统一的色调相比较而存在，人们才发现了色调，发现了色调统一之美。日出东方，西边的景物的亮面沐浴在暖黄色的阳光中，即统一在暖黄色的调子里。日落之后，大地笼罩在微冷的灰色调中。明亮的月光下，物象受光面统一在淡冷绿的色调里。黄色灯光下的室内，受光面统一在暖橘黄的色调中。

因为自然界光源环境十分复杂，所以自然物象色调的统一，不是滤色镜下物象的统一，也不是舞台上人工光源色的统一。滤色镜下的物象，无论是受光面、背光面或反光面，全染上一层滤色镜的颜色。色调虽统一，但单调，失去了自然的真实性。舞台上人工色光纯度太高，色象倾向过于“鲜”“火”。在舞台上很强烈，适于集中观众之注意力，而在油画中就显得做作。

自然光下色调的统一是在多种光源映照下的矛盾的统一。既丰富又和谐，既生动又含蓄。再经艺术家的集中概括、提炼取舍，使画中的色调，既神似于自然，又高于自然。俗话说：“江山如画。”从色调而言，正说明自然江山不如画中之江山的色调明确、集中、统一、典型。画似江山，更胜江山。

色调的提炼取舍，不是主观编造。正确的提炼取舍，必须能传达物象色调的精神。这就要做到准确、鲜明、生动、自然。色调不准，把早晨画成了黄昏，就失真，失去了所画对象的具体性、特殊性。不鲜明，虽有特点但不突出，画面效果就“温”“弱”，似是而非，含糊不清。不生动，就呆、死、缺乏生命力。不自然，就做作。做到这四点，就能传对象色调之神。

掌握和运用色调有两个难点。

第一，定色调。色调既要统领全局，色调定得当与不当，必然影响全局。定调应在落笔之前。是暖，是冷？是明，是暗？是黄，是绿？画前应胸有成竹。尤其难在冷暖、明暗等分寸的掌握。分寸的掌握来自观察、写生、记忆。如阴天的天光、阳光，中午阳光与日光灯的光，三者全是白光，而三者又不能同时出现，难于在同一时间内比较，只能在记忆中进行比较，这就要有大量写生观察作基础才能奏效。

第二，色调的统一。两种或两种以上的色调同时出现时，每一色调自身必须统一。也就是同一色调中的各个局部色彩必须统一于这一基调之中。如《卢昂大教堂》亮面细部色彩是很丰富而有变化的，但它却不花。而且远看只觉得它是教堂的实体而不是色块堆砌，如果迷醉于细部色彩的丰富性，而忘了整体色调的统一性，结果既失去了色调也失去了色彩，留下的不过是五彩缤纷的颜料而已。更重要的是几种色调之间也应有主有次，并和谐统一于整体色调之中。如《卢昂大教堂》的画面，总色调是由三种色调组成：一是教堂亮面的暖黄色调；二是冷色调组成的蓝天和教堂受天光影响之暗面；三是教堂门楣朝下的部分受地面暖色影响，形成冷中带暖的色调。三者之间有主调（教堂亮面），有辅调二和三。主调决定了全局的总色调与辅调相对比又相衬托，相互影响又相互渗透。你中有我，我中有你，既有局部的细微变化又统一于整体色调之中。

色调是客观存在的，有其自身变化规律，是科学的。科学虽不等于艺术，艺术却可以利用科学，利用色调规律。不承认色调的规律性就无法掌握它、驾驭它，为我所用。当然，只停留在科学性、规律的研究上就永远进不了艺术之门。规律不是教条，万应灵方。如果只知道晴天阳光下影子偏冷的规律，不问环境、时间、条件、遇到外光的影子就画成蓝色，往往失去了生动的具体特点，成了公式化的模具。

对油画家来说，掌握色调自然变化的规律和技巧，能够准确、鲜明、生动自然地描绘对象及其色调的特征，做到以色传神已是不容易的了。但高超的艺术家，绝不能以此为满足，应更进一步追求更高的境界。

色调与感情

画家眼中的物象不是照相机中的物象，而是画家对物象的形象感觉和认识。画家眼中物象的色调也不是自然对象色调的翻版。在作品中物象与色调不应是冷冰冰的客观记录，而应是作者感情的形象表达，是作者与物象及其色调的主客观统一的产物。作为绘画语言的色调也只有能做到表达作者情绪和感情时才真正具有艺术性。

客观存在的色调本身，无所谓情绪和感情，它只能引起人们生理上某种反应，如和谐、悦目或刺激等。但人们在认识世界和改造世界的过程中，对世界上的物象发生了这样或那样的关系，也随之产生了心理上的反应，即这样或那样的情绪和感情。对某一物象色调的情绪和感情，也随景而生。日出东方，万物苏醒，给人类带来了光明、温暖。人们热爱它，用最美好的语言来形容它、歌颂它。而对太阳的歌颂喜爱，与随之产生的“万道金光”“朝霞”以及日出时的金红色调，日升时的金黄色调也都产生了喜悦的情绪。人们把它与充满希望和朝气蓬勃等情绪连在一起。同样，对春天嫩绿色调的田野，与充满生机和美好未来的喜悦情绪连在一起。狂风暴雨之夜的暗冷色调与灾难和恐怖的情绪连在一起。

这种色调与某种情绪的联系，是从生活中得来的，是人类在长期实践中感受到的。也只有在长期实践中人们才有可能将某种色调和某种情绪自然而然的联系起来。艺术家就是善于在生活中研究和发现这种联系，善于研究和发现某种色调与某种情绪相联系的时间、环境、条件，以便恰当地运用色调抒发情感表现意境。这种色调与情绪的联系，不是无缘无故产生的。因此，不能凭主观臆造或任意捏合。任意捏合是引不起人们的共鸣的。这种色调与人们情绪的联系，只有确实反映了人们的共同感受时，它才能得到承认，才能引起共鸣，才有可能在艺术品中产生感人的威力。

自然主义者只承认色调的存在，记录生活的存在，而割断色调与人们情绪的联系。这只能起到说明的作用，而削弱了色调的表现力。形式主义者主观地编造色调，脱离内容给人们奇、怪、邪的感觉。只能惊人之目，不能动人以情。色调的魅力正在于以色传情。观众看到的是画面形象的色调，而感受到的却是作者的情绪和感情。所以绘画中色调应该充满了作者的情感，表现作者的感情。

俄罗斯画家苏里科夫的《缅希柯夫在别辽佐夫村》一画中，描写的是辅佐彼得大帝进行改革时的功臣缅希柯夫，因失宠而全家被放逐到荒凉的别辽佐夫村的史实。作者采用的是冷褐色的暗调子，远远看去，人们感受到一种阴暗、压抑的情绪。这首先是色调的作用。当进一步看到画中的主人公缅希柯夫目光停滞、忧愤而出神的表情时，观众完全懂得了主人公的沉重心情。色调烘托出气氛，人物情绪又补充了色调。人物的情绪和色调的情绪融合为一体，达到了高度的统一。

人们不知不觉地被它征服了，确切地说不是被画征服了，而是被作者的感情征服了。

这里还须特别指出的是：画中的色调是暗的冷褐色调，而不是暖褐色调。作者巧妙地利用了室内光的偏冷性格，使画中绝大部分固有色，如暖棕色的衣物家具等，全带有不易发觉的微冷倾向，而呈偏冷褐的色调，突出了压抑而低沉的情绪。有的印刷品印成了暖褐色调，不论其制版多么精细，形象多么清楚，但色调所要表达的情绪却遭到歪曲。从作者对画面色调的微妙的处理可以看出，作者在运用色调传达情感时是独具匠心的。

法国的画家米勒，在他的作品《晚钟》里，用朦胧的暖色调描写了两个贫苦农民在一天的辛勤劳动之后，站在充满空气感的茫茫暮色中应和着远方教堂的钟声，向那并不存在的上帝祈祷幸福。他们虔诚但愚昧，朴实却无知，善良但贫穷，勤劳却很少收获。这是19世纪法国贫苦的但未觉悟的农民感情的真实写照，也是米勒的自我写照。画面上的暖灰色调处理得极为精细而充满感情：朦胧的空气感，似乎散发着泥土的香气，大地也在迷蒙中展向与大气相接的遥远的天边。我们看到的是普通的人物，普通的环境，普通的色调，感受到的却是诚挚、朴实的感情。

我们既要研究生活，也要研究前辈画家的经验，看看前人是怎样运用色调语言来表达感情的。但是色调与情绪的联系是极其微妙的、复杂的，总之是千变万化的，绝不能把前人的经验当作包治百病的妙方，更不能凭主观的思维与推理，定出一些清规戒律。像“四人帮”霸占画坛时那样：灰色调、暗色调、冷色调被划为禁区，只能用以表现旧社会；而社会主义的今天，就只能用暖色调、亮色调，或者不顾色调的统一性，把工、农、兵和领袖画得面色朱红，或者虚情假意地到处用所谓红亮调子。这种形而上学影响下产生的作品，不但毒害了观众的眼睛，也奴役了画家的感情，只能导致艺术的没落和死亡。

色调与人们情绪的联系源于生活，画家也只有在生活中挖掘探索新的联系，才能丰富色调的表现力。

在李焕民的套色木刻《初踏黄金路》中，明亮暖黄的色调是与藏民丰收的喜悦情绪凝结在一起的。列维坦的《金色的秋天》的暖黄色调虽然也显示出富饶、宁静的美丽，却带有几分伤感情绪。而在列宾的《伏尔加纤夫》中，明亮的暖黄色调丝毫不能使人感到喜悦和愉快，相反，它表现在毒烈的阳光下，灼热、焦躁得难于忍受的痛苦情绪，从而更深刻地揭示出这群被剥削、被驱使的纤夫的奴隶般的处境。

这些同是以暖色调为基调，而画面所体现的情绪和感情却是那样不同。说明色调绝不是能借以大批复制的模具，而是表现生活与画家情感的千变万化的艺术手段。

色调、感情、意境

我们研究色调与情绪的联系，是为了运用色调抒发感情。感情是艺术的灵魂，没有感情，艺术就没有生命。

人都是有感情的，但并非人人都能成为艺术家。有情无意，不能形成艺术品。“意”是“情”

的形象化的集中表现。艺术家不同于一般人就是因为他善于使感情转化为“意”，并通过艺术语言创作出艺术品。中国画论中讲“立意”就是“情”的形象转化。“意”又是艺术品在作者头脑中的胚胎，也就是构思。构思酝酿成熟才能做到“胸有成竹”“意在笔先”。

诗、文的立意，是通过语言。绘画的立意，要通过形象。而油画的立意，要通过色彩的形象，通过色调。色调的分寸恰当，“意”就传达得明确，“情”也体现得充分。反之，色调与“意”相矛盾，“情”也无从表达。俄罗斯画家萨文斯基的油画《迁徙》，本意是想表现迁徙者在途中死亡的悲剧场面，但作者采用的是明朗、柔和的暖色调，初看好像是迁徙者在休息、睡觉，从整个画面看来感觉不到悲哀的情绪，相反，画中色调似乎是在奏着轻松明快的曲调，效果适得其反。

所以油画立意不能离开色调，确定色调更不能脱离立意，色调应服从于“意”，但服从“意”不能理解为消极的适应或说明。俄罗斯风景画家希施金的某些描写阳光下森林的风景画，虽然也有色调，但在那些画中色调只是停留在说明光照时间与环境上。虽然准确逼真，也仅只是准确逼真而已。画面感受不到作者的感情与色调之间的联系，色调的情感不明确。他只做到了以色写实，没能做到以色抒情，画面缺乏意境，所以色调服从于景，只能达到写实。色调与“意”的高度统一，才能在画中表现意境。

意境是通过情景交融的艺术形象以达到诗意的境界。我国诗人和画家历来最讲求意境，提倡诗中有画、画中有诗，认为诗是无形的画，画是有形的诗。油画虽然是外来画种，但是完全应该而且能够做到通过色调表现诗意的境界。

《乌克兰的傍晚》，正是通过景物的色调，抒发了作者对乌克兰山村深深的爱。那是夕阳下山的一刹那，夕阳的余晖依恋着白色的茅舍，茅舍依恋着夕阳的余晖。在这转瞬即逝的一刹那，色调凝聚着作者的深情，使这幅画像一首宁静、优美、朴素的田园诗篇。

列维坦的《弗拉基米尔路》则表现了另一种意境：阴云满天，衰草遍地，茫茫的荒野上几乎没有人烟。一条坎坷不平的路伸向遥远的天边——这是革命者流放之路。一切都笼罩在满目凄然的情绪里，不由得使人记起“愁云惨淡万里凝”的诗句。作者的感情通过画面的灰色调，深深地感染着观众。观众的心也随着作者的“意”向着遥远的天边，对那些被流放的革命者寄予深切的同情。多少观众为这张画深深地感动着，多少观众在离开画面时仍带着沉重的心情。意境把观众带入画中，又超出了画外，给观众提供了广阔的想象余地。

中国古人论诗，指出“诗言志”。苏东坡认为“作诗即此诗，必定非诗人”。唐人白居易的名句：“野火烧不尽，春风吹又生。”表面上似乎描写了自然现象，但其中却包含了深刻的哲理。它展示了一种斗争的韧性，它让人们看到好与坏，顺境和逆境……相互转化的规律性，它使革命者处于革命低潮时坚信胜利到来的必然，它使遭受不公允待遇的人能看见希望，因而坚持着、斗争着、等待着。同样一幅优秀的画，也不应是“作画即此画”，而应有画外意。应使观者有所感触、有所激动、有所联想、有所启示，才能使观者玩味无穷，百看不厌。这正是作品深刻的思想性与高度的艺术性相结合、相统一的结果。这种作品才能具有深刻的感染力。《弗拉基米尔路》正是许多这类优秀作品中的一幅，它的色调对画面情绪、意境起了非凡的作用。

通过色调表现意境是油画的特长，但在表现意境时色调不是孤立起作用的。它总是依附于具体形象而发挥威力的，离开了造型形象，孤立的色调就不可理解了。试想《弗拉基米尔路》如果没有那条道路，没有那样的荒野、那样的天空，只是几团颜色、几组色块，它怎么能深深地打动观众呢？又怎能发人联想？所以我们也不能把色调的作用夸大到不适当的地位。

通过色调抒情和表现意境，是油画家应具备的高度技巧。当然技巧不是目的，不能为技巧而技巧。运用色调的技巧，是为了更好地抒情写意，集中地突出形象、意境。但我们也不是“唯情论”，只要有情就一切都好。历史上一切伟大的艺术家之所以伟大，不仅在于他有感情，也不仅在于他有化情为意的高度技巧。虽然，这些全是非常重要的。更重要的是他所表达的感情是进步的、高尚的、能代表人民的，而且是真挚的。文艺复兴时期的伟大画家达·芬奇，把他真挚的感情倾注在肖像画《蒙娜丽莎》的描绘上。这张端庄、健康、娴静、温柔、自信的妇女形象是阶级的肖像，是当时新兴资产阶级理想美的化身，是对中世纪宣扬病态美的挑战。德拉克洛瓦的《希阿岛的屠杀》是为被侵略、被压迫和被屠杀的希腊人民而写的控诉书，也是为一切被侵略和被压迫的人民伸张正义而作。列维坦为反对沙皇而遭镇压的革命者唱着低沉而激奋的挽歌，就是那幅感人的《弗拉基米尔路》。这些作品在当时都是具有进步意义的，崇高的感情，是那些脱离人民、逃避现实的，颓废、疯狂的没落阶级的感情所无法比拟的。这确实是一个世界观的问题，也确实来不得半点虚饰和伪装。“文如其人”，画亦如此。“四人帮”的反革命灵魂不论它打出多么漂亮的革命的旗帜，也掩盖不了他们那种粉饰太平、矫揉造作的假革命艺术实质。还是鲁迅先生说得中肯：“血管里流出的是血，水管里流出的是水。”

我们的时代里，一切技巧，包括运用色调的技巧，只有表现我们伟大时代最先进的、崇高的、真挚的无产阶级感情时，才能发出它最灿烂的光辉。

本文载于《美术研究》1979年第2期

李天祥，1928年生，河北景县人。毕业于国立北平艺专油画系（现中央美术学院）和苏联列宁格勒列宾美术学院油画系。上海大学美术学院院长。

《琉璃堂人物图》与《文苑图》的关系

徐邦达

故宫博物院藏小画一幅，绢本，设色，纵37.4厘米，横58.5厘米（旧本“历代名画集册”中，分书装卷），见《石渠宝笈初编》卷二二著录。淡设色，作四个戴幞头穿袍服的“士大夫”在松树下或坐或立，构思作文，石旁一童子作磨墨状。人物面相勾笔简细，不多渲染而极有神气。衣纹略作“战”（颤）笔，流利工能，确是高手之作。无款，本幅上有宋徽宗赵佶题“韩滉文苑图丁亥（大观元年，1107）御札”，下作“天下一人”押字，右下角有南唐墨钤“集贤院御书印”[1]一印；又南宋“睿思东阁”大印在左方，均真。四角有双龙和“宣和”年号印骑缝，疑伪。前绢隔水明郭衢阶（亨父）金笔书标题，幅中亦有郭氏藏印。此画应为宣和“内府”曾藏，但不见于《宣和画谱》著录，而见于南宋《中兴馆阁录·储藏》杂画中（下简称“石”本）。

又溧阳狄氏藏有所谓周文矩画《琉璃堂人物图》一卷[2]，起首亦为赵佶题“周文矩琉璃堂人物图，神品上妙也”二行，下钤为“内府图书之印”。画分两组，前段共六人，四人相对坐谈——三人戴幞头、袍服，一僧人；左有侍者二人并立；后设长方大案一；上有文具数种。后段画五人，与“文苑图”基本上相同。人物面相稍欠风采，衣纹更曲折战动，但不太劲挺；赵书亦弱；“内府”大印，更显然是翻刻的，定为后代摹本无疑（下面称为“狄”本）。考《宣和画谱》卷七周文矩名下，确有“琉璃堂人物图、一”，因知此卷不是凭空臆造的。

又考明詹景凤《玄览编》卷一一条云：

> 西蜀郭民部亨之人物一卷，徽庙首题为“文会图”，后题为唐人韩滉作；予阅之本钱仲文、刘长卿琉璃堂宴集故事，想韩当时图之；如宋、李伯时图西园雅集必仿此也。是楮纸（？）画，完好不缁，如一二十年间物，奇宝也。色浅绛，插以兰叶，兼铁线曲蚓法，精古雅秀；笔行如水流云行，细而不佻，着而不粗。同咏四人，深沉之思，冥想之态，宛然在目。中间只一古松，松针劲秀如发；下铺软草，肖疎而雅冲，出于尘，足称逸品也。始知伯时雅集图中

草是法滉，滉又本之张僧繇。亨之名衢阶，为人豪宕踈爽不羁，颇有精识，所收物多佳，亦蜀中希有人物也。后二年于吾郡管挥使家见一卷，位置尽与此同，而笔更精细，乃绢画，亦佳甚，然无款识者，亦不说是何人画，却题有“琉璃堂雅集图”六字，在前绢之边际（下称“管”本）。

詹氏所记郭藏本，应即“故宫”短卷——“石”本，因其上正有郭氏手书标题和诸藏印。至记中小有差错，如“文苑”作“文会”，又称“是楮纸画”，可能是回忆而误记，绝非另有一纸本画。“管”本则今已无闻，不知又属如何？

又清陶梁《红豆树馆书画记》卷一记“文苑图”另一本云：

绢本，高一尺三寸，宽二尺九寸五分（三一四 × 五三·七公分）。图中一人就石舒纸，右手支颐，握管向上，似沉思未得者。旁有童子研墨。对面一人，曲肘据古松而立。其后两人坐大磐上，展卷共视，居左者昂首作回顾状。汤垕《画鉴》谓晋公人物渊源顾陆，此图用笔劲利，衣褶颇类张怀瓘所称探微画如锥刀者，询真迹也。宋濂《潜溪集》载晋公“七才子图”，不详何人，此亦无从考其故事矣。钤缝有“丹”□连珠印，“营□”半印。后有宣和御札。按徽宗于辛巳改元建中靖国，距丁亥七年，正清暇无事，怡情翰墨时也。书用瘦金体，审为徽庙宸翰无疑。

下录题跋云：

韩滉文苑图，丁亥御札，“天”。此唐仆射封郑国公韩滉之手迹，而宋宣和间藏之御府者也。里人王昂生得之襄邸，转以贻李宗衍，两君并精绘事，号能赏鉴，而宗衍一旦获为己有，喜不自胜，乃为装潢而属不仞识其下……沔阳费尚伊题。

又周梦旸跋。又“李宗衍鉴定书画印”（下称“红”本）。

据以上所记称韩滉作“文苑图”的短幅共有“石”本，“红”本二件；又称“琉璃堂雅集图”的短图（不知称为何人画）一本——“管”本；称周文矩作“琉璃堂人物图”的长图一本——“狄”本；其中“管”“红”二本只见记载，不知其是非真伪。但从“石”本徽宗赵佶题确是真笔论之，那么“红”本似非古画，而赵题又必伪无疑。近日又见美国福履安美术馆收存一本，笔法极劣，构图同“文苑图”，无题印；美国人以为是清人笔。[3]不足齿论。

据以上情况和前人记述，合起来看有以下问题需要分析研究，现在试作考订探讨如下。

一、琉璃堂原在哪里，其中的人物究竟是谁？

在明詹景凤《东图玄览编》中说他们是大历

间诗人钱起、刘长卿等人，但未注明出处，使人难以深信。近阅《全唐诗》第十函第一册在所收晚唐诗人张乔[4]的诗中，见到“题上元许棠[5]所任王昌龄厅”一首，诗云：

> 琉璃堂里当时客，久绝吟声继后尘，百四十年庭树老，如今重得见诗人。

按王昌龄是唐玄宗开元（713—741）时的进士兼名诗人的话，张乔则为懿宗咸通（860—872）间进士；从开元到咸通初，正好一百四十余年，那时这所厅堂给诗人许棠居住，还能在那里听到“继后尘”的“吟声”。王昌龄曾经做过江宁丞，而琉璃堂就在该地（《上元·江宁县志》也据之记载着）[6]。此堂或是江宁官衙的后厅。因此我认为图中就是画的王昌龄和他的朋友们在堂下宴集的故事。在王氏的诗卷[7]中，我们曾看到他有不少著名的诗友，如綦毋潜、李颀、王维、刘眘虚等人；还有一首“留别岑参兄弟”诗，开头说：

> 江城建业楼，山尽沧海头，副职（丞）守兹县，车南棹孤舟。末云：谁言青门悲，俯期吴山幽；日西石门峤，月吐金陵洲，追随探灵怪，岂不骄王侯。

可见岑参曾和王氏在金陵同游过的。又刘眘虚亦曾到过江南，王诗中有一首“宿京口期刘眘虚不至”可证，京口即今镇江，离南京很近；那么琉瑞堂宴集中的文士，除了王昌龄本人以外，是否会有岑参兄弟，刘眘虚等人在内呢？又按长卷前段中有一位僧人，更不知为谁。

同时我还考虑到画的又是否为后任县丞许棠和他的诗友张乔等人？但许、张名气不算太大，是否能为后代画师加以渲染称颂呢？姑两存以待再考。

二、作者是韩滉还是周文矩？

因为此堂所在地是金陵，所以南唐后主时（那时已迁都于此）的画院待诏周文矩，乐于画这本地风光的前代名诗人王昌龄（或许棠、张乔）等人在琉璃堂宴集故事，我认为是有着一定的联系和可能性的。如果说是韩滉创稿，那关系就不大，更不可能画较后的许、张了。

再从此二图的衣纹用笔颤掣一点来看，也近周文矩画法。按米芾《画史》一条：

> 江南周文矩士女面一如昉，衣纹作战（颤）笔，此盖布文也，惟以此为别。

《宣和画谱》卷七周文矩传：

> 周文矩金陵句容人也，事伪主李煜为翰林待诏，善画，行笔瘦硬战掣，有煜书法；工道释人物，车服楼观，山林泉石，不堕吴、曹之习，而成一家之学。

周文矩画的真迹，虽然没有见到过，但如《重屏会棋图》[8]、《明皇会棋图》[9]大都是有来历的古抚本，其画派还能推想一二；拿它们和《文苑图》《琉璃堂人物图》来比对，画法基本上是一致的，只不过技巧高下有些不同而已。《文苑图》画得很好，人物面目生动有神，衣纹圆转中微有顿挫，笔法精劲，树、石笔法亦极苍劲秀挺，都不是其他如“狄”本《琉璃堂人物》《重屏会棋图》等摹本所能比拟的。

在画中文士所戴的幞头，有折上脚，其帽围似乎有硬胎。考北宋·庞元英《文昌杂志》卷二中说：“按‘幞头’起于周武帝（北朝末），盖取以便于军容。”

南宋·赵彦卫《云麓漫抄》卷三，云：

> “幞头”之制，本曰“巾”，古亦曰“折”，以三尺皂绢向后裹发，晋、宋曰“幕”，后周武帝遂裁出回脚，名曰“幞头”，逐日就头裹之，又名折上巾。……自唐中叶以后，诸帝改制，其垂二脚，或圆或阔，用徐弦为骨，稍翘翘矣。……唐末表乱自乾符后，宫娥宦官皆用木围头以纸绢为衬，用铜铁为骨，就其上制成而戴之，取其缓急之便，不暇如平时对镜系裹也。……五代帝王多裹朝天幞头，二脚上翘。

因此可以证明在韩滉生活的时代（开元十一年至贞元三年，723—787），幞头还不可能有像《文苑图》那样折而向上的硬脚和用硬胎的帽围（《文苑图》中有小椭圆形的硬脚，却正和周文矩《重屏会棋》中诸王所戴的相像。周文矩是五代时人，此图虽系画的盛唐或晚唐的诗人故事，但在服装方面，因失考失据，以致画出了五代“二脚上翘”的幞头形式，那倒还有可能的。像《历代名画记》中讥评阎立本画昭君戴帏帽一样，不独周氏为然。所以我更以为应是周氏创稿，而不是韩滉了。

三、《文苑图》和《琉璃堂人物图》的关系

按一般规律，摹本比真本可以减去一些而极少反而增加的。所以我认为《琉璃堂人物图》长卷原底的创作时间，应早于《文苑图》短幅，换一句话讲：《文苑图》正是从《琉璃堂人物图》节临下来的。

又《文苑图》赵佶题识时为丁亥，应是大观元年（1107），赵氏年26，是其早岁之笔。《琉璃堂人物图》见于《宣和画谱》记载，画谱自叙于宣和二年庚子（1120）比丁亥要晚14年，那么《琉璃堂人物图》的收入和鉴题，可能要晚一些。或则赵佶的前后看法有了变化，认为先定的韩滉是错误的，所以后来就改称为周文矩之作，而且连图名也改过了。

至于“石”本《文苑图》，尽管可能创稿后于长图《琉璃堂人物图》原迹，但亦不能排斥周文矩自己不再重画一幅，又可能分成前后两幅，今剩其后。因为“石”本艺术技巧很高，不是高手，似乎是达不到这样的水平的。至于“狄”本长图当然是后世庸手所摹，仅存皮相而已。

另外我还有一种设想，考宋邵博《闻见后录》卷二七、一条：

予收南唐李侯阁中集第91卷画目，上品95种：内“蕃王放簇帐”四，今人注云：“一在陆农师家，二在潘景家”；“江乡春夏景山水”六，注云：“大李将军”；又今人注云：“二在马粹老家”；“山行摘瓜图”一，注云：“小李将军”，又今人注云：“在刘忠谏家”；卢思道“朔方行”一，注云：“小李将军”，又今人注云：“李伯时家”；“明皇游猎图”一，注云：“小李将军”，又今人注云：“在马粹老家”；“奚人习马图”之三，注云：“韩幹”，又今人注云：“一在野僧家”。中品33种：内“月令风俗图”四，今人注云：“在杨康功龙图家”；“杨妃使雪衣女乱双陆图”一，注云：“李翙”，又今人注云“在王粹老家，今易主矣”；“竹”四，今人注云：“在王仲仪之子定国处，其着色卧枝一竿尤妙”。下品百三十九种：内“回纹图”二，注云：“殷嵩”，又今人注云：“在仲仪家”，“诗图”二，“叙一”，楼台人物两处，中为远水、红桥、小山、作宾滔从骑迎若兰。车舆人物具小而繁，大概学周昉而气制甚远；“猫”一，“汀洲李交”，又今人注云：“在刘正言家”，花而行者一，小者三，如生。后有李伯时跋云：《江南阁中集》一卷，得于邵安简家，其中名品，多流散士大夫家，公麟尚见之；有朱印曰：“建业文房之印”，曰：“内合同印”，有墨印曰：“集贤院御书记”（按应为“印”字）；表以回鸾墨锦，签以潢经纸。余意今注出于伯时也。然不知集有几卷，其他卷品目何物也。建业文房亦盛矣，每抚之一叹。

邵博所见仅为画目，其原迹已分拆散藏在各家了。现在《文苑图》上正钤有“集贤院御书印”墨印，又曾见所谓唐韩幹《人骑图》短幅[10]绢本，设色，27.5厘米 × 34厘米，也有南唐墨印和赵佶丁亥题字；在宋代必然是一套中的东西；论画法似乎全不够唐代，可能尽是南唐画院中高手的作品。我很怀疑所谓李侯（煜）《阁中集》中诸画，都不是唐人原迹而是当时院手临本，或包括院人自运；那么《文苑图》《人骑图》二幅，是否也是《阁中集》中间的一部分呢？

又考南宋邓椿《画继》卷一、一条云：

徽宗皇帝……即位未几，因公宰奉清闲之宴，顾谓之曰：朕万几余暇，别无他好，惟好画耳。故秘府之藏，充牣填溢，百倍先朝。又收古今名人画，上自曹弗兴，下至黄居宷，集为一百帙，列十四门，总一千五百件，名之曰《宣和睿览集》，盖前世图籍未有如是之盛者也。

我又推想《文苑图》等二幅，或则从《阁中集》散出后，又入《宣和睿览集》中。又曾见五代郝澄《人马图》[11]小幅，绢本，纵33厘米，横36厘米。本身上也有赵佶书“郝澄，丁亥御札”并花押，却无南唐墨钤印记。可能也是《宣和集》中之物，但不一定曾入南唐《阁中集》中。

总之，《琉璃堂人物图》，应是五代南唐画院待诏周文矩所创稿，其中画的是唐开元时江宁县丞名诗人王昌龄和他的朋友在县衙后厅琉璃堂下宴集的故事。但也有可能所画的是晚唐咸通时后任县丞许棠和他的诗友张乔等人，一时不易确断。今传“狄”本，则是后世的临摹本仅存梗概而已。“石”本《文苑图》原是《琉璃堂人物图》的半卷，画得极精，人物树石形象都很生动，当系同时高手仿周本节画，或为周文矩再作，亦未可知；因上有南唐“集贤院御书印”墨印（非伪），应非后世传摹之本。此图可能曾入唐李后主《阁中集》，后又入《宣和睿览集》中。“红”本则是更后临副本。

注释

[1]《梦溪补笔谈》卷二，“艺文”一条云：“江南府库中，书画至多，其印记有‘建业文房之印’‘内合同印’‘集览殿书院印’（按：应为‘集贤院御书印’，此误）以墨印之，谓之‘金图书’，言惟此印以黄金为之。”——宋·沈括。

[2]有正书局《中国名画集》三三册影印。今在英国、里特手。

[3]美国《福履安美术馆五十周年纪念展出专集，第二集》——汤姆劳顿说明。

[4]《全唐诗》第十函第一册附张乔传：“张乔、池州（在今安徽省）人。咸通中进士。黄巢之乱，罢举，隐九华。诗二卷。”

[5]《全唐诗》第九函第八册附许棠传：“许棠字文化，宣州泾县（在安徽省）人。咸通十二年（辛卯，871）登进士弟，授泾县尉，又管内江宁丞。集一卷，今编诗二卷。”

[6]清同治重修《上·江县志》卷一七，“名迹”中有“琉璃堂”一条，注云：“张乔题王昌龄厅诗云‘琉璃堂里当时客’。”

[7]《全唐诗》第二函第十册。王昌龄诗一。

[8]《石渠宝笈三编》乾清宫著录，现藏故宫博物院。《历代人物画选集》影印。

[9]《石渠宝笈重编》重华宫著录，原藏故宫博物院，《名画三百种》（台湾版）影印。

[10]《石渠宝笈三编》延春阁著录，“名绘集珍”册之一，原故宫博物院藏。

[11]汤垕《古今画鉴》著录，瑞典喜龙仁编《中国绘画》第三册影印。今在美国波士顿美术馆。

本文载于《美术研究》1979年第2期

徐邦达（1911—2012），浙江海宁人。中国书画鉴定家、故宫博物院研究员。

《清明上河图》地理位置小考

杨　新

北宋张择端的《清明上河图》（故宫博物院藏），以当时汴京（北宋都城，今开封）人在清明节到汴河上游玩这个传统的习俗为题材，真实地再现了我国11世纪都市的社会生活面貌。商业经济的繁荣，交通运输的发达，各种不同阶层的人物活动，都描绘得非常生动、细致、概括、集中，使观者仿佛亲临其境。此画不惟在我国古代优秀的绘画作品中像一颗夺目的明珠，有很高的艺术价值，而且，对研究当时社会发展的其他方面亦具有重要的史料价值。

这一幅驰名中外的作品所描绘的是汴京什么地方呢？具体地说，在最吸引人的中心部位，作者精心地画了一座规模不小的木结构拱桥，这是汴京的哪一座桥？它的正名叫什么？由于时代的久远、地貌的改变，今日的开封，已经完全不是昔日汴京的面目，使这个问题，长期未能解决。过去，一般认为它画的是汴京外城东水门内外一带，这座桥的正名叫虹桥；另有人认为，它画的是汴京内城东角子门内外，桥的正名叫下土桥。本文仅就此提出个人一些粗浅看法，求正于大方。

要弄清楚《清明上河图》画的是汴京什么地方，先要大致了解此图创作的当时汴京城区的布局是什么样子。根据孟元老《东京梦华录》的记载，当时的汴京有内、外两圈城墙，汴河由西向东穿过内、外城的南部，凡城门、桥梁，以及与之相联系的街道，它们的相对位置，在城的东南部。在《清明上河图》上，画的中段横贯着一条大河，从河面上行动着的船只来看，水流方向是自左而右。首先肯定这就画的是汴河的话，那么作者取景时，是立足于汴河南岸的。横跨汴河，有一座木结构拱桥，紧贴桥的南端，有一条横向街道，迤左直通一个高大的城门，城门有砖包裹，而两侧所连城墙，则是土城；土城上长满了老树。进城门则为横竖街道。这里，河、桥、城门的特点及其相互关系，作者都是交代得十分明确的。

首先看它是不是东水门一带内外？这里是城与乡的交接处，看来是很符合《清明上河图》上所描写的。但是有两个问题却不好解决：一是桥的问题。《东京梦华录》上记载，汴河“自东水门七里至西水门外，河上有桥十三（按：实为十四），从东水门外七里曰虹桥，其桥无柱，皆以巨木虚架，饰以丹艧（雘），宛如飞虹，其上、下土桥亦如之；次曰顺城仓桥。入水门里曰便桥，次曰下土桥，次曰上土桥。投西角门曰相国寺桥，次曰州桥……”这就是说，当汴河流出东水门后，离城最近的一座桥，名顺城仓桥，这座桥没有什么特别，只有离城七里的虹桥及上、下土桥的结构形式才与《清明上河图》上的汴河大桥相吻合。如果说图上的这座桥就是画的虹桥，那么顺城仓桥到哪里去了呢？二是城门问题。《东京梦华录》上记载，汴京外城“城东一边，其门有四：东南曰东水门，乃汴河下流水门也，其门跨河，有铁裹窗门，遇夜如闸垂下水面，两岸各有门通人行路，出拐子城，夹岸百余丈；次曰新宋门，次曰新曹门，又次曰东北水门，乃五丈河之水门也”。这里关于东水门的形制说得很清楚，而在《清明上河图》上，画的是一个陆路通行城门，与汴河相去甚远，而在东城墙的东水门以南，又无别的城门。总括上述两点，从桥与城门的形制特征及其相互的关系上来看，《清明上河图》画的不是这一带地方。

我们再看看画的是不是内城东角子门内外一带？从示意图中我们可以清楚地看到，当汴河流出内城通津门后，离城最近的一座桥，叫作上土桥，这座桥的形制与虹桥是一样的。过去有人认为是下土桥，这是错误的，因为《东京梦华录》记载汴河上的桥梁时，孟元老用“外”“入”“投”几个字，就明确地标示了这些桥梁的相对位置，显然，上、下土桥都在内城的外侧，而不是分居于内城的两边。在城门问题上，《东京梦华录》记载，汴京内城“东壁其门有三：从南汴河南岸角门子，河北岸曰旧宋门，次曰旧曹门”。（按：在这里孟元老把汴河穿过内城东壁所过的水门——通津门没有算在内，所以说“其门有三”，又“角门子”，即东角子门。东角子门位于汴河之南岸，是一座陆路通行的城门。这一带城门与桥的形制特征及其相互关系都与《清明上河图》所画完全吻合。

此外，从其他方面也可以看出《清明上河图》画的正是汴京内城东角子门至上土桥一带的景色。

《清明上河图》上所画的城门内外，是“井邑鱼鳞比不如”的繁华热闹街市。《东京梦华录》“大内前州桥东街巷”条中说：“街西（指保康门街）保康门瓦子，东去沿城皆客店，南方官员商贾兵级皆于此安泊。近东四圣观，袜袎巷。以东城角定力院，内有朱梁高祖御容。”由此可知，入东角子门后，有一条大街直通保康门街，由保康门街往西可到朱雀门、御街，往北则可到相国寺，向南则是保康门。东角子门又近汴河，与其相距最近的上土桥，则有通衢北至陈桥门，南到陈州门。这样的地理位置，使这一带成了汴京城内水陆交通的重要通道，因而街市热闹，人烟稠密，是当时汴京重要商业交易区域之一。这与《清明上河图》所描绘的繁华热闹景象是一致的。而在外城内的东南角，则不为商业交易之区，从《东京梦华录》散见各条的记载来看，这一带主要是园圃和寺庙。

又据赵德麟《侯鲭录》记载，汴京“旧城周回二十里一百五十五步，即汴州城，唐建中二年（781）节度使李勉重筑，国初号曰阙城，亦曰里城。新城乃周世宗显德二年（955）四月诏别筑新城，周回四十八里二百二十三步，号曰外城，又曰罗城，亦曰新城。元丰中（1082前后），裕陵（宋神宗赵顼）命内侍宋用臣重筑之”。又岳珂《桯史》记载：“开宝戊辰（968）艺祖（宋太祖赵匡胤）初修汴京，大其城址，曲而宛如蚓诎焉。……及政和间（1111—1118），蔡京擅国，亟奏广其规，以便宫室苑囿之奉，命宦侍董其役，凡周旋数十里一撤而方之如矩。”城墙是用来作军事防守的，汴京自建筑外城以后，内城自然逐渐失其军事作用，因而失于修理，尤其是土城，如果不随时加以护理，就容易杂草丛生，长出树木来。《清明上河图》中，从城门两侧土城上的古树桠杈可以看出，是汴京内城的景象，而外城，《东京梦华录》上说：“新城每百步设马面、战棚，密置女头，旦暮修整，望之耸然。”哪里还能允许它自然地长树成材呢？

在《清明上河图》后尾纸上，有王磵的两首诗题，其中一句说“两桥无日绝江船”，原注“东门二桥，俗谓之上桥、下桥”。另张世积的诗题中也有“繁华梦断两桥空”之句。这里注释所说的东门，即指东角子门，上桥、下桥，即上土桥、下土桥。王磵，字逸滨，金明昌中（公元1193前后）授鹿邑主簿。他是汴京人，生卒年无考，据元人杨准题跋称他和张世积等为“亡金诸老”，可以推测其在幼年时代，还能见到过北宋灭亡之前的汴京景象。至少在他生活的年代，汴京虽遭战争的破坏，汴河也因失修而逐渐淤塞，但旧有的规模痕迹还遗存着。他看到这卷《清明上河图》，明明只画了一座汴河大桥，却联想到两座汴河大桥，即上、下土桥，可见，张择端在表现这一带景物时，是如何的逼真了。

最后需要说明的一个问题是，《清明上河图》是从郊区农村一直画到城内的，而内城东角子门至上土桥一带，似乎不与农村直接相连，只有再过一道外城，才能通向郊外，这个矛盾如何解释呢？以理推之，当时汴京之所以扩建外城，是因为这里自朱梁建都以来，成为封建国家的政治、经济和文化的中心，公室建筑和民舍逐渐增多，旧城内已经容纳不下，只有向城外发展，而居民的聚居和公室建筑的建设，按一般规律讲，总是先从交通要道的地方开始，而不是平均地向四周扩散。当汴京后来扩筑外城，尤其是在宋徽宗赵佶政和年间将不规则的外城改变为方整如矩时，就使得城内的空隙地区仍然保存着许多农田。

上述考证可以肯定《清明上河图》所画的地理位置，就是当时汴京内城东角子门内外一带，那座规模宏敞、造型美观的木结构拱桥，正名叫作上土桥。解决了这一问题，对于进一步探讨《清明上河图》的主题思想和其他方面的问题，是十分有用处的。

本文载于《美术研究》1979年第2期

杨新，1940年生，湖南湘阴人。1965年毕业于中央美术学院美术史系。故宫博物院研究员、副院长。

关于美术教育的若干问题的回顾

陈　沛

任何事物都有它本身的规律，按照规律办事就能取得预期的效果；反之，违背客观事物的规律，按照个人意志行事，就要受到惩罚，这是无情的，不可改变的。

教育也是一样，是有它本身固有的规律的，是违背不得的。因此，为了更好地培养国家需要的合格人才，为四个现代化服务，对1958年以后三年的高等美术教育若干问题的历史的回顾，也许还是有一定意义的。向后看，是为了向前看。

学校就是学校。学校的任务就是为了培养国家需要的合格人才，因此学校的工作应以教学为主。这在今天来说，大概不会有什么分歧，可是在1958年的时候，这个看法是很难得到普遍同意的，因为有另一种看法，认为学校是无产阶级与资产阶级争夺青年极为尖锐复杂的场所，因此不能以教学为主，而应以阶级斗争为主。所以即使是高等美术学院，也不能以提高为主，而应该以普及为主，不能办全日制，而只能是半工半读；不能是培养专门人才，而只能是培养普通劳动者和业余画家。这场争论，当时在中央美术学院是十分尖锐的。但奇怪的是，上级领导在这场争论中，始终不明确表示态度，这就进一步造成混乱。谁也说服不了谁，工作曾一度安排不下来，真是一年计划，计划一年。虽然经过一段时间后，表面上似乎采取了妥协调和的办法，勉强地把工作安排下来，实际上并没有体现以教学为主的原则，而仍然是以阶级斗争为主的方针。这突出地表现在劳动安排过多（原定每年四个月，后改为三个月）。在宣传工作和接受社会任务方面，也搞得过多过重，例如提出几周之内使北京“壁画化”，加之后来又搞一段政治运动，结果挤掉了教学，放松了基本训练，学校不成为学校。我们曾对三年实际用于教学的时间进行过统计，平均每年教学时间约合六个半月，其中还包括下乡实习和创作活动在内，所以课堂教学每年平均还不到半年。这样怎么能保证培养出国家所需要的合格人才呢？正如有的学生反映，这一辈子主要是思想改造，攀登艺术高峰是下辈子的事了！

不可否认，在高等美术教育中，无论在政治思想上和艺术思想上，都会存在着无产阶级思想与资产阶级思想甚至封建阶级思想的斗争。但是要解决这个问题，只能在稳定教学秩序，以教学为主的前提下，通过不断地教学实践，通过经常的思想教育工作，通过争鸣，通过批评与自我批评，提高共同认识，逐步加以解决，而不能离开以教学为主的原则，采取把学校变成专业宣传队的做法。后一种做法，实质上是对社会主义学校教育信心不足的表现，是缺乏无产阶级改造世界的应有的信心和魄力。

必须充分发挥教师在教学上的主导作用。学校的教育方针和教学计划，要通过教师去具体贯彻；而学生在艺术学习上的独立钻研，也是在教学计划范围内，取得教师的指导下进行的；艺术技巧的训练，也是需要教师更多地直接面授。所以一个学校，如果不充分发挥教师在教学上的主导作用，要想培养出合格的人才来，是不可想象的。

学校要充分发挥教师的主导作用，对这个抽象的原则，大家似乎没有什么分歧。问题在于对教师的估价上。过去一个时期，首先在政治上对教师，特别是对党外教师是估价不足的，看不到他们在政治上的进步，看不到他们在总的方面是拥护党、拥护社会主义的，特别是看不到在国内外形势较为紧张的情况下，能够同党一道度过困难，而往往从大节上着眼少，从思想作风上看得多；不适当地强调他们的某些缺点，甚至于抓住小辫子不放，从而不愿或不敢发挥教师的主导作用，于是就过分强调师生“集体研究”“群众讨论”和“能者为师”，甚至在组织师生合作创作时，也要让学生指挥。实质上就是以此限制教师发挥主导作用。一句话：不放心。这种现象之所以会产生，从认识上说，是形而上学观点看问题，对教师政治上的进步，视而不见。

另一方面，对教师业务上估价也是不足的，因而影响了发挥教师的主导作用。在破除对于资产阶级文化迷信的同时，忽视或轻率地否定教师有用的知识才能，认为这也不行，那也没啥，或者都是资产阶级那一套。一句话：没有值得发挥的长处。

总的来说，过去在一定时期内，之所以未能充分发挥教师的主导作用，是由于对教师估价不足，信任不够，使用不当。而归根结底，是在于估价不足，思想上警惕过度，使用上缩手缩脚，甚至因噎废食，结果许多事情，就由少数人包揽起来。例如有一个时期，在安排创作课上，宁肯让刚毕业不久、创作经验还少的青年教师去担任指导，也不敢使用创作上已有一定成就的老教师。这里还有一点是值得一提的，就是往往有人生怕提高党外知识分子的威信，理由是怕他们又“翘尾巴”，好像威信的提高与翘尾巴有什么必然的联系。说穿了，还是不愿发挥他们的主导作用。当然，不适当地提高威信是不对的，但当他们确实做出成绩，威信自然地树立起来，有什么不好呢？

必须充分发挥教学民主，贯彻“二百”方针。我们过去对于教学领域内能否实行“二百”方针还有疑虑，怕乱了套。其实贯彻“二百”方针与严格教学要求并不是不能统一的矛盾。因为只有在教学上贯彻“二百”方针，充分发挥教学民主，才能有比较、有竞赛，从而不断地改进教学，提高教学质量；反之，如果我们在教学上要求一律化，千人一面，表面看来不乱套，实际可能变成僵化，失掉了相互竞赛、相互促进，因而也就不可能不断地提高教学质量。中央美术学院过去由于对教学要求一律化问题在思想上没有得到解决，因此就出现教师在教学中吞吞吐吐、“欲言又止”的现象，原因就是怕不符合统一的要求。有的教师原来打算系统地讲述自己的艺术心得，讲了一半，唯恐讲出错误来，也就中途停止了。有的虽然具有丰富的艺术心得，一看，怕不符合教学上的统一要求，索性把自己的小本子束之高阁，说什么也不讲了。不仅如此，由于教学要求一律化，甚至在一些技术问题上也有压力。例如：我们在造型上强调人体结构的重要性，有人就不敢发表重视明暗、色彩、空间的意见。大家不能各抒己见。所以离开“二百”方针而谈教学，教学就不能活跃，就会出现教师所教的不是自己的专长，自己的专长反而不能教的状况。许多教师的艺术心得和专长发掘不出来，教师不敢大胆地讲述自己独特的见解，教学质量是会受到影响的。

必须指出，艺术上各种流派是会永远存在的。这是由于人民的爱好，包括艺术家自己的观察方法和表现方法，总是有所不同的。如果这种不同的爱好就叫作偏爱的话，那么这种偏爱应该受到鼓励和尊重，从而使人民文化生活更加丰富多彩、万紫千红。正由于如此，所以只能准予偏爱，不能允许偏废。艺术上如此，生活上也是如此。四川人喜欢吃辣椒，不能不让山西人吃醋。

因为艺术上有不同的爱好，而形成不同的流派，表现在教学上有些不同的教法，这是很自然的，也是有益的。因此，对于不同的学派的不同的教法，都应当尊重，给予一定的开课传授的机会，在教学实践中，使各派互相促进。要防止教学上唯我独尊的权威思想，也不能有门户之见。正是从这种情况出发，我们试行了教学上的工作室制。事实证明，这是一种行之有效的方法。

有一点要提一下，就是美术教学，不同于自然科学的教学，有些问题不能像一加一等于二那样说得清楚，因而不能以此就认为是不可知论。力求把绘画技巧都给予科学解释，动机是很好的。实际上，可能存在着将艺术上的感性的东西过分神秘化的倾向，但也要注意到艺术和艺术教学上有许多问题目前还不一定都能头头是道地说清楚。因此不能排斥和贬低那些虽不能“言之有理”，但是确有丰富的艺术和艺术教育实践经验的教师。我们要承认人的认识是有过程的，有局限性的，永远总有尚未认识的事物；有时虽然初步感触到了，但要把感性认识提高到理性认识，必须通过不断的实践、总结。我们应当重视造型规律的探求，也应当注意培养学生的敏锐的感觉能力。感性认识是基础，何况在艺术上还有形象思维这一特点。所以在教学上应该把这两方面辩证地结合起来。理解与感觉，造型的科学规律与灵活的艺术处理相结合，严而不死，活而不乱。

阻碍在教学上贯彻“二百”方针的另一个问题，就是我们在学术批判中的简单化，因而使人家心有余悸，在教学上不敢畅所欲言。我们在1960年的批判运动中，对阶级性和人性论问题，就有简单化的地方。批判西欧19世纪“印象派”时，笼统地把整个被过去旧艺术史称为“印象派”的所有画家，一律当作形式主义者而加以否定，甚至连绘画技术也被说得一无是处。批判历史上的画家时，往往从一张画就要看出作者的阶级性，将艺术家本人在政治上的表现和言论以及创作活动混为一谈，不加分析，轻率地下定论。因为常常急于将学术问题联系到文艺方针、世界观甚至政治立场问题，使许多人思想有顾虑，怕说不清楚，怕挨批评，怕戴“修正主义”“人性论”的帽子，而不敢发表不同意见。因此必须十分注意正确地、细致地划分思想问题、艺术问题和政治问题的界限。对艺术问题要采取实事求是的态度，要注意具体分析，以理服人，切实贯彻“三不主义”，才能真正在教学上贯彻“二百”方针，提高教学质量。

必须加强基础的训练。关于基础问题，从广义上讲，整个学习时期都是打基础。学生毕业后，是美术专业人才，能不能成为卓越的画家、雕刻家、美术史论家，还要靠本人的长期艺术实践和研究。所以学校只能为每个学生今后成为卓越的画家、雕刻家、美术史论家提供可能性。这种可能，就是尽力使之打好坚实的基础。所以加强基础训练，是十分重要的。从学校教学的范围内说，业务基础课则包括基本的造型技巧和美术史论知识的训练。大体上可以说是素描（包括速写、默写）和各专业的主课技法习作（包括临摹）和美术史论这几种课程。在这方面，我们曾经一度有实用主义的倾向，过分强调了在使用当中学习，学了就用，立竿见影。这在创作与习作的关系上，表现得最为突出。例如：我们曾经提出过“以创作带习作”“滚进去”“缺什么补什么”等，结果忽视了基础训练的科学性和系统性，这对培养学生过硬的基本功来说，是十分不利的。另一方面，鉴于过去对创作训练存在某种忽视，在开始一个时期，把创作课的时数安排得过多，减少了习作（基本训练），实际上也削弱了学生的造型能力。

这样过多、过急地要求习作为当前创作服务，过早要求学生在创作过程中去提高造型能力，而认为可以减少或放松学生系统地、循序渐进地进行基本训练，是应引以为戒的。

不能从反对“素描万能论”的片面性，转而忽视基本训练。不能因为过去忽视一定的创作训练，而把创作课的时数不适当地增加，而过多地减少基本训练的时间。不能简单地理解习作为创作服务，而破坏基本训练的科学性和循序渐进的原则。

必须坚持教育与生产劳动相结合。我们反对生产劳动安排得过多，但不等于不要坚持教育与生产劳动相结合。

这个问题对我们来说，仍然是一个新的课题，我们还缺乏经验。对这点，曾经有许多人是有疑虑的，认为工科、农科等与生产劳动相结合是比较容易的，艺术教育与生产劳动相结合就有困难。结论是：思想锻炼有余，业务结合无着。我认为：这个方针既有利于思想锻炼，也有益于业务结合。问题是怎样结合。

首先必须明确参加生产劳动，就是锻炼学生观察生活、分析生活的过程。

艺术的目的，在于如何运用艺术形式来反映生活，成为组织和教育人民的武器。一个美术工作者，不仅要具有造型艺术技巧的基础，而且要有认识生活、概括生活的能力，这就绝不是仅仅掌握了素描或传统技法所能解决的。因此，培养观察生活的能力，是我们艺术教育中不可缺少的极其重要的组成部分。

在引导学生观察和反映生活的时候，应当注意从造型艺术的角度，培养描绘可视形象的能力。有的同志说，要情（感情）神（本质）形（形象）相结合，即首先对生活发生感情，其次对于物象以及它的环境作本质的观察，再次摄取其外表形象，这是有一定的道理的。当然，怎样观察、分析生活，从而表现生活，是一辈子的事，实际做起来不会这么简单，但对于学生给予初步的实践，仍然是十分必要的。

过去，有些学生把参加生产劳动与艺术实习绝对对立起来：要么就是单纯劳动，要么就是纯粹的艺术实习。当然，艺术实习与参加生产劳动是不同的两件事，不是一件事。问题在于如何进行艺术实习，如何参加生产劳动有助于提高学生的艺术实习。过去我们也曾经每年有两个月下乡下厂，进行艺术实习，但下去并不通过参加生产劳动深入生活、收集素材、进行创作，而是以画家和大学生身份，根据各人的原有的主观想法，找画题、找场面、找形象，结果画出来的东西就很少是生活中的感受。我认为，深入生活，建立感情，收集素材，进行创作，不应在生活之外，而应在生活之中。尤其对缺乏生活和创作经验的青年学生，这种训练更是必要的。

基于这种认识，我认为可以把参加劳动时间（如一个月）与艺术实习时间连接起来。在具体做法上，下乡下厂初期，全日劳动，在这个阶段中要解决两个问题，一是把自己由客人变成主人，二是通过劳动与劳动人民初步相识、相互了解，求得共同语言。这一阶段既是劳动过程，又是进入生活、酝酿创作的过程。在实际劳动中已经与劳动人民建立了初步感情，对生活有了一定的认识，即可改为半日劳动、半日进行艺术实习。比如上半日劳动，下半日可以根据上一段酝酿，观察形象进行速写、构思构图，为下阶段的创作做好准备。最后可以留下一定时间，以艺术实习为主，甚至可以完全不参加劳动，就地完成创作草稿和必要的习作，以便带回来结合创作课继续加工和提高。

这样的安排，既不是只参加劳动完全丢开艺术活动，又防止了那种站在生活外面的艺术实习；既利于思想改造，又利于结合业务提高教学质量。所以，不要以为过去曾一度安排生产劳动过多，就不敢坚持教育与生产劳动相结合的方针，也不要因为在这方面还缺乏有效的经验，以致不知所措。

总之，我们对于美术教育的规律，还处在实践探索的过程中，还有许多问题有待于进一步研究，进一步加深认识。本文粗略地对若干问题作了一些回顾，看法不一定正确，但求抛砖引玉，改变我们过去的美术教育的那种不研究、不探讨的安于现状的状况，从而改进教学、提高美术教育质量，更好地完成党和国家交给我们的光荣任务。

本文载于《美术研究》1979年第3期

陈沛（1910—2006），安徽无为人。中央美术学院党委书记、副院长。

素描与绘画漫谈

吴作人

我想，素描首先是培养学生的眼睛。你要塑造一个形象，你就首先要认识这个形象是怎样的。培养学生的眼睛，就是培养学生正确地观察、认识对象的方法。不是从局部琐碎的细节来认识，不是只看见眼睛、鼻子、嘴等一个一个的局部，而是应当有一个整体的认识。例如画头像，不管从什么角度，都要对整个头的形象有一个鲜明的认识，才敢动手。首先要抓住大的轮廓和五官位置，从整体着眼，从局部着手，而不是靠慢慢拼凑起形象来。拼凑出来的东西没有总体感，不知道去抓什么，不知道如何去抓总体、抓形象。《文心雕龙·总术》篇结尾概括了四句话，叫作“先务大体，鉴必穷源，乘一总万，举要治繁”。我觉得这几句话说得透彻，用在素描上也是很恰当的。首先一定要掌握大体、整体，查其究竟。抓住一点，即主要的东西，以统率全局。“乘一总万”与“挂一漏万”正好相反。事实上，对象中所要表现的一切东西是很多的，是不胜其烦的，不能烦琐地对待它，而一定要“举要”。“举要治繁”，非常之精辟。写文章如此，画画也如此。一开始就要这样要求。经过长期实践，眼就能训练出来，手就能听指挥。眼看到的不是“繁”，而是“要”，不是“万”，而是“一”。

1955年我们开过一次全国素描教学会议，那次会议比较突出地强调了契斯恰柯夫的素描教学法。由于这种教学法本身有它自己的历史环境和条件，而我们在推广运用上又存在一些毛病，加之对有关材料研究得也不够深透，产生了一些片面性，影响了教学效果。契斯恰柯夫教学法也是一枝花，但是，如果只有一枝花，或者每朵花都是一样的，那就不好。

一位从云南来的素描教师告诉过我，他们那里有所谓“分阶段进行素描教学法”。譬如一张作业，时间是三个星期，对学生的要求则是第一个星期达到什么程度，第二个星期进一步达到什么程度，最后到第三个星期，要结束了，又达到什么程度。我听了这种方法，当时很惊讶。造型艺术的教学是不能够分阶段的，这与学器乐不同。学钢琴、提琴等，可以刚开始要求一个什么程度，然后逐步加深，学素描则不然。我们说，塑造一个形象，一开始就要要求完整，至于学生是否做得到，那是另一回事，但不能不要求。要求应当是一样的，从低年级到高年级都一样。其实，我们练书法也是如此。从开始学到多少年以后，一直到老，都是那样一些要求。“分阶段”，对学生提出统一的几个不同阶段的要求，这是机械的、不合理的。因为学生各人的感受与反应的能力不同，进度有快有慢，那是不能统一的。有的学生很快就能感觉到，就能掌握方法，有的学生过一年还达不到。有的学生一年之后所达到的水平，能赶上三年级的学生。

我们要求学生注意形象的完整性。当然，要求一个初学者一开始就把形象画完整是不容易的。首先要眼睛看得到（开始时，一眼能够看到多少，各个学生也都是不一致的），要脑子记得住，还有，一定要下手勾。怎么才能下手勾呢？那就要脑子里有形象。画中国画就不是看一眼画一笔，不是拼凑成的，应当是下笔就有形。这跟泥塑那样逐步成形的步骤不同。看准了，脑子里有形象，就会下笔成形，所谓“意在笔先”就是如此。画素描，把轮廓大体画好，定好明暗交接线，大的东西就是这样。不需要这个阶段画到这样，下个阶段再画到那样。那样慢慢地一步一步表现，不符合绘画艺术的法则。

勾线，应当对形有充分的认识。对形缺乏认识，就不知道线从哪里来到哪里去。线有时隐到后面去了，有时又从后面伸引出来。有人面对画的对象，觉得很难找得出线来。形象本身根本没有线，而只是面的明暗对比，但我们应当理解线是面的侧视。苏轼说的“横看成岭侧成峰”，正是这样。我们理解到线，要有来龙去脉、起伏显隐。线要有轻重、转回、虚实，体现出韵律和生命的流动以及热情的奔放，不要把勾线理解成为一个没有感情的线框。要经过实践锻炼，开始时，眼看不很准，手不听指挥，没关系，在脑子里一定要有生动的形象。只有这样才能做到下笔就有形。反复锻炼就可以得心应手。对形象要有明确的认识，在这个问题上，有必要学习一下中国画对形象的认识。中国画下笔就是造型，形是画出来的，不是磨出来的。中国的书法也是如此。譬如一笔下去一个点，这一点一头是尖的，一头是圆的。这完全是靠实践经验得来，不是先画一个框框而后填起来的。中国书法的每一笔都是在锻炼下笔就造型，这也是中国画下笔造型的一个前提。画素描、画油画，也应当是这样。下笔要有形的概念，纸上虽然没有东西，脑子里要有。

并不是只有对成熟的画家才可以这样要求，从初学就应该有这样的锻炼。不管是中国画也好，油画也好，我们必须锻炼学生一下手就能勾出形象来。要掌握完整的形体，就必须下手勾。画素描习作、作稿子、画油画，都要下手勾。还有一点，就是要多作速写。一边画素描，一边画速写，二者同时并进。画一张素描习作之前先作半个小时的速写（在油画习作开始之前也应当作一些速写），这种速写就是一种锻炼，很有好处。有人画素描，眼睛看到什么就画什么，在对象上看不到线就不画线，只画明暗层次，画成照片一般。这样的问题，在速写中就不可能产生。过去我初学素描，徐悲鸿老师要求画完一张素描之后能够背得出来。这就是要脑子里有形象。他还要求背马、背解剖等，目的就是要脑子里有储存，像电子计算机的储存器一样。其实，电子计算机就是模仿脑子的，所以也叫“电脑”。没有存就没有取。如果只能看一眼、画一笔，那离开了模特儿就不能画画。徐悲鸿要求默写，这能加深我们对形体的认识。

有些画家的素描用线很多。有人问，这种素

描如何同油画结合？我看这不应存在问题。素描与油画都要心中有数，摆颜色也应当心中有数，从一个形象的大的明暗交接开始，然后找出背光部分的几个大调子，受光部分又是几个大调子，这样很清楚、很快地画好。过去我的油画老师要求我们一遍就画完，不要老是在画面上涂来改去。下前一笔色调时，就要考虑好下一笔色调如何接上去。这样，画面上的色调摆满，画也就完成了。这是一种锻炼，也就是“胸有成竹”。所以，开始画素描时就要有整体观念。画平光和逆光的对象怎么办呢？我们画油画都是从明暗交接线入手。平光、逆光也一样，也可以找出交接的地方，从交接的地方开始。明暗对比降弱，可是要求表现得简练而不空洞，平而不板。

自从1955年素描会议以来，已经二十多年了。在我们的基础素描教学上，存在着一些不符合造型艺术规律性的见解。当然，这主要还是1966年以前的事，诸如“素描分段法”“长期作业”等。近十年来教学是中断了，但自从复课以来，基础素描教学方法基本上还是过去遗留下来的。按照这种方法，手里要抓着一把从最软到最硬的铅笔（从多少个B到多少个H），把它们削得尖尖的，还有软硬不等的橡皮。一张长期作业，一搞就是四五个星期。于是只好慢慢地磨。画出来的素描，没有背景衬托，形象就出不来。用从最软到最硬的铅笔，把所有的地方都盖上线条，或用纸卷到处擦上明暗，到最后用橡皮点高光。其实不一定到处都盖上线条，也不一定非有高光不可，同样可以塑造得结实。当然，背景也不是不要，但重要的是要求刻画出对象本身，不是依靠背景。伦勃朗喜欢在暗背景上画出亮的形体。中国画相反，在白背景上画出东西来，可以完全不要背景，而于主体完全无损。

我们从前学素描，只有一张纸、一条木炭、一块馒头或一块面包。给你两个星期时间，实际上每一个半天三个小时，六个半天十八个小时。你在三十六个小时内把你的功课做完就是了。实际上，某些学生还不需要那么多时间，他可以一个星期就画完一张习作，甚至更短，但是也有好多学生要两个星期才能画完。规定的时间是两周，画得慢的人可以两个星期画完，但也不能超过两个星期。像我们过去搞的那样长期的作业，在欧洲也早已改变了。学生在有限的时间里，从紧张的实践中得到锻炼。要快而且准确，掌握对象的形体关系，没有更多的时间让你去“细抠”。画一个人体的习作，抠上好几个星期，比照相还细，钻到局部里去，就会忽略整体的大关系。用铅笔画那样长期的作业，不如用木炭画。炭条为什么比铅笔好呢？炭条一笔下来，手指抹一下，有明有暗，这和中国画水墨画一样，有浓有淡，很容易表现这个“面”和另一个“面”的交接转变。而且炭条像手指那么粗，你也没法“磨”。这种效果用削尖的铅笔就达不到。用铅笔那样慢慢磨，很容易使感觉迟钝。对学生的基础作业，划定“阶段”，规定“进度”，把艺术劳动的进程机械地分段，违背了艺术表现需要敏锐而深刻、充实而概括的创造规律，是一种主观臆造的方法。

我拥护素描，但不拥护胸中无数的素描。有一位中国画家对我说：你们不要再那样画素描啦！我觉得首先要解决一个问题——什么是素描，要弄清楚素描的含义。我觉得素描并没有一个固定的形式，没有一个规定的形式。但作为造型基本训练，它是有一些原则性的要求的。一切造型艺术都需要基础锻炼，甚至戏剧、舞蹈也要造型嘛，也都要有基本功嘛！画画也必须要有一个很好的基础。有的同志认为画油画就需要画素描，不画油画，画中国画，就不需要画素描。可是现在中国画比较有成就的，其中好几位都是学过素描的。任伯年实际上也受过西洋的影响，在他那个时候，大主教在上海带来不少西洋的宗教宣传画。不从多方面吸收是不易提高的。任伯年也是这样，他不但吸收了西洋的东西，而且吸收得很好，融汇了。他可以说是代表了清末中国画的一个新阶段。我见过齐白石青年时代用焦墨、用明暗法画的肖像，其刻画的精到是惊人的。目前我们能看到的外国油画很少，只能看到复制品，这样很难想象原作是什么样。要多看多接触，只知道这么一点还是不够的。

我们画素描，主要是培养描绘人物、塑造形象的能力。不管油画、中国画，培养这个能力都是必要的。在基础素描教学过程中，要使学生锻炼出眼睛的敏锐观察能力，并要使他善于把自己的热烈感受准确地反映出来。现在为什么会产生画中国画是不是需要画素描的问题？其实这也是一个老问题了。它的重新提出，正是因为不尽妥当的素描基本训练方法影响了中国画的造型要求。现在画中国画的人很多，而人们意见最多的也是对我们现在的中国画，特别是人物画，只追求在纸上表现出油画明暗画法的效果。我有一次看学生成绩，看到油画人物和中国画人物区别不大。问题就在于如何正确地洋为中用，如何使中国画在传统的基础上，结合素描基本功的要求而获得丰富，加强民族传统的表现力。基本功的要求就是锻炼一种精到的眼力，使手服从眼的指挥，把自己的感受简练概括地反映出来。要一眼就看到全面，敏锐地把它反映出来。古人所谓“心手相师”，我认为应当作如此解。而画中国画的学生，经过那样一种“长期作业”的锻炼再来画中国画，他除了这种表现方法就不知道还有别的。所以，现在有些画中国画的同志，呼吁画中国画的不要再画“素描”了。这个呼吁好，它给教条的素描教学敲了一下警钟。

不过，我觉得要看问题的实质。我理解他们所说的素描是指那种心中无数的素描，那种冷静而没有激情的细画细磨的、学院主义的“长期作业”。真正的素描含义并不是如此。素描的意思也就是单色画的意思。它运用线条的勾画，用轻描淡写分出对象的体积感和空间感。从广义上说，素描也是绘画之一种（这个问题，过去已有一些文章论及。我在《徐悲鸿作品选集（素描）》一书的一篇短序中也谈过自己对素描的看法）。素描既然是绘画的一种，那当然也就有它的千姿百态，绝对不是千篇一律的。只是对于初学者来讲，作为培养造型能力的基础训练，应当有一些共同的原则要求。没有这种共同的原则基本要求，那就谈不上掌握基本规律，就会流为各自标新立异。

基本原则是什么呢？我个人的看法是学生通过素描习作，除了锻炼眼、脑、手的合作，就是要在一个平面上画出客观自然的体积和空间感觉。那么，画中国画是不是就不要体积和空间感觉呢？我认为事实不是这样。“应物象形”“随类赋彩”“墨分五色”“石分三面”，等等，这都是我国优秀传统所循奉的要求。没有气韵生动，没有传神写情，没有明晦显隐，没有阴阳向背，没有虚实轻重，就不会有好的艺术作品。不管是中国画还是油画，工异趣同。我们要在一定的素描锻炼基础上，为不同的艺术形式的创造充分发挥各自的独创性。基础锻炼是为艺术创造培养表现能力作准备；是手段，不是目的。如果不认识这一点，那就不但中国画有可能成为“素描”的牺牲品，连雕塑、油画也都可能成为“素描”的俘虏。过去有泥古不化的，也有泥洋不化的，可能也有泥“素描”不化的。好在这只是少数。

西方的绘画开始有量感和空间感的表现，一般可以追溯到乔托以及马萨乔等，这就是明暗表现法的开始，一直到19世纪，也有五六百年了。北欧早期运用单色描出明暗底子，再罩上一层透明色。这种方法在中国工笔画里早已使用了。意大利达·芬奇、柯累佐等走着明暗法的上坡路，但到18世纪的意大利，就开始走下坡路，发展到折中主义，脱离现实，叫作学院主义。俄国在这个时期把它从意大利接过来。在中国，意大利文艺复兴衰落期的艺术，巴洛克、学院主义之类，这时也已发生一定影响，而到20世纪50年代，在绘画中，这种影响间接地更加有所发展。可是西欧的基础素描教学，在近一个世纪来，不断提出新要求，已经改革了。我见过徐悲鸿学生时代画的一些基本素描练习，非常强调直“线”和方“面”的表现，借以构成人体的体积。他和我们1955年以后的那种教学法不一样。习惯于画长期作业的画家，在形体轮廓的处理上往往是慢慢地边看模特儿边拼凑。这种方法不利于在脑子里保持一个完整的形象。我有一张文艺复兴时期的素描的复制品。这张头像不可能是达·芬奇的作品，因为达·芬奇用左手作画，而这张素描是用右手画的。不知是不是萨尔托画的。在这幅素描里，他勾线很肯定，没有拼拼凑凑，尽管他有些线不够准确，后来有的地方也加改了些线。鲁本斯的素描也是如此。他有一张头像素描是用两色笔画的，用笔很简练，神韵栩栩。安格尔很反对他，认为不典雅。徐悲鸿说他的老师在电车上看到特别的形象以后，回家就凭记忆画出来。这里我再强调一句，记忆画非常重要。脑子里记不了东西，要的时候就没有。脑子里有了丰富的形象，有储存，就随时都可以用。我在做学生的时候，西欧的美术学院素描习作课不给你太多时间，不让你掉到局部里，到了时间你不完也得完。在规定的时间里，你第一张画完了还可以另找一个角度画第二张，我看这个办法比较好，因为基础锻炼的进展不是固定在同一个课题上，用从头到尾拉长时间来取得的。可以让学生多次重复地遇到同类的题目，重复遇到问题，经过反复实践来解决问题。所以我不赞成长期作业的习作。

我们现在需要坚决贯彻百花齐放、百家争鸣的方针。我曾对中央美术学院的研究生讲过，要坚决避免千篇一律、千人一面。这几年，人云亦云，模仿成风，甚至在业余爱好者中也造成很大影响。我们必须放手，让大家搞。说穿了，油画的面貌是谁决定的？中国画的面貌是谁决定的？这不是某一个人决定的，这是民族文化长期的积累，是历史决定的。人类文明发展到不同的历史阶段，就出现不同的艺术形式。有人一说到油画，脑子里就是19世纪，特别是新中国成立以后，一说到油画就只谈列宾、谢罗夫、苏里科夫，俄罗斯的这“三杰”。连西方的19世纪也不敢谈。我们需要知道油画是怎么发展过来的。在文艺复兴以前，北欧和意大利的绘画，流行用线勾。早期的油画线条勾得很浅、很轻，甚至在拉斐尔的时候，他都很少强调侧面光。光线的明暗、强烈对比感应，是因为西方科学文化发展到一个新的阶段，有了新的物质概念，在造型艺术中，特别是在绘画中，产生了新的要求——力求再现在特定光线条件下的现实景象。19世纪初，也正是按这样的要求，发明了摄影术。到19世纪西方化学工业生产的副产品给绘画带来了新的颜料品种和原有的稀有矿质颜料的代用品。经过几十年的演变，出现了20世纪70年代的印象主义。我们要贯彻百花齐放、百家争鸣的方针，对中外传统都要批判继承、借鉴，从中吸取营养，目的是推动我们民族自己的艺术。要洋为中用，而不是以洋代中；要民族化，而不是化民族。吸取或借鉴，都要经过吸收消化，滋长出自己的新的面貌。这是很长期的、很细致的工作，有赖大家努力和探索。

法国19世纪初期的大卫自己起来创导新古典主义，是想恢复古希腊、罗马时期的艺术典范，来反对学院主义的艺术观点。那时学院主义的人物造型准则也是以古希腊罗马的艺术为依据的，但画的题材主要是宗教神话的内容。大卫就不同了，他取材于资产阶级革命的史实，利用古代题材，以古喻今，来表现当时法国资产阶级革命的勇敢进取精神。在造型上，他自以为找到了希腊罗马的真谛，但直到晚年，他才看到了真正希腊罗马的雕刻出土，实非他始料所及。他是1825年死的，1820年米罗（本刊原译为米洛斯——编者注）的维纳斯才出土。（公元前被火山熔岩灰烬所掩埋了十八个世纪的罗马时代的绘画、雕像，不断地被发掘，一直到20世纪初才算全部为人所认识）所以到晚年大卫对自己的主张也有点恍然了。安格尔是他的有名的大弟子，但安格尔的主张比大卫还要来得顽固。我这样讲并不是因为我喜欢德拉克洛瓦的缘故。当时德拉克洛瓦和安格尔进行了激烈的论战。其实那也并不是什么色彩和素描的论战，而是浪漫主义和新古典主义的不同的艺术观问题。那时古典主义已经趋向衰微了。德拉克洛瓦的画，往往是取材于当时发生的激人义愤的事情，触目惊心的事件，以及当时一些富于感情冲动，反对冷漠理智的文学作品的题材。（浪漫主义的原文Romanism一词，就是由长篇小说的原文Roman一词演化而来的。它的含义是指用一定的篇幅来叙述动人的奇想，介绍独特的生活景色，或分析一种激情的文学作品）当时他的著名作品中，就有《希阿岛的屠杀》这幅画。在那个时期，他主张用强烈的色彩来表现这些内容，尤其在他到过当时称作“东方”的北非之后，来自“东方”的艺术渊源、生活面貌，对他发生了很大的影响。他的画风，在革命时期的资产阶级的法国有其比较新的一面，具有革命的、变革的东西，是欧洲文艺的一个新时期。

在19世纪，法国的绘画是一代接着一代，后一代否定前一代，出现了一个又一个新的面貌。可以说，资本主义社会的这种所谓“独创性”，也就是一条可以无止境地发展下去，一直到走向现代派的道路。欧洲当时的社会思潮是受形而上学思想支配的，一切都可以片面到无止境，直到抽象派。这样，在欧洲资本主义发展到垄断阶段时，就导致产生了艺术上很多现代的派别。资本家垄断着大量的财富，他们也要买很多美术作品，想买米开朗琪罗的、伦勃朗的东西，那是不可能了，所以就要捧一些画家。他们手里有报刊、评论家、记者、画廊、经纪人。要捧起一个画家所需要的一切，他们都有。任你说，说得天花乱坠。本来在资本主义世界，艺术早已成为商品，这是当时商业经济的发达和社会需要所形成的。到了垄断资本产生之后，这种现象就是人为形成的了。特别是在巴黎和后来的纽约，有很多大大小小的画商和画廊，他们用很便宜的代价收购青年人的作品。这种靠卖画维持生活的青年人，在欧洲多得很，这就使得画商们有空子可钻。他们和青年人订合同、收购产品。这些代价既能使你维持生活，又能再生产，何乐而不为呢？于是，一年画多少都给了画商，他包下来，你就不必到处去张罗了。在这种情况下，他经常同你联系，把你领到他所认为新的道路上去。他又有他的评论家，吹捧一番，到了一定时机，就给你开个大规模的展览会。这样一来，社会上还没有见过他的画，就出现了一个“天才”画家。于是他从收购的作品中抛出一些来，被认为是符合并能代表新派理论的，标高价出售。资产阶级暴发户为了装点自己有文化，认为价钱越高，就越要买，借以显示自己有身份。于是争购，一下子就捧出一个人来，一个人就成为一个新派。画画的人也想通过这种途径来取得名利。这种现象是从什么时候开始的？可以说是从印象派的作品开始的。但是，印象派的作品，在当时是受到社会的蔑视的，有不少穷困的画家确受某个著名画商的周济，有不少是生前默默无闻的。只是后来才逐渐被人认识，欣赏的人越来越多。印象主义是西方文艺发展的历史阶段，不限于造型艺术，在音乐、文学等方面都有印象主义大师的作品。印象派绘画是通过光和色表现形，还是有形的。到后来才经过多少画派的发展产生了抽象主义，抽象主义无视形象，到后来就什么也不是了。“四人帮”不懂装懂，对“印象主义”胡批一阵，是个可悲的笑话。我这里顺便提一下：对艺术的理解和艺术创造本身并非一回事。实践是根本的。对造型艺术的问题，经过多次接触和讲解，是可以“懂”的，但是“懂”不等于“会”，“会”也不等于“专”。

为了研究、借鉴，我们就要多看、多接触，同时也要力求深刻理解艺术现象的社会本质。我们贯彻百花齐放、百家争鸣的方针，提倡不同的风格和流派，是基于人民生活和精神需要的多样性，是由社会主义社会的艺术使命所决定的。这和资本主义社会的那种流派纷争和更替完全不同。特别是像抽象派那种艺术现象，我认为，在我们的社会主义国家是不会发生的。我们有为人民服务的前提，要使人民看得懂；脱离群众和生活，极端表现个人的艺术是行不通的。

我从学生时代起就喜欢德拉克洛瓦。当然，爱好也是发展的。说到徐悲鸿，他的爱好也经过发展。他对现实主义是肯定的，早年喜欢普吕东、德拉克洛瓦、库尔贝。但后来，他自己承认看法有发展，他曾说：“我做学生的时候，只喜欢到库尔贝，后来到马奈。”最后一次他从西欧回来时说：“现在我肯定到梵河和果甘（本刊原译为凡·高和高更——编者注）了。”

从古典主义到印象主义之间，在素描要求上也是有变化的，特别是在印象派更显著。安格尔同德拉克洛瓦在艺术观上的激烈论战，结果是德拉克洛瓦终于开创了19世纪现代绘画的兴起，无论在造型、用色和艺术观上，都出现了一个新阶段。

你们记得有一幅画描绘一群画家聚在德拉克洛瓦的肖像周围吗？是拉芳丹画的，它说明了德拉克洛瓦被一群年轻的印象主义画家所推崇与钦佩。他的作用就在于摆脱了古典主义的束缚。古典主义要求造型要像所谓古代希腊罗马的作品那样理想化，那时的学院派作品多半取材于神话和宗教故事，思想受束缚。大卫提出要恢复希腊罗马时代艺术的审美观和以这个造型来歌颂法国大革命的精神，所以叫新古典主义。我们有时把19世纪俄罗斯巡回画派以前的画都叫作“古典主义”，那不对。至于江青把19世纪也叫作“古典主义”，19世纪以后就是“印象主义”，把全部美术史说成就只这两种，她根本不懂。

欧洲绘画发展到印象派及以后各种流派，他们在技法要求上和中国画的写意有相通之处。中国的写意画，现在我们保存的有梁楷的画，但写意并不是从梁楷的泼墨才开始的。写意画到梁楷时已经很成熟了。如以欧洲绘画同中国的写意相类比，恐怕就要算是从印象派以后的画，如后期印象派、野兽派等。我记起一件很有意思的事情。有一次我陪同一个外国代表团看齐白石的画，他们很赞赏，很佩服。可能他们事前也知道我们不太欣赏现代派的东西，所以就问我：“你们很重视齐白石，但你们为什么能够欣赏齐白石而不欣赏马蒂斯呢？”这个问题难于回答。后来我想了想说，印象派及以后各种流派同我们的写意画的确有共同之点。这种共同的东西，与中国写意画之间，在画家的艺术境界的表达方面，抱有类似企求，表现出来了，人民群众喜爱、承认了这个东西。欧洲绘画发展到印象主义以后也想达到这个境地，但限于工具材料，不能像中国画这样流畅，这样脱颖而出，这样生气勃勃地造型。在这一点上，马蒂斯所代表的一种艺术思想，与我们的齐白石的艺术思想虽有相似的地方，不过所达到的表现力不同，因而效果也不一样。

对中国画来说，我觉得练书法也是一个重要的辅助基本功。有书法基础我们才会充分发挥中国毛笔的性能。外国画家也用毛笔，但不知道中国书法如何行笔，如何运用指、腕、肘，所以在绘画上不会体现用笔如行云流水、枯润相得、阴阳浓淡、转折顿挫、宜行宜止、挥洒自如的中国画笔墨所独具的风格，这种风格所以独到，没有书法功夫是发挥不出来的。所谓“意在笔先”“胸有成竹”“神来之笔”，都是长期反复实践，加上多方面（本专业以外的）修养的结果。

从前我对中国画也不懂。我是生长在南方的，我小时很长时间都看不到收藏品。当时中国除了北京的故宫博物院，各地都没有陈列馆，私人收藏更是秘藏，一般人是没有机会看的。我最早看到的还是敦煌壁画。现在就理解了。“似与不似之间”“太似则媚俗”“不似则欺世”，齐白石这些话确实说得好。西方现代派就是“欺世”。19世纪还是一个了不起的时代。

一个好的老师总是善于放手让学生画，他不愿意、不轻易动手改学生的作业。一个有才能的学生，他也不愿意老师动手改他的作业，替他画。我认为动手改学生的作业无助于学生自己能动地向前发展。因为老师经过长期锻炼，达到了一定水平，他的造型是他的眼睛的观察，是他自己的直接感受，是他自己的反应的结果。作业经过老师的改动，学生很难接着老师的路子走下去。因为学生的观察能力、吸收能力、反应能力都不可能跟老师一样。老师的任务应该是指导学生、锻炼学生自己去看，自己去感受，自己去反映。他教给学生最基本的原则，基本的要求——塑造形象的基本要求。有一次，我看了一个班的学生成绩，一面墙上贴满了素描作业，但给我的印象却都好像是一个人画的。为什么呢？因为老师改了，老师动手了。这堂课老师来了动一动手，下堂课老师来了又动一动手；几个星期以后，这张画结果就变成了老师的画了。我的这个意见也可能不正确，但我觉得不仅在创作上要百花齐放，在教学上、课堂上也要百花齐放。要注意发挥学生的特点。现在甚至连中国画都是一个样的了。新中国画和油画区别不大，只是一个画在宣纸上，一个画在画布上。都是那么一种造型的面貌，把所有的特点都给它抹平均了。因此，我觉得素描老师应该让学生理解基本原则，有缺点，向他指出来，让他们自己去理解，去独立思考、反复实践。不要包办代替。最多只能是示意，提示一下，例如某一部分毛病在什么地方，要注意什么，怎样找出结构，可以用几根线把事情说清楚。

一个学生素描临摹得是否非常细腻，并不决定他将来的成就。主要看他是不是理解了，是不是有创造性地表达出来了，而不是要依样画葫芦。老师要根据每个学生的区别，因势利导地去让他发展。从前我在素描晚课学习的时候有过一个经验。有一个学生画素描喜欢画得太圆，班上的素描老师就找了一块方木头放在他的画架旁边，说：你看，形体是这样的。这就帮助了这个学生懂得找出形体面的结构，避免把形体弄成一个圆球。我们常说要用直线画出曲线，用平面画出球面，这样形体就结实，有力量，而不像是吹起来的。在画明暗交接线时，也要用直线。宁拙毋巧，宁方毋圆。

在相同的时间里，学生之间会出现很大的差异。对学生成绩的评比，分类过细不一定有益。基础素描有一些基本要求，但并不是要求所有学生走同一样的步子。素描的要求，简单地说，就是把你所看见的形象，用你自己的工具，用你自己的眼睛和手的联系表现出你自己的感受来，你能感觉多少，就表现多少。这样，就必然会产生差别。所以我一向主张新生和老生同堂上课。很多问题老生会带着新生走，有不少新生会超过老生。有才能的学生，他不会泥而不化，他一定会不断地在老师的指点之下迅速成长。

从前中央美术学院成立工作室的时候，我就提出过这个主张。我想，可以考虑分预科、本科两步。各系新生入学，经过共同的预科训练（一年级）。然后进工作室，也就是本科（三年），它可以不分年级，假使说它是三年制的，从一年级到三年级由一个老师上课。共同基础课是重要的，但不能过长。画石膏也很重要，但时间要短些。从前徐悲鸿就不主张长期画石膏，我过去在他班上学画时，画了两个多月石膏，他就要我（不是全班）去画人体。为什么呢？石膏这个东西，当然有优点，它摆在那儿不动，对初学的人是好，但初学者长期面对一个静止不动的对象，就锻炼不出锐利地抓住形象的能力。尤其是画人物，人的神态是内心活动的反映，是千变万化的。他即使坐在那里维持一个姿势，也不过是相对的静止，实际上生命在不断运动。我们要锻炼学生从有生命的东西中去找寻形象，抓住运动，迅速地反映出来。长期掉在石膏里是无益的。到进了本科再分系，就按各系自己的专业需要继续进行不同专业的基础练习。我们要重视老生对新生的作用。一年，有了一般的基础，这是各个专业所共同要求的。分系后，雕塑系要求什么样的基本练习是雕塑系的事，中国画系要求什么样的基本练习是中国画系的事。前一年和后三年，学生之中都会出现差异。老师要发现和重视这个差异，不要阻拦。要因材施教。有人说这是“天才教育论”，不要紧。这是客观存在。阻拦这种差别是不合理的，不符合加快培养人才的要求。

各地的同志们都有反映：有的学生完成作业的时间长，有的学生不需要那么多时间，现在的做法是大家拉齐。我们现在应当如何在四年的学制中使有才能的，接受能力较强的学生进展得快些呢？这就涉及学制问题。我主张凡是每一门功课都达到毕业水平的，就可以毕业。学分制、学时制、年级制……将来对这个问题要有一个通盘的考虑才成。大家知道有一些学生毕业以后在干什么吗？我听说有一个雕塑系的毕业生在哪个地方卖电影票。这类例子还不少。我听了很为国家浪费了人力、物力和时间而难过。

美术学院主要培养创作人才，我看招生不必很多，不一定要像过去那样把毕业生分到一些单位搞美工，他们的出路看来还是应该到创作单位，譬如我们现有的雕塑创作工作室那样的单位。培养美工人才的任务可以由中等美术学校来负责。

我认为美术学院不必一定要办附中。美术学院与其他高等艺术院校不一样，不像音乐学院，譬如有些器乐要从小时学起，每一个器官的成长要按照器乐的特殊要求来发展。弹钢琴要从五六岁就开始，吹笛子要十二三岁开始，学声乐要更晚一些……常常有人对我说，他的孩子喜欢画画，问我将来是不是可以学画画。我说你的孩子是不是学美术，要等到十七岁以后看。为什么呢？十个孩子有八个是爱画画的，但不能说孩子爱画画将来就一定能学好画。十七岁以后，他接触的知识方面多了，兴趣也有了变化，到那时他可能根本不想画，也可能更加迫切想画了。有的儿童画的确很可爱，但我认为儿童画是儿童的画，老头儿的画，纵使有的也能从巧发展到拙，但绝不是儿童画。儿童画反映的是儿童那个时代的理解力，在那个阶段，画画不知有什么计较，胆子大，画的东西可能别有风趣。到了一定年龄，他就懂得要求画得像，就不满意自己的画了，他又有了新阶段的新爱好、新的注意力。

过去我们办附中，取得了相当的成绩，是应当肯定的。但有一些做法，如把三年的中学课程拉成四年，每年有些素描，等到毕业后再考美术学院，实际上时间有浪费。此外，办附中还要有另外一套文化教员。把经过一年严格训练就能够解决的基础素描拉成四年，也许不如高中毕业考美术学院。你考得上，有一年的严格素描练习，完成之后分系。我认为不一定要办美术学院附中，但我主张办好中等美术学校。中等美术学校要很普遍，各大区、省、市以及凡是有条件的地方，都可以办一个中等美术学校。不但满足培养一般美工人才的要求，而且在这个地区，有什么艺术特点，有什么样的工艺美术传统，特色，有什么民族特点，也都要在这个学校里吸收、发扬、研究、提高。我们要尊重各个兄弟民族的文化。我们要反对大汉族主义。但是我们的做法有时还会不知不觉地带有大汉族主义的痕迹。在兄弟民族地区办校，培养兄弟民族的美术人才，发展藏族、苗族、蒙古族等众多的民族艺术文化，这都是有待努力去做的事。此外，各地的民间艺术也应得到发展和繁荣。有一些条件较好的农民画中心，也应得到鼓励和支持。当然，对农民画，不能像"四人帮"时代那样去"提高"，以"明暗法"来提高，实际是取消农民画。

美术学院如果不办附中，招生质量是不是就会得不到保证呢？我看不会。如果中等美术学校比较普遍地办起来（从各地来讲，办这种中等美术学校不应该特别费劲），从这些学校毕业的学生和高中毕业生以及具有同等学力的青年一样可以报考美术学院，美术学院招生的来源反而就可以更多了。

总而言之，就美术学院本身来讲，我想可以考虑先在预科（一或二年）把素描基础搞好，预科的主课就搞素描，以后再进入本科，不按年级分班，不让他们画得太受限制。

上面讲的一些，只不过是我的一管之见，不一定对。不恰当的地方，希望大家指正。

本文载于《美术研究》1979年第3期

吴作人（1908—1997），江苏苏州人。当代画家，美术教育家。20世纪30年代留学法国、比利时。中央美术学院教授、院长。

论齐白石在艺术上的革新精神

朱 丹

在当代的中国画家中，齐白石是观众熟悉的。他的生活经历和艺术贡献都是非常丰富的，他有着和社会一般画家不同的出身，走着一条较特殊的道路，在艺术上又形成自己创造性的独特风格。因而他的成就和贡献是值得我们进一步去研究和赞扬的。

具有卓越的艺术才能和淳朴的劳动人民本质的齐白石，他对于艺术的强烈爱好和在早年劳动生活中锻炼出来的艰苦奋斗的精神，促使他克服重重困难，不断积蓄和充实主观力量的不足，在事业上立下宏伟志愿，同时在艺术上建立了不断进行创造和革新的观点。

齐白石如此热衷地去做一个专业画家，是不是像历史上某些画家那样，仅仅出于个人一时意愿，想要出人头地，又由于一个偶然的机遇，获得某某权贵的得力援引，得以厕身于文人士大夫之林，成为旧时代所谓上流社会的一员呢？根据他后来一贯历史的发展，显然不是这样。在他以很深的情感为怀念他祖父而写的记叙文《墓志》上，可以看到他早年在家中所受的教育。他记述着这位曾经同情过太平天国的农民老人，平时是如何告诫他的儿孙，要他们长大以后“不偏党、不盗贼，不为官吏”，这是朴素的劳动人民的真实语言，在他幼小的心灵上产生了很大的影响，这就是他后来在一方图章上所刻的“独耻事干谒”。因此以后当他在陕西做官的两位相识夏寿田、樊增祥要引荐他去觐见清朝的皇太后慈禧的时候，他拒绝了。又一次，他们好心地想用金钱去为他这位木匠画家捐得一个“朝廷命官”的资格时，他又干脆地敬谢不敏。

齐白石始终没有接受这些上层人物对他的“提拔”，他曾在一首诗中表达过自己最高的志愿：“何用高官为世豪，雕虫到老不辞劳”，“啮到齿摇非禄俸，力能自食匪民膏”。这正是他对事业的理想。他曾经说过：“予少贫，为牧童及木工，一饱无时，而酷好文艺。”所以他只求能够得到专门从事画画的机会，一定终生集全力以赴之，别的倒是在所不计的。他从不轻视劳动，也不鄙弃他早年从事的雕花木匠的职业。在他赞美武梁祠石刻画像诗里说过：“工匠天然胜画师。”相反地，他对于那些豪绅巨贾，倒常常是看不上眼的，从他后来画的不倒翁和算盘以及那些题跋中，可以看出他对于旧社会里升官发财那一套的厌恶。齐白石成名以后，也并没有像旧社会的文人那样，产生了“出于幽谷，迁于乔木”的思想。准备“以农器谱传吾子孙”的齐白石，经常津津有味地怀念着早年的那一段劳动生活，“牛角挂书”“祖母系铃”不仅是他非常留恋的事迹，也是他经常用来鞭策自己的力量。他自己选择的这一条通向艺术的路并不是平坦的，他在学习作画、吟诗的过程中，不知道遭受过多少打击。甚至当他登上了所谓“画坛”以后，四面八方的攻击向着他云集的时候，也首先着重他的出身、文化修养和违反正统法则的艺术创造，说他是缺乏来历的“野狐禅”。就连那位曾经赞赏过他的艺术才华，肯于收他作门弟子的大名士王闿运，也始终念念不忘齐白石不过是“百工之流”而已，一方面讥诮他作的诗是“薛蟠体”，一方面在自己的日记中，常常用着“齐木匠来”，“当招齐木匠一饭”这样轻蔑的口吻，可见旧时代封建士大夫文人的阶级偏见之深到了怎样的程度。

但是这样一些困难并未使齐白石动摇，他以坚忍的意志和刻苦的努力终于战胜了这些恶毒的等级歧视，他以高度的智慧和勇敢的创造力突破了旧社会绘画界的习惯势力，完成了他作为一个杰出画家的志愿。他不慕浮名，不计毁誉，“人欲骂之，余勿听也，人欲誉之，余勿喜也”。这样豁达开阔的胸襟仅仅是为了想以“我行我道，我有我法”的精神去进行艺术上的创造！在阶级社会里，劳动人民对于文化知识有一种急切的向往，有一种克服他们所处的落后愚昧地位的迫切要求。他们就像在社会生活上需要迅速改变自己所处的政治、经济地位一样，也需要在精神生活上迅速改变自己的文化地位；他们就像需要良好的生产工具来发挥自己的生产力一样，也需要更高的文化工具来表达自己的精神创造。二十岁才气横溢的齐白石，当时在文化上“犹不能通书简”，在绘画上也只见过雕花木工用来描样子的《芥子园画谱》而已，他对于文化艺术的渴望，怎能不像大旱之望云霓呢？

阶级出身、客观条件和他自己的思想感情，都要求齐白石在从事艺术工作以后，要用新的健康的思想感情去从事创作，而且要建立自己独创的使人耳目一新的艺术风格。因此齐白石在取得这些文化和艺术的手段时，他对古人和传统的学习和吸收就不能不是有所选择的，他所学习和接受的东西就不能够是一成不变的、墨守成规的、僵死了的东西。他必然对一些清新、健康、有发展的、创造性的艺术发生兴趣。同时在学习方法上，尽管他在“朝为工，夜习画”的环境中，“刻不离手，如渴不离饮，饥不离食”，尽管他愿意早生三百年，饿着肚子为前人磨墨理纸甚至于愿意死后“投生”到前辈画家的前面去当“走狗”，可是他终于不能尽是以死学他们为能事。他必须要“删尽前人窠臼，自成家法”，必须在艺术上独树一帜，才能够达到他成为一个真正画家的目的；才能够体现他的标新立异的独创精神。而齐白石所推崇和学习的人其实是不少的：徐青藤、八大山人、石涛、金冬心、黄瘿瓢、李复堂……但是尽管画家不止一人，画派也不止一家，但这些人都是盛倡“我行我法”的人，都是反对因循保守的，也都是独特风格的创造者。和这些人成为强烈对比的是那些被清朝皇帝“钦定”为中国绘画正宗的“四王”一派。力主“扫除凡格”“胆敢独造”的齐白石，当然对这种死气沉沉的宫廷艺术感到不满足。他曾经说过：“虽有好事者论王姓为画圣，余以为匠家作。”其实，齐白石的出身、禀赋、审美观点和艺术道路同他们毫无共同之处，他就是专意去学习他们，也是会和他们截然不同的。譬如作诗，他真的做过曾被诗人柳亚子斥为“古色斑斓真意少”的拟古主义大师湘绮老人的受业弟子，据他对人说：“但是我学作他的这类诗，不知为什么，总是格格不入，学不了。”

齐白石在进行创作时，是有他特定的生活基础的。早年的乡间劳动和雕花木匠的职业，带给他的雇工生活，使他得从一个劳动人民的眼中感受到自然和生活的客观法则，通过他自己的劳动人民的思想感情体会到在大多数人中存在的带有普遍性的美学观点，掌握了什么是大多数人所喜欢的事物。中年以后的五出五归，丰富了他的这种感受和体验，加深了他的艺术想象力；他接触了更多的师友和前人遗作，开阔了他的生活视野和艺术胸襟，也增强了他的艺术表现能力。经过长期的勤劳和艺术实践，客观地帮助他认识到必须从生活和大自然中去寻找创作的源泉。齐白石是反对那种脱离生活，缺乏真实情感的空头艺术家的。在他的《画语题记》里记载着这样的事实：“陈 ××，字 ××，年二十岁，尝来借山馆，其人娴静，自言读书之余，好作画刻印。余曰：知煤米价否？曰：不知。余曰：汝必欲以雕虫小技误此青年之如余耶？ ×× 不答，笑之。”对于这样一个生活知识很贫乏却马上就要从事艺术创作的少年书生，他采取了比较严格的态度。此外还指斥过那种高高在上，不重实际，不接触群众的“画家习气”，他说“一染画家习气，至老不易删除也，余无画家习气之病”。这当然也就是指的那种脱离生活基础，又脱离客观艺术法则，专重临摹的形式主义艺术。与此相反，他提倡带有生活气息的艺术，在他的《画语题记》上又写着有人学他画白菜，但总嫌画不像，问他为什么？他很不客气地回答这位画家，说他“通身无蔬笋气，但苦于欲似余，何能到？”这里所说的“蔬笋气”，虽然也曾见诸苏轼等人的诗文中，但和他们那种高情雅致的所谓田园思想是有很大区别的。齐白石所说的蔬笋气，一方面指的是画家对生活的态度和对待劳动人民的思想情感；另一方面又是指从作品中流露出来的生活气息。与劳动人民“本是同根生”的齐白石，他对于农村的自然环境和劳动生活有他的深切感受和他的爱，在他的作品中自然地洋溢着浓郁的生活气息，这又的确不是那些“强作风雅客”的人硬能学得到的。齐白石对于下层生活和劳动，是有着深厚的情感的，这表现在他常把一些和劳动人民有关的事物纳入题材，甚至将一般生产工具之类采取入画。这在旧社会正是为一班高雅人士所不屑于做的，而他却用翻案的眼光去为这些从来不堪入画的题材唱颂歌。他在一张画上用怀念的口吻写着：“小鱼煮丝瓜，只有农家能谙此风味。”在他画的那些锄头、耙子、鸡笼、粪箕上面，又分明用一种自豪感来感慨自己的身世：“到老一贫谁似我，老夫真是把锄人。”这种满怀热情的对于劳动生活的歌颂，假如没有一种来自劳动人民的健康情绪，和对于早年生活与职业的深切体会，怎能做得到呢？

齐白石的对于劳动的热情，也贯穿在他自己的数十年如一日的创作实践中：“长夜镌印忘迟睡，晨起临池当早朝。”也许可以这样说，他是把劳动人民从事生产的那种勤劳精神，应用到艺术创作上来了。他这样辛辛苦苦，不计晨昏忘我地工作，有一种想法在敦促他，就是总觉得自己的作品还不能让他满意，还不够理想，还应该精益求精，日新月异。因此他一再想要突破自己，力图跨越前人。尝说："余作画数十年，未称己意，从此决心大变……"又说："始知余画犹过于形似，无超然之趣，决心从今大变……"甚至他在艺术风格上已经学到了的八大山人的"冷逸"，但"友人师曾劝其改造，信之，即一弃"。从另一个角度，又表示"余要脱尽纵横习气，无半点'喧热态'"，这种一变一弃，一变一脱，都是为"欲翻陈案""别造画格"，为了实现他对艺术的独创与革新的要求。在他这样进行革新，大胆创造的时候，也采取为前人所不用或少用的方法，时常从他原来出生的土壤——民间艺术的园地里去吸取营养。他早年本来是从民间艺术里出来的，后来成为专业画家时，学习了文人画中所具备的高度概括的表现方法，却不断芟除它的脱离群众欣赏趣味的淡逸萎靡的成分，使之和他自己所熟悉的朴实健康的民间艺术相结合，成为一种刚劲清新的风格。在前进的道路上，他又不断摆脱民间艺术形式中某些粗糙烦琐的影响，融会文人画的简练隽永的笔墨，形成他自己所说的"变"。他的"变"不但使自己的作品的艺术水平有所提高，还能结合时代的要求，从知识分子阶层，面向更广阔的劳动人民观众的欣赏标准去发展，特别是在新中国成立以后，更能够赢得广大的工农群众的喜爱，这是很难能可贵的。看他三十七岁画的一张仕女，虽然工细，但无疑的是一张文人画，他九十二岁所画的寿星，很多地方好像又采用了他少年时代所学的民间传影的画法。他又时常从工艺品及其上面的装饰中搜集可以加工的原料。像他画的一张红袍钟馗的画，乃是根据他的门人瑞光和尚从瓷壶上勾摹下来的稿子放大而成的。在他所存的画稿中，有的是从瓷器小贩卖的雕瓷上临来的，有的是从友人家里的铜鸭香炉上勾摹下来的。此外，他还有一些民间木版年画、月份牌和绣像的临本。齐白石能够从最平凡的东西上加工提炼，使之成为新颖出奇的艺术创作，这是因为他在创作上不断扩大题材的广度，对一般客观事物观察入微，不放过任何可以发挥创造的机会，根据长期创作经验的积累，力图突破既有成就，因而形成他一套推陈出新的改造功夫。

齐白石虽然用了很多时间和精力，从各方面向民族遗产进行钻研和探索，但是他并没有为前人的遗产所局限，而向古人盲目拜倒。他主张"画家先阅古人真迹甚多，然后脱尽前人习气，别创画格，为前人所不为者"。这就是首先对遗产要看得多，了解得深，采取批判地接受的态度，才能摆脱古人影响的束缚，建立自己独创的新风格，所以他相信一定能超过前人。这种精神在他为陈鸿寿的刻印所写的题记上看到更加明显的发挥。首先，他采取客观的态度，指出古人值得学习的地方："刻印其篆法别有天趣胜人者，惟秦汉人，秦汉人有过人处在不蠢，胆敢独造，故能超出千古。"这也就是他衡量遗产的标准，凡是能够"胆敢独造"的艺术，才值得肯定，作为学习和继承的对象。同时他也用这样的标准看当时艺术界："余哀时人之蠢，不思秦汉人，人子也，吾侪亦人子也，不思吾人有独到处，如令昔人见之，亦必钦佩。"这也许就是他从学习古人遗产中取到的心得吧。

历来有独创精神的高明画家，对待古人遗产都有着清醒的头脑，仅仅把遗产当作创作上的借鉴，而不是用古人的创造来代替自己的创造。齐白石的清醒头脑还表现在他对遗产采取科学分析的态度，他曾说过："摹而肖之而不夸，师法有所短，舍之而不诽。"这也就是批判的态度。有些人对于古人则不是抱着这种科学的客观态度。他们把古人当作偶像，要求现代人在创作上一笔一画皆要有出处，当他们看见别人有一点创造，有一点清新的笔墨意境时，便立刻用保守派的口气责备道："远不见马夏，近不见四王！"这种"开口便言宋元""离开古人不敢着一笔"的态度，使人感到好像不是现代人的口吻！齐白石并没有把古人当作偶像，他的推崇古人，是为了总结前人的经验，作为自己创作上的借鉴，正像石涛所说的："借古以开今"，而不是像某些保守派那样借古以压今。因此他曾经谆谆告诫他的门人："画家不要以能诵古人姓名多为学识，不要以善道今人短处多为己长。"这才是对待今天、对待后进的正确态度。

齐白石甚至也经常否定自己，"决心大变""大翻陈案"，朋友劝他改造，"即一弃"，这就是在不断地否定自己。他的否定自己是为了不断进步，不断向成熟的方向发展，所谓"衰年变法"，就是他趋向成熟的最后一次的大否定。用我们今天的眼光来看，齐白石各个时期的某些作品，的确还有需要改进的地方。即使到了今天，我们也不能说他留给我们的遗产全部都是精华，而丝毫没有糟粕。也正需要我们来进行分析，进行批判地接受，才符合他自己的一句非常通达、深刻而又耐人寻味的话："余想后来之视今，犹今之视昔。"齐白石的大胆否定自己是建筑在他充分的自信心上面的。他题画曾说："不思吾人有独到处，如令昔人见之，亦为钦佩。"这是何等豪壮的气概！所以他敢于不怕变，不怕弃，不怕否定自己。从来的保守派都是代表社会上的没落思想的。他们是缺乏自信心的，他们看不清未来，看不出艺术发展的前途，所以宁可抱残守缺，故步自封。相反地他们反对变革，反对别人进行创造。齐白石当年来到北京过卖画生活，经常被一些中国画界的保守分子围攻，只有陈师曾、徐悲鸿等少数先进人物支持他、爱护他。有些人把持中国画市场，排斥齐白石，使他有时心情很孤独，想到会"饿死京华"，但是他始终没有屈服，他以"时人不喜余画，余亦不许时人"的话来回答他们，他还敢于勇猛地反斥他们："三百年后自有公论！"也可以说，在新中国成立以前，齐白石的大半生是在保守派的包围中战斗过来的。他曾咏答徐悲鸿道："江南倾胆唯徐君。"

艺术本身就是一种创造性的劳动。各个时期的艺术都是在不断地革新与创造中产生和发展的，艺术的发展过程也就是推陈出新的过程，新的艺术思想代替旧的艺术思想，社会变了，生活也变了，艺术也一定随着时代的进化而推陈出新，成为更新的艺术。齐白石在艺术上一贯反对保守，主张革新创造。他在自己漫长的艺术生活中不断贯彻他的关于革新创造的意图，进行着改造和变革的艺术实践，数十年如一日。现在当我们重新来系统地研究他的创作道路和艺术成就的时候，我认为应很好地着重学习和继承他丰富的创作经验，勤劳刻苦的劳动态度以及他永不停滞的创造力和反对保守、勇于革新的精神。

本文载于《美术研究》1979年第3期

朱丹（1916—1988），江苏徐州人。毕业于南京国立中央大学艺术系。新中国成立后，任人民美术出版社总编辑，后在中央美术学院担任领导工作，并被委任筹备中国美术家协会、中国画研究院、中国书法家协会。

读《林泉高致·画记》札记

薄松年　陈少丰

郭熙的山水画创作及理论在北宋画坛上占有重要地位，其子郭思根据他平日言论及手稿辑录整理成的《林泉高致集》，代表了当时山水画理论的新成就，对研究古代山水画及美学思想有重要价值;《林泉高致集》还记载了当时的宫廷美术创作活动和郭熙的画迹，因此它又是研究宋代绘画史不可忽视的资料。该书在长期抄印流传中有不少残缺脱漏，从《四库全书总目提要》中得知：清初编纂《四库全书》时曾收到浙江宁波天一阁藏至正八年刻本，其中包括《山水训》《画意》《画诀》《画题》《画格拾遗》《画记》六篇，并有政和七年翰林学士许光凝序。同书还载入王维《山水诀》、李成《山水诀》、荆浩《山水赋》、董羽《画龙辑议》等，是目前所见对该书著录中较全的版本，最值得注意的是“述(郭)熙在神宗时宠遇之事”的《画记》，为流行的《王氏书画苑》等明以后的刻本所遗缺，而天一阁本亦久已无人见到，可庆幸的是，经启功先生提示，我们从北京图书馆看到的所藏明抄本《林泉高致集》，基本上保存了元至正刻本的篇章，它不仅使我们重新见到《画记》和许序(抄本中为跋)中所记述的郭熙的绘画活动，特别是在熙宁元丰年间在宫廷中从事创作的一些生动具体的材料，弥补了历代画史文献中对这一优秀画家记载过于简略的缺陷，而且将明抄本与其他刻本对照校勘，还可纠正目前流行本中章节字句的颠倒错漏。现仅就其中《画记》一篇作初步分析，并将该篇校勘标点附后。

《画记》是一篇记叙体文字，材料大部分采自郭熙手志，间有其子郭思就自己的见闻而追记的文字。开始一段及紫宸殿屏、内东门小殿屏两条完全是郭熙的口气，应是直接辑录其手稿，其他部分叙及郭熙称“先子”；是郭思的记叙，整篇语气既欠统一，行文字句又远不如前数篇通顺，很像是一篇草稿。加之传抄中的错漏，致使有的字句难以读通。尽管存在这些问题，《画记》所记录的基本材料仍是可贵的，它和许跋为我们提供了不少新资料，丰富或印证了一些常见史籍的记载，为考订郭熙的生平提供了生动具体的第一手材料。

郭熙，字淳夫，河阳温县人，在乡里虽仅是一个“布衣”，但通过自学在绘画上取得了成就，“为朋旧求讨，遂浸有名”，郭思在《林泉高致集·序》中说他是“少从道家之学，吐故纳新，本游方外，家世无画学，盖天性得之，遂游艺于此以成名”。可见，郭熙信奉道教，由于他的生活理想和对山水自然的浓厚兴趣，才从事山水画创作。北宋年间很多士大夫品评画家注意出身门第，画院中也区分为“士流”“杂流”，因此，当时已是秦风经略安抚使马步军都总管及秘阁学士的郭思，特别强调他先人不是像王端、马贲那样世代相传的画工，而是为了寄托理想和志趣才从事绘画因而得名的。

关于郭熙绘画活动的年代，一般文献只是记载在熙宁年间为画院艺学，《画记》开篇就具体写明他是在宋神宗熙宁元年，经宰相富弼奉中旨征调进京的。许光凝跋中又叙及曾见嘉祐、治平、元丰以来崇公巨卿赞美郭熙的诗歌赞记，这就把郭熙成名的时间比一般记述提前了十几年，即最迟在宋仁宗后期郭熙已是名动公卿了。所以，他入京之初就受到邵亢、吴充等显宦的延请为府厅作画，这既反映了宋代以来士大夫对绘画欣赏的兴趣已从道释人物逐渐转移到山水林泉方面，也表明郭熙在被征入画院以前已享有很高的声誉。

郭熙进入画院后深得宋神宗赵顼的赏识，《画记》中有关这方面的记载，可能有炫耀夸饰的成分，宋神宗赵顼在北宋是一个力图振作的帝王，但他看重郭熙主要还是出于艺术爱好和装饰宫廷的需要。郭熙的绘画曾受李成影响，他曾由于临摹李成《骤雨图》而笔墨大进[1]，宋神宗恰是李成山水画的爱好者，当时太皇太后曹氏曾为此大力收购李成作品，并召李成的孙女吴充夫人进宫鉴定所藏李成作品[2]。《画记》中所述与郭熙同画内东门小殿屏风的画院名手李宗成、符道隐也都出于李成一派，神宗时大量的殿壁装饰多用山水而很少用富丽的花鸟画也可能与此有关。神宗对郭熙非常赏识，“受眷被知，评在天下第一”。郭熙在宫廷画了“不知其数”的作品，如画记中列举的紫宸殿、内东门小殿、化成殿、睿思殿等地，举凡宫苑内朝会、起居、游赏的重要场合都有郭熙创作的屏风壁画。

《画记》对郭熙为御帐、凉殿、化成殿、翰林学士院所画的屏壁的记述，鲜明地表现了他“自放胸臆”的创造精神，这些作品不仅形象生动，而且构思新颖，立意不凡，有强烈的艺术感染力。毡帐是宫廷中颇为别致的装置，郭熙特设计了《朔风飘处》，在屏风上画出大风吹动林木，云朵在天空中飘飞的奇观，因此受到神宗的破格赏赐；睿思殿（凉殿）幽雅沁凉是避暑的场所，郭熙在四面围屏上描绘秀丽的松石平远景色，收到“绕殿峰峦合匝青”“见之令人萧疏”的效果；神宗皇帝起居生活的化成殿壁上，画的是“松石、溪谷、测渎”和“雨霁山水”，展现一片明爽清幽的境界；翰林学士院（玉堂）是学士聚集撰述之所，这里壁面上原有巨然山水、董羽画水及佚名画家画松等名迹[3]，而郭熙又独出心裁地画了春江晓景，成功地表现了“春晴之融冶，物态之欣豫”“鸣鸠乳燕初睡起，白波青嶂非人间”的意境，难怪诗人发出“玉堂坐对郭熙画，发兴已在青林间”[4]的赞叹了。历代对郭熙作品的著录，往往只限于卷轴画（其中有些是将屏风或拆开通景中的一幅改装的），《画记》却大量而具体地记录了他所擅长的屏风壁画。

郭熙的屏幛壁画见于《画记》的还有《春雨晴霁》《雨霁山水》《风雨水石》《秋景烟岚》《秋雨》《冬阴雪密》《风雪远景》《冬雪》《溪谷平远》等，再加上《画格拾遗》中所记的《早春晓烟》《古木平远》《烟生乱山》等，看来是表现了“远近浅深、风雨明晦、四时朝暮之不同”，可以想见他当年“于高堂素壁，放手作长松巨木、回溪断崖，岩岫巉绝，峰峦秀起、云烟变灭、晻霭之间千态万状”，和“年老落笔益壮”[5]的情景。《画记》中还论及画院名手和他同绘紫宸殿屏风时，崔白、艾宣、葛守昌等人“累月方了”，而郭熙画怪石“移时而就”，不仅可以看出他们之间风格的不同，而且表现了郭熙运思敏捷、生活积累的雄厚和技巧的精湛熟练。把文献材料与现今流传的几幅作品对照：如敏锐地抓住了季节变化，细致而生动地画出朝雾迷漫、大地复苏，虽是枯树干枝但已展示出一片生机的《早春图》（作于熙宁五年，1072），描绘山深雪密危峰险峻而栈阁中欢快地转动着水磨的《关山春雪图》（亦作于熙宁五年）；表现树木虬曲多姿而景色明净开阔的《窠石平远图》（作于元丰五年，1082），这些成功之作也都是产生于这一时期。他画的玉华殿屏风粉本在清代犹有人见到，谓“兼李营丘，董北苑风骨”[6]。将《画记》著录的作品和现存作品相对照，还可以看到：他的绘画中虽仍多沿用了五代宋初以来流行的大山大水窠石古木的题材和屏帐壁画的形式，但画面上洋溢着乐观与信心，诸如早春、春雪之欢悦，寒林长松之充满生命力，在形象和意境上都有着新的创造。

《林泉高致集》在郭熙的名字上署以“翰林待诏直长”的职衔，《画记》中又明确写着“蒙恩除待诏”，补充了一般文献中认为他仅授画院艺学的记载。《画记》写到郭熙在画院时多次负责考校选拔天下画工和鉴定品评宫廷藏画等工作，获得宋神宗“赏鉴极精”的评价。关于考校天下画工，在《林泉高致集·画诀》[7]中亦有点滴透露：“中间吾（郭熙自称）为试官，出《尧民击壤》题，其间人物却作今人衣帻，此不学之弊。”宋代绘画重视“绘事指形必分时代”[8]，郭熙不仅坚持了这一点，而且进一步指明作品中发生衣冠制度错误是由于缺乏生活和修养所致。至于受命鉴定汉晋以来古画，则是绘画史上继宋太宗命高文进、黄居寀鉴定整理宫廷藏画后的又一次重要活动。由此可知，郭熙还是一个颇有眼力的鉴定家。

元丰年间改革官制时，郭熙奉命为新建的中书、门下省、枢密院和学士院绘制了屏壁，受到人们的重视[9]，但在《画记》和其他有关郭熙的资料中，不曾发现他和当时的王安石变法及新旧党争有什么直接联系。过去出版的一些著作中，根据郭熙在绘画上富于创新精神和宋神宗欣赏郭熙的画，断定他受新党变法的影响，并以郭熙画的某些屏幛在徽宗时被拆换的记载，而认为他的作品在哲宗元祐年间遭受到旧党的摧残，显然是出自臆测。实际上一直被认为旧党的文彦博、苏轼、黄庭坚等都非常喜爱郭熙的画，郭熙画在学士院的《春江图》及其他作品，元祐年间仍使得这些著名文学家和书画鉴赏家深为赞叹[10]。郭熙所画的宫殿屏壁倒是在号称继续推行新政的徽宗赵佶时期陆续有些更换[11]。但并非由于赵佶排斥郭熙的艺术，因为直到政和七年赵佶召见郭思时还说“至今禁中殿阁尽是卿父画”，足见直至徽宗后期对郭熙的壁画仍有不少存留。而且从赵佶对郭思对答赏赉中也可见赵佶对郭熙艺术成就的重视，况且郭熙死后封赠正议大夫也是哲宗或徽宗时期的事。

《画记》所载郭思觐见徽宗答对中可知，郭熙在画院度过了神宗当政的整个时期。黄庭坚记郭熙于元丰末曾为显圣寺悟道院画十二幅两丈高的大屏，图绘“山重水复，不以云物映带”，在老年犹“笔力不乏”[12]，保持着旺盛的精力。黄庭坚又于哲宗元祐二年三次写诗提到：“能作山川远势，白头惟有郭熙。”[13]“郭熙年老眼犹明，便面江山取意成。”[14]“熙今年老有眼力，尚能弄笔映日光。”[15]虽已是老态龙钟，但仍对绘画创作坚持不懈。这是目前我们见到的关于郭熙最晚的材料，也许此后不久，这位名噪三十多年，在画坛上独步一时，做出卓越贡献的巨匠即离开人世了。

《画记》中还提到了宋朝以郭熙的画赠给高丽。史载：宋神宗熙宁七年高丽曾遣使臣金良鉴入宋访求中国图画[16]，并征“求医药画塑工以教国人”[17]，很可能郭熙的作品就是在这次赠给高丽的。熙宁九年高丽又遣使带画工到汴梁临摹大相国寺壁画，“其模画人颇有精于工法者”[18]。此后，高丽画工来华者络绎不绝，其最著名者为宣和年间入宋之李宁，他画的本国《礼成江图》深受徽宗赞赏，还派翰林待诏王可训等向李宁学习[19]。中国著名画家郭熙的作品传入高丽和李宁入宋都应是中朝文化交流史上的佳话。

注释

[1]《山谷题跋》卷四。

[2]（宋）米芾《画史》：余家所收李成至李冠卿大扇，爱之不已，为天下之冠，既购得之，背于真州。昭宣使宋用臣自舒州召还，见之太息云：慈圣光献太后于温清上小次，尽购李成画贴成屏风，以上所好，辙玩之。因吴丞相冲卿夫人入朝，太皇使引辨真伪，成之孙女也，内以四幅折奉，上别购补之，敕用臣背于内东门，正与此类，因语泫然，嘱余爱惜，余亦甚珍之。

[3]（宋）郭若虚：《图画见闻志》卷六《玉堂故事》。

[4]（宋）黄庭坚：《次韵子瞻题郭熙画秋山》，见《山谷集》卷七。

[5]《宣和画谱》卷十一。

[6]（清）姜绍书：《韵石斋笔谈》。

[7]一般版本中将此列入《画题》一节，误。现据明抄本。

[8]郭若虚：《图画见闻志》卷一《论衣冠异制》。

[9]宋叶梦得《石林燕语》：“元丰新改官制，建尚书省于外，而中书、门下省、枢密院、学士院并设于禁内，规模极雄伟。……两省及后省、枢密、学士院，皆郭熙一手画。”按《画记》中亦略有记载，可互相印证。

[10]（宋）苏轼：《郭熙画秋山平远》，见《东坡集》卷十六。黄庭坚诗见[4]。

[11]（宋）邓椿《画继》卷十：“……昔神宗好熙笔，一殿专背熙作，上即位后，易以古图。……”按所记系一殿，故拆换者非所有殿堂中郭熙之屏壁。

[12]《山谷题跋》卷四。

[13]黄庭坚：《题郑防画夹》，见《山谷集》卷七。

[14]黄庭坚：《题郭熙山水扇》，见《山谷集》卷七。

[15]黄庭坚：《次韵子瞻题郭熙画秋山》，见《山谷集》卷七。

[16]郭若虚：《图画见闻志》卷六，见《高丽国》。

[17]《宋史》卷四八七。

[18]同[16]。

[19][朝]郑麟趾：《高丽史》。

本文载于《美术研究》1979年第3期

薄松年（1932—2019），河北保定人。美术史论家。1955年毕业于中央美术学院。中央美术学院教授。

陈少丰（1923—1997），河南南召人。美术史论家。曾先后在私立嵩华学院教育系、中原大学、中原大学文艺学院美术系学习。广州美术学院教授。

印象主义绘画的前前后后

吴冠中

今年六七月间，美协北京分会、中央美术学院和中山公园联合举办了一个小小的印象主义绘画图片展览，规模虽小，观众不少，很受欢迎！我两次专程赶去查看意见本，意见大都是业余、半专业的工人及学生们提的，一致都感到这些画亲切、真实，使观众感到像散步在河边……“我的妈呀！可怕的印象派原来是这么回事……太可爱了！”但观众并不满足，感到我们是20世纪70年代的人了，要求更新更美的现代艺术，而印象主义绘画已是一百年前的遗产了。“千呼万唤始出来，犹抱琵琶半遮面”，他们要求步子放得再大一些，心情很迫切！

印象主义绘画在我国曾被认为是禁区，遭到批判。其实，学过西方绘画的，不管你是直接或间接，专业或业余，教授或学生……都吃过印象主义的奶，何苦要批这个一百年前的“老奶妈”呢！相反的方面是：如今光靠这个“老奶妈”所给予的营养确实远远不能健康发育的了。我想说的已不是该不该、可不可学印象主义的问题，而是仅仅学印象主义那是太落后了，现代西方绘画是从印象主义以后开始的。印象主义绘画虽运用了新手法，但从它追求忠实地反映纯客观世界这一主要观点谈，它应是属于旧绘画范畴的，顶多也只能算现代绘画的揭幕人！而所谓后期印象派，不过指时期上在印象主义之后，实质上是反印象主义的，后期反前期，“后期印象派”才真正是西方现代绘画的起点，这待下文细说。

同志们大都没见过印象主义的绘画原作，来，我们一同去看。早晨八点，蒙上你的眼睛，送你到麦收季节的打谷场去，突然打开眼睛看五分钟。傍晚五点，照样又送你去看五分钟，你两次匆匆间所感受到的同一场景的不同印象，就是印象派画家们捕捉的对象。同样的草垛，同一卢昂教堂，被莫奈画出了不同时间不同感觉的数十幅杰出画面！“客来梦醒知何处？挂起西窗浪接天。”我国古代诗人也早就体会到了类似印象绘画的清新美感。金冬心有一幅梅花，全是疏疏密密的淡墨点，穿插一二笔焦墨干枝，一朵花也没刻画，却生动地表现了素静透明的梅花印象。

印象主义绘画的审美基础是动，是变。古希腊哲学家赫拉克利特说：“一切都在流逝……人们从不曾两次跨过同一条河流。”浪漫主义的杰出诗人拉马尔丁的名作《湖》：“永远如斯推向新的边岸，我们永不能在年龄的海洋上抛锚，哪怕仅仅一天！……”光线在变，气氛在变，印象主义画家用活跃的笔触，跳动的色彩，凭感觉迅猛地表现那荡漾的水面，风中的树叶，逝去的海帆……因此往往轮廓模糊，色彩新鲜，情趣盎然。莫奈喜欢画耀眼的、色彩变幻的海水浴场，那阳伞下的人脸是冷色的，人面阳伞相映蓝！蓝绿色从此大胆地爬上了人面人体！敏感的秦少游也早就强调色彩的突出效果了："莺嘴啄花红溜，燕尾剪波绿皱。"

印象主义画家选题大都是世俗的、平民的，从城市的底层生活到乡村的田园风光。这些作者深入生活，大都很穷困，画卖不掉，连面包都成问题，往往有一顿没一顿。他们的探索工作不被官方承认，只有嘲笑。过去我们批他们不表现社会的重大题材，这也是事实，他们不够关心政治，巴黎公社期间他们有的在伦敦，有的在乡间，从他们的活动和谈话中不易找到有关政治的语言，这确是很遗憾的。但他们热爱人民、人民的生活，热爱祖国的山山水水、果木园林，作品中真挚地反映了他们对法兰西的动人的深厚的爱情。他们为法兰西，为全人类创造了崭新的财富。而当时法国的官方画家，死抱住巴黎不肯离开，在那里争奖金、名誉、地位，争高贵的肖像画的主顾。这些艺术的僵尸们是感觉不到风尘劳累中的印象主义作者们滚热的血液的奔流。

马奈和莫奈是大家较熟悉的，他们彼此很接近，经常在一起工作。其实彼此在艺术观点上有极大差距，甚至是互相矛盾的。一般将马奈认为是印象主义的前驱人物，这并不恰当，他骨子里是反印象派观点的。他主要追求画面的黑白分布与对比，大块黑、小块白，或大块亮、小块暗，黑白之间的浓缩与稀释的对照。他的《奥林比亚》中的裸女几乎无阴影，保持着整体明亮的单纯色块，与乌黑的背景组成强烈的黑白对照。她那白嫩的皮肤、淡雅的衣衫、朱唇一点的巴黎妇女肖像的浓发黑得如墨彩一般可贵，乌金一样发亮。他说："只要在形象中寻找大块明暗，其他一切自会解决，并且是极次要的了。"印象主义的观点不认为黑、白是色彩。马奈与印象主义的姻亲主要表现在其画面明亮有外光新鲜感，打破了传统色调的酱油缸（所谓千篇一律的酱油色调，即棕褐色调）。到后期他才用彩色笔触彩色线条绘画，一对坐在船沿的夫妇是这时期的代表性杰作。

印象派画家并不始终都是印象主义者，有的也只是一个短时期的同路人。最有代表性的是莫奈，他始终如一地追求印象主义观点一直到86岁高龄，是名副其实的印象主义的领袖。印象主义的主要作家毕沙罗、西斯莱、雷诺阿等都经常围绕他或在他的影响下工作。他在晚年做了大量的连续性作业，举世闻名的是《草垛》《卢昂教堂》《圣·拉扎尔车站》《睡莲》……有几件巨幅《睡莲》，用笔像用扫帚似的纵横扫舞，油彩厚薄飞泼，奔放已极。晚年国家要收购他这几幅《睡莲》，他愿意奉送，他提出一个条件：要造一间圆形的陈列室，把画安置在四墙，使观众恍如置身池塘之中。今天，在协和广场一角的奥朗及里博物馆底层，这几幅巨幅睡莲就依照作者的遗志展开在四墙，全世界爱好美术的朋友们经过巴黎，都可进入莫奈的池塘去感受这位印象主义大师心脏的跳跃！莫奈在冷嘲热讽中奋斗了一生，做出了杰出的贡献，受到全世界美术界的崇敬，为法兰西争取了崇高的荣誉。在他的晚年，作为保守派堡垒的法兰西学院不得不承认他的艺术，让他一把交椅，请他进法兰西学院去，但被他婉言谢绝了！

印象主义的技法后来演变成为点彩派，即像镶嵌似的，将鲜明的原色或纯色排列或交错在一起，让观众的眼睛自己去超调色作用，这就是所谓新印象派。其实只不过是将印象派的技法切得更细，修饰得更干净，艺术上没有什么新东西，不值得标新，我认为新印象派不新。后起的劳特累克、维涅和波纳尔等，用印象派的手法，或结合广告画歌伎、舞女的大腿，或吸取装饰风格描写安闲的室内生活，色彩或更雅致，或更灿烂，淋漓尽致地表现了纸醉金迷的巴黎生活，倒可算是后期印象派，是印象派的余韵了！

后期印象派只标明印象主义画家以后，完全不是后期印象主义。因为事实上，这后期是反对前期的，是要革前期的命的，我们看看三位代表作家的实质吧！

塞尚早期也曾参加印象主义的活动，但他与印象派画家只是暂时的同路人，实质上是同床异梦。他追求永恒性的形，坚实的建筑性，绝非瞬间印象。他说："莫奈只是一只眼睛，但何等的眼睛！"他还是佩服莫奈的，但不满足于一只眼睛。他用锥形、圆形、球体等几何形因素建造形象，像结晶体一般组成坚实的整体。他运用色彩的冷暖转折造型，完全抛弃了靠明暗渲染的古老手法。他画苹果、人像，每幅都经多次的锤炼，不是由于画不像外表，而是为了追求其间整体的组织结构的紧密、坚实，别人看来有些变形，甚至认为他是视网膜有病的艺术家。他的炼形，仿佛杜甫炼句"红稻啄余鹦鹉粒，碧梧栖老凤凰枝"，那字句的倒装是为了突出组织结构美，音节节奏美。塞尚画面予人的美感也有些近似古碑拓砖刻的厚朴，他以强烈的组织结构要求批评印象主义，认为后者与其说是革命者，不如说是无政府主义者。

塞尚同左拉是同乡，少年时同学，两人一直保持着亲密的友谊，左拉了解塞尚的性格，认为要改变他的观点那比拨转巴黎圣母院的钟楼还困难。但当1876年左拉发表了《作品》一书，其中将塞尚作为失败画家的典型，塞尚大怒，认为左拉根本不了解他，污蔑了他，两人从此决裂了。此后，塞尚不再参与同人画展，定居到故乡埃克斯去。这也由于大城市的动荡不安与昏浊烟气妨碍其宁静地对坚实形体的探求。南方的埃克斯天气晴朗，圣维多利亚山轮廓清晰，画家在此一直工作到逝世，死在最后一幅作品的制作过程中。

印象主义破坏了旧传统的形，那种抄袭自然的轮廓的形，塞尚试从这废墟上建筑现代化的形式感的大厦，是艺术的大厦，人类智慧发展中需求的大厦，不再是自然物像的翻版。这里是现代绘画的起点。后来乔治·勃拉克到南方画了成片的屋顶，那结构方式无疑是受了塞尚的启示，其间间杂着不少方块块，从此引出立体主义的名称，从字面讲应是块块主义，从实质上讲是结构主义。我们不需要全盘搬来立体主义，但其间组织结构的造型基本手法是有借鉴必要的、是有益的，也还是他山之石呵！

梵·高是伟大的人道主义者，他不仅深深同情劳苦人民，而且将自己的命运同他们紧紧联系在一起。穷困的梵·高被视为流浪者，他生活在社会的底层，资本主义社会里找不到他对号入座的职业，他为矿工们传教，想拯救他们，终于失败了。他狂热的感情找不到依附，像溺海的挣扎者最后摸着了救生圈——绘画，在他自己独创的绘画的强烈的形和色的视觉世界中倾泻他热爱人间的泪和血。他用前所未有的色彩表达惊人的感情，他画的《向日葵》是一群欲呼喊的人像，他画的草椅上一支烟斗使你感到要为生活而哭泣。

他绝不玩弄色彩，他的色彩是表达感情的手段，他对《夜咖啡店》的自述：“……在我的画《夜咖啡店》中，我寻求要表现出咖啡店是能令人倾家、发疯、犯罪的地方。终于我找寻以娇嫩的玫瑰红与血红同暗红的对照，以路易十五之软绿及威罗尼塞之粉绿对照黄绿及硬朗的蓝绿，这一切在地狱式的火热气氛中，苍白的硫黄气氛中，用以表现出一个酒店的黑暗力量……”（1888年9月8日致弟书）他在《夜咖啡店》中用白热化了的骇人的明亮调子表现黑暗的力量，邪恶的力量，表现黑夜！这种艺术处理中的独特效果，解决矛盾的特殊手法使我们想起京剧《三岔口》！

可怜的梵·高只活了37年，终于精神失常而自杀了，他只画了7年画，他的画不是手的产品，是用灵魂画的，谁也无法模仿。

高更从生活安适的银行秘书到穷困画家，从厌弃巴黎虚伪欺诈的文明社会到病死在多米尼各荒岛，画家为了追求艺术的新境付出了身家性命。

印象主义画家重分析，高更重综合。他的作品具有象征主义色彩。他思考，他在画面上往往直接写出自己的烦恼，如《我们从哪里来？我们是什么？我们往哪里去？》。他斥责印象主义是围着眼睛找，而不围着思想的神秘中心找。他说：“当我的木屐踏上花岗石的地，我听到低沉、哑而强的声音，这是我在绘画中所追求的。”他用粗犷的手法、强烈的装饰效果表现其原始意境的新世界。

塞尚、梵·高和高更是现代绘画的前驱，不只局限在西方，这早已是全世界美术界和知识界所公认的铁的事实。

本文载于《美术研究》1979年第4期

吴冠中（1919—2010），江苏宜兴人。当代画家、美术教育家。1942年毕业于国立杭州艺术专科学校，1947年留学法国巴黎高等美术学院。1950年回国后先后任教于中央美术学院、清华大学、北京艺术学院、中央工艺美术学院。中央工艺美术学院（现清华大学美术学院）教授。

形与神

张安治

形神关系，这是我国美术界比较熟悉的问题，也是中外美术史家和评论家历来都极为重视和值得深入探讨的问题。从美学史的角度看，自中国先秦时期至魏、晋以前以及西方文明的摇篮古希腊时代，对于美术创作多重在形似。如古希腊哲学家苏格拉底（公元前469—前399）和柏拉图（公元前427—前347），都认为艺术是自然的模仿；今天我们看到的古希腊雕刻的完美造型，人、神一体，正是这种理论的反映。可是他们也谈到“雕刻亦能表现心灵状态”及“肉体应服从精神”的论点。当时的雕刻作品中，也的确体现了特定的精神状态和美的理想。但对这种理论上的矛盾——如艺术与自然、精神与物质在艺术表现中的关系究竟如何处理等问题，在西方，是在文艺复兴以后才得到较全面深入的探讨。

中国在春秋、战国时代，哲学上百家争鸣，但侧重在人伦、政治和宇宙观、辩证规律等方面；对诗歌和音乐虽有涉及，可是对于绘画、雕刻，可能因为它们和工艺美术关系密切，多由缺少文化修养的专业画工（或工奴）所创作，所以当时能著书立说的人物，虽有谈论美术作品的政教目的、装饰作用及精湛技巧的片断言论，却极少有关其创作方法或属于美学范畴的意见。

战国《韩非子·外储说》中有这样一段：“客有为齐王画者，齐王问曰：‘画孰最难者？’曰：‘犬马最难。’‘孰易者？’曰：‘鬼魅最易。’夫犬马，人所知也，旦暮罄于前，不可类之，故难。鬼魅无形者，不罄于前，故易之也。”从画的难易角度说明了写真实难，画从来没有人见过的鬼魅容易；其实质就是重视写实，重视要有表现真实形象的能力。

到汉代的贵族淮南王刘安，在其著作《淮南子》中说：“寻常之外，画者谨毛而失貌。”他发现有的画工，画得非常琐细，却没有能够表现对象真正的容貌。这句话说得太简单，这个和“毛”字对立的“貌”字，可能是指画得比较精练的形象，也可能包括有人物精神状态的含义。如果是后者，也就是初步提出了形神关系的问题，指明了人物画表面形象的烦琐描绘和能表现精神面貌的作品是有区别的。

我们有幸在今天能够看到战国时代的小幅帛画和长沙马王堆出土的西汉帛画；汉代和更早期的地面殿宇及其壁画虽早已无存，但洛阳、内蒙古、辽阳、望都等地出土的汉墓壁画，都开拓了我们的眼界，使我们认识当时画工的智慧和创造才能。如以夔、凤和女像为内容的战国帛画和马王堆西汉帛画中一些动物的画法，明显和同时代漆器上的绘画甚至铜器上的装饰有亲密的渊源。可是那一幅“非衣”中的女墓主和托地巨人形象的刻画以及洛阳汉墓壁画中的历史人物、望都壁画中的侍从官吏、营城子壁画中的门卫等，或高仅数寸，线纹细如发丝，或放手挥毫，大笔涂抹，却能生动表现人物的神情性格，绝不是“毛而失貌”，可惜当时还没有文人学士去研究总结画工们的创作经验。

晋代的陆机在他的文章中谈道：“宣物莫大于言，存形莫善于画。”对于绘画制作的要求，还简单地停留在以记录形象为满足。到东晋的顾恺之，他自己既是文人，又是卓越的画家。尽管后世也有人把他吹捧为“文人画家之祖”，但他和宋代以后那些仅画梅、兰、竹、菊或抒情山水画的文人画家还大不相同。他约在二十岁时就能画整堵墙的宗教壁画《维摩诘像》，并生动地表现了维摩诘清瘦有病和“隐几忘言”的神态。从现存的宋人摹本《洛神赋图卷》中，我们仍为洛神翩若惊鸿的风姿所倾倒；《列女仁智图卷》摹本里人物的动态神情也富有变化，能恰当地体现内容。这些资料可以证明，他确是继承了汉代以来专业画工的优秀技巧和实践经验，加之他具有丰富的文化修养和优越的社会地位，这些条件使他有可能在绘画理论方面做出不朽的贡献！

他在《魏晋胜流画赞》[1]的开始部分是这样说的：“凡画，人最难，次山水，次狗马，台榭一定器耳，难成而易好，不待迁想妙得也。”他明显地继承了从战国以来谈绘画难易的问题。并做了进一步的发挥，指出画人最难，把山水排在第二位，可能因为大自然包罗万象，其组合和变化的规律也难于掌握，而把画建筑物列在最后，因为它看起来很繁复，画起来很费功夫，但终究是有一定规律的死东西，所以容易画好。最重要的是“迁想妙得”四个字，既说明绘画艺术不仅仅是单纯地模仿自然，需要发挥作者的想象，用现代术语说就是“主观能动性”，就是“形象思维”，才能得到完美（妙）的表现。再从人物画的角度看，到底怎样去“迁想”？要“妙得”些什么呢？顾恺之在对一些前人的作品作具体评论时，给我们提供了答案。“小列女：面如恨，刻削为容仪。不尽生气。”“壮士：有奔腾大势，恨不尽激扬之态。”“伏羲、神农：虽不似今世人，有奇骨而兼美好，神属冥芒，居然有得一之想。”在他的另一篇《画云台山记》中也提到：“天师瘦形而神气远。”可见他对人物画所赞美的，也就是要求表现的是“奔腾大势”，是“有奇骨”和“得一之想”，是“神气”；而他所认为不足的，是“不尽生气”或“恨不尽激扬之态”，也都是属于精神状态的范畴。这些使我们明确认识到：顾恺之以为画人最难，还不仅仅在于人的形象特征掌握不易，而主要在于传达人的神气（包括特定的个性和变化多端的神情动态）最难，需要画家具有形象思维的能力，用心去观察体会。

顾恺之的《论画》谈了一些“摹画”的方法之后，有两处具体谈到表现人物神气和“点睛”“实对”的关系：“……若长短、刚软、深浅、广狭与点睛之节，上下、大小、浓薄，有一毫小失，则神气与之俱变矣！”“凡生人亡（无）有手揖、眼视而前亡（无）实对者，以形写神而空其实对，荃（全）生之用乖，传神之趋（趣）失矣！空其实对则大失，对而不正则小失，不可不察也。一像之明昧，不若悟对之通神也。”引文中的“长短、刚软……”是连接前句，指摹写旧本时须注意其形象、笔法、色彩等个别的特点。紧接说“点睛”，明显最为重要，只要在位置的高低、瞳仁的大小和墨色的浓淡任何一方面有微小的差错，所表现的神气就完全不同。唐代张彦远《历代名画记》中关于顾恺之事迹的一段：“画人尝数年不点目睛，人问其故。答曰：四体妍蚩，本亡（无）关于妙处；传神写照，正在阿堵之中。”早在公元4世纪，顾恺之就深刻体会到“眼睛是灵魂的窗户”，精心表现在他的人物画实践中并形成理论。

必须有“实对”是和点睛的要求密切联系的。“实对”一般理解为画中人的眼神必须对向某一实物，如果没有这种“实对”，就不能传神；如果对得不准，则是较小的失败。所以人像画得神情生动与否，不能不注意这种“晤对通神”。“实对”这一理论使我具体想起洛阳西汉壁画墓中的历史故事画[2]，无论是《二桃杀三士》的壮烈武士们还是《鸿门宴》中的所有人物，眼眶都画得大大的，而眼珠只一小点，点得或高或低，或偏左，或偏右，很明确地表现了正看着画中某一个人或某一件东西，显得神情生动。这是顾恺之理论的确切证明，也说明这一理论的形成根植于我国古代优秀画工的长期实践。

有的学者以为联系文中的“以形写神”和“晤对通神”来理解，“实对”应有画家必须面对真人，以观察体会其神情性格的含义。顾恺之留传的三篇有关画论的文章，素来以难解著称。上述的看法也言之成理，并为后世所普遍采用。但最值得注意的几个字是“以形写神”！从创作方法上看，这要比“晤对通神”具有更深刻、更重要的意义。

它说明了写“形”是基础，写“神”才是目的。应从低级阶段发展到高级阶段，从精确地描绘形象的基础上达到生动地传神。从哲学或美学的角度看，“形”属于物质，“神”是指精神状态。“以形写神”是要求通过物质来表现精神，也就是通过现象来表现本质。“形”与“神”既是两个方面，有具体与抽象之别，有低级与高级之分，却又能够统一在美术创作之中。这种概括而能够实践，简明而内含丰富，带有辩证唯物因素的论点，和“迁想妙得”一样，不仅是顾恺之在中国画论方面的杰出贡献，在世界美学史上，也是光芒闪耀的明珠！

顾恺之在绘画理论上的成就，和他自己的创作实践、全面的文艺修养和继承古代绘画的优秀传统有关，但当时的具体历史背景、文艺批评的兴起和哲学上各方面的影响也不能忽视。

先从最后一点来看：战国荀况的《天论》中就提出：“形具而神生。”近年出土的汉简中发现的古佚书《经法》中有这样一段：“道者，神明之原也。神明者，处于度之内而见于度之外者也。处于度之［内］者，不言而信；见于度之外者，言而不可易也。处于度之内者，静而不可移也；见于度之外者，动而□不可化也。（动而）[3]静而不移，动而不化，故曰神。”《庄子》的《天地·第十二》篇中也谈道：“执道者德全，德全者形全，形全者神全；神全者，圣人之道也。”可见早在战国时期，一些哲学家在探讨宇宙以及所谓“道”或“德”的本源，特别是现象和本质的关系时，都采用了“形”和“神”这两个字来代表对立而又互相联系的两个方面；这非常适合于用来研讨美术创作上最根本的问题。

顾恺之“以形写神”和荀况的“形具而神生”说完全一致，虽然双方论证的出发点并不相同。《经法》的作者以为所谓“道”（神明之原）体现在内外两个方面：“处于度之内”的，有“不言而信”“静而不移”的特点；“度之外”则是可见的，特点是“言而不可易”“动而不可化”。“度之外”是指具体的物质现象，而“度之内”是指精神实质。这两方面统一的规律就叫“神”，也就是“道”。庄周的论点虽未免故作玄虚，但“形全则神全”这一句，也说明体现所谓“圣人之道”的“神”，也是来自代表物质存在或具体形式的“形”，精神并不能离开物质而存在。再如：“观水有术，必观其澜。日月有明，容光必照焉。”（战国《孟子·尽心上》）“形闭中距，则神无由入矣。”（汉·刘安《淮南子·原道》）前者说明观察事物的本质必须通过其表面现象，后者认识到离开形也就谈不到神。这些都是顾恺之形神论的哲学思想基础。比顾恺之稍晚的南北朝唯物主义哲学家范缜（约450—515）在《神灭论》中把形神关系说得更为鲜明透彻，他说：“神即形也，形即神也。是以形存则神存，形谢则神灭也。”“形者，神之质也；神者，形之用也。是则形称其质，神言其用；形之与神，不得相异。”这些论证既帮助我们对“以形写神”论的深入理解，也必然影响后世画论在这方面进一步的探讨。

从时代特征看，魏晋时期佛教思想已经传入，又是在长期战乱动荡之后，所以思想比较解放，在一些文人学士中，流行“玄学”和“清谈”，对文艺理论的研究随之兴起。魏文帝曹丕著的《典论》中包括《论文》一篇。晋代的陆机则著有《文赋》，谈了十种文体及其风格特征。在他的《演连珠五十首》中，有一段说：“图形于影，未尽纤丽之容；察火于灰，不睹洪赫之烈。是以问道存乎其人，观物必造其质。”这说明表现或观察物象的美及其本质的重要，绝不能仅仅停留于表面现象。以后到南北朝齐、梁的时代，刘勰的《文心雕龙》和钟嵘的《诗品》等，对谢赫、张彦远等画论的影响都颇为显著。

我们从史书和刘义庆著《世说新语》中，可以发现不少资料表明晋代统治阶级人物极为重视人物的仪容风度。例如，“尝谓兄王衍曰：‘兄形似道，而神峰太隽。’”（《晋书·王澄传》）“岩岩清峙，壁立千仞。”（《晋书·王衍传》）“少有重名，神采秀彻。”（《晋书·周顗传》）这种时代的风气，和顾恺之在评论前人作品及他自己的创作中，都着重要求表现“神气”“生气”或人物的风度，乃至“以形写神”论的形成，也有十分密切的联系。

南齐谢赫的《古画品录》是继顾恺之画论的重要发展。在其《叙》中，提出被后世长期奉为经典的“六法”：第一是“气韵生动”，第二“骨法用笔”，第三“应物象形”……从字面看似乎并没有提到“神”或形神关系，但我们如果从其正文把古代画家分列六品并逐一加以评论中，就可以得到较深的理解，如属于“第一品”的：“张墨、荀勖：风范气候，极妙参神；但取精灵，遗其骨法。若拘以体物，则未见精粹；若取之象外，方厌膏腴，可谓微妙也！”属于“第四品”的：“蘧道愍、章继伯：并善寺壁，兼长画扇。人马分数，毫厘不失。别体之妙，亦为入神。”

属于“第五品”的：“晋明帝：虽略于形色，颇得神气。笔迹超越，亦有奇观。”从这些评语中，可以看到“妙极参神”“入神”“神气”“神韵”等等内容，并使人体会到以下三点：一、对人物画还是十分重视精神状态的表现；二、把形象和神气的得失比较来谈，有人偏长于此，有人偏长于彼；三、联系“骨法”或“笔迹”来谈形神，说明“骨法用笔”不仅是表现“形”，也是表现“神”的主要手段。所以要求“气韵”和“写神”实质上是一脉相承，同胎异貌，也是一种发展。可以说“以形写神”是概括的纲领，而在“六法”中则把形、神和表现形神的最主要技法这三个方面分列为三法，以有利于对绘画创作和批评的深入分析研究。

唐代张彦远在他的《历代名画记》中“论六法”篇里说：“至于鬼神人物，有生动之可状，须神韵而后全。若气韵不周，空陈形似；笔力未遒，空善赋彩，谓非妙也。”“夫象物必在于形似，形似须全其骨气；骨气、形似，皆本于立意而归乎用笔。”又在论顾、陆、张、吴用笔时说：“张、吴之妙，笔才一二，像已应焉。离披点画，时见缺落，此虽笔不周而意周也。”

张彦远进一步阐明“形似”是基础，“神韵”才是表现的目的；仅有“形似”而缺“气韵”，仅善于着色而“笔力”软弱都不是好画。又说明“用笔”的重要，不仅表现对象的“神”（包括所谓“神韵”和“骨力”）与“形”，更能表达作者的创作思想（所谓立意）。所以他十分推崇张僧繇和吴道子用简单几笔，就能生动地表现形象，看起来好像不完整，而创作意图已能够完美体现。他的论点恰恰说明了谢赫“六法”中前三法排列的合理性及有机的联系，也从技法和评论的角度，对顾恺之的“以形写神”论做了补充。

荆浩是五代时期杰出的山水画家，他从山水画的角度对“形神论”又提出新的意见。在他的《笔法记》里说：“度物象而取其真。物之华，取其华；物之实，取其实。不可执华为实。若不知术，苟似可也，图真不可及也。”又说：“曰：‘何以为似？何以为真？’叟曰：‘似者，得其形，遗其气；真者，气、质俱盛。凡气传于华，遗于象，象之死也！’”“可忘笔墨，而有真景。”

他提出“似”和“真”的区别，“似”只是表面形象的描绘，而“真”必须包含对象内在的“气”和真实的形质两个方面；并肯定这才是创作的目的，是绘画艺术的高级表现，至于仅仅是表面的形似或笔墨的技巧都是次要的，不能和达到表现“真”或“真景”相比。这和顾恺之形、神两方面的联系并以传神为最高要求的精神完全一致。

荆浩又谈到在观察研究物象追求表现“真”的过程中，要同时注意对象有“华”和“实”两个方面，也就是表面现象与精神实质两个方面，不能以为表面现象就是本质；要知道它们的区别，都收入画幅，才能达到“真”，这正是“以形写神”论的补充说明，更适合于山水画的需要。这种用词的不同从哲学上看，如《庄子》的《渔父》篇中就有两处提到“真”：“真在内者，神动于外，是所以贵真也。”“真者，所以受于天也，自然不可易也。”可见荆浩《笔法记》中所说的“真”和山水画家所追求的自然真理，与顾恺之所要表现的“神”，实质相通，至少也可以说非常近似。

到宋代，由于“文人画”兴起，文人画家或收藏家、鉴赏家们对绘画的评论颇为流行。他们对于顾恺之以来的画论传统，既很熟悉也颇为重视，但由于缺少实践经验或追求的创作目标已和前人不同，必然要提出他们自己的新论点。虽有些评论家继承传统，重“形”更重“神”。如董逌在《广川画跋》中说：“大抵画以得其形似为难，而人物则又以神明为胜。物各有神明也，但患未知求于此耳！”“乐天言：‘画无常工，以似为工。’画之贵似，岂其形似之贵邪？要不期于所以似者贵也。”“世之论画，谓其似也。若谓形似，长说假画，非有得于真象者也。若谓得其神明，造其县（玄）解，自当脱去辙迹，岂媲红配绿，求象后模写卷界而为之邪！”

董逌承认“形似为难”，又引用了唐代诗人白居易的“以似为工”，再次说明仅得形似还是不够，要能“得其神明”。所谓“不期于所以似者”，应该理解为不能仅希望达到表面的形似，而能够自然表现出精神面貌的“似”才算可贵。

但宋代及其以后的许多文人画家，都未免偏重“神”而忽视形，或以为形易神难。如：“书画之妙，当以神会，难可以形器求也。”（沈括《梦溪笔谈》）“作画形易而神难。形者，其形体也；神者，其神采也。”（袁文）这里已体现重神轻形的倾向。最突出的是人所熟知的著名文人画家苏轼和倪瓒的名句。东坡说：“论画以形似，见与儿童邻。作诗必此诗，定知非诗人。”元代倪云林在画上的题句说：“仆之所谓画者，不过逸笔草草，不求形似，聊以自娱耳！”他们的论点从表面看好像完全否定了“形似”，可是从他们的实践看，并不是如此。苏东坡画竹学文同，据说他画的竹竿一笔直上，不分节；但他同意文与可的“成竹在胸”论，并自以为“若予者，岂独得其意，并得其法”[4]。可见他画的竹子，虽重“意”，作法也和文同接近，绝不是不要形似，画得完全不像竹子。从引用的后两句谈诗的意见也只是表明优秀的诗人必须能发挥想象，重视意境，不受一定的题材范围所局限，也不是否定诗的主题内容。至于倪云林还说过：他画的竹子并不计较其“似与非”（意即像或不像）以及竹叶的“繁与疏”，竹枝的“斜与直”，只是为了写“胸中逸气”。但从遗迹上看他画的竹子，既风格秀逸，也恰当表现了干、枝、叶各方面的形象特征，绝不是芦苇或它种植物。他画的山水画虽极为简淡疏秀，不画点景人物，极少用色彩；在表现他所追求的超逸空灵的意境的同时，也体现了太湖附近自然山水的面貌。

对这种理论和实践看起来好像有矛盾应该如何理解？元末明初的文人画家王绂在他的《书画传习录》中，做了很好的解释和发挥：“今人或寥寥数笔，自矜高简；或重床叠屋，一味颟顸，动曰不求形似，岂知昔人所云不求形似者，不似之似也。彼繁简失宜者，乌可同年语哉！”他用“不似之似”来说明苏、倪的不求形似是不追求表面的酷似而达到精神实质上的“似”，这和荆浩所论“似”与“真”既有区别又能够统一，但必须以“真”为重也是一致的。王绂的看来有些玄妙又很概括的四个字，对以后文人画家的创作和画论的发展影响深远。

明代初期杰出的山水画家王履在他的《华山图序》里说：“取意舍形，无所求意。故得其形，意溢乎形；失其形，意云何哉？”他明确指出山水画的意境（也可以通于人物画的主旨、传神）出于形象；善于表现形象，才能意境鲜明而充实，否则根本谈不到“意”的表现。他的论点是“以形写神”论的直接继承。

明代中叶以后，脱离实际的文人山水画大为流行，讲宗派，以绘画为笔墨游戏，闭门造车而沾沾自喜；对具有写实能力或格调工整的画院画家和民间画工一律排斥。这一类的“文人画家”互相吹捧，制造舆论，所以明、清两代的大量画论著作中，充塞了许多空谈技法风格的文字，以某一家为宗师而贬抑其他，以笔墨技巧为评画的最高标准，以为“气韵”产生于笔墨等等论调。但也有不少优秀的画家坚持学习前人与师法造化不能偏废，在创作上富创造精神，在理论上也继承朴素唯物主义和辩证法的传统，继续发扬“以形写神”论的卓越观点，和倾向形式主义的言论作不可调和的斗争，对中国画的发展做出了可贵的贡献。

这一方面具有代表性的画论，属于明代的如：“传神者必以形，形与心、手相凑而相忘。神之所托也。”（莫是龙）“画品惟写生最难，不独贵其形似，贵其神采。”（莫是龙）“画当为山水传神。”（唐寅）“夫神在形似之外，而形在神气之中。形不生动，其失则板；生外形似，其失则疏。故求神气于形似之外，取生意于形似之中。生、神取自远望，为天趣也；形似得于近观，为人趣也，故图画张挂以远望之。”（高廉）“凡状物者，得其形，不若得其势；得其势，不若得其韵；得其韵，不若得其性。”（李日华）莫是龙以为“神”离不开“形”，当形与思想、技巧结合而默契，精神才能显现。他并认为“形似”和“神彩”同样可贵。唐寅干脆说山水画也要“传神”，可见古代画家们对“神”“气”（或“生气”）、“真”等名词的运用比较灵活，所指都是内在精神生命或自然规律。高廉擅长词曲，又是绘画评论家，他把绘画的表现分为“天趣”“人趣”“物趣”三种，并说：“天趣者，‘神’是也，人趣者，‘生’是也；物趣者，‘形似’是也。”这样未免把形神关系弄得比较复杂化，但也说明了形似是基础，它能够表现“物趣”，而所谓“生意”，也包含在形似之中；只有最高级的“天趣”或“神气”，则要超出形似（当然也还是产生了形象，不过要超出一般的表面的形似），并且要从远处来欣赏，从整体的表现来领略这种“天趣”的美。李日华则以形象为出发点，要求在选景、剪裁、布局等方面能得“势”，进一步则需要做到节奏韵律的和谐，而最高的要求则是表现对象的精神实质，这也正是说明了由低级到高级的“以形写神”的过程。

清代的画家继续有所发挥。恽寿平认为：“不求形似，正是潜移造化而与天游；近人只求形似，愈似所以愈离。”邹一桂说过：“形之不全，神将安附？”方薰在《山静居画论》中说：“画不尚形似，须作活语参解。如冠不可巾，衣不可裳，履不可屐，亭不可堂，牖不可户，此物理所定而不可相假者。古人谓不尚形似，乃形之一不足而务肖其神明也。”沈宗骞在《芥舟学画编》中写道：“形无纤微之失，则神当自来矣！”丁皋在《写真秘诀》中说：“提要之要，以已之神，取人之神也。”秦祖永在《绘事津梁》中说：“画境当如春云浮空，流水行地，皆出自然，乃为真笔，方能为山水传神。”查礼在《画梅题跋》

中写道:“画梅不要像，像则失之刻。要不到，到则失之描。不像之像有神，不到之到有意。染翰家能传其神，斯得之矣！”

恽寿平和方薰为“不求形似”作了进一步的解释，指出这是为了追求自然规律或能表现神明的相似，绝不是不要形似或仅追求表面的形似。邹小山和沈宗骞都只用一句话一箭中的：形掌握不了，神到哪儿去找？这一句问得好，可以说是给不重视形的客串家们当头一棒！沈宗骞则从正面告诉人，所谓“神”（特别是人像的精神状态）是产生于精微的造型技巧；前面谈到顾恺之十分重视点睛的故事也是有力的证明。丁皋、秦祖永、查礼等都从他们自己的实践经验来说明画人像、画山水、画梅花都同样要重视传神及其方法或要点。查礼所说的精神和倪云林的“不求形似”很相像，但其“不像之像”“不到之到”又正和王绂的“不似之似”的观点一脉相承。

直到近代、现代有成就的文人画家陈衡恪、齐白石、黄宾虹等，他们既在创作上发扬创造精神，卓有成就，在形神关系问题上也抒发了值得重视的意见:“所谓不求形似者，其精神不专注于形似，如画工之钩心斗角，惟形之是求耳。其用笔时，另有一种寄托，不斤斤然刻舟求剑，自然天机流畅耳。且文人画不求形似，正是画之进步。何以言之？吾以浅近取譬：今有人初学画时，欲求形似而不能，久之则渐似矣。后以所见之物体，记熟于胸中，则任意画之，无不形似；不必处处描写，自然得心应手，与之契合。盖其神情超于物体之外，而寓其神情于物象之中。无他，盖得其主要之点故也。”（陈衡恪《中国文人画之研究》）“作画妙在似与不似之间，太似为媚俗，不似为欺世。”（齐白石《题画》）“大笔墨之画，难得形似；纤细笔墨之画，难得神似。此二者余尝笑昔人，来者有欲笑我者，恐余不得见。”（齐白石《辛酉［1921年］日记》）“画有三：一、绝似物象者，此欺世盗名之画。二、绝不似物象者，往往托名写意，鱼目混珠，亦欺世盗名之画。三、惟绝似又绝不似于物象者，此乃真画。”（黄宾虹《1952年答编者问何谓“妙在似与不似之间”》）“画者欲自成一家，非超出古人理法之外不可。作画当以不似之似为真似。”（黄宾虹《1953年11月致编者信》——“编者”为《黄宾虹画话录》编辑人王伯敏自称）。

陈衡恪在1922年完成的《中国文人画之研究》中，一方面谈到从初学追求形似，而逐步达到能记熟物象，得心应手，寓神情于物象之中，这还是符合“以形写神”的规律。假如一个文人画家依这样的步骤前进，必须能获得成就。从这种发展的最后阶段来谈“不求形似”，实际已能够做到“不似之似”。但另一方面也未免有轻视画工的倾向，以及所谓“另一种寄托”（应即指所谓“人品”“才情”等）并强调“天机流畅”，还没有能脱离封建社会文人画家的思想范畴。

齐白石、黄宾虹都长寿，并有极丰富的创作经验，他们在理论方面也互有影响。所以齐翁的“妙在似与不似之间”和黄老的“以不似之似为真似”的观点十分接近，也都是继承了王绂的论点。同时他们两位的补充意见也很相似，齐以为“太似（烦琐的描绘表面现象）为媚俗”。黄则以此为“欺世盗名”，齐以“不似”（太不像实物）

“为欺世”。黄则以为是“托名写意，鱼目混珠”，也是“欺世盗名”。他们所批评的对象，都是烦琐无生气的作品和没有精研现实而冒名写意企图骗人的作者。所以齐白石提醒我们：粗线条泼墨的大写意画不能忘记形似，着意于工致刻画的画不能忽视神气的表现。今天绘画的题材内容虽已有更大的发展和变化，这一简明的教训还是很有用处。

从“以形写神”的提出到“似与不似之间”，已经历了一千五百多年，中国画已发展成为具有独特民族风格并十分丰富多彩的世界一大画派；中国画论也从简略的片断记述发展到卷帙浩繁，并反映了各历史时期绘画艺术的演进和文艺思想的斗争。而这样有关形神关系问题的探讨，始终是中国画论和创作实践的核心问题；它对历代画家的影响十分深刻，这一理论的创立和长期的发展，也对世界美学做出了引人注目的贡献。

注释

[1]据俞剑华编《中国画论类编》及顾恺之各篇的文字内容，张彦远《历代名画记》中有关《魏晋胜流画赞》和《论画》两篇的题名应加调换。本文依此意见。

[2]可参阅《考古学报》1964年第2期。

[3]括弧内二字，疑为衍文。

[4]载苏轼《文与可画篔筜谷偃竹记》。

本文载于《美术研究》1980年第1期

张安治（1911—1990），江苏扬州人。1931年毕业于南京中央大学美术系。中央美术学院国画系和美术史系教授、博士生导师。

打破传统偏见，复兴工笔重彩

潘絜兹

中国画的艺术形式，多姿多彩，试加区分，不过是工笔重彩和写意水墨两大类。

在绘画发展的早期，主体是工笔重彩。公元前五六千年的新石器时代，人们就在陶器上用红、黑、白等土质颜料，画各种花纹。西安半坡遗址的人面纹、鱼形纹和鹿形纹陶器，陕县庙底沟的蛙形陶器，都给我们提供了绘画发萌时就力求规整和使用重彩的迹象。周秦汉唐的绘画，可说是工笔重彩的世界。今天我们所能看到的最早的画迹，是长沙战国楚墓中发现的《夔凤妇人图》和《御龙人物图》两幅帛画，虽非重彩，但线描手法，属于工笔。而长沙马王堆汉墓发现的五幅帛画和临沂金雀山汉墓发现的一幅帛画，已是地地道道的工笔重彩了。马王堆轪妃墓的T形"非衣"，其构图之巧妙，描线之精细，设色之绚丽，显示了当时工笔重彩画达到的高度成就，令人惊叹不止。这幅帛画使用的颜料有矿物色的朱砂、赭土、银泥、蛤粉，植物色的青黛、藤黄等十余种，也说明当时制色工艺水平。

古代文献把绘画称作"丹青"。《汉书·苏武传》："竹帛所载，丹青所画"，王延寿《鲁灵光殿赋》："写载其状，托之丹青"，就是把古代绘画普遍使用的丹砂和青绿之类重彩颜料当作绘画的代称。司马相如《子虚赋》："其土则丹青赭垩"，也是指的这类颜料。由于矿物质重彩颜料坚固度强，经久不变，故又把丹青引喻为坚贞不移的品格。阮籍《咏怀诗》："丹青著明誓，永世不相忘"，可见古人对重彩的感情和表彰贤烈，宣扬礼治的绘画必定使用重彩的缘故了。

这种情况一直继续到唐代。汉唐一千一百年间，从遗存的大量壁画、卷轴画看，工笔重彩占绝对优势。唐人始分绘画为疏、密二体（见张彦远《历代名画记》），被列为疏体的张僧繇、吴道子，以及后世奉为水墨山水之祖的王维，他们的作品仍属工笔重彩体系。这是可从梁令瓒的《五星及二十八宿神形图卷》、吴道子（传）的《送子天王图卷》、王维（传）的《江山霁雪图卷》（虽都属后世摹本）得到证验的。他们的画注重结构，画风谨严，和后世的写意水墨还有很大的距离和差别。

写意水墨画的崛起并与工笔重彩分庭抗礼，是在五代两宋。这个时期的绘画，是工写并重、彩墨交辉的世界，也是中国画形式臻于完备正常发展的黄金阶段。一味崇尚写意水墨，蓄意贬低工笔重彩，把中国画的发展引向偏颇道路的是在明代；始作俑者是怀有文人偏见的莫是龙、董其昌辈。

莫是龙《画说》云:“画之道,所谓以宇宙在乎手者,眼前无非生机,故其人往往多寿。至如刻画细谨,为造物役者,乃能损寿;盖无生机也。黄子久、沈石田、文徵明皆大耋,仇英短命,赵吴兴止六十余。仇与赵虽品格不同,皆习者之流,非以画为寄,以画为乐者也。”这段话并见于董其昌《画旨》中,董氏并说:“实父作画时,耳不闻鼓吹阒骈之声,如隔壁钗钏戒,顾其术亦近苦矣。行年五十,方知此一派画,殊不可习。譬之禅定积劫,方成菩萨,非如董巨米三家,可一超直入如来地也。”他们这两段话很可玩味。说穿了无非是:1. 工笔重彩画家(他们举赵孟頫和仇英)是习者之流(即习艺的画工),作品格调不高;2. 画工笔重彩,是件苦事,还要短命;3. 工笔重彩画要苦学苦练,方可小成,不像文人画(如董源、巨然、米芾之画),可以一跃即超凡入圣,进到最高的艺术境界。清盛大士《溪山卧游录》的一段话更可以为莫、董二家之说下一注脚:“画有士人之画,有作家之画。士人之画,妙而不必求工;作家之画,工而未必尽妙。故与其工而不妙,不若妙而不工。”说得明白点,作家就是“习者”、画工,他们是不能和士人(文人士大夫)相比的。作家画得再工,未必能妙;士人可以不必求工,而能尽妙。所以学作家刻意求工,不如学士人逸笔草草。岳正干脆下了“巧则工,象则俗”的结论。在他们的观念里,把士人和作家对立起来,把工和妙对立起来,把工笔重彩和写意水墨对立起来,得出“工不如妙”的结论,流风所被,成为元明画坛的支配思想。他们又把后人伪托的王维论画“夫画道之中,水墨最为上。肇自然之性,成造化之功”这几句话,奉为圭臬,认为水墨画是至高无上的,并认为墨分六彩(黑白干湿浓淡)可以代色。正如布颜图《画学心法问答》所说:“墨之为用,其神矣乎!画家能夺造物变化之机者,只此六彩耳。”这类理论,都是带有排他性的。所以轻视工笔重彩的风气由来已久,少说也有六七百年了。

这种从文人偏嗜出发,重写意水墨、轻工笔重彩的思想和理论,是使有光辉历史和优秀传统并为群众所喜闻乐见的工笔重彩画得不到正常的继承和发展的原因之一。

这种思想影响也一直延续到今天,许多人还不曾摆脱这种牢固的旧文人画家的错误观念,把工笔重彩画看成是低一等的艺术,目之为匠、俗、重、浊、火、板、刻、结,迹近工艺,已经过时,缺乏气韵,不入逸品,没有气势,不能表现时代精神,少慢差费,徒劳无功……更有甚者,则除生宣水墨而外,不知中国画别有一个色彩纷披的天地在。一些青年不愿下苦功,以横涂竖抹为能事,除了工笔重彩画家本身努力不够、缺少榜样而外,也未始不和这种思想影响有关。

为了恢复中国画的优秀传统,复兴工笔重彩画,我们要加强努力,同时也要澄清一些糊涂观念,打破一些偏见。

工笔重彩和写意水墨都是中国画的表现形式,也可称之为画体。中国画画品有高低、艺术有优劣,和采用的形式手法没有必然的联系。上述那些以画体判高下,把弊病归罪于画体,甚至把人的寿夭也归咎于某种画体的观点,显然是主观片面和毫无根据的。

其实工笔重彩和写意水墨，虽有形式上的差异，根本精神是相通的，都要求立意精严，工笔固要一丝不苟，笔意俱到；写意也应由工化出，不妄下笔。无论工写，用笔都不能死描，必须以写法出之。所以中国画称画为写，人像画叫写真，花鸟画叫写生，在用色上，要浓淡深浅得宜，要如墨之色阶谐调；而用墨则须求得丰妍的色彩效果。而工写色墨又可相互结合，把它们对立起来的看法是错误的。

中国画分神、妙、能、逸四品，以判高下，始自朱景玄《唐朝名画录》。他把前三品俱分上、中、下三等，逸品则不分，可能是难判高低，或也含有格外之意，另眼相看。后世文人画兴起，在绘画上重意趣、轻形似，就把逸品抬高，列于三品之上，而且几为文人写意水墨画所独占了。工笔重彩不但和逸品无缘，似乎也难达神妙之境，只算得个能品。李日华认为仇英能繁不能简，能浓不能淡，算不得高品，王穉登把周臣、仇英都列为能品，这个品评法只是用来抬高文人画身价的，已失唐宋人判分画品的本意了。

雅俗之分也是如此。画之雅俗不在工写色墨之分，而在格调高低，关键在于画家的修养。邹一桂《小山画谱》说得好："俗眼不识，但以颜色鲜明繁华富贵者为妙，而强为知识者又以水墨为雅，以脂粉为俗；二者所见略同。不知画固有浓脂艳粉而不伤于雅，淡墨数笔而无解于俗者，此中得失可为知者道耳。"这种强为知识者不是相当普遍么？以明代人物画为例，浓脂艳粉的仇英、唐寅的仕女画和法海寺壁画，和剑拔弩张习气甚深的张平山之流的人物相较，雅俗之学，能以工写彩墨为标准么？这种形而上的思想方法，岂不可笑？

郭若虚《图画见闻志》提出画有三病，曰板、刻、结，都是指用笔（描线）说的，这是工写都容易犯的病忌。后人却把它多归之于工笔重彩。那种把工笔重彩看作就是"单线平涂"，迹近"工艺"的看法，就是由此而来的。其实工笔重彩，描线变态很多，着色也不平板，怎能视之为工艺呢？而且绘画和工艺品也各有特点，各有高下优劣的标准，不能混为一谈的。

至于说工笔重彩没有气势，不能表现时代精神，只要看看敦煌莫高窟和山西永乐宫的壁画，那些以铁画银钩的线条和浓厚沉着的色彩画出来的作品，多么有气势，多么能表现那个时代的精神！如果只是大笔挥扫，而内里空空，则气势也不过是虚张声势空架子罢了，又何能有真正的气势和传时代之神呢？

至于工笔重彩是否少慢差费、徒劳无功，也不能只看表面。工笔重彩画制作程序多，过程长，时间上是要慢一些，但艺术作品的快慢，应从作品构思到完成的整个过程来看。这样，则写意并不一定快，工笔并不一定慢。就是写意画，落笔也不一定迅如风雨。齐白石和潘天寿作画时行笔都很慢，而吴道子作壁画，奋笔如飞，还应该认为是工笔。而且古人学画，莫不从工笔重彩入手，先工后写，工写兼能。梁楷画《太白行吟图》用笔如石火电光，无可再简，但他也能画极工细的《渊明把菊》和《黄庭坚神像图》。以大写意著称的齐白石，早岁画过精细的人像，晚年还能画贝叶工虫，都是可以为那些入手便泼墨大写、急于求成的人深长思之的。松年《颐园论画》说："古今名人写意之作，真作家未有不从工笔渐渐放纵而来，愈放愈率，所谓大写意是也。正似书家入手先作精楷大字，以充腕力，然后再作小楷。楷书既工，渐渐作行楷，由行楷又渐渐作草书。日久熟练，则书大草。”今天的学画青年，宜从前人总结出来的宝贵经验中，取得有益的借鉴，知所抉择。

关于工笔重彩和写意水墨孰优孰劣、谁高谁下的争论本身是毫无意义的。作为绘画表现手法的这两种画体，都是为内容服务的。同一题材，在高明的画家手下，两种画法都能运用得很成功，如李迪（宋）的《雏鸡》和齐白石的《雏鸡》，前者茸毛具足，工细至极；后者不过几个大墨点，是大写意。二者同样肖似而传神，又何须强分高下呢？

当前工笔重彩画的主要问题还是在推陈出新方面。一是学习传统知识面窄，所见不广，受明清因袭画风和陈规旧法的束缚，缺乏革新创造精神。二是对中国画工笔重彩的艺术规律缺乏研究，不少人以为单线平涂或水粉加线描就是工笔重彩了，结果或如工艺，或不中不西，艺术上不耐看。三是美术教育部门、宣传出版部门提倡不力。四是社会风气，以苟简狂怪为能，竞相鼓吹，名利双收，致使有的人难以甘于工笔重彩这一寂寞之道。

复兴工笔重彩的重任落在我们的肩上。七百年来工笔重彩不绝如缕，说明这个画种是人民大众所需要的。在人民大众当家做主的今天，它和其他画种一样应当得到发展，应当出现超迈汉唐之盛的局面。我们要为此做出努力，做出贡献。

本文载于《美术研究》1980年第3期

潘絜兹（1915—2002），浙江宣平人。当代工笔人物画家。1932年入北京京华美术学院。历任中国历史博物馆美术组组长，《美术》月刊编辑，《中国画》主编，北京画院专职画家。

顾恺之的《传神论》

王　泷

顾恺之的画论重在传神，为充分论述这一理论的实质、渊源和影响，并对它做出恰当的评价，只能以他本人的绘画理论和绘画实践作为依据。然而，在研讨之时，却存在不少困难。主要是他的画论文字遗存不多，并且早在唐代就“自古相传脱错，未得妙本勘校”，因而难于确切理解文字含义。此外，也无法肯定还有他的画迹存在。解决这些困难的途径应当是对他的基本论点进行剖析，同时参照见过他的真迹的人的记述、评论，了解他的绘画实践的风格特点，从而进一步理解传神论的实质。

本文仅就《传神论》中的几个侧面提出一些看法。

形与神的概念，本是自先秦以来在哲学上争论的范畴。简单地说，形，即形体，指物质的存在；神，即精神、意识，指思维活动。解释两者的关系以及孰为第一性的问题，成为哲学辩论的题目，并由此大致划分为唯心、唯物二派。自春秋战国时起，古代学者就在不断探讨万物的形成、精神意识的本质。其中的一些命题和论述成了后世学者论争的重要依据。

魏晋南北朝时期，玄学大盛，探究名理风行一时，同时由于佛教的传入，如同为生逢乱世的民众注入了一针麻醉剂。在统治者力倡之下，玄释相糅，成为一个时期的主导思想。形神再次成为辩论的重要范畴，并具有了新的意义。在谈论名理和宣扬或反对佛教时，论辩经常涉及这一方面，争论更为激烈。这一论争影响十分深远，特别是玄学名辩波及范围很广，自然也影响到以造型创造表现现实和思想的绘画。顾恺之《传神论》的产生，首先应当看作是这一时代的产物。

顾恺之是第一个将哲学范畴引申而应用于绘画理论，使其成为美学范畴的人。他的功绩首先在于把对绘画的一般性论述提高到独立的理论认识高度，从而开创了中国古代艺术理论研究的领域。虽然顾恺之尚未有意识地对古代、当代绘画理论作出完备的总结，但他论述的原则和评论的方法对其后进一步完善这项工作，起了创始的作用。特别是注重“传神”的论点，对后世影响更为深远。六法的产生，古代绘画千余年来对气韵、神采的追逐，都直接或间接与顾恺之的理论相关联。

这一理论本身有值得肯定的一面，但也体现出具有局限性的一面，对后世的影响来说，也曾经起了双重作用。全盘肯定它（哪怕所谓“置于历史时代之中”）为现实主义的创作理论如同根本否定它一样地不切实际。为了进一步分析传神论的精神实质，确切把握他的文字原意是首要解决的问题。

问题的提出

顾恺之论述的“传神”是指艺术表现，同时也体现了艺术理想。“迁想妙得”是指主客观的联系，指创作过程。二者有关联也有区别。现着重谈前一个问题。

有几段文字是说明他的艺术主张的主要依据。先从两段文字谈起：“……以形写神而空其实对，荃生之用乖，传神之趋失矣……一象之明昧，不若悟对之通神也。”（顾恺之《论画》）“遍观众画，唯顾生画古贤得其妙理，对之令人终日不倦。凝神遐想，妙悟自然，物我两忘，离形去智。身固可使如槁木，心固可使如死灰，不亦臻于妙理哉？所谓画之道也。”（张彦远《历代名画记·论画体工用拓写》）上述引文，一是画家本人对传神意愿的阐述，一是声名卓著的鉴赏家、理论家对这一画理的总结，历来受到人们的重视。对这几段文字的理解，大致也持有类似的看法。简括地说：前段，以形象图写精神面貌，而面前不能实对的话，就不能达到传神的目的。一幅画像的明昧，没有比悟对通神更重要的了。重要的是他提倡在重视形象描绘的同时来表达对象的心理状态。因而“以形写神”是顾恺之总结的具有现实主义倾向的创作理论命题。后段，通常被论者引来说明顾画达到了自然神妙的效果，甚至更白话一些，就是画得十分合乎自然，又神又妙，使观者融于画中而“物我两忘”。以此来理解他的理论在绘画中的体现，确实达到高超的境界。

这些理解是否全然符合原意呢？应当说，在相当大的程度上是不符原意，或全然曲解了的。

这里的问题在于，要想凭借古代文字论述其表达的思想，就要了解其辞义，只有理解了字面的含义，才能真切地分析表达的思想。同一名词、术语，在不同时代，往往有其特定的意义，遗憾的是，对古代画史、画论文字的理解上，至今存在不少问题，尤以对顾恺之的画论、对早期评述顾恺之的文字的理解问题更大，这自然也由于文字的舛讹，使问题的解决更为困难。

今人读古文，包括画论著作，不能不对当时的时代、思想以及用语习惯有所了解，以今释古，望文生义，岂不使古人摩登化。既然顾恺之的绘画及理论是时代的产物，还是让我们先把他置回于他的时代中再来理解这些文字吧。

对顾恺之有着重大影响的社会背景

经过汉末的农民战争，中国社会进入了长时期的大动荡，地主豪门受到严重打击，世家大族与专制皇权的斗争也越来越表面化。统治者吸取了汉末衰败的教训和适应新的形势，一方面在汉末烦琐的经学束缚之外寻求新的理论依据，用以巩固政治制度。另一方面在破坏了的乡举里选之外寻求得力的人才选拔。豪门为标榜身份则重人物的识鉴、品题。在思想形式上产生了探究名理、依方辩对的清谈之风。曹魏时，失去依附的名门，以清谈诘辩争取身份和地位。《人物志》直接承袭了庄子的“君道无为，臣道有为”，概括地点明了识鉴、谈辩的依据在于“量能授官”，以达到“君体平淡，则百官施其用”的社会目的。这种人物品题的风气至东晋而不衰。

当时的名流在王弼、何晏的力倡下俱谈三玄（老、庄、易），一时注家蜂起，因了向秀、郭象《庄子注》能“妙析奇致”而玄风大畅，人皆祖述老庄，善言虚胜。名辩“三理”是一时的重要议题，所谓“王丞相过江左，止道声无哀乐、养生、言尽意三理而已”。识鉴和谈辩互为表里，它们对当时文艺理论的形成均有很大影响。魏晋南北朝时期，文学艺术空前发展，有关文艺的论著相继出现。论述的角度，阐明的思想虽各不同，但理论探讨的风气形成激流，画论的出现便不是偶然的了。

在识鉴品题方面，魏晋继承了汉代察举的标准（如王充尚骨法，谓察表候以知命），但更重风操、风韵，认为甄别人物，神鉴最难，要的是重神不重貌。曹魏九品中正制、刘劭《人物志》是这方面的集中反映。谢赫的《画品》中对画家的品评，实际是把人物品题、社会名胜之划分为一二三流作了移植而专论画家而已。分品论文的风气也体现在诸如钟嵘《诗品》、庾肩吾《书品论》等专论中。至于识鉴的标准和原则，则直接影响了顾恺之画论中一些评价标准的形成。

作为三理之一的言意之辩，与人物品题不无关系。评定人物在于瞻外形而得其神理，以色貌取人必失之于表相，“物有生形，形有神精，能知精神，则穷理尽性”。而精神之识鉴只可意会，不能言传。当时，“言不尽意”论十分流行，否认言语的认识作用，而把思维活动神秘化、绝对化。王弼主张“意以象尽，象以言著。故言者所以明象，得象忘言；象者所以存意，得意而忘象”。他把认识的媒介、手段与对象对立，把认识对象与“意”颠倒，并说：“……忘象者，乃得意者也，忘言者，乃得象者也，得意在忘象，得象在忘言。”他重在得意，而弃绝言象。王弼并援引《庄子》蹄荃之喻而进一步发展了不可知论，大倡得意忘言说。《庄子·外物篇》说：“荃（或筌）者所以在鱼，得鱼而忘荃；蹄者所以在兔，得兔而忘蹄；言者所以在意，得意而忘言。”荃、蹄是捕鱼、兔的用具，得鱼、兔本因荃、蹄，而这里却硬是强调意在得鱼兔而忘荃蹄，即主张忘言得理。一时间，庄子的“坐忘”成了名士间标榜的高级精神境界，而荃蹄之喻则不厌其烦地引为谈证。

庄子的哲学是绝望厌世的，他主张绝对空虚的精神境界，而把人生看得毫无意味，要凡事任其自然。这种思想在风雨飘摇的乱世，而又要维持豪门统治的时期，为当时名士所乐道是很自然的。

以上是与顾恺之思想相关联的几点社会特征。而顾恺之思想也直接承袭了传统儒家的文艺主张，由于非本文所论重点，暂不述及。

玄学名辩与顾恺之画论的关系

顾恺之的理论在很大程度上是受了生活环境中品评人物的标准和老庄玄学，特别是言意之辩的影响而形成的。

以前引《论画》一段文字来看，由于公认十分重要，则明了其含义是至关紧要的。分析如下。

这段文字中“以形写神”历来被引用说明顾的传神主张。首先，以这段文字分析，“以形写神”不能认为是作为独立的美学命题提出的，这四个字本身在句中就不是完整的，应当把它置于全句中加以理解。其次，历来注家对“荃生之用乖”未作详解，甚至认为“荃”为“全”误，“全生与传神正相对”，致使“全生”为何物更其费解。故此，便多删略此句而不论。实际上，这是完整理论中不可分割的一部分，含义是重要的。我以为“荃”字不误，“生”字可能有误（或为“者”），意思还算是明白的。这正是引了“得鱼忘荃”的典故。再引原文如下：“以形写神而空其实对，荃生之用乖，传神之趋失矣……一象之明昧，不若悟对之通神也。”全句的意思是：以形写神而不能实对的话，无异于荃的作用失去了，传神的趣味也就无从得到了……一幅画像的好坏、明昧，没有比悟对通神更重要的了。换言之，也可理解为，要想以形象图写空对的神态，不能达到传神的目的，以形写实对的神，也只是一种手段，就如同荃的作用一样，为得到真正的目的——悟对通神，这种手段也变得不重要了。

显然，他是以批判“以形写神而空其实对”者的口气说的，并没有把“以形写神”作为独立的命题甚或口号提出。把一段文字中的一句话删略，把另一句话的前四个字抽取出一论再论，就有可能谓断章取义。

再者，从字面上理解，也没有“形神兼顾”或“重形更重神”的意味。他说的是“以形写神而空其实对”不可取，进而引得鱼忘荃来说明，写实对者也只是一种手段，只有追求悟对通神（实际也只是通神）才是画理。这个画理，简言之，就是“妙得通神而形有所忘”。

顾恺之力主的传神论，在绘画实践上也会有所反映。今天难见他的真迹，只得以见过其真迹者的记述和品评作为依据。鉴于《历代名画记》著述之严谨，以及著录了顾画“并传于后代”者不少，目前对张彦远见过顾的真迹这一点没有人怀疑，也没有人认为张的品评不为允当。那就让我们以张彦远所理解的“画道”与顾的悟对通神作一番比较吧。再引张氏原文如下：“遍观众画，唯顾生画古贤得其妙理，对之令人终日不倦。凝神遐想，妙悟自然，物我两忘，离形去智。身固可使如槁木，心固可使如死灰。不亦臻于妙理哉？所谓画之道也。”这番话引者不少，说清楚者不多。许多人时常不加说明，就以引号摘出几句，来加强“自然神妙”的意味，却未曾料到，摘引的句子往往与引者想要论说的含义相反。张氏这段文字实是道家玄学用语，全系抄袭而来。典出《庄子·齐物论》：“南郭子綦隐机（同几，音纪）而坐，仰天而嘘，荅焉似丧其耦。颜成子游立侍乎前，曰：‘何居乎？形固可使如槁木，而心固可使如死灰乎？今之隐机者，非昔之隐机者也。’”此段重出于《徐无鬼》：“南伯子綦隐几而坐，仰天而嘘。颜成子入见，曰：‘夫子，物之尤也。形固可使若槁骸，心固可使若死灰乎？’”意即：南郭子綦凭几而坐，仰天而叹，看上去若有所失如丧失了自我身形。弟子颜成子游立侍于前问道：“为什么这样坐着，形体如同槁木，而心境似死灰？今天隐几而坐的你，大不同于过去的你了。”

这是庄子一再标榜“坐忘”的例证，也就是

"堕肢体，黜聪明，离形去知（同智），同于大通"。这"大通"就是庄子的"道"，而他的道也正是超越乎一切有形之上，即所谓"德有所长而形有所忘"。这个"忘"，前面说过，由王弼提倡，又因向、郭注庄子而在魏晋六朝时为玄学之风的盛行推波助澜。

到了唐代，推崇黄老，道教盛行，再次要求对经典作出进一步的理解。道士成玄英为郭象注作疏文。成玄英活动于太宗、高宗朝，曾被召至京师，加号西华法师。他的疏义影响很大，是当时释典的一部重要文献。无可怀疑，这也直接灌输给了道家思想浓厚的张彦远，因为张彦远总结的顾恺之"画道"，原来就是抄袭前述"南郭子綦隐几而坐"一段的坐忘以及成玄英疏义。兹录成疏如下："楚昭王之庶弟子綦，怀道抱德，虚心忘淡，谓身与神为匹，物与我为耦也。凭几坐忘，凝神遐想，仰天而叹，妙悟自然，离形去智，荅焉堕体，身心俱遣，物我兼忘，故若丧其匹耦也。"两相对照，几无一字之易（物我兼忘之兼与两实可互通）。这不只说明张氏对庄子的坐忘及成的疏义深以为然，更说明了顾恺之画道的精神实质是物我两忘、离形去智的"妙得通神而形有所忘"。根据顾恺之的画论主张，以坐忘来概括"悟对通神"的画理，真可见张彦远对顾恺之理论的理解确是识得了真谛。

庄子的哲学否定存在，认为宇宙万物只是一些迹象，而演造这些迹象的只有一个本体，即"道"。道是无穷无际，不生不灭的绝对精神，其他一切，宇宙、万物、生死、情感则都是相对的，无足轻重的。认为物以形存，形无常形，形是变化着的假象，能够得道的人才称为"真人"，他为人们所崇拜和爱慕。庄子认为绝对精神超越乎相对的形体，以至于许多"真人"的形象在他的笔下呈现为著名的恶人（丑人），以此来说明这点。其丑无比的闉跂支离无脤，瓮㼜大瘿说卫灵公与齐桓公，由于他们是得道之士，遂使齐侯卫主忘其形恶，而视其为美。这就是"德有所长而形有所忘"。他进而认为存在的只有绝对精神，而有形之物是虚假的，即"精神生于道，形本生于精"，这为《人物志》接受过来作为识鉴标准。刘劭所谓"物有生形，形有神精，能知精神，则穷理尽性"，即庄子形神观的阐发。这种观点为魏晋放达名流所推重和效仿。时人不重外形，放荡不拘，认为"须发何关于神明"而极力追求所谓"心整形浊"。社会意识和风气就是绘画理论产生的背景。顾恺之论"四体妍媸本无关于妙处"不正是与这种思想相一致吗？

传神阿堵与神、形

顾恺之把传神的关键集中在眼睛上，强调绘画中眼神的表现力，无疑是有道理的，这种理论是有来源的。而在具体分析时将会看到，这一理论的产生也仍然没有脱离言不尽意说的影响。

先秦思想家论到精神意识与形体时，就接触到这个问题，韩非子说："空窍者，神明之户牖也。"《淮南子》阐明精神、形体时，在承认相互影响的前提下，认为"夫孔窍者，精神之户牖也，而气志者，五藏之使候也"。记载了与韩非子相类似的看法。到了魏晋，品题人物极重神明，故对眼睛的表现力做了深入的探讨。《人物志》把察人情性视为只有圣人可为，但情性、精神还是可以由形的表现而求得的，也就是情发于中而德辉外耀。但进一步又认为，一般人对人物的观察出自形容、动作……所言、行事等，这是以色貌取人，“故其得者少，所失者多”，真正难识的乃是神明，被称作“难知之难”。难知的关键在于目睛，即“征神见貌，则情发于目”，而眼睛则是“目彩五辉之光”的。故曰“物有生形，形有神精，能知精神，则穷理尽性”。这就对眼睛的表现力给予了最高的重视，而又蒙上了一层神秘的色彩。显然比王充时代的察人知命而尚骨法大大深入了一步。

在这样的风气之下，“蒋济著论，谓观其眸子，足以知人”（《魏书》卷二八，《世说》同），便出现了。这是迄今了解到的第一篇以谈观眸子为识鉴重要标准的专著。蒋论观眸子以知人，无外乎是说外形与行为表现不足以识别人的品性，唯观眼睛方可得其意而又无法言传，他的依据就是言不尽意论。这种论断影响深远，胜流名士常是衣冠不整，生活放纵，却十分追求眼神的表现力。一时间“面如凝脂，眼如点漆”“双眸闪闪若岩下电”以及“瞳子白黑分明”的所谓“白起之风”便是对人物品评时的极大赞誉。

曹魏时开始的“征神见貌，则情发于目”的识鉴标准，特别是蒋济谓观眸子以知人的论断，是绘画理论中眼睛传神说的直接理论依据和社会基础。

就史籍所见，第一个注重眼神表现的画家是卫协。谢赫与张彦远对他都是推崇备至的。《历代名画记》引孙畅之《述画》云：卫协画“《七佛图》人物不敢点眼睛”。顾恺之师承卫协，并“深自推挹卫协”，盛赞他的画法是“巧密于情思”。如果说蒋济著论和社会风尚是直接给以顾恺之传神论的理论影响和社会影响，那么，在这一问题上的绘画影响则来源于卫协。《世说·巧艺篇》曰：顾长康画人或数年不点睛。人问其故，顾曰：“四体妍媸，本无关于妙处。传神写照，正在阿堵中。”（《名画记》引文同，唯《晋书》著者未明其义而错录）。这段话说明三层意思：认为形似无关妙处；画人不点睛；根据是，传神写照的妙处，正在这个不点睛上（将阿堵释为仅指眼睛，不确）。画史中怕是只有卫、顾是画人不点睛的，其用意在于神明可意会而不以形传。

这种重神遗形的画论主张，因了顾恺之的提倡而行于六朝。谢赫总结成的六法源于顾的《传神论》，他极重“神韵”而轻形似。他评定“唯陆探微、卫协（于六法）备该之矣”，而陆、卫的画风如何呢？列为第一品的陆探微是“穷理尽性，事绝言象”。《人物志》中“能知精神，则穷理尽性”可为之注解，而“事绝言象”即画道在于言象之外（姚最称“摈落蹄荃，方穷至理”其义相通）。

至于“古画皆略，至协始精，六法之中，迨为兼善”的卫协，实在是个“不备该形妙”者。而形似的地位如何呢？在谢赫看来“像人之外，非其所长”的江僧宝，只可列第三品而已（谢对江的评价有不长于多种题材的含义，但毕竟形似是“像人”的必具条件）。

到了唐代，深为“传神论”所感染的应首推张彦远。张彦远倾向道家有其家学渊源，这在《历代名画记》中叙述得很明确，他颇得意于老庄玄学，在理论上继承魏晋画论（如推重和进一步阐述六法论），在形神问题上则极重传神而有排斥形似的倾向，关于这一点因有不同意见，故进一步阐述如下。

人多认为张主张形似是作画的手段，气韵是作画的目标，形与神是事物的两个方面，相辅相成，而以神为主、形为副，形似为气韵服务云云。恐怕是张彦远还达不到这种辩证思维的境地。

《历代名画记·论画六法》开宗明义就提出："以形似之外求其画，此难可与俗人道也"，这就是立论的宗旨。只有"以气韵求其画，则形似在其间矣"，他不但把"空陈形似""空善赋彩"认作"非妙"；更进一步，对在绘画发展上具有重要意义的中晚唐阶段，说成"今之画人，粗善写貌，得其形似，则无其气韵；具其彩色，则失其笔法，岂曰画也！""今之画人，笔墨混于尘埃，丹青和其泥滓，徒污绢素，岂曰绘画"，斥为不叫画。他推崇的只是"古之画"，特别是"世之所重"的中古之画，或谓上古之画，而上古之画首推顾、陆，其实通篇文字推崇最高的唯顾一人而已。转抄变化而成的"画道"，便是他"形似之外求其画"的理论概括。

在立意方面，张彦远提出了"意存笔先，画尽意在"的著名主张，对于中国绘画理论和创作风格的形成有着重大影响，是有积极意义的。这一主张不但用于论吴道子画法上，也同时论到顾恺之的用笔风格，并且引了庄子的目无全牛、运斤成风作为进一步发挥的论据。但"意存笔先""笔不周而意周"与前述的"形似之外求其画"既不能等同，也不能视为一个完整理论的两个方面，这只是反映了古人在理论认识上的矛盾。

"意存笔先"强调立意，强调画家的主观感受通过画笔表现的同时，表明在具体的形象体现中要展示更多的意蕴，要求作品具有高度的概括性和暗示性，寓无限于有限的具体形象中，给观者以联想、浮游的余地。

类似的理论主张也反映在欧洲的美学理论中，康德关于审美意象的阐述就是一个典型。他认为审美意象的形成在于想象力的发挥，"想象力是创造性的……在一个表象中，思想大大多于所能把握和明白理解的"，在于以有尽之言表达出无穷之意。他认为最能体现这种境界的诗的形式是可以"联系到许多不能完全用语言来表达的深广思致"，从而揭示出作品意蕴的丰富性和联想是作品的灵魂，被黑格尔认为是"出自理解力与想象力的自由活动"。这与"意存笔先，画尽意在"的道理是相通的。康德还是强调了要有一个具体形象，要有表象。回到张彦远的意存笔先，也是被理解为作品的立意要靠画面来表达。它与弃绝言象，以及达到"物我两忘，离形去智"的画道是有很大不同的。然而另一方面，意存笔先至少从字面上看，也是只强调了画家主观世界的一面，也就绝非完备的理论。

张彦远关于立意的一段著名论述说："夫象物必在于形似，形似须全其骨气，骨气、形似皆本于立意而归乎用笔，故工画者多善书。"实际是说立意为先，骨气、形似源于立意，而真正能够做到得意的还在于用笔的体现，故主张书画同源。虽然句首说的是"象物必在于形似"，却不便理解为象物的先决条件在于形似。而庖丁解牛、郢匠运斤的实际含义又在于说明艺术创作能够达到随心所欲、得心应手则源于大量的艺术实践（这一点庄子自已也没有搞清）。将这一切混为一谈，说明了作者认识上的矛盾以及理论之不完备。

对顾恺之《传神论》的评价

对历史上的人物做具体分析时，常会遇到这样一种情况，一些人往往受环境影响和局限，世界观和认识论方面经常反映出一些矛盾。这种矛盾不但体现在创作活动上，有时也在其理论主张与艺术实践之间存在着差异，顾恺之就是其中的一个。

恩格斯对巴尔扎克世界观和创作关系的论述，对评价顾恺之的艺术活动有着指导意义。恩格斯指出了一个作家在思想观点方面可能存在着种种矛盾，这是由于世界观的矛盾性和复杂性所决定的。作品中深刻揭露现实的一面，是世界观正确因素的反映，而消极落后的一面则是世界观落后、反动因素的表现。

顾恺之作为古代最有成就的画家之一，一方面他的《传神论》不可避免地因了阶级地位和玄学思想的影响，有着唯心和神秘色彩；而另一方面，他又是极力要求以绘画语言表达本阶级人物精神面貌的画家。由于这种复杂性，就要求我们必须抛开长期以来承袭封建文人为顾恺之披上神化色彩的论述方法。

在这里，自然不能将生活在完全不同时代、环境中的顾恺之的艺术创作活动和巴尔扎克作简单类比。但也只有运用恩格斯论巴尔扎克的原则分析他的思想、创作上体现出的矛盾，才是唯一的解决途径。

顾恺之出身士族，厕身于官宦与名士之间，他的画论中“悟对通神而形有所忘”的基本主张被他的阶级地位和社会环境所限制。在艺术创作中，他提出“四体妍媸本无关于妙处”以及故弄玄虚的不点眼睛，是和他落后的世界观相联系的。而努力要求表现同时代人物的心理特征，特别是创造了以维摩诘像为代表的本阶级人物的典型形象，并能着力探索眼神表现力在绘画中的意义，则使他站到了同时代艺术家的最前列。

顾恺之对画法的要求是十分严格的，他在论述临摹的文字中说：“若长短刚柔深浅广狭与点睛之节，上下大小 薄有一毫小失，则神气与之俱变矣”，为了追求“神气”即精神气质、思想境界的表现而要求有确定、严格的形象，这种论述也贯串在他的《画赞》中，是值得重视的。

在论到“迁想妙得”时，做了更为深入的概述，他说：“凡画，人最难，次山水，次狗马，台榭一定器耳，难成而易好，不待迁想妙得也。”这段文字确实与韩非子的记述有关。“客有为齐王画者。齐王问曰：画孰最难者？曰：犬马最难。孰易者？曰：鬼魅最易。夫犬马人所知也，旦暮罄于前，不可类之，故难。鬼魅无形者，不罄于前，故易之也。”两段文字虽有关联，确如张安治先生指出的，但在实质上仍有很大不同。韩非子的论述强调的是“狗马可日见也”（《淮南子》卷十三），即“事实难形”（《后汉书·张衡传》），只认识到了作到形似比图绘虚诞的鬼魅远为复杂。而顾恺之的理解则认为形似只不过“难成而易好”，他特别重视的是把绘画对象中的人物与狗马清楚地区分开来，将描绘对象的精神面貌提到首位，也即“神道难摹、形器易写”（刘勰《文心雕龙》）的思想。“迁想妙得”虽未见充分的阐发，则大致表现着画家意识到了认识对象和创作过程中主客观的联系。这些主张是比六朝以前的思想大大前进了一步。引人注目的是，在两种文字的对比中，透露出从战国秦汉过渡到南北朝时期两个时代在绘画面貌上发生的变化。

顾恺之对眼睛传神在画理上的阐述，是与言意之辨密切相关的。为了支持这一理论，绘画时也就有了故意不点眼睛的荒谬作法。但作为画家，他毕竟是要依靠可视的艺术形象来塑造人物精神风貌的。因此，更多的则是刻意于描绘眼睛。轰动一时的瓦官寺维摩诘像的创作过程说明了这一点。这种明确表示出的强调刻画心理状态的创作要求，标示了人物画发展的一个新阶段。

许多人探讨过艺术创作中表现眼睛的重要。黑格尔说：“整个灵魂究竟在哪一个特殊器官上显现为灵魂？我们马上可以回答说：在眼睛上；因为灵魂集中在眼睛里，灵魂不仅要通过眼睛去看事物，而且也要通过眼睛才被人看见。”（《美学》第一卷）无疑，在揭露具体形象的内心活动时，集中描绘这心灵之窗是重要的一种手段。鲁迅也十分看重这一点，他写道：“忘记是谁说的了，总之是，要极省俭的画出一个人的特点，最好是画他的眼睛。”（《南腔北调集》）

中外许多优秀的绘画就是以集中刻画主要人物的眼睛来展示复杂的内心活动，从而创作出深刻揭示现实的艺术作品。只要想想马特义科的斯坦契克，那满含愤懑、忧郁而陷入深沉思索的目光；苏里柯夫的缅希柯夫那透露着志向宏大而又备受压抑和屈辱的强烈情感的双眼，就很容易了解到着意于眼神的刻画有着如何巨大的表现力。摒去顾恺之在这一问题上所赋予的唯心色彩，看到他在另一方面能意识到表现对象时传神（心理刻画）的重要，并强调眼神表现的作用。这种实践是十分可贵的。从现存的六朝、隋唐的绘画，如《女史箴图》《历代帝王图》中可以明显地察觉出心理特征和人物个性描绘的特点，以及随时代演变而得到的发展。

顾恺之的创作成就突出地表现在绘画的题材和内容上。从著录得知，他的作品大部分是以当代人物肖像为主的人物画，他是历史上第一位杰出的肖像画家。战国秦汉以来，绘画的题材主要是表现天地神灵、古代圣贤、忠臣孝子、列士列女等，从而达到“恶以诫世，善以示后”的作用，而在森严的宫殿中图绘功臣的传统，也是要达到“见善足以戒恶”的目的。统治阶级严格控制并利用绘画“教化”臣民，使题材脱离社会现实，阻碍了绘画发展。汉末以来，士族作为一支社会力量发挥着越来越多的作用，顾恺之突破了传统束缚，转而取材于社会现实，有着重大意义。

顾恺之笔下的维摩诘形象，不是虚构的宗教人物，而正是六朝名士的典型代表。张彦远描述道：“顾生首创维摩象，有清羸示病之容，隐几忘言之状。陆与张皆效之，终不及矣。”这不正是探究玄理、又在追求恬淡寂漠的胜流名士的真实写照吗？号为璧人的卫玠，先有羸疾，体不堪劳。出行时，人闻其名，竟至观者为堵墙。六朝的放达之士就是这样崇尚土木形骸、身是羸形的外貌。在这样的社会时尚之中，自然产生了瘦骨清象的类型，也就产生了顾恺之的维摩诘，以示病之容表现忘言之意的人物创造比前者的形象更为深入、真切，这个塑造也足见得“迁想妙得”的主张是如何为他成功地运用着。它除了外形的肖似之外，更重表现精神面貌，由于维摩诘像在一定程度上真实地再现了一大批名流的面貌，无怪乎博得一致的喝彩，而被赞誉为当时的三绝之一。俞剑华先生曾指出，敦煌隋唐壁画中的维摩诘是与顾恺之创造的形象有所不同的。庄子论说“人无情”时，指斥惠施（见《庄子·德充符》），向、郭注中说：“惠子未遗筌蹄……故行则倚树而吟咏，坐则隐几而谈说。是以形劳心倦，疲怠而瞑者也。”唐代的维摩诘正是这种足智善辩、侃侃而谈的形象，这与六朝时尚，特别是与顾恺之笔下的形象相背离，已是沿用顾恺之的形式而表现着封建社会进入全盛时期唐代的文人风貌了。

恩格斯关于典型化的论述，指出了现实主义的创作原则。文艺作品是要在描写对象时，对现实生活进行概括和提炼，使得主要人物成为时代中一定阶级和思想的代表。顾恺之没有提出，也不可能意识到要在作品中表现当时的阶级斗争和社会本质，但也不能由此否定他的创作方法、绘画实践中的现实主义因素。托尔斯泰说：“现实主义是从内部来揭示同周围环境联系着的人的内心世界的。”顾恺之就在探索表现自己阶级的人物内心世界，并能捕捉性格表现的外在特征。这正是“应该抓住事物的灵魂、底蕴和性格特征”（巴尔扎克）的真实再现现实的方法。顾画维摩诘像，是他的时代、他的阶级所有人所特有的东西的综合，是在他画桓温、桓玄、谢安、阮修、阮咸等人肖像的基础上，抓取这些人物的特点概括而成的，确是特定环境中产生的典型形象，在画史中占有突出的地位。

综上所述，应当廓清千余年来封建文人对顾恺之推崇到神化地位的评述。顾恺之的艺术理论和绘画实践是时代的产物，由于阶级地位的决定，既有唯心论的影响，又有努力表现自己阶级人物面貌的追求。当他力求深入刻画人物心理时，所创造的艺术形象成为阶级和时代的典型。由于他在画史中处于十分重要的地位，深入地研讨，将使我们摒弃唯心、神秘的部分而从他可贵的成就中得到有益的借鉴。

本文载于《美术研究》1980年第3期

王泷，1940年生，河北成安人。1980年毕业于中央美术学院美术史系研究生班。中央美术学院人文学院教授，王雪涛艺术研究会会长。

石涛《画语录·尊受章》的解释问题

叶 朗

石涛《画语录》一直受到画家、学者的重视，注释、研究者颇不乏人。经过多年的研究，《画语录》的面目在某些方面是比较清楚了，但也在不同程度上存在着误解。例如《尊受章第四》：

> 受与识，先受而后识也；识然后受，非受也。古今至明之士，借其识而发其所受，知其受而发其所识。
>
> 不过一事之能，其小受小识也，未能识一画之权扩而大之也。夫一画，含万物于中。画受墨，墨受笔，笔受腕，腕受心，如天之造生，地之造成。此其所以受也。然贵乎人能尊。得其受而不尊，自弃也；得其画而不化，自缚也。
>
> 夫受，画者必尊而守之，强而用之。无间于外，无息于内。《易》曰："天行健，君子以自强不息。"此乃所以尊受之也。

这一章的内容，俞剑华的《石涛画语录注译》、郑拙庐的《石涛研究》和黄兰波的《石涛画语录译解》都认为是讲一般认识过程中的感性认识和理性认识的关系。

我以为这里的关键在于对"受"和"识"这一对范畴的理解。注释家们一看到"受"，就想到了"感受"。再从"感受"，进一步推出"对于外界事物"的感受（印象等）是"感性认识"。"受"既是感性认识，与"受"相对待的"识"，当然就是"理性认识"了。于是再在感性认识与理性认识之间的关系上大做文章，一套关于认识过程辩证发展的系统理论，因之构成。实际上，"受"和"识"这一对范畴，在石涛那里有其特殊的具体的规定，应联系全章、全书的内容来求得解释，与"感性认识"等是了无干涉的。

什么是"受"呢？这一章中有一段说得十分清楚："夫一画，含万物于中。画受墨，墨受笔，笔受腕，腕受心，如天之造生，地之造成。此其所以受也。"这段话是说，描绘万物是靠"一画"，而"一画"推到后来，则是受"心"的支配的。（《一画章第一》也说："夫画者，以于心者也。"）"受"，就是指"心"的这种支配作用。尊受，就是尊重自己的"心"的作用。所以接下去才说，不尊是"自弃"。反之，"自强不息"，就应该"尊受"。照这样的理解，"受"，其实就是指画家自身的才能或性灵。

那么，什么是"识"呢？《变化章第三》的开头就说：

> 古者，识之具也；化者，识其具而弗为也。具古以化未见夫人也！尝憾其泥古不化者，是识拘之也。识拘于似则不广，故君子借古以开今也。

照这段话看，“识”应该就是画家的学问修养，主要是指画家对于古代绘画传统的学习和继承，并不是泛指一般的认识。

这样，“受”是画家的才能或性灵，“识”是画家的学识。石涛认为，“受”是先天的，“识”是后天的，才能、性灵先于学识而存在。“受与识，先受而后识也；识然后受，非受也。”石涛又认为二者应该统一起来：一方面凭借对传统绘画的学习和继承，来实现和发展自己固有的才能或性灵；另一方面又根据自己固有的才能、性灵，来运用和发挥古代的绘画传统。“古今至明之士，借其识而发其所受，知其受而发其所识。”

石涛是着重强调画家本身的才能或性灵的，所以他才提出了“尊受”。只有尊受，只有尊重自己的才能和性灵，才不会为“识”所拘，才不至于“泥古不化”（所谓“得其画而不化，自缚也”），才可以达到“借古以开今”的境地。这就是石涛在这一章所要论述的中心思想。

只有这样的解释，才可以看出本章同前章的紧密联系。前一章讲“变化”，中心思想是，学习古人，又要变化古人；这一章讲“尊受”，中心思想是，学习古人，要以尊重自己的才能、性灵为基础。前一章讲变古化古，自然要突出一个“我”来与“古”相对立，反对“知有古而不知有我”，故云：“我之为我，自有我在。古之须眉不能生我之面目，古之肺腑不能入我之腹肠。我自发我之肺腑，揭我之须眉。纵有时触着某家，是某家就我也，非我故为某家也；天然授之也。”本章则正面讲这个与“古”对立的“我”，同样要联系着对“古”的态度来讲“我”，所以又说：“得其受而不尊，自弃也；得其画而不化，自缚也。”前章和本章，正是从两个方面强调着同一个主题，而这个主题，又正是贯穿《画语录》全书的主题。

《尊受章》所受到的曲解，并不是一个个别的、孤立的现象。对于《画语录》其他各章的解释中，也有许多不合理之处，例如有的研究者把石涛的“一画”说成就是辩证法的对立统一规律。在对其他古代和近代美学思想家如刘勰、司空图、严羽、王国维等的研究中，也不同程度地存在着类似情况。因此，在整理和研究古典美学遗产的工作中，坚持实事求是的科学态度，坚持严格的历史主义的原则，尊重历史的本来面目，确实是一个值得我们重视的问题。

本文载于《美术研究》1980年第4期

叶朗，1938年生，浙江衢州人。1960年毕业于北京大学哲学系。北京大学哲学系、宗教学系、艺术学系教授，博士生导师。

关于宋代“画学”

令狐彪

宋代的绘画艺术事业自新中国成立以来，一直盛隆，到了宋徽宗时，除了更加积极经营发展“画院”以外，同时又创立了“画学”。“画院”和“画学”本是两个不同性质的组织机构，可是目前一些有关的著作或文章中，却把宋徽宗大兴“画学”理解为就是针对“画院”的措施，并且认为这时的“画院”既是绘画创作机构，又是皇家最高绘画教育机构。这些论述，没有正确反映当时绘画教育发展的真实状况。为此，试将“画院”与“画学”的兴建始末及相互关系考究如下。

宋代“画院”自宋初即设立，具体始于何年，各种史籍均无详细记载。《圣朝名画评》说，宋朝灭掉西蜀后，将西蜀宫廷画院的大部分画家网罗到京城汴梁，都进入宋朝画院。由此可知，平蜀之前宋朝已有画院之设。赵宋建立政权为960年，平蜀为965年，“画院”之设当在其间。此后历代相承不衰，直至南宋灭亡而结束。

关于“画院”的名称，在《宋史》中均称“翰林图画局”，在一般绘画史籍、野史笔记中称“翰林图画院”。《画继》载：“诸待诏每立班，则画院为首，书院次之，如琴院、棋、玉、百工皆在其下……又，他局工匠，日支钱谓之食钱，惟两局则谓之俸直。”很清楚，前面讲“待诏每立班，则画院为首，书院次之”，后面又讲“惟两局则谓之俸直”，这里“两局”显然是指“画院”和“书院”，“他局”则是指“琴院、棋、玉、百工”等院。在同一书中的同一段中将“局”与“院”并用，可见“翰林图画局”就是“翰林图画院”，二者名异体同。此外，一般著作中也简称为“画院”，周密在《武林旧事》中又称为“御前画院”。

为什么在“图画院”前冠以“翰林”二字呢？“翰林”之名始于唐代，其初凡是以文学技艺供奉宫廷者，称为翰林待诏或翰林供奉，其职务与政治不甚有关，并非正式官员。后来情况有所发展和变化，《新唐书·百官志》述其演变过程云：“翰林院者，待诏之所也。唐制，乘舆所在，必有文辞经学之士，下至卜医技术之流，皆直别院，以备燕见。玄宗初，置翰林待诏，掌四方表疏批答，应和文章。既而又以中书务剧，文书多壅滞，乃选文学之士，号翰林供奉，与集贤学士分掌制诰书敕。开元二十六年又改为学士，别置学士院，专掌内命，凡拜免将相，号令征伐，皆用白麻。其后选用益重、而礼遇益亲，至号为内相。”宋承唐制，宫中凡属技艺人员仍沿袭这一称呼。但，它与翰林学士的性质又大不相同。一个是皇帝的机要秘书，参与政治；一个是在宫廷中为皇帝服务的技艺人员，不参与政治。这在《文献通考》中讲“翰林医官院”为什么冠以“翰林”二字时说得清楚，“因唐代翰林待诏有各种伎艺人，医亦其一”。“翰林图画院”与“翰林医官院”是宫廷内的平级机构，冠以“翰林”二字当然也是这个原因了。

《宋史·职官》中在“内侍省”机构所属的单位下云，“翰林院勾当官一员，以内侍押班、都知充，总天文、书艺、图画、医官四局，凡执伎以事上者皆在焉”。这里说得很明白，“画院”并不直接受翰林院管辖，仅以一名翰林院官员的名义来总领其事（包括上面所说书艺、医官及诸执伎工匠之人），而这官员又规定由“内侍省”的“押班”或“都知”兼任。显然，“画院”是隶属于“内侍省”。“内侍省”又是从事什么工作的机构呢？《宋史·职官》说，“入内内侍省与内侍省号为前后省，而入内侍省尤为亲近。通侍禁中、役使亵近者，隶入内内侍省。拱侍殿中，备洒扫之职、役使杂品者，隶内侍省”。由此可以知道，“内侍省”是直接为皇帝日常生活服务的宫廷内部管理机构，也就是宦官的总机构。虽然是服务性工作，但因“尤为亲近”皇帝，而又显得重要。《宋史·职官》中又说，“后省（指内侍省）官阙，则以前省（指入内内侍省）官补，押班次迁付都知，次迁都知，遂为内臣之极品”。“内侍省”的最高官员“都知”，也就是所有内臣中最高等级了。前文所引《画继》中“诸待诏每立班则画院为首”的记载，是指在“内侍省”立班，而不是在朝廷立班。关于这个问题，许多论者为了说明宋徽宗提高“画院”地位，便不加考证，望文生义，津津大谈是在朝廷立班，实在与历史事实不符。《画继》中还说，因为徽宗喜好绘画，所以“睿思殿日命待诏一人能杂画者宿直，以备不测宣唤，他局皆无之也”。这正是《宋史·职官》中所说的“拱侍殿中”。周密《武林旧事》中把“御前画院”列在宫廷“诸色伎艺人”里面，和《宋史》中载“内侍省”包括“图画”诸局“凡执伎以事上者皆在焉”也是相吻合的。根据各种绘画史籍记载，画院画家主要承担装饰美化宫廷及寺观等各种绘画任务，此外还“供御”，受皇帝命令或替皇帝代笔进行绘画创作。因此，“画院”在内侍省里与其他各局及“洒扫之职、役使杂品者”相比较，和皇帝更亲近，工作性质显得风雅高逸，故往往得到优遇，地位也较高。

关于“画学”，最早见于《宋史·徽宗本纪》，其中明确说崇宁三年（1104）六月“置书、画、算学”。到崇宁五年（1106）春正月丁巳曾罢书、画、算、医四学，但仅过了四五天，又在本月壬戌日“复书、画、算学”，于是“画学”又继续办下去。这在《画继》中也得到证实：米芾，“当置画学之初，召为博士”，“宋子房……初，崇、观盛时（指崇宁、大观年间），大兴画学，予大父中书公，见《江皋秋色图》，其珍爱之，首荐为博士”。又说，“始建五岳观，大集天下名手，应诏者数百人，咸使图之，多不称旨。自此之后，益兴画学，教育众工。如进士科，下题取士。复立博士，考其艺能。当是时，臣之先祖，适在政府，荐宋迪犹子子房，以当博士之选。是时子房笔墨，妙出一时，咸谓得人”。只有太学才设“博士”，“博士”是太学中老师的一种职称。大书画家、文学家米芾任“画学”博士是“置画学之初”，那当是在崇宁三年至五年（1104—1106）之间，因为他在大观元年（1107）就去世了。宋子房是《画继》作者邓椿的祖父邓洵武任中书侍郎时推荐为“画学”博士，邓洵武是大观元年三月至五月间任中书侍郎，而他也就是在这时开始任“画学”博士了。《宋史·选举志》说，“凡学皆隶国子监”。无疑“画学”也隶属于国子监。“画学”和“算学”“书学”“医学”，乃至“武学”“律学”等一样，都是国子监太学中的一个学科。到了大观四年（1110），对有些学科又有了新的调整。《宋史·选举志》说：“大观四年以算学生归之太史局，并书学生入翰林书艺局，画学生入翰林图画局，医学生入太医局。”《宋史·徽宗本纪》中说得更具体详细，“大观四年三月庚子……诏：医学生并入太医局，算入太史局，书入翰林书艺局，画入翰林图画局，学官等并罢”。二者记载基本相符，后者尤为准确。这就是说，从大观四年三月开始，把算、医、书、画各学从太学中分出来，归入各自对口的系统进行管理。“画学”并入“画院”，由“画院”代行教育培养。《画继》中所说“画院听诸生习学，凡系籍者”，就是指大观四年以后“画学生”归入“画院”管理的史实。

“画学”和太学中其他学科一样，在学校里有一套系统完整的教学内容，分六个专业。《宋史·选举志》记载说：“画学，之业，曰佛道、曰人物、曰山水、曰鸟兽、曰花竹、曰屋木。”除学绘画专业之外，还开设有必修的文化课，“以说文、尔雅、方言、释名教授。说文则令书篆字著音训，余书皆设问答，以所解义，观其能通画意与否”。学校中也有严格的等级，“仍分士流、杂流，别其斋以居之。士流，兼习一大经或一小经；杂流，则诵小经或读律考”。什么是“士流”和“杂流”之分呢？《宋史·选举志》讲，“凡学皆隶国子监。国子生，以京朝七品以上子孙补之，初无定员，后以二百人为额。太学生以八品以下子弟若庶人之俊异者为之”。“士流”则是指有一定社会地位官僚的子弟，“杂流”则是指没有地位的庶人。对绘画专业的要求，也有一定的标准，“画之等以不仿前人而物之情态形色、俱若自然、笔韵高简为工”。平时也有一定的考核，《广川画跋》中记载了一次考试情况：“列子御风世有图，其说者崇宁五年，官试画学生，监试学士疏出本文为目，俾试者图之。明日来上，悉风脚雨势、浓云重烟、空中人立势若将陊，盖无能得其意者。它日有持古图者，作草树相依层叠，远近披拂霍靡，假为游云飞雾，依随蹁跹，扶摇上下，轻重相映，放乎有羽服而游于其中者。神淡而气藏，形解而魄寂，若同乎一气者也。众昉共叹，谓笔墨蹊径得画中县解，虽布列形状，亦不能到古人地也。”至于升级及推恩法和太学规定一样，《宋史·选举志》讲，“画学”的“三舍试补升降以及推恩如前法，唯杂流授官，上自三班借职以下二等”。

三舍试补升降及推恩法是什么内容呢？根据《宋史·选举志》记载，宋初太学没有完整的制度，规模也不足观，太学生在宋仁宗时才仅二百人。到了宋神宗元丰二年，由于太学人数增加，规模扩大，制度趋于完善，而颁布了“学令”：“太学置八十斋，斋各五楹，容三十人。外舍生二千人，内舍生三百人，上舍生百人。月一私试，岁以公试，补内舍生；间岁一舍试补上舍生，弥封、誊录如贡举法；而上舍则学官不予考校。公试：外舍生入第一第二等，升内舍；内舍生试入优、平二等，升上舍；皆参考所书行艺乃升。上舍分三等，学正增为五人，学录增为十人，学录参以学生为之。”这就是太学之舍试补升降的规定，上舍生中优秀者可直接做官。“神宗尤垂意儒学，自京师至郡县，既皆有学。岁时月各有试，程其艺能，以差次升舍，其最优者为上舍，免发解及礼部试而特赐之弟。遂遣以此取士。”由此可知，太学三舍试补升降推恩制度，是宋代科举制度的补充手段。到了宋徽宗崇宁五年，又有了更具体的规定：“太学试上舍生，本虑与科举相并，试以间岁。今既罢科举，又诸州岁贡士，其改用岁试。每春季，太学、辟雍生悉公试，同院混取，总五百七十四人。以四十七人为上等，即推恩释褐；一百四十人为中等，遇亲策士许入试；一百八十七人为下等，补内舍生。凡上等上舍生暨特举孝弟行能之士，不待廷试推恩者，许即引见释褐。上舍仍先以试文卷进入，得可乃引赐。若上舍已该释褐恩，而贡入在廷试前一年者，须在学又及半、不犯上二等罚，乃得注官。”前面所说“画学”的“推恩如前法”，就是指的这种推恩制度。

自崇宁三年设立“画学”，不仅在学习期间有一套系统完整的学习内容和升降制度，而且在招收学生时也有严格的考试方法。如前面所引《画继》中说，“如进士科，下题取士。复立博士，考其艺能”，宋子房得到邓洵武的推荐“以当博士之选”。接着又记述了考试的题目及考生答卷的具体绘画情况，“所试之题，如：‘野水无人渡，孤舟尽日横’。自第二人以下，多系空舟岸侧，或拳鹭于舷间，或栖鸦于篷背。独魁则不然，画一舟人，卧于舟尾，横一孤笛，其意以为非无舟人，止无行人耳，且以见舟子之甚闲也。又如：‘乱山藏古寺’。魁则画荒山满幅，上书幡竿，以见藏意，余人乃露塔尖或鸱吻，往往有见殿堂者，则无复藏意矣”。这种入学的考试，在张世雍的《成都府志》中也有明确记载：“王道亨，郫人，七岁能画。大观间置画学，道亨入学，试官以‘蝴蝶梦中家万里，杜鹃枝上月三更’二句为题。乃画苏武牧羊于北海被毡枕节而卧，双蝶飞飏其上。又画林木疏上有子规，月心当中，木影在地。果入首选。”与此相类同的内容，在邓椿《画继》中战德淳传下亦有记载：“因试蝴蝶梦中家万里，画苏武牧羊假寐，以见万里意，遂魁。”所记绘画内容很简略，也没有考试的具体时间。这可能是，战德淳与王道亨同年应试“画学”，试卷构思情节巧合，并同被录取，而文人在记载此事时，都将自己所记的人列为第一，故有“首选”“遂魁”之重复和矛盾。对此情况，有待发现新的材料继续辨正。这种行之有效的考试制度，直到政和年间还在实行，俞成在《萤雪丛说》中记载：“徽宗政和中建设‘画学’，用太学法补试四方画工，以古人诗句命题，不知抡选几许人也。尝试：‘竹锁桥边卖酒家’。人皆可以形容无不向酒家上着工夫，惟一善画，但于桥头竹外挂一酒帘，书‘酒’字而已，便见酒家在内也。[1]又试：‘踏花归去马蹄香’。不可得而形容何以见得亲切。有一名画，克尽其妙，但扫数蝴蝶飞逐马后而已，便表得马蹄香出也。果皆中魁选。夫以‘画学’之取人，取其意思超拔者为上，亦犹科举之取士，取其文才角出者为优，二者之试，虽下笔有所不同，而得失之际，只较智与不智而已。”除此而外，陈善在《扪虱新语》中也说：“唐人诗有‘嫩绿枝头红一点，动人春色不须多’之句。闻旧时尝以此试画工，众工竟于花卉上装点春色，皆不中选。惟一人于危亭缥缈绿杨隐映之处，画一美人凭栏而立，众工遂服。可谓善体诗人之意矣。”从这些大量的记载中可以看出，“画学”的招生像太学补试法或科举下题取士一样，择优选拔人才。这样做，无疑对“画学”的教育质量及社会上绘画水平的提高起着积极的促进作用。

我国历史上的“画学”，始建于宋徽宗崇宁三年（1104），最初隶属于国子监太学，大观四年归“画院”管理。“画学”的命运，随着北宋的灭亡也就结束了，前后共二十多年的时间。它是培养高级绘画人才的宋代皇家美术学院，主要任务是学习。当然，有时也配合学习内容完成一些宫中应急绘画的临时任务。而“画院”则是承担宫廷各种绘画任务的机构及给皇帝“供御”的绘画创作班子。显然二者不是一回事情，它们之间有着明显的区别。由于“画学”的学生经过升级考试或推恩法，一般都进入“画院”供职，所以在研究宋代画院时，“画学”也是其中主要的内容。

宋徽宗创建的“画学”，是目前我们所知世界上最早的“美术学院”，它有完整系统的学习内容和考试制度。弄清“画学”的性质和发展，并与“画院”的关系，不仅对我们研究宋徽宗时的绘画教育，而且对探讨我国古代绘画教育发展史有着重要的意义。

注释

[1]明唐志契《绘事微言》中也有类似记载：“政和中，徽宗立画院，召诸名工，必摘唐人诗句试之。尝以‘竹锁桥边卖酒家’为题，众皆向酒家上著工夫，惟李唐但于桥头竹外挂一酒帘，上（指宋徽宗）喜其得锁字意。”这段内容似乎是从俞成《萤雪丛说》转抄而来。其中，时间都是“政和中”，但“徽宗立画院”却讲不通，并与“建设画学”性质大不相同，明显是唐志契讹传。又，唐志契说是李唐画“竹锁桥边卖酒家”而得徽宗赏识也靠不住。因为《画继补遗》和《图绘宝鉴》都明确说李唐是在“徽宗朝补入画院”，“补入”就不是通过考试进入。而且南宋初年的邓椿在《画继》中也未有李唐应试画过“竹锁桥边卖酒家”的记载。关于这条记载，目前有关论述宋代画院或李唐的文章中都不加考证地引用，此论影响非常广泛，所以在这里提出质疑。

本文载于《美术研究》1981年第1期

令狐彪（1942—1989），山西临猗人。美术史论家。人民美术出版社编辑，陕西人民美术出版社副社长。

风格的探索和中国画的现代化

卢　沉

我在艺术上进行自觉的探索，只是最近几年的事。说起来，还得归功于小品画的兴起。

怎样才能使作品有自己的面貌，这是许多画家都在关心的问题。没有一套的，想学一套；有了一套的，又想跳出来，另搞一套。谁都不愿意自己面目不清，或者一辈子寄人篱下，拾人牙慧。

有一个阶段，我成天苦思冥想，总想找到一种理想的风格，从此一劳永逸地按这个风格画下去，事实上很难做到。原因很简单，思路是活的，所画的内容不同，很难预先划定一个表现的框框。今天的想法和昨天的想法不一样，这一阶段的想法和那一阶段的想法不一样，甚至上午的想法和下午的想法不一样。硬要用一种画法来体现是不可能的。

思路在变，画的风格也随着思路在变。

开始，完全没有定见，信手乱抹。一会儿这样画，一会儿又那样画，简直有点“朝三暮四”，尝够了思路太活的苦头。

后来，有意识地控制自己，按一个想法画一阵，再按另一个想法画一阵，每种想法都画上一批，尺寸不大，但是都有一定的数量。这办法比较见效。当然，这只是指经常性的小品练习，不是指特定构思的单幅创作。

回顾这几年的练笔所得，“爪痕”比较清晰，明显的有这么几个阶段：

开始喜欢用狼毫，作了一些速写式的随意画如《风雪夜》《上工路上》，追求速写的生动性，隐约可见黄胄的影响。

热衷于吴昌硕的花鸟画，在临摹吴昌硕花鸟的同时，试画了一些用花果、石头配景的人物小品（如《汲水图》），从此改用羊毫作画。

后来，迷恋于关良戏剧人物的稚拙感，画了一些用笔稚拙略带变形的人物小品（如《故乡人物》）。

试用水墨画历史人物，先虱后勾，勾线参用草书笔调，有意识地想把书画用笔统一起来（如《前贤八图》《屈子行吟》）。

以“北京街头”为题，画了一些城市风俗小品（如《同是有心人》《举棋不定》），和画历史人物一样，先虱后勾，笔墨较拙。

可以看出，在以往的几年中，我主要是向传统学习。一些艺术风格特异的大师，如吴昌硕、关良的作品，李可染的人物画，都是我朝夕揣摩的对象，并深受他们的影响。另外，我不间断地练习草书，在形成自己特有的笔路上起了显著的作用。

其中，我认为比较有自己面貌的是历史人物。同样参用草书笔法，《屈子行吟》是粗笔大写，笔墨放中带涩，似有不平之意。《怀素书蕉》笔调比较静穆，以符合专注的神情。

“北京街头”这是很有趣的主题。这些街头常见的生活现象，本身并非重大事件，但作为世俗形态，记录下来，一鳞半爪，从中也可以嗅出时代的气息。中国画作为欣赏品，习惯于画少数民族、古装人物，以常见的现代人入画的较少，自觉应该在这一方面下些功夫，也许能从这“冷门”中开一新天地。

1977年与周思聪合作《清洁工人的怀念》，这幅画为纪念周恩来同志逝世一周年而作，画得很快，倒不是有人催促，也不是约稿，周恩来同志在深夜的街头问候清洁工人这件事本身非常感人。我们一听到这事就很激动，于是连夜赶制，只用了几个晚上就完成了。

创作是需要激情的，只有你非常想画的东西，才有可能感动别人。所以在创作中必须坚持要“有感而发”，提倡真情实感，反对无病呻吟。

1978年画鲁迅像《月光如水照缁衣》，基本上是水墨，用色很少。根据主题，不能太强调月夜明净之美，荆棘丛是用宿墨画的，朦胧而又见笔，画面枯枝槎丫，以衬托鲁迅“怒向刀丛觅小诗”的悲愤心情。

最近，我画了《摔跤手》等画，似乎“变”得有些生硬。

这些画都是根据速写整理的。形象、动态都来自实地写生的素材，只是在构图、色彩、造型手法上根据不同的主题作了不同处理。

《摔跤手》把健美的躯体夸张了，黝黑的肤色，在明亮的背景对比下，使人物造型更“铁”。

过去我作画往往偏重笔墨的表现力，最近画这些画时比较注意造型、色调和不同艺术手法的推敲，思路有些改变。

前此不久，与周思聪合作矿工图之五，《同胞、汉奸和狗》。这套组画共有九幅。虽然最后的效果尚难预料，总的愿望是明确的：要用传统的水墨画工具为我们所热爱的老矿工，为在异族统治下的死难同胞，为稀有的幸存者立一个用画面组成的纪念碑。目的不是供人欣赏，而在于使人震惊之后深思。但已展的这一幅，构图尚欠推敲，造型手法上有不协调之处。为了更好地体现我们的构思，必须在表现手法及艺术处理上进一步探索。

我们深感修养的不足，因此而局限了我们的思路。为了创造无愧于我们时代的新中国画，我们必须着眼于未来，把视野扩大，努力吸取一切有益的养料。

中国画的传统浩如烟海。历代艺术大师为我们留下了许多宝贵的艺术精品。这是我们民族的骄傲。但是我们得警惕，不要看花了眼，满足于传统笔墨的品味赞赏，满足于沿用现成的表现技法，而忘记了艺术最可贵的品质是独创，是不断地进行新形式的探索。

有一位同志在一次座谈会上提出“中国画要现代化”。且不管这句话是针对什么，从这句话的一般含义来讲，我是完全赞同的，并且愿意在中国画现代化的进军中当一名小卒，当一个吹鼓手。

我认为，中国画现代化，就是要求中国画有

一个大的变革，使之具有现代感，以符合时代的要求。有人反对中国画仍画梅、兰、竹、菊，说是老一套，不符合时代要求，这是在内容和取材上来划线。我不反对题材的更新，但是一幅画有没有现代感，并不取决于表现对象的更换，而在艺术作品本身是否具有现代人的思想感情、审美要求。即使是画古典人物，也可以具有现代的情趣，无论是立意、笔墨、造型、构图、艺术处理，都可以看出是出自现代人之手。相反，即使内容是新的，表现形式老一套，并不等于是现代化。至于认准只有把梅花画得红彤彤的、密密麻麻的才有时代气息，这就和要求画劳动人民只能画笑容一样简单可笑。

中国画要现代化，就得借鉴。我认为只向传统学习还不够，必须同时向世界各民族的优秀艺术学习，包括研究和吸取西方现代艺术的成就。历来因统治者的盲目自大，使中国人吃够了闭关自守的苦头。新中国成立三十年来，所谓的洋为中用，只片面学了苏联一家。对其他国家的艺术，特别是西方各国的现代艺术，很少介绍。尊一家而贬百家的结果，使我们的艺术眼光非常狭窄，降低了艺术欣赏标准，束缚了我们的艺术创造才能。现在，是把眼界放开的时候了。

当然，主张中国画现代化，绝不是要求我们去步西方现代派的后尘，而是要求扎根于民族的独创。中国画如果不扎根于民族之中，没有民族的风格，就不能满足人民的需要。坚持民族的特点与创新并不矛盾，我们的优秀传统从来就是推崇独创精神的，至今被人称颂的许多大画家，无不是因为有卓越的艺术创造。那些因循守旧的名家，也可能显赫一时，终究不为后人所取。从中华民族的历史上看，每个时代都有本时代值得自豪的艺术创造，史前的彩陶，商周的青铜器，汉魏六朝的石刻，唐宋的人物、花鸟，敦煌、永乐宫的壁画，明清的版画以及宋元以来的水墨写意画，一提起这些家珍，就令人神往，这就是我们进一步创造、发展的典范和出发点。

可惜过去我们古为今用也没有搞得很好，对传统的学习有偏向，比如，搞中国画的，眼里只有水墨写意画，对大量的民间艺术、装饰艺术不重视，缺乏研究，而正是在这一部分的遗产中有许多值得我们在创新时借鉴的精粹之物。又比如，在学习传统时，往往偏重于笔墨技法的继承，而忽视了形成不同艺术风格的其他造型手段的研究。

为了更好地发展中国画，有利于大胆创新，必须对中国画的笔墨问题有个正确的认识，应把笔墨放在一个适当的位置。讲究笔墨，以书法入画，这是中国画的优良传统，也是历来品评中国画的重要标准，我们不应忽视。但是，我们不能把中国画的传统只归结为笔墨的发展，更不能以笔墨要求来代替艺术作品的创造。否则，要论笔墨功夫，四王还是很不错的，为什么要不得呢？

笔墨是艺术表现的手段之一，艺术表现的其他手段，如造型、构图、色调，以至整个画面的艺术处理，必须同样重视。

就笔墨本身来说，也有个时代风尚的问题，前人早就指出“笔墨当随时代”。既然我们主张中国画现代化，就必须使笔墨也有现代感，符合时代的要求。

中国画现代化，是整个艺术风格的再创造，必须包括笔墨在内，在艺术手段的各个方面都来一个突破，至于怎样才能使中国画有现代感，符合时代的要求，这就是今后实践中要解决的问题。

最近，探讨形式美感的文章多起来了，介绍现代绘画的展览多起来了，以壁画、油画为先导，致力于艺术形式探索的队伍越来越大，这是值得庆贺的可喜现象，中国画也应该跟上勇于探索的时代潮流。

本文载于《美术研究》1981年第2期

卢沉（1935—2004），江苏苏州人。国画家。1953年考入中央美术学院中国画系，1958年毕业并留校任教。中央美术学院教授。

也谈形式与内容

杜　键

近年来《美术》《文艺研究》等刊物陆续发表了一些有关造型艺术的“形式与内容”问题的文章。这个问题为当前美术界所关注不是偶然的。过去，我们在运用“形式与内容”这对哲学范畴指导创作的过程中，显然存在着某种弊病。一些从事创作实践的同志，由于最直接地感受到这种弊病的危害，首先提出质疑，正是思想解放所带来的必然结果。

现在大家对问题的看法不一致是正常的。值得珍视的是良好的争鸣空气已初步形成。我觉得这是讨论已获得的第一项重要成果。

下面，是我对“形式与内容”问题的一些不成熟的看法，错误在所难免，请前辈和同志们指正。

一、过去的弊病在哪里

对于我们过去在创作上存在着弊病，大家没有异议。问题是弊病在哪里？

吴冠中同志认为，过去“有一条不成文的法律：‘内容决定形式’，数十年来我们美术工作者不敢越雷池一步”。“然而造型艺术，是形式的科学，是运用形式这唯一的手段来为人民服务的，要专门讲形式，要大讲特讲。”“内容不宜决定形式，它利用形式，要求形式，向形式求爱……”（《美术》1981年第3期《内容决定形式？》）

洪毅然同志不同意吴冠中同志把过去创作出现的弊病归罪于“内容决定形式”的意见。他认为过去对于艺术创作“曾经偏重内容，甚至只重内容而轻视、忽视形式，不仅放松，或竟放弃对于艺术形式的讲求，殊不利于艺术质量的提高，造成损失极大”，“粉碎‘四人帮’以后，拨乱反正，彻底纠正，克服以前那种错误倾向……强调艺术形式的应有重要性，固然十分必要。但是，矫枉未必定须过正不可”（《美术》1981年第6期《谈谈艺术的内容和形式》）。

我认为洪毅然同志指出吴冠中同志理论上否定“内容决定形式”的错误是有说服力的，但他把过去的问题归结为只重内容而轻视形式的论断，却是不准确的。

过去确实存在这种现象：在文艺创作中强调“政治内容”和“教育作用”，忽视其他的内容和艺术的其他的功能，不允许进行形式方面的探索。谁若不按这个规范搞创作，就被斥为搞“资产阶级的一套”“形式主义”。但是，对这种状况能概括为“只重内容而轻视形式”吗？我认为不能。其实，当时何尝重视内容，艺术内容应有的特点及其主客观方面的丰富性、多样性全被阉割了，剩下的只有干巴巴的某种政治概念；当时又何尝轻视形式，不然为什么造型语言稍有“不轨”，便要被戴上“形式主义”的帽子呢？油画色彩灰了不行，山水画黑了不行，这不都是有关对形式的某种严格要求吗？因此，我认为问题不在于对内容或形式的重视或轻视，问题的实质在于用什么观点来看待艺术的内容和形式。

我认为，多年来在“左”的思想指导下，由于对艺术与政治的关系作形而上学的解释，形成了对于艺术内容的错误观点，姑且把它称作“左的内容观”吧。它的主要特点是：

1. 忽视艺术内容的情感性特点，不承认只有被情感所包容的认识内容，才可能成为艺术的内容。

2. 把内容归结为某种抽象的政治概念，排斥艺术内容主观和客观方面所具有的丰富性、多样性。

3. 把艺术品的价值，仅仅归结为其所说明的某种思想的价值。

如果从“形式与内容”的角度来检验我们过去的弊病的话，我认为要害就在于这“左的内容观”。

正是这个“左的内容观”，首先破坏了艺术的内容，从而，也破坏了艺术的形式。

二、艺术内容的情感性

如果说，现在还不能断定艺术不同于其他（理论的、科学的）认识形式的特殊本质，首先在于它的情感性的话，那么情感性作为艺术这种认识形式的重要特点则是怎么也无法抹杀的。这里仅从艺术内容的情感性来谈艺术的一些特点，而这些特点正是“左的内容观”所忽视的。

一切客观事物的规律性，都是科学的对象，都可以构成科学的内容。艺术则有所不同。艺术的对象，只能是与人建立了感情联系的对象。人体寄生虫的生活史可以是科学的对象，却不可能成为艺术的对象就是这个缘故。

情感，不是主体对客体的简单的利害反应。它是人类在长期的社会生活中发展起来的，渗透着世界观、思想、道德的内容，反映着主体与客体之间关系的一种心理形态。人并不是对任何对象都能发生情感联系，更不是都能发生强而深的情感联系，而作为艺术对象的首要条件，就是主客体之间必须具备较强、较深的情感联系。

反映客观规律性的思想、理论，不能直接成为艺术的内容，也不能套进某种生活公式，再翻译成“形象”语言而构成艺术。它们必须在生动的生活形式中被体现，同时还必须为艺术家的情感所包容，并加以锤炼，铸成艺术形象，才能转化为艺术的有效内容。否则，不过是某种概念化的东西，或者，顶多成为作品的某种附加物。

艺术内容的情感性，是艺术的一个重要特点，这一点还表现在它决定了艺术具有不同于其他认识形式的独特规律上。例如，由于艺术家在反映生活的同时，必须把自己对生活的情感（渗透着认识和道义等内容的情感）作为表现的对象，就是说艺术家在表现客观现实时，必须同时表现自己的主观现实。因此，造成艺术的内容有两个方面：主观方面与客观方面。由此又引起艺术表现中的许多复杂现象。

又如，艺术的情感性，决定了艺术的形象性、具体性。本来，一般的理性认识，并不要求形象性和具体性，而艺术的认识则必须是形象的、具体的。为什么？因为情感是具体的，而具体的情感，只能寄托在具体的形象中，寄托在个别性之中。艺术个性与艺术内容的情感性是密不可分的。正是艺术内容的情感性这一特点，决定了艺术个性在艺术创作中的重要地位。

再如，由于艺术的情感性，艺术反映生活的合理性常常不直接以生活的合理性为标准，而是以经过情感的变形后表现出来的生活合理性为标准的。此外，夸张、移情、想象、比兴等艺术现象，也是与情感相联系的多种心理现象在艺术上的反映。因此，在某种程度上可以说，许多艺术现象正是情感现象在艺术上的一种表现。

今天我们强调艺术的情感性，绝不是忽视或降低艺术的思想性的重要意义，恰恰相反，加深对艺术的情感性这一艺术固有特点的认识，才可能有效地提高我们艺术的思想水平，才可能根据艺术的特点发挥艺术的社会功能。我们知道，艺术与政治不可分离的根本原因，不在于艺术家是否自觉认识到要用艺术手段去实现某种社会目的，而在于艺术家表现的感情内容本身，就不可避免地反映出实现某种社会目的的要求。这种反映可以曲折、隐晦，但完全不反映是不可能的。情感是整个人的世界观、思想、道德的一种心理表现。它是个人的，又是社会的。与社会无关的“纯粹”个性的情感是不存在的。作为艺术内容之一的情感，它所包容的真理性、正义性以及它本身的真挚与深刻程度，影响着作品内容的深度。

“左的内容观”忽视艺术内容的情感性特点，把艺术看成说教的宣传工具，于是，对艺术表现什么和怎样表现的横加干涉，概念化作品的泛滥，就成了不可避免的后果。

但是，如果强调艺术内容的情感性，把情感性与艺术的认识作用对立起来，把情感看成脱离思想、道德制约的孤立的心理现象，甚至把它降低为没有社会内容的某种生理要求，在理论上是荒谬的，在实践上则会把艺术引向无思想性的歧途。这正是资产阶级一些美学流派的主张。这是必须防止的又一种错误倾向。

三、艺术内容是宽阔而丰富的

这一点，也是为“左的内容观”所忽视的。

一切能引起人们审美反映的事物，都可以是艺术表现的对象。随着自然与社会的发展，随着人们实践领域的不断扩大，人们审美的领域也在发展和扩大。因此，艺术的内容也在发展和扩大。就艺术内容的客观方面来说，从天上的日月星辰到地上的花鸟鱼虫，从社会生活中激烈的阶级搏斗，到具有超阶级的共同美的事物，从远古的神话到现实的风土人情，都可以纳入我们的艺术中来；就艺术内容的主观方面来说，作者的世界观以及由此而产生的对生活的认识与无限丰富的感情反映，乃至性格、气质、技巧、才华等素质，都是构成艺术内容的重要成分。有同志说：“艺术的内容，包括作品中被反映的现实和艺术家对它的评价、思想感情。”（《美术》1981年第4期《形式美及其在美术中的地位》）我认为，这样理解艺术的内容仍然窄了一些。举例说：齐白石画的虾，其内容仅仅是“作品中被反映的现实”和齐白石“对它的评价、思想感情”吗？显然不止这些。我们在欣赏这些“虾”时，不小程度上是欣赏齐白石在画中表现出的令人惊叹的技巧、智慧、才华，以及从笔墨间使人领略到的他的气质、旺盛的生命力，等等。这一切既不是这些“虾”的现实，也不是齐白石对虾的“评价、思想感情”，但是，它们难道不都是这幅虾所包含的耐人品味的内容么？

因此，艺术的内容不但在整体(社会范围)来说，应该是百花齐放，姹紫嫣红的，而且就一张作品来说，它也是非常丰富的。它可以包含巨大的社会内容，包含着经过浓缩的生活美，包含着作者在概括生活、抒发自己情怀的过程中表现出的创造性才能，包括通过塑造形象、运用材料的技巧而显现的艺术家的智慧、功力和气质等等。这正是一张好作品能仁者见仁、智者见智，百看不厌，使人觉得内容不可穷尽的原因之一。一张好作品，常常是一方面有确定的内容，它规定读者在一定范围、一定方向上去领略作者的意图。但另一方面，它的内容又是不完全确定的，无限的。它给读者提供广阔的联想——即以读者自己的生活经验来丰富作品内容——的余地。艺术内容的这种确定性(有限性)和不确定性(无限性)的统一，主题的明确性与内涵的丰富性的统一，是具有“左的内容观”的同志所不理解的。在他们看来，艺术的内容除了要向别人宣传的道理以外，就再没有别的什么了。

现在，完全无视艺术的主观方面内容的意见已极少听到，但看法并不一致。有的同志只承认在反映客观事物的同时，作者表现出的对该事物的评价、思想感情，就是其主观方面的内容。不承认主观方面的内容比这更丰富，并且也可以在作品中占有中心的、主体的地位；有的同志则认为艺术就是“自我表现”。他们离开了艺术所遵循的美的原则，宣扬越是自我的、个性的，就越是好的艺术。这两种意见我认为都是片面的。艺术内容的客观方面或主观方面在作品中以谁为主，这是艺术家表现的自由，这方面的千差万别，也是艺术个性的一种流露，而不能作为艺术高下的标准。评价艺术高下的标准，应该是看它从内容到形式所提供的美学价值究竟有多少，并非个性即美。嗜痂者的个性，精神病患者的个性并不美，尽管他们的个性特点是鲜明的。艺术家唯有具备美的个性，其个性才具有艺术表现的价值。

艺术的内容有无主次、重轻之分？在谈到艺术内容的多样性时，这是不能回避的问题。

由于我们曾把政治与艺术的关系简单化，“题材决定论”风行起来，导致公式化概念化的作品大量产生，导致某些艺术样式遭到歧视或取消，教训是深刻的。

艺术的价值，并不简单地取决于作品所说明的思想的价值，它取决于内容的深刻性和与此相统一的形式的完美性所具有的美学价值。因此，各种艺术样式，都应该发掘自身的艺术功能，努力创作出具有较高美学价值的作品，而不应轻视某些艺术样式，或者离开艺术样式自身的特殊功能去追求内容的所谓“革命性”。因此，题材不能决定作品的价值。不仅大题材未必一定比小题材美学价值高，而且题材不等于艺术的内容(相同的题材可以有不同的内容)。但是，是否因此可以说，作为现实生活反映的艺术，内容的轻重、主次是无所谓的呢？是否因此可以说内容对于作品的美学价值就毫无意义呢？不是的。因为现实生活中，各种事物的内容和人们的关系，并不都一样，而是有轻重、主次的差别的。包含着巨大的真理的道义力量的事件、题材，一旦在艺术上得到相应的表现，它的美学价值就不是一般小品可比拟的。因为真善美虽然各有不同的范畴，但它们又是互相渗透着的。现实生活各个方面与人的关系有主次之分，生活中的各种事物在人的情感上引起的反响有强弱之分，因此，反映生活的艺术，其内容自然也就有主次轻重之别。贝多芬的第五交响乐与施特劳斯的圆舞曲相比，在内容的轻重上显然有差别，《血衣》《开国大典》比之花鸟鱼虫，终因为前者表现出巨大的真与善的社会内容而具有更高的美学价值（此外还有其他多种原因，从略）。话又说回来，承认艺术内容有主次轻重的差别这个事实，并不是肯定主要的，就要否定次要的；肯定贝多芬就要排斥施特劳斯；肯定《血衣》《开国大典》，就要轻视花鸟鱼虫。艺术内容的主次性与它的多样性是不矛盾的，正如生活内容的主次性与多样性不矛盾一样。

四、形式与内容不可分割

形式与内容，是人们通过抽象思维，从具体事物中概括出来的一对哲学范畴，在现实事物中，在实践中，它们是不可分离地结合在一起的。所谓内容，即形式的内容；所谓形式，即内容的形式。它们互相以对方的存在为自己存在的条件。因此，所谓“形式主义”的艺术，是有内容的。即使那些标榜追求纯形式美的作品，也绝非纯形式的。它们与现实主义作品的差别，不是有无内容的差别，而只是以什么为内容的差别。因此，对所谓“形式主义”的艺术应当具体分析：它们的内容是什么？其局限性在哪里？其中哪些具有某种积极意义，是我们的艺术可以容纳的？哪些是颓废的、消极的，是我们应当批判和否定的？

吴冠中同志发表了一些有关形式与内容问题的文章，从理论的角度看是有缺欠的。但是，仔细分析他的意见，他强调形式重要性的实质，我以为是表达了一种扩大艺术内容的要求。这种要求当然是积极的，应当肯定的。所以，对于吴冠中同志理论表达上的不当之处应该澄清，以避免理论上的混乱。但对他意见中所包含的那些积极的东西，则应该肯定。

现在一些青年同志热衷于形式探索，其实，在根本的意义上，他们是在进行着内容的探索。因为形式与内容不可分割的客观规律是任何人也摆脱不掉的。目前这些“形式”探索的意义，也就在于它们扩大了过去被限制在很狭窄范围里的内容的疆界。一切形式探索的意义，是不能离开它所体现的内容的意义来孤立地予以评价的。

形式与内容不可（不仅是不应）分割的观点，作为一种常识，不难为人们所接受。但在分析具体事物时不离开这种观点，却也不容易。不少好心的同志，理论上是同意这个观点的，但在实践上，却又担心艺术会因为追求所谓“形式美”而落入纯形式的追求中，从而对“形式美”保持着极大的戒心。当然，艺术的形式与内容不可分离的客观规律，并不能保证艺术的健康发展。但问题不在于形式是否会独立于内容之外，而在于那所谓的“纯形式”中的内容是什么？我们应当揭穿“纯形式”这种说法的虚伪性，并把研究的着眼点放在作品的实际内容上，看它是积极的，还是消极的。

无论对于我们过去创作问题的分析，或是对当前创作问题的看法，是首先从内容出发还是从形式出发，这是理论研究中的一个原则问题。

五、一个有害的创作模式

长期以来，我们用以指导美术创作的所谓“内容决定形式”是这样一个模式：“主题思想决定组成画面的具体的绘画手段。”“整个创作过程，就是主题思想不断决定绘画手段的过程。”我认为这是一个把创作过程简单化、与“左的内容观”成龙配套的有害的创作模式。鉴于长期以来“内容决定形式”这一哲学原理被认为是它的理论根据，似乎拥有无可争辩的权威性，因此，不妨占些篇幅加以分析。

前面已说过，内容与形式是不可分割的。因而，“内容决定形式”，根本不能作为过程来理解，只能作为内容与形式的关系来理解。“内容决定形式”，不是可遵守也可不遵守的某种“条例”，而是无法逃脱的客观规律性。而“主题思想决定表现手段”这个创作模式却不然，它完全是一种意识的活动过程。况且，前面的“主题思想”与后面被它“决定”的那个画面互相也并不以对方的存在为自己存在的条件。因此，它们实际上并非一个事物的内容与形式的关系，而是两个不同的事物的关系。主题思想——它有自己的内容（思想本身）和形式（体现这种思想的文字或语言），而当要创作体现这个思想的绘画时，艺术家实际上是在创作一个新事物。这个新事物——草图——有自己的形式与内容。如果说前面那个“主题、思想”对于后面那张草图也有某种“决定”作用的话，那么这种作用是一个事物对另一个事物的某种决定作用，而不是一个事物中内容对形式的那个决定作用。同用“决定”这个词，而内涵是不同的。

这个“主题思想决定表现手段”的创作模式最主要的危害在于它把创作过程——人类极其复杂的一种精神现象——引向简单化。似乎艺术创作的核心是明确主题思想，解决了主题思想的问题，“内容”的问题就解决了，剩下的问题就是形式的问题，而形式是可以“被决定”出来的。这样，它就抹杀了艺术创作中一个最重要的环节：由作者的世界观和思想感情、艺术修养所决定的对于表现对象的真实的审美感受在创作过程中的主导作用。同时，它也否定内容存在着依赖于形式的一面，而把创作变成一个逻辑推理的过程，一个根据货单提取产品的过程。只要认识上完成了“主题”，表现手段就可以被“决定”出来，只要掌握一定的表现手段，艺术表现就几乎是无所不能的了。而这种“无所不能表现”的艺术，却恰恰因为失去了艺术中最珍贵的真实的审美感受而不成其为艺术。这种不成其为艺术的“艺术”，多年来不是不断地通过“主题思想决定表现手段”这个创作模式大量生产出来而至今仍不鲜见吗？

那么，创作实践中，内容是怎样决定形式的？

画画的同志都清楚，光有一个抽象的思想是不能动手画草图的。必须在脑海中升起一个哪怕是很模糊的内心视像，才可能动手把它（内心视像）捕捉到纸上。这纸上的草图又成为作者进一步发展内心视像的基础，如此循环往复，内心视像与草图一起发展，直至比较明确和完善。最后被画面凝固下来，作品就完成了。这里，内心视像和画面都有自己的内容和形式。不过内心视像不能为他人所感知，而且画面（草图等）是作者用材料对内心视像的复制（外化），是大家都能看到的罢了。内容对形式的决定作用，在创作过程中，集中表现在内心视像的形成和发展上。能否产生具有审美意义的内心视像，是创作成败的关键。而这是有条件的。它首先被作者的世界观、思想感情以及文化修养、专业水平、性格气质等可以构成内心视像的主观方面的内容所决定，同时也被现实生活中那些构成内心视像客观方面的内容所决定。正是这些内容，决定了内心视像的形式。这种“决定”不是自己的意志所能抗拒的，这种决定，正是“内容决定形式”的那个“决定”。

“内容决定形式”对于艺术创作的指导意义，在于它指明艺术家的思想修养、艺术修养和生活修养在创作中的决定性作用。我们反对上面提到的那个创作模式，绝不是忽视创作过程中不断发掘作品主题思想的重要性，甚至不是一概地反对“主题先行”这样一种创作程序。创作现象是复杂的，具体的创作过程千差万别，而又都可以是成功的。我们反对这个创作模式，首先是因为它歪曲了“内容决定形式”在创作过程中的实际表现，从而把创作过程简单化。同时，这样一来，“内容决定形式”对于创作的真正的指导意义又势必遭到忽视。

六、关于形式的相对独立性

形式是被内容决定的，但是怎样地“被决定”呢？形式不像一块面团，可以任内容捏来捏去。内容对形式的决定作用是在许多限制中——在与形式的相对独立性的矛盾中实现的。所谓“形式的相对独立性”，它反映着这样的事实：形式还具有不完全受内容决定，而受自身（形式）规律决定的那些方面。

关于形式的相对独立性，我想到的（不充分的）有以下一些：

1. 艺术形式，作为一种文化现象，有自己的继承性。形式虽然不是独立地离开内容而发展的，是在体现内容的过程中形成的，但当它一旦形成，对于后来的作品就可以在形式方面发生自己的（独立的）影响。就是说，每件作品，不仅是现实生活的反映，同时也必然是传统形式的某种继承。或者说是在传统形式影响下对生活的反映。艺术的形式，就是在这种情况下逐渐形成自己的格式而表现出巨大的惯性的力量。艺术的内容和形式在长期的发展中相互渗透，所谓“民族形式”是已经凝固着民族心理素质这样内容的形式。这种传统形式的格式对于具体作品的内容来说，它有不可忽视的制约作用。它的积极方面是，艺术形式经过历史的锤炼纯化了，合理的、精妙的被保留下来，混乱的、粗劣的被淘汰，从而使新作品在表现内容时起点高。但是它也有消极的方面，这就是作为旧的内容的完美的形式对于新作品的内容来说，它又可以成为一种桎梏。艺术创作的任务，就是继承传统形式表现内容的积极方面，突破其消极方面，开辟形式表现内容的新天地。缺乏继承的“创新”和缺乏创新的继承，往往都是没有多大价值的。

2. 艺术形式有自己的一般规律（形式规律）。广义地说，物质矛盾运动的最一般法则，也就是艺术形式的法则。因为首先，艺术形式不能逃脱物质运动一般法则的约束；其次，作为观念形态的艺术形式，是建立在人的生理、心理基础上的精神活动的产物。而人的生理、心理活动系统，又是物质运动的产物，是人类在与客观世界（包括自然与社会）长期矛盾运动中建立、发展起来的。因此，符合物质运动一般法则的形式，才可能和人的生理、心理活动相谐调，才具备成为艺术形式的条件。狭义地说，艺术品总要诉诸一定的物质材料，才能使艺术成为“物化的美感”而存在。因此艺术内容的表现，还要受到具体材料在艺术表现中的制约，各种材料在艺术表现中的性能，有自己的客观规律性。色彩学、构图学、和声、配器、诗词格律等，就是关于这些形式规律的学问。

形式规律与具体作品的形式是两个概念。前者是从具体作品的形式中抽象出来的一般规律，它存在于具体作品的形式当中。随着整个艺术内容的发展，艺术的品种、样式、体裁等也在不断地发展，有关的形式规律的学问因此也处在变化之中。但比起具体作品的形式来说，形式规律就具有更大的概括性，因而也就具有更大的稳定性。

在具体作品的创作过程中，如何使形式符合形式规律来适应内容的要求，是一个艰苦的矛盾过程。

3. 如同其他事物一样，艺术品也有自己的外部形式与内部形式。所谓外部形式即是与作品的本质内容没有直接联系的形式，而内部形式则是与作品本质内容相联系的形式。例如：三角形与S形的构图形式，写实性或装饰性的绘画形式，肖像画或风俗画的体裁形式，等等，都是作品的外部形式。这些外部形式与作品内容的本质方面不发生密切联系。同是装饰性绘画，内容的本质方面可以根本不同。这些外部形式，只是和内容的非本质方面（体现在外部形式中的内容）相联系。至于作品的内部形式，则体现了内容的本质方面，是作为艺术形象表现出来的形式。艺术的外部形式与内部形式应该是一个有机的整体。它反映了艺术内容的本质方面和非本质方面的有机联系。一般说来，作品的外部形式具有更大的独立性。

以上是形式的相对独立性的一些表现，举出它们，并非想要把形式的相对独立性加以囊括，只是想说明内容得到形式的完满体现，在创作中绝不是轻易的事。形式存在着桀骜不驯的一面，不下苦功夫研究其门径，不谙熟其规律，形式是不会给内容“帮忙”的。这正是艺术家创作的甘苦所在。

下面，附带谈一下形式在一定的条件下，是否也可以决定内容的问题。

迟轲同志说：“虽然就总的原则来说，在内容形式这一对矛盾中，内容是主导的决定性方面……但当艺术家有了某种内容的设想，而找不到适当的形式时（严格说来，这时他的‘内容’尚不能完全确定），当他缺少形式美带给他的灵感激发时，形式的探求就成了矛盾的主导和决定性的方面。”（《形式美与辩证法》，《美术》1981年第1期）

持这种观点的人很多，他们的根据可能是长期以来通行的一种理论：生产力、实践、经济基础在一般情况下表现为主要的决定的作用，但在一定条件下，生产关系、理论，上层建筑又转过来表现其为主要的决定的作用。近来报刊已有文章对此理论提出异议。从哲学上怎样阐明这个问题，不是我力所能及的。我只是觉得，决定作用与反作用是两种不同性质的作用。它们不是量的差别，而是质的差别。在一定条件下反作用可以表现得很强烈，但其性质仍然是反作用，不同于决定作用。在造型艺术领域里，我们还没有遇到任何一个例子可以证明：在一定条件下，形式决定了内容。迟轲同志举出的“吴道子请斐旻舞剑以鼓舞他的创作激情，苏里柯夫看到雪地上落着一只乌鸦而确定了《女贵族莫洛卓娃》的构图和色调”，等等，并没有说明其时形式“就成了矛盾的主导的决定性的方面”。恰恰相反，这些例子说明了内容实现了对形式的选择，说明了内容决定形式。

美术创作中，脑海里有一个模糊的创作意向，而苦于得不到形象的体现，为此反复构图、找参考，寻求各式各样的启发，是创作过程中不可避免的、普遍的现象，绝不是特定条件下的偶然情况。这实际上是内容决定形式在创作过程中的一种表现。当然，也可以说是形式对内容反作用的表现。

因此，我认为在一定条件下形式也可以决定内容的说法是不能成立的。

七、关于“形式美”

洪毅然同志说：“须知：艺术的‘形式美’与艺术‘形式’的美，不是相同的概念。后者乃指艺术作品对其内容的表现形式之美。前者则意味着与艺术作品所表现的内容无关，孤立于艺术内容之外的一种纯‘形式’本身独立自足的美。”（《艺术三题议》，《美术》1980年第12期，第7页）

洪毅然同志把“艺术形式的美”与“形式美”相区别是正确的，因为现在一般习惯上“形式美”并不是指作品形式方面的美，而“艺术形式的美”则是对作品形式方面美的一种概括。但他把“形式美”的含义说成“孤立于艺术内容之外的一种纯‘形式’本身独立自足的美”，从而取消对“形式美”这个概念的看法，就不能令人同意了。什么是“形式美”，现在还缺乏明确的定义供我们遵循（《辞源》中“形式美”是与“内容美”相对而言的，实际指的是“形式的美”，与我们现在所说的“形式美”不是一个意思），我们只能在习惯的用法中去把握它。为了说明问题，不妨以洪毅然同志提到的吴昌硕的“石鼓字笔法”为例。在我们欣赏吴昌硕用石鼓字笔法画老梅干时，都会有这样一种体验，不仅因为这笔法传达了一棵老梅干的真实形象而使我们得到某种美的享受，还因为这笔法传达了一种超出一棵具体的老梅干所具有的更宽广的（诸如朴拙、苍劲、淳厚一类的东西？）内容，而使我们感到意味无穷。由此可以看到，石鼓字笔法并非一种纯形式的东西，它是一种性格化的形式，是一种包含着特定内容的形式。用石鼓字笔法画仕女之所以不恰当，是因为石鼓字笔法无论从形式到内容都与仕女缺乏联系。但是吴昌硕用它来画松枝、风竹、柳条则也同样是一定程度上表现这些事物的某种特性的。因为石鼓字笔法的内容与这些事物的内容的某些方面存在着共性。用石鼓字笔法来画梅干会产生超出具体的梅干所具有的更丰富的感染力，原因也就在于石鼓字笔法里凝练着某种更广泛的内容。石鼓字笔法本身，并非梅干，也不是风竹或松枝，但它与梅干、风竹、松枝之间又有某种联系，它是包含着某种性格内容的抽象形式。石鼓字笔法所体现的美，是一种抽象形式的美，其实，也就是我们所说的“形式美”。

对于这种“形式美”，可以这样来说明：1. 它可以被“艺术形式的美”所概括，但不能被这个概念所代替；2. 它是用抽象的造型因素构成的，蕴藏着一定内容的美；3. 它不仅能引起人们生理或简单的心理反应——诸如和谐、稳定等，而且可以触发人们一定的情绪和联想。就是说，它不仅可以引起快感，而且可以引起一定的美感。

因此，“形式美”是一个专用词。造型艺术中的形式美，我认为就是用抽象因素概括生活形象，抒发作者情怀而构成的一种艺术美。这里的抽象，并非指不诉诸感官直觉的概念符号，而是指失去具象的细节，而把握住其总体的韵律与节奏的那种形象。这种形象由于它描绘了一定的韵律、节奏，因而是诉诸感官而可以直接引起感染效果的形象。

造型艺术作为生活的反映，从来就不是（不可能、不必要）按原样来复制生活，它只能是通过某种材料模拟生活，使艺术家心目中的美感变成“物化的美感”。因此，艺术家实际上只是按材料的特性去捕捉生活形象的某种特征。就是说，绘画在某些方面抓住对象的某种具体特征，而在其他方面则是对对象的概括或舍弃。因此，绘画中具象的因素和抽象的因素始终是互相补充地同时存在着的。造型艺术家的美感，是在认识和表现生活的同时，又在认识和掌握材料的矛盾中发展起来的。长期的艺术实践，不仅使艺术家对生活形象的认识深刻起来，也使艺术家对使用材料的手段在表现生活中的各种作用、效果产生极为敏锐的辨别能力，积累了表现手段与表现内容之间关系的大量信息，不仅逐渐掌握了描绘对象具体特征的经验、技能，同时，积累用抽象因素概括对象和表现作者的情绪状态的大量经验，由此逐步完成对于包含着某种内容的抽象形式的纯化过程。于是便产生了诸如石鼓字笔法、屋漏痕笔法这样的形式美的样式。

世界是由矛盾运动着的物质构成的，事物的形象，也是在矛盾中显现出来的，不同的事物在矛盾中显现着不同的韵律和节奏，这就使艺术家运用材料再现事物时，可以通过两种不同的模拟途径：一种是用材料模拟事物的具体的外形，可称为具象的模拟；另一种则撇开事物的外形，用材料去模拟事物在矛盾中显现出的独特的韵律和节奏，可称为抽象模拟。人们在长期的审美实践中，培养了对事物的韵律节奏的敏锐感受能力，用不同的材质，通过抽象模拟，可以唤起对于被模拟事物的联想。我们在生活中也常由一个事物而联想到其他事物，其中除了因果关系（内容方面）形成的联想以外，还有因为不同的事物可以有类似的韵律和节奏（形式方面）而形成的联想（在韵律、节奏的共性上构成的共同心理反应是这种联想的客观基础，也就是常说的“通感”“异质同构”等）。

音乐是十分典型的主要通过“抽象模拟”来反映生活的一种艺术样式。绘画则长于“具象模拟”，也可以进行“抽象模拟”。“具象模拟”对于表现内容，具有较大的确定性，但缺乏超出具体事物的广泛性。抽象模拟具有超出具体事物的广泛性，但又缺乏表现具体内容的确定性。具象模拟可以通过形象塑造、夸张等具象的手法表达作者内心的情感态度（情感内容），抽象模拟则可以通过笔触的运动等表达作者情感的韵律和节奏（情感的形式）和其他生活中非视觉的事物，各有所长。中国传统写意画就是“具象模拟”与“抽象模拟”并行不悖、相得益彰的画种。用石鼓字笔法画老梅干，就是这种具象与抽象相结合画法的实例。它既有老梅干这具象的一面，又有石鼓字笔法这抽象的一面，所以耐人寻味。有同志批评说：如果把笔墨“看成‘独立于形体之外’的东西，就是把笔墨的形式美看成绘画目的本身了，这是对中国画的形式美的一种曲解”（《形式美及其在美术中的地位》，《美术》1981年第4期）。这种批评不能令人同意。中国画笔墨的价值，不仅在于它表现了某种具体的“形体”，而且，还在于它包含着“独立于形体之外”，但又与这具体形体有着联系的更为广泛的内容，即形式美所具有的内容。因此，笔墨能否凝练着某种美的品格，能否在表现具体事物中，同时蕴藏着更为广泛的内容——如作者主观情感的内容等——应该被看作“绘画目的本身”的一个组成部分。

八、应当同时强调的两个问题

研究造型艺术的形式与内容的问题，联系到当前的美术创作，我认为有两个问题是我们应当同时予以注意的，这就是创作的多样化问题和体现社会主义的时代精神的问题。

继承着人类文化一切优秀精华的社会主义艺术，应当在宽度（多样性、丰富性）和高度（思想性、深刻性）两个方面都达到前所未有的新的水平。这是社会主义时代给我们提供的客观可能性，也是社会主义的经济基础对艺术的要求。

先谈多样化问题。新中国成立以后，由于受到历史条件的限制和左的思想的影响，整个来说，美术创作的内容不够丰富，形式也偏于单调。有人说这是由于社会主义制度造成的。这种看法完全错了。艺术的各种门类，是随着人的物质与精神生活日益丰富而越来越多样化的。艺术上的多样化，是人们精神生活宽阔、思想解放的表现，单调贫乏的艺术，则是人们精神生活受到压抑、思想受禁锢的表现。多样化，是艺术的特征，这个特征随着社会的进步而越来越鲜明。在现今的社会上，真正能实现艺术多样化的，不是资本主义，而应该是社会主义。资本主义的艺术尽管鼓吹“个性至上”，崇拜“元创性”，但由于现实生活中资本对人性的奴役、艺术的商品化等不可摆脱的原因，使得艺术个性得不到真正健康的发展。同时，由于资产阶级在政治上再也提不出进步的要求，艺术上回避现实的社会矛盾，走上无思想性的道路，因此，所谓“元创性”，必然也沦为失却内在意义的花样翻新。这种表面的花样越是翻新，其本质上的贫乏空虚就越是暴露，这正是他们无法解决的苦闷。在资本主义社会中真正在表现个性和创造性方面有价值的艺术，只能是那些和某种健康的进步的思想相联系的艺术，而这些艺术，不是资本主义本质力量的表现，而正是它的异己力量的表现。

我们的艺术在多样化方面，长期以来没有得到充分的发展，其原因不在于社会主义制度本身，而恰恰在于社会主义的某些本质的东西遭到歪曲和破坏。但这是暂时的，一旦这种歪曲和破坏被认识、被克服，社会主义制度在艺术发展方面较之资本主义制度的巨大优越性，就一定会更加充分地表现出来。社会主义制度提供了人们精神生活和个性发展的广阔天地，反过来，人们精神生活多方面需求的满足和个性的发展，又给社会主义制度以积极的影响。

多样化，不仅仅是个形式风格的问题，具有决定意义的首先是内容的多样化。我们的美术要反映社会主义生活多方面的内容，要反映艺术家的思想情感、个性、气质等多方面的优秀素质，以及其多方面的智慧和才华；美术应能满足人们对它的多方面的需求。一切表现了某种健康的内容的艺术样式、艺术学派和艺术作品，都应当受到保护和鼓励，都应当得到发展。作为人类新时代的社会主义的美术，必须是人类文化一切优秀精华的继承。对于资产阶级、封建阶级、奴隶主阶级的艺术中一切可以借鉴的东西，都要无例外地加以研究和消化，变成创造社会主义艺术的营养。应当明确：没有这种继承，就不会有真正繁荣的社会主义的艺术。

思想解放运动以来，美术创作在多样化方面有重大的进步，一些青年作者在创作实践中触及了社会生活多方面的内容，创作中不仅出现了反映当前人们对生活和历史重新反省而具有深刻意义的认识成果，而且出现了或着重表现主观内容，或强调形式美，突出审美功能的多种多样的作品。虽然在内容和形式上都比较成熟的作品还不算多，但对这种创作趋势所具有的革命意义和它的蓬勃生命力，是不能低估的。

为了发展社会主义美术的多样性，我们要不断地进行内容和形式的探索，积极发掘新材料，努力创造新品种，大胆运用新手法。对于忽视内容与形式的多样性、不尊重创作个性，把精神产品的生产简单化等错误倾向，我们必须坚持不懈地进行斗争。

关于体现社会主义的时代精神的问题，我认为也是一个应当强调的问题。如果说多样化的问题由于“四人帮”的文艺专制主义的高压曾经从反面教育了我们，使我们今天对它还比较重视的话，那么体现社会主义时代精神的问题则相对来说，现在还没有引起足够的重视。

社会主义是一个崭新的历史时期。虽然就世界范围来说，它目前仍处在幼年时期，但社会主义作为一种不可抗拒的历史力量，已经使20世纪以来的世界，发生了巨大的变化。虽然中国的社会主义是在一个落后的半封建半殖民地的烂摊子上建立起来的，沉重的历史包袱还顽固地窒息着它的成长，但是社会主义制度的本质方面——公有制——毕竟在中国这片土地上不可动摇地建立和发展起来了。特别是新中国成立三十多年来的摸索，经历过光辉的胜利与惨痛的失败，经历着中国现代史中最伟大的思想解放运动（它方兴未艾），社会主义事业正进入一个新的阶段。这对文化艺术必然带来重大的影响。

社会主义的成长的现实，给革命人们以可贵的启发，极大地发展了人们对社会，对历史，对自己的认识，深化了人们的思想，它使人们心灵中美好的情感经受了锤炼而更加深沉，更加显出光彩。社会主义作为一种新生的社会力量，正是这样在认识上追求着真理，在道义上维护着最大多数人的利益，从而给艺术的发展，提供了肥沃的思想和情感的土壤。在这样一个肥沃的思想和情感的土壤上进行艺术创作，使我们对于整个资产阶级的艺术来说，处于一种极大的历史的优势之中，现在有一些年青同志看不到这一点，不珍视这一点，是很可惜的事。

当前文学艺术界所关切的艺术的“创新”问题，正反映着社会主义时代对文学艺术的要求。

我们的艺术是多样化的，那么渗透在这丰富多彩的艺术作品中的共性是什么呢？我认为就应该是社会主义的时代精神。表现这个社会主义的时代精神，不取决于画什么题材，不取决于画面是否要出现社会主义的或现代化的标记，不取决于是“歌颂”还是“暴露”，不取决于是否要吸收现代诸流派的艺术手法，它取决于艺术家是否具有这样一种精神，即经过一百多年来中国人民在血与火的斗争中发展形成的，建立在科学的世界观的基础上的、百折不挠、充满信心改造旧中国的社会主义精神。这个时代精神不是什么权威制定的，它是历史发展的产物。它存在于人民的心灵中，是当代中国人民美好品质和精神风貌的体现。我认为这个时代精神是我们艺术上创新的基本根据。失却这种精神，就谈不上什么创新。如果硬要创“新”的话，顶多是资本主义历史阶段所能容纳的“新”，而对于我们来说，那不过是旧时代的陈迹。

美术创作体现这个时代精神，当然不是把它作为一种抽象的思想图解到我们的作品中，因为这并没有真正把时代精神转化为艺术的内容。我们应当把这种精神融化到我们的情感中，渗透到我们的血肉中，变成一种气概，一种心理素质，用不同的方式（或直接、或间接）不同程度地（或鲜明、或隐晦）体现到我们各式各样的作品中。这些作品，不是媚俗的、纤弱的，它具有人类各历史上升时期的那种自信、充实、深厚、博大的气势，它具有现代文化素养和人民精神风貌的鲜明特色。

历史上任何一个卓越的艺术家，都是在他那个时代体现时代精神的佼佼者。今天当然也不会例外。资产阶级上升时期，曾经群星灿烂，涌现了一批把握时代精神、具有深刻思想的艺术家。然而历史的发展，终于使资产阶级衰朽了。在社会生活领域，资产阶级成了历史的赘瘤，再也萌发不出深刻的思想。反映着资产阶级精神生活的艺术，它的主流不可挽回地走向无思想性，而无思想性，绝不是人类艺术发展的方向。我们应该肯定资产阶级现代艺术在发展艺术语言、探索艺术形式规律方面的某些成就，但是我相信，真正使这些成就得到全面的、充分的发挥的，不是资产阶级自己，而是无产阶级和它的艺术——社会主义的艺术。

社会主义的艺术，将在社会主义曲折而艰巨的历史进程中，吸取深刻而丰富的内容，并在表现这深刻而丰富的内容的过程中继承和消化一切优秀的艺术遗产，从而把艺术推向更高的阶段。

本文载于《美术研究》1981年第4期

杜键，1933年生，上海人。1954年毕业于中央美术学院。中央美术学院党委副书记、副院长，中央美术学院油画系教授。

近代著名画家陈师曾

李树声

陈师曾，名衡恪，字师曾，号槐堂，又号朽道人。江西义宁（现修水县）人。祖父陈宝箴，清朝举人。历任湖南镇箪道、浙江按察使、湖北按察使、布政使、直隶布政使、湖南巡抚。精研程朱理学，力赞新政，戊戌变法时获罪革职。父亲陈三立，字伯严，号散原。清朝进士，官至吏部考功司主事，因参与戊戌变法获罪，归南昌。后移居南京，不再出仕，自号“神州袖手人”。是近代著名诗人，著有《散原精舍诗集》。陈师曾生于1876年3月12日（清光绪二年二月十七日），于1923年9月17日因病去世，年仅四十八岁。他短暂的一生，经历了辛亥革命和五四运动两次中国人民反帝反封建革命运动的高潮。1913年（民国二年）9月，他到北京，1914年应新政府教育部之聘，任教育部编审，主管教材编纂工作，和鲁迅同事。陈师曾与鲁迅有着深厚的友谊，初在南京相识，后在日本弘文书院同学，所以仅在鲁迅日记中，记载有关陈师曾的活动就有五十处之多。他们一起逛小市，去琉璃厂收购古旧书和金石拓片。1914年，一起组织儿童艺术展览会。陈师曾多次治小印送给鲁迅，并请鲁迅鉴赏他的书画作品。鲁迅既是他的美术创作的欣赏者也是他作品的收藏者。鲁迅收藏的现代中国画以陈师曾的作品为最多，至今仍保存在鲁迅博物馆。

陈师曾在教育部工作期间，曾兼任北京女子师范及女高师的博物教员，1916年兼任北京高等师范手工图画专修科国画教员。1919年前后，“五四”新文化运动时期，北京大学校长蔡元培极力提倡美育。在他的美育思想影响下，北京大学曾于1918年建立了北大画法研究会，聘请陈师曾为导师。1918年，国立北京美术专科学校成立。次年，聘陈师曾为教授。1920年，金城（拱北）在北京组织中国画研究会，陈师曾是发起人之一。陈师曾的美术活动集中在这十年，这十年又恰好是“五四”新文化运动的高潮时期。

新美术运动是在“五四”新文化运动影响下开展起来的，它是适应资产阶级民主革命需要的艺术革新活动。新美术运动包括以下内容：从美术的社会作用来说，提出重视美育；从绘画本身来说，当时把介绍西洋绘画，大力引进“西法”作为中心内容。中国画与西洋画的对峙，古法与西法之争，成为当时美术界的矛盾焦点。一些具有革新思想的人，往往把希望寄托在向西方学习，而把中国画称为“国粹”，对中华民族传统采取了虚无主义的态度。评价陈师曾在“五四”

新文化运动中的地位，看来有些复杂，他是中国画研究会的发起人，而该研究会是以“保存国粹”为宗旨的，由此，似乎可称他为保守派。但是如果我们不是表面地看问题，就将发现陈师曾不但不保守，反而恰恰是中国画的革新派。

陈师曾这个革新派，并没有依循“革新就是学西画”的途径。他留学日本八年，虽然学习的专业是师范博物科，但和同时在日本学习绘画的李叔同交往很密。对国外绘画的情况是熟悉的，也并不拒绝和排斥西画。不仅如此，他还画过多幅油画，《师曾遗墨》中也刊登有他的油画作品。然而，他在绘画上的革新，是从研究中国画传统开始的。他著有《中国人物画之变迁》（载《东方杂志》第十八卷第十七号）、《清代山水画之派别》、《清代花卉画之派别》（载《绘学杂志》），以及《中国画小史》《中国绘画史》《文人画之价值》等。他对明清以来的绘画，十分认真地进行过研究。由于他对中国绘画的源流、演变很熟悉，又通晓画理，所以他并不附和流行一时的有关中、西画的那种肤浅看法，即所谓“西洋画科学”“中国画不科学”等。相反，他写过一篇论文，题目就是《中国画是进步的》。他在欢送徐悲鸿赴法国留学的演说中，谈到有关中西画问题时说，东、西洋画理本同，阅中画古本，其与外画相同者颇多。又说，希望悲鸿先生此去沟通中外，成一世界著名画者。另外，他在《中国绘画史》的结尾部分也讲道：“现在与外国美术接触之机会更多，当有采取融会之处，因在善于会通以发挥固有之特长耳。”他强调要善于会通，也就是要对中外古今融会贯通，而不是生吞活剥，生搬硬套，更不是照抄西方的表面形式，而是把落脚点置于“发挥固有之特长”上，也就是要发扬民族传统。他既不是那种保守派，闭关自守，拒绝吸收外来文化，也不是盲目崇拜西洋的民族虚无主义者，这也正是他和同时人相比较所独具的高明之处。

陈师曾是一位知识渊博、有多方面修养的画家。他除了认真地研究中国绘画传统，编写有关中国绘画史书籍外，还特别对中国绘画史上大家共同关心的“文人画”问题，发表了自己的看法，曾撰写《文人画之价值》一文。在众说纷纭的情况下，他肯定了中国文人画的价值。虽然他接受过日本美术史家大村西崖的影响，但是他在怎样理解和认识“文人画”方面，提出了自己的见解。他认为：“文人画之要素，第一，人品；第二，学问；第三，才情；第四，思想。具此四者乃能完善。艺术之为物，以人感人，以精神相应者也。有此感想，有此精神，然后能感人而能自感也。”他认为艺术之可贵在于“陶写性灵，发表个性与其感想”。他为文人画规定的四要素都偏重在画家的主观方面，但和一般抽象谈主观精神的自我表现不同，他对主观因素规定得很具体。早在1918年，鲁迅在随感录第四十三里就已经提出人品和思想在绘画当中的作用问题：“美术家固然须有精熟的技工，但尤须有进步的思想与高尚的人格，他的制作，表面上是一张画或一个雕像，其实是他的思想与人格的表现。”继鲁迅之后，陈师曾也把人品、思想提到文人画要素的地位，他所论述的要素，实际上不限于文人画，恐怕任何优秀的绘画都需要具备这些要素。把这些要素看作绘画的灵魂，比只谈选择什么题材，用什么工具表现要深刻得多了。陈师曾能从绘画的陶写性灵，抒发个性与其感想的角度去肯定文人画的价值，比仅在形似与荒率，文人与工匠，题材与体裁方面探讨文人画，也要透彻得多。这既反映了当时要求个性解放的民主思想，也体现了陈师曾对中国画发展的认识较少受到那种过于简单的形而上学观点的影响。所以对我们今天研究中国文人画的发展，对继承和借鉴传统仍有参考价值。至于把文人画形容得过于神圣、过于神秘，则不能不说是他当时的局限。但从总的精神来看，尤其是在当时虚无主义占据统治地位的情况下，他的《文人画之价值》是有进步意义的，其社会作用也是好的。

陈师曾的贡献还在于他力图恢复古代绘画“师造化”的优秀传统，吸收西洋画对景写生之长，形成他所开创的“写生画”。现在我们容易见到的是他的山水画《庭园小景》和人物画《北京风俗图》。陈师曾生活的年代，中国画临摹古人的风气盛行，陈陈相因的东西很多，于是有人把提倡写生、反对临摹作为新美术运动标志。陈师曾也是主张写生的，但他的写生画和当时流行的西画写生方法不同，基本上是按照中国画“外师造化，中得心源”的传统，是通过写生去接触生活，熟悉对象，而后进行艺术概括和艺术加工的，落在纸上的并不完全逼真、肖似，但注意传神和意境。

《庭园小景》是用墨线作的速写，他并不注意光影的描绘，而着眼于对象本身的结构。他画的景色很明确而且富有生活气息，和当时流行的程式化的“四王”派山水迥然不同。“脱离王画的藩篱”曾是他的志向，但他又不失传统的笔墨功力，而是充分运用笔墨功夫去表现对象，同时也抒发自己的不同感受，这对仅知临、摹、仿、模，仅从形式上追求笔墨效果，而不能面对客观对象进行描绘的画坛陋习，无疑是一种突破。这样就为恢复中国画的生命力开拓了一条正确的途径。不仅对大自然的描绘如此，对描写现实社会，陈师曾也作过探索，他所描绘的《北京风俗图》就是极好的证明。

陈师曾所绘《北京风俗图》册页，共三十四幅。这部册页不是花鸟虫鱼，而是地地道道的人间相，描绘出民国初年北京街头的社会景象，有驮夫、卖糖葫芦、拉胡琴、出殡、赶牛车等劳动人民的生活图景。作者对这些人物充满同情，他愿意描绘这些街头的劳动者，这正是陈师曾具有艺术革新思想的表现。其中有一幅《墙有耳》，画的是劳动人民聚会的茶馆，密探在窗外偷听群众的议论。旧社会的茶馆都要贴上“莫谈国事”的红条，就因为这些地方都是“包打听”活动的场所。陈师曾画《墙有耳》不仅仅是让大家对这种社会现象有所警惕，更重要的是表现了对旧社会反动统治的不满和嘲讽，是对这种扼杀人民言论自由的黑暗现象进行无情的揭露。具有改良主义思想的梁启超对这部册页极为重视，他亲自花三百元大洋把它买到手，并予以充分的肯定。

《北京风俗图》在近百年中国画发展史上确是一件非常有意义的作品。中国画表现劳动人民古已有之，但《北京风俗图》别开生面地表现了十字街头的劳动人民。尽管这里尚有知识分子对生活取旁观态度的成分，但它的主流是对劳动者的同情和对旧社会的痛恨。画家看到了社会上的种种不平等现象和落后的风俗习惯。在描绘中，虽然他还不可能认识到解决这些社会现象需要经过斗争，要推翻旧的社会制度，只不过是寄托了一些移风易俗的良好愿望，但尽管如此，在当时和现在看来，都不失其进步意义，是“五四”以来民主思想在绘画上的反映。作者这部册页不但注重传神，而且在笔墨上也很有情趣，在表现形式上也独具特色。

除《北京风俗图》之外，他还画过一幅《读画图》，这是一幅参观展览会的写生画。民国初年，举办展览会刚刚兴起，陈师曾立即对这一新鲜事物予以表现，描画出不同阶层的人物在欣赏美术作品时的不同情态，是对那一时期社会活动的形象记录。这些作品都是陈师曾在绘画上坚持创新的可贵尝试。这样的作品数量虽然不多，但确实开辟了新风，对王梦白、姚茫父，以及丰子恺等画家都有其影响。

陈师曾留下的绘画作品，数量比较多的是大写意花卉和一些山水画。对他的作品已有过一些评价，梁启超曾说：“无论何种艺术，不是尽从模仿得来。真有不朽之价值，全在个人发挥创造之天才。此种天才，不尽属于艺术方面，乃个人人格所表现，有高尚优美的人格，斯有永久的价值。试看过去美术家，凡可以成为名家，传之永远，没有不是个人富于优美的情感，再以艺术发表其个性与感想。过去之人且不论，如今有此种天才者，或者甚多，以所知者论，陈师曾在现代美术界，可称第一人。无论山水花草人物，皆能写出他的人格；以及诗词雕刻，种种方面，许多难以荟萃的美才，师曾一人皆能融会贯通之。而其作品的表现，都有他的精神，有真挚之情感，有强固之意志，有雄浑之魄力；而他的人生观，亦很看得通达。处于如今的浑浊社会中，表面虽无反抗之表示，而不肯随波逐流，取悦于人，在其作品上，处处皆可观察得出。又非有矫然独异剑拔弩张之神气，此正是他的高尚优美人格可以为吾人的模范。”（追悼会上的演说词）这种看法，虽然有梁启超本人的思想局限，但在艺术上的评价还是比较恰当的。山水画家胡佩衡曾说：“他画花卉痛快淋漓，气势磅礴，用笔能飞舞健爽，用墨又能燥、温、湿、浓、淡，任意挥洒，用色厚郁而又矫艳绮丽。”画家吴昌硕对陈师曾的绘画也曾给予很高的评价：“师曾老弟，以极雄丽之笔，郁为古拙块垒之趣，诗与书画下笔纯如。”他的画不但生动自然，而且笔墨酣畅，有气势，为美术爱好者所欣赏。

陈师曾的绘画作品当时曾委托北京琉璃厂淳菁阁经售。除卖画外，他还做了一般画家不太愿意做的美化生活用品的工作。他绘笺谱和墨盒盖，为同古堂设计新花样，并且很有成绩。鲁迅在《北平笺谱》序里曾给过很高的评价：“及中华民国立，义宁陈君师曾入北京，初为镌铜者作墨盒、镇纸画稿，俾其雕镂，既成拓墨，雅趣盎然。不久复廓其技于笺纸，才华蓬勃，笔简意饶，且又顾及刻工省其奏刀之困，而诗笺乃开一新境。盖至是而画师梓人，神志暗会，通力合作，遂越前修矣。”这段话肯定了陈师曾从事画墨盒盖和笺谱的成绩，又表扬了他与刻工合作的精神。

陈师曾对齐白石的帮助和启发，在现代绘画史上也是一件很有意义的事。1917年，齐白石初到北京，并没有受到各方面的重视，当他在琉璃厂南纸铺，挂了卖画刻印的润格以后，陈师曾亲自登门拜访，晤谈之下，即成莫逆之交。齐白石曾拿出《借山图》请他提意见，陈师曾认为画格是高的，但还不到精湛的地步，于是题了一首长诗，鼓励齐白石自创风格：

> 曩于刻印知齐君，今复见画如篆文。束纸丛蚕写行脚，脚底山川生乱云。齐君印工而画拙，皆有妙处难区分。但恐世人不识画，能似不能非所闻。正如论书喜姿媚，无怪退之讥右军。画吾自画自合古，何必低首求同群？

陈师曾主张创新的思想在这首诗中也充分显示出来。齐白石当时学习八大山人冷逸的一格，不为北京人所喜爱，陈师曾劝他自出新意，变通画法。齐白石画册自跋中，曾记载了这件事："予五十岁后之画，冷逸如雪个，避乡乱，窜于京师，识者寡，友人师曾劝其改造，信之，即一弃。"齐白石听了陈师曾的话，自创红花墨叶的一派。齐白石的画在当时的润格，一个扇面，定价银币两元，比同时期一般画家画的价码便宜一半，而且很少有人问津，生涯落寞得很。他改变了画风之后，当1922年陈师曾受到日本两位画家荒木十亩和渡边晨亩的邀请，带着自己的和齐白石的作品参加东京府厅工艺馆举办的中日联合绘画展览会，齐白石的作品全部售出，而且价格特别丰厚。齐白石作了一首诗以为纪念："曾点胭脂作杏花，百金尺纸众争夸。平生羞杀传名姓，海国都知老画家。"齐白石对陈师曾十分尊重，曾有"君无我不进，我无君则退"的诗句。抗日战争爆发以后，齐白石闭门家居，不与外界接触，但当他得知陈师曾的父亲陈散原去世时，他破例出了一次门亲自去拜奠，并画了一幅《萧寺拜陈图》以志纪念，表示他对陈师曾的深厚友情。

1923年，陈师曾去世之后，在北京的朋友曾为他举行了追悼会，到会三百余人，梁启超在会上演说："前次日本之地震，大家深为惋惜，以为文化损失甚大，如今陈师曾之死，可说是中国文化界的地震。"这一比喻自然未见恰当，却反映了当时人们的心情，也说明陈师曾在当时文化界地位的重要。

本文载于《美术研究》1982年第1期

李树声，1933年生，河北涿县人。美术史论家。1956年毕业于中央美术学院绘画系。中央美术学院美术史系教授，中国版画家协会理事。

物的增值和人的贬值

——《现代绘画简史》读后

佟景韩

列宁对西方现代派的看法是众所周知的。1920年秋，站在现代生活和斗争最前列的列宁，在同杰出的国际工人运动老战士、德国共产党人克拉拉·蔡特金谈话时说道：“我不能认为表现派、未来派、立体派和其他‘各派’的作品是艺术天才的最高表现。我不懂它们，它们不能使我感到丝毫愉快。”随着形势和思想情况的变化，列宁的看法现在是不是不再那么有说服力了呢？

感谢蔡特金的回忆，她完整地记录了当时的谈话，而没像有些人一度所热衷的那样引用只言片语。三个妇女——蔡特金和克鲁普斯卡娅姐妹俩，在列宁家里谈起革命后的俄国艺术和教育的问题。蔡特金表示她非常赞赏俄国布尔什维克的“独一无二的巨大文化工作”和“努力为艺术和教育开辟新途径的俄国创作力量的兴旺”，但她没有隐瞒自己的印象：每每还可看到很有一些缺乏信心、盲目摸索和姑且试试的迹象，除了热情地探求文化生活方面的新内容、新形式和新途径以外，有时也有故意“崇尚时髦”和向西方看齐的情况。列宁立刻很热烈地参加了谈话。在说到上面那段话之前，列宁深刻阐述了当时苏联文化艺术工作的形势和问题，首先充分肯定了创作力量的觉醒和他们为了要在苏维埃俄国“创造新的艺术和文化而做的工作”，认为这种发展的猛烈速度是自然的，是有益的。列宁指出，我们应该弥补几百年来所错过的事情，而我们也希望能做到这一点，至于“混乱的酝酿，狂热地寻求新的口号，今天对艺术和思想领域内的某些流派大唱‘赞歌’而明天叫喊‘把它钉上十字架’的各种口号——这一切都是不可避免的”。列宁说，革命使一切过去受到束缚的力量放开了手脚。想想沙皇宫廷的风气和苛求以及贵族和资产阶级的趣味和怪念对我们绘画、雕塑和建筑的发展所发生的影响吧。革命使艺术家从为市场生产商品这一“最无聊的事态”的压迫下解放出来了。革命已使苏维埃国家成为艺术家的保护人和订购者。因此很自然，“每一个艺术家和任何自认为是艺术家的人，都有权利自由地、按照自己的理想、完全独立自主地创作”。但是，说到这里，列宁明确指出，这并不意味着可以袖手旁观，可以听任混乱随意发展下去，我们必须完全有计划地去领导这个发展过程，去形成它的后果，而我们现在还远远没有做到这一点。这时，列宁谈到了有关西方现代派的问题，他说："据我看来，我们也有自己的一批卡尔斯塔特博士。[1]我们是过分热心的'绘画打倒者'。美的东西，即使是'旧的'，也应当保留它，把它作为范例，把它作为依据。为什么只是因为它'旧'，我们就应当撇开真正美的东西，抛弃它，不把它当作进一步发展的出发点呢？为什么只是因为'这是新的'，就要像崇拜神一样来崇拜新的东西呢？那是荒谬的，绝顶荒谬的！这里面有很多装模作样的东西，当然，也有对于在西欧占统治地位的艺术时髦的不自觉的尊敬。我们是很好的革命家，可是不知为什么，我们总觉得自己非得证明我们也是站在'现代文化的高峰'不可。而我就敢说我是个'野蛮人'……"[2]

当列宁说到这里时，蔡特金忍不住说，她也缺少这种接受能力，不懂为什么用几块三角形来代替鼻子就会是"有灵感的灵魂的艺术表现"，为什么"革命的积极性"就要把由各种器官严密组成的人体变成一条不成形的软口袋，踩着两条高跷，装着两把五齿叉。她指的显然是立体派。

列宁开怀大笑说："我们都老了……"不过，接下去的却不是"不中用了"，而是"我们至少在革命中仍旧是年轻的，还站在革命的最前列，这对我们就足够了。我们是赶不上新的艺术的，我们就在后面一瘸一拐地走吧"。

从蔡特金的回忆可以看出，在十月革命之后，由于摆脱了沙皇宫廷的苛求和旧制度的束缚，苏联创作界出现了蓬勃兴旺和觉醒的局面，同时也带来了一些不可避免的思想混乱和盲目摸索。这种情况，不能说同我们摆脱了"四人帮"的宫廷风气和"苛求"、束缚之后的形势发展没有相似之处。因此，我认为，列宁的整个谈话，包括对新与旧、对西方艺术时髦和现代派的看法，对我们当前的美术工作，完全没有失去意义。相反，人们不能不感到诧异，就像黑格尔说的那样，历史是个"狡狯的精灵"，有时它会在不同的情况下制造出惊人的类似。

两个学识不凡，或至少不低于一般常人的现代革命家，看不懂以现代文化的高峰为标榜的现代艺术"革命家"的天才作品，原因何在呢？是的，隔行如隔山，不久前我们还曾看到，个别很好的诗人或作家在评论中外美术作品上瑕瑜不分，出了一点笑话。但这里说的，不是任何专业，包括艺术中的各门专业在内的技术的、历史的或趣味上的知识和奥妙。这里说的，是艺术，尤其是美术的社会功能的最带有普遍性的一个方面：艺术家必须使具有一般欣赏能力的人对他所表现的内容，能够获得一个最低限度的理解。这是美学的起码常识，也是使艺术得以发挥认识作用、教育作用和审美作用的必要前提。而西方现代派的艺术，从普遍倾向来看，从它们愈演愈烈的抽象化风格来看，恰恰是最瞧不起，也最违反了这个前提的。各门艺术的内容和形式，有赖于时代和社会的发展变化以及自然环境、民族和个人的特点，一直在无穷地发展和变化，这种发展和变化今后必定还会无止境地继续下去，但无论怎样发展和变化，总不能背离基本特征要求。比如钢琴是用手弹出乐音给人听，而像西方现代派有人用脚踩琴键发出噪音或干脆在琴前静坐不动，让听众自由想象（不是笑话），那还是不发展为妙。绘画也是如此。它作为一种以视觉形象来反映生活的艺术形式存在，是自从有原始洞穴壁画以来就不可更移的一个基本事实。

现代派绘画的理论和实践，千奇百怪、杂乱不一，而唯独在打破绘画的视觉形象特征这一点上，却表现了很大的一致性。他们把过往和现在的一切现实主义的绘画一律称为“学院派”，把透视、造型和经过千百年摸索探求，作为人类的宝贵艺术经验积累起来的所有绘画规律统统推翻，把一切生动具体地描绘对象的作品斥为低能的“模仿”，一步一步地把绘画变成了所谓“纯绘画”。直到20世纪50年代，杰克逊·波洛克以其“激进的，新的自由感”，把他自称为“直接的、具体的绘画的感觉”也孤立起来，靠“发明”滴色派绘画(Drip Painting)而称雄美国画坛，以致连研究现代派绘画的著名专家英国人赫伯特·里德，在引述了他的“成为传奇”的方法和自述之后，也搞不清他所说的“绘画完美地产生出来”是根据什么标准。[3]他的方法就是：在地板上铺一块不上内框的画布，用棍子、泥铲、刀子涂色和倾滴液体，有时还使用沙子或碎玻璃。他自己说：“当我‘进入’我的画中，我一时还意识不到我在做什么……”赫伯特·里德几经揣摩，终于不得不说，波洛克的话“含有摧毁形象及其象征的联想的欲望”。不仅要摧毁形象，而且连象征和联想也不肯放过。难怪他站在自己的画布上不知道自己在做什么。

赫伯特·里德的《现代绘画简史》一书，的确很值得一读。它好就好在可以使我们在注视“表现派、未来派、立体派和其他各派”的令人眼花缭乱的演变时，抓住把“现代绘画史”作为绘画史来看的一条重要线索——视觉形象本身的遭遇。近几年来，出了不少介绍和研究现代派绘画的材料，它们增进了我们对现代派绘画的了解，但人们在读过之后，每每仍不免感到头绪纷繁，不得要领。里德是科林伍德的信徒，而科林伍德这句话是说得好的：“当代历史使作者感到困惑，不仅因为他知道得太多，也因为他知道的东西没有完全消化、连贯不起来和太零碎”，只有了解了何者为本质，何者重要，了解了事情如此发生的理由，“这时编写的才是历史，而不是新闻”(《知识的地图》)。里德认识到，只有“根据一种用积极果断的态度来论断艺术的哲学，才能对现代艺术作出前后一致的阐述。这种哲学阐明了艺术是一种从视觉上表达世界的手段”。

里德抓住这一条是英明的，否则他在写像波洛克这样的画家时，自己怕也难免陷入“不知道自己在做什么”的窘境了。

里德一开始就申明，整个艺术史是一部关于视觉方式的历史。因此，一开始他也就把我们带进了现代派一步一步把视觉形象彻底摧毁的演变过程。

照里德的说法，塞尚是现代艺术的开山始祖，但他不承认自己的子孙。塞尚的确很难承认他们，他走得没有他们远。塞尚的希望是要从这个纷乱动荡的世界上看出一个稳定的秩序来，因此，他不满于印象派描绘事物的闪动而模糊的外表，而要去洞察那“永不改变的真实”。他认为，人的知觉生来就是混乱的，艺术家由于“专心”和“研究”，而能够把这种混乱变为有条不紊的秩序。因此，他提出处理自然形象应当运用圆柱体、球体和圆锥体，他追求绘画的坚实或雄伟。这既要靠“建筑”概念，也要靠辛勤的“砖石工”。反映在他的画上就是镶嵌画式的表面结构。尽管从他所处的那个纷乱的世界上，要“看出”一个稳定的秩序来是不可能的，把混乱的责任归之于人的天生知觉也是不公平的，但作为一个画家，他要求概括对象和形成画面秩序的愿望，毕竟不失为有其合理性的见地。他的用几何形表现对象的口号，给后来者提供了借口，他的画本身也表现出一定的概念化倾向。但我们在他的画中看不到真正的圆柱体、球体和圆锥体，而有一些佳作则还能够以其扎实的造型和凝练的用色给人以美感。他还是尊重对象，尊重视觉形象的。至于对里德所说的在20世纪所要采取的方向上流露出最明确的征兆的另一个画家——乔治·修拉，可就不能这样说了。他的以“使绘画与科学统一起来”为宗旨的技法追求，显然是在公式化的道路上迈进了一大步。他把自然中存在的色彩分剖为构成色，苦心经营了众所周知的点彩派技法，他自己称之为分剖主义。但色彩的分离带来了形与轮廓的分离。科学与艺术的等同损害了视觉形象的完整。

在20世纪的第一个十年，以巴黎和慕尼黑为中心，形成了法国的野兽派和德国的表现派。他们的口号虽然都是表现，但两者在对待视觉形象的态度上存在着明显的差异。按照里德的说法，野兽派摆脱了分剖主义暴君的约束。马蒂斯在现代派历史上第一次提出了“准确描绘不等于真实”，但里德说这是整个现代派艺术的纲领，则未免失于笼统，因为马蒂斯和野兽派画家之着重感情表现，主要是要“以富有装饰意义的手法”把表现感情的各种对象成分加以安排，马蒂斯主张“提炼”色彩，但这种“提炼”需要有赖于每一次的“经验”，而不是“适合主题的先验的色彩原理”，这就不仅与德国的表现派主张有所区别，而且更大不同于其他许多人（如康定斯基）的色彩模式。野兽派的主张应该说有一部分属于艺术真实的合理成分，所以他们的有些作品仍能给人以很大的美的享受，但由于追求过度，即失去分寸，有些作品终不免把对象加以歪曲。德国表现派同法国野兽派的主要不同点，是要求用感情去“夸张”自然形象，追求“一种幽灵似的、变形的真实”，诚如里德所说，这是艺术家“自甘孤独，而且依赖他自己的主观或内观去寻求动机和灵感”。这是在摧毁形象的道路上的一场猛进。德国表现派把表现感情与歪曲对象等同起来，并把中世纪哥特式艺术的痉挛的变形奉为自己的祖传蓝本，里德说，这是20世纪的个人的内观的神秘主义代替了集体的基督教的神秘主义的形象。20世纪的艺术革命从中世纪的艺术中获取灵感，这本身的确就够有讽刺意味的。

立体派的“运动”开始于1907年，1914年因世界大战爆发而结束，但立体派作为一种艺术风格一直延续到20年代中期。据里德认为，毕加索的《亚威农的少女们》虽然含有立体派的风格因素，但还不是一幅立体派的绘画，它所具有的风格主义（一译矫饰主义，泛指有意模仿某家某派，这里指三个少女面部的古代西班牙雕塑的影响和两个水手的非洲雕塑的影响），在《费尔南德肖像》上才变成了风格——“分析式”，但对所谓“分析”，毕加索和勃拉克都否认它是理智的或有一定方法的创作途径，他们坚持的是“创作活动的直觉和出奇制胜的特点”，这就无异于承认他们的创作活动完全是随意歪曲形象和玩弄形式。毕加索本人把立体派释义为“主要是描绘形式的一种艺术，当形式实现后，艺术便在形式中生存下去”。他把自己杜撰的各种形式说成只是描绘了过去没有人描绘过的题材，因此他认为立体派还没有超出“一般绘画的范围和限制”。形式就是一切，形式就是内容。里德说他是20世纪上半期最有影响的艺术家，他没想到，80年代还会有人情愿受他的影响而且洋洋自得。但连里德都说，“并不是所有的影响都是好的影响，而且长时期为一个人物的个性所左右，毕竟是一种衰弱的标志”。我们有些人津津乐道着科学、精神分析学、音乐等与现代派艺术的奥妙，他们所公认的毕加索却早已驳斥了这一点：“把数学、三角、化学、精神分析学、音乐和其他都和立体派联系起来，说这是为了使立体派更容易理解，所有这些都是纯粹的空谈，甚至可以说是胡言乱语，用理论骗人。”

胡安·格里斯所发展的“综合的”立体派就是把“面向自然来构图”和画面空间的“主观结构”相结合。莱歇（一译列日）用纯色，即失去表象作用而仅有“纯装饰”作用的色彩，力求发挥所谓更直接的影响。以罗伯特·德劳内（一译德朗奈）为代表的奥弗斯主义（Orphism，应译为俄耳甫斯主义，以希腊神话中名歌手俄耳甫斯得名——他能以歌声使山林移动、野兽驯服），则连立体的踪影也予以消除，它以“赋予色彩以优越地位的热情”描绘“新的结构”，不根据来自视觉领域的因素，全凭画家自己的创造，逐步废除了“母题”，把绘画变成了“片断的虹彩”。毕加索本人后来的“形象的自由联合”则就是打破任何来自自然的因素，任何来自主题的视觉形象，以便使它们可以作为结构因素。他和勃拉克着手使用实物来代替画出的“质感”，在画布上贴上报纸、糊墙纸、油布或者纺织品，这固然也许是恢复了一定的视觉形象，但可惜离绘画显然也更远了。

从第一次世界大战之前到战后，未来派、达达派相继“利用打破知觉形象而得到的自由”，进而发展了“由想象或幻想所决定的艺术形式”。未来派的宗旨更直截了当：彻底宣告过去艺术的终结和未来艺术的诞生。波丘尼等五个意大利画家发表宣言，高喊艺术家要表现现代生活的旋涡——一种钢铁的、狂热的、骄傲的和疾驰的生活，要求把“疯子”——这个钳制创新者的罪名当作高贵的、荣誉的称号，为自己疯狂地歪曲对象张本。于是，在他们看来，运动和速度使马、狗和人都变成了多肢体的东西，这也就是所谓的“同存主义”。然而，达达派认为未来派还是太偏重现实主义，太讲究命题。他们要的只有一个“同存”的概念，例如同时朗读各种不同的诗和嘈杂的音乐。他们集合在中立国瑞士的苏黎世城，结成了一个国际性的“伏尔泰酒馆集团”。“酒馆集团的艺术家实际上并不知道他们需要什么——只是把曾经迷惑过这些人的心灵的‘现代艺术’的鬼火聚拢在一起，统统称之为‘达达’而已。”（罗伯特·马瑟韦耳编：《达达派画家和诗人》）

这就是大致截至列宁同蔡特金谈话时为止的“在西欧占统治地位的艺术时髦”的概貌。可以看出，视觉形象的摧毁在立体派那里已经最后完成，所以里德在论述完立体派之后写道：“这是解放的时刻，从此西方世界的造型艺术的整个未来将放射出五花八门的样式。”

要让列宁和蔡特金看懂和喜欢“自甘孤独、从内观去寻求动机和灵感”的痉挛的形象，看懂和喜欢人家好心用弗洛伊德的学说等一大套道理去替他解释，反倒被他骂成骗子的毕加索的“自由联合”，看懂和喜欢以“疯子”为“创新”标志的酒店里的喧闹嘈杂，并且同意所有这些东西是“艺术天才的最高表现”，这不真成了疯子和白日做梦吗？

必须指出，里德的治学方法并不完全严谨可取。艺术史不只是，甚至不主要是“一部关于视觉方式的历史”，或如他的另一个说法——“叙述风格演变的历史”。否则他就不会把著名的墨西哥三杰排除于现代风格之外，更不会对康定斯基、嘉博和佩夫斯奈尔兄弟等人1920年前后在莫斯科的失败，寄予深切的同情和表示惋惜，正是他们，在那些艰苦的日子里，企图给自己从巴黎和慕尼黑带来的那一套“细致的美学论点”贴上“革命”的标签。里德也承认，“如果只是艺术家们自己认为他们的艺术基本上是革命的，因而适合于即将建成的新社会，那是不算数的”，他埋怨革命政府或它“所代表的士兵、农民和产业工人，都没有关心这些细致的美学论点。他们要求一种他们所能了解的艺术，一种描叙故事的艺术，实际上是一种学院派的艺术”。

广大群众所能了解的艺术不是现代风格的艺术。那么，里德所说的“现代风格”又以什么为标准呢？他援引克利（一译克雷）的话说，使“现代风格”与以往的绘画迥然不同的一个统一的倾向，“就是不去反映物质世界，而去表现精神世界”。人是要有点精神的。北京一些青年男女找对象，过去专问对方的身长、长相和衣物等条件，新近却很流行这样一个新鲜的问题：“他（她）的精神世界怎么样？”人若是没有精神，就徒剩下一副躯壳。可是，难道有什么称得上是艺术的艺术，是只反映人的躯壳或自然而不表现人的精神的么？可见他的这条准则也不准确。20年代中期，毕加索把“自然主义的因素”——眼、胸、口、四肢或几个女人，在画面任意错乱安排，人的形体变态到极端，头部变得像针尖，四肢并入胸部，这是表现一种什么样的精神世界呢？连里德也只能说这“不再是理性的”了。人是理性的动物，是社会的人，历史的人。否则干脆就无精神世界可言，就是单纯的动物。所以，尽管毕加索什么都否认，批评家卡尔·荣格还是把他那“迸射出作为人本身的符号”的“心灵深处”，称为“无意识的集合体”。里德说，毕加索自己不一定知道他的形象描绘有多么重要，但“人们很可以简单地说，这种形象描绘是原型的——那就是性交和多产，出生和死亡，爱情和暴力的图像……”这里不禁使人想起恩格斯关于人本身的精彩论述。约在1890年，赫尔曼·巴尔同保尔·恩斯特争论文学描写妇女的问题，恩斯特认为，除了环境影响和遗传性以外，在每一个妇女身上还需要区别出“第三个妇女”，即“原来的妇女”“自在的妇女”。恩斯特为此请教恩格斯，恩格斯回答说：“妇女的皮肤是历史的发展，因为它必定是白色或黑色、黄色、棕色或红色的。因此，她不会有人类的皮肤。妇女的头发是历史的发展——是卷的或波纹的、弯的或直的；

是黑色、红黄色或淡黄色的。因此，她不可能有人类的头发。如果把她身上一切历史形成的东西同皮肤和头发一起统统去掉，‘在我们面前呈现的原来的妇女’还剩下什么东西呢？干脆说，这就是雌的类人猿。那就让巴尔先生把这个‘容易感触到和看清楚的’雌类人猿，连同其一切‘自然本能’抱进自己的被窝里去吧。”[4]里德先生也许会把马克思、恩格斯的著作也算在“宣传”之列而不以为然，但这显然是比弗洛伊德的宣传更有说服力的宣传。

我想从里德全书看一看他把“反映精神世界”这条标准运用于各家各派的实例，起初发现了一大堆极端对立、各个不一的概念，如科学精神和宗教感情、抽象精神和现代文明机械论、意识和无意识、理性、意志和非理性，本能、直觉以及新的意识、新的感受、气质等，他竟能在各种不同情况下分别用它们来说明精神世界的现代风格，使我颇感无所适从。但是，里德不失为一个具有一定现实感的学者，他不时地做了一些比较具体的透露，原来这就是“动荡不安”和“现代苦闷”。不安和苦闷、表现和发泄，就像一对双胞胎，也像是了解现代派的精神世界的一把钥匙。例如，里德提到，在突破时期，某些精神上的不安震撼了从欧洲各国和法国各地集中到巴黎的那些青年艺术家，也使许多留在偏僻地方的人受到感染。马蒂斯梦想的是平衡、纯洁、宁静，不含有使人不安和令人沮丧的题材，它对于一切脑力工作者，无论是商人或作家，好像是一种抚慰，一种镇静剂，或者像一把安乐椅，可以消除他的疲劳。沃林格尔说，德国表现派渴望把自己的不安和困惑强化到一个使他们获得陶醉和解脱的高度，并说他们唯一能够做的也只有“借助于不健康的幻想以求得自己的解脱”。里德历数“桥社”和“青骑士”八大画家孤独、神秘、忧郁和病态的一大段（见该书第34—35页），是一幅相当凄惨的图画。热衷于“骚扰主义”音乐的达达派，向往的基本上是它的反面：灵魂的安抚，无尽无休的催眠曲，艺术，抽象艺术。达达派画家契里柯同卡洛·卡拉一道创立了“形而上画派”，但他即使采用了透视，把景物安排得平静妥帖，也没有令人感到从容沉着。而当卡拉逐渐摈弃了形而上的画风，不再追求“无限的惆怅”时，取而代之的也只是“有限的安慰”。俄国人而后来当了法国人的马克·夏加尔认为立体派过于“注重逻辑”，于是他宁愿借助于或多或少惆怅的象征主义而激发感情。萨尔瓦多·达利的作品在长时期内表现出一种惊慌失措的迹象。

医科学生出身的布列顿（一译布勒敦），不满于达达派“无益的滑稽戏”而追求一种“更富有建设性的东西”，这就是把现代派运动从达达派引到超现实主义。可这又是怎样一种“建设”呢？很可惜，它同善于为现代派命名的阿波利奈尔的剧本——《蒂蕾霞丝的乳房》（副题：超现实主义的戏剧，两幕及一序幕）太相似了，也是两幕（布列顿自己总结的超现实主义的两个时期）及一序幕（布列顿和菲利普·苏波进行“自动主义写作”的试验）。布列顿说，第一个时期（1919—1925）的特点是解决“认识问题”，那是由意识和无意识这两者之间的关联所引起的。第二个时期（1926—1936）研究的是“以辩证唯物主义为其适当方法的采取社会行动的问题”，人们如果以为这就是“更富有建设性的东西”可就错了，因为这第二幕有一句纲领性的台词：“我们不能首先采取这个行动，因为……人类的解放是精神解放的先决条件。”他的行动就是“等待机遇”。这出戏是以弗洛伊德为幕后导演的，说它滑稽亦可，只是非但“无益”而且确实有害（详见该书第70—82页）！所以布列顿才参加了法共而又当了托派，所以超现实主义才在第二次世界大战期间和战后风靡欧洲和美国。但这种超越现实的自由，有没有摆脱不安和苦闷呢？请听布列顿的自白：“仅是自由这个字仍然使我感到气壮……只有想象能告诉我什么是可能的，这就足以使可怕的禁令稍许放宽一下——也足以使我沉湎于这种自由之中而无自欺之虞。”多像侯宝林说的那个在漆黑的胡同里吹口哨壮胆的夜归人啊！

这么多的不安和苦闷来自何处呢？把它们归咎于科学和机器、理性和本能、民族传统和个人气质，行吗？在文艺复兴时期，科学的发展、理性的觉醒曾经使意大利未来派和德国表现派的祖先们成为“决不受资产阶级的局限”的“巨人”，他们对生活充满乐观和信心，在艺术中创造了光辉灿烂的、精神和肉体上非常完美的人的形象，而在进入20世纪以来，科学的更大发展、时代的最新意识却使他们的后代如此悲观失望和惶惶不可终日，在艺术上一败涂地和只能热衷于人的畸形，并且，他们不但忘记了寻根于这些巨人，反而偏偏去继承中世纪的幽灵，这又是什么本能传统和气质在作祟呢？这原因，只能从资本主义制度的矛盾发展中去寻找。给现代资产阶级统治打下基础的人物，在文艺复兴时期进行的是一次人类从来没有经历过的最伟大的，进步的变革，而本世纪上半期的资本主义世界矛盾则发展和激化到在不足三十年之内爆发了两次世界大战，西方现代派之适逢其时，这一本质的根源绝不是一个可不可以忽视的问题，而是一个必须充分正视的问题。今天西方的“起飞”取消不了昨天的遭遇的事实。

至于像里德那样，把现代派的兴起称之为各种艺术在深深卷入历史的一般过程之中具有一种“创新的功能”，这种“创新”使人们压在心头、默不作声的抑制和愿望不仅得到吐露，而且得到了“精确的形象化”，则更是似是而非。首先，把这种发展到无形式的形式主义称为“创新”是毫无说服力的，任何不带成见的人，都可以分明看到西方现代派一代不如一代和辗转模仿、千篇一律、公式化和概念化的特征，至少它绝不比我们的学院派和我们的公式化、概念化更好。其次，这也绝不是什么艺术所具有的“创新的功能”，而是艺术受市场支配的证明。有些人看现代派走马灯似的迅速变换和穿梭般的更替交错，以为这是一种自由，殊不知他们那也是身不由己，里德就说，这些艺术家在形成集团时，多半是为实际的动机，很少是由于思想的动机，只有联合行动才能解决包括吃、住、画具、画室和打开销路的实际问题，而这种共同的目的和实践还多半出现在青年艺术家早期生活困难的日子里。“随着经济的独立，集团的每一成员的个性必然抬头而这个集团也就逐渐分散了。这样的团体的平均寿命最多也就四五年。”

那么，经济的独立和个性的抬头是不是就标志着真正的自由呢？里德在说明成立长达八年之久的“桥社”于1913年解散的原因时也露了底。他说，当时，他们个人的差异也许变得非常突出，因此不能结成一个共同战线，而使得这个集团的统一受到很大压力的，就是他们“在竞争的经济下”开始卖画这一行动。表现派的哲学权威是沃林格尔，他用哥特式艺术传统所要求的，由“无机物形象的跃动所带来的神秘的悲剧力量”来说明艺术中的“永不休止的抽象化倾向”。正如德国哲学是“法国资产阶级革命的德国理论”一样，沃林格尔的唯心论美学也以隐晦曲折的方式吐露了艺术家所面对的一个强大的无机物形象的跃动和它所带来的神秘的悲剧力量，这个无机物形象，按照马克思的说法，它本身就是“一种非常神秘的存在”，它就是“资本主义生产方式的异己支配力量”[5]——资本对一切的支配。里德说现代派的“创新”是“人们压在心头的、默不作声的抑制和愿望的精确的形象化”，如果改作“视觉形象的摧毁”是“人的精神世界的瓦解和意志消沉的精确的形象化”，那就对了。沃林格尔第一次对艺术风格的“心理动机”提出了明确的理论，这就是独立自主的“艺术意志”，或者叫“艺术需要”。按照他的说法，这种绝对的艺术意志表现为“对形式的渴望”，即一种隐蔽的“内在需要”。这就是表现派的“自我表现”说的理论基础。康定斯基在《论艺术中的精神》中给艺术下的定义是：“内在的因素，即感情，必须存在；否则艺术作品便是赝品。内在因素决定艺术作品的形式。”这个定义的要害不在于它强调没有感情的作品是赝品，而是在于它所说的感情，即内在因素，就是沃林格尔所鼓吹的那种表现为对形式的渴望的、独立自主的艺术意志。而这种艺术意志的决非独立自主的这一点，上面已经说过了。里德也承认，艺术家是“把纯粹的抽象，作为世界图画的纷乱与迷离之中唯一可能的寄托而予以追求”，他实际上也承认了这种内在需要是受制于世界的。这种追求，这种自我表现，当然也带有一定的社会抗议色彩，但归根到底是扭曲的，也是够窝囊的。马克思在《1844年经济学哲学手稿》中就已指出过生产者同劳动产品的分离的反人道主义性质：“物的世界的增值同人的世界的贬值成正比。”[6]这就是“人的自我异化”。这种异化的后果不仅见于生产者。恩格斯说：“不仅是工人，而且直接间接剥削工人的阶级，也都因分工而被自己活动的工具所奴役；律师为他的僵化的法律观念所奴役，这种观念作为独立的力量支配着他；一切有教养的等级，都为各式各样的地方局限性和片面性所奴役，为他们自己的肉体上和精神上的近视所奴役，为他们的由于受专门教育和终身束缚于这一专门技能本身而造成的畸形发展所奴役——甚至当这种专门技能纯粹是无所事事的时候，情况也是如此。”[7]用马克思在《哲学的贫困》中的说法，这就是由资本主义分工所产生的一种“职业的痴呆”[8]。人的自我异化和职业的痴呆是造成现代派艺术视觉形象被摧毁的根本原因，也是把艺术规定为独立自主的自我表现的社会基础。现代派艺术无论从对钱袋的依附关系和所谓对纯绘画、纯形式，对抽象化的追求来说，都说明着在资本主义世界“物的世界的增值同人的世界的贬值成正比”。人民由于所处的地位和觉悟的增长而为争取做人的权利斗争，而统治者由于所处的地位和为了保护其地位而安于自己的异化和痴呆，并善于使那种把纯粹的抽象作为“纷乱迷离之中的唯一寄托而予以追求”的东西或“有限的安慰”，转而为我所用，它可以用来粉饰太平、点缀自由、满足变态的趣味和作为货币贮藏。

艺术家只有跳出自己那个狭隘职业的小圈子与人民真正接触，才能够明白自己的“职业的痴呆”。立体派画家莱歇在第一次世界大战中当了四年工兵，他真正懂得了人民，他的一篇自白是很动人的：“当我离开巴黎时，我的风格完全是抽象的：当时是绘画解放时期。突然，而且没有任何中断，我发现我自己和整个法兰西人民是处在同等的地位；我在机械兵团的新同伴是矿工、挖路工、铁工厂和木工厂的工人，我在他们中间发现了法兰西人民。同时，我被一个在太阳光下竖着的、没有掩蔽的、75毫米口径的大炮弄得眼花缭乱：那个照耀在银白色金属上的光的魔力。这足够使我忘却1912—1913年的抽象艺术。”从此以后，他在政治上和艺术上都坚持了进步的立场，虽然他的画还留有一些立体派的痕迹。

我们的艺术必须强调表现艺术家的真实、强烈的思想感情，可以说，没有思想感情的存在，艺术作品就是赝品。但“自我表现”这个概念是不可以用来作为表示我们的艺术本质的定义的。有人不太清楚这个概念的哲学实质和来历，以为它可以表示重视表现艺术家的思想感情的意思，也有人是故意从现代派那里把它搬来。为什么会这样？这同“四人帮”长期的束缚和“苛求”显然是分不开的。臭名昭著的“三结合”方法，“领导出思想，群众出生活，作家出技术”，实际上是完全无视艺术家的人的存在，把艺术家看成是没有思想、没有生活的机器，或者叫“驯服的工具”，这同异化和痴呆几乎是一样的，甚至还可能更坏，因为它虽然不是使艺术家服从资本，却使他变成了封建主的农奴。“‘鞋匠，管你自己的事吧！’——手工业智慧的这一‘顶峰’，在钟表匠瓦特发明蒸汽机，理发师阿克莱发明经线织机，宝石工人富尔顿发明轮船以来，已成为一种可怕的愚蠢了。”[9]由资本所带动的科学技术的大发展，为消灭分工创造着可靠的条件，事物也还有这另一面嘛！但这只是条件，真正实现还只能靠以马克思主义为准则的社会主义革命和进步。

家家都有一本难念的经，我们的问题成堆、成山，难道我们没有苦闷，难道我们就不能表现？但我们的苦闷与西方也有所不同，我们还有我们的精神、志气！我们的艺术，应该是无所禁忌的，我们有更好的口号：人类灵魂的工程师（只有康生那颗不可救药的灵魂才拒绝文艺家对他的改造）。艺术家应该有表现自己的思想感情的充分自由。电影《牧马人》所表现的苦闷就很不少。但是，不要横加干涉，不等于没有任何限制，至少如绘画这种艺术形式本身的限制或规律就是。在这方面，由西方现代派的理论所引起的问题很多，可以写很多文章探讨，本文篇幅已长，不可能一一提到。仅以《现代绘画简史》一书而论，精辟独到之处以及值得讨论的东西，在这里也只是略有触及而已。

最后还需回到列宁的谈话上来。我觉得，列宁关于西方现代派的看法，值得我们好好学习。有位同志在一个刊物上赞扬一位法国华裔画家创作的抽象画，那些画同波洛克的作品差不了许多，而这位同志却一连用了许多最高级的词，如“竭力想使观众得到最丰富的视觉享受，最大的满足”啦，“尽情绘写”啦，“现代化的语言”啦，“大弦嘈嘈如急雨，小弦切切如私语”啦，等等，并且一方面提出“民族艺术现代化，现代艺术世界化”的见解，另一方面又说那位画家的成功“说明了中国艺术气派受到了欢迎”。如果这样，这岂不就是说，“中国艺术气派”早已是“现代化的语言”了吗？这位同志说，他“一向喜爱现代艺术作品中感觉的敏锐性和表现手法的多样化”，“十年动乱中在偏远农村劳动期间，也总惦念着欧美现代艺术日新月异的变化，不知已是什么情况了！”与外界隔膜数十年，刘姥姥进大观园，“乡下佬在巴黎现代艺术的花花世界中还是想寻找乡亲”。如果这样，这岂不就是说，这几十年他与“中国艺术气派”也隔膜了吗？

再说，西方现代派风云多变。里德的书写了七章就去世了，基本上是写到50年代的抽象派为止，第八章是在他儿子主持之下增写的，一开始就说，里德先生在第七章谈到现代绘画贬低了价值和失去了自我控制的惨淡情景就结束了，他写书的时候也正是美国抽象表现主义的创造性运动同欧洲的和它对等的“非具象”风格堕落成为空洞的手势的时候。新的一代的人们可以把这个时候看成一座分水岭。新的风格和新的看法在不断发展中……还讲了60年代的青年艺术家把注意力转到“批判绘画本身的语言和内容”上，讲了在人的视觉感受中发生了一个“戏剧性的变化”，讲了广告的影响——大色域画家，讲了现代艺术的潜力作为商业投资和“文化交流”的手段不断被挖掘出来，一直到70年代。“大色域”基本上就什么“绘画因素”都没有了。许多东西“不久就令人生厌了”。然而接着又出了“光效应”，又是杜桑和他的格言“减少，减少，减少——减少到黑色和白色”、“零派”（zero Group）、“流行艺术”——马桶和淋浴的帘子……

我们的艺术要“世界化”“现代化”，跟得过来吗？请再听听美国评论家克莱默说的最新的“现代化的语言”吧：“现代派艺术正在作为一种传统被信奉……这种确认把现代派艺术的革命冲击作用减弱了，它一笔勾销了现代派艺术长久以来的一个要求：把它认作是当代艺术中唯一真正有活力或能够生存下去的艺术潮流。”[10]极少主义的胜利加速了写实主义的回潮，超级自然主义受到了热烈的欢呼，“绘画解放”变成了自己的对立面，多妙的历史讽刺啊！

那么，我们又该学什么了呢？

艺术的定义多得很，还是列宁的定义好：“艺术是属于人民的。它必须在广大劳动群众的底层有其最深厚的根基。它必须为这些群众所了解和爱好。它必须联合这些群众的感情、思想和意志，并提高他们。它必须在群众中间唤起艺术家，并使他们得到发展。”

注释

[1]卡尔斯塔特（1480—1541），著名的德国激进宗教改革活动家。

[2]参见《列宁论文学与艺术》中文版第2卷，第910—

912页。引用时据俄文原书作了必要的修改，下同。
[3][英]赫伯特·里德:《现代绘画简史》，刘萍君译，周子丛、秦宣夫校，上海人民美术出版社1979年版。
[4]《马克思恩格斯全集》第37卷，第412页。
[5]《马克思恩格斯全集》第26卷第1册，第422页。
[6]《马克思恩格斯全集》第42卷，第90页。
[7]《马克思恩格斯选集》第3卷，第331页。
[8]《马克思恩格斯全集》第4卷，第171页。
[9]《马克思恩格斯全集》第23卷，第535页。
[10]林小平译:《现代派艺术大势去矣》，《世界美术》1981年第3期。

本文载于《美术研究》1982年第3期

佟景韩（1933—2010），河北保定人。美术理论家、翻译家。毕业于黑龙江大学俄语系。中央美术学院教授，中央美术学院《美术研究》《世界美术》主编。

黄河流域的原始彩陶艺术

汤　池

黄河流域的原始彩陶艺术，是我国氏族公社繁盛时期在造型艺术方面的主要创作；自从1921年在河南渑池仰韶村首次发现以彩色陶器为基本特征的新石器文化遗存以来，经过近六十年的调查发掘，积累了非常丰富的资料，已经成为我国原始美术史中最重要、最辉煌的篇章。

黄河流域的彩陶分布与年代序列

仰韶文化、大汶口文化及马家窑文化，是黄河流域具有彩陶特征的三种新石器文化遗存，它们都富有农业经济的色彩。

磁山文化、裴李岗文化、老官台文化，是距今七八千年以前的新石器文化早期遗存；在部分红陶三足钵与圆底钵的口沿下，饰有彩绘的宽带纹，呈现出它们属于仰韶文化前驱的性质。

距今七千年至五千年之间的仰韶文化，以渭河流域为中心，广泛地分布于黄河中游地区。由于时代和地域的不同，在文化面貌上有着复杂的变化，大致上可以区分为北首岭下层、半坡、庙底沟、大河村（或秦王寨）等四个主要类型。

大汶口文化主要分布在鲁南、苏北、豫东一带，属黄河下游地区，其年代为距今六千五百年至四千三百年之间。

马家窑文化主要分布于黄河上游的甘肃、青海一带。临洮马家窑、天水罗家沟等遗址的地层证据表明，马家窑文化是继承仰韶文化庙底沟类型彩陶艺术传统的基础上发展起来的，因此，马家窑文化实质上是中原仰韶文化在甘青地区的继续与变体。按照时间的先后，马家窑文化划分成石岭下、马家窑、半山、马厂等四个类型；其总的年代是从距今五千一百年到距今三千七百年前。

陶塑艺术的发展与成就

黄河流域新石器时代的雕塑艺术相当发达，出土的雕塑作品数量较多；其中，陶塑作品所占比重最大，石雕、骨雕甚少。大部分陶塑是陶器的附属物，独立的圆雕及浮雕仅占少部分。

陶塑人像及头像，陶塑人头或人面，在新石器早期遗址中就有发现。迄今所知黄河流域最古老的一件陶塑人头，是河南密县（现新密市——编者注）莪沟北岗遗址出土的，属裴李岗文化遗物；塑像残高约4厘米、宽3厘米、厚2.5厘米；陶色浅灰，扁头平顶，宽鼻深目，前额陡直，突颏缩嘴；[1]从形貌特征观察，笔者认为这件头像所刻画的是一位年事已高的老妪，可能是受人尊敬的氏族老祖母的形象。此像的塑造技艺虽较拙稚，但是，从其信手捏成、略加锥划即现老妪特征的作法来说，不失为一件质朴传神的佳作。

类似的陶塑人头，在仰韶文化半坡类型遗址中也有发现。西安半坡出土的一件，高4.6厘米，用细泥块捏塑而成，陶色灰黑，塑工较粗；面部略呈方形，五官皆用泥条及泥片捏合，嘴唇已脱落，眼耳锥刺成洞，头顶至颈部穿一小孔，半坡博物馆巩启明同志认为它也是“女性老人的面部塑像”[2]。

这两件作品的年代都比较早，前者为公元前5290 ± 80年，后者为公元前4800年左右。细小的形体与拙稚粗放的技法，呈现着陶塑艺术尚处于初级阶段的若干特征。两件作品所塑造的形象，都像是氏族的老祖母，反映了妇女在当时享有崇高的社会地位。

仰韶文化的其他陶塑人像或头像，大多数是刻画青少年女子形象的。例如：甘肃礼县高寺头出土的一件圆雕头像，系用堆塑与锥镂相结合的手法制成，陶色橙黄，残高12.5厘米；[3]头顶锥一小孔，前额至后脑堆塑着半圈高低起伏的泥条，颇似盘绕在额际的发辫；脸型圆润丰满，五官部位安排得相当准确，那深沉的双目与微启的嘴巴，似乎在向观众细细地倾诉着什么；作者以极为洗练传神的艺术表现手法，生动地塑造了母系氏族社会一位可爱的少女头像，堪称我国原始雕塑的优秀代表作。天水柴家坪出土的陶塑人面，残高25.5厘米，细泥红陶质，形象刻画得更加细腻，额际有隆起的披发，眼眶上方塑出修长的眉毛，上嘴唇刻画出人中，耳垂处各有系挂饰物的穿孔；此头像做张嘴欲语状，从双目的间距较窄的特征来看，似为青年人的头像。

仰韶文化庙底沟类型的陶塑人像作品中，女孩的形象占有一定的比率。例如：陕西华县柳枝镇发现一块庙底沟类型的泥塑人面，鼻梁用泥条堆成，双目呈桃叶形，外眼角微微上翘，双目的间距较宽，鼻下挖出菱形小嘴，神情娇美，多数研究者认为它是女孩的面部塑像。更为引人注目的是甘肃秦安大地湾出土的一件人头形器口彩陶瓶，通高31.8厘米，在瓜子形的脸庞上，堆塑着清秀的五官，整齐的披发，微鼓的鼻翼，显得生趣盎然；瓶身以优美的弧线为轮廓，器腹用黑彩绘出三列由弧线三角纹与柳叶纹组成的图案，器形与纹饰皆具庙底沟类型的特征。这件作品在造型上具有更大的完整性，呈现在我们眼前的，仿佛是一位身着花袄的小姑娘。

此外，仰韶文化的陶塑作品中，也有少量的男子头像。有迹象表明，母系氏族公社向父系氏族公社转变的过程，大概在半坡类型的晚期即已开始。例如宝鸡北首岭上层出土一块陶塑人面，残高7.7厘米，左脸部分出土时已残缺，此像的眉弓明显，锥镂出的目眶向外侧翘起，呈现着威武的神态，鼻梁隆起，须眉涂有黑彩[4]，显然是一位中年男子的头像。我国塑绘相结合的彩塑传统，大约由此发端。

陕西黄陵一处仰韶文化中晚期遗址中，出土一件瞪目张嘴的陶塑人头，半坡博物馆的同志认为它也是男性头像。扶风绛帐姜西村采集的一块仰韶文化陶塑人面，系用浮雕形式制成，原为夹砂红陶罐口沿下的附饰物。锥刺成的双目，向外侧下斜；鼻尖微勾，颧骨低平，嘴角上翘，两腮有轻微起伏，艺术手法极为单纯泼辣，生动地再现了一位饱经风霜的老年男子的忧郁神态。

马家窑文化前期（石岭下类型及马家窑类型）的陶塑人像，既有女性的形象，也有男性的形象。例如：甘肃秦安寺嘴出土的石岭下类型人头形器口红陶瓶，通高26厘米，瓶口塑出一个额际有短发、双耳有钻孔（垂挂饰物的穿孔）的人面，用细泥条圈贴成的圆形眼眶，显得炯炯有神。特别引人注意的是，青海大通后子河马家窑类型墓葬（M3）出土的人像黄陶瓮，瓮的口径19厘米、腹径48厘米，器底已残，瓮肩用浮雕的形式堆塑着一位体型瘦弱、神态悲伤的女孩像，像高约11.5厘米，头侧垂发辫，作挥臂迈步状[5]，笔者推测，这件饰有浮雕女孩形象的粗陶瓮，可能是为装殓某位夭折女孩的尸骨而特制的。此外，新中国成立前甘肃出土一件马家窑类型人头形器柄彩陶勺，勺身满饰涡旋纹，人头的眼、嘴旁边绘黑色圆圈纹，颇似蓄有胡须的男子头像。看来，甘青地区在马家窑文化前期，尚处在氏族公社由母系向父系过渡的剧烈变革阶段。

马家窑文化后期，伴随着父权制的牢固确立，半山类型与马厂类型的陶塑人像几乎无例外地都塑造男子的形象。例如：甘肃东乡出土、今藏瑞典远东博物馆的两件人头形器盖，均属半山类型，其一，头上生角，脸上用黑彩绘满直线纹及狷张的胡须，后脑垂挂着一条弯曲的蛇形发辫，整个塑像具有神话色彩，至少反映了古代黥面文身的习俗，李泽厚同志则称之为“人首蛇身”的“神异龙蛇最早的造型表现”[6]；其二，嘴下及两腮绘出胡须，眼眶下以垂弧纹表示老年人松弛的眼睑。宁定出土的另一件人头形器盖，脸上绘满锯齿纹，形貌狞猛，当系装扮成猛兽的猎人头像。

青海乐都柳湾出土的人头形器口彩陶壶，嘴边画几撇胡须，塑造了一位中年男子闭目养神的模样。曾经引起学术界广泛注意与讨论的，是乐都柳湾马厂类型墓地出土的那件裸体人像彩陶壶，作者用堆塑与彩绘相结合的手法，在陶壶的颈腹显要处，刻画了一位正面蹬踞的男性人像，突出地反映了当时流行男性崇拜习俗。

陶塑动物氏族公社陶塑匠师们的艺术才能，也表现在动物形象的塑造上。早在裴李岗文化阶段，已经有陶猪头、陶羊等反映畜牧饲养经济的陶塑作品。西安半坡、陕县庙底沟等仰韶文化遗址，多次发现陶鸟及陶兽，形象皆甚生动。庙底沟出土陶片上的浮雕壁虎，饰在陶器口沿旁，作者将壁虎的灵活机警特征刻画得惟妙惟肖。

在实用与美观紧密结合的陶塑工艺领域，无论是构思设计或形象塑造方面，黄河流域的新石器时代先民也给后人留下了不少杰作。例如：华县泉护村庙底沟类型遗址出土的鹰隼形器盖，将高凸的鹰嘴变作盖钮，并在半球形的盖面上，刻画出炯炯的双目及张开的羽毛，作者通过提炼概括，用十分经济的艺术表现手法，塑造了专食害虫的猫头鹰的头像，寄寓着淳朴美好的愿望。华县太平庄庙底沟类型晚期墓出土的陶鸮鼎，高36厘米，作者以鹰鸮的躯体作鼎腹，以其双腿与尾巴作为陶鼎的三个支足，器口前端加塑鹰首，和器身浑然一体，毫无牵强累赘之感，全器具有庄严威猛的格调。

大汶口文化以家畜为题材的陶塑工艺品，在刻画牲畜的性格特征及工艺变形处理手法上，显示出卓越的才能。最足称道的是山东胶县三里河大汶口文化后期墓出土的狗形灰陶鬶，那上卷的狗尾巴（按：狗翘尾巴是它对主人表示亲昵或遇敌报警时的姿态），按照实用的原则而处理成桥形把手，全器做狗竖双耳、引颈吠叫状；那鼓胀的脖颈，仿佛传来吠叫声，真可谓见其形若闻其声；作者通过巧妙的构思、刻画，极为成功地塑造出狗的机警神态。

仰韶文化和大汶口文化以飞禽走兽（或家畜）为形象素材的陶塑工艺作品，对于商周青铜器中鸟兽形尊的造型，存在着明显的渊源关系。

彩陶纹样与绘画艺术

黄河流域新石器时代的绘画艺术，主要体现在彩陶的装饰纹样上。以健康明快、奔放热烈、绚丽多彩为特色的仰韶文化、大汶口文化及马家窑文化的彩陶图案，是我们的远古先民为世界艺术宝库做出的卓越贡献。

（一）仰韶文化的彩陶纹样

仰韶文化初期（北首岭下层），彩陶甚少，纹样简单，主要流行一种宽带纹。

半坡类型的彩陶，虽然数量不多，但很有特色。花纹多用黑彩绘成，并且流行施内彩的习惯。动物图案发达，具有浓厚的绘画趣味与引人入胜的艺术魅力。例如：半坡出土的内彩四鹿纹盆，鹿均作侧面形象，在躯体部分变化不大的情况下，通过四条腿或前伸、或下垂、或前后伸展等不同画法，使它们各具不同的活泼姿态。另一件鱼纹盆，器腹外壁绘三条张嘴露齿的鱼，鼻部翘起，呈现出吸水吐气、向前游动的样子。姜寨出土的内彩鱼蛙纹盆，盆沿下绘两只蹒跚爬动的大蛙及两对比目鱼，大蛙缩着脖颈，仿佛正在注视盆外的动静；比目鱼做彼此协调、欢快戏水状。

特别耐人寻味的，是半坡出土的内彩人面鱼纹盆，在滚圆的人面上，画着倒钉形的鼻子，眯成一线的双眼；头戴尖顶形饰物；耳、嘴两侧，亦绘鱼纹或简化鱼纹；其旁，再以比较写实的笔法画出大鱼纹或网纹。多数研究者认为这种人面纹与某种原始信仰（崇拜）有关，但对具体含义的阐释，彼此有别：一曰“图腾”说，即推测半坡氏族可能认为他们的祖先是鱼，或者是长着人头的鱼，于是将鱼当作图腾来崇拜；[7]二曰“祈求捕鱼丰收”说；[8]三曰祈求“生殖繁盛”的“祝福”说。[9]究竟何种解释更为贴切？尚需继续研究。

武功游风与宝鸡北首岭出土的细颈彩陶壶上，都有鱼鸟搏斗纹画面；武功出土者，画一尾大鱼张开巨嘴吞食鸟头；宝鸡出土者，画一只长嘴有翎的水鸟啄咬一条怪鱼的尾巴，遭到突袭的怪鱼，扭动身体，做奋力挣脱状。前者鱼胜鸟败，后者鸟强鱼弱。此类情节性画面的出现，一方面是绘画表现能力有所增强的标志；另一方面，“如果彩陶花纹确是族的图腾标志……仰韶文化的半坡类型与庙底沟类型分别属于以鱼和鸟为图腾的不同部落氏族”[10]，那么，这两件胜负不同的鱼鸟搏斗纹画面，当可理解为鱼氏族由盛而衰、鸟氏族由弱到强的形象化的历史记录。

半坡类型的另一类彩陶图案，通常称作几何纹样，有宽带纹、三角纹、斜线纹、菱形纹、网形纹、波折纹等。半坡的鱼纹发展序列表明，不少几何纹样是由写实的动物形象逐渐抽象化、符号化变成的。有的图案，因视点变化而产生不同的形象效果，例如半坡出土的波折纹壶，侧视之，仿佛波浪迭起；俯视之，犹如花朵盛开。

姜寨二期文化，是仰韶文化由半坡类型向庙底沟类型发展的中间过渡环节。其彩陶纹样，既有三角纹、波浪纹、鱼纹、鸟头纹等沿袭半坡类型的传统因素，又有弧线纹、椭圆纹、圆点纹等开启庙底沟类型纹样先河的新因素。

庙底沟类型的彩陶比率增加，一般用黑彩，个别用红彩或红黑两色；后者于彩绘前，往往先施一层白色陶衣。彩绘主要施于器腹外或口沿上，绝不见施内彩的。动物纹样不多，仅见鸟纹、蛙纹、人面蛇身纹、水鸟啄鱼纹等。装饰性很强的图案花纹相当发达，主要有回旋钩连纹、花瓣纹、花蕾纹、垂弧纹、凸弧纹、窄带纹、豆荚纹、网格纹、圆点纹、弧形三角纹、羽状纹等。

庙底沟类型的图案花纹，具有阴阳双关、虚实相生之妙，色彩对比强烈，线条活泼流畅，显得非常典雅别致。

1978年冬，河南临汝阎村发现一件绘有《鹳鱼石斧图》的庙底沟类型彩陶缸[11]，堪称气势宏伟的原始绘画巨构。该缸高47厘米，画面高37厘米、宽44厘米。画面左侧，画一只向右站立的白鹳；细颈长喙，短尾高足，鹳目圆张，嘴叼白鲢，姿态昂扬；被叼之鱼，身体僵直，已陷绝境。画面右侧，画一把竖立的安柄石斧，画法写实，斧柄上刻画的符号及握手处的菱格纹，都描绘得精细入微，标志着此石斧具有特殊的功能。众所周知，石斧并非渔猎活动的必备工具，因此，不能将此图仅仅理解为老鹳捕鱼这种自然景象的再现，宜从其他更深刻的角度去探讨画面的含义。据严文明同志考释，临汝出土的这类陶缸可称“伊川缸”，是以中岳嵩山为中心的伊洛—郑州一带仰韶文化庙底沟期成年人的葬具；这一文化共同体，可能是一个部落联盟；使用《鹳鱼石斧图》彩陶缸入葬者，应当是为建立部落联盟立过卓著功勋的部落酋长，画中那柄装饰考究的石斧，是他生前使用过的指挥棒。从氏族社会普遍流行图腾崇拜的习俗出发，他认为白鹳叼鱼的情节性画面，实乃死者所在的白鹳氏族曾经战胜敌对的鲢鱼氏族这一历史事件的形象记录。[12]笔者赞成这种解释，在这件古代绘画杰作中，画家笔下的鹳、鱼、石斧，都是人化的自然，即人的本质力量的对象化。

大河村类型的彩陶，通常具有疏朗空灵的风格特点。彩绘前施白色陶衣者，占有一定比率。纹样有窄带纹、直线纹、斜线纹、菱形纹、弧形三角纹、梳篦纹、圆点纹、网纹、X纹、S纹等。特别引人注意的是出现了太阳纹、星月纹。对天文图像的浓厚兴趣，大概与农业、畜牧业经济的发展有关。

（二）大汶口文化的彩陶纹样

大汶口文化早期的彩陶纹样，含有较多的仰韶文化庙底沟类型的因素，如回旋勾连纹、豆荚纹、花瓣纹、弧形三角纹等。有着鲜明地方特色的是八角星纹，往往施于陶盆、陶豆的腹壁上，十分醒目雅致。由于八角星纹集中发现于鲁南、苏北地区，所以推测它很可能是生活在东岳泰山周围的部族族徽。中晚期，流行红、白两色兼用的彩绘法，有菱格纹、三角纹、圆圈纹、绹索纹、勾连纹等。

（三）马家窑文化的彩陶纹样

石岭下类型的彩陶纹样，保留着较多的庙底沟类型的因素。例如：武山傅家门出土的人面龙身纹瓶，与武山西坪出土的庙底沟类型人面蛇身纹瓶有着明显的继承关系，不同的是这种虚拟生物由两足变成四足，越来越多地具备我国古代神话传说中赋予“龙”的形象特征。又如天水、武山、甘谷等地出土彩陶罐上的变形鸟纹，也是由庙底沟类型的鸟纹演变而成。此外，石岭下类型还有弧线三角纹、勾叶纹、垂弧纹、网格纹、圆点纹。石岭下类型的彩陶纹样，是甘青地区的马家窑文化由关中地区的仰韶文化发展而来的有力证据。

马家窑类型的彩陶图案，具有结构紧密、回旋多变、装饰面大等特点，并且盛行施内彩的习惯。纹样以涡旋纹为主，还有同心圆纹、弧线三角纹、带状网纹、简化鸟纹、舞蹈纹。永靖、民和等地出土的涡旋纹瓮、瓶、壶，给人以千回百转、往复无穷之感；用笔飞动流畅，描线奔放娴熟，充分显示古代陶工高超的装饰技艺。

半山类型的彩陶，以繁密绚丽为特色。彩绘兼用红黑两色，内彩减少。盛行四个连续的涡旋锯齿纹，它是由马家窑类型的涡旋纹发展而成的；由于在黑色的旋纹旁边加上锯齿，并与红色的涡旋纹相间布置，色调更加和谐热烈。这种纹样，仿佛江河奔腾、波涛汹涌，具有动人心魄的艺术力量。此外，半山类型还流行波折锯齿纹、葫芦网格纹、圆圈菱格纹、变体人形纹。施于陶壶及陶瓮最大腹径上部的图案，无论侧视或俯视，都显得优美完整。

马厂类型的彩陶图案，显得庄重刚健。盛行四个圆圈的网格纹，另外还有菱格纹、卍字纹、米字纹、波折纹、简化人形撒播纹、回形纹；锯齿纹仍在使用，但已不像半山类型那样普遍。红、黑两色兼用者仍占多数。部分图案用笔简率粗放，构图比较松散，彩陶艺术呈现出衰落的趋势。

综观马家窑文化的彩陶，绘画特点最鲜明、意义最重要的作品，当推青海大通上孙家寨出土的舞蹈纹彩陶盆，它是马家窑类型墓葬的遗物。陶盆内壁口沿下所绘的三组（每组五人）手拉着手的舞蹈纹，是氏族成员举行狩猎舞的生动写照；它以类似剪影的精炼笔墨，再现了狩猎活动中分组围追堵歼野兽的情景。带状展开的构图，有着强烈的节奏感与装饰性；画面饱含着欢快的情绪和纯真的天趣，堪称我国原始绘画作品中首屈一指的佳作。

注释

[1]《考古学集刊》第1集，1981年。据毛本华、李绍连同志提供速写图样。

[2]陕西省西安半坡博物馆：《中国原始社会》，文物出版社1977年版，第71页。

[3]张朋川:《甘肃出土的几件仰韶文化人像陶塑》,《文物》1979年第11期。
[4]石兴邦:《半坡氏族公社》,陕西人民出版社1979年版,第148页。
[5]据青海省文物管理处考古队介绍。
[6][9]李泽厚:《美的历程》,文物出版社1981年版,第9、16、17页。
[7]《西安半坡》,文物出版社1982年版,第168、218页。
[8]谷闻:《漫谈新石器时代彩陶图案花纹带装饰部位》,《文物》1977年第6期。
[10]石兴邦:《有关马家窑文化的一些问题》,《考古》1962年第6期。
[11]《中原文物》1981年第1期。
[12]《鹳鱼石斧图跋》,《文物》1981年第12期。

本文载于《美术研究》1982年第3期

汤池(1933—2018),浙江武义人。美术史论家。1961年毕业于北京大学历史系考古专业。中央美术学院美术史系教授,中央美术学院图书馆馆长。

苏轼的文人画观论辨

阮　璞

苏轼的画论，与他的诗论、文论、书论同样，是他的系统思想在一个侧面上的演绎，是他全部文艺理论的一个构成部分。比起他的诗论、文论、书论来，他的画论在历史上所产生的影响要巨大得多。特别是自从“文人画”已经形成为一股不可逆转的壮盛的潮流，文人墨客已经将那聊以遣兴的墨竹、水墨枯木怪石的画格画法扩展到各个画料，“墨戏”已经“以附庸而蔚为大观”的明清之世，苏轼画论的某些片言只语，例如“吴生虽妙绝，犹以画工论”“阅士人画如阅天下马，取其意气所到”“论画以形似，见与儿童邻”等，更是被文人画派广为传诵，奉为至高无上的金科玉律。正是由于苏轼画论中这些脍炙人口的片言只语早已成为人们的口头禅，人们自然容易由此产生一种错觉，似乎苏轼的画论精华仅止乎此。更为不幸的是，即便是这些片言只语的口头禅，也已在众口流传当中产生出种种误解和曲解。经过一代又一代的以讹传讹，积非成是，苏轼的论画见解就更加被弄得面目全非。为了试图还苏轼的论画见解以本来面目，本文打算围绕苏轼的文人画观所涉及的几个大家经常提及似已不成问题的问题，谈出一点个人的看法，俾能引起贤达们的赐教。需要说明一下的是，由于本文着手草写是在1979年冬天，恰值两篇论及苏轼画论的重要文章接连发表，给了我不小的触发，因此本文议论颇多针对这两篇文章之处。这两篇文章，一篇是王逊同志的遗著《苏轼和宋代文人画》（以下简称为“王文”，发表在《美术研究》1979年第1期；一篇是钱钟书同志旧作《中国诗与中国画》（以下简称“钱文”），收在1979年出版的《旧文四篇》之中。

“吴王优劣论”究竟最后定论如何？

古人早就说过：“言岂一端而已”！这句话如果用来指苏轼画论的持论标准不一，前言不符后语，那是再贴切不过了。把苏轼根据他一时所见吴道子、王维画迹而偶然发出的一时兴到之论，即那个著名的抬高王维而贬低吴道子的“吴王优劣论”，看成苏轼提倡文人画、鄙视画工画的一成不变的定论，这是自古及今的人们一种习惯的看法，“王文”和“钱文”也都未能例外。

“王文”和“钱文”，为了证明苏轼论画的尊王抑吴，都不约而同地引用了苏轼《凤翔八观·王维吴道子画》一诗的某些句子。为了说明问题起见，我也想从此诗谈起。此诗全文如下：

何处访吴画？普门与开元；开元有

东塔，摩诘留手痕。

吾观画品中，莫如二子尊。道子实雄放，浩如海波翻，当其下手风雨快，笔所未到气已吞。亭亭双林间，彩晕扶桑暾。中有至人谈寂灭，悟者悲涕迷者手自扪。蛮君鬼伯千万万，相排竞进头如鼋。

摩诘本诗老，佩芷袭芳荪。今观此壁画，亦若其诗清且敦。祇园弟子尽鹤骨，心如死灰不复温。门前两丛竹，雪节贯霜根，交柯乱叶动无数，一一皆可寻其源。

吴生虽妙绝，犹以画工论。摩诘得之于象外，有如仙翮谢笼樊。吾观二子皆神俊，又于维也敛衽无间言。

这首诗自来被人们当作苏轼抬高王维而贬低吴道子、尊文人画而鄙画工画的铁证，奉为“南宗”画派权威性的理论根据。然而自从明末董其昌辈以降，大家所惯常断章取义地加以引用的只不过是“吴生虽妙绝，犹以画工论”和“又于维也敛衽无间言”这几句，而置全诗用意以及这些话在苏轼生平论画见解中究竟占有何种地位于不顾。我们要想弄清苏轼的文人画观，首先就得弄清这首诗的全诗大旨如何。

这首诗的谋篇仿佛《史记》合传之体，有合评，有分叙，有夹叙夹议。必须通过剖析全诗，照应前后，始能正确理解此诗用意所在。首先，诗的开头就点明，这里所说的吴画、王画仅仅指他在凤翔的普门、开元二寺所见壁画遗迹而言。接着便拿这样两句合评，来作为全诗立论的基调：“吾观画品中，莫如二子尊。”什么是这里所谓的“画品”呢？就是顾恺之在《论画》中所说的“此以巧历不能差其品也”和谢赫在《画品》中所说的“夫画品者，盖众画之优劣也”“谨依远近，随其品第，裁成序引”的那个“画品”，即画艺高下的“品第”。“吾观画品中，莫如二子尊”，分明是说吴王二人的画艺在画品中并列最高的品第，没有别人更能像吴王二人的画品那样值得尊崇了。李嗣真论董伯仁、展子虔的画谓“董展同品”（《历代名画记》所引），苏轼在这里说的“画品”也是在说吴王同品。这道理原是简单的，想不到“钱文”竟将苏轼在这里说的“画品”理解为后世文人画派以“逸、神、妙、能”四品论画的那个“画品”，认为苏轼此诗“就是说，以画品论，吴道子没有王维高”。“钱文”这里所谓的“画品”，不是指画艺高下的品第，而是指画的“品格”，是置逸品于神品之上。这完全是与苏轼的以“神俊”二字目吴王，以吴王在画品中具有同等崇高地位的原意背道而驰的。不仅如此，“钱文”甚至还由此引申道：“画品居次的吴道子的画风相当于最高的诗风，而诗品居首的杜甫的诗风只相当于次高的画风。”“用杜甫的诗风来作画，只能达到品位低于王维的吴道子，而用吴道子的画风来作诗，就能达到品位高于王维的杜甫。”将诗画的品格与风格，即将“画品”“诗品”与“画风”“诗风”割裂开来和对立起来，这真未免叫人困惑莫解。

还是回到这首诗上来吧。在提出“莫如二子尊”的这个基本论调之后，苏轼就分途叙述所见二人画迹。在结合具体画迹的题材内容而赞赏二人各自不同风格的同时，对王维画迹中所显现的那种与王维诗风相似的情韵感到更能引起自己的欣赏兴味，因此在全诗最后的结论中，虽然再次肯定吴王同品，下了一个“吾观二子皆神俊”的总评语，却对吴道子的仅止于极画工之能事，赶不上王维的能够借助诗人的思致尤能使自己惬心称意，而提出“摩诘得之于象外”，“又于维也敛衽无间言”的这个尊王抑吴之论。

通观苏轼此诗，他在肯定吴王同在高品、吴王同属神俊的基调上，特别欣赏王维能于寻常可得名状的物象之外表现出一种诗人的韵度，并执此一点来衡量吴王的优劣，其倾向于尊王抑吴，自是毋庸讳言的事实。但是对具体事物应作具体的分析，我们绝不可脱离苏轼据以立论的具体画迹和当时我国绘画发展的具体历史背景来看问题，以免对苏轼这次尊王抑吴之论作出不适当的估计和片面性的论断。

首先，我们应该弄清苏轼此诗所记凤翔普门、开元二寺吴王壁画遗迹的题材内容和艺术特色，还应该弄清苏轼的议论是只根据他一时所见吴王画迹而发，还是在认真地对吴王大量画迹作过全面考查之后而得。

据与苏轼同时的邵博在《邵氏闻见后录》中所载：“凤翔府开元寺大殿九间，后壁吴道玄画，自佛始生、修行、说法至灭度，山林、宫室、人物、禽兽，数千万种，极天下之妙。如佛灭度，比丘众躄踊哭泣，皆若不自胜者，虽飞禽走兽亦作号顿之状。独菩萨淡然在旁如平时，略无哀戚之容，岂以其能尽生死之致者欤？”又据苏轼在凤翔时所作《记所见开元寺吴道子画佛灭度以答子由》诗中所咏：“道成一旦就空灭，奔会四海悲人天，翔禽哀响动林谷，兽鬼踯躅泪迸泉。庞眉深目彼谁子，绕床弹指性自圆，隐如寒月堕清昼，空有孤光留故躔。……”可知苏轼此诗所咏的吴画乃是成组的佛传图中的最精彩的一段——佛灭度。佛灭度这一具体题材内容，据佛书所载：佛在娑罗双树下（即诗中所谓的“双林”）入涅槃，当时大地震动，诸比丘等悲恸殒绝，经过阿那律的劝告阻止，才抑制住悲恸之情。“中有至人谈寂灭，悟者悲涕迷者手自扪”这几句正是指的这个情节。“谈寂灭”的“至人”，当是指“绕床弹指性自圆”的这位“庞眉深目”者。由于佛灭度的情节是悲剧性的，场面又极其巨大，吴道子在画中所显现艺术风格，固然有画家个性流露的一面，同时也更有受具体题材内容决定的一面。为了表现“人天悲恸”的特定内容，他不可能不采取“雄放”的格法，以期达到激荡人心的悲剧性顶点。

至于此诗所咏王维画迹，共有两铺，一铺是高僧像，另一铺是竹图。据诗中“祇园弟子尽鹤骨，心如死灰不复温”二句，以及苏轼在凤翔时所作的一则短文所记：“嘉祐癸卯上元夜，来观王摩诘笔。时夜已阑，残灯耿然，画僧踽踽欲动，恍然久之。”可见王维在开元寺画的主要的一铺壁画，乃是从唐代中期起就已流行的高僧像（罗汉像）。高僧像这一题材，是随着当时佛教信仰风气的转变——对于佛法何等神奇、轮回报应何等灵验等的信仰愈益淡薄，而愈益被禅僧们所倡说的“菩提只向心觅，何劳向外求玄”的另一种信仰所取代从而盛行起来的一种佛教绘画新题材。这种新题材虽然仍旧不免寄寓着浓厚的宗教信仰，却包含着相当多的世俗玩赏性的成分（这也说明了社会上对佛教绘画欣赏风气的转变）。我们只要看一看唐代中、晚期诗人在诗中对于以僧入画的描写，如贾岛《寄无得头陀》云：“貌堪良匠抽毫写，行称高僧续传书”，《赠僧》云：“常恐画工援笔写，身长七尺有眉毫”；王建《赠洪誓师》云：“老僧真古画”；韩偓《曲江秋日》云：“有个高僧入图画，把经吟立水塘西”之类，莫不是从僧人身上看出了画意。从这里我们不难看出，被当时与后世号称“高人”的王维，其画高僧像，也正如周昉的创造“水月观音”一样，只不过是时代风气的产物。生活在北宋中期的苏轼，自然难免不在论画上带有这种佛教绘画欣赏风气转变后的特征，相对于吴道子的佛灭度巨构而言，他是比较更为欣赏王维的高僧像的。从唐代中期以降，僧不但被认为有画意，而且更被认为有诗情。方回《瀛奎律髓》指出过：僧也和花、竹、鹤、琴、药、茶、酒一样，是姚合诗派不可缺少的诗中“用料”。苏轼当日所看到的王维画僧真迹虽然早已湮没无踪，但他的画僧不免要表现高僧那种萧闲寂静的韵度和清癯的容貌，自是不难概见的。苏轼从王维的画僧联想到王维的诗风，也是很自然的。金代赵秉文的《渡水僧》诗云：“君看眉睫间，中有摩诘诗”，此二句可说是苏轼以王维画僧为画中有诗的最好的佐证。可是自从后世文人墨客以山水画相崇尚而视人物画为画工之事的风气笼罩整个画坛以来，有谁相信苏轼此处所咏王维画迹“亦若其诗清且敦”不是指的山水而是指的画僧呢？明代莫是龙《画说》、董其昌《画禅室随笔》为了给“南宗”山水画捏造理论根据，不惜移的就矢，诡称苏轼“又于维也敛衽无间言”这句赞语是指王维的“始用渲淡”“一变钩斫之法”的山水画而言。唐志契《绘事微言》更公然搬出苏轼这句“无间言”之说，作为该书开宗明义第一章《画尊山水》的借口，说什么“东坡一时见吴道子佛像，摩诘《辋川图》，怅然叹曰：‘于维也无间然’。其有所重哉”。这完全是不考苏轼原诗，仅凭道听途说，妄揣苏诗所咏王维之画必为鼎鼎大名的《辋川图》的结果。

另一铺王维画迹，据诗中云：“门前两丛竹，雪节贯霜根，交柯乱叶动无数，一一皆可寻其源”，可知其为竹图。这一铺画竹，从后人的石刻摹本以及李衎《竹谱》的文字记载来看，完全是采用双钩，即所谓“铁钩锁”的画法，与后世文人墨客所崇尚的亦即苏轼自己所采用的那种墨竹画法，简直毫无共同之处。金代元好问《王黄华墨竹》一诗起首四句云：“古来画竹尊右丞，东坡敛袂不敢评。开元石本出摹写，燕市骏骨留空名。”就是指的他从石本上见到王维在开元寺画竹的摹本而感到的失望。

根据以上的分析，我们可以说，既然苏轼在他发表著名的“吴王优劣论”的诗篇中所咏的王维画迹是人物画和双钩竹，而不是山水画和墨竹，那么我们有什么理由将苏轼在这里对王维的赞赏之词，硬拿去与后世文人墨戏画和“南宗”山水画发达时期的文人画观，例如董其昌辈所凭空捏造的“文人之画，自王右丞始……吾朝文沈，则又遥接衣钵”之类的谣言牵合一处呢？我们知道，处在唐代中期的王维所画，不少是壁画，更多的则是风格“细巧”的屏风画，这些画不是为了适应装饰寺观宅第的需要，便是为了满足“人家所蓄”的需要而提供的，这一点与后世文人画的那种“以画为乐，以画为寄”的状况，存在着极大的一段距离。特别是王维经常要参加到与工匠们一起操作的作画程序里，他的“指挥工人布色”，是与吴道子的“每落笔便去，多使（翟）琰与张藏布色”或“工人布色”毫无差别的。这个客观存在的历史事实，对于后世文人画派心目中所揣想的作为“南宗”画派开山老祖的王维，该是多么的大煞风景呵！“钱文”说苏轼“论画倾向南宗”，这是狃于董其昌等“画分南北宗”的谰言，在王维画与“南宗”画之间画上等号的一种说法。

苏轼从自己一时所见吴王二人具体画迹出发，以“雄放”二字目吴，以“清敦”二字目王，而其欣赏兴趣则倾向于清敦。其实雄放与清敦，主要是随着题材内容的不同而相题托体所表现出来的不同美学情趣。再说吴的雄放与王的清敦——苏辙把它们分别叫作“刚杰”与“软美”，用今天的美学范畴来说，一个属于崇高，一个属于优美，本身原是无可优劣的。苏轼对此未及深究，便发此一时兴到语，漫为尊王抑吴之论，作为评论家来要求，这种任情偏赏的态度应该说是不足取的。因此，当苏轼这首诗一寄给他的弟弟苏辙时，苏辙便第一个表示不同意，《栾城集》载当日苏辙针对他哥哥《凤翔八观·王维吴道子画》一诗所作的和章，给予他哥哥尊王抑吴的观点以极具说服力的驳正：

> 我非画中师，偶亦识画旨：勇怯不必同，要以各善耳。壮马脱衔放平陆，步骤风雨百夫靡，美人婉娩守闲独，不出庭户修容止。女能嫣然笑倾国，马能一蹴致千里。优柔自好勇自强，各自胜绝无彼此。谁言王摩诘，乃过吴道子？试谓“道子来，置汝所挟从软美”。道子掉头不肯应：“刚杰我已足自恃”。雄奔不失驰，精妙实无比……

苏轼、苏辙兄弟二人，自幼就互为师友，是兄弟，也是学友道侣。苏轼曾不止一次地表示：苏辙是自己的畏友和益友。苏辙所撰苏轼的墓志铭，就曾说苏轼“尝谓辙曰，‘吾观今世学者，独子可与我上下耳’”。苏轼甚至表示自己比不上苏辙，而在旁观者看来，认为事实也是如此。秦观《淮海集·答傅彬老简》说苏轼“尝自谓‘吾不及子由’。窃以为知言”。看来，苏辙在这里直言不讳地纠正苏轼论画的阙失，是切中要害的，他的审美的眼力确实比苏轼更高、更通达。从美学范畴来说，雄放与清敦二者确实“各自胜绝”，无可优劣，一定要吴道子放弃自己的刚杰而改从王维的软美，那是不可能的，也是没有必要的。“谁言王摩诘，乃过吴道子”这一问，是足以使乃兄“关其口而夺其气”的。

苏轼对他弟弟给予他的责难抱什么态度呢？看来他已完全采纳了他弟弟的意见。第一，苏轼此后再也不曾发表过尊王抑吴之论，相反，此后倒是对吴道子的评价逐年抬高（当然，这主要是由于他自己在尔后阅历和见识的增长所致）。第二，对这次赞誉为“得之于象外”的王维的画人物和画竹，此后再也没有提及；对王维的山水画此后虽曾数次提及，但也同样数次提及李思训的着色山，对李王二人的山水画，苏轼是各有所取，初无轩轻的。遍考苏轼生平论画，其尊王抑吴之论，仅仅见于在凤翔咏吴王二人画迹这一次。那种只是抓住此诗“吴生虽妙绝，犹以画工论”“又于维也敛衽无间言”等一时兴到语，便断言这是苏轼对吴王优劣所下的生平定论，是经不起事实检验的。

苏轼兄弟出生在唐、五代画迹最为丰富、传统画派势力最为雄厚的西蜀。李畋《益州名画录·序》说：“盖益都多名画，富视他郡。谓唐二帝播越，及诸侯作镇之秋，是时画艺之杰者游从而来，故其标格楷模，无处不有。”文同《丹渊集·彭州张氏画记》说：“蜀自唐二帝西幸，当时随驾以画待诏者皆奇工。故成都诸郡，寺宇所存诸佛、菩萨、罗汉等像之处，虽天下号为古迹多者，尽无如此地所有矣……至国初，其渊源未甚远，故称绘事之精者犹班班可考。”这些，都足以说明西蜀绘画遗迹的丰富和传统的深远。苏轼对于绘画的爱好，不仅由于自幼受到乡土文化的熏陶，而且也由于受到他家庭教育所给予的影响。苏轼的父亲苏洵便是一个很大的绘画收藏家。据苏轼在《四菩萨阁记》中所说：“始吾先君，于物无所好，燕居如斋，言笑有时。顾尝嗜画。弟子门人无以悦之，则争致其所嗜，庶几一解其颜。故虽为布衣，而致画与公卿等。”可见家学对于苏轼的爱好绘画是有启迪之功的。苏轼继承他父亲的志趣，成为一个著名的绘画鉴藏家，其留意绘画，大约在很年轻时便已开始。缪荃荪《云自在龛随笔》有这样一条记载：“‘至和丙申春季二十八日，眉阳苏轼与弟苏辙来观卢楞伽笔迹’。东坡二十五字，在成都东门大慈寺。丙申是至和三年，是年九月改元嘉祐矣。是时坡公年廿一岁，子由年十八。海内苏氏石刻，莫先于此。”这条记载，说明了苏氏兄弟从很年轻时起便已受到吴道子画派传统的熏陶（卢楞伽是吴的大弟子）。不过，苏辙有一点是与苏轼不同的，他对绘画的爱好并不像其父兄那样热衷，而是比较淡漠、通达。这就是苏轼在一则小文中所说的：“子由之达，自幼而然。方先君与某笃好书画，每有所获，真以为乐，子由观之，漠然不甚经意。”（见《志林》）正因为苏辙与乃兄的资质、性格不尽相同，能独立思考，所以他的见解与乃兄不尽相合，从而更能得到乃兄的重视。

对于苏轼尊王抑吴的一时兴到语，我们应该怎样看呢？还是得重提一下前面已经引过的一句古话：“言岂一端而已！”比方说，苏轼在《跋韩退之〈送李愿序〉》中写道：“欧阳文忠公尝谓晋无文章，惟陶渊明《归去来》一篇而已。余亦以谓唐无文章，惟韩退之《送李愿归盘谷序》一篇而已。”我们若是将此一时兴到语当真，断言这是苏轼对有唐三百年全部文章在作过一番严格评比后所得出的结论，那就未免过于胶柱鼓瑟了。对苏轼论文、论诗、论书、论画的许多一时兴到语，我们都不应该抱有这种胶柱鼓瑟的看法。

“钱文”和“王文”都列举了苏轼在《书黄子思诗集后》中的一些论诗、论书，特别是赞赏唐末司空图的诗和诗论的几段话，而分别得出以下的论断。“钱文”说：“他（苏轼）论诗到头来也倾向于神韵派，和他论画倾向于南宗，标准渐渐一致了。”“王文”说：“苏轼……提出了三点主要见解：一、技巧上的最高成就不是艺术上的最高境界，甚至妨碍最高境界的完成。二、艺术上最高境界是‘萧闲简远’或‘简古’。三、艺术的最高表现‘常在咸酸之外’，即超越感情的具体形象之外。”试联系苏轼全部论诗、论书、论画主张来看，我们不禁要问：难道事实果真是这样吗？

“钱文”和“王文”都不得不承认，苏轼在《书吴道子画后》中曾提出过这段著名的论断：“智者创物，仁者述焉，非一人而成也。君子之于学，百工之于技，自三代历汉至唐而备矣。故诗至于杜子美，文至于韩退之，书至于颜鲁公，画至于吴道子，而古今之变，天下之能事毕矣。”这段话清楚地表明，苏轼谈艺具有浓厚的推尊“集大成”者和“圣之时”者的儒家正统思想。这种思想，苏轼曾经一再加以阐述。例如他说：“颜鲁公书雄秀独立，一变古法，如杜子美诗，律格天纵，奄有汉魏晋宋以来风流。后之作者，殆难复措手。”（《书唐氏六家书后》）这种思想，是同他在《书黄子思诗集后》中所标举的偏嗜超脱简古趣味的观点是互相矛盾的。对这样两种观点的矛盾我们应该怎样看呢？

原来苏轼的思想结构——包括他的政治思想、哲学思想、文艺思想等——是相当复杂、充满矛盾的。但我们如果仔细寻绎起来，他的矛盾并不是没有个主要方面的。苏辙在所撰的苏轼墓志铭中说，苏轼年轻时读书，“初好贾谊、陆贽书，论古今治乱，不为空言。既而读《庄子》，喟然叹曰：‘吾昔有见于中，口未能言，今见《庄子》，得吾心矣’。乃出《中庸》，论其微妙，皆古人所未喻”。“后读释氏书，深悟实相，参之孔老，博辩无碍，浩然不见其涯也。”“复作《〈论语〉说》，时发孔氏之秘。”可见苏轼思想的形成，既有儒家思想成分，也有老庄思想和佛家思想的成分。然而倘使就其总体而言，儒家思想无疑是占主导地位的。作为“文忠公”谥号获得者的苏轼，他平生抱有强烈的经国济民的用世之志。他从小就立志效法范滂，以气节相尚。他在《题〈和王巩六诗〉后》中自评道：“仆文章虽不逮冯衍，而慷慨大节，乃不愧此翁。”宋孝宗《御制〈苏文忠公集〉序》谓：“苏轼忠言谠论，立朝大节，一时廷臣，无出其右。”《宋史》在苏轼传论赞中也说他“祸患之来，节义足以固其守”。他在政治上虽属“旧党”，但他对同党也绝无丝毫阿附比周之事。他与程颐交恶至于在奏章中自言“嫉程颐之奸”。对于司马光的失误，他不少宽假说：“岂今日作相，不许轼尽言耶？”在哲学思想上，他对韩愈和自己的老师欧阳修的以捍卫儒家道统自任简直是拳拳服膺，没齿不忘。他自己也未尝没有“攘斥佛老”的过激言论。在《拟学校贡举状》中，他用这样的话来耸听“人主”：“然臣窃有私忧过计者，敢不以告！昔王衍好老庄，天下师之，风俗陵夷，以至南渡。王缙好佛，舍人事而修异教，大历之政，至今以为笑。……今士大夫以佛老为圣人。鬻书于市者，非《老》《庄》之书弗售也。……使天下之士，能如庄周齐生死，一毁誉，轻富贵，安贫贱，则人主之名器爵禄，所以砺世磨钝者废矣，陛下亦安用之？”在《中和胜相院记》中，他比韩欧还更加深刻地揭穿佛教的妄诞：“吾尝究其语矣，大抵务为不可知，设械以应敌，匿形以备败，窘则推堕滉漾中，不可捕捉，如是而已矣。”他特别对当时佛教中最盛行的不究佛典、空谈妙语的风气最为反感。在《书楞伽经后》中，他说道：“若出新意而弃旧学，以为无用，非愚无知，则狂而已。近岁学者各宗其师，务从简便，得一句一偈，自谓了证。余波末流，无所不至，佛法微矣。”凡此等等，与后世倡言“南宗”画派的董其昌辈在佛学上的宗门派别该是多么适为相反啊！总之，我们要想弄清苏轼的文人画观和苏轼全部的论画见解，就得弄清苏轼的思想体系，弄清苏轼的为人，就得首先破除那种把苏轼看成是个“放情自高之人”，是个风流才子，是个老清客的流俗之见。

特别是在文艺思想上，苏轼是既崇大家，又赏清趣，充满着儒家思想与佛老思想之间的矛盾。但“文以载道”“大雅”“正声”“集大成”等儒家正统见解，始终在其文艺思想中占有主导地位，这是无可辩驳的事实。诚然，苏轼酷嗜陶潜的诗，甚至宣称：“吾于诗人无所甚好，独好渊明之诗。渊明作诗不多，然其诗质而实绮，癯而实腴，自曹、刘、鲍、谢、李、杜诸人皆莫及也。”（见苏辙《子瞻和〈陶渊明集〉引》）假若我们也像“钱文”一样，执此一端以考证中国论诗标准，岂不可以断言苏轼论诗奉陶潜为极则，而将李杜的地位降居次品吗？其实对于苏轼来说，他论诗推崇陶潜，与他推崇韦应物、柳宗元、司空图一样，丝毫也不影响他奉杜甫为“大雅”“正声”“集大成”“才力富健”的正宗地位。在《书黄子思诗集后》中，苏轼固然激赏韦、柳的诗是“发纤秾于简古，寄至味于淡泊，非余子所及也”；固然盛称司空图论诗主张“其美常在咸酸之外”。但是我们只要从以下一个例子——《书司空图诗》这篇短文来看，便会知道苏轼在杜甫与司空图之间究竟是怎样判定优劣的。在这篇短文中苏轼写道：“司空表圣自论其诗，以为得味于味外。‘绿树连村暗，黄花入麦稀’，此句最善。又云：‘棋声花院静，幡影石坛高’，吾……知此句之工，但恨其寒俭有僧态。若杜子美云：‘暗飞萤自照，水宿鸟相呼’；‘四更山吐月，残夜水明楼’，则才力富健，去表圣之流远矣。”很清楚，苏轼的偶发一端之议，称许司空图的“其美常在咸酸之外”的论诗主张，是丝毫不会触动他推崇杜甫为大宗的这个既定地位的。正如他的偶发一端之议，激赏王维“得之于象外”的“清敦”的画趣，也是丝毫不会触动他推崇吴道子为圣手的这个既定地位一样。

“王文”抓住《书黄子思诗集后》中那段称赏司空图的话语，断言苏轼提出的“主要见解”是“艺术的最高境界是‘美常在咸酸之外’”，把恰恰不是“主要见解”的东西说成是“主要见解”。不知对苏轼在这里说的杜甫“才力富健，去表圣之流远矣”，又将做何解释？

固然，苏轼《评韩柳诗》曾谓“柳子厚诗在陶渊明下，韦苏州上”，认为“（韩）退之豪放奇险则过之，而温丽靓深则不及也”；而且苏轼南迁时又曾以柳宗元诗文数册与陶渊明集常置左右，目为“二友”，这些似乎足可证明苏轼对柳诗颇有偏嗜。但是众所周知，苏诗从来不闻得力于柳诗，倒是被公认为得力于韩诗。其波澜壮阔，气势雄直，极尽以文为诗之能事，确可与韩诗勍敌，因此后世论诗每以韩苏并称。再说苏轼对“南迁二友”的陶柳绝不是一视同仁的。他遍和陶诗，却绝无一篇和柳之作。并且若是联系到柳宗元的人品、心术，苏轼则表示公开的谴责。例如苏轼曾经这样旗帜鲜明地指斥道：“柳宗元敢为诞妄，居之不疑。”（见《志林》）在《与江惇礼书》中，苏轼对柳宗元的学说乃至心术、人品，做了这样的评判：“此所谓小人无忌惮者。”

可见我们倘若仅执苏轼一端之议，便断言苏轼论诗以韦柳的“简古”“淡泊”为“艺术的最高境界”，并从而推断苏轼对于包括绘画在内的所有艺术部门都是持此为“最高境界”的标准，这种持论的方法不仅是执偏以概全，而且是“强古人以就我范”的一种做法。“钱文”认为“苏轼对杜甫的推重，并不是一心一意”，认为苏轼在许多文章里“反复称杜甫为‘古今诗人之首’，那是平稳的正统见解”。这些话，真不知何所据而云然？至于抓住《书黄子思诗集后》中的一段话，便断言苏轼“论诗到头来也倾向于神韵派，和他论画的倾向南宗，标准渐渐一致了”。这也是很难令人信服的。苏轼偶发一端之议，你有何根据说是他“到头来”的定论呢？以杜甫作诗的熔经铸史，海涵地负，却偏偏倾倒于孟浩然的“鱼藏缩项鳊”和“试垂竹竿钓，果得楂头鳊”的诗句，称孟浩然是“清诗句句尽堪传”，感叹“即今耆旧无新语，漫钓楂头缩项鳊”。你能说这是杜甫论诗到头来也倾向于“神韵派”吗？

然则苏轼为什么要激赏柳宗元、司空图等人的诗呢？这个最好借用苏轼对他老师欧阳修为什么要赞赏另一个唐人的诗句所作出的理解来代作答案。在《书常建诗》的短文中苏轼写道：“常建诗：‘曲径通幽处，禅房花木深。’欧阳公最爱重，以为不及。此语诚可人意，然于公何足道？岂非厌饫刍豢，反思螺蛤耶？”这里所打的“厌饫刍豢，反思螺蛤”的一个比喻，正是苏轼根据自己的心理状态来推测欧阳修的。可说是苏轼对于他激赏柳宗元、司空图等人的诗的夫子自道。这也正如苏轼自己为了激赏杭州梵天寺僧守诠的一首“清婉可爱”的小诗，至于仿效其体写出“但闻烟外钟，不见烟中寺。幽人行未已，草露湿芒屦。惟应山头月，夜夜照来去”的诗来，终不免被周紫芝指为“虽欲回三峡倒流之澜，与溪壑争流，终不近也”（《竹坡诗话》）。可见苏轼偶然换一下口味，嗜食一下螺蛤，对柳宗元、司空图的诗或王维的画发出一番赞誉，是丝毫无害于他论诗论画的主导见解的。总之，苏轼在凤翔据一时所见吴王画迹偶发尊王抑吴之论，对于他将吴道子画与杜甫诗、韩愈文、颜真卿书并推为“古今之变，天下之能事毕矣”的正统见解来说，是只有拿“厌饫刍豢，反思螺蛤”的心理原因才能解释的。

怎么能把后世论诗标准与论画标准相反即所谓“吾国诗画标准相反，画推摩诘，而诗尊子美”（钱钟书《谈艺录》）的这个情况的形成追加到苏轼头上呢？其他姑置不论，但看苏轼在《书吴道子画后》中所开列的“诗至于杜子美，文至于韩退之，书至于颜鲁公，画至于吴道子，而古今之变，天下之能事毕矣”，这个名单到后世起了什么变化便可知个中究竟了。董其昌《容台集》说：“诗至少陵，书至鲁公，画至二米，古今之变，天下之能事毕矣。”姚鼐《王禹卿七十寿序》说：“……文章至于韩退之，辞赋至于相如，诗至于杜子美，作书至于王逸少，画至于摩诘，此古今所谓绝伦魁俊，而后无复逮者矣。”苏轼名单中的吴道子，到董其昌的名单中换成了二米（米芾、米友仁），到姚鼐名单中换成了王维，先后对比之下，我们将会发现“画推摩诘，而诗尊子美”的“诗画标准相反”的真正形成，那还是晚起的事，与苏轼并没有什么直接关涉。

苏轼的论诗与论画标准是有其内在联系的，

不可能不一致的，不过这个标准的一致，绝不是什么诗倾向于“神韵派”与画倾向于“南宗”的一致，而是诗崇李杜，画重吴生的一致。“才力富健”“天下之能事毕矣”“奄有汉魏晋宋以来风流”等等，才是他论诗、论书、论画所揭橥的标准。在论诗上，他崇奉“扫地收千轨，争标看两艘”的李杜为大家；在论书上，他崇奉“始集古今笔法而尽发之，极书之变”的颜真卿、柳公权为宗师；在论画上，他崇奉“浩如海波翻”的吴道子为圣手，这在具有儒家正统思想的苏轼，原是极其顺理成章的事情。苏轼在《跋蔡君谟飞白书》中提出这样一个观点：“分科而医，医之衰也；占色而画，画之陋也。和扁之医，不别老少；曹吴之画，不择人物。谓彼长于是则可，曰能是不能是则不可。”这就是说，画道与医道一样，首先贵在淹通博洽。古代著名的医家和（人名）与扁鹊，是不分老年、幼年、妇科、儿科而医的；著名画家曹不兴与吴道子，是不择佛道、人物、仕女等画科而画的。值得我们注意的是，苏轼认为“占色而画”是画道日趋庸陋的原因。什么是“占色而画”呢？“占”就是瞻视、选择，“色”就是品种、种种色色。“占色而画”就是选择题材科目而画。《历代名画记》评萧悦云：“萧悦协律郎，工竹一色，有雅趣。”所谓“工竹一色”，就是说仅止于画竹一种。萧悦的“工竹一色”正是苏轼所不满的“占色而画”的适例。苏轼的这种论画主张，该是与多少人心目中苏轼的文人画观适为相反啊！“王文”认为苏轼的提倡文人画，就是“他把以竹、石、枯木、云、水为题材的绘画的地位置于描写人、禽、宫室、器用的作品之上”，对照苏轼不满“占色而画”的论画主张，“王文”的这种说法显然是未为得实的。

苏轼论书，于唐推颜真卿，于宋推蔡襄；论画，于唐推吴道子，于宋推李公麟。从苏轼的思想体系来说，这是完全合乎逻辑的。苏轼评蔡襄书“为当世第一”（《跋君谟书》），理由是蔡襄“真、行、草、隶，无不如意”（《跋君谟飞白》）。他评李公麟画“逸妙而造神。能于道子之外，探顾陆古意”（《答李端叔书》）。这完全是根据李公麟于佛像、人物无所不能而论的。应该指出的是，在《书李伯时〈山庄图〉后》一文中，他说：“吾尝见居士（指李公麟）作《华严相》，皆以意造，而与佛合。佛、菩萨言之，居士画之，如出一人。”《华严相》即《华严经变相图》，是李公麟根据《华严经》所画佛经题材的盛大场面。据元代虞集题跋此图有云：“龙眠居士宿慧通，亲睹华严法界观，手画毗卢妙相好，灵知所见非幻作。诸神勇识以次来，衣冠璎珞严饰具。乃至诸天诸大天，福德贵神八部等，威严并承佛恩力，各随因地见形势。”则其画魄力的雄大可想而知。“钱文”将清代王士禛论诗的推崇王维的妙悟与苏轼论画的推崇王维的“得之于象外”强相比附，却忘记了恰恰就是王士禛，在《古夫于亭杂录》中记述了钱谦益的一段跋语：“晚读《华严经》，称心而谈，浩如烟海，无所不有，无所不尽。乃喟然叹曰：子瞻之文，其有得于此乎？文而有得于华严法界，事理周遮涌现，无门庭，无墙壁，无差择，无拟议……”然后说：“此跋论东坡，语语破的。余昔有《题坡集后》绝句：庆历文章宰相才，晚为孟博亦堪哀。淋漓大笔千秋在，字字华严法界来”，士禛在此处谓此诗是《题坡集后》，而士禛诗集标题却云：“冬日读唐宋金元诸家诗，偶有所感，各题一绝卷后，凡七首。”此即其第三首。可见“字字华严法界来”之说是专指苏轼的诗而言的。看来，“神韵派”的王士禛倒是最能赏识苏轼的诗是具有那种浩如烟海和变化不可端倪的广大神通的。可见苏轼论画于唐推吴道子，于宋推李公麟，是与他自己的追求“华严法界”完全一致的。

从思想体系上看，苏轼的论画见解与董其昌的标举所谓“南宗画”非但了无关涉，而且是根本相反的。这一点也可以从苏轼与董其昌在佛学上的见解不同得到有力的证明。苏轼在我上文已经引用到的《书楞伽经后》中对当时南宗末流那种厌旧喜新、务简取巧的风气感到十分不满的那段话，正好似预先为明董其昌辈的“狂禅”而发。苏轼的佛学见解，曾清楚地表现在他《闻潮阳吴子野出家》一诗的结语中：“当为狮子吼，佛法无南北。”苏轼是认为举世斤斤计较的南北分宗是根本没有什么意义的。苏轼论佛学的见解如此，然则他论画的见解与董其昌辈侈言“可一超直入如来地”的“南宗画”还会有什么共同之处吗？

“钱文”认为外国的“灰暗的诗歌”可比我国“南宗的水墨画”，同时又断言苏轼“论画倾向南宗”。这是不根据事实的一种说法。难道苏轼在美学上只是个灰暗、单纯和寂静趣味的追求者吗？不。苏轼倒更是个伟丽的美、动的美、力的美的喜爱者。苏轼在一篇论诗的小文里写道：“七言之伟丽者，杜子美云：‘旌旗日暖龙蛇动，宫殿风微燕雀高’；‘五更鼓角声悲壮，三峡星河影动摇’。……轼亦云：‘令严钟鼓三更月，野宿貔貅万灶烟’，又云：‘露布朝驰玉关塞，捷书夜到甘泉宫’。亦庶几焉尔。”这种伟丽的美在绘画中，最突出的便是“大李将军”的“着色山”。苏轼特别喜爱着色山，相形之下，倒是对水墨画法的那种末流之弊感到可厌。在《王晋卿所藏着色山二首》的第一首诗中，他这样宣称：“缥缈营丘水墨仙，浮空出没有无间。尔来一变风流尽，谁见将军着色山？”说明他对当时画坛竞效李成，溺于一种只用少量水墨写出缥缈云山的画法，致使高古伟丽的大李将军一派风流顿尽，表示深深的不满和忧虑。在《跋宋汉杰画山》一文中，他惩于举世相习成风的一套画法——“画山川峰麓，颇以云物间之”和为了不使“唐人典型尽矣”，故特别勉励宋子房“若为之不已，当作着色山也”，这一方面固然是他想以取法乎上来补救时弊，另一方面也是由于他对着色山的矞皇的色彩、雄壮的气势有着强烈的爱好。在《书王定国所藏王晋卿画着色山》的诗中，他有句云：“正赖天日光，涧谷纷斓斑。”这与他在《王晋卿所藏着色山二首》的第二首诗中所说的“宿云解驳晨光漏，独见山红涧碧时”之句，都说明他喜爱一种伟丽的美。唐人诗中咏及吴道子与王维画的，有以下两个例子。杜甫诗云：“森罗移地轴，妙绝动宫墙”（《冬日谒玄元皇帝庙》），于吴道子画特别指出一个“动”字；韦庄诗云：“静阅王维画，闲翻褚允棋”（《和友人》），于王维画特别联系一个“静”字。苏轼对于吴道子画所体现出来的这个动的美、力的美的喜爱，甚至从对自然景象的观照中也流露出来。他有这样一首诗：“疾雷破屋雨翻河，一扫清风未觉多。应似画师吴道子，高堂巨壁写《降魔》！”（《追和子由去岁试举人洛下所寄》）这与“钱文”所断言的苏轼“论画倾向南宗”的美学追求该是多么格格不入啊！

让我们再回到苏轼的尊王抑吴之论上来。

苏轼作《凤翔八观·王维吴道子画》诗，偶发尊王抑吴之论，时年二十六岁，可说是他的少作。这一年苏轼考取进士，授大理评事凤翔府判官。春风得意，少年气盛，当时放言高论，不免过于偏激，连他自己日后也为此感到追悔。他后来为陈希亮（字公弼）作传时所说的一段话里写道："轼官凤翔，从公二年。是时年少气盛，屡与公争议，至形于辞色，已而悔之。"当时陈希亮为凤翔府长官，是苏轼的顶头上司。随着后来阅历、见识的增长，苏轼越来越对自己少年时期议论的偏激感到追悔，对与陈希亮的争议的追悔只不过是其一例。这一例子，完全可以拿来佐证以下的一个事实：苏轼在吴王优劣论问题上，自从凤翔以后再也没有继续发表尊王抑吴之论，相反地，尊吴倒是成为他尔后的一贯看法，并且这看法是与年俱增的，这应该也是出于他对自己少年时期议论偏激的一种追悔。

我们试拿苏轼生平论画诗文有年代可考者来一一验证，将会发现苏轼对吴道子的评价之高，简直是与年俱进。就在他官凤翔时，曾以钱十万买得吴道子佛像两板，献给他的父亲。这说明了他对吴画的爱好。他于嘉祐年间在汴京时，曾从陈汉卿家见到一幅其上绘有佛、菩萨、侍者、志公的吴画，画已破碎不堪，他却心记不忘。此画后为鲜于侁所得，装褙完好。元丰元年，苏轼四十三岁，方从鲜于侁手里得到此画，为之作诗，有"更补朱繇为道玄"之句，自注云："世所收吴道子画，多朱繇笔也。"将这话和他在五十岁时在《书吴道子画后》一文中所说的"余于他画，或不能必其主名，至于道子，望而知其真伪也"的话互证，足见他对吴画的研究之深，鉴别之精。四十八岁，他写过一篇《跋吴道子画〈地狱变相〉》，起首一句便云："道子，画圣也。出新意于法度之内，寄妙理于豪放之外。"这与他在《书吴道子画后》中所说的"出新意于法度之中，寄妙理于豪放之外……盖古今一人而已"，前后两年之间，评论完全稳定一致，足见这绝不是出于一时兴到，实可断言。说"画圣"，说"盖古今一人而已"，这是对吴道子画艺之高的无以复加的赞誉语，更没有为王维留下一丝余地。倘说苏轼有什么"吴王优劣论"，则这两篇题跋中所下的论断真可算是岁晚定论了。而他在五十八岁所作的《子由新修汝州龙兴寺吴画壁》一诗，可说是他对吴画越到晚年评价越高的又一个重要证据。诗中他首先写道："丹青久衰工不艺，人物尤难到今世。每摹市井作公卿，画手悬知是徒隶。吴生已与不传死，那复典刑留近岁。"这表明苏轼对当时人物画日趋衰落，即对郭若虚《图画见闻志》所说的"若论佛像人物，近不及古"的情况感到可叹，而在对比之下，对于吴道子高超的人物画艺术愈益感到其具有不朽的价值。特别是他对于那批"每摹市井作公卿"，表现不出所画人物的特定社会属性的"不艺"的庸工俗手，表示了极度的不满，他料定那批画手只能是意识卑陋的舆皂徒隶。这就使我们从中看到，苏轼以"画工"目吴道子，但吴道子在画工之中，毕竟又与这伙"徒隶"般的庸工俗手有着本质上的区别。以下他极赞吴画是"细观手面分转侧，妙算毫厘得天契"。而认为："始知真放本精微，不比狂花生客慧。"这表明他对吴画的艺术特点理解得更加深刻了。苏轼早年在凤翔时，只看到吴画

"浩如海波翻"的"雄放"风格，只看到吴画"当其下手风雨快，笔所未到气已吞"的逼人气势；五十岁时却已看到了吴画的另一个重要特点，即精确到"如以灯取影""得自然之数，不差毫末"。至此他已能更进一步地将这二者统一起来看。他发现吴画之所以能真率、放逸（"真放"），实际上本之于精谨、细微（"精微"），惟其能为精微，所以才能为真放。张彦远赞赏吴画，认为吴画是"气韵雄壮，几不容于缣素，笔迹磊落，遂恣意于墙壁。其细画又甚稠密，此神异也"。对于吴画的既能极端地雄壮，又能十分地细密，感到无法解释，只能把原因归于"神异"，苏轼在这里却看出了吴画的艺术成就之高，正是由于能将真放与精微二者统一起来，即"真放本精微"。这就比张彦远的解释深刻得多了。说"真放本精微"，就如他在另一个地方说："疏淡含精匀"一样，其实都是他论画的一贯主张"出新意于法度之中，寄妙理于豪放之外"的一种具体化的说法。这与他论文时所说的"凡人文字，务使平和至足之余，溢为奇怪，盖出于不得已尔"（《与黄鲁直书》），论书时所说的"书法备于正书，溢而为行、草，未能正书而能行、草，犹未尝庄语而辄放言，无是道也"（《跋陈隐君书》），这些才可说是苏轼真正的"一贯的观点"。明乎此，我们就不难理解苏轼为什么要把那种不本之精微而空事真放、不出于法度而侈言新意的画法比作"狂花生客慧"了。"狂花""客慧"所借喻的那种旁门左道、假象幻影，也和苏轼在《净因院画记》中所痛斥过的"故凡可以欺世而盗名者，必托于无常形者也"的那种狡狯伎俩一样，都是苏轼所极力反对的。怎么能说苏轼有这样的"主要见解"即"技巧上的最高成就不是艺术上的最高境界，甚至妨碍最高境界的完成"呢？

"王文"不但在横的方面不大注意到苏轼论画见解当中各种观点之间的以及论画见解与他整个思想体系之间的普遍内在联系，而且在纵的方面更是不曾注意到苏轼论画见解的发展过程以及显现在这个过程中的先后观点的转变，因此就很难真正做到从发展中去把握住苏轼论画（以及论诗、论书等）的"一贯的观点"。对于"吴王优劣论"仅只停留在苏轼最初的一时兴到语上而不去考查一下究竟苏轼的最后定论如何，便是这种不看发展的一个突出的例子。（未完待续）

本文载于《美术研究》1983年第3期

阮璞（1918—2000），湖北红安人。美术史论家。1939年毕业于国立杭州艺术专科学校油画系。湖北美术学院教授。

苏轼的文人画观论辨（续）

阮　璞

苏轼心目中的“士人画”主要是指哪类画？

“王文”在题目中提出了“苏轼和宋代文人画”的问题。这个问题确实提得至关重要。但是我想，既然我们说“宋代文人画”，就应该是“宋代的”，而不可把明清之世的或近现代的文人画观向上追加到宋代人苏轼的头上。

苏轼曾对宋子房（字汉杰）的“不古不今，稍出新意”的山水画表示极大的赞赏，说“汉杰真士人画也”。可见北宋时代人们心目中不但有着与“画工”画相对立的“士人画”的概念，而且对于什么是“士人画”必然还存在不同的理解，其间难免不真伪混杂，因此苏轼才有提出“真士人画也”评价的必要。

“士人画”当然就是我们今天所说的文人画。苏轼提“士人画”是有所本的。远在南北朝之时，南齐的谢赫在《画品》中评刘绍祖，就曾说刘是“伤于师工，乏其士体”，已经将“士体”与“师工”相对为说。北齐的颜之推在《颜氏家训》中也说：“画绘之工，亦为妙矣。自古名士，多或能之。……若官未通显，每被公私使令，亦为猥役。”也是将名士的雅道与受人使唤、执行“猥役”的行为加以对立。不过苏轼的“士人画”观即文人画观，它是具有自己的时代特点的。第一，它既不同于过去那种单纯地拿画家的身份贵贱来衡量他的画是“衣冠贵胄、逸士高人”的“振妙一时，传芳千祀”之作，抑是“闾阎鄙贱之所能为”（《历代名画记》）；第二，它也不同于后来明清之世那种专看作画态度的是否“以画为乐，以画为寄”和作画技法的是否“以一‘写’字了之”等来分辨其是否为文人画，更不同于近现代那种专从画风上看其是否具有“艺术不甚考究，形体不甚正确，失画家之规矩，任意涂抹，以丑怪为能，以荒率为美”（陈衡恪《文人画之价值》中所指责的“世俗之所谓文人画”）等特点来分辨是否为文人画。苏轼的文人画观，其时代特点就在于：他虽然也把以文同和他自己为代表所画的文人墨戏画算作文人画，但更主要的是把上自王维，下迄李公麟、王诜、宋子房等为代表的文人所画的正规画算作文人画。苏轼区分“士人画”与“画工”画，当然基本上也是取决于画家身份的，但是他并不搞“唯身份论”。例如孙知微的身份是“高士”，苏轼对孙知微的画却评为“工匠手”（说见后）。郭熙的身份是院人，苏轼对郭熙的画却十分赏识，称赞它是“此中有句”，富于诗意（说见后）。文同固然第一个人自称所画为“戏墨”（孙承泽《庚子消夏录》载文同大幅墨竹真迹上自题云："巴郡文同与可戏墨"），苏轼亦称赞文同的墨竹是"游戏得自在"，都颇有点自异于正规画的意思，但是他们绝没有想要用自己的这种文人墨戏画去取代文人正规画，去强加到所有画科之上。苏轼赞赏的"真士人画"，毕竟是宋子房等所画的具有文人士大夫情趣的正规画。

我们绝不可因为苏轼自己只能画一点墨竹及水墨枯木、怪石，便将苏轼所标榜的"士人画"误认为仅只是指的文人墨戏画。要知道作为绘画理论批评家的苏轼，其欣赏范围和持论标准，与作为墨戏画家的苏轼所画的题材范围和所具备的技能功力二者之间，不妨是大有差距的。如果我们抓住苏轼只能画一点墨戏画这个事实，便认为他作为理论批评家的"一贯的观点"也只能是倾向于鼓吹文人墨戏画，试问如若苏轼连墨戏画也未能染指，我们又将何从掌握他的"一贯的观点"呢？我们应该实事求是地还苏轼文人画观以它本来的历史面目，既不要缩小苏轼关于文人画的论述所涉及的广泛范围，抹杀他肯定大量文人正规画的一面而只承他自己所能染指的文人墨戏画的一面；同时也不要将苏轼画论中文人画的意义滥加引申，将后世宗派论者所标榜的"文人之画，自王右丞始"的所谓"南宗画"追加到苏轼头上去，认为苏轼的偏赏王维与"南宗画派"的标榜王维一脉相承。

无可否认，在苏轼大量论及的文人画家当中，上起王维，下至宋子房，这些人的画其实都是文人所画的正规画。这类画，无论从题材、格局、手段、技法等哪个方面来说，都与画工所画并无显著的外在区别。区别只在于这些人的作品于无形中显示出某种文人士大夫所特有的气质、素养、情趣。换句话说，在苏轼心目中，从王维到宋子房等大量文人所画的正规画，其区别于画工所画之处，主要不在于作品的外在造型诸因素，而在于作品的内在的"意气"或"思致"。

被苏轼大量赞誉的这种文人正规画，如果用后世文人画派的论画标准来衡量，很可能认为它太近于画工画了。相反地，被苏轼说成是"画工"画、"工匠手"画的，在后世看来反倒更像文人画。正如"王文"所正确指出的那样："首先，（苏轼在）这里排除了一个问题，即王维和吴道子的区别不在于表现手法，'得之于象外'的问题不是在表现方法上的写意与工笔的问题"；"开元寺王维的……门前两丛竹……是双钩竹，异常工整，甚至可以认为相当拘谨于物象。在这一点上，王维完全不能说'仙翮谢笼樊'，若与吴道子的雄放、'笔所未到气已吞'相比，王维更接近画工，吴道子应该说是更接近于'得之于象外'"。"王文"在这里所揭示的事实，我们可以从苏轼对孙知微所下的贬抑性的评价上得到有力的佐证。孙知微的画格画法循着吴道子的路数，但比吴道子甚至比唐末的孙位更趋放逸。邓椿《画继》称许孙知微为"逸格"。可是在苏轼眼里，孙知微的画却被认为是"工匠手"。陈师道《后山丛谈》说："眉山公谓孙知微之画，工匠手耳。"邵博《邵氏闻见后录》也说："蜀人孙知微画，东坡独曰'工匠手耳'，其识甚高。"可见在苏轼眼里，笔墨的放逸非但不是构成他所谓"士人画"的一个条件，甚至反倒是"画工"画的一个标志。

"王文"紧接着又指出："苏轼之推重王维显然是由于王维表现了诗人的情怀。"这个说法无疑也是正确的。王维的画之所以区别于“画工”画，正是由于表现了文人士大夫的气质、素养、情趣，能够做到“亦若其诗清且敦”。我们可以进一步推断说：岂但他的推重王维是由此之故，他的推重与自己同时代的画家，如燕肃、郭熙、李公麟、王诜、鄢陵王主簿、宋迪、宋子房，也莫不是由此之故。若是从表现技法上来说，这些画家也正如王维一样，与后世所理解的那种专以笔墨自异于“众工之事”的文人画，简直毫无共同之处。

在《书蒲传正（藏）燕公山水》一文中，苏轼对鼎鼎大名的燕肃的山水画大加赞誉，宣称“燕公之笔，浑然天成，粲然日新，已离画工之度数，而得诗人之清丽也”。当我们乍看这“已离画工之度数”的说法时，可能会以为燕肃的画法大概是恣意于绳检之外的吧？然而《宣和画谱》分明说燕肃“尤喜画山水寒林，与王维相上下，独不设色”。可见燕肃的画在表现技法上与王维相差不远，他受苏轼赞扬，主要是在他“得诗人之清丽”的内在方面。

再说郭熙。郭熙是画院的艺学。用后世的眼光看来，郭熙无疑会被认为是院人，是画工。郭熙的画法，是“施为巧赡，位置渊深”（《图画见闻志》），按说是很难中于后世文人画标准的。但苏轼对郭熙的评价却是很高的。在《郭熙〈秋山平远〉》诗中，苏轼一则说：“此间有句无人识”，再则说：“不堪平远发诗愁。”可见其激赏郭熙，主要也是在于郭熙的画能做到画中“有（诗）句”，能唤起观者的“诗愁”。郭熙于苏轼是前辈，郭熙的拈出“诗是无形画，画是有形诗”这两句“前人之言”，应当是在苏轼倡言“诗中有画，画中有诗”之前，可能对苏轼的论画见解不无启迪之功。

再说李公麟。虽然李公麟是个博学多才的文人士大夫，所画《龙眠山庄图》几可与王维《辋川图》媲美，但他毕竟是举世公认的佛道、人物、鞍马画大家。他具备专业画家的全面技能，从绘画技法上说，与画工之画并无显著差异。在苏轼的眼光中，李公麟的佛道、人物是“能于道子之外，探顾陆古意”，其地位简直无愧于是宋代的吴道子。但这并不妨碍他将李公麟比作王维。在他与李公麟合作《憩寂图》时，作诗赞誉李公麟是“前世画师今姓李，不妨还作辋川诗”，简直把李公麟说成是王维后身了。

再说王诜。王诜是苏轼的崇拜者和挚友。苏轼在《答宝月大师书》中，评论“驸马都尉王晋卿画山水寒林，冠绝一时，非画工所能仿佛”。又是拿画工来树为对立面，按说又是个典型的文人画家了。然而王诜的山水画法，不但与当时无数院内院外画家一样是学李成的，而且据米芾《画史》的记载：“王诜学李成，皴法以金碌为之，似古今宝陀山状。”这种“以金碌为之”的“宝陀山状”的山水画，若从明清人看来，简直是再标准不过的“大李将军之派”和院体画、画工画了。苏轼曾说王诜的《烟江叠嶂图》是“点缀毫末分清妍”，足见其画法工细。清代安岐在《墨缘汇观》中也说此图是“青绿山水”，“布景如城郭村落，梵宇浮图，茂树垂杨，客舟江艘，各具精妙”。可是由于王诜的气质、素养等在画中的体现，苏轼认为王诜的画是“水墨自与诗争妍”，是“郑虔三绝君有二”。可见苏轼所说的“非画工所能仿佛”绝不是指的表现技法，而是指的流露在画中的诗的情趣。

再说那个没有传下名字的鄢陵王主簿。苏轼最著名的“诗画本一律，天工与清新”的诗句，便是由于欣赏王主簿运用“疏淡含精匀”的画法寄寓在花、竹、蜂、雀等物象上的诗情画意而提出的一条带有普遍规律性的理论（说详后文）。

再说宋迪（字复古）。宋迪与宋道（字公达）是兄弟。据《图画见闻志》说：二人都“善画山水寒林，情趣娴雅，体象雍容”。《图绘宝鉴》说宋迪是“师李成，画山水运思高远，笔墨清润”。而苏轼在《跋宋汉杰画》一文中讲到了苏轼曾为宋迪所画《潇湘晚景图》作诗，有句云：“径遥趋后崦，水会赴前溪。”宋迪见之，便对苏轼说：“子亦善画也耶？”这使我们可以看出，宋迪是个十分注意山水画造景布局的画家，他对一条小径如何通向后山，几条细流如何汇入前溪都要毫不马虎地讲求思致。沈括《梦溪笔谈》记载宋迪对陈用之的山水画的批评是：“子画信工，但少天趣。”可见讲究“运思”和“天趣”，是宋迪山水画的最突出的特点。

最后说宋子房。苏轼为宋子房这位晚辈后生所作的题跋文有《跋宋汉杰画》《跋汉杰画山》《又跋汉杰画山》。这三篇小文是苏轼通过宋子房画以阐明自己的文人画观的较为集中的理论表述。宋子房是宋迪的侄儿。《图绘宝鉴》认为宋子房对于宋迪是“亦得家法”，可见他的画风也与宋迪一样，是属于李成精微清润的一路：苏轼称赞他的画是“真士人画也”，完全是称赞的文人正规画。苏轼勉励宋子房取法李思训的着色山——“若为之不已，当作着色山也”，就是因为尚嫌宋子房未能超出时习，故劝他取法唐人的高古之格，于精微清润之中参之以遒劲。宋子房的“士人画”与文人墨戏画了不相干，这本来是十分清楚的。

想不到“王文”在论宋子房时，却违背了自己在论王维时所作出的“王维和吴道子的区别不在于表现方法”和“苏轼之推重王维显然是由于王维表现了诗人的情怀”的正确论断，在引证苏轼《又跋汉杰画山》全文之后，认为苏轼在此文中既然以轻蔑的态度看待画工，可是又在其他诗文中对赵昌、郭熙、崔白等人加以赞美，这里存在着叫人难以理解的矛盾。殊不知对于苏轼来说，是否供职画院并不是划分是否“画工”画的唯一标准。赵昌根本不曾供职画院，举以为例，无助于说明问题，姑置不论。郭熙和崔白虽皆为院人，但在苏轼看来，他们的画正好应该摆在与“画工”画相对立的地位。郭熙画中有句，已见前说。至于崔白，苏轼有诗咏崔白画中意境云：“风蒲半折寒雁起，竹间的砾横江梅”，则其画饶有思致，可想而知。怎么能把宋子房与郭熙、崔白看成势不两立，认为苏轼同时赞美他们就是在观点上存在矛盾呢？宋子房后来不是也被宋徽宗授以画学博士之职，而且一时舆论都认为“得人”么？把明清人将画院画与文人画的对立看成绝对化的观点去应用于苏轼的时代，那是很难说得通的。

现在我们也将《又跋汉杰画山》这篇短文全文抄录如下：

> 阅士人画如阅天下马，取其意气所到。乃若画工，往往只取鞭策、皮毛、槽枥、刍秣，无一点俊发，看数尺许

便倦。

首先必须注意的是，苏轼在这里讲的是阅画（观画），而不是作画，是如何观看“士人画”的问题，而不是如何画“士人画”的问题。他是说，观看“士人画”要像九方皋相“天下马”那样。“天下马”也和普通的凡马一样，还是有牝牡骊黄之分的，问题是九方皋在相马之时只注意于“天下马”的“意气所到”，以致忽略了牝牡骊黄之分罢了。苏轼运用《列子》关于九方皋相马遗其牝牡骊黄而取其“天机”的故事作为比喻，来说明观看“士人画”的诀窍是：应该取其内在意趣，即“意气所到”，而不应该取其外在形迹，即“皮毛”等项。因为“皮毛”等项（对绘画而言，是外在的造型诸因素）是“士人画”与“画工”画所共同具有的。不同的是，“画工”画除了只能取其“皮毛”等项之外，别无一点俊发的“意气”可取罢了。

正是因为苏轼所极力表彰的这种“士人画”是文人正规画，在题材、格局、手段、技法等方面与“画工”画并没有什么显著的不同，所以苏轼才特别强调要在气质、意趣等方面严格分辨二者的区别。

比“意气”一词稍微具体，苏轼还提出“思致”一词。“思致”大约是指绘画在构思上须得具有一定意匠深度和能显示某种情致。苏轼认为屈鼎的山水画“善分布，涧谷间见屈曲之状。然有笔力而无思致。林木皆晻霭而已”（《书许道宁画》）。这种“无思致”的画当然是不能耐人寻味的。我们绝不可抓住“看数尺许便倦”的话，便认为这是苏轼对所有“画工”画的蔑视，虽然“画工”画当中难免不有这种缺乏意气和思致的情况。苏轼绝没有一般地蔑视画工所画，正如他绝没有一般地推重士人所画一样。

与苏轼同时代的画院画家韩拙对于文人正规画与文人墨戏画两个流派的并存也进行过评论，并且还不免有所轩轾于其间。他在所著《山水纯全集》中写道：

> 今之名卿士大夫，自得优游闲暇之余，握管濡毫，落笔有意，多求简易而取清逸，出于自然之性，无一点俗气，以世之格法在所勿识也。古之名流士大夫，皆从格法。南唐、圣朝以来，李成、郭熙、范宽、燕穆之、李伯时、王晋卿亦然。信能悉之于此乎？

韩拙在这里所说的两类“士大夫”的画法，一类是“勿识”“世之格法”“多求简易而取清逸”的画法，另一类是“皆从格法”的画法。其实前一类就是文人墨戏画，后一类就是文人正规画。前一类可能包括米芾的墨戏云山在内。米芾不满于“山水古今相师，少有出尘格者”，因而“信笔作之，多烟云掩映，树石不取细，意似便已”（《画史》）。这与韩拙所指出的“多求简易”的画法正相吻合。苏轼是主张“出新意于法度之中”的，对于那些“欺世而盗名者”的“托于无常形”的画法以及种种“颇以云物间之”“林木晻霭而已”的画法，他是极不赞成的。在这一点上，他与韩拙的见解颇为同调。至于韩拙所列举的后一类“皆从格法”的画家名单，几乎与苏轼所赞赏的“士人画”的代表画家的标准初无二致。

前面已经提到，画院画家郭熙举述“前人之言”而倡为“诗是无形画，画是有形诗”之说，与苏轼一贯提倡的“诗画本一律”可谓同出一辙。大家都知道，苏轼激赏王维这位文人是“画中有诗，诗中有画”，但是说文人画画中有诗，绝不等于说画中有诗只能属于文人画，绝不仅只限于文人画，更不用说绝不仅只限于一部分的文人所画的某种题材、某种格法的画，例如墨竹、水墨枯木怪石。在苏轼看来，诗画一律，诗画相通，画通于诗，这本是一条带有普遍规律性的原理。他说“诗画本一律，天工与清新”（《书鄢陵王主簿所画折枝》），说“古来画师非俗士，妙想实与诗同出”（《次韵吴传正〈枯木歌〉》），说“古来画师非俗士，摹写物象略与诗人同”（《欧阳少师令赋所蓄石屏》），都是揭示这条普遍原理的。“画师”一词在古代的含义等于“画工”（因此阎立本被呼“画师”，引为莫大的耻辱；黄庭坚《题寺壁小山枯木》诗特地为作者苏轼声明：“海内文章非画师”）。可见苏轼说“古来画师非俗士”，指的是非文人身份的画工；说“妙想实与诗同出”，说“摹写物象略与诗人同”，就是说古来的画工在作画构思和写景上具有与诗人相同之处。可是“王文”却抓住苏轼在《欧阳少师令赋所蓄石屏》这首诗中由石屏风上的天然纹理颇像水墨画的树石而联想到毕宏、韦偃的树石画这条线索，竟然得出这样的论断：“绘画艺术的‘摹写物象略与诗人同’，自然也就产生了苏轼对于某一部分绘画题材的偏好。他自己以及和他一起的其他画家所选择的都是竹、枯木、怪石、云山等，而他们在作品中表现的正是这些自然事物能体现超脱的品格的抒情特质。这种抒情特质显然是仙佛、鬼神、历史人物故事等题材所不能表现的。”照此说来，诗画一律、诗画相通并不是普遍原理，而所谓“抒情特质”就仅只限于文人墨戏画家所惯画的竹、枯木、怪石、云山这几种题材了。这种说法，显然是与苏轼一贯倡说的诗画一律、诗画相通的普遍原理大相龃龉的。试问，苏轼根据李公麟在《憩寂图》中所画松根胡僧而赞赏李公麟是“前世画师今姓李，不妨还作辋川诗”，根据李公麟爱画鞍马而赞赏李公麟是“龙眠居士本诗人，能使龙池飞霹雳”，这些难道不足以证明：苏轼除了竹、枯木、怪石、云山之外，对人物、鞍马等正规绘画题材也同样认为是诗画一律、诗画相通、画通于诗、画中有诗吗？

正是由于苏轼所标举的“士人画”主要是指文人正规画的，所以影响所及，连画院也取为标准，风气为之一变。我们不妨说，苏轼的文人画观，非但与崇宁三年建立画学以后的二十年间的画院、画学的论画标准并不对立，甚至还成为这一时期画院、画学进行改革的指导思想。

据蔡绦《铁围山丛谈》的记载，宋徽宗赵佶早年在端王府邸时，与王诜、赵令穰颇有往来，蔡绦写道：“国朝诸王弟多嗜富贵，独祐陵（按：即赵佶）在藩时嗜玩不凡，所事唯笔砚、丹青、图史、射御而已。……初，与王晋卿诜、宗室大年令穰往来。二人者皆喜文辞，妙图画，而大年又善黄庭坚，故祐陵作庭坚书体，后自成一法也。”蔡绦是蔡京的儿子，对赵佶深有了解，其言必非无据。可见赵佶在绘画、书法方面，经过王诜、赵令穰而间接受到苏轼、黄庭坚观点的影响，是完全可能的。

《宣和画谱》是一部由赵佶指导编撰的、代

表着赵佶及其掌握下的画院、画学的论画见解的官修巨著。试以书中有关的评论为例，我们将会从中发现，苏轼的论画见解特别是苏轼的文人画观被画院采纳达到了何等惊人的程度。苏轼论画的"出新意于法度之中，寄妙理于豪放之外""疏淡含精匀""真放本精微"以及"意气""思致"等主张，正是《宣和画谱》所三致意的。《宣和画谱》评葛守昌时说："然形似少精，则失之整齐；笔画太简，则失之阔略。精而造疏，简而意足，唯得笔墨之外者知之。"评赵令庇时说："俗画务为奇巧，而意终不到，愈精愈繁；奇画务为疏放，而意尝有余，愈略愈精。此正相背驰耳。"评王维时说"思致高远"；评王诜时说"思致遂将到古人超轶处"；评赵士雷时说"有诗人之思致"；如此等等。这些见解，难道不是对苏轼论画见解的引申和应用吗？只是由于苏轼是"元祐罪人"——"元祐党"的党魁，他的著作当赵佶在位时被宣布为禁书，理应予以销毁，因此尽管当时画院的论画标准实际上是阴奉苏轼的，《宣和画谱》的许多评画语实际上是剽窃苏轼的，但是为了从政治上彻底与"元祐党"划清界限，他们运用苏轼的论点和点窜苏轼的话语则讳言出处，决不点名。例如，书中评吴道子时写道："议者谓有唐之盛，文至于韩愈，诗至于杜甫，书至于颜真卿，画至于吴道子，天下之能事毕矣。"这段话全抄苏轼《书吴道子画后》中的论断，只是将苏轼的名字改称为"议者"罢了。又如评展子虔时说："是能作难写之状，略与诗人同者也"，评曹仲玄时说："故古之画工率非俗士，其模写景物多与文人才士思致相合。"这又是全用苏轼"古来画工非俗士，摹写物象略与诗人同"之说。又如评赵昌时说："若昌之作，则不特取其形似，真与花传神者也。"此则全用苏轼"赵昌花传神"五字语意。又如评乐士宣时说："丹青亦自造疏淡"，这又是全本于苏轼"疏淡含精匀"之说。最令人感到惊奇的是，《宣和画谱》不仅因袭了苏轼的论画观点，甚至连语言表述也是照搬苏轼的。例如，苏轼在《高邮陈直躬处士画雁》诗中写道："野雁见人时，未起意先改。君从何处看，得此无人态。"《宣和画谱》评崔悫时也学舌道："至于写芦汀苇岸，风鸳雪雁，有未起先改之意。"全用苏轼诗句却省略为"未起先改"四字，但语意殊嫌欠足。又如苏轼在《听武道士弹〈贺若〉》诗中写道："琴里若能知《贺若》，诗中定合爱陶潜。"是借用陶诗以喻《贺若》这一曲琴的古淡之趣。《宣和画谱》评关仝时也学舌道："如诗中渊明，琴中《贺若》，非碌碌之画工所能知。"从这些例子不难看出，苏轼画论对当时的影响何止限于文人墨客的那种文人墨戏画，就连画院也是有取于他的论画见解的。特别是苏轼鼓吹讲求思致和诗趣的那一部分见解，更是被暗中奉为院体画革新以后作画和评画的圭臬。宋子房这位受苏轼奖掖的"真士人画"的画家被赵佶任命为画学博士，画学的入学考试以古今人诗句为题，用以测定考生是否"善体诗人之意"，所有这些改革措施，难道不是与苏轼论画见解的影响大有关系吗？后世论者硬将苏轼的文人画观同当时的画院绝对对立起来，真未免只知其一，不知其二了。

"王文"的片面性，就在于仅仅将苏轼心目中的文人画局限于文人墨戏画的狭窄范围之内，而不承认苏轼所特加揄扬的"真士人画"主要是指文人正规画。不但如此，“王文”还从苏轼《净因院画记》中的“常形、常理”之说上寻求理论根据，希图以此证明苏轼心目中的文人画，是“必待诗人达士才能做到”的专画“无常形”的题材的一种“更难，更高”的画。“王文”认为在苏轼所谓的“有常形”和“虽无常形而有常理”这两类事物当中，“苏轼认为能表现后一类事物更难，更高，必待诗人达士才能做到”；认为苏轼“把竹、石、枯木、云、水为题材的绘画的地位置于描绘人、禽、宫室、器用的作品之上”。其实，无论是全面地证以苏轼的一贯论画见解或是全面地证以此文的通盘用意所在，是怎么也得不出这样的认识的。

“王文”说：“值得注意的是苏轼并未说明有常形之美是否也有常理，他只强调了无常形而有常理之物的处理难于有常形之物……”我认为，值得注意的倒是“王文”这里所说的“值得注意”。所谓苏轼在这里“并未说明有常形之物是否也有常理”，我的体会是苏轼认为不值得加以说明。为什么“形”而冠以“常”字而谓之“常形”呢？这是由于对同一种属的事物来说，它总不免有个正常的，带有规律性的、千百万次地经常重复出现的形状。比方《庄子》把人类叫作“横目之民”，后来大家习惯于把人类叫作“圆颅方趾之伦”。这些说明了横目、直鼻、圆脑袋、方脚掌，就是人类最基本的形状——“常形”。“形”而冠之以“常”字，这就说明了其中必然包含着规律性，这里已经具有“常理”的性质了。试想，苏轼对他所谓的“常形”之物的人、禽之类，如果不是同时也承认它具有“常理”，他凭什么指责“黄筌画飞鸟，颈足皆展”和戴嵩画斗牛“乃掉尾而斗”都存在着违反了飞鸟、斗牛的生理结构规律和运动规律的画病呢？飞鸟为了保持体重平衡不能同时既伸颈又伸脚，斗牛为了将全副力量用到头角之上不能是翘尾而斗而只能是夹尾而斗，这是“常形”问题，同时也是“常理”问题。再说，苏轼特为指出山、石、竹、木、水波、烟云等是“无常形”之物，这也只是相对的说法。竹、木的枝叶散乱，固然不像人类的四肢五官那样有定数和有定位，但枝必附于干，叶必附于枝，这难道不也像人类的指臂之与躯干的关系和毛发之与皮肉的关系吗？这是竹、木的“常理”，同时也是竹、木的“常形”。要是竹、木果真只有“常理”而没有“常形”，试问苏轼凭什么来指出王维在开元寺门前所画的两丛竹是“交柯乱叶动无数，一一皆可寻其源”呢？难道不正是本着竹叶、竹枝与竹竿的“常形”关系而从纷披交翳之间推寻出这两丛竹的来龙去脉吗？岂但竹、木如此，即便是山、石、水波、烟云等也莫不如此。连号称最变幻无常的云也还是有它一定的“常形”的，要不然，今天科学上就不会有专以研究云状为对象的一门“云状学”了。其实苏轼此文不过是说，画“有常形”之物出了毛病容易被人发觉；至于画“无常形而有常理”之物出了毛病就容易被人忽视。因此苏轼写道：“常形之失，人皆知之；常理之不当，虽晓画有不知。”“王文”由这里得出结论说：苏轼认为表现“无常形而有常理”一类的事物“更难，更高”，“必待诗人达士才能做到”。这恐怕不是苏轼的原意。苏轼在文中只是这样写道：“世之工人，或能曲尽其形，而至于其理，非高人逸才不能辨。”“辨”者，辨识、识别之谓。“王文”说“必待诗人达士才能做到”，殆缘误以“辨”为“办”，而释“办”为“做到”之故。“王文”把苏轼所指出的辨识事物“常理”具有难度，理解为表现某一类“无常形而有常理”的事物具有难度，可是却没有注意到苏轼在这里所说的“世之工人，或能曲尽其形”的这个“形”，与“至于其理，非高人逸才不能辨”的这个“理”，分明存在于同一事物之中。可见问题并不在于画人、禽、宫室、器用，与画山、石、竹、木、水波、烟云，哪一类题材“更难，更高”。问题却在于无论是画哪一类题材都难在能辨识其理。“世之工人”的不足处，不在其“能曲尽其形”，而在其不能辨识其理。而那批“欺世而盗名者”之所以受到指责，只因他们于形既不能尽，于理也未必能辨，只不过是“托于无常形”以藏拙取巧罢了。苏轼在文中之所以大力揄扬文同，并非因为文同所画题材为竹、石、枯木等“无常形”之物，而是因为文同“真可谓得其理矣”且能将这个理显示于竹、木的“根茎节叶、牙角脉缕”等形上面。

当然，以上我用了大量事实论证苏轼心目中的“士人画”即文人画的所指，这完全是为了想要全面地理解苏轼的文人画观，绝不是为了想借此来贬低苏轼论画见解中阐述文人墨戏画的重要意义。我们谁也否认不了这样一个历史事实：如果说苏轼提倡文人正规画的影响，主要是影响了当时，那么苏轼阐述文人墨戏画的影响，则主要是影响着后世。而后一种影响，当然就具有更为深远的历史意义。

苏轼自己所染指戏作的墨竹和水墨枯木怪石，按其性质来说，确乎是属于文人墨戏画的一类。苏轼自己说过：“（吾）画不能皆好，醉后画得，一二十纸中，时有一纸可观。”（《与王定国书》）他说的这种好画全靠碰得的情况，对于一个未能充分掌握专业技能的业余绘画爱好者来说，是不足为怪的。黄庭坚对苏轼的墨竹曾有过公正的评论：“东坡画竹多成林棘，是其所短；无一点俗气，是其所长。”（《清河书画舫》所录庭坚真迹）即是说，苏轼的墨竹既有缺乏绘画专业技巧的短处，同时又有具备文人修养，与画工习气绝缘的长处。尽管苏轼的墨戏画创作也极有影响，但是比起他关于墨戏画的理论来，却有所不及。

在苏轼有关墨戏画的理论中占有极大比重的，是他为文同的墨戏画所写作的大量诗文著作。苏轼在一封专向文同索讨墨竹的《与文与可书》中戏言道：“近屡于相识处见与可近作墨竹，惟劣弟只得一竿。未说《字说》润笔（按：苏轼曾作《文与可字说》），只到处作记作赞，备员火下，亦合剩得几纸。”他在这里所提到的记、赞，我们将与其他诗文一起在下面讲到。

文同，字与可，皇祐元年进士，是苏轼表兄，比苏轼年长十八岁。苏轼在《黄州祭与可文》中说：“我官于岐，实始识君。”说明他们相识是从苏轼官凤翔时开始的。从这以后，他们的友谊一直契合无间。作为墨戏画家，苏轼是文同的知音和学生，他的墨竹和水墨枯木怪石都是出自文同的。文同曾说：“世无知我者，惟子瞻一见识吾妙处。”文同最后的官职是秘阁校理知湖州，故其墨竹被称为“湖州竹派”。苏轼自承是“湖州竹派”，这是众所周知的。其实文同的论画见解，也未始不给苏轼以重要影响。文同论画见解，也是非止一端的。一方面，他非常尊重传统。如对于蜀地成都诸郡唐、五代直至宋初的佛寺壁画遗迹，他认为"渊源未远"，对"近世所习浅陋"，则感到不满。独于彭州张氏"能嗣守道人之学，用笔设色，气韵标置，未尝辄自奔放，惟一谨于良法，不为世俗之心所怵"，认为"诚可尚也"(《彭州张氏画记》)。这一点与苏轼的推崇吴道子，见解完全吻合。另一方面，他第一个自称所画为"戏墨"，并且还拿"画竹必先得成竹于胸中"等一大段画竹的理论来指导苏轼，苏轼在《文与可画筼筜谷偃竹记》中举述了这一大段理论之后紧接着写道："与可之教余如此。余不能然也，而心识其所以然。夫既心识其所以然，而不能然者，内外不一，心手不相应，不学之过也。"这就是说，尽管自己在墨竹创作上还未能得心应手，但是文同的理论对自己的认识的指导作用却是经久不衰的。"心手不相应"，也说明了苏轼对墨戏画的理论认识高于创作能力。

苏轼对文人墨戏画理论的建树是与他对文同墨戏画的评论分不开的。在苏轼看来，文同这个多才多艺的文人画家，其值得称述处首先不是画，而是有比画更为根本、更为重要的德、文(学问、文采)等东西在。苏轼认为文同有"四绝"，即"诗一、楚辞二、草书三、画四"，将画摆在末位。特别是在《文与可墨竹屏风赞》一文中，苏轼将文同的品德、学问、艺术三者的关系以及在艺术中诗、书、画三者的关系，表述为一条完整的公式。全文如下：

> 与可之文，其德之糟粕；与可之诗，其文之毫末。诗不能尽，溢而为书，变而为画，皆诗之余。其诗与文，好者盖寡，有好其德，如好其画者乎？

苏轼对文同的德、文、诗、书、画五者关系的摆列，正好反映了他的文人画观的真髓。"德成而上，艺成而下"，这个自昔相传的封建地主阶级对道德与艺术二者关系的摆法被苏轼在这里全部继承了。在他看来，德是最根本、最精粹的东西，相对于德来说，文只不过是德的糟粕，不过是德的某种外在的表现。而在全部的文当中，诗又不过是文的微细的末节。至于书与画呢，那就更只不过是诗的羡余，可以说是末节的末节了。

苏轼这篇赞的最后两句结语——"有好其德，如好其画者乎？"慨叹世人对于文同是只好其画而不好其德，认为这是舍本逐末，买椟还珠，是所谓"未见好德如好色者也"。这就使我们清楚地看出苏轼的儒家思想在他的论画见解中所起的主导作用。文人墨戏画之所以被称为"墨戏"，顾名思义，似乎是文人墨客的一种无意为之的游戏之作，是不足以反映作者的思想、学识和抱负的。可是苏轼在评论文同的画时却首先举出"德"字，强调德对画的决定作用。这一点对我们了解苏轼的文人画观具有十分重要的意义。

还有一点值得指出的是，苏轼在这里认为书与画同样，都是诗的羡余，书与画的关系是一种并列的关系。我体会苏轼在这里所说的画，是超出墨竹的范围，指包括正规画在内的文同全部的画而言。我们知道，文同的画并不限于画墨戏竹石枯木，而且还画山水，他的山水作品如《暮霭横看》《盘谷图》均见于后世著录。沈周说他的《盘谷图》"行笔绝似许道宁"；文徵明说"此卷作家士气咸备”。可见我们若是将这里所说的画仅仅限于墨竹，并且还拿后世那种“石如飞白木如籀，写竹还应八法通”的书画关系的眼光来看问题就不能理解苏轼关于书画关系的正确论断。至于另一个地方他确乎说过文同是“诗鸣草圣余，兼入竹三昧”（《题与可墨竹》），从字面上解释，确乎是说文同的墨竹是在作诗作书之余兼带从事的一项副产品。但实际上这只是说文同用于作诗作书的时间多于用于作画的时间，在从事作诗作书之余来从事作画。这与后世文人画派竞相标榜“画者书之余也”（明代岳正语）的那种直将书画关系说成是画对于书的从属关系是不能混为一谈的。

苏轼表述德、文、诗、书、画五者关系的这条公式，对于后世文人画派的理论所产生的影响是十分深远的。明代李日华《紫桃轩杂缀》中有一段话，可以看成是苏轼这条公式的最好注脚：“余尝泛论学画，必在能书，方知用笔。其学书，又须胸有古今。欲博古今作淹通之儒，非忠信笃敬，植立根本，则枝叶不附。斯言也，苏、黄、米集中著论，每每如此，可检而求也。”李日华本于苏说，将德看成根本，将学问、书画看成枝叶。

据上所述，我认为讲到苏轼的文人画观，首先不能不看到他对画与德、文、诗、书关系的摆法。如果不是这样，而是首先只看到所谓“具有一定抒情特质”的竹、石、枯木、云、水等自然事物的题材和所谓“灰暗的诗歌”式的水墨表现手段，则我们可以有充分的理由加以非难：竹石等题材和水墨表现手段，甚至缩小范围单说墨竹，绝不始于文同、苏轼。撇开那些夸诞不足为据的“墨竹肇自（唐）明皇”之类的说法不论，其见于可靠文献的便有：唐代后期诗人王建《早秋过龙武李将军书斋》诗有云：“重装墨画数茎竹”；《益州名画录》所载唐末画家孙位在成都昭觉寺所画一堵，其中就有“松、石、墨竹”。至于五代北宋，墨竹便已成为专门画科，李颇、释元霭、阎士安、刘梦松等都是以墨竹见长的画家。甚至连黄筌这位院体花鸟画大师，也被认为在墨竹方面有创造性的成就。据任渊注《山谷内集》所引宋初李宗谔为黄筌墨竹作赞，其序曰：“工丹青花鸟者，必用五色，惟（黄）筌以墨染竹，独得于寂寞间。”到北宋中期，墨竹的题材和画法已经流传更广，观梅尧臣《宛陵集》卷二十六《墨竹》诗云：“许有卢娘能画竹，重抹细拖神且速，如将石上萧萧枝，生向壁间天意足……”说明在一个小小的州县也有以画竹得名的妇人女子，则墨竹的流行之广不难概见。可见对于活动在北宋中期和中期偏后的文同、苏轼的墨竹加以论述，如果只停留在竹石等题材和水墨表现上，将选择这类题材的发明权归于文、苏，或说苏轼之所以选择这类题材是由于这类题材较之人、禽、宫室、器用“更难，更高”，这样的论述显然是没有抓住要害的。

苏轼从他那对于德、文、诗、书、画五者关系的理解出发，发表了一个最值得注意的见解，就是借物寓兴，即借助竹、石、枯木等物以寄寓作者的品德、节操、怀抱、遭遇。如果说前人或他人的画这类题材还只是直陈其事地状写该物，那么苏轼所主张的则是除了状写该物外，更要做到通过该物而有所寄托。换言之，如果说他人的画竹还只是“赋”体，那么苏轼所主张的画竹则是“比、兴”体。

在《净因院画记》中，他在说了“至于其理，非高人逸才不能辨”之后，紧接着写道：“与可之于竹、石、枯木，真可谓得其理矣：如是而生，如是而死，如是而挛拳瘠蹙，如是而条达遂茂……千变万化，未始相袭，而各当其处，合于天造，餍于人意，盖达士之所寓乎？”很显然，他之所以强调一个“理”字，正是为了要通过“理”而做到一个“寓”字。他认为，正唯高人逸才方能识得竹的客观属性的“理”，所以方能借助这个客观属性的“理”以寄寓人的主观属性的情和意。因此，他把“非高人逸才不能辨”的理落脚到“达士之所寓”上来。他在《书晁补之所藏与可画竹》诗中说的“其身与竹化，无穷出清新。庄周世无有，谁知此凝神！”就是指的文同画竹已经达到了“不知与可之为竹欤，竹之为与可欤”的一种“理”“寓”两忘的化境。

随着人的穷达、悲愉的遭际之异，竹的荣悴、丰瘠的生态之殊，作者每一次根据自己的具体感受以借物寓兴，自然就会各不相同，不可重复。苏轼为什么要说“千变万化，未始相袭”，以及为什么要说“其身与竹化，无穷出清新”呢？道理就在于此。

文同平日画竹，据苏辙《墨竹赋》记述文同的一段自白云：“夫余之所好者道也，放乎竹矣。始余隐乎崇山之阳，庐乎修竹之林，视听漠然，无概乎余心。朝与竹兮为游，暮与竹兮为朋，饮食乎竹间，偃息乎竹阴，观竹之变多矣。……忽乎忘笔之在手，与纸之在前，勃然而兴，而修竹森然。”可见文同平日画竹，是画的生态正常的修竹，是借竹以寓其从静观中所体认的“道”。可是当他出守陵阳之时，感到宦途失意，他在《谢文潞公启》中，向文彦博叫苦连天：“同出入门下，殆三十年，赋命薄浅，牵挽不上。……不得居官辇下，日趋恩屏，得郡于此，至为牢落。山谷之中，殊无气味……已过五十，渐入衰病。平生苦学，自知无用，闲方僻所，且冒禄食，实亦自愧矣。”他那著名的《纡竹图》，便是创作于这种心境之下。他借两竿“纡竹”的不幸遭遇和艰难处境——一竿因未解箨时遇到蝎子的毒害，故“倮然无他枝”；另一竿“将挺起，为垂岩所轧，力不得竞”——以发抒自己愤懑的情怀。他所刻画的“纡竹”的“屈己自保，生意愈艰”的那种特有的形态，是存在于竹本身的客观的“理”呢，抑或是出于他自己的主观的“寓”呢？很难说，可以说的只能是：“其身与竹化。”苏轼在《跋与可纡竹》一文中，一方面特为表出此图有“动心骇目，诡特之观”，另一方面则认为此图可使人“想见亡友（指文同）之风节，其不屈不挠者盖如此云”。说明文、苏的墨竹较之前此画家的墨竹有着创造性的发展，能发挥文人画的特长，不在于别的，正是在于他们自觉地借竹寓兴，能以“比、兴”体压倒“赋”体。米芾在《画史》中也有一段记载，说文同每次写竹赠人，都因人而异：“一朝士张潜，迂疏修谨，文（同）作纡竹以赠之。”“又作横绢丈余着色偃竹以贶子瞻。”写纡竹以赠性情迂疏的张潜，写偃竹以赠屡受压抑的苏轼，这个事例尤能帮助我们印证苏轼“盖达士之所寓乎”的道理。

借助竹、石、枯木以寓兴，其实在文学上早已是数见不鲜的。竹、石、枯木在诗文中每每被比拟为卓特磊砢的高人、壮夫、畸士。白居易《养竹记》云："竹似贤。……竹之于草木，犹贤者之于众庶。"杜牧《晚晴赋》云："竹林外裹兮十万丈夫。"姚合《假日书事呈院中司徒》云："古木似高人。"卢仝《客答石》云："遍索天地间，彼此最痴癖。主人幸未来，与君为莫逆。"如此等等，莫不拟物于人。这在诗人兼画家的文同、苏轼，其画竹、石、枯木亦取法诗人的拟物于人，借物寓兴，自属意料中事。释德洪《跋东坡老木》云："东坡婆娑林丘，如此老木。"朱熹《跋陈光泽家藏东坡竹石》云："东坡老人英秀后凋之操，坚确不移之姿，竹君石友，庶几似之。"这些例子说明苏轼借助竹、石、枯木以寄寓自己的情意，怀抱、品德、修养，确实是能够自践其说的。苏轼在那篇专为文同而作的《墨君堂记》（根据晋代王子猷称竹为"君"的典故，称墨竹为"墨君"）一文中，对文同如何爱竹、知竹、画竹作了较为集中的分析："……然与可独能得君之深，而知君之所以贤。雍容谈笑，挥洒奋迅，而尽君之德。稚壮枯老之容，披折偃仰之势，风云凌厉，以观其操；崖石荦确，以致其节。得志遂茂而不骄，不得志瘁瘠而不辱。群居不倚，独立不惧。与可之于君，可谓得其情而尽其性矣。"这段话，特别是"知君（竹）之所以贤"和"尽君（竹）之德"，是论述文同画竹的思想性和艺术性特点，也是鼓吹他自己对文人墨戏画所总结出的美学理论。

"王文"认为苏轼的文人画理论，比在他以前的绘画理论的不同之处，是"在此以前，绘画理论的探讨着重构成艺术形象的客观方面"，"而苏轼是从构成艺术形象的主观方面出发，提出一些见解"。可是"王文"所列举作为苏轼"宣传艺术创作的直抒胸臆，强调艺术创作的直观特点"即"强调构成绘画的主观方面"和"强调艺术形象的内心根据"的实例的却是那个著名的"胸有成竹"的例子。姑且不论这"胸有成竹"论的发明权本应属于文同，仅就"胸有成竹"论的针对性来说，它只不过是为了反对那"胸无成竹"、临时"节节而为之，叶叶而累之"的构思欠成熟、形象缺乏整体感的一种不良的作画习惯而发。他主张画者要在达到了"执笔熟视，乃见其所欲画者"的程度，即达到了构思十分成熟、形象十分完整的火候时，才可动笔作画。苏轼所树为对立面的"今画者乃节节而为之，叶叶而累之，岂复有竹哉"的画法，当然不会是对竹写生，看一眼，画一笔。要说"胸有成竹"的画法是"强调艺术的主观方面"，那么"胸无成竹"的画法也丝毫不能说明是在着重构成艺术形象的客观方面。我们知道对于中国画来说，"画竹必先得成竹于胸中"，绝不是苏轼"强调艺术形象的内心根据"的独创性的产物而是最带普遍性的创作方法。包括精确刻画的正规画法在内，也都莫不是按照"胸有成竹""必先得成竹于胸中"的创作方法进行创作的。苏轼赞美李公麟的画马是"龙眠胸中有千驷"，就足以说明此点。我以为苏轼所举述的文同的"画竹必先得成竹于胸中"的主张，与其说是"强调艺术形象的内心根据"，倒不如说是强调要将客观物象的形、理烂熟于胸中。因为无论是竹是马，画家主观方面的竹、马的表象总是来自客观方面的竹、马本身，表象越具体、越丰富，画家才越能进入艺术表现的自由王国。我们从"画竹必先得成竹于胸中"的说法里，是怎么也不应得出苏轼"强调艺术的主观方面"的判断的。我认为要说苏轼确有“强调艺术的主观方面”的论画见解的话，上面我所论述的借物寓兴、“理”“寓”结合，可说是适例。

又是文人正规画，又是文人墨戏画，当时苏轼心目中的“士人画”即文人画，主要是指的哪一类呢？从他论画见解的主流来看，从他所广泛赞誉的画家及其画风来看，我们可以肯定地说：主要是指的文人正规画，而不是指的文人墨戏画。

综上所述，我们可以看到：第一，在吴王优劣的评价上，苏轼最终崇奉为画圣的毕竟是“画工”吴道子，而不是“诗老”王维，苏轼并没有认为文人画在全部绘画领域中应该居于正宗、主流的地位；第二，在文人画的范围之内，苏轼所大量揄扬并且目之为“士人画”的，主要是从王维到李公麟、宋子房等人的文人正规画，而不是以文同和他自己为代表的文人墨戏画，苏轼在他所处的时代还不可能企图把墨戏画抬出来取代正规画。此外，在“论画以形似，见与儿童邻”的理论上，苏轼也只是说论画（观画）不当止于形似，而不是说所论之画不当有其形似，这是当时自负善于“精鉴”者的一种带共同性的看法。有人认为苏轼这两句话是主张作画要“极端打破形似”等，这些全是对苏轼的曲解或误解。

苏轼的文人画观为什么会是这样？这是由于苏轼的文艺思想中的“吾道一以贯之”的主导思想有以使然，这是由于苏轼所处时代总的文艺思潮特别是绘画思潮的发展所造成的情势有以使然。那种硬把文人画发展到已经取得“定于一尊”的地位，并且越来越具有排他性的明清时代以来的某些观点、概念、范畴追加到苏轼头上，“想当然耳”地宣称这是苏轼的文人画观的说法，无论是从苏轼所生活的那个时代的历史条件来说，或是苏轼一贯的文艺思想来说，都是违反事实的。我们一定要还苏轼的文人画观以本来的历史面目。

本文载于《美术研究》1983年第4期

“谢氏黜顾”与画风新变

华　沐

谢赫《画品》中说：顾恺之的艺术“格体精微，笔无妄下；但迹不迨意，声过其实”，列之于第三品，在姚昙度下，毛惠远上。但紧接《画品》之后，陈姚最就在《续画品》中持不同看法。按谢、姚二书成书时间前后相距只十几年，可见当代就有异议。后来，唐李嗣真也认为“谢评甚不当也”，“以顾生之才流，岂合甄于品第？列于下品，尤所未安”。张怀瓘则表示“谢氏黜顾，未为定鉴”。他指出：“象人之美，顾得其神。神妙无方，以顾为最。”并且认为顾恺之“为古今之独绝，岂可以品第拘？”到了宋代，《宣和画谱》仍因袭此说，认为“恺之，世以为天才杰出，独立无偶，妙造精微，虽荀卫曹张，未足以方驾也”。甚至指责谢“岂知恺之者”！这几家立论，都避开了就谢氏的论点进行具体的艺术讨论，而着重于颂扬顾恺之的天才神妙，所谓“如负日月，似得神明”（姚最）之类。他们强调了顾恺之艺术中那种精神境界的意义，却脱离了当时社会意识的状况。当然，对于古之论者，这是无法苛求的。比较起来，张彦远有些特别。他一方面在不少论述中完全肯定顾恺之的艺术成就；另一方面又认为“详观谢赫评量，最为允惬；姚李品藻，有所未安”。这种矛盾反映了《历代名画记》录述之混杂一面。只有元代精于鉴赏的汤垕在看了顾画的唐人摹本后，同意谢氏说。

在新中国成立以来有关的著作中，据笔者读到的，有几种大抵认为，谢赫本人的艺术观点有问题，是从形似的角度评顾，例如潘天寿先生著《顾恺之》一书中说：“……其原因是谢赫的绘画，全注意于对象形体的表现和他用笔的细致、色彩的艳丽，与顾恺之的绘画重视对象内在神情性格的态度相比较，自然远有所出入了。”谢赫本人的作品面貌，只能依据姚最的评述，此点以下再论。单凭这一点立论，似乎很可以说，谢氏黜顾是受了他自己艺术水平的局限所致。但是，如果研究一下《画品》的思想体系，则可以看出谢赫并非一个只重形似之类的理论家。

1.“六法论”突出了“气韵生动”的原则，而这正是画史上历来肯定的卓越观点。不少论者还都指出过，“气韵生动”之说是接受了顾恺之“传神”论的理论遗产。

2.《画品》中品评画家二十七人，其列品上下与具体论述，大体上与“六法”原则一致，并未见重形轻神的偏向。例如他所最推崇的卫协就并不“该备形似”，张墨、荀勖也“拘以体物，则未见精粹”。相反，“画体简细，笔迹困弱”的刘项，“非不精谨，乏于生气”的丁光，都被置诸下品。并不是说《画品》每言必当，而只是说其中总的艺术评价倾向，并没有把象形、赋彩乃至谨细的手法摆在第一位。

3.评顾的四句话有一种逻辑关系，先有所肯定，后有所批评。对“格体精微”二句，自来并无异议。“笔无妄下”一语也可与张彦远“论顾陆张吴用笔”相印证。谢赫认为“声过其实”的根据在于“迹不逮意”——问题的出现就在这一句上。

陆机《文赋》有句：“恒患意不称物，文不逮意。”“逮，及也，或作逮。”（《集韵》）后来李嗣真评张善果，也有过“若长辔远途，迹不逮意”之语。在这里，意，都是作为艺术表现的内容；迹，则是文字或绘画形象的手段。大凡这样提出问题的，总是以意为先，亦即不是脱离精神内容的要求而单纯求形似或文辞的。而且，谢赫既然已经肯定了功夫之精到至于“笔无妄下”，为什么还要指出迹之不足以达意呢？看来，似乎应当探讨一下：顾恺之的形与神与谢赫所要求的形与神，有没有什么不同的意思。如果我们把形与神都看作一种变化着的、历史地发展中的东西，看看从顾至谢之间的社会风气影响到画风有什么变迁，也许可以进一步找到解释这个问题的通路。

研究一个像顾恺之这样的画家，离不开他的时代。东晋时期的封建门阀士族统治制度，产生了与之相适应的精神生活特征。早由曹操从荆州带到洛下的名士们所宣扬的玄学，到东晋时更为大盛，更加浓厚地渗透于统治阶级的精神世界中，并且加入了佛教思想。作为人物选拔与品藻的舆论的清议，已经转化为清谈之风。一方面是摆脱汉代经学与名教束缚的趋势兴起，另一方面又是唯心主义世界观在士人中精微的深化。这些，不能不决定着当时文艺活动的总的趋向和面貌。当时的王廙用“画乃吾自画，书乃吾自书”教后辈，其意义恐怕不仅仅是简单地主张个人自我表现，而是要求脱离名教束缚的士族精神的自我表现。顾恺之的艺术正是这种时代风气的产物及其在美术上的杰出代表。

顾恺之出身于南方士族，属于当时太湖地区吴郡顾、陆、朱、张四大家族之一。说他“家素贫”，恐怕只是就世家大族内部的经济差别而言吧。据历史学家唐长孺等研究，南方士族（土著）与渡江的中原士族之间仍有学风南北之别，前者以“礼玄双修”为特点。《宋史》记载：恺之父顾悦之，曾著作“难王弼易义四十余条”，可见其家学风仍保存着一定的经学渊源。有一个有趣的材料：顾恺之“耻作洛生咏”，鄙薄为“老婢声”。语言问题也是当时学风差异的一种表现。有些南方士人爱模仿中原洛下口音，顾恺之却不齿。他为《女史箴》《列女传》等遵奉儒家礼教规范妇女德行的著作作图，足见他的思想中也有这种成分。但是，未必能说他的艺术思想就是“儒家理性主义”的东西，不然就会把局部的东西夸大为整体而无法解释它的全貌。当时佛教影响已很广泛，从顾恺之在二十岁上下为瓦棺寺打刹注百万并绘维摩诘一事来看，也可见他与佛学的关系。所以他的思想是儒、佛、玄杂糅。（此外，有的研究者指出过他与道教思想的关系。见马采《顾恺之研究》。又南京出土的六朝砖墓中有反映道教意识的形象与佛教的象征图案并出。不同宗教思想的掺杂是允许的。）主要的当是玄学思想。

历史上记载了不少关于他为人风度的材料，他的“三绝”之一就是“痴绝”，正是鲁迅所说的“在晋朝有以痴为好的”那种名士。如哭拜桓温之墓，与谢瞻月下长咏，引叶自蔽，妙画通灵，布帆无恙等轶事，都是这种形象的生动写照。甚至他爱慕邻女而以棘针刺女像的传说，也可见他越出礼法而痴情于彼的意思。不过实际上门阀之间的婚配一般很严格，这一则毕竟是传说而已。对于他这种“痴绝”，桓温在当时就已经点破为“痴黠各半”，后人也指出过是他“佯狂避世，明哲保身”的策略。这些解释固然有一定的道理，然而，除了一种自我掩饰的处世哲学之外，更本质的，恐怕还是东晋士人自我陶醉于玄虚超然的精神境界的习性使然。他做过官，从桓、殷幕下的参军到逝世前官至散骑常侍，但并不热心于仕途而在强大的士族之间以及士族与帝室之间的政治旋涡中钻营，无非是由于“举贤不出士族”，作为一个“谈士”侧身其间，任点闲职。他既没有像嵇、阮他们那样忧愤与慷慨，又没有求田向舍的事业精神，也不像后来南朝士人那样腐朽。他的特点是在自得其乐的平静生活中充分表现出这个阶级自我陶醉于玄虚的主观精神境界的一种风度。他写的《筝赋》可看作一种人格的象征：在秀美的外表中，一个空灵的音箱，通过合律的乐音发出清韵来——这不就是一个名士的化身么？李泽厚《美的历程》中释“魏晋风度”为“人的觉醒”说：“这里讲的人仍然是有具体阶级性的，他们即是门阀士族。……完全适应着门阀士族们的贵族气派，讲求脱俗的风度神貌成了一代美的理想。不是一般的、世俗的、表面的、外在的，而是必须能表达出某种内在的、本质的、特殊的、超脱的风貌姿容，才能成为人们所欣赏、所评价、所议论、所鼓吹的对象。”顾恺之的艺术，甚至他本人，就是这样的对象。用不着等待别人品评，他已经“自云得先贤风制”，十分欣赏着、如痴一般地沉溺在超尘脱俗、“率真通脱”的精神境界中了。历史上记载他“好矜持”，其实不就是这种精神的坦率的自得之状么？有人解释他的性格是“因为他终身沉醉于文艺上的缘故”，恐怕不中肯。

“风格即是人”，基本如此。他的艺术不能不反映出他的精神面貌，而呈现出若干显著特点。

1.顾恺之主要是人物画家，他的艺术题材主要是人。以《历代名画记》所著录者而论，他的作品的三分之二以上是人物画。他的人物画师事卫协，与传流固然分不开，同时又有新的特点。不像汉代那样以为政教服务为直接目的而图绘历史人物、功臣名将，而主要是画同时代的士族“胜流”人物。虽然都是人物画，社会意义已经不同了。当时人物画的特点，乃是实行九品中正人事制度之后，在门阀士族中重视人物品藻与清议的风气在艺术上的反映。士人以及士人心目中的美好人物，成了当时主要的歌颂对象，连东晋墓室里都有“竹林七贤”的形象出现。在那样的历史条件下，还有什么比肖像画更能见长于表现人物仪容风神之美呢！顾恺之为裴叔则、谢鲲、殷仲堪等画的就是这种肖像。由于着眼于人物本身而不是他们的功业，显然人物画的艺术探索是往前推进了。

2.他的绘画的中心内容，在于表现人的主观精神世界，具体地说，是为士族“胜流”传神。重精神表现，重个性性格，特别是重在一种脱俗的风度神貌，如张怀瓘所说的“其神气飘然于烟霄之上”、张彦远所说的“物我两忘、离形去智”，成为他的审美观念中核心的东西。将谢鲲置于丘壑中而不画他作为统治者从政的一面，是为了表现流连于“高山流水之间”的名士风度。“目送飞鸿”是为了表现嵇康诗中那种寄情于自然，怡然自得、不滞于物的精神境界。裴楷颊上三毫，人问其故，顾恺之说：“裴楷隽朗有识具，正此是其识具”，具有个性特征的细节描写使这个肖像表现得“神明殊胜”。所有这些，都是从表现人的精神本身出发的创造性的形象探索。同样的探索而作为道释人物出现的，是维摩诘像，是顾恺之青年时代显露才华之作。当时，传播佛教大乘思想的《维摩诘经》流行。据《世说新语》记载：殷中军被废后读佛经即自《维摩诘经》开始，支道林也讲过此经。顾恺之取维摩诘像入画就是很自然的了。“有清羸示病之容，隐几忘言之状”，可见，顾恺之对故事人物进行了自己的再创造，通过佛经故事中那位毗耶离城的居士表现了中国东晋名士们自己心目中的美的形象。此像真迹早已无存了，现藏日本东福寺一幅传为顾氏手笔的绢本墨画维摩诘，画着右手执麈尾——这种麈尾正好是中国名士谈玄论难时执以指画的东西。我们现在可以看到敦煌149窟中唐壁画中的大幅维摩诘像，那形象选取在论辩中高度精神兴奋的一点，我们可以想见与顾恺之的大异其趣。这一对比，更可以揣测到顾画形象的具体意义所在了。又以仕女画而论。现存《女史箴图》《洛神赋图》都是唐以后摹本，我们现在已很难估量原作的真实面貌，不过总还能约略窥测到一些痕迹，尤其是构图与影像大致仿佛。《女史箴图》中的人物都是清懿淑慎之类封建贵族妇德的化身，例如“玄熊攀槛”一段中，冯媛在惊变场合中趋进的形象多么端庄高尚。《洛神赋图》也是神话般的境界，“凌波微步，罗袜生尘”，形象不也是飘然超俗的么？所谓“象人之美，顾得其神”，他笔下的“神”是什么呢？一方面，固然表明一般的艺术上高度传神的造诣；另一方面，又有具体的时代的和阶级的内容。因而也就特别为崇尚这种精神内容的人们所推重了。

3. 就山水画而言，他也是早期的先驱者。我国山水画的出现、发展与成熟比人物画为晚，（虽然在我国比在欧洲早得多）。他的《庐山图》等真迹已不可见，从人物画摹本上的局部山水来看，毕竟还只是山水的滥觞。因此，似乎没有必要因袭旧说过誉为“全能的画圣”。

不过，有一点很重要，即顾恺之对于自然美的认识。其价值在于，不是把艺术家眼中所见的山水之美当作纯粹客观的东西，而是作为人的一种精神寄托。这样，他的艺术中的自然美与人物的精神美就有了共同性。他认为，山水之难仅次于人物，也是从“迁想妙得”的可能性上着眼。他描写会稽山水之美和桓温治下的江陵城的名句，都体现了一种兴旺的生意。“千岩竞秀，万壑争流，草木蒙笼其上，若云兴霞蔚”，这在欣赏者的心境里是何等兴奋昂扬！他写虎丘山，强调“含真藏古，体虚穷玄”，寻常陵阜之中蕴藏着深邃玄妙的东西。他写冰，着重描写“托形超象”的、如珠玉一般晶莹光洁的素质。他写涛，说它“崇广而宏浚，形无常而参神”，在运动中展现出丰富的内在神采。以上这些自然描写（虽然不是图绘而是文字），都包含着人格化。即以

《画云台山记》来说，整个设计都不只是绘景，处处都为着表现神仙世界，从而为张道陵考验弟子的宗教精神作陪衬。所以，如果说顾恺之在我国早期山水画上的历史贡献的话，那么，最重要的还不在于他在技巧上一开始就达到了多么超历史的神妙的地步，而在于表明中国的山水画从一开始就不是自然主义的东西，从来就有以意境取胜的优秀传统。而这种意境，在顾恺之那里，也如同人物画中的“传神”一样，实质上也是玄风所及的一种反映。

4. 与他的创作活动相一致，顾恺之绘画理论的中心点也在于对形神关系的认识上。“以形写神”“传神”“迁想妙得”这些在艺术上闪烁光辉的论点，其哲学基础，看来既非先秦儒家的理性主义精神，也不是后来南朝无神论者范缜的《神灭论》中那样的唯物主义思想，而仍然是当时盛行的玄学观点，尤其是王弼关于言义之辩的观点。所谓“尽义莫若象，尽象莫若言”，然而“言者所以明象，得象而忘言；象者所以存意，得意而忘象”。神形分殊本是玄学的立足点，当然也作用于他们的文艺观点。不过，顾恺之是画家，他的实际经验使他始终把握着一定的形、象的重要性，而不是像哲学家王弼那样从“尽意莫若象”转化到得意忘象的绝对地步。形“有一点小失，则神气与之俱变矣”，离开了一定的绘画语言所塑造的可视形象，是什么传神也谈不到的。“以形写神”的提法最简括地表明了形神二者的关系，写形是手段，传神是目的。这在他的《论画》一文中对当时作品的具体分析中表示得很清楚。后人发挥此说，有“以神写形”的提法。这种新提法只有在把“以”作为“因”“依”的意思解释时是有意义的。他的重点还在于“迁想妙得”。他一反韩非关于画犬马与鬼魅之难易的提法，而认为人物之难不在于形似，而在于体现人的神明，收到“迁想妙得”之效。后来张彦远在论述时发挥了这个论点。元人汤垕在《画鉴》一书中指出顾画“形似时或有失”，但细看起来在平易中却有“不可以语言文字形容”的东西。这对于顾恺之形神关系说的理解是正确的。

说到“传神”，不能不提及“传神阿堵”——关于眼神的描绘。点睛的故事，在我国绘画史上多可见到，外国美术史上也有种种佳话，非独顾氏为然。特殊之处是，他的“传神阿堵”观点与魏晋人物识鉴观点的直接关系。刘劭《人物志》说：“征神见貌，而情发于目。”蒋济也论述过观眸子可以知人。汤用彤在《魏晋玄学论稿》中说：“汉代相人在筋骨，魏晋识鉴在神明，顾氏之画理，盖亦得意忘形学说之表现也。”弄清这个关系，就可以理解为什么恰恰在东晋时代的顾恺之那里出现了那么多点睛的创造性意匠。此外，有人认为，所谓“传神写照，正在阿堵之中”是“数年不点目睛”，妙在不点睛。看来是领会错了。第一，这不符合作品实际，现有摹本上的人物并非不点睛。第二，也不符合他论点睛的其他说法，如给有目疾的殷仲堪画像先明点眸子再以飞白拂上的效果。《论画》里也说到“点睛之节”宜谨慎。可见，数年不点目睛是一种夸张的说法，就是慎重从事、留以待补的意思；或有时为之。并不是以不点睛为法吧。

此外，顾恺之关于“玄赏”的论点也很有意思。“神仪在心”的创作，同叫作“玄赏”的欣赏联系着。这就跟“明劝诫，著升沉”的意义大相径庭了。

5. 关于他的绘画形式方面，由于没有真迹，不可能具体论列。不过可以认为，他的艺术形式与内容是一致的。魏晋是中国文艺发展史上一个重要转折期。如同“文的自觉”一样，绘画艺术这时在探索创作规律、讲究形式、发展造型的表现力方面也表现了长足的进展。“古画皆略，至协始精”，透露了技巧精进的过程。顾恺之作为卫协的学生，也处在这个过程中。“格体精微，笔无妄下”，说明他技巧上认真和功夫精到的程度。

线是顾恺之的主要造型手段。历来人们盛赞他的用线：“紧劲联绵，循环超忽，调格逸易，风趋电疾”（《历代名画记》），“如春蚕吐丝”，“如春云浮空，流水行地，皆出自然”（《画鉴》）。他自己的画论里也有经验总结。参照文献与摹本，可以估计到，他的用线与从汉代壁画上现在看到的那种自由、奔放、强劲、比较粗率的风格不同了，基本上是一种凝练、精到、圆润的细线有韵律地运转。中国线描艺术走向更成熟了。有的论者认为顾恺之用线技法来源于江南水乡环境养成的习性。光从地理上找原因，恐怕不如更多从时代精神上找原因为好。比较各种摹本，《女史箴图》（现藏英伦本）用线水平更高。特别值得说到的是画上用线的连绵往复，与黑白色块的布置一起，在平面上如同音乐旋律一样地展开。如果说“建筑是凝固的音乐”的话，这就是平面上线型的音乐了。

顾恺之也论及色彩，他对云台山一画的色彩设计尤为绚丽。从《女史箴图》上也可以看到汤垕所说顾“以浓色微加点缀”的效果：用朱红细线沿着衣纹大体上重勾或晕染了一遍，又有重点地在嘴唇、衣带、饰物、道具上使用了一些朱红色块，这样，再加上发髻、器物上的重黑色块，就使整幅画不但浓淡有致，形成色彩的节奏，而且更有助于体现一种贵族的雍容华贵之美。这是很具匠心的。

顾恺之的技巧处在由略到精的历史过程中，但他的形式仍比较单纯，与其说是“精微”，不如说是“精到”。并不重在繁复地展开，而重在提炼与概括。由于历史条件的局限，他的人物造型有时显得简单些，“形似时或有失”，从摹本上看，有某些类型化迹象，如洛神动态之重复。不过，这并不妨碍他的传神和立意的表现。毋宁说，单纯、概括和某种程度的稚味，正好与他那种非世俗的精神表现一致。

总起来说，顾恺之的艺术的“迹”与“意”大概是这样一种关系：以比较单纯、精练、富有韵味而又力求准确的线描为主的造型手段，着重表现人物的精神面貌，尤其是体现东晋士族人物那种特殊的人格风度。我们常说的“魏晋风度”，可以从顾恺之画上得到可视形象的印证。他的画风是一种反映上层士族人物的审美观念的画风。如张彦远所说，是“妍质相参”的、“迹简意淡而雅正”的画风。如果与同时代的南方书法相比较，可以看出类似的审美特点。

这么说来，就可以知道，谢安为什么说顾恺之“自生人以来未有”呢？除了他在艺术上的卓越贡献以外，恐怕是由于从来没有人像他那样反映了东晋士族统治者自己的精神需要吧。

下面再看谢赫。

关于谢赫的艺术思想，除了他本人的《画

品》以外，只见于姚最《续画品》上一段评述。姚最与谢赫一样，在艺术上“臧否人物”，明确表示自己的见解，并不客气。这也是南朝风气，如《颜氏家训》中所说：“江南文制，欲人弹射，知有病累，随即改之。”姚最的评论使我们知道，谢赫本人也是人物画家，特别是仕女画家，在齐和帝中兴年间以来的半个世纪中以他“象人为最”。他善于描绘当时妇女衣饰化妆的时新款式，又画得工细，“遂使委巷逐末，皆类效颦”——在一般市井生意人中间很有影响。但他的画缺乏气韵生动和壮雅情怀。让我们把这些材料联系当时的整个社会风气作点探索。

谢赫的时代距顾恺之的时代约一百年。历史学家们认为，自东晋至南朝，江南的农业和手工业经济有很大发展，叫作“良畴美柘，畦畎相望，连宇高甍，阡陌如绣”（《陈书·宣帝纪》）。其间侯景之乱以前的梁武帝在位时，尤为兴旺。据《太平寰宇记》引《金陵记》，建康在“梁都之时，城中二十八万户，东西南北各四十里”，《隋书·地理志》说：“小人率多商贩，君子资于官禄，市廛列肆，埒于二京。”引述这点经济状况，可以有助于了解姚最所说谢氏作品受市井欢迎的社会基础。齐梁时期的贵族统治，一方面更加腐朽，另一方面又在江南积极提倡文事。“梁朝全盛之时，贵族子弟，多无学术……熏衣剃面，傅粉施朱，驾长檐车，跟高齿屐，坐棋子方褥，凭斑丝隐囊，列器玩于左右，从容出入，望若神仙。明经求第，则顾人答策；三九公燕，则假手赋诗”，及至侯景之乱时，“肤脆骨柔，不堪行步，体羸气弱，不耐寒暑，坐死仓猝者，往往而然”。这是前一方面的写照。后一方面，就是所谓“时主儒雅，笃好文章”，“自江左以来，年距二百，文物之盛，独善于兹”。梁代的统治者自己从事种种文艺活动，如文学、书画、建筑、音乐、棋艺等，“凡是能满足精神上享乐的文化事业，南朝都在高度发展”（《中国通史简编》）。文事的兴盛，在统治阶级中间，可以说有两种意义上的效果。从积极方面说，文艺得到重视，内容上更加世俗化，形式上更加讲究，如诗歌从无味的玄言诗中解脱出来，格律日趋完备。从消极方面说，则是由于统治阶级的腐朽，文艺内容贫乏，出现了形式主义和唯美主义倾向。梁代的萧纲等人集合周围的一批贵族文人，发展了以色情为主要内容的“宫体诗”，所谓“文并绮艳”，萧衍、萧纲、萧绎都写过这一类东西。一般地说，那是统治阶级上层淫奢颓废生活的表现。文学之外，萧绎和他的长子、简文帝第五子也都画画，他们还搜求了名画法书入宫自娱。为了为这种文艺需要做理论说明，那些“雅好文艺”的君主和贵族文人提出了一个口号：“新变”。萧子显主张文章“若无新变，不能代雄”，萧纲认为要“吟咏性情”，与古人的“遣词用心，了不相似”，徐摛搞宫体，“春坊尽学之”，却称之为“特为新变，不拘旧体”。徐陵在《玉台新咏》序中也自称“唯属意于新诗”。这种“新变”的主张与当时文艺风尚实质的关系是很清楚的。

在这样的背景下来看谢赫，他的观点虽然有复杂的地方，却也有脉络可寻。《画品》之精彩部分，并不在于开宗明义提出的绘画功能：“明劝诫，著升沉，千载寂寥，披图可鉴。”这表面上是儒家传统观点，然而只是表面上。因为这既与他自己的实践相矛盾，又与他的整个艺术批评观点相左。沿引一下传统说法，无非理论上戴一顶堂皇的帽子。重要的地方是他在总结前人经验基础上建立的“六法论”这个绘画理论体系。其中的基本点，也是形神关系问题，并且同顾恺之相一致，并不存在只重形似的看法。至于他本人艺术上有弱点，“气韵精灵，未穷生动之致；笔路纤弱，不副壮雅之怀”，而在品评他人时却又能指出同他自己类似的毛病，这种似乎矛盾的现象，可能是他晚年检视了自己的实践经验并且多所涉猎而提高了眼力的结果。理论概括突破某种经验局限的现象，在美术史上倒也不是罕见的。

比起顾恺之来，谢赫的观点又有些反映了他那个时代风气的东西。

1. 强调绘画的“新变”。“艺无古今，不广其源”的说法，含蓄地表示了不拘泥古法。在具体品评中，他推崇卫协在使绘画由简入精中的作用，赞赏顾骏之“变古则今，赋彩制形，皆创新意”，称道张则“动笔新奇，师心独见”，“变巧不竭”。对那些拘守成法的画家，他都有所不满。谢赫最推崇陆探微，但对于同样师事陆氏的袁蒨与顾宝光，却批评他们一个“志守师法，更无新意”，是“和璧之微玷”，一个“全法陆家，事事宗禀”，“更属小巫”。这里界限分明，一点不含糊。至于刘绍祖那样专门从事“移画”，那更是“述而不作，非画所先”了。从这里，可以窥见谢赫有某种重视创造性的意思。当然，这种观点与上述萧子显、徐摛等人主张“新变”之说看来是有联系的。

2. 值得注意：谢赫称赞南齐时的姚昙度为“雅、郑兼善”。姚是出身于“舆皂之中”的下层画家，社会地位不高。他又重视戴逵之为“百工所范”。前面说过，他自己的作品也为市井所争相师效。这么看来，他比较注重于，至少是不排斥下层社会中的世俗的东西，而不仅仅以高雅为贵。这在当时也是难得的。

这里有必要单独说一下戴逵。戴逵与顾恺之同代而年事较长，顾对戴逵作品的评论见于《论画》。他也是士族中人，过隐逸的生活，而思想倾向“常以礼度自处，以放达为非道”，这与顾并不一样。他的艺术特点也与当时风气有所不同。据《世说新语》所记，“戴安道中年画行像甚精妙，庾道季看之，语戴云：‘神明太俗，由卿世情未尽。’戴云：‘唯务光当免卿此语耳。’”可见他是相当坚持自己画风的。既反对名士放达之风，又世情未尽，被称为“神明太俗”而不思更改——对于这样一位画家，谢赫怎么看呢？他说：“荀卫而后，实称领袖。”不把顾恺之当作当时画坛领袖而让戴逵坐这把交椅，这就尤其可见谢氏重“俗”的思想了。

3. 当时所谓新变、俗，一种突出内容就是宫体文艺一类的仕女画。谢赫本人的画是“丽服靓妆，随时变改；直眉曲鬓，与时竞新”。当时以画宫体画闻名的还有“留意铅华”的沈标、“专工绮罗”的沈粲、“画嫔嫱当代第一”的刘瑱以及袁昂、焦宝愿等诸家，成了风气。萧衍、萧子显都吟咏过美人观画和美人画。这种“与时竞新”的女像，竟是与宫体诗一样的东西，与顾恺之笔下那些古代妇德化身的形象，其性质自不可同日而语。那种适应统治者颓废荒淫的生活需要的时装美人，在艺术品格上未必有如顾氏的人物。不过，虽然谢赫他们的作品有弱点，却也同时比较能为世俗所欣赏。如果说《玉台新咏》为了标榜色情文学“得性清之正”而收录了民间乐府中的情歌的话，那么，我们是不是也可以透过美人画的流行看出当时世俗生活需要的正常性情表现那一面呢？毕竟，像《女史箴图》那样要求检点妇人言行，束缚她们的感情，是有违正常的世俗性情的。

4. 重视绘画形式的发展。当时绘画形式的趋向也有两方面的意义。从积极方面说，写实、求形似的造型能力得到丰富与提高。谢赫推重陆探微，也称颂他这一派的“象人之妙”“用笔骨梗”。他认为缺乏骨法的画法是“拘以体物，则未见精粹”。他重视各家用笔造型上的各种创造性，《画品》上多所论到。这种创造性之所以成为可能，正是南朝绘画造型能力提高的结果。我们可以找到一个实例，就是现存北宋摹本的《职贡图》。据金维诺考证，此卷原本应是梁文帝萧绎的作品。拿《职贡图》上的人物同顾恺之笔下的人物比较，可以看到，造型更加具体、准确，个性特征更鲜明，线条转折更有锋芒；同时可以看到，这里的人物精神更有现实性。

绘画上骨法这个概念，来源于汉以来的以骨体相人的理论，不少研究者已论及过这一点。魏晋人已运用与“骨”有关的概念于人物品藻，顾恺之也曾运用这类概念来品评别人的作品。但是他本人的作品，人们却并不认为特点在骨法上。因为骨法与精神相对，着重在形。画法上对骨法要求的增强，说明写实能力发展，人们越来越要求能够达到准确的形体结构与力量。到后来更要求进一步丰富生动的形体描写，这就是后来“张得其肉”的新技法。但谢赫当时还没有强调，他强调的是骨法——形体结构与力量。

从消极方面说，当时造型形式变化的结果，却出现一种谨细轻羸、笔迹困弱的倾向，这正是向“细密精致而臻丽”的过渡，同文学上那种讲求轻靡的形式主义具有类似的时代特点。对于这种倾向，谢赫在品评中也是不以为然的，可以见之于对丁光、刘瑱、王微等人的批评。但他本人的画法也没有摆脱这种毛病。

由以上分析来看，从顾恺之到谢赫的一百年间，画风随着时代的变化而从内容到形式都起了变化。所以，谢赫之所谓“迹不逮意”，看来是从南朝新变的画风出发，不满足于顾恺之所代表的东晋名士的“雅正”画风。在精神内容上，要求以更世俗化的、更现实些的、外在的东西，代替那更重视主观精神的、内在的东西；在形式上，则要求符合这种内容需要的巧变，用一种更写实的、表现力更丰富的、细致的形式，代替那较简淡的、高雅的、单纯的形式。就是说，在形式和内容、“迹”和“意”两方面都有新的要求。只看到谢赫重形色，那是不够的，不妨参看一下类似的情况。《诗品》对永嘉时期的诗的评价是：“永嘉时贵黄老，稍尚虚谈，于时篇什，理过其辞，淡乎寡味，爰及江表，微波尚传。”可是，人们并没有责怪钟嵘所说的“理过其辞”是只重文辞形式。当然这只是一种参考，并非把钟、谢二家在不同领域的品评等同起来。

然而谢赫观点的是非，也还值得分析。在具体所指的艺术实质上，他们提倡的新东西未必都优越于顾恺之的艺术的品格，绮丽柔弱之风毕竟近乎弊病，尤其在审美价值上，宫体画当远不及顾恺之的艺术。艺术向低级趣味演变，那是当时剥削阶级文艺的一种必然的衰退，因为南朝的统治阶级没有了晋以前士族那种精神解脱的精神。但是，事物是复杂的。在另一个意义上说，要求艺术随时代的发展而创新，反对墨守成规，要求艺术更有现实性，要求技巧的精进，这些都有一定的积极意义。艺术从清虚到质实，从雅正到世俗，从迹简意淡到细密精微，这变化中既有所得，又有所失。顾恺之的艺术与谢赫的观点都是历史的产物，都带有时代的具体印记。我们没有必要赞同谢赫的全部观点，也没有必要为谢氏黜顾而“慨抱玉之徒勤，悲曲高而绝唱”。看一个历史上的大师的艺术，需要全面、具体地分析，看它同当时的社会状况有什么关系，起了什么历史作用，它的内容与形式哪些是向前发展的、有积极意义的东西；哪些是停止或衰退的、有消极意义的东西。艺术发展的道路毕竟不是笔直的，而是曲折的、矛盾的。对于顾恺之这样一个绘画史上的杰出人物，也当做如是观，才不致像古代歌颂者们那样为他笼罩上神秘的光圈，而使我们更好地得到真正有价值的遗产。

再放开一点看，魏晋南北朝时期是中国历史上汉、唐之间的文化转折时期。顾恺之作为这个时期内最杰出的艺术代表者之一，以及后来的陆探微、张僧繇和谢赫，他们的艺术与理论，在两汉与隋唐之间起着承前启后的作用。其间又有所变化。一些新东西起来了，又有一些好的旧东西被丢掉了。绘画摆脱经学思想统治的束缚而深入到人的精神世界，这是有积极意义的进展。但是进入一个玄风的境地，却离开了一个丰富多彩的、生动的人的现实生活世界。后来绘画又向世俗方面发展的时候，开拓了反映生活的领域，却又有的由于统治阶级的腐朽而走入宫体画之类的低级途径。汉代专业画家很少，到南朝时多了，分工细，画种也多了。在这样的基础上，形式技巧得以丰富发展起来。然而这样一来，汉画雄浑、生动、有气势、质朴的风格却又受损失。经过这一曲折的也是准备的过程之后，中国绘画才在唐代展开了一个灿烂的新时期。这种艺术发展中的得失变化，那是另一个更大的题目。

用一种历史的观点，一分为二地分析各个时期艺术发展中的变化，对于我们在艺术实践中认真接受遗产，该是有意义的。

本文载于《美术研究》1983年第4期

华沐（钟涵），1929年生，江西萍乡人。曾在清华大学建筑系学习，1955—1959年在中央美术学院油画系学习，毕业后留校任教，并于1963年毕业于中央美术学院油画研究班。中央美术学院教授。

山水画与玄学

陈传席

中国山水画正式兴起于晋宋时期，关于兴起的原因，不少论者是从六朝时期文人士大夫隐居山林、喜好山水等方面去探索，然而这还不是山水画兴起的直接根源。

山水画兴起的直接根源是玄学。离开了玄学而去探究山水画的起源，有很多问题不好解释。比如，说魏晋时期文人士大夫喜爱山水，认识到山水的审美价值，所以他们把自己喜爱的题材写入画中，那么魏晋期间文人士大夫也喜爱竹菊，甚至有人在生活中不可一日无竹，为什么不从此兴起竹菊画呢？我们认为从玄学的兴起和推行中寻找山水画兴起的根源，很多问题，尤其是山水画论中的问题才能更好地得到理解。

东汉末年，由于军阀混战，生产力遭到巨大破坏，城市丧失了曾经有过的政治经济意义，地方的自然经济占有统治地位，地方实权分散在这些封建贵族手里，他们要发展自己的经济和社会势力，因而要求君主“无为”，听任自然，以此达到巩固世族地主经济，任其充分发展的目的。因而玄学的发展是有其一定缘由的。

《文心雕龙·论说》有云：“迄至正始（240—248），务欲守文，何晏之徒，始盛玄论。于是聃（老子）、周（庄子）当路，与尼父（孔子）争涂矣。”玄学家们利用种种形式鼓吹玄学，正史中，何晏一派通过诗歌把玄学的哲理内容表达出来，于是创始了“玄言诗”。两晋时期，玄言诗更加发展，几乎都用于阐述《老》《庄》。《文心雕龙·时序》有云：“自中朝（西晋）贵玄，江左（东晋）称盛，因谈余气，流成文体……诗必柱下（老子）之旨归，赋乃漆园（庄子）之义疏。”沈约《宋书·谢灵运传序论》有云：“有晋中兴，玄风独振，为学穷于柱下，博物止乎七篇，驰骋文辞，义单（殚）乎此……莫不托辞上德（老子），托意玄珠（庄子）。”钟嵘《诗品·总论》也说：“永嘉时贵黄老，稍尚虚谈，于时篇什，理过其辞，淡乎寡味，爰及江表（东晋）……诗皆平典似《道德论》。”玄言诗到了这种地步已完全成为政治说教，变革便势在必然。于是宋初从谢灵运开始，由玄言诗转向山水诗，《文心雕龙·明诗》有一段著名的话：“宋初文咏，体有因革，庄、老告退，而山水方滋。”其实，提倡“庄、老”之时，正为山水诗的“方滋”打下了基础，玄言诗变而为山水诗是一种必然趋势。孙绰《庾亮碑》有云：“方寸湛然，固以玄对山水。”山水和玄理在人们的主观意识中是相通的，因此魏晋以降的士大夫们迷恋山水以领略玄趣，追求与道冥合的精神境界，这也对诗歌和绘画产生了必然的影响。由于山水形象是表达玄理的最合适的媒介，所以山水景物大量进入诗歌和绘画之中，使得山水诗、山水画成为言玄悟道的工具。宗炳说山水画的作用是“澄怀观道”和“澄怀味象”（“澄怀观道”语见《宋书·宗炳传》。“澄怀味象”语见《画山水序》，“象”是由圣人之道所显现之象）。他在《画山水序》中明确地指出：“山水以形媚道。”

“山水以形媚道”也好，“以玄对山水”也好，可以看出六朝文人士大夫眷恋山水，除了游览之外，还有一个更重要的目的，那就是领略玄趣或体会圣人之道。

宗炳的《画山水序》内容在阐述创作山水画可以达到“观道”“味道”的目的。

中国的士人是讲“道”的，时时、事事离不开“道”，“道也者，不可须臾离也”（《中庸》）。古代的“道”内涵很大，指的是自然和社会发展的不可抗拒的规律；是宇宙万物的本源、本体；是具有特殊作用的思想和学说；是一定的人生观、世界观；是天地间从人君到百姓都要遵循的绝对化法则。总之，“道”是各派哲学思想体系中的最高范畴。但古代山水画一直是和老、庄之道联系得最紧的。

最早把山水画和老、庄之道联系在一起的是宗炳。宗炳一生绝意仕途，好游山水，他虽是一个佛教徒，但从他现存的几篇文章如《明佛论》等看来，他对佛教的崇信主要是因果报应，他的思想更多地受了玄学的影响，他说：“若老子、庄周之道，松、乔列真之术，信可以洗心养身。”这里，他认为唯有老子、庄周之道，可以“洗心养身”。所以宗炳想的是“释”，行的是“道”。他在《画山水序》中说的“山水以形媚道”就是老、庄之道。他终生游览山水和绘画山水，也就是在山水中体会圣人之道。

山水中怎能见到圣人之道呢？也就是说圣人哪些道能“映物”呢？老、庄之道是形而上者，《庄子》云：“已而不知其然谓之道。”道虽然看不见、摸不着，但“映于物”，贤者可以观物而知“道”。《老子》云，道像水一样，“上善若水，水善利万物而不争，处众人之所恶，故几于道”（《老子》第八章）。老子多处谈到的道都是从水中悟出来的，水“几于道”，观水也就是观道，画出来的水也就等于道了。水如此，山就更不待言。《庄子·知北游》：“天地有大美而不言”，不去游览山水，能深刻地理解圣人这些“道”吗？在山水中，不正可以看到和悟到圣人之道吗？

山水更大作用在于“涤除玄览”（《老子》十章语），“斋以养心”“斋戒，疏瀹而心，澡雪而精神”（《庄子·知北游》）。道家特别主张“静知”，“致虚极，守静笃”，“故静也，万物无足以挠心”，山林和烦浊的闹市相反，是最合于道家的“静知体道”的地方。《庄子》一书中的有道之士大都和山林有关：“尧……往见四子藐姑射之山”（《逍遥游》），“黄帝将见大隗于具茨之山”（《徐无鬼》），“黄帝……闻广成子在空同（山名）之上，故往见之”（《在宥》），孤竹“二子北至于首阳之山”（《让王》），这些记载都说明了这一点。宗炳要“澄怀观道”，就是要涤荡污浊势利之心，遁于空静的山林，“独与天地精神相往来”（庄子语），所以当宗炳年老多病，无力游山水时，便创作山水画，卧以游之，“再现自然之理”，以达到“寄物而通（道）”的目的。

《林泉高致》道出了前人画山水的意图：“君子所以爱夫山水者，其旨安在？丘园养素，所常处也，泉石啸傲，所常乐也，渔樵隐逸，所常适也。……为离世绝俗之行，而必与箕颍埒素，黄绮同芳哉。”从这里正可看出道学之士的山林性格。

唐以后，山水画占画坛主流，重要画家大多都是隐士和具有隐士思想的人，作画多自娱，在他们的思想中道家思想居主导。儒家是积极入世的，主张“文以载道”“有补于世”；道家是出世的，主张“怡悦情性”“自我陶冶”。所以古代的山水画真正有鉴诫作用的并不多，多是庄学之士用以体道的“纵乐图画”之作。

绘画中的“传神论”大成于顾恺之，然顾恺之的“传神论”指的是人物画传神。山水画也要传神吗？这一点还可以从宗炳、王微的画论中了解到。

宗炳是著名的神形分殊论者，王微不同于宗炳，在晋末宋初的思想界，他和颜延之、陶渊明一样，同属于“神形一体、形死神灭”一派。

宗炳在《画山水序》中说：“栖形感类”，“质有而趣灵”。王微说：“本乎形者融灵。”宗炳是说形、神（灵）二体，王微则认为形、神（灵）本来就是一体，不可分。宗炳是以道为本而终趋于释，王微是以儒为本而终趋于道。他们在画论中反映出的思想是对立的，但对于绘画表现的本质则要求是相同的，都强调要“写山水之神”。

宗炳在《画山水序》中提到的“媚道”“观道”“味道”等山水画的功能，主要是通过山水之神而起作用的，王微叙说山水画不同于图经，也是强调山水之神的作用。所谓山水之神、山水之灵，实是他们发现了山水的美、山水的动人之处的代名词。

宗炳、王微的山水画传神论打破了以前只有人物画才能传神的观念，对后世画论中提出的万物皆要传神的理论有很大影响，唐元稹“张璪画古松，往往得神骨”。宋苏轼“边鸾雀写生，赵昌花传神”，又说“老可能为竹写真，小坡今与竹传神”。人物、花鸟、竹石皆要传神，故宋邓椿在《画继》卷九有云：“画之为用大矣……能曲尽者，止一法耳，一者何也，曰传神而已矣，世徒知人之有神，而不知物之有神。”这是和宗、王的理篇一脉相承的。

山水画传神理论的出现同样也是受了玄学的影响。“得意忘象”“寄言出意”“得鱼忘荃”，乃是魏晋玄学认识论和方法论的中心议题，也是魏晋以降士大夫们观察、思考问题的独特方式，他们以“无”为本，以“有”为末，就必然发展到重神忘形上。事实上，玄学家们总是通过各种途径夸大和宣传精神性的本体，所谓“形恃神以立”云云，而否定物质性的内容。宗炳更是强调万物有灵，万物皆是神灵的显现。但是神是无从见到的，犹如宗炳和玄学家所说的神是无从把握的那样，所以当时的玄学家们只好承认精神的、无形的、虚无的东西，总是借助于一定物质的、有形的、实在的东西来表现。王弼在《大衍义》中就强调：“夫无不可以无明，必因于有。”即“无”不能独立自明，必须通过“有”才能存在。宗炳说：“神本亡端，栖形感类。”王微也说：“灵亡所见，故所托不动。”郭象在《庄子·外物注》中说：“自然之理，有寄物而通也。”而宗炳就有“贤者澄怀味象”“山水以形媚道而仁者乐”的提法，他的“以形写形，以色貌色”说，也就是要再现“自然之理”，从“形色”中寻求所栖之神，即从画上的山水中领略玄趣而通于道。

以上所见，都说明了山水画和早期山水画理论的出现都是和玄学思想密切相关的。

本文载于《美术研究》1983年第4期

陈传席，1950年生，江苏徐州人。1982年毕业于南京师范大学美术系研究生班。中国人民大学教授、博士生导师。

清代扬州画派研究综述

薛　锋　张郁明

清代扬州画派以“扬州八怪”为主要代表。他们的作品大胆泼辣，熔诗书画于一炉，强烈地关注社会生活，在风格和表现手法上，突破了“拟古”“仿古”主张的束缚，以一种清新恣纵、生机勃勃的姿态出现于我国18世纪画坛，在中国绘画史上占有重要的地位。

早在20世纪30年代，已有人开始对扬州画派的一些主要人物（如郑燮）进行研究，新中国成立后又有所深入。1961年，故宫博物院举办了“清代扬州画派作品展览”，继之江苏美协和南京博物院也联合举行了画展，并多次组织了学术讨论会，其学术论文散见于全国各种报刊，但不久以后，则因人所共知的原因一度中断。近些年来，研究“清代扬州画派”的学术活动又有所开展。

近几年来，全国各地举办的有关画展有：天津艺术博物馆于1979年举行的“扬州八家”画展；扬州于1980年举办的江苏博物馆藏“清代扬州画派”作品展览；1983年故宫博物院举办的“扬州画家作品”展览；1984年上海博物馆与扬州博物馆合办的“清代扬州画派”书画展，扬州博物馆还辟有“扬州八怪”厅，长年展出“扬州八怪”作品，至今已持续四年之久。

出版的综合型的画册有：上海人美的《艺苑掇英》清代扬州画派专册（第八期）；天津人美的《扬州八怪》画册；文物出版社编的《扬州八怪》。

举行的学术讨论会有：1983年在山东青岛举办的高凤翰学术讨论；1983年江苏兴化举办的“郑板桥诞辰290周年纪念会”。

在研究组织方面，80年代初，扬州成立了“清代扬州画派”研究会，目前已有会员九十余人，多为全国理论界重要学者、专家。三年多来，研究会印行了《清代扬州画派研究集》四辑，使“清代扬州画派”之研究有了专门的园地。

现将近几年来国内“扬州画派”的研究情况做一综述。

一、关于名称之讨论

1. 认为“扬州八怪”已经成为画史中的通行称谓，不宜更动。虽然据已有史籍所载：“扬州八怪”包括十余人，但这十余人的画风并不一致，若以画派来讲，绝不适宜。

2. 认为“扬州八家”或“扬州八怪”之称并不

确切，既称“八家”，则应指画风各异的固定的八个人，但实际情况，并非完全如此。据清汪鋆《扬州画苑录》一书载清代扬州画家五百十九人，其艺术风格多样，水墨写意和工笔重彩、楼台界画和兼工带写，交织成一个千峰竞秀的局面，已形成了一个具有地方特色的重要的画派。

3. 认为“清代扬州画派”这一说法没有历史根据。陈遽在《蝶影论画》“明清五百年画派概论”中说：“所论二百余家，为派二十有六……”只字未提到“清代扬州画派”。

4. 认为“清代扬州画派”主要代表画家是“扬州八怪”，这一概念，可以包括史载的十余位画家，也可以纳入扬州的其他画家，这是以一个时代某一历史时期、在某一地方形成的画派之称。或认为“扬州画派”应包括几大支派：①以“八怪”为首的文人画派；②以袁江为首的界画楼台派；③以禹之鼎为首的白描写真派；④以方士庶为首的山水派；⑤以华喦为首的新罗画派等。

5. 卞孝萱同志于《郑燮〈板桥先生印册〉注》（载《扬州师范学报》1980年第3期）一文中说：“‘扬州八怪’是清代前期聚集在扬州的一批具有创造精神的艺术家。”这一论断是很符合实际情况的，他对于各种说法，列表如下：

六种说法	“八怪”姓名	备 考
汪鋆说	李鱓、李勉等	《扬州画苑录》
凌霞说	郑燮、金农、高凤翰、李鱓、李方膺、黄慎、边寿民、杨法	《天隐堂集》
葛嗣浵说	金农、郑燮、华喦	《爱日吟庐书画补录》
李玉棻说	罗聘、李方膺、李鱓、金农、黄慎、郑燮、高翔、汪士慎	《瓯钵罗室书画过目考》
黄宾虹说	李方膺、汪士慎、高翔、边寿民、郑燮、李鱓、陈撰、罗聘	《古画微》
陈衡恪说	金农、罗聘、郑燮、闵贞、李方膺、汪士慎、黄慎、李鱓	《中国绘画史》

二、关于“怪”的不同看法

对于“扬州八怪”的“怪”有两种不同看法：一种认为“不怪”，另一种认为确实有不少“怪”处。持前者看法的以李亚如同志为代表。

李亚如同志在《“扬州八怪”画派初探》一文中说：许多论者对“八怪”的“怪”字，都是从他们的行为言论来说明其“怪”。我认为不能从这方面来看，“八怪”人物的组成，有失意官员，有功名不成的名士，有依人作嫁的画师。他们有牢骚和不满，有时作些愤慨之言，但他们的行为和言论，尚在一般常人可做可言范围之内，还没有超出当时封建礼教的规矩法度之外。如人们熟知的郑燮家书十六通，是最明确表达他的思想的。他在家书中谆谆教导子弟遵守封建礼法，认真读书上进，鼓吹圣贤之道，称赞百川制艺（八股文），并无怪语。至于他本人为官清正，助农济贫，在封建时代，非仅一郑燮，别人也未因之称“怪”。又如金农之诗文集《金冬心集》，多作佛家语，也无怪处，他以诗文见知于当地的盐政和地方长官，常常参与官员的宴会和作盐商家的座上客，何“怪”之有？再如黄慎诗集，更无一怪语。所以，把“八怪”之词从他们人怪来解释，理由不充分……

张安治同志于《谈扬州画派》（载《艺苑掇英》第8期）一文中肯定了“扬州八怪”的“怪”处。他说：“所谓‘怪’，我们现在看并不是贬义词，而感到具有个性突出的含意。”他从“八怪”画家的艺术上和生活上阐述了自己的观点，认为“扬州八怪”确实是“怪”的。张金鉴同志也持同样看法。他在《谈“扬州八怪”的“怪”》一文中专门谈“扬州八怪”的“怪”字。

此二种说法尚未正面交锋，他们的共同不足之处，是都未能从中国“正统”思想和非正统思想的关系去认识、剖析“八怪”其人思想和作品何以被称为“怪”，又何以被另一些人称为“不怪”。

三、几项新收获

关于李方膺。对李方膺的研究历来不多。从1949年至1979年，报刊上几无一篇专论李方膺的文章。《研究集》中刊发的南通管劲丞先生（已故）的《李方膺叙传》填补了这一空白。其文发表后，胡艺同志写了《读〈李方膺叙传〉质疑》，接着，赵鹏同志又写了《对于“读〈李方膺叙传〉质疑”的商榷》。他们的文章涉及了李方膺之父李玉鋐生卒年和李方膺的后裔，特别是李方膺生卒年。管文说：“李方膺卒于乾隆二十一年丙子（1756）九月初三日。”胡文说：“方膺应生于康熙三十五年丙子（1696），卒于乾隆二十年乙亥（1755）秋。”赵文认为：“方膺实生于康熙三十六年丁丑（1697），卒于乾隆二十一年丙子（1756）。”

关于华嵒。关于华嵒的生年原有三种说法：其一，康熙二十一年（1682）说；其二，康熙二十三年（1684）说；其三，康熙二十二年（1683）说。薛永年同志于《华嵒生卒年考》一文中，列举大量物证，考定其生年为康熙二十一年（1682）。关于其卒年目前有四种说法：其一，乾隆二十七年（1762）尚在；其二，“寿至七十八”；其三，卒于乾隆二十年（1755）十月至乾隆二十一年（1756）年末之间；其四，卒于乾隆二十一年（1756）。薛永年同志在《华嵒生卒年考》一文中，根据大量华嵒真迹的署款与华嵒友人的题跋考定为华嵒生于康熙二十一年（1682），卒于乾隆二十一年（1756）。

过去对华嵒生平之研究，每每依据《离垢集》和画史中的记载略言之。1982年春，华嵒家乡——福建上杭县发现了《闽汀华氏族谱》。接着赖其昌撰写了《华嵒的墓葬及其儿子》（《上杭文化报》1982年2月20日）。薛永年同志撰写了《华氏族谱与华嵒》（《美术研究》1983年第2期），披露或考定了华嵒的家世及生平中有关问题，特别是他虽考取县丞职却未出任的情况，对华嵒生平思想之研究颇有推动。

对关于华嵒艺术思想和创作成就之研究近年先后发表了薛永年同志的《华嵒的艺术》（《美术研究》1981年第2期）、王靖宪同志《华嵒的艺术思想及其成就》（《朵云》二集）和温肇桐的《华嵒》（上海人民美术出版社出版）。王靖宪同志一文比较系统全面地论述华嵒艺术思想和成就时，能注意到和金农、罗聘等人的比较，在论述师承和艺术风格时，还指出：“华喦很佩服恽南田，画法上受过恽南田的影响。但他不属‘常州派’。华喦的花鸟风格，有恽寿平的清新、秀丽的特点，并有他独到的率意，疏宕、空灵的情致，可以说是别创一格。”讲得比较中肯。

关于黄慎。《福建文博》1983年第1期发表了樊万春同志的《我省宁化县发现黄慎墓碑》一文。据该文说，1983年3月上旬于宁化县城关北郊二里外的茶园背面，发现黄慎墓碑。其碑文为："十七年八……安葬……考黄恭寿讳慎府君，妣黄母张氏孺人，继妣黄母连氏……吴氏□之墓，男茂瑸、茂□、……□材、□梁、□桊……"为黄慎卒年及家庭情况之研究，提供了参考资料。《福建论坛》1983年第5期发表了丘幼宣同志《黄慎奉母归闽年代考辨》一文，也解决了黄慎生平中的一个问题。作者在注释《蛟湖诗钞》之时，发现黄慎奉母归闽一事在时间上的疑窦，指出黄慎奉母归闽并非雍正八年（1730），实际上应是雍正十三年（1735）。

刘纲纪同志在《黄慎》一书问世后，最近又写了《〈黄瘿瓢人物册〉初探》一稿（《朵云》二集）。他认为："《黄瘿瓢人物册》（天津杨健庵先生收藏）中署名，作宁化黄盛或闽宁黄盛，有时则只作黄盛。籍贯与黄慎相同，名却不同，因此，曾引起了此册是否为黄慎所作的疑问。其实，只要把此册同黄慎后期的作品加以比较，就可看出确系黄慎所作。题名非黄慎而为黄盛，正好说明了原来黄慎到扬州后，不但改了字，而且改了名。"但是，此稿不足之处，既无考据，也无佐证，光说"黄慎是在一七二四年前后到扬州的，时年三十七岁左右的作品"云云。资料诚为"重要"，但令人信服程度似有不足，还须进一步论证。

此外，北京人美所出的李万才同志编著的《黄慎》画册，附图较多，在论述黄慎以草书入画方面亦有自己的看法。

关于罗聘。刘永明同志在《关于罗聘世家》（将载《清代扬州画派研究集》五辑）一稿指出，清吴锡麒《罗两峰墓志铭》(《有正味斋骈体文》)，"考愚溪公，应雍正辛卯武乡试中式举人"一句的错误，进而指出陈金陵同志《罗两峰》一书中依旧有含糊其词之处。刘依据《歙县志》卷六、《雍正扬州府志》卷二十一、《嘉庆扬州府志》卷四十二均无罗愚溪雍正三年（1725）中举之记载，雍正年间亦无辛卯之年号。又据《歙县志》卷六、《雍正扬州府志》卷二十一所载康熙辛卯五十年（1711）"罗智、呈玖人"试中举的记载，指出论断罗智是否为罗愚溪，尚证据不足。刘又据方苞《望溪先生文集》卷十三、《罗烈姐李氏墓志表》等文指出，罗聘曾祖父罗经甫之妻李氏在清兵入扬州时，有不甘受辱、登楼自焚的悲惨家事，对于研究罗聘的家世提供了新线索。

关于郑燮。赵鹏同志《郑板桥在通州》一稿指出，郑板桥曾客通州，寓保培基井谷园。而《郑板桥集》中年表漏载此事。他以两件实物为证。乾隆二十五年庚辰（1760）夏，板桥来通州，曾为丁有煜绘墨竹册并题字。其题字为："以书为画"。另板桥手刻石砚一方，现藏南通博物馆，砚背刻铭，辞曰："南唐宝石，为我良田。缜密以栗，清润而坚。麋丸起雾，麦光浮烟。万言日试，倚马待焉。降尔遐福，受禄于天。如山之寿，于万斯年。板桥郑燮志。"丰富了人们对郑燮生平的认识。

泰州新发现郑燮信札共四页，尚未发表过，其内容为："郭奶奶不肯来，亦怪不得，但愚兄迩日年老近道，盖其心本平易协和。昨因有儿子，故凡事听之大概，今儿子又死，非郭奶奶不能为生儿女。我已买得滚盘珠十二颗，虽颗头略小，亦可直（值）百二十金。有（又？）买得古镜一百面，亦可直百金，都要付与郭奶奶收掌。将来卖出本钱。制（置）市房一所，亦足二位奶奶养老之资也。若决意不来，我亦不怪，但我平生之过，终古之罪人耳。此时先着人来，带裱褙匠，俟我出场后，再着人来请二位奶奶。我因郭奶奶不肯来，故书中细细说明当事之故。饶奶奶无不来之说，故不必喋喋重言也。我历观书史，有儿无女，自有天命，郭奶奶来或可望。若再买丫头，作死作业，亦殊可笑尔。四弟将书中意细讲与郭奶奶听。哥哥字。"此信札对研究郑燮之思想、生活情况，提供了新资料。

在潘茂同志的《郑板桥》问世（1980）两年后，周积寅同志的《郑板桥书画艺术》一书也相继出版。此书附有郑板桥著述和研究资料目录，有一定的参考价值。另外，由启功、卞孝萱、周积寅编《郑板桥全集》将要在南京出版，这是研究郑板桥工作中一件引人注意的事情。

关于"清代扬州画派"其他画家研究方面的还有：聂崇正同志的《袁江与袁耀》[1]，蒋华同志的《汪士慎》[2]，薛永年同志的《懊道人题画诗系年初编》《李鱓绘画中的用水》[3]，白坚、丁志安同志的《边寿民三题》[4]，等等。这些论著中或是编有年谱，或是编有资料目录，或是将庞杂的资料归纳成一个系统，或是在一二处剖析，寓以深刻的见解，亦是值得一读的。

四、在理论上的探讨

近几年来，在研究"清代扬州画派"时，能注意结合到雍、乾时期的政治、经济、文化乃至其他方面去研究。其主要表现如下：

能注意到把"清代扬州画派"的作品纳入中国文人画体系中去研究，并论定其在中国文人画体系中的价值和所起的作用。[5]

能结合当时文学上的流派及相互影响上来研究。如王士禛所创的"神韵说"，以清淡闲逸的风神韵致为诗的最高境界。袁枚则主张"性灵说"，他有反对拟古的创作倾向，"八怪"取两家之长，且与袁枚的"性灵说"接近。但他们摒弃了"神韵"之"妙怪"，"性灵"之"闲逸"，反对"怨而不怒"的文风。如郑板桥提出文艺要像斩龙杀虎的剑一样，为社会降妖捉怪，又要像晓花浮露一样来描绘人民的生活。目前还有不少论著已深化到"八怪"的人生观及其创作主张方面来。

在论及当时的政治情况与艺术关系时，也已联系到康、雍、乾时代的地方官的一定作用，如指出王渔洋曾于红桥修禊，首创"冶春诗社"。乾隆年间，两淮盐运使卢见曾（雅雨）亦修禊红桥。还有盐运使曾燠（宾谷）以及嘉庆年间扬州知府伊秉绶（墨卿）等对扬州文化的倡导，因此四方名士、画家如过江之鲫，纷沓而至，莫不争奇斗艳，各擅其长，致使扬州画坛呈现出创作上的繁荣。

从研究画家的创作深入到画家会聚之所——

扬州园林的研究。[6]扬州曾有过“东南园林甲天下，扬州园林甲东南”之称。其时著名园林有“贺氏东园”“卞园”“冶春园”“梅庄”“马氏玲珑山馆”等，“扬州八怪”均为这些园林书、画过屏、联。扬州园林中之假山，造型精美，“堕者将压，翘者欲飞，势若悬浮……”给“八怪”画石以启发。又“八怪”中大都擅长画梅，且所画之梅千姿百态，无一雷同。这和扬州园林多植梅有关。扬州“梅庄”以植梅名世。郑燮曾写过《梅庄记》：“……至于霜凄月冷，冰魂雪魄，淡烟浮绕于内外，主人徘徊其下。漏点频催，不忍就卧，盖念梅之寒与之同寒也。逮夫朝日将出，红霞丽天，与梅相影射，若含笑，若微醉。梅亦呼主人，与之割暄分暖，不独享也。主人与梅是一是二，谁能辨之……”由是观之，“八怪”画梅之“冻萼吐华”“碎玉珊珊”“冰骨玉神”“残月冷香”等之所以动人，又是颇有所感的真情实景。扬州园林，亦以栽花种竹闻名，这也影响到扬州八怪的取材。“马氏玲珑山馆”为富商马曰琯、马曰璐之居所。马氏好古博雅，考校文艺，评史传，旁及金石、书画、古玩诸物，且甚好客，常供养文人、书画家。“扬州八怪”经常会聚于此，吟诗作画，商讨艺事。近《扬州师院学报》1983年第3期发表丘良任同志的《扬州“二马”及其“小玲珑山馆”》一文，对深入研究“清代扬州画派”的历史环境及人物交往，有一定的参考价值。

对清代扬州风情之研究。从隋炀帝三下扬州，到清康熙、乾隆下扬州，对当地名胜、风俗的研究有历史的传统。尤其是宋欧阳修守扬州，清王士禛、卢雅雨官扬州后，扬州吟咏风很盛。除扬州园林外，扬州茶社也是诗人画家交往之所。其时著名的茶社有“梅轩”“小方壶”“绿天居”“丰乐阁”等。研究者指出闵贞的《打枣图》、李鱓的《鱼跳龙门》等画都是从茶社四周的风俗景色中感知而来的。

能注意到从历史掌故和民间文学中吸取正确的有益的成分，以扩大视野。如扬州流传有丁敬的一段故事：丁敬初到扬州，马曰琯问：“你对扬州熟悉吗？”丁敬答：“甚熟。”马又说：“既甚熟，扬州有十南十北，你知道吗？”丁敬满以为马考他的扬州历史掌故，其实是指扬州十个南和北的街巷名[7]，所以，丁敬未答出来。后马曰琯又以扬州风景名胜“青石蓝书黄叶径”之句，要丁敬联句（应对“红旗白字绿杨邨”），丁亦未能及时对出。马认为丁平庸，待之甚薄，故丁敬在扬州未站住脚，不久即怏怏回浙江去了。当然，这个故事对丁敬以及另些书画家在扬州未能立足的原因具有参考价值。

从对“扬州八怪”深化到对“扬州八怪”的弟子的研究。如李鱓的外甥黎哲，字鲁山，兴化人。久居扬州，善画花鸟竹石。其入室弟子陈馥，字松亭；戴礼，字石屏，皆擅花卉，甚能传其衣钵。兴化人吴唯，字贯之，长居扬州，师郑板桥，工画兰竹，深得其奥。其子吴昌明，字小道，亦善画兰竹，直追板桥，几能乱真，后人以吴画挖去其款，多伪板桥。

诚然，几年来，由于各方面专家、学者的努力，对“清代扬州画派”的研究空前活跃，学术论著面广量大，超过了以往任何一个时期，并取得了可喜的成绩。但是，也不得不承认，还存在着不少问题。

1. 研究面还不够宽。在目前所见论著中，以郑板桥为题的多，而对“八怪”中其他名家，诸如金农、高翔等人却论及不多，至于陈撰、杨法等人几乎还是空白。

就对郑板桥的研究说，问题也不少。往往出现一味拔高而缺乏实事求是的现象。更有少数作者连郑板桥的集子也没有认真、仔细地去读，就匆匆地去写什么“论著”，在文章写不下去的时候，就穿凿附会，蓄意杜撰一些所谓“民间故事”来凑，混淆传记文学和民间文学的界限，在学术界造成很大的混乱。例如“江苏历史人物小丛书”之一的《郑板桥》就是一例。如“九老会聚竹西亭”一事，在《郑板桥集》及《扬州八家史料》中都有明确的记载，而该书作者却硬行篡改成另外九人。再如该书中所谓郑板桥请“四王”信徒吃生肉等叙述，既违背历史史实，也缺乏起码的画史、方志知识。关于此书所存在的问题于1983年底在兴化召开的“郑板桥诞辰二百九十周年纪念会”的学术讨论中已有人提出了批评，这是很正常的。我们认为，在学术研究队伍中开展批评和反批评有利于对“清代扬州画派”研究的深入和提高。至于学术著作中引证不实或错讹、疏漏之处，在研究“八怪”其他人中也时有发生。

2. 还较少有提到美学的高度去认识的文章。1982年4月，王朝闻同志曾在扬州作过一个题为《美与社会生活、美与文艺创作、美与文艺欣赏》的学术报告。在该报告中，颇多论及“扬州八怪”处。王朝闻同志在论述主观和客观时说：“我们反对艺术和真的一样。所以，艺术家每每将原材料——素材——进行取舍、提炼、改造。主观是对客观的反映，既要看到客观感受，又要看到主观创造性。‘扬州八怪’的好处，就是既看到客观性，又看到了主观创作表现客观的创造性。从客观性的感受到主观性的强烈表现，这是‘扬州八怪’的主要特色之一。”在论述风格时，王朝闻同志说：“‘扬州八怪’不同于其他画派，每个人的风格各不相同，形成几个方面，每个人的前期和后期的情况都不同。要研究构成、影响‘八怪’中各个人创作体裁、风格的因素和内在联系。”（《清代扬州画派研究集》三辑《王朝闻论美学及“扬州八怪”》）此外，王朝闻同志还对“扬州八怪”的个性和艺术性，“扬州八怪”的思想倾向、理想等方面提出了自己的看法。这启示人们在“清代扬州画派”研究中，不仅需要一个宽阔的面，而且需要一个纵深的“体”，更需要从美学角度去深入研究。

3. 在目前的论著中，还很少见到既运用辩证唯物主义和历史唯物主义的观点，又从道、释、儒三大传统思想体系中去剖析“清代扬州画派”每个人的思想及思想体系的文章。舍去这一点，我们就很难抓住、抓准始终潜动在、活跃在、贯穿在“清代扬州画派”这个艺术“流派”，在它形成、发展过程中的主要脉搏，也就很难抓住、抓准这个艺术流派的真谛。

最近，“清代扬州画派”研究会和江苏人民美术出版社进行了磋商，决定于明年上半年于扬州联合召开邀请有全国各方面学者、专家参加的学术年会。我们热忱地希望上述重大问题在会上能得到较好的解决，把“清代扬州画派”的研究推向一个更高、更新的水平。

注释

按：文中凡未提及期刊者，均已收入《清代扬州画派研究集》第1—4辑。

[1][2]《中国画家丛书》，上海人民美术出版社1979年版。

[3]《迎春花》1981年第3期。

[4]《美术纵横》1982年第1期。

[5]详见薛锋《清代扬州画派试述》，载《美术纵横》1982年第1期。

[6]参看江苏人民出版社近出李亚如同志所著《扬州园林》。

[7]“十个南北”是指古扬州街巷之名：南门街、北门街；南门外大街、北门外大街；南小街、北小街；南柳巷、北柳巷；南皮市、北皮市；南牌楼、北牌楼；南河下、北河下；南城根、北城根；南讲经墩、北讲经墩；南水关桥、北水关桥。

本文载于《美术研究》1984年第4期

薛锋（1928—2016），江苏扬州人。美术史论家，国家二级美术师。致力于扬州画派研究。

张郁明，1942年生，江苏扬州人。扬州职业大学艺术学院教授，致力于扬州画派研究。

江丰同志的美术教育实践

洪　波

在我国美术教育史上，有些人是颇负盛名的，如周湘、刘海粟、鲁迅、徐悲鸿和江丰等，他们都曾以自己独特的贡献载入史册。

如果我们把周湘1911年创立的我国第一所私立学校——中西美术学校作为现代美术教育史发端，那么，周湘、刘海粟就是现代美术教育的先行者，他们拉开了中国新美术教育史的序幕。鲁迅、徐悲鸿则是推动中国现代美术教育发展的巨匠。鲁迅在榛莽中培育了新兴版画这棵新芽，不仅在已往的革命史上，而且在今天现实中仍发挥着巨大的作用。而徐悲鸿则对美术教育锐意改革，他四处奔走，大声疾呼，并付诸实施，强调时代精神和写实求真，师法造化，熔中西画法于一炉，代表了新民主主义时期我国美术教育的最高水平。与此同时，江丰在贫瘠的黄土高原、在僻远的河北农村，进行着另一意义深远的美术教育实践。他和美术界的志士同人一起，把毛泽东同志提出的“文艺要为工农兵服务，为广大人民群众服务”的思想，贯彻到解放区的美术教育工作之中，开辟了另一条具有崭新意义的康庄之路，使解放区的美术教育率先迈进了“人民美术教育”的新阶段，为实现新民主主义的美术教育向社会主义美术教育的转变，作了理论和实践的有益探索和充分准备。江丰同志还是在中国美术教育发展史上实行这个重大转变的组织者和领导者之一。他不仅亲身参加了改造旧式美术学校的实践，而且成功地创建了中国式的新型的社会主义美术教育体系，肩负着美术教育史上起承转合的历史使命，为美术教育事业的发展开辟了更为广阔的途径。江丰同志这一卓越的历史贡献是值得我们永远珍重的。

江丰同志是个不囿于旧法，富有开拓精神的美术教育家。

20世纪40年代，在“延安鲁艺”华北联大期间，江丰和蔡若虹、沃渣、王曼硕等人一起，在毛泽东同志“二为”思想的指引下，从“为人民大众服务，为政治斗争服务”这一根本点出发，创造了解放区美术教育的新经验，这就是艺术教育与政治相结合，理论与实践相结合，业务技术与创作实践相结合，学校教育与社会教育相结合。把这些原则融注于教学制度和教学法中，又形成了课堂教育与社会教育，业务教育与思想教育，基本练习与创作实习，教与学，学与用相结合的新教学制度和教学法。这一整套的美术教育新经验如同和煦的春风，给美术教育的发展带来了蓬勃的生机。较之“五四”以来历次美术教育变革，它是更为伟大、更为深刻的革命，它是在无产阶级领导下的、与各种资产阶级文艺思潮相区别的、人民美术教育事业的经验总结。在革命美术教育新经验的正确领导下，延安鲁艺培养和集萃了一代精英。古元、彦涵、力群、沃渣、王式廓、罗工柳等，他们投身于火热的革命斗争之中，自觉地走上了与工农兵相结合的道路，在艺术创作上取得了重大突破。他们的作品，不仅生动地塑造了工农兵的形象，展现了人民革命斗争的历史，而且形成了老百姓喜闻乐见的中国作风和中国气派，解决了五四运动以来新美术始终未能解决的大众化和民族化问题。

新中国成立后，江丰同志在把旧式美术学校改造成新型美术院校的教改工作中，作出了两件异乎寻常的决定。一是根据我国革命美术事业发展的情况，在中央美院和中央美院华东分院，把版画专业纳入系的体制，使这个在鲁艺精心培育下兴起的、经历了斗争严峻考验的、为革命做出卓越贡献的画种，成为社会主义美术学院的重要组成部分。二是把素描写生作为国画系的基础课之一，提高写实和造型水平，从而使国画更好地反映现实，为社会主义事业服务。第一项决定顺乎民意，反映颇佳，至今赞扬犹存。而第二项决定却掀起轩然大波，浪涛迭起，江丰同志因此吃尽了苦头。我们对待任何事情都应取实事求是的态度，历史的行为总有其历史的成因，寻求历史的脉络，总结历史的经验教训，这才是我们美术教育工作者应取的科学态度。

大凡学过现代美术史的人都知道，江丰同志在国画系设素描课的决定是徐悲鸿艺术主张的实践。徐悲鸿主张："古法之佳者守之，垂绝者继之，不佳者改之，未足者增之，西方画之可采用者融之。""艺术家应与科学家同样有求真的精神，研究科学，以数学为基础；研究艺术，以素描为基础。""把素描写生直接师法造化者，比作电灯，取法乎古人之上者为洋蜡，所谓仅得其中。今乃有楷模董其昌四王作品自鸣得意者，这岂非洋蜡都不如的光明么？自然在停电的时候，豆油灯亦是好的。"新中国成立后，依徐悲鸿之见，将西画的素描写生纳入中国画的教学体系之中，并作为基本训练的组成部分而加以实践，这实在是顺理成章的事情，不能看作对国画教学的干扰，或是国画的一场灾难。决定在国画系设立素描写生基础课，绝不是弃国画一千余年优秀传统于不顾，只是为了改变中国人物画"自明清以来，几无进取，且缺点甚多"，徘徊不前的局面；为了击破明清以来人物画抱残守缺，因袭陈法，国画如"无人之境"的沉闷局面；为了促使中国画之复兴"采取世界共向法则，以人为主题，更以人民活动为艺术中心"（徐悲鸿）。石涛也曾说"笔墨当随时代"，在封建社会的题材、主题、情趣中形成的传统笔墨，在社会主义时代自然要"推陈出新"。徐悲鸿、江丰从绘画技法与社会演变的关系中，为发展中国画，着眼于中国画未来的高度，提出改革中国画教学，其正确性应该说是没有疑义的。当然，西方绘画和中国画，自成一体，都有一套较完整的艺术体系。现在要把西方素描之技法"嫁接"到中国画这个"母体"之上，绝非轻而易举之事。素描的观察法、训练法以及造型之法、绘画技法、绘画工具都和传统中国画截然不同，借鉴起来困难很大。但借鉴不是"照搬"，是择优而取，取其所需；中国画家研究素描，是学习其写生求真，师法自然之精义，是博采众家之长而创新。现代科学发展的一个显著趋势，是综合化，各学科之间相互融合，相互交叉形成了形形色色的边缘学科，构成了纵横交错的立体网络，给科学技术的发展注入了新的强大的生命力。有人形象地比喻为“杂交优势”。既然科学技术能以“杂交”促其迅猛发展，那么中国画艺术为什么不能以“杂交”而促其新生呢？封建社会是以“封闭性”为基本特征的，中国近代史上，清政府的闭关自守导致了中国丧权割地之辱。任何自我封闭的单位都将导致僵化与衰败，艺术自然也不例外。因此，促使主体的发展，就要求主体和对象的关系是开放性的，既要求主体的自主性，又要求可供主体选择对象的多样性，通过趋利避害、择优汰劣的杂交过程，使主体择众优而化为一，达到发展之目的。徐悲鸿和江丰考虑改革中国画教学，是符合事物发展这一基本规律的。新中国成立后，由于中国画系的学生学习了素描的技法，对于形象的把握更准确、更深入了，事实上，中国画在它的发展演进之中形成了新的现代人物画，它是在借鉴素描的造型方法，同时又继承中国传统笔墨的特点，根据表现现代人物的要求，大胆革新，力求新意的追求中发展起来的。虽然还没有形成一套完整的、系统的笔墨技法，但由于它比传统人物画具有更强的反映现实生活的能力，因此具有更广阔更美好的发展前景。我想，这就是历史对徐悲鸿、江丰改革中国画教学的最好的报答。

江丰同志是个始终把人民放在心上的美术教育家。1979年，有个外国朋友问江丰：“现在抽象派艺术风行欧美和日本，亚洲也在发展，你们的美术学校教不教抽象画？”江丰回答：“不教。”他问为什么，江丰说：“人民看不懂，也不爱看。”在江丰1982年写的《温故拾零》中，还记载了这么一件事：1941年夏秋之交，在“鲁艺”西山美术研究室发生了一场争论。有几个同志醉心于以马蒂斯、毕加索为代表的现代派绘画，主张新美术应该学习和仿效。江丰和胡蛮等同志坚决反对，认为在延安提倡现代派绘画，脱离生活、脱离人民，与广大人民的欣赏习惯格格不入。结果多数同志也反对模仿现代派绘画的主张，坚持了美术发展的正确方向。这两件事形象而集中地反映了江丰同志艺术观之人民性，如果我要用两个字贯穿江丰艺术教育之主张，那没有别的选择，只有“人民”。

江丰同志在教学工作中，始终坚持美术教学中的现实主义传统，因为他坚信，人民所喜爱的艺术语言是现实主义。他曾于1981年年底在浙江美院师生大会上讲话时说：“有人对抽象派捧场，我是反对的。我们是社会主义，不是资本主义，你的脑子里有没有人民？学习马蒂斯、毕加索干什么？这种艺术人民要不要看？……我们的艺术，第一，人民要看得懂……艺术要符合今天人民的欣赏习惯。第二，人民看了要能得到好处，艺术要对他们有意义。”正是出于这种信念，江丰同志不赞成让抽象派艺术染指美术学院的教学，而把坚持教学工作中的现实主义看作是否坚持为人民服务、为社会主义建设服务的重大的方向性问题，绝不允许有半点犹疑和动摇。可能有的同志不赞成江丰对抽象派艺术否定态度，为马蒂斯、毕加索鸣不平。我认为江丰同志并没有全盘否定抽象派艺术，只是强调在汲取、借鉴抽象派艺术之时，应把造型艺术同装饰艺术区分开来。抽象画派的基本特征是否定具象形体，这就从根本上否定了造型艺术。面对抽象艺术的否定，以具象为基本特征的造型艺术又怎能与抽象艺术派相安无事呢？而且不同的艺术观点可以争鸣，江丰即从现实主义出发，否定抽象派艺术也是一家之言，不同意者尽可争辩。但江丰在令人眼花缭乱的艺术流派面前，始终保持清醒的头脑，从艺术应符合人民的要求这一最基本的前提出发，考察和辨别各艺术流派，其思辨的基点是正确的。只要争辩的双方都能从人民的利益出发，就会殊途而同归，携手并进。

但艺术上不同观点的争论是一回事，而具体的教学工作又是一回事。从我国的实际情况和人民的欣赏习惯出发，培养学生的写实造型能力，使学生较好地掌握再现生活表现生活的现实主义绘画语言，坚持教学中的现实主义传统，仍是我们在教学工作中须臾不能动摇的基本原则。

对学生进行写实造型能力的基础训练，是教学工作的一个重要内容，但并不能防止脱离生活、脱离人民、内容空泛、追求形式的倾向的出现。江丰同志针对美术院校较易出现的学用分家、重视技术、忽视生活的错误倾向，在美院的教学工作中，提出学习技术的两个基本前提，“学习技术应以如何表现人民的生活为前提”，“学习技术应从群众的需要和爱好出发”。在《美术工作与提高技术的问题》一文中，江丰写道：“我们的美术创作是通过表现人民的生活而服务于政治的，学习技术如果不以如何表现人民的生活为前提，不与表现人民的生活的要求结合起来，这将使我们的美术创作脱离现实斗争，很可能成为一种无内容、无思想的东西。”江丰同志的这篇文章写于1951年底，离现在已经三十余年，可今天读起来，仍觉切中时弊，警钟长鸣。此外，江丰同志在教学组织实施过程中，非常重视创作练习在教学中的作用。在浙江美院工作期间，他曾把创作训练当作改造旧式学校、克服师生思想中轻视人民大众旧意识的基本手段。并随之提出“基本训练与创作练习相结合，学用结合”的教学原则。他从来就认为创作训练是整个教学工作中最重要的一环，基础训练和创作练习犹如一辆马车的两个轮子，失去一方就会出现偏移，失去平衡。通过创作练习，可以使学生于用中而知不足，促进基础训练，激发他们的学习热情，但更重要的是促使学生走出校门，深入生活，服务于人民，并取得人民的信任，以自己亲身的艺术创作实践，认识到人民生活是艺术创作唯一源泉的真理。正因为如此，当江丰看到四川美院师生教学创作的油画时，大为欣喜，高度赞扬他们的油画是“坚持现实主义创作道路，为人民大众服务的油画”，指出这是四川美院坚持深入生活，忠实生活的创作道路，在创作教学中贯彻现实主义路线和教导有方所取得的成果。希望全国各美术院校向四川美院学习。

由于我们的美术院校长期坚持了教学中的现实主义传统，因此培养出一大批深入社会、忠于生活的优秀美术创作人才，获得了较高的艺术成就。参加1982年规模盛大的法国巴黎春夏沙龙美术展览会的绝大多数的展品，大都出自新中国成立后培养出来的中、青年美术家之手，并得到很高的评价。法国评论家认为，中国油画在各国油画展品中占“绝对优势”的地位，它将影响欧洲美术发展进程。江丰在为这次展览会作品图录写的专文中，总结三十年来艺术创作的实践说：我国的艺术家“几乎全都在明确自身肩负社会职能的思想指导下，在生活的海洋里向人民群众学习，向来自我国古代和外国美术中的一切好东西学习。他们结合各自不同的艺术修养、性格和才能，驰骋巧思妙想，大胆而又认真地为人民进行创作，从而开创了富有时代气息，又有中国特色的当代美术新风”。

江丰同志是我国无产阶级美术教育事业的领导人之一，本来可以在美术教育的大业上有更多更好的建树，但由于政治上的原因，在他从政的历史上留下了二十多年的漫长的空白，这不能不说是一个很大的损失。但尽管他曾被迫消失了二十多年，尽管他恢复工作后，仅工作了三年就猝然故去，尽管他几乎所有的政绩都是在中国光明代替黑暗的交接之际，但他在美术教育工作中开拓的新领域，他成功的治教方针和办学原则，他在教学法中的新建树和许多宝贵经验，不仅至今仍在效法、沿用，视为成功之鉴，而且也具有某种未来教育的因素。我想简略地择取几点，抽取出来，作为我们美术教育改革之借鉴。

1.江丰同志的艺术教育观主要源于三个方面：鲁迅的艺术思想、解放区教育的新经验、徐悲鸿的艺术改革之主张。在他的美术教育实践中，他的宏观论教育多于微观论教育。他总是从教育对社会发展的职能着眼，重视教育的政治价值和社会价值，而不仅仅着眼于教育对个体发展的作用。由于社会是变化的、发展的，社会在各个不同的历史时期对教育提出不同的要求，这也就决定了教育的社会职能作用的不断转移。江丰身兼二任，既直接从事美术教育的领导工作，又是全国美术界的主要领导，这得天独厚的地位，使他自然地把美术教育和社会发展的需要结合起来，使学校教育工作为各个历史时期的总任务服务。如在新中国成立之初，为了培养大批普及美术工作干部，全国所有美术学院不设国画系，而把国画和油画并为绘画系，以年画、连环画、领袖像、宣传画等为主课。江丰在总结这一段历史经验时说：“当时我们艺术教育的主要课题就是让年轻人懂得旧的艺术和革命艺术区别，并培养他们热爱革命艺术的思想感情。强调艺术教育和艺术创作与火热的革命斗争相结合，而暂时不忙探讨风格流派……这种根据人民大众需要的艺术教育思想，正是我们的好传统。”今天时代不同了，历史条件变化了，中国正在走向世界，实现四个现代化，这就对我们的美术教育提出了新的内容、新的形式，“三个面向”就是新要求的集中体现。因此，教育内容虽具有一定的稳定性，但从教育与社会的关系来看，它又要“因时而动”，处于动态的变化之中。我们只有随时把眼光从学校转向社会，自觉地根据社会要求调整我们的教学工作，才能充分发挥学校社会职能的作用。江丰同志在美术教育实践中，不受传统教育学的束缚，从教育和社会发展之间的关系上认识教育，再进而研究教育和人的发展之间的关系，这对于我们今后的教改实践是具有启迪作用的。

2.江丰同志对学生创作训练的重视，是众所周知的。创作训练在以后的教学制度的改革中，将占有越来越重要的地位。从教学法来看，世界上把教学分为两类：一为独立的、启发的、思考的教学；另一为集体的、灌输的、记忆的教学。创作训练就具有启发式教学的性质，它侧重于对学生创造能力的培养。学生在老师的个别辅导下，独立自主地进行创作练习，通过创造性思维，将所学的知识技能进行重新组合，以形成一定的目的，产生新的作品。这是一种全面的、综合性的发展，以开拓学生创造力为目的。同时它又是一个吸收消化、融会贯通，将知识转化成智能的过程。它改变了传统教育学中的课堂、教师、教材为中心的“三中心”教学体系。让学生进入社会，“第二课堂”发挥了日益明显的作用；单纯地以教师为中心变为以学生为中心，而教师在教学中的主导作用在学生的“学”中具有更加突出的意义。此外，如果我们在教学工作中实现了从考核制度向评价制度的转变，那么，创作练习将成为我们对学生进行综合评价的主要依据，其地位也将更加不容忽视了。对教学工作中创作练习的重视，江丰可以说是独具慧眼。他认为：“基本训练和创作是相辅相成。”“因此，我主张在学习基本练习的同时，要训练自己的眼睛，探索、捕捉事物的本质，锻炼自己的分析和表现能力。用自己的感受去驾驭、施用技法，而不是刻板地模仿老师，模仿古人、洋人。教学要按不同学年、不同水平，作相应的课程安排，尽快地引导学生走上善于创作即善于反映生活的道路。”

3.什么是我们社会主义艺术教育的基本原则，是我们建设社会主义艺术教育体系的大厦不可毁弃的根基呢？这个问题在我们美术教育改革中，在坚持我们社会主义美术教育的方向上，具有重大的现实意义。江丰同志于1980年在《美苑》上发表的《坚持我们的艺术教育道路》的文章中回答了这个问题。他说：“我们今天来谈艺术教育，是以解放区的艺术教育为基础，这就是我们最为可贵的传统。”我们的艺术教育尊重自己的革命传统，在“继往”的基础上，开拓未来。在谈到社会主义艺术教育体系的基本内容时，江丰同志指出：“我认为我们的艺术教育的主要特征，是由‘四个结合’组成的。第一，艺术教育与政治相结合……我们的教育目标是培养具有共产主义觉悟的、坚持社会主义道路的、具有相当理论知识和较扎实的艺术技能的艺术人材。”“第二，艺术与生活相结合，这也是解放区的艺术教育传统，值得我们坚持、继承、发扬光大。”“第三，基本练习与创作相结合。”“第四，‘双百’方针。与为人民服务、为社会主义服务相结合。”江丰同志在革命艺术教育传统的基础上，把社会主义艺术教育的主要特征归纳为“四个结合”，是对社会主义美术教育思想的重要贡献。这不仅是由于他科学、精练地总结了我们美术教育的主要经验，更重要的是他为我们在美术教育改革中，坚持自己的艺术教育道路奠定了坚实的基石，使我们得以在他铺设的正确轨道上，为建立一个完整的社会主义美术教育体系，继续探索，不断前进。

4.江丰同志的艺术教育思想形成于40年代和50年代初，这个时期，既奠定了他在美术教育史上的重要地位，也使他的思想不可避免地打上了那个时代的历史印记，难免有偏颇不足之处，这也是我们在汲取其思想精华之时应注意的地方。如有的专业分科过细，不利于对学生绘画才能的全面培养。从教育事业的发展前景和培养人才的趋向来看，需要我们进行再思考、再认识。当今世界的教育体系向综合性、整体性发展，重视对“通才”的培养，如果我们现在依然是学科、门类越划越细，越学越窄，走传统教学的老路，是不能适应时代的要求的。

中央美院和全国其他各美术院校的教育目的是培养美术创作人才，教学中以培养学生的造型能力为主。这个目的，从现在的社会需要来看是偏窄了。我们国家的“四化”建设，不仅需要一定数量的美术创作人才，而且需要大量的设计创作人才，这就对我们的美术教学提出了新的要求，而完成这个历史要求，对我们来说，是责无旁贷的。因此今后的美术院校教学，不仅要教造型艺术，而且要引进装饰艺术，要借鉴科学技术发展的新成果，要尝试性地建立“开放式”的教学体系，要从教学开始，有利于“双百”方针的贯彻实施。我们培养出来的学生，不仅要具有较高水平的创作能力，而且要具有一定水平的设计能力，以满足“四化”建设的需要。

以上，是我对江丰同志美术教育实践的回顾，其中包括了我对江丰的理解，对他在美术教育史上的地位的评价，以及对美术教育工作中一些问题的再认识。写出这些无非是希望在“继往”的基础上“开来”，在教育改革中坚持革命的美术教育传统，走我们自己的美术教育之路。

本文载于《美术研究》1985年第1期

洪波（1923—1985），天津人。1943—1945年在北平艺专油画系学习。1945—1950年在晋察冀边区华北联合大学文艺学院美术系任教。中央美术学院版画系副教授，中央美术学院党委书记。

任教三十六年

叶浅予

一、从国立艺专到中央美院

由于徐悲鸿的鼓励，把我引进美术教育岗位。1947年冬季到原北平艺专担任速写课，1948年把我推到图案系当主任，也许是徐的权宜之计，让我管一管这个不被重视却缺个主任的专业，因为我是外行，遭到这个系主要教师的反对，北平解放不久我下了台。徐又交给我国画系一个班，叫我带到毕业。1949年北平艺专改组，原有的音乐系分出去成立了中央音乐学院；留下的国画、油画、雕塑、图案四个专业和华北大学美术系合并，成立中央美术学院。国油合并，改为绘画系，不久，图案系吸收西湖艺专的图案教师，改为实用美术系，雕塑系仍照旧。这年绘画系扩大招生，培养普及美术干部，主要课程是：素描、勾勒、水彩、油画四门基本练习课，年画、连环画、宣传画三门创作课。我负责勾勒教研组，所有国画教师集中在教研组进修，进修内容是对模特儿写生，画白描，经常在这个组写生的有李苦禅、王青芳、黄均、陆鸿年、刘力上、田世光和我。蒋兆和那时专任一个班的素描，宗其香专任几个班的水彩。勾勒课的任务明确规定为年画、连环画的线描打基础。为什么不设国画而设油画？因为当时认为山水花鸟不能为工农兵服务，只有人物的勾勒有保留价值；而画革命领袖像必须用油彩。

在那去旧布新的年代，一切从革命的需要出发，设什么课，得服从革命的需要。革命的需要是大量普及工作的干部，既然山水花鸟不能上阵，国画专业只能靠边了。勾勒线描从国画技法体系抽出来成为一门独立的基础课，也算对革命有了贡献。后来知道这是延安鲁艺和华大美术系带来的新教学体系，认识到这是一场文艺革命，也就心安理得。从旧艺专到新美院这一段经历，是一次教育方针的突变，我这个从未沾过学院边的学院教师，真有点惶惑不知所措；但革命心切，跟着革命走总不会错。新体系由旧艺专班子教基础，华大班子教创作，实质是学院派管技术，革命派管思想。新型绘画系1949年到1950年招生三次，1953年和1954年毕业二百余人，这二百余人分配到全国美术工作单位，主要在教育和出版岗位服务，其中多数人现已成为美术界的领导骨干。

1954年初开学不久，院领导找我谈话，说已选定三个毕业留校学生，要我带他们去敦煌学习艺术传统，准备培养他们成为国画专业的后备教师，并暗示不久将恢复国画系，这当然是一件好事，可以实现我久慕敦煌的夙愿，但事情来得突然，毫无思想准备。因为这些年来，学生头脑里装的全是工农兵，对老祖宗的艺术传统能否接受，我全无把握。院部交给我的三个学生，都是业务尖子，有造型能力，有视觉敏感，他们是刘勃舒、詹建俊、汪志杰。我心里想，即使他们不能虚心接受古代艺术的熏陶，临摹一批魏隋唐的摹本回来，作为教材也是大有用处的，于是坦然受命成行。

这次在敦煌的学习，除了我院师生4人，还有浙江美院的老师邓白、金浪、李震坚和学生周昌容、方增先、宋宗元。4月、5月、6月，三个月在敦煌期间，白天临摹，晚上交谈，定期交换学习心得，最后结业，每天写一篇学习总结。表面看来，大家对民族绘画的特点以及古代画家表现生活的方法，有了一定的认识；但从临摹过程中所反映的学习态度稍加分析，便发现他们所感兴趣的不是古人表现生活的独特方法，而是壁画本身剥落斑斓和变色现状，不是对壁画临摹，而是对壁画写生。在撤离敦煌的途中，他们向老师提出了一个问题，问："敦煌艺术对我们的社会主义现实主义创作究竟有什么作用？"这个问题在今天看来是很容易回答的，但在当时的条件下却很难回答。我只能带点神秘的口气说："将来你们自己会作出正确的回答。"

离开敦煌后，到甘南藏族自治州夏河采风，这是少数民族地区，语言不通，一切活动靠翻译，不得不采取权宜之计，取消三同，自由作画。白天找形象画速写，晚上在灯下画加工。这段生活，过得相当活跃。学生们最后骑马进牧区夏草场，住帐篷、吃奶茶、看赛马，回夏河时满面春风，意气洋洋，怪我不去牧场表示遗憾。我觉得这样放手让学生在生活中驰骋，要比那种盯着学生交思想、交认识，而故意回避形象思维的方式，要活泼得多。我之所以敢于打破常规，自行其是，主要是因为学习任务已经完成，作一次轻松的旅行，调节劳逸；其次是尝试一下新的生活方式，看是否能取得创作成果。

记得1952年我参加了由艾中信、侯一民带队，绘画系一个班在大同煤矿的实习，认为自己是改造对象，一切行动服从全队的安排，高标准、严要求，和学生一样。前一阶段规定参加劳动，和矿工交朋友，改造思想为主，第二阶段可以画点速写和头像。回想那个时候，在热火朝天的生活里，不让作画，手实在痒，可一想下来是为了改造，必须暂时忘记自己是个画家。幸而我有股子韧劲，拿得起，放得下，一切可以服从要求去做，但是这究竟太勉强、太机械。例如，在交朋友阶段，有个女学生，面有难色，畏缩不前，她说，要我劳动不难，要我和男矿工交朋友实在不好意思。同学笑她头脑封建，我心里却不以为然，但又不敢站出来为她辩解，只好默不作声。总之，在那种条件下，只能随大溜，不能独立思考。而甘南夏河之行，独立带队，远离组织，得有机会尝试一下新方式。那时头脑里另有一个想法，学生们带了敦煌的艺术熏陶下去，也许能建立起从事国画专业的兴趣和信心。

这年9月从甘肃回到北京时，学院已聘来苏联画家（马克西莫夫）办起了油画训练班，对青年有极大吸引力，詹建俊脱离了我的小班子，转到油画训练班去了。刘勃舒是徐悲鸿的信徒，专业思想比较坚定。汪志杰后来为江丰的“自由职业”设想所动，当职业画家去了。

二、重建国画系

1954年美院重建国画系，在统一招生中分配到卢沉、蒋采萍、焦可群、张扬等人，动员来得多，志愿来得少，这是意料中的事。原国画系教师全部归队，当务之急是确定教学方针。

北平艺专时期的国画系，执行的是徐悲鸿体系。造型基础课主要是木炭素描，画的对象是人；山水和花鸟两门课由教师示范，学生临摹。当时教山水的有黄宾虹、李可染，教花鸟的有李苦禅、田世光，徐自己教人物和动物，他的教法也是示范。有的教师整堂课一面画一面讲，留下画稿给学生临。我来校后，添了一门速写课，对象是穿衣模特儿，我的教法是同学们一起画，教学生抓对象特点，用简练笔法画。那时，教员会什么就教什么，没有系统的教学方法和进度。各个教师每周轮流上一堂课，各教各的，互不通气。学生可以各取所需，对某一教师的画法感兴趣，在课下特别加劲学，进步较快，缺少心眼的学生，好像天桥看要把式，好看学不会；有心眼的学生，能在示范中学到老师的一招一式，为自己所用；最有主意的学生，可以到自己所崇拜的老师家去看画，现在的术语叫作吃偏饭。据说王雪涛在老艺专当学生时，特别喜欢王梦白的画，可能经常在王老师家吃偏饭。

我进北平艺专当教师，是1944年徐悲鸿看了我的旅印画展，对我的印度人物形象发生兴趣，抗日战争结束后，徐受命接办北平艺专，邀我担任国画系的人物课。我只知创作，只知向社会学习，只知向报刊供稿，却不知怎么当老师，真是受宠若惊，不知所措；当时不敢同意，直到1947年，才决定闯一闯美术学府的关。从1947年到1954年，我已有七年教龄，稍稍懂得一点教课的门径，但要我独当一面，抓一个系，却仍胆怯。何况1954年的国画系和1947年的国画系相比，所处环境和培养目标已大不相同，系主任的职责，也大不相同，要确定一个符合新环境新目标的教学方针，谈何容易。回忆当时所面临的问题，有以下几个：

1. 培养普及干部的突击任务已完成，为工农兵服务的方针未变，新任务是在此方针指导下，向学有专长的目标前进。

2. 苏联的学院式体系已移植过来，油画系可以套用，国画系旧教学体系已不能适应新的要求，必须建立新体系，但又不能套用苏联的，怎么办？

3. 新体系只能从七年来的教学经验中去芜存菁，寻找出路。徐悲鸿体系是中西结合体，素描和国画未必有内在联系，效果究竟如何？只能走着瞧。

4. 老师示范有其优越性，但满汉全席，不一定消化得了；临摹与写生二者肯定要并用，是先临后写还是先写后临？

5. 新体系要有个实践过程，不能单靠理论来建立。中西结合法还得用一阵，问题是国画系的素描课要不要独创？要不要用线造型？

6. 国画系有两类教师：一类是老派，即上述以示范为主的教师，主张多临摹；另一类是新派，承认素描培养造型能力的作用，主张多写生。课时怎么分配？

7.有人主张专业应以工具来分，油画用油，国画用水，国画应该正名，应该叫作水画或水墨画；有人说国画也用重彩，应叫彩墨画；有人说国画名称沿用已久，不能改；有人说，社会都要革命，改个名称有什么了不起。

8.有人对用线造型的国画特点发生怀疑，认为欧洲中世纪的画也用线，近代外国素描也有用线的，线不是中国画的特点，时至今日，用线造型早已落后。有人说没骨法老早就有了，证明可以废线。可那时正当提倡年画，又不能废线。

9.不少人反对文人画，反对欧洲现代流派，主张写实。陈衡恪赞扬文人画错了吗？倪瓒逸笔草草是写意，写意不算写实吗？究竟怎么算写实？

10.舆论认为国画是为地主资产阶级服务的，应该转而为工农兵服务。姜燕的《考考妈妈》被肯定为人物画样板，山水花鸟还要不要？

11.宋徽宗是皇帝，董其昌是大地主，郑板桥当过官，扬州八怪是大盐商门下的清客，我们如何学中国绘画史？

一系列问题，一环套一环，如何解决？一条原则，就是"推陈出新"。我们的理解是：有陈可推，才能有新可出；没有陈就没有新。看来老东西还得学，老技术也得掌握，纸墨笔砚这一套工具还得继承，老教师还得发挥作用，新教师有了素描基础，还得为国画服务。至于"学好素描，拿起毛笔就是国画"之谈，还得看实践的效果如何。重建国画系的方针，不得不继续执行中西结合的双管齐下之法。

当时主要的观点认为，写实的造型基础可以为革命美术服务，各系除设专业所需的课程，造型基础的"素描"定为全院的大公开课。执行一段时间之后，发现强调明暗法的素描和国画线描造型有矛盾，决定自派教师，独立上素描课，从而缓和了矛盾。当时国画系上素描课的老师有蒋兆和与李斛。

教学实践中一个新问题是基本训练和创作实践的关系，一头是基本训练课，另一头是创作课，各自为政，互不相关，创作老师缺少国画技法，要配一个人物老师作技法指导。国画系除了素描与线描造型之矛盾外，又多了创作与技法的矛盾，一时颇觉棘手，只得在实践中探索出路。

北平艺专时期，只重基本训练，不重创作实践，认为学好技术，就能创作；那时还认为好的习作就是创作，两者之间没有严格界限。在国画教学中，习作和创作往往是统一的，老师的示范作品就是老师的创作，山水课的树法、石法、水法，花鸟课的勾法、点法、染法，人物课的描法、擦法、粉法等等技法都安排在示范中穿插进行，所以习作和创作结合很紧，这本来是很合理的教学方法。

中央美院建立后，着重并强化创作课，保证文艺为工农兵服务。而国画系，除以人物为主，山水花鸟为辅，创作独立成课，内容以年画、连环画为主，等于加设了两门课。把技法与创作有机结合的体制全部打碎，却又没有一条新的结合途径，系的教研工作对此分割现象也无能为力。我处在这个环境中很是苦恼，真想离开教学岗位，回到卖稿卖画的生活中去。可是我这个人已为中央美院所有，除非自动退职，才能走。可"退职"等于脱离革命，很不光彩。幸亏此时江丰给了我半年创作假，几个月不领工资，学院叫人送来了，怎么办？能白拿工资不干活吗？于是硬着头皮再干下去。

干下去的第一个想法是改变技法与创作的分家制度，自动提出要求教高班创作课，为技法教师兼教创作带个头，我认为教得好坏是水平问题，教不教却是愿不愿意为人民服务的问题。想不到我这个大胆行动在“文化大革命”中，被定为“和党争夺青年”的一条罪状。由此可以看到，在“左倾”路线影响下，除非彻里彻外的马克思主义者，才能教这门要害的课。那么，不禁要问，谁能保证自己是完美无缺的马克思主义者呢？

三、普及与提高

到了1957年，争论的问题不是国画系要不要学素描，而是什么“离开了素描就失去了现实主义和社会主义”，帽子相当吓人。他们硬说国画“落后”，“不科学”，“毒害青年、耽误革命”；硬说“素描是一切造型艺术的基础”，“国画没有自己的造型基础”；等等。那时，沿用已久的国画名称已被改为“彩墨”，以上种种论调不断向国画系袭来，搞得教师丧气、学生苦恼。我们不得不向文化部请示，国画系到底该怎么办？文化部回答说：可以实行双轨制，一轨照传统方法学习，一轨照徐悲鸿方法学习。这个主张虽然不太积极，也还可以聊慰人心。

为了说明国画系的困难处境，不妨重提一下当年的某些言论。

“不管笔墨不笔墨，拿起毛笔来画就是。”

“素描是一切造型艺术的基础，当然也是国画的基础。”

“中国画论中所谈的造型问题，无一不是素描问题。”

“齐白石没有学过素描，可是他几十年的锻炼中已经体会到素描的关系。”意思是说不学素描，想做齐白石也做不成。

“中国画的造型基础已经体现在契斯恰可夫的素描教学原则里，用不着另起炉灶搞什么国画造型基础了。”

我说，不学素描的中国画家是社会存在，不是什么诡辩否定得了的。国画要不要学素描，本来不那么绝对，可以学，也可以不学，何况一般老画家并不反对青年学素描。然而只要素描提出一点意见，有些人就沉不住气了，他们高喊：“你们不懂素描，你们反对素描！”他们对国画传统予以否定，说什么“徐悲鸿到李斛就是传统，要继承就继承这个！”我想，徐悲鸿要是活着，绝不会如此自负，李斛那时在国画系教素描，虽然对发展国画有自己的主张，也绝不至于以“传统”自居。这不是明明向国画系施加压力，强迫国画系屈从于他们的民族虚无主义吗？

反右运动以后，美院的领导层换了陈沛和齐速，他们两人都是外行，想通过加强政治工作来解决学术矛盾。首先把各系的负责人组织起来学习政治，其实，脱离艺术实际而空谈政治，收效不大。学来学去，碰到了中央美院向何处去的问题，“是普及？是提高？”

“反右”斗争批臭了资产阶级，普及意味着无产阶级，提高意味着资产阶级。谁还敢提“提高”？在一片“普及”声中，陈沛沉思之后，突然唱起反调，说国家办高等教育，当然是培养“提高”人才，美院培养学生，当然也是为了“提高”。陈沛这么一说，全场为之震惊。有的领导同志仍坚持“普及”说，反右斗争好不容易得来胜利，美院不为工农兵，难道为资产阶级？问题一揭开，糊涂脑子突然清醒过来。《在延安文艺座谈会上的讲话》不是有两句名言吗：“普及基础上的提高，提高指导下的普及。”普及为了提高，提高为了普及，下里巴人不能永远是下里巴人，也要向阳春白雪看齐呀。这二者应该是统一的。然而宁左勿右的思想已在人们头脑里占了上风，怎么拧也拧不过来。我们在教学中总是战战兢兢，唯恐太高太专，怕戴上“只专不红”的帽子。

“反右”以后，彩墨系恢复国画系的原名。

陈沛的独立思考，对我颇有影响，坚定了我自1956年以来探索中国画艺术特征的研究，从而认识到虚无主义和保守主义都是发展民族绘画的障碍，而虚无主义的影响在青年中尤为普遍，要巩固学生的专业思想，必须让学生充分认识民族绘画传统的优点和特点。在此思想基础上，鼓起勇气，钻了一阵画史、画论和画迹，对以下几个问题讲了课或写了文章：

1956年为《新观察》写了《中国画的艺术技巧》；

1956年在天津讲了《关于线描》；

1959年在北京国画院讲了《中国画的构图》；

1960年在国画系讲了《中国画的色彩》；

1961年在北京画院讲了《中国画的透视》；

1961年为《人民日报》写了《掌握全面和专攻一门》；

1962年在国画系讲了《中国人物画的基本功》。

以上这些研究，很粗略很肤浅，距离系统的中国画美学特征还很远，但是为引导青年正确认识祖国的绘画遗产是尽了力的。当然，也回答了某些嘲笑和曲解中国画的虚无主义者，告诉他们我们祖先的艺术成就多么丰富与深远。

四、全国艺术教育会议

1958年向党交心运动，交出了我那块搞创作的“自留地”，从那时起，坐班的时间多了，作画的时间少了，表面上安心做系的工作，骨子里教学与创作矛盾尖锐，有怨气，逢人便说我是个业余画家，只能在星期天作画。按理说，在美院当教师，当然是专业画家，怎能自称业余呢？这说明交出“自留地”是不甘心的。

普及与提高之争，虽经陈沛一语道破，高等院校培养提高人才是天经地义。然而“左”的普及思潮一冲便冲垮了。“大跃进”势头来得特别迅猛，正规课程都被冲了，我两次带学生下乡，一次在永定河青白口，一次在河北省束鹿县（今辛集市）南吕村。南吕村那次是1959年春节后，已是“大跃进”高潮，三同内容大不相同，同吃是和农民一起吃大食堂，同住是分男女和青年突击队睡大炕，同劳动是自由参加生产队干轻活。最后阶段在村子里画壁画，表扬新人新事，歌颂“大跃进”。“人有多大胆，地有多大产”的豪言壮语，搞得人胡思乱想，反映在学生创作小品的内容，不是杜造神话，便是夸大现实。我画过一幅脚踩飞轮跨进共产主义的“六臂神农”，算得有创造性了，其实是套用敦煌壁画中的“如意轮观音”菩萨形象。这时我开始学写农民的顺口溜，在晚会上和农民同台朗诵，着实疯了一阵。可也有头脑清醒的时候，在南吕村看到一幅周思聪的创作小稿，画她在老乡家里病了，躺在床上，惊动了左邻右舍的老大娘小媳妇，给她送汤送吃，问寒问暖。我向同学指出，这才叫和农民打成一片，痛痒相关，什么老太扭秧歌呀，同吃大锅饭呀，模范戴红花呀，芝麻大如瓜呀，都是表面文章，不算真正反映农民的精神面貌。

“大跃进”是搞普及搞得最欢的时期，学生在教室里坐不住了，老师也觉得基本训练不一定要那么多，只要多搞创作就能提高造型能力，这就是所谓“创作带习作”。我们不否定创作可以带动造型能力的提高，我以往就是在各种美术工作实践中逐渐提高造型能力的。可现在是办教育，不能按照这个方式去拉长学习的时间。“创作带造型”的思想，引出了把教室搬到农村或工厂的想法，认为只有这样，才和生活靠得更近，保证能杜绝资产阶级思想，保证能全心全意为工农兵服务。把教室搬到农村工厂去的做法，自然而然会发展成把整座学校迁离城市，以保证培养出来学生彻底工农化。“文化大革命”后期的整改阶段，不正是这样干的吗？据我所知，浙江美术学院把全院师生赶下乡去，在我老家桐庐县的一个山沟里建起了新校舍，可惜好景不长，空想的共产主义到底是空想，这股共产风刮得越有劲，消失得也越快。

“大跃进”的风刮过以后，“大跃进”中产生的浮夸艺术，变成历史陈迹。艺术教育战线于1961年在北京举行艺术教育会议，重新肯定基本功的重要性、分专业的必要性。

在这个会议上，国画小组着重讨论了人物、山水、花鸟分科的问题。主张分科的理由，认为这几年美术院校大力提倡人物画，人物基础较好，山水花鸟基础很差，不能满足社会对山水花鸟的需要，因此必须改变现行的着重培养人物画家的方针，加强山水花鸟画家的培养，使这两门人才不致中断。不主张分科的理由，认为专长一门是毕业后个人创作实践和社会供求所促成的结果，院校的任务只能给学生向专长发展的必要基础，不能走单打一的近路；但也看到这几年过于侧重人物基础，大大削弱了山水花鸟的比重，已经出现这两门专业后继无人的状况，同意适当削弱人物课，加强山水花鸟课，达到掌握全面，平衡发展。

讨论结果，责成各院校考虑自己的条件，提早分科，扭转山水花鸟后继无人的紧急状况。

我是不主张分科的，为了服从会议的决定，开始准备人物、山水、花鸟分科学习，先由在校的三年级试点分科，经动员后，由学生自愿选择专业。这一班共有学生19人，分科之后，计人物8人，由我和蒋兆和分别教，蒋兆和任科主任；山水7人，由李可染、宗其香教，宗其香任科主任；花鸟4人，由李苦禅、郭味蕖和田世光教，郭味蕖任科主任。1963年这班毕业，分配遇到困难：第一，必须照顾专业对口，如不对口，分科制度算不合实际；第二，全国范围用人单位可能去向，首先是教学单位，其次是创作单位，再次是出版和工艺单位。我院人事部门虽然做了调查，只能求近，不能求远，北京国画院吸收了2名人物，2名山水……最后剩下2名花鸟，分配到湖南轻工部门，一个分配在湘绣厂，一个分配在工艺美校。1964年第二分科班毕业，分配情况我不清楚，据说比第一班困难些。正在此时，运动又来了，这次叫作“社会主义教育运动”，以两个批示为纲，检查文艺战线的阶级斗争，整党内走资派，党外资产阶级知识分子也跑不了，系里积极分子把我1961年在广西、浙江画的速写画稿批了一通，还听说琉璃厂奉命不卖我的画了，为人民大会堂画的一幅画也退回来了，全国性的画展也排除了我的作品，非正式地给我戴上了资产阶级画家的帽子。陈沛成了美院最大的走资派，被打下乡去改造，美院背上了“黑色大染缸”的黑锅，全院师生被赶到邢台去搞“四清”。接着是“文化大革命”，大特务叶浅予的大字报满街贴，先住牛棚，后住监狱，长达十年。1975年从监狱放出来，还不能定案，交本单位监督劳动改造，1979年才正式平反，还要我当系主任。十年动乱，个人受罪，学院关门，豺狼当道，斯文扫地，全国人民遭难，不多说了。

五、1980教改方案

长期以来，中央美术学院的教学路线，迂回曲折，循环反复，十年“文化大革命”，弄到关门大吉；加上“四人帮”的“批黑画”，把国画家打进十八层地狱。幸而“四人帮”及时垮台，给了我们一线生机。这番经历，算得上多灾多难了。拨乱反正，痛定思痛，应该冷静地思考，尊重客观实际，按照艺术规律进行教学。我一直认为，中国画教学中一切关键问题，就是要什么样的“造型基础”的问题。本来，艺术和艺术教育的发展，是需要“百花齐放”的，然而长期以来，“素描是一切造型艺术的基础”之说，给中国画教学工作带来极大的困难，深感是戴在头上的“紧箍咒”。我回到国画系之际，“工农班”已届毕业，人物研究班刚招来，新一届正规班也已读了一年，“左”的压力也已排除。在这样一个有利时机，我认为国画系可以掌握自己的命运了。为了纠正长期以来重人物、轻山水花鸟的习惯势力，并排除“素描是一切造型艺术的基础”的“紧箍咒”，我于1980年提出一个教学试行方案，主要措施是两条。

第一条：按照以人物为主的习惯思想，把花鸟山水提到优先学习的地位，来一个矫枉过正；分花鸟、山水、人物三个大单元，三年中轮学两次。第一学期为花鸟大单元，第二学期为山水大单元，第三学期为人物大单元，第四、第五、第六学期重复一次，第七、第八学期定为侧重一门，自学为主。这样排列也是为了扭转单打一的思想，要求学生掌握全面，最后有所侧重。

第二条：以白描为主要的造型基础；写生与临摹并重，练形与练笔结合，打破长期以来练形练笔互相脱离、各自为政的局面；提倡在练形中练笔，练笔中练形。根据艺术教育的特点，反对灌输，提倡自学。规定一、二年级星期六为自学时间，三、四年级每周两个上午为自学时间。

此外，还实行教学班主任制，配备教师四人（班主任在内），助教一人，人物山水花鸟齐全，从一年级带到毕业。班主任负责安排全班课程，督促检查教学。

这个新方案经全系教师会议通过，于1980年秋季招第一班学生。这个班1984年毕业，毕业创作每人三件，包括人物、山水、花鸟，这是新方案规定的毕业创作要求，都做到了，但水平不高。原因是多方面的。其中第一条是这几年思想活跃，不太听老师的话；第二条是新方案不单设创作课，创作由专业教师带，加上农业政策改变以来，下乡实习遇到新情况，不能适应；第三条是“废素描”和“不以人物为主”的新措施，教师不能适应，甚至还有抵触。他们实际上在花鸟山水大单元中插了人物小单元，说是要保证人物造型能力，这是我们设计的新方案本身存在的问题，有待在实践中改正。

提出教学新方案之前，我对如何学习中国画的问题，作过多方面的思考。1979年我为《广州文艺》写过一篇文章，谈到中国人物画基本功问题。我认为，要学好中国人物画，在技术上应具备下列几个基本条件：

1. 透彻认识人体构造和运动的解剖知识；

2. 准确熟练地掌握比例、透视等视觉运动的规律；

3. 具有明确、肯定而富于变化的线描技能，画出人的精确生动的形象。

这样的基本功叫作白描功夫。我国历代画家对白描作过长期实践，积累了丰富经验，他们以“骨法用笔”四个字概括中国画的造型基础。如果我们对白描下的功夫越多越深，造型能力就越强。

有人问，素描不是已经成为一切造型艺术的基础了吗？干吗还要另搞一套白描？不错，多数学校都已采用素描作为造型训练的基础课，问题在于中国画有自己的造型特点，而且早已有自己的训练方法而自成体系，我们只能吸收素描教学的某些因素。例如，体积凹凸和透视转折，这对认识对象的结构有好处；其缺点是往往受外光干扰，不能深入精确认识对象的原本结构，容易养成浮光掠影而不求甚解的习惯。特别重要的是，素描工具是铅笔或炭条，白描工具是毛笔，前者硬，后者软；前者用指力，后者用腕力；前者笔触变化小，后者笔触变化大，效果很不相同。有人素描相当好，但一拿毛笔就走样，原因在于素描论者把毛笔这个工具看得过分简单，不知道它要经过长期锻炼才能运用自如。

有人说，白描造型的长处是刻画物象的外部轮廓，不能充分表现物象的体积、质感、光源、投影等因素。我并不反对学生学素描，可以作为分析和认识对象的拐杖。可以为白描打前站，但到时必须甩掉这根拐杖。至于造型的上述因素，要看你从事的是哪一门绘画，是否必须强调所有这些因素。对国画来说，既然以线造型，那么它在表现物象时，只能根据这个需要来决定这些因素的强弱和取舍。比如版画，也有自己的独特表现方法，也只能根据自己的需要决定取舍。其他素描基础，是为近代油画服务的，怎么能强求其他画种和它取得一致呢。

同是造型艺术，为什么要有国画、版画、油画之分呢？同是版画也还有苏联版画和中国民族版画之分，都是因为各画种有其各自发展的条件和历史，从而形成其特点。国画以线造型，正是为了发挥它的特点。形成画种特点的因素，除了历史和民族文化的因素，还有一个物质基础，即不同的工具：国画用墨用水，版画用刀用板，油画用油用布，不能互相代替。承认不同画种的特点与个性，并不排除互相影响与渗透，但是必须在不损害其特点和个性的前提下进行这种影响与渗透。有一个时期，版画越刻越大，套色越套越多，向国画油画看齐，造成版画创作脱离版画特点的危机，也许作者不以为是危机，读者的批评却很尖锐，他们说，看国画油画好了，为什么要看版画？国画有个时期，也有这种倾向，曾经流行过“素描加水彩”。

一花独放的契斯恰可夫素描教条，束缚了我们二十年，1980年的素描教学会议才开始解冻，承认素描的百花齐放，承认要根据不同画种的需要决定教或不教和怎么教。我在这个会上作了书面发言，除对素描表达了我的看法，也对国画教学特点提出了我的意见：

1. 线描造型是中国画历史发展中形成的独有手段，从来学画都是从白描双勾入手，以骨法用笔取形；一开始就用毛笔造型，在练笔中练形，在练形中练笔，二者齐头并进。

2. 学国画的传统方法是先临摹、后写生，二者反复交替进行，提高造型和用笔的能力，临摹并非单纯练笔，要兼学造型，写生着重练形，同时学练笔。二者方法不同，目的一致，使造型与笔墨紧密结合。

3. 我国“五四”以后兴起了美术教育制度，从西方移植过来，先学素描，从而发展了油画版画新品种，但在新中国成立以前的美术院校中，国画专业教学，仍然遵循传统的方法而自成体系；新中国成立以后，这个体系被“素描是一切造型艺术的基础”打乱了。

4. 素描课的对象都是人，从石膏到人体都是为了研究人、表现人，认为只要把人画好了，造型能力就解决了，有人还认为只要把素描画好了，拿起毛笔画宣纸，就是中国画了。事实证明，这是不科学的。以山水花鸟为例，不去研究自然界的一切生态，是无能为力的。只能画人，不能保证能画好山水花鸟。

5. 过去二十年过分强调以人物为主的教学方针，排斥了山水花鸟，出现山水花鸟的断线，从而也枯竭了人物画的技法营养。

新的教学方针之所以把人物、山水、花鸟颠倒过来，是现实的需要，也是历史的需要。当然，随着时间的推移，可能还要颠倒回来。但是，一个新措施的推行，总得让它稳定一个时期，不能再像过去那样，老是折腾。

六、三十二字研究班

1979年恢复工作以后，国画系做了两件重要的事：一是1980年教学体制改革；二是办了两期研究班，一期人物，一期花鸟、山水，学程都是两年。

人物研究班是1979年根据文化部的指令招来的，原定12名，后又增加4名，共16名。这个班由我负责，姚有多当教学班主任。开班的任务是培养较高水平的创作干部和院校后备教师，入学资格规定美术院校毕业，或具有同等业务水平者，通过考试，择优录取。录取学生中，本院及其他院校毕业生占一半，自学和文化艺术馆美术干部、中学美术教师占一半，他们都有一定的美术工作和创作实践的经验，并已显示出个人的兴趣和特长。我们根据这个特点，着重因材施教，发挥自学的积极性。两年中安排了几门必要的技术补课，开设了水墨写生、重彩临摹、人体速写等课；其余时间，按个人需要，安排自学；

指定沈宗骞的《芥舟学画编》、郭熙的《林泉高致》、邹一桂的《小山画谱》为必读画论；两年中还分赴敦煌和永乐宫学习古代壁画艺术，同时在两地附近深入生活，积累创作素材；规定最后一个学期为毕业创作单元，交毕业创作一件和有关中国画的学术论文一篇。在教学过程中，提出了三十二个字的教学要求："取长补短，因材施教；自学为主，启导为辅；涉猎中外，吞吐古今；鼓励独创，打破划一。"

我和姚有多随时研究在学习上出现的问题，抓住课堂和实习单元的成绩观摩，鼓励学生自评与互评，充分注意各人的特点，尽可能引导学生认识自己的优点和缺点，发扬优点，克服缺点，做到取长补短。记得我曾指出练笔要有内容、有目的，不能单纯为练而练，反对"无的放矢"；对人体写生课指出进过美院的人应特别注意人体在运动中的解剖变化，没上过人体课的人应补足解剖知识；学习古代壁画回校时，指出欣赏魏画变色效果，不是学习敦煌壁画的正确态度，同时对永乐宫形象的变体画加以鼓励，这是希望学生对生活形象具有面面观的想象力；有的同学在人物写生习作上添了一枝花或题几个字，当作创作，指出这是形象游戏，应该反对。

这一班的毕业创作，严肃认真，内容多样，形式多样，体裁多样，风格多样，受到美术界的重视。他们的毕业论文，也写得相当出色，有几篇分别在《美术研究》和《中国画研究》先后发表。浙江美院的领导还到我们系来交流经验，要我们把毕业创作送到浙江去展览，这对我们是一次极大的鼓励。

当1979年人物画研究班招生时，许多人责问我们，为什么不办花鸟山水班？这一问，问着了我们偏重人物、轻视花鸟山水的老毛病。1980年开办了花鸟山水两个班，学生每班五人，花鸟班由李苦禅、田世光负责指导，郭怡宗为班主任；山水班由李可染、梁树年负责指导，张凭为班主任。花鸟班还请南京艺术学院教师高冠华来京兼课，山水班请天津画家孙克纲来京兼课。这两个班1982年毕业时，分配工作遇到一点麻烦，学生都想留在北京工作，不愿回原地方去，但也不让学生自谋工作。这要追究到行之很久的国家统一分配大学毕业生的制度，历来分配毕业生，不太尊重专业特点，往往不对口径，找错婆家，姑娘不愿，不得不退回娘家，重新分配。人物班有个学生，分配到山东，本来决定送到山东艺术学院去当教师，可是那儿的人事部门把他派到群众艺术馆当干部，他不愿意，于是回到北京，要求重新分配，扯皮扯了两年才解决。花鸟山水班也有这种扯皮现象，拖了半年才分配完毕。因此，考虑到我们的就业分配制度，已经不能适应今天的条件，必须彻底改变，打破大锅饭和铁饭碗，才能避免这种麻烦。关于就业分配，除了打破现行的人事制度，还有一个值得注意的情况正在发展，即社会对美术人才的需求正在萎缩，对美术作品的需求却在扩大。换句话说，社会上要画不要人，宁肯出稿费买画，不愿在单位里养一个画家。这个情况"文革"前已经抬头，"文革"中反三名三高的大浪把它打了下去。现在城市经济改革即将来临，大锅饭吃不长了，今年美院招生，讲明不包毕业分配，考生不多，招生足额。看来，人事制度和办学制度不得不根据新情况，做出应变的准备。

美院领导层曾考虑改变办学方针：专办研究班，不办普通班，他们看到研究班的创作水平相当高，培养也省事。现在应该分析一下研究班的成绩如何得来？我认为根本条件在于“文化大革命”十年混乱，社会上积聚了大量被遗忘的有才能的好学之士，我们及时把他们收集起来，给予他们一个比较合理的学习环境和学习条件，使他们的才能得以充分发挥出来。这种成绩的得来有其偶然性，如果我们把“文化大革命”造成的偶然性看成必然性，似乎不符合实际情况。今后再办，是否有此成绩，值得研究。如看到1984年不太理想的进修班成绩，可能会清醒一些。此外，我们还应看到当前学风不稳，普通班毕业成绩内容空虚以及华而不实的现象，都值得我们认真思考。

本文载于《美术研究》1985年第1期

叶浅予（1907—1995），浙江桐庐人。中国画画家、漫画家，中央美术学院国画系教授。

教学的回顾

罗工柳

1953年春天，徐悲鸿院长要我担任绘画系主任。三十年后，今天来回忆当年的情况，很多事情都忘记了，但有两个字没有忘，就是“正规”二字。这是当时美院师生关心的一桩大事。

新中国成立初期，美院师生政治热情很高，参加土改和“三反五反”，下乡下厂，思想进步很快。还做了许多社会服务工作，业务能力也有锻炼。但这些都属于临时性或突击性的活动。如何把学生深入生活和创作实践纳入教学计划，成为教学的正规课程。这是“正规”首先要解决的问题。

当年夏季，用两个月时间：组织学生下乡。由有经验的青年教师带领，选择合适的地方，分两队下去，一队到河北的小冶陶，一队去满城。进行有步骤、有计划的创作课教学。教师首先带领学生和群众打成一片，指导学生观察生活，研究生活，找到可画的题材。然后上构图课，不是讲理论，而是根据学生的构图进行创作辅导。构图成熟了，即返校，在教室进行加工创作。这样做的结果，学生和生活有了联系，有了创作源泉，并产生了作品，有些作品被出版部门采用。学生学习有收获，认为这种做法是成功的。从此把创作课列入教学计划，定为制度。

把延安的革命美术教育传统和欧洲的写实基础训练结合起来，使美院成为新型学院，这是“正规”的重大措施。

当时绘画系的专业基础课主要是素描，这种素描采用欧洲的传统方法对油画专业是适合的。但对彩墨画（即国画）专业和版画专业是否完全合适，我有怀疑。我要求彩墨画专业的老师按中国传统的方法去教，去进行探索。对版画专业的老师，我要他们研究素描课的教法，我觉得学版画的学生，全部画人物的长期素描作业，对版画专业并不完全合适。是否可以考虑画小些、多画些、画快些，要求生动、传神。这样训练可能对版画专业更适用。但这是专业性很强的问题，应由老师在长期探索中解决。这是“正规”的基础训练问题。

还有一个问题是学制，要培养美术的高级人才，当时的学制是不适应的。绘画系下属三个科，即彩墨画科、油画科和版画课，学制三年。为了解决“正规”问题，学制应延长，三个科应改为系。这个问题不久就实现了。

“正规”问题的解决，是美院从幼年到壮年的转折点。其中有行政措施，也有学术问题。

1960年我负责油画研究班的教学。往事诸多遗忘，好在手头有一本记录，是当时一位同学在班上记录的我的讲话，从中看到我的一些想法，从而帮助我回忆起当年的教学情况。

油研班的学生，主要由两部分人组成，一部分是美术院校的青年教师，另一部分是创作单位的创作干部。他们都有一定的专业基础和创作经验，是一批研究生。我根据这种对象来设置课程和制定教学方法。

首先宣布我的教法，叫作“四要”“四不要”。一要全面安排，目标明确；二要方法多样，措施可变；三要因材施教，个别指导；四要动脑筋，勤学苦练。这是“四要”。“四不要”是：一不要当保姆，强调主动性；二不要填鸭子，强调理解力；三不要一个模子，强调多样性；四不要老一套，强调创造性。

设置三门课：肖像画、风景画和创作课。

画肖像很重要，欧洲许多大画家都是很好的肖像画家。肖像画本身是一门重要的艺术，同时又是画人物画的一门基础课。

画肖像画之前，要做哪些准备工作。我提出三条：一要学会选择对象，在生活中，在接触的人物中了解对象，有了感受，内心就有了要画的激情；二要学会研究对象，研究对象的特点和性格；三要学会设计构图，根据不同的对象，考虑选择什么样的动态、什么角度、什么色调、什么背景，一直到整个构图。总之要做到心中有数，然后动笔。

在画肖像时，我要求掌握形、色、神结合的油画技巧。三者以神为中心，形和色都是为了表现神。形的刻画，色彩的设计，都是为了把神表现出来。在画肖像画时，我不仅要求画得深入，而且要求画得快，要求画得概括、有表现力，没有这种功夫，要在生活中画人是困难的。因为劳动人民总是在动，其性格都是在动中流露出来的。一静，他们的神态就不大看得出来了。常常要一边和他们聊天，一边抓住其神态。这样画难度较大。但经过苦练，形、色、神的结合技巧是能掌握的。

画油画时，要注意什么问题，我曾讲过十条：一是下笔要从深颜色开始，从深到淡，从暗到亮。二是开始要全面进攻，抓住大调子。三是从广到深，像围攻碉堡一样，全面包围，然后集中进攻重点。如对脸部、手部都要重点地深入刻画。四是由单纯到丰富，对形和色都要逐步丰富。五是从类同中找到差别。如脸部的颜色，中国人有相同之处，但每个人都有差别，画油画的功夫就在于画出细致的差别。六是从放到收，从收到放，画一幅画要反复多次。七是有高又有低，讲究节奏，像音乐一样。八是留有余地，学会含蓄。九是心中有数，要有胆量。十是集中精力，全力以赴。

谈到画油画的方法时，我说方法有两方面：一是观察方法，二是表现方法。概括起来，只有四个字，就是“整体、比较”。观察要整体，表现要比较。为了详细解释这个问题，我曾提出“三看”“九比”。“三看”，即三种观察办法：一是跳着看，看了上又看下，看了左又看右；二是睁大眼看，一眼就看到全体；三是眯着眼睛看，目的在看调子。“九比”即是九种比较方法：一比浓与淡；二比淡与淡；三比浓与浓；四比冷与暖；五比冷与冷；六比暖与暖；七比亮与暗；八比亮与亮；九比暗与暗。总之，一切都要比较，有比较就会找到差异，找到差异，观察能力和表现能力就会提高了。关于方法问题，我先说有法，而且讲了不少。但又强调指出，整天只去钻方法，这不好。精通了法，就没有法了。中国有句古话："无法之法乃为至法。"一个大画家画画时不会想什么法，一切方法都在他笔下应运而生，运用自如。问题是法为人用，还是人被法用。做了"法"的奴隶，就没有治了。

我很重视风景这门课。一年夏天，我带全班到新疆下乡，住在赛里木湖边，那里是夏季牧场。我一个人住在小小的帐篷里，十分安静。那时我只有四十来岁，正当壮年，精力充沛。我想到艺术上许多问题。想到每个同学艺术上的特点，想到他们未来的发展，也想到中国油画艺术的前景。我一生思索艺术问题最多的时期就在那时，也是我艺术生涯中难忘的时期。我感到教学工作很有意思，不当教师是遇不到那么多的问题，也不会思索那样多的问题。

油画叫风景，国画叫山水，其实是一回事，都是反映大自然的艺术。但两者有明显区别，发展的历史不同。中国山水画，历史长，杰出的作品和画家都比较多。而且常常和诗结合在一起，叫作"诗中有画，画中有诗"。山水画写意多，欧洲风景画写生多。我对学生说，画风景必须把中国传统和欧洲传统结合起来。结合好了，大有作为。我要求学生学会立意，学会把诗意带进自己画里去。我说过：景从外入，意从内入。我建议尝试画风景用大写意的方法。当然写意不是不要写生，写意和写生应该结合。齐白百六十四岁画了一张小鱼，在画上写了一段话："善写意者，专研其神，工写生者，只重其形，要写生然后写意……才会形神兼得。"这是齐白石的经验之谈，他把写生和写意结合得很好，而且反复进行，才取得艺术上的成就。

我总觉得，中国人学油画，只停留在学外国，不行。必须同时学习自己民族的艺术传统，我带全班学生去敦煌，就是这个目的。看过敦煌的伟大艺术之后，我对同学说，敦煌艺术感染力很强，我一看就被抓住了，而且大吃一惊，越看越想看。我有四个感觉：一、伟大；二、强烈；三、鲜明；四、生动。大佛塑在大洞里，洞很浅，一进门就站在大佛的脚前，没有退处，仰望大佛，分外伟大。又如另一大佛，用无数微小千佛做背景，把大佛衬托得特别大。色彩强烈也是敦煌艺术一大特色，如用红底衬托石青石绿的人物；用石青石绿衬托金身的佛像。生动又是敦煌艺术的艺术力量。表现舞蹈、乐伎、飞天、走兽，十分生动、豪放。在敦煌艺术中，采用对比的手法，十分广泛。用大与小，红与绿，明与暗，动与静的对比手法，处处可见。敦煌艺术是由建筑、雕塑、绘画和图案组成的。它有许多艺术因素，从风格、构图、动态、造型、轮廓、线条、色彩、环境、气氛、手势、神情……给人十分丰富的印象，从中可以找到无数美妙的东西。

我对学生讲，我们都不是敦煌艺术的专家，也不是考古学者。我们来敦煌着重寻找艺术的规律，能找到一点就很有用处。敦煌艺术启发我思索两个问题：一是单纯与丰富；二是现实与理想。在敦煌艺术中，看到单纯与丰富的表现力和感染力。这两者的关系是互为主次的，由于内容不同，有时以单纯为主，有时又以丰富为主。有时丰富衬托单纯，有时单纯衬托丰富。单纯从丰富中提炼出来，丰富又向单纯统一起来。丰富从整体上看又是单纯的，单纯从细微上看又是丰富的。现实与理想的关系，也看得很清楚：理想中有现实。如佛是理想的形象，但往往又像生活中的人物，表现了现实中的美。在现实中又有理想，供养人是生活中的人物，但又塑造成理想中的人物，理想中的美。艺术上的真，不同于生活上的真，真又不真才是个宝。在敦煌这个艺术宝库中，有许多艺术的规律有待我们去发现。

创作课是一门主课。当时对创作的要求，有两点我还记得，就是创新和胆大。如果同学的创作稿子，我看不出新东西来，要我点头是很难的。但一有新东西，我是极力支持的，并要求学生有足够的胆量。创作一件出色的作品，没有胆量是不可能的。学生听了我的话，产生了为观众所欢迎的作品。所以，只要作品的内容和艺术都是新的、高的，就什么都不用怕。可怕的是那些畏首畏尾，患得患失，作品平庸，那就没有办法了。

本文载于《美术研究》1985年第1期

罗工柳（1916—2004），广东开平人。油画家。1936年考入杭州国立艺专。中央美术学院教授。

我国民间艺术的造型体系

靳之林

从“碗是平放着的”说起

1979年在陕北安塞县农民剪纸创作班上，老年剪纸能手白凤兰把碗口剪成圆形的，但是她把碗底剪成一条平线，我问她为什么把碗底剪成一条平线？她回答我：“因为碗是在桌子上平放着的嘛！”

1983年我在陕北宜川县62岁的任怀清家里，问她剪的《老鼠偷油》的罐子为什么口是圆的，底是平的呢？她回答我也是：“罐是平放着的嘛！”

看来她们既不是自然直观透视，也不是出自几何形的构成，她们是以“哲理”认识自然世界。

1980年在安塞县农民剪纸创作班上，我问71岁的王占兰，侧面的老虎为什么要剪成两只眼睛？她觉得我问得奇怪，她说：“老虎就是长着两个眼睛嘛！”

1982年我在陕北富县张村驿71岁的张林召家里，我问她为什么把侧面的人脸剪出两只眼睛？她用手压住侧面外轮廓的鼻子和嘴对我说：“把这边压住是一个人，放开还是这个人。”

战国铜壶侧面兽图案、陕北东汉墓画像石侧面奔马石刻和陕北宜君县北魏佛教石窟侧面的骑马供养人石刻造像也是两只眼睛。

这是以本质代视觉直观现象。

1982年在宜君县农民画创作班上，我问王秀清为什么把大树下的放牧娃画成三面娃？她说：“娃要三面照看着牲口吃草。”我又问为什么把吃草的牲口画成两个头？她说：“牲口吃草头总是一会儿吃这边草，一会儿吃那边草么，头总不能光吃一个地方不动！”

张林召的孙女吴焕焕根据她奶奶的剪纸画的《姜太公钓鱼三情》，则以一人三面三情的手法继承发展了我国古代民间艺术的“多面兽”“多面人”，由侧面向正面的转换，表现了姜太公钓鱼时的聚精会神，上钩时的喜悦表情到钓上来时的哈哈大笑，极其大胆巧妙地表现了三种表情的发展过程，这在我国画坛上还是创举。它不仅表现了动作的时间过程，而且表现了表情的时间过程。

安塞县高金爱画了一幅《娃娃和爱虎》，我问她为什么画梨把梨的籽也画出来？她说“梨该有籽的嘛！”我又说，表面可看不见籽嘛！她说：“里边可有籽嘛！”这也是以内在本质代表面现象。

陕北洛川县65岁的王兰畔剪的《猴吃烟》，

坐着抽烟的猴和椅子，各自分开，互不遮挡。

王兰畔的剪纸《娶媳妇》，把坐在轿里的新媳妇和鸡都画出来，抬轿子的人也是平面展开，互不遮挡。

1981年我在洛川县办农民画创作班，所有画的侧面的房子都是近小远大，而且墙都是向外倾斜。我问她们为什么这么画？她们说："要不然就看不全门窗了！"

她们以我为中心，把四合院上下左右的房子都画成正面平面，朝向画面的中心。四面房子里外的人也都平躺下来，双脚朝向画面的中心。这是作者站在院子的中心，眼观四面，一个以我为中心的造型。

这种造型在传统民间美术中是常见的。唐长安小雁塔明代重修碑之阴线刻四合院，也是把上下左右的殿宇回廊平面铺开，朝向画面的中心。战国狩猎攻战铜鉴图样和内蒙古阴山氏族社会岩画行猎运载图，也是把车平面展开，把辕左右两匹驭马平躺下来，四足朝向画面的外边。

在安塞、洛川、宜君县农民画创作班上，没受过西法影响的五十岁以上的作者，都不画三度空间，而是画四度空间。

安塞县高金爱画的《喜鹊窝》，布满全幅的一棵大树是从侧面去看的，而画幅中心的喜鹊窝则是从上面向下看的一个大圆形，这样就可以完整地表现窝里的小喜鹊和周围飞着的老喜鹊的关系。

她们总是以流动的位置，画到那里就站到那里，它既不是西洋的"焦点透视"，又不是中国传统的"散点透视"，它是四度空间的"多点透视"。

这些农民画家没有特定时间、空间的观念，她们把不同时间的事情放在一个画面，把屋里屋外不同空间的东西放在一个画面，平面铺开，互不遮挡，完整地表现自己想要表现的事物。

1982年我在洛川县办农民画创作班，老年剪纸能手王兰畔不习惯拿笔，总愿意用剪刀剪农民画，她问我用剪刀剪行不行？我说能行！她老汉是饲养员，她就剪了一个大幅构图《饲养员》，我问她剪的都是什么，她就指着画面对我说，饲养员都是白天黑夜两班，下面是饲养员刚接班，正在给牲口喂草喂料。上面右边是他娃正从外边挑水回来，左边是另一个饲养员正在院里铡草，他娃正在旁边给他备草。右边是夜班饲养员下班了，正在抽烟休息。她是用白纸剪的，这时画面上还留了几个大块白没有剪，她问我还剪不剪，不剪行不行？我看留下这几大块白很有必要，就说能行！晚上我就让她放在透稿台上边蒙上一张麻纸用墨把它摹下来就成了一张画，这下老婆婆们都乐了，原来拿剪刀也能剪出画来，这样大家就都剪起来、画起来了，接着王兰畔又剪出大幅农民画《苹果园》。

王兰畔的老汉李新安，是第一个把苹果引进陕北黄土高原的农民，现在是县人民代表，王兰畔她老汉侍弄了一辈子苹果园。她把从翻地、苹果移植、结果采摘到装筐，不同季节的故事情节平面展开，互不遮挡，组织成一幅画面。

要么是正面造像，要么是侧面造像，像古埃及雕刻壁画。或者脸是正面，身体是侧面造像；脸是侧面，身体是正面造像。如1979年王兰畔在延安计划生育剪纸创作班上创作的剪纸《独生子女》。

我问安塞县李秀芳，她画的《端午节》，妈妈和娃娃为什么不画半侧面的？她说：“那不完整，不好看。”

1978年在安塞剪纸创作班上，我问陈生兰，为什么把兔子腿剪成四个圆球？她说：“兔子卧着的腿就是四个圆蛋蛋。”

我问王占兰，为什么把天上飞的大雁的腿剪成两条飘带？她说：“大雁飞起来两条腿就像两条小带子。”

她们想到四个圆蛋蛋就顺手画成四个圆蛋蛋，想到带子就顺手画成带子。可见她们都不是以解剖学的观念来造型的。而是以意（理）舍形（自然形态的形）的。

陕北端午节，妈妈总是做个艾虎，里边装上艾，给娃娃缝在肩上，或剪只爱虎给娃娃贴在墙上。我问高金爱，为什么把端午节的艾（爱）虎总是做成和剪成圆乎乎的，她说：“这是爱（艾）虎，胖乎乎的可爱，是伴娃娃耍的。”

我又问安塞县陈生兰，为什么把老虎的腿剪得这么短？她说：“这是爱虎，腿长的长晃晃的、细蒙蒙的不好看，剪短些显得胖乎乎的招人爱。”

我又问安塞县徐桂花，为什么把老虎剪成两腿前伸、两腿后伸的长方形，她说：“这是下山虎，是镇宅用的，下山虎下山最凶猛，啥都怕它，鸟兽飞逃人上树。”

今年考察秦始皇直道，看到陕北横山、靖边县直道上几个偏远村口作为镇邪用的民间雕狮，都是像咸阳博物馆陈列的秦宫铜兽那样，把头部雕成三角形，鼻子和嘴雕在棱部，眼睛用阴线雕在由棱部斜向后去的两个平面上，这样由大路两边过来的行人都能在走动过程中完整地看到眼睛头脸，而且由于概括成几何形，显得极其雄伟。

我问安塞县白凤莲：“为什么把桃子剪两个圆窟窿？”她说：“总疙瘩不好看，挖个窟窿好照。”我问：“那为什么有的剪纸中间不挖窟窿？”她说：“那是总片片，不在窗户上贴，是在崖坬坬上贴的。”陕北剪纸造型，贴在墙上的很多只剪一个外轮廓，里边不挖空，但贴在窗子上的窗花，为了照明，也都是里边挖空的。

以上这些艺术造型特点，显然和生活实用有着密切的关系。

特别重视突出头部，总是把头部画大、画完整。她们画戴草帽的人，宁愿把草帽画在头后边，完整地保留头部，也不要草帽挡住头部。她们剪鱼，也要独立地剪出个头来，挖上两只眼睛，好像把鱼鳃平面展开。我问安塞县张满花，为什么鱼头这么剪？她说，“因为那是鱼头么！”把鱼头作为人头、兽头的概念对待，即重视头的概念。

画头部重视眼睛，大多把眼睛画大，平面展开不带透视；眼睛总是把眼珠点在眼白的中间，周围不遮挡。我问李秀芳，为什么画眼睛总是把眼珠点在眼白中间，周围不遮挡？她说“这样看着精神！”黄陵县张列芳用陕北女娃学刺绣基础图案绣花三针的办法剪下山虎的眼睛，眼珠放射光芒，她说：“这样看着精神。”

重视突出四肢，画四肢重视手脚。陕北宜君县官地坪北魏摩崖民间石刻，不雕躯体，四肢手脚都好像是从石头里伸出来似的；陕北剪纸和农民画中的侧面人物，都是把后边挡住的臂腿全部画出来，而且画得比前边的臂、腿还要长些。就像画侧房的房脊一样，近小远大，后边比前边还要大些。

另外特别重视大的夸张的外轮廓造型。陕北剪纸都是先用剪刀大刀阔斧地剪出外轮廓，然后才在里边作各种装饰，或根本不作装饰，只是一个外轮廓。民间雕刻和以剪纸为基础的民间刺绣也是这样。这和陕北汉画像石造型是一脉相承的。1978年办安塞剪纸创作班，曹殿祥不画样子，一叠四张一下就剪出“鸡吃鱼”的大轮廓来，当时我马上留下一张，再请她继续剪完，她在里面作繁复的不厌其烦的装饰，但因为有一个洗练的大轮廓，并不显得繁杂。

特别注意生活情趣和造型装饰，要有意思，要好看。

我问李秀芳为什么在鱼身上装饰莲花？她说：“鱼是在水里的。”

我又问洛川县刘俊莲，为什么在立鸟身上装饰飞鸟？她说：“鸟是在天上飞的么！”

王占兰在猴抽烟的猴肚子里装饰小猴子。高金爱在艾虎肚子里装饰三个活蹦乱跳的小老虎。陇东张秀珍剪的老猫，肚子里装饰着小老鼠，等等。

我问李秀芳为什么不剪鱼鳞，而用莲花装饰？她回答说：“没意思！”

我问黄陵县许润绒为什么剪屋脊用一朵大牡丹装饰，不剪瓦？她也说：“没意思！”

宜君县高巧玲画的《女娃骑鸡》中鸡的装饰，乍看这是鸡头，那是翅膀，细看才看出来是大鸡身上套小鸡，小鸡又套小鸡，造型非常有趣。

她们常把死的没意思的东西，变成活的有情趣、有意思的东西。安塞县阎喜芳剪的《二龙戏珠》，都是把没意思的死的珠，利用谐音形象化为活的蜘蛛，如此等等不胜枚举。

她们从来不按人体解剖结构的观念剪衣纹、画衣纹、雕衣纹。她们要么是用花花装饰服饰，要么循动势随意挖几条梭形纹，要么随意用平行垂线或方向不同的平行线组成纹样装饰服饰。这是民间人物剪纸的一个重要特点。宜君、黄陵、富县等很多民间工匠雕刻的小窟和造像碑造像都是这种风格，看来是有历史渊源的。古元同志延安时期剪纸风格的木刻，民间味道那么浓，除了人物的气质之外，以民间手法刻衣纹，不能不说是一个重要的因素。现在一些专业剪纸作者和城乡受过学校图画课速写训练的女娃子剪的人物剪纸，他们像中国画白描那样组织衣纹，一看就没有民间味道。

1981年在安塞县农民画创作班上，曹殿祥一下子用整张纸画了一个大公鸡，她说她画的是毛腿子老公鸡，叫鸡呢！她大胆的艺术夸张赢得大家赞不绝口。下面是我和她的一段对话：

“你为什么一张纸就画一个大公鸡？”

“画大了可威风，实在威风。”

“你为什么画这么大尾巴？”

“老公鸡就要大尾巴！”

“你为什么画这么大冠子？”

“老公鸡就要这么大冠子！”

“你为什么画这么大毛腿？”

“是毛腿子老公鸡！”

“你为什么用这么大的锯齿纹装饰？”

“因为要威风！”

这一段对话生动地反映了陕北劳动妇女的思

想感情气质和美学观念。

1982年我由延安地区文化馆调延安地区文管会，后由群众美术转到美术考古，延长县同志告诉我，说他们县黄河西岸的石佛村出土了一组“怪兽”石雕，让我赶紧去看看。我去看了，哪里是什么“怪兽”，它是一组唐代民间乡土石匠雕的佛教石雕造像。不过民间佛教雕刻这样大胆的夸张是我没见到过的，当时使我吃惊得目瞪口呆。所谓“怪兽”，实际是两尊金刚力士雕像，为了表现力士的威武，雕得像雄狮狮头的人身怪兽。更使我感兴趣的是旁边一尊手提净瓶极目瞭望的观音菩萨，她简直就是一个身穿布衣，手提瓦罐，到地头给丈夫送饭的陕北农妇。人们常说“菩萨如宫娥”，不对了，那是高级巨匠为帝王统治者雕的造像，而亿万的劳动者为自己雕的菩萨造像，则是农村劳动妇女的形象。

陕北民间艺术的造型和民俗

在全国来说，佛教石窟到了明代就没落了，但是陕北明代石窟却有了新的发展，这就是民俗造型进入了石窟，主要在藻井和佛坛浮雕。延安清凉山明代道教石窟基坛的民间浮雕带上的游龙都是龙身鱼尾。我在黄陵县老年剪纸能手裴洁家里看她剪的龙，也是龙身鱼尾。她说这是：“鱼龙变化，辈辈封侯。”龙即鱼，乌即凤，这是古老的龙凤文化转变为民俗造型。

胡凤莲的剪纸鸡头鱼身的《鸡头鱼》，也是古老的龙凤文化转化为民俗造型，后来利用谐音发展为“吉（鸡）庆有余（鱼）”。

曹殿祥把鱼尾剪成石榴，她说是“榴生百子”，乃取鱼多子之意。

高如兰把回头望的金鸡尾变成为一朵大莲花，很好看，陕北叫“金鸡探莲花”。后来利用谐音发展为“锦（金鸡）上添花”。她还把凤凰尾部变形成一朵大牡丹，发展为“凤凰戏牡丹”，莲花即牡丹，其实都是男女调情的意思。

这类民俗的造型还有“鱼戏莲”（鱼在莲上头戏水），“鱼唆莲”（鱼在莲下头咬住莲梗或穿过莲心）。原来我不知道它的含意，有一次我在宜君五里镇农村下乡，问她们剪的“鱼戏莲”和“鱼唆莲”是什么意思，女子们羞得脸通红，互相推诿不说，最后还是一个婆姨说了：“是谈恋爱。”“鱼是男，莲是女。”“鱼唆莲，是鱼咬住莲，是结婚了，生娃娃了。”“鱼戏莲是男女在一起耍呢，还没有结婚生娃娃。”两张剪纸中莲花心是一条鱼的造型和鱼莲娃的图案组合造型，都是这个民俗。明清以后，“鱼戏莲”利用谐音发展为连（莲）年有余（鱼），“鱼唆莲”发展为“连（莲）生贵子”的民俗，这在河北、山东一带明清木版年画中是常见的，但陕北却不多见，仍然保存着较早的民俗原型造型。

宜君县高巧玲画的《娃娃戏葫芦》（葫芦，女性，多子），其实就是《刘海戏金蟾》（蟾是阴性，多子）的民俗原型，它和《猴吃桃》、《鹿衔草》、《老鼠吃南瓜》、《老鼠吃葡萄》、《鹰踏兔》（其实不是鹰抓兔）、《蛇盘兔》都是男女和子孙延续的民俗原型。

洛川县的刺绣布老虎，头部是虎头，尾部是娃娃头。山东和山西运城的刺绣布老虎，头部是虎头，尾部是鱼尾，也是子孙延续的民俗原型。

北方历史文化传统和民间艺术造型的关系

我国北方剪纸中作为巫术活动性质“招魂”用的《抓髻(鸡)娃娃》是陕北老年人都会剪的。唐代诗人杜甫在安史之乱时北逃至陕北洛川和白水交界的彭衙所作的《彭衙行》长诗中“暖水濯我足，剪纸招我魂”作为招魂用的剪纸，指的就是现在这一带仍然作为招魂用的“抓髻(鸡)娃娃”，说明它的源远流长。《抓髻(鸡)娃娃》二方连续图样的组合，陕北叫《瓜子娃娃》，也是作为巫术性质的活动贴在门楣上保护全家平安的，民谚“天不怕地不怕，单怕瓜子娃娃一把叉”(指双腿叉开往门口一站)。它最早见于青海大通上孙家寨出土的新石器时代舞蹈彩陶和新石器时代父系氏族社会黄帝族族徽“仌”(轩辕，即天鼋的“天”字)，后见于商代的青玉女佩，它把娃娃头上的抓髻变形为两只鸡，至于陕北剪纸中双手拿金乌和玉兔的图样，可能已经到后代了，而发展演变到双手拿象征多子的石榴，脚踩莲花的《娃踩莲》，再发展为《鱼戏莲》《鱼唆莲》，一直到近代的《吉(鸡)庆有余(鱼)》《连(莲)生贵子》，则是更晚的事了。这个本来是作为父系氏族社会生命象征的图腾崇拜和生殖崇拜图样，随着历史的发展，它的内涵和艺术造型也随之变化。

安塞县73岁的白凤兰剪的陕北汉画像石风格的剪纸《牛耕图》中的扶桑树，造型很有意思，它是原始社会“物候历法”鹿头文化的遗存。树干是鹿头，两旁两个树疙瘩是鹿眼，中间是鼻梁，树枝是鹿角。至于扶桑树头上两只对头凤凰戏牡丹的组合，可能稍晚一些。它是龙(鹿)凤文化的遗存。鹿头花在陕北已是很难见到了，在几万幅陕北剪纸中我只见到这么一幅，加上晋西北和陇东的也只有那么几幅。陇东魏桂花老大娘剪的《神鱼瓶》和祁秀梅剪的《莲花瓶》就是鹿头的变形，到了晚清利用谐音，《莲花瓶》就发展演变为“和(荷)平(瓶)”的内涵和造型了。

陕北剪纸中常见的《扣碗》造型，也很有点意思，也是图腾崇拜、生殖崇拜的遗存。黄陵县丁巧剪的《扣碗》，上碗为阳性人头蛾，边饰为象征男阳的“富贵不断头”图样，下碗为阴性人头蛾，边饰为象征女阴的“椒刺刺”图样。《扣碗》指男女相交“合卺之意”，牡牝相交谓之全，子孙延续不断之意。

安塞县胡凤莲剪的鸡，脊梁上都翻卷一个云钩钩，很像翅膀，但我问她她说不是翅膀，是胜，和鸡冠一样都是第二性生殖器官，是象征男阳的图案，都是原始生殖崇拜的影响。

胡凤莲的剪纸鸡头鱼身的《鸡头鱼》造型，也是龙(鱼)凤(鸡)文化的遗存。

陕北民间造型艺术的
艺术造型体系历史继承关系

地处黄河流域的陕北，历史上曾经出现过三个文化高潮。第一个是以仰韶文化和庙底沟文化为代表的新石器时代文化高潮；第二个是以东汉画像石为代表的汉代文化高潮；第三个是以北宋石窟艺术为代表的宋代文化高潮。明代中叶以后，由于天灾人祸，形成了陕北的交通和文化封闭，很少受到封建社会没落时期半封建半殖民地的文化污染，较完整地保存了封建社会上升期的汉代文化包括民间文化的影响。另外，在这次沿秦直道由咸阳到内蒙古的徒步考察中可以看到，它又是以仰韶文化为代表的中原民族文化向北发展，和以阴山岩画文化为代表的北方民族文化向南发展的文化融合地带（陕北富县以南较多中原文化影响，而富县以北较多北方民族文化影响）。经过历代的民族文化融合，形成了自己的艺术体系和造型体系。它不仅保存了丰富的古代历史文化传统和民俗，而且较完整地保存、发展，形成了自己的民间艺术风格和完整的艺术造型体系。

试看原始艺术是何等自由奔放、为所欲为地反映了人类的童年时代。洛川县自由奔放的人首蛇身、狮身人首、鱼身人面以及鹰身狮首人面等的图腾文化剪纸，正是这一时代艺术的遗存。从氏族公社内蒙古阴山岩画《倒照鹿》到安塞剪纸的《倒照鹿》，可以明显地看到艺术造型的继承。

汉代艺术风虎云龙、粗犷淳朴、夸张变形的大轮廓，像旭日初升喷薄而出，较之如正午太阳光亮到顶、完美无缺的唐代艺术，更具有强大的生命力，它正是陕北民间艺术的特点。从陕北东汉墓画像石《牛耕图》《禽》到安塞县白凤兰的剪纸《牛耕图》《禽》，从陕北富县直罗村口的汉代蹲狮卧虎到陕北农村的民间雕狮蹲虎，可以明显地看到民间艺术造型的继承关系。从陕北西魏石窟造像到黄陵县郑玉珍的人物剪纸，也可以明显地看到民间石雕艺术造型的继承。

由西北黄土高原特定的地理历史条件所形成的西北劳动人民淳朴憨厚的性格气质和认识事物的美学观念，对于西北民间艺术淳朴浑厚、粗犷明朗、夸张装饰的艺术造型风格，有着直接的影响。

他们不仅创作是这样，画写生也是这样。1974年我在延安地区几个县办农民画创作班时，那时为了配合队里宣传工作，年轻人来得多，开始我都让他们画画速写。他们几乎都是把平放在桌子上的碗口画成圆形，把碗底画成平线，回答是一样的，都说“因为是平放着的”；画箱子时，都把远处画得比近处大，甚至把侧面平面展开，以便把侧面的花卉装饰画完整；在画人物速写时，站在侧面画的学员，都把本来看不见的那一边的眼睛画出来，回答也都是“人是长着两只眼睛的”；在画全身动作时，总是把后边挡住很大一部分的胳臂拉长，画得甚至比前边胳臂还要长；等等。

陕北民间造型艺术的色彩造型，既不是西方传统的条件色造型，也不是我国传统的固有色造型，它随作者的心意随心所欲的想怎么搭配色就怎么搭配色，怎么好看就怎么搭配色。她们把一片绿叶分割成五颜六色，我问她们，她们说：“画树叶一满一个颜色不好看，要搭配得红红绿绿的好看。”

最后需要说明的是，陕北剪纸可以说是陕北民间造型艺术的基础。枕顶、裹肚、针扎子、绣片、褶裙带子和老虎帽、老虎鞋等一切刺绣艺术造型装饰，都是先剪出剪纸的图样贴上去再绣。安塞、洛川、宜君县农民画也都是先剪出来，摆在纸上，用铅笔勾出来外轮廓，然后再在上边装饰设色。所以剪纸的造型、刺绣的色彩和古老的艺术风格，就成了陕北农民画的基本风格。剪纸的造型就成了陕北民间造型艺术的特征。因此研究陕北民间剪纸艺术造型就成了研究陕北民间艺术造型的重要钥匙。

以上诸方面，以及有待研究认识的其他的方面，绝不仅是个别表现手法问题，而是构成一个完整的民间造型艺术的艺术造型体系。它和西方传统艺术的造型体系是完全对立的，但也和中国民族传统艺术的造型体系有所不同，它是不脱离生产的劳动者的艺术的另一个造型体系，即第三体系。它既不同于写实主义的西方学院传统的艺术造型体系，又不同于写实主义的中国民族画院传统的艺术造型体系；它既不是西方学院传统的明暗体面造型，又不是中国民族画院传统的线造型；它既和西方学院传统的焦点透视对立，又与中国民族传统的散点透视不同；它既不是西方学院传统的条件色造型，又不是中国画院传统的固有色造型。不是吗？它是和自然科学对着干呢！

你讲构图的透视、层次，它就平叠向上，互不遮挡。

你讲近大远小，它就近小远大。

你讲解剖，讲以形取神，它就以意舍形，偏不管解剖。

你讲特定空间，它就画侧面老虎两只眼睛。

你讲特定时间，它就把正面侧面形象统一在一个头部流动着。

你讲特定时间和空间，它就要把不同时间和屋里屋外发生的事情都放在一个画面。

你讲条件色或固有色，它偏把一个树叶画得五颜六色。

总之，反其道而行之鲜明地体现在民间艺术的艺术造型体系之中。对于这些，他们是不能也，还是不为也？我认为他们首先是不想为，所以也就不能了。它好像是与西方现代派和中国文人画有相通之处，但实际并不相同的另一个造型体系。

综括上述诸方面来看，民间艺术的造型体系是由五个方面因素所决定的。即：

1. 民族和地域的历史文化传统。

2. 社会民俗。

3. 生产、生活。

4. 感情气质。

5. 美学观念。

中国民间艺术的造型体系和哲学体系

中国民间艺术的造型体系是由它的艺术体系决定的。陕北民间艺术家都有他们自己的艺术世界、艺术天地、艺术生活和他们的艺术体系。我们看洛川农民画《苹果园》的作者王兰畔，她是多么津津有味地在这幅画中一个又一个地加进在我们看来似乎与内容无关的龙、凤、狮子和猴子等。但是我们如果真的把它们拿掉，这幅画就会顿然失色显得乏味。我们哪里想到这些不合情理的东西对这幅画是多么重要，这些都是作者艺术生活中的东西和艺术天地的组成部分。但是另一方面，如果不是艺术形式上把不同时间熔于一炉，如果不是构成上的平面展开和互不遮挡，如果不是丰富多彩的民间造型艺术的艺术造型体系，又怎么能加进这些民间艺术造型的龙、凤、狮、猴呢？只有用民间艺术的造型语言，才能淋漓尽致地表达她的艺术境界，这就是她的艺术天地、艺术生活。由此看来，他们的造型体系和他们的艺术体系是不可分的。

民间艺术的造型体系和艺术体系是由其观察

生活、认识世界的哲学体系所决定的，其核心就是“理”，“哲理”。其艺术形式是有内容含义的形式，即“有意念的形式”。西方和中国的哲学与美学，一开始就是两个不同的体系。距现在5000多年的法国拉斯克和西班牙西北的阿尔答米哈洞窟艺术的野兽群，一开始就是“模拟”自然形态的艺术形式，而大致同一时期的中国西安半坡文化的人面含鱼和青海陶盆上的舞蹈纹，一开始就是具有“哲理性”的有意味的形式。前者是以自然科学的观念认识自然世界（模拟学说），后者是以社会科学的观念认识自然世界（阴阳五行学说）。

西方美术，无论是尊重客观的传统美术造型体系，还是强调主观的现代美术的造型体系，都仍然是模拟自然。西方现代派无论如何夸张变形，变来变去仍然是自然形态的夸张变形。现代派始祖无论是野兽派马蒂斯油画《舞蹈》的运动节奏，还是立体派毕加索素描《自画像》的几何形体的分解，或是勃拉克的静物的几何形的构成，都仍然是自然形态的变形或构成，分解组合。西方也有和他们自己的传统美术不同的民间艺术体系，由于在西方美术史上同样没有它们的地位，我们了解得很少。1982年我在法国讲学和作民间美术考察，在奥尔良市附近的一个叫贝提未埃小镇的博物馆，有机会看到两幅14世纪白纸染色作衬的金箔卷花刻纸和17世纪有树林和人物场面的法国民间剪纸；在奥瓦河畔一个11世纪的教堂看到纯属法国民间风格的圣经故事雕刻，但它们仍然是外轮廓自然形态的剪影（民间剪纸）和稚拙的自然形态的变形（民间雕刻）。

中国美术，无论是传统美术还是民间美术都不是自然形态的模拟，而民间美术更鲜明地反映中国的哲学观念。我认为中国的脸谱艺术，特别是其渊源的西北地域的民间社火脸谱艺术，更鲜明地反映中国美术的哲学观念。它不是自然形态的夸张变形，而是意念观念的变形。陇县民间马社火，用桃子装饰孙悟空的脸谱，这和宜君农民画用桃子装饰猴子、陕北剪纸用莲花装饰鱼、陇东剪纸用老鼠装饰猫的观念是一样的。他们在蚩尤脸谱上画火苗表示暴烈，黄帝脸谱额上画白云托日，表示功贯日月，象征刚直的黑脸包公额上画月牙，表示肝胆照日月。

我国民间美术和西方现代美术毕加索、马蒂斯的绘画有着某些相通之处，这是因为现代派的始祖毕加索是学撒哈拉沙漠以南的非洲民间艺术的，而马蒂斯是学日本民间浮世绘艺术的，都是来自民间艺术，而且都是强调主观的。西方考古学界把先秦以前的文化都属于人类学，说明人类原始文化共同之处多一些，越往后各自的特点越鲜明，但是从总体来说它们是不同的，1981年我和来陕北农村考察的法国哲学教授、中国民间艺术与民俗考察团居莱吉勒姆先生讨论过它们的共通和不同，他说：“人就是两个眼睛嘛”的哲学思想和毕加索是一样的，但是，“碗是平放着的”则是中国的哲学观念，毕加索是没有的。是的，毕加索是自然形态的几何形体的分解组合构成，而中国民间艺术的碗口圆形和碗底平线的组合则是“碗是平放着的”的哲学观念。因此我不大同意总是表面上和毕加索比，用毕加索的观念来解释中国农民画。中国农民画就是中国农民画，它是中国土壤的艺术，是几千年中华历史文化传统沃土生长的艺术。

人类艺术本来是由民间艺术产生和发展的，随着阶级社会的出现和社会分工的发展，艺术一经独立出来以后，出现了职业工匠，后来又出现了宫廷画院、画师和职业画家，艺术向两极平行发展，形成民族和民间艺术（当然也属于民族艺术）两个体系。前者是职业艺术家的艺术，后者是不脱离生产的亿万劳动者的艺术。后者是艺术向两极分化之前共同创造的原始艺术体系的继承（当然也随着时代的发展而发展），并作为艺术之源在各个历史阶段推动着民族艺术的向前发展，从这个意义上说，民间艺术是民族艺术之源，或民族艺术之母。在两者之间是以艺术谋生的民间艺人，它多来自不脱离生产的劳动群众之中，但民间艺人特别是高级匠师的艺术造型体系逐渐发展为职业艺术家艺术造型体系的基本范畴，因为他们和职业艺术家一样，不能不考虑到统治阶级（顾主）的需要，和作为商品的价值观念。而广大劳动者的艺术，是为自己服务的艺术，它虽然也随时代的发展而发展，但它不受瞬息万变的政治气候和市场价格的影响，它是最自由的、最有生命的艺术。它更多地保存了各个地域劳动者自身的艺术观、造型观，有着自己的艺术体系和造型体系。特别像陕北黄土高原，由于长期的交通封闭和文化封闭，它的民间艺术体系更是家家户户世代相传的。它虽有地域的不同，但作为中华民族的总体，它是一个完整的体系。

我国美术学院应该包括三个艺术造型体系

在我国历史上，无论是现代的学院、画院，还是历代的画院，都是西洋传统和民族传统两个造型体系一统天下。全国解放以后，由于党的文艺政策，从写实能力的角度邀请了写实技艺精湛的民间艺人进入高等学府，这是了不起的改革，但就其艺术造型体系来说仍然属于学院的造型体系范畴。而亿万劳动者的民间艺术造型体系传统，在历史上从来没有进入过艺术学府，因为无论从学院还是画院写实体系的角度看来，它们都是不科学的、反科学的。他们不懂透视（无论是焦点透视还是散点透视），他们不懂解剖学（无论是明暗解剖造型还是线解剖造型），他们不会画素描，他们不会画速写，但是他们是名副其实的艺术家，他们有着深厚的造型功底和深厚的色彩功底。难道她们从六七岁到六七十岁，五六十年的造型艺术实践还不是艺术家？难道她们从小就剪窗花研究造型，一直到老，还没有深厚的造型功底？她们从小就绣花搭配颜色，一直到老，还没有深厚的色彩功底？有些刚刚分配到文化馆工作的美院毕业生不承认她们有深厚的造型功底和色彩功底，认为民间美术造型不科学，哪知被他们认为不科学的东西，正是人类艺术的本源，人类本源艺术的精髓。这就如同西医和老中医的关系一样，被某些西医认为不科学的东西正是最科学的精髓。老中医并不懂得自然科学领域的微观世界，他们不懂细胞核，不懂白细胞，但是他们却懂得社会科学领域中中国古典哲学的辩证法，懂得宏观世界。他们用阴阳五行的关系不仅可以解释某些现代自然科学已经认识到的，而且可以解释某些现代自然科学尚未认识到的，这难道还不科学吗？现在，由于西方现代派抽象派的值钱，与之似乎某些表现手法有共通之处的民间艺术，好像也随之抬高了身价，陕北老婆的剪纸竟然和大艺术家毕加索一样！但是作为民间造型艺术的一个完整体系的研究，并没有为人们所认识。我认为我国的美术学院应该包括西洋的（外国的）、民族的和民间的三个体系，打开艺术天地第三世界的艺术宝库，把我国民族的和民间的两个体系同时继承和发展起来，完整地、全部地继承和发展我国伟大的历史艺术财富。它的重要意义不仅在于继承和发展了我国的民间艺术，而且将使我国的民族艺术在自觉地认识吸收民间艺术自由王国的过程中得到飞跃的发展，因为民间艺术始终是各个历史阶段民族艺术飞跃发展的源泉，这是被中外美术史一再证明了的。

20世纪初，随着殖民主义国家人民的觉醒，法国人民掀起了给予非洲殖民地国家独立的人权运动，肯定了撒哈拉沙漠以南的非洲奴隶的人的地位，当然也就肯定了它的艺术价值，在声势浩大的支持殖民地人民斗争、要求结束殖民统治的浪潮中，法国人民在1928年在巴黎举办了法国殖民地艺术展览，非洲民间艺术在法国引起了极大的震动，并由此产生了现代派艺术的始祖毕加索的艺术，诞生了20世纪影响全球的新的艺术流派。但它毕竟是来自非洲的民间艺术，不是植根于法国本土的民间艺术，因此法国的人民群众并不都是理解的。随着法国现代化的发展，传统的民间艺术在还没有被认识的时候就很快消失了。他们原来也认为中国民间古老的历史文化传统已经不在中国，而在中国的边缘国家，这个理论在法国是深有影响的。但在中国实行开放政策以后，他们才看到中国民间的古老历史文化传统仍然就在中国，而且如此地光辉夺目，以致一些艺术家提出“向中国进军”的口号，放眼中国民间艺术的宝库，开拓艺术的又一新的领域，而我们自己却在捧着金碗要饭。我们无须像毕加索立足于非洲民间，我们就是植根于我们自己民间艺术的沃土，开拓我们艺术的新的领域，放眼21世纪的未来，在我们自己土壤成长起来的艺术是会被人民群众理解和喜闻乐见的。建立具有中国特色的美术学院，不能无视八亿农民创造的民间艺术。

到民间去学习民间艺术

学习民间艺术的方法，我认为必须到民间去学，在群众生活中去学，在群众艺术生活中去学，即在民间学民间。这是由于他们所创造的艺术形式是有意味的形式，他们所创造的民间艺术，他们认识生活反映生活的造型体系、艺术体系和哲学体系是由历史文化传统、民俗、生产生活、感情气质、美学观念所形成的。因此，要学习和了解它，也必须生活在他们中间，研究那里的历史文化发展（包括艺术形式的发展），研究传统的民俗，研究他们的生产、生活（包括艺术在生活中的应用），他们的感情气质和审美观念，研究以上这些和他们所创造的民间艺术的关系，然后才能真正地了解它，掌握它的本质而进入自由王国，只从展览会上学，从作品学是不行的。这是一门涉及艺术学、历史学、考古学、人类学、民族学、民俗学、哲学、美学的新兴边缘科学——民间艺术学。只有这门科学发展起来，我国民间艺术的研究和一个新的艺术世界的开创才能进入一个新的高度。

我们有一个好的传统，这就是延安传统，

《在延安文艺座谈会上的讲话》发表以后，延安鲁艺的文艺工作者到群众中去，为群众服务，向群众学习，学习民间的剪纸、秧歌道情、民歌，带来了一个新的文艺革命和文艺复兴，开创了一个文艺的新时代。纵观历史或横剖历史，亿万劳动群众所创造的民间艺术始终是艺术向前发展的源泉，今天在新的历史条件下，有必要更响亮地提出“到民间”去的问题。

本文载于《美术研究》1985年第3期

靳之林（1928—2018），河北滦南人。油画家，美术教育家。1951年毕业于中央美术学院油画系。中央美术学院教授、博士生导师。

风格和情操

韦启美

“举要治繁”是1983年油画系部分同学访问吴作人先生时，吴先生书赠同学的，我见到它时已是装裱后挂在油画系办公室里了。当时，我感到的不是仅从书法得到的审美感受，不是一般地从四个字的表面意义中得到启发，而是很受感动，因为我深知这四个字里蕴含着一个真挚的画家数十年的追求。

一个艺术家艺术上的标榜总是体现他风格上的追求，一个艺术标榜之诞生和有生命力总是由于它是对曾经风靡而今僵化了的风格的适时反拨，即令这一标榜只是一个学派作为本身纲领而提出，它也总是有现实的针对性的。在一个艺术标榜下积极地肯定和倡导一种风格，同时也即是批判了与之对立的艺术风格。艺术的发展往往表现为不同风格采取否定形式的转化更替，艺术的繁荣总是由于同一时期内各种不同的和对立的艺术风格的比较和竞争，不管艺术发展在宏观上如何受到所处时代的社会政治的制约。20世纪50年代，吴作人先生艺术上正趋成熟，而学院课堂里正流行着所谓契斯恰可夫教学法指导下的烦琐空泛的素描画风，当时，他在教学研究中提出素描造型应要求提炼取舍和概括，这样的声音在教学单一化的当时不可能得到回响，终似空谷足音在陡峭的崖壁中消散，只是后来在工作室教学中得到初步体现。今天，简练单纯等已成为很多画家的共同主张和追求了。人们对眼下油画中竞相细密的画风感到焦躁时，读“举要治繁”四字当如饮一杯清冽的泉水。

“删繁就简三秋树，领异标新二月花”是富有启示的联语，但就字面意义讲，“举要治繁”较“删繁就简”更能体现画家在塑造形象时的能动的创造精神。删繁就简可以说是知觉形成表象的过程，举要治繁则是指在创作中把形成表象的不自觉的心理过程变成自觉的感受，对对象的表象进行提炼概括加工创造以适应塑造形象的需要。

不能将举要治繁或提炼取舍解释为所谓表现对象的本质特征。这不是多余的担心，因为我们长期习惯于在艺术研究中简单地套用哲学概念，把艺术现象一一地强嵌在一般认识论的框架里，将美从艺术王国放逐。举要治繁是要求画家创造性地表现他所感受的对象，这个对象已被画家投射了他的心境和情感，是要求表现在特定条件下对象的有审美意义的特征，当然也包括对象的某些本质特征，还要求塑造形象中体现画家关于造型本身的审美观念。

举要治繁也不能被解释为从形似达到神似的方法，这也不是多余的担心，因为我们习惯把任何中国画的表现技巧及其理论都纳入表现形神的范畴，对任何优秀的中国画作品都给予“形神兼备”的赞词，正如现时流行的给任何大致属于写实的油画和雕塑作品都赞为“栩栩如生”一样。从历代关于形神的阐发中可以找出共同的基本观点，即形是对象的本相、对象本身的形体结构和细节组成的规律，神大体指对象的神态、神气、精神乃至神韵，由此不妨说形神兼备就是形象真实生动。形神兼备之能方便地褒扬任何作品，只因为这是有审美价值的任何中国画作品的基本条件。形神兼备的重点是客体的表现，举要治繁的重点是主体的创造。一幅画的审美价值最终决定于作品的意境。

吴作人先生的中国画的造型特色是造型准确，用笔精练，每一笔都承担最大限度的造型任务，在这样严格的制约下，使笔墨取得最大限度的自由。蘸满了墨与水的笔头蕴藏了无限的表现潜力，也蕴含了极大的不稳定因素，画家一方面要使笔在运行中受到严密的驾驭，其受控的变化能恰如其分地塑造对象的形体；另一方面又要使之运行酣畅，流转自然，充分体现笔墨的韵律，从而达到笔墨浓淡虚实的韵律与对象形体结构的表现同步合一，行于所当行，止于所不可不止，而达到艺术创作中的如庖丁解牛的境界。不难看出吴先生的笔墨运用的鲜明的特色，它尊重对象形的规定性，避免笔墨的随意性；它力求形体塑造中笔墨运行的必然性，避免它的随机性；它要求笔墨在与形体吻合中有限地浮动，避免笔墨对形体过分地游离；它要求笔墨表现对象的体积感和空间感，避免形象的平面性，笔墨的深厚感主要由于形象的体积感，而不依靠积墨或假借书法的表现力。笔墨运行中出现的偶然的变化恰是必然的补充，它增强了笔墨的灵动而不感到与形象乖离。或者毋宁说它是预期的，因而形象显得生动蕴藉。形象赖笔墨表现，笔墨通过形象显示魅力，形象制约了笔墨，笔墨又突破了形象。画家此等功力如何得来？一是由于有扎实的素描功夫，二是由于有很高的书法造诣。画家的素描准确简练，体面精审坚实，线条刚健俊逸，画家于书法极重结构的俯仰虚实，寓奇于平正。有时画题用篆书书写，不致一览无余，但又晓畅近人，不故意矜炫古雅，却自有高致，这样的处理使书与画与观众保持同样的“距离”，形成画面的高度整体性。

通过举要治繁形成造型上的简练。简练的造型易于体现典雅、自然、含蓄的风格，也易于体现高古、清奇、疏野的风格，吴先生作品的简练正是体现了前者。他对形象的表现不用力于摹绘对象的真实感，而是追求从对象提炼升华出来的美的意象，在意象中传达画家的情感、意趣，或生活理想。

绘画中的形象的简略和空白由观众的定向想象予以补充，观众也由此参与了作品的创造，这是一个重要的审美现象，但并不总是审美中的主要的心理活动。意识中储存的表象是多层次和多方面的。人并不需要从眼前一个事物的不完全的映象联想其全部细节才能认知它，为辨认一个立在远处的熟知的人，并不需要在脑中浮想起他的近处清晰的表象，他的被认知是因为他的远处的影象与观者脑中存储的他的某一整体表象相吻合。有时画中简练的形象之所以引起观者的审美兴味，是因为这形象唤醒了他意识中存储的一直潜在着的该事物的表象。此时观众欣赏的创造性活动不是补充形象的细节，而是评价画家的表现技巧和领会形象的内涵，这种从容品味的审美心理活动是在欣赏者个人独有的知识和思维框架中进行的，因此他的审美即是创造。

一定的对象由于经过画家不断重复的表现，经过在表现中不断的探索和积累，经过千百次的举要、治繁、概括、简约，便逐渐形成造型的规范化。这是中国写意画造型特点之一。一个画家的表现某一对象的规范之被公认有审美价值总是突破前人之法，立我之法，我创造的规范或程式寄托着我的感受、我的情感、我的审美理想，也显示了我为了体现这感受、情感、审美理想而成功地探索到的表现技巧，因此它具备独特的审美特征，也即是体现了画家的个人风格。

有些规范化的形象由于对象本身的性格特征或某种历史的社会的原因而逐渐被理解为一定的象征或隐喻，成为代表某种社会意义或生活意义的符号。但首先必须它本身被画家表现为能唤起美感的形象，这符号才有生命，或者说形象的象征或隐喻的意义只存在于形象的艺术美之中。不是任何画在纸上的兰草和竹子、白鹤和苍鹰都能给观众传达它们的象征或隐喻的意义的，哪怕画画的人在题字中向观众点明。

有些传统写意画的题材往往被赋予象征的意义，像诗歌中美人香草有特定的象征意义一样。每个有成就的画家在表现这些前人一再表现的题材时，都是使他创造的形象具有独特的形态结构和笔墨章法，画家个人的独特的情感心境正寓于他的艺术表现的独创中，因此这些形象所包含的一般象征或隐喻中又注入了新的因素。如果画家的寄托具有代表性的时代的和社会的意义，便更增加作品的审美价值，更能在广大知识层观众中被接受。在创作上不断地创新更替，才使这些题材保持长青，除非时代的更迭和社会生活的变革使这象征失去了现实意义。如果画家有被公众广泛了解的高尚情操和人格，则观众在对其作品进行审美观照中除获得审美的感受，还能感到一种道德上的净化。这是我国传统艺术观对作品的审美作用的最高要求，也被视为审美感受中的最高层次。于文、于诗、于画、于书法，莫不如是。我国传统的对文艺的评价方法是强调做人与作文的一致。读吴先生的画可想见其为人，而了解了吴先生的为人和胸襟就能更深入地读他的画。

写意画中的象征并不仅指比喻、寓意或用典，也意味着表达某种确定的情感和性格，如画竹不一定就是象征君子，只不过是画家想表现竹子的被公认的清高性格。吴先生在国画中创造了一系列体现个人艺术风格的形象，这些形象表达了似乎存在于对象本身的纯净、真率，以及顺乎自然的乐观、自律、自强等性情。中国传统美术的创作思想认为作品是画家的心境情感的寄托，形象是画家性格情操的对象化，对象成为人化了的自然。

艺术家的艺术理想最初萌发于个人风格的探索，当他执着追求的艺术理想跟他的才能气质相适应和一致时，这理想便不仅仅是他的艺术创作的原则，也影响了在日常生活中他对事物的认识和思考方法。艺术家用这同一精神统摄他的生活和艺术，同时也将它投射到客观世界，这艺术理想便成为艺术家的生活甚至伦理的规范和他的内心生活的准则。艺术家，他的创作，以及他感受的自然，三者之间都取得了协调。一方面，艺术表现达到了成竹在胸，得心应手，随心所欲不逾矩；另一方面，创作心境达到心与物化，手与物化，物我两忘。我国古代一些优秀的文学家艺术家不仅将人与自然的和谐视作艺术创作的理想境界，也视作人生涵泳的理想境界，主体与客体合一不仅是艺术创作的范畴也是道德修养的范畴。人格的境界即是艺术的境界，艺术理想的实现即是人格的完成。

本文载于《美术研究》1986年第1期

韦启美（1923—2009），安徽安庆人，1947年毕业于中央大学艺术系。中央美术学院油画系教授。

陈抱一和中国早期的油画运动

陈瑞林

1945年夏天，油画家、美术教育家陈抱一因患肠梗阻症医治无效病逝于上海，年仅五十二岁。陈抱一是中国油画艺术事业的拓荒者和播种人，回顾他献身艺术的一生，对于中国早期油画运动曲折的进程当会有更加深刻的了解。

陈抱一，广东新会人，1893年出生于上海。父亲在招商局担任要职，家境富裕，建宅上海江湾，人称“陈家花园”。陈抱一出身于富有的家庭，却选择了一条当时被认为“没出息”的艺术家的道路，这要感谢他那从事洋务的开明的父亲。陈抱一自幼热爱美术，当时西画学习尚处于暗中摸索的阶段，正规的学习资料极为缺乏。父亲千方百计为他搜求像阿·伊斯特的《风景画研究》、万国函授学校的《绘画讲义》、彩色印刷的《弗·豪尔所藏透纳的风景画集》、《依·阿瓦特隆的风景画集》等书籍，使他较快走上西画学习的正道。陈抱一直到晚年还多次回忆起这些往事，提到当时这些颇为难见的美术书籍对他一生的影响。

1907年至1908年间，陈抱一在上海四川路青年会学校读书，学校的图画教员是张聿光。张聿光（1885—1968）是中国西画运动启蒙时期的重要画家。他原是上海新舞台剧院的布景画师，清末民初曾在上海一些学校开设图画课。张不仅擅长画舞台布景，还画过不少讽刺画，所作水彩、铅笔画笔致生动，富有个性，给少年陈抱一留下了极为深刻的印象。

1911年夏，陈抱一曾入周湘办的“布景传习所”学习。同学者有刘海粟、乌始光等人。周湘（1871—1933）是我国创办第一所私立美术学校的画家。1911年以前，他办过一所小规模的“图画传习所”，或称“上海油画院”附设“中西图画函授学校”。大约在1911年，他开办“布景传习所”，或称“中华美术学校”，主要教授一些中西合璧的水彩画，画一些照相间的布景。周湘在上海多年，直到1923年3月，“上海油画院”或称“中华美术专门学校”停办，他才返回老家，六十三岁时去世。

清末民初时期正处于中国西画运动的前夜，一些较开放的地区像上海等地，虽然有不少西洋画的爱好者在摸索学习，但大都没有找到一条正确的学习途径。不少人尝试练习铅笔画、水彩画和油画，也还只能遵循传统中国画学习的旧例，即从临摹入手。海外传入中国的西洋画片和在中国印刷出版的画册，虽大多水平低下甚至庸俗拙劣，因为学画者的需要却也能得到流行。尽管也有人知道运用写生方法学画的必要，但为数甚少，有影响的老师还是像张聿光、周湘、徐永清这样出身中国画家或从事中西合璧绘画的画师。在这样的环境中，像陈抱一这样希望中国的油画艺术早日走上正道的青年，不能不感到沉寂和苦闷。

1913年陈抱一东渡日本，进入日本西画团体“白马会”的葵桥“洋画研究所”学习。

1914年到1915年间，陈抱一因病短期回国，在上海停留期间，曾担任“上海图画美术院”的西画教员。在教学中他力图改变传统的临画习惯，重视写生。当时“上海图画美术院”没有石膏模型，他就先从静物写生开始，后来向日本东京菊地石膏模型所定购了一个伏尔泰像。陈抱一希望能从写生入手，使中国幼稚的西画教育能逐渐步入正道，以造就西画艺术人才，可是在习惯于传统绘画方法的人看来，这不过是一种新奇过激的举动，并不能得到多数人的同情和支持，只能在一部分研习西画的画家中流行。

这时上海的一部分西画家以乌始光、汪亚尘、俞寄凡为首，组织了“东方画会”。他们买来几个石膏像，进行小规模的写生练习。东方画会的部分成员乌始光、汪亚尘、俞寄凡、陈抱一等六七人，在1915年夏天进行了一次普陀写生，画了不少风景作品。东方画会存在的时间很短，不久即因几位主要成员先后离开上海而告结束。作为西画研究会性质的美术团体，东方画会比著名的“天马会”成立要早，是中国西画运动史上出现较早的画会。

1916年初，陈抱一回到东京继续学习，初入日本油画家藤岛武二的“川端洋画研究所”，后入上野“东京美术学校”。

1913年陈抱一初次赴日本时，在东京结识了已入东京美术学校学习西画的江新（小鹅）。当年冬天，他又在“白马会”的葵桥研究所认识了许敦谷。到1916年，在东京学习西画的中国留学生已经不少，陈抱一和江新、严志开、汪洋洋、雷毓湘、方明远、李廷英、许敦谷、胡根天等人组织了“中华美术协会”，作为留日美术学生的联谊机构，也是他们课余习画的场所。

陈抱一在日本留学五年，与有岛生马（1882—1974）、中川纪元（1892—？）等著名的日本油画家交往，通过他们陈抱一逐渐接受了后期印象派的影响。留学期间，陈抱一与一位日本女性结成伴侣。

1921年3月，陈抱一毕业于东京美术学校。在校他的用名为陈洪钧，与他同班毕业的另外一位中国留学生是台湾画家刘锦堂（后改名王悦之）。同年初夏，陈抱一偕妻子回到祖国。冬天，他筑画室于上海江湾。这是一个十分欧化的油画工作室，有人甚至把它比为元代画家倪瓒的“云林堂”，非为知交好友或同道中人，是不能轻易进入的。作为“陈抱一绘画研究所”，每星期一至星期五下午一时至四时教授少量学生研习油画。回国后的最初几年是陈抱一生活安定舒适、油画创作最有成绩的几年。

1922年，陈抱一任教“上海美专”。时隔数年，“上海美专”的规模已不像初期“上海图画美术院”那样局狭，教学也有了很大改进，不仅摒弃了传统临画的方法，而且开始实行人体写生。1914年上海美专就开始人体写生，雇用一个叫作和尚的男孩作为模特儿，但当时并未在教学中普及。到20世纪20年代上海有了不少开设西画课程的艺术院校，人体写生也不以为奇了，但多限于男体，女体写生仍较困难。陈抱一刚从日本回来的时候，曾参加由朱应鹏、张聿光、宋志欣等人发起的“晨光画会”（亦称“晨光美术会”）。这是一个自由研究的西画团体，举办过几次西画展览。他们曾雇用一俄国女子作为模特儿，在跑马厅附近的“晨光画室”里研习人体，颇为时人所侧目。从1922年开始，陈抱一先后担任艺术专科师范学校（1920年吴梦非、刘质平、丰子恺合办，后由吴梦非主持）、神州女学美术科、上海大学美术科（约1923年至1924年间创办、洪野主持）等校的西画教学，在教学中他都实行女体写生。陈抱一还在《时事新报》的“学灯”栏和《申报》的“艺术”栏发表文章，提倡人体艺术，抨击封建势力。在1921年以前，人体绘画还不能公开展出，到1921年以后，社会上一般人对于美术展览中出现人体作品也就没有那样大惊小怪了。

1922年夏天，陈抱一、许敦谷、胡根天、关良等画家在上海举办过一次“艺术社绘画展”，俞寄凡和一位正在上海的爱好绘画的日本作家小森猛都送来作品展出。“艺术社”是陈抱一等四位画家在东京学习时组织的美术团体，这是他们回国后第一次发表作品。经过了正规的西画训练表现出娴熟的艺术技巧和作品中流露出强烈的现代绘画倾向，引起了画坛的极大兴趣。这个展览还开创了我国西画展览发售门票的首例。

到了20世纪20年代，中国的西画运动以上海为重要据点，进入了新的发展阶段，掀起了一股新美术的巨大潮流，这是中国油画的开拓时期。全国一些大中城市里都有了颇具规模的美术院校，培养了不少西画人才。比较著名的如1922年开办的国立北京美术专门学校（校长郑锦），1927年开办的杭州国立艺术院（院长林风眠），1927年开办的国立中央大学艺术系（系主任徐悲鸿）等。随着海外留学的画家纷纷回国，西画社团大量出现，一时崇尚西画成为风气，报纸杂志发表了不少宣传西画艺术的文章和图片，出版机构印刷了不少有关西画艺术的书籍发售。这一时期可以称为中国油画的开花期，大致延续到抗日战争爆发的前夕。在这段时间里陈抱一十分活跃，他将主要精力投入美术教育，全力以赴的事业是开办中华艺术大学。

1923年至1924年间，上海有周勤豪创办的东方绘画研究所，后来改为“东方绘画学校”，并与由艺术专科师范学校改成的艺术师范大学合为上海艺术大学。1925年上海艺术大学发生风潮，一部分教职员在陈望道、丁衍镛等人的倡导组织下，并得到蔡元培先生的支持，成立了中华艺术大学。中华艺术大学是一所富于新兴气象的学校，学校不设校长，组成委员会领导，陈抱一被邀请担任主任委员。文学方面由陈望道主持，美术方面由陈抱一、丁衍镛主持。当时中华艺大的艺术空气活跃，被认为是中国西画运动革新的重要力量。在中国西画运动的早期，一般西画家重视的是铅笔画和水彩画，学习油画的人并非没有，但油画课程在美术院校里开设比较普遍、教学比较正规，还是1920年以后的事。中华艺大的西画课程．以木炭素描为基础，然后进入油画的学习，陈抱一为了普及油画的基本知识，写了一本《油画法之基础》，1926年由上海中华书局出版。这是近代中国比较早、比较系统地讲授油画技法的书籍，在当时产生了较好的影响。

中华艺大的政治空气比较开明，在陈抱一离开以后，西画科主任由从日本回来的许幸之接任，此时大约是在1932年至1933年间。30年代的左翼美术运动，上海中华艺大是一个重要的据点。作为中华艺大和西画科的创办人，应该肯定陈抱一的劳绩。陈抱一这种进步的政治倾向并非偶发，1923年至1924年他就曾积极参加上海大学美术科的教学工作。上海大学是中国共产党和中国国民党左派合作开办的学校，许多著名的共产党人和国民党左派人士曾在上海大学任教。陈抱一与左翼文艺运动的许多重要人物往来密切。1926年田汉创建“南国影剧社”拍摄第一部影片《到民间去》，地点就选择在抱一画室。

因为中华艺大是民间办学，条件极其困难，陈抱一为革新中国美术，培养出新的人才而竭尽全力。他为了学校的生存付出了大量的时间精力，为维持学校他倾尽了自己的私人积蓄。

大约在1927年至1928年间，有一位居留在上海的日本画家秋田义一，当时他的画艺已相当成熟，特别是铅笔速写十分熟练。他对于艺术有许多独到的见解，他和许多中国的西画家、美术青年结成要好的朋友。有一段时间秋田曾经担任中华艺大的教授，和陈抱一等人同去杭州写生。后来他住到了江湾的抱一画室。在他的推动下，陈抱一开办了晞阳美术院，地点就设在江湾画室，在当时可称设备齐全、光线良好，可容纳二三十人。不过，晞阳美术院存在的时间很短。

1930年秋，上海闸北有一所上海艺术专科学校，主持者为毕业于东京美术学校的西画家王道源，他邀请陈抱一担任西画科主任，陈之佛担任图案画教授，倪贻德担任西画教授。上海艺专成立后不久就以朝气蓬勃、积极推动西画艺术的发展而令人瞩目。

1932年“一·二八”战争的炮火破坏了上海艺专的校舍，也毁坏了作为晞阳美术院的抱一画室。往日的艺术之宫沦为瓦砾场，陈抱一的生命历程也进入了苦难的后期。

从20年代到30年代初，中国的油画以沪、宁、杭地区为中心，呈现出日渐向上的机运。如在1929年国民政府教育部主持了第一次全国美术作品展览会，表明中国油画已经形成了一股巨大的潮流。“一·二八”战争结束以后，上海画坛出现了一段沉寂的时候，直至1932年10月“决澜社第一届画展”出现，这沉寂才被打破。“决澜社”的主要成员有庞薰琹、倪贻德、张弦、丘堤、阳太阳、杨秋人、周多、段平右、刘狮、周真太等人。“决澜社”的青年艺术家们向往西方现代艺术，他们呼吁“二十世纪的中国艺坛，也应当现出一种新兴的气象”（见《决澜社宣言》）。陈抱一在日本学习时就曾经接受过后期印象派、野兽派等现代艺术流派的影响。“决澜社”的艺术态度与他的思想是相通的。

1934年，在上海法租界“中华学艺社”有“中华独立美术协会第一回画展”展出。“中华独立美术协会”是几位留学日本的青年画家梁锡鸿、李东平、赵兽、曾鸣等组织的美术团体。

他们鼓吹"超现实主义"艺术，这次展览是中国最早的一次"超现实主义"画展。"中华独立美术协会"存在的时间很短，不久即无形解散，一部分成员赴广州继续宣传"超现实主义"。李东平、曾鸣办了一份《现代美术》杂志，梁锡鸿则和林镛等人发行《美术杂志》，鼓吹现代艺术。

20世纪二三十年代的中国美术界有着一股日渐强大的现代艺术潮流，冲击着中国的画坛，影响中国油画艺术的发展。陈抱一虽然没有参加像"决澜社""中华独立美术协会"这些主张现代艺术的美术团体，但是给予了同情和支持。陈抱一晚年著文回忆，仍认为："后期印象派那种发挥'表现精神'的精神，早已在1918年或1921年前后，已为我们一些研究者所认识，也许有过这种影响，而促进了1920年以后的一个发展阶段。"

1936年6月，汪亚尘、朱屺瞻、徐悲鸿、陈抱一等画家发起成立的美术团体"默社"举行第一次画展，这是一次中西画并陈的展览。陈抱一展出了几幅西画作品，但像汪亚尘、徐悲鸿这些有名的西画家展出的却全部是中国画。许多原来从事西画创作的画家后来改画中国画，有的甚至成为纯粹的"中国画家"。这是中国油画艺术一种新的发展趋向。但也有一部分画家，坚持西画创作（主要是油画创作），像陈抱一、倪贻德等人。陈抱一站在中国民族资产阶级知识分子的立场上，断然拒绝所谓的"国画"，认为"国画没有师法自然"，实际上指的是明清以来弥漫中国画坛的那种陈陈相因、形成一种程式化笔墨技巧的封建文人画。他主张从西洋绘画的写实传统入手，去开拓新的时代所具有的新的艺术观念，去创造新的艺术表现方法。"对于中国现代绘画，怎样去探索一条发展的生路？""在现代中国除了历来的美术方法以外，何以需要开拓洋画研究的新路？何以需要把洋画研究之基础求其健全以增强美术创造之发展？"他始终在思索和探求，直到他生命的最后一息。

"八一三"战争以后，形势日益危急，上海的文艺界人士纷纷奔赴内地，到秋天，仍然留在上海的画家已寥寥无几。因为家庭生活的拖累，陈抱一无法离开。1938年夏他在埋头将《静物画研究》《人物画研究》写完以后，偕友人到达香港。在香港陈抱一遇到早年留学美国的画家黄潮宽、曾在加拿大习画的余本和李秉，还有我国最早留学英、美习画的老油画家李铁夫。陈抱一还遇到梁锡鸿、林镛、郑可、任真汉等美术家以及"八一三"以后离开上海的一些漫画家。陈抱一在香港开过一次"旅港画展"，11月末回到上海。

1939年10月，陈抱一与周碧初、宋钟沅、朱屺瞻、钱鼎五位画家在上海大新公司画厅举行"联合油画展览会"，展出新作一百多幅。画厅是百货公司经营的一种画廊式的美术馆，既展出作品又售卖作品，这是中国近代美术史上一种新的事物。在当时的战争环境中，能筹办这样一个较大规模、颇具影响的展览也确非易事。1941年太平洋战争爆发以后，上海沦陷，滞留当地的艺术家处于徘徊之中，上海的画坛也趋于沉寂。虽然有一些零散、小规模的艺术活动，但是陈抱一绝不参加，他蛰居着盼望春天的到来。自己无法投身于神圣的民族解放斗争，一生努力的事业又化为乌有，画室被毁，作品散失，陈抱一寄居在亲友家中，内心的痛苦和寂寞是可以想象的。1940年春末，日本友人菊地三郎想访问陈抱一，被他婉言谢绝。他回说："目前先生来我处不便，我出门亦不便，不如不见为好。"在这种环境之中，陈抱一画出了他最后一幅有名的油画《弘一法师像》。

李叔同（弘一法师）是五四新文化运动中卓有影响的重要人物，也是中国油画运动的先行者。陈抱一认识他已有三十多年，对他的人品、学识深为倾慕。李叔同出家为僧，是对于中国社会和中国艺术的绝望，在这沉痛的绝望之中又蕴藏着深沉的希望，晚年的陈抱一对于李叔同的这种心情是十分理解的。1942年10月1日，在弘一法师的追悼会上，经夏丏尊先生提议，请陈抱一绘制弘一法师遗像。从翌年1月到12月初，在战争骚乱的环境中，在狭窄的画室里，陈抱一以自己的全部精力完成了这幅作品。从暗绿色的背景中，浮现出穿着青灰色衣帽的六十二岁弘一法师的遗影，面容肃穆坚毅，充满悲天悯人之情。从弘一法师的神态表情中，我们也可以感到画家陈抱一在他生命最后的时刻，仍然没有放弃他毕生努力、始终如一的执着追求。

作为活跃在中国早期油画画坛的画家，陈抱一享有很高的声誉。丰子恺先生曾经高度评价陈抱一的作品，特别对于他的小幅画作更是倍加赞赏，认为是当时不可多得的精品。《良友》画报1934年第85期刊登彩色图版介绍陈抱一的作品："野兽派的作风，运笔流畅而极有把握，用色简洁，却充满着富丽的色彩，技巧的纯熟是永远使人折服和满意的。"陈抱一是具有现代艺术倾向的画家，他主张从纯熟的写实技巧入手，从而开拓新的艺术意念，而不只是对于西方现代艺术流派机械地作形式外表的模仿。陈抱一看到明清以来封建文人画色彩薄弱的缺陷，强调色彩在绘画作品中的重要作用。陈抱一的画，充满了强健兴奋的精神，而不去追求瘦弱颓败的情调，即使在晚年艰困的环境中创造出来的作品，在沉静的深处，仍然可以感觉到艺术家拳拳之心强烈的律动。

陈抱一是一位手执画笔度过短暂一生的艺术家，但他并不是躲在象牙之塔不食人间烟火的人物。对于时代，对于社会，他始终敏感而关心。他确是一位有良心、正直的中国知识分子。他早年曾经接受张聿光、沈泊尘、钱病鹤等讽刺画家的影响，常作漫画在报刊发表。在1935年、1936年陈抱一画了不少漫画，讽刺那些不顾民众疾苦，只图自己享乐的贪官污吏和地主商人。对于广大的劳动群众，他始终抱着深切同情的态度。

陈抱一以他对艺术的虔诚和专注，以他严格认真的创作态度，以他对美术教育事业的献身精神，循循善诱、诲人不倦，以他的博学多才，以他待人的宽厚真诚，赢得了当时美术家的一致爱戴，几乎没有人不对他表示钦佩敬仰。直到半个世纪以后，画家杨秋人还这样满怀深情地提起他的老师："他认真教给学生艺术的共同规律，但同时热情鼓励学生独立思考、敢于探索。"（《杨秋人画集》，1983年）陈抱一一生坎坷的命运，正是中国油画艺术在童年时期历经磨难的写照。回顾中国近百年的历史，无数志士仁人，为了振兴中华、摩顶放踵、艰苦求索、奔走呼号、前赴后继。“亦余心之所善兮，虽九死其犹未悔。”在这支队伍中，既有叱咤风云、留下可歌可泣的事迹的革命者，也有默默耕耘、埋头苦干最后倒在自己的岗位上的“科学救国”“实业救国”“艺术救国”的志士，陈抱一便是后一类人物。他们的业绩是不应该被抹杀的。

本文载于《美术研究》1986年第2期

陈瑞林，1944年生，湖南人。毕业于中央美术学院美术史系。清华大学美术学院教授。

略论蔡仪的艺术思想

王宏建

蔡仪同志是我国著名的美学家和文艺理论家。作为美学家，他早在20世纪40年代初就开始运用马克思主义的基本观点和方法试图解决美学领域中的各种问题，提出了许多富有创见性的论点，并在以后几十年的长期研究中不断修改、丰富和完善这些论点，形成了自己的一套完整的学术思想体系，在我国美学界独成一家。作为文艺理论家，他一贯坚持理论的科学性、革命性和战斗性，在批判各种错误的艺术观的同时，旗帜鲜明地倡导文艺面向人民、反映生活、影响社会的现实主义原则，从理论上系统地阐述了艺术与社会生活的关系，艺术的本质特征、艺术创作的思维活动特点、艺术典型及艺术美等一系列重大问题，在我国文艺界曾经有过广泛的影响。要之，蔡仪同志的美学思想原是从他的艺术思想引发出来的，而他的艺术思想中又包容着许多深刻的美学见解。因此，对蔡仪的艺术思想做一简要的论述，也许有助于理解他的美学思想，并多少有助于我们在总结历史经验的基础上继续坚持社会主义文艺方向。

蔡仪学术活动的简单回顾

在论述蔡仪的艺术思想之前，我们先来简单地回顾一下他几十年来所从事的学术活动情况。

蔡仪原名蔡南冠，1906年6月2日出生于湖南攸县的一个教师家庭。其父是当地一所小学的校长，课余经常教蔡仪读习古诗文和史书。1921年蔡仪到长沙入中学读书，他酷爱文学，常在学校规定的功课之外找些旧诗文来读。1925年他考入北京大学，这是他人生中的第一个重要转折点。当时的北京大学集聚着许多革命青年，进步的政治思想和新文学思潮在广大学生中很有影响。在这种环境下，青年的蔡仪开始对社会现实有所认识，对生活前途感到沉重的苦恼，他对文学的热爱也开始从过去的古诗文转向了新文学。出于对真理的追求，他主动接触革命同学，并初步接受了共产主义世界观。1926年，蔡仪加入了共产主义青年团，成为中国共产党的一名预备党员，同时开始了他的新文学学术活动。这年他20岁。

在北大学习期间，蔡仪刻苦攻读文史哲学，广泛涉猎艺术，并进行新文学的写作。1927年夏，北京在奉系军阀的反动统治下到处笼罩着白色恐怖，革命青年受到残酷迫害，蔡仪被迫休学南归。但当他抵达武汉时，那里的革命也已处在危机之中，因此没有接上组织关系，于是不得不暂时回到湖南的老家。这当然不是他出走北京所要寻找的精神出路，经过两年的寻求、探索和彷徨，他终于在1929年秋东渡日本，先后在东京高等师范学校、九州帝国大学研习哲学和文艺理论。

20世纪30年代初期，蔡仪曾写过一些在当时颇有影响的短篇小说，但后来他把主要精力放在对马克思主义的学习研究上来，也就逐渐放弃了文学创作。当时的日本，一方面是军国主义的活动日益猖獗，另一方面，左派文化活动也有很盛的势力，研究和宣传马克思主义的学术活动很多，出版了不少有关的书籍，影响很大。单从研究和宣传马克思主义哲学的著作来说，翻译苏联学者著的和日本学者自己著的就有很多种，而且这些著作在论述上以至在论点上往往各有特点，各有不同的内容，没有固定的模式。蔡仪把这些著作拿来对比参照地阅读，很有启发，并在这种自由而自觉的学习中逐渐形成了对唯物主义认识论和唯物史观的坚定信念。这种坚定信念，体现在他以后的每一篇论文，每一部论著之中，贯穿在他一生的学术活动之中。

1933年，日本第一次出版了马克思、恩格斯关于文学艺术的文献。这部重要文献对于在文艺理论的研究中正迷离摸索着的蔡仪来说，犹如长夜中的一线曙光，其中的一些基本论点和理论原则如艺术的社会意识形态性质、现实主义和艺术典型等，经过他的消化和理解，即成为他后来的整套艺术思想体系的核心支柱。

1937年夏，蔡仪从九州帝国大学修毕学分回国后，旋即投身于全民的抗日救亡活动，先在北平、长沙、武汉，1939年以后又在重庆政治部三厅及文化工作委员会从事抗敌宣传研究工作。1941年初“皖南事变”后，我党领导的文化工作委员会的政治宣传工作被迫停止，蔡仪便响应领导同志的号召，趁此加强学习，以待新的任务。于是他从对敌宣传工作中，又回到自己曾经专门从事过的文艺理论研究上来。

当时中国的文坛，流行着一种“为艺术而艺术”“纯艺术”的文艺观点。有人不顾国家民族正在遭受日寇铁蹄蹂躏的严酷现实，主张以“静穆”作为艺术的最高境界，提倡所谓的“超脱”“豁达”“趣味”“距离”等，反对艺术真实地反映现实，反对艺术应有的社会功利性。对于这种观点，鲁迅先生早在30年代就曾做过严厉的批评，指出他们所谓的“静穆”等不过是一种虚幻的空想，而在风沙扑面、虎狼成群的时候需要的是一种战斗的壮美。鲁迅先生在同这种错误的文艺观进行斗争时，深刻地揭露了它的社会根源，但由于他逝世过早，还没能来得及批判它的主观唯心主义哲学基础。而这种文艺观点的继续流行，从精神上瓦解着全民抗战的力量，危害着国家民族的前途。正是看到了这一危害，蔡仪决定用马克思主义的观点和方法写一部较有系统的艺术理论专著，从哲学基础上彻底批判各种唯心主义艺术观，建立崭新的艺术思想体系。从1941年冬到翌年秋的短短几个月中，他在极为困难的条件下以高度的社会责任感写作完成了《新艺术论》，1942年底由重庆商务印书馆出版。

《新艺术论》被认为是我国第一部用辩证唯物主义和历史唯物主义观点系统论述艺术问题的重要著作，新中国成立后曾多次再版。它以鲜明的艺术观点、严谨的逻辑体系和科学的学术态度为其特色，受到当时进步文化界的一致好评，也为以后我国文艺理论的发展奠定了基础。

《新艺术论》完稿之后，蔡仪感到，书中最后一章所提出的艺术美即具体形象的真理亦即艺术典型的论点，还关系着更广阔的理论领域，需要作更充分的论证发挥，于是他的学术研究便从文艺理论扩展到美学上来。1944年年底，蔡仪完成了一部旨在破坏旧体系、建立新体系的美学专著，这就是《新美学》。这部著作由于历史条件的局限，还很不成熟或不完善，但是它有力地批判了各种唯心主义美学谬论，并在我国第一次提到马克思《1844年经济学哲学手稿》中关于“美的法则”的论点，明确指出，艺术美便是按照美的法则以形成的美，比起《新艺术论》来，理论上又深刻了一步。

1945年春，重庆文化工作委员会被解散，蔡仪遂筹办《青年知识》刊物，向青年宣传民主思想。年底，他得到组织批准成为中共正式党员。从1946年秋至1948年秋，他在上海大夏大学任历史社会学系教授，教世界史和艺术社会学，并在1947年秋至1948年夏兼任杭州艺专教授，讲授艺术理论和艺术社会学等课。1948年10月，蔡仪得到香港党组织通知离沪赴港，11月由香港转入华北解放区，翌年1月到华北大学任教，教授中国新文学史。1950年他调到中央美术学院任教授兼研究部副主任，1952年至1953年兼任副教务长。在中央美术学院的三年多时间里，蔡仪一面教授艺术理论和美学，一面学习研究美术史和美术理论的实际知识，并着手组织培养我国美术史论研究队伍。

1953年秋，蔡仪调中国科学院文学研究所任研究员，从事美学和文艺理论的专门研究，至今已有三十三年。在“文革”前的十几年中，由于“左”倾思潮的影响，各种政治运动频繁，党的“百家争鸣”的方针未能真正得到贯彻执行，蔡仪的学术思想也受到许多来自上层的不公正的对待。但是，蔡仪是个正直的学者，他从不为逢迎某个领导人的好恶而变卖自己的学术观点和理论原则，他又是个坚强的斗士，他只相信科学和真理，当各种批评铺天盖地而来而这些批评又没有以科学的道理使他信服时，他不妥协，不作无原则的“自我批评”，而是在几乎孤军奋战的情况下同批评者进行争论，坚持并发展自己的学术思想。这些年，他先后写出了《唯心主义美学批判集》和《论现实主义问题》两书及其他有关论文，并主编了《文学概论》一书及《文艺理论译丛》和《古典文艺理论译丛》的有关册，当然，有的文章因某种非学术的原因当时未能发表。十年浩劫期间，“左”倾错误发展到了顶点，蔡仪和广大学者一样，被迫完全停止了研究工作。

粉碎“四人帮”后，特别是党的十一届三中全会以来，科学民主真正得到了发扬，“百家争鸣”的方针真正得到了贯彻，耄耋之年的蔡仪又焕发出学术青春。他一方面培养研究生、奖掖后进，一方面伏案写作，著书立说。从1976年到现在的十年里，他先后发表了《论车尔尼雪夫斯基的美学思想》《马克思究竟怎样论美？》《〈1844年经济学哲学手稿〉初探》《马克思思想的发展及其成熟的主要标志》《论人本主义、人道主义和“自然人化”说》等重要论文，主编了《美学论丛》《美学评林》《美学知识丛书》和《美学丛书》的第一部《美学原理》，并且出版了《新美学》

（改写本）第一卷，第二卷也已改写完稿并交付给中国社会科学出版社。另外，这几年还出版了他的一些专集，如《探讨集》《蔡仪美学论文选》《蔡仪美学讲演集》《美学论著初编》等。现在，蔡仪正在抓紧时间改写《新美学》的艺术论部分，将作为该书的第三卷出版。

从上述情况可以看出，蔡仪六十年学术生涯的重点和中心始终是艺术。他早年从事创作和艺术理论的研究，后来在国家民族生死存亡的危难时刻，以革命和战斗的精神公开弘扬马克思主义艺术观。为了使艺术理论的研究更加深入和彻底，他又进入了美学领域，但他的美学研究的出发点和归结点仍然都还是艺术。对于艺术问题，自《新艺术论》问世以来，蔡仪在有关论著中论述的重点一直是艺术的认识意义、艺术的现实主义原则，艺术典型与艺术美、艺术的美感教育作用等。近年来，鉴于学术界有人否认艺术是上层建筑，蔡仪又把艺术的本质作为论述的重点，从而使他的艺术思想体系较以前更为完整。

下面，我们仅就蔡仪关于艺术的本质、艺术的认识意义等理论，来论述他的艺术思想。关于艺术典型与艺术的美感教育作用，固然也很重要，但这两个问题比较复杂，涉及蔡仪美学思想中关于美和美感的理论，由于篇幅所限，这里只好从略。

艺术作为上层建筑的本质

蔡仪艺术思想的重要内容之一，是他关于艺术本质的理论。

艺术是人类社会精神文明的硕果，一讲到艺术这二字，人们自然会联想到许多美好的事物。但是，到底什么是艺术？它的本质特征是什么？它的发生和发展的历史规律性是什么？对于这些问题，历来的理论家都有许多各自不同的回答，可是正因为有这些不同的回答，反而使人感到艺术的神秘和繁难。于是有人悲观地叹道，艺术的本质是个谜，任何试图从理论上搞清艺术是什么的尝试都毫无意义；也有人把艺术说成直觉的表现或自我表现；还有人信口说艺术的本质就是非艺术，例如西方的达达主义者和今天的新达达主义者们。

其实，所谓艺术的本质，就是指艺术这种事物的性质，以及艺术这一事物同其他事物的内部联系，亦即指艺术这种事物内部的一种规定性，这种规定性规定着艺术之所以是艺术，而不是非艺术。

关于艺术的本质，蔡仪早在1942年版的《新艺术论》一书中，就从分析艺术与现实的关系入手，并在区别艺术与现实、科学和技术的不同的基础上，提出了他自己的观点。蔡仪认为，“艺术就是作者对于现实的本质，作典型的形象的认识，通过技巧具体地表现出来的”事物，任何艺术都必须具备以下三个主要特性：第一，艺术与现实的相同之处在于它们都能“诉之感性给人以具体的印象”，其区别则在于，“艺术是通过作者的意识反映的现实的本质，是现实的典型化，而现实仅仅是艺术的对象，艺术的素材”。第二，艺术与科学的相同之处在于它们都是“意识对于现实的反映，是对于现实的本质的认识”，但“科学的认识现实的本质、真理，是以抽象的概念为基础，主要是凭借智性作用来完成的，即是理论的认识。艺术的认识是以具体的形象为基础，主要是凭借感性作用来完成的，即是典型的认识”，这是艺术与科学的区别。第三，“由于艺术创作的实践，无论艺术的认识也好，艺术的表现也好，尤其是运用工具的艺术的表现，需要充分的熟练，这一点是和技术相同的。但是一切的技术，是反复同一或类似的行为可以习得，而艺术虽然也需要熟练，或者说需要技巧，却不仅是技术的成果，而是对于现实的认识的表现”。艺术的这种与现实、科学及技术的区别，即是艺术的三个主要特性。

可以看出，蔡仪关于艺术本质特征的这些观点是在唯物主义认识论和方法论的基础上提出来的，其逻辑起点是科学的。首先肯定艺术是意识对现实的反映，这就正确地指出了艺术的根源是现实生活；进而强调艺术是对现实的本质、真理作典型的形象的认识，从而规定了艺术的基本特性；最后指出艺术的这种认识需要运用物质的工具和手段具体地表现出来。对于艺术所作的这三个层次的规定和说明，实际上已经道出了艺术的意识形态性质。《新艺术论》正是在这样的一个科学的逻辑起点上，围绕着艺术的性质和意义，从不同角度逐层展开论述的。

但是还应看到，由于历史条件的局限，蔡仪这时关于艺术本质的观点还不够全面、不够明确，它没有进一步说明艺术所认识的现实究竟是一种什么样的现实，也没有进一步解释所谓“作者的意识”究竟具有什么样的社会性质。这个缺憾固然是由于当时为了避免出版审查上的麻烦而无法充分引证马克思主义的论点，所引的少些马克思、恩格斯的言论也不能写出名字和注明出处，而且大部分被国民党重庆市图书杂志审查委员会删修篡改了。所以，在该书1958年第三版（改名为《现实主义艺术论》）中，蔡仪对这个问题作了重要的补订，明确指出，艺术所反映的现实主要是社会生活，艺术从根本上说是一种社会意识形态，是基础的上层建筑。他写道：“艺术是通过作者的意识反映现实的，换句话说，它所反映的现实，就是作者所意识的、所认识的、所关心的现实，这主要的是他生活所关系的社会现实，归根结底就是他的生活所依据的社会基础。因此就作者说，艺术是作者的意识的一种表现，而就社会说，它是社会的一种意识形态”，“同是基础的反映，同是上层建筑，同是服务于基础而巩固基础的”。

这一补订是非常重要的，它恰恰是蔡仪全部艺术思想的核心和基本出发点。作为社会意识形态和基础的上层建筑的艺术，是社会生活在艺术家头脑中反映的产物。这是马克思主义关于艺术的基本论点。只有从这个基本论点出发，才有可能深入地系统地探索艺术的本质特征和它发生、发展的规律，如果违背了这个基本论点，任何关于艺术的美妙动听的说法都只能是半空中的楼阁、梦幻中的泡影。

近些年来，社会上出现了一股怀疑马克思主义的思潮，各种唯心主义艺术本质论应运而生，它们从形形色色的西方现代哲学中寻找精神支柱，信奉萨特的存在主义，弗洛伊德的潜意识说，信奉神秘主义、结构主义，非理性主义和非道德主义等，就是不要唯物主义和马克思主义。当然，这不过是股思潮而已，而那些所谓的理论本身并不成其为理论，许多文章罗列了一些意思含混不清的新术语，不作任何论证，没有任何正当的理论根据和确切的事实依据，只有主观的推测和臆想。它们虽有一定的社会影响，却毫无学术价值。我们也不必去理它们。遗憾的是，对于马克思主义关于艺术的基本论点，有些学者也随波逐流地提出怀疑和批评。如有人就对马克思主义关于艺术是社会意识形态同时也是上层建筑这一基本论点提出了怀疑和批评。他认为，艺术虽可以说是意识形态，却不能说是上层建筑；上层建筑与意识形态之间的关系是，上层建筑竖立在经济基础之上，而意识形态与经济基础相适应，与上层建筑平行。历史前进的动力有三种：一、经济结构即现实基础；二、法律的和政治的上层建筑；三、与基础相适应的意识形态或思想体系，等等。于是，艺术就被排除在上层建筑之外了，而作为意识形态的艺术就与作为上层建筑的政治平行起来，二者也就可以完全相互脱离了。这确实是一个重大的原则问题，它关系到整个艺术理论的发展和体系的性质。这种说法一提出，就受到学术界的重视，有人认为这是思想解放的表现，也有人认为这是对马克思主义的发展，附和之声四起。诚然，思想是要解放的，马克思主义是要发展的，但是解放或发展的标志不是某种“想当然”的新观点的提出，而应是真正在理论上有科学的建树。

在这种情况下，蔡仪站出来讲话了。他首先针对否认艺术是上层建筑的说法进行批驳，撰写了长篇论文《论当前唯物史观基本原理的问题》；继之，又在他主编的《美学原理》一书中亲自执笔撰写了第五章“艺术作为社会意识形态及其特征”，专门论述艺术作为上层建筑的本质，旗帜鲜明地指出，艺术的本质和特征是个一元化的整体，说艺术是社会意识形态同时也是上层建筑，是马克思主义唯物史观的基本原理，这个基本原理同艺术的内部规律是统一的。蔡仪的这个观点，是他几十年一贯坚持的唯物主义艺术思想的一次总结、一个升华。下面，我们就结合他在《美学原理》第五章中的论述，看看他的关于艺术本质的基本思想。

关于艺术的本质，蔡仪主要是按照三个层次进行考察的，其间有一个系统的概念运动，一层一层地深入，从抽象上升到具体。这三个层次如下。

第一个层次：艺术是一种社会意识形态，同时也是经济基础的上层建筑。

首先，他批判了历史上曾经流行过而至今还有影响的关于艺术的几种主要说法，如认为艺术的根源在于人的主观意识或客观观念的各种说法，指出它们根本上都是唯心主义的，其要害在于它们没有正确说明艺术的根本来源，因此也就不能正确解释艺术的本质。接着，蔡仪提出了他自己的思想原则，作为他回答艺术是什么这个问题的理论前提。他说：“应该怎样看待艺术呢？我们认为艺术根本是一种社会现象，一种社会事物，首先就是要把它摆在社会生活中来看待”，“不能正确理解社会或没有科学的社会观，当然不可能正确理解艺术。”那么，艺术究竟是一种什么样的社会现象，一种什么样的社会事物呢？蔡仪认为，只能按照历史唯物主义的基本原则即马克思主义创始人关于经济基础与上层建筑的学说，来考察艺术作为社会事物在不同社会关系中的地位和意义。他在分析研究了马克思在《政治经济学批判·序言》中那段关于历史唯物主义的经典性定义，以及恩格斯和列宁关于经济基础与上层建筑学说的有关论述之后，明确指出：艺术不属于社会的物质关系，而属于社会的思想关系；不属于经济基础，而属于上层建筑；“所谓艺术是基础的上层建筑，这就表明艺术是反映经济基础的，也是服务于经济基础的”。蔡仪认为，这“是马克思主义关于艺术的基本论点，是对于艺术的性质和意义的根本规定”，“是关于艺术的真正的科学的论断”，“可以抵制一切唯心主义美学笼罩在艺术理论上的各种迷雾，使它具有坚实的科学基础”。

至于说艺术是意识形态而不是上层建筑，二者是一种平行的关系以至关于历史前进的三种动力等，蔡仪认为，这是对马克思主义基本原则的歪曲和篡改。他在分析了马克思主义经典作家的大量言论之后指出：一、“在经济基础上竖立着全部庞大的上层建筑，既包括法律的、政治的机构，也包括法律的、政治的、宗教的、艺术的和哲学的意识形态”；二、社会意识形态同时也是上层建筑，绝不能断章取义地把马克思的话歪曲为意识形态和上层建筑互相平行而各不相关的意思；三、根据历史唯物主义的基本原则，历史前进的真正动力只能是生产力与生产关系的矛盾运动，只有生产方式才是社会发展的决定力量，而所谓的三种动力，没有一种可以简单地说是什么历史前进的动力，它们之中无论哪一种都可以成为历史前进的阻力。通过有力的逻辑论证，蔡仪首先肯定了艺术是社会意识形态，同时也是经济基础的上层建筑。我们认为，蔡仪的观点是符合马克思主义原义的。

第二个层次：艺术是一种更高的社会意识形态，它通过“中间环节”联系于经济基础。

在肯定了社会意识形态与上层建筑不是互不相干的两个东西，而是层次不同或类别不同的一个东西之后，蔡仪又根据马克思主义的学说，进一步对艺术这种社会意识形态的类别性和特殊性作出了规定。他认为：“社会的意识形态有政治观点、法律观点、道德、哲学、艺术（文学）、宗教等多种。从根源上说，它们都是经济基础的反映，最终也都反作用于经济基础。但它们和经济基础的关系又显然是很不一样的，而相互之间的关系也是有差别的。首先且从它们和经济基础的关系来说，有的意识形态和经济基础的关系是非常密切的或比较密切的；有的和经济基础的关系却不是那么密切，而且是有相当距离的”，而“其中政治的、法律的、道德的，这三者都是和经济基础的关系非常密切的，能直接反映经济基础。在这三者之外，如哲学的、宗教的和艺术的那三种意识形态，则远离经济基础，一般地说，是不直接反映经济基础的”，“艺术作为一种更高的社会意识形态，它是通过‘中间环节’联系于经济基础”。

蔡仪这样讲，主要是根据恩格斯在《费尔巴哈和德国古典哲学的终结》里的下述一段话：“更高的即远离物质经济基础的意识形态，采取哲学和宗教的形式。在这里，观念同自己的物质存在条件的联系，愈来愈混乱，愈来愈被一些中间环节弄模糊了。但是这一联系是存在的。”恩格斯的这段话的意思是很明白的，蔡仪上面所讲的也就都是言之有据的、言之成理的。但是，恩格斯在谈到“更高的即远离物质经济基础的意识形态”时，只具体列举了哲学和宗教两种，根据什么说艺术也属于这类特殊的社会意识形态呢？我们认为，这正是蔡仪艺术思想的独到之处，即在坚持马克思主义基本原理的同时又做出创造性的运用。本来，马克思恩格斯在谈论社会意识形态的许多言论中，往往都是把艺术与哲学、宗教并列在一起的，如恩格斯在致博尔吉乌斯的信中说：“政治、法律、哲学、宗教、文学、艺术等的发展是以经济发展为基础的。但是它们又都互相影响并对经济基础发生影响。”足以见得，蔡仪把艺术看成一种更高的社会意识形态，是恰当的。

紧接着，他论证了作为更高的社会意识形态的艺术同经济基础的关系，以及同作为“中间环节”的意识形态特别是政治的密切关系。他认为，一方面，作为社会意识形态和上层建筑的艺术，它的发生和发展，归根结底是由经济基础所决定的，“终究和经济基础有联系的”；另一方面，“艺术是属于更高的意识形态的，而更高的意识形态要通过中间环节的意识形态联系经济基础，也就是要受中间环节的意识形态的，主要是受政治的极大的直接影响。这就规定了更高的意识形态——哲学、宗教和艺术的政治性或政治倾向性，这是它们的一种基本性质”，“否认艺术的政治倾向性，否认艺术和政治的密切关系，实无异于否认艺术和经济基础的关系，也无异于否认艺术是经济基础的上层建筑”。蔡仪的这些说法也许不大合时宜，特别是在那些主张“纯艺术”、宣扬“艺术即是娱乐”的人看来，更可能被扣上“保守”“僵化”的帽子。但是，蔡仪的这一观点是建立在科学的理论基础之上的，有充分的事实根据和逻辑论证，因此也就不怕批评指责。

艺术与政治的关系问题本来就是个十分重要然而又十分复杂的问题，从来的理论家都试图对这个问题做出自己的解答，但从来的解答都不能令人满意。在这个问题上，有两种主要的偏向，一是认为艺术从属于政治，是政治的附庸；二是认为艺术可以脱离政治，不受政治的任何影响。这两种错误的偏向在不同的历史条件下都有所表现，而且常常是交互地表现着的。例如，过去曾经片面强调艺术为政治服务，认为政治可以任意左右艺术的发展，甚至要求艺术家为某项具体的、临时的政策服务，提出所谓写中心、画中心等，这实际上是把艺术降为政治的附庸，而把政治抬到和经济基础等同的地位，从根本上违背了历史唯物主义的基本原则。后来，这种错误偏向得到了纠正，但又出现了另一种错误偏向，提出艺术就是“自我表现”，就是创造新形式，仿佛艺术仅是艺术家个人的事情，而与政治无关，与社会无关，与“为人民服务，为社会主义服务”无关，等等。这是历史唯心主义的观点，同样不符合艺术的历史发展规律。当然，后一种偏向可能是对前一种偏向的惩罚，但武器的批判不等于批判的武器，没有正确的理论原则作指导，对错误的东西不可能进行有力的批判，反而会导致另一极端的错误。

要正确理解艺术与政治的关系，必须运用马克思主义关于历史唯物主义的基本原则，运用经济基础与上层建筑的科学学说。那么，首先应该明确的就是，既要承认政治对艺术的影响，又要承认艺术最终是由经济基础决定的。政治与艺术的关系，是在上层建筑领域里相互影响的关系，而不是决定与被决定的关系，政治作为上层建筑，它本身也是经济基础的反映，也是为经济基础所决定的。同时，应该同样明确和强调的是，政治与艺术虽然是相互影响的关系，但它们又不是一种平行的关系，它们在上层建筑的地位是不一样的。所谓经济基础，就是社会的一切生产关系的总和。而在阶级社会中，生产关系又关系着分配关系，就形成了阶级关系，因此阶级关系和生产关系两者是密切相依存而不可分割的。正是由于在经济领域中所有制的差别，所以形成生产关系和分配关系上的差别，即形成富有与贫穷，奴役与被奴役，统治与被统治。这样，政治在上层建筑中就处于一种特殊的地位，它与经济基础的关系极为密切而不可分割。正如列宁所说，“政治是经济的集中表现”。而艺术，作为更高的社会意识形态，在上层建筑中则处于另外一种特殊的地位，即远离经济基础，不能直接反映经济基础，只有通过政治的中介才能联系于经济基础。由此可见，艺术必然要受到政治的强大影响，它不可能脱离政治，否则与经济基础的联系就被切断了。实际上，在阶级社会中不可能有超越政治的艺术，任何作品都要或多或少、或显或隐、或直接或间接曲折地表现出一定的政治倾向性，“而且这种政治倾向性正是更高的意识形态联系经济基础的一个主要的纽带”。

这就是蔡仪关于艺术与政治关系的基本思想。他的这一思想是积极的、深刻的，是符合历史唯物主义的根本原则、符合经济基础与上层建筑的学说的。它既从理论上克服了上述的两种错误偏向，又为进一步考察艺术的本质奠定了科学的基础。

第三个层次：作为更高的社会意识形态的艺术，反映全面的社会生活。

在论证了艺术同经济基础和政治，以及同法律、道德、哲学和宗教的关系之后，蔡仪提出了一个独到的见解：作为更高的社会意识形态的艺术，是全面的社会生活的反映。他并且认为，这是艺术的根本性质。他说：“艺术既然是更高的意识形态，它就是通过中间环节的意识形态以反映经济基础的。这就是说，它通过反映政治、法律、道德并进而反映经济基础。而且更高的意识形态之间不也是互相影响、互相渗透的吗？因而艺术也反映哲学和宗教。总之，艺术作为更高的意识形态反映全面的社会生活，或者说，反映整个的社会生活，反映从物质生活到精神生活的各个领域，反映现实生活的各个部分、各个方面。”

艺术是社会生活的反映，这本来是一个古老的命题。西方从古希腊以及文艺复兴时期的“摹仿自然”说到车尔尼雪夫斯基的“再现现实”说，中国从隋末姚最的“师造化”说到清初石涛的“蒙养生活”说，都承认艺术是现实的社会生活的反映，它们正确地表明了艺术的客观根源，符合唯物主义的反映论原则，也符合艺术创作的实际情况。但是，它们只能说明艺术是社会生活的反映，还不能说明为什么艺术是社会生活的反映。因为它们还不知道如何从社会生活的各种领域中划分出经济领域来，从一切社会关系中划分出生产关系来，并把它当作决定其余一切关系的基本原始关系；也还不知道艺术在社会生活中的地位、意义和作用究竟如何，它同社会生活中的其他事物究竟有着什么样的关系。这当然是历史的局限性所造成的。因此，只有运用唯物史观的经济基础与上层建筑的学说来说明艺术，才能真正科学地解释为什么艺术是社会生活的反映。

蔡仪先把艺术看作一种社会意识形态和上层建筑，这就表明他是根据唯物史观的经济基础与上层建筑的学说来考察艺术的，是把艺术摆在社会生活中来考察的。这是一个很重要的前提。从这个前提出发，自然会得出这样一个结论：艺术是社会生活的反映，同时它作为一种社会意识形态和上层建筑，也是经济基础的反映。这恰恰是区别于旧唯物主义的地方。对于这个结论，也是我国艺术理论界大多数人所同意的。

但是，这其间还有一个问题是过去没有能够很好解决的：一提到社会生活，往往被片面地理解为经济的社会生活或物质的社会生活。于是，艺术的内容和对象就被局限在非常狭窄的圈子里，“重大题材决定论”也风靡一时，仿佛艺术只有描绘“三大革命斗争”才算是反映了社会生活。这种“左”的理论限制了艺术家的创作自由和艺术创作的发展，其错误已被实践证明了。事实上，它根本上还是没有正确理解马克思主义关于经济基础与上层建筑学说的真谛。而蔡仪认定艺术是一种更高的社会意识形态，是全面的社会生活的反映，这就纠正了上述错误理论的片面性，在更深的一个层次上解释了艺术的根本性质。所谓“全面的”社会生活，即包括了从物质的社会生活到精神的社会生活的整个领域，亦即是说，艺术不仅可以反映社会的生产关系和阶级关系，也可以反映处在一定社会生活中的人们的政治观点、法律观点、道德观念、哲学思想和宗教观念，还可以反映人们的各种幻想、情感、愿望、审美趣味和审美理想。这样，艺术的认识内容和表现对象就有着无限广阔的天地，“即使作品所描写的完全是自然事物，也不能不说是社会生活的反映”。

蔡仪在上述三个层次上论述了艺术的本质之后，紧接着进入了更深一个层次的论述，即关于艺术的认识意义和特征。

艺术的认识意义

蔡仪艺术思想的一个重要特色，就是强调艺术对现实的反映，强调艺术的认识意义，强调艺术认识中的理性制约作用。

所谓艺术是社会生活的反映，蔡仪认为，实际上就是对社会生活的一种认识。他在《新艺术论》第二章中说：“艺术创作是我们的一种意识活动，艺术品便是这种意识活动的成果，这是不成问题的。那么艺术也就是客观现实的反映，换句话说，就是人类对于客观现实的一种认识。”这同我们在前面曾经提到过的他的关于艺术的那个重要命题——“艺术是对于现实的认识的表现”是一致的。

关于艺术是否是一种对现实的认识，历来有不同的说法。例如，康德曾把艺术看作一种天才的表现，而“天才是替艺术定规律的一种才能（天然资禀），是作为艺术家的创造功能”。席勒和斯宾塞则认为艺术是游戏的产物，来自过剩的精力而不带功利性。还有一些艺术理论家认为，艺术是灵感的赐予或幻想的成果，艺术的创作只依赖于特殊的精神能力，而与客观现实没有关系，和社会生活没有关系，和所谓人生没有关系。这些说法在我国20世纪30年代前后曾经流行过一阵子，但在革命文艺洪流的冲击下逐渐消匿下去。近年来，我国理论界又冒出了一些新提法，如有人认为艺术不是认识或主要不是认识，而是情感的传达和心理功能的表现，还有人认为艺术就是单纯形式的构成，等等。其实，这些所谓新的提法也并不新，不过是为着迎合一定的思潮而重复前人的论调而已。如列夫·托尔斯泰就说，艺术是一种感情的传达，“人们用语言互相传达自己的思想，而用艺术互相传达自己的感情”，“在自己心里唤起曾经一度体验过的感情，并且在唤起这种感情之后，用动作、线条、色彩以及音词所表达的形象来传达出这种感情，使别人也能体验到这同样的感情——这就是艺术活动”。而克莱夫·贝尔则认为，艺术不仅不反映现实，而且艺术作品的价值也不在于情感或理智的内容，而仅在于线条、色彩、体积等形式因素的构成，即所谓“有意义的形式”。

蔡仪认为，上述种种说法虽然倾向不同，但本质上是一样的。它们只看到了艺术这种精神现象的一些表面因素，至多是考察了人们从事艺术活动的某些精神动机，而没有看出艺术这种精神现象的本质，没有看出产生这些精神动机的原因，因此也就不可能发现艺术的最终根源。他在《新艺术论》《美学原理》及其他有关著述中，分别从哲学认识论上剖析了上述种种说法的主观唯心主义实质，指出：艺术不是主观意识的随意表现，不是幻想的成果，也不是单纯形式的构成，“即是说不是超乎现实的，不是和现实隔绝的，而是客观现实的反映，即作者对于客观现实的一种认识。”从根本上说，“艺术是一种社会精神现象，是一种社会意识形态，是对现实社会生活的一种特殊反映形式”，而“任何精神现象只能在客观的物质现象的基础上产生出来，而不可能以另外的精神现象为最终根源。因此，艺术创作作为一种精神生产活动……只能以客观的社会生活为基础，只能从客观的社会生活出发”，“只有获得了对生活的艺术认识，才能开始进行艺术的创造”。蔡仪认为，历史上的和现代的各种否认艺术是对现实的一种认识，企图使艺术创作摆脱社会生活的说法，都缺乏认识论上的科学依据，因此根本上都是错误的。

那么，蔡仪关于艺术是对现实的一种认识的思想，有什么认识论上的科学依据吗？有的，这就是唯物主义的反映论。我们知道，所谓认识，按照一般粗浅的说法，就是一种意识的作用，或者说是一种精神的作用。然而认识这种作用是怎样产生的呢？它同外物有什么关系呢？这就涉及哲学上的基本问题，即：精神与物质、意识与存在的关系问题。一切唯心主义哲学都主张精神是第一性的，物质是第二性的，认为客观存在是主观意识的产物，物质世界是精神的产物，因此认识就与外物无关，与现实无关。唯心主义的认识论都是片面地和表面地看待各种精神现象（包括艺术现象），把意识和现实形而上学地割裂开来，夸大主观意识的能动作用，而否定它的物质基础和现实根源，从根本上颠倒了精神与物质、意识与存在的关系。而一切唯物主义哲学都主张物质是第一性的，精神是第二性的，认为主观意识是客观存在的产物，物质世界可以离精神而独立存在，而认识却不能脱离外物。反映论是唯物主义认识论的基本原理，它坚持从外物到精神、从现实到意识的认识路线，认为一切精神现象（包括艺术现象）都是现实存在的物质世界的反映，现实是可以认识的。蔡仪坚持意识是存在的反映，社会意识是社会存在的反映，作为社会意识形态的艺术是社会生活的反映，亦即坚持艺术是对现实社会生活的一种认识，其思想原则显然是唯物主义的反映论，这一点也是学术界普遍承认并予以肯定的。

但是，蔡仪所坚持的唯物主义究竟是一种什么样的唯物主义呢？是费尔巴哈等人的机械唯物主义呢，还是马克思主义的辩证唯物主义呢？学术界有些人认为是前者，批评蔡仪是我国机械唯物主义美学的代表人物。对此，我们有不同的看法。

诚然，蔡仪对于中外历史上一切旧唯物主义思想家如荀子、刘勰、荆浩以及亚里士多德、达·芬奇、雷诺兹、狄德罗、费尔巴哈和车尔尼雪夫斯基等人，曾经有过很高的评价，认为他们关于艺术反映现实的基本思想是“文艺理论优秀遗产的主要内容，既符合于唯物主义的反映论的原则，也符合于艺术创作的实际”。要之，蔡仪认为旧唯物主义思想家的可贵之处，正是在艺术的哲学基本问题上摆正了意识与存在的关系，艺术与现实的关系，其考察艺术的逻辑起点是正确的。但是另一方面，他又不同意他们的许多具体论点，认为他们的唯物主义只是直观的或机械的唯物主义，存在着明显的矛盾和缺点。蔡仪早在《新艺术论》第一版中就指出：“机械唯物论的认识论，虽认为认识是由于外物，可是……认识完全是被动的而不是能动的，人们的认识和水中的影、镜中的像是一样的。因为机械唯物论的认识论是从感觉出发的，一般都是忽视思维的作用，不理解认识的发展、不理解实践在认识上的意义。”四十年后，他又在《马克思究竟怎样论美？》《论车尔尼雪夫斯基的美学思想》等一系列重要论文中，对旧唯物主义的矛盾和缺点进行了系统的剖析和批判，指出：在认识论上，旧唯物主义的主要缺点是直观的，脱离社会实践的；在历史观上，也即在对社会生活的看法上，旧唯物主义的主要缺点是只从客体方面去理解，不当作人的感性活动，不当作实践去理解，不从主观方面去理解，因此不能真正理解社会生活，既不能理解各种社会生活关系，也不能理解社会关系中主体的人。在艺术理论方面，蔡仪重点剖析了车尔尼雪夫斯基的艺术与现实关系的思想，认为他尊重现实生活，主张艺术是现实生活的再现或反映，这个立论的原则是唯物主义的，应当予以充分的肯定和重视。但同时蔡仪又指出，车尔尼雪夫斯基在一些具体论点上和重要理论上是有着严重的缺点和错误的，如他认为现实美高于艺术美，排斥艺术创作中的想象，否定艺术家的能动作用，说艺术只是现实的苍白的复制、拙劣的模仿，并说艺术造不出一个可以吃的苹果来，等等。蔡仪批评车尔尼雪夫斯基说：“关于他的艺术和现实关系理论的错误，我们认为则是由于费尔巴哈思想的另一方面的弱点，即唯物主义的机械论倾向，不能正确理解人的主观能动性。……这样否定人的主观能动性，就必然要否定艺术的创造力，以至否定艺术和艺术家了。”

由此可见，蔡仪在艺术思想上所坚持的唯物主义，是同机械唯物主义有着天壤之别的。这一区别首先在于如何看待艺术中主体的能动作用，其次在于如何理解艺术认识中的思维作用或理性作用。如果看不到这一区别，也不去认真看一看蔡仪自己在其大量的著述中是怎么讲的，就急匆匆批评他是什么机械唯物主义，那么这种批评究竟有多少学术性和严肃性，是很令人怀疑的。

关于如何看待艺术中主体的能动作用，蔡仪在《新艺术论》中有一段话是讲得很明白的：“认识是意识对于现实的反映，是能动的，而不是被动的。水中的影，镜中的像，不是水和镜对于外物的认识。换句话说，认识是主体的意识活动浸渍于客体，而使其服从主体的权力的过程。”这即是说，认识离不开主体的能动作用，离不开人的主观意识的限制和影响，客体仅是认识的根源，但并不就是认识的内容。正因为如此，意识对外物的反映才有正确的与错误的区别，亦即认识有正确的与错误的区别。这就是蔡仪关于认识的基本看法，不用说，它非但不是什么机械唯物主义的，而是完全符合辩证唯物主义认识论的观点。他的这一观点，始终贯彻在他的整个艺术理论体系之中。例如他在谈艺术中的主观能动性时说，“所谓艺术中的主观性，就是作者的意识的特殊条件对于认识及对于客观现实的表现的特殊规定，或者说特殊影响。这种影响在艺术中是不能免的，而且是不可少的。正因为艺术有这种特殊影响，强化了艺术的成就。”在谈到艺术的个性时又说：“由于在艺术的认识过程中总是伴随着强烈的情感活动，明显地表现出艺术家个人的主观好恶和思想倾向，由于艺术家充满感情地感受生活、体验生活、思考生活，只能由他本人亲身去进行，不可能由别人代替，而且只能由一个一个的艺术家分别去进行，带有鲜明的个体劳动的性质，所以艺术的认识便有另一个重要特点，即它总是突出地表现出认识主体的个性。”此外，在分析艺术创作中的传达活动，表现技巧以及现实丑如何转化为艺术美等问题时，他也都是非常强调艺术家的主观意识的能动作用，强调艺术的创造力的。

蔡仪所坚持的唯物主义同机械唯物主义的本质不同，还可以用下面一段话来证明，这就是他在《新艺术论》第二章第三节中的一段话：“艺术的认识，既是作者对于客观现实的认识，那么第一，自然是以实践为其基础的；第二，自然不是单纯的机械的反映，而是能动的意识的认识，这认识的结果，就其对个别的现实事物来说，则是艺术的加工，也就是个别现实事物在艺术中的改造”，“这种对于客观现实事物的艺术的改造，是艺术中的改造，也就只是意识中的改造，不是客观现实事物本身的改造。然而由此可以知道，艺术的认识中也就有主观对于客观现实事物改造的契机，也由此可以知道，艺术能够促进人们对于客观现实改造的要求，鼓舞人们从事于客观现实的改造。认识和实践是不可分割的。”这样肯定社会实践与艺术认识的关系，把社会实践看成艺术认识的前提，同时又把艺术放回到社会实践中去检验，不正是马克思主义认识论的基本观点吗？

至于为什么艺术的认识不是对外物的单纯的机械的反映，而是能动的意识的认识，关系到蔡仪对于艺术认识中的思维作用或理性作用的独特见解。蔡仪认为，艺术的认识，不仅关系到感性，同时也关系到理性，正是理性认识中的思维作用，才使艺术能动地反映个别事物的表象，并通过个别的属性特征表现一般的属性特征，构成一个新的形象即意象，它较之反映个别现实事物的表象更能把握客观现实的本质。简言之，艺术认识的特质，就是主要的是受智性制约的感性以显现客观现实的一般于个别之中。

这里有必要说明一下，所谓“智性”，是蔡仪艺术理论以至美学中的一个专用术语，它大体上相当于一般所说的“理性”，但又有其特殊的含义。原来，关于认识的过程，哲学界本存在着两种说法，一种认为是由感性到理性两个阶段，另一种认为是由感性经过悟性（知性）再到理性三个阶段。第一种说法是比较普遍的一种说法，一般的哲学教科书或哲学词典都采纳了这种说法，而且毛泽东同志在其《实践论》中也是这么说的，应该说它适合于一般的认识情况，也令人容易理解。第二种说法源于德国古典哲学，康德最先提出人的认识分为感性、悟性（知性）、理性三个阶段，认为感性和悟性是对一般现象的认识，后者把前者组织起来而构成有条理的知识，但还不适用于对世界本体的认识，理性则要求对本体有所认识。然而康德终因形而上学的局限，断言理性无法认识本体，成为不可知论者。黑格尔则强调理性的价值，主张悟性是抽象的、形而上学的思维，理性是具体的、辩证的思维，只有理性才是认识的最高阶段，才能揭示真理。值得注意的是，从恩格斯和列宁的一些著述来看，他们也都肯定在感性与理性之间还有一个悟性（知性）的认识阶段。如恩格斯在《自然辩证法》中就曾专门论及悟性与理性的区别（原文略，参见《马克思恩格斯选集》第三卷第545页），认为黑格尔所规定的悟性与理性的区别是有一定的意思的，并指出，悟性是人和动物所共有的，只有理性，只有辩证的思维，才是人所特有的。蔡仪认为，关于认识过程的或分为二，或分为三，和认识的情况有关，是可以并存而不矛盾的。二分法适用于一般的认识情况，而三分法则可以适用于某些特殊的认识情况，如艺术的认识。由于二分法中的“理性”与三分法中的“理性”，词同而意异，容易混淆，所以他采用了“智性”这个术语，以代替二分法中的“理性”，为的是避免概念上的混淆。蔡仪所谓的“智性”，包括了三分法中的“悟性”和“理性”；而他有时所说的“理性”（特别是在近年来的一些著述中），则是依从了一般的说法，为的是更为通俗易懂，因为二分法在我国已经普及流行了。蔡仪的学术研究素以严谨著称，他所使用的每一个概念都是有确定含义的，弄清其含义，也就比较容易理解他的艺术思想实质。

现在我们再回到前面所提出的那个问题上，即蔡仪关于艺术认识中的思维作用或理性作用的见解。

我们知道，认识是人的意识对客观现实的反映，是实践着的主体对客体的能动的反映。由于客观现实的多样性，又由于人的实践活动和主观能力的多样性，就决定了人的认识方式也有多种，马克思在《政治经济学批判·导言》中就提出了四种认识世界的方式。其中，艺术的认识和理论的认识就是两种重要的认识方式。为区别这两种不同的认识，不少理论家提出过许多富有启发性的看法，但他们又往往把艺术的认识与理论的认识绝对对立起来，只见其异，不见其同。例如，维柯就认为艺术只关系着感觉、个别，哲学才关系到理智、普遍。克罗齐的艺术即直觉说更是否认艺术的理性因素，认为艺术只关系到表象以下的直觉，而完全不涉及理智、逻辑、共相与概念，从而根本否定艺术的思想内容。我国理论界和艺术界也有类似的说法，片面强调艺术的直觉性，不自觉性、潜意识和非理性因素等，否认艺术的理性作用，进而否认艺术的认识意义。蔡仪不同意上述种种说法，认为它们“根本是不正确的”，因为“艺术的认识既然是认识，既然是认识的一种方式，它当然必须遵循认识的普遍规律。例如它和理论的认识一样，必须由感性上升到理性，由现象深入到本质，达到对客观现实的必然规律的把握”（《美学原理》），“艺术也和科学一样，是认识客观现实的真理的一种手段，也就要通过偶然的、现象的东西以显示必然的、本质的东西，通过个别的东西而把握一般的、普遍的东西。因此艺术的认识也就不能够停滞于低级的感觉、表象，而不得不进入思维”（《新艺术论》）。

蔡仪的这一见解是深刻的，它既有认识论上的科学依据，又符合艺术实践的具体情况。艺术史上大量成功的艺术作品，不仅具有感性的生动具体性，而且达到了对理性的普遍必然性的把握。米开朗琪罗的《受缚的奴隶》、委拉斯凯兹的《教皇英诺森十世》、戈雅的《枪杀起义者》、德拉克洛瓦的《自由引导人民》、罗丹的《欧米哀尔》、毕加索的《格尔尼卡》等，难道只关系着直观的感性形式而不涉及深刻的理性内容吗？我国古代画家强调“传神”，强调“图真”，强调“立意”“意境”和“意在笔先”等，更是重视艺术的认识意义和艺术认识中的理性作用。即使是西方现代艺术（这里不去评价它艺术上的成败），也并不如那些评论家和艺术家本人所说的，都是潜意识的发露，都是直觉的表现。立体主义的追求形体的内在结构美，抽象主义的重视视觉形式的节奏和韵律，都不是在感性认识阶段所能做到的。如果说波洛克的滴彩画是艺术的话，那么蜗牛爬出来的五彩缤纷的画布就绝不算什么艺术品。艺术是人创造的，而人与动物的区别即在于人有理性而动物没有，如马克思在《1844年经济学哲学手稿》中所说：“动物只依照它所属的物种的尺度和需要来造形，但人类能够依照任何物种的尺度来生产并且能够到处适用内在的尺度到对象上去；所以人类也依照美的规律来造形。”美的规律（包括形式美的规律）动物是无法认识的，人的能够认识和把握，也恰恰在于人能够进行理性的思维。至于超现实主义艺术家的所谓表现梦境、幻觉或潜意识，其作品没有一件是完成于梦幻之中的。

蔡仪首先肯定艺术的认识与理论的认识都既关系着感性、个别，又关系着理性、普遍，认为这是二者所共同具有的一些根本性质。这样，也就充分肯定了艺术的认识意义，比起那些表面承认艺术是一种认识又否认艺术认识中的思维作用或理性作用，口头上承认艺术的形象思维又否认形象思维是理性的思维的理论，逻辑上要严谨得多，科学得多。

问题在于，艺术的认识与理论的认识究竟是两种不同的认识，这二者究竟有什么区别呢？有些人认为它们本没有什么区别，艺术与科学或哲学的内容都是意识反映的客观现实的真理，二者之间并没有作为任何区别的特殊内容，所以把握这些内容的认识也是一致的。蔡仪认为这种看法也是错误的，“科学与艺术的区别，不仅由于表现的不同，也由于认识上的差异，而且表现上的不同，原来正是由于认识上的不同”，如果看不到艺术的认识与理论的认识的不同，也就不能真正理解艺术之所以为艺术的特点和性质。蔡仪认为，“艺术的认识根本是对现实生活的具体形象的认识，它以个别显现着一般；而理论的认识根本是对现实生活的抽象概念的认识，它以一般概括着个别。二者在认识的过程，内容、方式等方面，有显著的差别”。

关于艺术的认识与理论的认识的区别，蔡仪在《新艺术论》《美学原理》以及许多其他论文中曾有过专门的充分的论述。他的看法，我们可以综合地、简要地表述如下：

首先，认识的过程不同。艺术的认识的过程，主要的是受理性（智性）制约的感性作用来完成的；而理论的认识的过程，则主要地是以感性为基础的理性作用来完成的。

其次，认识的内容不同。艺术的认识的内容，主要的是在个别里显现一般；理论的认识的内容，主要的是在一般里包括个别。

另外，认识的思维方式不同。艺术的认识的思维方式，主要的是形象思维；而理论的认识的思维方式，则主要的是抽象思维。

这三个方面的不同，集中地表现出艺术的认识与理论的认识的区别。要之，这二者的区别，是以首先承认它们作为认识的共同性质为前提的。无论是艺术的认识还是理论的认识，既然都是对客观现实的认识，就都要遵循认识的一般规律，由感性上升到理性，由现象深入到本质。但是，在把握客观现实时，由于侧重点有所不同，不同的认识便有各自的特殊性。蔡仪关于艺术的认识与理论的认识的上述三个方面的区别，即是分析这两种认识各自的特殊性后得到的看法。他认为，在感性认识阶段，认识活动基本上是按照自然的必然性而发展的，主要是机械的，主观能动性比较少；而在理性认识阶段，认识活动主要是思维活动，主观能动性比较大，有意志选择的自由。从对象方面说，感性认识主要是对于外物的形式、现象的反映；理性认识对于外物的反映主要是深入到它的本质规律，还要认识事物的整体以及同其他事物的关系。理性认识就是思维活动，思维活动就有观察与比较、分析与综合、抽象与具象的能力以及普遍化与集中化的概括作用，思维就离不开这些作用。主观能动性就是对于这些能力的运用，人可以有意识地侧重哪一方面或加强哪种能力。显然，艺术家与理论家的侧重是不同的。

关于艺术的认识的过程，蔡仪是从思维作用说起的。他说：“思维作用的第一步便是由表象普遍化而构成概念。这概念一方面有脱离个别的表象的倾向，另一方面又有和个别的表象紧密结合的倾向，前者表示概念的抽象性，后者表示概念的具体性（具象性）。”蔡仪关于概念的两重性或两种概念的见解是有创见性的，他正是以此为前提论证了艺术的认识与理论的认识的不同。他认为，理论的认识主要的是利用概念的抽象性进行判断和推理；而艺术的认识则主要的是利用概念的具象性而构成一个比较更能反映客观现实的本质的必然属性或特征的形象。这种形象的构成，或是以所概括的个别的表象的本质的必然属性或特征而重新创造的，或是和某一特殊的表象紧密结合而成的，这就是意象。这意象能更深刻地、更明显地映在意识里，可以唤起感觉的印象。因此艺术的认识是由感觉出发而通过了思维，而又没有完全脱离感性，而且主要是由感性来完成的。不过这时的感性已经不是单纯的个别现实的刺激所引起的感性，而是受理性（智性）制约的感性。即是说，艺术的认识主要是受理性（智性）制约的感性作用来完成的。

由于这种认识过程上的不同，于是在所反映的客观现实的内容上也有不同。蔡仪认为，理论的认识是从个别出发，然后扬弃个别，形成把握一般本质的概念，那最初的个别便消失于一般概念之中。个别虽然在形式上消失了，却没有被消灭，因为个别之中带有普遍性的本质的东西，被概括到、保存到一般的抽象概念之中。因此，理论的认识的内容是一般里概括着个别。而艺术的认识则是从个别出发，突破个别，而又重新创造个别，事物的一般的本质进入到这个重造的个别之中，这时它已经不是现实中个别现象的机械再现，而是经过理性（智性）制约下的感性作用，经过意象的典型化，创造出一个充分显现着一般的本质的新的个别，这就是艺术典型。蔡仪非常重视艺术典型的创造，认为这就是形象的真，亦即艺术的美。在他看来，艺术典型虽然是以个别形态出现的，但它在认识现实方面可以与抽象的理论概念达到同样深刻的程度。所以说，艺术认识的内容是在个别里显现着一般。

与认识的过程和内容相关，蔡仪又从思维方式的不同论证了艺术的认识与理论的认识的差异，指出：艺术的认识主要是形象的思维，理论的认识主要是抽象的思维。我们知道，蔡仪是我国最早提出并运用“形象思维”这一概念的艺术理论家，他对形象思维问题当然也有自己独特的理解和看法。他早在1941年写的《新艺术论》中，就曾提出了形象思维问题，并试就其意义和特征作过初步的理论探索。他说：“根据这种具体的概念，我们就可以进而作更高级的形象的思维。所谓形象的思维，也就是一般所谓艺术的想象。即由具体的概念去结合已知的东西和未知的东西，并借它和已知的东西的关联，我们可以施行形象的判断，借它和未知的东西的关联，我们可以施行形象的推理。只是这种形象思维的过程是活泼多变的，这种艺术想象的内容是复杂多样的，也就是说，都不是单纯而定型的，都不是容易明确的；但实质上犹如科学的论理的思维，借抽象的概念，可以施行论理的判断和推理一样。”

由此可见，蔡仪关于形象思维的基本看法，早在四十多年前就形成了。他以后写的许多关于形象思维问题的论著，也都是在这个基本看法的基础上加以阐发和作进一步深入探讨的。在形象思维问题上，蔡仪与别人的不同之处主要有两点：一是他肯定形象思维的逻辑性；二是他认为形象思维中的情感活动始终是与认识联系在一起的。这两个不同之处，正是蔡仪强调艺术的认识意义的必然结果，也正是他艺术思想的独到之处。这里作些简要的说明。

关于形象思维，有人根本否认它的存在，认为凡思维就要运用概念，而概念都是抽象的，所以思维也只能是抽象的，既有形象就不能是思维，既是思维就不能有形象。于是断定，艺术创作都是按“表象(事物的直接印象)—概念(思想)—表象(新创造的形象)”这样一个公式进行的。蔡仪对这种意见提出了批评，认为它的结论只是根据一般哲学著作中关于理论思维的论述得来的，毫未顾及艺术认识的思维特点，坚持要把形象和思维割裂开来，坚持要把理性认识困守在形而上学的框子里，还坚持要把艺术拒绝在理性认识之外，使之陷在直觉主义因而也是神秘主义之中。而那个所谓的创作公式，也绝不是真正的艺术创作，那种所谓“由思想到表象”的思维过程，也绝不是真正的思维过程，它只能产生公式化、概念化的粗劣作品。

大多数同志承认有形象思维，但对形象思维的看法各说不一。一种说法认为，形象思维主要是直觉的，不涉及概念。另一种说法认为，与形象思维相对应的是逻辑思维，形象思维本身没有逻辑性，要以逻辑思维为基础，靠逻辑思维来引导。还有的说法则是，形象思维并不是独立的思维方式，其特征不是认识，而是情感。蔡仪也不同意这些意见，认为它们表面上虽然承认形象思维的存在，但实际上却是对形象思维的否定。首先，所谓直觉是表象以下的感性认识，不是思维，说形象思维是感性认识，在逻辑上讲不通。另外，与形象思维相对应的应该是抽象思维，即一般所说的理论思维，而不是什么逻辑思维。所谓逻辑思维，就应是合乎逻辑的思维，是正确的思维。而抽象思维或理论思维也并不都是合乎逻辑的思维，不都是正确的思维，所以把抽象思维与逻辑思维混为一谈，看成一种东西，是没有根据的。形象思维应该是形象的思维，即思维用形象来进行。如果承认形象思维，就应该承认它的逻辑性，因为它是思维，是理性活动。如果把形象思维与作为和它相对应的逻辑思维并提，进而否认它的逻辑性，实际上是贬低了形象思维，进而否定了形象思维。

关于形象思维的逻辑性，蔡仪首先从概念谈起。概念是思维的基本单元，凡思维就要涉及概念，运用概念，但是否概念就都是抽象的呢？如前所说，蔡仪认为概念有抽象的，也有具象的，或者说，概念既有抽象性或抽象的因素，也有形象性或形象的因素。他根据列宁在《哲学笔记》中关于“抽象的概念与具体的概念”一说的启示，进一步论证说，单独一个概念很难说它是抽象的还是具象的，但如果把它放到一定的环境里，跟其他事物联系起来，就有的是抽象的，有的是具象的。比如：“这朵花的颜色多美啊！”这里的“花”就是具象的，它是“这一朵有着美丽颜色的花”，而不是植物学上抽象的“花”。固然，语言是思维的外壳，思维不能离开语言，但这所谓的语言是广义的，不单指语词，某些视觉形象(形状、色彩等)或听觉形象(声音)都可以成为思维的语言，如常说的绘画有绘画语言，音乐有音乐语言等。蔡仪接着指出：“这种能唤起具体的个别的形象的概念，或者就可以说是具体的概念。具体的概念是所谓形象的思维的基础。”(《新艺术论》)关于“具体”一词，蔡仪在《形象思维问题》等文中做了进一步说明，认为作为艺术理论用语，还是说“具象”更好。思维活动的基本作用是观察、比较、综合，然后进到抽象。而有抽象就一定有具象，因为不可能一抽到底：有抽也有取，有取就是具象。“具象”这个词在西文中即是 Concrete(英)，一般译为“具体”。作为科学或常识用语可以沿用“具体”，而作为美学和艺术理论用语，译为“具象”是完全必要的。“具象”就是具体而形象化的意思，这一词我国使用得不多，但在日本的艺术理论中却是普遍使用的，鲁迅先生的文章里也用得不少。可见，蔡仪在形象思维问题上，关于概念的形象特征是有其深刻考虑的。

既然概念不都是抽象的，也有形象的或具象的，那么，形象思维就有一个具象概念的运动过程，也就有类似于形式逻辑的形象的判断与形象的推理。蔡仪认为，这就是形象思维的逻辑性。他举例说：判断是表示两个已知事物的关系，“山舞银蛇，原驰蜡象”一句，根据山与蛇，原与象之间的共同性说明了它们的关系，是形象思维的判断；而推理是由已知事物的关系推断未知事物的关系，马致远《秋思》中“枯藤老树昏鸦，小桥流水人家，古道西风瘦马，夕阳西下，断肠人在天涯”，一些原是互不相关的事物，经过与归纳相结合的类比推理，构成了一个新的意象，一种统一的意境，这就是形象思维逻辑的结果。

蔡仪肯定形象思维的逻辑性，是由于他肯定形象思维就是思维，认为既是思维就能反映事物的本质规律，因而自有它的逻辑。同时他又认为，形象思维在很多情况下不合乎形式逻辑的规律，但更符合辩证逻辑的规律。如诗歌创作中的比、兴、赋手法以及美术创作中的象征、寓意、夸张等手法，大都是合乎辩证逻辑，使艺术形象达到高度真实的。他说：“因为形象思维显然不同于抽象思维，既不能用抽象思维的形式逻辑的规律去套它，更不应该因它不合乎形式逻辑的规律而否定它。”

至于形象思维或艺术创作中的情感活动，蔡仪也是充分重视并予以肯定的，只是他的重视和肯定始终是以认识论为大前提的。

在形象思维过程中，始终充满着浓厚的情感因素。积极的情感活动是形象思维的一个显著特点，同时也是艺术创作中的一个基本特征。艺术如果没有情感也就不成其为艺术，有些被称为“抽象艺术”的作品，其所以是艺术并不在于“抽象”，而恰恰在于它们的情感性，使人感受到一种气势、力量、内在的与外在的节奏与韵律。实际上，这种情感性因素也就是一种艺术形象，它完全不同于理论认识中的抽象，而是形象思维中情感活动的结果。所以，情感在艺术创作和形象思维中的重要性是毫无疑义的，也是为大多数人所共同承认的。可是正因为它重要，才引起人们过多的重视，以致产生种种误解，以为情感活动与认识活动是完全不同的两回事，情感只关系着心理因素，认识才关系着理智。于是有的同志认为，抽象思维是理性的，形象思维是情感的，主张抛开认识论，而主要从心理学上研究艺术活动。

蔡仪也承认形象思维或艺术创作中的情感等心理因素是非常复杂的，从心理学角度进行研究是非常必要的。但是作为方法论，他首先指出：“认识活动与感情活动固然有区别，但不能分割。两者的功能是密切相关，难以分开的”，“必须把感情与认识——特别是理性认识联系起来，必须顺着认识论的路线来研究这些心理的感情现象。在一切其他心理现象中，如欲望、志愿、意志等，认识是起作用的，是贯穿一切的中心。不从认识论开始，很多心理现象也搞不清楚。”（参见《美学原理》第四章、《认识的两重性和两种认识问题》等文，下同。）接着，他从分析认识的过程入手，论证了感情是如何发生的，以及感情活动与认识活动的密切联系：在感性认识阶段，“感觉是低级的认识，一般只引起快与不快的感受。感觉是对事物的反映；感受是感觉时引起的主观反应，是感情的起点和基础，有时只是生理条件的反应”。“感性认识以认识内容所反映的客观事物的本质为先导，发展到理性认识阶段，形成概念。随着认识内容的这一发展，作为感性认识形式的主观感受，也随之发展到了理性阶段，就变为感情。感情以认识为基础，是和认识分不开的”，“是主体对认识客观所发生的反应，它是属于人的主观意识的”。感情不同于感受，“感受如颜色的鲜明，引起感官的快适；或颜色的晦暗肮脏，引起感官的不快，是自发性的。而感情如爱憎之情，就要有认识的基础。即认识了对方的可爱才有爱的感情，认识了对方的可憎才有憎的感情，是有自觉性的，即能发挥主观能动作用。认识前进一步，感情也就前进一步，爱憎分明，毫不含糊，就由感情进入到情绪了，再进一步由坚定的认识引起强烈的情操，特别是激情来自更深刻的认识”。上述这种由感受到感情最后到激情的情感活动，就是蔡仪所谓的形象思维中的情感活动，也即是一般艺术创作中的情感活动。显然，这里的情感就不是什么孤立无援的，而完全是由认识引起的，并且这认识从根本上说，是形象思维中的理性认识，是形象的认识。任何抽象的认识，都往往不能引起艺术创作上的激情。

蔡仪关于情感与认识的见解是深刻的，它从理论上较好地解决了二者的辩证关系，既强调了艺术的情感特征，又坚持了艺术的认识意义。

综上所述，蔡仪从艺术的社会意识形态性质、从辩证唯物主义认识论的高度和深度，强调艺术是现实社会生活的全面的、能动的反映，是艺术家对现实的从感性到理性的认识的表现，也就是说，艺术是艺术家感觉、直观的表现，同时也是他思想、情感的表现。这正是蔡仪艺术思想的核心所在。从这一核心思想出发，他分别从艺术的相关属性、艺术的创作过程和创作方法等不同层次上进一步考察了艺术的全领域，合乎逻辑地提出了现实主义的艺术主张：“我们强调艺术要正确地、真实地反映现实现象的本质，强调艺术要是对现实从现象到本质的正确认识，强调艺术要创造典型的形象，强调艺术要是符合于客观现实、符合于客观真理的，也就是强调艺术的作为社会意识形态要是正确的，强调作者的思想意识要是正确的。因为只有这样的艺术是优秀的，也是我们的社会基础所要求的。”应该说，蔡仪的艺术思想对于我国现实主义艺术的发展是有着相当影响和贡献的，即使在所谓“艺术观念更新”的今天，它对于每一个以科学的态度认真思考艺术问题的艺术家和艺术理论家，也仍是不无启发和益处的。

（附记）今年是蔡仪同志诞生80周年和从事学术活动60周年。作为他的学生，谨以此文表示纪念。文中所谈，仅是个人对其艺术思想的一些粗浅理解，提法上和论述中难免有不恰当的地方，更可能有曲解蔡老原意之处。文责自负，并望识者批评指正。

本文载于《美术研究》1986年第2期

王宏建，1944年生，北京人。1980年毕业于中央美术学院美术史系研究生班。中央美术学院教授、博士生导师。

无古不成今

——在全国美术理论会议上的发言

王朝闻

对当前美术现状究竟如何估计，是一个非常重要的问题。如能作出符合实际的正确估计，是适当推动事业前进的关键。我对现状知道得虽不全面，却以为既不能盲目乐观，也无须悲观。这几年来在美术创作的内容与形式各方面，都有空前的突破，显示了生动活泼的新局面。在美术理论研究方面，不仅队伍空前地扩大了，而且根据各自不同的方面，大胆探索一些有关美术的本质和艺术规律的问题，不同程度地作用于美术创作。尽管对问题的探讨还有待于深入，但是既有的成绩值得高兴。

在这个会上，我只想谈谈对于传统问题的初步看法；谈谈传统在文化生活、艺术创作、艺术理论发展上应有的地位、意义和作用。我不准备对“传统”这一概念的内涵做解释，只想就这一概念的有关问题谈一些感想。

在我看来，“传统”这一概念本身就有一定的模糊性和不确定性；我不能像百科全书条目那样对它作出明确的以至硬性的界定。就我不成熟的想法来说，所谓文化艺术的“传统”，既有值得肯定的积极因素，也有必须否定的消极因素。一般地说，它是文化艺术在历史发展过程中的延续性与变革性的对立统一。凡是在时间上已成为过去的文化艺术，就它对未来的实践来说，都属于传统性的东西，包括书面性的资料，它存在于人类的记忆里。当作知识来看，它自身充满了矛盾性。它对未来的作用，既有稳定性和延续性的一面，也有失效性和应当淘汰的一面。作为客体，它的延续性体现在主体对它的继承。所谓批判地继承，就是对它自身的矛盾性的认识，也是新的实践活动对于已成过去的经验的需要的矛盾性的体现。这就是说，中外古今的一切文化艺术现象和理论现象，对于现在和将来的文化生活，对于当前和将来在精神交往方面的需要，它有适应与不适应的矛盾。在艺术上和理论上的教条主义，对遗产的保守或虚无态度，不只表现了对传统的内容的矛盾性无知，也表现了对当前的实际需要的无知。认识它的哪些因素符合我们的需要，这也必须对我们今天的和未来的需要有比较清醒的认识。就这样的意义来说，认识传统也就是在认识着今天和我们自己。

传统作为一个被认识对象，一如上述它本身是很复杂的。它的构成因素是多层次和多元的，因此是很不容易掌握的。不论从微观或宏观的角度来看，它都是一个极为复杂的存在物，有非常丰富的内容，有精华也有糟粕，有已经僵死的和还有生命力的种种差别。

我不是说传统的复杂性是不可知的，它是可知的。但要有正确的观点方法作指引，从具体的各种对象出发，而不是从任何定论出发，认真思考，经过一个艰苦的充满矛盾，甚至长期的认识过程。这样的过程既可能给自己带来烦恼，也可能带来愉快——有自己的独特发现和判断时，难道不觉得愉快吗？这一过程对于自己的观点和方法的改进、提高和深化，起着不可否认的积极作用，这可以叫作水涨船高。

任何轻率地否定传统的态度都是有害无益的，都是脱离实际和使自己更加愚昧的。西方的文艺复兴对中世纪文艺的否定，是不是也有所肯定呢？我自己的学习过程表明，对传统的继承也有复杂性，教雕塑的老师教我重视自己的新鲜感，保持自己的新鲜感；我已经改行但这样的教导至今作用于我那非雕塑创作的理论研究。正确意义的继承意味着对传统的积极因素的发展，否定一切传统也就是把自己封闭起来使自己的思想僵化。自己的创造丧失了发展的根基，这就会像翅膀还未长成就要起飞，结果可能是自己先摔死。

我们面对难题应该以正确的态度和方法认真对待。这样做即使不能在自己短暂的生命中真正掌握住“传统”的本质特征，但至少可以避免无知的妄自尊大和妄自菲薄。为了解到一些最基本的问题，不应当人云亦云地当应声虫而又自视甚高、提出经不起检验的论断还自以为了不起。认真地从点滴做起又不死钻牛角尖，不搞烦琐哲学。如果能够创造性地应用马克思主义的认识论和反映论，对复杂的美术史料做认真的思考，总会获得既非夸夸其谈的独特见解，也非死板教条的创造性的判断。

话又说回来：既然我们生活在现实当中而不是生活在真空当中，而现实本身又不是和历史绝缘的，那么，在一定意义上说，我们也就是生活在传统的影响当中。“无古不成今”，如果我们的实践活动根本没有传统的作用，也就没有我们自己在存在方面的特殊点。想把中国传统一棍子打死的态度是不可取的，因为现在是对过去的继续，是不可能割裂的。历史长河的延续既有物质的延续也有精神的延续。任何新人新事摆脱不开传统的历史性的影响。如果你不要这个传统，必然会要另一个传统。你要打破这个框框的束缚是一种良好的愿望，但是恐怕又不自觉或心甘情愿地受到另外一个框框的束缚。任何人的实践总不能独立于传统的作用之外，这好像人的生存离不开空气那样。人的一切生活，包括对艺术的创作欣赏和研究各种精神活动都有传统性。轻视传统的积极意义是不对的，完全否定传统更是荒唐的。

我完全赞成对传统采取批判态度，但是批判并不就是打倒而是认真的分析研究，如果认为一切传统或传统的一切都是没有生命力的、僵化的、腐朽的、没落的、封建的，只不过是封闭的小生产的生产方式形成的与现代生活不合拍的东西，那样的判断是完全错误的。

我们不是强调开放吗？为什么对传统问题偏要把自己封闭起来？不论当事人愿不愿意和传统结合，任何人都不能排斥传统对他的影响。现代科学那些惊人的高度成就，例如宇航员进入太空，难道能说他和在背上加了翅膀而摔死了的飞人的良好愿望毫无关系？至少我不能不承认，包括我用来与大家交流思想的四川话，也是传统文化孕育出来的。旧传统是新文化的母胎——尽管可能出现畸形的怪胎，如果没有传统的孕育，优秀的胎儿是无从诞生的。

现在各种崭新的成就，不是离开传统而从天上降下来的。要把传统与今天的关系划出一个呈断裂状的鸿沟，这个鸿沟不过是人为地制造的，既不可能成立也毫无必要的。与其轻率地排除传统，还不如认真地、艰苦地研究传统，从建设新文化的要求着眼取其精华，为我所用；去其糟粕，排除负担。这样做会使我们找到更坚实的立足点，新的崛起也会更高和更迅速。

封建时代产生的东西难道一定是封建主义的东西？在封建时代产生的文艺现象，往往是反封建主义的。大家熟悉的关于白蛇传说，大家还不熟悉的武强年画《猴抬官》，许多封建时代产生的民间文艺，就存在反封建的精华。

是精华还是糟粕，有待于主体自己的认识和选择，但要抹杀一切是做不到的。山东有一个民间传说，讲的是一个蝎子精的故事。自然界中的蝎子是有毒的，形象也是丑的，可是这一故事偏偏将蝎子幻化成一个面貌、性格都很美的少女。少女与一个青年相识相恋，生活得很美满。但一天女的出门，要男的在家别出去，他却出去了，在松林里碰见两个正在下棋的和尚。和尚对他说："你身上有妖气；你和一个妖精住在一起她会吃掉你的。"他听了很害怕。和尚给了他一个宝蛋，嘱他带回家去，碰到危险时把宝蛋往地下一摔，就会驱邪避灾。年轻人将宝蛋带回家，那少女已经回来告诉青年说那个和尚是老虎精，在挑拨咱俩关系，你既信任他们而不信任我，我们的缘分已断，这一对情人终于分手了。这个故事不只具有反封建的精神，而且我们今天听来也有新意。它敢于把丑的事物转化成美的事物，揭示了信任与不配信任的人际关系的矛盾。只要从分析的角度着眼，我们就会从简朴的故事中吸收到营养。这不仅属于艺术创作，也具有一定程度的哲理性。它的理论性当然是潜在的，却是可以探寻的。

传统文化的创造精神，体现在民族文化的各个领域和各个层次上。我在四川曾见到一个民间玩具，是把竹子切成一段一段，然后连起来，成为有头和尾的蛇。拽住蛇尾，蛇身就往复游动，随之而动的蛇头有时会回转来像是要咬人一样。这样的错觉给人以恐惧感，也相应地带来美感。明明知道这是一种假象，但在心理上却又不自禁地觉得仿佛真要被咬。在这种矛盾的心情下，人获得了审美的快感。不是有人提倡刺激性而贬损耐看性吗？这当中就有刺激性而无损于审美的持续性。这一玩具的创造意图是很高明的。山东等地也有很多拙中见巧的民间玩具。民间美术拥有悠久历史，它的传统体现了相当高度的智慧、巧思和质朴的表达形式。

我的浓厚兴趣使我不能不再一次提到关于人民那惊人的创造性的事例。"四清"时我曾给一位老农画过一幅速写，房东的儿子见到之后喊道："这不是'恨天高'吗？"原来这一再现对象是村里一个矮子，"恨天高"这个绰号质朴而巧妙地反映了他那身材方面的特征；这种反映形式是再现与表现的统一。这个绰号是语言艺术而不是造型艺术，它比在造型上的如实再现要空灵得多。《水浒》说武大郎个子矮小，称他是“三寸丁”，这种描述性的绰号，与“恨天高”这个富于情绪特征的绰号相比较艺术价值就差远了。“三寸丁”对矮人的特征的描述虽有夸张性却远不及“恨天高”三字更能揭示出人物的心理特征和取绰号者的心理特征，这是概括性、抒情性和幽默感和谐一致，它把主客体的特殊心态融为一体。它不是简单的再现和模仿，而是感觉的灵敏与理解的能动性的统一体。它高度地体现了如何创造艺术美的原则，它那广阔的艺术境界使那些逼真地却又是机械地记录现象的艺术相形见绌。这一语言艺术和传统诗词的语言一致，也是美术创作的一种值得借鉴的优良传统。

从艺术创作与生活的关系着眼，这一绰号能动地反映了生活。对生活既有距离也有一致性，既有广阔性也有外延性。这一绰号的艺术美在它那朦胧中有清晰，是这二者的对立统一。二者互相依赖可说是你中有我，我中有你的。它美在寓确定于不确定之中。因为它不是直率地对生活进行批判和描述，而是含蓄地、空灵地予以间接表现，这就给审美主体提供了发挥联想、想象和揣测的更大的自由。这种艺术与中国绘画中讲究意在象外，言外之意的美学原则相通。

创造这种语言的人民群众，当然不是什么以美学家自居的美学家。但他们的创造成果应当说就是富于独立性的美学对象，这一从广阔的生活的体验中提炼出来的艺术品，体现着民族传统文化中健康的东西，是人民的智慧、才能的高度体现。如果连这么高明的艺术成果也要和它断裂，认为它不过是过时的、落后的、原始的东西，是只能抛弃而值不得继承的也就是没有生命力的艺术创造，对传统文化的否定态度岂不过于武断了吗？我们应该客观地看一看，传统的东西究竟是否具有生命力。这不是说它自身还能起死回生，而是说它对于新时代的艺术创造还有没有启发创造的能动作用——生命力。包括美术的艺术史表明不论是西方的文艺复兴还是中国的“五四运动”，艺术和艺术理论的发展拥有和别的社会条件相一致的时代性（历史发展的阶段性），但也不能否认，精神生产和物质生产不都是同步前进的。老鸹窝里可以出凤凰——艰苦的物质条件之下往往产生了高明的精神产品。现代化了的物质条件未必一定就能提高而不是降低艺术质量。主观主义地断言传统文化都是腐朽的，没有现实意义，因而只好另起炉灶。或者认为小农经济时代中产生的东西都只能是僵死的，没有生气或者只能全部加以否定的，这样的判断是否正确，是否真正有利于创造新事物值得反思。

对于新的美术的创造活动，有些传统的确是一种阻碍。但有些传统作为创新的外在条件，对创造性的发挥不仅不会成为障碍，而且还是一种包括引起灵感来临的一种值得感谢的外因。当前的美术理论讲究突破和创新，我很赞成这种不囿于现状的进取要求，正如我曾经反复称赞过石鲁诸画家的探索再探索的进取精神那样。但是必须考虑，突破的自由是谁给的，依靠什么根本条件来突破？突破教条主义和凝固不化的习气的束缚是非常必要的，因为这些和发挥艺术个性和创造的自由对立。不过，正是为了拥有这样的自由，如果把自由和继承民族艺术传统的要求对立起来，譬如说，全盘否定民族传统文化而全盘接受另一种传统文化，那就会从这一框框钻进另一个框框，因而也就得不到自由。

还有新与旧，这是两个有相对意义的概念，在一定条件之下，新与旧会转化的。而且，新的与美好的之间也有矛盾，不见得你认为新的东西，一定就是美好的东西。只有认真比较地研究过中国的和外国的、民间的和宫廷的、城市的和农村的……各种传统的来龙去脉，辨别真伪，精于取舍，才能真正得到自由，从束缚中解脱出来，为创造既新且美的作品创造必要的主观条件。

据说当前出现了一种反对“雅俗共赏”这一观念的论调。如果把通俗当成庸俗的同义词，如果不区别作为提高的雅和作为脱离群众的雅的界限，这种观点其实是取消了艺术作为人际的精神交往的手段的本质特征。把群众看不懂、不喜欢看成是艺术质量的提高，看成是突破传统的成就，这种观点不可能正确指导实践。文学艺术和青年人写情书一样是精神交往的手段。这种手段是在主体与客体的互相关系中形成的，总是在你与我即主体与客体的关系中形成的，而且区别于目的的手段，一定要反作用于目的。如果写情书不管你的情人看不看得懂，有这样先进的道理吗？群众看不懂的好作品是有的，越看不懂越好的理论却是很难让人信服的。

不仅通俗的不一定是庸俗的，通俗化的东西也不一定是庸俗化的东西。而且通俗的语言不仅不都是低级的，而且往往是具有一定的哲理和真理的普遍性的东西。正确和深刻的主张用通俗的形式来表达，不是坏事而是好事，这样普及是建立在提高的基础之上的。

四川有句粗话：“脱裤子放屁。”意思是指多余的行为，讽刺不切实的作风。作为一种文化传统，它的形式和内容并未过时。只要现实还存在与唯心论形而上学相联系的形式主义的作风，它的现实意义和作用就不会随时间的消逝而丧失。

四川还有一句俗语叫“起篦箍箍卖鸭蛋”，这句话的表层含义是说有人主张用一定量度和量具去决定对对象的取舍，偏大偏小都不要。这句话的深层含义可以说是在嘲笑机械论。这句话所概括和反对的是那种否认事物的中间性这一很荒唐的成见，这种很有幽默感的语言，是人对现实生活的认识达到了一定深度之后所形成的情感态度的宣泄。

有一篇文章其基本内容是说艺术有两种作用：一是永久性，二是刺激性。而作者的基本倾向是主张刺激性而否认永久性的。如果这样的意见是正确的，那么马克思所说的“永恒的魅力”就不正确了，纪念碑式的雕刻和自然风景的名胜价值也就不存在了。有刺激的东西当然也有市场。不幸的是有的丑化了自己，也丑化了群众。敢想，敢说，敢发明还是要有一个合逻辑的前提，要反思一下自己的这种论点是否有真理性，是否对社会主义文化建设和艺术的繁荣真正能起到好的作用。

一句话，对于我们的艺术传统，不要一棍子打死。

李小山同志在文章中说：“现在的艺术革命的趋势已经发展到了冲破一切僵化、保守和小修小补的关键时刻。”我很赞成这句话所表达的基本要求。不知我的理解是否歪曲了他的原意。我认为“小修小补”就是不从根本上解决问题。要想解决保守、僵化的落后现象，使艺术革命的趋势得到发展，小修小补不行，而要搞根本性的建设。但是怎样建设呢？我看王仲同志发言中有几句话，可以作为对李小山同志文章中所提出的要求的回答。他说："当代中国美术能不能现代化或出伟大的作品，关键问题并不在于反传统和引进西方艺术，而在于我们的艺术家是不是能够实实在在提高自己的精神素质、文化素质和艺术的创造力，是不是能够成为一个理论雄厚的艺术强者。"我赞成这样的主张，我想补充的是：突破僵化和保守现象，成为实力雄厚的艺术强者和理论家的关键在于生活实践。

按照毛泽东同志关于"实践"与"认识"两个飞跃的关系来创造自己。塑造一个合格的、合乎需要的美术家和美术理论家，需在不断努力与认真读书的同时还必须认真学习生活。我们知识是很有限的，而我们所要认识的对象却是无限的；我们的需要是无限的，而我们的能力却是有限的。为了创造"我"自己光读经典著作是不够的，还要深入生活的某些侧面，要深入到生活的一切方面是办不到的。有选择地深入到生活的某些方面，抓典型，解剖麻雀，来丰富自己的知识和改造自己的知识结构，更新应当更新的观念，成为一个相对的艺术强者，这是做得到的。反对中国传统和引进西方传统都不能解决根本问题。

有见识的外国专家好像比我们更尊重具有中国气派的东西。有些外国专家在评论中国交响音乐演奏时说：你们的技术是第一流的，可惜未能从中听出中国的味道。这种要求容易达到吗？为了进入国际，我们也要认真看待这些善意的批评。有的同志提出"全盘西化"的主张，这也可能是经过思考才提出的。我却认为是不妥当，甚至是非常危险的。因为这样干下去我们就不能在国际上取得应有的地位，就会出现有你不多、无你不少的悲惨的结局。不知因为什么有人对我国美术现状估计得如此悲观。当前，我国的美术创作是十分活跃、十分喜人的，比以往任何时候都令人感到振奋。当然，艺术还是要前进的、要发展的，但向何处发展？"全盘西化"可以当作我们的方向吗？

"传统"这个概念可以解释为实践经验的总结，可以理解为带普遍性的知识，不管对于传统应用是正确的还是错误的，传统本身是对过去的直接经验和间接经验所形成的一种带有知识性的能力。传统对于一定的历史时期和一定的问题带有相对的稳定性和相对的能动性，否则，我们就很难说明对艺术欣赏中新的审美趣味、审美能力、审美标准的继承和发展的关系。作为经验知识的传统，对于我们新的实践活动，包括艺术创造活动和理论活动，都是一种不可排除的继承对象。

不论是美术创作还是理论研究，不论是日常生活还是各种工作，当事人的能力都是一种在继承过去经验的基础之上所形成的，包括物质生产和精神生产。某些好像不过是一种本能般的能力实际上和经验知识的传统有关。当司机开车碰到前方有障碍时，要迅速下判断，作出有选择的应变决定。这个决定当然不是反复思考的结果，而是敏捷得像是本能的形态。但那当机立断的作风也是对他自己和别人的经验的继承。各种继承表面看来好像是本能式的，是不自觉的选择，实际上有潜在的自觉性和理性因素在起作用。这个选择有非自觉与自觉的差别，但都不能脱离认识。

我和皮道坚同志谈天，得知武汉有个年轻学者写了一本专著——《灰色系统》。朋友送我一本武大哲学系一位博士研究生所写的《模糊性：人类认识之谜》。我愿读这些有关认识论的新著。它们对消除“非此即彼”的形而上学的绝对化可能很有作用。包括对传统的是非判断，不能非此即彼，一刀切，它不能不是亦此亦彼的。就我学习人体素描的经验而论，明亮面和黑暗面不如中间色更复杂、更丰富也更难掌握。灰色是强光与暗光的中间地带和过渡阶段；用一个不一定确切的话来说，它就是明与暗的交叉。这种东西在我们的生活实践、艺术创作和审美活动中大量存在。两三个月前我在四川安岳参观唐宋雕刻，文化局一位小同志回答我路程远近的问题时说，只有“一丁点”。而在我的实践里，这“一丁点”原来是有好几里长的遥远距离。由此可见基于不同体力对同一对象的认识是矛盾的，这有趣的“一丁点”是带有灰色的或模糊的意味的认识。客体的存在和主体的认识都有不确定性，武断是对这种存在缺乏认真严肃的判断。当幼儿和你看电视问是好人还是坏人时我常常苦于很难作出自信确切的回答。事物的好与坏是有界限的，然而这种界限并不都是清晰的，不能做出确定的判断。客观事物和主观认识都带有灰色色彩，即带有朦胧的性质。在认识上对传统怎么可以一刀切？否认它的中间地带和朦胧性是行不通的。

在认识过程里，自觉与非自觉也是互相作用的。不自觉的认识也可能产生好的效果，自觉的认识也可能产生不好的效果。自觉地运用好的传统经验，可能对自己的优势或劣势有比较确切的认识，因而在艺术创作中可能形成更大的自由感。有自由感便可能产生创作的激情，避免对创作对象的冷漠态度。有些作品的形态带矫揉造作的特点，这一点表明创作态度的真诚与虚假的区别。广义的生活经验是否丰富，会形成勇于创新和陷于陈腔旧调的差别，形成作品的反映什么和如何反映方面的成功与不太成功以至失败的差别。对社会作用来讲，有受欢迎和不受欢迎的差别，从而产生积极的社会作用与消极的社会作用的差别。传统本身既然有复杂的形态和内容，对继承者的启发当然也有复杂性，因此不能对传统持顶礼膜拜或一笔抹杀的偏颇态度。正确的选择，是看传统的某些因素，它在艺术实践中起什么作用，要看“我”能不能正确对待它。

对传统的全盘肯定，和对传统的全盘否定一样是错误的。绘画中的二十四孝插图，吴猛喂蚊，王祥卧冰，郭巨埋儿……我们对它的内容是否也要继承呢？当然不能。三寸金莲长期受到文人的歌颂，美术家画起来也有陶醉感。这样的传统是否值得继承呢？当然也不能。否则审美趣味和审美标准就没有时代性了。李松涛路过上海，发现有卖小脚绣花鞋的。新做出来，当作旅游纪念品来卖，六元钱一双，这样将从前的审美对象当作商品，这种向钱看的行为，使我怀疑当事人还有没有民族自尊心。

有些东西在当时可能具有进步意义，原始社会对生殖器的崇拜，在当时有其历史原因，如果今天还有人对这种精神现象很感兴趣，那只能被看作一种心理变态了。如果我们今天还要描写《金瓶梅》中性生活的场面，并称为是发挥创造性的自然，自己的趣味是否还有时代精神，不是很值得反思吗？

外国的传统文化有很多是可以借鉴的。例如新的城市雕塑中的所谓抽象派作品，有不少的构思和形式有道理，如果把情节性的具体描绘当作对雕塑得失的标准，否认抽象化的雕塑与现代化建筑的互相适应的长处，这岂不太保守吗？如果在一个高层建筑旁的广场上搞一个造型非常细致的雕塑，那就难免失掉它的从属性和独立性。与建筑的关系很不谐调的雕塑，即使塑造的是英雄，也难免削弱他的独立性，很难引起人的美感和崇敬之情。所以，我们不应当把西方现代美术中的精华当成糟粕。只要根据我们的需要去选择、去辨别，就既不是轻率地否定也不是盲目崇拜。对外国艺术传统不分青红皂白地一概排斥，就是自甘落后。

西方的艺术传统也有长远的发展历史，不论是从西班牙的岩画算起，还是从埃及、希腊算起，或从文艺复兴算起，都经过种种变革，不能笼统地、轻率地肯定或否定，正如对中国艺术传统应当持慎重态度一样。罗丹对希腊和米开朗琪罗的雕塑的比较研究，也是非常值得继承的态度和方法。

对传统文化的认识，必须结合一定时期发展着的审美需要。审美心理也有其历史的承继性，离开审美主体，孤立地认识艺术也不能正确认识艺术本身。许多现象表明，艺术的创新往往出现对传统的片面性的认识。近些年来，魔术杂技和其他文化艺术一样有不少可喜的新气象，但也出现想象不足的现象。从前我看过转盘子的节目，演员在演出前先敲敲盘口，以示其为摔在地下会碎的陶瓷。然后，将盘底顶在棍子上来耍。这就给观众造成悬念，也就是符合审美心态的矛盾性的预测。人们看表演的兴趣重点在于关心这个盘子是否能耍好，盘子掉在地面是否会破碎，观众对此关心和担心。这种矛盾引起观众的担心，这种担心造成审美的愉快，没有这种担心，就只会觉得技术不错但是单调。现在的耍盘子，只是两手拿着棍子转动好多盘子。技术真是提高了，可惜艺术未必也能随着技术的提高而提高。观众的安全感与危险感的对立统一，是形成欣赏耍盘子的兴趣的重要心态。演员掌握得住这种心态，正是传统杂技的艺术表演和评书或相声的精华。当然不是只有中国的民间艺人才懂得的观众审美心理。外国的魔术家也懂得相反相成的艺术原则，当他们在做出人意料的表演之前，有时故意把自己的破绽揭给观众看，告诉你把戏有假的方面。因此，当你看到人头、身子和腿被割开来、合起来时，会半信半疑，捉摸不定，更加感到有趣。这就是先否定后肯定，这就是寓肯定于否定之中。否定自己魔术的神秘性，然后让你更加肯定表演的惊险性。

如果以为只有中国的传统才是好的，外国的都不行，这就太狂妄、太关门主义了。但也不能认为外国的就一定比中国的高明。我看过外国马戏中的丑角，费力地在拉一根又粗又长的巨绳，最后拉出来的不过是一只小狗。这种出人意料的结果引起一阵哄堂大笑，我却不太欣赏这种所谓幽默。和我前面谈到的中国民间的那些内容深刻而且很有幽默感的俗话、粗话相比较，我更乐于欣赏这种土的语言艺术。如果大家也觉得那样的俗话有趣，可见我的兴趣不是毫无普遍性的、狭隘民族主义的偏爱。如果只要外国的不要中国的，这不但违反了我国广大群众的审美需要，也违反了国际朋友对中国艺术的审美需要。

不少文章对传统艺术提出“反思”或“高层次的思考”，这种要求无疑是有道理的。抱残守缺的态度，不可能真正理解传统的优劣。不过我对这种提醒要作点补充：几十年来流行着一种先有结论后找论据来证明某种既成判断的学风，它究竟是不是值得继承的实事求是的学风，实在是很值得反思的。反思作为一种认识的继续和发展，它自身的科学性如何，也需有对反思的反思。所谓“高层次的反思”也许就是深入地好好想一想吧？单就如何引进西方艺术的需要来说，为什么“我们”感兴趣的东西，而群众又不感兴趣，这究竟是不是因为群众文化水平太低，最好要作高层次的反思而不要匆忙下结论。严肃认真的态度和大胆揣测的勇气结合起来，对于美术创作和理论研究都是有好处的。

既然传统可以当作一种直接的或间接的经验所形成的一种带普遍性的知识的东西来理解，那么我们有必要理解形成特定经验的生活实践。这是一个不仅涉及美术史而且涉及社会史的复杂问题，这也不是这个会议所要着重讨论的问题。提到这个问题，我不过想说，我们的画家、雕塑家和民间艺人的成功，都离不开生活实践这个“母体”的养育。

几十年来，艺术家和艺术理论家对于生活是艺术的源泉这一理论的理解是不是有简单化的缺点？如果仅仅把生活当作反映对象，没有把生活当作塑造艺术家的根本条件，看来就不免削弱了源泉论内容的丰富性和深刻性。流行一时的“三结合”论——领导出思想，艺术家出技术，群众出生活——就是对这一理论的一种实用主义和简单化的曲解。

我以为生活这一概念有广义性，它不只有无限长远的时间性和无限广阔的空间性，这一切都不只是艺术家的反映对象，而且是形成、塑造艺术家自身的艺术个性等特征的根本条件。即使四十多年前毛泽东同志是针对艺术与生活的联系和差别来谈到生活的重要性的，我们结合他的《实践论》来理解生活的重要性还在于创造艺术品的艺术家。基于这样的理解，我才同意王仲同志的说法，是对李小山同志提出问题的回答。

如果仅仅把生活当作艺术创作的素材，如果把生活现象仅仅当作搞创作的直接描绘对象，那只画些速写就行了。邵大箴同志曾写文章介绍我的早期速写，《美术》发表了我的一些很不成熟的速写。这些有限的视觉形象，当然不能充分表现出我对于对象的认识，例如对于老羊倌辛劳的一生和不幸遭遇的同情。速写是掌握对象的手段和过程，对于无限丰富的生活的反映，如蜻蜓点水。所以说，直接描写的对象是非常有限的。当然，造型艺术可以从视觉性引起听觉性甚至是历史性的联想、想象和揣想，但它和生活相比终归是有限的。我看应该从更广、更深的方面来理解生活，理解它为什么不但是我们直接描写的对象，同时还是培养古代、现代、未来的伟大诗人、艺术家、画家、美学家的客观依据，也是培养审美主体敏锐和深入的感受能力、独创性的想象能力和典型化的概括能力和手与心互相适应的能力的依据。为什么有不同时代，不同民族和个人的审美经验、审美趣味、审美理想的差别？这一切作为存在的反映，都离不开长远和广阔的生活。

以上讲的是艺术家与生活基础的关系，艺术理论、美术批评的直接对象是美术作品，但批评对美术作品发言权的大小，评论的深度如何，都不能仅仅是这个作品所引起的。包括对石鲁的“倒梅”当作黑画来打击，打击者何止着眼于作品本身。当然，作品是评论的主要依据，但必须认识到，不论是正确的批评还是错误的批评，它的产生都不能脱离批评者的观点、方法和产生这一切的生活基础。

有些比我更了解美术理论现状的同志可能会问：你为什么在这里这么强调生活对于创造出有创造性的美术和美术理论家的重要性。我不必直接作答，包括理论现状的生活自身可以作出回答。

结束我的发言时，请允许我再说几句：包括有独特新颖然而又是有科学见解的美术史家，大家的创造成果可能代表中国的学术成就，而且对于中国未来的艺术创造和对群众的美育起着积极的推动作用。我们为了创造符合客观需要的自己，不能排斥与马克思主义理论同样重要的条件——社会实践。对民族文化传统持保守主义或虚无主义，既不是实事求是的，也不是正确意义的思想解放。我们处于建设有中国特色的社会主义这一伟大变革的时代，陈旧的观念和知识不能适应我们创造新文化的重大任务。不仅应当用我们的研究成果去丰富和发展马克思主义的美学，而且必须培育和丰富自己的新时代的审美观念和审美理想。

本文载于《美术研究》1986年第4期

王朝闻（1909—2004），四川合江人。雕塑家，文艺理论家，美学家。1932年于杭州国立艺专学雕塑。历任中央美术学院教授，《美术》杂志主编，中国艺术研究院副院长、博士生导师。

艺术家闻一多

闻立鹏

闻一多是我国著名的诗人、学者和民主战士，同时，他还是一位造诣颇深、涉猎极广的艺术家。如果说鲁迅、郭沫若的道路是从医学开始，闻一多的道路则是从美术开始的。他一生没有离开对真善美的追求，尽管从美术而新诗而古典文学，几经转变，其实始终没有离开艺术改造社会、救国救民的初衷。

闻一多出身一个思想开明的书香门第。父亲是清末的秀才，祖父“尤嗜书”，曾不惜巨款广收群籍，建造书房“绵葛轩”，请名师在家里办私塾。闻一多从小在这里和兄长们一起诵读诗书，接受中国传统文化教育。

闻一多自幼特别爱好文学与美术。私塾老师受当时新学的影响，采用新课本，讲授一些国文历史、声光化电等常识。1912年闻一多十三岁时考取了北京清华学校（清华大学前身）后，更如饥似渴地接受着现代科学文化教育。

闻一多在学校积极参与戏剧、文学、美术等社团活动，逐渐形成了自己的人生观。“五四”时期，他的思想日渐成熟，在《清华周刊》上发表许多论文，探讨人生目的，议论艺术真谛，批评不良现象，都有一定深度。在“五四”时期给父母的一封信中更明确地表现了青年闻一多的精神境界与明确的观念：“廿世纪少年当有廿世纪人之思想，即爱国思想也。”

清华学生时期，他参加美术教师组织的校外写生团，曾“以图画冠全级”。他担任《清华学报》美术副总编辑，发表美术评论文章。1919年他发起成立美术社，社员多达五十余人，在美籍教师Star的指导下，进行基本功训练与创作活动。他和一些同学的作品曾被送到巴拿马博览会上展出。

闻一多在清华时，只是业余习画，并未有许多正规的训练，但现在保存的一些作品，却说明他当时美术的技术与艺术修养都已达到相当的水平。

1921年，他为1921级毕业班设计纪念册《清华年刊》，从黑色的精装封面、扉页及书内各专栏的题图、题花，从纸张的选择到文字图片的版面，无不精心意匠，特别是十三幅专栏题图中的十二幅，都是出自闻一多的手笔。作品构图别致，意境优美，造型准确生动，笔力遒劲，出手不凡，难怪当时有“以图画冠全级”之誉。

《梦笔生花》正是这一时期他的美术代表作。这是借喻李白少年时梦见笔头生花，天才横溢而名闻天下的故事，表现清华当年那一群风华正茂的青年，幻想走上社会报效国家、显露才华的抱负。画面表现的是在深夜的烛光下，一个姿态优美、斜倚书案熟睡的少女梦幻中笔头生花的情景。传统的线描加上大块的黑白，组成明亮的调子和完美的构图，运用形式美的规律，把画面经营得十分和谐。人体造型的准确，透视的运用，充分显示了闻一多在出国深造前已经具备的良好的艺术造型能力；而意境的凝练、线描的功力、装饰性手法的运用又充分显示了闻一多的中国传统文化素养。

1920年，他与五位志同道合的同学组织了一个名为“⊥社”的团体。“⊥社”的名称是闻一多所定，借中国古文字“⊥”与“尚”通，取其高尚上进之义，同时又借“⊥”是古文中“六”的意思，正表明六位赤子改良社会的抱负。后来，他又和梁思成等人，组成艺术团体MUSES（缪斯），“研究艺术及其与人生的关系”，开展艺术活动。

从十三岁到二十三岁的青少年时期，闻一多在清华创作了许多诗歌，写了许多笔记、论文，仅已经发表的就有文言文、白话文、旧体诗、新诗等八十八篇。这里包括后来收入《红烛》诗集的一些重要诗篇。文艺论文中，除对文学、诗歌发表了许多重要的见解外，并且有许多有关艺术的论文，虽不免幼稚粗浅，但也不乏见地的见解。青年闻一多意气风发、才思敏捷，有独立见解，思考的问题是有相当深度的。

他在《建设的美术》《出版物的封面》《对于双十庆典的感想》《电影是不是艺术》等论文中，对艺术的本质、功能、价值，艺术的内涵与外在形式特征，如何对待民族传统等重大问题，都发表了不少观点。

特别是《征求艺术专门的同业者的呼声》一篇，实际上是闻一多的艺术救国宣言。他从第一次世界大战带给人类的浩劫中，看到在发展物质生活的同时应该发展精神生活，他认为“艺术是社会的需要”，他举出托尔斯泰、康德等人的论点，认为“前者是讲艺术可以促进人类的友谊，后者是讲艺术可以抬高社会的程度——这就是艺术的功用。利用人类内部的，自动的势力来促进人类的友谊，抬高社会的程度——这才是艺术的真价值”。闻一多由此认为应以艺术来美化、净化人类的灵魂，振奋中华民族的精神。他认为艺术与科学并重，都服务于救国救民的目的。因此，“艺术与科学是‘并行不悖’、缺一不可的”。但是“当今中国，科学已有萌蘖，艺术却毫无消息，现在研究科学的，一天多似一天，研究艺术（包括音乐、绘画、雕刻、文学等）的还是寥若晨星。这种现象真是可虑得很”。因此满腔热血的青年闻一多说：“我再学只踞阜的雄鸡，引吭高呼一声：有艺术天能的朋友们，快起来呀！”呼吁人们选择艺术专业报效祖国。

清华十年，闻一多形成了自己的人生观念和艺术观念，也使他在艺术的技术与理论方面获得了相当的素养。

1922年7月，纯真热情的青年闻一多，抱着不作人生过往旅客、艺术救国的信念，选择了美术作为出国深造的专业，来到了大洋彼岸。先后到美国芝加哥美术学院、科罗拉多大学美术学院和纽约艺术青年联盟（Art Student's League of New York）学习。

刚刚走上人生道路，青年闻一多风华正茂，他废寝忘食，像着魔一样在艺术的海洋里探索追寻。“他的头发长得很长，披散在颈后，黑领结；那一件画室披衣，东一块红，西一块绿，水渍油痕，到处皆是，揩鼻涕、抹桌子、擦手、御雨全是它，一个十足的画家。”[1]勤奋的学习，使闻一多取得了优秀的成绩。三所美术学校目前仍保存的档案中均有明确的记载。

到芝加哥不久，他就很有信心地报告父母：“男之成绩颇佳，屡蒙教员之奖许；美国人于此道，承不足畏也。”期末他又说：“本年在美术学院因各门成绩均佳，遂得最优等名誉奖，前函忘却提及，盖余并不引此为荣也。”在柯泉结束学业，他又在家信中报告：“前月举行成绩展览会，以我之作品为最佳，颇得此间报纸之赞美，题意可译为‘中国青年的美术家占展览会中重要部分’云云。”

在美国，闻一多进一步接受美术基本功训练，画了大量的素描，也画了不少现代手法的油画，探索现代艺术。据梁实秋回忆：“一多对西班牙的画家 Velasquez 的作品颇感兴趣，他画的人物差不多全是面如削爪狰狞可怖，可是气氛非常厚重深沉。梵·高的画，他也偏爱，他爱他的那份炽盛的情感。有一天一多兴至要为我绘半身像，我当然也乐于作免费的模特儿。那张油画像，真是极怪诞之能事，头发是绿色的，背景是红色的，真是‘春风满鬓绿蓬松’，看起来好吓人！他的画就是想走印象主义的路子。他画过一幅风景，以学校附近一礼拜堂为背景。时值雪后初霁，光线特别鲜明，他把阴影都画成紫色，并且完全使用碎点法。我以为非常成功，他的老师也很夸奖。”[2]

身处异邦，闻一多深厚的民族文化素养，帮助他冷静清醒地进行比较思考。越是钻研西方文化艺术，越是感到祖国东方文化的深厚根柢与优秀传统。他一面狂热地汲取西方文化的营养，画画之外，又选修英诗等课程；一面却不断加深中国文化素养，钻研中国古代诗歌。

正像他在致友人信中所说：“在学校作了一天功课，做上瘾了，便想回来就开始 illustrate 我的诗；回来了 Byron、Shelley、Keats、Tennyson、老杜、放翁在书架上、在桌上、在床上等着我了，我心里又痒着要和他们亲热了；有时理智的欲火烧起来，我又想继续我那唐代六大诗人的研究或看看哲学书。”[3]中西古今文化艺术的比较研究，更充实了闻一多的爱国主义思想。他很有感触地说：“我自来美后，见我国留学生不谙国学，盲从欧西，致有怨恨造物与父母不生之为欧美人者，至其求学，与止于学校教育；离校则不能进步咫尺，以此虽赚得留学生头衔而实为废人。我家兄弟在家塾时辄留心中文，先后相袭，遂成家风，此实最可宝贵。”[4]

在美国，有着强烈爱国意识的闻一多，虽然全身心投入艺术学业，但他的心却被严重的民族隔阂与歧视深深地刺伤。流畅的线条和高雅华贵的色彩，对画家是那样的诱惑，可是却弥合不了闻一多作为一个黄色人种的中国人的精神创伤。他虽然获得“最优等名誉奖”，但由于是外国人，却没有享受前往巴黎、罗马艺术考察的资格。闻一多等六名中国学生毕业了，按照惯例，毕业生应一男一女列纵队上台领取毕业文凭。但由于种族观念，美国女生没有人愿意和中国人为伍，只得六个黑发黄脸的中国男生自行排成三对走在队伍前端。闻一多曾激愤地给家人写道：“一个有思想之中国青年，留居美国之滋味，非笔墨所能形容，俟后年年底我归家度岁时当与家人围炉闲谈，痛哭流涕以泄余之积愤。我乃有国之民，我有五千年之历史与文化，我有何不若彼美人哉？将谓吾国人不能制杀人之枪炮遂不若彼之光明磊落乎？总之，彼之贱视吾人者一言难尽。”[5]

虽然闻一多这时如醉如痴地学习美术，整天沉浸在艺术思维之中，但是无论是他佩服的委拉斯贵支的绝妙造型，或是他倾心的梵·高的火一般炽热的色彩，都抒发不了他胸中流火喷石、兴云致雨般的激情。于是，他借助诗的语言，发泄胸中发酵般膨胀的情怀。正像他后来所说：“文艺是身体或心理受创伤后产生的花朵，是用血泪来培养的。”三年的域外学习生活，进一步加深了他的艺术素养，也用血泪激情培养了留美期间一大批动人心弦的诗篇。这样，青年画家尚未进入画坛，却以卓越的诗作步入了诗坛。而以后，他的美术成就竟被他的新诗和古典文学研究的卓越贡献所掩。

美国三年的留学生活，开阔了闻一多的艺术与文学的视野，滋养了他的文艺素质；而在中西古今的全面比较研究中，也使他更加珍爱祖国的传统文化。这时的闻一多，愈加坚定了自己融合中西、创造新的时代艺术的信心。

他提出艺术中应包含着“时代精神”“地方色彩”，也应包含艺术家的“自创力”。

作诗，他说：“我要时时刻刻想着我是个中国人。我要作新诗，但是中国的新诗，我并不要做个西洋人说中国话，也不要人们误会我的作品是翻译的西文诗。”“我以为新诗径直是新的，不但新于中国固有的诗，而且新于西方固有的诗；换言之，它不要纯粹的外洋诗，但又尽量地吸收外洋诗的长处；它要做中西艺术结婚后产生的宁馨儿。我以为诗同一切的艺术应是时代的经线同地方的纬线所编织的一匹锦。”[6]

作画，他的理想“不是西方现有的艺术，更不是中国的偏枯腐朽的艺术的僵尸，乃是融合两派的精华的结晶体”[7]。他说：“我现在着实怀疑我为什么要学西洋画，西洋画实在没有中国画高。”“我日渐觉得我不应该作一个西方的画家，无论我有多少的天才！我现在学西方的绘画是为将来作一个美术批评家，我若有所创作，定不在纯粹的西画里。”[8]

闻一多清醒地意识到，对西方文化艺术的钻研吸收，正是借他山之石攻祖国文化之玉。他在多年不写旧诗后，在回国前夕，给他的好友们寄去了一首旧诗，清楚地表明此时闻一多的艺术理想与抱负：“艺国前途正杳茫，新陈代谢费扶将，城中戴髻高一尺，殿上垂裳有二王；求福岂堪争弃马？补牢端可救亡羊。神州不乏他山石，李杜光芒万丈长。”

1925年5月，闻一多提前完成学业回到阔别三年的祖国。他接受北京艺专（中央美术学院前身）的聘请担任该校教务长，一面教学，一面写诗作画。常书鸿先生还记得当年他在教员休息室谈论艺术的情景，李苦禅先生也曾饶有兴味地回忆闻一多当年在课堂摆模特，指导学生作业的情景。1926年，闻一多又第二次回校任教。这时，27岁的闻一多，过着画家兼诗人的生活。徐志摩1926年曾描述他的住所说：“闻一多的家里实在是一群新诗人的乐窝，他们常常会面，彼此互相批评作品、讨论学理。上星期六我也去了，一多那三间画室，布置的意味先就怪，他把墙壁涂得墨黑，狭狭的给镶上金边，像一个裸体的非洲女子手臂上脚踝上套着细金圈的情调。有外壁上挖出一个方形的神龛，供着的不消说，当然是米洛的维纳斯一类的雕像……”[9]这间屋子的陈设布置，确实很典型地反映了闻一多当时的审美情趣。那黑色墙壁上装饰着的武梁祠画像石车马人物纹样，是他自己精心描画的，突出地说明他的艺术追求。他幻想用美来改造社会，也企图用一种浪漫主义的情调装点自己的生活，但是，正如他在美国时所说：“现实的生活时时刻刻把我从诗境拉到尘境来……我坐在饭馆里，坐在电车里，走在大街上的时候，新的形色、新的声音、新的臭味，总在刺激我的感觉，使之仓皇无措，突兀不安。”[10]在美国尚且如此，在20年代祖国的冷酷阴沉的气氛里，闻一多更不可能满足于“这墙内尺方的和平”。爱国主义的感情，对苦难人民的同情心，驱使他唱出了许多著名的诗篇，也促使他接受北伐军总政治部主任邓演达之邀，到武汉担任了原总政治部艺术股长兼英文秘书的工作。武汉街头，黄鹤楼下，闻一多曾握笔绘制反对封建军阀的壁画、宣传画。

1928年后，闻一多的兴趣又转到中国文学研究上。从此，消耗了他大半生的精力。但是，对美的追求却始终没有终止，1925年回国后到30年代初，闻一多在书籍装帧方面做出了重要的贡献，与许多前辈艺术家一起，开拓了我国现代书籍装帧的新领域。

早在“五四”以前，1917年闻一多就曾设计过清华辛酉级纪念册《辛酉镜》的封面。1920年又发表《出版物的封面》一文，对书籍装帧进行过理论上的探讨研究。回国后，他为诗友们设计了不少具有现代气息、有中国色彩、有艺术个性的封面，如徐志摩的诗文及译作《巴黎的鳞爪》《猛虎集》《玛丽·玛丽》，梁实秋的文集《古典的与浪漫的》及林庚的诗集《夜》，等等，均属优秀作品之例。其中，闻一多为自己诗集《死水》所做的封面装帧设计，庄重深沉，境界很高，是闻一多的代表作，也是20年代书籍装帧艺术的精品。

《死水》出版于1928年1月，它反映了诗人对祖国人民的真挚深沉的爱，反映了对黑暗社会丑恶势力的恨，更反映了诗人看不清祖国前途、找不到出路的苦闷与无名的激愤：“这是一沟绝望的死水，这里断不是美的所在，不如让给丑恶来开垦，看他造出个什么世界。”很明显，这是一沟绝望的死水，但在死水下面却蕴藏着一座火山。爱与恨，激情与绝望，表面的平静与内部的激荡，这正是《死水》作者心灵的真实写照。

《死水》的封面封底选用了不发光的黑色重磅纸，只在书面上方三分之二处精致地贴上小小的金色签条，书写着书名、作者。画面只有两种颜色：金与黑。在宁静、庄重、高贵的情调中散发着忧郁沉闷的气息，十分形象地体现了《死水》的主旋律。翻开封面，银灰色单线构成的激动人心的场面映入眼帘，无数奔腾跃进的战马冲向左前方，骑士一手持长矛、一手持似乎是象征画板的盾牌，在满天飞来的乱箭中拼搏。无数长矛的斜线和大批战马奔驰中的腿造成强烈的动感，很像未来派画家表现运动的手法，使整个画面处于激越动荡之中，闻一多和他的诗友们的赤子热忱跃然纸上。

整个诗集，以重磅厚纸装订，以浓黑的油墨印刷，清晰、醒目、典雅、端庄。这本书从封面、环衬到印刷装订体现了一个完整的艺术构思，封面上黑与金的对比，封面内外静与动、简与繁的对比，启发人们的联想，富有深刻的寓意，意境深邃，耐人寻味，令人爱不释手。

《死水》的封面设计，象《死水》的诗一样，含蓄深沉，境界很高，意境很深。作为诗人，他把自己对美的追求，对丑恶的憎恨用文字凝练为诗句；作为画家，他把这种情绪与思想寄托于色彩形体的表现之中。这都是艺术家心血的结晶、人格的升华，它们相得益彰，合二而一。难怪半个多世纪前《死水》的出版能拨动当时人们的心弦而引起深刻长久的共鸣。

闻一多的绘画作品本来不多，流离战乱保存下来的极少。目前，潘絜兹先生保存的一幅作品，已考证为闻一多1927年为潘光旦先生所著《冯小青》一书所作的插图。这是一幅以铅笔淡彩技法绘制的小幅人物画，从中可以窥探出闻一多的绘画艺术的基本风格和理想。

冯小青，明代历史上确有其人，她才华出众，美貌过人，初嫁为妾，不久，就被遗弃，致使精神变态，忧郁而死。死后被葬于杭州孤山放鹤亭。潘先生以弗洛伊德精神分析学说对冯小青的悲剧命运和变态心理进行研究。闻一多为其设计了封面，并画了这幅插图《对镜》。

这幅画深刻生动地表现了悲剧少女的变态心理。她心情忧郁不得解，经常临池自照，对镜自怜："罗衣压肌，镜无干影；朝泪镜潮，夕泪镜汐。"[11]画面上冯小青披着睡衣，左肩半露，背对观众，镜中反映出小青憔悴的面容，散乱的鬓发，微蹙的双眉，忧郁的神情。作者以深刻的同情，塑造了封建社会不幸女性的形象。画面上方挂着一只鸟笼，寓意主人公的悲剧命运。乌黑的头发、洁白的睡衣、浅绿色的墙壁形成了一种惨淡忧郁的冷灰色调，创造了深沉含蓄的意境。这幅画融合中西艺术的技巧，发扬了长于立意抒情、形神兼备的民族艺术传统，又吸收了西洋画造型、解剖、透视等表现手法；运用了中国线描的长处，也融合了西洋画表现色彩情调的长处。六十年前的这幅画是闻一多难得的珍品，也是我国现代绘画中探索中西画法结合的力作，恰好也反映了青年时期闻一多的审美理想。

1937年，闻一多在古典文学领域里已探索十年有余了。这期间他在中国文学、历史、艺术、古文字等等多方面修养的融会贯通，更加深了闻一多对中西艺术体系的比较研究。

这年，画家唐亮举行作品展览，闻一多在展览序言中发表了自己的研究成果：大约是和《匡斋谈诗》同时思考写作的《匡斋谈艺》的一部分——《论形体》。闻一多运用古文字学的知识分析绘画艺术的起源，对中西两种艺术体系的造型观念的异同，提出了精辟的见解。很可能这部分著作没有全部完成，可能是抗日战争中断了他的研究。

抗日战争使闻一多的生活进入了一个新的阶段。战争的烈火，不但使他更加忧国忧民，而且也使他第一次在生活上更加接近普通人民。1938年发生的一件事，对他一生思想发展产生了重要影响。

抗战初期，西南联大迁入云南，闻一多谢绝规劝，毅然报名和联大部分师生一起，从长沙出发，步行三千五百里，横穿湘黔滇三省，历时六十八天来到昆明。四十岁的闻一多布履长衫和青年同学朝夕相处，同甘共苦，一路上童心萌发，沿途的民俗、歌谣、神话、传说以及少数民族的服饰、语言、习俗无不引起他极大的兴趣。他曾热心指导学生搜集民歌，并为民歌集的出版写了著名的《西南采风录序》。西南地区人民的贫困生活，兄弟民族悲惨的境况，给他留下了深刻的印象；而祖国的壮丽河山名胜，又使他流连忘返。这一切，大大激发了他艺术表现的激情。他在给妻子高真的信中写道："沿途所看到的风景之美丽、奇险，各种的花木鸟兽，各种样式的房屋器具，和各种装束的人，真是叫我从何说起！途中作日记的人甚多，我却一个字还没有写，十几年没有画图画，这回却打动了兴趣，画了五十几张写生画。打算将来做一篇序，叙述全程的印象，一起印出来作一个纪念。"[12]

这批珍贵的作品，现在尚保存有三十六幅，画幅不大，但笔力刚劲，感情充沛，基本上以线造型，准确生动地表达了对象，描绘了湘黔滇途中的河光山色。在线条的韵律和力度中孕育着作者炽热的激情和爱恋，充分表现出闻一多深厚坚实的艺术功底。

抗战时期，昆明成为大后方重要的文化城市，文化活动相当活跃。精力充沛、思想充实乐观的闻一多，这时真是"童心复萌"，艺术灵感激发。早在少年时期，他就热心戏剧活动，在清华曾"数月以来，奔走剧务，昼夜不分，餐寝无暇"。他编写剧本，担任角色，从事舞台美术工作。1919年"五四"时期，他还担任清华"新剧社"的副社长兼编演部负责人。在美国留学期间，闻一多也曾热心支持并参加熊佛西、冰心等人组织的中国古典剧《琵琶记》等演出。舞台美术的设计、服装的制作，都是他的工作。回国后他在艺专工作，又积极筹备戏剧系。

在昆明，闻一多也以极大的热情参加陈铨《祖国》和曹禺《原野》的演出，亲自设计舞台，绘制布景与服装。那时的物质条件很差，《原野》演出，他亲自提着一盏红灯笼在纱幕后穿插走动，创造了极其难忘的艺术气氛。

抗战后期，许多知识分子的生活已经下降到水平线下，闻一多一家八口，生活也陷入困境。在朋友的倡议下，闻一多决定拿起铁笔篆刻，凭自己的艺术劳动换取升斗。他称自己为手工业劳动者，其实，还在20年代，他已经开始篆刻活动。1927年在南京，他曾为友人刻过几方印章。敏锐的艺术感觉，对祖国文化的赤诚，使他一下子就进入了篆刻的大门，那小小的寸方之地，竟包含着全部造型美的法则，这是一块无限辽阔诱人的创造园地。闻一多完全入迷了，竟然觉得诗兴都受到了干扰，他风趣地给友人写信道："说来真是笑话，绘画本是我的元配夫人，海外归来，逡巡两载，发妻背兴，诗升正室。最近又置了一个妙龄的姬人——篆刻是也。似玉精神，如花面貌，意能宠擅专房，遂使诗夫人顿兴弃扇之悲。"[13]这一段时间，闻一多临摹了一些秦汉印章，也为友人刻了一些。他的造型艺术的修养，书法的根底和中国古文字学的渊博知识，使他的篆刻艺术具有相当的水平。在昆明，闻一多又进行了大量的篆刻实践，1944年4月到1945年7月两年多时间，篆刻印多达四百余方。辛勤的劳动，使他的篆刻艺术日臻完善。

闻一多的篆刻，构图完美，意境清新，刀锋刚劲，篆法、刀法、章法都有独特面貌。由于条件的限制，他的篆刻多为人名印章，闲章极少。昆明出产象牙，许多图章定货均为牙质。但闻一多在此特定条件下，也完全是以一件艺术品的要求对待，每一方印，都凝聚着许多艺术心血，他意匠经营，有时刻了磨、磨了刻，不到心满意足绝不罢休。

血红的印谱，是历史的见证，它凝聚着闻一多的学识、心血和汗水；它闪现着闻一多的艺术灵性，也烙印着闻一多的艺术良心和人格。

闻一多有句名言：诗人的主要天赋是爱，爱他的祖国，爱他的人民。他从美术而新诗而古典文学而献身革命。从自然美的认识到形式美的发现，从艺术美的创造到精神人格美的净化升华，从艺术领域里美的追求到社会生活的美的改造，从为艺术理想探索到为社会理想而献身。他不断追寻，上下求索，终于进入了美的崇高境界。

在他生命的各个阶段中，在他探索追寻的各种领域里，闻一多的几次转变都不简单是兴趣的变化，而是合乎逻辑的发展。因为，在他四十七岁的生命历程中始终贯串着一条脉络分明的主线，这就是闻一多的强烈赤诚的爱国主义思想，明确的艺术为人生、艺术改造社会、艺术救国的信念。

闻一多从美术开始在艺术宫殿里求索，但色彩和线条不足以表达他的激情。于是“情动于中而形于言”，“在心为志，发言为诗”。闻一多用精练的语言抒发胸怀，但是，对诗歌的热爱与研究，却把他带进了古典文学的殿堂。他从唐诗入手，溯流而上研究《乐府》《楚辞》《诗经》《庄子》《易经》，由此又旁及古代神话、古文字学、音韵学、民俗学，等等，进而进入了中国古代文化史研究的辽阔海洋，终于殊途同归，和鲁迅得出了同样的结论。鲁迅在精心研究了中国历史后发现了“中国尚是食人民族”（《致许寿裳》），中国历史“满本都写着两个字是‘吃人’”（《狂人日记》）。闻一多对中国古代文化的研究，也使他“在‘温柔敦厚诗之教也’这句古训里嗅到了数千年的血腥”（《三盘鼓序》）。闻一多说：“经过十余年故纸堆中的生活，我有了把握看清了我们这民族、这文化的病症，我敢于开方了。”于是他拍案而起，大声疾呼：“现在只有一条路，革命！”他把一切都献给他心目中的那个美好理想，他用诗的语言和激情演讲，拨动了多少人的心弦；他以文学家的文笔起草宣言、润色杂文，掀起了多少人的思绪；他用艺术家的手篆刻题字：国家兴亡、匹夫有责！痛书挽联：民不畏死，奈何以死惧之！

闻一多一生没有离开艺术，没有离开对美的追求，也一生没有忘记对社会理想的追求。当他在艺术宫殿狂热追求艺术美的时候，他又清醒地说：“相信了纯艺术主义，不是叫我们作了 Egoist（这是纯艺术主义引人误会而生厌避的根由）。”[14]

当他沉浸在诗境的时候，他又冷静地说：“文学二字在我的观念里是个信仰，是个 Vision（想象力），是个理想——非仅仅发泄我的情绪的一个工具……我要替人们 Consciously（自觉的）尽点力。”[15]

当他在浩瀚的古籍中游泳的时候，“他不是作为鱼而游泳，他是为了要批判历史而研究历史，为了要扬弃古代而钻进古代里去刳它的肠肚的。他有目的地钻了进去，没有忘失目的地又钻了出来，这是那些古籍中的鱼们所根本不能想望的事”[16]。

同时，在闻一多忘我地寻求一种社会理想的时候，他又完全是把它作为一种最高的美的境界来追求的。

他说：“你们作诗的人老是这样窄狭，一口咬定世上除了诗什么也不存在，有比历史更伟大的诗篇吗？”看了《论联合政府》《论解放区战场》，他无限感叹地说：“这是新中国的希望！这是最美好的诗！”真正的诗人、艺术家心是相通的，郭沫若曾说：“五四以后的中国，在我的心目中就像一位很葱俊有进取气象的姑娘，他简直就和我的爱人一样！”[17]

当青年学生问闻一多什么是民主的理想时，画家闻一多把民主事业看成是一种美，比喻为一种纯真和谐的人体美。他深沉地说：“民主好比一个非常美丽的少女，她远远地站在江河的对岸，赤裸裸的。你得翻山越岭、涉水渡河，去追求她，爱她！”[18]

晚年，闻一多向往“人民的世纪”，向往着新中国。他把这理想社会当成一种高尚淳真的美的境界来追求。而且，他更把这种追求本身，就看作是一种更崇高、更伟大、更壮丽的美。所以，他不但在《红烛·序诗》里放声歌唱献身精神，而且他把文艺和爱国，看成是“一种精神的两种表现”。他在《文艺与爱国——纪念三月十八》中说：“我希望爱自由、爱正义、爱理想的热血要流在天安门，流在铁狮子胡同，但是也要流在笔尖，流在纸上……也许有时仅仅一点文字上的表现还不够，那便非现身说法不可了。所以陆游一个衰翁要‘泪洒龙床请北征’，拜伦要战死疆场上。所以拜伦最完美、最伟大的一首诗，也便是这一死。所以我们觉得诸志士们三月十八日的死难不仅是爱国，而且是伟大的诗。我们若得着死难者热情的一部分，便可以在文艺上大成功；若得着死难者的热情的全部，便可以追他们的踪迹，杀身成仁了。”

闻一多一生在追求一种新的理想的艺术，追求一个新的理想的社会。他终于为这个美的理想贡献了自己毕生的精力和生命。就在他牺牲前几天，他还在改编屈原的《九歌》为现代舞剧，兴致勃勃地设计舞台追光下湘夫人、少司命翩翩起舞的优美意境；就在他牺牲前生命最后的几个小时，他还伏身在书案苦心经营篆刻，在寸方的印面上创造着美的境界。

闻一多以四十七年短暂的人生历程，实现了生活理想，完成了自己的人格和生命价值；他用鲜血和生命谱写了一首壮美的史诗，塑造了一个崇高的美的形象。

注释

[1][2]梁实秋：《谈闻一多》。

[3]闻一多：《致翟毅夫、顾一樵等人信（1923年3月3日）》，载武汉大学闻一多编辑室编《闻一多论新诗》，武汉大学出版社1985年版，第218页。

[4]闻一多：《致闻家驷信（1923年9月）》。

[5]闻一多：《致父母亲信（1923年1月14日）》，载武汉大学闻一多编辑室编《闻一多论新诗》，武汉大学出版社1985年版，第208页。

[6]闻一多:《〈女神〉之地方色彩》。
[7]闻一多:《征求艺术专门的同业者的呼声》。
[8]闻一多:《致梁实秋信(1923年2月15日)》，载武汉大学闻一多编辑室编《闻一多论新诗》，武汉大学出版社1985年版，第216页。
[9]徐志摩:《诗刊导言》。
[10]闻一多:《致吴景超信》，载武汉大学闻一多编辑室编《闻一多论新诗》，武汉大学出版社1985年版，第159页。
[11]潘光旦:《冯小青〈与杨夫人永诀书〉》。
[12]闻一多:《致高真信》。
[13]闻一多:《致饶孟侃信》。
[14][15]闻一多:《致梁实秋信(1923年3月22日)》，载武汉大学闻一多编辑室编《闻一多论新诗》，武汉大学出版社1985年版，第223页。
[16]郭沫若:《闻一多全集·序》。
[17]转引自王骏骥编《中国现代文化名人爱国故事》，天津人民出版社1985年版。
[18]《闻一多纪念文集》，生活·读书·新知三联书店1980年版，第341页。

本文载于《美术研究》1986年第4期

闻立鹏，1931年生，湖北浠水人。油画家。1963年毕业于中央美术学院油画研究班。中央美术学院油画系主任、教授。

黄公望的交游及对其思想、艺术的影响

陈履生

"身有百世之忧，家无担石之乐"；"侠似燕赵剑客，达似晋宋酒徒"[1]的元代画家黄公望，"生平嗜懒成痴，寄心于山水"。[2]浪迹江湖，探阅山水朝暮之变幻，四时阴霁之气韵，所画山水无数，世人推《富春山居图》为压卷。钟嗣成《录鬼簿》称："公望之学问，不待文饰。天下之事，无所不知。下至薄技小艺，无所不能。"全赖读万卷书、行万里路之功。而大痴翁在名流府宅、深山绝域、古庙茅亭的游历中，广为交结：仕途中的达官贵人，道门内的全真师友，画坛上的丹青同行，隐庐里的志士逸人，和他经常交集在一起，给予黄公望学识的积累和思想、艺术的发展变化以很大的影响，本文拟就此作一粗浅的探索。

一、仕途——达官贵人

黄公望自青年时代起就开始步入仕途，直至晚年"老大难忘笔底名"[3]，一直周旋于达官贵人之间，追求着他所企慕的社会地位。

元初没有科举制度，黄公望靠"浙西廉访使"徐琰之荐，得"浙西宪吏"职。由此他懂得了依附权贵进入政界的重要，后因和贪官张闾有来往而入狱。获释后，他并没有因此中断与官宦的往来，而是选择了另一条进入上层社会的途径，即加入了全真道。黄公望在选择这一进身之阶的同时，还继续与上层集团中的各种官员交往。就在他入全真道后不几年，跋《李倜临右军帖》时对于元代有一定政治地位的二品官李倜大加颂扬，"至于立身宦途，而志趣常超然于物表，此吾所以起敬者也"[4]。但是他在与官僚的交友中，并非都是运用如此的标准，亦有一些贪官和庸俗之辈，如嘉兴林叔大镛掾江浙行省时曾筵黄公望作画，而林氏"于达官显宦，则封羔杀豕，品馔甚盛；若士夫君子，不过素汤饼而已"[5]。像林叔大这样用与文人逸士的交往来显其士人风度的庸官正是元代社会风尚的缩影。这些达官显贵常招徕宾客与文士，谈诗论画，以示其高尚雅洁，从而获得与其社会地位和官职相应的美名雅誉。正因为如此，有的画家成了官僚地主的座上客。黄公望恰是在这特定的社会历史条件下，得到了上层社会的宠爱，而他与上层社会人物的接触是想借官僚地主的势力，谋求自己的社会地位，从而确立自己的人生价值。

南宋时期，江南地区的地主势力有了超越前代的发展，租佃制的确立，涌现出了众多田连阡陌的大地主。而元朝灭宋，注意保护江南财富，使地主的势力得以基本延续。他们不但能够操纵官府，而且更肆无忌惮地扩大土地资财，成为“无爵邑而有封君之贵，无印节而有官府之权”的特殊阶层。他们常与一些名画家交友，彼此间互为利用，各取所需。豪富常邀画家作画以丰富自己的艺术收藏，而画家则利用豪富的资财，以期得到多方面的资助和保护。在这画家与豪富的交友中，黄公望和元代的许多画家一样，受到官僚地主的庇祐，得到优厚的待遇，可以不虑衣食住行地从事创作活动。实际上是豪富从经济上资助了画家，这应是元末绘画得到较大发展的原因之一。

黄公望的画艺早年多临摹古人，而后掺以己意，逐渐形成了自己浑厚华滋的艺术风格。但黄氏“家无担石”，更无雄厚的艺术收藏，那也就缺少临摹古画的范本。而江南一带的官僚地主大都蓄书藏画，黄公望常与之交游，利用他们的丰厚收藏，得以学习古代优秀的书画艺术和观赏当代名家的杰作。从这个意义上说，官僚地主又从另一方面资助了画家，这对黄公望艺术水平的提高和艺术风格的形成至为重要。和黄公望有联系的达官显贵有：

徐琰（？—1301），字子方，号容斋，又号养斋、汶叟，东平人。在他为浙西廉访使时，很看重黄公望，将黄公望留在手下充当“浙西宪吏”，从事经理并计划征收田粮。其时约在前至元三十一年至大德三年间（1294—1299），也就是黄公望二十六岁至三十一岁时，可以说这是有记载的黄公望交接达官贵人、立志宦途的开始。后来，大约也是徐琰的引荐，黄公望来到元大都（北京），在御史台下属的察院当书吏。

张闾，又作章闾、张驴。仁宗延祐元年（1314），他上奏建议“行经理之法”为仁宗采纳，遂被派往江浙“经理江南田粮”。此项经理田粮之法，仅江浙省就“荒熟田九十九万五千八十一顷”，而张闾因延祐二年九月以括田逼死九条人命，仁宗遣吏部尚书王居仁等鞫讯治罪。这样一个贪官黠吏，黄公望也与之来往，这可能因为他在徐琰手下干过的经理田粮工作与张闾的新“经理之法”有一定的关系。他因会张闾而被株连下狱，可以说明他与张闾的关系较为密切。

阎复（1236—1312），字子静，号静轩，又号静斋、静山，高唐人。他和元初名流如赵孟頫、袁桷均有交往。据杨瑀《山居新语》云：“黄子久……博学多能之士，阎子静、徐子方、赵松雪诸名公莫不友爱之。”

杨载（1271—1323），字仲弘，浦城（今属福建）人。官终宁国路推官。黄公望长于杨两岁，他们相识，交游于吴江上，对于人生、世故具有相同的认识，经常以诗往来。黄公望因涉及张闾的案件入狱后，杨载赋诗《次韵黄子久狱中见赠》，感叹“世故无涯方扰扰，人生如梦竟昏昏”，以对现实社会的消极心理和不满情绪给黄公望以安慰，同时还希望有朝一日再会吴江，“共泛扁舟醉瓦盆”。[6]

杨维桢（1296—1370），字廉夫，自号铁崖，晚号东维子。浙江绍兴人。为元代江浙间的一位文人官吏。常往来于豪门之中，和倪瓒、顾瑛交往甚密，同时亦交往了一批名流画家，黄公望就是其中之一。他们之间的往来是在杨居淞上的时候，他们“扁舟东西泖间，或乘兴涉海，抵小金山”。黄公望出小铁笛，让杨吹《洞庭曲》，“自己以歌和之”。可见他们情投意合，而杨氏《东维子文集》中又有《次韵黄大痴艳体》诗，更说明他们交情甚密，黄公望还常画杨氏所居的铁崖山以赠之。

徐元度，仕为王官，居京师而有声望，常与名公巨卿游，与倪瓒同称为“无锡两君子”，倪瓒之女和徐元度之子婚配，二亲家均与黄公望友善，而黄公望与徐氏交识当与倪瓒有关。

姚文奂，字子章，号娄东生，昆山人。官浙东宣慰司令史。与富豪交往甚密，在张渥所画的《玉山雅集图》中，他倚香儿而作雄辩姿态，与顾瑛、杨维桢等权贵在一起，可见他当时的社会地位。黄公望与他交友，常到姚氏府中观赏藏画，至正四年（1344）春，黄公望在他家中见唐王维《捕鱼》《雪溪》二图。黄公望也经常为其藏画题跋，如题王蒙为姚氏所画《林泉清话图》就是一例。

曹永（1303—1348），字世长。曹知白子。初官瑞安州学正，升马平县都博镇巡检，未上。江浙行省以宣使辟之，未几疾作。黄公望与曹知白过从甚密，无疑与其子也相识。至正四年（1344）曹永得黄公望数年前寓平江光孝时所画的《溪山雨意图》，黄公望为之题跋。

班惟志，字彦功，号恕斋，河南开封人。历官集贤侍制，致和间（1328）为绍兴推官，后至元间（1335—1340）知常熟，升江浙儒学提举。班氏暇则与名士游，吟咏无虚日。黄公望为其所画的著名的《九峰雪霁图》当是他们之间交友的记录。[7]

张夔，字尧臣，至顺元年（1330）任秘书监校书郎。至正九年（1349）春三月，黄公望为其作《层峦积翠》立轴。

孟栻，字叔敬，晚年更名为主一，无锡人。博学有为，官至浙东宣慰副使，佥都元帅府事。孟栻精篆书，得者宝之。黄公望称孟栻为“贤亲”，至正十一年（1351）八月他们相会于西湖之东，黄公望为其画《山水轴》。

李可道，一称李少翁，濮阳人。由左司郎中授荆湖北道按察使。为有文字记载的黄公望唯一的弟子。高启《凫藻集》言：“吴华山有天池石壁，老子《枕中记》云：其地可度难，盖古灵壤也。元泰定间，大痴黄先生游而爱之，为图四、三本，而池之名益著。此为其弟子李可道所画，尤得意者也”。（题《天池图》小引）

另外，黄公望还与出身于世代官宦门第、官至翰林学士承旨的赵孟頫，闻名江浙的大富豪曹知白，倪瓒交往甚密。黄公望经常出入于他们的府宅，论文赋诗，执麈谈玄，援琴雅歌，挥毫作画。

二、道门——全真师友

黄公望六十一岁时，信奉全真道，“遂弃人间事，易姓名为苦行净竖，又号大痴翁”[8]。从此遁入道门，拜金月岩为师，开始从事宗教活动。这里我们不得不对其入道的原因作一历史的考察。

道教，是元代具有很大势力的一种宗教。传说男女信徒有三十万人。全真道作为道教的一个流派，创始于大定七年（1167），原是一些拒不仕金、逃避现实的汉人地主的结集。而由于全真道创始人王重阳之徒丘处机受到成吉思汗的召请，全真道最先获得特有的优遇，得到了发展。虽然此道在元初受到佛教的打击，但成宗时（1295）又给予优容。道士免除赋税差役，又可蓄发营地，合法地享受常人之乐，而各种道官都有一定的品位，且与世俗官员的级别相等，形成了社会中的一个特殊阶层。而一些俗人地主也托名诡寄或带田入寺，名人儒士也与道徒往还。资雄于乡的富豪倪昭奎，就是得到元朝政府“特赐真人号”的道士地主上层人物。在黄公望的另几个朋友中，杨维桢自二十八岁中进士后一直为官；倪瓒为浙西三大富豪之一；张雨是宫观住持、提点，据有山林寺产，为一道士地主；而方从义则来自张天师为首的江南道教中心龙虎山，张天师“纵情姬妾，广置田庄，招揽权势，凌轹官府，乃江南一大豪霸”[9]。方出于他的门下，在其出游江南中结识了一批达官显贵，可见他也不是寻常人物。至于莫起炎、冷谦、张三丰亦都是道门中有影响的人物。这些人虽然都出入于道门，但他们入道的原因和其人生经历却完全不同。黄公望因和贪官往来而锒铛入狱，出狱后，仕途艰难的现实使他看破红尘，但博学多才的黄公望又不甘在宦海中沉没下去，故他选中了另一进身之阶——遁入道门。可见他入全真道并非仅仅是为了逃避现实，而是以一种更新的途径，多渠道地接触社会的上层人物。

此外，黄公望入道的原因，可能也受到倪瓒之兄倪昭奎的影响。虞集《倪文公墓碑》言倪昭奎及冠之年就“雅志屏花绝欲”，元贞初（1295），“浙西廉访使”徐琰招其议幕中，而黄公望此时也在徐琰门下任“浙西宪吏”。后来徐琰又荐倪昭奎，授书道学院山长，这时倪氏就可能对黄公望小有影响。在倪瓒出生后不久，倪昭奎又“去从金先生应新为玄学”，这与黄公望后来也从学于金月岩先生不能说没有关系。延祐元年（1314）倪昭奎接旨升玄文万寿宫住持，提点杭州开元宫，还为元政府“特赐真人号”。如此平步青云成为道门中的显赫人物，亦可能对黄公望心理有着巨大的诱惑力。当然，黄公望入道的原因是多方面的，而他不甘寂寞、强烈追求自身的价值当是其主要原因，这也可以从他在道门内的交友中得到印证。在黄公望所交的道门朋友中，绝大多数出身于豪门，且都工诗文、擅书画，作为道朋艺友，黄公望与他们的关系又较一般的道士亲密。

张雨（1283—1350），旧名泽之，又名嗣真，字伯雨，道号贞居子，又号句曲外史，钱塘（今杭州）人。为道于茅山。张雨博闻多识，诗文、书画皆为元朝道品第一。杨维桢称他为海内奇士。彼此交谊很深，经常诗来画往。至正四年（1344）黄公望画《云壑幽居》图，送他归句曲山。而黄的《秋山幽寂图》《仙山图》《缥缈仙居图》等均为张所藏。至于张雨题赞黄公望的画那更是常有之事。张雨为一代名流，文士多与之游，他同为倪瓒之友，晚年归家，倪瓒将其变卖田产所得的千百缗赠之，不留一缗，可见他们交谊至深。张雨收藏较富，黄公望也常于他处得以观赏名迹，如至正八年（1348）秋月，黄公望在张雨居所观钱选《浮玉山居图》卷（上海博物馆藏），并为之题跋。

莫起炎（1226—1294），字月鼎，苏州人。道士。幼习玄学，放浪江湖间，纵酒狂歌。据明姜绍书《无声诗史》和清孙承泽《庚子消夏记》云，黄公望与“莫月鼎、冷启敬、张三丰友善”。

冷谦，字启敬，一作起敬，号龙阳子，武陵（今湖南常德）人，寓嘉兴。道士。他亦与黄公望友善。

张三丰，其名与字众说不一。有名通、思廉、山峰，字君宝、全一，号昆阳等。为元末明初道士。明姜绍书言他与黄公望友善。

方从义，字无隅，号方壶，贵溪人。生卒年无考，为上清宫道士。1333年前后曾由信州龙虎山出游大江南北各地，交接了不少达官贵人和文人、画家。“延祐中（1314—1320）金蓬头先生修其学于先天观，风月良夜，乃游圣井山。”“圣井山在信州上清宫东南”，“方外之友曰方壶子者，早弃尘事，深求性命之学，从先生最久”。[10]黄公望于1329年入新道教，也学于金蓬头。而方从义是在金蓬头先生去世后才出游，由此可见黄公望与方从义之间有接触是无疑的。方从义为元末画家，擅写云山，取法董巨、二米，笔墨苍润，亦能诗书，可见他与黄公望之间也存在着艺术交往。方从义无世俗气、极潇洒的山水画，黄公望赞为“深入荆关之堂奥”，他题其《松岩萧寺图》“……此图此景入天机，谁能仿佛方壶老”[11]。

本诚（约1297年前后在世），初名文诚，后名道玄，字觉隐，自称辅成山人、大同山翁等，浙江嘉兴人。寓吴下，为元僧四隐之一。品高洁，喜佳山水，居无常处。工书画，尤以诗自豪。至正七年（1347）黄公望为其作《层峦积翠图》。

三、画坛——丹青同行

黄公望作画约始于大德三年（1299），是年三十一岁。[12]他以董源画法为基础，且参以其他各家之法，形成了能反映自己个性特点与风格、被称为“大痴本色”的艺术面貌，为后人赞为“虽师董源实出于蓝”。这种变化董源而来的“大痴本色”历来被误认为是黄公望的唯一风格。实际上，黄公望是个博学多才之士，深究于古代画学，特别是他临摹了众多的古代名家作品，故他所反映出来的艺术面貌也不仅是一种。他的画设色浅绛者为多，青绿水墨者为少。而王奉常言：“大痴着色山水为第一”，他的青绿山水主要师法大小李将军，“渲染勾皴，得浑然之神韵，无刻划之习气”。他的《九峰雪霁图》“创前人所未造，示后人以难摹，尤妙在生面独开，仍不露自家墨法”。[13]故可见在他的作品中有许多“不露家法”的其他风格，他是具有多种艺术面貌的画家。而他艺术成就的取得，和他在画坛中的广泛交友有着密切的关系，一些年长艺高的前辈画家直接给他指授，特别是元初巨匠高克恭、赵孟頫深深地影响着他。这对于他在元末画坛上取得独占鳌头的地位打下了深厚的根基。

元代特定的历史条件，形成了江浙一带的画家群。这一画家群中各成员的政治、经济地位不尽相同，但彼此间都保持着经常的联系，他们时常交游在一起，切磋画艺，不断丰富自己的艺术。黄公望在他的画友中，社会政治地位较低，但享有较高的画名。他的画艺成就弥补了自己政治、经济地位的不足，使他在这画家群中得到了许多像倪瓒之类的富豪画家的崇敬。由此他利用了富豪画家的丰富收藏，在交游、观赏和评题富豪画家的藏品时，他学到了古代优良的绘画艺术传统，同时也看到了比他稍长的前辈或同辈画家学习古人而自创新法的成功经验。这些都给黄公望以很大的启迪，使他得以兼收并蓄，逐步形成了自己的艺术面貌，并给后世以很大的影响。

高克恭早岁入仕途，曾多次到江南任职，故谙熟于江南山水，且和江南的文人、画家来往密切。画师承二米、董巨，“图青山白云”开一代新风，和赵孟頫同为元初画坛巨匠。高克恭与赵孟頫也是往来密切，而黄公望学于赵氏门下，又经常出入赵氏府宅，故他可能和高克恭接触，亦可能在赵家或其他地方看到高氏的画作，并受到他画风的影响。这可从黄公望三十三岁（大德五年）时为子茂所作的《设色山水》中看出，明汪珂玉在《珊瑚网》中评曰：“山中屋宇，流泉山凹，风格似高克恭。”

赵孟頫在政治上是“荣际五朝，名满四海”的显赫人物。在艺术上，他书画皆能，且精通音乐，擅长鉴定，勤于诗文，是元初艺坛上的巨匠。元代不少知名画家均和他有来往，特别是他的创作技巧和艺术理论给予后人不少影响和启迪。黄公望晚于赵十五年，他早年常得到赵孟頫的指授，并经常出入其门庭观其所藏。董源的《夏山图》就是在赵家观得，而入目着心，使得黄公望七十四岁时还能极力追忆摹作。赵孟頫给予黄公望的影响应该说是多方面的，黄公望绘画中一些简淡清远的作品，就是他早年得力于赵孟頫指点的结果。明张丑《清河书画舫》中视黄公望《万壑松风》与《晴峦晓色》二轴“与赵文敏公《溪山仙馆》诚伯仲也”。可见黄公望为“松雪斋中小学生”是有可能的。

曹知白平生未做过大官，仅大德中（1302年左右）以荐为县学教谕，不久即辞去。但他为世代富豪，闻名于江浙一带，曾游京师，王侯臣公多与之交友。家中蓄书数千百卷，法书墨迹数十百卷，当时的一些文人、画家多与之交友，黄公望也不例外。明姜绍书《无声诗史》言曹知白与黄公望友善。黄公望在题曹知白画卷中言：“云西与余，有交从之旧，别来四年，心甚念之。”可见他们交谊之深，而一旦见曹氏之画又“展阅不已。既题而复识之”，“十载相逢正忆君，忽从纸上见寒云……”曹知白善画山水，效法李成、郭熙，清淡疏远，黄公望对其艺术十分欣赏，“云老与仆年相若，执笔濡墨，既有年矣，老而益进，于今渚名胜善，画家求之，乃画者甚多，至于韵度清趣，则此翁当独步也”。[14]而曹知白对于黄公望的画也是大力推崇，高士奇《江村销夏录》记他题黄画《秋山图》云：“痴翁为危承旨作此，年过谓老，而目力瞭然，笔法古稚，大有荆关遗韵，仆之点染不敢企也”。

倪瓒为江南无锡的豪富，资雄于乡，家有清閟阁，幽迥绝尘，中有书千卷，左右各列鼎彝名琴，松桂兰竹香菊缚纡缭绕。倪氏好客之名闻于远近，常邀名士至此谈诗论画。元代中期后日趋衰落，元末兵乱，他疏散家财，浪迹太湖、泖湖一带，寄居田庄佛寺。擅画山水，宗师董源，参以荆关，兼及李成，意境萧疏。黄公望较他长三十二岁，但都是同代声名显赫的大画家。黄公望认倪为画坛挚友，因为他简淡清远这类画的“佳趣”，“推云林能赏其处为知己”。[15]至正九年（1349）黄公望留倪瓒处月余，啸咏书画，成《楚江秋晓图》，倪瓒“观其江乡野店，绝壑奇峰，复有匡庐洞庭之想”，叹曰：“清閟阁中更得一老友矣。”[16]至正十三年（1353）五月，黄公望又在清閟阁中用雪版笺和倪瓒合作《溪山深远图轴》。倪瓒对于黄公望画艺的赞赏可见《石渠宝笈》中的题跋：“子久契友，雅志丘壑，潜心于绘事，而能独造其妙，……固为知己……”他们二人均宗师董源，具有相近似的审美情趣，故经常在一起合作，其中《江山胜览图》先后历时十年方告完工，可见此中他们过从甚密。

吴镇一生清贫，曾在杭州等地卖卜。他是元末画家中极少与豪富交往的一个山水画家。由于吴镇一直僻居乡里，故黄公望与其接触不多。至元二年（1336），吴镇为黄公望作《中山图卷》，另外，在著录中也有吴镇题黄氏所画的作品。

王蒙，元末弃官后隐居临平黄鹤山，故能诗文，工书法，擅画山水，亦能人物。由于王蒙为赵孟頫的外孙，而黄公望又与赵孟頫有过交谊，加之其他一些因素，故黄公望与王蒙有往来。一次，王蒙为郡曹刘彦敬画《竹趣图》，刚毕，黄公望走过，王蒙求以教之，黄公望则以为可添一远山并樵径。王蒙从之，画面顿觉天趣迥殊，倍感深峻。黄公望对于后学王蒙也极推崇，认为“鸥波之宅相，非子而谁耶”。他们间也常有合作之事，1350年（至正庚寅）五月，他们合作《琴鹤轩图》，黄公望布景，王蒙列乔松高士。整个画面苍古潇洒，天趣横生，世人重之。至正二年（1342）十二月，王蒙持倪瓒《春林远岫》图，并示纸索画，黄公望亦为其作《春林远岫》小幅，并题一绝。可见他们之间的艺事交流的频繁和形式的多样。

王渊年轻时曾得赵孟頫的指点。山水、人物、花鸟皆称精妙。1328年至1329年间曾参与集庆（南京）大龙翔寺画壁。黄公望和王渊的接触，可能早在赵孟頫的门下，但他们的友谊直到双方暮年之时。1341年（至正元年）黄公望得知王渊因政事败落而归钱塘，遂作山水一幅，并赋诗以慰情怀，“富春山水终嘉遁，岂是先生政不堪”。[17]另外，他们也曾合作过《东山小隐图》。

朱肃，字敬之，生平不详。善画枯木竹石平远，至正八年（1348）黄公望为其作《空青图》。

陆复，字明本，自号梅花主人，江苏吴江人。元末明初画家，善画墨梅。生平不详。黄公望寓平江（吴江）光孝时，他将佳纸二幅，用郭忠厚墨大陀石研，作《溪山雨意图》。

张渥，字叔厚，号贞期生，杭州人。博学多艺，尤善画人物。累考科举不中，但依附于浙西三大富豪之一的顾瑛门下，成为经常被招至的座上客，在当时艺坛上占有一定的地位。黄公望与其友善。曾在他家见唐开元馆画直杨升的《蓬莱飞雪图》，画幅精工至极，使黄公望赞叹不已。后来黄公望采其笔法、参以己意作画数幅。

四、隐庐——志士逸人

黄公望晚年正值元末，社会的危机已经开始酝酿一场大的革命。在这前夕，黄公望在画坛上已经成了首屈一指的人物，向他求画者日益增多，他的地位已经能和官宦豪富为伍。此间他常“潜合隐士之行”，构一堂于别经，“每春秋时焚香煮茗，游焉息焉。当晨岚夕照，月户雨窗，或登临或凭栏，不知身世在尘寰矣”。[18]虽然如此，但他并无隐士之举，仍然和一些官僚地主相往来，直到至正十三年（1353），他还常出入于倪氏的清閟阁中。

这一时期，黄公望也交了另一类朋友，那就是所谓的隐士。这些隐士中有的未出隐以前就交识，有的则是新交。他们出隐的时间基本上都在元末，而各人隐居的目的却大相径庭。有人是因为元朝统治所引起的民族矛盾，不愿出仕新朝；有的因为终生不慕名利，如元末四家之一的吴镇；而有人是因为科举不中即隐，如陶宗仪；也有人是因为仕途不利，如“顾善夫自京师旧宦如洗……构一窝于玉峰山下”；亦有人是因为家庭败落，而“浪迹湖泖”，如倪瓒之流；还有一些人是因为元末战乱而出隐。

元朝末年，蒙古贵族对人民的剥削日益严重，政治腐败，官吏贪污，军队衰朽，钞法败坏，黄河水患，加之统治集团的内部倾轧，人民灾难深重，死者枕藉，怨声载道。刚刚平息的民族矛盾又一次激发，人民揭竿而起，终于爆发了元末的农民战争。这场战争打乱了元朝政权统治下的汉人官僚地主的正常生活，他们竭力反对农民起义，称起义军为“妖贼”。在“无可奈何花落去”的形势下，他们就出隐深山野湖，以示“清高”。如杨维桢此时正由建德路推官升江西儒学提举，可谓是飞黄腾达之时，然而张士诚起事大丰，渡江南下，占据了浙西地区，他只好避兵，浪迹江湖。而黄公望这位一直周旋于一些自诩风雅的达官贵人之间的清客，一直过着类似于豪富的生活，轰轰烈烈的农民起义打垮了他生活所靠的支柱。富豪们有的退出了政治舞台，有的“弃田业，纵游山水”。黄公望经营了几十年的上层社会关系网开始破裂了。而此间他年届暮时，已没有精力再去找新的靠山，另外，暮年的心理变化使他也想过一些安静的生活。于是，他像往昔入全真道一样，走上了出隐的道路。

这些隐士虽然出隐的目的、动机各不相同，但大都效法隐士之举，皆僻居一隅。但他们又非同于陶潜“于穷山绝域而与世不相闻”。他们留念着往昔的闲情逸致，常相互交游，“从容于逢掖颠沛之时，漫浪于世道纷纭之际”，过着悠闲的生活，彼此间仍以诗画酬作消遣度日。黄公望就是在这样的生活中度过了晚年。

由于出隐后，黄公望所处环境的改变，他的画境心境也随之发生了较大的变化。江山钓滩之胜使其兴之所至，完成了著名的《富春山居图卷》，成为他踏上艺术高峰的标志。黄公望一生中也结交了不少隐士之流，特别是在他出隐之后，更多和隐士交流，他们是：

袁易（1262—1306），字通甫，长洲人。不乐仕进，一任石洞书院山长，复归就隐。他与黄公望交友当在黄出任“浙西宪吏”之前，也就是在大德初年。他们间相识可能与赵孟頫有关。袁易在其《静春堂诗集》中《独坐怀黄子久》诗言：“良友多隔阔，邈若参与商；众中见快士，蔚然江夏黄。辞章发华藻，眉目宛清扬，如瞻晨星辉，烨烨吐寒芒。相逢车马边，俗尘不可鄣；欲申慷慨怀，告别复匆忙。具区数泽深，高天云路长；愿为双鸿鹄，与子俱飞翔。”

杜本（1276—1350），字伯原，号清碧，学人称之为清先生。江西清江人。不求仕进，降武夷山中。能画，善山水，而画墨牛、葡萄甚可观。他常与一些名人及隐逸之士交游，和黄公望的往来仅见于《清河书画舫》中，他与黄公望、王渊、石岩四人相聚在一起，黄公望和王渊合作《东山小隐图》，他为之题记。

王逢（1319—1388），字原吉，号梧溪子等。钱塘（一作江阴）人。曾避乱于淞，后徙上海。张士诚据吴，大府交辟，坚卧不就。他比黄公望小五十岁，故在《题黄公望痴山水》中云“大痴与我忘年交”。他和元末的许多著名隐士几乎都有来往，而尤为向往黄公望，认为“风雨草树余萧骚，大痴真是人中豪”。[19]当他“十年淞上筑仙关”，“十年不见黄大痴”时，黄公望正隐于杭州筲箕泉，故非常希望黄“几时来隐陆机山”，“渔樵长共水云闲”。[20]

而他对于黄公望的了解，莫过于在《梧溪集》卷四中记录了黄早年的一段经历：“名公望，字子久，杭人。尝掾中台察院，会张闾平章被诬，累之，得不死，遂入道云。”成为我们今天研究黄公望早年行径的一段非常宝贵的资料。

范居中，字子正，号冰壶，杭州人。他与黄公望在杭州相识，1338年（至元戊寅）秋，两人阔别十年偶然相逢于旅途寓所，悲喜之极，黄公望为其画《赠别图》以赠之。

陶宗仪（1316—？），字九成，号南村。陶宗仪早年随父宦游西州。元末举进士不第，遂隐于泗泾，筑草堂于泗泾的南村，隔绝尘世，唯耕艺读书，为元末明初文学家。其著《辍耕录》记有“杭州赤山之阴，曰：筲箕泉，黄大痴尝结庐处”。黄公望也为其作《南村竹堂图》，可见他们间也有交往。

黄公望平生广泛交游，友人众多，关系错综。在元代这个特定的历史氛围中，黄公望这些朋友的身世大都较为复杂，富豪、道徒、画家、隐士，很多人是兼而有之，社会主宰了人的变化。这些人对于黄公望的思想、艺术有一定的影响，故在对黄公望的研究中，实不可忽视这些外围人士，他们对于全面地认识黄公望的政治、思想、艺术面貌是不可缺少的。当然，今人的分析应基于历史唯物主义的立场。在封建社会中人的价值和人对社会的贡献，是以仕进的形式来体现的，这不能用我们今天品评的“好”“坏”来论定。黄公望立身仕途或广交豪富，是时代使然。他的形象是一部分封建文人在广阔文化背景上的一个缩影，如果没有这种封建文人间的交游，就难以想象会有元代绘画的巨大成就和影响深远的黄公望。

注释

[1]戴表元:《一峰道人遗集》。

[2]黄公望题《江山胜览图》，见《石渠宝笈》。

[3]倪云林题《黄子久、倪云林合作溪山深远图轴》，见邵松年《古缘萃录》。

[4][11][14]温肇桐:《黄公望史料》，上海人民美术出版社1963年版。

[5]陶宗仪:《辍耕录》卷二十四。

[6]杨载:《杨仲弘诗集》卷六。

[7]张丑等:《清河书画舫》，故宫博物院藏。

[8]钟嗣成:《录鬼簿》卷下。

[9]《历代名臣奏议》卷六十七《郑介夫奏议》。

[10]危素:《危太朴文集》卷六《山庵图序》。

[12]见拙编《黄公望绘画年表》，载《朵云》第11期，附注，此年表中的前部非我所作。

[13]吴升评《九峰雪霁图》，见《大观录》。

[15]黄公望题《江山胜览图》，见《石渠宝笈》。

[16]倪瓒题黄公望《楚江秋晓图》，见《听帆楼书画记》。

[17]黄公望题《山水》，见都穆《铁网珊瑚》。

[18]黄公望题《秋山招隐图》，见孔广镛《岳雪楼书画记》。

[19]王逢:《梧溪集》卷四,《题黄大痴山水》。

[20]王逢:《梧溪集》卷一,《奉简黄大痴尊师》。

本文载于《美术研究》1986年第4期

陈履生，1956年生，江苏扬中人。美术史论家，研究员。1985年毕业于南京艺术学院美术历史及理论专业，获硕士学位。中国国家博物馆副馆长。

油画传入中国及其早期的发展

水天中

作为一种外来艺术的油画，从中国人眼中的“殊形诡制”，到今天终于在中国土地上扎了根，经历了不短也不长的时间。说它不短，是因为从利玛窦给万历皇帝送来油画圣像，已距今四百余年；说它不长，是因为中国画家真正从事油画创作，是从21世纪才开始的。回顾中国油画发展的历史，可以大致划分为四个不同的阶段。17世纪至清末为第一阶段，1911年至1949年为第二阶段，1950年至1978年为第三阶段，1979年至今为第四阶段。本文只就西方油画传入中国及其在中国的早期发展做一简略的回顾。

公元1601年，在南京传教的意大利天主教神父利玛窦来到北京，向明神宗朱翊钧献天主像、圣母像以及圣经、十字架、自鸣钟、八音琴等礼品。他所带来的圣像使中国人大为惊奇，“所画天主乃一小儿，一妇人抱之，曰天母”，“其貌如生，身与臂手，俨然隆起帧上。脸之凹凸处，正视与生人不殊”（顾起元《客座赘语》）。利玛窦后来获准居留京师，结交了许多名士重臣。在此前后，肯定还有其他传教士来华活动，并带来类似的油画作品。现存广东新会博物馆的《木美人》，是绘于两寸多厚木板上的油画，其确切年代尚不可考，但出自17世纪前在闽南传教的西洋人之手，似无疑问（秦长安《现存中国最早之西方油画》，《美术史论》1985年第4期）。当时的中国人对这些来自“西洋欧罗巴国”的圣像并不看作艺术品，它们和自鸣钟、八音琴、催眠术一样，被看成诡异而不可名状的“奇技淫巧”。富于立体感的“木美人”会飘然下板，为主人执箕把盏的传说，却间接传达了人们对这种绘画的逼真感到惊喜。

清初来华的郎世宁、王致诚、艾启蒙、潘廷章等人，都是擅长绘画的传教士，他们成为中国宫廷的外籍画师，为皇家绘制过一些油画作品。清廷内务府档案中有皇上指派他们绘“油画脸像”的记载，这些油画肖像曾在1985年西柏林“欧洲与中国皇帝”展览中展出（聂崇正《西柏林观清宫廷画记》，《故宫博物院院刊》1986年第3期）。在康熙年间，意大利传教士马国贤以善绘油画驰名京师，居北京十余年，且曾携生徒五名泛海西归。五名中国生徒里是否有善画者？他们到欧洲后的境遇如何？这只能引发我们的遐思。而乾隆帝命令从宫内奴仆中选聪颖年少者随洋人学油画，却查有实据。满族画家、御史五德“擅泰西画法”，曾为成亲王绘纸本油画山水。五德很可能即出于郎世宁门下（谢稚柳《北行所见书画琐记》，见《鉴余杂稿》)。虽然郎世宁等人对中国绘画的影响，主要在将西洋画技巧融入中国画，但是人们对传教士带来的画，从感到惊奇、不理解，到成为宫廷绘事之手段，这无疑是一个很大的转变。

鸦片战争后，外国商人涌进中国，他们带来了欧洲绘画的复制品。这使得宫廷以外的普通中国人也一开眼界。有些精美的印刷品曾使中国画家大为激动，并成为他们学习油画的起由。从沿海通商口岸外商带来的印刷品，到中国杂志上彩色印刷的“泰西名画”，一直为年轻的中国画家所珍视，许多人从这里了解欧洲油画艺术，并获知国外油画发展的讯息。

传教士和商人输入油画，是由外而内的。对中国艺术家来说，是被动地接受。而艺术的成立，更有赖于主动引进。在中国油画发展的第一阶段中，担起主动引进使命的不是画家，而是那些主张维新变法的文人。这可以薛福成和康有为作例。1889年以“左副都御史”出使英、法、意、比四国的薛福成，是一个很关心绘画艺术的人，他曾亲睹许多油画巨作，写下了《巴黎观油画记》。这篇文章简洁优美，中国老一辈知识分子中，有不少人是从这篇文章获知，世上还有如此真切动人的绘画。在《出使四国日记》中，薛福成介绍了意、法等国的绘画，提出“中国之有画，亦数千年矣，然重意不重形”，而西方油画之精妙处则“为中国画家所未到，实开未辟之门径”。

自诩“维新百日，出亡十六年，三周大地，游遍四大洲，经三十一国，行六十万里”的康有为，在艺术上是一个胆识过人的革新家。他极力推崇意大利文艺复兴大师的绘画，尤致意于拉斐尔，“笔意逸妙，生动之外，更饶秀韵，诚神诣也……吾国画疏浅，远不如之，亦当变法”。康有为谈艺常多疏漏，但在对欧洲油画的鉴赏方面，显然远远超出在他前后的许多中国画家。缘由其实很简单，那些画家从来不曾看到过真正足以代表欧洲绘画发展水平的油画作品，所以难免作出“笔法全无，虽工亦匠，故不入画品”这一类评述。

清末倡导变法维新的文人，以他们的文笔、声望，在介绍西方绘画方面，起到了同时代画家所起不到的作用，造成了接受欧洲油画的舆论声势。这样，从利玛窦到康有为，经过数百年的酝酿，油画之进入中国，终臻水到渠成的局面。

中国油画的这一酝酿阶段，是在传统文化面临西方文化挑战的背景下进行的。引入欧洲油画的动机，是以新的艺术手段来补充原有绘画的缺陷，但在接受外来艺术时，原有的文化基础越深厚，外来艺术的立足就越艰难。对传统艺术的自豪感，常常排斥外来艺术。而“中体西用”以及“恶西人而摒西法”之类的观念，对油画的发展一直若隐若显地起着作用。康有为认为“吾国宫室、图画、音乐、戏曲四者皆不如欧人……不能不舍己而从欧美矣”。但“教化、文章、衣服、饮食，皆我之国粹，我所独长，廓之充之，方且推广为万国法，而安有舍弃之乎？”这一类思想一直引导和限制着中国油画发展的轨迹。

进入20世纪之后，中国社会发生了巨大的变化。1911年的辛亥革命结束了延续数千年的封建王朝统治，敲响了封建文化的丧钟。在此之前，清廷于1902年参照日本学科颁行学堂章程。两江师范学堂和北洋师范学堂于1906年以后设立图画手工科，开油画课，聘外籍教师任教，开我国美术教育的先河。而真正推动中国油画起步发展的是众多青年出洋学画及美术院校的建立。可以说，中国油画的这一发展阶段是以留学生为主要力量，以京、沪、杭、宁的美术院校为主要舞台展开活动的。因此，赴日学画的李叔同于1910年学成归国，可以看作中国油画由酝酿阶段转入起步阶段的标志。李叔同虽不是最先出国学画者，但却是最先从国外学成返回的画家和最先教授油画的中国教师。李叔同归国后，先做画报编辑，后来应聘为浙江两级师范图画手工科西画及音乐教师，教授素描和油画，在国内率先采用石膏模型和人体写生，并编写《西洋美术史讲义》。

在李叔同去日本学画之前十余年，广东的李铁夫已到美国学习油画，曾受教于约翰·萨金特。在他留下的肖像画上，可以看到萨金特式的、挥洒自如的漂亮笔触和人物的神态。如果说李叔同是我国西画教育的开拓者，李铁夫便是最先掌握了油画技巧的中国油画家。在二李之后，大批有志于西画的青年陆续出洋留学，以去日本、法国的为最多。去欧美学画的有李毅士、冯钢百、吴法鼎、方君璧、林风眠、徐悲鸿、潘玉良、周碧初、张弦、庞薰琹、颜文梁、吴作人、常书鸿、吕斯百、唐一禾、周方白、吴大羽、蔡威廉、方干民、秦宣夫、胡善余、黄显之等人。继李叔同之后留日的有王悦之、许敦谷、陈抱一、胡根天、俞寄凡、王济远、关良、许幸之、卫天霖、倪贻德、左辉、王式廓等人。吴冠中、刘文清等人于40年代末赴法，是中华人民共和国成立前最后一批出国学画的留学生。

中国留学生是在中外不同文化背景下学习西方绘画的。最初一批留学生到法国时，西欧画坛已经是野兽派、立体派、“桥”社及“青骑士”们驰骋的天下。但学院派画家在美术学校里仍居主导地位。徐悲鸿投师达仰、高尔蒙门下，学习传统的写实技巧，他的选择代表了当时很大一部分留欧学生的心理和志向。他们远涉重洋，是为了学习中国所不具备的艺术，而那些新起画派，在技巧和绘画观念上，并不比中国文人画更成熟。正如30年代留法的秦宣夫所说：“我要是到法国去学新派画，不如回国学齐白石。”而西方绘画从古典主义到浪漫主义，再到印象主义以至塞尚以后诸流派，是一个有阶段的成长过程。从古典写实绘画入手，不失为一种提纲挈领的学习方式。当然，20年代至30年代的法国画坛，毕竟与一百年前大不相同，印象主义者及其他新起的艺术精英，造就了一个涵盖一切的艺术氛围。因此，即便是选择了古典画法的中国留学生，他们所学的也并不是严格的古典写实技巧。

与徐悲鸿差不多同时到法国的林风眠，可以代表另外一种发展方向。林风眠不具备中国传统文化的家学基础，他到法国迪戎后从师扬希斯，这是一个与达仰截然不同的老师。他不是谆谆告诫学生警惕新派绘画的影响，而是提醒学生不要落入学院派的陷阱。这样，虽然林风眠也曾就学于巴黎美术学校，但是他所吸收的主要是印象主义和野兽派的乳汁。

徐悲鸿主要着眼于西方绘画技巧的吸收，他的作品保留着浓厚的中国人的精神和气质。而林风眠吸收了较多的西方艺术家的思想方法，他的一些油画有比较鲜明的西方情调。在作品构思、形体塑造、色调和笔触的运用上，两人的画形成明显的对比，其原因之一是他们在处于剧变时期的西方绘画中，分别汲取了属于不同阶段的艺术。过去我们对这两种油画家的差异看得过于绝对和片面。实际上，不同禀赋而属于同一时代的作者的艺术，不可能脱出一个大的类型。徐悲鸿和林风眠在油画创作上也有共同的一面，他们出自同一社会和文化环境，对中西文化的关系、绘画的社会意义等方面有近似的看法。徐悲鸿的《田横五百士》《徯我后》与林风眠的《摸索》《人间》《人类的痛苦》，以不同的形式表现了中国艺术家"悲天悯人"的思想传统和呼唤中华民族觉醒的急切热情，这无疑是处于资产阶级民主革命时期的中国知识分子值得肯定的品质。

有意思的是去东邻日本学画的青年，大都皈依现代诸流派。西方绘画传入日本也由欧洲传教士为始作俑者，日本接受欧洲绘画远较中国彻底。在19世纪70年代，黑田清辉等画家已经重建了美术教育的观念和内容，坚持古典写实画风的画家所剩无几。这种环境使留日学生从一开始就接触欧洲现代风格，他们回国后多以前卫艺术家的姿态出现于中国画坛。

留学生的不同来源和他们接受的不同训练，决定了1949年以前二十多年中国油画界的基本面貌，而由归国留学生主持的各美术院校，特别是其中的西画系、科，更对中国油画格局的构成和消长起着重大作用，这种作用远远超出当时的各种画会组织。

上海美专、国立艺专（杭州）和中央大学艺术系的西画系、科，时间较长，学生人数较多。大部分归国留学生先后在一个或几个院校执教，使这些学校成为推广油画艺术的基地。

上海美专的前身"上海图画美术院"，成立于1912年，是中国历史最久的美术学校。主办上海美专的刘海粟推崇后印象主义的绘画大师，但他在艺术教育上有一种兼容并蓄的气度，善于吸收各具特色的美术家到学校任教。又由于上海美专是一所私立学校，对校内学生不作严格统一的艺术要求，相对地保持着宽松、自由的创作气氛。虽然它常为此而受到指责，但青年学生仍乐于进入这样的学习环境。

南京的中央大学艺术系开办于1927年，主持该系教学的有画家徐悲鸿、吕斯百等人。这是解放前唯一的定学制为四年，毕业生可以取得学士学位的美术系科。中大艺术系既要求学生具备一定的绘画技能，又要求学生具备一定的文化素养。以比较严格、系统的基本训练著称。

设于杭州的"国立艺术院"创办于1928年，次年改称"国立艺专"，是林风眠在蔡元培支持下创立的。创建这所学校的动机，是想建立一个与国内原有的美术学校不同的、富有生气的最高美术学府，改变中国美术与世隔绝的孤立状态。教师的配备和教学内容也反映出林风眠致力于"创造新时代艺术"的意图。

在美术院校之外，二三十年代也曾出现过一些绘画社团，如上海的"东方画会"，以上海美专教员为骨干的"天马会"，由朱应鹏、张聿光等人发起的"晨光画会"，分别吸引了一批有志于油画的青年。在海外，有中国留日学生组织的东京"中华美术协会"和留法学生在斯特拉斯堡建立的"霍普斯会"（后来改称"海外艺术运动社"）。这些团体都以倡导和研习西画为宗旨，以组织写生练习，举办作品展览为主要活动方式，在联络画家感情，扩大油画的社会影响方面取得一定的成效。30年代初由庞薰琹、倪贻德、周多、张弦发起的“决澜社”，1934年由留日学生赵兽、李东平、梁锡鸿等人组成的“中华独立美术协会”则有比较鲜明的艺术倾向。前者提倡法国20世纪初期出现的以野兽派为代表的绘画风格，曾接连举办四次画展，年轻的丘堤是获得“决澜社奖”的女画家。后者追随超现实主义，在创作实践和理论介绍方面，颇有披坚执锐的气势。从艺术成就和影响看，决澜社是30年代各种画会中最有特色的一个。

上述美术院校及画会组织，在某种意义上是不同艺术倾向的集结。这种集结相应地表现为作品的差异和学术观点的对立，这本来是十分正常的现象。徐悲鸿之痛诋塞尚、马蒂斯为代表的新派画为“无聊之作”，徐志摩起而为新派画辩解，他的《我也惑》等文表现出中国新一代知识分子对西方绘画发展的理解水平。由于西方现代绘画的波澜冲击到中国，这方面的论争也由对外国绘画的评价，发展为对中国油画的批评。有人批评中国的新派画是一种形式的“扮演”而非艺术的“再现”，是“依样的模仿”和“浮面的浅薄的‘学样’。扮演和学样，配称为艺术吗”（C.S.《扮演与再现》，《上海艺术月刊》第7、8期合刊）？对徐悲鸿的油画风格，倪贻德也坦率地提出了个人的见解（倪贻德《看了万国美术展览会后的感想》，载《新艺术论集》）。应该说，这些意见是坦诚的艺术论争，遗憾的是这种坦诚的论战未能在中国美术界继续发展下去。

中国油画在抗战前十年，经历了一度繁荣兴盛。当时的油画界由一群青年画家支撑着，他们仍处于学习和起步阶段，不论画种的历史还是个人从艺的历史都十分短暂，油画艺术的成绩和缺欠都与这些客观条件有关。抗日战争前夕在南京举行的“第二次全国美术展览会”展出了不少油画作品，这些作品体现画家对不同风格、样式的模仿和尝试。

抗日战争开始后，画家们纷纷走出画室，投身抗日救亡活动。这使画家们体验了普通人民的悲欢离合。油画家们丧失了创作的物质条件，却取得了思想、感情上前所未有的充实。在川藏高原和河西走廊，在重庆、昆明、桂林、兰州，画家们看到了与塞纳河畔、黄浦江边迥然异趣的人和自然。吕斯百、吴作人、艾中信、董希文、韩乐然、冯法祀等人所画的那些清新质朴的作品，使人回味无穷。在艰苦的战斗环境里工作的解放区画家，虽然更加缺乏从事油画创作的物质条件，但他们在其他绘画形式方面的成功探索，造就了大批富于朝气的新人，其中有不少人成为以后油画创作的精锐。

西方油画引进中国及其在中国的早期发展，经历了一个由不理解到理解，由被动接受到主动研习的过程。经过几代艺术家的努力，这一外来画种在中国获得发展的天地，为中华人民共和国成立以后油画的进一步发展奠定了最初的基础。

本文载于《美术研究》1987年第1期

水天中，1935年生，甘肃省兰州人。美术评论家。1955年毕业于西北艺术学院（现西安美术学院）美术系，1981年毕业于中国艺术研究院研究生部。中国艺术研究院美术研究所研究员。

壁画概念与源流

李化吉

什么是壁画？有一种观点认为只有用手直接绘制在墙上的绘画作品才算是壁画。也有这样解释的：“可包括彩砖，但不能指镶嵌画”，或者把壁画、镶嵌画、复墙画（指先画再镶装的方法）并列。但从实际效果上看，壁画的各种形式虽然技法不同，但作用是一样的，都是对墙面作艺术性的处理，但又不是工艺装饰。

壁画依附在建筑面上，因此，它必须尊重一个基本原则——平面性，应该是以两度空间占有的平面造型处理壁面为主。虽然可以运用立体处理手法，但首先要与平面性相结合，是以平面的构图形式与观念去综合立体手段。因此，这些造型方法仍是具有绘画形式的特点。这个基本原则的确立，会使作者与观众认识这个画种所呈现的效果，而不是去限制它所使用的材料和手段，诸如手绘、工艺制作、现代工业工艺、壁雕等各种造型语言等；这样就使壁画产生了边缘性，一件作品可称为壁画（指性能）也可称为油画、国画（指技法），但主要的还应该属于壁画范畴。壁雕形式如果整体上不是以塑造体积而以两度空间构图为主要艺术语言，仍是倾向于壁画的形式。工艺也是如此，纯用图案纹样装饰、缺乏绘画语言的，可称作壁饰，但不能称为壁画。通俗一点，可以说壁画必须有“壁”有“画”。更确切的可概括为泛指用绘制、雕刻和其他造型、工艺手段，在天然或人工壁面（主要是建筑物内外表面）上，制作的各种绘画形式。

如果把壁画孤立为手绘一种，这样就将一个重要美术门类分割得支离破碎。特别愈到现代，壁画、壁饰、壁雕、镶嵌等手段技法不断出新，许多其他科学技术成果被引进壁画范畴，只用分割的方法而不去综合，就很少有可能对这种边缘性愈来愈强的画种进行分类，做专门性研究。近几十年，各国的壁画形式虽然已有很大发展，可是并未引起人们注意，常常被划归工艺装饰工程。画家们有时也创作壁画，但多当作业余的、孤立的、专业绘画活动以外的“任务”，并没有给予更多的精力和时间去研究其特殊性，实际上没有得到重视，甚至受到轻视。德拉克洛瓦说过：“壁画家对其本身要求是比较低的。”认为壁画无法与油画相比。这种片面认识很有代表性。因此，即使是伟大画家参与了壁画创作，往往也不一定对壁画艺术形式的发展起多大影响。而当他们想认真参与壁画探索时，又困难重重。1892年莫奈通过罗丹想参加“城市旅馆”的壁画任务，甚至想接替一个辞职的画家，都遭到了拒绝；1900年，克里木特接受维也纳大学壁画任务，因为审稿上的矛盾，拖延了七年；1948年马蒂斯梦寐以求创作壁画的愿望，是靠运气才得到了圣·多米尼加教堂的任务。画家作为创作主体来说，应该打破以往窄狭的观念，从开阔的幅度上去认识和研究壁画的形式规律，那么我们所思考、接触并动手去解决的问题，就会宽广和深入得多。

从这样的观念出发去考察壁画的演变、更替过程，就会发现壁画的形式是随着建筑的发展，随着社会意识形态、民族心理素质而发展变化的，它始终没有凝固在哪一种技法之中，而且从来就不是孤立的。

最早的壁画形式是绘制和凿刻同时出现的，也是人类历史上产生最早的独立绘画形式。从现在保留的遗迹看，依制作的部位分为洞窟壁画与摩崖壁画两种。属于旧石器时代的只有洞窟壁画，如法国的考那克（约公元前23600）、尼奥（约公元前20000）、拉斯科（约公元前15500）和西班牙的阿尔塔米拉（约公元前15000）等。制作上全用手绘完成，但也含有刻制的成分。根据发现的工具和画面效果分析，是用毛发、羽毛、鬃尾、草及植物纤维，还有鸟兽骨管制作的吹喷器，采用勾、涂、喷几种基本技法。有些轮廓部位还用燧石或矿石之类尖硬器勾刻过，颜色用矿物颜料，以动物脂肪、骨髓做调合剂，非常牢固耐久，此外，用水溶植物胶、蛋液也有可能。在加勒比发现过最原始的石调色板。

中、新石器时代遗迹，以摩崖壁画（岩壁画）为主，有手绘、凿刻及二者混合三种技法，如挪威的皮奥拉、西班牙的加巴留斯、北非的塔西里、利比亚的费赞等。手绘色彩简单，也可能原来与洞窟内的壁画一样。经久褪色消失，凿刻痕也不太深。在艺术处理上，设计因素及装饰化的主观表现因素更加明确，物象造型有的远远超过实物。其动机是追求视觉效果，还是巫术要求，虽不能确定，但作为壁画形式的特点，原始人类已能在特定条件下，有意识地做出尽可能的追求，这是很值得注意的。

当人类进入文明时期之后，壁画由天然壁面转向人工建筑壁面。从遗迹上看，世界上大体上有六个地区系统比较重要：埃及，美索布达米亚（巴比伦、亚述、波斯），爱琴（希腊、罗马），印度，中国，玛雅—特奥蒂瓦坎。这六个系统是分别在不同的民族、地理、社会背景、政治经济条件下发展起来的，没有相互继承的关系。可见壁画艺术的源流是多中心的，可是由于人类文明都先后经历着共同相近的阶段，主要的表现形式、技法、基本观念方面，都有许多共同之处。因此，一些基本形式技法，就在各个国家先后出现。这六个中心里有四个由于国家政权的解体而消亡，虽然他们曾对其他民族有过影响，但自身并未形成体系，只有以欧洲为中心的西方体系与以中国为中心的东方体系得到了不间断的连续发展。

建筑壁画依所处建筑物质实体部位，可分室内、室外、地下建筑（墓室）三种。下面按六个系统的源流作简单的考察。

埃及壁画出现最早，埃拉昆坡里斯首领墓壁画是公元前3200年的作品，此后，各时期墓室壁画发现很多。这些作品还可举出梅杜的《雁》（公元前2780—公元前2260）、那赫特的《伎乐》

等。技法上主要是干壁画法，使用矿物色，调和剂用水和树胶、蛋白。也有一种底层上预先敷一层色泥或石膏再作画，有人认为这是湿壁画法，或混合画法，如《雁》。

此外，埃及壁雕也很出色。虽然也可列入雕塑类的浮雕，但它的平面性、装饰性较强，与雕塑性很强的希腊壁画相比更倾向于壁画。最早的有马斯达巴墓石刻壁雕（约公元前2500），它们以平面构图方法处理，技法上有凸出，有凹进，有的还染色。造型上强调外轮廓线的表现力，不追求深度与体积。从具备建筑性、装饰性因素观察，古埃及壁雕发展得最早、最完整。

美索不达米亚的古巴比伦，玛里王宫《王权授受图》是现存最早手绘室内壁画（约公元前2000），还有摩崖雕刻西台的《诸神行列》。亚述王朝有提尔·巴尔喜布宫手绘壁画。

琉璃壁雕是另一种壁画类型，用烧琉璃陶砖拼镶而成。新巴比伦尼布甲尼沙二世宫墙伊士塔尔门《神兽》、波斯大流士一世宫墙《武士》，是最早的彩色烧釉陶砖壁画。波斯帕赛波里斯宫《元旦朝贡图》是完整的室外大型石壁雕。

印度壁画对东方体系的发展，有很大影响，但真迹甚少，以阿旃陀石窟为代表，最早是公元前1世纪的作品，采用的是与埃及大体相同的干壁画法。

美洲的玛雅文化中博那姆帕克神殿《战斗》（1世纪）属湿壁画，特奥蒂瓦坎文化中特潘蒂特拉神殿《雨神》属干壁画。

以上几个系统壁画中，已具有至今沿用的几种主要技法，出现的年代都甚早，可惜的是它们没有持续发展而沦于断绝。

欧洲最早的建筑壁画是希腊克里特岛上爱琴文化时期的克诺萨斯王宫壁画（约公元前1600—前1450），画面上保留着文字纪年。有人说属湿壁画法，如《巴黎少妇》（也有说《羽冠少年》）是浅浮雕——干壁画。塞拉岛上还发现最早的风景壁画《春》《舟引图》（约公元前1450）。希腊迈锡尼文化期壁画《妇人像》（约公元前1300）是用单线平涂的干壁画。从以上可看出欧洲早期壁画真迹中，装饰风占有主导地位，没有明显的写实风格。古典期壁画基本上没有真迹，残存的有公元前7世纪的陶板绘制的小型壁画《猎人》是最早的绘制陶型板壁画。特尔非·阿波罗神殿壁画片断属绘制型，同期在意大利的希腊殖民地有帕斯多木墓室湿壁画。这些作品与同期雕塑写实手法的水平相去甚远，数量也少，很难作为代表性作品，而从维拉宫镶嵌画《斗狮者》（公元前3世纪）的倾向看，已十分具备写实风格的特点。

古罗马庞培壁画主要是湿壁画法，如《秘祭》《欧罗巴被劫》等，工艺制作相当值得考究，墙面抹灰泥有的多达十层，并掺进捣碎的砖末，从未完成的画面上可看到先勾线后着色的过程。在湿壁画法基础上也有的使用蛋彩画法和乳水调色法。室外壁画中，还结合蜡画法，以防止风化和潮湿的侵蚀。可以看出公元1世纪前后，罗马壁画绘制技法已相当丰富、成熟。这时期，宫殿中还有相当规模的天顶画，如罗马的黄金宫。镶嵌画的技巧也达到相当水平，如《奈鲁河》《海神凯旋》《狩猎》等。

罗马壁画已具备明确的写实风倾向，属西方体系早期阶段，它的湿壁画、天井画、镶嵌画的绘制方法，在以后欧洲壁画中都得到充分的发展。

初期基督教壁画虽然粗糙，但已看到拜占庭壁画的雏形。题材上是由古代神话、世俗生活转向宗教的开端。拜占庭壁画是融合罗马晚期传统，再加上中东风格的影响而发展形成的。随着大型建筑——教堂的兴建，镶嵌画空前发展，由于材料性能得到发挥，加上艺术表现中追求简化、概括，使装饰风与建筑性达到统一和谐，产生一种强烈的艺术效果。拜占庭壁画的制作是作为教徒（包括国家与个人）对神的虔诚奉献，在材料上除彩石、彩瓷、彩玻璃外，还加进珠宝、黄金等贵重材料，所达到的辉煌效果是一般镶嵌画无法匹比的，代表作如拉文那的圣·维塔尔教堂《查士丁尼大帝及侍从》、萨洛尼亚的圣·索菲亚教堂天顶画《基督升天》等。与此同时，在欧洲的教堂及墓室中还有相当数量的镶嵌壁画和湿壁画。

意大利文艺复兴是西方壁画一个顶峰期，以前壁画作者都是工匠，这时，则由画工提高为画家。文化素养、社会地位的改变，使艺术上也发生质的飞跃。工艺性减弱，绘画性和艺术性加强，制作手段重点集中到湿壁画上，并且发展了蛋彩画与油画。湿壁画在几百年内成了西方壁画的主要形式，并成为评价画家成就的主要标志。米开朗琪罗甚至说："油画只有妇女与懒人才合适。"

早期湿壁画如乔托《逃往埃及》、福兰斯《教会的斗争与胜利》、马萨乔《乐园放逐》、安吉利柯《受胎告知》、弗兰西斯卡《希巴女王礼拜十字架》；后期有米开朗琪罗《最后的审判》、拉斐尔《雅典学院》。用蛋彩在木板上画的壁画，也臻成熟，如乌切洛《圣·罗马诺之战》、波提切利《春》、都拉《受胎告知》；还有用油性蛋彩画法的达·芬奇《最后的晚餐》等。后来，用油画在麻布或木板上画的壁画也出现了，如委罗内塞《利未家之宴》、丁托莱托《天堂》，狄亚诺《圣母晋谒神殿》等。手绘形式空前丰富成熟，表现上确立了写实风格的体系。当油画形式占据支配地位以后，逐渐取代壁画，受油画写实技巧的影响，壁画创作加强对空间、透视、光影等真实感的追求。在巴洛克时期以后，出现了一批具有特色的天顶湿壁画，如莱尼《奥罗拉》、波佐《圣·伊格那佐的礼赞》、格尔托那《神意的胜利》等。鲁本斯也用油画技法在伦敦画过天顶画。洛可可时期发展华丽、纤细柔弱的倾向，完全打破建筑的平面感，天顶画中幻觉效果更为突出。提埃波罗是代表画家，同类型天顶湿壁画还有阿萨姆《圣诞》及斯庇里尔《圣母赞》，戈雅早期湿壁画也保留着洛可可风格。

十八九世纪以来，西方近代画家主要致力于油画创作，壁画方面只是沿袭传统画法，或直接使用自己的油画风格，成就不甚明显，代表作品有戈雅《圣·安东尼的奇迹》、德拉克洛瓦天顶画《阿波罗凯旋》、油画加蜡画《基督受难》、安格尔天顶画《拿破仑赞》以及莫奈《睡莲》等。19世纪末在壁画艺术方面有突出成就的画家中，值得提及的是夏凡纳和克里木特，他们意识到建设性与平面性的重要意义，没有沿着写实手法走下去，而是追求装饰风格，这种做法离开了欧洲几百年壁画传统的主流。因之，出现了新的面貌。夏凡纳在巴黎图书馆等处的壁画，在内容、形式、气氛上，都与建筑取得谐调一致。镶嵌画一直是手工艺的品种，画家很少重视，克里木特的《期待》使它获得新的生命力，突破了壁画家偏重手绘的畸形状态，并且是为现代画家采用多种手法制作壁画做出一次开创性的行动。

受东方艺术的影响，19世纪末西方几百年的写实传统开始动摇了。从后印象派开始，随着观念上的变化，各种流派的起伏、消长，许多画家在表现上或多或少地接受装饰风或平面化的影响，这与壁画的特性恰恰是不谋而合的，尽管他们并非主要从事壁画创作，但在风格、形式上却很容易与壁画相通和适应，因此很自然地成为推动壁画走上新阶段的重要因素，如杜非的巴黎植物园壁画、莱歇的联合国大厦壁画、毕加索的《格尔尼卡》、马蒂斯的《舞蹈》、布拉克的《鸟》、米罗的《夜》、埃尔尼的《化学世界》等，达利也用他超现实主义手法画过天顶画《东风的泪》。

真正把精力投入实践的是以里维拉为首的墨西哥画派发起的壁画运动。他们把传统和现代手法结合起来，欧洲传统与墨西哥民族传统结合起来，表现历史、现实和革命主题，创作了宏伟的巨型壁画。他们的实践，对世界现代壁画运动的发展有很大影响，湿壁画有里维拉《资产阶级的夜晚》、西盖罗斯《新民主》、奥罗斯柯《革命的三位一体》以及欧格曼的墨西哥大学室外镶嵌壁画。

西方现代壁画活动，正在进入一个多元化的阶段，为求得与新建筑风格统一的整体效果，一些工艺美术家、装饰画家在壁画装饰中对材料、质感方面所做的探讨和实验，应该引起重视。近二十年苏联壁画的发展变化，表现了画家们对这方面的敏感，他们正在摆脱20世纪60年代以前在壁画中追求写实而引起贫乏无力的弱点。同时，在材料使用与综合手段上取得很大成绩，例如，陶瓷镶嵌、彩色玻璃壁画、壁雕、壁雕与镶嵌的综合等都十分突出。总之，国外壁画正在经历着巨大的变革，跨进一个新的历史时期。

中国壁画是东方体系的典型，它是世界上从远古到现代不曾中断的体系，一直在独立的情况下存在和发展着。中国没有发展过旧石器时代的洞窟壁画，近几十年，陆续发现相当数量的原始摩崖壁画，其中有被断定为新石器时代的阴山、白岔河几处，但大部分尚待科学鉴定。方法内容上与欧、非摩崖壁画相似。凿刻型有甘肃黑山、内蒙古阴山、新疆干沟、江苏连云港等处；绘制型有广西花山、云南沧源等处；两种手法混合型的有内蒙古白岔河等处。

古代文明时期以后，从相当黄帝时代的辽宁牛河梁女神庙遗址，还有相当夏、商、周时代几处遗址中发现的彩绘图案的壁面残片中，可以推测，五千年前人工建筑的壁面上有存在过壁画的可能性，遗憾的是至今还未发现实物。

中国古代壁画，大都在宫殿、官厅、神庙、寺院、陵墓等建筑物上。咸阳出土公元前3世纪的秦代咸阳宫壁画残片，是现存中国最早的手绘壁画真迹，是用干壁画法绘制（在中国传统绘画中属重彩画）。值得注意的是干壁画连同墙壁制法、颜料选用等技术，直到近代还在使用，两千多年没有重大改变，成为中国传统绘制型壁画最基本的形式。这一点与西方体系存在很大的差异，有稳定持久的一面，也有停滞因循的一面。但在悠久历史过程中，表现出来的多种风采、技法和强大的艺术魅力，终究显示着中国壁画的生命力。

中国传统干壁画的墙面制作，是用黏土加麦、麻等纤维为主，自秦至清，基本相同，只有甘肃酒泉的后凉墓例外，用贴裱细布。用色基本上是矿物颜料。经过历史的实践，产生了一个完整的、严密的制作技法程序，成为至今没有失传的宝贵遗产。佛教壁画自汉以后，迅速发展起来，从公元5世纪开始，壁画成了一种社会需求量极大的艺术形式，这个历史现象与九百年以后的欧洲文艺复兴非常酷似。从前的无名画工，开始受到尊重，壁画家成为这一时代美术史上的代表人物，绘制水平到盛唐达到顶峰。可惜9世纪的“会昌灭法”结束了这个时代，这是规模最大的一次消灭佛教的全国性运动，壁画真迹拆毁殆尽，佛教受到极大打击。接着是五代时期的社会动乱，使壁画队伍再一次改组，社会地位又降到5世纪以前的状况，壁画再次成为画工们的职业，被社会所轻蔑，画家们不肯再画壁画。宋代邓椿解释李公麟不从事壁画（“大画”）创作的原因时说：“非不能也，恐其近众工之事。”到了13世纪，元代夏文彦在画史著作《图绘宝鉴》中记述当代画家，列入壁画家名单的仅有五人。社会地位的下降，自然要影响壁画作品的数量和艺术水平。从11世纪以后，壁画基本上是因循传统，缺乏创新和变化。这种循环、倒退现象，阻碍了中国壁画的发展与更新。

今天我们看到敦煌壁画的风貌，已使人激动不已，叹为观止，但在当时，不知还有多少更优秀的作品存在过。历史上无数杰作，现在遗留给我们的到底有几分之几？这是谁也无法回答的问题，下面把现存干壁画做一个简单的统计：

中国现存干壁画

朝代	地点
秦	陕西咸阳咸阳宫
西汉	河南洛阳卜千秋墓
西汉	河南洛阳八里台
西汉	河南洛阳烧沟村
东汉	河北望都
东汉	河南洛阳金谷园
东汉	辽宁辽阳三道壕
东汉	辽宁大连营城子
东汉	河南密县打虎亭
东汉	山西平陆枣园村
东汉	内蒙古托克托
东汉	内蒙古和林格尔
相当东汉	新疆喀什三仙洞
相当东汉	新疆拜城克孜尔
相当魏晋	新疆拜城克孜尔
相当魏晋	新疆库车库木吐喇
相当魏晋	新疆且末伊循
相当魏晋	新疆吐鲁番吐峪沟
十六国—西魏	甘肃敦煌莫高窟
西秦—北魏	甘肃永靖炳灵寺
北魏—北周	甘肃天水麦积山
后凉、北凉	甘肃酒泉
北凉、柔然	新疆吐鲁番哈拉和卓墓
后燕	辽宁朝阳崔通墓
北燕	辽宁北票冯素弗墓
北燕	山西大同司马金龙墓
东魏	河北易县高长命墓
东魏	河北磁县高润墓
北齐	河南安阳
北周	陕西杜欢墓
隋、唐	莫高窟
唐	敦煌西千佛洞
唐	敦煌榆林窟
唐	甘肃炳灵寺
唐	山西五台山佛光寺
唐	陕西乾县章怀太子墓

续表

朝代	地点
唐	陕西乾县懿德太子墓
唐	陕西乾县永泰公主墓
唐	陕西西安羊头镇李爽墓
唐	陕西三原李寿墓
宋	莫高窟（137窟）
宋	榆林窟（13窟）
宋	河南白沙宋墓
宋	河南安阳天禧镇宋墓
西夏	莫高窟（10窟）
西夏	榆林窟（4窟）
辽	山西大同华严寺
辽	河北宣化辽墓
辽	辽宁法库辽墓
辽	内蒙古昭乌达盟辽墓
金	山西繁峙岩上寺
金	山西朔县崇福寺
金	北京斋堂金墓
金	山西闻喜金墓
金	山西绛县金墓
元	山西永济永乐宫（芮城）
元	莫高窟（13窟）
元	榆林窟（4窟）
元	山西赵城广胜寺
元	山西赵城水神庙
元	山西稷山兴化寺
元	山西稷山青龙寺
元	河北曲阳北岳庙
元	内蒙古昭盟—赤峰元墓
明	北京法海寺
明	山西晋南定林寺
明	山西浑源永安寺
明	山西稷山青龙寺
明	山西新绛东岳稷益庙
明	山西汾阳圣母庙
明	山西汾阳末

西藏喇嘛寺庙壁画，属佛教密宗画风，现存的绝大多数是明以后的作品，技法上也都属干壁画。明代和明以前的作品有拉萨大昭寺、布达拉宫的壁画。明以后有拉萨哲蚌寺、色拉寺、山南桑鸢寺、日喀则夏鲁寺、江孜白居寺、萨迦寺、青海乐都瞿昙寺，阿里古格王朝遗址中也有11世纪以后的佛教壁画，存于扎达的白庙、红庙中（或即是托林寺）。此外布达拉宫、扎什伦布寺、青海塔尔寺、甘肃拉卜楞寺和北京雍和宫都有清代壁画。

中国到底有没有湿壁画，现在意见并不一致。有人说莫高窟北魏254号窟、元3号窟是湿壁画法，并认为元窟是受西藏密宗画风影响。其实西藏寺庙壁画也属干壁画法，并且这两个洞窟一是变色，二是墙面做法细砂多于黏土，因此才出现特殊效果，还没有发现颜色与泥墙相渗透的痕迹。另外，湿壁画的技法比干壁画更难于掌握，不可能只有一两件作品。所以，中国古代是否存在过真正的湿壁画，仍有待于考察和证实。

汉代以来，还有一种石刻壁雕形式，称为画像石，制作上有与古埃及壁刻相似之处，以平面构图为主要方法，不用体积表现而强调外轮廓造型，细部描写用不同的线刻手法，背景是虚空的凹进平面，总的效果类似浅浮雕，装饰性极强。另一种是在石面上刻线，近似白描，属于阴刻型。画像石有的作为小型建筑装饰，但也有安置在祠堂、墓室之内，充满墙面，具有绘画性，属于壁画形式。汉代画像石在山东、河南、陕西、四川、江苏发现较多，地面建筑有山东肥城孝堂山郭巨祠、山东嘉祥武氏祠。墓室建筑在河南南阳、山东沂南、陕西绥德、江苏徐州、四川合川等处保存较完整，散见的数量更大。晋代有线刻型的画像石墓，以后又有砖刻。南北朝时，有些虽然面积不大，但位置与形式仍属此类，如河南洛阳龙门的《礼佛图》。画像石至宋以后，很少有大型作品，逐渐变为壁饰式工艺装饰纹样。

中国陶瓷有悠久历史传统，但在古代很少应用到壁画上，只有明代（14世纪）建成的北京与大同的九龙壁，属于高浮雕彩色琉璃壁雕，是陶土成形涂釉入窑烧制之后，再拼镶而成，与巴比伦的伊士塔尔门壁雕同属一类。

中国古代壁画的类型与欧洲相比，更加单纯，像湿壁画、蛋彩画、镶嵌画、油画等画种的壁画都没有得到发展。这与国家长期封闭，特别是由于壁画形式比其他画种更难于交流有关。只有佛教壁画自六朝以来，从印度传来的一些表现技法得到较广泛的传播。中国自己的建筑长期保持的样式，使壁画类型在多样性和丰富性的发展上缺乏适当的土壤。所以，多方面原因导致了中国壁画艺术一度出现了衰微与停滞的现象。

新中国成立后，初期的建筑中壁画很少。20世纪70年代末期，打破封闭状态，国家建设与经济情况都有好转，建筑中壁画形式开始得到重视，在短短十年间，得到很大发展。继承古代传统、借鉴国外成果、创造新的经验等方面都有许多进展，虽然不一定都有很大的创新，但在中国壁画长期衰颓的形势下，转变之迅速，开拓面之深广，足以表明中国壁画有着强大的生命力。在物质条件并不充分的情况下，画家们在制作上都为今后的壁画发展打下良好的基础。在已完成的作品中有手绘型，全部使用中国传统干壁画法；也有油画法、丙烯画法。在陶瓷手段使用上有高温釉陶板、低温釉瓷板；其他还有丙烯与沥粉贴金结合，陶瓷镶嵌，彩色大理石板镶嵌，大理石板线刻，大理石壁雕，羊毛织毛，丝锦绣，铜塑壁雕，铝板腐蚀，磨漆等各种手段，有的画家还在研究试验新的手段。

从古代和现代、国内与国外壁画形式发展的状况来看，壁画是一个时代的社会、文化、科技与经济综合影响下产生的艺术形式，受到制约的方面很多，其中以它与建筑相结合的整体效果最为直接。所以它的发展创新、材料运用常常与社会变革、经济发展、时代的科技水平有关。题材、风格则又关系到建筑的社会价值、作用以及画家的文化素养等。所以，壁画创新并非是简单的技法问题。继承传统自然包含保留某一种特殊的技法，使之不致断绝。但是，如果离开了社会条件，仅仅为了保留技法，就缺乏普遍意义。比如湿壁画法，要恢复到米开朗琪罗那样的水平，即使可以达到，也不可能有多少那种类型的建筑供画家们发挥能力。中国传统干壁画也是如此，哪里找那许多泥壁去呢？这并不是说不必掌握或了解某种技法，而是需要与今天的审美、建筑特点、社会意识联系起来。当然在某些特殊环境，必须依据古法是另外一回事，但就多数壁画家来说是不必要的，因为人们面对着的是今天、是未来。

本文载于《美术研究》1987年第2期

李化吉，1931年生，北京人。1949年毕业于北京华北大学美术系，1956年毕业于中央美术学院油画研究生班。中央美术学院壁画系教授。

三十余年来海外及台港澳地区的中国美术家

[美]李铸晋

首先我得说明，这里所要介绍的“中国美术家”，是指中国大陆以外，但包括中国台湾（以下简称台湾）、中国香港特别行政区（以下简称香港）以及东南亚、日本、美国、加拿大以及西欧等地在内的中国美术家。近三十多年来，这些地域都活跃着不少中国美术家，我因为常来往于这些地方，对大概情形也有些认识，故此谈一些个人的印象，供大家参考。

20世纪50年代，台湾美术界十分活跃，呈现着台湾本土文化与来自大陆文化的交流与融汇。其发展情况可以归纳为三个方面：第一，台湾本地传统。它受日本三四十年代影响较深。当时去日本留学的多，所学油画是日本30年代流行的面貌，也就是二三十年代流行于西方的艺术，如马蒂斯、毕加索的艺术。第二，大陆中国画系统。1948年至1949年间从大陆来台湾几百万人，遂使大陆文化居于优势。从大陆去的人认为日本文化不应继续流传。加以台湾传统文化落后，于是大陆中国画传统产生很大影响。影响最大的是溥心畬与黄君璧。溥心畬是清室皇族，诗、书、画均优，继承的完全是文人画传统，著名于三四十年代的华北，到台湾后任台湾师大艺术系教授，收了很多学生。黄君璧是广东人，广州美专毕业，抗战期间及战后在重庆及南京中央大学艺术系教书，到台湾后，成了台湾师大美术系主任。师大美术系是台湾最高美术学府，所以影响也很大。笔者1963年第一次去台湾，从当时的全国美展作品中见到：一批属于溥心畬系统；另一批属于黄君璧系统；还有一批属于张大千系统。张大千常到台湾，很多弟子在台湾。第三，大陆西洋画系统。徐悲鸿、刘海粟、林风眠没有去台湾，西洋画方面没什么人领导，学西洋画的年轻人对当时情形不满意，在50年代后期开始起来组织画会。

最早的画会中，一个是“东方画会”，由李仲生的一群学生组成。李是广东人，留学日本，抗战期间去重庆，曾与庞薰琹等办过抽象画展。到台湾后，他收了很多学生，包括萧勤、霍学刚、夏阳等。另一个是“五月画会”，会员有刘国松、庄哲、韩湘宁、彭万墀等。另一批政工干校的人组成了“四海画会”，以冯钟睿、胡奇中等为主。版画组织则有“现代版画”，以陈庭诗、吴昊等为主要成员。

当时，在台湾虽看不到西洋名画，但可以看到一些美国杂志，这些杂志大多介绍50年代欧美流行的抽象表现派作品。不少年轻画家都处于摸索阶段，就循着这条路走，于是出现了一批抽象表现派的画家。

50年代的香港与台湾不同，“岭南派”一直影响很大。“三高”先后去世，这时的岭南派领袖是赵少昂、杨善深等。赵少昂学生很多，不仅在香港有一大批，移居美国、澳大利亚和欧洲的都有。上海移居香港的画家也成为一派，这一派受吴湖帆、冯超然的影响，有顾若波后代顾青瑶，还有张碧寒（今已到美国）、周士心（亦已移居美国）、彭袭明和万一鹏等。50年代初期黄永玉、余本也在香港。陈福善走超现实主义之路。黄般若及吕寿琨本是广东传统画家，到香港后，搞半抽象。吕最后很抽象，成了禅画家。

中国美术家二三十年代去巴黎的很多，学成即归国，长期留在巴黎的有常玉、潘玉良等。战后40年代后期到巴黎的是1946年到达的熊秉明，他是西南联大学哲学的，到法国后专搞艺术。吴冠中、赵无极都于1948年到巴黎，朱德群1955年以后到巴黎。萧勤也于同年到西班牙，而后转到意大利的米兰，直到现在。

纽约原有几位华侨，如40年代的曾景文、梅常等。40年代晚期又有几位画家到纽约，如王济远、汪亚尘等。王季迁是苏州人，原在上海随吴湖帆等学画，又与吴及庞虚斋等搞收藏，他到美国最初仍走传统之路，后受抽象表现主义的影响另辟新径。程及是水彩画家，开始画风接近纽约写实派，后因接受道家和禅宗思想，走上了抽象表现派。陈其宽，出身于中央大学建筑系，在中大时学过画，去美后，在伊里端大学取得建筑硕士学位，又在加州大学攻设计，而后到波士顿，工作于世界最著名的建筑师格罗匹司的公司，接着在麻省理工学院教建筑设计，再后应贝聿铭之请合作设计台湾东海大学的整个校园，而后定居于台湾，这是50年代的事了。他的作品有传统笔法，并有欧美现代艺术的时空观念，极有影响。曾幼荷，抗战前在辅仁大学，受溥雪斋影响，40年代到夏威夷，搞传统画，后受抽象表现派影响走出新路子。50年代到纽约的赵春翔原杭州艺专毕业，后到台湾师大，而后转去美国。50年代由港赴巴黎的，有丁雄泉。

50年代到外国去的中国画家，与二三十年代到欧洲学画者不同。二三十年代的人是学成回国，50年代从中国港、台去的美术家则留在欧、美、日工作。情况与第二次世界大战后美国一些画家到巴黎而不再回美国的情形相近。

60年代，台湾现代画风气浓厚，起因于50年代晚期。当时有两个国际双年展，一个是巴黎市现代美术馆的双年展；另一个是巴西圣保罗市的国际双年展。他们邀请各国参加。台湾选送了一些“东方画会”“五月画会”的作品，这些现代画，都先被国外认识了，可是台湾传统国画的领导人物却一直不接受它们。

香港60年代也很活跃。一群年轻的西洋派画家最先成立了“中元画会”，也建立了他们的地位，其中包括在香港成长起来的韩志勋、徐榕生，台湾师大毕业的文楼、张義等。60年代后期则以吕寿琨领导的一群年轻画家为首，成立了“元道画会”，包括王无邪、谭志成、吴耀宗、周绿云等。

60年代由台湾去国外的更多了。去巴黎的有廖修平、谢里法、夏阳、彭万墀、陈英德、陈昭宏等。当时台湾与欧洲多数国家均无邦交，但与西班牙仍有外交关系，所以这些画家大多先去西班牙，再去巴黎。在巴黎的中国画家慢慢多起来。60年代后期，丁雄泉、廖修平、谢里法、夏阳、陈昭宏等又从巴黎移到纽约，就在纽约定居。60年代晚期到美国的画家有韩湘宁、秦松，70年代到纽约的有姚庆章。他们从台湾到美国，发现纽约的美术活动比巴黎更活跃，于是也在纽约定居下来。此外还有不少画家，如刘国松、庄哲、冯钟睿等，都借基金会之助，到美国和欧洲作过一年以上的考察。

70年代从香港、台湾到海外的画家更多了，在巴黎已超过100人；在纽约有中国画家800人；在旧金山、洛杉矶也很多，此外散居美国其他各地的也不少，中国大陆去的画家也已有200多人。

从台湾、香港到欧美去的中国画家，有些是从国画传统出发的，老一辈的汪亚尘、王季迁、赵春翔、曾幼荷，晚一辈的胡念祖和陈瑞康（均从台湾来，现居纽约）等，都是如此。另有一些学西洋画出身的画家，如王济远、程及、赵无极、朱德群、萧勤、熊秉明以及后来的丁雄泉、廖修平、谢里法、夏阳、彭万墀、陈昭宏、姚庆章、韩湘宁等，他们到了纽约或巴黎等地之后，天天在美术馆及画廊中与当时最前卫的欧美艺术接触，自然在艺术思想上和风格上受到了不少影响，从而使他们的艺术有了新的融会。这种情形是十分明显的。

50年代，在巴黎及纽约，正是战后抽象表现派差不多支配了整个画坛的时候，中国画家初到欧美，自然受到了很大的影响。他们从中国传统精神出发，吸收了抽象表现派的方法，而形成了他们个人艺术的新风貌。赵无极首先从林风眠的路子出发，走向了欧洲的奇丽的创新，再用中国的形象，如荷花、青铜铭文、汉代画像等开创出有东方色彩的抽象表现派，成了巴黎画派的一员。朱德群到巴黎后，也走这一条路，在油画上探求笔法色彩之美。他们都是纯画油画的画家。画国画出身的王季迁则仍以宣纸、毛笔及传统的墨与颜料为工具材料，但却采用了折纸印墨的方法，创造出完全脱离了传统的新皴法，能兼中西之长，具有半传统半抽象的面目。曾幼荷则从传统国画出来，采取了西方贴纸的方法，也创出中西相兼的山水画，同时，她又采用了日本屏风的金银法，增强了她的东方抽象之美。陈其宽最能利用西方的时空观念来画中国山水，极富想象力。程及从中国山水花鸟的形象，慢慢变成抽象的禅宗道家意识的表现。他们都采了中西之长，而形成了个人的作风，确立了他们的地位。他们都不约而同地感到抽象表现派与中国传统的基本方法有许多相似之处，如注重笔法之美妙，重视形式之内涵，强调画家内心之感受与表现等。因此他们都追求融会中西，以求个人的新创。

除了以上几位之外，在融会中西之长方面成功的还有“五月画会”的几位成员。“五月画会”1956年在台北成立时，基本会员仅有刘国松、李芳枝（现定居瑞士）等四人，其后不断增加，总共有20余人。其最重要的活动期间为60年代初期，当时除刘、李外，前后曾为会员的有郭东荣（现居东京），陈景容（现为台湾艺专绘画系主任），庄哲、马浩夫妇（现居美国），韩湘宁（现居纽约），彭万墀（现居巴黎），冯钟睿，胡奇中（现均居旧金山附近），谢里法（现居纽约），李元亨（现居巴黎），王无邪（原居香港，1985年迁美，现居纽约），陈庭诗（现仍在台湾），洪闲（现居美国）。此外雕塑家杨英风（现仍居台湾）、孙多慈（已故）、廖继春，书法家张隆延（现居纽约）等，均曾一度加入“五月画会”的阵营。但到70年代后，会员多已分散，就没有以往在台北的热闹了。“五月画会”在50年代后期开始时，原主张全盘西化，走抽象表现派之路。但到了50年代末期，他们就感到不能完全西化了，他们看到石涛、八大山人等人的画与抽象表现派作风很接近，于是改变路子，开始转回用传统的笔纸，但采用了不少西方的技巧，如贴纸、喷色，用粗纸筋构成的棉纸，用棕树皮制成的粗笔，以及纸布兼用的种种方法，以求取得新的风格。这种作风，在台北的环境里，最先受到一些外国留学生及一些外国使馆人员的赏识，后来因被选参加巴黎及巴西圣保罗的双年展而渐渐受人注意。

1966年，笔者办了一个“中国山水画的新传统”的展览，包括王季迁、余承尧（一位退伍将军，业余画家，现仍居台北）、陈其宽、刘国松、庄哲、冯钟睿六人的作品，是与当时在台的一位美国研究生罗覃（现任华盛顿费莱尔美术馆馆长）合作筹办的，筹办既竟，交美国美术联盟在全美作两年的巡回展。这是这种融会中西的作品首次在美展出，都获得很好的反响。在这期间，刘国松、庄哲及冯钟睿都先后得到洛氏基金会及其他大学资助，到美考察一年，刘、庄均到欧洲数月。他们在国外除增强了对西方艺术的认识外，还加强了他们的自信心，而且给予台湾年轻的一辈画家以极大的鼓励。由60年代末期到70年代初期，台湾及香港两地这种融会中西的作风（他们称为“水墨画”）有很大的发展，成为两地美术界的一股新的力量，它的地位已经十分地稳固，而刘国松也就成为“水墨画”新派的领导人物了。

从60年代后期到70年代，台湾到欧美的画家人数渐多，同时，在欧美抽象表现派的时代已经过去。继之而起的新流派层出不穷，如波普艺术、欧普艺术、硬边艺术、机动艺术、极限艺术、观念艺术、新写实主义、摄影写实主义、过程艺术，以至最近的乱涂艺术（Graffiti Art）等。这些新的美术思潮，都是美国与西欧社会的产物。有些是对西方社会的嘲讽，有些是借新的机械和发明来追寻艺术的新表现，有些根本要打破传统的画布及雕塑观念而构成一种无形的观念艺术。从台湾到美欧的中国画家，看到这些新的潮流，十分兴奋，都跃跃欲试，其中不少都采取了新的技巧与方法，并成为巴黎或纽约画派的成员。

近十多年来，海外华裔画家最集中的一条路子就是新写实主义。这一条路，有时称为摄影写实主义，有时也称为超级写实主义（这与二三十年代流行的超写实主义，即表现梦境与潜意识的流派不同）。他们所用的方法，主要的是依靠摄影的技巧，先照下幻灯片或照片，而后采取其中全部或一部分景物，放大画在庞大的画布上（普通起码五六尺长，有时长至二十尺），用画笔及颜色勾出线条填色，远看就犹如一张幻灯片的放大。但画家并非完全跟随照片，而是经过他们的眼睛，经过强调或删改，从而反映出他的观点与看法，从极细微的刻画外形而表达出某种形外之意。这种表现方法，在巴黎的陈建中、陈英德，在纽约的韩湘宁、姚庆章、夏阳、陈昭宏、司徒强、卓有瑞，以及雕塑家费明杰等，都十分成功，各有千秋。这种成功，都不是偶然的，他们原来在中国台港所受的训练，大概是相当传统与严格，因此都有很好的技巧，走起摄影写实这条路，也就较为方便。其次是不少的艺术思潮，需要在欧美文化浸渍了许久之后，才可有那种感受，而中国画家，有些虽在欧美多年，但生活圈子多在中国华侨社会之内，与西方画家及知识分子接触不多，不易深入。然而摄影写实主义，在技巧与理论上，都较容易体会接受，因此这种表现，在华裔画家群中，最为普遍，也最成功。

从台湾、香港到海外去的画家，目前为数不少。最近数年来，从中国大陆到欧美的画家，为数也有数百之多。欧美的社会，一般中上阶层人士对美术都有相当的爱好，但艺术家的生活，都必须自己处理，从来没有政府津贴。一般来说，以艺术谋生并不容易，即使就欧美的艺术家而论，能够成名、全靠作品出售以维生的为数也极少。其他绝大多数都必须要以其他方法谋生，较好的可以在大学或美术学院任教授，其次在中小学任教员，不少则从事工艺美术工作，如广告、装饰、工商业的设计，还有绝大多数有其他的职业，如在银行、商店、公司任职员，业余才从事艺术创作。还有不少人做较粗的工作，如管电梯，开计程车，在餐馆任侍应生或洗碗，或作排字工人等。但也有一部分人，常在街头摆成小摊子，卖他们的作品，或为人画像。他们都希望有一日可以成名，但从以往的经验来说，真正能成为一流画家的，数十万人之中不过数十人而已。但是要走这条路的人，还是天天地增加，他们都认为，经过这些艰苦生活的磨炼与洗礼，就更能把握到生活的真味与人生的意义，使他们可以在自己作品中抓住艺术的精髓。

以往中国画家在海外，他们第一步的理想，是与欧美画家走同样的路子。如果这样走通了，他们有了在国外的地位，就可说打开了一条路子。这当然是一般在欧美的华裔职业界的理想。很多工商、工程、医学、教育以及其他种种行业，都与欧美人士一同工作，一同发展。但在艺术界中，牵涉整个思想文化的问题。艺术家的使命，还是要深刻地探求人生的经验，把握住文化的精髓，来予人以一种新的启示。从这个意义来说，华裔画家，在他们与欧美画家同走了一段路子之后，其第二步就是要在欧美的社会中，有他们独特的表现。其中不少人开始注意到，欧美不少艺术家及思想家，已注意到中国传统文化并吸收它的精华。从这方面可以了解，华裔画家在悠久年月之后，多会回顾祖国的文化传统，希冀从中可以获得新的灵感并渗入他们作品中。这种融会中西的追寻，也是华裔画家最合理的一步。但如何进行吸收、变体、融会，各有各的看法，各有各的不同表现，这就有待他们各自的努力了。

欧美现代画坛是欧美现代社会的反映，各种思潮与风格，层出不穷，日新月异。对一个刚到海外的中国画家来说，五花八门，目不暇接。但定居数年之后，就慢慢可以抓住一些基本的线索，了解这种文化的本质。新的理论、新的作风，都有其来龙去脉。但对个人而言，都凭个人的感受与反应而定。受中国传统影响的画家，在海外漫长的岁月里，主要的还是希望吸取欧美文化的精华，来增强他个人的思想与表现，从而创出他的融会中西的一枝奇葩异卉。

本文载于《美术研究》1987年第3期

李铸晋（1920—2014），广东人。美术史家。1954年毕业于美国爱荷华大学美术史系，获得博士学位。美国堪萨斯大学教授。

雕塑系三十八年历程回顾

钱绍武

中央美术学院在1950年建校后，雕塑系的师资仍然是原国立北平艺专的阵容，王临乙先生担任系主任，与滑田友先生和王丙召先生一起主持教学，工作是十分出色的，大家都充分发挥了自己的特长。王临乙先生本人的风格是雄健开阔的，他的《大禹像》《孔子像》以及1950年完成的《民族大团结》大型浮雕就是例证。他的作品具有典雅、大方的气质，明显地继承了汉魏风骨。王先生的教学也极有特色。他从不当面肯定学生的作品，但也从不随便地否定他们，但却能使学生信心十足地走自己的路。他一直主张因材施教，根据学生的素质和特长，加以启发诱导。他强调风格多样化，路子要“宽”。对当时一些极“左”的教学主张，他是反对的，他认为这样会把艺术搞狭窄了。在他亲自负责的班上，他卓有成效地教出了三名学生：刘小岑、刘士铭和于津源。他们在同一班上却各具特色，一个以“线”见长，一个用“面”，一个用“体”，都做出了好成绩。而且这种特色贯穿了他们的一生。刘士铭参加京郊土地改革运动后回来创作了《丈量土地》这件作品，后来一直陈列在捷克的国家博物馆。刘小岑作了《天安门观礼》，不久后又作了《和平》，为日本出版的《世界美术全集》所选载。于津源作了反映新中国体育事业蓬勃发展的创作。滑田友先生在法国从事雕塑十五年，1947年回国后在当时的国立艺专内部开过一个规模甚大的个展。记得我们都为这些高水平的雕塑艺术所震惊，觉得这才是雕塑的魅力所在。他的确带来了地道的欧洲雕塑传统。在当时法国出版的《世界美术百科全书》中，中国雕塑家只有滑田友先生占了整个一页。滑先生的天安门纪念碑中《五四运动》浮雕和《生产长一寸，工农向前进》大型浮雕都是新中国雕塑的杰作。滑先生的教学原则和王临乙先生完全不同，他总是传授自己的一套完整心得，对中央美术学院雕塑系造型水平的提高起了重要的作用。这里还应特别提到王临乙先生的学生王丙召先生。他当时是副教授，我们在普修班（一、二年级）上雕塑课时，都是他带着上路。他的创作特色是大刀阔斧，迅猛异常，一气呵成，神完气足。记得20世纪50年代召开全国英模大会，徐悲鸿院长号召我们为英雄模范造像，有一次请来了四位英模代表，丙召先生以暴风雨般的热情和速度一下就为其中两位做了一倍半于真人大小的胸像，非但肖似的程度令人信服，而且每块形体都显得精力弥漫，热情充沛。遗憾的是，由于极“左”思潮的统治，这两件不可多得的好作品放在屋角多年之后，竟再也找不到了。但是它们的气势和艺术力量却始终留在我们这些学生的心里。1951年由王朝闻同志（他当时是教务长）主持的“红五月创作竞赛”是一次影响深远的活动，当时对全体教师和学生起了可说是振聋发聩的作用，大家第一次在实际创作中体会到文艺为人民服务的意义。这次竞赛的结果出现了王育中的《民兵》、王鸿文的《送参军》、夏肖敏的《土改》等作品。这些作品的技巧虽然尚感幼稚，但却是诚挚的，是师生们用自己的实践走上了一条新的创作道路。这个反映人民斗争生活的方向的确立也就引出了一系列改革。这种探索和改革在没有特殊的政治压力的情况下，本来也可以较为健康、合理地进行。改革刚开始时，不过出现了一些简单化的倾向，如简单地要求反映生活，简单地要求为政治服务，简单地要求把习作服务于创作等。但是，接着而来的“三反”“肃反”等政治运动，使学术观点被当作政治立场问题，商讨变成了批判，改革成了整人。从此以后，教师的长处和优点再也没人提起，提起也只是作为批判的材料。雕塑的形式和风格日趋贫乏和简单，习作只限于照抄现实，创作题材也越发狭窄。尽管由于天安门人民英雄纪念碑的兴建，从杭州调来了刘开渠先生，从北京的中国历史博物馆等地调来了曾竹韶、傅天仇和司徒杰先生，这些同志都是十分有经验的专家，但对当时这种极“左”倾向也无能为力（他们的具体活动，我了解得不很确切，因为我从1952年就去苏联学习了）。这时唯一的学习目标就是苏联。全国开始了深刻的、认真的、一心一意的学习苏联的活动。中央美术学院派了留学生，请苏联专家来华，买进了各种画册等。这样做的好处是很具体，也容易学，缺点是增加了盲目性，出现了苏联学派一统天下的局面。

由于处处照搬苏联，所以表面上看从基本训练到创作教学都形成了一套完整的办法，例如，在基本训练上，苏联重视长期作业、解剖知识和素描的全面刻画，当然也包括形体、结构、动态、比例等，一句话就是重视基本的写实技法。创作上则强调根据自己生活中的感受进行创作，当然要结合一定的政治需要。应该说这种训练方法对雕塑系的写实基础是做了贡献的。弱点是艺术美感的教育落后了一大步，特别对雕塑艺术最根本的核心“形”的空间美强调得十分不够。当时苏联对我国的雕塑水平估计不足，因此所派专家的任务也偏重于最初步的基础教学。于是严格的写实基本功训练就成为雕塑系的基本教学内容了。当然，这是在习作教学中的主要倾向，事实上我国很多雕塑家和学生很快就不再满足于这样的要求，他们都开始了创造性的探讨。他们往往在习作上按照苏联这种严格训练方法上课，而在创作上却进行着自己的独立求索。

1958年、1959年我国进入“大跃进”时期，经济上虽然蒙受了巨大损失，但艺术上却不无可取之处。那时我们强调了“民族气派”，而且精神上都进入了“迷狂”状态。我系师生兴高采烈地投入了“十大建筑”的建设中，夜以继日地创作，作为正规教学的补充，其成果也是未可厚非的。

从60年代起，由于政治上开始脱离苏联的轨道，特别是经过了三年困难时期，头脑略为清醒了一阵子。人们开始注意自己的力量，注意走自己的路。文化部提出了尊师重道的口号，京剧界拜师的传统得以恢复。我们安排了给滑田友先生整理经验的青年教师，希望能认真研究滑先生的“六法”，发扬他的“贯穿”理论。在六年制这一班的最后两年，我们请滑田友先生担任了主课。同时，请王临乙先生讲了他长期提倡的一百个构图法，讲了雕塑感和建筑感的问题。我们对曾竹韶先生强调的大面的变化和联系，突出刻画人物的精神风貌的教学法也给予了高度重视，请他担任了毕业班的主导教师。特别值得一提的是大家都决心研究自己的民族传统。老先生都分别担任了重点的研究任务，王临乙先生重点研究“汉”，滑田友先生研究“唐”，曾竹韶先生开始研究“宋”。其他中青年教员也都分别提出了研究计划，傅天仇同志到五台山调查泥塑艺人，到云南了解铸铜传统；司徒杰同志到潮州研究潮州木雕，并去东阳向老艺人学习木雕技术。这次的传统学习还包括了请广东石湾民间艺人刘传到院里来较长期地授课。请无锡惠山泥人师傅王永泉和“面人汤”汤子博老先生来院里讲课和表演。在这种广泛深入的调查研究的基础之上，我系成立了民族、民间工作室。司徒杰同志还准备了五年制的民族雕塑班的教学方案，准备实行双轨制的教学。与此同时，青年教员也已成长为教学的骨干力量，如于津源、刘小岑等。回国不久的笔者和董祖诒同志都以不同的教学经验丰富了教学内容。这时，除了严格的写实基础仍然为各家所遵循之外，雕塑语言的特色、形式风格和手法都逐渐多样起来。在这一阶段学习的学生，造型能力普遍得到了提高，艺术修养和形式探索都有了可喜的进展，如滕文金的《“二·七”大罢工纪念碑》、陈桂轮的《节日》、王一林的《抓俘虏》、戴广文的《矿工》、阎玉明的《渔女》浮雕、郝京平的《老黄忠》等，都是各具特色的好作品。平时的习作也达到了新的水平，如孙家钵、齐子春所作的头像习作(四年级)都可看出在神态自然、解剖正确的基础上增加了“体态美”的因素。已明显懂得了雕塑特有的语言要求，比50年代学生的水平有了很大的提高。这时期中央美术学院雕塑系还吸收了一部分外国留学生，有来自捷克斯洛伐克、阿尔巴尼亚、缅甸和波兰的，他们的作业成绩也都得到了好评。

这时在教学中有特殊成绩的是雕塑研究班，主要以刘开渠先生为主，傅天仇和笔者加以协助。三年的成绩是可观的，学生的作品既有生活气息，也有雕塑美感，不论题材和形式都比较丰富多彩。田金铎的《稻香千里》、孙纪元的《瑞雪》、张德华的《渔民》都达到了当时雕塑界的最好水平。尤其是叶毓山的《毛主席像》立即为军事博物馆所采用，作为正门大厅的主要雕像。总的来说，这一时期雕塑系的教学是有生气的，是比较正规的，也是卓有成效的。现在这批研究生不少都已成为各兄弟院校的负责人和教学骨干。

正当雕塑系师生准备在此基础上大踏步前进的时候，忽然来了“四清”运动，正常的教学一败涂地，接着就是“史无前例”了。极“左”思潮发展到了荒谬的地步。直到打倒“四人帮”，大家才痛定思痛，觉得非好好总结一下不可了。于是不得不从解放以来的极“左”倾向想起，从正反两方面来认真思考，以求得一点切实的经验教训。我们既看到了解放初期的简单化，又看到了那时满腔热情的某些可贵之处，既看到学习苏联的某些合理之处，又认识到一统天下的危险性和局限性。就创作教学的主客观关系而论，我们既看到了生活是艺术的基础这一颠扑不破的真理，又看到了庸俗社会学、机械反映论所带来的祸害，就是满足于平庸、琐碎地照抄生活现象的风气。我们应该强调作者感受的特殊性是艺术创作的灵魂，是各种风格的源泉，又要反对不管客观的共同规律，不管普遍的感觉经验的纯主观表现。在对待形式和内容的问题上，我们深刻认识到以前那种只讲思想内容，甚至只看政治需要的严重错误，但同时也不赞成形式就是内容，形式决定一切的理论。我们只能主张形式和内容的高度统一。诸如此类的问题还有很多，如基本功和创造性问题、法与变的问题、传统和现代的问题等，都已到了应予以科学地、冷静地总结的时候了。这几年特别是中共十一届三中全会以来，我们系一直在边总结、边前进。

现在的教学情况总的来说是好的，基本造型训练一直保持着较好的水平，这是得到社会公认的。最近以来国外的书刊、展览纷至沓来，教员常去世界各国观光、学习，外国的专家教授也不断来访，学生思想空前活跃。这一时期有三届本科生毕业、一届研究生毕业。1978届研究生在刘开渠、傅天仇和钱绍武指导下，他们的创作得到了普遍好评。其中赵成民的《大婶》以敦厚结实的造型刻画了黄土高原的老区人民。孙家钵的木雕《屈原》充分利用了老柏树丰富多变的纹理，表现了屈原在风雨飘摇中坚贞不渝的动人形象（中国美术馆收藏）。刘骥林则以更大胆的夸张变形手法表现了苗家风情（中国美术馆收藏），这种手法在五六十年代是不可想象的。本科毕业生彭小佳运用装饰手法并吸收了欧洲和中国古代雕刻的传统技法，歌颂了新疆人民的幸福生活，由于高度概括的处理手法使它富有某种哲理意味。王少军的《太行祖孙》通过浑厚的体积，突出表现了我国人民的庄严深沉的气质。尚晓风的毕业创作《黄河》，同样也是以新的造型水平刻画了中国人民在淳厚朴实之中蕴藏着无穷的生命力。比起60年代的成绩又有了明显的进展。

自1985年以来，城雕事业迅猛发展，雕塑逐渐由室内走向室外，追求和整个城乡环境的交融。于是，在雕塑系面前又提出了崭新的课题——环境艺术。大家都意识到不从整个环境来构思，就会影响到对雕塑作品本身的欣赏，也会影响到雕塑作品的创作质量。因此，我们必须要增设一些过去没有的课程，或者加强已有而不够重视的课程，如建筑课、园林设计课、城市规划知识、一些装饰基础课，等等。同时，为了防止雕塑系风格的过于接近，我们决定成立四个工作室，由司徒杰、郝京平同志负责第一工作室，由傅天仇、刘小岑、吴竞同志负责第二工作室，由董祖诒、曹春生同志负责第三工作室，由笔者和司徒兆光、孙家钵负责第四工作室。第一工作室力图在民族化和现代化的方向探索，第二工作室将从环境艺术的角度来培养学生，第三工作室主要培养大型装饰性、纪念性雕刻人才，第四工作室则从事主题性大型纪念碑设计的教学。我们相信，这种方法可以促成教学的百花齐放局面。在仅一年的实践中，这样做的优点已经开始显示出来，教员的责任感加强了，工作室之间加强了竞争性，促使教员更充分发挥自己的特长，完善自己的体系，学生也增加了选择的余地。从最近一次成绩展览上已可看到学生作品的风格明显地多样化起来，探讨的角度各有不同，认真工作的态度也有所增强。当然也同时出现了一些新问题，如怎样对待共同规律的问题，如何合理吸取西方经验的问题，等等。我想这些都是正常的，正是改革中必然产生的问题。我们相信中央美术学院雕塑系在稳步前进中，必将克服种种困难，更健康地发展。

本文载于《美术研究》1988年第2期

钱绍武，1928年生，江苏无锡人。雕塑家。1951年毕业于中央美术学院，1953年赴苏留学。中央美术学院雕塑系教授。

外国美术史的教学和研究

李　春

美术史系本科生的外国美术史教学，外国美术史通史课是一年，每周两个半天，二年级开始授课。在高年级每周或隔一周还安排一些专题讲座。专题讲座的内容极其广泛：有的是通史中某一重要部分的深化（因通史课的时间所限，无法讲深讲细），如西方现代派艺术思潮；有的是目前通史暂未包括的一些专题，这方面的内容就多了，如亚洲美术、非洲美术、拉美美术、俄苏东欧美术、外国美术家论艺术和中西美术交流等。本科生学习外国美术史的目的和要求是：在学习期间，较为系统地掌握外国美术史通史知识，为今后从事美术史的研究和教学打下扎实的基础。在教学方法上，这几年除讲课外，也组织一些专题讨论课。在讨论课上，学生们各抒己见，自由发言，气氛热烈，这对学好学深这门课，活跃学生的思想大有好处。此外，还应加强学生课外阅读专业书的指导，这方面的工作过去虽然做了一些，但是很不够。一个大学生绝不能满足于听大课，而要认真阅读指定的参考书，并且培养独立思考能力。近年来，毕业生论文选外国美术史的题目多起来了，这是好现象，这说明随着国家的对外开放和中外文化交流，我们的学生不再处于闭塞状态之中，而更关心世界美术的发展，特别是当代世界美术的发展。

除本系外，外国美术教研室还担负着外系学生的外国美术史共同课，课程时间安排为一年，每周一次。外系通史课的目的和要求是：通过通史的讲授，提高未来艺术家们的素质和理论修养。讲授时，可以结合一些范例，讲一些创作方法，但史终究是史，还是要强调系统性，要系统全面地讲授美术史知识，使学生在校期间能打下一个好的基础，绝不能急功近利，那些只想从美术史的学习中找些诀窍解决创作上的一些难题的人是学不好外国美术史的。

我系从1983年起开始招收外国美术史专业的研究生，当时是国内招收的第一批外国美术史专业硕士研究生。现在毕业的研究生已有6人，在学的有4人。研究生的选题原则是尽量注意一些国内尚未开发或是开掘不够，而且又迫切需要研究的项目。这样选题，难度虽大，但有利于填补空白。这几年我们初步开拓了波斯绘画、拉美艺术、中世纪艺术、样式主义艺术以及现代美术流派和思潮的研究，培养了一批新生的教学和科研力量。研究生的毕业论文大都已经发表，得到学术界的肯定与好评。今后我们仍将注意填补空白和加强弱项的研究，如俄罗斯美术、苏联现代美术、东欧美术、北欧及西南欧美术、亚洲(南亚、西亚、中亚、东南亚，东北亚)美术、拉美美术(古代和现代)、非洲美术、西方现代派美术、外国建筑史等。

学习外国美术史，切莫忽视学好中国美术史。只有熟悉自己的传统，才能学好别人的东西。攻读外国美术史的研究生，不言而喻还必须学好外语，在三年学习期间内必须熟练地掌握一门或两门外语。研究生要用大量时间进行自修和课外阅读，外语这个工具掌握不好，专业学习就会非常吃力。

外国美术史教研室和其他教研室一样还担负着一些社会任务，进行普及外国美术史知识的工作。现在有人在群众中做交响乐的普及工作，外国美术史的普及工作也是十分需要的。

教研室的科研和教学是结合的，二者相辅相成。目前我们正计划编写新教材，以便将近年来一些新的研究成果吸收到教材中。科研工作还有面向社会的一面，不少教师担负着繁重的写作和编书任务。

搞史贵在专与通的结合，搞外国美术史也是这样，搞外国美术史要有自己的思考和独立观点。写一篇文章或讲一堂课，旁征博引全是外国人的话和观点，虽然显得渊博，但是归根结底缺少自己的观点和倾向，这并不好。研究外国美术史要重视现状的研究。在过去，课程安排上古的部分显然占得太多了，今后要调整一下比例，现代比例要大大加大，古今比例或三比一，甚至二比一。

讲授和研究外国美术史切忌宣扬民族虚无主义。有人看不起中国传统文化，说它长期处在停滞、封潮的状态，这不符合历史事实，封闭落后只是历史长河中的一小段，大部分时间是很有生气的，是向前发展的。这个泱泱大国一直很重视开放和吸引外来文化，如汉唐宋元就是这样。外国人看中国文化也并不虚无，例如，在十七八世纪，中国的文化艺术曾给欧洲以有力的影响，当时出现了中国热。18世纪著名画家华托的艺术风格显然受到了中国艺术的影响。中国的园林艺术在西方也颇受重视，西方人称赞圆明园为万园之园。雨果说:“人们一向把希腊的巴特农神庙、埃及的金字塔、罗马的竞技场、巴黎的圣母院和东方的圆明园相提并论。”到了20世纪称赞东方艺术和受东方艺术影响的人就更多了。马蒂斯说:“东方艺术拯救了我们。”这恐怕不是他心血来潮时说的。这个东方自然也包括中国在内。

民族文化交流只能是吸收、借鉴、融合，不能取代。西方美术史上这样的例子限多，以19世纪上半叶法国民族风景画派——巴比松画派的形成为例，法国艺术家虽然既汲取了荷兰风景画派的营养，又受到英国风景画的熏陶，但是巴比松画派仍然是典型的法国民族风景画派，这是由于这些外来的因素并不能改变或取代法国绘画的民族性和法国的民族文化传统。法国曾在意大利建立过美术学院，可是意大利艺术从来也没有取代过法国艺术。

现在不加分析，盲目吸收主要表现在对待西方现代派艺术上，认为现实主义过时了，谈艺术与生活的关系，谈艺术反映生活，就是老生常谈，还容易被人看作时代的落伍者，不如谈现代派或后现代派的艺术时髦，富有刺激性。这种现象是不正常的。今天，在现代派艺术狂潮的冲击下有些人暂时产生一些困惑，但是他们终归会认识到：现代派艺术可以在中国试验或流行，但绝不可能成为中国社会主义艺术的方向和主流。为什么呢？因为我们的人民不需要那些无法理解、缺少美感、脱离时代和生活的艺术。那种让人越看不懂越自认为高明，越丑越自认为美的艺术品，终究要遭到观众的唾弃，只不过是一场游戏和过眼云烟而已。其实，西方现代也并不完全是形式主义艺术的天下，与它并存的还有严肃的现实主义艺术。这样的艺术家，各国都有，如美国的肯特·韦斯，英国的保罗·荷加斯，德国的凯绥·珂勒惠支、亨利·济勒、乔治·格罗兹、马克斯·林格奈，比利时的麦绥莱勒，意大利的古图索，墨西哥的迪亚戈·里维拉、大卫·西盖罗斯，法国的斯丹伦、安德烈·弗哲隆、波立茨·塔利茨基等人。他们都曾为或正在为现代艺术做出杰出的贡献。由于过多地宣扬现代派艺术，却把他们的名字冲淡了。在西方也不是人人都懂现代派艺术，现在被大多数西方群众理解接受的，主要还是传统经典作家的一些作品。当然，我们也不能简单地把现代派艺术全部否定掉，这要具体分析，实事求是地考察每一个画派和画家，作出准确的评价。我个人还是这个看法，现实主义，或有人主张叫现代现实主义，还是应该坚持的，但是不反对吸收现代派艺术的某些手法和形式，使之更具有现代感。

本文载于《美术研究》1988年第3期

李春（1934—2009），山西天镇人。西方美术史家。1952年考入南开大学历史系，1959年毕业于莫斯科大学美术史论系。中央美术学院教授。

关于考古学与鉴定学问题

——美术史基础研究断想

尹吉男

一

考古学是艺术史研究的基础之一。在美术史系的教学中，考古学课是不可缺少的。尤其是史前艺术史，无法同考古学截然分开。材料的共有性在于艺术精神与艺术形式常常包含在多功能的历史遗迹遗物中。艺术还不能体现出自身的“纯”含义。站在考古学的角度来看待古代的艺术品，自然会强调它本身的历史含义。比利时根特大学的考古学教授西格费里德·德·莱特就说过：“如果能够用艺术多少阐明古代文明历史的话，艺术品当然不排除在考古学范畴之外。然而对考古学来说，它们仍然只是历史资料……”（《考古学及其问题》，伦敦，1957）一件古代的艺术品同时也是一件历史文物，而一件历史文物又或多或少地含有艺术成分。

考古学与艺术史的合作关系，不仅是考古学为艺术史提供了有效的事实证据，艺术史也为考古学带来了精神资源。正如格林·丹尼尔所说：“满身尘土的考古学家和艺术家之间的鸿沟并没有在日益加宽，它应该缩小，直至消失……人类在史前时期取得的成就像在历史时期一样，是最重要的主题，艺术成就的研究就是这些主题中最重要的一项，对它的研究是我们最伟大的特权之一。”（格林·丹尼尔《考古学与艺术史》，1970）在历史遗迹遗物中，最能表现人类的精神世界的也正是那些古代艺术品，尤其是在没有文字记载的史前时期，其意义更加重要。

考古学与艺术史的亲缘关系在西方是有传统的。首先，考古学的产生与人们对艺术品的兴趣密切相关。从15世纪后半叶起，在意大利半岛，随后又扩大到法国等地，掀起了搜集古代罗马艺术品的热潮，美术考古首先发生，进而成为近代考古学产生的源头之一。其次，狭义考古学是由于对希腊、罗马的兴趣而开始的。当时的文艺复兴运动促进了人们对古典语文和艺术史的研究，也促进了考古学的出现。最后，西方出现了像温克尔曼（1717—1768）这样的重要人物。他通过考古学与艺术史的研究写成了《古代艺术史》这一名著。人们在评价他的时候说：“无论是把艺术史作为一个单独学科来研究，还是将考古学当作一门人文学科来对待，温克尔曼都可说是后有来者，前无古人。”（参见《简明不列颠百科全书》）因此，有的学者把他看作“美术史之父”和“考古学之父”。在他的研究中考古学与艺术史是不可分的。在西方，由考古学者所写的艺术史专著很多。如兰蒂耶和于贝尔的《法国艺术的起源》、巴塔伊的《拉斯高与艺术的诞生》、马林格和班迪的《冰河时代的艺术》、塞顿·劳埃德的《古代近东的艺术》等，不胜枚举，都说明了艺术史与考古学的亲缘关系，同时，也说明了这些学者的成功就在于他们兼具艺术史家与考古学者的双重身份。我们从这些著作中可以看出美术考古学在西方发展的一般状况。

温克尔曼在《古代艺术史》一书的导言中说：“艺术史的目的在于叙述艺术的起源、发展、变化和衰颓，以及各民族各时代和各艺术家的不同风格，并且尽量地根据流传下来的古代作品来说明。”流传下来的古代作品，一类是出土文物，另一类是传世文物，都需要考古学与鉴定学的释读工作。考古学的基本任务是解决历史遗迹遗物的存在性与关系性问题，前者包括确定它们的时间、地域、族属、类别、形式等，后者包括各种纵向横向比较的确定结果。对相似关系、相异关系和因果关系都有一个比较明确的界定，于是历史遗迹遗物就有了一套完整的硬性描述。马家窑文化的彩陶、西周青铜器、汉画像石，都有确定的考古学含义。

其实，美术史归根结底是研究人的，但它是通过物来研究人。美术史必须体现出以往人们的心态与情境，那么人类精神范围中的重大问题也隐缩在其中。不论何种人文学科，都要透彻，贯穿到人，就是真正的透彻了。考古学者之所以重视艺术史的研究，是因为艺术史更切近人类的精神内涵。著名艺术史家潘诺夫斯基就说过：“于是，艺术史家也就成了人文主义学者。人文主义学者的‘原始资料’就是那些以艺术品的形式流传下来的记录。”（《视觉艺术的含义》导言）看来，一部丰富的视觉审美与心态情境的历史会不断为我们增加新的灵性。考古学者丹尼尔在《考古学与艺术史》中说：“苏格拉底曾说过艺术是人类灵魂的钥匙。假如我们一直保持对艺术的研究和正确评价，把它看作史前时代和原始时代的一项主要因素，那么考古学就不会成为缺乏灵魂的学科，我们将战胜新古物学的威胁。”

但必须看到，实在而又有灵性的人不能永存，残化为一种物质状态保存下来，只是地球上的一种重要的历史痕迹。人的痕迹更多的是那些历史的遗迹遗物。墓葬、建筑、村落、古城，是一堆沉寂的回忆物。这些回忆物必须经过考古学的释读才能了解。那当中有足够的历史含义。其中艺术品和艺术因素就大量地包含在这些回忆物之中。这里记着人的气息、神思、感念和情寓。这里包含着“人”，一个具有理论限定性的“人”。以物质形态包含着人的精神内涵是历史遗迹遗物的重要特质。从物质形态释读出人的精神内涵自然是一项极为重要的工作。这就是为什么要在艺术史的研究中重视考古学的基本原因。也是我们美术史系进行考古学教学实践的重要依据。尽管作为一门独立的美术考古学在中国还没有形成，但我坚信总会有这一天的。

二

艺术史的理解与考古学的理解是有区别的。不论是古代的，还是现代的，艺术品是永恒的理解对象。观念变化了，一切都是陌生的，重新解释就必不可少，新的艺术理论与浸透着新观念的艺术史著作不断出现。艺术史是研究人的，而研究艺术史的又是不同时代、不同心态、不同视角的人。这多重的复杂真是气象万千。但是，具有真知灼见的理解会给现代精神的变异理解带来新的平衡格局。因此，对古代艺术品的理解既要重视考古学的理解又要重视艺术史的理解。

潘诺夫斯基说："艺术史家往往像物理学家、天文学家那样十分精确、全面、专心地对他的'资料'进行理性的考古学分析。但是，他是通过直觉的审美再创造来确定他的'资料'的，正如'普通'人欣赏绘画或交响乐一样，直觉审美再创造包括对'质'的感知和评估。"他在这里强调了两种理解过程及其特点。第一种理解是客观的，第二种理解带有主观色彩。对古代的历史文物，如果强调考古学的理解，那么彩陶就是彩陶，是生活用具，青铜器是礼器……它们是具有艺术成分的实用品，这是它们本身的内涵，考古学总是在探究历史痕迹的本来意义并努力还原其本来意义。在这里复原理解比创造理解更重要。考古学理解实质上是现代人对古代人的还原理解，而不是现代人对自己的创造性理解。历史遗迹遗物是这种理解的重要媒介。艺术史的理解要有欣赏与评价意识，这种理解是一种创造性理解。对现代人来说，以直觉审美为主体的理解是普遍的。人们对历史遗迹遗物的理解都可以采用这种方式。这时许多古物都被列入艺术史的范畴。彩陶艺术、青铜器艺术、画像石艺术，这些历史遗迹遗物都作为艺术来理解。

一件陶器在古代是实用品而在今天成了艺术品。这一事实本身就包含了考古学与艺术史的两种理解。同时，也反映了一种主体功能的历史变迁。第一，这件陶器并不是一件纯实用品，其中含有艺术成分。它是一件美的实用品。实用是它的主体功能。第二，实用的主体功能也会丧失。只要它不参与实用，它的主体功能就消失了。当人们以审美为目的来欣赏它，它的主体功能就变化为审美功能，于是它就变成了有实用机制的艺术品。这一喧宾夺主的过程在许多历史遗迹遗物中发生了，形成了现代观念的艺术理解。一个佛教舍利成了艺术之塔、一块满足汉代鬼神观念的祠堂构件成了画像石艺术。这变异的理解虽符合当今的历史文化，但不符合古代的历史文化。但这又是人类总体的文化现象，反映了人类总体的理解过程，真实得无可怀疑。

相对于考古学的原位理解，艺术史的理解是一种重叠的理解。在承认一件古物是艺术品的前提下，再考察这件艺术品中重叠的历史含义，既有原初的又有补入的，也有在自我审美过程中主观参与的。艺术家在欣赏一件殷周青铜器锈迹斑驳的美，而考古学家在自己的理解中看到的永远是闪闪发光的庄重，他要将之还原给古代。现代普通人看到的只是一件铜器，而考古学家和艺术史家应当同时看到的至少是两件不同时代的古代铜器。一件被还原于当时的历史环境中，另一件被置于现代的审视之中。潘诺夫斯基指出："科学家在与自然现象打交道时，能够立刻着手对它们进行分析，而人文主义者在与人类活动及其创造打交道时，就必须伴随着一个综合和带有主观特色的精神过程："他必须在精神上再现这些活动、重新再创造这些创作。实际上，正是通过这一过程，人文主义的真正对象才能出现。因为很明显，哲学史和雕塑史的研究者之所以对这些书籍和塑像感兴趣并不是因为它们的物质存在，而是因为它们具有一种含义。同样很明显，这种含义只能通过再创作才能领悟，或者确切地说，才能理解书中表达的思想和塑像所展示的艺术概念。”（《视觉艺术的含义》导言）在这里着重强调了艺术史的理解。这里提到了综合和带有主观特色的精神过程。前面提到，早期美术史的研究无法摆脱对考古学的依赖关系。艺术精神与艺术形式常常包含在多功能的历史遗迹遗物中。艺术还不能体现出自身的纯含义。当时的人、事、物都具有一种普遍的综合性。这特点在史前更为明显。离开那种文化的综合性内涵，就无法单独去解释一件有艺术成分的考古物或一件考古物中的艺术成分。然而，对艺术史的对象是要进行评价的。艺术史的理解尽管有主观色彩，但也正是这一因素透示出了人的灵性。理论不是反历史的，但它要超越历史。总体的艺术史研究毕竟不等同于考古学，它的目的不会停留在考古学严肃分析的结论上，而是将之作为理论飞跃的实在起点。艺术史如此这般地在意义层面展开：它在事实与事实关系的基础上，提出问题，并解释这些问题。这些问题凝结着人的重要性。理论过程是一个理性与非理性的奇妙的处理过程。故理论不仅是考古学式的分析与总结，而是艺术史式的创造与启迪。来自人的灵性又影响人的灵性，使现实具体的生活不同凡响。因此，理论具有实在性，但又不仅仅具有实在性，理论是实在的灵性意义，是对存在性与关系性的精神超越。因此兼顾考古学与艺术史的两种理解，无论是对艺术史的研究还是教学都非常重要。

三

艺术的真伪问题是考古学与艺术史经常遇到的问题。

1971年和1972年，牛津大学考古学与艺术史研究实验室在他们的杂志《考古计量学》上公布了他们用热释光法对所说的赝品进行试验的结果。结果表明：目前世界上许多主要博物馆中所谓真正出土于哈奇拉尔的考古发现品，以及许多所谓真正的中国早期的陶罐都是伪造品。这个结论只有在考古学与科学鉴定技术比较发达的今天才能做出，在古代自然是很困难的。

总的来说，在出土文物中鉴定时代和真伪还是比较容易的。通过考古地层学与考古类型学的研究就能具体解决出土文物的存在性与关系性问题。一件有明确地层关系的古代文物，或一件有器物标型谱系关系的古代文物，都很易于确定它的时代及真伪。但对传世文物的鉴定就比较困难。鉴定传世文物的工作以前由古董商和收藏家来进行。在美术品的鉴定中，最难的还是古代卷轴书画作品的真伪鉴定。一方面由于这些传世书画不像出土品有地层关系，另一方面书画鉴定尚未出现硬性的标尺，同时，也由于书画本身的内涵又显得过于丰富。对中国古书画鉴定理论与方法的探求在海内外展开，这一努力正说明了它对艺术史研究的重要性。一件真伪和时代未经正确判定的卷轴书画也无法纳入美术史的意义层面加以探讨。一个独立的美术鉴定学正在形成之中，这是专门从事这项工作的研究者的分内事。

为了研究艺术史，对真伪问题应当有更深入的理解。对这同一问题，从考古学角度和艺术史角度去理解还是有差别的，只是没有引起人们的注意罢了。如果一件作品是确凿无疑的真迹，那么其中的风格与样式也是真实的，它包含的古人的心态与情境也是真实的。我们会从中得出正确的认识，这一点比较容易理解。如果一件作品是赝品，情况就不像真迹那么简单。它可能是一幅完全伪造的作品，风格与样式毫无根据，是伪风格与伪样式，没有任何价值。它也可能是一件忠实于原作的摹本。虽是赝品，但它保留了原作的风格与样式，也自然保留了原作当中人的心态与情境，这仍是有价值的作品。我们今天对顾恺之的认识不是建立在他原作的基础上，而是建立在唐宋人《洛神赋图》和《女史箴图》摹本的基础上的。这样的例子很多，我们是通过李公麟的摹本来认识韦偃的《牧放图》的，我们也是通过赵佶的摹本来认识张萱的《虢国夫人游春图》的。风格与样式的真实对艺术史的研究是有价值的。但这种价值对考古学来说没有意义。考古学只承认一个个别品作的真实，而艺术史除此之外也承认赝品中的风格与样式的真实性。一件风格与样式都很逼真的赝品，在艺术史的研究中还是有参考价值的。为了研究艺术史，似乎鉴定艺术风格与艺术样式的真伪比鉴定艺术品的真伪还重要。风格与样式的时代性、地域性与艺术家个性是美术鉴定学的灵魂，因为它们同艺术史的理解形成了有机的联系。我们是要研究真实的心态与情境，只要风格与样式是真实的就足够了。

鉴定学可分为考古学意义的鉴定学和艺术史意义的鉴定学。前者仍是后者的基础，后者又比前者宽容。我觉得，考古学的真伪观与艺术史的真伪观应有所区别。考古学要求一件艺术品绝对地真实，而艺术史要求艺术品必须在风格与样式上是逼真的。一件具有典型晚商风格与样式的仿制铜鼎，不会妨碍人们对它的准确理解。这就如同我们多年来对周口店的“北京猿人”的许多研究居然得自一批最初复制的石膏模型，而真正的猿人化石早已不知下落，这并未使我们的主要认识发生偏差。无论是一个壁画原件，还是一个忠实的壁画摹本，我们都可以对之进行艺术史的研究，因为它保留了真实的风格与样式。

这的确涉及鉴定学的层次问题。也就是说，存在着考古学意义的鉴定学与艺术史意义的鉴定学。这样会对真伪问题以及解决真伪问题的途径有更深层的哲学理解，也能真正把握以往历史中的关键问题。

本文载于《美术研究》1988年第3期

尹吉男，1958年生，辽宁丹东人。艺术史学者。1987年毕业于中央美术学院中国古代书画鉴定专业，获硕士学位。曾任中央美术学院人文学院院长、教授、博士生导师；现任广州美术学院图像与历史高等研究院院长、艺术与人文学院院长。

中国绘画基本观念之我见

刘国松

人类的进化，思想的演变，以及文化的发展都有着共同的方向，闭塞的地方发展得慢一些，开放的地方发展得快一些。我国唐宋以前，对外开放，注重文化交流，曾走在时代的前面，许多国家都派人到中国来学习绘画，成就很大。宋朝梁楷画的“泼墨仙人”，玉涧画的简笔山水，牧溪画的《柿子图》等，无论是在绘画思想上还是在表现技巧上都相当高，西洋一直到了20世纪初表现主义出现，才达到梁楷他们的境界。换句话说：中国绘画曾经领导世界艺术达七百年以上。“泼墨仙人”产生的时代，意大利的文艺复兴还没开始。后来中国自以为是世界的中心，自满于本身高度发展的文化，视四方为蛮夷，耻于与其交流，这才逐渐变为保守而闭塞。如今改革开放后，中国再度走向世界，成为国际舞台上的一分子，开始与其他各国进行文化交流，提高本身的文化水平。现在，我们已经看到，各地都成立了各种形式的文化交流团体和协会，正式展开了交流的工作。

笔者越来越觉得，抽象艺术是不应该产生在西方，而应该产生在我们中国的。他们之所以先产生了抽象绘画，也是由于他们的画家与东方的艺术进行交流后的结果。

过去西方的艺术家一直受基督教的影响。基督教告诉人们，自然万物全是上帝创造出来的，上帝创造出来的都是美的，画家不可以随便更改和变动。所以古典主义大师安格尔说：“你须去临摹，像一个傻子去临摹，像一个恭顺的奴隶去临摹你眼睛所见到的。”19世纪大雕塑家罗丹更说：“如果我要改变我所见到的，加以润饰，我必定不能作出有价值的东西。”西方的艺术思想一直走着写实的道路，到了19世纪末的印象派而达到高峰。他们不但每画必须写生，而且还欲画出一段特定的时间来，比如寒雾笼罩的早晨，晴朗的中午或炎热的黄昏。他们企图将三度空间的绘画加入时间的因素，从而达到四度空间的表现效果。

中国绘画虽然也有过“画写物外形，要物形不改”的想法，但因受老庄思想的影响，很快地已越过这一阶段，而产生了范宽的“与其师物，未若师心”的思想，进而达到董其昌的“失于自然而后神”的绘画观念。

这种观念表现在画面上时，即是对“笔墨”的格外重视与强调。何谓“笔墨”呢？“笔”即是笔在画面上走动时所留下的痕迹，“墨”即是墨色在画面上所达到的效果。如果用现代语言来说的话，“笔”即“点与线”，“墨”即是“块与面”。由于过去的中国画多是用笔和用墨画出来的，如果一张画“点和线”画得好，就说它“用笔”好；如果是“面与块”的墨色渲染得好，就说它“用墨”好。假如我们有了这样的认识，那么无论用什么样的工具和方法只要能画出好的点和线，应该都叫“用笔好”。因此，“用笔”就不是非用“笔”不可，“用墨”也并不是非用“墨”不可了。这样，我们就可以从“笔墨”这一狭义的观念中解放出来。于是由点、线、面、色所构成的绘画领域，立刻变得海阔天空，使画家获得充分的创作自由，创造的主动性也大大增加了。

说到这里，我还想再进一步谈谈“皴法”这一名词的概念问题。“皴”是在山水画由人物画的背景中独立出来之后，画家们眼见山石表面的粗糙纹理，深感古代人物画的十八描不能满足表现的需要而创造出来的。因为画家的感受与需要不同，所以也就不停地创造了各种不同的“皴法”。为什么近代的一些中西美术史家甚至画家，认为宋代是中国绘画的高峰，而元以后却走下坡路了呢？这与元以后的画家没有再创造新的“皴法”有着密切的关系。难道元以后的画家就没有新的感受、新的观念需要表现吗？我想不是的，只是无法从旧有的“皴法”束缚中解脱出来罢了。文人画家所提倡的书法入画，画一定要写出来的才是好画，写就必须用笔，一支笔所能写出来的“皴法”经过五代、宋、元画家的不断发展，实在已无多大的发展余地了。就是石涛虽高呼“在于墨海中立定精神，笔锋下决出生活，尺幅上换去毛骨，混沌里放出光明。纵使笔不笔，墨不墨，画不画，自有我在”，但是仍然逃不出笔的领域。六七百年来的中国画家都被文人画的艺术规范限制住了，以致舍本逐末，完全不知古代大师创造出各种“皴法”的根本原因。“皴”到底是个什么东西呢？南方人也许不知道，北方人应该是很清楚的。到了冬天，常在外面工作的人，手脚和脸就会被冻得皴裂，有时破裂处还会流出血来。这种皮肤的皴裂就叫作“皴”。如果用现代的名词来说，就是肌理（或纹理 texture），“皴”就是“肌理”。如果我们能从死的“披麻”等“皴”中“解索”出来，“肌理”并非一定要用“笔”才能得到，“肌理”也不一定非要“写”出来。现代拓墨画中的“叶脉皴”“渔网皴”“珍珠皴”“水纹皴”和“流沙皴”等都不是用笔写出来的，总之，中国画一定要从旧有的僵化形式中解放出来，才能找到一条生路。如果中国画也想走向世界，成为国际艺坛的一分子，首先要开阔心胸，吸收世界各地的文化营养，从事文化交流，取长补短，充实自己。西洋艺术之所以到了20世纪能够后来居上，都是由于19世纪末叶，后期印象派的大师们在巴黎世界博览会日本展出的版画与浮世绘中受到启发，大量吸收东方的绘画思想与表现技巧，经过文化交流后所创造出来的结果。当印象派达到写实的巅峰时，凡·高在他的画中吸收了东方绘画中墨色的线条与长笔触；塞尚吸收了东方二度空间的表现方式，放弃了欧洲上千年的三度空间的写实传统。马蒂斯由日本的版画与中国的剪纸中汲取营养，毕加索则从非洲黑人的原始雕刻中获得了灵感，纽约画派更从中国的书法的结构中获取到了抽象的韵律美，而创造了抽象表现主义。如果他们不是一直不停地与世界各地的文化进行交流，大量吸收，取长补短，恐怕至今还会停留在写实绘画的阶段。

我之所以说“抽象绘画”应该产生在中国，是因为自古以来，我们就是一个能够欣赏抽象美的民族，否则先民就不会喜欢大理石上的花纹，而把它拿来做桌面，或是配上镜框挂在墙上欣赏了。我们爱石头，大者如太湖石，小者如鸡血石；我们将应用的文字发展成一种独特的书法艺术都说明了这个道理。我们的画家从来也没有在画面上追求过“质感”“量感”，早在唐代已知不拘形似，借物写思，写情，写性，写心。画家所追求的境界，举凡雅致，高逸，浑厚，雄壮，优美，苍劲，神趣，秀丽，潇丽……乃至气韵，哪一个名词不是抽象的呢？

只是过去由于受到儒家中庸思想的影响，一直走着不偏不倚的中间路线。换句话说，就是既不写实也不抽象，所以“外师造化，中得心源”就成了千年不移的绘画真理了。但我认为，这同时也阻碍了中国画的继续发展。

我这样说，并非意味着中国画要发展就必须抽象。但是当我们要表现一些抽象的意境和观念时，应该采取自由表现的方式，不可一成不变。譬如说要表现一种浑厚的感觉时，如果我们用花鸟表现不出来时，就可改用人物，如果用人物也表现不出来时，再改用山水；如果用写实表现不出来时，就可用写意，如果用写意也表现不出来时，也可改用抽象。所以，我主张“画若布奕”，以达到“抽象意境的自由表现”。我反对“胸有成竹”，因有成竹在胸就容易雷同，容易重复，容易千篇一律，进而阻碍了创造，沦为保守。

一个保守民族最喜欢夸耀过去，诸如传统文化是多么悠久，祖先是多么伟大，但却不敢正视现实。试想，哪一个有出息、有作为的男子汉，总把他父亲的名字挂在嘴上呢？不错，我们是一个有悠久历史的文明古国，曾经有过辉煌灿烂的文化，可是我们不能总是回头看，而应正视现实，再图进取。因为文化是不能靠无知与贫穷创造出来的。多少年来，日本不断地向世界各国宣传他们在文化上的成就，向世界各地赠送“日本庭园”和各类介绍日本文化的精印图书，现在无论是他们的庭园、建筑、茶道、花道、书道还是柔道都已是知名国际了。几年前当笔者在美国艾荷华大学教书时，曾一再辩称这些都是起自中国而非日本，最后却落得了“狭隘的民族主义者”的称号。一位日本教授更趾高气扬地对我说：“中国和希腊都是著名的文明古国，希腊优秀的文化后来被罗马接收过去，得以发扬光大。现在，中国就是希腊，日本就是罗马。”我听了气得哑口无言。长期以来，我觉得日本水墨画的发展，并未对中国画家构成威胁。可是近几年来韩国画家的努力，却使我大吃一惊，来势汹汹，相当可怕，如果中国画家不再觉悟，前途是相当可忧的。

中国在历史上曾以宽宏大度，兼容并包的胸怀，创造了唐宋时代的伟大文化。举凡历史上最光辉的时代，都敢于和善于引进和消化外来文化。一个孩子的成长，是不能一直专靠吃母奶发育成长的。如果要正常发展，偏食就会影响健康。现在国画界实际的例子很多，在海外被看重而富有创造性的名家，都是出身于西画或其他画种，而由国画专业科班出身的倒反不见出人头地。这是值得我们反省的。过去许多国画家，跑到少数民族地区进行交流，或是在民俗艺术中汲取营养，都可得到一定的进展。如今可以与西洋现代艺术交流了，怎能放弃这种机会呢？但是交流和吸收，并非全盘西化和横的移植（作为一种过渡和吸收的手段是可以的），而必须是经过混交、杂交、取长补短后，产生出健康的新生代，这才是我们的目的。如果我们中国绘画要参与国际艺坛，与西洋现代艺术平起平坐，就必须是具有现代感的民族风格。如果要想超越西洋绘画，那就更需要做到它有的优点我也有，而我有的优点它却没有。目前西洋画家一直在不停地由中国或东方的艺术中吸收优点，如自从丙烯颜料发明之后，因为是用水调用，流动性大，就开始吸取中国泼墨画中的优点与长处了。由于他们没有教条，没有包袱，所以胆子壮，气魄也大，大有一“泼”千里之势。我们如果再不发愤图强，可能就来不及，悔恨终生了。有着五千年优秀文化传统和十亿人口的中华民族，对世界文化的发展应该，而且也能够做出自己的贡献。因为自本世纪初，我们已成立了美术院系，对西洋艺术进行了学习和研究。可是西方对中国或东方艺术的研究，至今仍限于美术史方面，在美术院系中尚未正式开设中国画的课程。他们对中国艺术的吸收还只是个别的，仍未成为一种风气。唯其如此，中国画家才有希望，才可能再次超越西方，领导国际画坛，为未来的世界文化做出贡献。因为我们的画家无论是对自己的或对对方的艺术都比西洋艺术家了解得多。只要放开眼界，放手力行，中国的文艺复兴时期将不会太远了。

本文载于《美术研究》1989年第1期

刘国松，1932年生，安徽蚌埠人。水墨画家。1949年定居中国台湾，1956年毕业于台湾师范大学艺术系。中国香港中文大学艺术系主任。

中国近代绘画史论著述概说

马鸿增

近代绘画史论著述有三百余种，门类也较丰富。虽无划时代的力作，但在某些领域（如史料学）却有新的开拓。然而对近代绘画史论著述的研究还很不够，基本上处于无系统状态。笔者据现有资料，将中国近代绘画史论著述归纳整理为史传类、画论类、著录类，概说于后。

史传类

史传类包括四个方面：类书性画史、断代史和地方性画史、丛书性史籍、综述性画史。

类书性画史不以时代先后为序，也不以画种分类，而是用画家姓氏依韵排列，颇似辞典。这是在清代考据学风的影响下，为了适应史料学的发展、便于检索而出现的治学方法，列传体绘画史由此走上了类书化的道路。近代较有影响的类书性画史有：

《历代画家姓氏便览》，冯津编。七卷。道光六年（1826）刊本。津，字云槎，桐乡人，官至云南剑门州知州。书以沈约诗韵为序，约略以时代先后为次。记述简短，不注出处。

《宋元以来画人姓氏录》，鲁骏编。三十七卷。道光年间刊。骏，号东山，会稽人。是编以韵为次，皆注出处，间或有考订。

《画史别号》，杨廷瑞编。四卷。甲子年（1924）澂园丛书铅印本。廷瑞，字子杏，善化人。是书取宋以来画家八百四十九人。以别号首字依韵分编，姓名系其下，便于检索。有两号以上者互见。

《书画缘》，沈辰编。三十六卷。辰，字潜庵，吴兴人。是书先汇姓氏，次顺时代，依四声韵依次编排。多据《佩文斋书画谱》节编而成。

《历代画史汇传》，彭蕴灿编。七十二卷，另附录二卷。蕴灿，字朗峰，吴县人。是编载录画家七千五百余人，上起黄帝，下迄嘉庆、道光年间。内分帝王、画史、外藩、释氏、后妃、女史、偏阙等门。主要以诗韵编次姓氏，辅以时代顺序，下列画家小传。文字简洁明净，编纂态度审慎，资料来源有据，引证书籍达一千二百六十余种，均注明出处。附录系彭蕴灿所见所闻者。该书在类书性画史中最有代表性。

《历代画史汇传补编》，吴心谷编。1919年刊行，又有1944年再版增广本一册。是编系对上书的增补。上溯唐宋，下迄近代。

《清代画史增编》，盛鏞辑。1922年成书。鏞，字叔清，武原人。是书在清代画家之外还收录了日本近时画人。实际上也是《历代画史汇传》的增补。

断代画史和地方性画史自唐宋以来，代有流传，至清而愈盛。

《墨林今话》，蒋宝龄著。十八卷。蒋子茝生续撰一卷。1852年刊行。蒋宝龄，常熟人。其书以随感、散记的笔法，评述了乾隆至咸丰年间（1736—1861）一千二百八十六位画家，各立小传。叙述画艺之外，并涉及书法、金石、诗文及收藏等。由于所论画家多属江、浙两地，且为蒋氏父子熟识，故记述亲切风趣，常常有关画家的仕履、游踪、交往及生活琐事，提供了比较丰富的资料。该书前有戴熙序、汤贻汾等题词，后有改琦、包世臣等“书后”。时人以为《墨林今话》是清人张庚《国朝画征录》的续书，两书所记画家的时代虽然相续，然叙述体例并不一致。

《寒松阁谈艺琐录》原名《景行录》，张鸣珂著。鸣珂，字公束，嘉兴人。该书记述了道光至光绪年间画家三百三十一人，与《墨林今话》体例相同，可视为续编。

《桐阴论画》，秦祖永（1825—1884）著。三编六卷。成书于1864年。祖永，字逸芬，号楞烟外史，无锡人。擅画山水，师法王时敏。是书收入明末董其昌至清咸丰年间的画家三百六十人，按传统文人画的审美标准——逸、神、妙、能四品来评定艺术高下，并各附小传，是一部比较重要的断代画史。

《瓯钵罗室书画过目考》，李玉棻著。四卷，附录一卷。玉棻，字真木，号均湖，通州人。是编根据所见，辑录明末遗老至清同光诸家近千人，各为小传，并列入所见书画种类及所藏之人。附录一卷收录释、道、名媛画家。全书体例比较新颖。

《迟鸿轩所见书画录》，旧题杨岘编著。经余绍宋考证，系剽窃上书改用韵目编次，内容全同。

《国朝书画家笔录》，窦镇编。1911年成书。此书辑录一千二百余人，然粗制滥造，参考价值不大。

地方性画史在近代颇为流行，一方面追溯本邑的先贤名哲以“光宗耀祖”；另一方面记述现时画人的言行以示延绵不绝。此类著作虽有冗杂之弊，但确实收集整理了许多有价值的史料。历史悠久的文化圣地如扬州、常熟、越中，新兴都市如上海、岭南等地均有地方性画史出现。

《海上墨林》，杨逸（1864—1929）编著。四卷。成书于1919年。逸，字东山，上海人，能画山水。是编专辑上海历代画家，自宋至清末民初计七百四十余人，分邑人、寓贤、方外、闺彦四类，各有小传。其中近代海上诸家较为详细，对早期海上书画会、《点石斋画报》等亦有叙述。书前有高邕序及己未（1919）自序。

《扬州画苑录》，汪鋆著。四卷。1883年成书。评述生于扬州或宦于扬州、寓于扬州的画家近六百人。

《常熟书画史汇传》，庞士龙撰。士龙，号海禺山民，常熟人。该书记述一千余书画家，以笔画为序，不纯依时代编次。行文过于简略，未注出处。

《越中历代画人传》，王瞻民撰。1928年出版。瞻民号怪山老民，绍兴人。是编辑录有史以来至清末的越中画家三百三十九人，不依时代，以韵分编。

《岭南画征略》，汪兆镛撰。十二卷。1930年出版。兆镛，字憬吾，番禺人。是书专录广东画人四百余，以时代为序。采集颇丰，均注所出，间加考订。

《八旗画录》，李放著。六卷。放，字无放，原名充国，自署义州人，曾任衔度支部员外郎。是编系专门性画史著作，收入满旗画家二百八十八人，包括帝王、王室、院画家、女画家、僧人等。

《怀古田舍梅统》，徐荣著。十三卷。荣，字铁孙，汉军旗人。该书也是一部专门性画史，专辑历代画梅人名谱、题咏，共四百余人，可谓画梅专史。然未免粗疏冗滥。

丛书性绘画史籍，将同类书籍汇编，自明代始行。

《王氏画苑》，王世贞编纂。四卷，收入《历代名画记》《唐朝名画录》《五代名画补遗》等十五种画史著作。然往往真伪难辨。

《佩文斋书画谱》，清初康熙宫廷组织编纂。一百卷。征引古籍一千八百余种。

《四铜鼓斋论画集刻》，张祥河辑。四卷。祥河，字元卿，号诗舲，华亭人，官至工部尚书。所辑俱明季及清代论画著作十二种，内有石涛《画语录》、龚贤《画诀》、王原祁《雨窗漫笔》、蒋骥《传神秘要》、方薰《山静居画论》等，多为佳构。

《美术丛书》，邓实、黄宾虹合编。四十辑。1911年孟春神州国光社铅印。辑入历代美术论著二百五十余种，包含书画、雕刻摹印、瓷铜玉石、词曲传奇及杂记五类，而以书画为主，几占十之七八。这套丛书使许多濒于失传的著作得以传留，其中也有罕见之本。遗憾的是尚有重要遗漏（如《历代名画记》），且误收若干伪书（如梁元帝《山水松石格》、王维《山水诀》、荆浩《画说》、李成《山水诀》）。

《画法要录》，余绍宋（1883—1949）撰。十八卷。1926年出版。绍宋，字越园、樾园，别署寒柯，浙江龙游县人。自幼博览群书，尤精金石书画之道，曾留学日本。是编将历史画论系统化，以近代科学方法为之分类排比。前录三篇：通论、气韵、画病；总录六篇：布局法、用笔用墨法、钩皴擦染法、点法、设色法、临摹法；分录六篇：树木画法、山石画法、水泉画法、时景画法、点缀画法、杂画；后录二篇：纸绢、题识。收书百余种，在中国画论工具书中具有开创意义。在考订真伪、校勘讹误等方面也有突出成绩。

《画法要录二编》，余绍宋撰。十二卷。继前编而作，对有关人物、肖像、宫室、畜兽、翎毛、花木、墨竹、墨兰、墨梅的论述分类编纂，体例与前编相似。

近代后期至民国年间，画史的编写受到西方史学的影响，开始打破封建史学的传统方法，对画史进行综合性的论述，这是近代绘画史论的新发展。

《中国画学全史》，郑午昌（1894—1952）编著。计35万字。1929年出版，1985年上海书画社再版。午昌，原名昶，别号弱龛、且以居士。浙江嵊县人。擅画山水、花卉、蔬果，兼长书法诗词，于出版事业建树殊多。《全史》依时代先后，循艺术进程，以科学方法，有系统有组织地叙述中国画学的演进。其开创意义有三：首先，从宏观的角度确定中国画史的地位。其次，把中国画史分为四大时期——实用时期、礼教时期、宗教化时期、文学化时期。最后，在体例上自汉代起，以代为章，每章分概况、画迹、画家、画论四节。另附历代画学著述目录、历代各省画家百分比例表、历代各画种盛衰比例表、现近画家传略。

《中国绘画变迁史纲》，傅抱石（1904—1965）著。1931年上海南京书店出版。1986年江苏文艺出版社出版《傅抱石美术文集》全文收入。《史纲》打破"记账式"的铺叙，以生动流畅的散文笔调，夹叙夹议，随时插入古代画论的有关段落，借以阐明作者的观点。可以说是一部以论评为主的通史。然叙述简略，未能涉及作品，又以"提倡南宗"为旨，偏颇在所难免。

《中国绘画史》，俞剑华（1895—1979）著。1937年1月上海商务印书馆出版。是书依朝代划为十四章，结构大体同郑午昌《中国画学全史》。特点：第一，书中多用列表法，标示历代画家师承关系、画派流变等，以简驭繁。第二，对明清西画东渐及中国画东渡日本，亦有专节论述。第三，于历代画论的考订辨伪，多有卓识。第四，插图73幅，为前所未有，可惜未能结合作品进行论述。

画论类

晚清画论著作，基本上延续清前期的面貌，偏重探讨山水画的笔墨技法和创作规律，大多因袭元、明画论的说法。一般仍局限在文人画的体系里，对西洋绘画还不甚理解。当时那些富于创新的画家如赵之谦、任颐、吴昌硕等，也没有留下论画专著，其艺术思想只能零星见于题跋诗文。至五四运动前后，蔡元培、陈独秀、鲁迅等大声疾呼美术革命，继而高奇峰、齐白石、黄宾虹、陈师曾、徐悲鸿、刘海粟、林风眠等从不同角度反省中国画的得失，揭开了中国画走向现代的序幕。

《南宗抉秘》，华琳（1791—1850）著。成书于1843年。琳，字梦石，天津人。少习八股，后专攻绘画，然无意传世。该书专论南宗文人画写山水之法，共30则，多为经验之谈。其中有四点值得注意：第一，"形活"与"笔活"并重。第二，论画法既承认笔墨要服务于表现对象，同时又重视笔墨形式美的独立性。第三，虽崇南宗水墨，于北宗画亦不一概否定。第四，辩证地看待师古与创新。

《画说》，华翼纶著。1850年前后成书。翼纶，字篴秋，无锡人。家藏书画甚丰，画山水师法王原祁。《画说》26则，倡"陶情适性""写胸中丘壑"，反对"求奇求工"，崇尚南宗。然其中不无泥古守旧之处。

《桐阴论画》《桐阴画诀》，秦祖永著。推崇"融和闲逸之趣"的风格，然不废"博览诸家"。特别是能把理、气与画家主观的情感、性格的契合作为一个整体加以考察，难能可贵。

《履园画学》，钱泳（1759—1844）著。泳，字梅溪，无锡人。是书以反对一味崇尚南宗为特点，认为唐宋以刻画为工，元明以气韵为工，恽南田以姿媚为工，三者不分高下，"皆所难能也"，并指出南、北两派互相贬低"皆非也"，具有较为客观的历史观。

《习苦斋画絮》又名《戴文节题画笔记类编》，戴熙（1801—1860）著。成书于1850年前后。熙，字醇士，号榆庵、鹿床居士、井东居士。钱塘人，官至兵部右侍郎。山水学王翚。戴熙不齿言北宗，反而“尝欲振起北宗”。论古今，重“有我”，师古而求变，所谓“似古人易，古人似我难”，尤见其特色。

《梦幻居画学简明》，郑绩著。五卷。成书于1866年。绩，字纪常，广东新会人，擅画人物、山水，能诗。是书分论各类画法，可注意者四：第一，不盲从古人，主张师法自然、活用古法。第二，强调“立意”，即“品格取韵”。从他划分的八类“笔意”来看，主要是审美风格上的立意。第三，他反对狂诞无羁，更反对墨守成法。第四，比较中西绘画优劣，仍囿于见识和狭隘的民族心理贬斥西洋画。

《颐园论画》，松年著。成书于1897年。松年，字小梦，蒙古镶蓝旗人。擅画山水、花鸟、人物、兰竹，尤善用水。该书从师造化出发，否定山水画南、北宗的分野，重视画家个人的独创性，对西洋画的看法也是以偏概全。

《春觉斋论画》，林纾（1852—1924）著。民国初年在北京报纸上陆续发表。纾，字琴南，号畏庐，福州人，工诗文，山水画风工整。其论画特点有三：第一，主张“法律须尊古人，景物宜师造化”。论学古人、师造化已融入西方现代的艺术观念。第二，对西方绘画的态度比较客观，同时，认为中国画自有特色，不必学用其法。第三，打破不同风格间的门户之见，见解宽容。于“俗”“雅”亦有新解。

康有为、蔡元培、陈独秀、鲁迅等人在五四前后所发表的有关美术的论述，已纳入中国现代范畴，本文不赘。

著录类

我国自南朝萧梁以来，就有著录书画作品的传统。大致可分为三类：一是宫廷内府所藏，如《宣和画谱》《秘殿珠林》《石渠宝笈》；二是本人私家藏品著录，如孙承泽《庚子销夏记》；三是所见作品著录，如高士奇《江村消夏录》，记述详略不等。其中《江村消夏录》对后世影响较大，著录中考其源流、内容，记其绢素、长短广狭，收录后人题跋图记，间加评定语，又附入自己所作题跋。资料性较强，然易流于芜杂。近代著录类著述颇为丰富，其中私家藏品和所见作品的著录蜂起，特别是专门著录历代书画论著的《书画书录解题》的出现，反映了著录类绘画史论著述的进一步发展。

《辛丑销夏记》，吴荣光（1773—1843）著。五卷。成书于道光二十一年（1841）。荣光，字伯荣，号荷屋，广东南海人，官至湖南巡抚。其书体例仿高氏《消夏录》，而精审过之，共著录书画148件，其中唐4件，五代3件，宋38件，金1件，元58件，明44件，均为作者所见作品，有考证。

《听帆楼书画记》，潘正炜著。成书于道光二十三年（1843）。正炜，字季彤，广东番禺人。此书著录家藏书画，并一一标明购价。道光二十九年（1849）又出续记。

《退庵所藏金石书画跋尾》，梁章钜著。二十卷。成书于道光二十五年(1845)。章钜，字茝林，号退庵，福建长乐人，官至江苏巡抚。此书著录自藏金石书画，附画家小传及生卒考证，对收藏源流亦有详考。

《玉雨堂书画记》，韩泰华著。四卷。成书于咸丰元年(1851)。泰华，字小亭，浙江仁和人。著录家藏80件，其中唐宋元10余件，明代最多，清代收至王麓台。款识题跋等择其要录人，间加考辨，颇为精当。

《岳雪楼书画录》，孔广镛、孔广陶著。五卷。成书于咸丰十一年(1861)。广镛，号怀民；广陶，号少唐，广东南海人。是书著录家藏，始于唐人写经，终于明代，颇多名迹，体例同高氏《江村消夏录》。

《别下斋书画录》，蒋光煦(1813—1860)著。四卷。成书于同治四年(1865)。光煦，字生沐，号放庵，浙江海宁人，所著录家藏，多为时人作品，后毁于战乱。

《书画心赏目录》《养花馆书画目》，沈树镛(1832—1873)著。树镛，字韵初，号郑斋，江苏川沙人。两书记其家藏，间有评语。

《书画鉴影》，李佐贤(？—1876)著。二十四卷。成书于同治十年(1871)。佐贤，字竹朋，利津人。是书录其自藏及所见，截至乾隆时期。体例同高氏《消夏录》。

《古芬阁书画记》，杜瑞联著。十八卷。成书于光绪七年(1881)。瑞联，字鹤田，江苏泰兴人，官至贵州巡抚。是书记其家藏，汉魏以下诸名人皆有，当多属赝品。

《爱日吟庐书画录》，葛金烺著。四卷。成书于光绪七年(1881)。金烺，字景亮，浙江平湖人。记其自藏书画，自宋至清，较为严谨。其子嗣浵著补录二卷，续录八卷，别录四卷，成书于1912年。

《过云楼书画记》，顾文彬(1811—1889)著。十卷。成书于光绪八年(1882)。文彬，字子山，号艮庵，江苏元和人，官至宁绍道台。录自藏书画，其中法书四卷，收至明末；绘画六卷，收至四王吴恽。自题考辨，较为允当，惜未录题识、跋语。

《过云楼续书画记》，顾麟士(1865—1930)著。麟士，字鹤逸，号西津，顾文彬之孙。成书于1927年，是上书的续编。

《眼福编》，杨恩寿著。成书于光绪十一年(1885)。恩寿，字蓬海，号蓬道人，长沙人，曾为杜瑞联幕僚。此书主要著录、题赞杜氏古芬阁所藏书画，几无价值。

《前尘梦影录》，徐康(1814—？)著。成书于光绪乙酉(1885)。康，字子晋，江苏吴县人。著录所见纸墨笔砚、法书、绘画及收藏情况。

《穰梨馆过眼录》，陆心源(1834—1894)著。四十卷。成书于光绪十八年(1892)。心源，字刚甫，号存斋，浙江吴兴人，官至福建盐运使。著录家藏及所见书画482件，体例仿高士奇《江村消夏录》。又续录十六卷，收录书画584件。

《草心楼读画集》，黄崇惺著。一卷。崇惺，原名崇姓，字麟士，号茨孙，又号次孙，安徽歙县人。此书为追忆家藏及戚里中所见画迹，共计44件，并各有题诗一首。

《壬寅销夏录》，端方著。成书于光绪二十八年(1902)。

《古缘萃录》，邵松年（1848—1923）著。十八卷。成书于光绪二十九年（1903）。松年，字伯英，号息庵，江苏常熟人。著录半为自藏，半为其外舅杨庆麟所藏书画、碑帖，间有按语。

《左庵一得续录》，李佳继昌著。成书于光绪三十四年（1908）。

《虚斋名画录》，庞元济（1864—1948）著。成书于宣统元年（1909）。元济，字莱臣，号虚斋，浙江乌程人。此书著录家藏书画，立轴325件，卷子123件，册页87件，多为精品。有郑孝胥序。1924年又出续录，记195件。

《无益有益斋论画诗》，李葆恂著。成书于宣统元年（1909）。葆恂，字文石，号猛庵，义州人。此书著录所见，以诗的形式加以评论。后附《海王村所见书画录》残本，记作者在北京琉璃厂所见。原稿十卷，仅存其一，收录16件，皆名作。

《盛京故宫书画录》，金梁（1879—1962）著。成书于1913年。梁，字息侯，曾兼司典守之职。此书著录沈阳故宫翔凤阁所藏449件，多为康、乾两朝臣工进呈之作。

《宝迂阁书画录》，陈夔麟（1854—？）著。四卷。成书于1915年。夔麟，字少石，贵阳人。录所见宋代至清代作品，各有评语，较为允当。

《须静斋云烟过眼录》，潘世璜著。成书于1914年。世璜，字黼堂，江苏吴县人。此书系潘遵祁从其父日记中摘抄的有关书画碑帖的记述，并加以鉴考。所记自1804年至1829年，多为其外舅陆氏松下清斋所藏。

《石渠宝笈三编目录》，罗振玉编。1917年出版。振玉，字叔蕴，号雪堂，上虞人。系作者在日本山本先生处借观《石渠宝笈三编》时抄录所得。

《雪堂书画跋尾》，罗振玉著。收录自藏名迹53种，鉴赏甚精。

《小万柳堂藏画目》，廉泉、吴芝瑛著。成书于1917年。泉，字南湖，无锡人。其妻吴芝瑛，桐城人。著录家藏清初四王吴恽绘画30种。

《选学斋书画寓目笔记》，崇彝著。1921年出版。1927年又出续编。崇彝，字泉孙，号巽庵，满族人。记其所见书画名迹。

《三秋阁书画录》，关冕钧著。1928年出版。冕钧，字伯衡，苍梧人。记所见唐至清代作品186件，有考订。

《壮陶阁书画录》，裴景福（1854—1926）著。成书于1924年，出版于1937年。景福，字伯谦，霍邱人。记录家藏，其中有许多是清宫内府散出之物。

《内务部古物陈列所书画目录》，北京故宫古物陈列所编。成书于1925年。录清代盛京、热河两处行宫所藏书画，略记纸绢尺度题记印章。

《觯斋书画录》，郭葆昌（1879—1942）著。成书于1926年。葆昌，字世五，号觯斋，河北定兴人。此书著录作者家藏。

《谈艺录》，邓实著。实，字秋枚，广东顺德人。是书辑录明清手札、墨迹中有关艺术者，分为七门：绘事、书法、雕刻、文具、玩具、音乐、金石。其中绘事84则，可弥补散佚之憾。

《曝画纪馀》，秦潜著。成书于1929年。潜，字声洁，无锡人。著录祖父秦炳文的藏画及遗作。

《丛碧书画录》，张伯驹著。成书于1932年。

著录家藏，间有品评。

《三虞堂书画目》，完颜景贤著。1933年出版。景贤，字朴孙，满洲镶黄旗人。上编是书画目，下编附碑帖目、论书画诗。

《书画书录解题》，余绍宋著。1932年由北平图书馆出版，1982年浙江人民出版社再版。是书系中国近代书画著录的一个重要开拓。它吸收了清代目录学成果，著录东汉至近代的有关书画籍860种，按其性质分为史传、作法、论述、品藻、题赞、著录、杂识、丛辑、伪托、散佚十类，每类又分子目。逐一介绍书籍的卷数、版本、著者，并评述内容体例得失，考订疏漏错误，甚有见地。书后附《著书时代一览表》，按著者时代先后排列，颇为周详、方便。

近代众多的书画著录，为我们研究历代画家的生平和艺术提供了重要的资料，特别是有助于我们了解那些已经不存在的作品，但在参考使用之前必须要做一番考证甄别的工作。

以上简略地评述了中国近代绘画史论著述。需要说明的是，本文所谓“近代”，按通常的理解上限为1840年，下限为1919年。但在具体的论述中，有些很难截然划断，因而对史传类、著录类论著，时限放宽到二三十年代。有不当之处，敬希指正。

本文载于《美术研究》1989年第1期

马鸿增（1940—2018），江苏高邮人。毕业于中央美术学院美术史系。江苏省美术馆副馆长、研究员。

重建中国的精英艺术

——对20世纪中国美术格局变迁的再认识

郎绍君

一个朋友说："20世纪中国美术的一大奇观是通俗大众化。"是的，40—70年代的美术以普及为圭臬，以宣传为目的，以"喜闻乐见"的形式为特色。但"文革"结束后，清醒过来的人们突然发现，一些"为工农兵服务"的"大众化"作品，竟是那么千篇一律、空洞和苍白。自开放以来，曾被诅咒为"反动权威"的"大、洋、古"的作品，又出现在书店、美术馆、剧场或音乐厅。唐诗、宋画、凡·高、莫扎特、尼采、达利重新把一些人迷醉，被视为神圣。与此同时，在艺术创作上，则出现了两种相偏离的趋向，一是有些作品又回到少数人的圈子，大众不理解不接受；二是相当一批作品适应乃至追随商品化目的，自动通俗化，受到广大城市消费公众的青睐。

那么，应该如何看待前后两种通俗大众化，如何理解通俗大众艺术和非通俗大众艺术的关系？从文化建构与批判的角度观察，20世纪中国艺术在通俗大众化的实践与理论上得失怎样？这是一个关乎文化艺术史和当代艺术格局的至关重要的问题。

本文的观点是，伴随着20世纪通俗大众艺术的兴起和独盛，中国的精英艺术失落了。精英艺术乃至精英文化的失落使中国文化艺术在将近半个世纪的漫长时期里走入低谷，丧失活力和创造力。对这个现实没有深刻的反省，将大大有碍中国现代文化的建构。而当前最迫切的使命，是重建中国的精英艺术。

概说与价值分析

精英艺术是文明社会的文化精英所创造，以文化精英为主要对象的艺术。一个时代和国家的精英艺术，以审美创造的方式表现着人类心灵和智慧所能达到的文明程度。

灿烂的文化离不开劳动者的创造也离不开社会文化艺术精英的创造。如果没有文化精英群的出现，人类也许永远不能脱离蒙昧阶段。即便在人类文明高度发展的时代——如20世纪，一旦剥夺社会文化精英思想和创造的权利，而任着人的本能冲动驱赶，也会重返蒙昧，引出屠杀和兽行。这沉痛的教训，无论是西方人还是我们自己，不是还记忆犹新么？

文化精英不是天生的，也并非某些人自封或捧出来的。精英艺术品的生产不属于特权者的专利，其接受者也不是一个十分确定的已知数。精英艺术及其接受层是一个相对的范畴，它们具有稳定性，同时又流动着，追求着变异与升华，向未来敞着大门。判断精英艺术的创造与接受者难免划分阶层，但文化人却非一个独立自足的阶级实体，而是一种“自由流动智力”（free-floating intelligence），艺术家尤其如此。譬如，王维为自己和士大夫文人而画，也为寺院或宫廷挥毫；陈老莲以画自娱自遣，也画通俗的酒牌和戏曲插图；吴道子曾浪迹寺庙，后来入了宫廷。但纵观一个艺术家的行迹与创作，总可以给他确定一个基本的归属。文化精英可能是政治家和权力者，如曹丕和赵佶；但包括政治家在内的社会精英未必是文化精英，如朱元璋。文化精英人物也会基于环境和自身的原因而沦落，失去其精英性，如晚期的郭沫若。

精英艺术的独立性和价值是与社会文明的历史时序大体一致的，即在文明社会早期，精英艺术和宫廷艺术、世俗艺术、宗教艺术及民间艺术不大分得清，它们往往交织、重叠或混合着。在西方，以自觉的文化精英为主要对象的艺术，是在文艺复兴以至启蒙运动后才鲜明呈现的[1]。在中国，则是到宋代以后才成为自觉。在三代、战国和两汉，分不清文人和艺匠，接受者也无所谓雅与俗。经过魏晋南北朝到隋唐的分化，艺术创作才逐渐拉开文人的与宫廷的、民间的距离，但也仍然相互联系着或局部重叠着[2]。从张彦远到董其昌，都反复申述高人雅士与众工俗匠的区别，就包含着把精英艺术与非精英艺术划分开的自觉意识。不过，古代中国的精英艺术有很大的局限性，宗法观念，崇圣遵经观念，道统、师统观念和个性的沉睡，都严重扼制了精英人物的创造性和智慧，文人画在几百年中延续大抵同一的模式，就是典型的一例。相较而言，西方近现代艺术的精英意识就自觉得多。豪泽尔在论述西方艺术时，就指出精英艺术的一系列特性（或优胜处），如稳定性、自觉性，更尊重艺术自身规律，不拘时尚，品种更丰富，形式更复杂等[3]。人类对精英艺术的认识，是随着精英艺术从一般艺术分离、独立并高度发展的历史而由不自觉到自觉的。但在某个特殊的历史阶段，业已自觉的精英艺术观念也可能中断或泯灭。譬如在“普及第一”的中国50年代，在只准有一个思想、一种声音的“文革”期间，艺术和文化只能依照“神圣”的旨意和一个平均数来衡量，精英就是“罪恶”，还有什么精英文化、精英艺术可言呢？

简而言之，精英艺术可大略用以下三条标准去衡量：

1. 它更深刻地体现着人类的精神性。唯有它才能深刻揭示出人的存在、意义和危机性。用雅斯贝尔斯的话说，就是有着“形而上的内容”“其形象创作揭示出潜隐的实在的艺术”[4]，而不仅是追求快悦、不领受悲痛与历史重负的、装饰人生的艺术。

2. 它有明确的自律意识、创造意识，集中表现着人的灵性和驾驭语言符号以传达内在信息的能力。它涵容社会和自然的一切，从不消融自己而成为非艺术力量（政治、经济、习俗等）的婢女和玩偶。

3. 它最鲜明地体现着民族文化的过去与未来，揭示出民族文化心理结构的特色与变异，反映民族文明与外域文明的内在联系与差别。不复制古人，也不仿造外国人，但在它的独特的艺术个性中，又总是融汇着一切有价值、合目的性的文化因素。

完全具备这三条的精英艺术是极个别的，只有那些杰出大师在他们旺盛的创作年代才可能奉献出臻于完美的不朽之作。大多数精英艺术不会是完满的，但如果与上述三条不沾边，它就绝非精英艺术。在现代社会，经常会出现某种虚幻的假象，使精英艺术处在扑朔迷离中。社会地位、名声、拥有观众的多寡、时髦性、销售状况等，可以使冒牌货畅行无阻。精英艺术应当拥有声望、观众与高售价，但事实往往并不如此。这正和文化精英人物的思想和行为往往不被时人理解相似——在许多情况下，可以用“曲高和寡”“不入时流”来概括。凡·高、塞尚、龚贤生前都贫困潦倒或不被承认，认定他们的艺术价值的，是时间和历史。另外，在某个时期某个地域，精英艺术并不平均分配在各种艺术样式中：古希腊是雕刻与悲剧，中世纪是哥特式建筑，文艺复兴是绘画与雕刻；唐代以诗为最，宋代是绘画和词，元代是画和戏曲……也许上帝从不喜欢平均主义，在某个时空环境里，总是偏爱某一种或几种造物，致使偶然性大行其道。

崛起复又失落

清末民初，传统的精英艺术颇为衰竭。从五四运动到抗战初，现代中国的精英艺术应运而生。它的特点是，以科学、人文理性为背景的新的个性主义世界观、人生观和价值尺度，以云集大都市（上海、北京、广州等）的职业自由的知识层为主要作者来源和对象，用开放的心灵面对存在，把西方近代艺术作为主要参照系，并呈现出多元、探索、新旧杂陈、朦胧清新的姿质。与它们相并存的，还有感应着时代变迁、对旧有艺术模式加以改革推进的传统精英艺术——如吴昌硕、陈师曾、齐白石、黄宾虹的中国画。

新的精英艺术家摆脱了对古代文化的奴隶态度，冲破宗法集体主义的罗网，寻求独立人格和创造的主体意识；他们从文化的高度观察具体的艺术现象，以高屋建瓴的姿态择取中西传统，既不亦步亦趋地模仿，也不在小情趣中陶醉自足。因此他们既超越了自生自灭的民间艺术家，也超越了封闭在固有模式里的文人士大夫艺术家。从新美术的倡导者蔡元培、康有为、鲁迅、陈独秀、吕澂，到一批开风气的艺术家如高剑父、刘海粟、徐悲鸿、林风眠、颜文梁、丰子恺、庞薰琹等，莫不如此。[5]刘海粟为了艺术的信念起而与军阀孙传芳抗争，徐悲鸿在出国留学前就抱定了兼取中西以改造中国美术的宏愿，林风眠在法国组织“霍普斯”会，要“以我入地狱”的精神沟通中西艺术，“为中国艺术界打开一条血路”[6]。尽管他们在当时不过是20余岁的青年，却能够雄视千年，以普罗米修斯的胆略和牺牲精神，担负起创造新文化的历史使命。他们雄姿英发，东渡日本，西赴欧美，开学校，创学派，立画会，筹美展，办刊物，发表宣言，著书立说……其心灵的开放，人格的独立，精神的坚韧，创造的气魄，集中体现着觉醒了的中国知识分子的精英性，体现着五四新文化运动的方向。他们追逐广博的学养，兼习东西两大艺术传统，努力把自己塑造成艺术文化人。举例说，李叔同兼画家、书家、音乐家、戏剧家与佛学大师于一身；上述徐、刘、林除兼善中西绘画外，还都治史论，又是社会文化活动家、教育家；丰子恺兼通美、音、文学与翻译；闻一多是画家、诗人、学者；李金发是雕刻家，又成为中国象征派诗歌的鼻祖；傅雷是艺术评论家、翻译家；倪贻德亦兼小说家、画家和理论家。像这种通才式的杰出人物还可以数出许多，如陈之佛、傅抱石、宗白华、吕澂……不妨说，艺术文化人集群的出现，正是精英艺术、精英文化的重要标志。

不错，他们在某一门类艺术的形式语言修炼上大都不太精粹，甚至幼稚粗糙。但这是社会文化转型期的精英艺术不可避免的。不成熟的一代新风开拓者的历史地位绝不亚于只在既定模式中精益求精的艺术家。因为正是他们给20世纪的中国艺术注入了新的文化意识——这是比形式的成熟性远为重要的东西。林风眠早期作品中的人道主义和后期作品中的诗意孤独，徐悲鸿作品对侠义精神、悲悯情怀和家国命运的深切关注，丰子恺的佛心与父爱，“决澜社”浪子们“狂飙一般的激情”，以至更晚的赵无极、李仲生对纯艺术、前卫艺术的追求，都折射着五四的启蒙精神。而蔡元培的“美育说”，鲁迅的“为人生而艺术”，宗白华的“境界说”以及滕固、邓以蛰、郑午昌、倪贻德、傅抱石、陈抱一的美术研究和评论，更以理性的成果表现着精英艺术在思想、情感方面的独立性和青春活力。

抗日战争爆发后就不同了。精神形而上的思索和个性情感的悲欢体验渐渐让位于“国家兴亡，匹夫有责”和“走出象牙之塔”的呼声。投笔从戎，宣传鼓动，文化下乡，中断画室书斋的创造，一切都服从于救亡之需。那么，五四精神还坚持不坚持呢？由是便引发了“文艺大众化”和民族形式问题的论争。一种意见认为，民族形式应成为文艺形式的正宗，而民间形式则为民族形式的“中心源泉”，并由此而推定“民间文艺为中国文学的正宗”。另一种意见认为，救亡宣传不能丢掉反封建的启蒙任务，救亡文艺也应具有民主性的时代特征，因此，过分抬高民族形式和民间文艺，贬低甚至否定借鉴外来文化的观点背离了五四精神。在文艺与大众的关系上，前者强调“大众化”，后者强调“化大众”[7]；即一个要求以精英艺术引导大众普及艺术，另一个要求以大众普及艺术改造或取代精英艺术。在重庆，两派观点采取了各行其是的态度。赵望云主编的《抗战画刊》提倡“绘画下乡”“绘画入伍”，黄苗子也著文倡导能让大众看明白的写实绘画，而批评“现代文人画”和西方现代式绘画与“大众的现实生活无关”。[8]胡风、林风眠等则主张兼顾大众化与艺术的自身规律，不要为了一时的需求而丢掉纯艺术的、表达普遍人性、批判旧的国民性的探索。林风眠独居草屋，依旧醉心于他的“调和中西艺术”的实验。胡风在力排“民间文艺正宗”论的同时，对美术界由推崇战斗性而对雕塑、油画“样式本身也表示反感”的态度也提出批评。[9]在延安，也存在着类似的分歧，一些从大都市来的艺术家延续着20—30年代的传统，另一些艺术家则从宣传抗日的实际需要出发，提倡普及和群众的喜闻乐见。1942年，毛泽东发表《在延安文艺座谈会上的讲话》一锤定音，肯定了“文化下乡”“普及第一”“喜闻乐见”，并把是否执行这一路线归结为“世界观”和“政治态度”。其结果是，在解放区出现了一批致力于大众化和抗战宣传的艺术家和作品，而把对外开放、个性解放，自由创造、独立精神性追求等五四精神驱逐得杳无踪影了。到50年代，全国统一，《讲话》被定为文艺的国策，持异议者如胡风被投入监牢，千万文艺家在欢庆国家统一安定的同时，也心甘情愿地改造思想，走延安文艺的路。于是，“年、连、宣”和各式民间工艺空前繁盛，雕、油、国诸形式日益通俗化、大众化，延安来的美术家成为美术界的各级首长，延安模式成为全国文艺的总模式。这种通俗大众化以政治目的为目的，以政治手段去推行，大多数艺术家乖乖地就范。50—60年代培养的两代人，是吸吮着这种通俗大众化的奶汁长大的，他们对五四传统已经不熟悉，他们甚至不知个性独立和自由创造为何物（或以为那都是“资产阶级自由化”“裴多菲俱乐部”），他们终日所作的，“一是歌颂，二是忏悔”[10]。在这样的情境里，除了个别艺术家的寂寞耕耘（如林风眠），哪里还会有精英艺术！

再生与困惑

然而历史不是某种意志论所能永远左右的。当中国进入毛泽东以后的时代，缚在政治战车上的通俗大众文艺迅速褪色与分化。与改革开放同时出现的，还有个性意识的觉醒，“走出中世纪”的呐喊，人的价值的寻找，对传统文化的反思批判。思想与创造的自由，多元趋势，被愈来愈多的人所确认。这一切和五四新文化运动是何其相似！星星美展、朦胧诗、伤痕文学、探索影片、新潮美术和各类被称为“实验”“前卫”的艺术，一浪逐着一浪，使人们应接不暇，错愕相顾。中年一代在徘徊中自省，蜕变，青年一代呼啸着弄潮击浪，重新观看与思考上下周围的一切。怀疑、批判、挑战，背起历史的重负，体验生命的悲剧情境，凝聚成新的精英力量[11]。精英艺术的复苏与重建，势在必行。

精英艺术的创造者与接受层在互动中产生与壮大。精英艺术寻找着自己的知音——哲学家、文化与社会学家，研究生与大学生，艺术家自己，还包括一些科学家、工程技术人员、企业家和新型的社会管理者等，他们又正是精英艺术产生的背景和氛围。

精英艺术的重建不免艰难曲折。幼稚、粗糙、摹仿性、双重性格、伤痕、病态、牺牲，都会重叠在它的起步甚至升华过程中。它的周围，也难免不绝于耳的呵斥、诅咒和嘲笑；至于孤独和苦闷，大约会永远与它相伴。但是，它从一开始便与既往的通俗大众艺术有深刻区别——首先是对艺术精神性的追求；其次是对革新语言符号的创造性探索；最后是艺术自律性（不单指形式）与独立性意识。这三个方面赋予它们以闪光的生命力；在历经蜕变、自我反省和种种磨难之后，就会走向成熟。将会有一批杰出的艺术家、理论家和伟大作品出现，风格流派在纷争中各自独立发展，精英艺术在整个艺术格局中的领导地位将被确认。也许这还要有一段十分艰难的里程，但它总归是要出现的，因为这不仅是当代中国文化的可能，也是迫切需要的。

除了自身的粗糙和脆弱性之外，当代精英艺术面临的最大困惑是一种新的通俗大众艺术的挑战。自从商品经济开禁以来，艺术生产与消费就急切地向商品和金钱求爱。销售、出版、展览、演出甚至艺术家本人的身价，都不能不接受盈利的无情审查。对购求者的适应乃至迎合，旋即成为生存发展的需要。主要消费对象是城市中等文化群众及被商品大潮卷入城镇，逐渐市民化的农民，还有海外的旅游者和画商（多非收藏家）。他们的鉴赏需求，主要是以欢悦、刺激原则制造的艺术品，或者可作为中国“土特产”“观光纪念品”的行货。因此，和牛仔裤、迪斯科一起流行的，是流行歌曲、美人挂历、月份牌年画、娱乐片、言情小说、暴力文艺、甜俗的油画、复制性的中国画和种种小工艺品……包含性挑逗的视觉艺术和性文学也骤然抬头。如果把十年前的大众化文艺叫作硬性俗化（靠政治强制），那当今的通俗文艺则可称为软性俗化（靠钱的魅力）。为了迎合顾主，大批艺术家降低标准求售，放弃艺术与精神性的探索，盈利、畅销也成为出版、展览机构的方针，大量艺术品转换为复制品，纯粹的创造更加孤立。可以说，这种软俗化虽然给作者与消费者带来舒适快乐，但其本性却是和艺术的精英性相背离甚至敌对的。在发达国家和地区，这种通俗艺术也泛滥成灾，但它们也有补偏的办法，那就是把通俗的行货区分开，把娱悦为对象的展销品和艺术收藏分开，把咖啡厅艺术和音乐厅、博物馆艺术分开。中国尚无以文化中产阶级为主顾的艺术消费对象，又没有建立起外销艺术品的管理体制与正常渠道，精英艺术只好和通俗行货一同涌入市场。

艺术家面对着两难的选择和人格的分裂。中国知识分子的劳动报酬如此之菲薄，今天借通俗艺术挣些钱，生活好些，难道还有可指责的么？而且，没有经济的自立就无法维持再生产，支撑人格思想的自立。可是，降格、阉割自己的才能与创造性，使精英性沦丧，不是更悲哀的事么？一面是通俗艺术作者的红火富有，一面是精英探索者的贫穷孤寂；一个吮吸着欢乐，一个品味着痛苦。如何克服这种两难和分裂的境遇呢？

我想至少可以从以下四方面做起：

一是纯化与强化精英艺术。这需要艺术家自己与文化精英层两方的努力，包括国家文化艺术部门的支持。自重、自爱，保持精英艺术的严肃性，克服嬉皮士、雅皮士式的“玩艺术”行径，坚持不懈地探索、追求下去，是精英艺术家走向成熟的基本条件。

二是提高通俗艺术的水准。要建设高层次的精神文明，就不能满足于大众化，还必须“化大众”，用高尚、纯净的精神产品提高大众的素质。在现代中国，完全用商品规律支配文化艺术的生产与消费是危险的。

三是艺术家在目前时期可以过“两栖生活”，兼通俗艺术与精英艺术创作于一身，把挣钱与艺术追求尽可能协调起来。精英艺术与通俗艺术并无绝对的界限，精英艺术家创作通俗艺术作品，有益于通俗艺术的提高，问题在于精英艺术家不能一味地降格迎合。

四是提倡精英艺术与通俗艺术的结合，即把探索性与适应性，精神性追求与娱乐性满足融为一体，创造出一种兼具两种品质的作品。影片《红高粱》就是这种结合的成功典型，美术创作可以从中受到深刻启示。

本文只是提出问题，文中涉及的一系列历史与理论课题，如精英艺术与通俗艺术、民间艺术、半民间艺术的关系，对硬俗化与软俗化文艺的全面评价等，只好留待另文谈及了。

注释

[1]参见阿诺德·豪泽尔《艺术社会学》，学林出版社1987年版。

[2]参见拙作《苏轼与中国绘画美学》。

[3]同[1]。

[4][德]卡尔·雅斯贝尔斯:《悲剧的超越》，亦春译，工人出版社1988年版，第5页。

[5]参阅拙作《论中国现代美术》，江苏美术出版社1988年版。

[6]参见林风眠《致全国艺术界书》，载《艺术丛论》，正中书局1936年版。

[7]参见李泽厚《中国现代思想史论》，东方出版社1987年版。

[8]《抗战画刊》第55期。

[9]参阅拙著《论中国现代美术》，江苏美术出版社1988年版，第56页。

[10]李泽厚:《中国现代思想史论》，东方出版社1987年版，第249页。

[11]参见拙作《论新潮美术》，《文艺研究》1987年第6期。

本文载于《美术研究》1989年第2期

郎绍君，1939年生，河北保定人。美术史论家。1961年毕业于天津美术学院。中国艺术研究院研究员、博士生导师。

欧洲绘画技法源流

潘世勋

绘画的材料手段，不外乎颜料、媒介物和素地三个部分。

颜料在欧洲，情况与中国或其他地区也大致相似，古代欧洲人最先选择的大都是比较现成或容易加工的天然矿物颜料，据考证古希腊和罗马在公元3世纪前，主要用石膏、炭黑天然泥土或再加煅烧而成的土黄、土红、褐色等几种颜料，传说到公元4世纪开始能炮制铅白，稍后会制铅丹和从碳酸铜矿中提取石绿。朱砂是到中世纪才普遍使用，8世纪开始能用烧碱提取植物颜料，大批化学合成颜料是近代才陆续出现，锌白到18世纪方被普遍推广，更加稳定和覆盖力强的钛白，则是19世纪的发明。古代画家都亲手选择和加工颜料，故比今天画家熟悉颜料特性，很长一段时间中，研磨调制好的颜料要放在猪膀胱做的小袋中保存，使用时临时根据需要再补充添加媒介剂。19世纪出现玻璃瓶装的工厂预制颜料。锡管颜料则是印象派时代的产品了。

绘画的素地，包括依托材料和画底准备两方面的含义。中国古代除壁画外，最早多画在绢帛上，后来多用宣纸，胶矾即是画底准备的传统涂料，矾过的绢和纸称为熟绢和熟宣，未矾过的为生宣。欧洲绘画的依托材料比较多样，有软底与硬底之分。硬底除木板外还有画在大理石板、金属板和象牙板上者，近代更加上压缩纸板、纤维板等。软底主要指画布，但早期多将麻布贴在木板上，仍属硬底。用木框绷帆布作画，是16世纪威尼斯画派兴起的。造纸技术传入欧洲较晚，中世纪欧洲盛行在用羊皮或牛皮制造的“羊皮纸”上作小型画。古埃及曾用一种莎草纸绘画，但似乎并未传入欧洲。画板或画布在绘画前，多用厚重涂料准备并反复打磨，南方意大利地区习惯用半吸收性的石膏地，而北方弗拉芒地区则用强吸收性的白垩地，涂料的结合剂有皮胶、骨胶、干酪素胶多种，Gesso本是古代意大利石膏素地的专用名词，后来也被泛指所有的画地涂料。

比起颜料和素地，媒剂更加重要，并主要以此来区分画种。由于欧洲绘画传入中国时，已是近代油画为主的时代，致使不少人产生误解，以为西方画主要就是油画，甚至将油画作为西方绘画的代称，倒是日本人以西洋画统称欧洲绘画更为准确。事实上在油画出现之前，欧洲绘画曾经历古代胶彩画、丹培拉（Tempera）绘画和丹培拉与油的混合技巧绘画分别为主的阶段。15世纪以后油画技巧逐步成熟，技法上亦有古典多层透明画法油画与近代直接法油画之差别。传统的中国绘画一直是属于胶彩画系统，媒剂主要是骨胶、皮胲提纯的明胶和植物胶类的桃胶。欧洲自古除广泛应用各种动物胶外，植物胶中有提炼于蛐蜓草的西黄蓍胶和产于沙漠棕榈的阿拉伯胶，后者是至今仍用的水彩画颜料的主要结合剂。另外由奶酪提取的干酪素胶，很早即被用作颜料媒剂，称为酪彩（Cacein）。从石油副产品提炼的现代聚合胶，才有几十年历史，其中丙烯酸颜料（Acrylic），港台音译为“亚克力”颜料，起初是为模仿“丹培拉”的物质而发明的。除丙烯外尚有乙烯酸类及其他多种新型结合剂也被应用于西方现代胶彩画中，粉笔画也属于胶彩，它出现于18世纪并风行一时。

鸡蛋作为一种天然的蛋白胶，传说古希腊时代即已引入绘画，最古老的“蛋彩”技巧，是以蛋黄或再掺和糖、蜂蜜和无花果汁等来调颜料作画，到中世纪成为圣像画和祈祷书插图画家的主要技法。蛋清一般只用作完成作品或装饰花纹的上光材料，因为单独与它结合的颜料并不坚固。

另外还有一种为东方绘画所没有的蜡彩（Emcaustic），相传公元前4世纪即已出现于埃及，被认为是西恩基画派画家潘菲罗斯首创。古代蜡彩为热画法，即用火将蜂蜡融化调入颜料，趁热画到墙壁或木板上，亦可用一把加热的金属刮刀润饰加工，故亦称“烧色法”。目前保存下来最早的作品发现于埃及，属于公元2世纪罗马人后裔画在木乃伊棺上的死者画像，这种画像在大英博物馆和卢浮宫皆多有收藏，大小似有一定规格，色调有的浓郁、有的淡雅，不少木板底材已呈朽裂，但色层仍坚实艳丽。西奈山修道院保存的一幅拜占庭帝国时期的蜡彩圣像画，至今也将近1500年，可以看出这种技法不但耐久，并可表现复杂的场面。

欧洲古代壁画的技法存在着复杂的情况，Fresco一词，原出意大利语“新鲜”，中国译作湿壁画，画法是预先用石灰混沙准备好一块可以一次画完的墙面，趁灰层未干着色，使颜料渗入下层，干后形成坚固的碳酸钙表面，可长久保存色彩。米开朗琪罗的《最后审判》和西斯廷天顶画就是用这种技巧画出来的。与此不同的是在干透墙面上画的壁画，欧洲习惯统称为“壁上绘画”（Mural Painting），因为它用的媒剂有胶彩、丹培拉，后期还有油彩，并非限于一种。一些专家认为，真正的Fresco是13世纪以后意大利人的独特创造，古希腊罗马直到中世纪的壁画大都是干壁画技巧，在史称东罗马的拜占庭帝国及影响所及地区盛行以镶嵌画（英语Mosaic）装饰教堂，更早在罗马帝国初期已有用彩色大理石碎片拼装小幅图案做建筑装饰，色调朴素，而拜占庭的镶嵌画则形制巨大，色彩辉煌，多用金色为背景色，它是在小块玻璃背面贴以金箔银箔制成的，工本十分昂贵。随着拜占庭帝国的衰落，11世纪后西欧的罗马式教堂又改用手绘壁画，画法多粗犷而不及细节。12世纪兴建哥特式教堂，高大半拱之间以高窗替代墙面，用铅条固定彩色玻璃的玻璃镶嵌画成为流行样式。

13世纪前半叶，湿壁画兴起，非壁画的绘画也是此时开始发达起来的，它的标志是早期大型拼板祭坛画在意大利中部的出现。第一个有记载的重要祭坛画家是奇马布埃（1240—1302前后），文献说也是由他将希腊的古代蛋彩技巧引入意大利的，卢浮宫陈列有他的一件祭坛作品是用蛋彩画的，造型还保留有拜占庭艺术僵硬的程式，但绘画处理的完整已属空前。他的弟子乔托（1267—1337）进一步光大了这一艺术成就，并经他手将古代蛋彩改进为更富于表现力的丹培拉技巧。

Tempera，曾有人译为蛋白画法，完全错译了，译为蛋彩也不完全准确。因为以蛋液调色早已有之，但还不是真正的丹培拉，而丹培拉也还包括蛋液以外的其他媒剂。古老的蛋彩仍属于胶彩范围，而丹培拉不同于古代胶彩和后来的油画，最重要的区别在于，它不是只用胶水或只用油，而是用一种油水交融的乳液来调颜料作画，这种乳剂的制法，比较多用的是以蛋黄或全蛋为乳化剂，再打入油和树脂，成为不再分解的乳状液体后，亦可再加水稀释，用它作画有速干和宜于精致描写的特点，最能保持颜料的鲜艳度，干后结膜强固不再溶于水，并有柔和的表面光泽。除这种鸡蛋丹培拉（Egg Tempera）外，尚有水胶丹培拉、干酪素丹培拉等多种制法，由烧色法蜡彩演变的冷画法蜡乳膏，也属于丹培拉系统。丹培拉绘画干后虽有不溶于水的特性，但在过分潮湿的空气中仍有发霉的危险，于是人们发明了用透明漆上光保护画面的办法。最初的上光油，是用热油溶解天然琥珀或一种叫Copae的硬树脂来做的。乔托画派的丹培拉绘画常先用淡土绿色涂底色，最后罩上暖调的光油，更丰富了色彩效果。后来这种上光技法逐渐发展为一种绘画技法，即用加入不同色的釉罩染底层画，这就是后世所说的“加光术”“釉染法”或“透明画法”（Glazing）。这时的丹培拉已不是单纯的水性丹培拉，而是混合技巧的油性丹培拉绘画了。14世纪和15世纪意大利一批艺术巨匠，如安吉利柯、菲立波·利比、弗朗西斯卡、曼特尼亚尼等除擅长湿壁画外，也都具有用丹培拉技巧作画的能力。波提切利的作品几乎全部用丹培拉完成。达·芬奇晚年时代已盛行油画，但他也留下了《圣安娜与圣母子》等一批丹培拉作品，《最后的晚餐》也是一种油性丹培拉材料，但他独创的这种新媒剂不够成熟，画后不久色彩就开始剥落。米开朗琪罗传世的架上绘画也主要是用丹培拉材料画成的。

单纯用油做绘画媒剂，最晚在拜占庭时代就有人试验，但当时制油技术落后，传说画经过曝晒经月仍不能干燥。美术史家多认为活跃在15世纪初的弗兰德斯画家凡·爱克兄弟为油画的发明者，其实更大可能是他总结了前人多方试验的成果，最先找到一种理想的以油脂为主的新媒剂配方。不少专家推测他的最重要功绩是在加铅熬调的油中融入了玛蒂脂（Mastic）类的天然树脂，使媒剂变得可以行笔流畅并速干。凡·爱克传世作品主要是拼板祭坛画，有名的《根特祭坛画》三联而两翼，反正面有画，大小有二十余个画面，高3.5米。而德累斯顿画廊收藏的《圣母子》小三联画只有33厘米高。但不论大小，其画皆刻意求真，穷极物象到不爽毫发的程度。安特卫普博物馆中的《圣·巴巴拉》，为一小幅未完成的作品，可以看出底层画是画在打磨得非常光洁的白色素地上，先用褐色的印第安墨水起精细草稿，软毫设彩，局部完成。除服装道具先用不透明的丹培拉塑造形体，再加釉染外，多数部分特别是人物肌肤只用透明色渲染完成。因此他的技法与近代油画很不相同，技法专家多将其归类于结合丹培拉技术的“混合技巧”油画。他的画法虽然繁难复杂，但其作品历经五百年大都完美如初，被证明实在是一种最坚固的技术。与凡·爱克同时的威顿，是弗拉芒派另一位领袖，其风格不像凡·爱克完全忠实于光影的表达，而更突出线条和程式化的造型。其后德·高斯、梅姆林克、克里斯蒂斯，直至包西、布鲁盖尔父子，以及法国的克鲁埃、尚拜涅等，都是分别继承了他二人的技法，为此强调底层画，描写工细，色彩透明成为整个北方画派的共同特色。

德国大师丢勒的技法也来源于这一系统，他中年曾到威尼斯学画，受到南方画法影响，但注意于釉色罩染的透明效果，仍为毕生特色。1509年留下的一封致友人信中说：他一幅祭坛画，底层要画五六遍，罩染有时达十几层。荷尔拜因的绘画也同样保持着弗拉芒派技法的影响。

15世纪中叶，出生于西西里的画家梅西纳将凡·爱克的技法介绍到意大利，而率先接受这种新技巧的则是乔万尼·贝利尼。他青年时代随姐夫曼特尼亚学画，中年学习凡·爱克技法后，突破了原有的那种冷峻的浮雕式的造型程式的局限，但又未被凡·爱克过分严格繁复的画法制约，从而开创了一派造型不失严谨而又清新生动的画风。后来由他大批弟子，特别是乔尔乔纳和提香做了进一步发展，形成美术史上影响巨大的威尼斯画派。

意大利有着悠久的湿壁画传统，它更要求远观而不像祭坛画适于近睹，同时，它的技法也要求画家有统观整体不尚琐细而一气呵成的本领，从而影响了意大利人的审美趣味。因此不论达·芬奇或拉斐尔，接受北方油画技巧后皆有新改造。达·芬奇画《蒙娜丽莎》时备受称赞的“渐晕法”，实为晕涂而非晕染，效果有北方影响，技法则与凡·爱克大异其趣，逸笔草草的底描，偏重不透明色彩和大晕厚涂，都是明显的差别。

15世纪的威尼斯成为富甲天下的商业城市，装饰贵族及大商人的豪华府第变成画家首要任务。造船业的发达，又使画家想到用苎麻和亚麻制的坚实帆布绷框作画，可以在画室工作，画完搬运方便，有利于展览与销售外地。从此欧洲各国竞相仿效，使画布成为油画主要的依托材料，提香善于利用画布纹理，创造一种笔法富有变化的技巧，成为威尼斯画派最有影响的代表人物。他多在苎麻或亚麻画布上做石膏画底，再用轻胶的石膏水反复涂过，故吸收性低于北欧的白垩画地，而能运笔舒畅。画底稿时传说他只用黑白两色做素描，继而用树脂油调棕红等施底色，明部提白仍用丹培拉材料调铅白，半调子变化，是只用一支干净笔刷擦扫，控制底层色露出多少形成虚实过渡。这种底层画法早期丹培拉大师虽也曾使用，但提香与前人不同之处体现在不是一味小心地揉光笔意，而是有意识地留下笔大如帚的生动笔触和厚薄肌理，这在晚期作品中尤为明显。另外他提白时常在纯白中加入少许其他颜料，他告诫门徒要“把颜料弄脏些”，目的是在底层画阶段就要有多层次的色调变化，然后用浓缩并含蜡的树脂油罩染色彩，当时的诀窍不是用笔，而是用指球与手掌来揉染的。提香的赋彩不同于凡·爱克或拉斐尔，是不仅忠实于物体固有色相的写实，并十分注意光影响色彩的冷暖对照，他也是打破中性色调绘画成规的第一人，每幅或淡或深或冷或暖多有变化，但又最善于使用金黄色，使画面浸润于一片灿烂的金黄色调中。晚年视力模糊，画风更趋豪放，常用简单几种颜色画出丰富的灰色变化，几近近代油画语言。威尼斯画派另两位大师丁托莱托与维罗内塞技法接近提香又各具特色，前者据说不强调基层画，常在不干的棕红底子上直接涂色，色调厚实凝重如古铜，但不少作品今日多有暗色化倾向。后者传说一直用白色干酪素画地，喜爱暖银色调和秀丽清新的风格，他最大的一幅作品《戛纳家宴》色彩至今基本未变。威尼斯画派技法总的来说是属于仍利用丹培拉底层技巧的“油脂性油画”，后来这一技巧最重要的继承者是西班牙的艾尔·格列柯，并经他影响了整个西班牙画派。

16世纪后半叶的意大利画坛，一度陷入因循修饰的样式主义和以卡拉齐兄弟为代表的学院折中主义影响中，直到卡拉瓦乔艺术出现才一扫沉闷之气。他的技法虽未离威尼斯画派系统，但早期作品已显示出很大个性，对光影的偏爱和造型完全摒弃装饰和理想化，已显出他与文艺复兴大师带有观念化的写实主义根本的不同。他表现宗教题材力求平民化和骇目惊心的真实效果，多利用集中而有控制的侧光照射，使人物在暗色空间中分外突出。来源于提香的暗棕底色，丹培拉提白法造型和浓釉罩染技术，在他手中成为强调空间感和体积感的有力手段。步骤亦有所改进，在棕色画布上落稿开始即要求造型的明确肯定，形象、光暗、空间、体积在底层画阶段即已充分表达，故染色差不多一遍完成。这种爽朗明确反差强烈的画法，不但当时在意大利有众多画家追随，亦影响到国外。荷兰大师伦勃朗早期作品翔实精密，但尚缺乏个性，中年受卡拉瓦乔影响，从1642年画《夜巡》开始画风大变，改亮调平光为暗调侧光，处理光线较卡拉瓦乔更为自由大胆，技法不同之处，可能更多用淡咖啡底色，暗部和背景是经反复釉染逐步加重的，故转折反光更富变化，明部涂白传说仍用蛋的丹培拉材料，但用笔强调肌理而不像卡拉瓦乔的平实，特别晚年笔意尤其纵恣有力，罩彩亦时常用抹布擦去笔触高处色釉，使笔缝中形成“色垢”，加强了笔触的立体感，并可出现意外的金石意味。从印刷品看他作品常误以为用色甚厚，其实整体画面仍保持荷兰画法共有的平滑光洁的表面结构。

17世纪众多的画家选择了另外的风格，相对于伦勃朗的“暗色画派”，而被称为“明亮画派”。先于伦勃朗的肖像画家哈尔斯不耐于多层渲染，用笔轻捷洒脱，在荷兰画坛独立门户。其他画家则依然借重凡·爱克的传统，在风景画、风俗画和静物画几个新领域中施展才能。这些精致描绘、谨慎设彩、光影质感惟妙惟肖，给人以玲珑剔透美感的小幅架上绘画，自有其独特技法，在木板或金属板上白垩涂地皆经反复打磨务求光洁，画布则惯用特制长刀刮平胶和涂料，着色讲究先少油后多油，即“肥盖瘦”的严格程序，以便始终控制色彩之透明与光泽的适度。树脂油媒剂配比考究，现代检测其中常含有如玻璃粉的矽化物，可能因此造成这些画作表面晶莹如镜，是绘画亦是工艺精品。霍赫、梅齐、海达等都是一代名家。但最有特殊创造的当是维米尔，传世32幅作品皆称杰作。他的画风亦属细腻，但不像同时代其他风俗画家拘泥物象，一味细描。他得益于精密敏感的观察，出手有虚有实，笔法多变，常用在光线转折处的“点苔”式笔触更是个人的独创。

17世纪以前南方意大利与北方弗拉芒，虽画风互有影响但仍各具鲜明特色，风格上可谓“南雄北细”，技法上亦可称“南写北工”。巴洛克艺术大师鲁本斯，取两派之长成一家之体，对推动绘画技巧发展贡献巨大。他首先将风行一时的石青素地和棕色底色，又改回为弗拉芒传统的素白色白垩画地，粗描定稿后，用丹培拉乳液调铅白和木炭末，涂上稀薄的不太吸油的淡灰色涂层。涂时用大笔宽刷，一次涂过务求松动。画时用笔生动先求大体，塑造则“吝白如金”，他一再告诫门人，白色是绘画的毒药，阴影部分切忌混入白色，至少最后一个涂层也要使其透明。不透明色借用于最光亮部分，造型是逐步予以加强和明确的。釉染有如水彩技法，但尽量少用混合色，而是由浅及深多层交错完成。他画中诸如绸缎、肌肤等处常闪烁变化微妙的珠母般光泽，这种釉下彩的所谓“光学灰”，被专家认为是他始创。而明部色彩要相对厚重不透明，暗部色彩务求空灵透明，以形成光影强烈对比的画法，也是此时才成为被普遍接受的一条绘画法则。鲁本斯用于釉染的媒剂，是晒稠的核桃油或亚麻仁油加入玛蒂脂或达玛脂，另外资料说他也常用柯巴脂并加入古尔太地区产的催干剂，总之他的媒剂是黏稠的，偶尔才用松节油稀释，用笔激情生动始终是他作品最突出的特点。至于浮华夸张之嫌，则是一代风尚所致。他的得意弟子凡·代克，技法上变不匀的淡灰底色为硬灰地，棕色落稿，并将鲁本斯稠厚的媒剂改为较稀薄的，以1∶2比例溶解于松节油的玛蒂树脂油，色调高雅，笔法婉约。但晚年又追慕提香画风，多用不透明棕色底，变华贵为深沉。

自凡·爱克的早期混合技法油画，到鲁本斯时代，甚至到18世纪，绝大多数画家皆以多层画法为主要手段，故可统称为古典透明画法或“间接法”油画。早在15世纪意大利绘画用语中即已出现“直接法”（Alla Prima原意为一次过）一词，但只是作为一种次要的从属的绘画手法，仅用于绘画的非重要部分，如花草、树叶、胡须鬓发等处，或者是设计草图时才用的“即兴画法”。鲁本斯注重笔法生动，“直接法”在他画中实际已成重要手段，但他酷爱“光学灰”效果，直接画出的笔触仍常再加釉染。真正赋予“直接法”以独立品格，使之成为绘画造型主要手段的画家，是17世纪西班牙大师委拉斯开兹。

委拉斯开兹早年画法追随卡拉瓦乔，后受鲁本斯影响，变严谨为生动，晚年《宫女》《纺纱女》诸作已体现“直接法”为主的崭新技巧。这些画的制作虽仍保留古典透明画法利用底色控制色调和提白把握大关系的底层画步骤，但画中不论主体或次要部分的最后效果，是大量用不透明的调和色塑造完成的，Glazing这种釉染手段，已退而为局部必要的补笔和修饰。同时，造型也完全摆脱了达·芬奇的“渐晕法”，而创造出所谓“笔法分割”，即今天所说用笔与体面结合的方法。这种方法要将色与形的塑造在一笔中解决，因而要求画家对物象做统一的观察，并精熟于颜色的混合调配，以制造出“直接灰”的丰富色阶变化，这在当时还很少有画家能熟练掌握，“直接法”油画的普及开来经历了漫长的过程。

洛可可画派的华多和布歇，与巴洛克画风相

衔接，画法主要还是受鲁本斯影响，但前者精于釉染，后者偏于晕涂，同源而不同体。夏尔丹在当时特立独行，釉染技术有所发展，画幅布满所谓“珍珠纹”的肌理效果。布歇弟子弗拉贡那尔，晚年常用松节油稀释过的颜料，绘制笔法潇洒的快速肖像，应归类于直接画法，但因轻率而多为后世诟病。至新古典主义领袖大卫师承古典精神，但画法并非拘泥于多层画法，他创造在不吸油的白色素地上，用树脂油彩、半透明和见笔触地画底层素描，然后用类似“渐晕法”以不透明调和色差不多一遍覆盖完成。安格尔继承了这种技巧，但风采去尽庄严，唯求色形的细腻。进入19世纪，学院派画家仿效之人甚多，使用油性画布和晕接色块专用的扇形笔成为一时风气。安格尔式的绘画只是“古典风”油画，技法更接近“直接法”系统。相反，与他壁垒分明的浪漫派巨匠德拉克洛瓦，倒是技法上一直崇尚鲁本斯的经验。《但丁的小舟》是严格的古典透明法油画，《希阿岛的屠杀》以维罗内塞式的技法为主。他后来画法多变，追求斑斓复杂的色调，并受英国风景画家透纳、康斯太勃和波宁顿等人影响，也在画面上直接混合复合色，但总的说其一生并未远离鲁本斯体系。

真正对发展“直接法”油画做出重大贡献的画家为西班牙的戈雅，他早年为马德里皇家挂毯工厂创作画稿及贵族肖像，仍袭用土红底多层透明画法，但很快即显露他也是善于创造不透明色丰富变化的“银灰色调”高手，并由此发展出最会用黑颜料、颇类中国水墨画意味的笔意酣畅的画风。他逝世前画在俗称“聋子之家”的住宅墙上的一组油画，充分显示油画材料运用的空前自由。

“直接法”到巴比松画派领袖柯罗手中，发展为一种朴素无华情感深蕴的技巧，用笔用色皆能妥帖自然恰到好处。而标榜现实主义的库尔贝虽保守暗棕底色，但涂色常以刀代笔，使稠厚的油彩直接在画布上交融混合，形成有如天然大理石般精致而厚重的表面结构，后人评述画不仅追求物象的真实，也追求材料的“实在”。印象派前期画家马内技法多受戈雅影响，德加早期仍见安格尔画室之风范，莫奈之后才是全新方法，为适应外光写生，印象派画家又多改用凡·爱克式的白色吸收性画地，媒剂多用松节油或汽油等挥发性油，以求速干，颜料几乎完全用复合的不透明色多层覆盖，因而载色量大的方头硬毫从此排斥了尖头软毫笔。印象派画家已普遍使用工厂预制的管装颜色，多种新的合成颜料的发明与改进，提供了空前的便利，但画家从此不甚注意材料特性和画法上的过度自由，都导致损害作品寿命的结果。因此在这一点上印象派甚至包括德拉克洛瓦以降的19世纪画家，一直遭到技法专家的批评，极端者甚至认为印象派后“已经没有了技法”。

19世纪末的欧洲，伴随建筑装饰、工艺设计的“新艺术运动”，崇尚新奇成为社会性风气，不论学院主义或印象主义的直接画法一经普及，人们重又感到不满足，于是不少画家开始各种绘画技法的新试验，最初表现是对古代失传的绘画技术的重新重视与发掘，蜡彩是以画《死岛》著名的瑞士画家勃克林最先恢复的。奥地利画家克里木特颇多使用金银箔和蛋彩技巧，意大利赛冈提尼预作底层的肌理准备，20世纪初跻身“巴黎画派”的日本画家藤田嗣治，借用弗拉芒技巧画日本风的油画，毕加索以古代祭坛画常用的“灰色法”画《格尔尼卡》都是引人注目的例子。这说明一种画风、一种技法可以长时间统治画坛的历史已成过去，审美观念的多元化注定促进艺术手段多元化的发展。现代欧洲绘画的新画派、新技法、新材料层出不穷，但坚持传统技法材料的画家亦大有人在，当然有的是一应古制，有的则极力推陈出新，有的是古法新法混合，传统与现代材料并用，有继承也有发展。

欧洲绘画历经数千年，文艺复兴至今也有五六百年历史，流派众多，大师辈出，纵有门派可寻，也难尽述千变万化，本文只能粗陈梗概。且以技法论画家，犹如以貌取人，如果全面评论，大师作品有技法失误者，仍可称杰作，画品平庸即使技法高超也难称大家。同时，不论何种技法，寸有所长，尺有所短，有优点也必有缺点，成功皆在能根据创作意图巧妙应用。善学者还要靠自己认真揣摩名作，并在自己的艺术实践中探索和积累经验。

本文载于《美术研究》1990年第2期

潘世勋，1934年生，吉林省吉林人。1960年毕业于中央美术学院油画系。中央美术学院油画系教授，曾任中央美术学院油画系主任。

论明清美术批评的理论特色与审美规范

梁 江

自明以降，中国美术走入了一个头绪纷繁复杂的发展阶段。对这一段历史，现有的研究，无论是静态的描述还是动态的把握，距客观、准确、深刻的要求仍然相去甚远。

毋庸讳言，固有的方法和角度已经妨碍了研究的进度。本文尝试从一个新的角度——批评的视角介入这一阶段的研究。由此，我们将推绎出有关这一阶段美术时空构架的一些新的结论。

批评（criticism），一方面从词源及内涵而言，包含有分析、析解（analyse）以及评判、鉴定（judge）的意义。它的范围并没有严格限制。从另一方面看，批评还包括批评理论本体和批评实践运用的两大组成部分。这里侧重的是明清美术批评自身的特质，因为有了对本体的理性自觉，建立了逻辑结构的秩序化原则，才有可能产生实践运用的现实效应。尤为重要的是，由于中国艺术独特的审美观念和独特的表现方式，它自成体系的理论结构和批评规范，中国美术批评的研究，必然要有独特的方法和独特的结论，我们这里使用“批评”的范围，没有宽泛至包括美术史的程度。本文更加重视对作品评判的估价的各种论述，注重不同时代批评观念和批评规范的历史衍变，以及由此透露出来的，不同时代的美学观念。

我们把中国美术批评的漫长发展历史初步厘为五个阶段：1.酝酿期——春秋至两汉。2.独立期——魏晋南北朝。3.成熟期——隋、唐、五代。4.繁荣期——宋、元时期。5.深化期——明、清时期。

中国美术批评的独立期，出现了谢赫的“六法论”，在成熟期出现了张彦远的“五等”说，张怀瓘的“三品”说，宋代则是“四品”说盛行。品评标准的确立或变化，说明的正是一定时代审美观念和社会风尚的区别，任何艺术的起落盛衰都不可能脱离社会的土壤，美术批评的尺度，标明的便是不同时代的特点。

自明以降，历来多有论者认为中国美术走入了因袭时期、模仿时期、衰微时期，明清的美术理论、批评理论，也常常被一言蔽之为模拟论。

本文认为，中国古代美术批评历酝酿期、独立期、成熟期、繁荣期之后，进入明代，尤其明中叶以后，是在总结以往，集前代大成的基础之上孕育着蜕变。它使用了新的审美眼光，运用了新的价值观念，在中国美术批评理论的深厚历史基础上加以拓展和深化，从而建立起新的批评规范。这一个时期，是中国美术批评的深化期。

这里要着重论述的，便是深化时期的中国美术批评特色。

历史的悖论——明清的社会氛围和美术面貌

按照历史学界通行的区分方法，自晚唐至明中叶是中国漫长封建社会的后期。明中叶至戊戌变法前则是封建社会的末期。当然，在学术界中有不少人另具自己的眼光，一些著作在论述传统美学时，愿意把魏晋至明代的悠长历史归结为古典美学的展开期（叶朗:《中国美学史大纲》），另有学者却认为南宋至清代是中国文学批评的完成期（郭绍虞:《中国文学批评史》）。在论述中国绘画理论的著述中，有人把元至清的历史划为多方面发展时期（温肇桐:《中国绘画批评史略》）。诚然，也有一些论者是断定从明以降，中国美术无论从创作、批评至理论著述，都是走入了因袭期死胡同的。

人言人殊的分期方法和理论，体现出不同的立论角度和考察眼光，无论如何，作为中国漫长时期封建社会的季世，明清的文学艺术、美术风貌，以及理论形态，也体现出与以往不同的时代特色。更多的学者愿意明清并提，自然是因为有相通之处，有着与前代不同的特色。由明中叶至鸦片战争的历史阶段中，曾两度出现资本主义萌芽，虽然它仅限于东南沿海的局部，而且显得微弱，但终究如电光石火，对中国社会的历史进程，特别是对意识形态，对文艺领域产生了深刻的影响。新的经济因素，新的思想，新的观念，必然要导致社会审美风尚的变化，影响着艺术思潮。类似这些问题的研究，都需要从更为广阔的视野中进行立体的考察，才可能得出恰切准确的结论。

任何艺术的发展，都有其自律性，但任何艺术都不可能孤立地、封闭地发展，它与一定的文化氛围必然有着呼应和联系。为了进一步考察明清美术的形态，我们应该进行一些横向的，哪怕是简略的考察。

文学常常开一代艺术风气之先声。划时代的长篇小说《三国演义》《水浒传》是罗贯中和施耐庵在话本、杂剧的基础上，于明代前期写成的。明中叶之后，不仅小说、戏曲等通俗文学注重反映市民生活，这其实已变成当时文学创作的一个显著特点。《西厢记》《金瓶梅》《封神演义》和“三言”“两拍”出现在明代，杂剧、传奇、戏曲的创作，也在明代达到了一个新的高度。明清易祚，并没有割断这种联系，清代洪昇的《长生殿》、孔尚任的《桃花扇》、蒲松龄的《聊斋志异》与明代的传统自有一脉相承之处，明代发展起来的弹词、鼓词在清代普遍流行。李渔等人的戏曲理论，正是这种市民艺术的理论概括，至于清后期的《红楼梦》，不必说更是中国古典小说的高峰，从文化史的角度而言，明代编《永乐大典》、清朝修《四库全书》等，都是值得一道的事情。

这是文学艺术自明以来的一幅多姿多彩的画图，无怪乎，一些有眼光的学者宁肯以世俗人情为特点，以小说戏曲为代表去概括明清文艺运动的主潮。

明代开国之初便强化了中央集权的统治，加紧了对文化思想的钳制，专制统治是以民主自由的牺牲为代价的，但它毕竟导致了一百多年社会相对稳定，经济得以恢复发展的时期，中国封建经济的崭新因素——资本主义生产关系的萌芽在一些地区和行业，特别是东南沿海的纺织业中破土崛起。这样的历史格局，清代恰恰与之很相近，清初中央集权统治的强硬专制人所共知。但到了乾隆时期，随着农业生产的发展，随着窑业、印刷业、制盐业、纺织业、矿业等生产规模的扩大及技术水平的提高，一度被摧残夭折的资本主义萌芽再度出现。明清是中国长期封建社会的停滞延续阶段，一方面孕育着自旧而新的变化；另一方面接纳着从西到中的融合。其社会特点，其意识形态，其文学艺术也因此呈现出少见的交叉重叠、纷繁多变的面貌。对这一段历史的研究，当代学术界正反省以往的失误，采取新的考察眼光，以期得到更为客观准确的结论，以美学界而言，一些学者意识到，由于社会经济领域的变化，由于城市市民阶层的日益壮大，“思想领域出现了以李贽哲学为标志的思想解放潮流”，它“拓展了人们的理论视野”，而明清易祚，朝政更换，天崩地坼的时代气氛，又“极大地刺激了思想界，促使理论思维重新活跃起来”，它导致了“中国美学史上第三个黄金时代，这是中国古典美学的总结时期，出现了王夫之的美学体系和叶燮的美学体系，它们是中国古典美学的总结性形态，是中国古典美学的高峰”（叶朗:《中国美学史大纲》)。另一些美学家则强调，从明中叶到鸦片战争这一历史时期，“社会生活的风尚和爱好也发生了明显的变化。封建正统意识，从程朱理学到明代一度盛行的复古文艺，开始受到怀疑，冲击和尖锐的反对，在美学领域里，也逐渐产生了与封建阶级的审美观点有所不同的新观念、新思想”（李泽厚、刘纲纪:《中国美学史》)。

这是一个变化的时代，从思想到文化都在变动，处在这样社会氛围中的美术不可能自我封闭，死水一潭。与某些论著的单调描述相反，明清美术呈现出少见的多向、多样的审美风貌，其风格之多，变化之快，其理论见解的繁杂纷乱，使美术史家有难以措手之慨。如果重新梳理，重新思考一下这一段历史，能否归纳出一些更切合史实的特征呢?

明初恢复了画院，南宋院体画法备受一时之宠，浙派纵横排界的画法一度支配了画坛。尔后，吴派蔚为大观，领一时之风气。董其昌力倡南北宗说，成为美术界论辩的热门话题。明四大家文、沈、仇、唐画法各自不同，风格迥然有别，他们被相提并论，是因为不同的画风能够共同体现出文人士大夫的审美心态。写意花鸟画在明中期另辟新生面，陈淳、徐渭恣肆放纵的大笔挥写，与文徵明、仇英的细微精谨同邀睿赏。陈洪绶扭曲怪诞的人物形象，严格说来并不以文士气息为特征，但他取自市井小民欢迎的长篇小说而创造的形象，却在明代画坛上散发着最后的光彩。我们还不应忘记明中叶沛然兴起的木刻版画。小说、戏曲的发达，刻板印书的兴盛，使中国古代版画艺术终于在明代走到了成熟阶段。版画的辉煌成就，恰恰建立于市民文艺繁荣的社会土壤之中。在此，我们又一次看到了各门艺术联系相衬，顾盼呼应的历史图景。

代表清初画坛的，一是倚仗朝廷的“四王”；二是托迹禅门的“四僧”。石涛纵横奇肆之笔，八大简练的奇古之韵，石溪沉实淳朴之格，渐江清逸空灵之风，论者多以各具面目，师法造化而论之，只有确具眼光的一些美术史家，才会注意其中潜藏的追求艺术个性的苦心。由此看，他们与所谓“正统派”的“四王吴恽”，并非往昔论者所认为的那样是水火不兼容。脱离了笔墨技法的独特运用便无从论风格，无从论个性。而注重画面结构经营，重视笔墨技法运用的“四王”，恰恰有意无意地透露了这一时期画坛的必然趋势。他们对笔墨功夫的锤炼和形式手法的追求，与“四僧”实际上是殊途而同归。清代画院的风气，与崇尚南宋马、夏遗风的明代判然有别。元代黄公望的画风成了推崇对象，花鸟画则以清艳秀丽的恽寿平风格为正宗，以郎世宁为代表的融合中西的画法，成了其时影响很大的一种特异风格。清代盛期最有代表性的在野画家，应数麇集扬州的“八怪”，他们不随波逐流，颇具革新勇气，其特点，其实最重要的还不是以往艳称的革新绘画题材，表现民间疾苦，饱含生活气息的“人民性”，而是在艺术创作中自立门户，着意求新的创造精神，他们主张独出机杼，重视艺术趣味，强调自然天成，以诗书画印结合增强表现力，由此看，艺术自身的形式因素和审美价值在“扬州画派”的作品中已得到极为明确的强调，艺术家的创造个性已得到淋漓酣畅的体现。《芥子园画传》的出版，众多的戏曲、小说乃至方志的版画插图，萧云从作《离骚》和《太平山水图》，任熊一再画酒牌，以及有如野草山花一样生机蓬勃的各类民间艺术，这一切，说明的难道不是艺术进一步靠近平民，更多地融入世俗趣味的趋势？活跃于东方大都会上海的“海派”“三任”及吴昌硕，其作品分明已显出文士与市民审美趣味，而以市民审美好尚更为突出的融合。碑学之肇兴，帖学的瘦弱，奇姿异彩，活蹦乱跳的画家书法，书坛这一时期的独特现象，不又正是从另一侧面证实了审美趣味的变化？

明清的美术著述，为这一时期的美术潮流展示了繁复的理论资料。中国现存的各种美术著述，迄今可见的约为730种，其中明代部分160余种，清代则达400种。也就是说，在有关中国美术的文史资料库中，明清约占了五分之四，虽然这些著述中夹杂了不少辗转相袭，无甚建树的平庸之作，但是，并非平庸的著述也尚未有深入细致的研究和评述，以致人们对许多著述已经遗忘。

我们涉足的便是这样一个历史阶段。这是大一统专制统治延续停滞的封建季世，是萌发了资本主义萌芽，孕育着蜕变的时代。在当今的学术界，认为这是一个总结以往，集2000年封建社会成果之大成的时代；在思想界，认为这是一个力图解脱束缚，发现人性的时代；在美学界，这一阶段被推为传统美学发展的又一个高峰；即使是在美术的近亲文学界，也不再讳言这一段历史结下的累累硕果。这里不妨再提及蔡尚思先生《中国文化史要论》中的一些见解——“要论清学，就要从明代十六七世纪论起。当时的社会是从封建社会的日趋没落中开始出现资本主义的萌芽；中国和西洋的交通，也算得更加正式开端。因而在文化上，明代十六七世纪是中学和西学开始接触，也是宋明理学向清代朴学开始过渡的时期”，藏书风气大盛，古学风气大兴，西学开始输入，就总体而言，“明清之际，是中国学术文化界在春秋战国之后，再来一次百家争鸣，就其内容大要来分，至少也有朴学（经学）、史学、哲学、教育学和文学、科学六个系统。顾炎武、黄宗羲、王夫之、颜元和方苞、梅文鼎六个突出代表”。

一个纷然杂陈、目不暇接的历史阶段，沉寂与喧嚣，蜕变和新生，守成及变革，新旧的交替，中西之融合，令多少学者在其面前目迷五色。当代的中国文化史研究反省过去拓展视野的努力，目的当然是在这一历史阶段寻绎更为客观的结论，当代的中国美术史学界，同样需要以更加清醒、更为理智的态度去思考明清繁复的美术形态。

我们面前摆着便是这样掺和着多样创作风貌，多重审美性格的美术断代史。前面提及的资本主义生产关系萌芽，世俗审美意识掺入的例子，当然尚不足以概括这一历史阶段的特点，可以肯定的是，明清的美术需要更全面的审视和反思，需要更加审慎的评价。撇开社会文化氛围的因素，沿着蹈常袭故，死气沉沉一类成见论断当时的美术，与客观史实是相去甚远的，历史无法纳入人为的悖论。

深化与蜕变——理论思维的走向及审美观念

正如前面所述，明代是一个美术著述数量剧增的时代。印刷业的发达，不仅为小说、戏曲及其他通俗文学的流传播布奠下了很好的基础，同时也刺激了美术著述的增加，扩充了这些著作的影响。明代的理论著作不仅数量大大超乎以往，涉及的问题也相当广泛，而且，不同论者的角度、看法也很不一样，由此，也导致明代美术理论和批评观念的多重性格。

即使在以往已经进行了反复讨论的论题中，我们也可觇见其复杂程度。例如，关于艺术的社会作用问题，历代的理论家都予以相当的注意。明代宋濂“助名教而翼群伦”，吴宽“补世道”，何良俊“有关政理，有裨世教”等见解，显然是着眼于实用功利、“文以载道”式传统观点的延续。但是，文徵明的“自娱”说，王绂“寄其闲情”，岳正“适趣写怀”，莫是龙“以画为乐”，沈颢“托意于柔管”等主张，则可以明显看到其既承继了苏轼、倪瓒的观点又加以扩展和普遍化的脉络。即使是宋濂等人，也承认艺术的“怡情”“游情”，可“神游其间”的另一面，汪珂玉认为艺术可使人“心胆疏通，神气动荡”，董其昌直截了当说有“画中云烟供养”。这种并不孤立的理论现象，其实已表明艺术作品怡悦情性，陶冶身心的审美特性在明代已得到更明显的重视。

由于这样的特点，我们不难理解明人更为重视艺术家本人的感受、理解，注重融作者主观因素于作品中的问题。以往的一些论著，偏爱王履的《华山图序》，往往从“吾师心，心师目，目师华山”等语中抽绎出“现实主义”的见解。事实上，重视对自然景物的感受，是明代许多艺术家的共同特点。吴宽主张“牢笼物态”，高濂说：“以天生活泼者为法”，李流芳认为“目之所经而意之可设，是可以画”，赵宧光强调“何树不吾师”，屈大均相信“写生必须博物”，即连常被斥为复古风始作俑者的董其昌，同样在主张“以造物为师”。如果联系到公安派领袖袁宏道“师物不师人，师森罗万象，不师先辈”等主张，我们甚至可以认为，这种主张在明代具有不限于美术的普遍性质。

但是，仍然不能说上述的见解已经代表了明代理论的主潮，明人的著述既多，见解驳杂，不乏相异乃至相悖的看法，只取一点，不及其余，便不可避免要得出片面的、与历史相悖的看法，以往论者一再列举而加以斥责的因袭、模仿、师古的观点，在明代确实是存在的，但它撷出的也并不是有明一代的理论主流。

这里，应该首先谈及“南北宗”说，在明代美术理论中，这是一个影响甚大的问题。明代主“南北宗”论的有莫是龙、董其昌、陈继儒、沈颢等人，以董其昌影响最著。童书业《中国山水画南北分宗说新考》、俞剑华《中国山水画的南北宗论》等著述以为“南北宗”说先出于莫是龙，中国台湾徐复观《中国艺术精神》则以为莫是龙《画说》为伪编，此说应出于董其昌，温肇桐《中国绘画批评史略》认为“董其昌等‘南北宗’说中的逻辑上的极大混乱，不涉及绘画批评的范围”，苏联学者叶·查瓦茨卡娅《中国古代绘画美学问题》则说“董其昌与其他理论家不同，他善于就整个画派或个别画家提出非常准确而含义又十分宽泛的命题”，关于这一时期风行的各个流派特征的“最重要的发现，当推董其昌的‘南北画派论’”。其实不管“南北宗”说是否完全符合绘画的具体史实，但从批评史的角度而言，提出两种不同风格的发展变化脉络，在理论上是一个很值得注意的问题。“南北宗”说尚南贬北，自有其偏颇之处，不过，董其昌以平淡为宗，推举“士气”，这样的见解确实代表了当时以文人画审美趣味为正宗的思潮。“南北宗”说一出，附和者众多，并不是偶然的现象。从这样的历史事实中，可以进一步分析这样的潮流对美术批评所造成的影响。

明中叶的杨慎著有《画品》一卷，其书杂缀成编，不作轩轾，他在其中作了画家风格特征的分析尝试，以诗人的风格比附画家，认为阎立本像李白，吴道子可比之杜甫。另外，他还谈到风格特征的地域因素，说：“江南之艺，骨气多不及蜀人，而潇洒过之。”杨慎早于董其昌近七十年，可见“南北宗”说的提出自有其时代渊源，并不像徐复观先生所说那样是董其昌“暮年不负责任的‘漫兴’之谈”。同样早于董其昌的王世贞，则试图阐明各画种的风格变化转折点与哪些画家的名字连在一起，他对画家的评论，主要从风格上着眼，“大小米高彦敬以简略取韵，倪瓒以雅弱取姿”，“叔明师王维婀浓深至，元稹极简雅似嫩而苍”，王世贞在《艺苑卮言》中的看法，表明了他对风格问题至为关注的批评观。更早一些的何良俊，在《四友斋画论》中使用了“正派”与“院体”，“利家”和“行家”的概念去区分画家。他推崇“正派”的“笔力神韵兼备”，赞赏“本利家”而“未尝不行”，“利”“行”兼于一身的画家。由于他一再强调人品、修养，他所流露出来的仍是为文人审美情趣所张扬的批评的眼光。从这类涉及鉴赏批评的论述中可以看到，强调“士气”，注重主观情怀的表达，留意作品审美风格的类型分析，确实是明代美术批评中比较引人注目的特点。

明代美术理论中另一个应重视的特点，是相当普遍地讨论了构建作品风格特色的技法问题。这一时期的技法论述，在构图布局、技法运用等问题上作了细致的分析，指出了可能遇到的困难和失误，甚至注意到在技艺的使用中也能产生不同的风格类型——如顾凝远所说的“烂熟”或“圆熟”，对技法问题普遍关注的趋向，引出了陈继儒的结论——“文人之画，不在蹊径，而在笔墨”。这样极端强调乃至带有夸张成分的话，恰好道出了明代批评理论的两个重要方面——推崇文人的审美趣味及适应这样的趣味的风格，重视作品中的笔墨形式因素。

在当代的一些论著中，大约也基于这样的原因，批评“明人在这个问题上是朝形式主义走了好大一步”。但是，如果深入思考一下，我们便会发现，正是在这里透露出明代美术审美观念的变化。中国的艺术，“文以载道”的历史渊源有自，强调认识，强调教化，突出教育作用的众多论述，不外是从美术之外，从实用功利道德教化的观念，从“善”的角度去评衡量作品的成败高下，这是我们以往研究艺术史的着眼点，美国当代文学评论家 A. 吉布斯《阿布拉姆斯艺术四要素与中国古代文论》一文，曾以艺术的模仿因素、实用因素、表现因素、客观因素与中国古代艺术理论相互比较，他认为中国艺术理论的基石乃在于“表现是诗歌的起因，由表现而产生的诗歌要为治理国家服务”（《当代西方文艺批评主潮》）。事实上，这样的特点不仅存在于诗歌文学之中，美术也并未例外。明代美术的面貌，明代美术批评理论的特色，说明的倒是美术的发展更具自律性，理论的探讨也更接近艺术发展内在规律的特质。以往对其贬斥批评，其偏颇之处在于它恰好抹杀了明代美术的长处和建树。

入清以来，美术著述数量剧增，理论面貌姿彩纷呈，清人关注的面比明代更加广泛，举凡艺术功能、创作方法、风格流派、气韵意境、品评鉴赏无不一一涉及。在技法理论方面，有关章法结构、笔墨运用、赋色用水、题款钤印等论述，也是具体而微。清初的画坛，以“四王吴恽”和石涛等人为突出，艺术见解和风格特色的不一，反映在他们著述中便是理论观点的不同。“四王”的题画诗跋、石涛《画语录》、恽格《南田画跋》、吴历《墨井画跋》、龚贤《画诀》、笪重光《画筌》等，都是这一时期的著作，雍正、乾隆年间的画坛除“四王”的传人之外，重要的当推“扬州画派”，在著述方面，有唐岱的《绘事发微》、蒋骥《传神秘要》、张庚《浦山论画》、沈宗骞《芥舟学画编》，还有金农、郑板桥等人别具一格的书画题跋，进入嘉庆、道光年间的清后期，以画名者不少，但艺术风格大多是前一阶段的延续，能自立面目者不多，有关的理论著作，比较偏重于抒写个人的创作心得或对艺术的见解，它们的系统性、完整性均比不上前一阶段。

清代林林总总的美术论著，即便是与批评理论有关的部分，这里也无法一一胪列评述。为了说明这一时期的主要特点，不妨举几个具有代表性的例子略加分析。

活动于乾、嘉年间的沈宗骞，著《芥舟学画编》四卷，论及山水、人物。是书文辞丰赡，理法兼备，清晰透彻，为历代学者所重，由于其主张尊崇古法，有人以为“在一味师古这方面，他比王原祁派的唐岱、张庚等走得更远”，因而可以代表所谓“复古派”理论，按清代王原祁常被人称为拟古思想代表，其实，“四王”的著作无论就理论性、系统性而言，都远逊于《芥舟学画编》，因此，就沈宗骞的著作作一剖析，更具实际意义。

沈宗骞认为绘画“不仅玩物适情已也”，还是“陶淑心性之具”，“笔墨本是写人之胸襟，胸襟既开阔，则立意自无凡近”。画山水不仅写山水之形神，同时也表露了作者的胸怀、气质和情怀。他推崇“笔势飞动可喜”，“深厚浑融之气”，“闲静恬适之意”，“象如浑金璞玉”，“韵如郑草江花”，显然，他代表的是大多数文士画家的审美情趣。在具体表现方面，他主张形神兼备，以形为神之基础，并不惜篇幅细致论述了山水、人物的具体表现方法。不仅“欲以笔墨肖之”，还应“位置剪裁，斟酌尽善”，把对象加以一定理想化。由于作品表达出画家的气质、人品、胸怀、修养，人品与画品的高低成正比，“等是笔墨，而士夫与作家相去不可以道里计”，因此，他至为重视人品修养的培养之道，气禀之偏，天质之亏“而能漫润乎诗书，陶淑乎风雅，泽古而有得焉”。他甚至以大名鼎鼎的沈周和董其昌为例，说“两公惟能以学之力济其质之偏，故能臻此神妙”，接着，他提出了“避俗”与“就雅”的“五不可”与“五宜”的修养之道，“揣摩古人之能恬淡冲和、潇洒流利者，实由摆脱一切纷更驰逐，希荣慕势”。再一方面，他强调“初学须多看古人名作，识其用笔之法，实从天然自具而来。细心体认，尽意揣摩，能识面上有天然笔法，自笔下有天然神理”。由此看，沈氏一再强调学古，其实是有条件的，这条件主要有三：一、人品修养的需要；二、“初学”“学者”之需；三、“以古人之规矩，开自己之生面”。

沈宗骞的审美要求是“浑璞明秀，于山水则在笔墨之外，于人物则在笔墨之中”。布局应求“平中之奇”，用笔须“老而似嫩”，“务欲去罢软而尚挺拔，除钝滞而贵轻隽，绝浮滑而致沉着”，用墨则“淡处若薄雾依微，焦处如双眸炯秀，干处有隐显不测之奇，湿处有浓翠欲滴之润”。能达到沈氏这样审美要求的作品，无论从功力和境界言，都是出类拔萃者。由于沈宗骞把这样一种具有相当代表性的审美要求融化于系统完整，层层递进的清晰论述中，使我们有可能细致地了解这种审美观的来龙去脉。

如果说，沈宗骞的系统理论代表了“正统派”“传统派”“复古派”的观点，那么，清代理论的另一潮流，可以从笪重光的《画筌》中一窥其特色。

《画筌》荟萃了历代山水画理论的精义，字斟句酌，以骈文写成，议论精微透辟，在清代就极为人重视。恽南田、王翚曾为之逐段评注，汤贻汾又作《画筌析览》。厘清眉目，进而加以推阐发挥。在过去的美术著述中，获此礼遇者是极为罕见的。笪重光的美学思想有别于当时许多人，他主张画花卉“春葩秋萼，花叶全师造化”，画禽兽“飞走合乎自然，传神兼肖其貌”，他认为“人不厌拙，只贵神清；景不嫌奇，必求境实”，“实景清而空景现”，“真景逼而神景生”。他大胆地主张变革，说“从来笔墨之探奇，必系山川之写照，善师者师化工，不善师者抚缣素；拘法者守家数，不拘法者变门庭”。这样的看法，与被推为革新派代表石涛的思想，是完全一致的。

笪重光的批评观也是个性鲜明的，他极重视笔墨技法的作用，说“山川之气本静，笔躁动则静气不生，林泉之姿本幽，墨粗疏则幽姿顿减”，“宜浓而反淡则神不全，宜浅而反浓则韵不足”，他斥责“丹青竞胜，反失山水之真容；笔墨贪奇，多造林丘之恶境”，他不满“画工有其形而气韵不生，士夫得其意而位置不稳”，对于“托士夫气藏拙欺人”的“时流”之作更是愤愤不平。他欣赏的是“脱作家习，得意忘象”的某些“前辈”之作。显然，他推崇的乃是天工自然，形神兼备的审美境界。如果联系到《画筌》的全部内容，便会进一步发现，笪重光的审美观是贯穿于他对创作、技法、品评条分缕析的论述之中的，令人有系统完整、明晰透辟之感。

从美术批评史的角度而言，笪重光的观点与石涛一致，但又论述得更为系统深入，因而更具代表性，石涛的《画语录》主要论创作问题，他的论述纵横奇肆，充满革新精神，其中使用了二十七个“一画”和三十六个同义语“一”贯全书十八章，由此却导致了全书的神秘性，人们对于“一画”的理解也歧义互见，如“‘一画’就是笔道或者线条”（叶朗）；“‘一画’和‘一’正是石涛朴素的唯物主义思想和朴素的辩证法思想在艺术创作与批评上的反映”（温肇桐）；“石涛的所谓‘法’‘一画’，也正是由相互矛盾的两个对立面组成的”（郭因）。实际上，石涛是在艺术哲学的深刻水准上思考问题的，这是他的著作理论性很强，常被人斥为“玄虚”的症结所在，《老子》第三十九章有“万物得一以生”的词句，石涛则说“太古无法，太朴不散，太朴一散而法立矣，法于何立？立于一画，一画者众有之本，万象之根”，如果我们再联系到老子“朴散为器”的话，便会明白，“一画”在石涛那里其实有着技术层次、美学层次、哲学层次的多重意义，他在十八章的论述中对这不同层次进行了论证，揭示出“一画”“一”的内核含义在于其创造本质，分化和创造的运动是无限的，所以在石涛那里，“一画”“即亿万万笔墨，未有不始于此而终于此”。

简括地廓清了石涛“一画”的内核含义之后，我们便更能理解《画语录》所一以贯之的革新创造精神了。但是，正如前文所说，石涛的著作，重要意义在于从艺术哲学的水准上对绘画创作进行理论思考，这就使他的论述相对减弱了批评史意义的理论色彩，当然，在《石涛论画》中，我们仍然可看到石涛的批评观。如“诗中画，性情中来者也”，“乃境趣时生者也”；“作书作画，无论老手后学，先以气胜得之者”；“多则泛滥，少则精雄，善藏者勿求于纸之长短粗细”，“笔枯则秀，笔湿则俗，今云间笔墨，多有此病”，“用笔有三操：一操立，二操侧，三操画。有立有侧有画，始三入也。一在力，二在易，三在变。力过于画则神，不易于笔则灵，能变于画则奇，此三格也。一变于水，二运于墨，三受于蒙。水不变不醒，墨不运不透，醒透不蒙则素，此三胜也”。这些题跋于书画上的语句，显然与《画语录》的见解贯通一致而谈得更为明白，他的“三入”“三格”“三胜”是论述笔墨处理的，同样融汇着他力加推崇的创造意识。

与石涛《画语录》高度理论化的形态相反，《芥子园画谱》却从基础技法理论的角度系统阐述了中国绘画的结构法则。在国内的一些著述中，往往对这一著作不予过多重视，甚至有论者斥责其“师古”。在一些外国学者看来，它却是“中国传统绘画的真正百科全书”，“就其实质而言，中国绘画的一切基本规律都在这本书中得到了完美的艺术体现”（叶·查瓦茨卡娅语），确实，在这一套著作中，既把历代有价值的美学见解荟萃集结，又加以条分缕析，循序渐进、简括精当地加以申述，极便于初学，除了一般性的概论，对山水花卉，草虫翎毛，梅兰竹菊，用墨设色，自起手至成幅，无不一一系统加以叙述，这样的系统性、完整性，是历史上所无的。几百年来，《芥子园画谱》流传至广，泽被后学，对画坛的影响决不能低估。

王氏兄弟在书中一反当时通行地把“逸品”置于首的方法，把它摆于三品之外，认为“画至于神，能事毕矣，岂有不自然者”，这样的品评布局和唐朱景玄是一样的。在各个画种中，他们都以“神”和“自然”的标准要求后学者，“因其形似”“得其精神”“神理凑合，乃为高手”，对绘画的功能，他们认为应该“启人逸致，夺造化而移精神”。关于表现技巧，他们又主张“笔墨为传神”“笔墨间宁有稚气，毋有滞气，宁有霸气，毋有市气，滞则不生，市则多俗，俗尤不可侵染”“去俗无他法，多读书则书卷气上升，市俗之气下降矣”，很明显，王氏兄弟关于形神关系，关于笔墨审美标准，关于艺术效能的看法，与那一时代是合拍的。但他们把这些看法详尽而规范化地体现在各个画种的基本表现方式中，却有着独特的贡献。

上面述及的《芥舟学画编》《芥子园画谱》《画筌》和石涛的见解，其批评观与其他方面的论述糅合一起，它们代表了清代几种类型的评判规范。这里，特别值得提及的还有清代的两部专门的批评著作——黄钺的《二十四画品》和潘曾莹的《红雪山房画品》。

黄钺活动于乾、嘉年间，所撰《二十四画品》显然是仿唐司空图《二十四诗品》的体例，但他的画品侧重的是绘画风格的类型，其中有自己的思考，潘曾莹《红雪山房画品》之作当又受黄钺影响，但他只分十二品。黄钺的二十四画品为：气韵、神妙、高古、苍润、沉雄、冲和、澹远、朴拙、超脱、奇僻、纵横、淋漓、荒寒、清旷、性灵、圆浑、幽邃、明净、健拔、简洁、精谨、隽爽、空灵、韶秀。实际上这“二十四画品”是不同的风格类型，体现出二十四种审美境界，黄钺最为重视第一品“气韵”，欣赏其“妙在画外，如音栖弦，如烟成霭”。

这里面当然包括了情景交融的诗意的表现，潘曾莹《红雪山房画品》（道光原刊本，上海图书馆藏）的十二品是：幽秀、高洁、古澹、清丽、豪放、超逸、神韵、闲远、蕴藉、嫣润、冷僻、疏爽。这十二品的措辞与黄钺接近，体例一致，着眼点仍然是作品风格的审美特质，这两部专门的美术批评著作是可以作为同一类型去看待的。

黄钺和潘曾莹在每品之下均作解释。从这些文字中不难看出，他们的着眼点仍是文人画家的胸臆情怀和审美趣味，有几品径直是主观人品气质胸次的表现，有几种则是偏重于画面结构、技法效果和技艺功力，他们对作品中的主观客观因素全面考虑，区分出不同的风格类型，撷出不同类型和表现方式给人的不同审美感受特征，显然是力图建立起审美欣赏的评判标准。这正是当时画坛风尚在批评理论上的规范化体现。

强调文人审美趣味和主观情怀的表达，是自明而清连贯发展的理论脉络，它是不断加强的。既继承了元代四大家等人的美学观念，也进一步加以强化和深化，所以，明清美术批评的深化特征首先表现于它的继承性。深化的另一特点，是明清把美术批评的范畴加以规范化、严谨化，把评判标准的特定概念与具体作品的表现方式联系起来，使批评的概念术语减少空洞和游移的性质。在明清的创作及理论轨迹中，还可以看到人伦道德方面的因素逐渐减弱，主观情怀、传统修养、情趣意境的表现却增强，这便突出了艺术的欣赏审美作用，明清创作风气和理论思维这种缓慢的变化，酝酿着美术批评方法的一种蜕变（未完待续）。

本文载于《美术研究》1990年第2期

梁江，1953年生，广东罗定人。毕业于广州美术学院，后于中国艺术研究院获博士学位。研究员，博士生导师。曾任中国艺术研究院美术研究所所长，中国美术馆副馆长。

论明清美术批评的理论特色与审美规范（续）

梁　江

经验和法度——从技法理论体系到审美视角

这里讨论的虽是明清美术批评的专门问题，但是，由于中国美术理论的独特时空结构，我们不得不把眼界放宽，从整个时代的创作潮流、理论风貌乃至更广阔的历史背景中去追踪和寻绎美术批评的特色。涉及美术批评的许多具体材料，见解和实例，常常散见于各种史论著述、诗文集刊和题跋款识等之中，专门的品鉴批评著作数量不多，中国的艺术向来以书画为中心，这是中国美术批评的表现形态和历史结构的重要特征之一。

明代美术理论的变化发展，使人注意到一些值得思考的现象。其一，明人比前代更重视表达主观情感，由此而衍生出引人注目的关于“士气”的讨论；其二，是明人比以前更为关注艺术风格、笔墨形式的审美特征。有关“南北宗”，关于“吴派”“浙派”“行家”与“利家”等抑扬褒贬，实质上是审美趣味和评价标准的论争。“士人之画”虽在苏轼那里已力加张扬，元代“四大家”则在实践上予以完善化；但是“士气”的理论化，“士人之画”审美趣味的普遍推崇和提倡，则是在明代才得以实现的。这里，董其昌起了至为重要的作用，他之推崇南宗，要紧之处在于借南宗的风格系统推举天真雅淡的审美理想，董其昌的审美观受禅宗“直指本心”“见心成佛”的经验模式影响至深，“顿悟”在董其昌那里也变成了“一超直入如来地”。这样，状物实则为写意，缘物目的是寄情，个性的宣泄释解便成了“南宗”绘画中的重要内涵。明乎此，也就不难理解明代美术理论为何津津乐道艺术家的人品、气质、胸臆、情怀、素养，并把这些“士气”中的重要构成因素与作品的艺术风格连在一起来谈。实际上，章法、结构、笔墨、设色，以书入画，技法表现的审美特征，都是“士气”的表达手段，是体现特定审美观的物化形态。由此，对技法问题的关注便成为顺理成章的事情了。

法的基本含义，在中国传统美术理论当中是指形式的构成手段和技巧的掌握运用，法的理论化、原则化，便成了法度。石涛曾说：“夫画者，形天地万物者也，舍笔墨其何以形之哉。”本来，法的重要性是毋庸赘言的。但是，在明清美术中，对待法的态度却有着特别之处，这也体现出这一时代的审美视角，明代对具体技法有着超乎以往的兴趣，对山水、花鸟、人物的表现技法花了相当大精力进行整理、归纳和概括。仅以画梅为例，画谱性质的专著便有五六种之多，宋濂、沈襄、徐沁等都对如何画梅深有所得，重视技法的态度当然是早有渊源，但对各种技法进行如此系统如此规模的整理，却不能不说是明代以来的特点之一。虽然如此，从批评史的角度看，我们却不必对其中技艺性较强的问题多费唇舌，这里仅就理论色彩更强的方面试作分析。

明代谢肇淛《五杂俎》说："古人言画，一曰气韵生动……六曰传移模写，此数者何尝一语道得画中三昧，不过为绘人物花鸟道耳，若以古人之法，而概施于今，何啻枘凿！"按"法"成为重要理论概念，当与谢赫"六法"之提出大有关系，现在谢肇淛对"六法"颇有微词，认为它不过是针对人物花鸟画而提出，并不适用所有美术门类，这是其一；认为不应胶柱鼓瑟把古人之法概施于今，是为其二。这两点意见实在是有胆有识之论，从这里，透露出明清时代对法的新态度，清代邹一桂对谢氏之说是首肯的，但也有己见，他在《小山画谱》中说："愚即以六法言，亦当以经营为第一，用笔次之，傅彩又次之，传模应不在画内，而气韵则画成后得之。一举即谋气韵，从何着手？以气韵为第一者，乃鉴赏家言，非作家法也。"这里，邹一桂已经对"六法"大动"手术"，重加组合，与谢赫原意有着天壤之别。他意犹未尽，索性以"经营为第一"的宗旨另定出"八法"——章法、笔法、墨法、设色法、点染法、烘晕法、树石法、苔衬法。这"八法"显见是为山水、花鸟画而设，如此直言不讳地为具体技法张目，就中可看出与邹一桂一贯主张写生的观点有内在联系。

然而，邹一桂尚不是首开新"法"者，不妨再以画梅为例言之。明代刘世儒著《刘雪湖梅谱》，其中有"写梅十二要"——"一墨色精神，二繁而不乱，三简而意尽，四狂而有理，五远近分明，六枝分四面，七势分长短，八苔有粗细，九侧正偏昂，十萼瓣大小，十一攒簇稀密，十二老嫩得宜"。刘氏画梅80年，为有明一代之名家，这十二种画梅的要求，确实全面而细致。

清代汪之元《天下有山堂画艺》说："书家有八体，山水家有六法，习墨竹者岂无其体法耶？……余因拟之，其法亦有六：一曰胸有成竹，二曰骨力行笔，三曰立品医俗，四曰气韵圆浑，五曰心意跋刺，六曰疏爽淋漓。"虽然这"六法"次序凌乱，尚可看出他偏重作品效果而立论，这到底有助于我们对当时重"法"风尚的了解。

还可以看看清代迮朗《绘事雕虫》中的"八法"——1. 章法；2. 笔法；3. 墨法；4. 设色；5. 点染；6. 渍法；7. 衬托；8. 用水。这"八法"与邹一桂的相近，也主要谈论技法，从明清以来这种一再括纳技法经验，使之条理清楚，成为规律原则的作法中，明显能够看出当时对技法问题如此重视，目的不仅在于它是创作之所需，也可为鉴赏时所循。

在明清以来的许多著作，如《芥舟学画编》《画学心法问答》《小山画谱》《颐园论画》《芥子园画谱》《梦幻居画学简明》等著作中，人们同样可以看到对山水、人物、花鸟草虫表现技法的详尽论述、解答、释义。

不妨再从另一方面去剖析“法”的意识如何渗入和影响了明清美术批评。

明代中叶的李开先，为嘉靖八才子之一。所著《中麓画品》，一反舆论时流，态度鲜明地为受攻讦的浙派辩护，他不无悲哀地叹息：“予论不能拘于今之人，敢望求知于今之人哉？”直至今天，仍然因为他对浙派的褒扬不为人所接受，以致连看法中的合理内核也受忽视。实际上，即便略去李氏的勇气不论，他的看法是既体现了当时的批评特点而又有所创见的。首先，是全书的体例自辟一格，内中分五篇，内容并不相关，却因对比增加了观点的鲜明度。其次，是书中指名道姓赞赏诸家之长，也指摘各人所短，大胆尖锐，实属罕见。最后，书中列出“画有六要”“画有四病”，从笔墨技法角度分析长处短处的症结所在，然后与具体画家的作品对号挂钩，免却空洞宽泛的常见之弊。

李开先就用笔之势和法提出了“六要”——神、清、老、劲、活、润。再就笔力和法度提出了“四病”——僵、枯、浊、弱。他以形象化比喻去解释其中的含意，如“劲”的笔法是“如强弓巨弩，矿机蹶发”，“枯”的毛病在于“笔如瘁竹槁木，余烬败柿”。他把“神”的笔法摆在首位，原因是它“纵横妙理神化”。如果联系到他在卷首所说“物无巨细，各具妙理，是皆出乎玄化之自然，而非由矫揉造作焉者”，显然可以明白，他重视的是以娴熟自如的技法去表现出合乎景物妙理的自然形质。他的眼光，是侧重笔墨技巧运用而进行评判衡量的。尽管他所抑扬的画家迥异时流，但就方法论而言，与董其昌之推崇笔墨，与沈颢注重技巧之“味”，与屠隆主张以书入画，与唐志契提出气韵即在于笔墨，却显然有着吻合一致之处。明人对笔墨技巧的兴趣是相当广泛的，其具体见解的不同，并不妨碍他们采取相近的批评视角。

和董其昌齐名的陈继儒，曾坦白地说“文人之画不在蹊径，而在笔墨”，笔墨之间可以体现出力、巧、神、胆、学、识，笔墨形式之重要性，在他这里是最明显不过了。笔墨表现的综合效果体现为风格，而风格传达了作者的审美意趣和主观情怀诸因素，从这样的线索中，不难理解当时为何对这几种连贯衔接的因素反复加以强调，倪元璐提出“以性灵传笔墨，以绳尺传才力，以学问传意思，以道理传兴会”的“四传”，唐志契论“逸格”，不外是“其笔墨之忽行忽止，某丘壑之如常少异，令观者冷然别有意会”的表现，他虽分出清逸、雅逸、俊逸、隐逸、沉逸的种种不同，其内中意思和倪元璐一样，均未越出上面提及的线索。

比较起来，清人对笔墨技法条理的梳整比明人更有成效。由明入清的周亮工曾纂《尺牍新钞》，论画颇明白晓畅：“画要近看好，远看又好，此则仆之观画法，实则仆之心印。盖近看小节目，远看大片段，画多有近看佳，而远看不必佳者，是他大片段难也。昔人谓北苑画多草草点缀，略无行次，而远看则烟村篱落，云岚沙树，灿然分明。此是行条理于粗服乱头之中，他人为之，即茫然无措手。画之妙理，尽于此矣，绝非近日承学家所指之董也。”绘画之妙，被归结为粗服乱头的笔墨之中具备条理。他又说：“画亦莫妙于用松、疏疏布置，渐次层层点染，遂能潇洒深秀，使人即之有轻快之喜。”笔墨布局的点染布置，便能令人即之轻快，这里说的，仍是形式的作用。

从周亮工那里透露的，不妨说正是由明而清的趋向。清代龚贤的论述是很有意思的，他的《柴丈画说》专门列了一节“画家四要”，而这“四要”，竟有数种之多——“必笔法、墨气、丘壑、气韵全，而后始可称画”；“笔法古，墨气厚，丘壑稳，气韵浑”；“笔法健，墨气活，丘壑奇，气韵雄”。孰先孰后，在这里一目了然。本来被置于首位的“气韵”不仅排在最末，而且在龚贤的其他论述中，可以明白它不过是笔墨运用的结果。在邹一桂那里，“六法”“当以经营为第一”；在王学浩那里，“六法一道，只一写字尽之”；在王昱和盛大士那里，“气骨古雅，神韵秀逸，使笔无痕，用墨精彩，布局变化，设色高华”是新的“六长”，“此六者，觉昔人千言万语尽在是矣”。千言万语被他们概括为笔墨技法的运用以及由此产生的特定风格情趣。同样，清代人的眼光和爱好，经他们这样的归纳，也体现得至为鲜明突出。这是一代之好尚，在恽寿平、王翚、方薰、汪之元、范玑、李修易、松年等人论说“逸”“神”的见解，从本文前面列举的其他著作中，这种特色都同样得到了体现。

像这样重视抒情写心，关注风格情趣，讲求形式表现，是明清对待美术的普遍态度。由明入清，不仅能看到这种贯通的线索，而且能看到其越来越明显，越来越扩展加强的趋向，无论从创作实践到理论探讨，这样的特点都是一致的。明清时代出现的众多法度原则，既注意承继和归纳前代的成果，同时，又加进了大量的个人经验体会。这一点，只要对各种法则的作者身份略加注意便会明白，普遍关心法度的兴趣，孜孜不倦的努力，使各种技法原则在清代都能门类分明，秩序井然，精确、精微的科学程度提高，实用性加强，由此而形成了一个庞大的技法体系，这是其历史建树，各种法度规则的建立。同时，也带来了无法避免的程序化、类型化，明清时期美术某些规行矩步的不良风气，与这样稳定的法度程序不能说没有干系。

中国的美术，先是人物画盛兴，书以叙事，画以状形，指鉴贤愚，辅翼世教，“文以载道”，作用“美刺”，这样的观念由来已久并且根深蒂固。历来的论者多从这样的角度去论述艺术的社会作用，权衡褒贬艺术作品的成败高下。这样的思维模式，至今仍不能说没有市场。实际上，人物画兴盛之世，恰是中国艺术美善观念连为一体，艺术与实用合流共存的时代，山水画后来居上，衍为主潮，固然与中国传统文化中天人合一、外儒内道的二元品格，与文人们“身居魏阙，心在江湖”的矛盾心态有关，但它体现出写景畅怀、审美愉情的重要特征，却表明艺术带着道德伦理的束约开始走向独立，这已是很大的进步。如果说，山水画由于“嘘吸太空，牢笼万有”，以厚重不迁之山，周流无滞之水象征着自然和宇宙，荷载着中国对世界本质认识的哲学观念，那么，花鸟画的勃兴发展，则更进一步突出了审美的作用，虽然山水花鸟中的某些景物常被作为特定道德伦理观念的象征符号，但山水花鸟画的发展，毕竟展示了绘画艺术突出审美作用的可能性。自宋以降，山水花鸟并行不悖，人物画衰落式微，就中自有其本身的因素。但是，社会对于艺术发挥审美欣赏作用的需求，更是重要的原因。艺术从来不能脱离它赖以存在的社会土壤，它的变化发展，不能不受到社会需求的制约。

明清美术之重视主观个性，突出审美愉悦作用，导致美术理论偏向于美术自身结构规律，也即艺术本体因素的探讨，导致美术批评的视角侧重风格结构、形式手法的分析，这是当时一种合乎逻辑的必然现象。对经历了漫长历史的中国艺术，这种变化应当说是一种进步。

确立新规范——多向的创作风貌与美术批评新格局

中国美术批评的基本框架，在独立期——魏晋南北朝时期已经奠定，从此，“法”与“品”的概念与美术批评的发展也有着不解之缘。本来，就其内涵而言，“法”应当指创作的法度规则，侧重的是创作过程中各种问题的解决方式。“品”才是批评的专门术语，它注意的是作品特征、品质、程度、序列、等级，体现的是作品完成之后欣赏者所作的价值评价。但是，自谢赫以“法”和“品”的圭臬对画家进行分类评判以来，“法”与“品”便一直同时使用于批评当中。以后，关于“法”的种种阐述，种种注释，也常与批评鉴赏有关。由此看，“法”不仅指创作而言，它具有二重性质，是我们论述美术批评时不能不与“品”相提并论的概念。和“法”“品”鼎足而三的另一个重要范畴是“病”。与“品”所表明的不同等级的长处相反，“病”所标示的则是作品的弊端和失误，它的内涵包括两个主要层次——技艺上的缺陷及美学原则上的毛病，五代荆浩所指出的有形之病和无形之病，可以作为这两种层次的注脚。

对中国美术批评中的这几个最重要的价值概念，明清时代都进行过讨论，从不同角度加以阐释、补充、加进新的看法。这些直接体现着明清美术批评的特点。前面已经简略论述了这一时期对待“法”的态度，这里应该再考察“品”和“病”的情况。

先看看“品”的来龙去脉以及在明清的变化，作为美术批评史上的专门概念，历史上有“五品说”“四品说”“三品说”“二品说”等。“五品说”见诸唐张彦远《历代名画记》——1. 自然；2. 神；3. 妙；4. 精；5. 谨细。“四品说”出自唐朱景玄《唐朝名画录序》——1. 神；2. 妙；3. 能。“格外有不拘常法”者，另立“逸”品。北宋黄休复《益州名画录》对“四格”逐一加以解释，并明确置“逸”于首位。值得注意的是，南宋邓椿《画继》说宋徽宗“专尚法度，乃以神逸妙能为次”，这是第一次把“逸”排于“神”之后。“三品说”可见于张怀瓘《书断》、北宋刘道醇《圣朝名画评》等著作，他们以神、妙、能为排列次序，元夏文彦、明王世贞均承此说。“二品说”为宋代赵孟濙提出，他认为只需分神、妙二品。赵氏为南宋末人，名见《宋史》，其语转引自朱理存《铁网珊瑚》。此外，五代荆浩《笔法记》有“神、妙、奇、巧”之说，他没有使用“品”“格”的概念，实际上仍是区分了四个层次的等级，有论者认为“奇”相当于“逸”“巧”，接近于“能”，这样的附会有悖荆浩本意，显得过于牵强。

这几“品”中，“逸”向来最受注意，明清似乎仍是这样。关于它的含意，何良俊、董其昌比附于“自然”。唐寅、孙仰曾、唐志契、恽向、范玑、李修易、松年等人的论述，则多推崇其中洒然自得、超乎尘表、幽淡天真、味外有味的特质。事实上，神与逸可归为一类，表明的是文人画家的追求目标以及他们的审美趣味。而妙和能又可归为一类，它大抵表示着一般画家所能达到的笔精墨妙的最高境界。是“学而知之者”的极致。这泾渭分明的等级，包含了一种由来已久的偏见。唐宋以还，书画论坛多为文士所左右，他们标举才识，挥毫自逸，理论著述多出于他们之手，就中的论述多浸染文士的意趣，原也不足为怪。但是，问题却并非仅仅如此。前面提到的《芥子园画谱》，已经明白宣称“画至于神，能事毕矣”，并据此把“逸”放在三品之外。从明清尊崇法度的角度来看，“逸”尽管不断有人申述阐释，作为批评尺度，仍无法避免其过于玄虚宽泛、游移不定的问题。王氏兄弟虽然也力倡“书卷之气”，但在这样一套系统清晰，唯“法”是循的著作中，却不得不正视这样的问题。其实，在晚明王穉登的《吴郡丹青志》中，“逸”品的排列已被放到神、妙、能之后去了。王氏之作，专树吴郡一地画家，推崇的虽是文人审美趣味，但“逸”的“牝牡骊黄之外”，神杳难测，却使他无法避免无所适从的尴尬。在“逸”之下，他的字数减少，语态拘束，远没有谈另外几品的坦然自如。看来，已不仅是王穉登需要更明确清楚的艺术标准，由于明清以来的技法概念、审美范畴体现出精确化、具体化、系统化的倾向，“逸”品所包含的天才式完美，逸笔草草又莫可楷模，超凡绝伦而难以企及的境界却使人望而生畏，它与这个时代无形中出现了隔阂。人们对它敬而远之，不敢渎犯，宁肯多谈其他方面，这样的际遇虽然出人意料，但却是这种社会背景当中合逻辑的事情。“逸”在明清时期大多以一种理想境界的象征，甚至以形容词的身份出现，远没有其他概念那样与批评实践有密切关系，这是我们在分析明清美术批评状况时应当注意的。

明清人确立了一些很值得注意的标准。

明李日华《六研斋笔记》说：“凡状物者，得其形，不若得其势；得其势，不若得其韵；得其韵，不若得其性。”这里，“形”“势”“韵”“性”层层递进，得“性”则最高，“性者，物自然之天，技艺之熟，熟极而自呈，不容措意者也”，以纯熟自如的技艺表现了自然之性，手段的重要自不待言。

明李士达云：“山水有五美：苍也，逸也，奇也，圆也，韵也。”（见明末姜绍书《无声诗史》，又见唐志契《绘事微言》，但说是袁玄石语）“张振羽云：‘画有四宜：宜文、宜清、宜逸，宜咫尺隔别。’”（见明唐志契《绘事微言》）前一说重视结构和风格韵味，后一说则更偏重欣赏感受，两种说法都不涉及作者身份，注意的是作品本身。

明代顾凝远著《画引》，其中以“生拙”篇论用笔，“枯润”篇论用墨，他认为要恰到好处地获得“生”“拙”“枯”“润”的效果，“凡六法之妙，当于运墨先后求之”，他完全是从形式角度制定衡量标准的。

与顾氏年岁相近的大鉴藏家张丑，著有《清河书画舫》，他评论作品以理、趣兼备为尺度，说“画品以理趣为主，奚可徒尚气色”。以理为首，尚存宋人风范，但从他评论中“从心所欲而自不逾乎矩”，“虽逸格而法律森严，机锋奋迅”等语看，“理”主要指法度规矩。他心目中的“趣”，不外也是笔墨趣味和风格感受。

清代盛大士《溪山卧游录》又说“画有三到：理也，气也，趣也。非是三者不能入精妙神逸之品”，这“三到”与张丑小有不同，着眼的仍主要是风格特色和欣赏感受，“精妙神逸”的提法无论是否断句标点，都是随意无拘的，他同样不计较作者身份如何。

清代王昱《东庄论画》说“翰墨中面目各别，而其品有二，元气磅礴，超凡入化，神生画外者为上乘；清气浮动，脉正律严，神生画内者次之，皆可卓然成家，名传后世”，虽然尚有高下之别，只要同属“翰墨”便一视同仁，“名传后世”，毫无门户身份偏执，态度更为公允。

没有必要把类似的论述逐一列举下去，从这些例子已不难窥见这一时期的评论风尚。明清时代对美术品评的兴趣已更多地转移到作品自具之特色、作品本体的风格上面。艺术家和理论家同样兴致盎然地关心着作品是否体现了他们认可的审美趣味，留意着其中的技法手段是怎样在运用处理。虽然那时有引人注目的“南北宗”之辩、派别门户之争，虽然“士气”仍为不少人奉之唯恐不谨，但在具体作品的论评中，却又有意无意只重视其自身的特点。理论争论的一些热点，并不总能代表整个时代的整体流向，这真是饶有兴味的现象。

至此，应该再考察一下明清关于“病”的有关论述。“病”虽然是美术批评中一个重要范畴，但它的概念形态却不止一种。在晚唐张彦远论五个等第的时候，已经使用了“病”一词，但作为一个特殊范畴而出现，恐怕要算荆浩为早。北宋郭若虚《图画见闻志》所说的“画有三病，皆系用笔，所谓三者，一曰板，二曰刻，三曰结”，更是相当著名的说法，和郭若虚同时的郭熙，著有《林泉高致》，他没有归纳出“病”的规范类型，但却具体细致地考察过山水画中的各种弊病，如布局平板、塑形露刻划之迹等。以后，米芾《画史》、韩拙《山水纯全集》、赵希鹄《洞天清禄集》等著作都专门论述过应当弥补避免的各种毛病，元代饶自然以“绘宗十二忌”专论山水画应忌之弊，更是为人熟知。可见，中国古代的艺术家、理论家早就注意到应该如何避免经常出现的一些缺点和毛病，很早就上升到理论规律的高度去加以强调。不过，在诸种论述中，概念并不一律，有“病”“忌”“恶”“俗”等不同说法，而意义却是相近的，可以归诸一类去讨论。

明唐志契《绘事微言》在“名人画图语录”中引述了一些其时的有关论述：

“张振羽云：‘……画有五忌：忌冗、忌杂、忌套、忌俗、忌浓淡不分。’”

“袁玄石云：‘……山水有五恶：嫩、板、刻、生、痴。’”（此与《无声诗史》引明画家李士达语相同）

清龚贤《龚安节先生画诀》论画柳“三病”：“干未上而枝已垂，一病也；满身皆小枝，二病也；干不古而枝不弱，三病也。”又说，“俯螳螂枝最忌枝枝相似，此谓之刻板尔”。

清王原祁《雨窗漫笔》论用笔：“忌滑，忌软，忌硬，忌重而滞，忌率而溷，忌明净而腻，忌丛杂而乱。”

清汪之元《天下有山堂画艺》论“六病”：“一曰笔力柔媚，二曰神情散漫，三曰源流不清，四曰体格粗俗，五曰未成自炫，六曰心手相戾。”

清邹一桂《小山画谱》论“画忌六气”：“一曰俗气，如村女涂脂；二曰匠气，工而无韵；三曰火气，有笔仗而锋芒太露；四曰草气，粗率过甚，绝少文雅；五曰闺阁气，描条软弱，全无骨力；六曰蹴黑气，无知妄作，恶不可耐。”

清沈宗骞《芥舟学画编》论“避俗”：“夫画俗约有五：曰格俗、韵俗、气俗、笔俗、图俗。”

清方薰《山静居画论》论“画法须辨得高下”：“甜熟不是自然，佻巧不是生动，浮弱不是工致，卤莽不是苍老，拙劣不是高古，丑怪不是神奇。”

仍可继续摘录下去，但无法也没有必要把类似论述罗列殆尽。很明显，上述的应“避”要“忌”的种种弊病，都是关于运笔、用墨、结构、格调方面的。换言之，主要是基于作品形态的各种构成因素，以及由此所形成的整体效果、风格特色而立论的。如果把考察范围再扩大一些，便会发现这样的兴趣同样体现在明清的大多美术著述当中。对章法布局，画面结构，对宾主呼应，开合起伏，对虚实藏露，疏密繁简，对纵横奇正，参差动静，对运笔用墨，赋彩设色，关于落款钤印，调色选纸等，论之者争先恐后，沸沸扬扬，言语间活现出一副副眉飞色舞的神态。有趣的是，人物画走入明清，本已一蹶不振，但论述人物画最为深入细致的著作也出现在这一时期。如王绎、沈宗骞、蒋骥、丁皋等人的论述，无论从系统或深刻而言都远超乎以往。只要粗略浏览一下中国美术著述的前后面貌，便不可能不惊叹明清人何以关注的面如此之广，何以探讨得如此具体而微，何以能把许多问题梳整得如此头头是道。

从明清美术的创作风气、理论思维、审美视角，从明清人对形式手法的关注，从他们对“法”、对“品”、关于“避忌”的种种看法，我们看到了这一个时代的心态。艺术之适性怡情、审美欣赏的作用在这一时期显得远比以往突出，因此，导致了这一阶段的创作风貌出现了繁复多变的特征，突出了玩赏愉悦的特质。也因此，明清以技法研究为主体的基础美术理论，注意力多集中于视觉形象的结构法则和形式手段上面，基于同样的原因，明清的美术批评之热点所聚，在风格趣味、形式结构、技巧运用等因素方面，批评视角偏重作品自身因素的分析。这是一代之所尚，尽管各种门类的反应有先后强弱之别，但既然同属美术的大系统，它们必然要呈现出合理的趋同性，正因为这样，连“气韵”——这个为历代画家奉为金箴宝典，这个在中国美术批评中有特殊地位的概念，到了明清人那里也大有文章可作。在明汪珂玉那里，“画用焦墨生气韵”（《珊瑚网》）。在王原祁那里，“用墨用笔，相为表里……要之，气韵生动端在是也”（《雨窗漫笔》）。在恽格那里，“气韵藏于笔墨，笔墨都成气韵”（《瓯香馆画跋》）。在唐志契那里，“气韵由笔墨而生，或取圆浑而雄壮者，或取顺快而流畅者”（《绘事微言》）。在布颜图那里，“气韵出于墨，生动出于笔”（《画学心法问答》）。不是没有人作过另外的议论，不否认还存在互相抵牾的解说，毕竟有一大批人信奉这样的信条，固执地把笔墨技法的意义摆在至高无上的地位，这总可以说是透露了那一时期的一种具有相当代表性的态度。这当然也正是一些研究者指责明清“形式主义泛滥”的原因所在。

我们不打算花费笔墨描述明清美术的各种风格流派，这是美术通史著作的基本任务。囿于本文论题的角度和篇幅，这里只能把注意力放在明清各种具备理论性的文字材料方面，尽力揭橥明清美术批评的时代特征。虽然如此，我们还是认为，明清美术并不是衰颓没落时期，而是审美观念的蜕变时期，美术创作风格多向发展的时期。明清对美术批评的深化，美术批评新格局的建立，正是基于这样的创作实践和社会背景。

它集以往理论之大成，因此对历代探讨过的论题仍有足够的反映，从中足以觇知历史的流向和集结。它在承纳以往成果的历史基础上深化发展，因此对许多问题的讨论又明显进入了更深的层次，它处在美术转向以审美为主要效能的历史阶段，因此它的角度、视野，它的审视眼光和衡量标准，更多地流露出艺术本体论的色彩。道德模式的传统批评尺度虽然在明清时期仍不绝回响，但同前一种方法的喧闹比较起来，它已失却昔日的宠幸，显出无可奈何的苍白和寂寞，这就是进入明清时代的中国美术批评深化期的基本格局。它与繁复多向的美术审美风貌相呼应，在承继并加以完善化中确立起新的美学批评规范，它重视的是艺术风格和结构因素，关心的是形式手法和技巧手段的运用，感兴趣的是如何以各种艺术传达方式去体现特定时代的审美观念，虽然，当时的审美情趣未必再为今天的人们所一概认可和接受，但是这样的一种研究角度，如此的一种批评方法，却使它的探讨结果更加接近艺术自身的特质，更能符合艺术自身发展的客观规律。就中国传统艺术批评史的角度而言，比之过去沿用已久的，立足于实用功利，着眼于“善”的外部批评方法，是体现了一种自外而内的转变趋向，显示出的无疑是一种历史的发展和进步，历经漫长历史才形成了这样的理论格局和批评规范，它谨严务实，不再天马行空，它在作品自身因素上立意持论，不是漫无边际。这既是理论思维的走向，也牵动着创作实践的脚步。我们在一代巨擘徐渭的题跋中，看到了这样的一首诗——“百丛媚萼，一干枯枝。墨则雨润，彩则露鲜。飞鸣栖息，动静如生。怡情弄性，工而入逸，斯为妙品”。他本是癫狂之后的感慨，但其中不也挟带着那一个时代的心音？

近代的自觉—— 一条曲折濡滞的历史轨迹

无法一语定谳。希冀以一种潮流，一种趋向，试图以短短的几句话去归纳明清时期的创作、理论及美术批评的特色，这样的努力是注定吃力不讨好的。这是一个百川奔涌、头绪纷繁的时代，各执一端，人言人殊，不仅繁杂的理论枝叶穿插交叉，使人感到难辨本末主从，创作上的许多问题同样也只好作如是观。后世论者各种相去甚远、各执一端的结论，都不难从明清的众多著述中摘引出几段言语作为立论之据。这大概也是我们许多关于明清美术的看法众口纷纭、难分轩轾的一种原因。它连接的是近代，相隔并不遥远，历史的浪涛尚未及冲刷干净它令人目迷五色的浅层现象，踯躅在这样的历史遗址上去寻溯其嬗递之迹，推阐它延宕迁变的脉络秩序，显然是远比其他历史朝代要艰辛困难。这便需要更为清醒的头脑，更具穿透力的眼光，非有特殊的方法不为功，我们只好撇开许多皮相现象的诱惑和缠绕，撮寻荦荦大端以把握历史的脉搏。

明代的高濂以善鉴赏书画著称，他的《燕闲清赏笺》是专论赏鉴清玩的，其中说："余所论画以天趣、人趣、物趣取之。天趣者神是也，人趣者生是也，物趣者形是也。"他看唐人之画是"天趣高"，而宋人的画"物趣胜"，"今之评画者，以宋人为院画不以重，独尚元画，以宋巧太过而神不足也，然而宋人之画，亦非后人可造堂室，而元人之画，敢为并驾齐驱"，他意犹未尽，进而评点说："今之论画，必曰士气。所谓士气，乃士林中能作隶家，画品全用神气生动为法，不求物趣，以得天趣为高，观其曰写而不曰描者，欲脱画工院气故耳，此等谓之寄兴取玩一时则可，若云善画，何以比方前代而为后世宝藏？"不能不说他自具胆识，但这实在又并非先知先觉之论。早于高濂五六十年的文徵明，不也说道："余闻上古之画，全尚设色，墨法次之，故多用青绿；中古始变为浅绛，水墨杂出，故上古之画尽于神，中古之画入于逸，均之各有至理，未可以优劣论也。"（见《岳雪楼书画录》）同属于明的莫是龙，也说"画品惟写生惟难，不独贵其形似，且须贵其神采"（明李日华《味水轩日记》引）。即便没色，也大有文章。"一色不得法即损格，若浅色则可任意，勿借口曰逸格"（明孙矿《书画跋跋·石田写生册》）。何必以"士气"相标榜，何必以先后论优劣，又怎能以"逸格"作遁词？即使是推崇"士气"者，也不能没有更为清醒的意识。这种比较务实的批评态度，表明那时在百川奔涌中另有一股潜流。

不妨再留意一下清代的两段话。

"画家有南北宗之分，工南派者或轻北宗，工北派者亦笑南宗，余以为皆非也。无论南北，只要有笔有墨，便是名家。"（钱泳《履园画学》）

"近世论画，必严宗派，如黄、王、倪、吴，知为南宗，而于奇峰绝壁即定为北宗，且若斥为异端，不知南北宗由唐而分，亦由宋而合，如营邱、河阳诸公，岂可以南北宗限之？吾辈读书弄翰，不过抒写性灵，何暇计及某家皴某家点哉？……吾愿学者勿拘拘于宗派也。"（李修易《小蓬莱阁画鉴》）

不过抒写性灵，只要有笔有墨，何必严宗派，何需分南北？这样的意见并非绝无仅有，在清代王宸、王世祯、邵梅臣、戴熙等人的著作中，便都有与上相近的说法。难怪方薰要说"一丘一壑，一草一花，使望者息心，览者动色，乃为极构"（《山静居画论》）。只要能打动欣赏者，便是好作品，什么门户家数、长幼尊卑，一概不遑再论。他们虽是在谈自己的美学见解，但不也同样在美术批评上面表现出了一种与以往不同的考察态度？

时间推移，艺术发展，理论思维也默默地发生着不易为人察觉的变化。有喧哗的河溪，还有沉寂的暗流，在它们既分且合，交错渗融的复杂形态中，终究会展示出艺术如何随着历史的前进脚步而变化发展的趋向。

在清代精于鉴别的华翼纶的著作中，不时有斥责时人“其志但求以画易钱”，“画非钱不行，且视钱之多少为好丑”的语句。这黯然失神的脸色，倒提醒我们还应注意这个时代的一个重要走向——庸常平民之辈的耳目，左右了艺术的变化。

题为明代王绂的《书画传习录》[1]，书中便有反对绘画“供人耳目之玩，为己稻粱之谋”的话。我们对此更感兴趣的却是其弦外之音，那时的艺术品已在市井平民中找到了市场，艺术商品化也不仅是初见苗头略露端倪。仇英卖画，陈洪绶卖画，王翚卖画，恽南田卖画，石涛晚年也定居扬州卖画，“扬州画派”其实是因为卖画才聚集一地。虽然卖画鬻文之事早已有之，但作为满足衣食之需的一种主要谋生手段，成为这样一种普遍的风气，却应当说是入明之后的重要变化。明代夏昶举进士而官太常寺卿，卖至“夏卿一个竹，西凉十锭金”，成为遐迩传诵的美誉。清代董棨沾沾自喜于他的“腕底风情”，内足“乐志”，外可“养身”。前一例高官厚禄，既富且贵而卖画，后一例能养身还有风情之乐，也算得小康水平。扬州画家却常有拮据潦倒的感叹，金农说他是在以画“易米”，郑板桥吟哦：“日卖百钱，以代耕稼，实救困贫，托名风雅。”可见，卖画者也并不见得都有幸运之星高照，市场行情、环境、机遇、风格等因素都在起作用，这些恰恰是商品化所导致的特征。无怪乎华翼纶要说到“命意”会有所不同，“只求悦庸平人之耳目”，这实在是最为关捩之处，尽管有人不以为然，实际却不能不然之。这是社会变动、社会经济、资本主义萌芽等多重原因的综合之力，影响了艺术的发展走向。通过金钱的桥梁，艺术走向平民，艺术品进入了熙熙攘攘的交易市场，它以商品的身份在社会上堂皇地进进出出，不再羞羞答答“犹抱琵琶半遮面”。

尽管这样的变化在当时不足以完全左右艺术的整个局面，但它所展现的却是一个必然的发展方向。中国大一统封建制晚期社会的变化，导致了传统艺术濡滞缓慢地蜕变。布衣平民、庸常之辈，只要有足够的经济能力，便能以字画装点门庭，附庸一番风雅，他们另有耳目之好，自具审美趣味，艺术家要把自己的作品推销出去，只好重新命意，难其是趋。当然，所谓庸常之辈，实际上也并非那些食不果腹、目不识丁的酸穷小民，他们大多是那些半路发迹的市侩、新红乍紫的富贾——如徽州商人、山西商人等。他们没有官僚文士的高贵社会地位，是随着商品经济的发展而走上发达之途的，既聚集一地，又四处流动，有钱的地方便有他们的足迹，其影响委实不可小看。以他们为代表的，具备一定经济实力却没有相应社会地位的人，实际上已形成一个松散的阶层。不管怎样，艺术品只要走入交易市场，便要按照商品经济规律去流转，虽然尚有人对艺术成为“为己稻粱之谋”的手段耿耿于怀，但它必须掺入市民阶层的审美情趣，必须在命意和表现手法上有相应的变更，这是无法阻挡的事。在封建社会的特定历史条件中，艺术要走向平民，这样以商品的身份出现，恐怕是唯一的可行之路，对古老的中国艺术，商品化也是它的发展和进步，完全不必因此发一浩叹。因此，我们宁肯以更客观的态度去探讨这种趋势拓展扩大的缘由。

但是，中国的历史虽以一根漫长的、连绵不断的纵线一以贯之，它从来又不曾以平稳笔直流畅的形态往前伸展。历史的轨迹充满了起伏，充满了崎岖和波折，它常常默默地埋葬陈腐，同时也悄悄地摧折新芽。明清的两度资本主义萌芽便这样在不知不觉中枯萎消失了，走过清代兴盛的中叶，中国的历史仍以大一统封闭格局的模式继续谱写，中国美术的脚步虽同样蹒跚地前行，但没有震古烁今的大家，没有矫然不群的睿见。沉重的氛围，难以浇灌出生机勃然的艺术。

沿着困顿的历史进程，本文的思索似乎也陷入了窘境。既然历史行进的轨迹在清中叶之后回复了常态，既然艺术赖以存在的社会氛围重归于封闭凝固的范式，我们关于明清美术状况，关于美术批评问题的思考，岂非随着历史弯绕的圆圈顺到了原来的起点？历史可以相似，绝不可能相同。清代中后期的沉闷历史，并不是平面上的循环，它的回复与原来有着螺旋式的差异，清代后期的社会因素毕竟与历史上任何一个时期都有着区别。何况，艺术的发展与社会的进程并不一定呈现出平衡的形态。因此，我们仍然有充分的理由继续原来的考察和探讨。而且应该特别注意的是，社会氛围的变化，资本主义生产关系的萌发，虽然改变了社会条件，导致了中国美术的改观，这些毕竟还属于外部的原因。艺术批评的问题，虽然同样要关注外部因素的影响，但是它的目的，却在于探讨艺术本身的变化。

穿越纷纭的表层，透过喧闹的杂音，我们终于听出了其中若隐若现、执拗地进行着的主调。作为连接古代与近代的这样一个特殊历史时期，明清时代是一个新旧交替、中西碰撞的时期。固有的眼光，新出的观念；源于中国的传统正宗，来自域外的偏门异端；谦谦文士的雅逸情怀，芸芸众生的粗鄙耳目，在这样特殊的历史阶段中，纷然杂陈，错综交织，并行不悖地在艺术上、在美术上得到了各自的体现。这是各种审美情趣并行，不同艺术风格同存，适应不同阶层口味的复杂面貌，也是明清美术从创作到理论都呈现出多重性的根本原因。五光十色的面貌，依然体现出趋同性的特征——重视艺术的审美作用，注重笔墨风格，关心形式手段。由此形成的美术批评格局，具有侧重内部分析，偏向艺术本体论的方法特征。诚然，这不应与现代意义的艺术本体论方法等量齐观，它渗透着中国传统思维模式因子，具有传统性、古典性的特点，无法与现代任何一种批评模式作简单比附。

中国美术批评在深化期的变化，与明清美术创作及理论特色有着密切连贯的合理联系。在一个艺术寻求更合适的路径去适应多种审美趣味，满足不同需要的历史阶段，风格特色和形式手段的意义日趋突出。美术批评在审视角度和分析方法上的变化，正适应了这一时期美术的需要。它容纳和阐发了中国美术以往历史阶段的理论成果，注重作品自身特性的分析，从风格特征和形式结构等重要方面拓展了美术批评的领域。由于它所体现出来的系统，具体化、严谨化的特点，无论从理论意义或方法论意义上说，都是对中国古代美术批评的深化。

回到前面提及的清中后期的问题上来，这一时期的美术批评并没有偏离上一阶段的轨道，理论的论争减弱了，所涉及的问题多为原有论题的回应和反响。美术著述较多地集结个人的题跋诗文，鉴藏资料汇编的分量超过了理论上的建树，社会变动少有直接的反映。这一个时期是平缓的、求变的呼声，直到清末才再度高涨。

从中国美术演进的美学思想史角度看，当代的研究者注意到了其中两条比较明显的线索——因儒家正统观念的影响而注重艺术中的社会伦理价值；基于佛道的个性价值哲学而强调个人创造的性格特征。从明清美术史的角度看，不少论者常常提及从董其昌到“四王”的“正统派”风格，从徐渭、石涛到“扬州八怪”等人的革新派特色。本文当然无意涉足从创作到美学思想的通史式庞大题目，但仍然愿意指出，历史没有干净明确的直线方格。即使仅以明清美术而论，便呈现着多重性的形态，连“四王”和石涛也很难以正统或革新一言以蔽之，何况，从明清建筑中体现的美学性格，从明清陶瓷、工艺中流露的审美情调，以郎世宁为代表的混合中西的独特画风等，难道不应该在我们考虑明清美术思潮的时候给予充分的注意？我们不必按照习惯的方法也在明清美术批评中画出两条清楚的线路，宁肯从大的方面着眼而指出它较为普遍的时代特征，当这里提及郎世宁的时候，也许还应当提到清人有关的评论——“笔法全无，虽工亦匠”，“参用一二，亦具醒法”（邹一桂）；“不知底蕴则喜其工妙，其实板板无奇，但能明阴阳起伏，则余无底蕴矣”（松年）。短短数语，流露出不乏偏隘而又代表着一批人的文化心态，不管他们的见解如何，其采取的批评方法，却并未越出上面所说的模式。

在艺术荷载着完善个性道德的职能前行了千百年之后，明清美术的变化，能给我们什么启示呢？行文至此，恰好想起了一个有趣的论断，“汉之拙重，六朝之飘扬，唐之圆深，明清则如猫狗似的驯媚”（李泽厚:《美的历程》，第210页）。这是谈雕塑的话，其实不妨作为明清美术断语，只不过应该把其中嘲弄的含意先剔除干净罢了。中国的艺术，曾经皈附政治，曾经弘扬宗教，曾经图解封建教义，曾经宣讲伦理观念。中唐以前的艺术多与宗教皇权合流，它们带着神圣的光环，需要摄人心魄，居高临下。宋元的艺术带着城市文化、心性理学、禅宗教义的烙印，需要交融自然、亲近人世。而明清的艺术，却投身人情世俗的怀抱，供人怡情适性，赏鉴玩味，它不需要宏伟壮观，却需要精美华丽。它不必威震四方、雄视八面，却应该驯媚地蹲踞于室隅案头。明清艺术所呈现出来的华美、精致、纤丽的时代风格，与它走进室内，主要供人摆设鉴赏、悦情审美的变化分不开。既然艺术的根本价值在于它的审美作用，明清美术的变化，体现的便是艺术自身价值的进一步确立和完善。明清对中国美术批评的深化，明清美术批评格局的确立，与这个时代的变化是合拍的。它减弱了道德批评的色彩，重视的不是宣礼载道，辅翼世教，不利于发挥艺术“善”的社会作用，但它对艺术自身特征的兴趣，却闪露出近代的气息。明清美术批评的特色，是正宗中国血统的，它是步履维艰的中国美术的难产儿，身上流动的是传统文化、中国民族思维方式的血液，皮肤上带着曲折濡滞历史的斑斑胎记。沿着历史的轨迹前行，是近代史的门槛了。中国艺术的真正脱胎换骨，是在经历了近、现代的沸腾熔炉之后。但历史毕竟是无法割断的，明清美术理论所体现出来的特征，莫非正预示着近代的自觉？

余论

距今年代相对较近的明清，反而是中国美术史研究的薄弱环节，资料紊乱零散，见解相沿成习，已涉足的论题又呈现出明显的不平衡。明清美术需要加强连贯性、综合性、整体性的系统研究，这是当今史学界不应忽视的问题，从这样薄弱的基础上去起步探讨，本文虽然尽可能作了自外而内、由纵到横、从回溯到探究的思索，但力所能及者仍然是概略的，因陋就简的。

虽然是有限的梳理，尽管有难免的肤浅，但这为我们匆匆浏览过的五百年历史，仍然提供出一些有助于继续思考的新认识。

1.明清是中国长期封建社会的后期，它连接的是近代的历史。在这样一个特殊的历史阶段中，新和旧、中与西在碰撞渗透，市民阶层的审美意识融进了艺术领域。经济结构的变动，社会氛围的变化，不可能不对美术面貌发生影响。明清时期的各种艺术风格，不同的审美观念，众说纷纭的理论见解，正是变动时期复杂因素在艺术上的折射。纷乱繁杂的头绪，仍然若隐若现地体现出转化蜕变的趋向。转化和蜕变是缓慢的，它是渐变而非突变，渐变的方式是中国历史上最常见的方式。明清美术的渐变，导致了陶冶身心，怡情悦性，欣赏审美作用日渐明确的特点。

2.多种的审美观念，不同的欣赏情趣是不同艺术风格得以存在的前提。不同的欣赏阶层和不同的功能需要，当然也造成了鉴赏口味和评判尺度的多种多样。明清美术理论和美术批评的繁杂看法及分歧，与当时复杂的社会结构诸种观念并存的社会文化氛围有内在联系，众说纷纭的局面，使这一时期的美术理论和批评理论呈现出整体模糊的特点，全面的考察和宏观的把握，又可以使人发现，从方法论的角度着眼，这一阶段的理论热点是艺术风格及形式结构因素诸问题。

3.元画建立了高度完善、和谐的审美规范。但它的笔墨意趣实际是建立于异族入主之后的精神危机之上。超脱羁縻，与世无争，以禅说画，聊写逸气，士子文人缘于天崩地拆的倾斜心态，却意外地成全了艺术。经历剧变之后重建的明王朝，有着整饬文化成果，重光传统精神的社会心理，这是明代美术尊崇传统的原因之一，元代“有意味的形式”，净化了的审美境界，恰好与明以来强调审美作用、突出笔墨意趣的普遍需求相吻合，这是元画审美规范在明清受到推崇的原因之二。从元而及明清，笔墨形式的延续性掩盖着艺术心理学上的重大区别，这是常常为人所忽略的。

4.关心艺术风格，重视笔墨技巧是明清的共同趋向，无论是适性自娱式的作品，迎合市场需求的作品还是服务于封建统治要求的作品，都需要体现出合目的性的风格，以及建构风格特色的形式手法。这种趋同的需求指向，促使明清的美术批评围绕艺术风格和形式表现的轴心构建起新的格局，括纳了往昔的有用之长，建立起完整的形式手法体系，促进了中国美术民族风格的成熟，是明清美术理论和美术批评的历史性贡献，是其成功的一面。由此而带来了类型化、程序化的副作用，导致循规蹈矩，无意变更，束缚了人的创造能力，成为投机取巧者的捷径，是其失败的一面。

5.但是，明清美术批评理论并未建立起现代意义的、贯穿科学理性的严密体系。就局部而言，它是具体细致和深入的。从整体看，它是松散、零碎而且分布不合理的，现存的有关著述偏重个人经验、心得和体会，大多表现为感性形态，尚未经过归纳、提炼和理论的纯化。比较系统而专门的批评理论著作甚少，缺乏足以涵括和代表一个历史时期的扛鼎之作，这样的特征与中国向来重经验而轻分析，重直观感受而轻理性思辨的习惯有直接联系。本文避免直接使用“本体论”的概念去概括明清美术批评的特征，原因在于其中所体现的本体论意义是总体性而非具体性，是功能性而非实体性的。这样，反而有助于认识其历史意义，把握其真正价值。

很难在西方的理性思辨和东方的直观体悟之间遽下是非短长的断语，虽然没有西方式的理性精灵，理论逻辑有些孱弱，但天人合一、直观解悟的把握宇宙方式，却使中国民族的艺术精神得到高度的超越。

中国的思维方式，中国的艺术理论既成就了传统艺术的民族风格，建构了具有自身特色的理论系统，便具有不可抹煞的历史意义，也必然具有在现代加以拓展、改造、进行重构的可能性。传统艺术的生命力，在于它可以在中国民族的社会土壤上辉耀古典与现代的双重光芒。

注释

[1]传为明代王绂所作的《书画传习录》，因嵇承咸刊印该书时妄加窜改，余绍宋《书画书录解题》、俞剑华《中国画论类编》均斥其伪谬，嵇氏刊刻该书时为清嘉庆年间，即使伪讹，对本文思考明清美术仍不失参考价值。

本文载于《美术研究》1990年第3期

吴派画艺三题

李维琨

创作题材

“天下惟东南为最，东南惟吴会为最！”《吴郡二科志》卷首就以自豪的语气，向世人宣告了苏州地区山秀地灵、英才济济的景象。在吴门画派之前，浙派、院体画家一般都服务于宫廷显贵，笔者很少有隐逸的文人生活体验，所以表现起雅集、文会之类的题材，不免褒衣博带，含有浓厚的庙堂气息。元末隐逸画家的作品虽不乏文人题材，却常以绘景的方式寄意而不直接描写人，情调上是避世、出世甚于入世。即使画人，也是离群索居而非聚与众乐。吴派画家则以大量生动的艺术形象，从不同的角度表现明代中叶吴门文人士夫的理想与生活风貌，反映吴中美景对画家心灵的慰藉与净化，展示出自己鲜明的特色。

在考察吴门画派艺术成就，赏析他们笔下的《震泽烟树》《虎丘月夜》《天平万壑》《苏州全景图》等的时候，使我们联想到画家们创作的主旨。沈周有一段画跋：“右画一卷水村山坞人家，竹木溪趵、林蹊萦纡映带若桃源，然观之便有移家之想，似此世未必无，岂在笔楮间所为幻迹，以娱人之目耶！尝读子厚柳先生《愚溪》之文可见也。文与画无二致，得此卷毋直（只）以画视之。”[1]对照柳宗元散文所寓寄的“大智若愚”、甘于淡泊高隐的情操，即可见出端倪。明代吴派画家大体可分为三类：一是如杜琼、沈周这样有清望的隐逸文人；二是如刘珏、文徵明、陆师道和王谷祥这些辞官归田的名士；三是如唐寅、陆治、钱谷、居节这些比较贫寒的文人，他们寄情于画，既以此自娱，亦以此为生。在对待生活的态度上，跟以往的隐逸文人画家很有点不同。成化十一年（1475），沈周曾为德韫画过一幅《湾东草堂图》（《大观录》卷二十），题诗称赞他不耽于诗酒而“力田养亲殊有道，强于远宦窃斗升，手种长腰使亲饱……”还特意将诗与该图张挂在墙上“庸解嘲者”。沈周本人，并不是不问经济、一味埋首翰墨的清高文人。他的诗文中，如：“历甲渐多愁母老，籍丁全少望孙添。明朝又办农桑计，打瓦还须做岁占。”（《除夜作雪和刘后村韵》）“立券每赊扶病药，作缄因借养生书。亲羹坐雪肥鲜少，索画人来喜馈鱼。”（《除夜》）“我亦移家去城邑，养亲卖文当采食。”（《周孝妇歌》）等都可作为佐证。唐寅的遭际更令人同情，他在“风雨浃旬，厨烟不继，涤砚吮笔，萧条若僧”情况下写的“十朝风雨苦昏迷，八口妻孥并告饥。信是老天戏弄我，无人来买扇头诗”等八首绝句早已广为人知。就是文徵明这样的画家，同样要操心生计：“败絮和衣拥，昏缸背壁悬。俄闻喧屋漏，自起缚残编。”(《夜雨》)“素发已充领，世欲移聪明。穷无致用资，安事蜚英声？”(《九月闲居用陶渊明韵》)沈周56岁时作的《桃源图》诗，似可当作上述“移家之想”的注脚：

啼饥儿女正连村，况有催租吏打门。

一夜老夫眠不得，起来寻纸画桃源。

他们虽为隐逸，对生活却往往取比较入世的态度，在陶泳于故乡山水，挥毫点染时，总是比较贴近现实生活，有一种美好的乐观的明朗意象，不同程度上折射出热爱家乡、拥抱自然的内心之光。

以下主要依据存世的作品，对此略作分类评述。

(一)访胜纪游

“何必丝与竹，山水有清音。”悠游于山林胜境，是文人隐逸生活的重要内容。春天踏青觅句，夏季树阴观瀑，秋日登高望云，冬则赏雪探梅。宋元以降，由于禅宗思想的影响，反映自然的山水画主观抒情倾向剧增，是文人画家求得心灵平衡的表现。吴门山水画，尤其是以实景为题的作品，则体现出学习古人与师法造化、理性与“漫兴”的和谐统一。如吴宽曾说：“吴中多湖山之胜，余数与沈君启南往游。其间尤胜处，辄有诗纪之，然不如启南纪之于画之似也。”(《跋沈启南画卷》)

传世的吴派纪游画很多，比较突出的如沈周的《天平山图》(纸本，上海博物馆藏)、《西山观雨图卷》(纸本，故宫博物院藏)，文徵明的《金焦落照图》(绢本，上海博物馆藏)、《洞庭西山图》(纸本，台北故宫藏)，唐寅的《黄茆小景图》(纸本，上海博物馆藏)，文嘉的《苏台十景》(10开，故宫博物院藏)，文伯仁的《泛太湖图》，钱谷的《虎丘前景图》(皆纸本，故宫博物院藏)等。仅以《石湖清胜图》(纸本，上海博物馆藏)为例略作分析。

石湖位于苏州城西南的横山下，“广数里，深不盈仞。湖西面为山，山下及东南北三面多良田沃壤”。图中，楞伽山麓延绵伸入湖水，近景是堤岸连接的越溪桥与行春桥，三五行人正悠然闲步。湖中帆樯荡漾，极远岛影隐约，独拱的行春桥较长，《吴郡图经续记》说它在“越来溪中，湖山满目，亦为胜处”，越来溪则“在横山下，与石湖连。相传越兵入吴时由此来，故名。溪上有越城……”“溪流贯‘行春’及‘越溪’二桥，以入横塘，清澈可鉴”(《吴郡志》)。南宋范成大的别墅亭榭就筑在越城故址。他晚年罢政返家所作的《初归石湖》诗里，就有“晓雾朝暾绀碧烘，横塘西岸越城东。行人半出稻花上，宿鹭孤明菱叶中”的句子。因为距城仅12里，文徵明等频频邀集友人来此遨游，或登山访古寺，或下湖泛舟，流连忘返，有不少诗画佳作。

《石湖清胜图》的拖尾长卷上，是文徵明父子(文彭、文嘉)、王谷祥、陆安道(师道之弟)、袁尊尼、王世贞、王世懋八人的“石湖诗”共41首。诗配着图画，吐露出他们的才情。曾几何时，石湖作为吴山吴水的象征，牵动过文徵明因厌倦宫廷生活而眷恋故乡的情思："江梅千树绕楞伽，记得临行尽着花。……几度扁舟梦中去，不知尘土在天涯。"（《怀石湖寄吴中诸友》）这类饱含真挚感情的纪游图卷流传后世，其意义该会远远超过"亦可见吴下山水之概，以识其未游者"（沈周题画跋语）的吧！

（二）雅集文会

东晋时代的"兰亭修禊"历来是文人津津乐道的雅集。到明代中叶，以文会友也蔚然成风。酒觞之间，彼此唱酬，品书论画乃至鉴藏博古，在吴门地区相当普遍。就文人聚会而言，前有高启、徐贲、宋克等人的"北郭十友"，后起的是邢参所说的"东庄十友"（吴爟、文徵明、吴奕、蔡羽、钱同爱、陈淳、汤珍、王守、王宠和张灵）（《明诗综》卷三八）。还有袁表与文徵明父子等十余人的"闻德斋"客会之说（《我川寓赏编》）。一般士绅也热衷风雅。沈周的祖父还被形容为像顾玉山那样的好客者，每日备置酒宴迎客，"或令人于溪上望客舟，惟恐不至"。吴门画家的笔端，自不乏这方面的写照。像沈周的《魏园雅集图》（纸本，辽宁省博物馆藏），就是成化己丑年（1469）刘珏、沈周、陈述、祝颢、周鼎、沈侗轩等人会饮唱酬的动人一幕。聚会的茅亭设于峻拔的山脚下，赴会嘉宾席地而坐。苍润的山石，反衬出细笔勾描的人物神貌。主人魏昌在题跋上记叙了雅集的经过，为博得与会六位的赋诗及沈周作图而感荣幸，并期望能"传之子孙，俾不忘诸公之雅意"！祝颢最先作诗，句中有"城市多喧隘，幽人自结庐。……悠悠清世里，何必上公车"。其他和诗也充满着这种隐逸理想与悠游自娱的情调。

这类作品中比较突出的，还有沈周的《雪夜燕集图》（纸本，烟台市博物馆藏）、《盆菊幽赏图》（纸本，辽宁省博物馆藏），文徵明的《东园图卷》（一名《东园雅集》，绢本，故宫博物院藏）、《人日诗画图卷》（纸本，上海博物馆藏）和陆治的《元夜燕集图》（纸本，上海博物馆藏）等。黄省曾《吴风录》所记载的吴中富豪喜好蓄藏古代文物书画的情形，在仇英《人物故事册·竹院品古》（绢本，故宫博物院藏）、《松溪论画图》（绢本，吉林省博物馆藏）和尤求的《品古图轴》（纸本，故宫博物院藏）等图上亦有所反映。史鉴、吴宽、沈周等人都家藏古书画。沈周的儿子也"特好古遗器物书画，遇名品，摩拊谛玩，喜见颜色，往往倾橐购之……"（《沈维时墓志铭》）由此亦可见文人时尚之一斑。

（三）筑园读书

《吴风录》提到"自朱勔创以花石媚进建节钺，而太湖石一座得银碗千役……至今吴中富豪竞以湖石筑峙奇峰阴洞，至诸贵占据名岛，以凿凿而嵌空，妙绝珍花异木，错映阑圃"。从存世吴派有关作品看，如陶宗仪的《南村别墅》、刘珏《清白轩》所在的"小洞庭"、吴宽父侄的《东庄》、王敬止的《拙政园》等处，该有此等水平。王鏊称："予于世无所好，独观山水园林，花竹鱼鸟予乐也。昔官京师作园焉，曰'小适'。今自内阁告归，又作园焉，曰'真适'，盖至是始足吾好焉耳！""予园名'真适'，学盖知予之乐而有意从之者也，故名之曰：'从适'，而为之记。”（《文恪公全集》）从私家园林的更名，能够看出像他那样的士大夫造园与热衷炫耀攀比的富豪有所不同。然而与“一区绿草半区豆，屋上青山屋下泉。如此风光贫亦乐，不嫌幽僻少人烟”（沈周《奉和陶庵世父留题“有竹别业”韵六首》句），以及“溪头更着三间房，半为看山半读书”（文徵明《题王西园画》）比较起来，后者显然更趋经济、淡泊。文徵明的《山静日长图卷》长跋（《清河书画舫》亥）曾叙述过他理想的文人隐逸生活，其中“随意读《周易》”“从容步山径”“坐弄流泉”“扫竹窗下”……无处不与一个幽雅得宜的私园、一片供一己自足的空间相关。历来文人隐逸无不投身自然，尽求仁智之乐。元代画家也有隐迹深山或遁入太湖的。吴门文人这种热衷筑园的情景，反映了社会风气以及文人心态的微妙变迁。

除已提及的，再如，沈周为施廉所画的《野翁庄图》（绢本，上海博物馆藏），文徵明为沈天民画《浒溪草堂图》（纸本，辽宁省博物馆藏）、为华夏画《真赏斋图》（纸本，中国历史博物馆藏），仇英为项元淇画《桃村草堂图》（绢本，故宫博物院藏），文嘉为董宜阳画《曲水园图》（纸本，上海博物馆藏）、为王穉登画《半偈庵图》，钱谷为张凤翼画《求志园图》（二图皆纸本，故宫博物院藏）等，就是众多传世画作中，园主已明确可考的实例。

（四）品茶客话

茶会是吴中的传统风俗之一。“谷雨江南佳节近，惠泉山下小船归。”（文徵明《煎茶诗赠履约》）每年这个时候，人们云集天池、虎丘等处，踏青赏春，品啜新茗，堪称盛会。饮茶不但能健胃明目提神，还是文人生活中的一桩雅事，与洗涤烦襟、修养德性相联系。因此文人品茗，从茶叶、茶具到泉水、火功……都十分讲究。古时候有著名的“陆羽点茶”传说，李日华还从文徵明《煎茶》诗的“竹符调水沙泉活，瓦鼎烧松翠鬣香”句中，看出他的状物细致、精于此道。[2]

边饮茶、边恳谈，假林泉丘壑以抒己志，十分吻合文人画家的情怀。正如蔡羽所说：“适息于泉石，以陆羽为归，将以羞时之乐红粉、奔权幸、角锱铢者耳！矧诸君屋漏则养德；群居则讲艺，清志虑、开聪明，则涤之以茗，游于丘、息于池，用全吾神而高起物表，兹岂陆子所能至哉！”（序《惠山茶会》诗）此外，清茶会友，新茗馈赠又能增进文人画家之间的友情。弘治十八年（1505），文徵明用诗记载了《宜兴吴大本寄茶》《雪夜郑太吉送慧（惠）山泉》《是夜酌泉试宜兴吴大本所寄茶》和《次夜会茶于家兄处》之事。那翠展的枪旗与冰裹青壶的碧泉，使画家深受感动：“莫道年来尘满腹，小窗寒梦已醒然。”

吴门画家以茶会、品茗为内容作画相当普遍。如文徵明于正德十三年（1518）为纪与蔡羽、汤珍、王宠等七人聚会的《惠山茶会图》（纸本，故宫博物院藏），嘉靖十三年（1534）作的《品茶图》（纸本，台北故宫藏），唐寅的《品茶图》（纸本，台北故宫藏），仇英的《松亭试泉图》（绢本，台北故宫藏），陆治的《竹泉试茗图》（纸本，吉林省博物馆藏）等。画面一般都以山水为主，人物所占的位置不多却很显著。题跋或记事或书茶经，亦有特色。

与此相类的是各种客话图。

沈周的《秋轩晤旧图》(纸本，上海博物馆藏)描绘了他与业师——笃厚博学的陈宽久别重逢的情形。背景所立巍峨巨岭，寓意深远。画家题跋："……记此诗援为图系书之□作后会话柄云。"唐寅50岁所作的《西洲话旧图》(纸本，台北故宫藏)则将病中晤见阔别近30年的老友的心声诉诸素卷：

醉舞狂歌五十年，花中行乐月中眠。
漫劳海内传名字，谁信腰间没酒钱！
书本自惭称学者，众人疑道是神仙。
些须做得功夫处，不损胸前一片天。

这首出自肺腑的感怀诗就书于画的上端。此外，如文徵明的《绿阴清话》(纸本，台北故宫藏)、沈周的《泛舟访友》(纸本，上海博物馆藏)、文嘉的《设色山水图》(纸本，辽宁省博物馆藏)等作品都可属此类。

(五)怀念送别

吴派画家的笔底，表现别恨离愁这一主题的作品也颇为不少。有的图写相关者的群像，类似现代人的"合影留念"(如《列朝诗集小传》中所载：沈周为送文林赴温州作的《南峰饯别图》以及文徵明等人于"双梧堂"为送蔡羽北行的图像)。也有作江舟、岸边的揖别、话别场面的，如沈周《京口送别图》(纸本，上海博物馆藏)。还有以描写故乡胜地作别离纪念的，如沈周赠徐仲山的《虎丘送客图》(纸本，天津艺术博物馆藏)、唐寅为送琴师杨季静所作的《南游图》(弗利尔美术馆藏，题诗有"今日送君游此地，可能按谱觅宫商"句)、文徵明赠濑石的《雨余春树图》(纸本，台北故宫藏，题跋中有"得无尚有天平灵岩之忆乎"句)以及《德浮赠别图》(纸本，上海博物馆藏，题诗有"临行为写吴枫冷，何日高踪再此经"句)。吴门画家的这一类作品，既为高山流水传神，又把对知友的真挚情愫，以诗书画结合的方式予以凝聚和再现，很典型地体现了文人画家的擅长。

设色画

文徵明曾经这样表述过他的美术史见解："余闻上古之画，全尚设色，墨法次之，故多用青绿。中古始变为浅绛，水墨杂出。以故上古之画尽于神，中古之画入于逸。均之，各有至理，未有以优劣论也。"(《听帆楼续刻书画记》上)对自身的艺术趣味，他66岁有段画跋回忆四十年前曾"与唐子畏言：'作画须六朝为师。'然古画不可见，古法亦不存，漫浪为之，设色行墨，必以闲淡为贵。今日视之，直可笑耳。然较之近时浓抹丽涂，差觉有古意，不知赏鉴家以为如何？"(《壮陶阁书画录》卷十)崇尚古意并以闲淡为贵的追求还可以上溯到沈周。沈周《题子昂"重江叠嶂卷"》的诗里有"丹青隐墨墨隐水，其妙贵淡不贵浓"的名句，他还批评别人画梅花"用墨太重，殊失清雅，是有累于梅矣"(《佩文斋书画谱》卷十六)。可见，用清雅淡逸的墨与色来表达对象的神韵，高标古意，与"浓抹丽涂"、刻露板结相抗衡，不独契合文、沈等人恬淡的人格风范与趣味，还跟他们对古典画风的认识有关。

历史上的吴门地区，素以文化、艺术繁荣著称。唐代张彦远说："江南地润无尘，人多精艺，三吴之迹，八绝之名，逸少右军，长康散骑，书画之能，其来尚矣。《淮南子》云：'宋人善画，吴人善冶。'冶，赋色也，不亦然乎？"（《历代名画记》卷二）顾（恺之）、陆（探微）的画是无从见到了，但如"清天中凡天及水色尽用空青，竟素上下以映日"（《画云台山记》）之类的记载也有些许启示。吴中江湖河汊纵横交错，滋润的空气，晴晦变幻、山清水秀的景色，浸淫并培育了民众对于色彩、色调的灵敏、细腻的感觉。六朝以来吴人就有歌咏乡土风俗的古乐府，名为《吴趋行》，而"吴音清婉，若长江广流，绵绵徐游国土之风"，被称作"古之遗音"（《吴郡志》卷二）。明代有著名的苏绣，人们的衣着打扮亦习喜清新、明丽的格调。

吴派画家实际上面临着绘画自身发展所提出的课题，即既有古意、贵简淡，又要"多得古人神妙处，而无脱古形似之嫌"[3]，创造出既有地方特色又有时代特点的绘画样式来。这一方面要努力突破唐宋以来的金碧（青绿）设色法，另一方面又要在水晕墨章以外另辟蹊径。摆在吴门画家面前的课题是，既不失前辈画家的艺术风范而又能有所突破，诸如解决墨与色的融合，线划与皴染的协调等。

画山水时，墨与色各有所长。"笔以立其形质，墨以分其阴阳，山水悉以笔墨而成……墨用太多则失其真体、损其笔而且浊；用墨太微即气怯而弱也，过与不及皆为病。"（《山水纯全集》卷四）沈、文、唐、仇颇得古人用墨真谛。他们的纯水墨山水画佳作，如沈周仿米的《雨意图》（纸本，61岁时作，台北故宫藏）是以变化无穷的浓墨、淡墨、泼墨和积墨结合的方式，表现出烟雨迷茫却又层次清晰的山林夜景。文徵明仿倪的《江南春图》（绢本，75岁作，故宫博物院藏）却惜墨如金，用逆行的枯笔渴墨线条与较少的渲染，展现了一派寂寥旷远的天地。唐寅的墨色里水分一般比较饱满，树石造型总显得劲健隽逸；仇英的水墨作品虽然传世不多，但从《柳下眠琴图》（纸本，上海博物馆藏）也可见出他对浓淡干湿不同墨色整体布局的匠心。

同样，色彩本也属于图绘形象最直接的美感要素之一。加上中国画的"设色金碧各有重轻"，画面会随之形成富丽、典雅、苍润、沉雄、清逸等种种不同的格调。"……能以丹青水墨合为一体，不少露痕迹，信乎画家三昧也。"（《江村消夏录》卷三）吴门画家面前摆着不少色、墨并佳的典范。文徵明64岁（嘉靖十二年）时，为王诜的《渔村小雪图》题过长跋。他还仔细钻研过赵伯驹的设色金碧山水。钱选是沈、文都钦慕的元代画家，他的《浮玉山居图》（纸本，上海博物馆藏）那种"七分用墨三分设色""绿浅墨深，细腻清润，真与唐人争衡"的特色就很有新意。但是，我们尚未发现吴门画家与此相关的直接材料。[4]赵孟頫是文徵明悉心临仿的前代大师中用力最勤的一位。赵综合吸收了自王维、董源以来设色山水画的优点，把"贵有古意"和重书法用笔及文人画理想融为一体，代表作之一的《鹊华秋色图》（纸本，台北故宫藏）将平凡亲切的自然景观取入画面，赋之以博大悠远的诗意与永恒性[5]，而且从色墨融洽、皴线协调的意义上，为中国山水画开辟了一种新的局面。

正如许多论者注意到的：文徵明并不是亦步亦趋地照搬前人的成法。他批评“效昔人陈迹”是为一例，自己为袁褒临赵孟頫的《袁安卧雪图》(《珊瑚网》画卷十五)又为一例。那种潜心揣摩、力图夺其神韵“而无脱古形似之嫌”的本旨，一直使他保持着比较清醒的头脑，不断积累经验并求超越前人。

史籍曾有文徵明仿赵孟頫《鹊华秋色图》的著录。可惜的是，摹本也许是失传了，我们只能从鉴定确凿的文徵明作品中选出一件典型的“本色画”做比较。这个例子就是《石湖清胜图》(以下简称《石》)。

两图都是设色的纸本画，又都是横构图，画上垂直的树木、山峦与水平方向的洲渚坡岸形成十分鲜明的对照。总的气氛上，董其昌题《鹊》图说的“有唐人之致去其纤，有北宋之雄去其犷”，用于《石》图也颇合适：树木枝叶的各种勾勒点染法与《鹊》十分相似，而且远渚坡脚的用线沉着舒缓。岸边的芦苇看似草草逸笔，细察才会发觉那是用了极细的锋颖逐笔勾出的，浑蒙苍茫，罩上了一片古雅的幽情。然而两图的差异也是显而易见的：

《鹊》图以远景的鹊山和华不注两山为主体，而《石》图则以中景的湖面为主体，一实一虚，显出构图上的异趣；

《鹊》图置景比较稠密，为了突出秋意，色调偏暖，而《石》图却相对空旷，柳树抽枝，呈浅灰青色春景的基调；

《鹊》图的山石多披麻皴，墨色稍重，《石》图却基本无皴，轮廓多作枯墨勾线，显得淡逸。

相比之下，《石》图比较典型地揭示了文徵明小青绿山水的特色：山石少皴或无皴，避免笔墨太实，轮廓或阴坡用枯笔线条及少许浓墨点刷，注重浅色(多掺和淡墨)渲染，使有“含烟蓄雨之状”；取景开阔、疏朗，有远近相衬的空间关系(《石》图的远山全用墨青染出山形，以烘托湖景的空灵与秀丽)。他的《东园图》(绢本，61岁作，故宫博物院藏)、《江南春图》(纸本，78岁作，台北故宫藏)，以及两件《真赏斋图》(纸本，80岁作，上海博物馆藏；88岁作，中国历史博物馆藏)、《后赤壁图》(绢本，89岁作，上海博物馆藏)等大致都具有这些特征。

有时，文徵明稍加变通，略去部分墨染，用健润的墨线勾出重峦叠嶂，淳和的淡彩明洁如洗，装点出一派富有装饰味的丘壑气象(如《长松平皋图》，约79岁作，台北故宫藏；《万壑争流图》，纸本，82岁作，南京博物院藏)，与他一些带有较多沈周气派的“粗文”作法判然有别。

文徵明的弟子较多地继承了这种小青绿格调，又有不同程度的变化。文嘉和陆治将先生的笔路由圆浑转向方直，由多点缀聚改作勾线兼枯笔皴擦、墨色与青绿并举(如文嘉的《瀛洲仙侣图》，纸本，台北故宫藏；陆治的《竹泉试茗》，纸本，吉林省博物馆藏)，再如，文伯仁的深润茂密(《秋山游览图》，纸本，上海博物馆藏、《溪山仙馆图》，纸本，广州美术馆藏)、钱谷的苍润沉郁(如《晴雪长松图》，纸本，故宫博物院藏)、居节的简峻清逸(如《松阴观瀑图》，纸本，故宫博物院藏)，都在这“小青绿”的范畴内，又各有特色。

如果说《石湖清胜图》《东园图卷》和《江南春图》所代表的小青绿山水是文氏一门以及陆

治、居节等相继承传的设色画新成果的话，那么以《东庄图》为代表的“逸笔青绿”[6]则标志着与沈周达观性格相吻合的另一种新的表现。

吴派画家将色彩作为反映生活、表达情感的语汇，进行了卓有成效的开拓。以往论者都充分肯定了他们继承元画风格的作用，但是，对他们以“集大成”的气概，不带传派偏见地认真研究唐宋以来的设色画传统，身体力行地从事大青绿法的临摹与创作，并且发展了小青绿新格局的意义估计不足。笔者认为，这起码摆正了元末明初以来，文人画竞尚高简，唯水墨为上的倾斜，为后人全面地认识中国绘画传统，提供了不可或缺的一个范例。

题画诗文

题画诗文是与文人画同时兴起的。清代方薰曾提出“款题图画始自苏（轼）、米（芾），至元、明而遂多”（《山静居画论》），大体是与实际相符的。画兴未尽，意犹欲吐，于是就在画的恰当位置上赋诗题跋，诗、书、画开始在同一件作品上展现。原本被认为是“文之极”（《画继》）的绘画，却要用文字来交相辉映、提携增趣了，这不能不说是中国画发展的一个新境界。它在元明两代日趋普遍起来，有两方面的原因是不容忽视的：一是两代兼擅书画的士夫官僚，像高克恭、赵孟頫、夏昶、董其昌等人，虽位居显要，却有较多的闲暇，吟咏翰墨以作烟云供养。二是在异族统治的元代，文人厌倦仕途纷纷归隐。他们寄情山林，又有一定的文才，像钱选和以黄公望为代表的四家；明代亦有像陈汝秩、杜琼、沈周这些“坚卧不起”的高士。题诗文人画，使他们的才艺亦有一显之地。再说，“诗画本一律，天工与清新”“石如飞白木如籀，写竹还应八法通”，苏轼和赵孟頫的这些脍炙人口的诗句，原本就是题画诗，由于揭示了文人画的某种规律，越发促进了诗书画结合的这股势头。题画诗文不仅在内容上补充和丰富了画面的意境，而且以书法的行、草、楷、隶等各种字体的结构、风格，增加了画面的墨韵和线条的节律交响。不少题诗和跋文还向人们提供了有关画作的各种信息，有助于人们进入作品内涵进行更深层的体悟。

题画诗文在吴门画派大师们手中获得了前所未有的自由发挥。沈周的《庐山高图》左上方，在古朴遒劲的“庐山高”三个大篆体字引导下，是一篇工丽潇洒的楷体诗赋。14行诗句加上款识，参差不齐地插进远峰天际，使稠密笔意的整幅构图更显得饱满，足以激起人们对作者借巍巍匡庐褒美的“公乎浩荡在物表，黄鹄高举凌天风”的共鸣。传世沈周的画作中，几乎无不自书题画诗文，李日华这样说过：“石翁淡于取名，无意传其诗，而诗与画皆盛传，是翁之诗以画寿，非以画掩也。”再如唐寅，他的《骑驴归思图》（绢本，上海博物馆藏）画着一个笠帽书生骑驴沿山路行进。右上角题诗：“乞求无得束书归，依旧骑驴向翠微。满面风霜尘土气，山妻相对有牛衣。”委婉地述说了求职或卖文的疲惫、失望，而满幅秀丽溪山的生机，正是期待从亲人的体贴和慰藉才勃发出来的。唐寅自述为“诗意图”，进一步凸显了文人画特有的品质。

文徵明的文集里，题画的诗与跋文计有百余篇以上。他不单吟诗作赋，还时常由画而起，情动于衷地书写其创作体会，如“余最爱画兰竹”“……觉笔墨之兴，勃勃不能自已……援笔时，亦觉意趣自来”（题自画《花卉册》），是他以题画诗文的方式，在画作上始开直接论述画题、画法渊薮及笔墨得失之先河。比如，他自题《关山积雪图》云“古之高人逸士，往往喜弄笔作山水以自娱。然多写雪景者，盖欲假此目寄其孤高拔俗之意耳。若王摩诘《雪溪图》、郭忠恕之《雪霁江行》、赵松雪之《袁安卧雪》、黄大痴之《九峰雪霁》、王叔明之《剑阁图》皆著名今昔，脍炙人口。余幸皆及见之”（《故宫书画录》卷四），以下又说了如何赏雪、乘兴濡毫及经五年而成。虽不如古人，“然寄情明洁之意，当不减也”。规整秀雅的小楷，不单使图卷融有了绘画兼书法形态上的和谐之美，亦带上了画史、画理的内容。因为了解历代雪图的知识与掌握王羲之那种“锋藏势逸，如万兵衔枚”（周必大语）式的书法功力并非人皆可及的。这是吴门画家文人本性的自觉流露。例如文徵明题自画《湘君图》、题王绂《湖山书屋图卷》，沈周题自画《西山纪游图》、题方从义《云林钟秀图卷》，彭年题仇英《职贡图卷》（《清河书画舫》亥）……或发表对画家的评价，或记叙画家的交游行迹、创作激情，凡此种种，都不拘成法，直抒胸臆，拓宽了题画诗文的内涵，它们跨越了一般意义上的诗书画结合，而成为探究中国画发展的宝贵参考文献。

吴门画家作画，尤其是沈周作画，喜好衍成长卷[7]，并非全出于携带和保管上的便易。长卷在观赏时十分吻合步步看，步步移，“游且周览”（宗白华语）的习惯心理；长卷也为画家展示自己的多种才能提供了充分的天地[8]，加上长卷的题画诗文一般都在拖尾部分，多少由之，为题写、唱和者乐于采用。尽管这类题跋的位置与直接写在本幅及诗塘的不同，与画面的关系也不一样，但许多诗文的艺术价值与历史价值是不容忽视的。

以下对沈周《夜坐图》（纸本，66岁作，台北故宫藏）试做进一步分析，以探讨吴派画家在题画诗文方面的成就。

这幅设色立轴首先映入人们眼帘的是它不同凡响的比例：窄长的直幅，大约二分之一的上部被一篇题为《夜坐记》的近六百字跋文所占。该文开首述及作者夜醒起坐之状，次叙因闻风声、犬吠、鼓钟之声而起兴，再反思往昔，得“定、静”要义，末了总结夜坐之功。全文思绪起伏，结构紧凑，质朴而又启迪人心，是极具石田本色的优秀散文（《故宫书画录》卷五著录全文）。图的下半，是很典型的粗沈风格山水：一袭茅屋，几间瓦房，一老翁坐房内榻儿上。旁边桌上只有一烛、一卷。窗帘低垂，以示夜境，而全图明净清丽，亦如白昼。四周丛山环绕，乔松傲立，近处泉水潺潺，有一石板小桥，令人联想到他的“有竹别业”。远山墨青幽淡渐隐，主峰与近坡峦头上，浓墨苍劲的点皴遥相呼应，十分醒目。

沈周甘于淡泊，他的道德风范在当时就很有声望。他曾自咏：“粝饭粗衣常自足，犹胜杜甫客西川。老妻课佛清斋里，幼女鸣机夜火边。”他赞山茶：“爱渠满眼岁寒姿，独发深山谁得知。正如君子处浊世，不与桃李争其时。”《夜坐图》其实就是一段自我反省篇。尤其他分析到，往日被纷杂的喧闹与侈华干扰而丧失了自己的视听（“聪隐于铿訇，明隐于文华”），是基于“形为物役而心趣随之”的缘故。这里所说的“物役”可理解为一种异己的力量、外来的杂念。在文人画理论形成之初就被当作束缚画家的大敌，阻碍着画家的专一和超然物外之心态。《历代名画记》卷二在阐述“守其神，专其一”的反面时就提道：“意旨乱矣，外物役焉……”只有如苏东坡所说的“寓意于物，而不可以留意于物”（《宝绘堂记》），凝神致力于绘事，才会修炼出高尚的人格与艺品来。文徵明曾称赞王绂“人品特高，能不为艺事所役”，所谓“艺事”当指一般的画匠之事、市侩之事，或专谋稻粱，或争名夺利，各种与“依仁游艺”“画为漫兴”主旨相悖的东西。还值得一提的是，沈周对缘声起思的描述，肯定了人之立志“得因物以发”的道理，而强调“斋心孤坐……因以求事物之理、心体之妙”又与明代心学家陈献章（1428—1500）所主张的于“静坐中养出端倪”，“惟在静坐，久之然后见吾心之体……作圣之功，其在兹乎！”同出一辙（《白沙子》卷二）。全文14行行楷意度精严、圆劲苍秀，正如方士庶所说的“以题语位置画境者，画亦由题益妙。高情逸思，画之不足，题以发之”，收到了任何其他方式无法替代的效果。

看画，读文，再回过头来看画。图像诱发着人们去追思上部通篇长文所包含的意义，各种声响仿佛会在耳际综合，老者似乎就是石田先生，正在那里议发感慨。图中山水不再是一般意义上的自然对象了：它们为某种哲理提供了一个广袤的思维空间；几座山、几棵树、几间房屋……在此不单是“以形貌形”“以形写神”的纯粹客体，它们变成了《夜坐记》文思参与的一个有机成分。各种皴、描、点划组成的图像已经注入了《夜坐记》文字的全部语义。乃至看到那些水口、树叶之类，仿佛就会有“风声”“久雨新霁”等象征性联想。而上部的文字，也很难简单地再以鉴赏纯粹书法作品时惯用的对章法、结体与字形来品味了，它们承续的是宋元以来诗配画，书（法）衬图（绘）的惯例，然而在这件作品上，还承担着一个新的使命：记叙作者所认定的一条普遍真理，与图绘共同合成了一个更为深广的能指系统。

明代沈颢认为：“石田晚年题写洒落，每侵画位，翻多奇趣，白阳辈效之。”（《画麈》）他看到了这种新鲜的苗头，尽管其意义远不止于“翻多奇趣”。清代盛大士也说：“石田画最多题跋，写作俱佳。”（《溪山卧游录》卷二）但二人都没有从突破成规、力抒己意的需求来看待中国文人画形态发生的变化。传世的吴派画轴中，文字占据幅面1/3至2/5的并不少见，如文徵明的《茶事图》（纸本，台北故宫藏）、沈周的《魏园雅集图》、仇英的《仙山楼阁图》（纸本，台北故宫藏）和文嘉的《琵琶行图》（纸本，故宫博物院藏）等，但是类似《夜坐记》那样具有深邃内涵的题画诗文和类似《夜坐图》那样独特和谐的作品还是罕见的。

所以说，吴门画家在这方面的开拓——不单题跋兼以诗文，还论画、述理，以独具个性的书法与画结合，争主位，稍后有董其昌、四僧与四王等人进一步发扬光大，成为明清中国画艺术的重要特色之一。

注释

[1]《中国古代书画图目》二，见沈周《水村山坞图》影印本，第173页，上海博物馆藏。

[2]“吴中诸公，遣力往宝云取泉，恐其近取他水以诒，乃先以竹作筹子付山僧，候力至，随水运出以为质。此未经人道者，衡老拈得，可补茗杜故实。”（《六砚斋二笔》卷二，《文徵明集》附录）

[3]（明）文嘉：题文徵明《湖山新霁图》，见俞剑华《中国画论类编》，第711页。

[4]《浮玉山居图》拖尾有仇远、张雨、黄公望等人题跋，其中五次题跋的周鼎和一次题跋的杨循吉都与沈周、文徵明有交往。另，《沈石田先生诗文集》有《题钱舜举〈渔乐图〉》诗，《文徵明集》有题钱选《写洪崖先生像》及《蹴鞠图》的诗文，但更直接的材料还有待发掘。

[5]李铸晋：《赵孟頫与〈鹊华秋色图〉》七，《〈鹊华秋色图〉与董源传统》。

[6]以往文献对中国画分类及各种设色名称比较混乱。如《珊瑚网·画则》所列，有“白描、水墨、浅绛色、轻笼薄罩、五色轻淡、吴装、大著色”七种，多则多矣，既有纯墨笔与设色之分，又有各类设色法之别，界线却不明。像“轻笼薄罩、五色轻淡、吴装”差别甚微，“大著色”就不知所指。从学科的发展计，亟须进行一番系统梳理。本文来不及做此项工作，但为了行文理解方便起见，暂将设色画分为“大小青绿、浅绛与逸笔青绿”四类，金碧归为大青绿，小青绿、浅绛与逸笔青绿的主要区别在墨笔所占的比重及笔法的整肃或自由。望予鉴评。

[7]例如，沈周《苏州山水全图卷》，纸本，41.4cm × 1749cm，台北故宫藏；《西山纪游图卷》，纸本，28.6cm × 867.5cm，上海博物馆藏；文徵明《兰竹泉石图卷》，纸本，27cm × 636.5cm，故宫博物院藏；《赤壁图卷》，绢本，26cm × 521.9cm，台北故宫藏；文伯仁《南溪草堂》，纸本，34.6cm × 703.5cm，故宫博物院藏；陆治《花鸟卷》，纸本，25.3cm × 569cm，上海博物馆藏。又，陈鎏题陈道复画跋曰：“尺素中作长山大江，画家所难，我吴中惟沈石田先生得此奇淡，他未能及。偶阅此卷，乃白阳得意之笔。溪山云壑将数十尺连画似万里，观者不觉有远心。使石田复起，未必不展卷啧啧也。”（《佩文斋书画谱》卷八十七）

[8]如沈周《沧州趣图》（纸本，30.1cm × 400.2cm，故宫博物院藏）就是“起首仿吴镇，次变为黄公望，再变为王蒙，末段略参倪瓒法”（徐邦达编：《中国绘画史图录》，上海人民美术出版社1984年版）。《高士图》四段：“一法李伯时，一法刘松年，一法马和之，一法梁楷，并笔法飘逸……”（王穉登跋唐寅《高士图卷》）还可参见高士奇赏析周臣《长江万里图》的评语（《江村消夏录》卷三）。

本文载于《美术研究》1990年第4期

李维琨，1950年生，广东梅县人。毕业于上海师范大学美术系，后考入中央美术学院获得博士学位。历任中央美术学院美术史系副教授，上海博物馆书画研究部副主任、研究员。

金代人马画考略及其他

——民族学、民俗学和类型学在古画鉴定中的作用

余　辉

这篇论文，从深入详密地考证金代历史背景着手，结合具体绘画作品，得出令人信服的结论，这才真正是绘画鉴定的正确的、可信的、科学的方法。历来鉴赏古画，讲"著录"、讲"气韵"，几乎是人云亦云的传阅、传抄，问起根据，便毫无所有。

古画中衣冠制度、房屋、建筑，都脱离不了生活的、历史的、地区的现实，至于笔法特点，在民间传授的画法中，有的是几百年不太变的（像民间的宗教画，有时一件画稿传下几代，成为秘本），今日鉴定古画的人，如对这些方面的特点不了解，便成了"望气"的鉴定，他们都应该好好读一读这篇论文。

有人"鉴定"古法书，不管历史上的官制和习惯，只凭笔致合乎自己口味即下判断，或为抬高藏品的价值，不顾历史事实，妄下盲目的结论，也应该好好读一读这篇论文。

——启功

长期以来，金代的人马画未能作为一个整体或一个文化现象受到美术史界的重视，其主要原因是传世作品甚少，有传记的画家无遗迹，有作品的画家却不见经传，幸存于世的几件与金代有关的稀世画迹又一直被论为其他朝代的作品，有的尚存争议，借鉴考古学的类型学、民族学和民俗学是突破这个障碍的有效手段。近几十年出土的许多辽、金、元的各种文物提供了良好的研究机遇，以此和有关的历史文献及现存的金画相比较，找出它们之间的对应点，可作为古画断代的形制标尺。同时也应该看到，由于北方草原民族之间的长期交融，形成一定的相似的文化共同体，例如，某些服式、器用等，这些共性会干扰测定年代的准确性，因此在这样的特殊条件下，以孤证论断，将会失去鉴定本身的科学性，陷入自相矛盾的境地。

将类型学和少数民族民族学、民俗学结合起来，可发现辽代契丹、金代女真、元代蒙古三个民族间形象的根本区别首先在于三种不同的发式，可作为断代的依据。另外，各民族之间出于经济文化发展的差异和民族的不同，在古画中的其他细微之处也有显示年代的痕迹。

我国古代各民族的发式可分为总发、髡发两大类型，髡发型可分为全剃式和半剃式，契丹族、女真族和蒙古族均属髡发型的半剃式，这是北方草原民族的共同特性，但各自头发的剃留部位截然不同。

契丹人仅剃颅顶和后脑之发，留发有二式，一为髡顶披发式；二为髡顶长鬓式。叶隆礼《契丹国志》卷二十三言及契丹人的留发部位："番官戴毡冠，额后垂金花织成夹带，中贮发一总。"额后即前额后的两侧——鬓角，这在库伦一号、康营子、白音敖包等辽墓中随处可见，与应县释迦塔出土的辽刻《妙法莲花经屏画》的发式大致相同，说明了契丹发式的统一性。

金代女真人的发式见宇文懋昭《大金国志》卷三十九："金俗好衣白，辫发垂肩，与契丹异，垂金环，留颅后发，系以色丝。"又《大金国志校证》内收录的《女真传》亦云："留脑后发……"所谓留"颅后发"和"脑后发"是指鬓发的后半部分到耳后为主发部位。金初，女真人对髡发的要求十分严格，髡顶须净，额前不留丝发，《大金国志》卷八载："金国所命官刘陶守代州，执一军人，于市验之，顶发稍长，大小且不如式，斩之。"[1]这种苛刻的髡发之制有着严肃的政治意义和军事目的，它首先表明臣属于谁的问题，在两军相互间的混战厮杀中，发型之别至关重要。《宋史·刘锜传》说到宋金两军肉搏时，宋兵奉命"见辫发者悉歼之"。女真人的发式今见于可靠的金代美术品中，如焦作元初墓中的陶塑伎乐俑和杨微《二骏图卷》（辽宁省博物馆藏）驯马手的形象，金代张氏《文姬归汉图卷》和南宋人《文姬归汉图》（明摹）里的匈奴人，其发式皆取自女真人的服式和发式，以相邻异族替代历史上匈奴人和突厥人形象是金代、南宋人物画的常用手法。元、明两季文学作品插图里的金人发式和装束与史料记载相同，见《李卓吾批评幽闺记》第五出插图，明代仇英、张龙章等描绘的"胡骑"亦为女真人，形成了较为固定的造型程序。

元代蒙古族的发式脱胎于女真人，两者的区别在于蒙古人髡顶时，在正中多留一缕短发，垂至额前，时称"不狼儿"。宋人孟珙《蒙鞑备录》说蒙古人"皆剃婆焦，如中国小儿留三搭头在囟门者，稍长则剪之。在两下者，总小角，垂于肩上"。

基于以上三个民族发式的断代标准，并综合画中的其他疑点，笔者试图考略以下几件传为辽、宋和明绘画的年代和内容。

《卓歇图卷》考略

今藏于北京故宫博物院的《卓歇图卷》（绢本设色，纵一尺三分，横八尺），画一列北方少数民族骑队在猎中短歇。最先留下鉴定跋文的是元人王时，将此画确认为辽初契丹人胡瓌之作："今观胡瓌此卷人马杂物一一精列……"清康熙三十七年（1698），书画鉴藏家高士奇从苏州得此画，著录到他的《江村书画目》里，重裱后又在王时的跋文后连书两跋，文中对胡瓌画风的评析基本出自郭若虚《图画见闻志》，高氏把史籍中的画风描述与作品相关联。康熙五十三年（1714），书画家张照从高士奇长孙砺山之手借得此画，于高氏跋文后接写一段跋文，并在卷首题"番部卓歇图"，显然，他的思路是把该画的内容与《宣和画谱》著录的六十五件胡瓌的画名相联系，找出其中最为贴切的一件定为此名。乾隆五十年（1785），是图流入清宫，高宗在卷首题写《卓歇歌》，肯定了前人的鉴定，进而借《辽史》考证出“卓歇”即“立而歇息”之意。至今此作被列为五代绘画的重要作品，成为一些研究服式和发式典籍的辽代例证。

然而《卓歇图卷》中的人物几乎无一类同于辽墓契丹人的发式，却与史籍记载及宋、金卷轴画里的样式十分相近，有必要引起关注。

除发式外，还有一些疑问值得商榷。

席上的戴帽儒士和周围四位女侍的左衽服亦能证实该画的年代，有关辽代的史籍没有记载强迫域内汉人接受契丹文化的事例，汉人的服饰、发饰仍有延续本族传统的相对自由，辽墓壁画就多画有着右衽的汉人。金初则不然，据《大金吊伐录》卷三载：金天会四年（1126）十一月，枢密院谕告两路指挥：“今随处既归本朝，宜同风俗，亦仰削去头发，短巾，左衽。敢有违犯者，即是犹怀旧国，当正典刑，不得错失。”降金的宋臣在“命下日，各髡发左衽赴任”。[2]一时间，因右衽和总发而遭杀戮的汉人“莫可胜记”。那么，《卓歇图卷》中的人物一律着左衽服或盘领衫，绝不会是作者的随心所欲。范成大《揽辔录》论及了金朝女装：“民亦久习胡俗……衣装之类，其制尽为胡矣。自过淮以北皆然，而京师尤甚。惟妇女之服不甚改，而戴冠者绝少，多绾髻，贵人家即用珠珑璁冒之，谓之方髻。”类同图中的侍女之装。侍女的体型趋于修长，而渐消瘦，颇近北宋太原晋祠的侍女造像，这不能不说图中女像是来自北宋仕女造型的时代风格，远于受唐风影响的辽代造型。再看席前舞蹈者的舞步和姿态酷似焦作墓中的陶俑，该俑的藤帽系元初之物，足见金、元文化间的直接联系。

画中五位男子扎的黑巾，方顶，后垂两根方头短带，《金史·舆服志》记载得十分鲜明：“巾之制，以皂罗若纱为之，上结方顶，折垂于后。顶之下际两角各缀方罗径二寸许，方罗之下各附带长六七寸。当横额之上，或为一缩襞积。”金代岩山寺壁画中供养人和甘肃黑水出土的金承安年间平阳府徐家刻本《义勇武安王位》的巾式都证实了《金史》准确的记载。陈居中《文姬归汉图》中的匈奴人也扎与此相同的黑巾，南宋宁宗时期（1195—1224）的陈居中曾游历、寓居北方金国，这类巾式系金之常服，不分贵贱。辽代契丹人的首服为毡冠、纱冠或黑介巾，后者呈屋顶形，“唐、晋文物，辽则用之”。[3]现存的辽墓壁画里少有女真人的方顶巾，辽代的首服呈现出与唐、宋相仿的样式，女真人在早期则趋于简化。

须进一步指出，席上着左衽者所戴的高巾属于北宋末以后文人流行的“东坡巾”类，并非五代韩熙载的帽形，那么他的身份应是汉族儒士。

确立此人身份是研究该画内容的切入点。《三朝北盟会编·甲》叙述宋代儒臣使金，常常随朝射猎宴十多天后，方可商议政事。南宋人陆游描写了上述情景：“上源驿中槌画鼓，汉使作客胡作主。”[4]可以推断，《卓歇图卷》的内容是描绘女真贵族在行猎的间歇中邀儒士宴饮、观舞的场景。曾有一说此图是画文姬归汉故事“离别”一段[5]，依照表现这类题材的传统，多不画乐舞场画，画中应出现蔡文姬的双子和汉朝使臣，否则难圆其说。另一说是画契丹贵族夫妇的生活[6]，实难苟同，据现有的民俗学史料，不曾载北方少数民族有女扮汉儒的风习。

至于该画相对具体的创作时期，图中的竖式篴篌也许能证实出上限年代。《金志》云：女真早期“其乐惟鼓笛，其歌惟鹧鸪曲，第高下长短如鹧鸪声而已”。灭辽后，金乐始丰。《宣和乙巳奉使引程录》记载了北宋使臣许亢宗出使金国路经咸州时，州守以酒、乐礼之，乐中已出现了篴篌。故此图的上限年代在金太祖灭辽前后。画中严格的服饰制度与熙宗朝不符，熙宗时，大量的女真人更换汉人衣冠，呈“雅歌儒服”之状，至海陵王时更甚。因此该画的下限年代至迟约在太宗朝末，前后的跨度大致为公元1116—1135年，属金初之作，出自熟知女真风土人情的画家之手，与契丹胡瓌无涉。

胡瓌的《番部卓歇图》另有流传之绪，最先著录于《宣和画谱》卷八，北宋亡后流入金章宗明昌府内，金亡后归乔篑成，被元初的周密录在《云烟过眼录》卷上内，最后论及此作的是作于1616年的《清河书画舫》卯集：“……《番部卓歇图》，尘垢破裂，神采如生，明昌秘物也，今在韩氏。”而今这件故宫博物院藏本在当时还未题画名。

《射骑图》考略

传为辽代李赞华的《射骑图》(27.7厘米 ×49.5厘米)系《名画集真》册之一，现藏于台北故宫博物院，题“李赞华射骑图”，经张孝思、梁清标鉴藏，各有钤印，《石渠宝笈三编》著录，图见《故宫名画三百种》。最早的题跋是对幅上元柯九思、杨维祯的题诗[7]。柯、杨二人分别间接地将画中的猎手定为匈奴和契丹人。

大凡元人鉴画，见画有异族者，多将女真人排除在外，断为辽画。此猎手究竟是何族属，是探考该画年代的入口之一。

辽初的李赞华不可能看到近千年前匈奴人的形象，如果画的是契丹人，其冠发、军械等皆有疑窦。依据猎手耳后的两条搭在胸前的辫发，应属女真人的装束，在此，须查考李赞华与女真人的关系。契丹和女真有一段重叠的历史，李赞华有可能接触过当时的女真人，据此，须查考李赞华活动范围里女真人的社会状况。

李赞华本名耶律倍，契丹人，辽太祖长子。辽天显元年(926)，契丹人灭渤海国，二十七岁的耶律倍被册封为东丹王，统领渤海国旧地。其府治长期设在海边——南京(今朝鲜咸镜南道咸兴市)，北面是长白山，系白山三十部女真的活动范围，《金小史》记载了他们的社会状态：“生女真犹居故地，其山曰长白山，江曰混同江，地方千里，多山，人皆辫发、垂金环，嗜酒而好杀，无文字，与契丹语不通，征敛、调发刻箭为号……”他们是黑水靺鞨的一支，现有关于黑水靺鞨更详细的记述：“……人劲健、善步战，常能患它部，俗编发，缀野豕牙，插野雉尾为冠饰，自别于诸部。性忍悍，善射猎，无忧戚，贵壮贱老，居无室庐，负山水坎地、梁木其上，覆以土，如丘冢然。夏出随水草，冬入处，以溺盥面，于夷狄最浊秽。”[8]“兵器有弓矢”，“其矢石镞，长二寸，盖弩遗法”[9]。10世纪初的生女真尚不知冶铁，其生产力水平和社会形态处于原始社会晚期，而《射骑图》中人、马的装备水平是处于蒙昧时期的女真人很难具备的，画中的一些军械器用有着典型的金代特征（后述），超越了李赞华的生活时代。

辽代契丹人与女真人的民族关系是压迫与被压迫的关系。契丹贵族命“女真率来献方物，若貂鼠之属，名以所产量轻重而打搏，谓之打女真，后多强取，女真始怨”。[10]“辽主入秋山，女真常从，呼鹿、射虎、搏熊，皆其职也。”很难令人相信：身为东丹王的耶律倍会乐道于表现被征服者的尚武精神，而不带有丝毫的猎奇心理。有《图画见闻志》卷二佐证：李赞华“善画本国人物鞍马，多写贵人酋长，胡服鞍马，卒皆珍华”。

从风格上看，该画的描法远非辽墓壁画所能企及，与辽代简括粗放的画风有别。画中的描法系李公麟传派的风格，这种带有肖像画特征的人马题材，成熟于李公麟之手，世宗朝和章宗朝前期正盛行李公麟画风。《射骑图》上的箭囊也同时反映出这个时代的痕迹，它的形制和造法与世宗朝赵霖《六骏图》之一《丘行恭拔箭》中的箭囊大体一致。赵霖《六骏图》虽是画唐昭陵的六骏，但其中马的装饰、军械等异于唐代，在一定程度上显露出作者的时代烙印，如马不是三花马，箭囊也不是唐代的筒形而是虎皮囊，其制法繁复，取虎皮脊部纹样装饰外壳，再用带毛的兽皮条呈“U”形环附囊外，这种形制至今不见于辽代遗物。另外，猎手的内衣是右衽，那么，《射骑图》的上限年代不可能早于熙宗朝，它的创作时期应在世宗朝至章宗朝初，作者应是李公麟传派的画家。

《射骑图》的内容颇为简单，画一猎手在马前挽弓持箭、目寻猎物，具有肖像画的特征。该画超越了其本身的艺术价值，它是探讨金代猛安谋克政治、军事制度的形象材料，对研究女真社会大有裨益，据射手精良的装备，有可能是女真族的军事头领，系猛安或谋克官，猛安谋克是当时的基本军事组织，“缓则射猎，急则战斗”，这位射手正处于“缓则射猎”的闲适状态，马背上驮着雨具，“遇雨则张革为屋”[11]，展示风云多变的草原气候和浪漫云游的牧猎生活。

《飞骏图》考略

金初画家虞仲文（1069—1123）的名款唯一出现在《飞骏图》上（日本平等阁藏，图见《中国名画集》），画一匹四蹄翻腾的烈马，马的斑纹类同李公麟《五马图》中的“满川花”，画面右下角有坡石、兰、竹。左侧为虞仲文篆体自识：“李伯时画杀满川花，盖神物精魂为笔端摄之而去，此马驵骏奔放，本都尉王晋卿法力，亦瞿昙所云识鞭景者也。大定丙午虞仲文笔。”下钤虞仲文三字朱文方印。大定丙午即大定二十六年（1186），上距虞仲文卒年有六十三春秋，纯属伪题。

有学者[12]认为《飞骏图》是金大定年间的同名画家所作，在尚未发现关于金代第二位同名、同籍的虞仲文史料前，恐难以维系此说。元代吴镇的《梅道人遗墨》云：“虞仲文，字质夫，武州定远人，善画人马，墨竹学文湖州。”与《金史·虞仲文传》为一人，也与夏文彦《图绘宝鉴》卷四的虞仲文同，很难说是误记。

真正的谬误在于摹制者。该画的构图十分怪异，绝无仅有，骏马和竹石很难构成统一的整体，构图上存有拼凑之嫌，坡石兰竹的画风是元代盛行的“逸笔”，而马的描法留有金人遗韵，两者风格相悖。显然是造伪者临了金人的马后，又添加了坡石兰竹，以“证实”虞仲文擅长人马、墨竹的传闻，造伪者的文献依据只能是吴镇和夏文彦的著述，书中没有记载虞仲文的生活时代，造假者又继续编造伪年款。从时间条件上看，此画多为明人之迹，透过它，仍可窥探到金人画马的艺术水平。

《聘金图卷》考略

金代颇有名望的文人画家杨邦基罕有画迹存世，美国纽约大都会博物馆收藏的《聘金图卷》（142厘米 ×26厘米），图见《金匮藏画集》。署杨邦基名款，拖尾有清代伊秉绶、谢兰生、罗天池、陈仁涛的跋文，虽论及了该画的内容和作者，但迄今尚无定论。笔者限于条件，仅能根据杨邦基的史料思考与《聘金图卷》的关系。

首先需要阐释的是该画的内容。

伊秉绶在嘉庆十八年（1813）鉴定此作时，尚无名款，断为马远之笔；谢兰生发现“此图当虽长卷，因剥蚀脱去前后矣”，亦持伊说；罗天池认为该画“与燕文贵、刘松年为近”，无马远风格，仍以宋画论；陈仁涛于1953年的跋文有了突破性的进展，将是图定名为“聘金图”，考为杨邦基作，其由是“风范与杨邦基近”，想必是见过杨的其他作品，自此生出杨邦基的名款。

这是一件集山水与人马为一体的杰作，画中人物出现两种不同的装束：驿亭前的四位骑马者着宋朝文臣官服，左侧骑马驿官戴的白毡笠是金军特有的装备，金杨云翼《资治通鉴》载：“建炎三年，时金人以五千骑趋淮，皆金装白毡笠子。”有图为证：佚名宋画《中兴瑞应图》里面有与《聘金图》相似的白毡笠，右侧驿卒中的脱帽者露出女真人的髡发样式，故驿官、驿卒皆为金军。

陈仁涛的“聘金”之说可以成立。该画是画金国驿臣在边关迎候宋使。宋使正勒马待查，姿态殷殷，两个驿官持着宋人的拜帖策马返身禀报，亭下的驿卒们闲暇无事，毫无两军对垒的戒备状态。金大定年间，宋、金边患锐减，互设榷场，曾一度以睦邻共处。

该画的山水风格承北宋末李成流派的余脉，手法趋简，风格与稍后的李山《风雪松杉图》相近。其中的人马笔迹确同李公麟《临韦偃牧放图卷》，于细微之处见精神。画家的意图并不像陈仁涛跋文认为是画“宋季丧败之辱”，但在人物处理上，则是把宋臣画得谦卑和拘谨，而金人确有“骄矜之情”。

从传统的民族自尊的心理来分析，该画的作者应是金人，因为表现来使是自唐以来形成的绘画主题，体现万国朝拜泱泱大国的民族自尊心，历史上几乎没有画家专事描绘国使出访的题材。

因此，该画的作者必须具备三个条件，政治上仕金，艺术上必须擅长李公麟人马和李成山水，阅历方面在大定年间有过边关生活。

这种概率相当之小，以至于只有杨邦基与此相近。

杨邦基，字德懋，华阴人。其父杨绚之死是

了解杨邦基仕金的关键，杨绹是北宋末易州（今河北易县）州佐，“宗望伐宋，蔡靖以燕山降，易州即日来附”。[13]金太宗即刻诏宗望：“……所犯在降附前者勿论。卿等选官与使者往谕之，使勤于稼穑。”[14]因此杨绹不可能死于金军手下，很可能是被宋人所杀，十多岁的杨邦基“匿僧舍中得免”[15]。这不能不决定他一生的政治选择，并渗入他的绘画创作里，他的《百马图》燃起了剿灭南宋的强烈欲火：“安得武鬃三万骑，浊浪蹴破东南天；苍茫回首钟山渡，一凯归来入汉关。”[16]足见耿忠报金之心。自五代起，在罢戍无时、江山屡易的历史条件下，许多北方汉儒的民族气节和国家观念随之淡漠，金世宗有过详尽的分析：“燕人自古忠直者鲜，辽兵至则从辽，宋人至则从宋，本朝至则从本朝，其俗诡随，有自来矣。”[17]故对杨邦基的政治倾向应考虑当时的特定环境。

杨邦基的踪迹随其仕途的迁贬而游移，他于熙宗天眷二年（1139）登进士第，调滦州军事判官，迁太原交城令，在任上“秉德廉察”，“以廉为河东第一”。[18]大定初，经太师张浩举荐，入朝累官秘书监兼左谏大夫，修起居注。因受姻家触犯皇太子卫仗的牵累，削官一阶，贬为山东东路转运使、永定军节度使，这使他有机会接触到南关的防务、榷场和驿站。大定二十一年（1181），杨邦基故去，寿七十余。

杨邦基以文入画，是一位具有文人气质的画家，“文笔字画，有前辈风调，只能独以其比李伯时云”[19]，“画人物兼马，尤善山水，师李成”。[20]他的山水人马常选择过关的场景入画，如《高士过关图》《行客关山图》等。《聘金图卷》属这一类的作品，尽管没有杨邦基真迹与此校证，但应属于杨邦基时代的画迹。

台湾学者姜一涵先生认为该图进北宋宣和画院画家描绘宋臣赵良嗣、姚平仲、康随和王瓌四人送金使杨璞过边境松亭关，以纪念金人于1123年退还燕京和涿、易、檀、顺、景、蓟州。[21]笔者以为，这种“纪念”画颇为费解，燕京和六州归宋后，朝中曾靡费大庆，为何不选朝廷的盛况而画送使到荒山？宋廷有纪念性的历史画一直是以皇室的活动为中心展开的，如萧照的《中兴瑞应图》、佚名的《迎銮图》等，即便是画先朝的史实，也以帝王为中心，《折槛图》《光武渡河图》《望贤迎驾图》等皆是。

《明妃出塞图卷》考略

日本大阪美术馆藏的《明妃出塞图卷》（纸本水墨，30.2厘米 × 160.2厘米），款“镇阳宫素然画”。拖尾有陆勉、张锡和孙宁的题诗。

关于作者，日本学者认为是镇阳宫里名为素然的女道士[22]，实为望字生义（视“镇阳”二字与“宫素然”之间有较大的字距）。作者应是宫素然，镇阳人，即今河北正定县，唐称镇州，镇阳位于镇州南，《全金诗》曾多次提及此地。

该画的年代归属问题，争议较多，日本学者持宋画之说，国内学者有明末清初之论或宋或金之见。

张氏的《文姬归汉图卷》（吉林省博物馆藏）与宫卷皆属一种稿本，从风格形式来看，宫卷晚于张卷，李公麟的《蔡琰还汉图》和《昭君出塞图》是该类题材最早的作品，不能低估它们在金代的范本作用。宫卷较张卷有许多微妙的变异，这种变异显露出作者的生活年代，很可能是出于绘画主题的需要，甚至潜藏着与当时事件有关的暗喻。

宫卷中两位免冠匈奴侍从的发式迥然异于张卷，分明是蒙古族的“婆焦头”，作者还减弱了张卷中匈奴人深目高鼻的生理特征，如果仅凭发式和人物造型将宫卷定为元画，未免机械和武断，因金末之际，金人和蒙古人往来与征伐频繁不断，须先考订其画的确切内容。

宫卷在女主人后画一琵琶女，喻示了女主人是王昭君，唐、宋以来，文学、戏曲皆把王昭君与琵琶相联系，另外，作者在马队前加一掩袖回首的仆从，并将王昭君和琵琶女也处理成以袖挡风的姿态，正是要强调迎着西风的马队，其方向是由东向西，即昭君出塞。

有必要探究导致宫素然将文姬归汉改为昭君出塞的缘由，也许是当时金廷发生了与昭君出塞相似的历史事件触发了画家的创作情绪。贞祐二年（1214），金宣宗以和亲的手段试图缓解蒙古铁骑围都之难，缓和日益升级的民族矛盾。《金史》《大金国志》均有此记载，而以《元史·太祖本纪》最为详尽：“九年甲戌春三月，驻跸中都北郊。诸将请乘胜破燕，帝不从。乃遣使谕金主曰：‘汝山东、河北郡县悉为我有，汝所守惟燕京耳。天即弱汝，我复迫汝于险，天其谓我何。我今还军，汝不能犒师以弭我诸将之怒耶？’金主遂遣使求和，奉卫绍王女岐国公主及金帛、童男女五百、马三千以献，仍遣其丞相完颜福兴送帝出居庸。”

鉴于宫素然的生活年代晚于张氏，有条件是这个历史事件的见证人，该画借古喻今，从侧面记录了宣宗和亲的史实，画面构图凋零散落、情境悲凉荒寒，表达了作者对当时历史的悲观态度。

明人张锡[23]咀嚼出了宫卷构思的真正内涵，他在跋诗里叹息道：“……和亲嫁女计已疏，后宫美人何足道。……颇觉良工心独苦，老夫对画伤今古。”

陈居中入金考

陈居中系南宋宁宗“嘉泰年画院待诏，专工人物蕃马，布景着色，可亚黄宗道”[24]。南宋社会发达的商品经济和儒雅之风只能刺激与尚武精神无关的风俗画和表现士夫、贵族游乐的人物画，北宋末盛传的李公麟人马画受到一定的阻断，鲜有人马画家，唯有陈居中画名鹊起，这绝非孤立的美术现象，与宁宗朝对峙的章宗朝是金国人马画极盛之时，他与金国的关系如何是很值得思考的问题，仅凭他在临安察看金臣使宋，是很难在他的《文姬归汉图》轴中穷尽对匈奴（女真人）体貌和风习的微观认识的，因为金臣使宋，皆更换宋朝官服，故陈居中应该在金国长期生活过。元代陶宗仪《辍耕录》卷十七证实了陈居中入金的史实：陈居中的《唐崔丽人图》其上有题云：“……余丁卯春三月，衔命陕右。道出于蒲东普救之僧舍，所谓西厢记者。有唐丽人崔氏遗照在焉。因命画师陈居中绘模真像。……泰和丁卯林钟吉日……”时值南宋开禧三年（1207）。这位去陕西东部供职的金朝官员是带着南宋画院待诏陈居中途经今山西永济蒲州，已深入中原腹地。陈居中曾多次画过文姬归汉的题材，也画过《苏李泣别图》等，创作这类作品的心境需要长期生活在北方金国才能产生。出使金国的南宋画家，常被金人扣留，宇文虚中、吴激等皆是，陈居中是否也系这种境况，待史料翔实后再作探考。陈居中的北方生活使他能够详知女真和中原的衣冠服制、军械器用等，他的《文姬归汉图》轴（台北故宫博物院藏）是活生生的女真人的生活场景。美国波士顿美术馆收藏的《文姬归汉图》（册页、佚名，图见英文版见喜龙仁《中国绘画》卷三）并非文姬归汉，而是画文姬和左贤王携双子出游，洋溢着作者希冀民族和好的热情；该馆另一件传为胡瓌的《获猎图》（团扇，图见上书）画一女真猎手正喜滋滋地将射下的天鹅缚在马后，这两件作品与《文姬归汉图》轴的画风和人物的造型程式乃至人物的幞头、马匹的鞍辔等细微之处十分相近，可作为陈居中绘画艺术的重要参考作品。

以上的古画在不同程度上存有与金代历史相关的印痕，此外，国内外还有许多幅人马画显示出与传统鉴定结论相迥的时代特性，同样，运用在探考金代人马画的民族学、民俗学和类型学仍有它的普遍意义，可尝试扩展到考定其他历史时期的绘画。若能见到瑞典斯德哥尔摩远东艺术博物馆和波士顿美术馆分别庋藏的《东丹王还塞图卷》的清晰图片，解决它们的年代问题当为不远。有可能探讨的是：传为胡瓌的《出猎图》和《还猎图》（册页，台北故宫博物院藏）虽然画的是与女真相近的民族，但细察马臀上烫印的各种不同的标记，提示了这两件作品的年代范围，这种标志用于表明该马的特长和属主等，它始于元代蒙古人，后扩展在北方各民族，画中坡石的笔致与元初佚名的《元世祖出猎图》的配景相近，它与胡瓌有多少关系就不言而喻了。现存于纽约大都会博物馆的《射鹿图卷》，尽管有沈周等人的题文，认为是李赞华之作，然而猎手的帽式绝不是李赞华生活的时代所拥有的，画中这后拖两根长带的帽子见于扬州西郊明代的火金墓里。火金为当时的生员，《明史·舆服志》载：“生员襕衫用玉色布绢为之，宽袖皂缘，皂绦软巾垂带，贡举人监者，不变所服。”在此之前，无此首服，可见于明初商喜《明宣宗出猎图》中随从宣宗出猎的一群生员和监生等。仇英的《春夜宴桃李园图》中的文人也是如此服式。这样，《射鹿图卷》上的猎手应是一位生员，其朝代也许就能明朗化了。

以衣冠服制、军械器用的时代特征来探测人马画年代的方法，亦可推进到查考其他人物画和有点景人物的山水画年代。例如，今藏于美国纳尔逊博物馆的《赵遹泸南平夷图卷》中大批戴白毡笠的金军所进行的各种作战活动，表明了该画不太可能出自南宋人之手，由此就会引发出一系列关于金代山水画的新课题（图见英文版《八代遗珍》）。

可以说，古代艺术品的真正价值是基于相对确切的年代归属，在此基础上所进行的探讨工作是防止美术史学的研究变成沙塔的有效手段。鉴真伪、赏高下是不可回避的，也是最基本的艺术史命题，对金代等人马画进行艺术的和历史的探考更是如此，拙文所作的尝试仅仅是实现这个愿望的开始。

注释

[1][2]见《大金国志》卷十。又据《建炎以来系年要录》卷二十八："建炎三年十二月己酉，金人陷临安府，初，宗弼既围城，遣前知州李俦入城诏谕，俦与权刘诲善，至是，削发左衽而来，二人执手而言，俦欷不能止。"

[3]《辽史·仪卫志》。

[4]（宋）陆游：《剑南诗稿》卷上。

[5]见沈从文《中国古代服饰研究》。

[6]《石渠宝笈》卷一。

[7]柯九思题："毡帐雪花寒，单于夜不还。分弓传令肃，明日猎天山。"杨维祯题："歇马长楸间，黄颠老契丹。手撚白羽箭，雕血带斓斑。"

[8][9]《新唐书》卷二百一十九，矢即以荆茎为箭杆。

[10]（宋）洪皓：《松漠纪闻》上。

[11]《大金国志》卷三十九。

[12]见罗继祖《枫窗脞语》，中华书局1984年版。

[13][15][18]《金史·杨邦基传》。

[14]《金史》卷七十八。

[16]（元）王恽：《秋涧先生大全集》卷七。

[17]《金史·世宗本纪》。

[19]《中州集》辛集第八。

[20]（宋）胡锡：《图绘宝鉴补遗》。

[21]见台北《故宫季刊》第十四卷第一期。又注，史籍中未见有赵良嗣等四人送金使杨璞过关的记载。

[22]见[日]原田谨次郎《支那名画宝鉴》，大冢巧艺社1936年版。

[23]历史上张锡者有三，郭沫若认为宫卷中的张锡是明代张锡（成化间贡士，字号不详），罗继祖先生考为金末张天锡（字君用，号锦溪老人），郑国先生断为明代另一位张锡（字天锡，别号海观、天府谪仙），宫卷中的张锡与此张锡的名、号相符，应持郑说。

[24]（元）夏文彦：《图绘宝鉴》卷四。

本文载于《美术研究》1990年第4期

余辉，1959年生，北京人。1990年毕业于中央美术学院美术史系，获硕士学位。故宫博物院研究室主任、研究员。

元代美术的基本格局和审美取向

杜哲森

中华民族的历史，像是一条蜿蜒跌宕的大河，在它漫长的流程中，时而涓缓，时而局狭，时而奔腾直下，时而又逆转迂回……当遇上坎坷险阻，或是处在风云际会之时，即原有的社会格局被打破，整个社会处于激烈的动荡之中时，反映在文化上，也会显现出特有的景观，元代就是这样。

公元1206年，在茫茫漠北蒙古族首领铁木真集合众部，揭起九脚白旄纛，建蒙古国，即大汗位——一个横扫世界的风源形成了。这之后在短短的一个多世纪里，蒙古人的金戈铁马犹如一股摧枯拉朽的狂飙扫荡了欧亚大陆。六征西夏，灭掉金国，攻取西域，进兵东欧，横扫波斯，降服大理，最后铲除南宋，建立大统，在人类历史上用“不文明”的方式写下了文明的一页。

这一页上记录了一个崛起的民族，如何以自己的意志征服了世界，同时，也记录下了被征服的民族如何凭借自己的文明优势，对征服者进行着反征服。元代的文化艺术就是在这个征服与反征服的时代大背景下展开的。作为一个崛起的游牧民族，他们所热衷的始终是“征战、搜狩和宴飨”，黩武和享乐依然是其主要的社会行为和生存目的。这一点决定了他们对不同文化采取了不同的态度，第一种是蒙古民族所热衷追求的东西，由于得到倡导和扶植获得了长足发展，如工艺和建筑就属于这种情况。第二种是那些不被重视，但却有着悠久传统和生命力的文化，如文人书画，则遵循艺术发展的自身规律，作为一种民族精神的表征依然在顽强地发展拓进，并给蒙古贵族以潜移默化的熏陶与影响。第三种是既为蒙古统治阶级所提倡，同时也为广大被压迫民族所需要的文化，这就是宗教。元朝政府对多种宗教采取了兼容并蓄的态度，多种宗教也充分利用这个机会大力扩充自己的势力。宗教艺术也借此得以播扬。

元代美术的基本格局就是由以上三大脉系构成的，即体现着汉民族的文化优势、审美理想和精神表征的文人书画，反映着统治阶级和被统治阶级的精神寄托的宗教美术（包括民间文艺），以及满足社会不同阶层的融实用与审美为一体的工艺美术和建筑艺术。

失落后士阶层的精神归向与审美建构

文人书画在元代美术中占有重要的位置，从某种意义上讲，正是元代的文人书画把民族审美理想提高到一个新的高度，成为元代美术成就的集中体现，并起到了承前启后的作用。这个过程的完成与这种文化现象的出现，与元代特定的社会现实所决定的时代情绪，以及由这种情绪所导致的士阶层的文化心态和精神归向有着密切的关系。

面对中原易主，神州板荡的社会现实，如果说农民阶级争取的是生存，地主阶级维护的是权益，那么士阶层追求的则是个人才智的发展，只要能获得这种机会，他们与蒙古统治阶级的紧张关系就会得到缓解，但蒙古贵族却一直没有很好地为他们提供这种机会，致使士阶层中的大多数人成了“时代的弃儿”。

在封建社会中士阶级的主要出路是科举。在元代科举取士虽然在忽必烈时期就被提出来，但由于元朝由吏入仕的官员选举制度已经确立，加上一些蒙古贵族为了维护既得利益而进行的种种抵制，使恢复科举一事一直未能落实。直到仁宗时，出于整顿吏治、革除弊端的需要才开始正式推行，但在会试和录取过程中又极力偏袒蒙古族和色目人，汉人受到种种限制。元朝任命官员主要渠道是通过选举，但靠铨选提升到省、部宰臣（包括侍郎），行省丞相及路总管的人极其有限，终元一代，也不过六七十人而已，大部分人的情况是“例不过七品耳，浮湛常调，远者或二十年，近者犹十年，然后改官，其改官而历华要者十不能四五，淹于常调，不改官以没身者十八九”（苏伯衡《送楼生用章赴国学序》，《苏平仲集》卷六及《元史》卷八《选举志》）。对汉民族的歧视和防范是元朝统治阶级的一贯政策，面对士阶层的这种处境，朱思本曾感慨地写道：“儒生心事良独苦，皓首穷涯何所补。胸中经国皆远谋，献纳何由达明主。”（《观猎诗》，《贞一斋诗文稿》）汪元量讲得更为尖刻：“释氏掀天官府，道家随世功名，俗子执鞭亦贵，书生无用分明！”（《自笑》，《湖山类稿》卷二）

这种进取无门的境遇，加上本来就有的民族间的抵触情绪，就进一步冷却了士阶层的从政热情，滋生了他们的厌世和逃世心理，那些通过各种渠道（或掠掳，或征召，或引荐）得以跻身仕宦的少数文人，由于受到猜忌、排挤以及社会舆论的压力，精神也时时处于苦痛之中（位高如赵孟頫者也是如此）。这样，无论是逃世还是入世，心情都不是松快的，都郁积着某种生不逢时的苦痛，因此也就都需要进行精神上的自我调节。

由于中华民族在历史上形成的以血缘为基础的宗法社会制度和“孝为德本”的道德规范，以及老子的自然天道观及庄子的人生哲学，都使这种精神上的自我调节，不像有虔诚的宗教信仰的民族那样，通过皈依宗教，向“神”忏悔，以求得精神上的寄托与宽释，而是通过参禅悟道，对人生进行超现实的思考和投身大化、寄情自然以求得心态上的平衡和情绪上的舒络。

在这个过程中，道家的人生观与认识论和佛教禅宗的修习方法，会像一条渡筏把这些因理想与现实发生碰撞而蒙受了心灵创伤的文人士大夫，从现实生活的旋涡中接渡到一个平静无争的世界，在那里他们通过“仰以观乎天文，俯以察于地理，是故知幽明之故，原始返终，故知死生之说，精气为物，游魂为变，是故知鬼神之情状”（《易·系辞下》），在这种静观默照中悟出了

“与天地相似，故不违；知周乎万物而道济天下，故不过；旁行而不流，乐知天命故不忧；安土敦乎仁，故能爱”（《易·系辞下》），终于挣脱了现实的名利得失的缠绕，卸除了心理上的重负，使精神与大道合一，自我与天地同化，这样被扭曲了的意志得到舒展，被瓦解了的生命价值得到修复。在漫长的封建专制磐石的压迫下，以及封建社会发生了周期性的大动荡时，中国的士阶层就是通过这种人生选择和自我调节以求得生存和可能的发展的，这一点在元代表现得尤为突出。

这种行为的本质，实际上是在“独善其身”的过程中捍卫和延续着封建文化的价值体系，艺术创作则是在这个过程中留下的心灵的痕迹。故元代文人的艺术活动，从狭义上讲，它是社会个体对压迫自己的社会实体的抗争，是自我价值的捍卫；从广义上讲，它是民族传统文化在外来力量的冲击乃至杀伤下的一种顽强的求存表现，是一个被征服的民族借助自己的文明优势对征服者进行反征服（同化）的过程。

正是基于这一特质，赋予元代文人绘画以特有的时代特征，这就是文人士大夫们进一步把创作演变为个人抒情言志的手段，强化了创作中的主体意识和自娱功能。从而使缘心立意，以情结境，讲求笔情墨韵，去除刻画之习成为重要的创作倾向。画家在创作上有了更大的主动权，眼睛不再为具体的事物表象所局囿，而是一任自己的心灵在天地寰宇间自由地回旋审视，在静观寂照中到达天人一体，物我两融的境界，然后以意为之，水墨写之。这样，出现在画家笔下的就不仅仅是物的形象的捕捉，同时，也是画家主体精神的外现，即心灵的运行轨迹。为此，文人们的创作既是作为民族审美理想在特定历史条件下的弘扬。同时，也是作为文人士大夫们精神品格的表征被创作出来的，也唯其如此，使元代绘画的基本面貌和主导精神超越了前人，但同时也与他们所处的时代出现了扞格。

元代是一个锋镝四起、岁无宁日的动荡时代，阶级斗争和民族矛盾贯穿于元朝始末，但元代同时又是一个空前开放和宽松的社会，中国与亚、欧、非等地区的经济文化往来异常频繁，导致多种宗教文化并存共兴的局面，使蒙元帝国一度成为世界经济文化的中心。这样的社会现实反映到文化上理应也具有激昂亢奋的品格，但在文人绘画中却恰恰相反，它不是热情外向，而是冷漠内敛的。他们对身边发生的一切似乎都不感兴趣，仿佛生活在另一个世界中，这一点在元代的山水画的意境构成上表现得十分突出。

在元代的山水画作品面前，会使人感到艺术世界乃是文人士大夫们在“乱世”中精心建构起来的一个“世外桃源”，文人们在这里一如他们所仰慕的高人逸士一样，仍旧是在“清话”“赏月”“对弈”“垂钓”……如此清闲、如此恬适，世道上的风风雨雨似乎永远破坏不了这里的宁静，再猛烈的风暴在这里也掀不起半点波澜，“画幅中潜存着一层深深的静寂，就是尺幅里的花鸟虫鱼，也都像是沉落遗忘于宇宙悠渺的太空中，意境旷远幽深，至于山水画如倪云林的一丘一壑，简之又简，譬如为道，损之又损，所得着的是一片空明中金刚不灭的精萃。它表现着无限的寂静，也同时表示着是自然最深最后的结构。有如柏拉图的观念，纵然天地毁灭，此山此水的观念是毁灭不动的”（宗白华《美学散步》）。这种和谐的静寂，实际上是经过自我精神调节后，取得心态平衡的一种情绪映象；而所谓的“毁灭不动”的山水观念和自然的“最深最后的结构”，也不是别的什么，乃是由各种错综复杂的关系所形成的封建体制超稳定型结构，以及由这种结构所决定，并为历代士阶层所恪守不移的文化价值体系。

由此可见，元代文人绘画时代风貌的形成，看起来是封建文人士大夫的一贯的艺术追求和审美理想，实质上是由社会存在决定的人生观念的显示，是基于种种原因（历史的、现实的）而滋生的一种“厌于人事”、力求超脱的心绪在艺术上的折射，透过他们作品中所标榜的“清高”与“孤傲”，“恬适”与“达观”，我们会窥视到浸渍于这些画家心灵深处极为复杂的思想感情。如被后世奉为楷模的“高人逸士”倪云林就是一个例子，他迫于时局的动乱，浪迹五湖三泖间长达二十余年。吟诗作画，悟道参禅，画也超逸，人也清高，似乎是与人世彻底割断了牵系。但这只是现象，在他心灵深处仍旧与人世有着斩割不断的千丝万缕的联系。他一直用一种忧郁的目光审视着动乱的社会，现实在他看来是一个混乱的存在，是一个“雷鸣瓦缶弃黄钟”的颠倒了的世界，他关注着社会，为它的“病者良极”而焦虑，但又没有信心、没有能力改变它，于是只好采取了“抱冲守一”“修我初服”的独善其身的态度逃向了自然（参见《清閟阁全集》）；创作则是他用来稀释苦痛的手段（他自己所讲的“聊以自娱”）。因为理想的幻灭，现实在他眼中也就成了黯淡的存在，所以在创作上也以简之不能再简的清水淡墨结构出一个地老天荒、空漠寂寥的境象，这境象既是景观，也是特有的心境的投映。

对众多的元代文人绘画都应深入这个层面来分析，即都需要解析构成艺术的人生情结，才能透过表象看入髓质。而一旦这样做了，就会发现在这些文人绘画的内里依归是斩不断、理还乱的世态人情，不同的只是表现的角度变了，转达情思的媒介变了，而核心（最基本的人生信守）并没有变，非但没有变，而且越发执着、越发认真了，那些“不要人夸好颜色，只留清气满乾坤”（王冕题墨梅诗），“倚云傍石太纵横，霜节浑无用世情”（吴镇题墨竹诗）的梅兰竹菊“君子画”题材的空前发展就是很好的说明。这些作品表明，被现实抛弃了的士大夫阶层并没有抛弃现实，只不过采取了一种远离和乜斜的态度，艺术就是这种态度的曲折的反映。

元朝政权就是这样，它搁置闲散了一支重要的政治力量，但客观上却为艺术的发展提供输送了一批创作主力，正是这批文人画家于无为中有所作为，在不适中求得自适，本着“志于道，据于德，依于仁”的人生信守而“游于艺”，相互切磋，多方探索，把民族传统绘画推向一个新的阶段，促成了它的嬗变与升华。

“大劫”中诸神的再造与播扬

文人画尽管在元代美术中占有重要位置，但当把它放在整个元代文化长河中加以考察时就会发现它仅是其中的一个组成部分，反映的是特定的社会阶层的文化心态与审美理想。较之文人画，还有一个有着更广泛的群众基础，满足着更

多人的精神需要的文化，这就是闪烁着神的“灵光”的宗教美术。

元朝政权与各宗教之间是一种相互依存、相互利用的关系，蒙古统治阶级需要利用宗教维护和巩固其帝国统治，采取的是实用主义的扶植态度，而各种宗教也需依靠政权的庇护得以发展壮大，故很注意为巩固帝国政权出谋划策，恪尽精诚。如全真教领袖人物丘处机1222年被成吉思汗召见于西域军中，趁此机会，丘处机极力劝告成吉思汗要敬天爱民，力戒滥杀。“欲一天下者，必在不嗜杀人。”作为人君应以“敬天爱民为本”，“清心寡欲为要”。这些劝勉对这位“马上得天下”的征服者来说，不啻是第一堂治国理民的启蒙课，所以丘处机深得成吉思汗爱重，称其为“神仙”，赐之以诏书，蠲免其门人大小差发赋税（《元史》卷二〇三《列传·释》）。

如果说道教的上层人物是通过与最高统治集团中的人物的接触斡旋直接效忠于蒙元政权而求得荫蔽的话，那么道教倡导的“除情去欲”“虚心弱志”“忍耻含垢”“和光同尘”等人生哲学与处世态度，则是在乱世中以“无为之教、化有为之士”（陈垣《南宋初河北新道教考》卷二，引山东邹县《重修集仙宫碑》）的方式熨平着人心，对巩固蒙元政权亦起到了间接的辅助作用。

佛教也是如此，元初有佛门弟子耶律楚材秉承其师万松的“以儒治国，以佛治心”的教谕，以儒释两参的方式积极参与蒙古帝国的缔成（耶律楚材《寄万松老人书》，《湛然居士集》卷一三）。继之有佛教的领袖人物海云向忽必烈进言：“宜求天下大贤硕儒，问以古今治乱兴亡之事。”儒学都被用来作为取得蒙古统治阶级信任的手段。

同统治阶级搞好关系是各种宗教求得存在的前提条件，而尽量争取众多的信仰者是各种宗教求得发展的基础，前者需要的是迎合，后者需要的则是感召；迎合靠的是权术，感召凭的是艺术。

佛教的最高精神境界是“觉悟”，道家的最高义谛是“化生”。二者都是力图对现实人生的“苦难”做出各自的解释，并指明挣脱苦难，步向极乐的途径和方法。从根本意义上讲，佛教与道教本初都不存在偶像膜拜的问题，但为弘扬教旨，俘获人心，又都必须把“觉”与“化”这些抽象理念予以形象化，这样，宗教艺术形象就成为一种诱导，一种象征和隐喻。如道教中的三清天尊和三十六天之形象的塑造，是本于“一气化三清”，“一生二，二生三，三生万物”的道家的宇宙观和认识论，本没有偶像的意义，但为了晓谕众生和显示宗教自身的神威，而将其人——神化了。而一旦这样做了以后，哲学就被涂上了神学的色彩；这种神学受中国特有的传统文化的制约，又被纳入了神圣的不可动摇的封建宗法关系之中。如永乐宫中声威浩大的《朝元图》，与其说是宗教意旨的图解，毋宁说是等级森严皇权至上封建宗法礼仪的形象显示。而中国的宗教艺术，似乎也只有落实到这种关系上，对民心才能产生强大的威慑和征服力量。

受密宗影响，吐蕃佛教在传达教义时也是如此，密宗主张色心不二，金胎为一，通过修持可进入矛盾化一、圆融无碍的境界，而采取的引渡方法是顺其情欲而导入正果。基于这一宗旨，在元代宗教美术中出现了双身金刚（欢喜佛）的形象。即以明王（显男性身）和明妃（显女性身）裸体拥抱交接的形象图释教义。明王取“大慧光明义”，显愤怒身，意在以智慧摧毁烦恼业障，主阳刚；明妃取“三昧义”，主阴柔，二身相合，象征智慧和合，矛盾化一，在实际修持过程中，体现在具体行动上便是性交行为的实施。但从教旨本义上讲，并没有纵欲淫乱的意思，男女合体的出现不过是以形释义，便于领悟罢了。但作为一种形象艺术在宣传效果上，却往往使一些人睹形萌情，因情忘义而流于淫乱，这是始作俑者所始料不及的（故到了15世纪时，宗喀巴不得不整顿戒律，清净坛城，强调不近女性，以观代行了）。

总之，宗教力图解决的是人的精神归向问题，对现实人生是持否定态度的，但宗教美术的创造者们在创作过程中往往是认真地看取生活的，从而将宗教艺术的根柢自觉不自觉地植入了现实生活的土壤之中。这一点对有着执着现实、面向人生的文化心理结构的中华民族来说更是如此。

也正是宗教美术的这一特质，使元代美术在文人们疏远了现实之后，民间艺人们仍旧以广阔的视野看取生活，以热忱的态度致力于创作，在再造诸神运动中从各个方面展示了元代社会的生活画卷，于文人绘画的清水淡墨之外，在宗教美术中（这是他们施展自己艺术才能的天地）别开一个五彩缤纷、热情洋溢的审美世界。如果说在文人绘画中，由于个人理想的幻灭，多多少少都浸渍着某种精神哀怨的话，那么在民间艺人的创作中则丝毫不见这种成分。无论从永乐宫和风俗神庙的壁画、稷庙的二十八宿的夹纻造像，还是大量书籍中的版画插图中，都可以看出，悲观绝望永远不属于劳苦大众，无论现实多么冷酷，人生多么艰危，都不曾动摇他们生的意志、活的勇气和对美好事物的执着不舍的追求，七百多年过去了，涂绘在宗教美术上宗教的灵光已经黯淡，但作为民族的精神追求和审美理想的结晶，却依然投射着千古不灭的璀璨光辉。

宗教美术总是以各种方式制造出特有的宗教气氛作用于观众心理，这一点，永乐宫的艺术构成堪称是一个成功的典范。当初永乐宫的建置，从地理位置的选择，建筑群体的布局，单体殿模的造型设计和体量确定，以及整个建筑的用材和色调处理等，无不是从整体上考虑如何体现道教思想的根本旨义的。三清殿内宏伟的壁画的绘制，表现的是道教所追求的最高的理想境界（这里包括道教的宇宙观和人生观），而为了突出这个境界，从永乐宫最南端的第一道宫门开始，就已经做着精心的努力，通过墙垣和林木对空间的围隔和截取影响着人们的心理情绪，为步入三清殿时特有的心理感受做着铺垫。未进入大殿之前，人们感受到的是现实世界的孤寂和冷清，而一旦步入大殿，目睹那庄严的三清神法像和祥云缭绕、满壁生辉的数百位神祇，在眼前展示的是一派辉煌壮丽的景象。殿内、外所造成的情绪反差，分明告谕人们：只有通过苦修而悟道，才能挣脱尘世人生的痛苦而进入不曾被异化的世界。

乱世之中就是这样，士阶层中的不少人是通过投身大化、寄情自然求得精神的舒络，而社会的主体阶级则是通过诸神的再造，找到精神的寄托和生存的庇佑。

各种文化融汇合流后形成的实用美术风格

工艺美术与建筑艺术是将实用与审美集为一体的创作，与社会民生的关系最为直接，也最为密切。不同的社会阶级，社会阶层基于不同的实用目的和审美心理，也就形成不同的审美好尚和艺术追求。

蒙古贵族作为统治阶层，势必要将自己的文化观念和审美意识顽强地体现出来，他们豪饮成风，于是出现了"贮酒可三十余石"的木质银裹瓮等巨大的宫廷贮酒器；漠北高原天寒风疾，人们以游牧为生，于是，以羊毛为主要原料的毡罽业在汉地也获得了空前的发展；游牧民族生活在不断的迁徙中，于是各地工匠大量制作四系壶、瓶等便于携带的器皿；蒙古族崇尚白、青两种颜色，大批以白、青为基调的工艺美术品便应运而生，如白色的丝、毛制品和白地蓝花的青花瓷等。

但蒙古族作为一个崛起的游牧民族，自己并没有悠久的手工业传统和建筑技术，在12世纪时，手工业生产还仅限于对皮、毛、木、骨进行手工业加工的水准上。在建筑上也少有固定的宫殿，而是可以拆装移动的巨大毡帐（大汗居住的毡帐称为"斡耳朵"）。为此，元代的工艺美术和建筑艺术的发展主要得益于伊斯兰和汉族文化，即蒙古族的好尚是借助穆斯林和汉民族固有的物质文明和精神文明的成果实现的。

在西征过程中受伊斯兰文化熏陶，形成了蒙古民族的审美取向和心理定式，伊斯兰艺术源源不断地输入，又为这种取向和定势提供了推动力。从而使蒙古帝王对伊斯兰文化越发热衷，相比之下，对汉族的传统工艺的好尚就冷淡多了。于是作为体现蒙古贵族审美理想的官方工艺美术也就舍弃了两宋的清隽典雅的艺术风范，而热衷于追求精丽华贵。但是，野蛮的征服者总要为被征服者的较高文明所征服，居统治地位的阶级的审美好尚也总要受到既有的物质文明和精神文明的制约，蒙古族统治阶级的生活环境，使他们不可能与汉族传统文化相隔绝，元代工匠的主体也依然是汉族人，因而，汉族传统文化在元代工艺美术生产中始终发挥着巨大的作用，历史的演进又使这种作用日趋扩大，所以，元代的织绣、陶瓷等虽有明显的蒙古族文化和伊斯兰文化的印痕，但几乎所有传统的图案、传统的造型和传统的工艺方法都被保存下来，并有不少品种在风格上全然是对两宋的继承，如著名的哥窑青瓷和嘉兴雕漆等。因此，从总体上讲，元代工艺美术的发展并未割断唐宋传统，只是在新的历史条件下以新的适应性在继续发展着。

元代的建筑艺术是如此，它也是在多种文化的相互渗透、相互影响的基础上向前推进的。这一点在元大都城的规划设计上可得到证明。

首先，参与大都城设计工作的人选就来自各民族，有汉族的刘秉忠，赵秉温，张柔、张弘略父子；有蒙古人野速不花、女真人高觿、色目人也黑迭尔等。以刘秉忠为首的汉族建筑师们竭力要在皇都的建筑中体现汉民族的文化意识，这里既有儒家的君权至上的思想，又有道家的林泉情致。前者表现为大都城中轴突出，规划严正，以整肃的街衢簇拥着雄壮的宫阙，显示出儒家的严格的礼制规范和皇权尊威。后者表现在将城市的总体空间予以园林化，引河入城，城内起山，山植树木，并点缀以亭榭寺塔，使规整肃穆的皇城中又透露出轻松活泼的自然情趣。但皇城的主宰者毕竟是来自漠北，有着勇武精神的草原部落，所以草原文化也必然要表现出来。将皇城与宫城极力向前推进，置于中轴线的最南端，使后面和左右的城郭布局形成簇拥之势，显示出勇往直前、锐不可当的气概，分明是一个崛起的剽悍民族，矢志横扫天下这一直驱锐进的心态的显示。至于在巍峨辉煌的汉式宫殿群落中，特意建置保有自己民族特色的帐殿形式的斡耳朵、棕毛殿，更是蒙古族对自己草原文明的怀恋之情的由衷流露。在皇院中还出现了体现着西域文明的维吾尔殿，表明了蒙古族对各种文化的兼容并蓄的胸怀和态度。

蒙古统治阶级对各种文化采取的基本态度是：感兴趣的加以提倡和扶植，不感兴趣的则任其存在，并不加以干涉和戕伐，相反，总是尽量去理解和消化，对汉族文化就是如此。从元世祖忽必烈开始，就对汉族文化予以高度重视，派遣程钜夫南下“搜访遗逸”“擢用南人”，并责成皇太子研习汉文。至仁宗继位，愈加“亲儒重道”，兴办教育，恢复科举考试，弘扬儒学，曾对侍臣讲道：“朕所愿者，安百姓以图文治，然匪用儒士，何以至此？设科取士，庶几得真儒之用，而治道可兴也。”（《元史》卷二四《仁宗纪》）仁宗自己也身体力行，他酷爱绘画书法，曾以宸翰赏赐臣僚。仁宗之后又有英宗继其风气，影响所及，促使元内府的书画收藏日趋丰富，艺术风气也愈加浓郁，出现了杰出的女收藏家皇姊大长公主祥哥剌吉和热衷于研讨艺文活动的文宗皇帝。文宗创办了奎章阁，集合了一大批优秀的艺术家，对元代美术的发展起到了重要的推动作用。可以说，有元一代文化艺术所以能得到多方面的发展，同蒙古民族这种宽容的文化态度和积极吸收先进文化的思想是密不可分的。正是在这一前提下，使元代美术在融汇多种文化的基础下形成了自己的时代风格。

一个永恒的生长，一个连续的波浪

一个民族的美术发展是一个连续的运动过程，某个时期特有的美术现象的出现，固然与所处的社会现实有密切关系，社会的政治、经济、情绪、心态都会直接、间接地影响到美术的新局面的形成与发展，但这种新局面又无不与历史有着内在的联系。以绘画发展为例。元代文人画之所以得到空前发展，形成特有的时代风貌，除了前面讲到的社会现实的影响外，从历史角度上看，也是渊源有自的一种艺术发展的必然。

早在魏晋时期，一些文人士大夫受玄学的影响，就在创作中强调“畅神”，鼓吹“媚道”开始将绘画从“存劝诫，助人伦”，“美大业之芳馨”的辅政功能中解放出来，逐步演变为画家个人陶情怡性、抒怀言志的手段。发展到唐代，朱景玄在张怀瓘确定的神、妙、能三品之后又补充了“纵任无方”的“逸品”。逸品画的出现，反映的是文人的审美理想和艺术追求，它的被提出和被肯定，表明传统绘画中出现了一种新的倾向，这就是力求突破成法和规范的局囿，使艺术个性得到充分的表现。这一点到了宋代就越发明显，所以黄休复便把逸品提到了四品之首，并明确指出：“画之逸格，最难其俦，拙规矩于方圆，鄙精研于彩绘，笔简形具，得之自然，莫可楷模，出于意表。”（《益州名画录》）对逸品的肯定和倡导，也就是对既有的观念和成法的挣脱与拓展，是任自然、求放达的文人画家不肯受制于人、受拘于法的表现，于是欧阳修主张“画意不画形”，沈括强调“书画之妙，当以神会，难可以形器求也”（《梦溪笔谈》卷一七《书画》）。苏轼更极力为文人画张目，并将唐代王维树为文人画楷模。一批文人型画家，也在创作实践上力辟新径，别开生面，如米氏父子的墨点云山，梁楷的简笔人物，文苏的墨竹等都渗透进了更强烈的文人气质。理论和实践的共同推进终于使文人画创作形成了一股强大的艺术思潮，给宋代画坛以巨大的冲击。形势表明，入元之前，传统绘画在文人士大夫们的努力下，已经蓄积了一股强劲的不可逆转的势头，预示即将发生嬗变和飞跃，但由于形势的突变，使宋人未能来得及在实践上全面展开，而留给了后继者——元代的文人画家们。

相对以前各代而言，元代是汉民族的高层次艺术——书法和绘画失去了“艺术保护人”的时代（元朝宫廷虽然也收揽了一些书画家，蒙古族上层人物也对汉民族的书画表现出了一定的兴趣，但这些与历史上的历代汉族的统治阶级对艺术的热衷与重视是不能相提并论的），然而这并没有影响书法和绘画在原有基础上的进一步发展，相反，艺术在失去统控之后，在创作上反而获得了更大的自由，尤其是文人绘画，当它变成了个人的一种精神调节手段时，画家们获得更充分的主动权，每一个画家，都可以基于自己的内养与外受，去挑选个人最感兴趣的题材，去探索个人最满意的艺术语言，去形成只属于个人的艺术风格。于是在创作思想上出现了郑思肖的“君子画”说，钱选的“士气”说，赵孟頫的“古意”说，吴镇的“适兴”说，汤垕的“写意”说，倪云林的“逸气”说及郝经的“内游”说等；在艺术风格上出现了赵孟頫的典雅蕴藉，高克恭的苍润沉雄，朱德润的疏朗隽秀，黄公望的潇洒清逸，吴镇的淹润沉郁，倪瓒的简淡疏远，王蒙的细密繁茂，等等。但无论是活跃的创作思想，还是丰富的艺术风格，元代书画又无不是前代艺术思想和成就的进一步发扬光大。如钱选“士气”说的核心思想是“无求于世，不以毁誉挠怀”，亦即在创作上摆脱世俗成见，追求个性表现，而这乃是文人画家们一贯的且日趋强烈的创作思想，钱选的“士气”说的提出，不过是这种创作思想在特定历史时期的再强调。

再如倪瓒的“逸气”说，也是反映文人审美情趣的逸品画经过长久的争论最后得到社会承认而成为一种创作上的自觉追求的产物。不同的只是，倪瓒所鼓吹的“逸气”已不仅仅是艺术风格问题，同时也是一个浪迹江湖的清高文人的人生观念和创作态度的自我表白，即在“逸”品中渗透进了更强烈的主体意识。至于开启了一代新风的赵孟頫“古意”说，更是反感于南宋末季艺术创作中的奇僻躁露的习气，对委婉冲和、典雅蕴藉这一民族所崇尚的审美理想的再召回和再光大。

在绘画语言上，元代绘画也是基于创作上的需要，在前人的成果上的再拓展和再生发。如书法与画法的关系问题就是一个例子。

书与画的内在联系早在唐代张彦远就已认识

到："夫象物必在于形似，形似须全其骨气，骨气形似，皆本于立意而归于用笔，故工画者多善书。"荆浩进一步提出了用笔四势：筋、肉、骨、气；宋代郭若虚又提出了用笔三病：板、刻、结。但由于元代之前的绘画，线是写形状物的主要手段，所以这里讲到的用笔，强调的主要是线条的圆润流畅和劲健婀娜等艺术特色，而对书法中各种用笔的极为丰富的变化和艺术表现力尚没有被有意识地运用到绘画中。

到了元代，出于对南宋画院的刻画之体的逆反心理，以及"不为法拘，不为物役"的创作心绪，文人画家们开始寻找一种新的、更富有表现力的艺术语言，以达到化繁为简，变描为写的目的。这时，用笔问题就不再仅是线条的流畅刚柔，而是如何将书法中的具体笔法和审美风范体现在绘画之中。而这些文人画家又大多精于书法艺术，其中不少人就是颇有成就的书法家（如赵孟頫、柯九思、倪瓒、王蒙、吴镇、朱德润等）。他们在书法上的深厚修养和与书法家的密切往来，以及元代书法创作的突出成就，促使他们多方面思考和尝试如何将书法的审美成分渗透到绘画中。这样，当赵孟頫再次提出书画同法这一艺术命题时，就不再是对书与画的一般关系的认识，而是将二者化合成一种有机的艺术整体，给创作以更具体的指导。他讲得很明白："石如飞白木如籀，写竹还应八法通。若也有人能会此，须知书画本来同。"但这种见解也并不是赵孟頫的独创，画竹名家柯九思也领悟到并运用于自己的创作实践中了，所以赵孟頫在诗后又补充道："柯九思善写竹，尝自谓，写干用篆法，枝用草书法，写叶用八分法，或用鲁公撇笔法，木石用金钗股、屋漏痕之遗意。"这里所讲的书法中的各种用笔所以能体现在艺术形象中，很明显是与所表现的事物特点有着密切关系，即竹子、木石最能显示出书法用笔的神韵。

以形写神，形神兼备是中国传统绘画的重要创作追求，绘画工具又决定了"线"一直是实现这种追求的主要造型手段。但以线造型也有它自身的局限性。首先，将无限复杂的事物都抽象为线的构成，这本身就相当困难，有些事物如烟云雾霭、水光霁色等就难以用线来表现。另外，以线结构物象主要靠描画，而描画如果缺少整体的联系和气脉的贯通，就会或失之于板结，或失之于松散，两者都会影响到中国画的第一要义——气韵生动的传达。苏轼批评有些画"无一点俊发"，就同用线过于拘谨琐碎，缺少概括提炼有关。再有，不同气质的画家，或同一画家有着不同的心境时，也需要采取不同的表现手法，以求得心态与风格的统一，这时，如果以线为唯一的表现手段，也会因感到语言的贫乏和难以尽意。

正是遇到这些具体问题，所以唐代有王洽的"泼墨"，五代有徐崇嗣的"没骨"，宋代有梁楷的"减笔"和米家父子的"墨点"。这些都是力求挣脱线的束缚而进入的探索。但削弱了线的作用，又导致了传统绘画中重要的审美理想——笔墨的风骨和韵律的丧失，使形象流于松软漫漶。如何在不失掉传统绘画的优秀成分的前提下，强化线的表现力，使之具有更丰富的内涵，"以书入画"就是行之有效的手段之一，即将本就谙熟并已经掌握的书法技法和审美特质融进绘画，使构成艺术形象的最基本元素——每一笔触，都具有独立的审美价值，并通过与形象的巧妙结合，形成特有的气势、节奏和韵律。元代画家在这方面获得了预期的效果，不但克服了宋人的刻画之习，而且使整个创作过程变描为写，化静为动，以情驱笔，直抒胸臆，使绘画语言的灵动性和感情色彩得到了空前的强化。

但以书入画也带来了新的制约，或者说新的难度，这就是它要求画家在创作过程中必须对所表现的事物（实际上是感情的载体）要有深切的感受和准确的把握，能够做到取象不惑，下笔不疑，心手相应，气力相合，笔过形具，形具神全。因为书法是最忌重描的，所以“写”出来的形象也是不能反复添加修改的，否则，就会使笔僵墨死，风骨全失。艺术形象本身也就会气泯神亡。但不要添加修改，能够一笔造型的事物太少了，元代画家们只找到了有数的几种，这就是竹子、兰草、松（针）石枯木等。这几种描绘对象的形态都比较容易把握，既能一笔造型，又能不失书法精髓，同时，还能表现出画家特有的创作心态（元僧觉隐有“怒气写竹，喜气写兰”之说），从而使创作过程真正变成了一种“君子使物而不为物使”的行为，即通过创作起到精神舒络的作用。

大概正是这个缘由，再加上竹子、兰草等被人们赋予了特有的象征意义，通过表现它们，可以昭示出文人画家们所推崇持重的品德情操，才成了元代文人画家们最热衷、最擅长的表现题材，从而促成元代“君子画”的空前发展。

这种历史的承继关系，也体现在元代各个其他艺术门类中。即使受到西域伊斯兰文化和蒙古草原文化强烈冲击的工艺与建筑，也是如此。

总之，深入考察元代美术的发展变化，不难发现，它是由多种因素的相互作用和众多的艺术家——包括民间艺人和少数民族艺术家的努力而共同促成的。在这个过程中，各个民族的文化都以自己特有的生命力将根须植入这块古老的大地上，争取到各自的生存条件，展现出各自不同的风姿；而原有的汉民族的传统文化，更像是一株根深本固的大树，尽管遇上了如此猛烈的疾风暴雨，但它失去的也只是枯枝和败叶，而不曾动摇它的根基，因为它的根柢深深地植于现实生活的大地上和民族精神的最深处。

本文载于《美术研究》1991年第2期

杜哲森，1943年生，天津人。美术史论家。1970年毕业于北京师范大学中文系，1980年毕业于中央美术学院美术史系，获硕士学位。中央美术学院教授，曾任《美术研究》副主编。

魏晋南北朝美术史导论

陈绶祥

历史学家们通常将曹丕代汉之黄初元年至文帝灭陈之祯明三年（220—589）称为魏晋南北朝时期。这是中华文明史中继春秋战国（公元前770—公元前221）以来最长久的一段政权分裂时期。前自汉末动乱而三国鼎立；中有西晋短暂统一继五胡十六国之纷争；后为南北相对稳定但朝代更迭频繁的南北朝对峙。这一段时期成为汉唐两个统一盛世之间的巨大历史旋涡，成为中国历史上最为纷繁动荡的时期。只要稍加注意便不难发现：自三皇至民国的整个中国历代帝王世系图表中，竟有五分之二的最密集的篇幅被这区区300多年所占据。其余各朝世系只占那疏朗的五分之三；而在中国当今所谓的二十四部正史中，竟整整有十一部正史记志着这一个时代。

在中国美术史上，还没有一个时代的美术像魏晋南北朝美术那样向后世展示了如此全面的文化特质，展示了如此众多的直指人生的艺术业绩：画家“四祖”，此期居三；书家“两圣”，此期占二。那些最能代表各类艺术中特点的风格、流派、品类，如后世所谓的画中之“疏密二体”，书中之“南帖北碑”，陶瓷中的“青白两系”，建筑中的“寺塔园亭”，亦莫不肇于魏晋南北朝时期或于此朝中完全形成基本定制。目前已知的国内各主要石窟，包括饮誉世界的敦煌、麦积山、云冈、克孜尔、龙门、炳灵寺、响堂山、栖霞山等重要石窟，无一例外地开创于魏晋南北朝时期。尤其重要的是，中国美术的基础理论，也在这一时期中得以建树确立。“六法”“九品”“笔阵”“书韵”“神采”“风骨”“体性”“悦情”，或藻或品，或叙或评，或运物而华体态，或开心以促韵味，或置陈布势以随类应物，或用笔经营以究像造形，都在这一时期中得以精研熟虑，自立其说，且能进一步摒落筌蹄，理归一统。这是魏晋南北朝各门类美术发展中最重要且一贯的普遍特征，它们使“匠技”中的“意法”上升为“艺文”中的“理趣”，使艺术进一步成为文化表率。

然而，每一个注意这个时代的人，都会注意到那动荡的人生。正是那些活生生的人，靠他们的心目手眼、七情六欲创造了这样一个文化艺术的高峰。因而，在谈到这个时代的造型艺术之前，我们不免还要回顾一下这个时代中那些创造过它们的遥远之人生。

一

“天下大势，合久必分。”汉末的大动乱不但结束了两汉王朝的一统江山，也使那统一的文化艺术风貌得以改观，三国之争已振不起汉家的纲纪，却派生出了新兴的思想与风格来。公元280年，西晋灭吴，完成了短暂的统一，随之而起“八王之乱”“永嘉之乱”，到公元317年匈奴刘聪政权占据了洛阳，晋室南渡长江，全国又进入了割据分裂的战乱不息之中。

西晋灭亡后，中原成了群雄逐鹿的战场，从陇西到辽东，120年间，匈奴、鲜卑、羯、氐、羌，五胡十六国，彼此互相砍杀争夺，大大小小的暴发户政权，匆匆忙忙地轮替着粉墨登场。偏安江东的晋室，也在内部倾轧中统治着南半个中国。

公元420年，刘裕取代东晋恭帝，是为宋。430年鲜卑族拓跋氏的北魏灭夏，436年又灭北燕，基本统一北方，从此渐趋稳定，与南方对峙抗衡。

由于十六国时期频繁的战争和朝代不断更替，而南北朝时期在统治者内部，又常常彼此猜忌，互相残杀。如刘宋六十年中，皇族百廿九人，被杀者百廿有一，而其中骨肉自相屠杀者八十人。又如，北魏末年，兵乱频作，一代豪华的洛阳名都，“墙宇倾毁，荆棘成林，野兽穴于荒阶，山鸟巢于庭树”。在这种情况下，现实生活中既充满苦难和危险，又看不到前途的希望，于是靡费成风；另外，知识分子为了避祸，寄身离远，崇尚玄谈。在人们之中把信仰转向了宗教。这些造就了魏晋时代特有的有声有色的人生。

我们忘不了出现在书场戏台上舍生死而“六出祁山”的名臣；我们缅怀着俚曲道情中那咏“柳絮因风”的才女；我们爱慕那“掷果回车”的“潘安之貌”和“七步成诗”的“子建之才”。当我们谈论起嵇康临刑前还能从容弹奏《广陵散》时，我们不免为之动容；当我们明白了幼年诵读的《千字文》竟是梁武帝之散骑侍郎周兴嗣奉命将王羲之一千个散字拓本“一夕编缀，鬓发皆白”时，我们也禁不住为之叫绝；一部《世说新语》处处记志着多彩的人生。当我们把这些搜寻出来时，我们不禁要问：这是那个乱乱纷纷的时代吗？这是那些动荡中可诅咒的人生吗？

其实，社会中的具体人生并不像社会总体那样可作简单的概括。人的自然生命会在以往沉积的文明中找寻到各种对社会的新的适应与创造。魏晋南北朝时期特殊丰富的历史背景，正给这种人生的创造提供了广阔的舞台。各政权之间的政治经济，存在着相当大的差异；封建之制，行举不一；官仪虽承汉制，然重兵黩武，税赋各立；军事上多行官方武器民众募兵，教取皆不相宜；且刑无定制，因政而施。故而整个社会规范便处于一个社会个体难以作总体把握和正常推断的无规矩定则的波动之中。以致上可行非礼之仪，下可作无君之论（按:《抱朴子·诘鲍》篇载有时人鲍敬言作无君之论）。唯有“九品中正制”的选人之举，始于曹魏，至隋乃罢，成为此期中与人生关系最大的诸因素中唯一恒常不废的选举制度。此制虽然历来多受后世诋议，但其实则是对人生产生至关影响的一项人事制度，是从“君”主的封建制度和“民”主的举荐制度到“文”主的科举制度的一个过渡；是从“门阀世袭”“乡举民选”到“开科取士”的中间过程。在当时的历史条件下，此举虽有其他方面的功利目的，而且相对后来的“科举”制来讲诟病不少，但在其用人的核心问题上是主张“唯才是用”的。通过“任人唯才”的选举方式打破“世袭”的王权任命，以新兴的世族地主中的“贤才”来代表他们干政任权。撇开这种制度在其他方面的功过，仅就“唯才是举”的方式而言，对人的“自觉”便功不可没。“唯才”标准的本身便直指人的“智、识、性、能”，“举才”的社会功利所带来的“重才情性貌”之时尚，实际上很快变化成了一种社会认可的对人的判断，这才使“重人”的审美准则得以确立。在动乱的社会与无则的人生判定中，这种标准在恒定的人事制度下产生了同一的导向，才使后来以“人的才情性貌”为主要判则之“魏晋风度”成为一个时代的审美准绳。另外，由于新兴的世族豪门只有在对政权的全面把握中才可能推行新的政治主张，因此，世族内部对新思想的吸收，对人才的重视与造就，都在“九品中正”的选举制度下备受重视，并得以促进与完善。魏晋之际，公私教育并未因动乱而有废，反而文教之风尤甚；且特别重视各种蒙学教材，兴“小学”之风，为后世教育奠定了各方面之基础。这些也正是“九品中正”制背后所造就的影响之一。因而，在一定意义上可以这样说：“士”这一阶层得以在中华历史上独立形成，“士”的含义由古代的“崇武重义”之列士精化成后世的“修文尚德”之学士，以至后来科举制度得以提出并顺利实施，完全有赖于魏晋时期人才制度的变革与人才思想的转化。

虽然到了六朝之际，“不计门第”的“唯才”原则变成了事实上的“上品无寒门，下品无势族”之状，泛滥的豪族强力甚至影响到中央集权。但是，这件事的本身亦有其诸多方面的影响。第一，由于“唯才”与“任用”的关联，士族集团成了文化层次相对较高、较集中的集团，重视文化素养成为一种重要的社会标准；第二，由于“唯才”与“门第”之间的矛盾不少有才能而无门第的人无晋身于政治的可能，他们能在各种学术艺文之领域中进一步得以发挥；第三，由于这种制度对人生与社会的普遍作用，也使不同社会阶层的人在对“文化”的重要性认识上趋同起来。这一制度的影响不再仅停留在上层政治军事结构的范畴中，而是扩展到了社会生活的各个领域，促进了对文化的探索，进一步导致了“文”的自觉，以致在文艺领域中之批评亦以“九品”为则。而且，这种影响已不再停留在人才的“致用”上。它将那种“致用”后面的“才情性貌”上升为人物品藻的“韵致”，成为人物自身品质之“格调”。这样，又促进了文艺品评中以“人”的“派”和“流”作为中心原则的批评标准之产生。它不但促使艺术观念在很大程度上从“社会功利”转向了“人生目的”，也促使艺术形式能从“实际需要”的使用目的转向了“情感需要”的形式感觉。中华艺术中许多艺术门类这两方面的根本性转化正是始于魏晋或完成于魏晋的。这对艺术而言，显然是一个了不起的进步，就是对于整个民族文化的提高，结果也是显著的。这些又与相对恒稳的人事选举制度相得益彰地形成了新的人生观。魏晋艺术的发展，得益于这种对人生的新认识。

也许一个时代的艺术和人生更为相似：在它身上容纳了越多的经历，它也就具有了越多的容量；在它身上包含了多少起伏，它也就具有了多少的节奏。魏晋南北朝正是集历史的荣辱贵贱于一身的时代，是中华盛衰强弱之大界。民族的交融纷争，政权的明取暗夺，经济的兔起鹘落，文化的混杂取舍，大动大乱，大起大落，华戎融体，士庶等级，如此造就出一个时代的通则：人生历程反因时代而生色。生得艰难，死得突兀；生得自在，死得壮阔。故而俯仰得失，倍真于情。终于以“纵使留得身后名，不如生前一杯酒”的人生态度而“留名身后”，将“生”和“死”如此统一于“生”之中。为“生”而生，何奇不有，实非始料可及。但一个时代的艺术毕竟又有别于每一个实在的具体人生，人生虽受制于时代，艺术却常常能够打破时代的桎梏而辅助于人生。当每个人生将时代的付与按不同的方式化为艺术之识时，时代的文化便会因艺术的人生而大放异彩。魏晋人生如此，魏晋文化与其中那直指人生真谛的艺术也是如此。试回顾一下那“出门无所见，白骨蔽平原”的满目苍凉与“对酒当歌，人生几何”的慷慨悲歌，试吟诵一下那“明月照积雪”“池塘生春草”与“种豆南山下”“采菊东篱下”的诗篇，试想象一下那“南朝四百八十寺”的暮鼓晨钟与“北国多健儿”的银马雕鞍，那“天苍苍，野莽莽”的亘古雄浑与“莲叶何田田”的委婉清丽，它们何止是一幅幅历史画卷中的风情小品，它们已是整个时代的，并能使后来每一个懂得这种文化的人生与之共鸣的生命之喟叹。

如果我们想极为精练地概括出汉唐文明的特征，我们或许会想到“汉家陵阙”中西风夕阳下那石阙铜驼所表现的雄风；我们或许会想到“唐代菩萨”中丰腴柔媚的严妆华饰所表现的丽质。它们占领着历史上雄朴华茂之两座峰巅。但是当我们要概括魏晋南北朝的文明特征时，相信任何人都会毫不犹豫地想到那些“七子”“八友”“二王”“七贤”，那些“三谢”“两潘”“大小阮”等诸多人物的嬉笑怒骂、音容文辞、琴棋书画、饮食衣履。一句话，是他们“人生”的才情性貌所展示的“风骨”。不是吗？在汉代死者的丰碑与唐代的天国华美之间，“魏晋风骨”之中那回荡着的人生之气韵，正是这个时代的最强音。

魏晋南北朝的美术，也在各个层面上体现出了这样的时代特征。“神”“骨”“气”“韵”“势”这些原来广泛取之于天、地、人、物中的认识，都在这个时代中由于美术的发展而步入了美学的殿堂，又由于美术的作用而将其包容的诸多关系统一于“人”这个“主体”身上。将“人”当成了衡量艺术的标准。一个“画龙点睛”的成语，蕴含了多少时代精神与文化信息，它是人在美术中自觉的写照，是美术由于人的自觉而升华的体现，是美术特有的思维方式对自身认识的一种反映。魏晋美术史要留给后来的，永远也离不开这种人生与文化的启迪。

二

艺术自觉的本质是人的自觉。而艺术自觉的重要体现方式之一便是艺术理论的独立形成与艺术的理论形式形成统一而一统的结构体系。但不应当忽略的是：认识的提高与理论发展的规律才是艺术理论独立形成的前提。因此，在谈美术理论与美术活动之前，我们不能不注意到这个时代哲学对认识的影响。在魏晋时代，不可否认的是“玄学”在这方面的敦促作用。

我们常常惊讶，为什么在动乱的人生无常

之时代中，人们反而还有闲情逸兴去“品藻”或“清谈”。我们发出这种惊叹时往往忽视了理性本身对人生至关重要的实在含义，忽略了理念自身也是人们认识世界过程中的最高、最重要的直接认识对象。而“玄学”所解决的正是这样一个理论核心问题。它们是认识人类经历、经验所获得的理念规律之过程，是认识“认识”的重要方式。当理论研究的对象仅仅停留在“名”“实”之间时，人们的认识当然只能局限于“心”“物”之间；只有当理论研究的对象上升到“名”“道”之间时，人们的认识才有可能上升到“思”“律”之间，这便是“玄风”的正经意义。我们可以从其他方面找出许多“品藻”与“清谈”的有关起因，诸如对生命无常的安慰与解脱，诸如相人之术与谶纬之风的迁延，诸如内象外观与天人感应的扩展，诸如服药与饮酒造成的失态等。但除此之外，我们无论如何也不应该忘记理论自身的发展与中华哲学造就的特殊的理论认识之方式，不应该忽视在艺术理论表象中那文史哲学背后的理论构架特征。实际上，后来所谓的“六经注我”的一切认识，大抵始自“王弼注易老”那种所谓的“正始之音”。这才真正是中华艺术理论肇始完善所始终赖以“存神立骨”的正始之音。讨论“玄学”理论体系的是非以及它在其他范畴中的功过并非本书的重点，但“玄学”在艺术理论认识中的作用和意义都是我们不可忽视的。由于“清谈”本身的对象是“玄言”，“清谈”的目的又是人生的一种理论过程，因此，它是一种有“名”无“实”，“名”存“实”亡的名辩之谈，而不是一种实务之举。这样，“玄学”本身便将作用集中在人的“智”“识”之中，集中在人类认识结论之间内在规律的探求之上，既然“清谈”是一种“体言会性”的表象所掩盖下之“察名悟道”的过程，因而它对理念的发展与规律的揭示是必然的。只有经过这样的过程，纯理性思辨才能得以确立，理论本身才可能脱离“言”中所反映的“实”而上升到“名”中，才使“道”可以成为不以“器”而立的自体而被知，才使那些不可以常道常名的“道”和“名”成为可以认识并揭示其规律的“道”和“名”。“援老入儒”便是在相当大的程度上完成了这样一种思维体系下的理论建树，它使儒老在互证互补中双双上升成一种民族文化的统一的理念演绎方式，既将儒学的“现实”成分与严谨的思辨逻辑变成一种理论方法，又将老庄的“心象”情绪与感觉的把握模式变成一种认识格局，使它们之间互为表里，完善地解决了自然、社会、人生的理论框架而完成了第二个阶梯上的理论认识，使“玄学”相对地上升到“理念之理论”的台阶之上。魏晋玄学从根本上发展了中华史文哲学中那种重历、重史、重验、重证的思维方式，而将历、史、验、证的结论统之以“识”的逻辑之研讨，使它在理论认识上的高度为以往哲学所不及，使它在理论认识上重视人生感情诸因素之介入的要求为以往哲学所不可取代。魏晋艺术理论的形成并独立发展，正是得益于魏晋玄学在这些方面的理论成就。

实际上，中华文艺中许多方面基础理论的基本构架，都是在魏晋时代得以完善的，特别是关于感觉规律与形式结构这两个重要方面，均得力于玄学对人们认识的促进。如文学理论上的文气学说、体裁学说，音乐诗歌理论上的音韵学说、声律学说等，均出现或完善于魏晋时代。魏晋美术理论正是这诸多理论建树的一枝。它们不但相互作用影响了时代的美术，还影响了时代的艺术，也影响了后世中华文化与中华人生。前人有言曰：“唐诗晋字汉文章。”以“晋字”以蔽之而言魏晋成就，在文化发展上是一语中的，在艺术史上亦有其内在的深层揭示。我们撇开字词表面所论的文艺类型，直探它们揭示的文化精义时，我们不得不从广义的艺术宏观上来理解“汉文章”的另一种深刻含义。秦皇同文而书，使古代具有“纹”的含义之广义的“文”变成了狭义的“志”与“识”的“字”。以“纹”成“礼”、以“纹”定“仪”的古代规则渐渐让位给以“文”志“史”、以“字”图“识”的新文化观。汉尊儒而重文，故华章丽辞渐兴，辞赋文体渐立。“文章”的自身亦在很大程度上取代了以“纹”而“彰”的重要文化功能，以致王充有“古贤之道竹帛所载灿然矣，岂徒墙壁之画哉”的叹喟。至此，便“纹”“文”相形，典籍三分：字学图识，卦象图理，绘画图形；魏晋时代的文人已普遍有了这种认识。（按：颜延之有言曰：“图载之意有三：一曰图理，卦象是也；二曰图识，字学是也；三曰图形，绘画是也。”）那么，所谓的“晋字”，当然不是指“字”本身那种早在秦汉已完成的“志识”功能与文字定型化的音、形、义本身那所谓的“六义”之则了。“字”在魏晋的成就，在于“书”，在于“字”在“书写”中的体性、韵势、笔阵、行气。一句话，在于“字”从“实用功能”上升至“审美功能”的进一步完成，而使“字”成为一种完善而统一的“文化符号”。“晋字”的发展过程，是一个将“志识”的规范化之“文”又化成审美的性格化之“纹”的过程，是对“文”的“文化”。这与玄学的第二个阶梯上的认识一样，是一种第二个阶梯上的文“化”。正为其如此，它们的有关理论才会成为“文化理论”而具有普遍意义，并不同于“哲学道理”而具有特殊意义。这是此期艺术理论的特征，也是魏晋美术史的显著特点之一。我们之所以重视“晋字”，只是因为它能在这方面作为时代的表率充分地反映出这一特征来。以“志识”为主的字学，虽然有矩可循而又变化无穷，虽有确定的理念含义却又只是有“名”无“实”；它们与“音”“形”之间的联系以及它们与“义”的关系，使它们能直接作用于感觉思维两个主要方面又不受其局限。因此，中华哲学中那种重关系、重理念、重感觉经历与情绪状态的文化传统，不可能不率先将“字学”化成一种“文的哲理”去影响和制约感觉，记录并展示理念，揭示关系与证明经验。再将这种“哲理的文”又还原成一种感觉模式去适应传统哲学造就的文化需要，化成一种普遍意义上的审美格局去引导人们的“知”和“行”。实际上，在汉语词汇中的“知”“识”，在很大程度上与字的“志”“识”是同义的，而“行”的本身也同时具有了“字里行间”和“行成于思”中那种“行”的含义。“晋字”在构架、笔阵、行间、韵势等方面的成功及它那广义上的探索，将中华文化提高到一个新的格局之上，并反过来用这个格局影响制约了其余的文艺类型，由此而直接造就了相似的审美情趣，完成了对人的文化心态之造就。

作用于人生的至理促使人进一步认识文化的至理。当文化中那些人所创造的基本理念符号与基本形式元素被主动把握并成为艺术的主导因素时，艺术理论和文化至理融合为一体。那么，这些艺术门类作为文化的表率也成为一种必然。魏晋书画艺术的发展历史表明了这点。另外，只有在自身文化中的至理被诠释得相当完善、能适应各种理论构架并对不同艺术门类作指导和规定时，它们才可能在不同品类，甚至不同文化的艺术对象中寻找自身的照应，才可能有目的、有方法、有能力地去“化”那些不同的“文”。建筑、工艺在魏晋的兼收并蓄与改造衍生，佛教文化所带来的观念与艺术式样在魏晋时期的发展历程，也正说明了这一点。在玄学思想的促进下，魏晋时代的美术一方面离不开自身艺术规则与时代氛围所造就的特征，另一方面又离不开由“文”所造就并为“文”所衡定的制约。一方面离不开艺术法则所规定的形色状貌之物矩，另一方面又更倾向于由人的才情性貌所企望之心托：由“志”而“文”，由“技”入“心”，由“心”生“化”，这是魏晋时代美术的主要特征与发展线索。理论之建树，实用之探索，均莫不如是。

三

魏晋南北朝美术史家无一例外地注目于这个时代中极其重要的美术现象：佛教美术的汉化与各少数民族美术的融合。这不仅因为大量史迹及遗存与此有关，还因为在整个中国美术史中，宗教与民族中的问题在魏晋时代反映得最为充分，形成了中华艺术发展交融的一个总结。尤其是佛教范畴中有关的美术类型及典型作品，对后世文化产生的影响具有世界性的意义。在很大程度上可以这样认为：魏晋时期民族美术的交融更集中体现在佛教范畴的有关美术类型中。佛教在魏晋时代初步完成了它的中国化历程。这与魏晋美术家们对佛教美术的接受与全面改造是不可分离的。那么，我们不禁会问：自东汉初年佛教普遍传入中国之后，200多年间佛教艺术在中国的发展变化几乎处于停滞状态，为什么到了魏晋时代，佛教及其艺术才得以广泛流传，尤其是从东晋至南北朝这200多年间，其间虽有各种政治经济原因造成的多次毁法灭佛，但佛教及其艺术还是奇迹般地发展并初步完成了它的中国化历程呢？

几乎任何一本谈到这个问题的著述，都会强调这个时代与宗教有关的多方面社会生活的影响。这些是毋庸多言的。但影响是一个问题，接受并改造又是另一个问题。诚然，多方面的社会原因使这个时代本身对宗教产生一种亲和。政治经济斗争的需要曾促使政权对宗教进行倡导，并使宗教组织具有牢固而稳定的结构。但这并不能很好地说明佛教中国化的必然结果。佛教的普遍传入，本身就是受汉明帝遣使求法而倡导的，东汉200多年，上层统治阶级以至皇宫内苑亦多有信佛之举，且从未灭佛，那么佛教在东汉时期的发展为何处于停滞之状呢？另外，魏晋时代不少统治者所进行的灭佛运动以及对僧尼寺庙采取的行动，比偶佛崇佛要苛严得多，那么佛教在这种苛严的打击下为什么仍会继续发展呢？这些，都不是简单的提倡或消灭的直接因果关系所能解说的。佛教在魏晋时期能蓬勃发展并形成自身新的宗教形态，其本质原因仍在于魏晋时代“人”和“文”的自觉；“人”的自觉创造了对佛教接纳与改造的心理，“文”的自觉才可能完成接纳与改造佛教的外部形态。只有这样，中华文化才有可能在将佛教形态“化”成一种民族文化的载体之后而被永久地接受，并使佛教能从以宗教为幌子的文化实质上去陶冶中华民族的心性与抚慰他们之人生。

关于人生那些根本性认识，诸如生死的无奈、情欲的俱生，以及这些对现实的背应等，它们作为一切宗教所要阐释的基本精义，在中华固有文化中有着极早、极完善的认识。先秦诸子中大量著述所反映的基本哲理，已认识到了这样的人生本质；秦汉神仙方术的思想与好尚，也能从这些方面给人生以宗教精义相似的满足。为什么到了魏晋之际，那种最重视人生现实，那种普遍的“为生而生”的“一死生为虚诞，齐彭殇为妄作”之人生观却要以“苦、集、灭、道”为“四谛”，以“寂静涅槃”为“至法”的佛教中得以寄托呢？诚然，佛教教义中的“无常”“无我”与“苦”“空”等学说从表面上似乎适应了魏晋时代的动乱中人生现实，但在“六朝金粉”那醉生梦死的繁华中，社会心理的矛盾便不可忽略了。问题还不仅如此。外来宗教如果不是对人生施以最广泛的介入，不从“文化的人”这个本质上去影响社会与自然，它们要在中华民族恒持发展的自体文化中立足便不可能。只有如此，它们才不至于在现实变化中无所适从。

自觉地在各种思想方面的探索成为魏晋学术思想与风气的重要特征。对各种思想与流派，魏晋时代进行了全面深入的发掘、认识、发展或补充。或注或释，或整或集，或补或托，不一而足。除“玄学”之外，至今能见到的《山海经》《穆天子传》《列仙传》等上古著述，皆因魏晋人注、集而得以流传，更不用说当时“有书必注”的盛况了。今传《列子》八篇、《尹文子》一卷、《鬼谷子》三卷以及《邓析子》等著作，亦是魏晋人之著述。既然“六经”可以“注我”，“我”又何尝不可“托古”呢？魏晋风度如此，时人恐怕未必以“伪托”而非之。若后世买椟失珠，见筌忘鱼，便不见著作本意，失却“魏晋风骨”了。对佛教中大量的释经注道，也是魏晋文化思想在佛教方面的反映之一，是时代之风的一面。魏晋之际，大量佛经被翻译保存下来，例如，梁武帝时代就于华林园中总释佛经五千四百卷。许多著名僧人并非以“佛徒”著称，而是以“学者”知名，以至《魏书》开正史立“释老志”之特例。正是由于这种从文化上、思想上对佛教作全面认识，才可能在对佛教的接受中阐释出“教”而不是“宗”的法则，才可能从对佛教那些宗教艺术领域中揭示出更多与“人”相关而不是与“物”相关的规律来。

应该指出的是，在魏晋佛教中国化的历程中，魏晋美术家是功不可没的。他们率先从感觉上以固有文化心态改变了佛教面貌，并且反过来又以佛教中的艺术形象影响了民族文化。他们通过艺术创作进行了宗教与文化的大融合、大普及，使佛教艺术所带来的外部形态深入中华民族文化的观念之中。这样，艺术造就的感觉模式便不再随佛教形式的兴衰起落而变化消失，反而使无论是对佛教的倡导或反对，都变成了一种对佛教文化的深化认识之过程。寺有兴废，僧有戒俗，教有止行，但宗教思想、宗教活动所造就的对人的影响，变成一种艺术上的审美习惯与文化上的认识方式之后，废寺便是文化景观，俗僧多为学者名医，止教亦成为“佛学”，就连“阿弥陀佛”也成了“老天爷”似的口头禅。佛教之中国化历程，自然有赖于这种“文”化的过程之中。魏晋美术家们所创造的有关佛教范畴的众多美术遗存及典型作品，也在这个过程中具有了永恒的审美价值与世界性的意义，并同时因此而对它们的时代具有特殊的宗教意义与文化意义，最后能代表时代特征与民族文化的个性特色。

从对佛教艺术的接受、改造之文化过程中，我们可以举一反三地窥见魏晋时代造型艺术发展之特色。在交融混杂的时代中，美术的变革是普遍的，在“人”与“文”的自觉中，这种变革反映的总趋向是：由较多地受时代政治经济等现实功利的制约转向更多地受文化的诱导与审美的影响，并在各种法、式、款、规的全面探索中促进了它们统一于民族文化的意、趣、情、理之中。这些，在建筑、工艺以及书画等各种美术门类中，均有不同层次、不同程度的体现。

人生与文化的作用，使魏晋时代的美术像是中国美术史中的“蜂腰”或者“关节”，它对前汉后唐这两个时代艺术的总结和开拓起了转折与通筋舒络的作用，也以自己显著的成就丰富了中华美术，并对后世文化产生了巨大的直接影响，从而以自身多样纷繁、生动活泼而又统一的“魏晋风骨”，永远占据了中国美术史中特殊重要的一席。

本文载于《美术研究》1991年第3期

陈绶祥，1944年生，广西桂林人。毕业于中国艺术研究院，获硕士学位。中国艺术研究院研究员、博士生导师。曾任中国艺术研究院美术研究所副所长。

书法创作杂谈

——兼及诗与书法

沈　鹏

关于创作和理论的关系，我想可以从两个方面来谈。一方面，有了一点创作实践的人，并不见得就懂得艺术的真谛。另一方面，有了理论，也不见得能直接解决创作当中的问题，还需要经过实践。理论有它自己的体系和表达方式，并不等同于实践；理论体系不是围绕着每一个具体的实践问题建立起来的，理论并非实践的综合（总和）。有一些专家、著作家，他本身并不是书法创作的实践家，但是他所发表的真知灼见，是一些自诩为有实践经验的人达不到的。宗白华的《中国书法里的美学思想》一文，即很有见地。林语堂的《中国人》(《吾国与吾民》)里面也专门讲了书法的问题。他们既研究西方文化，也研究中国的文化，而且在中西文化的比照中，对书法获得了很深的认识，他们对中国书法的美学观点，对其他艺术的影响，对书法创作过程中的运动感、节奏感、韵律感等的认识，我觉得都是很高的。黑格尔的《美学》也并没有讲到很多在实践当中的具体问题，但他的美学思想，他对形式美的观念，他的“理念”，如果我们加以批判地接受，对我们认识艺术的本质、艺术的特征也很有意义。因此，不能简单地说，我有点创作实践，我的发言权就一定比别人多；如果你是搞理论的，没有“写字”，你的理论就缺少价值，你就不能解决我的问题。笔者认为，这些看法比较狭隘。如果抱着这样一种心态，我们怎么能成为一个层次比较高的书法家呢？苏东坡曾说，“书必有神、气、骨、肉、血，五者阙一，不为成书也”(《苏东坡集》)。一幅好的书法作品，神、气、骨、肉、血俱全，“俨然一佳士”。这种观念，近于“格式塔”理论，用我们现在的说法，是一种“有意味的形式”，“格式塔”理论的移情作用认为客体的物理和主体的心理，在力学结构上面有某种同形同构。这就是说，我这个人在创作书法作品当中运用点、直、撇、捺等结体成字，通过主体的心理，在力学的结构上面，达到同构。正如写出来的字是对称的、运动的，是有力量的，有一个完整的生命，这在创作艺术作品当中体现出来，在一定的形式中体现一定的意味——生命。比如，写一张字，画一幅画，创作一个雕塑，设计一座建筑等，都是同理。这样一种理论，能否具体地解决书法当中的问题？显然它是一种启发，导引你创作出一幅好的作品，并能让你体会到如何欣赏一幅作品。然而了解了此理论，就能创作出一幅好作品吗？或者反过来说，难道因为你不理解这样的理论就没有价值吗？传为王羲之的《题卫夫人笔阵图后》，作一点，像高峰坠石；作一横画，像列阵排方；作一戈，像百钧怒发；作一转折，像曲折钢钩；作一牵引，像万岁枯藤；作一放纵，就像走路一样趋向前面。难道看了这篇文章就能写好字吗？难道这样的理论对我们没有启发作用吗？总之，我们接受一定的理论，要有实践作基础；而我们对待理论，不能简单地要求它立即解决创作当中的每一个具体问题，要深入体会列宁所说实践“不但有普遍性的品格，而且还有直接现实性的品格”。书法创作的问题，首先是实践。当然我们还是要学习理论，通过学习理论，丰富、提高我们的认识，因为只有真正理解的东西，我们才能更深刻地感觉它。有人喜欢提这样的问题，社会主义的书风是怎么样的？书法的本质是什么？当前书法发展规律又是怎样的？提这样一类问题的朋友，往往是从概念出发。如果不是辩证地谈问题，就可能走到一个狭窄的路上去。如书法的本质这类问题，讨论来讨论去，起码忽略了本质的本身它也是多方面、多角度、多层面的。诸如书法的线条、书法的结构是不是书法本质的一个方面？书法的意蕴同生活的对应关系，像刚才说的“书必有神、气、骨、肉、血，五者阙一，不为成书也”，也可以涉及书法本质的一个方面，但以上都不是书法本质的全部。所以，提书法的本质是什么，还不如提它的特点，本身的一些要素，并作切实的研究；而这些研究，也就涉及本质问题。有人总希望三言两句就能说出书法的本质是什么，一旦知道这个问题以后，马上就立竿见影，解决实践当中的问题。书法理论可以从多方面研究，比如说书法的形、线、韵律，同自然界的对应关系，同人本身的对应关系，书法与绘画、建筑、雕塑等的关系，书法同戏剧、文学、电影等的关系，书法同音乐、诗的关系，还有从社会学、哲学、宗教等方面来进行研究。如果是抽象地提我们时代书法应该是什么样的，好像也无可非议，我们生活在社会主义社会，而社会主义同封建社会不一样，同半殖民地半封建社会不一样；那么，书法应该跟过去不一样，书法应该是什么样的……我想，与其这样提问题，不如多从实际出发，多考虑一下我们书法本身有什么特点；当前的书法，在创作当中存在一些什么问题，我们怎么来解决它，怎样进一步提高？笼统地讲我们时代的书风问题，有时也包含这么一种意思，就是设想有一种书风统领书坛。事实上，我们时代的书法风格既有传统的，也有现代的因素，有多种书体，多种风格。比如有的强调直观，有的强调与诗词、文字内容相结合，另外，每一个书家又有他的个性。按照百花齐放的方针，我们的书法当然应该是多种多样的。如果认定一种风格或一两种风格，说这是我们时代的风格，这样恰恰是把问题变得狭窄了。正确的理论，不是束缚实践，亦不是把实践引到一个狭窄的路上去，而是开放的，为实践敞开大门。

我们现在看到的书法作品，从书的内容来说，最多的、最感兴趣的莫过于写诗。那么诗和书法的关系是怎么样的，为什么要写诗，为什么喜欢写诗？可以回答因为过去有许多诗人就是书法家，或者说有的书法家同时也是诗人；进一步说，有的文人也是书法家，有的书法家也是文人。为何更喜欢写诗？诗和书法有什么内在的联系呢？我们进一步发现，诗在表达文字的形、音、义三个方面，都能达到比较完美的结合。形，就是一个字的形体；音，每一个字的音韵，有平、上、去、入四声；义，就是它的含意。写诗比写散文更能发挥形、音、义三个方面的美感。依赖于字形的，这一点虽然写诗与写散文相同，但诗里的文字一般没有重复，书写时便容易增加美感。再是旧体诗里的用字一般也是美的，有些常用字如“春”“夏”“秋”“冬”“风”“花”“雪”“月”之类，经过书家无数次的创造，有多种写法，变换出许多美的形态，写起来饶有兴味。写诗同时也发挥字音的美。如五言绝句、七言绝句，有的平起、有的仄起，句末有韵，顺着读下去，音节的美也就出来了。再是诗的义美，也即充分发挥了汉字的义美而格外含蓄、凝练，字数少而容量很大，应该也是读者爱读、写者爱写的一个因素。另外，在阅读散文时，每句字数不等，有长有短。但写诗，倘第一句七个字，第二句还是七个字，读起来比较顺畅，这也是大家乐于接受的一个原因吧？诗和书法的关系从以上几方面说还不够，它们之间还有更深层的联系，即诗的内在意境的美，同书法的内在美感相通。例如绝句，平平仄仄仄平平，仄仄平平仄仄平，仄仄平平平仄仄，平平仄仄仄平平，有一种回环呼应，有节奏感、运动感；从它的内在的要素来说，跟书法也是一致的。书写者如果懂得格律，就会自然而然地兴起一种节律感、运动感，一种回环呼应，把它们带到书法当中，变换着字形的大小，提按的轻重，墨色的润枯，章法的虚实……需要说明，这种诗对书法的启示、渗透，是由于诗与书法的通感所产生。一个书法家，诗读多了，体会深了，又能较熟练地掌握书写技能，于是书中自然带有诗味。然而书法并非直接“译解”诗的节体感，运动感等，书法与诗歌之间亦并非直接的“转换”关系。

书法家写诗，不仅把诗当作一种素材，更要求书法表现一种诗的意境美。书法可以和应该有诗的意境，如苏东坡的《寒食帖》，书写时的心情与他当时的处境密切相关，并在写字的时候把这样一种情绪，运用到笔尖上；当他用到笔尖上的时候，遂产生不平凡的作品。苏东坡留下的作品很多，但《寒食帖》达到了他本人行草书的高峰，也是北宗书法的一个高峰。“自我来黄州，已过三寒食”，苏东坡在黄州流放期间，心潮不平，吃、住亦很艰难，写诗时有一股郁勃之气，自然形诸笔端。两首诗总共十七行，开头一行九字，以后字渐大，每行五六字，到“破灶烧湿苇”“但见乌衔纸”，两次出现“悬针”，情绪达到顶点，终于以“也拟哭涂穷，死灰吹不起”作结。《寒食帖》能达到高度成就，跟他的流放生活有关系，当时摆脱了官场羁绊，能够用较多时间从事绘画、书法，著名散文《前后赤壁赋》也是在这段时期完成的。功力、技巧与艺术修养、人生体验的综合，在特定条件下形成了杰作。因此，杰作的产生，是作者全部生活的积累在特定条件下的产物。如果换一个环境，苏东坡不一定能写出这样一幅好的作品，或者虽是好作品却不是“这一个”。同样的道理，王羲之的《兰亭序》，颜真卿的《祭侄稿》，如果换一个环境，重新再来写一次也写不出来。每一个杰作都有它不可替代的特殊性质，但这种偶然产生的效果，具有必然的性质。黄山谷对《寒食帖》十分倾倒，有一段著名的跋文："东坡此诗似李太白，犹恐太白有未到处。此书兼颜鲁公、杨少师、李西台笔意，试使东坡复为之，未必及此。它日东坡或见此书，应笑我于无佛处称尊也。"说明了苏东坡此作的不可重复性。古人慨叹《兰亭》难再（见唐代何延之《兰亭记》），也具有同样的意思。杰出作品的不可重复性，还表现在书作表达作品内容的特殊性。假如《寒食帖》用另外一种风格，如用欧阳询的楷书风格，就很难想象它的效果。就苏东坡来说，他写《寒食帖》也不会用《丰乐亭记》的风格来写，甚至不以《赤壁赋》的风格来写。王羲之的《兰亭序》用另外一种风格来写，如用王的《寒切帖》或《乐毅论》的风格，那就成为另一个样子了。孙过庭《书谱》说："写《乐毅》则情多怫郁，书《画赞》则意涉瑰奇，《黄庭经》则怡怿尘无，《太师箴》则纵横争折。暨乎兰亭兴集，思逸神超；私门诫誓，情拘志惨。所谓涉乐方笑，言哀已叹。"杰出书家的多种风貌的形成，有许多原因，比如有同时期的技法承传，社会生活，审美意识……以至书写时的特殊条件（所谓"五乖五合"）都影响到作品面貌。但其中还有一个因素，即书写的内容。不过这里需要做一点补充：作品书写的内容同书法的关系，不是简单的内容和形式的关系，这很重要。不能说写《兰亭序》，文章是内容，书法就是它的形式——书法的形式同《兰亭序》的内容相结合。这样机械地理解，不能揭示书法本质。书法本身是独立存在的，可以离开文字内容而单独欣赏。外国人不认识中国汉字，仍能感觉到我们的书法很美，即是因为书法可以独立存在，如果书法不能够作为独立的艺术存在，那么也就取消了这门艺术。

书法艺术本身可以独立存在，意味着它可以脱离书写内容单独欣赏；但是，书法艺术同书写内容结合起来欣赏，那就更丰富、更美，也即前面说到的"意美"与"音美"与"形美"的结合。《寒食帖》越写到后来，节奏越快，情绪表达更充分，但不能理解为书法艺术同诗的内容同步，而是一种相应的内在的微妙关系。书法表达一种情绪，这种情绪在书写过程中也在发展，而不是诗的内容跟书法简单地同步发展。书法本身有它的独立的创造规律，有它独立自在的价值。工艺品上的图案，虽然依附于工艺品，却也有独立性，而书法的独立性与工艺品上的图案还有不同，书法的独立性根源于它本身的内在意蕴而不仅仅是装饰性的形式美。中国文字的形、音、义三美在对联这一特殊形式中得到充分发挥。在中国的旧式住宅，对联可以贴在排门上，可以挂在房间正中的方案两旁，有一种合乎民族欣赏习惯的对称的美。汉字本身即讲究内在的对称。对联，又有上下联相对称，可以说发挥了汉字内在的对称美并加以扩充。举例说，杜甫的两句诗"两个黄鹂鸣翠柳，一行白鹭上青天"，"两"对"一"，"个"对"行"，"翠柳"对"青天"，对仗很工稳，写成对联形成对称的美，上联与下联互相独立，又互相呼应，却不互相乖离。正因为对联的存在与汉字内在的美密切相关，所以尽管今天陈设条件已有变化，人们还是乐于书写和欣赏。

传为欧阳询的"三十六法"，主要讲字的结体怎样才美，上下、左右、内外等关系之间怎样才能求得对立统一的美。扩大来说，这个道理也可以应用于整篇章法。仍以"两个黄鹂鸣翠柳，一行白鹭上青天”为例，这一联中的“两”和“一”比较难写，这两个笔画简单的字相对应，难以变化，因此书写时要想些办法。还有“鹂”与“鸣”的两个“鸟”也要有点变化，怎样去变化才美，可以使两个“鸟”的写法不一样，或有的长一点、有的短一点，或者在粗细方面，或者在干湿浓淡方面，根据各人习惯、爱好来写。总之，要将对联从上到下作一个通盘的考虑，把上下联当成一个整体。一个字有多种写法，在脑子里储存得越多越好，根据整体的要求来随机选用。《兰亭序》共有324个字，其中“之”有20个，每个“之”都有变化，但都在特定的情况下变化，这一点我觉得很重要，好的作品看上去没有一笔一个字是孤立的存在，很难说它绝对的好，或绝对的坏，美在于整体和谐。我记得沈尹默说过，他小时候写“句”字，一个“句”字的“口”在外头，一个“句”字的“口”在里头，这两个字哪一个好看？实践的结果都是好看的，都有它的美；只要是匀称的，与整体相吻合的，它就是美的，所以，我们不能局限于“句”字的“口”在外头或在里头，简单地断定哪一个美，哪一个不美。外国美学家曾经说“美在关系”，即从整体上看，从整体关系上把握对象。在书法创作当中，我自己体会，怎样能做到多样统一是很重要的。一幅作品既要求是一个统一的整体，又要求多样，诸如“虚实”“浓淡”“干枯”“疏密”“轻重”“大小”、线条的变化，以及长画、短画、中锋、侧锋等每一个笔道的变化，都要在变化中求统一。如果某一个地方出现不和谐的因素，那就会破坏整幅作品。为什么古人忌“圭角”“孤露”，就是你那一笔同整体不和谐，正如一个有经验的指挥家，某个乐器出现噪音或不合节拍，他马上能听出来，停下重新练习，所以，一幅作品写完以后，要反复地看，反复地琢磨。另外，也要看古人的好作品，反复地研究把玩。我认为，古人好的作品里不存在破坏和谐的噪音，否则就不是一个杰作。但是反过来说，没有破坏和谐的噪音，是否一定是好作品？也不一定。正如小提琴、洋号等乐器，即使没有噪音，也很和谐，也不一定保证演奏的成功。一首诗，平仄音韵都合辙，不见得便是好诗。一幅画，透视、解剖都准确，不见得便是好画。成功的书法作品重要的在于内在的意蕴，即情绪的表露，以及对传统和当代审美观念深刻的理解等。乾隆皇帝写的字也很和谐，没有噪音，看上去是完整的，但他的作品不能说是上品。写对联当然要求对称，但不是简单的一比一。简单的一比一至少不能成为美的高级形式，高级的审美形式要求在统一中求变化，在变化中求统一。“状如算子”之所以不美，就因为只有统一而无变化。“一波”而要“三折”，就因为统一中有了变化才美，或者说变化中的统一才是美的。

书法和绘画的关系，也是书法创作中的一个重要问题。我们同样不能简单认为书法可以题画，便算是书画的结合。一幅绘画作品，加上题字，印上签章，是一件完整的艺术作品，其灵魂深处，要有诗的意境、诗的内在的情愫。书法和绘画之间有更深刻的内在联系。林语堂的《中国人》中讲到，书法代表韵律和构造的最为抽象的原则。书法同绘画的关系，他认为好比纯数学与工程学或天文学的关系，纯数学的“1、2、3、4”，不表示任何一个具体的特定的概念，只有与客观对象相联系，才具有特定的概念，如“一本书、一顶帽子”。由于书法代表韵律和构造最为抽象的原则，书法与绘画的关系，也就恰如纯数学、工程学、天文学的关系了，若把书法的原则运用到客观对象的描写上面，遂转化为绘画。

公元5世纪时期谢赫所创立的六法学说，既是创作的原则，也是批评的原则。拿这六条原则衡量，书法和绘画有五条是共同的，即“气韵生动”、“骨法用笔”、“经营位置”（“置阵布势”）、“传移模写”、“应物象形”。书法没有直接描写客观对象的形，但书法也可以让你想到一种形，如大篆中的“唯”很像一只鸟，有的字像一个人、一朵花等，这也是一种与客观对象相对应的感觉，但是书法不是直接表现客观对象的形；“随类赋彩”，在绘画当中才有，书法的墨可以“分五色”，有变化，但是一般来讲，书法不用颜色，不用藤黄、青绿，却要求有浓淡、干枯，在这个里面也给你一种颜色的感觉。正如黑白照片、黑白电影，它本身没有色彩，但能表现一种调，这种调让你联想到某种色彩的感觉。它没有直接表现客观物象的形。如刚才说的，一点如高山坠石，一横如千里阵云，“石”“云”不也是客观物象吗？一个转折像万岁枯藤，这不也是使人自然联想到客观对象吗？但这样一种联想，是曲折的，它不是直接依靠描写客观对象达到的，这也是书法的长处。如说笔法的丰富，在笔法中让你感觉到万岁枯藤，感觉到高山坠石，感觉到千里阵云，而不是把某一个字画成石、云、枯藤。若如此那还不如画画，这反倒把书法引向一个狭小境地。同样，当我们说，把书法的韵律和构造的原则用于客观物象便成为画，也不意味着书法可以替代绘画，如果用书法替代绘画而从根本上取消对于客观物象的描绘，那么绘画与书法的界限被消灭了，绘画的功能被推动了。各种艺术的长处，在于对它的特殊性的充分发挥。

我觉得若有志于书法，想在书法上真正有所创造，必须在书法传统基础上下苦功夫。当然艺术的探索可以是多向的，不能要求每种探索保证成功。有的探索虽然失败，也可能带来某种启发。但还要指出，书法创作最根本的一条是不能脱离汉字，如果离开最基本的字形，离开传统的笔法和结体谈创造，往往是不成功的。比如说，笔法的内涵丰富，是没有止境的。为什么林散之老先生的书法那么耐看，就是一个笔法，一个结体，特别是笔法、线条的变化，转折、浓淡、干枯，整个布局看起来非常的舒畅，随心所欲而不逾矩。如果不是几十年的积累，是达不到的；有些人总觉得传统的路太狭窄，总想离开传统另辟新路，那是因为对传统缺乏理解。在传统基础上创造书法的路子是很宽的，老祖宗留下来的汉字，留下来的遗产，可以供我们继承、发挥、创造的余地很大，很大。清末提倡碑学，历史功绩不可泯灭。为什么会提倡，是因为帖学走到不太好的路子上面去了，刻帖过滥是一个原因。碑学的兴起，回到古人的源头中去，这当然有历史的原因。但我不太同意那样一种说法，认为帖学的路子走完了，因此才走碑的路子。反过来讲，现在碑学路子是不是又要走完了呢？它并没有走完，问题在于我们能否去吸收、提取新的信息。刚才说到的一些杰作《兰亭序》《寒食帖》《祭侄稿》，像这样杰出作品，可以从不同的角度吸收它，或汲取它的力度，或汲取它的韵味，或汲取它的节奏，或汲取它的结体方法、用笔方法，或者结体、用笔的某一特点，各人汲取的侧重点不一样，所以，创作是没有止境的。不要认为一提创作，就以为传统阻碍我的创作，甚至汉字阻碍我的创造，这样认识问题是肤浅的。传统艺术是无限大的宝库，它的密码客观存在着，你没有认识，是因为功底不够到家，你还体会不够。我认为，尊重传统不但是不排斥艺术创造的广阔道路，而恰恰说明书法可以向广阔的方向去发展。书法发展的道路很宽广，多种书体还存在，真草隶篆，中间还有魏碑，草书还有章草、行草等。我们现代人写的隶书，与汉代人的隶书已经不一样了，中间经历了两千年，书体的变化，审美观念的演进，形成了深厚的积淀；同样的道理，现代人写金文，也不会等同于钟鼎上的铭文。碑派和帖派还是并存，但对碑派与帖派的观念也不与过去等同。书法家有的在笔法上下功夫，有的在结体上下功夫，有的强调结体的端正，有的相反喜爱夸张，凡此不必拘于一家之见。但是倘若连汉字都不要了，那不叫书法，而应叫别的什么。还有两种路子，一种强调汉字的直观性。如有人写“一、二、三、四、五、六、七”，文字本身没有什么意义，借疏密聚散、浓淡干枯的变化，形成直观的美，有点像绘画中的“构成派”。另一种重视文辞内容的丰富、典雅、意蕴，文辞与书法综合欣赏。像这样两种路子当然也是可以并存的。正如我一开始说的，理论应当为实践敞开广阔的门路。但是有一条，再好的理论，门路再宽，也不能归结到最后连汉字都不要了，或者说作品里面的字已经淡化到不能认识了，那恐怕就值得怀疑了。另外，古人诗里面的字形很美，有些现代语言文字的字形不如古代的富于美感。但不等于说，我们只能写古人的诗，就不去碰书写现代人的作品这个难题。“春夏秋冬”“风花雪月”这些字，也是经过长期实践形成美感。为什么不能把现代的诗词，甚至白话文里面的一些字写得美一些呢？我以为白话文里面最难写的莫过于“的”“了”两个字，用得最多，很难有变化，但王羲之在《兰亭序》中把二十个“之”写得有声有色，难道我们不可以将“的”“了”的书写也来一番变化吗？若王羲之时代的文章常用“的”“了”，他也一定会创造出富有美感的写法。如果我们以创造性的态度对待书法，切实研究汉字结构中的美感因素，形成独到的风格，比空泛地、抽象地提出什么是应有的风格或我们应有的书风是什么样等，会更有意义。

本文载于《美术研究》1991年第4期

沈鹏，1931年生，江苏江阴人。曾任人民美术出版社副总编辑，中国书法家协会主席，中国文联副主席。

原始艺术中的象征

牛克诚

在原始艺术中，一个图像一经完成，就立即发生了朝着两个方向的“意义潜移”：一个是向着这个图像内部的抽取、离析，另一个是向着这个图像外部的附着、溢出。前者是“抽象”[1]，后者是“象征”。真正赋予原始艺术的形式以“意味”的，正是这两种潜移。或者说原始艺术品如果失去抽象与象征，就和一张植物或动物的教学挂图没有区别。

象征：意义对物象的依凭与超越

“当一个词、一个意象蕴含着某种比其明晰、直接的意义更多的意蕴时，那么，它就是象征性的词、意象。”（荣格《探索无意识》）一个图像，不论它呈示的是一个动物、植物，还是一个器具、人物，当它传递的信息超过了这些物象的本身，当它“寓意着某种特殊意义”[2]时，它就是象征的。在今天，我们一般把象征作为一种艺术家主动的创作手法。而在原始人的思维中，由于具体事物与普遍的概念还交织在一起，他们要表述一个具有普遍意义的观念时，还无法脱离开一些具体的物象，因此，象征在他们那里就完全是自然生成的。反过来说，原始思维中的一些具体物象某种普遍的观念，就好像“火”是“热”的指代一样。作为这种思维外化的造型物，也同样在它的每一个具体物象之外，存在着一个超越它自身的普遍意义的实体。这就使原始艺术中的象征表现为一种原生自然性，也就是说，原始艺术家在绘、刻图像时，并没有“诸位，请让我用象征的手法来给你们画一个东西”的意识。他们的思维决定了他们的绘、刻必定从具体物象出发。

但是，象征又是一种超越，它抛开了它所由以起步的具体物象的自然性状，而暗潜着这个物象所无法包容的更为广博的意义。也就是说，一个象征图像是不能用这个图像中的物象本身所能说明的。因此，象征图像虽然在形式上仍保持着具体物象的形象，而与此同时，却又有一种相对独立的意义从这个图像中溢出；原始艺术中的每一个图像不仅是我们能够看到、把握到的自然对象，而且还是我们不能直接从图像看到、把握到的观念实体。法国西南部蒙特加特出土的骨制“指挥棒”，其上雕刻有两只海豹、两条蛇及一条鲑鱼等，美国著名人类学家亚历山大·马萨克通过显微镜的观察，发现鲑鱼的口部呈钩状，这是鲑鱼每年春季产卵时的洄游特征，而海豹正是在春季追逐鲑鱼；同时，蛇的生殖器官被强调，这也是蛇在春天交配季节才有的现象。因此，这个指挥棒上的图像并不只是对鲑鱼、海豹、蛇本身的刻画，它实际上是“春季”的象征。在我国北系岩画中，动物是基本的图像母题，它也不只是为着简单地刻画作为狩猎对象的山羊、绵羊等，这些图像中的动物具有性的特征，它们象征着牡性（进而发展为阳性）和牝性（进而发展为阴性）生殖力。[3]一个更明显的例子是，有许多原始民族往往用石头来象征祖先、神。显然，在阐释祖先、神的意义时，是不能把石头的肌理、质地、硬度等加进去的。象征是意义向着图像外部的潜移、溢出，这提示我们，对原始艺术品的研究要“向外看”，而不要把这些图像当作一种看图识物。

象征图像既不能不依凭具体物象，又不能不超越这一物象。如果说这是一个矛盾，那么，这个矛盾本身恰恰成就了象征图像：象征图像的意义与物象既未完全分裂又未完全合一，它们始终统一在挣脱与收归的“开合”之中。意义与物象的未完全分裂是表明那个普遍观念与物象之间终归需要一种内在关联；而未完全合一则是指意义与形象之间只是在某一方面、某一部分、某一特征上达成了一致。而在此方面、部分、特征之外，无论是意义还是形象，都暂时舍却了各自许多与这个一致点无关的其他性质。而究竟何者会成为媾和意义与形象的关联特征，则是由每个文化群体所特有的观念体系决定的。如同是雨的象征，在我国新石器彩陶中使用蛙的形象，而在中美洲奥尔梅克文化中则使用猫科动物形象。

总之，象征图像可以区别成意义与物象这样两个层面，它们的依凭与超越形成了这种图像的内在运动，而运动的结果则是意义从物象中溢出。而我们进一步关心的则是，在某一个特定的图像中，意义与物象是怎样契合的，意义是怎样溢出物象的。或者简明地说，象征图像的类型及产生途径是怎样的。

巫术与宗教：象征形象化的契机

巫术是原始人类的一种认知、行为体系，它依靠施法者的模拟性动作而使令、操纵自然秩序。舞蹈、音乐、绘画、雕刻等都是巫术的一种工具。使用在巫术中的绘画、雕刻，其形象不仅是对自然物的模仿，它们还要担当起在巫术仪式中的某种角色；巫术仪式通过绘画（当然还包括舞蹈等）把一切自然物转化成了文化物。无论是蛙与雨，还是猫科动物与雨的形象与意义的媾和，都是在巫术仪式中被强化了关联特征，并由绘画等造型手段来实现、肯定的。如此而形成的原始象征便具有明显的“文化功用性”。如果说在一个个原始艺术的图像之外还有更为广泛的意义的溢出的话，那么，巫术中的绘画从画第一笔起也就开始了这个意义的附加过程，直到它作为一个道具使用在仪式中，它都在实现着这个意义。同样，宗教仪式的过程也是神的超自然性被认同，神像的超体验的神力变得实在化的过程。这也就是本文所要提出的一种观点：原始艺术中的象征产生于巫术与宗教。

（一）巫术与象征

我们依图像中构成事件的必要因素的自足与否，将图像区分为“自足型图像”与“非自足型图像”。[4]“事件”为原始人意志和欲望的投射，如对狩猎民族来说，“猎获动物”即构成他们巫术中的设想“事件”。作为这一事件的构成要素，则至少要有一个动物，至少要有一个狩猎者。因此，我们可以把原始艺术中单独的动物图像或单独的人的图像，称为相对于“猎获动物”事件的非自足型图像，而将至少包括一个狩猎者和动物的图像称为自足型图像。按照这样的原则，我们可以把原始艺术的图像都分别归入这两种类型。而这两种图像不但与两种不同的巫术施法动作相联系，而且，它们还标志着用于巫术的原始图像的两种象征。

A. 物型象征：非自足型图像的意义

图像刻画的是自然中某一“物”的形象，而在绘制、施法的过程中，人们所外化的则是外在于这个物的意象、观念，即“物型象征”。这个物在语言中（如上古神话、诗）以名词形态出现。如澳大利亚金伯利地区北部恩格灵因那部落的岩画中，巨蛇、袋鼠的形象代表着虹霓；南非崖画中的象代表云、发育不全的羚羊代表不圆之月；欧洲伊比利亚半岛佩尼亚、伊索等地岩画中车的形象是太阳的象征，欧洲拉斯柯洞穴壁画中的一只雄鹿的形象则象征着秋天；我国彩陶纹样中的蛙纹、鸟纹分别象征雨和太阳，广西左江崖画中鼓的形象代表着雷……

在这一类象征图像中，形象与意义分别是人类在两种不同程度上把握的对象，其中形象层面所呈示的是可以看得见并可以直接把握的自然物体，即这些物体是一个个在空间上四界有限，而且能够被人们切实、直接触摸到的，如车、蛙、鸟、蜥蜴、巨蛇等；而被象征为意义的东西，则都是可视、可听但却不可触知的，即它们不是人们所能够直接把握的，如太阳、雨、虹、雷等。这种区别十分重要，因为它不仅使我们看到原始人通过身边有限的物象而对整个自然界（包括不在身边，不可触知的）的一种独特分类方式。而且，它还使人们看到造型物与原始巫术的一种内在联系：以有限控制无限。

原始巫术体现了人的一种自信，在这种观念体系中，一切自然外物都是可以在人的施法中发生、变化的。人的巫术操作体系在控制着自然的运行程序。对人们不能直接把握的物体的控制，尽管不会成为在巫术心理、巫术仪式中的难题，但它毕竟和控制一个可触知的物体不同。在巫术的施法中，不可触知的对象要通过图像转化为某种替代物象。因此，在巫术中，太阳、雨、雷等都成为可被控制的对象，但它们不是以其自身，而是以鸟、蛙、鼓等形象出现的。

像这样的形象与其意义之间的关系并不是随意编排在一起的。它们之间的媾和与连接根源于原始人对自然界现象之间的关系联想。而原始巫术中的“顺势巫术”[5]也便以这种联想为前提。原始思维在对自然现象的解释时，是全然漠视今天被科学证明了的因果关系的，在大多数情况下，它正是把原因与结果倒置的，即此后，亦即此（post hoc，ergo propter hoc）。[6]因此，“对土人来说，没有任何偶然的事情。那些在时间上接近的事件，即使是在彼此很远的地点发生，也很容易被他们认为是由因果连接起来的”[7]。大雨倾注与青蛙鼓噪，太阳东升与鸟儿出巢，春天到来与百草复苏……这每一组现象之间，因为具有时间的同一性，也就构成了在原始人心目中的一种必然联系，而因果倒置又使他们较便利地把身边所能直接接触到的物体看作每组现象中的原因，如此而由近及远、由直接到间接，原始人就把一切自然现象都纳入了自己的解释体系、操作体系之中。“根据‘相似的东西产生相似的东西’的原则，他们要做出许多事情来精细地模拟他们所要寻求的结果。”[8]图像中的青蛙等是他们思维中的“因”，雨等是他们所要寻找的“果”，在巫术仪式中，他们又是在把“因”替代”果”来使用的，即在巫术的逻辑中，“蛙＝雨”。因此，奥里诺科印第安人把蟾蜍奉为水之神或水之主人，当旱灾来临时他们把一些青蛙放在一口锅下面，还要鞭打它们；艾马拉印第安人常制作青蛙的小塑像，并把它们放在山顶上作为一种求雨的法术；我国壮族的“蚂拐节”也是这种求雨巫术的仪式化残留。

在雨与青蛙这对象征因素中，青蛙因为在巫术仪式中充当了雨的使者，因此，雨的意义也便附着在青蛙的图像上。这个图像就不仅是对作为客体的青蛙的超越，而且是一个文化物对自然物的超越。

物型象征图像因为没有满足构成事件所需的必要因素，因此，它属丁非自足型图像。而非自足型图像在巫术中的使用方式是“施法对象”，即在图像制成之后，人们在其上施以各种巫术动作。那么，物型象征图像所象征的意义就主要是通过人们对图像所做的各种模拟性动作（类似于“鞭打”“投击”“抚摸”等）而实现的。这种模拟性动作其实也是象征，只是它以人为载体。在巫术仪式中，一个非自足型图像与某种具有象征性的施法动作结合起来，这个图像中的形象最终就从完全的意义上脱离开了它原来的自然规定。

物型象征进一步发展为“图腾象征”。这牵涉到图腾起源、图腾与巫术宗教的关系、图腾崇拜心理等问题，我们将另做专文讨论。

B. 事型象征：自足型图像的意义

同样，在原始艺术中，呈示了一个“事件”形象的图像（在这个图像中潜藏着一个动词），它的意义也往往要超越于这个事件场面本身。

根据事件场面的不同，这类图像又可分为两种：一是以动物为动作主体的图像，二是以人为动作主体的图像。

“由于对事物的真正起因没有认识，原始人以为要造出他们生命依存的伟大自然现象，只有仿造这些现象。”[9]以动物为主体的图像也是在原始人的相似联想和因果观念导引下，通过对某种自然现象的巫术性模拟而控制自然的一种手段。它与物型象征图像的区别是由于构成原始人观念中的原因的是单体的物，还是由两个以上的物所生发的事。可以说，以动物为动作主体的事型象征在思维心理、巫术功能上与物型象征没有本质的区别。如果原始人观念中所要期待的结果是由某种事件引发的，那么，他在把它转化为巫术中的图像时就产生事型象征。

以人为动作主体的事型图像，通常被我们解释为狩猎、骑射、械斗等。毋宁说这只是用我们今天的观察而权且给这些画面的一些称谓，这种称谓及与之相联系的研究，正日益把原始艺术品所蕴藏的丰富的文化内涵推到不被光扬的角落。我们要越过这些事件场面而去洞察它背后所隐藏的意义，因为在当时的文化情境中，这些事型图像本身就是象征着另一种观念实体的。

在我国北系岩画中，射箭的图像是一种事型象征图像。在图像中，弓箭是人与动物联系的中介，它或者象征着生殖力的传递，或者象征着异性的交合。[10]图像中的箭大多指向动物的阴部（如《阴山岩画》图1164、图414、图113、图110、图143、图375、图1145等），这就暗示了它与阴部有关的生殖意义。据《清稗类钞·满洲婚嫁》载："……新娘既至，新婿以弓矢对舆射之，新妇怀抱宝瓶入座，向吉方……"新婿射向新娘的箭肯定已经脱离了原来的射杀的意义。非洲的原始狩猎民族俾格米人的结婚礼品中，有男子向女方交上的新弓和二百支箭。《礼记·月令·仲春之月》中亦记载："……乃礼天子所御，带以弓韣，授以弓矢于高禖之前。"弓箭在象征男女结合的婚礼上使用，在"求子""合男女"的高禖仪式上使用，它的意义便与异性交合相关。我们可以把这些仪式中所使用的弓箭看作原始先民生殖巫术的残留形态，通过民族学的资料，还可探得这种仪式化弓箭在远古巫术中的一些消息：苗族的生育巫术"追女"即由一个人背女偶像在前，另一个人抱男偶像在后，当前者出门时，后者持弓箭佯追，并不断向女偶像射箭，边射边喊"夺张"（交配之意）。背女偶像的人则答曰"沙降"（繁荣之意）。因此，巫术中的射箭动作表示着异性两种势力的相交。

射箭在原始先民生产中第一次将工具发展到脱离开手的直接接触的有距离领域。它在一个长距离空间里延长了人的手臂，同时，也把对象物由原来手的直接把握变成了间接控制。但是，原始巫术的目的是要使间接控制的东西变成可以直接控制的，因此，将手与对象物之间的距离"实体化"就成了这种向直接控制转换的一条途径。巫术中对射箭图像的绘制，实际上是在通过对不可见物的"视觉化"而实现着这种实体化。

射箭的图像当然不能代替原始艺术中所有事型图像，但这并不会构成我们否认事型图像的象征性的理由；与其说事型图像是非象征性的，莫如说我们目前对这类图像尚缺乏深入的、由表及里的研究。

以人为动作主体的事型象征实际上最直接地实现了人的巫术意志。因为巫术信仰和仪式，都特别强调在整个自然秩序中人的施法动作的重要性，以人为主体的图像正是对这种巫术施法的直接表述。在这种图像中，意义对形象的超越，是由于图像中人的动作的适应范围被夸大了，即"动作的泛化"。它根源于原始人对因果关系的另一种认识。他们不但从事物的表面相似关联中错置了因果位置，而且又常在自然原因之外凭加了另一个最终原因——人的行为动作。如果说青蛙构成了青蛙与雨中的原因，那么，最终操纵控制青蛙的，还是人的施法动作。而某一动作的成功又会使这个动作成为具有普遍适用性的万能动作。这有如儿童在获得了"拉"床头的绳子而使与绳子连接的铃子响动的成功之后，就会把"开门""移动椅子"等都归结到这个"拉"的动作一样。弓箭最初只使用在人与被射猎物之间，弓箭实现了人的捕杀意志。但是，在巫术中，弓箭被泛化为人与对象物之间的一切关系。人与动物的交合也就如同人用箭把生殖力射给动物一样。或者说从生殖意义上讲，箭是延长了人的生殖器，这相当于在捕获意义上讲，箭是延长了的人的手臂。在射箭图像由“射猎”向“交合”的转换中，“射”的动作意义的扩大化无疑扮演了重要角色。因此，事型象征就不仅是物象的意义转换，更是构成事件运作要素的动作实现了对自身的超越。这一切同样是在巫术仪式中完成的。

事型象征图像是自足型图像，因为它满足了构成事件的基本要素。它往往不需要类似于非自足型图像的图像完成后的施法动作，就能自行发生巫术的效应。同样，这类象征的意义则更多的是在绘制图像的过程本身（我们称之为“巫绘合一”，以与“施法对象”相区别[11]）获得的。刻一个牝性的羊，再刻一个牡性的羊，这个刻的过程实际上就象征着（或者说实现着）异性的交合。这就有如澳大利亚阿兰达人“因蒂丘马”仪式中，在石头上交替地画上红色和白色的竖线条即象征着他们的图腾袋鼠出现一样。

在事型象征长期的使用中，或者说在以这种象征为手段的巫术的长期使用中，作为动作所依凭的媒介物会日益变得重要并独立起来，最后，这一媒介物成了那一事件的替代。如在射箭的象征图像中独立出“箭”的图像，它自己就具有了原来射箭图像所象征的意义。

事型象征图像的意义所涉及的对象与物型象征图像的不同。如果说物型象征的意义层面是集中在可视而不可触知的对象上，而这个对象又是自然界中所确实存在的客体的话，那么，事型象征（主要是以人为动作主体者）的意义层面就既不是可触知的，也不是可视的，它们是当时人们的某种观念实体。这种观念集中体现在万物之“灵”的意识上。

（二）宗教与象征

巫术与宗教的一个本质区别在于巫术是通过人的模拟性操作而控制自然，而宗教则是对神的祭拜与祈求。巫术体现了人类的自信，在巫术中所运用的一切象征都是为了给人的施法提供一个意义的对象。而宗教则以人的自卑心理为前提，人类的能力让位给“神”的威力。这种“神”的观念本身的超验性、超自然性决定了它的形象必然是象征的。这个象征的形象与巫术中的物型象征、事型象征很不相同。如果说物型象征的形象与意义都是自然存在的客体，而事型象征已在意义层面表现了在自然中找不到蓝本的观念实体，那么，宗教象征图像则即使在形象层面也是观念中的东西。我们称之为“组合型象征”。

组合型象征：神像的意义

这种象征图像中的形象，或是人与动物的组合，或是动物与动物的组合，它一般被我们称作“人面像”“人面兽身”“兽面人身”或“半人半兽”等，而它的意义却超越于这种人与动物形象的机械相加的总和。

我们以我国北系岩画中的“人面像”为例来对它进行考察。

同样，“人面像”也是我们对这类图像的一种权且称谓。其实，它们是人的简化图形、人的生殖器的简化图形与动物的简化图形所构成的组合型图像。[12]

这类图像与事型象征图像、物型象征图像的分布不同（指在北系岩画范围内）：后者多分布于山巅，前者多分布于立崖上。这是由与它们相关的两种不同的使用方式决定的。后者用于巫术，山巅上提供了人与图像直接接触的可能；而前者则把人排挤到图像之外，人们只能处于面对图像而立的远处而施行祭拜的形式。而且，在人面像图像面前，往往是地势开阔，溪水流畅，景色佳丽，环境幽美之地（盖山林《阴山岩画》）。这是为人们提供了向人面像“祈祷”“献牲”“祭祀”等场所。这些是伴随着对神的崇拜所施行的宗教仪式。我们根据民歌、古籍及语音学的资料考定，这类人面像即是北方草原民族所崇拜的天神“腾格里”像。[13]“鞑靼民族之信仰与迷信……皆承认有一主宰，与天合称之曰腾格里”（《多桑蒙古史》）。作为主宰的腾格里神代替了以往人们在巫术仪式中的一切能力，成为万能的、至高无上的统治力量。人们“相信它是一切可见和不可见事物的创造者，它是世界上所有美好事物，也是种种艰难困苦的赐予者”（道森编《出使蒙古记》）。

诚然，人面像从图像构成上是人与动物的简化图形的组合，这个图像的组合要素人与动物是来源于自然现实中的，人与动物组合而成的新的形象整体却又是外在于客观自然的，由此或可以说这个形象是对自然的一种超越。但是，组合型图像的象征性却不只是由于这种超越。如果组合型图像的意义没有超出它的构成要素——人与动物所固有的意义，这个图像也不会成为象征性的。事实上，人面像所具有的“神”性是人与动物能量的机械相加所无法比拟的。人与动物的结合构成了一种新的、完整的意义，它或许集合了某种自然物的某种意义，但作为一个整体，它就和神的威力一样是君临万物的。因此，在宗教崇拜仪式中，神像就不仅是人们能看到、触及的东西，而且还是人们不能看到、触及的东西，它把人们的神思引到了现实、自然之外的辽远的圣地。

但是，在把神作为崇拜对象而使用在仪式中时，它却又必须以可视的形象出现，以实实在在地接收人们的膜拜、祈祷等。在神的形象的创作上，原始人渗透了强烈的宗教意识、宗教情感的思维表象中，自然地发出在我们看来是怪诞的形象——组合型图像。

我们知道，表象是客观事物的形象反映于人的大脑，而由记忆所保持的印象。它与感觉、知觉的一个最大不同是具有可变性、可塑性，这就是一般所谓的“表象改造”。而“黏合”是表象改造的一种主要形式，即它把日常生活、生产中的表象分解开，然后以异于自然形态的形式再度结合在一起。在原始思维中，这种黏合实现时，“情感和激情的因素简直不让真正的思维获得任何优势”[14]。宗教是随着对人的自信的丧失和对神的崇拜而树立起来的新的信仰，在人类把自己贬低到俯首乞求的地位时，神的位置就变得无上的威严与崇高，神的形象也就集合了自然中一切最有威力的东西，如鸟的翅膀、鹰的尖爪、兽的利齿等。因此，原始人表象中对神的形象的黏合，“是在与现实空间不同的抽象空间范围里，汇集现实的印象加以变形之后创造出新形象的”[15]。他们的表象在宗教情感的驱动下，发生了位移、变形与接合，现实物体的形象或被删减，或被夸张，并以令我们不可思议的形式整合在一起。在这个过程中，曾经投射了他们的希望、恐惧、依赖等心理的物象最后被选择、强化，成为一种神力的集合。如印度神话中巨兽马卡拉由鳄鱼、象、鱼等动物及藕类植物等形象组合而成；我国神话传说中的伏羲、女娲是人首蛇身；北美印第安人的图腾柱往往结合熊、狼、鹰、海獭、鲸鱼等的形象特征；中美洲奥尔梅克文化中的雨神是美洲豹与人的形象的结合等。

组合型图像的象征意义的实现，一方面是它在制作时外化了人们的表象中的神的形象，另一方面它则通过图像制成后的供放及人们在图像面前的崇拜、献牲、舞蹈等仪式行为而确定的。

象征图像：一个完整的世界体系

像我们上面所考察的那样，原始艺术中的象征图像实际上包括了原始人生存中所面临、感受、思考的一切内容。象征图像体系是一个自足的体系，它把一个原始人的世界全方位地“搬”到了图像上。

原始人的世界可以区别为三个领域。一是可触知的世界，这个世界是原始人日常生活、生产所直接依凭的空间、物体，一块石头、一根木棒、一只动物、一片叶子、一把石斧、一架车辆等都是这个可触知世界的一个部分。事型图像和物型图像的形象层面已经把这个世界全部纳入造型体系中。二是可视而不可触知的世界，这个世界相对于第一个世界而言，因失去人的直接控制而显得变化无常、不可捉摸。原始人的“无限感”也首先即是在这个世界中诱发产生的。天空、星辰、闪电、雨、雷等是这个世界中的成员。物型象征图像的意义层面通过可触知的形象而把这个不可触知的世界转换到图像中。三是世界是超自然的世界，这是一个既不可见又不可触知的世界，它只存在于人们的观念之中。这个世界中的成员被冠以各种“神”与“灵”的名称，成为人类及自然的统治及保护者。组合型图像物化了人兽合一等各种表象，而把这种神、灵等变作可视对象。如果说事型图像、物型图像是通过可触知的有限而象征了不可触知的无限，而这个无限还是自然界本身的东西的话，那么，组合型图像则用表象中的形象来象征神、灵等无限，这个无限就是自然之外的东西了。但是，不管怎么样，在每一类型的象征中，无限的东西都以有限的形象而出现，而有限实际上是无法完全体现无限的意义的，当无限的观念从有限的形象中溢出，这些图像便也就负载上了文化的含义。于是，这些图像最终就要因为“形象”的力不从心和“意义”的肆意扩张而成为象征。

总之，原始艺术中的象征实际是原始人对世界的一种分类方法，这种象征的图像可以和自然与超自然的、物质与非物质的等一切与原始人生存有关的东西一一对应；并且，自然物质与观念实体等都成为图像中的角色，这个图像造型体系就是一个完整的世界体系。在这个体系中，鱼、羊、草、木、雷、雨、鬼、神等都获得了自己的相应位置，而成为人的支配对象（巫术）与祈愿对象（宗教）。从而，人在这个完整的图像象征系统中实现了与自然人完全不同的全新的价值——它是屹立在图像之上的一种生命存在！

注释

[1]拙文《从写实到抽象——艺术发生期风格演进的一个基本走向》，《美术史论》1992年第1、2期。

[2]《中国大百科全书》总编委会编:《中国大百科全书·美术卷》,第924页("象征")。
[3][10][12][13]拙文《生殖巫术与生殖崇拜——阴山岩画解读》,《文艺研究》1991年第3期。
[4][11]拙文《原始艺术品在巫术中的使用与操作》,《美术史论》1991年第1、2期。
[5][8][9][英]詹·乔·弗雷泽:《金枝》,徐育新、汪培基、张泽石译,中国民间文艺出版社1987年版,第28、21—57、467页。
[6][7][14][法]列维-布留尔:《原始思维》,丁由译,商务印书馆1986年版,第66、102页。
[15][日]木村重信:《从"物体"到象征的过渡——从岩画看原始美术的演进》,《美术史论》1992年第2期。

本文载于《美术研究》1992年第3期

牛克诚,1961年生,辽宁抚顺人,1983年毕业于北京大学历史系,1987年毕业于中国社会科学院研究生院历史系。中国艺术研究院美术研究所所长、研究员、博士生导师。

- 值此中央美术学院百年华诞，学报《美术研究》亦走过了一个甲子。故此，我们从一九五七年创刊以来发表的文章中，选录二百余位美术家和美术史论学者的研究成果，荟萃成册，定名《高山流水》，以为纪念。

- 二十世纪的中国美术发展成果丰硕。与此同时，伴随时代的变革，美术研究工作也取得了蓬勃发展。故此，《高山流水》的出版，对后来者而言，亦具有重要的史料、史实与史学价值。

- 希望《高山流水》不但能够汇入中国美术史论研究的学海，也能够成为同行者的知音与参考，这正是我们一以贯之的追求目标。

责任编辑：梁一红　左灿丽　赵　月
书籍设计：姚雪媛

高山流水

中卷

《美术研究》创刊60年优秀学术论文选集

殷双喜 主编

文化艺术出版社
Culture and Art Publishing House

目录

〔中卷〕

董其昌和艺术的复兴

[美]方　闻/著　宋晓霞/译

1597年秋，董其昌(1555—1636)时年43岁，他在江西主持省试之后返回老家华亭。访契友陈继儒(1558—1639)于昆山读书台，并作《婉娈草堂图》以为赠别。此图系董其昌现存最早的、注明年代的作品之一，也是自赵孟頫(1254—1322)以来最有创意的作品，实为中国画开一新阶段。从它奇妙的变形里，既能看到清初正统派大师四王、恽寿平(1633—1690)、吴历(1632—1718)之由来，也能发现个性派大师弘仁(1610—1664)、髡残(1612—1673)、龚贤(1618—1689)、八大山人(1626—1705)、石涛(1642—1707)之所渊自。

董其昌是晚明绘画创作与批评的领袖，其南北宗论统摄了明末清初的画坛。然而他的著述被误为是同代人莫是龙(1537—1587)所作，直到最近才确认董其昌是南北宗论的创始人[1]。在16世纪90年代末以前董其昌已经清晰标举出南宗画的风格样式，《婉娈草堂图》(作于1597年10月)即是最形象的说明。

董其昌，华亭人也。华亭与上海相邻，同属松江府(今江苏)。1555年，出生于中产平民家庭。1589年在京考取进士后入选翰林院庶吉士。1597年奉旨主考。1598年充任皇子讲官。晚明时代，党祸酷烈，道德衰微。董其昌谨小慎微，用心回避政治，赋闲家中专心于艺术嗜好。自北宋后期即11世纪末以来，文人画家注重反省古代艺术，凭借古法变化出新的风格面貌。身为鉴赏家、收藏家和艺术史家的董其昌同画家董其昌，在对米芾(1051—1107)、赵孟頫的承传中二者密切相关，他以画家的眼睛研究先辈大师的作品，同时又借鉴赏家的经验从事创作，他的作品蕴含着绘画史并使之复活。

1589年，董其昌中进士后，即着手重要的宋元绘画收藏。1591年逗留江南期间，全力搜集元四家[黄公望(1269—1354)、吴镇(1280—1354)、倪瓒(1301—1374)、王蒙(1308—1385)]遗墨。1596年，得黄公望名作《富春山居图》[2]。次年，又添两件主要藏品《潇湘图》和《龙宿郊民图》[3]，作者10世纪画家董源(活跃于946—960)乃是元代大家师法的典范。

1595年，董其昌供职翰林，时闻杭州冯梦祯(字开之，1548—1605)藏有王维(701—761)《江山雪霁图》(传)，亟遣人南下索观。得此图后反复展阅，不忍释手，直到次年年初，推测可能是在这年归还冯氏。王维《江山雪霁图》(传)的发现，使董其昌得以重新建构南宗画理论，依据董氏的说法此一传统乃始于王维，传为董源和元四家[4]。

董其昌提出，披麻皴是贯穿南宗画传统的主要技法线索。他在1595年跋王维《江山雪霁图》（传）曰：“凡诸家皴法，自唐及宋，皆有门庭，如禅灯五家宗派，使人闻片语单辞，可定其为何派儿孙。”[5]17世纪初，他重跋此图曰：“山水自王右丞始用皴染……此法一立而仿效制作者不为难矣。”[6]

是以董其昌《婉娈草堂图》融董源《龙宿郊民图》、王维《江山雪霁图》（传）而成，从中转化出自己的艺术家法，并且发展了王维的树石构成样式。

董其昌自身绘画风格的发展始于他对晚明绘画的分析和批评。他不满明画之平板，和古人相比，时人忽视表现自然中的凹凸之形，故“无八面玲珑之巧”。[7]再者，“今人从碎处积为大山”，而不若古人“只三四大分合，所以成章。虽其中细碎处多，要之取势为主”[8]。在他自己的作品中，董其昌欲以新的书法性原则所构成的风格，回复绘画之真率。其同代人徒借古人之“皮毛”，而他却取法于古画之根本——“骨”。

董其昌由王维《江山雪霁图》（传）而悟入披麻皴之由来，并将它视为南宗画的标志。经自家运用，董其昌乃将披麻皴精简为书法性的笔墨程式。

> 作画凡山俱要有凹凸之形，先如山外势形象，其中则用直皴，此子久法也。[9]

在《婉娈草堂图》中，平行直皴构成凹凸的山形，它和由特殊笔法描绘的诸种树木，在画面上起伏交错。董其昌把树法和书法相提并论，他强调说：“如写字之于转笔用力，更不可往而不收。”即使是枝叶亦应使之能见“四面”。[10]

董其昌根据新的构成观，将此书法程式作为抽象空间的形式因素，熟练地运用于绘画创作。他从书法理论中借鉴了“势”的观念，把山水画构成视为具有“虚实”安排和“起伏”“开合”运动的抽象设计。

> 但能分能合，而皴法足以发之，是了手时事也。……但审虚实，以意取之，画自奇矣。[11]

《婉娈草堂图》之全新结构，为山水画引入新的构成可能性。由直皴构成的抽象山石，置于平展的空白中，暗示出一种新的体量和实感。“虚实”“起伏”“开合”之运用，意在加强画面横向的动感，造成前景与背景之相互作用与融合。进而引导观众留意笔墨的潜在表现力，借画面构成之“势”，董其昌给山水画带来一种新的综合。

人们相信，每一时代之复兴皆源自一位英明的创始者，其能力与眼光促成该时期的和平与繁荣。然而，此一发展总是不可避免地导向腐败乃至最终衰落。革新者需要回归上古之经典实现道德与精神的重建，才能扭转颓势。

由于士大夫是中国历史与文化舞台之主角，历史上的艺术革新往往与政治改革密切相关。儒家的治国理想有公式化、概念化的倾向。如《周礼》这部最早的关于行政机构的儒家经典，即叙“一种间架性设计下的国家制度，它处于职官合乎礼法的执掌之下”[12]。历史上的政治改革家，从汉代篡窃者王莽（新政9—23）到北宋政治家王安石（1021—1086），无不援《周礼》为其改革的范本。他们生搬硬套《周礼》形成其政治架构，以至于设想回到古代乌托邦简单和谐的幻想中即能消除社会政治弊病。当代历史学家黄仁宇形容中国传统的政治改革，是企图把社会现实纳入一简单的框架，就像“倒金字塔”一样缺乏底层坚实的基础。[13]

北宋末文人审美观的兴起和明清文人画的发展，在社会政治上促使文人的人文主义人生观同官方思想，于儒学形态内部日趋分化。在北宋末年和晚明社会，文人士大夫深受党争之祸，被迫退出政治斗争，这样就给艺术中的文人传统带来持久的活力。为避免职业画家刻画细谨、缺乏个性的雷同风格，文人画家努力创造个性化的风格以求个体的超越。他们推崇古之天然简淡，借此为艺术革新的手段，进而发觉自己虽然政治失意，却在艺术上获得动人的成功。

董其昌的绘画革新，乞灵于以禅喻画。16世纪90年代中期，他在京充任皇子讲官，与反拟古的公安派诗歌领袖三袁兄弟［袁宗道（1560—1600）、袁宏道（1568—1610）、袁中道（1570—1626）］相过从。他们对禅宗抱有共同兴趣，且皆钦服于李贽（1527—1602）。李贽是激进的个人主义儒学家和未经受戒的禅僧，他提倡童心以存真，主张回复到未受道理闻见侵入的质朴原初状态，即去除童心之障而使真心“完全呈露”。[14]1598年年初，董其昌在京郊庙中邂逅李贽，尽管年龄、地位悬殊，但两人一见如故，许为莫逆。[15]

黄仁宇概述晚明悲剧性的政治和社会事件时，以1602年系狱刎死之李贽为例证，说明“知识分子受挫之深恰能揭示时代之特性”[16]。关于李贽的历史观，黄仁宇写道：

> 息乱创业之君，则专注于“质”，只求使百姓免于饥寒而不去顾及是否粗粝……在李贽所处的时代，文官集团业已丧失了发展技术的可能，也没有对付新的历史问题的能力。社会物质文明（李贽所谓“文”）往前发展，而国家的法律机构不能随之而改进，势必发生动乱。受到时代的限制，李贽认为历史循环之无法避免，乃是命运的安排，几乎带有神秘的力量，所以也不必再白费心力去寻找任何新的解决方案。[17]

正是李贽激进的演变论和回复纯真本心的渴望，使袁氏兄弟和董其昌看到了艺术革新的可能性。与其摹古，不如在新变中探讨文学之真髓，袁宏道指出：“有作始自有末流，有末流还有作始。”[18]（此语实出自袁中道《花云赋引》——译注）

在李贽“童心”说的激发下，董其昌强调以直觉来反对晚明绘画之陈规陋习，尽管他从不否认古法的重要意义。16世纪90年代后期，董其昌的南北宗论已经形成。南北宗论总结了明代有关画史中两类不同风格发展的阐述。[19]以禅宗南“顿”北“渐”取喻，董氏提出山水画也可分为南北两宗——南宗为文人画家，强调自发和直觉，“一超直入如来地”；北宗为职业画家，“其术亦近苦矣”，“积劫方成菩萨”：

> 禅家有南、北二宗，唐时始分；画之南、北二宗，亦唐时分也。但其人非南北耳。北宗则李思训父子着色山水，流传而为宋之赵幹、赵伯驹、伯骕，以至马、夏辈。南宗则王摩诘始用渲淡，一变构研之法，其传为张璪、荆、关、董、巨、郭忠恕、米家父子，以至元之四大家。[20]

相传520年或527年，印度禅师菩提达摩将禅宗传入中国。菩提达摩的早期门徒苦行清修以求直觉证悟，他们经由壁观与道契合。早期禅师不立文字，摒弃仪轨而行其教，借用道教神秘的领会方式，所得传授。不见言教而是以心传心。[21]

700年，备受推崇的达摩六世禅师神秀（605？—706），由武则天（690—705年在位）延请入京。神秀禅法为渐修，它恢复了天台宗的“一心三观”，故而“凝住安心”依次有四：“凝心入定，住心看净，起心外照，摄心内证。”[22]南方慧能（638—713）之禅法与此殊异。慧能所传为顿教，此法门中，空心净念，言辞俱灭，诸想皆绝，遂能在现象界自发形成通灵之顿悟。796年，唐德宗召诸禅师讨论禅宗之传承，决定神会为禅宗第七祖，其师慧能因而被钦定为“六祖”。此后，神秀北宗渐教衰微，慧能南宗顿教遂居于支配地位。

南宋文论家严羽（1180—1235）以禅喻诗[23]，将汉、魏晋、盛唐诗歌与禅道之妙悟、禅家第一义即大乘禅相类比。三个世纪之后，明中叶前七子领袖李梦阳（1473—1530）与沧浪一脉相承。他反对时文台阁体之虚饰，倡言文必秦汉，诗必盛唐。正因盛唐诗歌平易明白，而无繁巧崄靡之习，所以为可贵。他继严羽以盛唐诗为第一义，此法具而兼有诸法。李梦阳取法乎上，标举第一义，乃是择其高格以为标的。

明中叶以后，即16世纪至17世纪初，画论的发展紧随文论，十分活跃。在中国画史上，谁能相当于诗论里体现着“第一义”的、独一无二的盛唐时代呢？当然，绘画批评家可以把宋元绘画作为他们的最高旨趣。而董其昌则以理论化的南宗文人画传统取而代之。他在概述深得妙悟的南宗画家时，并未传授特定的古代摹本，而是提倡直觉任率的创作态度，他认为这远比职业画家的刻画细谨来得高妙。

董其昌所发展的笔法，既是一概念又是具体的用笔程式。由于他将披麻皴转化为书法性用笔程式，即“直皴构成的凹凸之形”，并将它标举为“第一义”，因此创造出新的画面语言——作为一种新语汇的书法性笔法样式。董其昌之复古并不是摹拟过去。相反，通过深入师古他发现了自我。在师古的过程里，董氏作品的技巧，诸如色彩的修饰、对现实的摹仿都得到简化与净化，他试图重建作为书画家的自我，“一超”悟入宇宙天地之道。

中国早期绘画表现涉乎“形似”，所谓“形似”即状物形同眼见。北宋初期的山水画家意在观察和再现自然。诸如董源的披麻皴，在成为地道的带状书法性用笔之前，乃是表现江南被草土质丘陵的完美技法；范宽（逝于1023年以后）的雨点皴，在其成为统一的皴法以前，是对西北地区砂砾覆面山崖的富有意味的表现。然而在北宋后期，写实此一职业画家的共同目的，受到文人画家的抨击，几乎被他们当作劣品或通俗图解。例如，苏轼（1037—1101）即断言：“论画以形似，见与儿童邻。”[24]

蒙古入主中原以后的十三四世纪，元代文人画家基于北宋末期文人审美思想，转向更为个性化的表现方式，探索抽象变形的可能性，实质上这是在表现中突出了形式的符号本质。由于真实再现自然为树石的符号化引了路，遂使绘画近乎书法。元明两代山水画家，在借书法化用笔表达自我的同时，学古入化，集古人之所长，乃由师造化日益转为从艺术自身获得灵感。

从形象化再现到书法化表现，乃是中国画史里划时代的转变，此一转变恰与20世纪初西方艺术以表现取代再现的更新相类似。[25]随着西方写实艺术发展到极点，20世纪的绘画方法遂发生了根本的变化。现代主义权威批评家克莱门特·格林伯格分析说：

> 写实主义的视幻艺术掩饰了手段，以艺术隐匿艺术。现代派则利用艺术引起人们对艺术的注意。绘画手段的局限，如平面，形体支撑，颜料性能等，均被古典派大师视为不利因素，得不到直接明了的承认。现代派绘画则把这些局限视为应该公开承认的有利因素。[26]

元代文人画家以书为画，突出了笔墨的潜在表现力，凭借物象写其胸中逸气，这是对后来西方现代主义惊人的预示。由于两者皆丧失了传统中的社会作用，它们之间遂有着更深的联系。在上述情况中，艺术交流乃成为一种个人经验。此发展逻辑地导致了艺术史的革新，无论是中国后期文人画抑或西方当代后现代主义艺术，艺术家们皆援引传统来评说艺术史，而且也借此评价同代作品。[27]

不晚于明代，即在15世纪、16世纪，人们已将宋元绘画视为绘画史的“正脉”。正统与个性、传统与新变之间的矛盾，成为当时论争的中心问题。明代画家出、入宋元，并未调和二者的不同倾向，而使职业画家与文人画家日趋分化，前者转向宋画再现性风格，后者追随元画书法性风格。书法性用笔，不再是绘画表现中从属、潜在的因素，而恢复了自己独立叙述的力度和韵律，从而给山水画带来新的实感和活力。

对董其昌来说，绝去“描摹蹊径”的方法即是直以书法为画法：

> 士人作画，当以草、隶奇字之法为之，树如屈铁，山如画沙。绝去甜俗蹊径，乃为士气。不尔，纵俨然及格，已落画师魔界。[28]

关于使山水画转作为抽象的书法性用笔，董其昌论曰：

> 以径之奇怪论，则画不如山水；以笔墨之精妙论，则山水决不如画。[29]

书法性风格的画家，懂得应以“艺术的力量”（art's constraint）[30]来“驾驭”自然，而不是摹仿自然，他们以生动和谐的书法性笔墨重新获得了自然。

在文人画的发展中，书法艺术颇为重要，因为按传统的理解它是自我表现的形式。书法以翰墨之“迹”而显，故其主旨乃是以笔为己身之延伸。同样，中国画亦突出了画家的身体动势。在中国早期画论里，正是经由书法性用笔把作品同艺术家的外在形体联系起来。[31]关于中西绘画的本质区别，诺曼·布赖森写道：

> 西方绘画不直接点出绘画者，它以绘画者形体之消隐为基础；而且这在画家和观众的主观意识之间乃是双向的……绘画在中国则直接标识着作者的知识和涵养……由此，许多西方传统油画被看作是“消隐”的媒介。[32]

中国书法与绘画皆以书写的常则方法为基础，其目的都是追求自然之本原，而非再现自然。艺术家的创造力在于他能凭借古法变化出新的面貌。因而在中国画里，自然与艺术密不可分；董其昌在自然丘壑和笔墨风格、再现和自我表现之间发现了一种生动的张力。1596年，董其昌跋《燕吴八景图册》曰：

> 予尝论书家有二关：最始当以古人为师；后当以造物为师。王维、二李、荆、关、董、巨、营丘、龙眠皆具此二美，遂为千古绝调。若临抚不辍，工力无余恨，而造物不完，但如奴书，何足传远？夫师古者，非过古人之言也；不及古人言也。见与师齐，减师半德。见过于师，方堪传授。惟以造物为师，方能过古人，谓之真师古不虚耳。

董其昌据其收藏总结出他的绘画理论：

> 画家以古人为师，已自上乘。进此，当以天地为师……看得熟，自然传神。传神者必以形，形与心、手相凑而相忘，神之所托也。[33]

观者感受董其昌的《婉娈草堂图》，与其说是步入画面，不如说是以身心彻底地去感觉。我们首先感觉到的是每一个性化的书法性笔触，接着是由虚实、升降、开合构成的更大的形态和动势。尽管它们看起来是自制的、非描述性的，其笔法仍遵循微妙的凹凸构成原则。树石的外形轮廓，不仅界限了它们内在的空间，而且界限了彼此的空间。像书写表意文字一样结构树石，树石遂成为一种富有生气的图式而同宇宙相和谐，此和谐受艺术家体格特征的限定和影响。不过，树石形式既得到自然造化和书法用笔两方面的充实，它们就不仅是抽象的，而且也是现实的。

董其昌南北宗论的重要性，特别是它对明末清初画坛的影响已经无可置疑，现代学者倾向于批评它是诡辩和自相矛盾的理论。董其昌宣称他对自然和笔墨风格抱有同样的兴趣，但在人们的理解中这不过是一种说法，并非事实。[34]而且，由于种种原因，董其昌援引禅宗顿悟论画似有些不伦不类，他对以禅悟论画的系统阐述，究其实质，与其说是正统的或是受到传统的束缚，不如说是个人主义的。[35]

安德鲁·H. 普莱克茨的近著《明代四大小说》认为，“在整个晚明文化生活的范围里，出现了一个繁荣的‘批评时代’”[36]。他引用T.S. 艾略特的概念“过去的过去性”（见T.S. 艾略特《传统与个人才能（1917）》——译注），进而发现“明代具有自我意识的艺术家处于文化遗产的强大压力下努力重申其自身的历史方位，这份遗产对任何欲成为大师的个人来说，已经变得过于沉重了”[37]。异族入侵之后皇权复辟，致使以下三个相异且互有联系的因素成为明代政治、文化发展的动力，这三个因素是怀旧、畏惧和内疚。怀旧是明代绘画回归写实、雄浑的宋代宫廷风格的最好体现。畏惧则反映了从元代不合时宜的反动政治中发掘出的对异族的憎畏，元代政治的结果导致了黄仁宇所谓的“内省”和“非竞争性”。[38]而且自南宋末年，儒学家即把以儒教指导皇帝治国失败的责任归咎于自己。明代即处于这样一种挫败感日增的时代氛围里，此时伪善的儒家教义把传统的宫廷斗争，不可避免地转向一种腐蚀性的政治修行，它伴随逐步升级的、自存自利的矫饰，最终导致铤而走险的社会行为和政治殉难。[39]

明代政治中激烈的派性斗争，于彼时文人士大夫必然转为文学艺术的门户之争。16世纪初，前七子抨击时文台阁体之虚饰，倡言文必秦汉，诗必盛唐。随之，唐宋派在16世纪中前后，辩明唐宋散文的语言更为自然，亦更近乎当代的习惯。16世纪后半叶，后七子重倡复秦汉之古。然而，前后七子和唐宋派又逐一受到由袁氏兄弟领导的16世纪末反复古主义运动的抨击，后者偏爱个性表现胜过摹古。

在批评家们混乱的论争声音的背后，是对新的艺术表现形式的探索。他们把古与今这对在艺术中相依相生的概念，当作一种决定性的检验。在反对空洞的形式主义的斗争中，明代批评家之论争处于循环论证之中：文以载道——文必须为道服务，然而它也必须言志，并且要抓紧个人的自我道德修养；艺术必须有完美的形式，明诗追摹盛唐，探究诗歌语言的自发性和灵活性，反而日益受到宋诗吸引。此前文论中从未有过如此多的争论，诸如何为上乘艺术，师法什么，如何师法，又是否需要摹古；何为正确法度，何为错误法度，何为无法。

明代批评家之论争，归结起来是一固有的矛盾。南宋严羽的诗论即包含了此一矛盾。[40]严羽一方面推崇盛唐诗之完美形式，另一方面则主张超越形式与法度，达到妙悟入神、无迹可求的境界。导致严羽自相矛盾的原因在于艺术自有其法度，艺术家之创造依赖于此。古代以心灵悟道的庄子把此矛盾概述为“筌者所以在鱼，得鱼而忘筌”。[41]严羽有悟于此，以禅喻诗，深得明代批评家之推崇。明代批评家捃摭佛学术语“法”，通过玩弄字眼，以佛“法”近于“筏”，阐述了一套似是而非的说法——“登岸舍筏”。[42]

蒙古人入主中原，“言志”乃成为元代文人画家创作的基本动力。而明初的复古政治却妨碍了自由的、个性的表达，窒息了艺术中的自我表现。明代画家发现，从风格浑厚的北宋到书法化自我表现的元末，艺术史已发展至极境。

赵孟頫、黄公望、吴镇、倪瓒融汇北宋董源、李成、郭熙的笔法进行实验，注重兴发和自寓；这些元代大家的用笔特点，此刻已经成为明代画家承袭语汇的一部分，其形式特性诸如肌理、构图、画面经营，又帮助他们对传统进行批判的分析。

十五六世纪，新理学中形成所谓心学派，明代诗画皆受到此一敏锐变化的影响。心学倡导“宇宙便是吾心，吾心即是宇宙”，以此作为新理学的教义，从而取代了客观、抑制的理，并教导个人主义——反省内求以自成。15世纪思想家陈献章（1428—1500）确信，为学依靠自得或个人洞察，经由静思，独见和自然生发即能集中心智于内在自我修养。明中叶大文人画家沈周（1427—1509）认为，绘画与其说是“言志”，不如说是一种自得的表现。沈周的作品即说明如何凭借静思，使心与宇宙合一，用陈献章的话来说是“浑然与物同体”。[43]

正是沈周首次描述了元末四大家表现各自心境的不同笔法特点：吴镇短而密的树木、圆石宁静有力；王蒙环绕着的点子皴蕴含了内敛的活力；倪瓒萧疏的风格，寂寥、谨严；黄公望平滑的麻皮皴感觉阔远。上述关于绘画内在表现力的论述，同所谓分阶段发展的“正统”理论相关，在文人传统中，山水画之“正统”即是从王维始，经董源传至元四大家的风格。

董其昌对如何集山水画之大成自有看法：

> 画平远，师赵大年；重山叠嶂，师江贯道。皴法，用董源麻皮皴及《潇湘图》点子皴。树用北苑、子昂两家法。石用大李将军《秋江待渡图》，及郭忠恕雪景。李成书法有小幅水墨及著色青绿。俱宜宗之。集其大成，自出机杼。[44]

董其昌提倡集宋元大成，颇见胆识，无论着眼于自然造化还是古代典范，此皆是一总体转变。

16世纪下半叶，在心学倡导反省内求以自成的形势下，明末批评家普遍把师古当作追求个人新变的唯一途径，因此需要创造性地“离”——超越师法的古代典范。王世贞（1526—1590）解释说：“合而离，离而合，有悟存焉。”[45]关于学习古法，董其昌尝曰：

> 右军父子之书至齐梁而风流顿尽。自唐初，虞、褚辈变其法，乃不合而合。右军父子殆如复生。[46]

约在1625年，董其昌作《仿倪瓒山阴丘壑图》（现藏台北故宫博物院），并题：

> 倪元镇《山阴丘壑图》……余曾借观，未及摹成粉本。聊以巨然《关山雪霁图》拟为之。

换言之，董其昌通过复活10世纪大师巨然的作品，再创了14世纪倪瓒的作品，因为他认为倪瓒得笔于巨然。此例说明，董其昌的所谓创新乃是以离或变，达到与古代大师的神会与合。董其昌试图重获传统形式的“原创”精神，显示了历史的相对性。

董其昌出入宋元，集古大成，是明末清代初绘画的重要转折点。到17世纪下半叶，以董其昌的风格革新及其学说为基础的、清初正统派和个性派大师的作品，代表中国绘画的新时代控制了画坛。正统派大师王翚（1632—1717）自豪地宣告其绘画观曰：

> 以元人笔墨运宋人丘壑，而泽以唐人气韵，乃为大成。[47]

王翚殊爱的一方印章是“上下古今”[48]。这四字恰当地道出艺术家是如何超越时代而与古代大师达成默契。

意味深长的是，17世纪末个性派画家亦以董其昌之学说为必需，尽管他们的艺术更多地依靠观察自然和个人化的风格而非古法。清初大师八大山人在满族入侵后遁入空门（1648—1680），身处颠乱，喑“哑”佯狂于笔墨之间（1680—1690），他创作的令人难忘的逼真形象——冷眼逼人的鱼鸟，以有力的表现性风格寄寓着家国之恨。[49]后在17世纪90年代初，八大山人65岁左右，他决意专心书画。他依循董其昌揭橥的临古新路，通过董式的集大成获得独特的个人风格。[50]八大山人有《仿董其昌山水册》，时间大致可定为17世纪90年代末，他在此册中融会了董源和元代大师赵孟頫、黄公望和倪瓒的作品，这一切可能皆是以董其昌为本的。在八大山人题为1699年的山水作品里，他对董源的摹仿十分明显，不过圆融、抽象的书法性用笔才是其兴趣的焦点，他以此取代了董源写实性的再现。八大山人晚年的山水画形式，同其书法一样得之他对古代碑帖铭文的研习，他以圆融、纵逸的笔法，创造了激动人心的瞬间和具有凹凸之形的微妙构成。画中圆融的笔触，或孤立，或以墨点染，形成含蓄丰富的笔墨形式。在17世纪80年代末以前，八大山人只能以一个有趣味的、寄寓了强烈的政治讽喻的晚明写实花鸟画家传世。正是到了17世纪90年代，带着他经由董其昌得到的古代遗产，八大山人才无可争辩地跻身于中国历史上伟大画家的行列。

注释

[1]有关董其昌是《画说》“十七条”原作者的论证，参阅傅申《〈画说〉作者问题研究》，载《中国画国际讨论会记录汇编》，台北故宫博物院1972年版，第85—115页；何惠鉴《董其昌的新正统观念及其南宗理论》，载克里斯琴·F.莫克编《艺术家与传统》，普林斯顿大学艺术博物馆1976年版，第113—129页（以上两文中译文收入《文人画与南北宗论文汇编》，上海书画出版社1989年版，第700页，第728页——译注）。汪世清《谁是〈画说〉的作者》（未发表）提出有力的证据说明陈继儒《宝颜堂秘笈》（1606—1610）刊入的莫是龙《画说》系伪作。

[2]参见赛莉娅·C.李莉《董其昌所藏黄公望〈富春山居图〉》，《亚洲艺术资料》第28卷，1974—1975年，第57—76页。

[3]关于《潇湘图》卷的收藏（1597），见董其昌《画眼》，《艺术丛编》第12卷，台湾世界书局1962年版，第36—37页，下引《画眼》同此。董其昌《龙宿郊民图》题跋，见台北故宫博物院《故宫书画录》

第3卷，台北故宫博物院1956年版，第19页。

[4][5][6]参见方闻《传为王维的〈江山雪霁图〉》，《亚洲艺术资料》第30卷，第6—33页，第15页，第17—18页。

[7][8][9][10][11][20][28][29][33][44][46]《画眼》第19页，第28页，第21页，第20页，第19页，第24页，第18页，第25页，第27页，第18页，第40页。

[12]马克斯·韦伯:《中国的信仰》，汉斯·H.格斯英译本，纽约自由出版社1951年版，第39页。

[13]参见黄仁宇《放宽历史的视界》，《允晨丛刊》，台湾允晨文化实业公司1988年版，第158—161页。

[14]关于个人主义思想领袖李贽，参见德·伯雷《晚明思想中的个人主义和人道主义》，载《晚明思潮中的社会与自我》，纽约哥伦比亚大学出版社1970年版，第188—225页。

[15]参见董其昌《容台别集》。

[16][39]黄仁宇:《万历十五年》，纽黑文耶鲁大学出版社1981年版，第221页，第223—229页。

[17]同上书，第211页(此处引自作者译写中文本，中华书局1982年版，第225页，与英文本文字稍异——译注)。

[18][45]参见郭绍虞《中国文学批评史》，中华书局1961年版，第372—373页，第323页。

[19]参见高居翰《绘画史和绘画理论中董其昌的“南北宗论”再思考》，载彼得·N.格雷戈里编《顿与渐:中国思想中的启发》，檀香山夏威夷大学出版社1987年版，第429—446页(中译文收入《文人画与南北宗论文汇编》，第753页——译注)。

[21]参见约翰·R.麦克雷《神会与早期禅宗中的“顿悟”》，载彼得·N.格雷戈里编《顿与渐》，第227—278页。

[22]参见胡适《中国禅学的历史和方法》。

[23]参见理查德·约翰、林思《中国诗论中的顿与渐:关于以禅喻诗的考察》，载彼得·N.格雷戈里编《顿与渐》，第381—428页。

[24][40]参见苏珊·布什《中国文人画:从苏轼(1137—1101)到董其昌(1555—1636)》，载《哈佛燕京学报》第27卷，剑桥马萨诸塞州哈佛大学出版社1971年版，第26页。

[25]参见方闻《现代艺术批评与中国绘画史》，载杜清义(音译，ching-i Tu)编《传统与创造力(亚洲文明文集)》，新泽西州立大学1987年版，第98—108页。

[26]弗兰西斯·费兰西娜、查尔斯·哈里编《现代艺术和现代主义》，伦敦哈珀与罗出版社1982年版，第5页(此处引用张坚、王晓文译中文本，上海人民美术出版社1988年版——译注)。

[27]参见汉斯·贝尔丁《艺术史的尽头?》，克里斯托费·S.伍德英译本，芝加哥大学出版社1987版，第46—48页。

[30]尼采语，转引自E.H.贡布里希《艺术与错觉——图画再现的心理学研究》，牛津费顿出版社1977年版，第71页。

[31]5世纪批评家谢赫用“气”字构成若干合成词形容画家和作品，诸如“气力”“壮气”“神气”“生气”和“气韵”。参见方闻《气韵生动:生命力，和谐的样式与精神》，《东方艺术》1966年秋季号。

[32]诺曼·布赖森:《视觉与绘画》，纽黑文耶鲁大学出版社1983年版，第89页。

[34]参见高居翰《气势撼人:17世纪中国画中的自然与风格》，剑桥马萨诸塞州哈佛大学出版社1982年

版，第37—38页。关于该问题的讨论，参见方闻《评高居翰〈气势撼人〉》，《艺术简讯68》1986年秋季号，第506页。
[35]参见约瑟夫·R.莱文森《从绘画看明代和清初社会中的文人观念》，载约翰·K.费尔班克编《中国思想与制度》，芝加哥大学出版社1957年版，第320—341页。
[36][37]安德鲁·H.普莱克茨:《明代四大小说》，普林斯顿大学出版社1987年版，第49页，第50—51页。
[38]参见黄仁宇《中国的大历史》，纽约1990年再版，第149页。马克·埃尔文论证了在10世纪和14世纪之间，中国经济与科技之进步如何达到其顶峰，进而指出明清之际的经济也达到了相当的高度，见《昔日中国之典范》，斯坦福大学出版社1973年版，第225页。
[41]参见方闻《董其昌与正宗派绘画理论》，台湾《故宫季刊》第2卷第3期（1968年1月），第14—15页。
[42]参见郭绍虞《中国文学批评史》，第307页；安德鲁·H.普莱克茨《明代四大小说》，第32页。
[43]参见方闻等《心印：普林斯顿艺术博物馆爱德华·L.埃利奥特家族和约翰·B.埃利奥特中国书画藏品选》，普林斯顿大学艺术博物馆1984年版，第142—151页。
[47]王翚:《清晖画跋》，秦祖永《画学心印》本，第33页，咸丰六年（1856）自序。
[48]参见孔达、王季迁《明清画家印鉴》，商务出版社1940年版，第69页。
[49]参见王方宇、班宗华《莲荷大师：八大山人的生平和艺术》，朱迪思·G.史密斯编，纽黑文耶鲁大学艺术画廊1990年版。
[50]参见方闻《朱耷的生平和艺术分期》，《亚洲艺术资料》第40卷（1978），第7—23页。

本文载于《美术研究》1993年第1期

［美］方闻（1930—2018），出生于上海。美术史家，文化史学家。毕业于美国普林斯顿大学，获博士学位。美国普林斯顿大学教授。

宋晓霞，1964年生，北京人。2008年毕业于中央美术学院人文学院，获博士学位。中央美术学院教授。

古典风思绪

袁宝林

一

提起古典风油画，人们难免要想起那位既滑稽却又令人心怀敬畏的安格尔。众所周知，他从19世纪中叶次第成为浪漫主义、写实主义和印象主义的众矢之的而被认作保守僵化艺术的总代表。如果将欧洲的现代艺术与传统艺术划一条分界，那么欧洲传统的典型显然既不是浪漫主义、写实主义，更不是印象主义，而是古典主义，人们常常将“传统”与“古典”做等量观，就正标示了古典主义之于传统的典范意义。这样看来，古典样式的不合时宜似乎已不成疑义。然而就是这种在欧洲早已衰落了的画风，当它沉寂了100多年以后，今天在古老的东方大地上却呈现出颇为繁荣的势头，成为有影响的画派，而且恰恰是在各种时髦的理论和前卫艺术风火正炽之时，它却成功地站稳了脚跟，终至连那些最敏感的、素常只瞄准前卫热点的评论家也不得不聚焦于这种“现象”了。这不是很令人纳罕的吗？古典风油画的兴盛是指令性的结果吗？指令性的艺术对于“文革”以后特别看重艺术本体价值并强调主体精神的艺术家显然已毫无兴趣。激进的前卫评论家早就在嘲笑中国艺术家生来背上太重的传统包袱，怎样鞭挞也难得跟上“世界艺术”的步伐，我一时还分辨不清这是评论家自作多情还是多数艺术家冥顽不化不喜爱新事物。而唯一不得不使评论家和艺术家都睁大眼睛的残酷事实却是商品经济大潮对艺术的冲击。这可能是促使热点评论家在1992年将新闻镜头对准古典风油画的直接动力。

二

如果只是说古典风油画在艺术市场上行情看好，这无异于是说反映了有钱的中产阶级的爱好。问题是这种爱好恰巧是代表了相当普遍的世俗眼光。只要批评家不是想把本属视觉艺术而可供一般人观赏的绘画搞得玄乎其玄，古典风油画所赢得的观众效应就不得不使人们再度回到对传统绘画价值的认识。而这个问题不仅在西方经常地引起人们的讨论和反思，而且在中国则可能具有更重要的意义。

令人感兴味的是，西方对它的传统艺术价值的反思是紧紧地围绕着照相术的发明，而且是与对东西方绘画差异的探讨交织在一起的：

> 西欧的表现自然的传统是建立在扎根于科学之中的技术基础之上。……20世纪的艺术，主要是面对照相技术这个可怕的敌手的艺术，可以说是与上述传统的方法完全相反的东西。然而人们把目光转向远东的伟大艺术，也正好就是这个时代。……
>
> 但是我认为：要是我们把科学的好奇心只看作创作“照相机式的”形象所用的附属工具，那么就低估了科学对艺术的重要性。所谓科学的态度，就是对过去的东西所持的自豪的态度、带批判性的叛离态度和相信进步的可能性的态度。在西欧艺术的许多时期，包括我们称为“现代”的时期，都渗透着上述观点。（贡布里希《艺术的故事》，日文版序言）
>
> 过去有一个时期，关心艺术再现的方法是艺术批评家的本分。……
>
> 我从不否认以往艺术家曾引以为荣的在再现技巧方面的发现和成果到今天已经微不足道了。然而我相信，如果我们听从时髦的论调，认为那些东西跟艺术毫无关系，那么就有跟过去的艺术大师失去联系的现实危险……（贡布里希《论艺术再现》，均据范景中译本）

这里，这位渊博的英国学者为什么一再追述欧洲的传统呢？贡布里希诚然在密切关注着现代艺术的发展，然而明显的倾向是，和“时髦的论调”所渲染的“断裂”相反，他所强调的却是现代与传统的联系，以及东方与西方的联系。同样，对中国画家来说，如果我们承认民族互补性的必要，意识到中国不曾有过欧洲式的严格写实传统，而当我们向一种更高的艺术追求进击时又不得不借助这异域传统，这种谦逊的尊重人类文明的态度就更有其必要了。

三

这里应有一段插曲。古典风油画的基础既是写实或再现的传统，自然就要涉及我们的民族艺术如何看待写实。长久以来，人们有一种误会——似乎中国人的欣赏习惯从来只是“重神不重形”。所谓“忘形得意知者寡”（欧阳修）、“论画以形似，见与儿童邻”（苏轼），这些文人高论常常被片面发挥；而“画无常工，以似为工”（白居易）、“夫象物必在于形似”（张彦远）则在业已形成的某种心理定式下有意无意地被忽视甚而遭到摒斥。追本溯源，通过研究中国早期画论（见远小近《论中国早期画论中形的观念及其意义》，《美术研究》1992年第4期），人们吃惊地发现，在顾恺之的传神思想中，实在并无“形体无足轻重”之说。相反，如顾氏说：“与点睛之节，上下、大小、浓薄，有一毫小失，则神气与之俱变矣。”这分明是极看重形与神的辩证统一关系的。而将形神关系割裂开来的神似论或忘形说则是泯灭了传神论的精义而将人们引向轻形的误区。绘画是以人们的视觉经验为基础的，所谓：“画，形也。”（《尔雅》）其实正是道出这种经验常识。所以，当近代西方更重再现（确切说是“错觉”效果）的古典风油画传入中国时随即引起国人的由衷赞叹：

> 利玛窦携来西城天主像，乃女人抱一小儿，眉目衣纹，如明镜涵影，踽踽欲动。其端严娟秀，中国画工，无由措手。（姜绍书《无声诗史》）

清初以郎世宁为代表的一批传教士画家的写实画法在宫中受到欢迎的情况是不必说了，即便画法很不相同，我们也不应忽略在本土环境中生长起来的写真传统，如“八怪”之一的黄慎便也从生计考虑，以“惟写真易谐俗，遂专为之”（《蛟湖诗钞》并序）。康有为以西方的写实画法为标准来沟通中西绘画的做法从根本上说带有民族虚无主义的偏向，而他援引《尔雅》立论却是找到了东西绘画基于生理功能的共同点。应当说，这确是一个重要的沟通点和联结点。历史的辩证法已经证明，中国传统对形神关系的认识正是由此而进入一个峰回路转、柳暗花明的新境地。

四

诚然，只是“写实”，还算不得进入欧洲传统的奥区；古典风油画在写实的共性之外更具有理想化和崇尚高贵典雅的特色。耐人寻味的是，当代中国古典风油画的流行却是改革开放以后中国画家一种主动选择的结果。即如它的代表人物靳尚谊就曾特别指出，他的绘画转向古典风是在1979年访问联邦德国和1982年访问美国看到许多欧洲古典名作原画之后。众所周知，靳尚谊既曾经历徐悲鸿教学体系的严格素描训练，又曾毕业于马克西莫夫油画训练班，他并“曾十分喜爱印象派的绘画”，他的代表意义是举足轻重的。这意味着西方古典油画传统在中国的深化和日臻成熟。更令人瞩目的是，古典风油画是作为一种有着深厚而扎实的根基而又被中国观众所认同了的稳固传统，而与同步发展着的各种风格流派（包括新潮美术）共同构成了中国画坛的多元格局。“中国需要稳定”，经历了“文革”浩劫的靳尚谊对此深有体会，同时，这也未尝不是他对那些不求甚解只图花样翻新追赶时髦的浮躁喧嚣所表现出的厌恶。我们经常借用贝尔的“有意味的形式”，这种富有理性色彩的稳定感或者可以说是古典风油画的一种总体形式意味。

在由各种样式、风格构成的多元格局中，古典风油画从几个方面起到重要的制衡作用。优秀的古典风油画不仅追求高尚的思想情调、讴歌人世间的美好情感，赞美人的智慧和庄严崇高的境界，同时，则表现为在艺术形式、技巧上的相应完美与精致。举凡古典风画家的作品，不管是靳尚谊的《塔吉克新娘》《彭丽媛肖像》，还是杨飞云的《北方姑娘》或韦尔申的《吉祥蒙古》，也不管它们是写实的还是更多象征的、超现实的意味，人们完全能够认同这是当代中国的高格调的古典风油画作品。谈到在肖像画中如何把握人的精神面貌时，笔者觉得朝戈有很深刻的认识，他说卢西恩·弗洛伊德等西方画家的作品所表现出的人的精神状态“是处在高度危机和不安状态下”的对美的把握，“我认为现代人精神状态有不是很好的一面，虽然科学高度发达——（却）像一个老人要离开世界一样”，而在我们，“我认为大家在深入生活中真实地感受世界，用真实的感情能画出更美的代表现代人精神精华的肖像”（刘禾:《靳尚谊、孙景波、朝戈、刘小东肖像画艺术纵横谈》,《美术》1992年第9期）。如果我们要提倡现代观念，笔者想这便是中国画家应有的（而不是向洋人效颦的）现代观念。一个时期以来，在文学影视和美术创作上都出现了一种颇为行时的调侃风，这是伴随“文革”恶果由神话和崇高感的破灭而产生的无可奈何和玩世不恭情绪的自然流露，并且它因随商业大潮兴盛起来的俗文化而得到强化。固然，与其简单地否定这种嘲谑意味和感性色彩十足的时风，实在不如正视它的“兴”“观”作用；但理性却并未丧失，现实更远不是一片恶浊，只要想一想在任何一个需要安静的场合，或自己的居室，人们还总是愿意挂上一幅优雅清纯的作品，便能体会到古典风油画的净化作用了。

在对古典风油画的指斥声中，一种最时髦的论调莫过是它的保守性了。如前所述，通常是几乎成为美术史上定论的安格尔便成了死靶，而正面的样板则是毕加索式的不厌其新、“不断改变战略”，据说不如此便不符合视觉方式变革的规律。但是这两个方面似乎都有值得思索的余地。关于安格尔，不可否认，当他固执地标榜“艺术只有一个”，这就是以“模仿永恒的、永远不变和永远不错的美为基础的艺术”信条时，的确是“把他的力量拖住了、冻结了、凝固了”（见［意］文杜里《西欧近代画家》，佟景韩译《安格尔》，下同）；可是，凭着你的经验欣赏一下他的《雷维尔夫人》（1805）、《别尔登》（1832），“安格尔的肖像画之美，（却）是连他的敌人也承认的”。安格尔的滑稽在于他算不得一个好的理论家，然而他能够赢得后世的敬重（突出的如德加），因为他的艺术业绩中包含着传统的精华和真正不朽的东西，即如他曾一再谈到“希腊人就是自然，拉斐尔之所以为拉斐尔，就是因为他比别人更了解自然”，如果没有这样的认识也就不可能产生包括上述油画和《泉》（1856）那样把古典美的理想和对具体对象的精到把握，完满结合起来而具有创造意义的卓越肖像和人体作品。恐怕对安格尔是只有做些具体的分析才是有说服力并对我们有益的，否则安格尔早在人们心中被轻易地抹掉了。——如果说对安格尔看法更多的是涉及对传统应有的辩证态度，那么对毕加索则是关涉如何看待前卫艺术和创新了。笔者认为，按照马克思所说的“物质生活和生产方式制约着整个社会生活、政治生活和精神生活的过程”（《〈政治经济学批判〉序言》）的原理，自19世纪末以来在欧洲美术史上所发生的剧烈变革既是反映历史的必然，也对我们具有重大启示意义。具有浓烈前卫色彩的西方现代诸流派可说是以其巨大的主观能动性试图在人们的精神生活中发挥惊世骇俗的作用，它和传统艺术面貌所拉开的差距足以使哲学家怀疑是否还有必要再给艺术下什么定义（如维特根斯坦），观念艺术的流行则进一步使人想到黑格尔关于艺术将被哲学取代的预言是否即成现实。但是西方现代艺术对我们究竟有何借鉴意义，笔者以为至少也有两点值得我们思考：1. 如同《共产党宣言》所说：“生产的变革，一切社会关系不停地动荡，永远的不安定和变动，这就是资产阶级时代不同于过去一切时代的地方。”一个多世纪以来社会生活发生巨大变化的总的时代特点，以及由此导致的人们在社会心理上的变化使20世纪的西方艺术带上变化纷繁的现代特点，这对已经跨上新的时代并且主动加入世界循环的当代中国艺术家是完全可以理解的，对这一时代的总的特点及其脉搏的把握，应当说就是现代艺术的精神内涵。但是所谓“新”或“前卫”却还只是在一般或相对意义上的认识，而真正的艺术创造却是意味着对现代生活深刻独到的把握。这才是共性之中的特殊。因此我赞赏一位画家所坚持的这种认识：“我所追求的，与其说是‘创新’，不如说是‘创造’。”创造，意味着在时间向度中向深度和高度开掘。而这一点却正是容易被一些心浮气躁的新潮派所忽略的。如果说毕加索确实是创造了一种不断变化求新的价值，那么他的浅薄的随行者们却是被耍弄得疲倦不堪和无所适从了。因为尽管这样的创新比科学家的发现要随意而容易得多，到头来人们还是发现了你的“达达”并不比杜桑的“达达”新，你的“观念”也还是先被博伊于斯划定了圈子，况且，忽而现代艺术讲究语言的纯化，忽而后现代艺术又不得不回到泛化，什么中世纪的教堂、东方的大屋顶，直到山水画式的中国古典园林，这些古老的图式仿佛在与你开玩笑了，这里究竟有多少是你的创新和发现呢？其实，所有这些历时性的创造，除非你是另辟蹊径有自己的发现，一旦成为某种流派的样式，从借鉴的角度说，便都成为共时性的财富，只要现时的审美心理需要，就还存在向其深度开掘和高度进击的广阔余地，这是可以因人、因时、因地而常新的艺术创造课题——也就是我们的前辈画家所说的“师其迹未若师其心”的意思。而正是在这一点上，古典风的优秀作品是从一个独特的角度显示了画家对“现代”的既平易又深刻的理解，从而创立了与前卫艺术相对立的价值。2.鉴于历史上美术作为政治、伦理道德或宗教附庸的奴婢地位，特别是“文革”中来自“四人帮”阴谋政治的愚弄，美术家对视觉方式以外的超载形成一种强烈的逆反心理，提出回到艺术本体、重视艺术自律的口号，这无疑对艺术自身的发展是一个良好的契机，而这个口号也便是具有重要前导意义的。富有讽刺意味的是，以担负社会变革使命为己任的孤傲的前卫艺术家却非但不能摆脱，还必须强化它的思想使命，这样，那些“宣言式的作品”或“作品式的宣言”便命定地要走上反传统的道路而以“反艺术”或“非艺术”的面貌出现，所谓“艺术本体”当是另作别论了。在这样的情况下，倒是极端重视艺术语言（如果说艺术传统还有必要存在的话）的古典风油画在要求“回到艺术自身”的浪潮中处在了主导地位。在这里，艺术家能够以怎样的方式和在多大程度上起到政治领袖的作用是一回事，艺术如何能够通过自身和它的接受者辐射它的魅力又是一回事。

五

笔者赞赏那些真正有识见有根底的前卫艺术家打破传统模式的艺术超越（这也就是贡布里希所说的对传统的“带批判性的叛离”），然而笔者更注意多元格局中传统与现代的联系与衔接，因为笔者确信这对我们的艺术建设是至关重要的一环。即是说，如何既是古典的又是现代的、如何使古典风油画这一在中国日趋成熟的绘画样式在深厚的传统根基上实现向现代艺术形态的转变，这已不仅是画家们在实践中积极探索的普遍课题。

让我们还是暂且先回到广义的西方古典绘画与照相如何相区别的讨论中来：

> 照相没有取代绘画。因为绘画并不同照相冲突，绘画不是把毕肖对象作为追求的根本目的。……随着历史的演进，他们越来越看重存在于绘画中具体物象以外的某种价值。
>
> 透过那传统认识的迷雾，我们会发现，绘画除具有再现具体物象的特性外，同时还潜藏着与这种显著的具象性相左的特性：绘画的抽象性。（邓福星：《绘画的抽象性》,《硕士学位论文集·美术卷》，文化艺术出版社1985年版）

大概是巧合吧，但我们从中西学者都关心的这个问题却可感到对这种具象中的抽象的认识确乎是从传统向现代艺术观念转化中非常重要的因素了。我们既然是把着眼点放在传统与现代的衔接关系上，就更要抓住这个制约具象绘画面貌的关键因素。这一点直接关涉古典风油画的前景。

着实说，笔者无意对古典风油画的走向妄加揣度，因为任何一种趣味或风尚的流行，作为现实审美关系的存在，都不是可以人为规定的，否则“创作”也会索然无味了。但从一般的意义讲，古典风油画的出路却必在更加贴近当代中国人的心态、审美趣味和理想，而这就意味着古典形态的分化和解体。所谓国际风格，即欧洲古典主义的原本，对我们只能是一种过渡形态；如果着眼同是古典风画家的不同风采和古典风油画与其他具象绘画间的互相渗透，它们之间这种既对立又统一的关系，毋宁说也正反映着古典风油画在这种动态格局中的分化趋势。人们已经注意到，近年来“写实”或“再现”的绘画是常常被“具象绘画”这个更具包容性的概念所代替的，这也正是在广义的古典传统内所发生的现代蜕变。

下面笔者想就从这样的意义上通过几位画家的作品略微提示其现代意味。

靳尚谊、杨飞云、王沂东应是属于最严格的古典风油画家。有人说他们“试图倾毕生精力同卢浮宫中的古典油画名作一争高低”，如果这指的是他们在谙熟欧洲大师传统造型艺术语言方面所表现出的勇气，这并不错，但我觉得更值得注意的是他们的感情投入和精粹的语言所蕴蓄的现代指向。靳尚谊的《塔吉克新娘》（1983）原是画家新疆之行的纪实作品，但透过那热烈而沉静甚至略带冷峻的传奇式形象我们所感触到的与其说是生活的真实，不如说是它的象征意味，它强烈的明暗对比、沉稳严谨的造型、极洗练概括的手法都透露着那一时期画家特有的心态，它寄寓着画家对生活和艺术的理想与追求，而与一切猥琐和狂躁划出鲜明的分界。在以后的创作实践中，他始终保持感性与理性的平衡，但却显示出更多的抽象理性色彩，题材对他绝非无足轻重，不管是《彭丽媛肖像》，还是强烈地驱使他去表现的陕北农民，他所追求的现代感是具有悠久文化传统和立足于当代中国现实的恢宏气度。如果人们过分爱好新奇，这种平易中的深刻应是很好的清凉剂。杨飞云和他的老师靳尚谊的稳健刚毅相比，就像他的宽厚温雅的性格一样，他所创造的“芃芃”的形象，总是洋溢着青春的活力，充满温馨与亲切。杨飞云在制作和技巧上的精到是人们所熟知的，令笔者钦佩的倒是，他并不因技法的娴熟而苟且。他说，和盛期文艺复兴大师相比，倒是开创文艺复兴绘画的早期代表人物更耐人寻味；就像将马蒂斯和塞尚、凡·高与高更相比，他还是觉得开创现代艺术的后印象派更艰巨也更有味儿。也就是说，与顺理成章的技巧相比，他觉得感情的执着才是更可贵的。你不觉得在经过“文革”浩劫后相当冷漠的人际关系中那点点人性中的纯情正是具有现代人文意义的吗？也许正是在这里，我们从杨飞云一往情深的纯感性的精致语言中能够感受到“向深度和高度开掘”的道理。

在被认为具有古典倾向的画家中，蒙古族青年画家朝戈具有独特意义。他既是肖像画家也是风景画家，在他的《大气》（1988）中所表现出的抒情气氛和宏阔的宇宙感充分显示了他的诗人而兼哲人的气质。人说他所创造的人物形象有存在主义的气味，这确乎是他的肖像画的特点。我们在《古典风油画》（漓江出版社1988年版）中所收入的《极端者》、《乐民》、《晓冬》（1987）以及其后创作的《敏感者》（1990）等男子肖像，都具有鲜明性格和强烈意志，可以感觉到画家驾驭技巧和敏锐的洞察能力，他的这些颇有人生体味而性格面貌各异的当代青年形象，仿佛就在你的眼前，令你不得不屏住呼吸与他对视，那眼神是极灵动的，神经质的，而那脱胎于古典传统的细腻却极概括准确和富有表现力的油画技巧却仿佛是在一瞬间将它化作了永恒。能够在这样生动的感性直觉中从容地显示强大的理性力量，这也需要画家投入全副感情和意志，至于技巧倒似乎是潜意识中的积累了。这里预示着巨大的发展潜力。

如果说朝戈的创作可以看作一种中介，那么我们从鲁迅美术学院的一群青年画家中则可看出从古典风中生发出的另一种趋势。从韦尔申的《我的冬天》到《吉祥蒙古》，可以看作这种趋势的缩影。据说韦尔申不曾到过内蒙古，对蒙古族人的生活并无深入体验，那么他的一系列表现蒙古族人的油画创作之主观色彩是不待言的了。事实上从描绘生活真实到突出表现精神真实并由而在他们的具象（而非写实）绘画中表现更多的抽象意味，这正是鲁迅美术学院画家从古典趋向现代的共同特征。韦尔申与胡建成合作的《土地·蓝色的和谐》与《土地·黄色的和谐》（1987）及王岩的《黄昏时寻求平衡的男孩》、刘仁杰的《风》明白无误地反映着这种趋势。鲁迅美术学院画家在第七届全国美术展览上获奖，说明了他们的探索是成功的。其中，如王岩的《男孩》乃是在特定情境中捕捉住的生活感兴，画家从他的理性经验中意识到这种偶然的意象中所包含的具有深层意义的普遍社会心理，他的这种机敏的认识促使他从具有更大精神容量的特定心境出发演绎出那令人激动的抽象形式意味，从而超越了具体的生活真实，使这朦胧中的动人形象在被强化了的精神意象中获得了隽永的寓意；显然，这是一种隐喻，它并没有答案，不同的观众很可能会有不同的索解，而它的耐人寻味却就在这似乎是什么又不是什么的、由这生活感兴自身所引发的精神意味中。笔者以为鲁迅美术学院画家十分可贵的一点，就在这既贴近生活却又超越生活真实而从某种激动人心的精神情趣总体来把握和塑造艺术形象的追求中。一个有修养的画家这种相对游离于生活和艺术琐细枝节的主观精神情趣其实是无处不会触发他的创作灵感的，而正因为在本质上他是贴近生活、热爱艺术、关心国家和民族命运的，他的精神触觉便无时不会与那些同样敏感的人们发生共振，所以，在共同的生活和文化氛围中他们非但绝不孤独还会赢得相当多的高品位的观众。也许韦尔申在不断完善他的“蒙古”系列时还会回过头来研究一下比如朝戈所理解的蒙古族人的气质；或者，笔者以为中央美术学院与鲁迅美术学院在同是以古典风为基础的趋异追求中实际上还会存在一种在如何提高意义上的互补关系。

在古典画风之外，刘小东与喻红的创作是近年来油画创作中相当引人注目的现象。刘小东直言不讳地承认：“我的作品是非常现实的。”的确，从《踏春图》（1990）到《行吟诗人》（1992），从《合作》（1991）到《婚宴》（1992），都带有生动的即时性，甚至完全可以说是十分真实地反映了改革开放中的中国所特有的景观和世态人情。如在《踏春图》上那明媚的海滨景色和旅游者们拥挤疲惫状态所构成的不协调（在绿色丛林中面对一片垃圾的“行吟诗人”则更是哭笑不得），不啻是敏锐地触及了步入现代的中国人所面临的生态环境；《婚宴》的场面和人物尽管平庸甚至丑陋，却充溢着令人会心的真实。刘小东油画语言的表现力并不亚于古典风画家的精致与优雅，不过他却将小弗洛伊德富于心理洞察力的造型方式消融在有着严格训练和多方面素养的独特理解中；显然，其人物和环境的真实性、调侃性，构图处置的随意性，几乎是有意和古典风油画拉开了距离而显示出强烈鲜明的文化批判意味。喻红的《情人们》（1991）或《幸福家庭》、《跳呼啦圈的男子》（1992），同样调侃味十足，其语言根基是古典的，但在这里古典语言甚至雕塑般的形象已蜕化为广告般的现代波普，从抽象化的背景中凸显的人物则是以调侃的面貌使那些与时俱来令人无可奈何而又不能无动于衷的新的社会现象曝光。

观赏陈文骥的《一根红色的绳子》（1987）和他一系列具有鲜明个人风格特征的作品，按照惯常的欣赏习惯思维必然受阻。陈文骥原是版画家出身，其艺术语言无妨说极度单纯，一种古典式的单纯，而就是在这极平易写实却沉默不语的物象组合面前，人们却难置一词，唯有在精神错愕中的惶惑不解。是的，陈文骥的作品或者不乏象征与寓意（如《墙上的墙》），而另一些则正是在断绝“意义”后令人凝思于纯视觉的神秘。它是否能逼迫你在极度的单纯中体会到巨大的丰富笔者不得而知，而他的创作反映出画家受某种美学意念的影响透露出强烈的抽象精神意味却是明显的。时代处在令人错愕的剧烈变化之中，而艺术自身的观念课题也需要艺术自身的深度反思，这就为欣赏或读解这样作品提供了所谓“互文性”（intertextualite）的潜在背景。把对陈文骥式的作品的欣赏和后结构主义的消解式批评结合起来，又使我们感触到从创作到欣赏和接受领域那种激发人的主动积极思维的现代意念。如果我们还承认陈文骥式的作品与古典形态保持着明显的联系，那么同时我们也会感到它们的貌合神离了。

六

在全面开放的市场经济中，金钱对画家不能说没有诱惑，这对最具有视觉经验优势和精致制作技巧因而长于娱悦感官的古典油画样式来说，正是处在首当其冲的地位，因而也经受着严峻的考验。然而这不是一个理论问题，因为哪些作品更像商品画是容易分辨的。从美术史的角度说，许多作品将成为过眼云烟，一些高档的商品画也只具有文化现象的意义。

本文载于《美术研究》1993年第2期

袁宝林，1939年生，河北唐山人。1965年毕业于中央美术学院美术史系。中央美术学院教授。

研究规律和启发个性

靳尚谊

中央美术学院附中创建于1953年，其基本教学结构是根据苏联中等美术学校的模式建立起来的，它的建立对当时中国的美术教育起了很大的促进作用。附中吸收了西方美术教育的基本内容，并把它扎扎实实地贯彻到中国中等美术教育中。苏联模式的基本框架和教学特点仍属于欧洲的体系，苏联把它运用到中等美术学校中，为大学招生打下了基础。中央美术学院附中的教学目的有两个，一是为大学输送后备生，二是培养中等美术专业人才。事实证明，在50年代至60年代，中央美术学院附中培养的毕业生在以上两个方面充分满足了社会的需要。一方面，经过附中培养的学生的水平普遍高于未经训练的考生，所以美院附中的大学升学率很高，它向中央美术学院和其他美术院校输送了大量毕业生。另一方面，由附中毕业直接参加工作的学生因为适应能力强、专业框框少而深受社会的欢迎。总之，从“文革”前的情况看，我国中等美术教育基本上是成功的，它的两个教学目标都达到了。

自改革开放以来，发生了一些变化。首先是在大学教育中进一步吸收了当代西方艺术中的经验和方法，大学教学思想进行了一定程度的改革：一是在基础教育中，加强了高年级素描教学的表现性因素，注重在基础教育中引导开发学生的艺术个性，同时对素描规律的研究也进一步深入；二是在创作教学中，开始尝试更为广泛的艺术样式，让学生根据自己的感受选择各种表现形式，在创作方法和风格上更为多样。大学教学思想的变化也影响到附中。然而附中是中等美术学校，有着自己的教学特点，中学生的文化水平、思想状态、接受能力均与大学生有所不同，因此如果过早地在附中推行大学样式的教学改革，容易引起学生对艺术追求的误解。这在基础课和创作课中都有所反映，附中的素描课经过几年的调整，逐渐趋于稳定，已经把握了中等美术教学的分寸。附中阶段的教学，基本任务主要是打下牢固的造型基础，这不是束缚学生个性的表现，而是增强和丰富其艺术手段以帮助他更好地抒发个性。创作课在附中阶段，就是研究最基本的创作规律。附中学生的创作课不同于一般的创作，主要是学习规律和知识。个性是学生自己的事情，教师只能对学生的个性加以引导，但不可能教给他个性，因而这不是教师的主要责任。教师的主要责任是向学生传授经过自己深刻理解的、体现出很高艺术水平和修养的规律。像在创作课上，教师就应着重传授创作规律，即从生活到艺术的转换规律，教师要引导学生研究如何把日常生活中的体验组织起来，通过一幅画面来表达自己的人生感受。至于学生画什么内容、用什么方式画，是学生自己的事情，老师不能代替，更不能改变他的感受，而将自己的感受强加于他。如果以教师的感受代替学生的感受，结果只能导致模仿，因为这种感情、形式都不是学生自己的。在这个问题上，教师应让学生朴素地表达自己的感受，他能用什么形式表达就用什么形式表达。教师的作用是在学生作画的过程中，指导他使其意图表现得更加充分、更加生动、更加独特、更加鲜明。这样学生既学到了规律，他的个性也得到了体现，他自己独到的感受通过一种独特的形式表现出来，这就是个性。如果以西方现代艺术的模式来对待我们的中等美术教育，其结果甚至会导致个性的丧失。其次，艺术规律和艺术表现不是对立的，比如素描研究的是客观对象，诸如造型、结构、明暗等，但是素描终归是经由人完成的，不是像照相机那样一个机械的行为，而是人的一种行为。故而在研究客观规律的同时，自然而然地流露出人的独特的感受，这是一种必然的客观存在。一个好的老师应当让学生充分研究艺术规律，提高他对规律性的把握，同时引导和开发他的个性，使其个性的流露逐渐成熟起来。附中的教学，对研究规律和启发个性、增强表现性之间关系的把握，也经过了一个摸索的过程，目前仍在此一过程中。

附中40年

近十多年来附中的教学有较大的提高，表现在对造型的总体把握上比“文革”前强了，表现方式比以前更为鲜明、强烈，创作能力也有进一步发展，艺术探索的形式也比较多样。此外，附中近年来为适应形势的变化，还对现有的教学模式做了一定的调整和改革，首先是对原有专业、课程的提高和发展，如原有的工艺图案课在教学方向上由传统型转向现代设计型。其次是引进新的专业与原有专业相结合产生新的因素，如与日本东洋美术学校合作建立美术设计教室。附中设置设计课程的目的有两个，一是为工艺美院和设计专业培养后备力量，二是培养能够适应现代社会需要的美术人才。附中原是为像中央美术学院这样的纯艺术学校培养后备生的，而现在纯艺术学校也需要加强设计因素。设计因素在现代艺术的发展中起着潜在的作用，设计因素进入纯艺术领域引起审美观念的变化，现代艺术不是只在形式上变点花样，而是审美观念的根本变革。艺术家从现代构成中汲取营养，使之成为一种观念和修养。构成课的内容是原有图案课的一部分，现将它提炼概括为平面构成、立体构成、色彩构成等形式规律，强化了纯艺术中的构图因素，这必然会引起审美观念上的变化。另外，社会上对设计专业的要求也越来越多、越来越广，附中设计专业的设置增强了学生毕业后的适应能力和工作水平。只有结合社会需要拓宽专业，附中办学才能越来越有活力，各方面才能得到不断发展。

如何办好中等美术教育还需要进一步研究和探索，附中作为一个中等美术学校，其特点主要是由中学生的年龄及其文化、社会阅历等条件造成的。总之，既要随着社会和时代的发展而变革，又要不脱离打好基础这个最基本的任务，尊重中等美术教育的特点，这样办学才能越办越好。

本文载于《美术研究》1993年第3期

靳尚谊，1934年生，河南焦作人。油画家。1953年毕业于中央美术学院绘画系。中央美术学院教授、博士生导师。曾任中央美术学院院长、中国美术家协会主席、中国文联副主席。

中国传统图案论纲

邓福星

一、图案的起源和性质

图案是怎样发生的？又起自何时？迄今有种种说法。一种较为流行的说法认为，图案由具象的绘画演变而来，或是从中抽象出来的。理由是，比较抽象的图案应当随着人类思维抽象能力的提高而逐步发生，并且，从认识发生学角度看，人类的具象能力先于抽象能力的发展，所以，比较抽象的图案应该迟于比较具象的绘画。此外，在绘画史上某些阶段，绘画也有过逐步抽象的趋势。但是，笔者认为，在这一看法中是包含了误解的。首先，在迄今所见的人类童年时期的造型艺术中，比较抽象的图案出现得并不迟于具象的绘画。相反，抽象纹出现得更早些。例如，彩陶纹饰的先导是单纯规整的宽带纹，在更早的陶器上，还出现过令人至今莫解的刻划符号。即使那些形象可辨的绘饰，如半坡彩陶上的狗纹、鹿纹以及人面纹等，也都带有很强的装饰性和抽象性，它们或可被视为图案。其次，探讨图案的起源，不应该限于已经形成的图案本身，还须要向上追溯，就是说不能从流中求源。

1963年在山西丁村遗址发现的一根兽骨上有清晰可见的刻划纹饰，其断代在大约1万年以前。虽然当时刻划这些纹饰的目的于今难以判定，但它表明，后来较为精细的纹样，当与此有一定的承继关系，尽管它刻划得还十分粗率。这件骨器上的纹饰显然不是对某种具体物象的摹写，在纹饰的构成上，虽然还显不出秩序和规律，但毕竟归属于抽象的一类。它比彩陶出现早四五千年，所以这差不多可以说是中国大陆上最早的图案了[1]。在欧洲地中海附近，发现了大约3万年前的兽角，上面刻有形象逼真的马、鱼和海豹等[2]。这似乎更近于具象的绘画。同样，还有比此更早的骨刻——约30万年以前，刻纹则是抽象的图案[3]。从中外的史前遗存材料来看，基本是抽象的图案在前。然而，尽管如此，仅以考古材料还不能遽断图案早于具象的绘画。因为，史前旧石器时代的骨角刻纹表明，在彩陶出现之前，早就有了一些纹饰，所用材料，除能保存至今的骨类、角类以外，可能还会有其他诸如竹、木之类，只是于今已泯灭无存了。既然人类最初所创造的图案大都已不可复见，那么，图案发生的问题，不得不借助于一定的理论推测。

在平面造型中，点和线是最基本的构成要素和创造的出发点。那么，点和线是如何从现实的视觉感受中提取出来并转化成观念性的造型因素呢？这是图案形成的关键环节。对远古的人类祖先来说，自然界的景物和现象是他们每天乃至一生中感受的重要内容，其中不乏包含点和线关系的种种景象，如日月星辰与天地交界线，花果与草木的枝干，砾石与水的边缘，野兽的眼睛及其肢体，等等。这是史前人类创造图案的现实依据和心理基础。终于有一天，当他们在敲击石块或划碰地面时，留在上面点和线的痕迹，偶然地成为一种契机，唤起与平时有关的现实感受，并使之与点和线的印痕相复合，于是，便渐渐地形成某种所谓观念。在以后的创造物上，原始先民开始有意地将点和线及其构成由简到繁地或刻划，或堆砌，或描绘到一定器物或材质上。与此同时或随后，他们又把对太阳、满月、葫芦及圆形瓜果的感受抽象为圆的观念，并用于石球一类圆球形器具的制作上。只有在这时候，即他们的智能发展到一定程度，能够将感受抽象为观念符号，并不断自觉地运用时，破天荒的奇迹才可能发生。瑞士学者皮亚杰对儿童认识发展过程的研究成果，对此可为佐证。

假如同意说人类创造的第一件工具中已经包含了人类最初的审美因素和艺术创作的成分，那么，就可以认为，从人类能够制造工具开始，就从一定意义上具备了创造史前图案的条件和可能性。既然广义的图案也包括了形体设计，那么，就不可否认第一件工具已含有一定的图案创作的性质。在此后的第二件、第三件以及第N件工具，都意味着对第一件工具形制的继承和改进，于是便如此这般地发展下来。这个过程，正体现了图案的一个重要性质，即承传性。它总是作为对此前相关图形的摹仿和继承，以及后来依据和参照的样本。

迄今为止，在史前遗存中，我们尚未发现一件类似当今所谓纯粹艺术的作品。所有二维空间的图饰，无一不是附着在一定的器物之上，或环境之中，即使一些岩画与地画，也仍然附属于特定环境和建筑，而且大多具有某种原始巫术的含义。至于三维空间的器物和各类具有各种功能的陶塑、石骨雕刻，更体现了史前艺术所具有的实用属性。它们那具有相当稳定性的构成与造型，既是同器具实用性的结合，也是对其实用性的依附。因此，与其把史前石器、骨器、玉器、陶器及其上的纹饰称为原始雕塑或原始绘画，毋宁视为图案更确切些。在这里，又显示了图案的另一个重要性质：用以装饰器物或环境而具有的依附性。

当把图案同一般意义的绘画和雕塑比较时，其性质更为显著。它们虽然都属于造型艺术，都是以线、形、色或体面构成一定可视的图形而产生形式美，然而，图案总须赖于一定的实用器物载体及其实用功能而得到展现，所以，它不具有像一般绘画或雕塑那样的独立性，而表现出较强的依附性。正因如此，它所借助的材质和制作技术就显得格外重要，而它所表现的对象、主题甚至创作个性常常是无关紧要的。在通常情况下，图案有较为恒定的主题和较为稳定的程式及样式，从而为以后提供了继承和参照的样本。图案的承传性特点，既是造型艺术中维持传统的砥柱，又带来一定的保守性。因此，也就不难理解，自艺术的独创精神益受青睐而得到倡导的近代以来，图案在一定范围里受到某种程度的贬抑。

归纳以上的分析，可以大致这样认为：图案发生的过程，是人类逐渐能够将所见的外界物象，归纳为一定程度的观念形态，并将其物化为一定图形的漫长过程。因此，图案的起源与美术的起源以及人类的起源是同步发生的[4]。探讨图案发生的过程又涉及图案的两个基本性质，即图案的依附性和承传性。

二、中国图案风格演变的五个阶段

就总体风格而言，中国图案在5000年或更长的历史发展中，略可划分为五个阶段。

从史前到春秋时期为第一阶段。这一阶段的图案主要包括石器、骨角器、玉器、陶器和青铜器等器物的造型与纹饰，其中彩陶和青铜器具有代表性。

以史前仰韶文化的宽带彩陶纹算起，彩陶时代至少持续了2000余年。早期陶纹中确有猪、鱼、鸟、狗、鹿以及花叶的纹样，但与同时或以后的几何纹相比，其数量少得可怜[5]。而彩陶几何纹却难以数计，且远为精美。繁盛时期的彩陶纹饰呈现为两个较突出的特点：单独纹样多数为圆的适合纹样；在连续纹样中，出现率最高的是旋纹和波状纹。在一些地区特别是后期出现过方折纹（如大汶口文化的三角纹，马家窑文化中马厂类型的蛙纹等），但从整体看中国彩陶纹样大多为圆形、弧形和波状纹。

史前器物的造型表现在石骨器具上是由圆浑向方棱的进化；表现在陶器上，一直保持球体或半球体的基本造型，直到后来部分器物（如鼎）才出现方直倾向。造型中的这一倾向同纹饰中方折纹出现并增多的现象是一致的。

与史前图案相比，以青铜器为代表的商周图案似乎别开生面，以致有的外国学者怀疑它们之间的承继关系。其实，正如上面所说，在原始社会后期，不仅纹饰出现了方折的样式，而且包括石刀、石斧、陶鼎、玉饰等的造型也趋于方棱化。这虽然不是全部，但反映了总体发展趋势。因此，不妨说，商周图案是史前图案向方直转化的结果。在我看来，商周纹饰中反复出现的云雷纹是由此前旋纹的方折化所成。当初在马家窑彩陶上行云流水般的圆弧纹饰，到了青铜方鼎上，已成为平直错落的方纹、回纹，变得凝重而严整。一些所谓夔龙或夔凤纹，不过是在方折的曲线两端分别添加象征性的兽头和兽尾而已，那些对称的兽面或兽体纹样，装饰性极强，几乎与几何纹难解难分。纹饰的根据也不再像彩陶那样，广泛地取材于植物、动物及自然景象，而主要集中于动物特别是兽类。商周的青铜器造型则更以方直为圭臬。

从史前图案到商周图案虽然在式样、格体及取材等方面都有所转变，但是，不管是以圆弧还是以方折为主，它们都是比较抽象的几何纹或是以几何纹为基本骨架的。它们所体现的风格意趣不管是流动活泼还是庄严狞厉，但在构成和组织上都以规整严谨为要，各自需要遵守一定的规则秩序。这些图案题材取之于外界自然，但又被赋予某种超自然的观念。这是在今人看来之所以带有某种神秘意味的原因。如果把它们与以后的图案相比较，毕竟呈现出一个相近的总体风貌，这可以概括为严整和诡异。

第二阶段始于战国，止于南北朝。门类扩及

漆器、瓦当、画像砖石、建筑、织物和铜镜等。其中，汉代图案集中体现了这阶段的风貌。

人物形象的图案出现并逐渐增多。动物题材中，既有灵禽神兽，又有现实生活中的马、虎、牛、羊。一方面，抽象的几何纹还在延续，并有所发展（如漆器中的云气纹、织物中的卷草纹、柿蒂纹等），但已不再是主体，只作为一类而存在；另一方面，写实性的图案渐多并开始占有较大的比重，其中有许多带有情节性和故事性的画面，它们大多出现在画像石及墓室壁画上。当然，它们所谓的写实性并不像西方的写实画派那样逼肖对象，也不像中国宋代以后那样活泼自由，尽管也表现一定的情节、场景，但仍不失浓厚的装饰之风，因而带有很大程度的示意性或寓意性。这些以人或动物为主体的写实性图案，或者追求格律体构图，或者以几何纹为边饰或背景，相互有机地结合起来，协调统一，如战国帛画、山东武梁祠画像石、洛阳北魏石棺画等。虽然它们也体现了中国绘画的许多特点，但其性质更近于图案。

商周时代那种严谨而讲究规矩的几何纹饰渐渐地舒缓展开，进而变得强劲、飞动。这在漆器和织物的纹饰中表现得尤为明显。值得一提的是。在这一阶段里，线条的表现力高度发展，只要把一些画像、石棺画线刻及漆绘纹饰与彩陶纹相比较，就不难发现，前者所具有的丰富而微妙的变化，及其中蕴含的情绪和凝聚的形式意味。图案中线的表现力提高，与同时期书法的重大发展相关联，而且，汉字也于此时期进入图案——在瓦当和织物上，都出现了汉字与几何纹或动植物纹样相结合的纹饰。由此说及的是，彼时的印玺或算是汉字图案的又一种形式。

前一阶段那方正而凝重的三维造型，在这一阶段也转向圆柔、雄浑和博大。秦陵兵马俑的壮阔气势反映了此一时期艺术的主要特征。或者体现为如霍去病墓石雕和许多汉阙那样的浑厚、拙朴，或者展现为如武威铜奔马及六朝陵墓石兽那般奔放、劲健，它们所能体现的博大而雄强的精神为其他历史时代的艺术作品所不及。

从秦汉到魏晋南北朝是中国历史上第一次大统一，后又分裂为战乱的特殊时期。帝国政权大一统的威力，生产、科技的广泛发展所创造的物质条件和技术条件，佛教的传入并盛行以及学术思想的活跃，都在文化艺术中得到反映。这便决定了上述图案的总体基调。同时，一个时代的艺术在一个总基调下又必定是丰富多样的。这一阶段的图案也是如此。除博大和强劲外，还有极度夸张和浪漫的特色，如佛国仙境、神兽羽人，怪诞不经，一些人或动物的雕刻、俑及墓画等又颇具生活情趣，显得诙谐、轻松。但是，假如要概括第二阶段图案最突出的美学风格，仍然首推其博大恢宏的气势与刚健而强烈的运动感。概而言之，即雄浑与飞动。

隋唐五代时期的图案是相继的第三阶段。如果说图案与通常的绘画、雕刻之间的界限在第二阶段以前尚含混不清，那么，到了这一阶段则比较清晰了。这个界限的清晰化，标志着双方各自都更加发展更加完善，同时，也促进和加强了二者之间的相互吸收。尤其是图案，从绘画中汲取了更多的成分。与其说这是图案形式的转变，毋宁说是图案观念及形式的拓展与丰富。以唐代图案为代表的此阶段图案发展的新的倾向，是以唐代社会文化艺术和科学技术的全面发展为前提条件的。

这一时期不仅出现了远比先前更多的植物纹样，而且，许多花样呈现出可以辨识其名的造型特点，如经常出现的莲花、牡丹、海棠、芙蓉等。它们与前一阶段所谓茱萸纹、柿蒂纹的表现方式颇不相同。主要为圆形的适合纹样多出现在铜镜、织物、建筑藻井或一些金银器物上，而在石刻、建筑绘饰及织物上则二方连续、四方连续的纹样居多。它们的构成和分布的共同特点是饱满、充实。如敦煌石窟中的藻井，常将忍冬纹、莲花纹、联珠纹及垂幔纹等多种图样组织在一幅图中，以边饰套叠包容，多者达七八层，从而造成富丽堂皇、绚丽多彩的效果。一些碑额、墓室门楣上的石刻纹以阴刻和阳刻交错，扩张而繁密。纹样多为缠枝纹和卷草纹，盈贯连绵。从图案的发展来看，这些纹样当是史前的波纹、旋纹，后来又成回纹的进一步演化。在织物和铜镜上，还出现了较多的对鸟、对兽以及瑞鸟衔花、瑞鸟衔绶带的图样，这除去形式上适于对称外，还有观念上的原因。被称为喜相逢的双凤对舞纹便始于这一时期。这些祥兽瑞鸟经常与折枝纹相结合，造成安乐祥和的情调。在一些铜镜上，对鸟或对兽既保持了传统的格律体构成法则，又常有一些突破而略带些情节。作为格律体构成，比以前有了更大的自由度。

这一阶段造型的基调也发生了变化，如果说汉代石兽为拙朴、雄强，南朝石兽奇伟、瑰丽，呈现勇猛而有跃跃欲起之势，而唐代的石兽则显得轩昂伟岸、泰然自若。狮、马、天禄虽添加双翼，却无欲飞的态势。俑的造型多为沉静肃穆之状，至于神佛造像则更显得雍容而庄重，绝少疾厉佯狂。这里所反映的泰然安详的神态，正是那个时代乐观自信、从容优雅的时代精神的写照。

色彩的丰富绚丽也是此阶段图案的一个特点。唐代对色彩艳丽的崇尚与此前秦汉、此后两宋颇为不同。其时流传下来的绘画可以间接为证。直接作证的可举釉陶三彩，它那以蓝、绿、黄、赭、褐为主色的十分丰富而变化微妙的色彩，既是当时色彩观念和崇尚的反映，也是科技发展到一定程度的结果。敦煌的唐代壁画则反映了当时色彩的富丽堂皇。透过它们，可以想见当时织物、服饰及建筑装饰等在色彩上的豪华艳丽。

苏轼所谓“君子之于学，百工之于艺，自三代历汉，至唐而备矣”[6]，是对唐代文化比较恰当的概括。据《唐六典》载，唐王朝曾与300多个国家和地区相交往，足见唐帝国的繁荣强盛和对外开放的态度。唐代经济、文化和科学技术的全面发展，以及对外的交流，哺育而繁荣了这个时期的艺术，影响并决定了图案的审美风貌。这一阶段的图案是辉煌壮丽的。它虽然也表现了博大，但不同于秦汉。秦汉与唐是中国历史上可以媲美的两个强盛时期，但不同社会条件下图案的美学风格不同。汉代是雄强、拙朴和壮大，唐代则是雍容而豪放的大度；汉代集中表现的是力量，唐代突出显示的是自信；汉代含蓄，唐代洒脱。它们的共性是博大。

第三阶段图案的风格，可谓雍容、富丽。

宋代以及辽金的图案列为第四个阶段。宋代图案为其代表。图案总体的转变趋势是：在构成上趋于简洁而纤细，几何纹渐少而相当一部分纹饰与造型的写实性加强，色彩转为单纯、淡雅。总体风格由华丽辉煌转向清秀隽永。

宋王朝对北方民族的侵扰采取了忍辱苟安的态度，这种态度通过影响社会心理而反映在艺术风格和基调上，不可能是雄强自信的。然而，在一个相对稳定的社会环境里，宋代的文化艺术又是相当发展的。中国历史上很少有像赵佶那样失于治国却积极倡导并参与艺术活动的皇帝。由于皇帝倡导并身体力行，宫廷画院成立，不仅促进了书画艺术的高度发展，而且也在一定程度上影响了艺术的高雅、秀丽、蕴藉、细腻的时代好尚。

这一阶段图案深受书画的影响。一方面，写实性图案增多，并且写实性加强。在一些图案——如宋代磁州窑的某些铁锈花、绿釉黑白花纹中，明显有书法用笔的迹象。另一方面，这一阶段的几何纹渐少，传统的构成程式被突破。那些铜镜上的团花，一改以往的向心式、对称式的格律体构成方式，而多以缠枝纹或折枝纹为旋转式构成。在刺绣和缂丝中，亦不乏其例。从某种意义上说，这表现了图案向一定广度和深度的发展，即不断突破某些规矩和格式，向着更接近现实生活，更世俗也更轻松的趋势发展。

与之相关的是这一段图案题材的变更。随着几何纹的减少，释道人物渐少，植物纹和动物纹增加，尤以花卉、鸟兽鱼虫最为常见。它们多为日常生活中所习见者，如牡丹、荷花、葵花、山茶、桃花、菊、梅、竹、梧桐，以及鹤、鸳鸯、鸽、雁、鸭、鱼等。人物则以戏婴为多见。此外，还有龙、凤，山水画和书法等。题材变更的突出特点是向世俗化的转变。

宋代有“瓷器时代”之称誉。宋瓷制作技艺的高度发展为瓷器造型及纹饰的改进、丰富提供了有利条件。宋瓷的装饰多为印花、刻花、划花、剔花与镂空等。这些不同于彩绘的工艺手法造就了不同的装饰趣味、风格与样式。在各种织物中，丝织、缂丝、印染、刺绣、织锦等不同织物的工艺手法和相应图案互不相同。染织工艺的发展也成为变更图案的条件和因素。例如，提花机的发明和改进，便影响到织物图案的构成纹理及风格。

三维空间的造型也有转变。小件器物趋于多样化，因随意性增强而较前活泼。宋代铜镜的镜式不再拘守圆形和菱形，而出现了方形、亚形、钟形等，漆器皿的样式增多。辽代鸡冠壶、凤首壶、鸡腿坛等样式活泼而带有具象性。玉雕制作中使造型同材质色泽、纹理结合起来的“巧色”，开玉雕之一“绝”。宋代大型石雕已少了前一阶段雄壮恢宏的气势，而趋于精细，也更加写实。虽体量大却显得精巧可爱而少雄壮威严。一些则带有较强的装饰性，山东泰安岱庙石牌坊下石狮与铁铸蹲狮可以为例。其造型样式和手法都成为下一阶段同类石雕的先导。

综上所述，这一时期图案总体风格为清秀和隽雅。

自元代开始，经明、清到近代，是图案风格演变的第五个阶段。正如这一阶段文化艺术的分化一样，图案越来越明显地分化为上层（主要是宫廷的和文人的）与民间的两大支流。一方面，在文人士大夫中间流行和沿袭的图案不断强化社会上层的审美趣味，它们一度奔放，后又端庄，但总体追求精致。另一方面，在广大农民和市民中间，反映社会下层民众心理和审美趣味的民间图案也蓬勃地发展起来，其特征是清新、质朴、简练和活泼。但是，二者并非泾渭分明相互绝缘，而经常是相互影响和相互融合的。

工艺美术以及民间美术的繁荣为图案的发展创造了有利条件。如陶瓷、琉璃、丝织、棉麻、毛织、刺绣、印染、玉雕、竹雕、编织、漆器、金银器、家具等，或是传统门类的复兴，或是新品类的开创，都达到相当高的水平。此外，在建筑及其装饰上也有新的成就。这一阶段的图案主要反映在这些门类上。

瓷器中的青花和釉里红，虽然只是蓝白和紫红的单纯色彩，但纹饰组织均衡，密集而活泼，布满器物通体，从而造成各自的特定样式。家具到了清代，繁纹重饰，错彩镂金，十分精细。尤其织品、刺绣、景泰蓝、珐琅、雕漆、螺钿等工艺品不胜精巧、细密。它们属于繁复的一类。

相比之下，完全由几何纹构成的纹饰不占多数。其中一部分是在继承传统图案的基础上，做了发展，如冰裂纹、方胜纹、四令、曲水纹、方棋纹、八达晕等，还有一部分是同写实性的纹样或汉字相结合，应用于织物、器具雕刻或建筑装饰中。大量出现的纹饰仍然是花卉、鸟兽鱼虫以及人物。在前一阶段就已具有的绘画性的特点又有所加强。瓷盘、瓷碗、瓷瓶、雕漆盒等上面的纹样多为写实性的龙、凤、麒麟、鹤一类的鸟兽，周围空白以折枝花卉填补。有些瓶、杯、壶、碗上的纹饰，近乎单色或五彩的绘画，有人物、花卉鸟兽，还有带情节性的历史故事。其中不少从题材到表现都仿效文人画。瓶、杯、壶一类瓷器因放置方向的稳定性，上面近似绘画的装饰便不至于造成头足倒置。其中多数活泼、随意，具有较浓的生活气息。至于建筑彩绘、丝绸、织绣，特别是玩具、窗花、花样、纸马等民间美术制品，更加质朴、清新。同时，有许多图样被约定俗成地认定为“祥瑞图案”，如“五谷丰登”“福寿如意”“富贵有余”等，以各自特定的意义广泛地流传下来。由于其形式上相对的稳定性和表达民众意愿的寓意，使许多图案形成一定的程式化和鲜明的世俗化含义。

从元代到近代的700多年间，历经几个王朝的更迭，以及社会变革、经济与文化的发展，其图案的审美风格、趣味不可能是一成不变的。从总体来看，由上一阶段的清秀、典雅逐渐地转向刚健，继而庄重，又归细密、活泼，同时，更加程式化和世俗化。在这一阶段的不同时期或同一时期不同类别的图案仍有不小的差异。只有把它们同此前各个阶段相比较，而且，也就这一阶段明显的两个类型——宫廷的和民间的图案而言，可以说第五阶段图案的总体风格特征是繁细与活泼。

三、中国图案中的观念

图案是人类形象地把握世界的方式，而且是一种基本的、纯化的方式。正如语言，一定的语词和语法表达一定的意义，图案也以一定的形式构成而反映出一定的观念。虽然艺术的内涵是多层次和多方面的，并不只有观念，但观念无疑是艺术内涵中最主要的和最基本的。在这种意义上，黑格尔说：“艺术的内容就是观念。”

中国图案中包含着十分丰富的观念。在不同

历史时期，或此隐彼显，或由此转彼，或相互融合，或几相并存，它们作为有力的潜流，影响并推动了图案演进，同时，也作为聚合和固守的力量，保持了图案形式的相对稳定性。在中国传统图案中至少包含以下几种基本的观念：原始观念、宗教观念、自然观念、祥瑞观念以及等级与道德观念。

原始观念是远古人类原初思维的产物，它是一种多重意义的混沌的观念。原始彩陶中的花叶纹，一些带有家畜形象的纹饰和一些农耕用的石器，反映了先民的农耕意识，在鱼、鸟和某些昆虫的纹饰中可能具有农耕物候的意义[7]。这是古朴的自然观念的雏形。原始宗教观念缘于当时认识能力的低下，对外界自然“皆以为有神灵而敬畏之，于是有所谓拜物之教焉”[8]。黄河中上游彩陶上的鸟纹、鱼纹、人面纹，黄河下游鸟的造型及纹饰，都可能具有将这些鱼、鸟作为崇拜物的意义。在商周青铜器、玉器上的兽面纹和鸟兽的造型，集中地反映了《礼记》中所谓“殷人尊神，率民以事神，先鬼而后礼”的观念。这是一种把超自然的力量赋予某些想象中动物的观念。直到前述第二阶段即秦汉时期，大量的汉画像石、墓室壁画中的图案，多为伏羲、女娲、东王公、西王母，以及日月、规矩和各种奇禽异兽。它们出自远古的神话传说，属于荒诞而神奇的想象。其中所含的观念，则是原始宗教观念的延续和发展。某些原始石器、陶器和商周青铜器的造型已有贫富差异与社会不同等级的标示，这是社会等级观念的开始。总之，这里所谓原始观念，是在一定历史条件下出现的人类最初的观念，是情感与理性，想象与现实，自然与社会相混合的不尽合乎逻辑的混沌观念，其中包含了后来所有观念的雏形。因此，不宜把它作为单一的原始宗教观念。在第一阶段和第二阶段的图案中，更多地体现了这一观念。

宗教观念比较集中地体现在中国境内佛教、道教、伊斯兰教以及其他宗教的美术遗存中，其中主要内容是佛教和道教的观念。

佛教于公元前6世纪至公元前5世纪由印度释迦族王太子创立，西汉哀帝元寿元年（前2）传入中国，魏晋南北朝时期得到发展，于隋唐达到鼎盛，两宋后渐衰。佛教修行觉悟、普度众生的宗旨与中国儒、道的主张并不相悖而且可以互补，所以在很长的历史时期得到流传和发展，并形成天台宗、律宗、禅宗、密宗等八大宗派。敦煌千佛洞、云冈石窟、龙门石窟及其造像，五台山、普陀山、峨眉山、九华山等地的寺庙建筑，都是有代表性的佛教美术。除寺庙、佛塔外，还有释迦、罗汉、菩萨、天王、天女等佛像，华盖、座台、背光、法轮等宝物的造型和纹饰都以佛教的特定要求，而合乎一定的规范与样式。例如，敦煌石窟中那繁复华丽的藻井，半似云气半似波浪的火焰纹背光边饰，飘带舞动的伎乐天，以及佛的种种手势指法，无不蕴含着浓厚的佛教观念。道教渊源于原始巫术及秦汉时期的神仙方术，为中国本土宗教，于东汉顺帝时倡起。道教中有神仙、羽人等及许多被神化了的历史人物。广泛地流传于民间的“八仙”“三星”便属于道教题材。青城山、终南山、武当山及五岳等地的道教建筑，集中地体现了道教观念。伊斯兰教在7世纪初由穆罕默德创立于阿拉伯半岛，后传入中国，宋元后有所发展。伊斯兰教主要在回、维吾尔、哈萨克等少数民族中传播。在伊斯兰教的教堂建筑、金银器、瓷器以及相关器具的造型和纹饰中体现了伊斯兰教观念。除佛教、道教、伊斯兰教以外，在中国少数民族中间还流传着许多少数民族宗教，如北方赫哲、达斡尔各族中流行的萨满教。近代从西方传入中国的基督教、天主教，从俄罗斯传入中国西北地区的东正教也有一定的影响。总之，各种宗教观念都明显地渗透在相应的宗教美术中，同时，也渗透在相应的宗教图案中。

自然观念，即人们在历史中形成的对自然景物、天象以及动植物的总体观念。从事农耕的中华民族，自古就有对自然的一种朴素的认识和比较亲近的感情，这在原始图案中已有所反映。但由于一种超自然观念的盛行，致使在一个时期里自然观念受到压抑。自魏晋以后，山水诗和山水画兴起，自然观念才开始增强。自唐代起，图案中现实自然的成分渐多，其表现方式也更加“自然”。至宋代，现实自然在图案中占有相当大的成分，这表明创作者和接受者对自然的向往。天人合一的哲学观反映了中国人自然观念的一个方面。他们把自然看作同自身具有和谐统一的关系；另外，在山水诗、山水画中又表现出对自然的赞美和肯定，以及慨叹人生易老江山依旧的自然观念。也正是在宋元以后，随着图案中自然题材的不断加强，又逐渐地附加了人格的意义和理想主义精神——民众生活的意愿。这是先秦时期以自然“比德”思想的复兴。于是，山川草木，鸟兽鱼虫不再是纯粹的自然，而被人化，被社会理想化；于是，这时的自然观念更多地转化为吉祥观念了。

吉祥观念，其实只是民众的心理意愿和对美好生活的向往而已。某些动物、植物以及图样被约定俗成地作为特定意义的象征或符号，于是这些图案便包含了相应的吉祥观念。吉祥观念主要包括：纳福迎祥，驱邪避恶，多子长寿，升官发财及喜庆如意等。吉祥观念所借代或附丽的物象很广泛，有神话传说中的夔、龙、凤凰、麒麟等；宗教中的“三星”“八仙”“八宝”“如意”等；还有汉字“福”“寿”“喜”以及纹样如卍字纹、回纹、方胜纹、黻纹等；最多的是动物和植物，如鱼、鹤、鹭鸶、蝙蝠、喜鹊、鸳鸯、鹿、象、猴、羊及牡丹、梅、竹、松、莲、桃、石榴等。吉祥观念同这些物象建立了对应的关系。物象在表达吉祥观念时通常有这样几种方式：一是象征或寓意，如牡丹象征富贵，喜鹊象征喜庆，瓜瓞绵绵喻多子多孙，白头翁喻夫妻白头偕老。二是谐音，如蝠谐“福”，鱼谐“余”，猫、蝶谐耄耋。三是借用汉字或符号，如“囍”字用于新婚祝贺，“寿”字为祝寿，铜钱、元宝意为发财，石榴表示多子，等等。吉祥观念渊源很早，先秦时已有“以玉比德”之说，以玉比喻人之美德，即喻美好之意，唐代盛行的对鸟、对兽图案明显有喻和美、完美之意。不过，只是自清明以后，吉祥观念才盛行起来，尤在农村市民间广为传播，几乎遍及所有的民间艺术品之中。

等级与道德观念在各个时期的图案中也时有反映。等级观念是指不同社会阶层（特别是在上层社会里）的居室、用品、服饰等的造型、纹饰和色彩具有一定规范，以表示拥有者或使用者的社会身份、权势的区别。《周礼·春官》中就有记载：“以玉作六瑞，以等邦国。王执镇圭，公执桓圭，侯执信圭，伯执躬圭，子执谷璧，男执蒲璧。”再如，明代皇帝常服规定为黄色，绣十二章纹，文官补服自一品至九品各不相同。清代端罩自皇子至三等侍卫的十五个等级所用材料、图案、色彩也各不相同。图案中的道德观念，系指渗透于其中的赞扬忠勇、正义、诚实、孝悌，批判奸诈、邪恶、虚伪等的道德评价。在脸谱、面具、皮影、木偶的造型中，这种观念表现得较为明显。《梦粱录》中写道：“公忠者雕以正貌，奸邪者刻以丑形，盖亦寓褒贬于其间耳。”民间流行社火脸谱的口诀是：“红色忠勇白为奸，黑为刚直青勇敢，黄色猛烈草莽蓝，绿是侠野粉老年，金银二色色泽亮，专画妖魔鬼神判。”脸谱图案中的道德观念于此可见一斑。还有一些取材于历史或民间故事、戏曲故事的图案，显然受到有关文学、戏曲及绘画的影响。在等级和道德观念中，也有一些与今不相合的陈腐观念。但总的看来，这一观念在图案中的反映，并不及其他观念那样普遍和深入。

四、中国图案的形式特征

图案毕竟是一种可视的形象，其中的观念及其他内涵，也都须通过特定的形式构成体现出来。那么，中国图案的形式有哪些特征呢？

首先，图案的形式构成在于建立一定的视觉的形式秩序。

这是图案区别于一般绘画、雕塑的造型原则和最基本的造型特点。尽管图案也经常以某些现实的或非现实的物象作为主题，在某一发展阶段里，大部分也都带有绘画性，但是，从根本上来说，图案不以表现这些对象为目的，而在于建立一种令人悦目的视觉样式，也就是视觉的形式秩序。只有这种经过整理、归纳而建立起来的视觉秩序感，才具有超越原来物象本身的艺术价值，才能满足观者的需要。英国学者贡布里希这样分析了视觉秩序使人心理悦目的心理依据：“我们的知觉偏爱简单结构、直线、圆形以及其他的简单秩序。我们在混乱的外部世界里往往易于看清的是这类有规则的形状，而不是杂乱的形状。”[9]在某种意义上说，这也是人们所以要创造视觉秩序的动因，甚至是图案的本质。说到底，图案的造型和纹饰都在于甚至仅在于寻找并建立某种视觉秩序感。图案的视觉秩序感主要包括三个方面或层次。第一，单体或局部的式样，即单体或局部的视觉感。如旋纹、波状纹、回纹、卷草纹、菩提树或飞天，它们的“形似”无关紧要，要紧的是须明确它们给观者造成的形式感，如是圆味还是方味，是静态还是动态，从而建立起局部的或单体的视觉秩序。第二，构成方式即由上述单体到整体的组成秩序。无论是格律体、填充体，还是平视体、透视体以及组合体，都是建立完整图形的途径和方式。它们对图案的重要性及限制性远比对绘画大得多，因为后者无须建立更多的秩序。第三，图案和物质载体的关系。如原始彩陶器皿因不同造型其纹饰的部位也不同。砖刻纹粗疏，漆雕纹细密；瓦当、铜镜、瓷盘用适合纹样，织物、建筑装饰取连续纹样，景泰蓝纹通体布满，明式家具纹画龙点睛。或者说，这是以一定的方式造成更广意义的视觉形式秩序。

三维空间的造型实际上也是对形体秩序感的创造。古代的玉雕、陶俑、石雕、泥塑等，在很大程度上都是对一定形体秩序的寻求和创立。从原始陶器到近代多种材质的器皿造型，所以保持了相当强的稳定性，也是由于对一定秩序的遵循。所以，从某种意义上说，图案就是建立视觉秩序感的艺术。

其次，图案是发掘材质美、体现技艺美的造型艺术。

前面已经提到图案的依附性。现实中的图案不是独立自主的，总要通过一定的技艺以一定的材质为载体才能得到实现。材质和制作技艺对图案具有十分重要的制约以至决定作用。每一种材料都有自身的质地、肌理、色泽等外形特征，它们不仅以此决定是否适于表现某一图案，而且也影响甚至规定了所表现图案的构成方式、趣味、风格等特色。织物上的四方连续图案不适合于砖刻、铜镜；漆器上的描金堆雕纹刻不能用剪纸来表现；画像砖、石上的金石味和残缺美成为其图案的形式因素，与斗彩、釉里红及五彩瓷纹饰风格迥异，三彩则作为一种特殊的釉彩既表现了色彩微妙的变化，又以其光泽造成三彩釉的特定釉种。材料本身的光与涩、明与暗、粗与细，既可能是一种缺憾，也可能在一定的设计和制作中转变成美的要素，问题在于如何能充分地以特定图案对材质美加以发掘与显示。如明式家具所以不涂漆彩，宜兴紫砂所以不挂色釉，都为了充分地显示其材质之美。

与材质美不可分的是技艺美。为要避开材质性能之短而扬其所长，需要巧妙的设计和精湛的技艺，玉雕中的“巧色”、象牙球雕刻可以为范例。不同的技艺可以使相近或相同的材质因不同的制作手法而产生不尽相同的图案来。例如，挑花的针法，有直针、斜针、人字针、十字针等，不同的针法会形成不同的“秩序”。但挑花的图案又有统一的特点，那就是在纹样和构成上多用方形、菱形、网形、回纹等极少圆弧形。这既不同于刺绣，又不同于印染。刺绣的针法更多，齐针、抢针、单套针、双套针、绕针、乱针等，各有不同的效果。贵州苗绣中有一种马尾绣，将绣线缠绕在马尾上，使绣品纹饰出现凸起，形成特有的肌理。染织中，蜡染、扎染、印染也造成不同的图案效果。至于瓷器，例子更多。青瓷、白瓷、彩瓷以及种种不同的釉色，其造型、图案和釉色各有千秋。总之，材质美与技艺美密切相关，对图案有十分重要的意义。这正如同一个外国学者所说，技术加工的劳动是唤醒在材料自身之中处于休眠状态的自然之美，把它从潜在形态引向显性形态。

最后，整体气韵是中国传统图案的重要形式特征。

如果说以上两点对其他国度的图案也有一定适用性的话，那么这里所谓整体气韵则可视为中国形式图案特有的形式特征。图案的整体气韵是指图案整体效果所显示的生动韵律，一种相反相成的动势、动感。它是形式构成中一个较高的层次，虽然比较内在，但基本上还属于形式的范畴。应该说这一特征是中国艺术审美追求的一种体现，它与中国书画的审美规范是一脉相承的。

当和西方图案比较时，这个特点更加明显。欧洲传统的图案以建筑装饰为主，如柱式、拱门、铁门窗，还有家具、金属饰品、餐具等。它们通常具有比较严格的对称性或其他均衡特点，呈现为规整严谨之美。在希腊瓶画和雕刻中，有大量人物形象和动物形象出现，却都是相当写实的。这种两极倾向的图案虽然都具有很强的装饰性，但都过分地注重于形式的规矩，而缺乏某种表现的或抒情的因素。图案的整体效果都具有比较严整的装饰意味，而较少生气。中国传统图案则是另一种情况。自唐代以前，图案为美术的主流，所谓纯粹的绘画、雕塑还不是很发展的，在图案中则经常地灌注了创作者不同程度的表现成分。史前彩陶中的旋纹、波状纹已开活泼流动的先河。商周纹饰虽然倾向严谨，但也不乏打破均衡对称的纹饰，而那些以动物为题材的纹样，仍富有生气。战国时期的图案已显出松动活泼的转向，并有了情节性的表现。到汉唐，无论是画像砖石、漆器，还是织物上的纹饰，都充满了动感和生气，即使格律体构图的铜镜、漆盒上的纹饰，也不乏现实生活情趣，那鸟兽的相对飞动形成相互呼应的气韵。至于唐代壁画中的飞天，佛像背光的火焰纹那令人激动的韵律，就连石刻中那繁茂的缠枝纹、卷草纹也充满生机。图案中这种整体气韵，实质上是创作者注入的一种情感表现的成分，在某种意义上说，它之所以在图案中占有重要位置，当是在绘画表现方式尚较拘谨的情况下感情表现的代偿。宋代以后，图案又受到书画的影响，以另一种方式表现了其传统的气韵。在中国传统图案中，当然也有缺乏气韵的，如宋元以后的某些连续纹样，一些民间艺术中程式化过强的图案，也有僵化呆板的缺点，但它们只属图案中的末流。

图案的整体气韵与视觉的形式秩序化及材质美、技艺美是相辅相成的。它们之间既对立又统一，要之，须三者的最佳结合。中国传统图案的形式，或许还有其他一些特征，但总的来看，这三者是首要的和基本的。

注释

[1]一些学者认为，在北方系列的岩刻中，有的可断代为旧石器时代晚期，即与这里所提的骨刻时代相当，但这一推测似未得到学术界普遍的接受。

[2]朱狄:《艺术的起源》，中国社会科学出版社1982年版，第153—160页。

[3]见拙著《艺术前的艺术》，山东文艺出版社1987年版。

[4][5][7]见拙编《中国美术史·原始卷》，齐鲁书社1990年版，第107—108页。

[6](宋)苏轼:《东坡题跋》卷五，第2—3页。

[8]吕思勉:《先秦史》，上海古籍出版社1982年版，第446页。

[9][英]E.H.贡布里希:《秩序感》，浙江摄影出版社1988年版，第8页。

本文载于《美术研究》1993年第4期

邓福星，1945年生，河北固安人。1985年毕业于中国艺术研究院获博士学位。中国艺术研究院研究员、博士生导师。曾任中国艺术研究院美术研究所所长，《美术观察》主编。

民间美术的基本概念

吕胜中

何谓民间美术

在人类的童年时期，艺术是没有“民间”与“非民间”之分的。随着文明的不断发展，社会阶层、职能分工的出现，形成了在中国古代相对于宫廷美术、文人士大夫美术，在近代相对于社会服务性美术、新文人美术（包括知识阶层的专业、业余美术）、商品性美术而言的“民间美术”这一历史的概念。

中国传统文化中的“民间”二字，当指社会最基层的庶民百姓。那么，民间之“民”，无论是在长期封建君主统治的旧中国，还是城乡之间、工农之间、脑力劳动与体力劳动之间仍存在差别的今天，主要是指农民、渔民、牧民和生活在社会下层的其他劳动者。

民间美术，是产生于劳动者之中的，也是属于他们自己的艺术。是劳动群众在生产劳动、社会活动之余，为满足精神生活的需要自己创作，并在他们当中应用和流传的一种朴素的、自由的表意形式。它不是以作品的构成方式、技法材料作为分类的，诸如绘画、雕刻、建筑、工艺中的一个门类，而是人类创造的各种艺术形式在民间的形态。

中国是个幅员辽阔、民族众多的国家，地理环境、风俗习惯、生产方式的差异，历史上文化中心的几经聚散和位置变换，使地域、民族之间出现了文明基准的不平行发展，民间美术也因之呈现出多类型、多层次的现象。其中既有人类艺术初始的神秘境界，也有上升期雄浑博大的气魄和成熟期丰硕的神韵。它是民族艺术中最具民族特色和本土精神的一部分。

然而，民间美术作为人民大众审美表现的一种方式，向来未被列入传统的“正册”中去。而由它不断滋养着的宫廷、文人士大夫美术，却随着封建社会贵族文人社会地位的不断上升而逐渐占领了艺术的主流位置。民间美术独自保持着艺术本原的质朴和纯真，伴随着人类的生存，在中国民间比较稳固的社会结构和文化结构中，协调着人的生理情感与社会尺度之间的关系，构筑着劳动者的精神世界。它的生命力随着劳动人民创造力的自生不息而不断向人类理想的进程延伸。

确定范围的尺度

民间美术本身所呈现的风格五光十色、样式纷纭复杂；非民间美术某些作品内容或形式与民间美术的重合；不同地区、民族文化的差异，劳动者审美趣味或创作目的的改变，使我们不可能用一个外部表象上的固定模式去确定民间美术的范围。只能通过对构成一件民间美术作品的基本条件，去获得对它本质的认识。

民众自觉性的表现要求。民间美术的创作一般是出于作者的自我愿望，不是受他人支配所致。劳动者基于生活的直接需要和自己的表现欲望，围绕着自己生活范围的社会关系，自发性地展开。比如，姑娘给情人绣的花鞋垫、烟荷包、红裹肚，媳妇给孩子做的虎头帽、猪头鞋、蛙耳枕，老婆婆剪上几套新窗花装点节日的住居，爷爷为孙儿捏个泥叫叫逗趣，舅舅给满月的外甥扎个花虎虎作为礼物，当父亲的生怕独生子不好养活，用石头雕个石狮子拴住娃娃……所有这些，都是作者心甘情愿要做的事，并在创作中获得自我心灵上极大的满足。它是人类本能的创造欲望在民间艺术中的体现和升华。

有些作者会某一种技巧，一看到别人做，心里就“技痒”。陕西洛川的王兰畔“心里一高兴就想铰（剪纸）”；江苏邳县的王桂英是“在泪水里泡大的，摸起剪子来，就泪不流，心不愁了”。这些都说明劳动群众视创作活动本身为抒发真情实感的自由天地，作品随作者审美意愿和理想而生，灌注着他们对艺术的真诚。民间美术作品是表达民众自身心灵世界的形象化语言。

民众自己的创作。民间美术的作者不能像专门以艺术作为事业的职业美术家，可以把全部精力投入艺术研究与实践中。劳动者在生产劳动之余，集中本地区民众千百人的聪明才智，凭借自己的心灵手巧，用一些顺手可得的普通材料，甚至是废旧物品，在自己具备的表现能力允许的条件下，赋予作品理想化的艺术形象。挖一堆泥巴，团来揉去就能捏出个狗啊猫的来，几片碎布头，缝缝连连就可做出各色的荷包。庄户人有句话，“自己动手，好歹是有”。劳动者自己的创作，既充实了生活的乐趣，又不必花费太大的财力。技法上也并没有统一规定的模式和一般人不可掌握的高难度技巧，适合于劳动群众普遍的审美表现能力。

可见民间美术的价值，不在于材料的昂贵与制作的奇特，而在于它体现了劳动者艺术创造的本色。尽管有的作品仍欠成熟，但比起贵族艺术选用珍奇材料、不惜工本的雕琢，类乎象牙雕刻、鼻烟内画壶之类的工艺品来，比起文人士大夫阶层清玩摆设之类的手工之作来，更显出朴素自然的风采。

应用于民众生活之中。美，直接起源于生活之中，“美”和“好”在中国文字中是不可分离的。在民间，没有纯粹“艺术品”的概念。民间美术的审美表现，是与生活实用紧密联系在一起的。作品必须在生活中有着一定的实用性，才有其产生和存在的可能。

一双绣花鞋不仅好看，穿到脚上还要舒适；一个青花瓷罐不光摆在桌上欣赏，还得用它盛油盐酱醋；一对门神贴到大门上主要是因为能驱邪纳福；贴在窗子上的“喜花”，既装点喜事的气氛，又是对夫妻和睦的祝愿。这些都是物质需求与精神需求和谐统一的形式。

正因为民间美术审美与生活实用的统一性，作品才由衷地体现着作者对生活的美好理想和热切追求，寄托着人类对世界、对自然、对生命的爱。

由此可见，在确定民间美术的范围时，必须重视作品是否出于民众自觉的表现要求，体现了本地区、本民族的审美趣味；是否民众自己的能力所及，并有可能成为他们当中普遍流传的形式；是否具有一定的实用价值，应用于民众的生活之中这些基本条件。民间美术创作的起因、方式、结果与劳动者生活的土壤不可分离，应使之和其他艺术现象清楚地区别开来。

有关概念辨识

民间美术与原始美术。艺术在产生社会等级之后的分化中，各自沿着自身发展的规律发展变异。民间美术由于一直不脱离人类生活的基本方式因而始终保持了艺术初始时期的基本属性。但这绝不意味着民间美术和原始美术等同。

中国的绝大多数地区经历过民族文化上升时期的繁荣。在民间美术较为引人注目的地区，一般都有着深厚的历史文化根源。以西北地区为例，汉唐两大帝国的京都都在西北，关中长安在这两个时代因文明的高度发达而成为世界瞩目的城市。民族文化进程中的高峰，必然催动着民间文化的昌盛。从西北地区出土的大量古代艺术品中，就不难看出现存的民间美术，更多是汉唐文化的继承。中国封建社会上古、中古时期的先进性，近古以后的落后、倒退和封闭，使占据正统位置的艺术附和着历史演进的波峰浪谷升浮与跌落，而民间美术，就像埋在地下的沉缸老酒，经过多少年的发酵，更添了几倍的醇香。

民间美术与工匠艺人作品。随着以技术作为职能分工的社会现象发生，在劳动者中也出现了应不同阶层所需要而以手艺为业的工匠和艺人。这些作者大多迎合服务对象的喜好，作品的审美趣味基本遵循着“七分主人三分匠”的规矩。也就是说作者的作用，只不过是对雇主或客户的一种技术加工。所以，工匠、艺人作品的性质，首先要看服务的对象，其次看是否仍保持劳动者艺术的审美品格，并能在民间应用和流传。如天津杨柳青的“齐健隆”“戴莲增”等大画店，请文人画家绘稿，专门开辟设有十几道工序的“细货”作坊，其艺术格调和当时的文人绘画并无二致。艺人们在作坊只是重复性的劳动，自己的创造能力和审美理想不可能得到发挥。作品的标价也超出一般平民百姓的购买能力，而是官府宦宅、书香门第、商行酒肆应节令风俗的必需之物。这类作品就很难归于民间美术的范畴。同时，也有一部分把技艺作为副业或职业的工匠、艺人，在农闲季节，应乡里乡外劳动群众的需要，以赶街走集、等客上门的方式，制作某种民间必需的手艺品，以填补生活的不足。这类作品，往往基于民众创造的基础，只是以替代的方式解决多数劳动群众实现自己生活需求与审美需求的不便。如安徽阜阳农民程建礼，从小就喜欢看乡里的巧手剪花，学会了一千多种花样，并能随意变化。农闲时就带上把剪刀串乡，为老乡剪些生活中常用的花样，被当地群众称为“花匠”。其作品以商品的形式出现，但作者的审美趣味和本地区群众基本保持一致，因而仍不失民间美术的特色。

无论如何，工匠艺人的艺术活动，是人类个体的本能表现行为由其普遍性向着职业性演化的初步形式。随着功利思想的不断深化，最终很容易脱离民间文化的轨道，成为撷取民众集体智慧的结晶而赢利的商业性美术。

民间美术与群众业余美术创作。民间美术的作者大都是在生产劳动之余进行创作的。那么，是否凡是群众业余创作的美术品都可谓之民间美术呢？特别是在古老文明向着现代文明过渡的今天，业余美术创作活动已逐渐成为体现劳动群众精神生活的一种方式。其中有的作品，既较完美地表现了作者自己的创作意图，又与生活实际发生了联系，就有可能成为民间美术的新形式。但大多数群众业余美术创作活动，基本是上级文化部门利用本地民间美术的传统基础，发动群众进行创作的，以“登上大雅之堂”为目的的，作品并非结合劳动群众生活的实际需要。就近几年兴起的“农民画”来说，许多直接运用民间剪纸、刺绣、印染等手法，有的是传统纹样的再现，有的则表现了现实生活，具有浓郁的乡土气息。但这种创作方式并不强调作品结合劳动群众生活的实际需要，因而在民众之中仍没有形成一种自发性行为的可能。作者中很少有人肯在自己家里贴一张“农民画”便可证明。当然，其中一些较少体现组织者或辅导者意图的作品，其创作方式、造型、构图、色彩处理手法及画面中保持原始面貌的古老纹样，可作为我们研究学习民间美术的间接范例。至于一些受过学院式基本功改造，以模仿专业美术为目标的群众业余美术作品，更不可能成为具有民间普遍性的艺术活动，与民间美术有着质的差别。

民间美术与通俗普及性美术。通俗普及性美术是文明高层次向低层次渗透的一种形式。为了能够被普遍接受的需要，常常运用民间喜闻乐见的艺术手法，以达到在民众中传播的目的。如抗战时期解放区鼓励农民学文化的美术作品《识字一千》《读了书又能写又能算》，中华人民共和国成立以来倡导婚姻自由的作品《幸福婚姻》，宣传计划生育的《一孩最好》等，便是以传统民间木版年画形式创作的作品，其中有的作品恰如其分地把握了劳动大众理想追求的脉搏，引起群众的共鸣，并由此产生响应性的民间美术新作来。有的甚至是原作品的变体。但就通俗普及性美术作品本身来说，并不是民间美术。

新时期的变异

中国社会近百年来发生了历史性的巨大变化，从封建社会跨入社会主义社会，人民群众带着封建君主统治的创伤，努力营造自己理想的新生活。

在重大社会变革的作用下，现代文明已不可阻挡地进入劳动群众的物质、文化生活。随着文化教育、生产方式、风俗习惯、审美喜好的改变，与劳动群众生活相适应的民间美术也无疑会发生新的变异。昔日千针万线绣织嫁衣的农村妇女，成为组织生产劳动或办家庭副业的好手，再也没有时间坐在炕头描龙画凤；节日布置房舍，有胶印的美人风光照片和条屏年画，谁还愿贴木版印的“花纸”；小孩子玩一个能叫能闪又能跑的电子玩具，也感到比泥娃娃更有趣……所有这些，都标志着现代文明对古老民间美术的无情冲击。但是，人类的创造天性不会泯灭，民间美术的大海也不会枯干。劳动者仍然会在自己审美情趣、创作能力普遍提高的水准上，开创出与时代相吻合的民间美术来。因而，民间美术在现代生活中的概念，仍应是劳动者基于自身生活的直接需要和审美表现能力而创作，并能在民众之中广泛应用和流传的作品。

传统民间美术的许多样式，附和着历史遗留下来的风俗习惯，仍会在民间存在，但是旧形式在变异中逐渐扬弃着本源的内涵，使其功能标准发生了质的变化。如贴在洞房的剪纸喜花，在民间仍作为新婚装饰居室、烘托喜庆气氛的必需品，但几乎无人知道它原本是祈求生儿育女的护符；节日的灯彩，也不再有娱神祈福的性质，而成为群众岁时节令的游乐性节目。作品的题材内容也常常随着劳动者理想追求的变化更新。例如，民间慰藉死者的“纸扎”艺术，近些年来出现了楼房汽车、电灯电话、沙发立柜等造型的作品，完全是旧形式对现实生活的理想化写照。有些传统形式经过改造，又被普遍地运用于民众的生活之中，如陕北的农民近些年来春节装饰窑洞的窗户，有的人家没有会剪花的，便在窗格上贴上各色的纸片，太阳一出，室内顿时活跃起来；晚上灯一亮，满院子也是五彩缤纷，惹人注目。这比起过去贴剪纸窗花来，既省工夫又更新鲜好看，便在许多村庄流行开来。另外，生活方式的更新，工具材料的应便，也会在民众之中出现一些全新的品种样式。如前些年时兴塑料头绳，有些巧手就用它编结旅行杯套、钥匙坠等日用物件。再如，打各种花色的毛线，已经在相当多的农村妇女中成为人人都需掌握的技艺，颇似过去妇女都会剪花绣花的习俗。用各种布片拼个自行车套、座套、信插等，也都是劳动者的创作愿望在生活中的萌生。

传统民间美术中将被现代文明派生的新的审美形式所替代的部分，是中华民族古老文明的宝贵遗产，它将载入人类文化的史册，辉映着民族艺术的今天和未来。诚然，“一个成人是不能变成儿童的，否则就变得稚气了。但是儿童的天真不使人感到愉快吗？他自己不应该努力在一个更高的阶梯上把儿童的真实再现出来吗？每一个时代的固有性格不是纯真地活跃在儿童的天性中吗？为什么历史上的人类童年时代，在它发展最完美的地方，不该作为永不复返阶段而显示出永久的魅力呢？”（《马克思恩格斯全集》第46卷上册，第549页）古老的民间美术对今天来说已将成为历史，但是，恢复和振兴民族文化青春活力的时代使命必然要求有志于继承民间艺术优秀传统的艺术家，在古老的民间美术正面临巨大变异而最后一代传承人尚存之际，积极地挖掘整理和研究学习，使之在民族艺术的新时期，闪现出它不朽的异彩。

本文载于《美术研究》1994年第1期

吕胜中，1952年生，山东平度人。1987年毕业于中央美术学院年画专业，获硕士学位。中央美术学院教授。

蒋兆和艺术思想略说

刘曦林

在即将跨进21世纪门槛的时候，蓦然回首，那20世纪的中国画坛，确有诸多成功的艺术家如群星般灿烂。但在竞相标榜是“巨匠”“大师”的人流里，有几人堪称真正的人物画大师，到底有几位能与蒋兆和比肩的人物画手，实在是茫然得很；在中国画拍卖行情叫好的当儿，一槌落下便惊呼创造了最高纪录的时刻，又有几人想过，蒋兆和的《流民图》应该怎样体现它的价值，也就更有些茫然。蒋兆和生前从不以“大师”自居，更极少卖画，所以至今的拍卖信息中还只是阙如。他的艺途太寂寞，他太淡泊名利场上的角逐，在三十几岁已经迎来艺术创作的盛期，也只是将自己比作一棵生命的小树，依然表示：“纵然不开花，不结实，而不得到人们的欣赏和爱护，我的精神，仍是永远地埋藏于这个艺术的园里。”耄耋之年，久已名扬海外，仍残烛般地燃烧着自己，却从没有什么妄言狂语，只谓自己的作品“均如在石缝中挣扎出来的一根小草，或是奔流中遗留在小道上的一块坚硬的石头”。他就是这般地只潜心在他的艺术之中，呕心直言他的真情实感，富贵之想确是浮云以外的事了。所以，这世界上才真正出现了蒋兆和，这位默默寡语的画家才能够不期然而然地在中国画的基础上，成功地融汇了西洋画的写实之长，创造了现代的写实技巧，将中国人物画推向了一个新的纪元。再番回首，雾散云开，茫然的人们将日益清晰地看到，他像一棵长青的大树屹立在本世纪中国美术的史册上，在世界画史上也占有他自己光荣的席位。

画家不一定是理论家，更不一定非要著述等身。但任何一位杰出的艺术家，都有自己的理论；任何一位富有个性的艺术家，都有其独立思考的艺术见解；任何一位有创造性的艺术家，都有其超常的艺术见地；任何一位内在表现深刻的艺术家，都有一汪深邃的思想灵泉。蒋兆和亦然。在我们中国可能更有一种文脉，更讲求艺术修养，更强调高眼界、高识见对艺术实践的指导意义。清代诗人沈德潜说：“有第一等襟抱，第一等学识，斯有第一等真诗。”主张肖像艺术“写心”的宋代陈郁说：“夫善写心者，当观其人，必胸次广，识见高，讨论博，知其人，则笔下流出，间不容发矣。”笔者想，陈郁的说法更切近以传神、写心为长的蒋兆和，他一向很重视艺术修养和艺术理论，胸次和识见如同他的艺术一样都在很高的品位上。其理论著述虽不甚丰，但集中成册，仍有相当的分量，且十分精彩。其画册自序，发自肺腑，如泣如诉，掷地有声；关于艺术教育的论文，说理谈法，条缕分明，自成体系；更有许多晚年病榻上的谈艺片段，寓宏观画理于言谈之中，读来平易近人，如与先生亲接；其画跋、诗歌，或自抒胸臆，或如街谈巷语，又可与其画意相互生发，别有妙趣。可以说，他关于艺术的见解，像他的画作那样，也是一个内容十分丰富的宝库，或者说，是他的画外功夫的结晶。

以往，在笔者从事蒋兆和艺术研究的过程中，曾搜集到他的大部分文章，此番全面地征集和整理他的资料，翻检只有笔者自己才认得清的笔记本，也少不了再做些思考。在编选、校对的过程中，益发感知到，蒋兆和之论艺术，自有其作为一位水墨人物画家的侧重，但亦涉及西方绘画等多种艺术，且绘画与其他文学艺术，绘画中各品类之间，多有相通之处，蒋兆和之著述言谈也不仅是水墨人物画论，颇多艺术的共性问题，并完整地体现出一位艺术家的艺术观。如果把这位艺术家整体的艺术观不无勉强地分作几个方面，笔者想，起码有下述的几个要点在他的艺术思维中起着主导的作用：

1. 艺术乃关系人生之大道——蒋兆和是一向持入世观的画家，尤其是二三十年代，当艺坛上因“为艺术而艺术”和“为人生而艺术”议论纷纷的时候，他明确地操守着为人生而艺术的信念。这与时代的潮流有关，也与他自己的人生经历有关。青少年时代的磨难，周围悲剧般的现实，从没有使他有遁入象牙之塔的余地，故“无超人逸兴之思想，无幽闲风雅之情趣”，也自然地不会倾向于末代文人画的艺术表现，不会完全沉浸在笔触和色彩的印象之中。正如他在晚年所表述的：“艺术之道，为促进人类之精神文明，伸正义，重感情，共同向上，方不愧人为万物之灵，集群众之智慧而创造日益美好的前境，这是我在艺途中的主导思想。”

2. 艺术乃真、善、美之表现——蒋兆和的早期艺术思维，已经意会到真、善、美的内涵。至晚年，则明确地将真、善、美概括为中国美学思想的内核，也明确地视为自己的鹄的。简言之，他认为，真，即真实；善，即促进人类进步向上的思想境界；美，即艺术美的规律。他更认为，真、善、美这三个字比现实主义的概念要高明，要丰富，要明确。仅此也足见蒋兆和对宏观的艺术理论的思考是直至病危也不曾中断，且益老益加概括和明确，益老益重视中国的美学思想。

3. 以融合中西为革新国画之途——在现代画史上，曾几度发生关于中国画前途的论争，论争的焦点是中西之争，论争的实质是古今之争。蒋兆和在这些论争中都有自己明确的观点。20世纪20年代，徐悲鸿的观点深深地影响过他，借鉴西画写实之长创造适于表现现代人物的写实技巧，是他们的共同趋向，也把他们联结在一起，而被有的评论家称为“徐蒋系统”。40年代初，蒋兆和说“拙作之采取‘中国纸笔墨’而施以西画之技巧者，乃求其二者之精，取长补短之意”，并不在乎“不类中西”的议论，而更重视中西艺术共同追求的“画之本旨”，即时代的精神和实际的感情。五六十年代，他依然主张“沟通中西绘画的所长，来创作有时代精神的新中国画”，但更重视研究民族艺术的传统，晚年更强调在民族艺术的基础上吸收外来艺术，因为他本人在实践上并非西画先入，而是在早年传统中国书画的基础上，经历了一个“中—西—中”的过程，故对这个基础的重要性有深切的体会。

4. 中国画造型基础课教学体系的创立——50年代末60年代初，蒋兆和的最大贡献是对中国画素描教学的改革。他改变了“素描为一切造型艺术的基础”教学理论，力图革除以苏俄素描代替中国画造型基础带来的弊端，通过对传统的“六法论”和“形神论”的再认识，对中西绘画的再比较，提出了以“骨法用笔”为原则，以白描为基础，吸收西画素描之长的中国画造型基础课教学体系；继之，又以“以形写神”为中心思想，阐发了笔墨的变化与相互关系，阐发了外在形体与内在生命的整体关系，完成了水墨人物画的教学体系的构想。其目的，在于创立一套具有民族特点、时代精神，同时具有科学性和创造性的教学原则和步骤。创造一种现代的写实技巧，以适应中国画深刻地表现现代人物的需要。

以上只是就笔者的认识而言提出的关于蒋兆和的艺术思想的几个要点，或者是他从事艺术实践和艺术教育实践的主导思想。这些思想，是其艺术实践中的理论总结，也带有他生活的那个时代的特点。这些思想就像他画中的用笔一样不断地升华，不断地纯化，甚至于凝聚为“革新国画，艺教承规，发扬传统，民族生辉”“不摹古人，不学时尚，面向生活，融合中西”等这样简练的格言，又凝聚为“真、善、美”三字真经。这些观念，不仅是美术史论家们研究蒋兆和艺术的重要依据，也是艺术青年们在前人的基础上拓展中国画前途可资学习和借鉴的精神遗产，编辑和出版《蒋兆和论艺术》的动机也正在于此。

在时下，编书之不易较少有人理解，而出书之不易是众所周知的事。幸赖萧琼先生把蒋兆和先生之文稿如同画作那样视作自己的生命，而给予此书的编纂以格外的关怀，蒋代平、萧和与予通力合作，承担了若干编务和设计事项；更有蒋兆和的一大批弟子们对老师的一片爱心，无私奉献作品，提供资料；最后赖燕京书画社的赞助，人民美术出版社给予大幅度的优惠，方使此书得以短时间内与读者见面。这诸多的机缘笔者说不清有什么定数，可以肯定的是，蒋兆和先生本人为精神文明所做的贡献感人甚深，这是此书得以顺利出版的基础，而多方的助力，实在是他生前弘扬的真、善、美精神的体现。适值蒋兆和先生诞生90周年之际，谨以此献给蒋先生在天之灵。是为序。

本文载于《美术研究》1994年第3期

刘曦林，1942年生，山东临邑人，毕业于中央美术学院美术史系，获硕士学位。中国美术馆研究员、中国美术馆研究部原主任。

徐悲鸿艺术思想和教育体系初探

冯法祀

一代艺术大师徐悲鸿，是中国人民伟大的画家、卓越的美术教育家。他在造型艺术上有巨大成就，对中国美术教育做出了重要贡献。徐悲鸿一生在艺术创作和美术教育方面的活动，是中国“五四”新文化运动的组成部分，他是中国新美术运动的旗手和奠基人。

20世纪二三十年代，中国美术呈现一派颓败、混乱状态。新美术尚在孕育、萌芽之中。那时中国画受董其昌、四王末世文人画影响，其势披靡，处在毫无生气、陈陈相因的习气中。鲁迅先生曾把当时的美术情况概括为两句话，一是新艺术毫无根底，二是还拘禁在三千年陈旧的桎梏里。徐悲鸿应运而兴，他的艺术志愿和理想一开始就和民族的盛衰、国家的兴亡、人民的苦难连在一起。他看到中华民族文化原有光荣之历史、辉煌之遗产，只是近八百年不重视人物画，和近三百年因袭模仿之风盛行，不思进取而倒退，令绘事日益颓败，长此下去，具有光荣历史和辉煌遗产之中华文化，大有濒临灭绝的危险。出于对华夏文化的热爱，对民族兴衰和祖国人民命运的关心，他发宏愿，矢志扭转这种局面。他在《中国画改良论》一文中说：“中国画学之颓败，至今日已极矣。……民族之不振可慨也夫！……今吾东方画，无论其在20世纪内，应有若何成绩，要之视千年前先民不逮者，实为奇耻大辱。”他把中国艺事之衰落，归咎于脱离时代、故步自封、复古守旧，认为这是艺术前进和发展的大敌。并说：“若此时不再振奋，起而师法造化、寻求真理，则中国虽不亡而艺术必亡，艺术若亡，则文化顿将暗无光彩。”

早在五四运动以前，不少革命先驱提出了各自的国画变法和改革中国画的主张。鲁迅先生讲道：“美术之目的，虽与道德不尽相符，然其力足以渊邃人之性情，崇尚人之好尚，亦可辅道德以为治。”蔡元培倡议美术以科学方法从描写实物入手，他说：“余有二种希望，乃多作实物的写生及持之以恒二者是也……中国画始自临摹，外国画始自写实。《芥子园画谱》乃示人以临摹之阶……西洋之重视自然科学如此，故美术亦从描写实人实物入手。西洋之所长，吾国自当采用。”陈独秀则主张革王画的命，打倒盲目崇拜的偶像，提倡西法写实精神，走自己的路，不落俗套。他说：“若想把中国画改良，首先革王画的命……断不能不采用洋画的写实精神……自从学士鄙薄院画，专重写意，不尚肖物。到了明清四王更是变本加厉，人家说王石谷的画是中国画的集大成，我家所藏所见过的王画不下二百多件，内中有画题的不到十分之一，大概都是那临、摹、抚、仿四大本领，复写古画，自家创作的，简直可以说没有，这就是王派留在画界最大的恶影响。……盲目崇拜的偶像，若不打倒，实是输入写实主义、改良中国画的最大障碍。”岭南派画家高剑父、高奇峰提出，“现代国画离不开现代革命的需要”，“绘画系为着社会，为着大众，并不是为着自己，因之不能远离吾人生活真实而摹拟着古人的思想”。康有为则过激地批评“中国画至国朝而衰敝极矣”，“至今都邑无闻画人者，其遗一二名宿，摹写四王、二石之糟粕，枯笔如草，味同嚼蜡，岂复能传后，以与今欧美、日本竞胜哉！”徐悲鸿受到他们的思想影响，但对改革中国画的方法和途径则有自己的独立见解，提出中国画改良之主旨：“古法之佳者守之，垂绝者继之，不佳者改之，未足者增之，西方画之可采入者融之。”对中国画传统，做了全面细致深入的分析研究，从而确立如何对待继承与借鉴的原则。徐悲鸿对民族传统采取了正确的态度，没有完全否定。对借鉴西方，采取了为我所用的态度而非全盘西化。他后来经过创作和教育实践，修正“改良”的说法，更明确地提出：“建立新中国画既非改良，亦非中西合璧，仅直接师法造化而已。”

徐悲鸿深知改良中国画，创一代新风，绝非一二人之力可为，必须培养一支庞大的艺术新军，经过几代人的努力，才能完成这一艰巨之历史使命。为此，他将毕生主要精力用在革新美术教育事业上。他在确立美术教育目的、创建教育体制、实施教学方法、编制教材等方面均有特殊建树，培养了几代有实学的教育和创作人才，为中国美术教育事业做出了重大贡献。

徐悲鸿对中国美术教育的重要贡献，在于他一贯主张以人物为主的严格的素描写生练习，并坚持忠实于对象的写实精神。他认为“素描是一切造型艺术的基础”，有了坚实的素描写实方法和熟练的写实技巧，在创作上才有可能达到随心所欲、得心应手的程度。他主张以人为主的素描训练方法，目的是能够反映人民生活，描写时代精神，也就是人们经常讲的：“穷造化之奇，探人生究竟，别有会心，便产杰作。”他的教学思想既重视素描基础训练，更重视培养具有现实主义创作能力的美术家。徐悲鸿重视人物为主的重大题材的巨构，认为人物画可以直接反映社会、生活，直接表现人的思想、感情。他认为人物画的兴败是一个民族盛衰的象征。为此，必须打好以人物为主的素描基础。徐悲鸿对素描问题的认识显然与他的高度的素描修养是分不开的。他说：“艺术家应与科学家同样有求真精神。研究科学，以数学为基础；研究艺术，以素描为基础；科学无国界，而艺术尤为天下之公共语言。吾国凡受过教育之人，未有不学数学的，却未听说学西洋数学；学素描当然亦同样情形。但数学有严格的是与否，而素描到中国之有严格之是与否，却自我起，其历史只有20年，但它实在是世界性的。”“素描是世界性的方法”，它是科学的、无国界的，与语言一样是无阶级性的，它是一种工具和方法。

徐悲鸿在素描教学中重视观察、分析与比较，要求观察入微，曾说过：“观察苟不入微，罔克体人情意。”他很反感那种无所用心的看和漫不经意的涂，认为那样是学不好的。在观察、研究对象时，尊重自己的感觉和感受，绝不依赖别人的任何条条框框，完全用自己的眼睛认真观察、分析和比较。

徐悲鸿的素描训练方法，不同于西方世纪末的院体派和俄罗斯契斯恰柯夫的素描教学法。在20世纪50年代初，他看到学生手中抓着一大把削尖的铅笔作画，甚为担忧，认为这是浪费时间，事倍功半，曾说："写实主义太长久必觉其乏味。"并拿出很多这类图片，企图说服学生，不要追求谨毛失貌的效果。徐悲鸿要求忠实于对象的写实精神，但坚决反对"依样画葫芦"的自然主义手法。他认为素描写生解决了"形、光、色、质"的问题，还要进一步提高，追求艺术的"内生命"即作者的主观意图，通过"形、光、色、质"的表现，获得强烈的吸引力和感染力。人物素描写生，除了要求落幅、比例、明暗、结构等精确外，更重要的是表现出对象所具有的特性，达到传神的境界。为了达到上述要求，写生时力求简练、概括，抓住要害，反对磨蹭、死抠。分面造型时力求摆脱烦琐的造型方法。他在素描工具使用上主张用木炭条、炭铅笔作画，认为木炭作画，特别是在较大画幅上作画，能放能收、能粗能精，能够迅速地抓住整体与局部的关系，并能深入细部。他提出的"致广大，尽精微"既指习作的要求，也是对创作的最终要求，即在观察对象时首先是宏观，要眯起眼睛观察对象，寻找大块的形体比例和黑白关系，继而进入微观，看到对象形与色的细微差别。这样完成一幅作品，才能够"远看惊心动魄，近看奥妙无穷"。所以说徐悲鸿的素描写生，是为现实主义创作打基础，而不是自我主义的写实。从他的积稿盈千的素描习作看，它们既是为现实主义创作打基础的习作，也是具有欣赏价值的艺术精品。

徐悲鸿为素描训练制定的课程内容、教学方法和体制，主要根据他自己的高度素描造诣，除了深厚的基础，他还有独到的刻画方法：着重明暗交界线（indication）、半调子（demi ton）和关节（articulation）部位的刻画，放松、减弱和省略其他部分的描摹。他对明暗交界线与关节两个部位同时并重，认为这是形体要害部位，是决定形体和质感的关键。徐先生的人体、肖像素描，在明暗交界线、半调子和关节部位表现得最具体、最充分，毫不含糊。

徐悲鸿对黑白分面塑造形体的要求是"但取简约，以求大和，不尚琐碎而失之微细"。主张提炼取舍，简约概括，突出主要，省略不必要之处，力避烦琐，使作品立体感、重量感和空间感强，光感、质感也很突出，形象十分生动。

徐先生对初学者常讲"三宁三毋"，即"宁方毋圆、宁拙毋巧、宁脏毋洁"，欲圆必先方，欲巧必先拙，不要为了追求画面的光洁而丢掉塑形的多面因素。

徐悲鸿素描具有中国的民族风格，他较早接触中国传统绘画，对传统的绘画下过切实钻研功夫，也从书法艺术中吸收丰富营养，他运用国画的线描勾勒之传统技法于素描，他的线描勾勒如春蚕吐丝，连绵流畅，灵活多变，气韵生动，和西洋画中的线条不同。即使有些画虽无线描勾勒，但其边缘仍有线的节奏感，使线条与明暗兼用。他的素描形体结构明确，符合中国人民传统的欣赏习惯，为人民喜闻乐见。他的明暗处理颇有中国画渲染的意趣，有诗意、具韵味，达到至善至美的境界。

对固守陈法，不思改进的人，徐悲鸿曾说他们是到了用电灯的时代，仍坚持用豆油灯。徐先生说："素描写生师法造化者，比作电灯；取法乎古人之上者为洋蜡，所谓仅得其中。而今乃有规摹董其昌、四王作品，自鸣得意者，岂非洋蜡都不如的光明？当然，在停电的时候，豆油灯亦是好的。"难怪齐白石大师晚年悟出这个真理，感慨地说："我若晚出生二十年，必定跟徐悲鸿学习素描。"

"素描写生，直接师法造化，探求真理"是徐悲鸿办学的主导思想。

为了加速素描训练的进程，设置了默写与速写课。默写课是在每张作业完成后，背着对象默画自己的作业，默写后必须对着自己的作业校对，用粗而黑的线条，纠正默写错的部位，以加深印象。徐先生认为这样做一遍，顶得画三张写生，并且培养了凭记忆和想象作画的能力。

在速写课上，徐先生认为速写实为简写，写生时用笔要慢，简单扼要地抓住对象的要害。这门课他鼓励学生去动物园写生，到生活中作画。

对构图课（创作课）徐先生极为重视，为了培养学生构图和想象作画的创作能力，他命题作画，出过《秦琼卖马》《牛郎织女》等一类题目；"艺专"时期还出过《掠夺》《抢劫》《捡煤核》等画题，企图促使学生到生活中去，进入社会作画。20世纪30年代"中大"时期四年制学程，他就安排了每学期为时两周至六周的旅行写生课，让学生与社会接触，到大自然中感受。其中有两个学期，曾亲率学生，到天目山、黄山，"面向自然，对景写生"。

徐先生对构图课的安排，主要通过命题作画、旅行写生、陈列古今中外名家作品的精美印刷品，供人欣赏，以提高审美素质。

徐先生对基础课与创作课（构图）的关系的看法，在其"二期论"中，体现得较明显。他说："吾最服大批评家Taine（泰纳）之言，曰艺人之致力，恒分二期，初期实为真之感觉，逮经验丰，则由意造，而真意漓。"意即初期为习作训练阶段，忠于对象的写实，力求真感，等到技艺成熟，过渡到可以意造的创作阶段，此时则真感与意造相互渗透。又说："画之目的，曰'惟妙惟肖'。妙，属于美；肖，属于艺。故作画必须凭实写，乃能惟肖。唯心手相印之时，或无须凭实写，而下笔未尝违背真实现象，易以浑和生动逸雅之神致，而构成造化偶然一现之新景象，乃至惟妙。"由此可见，由写实而达到的肖似，并非艺术创作的最终目的，还应追求超出肖似之上的艺术妙境。由肖似达到妙境，即真感进入意造之妙境，真感与意造相互渗透、情景交融。

徐悲鸿提倡素描写生，师法造化，反对守旧泥古，但不反对临摹古人之佳作。他说："写生是观察研究自然对象，临摹是借鉴前人的方法，二者不可偏废。"学西画的程序是先写生后临摹，没有一定写生能力是不能进行临摹的。学中国画虽然有从临摹开始的，临摹有了一定基础还是要深入研究对象，进行实物写生。到了"艺专"时期，不论学西画还是学国画，一律学习两年素描，以打好基础。

艺专时期的学制为五年。徐先生认为五年学程中，两年极严格之素描仅能达到观察描写造物之静态。三年专科（中国画）须学到一种动物、十种翎毛、十种树木以及界画，仅能做到应付方圆曲直万象之工具，对任何人物、风景、动植物及建筑，不感束手。因此，有人认为无须经过这番极严格的训练，就可以达到得心应手的创作程度，都是徒托空言不能兑现。

徐悲鸿的教育思想源于他的艺术观和世界观，他的美术思想概括起来就是反伪求真。他曾说："艺术是维护真理的，它本身也须体现真理。"他反对一切"伪"："乡愿馆阁体之可鄙，以其伪也。四王山水之陈腐亦以其伪也。"他反对中国八股，也反对洋八股——学院派，更反对"风行新派，投机艺术"，即鲁迅所说的"世纪末的怪画"。他反对"怪僻""矫揉造作""矫情立异""文过饰非"等一切不真之风。他说："吾居欧，亲见依傍新艺者，皆其学之不济也者，骛为新奇，肆其诈骗"，"近世艺人欲摒弃一切古人治艺法则，思假道怪僻以造其至。举其道曰独立，曰矫情立异，变换万象，易以非象，改窜造物，易以非物，昧其良知，纵其丑恶，宣其佞辩，逞其眩惑……"均属于伪。"反伪宜莫若真，今也以伪易伪"，"如今投机艺术，风行新派，宣传者食利，张其狡佞，以惑惑者……吾国艺事日衰，又欲从而效之，夫饥饿者虽不择饮食，必不服毒"。当中国艺术处在颓败垂危之时，从而效之者兜售形式主义，不是雪中送炭，无异雪上加霜。

"美术之所以能安慰吾人者，乃在其自身之健全，故需求一智之艺。Art Savant（博学的）。""智之艺"即人常说的："追求真理，广博知识。"或曰"求真倡智"。他说："穷造化之情者，恒得真之美，探人生之究竟者，则能及乎真之善。"不难看出徐先生的艺术目的是伸人间之正气、造宇宙之奇美。

关于绘画上应当如何对待我国传统的问题，毛泽东同志对徐悲鸿有过很高的评价。毛泽东同志在谈到音乐上中西结合的问题时，就特别举了徐悲鸿在绘画上的成就作为范例。毛泽东同志对徐悲鸿的评价很高，主要就是因为徐先生既保持和发展了中国文化艺术的传统，又能够吸收西方优秀的东西，把两者结合起来融为一体，并取得了杰出的成就。

徐先生创作了很多中国画杰作，堪称划时代的中国近代文化瑰宝。他的人物巨构《九方皋》《愚公移山》《漓江船户》《巴人汲水》《在世界和平大会上听到南京解放》，以及众多的山水、翎毛、花卉、动物画，充分反映那个时代的精神，令人振聋发聩、惊心动魄！真正使濒临绝境的旧国画走出死胡同，为中国文化增添辉煌灿烂的光芒。论述这些作品并给予高度评价的文章，何止千册，笔者不想重复，但笔者感受较深的是，他的人物画突破传统格式和题材，摆脱了墨守成规和模仿古人的习气，创造独特的风格，开辟了中国画创作的一代新天地。《愚公移山》和《漓江船户》都是运用全裸体的形象，表现作者的构思和意想，取得了前无古人的成效。徐先生画过《六朝人诗意》巨幅人物画，1934年在莫斯科展出，令苏联美术界和广大观众震惊，他们认为传统中国画很少画劳动者，而徐先生的国画中出现了汗流浃背的推车汉。徐先生的人物画创作题材，大都取自经史或传说，借古喻今，表现强烈的时代精神，但《漓江船户》则是直接表现现实生活中的劳动者，激流拼搏与奋进精神。《巴人汲水》也是反映现实生活中人民的艰辛。

徐先生旅欧攻研油画，把欧洲艺术的优良传统，同中国传统绘画技法和中国的现实生活相结合，开辟了中国油画的蹊径。他的油画是建立在严格的素描基础上的，他所作素描数以千计，而油画人体习作竟超过200余件。在油画训练中，他于写生之外，也重视临摹前辈大师的作品。正规而系统的油画训练方法，勤奋刻苦的学习态度，使他的油画技术迅速提高，追踪前辈大师的足迹，望其项背，堪与欧洲鼎盛时期的油画相媲美。

徐先生油画的精湛技术，在于他继承西欧古典艺术严谨而完美的造型传统，并汲取印象主义对光、色的发现，使之完美地结合。徐先生的油画基础训练是通过大量的人体写生进行的。他的油画人体习作，造型严谨精确，动作姿态典雅优美，完全显出这位大师掌握了形体运动的优美规律。光和色的巧妙安排和运用，像诗一样富有音韵感与乐律的节奏感。为了探求人体上微妙的色彩变化，他解开了在人体上运用紫色和绿色的难题，使他的作品色彩斑斓，熠熠生辉，进入崇高的艺术境界。他不仅做到裸体模特儿外表的肖似，还深入皮下和肌肤里层描写，显示脉络和血液的流动，赫然画出有血有肉有生命的躯体。他继续探求，倾注画家的意想和情思，在他笔下的模特儿，表现出安谧、寂静、深沉、含蓄、隽永、柔和、刚劲等多种崇高的美的意境，体现大自然造化之奇，具有很高的艺术价值。

徐先生的油画，以其形象的生动性、具体性和鲜明性，动人心魄。由于他重视主观感受与客观存在的高度统一，其作品未有千人一面、千山一貌的弊端，富有强烈的生活气息、时代感受和创新精神。

徐先生油画色彩上的造诣和特色表现在：其一，能洞察物象暗部色彩的微差，突破古典油画以棕色或素描深浅表现的局限，能画出景物丰富细致的色彩感和响亮的透明感，他的色彩能发出共鸣与响声。其二，不带成见地观察对象，真正打开自己的眼睛观察世界，因此，其色彩能够随千变万化的对象而变化，时有发现、时有创新，而不是以不变应万变，这是通向创造与更新的最可贵的技巧，是现实主义创作最基本的过硬功夫。他掌握了这套真本领硬功夫，将油画这一外来品种移植到中国土壤。其三，徐先生的油画色彩的探求，始终与严谨而完美的造型相结合。其四，敏锐地区分物象明暗交界线过渡到半调子之间的色调微差，用笔将调好的颜色撮起来，“摆”上画面，即用色调渲染（Modeler par ton），而不是涂抹。其五，他的色域宽广，在人体肤色中，能够大胆使用普蓝、深红、橘黄、柠檬黄等一类烈性颜色，这是罕见的。徐先生使用这类颜色画人体，控制得宜，从未出现重复、雷同、过火、大怯（俗气）的弊病。

徐先生的油画题材宽阔，形式多样，作法深刻，既创作了气魄雄伟，气势磅礴，洋溢着时代精神、人生正气的作品，又创作了抒情即兴、哀婉动人之作。雄伟悲壮、动人心魄的如《田横五百士》，悲天悯人、感泣上苍的如《徯我后》，脱颖清新、沁人心脾的如《玉簪花》，幽深哀怨、发思乡之幽情的如《箫声》《月夜》，风景画苍莽浩瀚的如《黄山秋色》，明丽清澈的如《桂林山水》，瑰丽奇幻的如《喜马拉雅山》，肖像画如《诗人陈散原》《黄震之像》《孙多慈女士像》等则惟妙惟肖、栩栩如生，极尽传神之能事。

众所周知徐悲鸿爱画如命，不论是何人的画，只要是好画，他就收藏，即使是学生的画，他也经常用自己的画交换。他在法国留学时期，节衣缩食，买了大量世界名作精印品，不少图片上钤有“悲鸿生命”印章。为了艺术珍品《八十七神仙卷》的丢失，他废寝忘餐、丧魂失魄，为了收购一幅好画不计旁人哄抬画价，表现出一个艺术家的真诚、善良的品质。他求贤爱才的德行，堪称美术界的伯乐，南国时期，他培养了吴作人、蒋兆和、吕霞光、刘艺斯、王临乙、吕斯百等第一代骨干。中大时期团结了颜文梁、汪采白、吕凤子、张书旂、陈之佛、吕斯百、吴作人、王临乙、潘玉良、周玲荪、傅抱石、张大千、潘天寿等大批有才华、实力的画家、美术教育家。艺专时期齐白石、叶浅予、李桦、董希文、周令钊，使他的美术新军日益扩大。解放后，又与解放区的美术大军联手，使他的美术梯队节节高升，向世界艺术高峰攀登。徐悲鸿先生的艺术和他开创的事业将永彪史册。

本文载于《美术研究》1995年第3期

冯法祀（1914—2009），安徽庐江人。油画家。1937年毕业于南京中央大学教育学院艺术科。中央美术学院教授。

明清绘画的社会文化内涵刍议

单国强

为配合中美“明清绘画透析”国际学术讨论会的召开，故宫博物院举办了“明清绘画特展”并出版了图录。这些入选作品是从院藏数千件明清绘画作品中精选出来的，有明清各时期名家代表作及其流派传人佳构，也有艺术上虽难称上乘，但却含一定社会文化意义而值得艺术史家关注和研究的小名家作品。这些作品，既显示了绘画发展的历史轨迹和艺术创作的客观规律，也反映了社会现实生活、世态人情、思想意义、审美观念在绘画艺术创作中留下的痕迹。特别是从后一角度来研究这些作品，将会获得新的体会，或得出与众不同的艺术史结论。本文拟从山水画和人物画两个方面，谈谈某些作品的内涵或外延所呈现的社会文化内容和特殊艺术价值。

山水画

明清是山水画风靡的时代，重要艺术流派都以自然山水作为主要表现对象，并创造出纷繁的样式类型。这与文人画占据画坛主流有着密切关系，因为自然山水自古即是智者仁人寄托情性的最佳载体，所谓“仁者乐山，智者乐水”（《论语》），“山水，性兮之所适”（谢灵运《游名山志·序》）。宋代郭熙在《山水训》中论道：“君子之所以爱夫山水者，其旨安在？丘园养素，所常处也。泉石啸傲，所常乐也。渔樵隐逸，所常适也。猿鹤飞鸣，所常亲也。尘嚣缰锁，此人情所常厌也。烟霞仙圣，此人情所常愿而不得见也……然则林泉之志，烟霞之侣，梦寐在焉，耳目断绝。今得妙手，郁然出之。不下堂筵，坐穷泉壑。猿声鸟啼，依约在耳，山光水色，滉漾夺目，此岂不快人意，实获我心哉。此世之所以贵夫画山之本意也。”这段话精辟地道出了具林泉之志的文人与山水画的关系。

明清文人山水画遵循文人画传统，亦明显地呈现出上述共性特征，即以自然山水作为载体，主要表达画家的主体意识和主观追求，或澄怀观道的哲学观念，或怡情养性的文人情思，或冲淡恬远的审美意趣，或得意忘象的艺术形式。入选的髡残《禅机画趣图》轴、王原祁《神完气足图》轴、程嘉燧《松荫高士图》轴、项圣谟《清溪垂钓图》轴、恽寿平《湖山小景图》轴、金农《月华图》轴等，即从不同角度展现了这些特征。但也必须注意到，由于每个画家时代环境、经历遭遇、性格素养、艺术渊源的迥异，其主体的或主观的因素也是千差万别的。不仅不同类型及不同画家的山水画各不相同，同一类型之中也存在差异，这在明清时期较流行的隐居图、园林图、交酬图、纪游图等类型山水画中都有所反映。

（一）隐居图

这是文人最爱描绘的题材，一般都赋予出世之思、林泉之志和幽淡之情。然明初王绂有幅《隐居图》轴，却传达出特殊的情愫。此图是王绂永乐年间（1403—1424）在京任中书舍人期间，退直之余所作，与建文二年（1400）隐居无锡九龙山时所绘《秋林隐居图》比较，后者仿倪瓒枯淡干涩之法，造萧散疏淡之境，情趣极似元代文人隐逸山水；而前者主宗王蒙画法，以尖峭的中锋用笔，缜密的物象结构，屈曲流动的解索皴，渲染精细的水墨法，展现出繁复、雄壮、高旷的景色，已少元代人荒寒疏简的意趣和冷寂虚空的情调，而增添了平实的自然美以及恬静安适的心绪。这幅在“退直归来思故隐”契机下产生的作品，自然不同于真正隐居时的《秋林隐居图》。

王绂学生陈宗渊的《洪崖山房图》卷，主要抒写朝官思隐之情，其内所含的主体意识就更复杂。主人公胡俨是明初重要阁臣，因一度不受重用而生怀乡归隐之思，遂在家乡筑“洪崖山房”，并在永乐十三年（1415）请陈宗渊作图以寄情思。画家以实景为依据，运王蒙画法，描绘清山秀水中的一处幽居，虽也有士子凭窗展卷、友人携琴相访情节，以象征隐居之意，但整体景致比较写实、优美，情趣清雅安适，与其说是隐居环境，不如看成养老之所。

明初隐居图这一迥异元人情调的倾向，在杜琼、刘珏等文人山水画中同样有所反映，这是朝代更迭的必然结果，也折射出元明文人的不同心态。

（二）园林图

这主要指表现文人士子居所和庭园的山水，不包括作为自然胜景的园林。这类园林图或幽居图，不外乎反映幽雅的环境、闲逸的心情、脱俗的志向和高旷的情操，如仇英《桃村草堂图》轴、文嘉《王百穀半偈庵图》、钱穀《求志园图》卷、弘仁《陶庵图》轴等。但有些作品在一定历史背景下，也会有其他含意。

文徵明的《洛原草堂图》卷，是描绘白贞夫所居“洛原草堂”的实景，然主题并非表现生活环境和情操。从后纸《洛原记》及诸家题跋悉知，白氏是宦学相承的诗礼之家，先祖原居洛阳，宋时隐居晋陵（今常州），白贞夫嘉靖时官尚宝司卿，为不忘“先世之所从徙”，特名其所居曰“洛原”，作是图即寓有绍承家族殊荣之意。

方士庶的《行庵大树图》轴，是为朋友、扬州盐商巨富马曰琯、马曰璐而作。“行庵”即马曰璐家及马家兄弟读书之所，亦是他们经常招邀画家雅集的地方。作品具体展现了走廊萦回、翠竹园植的行庵大院，以及院落中苍老粗劲的大树，环境宽敞气派，真实再现了盐商的居宅园林。画面上还描绘了三位雅士在树下仰望交谈，一人在走廊内持书吟咏，联系题跋，此四人或即画家本人、马氏兄弟及属画人“惺夫”，这披露出此作又是一幅纪实性的雅集图，纪念这次聚会很可能是更主要的创作目的。这些园林图所含的丰富的社会内容，是很值得深入挖掘的。

（三）交酬图

指画家与亲朋、文友之间的酬往之作，这类画主要表达友情、思情或仰慕之情。但在有些情况下也并非单纯为寄情传意，而夹杂着复杂的实际需要或功用目的。

晚明巨匠董其昌的不少馈赠之作，即基于仕途上的官场交往及保身进阶的政治需要。如1611年赠吴正志的《荆溪招隐图》轴，喻示吴应结束隐居生活，应召复出；1622年作《山水》轴赠任户部右侍郎总督漕运兼巡抚凤阳的显官李养正，借以巩固与这位有权势的朋友的情谊；1625年魏忠贤得势时，他又为阉党官员作画，如赠孟绍虞的《山水》轴和送冯铨的《松溪幽胜图》轴；思宗即位后，东林党重新返回朝廷，董又不失时机地与之重建联系，1629年为瞿式耜作《赠稼轩山水图》轴即是一例。可以说，董其昌的艺术创作与政治生涯是紧密相系的，不少酬往之作属政治交往。

明初吴门名儒杜琼，为人清高，终生不仕，经常与亲朋好友优游林下，吟诗作画互赠，故许多酬往之作确属文人交谊性质。但有一件《为吴宽作山水图》轴，却带有一定实际需要。此图为成化八年（1472）杜琼77岁时所作，其时，他经常与朋友聚会的东原延绿亭被风雨所毁，在重修后即于中秋时写信给京师的吴宽，请他为之作记，而此幅山水，亦作于中秋，故极可能是为请吴宽作记的馈赠品。同时，画面景致与《杜东原杂著》中描述的延绿亭环境也很相似，这幅写实之作也许又是为吴宽作记所特意提供的素材。联系这些背景条件，可以看出，此图的创作契机、写实手法都与现实需求有一定关系。

（四）纪游图

即文人游览自然景观后所绘山水，其中又以记录名山大川的名胜为主。这类纪游图和名胜图，虽以实景为依据，但主旨仍是“缘物寄情”，或纪念游赏、雅会等文化活动，或表达超尘脱俗的生活理想，或抒写耽乐山林的闲情逸致，或寄托眷恋家园的乡土之情。但也有一部分纪游图并不以主观因素为主，而是运用写实手法，具体而微地描绘出名胜古迹的地域特征和典型胜景，纪游图的功能，从抒写文人情怀转为描绘客观真实的天然美景。这类实景纪游图在文人山水画中是别开生面的。

纪游图的这种新体格，由吴门派首领沈周、文徵明首开其例（如沈周的《虎丘十二景图》册、《苏州山水全图》卷，以及文徵明的《天平纪游图》轴等），后学谢时臣、钱穀、陆治、文嘉、文伯仁等人推而广之，一时蔚成风气。如谢时臣的《岳阳楼图》轴，描写位于湖南的江南三大名楼之一岳阳楼壮阔的气势。文伯仁的《云岩佳胜图》卷，取材于苏州名胜虎丘山云岩寺的实景。图中云岩寺屹立于山前岩石之上，寺前有山门、小桥和蜿蜒流下的剑池之水，殿后露出高耸的虎丘塔，这些景致集中反映了虎丘山的鲜明特征，其纪实性可视为一幅行旅导游图。其他诸如宋懋晋的《游干将山图》轴、刘原起的《虎丘归棹图》轴等，都属于典型的实景纪游图，这类山水在明清文人画中无疑具有特殊的社会功用和审美价值。

人物画

明清时期，人物画总体呈衰微之势，不仅名

家寥落，数量锐减，在反映广阔的现实生活，赋以深邃的思想内容，塑造震撼人心的艺术形象等方面，也远逊于唐宋时代。不少作品沿袭传统题材，如历史传说故事、前朝圣贤人物等；涉及现实内容的作品，大多局限于画家个人的生活圈子并主要倾诉自身的感慨情思；某些反映重大现实事件的作品，又多属奉命之作，既缺乏真切的感情色彩，又殊少动人的艺术魅力。然在这一总趋势下，人物画在某些方面亦闪烁出异彩，或展现真实的生活场景，或散发出较强的时代气息，或创立新的流派风格，或塑造出独特的艺术类型。这些建树较突出地体现在某些行乐图、雅集图、风俗画、肖像画等类作品中。

（一）行乐图

大多以帝王之家作为表现对象，其在宫廷人物画中占有重要比例。这些帝王行乐图，与帝后肖像画、政事纪实画相比较，生活气息更浓，形象也较生动。其内容主要描绘皇家的日常生活，或在宫中娱乐、赏景、过节，或外出游览围猎、野餐。作品在炫耀帝王豪华高贵气派的同时，也流露出家庭生活的欢悦之情。这些出自宫廷画家之手的作品，多用写实手法精细刻画，无论人物、服饰、情节、环境都具有真实性，这无疑为我们留下了足以征信的历史图像。

如明代商喜的《宣宗行乐图》轴，描绘明宣宗春日郊游行乐场面，宣宗面相体貌具肖像画性质，装束合乎明初射猎服饰典制，陪同出游的侍从属内府太监，展现的环境似为南郊射猎讲武之南海子。作品堪称当时历史原貌的复现，具重要历史和艺术价值。

清代出现了更多的帝王行乐图，在写实方面更胜一筹，表现内容也更广泛，使人得以窥见清宫日常生活的概貌，是研究清代宫廷史必不可少的形象材料。

（二）雅集图

以文人学士为主体的雅集图，自宋代倡兴以来，至明清更趋流行，许多官宦聚会也套用这一样式而绘成雅集图，并在渲染盛会气氛和抒写雅兴情趣同时，加强了人物、情节、环境的写实性，使之具备留影纪念性质，从而形成雅集图与肖像画合一的新体格。

明宣德年间（1426—1435），宫廷画家谢环的《杏园雅集图》卷，记录了杨士奇、杨荣、杨溥、王直等阁臣在杏园盛会场景，首开其例。成化、弘治年间（1465—1505），宫廷画家吕纪、吕文英合作的《竹园寿集图》卷为其续作。此图表现吏部尚书屠滽、户部尚书周经、御史侣钟三位阁臣同庆六十寿辰，诸同僚齐集周经竹园置酒祝贺的故事。体格全仿《杏园雅集图》，画面安排的人物主次有序，尊卑分明，容貌写实，个性迥异；铺叙的情节，如品茶、题竹、观鹤、赏景等细致入微，各人仪态举止颇合身份。其文人雅集的意趣有所削弱，但反映现实生活的真实性却大大加强，此种雅集图新样式，在明代曾风行一时。

（三）风俗画

风俗画两宋时曾达到巅峰，创作出不少鸿篇巨制，至明清则遽然寥落。但在明代后期，此类题材又一度兴起，主要流行于商业经济比较发达的苏州地区，擅画者有李士达、袁尚统、张宏、盛茂烨诸人。这批吴中画家，均具一定文化修养，艺术上也多受吴门派影响，承绪文人画传统，但在明末的社会环境下，他们难入仕途，也无力作。“以画自娱”的文人画家，只能跻身于“以画谋生”的职业画家之列。在当时商品经济发达的苏州，一批新兴的富商，附庸风雅，喜好书画，加速了艺术市场的发展和书画的商品化，职业画家包括一些仕途失意的文人画家，都不得不为这批新主顾服务。为迎合新兴商人阶层品位，他们必须掌握行家娴熟的技巧，表现通俗易懂的内容。师承的传统与创作的需求产生矛盾和撞击，最终使他们成为行、利兼具的画家。创作之题材，既有文人画中常见的抒情山水、幽居环境、诗文雅集等，又有市民商贾好尚的历史故事画、世俗风情画等；在画法上也不一味尚古拘法，而有所标新立异。这些需要和追求，必然使作品带有一股世俗气和新奇性，于是被董其昌斥为“吴下画师恬俗魔境”（《画禅室随笔》）。然正是在商品经济促发下注入的这些新因素，使作品在直面人生、折射现实方面远胜一般文人画，并体现出独具的价值。

袁尚统的《晓关舟挤图》，是一幅针砭现实的风俗画。画面描绘苏州西水门拂晓开城时群舟争渡的情景，突出表现了豪华的游船抢占主道、堵塞水路的情节，将其主人颐指气使的蛮横情态刻画得入木三分。这一场景曾多次被画家选入画面，如张宏有《阊关舟阻图》扇页，陈思有《金阊晓发图》册页，可见此种情况常在城门发生，豪富的霸道行径早已为众人所不齿，这些画便是无声的鞭挞。

李士达的《岁朝村庆图》轴，属一幅赞美淳朴民俗的风俗画。作品描绘岁朝之际山村喜迎新年的情景。岁晚杂豚，春初杯茗，松屋柳溪畔，村民相聚庆贺，气氛喧闹喜庆，充满欢悦之情。盛茂烨的《岁朝图》轴，则展现出另一番景象。室外几名儿童燃放爆竹，显出是在过年。茅屋内一士却守炉端坐，孤居独处，画面气氛冷寂，全无新春欢快之象，倒似一幅隐士幽居图。这件带有文人画情调的岁朝图，较典型地反映了文人风俗画行、利兼具的特点。

晚明吴中画家的风俗画，还有指斥社会不公正、讽刺世上无直人的李士达《三驼图》轴，表现下层市井俚民生活形态和谋生方式的张宏《杂技游戏图》卷等，都从不同侧面反映了明末社会的世态风情。这些作品的出现，在当时是难能可贵的。

（四）肖像画

此画科至明清时代，为诸多文人画家所不屑为，创作队伍主要在宫廷和民间。宫廷画家为帝王绘制御容，如朝服像、行乐图等；民间画家则应社会实际生活需要，为各阶层人士制作喜像、祖宗像、大影等。但仔细考察明清存世的肖像画，发现仍有不少文人士夫画家，也积极参与了肖像画的创作，并认真学习职业画家的传神技巧，无论在以形传神、布局立意方面，还是笔墨形式、风格类型方面，都取得了一定成就。

明清文人画家所绘的肖像，与职业画家有所不同，显出较浓重的文人画色彩。如清初原济的《对牛弹琴图》轴，主人公实际上是画家的自身写真，但情节却按“对牛弹琴”的典故来安排，似一幅历史故事画。如此处理，是借以表达作者世间少知音的孤寂心境和玩世不恭的态度，写真因素已湮没在抒性传情之中。如清代扬州画家高凤翰的《自画像》轴，把自己置身于陡峭的绝峤之巅，凝视远处长空中飞翔而来的孤鹤，崖上松柏怪生，崖下波涛澎湃，巨石中流砥立。联系此画的创作时间为雍正五年（1727），正是高凤翰以秀才身份赴济南省试之时，入仕前途未卜，心境忐忑不安，在此景况下创作的这幅画，无疑具有很强的象征性。江面飞翔的孤鹤当暗喻作者的孤身拼搏，险峻环境又预示着仕途的艰难坎坷，这种艺术表现手法极富文人画意韵。又如，罗聘的《邓石如登岱图》轴，画同时代著名篆刻家、书法家邓石如登临泰山情景，主人公立于日观峰之顶，头戴草笠，身穿宽袍，长髯飘然，襟带飞扬，崖下白云缭绕，烟波浩荡，人物气宇轩昂，环境气势壮阔。此画作于乾隆庚戌（1790），正值乾隆八旬寿辰，户部尚书曹文埴邀请邓石如同入京都庆贺，途经山东，遂登山观览。邓氏入京后，以其精湛书艺惊动书坛，其时在京恰遇罗聘，即请作《登岱图》。此图以形写神，以景传情，恰如其分地表达了邓石如当时踌躇满志的心绪。

文人画家创作的肖像画，虽多写意传情因素，但也并非舍形取神或得意忘象，他们遵循该画科的创作规律，仍很注意对象的形似，尤其精细刻画面部。明末职业肖像画家曾鲸，运用“墨骨法”晕染，结构凹凸，获得“如镜取影”的逼真效果，创立了“波臣派”，不少文人画家亦纷纷宗学，大大提高了写实能力。如清代扬州画家闵贞的《巴慰祖像》轴，主人公容貌用的就是“墨骨法”，准确逼真，而衣纹仍以闵贞习惯的写意法为之，可见在肖像画上他是有意识汲取了曾鲸之法。高凤翰的《披褐图》轴，自画像面部画法也受“波臣派”影响。肖像画领域这种职业画家所创画派深刻影响文人画家的情况，在其他画科领域还很少见，这也是值得关注的艺术现象。

本图录入选的明清绘画，在存世作品中犹如吉光片羽，但已包含着多样化的社会文化内涵，倘能系统清理、全面剖析现存明清作品，将会获得更准确、清晰的认识。本文以管窥之见，抛砖引玉，诚望方家大力斧正。

本文载于《美术研究》1995年第3期

单国强，1942年生，上海人。古代书画史论，书画鉴定家。1965年毕业于中央美术学院美术史系。故宫博物院研究员。

世纪之交的回顾与展望

詹建俊

一

中国油画的发展正处于世纪之交的历史转折时期，在这个立足点上回顾中国油画从起始到现在这一个世纪的变化是很有意义的。可以说，是本世纪内中国的两次开放所造成的向西方学习的特定历史条件，促进了中国油画的生成和发达。其间尽管经历了战争、动乱等曲折阶段，就总体而言中国油画取得了很大成绩。特别是新时期改革开放以来的迅速发展，我国的油画艺术在短时期内有了相当大的进展。这种发展具体表现为：油画艺术样式从无到有、由浅入深，油画创作队伍也从最初的几个大城市发展到遍布包括西藏在内的全国各地。中国油画从熟悉工具、掌握技法和学习西画体系的浅层阶段，由一点一滴的初步开始发展到现在，我们所面临的已经是艺术深层的、涉及东西方文化和艺术创作中更宽领域中的学术问题。目前油画在中国已经不再是小范围、小规模地发展了，而是进入了一个大普及、大提高、大发展的状态。从这一点来看，中国油画在这一个世纪所取得的成绩相当可观，而新时期以来的改革开放政策更是我们油画发展的一个重要前提。

中国油画在本世纪取得的另一个成绩是，它已经将油画这个外来的画种在中国文化的土壤上扎下了很深的根系。不用说更早的时候，1948年笔者在北平艺专考的还是“西画系”，而现在人们对油画这一概念的理解普遍都是“中国油画”，已不再是“西画”这样一种生疏和外来的东西了。经过一个世纪几代艺术家的努力，油画已经融入中国文化并且成为其中的一部分。中国油画的这一发展是和中国文化在本世纪的整体发展同步的，它反映出中国文化在审美领域和视觉艺术领域里的更新和变化，它在中国新文化的发展中具有某种代表性。中国油画发展至今，它在中国现代文化中所占的地位已经不再低于固有文化，而是与之具有同等重要的作用，共同担负着中国现代文化的建设和发展。

从油画工作者的角度来说，本世纪以来我们一直是处于虚心地学习和研究西方油画的状态，一个层面一个层面地向上推进。最初是由ABC学起，改革开放以来逐步深入研究，从艺术观念、作品形态到技术包括技法、材料、制作程序等，这个过程就是要努力把西方油画积几百年发展而来的优点和长处，以及那些我们还不够了解、尚未掌握的经验学到手。笔者认为从世纪初一直到现在，总体地讲中国油画家的角色就是“学生”。

由于油画是西方文化的一部分，对我们来说是一个外来的艺术样式，所以本世纪的这一学习过程也是必然和不可缺少的。就此而言，我国油画在本世纪只是初步发展，还没有建立起中国油画独特的体系和总体的风格面貌。尽管从世纪初许多有志于创造的艺术家就已致力于中国油画的探索，但就整体而言仍是一种起步的状态，从全国总的形势来说步子还没有迈开。由于经历了这一个世纪的深入学习和研究，中国油画在掌握油画语言方面所达到的水准得到了世界的认可。目前我们正面临着中国油画发展的一个历史时机，眼下该是我们油画家从“学生”的角色，向中国油画的“探索者”和“创造者”转换的时候了（当然“学习”和“创造”是不可能截然分开的，这里仅就中国油画发展的宏观趋势而言）。当前我们正处于这样一个从学到用，再到创造的过渡和转变过程之中。尽管我们在任何时候都不能放弃学习，但现在的主要精力可以开始转向探索和创造中国油画特有的风貌了，现在已经有一些画家在向这一方面努力。中国油画特有的风貌应当包括精神和语言两个方面，应当是既有中国的精神与文化内涵，又有中国的语言表现特色，并且它不会只是与西方油画相对的一种面貌，而将在广阔的领域里呈现出多姿多彩、相当丰富的面貌。

从油画发展的现状来看，中国油画有着良好的发展前景。第一，中国油画从单一化的状态发展到当前多样化的格局和规模及其取得的大量成果，极大地缩短了它与世界之间的距离，使之基本具有了平等对话的条件。第二，中国油画的发展状况是每年都有一批新人新作出来，我们的展览很多，每一个大型展览都是一大批作品、一大批人。中国的地方那么大，有那么多人从事油画创作和研究；而且有这么雄厚的中国文化土壤，又有这么虚心地向西方学习的态度，和迫切地希望创造出在世界上具有独立地位的中国油画的精神。如果按照这个发展趋势来讲，我们可以对中国油画的前景作乐观的估计，中国油画将来肯定能够以公认的水平和实力自立于世界之林。可以想象，届时中国会是世界上一个油画创作的重要“基地”，许多世界级的油画杰作很可能就出自中国，中国油画在世界艺坛上的地位自然能够确立。这既是现实多方面因素包括中国油画发展的现有条件昭示给我们的发展可能性，也是历史给我们提出的课题。

二

如果从我国油画发展的内部做具体的观察，就会发现还存在许多问题。特别是最近这两年里，就艺术创造及其达到的新的高度来说，与前一时期相比步子迈得有些缓慢，甚至有些停滞。这从第二届中国油画展之后的一些展览中可以看出来。许多本该颇具创造力的画家却停留在原来的状态、画原来的题材、用原来的那样一种方法，只是不断地在复制“变体画”，呈现出的自然也是原来的面貌，甚至还低于原有的水平而较少新的发展因素。这样就导致了在整体艺术水平上的重复甚至萎缩。这种趋向虽不能说很普遍，但这种维持原有艺术状态的苗头对整个中国油画发展的大局极为不利。

造成这一现象的原因是多方面的。首先，艺术的发展是分阶段的，时而迅猛、时而迟缓，这也是正常的。20世纪80年代艺术家自身积聚的雄厚力量与开放带来的西方新的艺术观念和样式的交汇，推动了艺术的迅猛发展。迄今学术的发展已经进入一个更深入的阶段，在这个阶段再度超越和再度进取的难度要更大，这一难度本身也造成目前的发展不可能像前一个阶段那么显著。

其次，是商业的冲击。商业的冲击带来的诸多益处是有目共睹的，但它也有一些负面的作用。如一些很有实力的作者由于自觉和不自觉地适应市场，他的作品虽不能说是纯粹意义上的"行货"，但他实际上已经抛弃了自己天赋的创作个性和艺术才华。有些人追随某些受市场欢迎的题材和风格，变相地去临摹别人，这种行为既毁了自己也损害了原创者，何谈艺术的创造。另外，虽然题材和样式是个人的，但他一旦被市场认可了以后就维持自己的"商标"，不敢作新的艺术探索和尝试，这样就很难有艺术上的进取和突破。这两种情况同样都是由于商业冲击导致了艺术家失去创造性，封闭自我、停止发展。

再次，是一些画家的目光不够长远，他们将大部分的精力用于经营个人的事业和天地，而不参与中国油画学术领域里的探讨和竞争，退出了一些重要的、带有学术性质的全国大展，在中国油画大的局面之外自成一个小局面，成为艺术潮流之外的小个体。这些画家大部分是很有才能、小有名气的，他们在中国油画发展主流之外形成一摊一摊的水潭，尽管可能很美丽，但却不能汇入我们艺术大潮之中推动中国油画的整体发展，在一定程度上影响了中国油画的发展速度。这既对中国油画发展全局来说是一个损失，就这些画家的长远利益而言也是一种损失。如果他们经过调整能够回到艺术潮流里来，还是很有发展潜力；同时，我认为他们自己也不可能总是安于个人的小局面。

最后，画家自身的艺术修养和心理准备不够，在艺术发展中急于求成，追求短期效益也是导致艺术发展缓慢的一个原因。这与我国当前社会的总体状况、我国油画发展的整体形势以及画家个人的心理素质有关。在这种情形下，尽管也可能取得一定的效果，但在取得这一成就之后由于根基不足、艺术修养跟不上，很难在这样一个基础上再往前发展。因为对这样的画家来说，没有条件接着这个成绩去取得下一个成绩，由于根基不足而是相当于在零的起点上去创造一个新的成绩，需要从头积累。因此，艺术的突破不是短时间内可以完成的，需要踏踏实实地深入研究和不断地再学习、再充实。这种情形与我国的经济发展有相似之处，若是基础建设薄弱，那么在前一阶段经济的迅猛发展之后再往下发展就不那么容易了，难就难在基础建设跟不上。所以，我国艺术的发展必须再经历一段自我充实的过程之后才能再提高。特别是相对于西方画家来说，中国油画家所承担的艺术课题的难度要更高一些。因为他必须兼有中西方文化的深厚修养并且能够融汇这两种不同体系的文化，从中创造出一种新的东西。这也是不断地困扰着我们的一个根本问题。

三

现代艺术（包括后现代艺术）对中国广大观众来说还比较生疏和隔离，由于在国内介绍和流传的时间较短，加以流派繁多，从观念上与国人对艺术的认识差距过大，不易被理解。特别是达达派以来的发展大大超出了常规的艺术界定，就是在美术界中对其认识也多不相同。虽然我国已有一些艺术家在这一领域的实践中取得有明显的成绩，甚至个别作品还很成功，充分显示出了中国人的智慧和才能；但是就整体而言，现代艺术在中国仍然是处于起步的初始阶段，多数人因袭西方的模式，同时，又受到经济、物质条件的限制，在作品的媒体选择和制作表现上也多简陋粗糙，不易取得良好的效果。

然而，现代艺术是现代社会发展的历史必然，社会进入现代自然会产生对现代艺术的需求，中国当然也不会例外，自然也会有它的需求和天地。但是，中国的现代艺术并不意味着就是西方现代艺术的复制和重演，“现代艺术”一词似乎已被西方艺术现象所专有，因而一提“现代艺术”就会随之想到西方已有的模式。若把现代艺术理解为现代的艺术，脚下的路就会宽阔起来。就现代艺术现象的发展而言，西方是先进的（主要是欧美），这和他们的社会发展一致，但从文化形态的角度来看，西方现代艺术又是在他们文化基础上的产物，西方现代的艺术是西方人以他们的社会和文化的“两条腿”所走出的他们自己的路。其他各国，特别是东方国家就不必要也以西方的腿走西方的路。当然这不等于是不要向他们学习，但是，首先应当确立自己创立本国现代文化的立足点，因为西方现代艺术的道路和样式，是在西方文化、现实社会基础的土壤中形成的。其他国家包括中国都应该有它各自不同的发展道路，创造出各自不同的现代艺术的样式。特别是在中国，现代艺术与原有文化积淀之间有很大的落差，应当立足于现实的土壤，考虑到本土的审美习惯和广大观众的接受能力，调整现代艺术与本土文化之间的落差，以期达成相互的沟通。像《黄河的渡过》这一大型行为艺术活动，就顾及了中国的现实以及现代艺术与中国本土文化的关系。像这样符合中国人现实和精神需求的现代艺术才能在中国生长。那种仅在小圈子里交流或者专门“对外出口”的现代艺术我看是行不通的，那只能是个人的一种满足。再就现代艺术与传统艺术之间的关系来看，我认为不必像西方那样将两者绝对对立起来也可以发展，应该把人类积累和创造的文明，哪怕是过去的文明都纳入我们今天的创造之中，抛弃它们将是一个损失。我觉得毛主席概括的“去伪存真，去粗取精，取其精华，去其糟粕”是很精辟的，因为具有这样的思想方法就不会取对立的思路而会以容纳的态度对待各种事物。

总之，现代艺术对我们大家来说毕竟是从20世纪80年代以后才开始大量接触的一个新东西（30年代的那次接触只是在一个很小的范围内），所以在认识和概念上都有许多需要进一步探索的地方。应该看到，现在我们讨论这个问题，肯定会有许多不同的见解，这是无法超越的历史局限，但是我们必须去面对和探讨其中的种种问题，以使中国的现代艺术得到健康的发展。

本文载于《美术研究》1996年第1期

詹建俊，1931年生，辽宁盖县人。油画家。1955年毕业于中央美术学院彩墨画系，获硕士学位。中国油画学会主席，欧洲人文艺术科学院客座院士。中央美术学院教授、博士生导师。

自我探寻中的女性话语

——90年代中国女性艺术扫描

贾方舟

当妇女们最终自由地成为自身的时候，有谁能知道她们能成为什么呢？……妇女的自我探寻已经开始了。

——Betty Friedan：《女性的奥秘》

1995年，中国女性艺术家的展览接连不断，各种新闻媒体也纷纷报道女艺术家的活动，不少刊物组织了“女性艺术专辑”，许多批评家撰写了有关女性艺术的评论。女性艺术家一时成了中国画坛最热门的话题，女性艺术也随之成为95中国画坛的“第一大景观”。这使我们不免沉思：“女性艺术”这一概念的能指与所指究竟是什么？女性艺术家有没有真正属于自己的“女性话语”？女性艺术在中国当代艺术中又处在一个怎样的位置？本文就是对这些问题所作的初步思考。

一

就广义而言，“女性艺术”应指出自所有女性艺术家之手的艺术作品，但就这一概念的本意看，它只有提示出艺术中的性别差异才有意义。“女性艺术”所提示的应是女性艺术家在“自我探寻”的过程中所形成的一种不同于男性的“话语”。也正是基于这样的认识，“女性艺术”这一概念就只能作狭义上的理解，就只能是指那些能与“男性艺术”相区别的女性艺术家的作品，它们具有自己的独立品格和文化指向，它们所提示的精神和感知领域，永为男性艺术家所不可及。

然而，能够构成这样一种独立品格的艺术，也必然是以艺术家自身的独立人格为前提的。在几千年的中国艺术史中，之所以没有女性艺术的位置，就是因为身为“女人”的低下。20世纪以来，随着社会的变革，知识女性开始有了自己的人格尊严，她们或投身革命，或参与各种社会文化活动，其中也不乏有成就的艺术家。但就艺术创造而言，她们依然囿于上千年的男性文化体系之中，没有太多可称道的实绩，更没有形成属于女性自己的话语。50—70年代，在妇女翻身解放的政治背景下，一味强调的是“时代不同了，男女都一样”。这种无差别的“男女平等”理论，遮蔽了女性对自身的特质与潜能的发挥。“男人”一旦成为女人为之奋斗的目标，平等的含义便异化成女性的男性化，甚至在外形特征上也以雄健、粗壮有力为美，这无异于改变女性性别特征，把她们集体地变成男人。在这种情况下，女性艺术家的创作也不得不在空洞的、慷慨激昂的时代大风格中表现为一种“无性别”特征或非女性化倾向。直到80年代，女性艺术家仍未在整体上形成自己的语境，她们依然还是在男人的世界里用男人的尺度寻求成功的机会。因此，就整体而言，女性意识的自觉、女性话语的形成、女性通过艺术对自身的探寻始于“89”以后。直至1995年，女性艺术家以前所未有的热情，参与到“女性艺术”的建构中来，并由边缘逼向中心，成为中国当代艺术不可或缺的一个组成部分。

二

由于在40年的妇女解放运动中，中国女性艺术家大多是在男性话语中思考问题，很少从女性的特有视角反观自身，所以，以建构女性话语为目标的“自我探寻”，便成为中国女性艺术家的中心命题。

马克思曾说，全部人类史，就是一部五官感觉的发展史。但在男权社会的知识体系中，妇女的感觉经验一般被排除在知识话语之外。人类的美术史也几乎是一部男性的视觉经验史。语言是男人制造的，而妇女却像哑巴一样长期处在“失声”的沉默之中。所以，女权主义者认为，在男权社会中语言本身就对妇女构成了压迫。当然就绘画而言，女画家也可以和男画家一样用相同的语言方式去画人物、风景、山水、花鸟。在这些领域，她们也可以在艺术上达到与男性同等的高度，并凭着她们的才气和艺术造诣，在男性视觉文化中占有一席之地。但这些艺术中的明亮音符，终究不是女性的声音，它只能是男性视觉文化的一部分。因为它没有形成女性自己的话语，不是按照女性自己的体验重新解释世界。一个没有能力表达自己经验的群体，必然是一个沉默的，甚至被埋没的群体。只有当她们能用自己的话语重建现实时，她们才能获得表达个人经验的权利。而女性艺术家一俟将探寻的目光转向自身，转向个人经验的阐述和心灵事件的表白，这些深潜的情感领域便成为建构女性话语的理想境地。

应该说，无论从生理、心理还是从行为方式考察，两性间的差异都是一个客观的事实。“女人有自己的心理世界，她们不必以男人的标准来作为自己的参照，如果强求用男人的标准来要求女人，女人必定受到某种程度的损害。”（嘉若尔·格利根:《不同的声音》）事实也证明，在过去的几十年中，中国妇女在解放运动中获得平等权利的同时，付出的却是失去个性的代价。因此，女性艺术家在艺术中转向自我探寻之路，也正是将性别差异作为建构女性艺术的出发点，它试图将长期以来一直被压抑、被同化的女性潜质与潜能重新发掘出来，并让其绽放异彩。

从天性来看，女性似比男性更适于从事艺术。一般来说，她们比男性更敏感，更富直觉和同情心，更易领悟自然生命的种种奥秘，更多丰富的内心体验，更善于留意凡人琐事及其细微末节，她们是“感觉天堂里的自由天使”，她们更能“攫住现实，而且比男人更接近人生”（林语堂语）……所有这些精神上的长处一旦转化为艺术创造，便显示出女性艺术家的优势，显示出女性艺术的独特魅力，而女性艺术也正是在这种与男性艺术的趋异中实现对自我价值的确认。

三

出现于20世纪90年代的中国女性艺术，一个最显著的特征就是从男性话语中分离出来，转向对自我价值的探寻。而女性话语的建立也正是从这种自我探寻中开始，从独特的女性视角和高度的个人经验开始，从对生命的敏锐感悟和多重的情感体验开始，用她们特有的直觉和生存本能，去体悟每一个生命的、情感的抑或充满人生意味的事实。而在这每一个事实或事件中，都有着明确的性别身份，“性别”在这里是构成个人经验的基本范畴。

中国女性艺术从男性话语中分离出来的最早尝试即《女画家的世界》展。八位刚出校门的女画家以崭新的女性视角与男性画家以及前辈女画家拉开了距离，以鲜明的精神取向展示出她们的自我探寻之路。其中，以喻红的作品最具象征意味。她一反传统的肖像图式，自由而大胆地在画面上做出自己的选择。她有意把她笔下的人物（多为青年女性）处理成“剪影”效果，将她们从虚幻的空间中“孤立”出来，造成一种与周围环境的疏离，淡化人物与现存世界的联系，在分离中进入一种自足状态，这里除了暗示女性寻求自立的精神愿望之外，还隐喻着她们对现存空间的冷漠，这个“空间”也可以解释为一个以男性为中心的人文空间。而喻红正是在探寻女人作为“人”的存在意义的同时，对其生存空间作出了象征性的解构与批判。

这样来解释画家的作品，难免强加于人，但也不排除艺术家并未意识到而在潜意识中实际存在的某种感觉倾向，以自己意识不到的复杂而迂回的方式表现出来。作为一个女性，尤其是作为一个生活中的“弱女子”，在与这个现存世界的接触中，必定会引出许多本能的反应。作为主体或许还意识不到行为的真正理由，但行为却客观地产生了。陈妍音的《箱子系列》中那些密置的尖锥体，张温帙的陶艺《豪猪系列》中那些无处不在的齿状物，以及周靖的《布娃娃》，这些总是处在防卫和警惕状态中的形态或形象，都在一定程度上反映出艺术家在现存世界中的某种特有的身心感受：陌生感、紧张感、距离感、恐惧感、不安全感与不协调感等。在王彦萍的画中，这种内心世界与外间世界的冲突与隔膜，更为集中地表现在那些男性形象之中。她画中的男性，经常出现一些目光猥亵、心怀叵测的“偷窥癖”。身处这样一个贪欲者无处不在的世界，一种无处藏身的精神不安，便成为对男权社会中女人的生存状态一种富有深意的把握。也正是在这些独特而细腻的感觉中，女性艺术家找到了自己的“语源”。

四

在女性的个人经验中，最强烈、最重要也最辉煌的莫过于为人母的体验了。上帝让夏娃多生孩子意在惩罚，然而却不知这一痛苦的短暂过程一经过去，她作为生命的创造者所获得的幸福与愉悦却是无与伦比的。上帝在惩罚女人的同时也给了她最大的恩赐。林语堂甚至认为不结婚不生育的女性“永不能达到女性美丽的第二阶段”。

这份唯女人独有的生命体验，自然不会在她们的艺术创造中遗失。甚至可以说，这个为女性艺术家所倾心的永恒主题，历久常新，随时都会激活她们的生命热情和艺术灵感。阎萍几年中画了十几幅《母与子》，作为一位母亲的幸福感，已经完全融解到与儿子的交流之中。她的画让我们感到，这种与生俱来的“母性召唤”，会使任何一位女性自觉地把家庭当作自我认同的基地。母性情感，是人类最本原的一种情感。初为人母的王彦萍，在以《沙发》为题将母体夸张到硕大，意在强化女性的母性特征和作为生命的扶持者和守护者的强大精神力度。而喻红的《圣婴》则以欣赏的态度表达了一个弱小生命所给予她的最强有力的印象，画家画了四个正用尽全身解数哭喊的婴儿。这个不一般化的表现强化了一种初为人母的新鲜感。婴儿，这同样是一件“作品”，旁观的不仅是母亲也是画家。

在以婴儿为题材的创作中，姜杰用装置的方式展示的雕塑《易碎的制品》让人触目惊心。这位年轻的雕塑家用蜡翻制了几十个姿态不同的婴儿，将“它们”悬置或堆积在一张撑开的透明塑膜网中。这些刚从温暖的母体中坠落到人间的婴儿，仿佛是被抛到一个冰冷的世界，脆弱的生命完全没有防护能力，只能听任命运的摆布。在艺术家看来，这些初涉人世的婴儿的未来命运也许更能体现人类的生存危机。易碎的蜡质材料的选择无疑是极富象征意味的。这些一触即破的脆弱的“小生命”如此不经意地被堆放，恰切地表达了艺术家对人类生存状态的担忧与思考。在参加德国埃尔富特第二届构型展的一件作品《时间·距离》中，艺术家更将这一思路进一步扩展，将装满蜡制婴儿的包装箱打开与箱中“婴儿”一同展出。一路的碰撞，箱中“婴儿”早已面目全非，惨不忍睹……人类的多舛命运就是这样借助一个母性的视角得以展示，而对人类终极问题的关注，更将一种非常个人化也非常女性化的生命体验升华为一种普遍而深刻的人道主义精神。

生活中的姜杰，还不是一位“母亲”，但“婴儿”已经超前地成为她的创作母题。这并不奇怪，事实上，从孩提时代起，女孩子们已经从对布娃娃的关怀中扮演着一个“母亲”的角色。比姜杰更年轻的向京在《花裙子·洋娃娃》（铜雕）中，正是表现了一个尚需要母亲保护与关爱的女孩儿的“母性意识”。女孩儿怀抱洋娃娃茫然惊恐的神情，恰切地表达了女性天性中对弱小生命的责任感，虽然她还没有能力保护自己，但已意识到自己的责任。这种与洋娃娃相依为命、有着种种情感纠葛的童年经历，对许多成年女性来说都会记忆犹新。

女性的母性意识不只单纯体现在“母与子”的关系之中，它在广义上更表现为一种创造生命与关注生命的意识。施慧于近年所作的一些装置作品如《巢》《结》《链》《缠》等均是采用非常女性化的物质（棉线、纸浆等）创造出一个个处在无尽增殖与繁衍中的“母体形象”与生命形态。这些周而复始孕育新生命的“母腹”，充满着创造的活力与勃发的母性精神。

从母性意识的角度看，女性更贴近自然。自然孕育生命万物与女性作为生命本源是同义的。因此，女性艺术家观照自然也便会带上从自然中反观自我的特殊含义。徐晓燕不厌其烦地画秋季风景，那种创作的兴味与冲动感一点不亚于醉心于母子题材中的阎萍，大地衍生万物又包容万物的母性胸怀，有多少可供女性表达的话语。刘丽萍的“焦距”便始终对着“大地”这个“万物之母”。她重复、铺排起来更加不厌其烦，津津乐道于自然中的细枝末节，对每一个微不足道的发现惊喜万分。张温帙的《哭泣的鸟》则是从另一个角度将关注生命这个主题扩展到自然界。一群无家可归的鸟伸长脖子哀鸣的神态，呼唤着人类保护自然环境的良知。

五

展开女性话语的另一个重要领域便是一向被视为禁区的“性”。在男性话语中，女性始终是处在“客体”和“对象”的位置，她们要么是作为男人的欣赏对象或艺术对象，要么是作为男人的泄欲对象。女人作为人，本应有自身存在的目的，然而，一旦她被指认为“性的存在”时，她便失去了自身的目的而变成了可供玩赏的消费对象。

即以画花为例，男画家画花，花是一个绝对的客体，即使把花喻美人，花也处在“被赏”的地位。而女画家画花则不同，她们总是将花自喻，花不是纯粹的客体，而是作为“自我”的替身，进入一种“自赏”的状态。此时的花，成了画家自我情感的投射，自我观照的方式。周思聪的花、雷双的花、许敏的花，均属此类，它们都是在暗喻一种人的生命状态或象征一种人的精神愿望。

“自喻”与“自赏”，虽已构成女性话语，但在精神上仍处在一种自叹、自怜、自慰与自恋的状态，而“自炫意识”却带着一种主动进取的精神和挑战的意味，带着明显的女性主义色彩。它是对长期以来将女性置于被赏地位的男性视觉文化的自觉抗拒。

最早表现出这种“自炫意识”的画家是王季华与李辰，之后又有朱冰。她们的共同特点是一反传统样式，将花画得很大、很性感，造成一种视觉与心理上的冲击。朱冰的《天堂玫瑰》，只以单一的红色去画同一花苞待放的几种不同形态，并以连作的形式并列展示，在庄严中显出它灿烂的生命意向，在纯然的美的自炫中又趋向对性感的引申。王季华对花的异样感觉也同样是非常个人化的。她的花很少有枝叶的陪衬，将一朵花放肆地充满画面是她的基本图式。她的花在“婀娜”的外表下充盈着内在的张力，不仅展示了女性的妩媚，更显示了女性的尊严。当然我们还不能单纯地用“性”来解释这些女性艺术家的作品，但在她们的作品中，“性”又的确是一个无法回避的话题。无论她们以一种怎样隐蔽的方式加以表现，或为不知不觉的潜意识流露，都是构成她们经验表达的一个重要部分。生理与心理的敏感，使她们对外界的各种反映、刺激都纳入她们的经验领域。处于压抑状态的性意识，也常常以压抑的方式表现出来。陈妍音的《箱子——源点》、杨克勤的《水龙头系列》和《酒瓶系列》，均表现出明显的性意识。即使在李秀勤那些《被盲文包装的静物》中，以及徐虹那些被薄膜似的宣纸遮蔽又凸显出来的黑石子中，也可隐约意识到艺术家在创造这些“感性精灵”时所焕发出来的某些与性有关的经验。即使是纯属生理性的反映，在触摸之中产生的痛感与快感，同样与性有着说不清的牵连。蔡锦执意扩大美人蕉的斑状肌理，像布满神经和血管的有机体，敏感而易受伤害。这种更为复杂的生命意象，传达出画家许多潜在的内心体验：生理的刺激与心里的感受、性的兴奋与折磨、生命的辉煌与痛楚……近一年来，她又将这些花画在床垫、沙发、自行车座这些被坐压的物体上，一任不同的载体改变它们的形态，一任坐压者的“蹂躏”，如果将这种载体的改变理解为是一种潜在的受虐心理的需要也无不可。

如果说多数女性艺术家在性意识的表达上还是暗示性的，那么，袁耀敏在《时尚》中的“性炫耀”则是以明朗的方式展示出来的。她采用宗教中与性有关的某些符号以时尚的三点装饰，展开她对性的个人化解说。这里不仅有对男权社会的讽喻与挑逗，而且还曲折地表达了女性对阳刚之美的追求与欣赏。既然女裸可以喋喋不休地成为男性话语的一个永久性话题，男裸为何不能进入女性话语？画家借助这些健壮的男性躯体要表达的正是这种被压抑的欣赏要求。将男人置于“被赏”的地位，这无疑是一个具有挑战性的女性主义姿态。早在70年代，美国的女性主义艺术家已经这样做过，她们将名画中的裸女改画成男性，以供女性欣赏。这里显然已不单是一个性的问题了。

在对性的阐释中，林天苗采用了一种更加女性化的方式。在她的装置作品中，材料的选择具有决定性的意义。《木箱与雪花膏》《缠的扩散》，材料本身已暗示出不同的性别角色。当十几公斤细润滑腻的雪花膏装进那些粗糙笨拙的工具箱中后，视觉上立刻造成一种难以抗拒与承受的性诱惑与性嘲弄。而《缠的扩散》更是在“针”与“线”的物性转换中阐释着性的本质特征。无论是活性雪花膏的不断溢流，还是绵延不绝的线的不断扩散，都是对女人之“性”所作的形象注释。激进的女权主义曾把两性之间的关系简单化为压迫与被压迫的关系，佩格利亚在她轰动欧美的《性形象》一书中拨开了这团迷雾。她认为，女人的“性”是一种强大的权力，一种最深刻、最实在的魄力。因此佩氏呼吁女人重新建造她们自己的“性形象”，要以自己的身体为傲，而且充分发挥女性生来的魅力（参见孙康宜《九十年代的美国女权主义》）。林天苗那万千个从床的三面延展扩散开来的线团，正是将女性特有的感觉体验作出的视觉转换，是根据自身经验创造出的一种“性形象”。那如婚纱披垂的身姿，充分展示出女性的雍容辉煌。在此，“性感”已升华为一种圣洁庄严的美感。

六

在女性话语中，还有一些浅吟低唱的涓涓细流，它们似乎微弱细小、无惊人之语，一切顺其自然，也不想引人注目。然而，它们却更实在更真切，更接近生命的本源。可以列举出许多这一类型的画家，她们喜欢平平淡淡的生活、喜欢独处，喜欢生活在自己的空间里，自己的内心里，静如秋水地细细品味人生的每一个细节。她们有一间“自己的屋子”——弗·伍尔夫这个著名的具有象征意味的意象空间，是一个纯属于自己的精神空间。她们的艺术，就是被成全在这样一个小小的天地之中。

陈淑霞是这类画家中的一个典型，她的画真

实地道出了一种属于女人的心态。这种自然平和的心境，或许是一种更接近艺术的状态。申玲的生活空间似乎大些。她不只画自己那个小天地，还包括发廊、画室什么的，但也多为女人出没的地方。她“欣赏女人，喜欢画女人”。但这种“欣赏”并非把女人当“客体”，而是在女性这个“大我”中寻求认同。因此她笔下的女人更真实更内在也更“自我”，远比某些男性笔下那些只求外在悦目的形象深刻得多。

大多数女性艺术家关注女性这个“大我”。或许因为她们是弱者，自古以来，在妇女群中就天然地形成了一种认同感。异性间的难以沟通和难以理解，同性间的结伴就成为相互慰藉和排除孤独的有效方式。波伏娃把姐妹间的这种情谊称为“同性爱”。而女性主义的性别路线正是建立在“促使妇女形成社会群体的姐妹情谊”之上。A. 里奇则把妇女间的这种亲密关系引申为“同性恋的绵延”（lesbian continuum）。“女同性恋”（lesbianism）和“女同性恋者”（lesbian）在女权主义的“上下文”中已不只限于一种异常性关系的名称，而是常常标志着女性的主场和路线，是在强调女性的文化认同。而李虹的作品所陈述的，正是一个女性主义主题。她在画中要表达的是对女性命运的普遍关注。她站在女性立场上，诉说女人在男权社会无处存身、想逃离又无法逃离的尴尬与困境。所以，与其说画家是在表现女性之间的相互依恋，不如说是在表现女性对男权社会的不信任、怀疑和失望。这些被扭曲的弱女子本身就是男权社会的产物。塑造那些孤独、凄楚、委顿、无望乃至有些颓废的女性形象，虽不免女性主义的偏执，但当画家将一种女性话语展开成一个社会主题时，她要表达的就不再是一种纯属女性个人的经验，而是在更广阔的意义上通过女性视角中的女性命运表现社会和人生。

如果说，李虹的艺术还是通过女性这个“大我”来表现一个社会主题，那么宁方倩和杨克勤则是将视点直接移到都市文化和当代人类问题的思考。宁方倩自觉地从孤独与抑郁的“自我”中逃离出来，“溶入拥挤的人海”，在都市大空间和商潮氛围中获取灵感。但从画面看，捕捉这一切的依然是一双女性的眼睛。从一个爱逛商场的普通女人到一个敏感而又富于幻想的画家之间，她获得一种认同，就像陈淑霞认同那平淡的生活，她认同的是“人海”中的平凡。杨克勤在她的黑色系列——《两周半的故事》中，更将视点转向男性。在她叙述的故事中，男性不再是一个强者，她把全部的同情转到了这些因患艾滋病而绝望的男人身上。她的创作灵感来自一位女友的震惊（她为刚结识不久的黑人男性因患艾滋病而死感到震惊）。杨克勤画了一系列在痛苦中挣扎的男人，并用巨大的黑色圆形装置（暗喻艾滋病毒）无序地置放于展厅。这个主题显然已不仅仅限于女性，而是直接面对整个人类的命运了。

从个人经验和个人天地的表达到对人类社会问题的关注，反映了女性艺术无论从美学品格到文化指向均已进入当代状态。它既是在女性自我探寻的语境中生成，又是以自己的特有视角，进入当代的公共话语之中。在这个意义上，女性艺术应是一个更为宽泛的概念，它不仅仅是为女性的生存权利而呐喊，在本质上它也属于整个人类文化成果的一部分。所不同的只是，它是在用自己的话语参与人类文化的建构，在用自己的声音说话。

未来的人类艺术史，不再是一部单纯的男性视觉经验史，但女性的视觉经验能在多大程度上补写到这部人类艺术的史页中去，最终不仅取决于她们的话语内容，而且要看她们在表达方式上所达到的高度。

本文载于《美术研究》1996年第2期

贾方舟，1940年生，山西壶关人。美术理论与批评家。1964年毕业于内蒙古师范大学美术系。国家一级美术师。

变古为今　借洋兴中

——20世纪中国水墨画演进的回顾（上）

薛永年

传统的水墨画，本来是古代中国的画种之一，曾与被称为“丹青”的重着色画并驾齐驱，至元明清则后来居上，成为文人写意画驰骋的疆场，几乎把神州大地变成了水墨画的一统天下。但是，进入20世纪以来，这种水墨独尊的局面被打破了。油画、水彩画、水粉画和版画纷纷从西方引入。传统的水墨画在面临前所未有的挑战中迎来了新的机运，一场水墨画的古今之变在近百年的中国美术史上写下了曲折而又多彩的一章。

处于百年来变革中的水墨画，虽然呈现了多种形态，但有两点相似，一是归根结底它渊源于传统水墨画，二是基本上仍然使用着宣纸与水墨。唯其如此，它仍被看作不同于来自西方的诸种绘画的独特品类。只是着眼中西绘画民族之异者一律名为“国画”或“中国画”用来与“西画”或“西洋画”对应，至于着眼媒材之别者，则以“彩墨画”或“水墨画”相称，以便与油画等其他画种相区分。于是，对同一画种，几十年来形成了同体而异名的两种称谓。

实际上，在接触西画以前，几千年来都只有画的名称而并无中国画的词语，“彩墨画”与“水墨画”之称的出现，又与讲求科学分类的意识有关。据笔者所知，“彩墨画”的正式提出并发生影响，肇始于1953年徐悲鸿主持下的中央美术学院以彩墨画系取代艺专国画科的旧称。[1]“水墨画”在大陆正式使用并获得海内外同行响应，则发端于1988年北京国际水墨画展及其学术研讨会。[2]在20世纪后半叶以“彩墨画”或“水墨画”取代中国画之称，恰恰反映了倡导者把中国水墨画的变革持续推进并积极与海外画家对话的意愿。

在行将进入21世纪的今天，回顾近百年来中国水墨画变古为今的历程，有助于廓清中国水墨画由传统走向现代的缘起和来龙去脉，认识各种风格形态的中国现代水墨画的形成演化与升沉起伏的根源与动力，以便在总结历史经验的基础上探讨其变革的前景。本文即拟对上述方面做一初步讨论，限于眼界，讨论的范围则限于大陆。

一、现代水墨画变革的缘起

中国古代的水墨画一直在变，明代的王世贞曾经指出：“人物自顾、陆、展、郑以至僧繇、道玄一变也。山水至大、小李一变也，荆、关、董、巨又一变也，李成、范宽又一变也，刘、李、马、夏又一变也，大痴、黄鹤又一变也。”[3]然而那种演变是在同一社会形态与文化形态下的风格之变，近百年来中国水墨画的变革却是在社会、文化形态发生剧变的情势下出现的。标志中国社会、文化形态由古及今之变的事件是鸦片战争，导致中国水墨画变革的原因在很大程度上是为了民族自强而睁开眼睛看世界。

虽然中国水墨画的变革发端于高举科学与民主旗帜的“五四”新文化运动中，但是这一变革的酝酿却始于鸦片战争之后。在鸦片战争之前，具有悠久历史的中国水墨画已经衰微不振，尽管感染了市民文化思潮的个性派文人画显示了一定的生命力，预示了水墨画文化内涵与视觉观念的潜变，但整个画坛仍然被文人正统画派所笼罩，大量生产着表达士大夫寄乐于画的群体意识，耽出世、尊摹古、视野日狭而意趣空泛，致使作品流于公式化和形模化，陈陈相因，了无生气，正好与末代王朝的气息奄奄相为表里。

鸦片战争的失败与门户的被迫开放，造成了西方列强在中国势力范围的扩大和西方文明在中华大地上的迅速传播，客观上刺激了民族工商业的发展，拓展了别具审美趣味的水墨画欣赏层，助成了通商口岸水墨画在个性派基础上的新变。或适应平民百姓的好尚而愈加由雅入俗而娱人性情，或取法秦汉金石的雄强壮伟而寄寓庄敬自强历劫不磨的民族魂魄。在这种水墨画中已蕴蓄了传统走向现代的新机，只是尚偏重于顺应社会变迁引发的审美需要，还没有与改造社会的文化运动发生直接关系。如果没有列强问鼎的世变，这种水墨画也许会在中国现代水墨画的发展中占有更大的位置，但接踵而至的世变时艰改变了中国水墨画在世纪初演进的方向，使它在很大程度上成为社会与文化变革运动的组成部分，承担起改造历史的重任。

把传统水墨画的变革自觉纳入社会与文化变革的大背景中进行反思与开拓，是“五四”新文化运动的一个方面。此前，列强入侵的船坚炮利，加深着祖国大地的水深火热。割地赔款的有增无减，扩大着爱国之士刻骨铭心的国耻。神州陆沉的危机，唤起了有识之士为雪耻图强振兴中华而向西方寻求救国真理的热潮。在科举与学校、新学与旧学、中学与西学的争论中，办学校、兴新学与尊西学几乎成为人心所向与大势所趋，随后也造就出一批学贯中西又志在“为天地立心，为生命立命”的社会改革家，其中亦不乏关心中国水墨画命运的人士。由是，改革中国水墨画的号角终于在请来“德赛二先生”的“五四”新文化运动中吹响了。从此，中国水墨画从传统走向现代的变革由自在变为自觉，并成为几十年来摧枯拉朽的美术运动。

二、革王画命与借洋兴中

在“五四”新文化运动中，“革王画的命”几乎与“打倒孔家店”同样具有震撼力，都反映了为改革而破除迷信的批判精神。高扬这一批判旗帜的勇士则是志在改造社会也改造文化的新文化运动主将陈独秀，直接影响了陈氏水墨画变革主张的人物则是戊戌维新的领袖康有为，身为民初教育总长，后来执掌北京大学的蔡元培也是这一变革主张的支持者。他们变革水墨画的意见并不完全相同，康有为与陈独秀主要着眼于如实描写客体世界为多，蔡元培同时留意美育影响国民精神的作用，但基本方向是一致的，都是尽量以科学和民主的精神观照水墨画的去从和主张借洋兴中。

从分别发表于1917年、1918年、1919年的三家论文[4]可以看出，当时批判传统水墨画的锋芒所向主要是元明清的文人写意画，特别是被树为“正统”“正宗”的文人写意画。被正统派追随者膜拜的偶像“清代的三王”尤其是王石谷，便成了扫除水墨画革新障碍的革命对象，必须打倒。其原因是这一派绘画的“抛弃形式”“简率荒略”“专重写意，不尚肖物”，以及只掌握“临摹仿模”四大本领而不事创造的因袭空疏之风，而这种因袭空泛的作品被认为是专供士大夫享用的奢侈品，是既脱离大众又不合科学求真精神的“恶画”。还可以发现，革新者倡导的水墨画是融合中西的写实作品，是善于发掘自己的“创作天才”和掌握“精于体物”的“描写的技能”的艺术。至于改革的途径，则是“断不能不采用洋画的写实精神”，“输入写实主义”，以写实主义为准则“采古人的技术发挥自己的天才”。其最终目的则是实现康有为最早主张的“合中西而为画学新纪元”。这充分表明，五四时代中国水墨画革新的借西兴中的方向。他们以西方写实主义为主要参照系来重新审视古代传统决定弃取，自然也就着重肯定了元明清以前的匠画和院画，对融合中西并非十分成功的郎世宁倍加称赞，对具有“自由描写天才”的个性派写意画家扬州八怪等只能是有分寸地肯定了。

有人会问，五四时代的改革家为什么一定要学习西方尤其是描写实物的写生技巧和创作方法上的写实主义？对此，代表工商利益又身经船坚炮利之锐的康有为指出：“今工商百器皆藉于画，画不改进，工商无可言。”“以举中国画人数百年来不能作此画……而与欧美画人竞，不有若持抬枪以与五十三升之大炮战乎？”而留学西洋的蔡元培更指出：“西洋人之重视自然科学，故美术亦从描写实物入手。”“今世为东西方文化融合时代，西洋之所长，吾国自当采用。”

陈独秀、康有为和蔡元培的主张代表了五四时代改革中国水墨画的主导方向。当时的改革者对传统水墨画的猛烈批判，确实起到了振聋发聩、破除迷信的作用，他们冲击传统正宗与放眼世界吐故纳新的积极意义自不待言，但是也分明存在着片面性与极端性。具体来说，第一是批判被当成了“打倒”而不是有分析地扬弃；第二是只强调了绘画的时代性却没有论及并非不存在的恒定性与超时代性的一面；第三是对水墨画本质与功能的认识也失之于表面和狭窄，殊少述及其披露主体内心世界而作用于观者精神的本质方面。因此，当时不仅遭到了坚信艺有优劣而画无新旧的守旧派的反对，也引出了从另一角度去选择西画并解释传统的陈师曾《文人画之价值》的发表。[5]

陈氏家学渊源，又曾留学日本，擅水墨写意画，亦长于美术史，所以能在中西比较中别具慧眼。他以西方19世纪以来出现之印象派、立体派、未来派、表现派的“不重客体，专任主观”为参照，从“艺之为物，以人感人，以精神相应”的特点出发，总结了传统文人画的四个要素：“第一人品，第二学问，第三才情，第四思想。”着眼于画外功夫，重表现而非再现地阐发了被康、陈二氏忽略了的文人画的优长及其与西洋现代绘画的相通之处，强调了提高思想品格与学识修养对水墨画发展的重要意义。他的友人姚茫父则进一步从绘画骛美与求真的关系上发挥了陈氏的思想。[6]

在本世纪初中国水墨画变革发端之际发表的上述主张，基本上引导了其后几十年中各类水墨画家的实践，也成为日后中国水墨画讨论争论的核心问题，对问题的认识则不断深化与完善。

三、艺术教育与水墨画变革中心

如果说，“五四”新文化运动从思想上动摇了传统水墨画的正统地位，推动了水墨画的除旧布新，那么，使这一变革得以持续展开，进而树立现代中国水墨画新正统的保证，便把中国水墨画的教学纳入了现代美术教育。

自晚清废科举兴学堂以来，美术教育便成为学堂的一个科。民元之后，各地公私美术学校相继成立。截止到五四运动以后的1928年，在现代美术史上深具影响的美术学校或隶属于大学的美术系科陆续达成，从总体上改变了古代师徒授受的传艺方式，把水墨画人才培养的任务纳入了现代美术教育之中。著名的美术教学机构有刘海粟创办的私立上海图画美术院（后来之上海美术专科学校，1952年并入南京艺术学院）、唐义精等开办的私立武昌美术学校（后改称武昌艺术专科学校，今湖北美术学院前身）、颜文梁创设的私立苏州美术专科学校（1952年并入南京艺术学院），曾由徐悲鸿、林风眠主持的国立北京艺术专科学校（开办时名为北京美术学校，后改称国立艺术专科学校，更后一度编入北京大学为艺术学院，今中央美术学院前身）、林风眠任校长的国立艺术院（后改称国立杭州艺术专科学校，前浙江美术学院、今中国美术学院前身），还有徐悲鸿主持的南京中央大学教育学院美术系等。蔡元培直接操办的北京大学画法研究会虽属大学美术教育的特殊形式，亦极有影响。此外，广州高剑父创办的春睡画院，亦为自成一格之画室式现代美术教育机构，在提倡新兴美术上亦不遗余力。

上述美术教育机构的主持人，特别是徐悲鸿、林风眠、刘海粟青年时代都学习或接触过传统水墨画，后来留学日本与欧洲，艺兼中西，理论思考与创作实践并重，不但接受了五四运动的洗礼，而且又颇得蔡元培的赏识、提携，甚至由于蔡氏的扶植，成为现代中国的第一批美术教育家。其中刘、徐二氏还是康有为的门下，因此在办学思想上不无蔡元培“兼收并蓄”和康有为“合中西而为画学新纪元”主张的影响或竟至不谋而合，虽然他们更以西画著称，但丝毫没有忽视中国水墨画人才的培养。刘海粟主持的上海美专宣言写道：“我们要发展东方固有的艺术，研究西方艺术的精英。”林风眠主持国立杭州艺专时亦贴出标语：“介绍西洋艺术，整理中国艺术，调和中西艺术，创造时代艺术。”[7]徐悲鸿还是在担任北大画法研究会导师之后就针对中国水墨画的改革发表了如下言论：“古法之佳者守之，垂绝者继之，不佳者改之，未足者增之，西方画之可采者融之。”[8]因此，尽管艺专办校体制仿自西方，却差不多都设有与西画对应的国画科或绘画科中的国画组，延聘学有专长的中国水墨画家执教，既有留学归来的陈师曾、姚茫父、傅抱石，也有齐白石、黄宾虹等没有受过欧风美雨洗礼的画家，甚至也容纳了一些保守的中国水墨画家。即使当时，“无论在哪一个艺术学校，中国画与西洋画总是居于对立和冲突的地位”[9]，坚持变革的学校主持人还是坚持着“以固有文化为基础，吸收他民族的文化，造成新的时代”[10]，也因此出现过一些龃龉与斗争。

自辛亥革命以后，以艺术观念为纽带的美术家群体组织先后成立。二三十年代，纯以发展传统水墨画为宗旨的组织而又较著名者，在北京有以周肇祥为首的“中国画研究会”及“湖社”等；在上海有以黄宾虹为首的“艺观学会”；在岭南有以赵浩公等人为代表的“国画研究会”。这些组织对水墨画的借洋兴中式的革新虽有相当保留，但积极举办展览，出版刊物，培养后进，并利用公私收藏的传统名迹和印本开展研究，因此产生了相当大的影响。各艺术学校则以兼容并包的态度吸收其中的部分画家来校执教，从而密切了学校画家与校外画家的联系，加强不同观念持有者的对话与艺术上的互补。于是，近百年来中国水墨画的变革发展便以美术学校为中心而深入展开。美术学校成了积极变革者为主的不同水墨画家分工与合作，相交与相争的重要场所，成了水墨画从传统走向现代的最主要的实验基地，成为哺育现代水墨画成长的摇篮，也成为现代水墨画新正统形成的圣殿。

四、新形态的前期发展与三种类型

“五四”新文化运动后，20年代至40年代，现代中国水墨画进入了变革的前期。五四运动中指斥的守旧派依然有着相当规模的欣赏者，依然生产着不远于前人轨辙的作品。不过纯属明清正统派的作品有所减少，师法宋人与石涛等明清个性派者有增长的趋势。沿五四运动时期指出的变革方向而锐意变革的各家各派，则进行着引西润中、融合中西以改造旧传统的努力，普遍重视写生，重视在师造化的基础上折中中西画法，探索着现代中国水墨画的新形态。另一派则沿陈师曾揭橥的方向或在陈氏的直接支持下在传统中求变，把师造化的独特感受与明清个性派写意水墨画的精义结合起来，开拓着具有现代感的新天地。其中三种类型，以其富于影响或成就独特而集中表现了中国现代水墨画变革前期的不同取向。

在三种类型中，第一种可称为引西润中的水墨写实型，以徐悲鸿和稍后的蒋兆和为代表。高剑父、高奇峰虽借径日本而折中中西，亦大体属于这一类型。这一类画家有着高涨的爱国热情和为人生而艺术的观念，较重视艺术的认识教育作用，在水墨画变革上躬行康有为、陈独秀引进西方写实主义的主张，而大力抨击与此相悖的西方现代派艺术，以为“艺术家应与科学家同样有求真的精神”[11]，在求真的基础上致美，以达“惟妙惟肖”，形神兼至。为此把西方素描视为现代水墨画的基本功，重视写生，师法造化，作品造型准确，笔墨服从对象刻画，摆脱了传统水墨画的程式套路，强化了水墨画的具象写实能力。上述特点在人物、山水、花鸟画上均有表现，但尤以人物画最为突出。人物画多通过古典题材和现世下层民众生活的选择，寄寓悲悯情怀和英雄主义的理想，虽未尽善尽美，却刷新了水墨画的面貌。

第二种类型可称为融合中西的彩墨抒情型，代表人物是林风眠。他颇受蔡元培美育思想的影响，认为“艺术根本是感情的产物”“一切社会问题都是感情问题”[12]，艺术的作用在于以美的对象安慰、沟通和陶冶人的感情。据此，他在水墨画上的除旧布新，虽然像水墨写实型画家一样注意正确把握物象的基本训练，但是在创作中却不以逼真地再现客体对象为要务，他所追求乃是提纯物象以抒发内心情感。正是这样的认识，决定了他对传统以及西方艺术的选择、沟通与融汇，也导致在主观表现上与陈师曾的主张殊途同归。他学西方不取古典写实主义之缺乏情绪表现而得法于19世纪以来的现代派，学中国传统取其抒情写意的品质却力避将情感束缚在固定的形式之内，并为此借鉴古代民间美术的真情发露质朴不拘。那种与传统大大拉开距离的近乎西方风景构图的山水，那种时或接近西方静物画的花卉，那种宁静中闪耀着光与色的古装仕女，生意盎然感情充沛却似乎不关人世兴衰。画中讲求构成的形、浓烈而沉郁的色、无拘无束的线，借助传统纸墨与粉画用色的结合，在单纯强烈而有力的全新韵律中，构筑了与传统抒情方式脐带相连的多姿多彩的意境，同时，也刷新了水墨画的视觉样式。

第三种类型可名之为借古开今的水墨写意型。代表画家则有逝世于50年代的南黄（宾虹）北齐（白石），一以山水画享誉，一以花鸟画驰名。虽出身不同，经历有别，但艺术的成就无不有陈师曾艺术思想的沾溉，生活在艺坛的欧风美雨中却殊少在绘画中取用西法，又耻于以摹古为能，于是在师造化中走上了“择取中国遗产融合新机”[13]的创作道路。他们所择取的遗产，主要是明清非正统派的遗产，是注重精神与个性的写意，是妙在具象与抽象之间的造型，是笔墨语言的构成法则。他们所融合的新机，或者是工业社会因人性异化而向往的乡村牧歌式的童心，以及保持这种童心者眼中充满感情的世界；或者是因物质膨胀灵魂支离而渴求的天人合一，以及在天人合一的境界下总体把握宇宙所获得的自由无碍。其他借古开今型的画家还有张大千、溥心畬、陈师曾、于非闇、陈之佛、吴湖帆等，但成就尚不如齐、黄卓异。

出身农民又深得民间美术滋养的齐白石，吸取徐渭、朱耷、石涛和吴昌硕等个性派画家胆敢独造和纵横挥写的创造精神，又在为万花写照、为百鸟传神中，充满赤子之心地表达热爱生命、热爱和平的深挚感情，把传统水墨写意画的艺术语言注入了新的生机，并发展为更单纯更刚健更强烈的现代形式，故而不愧大师巨匠。出身于商家、在青年时代积极参与社会变革的黄宾虹，长期为弘扬国光而研究传播传统文化，踏遍天下名山，遍观古人名迹，又深感“欧战而后，人类感受痛苦，回悟物质文明悉由人造，非如精神文明多得天趣”，看到“泰西绘事，亦由印象而抽象，因积点而成线条，艺力既臻，渐与东方合”。[14]于是，以描绘大自然深厚华滋的蓬勃生气为追求，以超越前人的“七墨法”，在“黑墨团中天地宽”的境象中做点线笔墨的准抽象组合，表现了广大而含浑、永恒而变化中的天人合一的内在美，开拓了山水画的新境界。

这一时期，处于前期变革中各种类型的水墨画都已迈开了革新的步伐，但若与古代比较，则水墨写实的人物画最为显著。此外，这一时期也还存在着合借古开今与融合中西为一的一些画家，像傅抱石、关山月、赵望云即有一定代表性。多年的抗日救亡，激励着山水画家走出画室用比较写实的方法去描绘祖国山河。更推动了具有经世致用功能的现代水墨写实人物画的发展，正如徐悲鸿所说："吾国因抗战而写实主义抬头。"[15]蒋兆和《流民图》的出现，证明了水墨写实人物画已具备古所未有的表现力，标志着这一派在本世纪上半叶达到的高峰。（未完待续）

注释

[1]方仟等编：《中国高等艺术院校简史集·中央美术学院》，浙江美术学院出版社1991年版。

[2]参见中国画研究院编《中国画研究》第6辑，江苏美术出版社1990年版。

[3]王世贞：《艺苑卮言》，引自俞剑华《中国画论类编》（上），中国古典艺术出版社1957年版。

[4]见康有为《万木草堂藏画目》，石印本，1917年。陈独秀：《美术革命——答吕澂》，《新青年》1918年第6卷第1号。蔡元培：《以美育代宗教说》，《新青年》1917年第3卷第6号；《在北大画法研究会演说词》，《北京大学日刊》1919年10月25日；《文化运动不要忘了美育》，《晨报副刊》1919年12月1日。

[5]陈师曾：《文人画之价值》，1922年印行。

[6]陈师曾：《文人画之价值·序》，1922年印行。

[7]蔡元培：《二十五年来中国之美育》，《环球中国学生会二十五周年纪念刊》1931年5月。

[8]徐悲鸿：《中国画改良论》，《绘学杂志》1920年第1期。

[9][10]林风眠：《重新估定中国画之价值》，《APOLLO》（《国立艺术院月刊》）1929年第7期。

[11]徐悲鸿：《当前中国之艺术问题》，《益世报·艺术周刊》1947年第45期。

[12]林风眠：《致全国艺术界书》，载《艺术丛论》，正中书局1936年版。

[13]鲁迅：《且介亭杂文·木刻纪程小引》，1934年。

[14]黄宾虹：《论中国艺术之将来》，《美术杂志》1934年第1期。

[15]徐悲鸿：《西洋美术对中国美术之影响》。

本文载于《美术研究》1996年第2期

薛永年，1941年生，北京人。美术史学家，美术评论家。1980年毕业于中央美术学院美术史系研究生班。国家文物鉴定委员会书画碑帖召集人，中央美术学院人文学院教授、博士生导师。

变古为今　借洋兴中

——20世纪中国水墨画演进的回顾（下）

薛永年

五、水墨写实新传统的鼎盛与变异

20世纪50年代至70年代，随着中国的政治变迁，水墨画进入了写实主义高度发展并成为主流的时期。对欧美封闭的文化环境，阻止了西方现代美术的传入。一系列的政治运动，强化了水墨画的教化功能。20世纪50年代初的中国画改造运动，围绕着为谁画、画什么和怎样画的问题，直承五四运动改造中国水墨画的批判精神，猛烈批判明清正统水墨画的出世倾向、复古主义与形式主义，推动了以徐悲鸿为代表的水墨写实画派的发展并与苏俄的写实传统结合，渐渐成为中国水墨画的新正统，以中央美术学院和其华东分院（今中国美术学院）为重镇，主导了水墨画的发展方向。其结果是，水墨画坛更加重视为工农兵服务，更加重视深入生活与师法造化，更加拒斥西方现代派的影响，更加强调艺术的再现与具象，更加明确素描之为水墨画基本功及改造笔墨程式的利器，更加崇尚解剖透视等自然科学技术在水墨媒质上的运用，更加主张现代水墨画必须反映现实生活与斗争，更加要求人物画成为创作主体，更加努力表现情节性的内容。于是，造就了一批写实能力高强，又能极尽可能地运用水墨媒材刻画当代人物的新一代水墨写实画家。其中活动于浙江美术学院（今中国美术学院）的，得益于蒋兆和和潘天寿双重影响的“新浙派”[16]，尤能使准确的造型与不乏笔墨情趣的写意花鸟画技法结合，生动灵变而饶富水墨韵味，成为一时翘楚。在水墨写实人物画中引入速写观察方法的老一辈画家叶浅予和新一代画家梁黄胄，还有在水墨画中引入连环画手段的程十发，分别以洗练优美的舞蹈人物画和泼辣恣纵的边疆人物画提高了水墨写实人物的生动性和多样性，丰富了这一画派的面貌。山水写实风格则在旅行写生中探索酝酿，至于非写实的水墨画除齐白石声誉日隆之外，普遍尚处于适应新形势的彷徨与摸索中，甚至颇有英雄无用武之地的困窘。

20世纪50年代以后，随着经济文化建设的展开，中苏关系分歧后对民族文化的强调，美术界获得了在统一思想指导下多样发展的可能，直接渊源于本土传统的民族美术受到更多重视，非写实派水墨画家中的佼佼者被纳入大江南北新设的中国画院专事创作，1957年后对民族虚无主义的批判更鼓舞他们自觉有用于社会，突破苏联“社会主义现实主义”的模式。毛泽东主席所倡导的“革命现实主义和革命浪漫主义相结合”创作方法，也拓开了中国水墨画家的思路。至20世纪60年代上半叶，不但水墨写实的人物画继续发展，而且水墨写实的山水画也继人物画之后突飞猛进取得了划时代的成就，不仅水墨写意花鸟画中出现了齐白石之后的大家，而且以水墨写实为基础融合借古开今派长处的多种新风格亦相继推出。促进这一时期水墨画进展的理论讨论则大体围绕中国画的特点、中国画的造型基础和中国画的笔墨与创新的关系。

这一时期中国现代水墨画在历史确定的条件下发展，固然制约了眼界的开阔和超越集体意识之外的探索，但相对的封闭也助成了一些方面的深入。体现这一时期新成就的山水花鸟画大家主要有主攻山水的李可染和长于花鸟画的潘天寿等。

兼师齐白石、黄宾虹和林风眠的李可染，始学西画，抗战间以水墨人物画得名，20世纪50年代后精意山水。他力戒因袭模仿，把齐白石的胆敢独造的精神、黄宾虹丰富深厚的墨法和林风眠扩大传统山水画视觉观念的奥义融会贯通，以“可贵者胆，所要者魂”为座右铭，以旅行写生为突破点，用最大的努力出入传统，把明清正统派不食人间烟火的山水画从经过大胆高度的艺术加工的实境中拉回了充满光充满爱的人间。他那在惨淡经营中拉开自然艺术距离又强化了真实感受的作品，造境深邃而意象浑朴，既在写实中形成了自己独特的山法、树法和皴法，又将西画所讲求的空间层次和色彩统调乃至逆光表现有机地化入传统之中，丰富了水墨山水画的视觉语言。李可染教学严肃认真而充满警句，使他造就了一批学生，成为一大画派。

潘天寿的水墨写意花鸟画年轻时代即受到吴昌硕的称赞，走的是借古开今的路子，尤得益于石涛、八大。因长期工作于西画与国画并存的环境中并教授中国绘画史，因此形成了中西绘画为两大系统各有所长可互相吸收长处却应拉开距离的主张，并加以身体力行。20世纪50年代初不无困惑，被齐白石充分肯定后乃放开手脚。他的水墨写意花鸟画发展了明清个性派的纵逸，但不求躁动而尚静穆，在静穆中追求“一味霸悍”“心雄万夫”的永恒而崇高的文化精神。描写野草山花固然是对传统写意花鸟画题材的拓展，而恍若特写镜头取景却放大为天骨开张的构图，大方大圆的阅尽沧桑而坚凝依旧的石头，讲究造险破险强烈对比的构成意识，笔画与指墨并进和加工媒质的手段，都使他的水墨花鸟画在齐白石之后矫然特出，成为靠传统自身走向现代的大手笔，影响亦颇广泛。

这一时期的水墨写实精神也波及各地，以傅抱石、钱松岩为代表的南京画派，以石鲁、赵望云为代表的西安画派和以关山月为首的岭南画派，多致力于描绘现代人物和山川新貌，但在更多重视传统笔墨的作风上和题材取舍上亦与徐悲鸿派的人物画、李可染式的山水画有别。南京派山水画善描绘随历史变迁和改造自然而形成的现代景观，西安画派尤其是石鲁则开始了由水墨写实向水墨写意的转化。南北方工笔画亦在强调写生的基础上形成了于非闇、陈之佛等派，造就了一代新手。

20世纪五六十年代水墨画变革的成绩是不言而喻的，其主要方面在于实现了五四时代引进西方写实主义“合中西而为画学新纪元”的设想，大大发展了水墨写实的人物画，在同样的意义上变传统山水画为现代山水画，形成了全然不同于封建时代水墨画的视觉语言，并且在花鸟山水画方面开始了超越水墨写实的有效尝试。但是，由于政治与艺术关系的简单化认识的施行，也存在着个性发挥不足，丰富内心世界的挖掘不够、创作思维单一化、人物内心表现类型化等问题。这些方面在十年“文革”中因违背艺术法则地强化政治功利意识而得到了以“红光亮假大空”为特点的恶性发展，在很大程度上把绘画变成了政治口号和政治观念的被动载体。

六、新时期的论争与水墨画的多元探索

20世纪70年代中叶以后，中国大陆的水墨画进入了在认识上反思、在理论上论争和在实践上探索的新时期。

论争前，百年来作为美术变革中心的美术院校即已恢复了被“文革”中断的招生，并培养出不止两三届毕业生，为论争和探索准备了新一代的人选；社会针对“文革”美术文化的解放思想和正本清源，为反思水墨画的古代传统与现代传统积累了思想认识；改革开放环境中西方现代主义以至后现代主义文化与美术的汹涌而入，为重新认识水墨画百年来变革提供了一个前所未有的参照系；商品经济下的人们生活方式、思维方式、价值观念和审美意识的由微而著的变化，为水墨画的发展取向提出了新的要求。随着借助西方现代美术冲击传统的“85美术新潮”的兴起，一场关于中国水墨画兴亡去从的大讨论亦在同年拉开帷幕，先后持续一年之久。论争双方的主力主要是新一代的画家和理论家，老一辈画家亦参与其中。

挑起论战的一方持“危机论”，认为“中国画已到了山穷水尽的时候”[17]，主张以破坏传统求新生。具体看法是：“西方文明急速发展”，中国则“可怕的落后”。绘画变革必须观念更新，而“传统的中国画是封建意识形态的一个方面”，它的历史是“一部在技术处理上不断完善，在绘画观念上不断缩小的历史”。本世纪的徐悲鸿、林风眠直至当代，都没有从本质上“改变传统绘画观念”或“开拓新的艺术观念”。原因在于中国画系统无法容纳新的观念，因此“已到了穷途末路的时候”，“只能作为保留画种而存在”。未来“画种之间的界限将会越来越模糊”，只会有“真正新生的现代中国绘画”而不是什么中国画了。言外之意是前途在于认同西方。

反对危机论的一方认为“中国画形势大好”，主张“在继承传统的基础上发展”。其中影响最大的一文[18]指出，“中国绘画体系是东方文化、中国文化的重要组成部分”，而“东西两大文化体系在本质上代表了人类精神生活的两大基本倾向”，它们的关系是“差异互补”。而“中国绘画传统的核心主线”——“主客观和谐统一”，“将个性、自然、社会融为一体的艺术观”，正是差异互补的价值。只是明清两代“以守旧的面目偏离了传统主线”，“五四”以后“以创新的面目出现的对传统主线的偏离”，造就了“近代中国绘画的迷茫”。回归传统核心主线，即“回归自然”，像绿色植物维护生态平衡一样，以表现人与自然、人与社会、人与自我的有机和谐的内蕴，维护人类精神的平衡。由于西方现代艺术亦“开始

陷入一种困惑之中”，“体现了西方人的精神困境”，因此中国绘画的传统精神，也将是世界未来潮流的精神。为此目前不能认同西方；相反，“要在观念、形式、方法等各方面有意识地与西方现代艺术拉开距离”。

以上两种在文化取向上大相径庭的看法也存在共同处，即是双方仍在争论晚清以来面临的中西文化问题，也都企图超越“五四”以来中国画革新的指导思想，不再从技巧方法的选择着眼，而是从文化体系和与此相关的艺术精神或绘画观念等甚关宏旨的问题立论。其相同处反映了80年代以来中国水墨画家特别是其中年青一代在欧风美雨再度袭来后的沉思与抉择，其不同处则在两极互补中震撼并深化着其后中国现代水墨画的多元探索。

自20世纪70年代末至80年代初，中国水墨画界通过拨乱反正已突破了功能上的泛政治化倾向和创作方法上的单一模式，开始强化艺术个性，表现精神生活的丰富性，积极开展形式的探索，尝试艺术的抽象，向西方现代吸收，向遗忘的古代传统寻根，以不同方式寻找着中国水墨画现代化的途径。经过大讨论之后更形成了多元探索的自觉局面，减少了探索的盲目、迷乱和急于求成，尽管日益高涨的商品大潮也带来了新的问题，寻找新的可能性中也不免造成了水墨画边界的模糊，但总体来看则由于继承中的突破与开拓中的继承，呈现了多种多样新的风格形态。

在这个时期，中国水墨画中原有的古代传统和现代传统均在融合新机中演化蜕变，努力超越五六十年代的传统。新的水墨写实画，无论山水还是人物，都植根于现代水墨写实传统，但已在具象再现中融入非写实因素，加强时空处理的自由度，运用变形手法与构成法则，强化视觉效果，开拓笔墨肌理，追求更深沉的精神内涵和更丰富的感情表现，推出了坚凝雄大的纪念碑式的风格和饶富乡土情绪的面目，开发平凡中的伟大，艰辛中的崇高。人物画或仍关心着民族的命运，描写着历史的重压；或着重开掘人物的内心，表现多样的风格。山水画则歌颂着永恒的风骨，萦绕着乡土的依恋。在山水画中，晚年的李可染已开新风，张凭壮心未已，中青年的贾又福、陈平青出于蓝。在人物画中，周思聪开风气之先，赵奇、聂鸥以不同特点引人注目。吴山明及刘国辉对“新浙派”人物画亦有发展。

新的水墨写意画，虽源于20世纪五六十年代的写意画，但或者开掘元人传统的表现力，发展了笔墨程式；或者化入了表现主义因素，强化了精神情绪；或融入了民间美术的质朴，扩展了审美内涵。陆俨少创造了以云水为纽带的笔墨程式，意境深邃高华而笔墨沉稳流动。石鲁晚年已由写实转入写意与表现，追求对象人格化，造型畸变化，笔墨情绪化，不专写美而经意于崇高，不表现超稳定的宁静心态而表现灵魂的悲愤战栗与焦灼。朱屺瞻花卉，以苍辣笔墨与浓艳色彩互为表里，借西法而升华传统，风格单纯强烈，逼人眉宇。崔子范的花鸟得民间美术的朴厚天趣，宁丑勿媚，虽时或失之粗简，但视觉效果突出，亦受时人推重。陈子庄、黄秋园则深入开掘传统潜能，作风介于水墨写实与水墨写意之间。

新的彩墨抒情画，以吴冠中及其追随者为代表，大体脱胎于林风眠中西融汇的彩墨抒情作品，旁参潘天寿的形式结构，对西方抽象表现主义亦有资取。吴冠中颇受林风眠艺术思想影响，骛美胜于求真，尤重感情陶冶，虽留学欧洲以油画粉画为长，但有强烈的民族感情，富文学修养与诗人气质，自觉追求形式美与抽象美，致力于中西绘画的沟通融汇，土洋化合。他的彩墨画作品，有东方意趣而不拘于国画笔墨，有西画的视觉刺激而化为内美，已形成了趋向半抽象的视觉语言，与中国台湾的刘国松属于近似类型，但不表现形而上的精神，而表现独特的感受，在明快清新的律动中洋溢着宁静的诗情，成为新时期影响极大的画家。

理论家称述的“新文人画”[19]主要渊源于古代文人画，它是南北两京的一批青年画家在疏离写实传统并审视“85美术新潮”的由盛而衰以后，以提高文化品位和回归本土的现代意识，把借鉴的目光投向了明清非正统文人画并寻求蜕变的产物。一般特点是避开超负荷的教化与抗争功用，以现代观念选择文人画传统，通过历史的或自然的母题阐释，表达超越现实功利的文化精神和人生感悟，重视个体性、抒写性和随意性。所画作品或貌拙实巧，而亦文亦质，或以俗为雅，而亦庄亦谐，差不多都是追求超越精神或游戏笔墨的小品，虽并非没有创获，但也受到了严肃艺术家的非议。

与上述各类水墨画脱胎于古代和现代中国传统不同，理论家称述的“新水墨画”主要渊源于西方现代主义艺术。它是许多年轻画家突感置身中西文化的激烈撞击中而怀着现代化的愿望运用水墨材质以西方现代艺术改造传统的产物，是在逆反心理或矛盾心理下为艺术创新所进行的真诚勇敢而又有待成熟和自觉的探索与试验。

这类水墨画形态极多，但亦有相近的特点。一般而言，通常都不受水墨画常规的限制，勇于强化主体意识与个性意识，扩大审美领域，表现人类感觉的丰富性和以往被中国绘画传统挤压或遮蔽的思维空间与感觉空间以及潜意识，同时，也尝试以往水墨画弃置不顾的美感范畴和不曾使用的艺术语言、材质媒体与制作手段，其优秀者大体反映了新水墨画的敏感性、突破性和超前性。

但是不少新水墨也存在着盲目性和不成熟性，一种情况是离开精神内涵的形式探索，盲目地移植、挪用尚不理解的西方现代主义的艺术语言、视觉图式与风格形态，一味求新求异，导致了“为赋新词强说愁”的浅薄；另一种情况是忽略艺术特征的文化批判，视艺术创造为观念或感受的被动载体，终至削弱乃至丧失了水墨画艺术语言的独特魅力，甚至造成了作品艺术语言的不可沟通性。

实际上，作为一种过程而存在的新水墨画，必然是在模仿中创造，在破坏中建构，在认同洋人中发现自我，在克服盲动性上走向成熟，因此它也在不断分化，或成为其他现代中国水墨画形态中的新鲜血液，或在中西融会贯通中自创一派，或者仍在新水墨画中去探索。

七、百年的经验与未来的展望

20世纪以来的中国水墨画，在社会变革思潮激荡中经历了一次又一次的讨论与实践，一次又一次的反思与开拓，一次又一次的取向不同的借洋兴中、借古开今与融合中西，如今就总体而论，已经变成既非古代又非西方的中国式的多种多样的现代形态了。各种现代形态的发展，又一直与中国近百年的国运民情紧密地联系在一起。这种联系是：已被船坚炮利证明落后的中国为富强自立必须学习西方文化，在没有充分富强足以抵御西方文明的威胁之前又必须以伟大的传统维系民族自立焕发民族精神。不是谨遵古法一派完全失去了欣赏价值，完全失去了传统精神，而是它没有创造力，没有与变革中国社会同趋的现代意识、现代感觉。它的欣赏者在社会剧烈变动的年代只在于希望"天不变道亦不变"者那边。不是全盘西化一派没有现代意识，没有在艺术上探索成功的可能，甚至它在今后也会继续出现，然而由于从根本上脱离了民族土壤，丢失了民族精神，故在中国域内难以有很大的发展前景。

借洋兴中、融合中西与借古开今三种类型之所以在近百年获得发展，并不在于全面地包孕了中西传统，或者全面地发扬了中国传统，而是在于用现代的眼光，依现代化不同方面的需要，在两大文化的碰撞中，按照求同存异的方向对中西传统中有生命力的部分加以选择改造和变异。这种选择改造变异以至于重组，涉及了艺术精神层面和艺术语言技巧层面，或者是中国精神驾驭经改造变异的中西传统的语言技巧，如借洋兴中型的水墨写实，即是以传统经世致用的人文精神，驱遣具象语言的形似写实技巧；或者是以本质相通的中西艺术精神驾驭经化合而集成的中西传统语言技巧，如融合中西型的彩墨抒情，即以陶冶性情净化物欲的相通精神遣用类印象准抽象语言的变形表现技巧；或以中国现世精神驾驭经纯化升华的古代与民间的语言技巧，如借古开今型之水墨写意，即以现世所需的天人合一精神或返璞归真的精神发挥具象与抽象之间的写意技巧。如今三种类型生成发展的条件并无根本改变，故此今后仍会在中国水墨画发展的总格局中获得应有的位置。不过相对于中西的交流而言，融合中西型会受到更大重视；相对于培养民族意识而言，借洋兴中型与借古开今型亦有其用武之地，尚未获充分发展的其他融合型水墨画，随着现代生活需要的展开，其中饶有民族精神和中国情味者亦当有更多的观者。

上述借古开今、借洋兴中和融合中西三种类型，在近一个世纪中同样存在着升沉消长。造成某一种水墨画升沉的原因也不止一个方面，但每种水墨画都有其最便于发挥的主要功能，对社会整体而言，功能的直接与间接，长效益与短效益，与社会变革急需与否的程度，都会造成机遇与选择的对接。这种机遇与选择的对接，便是一种类型充分发展的条件。条件获得者既可能在严守艺术规律的前提下利用时机，去推动这一类型水墨画"致广大，尽精微"的发展，取得前所未有的长足进展，开拓出一种中国现代水墨画的新疆土。也可能因忽视艺术之为艺术的本质，在不胜重载中失去自由创造力，成为艺术家缺乏感性的某种观念或口号的载体而丧失生机。未被历史充分选择为主流的类型，如果确属洞察到艺术本质和功能的另一方面又不脱离民族魂魄，肯于寂寞耕耘，从中国水墨画走向现代的方向致力，迟早会有机遇出现，并在机遇出现后发挥始料未及的作用，也许已是"人亡业显"，而开拓者的功绩将通过后续者而彪炳于史册。

通观近百年来出现的各种水墨画形态，还可

以发现，凡属一种新形态的确立都离不开特有的视觉样式，都离不开与一定材质媒介相表里的艺术语言，都面对着两个互相矛盾又必须统一的问题。一是水墨画的现代化理应反映现代生活引起的视觉观念的变化，否则便很难与传统水墨画拉开距离。为此，就需要水墨画家在观察感受生活中积累因科技发展所开拓的视觉经验。二是走向现代的水墨画仍然必须使用由水墨画的材质功能所制约的视觉语言，否则，就混淆了画种，可成为很好的现代画，却不是水墨画了。为此又需大胆而妥善地解决与材料相联系的艺术语言的因革承变问题。传统的水墨画依赖毛笔、宣纸、水墨、植物色与矿物色的相互发生，形成了与民族心理结构、艺术思维方式相一致的笔墨语言，描形状物略在具象与抽象之间，传达情感意蕴则精微超妙。不去继承它的基本经验，就等于一切要从零开始，不去变革它和丰富它，又无法去适应视觉观念的发展而无所作为。近百年来各种类型的出色画家都是在谙熟传统笔墨语言规律的情况下，通过挖掘原材料工具的潜能或补充以新的材料工具而实行笔墨语言变革的，可以看到，借古开今的画家并非绝对不补充新材料、新工具，但他们的着力点是努力发掘原材料工具在交互作用中尚未被认知的潜力，而强化笔墨语言的一些方面。齐白石之加强色墨对比，黄宾虹之“七墨法”与半抽象的点线交响，潘天寿之时或纸卷代笔与其笔墨构成，莫不如是。借洋兴中与融合中西的画家，往往在材料与制作方法上更多开拓，但其中高手尤注意于这种开拓中对西方艺术语言的转译、改造并按中国艺术精神重组，如果说徐悲鸿、蒋兆和以线描和皴擦转译了西方写实语言，那么吴冠中与我国台湾的刘国松在扩大材料与方法上相近又不同的努力，则既在一些方面解放了笔墨，又在转译西方现代派艺术语言的同时自成语言系统，以表现中国式情韵。上述种种经验都可以启发未来的水墨画家，尤其是只在材料工具上下功夫，笔墨中东拼西凑造成艺术语言驳杂的人们。不应忽视，水墨画毕竟有着不同于非水墨画的边界，本世纪以来，先行者们对此投入的心思才力几乎已使后来者手足无措，我想未来也许有人对已有的水墨画语言进行解构和重组，那也很可能是一条新路。

注释

[16] 又称“当代浙派”，见林锴《当代浙派水墨人物今昔观》，《美术》1993年第8期。

[17] 见李小山《当代中国画之我见》，《江苏画刊》1985年第7期；《中国画存在的前提》，《美术思潮》1985年第7期。

[18] 潘公凯：《“绿色绘画”的略想》，《美术》1985年第11期。

[19] 参见拙文《大陆新学院派与新文人画的兴起》，台湾《雄狮美术》1990年5月号。

本文载于《美术研究》1996年第3期

谈艺术创造

周思聪

编者按：周思聪是我国杰出的女画家，于1996年1月22日不幸中年病逝。《谈艺术创造》是周思聪1984年11月在山东举行个人画展之际与山东艺术家座谈时的发言提纲。为了忠实作者的原意，本刊未加文字润色，只是做了一些注释。文字虽有些不连贯，但意思表达得还是很清楚的。

画什么，不成问题。怎么画，每日每时在苦恼。

不知你们有无此体会：当我很有把握，知道怎么画时，无从下笔时，反而……

有两种看法
指责
鼓励

我的艺术能被人理解，哪怕只有很少的人，也是最令人激动的。

变的经过。

意境、形象、笔墨美。

感情、性格、悲剧。

“技巧并不可贵，可贵者在于心灵对于技巧的创造。”

他们只用技巧画画，而不是用感情画画。

史国良的画，勤奋、熟练。

注意直观，忽视思索。

速写不是照抄生活，创作更不是速写的放大。艺术作品少弦外之音则容量不大。

你发现了美吗？你对自己心灵的发现充满自信吗？只有这种自信，才能使勤奋者迈开阔步。

容量、魅力。

貌似具体的作品也可以说是太“抽象”，因它千篇一律，没有个性和生气。

着墨愈少，读者想象范围愈大，意味也就愈隽永。

文艺舍创造无能事，所谓创造，就是托出一个意象世界来。

尽量表现，非唯不能，而也不必。“曲终人不见，江上数峰青。”纵观、直观——自我、主观。口开则灵魂之门闭，口闭则灵魂之门开。

形式、自我，不敢提，而是极要紧的。

自信

历次不厌其烦地运动、批判，使我们许多人丧失了自信。不敢相信自己的感情，不敢相信自己的理解思索，不敢表现自我。这也是雷同、千人一面、无个性的原因之一。

艺术的境界，本应是审美趣味的自我体现、自我完成，必定是个性的，不可能有一个共同的标准和模式，不应一般地反对自我表现。

中国人的艺术，不是心往不返，而是“返身成诚”“万物皆备于我”，京剧、斯坦尼，更重自我。

变形是一种语言，写实也是一种语言，不见得有高低之分（怀斯、莫迪里阿尼）。

抽象也是一种语言，运用各种语言，表达情感，有时抽象更有表现力（黄宗英的表演，台词不清是好的；叙述火灾，歇斯底里是好的）。有的歌唱家圆润是好的，有的沙哑也是美的（周信芳）。既是百花齐放，要容得下各种艺术语言。

关键不在画什么，而在于怎么画，不然大家一个模式，谈何百花齐放？

夸张是变形的基础，无非是为了更充分地表现感情、扩大意境。达不到此目的，是不能说服人的。这一切都取决于对生活的感受。

古人早就变形（陈老莲），古人变有古人的道理，今人变应有今人的道理。

盲目地拉长、变圆、变丑等，太肤浅，要有造型基础、有目的。

变形，会遇到赞同、非议，长期欣赏习惯（大多数人）、“大多数人喜欢”不是衡量艺术高低的标准，“雅俗共赏”是好的，但不是标准。“曲高和寡”真正高的要在一定修养基础上才能欣赏，必定是少数人能欣赏（八大山人），然而这代表一个民族的文化水平，不能就低，我们文艺家的神圣在于引导提高群众向高处。随全民文化水平提高，欣赏者会多起来（农民买钢琴、买原作，如崔子范的画）。

传统

“反传统”当然是傻的，“不识庐山真面目”不跳出来回头去看，不能认识它的真正的价值。如“写意”，中国早就这样做了，西方是近代才悟到的，如果中国人只是盲目地大笔一挥，古人怎么抹，就怎么抹，并不能真正理解“写意”；如果接触西方艺术，再回头理解，反会体味它的高妙。

学西方不能简单指责为抛弃传统，许多人，青年，正是为了发展传统。

“反传统”口号是偏激，但要具体分析。

既尊重，又不迷信；不一定去爬每一座山，累死在中途。传统中，汉魏隋唐、文人画固然重要，民间艺术同样重要，以往相当轻视。

传统从来都是发展的，霍元甲都懂得这个道理。李可染当时被人非议，然而才几年之后他就是传统。不要动辄指责不姓国，不怕非驴非马，骡子也姓国。姓不姓国，最重要的要看你是不是中国人的气质，怎样才算姓国，谁也未必说得清。

走投无路，每日苦恼，画什么无问题，怎么画？

缠足，天足令人羡慕。

惶惑，不开窍，各种拖累、焦虑、矛盾。

只有不断否定自己，才能不被淘汰，不敢原地踏步，不敢吃老本。眼睛总要盯着强者。

借此机会向各位老师同行请教，对镜看看自己丑到什么样子，拿来多属于有争议之作。受叶浅予先生嘱，我最尊敬的老师，不敢违抗。人家说我探索，让我谈谈创作道路，其实走投无路。希望交谈，对许多解不开、想不深的问题，极想听听老师同行的意见，给我启发。

西德记者采访，提问：“××断言，不为官方宣传计划生育……”

艺术不是为宣传，因为宣传品不都是艺术，而艺术品又必然是某种宣传。作为任务可以画计划生育，然而不认为那是艺术。宣传画可以是艺术，也可以不是艺术，要具体而论。

霍去病墓雕刻，比听多少爱国主义报告都激动，就是一种宣传，因为它的艺术价值极高，有些政治内容很强的画，却不能使人动心，甚至看了感到一种折磨。

我不认为艺术一定离不开政治生活，不是为这个阶级就是为那个阶级之说当然纯属谬论。但我也不认为只有与政治不沾边才是高尚的艺术。

各种艺术观点、争论，可同意可不同意，可信可不信。然而有一点，是要坚信不疑的。艺术是人道主义的，它是人性、人的感情结晶。同时，它是拨动人类感情的心弦的，有感而发的，冷漠的人成不了艺术家。

如果你画一棵小草，是有感情的，可以是高尚的艺术品，画政治性极强的，有感而发，当然也是高尚艺术。我喜欢珂勒惠支，也喜欢米罗、克利，都是真挚的人的感情的火。

不能只用技巧画画，而是要用感情画画，有这一条，无论你的表现形式如何，抽象、变形，都是由感情决定的，取决于感受。

由于有感，迫使你寻求表达形式，心灵对技巧的创造。举例。因此，不会千人一面、雷同，因为每人作品都有自我，自己心灵的产物，各不相同。

《矿工图》，理性？感性？

有人说，使人感情有共鸣、赞同；有人说，我没有直接生活，是理性的。实际如何？有一个过程，“文革”前构思，“文革”后的变化，压抑、忧虑的流露。比如目前有些油画的情调，彷徨、沉思，是当代一些青年思想的反映，总比看到个体户发财，立刻画个“养鸡状元”要深刻，不易被淘汰。

与其把一切都说出来，不如留一大部分让欣赏者自己去领会。因为在欣赏者的头脑里所生印象和美感，有含蓄，比较尽量流露得要更加深刻。

美术作品之所以美，不只是美在已表现的一小部分，尤其美在未表现而含蓄无穷的一大部分。“意到笔不到”的魅力。辽宁展《老门》共鸣了，《赵一曼》，理性告诉我这是一个英雄，无感情的共鸣，少魅力。

国画展，不爱看，老一套，似曾相识，什么原因？无非是不少作品是用了别人的语言，说了些自己并非十分想说的话，少了生命力，少了灵魂，“你们从宋朝就这样画”。千人一面，一招鲜吃遍天，应付一切，一种皴擦点染，南方山、北方山，都一个样，你的感受哪里去了？泰山内涵，没有多余部分，没有花边、脂肪；桂林，不能按模式画画，不理解形式的重要。

既是百花齐放，应容纳各种艺术形式，圆润的、沙哑的，酸甜苦辣，喜怒哀乐。

抽象的这里到处都是。看不懂，不可取。这问题如何理解？“大多数人看懂”“雅俗共赏”是好的，但不是衡量艺术的“标准”。曲高和寡。不少艺术是要有一定修养才能欣赏。八大、石涛、关良、崔子范，代表民族文化水平。

当然形式不是故弄玄虚，明眼人一眼看穿，自欺欺人。既要老实，忠于自己的感受，雕虫小技不可取；又要不老实，为了表现可以不择手段。

很有把握、画不好。无从下笔，反而更好。每当我胸有成竹时，熟练的技巧，遮掩不住，索然无味。而当由于迫切的表现欲使我束手无策时，却往往流露出拙劣技巧掩盖不住的美和真。

关心的不在画什么，而在怎么画。

要不要讲形式，必须讲，没有形式就没有美术，而且要多种多样的表现形式，形式就是表达感情的语言，抽象、变形、夸张，无非不应有一个模式，没有标准。有人说，第一次浪潮是标准化，第二次浪潮就是多元化，有道理。

艺术强调个性。

艺术境界是审美观的自我体现、自我完成，强烈的个性和主观色彩不可能有一个共同的模式。

形式决定内容，还是内容决定形式，此争论似乎意义不大，它们是不可分的整体。

人家理解欣赏你的艺术，首先欣赏你的表现形式，艺术不是为了宣传，因为宣传品不都是艺术，然而艺术又必然做了某种宣传，是一种陶冶、净化、真善美。

用自己的艺术语言，表现了自己的感情，而又被一部分人理解，是最令人激动的了，也最令别人激动。

艺术上的成功，必经三种境界：“昨夜西风凋碧树，独上高楼，望尽天涯路”，此第一境界；“衣带渐宽终不悔，为伊消得人憔悴”，此第二境界；“众里寻他千百度。蓦然回首，那人却在灯火阑珊处”，此第三境界。

高瞻远瞩，孜孜以求，一朝顿悟。

博览群书，各方面修养，提高审美趣味。起步才能高，不做井底之蛙，多动脑、勤。

继承

几千年，有才华者，心灵的产物，不借鉴、不研究，是天大的傻瓜。问题在于怎么继承，尊重而不迷信，知其然，知其所以然。初看石涛，去过黄山之后看石涛。要善于学习，有两种学习方法。一种人：僵死的，照搬，用一种语言模式，笨人。一种人：学习精神，聪明的，可染、苦禅“似我者死”。以最大的功力钻进去，以最大的勇气攻出来，随心所欲不逾矩，自由、发展规律。

民族矛盾

到辽源，辽源华工最集中。

白骨、死难者、幸存者、众多美的形象。

这种美，用那种流畅的笔、轻松的笔是无法表现的，这感受要求我改变表现手法，变形，九幅构思，需要力、男子气、深沉，素材中有意识的探求。

变形，能立得住，说服人：1. 真切的感受；2. 结实的造型基础。

盲目地变，长、圆、方，肤浅的不能感人的，因为自己就没动情。

见到《南京屠杀》激动，灾难一正义。南京屠杀的创作过程。纽约抗议。人道主义画家，与我共鸣。此次访问对《矿工图》促进。他们的访华，共鸣、友谊。[1]

今年访日。

原子弹、广岛，“空前绝后”。

巡回几个城市，电报说许多人流泪，我的艺术被人们理解，我想这是我作为画家最感到高兴的了。不是迎合换来的，而是共鸣。[2]

注释

[1] 此处指日本画家丸木位里夫妇在《原爆图》之后画的《南京屠杀》一画。丸木位里夫妇的《原爆图》曾在纽约展出，遭到一些美国人的抗议。有人问他们，如是中国人画南京大屠杀这类题材的画，日本人有什么看法。丸木位里夫妇说，他们将抬着这些画走遍日本，让日本人知道过去对中国人所造成的灾难。后来丸木位里夫妇自己创作了《南京屠杀》的画幅。

[2] 周思聪1984年访日，受到丸木位里夫妇和日本朋友的热情接待，她的《矿工图》受到日本朋友的热烈赞扬。“原子弹、广岛，‘空前绝后’”一句，可能是指丸木位里夫妇的《原爆图》。

本文载于《美术研究》1996年第3期

周思聪（1939—1996），天津宁河县人。画家。毕业于中央美术学院中国画系。北京中国画院（今北京画院）国家一级美术师。

现实主义精神

刘小东

美术中的现实主义是一种艺术创作方法。从其手法上而言，一般采用写实的方法，按照生活本来的样子，通过典型化的手段，揭示生活的本质。但从艺术思想上看，有着极大的包容性，现实主义是关于现实世界的反映，是对现实世界的一种审美认识的表现。古往今来，人类的艺术从大的方面讲只有两种，一种是关于神的，另一种是关于现实世界的。那么，可以说关于现实世界的艺术都是现实主义，或者说都具有现实主义精神态度。

中国绘画自有其悠久的传统，其“师法自然”“以形写神”等艺术思想都是具有现实主义创作原则的。早在战国时期，韩非子就曾说：“夫犬马，人所知也，旦暮罄于前，不可类之，故难。鬼魅无形者，不罄于前，故易之也。”我们不能以此断言写实的艺术是难度最高的艺术形式，但可以说是一个人具有理性思维以后经过长期专业训练才能达到的，一个未经训练的人不可能画出那匹形神兼备的马。西方文艺复兴的最大贡献也就是将神人格化，体现“摹仿自然说”，将现实世界的人作为描绘对象。

虽然古代许多艺术家都符合现实主义创作精神，但“现实主义”一词的出现却在近代。“现实主义”作为美术界的一个流派，是在19世纪中叶出现在法国画坛的，其代表人物库尔贝明确主张艺术要表现当代的社会生活。这种参与当下社会生活的艺术思想一直影响着美术中的各个流派。目前世界上利用各种媒体意在参与社会的艺术形式，总的思想上都可以追溯到库尔贝的艺术主张，许多学者从不同角度研究库尔贝的艺术思想，直接启发了今日世界艺坛。

写实绘画拥有最多的观众的时候，是照相术没有发明以前。人们希望在艺术作品中看到自己的形象，通过画家手绘如真的作品反省人类自身。生活在现实世界中的人们渴望了解自己，渴望通过别人的视点看自己，这种急迫心情促进了照相术、电影、电视以至今天电脑的蓬勃发展。照相、电影、电视都是通过再现现实让人们认识现实世界的。因此，这种准确、快捷、立体、全方位的艺术形式广受大众欢迎。过去只有写实绘画能满足人们认识现实世界的愿望，今天，胶片的发明抢走了大部分观众。但是无论社会发展到何种程度，只要人们有认识现实、了解自己的愿望，就永远会有人渴望看到静止的、经过人手工绘制的写实艺术品，并且渴望通过此类艺术打开自己的心灵之窗，自省现实。

现实主义绘画是着眼于当下社会生活的，所以随着社会的变化，现实主义绘画也有着极大的变化。

今天的前卫手法与传统手法之争其实并无本质区别。就其参与社会的精神而言，只是工具手段不同。所谓前卫艺术意在反传统，利用时代最新产品切入时代，而作为现实主义绘画也无外乎仍然用着已经沿用了几百年的手绘工具，去表现当下社会。其实两者都是社会的一面镜子。电脑的广泛开发利用，已经可以取代曾对写实绘画威胁最大的照相术，然而无法替代人的手工绘画，现实主义绘画永远占有一片天地。

现实主义的原则是真实地反映客观世界的现实本质和历史本质，真实地表现画家主观世界的情感、认识和理想。在表现手法上，并不拘泥于写实，完全可以广泛地吸收和采纳各种手法，以更充分地体现其思想的深度和丰富。

相对库尔贝，俄国19世纪巡回画派已经有很大差别，他们更注意描绘当时的俄国社会生活。而今天的拉美艺术更具有民族特点，虽然针对现实世界的内容，但更注重画家主观的精神内涵，从思想深度、广度到具体的造型、色彩的运用都有极大差异。

同是具有震撼力的反映德国纳粹阴影的基弗尔、阿利卡，两人的艺术风格极其不同；都是反映美国中产阶级生活的费谢尔、大卫·沙利，两人的画风又是迥异；同是反映画家自身精神生活的弗洛伊德、巴尔蒂斯，又是各有独钟。这些具有现实主义精神的当代西方艺术家，都是随着社会和艺术的发展而丰富了现实主义绘画语言。

现实主义绘画作为流派传入中国已百年。百年中，现实主义是沟通艺术与大众的最直接、最有力的艺术形式。无论是民主主义革命时期、解放战争时期、延安时期、解放后的“文革”时期，还是现在的画坛，都产生了无法替代的反映那个时代的独特作品。百年中，现实主义一直是中国画坛的主流艺术，无论是过去将艺术作为政治武器，还是现在作为各大艺术院校的授课思想，现实主义一直占有绝对的主导地位。无数艺术家投身于现实主义队伍，形成了全世界最庞大的现实主义阵营。这也只有在中国——世界上最独特的地方才能产生如此局面，姑且不论形成此局面的社会背景，也不论单一化造成的不幸，仅就现实主义绘画而言，这是天赐良机，永无重复的历史机遇。

当我们兴高采烈地投身于这个主流艺术中时，国门敞开了，我们发现世界是被各种媒体覆盖的，艺术已经淹没在媒体的海洋之中。艺术与我们曾经想象的不太一样了。现实主义绘画毕竟是长满胡须的老者了，刺激不了媒体的兴奋，而人类分工越来越细，几乎异化了人自身，只有依靠媒体才能认识世界。

绘画首先是视觉的艺术，也就是靠人的眼睛传情的艺术，而人类的眼睛已经退化了。托尔斯泰好像说过，有三点摧毁了艺术：一是艺术批评化，二是艺术商业化，三是艺术教育化。而这三点恰恰是今天世界艺术赖以生存的必备条件。虽然不能说托尔斯泰这句话完全正确，但是足见他对人的视觉直观性的重视。如果仅从艺术的自由性角度去看，此三点确是威胁着艺术的自由发展，但是，艺术除了自由之外，还有让人类重新认识现实、反省自身的功能，那么，应该说威胁来自艺术家自己。在今天的社会，只有通过批评的传媒才能让更多的人认识艺术，只有通过商品式的流通才能让更多的人看到绘画，只有通过教育才能让人掌握艺术的技能。但此三点都有其陷阱，时刻诱惑着艺术家忘记现实主义原则，忘记现实主义的“眼”。过多地注重名利就会依赖传媒、迎合传媒，失去了画家的“眼”；过多地追求物质，就会依赖金钱，迎合商品化的口味，失去了画家的独立和尖锐；过多地陶醉技能，就会失去参与社会、反映现实的批判精神。

绘画的历史是视觉经验变化的历史，也是画中内容变化的历史。印象派走出了画室，画面的色彩与画中的内容都与以前不同。今天的艺术家走出了画面，走出了墙面，作品中的视觉形象和作品中的内涵也同样与前相异。运用传统工具产生新的视觉经验远比适用新的工具创造新的视觉经验艰难，然而，给传统工具以新的生命、新的创造却更加振奋人心。

中国社会正值开创时代，讲求实际是历史上每个开创时代普遍存在的特征。现实主义是真实地反映时代的一种艺术创作方法，在中国这个特定的历史时期，现实主义必然有其强大生命力。只要不迷失现实主义的“眼”，不淡忘参与社会、反映现实的现实主义精神，那么，现实主义绘画将永远有强大的生命力。

艺术面对各种问题，有针对文化方面的，有针对社会问题的，有针对人自身的，社会不同，人生各异，艺术家各有自己的思考角度，这就自然形成了世界艺术多元化的格局。因此，世界艺术不流行什么，而是各有各的问题，各有其针对性。我们应该知道自己在做什么，世界往来沟通的意义在于相互启发，而不是相互抄袭，抄袭意味着落后，而真的艺术没有先进与落后之分。只要我们真实地面对自己的问题，那么，全世界都站在同一起跑线上。

本文载于《美术研究》1996年第4期

刘小东，1963年生，辽宁锦州人。油画家。1995年毕业于中央美术学院油画系，获硕士学位。中央美术学院油画系教授。

我们艺术中的悲观主义

范景中　曹意强　严善錞　黄　专

波普尔在《科学和艺术中的创造性自我批评》中讲道："不久以前，有人劝我们接受现代观念和进步观念，现在又有人向我们灌输文化悲观主义思想。我要对文化悲观主义者说的是：在我漫长的一生中，我不仅看到了倒退现象，也看到了明显的进步迹象。而那些不愿承认我们时代和社会存在着优点的悲观主义者对此是视而不见，他们还使其他人如此。我认为，我们的一些著名的知识分子的做法是有害的，他们总喜欢告诉人们说，他们实际上是生活在地狱里。结果，他们不仅使人们感到不满（这倒不是什么坏事），而且使人们感到不幸，而夺走人们生活中的欢乐。然而，个人遭遇非常不幸的贝多芬是怎样结束他的交响乐创作生涯的呢？他以席勒的《欢乐颂》作为尾声。"我们也想就艺术中的悲观主义这一问题谈一些看法，本文是根据我们四人1996年8月在杭州编辑《20世纪中国画国际学术讨论会论文集》和《潘天寿全集》时的一些讨论整理而成。

以纪念潘天寿的方式来讨论20世纪中国画的发展，在我们看来至少有两个象征性的理由：首先，潘天寿是一位理性主义者，即那种相信以批评的方式来讨论艺术发展的人；那种"把作品本身以及作品所代表的标准看得比我们自己的情感和抱负更为重要"[1]的人。他一生致力于中国画的"创新"，但他不是艺术的时髦主义者和新奇主义者，也不是艺术表现主义者，他将这种创新理解为通过研究传统去超越传统的实验性活动。总之，他属于艾略特所谓的"含有历史意识"[2]的艺术，或是波普尔所谓的"试错型"[3]的艺术家。其次，他还是一位乐观主义者，他对艺术的进步抱有理智的幻想，但却从来不愿将自己打扮成历史的先知。尽管他一生的大部分时间几乎都处在民族战争和文化专制的恶劣环境中，但他从来没有放弃过振兴民族艺术这个艺术理想和道德信念。事实上，他在30年前提出的中西艺术"拉开距离"的著名方案迄今为止仍然是我们在讨论中国画发展时一个无法绕开的课题。我们有充分的理由认为，在有关中国画当代发展的讨论中我们缺乏的正是潘天寿所具备的这两种品质。

我们也许比潘天寿幸运，因为今天我们毕竟可以在一个较为学术和多元的环境中来谈论中国画，我们有了更多持有不同思想和信念的自由，也有了更多以批评的方式讨论问题的机会，这本来应该使我们有更多理由对中国画的前途保持乐观的态度。但令我们沮丧的是，在我们的艺术生活中几乎到处都弥漫着悲观主义的气息，这股气息在我们看来是由两种互相为敌的人制造出来的，一种是激进的文化叛逆主义者，另一种是固执的文化本质论者。前者指责中国画从精神到技法的全面堕落和它与当代文化格格不入的审美品质，他们认为我们能为中国画做的唯一的事是将它打发到博物馆去；与前者相同，文化本质论者同样谴责这一精神道统在当代的衰败和沦丧，不过他们是以略带感伤和惋惜的心境去看待这种古道衰微的。公允地说，悲观主义者的悲观是有道理的，只需看看惯于在电视上表演的那些缩水的“国画大师”，相信每个对传统真正怀有敬意的人都不会庆幸生活在这个时代。

叛逆主义者和本质论者除了悲观主义这一共性外，还有另外一个共性，即预言的嗜好：预言中国画的死亡或是预言它的精神性的再生。顺便提一下，作为一种时尚竞争，叛逆主义者已经将宣布中国画的死亡升格为宣布人类美术的死亡。当代文化中这种“把事做绝”的习惯，无疑大大降低了这种时尚游戏的悬念感和乐趣。也许是得助于波普尔的提醒，使我们时常对预言者保持警惕[4]，因为预言者既有可能是真正的先知先觉，也有可能是江湖骗子，而几乎在绝大多数场合下他们都是后者。尤其是预言者几乎都具备拒绝批评（由于他们先知先觉的优越感？）的固执天性，这又极其容易地使他们成为文化霸权主义或文化无政府主义（非理性的自由主义）的盟友，所以，他们对我们以理性的方式讨论中国画的发展不仅无益而且有害。

当然，在这里我们不打算谈论悲观主义自命不凡的天性和它的非理性的冲动，尽管我们认为当代悲观主义的性格基因——古老的理念学说和较现代的反理性思潮对我们的文化和艺术极其有害。我们将从问题的核心，即从中国画作为一种传统，它的文化品质和它的问题境况上去阐述我们与悲观主义者不同的立场。

由于我们的知识来源大部分都出自传统这一事实，就注定了反传统是徒劳的，因此，传统无须保卫。但是，传统既可以用批评的眼光来研究，也可以用无知的双手去推翻，而真正的保持传统正在于前者，在于辛苦研究传统而获得的历史感。因为正是这种历史感才使一个艺术家成为传统主义者，使他既感觉到远古也感觉到现在，并且感觉到远古与现在的同时并存；而且，也正是这种历史感，使他能够敏锐地意识到他在时间中的地位，意识到他自己的时代。[5]传统是一些价值准则，一些相对固定的图像意义，一些批评标准和批评方式，一些由传说和舆论不断引起或改变的风尚，一些特别的技术方法，或者甚至仅仅就是一些特别的趣味（如“韵”）。传统并不乞求我们的保护和继承，而轻易放弃传统受损害的首先将是我们自己。“如果我们失去‘对过去的’记忆，我们便失去了为我们文化提供深度和实质的维度”[6]，而事实上仅从功利的眼光看，“失去记忆”也就意味着失去了许多可供我们选择的机会和方案，失去了使我们当下的艺术具有意义的历史坐标。传统对于懂得运用它的人来说是开放的。

现存的艺术经典本身就构成一个理想的秩序，这个秩序由新的（真正新的）作品被介绍进来而发生变化。这个已成的秩序在新作品出现以前本是完整的，加入新花样以后要继续保持完整，整个秩序就必须改变一下，即使变得很小；因此，每件艺术作品对于整体的关系、比例和价值就重新调整了；这就是新与旧的适应……诗人若知道这一点，他就会知道重大的艰难和责任了。[7]

正是这些屑小的“调整”或“修正”，而不是那些刻意求新的独创和冒险导致了传统的变化和艺术的进步。我们艺术中的文化叛逆主义与其说是一种激进主义不如说是一种懒惰主义，他们看到了由于文化言路的断裂而导致的艺术的衰败，但他们却不愿意花力气通过研究传统去探讨这种衰败，而宁愿将它想象成一个历史的宿命，从而放弃他们应尽的文化义务和责任。事实上他们在宣布放弃传统时，也就等于放弃了研究当代和未来的基石，所以，从逻辑上说，传统的虚无主义必然是当代虚无主义或未来虚无主义。

也许在这个世界上还没有哪一个民族像中国这样，将一个画种的兴衰与一个民族文明的兴衰密切地联系起来，或者将它的传统价值与它的当代命运密切地联系起来，并由此产生出巨大的悲剧感，这一切都来源于一个多世纪以来我们的文化和艺术所面临的开放情境。西方的“侵入”一方面导致了本土文化言路的断裂，另一方面又使中国问题变成一个世界问题，一个开放的问题。开放动摇了中国画传统的价值基础和形态结构，但它并没有也不可能中断这个传统；开放改变了旧的准则但又导致了一些新的准则，并相应地带来了一些新的问题和解决问题的方式。我们没有必要像悲观主义者那样以仇视和无奈的眼光看待文化间的冲突和碰撞，他们习惯将传统看成一件包裹着无穷神机妙算的先验之物或是一件永无增减的精神容器，他们不愿抬起头来从更广阔的上下文中去窥测它们的存在。而我们认为正是在那里，在与无数其他文明的交流和碰撞中，中国画这一日渐衰老的传统才有希望重获生机，老当益壮。

也许正是中国画的近代命运以及由这种命运导致的悲剧感，给了艺术中的历史决定论或宿命论大行其道的机会。在我们生活中一个最为流行的黑格尔神话是将中国画的衰落看成某种遥远的时代精神和民族精神的失败，在中国艺术的本质论者看来，这种精神是由儒教忧乐意识和道家超脱意识化合而成，而要恢复古道、整治颓势，唯一处方则是弘扬民族精神，实现“道统”的现代转换。应该说，这类文化本质论者的错误并不在于他们恢复传统尊严的态度，而在于他们将传统视为精神容器的做法，这种做法使我们远离了真正的问题。我们已经在其他很多地方批评过时代—民族精神这类框架神话，批评过它的历史决定论的谬误和危险，笔者在这里还想说的是，精神复兴的承诺不可能将我们引向乐观主义的大道，因为它没有正确地描绘我们面临的艺术境况，以及我们该如何以批评的姿态去解决这些境况中具体的艺术难题，去应付境况的挑战。

我们已经以稍嫌概念的方式表述了我们对传统及其当代境遇的一些看法，我们将传统视为某种文化惯例和习俗，某种可以改变或进步的文化仪式，只要我们不抱太多不切实际的奢望，我们就可以通过学习、研究传统，进而以批评的态度逐步地去改变“坏”的传统，超越“好”的传统。尊重传统和批判传统的最好方法是以理性主义的方式去研究传统。与文化叛逆主义和文化本质论殊途同归的悲观情绪不同，我们对中国画的当代发展抱有谨慎的乐观态度。我们认为正是20世纪开放的文化境况为我们带来了许多未曾有过的价值和观念，这其中包括艺术的理性宽容和自由探讨的观念、艺术通过批评获得进步的观念；当然，我们也将潘天寿“拉开距离”的方案作为这种文化碰撞和文化交流的一个积极而理智的结果。说到潘天寿，我们想以他晚年的一段遭遇来结束我们对艺术中的悲观主义的批评。潘天寿的晚年正值中国专制文化的黑暗时期，1966年他作为“反动学术权威”遭到红卫兵的游斗批判，当人们追问他犯了什么罪状时，他呆了半天，说：“我画画创新不好。”[8]这令人震撼的一幕再好不过地表明了我们必须坚持乐观主义和反对悲观主义的价值理由。

注释

[1][英]卡尔·波普尔:《贡布里希论情境逻辑以及艺术中的时期和时尚》，范景中、李本正译，载《通过知识获得解放——波普尔关于哲学、历史与艺术的讲演和论文集》，中国美术学院出版社1998年版，第297页。

[2][英]艾略特:《传统与个人才能》，葛林等译，载[英]戴维·洛奇编《二十世纪文学评论》(上册)，上海译文出版社1987年版，第130页。

[3]波普尔在《科学和艺术中的创造性自我批评》一文中将艺术家和作家分为两个类型，不运用试错法的创造性艺术家，如伯特兰·罗素和莫扎特；运用试错法的创造性艺术家如贝多芬。原文见《通过知识获得解放》一书，第266—267页。

[4]波普尔在《我们时代的历史：一个乐观主义者的观点》一文中这样写道：“如果我自称是乐观主义者的话，我并不想让人以为我对未来有所了解。我并不妄想做一个先知。相反，我多年来一直试图捍卫这个观点：历史的预言是一种江湖骗术。”原文见《猜想与反驳——科学知识的增长》，傅季重译，上海译文出版社1986年版，第520页。在《西方信仰什么》一文中波普尔更进一步指出“永远不要冒充预言家”是知识分子一项“严肃的义务”，而黑格尔之类的哲学家则往往使我们忘记了这项义务。原文见《通过知识获得解放》一书，第239页。

[5]范景中:《艺术家和传统》，载《潘天寿研究》，浙江美术学院出版社1989年版，第474页。

[6][英]贡布里希:《艺术与人文科学的交汇》，载范景中编选《艺术与人文科学：贡布里希文选》，浙江摄影出版社1989年版，第2页。

[7][英]艾略特:《传统与个人才能》，葛林等译，载[英]戴维·洛奇编《二十世纪文学评论》，上海译文出版社1987年版，第130—131页。

[8]卢忻:《潘天寿最后的岁月》，载《潘天寿研究》，浙江美术学院出版社1989年版，第185页。

本文载于《美术研究》1997年第1期

范景中，1951年生，天津人。1981年于浙江美术学院（今中国美术学院）艺术理论系研究生毕业。中国美术学院教授、博士生导师。

曹意强，1957年生，浙江杭州人。1995年毕业于英国牛津大学，获博士学位。中国美术学院艺术人文学院院长、博士生导师。

严善錞，1957年生，浙江杭州人。1982年毕业于浙江美术学院（今中国美术学院）版画系。国家一级美术师，深圳画院副院长。

黄专（1958—2016），湖南人。1988年毕业于湖北美术学院中国美术史专业，获硕士学位。广州美术学院教授。

矛盾与困惑

邹跃进

我的《他者的眼光——当代艺术中的西方主义》(以下简称《他者》)一书出版后，有若干问题还想进一步探讨一下，以求正于读者。

"眼光"与"问题"

《他者》一书研究的主要问题是1978年以来的中国当代美术，在其发展过程中怎样在西方文化艺术的影响下认识和解决中国自身的问题，又以怎样的方式回应西方文化艺术的冲击和挑战。

在此书中，笔者把"西方的文化艺术"改写为"他者的眼光"，意在说明我的研究对象——中国当代美术——作为承担所有问题的主体，是以"西方的文化艺术"为客体和"他者"的。这一点意味着西方的文化艺术并不是一个外在于中国当代社会和历史的存在者，而是通过中国艺术家的理解、需要而转换成了他们观察生活、体验情感、把握问题、创造艺术的"眼光"。通过"他者的眼光"，中国的艺术家才创造出了一种可称为"西方主义"的艺术景观。

中国当代美术中的"西方主义"，是在"他者的眼光"与"中国的问题"的相互需要、相互制约、相互生发的辩证关系中产生出来的。这是因为没有"他者的眼光"就没有当代特定历史条件下的"中国的问题"，比如说，70年代末、80年代初中国许多美术家、批评家所摄取的思想资源都来自西方的启蒙思想，从而能以人道主义、自由、理性的"眼光"审视中国社会中的问题。从罗中立的《父亲》到陈丹青的《西藏组画》，再到后来流行的乡土写实主义，无不是以西方的写实手法、人道主义的观念来观察乡村和农民的。但是，这种艺术中的"中国问题"则既不是乡村，也不是农民，而是直接指向"文革"中非人道的"阶级斗争"和"红光亮"的"文革艺术"的。另外，80年代以来认同西方现代艺术形式的艺术家们则是以西方启蒙话语中的"自由"来面对"中国问题"的。如吴冠中关于"抽象美"的艺术思想所呼吁的就是艺术的自由；星星画会的艺术家则以隐喻的艺术形象和实际的行为来争取"社会的自由"；因钟鸣的作品《自在者——萨特》而引发的一场关于"自我表现"的争论，则说明"艺术家的自由"也同时成了艺术家关注的对象。可以这样说，正是通过"他者的眼光"——西方启蒙思想中的"自由"，使这些艺术家看到了"中国的问题"——"文革"的专制所带来的艺术、社会、艺术家的非自由。

在中国当代美术中，并不是任何一种“他者的眼光”都能栖居在中国艺术家、批评家身上的，这意味着“中国的问题”同时制约着艺术家对“他者的眼光”的选择。80年代后期在中国流行的新古典主义油画，虽然是以西方古典油画语言和文化精神为学习和研究对象的，但艺术家们对这种特定眼光的选择则完全基于他们对中国文化和中国油画艺术的历史和现状的认识：首先，中国油画在学科和学术水平上还远不及西方；其次，在中国文化中，缺乏由西方的古典油画所体现出来的理性精神和学科态度。正是这些“中国的问题”，使这些艺术家开始推崇西方早期的古典油画艺术。1989年之后，中国历史进入了一个新的发展时期，市场经济的兴起，物欲横流的现实，使西方的启蒙话语在中国的语境中迅速衰微，这就促使一批艺术家转向新的中国问题。比如从1995年开始兴起的“艳俗艺术”所思考的就是市场经济中的大众文化与中国当代社会之间的关系问题。有趣的是，对这一问题感兴趣的艺术家，都不约而同地摄取了西方当代艺术家昆斯对待生活与艺术的“眼光”。

“现代化”与“民族自我意识的同一性”

上述例证已足以说明“他者的眼光”与“中国的问题”在中国当代美术中相互需要、相互制约的关系，现在需要进一步探究的是在当代中国产生这种关系的社会与历史根源。换言之，虽然中国当代每一位艺术家所使用的“他者的眼光”都非常具体（如米勒、怀斯、达利、马蒂斯、弗洛伊德、昆斯等），他们所关心的“中国的问题”也各有侧重（如人道主义、理性、自由、大众文化等），但我们必须追问的是中国当代艺术家为什么要以“他者的眼光”来面对和解决“中国的问题”？这种“眼光”的含义到底是什么？“中国的问题”在其本质上又是什么问题？

我的回答是，“他者的眼光”不仅意指“西方”，而且意味着“现代”。“中国的问题”首先是“现代化”的问题，其次则是中华民族自我意识的同一性问题。

1978年以来，中国采取了对外开放，对内改革的策略，其目的是在中国实现现代化。对外开放的历史情境，同时也使中国的艺术家看到了一个以科学技术为先导，经济富裕、国力强盛、文化发达的西方现代社会。相比之下，中国在经济上的贫穷与落后就显得触目惊心。与此同时，对内改革，解放思想的环境也为艺术家自由地思考这些问题提供了可能性。于是以西方现代文明为参照系来面对中国的现代化成为许多美术家从事艺术创作的动力，对他们来说，所谓“他者的眼光”在更深一层的意义上也意味着“现代”的眼光。正是通过这种眼光，相当一部分艺术家不仅对“文革”，而且对中国的五千年文明都进行了重新理解和认识。那些以西方文明反对中国文明的反传统者，都套上了这样一种“西方”的、“现代”的、“他者的”眼光。李小山关于中国画到了穷途末路的观点，以及当时引发的激烈争论，是一个含义众多的个案，其中的含义之一就是，中国画因它特定的精神内涵和文化意味，已无法在一个需要现代化的中国继续发展。这意味着李小山只不过是以“现代化”的眼光和中国画的名义，认为一种文明体系在西方现代文明面前已经衰落而已。

虽然中华民族自我意识的同一性问题自1840年以来就存在于中国的近现代文化之中，但从当代美术的角度看，这一问题是随着改革开放的深入、西方文化的冲击与挑战的加剧而逐渐鲜明的。如果说在1985年之前，艺术家还忙于用西方的启蒙话语来批判和消解“文革”的意识形态的话，那么，从1985年开始，中华民族自我意识的同一性问题也进入了许多艺术家的视野，比如当代美术中的“汉唐情结”。在《他者》一书中，我认为“汉唐情结”表现为将中国古代文化分为汉唐盛世和明清衰落两个对立阶段，极力赞美、推崇汉唐文化，贬低、否定明清文化。当然，“汉唐情结”在当代美术中有着特殊的表现形态，那就是把汉唐文化的诞生地西北地区的文化遗存、黄土高坡、风土人情作为艺术资源，以抗拒西方文化的冲击。像周韶华、丁方在一段时间内都属于这一类艺术家。如果说“汉唐情结”是以艺术题材所涉及的历史内容来唤起中华民族的自我意识的同一性，那么，“中西融合”则是从艺术形式的角度，以折衷、妥协，有时甚至是自相矛盾的方式来回应西方文化的冲击，以保持民族自我意识的同一性。当然，在这里主要是指在外来的艺术（如油画）中加入我们民族的文化因素和艺术形式（如“油画民族化”）的“融合”方式，至于在中国传统的民族形式中吸收西方的思想观念和艺术形式，以适应当代中国历史进程的需要则与“现代化”的问题相关联。

“国家民族主义”与“文化民族主义”

我将中国当代美术中以“他者的眼光”关注中国从传统向现代转型的艺术称为“国家民族主义”。这是因为关心中国的现代化问题，也就是希望中国通过改革和发展，能在各方面赶上甚至超过西方发达国家，在这些艺术家看来，中国首先得阔起来，才能对西方的帝国主义说“不”！不可否认，1840年后中国被西方列强侵略瓜分的历史和民族耻辱与今天中国的现代化进程具有内在的必然联系。而对于身处中国现代化的历史情境中，以西方的现代化为参照系来认识、理解中国问题的美术家来说，产生西方现代文明的文化如哲学、伦理、对自然和人的态度、艺术形态和观念，都可以拿来为我所用，目的是促进中国的现代化。

与“国家民族主义”相对的是以中华民族自我意识的同一性为中心问题的“文化民族主义”。它与前者的差异在于“国家民族主义”想的是怎样保持国家的强盛和民族的生存，而“文化民族主义”则关心中国怎样保持自己的文化传统和民族身份。从后者的角度看，我们除了以自己所创造的文化艺术来证明自己是中华民族之外，别无其他方法。换言之，正是通过汉语、中国画、民乐、京剧、围棋、武术、气功、中医、孔孟和老庄哲学等中国文化，我们才能获得中华民族自我意识的同一性，才能使我们把“我们”与“他者”——西方——区别开来，获得自己的民族和文化身份。这意味着文化不仅是人类赖以生存的基础，决定着人们对待自己和世界的态度，而且在跨文化传播沟通中，文化和艺术同时也是一个民族身份的象征。

在中国当代美术中，绝大多数的艺术家对“国家民族主义”和“文化民族主义”的态度和笔者一样都是矛盾的。这是因为对中国当代社会来说，两者都具有合理性和自身价值。一方面我们希望国家强盛，另一方面我们又不愿失去民族身份，警惕于被“他者”同化的危险。这种矛盾心态使我们的言论行为和作品都充满矛盾。如果我们进一步把中国当代美术置入当代世界的两个重要的文化语境——现代化和后殖民——之中加以考察，文化民族主义和国家民族主义还会面临更大的矛盾。

中国当代美术的矛盾与困惑

后殖民与现代化都与同一种国际关系——第一世界与第三世界——联结在一起。首先，后殖民时代是指曾经作为西方帝国主义的殖民地在获得民族独立之后，仍然在经济、文化等方面受到西方政治、经济和文化影响，即所谓文化殖民。这种殖民是以西方价值为标准，以资本渗透为手段的，它使处在贫穷落后地位的第三世界或主动、或被迫接受西方的思想观念和价值标准。这意味着处于强势地位的第一世界在当代历史中仍以“和平友好”的方式塑造着第三世界的文化观念、价值标准、人生态度和生活方式。在当代世界，有两个方面的条件为西方的后殖民方式提供了可能性，第一是由于传媒和交通的发达，使地球变成了一个地球村，第一世界对第三世界的影响变得越来越容易；第二是全球经济的一体化进程，它在目前仍主要是西方强势集团通过跨国公司将剩余资本向全世界特别是第三世界渗透的过程。然而，必须看到的是，仅有西方世界的“资本冲动”和“后殖民”的愿望是不够的，他们还必须为资本冲动找到市场，为后殖民方式找到对象。这就涉及第二个语境，即现代化的语境，它主要是指发展中的第三世界国家在第一世界的压力面前，以西方的现代化为参照系，在政治、经济、文化、教育等方面进行变革以求生存和发展的历史和现实。问题的复杂性和令第三世界艺术家困惑的地方正在于，这两个语境具有相互依赖、互为条件的辩证关系，它们都要求第三世界文化艺术的发展必须进入西方文化艺术的发展逻辑之中，并以西方世界所创立的艺术规则来从事艺术活动才能获得意义。而且即使以文化民族主义的方式抵抗西方帝国主义霸权话语，也必须以这一话语作为获得意义的语境。这正如杰姆逊所说的那样：“所有第三世界的文化都不能被看作人类学所称的独立或自主的文化；相反，这些文化在许多显著的地方处于同第一世界文化帝国主义进行生死搏斗之中——这种文化搏斗的本身反映了这些地区的经济受到资本主义不同阶段或有时被委婉地称为现代化的渗透。”

中国作为发展中国家，也同样被纳入了这两个文化语境之中，中国当代美术不仅被置于这两种文化语境之中，而且也是在这两种语境之中进行思考和创作的。前面说到的“国家民族主义”以实现中国的现代化为己任，这使他们快速引进、认同西方的文化艺术。“文化民族主义”则企图在西方文化冲击面前，以我们民族的文化艺术资源为武器，回应西方文化艺术的挑战，以保持中华民族的文化身份。但是，我们所面临的最大困惑和困难是，我们怎能担保这些宏伟抱负和崇高追求就不会落入西方帝国主义的文化殖民主义的圈套之中呢？当我们十分自信地认为我们正在进行一场前所未有的思想解放运动，创造出了一批批传世之作时，我们怎能担保这不过是在西方的强势文化面前，无奈地从事一场在后人看来只是一种“自我殖民”的文化活动而已呢？也许我们会认为这种担心言过其实，但我认为，问题在于我们已陷入其中而缺少相应的自我意识，这就像许多好心的父母带孩子去“麦当劳”欢度生日时，已经无意识地向下一代灌输了一种西方的生活方式。当代美术中的许多问题与此相似。为了唤起我们在这方面的自我意识，我想举两个例子来说明这一问题，例一是有关国家民族主义的，例二是有关文化民族主义的。

例一：“85美术新潮”是以引进西方的现代艺术为主要特征的，但是从后殖民主义的立场研究西方现代艺术的意义，则能发现，正是西方现代艺术，使西方历史上的殖民活动在文化上进一步被美化和合法化。这是因为西方现代艺术的产生，在很大程度上要“归功”于西方殖民主义者对殖民地的文化资源的掠夺。众所周知，来自非洲、美洲、亚洲等殖民地的艺术品今天仍然存放在西方各国的博物馆中，正是通过它们，许多西方现代艺术家如马蒂斯、亨利·摩尔、卢梭、毕加索才创立了自己的艺术风格。其中最广为人知的大概要数毕加索的立体主义与非洲雕刻之间的内在联系了。虽然我们不能否认“85美术新潮”时期的艺术家以西方现代艺术的眼光来创造中国的现代艺术，是为了中国的现代化，但我们也不能否认，这同时也是使西方历史上的殖民活动在更大的空间内被美化和合法化。

例二：在我们前面谈到的具有“汉唐情结”的美术作品中，有很大一部分是以西方的油画语言表现出来的。艺术家或许没有意识到他们所运用的语言方式与所表达的题材内容之间有不可调和的矛盾。本来，以汉唐文化、西北高原为艺术表现对象是为了在西方文化的冲击面前证明我们中华民族的伟大，但是，它的证明和呈现方式（油画语言）则恰恰来自西方文化。前面谈到，一种艺术形式，从文化民族主义的角度看，同时，也是一个民族的文化身份，因为它综合了这个民族在文化、心理、社会、人种、地理环境等多方面的特点，具有很强烈的独立性。这意味着，一种艺术形式本身就包含着无限丰富的内容。而在不同民族的文化交流中，一种艺术形式（包括一种艺术上的主义、思潮、观念）不仅象征一个民族的身份，它同时也是一种权力而具有意识形态性。当一个油画家以西方文化的象征形式——油画来证明中国“汉唐”时代或中华民族的伟大时，其手段与目的之间的矛盾就不言而喻了。

在中国当代美术中，要把迎合西方意识形态需要的政治波普、玩世现实主义，为讨好西方游客的猎奇眼光而画的古代仕女、宫女、妓女，为取悦西方画商、古董商而画的明清家具和瓷器的各种油画“精品”等艺术现象与文化殖民主义联系起来并不是一件难事，困难在于我们或是缺乏自我意识，或是缺少自我批判的勇气而能在我前面所举的两个例子中看到西方的殖民话语、文化殖民主义与中国当代美术中那些宏伟堂皇的叙事话语之间的内在关联。

结语

我在《他者》一书中认为，我们只有完成西

方主义（在肯定的意义上表现为国家民族主义，在否定的意义上表现为文化殖民主义），才能超越西方主义，使中国的古代文化、中国东方主义艺术随着中国经济力量的强大而向世界扩散、传播，获得直接参与未来人类文明进程的能力。然而，对生活在当代的艺术家、理论家、批评家来说，我们仍然只能在当今世界所提供的规定性与可能性中有所作为。说得更具体一点，当我们确实已意识到我们正处在第三世界的现代化与第一世界的资本渗透和文化殖民相互依赖的历史情境之中时，如下的问题就值得深思：1. 从文化民族主义的角度看，当我们欲以中华民族的传统艺术形式来创造当代艺术时，如何才能避免它们在“他者的眼光”面前仅具有博物馆学的价值（如不求革新的中国画与京剧）？当我们以古老的中国传统文化和风土人情为艺术题材，以证明中华民族的伟大的同时，怎样避免在“他者的眼光”面前仅具有民俗学和市场价值的意义（如苏州水乡、北京胡同、藏女村民）？ 2. 从国家民族主义的角度看，当我们以现代思想观念批判、否定中国传统文化中低俗、腐朽、没落的文化现象时，怎样才能使之具有当代性和批判性，从而避免成为取悦迎合“他者的眼光”的奇风异俗（如三寸金莲、宫女、古董）？当我们以西方的艺术形式、观念、手法为中国的现代化提供思想和情感上的合法性，为现代人提供审美享受时，怎样才能把它与我们的生存所面临的问题结合起来，而不至于使其成为西方文化优越的证明，落入文化殖民、自我殖民的陷阱之中……

毫无疑问，在中国当代和未来的美术创作中，文化民族主义和国家民族主义都是我们同时需要的东西。但我们同样有责任避免使自己的崇高追求在无意识中落入文化殖民主义的陷阱之中。同时，我们还必须看到，由于中西方文化的异质性，在当代美术创作的领域内，文化民族主义和国家民族主义之间也同样具有矛盾性和对抗性，这个问题笔者将在其他文章中进行讨论。

本文载于《美术研究》1997年第1期

邹跃进（1958—2011），湖南隆回人。艺术理论与批评家。2002年毕业于中央美术学院美术史系，获博士学位。中央美术学院人文学院教授。

科学哲学与中国当代美术批评

皮　力

20世纪80年代以来，大量西方当代思潮和方法的引入促使中国思想学术界急剧变化，美术界也是如此。由于此前国内对西方哲学缺乏背景知识，所以这些思潮和方法的涌入一方面为学术界提供了新的视点，另一方面又在一定程度上造成了学术界的某种混乱状态。因此，清理西方当代思潮对中国学术界的影响以及这种影响产生的途径和过程，在今天尤为必要。本文试图对80年代以来科学哲学思潮在中国美术理论界的引入和应用进行一些清理工作，希望对美术理论的学科化建设有所裨益。

科学哲学是以哲学来考察科学的学科，它的研究对象是科学活动、科学理论、科学知识的获得和检验以及科学方法论。现代的科学哲学可以上溯到J. 赫尔于1833年出版的《自然科学导论》，此后一直到20世纪初，E. 马赫、B. 罗素和L. 维特根斯坦都曾在著作中论述过科学哲学的观点。特别是罗素和L. 维特根斯坦开创并在相对论和量子力学的发展背景下推动了逻辑经验主义运动。20世纪40年代，科学哲学在批判逻辑经验主义中获得进一步发展。这时的主将是K.R. 波普尔和L. 维特根斯坦。50年代以后又有N.R. 汉森等人继续批判逻辑经验主义，并使之一蹶不振。本文所说的科学哲学是一个特指概念，具体指对艺术研究影响最大的、本世纪20年代的以波普尔为代表的反逻辑经验主义的科学哲学。

严格意义上说，科学哲学在中国美术理论界的影响是有一定限度的，这种有限主要是因为国内学术界尤其是美术史界对整个科学哲学的脉络并不一定了解。而使用这一方法的主要是南方批评家，以浙江、湖北、广东为主。但是，从近十年的美术史和批评来看，这种思潮特别是波普尔和贡布里希的著作在中国的翻译和介绍又是最为全面的，而且在美术史和美术批评界都有所反映。另外，在西方，科学哲学的方法首先是影响到艺术史的研究，它传入中国也是作为哲学和艺术史方法传入的，但后来中国的一批青年理论家将它运用到当代美术批评中，并且一直延续到现在。从这个角度看，对这一思潮的研究是有一定典型意义的，它不仅涉及如何理解运用西方方法的问题，而且也牵涉到理论的学科转换问题。由于篇幅所限，本文不准备直接回答这两个问题，只是希望对这一思潮作出史学上的整理，寻找在科学哲学指导下中国学者的运用轨迹以及这种运用与科学哲学本身的关系和距离。

本文正文分四个部分：第一部分“从波普尔

到贡布里希”，分析贡布里希从文化史的角度对波普尔思想进行的转换并对这一思想的若干特点和范畴作出简单的总结；第二部分“科学哲学与文化批判”，分析80年代科学哲学如何与当代美术批评发生关系；第三部分“名利场逻辑与艺术市场理论”，分析广州双年展与科学哲学理论的内在联系以及由该理论推导出的批评理论的特点；第四部分“重返价值判断”，总结了双年展以后这一思潮的一些转向。

一、从波普尔到贡布里希

对于科学哲学方法在中国美术理论中的运用这一课题的研究，必须上溯到卡尔·波普尔，因为他是贡布里希方法论的直接思想来源。波普尔的思想是以他对世界的划分为基础的，在《没有主体的认识论》和其他一些文章中，他把宇宙现象分成了三个层次：世界1是物理的事物、状态或过程，包括动物的躯体和头脑等；世界2是指人的意识形态、心理素质和无意识状态；世界3是指一切由世界2作用于世界1的产物，即人造产品和文化产品。波普尔认为世界3虽然是人造的，但是一旦存在便会有自己的生命，而且会反馈到世界2。他的探索主题主要是对世界3即对人类知识现象的研究。

首先，在自然科学的方法论领域，波普尔抓住科学和非科学的分界问题和归纳问题，建立了系统的证伪主义的科学方法沦。他认为归纳逻辑和经验逻辑对于科学真理的获得都是无效的；科学的本质特点在于批判的检验；一种方法或理论的科学性在于它的可证伪性、可反驳性和可检验性。因此，波普尔将科学的方法表述为试探—排错法或猜想—反驳法，而且科学的目的不过是追求较好的、有高度可检验性的理论。从这种方法来看，在他眼中一切理论都是猜测性的，知识只能通过猜想与反驳不断增长，因此，同时代的大多数哲学家往往是为了经验的确实性这一幻想而徒然牺牲了理论的深刻性（参见波普尔《猜想与反驳》）。

其次，他把自然科学方法论领域的结论运用于社会科学的研究。当然他还是坚持在社会科学领域也应该使用猜想—反驳法和试错法。但是，自然科学和社会科学有一个明显的区别：前者是对自然界的规律性的猜测，可以作出有条件的预言；后者只是对具体事物的某些事物的未期结果进行猜测，而不能作出预言。从这一角度看，他把认为人类历史有规律可循、把未来可以预测的历史观称为“历史决定论”。波普尔对历史决定论从逻辑上进行了批判：人类历史的进程是受到人类知识增长的强烈影响的；我们不能通过理性方法来预测知识的未来，因此，就不能预测历史的未来，所以以历史预言为基础的关于历史发展的理论是不存在的，历史决定论是错误的（参见波普尔《历史决定论的贫乏》）。波普尔心目中最大的历史决定论者就是黑格尔，对此他进行了不遗余力的批判（参见范景中《贡布里希对黑格尔主义批判的意义》，《理想与偶像》，第25页）。在这些批判中，用以对抗历史决定论的是他的“情境逻辑”理论。

情境逻辑来源于国民经济学方法的逻辑研究：它不依赖于任何主观的或心理学的思想而独立发展，通过详尽地分析行动的人们的情境，从而在情境中解释行动。也就是说，在社会科学的研究中，把愿望、动机、回忆、联想等最初是心理学上的东西变成情境；把一个有这样或那样愿望的人变为一个处于这样或那样目标的情境中的人；把一个有这样或那样回忆和联想的人变成一个用这种或那种理论和信息装配起来的人。在情境分析的方法原则上排除了心理学因素，企图从最客观的意义上理解人的行为，从而理解历史（见波普尔《社会科学的逻辑》）。波普尔本人通过这种理论对音乐史——尤其是和声的出现——做了一些成功的研究（见《波普尔思想自述》，第67—95页）。

贡布里希从波普尔那里继承和发展的正是对历史决定论的批判和情境逻辑这两点，并将它们成功地引入美术史领域。在贡布里希那里，黑格尔简直就是历史决定论的代名词，这不仅因为黑格尔将艺术划分为三段论，更因为他认为“美是理念的感性显现”，认为每个时代都有一种本质，它在法律、宗教、艺术、社会、道德等各个领域显现出来，在这些时代中每一样东西都逻辑地联系在一起。贡布里希将黑格尔的思想归纳为五个特点：美学的先验主义、历史的集体主义、历史决定论、形而上学的乐观主义和相对主义，将布克哈特、沃尔夫林、李格尔等人都归入黑格尔体系。贡布里希认为黑格尔体系的弊端首先在于它所寻求的是假设的证实，而忽视相反的例证，他说：“一种所向无阻的理论，也是并无科学内涵的。黑格尔的遗产的危险，恰恰在于它的诱人的易于适用性。”（见贡布里希《黑格尔与艺术史》，《国外黑格尔哲学新论》，第405—424页）贡布里希否定黑格尔体系的另一个理由是他认为：“人们无疑相互影响；的确有运动这种东西，也的确有情境的逻辑、发明的逻辑、群体的公式逻辑等东西，这种逻辑解释了不同的人为什么能做出相同的事。但我不会说，一样事情源于另一样事情是出于逻辑的必然性，就像黑格尔说的那样。”（见贡布里希《我从卡尔·波普尔那里学到了什么》，《图像与观念》，第97—121页）很明显，在这里，贡布里希也在用情境逻辑来对抗历史决定论，但是他做了一个转换，即将其转换为“名利场逻辑”。

贡布里希的这一理论集中反映在他的《名利场逻辑：在时尚、风格、趣味的研究中历史决定论的替代理论》中（《理想与偶像》，第90—147页），单从标题中我们就可以看到他对这一理论的重视。名利场逻辑分为五部分内容：第一，是对时尚的分析，他认为时尚的产生源于求奇求新的出名竞赛，其目的在于把注意力引向艺术家或赞助人。第二，这种出名的竞赛往往是以前卫和保守的争端出现的，而且这种争端往往具有强迫性和残酷性，正像贡布里希说的“一个人参加不参加进来的自由，必须是由历史来决定的”。第三，在艺术风格和技术进步之间并没有必然的联系，但是“根据名利场逻辑，两件同样不受欢迎的事情中总会有一件发生——或者是旧竞赛消亡，或者是自家珍重的结果吸引了假内行，使旧竞赛成为新时尚，但是其社会性寓意却大为不同了。并且不管我们愿不愿意，我们都不能轻易地漠视这些结果”。第四，在这场竞赛中，一方面社会趣味造成竞赛，另一方面竞赛也可以改变趣味。第五，贡布里希又希望真正的艺术家可以从名利场逻辑的功利主义桎梏中解脱出来。在这五个部分中，最后一点显得有些突兀，因为前四点都是直接从情境逻辑中转换而来，而第五点是一个和整个名利场逻辑有潜在矛盾的理想主义的观点。事实上贡布里希也承认这种矛盾。但他希望借此证实艺术价值的客观性。这一矛盾是应该引起我们注意的，因为在接下来的论述中，我们会看到：如果说对黑格尔体系的批判是中国部分批评家进入科学哲学体系，并将其移植到中国美术理论中的入口的话，那么，这一矛盾则是他们在某些挫折和迂回之后重新审视这一理论方法的出口。

波普尔的思想实际上是来源于西方哲学中的怀疑论传统。他和贡布里希对于黑格尔体系的批判集中在黑格尔用一种先验的模式去裁减、归纳、演绎历史这一做法上，即他们所谓的“历史决定论”观点。但是黑格尔体系的根本要害不在于他的逻辑方法，而在于他的客观唯心主义和历史唯心主义。没有意识到这一点是波普尔和贡布里希思想方法的缺陷。从这一点上说，科学哲学对于人文科学研究的最大贡献在于它将一种科学实证的态度引入这个领域中来，使之与纯粹的思辨传统保持一定的距离。

作为对波普尔和贡布里希思想和方法的一般性描述，我在最后补充几点。第一，贡布里希对名利场逻辑的阐述并不意味着他对名利场逻辑的价值肯定。相反，他认为这种情境对艺术构成了严重的伤害，一些与艺术无关的标准或价值遮蔽了纯艺术的标准和价值（见贡布里希《名利场逻辑》“历史决定论与音乐中的情境”，《理想与偶像》，第142—147页）。第二，波普尔和贡布里希的逻辑理论从根本上是反对他们同期的现代艺术的，波普尔在论及贡布里希的情境逻辑时说：“在我看来（而且我猜贡布里希的看法也是如此）这些都是老生常谈了；但是这些道理与在艺术家们尤其是艺术批评家们中间盛行的风气是正相反的。我有足够的乐观精神相信，这些道理总有一天会得到应有的承认，相信风气会变。现在恐怕是世风日下，在这样的风气里美术和音乐是注定要衰落的。”（见波普尔《贡布里希论情境逻辑以及艺术中的时期和时尚》，《理想与偶像》，第353—363页）第三，科学哲学思想中对历史决定论的批判并不是对艺术理论中价值判断的批判，应该说科学哲学只是要求我们在作出价值判断时保持谨慎和冷静，在用科学的方法还原情境之后作出判断。至于价值的地位，贡布里希有多篇文章专门论述，这里不再赘述（参见贡布里希《理想与偶像》中“价值在艺术中的地位”部分）。

二、科学哲学与文化批判

波普尔和贡布里希的方法传入中国的时候正是传统与创新之争最为激烈的80年代中期，这种争论一方面表现为艺术家的艺术创新问题，另一方面也表现为艺术家和批评家对传统理论以及这种理论指导下的学风的不满。在这种情况下，科学哲学中对社会学方法的研究和对黑格尔体系的批判很快具有了现实参与的可能性。对于这一方法的最早运用也是沿着这两个方向进行的。

在一篇对话中，范景中直接搬用了贡布里希对黑格尔的批判观点，坚决地反对“时代精神的表现论和艺术发展的盛衰论”。对第一个观点的批判是以李泽厚的《美的历程》为靶子的，和贡布里希在《探索文化史》里所强调的一样，范也坚决否认“一种超越于时间之上在每个民族头上高悬着并决定着它的每个成员个性的民族精神”的存在。范完全照搬了贡布里希对黑格尔体系的批判，通过对自我表现和时代精神的批评进一步否定了艺术发展的盛衰论。其实，他真正想否定的是创新与进步之间的必然的等号。他把名利场逻辑运用在这里，认为创新与保守是在不同情境中可以转换的范畴，重要的不是创新而是在创新与保守的争夺之间推动艺术的发展。严格意义上说，这篇对话只是借用某一个理论来看中国现状的一般谈话(《范景中艺术对话录》,《美术思潮》1986年第3期，第12—23页)。

但是范的观点却被杨小彦和邵宏发展了，这种发展在于杨、邵二人将范文中的保守与创新的问题重新反射到方法论上。他们的出发点是范论及保守与创新问题，论述分为两个层次：首先，创新并不是要不要传统，而是要哪一个传统的问题，在这一点上他们和范一样，也反对创新与传统的二元价值对立；论述的第二个层次是创新并不必然代表进步。这个层次仍然是源于对黑格尔的批判，他们将贡布里希对黑格尔的批判，抽去具体的人物变成对必然性观点的批判，换言之，他们对必然性的批判不过是《探索文化史》和《名利场逻辑》第四节“艺术与技术进步”的简体版(杨小彦、邵宏:《传统在艺术中的地位》,《美术思潮》1986年第3期，第24—27页)。但是这几篇文章中值得注意的是，他们将对必然性批判转换成对理论方法的批判。既然创新与进步不是必然相连，那么，对艺术的解读就不是去寻找创新与发展的证据，杨认为应该研究“艺术得以传递和发展的中间环节”，而邵表现出对“忽视艺术本身特质，照抄在学科对象和范围都模糊不清的美学”的倾向的反感(邵宏《艺术研究之我见》、杨小彦《艺术文化学纲要》,《美术思潮》1987年第2期，第10—15页)。所以，在杨和邵的这种延伸中，我们可以看到，他们和范不一样，范是把李泽厚作为黑格尔体系的中文版来批判的，而他们批判的则是以美学来代替批评和研究的学风。

黄专的《中国现代美术的两难》与他们相比则是企图更明确地将这一方法引入当代美术批评中来。黄所认定的“两难”是指旨在反对以往艺术强烈政治说教和趣味独裁特征的新艺术由于沉重的文化改造使命和浓烈的社会伦理色彩，从而走向了“新的形而上孤傲情绪的脱离艺术自身命题的务虚态度”，与艺术多元化的现代目标格格不入。黄指出的这种两难应该说在当时是适当的，但是他却套用一系列科学哲学的理论，将这种孤傲情绪和务虚态度以至于文化改造使命归结为黑格尔体系的必然结果。既然如此，解决的办法也就只能是情境逻辑了。黄将情境逻辑运用在两个方面：一是将整个当代艺术纳入名利场逻辑来考察，认为“当我们选择了时代—民族精神、理性主义作为我们运用的口号时，我们同样不应忘记，我们的选择不过是众多的选择中的一种，即便它已成为大多数人认可的时尚，我们也不应该因此产生这样一种错觉：仿佛我们为之奋斗的真是一种实有之物”。二是强调批评研究应以名利场逻辑为武器，当前的美术批评要“克服形而上学的优越感和高尚感，将我们的视野投向那些更为实在的目标，把对现代艺术纯粹‘精神性’

的探讨扩展到‘情境性’的探讨”（黄专:《中国现代美术的两难》,《美术》1985年第5期）。

从上述讨论中，我们不难看出，在从范景中到杨小彦、邵宏再到黄专的转换过程中，科学哲学从一个哲学范畴，经由西方美术史范畴，转换到美术理论领域，最后被运用于中国现代艺术的批评之中。这也即是科学哲学在中国美术中获得对位性的过程。这种对位性必然是建立在他们批判的有效性之上的。但是我想说的是在这个过程中仍有两个基本倾向是十分重要的。

首先，科学哲学实践的对位性是通过一系列对当下状态的批判来获得的。这种批判行为与整个“八五”时期的理论界的批判性特点密切相关，但是与当时其他理论的运用不同的是这种理论的批判范围更为广泛，不仅涉及传统方法，也将矛头直指许多同期方法。相反，在运用科学哲学批判之后，除了向情境逻辑求救以外，对当下艺术提不出更多的建构性意见。也就是说，他们运用科学哲学针砭时弊远比他们的理论建构精彩，如果说科学哲学在这时取得了一些成功的话，那么，这种成就也只是针砭时弊的效应使然。之所以如此，其根本原因是他们所借用的理论本身的一些特点，比如波普尔和贡布里希在价值上是反对现代艺术的，而且科学哲学从本质上是反对预测的，因此，它们被运用到对当下的批评时格外得心应手。

其次，在这个过程中，开始的批判到最后逐渐变成了一种新的虚无主义。黄的理论否定了时代—民族精神和理性精神的实在性，只是将其视为名利场逻辑中的一个运动的口号。这种虚无还体现在这时的理论只谈方法，谈接受，谈选择，而绝口不谈价值，在他们这里仿佛一谈价值就会坠入黑格尔理论的泥潭。杨在一篇名为《艺术文化学纲要》的文章中就曾直言不讳地宣称正是艺术作品中的文化阐释内容使我们远离了造就艺术的文化传统。因此，有论者指出80年代在理论界的讨论中，艺术现象的客观性质、艺术的功能作用又在新的意义层面上被强调，对艺术精神价值的判断让位于对艺术的知识性理解，“时代精神”作为一个口号亦因此而受到怀疑。有必要指出，这一倾向与80年代末、90年代初出现的消解人文主义热情，玩世、自嘲、调侃的艺术新潮流，看似风马牛不相及，实际上有着深刻的内在联系。

三、名利场逻辑与艺术市场理论

1989年的“中国现代艺术展”为新潮美术运动画下了一个句号，标志着一个浮躁的、模仿的、工具主义时代的结束。这其中有外部的原因，但更可能是艺术发展的内部规律使然。此后国内的前卫美术进入了一个相对沉寂的时期。与此同时，港台经济的腾飞，使世界艺术市场向亚太地区转移。在这种风潮之下，由于大陆原先缺乏国际规范的艺术市场，所以很快成为港台画廊业的廉价生产基地。最先卖出高价位的往往是具象写实的，即在80年代被视为保守风格的作品。正如马克思所指出的那样，人往往是在经济活动中意识到自身和他人的价值，艺术家也不例外。不断传来的各种艺术买卖信息对80年代批评作出的判断形成了一种潜在的威胁，它使我们的批评家们必须作出调整。1992年，旨在把中国前卫艺术推向以国内收藏家为买方的艺术市场的“广州·90年代艺术双年展”就是这种调整的产物。

广州双年展是吕澎和一批积极引进科学哲学理论的青年理论家的合作。由于吕在此前基本游离于美术界之外，所以这次展览大部分思想的提出与阐释实际上是由这批理论家来具体完成的。双年展的基本想法是用一笔较高的款项来收藏由批评家选定的若干件当代艺术作品，以此吸引和刺激国内的企业家，从而形成一个收藏市场，推动当代艺术创作。不可否认，在他们心目中，如果此举成功，确立的不仅是某些风格，而且还有某些批评家的权威。就这一想法本身而言，它实际上是情境逻辑和名利场逻辑的具体体现。因为贡布里希在表述这一逻辑时曾认为社会趣味会由于利益的原因而改变。“如果他们发现了一些标志，表明这件艺术品来自‘自己阵营’，他们就会报之以热情的欢迎。而这种热情本身体验起来就感到愉快，一旦这件作品展示了其优良品质，那么这种热情会迸发出更大的快感。在这样一些起促进作用的条件下，一件艺术品往往是很低劣，实际上是不讨人喜欢的”（《理想与偶像》，第140页）。黄专早在《两难》一文中就将其解释为“不同的口味造就了一个运动，而运动又消化着不同的口味”，“我们必须承认艺术行为的主体也应是作为个体存在的人：手工工匠、艺术家、艺术事业的资助人、批评家以及所有使艺术产生新闻效应的媒介传播者，而不是我们津津乐道的时代精神、永恒理性这类超凡脱俗的整体观念”，并且认为“艺术史中的真正好戏正是从这里开始的”。双年展在缺乏必要条件的情况下，以此理论为指导的行为实质上是希望用人为哄抬价格的行为造成经济利益增长的神话来改变社会趣味。

作为双年展的配套工程，一套名为《艺术市场》的丛书前后出版了9辑。丛书发表了一些关于市场与批评的理论文章，成功地扮演了双年展的喉舌角色。从这些文章中我们很容易把握住这时科学哲学引入者的思想轨迹。黄专发表了一篇名为《谁来赞助历史》的访谈（《艺术市场》第6辑，第29页），他把80年代称为“一部没有艺术竞赛规则、没有艺术仲裁人，甚至没有合法艺术活动舞台的历史，一部充满库尔贝情结的历史”，并且借用西方美术史研究的成果演绎出“艺术家和艺术品以商业化的方式进入历史正是我们这个时代艺术史的最基本方式”这一结论。因此，他认为市场情境是当代艺术的基本情境，批评也应该纳入这一情境中。黄宣称中国此前的批评“要么是哲学家、美学家们漫无边际的精神性解释的过程，要么——像在大多数场合里那样——则是批评者和艺术家之间一种私下的情感交易方式”，批评的出路在于为市场机制所制约。市场机制“要求批评家具备多种技能，对艺术作品风格的历史定位能力，对作品制作技巧、材料质地和真伪的判断能力，对社会环境及其对艺术时尚影响的可能性因素的论证能力”。这众多技能无一不显示出黄的理论与贡布里希的美术史理论对科学性和实证性要求的亲缘关系。

杨小彦在《走向市场的艺术批评》中继承了对“精神性”的批判（《艺术市场》第7辑，第34页），他也是从名利场逻辑出发，认为“正是情境的不断变化与个人趣味的相对稳定的差异，造成了一个巨大的空间，并为批评家提供了无数难得的机会”。杨甚至归纳出市场情境中批评的若干变化，其中最重要的两条是“原来那种醉心于‘审美’的分析变为一种应变的策略”“由‘专业的找差错者’变为‘专业的操作者’”，批评家的工作成为在特定的情境中寻找扩张的路径，“批评的策略是一种传播的策略，其核心内容就是想方设法使某件不为人知的作品或艺术家变成广为人知，并以使作品或艺术家广为人知的程度来检测批评的效力”；在批评的过程中批评家也逐渐成为“引导趣味最潜在也是最实在的权威”。杨的这段论证很容易使人联想到贡布里希的一个基本判断：“成为名利场逻辑特征的东西正是‘看我的’这场竞赛（game of watch me）变性，这也许是开放社会的特征。”（《理想与偶像》，第98页）如果说黄是呼吁批评进入市场的话，那么杨则是把进入市场后的批评剥开给人看，其潜在的含义是说在批评中也存在着名利场逻辑。

黄和杨代表了这批人中较激进的想法，鲁虹和祝斌——两位也受科学哲学影响活跃在湖北的理论家——则代表了更忠实于科学哲学本身的观点。作为双年展的评委，祝肯定艺术市场对批评的作用，但与黄将批评规范化寄希望于市场不同，他认为市场的价值在于：“可以惩罚那些随意性的、胡言乱语的所谓批评，也可以使那些漫无边际的精神性解释和私下交易式的空洞评论无地自容。”（祝斌：《与黄专谈市场情境中的艺术批评》，《艺术市场》第7辑，第36页）但是艺术和艺术批评的客观性标准是市场无法提供的，这种客观性应该是体现在艺术家解决课题或艺术问题的方案中的。和祝一样，鲁认为“客观的艺术批评包括两个层次：发现问题和分析解题手段”，即从艺术发展上下文的关系中看艺术家工作的课题是否有意义，意义有多大，其解题方案与问题的提出是否协调，是否具有历史独创性（鲁虹：《也谈批评与市场》，《艺术市场》第7辑，第40页）。他们两人的观点较多地保存了艺术史的方法色彩，而向批评转换不多。这种倾向也反映在严善錞的工作中，他此时写作的《当代艺术潮流中的王广义》虽然受贡布里希《当代艺术中的柯柯什卡》（参见《艺术与人文科学》）和其他一些文章的影响，但基本上这是一篇当代美术史的个案研究，而不是批评文章。

广州双年展是一个有意义的展览但不是一个成功的展览。它的意义体现在确立了一种由企业家出资、批评家操作的新型展览模式，这种模式在以后经过若干改造，成为一种流行模式。但是它并没有取得成功，这不仅因为它引起了一系列的经济纠纷，也因为双年展组织者们所希望的收藏系统并没有建立，展览希望用经济使艺术与政治保持合适的关系，但展览推出的某些艺术家在其后不久由于某种原因，进入了所谓的“国际轨道”。与前一个时期相比，这时的科学哲学引入者们的工作不再是以批判为主，而是倾向于建构。由于特殊的历史环境和情境逻辑理论的影响，他们一厢情愿地将这种建构或多或少地寄托在市场上。但是艺术市场根本上只是一种买卖关系，购买是在买方从各种渠道获悉了这种商品的用途——保值、增值或欣赏——以后才完成的，不会有人在自己的欣赏原则被破坏的情况下还去购买将来可能一钱不值的作品，他只会在社会认可之后才会购买，而社会认可又是一个多方位系统作用的结果，不是靠一个展览就能完成的。名利场逻辑可能确实在起作用，但是人为使用它结果就不一定太妙，这时引发的关于批评理论的思考虽然以建构为主，而且话题也集中在当代艺术，但是他们所说的只是批评的市场职能，而不是学科职能，祝、鲁二人所说的客观性也只是一个从贡布里希史学引申出来的范畴，与批评的具体情况尚有距离。和80年代一样，这时的理论仍然绝口不提艺术理论中人文价值判断和凝聚在批评行为中的人文价值。

四、重返价值判断

第一届双年展不尽如人意的结尾和第二届双年展的流产无疑是一件让人感到尴尬的事，它迫使这批青年理论家重新反思自己的一些观点。作为第二届双年展的主持人黄专将学术主题定为“文化理想主义”，但是这一主题就能让人感觉到他前后思想的变化。在《谈文化理想主义》(《江苏画刊》1994年第1期，第44页)一文中，黄认为自己在《两难》中流露出的对“各种形而上学的孤傲情绪和脱离艺术自身命题的务虚态度的反感”已经不符合今天的“情境”，因为在他看来，90年代的艺术在反拨了80年代的浮躁运动状态以后却又“流露出种种颓废、萎靡的玩世态度”，艺术批评则体现为“具有世纪末色彩的文化悲观主义情绪”，并且“在各种国际机会中表现出的泛政治化的批评”。所以黄在此借用了帕诺夫斯基对人文主义的界定，以此为基点引申出文化理想主义的观点，希望能树立“我们克服各种决定论和极权主义的自信”“巩固我们战胜各类文化悲观主义的决心”。在这里他又将贡布里希名利场逻辑中第5条比附于他所理解的坚持文化理想主义的画家：“真正的艺术家应是敢于在不断的艺术实践中修正自己的艺术方案和艺术方向，不盲目趋从时尚的人。”第二届广州双年展流产以后，黄又发表了《再谈文化理想主义》(《江苏画刊》1994年第12期，第3页)一文。这次，他进一步否定了艺术市场理论，一方面他将中国的艺术市场归结为“不成熟理论推导的结果”(包括《谁来赞助历史》)，另一方面视艺术市场为一种文化策略，而且“当完成这种策略的各种机制和背景还十分脆弱时，我们应该随时考虑调整、放弃这种策略，以便寻找新的方案”。在这篇文章中，黄再次强调“我们所有的文化策略都不应脱离人文主义和学术本位这样一种价值态度和理想基点”。

尽管依然反对历史决定论，但黄的这些文章和前期的论调仍有很大的区别，这种区别首先是由原来对价值评判的反感和警惕变为呼唤和拥抱；其次是不再把时尚视为一个可以轻易改变的东西，而是把它看作一个对立于艺术创作的实体。但是这些转变并不意味着对科学哲学的放弃，恰恰相反，它们还是来源于贡布里希和波普尔的思想。贡布里希在《名利场逻辑》的最后曾不无理想地指出“在某种情境中，趣味的可塑性和手段的易腐性会使他失去任何稳固的标准，只有艺术家以良心制定的标准例外”。有意思的是贡布里希很快意识到这个结果有些不符合他本人的意向和偏见，而且可能成为弹药，“提供给那些认为在现代艺术中的某种特殊发展具有‘不可避免性’的高谈阔论”(《理想与偶像》，第147页)。在此我想指出的是，正是在这个贡布里希觉得和反历史决定论有点矛盾的观点上，黄寻找到了一个将科学哲学与90年代艺术适当结合的联结点。与80年代的批判性相比，这种联结无疑更具建构性，更少虚无主义色彩。结合90年代上半期的现实这种联结又可能具备更多的现实意义。

黄的这种转向和改刊以后的《画廊》偏重于客观展现画家创作和艺术发展的原生状态的编辑策略有共同之处，即对时尚和时尚的可操作性持谨慎态度。鲁虹和严善錞也完成了一系列的个案文章，希望通过从艺术家的课题和解题方案中获得艺术创作的“客观价值”。应该说，向价值判断回归是科学哲学近期在中国美术批评运用过程中的一个有普遍性的趋向。正如我在前面指出的那样，这种向价值判断的回归实际上早就暗藏在科学哲学的体系之中。贡布里希就曾明确地表述过“如果人文学科想求得自身的生存，它们就必须关注价值”。

小结

科学哲学及其艺术史方法的引入和80年代中国美术的发展状况有密切的关系。80年代中国处在一个全面反思传统、检验传统的时期，在此情况下科学哲学的方法，尤其是对黑格尔体系的批判无疑是适合当时的需要的。也正是当时的文化环境和科学哲学自身的一些特点决定了这批青年理论家是以一种批判者的身份出场的。但是也必须看到他们的批判多少有些虚无主义的色彩，这是因为他们将科学哲学的实证方法和价值判断人为地对立起来，在绝对精神和价值判断中画上等号，用情境逻辑来取代价值判断。应该说这是对科学哲学的一种误读，因为科学哲学及其艺术史方法从来没有排斥过价值判断，而且它们只是把情境逻辑作为一种较为科学的研究方法加以提倡，提醒人们在作出价值判断时应该有一种谨慎的科学态度。

80年代这批青年理论家是以批判的方式将科学哲学的方法逐渐用于当代美术研究的。在这种转化中，他们用美术史的原则否定整体的文化精神，将艺术创作的微观现象作为批评的对象，支撑这种做法的就是名利场逻辑。广州双年展就是这种逻辑指导下的一个活动。如果说80年代他们在用名利场逻辑进行批判的话，那么后来无疑是希望用相同的理论有所建构。但是无论如何，我们不能忽略这样一个事实：名利场逻辑是一个艺术史范畴内的方法，而且它从根本上反对当代艺术，而中国的这些理论家恰恰是将这样一个反当代艺术的理论用来支持当代艺术。名利场逻辑的泛化使用在一定程度上造成了艺术操作上无视客观规律的虚妄态度，这也是双年展失败的一个原因。双年展之后，这些理论家开始冷静地看待文化理想和价值判断。与之前相比，这时对于“文化理想主义”的呼唤和对艺术市场策略的反思都相当冷静，且更接近科学哲学及其艺术史方法本身。

如上所述，科学哲学在中国的运用开始于80年代初，经过了90年代初的广州双年展以后发生一定的逆转。值得一提的是，这种轨迹恰好是和整个中国文化界的氛围是一致的，“文革”以后到80年代初，整个文化界的焦点集中在对马克思主义的重新认识上，特别是人的异化和人道主义问题，所以这时的文艺理论带有更多美学和理想主义的色彩，更多一些情感的东西。美学热就是这一时期文化状况的集中体现。80年代中期开始了计划经济向市场经济的转轨，所以这时强调现代化和与之相关的实证性和分析性，科学哲学的引入就是这种环境下的产物。与此同时，整个知识界对市场经济有明显的理想化行为，知识分子下海成了一股热潮，严格地说广州双年展也是这股热潮中的一部分。但是90年代初接踵而来的事实很快表明是商业法则选择文化而不是文化改造商业法则。因此，知识分子在这时开始反思，重新在商品化的大潮中寻找自己的安身立命之处。

科学哲学及其艺术史方法在中国当代美术批评中的运用，一方面能够使我们反思传统方法和自身方法的有效性、科学性，有利于批评学科化的建设，另一方面也促使我们去考虑如何转换西方的方法，将西方的方法与中国的具体问题结合起来，确立我们的批评和批评方法。这也许是科学哲学引入过程中最具意义的地方。

本文载于《美术研究》1997年第1期

皮力，1974年生，湖北武汉人。毕业于中央美术学院，获博士学位。曾任中央美术学院艺术管理系讲师，香港M+视觉文化博物馆高级策展人、批评家。

肖像后的历史　档案中的青春

——东京艺大收藏的中国留学生自画像（1905—1949）

刘晓路

一、秘藏的44张青春肖像

笔者珍藏有44张黑白照片和5张彩色正片，经常拿出来端详，他们的名字有的熟悉，面孔却大都陌生……

它们是东京美术学校油画科44个中国毕业生当年的自画像，至今完好无缺地悄悄躺在东京艺术大学资料馆中，很少有人问津。它们记录着44个作者在异国的不平常青春，背后隐藏着中国近代美术史上一个个鲜为人知的片段。每当看到这一幅幅鲜活的肖像，我的思绪就飞向东瀛。

> 东京也无非是这样。上野的樱花烂熳的时节，望去确也像绯红的轻云，但花下也缺不了成群结队的“清国留学生”的速成班，头顶上盘着大辫子，顶得学生制帽的顶上高高耸起，形成一座富士山。也有解散辫子，盘得平的，除下帽来，油光可鉴，宛如小姑娘的发髻一般，还要将脖子扭几扭。实在标致极了。

这是鲁迅先生在《藤野先生》一文的冒头写的情景，描绘着1903—1904年春天的上野公园。

在日本，说到樱花，要数上野公园最美、最著名。90多年过去了，1996年4月，坐落在东京东北的上野公园又迎来一度盛开的樱花。游人如潮，但我很快转入僻静的小道。

隐蔽在樱花丛中的东京艺术大学（当时的东京美术学校），古朴安详。这座创建于1888年的学校，只不过是日本近代化的产物，而在现代化大潮的冲刷下也已显得锈迹斑斑。我来到这里，不是为了欣赏樱花——在吉田千鹤子女士的陪同下，作为中国人第一次来寻觅先辈青春的肖像，查阅他们的学籍档案。

1905年日俄战争的隆隆炮声中，第一个清国留学生从远方的战场拖着长辫悄悄地来到这里。至1949年中华人民共和国成立，东京美术学校也升格为东京艺术大学，共有134个优秀中国人在这里度过弱冠之年。

1895年甲午战争以来，在外国的中国留学生以日本最多，大约占一半。鲁迅先生笔下的上野一景，就是一个写照。近代中国的政界、军界、财界、学界、文化界的要人几乎都有一个留日史。同盟会的创始会员，在日中国人占90%；共产党的一大代表，留日者占一半。美术方面也是如此，笔者原来以为美术家留法的最多，而调查后发现，留日的人数相当于其他国家的总和。在所有外国美术学校中，东京美术学校吸引过的著名中国人最多，留学的盛期最早（均超过了著名的巴黎美术学院），从而名副其实地成为中国近代美术的一个摇篮。

根据东京美术学校的惯例，西洋画科（1934年以后改称油画科）的毕业生，在毕业时都应该在母校留下一幅自画像。学油画的中国留学生共90人，占中国留学生总数的68.2%；毕业生又为52人，占57.7%。但不知何种原因，留存在今东京艺术大学艺术资料馆的自画像，实际上只有这44幅，比预想的少8幅。也就是说还有8个油画毕业生没有自画像。是没有画？还是没有收藏？该馆工作人员也大感意外——要不是笔者的调查和询问，他们甚至不曾想到竟有如此重大疏漏。然而，漏掉他们的自画像却不应该忘却他们的名字，特此补记以弥补遗憾：汪亚尘、伍子奇、陈元干、雷公贺、谭华牧、何善之、胡桂馨、廖德政。

这些自画像最早的作于1911年的清国末年，最晚的为1946年。但在1937年日本侵华战争激化后，中国留学生纷纷回国投入抗日的战壕，毕业生也急剧减少，使人深深感到时代的烙印。它们均为半身像，风格各异，个性鲜明，一看便知是画家自己的真实写照。而与鲁迅描写不同的是：也许因为这些自画像的主人公都学西画，抑或接近革命党人，已全部剪了辫子，一个个成为西式头。画像一般又都有画家亲笔的签名和日期，更统一采用日本通用12号风景型画框规格。笔者实测了一下，每幅长60.6厘米、宽45.5厘米，也就是说真人大小。据资料馆艺术资料科长松永光广先生介绍，它们都是画家对着镜子写生而成的。因此，与实际的人左右正好相反，有些作为背景的汉字也是反的。

这些宝贵的自画像，至今成为中国近代美术史研究的宝贵资料。感谢东京艺术大学资料馆的好意，笔者买下了利用该馆底版洗印的全部黑白照片，并且承允首家披露。然而，它们原是油画，黑白照片无法看清色彩。于是我试探着问：是否可再购买彩色照片？该馆告诉我：从未拍过彩片。因此，当我荣幸地被特许实拍了5个人的彩色正片时，海内外孤本便同时诞生了。这5张正片是：李叔同、曾延年、陈抱一、王悦之、许幸之。

另有82名留学生或没有毕业（许多人没有毕业是因为在“九一八”或七七事变时愤然退学），或选择了其他专业，因而也没有自画像，但我们也不要忘记他们的名字，这里仅采列其著名者：陈之佛、黄土水、陈澄波、廖继春、司徒慧敏、王式廓、沈学诚……

二、东京美术学校和近代中国美术

东京美术学校是日本美术复兴运动的产物，由美国学者芬诺洛萨（Earnest Francisco Fenollosa，1853—1908）和日本美术思想家冈仓天心推动，创始于1888年。它起初只教授东方美术，排斥西方美术；后在油画界的强大压力下，自1896年起增设西洋画科。1901—1932年，美术行政家正木直彦长期担任校长，学校走向正规化，中国留学生大都是在这一时期被接纳的。

西洋画科的创始人黑田清辉，以及主要教授都是各个时期日本油画界最有代表性的画家，并且都去巴黎留过学，如藤岛武二、冈田三郎助、和田英作、安井曾太郎、梅原龙三郎、南熏造。其中，黑田、冈田师事科兰，安井曾太郎师事罗兰斯。因此，东京美术学校受法国画坛的影响很深，油画教学尤其采取巴黎美术学院模式，不彻底地形成日本学院派的传统，后期则流行巴黎现代派艺术。

中国政府向欧美派遣留学生始于1872年，早于留学日本，但是直到1919年留法勤工俭学运动开展后，留学西方才达到高潮。而留日运动自从1896年中国政府向日本正式派遣留学生后，马上就达到高潮，直至30年代中期后衰落。

中国人大批留学日本，是特殊的时代造成的。倘若按现在的理解，要学习某国的文化，自然应该去相应的国家。但1896年至1949年中国人对日本的留学热，却并非为了学日本文化，而是为了学西方文化。日本明治维新（1868）的成功，惊醒了中国人；日本学西方的进步，震撼了中国人；中国在甲午战争（1895）中惨败，耻辱了中国人。于是，去日本学习西方文化，成为时代潮流，而去日本学油画者也10倍于学日本画者。1896年，清朝政府正式向日本派遣留学生。1905年，日本战胜了俄国，中国掀起第二次留日高潮。直到“五四”前后，赴法国勤工俭学者激增。以后，中国酝酿更激烈的革命，日本则积极准备侵华战争，而留日学生又多持革命和抗日立场，故中日政府均不再鼓励留日。于是，中国人留欧美者逐渐超过留日者。

从1896年以后的20多年时间里，大多数中国人选择日本而不是西方作为学习西方文化的场所。还由于日本比西方存在许多有利条件——当时人直截了当地概括为三点：文同、路近、费省。既然是学西方文化，那么留学日本后又留学西方的人，在中国留学生中也占有相当高的比例。

那个特殊的时代，使凡留学日本的中国人，以选择文科占绝大多数，尤其是选择政治、法律、军事、工商等直接兴国安邦的专业，即使选择文学、艺术等专业者，也不安分守己，往往不务正业，或客串演艺圈，或结社，更多地带有政治的色彩。早期留日学人的素质也比留学西方的人高得多，在出国前有的人即是很有名气的“士大夫”。美术界则有许多人已从国内美术学校毕业，还有的更是美术学校教授。然而，日本毕竟不是西方，所以学到的西方文化是颇具东洋色彩的二手活，远远不如来自西方本土的地道。而早期的中国人自身还是拖长辫子、着长袍马褂的“清国人”，他们选择油画，在感觉上就不对。在当时，中国画被认为“衰败至极”，学习西画理直气壮。相反，日本画一向被目为中国画的末流，如选择日本画会被鄙视为“数典忘祖”“自甘堕落”。以后，由于日本对华侵略战争和其他原因，留日似乎不如留法光彩。不少留洋者对塞纳河充满浪漫而滔滔不绝的回忆，对不忍池（东京美术学校南面的一个小湖）则不堪回首，或有难言之隐。

其实，东京美术学校的留学生大都归国报效祖国，并且终生从事美术教育。只是留日者多生不逢时，不如留法的风光：早期归国者，蔡元培尚未大办国立美术学校和国立艺术院，没有大显身手的良机；后期归国者，又因从事现代派艺术而在抗战的环境中找不到欣赏者。所以，他们在私立美术学校任教的较多。但也有许多人成为北平艺专、上海美专、杭州艺专、武昌艺专、延安鲁艺、广州艺专等著名艺术学校的骨干。尤其是北平艺专的教授阵营，东京美术学校的留学生占了很大比例，严智开还当过几年校长，与留法学生占主导的杭州艺专形成南北不同特色。东京美术学校与北平艺专还有着许许多多友好交往，应是中国近代美术史的重要内容，可惜渐被遗忘。

仅在《中国大百科全书》的各卷中，东京美术学校留学生立为独立条目的就有11人，而且不仅在美术，也出现在电影、戏剧、音乐舞蹈、宗教、轻工各卷上，共为15人次。他们是：李叔同、曾延年、王悦之、汪亚尘、陈之佛、丁衍庸、卫天霖、许幸之、王式廓、司徒慧敏、沈学诚，由此构成奇特的东京美术学校现象。

三、清国双璧

东京美术学校第一个中国留学生名叫黄辅周，1905年9月入学，学油画，但没有等到毕业就退学了。

1906年10月共有3人入校：曾延年、李岸、谈谊孙，他们并列东京美术学校中国留学生的第二名。谈谊孙是学雕塑的，也没有毕业。曾延年和李岸都学油画，均于1911年3月毕业，当时仍属清朝。所以，从这里毕业的“清国人”仅为曾延年和李岸两人。

两人的自画像与同期中国国内的油画相比，显得较为“纯正地道”。虽然是全正面，但从发型上推测，两人都已剪了辫子，显示出“反清”倾向。曾延年的一幅讲究立体结构，以灰色背景突出面部。李岸的一幅较为平面，普遍采用点彩的手法。右上角有画家亲笔：“李，1911”。用考古学的语言说，这叫纪年款，又为作者亲书。其他自画像多采取四分之三正面，甚至东倒西歪，而且构图、色彩、笔法上较为“俏皮”，唯有李的这幅为全正面。两幅的画面处理都小心谨慎，没有玩弄技巧。画面的主人公正襟危坐，酷似中国传统绘画中的写真像，但显得成熟稳重，不像后者那样面部恭顺呆滞。然而，李叔同的自画像终究处于中国油画的初始期，尚未脱离中国传统画中的写真手法，带有清宫收藏的19世纪末油画肖像的痕迹。其外表为油画，骨子里还是中国画。

曾延年（1873—1937）在今天的美术界几乎无名，但作为中国早期话剧奠基人之一而在戏剧界有一定知名度。他字孝谷，号存吴，四川成都人，诗文书画皆能，早期从浙江两级师范毕业。1911年3月从东京美术学校毕业后，还于4月12日入研究科，成为第一个研究生。1912年归国到上海，与任天知在新新舞台有短暂的合作，此后未再参与戏剧活动。1914年7月曾给母校来信，“1913年因国情激变，从上海到天津，再到故乡成都，在行政官署成为工科技师，不久辞去，任陶瓷讲习所图案教官”。

李岸（1880.10.23—1942.10.13），即李叔同，中国现代知名的画家、书法家、篆刻家、音乐家、戏剧家、宗教家，为传统意义上的标准文人。生于直隶省天津县河东，圆寂于福建省泉州市。他是东京美术学校中国留学生中名声最显赫的人物，也蒙上了许多传奇而罗曼蒂克的色彩，其自画像却显得本分，完全不像如今传记、小说、电视剧所描写的风流才子形象。

留学期间，曾、李两人把大量的精力不是放在油画上，而是放在演艺界。李同时还学习音乐，创办音乐杂志，大量参加社会活动。入学当年，两人就共同创办春柳剧社，演出《茶花女》《黑奴吁天录》《新蝶梦》等新剧，轰动一时，成为中国话剧运动创始人。由于中国现代的美术教育在曾、李回国之际尚未起步，所以两人均未能在油画界展现最大的可能性，成为遗憾的一曲。李叔同是中国现代艺术家中唯一在《中国大百科全书》中名载美术、音乐舞蹈、戏剧、宗教等4卷的著名人物。他在美术方面的贡献不及徐悲鸿、林风眠、刘海粟等人，没有发挥到最大限度。这不是个人的能力，而是时代的局限。尽管他只比后三人大十几岁，但已是两个时代的人。他在一定意义上有新思想，但仍属于旧文人。也许，他在音乐、戏剧、宗教上的贡献更大，他的成大名得益于多方面的天才。尤其是他在个人人格的完善上，超过其他人。

学术界一般公认李叔同是东京美术学校第一个留学生，可惜不是事实。如前所述，陌生的黄辅周才是留学第一人，而李比黄晚一年零一个月才来。甚至李也不能简单地说是第二人，因为与他同来的有三人，应该说三人并列第二。至于说李是东京美术学校第一个毕业生，也并不准确，因为同一天毕业的还有一个中国人。这很遗憾，却又是不可否认的事实。其实，李不是第一，丝毫不损害他的地位，而他对中国文化的影响确实是超过同时代的人。

以往还普遍认为李叔同毕业回国是1910年，但无论是根据东京艺术大学的档案，还是凭借他自画像上“李，1911”的亲笔纪年款，可以确证他的回国至少是1911年或以后，于是一般中国美术史书上说他1910年回国就值得修正了。即使如此，他是第一个回国的东京美术学校毕业生，这一定论还没有动摇。

另传说黑田清辉曾做过李叔同的指导教师，可惜还缺乏可靠史料的支持。东京美术学校的指导教师，并不是随意而是严格规定的。仅仅是授课，尚不能说就是指导教师。在该校档案中，或者在日本有关黑田的研究成果中，还没有发现黑田做过任何一个中国留学生指导教师的材料。中国留学生真正进入教授研究室，始于1918年。至1949年，共有31个中国留学生进入了7个日本教授的研究室。这7个日本教授是：藤岛武二、和田英作、冈田三郎助、安井曾太郎、梅原龙三郎、石井鹤三、南熏造。除石井外，都是油画教授，其中就没有包括黑田。因此，所谓李叔同师事黑田清辉之说，可能是后人的一厢情愿。

四、第一次高潮和中华美术协会

从1908年到1918年，迎来留学的第一次高潮。其中，属于清代入学的有5人：白常龄、陈之驷、潘寿恒、方明远、雷毓湘。从这时开始，自画像的手法俏皮起来，风格逐渐多样化。

白常龄（？—1927/1936），北京东安门北池子人。陈之驷（生卒年不详），塘沽北丰台镇人。两人都是1908年9月入西洋画撰科，1913年3月毕业。可惜白早年夭亡，而陈也仅存其名。

又有潘寿恒（生卒年不详），安徽桐城人，1910年9月入西洋画撰科，1915年3月毕业。

对于下面这些人，现在感到陌生，但当时却都是声名赫赫的人物。

方明远（？—1921），华西人，1910年9月入西洋画撰科，1912年2月22日因学费滞纳除名，同年3月29日复学，1917年3月毕业。

雷毓湘（1885.11.3—1923），广东四会县城人，1911年9月22日入西洋画撰科，1913年5月12日因国事而志愿参加陆军，向学校申请退学，16日退学，1914年再入西洋画撰科二年级，1917年3月毕业，接着成为研究生。

严智开、江新、汪洋洋是中华民国时期第一批入学者，并且都是1912年9月25日入西洋画撰科，1917年3月毕业。

严智开（生卒年不详），是留学生中继李叔同之后在美术界最有影响的人物。他为天津县文昌宫西人，字季聪，南开大学创始人——严修之子。1918年2月23日成为研究生，后因留学欧美而退学。在欧美长达10年，1928年归国。1931年回访母校，同年创立天津市美术馆，自任馆长。1934年8月至1936年，继徐悲鸿后任国立北平艺专校长，遂成立绘画、雕塑、图工、艺术师范4科，绘画科内又分国画、西画两组，雕塑科分雕刻、塑造两组，图工科分图案、工艺两组，整个构架俨然为东京美术学校的翻版。

江新（1894—1939），又名江小鹣，为现代中国雕塑的拓荒者。江苏吴县人，毕业后不久去法国，留学于巴黎美术学院，回国后任上海美术专科学校教授。他的自画像衣着时髦，与他人迥别。

汪洋洋（生卒年不详），山东人，其余未详。

1913年9月23日，共有7人入学，是历史上最多的一天，其中油画毕业生2人。

李廷英（？—1928），云南人，刘镜源（不详），广东惠阳人，两人都于1918年3月毕业。李于1926年任云南省立美术学校校长兼教务长，刘不知所终。

崔国瑶（？—1944），广东南海沙头村人，1914年9月21日入西洋画撰科，1919年3月毕业，同年4月9日为研究生，1920年4月9日满期除名。

许敦谷（1892.11—1983.12），福建漳州人，号太谷，与崔同日入西洋画撰科，1920年3月毕业。历任国立北平艺专、广州艺术专科学校、武昌艺术专科学校教授。1949年后任云南昆明师范学院艺术系教授。

1914年12月，撰科改为选科。

李长元（生卒年不详），云南昆明人，1915年9月21日入西洋画选科，1918年5月31日因学费滞纳除名，1919年1月21日准许复学，4月14日跳为三年级，1920年3月毕业，1921年归家乡。

胡毓桂（1892.9.23—1985.6.23），后以胡根天知名，号抒秋，生于广东开平县汤边村。1913年毕业于广东高等师范学校图画手工专修科，次年冬赴日。与李同日入西洋画选科，1920年3月毕业。1916年参加中国留日学生组织的中华美术协会、丙辰学社。1921年10月回国，在广州与陈丘山、冯钢百组织研究西画的团体——赤社，成为广东现代美术的先驱。1922年后，历任广州市立美术学校教务主任、校长，上海新华艺专教授，广东省立艺专教导主任，省立博物馆馆长，中国美协广东分会副主席。

陈洪钧（1893—1945.7.27），通名陈抱一，也是中国油画的早期开拓者。广东新会人，生于上海。1911年夏入周湘开办的布景传习所习画。1913年东渡日本，入白马会葵桥洋画研究所。1914—1915年因病回国，应聘上海图画美术院教员，加入西画团体——东方画会。1916年到日本，先入川端画学院，同年9月入西洋画选科，1921年3月毕业，同年初夏，携新婚日本妻子陈范美（婚前名饭冢鹤）回到上海，筑画室于江湾。1922年起，先后执教于上海美专、艺术专科师范学校、上海大学。1925年任中华艺术大学主任委员，1930年任上海艺专西画科主任。

周勤豪（生卒年不详），广东潮阳人，为刘海粟妹夫。1917年9月入西洋画选科，1921年7月回上海，曾于同年9月24日给母校来信："本学期在上海美术学校担任西洋画科主任，在来年春以前提出毕业创作。"1922年3月毕业后，回国创设上海艺术大学、东方艺术研究所。

周天初（1894.12.20—1970.10.27），浙江奉化江口镇人，1918年9月21日入西洋画选科，1923年3月，"藤岛教室毕业"。曾任国立艺专教授，但1949年后反而降格成为杭州师范学校美术工艺图画教员。

1916年，江新、严智开、汪洋洋、雷毓湘、方明远、李廷英、许敦谷、胡根天、陈丘山、陈抱一等人组织中华美术协会，这是留日中国学生较早成立的美术团体。他们一度热衷于超现实主义绘画，反映了旅日青年画家对现代艺术的大胆吸收和创新追求。

五、第二次高潮——特别学生

1920年起，东京美术学校设立特别学生制度，迎来第二次高潮，早期涌现出丁衍庸、卫天霖等大师。

王道源（1896.5.4—？），湖南常德人，为近代中国美术教育的先行者，1912年任上海图画美术院教务长，后任上海艺术专科学校教授。1920年9月22日入西洋画选科，1926年3月在藤岛教室以特别学生毕业，但1916年4月13日至1929年9月30日，一直在研究科登记在籍。1929年2月组织左翼青年艺术家联盟。30年代携日本夫人归国，任上海艺大校长。40年代任广州市立艺术专科学校教授。1957年被打成右派，从此销声匿迹。

蔡侃（1897.11.23—？），湖北宜昌人，与王同日入西洋画选科，1927年7月20日在和田教室以特别学生毕业，不知所终。

丁衍庸（1902.4.15—1978.12.23），字叔旦，肖虎。生于广东省茂名县，卒于香港。在茂名念完小学、中学。1920年被广东省保送日本留学，先入川端画学校补习素描，1921年9月20日入西洋画选科，1926年3月以特别学生毕业。自画像上现代派倾向较浓。同年秋回国，在上海立达学园任西画教授，并兼任神州女学艺术科西洋画教授；冬，任中华艺术大学董事、教务长，艺术教育系主任；与关良、陈抱一组织洋画家联合展览会，提倡现代艺术。1928年后历任广州市立美术学校、新华艺术专科学校、国立艺专教授。1946年为广东省立艺术专科学校校长。

卫天霖（1898—1977），字雨三，山西汾阳人。1918年考入山西省留日预备学校。两年后东渡日本，成为山西省第一个专攻绘画的留学生。开始在川端画学校学习，与丁同日入西洋画选科，1926年3月以特别学生毕业。成为研究生期间，1926年10月1日因家事退学。1928年回国，在北京担任中法大学孔德学院艺术部主任。1929年应蔡元培邀请任北京大学造型艺术研究会导师，1930—1933年任北平大学西画系主任、教授。1933—1947年先后在北平艺专和孔德学院任教。1948年携全家赴解放区，任华北大学文艺学院教授。1949年后创建了北京师范大学美术工艺系，并任系主任。1956—1963年任北京艺术师范学院副院长。1963年调任中央工艺美术学院装饰绘画系教授。

谭连登（1901.11.6—？），广东台山人，1922年9月20日，作为日本外务省文化事业部补给生入西洋画选科，1926年3月以特别学生毕业，同年6月1日作为文化事业部选拔学生成为研究生，1928年因家事退学。

林丙东（1904.5.7—？），福建闽侯人，与谭同日入西洋画选科，1927年7月20日以特别学生毕业。同年9月15日至1930年9月15日为研究生，1931年4月至1932年3月31日为外务省文化事业部选拔学生。

1925年，由选科变为预科，由秋季开学变为春季开学，出现许幸之、王曼硕等著名画家。

许达（1904.4.5—1991.12.11），通名许幸之，江苏扬州人，带有传奇性经历和多方面的艺术才能。1917—1919年随吕凤子学画。1922年毕业于上海美术专科学校，1924年赴日本勤工俭学，1925年4月5日以特别学生入西洋画预科，在校期间接受郭沫若的资助。1927年的大革命浪潮中归国，在上海北伐军总政治部宣传科从事美术工作。大革命失败后，被逮捕入狱3个月，由东京美术学校校长正木直彦出面保释出狱。旋赴日本复学，由外务省文化事业部每月补助35日元作为学费。1929年2月在东京组织青年艺术家联盟，被推为联盟书记。同年回国，在上海中华艺术大学任西洋画科主任。1930年8月，在上海成立中国左翼美术家联盟，当选为第一任主席。1930年3月23日毕业于藤岛教室。1954年任中央美术学院理论教研室主任兼油画系教授。

熊汝梅（1902—？），广东梅县人，从自画像看可能为自画像中唯一的女性。与许同日以特别学生入西洋画预科，1930年3月23日毕业。

王文溥（1905.6.15—1985.1.11），生于山东省肥城县城内，又名王曼硕，号万石。1923年在北平美术专科学校图案系学习。1927年考取官费留学生，东渡日本，在东京本乡绘画研究所补习素描。1928年4月5日以特别学生入西洋画预科，1933年3月28日毕业，同年4月12日入研究科继续攻读，1935年3月31日毕业。1935年4月回国，后任京华美术学院、北平国立艺专西画系教授。1938年赴延安，任鲁迅文学艺术院美术系主任。1949年后，历任东北鲁迅艺术学院副院长、东北行政委员会文化局局长、中央美术学院副院长和教授。1957年被打成右派，任美术研究所研究员。1980年任中国艺术研究院顾问。

龚谟（1903.8.8—？），江苏海门人，上海美术专科学校毕业，与王同日以特别学生入西洋画科，1933年3月毕业，至1934年在研究科。回国后任教于海门启秀中学校。

陈洵（1906.3.1—？），江苏宜兴人，1929年

4月5日以特别学生入西洋画科，1934年3月24日毕业于藤岛武二教室，同年4月11日成为研究生，1935年2月25日因家事退学。

林乃干（1908.7—1992），广东蕉岭人，毕业于上海艺术大学，曾在川端画学校、东亚学校修业。1930年4月5日以特别学生入西洋画科，1935年3月25日毕业于冈田三郎助教室，接着成为研究生，1937年3月31日修业。1925—1926年由外务省文化事业部每月补助50日元。历任北平艺专、京华美术学院教授，京侨美专校长，中央工艺美术学院教授。

林荣俊（1906.1.9—？），广东台山人，毕业于台山县立中学，曾在川端画学校、东亚学校修业。与林同日以特别学生入西洋画科，1932年3月落第，第二年再入学，1935年4月在临时版画教室兼修版画，1937年3月毕业。1925—1926年由外务省文化事业部每月补助50日元。1947年10月1日任广州市立艺术专科学校教授，50年代为广州某中学教师，以后不知所终。

六、创造中国台湾美术的繁荣期

中国台湾的现代美术运动更是与东京美术学校关系密切。1915年，台湾美术家首次到东京美术学校留学，比大陆人整整晚了10年。第一个是学雕塑的黄土水，而第一个学油画的刘锦堂则是第二年才来。这些画家都出生于1895年以后，说明台湾美术的滞后性。从东京美术学校毕业后，他们或到大陆办学，扩大两岸交流，如刘锦堂、张秋海、郭柏川；或回中国台湾掀起现代美术运动，如颜水龙、廖继春、陈植棋等人。

刘锦堂（1895.3.8—1937.3.15），后通名王悦之，是中国台湾留学生中最有成就的人。1914年东渡日本留学，先入川端画学校，1916年3月入西洋画选科，1921年3月毕业。1924年在北京创立私立北京艺术学院，兼任国立北京美术专门学校教授，并与同事李毅士组织阿波罗美术研究会。1928年应林风眠邀请赴杭州任国立艺术院教授、西画系主任。1930年返回北京任私立美术学院院长，兼北京大学造型美术研究会导师。以1921年为界，日本留学的刘锦堂时代奠定了他的艺术基础，北京的王悦之时代取得了艺术硕果。

张秋海（1898.9—1988.8），中国台湾台北人。1922年毕业于东京高等师范学校图画手工科，1922年9月20日入西洋画选科，1927年3月毕业，1930年3月31日从研究科满期退学。1938年到大陆从事美术教育工作，1949年后任中央工艺美术学院教授。

颜水龙（1903.6.5—？），中国台湾台南人。与张同日入西洋画选科，先为藤岛教室，后为冈田教室，1926年3月毕业，4月10日为研究生，1930年3月31日毕业于研究科。1930年旅法，入现代美术学院，1934年任台展审查员，1936年在台南创设南亚工艺社，光复后致力于推广台湾手工业。1960年后任台湾艺专、台南家专美术工艺科教师，实践家政专科学校美术工艺科主任。

陈植棋（1906.1.16—1932.4.13），出身于中国台湾台北南港一个富豪家庭。早年在台北师范学习期间参加民族解放运动，被开除学籍。1923年参加七星画坛，1927年倡议成立赤岛社。1925年4月15日以特别学生入西洋画科，1930年3月23日毕业于冈田教室。他还在吉村芳松的画塾接受影响，对塞尚的后印象主义感兴趣，作品风格粗犷质朴，曾3次入选帝展，被当时日本画坛誉为中国才子。

张舜卿（1906.1.10—？），中国台湾台南人，1926年4月1日以特别学生入西洋画科，1931年3月24日毕业于藤岛教室。

何德来（1904.8.14—1986），中国台湾新竹人，1927年4月5日以特别学生入西洋画科，师从和田英作，1932年3月毕业。

郭柏川（1901.7.21—1974），中国台湾台南人。台南师范学校毕业，1928年4月5日以特别学生入西洋画科，1933年3月24日毕业。曾参加赤岛社。1938年任北平师大、国立北平艺专、京华美专西画系主任，在北平组织过新兴美术会。1948年回中国台湾，任成功大学建筑系教授、台南美术研究会会长。

李梅树（1901.2.4—1983.2.6），中国台湾台北人。1929年4月5日以特别学生入西洋画选科，1934年3月24日毕业。1962年起任文化大学研究所教授、台湾艺专美术科主任、台湾师大美术系教授、台湾中国美术协会理事长。

李石樵（1908.7.13—？），中国台湾台北人，1931年4月5日入西洋画选科，1936年3月24日毕业。

吴天华（1911.3.1—？），中国台湾台中人，1936年4月1日入油画科预科，1941年毕业于藤岛教室，1946年毕业于研究科。

台湾现代美术运动，主要是由东京美术学校的留学生推动的。陈澄波、陈承藩、陈植棋首先参加七星画坛，考入东京美术学校后，又发起组织了赤岛会。会员大多数是东京美术学校的毕业生或在读生，除三陈外尚有：颜水龙、张秋海、廖继春、张舜卿、陈在癸、郭柏川、陈慧坤、李梅树、范高原。1934年11月10日又成立了台阳美术协会。

七、东北地区的毕业生

1931年后东北沦陷，东北地区的留学生始于1934年，共8人，但油画专业的毕业者只有唐国卿和杨佳福两人，1934年4月同时以特别学生入油画科预科，1939年3月24日同时毕业于藤岛教室。

唐国卿（1913.5.22—？），大连（金州）人，北平今是高级中学毕业，后在川端画学校修业，1935—1936年在东京美术学校获日本文化事业部每月50日元奖学金。毕业以后不知所终。

杨佳福（1912.11.7—1992.10.7），辽宁大连人，又名杨凝，后名左辉，旅顺师范学校毕业，1939年3月毕业即返国，到北平艺专油画系任教授。1945年6月到晋察冀革命根据地，在华北联合大学和华北大学文艺学院任教。北平解放后，在北京人民美术工作室从事绘画创作，并兼任中央美术学院、北京师范大学教授，至1955年，每年为天安门城楼绘制毛主席像。1957年调任北京艺术师范学院美术系教授和教研室主任。1963年调入中国美术研究所。

本文载于《美术研究》1997年第3期

刘晓路（1953—2001），湖南邵阳人。1984年毕业于中国艺术研究院研究生部美术系。中国艺术研究院美术研究所研究员。

康有为与陈独秀

——20世纪中国美术史的一桩“公案”及其相关问题

李伟铭

康有为和陈独秀是近年在回顾20世纪中国美术发展历史的各种场合中经常会被相提并论的重要人物。事情缘于康、陈在20世纪第二个10年几乎是同时发表了在康、陈的许多当代评论者看来完全相同的关于中国画问题的看法。此外，我们还注意到，由于“写实主义”在中国20世纪的迅速而广泛的发展，特别是它在很长的一个时期内与政治紧密结合因而在事后被视为现代中国美术中一个具有“暧昧感”的概念的时候，康、陈也被视为造成“写实主义”称霸天下的“始作俑者”。一般来说，在观念上，对广义的中国画艺术的精义的理解往往意味着对文人水墨写意画的精神价值和语言规范的确认，尽管事情并非这么简单，但这种确认标准无论是在潜在的意识层次还是在公开表白的场合，事实上很少有实质性的变化；因此，追究康、陈的责任，对他们“浅薄、无知”的中国画知识嗤之以鼻并认定他们为肆意贬损传统艺术精神的群氓之首，也就成了许多康、陈的当代评论者经常乐于履行的义务。

按照我们的专业分类标准，康、陈不是美术理论家，也不是美术史家，他们作为上述角色进入当代美术评论界视野的证据，主要是下述两份文献：康氏的《万木草堂藏画目》和陈氏的《美术革命——致吕澂》。前者是1917年康氏因参与拥戴溥仪复辟失败，亡命东交民巷美国使馆（美森馆）期间，根据“邮来画目”所作的一份戊戌以后个人收藏国画作品著录；后者是陈氏于1918年1月回应吕澂于上一年12月给他的一封信中提出的“美术革命”问题的公开信。《万木草堂藏画目》成文于1917年11月，次年10月发表于上海中华美术专门学校主办的《中华美术报》，同时，由上海长兴书局印行单行本；陈独秀与吕澂的信则以“美术革命”为题刊发于《新青年》杂志第六卷第一号（1918年1月）。当年美术界对这两份文献的直接反应如何？迄今仍然是一个谜。值得注意的倒是，陈氏这封信不见于陈氏生前刊行的《独秀文存》[1]，也不见于20世纪50年代以后编印的多种现代思想文化史资料；1932年，北平立达书局发行姚渔湘编《中国画讨论集》，也没有收入康、陈这两份文献。80年代开始，在回顾近百年中国画史的文章中，康、陈成了例必到场的被检讨对象。在这一过程中，固然也有一些严肃的学者利用康、陈著作的原初版本来讨论这个问题[2]；但是，如果我们没有弄错的话，康、陈上述两文被广泛称引的出处，可能绝大多数源自沈鹏、陈履生选编的《美术论集》第4辑《中国画讨论专辑》（人民美术出版社1986年版）——令人遗憾的是，沈、陈选本所收的《万木草堂藏画目》只是一个节录本。

我们完全有理由认为，陈独秀当年是站在倡扬科学、民主的立场呼应吕澂所提出的“美术革命”命题。在陈氏的信中可以看到，虽然陈氏没有就吕氏提出的“革命之道何由始”一一作答，但是，他所列举的“断不能不采用洋画写实的精神”的理由极为明彻：“譬如文学家必须用写实主义，才能够采古人的技术发挥自己的天才，做自己的文章，不是抄古人的文章。画家也必须用写实主义，才能够发挥自己的天才，画自己的画，不落古人的窠臼。”这也就是说，如吕澂所云，“文学与美术皆所以发表思想与感情……势自不容偏有荣枯”，在陈独秀这里，所谓“美术革命”实质上是其“文学革命”逻辑上的延伸；他把采纳“写实主义”看作避免落入古人窠臼的必经之路和培养、发展人的天性的必要前提，其未及充分阐述的理由，在他此前发表的《敬告青年》和《文学革命论》等一系列鼓吹“革命”的文章中已有充分的论述。换言之，陈独秀的敬告青年“六义”及文学革命“三大主义”，也完全可以看作他在这里提出的美术革命论预设的注脚。[3]

正像陈独秀的盟友胡适所说，“白话之文学，自宋以来，虽见屏于古文家，而终一线相承，至今不绝”——白话文之取代文言文，只是一种已然存在的传统在新的文化情境中非“盲目的自然演化”的激活。[4]相比之下，显然在陈氏看来，在中国绘画领域，“写实主义”至少在形式上没有类似白话文学的这种值得自豪的伟大传统，为了使取自域外的根苗在中国长成参天大树，就必须在被盲目崇拜古人的毒素所污染的土地上清理出一片干净的地盘——打倒近世画学正统主义所供奉的（从倪、黄、文、沈到王氏“神圣不可侵犯”的“画学正宗”）偶像。

如果说，陈独秀及其盟友主要是从现代平民意识和白话文的普及教化功能的角度来考虑文学语言变革的问题的话，那么，毫无疑问，在陈氏强调“采用洋画的写实精神”的绝对必要性的潜在理由中，还有一种不言而喻的假设：“写实主义”作为一种科学地观察世界和再现世界的方法，对于盲目崇拜古人和辗转模仿古人之病具有天然的免疫力，艺术家一旦离开习惯于案头临仿的封闭的书斋，将局限于专注过往名家名作的眼光转向瞄准正在发生变化的外部世界，他就能够获得真正的活生生的创作灵感并主动、有目的地学到古人有用的艺术语言技巧，进而才能自由地表现自己的思想情感。不言而喻，在陈独秀这里，采用“洋画的写实精神”并非“美术革命”的最终目的，作为一个画学变革的提案，它仅仅是消除科学、民主的障碍的手段；关注个性解放、关注个人价值和尊重、发展个人的创造性潜能——用陈氏自己的话来说“发挥自己的天才”“做自己的文章”，才是“美术革命”理想的栖着点。当然，在我们看来，这也正是陈独秀在抨击王派沉迷于“复写古画”所造成的“恶劣影响”的同时，特别肯定了扬州八怪“自由描写的天才”的理由之所在。

假如了解20年代初期陈独秀应陈炯明聘南下担任广东省教育委员会委员长期间，就“新教育”中的“手工图画”教育问题发表的下述意见，我们对上述问题的认识可能会更清楚：

> 我见过许多学校陈列出好些很精致的手工和图画底成绩品，装潢学校底门面；内中有些教员代学生做成骗人的固然不值得批评，就真是学生做的，在外行看起来，必以为成绩很好，在懂得教育的人看起来，便不敢恭维了。因为教育品和美术品有很大的分别，我们不当把教育品看作美术品，若是教育品做成了美术品，便算是手工图画底教育大失败，这还说什么成绩呢？因为教育儿童直接的目的，不是马上要教他成一个圣贤学者，所以不是教伦理道德及历史地理等知识；也不是马上要教他成一个艺术家，所以不用教他习美术教育品的手工图画；教育儿童的直接的目的，是要寻种种机会，用种种方法，训练儿童心身各种感官，使他各种器官及观察力创造力想象力道德情感等本能渐渐地自由生长发育。游戏体操手工图画正是用作生长发育这些本能的工具，所以小学底游戏体操不专是发育体力的，兼且是发育各种器官肢体之感觉神经及运动神经反应的本能和道德情感的；所以小学底手工图画，不是教成艺术家的，是用他发育儿童观察力创造力想象力的。因为手工图画底目的专在发育观察力创造力想象力，最好是听凭儿童喜欢做什么做什么，喜欢画什么画什么，使他观察创造想象的天才得以自由发展。若由先生底意思教他造成美术品，只算是先生自己的成绩，与儿童教育无关，这种教育可以叫作“填谱的”教育；一切“填谱”教育都适以限制受教育者底知识自由活动而使其固定，且造成机械的盲从的习惯，戕贼人类最可贵的创造天才，不单是在手工图画教育如此。[5]

显然，拒绝盲从、保护天性，使人的心智、人的知识在自由的发展空间中获得健康的成长，是陈独秀所确认的“新教育”区别于旧教育的本质；陈独秀对王派绘画中的“临”“抚”“摹”“仿”四大本领深恶痛绝并由此而产生了引进“洋画的写实精神”的强烈冲动，其内在的思想动机是否由此也能得到部分合适的解释呢？回答无疑是肯定的。

表面上看来，《万木草堂藏画目》指出的近世画学衰败的原因与陈氏所攻击的目标并没有太大的差别，尤其是陈氏认定两宋元初院画“工夫还有点和写实主义相近”，很容易被认为与康氏之尊院体为“正宗”一个鼻孔出气。但是，我们不会忘记，当康、陈的文章发表之时，康氏作为背气的晚清遗老正在重弹虚君共和的老调，不遗余力地倡言捧孔教为国教；陈氏作为激进的自由主义思想家，则把“打倒孔家店”，宣扬德、赛两先生的盖世勋业视为责无旁贷的头等大事。如同在意识形态上把科学、民主看作与孔教的传统无法相容的现代意识一样，陈氏的美术革命论无疑具有强烈的文化整体论色彩。[6]康氏正好相反，他不但把写实画法看作中国绘画一种已然存在的伟大传统，从而将“合中西而为画学新纪元”这一理想纳入其“以复古为更新”的思想框架，而且，更重要的是从“器用之学”的角度，把调和中西的写实画法看作一种可以直接丰富日常器用生产的物质力量[7]，由此呼应其几乎根深蒂固的“物质救国”的主张。

众所周知，戊戌政变失败以后，康氏亡命海外，所撰《欧洲十一国游记》，除了赞叹路德创开新教的丰功伟业，以儒教比附耶教，大量篇幅，几乎都记录了行经各国物质文明的今古兴衰给他留下的深刻印象。在康氏看来，他环游世界所得到的最重要的启发是：国家强弱，不在人民之多寡，土地之大小，而在物质工艺之学兴盛与否；反观我国，“国人欲变法自强，不知学彼得之讲物质学，而师印度之张空拳，以革命自立则其去俄且远，而不为印度也几稀”。[8]康氏在意大利旅行期间，折服拉斐尔绘画之精妙，慨叹“国画疏浅，远不如此，此事亦当变法”——此语一向为当代评论界所乐道；但是，紧接这段话的几行字却经常被我们忽略——康氏紧接着说道：“非止文明所关，工商业系于画者甚重，亦当派学生到意学之也。”[9]其实，康氏这种见解不但处处渗透于十一国游记的字里行间，在这一时期的重要著作《物质救国论》中，还对绘画与物质文明的关系做了进一步的强调：

绘画之学，为各学之本，中国人视为无用之物。岂知一切工商之品，文明之具，皆赖画以发明之。工商之品，实利之用资也；文明之具，虚声之所动也。若画不精，则工品拙劣，难于销流，而理财无从治矣。文明之具，亦立国所同竞，而不可以质野立于新世互争之时者也。故画学不可不致精也。

画学雕刻二者，皆以意大利为最精美，盖二事者源于希腊，而盛于罗马。吾曾游意国至罗马之都，过佛罗炼士及美兰之市，其图画雕石之精绝，诚万国无有也。欧洲各国美术家，皆至其地学之，美国亦然，其刻华盛顿之名匠，亦学于意者。吾国宋明制造之品及画院之法，亦极精工，比诸万国，实为绝出。吾曾于十一国画院中，尽见万国之画矣。吾南宋画院之画美矣。惟自明之中叶，文董出拨弃画院之法，诮为匠手，乃以清微淡远易之。而意大利乃有拉斐尔出焉，创作油画，阴阳景色，莫不迫真，于是全欧为之改变旧法而从之；故彼变而日上，我变而日下。今既欲竞争工艺物品，以为理财之本，更不能不师其画法，尤当遣派学生，往罗马及佛罗炼士诸画院学之，兼及刻石，师其画法，以更新全国；且令学校人人普习，然后制造工场，百物乃可与欧美竞销流也。否，则欲理财富民富国，犹航绝流断港而之海也，无至之日矣！[10]

稍具一点中国近代史常识的人都知道，由于“重道轻艺”的传统价值观念受到来自西方的工具理性精神强有力的挑战，作为维新运动最重要的成果之一，20世纪初叶，“格致之学”已经在“废科举、兴学堂”的近代教育体制中占有举足轻重的位置，与此同时，美术教育在官方法定的范围内也争得了一席之位。不过，在晚清新学以“经世致用”为宗旨的变革方案中，所谓美术教育毕竟是器用之学即“实学”的附庸，它被确认的价值功能正如光绪二十九年（1903）《奏定中学堂章程》所示：“备它日绘画地图、机器图及讲求各项实业之基础。”[11]康氏关于中国绘画变革的观念显然分享了这一公共思想资源并与其念念不忘的“物质救国论”保持着内在的逻辑联系。因此，完全可以肯定，在康、陈表面上看来似乎相同的中国画变革方案中，实际上存在着完全不同的价值设定和逻辑结构。

不错，画史“正宗”“别派”之说，为康氏首创矫枉过正之论；但早在明末清初，顾炎武、方以智已对“皆指事为之”的画学古典传统和“野狐藏丑，匿附南宗，以不学夸绝学”的文人画末流分别作出了清晰的界定与批判。[12]诚如梁启超所说，“排斥理论，提倡实践”，“厌倦主观的冥想而倾向于客观的考察”——一言以蔽之：“经世致用”，是清代学术主流。[13]由蹈虚而趋于崇实，由王学而进入汉学，顾、方以来的学术理路，固然没有逸出康氏视野之外；但康氏素有“经营天下”之志，视文艺为“至末业”，论书、论画，无非承“新学”之余绪；其尊碑抑帖，压倒一切的理由，说白了也无非较之翻勾屡刻的近世帖学，碑学更为接近原典的精义，在逻辑上，也更合乎经今文学尊古—疑古—以古证今的内在逻辑。近世画学的衰败在于元明以降文人写意画僭越“正宗”损害了专精体物的古典精神的发展，这种论断表面上固然部分与陈独秀攻击的对象不无相同之处；但是，如果说，在陈独秀那里，对王派绘画的深恶痛绝是尊崇天性、憧憬科学与民主的自由主义精神激荡的产物，那么，在康有为这里，“合中西而为画学新纪元”在逻辑上则未始就不能视为“以复古为更新”的法则推演的结果。

因此，正像我们所看到的，康氏为了确证“合中西而为画学新纪元”这一理想不但合乎文明进化的规律，而且合乎古典画学正宗薪火相传的真谛，他特别指证易元吉、赵永年等宋代画家那些工笔设色、状物逼真之作均为“油画”，并进而认定“油画与欧画全同，乃知油画出自吾中国，吾意马可波罗得自中国油画，传至欧洲，而后基多琏腻、拉斐尔乃发之……此吾创论，后人当可证明”[14]。虽然康氏这种一厢情愿的“创论”是否可以获得事实的支持后人已有答案[15]，但就一种终极理想而言，康氏在理论上确实是一个“纯粹的世界主义”者。[16]只不过，肯定这一点并不意味着康氏已经完全放弃以儒家文化为中心的民族文化认同感而已。尽管康氏也有感于西学的挑战而倡言画学变革，但与陈独秀相比，康氏从来也不准备放弃传统，他只是希望修正那种在他看来违背历史的“常识”的观念，强调为了接纳有助于催化传统的自我变革的外来文明，必须断然剖开传统自我保护的坚硬外壳——就绘画而言，康氏倡言“正宗”“别派”之说，只是希望减弱援禅入画以来传统中国画中以“为寄”“为乐”为特征的远离外部世界和实用价值范畴的文人写意画的过分影响[17]，发掘绘画的物性功能，同时，为画家职业化找到一种更为体面或者说更为合适的理论上的支持。因此，在康氏的画学改良模式中，他所确立的榜样与其说来自西方的古典写实主义，倒不如说他希望在传统画学中找到一种西方的等价形式，或反之，从西画那里找到一种传统的等价形式。[18]而恰恰也正是在这里，康氏的绘画发展观显示出了他所奉持的文化哲学强烈的折中主义意味。

明乎此，也许就能够更清楚地看到，康氏不仅对被视为“正宗”的院体绘画，而且对被目为“别派”的士大夫画，均始终怀有足够的谨慎的敬意。[19]在他看来，在现实中，任何健全的社会有机体都不可能建立在传统的废墟之上；因为合理的社会—政治—文化变革应该是一个谨慎渐进的过程。为此，他曾用“至末之业”——“文艺”的承传转合来说明国家建设必须信守的“渐成”之道：

> ……且即令师人之长、从人之学，亦必积久岁月以渐成，未有造次之间、旦夕之际，尽舍己有而能成就者也。以作画言之，能作中画者，学文、沈师董、唐，舍其长技而师西画，不独不能得拉斐尔之神，必且丹黄狼藉，不成画矣！即同为中国之画，习为云林之意，忽改而为仇十洲之工笔，亦必粗拙而不见精彩也。又以书法言之，习以郑板桥之跌宕，一旦学欧阳询之端庄，则必拘苦而无神味矣……文艺，至末业也，然骤舍己之长而学人，犹不能至且见恶焉，何况国家之大乎！[20]

康、陈对传统中国画存在的症结的诊断以及他们提出的治疗方案是否正确、有效，或者说，文人写意画传统在现代中国的式微和源自西学的写实主义绘画的勃兴、泛滥究竟“归罪”于谁？确实是一个极为复杂的问题。从另一个角度来看，众所周知，在以训练科场技巧为目的的传统的公私教育机构中，绘画一项根本没有插足之地。官僚士绅阶层绘画趣味的培养和绘画技巧的训练，一向被视为超乎世俗功利目的之上的自我精神满足，具有实用价值的画学传授，一般来说只在民间“画行”或类似“画行”的职业画家那里以师徒制的方式进行。这种价值功能的差异，不但决定了在不同的社会文化阶层那里绘画的施教有着不同的内容和方式，而且，它有效地左右着绘画题材和绘画语言的选择与绘画审美价值的确认。[21]

正像前面所说，经世致用、崇实绌虚，本为清代学术主流。甲午战争后，为了发展民族工商业，在“壬寅学制”和“癸卯学制”中，已经产生了设置各级实业学堂以培养工商技术人才的明确方案。民国初年，孙文明确地把关注民生、发展民族资本主义作为推行三民主义的主要任务[22]；社会贤达如蔡元培、黄炎培更大声疾呼教育“当务之急者”在改变过去“虚名的教育”为关乎国计民生的“实用”教育[23]。在这一具有强烈的实利主义色彩的历史氛围中，运用几何、焦点透视和色彩明暗法则来准确再现客体的空间结构的西方写实主义画法，作为“实学”的一翼，在康、陈之论发表以前，早已名正言顺地进入近代中国的学堂。[24]

严格来说，如何有效地发挥美术的实用功能并不是传统画学所要解决的问题。譬如高剑父在清末执教于两广优级师范学堂乃受荐于日本画家山本梅涯这一传说至少说明，正像“新学”有关

“致用”的其他学科一样，鉴定中国近代学堂画学师资的取舍标准主要来自域外、来自那些非纯粹接受传统训练的中国画家以及赋予新学以法定形式的立法者。因此，在这种特定的情境中，一方面是人数众多的以画为生、以画为寄为乐的传统职业画家队伍和以遗老遗少为主体的业余画家队伍，另一方面则是新兴学堂画学师资奇缺。[25]变革在教育领域所造成的强烈的价值反差，在美术的范围内，其意义已经与当年郎世宁辈之供奉内庭不可同日而语——某种个人的偏好，在这里已被转化为国家、民族“救亡图存”的选择，这种选择是否有效并且没有任何副作用，姑且勿论，但它在客观上确实有效地左右了早期出国留学的学生包括那些出国学习美术的学生的专业选择范围[26]；另外，则确立了拥有“留学”学历的艺术家包括那些曾经在新式学校教育中接受专业训练的艺术家以后在学校教育中的“正统”地位[27]。

完全可以这样说，在传统的价值结构自我消解的过程中，也许没有什么比一向被视为受惠于中国画学的日本画家——尽管已经“西化”的日本画家——包括他们的中国学生居然成为晚清学堂的第一代教师这一事实更严重地伤害了传统的中国画家的自尊心。随着中日关系的转化与广义的政治、文化上的东西关系的冲突、调整，正如我们所看到的，在我们这个习惯于将社会政治文化问题道德化并把是非得失最终祈请道德裁决的国家，美术上的中西之争最终如何在对立的一方那里被顺理成章地转化为一场捍卫“血统”的纯洁的战斗。

因此，20世纪在中国美术领域展开的中西之争，在某种意义上也未始不能看成在知识的师承机制中囿于传统的师徒制模式的“在野”艺术家与居于学校教育的主导地位的艺术家之间争夺教育的主导权之争。徐悲鸿、林风眠先后力排众议聘请齐白石为中国画学教授之所以会成为现代美术史中一个引人注目的掌故，耐人寻味的道理恐怕也正在于此。需要指出的是，关于文化——美术的中西之争胜负似乎至今未有分晓，但无论如何我们必须承认，像黄宾虹、齐白石这一类型的艺术家虽然也曾一度在正规的美术学校中担任教职，他们的艺术成就在越来越大的范围内正在赢得分量越来越重的评价与尊重，但事实上，他们在整个中国现代美术史上所能够发挥的影响微乎其微。充分估计到这一点很重要，这不但有助于我们更为贴切地认识20世纪中国美术中的所谓“写实主义”的语言结构功能与社会文化机制的有机联系，而且，对我们比较冷静、客观地讨论康、陈关于中国画变革的提案在事实上究竟以哪一种方式发挥了哪一方面和哪种程度的影响不无有助。

于康有为，康的学生梁启超论道：“先生最富于自信力之人也，其所持主义，无论何人，不能摇动之，于学术亦然，于治事亦然，不肯迁就主义以徇事物，而每熔取事物以佐其主义，常有六经皆我注脚，群山皆其仆从之概。故短先生者，谓其武断，谓其执拗，谓其专制，或非无因耶？”[28]蔡元培称陈独秀当年在《新青年》上发表的文章“大抵取推翻旧习惯、创造新生命的态度；而文笔廉悍，足药拖沓含糊等病”[29]——当然，在这里我们也许可以插一句：类似陈氏在倡言白话为文学正宗时那种面对论敌，“必不容反对者有讨论之余地”的毅然决然的口气[30]，也很容易给人留下蛮横武断的口实。关于康、陈的论述，汗牛充栋，他们的功过，似乎已经盖棺论定；但是，他们的思想奥隐是否已被穷尽，或者缩小一点范围提问：20世纪传统水墨写意画的式微和写实主义绘画的勃兴、泛滥究竟是康、陈信口开河种下的祸根，还是相反，康、陈追求的理想或者说他们思考的问题因为种种原因的凑合从来也没有在中国的土地上获得恰如其分的回应。这个问题恐怕就不好回答了。有一点或许可以肯定的是，尽管康、陈都是关于中国文明的进步最富于自信心的预言家，但是，他们至少没有预想到他们要为“写实主义”在他们的祖国蔚为主流这一事实承担责任，更没有预想到，“写实主义”这个胚孕最终会蜕变、升华为现实主义、社会主义现实主义——革命现实主义，并最终在与革命浪漫主义取得完美的联姻之后，在履行为无产阶级政治服务的神圣义务的过程中，发挥出如此巨大的、令人铭感至深的精神震撼力！

注释

[1]《独秀文存》，上海亚东图书馆1922年版，1934年再版。1933年4月，蔡元培为《独秀文存》再版本所作序文称“这部文存，所存的都是陈君在《新青年》上发表的过时文”。

[2]如水天中先生，早在1982年，水先生就在《中国画革新论争的回顾》(《美术史论》1983年第2期)中引述了康、陈这两篇文章的观点，并对其产生的社会思想背景做了详细的交代；最近，水先生有关这方面的见解在提交“20世纪中国画——‘传统的延续与演进’国际学术研讨会”论文《中国画论争50年(1900—1950)》(研讨会论文集，浙江人民美术出版社1997年版)中又有进一步的论述。可惜类似的持论谨慎的文章并不多见。拙文从水先生文中获得不少有益的启发，特此申谢。

[3]陈独秀:《敬告青年》(《青年杂志》第一卷第四号，1915年12月15日)、《文学革命论》(《新青年》第二卷第六号，1917年2月1日)。

[4]胡适:《历史的文学观念论》，载姜义华主编《胡适学术文集·新文学运动》，中华书局1993年版，第33页；又，参见胡适《白话文学史·引子》，岳麓书社1986年版。

[5]陈独秀:《新教育是什么》,《独秀文存》卷一，第579—580页。有趣的是，陈氏这番话即使是在今天也仍然不失其针对性。

[6]用陈独秀的话来说:“要拥护那德先生便不得不反对孔教，贞节，旧伦理，旧政治；要拥护那赛先生，便不得不反对旧艺术，旧宗教；要拥护德先生又要拥护赛先生便不得不反对国粹，和旧文学。”(《本志罪案之答辩书》,《新青年》第六卷第一号)

[7]康氏有云:“非取神即可弃形，更非写意可记形也。偏览百国作画皆同，故今欧美之画与六朝唐宋之法同……以形神为主而不取写意，以着色界画为正而墨笔粗简者为别派。士气固可贵，而以院体为画正法。庶救五百年来偏谬之画论，而中国之画乃可医而有进取也。今工商百器皆藉于画，画不改进，工商无可言。此则鄙人藏画、论画之意——‘以复古为更新。’”[《万木草堂藏画目》,《康有为先生墨迹丛刊》(二)，中州书画社1983年版]

[8]康有为:《物质救国论》，广智书局光绪三十四年二月初版，第2—3页。

[9]《欧洲十一国游记》第一编“意大利游记”，广智书

局光绪三十三年三月初版，第73页。其实，类似的这种观点并不限见于康氏，从实利物性功能来考虑美术的社会作用，是流播于清末民初的一种非常突出的社会思潮。例如，《真相画报》（1912—1913）的自我广告就是这样写的：“西哲有言，欲觇一国之文化，先觇其美术。诚以国家之文野所系于美术者大也。今世界各国美术之发展日盛，故人民知识亦日趋高尚，工业建筑，莫不华丽绝伦，虽至日用装饰之微，亦必文采烂然，使人爱赏。诚哉，美术为工业之母也！”在这一时期，高剑父在其《论瓷·绪言》中也写道：“余究心艺事，遍历名邦，思考古有益于证今，知实业必原于美术。……今我同胞征于失败之原因，而殚其智力之发达，咸竞争于名场，以从事于实学。”（《真相画报》1913年第16期）对此笔者将有另文详论。

[10]《物质救国论》，第78—79页。

[11]舒新城编：《中国近代教育史资料》，人民教育出版社1961年版，第511页。

[12]顾炎武：《日知录》卷二十一“画”条（《日知录集释》，中州古籍出版社1990年版，第506—507页）；方以智：《画概》（《通雅》卷三二，日本立教馆校镌本，转见饶宗颐《画頵》，台湾时报文化出版企业有限公司1993年版，第528页）。

[13]梁启超：《中国近三百年学术史》，《梁启超论清学史二种》，朱维铮校注本，复旦大学出版社1985年版，第91页。

[14]见《万木草堂藏画目》。

[15]参见水天中《“油画源于中国”说质疑》，《中国现代绘画论评》，山西人民出版社1990年版，第91—93页。

[16]关于这一点，参见萧公权《康有为思想研究》，汪荣祖译，台湾联经出版事业公司1988年版，第563页。

[17]“夫元四家皆高士，其画超逸澹远，与禅之大鉴同。即欧人亦自有水粉画、墨画，亦发逸淡开宗，特不尊为正宗，则于画法无害。吾于四家未尝不好之甚，则但以为逸品，不夺唐宋之正宗云尔。惟国人陷溺甚深，则不得不呼以救正之。”（《万木草堂藏画目》）又，参阅康氏《保存中国名迹古器说》（《不忍杂志汇编》卷四，炼石斋群学社1915年版）。

[18]在写于1904年的《德国游记》中，康氏提道：“有德联邦霸利话人创水粉画，淡逸清妙，似吾国初三王画，王麓台尤神似，乃二三年间新创者。油画虽迫肖，然不可近观，久亦生厌，故又出新奇而还吾国之旧。南宋院体之后遂出文、董，盖文质循环，理之自然。”（《康有为遗稿·列国游记》，上海人民出版社1995年版，第111页）

[19]参见《万木草堂藏画目》中康氏对一些具体作品的品评。按，康氏不是专门收藏家、鉴定家，尽管他有古董癖、收藏癖，但并不排除万木草堂藏品中有大量赝品（参见启功《坚净居艺谈·〈广艺舟双楫〉》，《启功丛稿》，中华书局1981年版，第327—328页）。不过，假如以这些藏品以及康氏的品评尺度来说明康氏所持的价值准则，我想还是行得通的。

[20]康有为：《中国颠危误在全法欧美而尽弃国粹说》，见《不忍杂志汇编》卷二。

[21]关涉这方面的论述，参见洪再新《明清画谱所示绘画教学关系的若干类型》，《新美术》1995年第4期。

[22]参见虞和平《民国初期的实业活动——孙中山实行民生主义的一个重要途径》，《孙中山和他的时

代——孙中山研究国际学术讨论会文集》，中华书局1989年版，第1549—1573页。

[23]参阅《教育杂志》第3卷第11号。

[24]姜丹书先生曾提到，两江优级师范学堂图画手工选科甲班最优等毕业生桂绍烈依例参加学部复试，却因毛笔画一科不及格而降为优等；其所以不及格者，乃因原来部定课程完全照搬日本，没有将国画列入，故学校不开此课(《姜丹书艺术教育杂著》，浙江教育出版社1991年版，第183页)。关于清末、民初的美术教育，参阅鹤田武良《清末民初的美术教育——近百年中国绘画史研究之四》，《美术研究》第365号，日本东京国立文化财研究所，平成八年十月。

[25]晚清学堂早期的图画手工教员大多聘自日本，这是众所周知的事实。1914年《视察第七区(闽、粤、桂)学务总报告》广东部分还称："至于图画手工两科教员，尤不易得。现该省高等师范内附设图工教员养成所，有学生两班，尚为切要之图。"(舒新城编:《中国近代教育史资料》，第317页)

[26]参见拙文《高剑父"留学"日本考》有关这方面的论述(《中国美术研究——陈少丰教授从教五十年纪念论文集》，人民美术出版社1994年版，第481页)。

[27]参见光绪二十九年《奏定任用教员章程》、宣统元年《学部奏遵拟检定小学教员章程》及民国五年《教育部公布检定小学教员规程》(舒新城编:《中国近代教育史资料》，第344—354页)。

[28]梁启超:《康有为传》，中国史学会主编《戊戌变法》(四)，上海人民出版社1957年版，第36页。

[29]《独秀文存·序》。

[30]《陈独秀答胡适书》(《胡适学术文集·新文学运动卷》，第31—32页)。

本文载于《美术研究》1997年第3期

李伟铭，1954年生，广东汕头人。1986年毕业于广州美术学院中国美术史硕士课程班。广州美术学院研究员。

画框以外的世界

侯一民

1997年9月在美协的一个会议上我说了一段话，招来了《美术研究》要我写一篇以“大美术”为题的文章，其实何为“大美术”，它涵盖什么内容，我自己也说不太清楚。我当时发一点议论，主要是对美协历来形成的工作范围提出一点质疑而已。我说多年来美协的工作主要形式就是展览，能展览的作品也自然就局限在能装在画框中和放在展台上的作品，也只有这些作品能得金银铜奖。可是随着社会的发展，现实生活对美术的需求和美术家应该关注的领域比这要广阔得多，丰富得多。以我个人来说，这些年不由自主地进入了一个“公共艺术”的领域，做了不少大型壁画、设计钞票、参与策划主题公园，现在老了不想干了。最近文化名人公墓又来找我，这些难以拒绝，又是面对亿万人需要的工作把我拖入这个新领域，我睁眼一看，一大批有实力的艺术家也被拖了进来，这就是现实。而美协的常规工作方式，很少能给予应有的关注，说到这里我冒出了一句“应该有一个大美术的观念”。

现在让我对此发表意见，我也力图为“大美术”做个界定，但想来想去很难，既然“大”就可能无所不在，无边无沿。从大处说，人类生活的空间环境、城市、山川；从小处说，居室、书籍、邮票、发卡，生活中什么地方不需要美？既然需要就有美术家以自己之“术”为之服务的天地，所以这个界定我做不来，唯一能说的是把美术从画框中解放出来，“大美术”首先应是一个观念的解放。

作为一个画家、雕塑家，精于一道，长于某一体裁和技巧以求得至精至纯的艺术品奉献于人类，千千万万不同的作家汇成多姿多彩的文化世界，这是天经地义、无可厚非的。我绝不是提倡“万金油”，况人生不过百年，加之风霜雪雨，能做事的时间也就那么几年，但作为“美术”狭隘的观念则是有害的。我们多年以来习惯于画框以内的天地，较少关注在大的环境中它的地位，较多地把一件作品看作个人的寄托，较少注意我们生存的世界和社会需要我们做什么，这样太多地局限于对自己的关注，放弃了很多应该发挥自己才智的领域，由于这样的习惯也自然认为这种需求不是艺术家的事而予以排斥。

近世纪以来，在一些发达国家真正发达起来的艺术是在社会财团、国家资本支持下发展起来的“公共艺术”，众多有才干的艺术家转向整体环境的建设和对于一个国家文化形象的设计。

我自幼受教于美术学院，可算科班出身，自然最关心的也是画框中自己作品的完善，但机遇和爱好使我参与了大量画框以外的作业。

从1958年我就参加了钞票的设计，30年的经历深深体会到其中甘苦，但这种工作被习惯地认为不属于艺术创作。有一次美院人事处向上级报送“有突出贡献者”的报告中提到此事，竟被主管部门以“这算什么突出贡献”给打了回来。但我们这个以罗工柳为首的班子几十年来以一颗忠诚的心为之付出了极大的心血。仅以现在通行的“80”版人民币为例，当时上面的意见是以“四个现代化”为票面内容，我们设计组经过反复考虑，提出以各族人民的团结为主要内容，以工、农、知识分子为最高面额的画面。当时中国经过“文革”的大动乱，我们基于对安定团结重要意义的认识起草了设计方案，经过中央批准，我们用业余时间，日夜苦战，行程万里完成了设计。以这一套人民币为标志，中国成为世界上造币最先进的国家之一。试问有哪一种美术作品能每时每刻伴随着12亿人的日常生活，每时每刻潜移默化地影响着各族人民心理，从这一点说是否应该给我们记功呢？但却有那么大的习惯力量认为“不是艺术”。我们遗憾的不是每月少增加的那100元津贴，遗憾的是这种观念限制着艺术家投身于人民最需要的事业。

由于偶然的机会，我被聘请为深圳华侨城“锦绣中华”“民俗文化村”“世界之窗”的艺术总顾问，参与了这三个主题公园的策划和建设，由于这三个公园的建成，开始了中国各地民族文化旅游热的兴起。这个课题对我来说可算是“不务正业”吧，可是吸引我的是对中国丰富多彩的民族文化的表现欲，对世界文明如数家珍般的热情，许多工作可以说与美术无关，它或属建筑，或属园林，或属考古、民俗……可是一个主题公园最终完成的却是一幅立体的画。游人是在流动的画面里得到美的满足。环境的设计、场面的开合、色彩的营造、审美心理的把握，如果没有美的观念贯穿于整体设计之中，就可能成为枯燥的建筑排列，不可能成为一个高格调的“美的世界”。而且这些公园的文化内涵是这些公园的生命，美术家有时比建筑师更了解民俗，更熟悉中外文化遗存，为了防止将民俗庸俗化、服饰舞台化，保持公园的文化层次，我不知进行了多少次斗争。

由于我的建议，在微缩景区增置了再现中国及世界各地的民俗场景和历史事件中的一场场“小人儿”。为此，我们一批艺术家包括邓澍、景玉书、张颂南、毛凤德等经过严格的考据，收集资料，边疆采风，画了上千幅草图，又与泥人张的传人周德发等合作，共同完成了数千种人物、动物、道具的模型。在磁区与朱一圭等陶艺家合作，以五年的时间，采用两次烧成的“斗彩”新工艺，制成耐风雨、耐暴晒的陶瓷雕塑，其总数是15万件。最后的安装实际上是以建筑为依托，以草坪为画布，经营构图，组成一个个画面。在滴水即沸的烈日下，用水泥、钢丝将小人固定于地面，是在施工，也是在画画。我们得到的回报是每天上万人兴高采烈地浏览、拍照，从中感受到对自己民族文化的自豪，和对世界的了解。由于我是个总导演，在深圳人们叫我“小人儿之父”和“最不会计划生育的人”。我和雕塑家开玩笑：“既然做成功一件雕塑可以算一个雕塑家，那么做15万件雕塑算不算雕塑家？”回答说：“算！算！”但听得出相当勉强。

壁画、城市雕塑自然属于“公共艺术”的重要形式，凡属这一类作品，皆要把所在地特定内容的要求和特定环境的文化气氛、风格的协调放在首位来加以设计。既有作品的独立性，又不可避免地有它的从属性。在一个场合，作品是一个中心，独立性就多一些，在另一种场合从属性就更多。我为革命博物馆所作的《血肉长城》浮雕壁画独立性就多些，它概括了近代史前仆后继的一个大主题，但它也还是与共和国第一面国旗、开国的礼炮、孙中山和毛泽东的两幅语录组合成一个序幕。而另一件作品则不同，前年我和李林琢等为深圳世界之窗正门广场所作的石雕壁画《东方文明》则属于后一种，这幅石雕壁画长80米，高10米，其规模可谓大矣。但我们自觉地把它当作一个大的构成中的组成部分画面。以此对以建筑为主的世界之窗公园做了一个补充，我们有意地只选取文物精华，而不进行新的形象符号设计，在风格、用材、尺度等方面与周围的柱式、五大洲的大门、石雕等构成一个大的组合，而这个气势壮观的广场也只是“世界之窗”的前奏曲。我们的自由只能在这个大的限定内来发挥，不认识这种“从属关系”，没有全局的考虑，再加上我们的设计的独立性，那只会造成画蛇添足的败笔。其他我设计的“广州世界大观”正门雕塑更只是作为公园的标志而存在；1996年完成的北京邮政枢纽的《环宇传书》则是特定环境所规定的题目。局限不等于约束，局限也等于“出题目”，在特定条件下也会启发特别的灵感。在深圳湾海面有一个小岛，对面就是中国香港，我为这个小岛设计了一个高14米的千手观音，一面朝着内地，另一面朝着港、澳，朝着零丁洋。这个“佛为今用”的作品成了“开放的象征”“友谊的象征”，观音手臂形成的光环在夜间与对岸香港的灯光相呼应，成为民俗文化村的一景。

“公众美术”应属“大美术”的一个大范畴吧。文明城市的兴建，旅游业的发展，为艺术家提供了机会和物质条件。作为公众艺术的参与者，自己应该是一个艺术上的强者，要有很好的功力、多方面的知识素养、极强的耐力和一定的“公关能力”。

由于公众艺术面对的是亿万观众，作为艺术家必须解决社会需求、群众的接受与保持自我的统一，并在任务的制约中找到自由，只有不把艺术当作纯个人的表现时才有可能找到自己的位置。而社会对艺术的包容、对个人风格的接受，也是文化环境成熟的表现，不会是一成不变的。

由于“公众艺术”的“临界性”很强，不同学科的交叉、融汇是不可避免的。善于学习自己不懂的东西，敢于动手，较多地掌握工艺手段和设计手段，才能面对“机会”想出好的“主意”。这些年我虽然做了一些事，思路也有所扩展，但也更感到许多方面的无知、设计观念的落后、工作方式的不适应与精力的不支，所以也只能在力所能及的范围做一点事而已。

我相信“公众艺术”会被更广泛地关注、从自发走向自觉，强干的创作集体的出现、为公众搭桥服务的机构的出现会是必然的趋势。只希望能得到健康的发展，能有一批责任心强的人才站在高起点上担当此任。

公众艺术最根本的出发点是为人民服务，对人民负责。

本文载于《美术研究》1998年第1期

侯一民，1930年生，河北高阳人。油画家。1950年毕业于中央美术学院。历任中央美术学院油画系副主任、壁画系主任，中央美术学院副院长。中央美术学院教授。

解构雕塑

孙振华

我欲成全你，所以毁灭你；我爱你，所以伤害你。

——古老的神谕

一

现代意义上的艺术分类学的思想是18世纪的，直到18世纪中期，才由法国人正式提出为我们今天所普遍接受的艺术概念，才开始把“美的艺术”独立出来，规定为我们今天所认可的样子。在此之前的漫长时期里，哪些东西属于艺术，一直是错综混乱的。

德国人莱辛在18世纪70年代写作《拉奥孔》时，还在划分诗与画的界限，而他列举的典型例证《拉奥孔》偏偏又不是绘画而是雕塑。人们确定现代意义上雕塑的概念距今不过200多年，而这种确定也不过是人们的一种给定而已，谁又能证明这就是终极的答案呢？因为早在上个世纪末人们又开始对雕塑提出质疑与挑战了。

于是我们只能得出这样的结论，雕塑的概念是生成的，雕塑的特性是被不同历史时期的人们给定的，它既然可以被人们组合、结构，也可以被人们拆散、解构。

二

那么，雕塑是怎样被人们纳入“艺术”的话语圈，它是怎样按照人们的需要被言说、被书写的呢？[1]这个梳理的过程是一个“去蔽”的过程。其实人们广泛看好的古希腊雕塑，在那个时代并没有被人们看作一门艺术，尽管它取得了辉煌的成就，但和绘画一样，在文化上它们没有地位，也不属于缪斯女神管辖。[2]古希腊人有一种在新娘房中供奉赫尔墨斯雕像的习俗，希望新娘对雕像的经验能使她生育出一个像赫尔墨斯那样聪明美丽的孩子。雕塑的功用由此可见一斑。雕塑在中国的文化地位也很低，20世纪以前，一直都没有把它看作艺术，它不过是“皂隶之事”。

可以说无论在东方还是西方，雕塑最鼎盛、最有成就的时期都不是被人们当作艺术的时期。雕塑作为一个“行当”，雕塑品作为一种“物品”，并不是像我们今天这样，为了满足人们艺术的需要而创作的；它们的艺术价值和艺术成就，不过是今人对过去文化现象的一种释读，而古人和今人在观念上存在着显而易见的错位。

于是，雕塑作为人类的一种文化现象，一旦被人们归类，可能会把原本不属于它的东西强加给它，忽略了它的特殊性。例如，人们把雕塑与绘画变成了一种具有近亲关系的姊妹艺术，实际上雕塑与绘画在发生学上、文化功能上、与人类文化的关系上的差异是相当大的。例如，从发生学的角度看，目前看到的最早的雕塑，常常是较直接地与原始人的生殖崇拜现象联系在一起的，它们直接表现女人体，直接投射的是延续、繁衍人类自身生命的强烈渴求；绘画也表达了原始宗教的观念，但它更直接地与人的狩猎生活等联系在一起，对人自身的表现并不占重要地位。可见雕塑和绘画相区别是因为它们是两种不同的原始人类的活动，它们的直接文化动机不一样，扮演的文化角色不一样；一种与人类的自身生产发生联系，另一种与人的物质生产发生联系，当时的人们决不会把它们看作造型艺术，而让它们去承担某种共同的使命。[3]如此看来，笼统地谈“艺术起源”的问题，并没有特别的意义，现在被认为的艺术的各个门类，一开始就是在互不相关的情况下产生出来的，后来人们依据某种理念才将它们拴在了一起。1378年，佛罗伦萨的画家属于医生和药剂师的行会，波罗尼亚的画家则属于乐器行会或出版商行会。这时的建筑师和雕塑家则属于泥瓦匠和木匠的行会。

不仅是雕塑与绘画之间，就是在雕塑内部，问题也不是那么简单。17世纪30年代，欧洲出版的《百科全书》中，作者阿尔施泰德把现在的雕塑分为4种：木雕、雕像、浮雕、塑像，他没有为这4种不同的形式寻找一个统一的名称。在中国，过去一直把“雕”和“塑”看成两个行当，雕者不塑，塑者不雕，在这个意义上，不加区别地研究中国雕塑史，通过对“雕”的研究，做出“雕塑”的结论，恐怕就有笼统之嫌。

雕塑的黄金时代属于人类文化发展过程中精神单纯、信仰坚定、具有神圣价值感的时代。温克尔曼在赞扬古希腊雕塑时所说的“高贵的单纯，静穆的伟大”；黑格尔认为雕塑是最宜于表现神的；我们今天说雕塑具有纪念性、正面性、概括性等特点都是对此的总结。雕塑的物质存在方式，决定了它适合扮演这种角色，它占据空间，拥有体量，较之建筑，在同样具有三度空间的物质实体时，它有了具体的精神内容，它不像绘画那样擅长表现宽阔的场面，表现细腻的内心，表现事物背景和过程。

回顾一下文艺复兴时期关于雕塑与绘画的高低优劣之争是很有意义的，尽管绘画和雕塑一样，当时它也还没有进入艺术的大雅之堂，但它却积极向科学靠拢，向智力活动靠拢。达·芬奇等一批画家认为绘画高于雕塑的重要理由，就是绘画是一门科学，更需要智力活动，而雕塑则更像是体力劳动，满身的粉尘汗污。这场争论正是在欧洲雕塑开始走下坡路，而绘画的地位正在迅速上扬的时期；正是当时的文化由以神为中心向以人为中心的过渡时期。这个时期提倡科学、理性，人的知识和内心世界正在不断地充实、丰富。我们只能说，面对当时的文化，雕塑不再是最为有力的表现方式，它过去的文化地位遇到了绘画的挑战。

自米开朗琪罗以后，直到罗丹的出现，欧洲的雕塑处于一个较长时期的低迷期，说它低迷的评价标准，是因为它缺乏文化上的创造，恰好在这个时期，对于雕塑而言，又是一个逐步规范、建立秩序、进入学院化的时期。雕塑进入了室内、学院、展厅、沙龙、博物馆，正式获得了“艺术”的身份，雕塑过去作为偶像、文化祭品、各种象征仪卫物品、建筑装饰品等功能淡化了，人们开始把它作为一种审美的形式，成为一种体现艺术技巧和水平的手段而推向社会。其中一个重要的标志是，所谓架上雕塑出现了，它不再有具体的功利目的而成为一种纯的审美样式，其结果，架上雕塑成为雕塑的中心，人们以后看雕塑不再是首先强调它的文化负载而首先看雕塑是否具有“之所以成其为雕塑的那种形式”。这样，雕塑由过去作为一种文化的样式变成了一种审美的样式，人们只有首先掌握了雕塑的形式技巧才能谈文化负载问题。

三

对学院派雕塑规范的破坏是由罗丹开始的，罗丹对它的颠覆居然在西方雕塑史上掀起了一个小高潮。从文化的深处看，罗丹彻底把雕塑的问题转化为一个形式的问题，他对学院派雕塑的反抗不过是一种对经典形式的反抗。如果说米开朗琪罗的“巨人风”雕塑用人的理想性取代了神性，那么，罗丹开始瓦解人的理想性，他把雕塑的神性变为雕塑自身，即把雕塑的神圣和崇高变成雕塑的塑造活动本身。于是，从罗丹这里，雕塑开始了“回到本体”的过程，雕塑不必外求承载，而是“反求诸已”，在自身的形式构造中获得完备。这方面罗丹有不少的论述：“艺术是一种宗教。”[4]“伟大的艺术家，到处听见心灵在回答他的心灵。什么地方找得到比他更信宗教的人呢？雕塑家不是在作礼赞的举动吗？当他看见研求的形体具有雄伟性格的时候，当他知道把易逝的线条固定为永恒的典型的时候，当他似乎通过神性领会到这是概括所有人物的不变的标志的时候。”[5]罗丹开始在空间形式上瓦解传统的雕塑，他打破了均衡、完整的规范，出现了破碎和残缺，他强调光与影的变化，强调雕塑表面闪烁不定的效果……

罗丹开启了西方现代雕塑的先河，罗丹以后不乏天才的雕塑家，我们可以列一串长长的清单：布德尔、布朗库西、贾克梅蒂、亨利·摩尔等。这一类雕塑家沿着罗丹的路线前进，他们的作品构成了一部形式主义的现代雕塑史，一部具有鲜明个人风格样式特征的雕塑史。本质上，他们并没有逾越雕塑的规范，只是以形式上的原创穷尽各种可能。他们开始为研究材料而雕塑，为研究空间关系而雕塑，为了雕塑而雕塑。不过，值得思考的是，现代主义强调雕塑的形式语言，强调回到本体，而实际上雕塑最辉煌的时代恰好是“远离本体”，远未获得规范的时代，向本体的回归看起来有极大的反叛性和革命性，但追其究竟，以形式作为雕塑的本体，把雕塑仅仅当作一种艺术和审美形式使雕塑脱离它的母体，脱离了它的社会和文化的意蕴。

形式的探讨终究是有尽头的。

西方雕塑形式主义的尽头就是一系列超越雕塑规范的“泛雕塑”出现，这类“泛雕塑”在本世纪60年代以后，随着后现代主义的出现而大行其道，竟至成为雕塑的主流，如现成品雕塑、集合雕塑、废品雕塑、包裹艺术、大地艺术、装置艺术、行为艺术等。如果说，雕塑在没有成为艺术之前，需要打上引号的话，现在这类“泛雕塑”又需要加上引号了。塑由非雕塑来，又向非雕塑去，呈现为建构又解构的过程。由于缺乏一种东西能继续把雕塑联结在一起，雕塑的概念开始蔓延和扩展，甚至失去了边界。雕塑家的行为是否称为雕塑行为已变得无所谓，雕塑存在与否也变得无所谓。

英国著名诗人艾略特在《空心人》一诗中写道:“这世界就是这样崩溃的，不是轰隆一响，而是唏嘘一声。”——这也是雕塑的写照。

四

过去的雕塑实际是一种在表现范围和表现方式上都有很大局限的艺术，雕塑总是受约束的，人们不是为了张扬个性、自我表现、宣泄情感才来作雕塑，尽管雕塑作品客观上有个性，但是，雕塑是一种追求普遍性的艺术，它更强调代表群体的意志，表达更具普遍性的思想，它有着严肃的目的和内容，总是和生命中最神圣、最有价值的东西联系在一起。

原始人在他们“万物有灵”的眼里，石头和黏土本身就是有生命的，他们不必通过材料刻意去塑造、表现生命。他们的雕塑活动，是一种直接的复制生命、抗拒死亡的活动，雕塑的神圣性由此可见。这也是现代人看到每一尊原始塑像都会肃然起敬的原因。他们的虔敬和执着以及生命意志令人感动。他们绝没有闲适到拿雕塑来玩耍的程度。

在神学的时代，雕塑是人与神获得沟通的方式，是通过有限达到无限，通过感性方式分享永恒神性的途径。古希腊人神同体，在人的形体上寄予的是神圣的生命和理想。像印度、中国这样的东方大国，如果不是因为佛教的促进，真不知它们的雕塑史该如何书写。[6]

在人的觉醒的时代，对人的讴歌和崇敬，对人的理性和未来的憧憬使人们把人提升到神的位置。莎士比亚《哈姆莱特》中一段人的颂歌就是例证。这个时代，不管“神”是以什么方式存在，神圣的价值感总是在人们心中存在的。这个时代的雕塑仍然是有着非常适合它的时代内容。

罗丹的时代就不同了，拿尼采的话说“上帝死了”。既然神圣的价值感没有了，还要雕塑做什么？罗丹指出了一条形式主义的道路，他把雕塑家引向了“雕塑自身”，引向了一条语言、材料、形式的道路，雕塑家的敬神就是在雕塑的存在方式上原创和翻新。

到了20世纪60年代，后现代主义登堂入室。拿后现代主义的一个代表人物利奥塔的话说，这个时代“人也死了”。于是，雕塑更是无法存身。应该说，后现代的精神和雕塑的精神恰好是根本对立的。后现代主义对历史上的宏伟叙事持怀疑和否定态度，不再相信历史理性和“逻格斯中心”，不再相信那些历史性的伟大主题和英雄主角。人类堆积几千年的金字塔终于倒塌，那金字塔的顶端，凝聚着雕塑的梦想。

那些“泛雕塑”的出现，便可以理解了。我们又一次想起了老黑格尔的话：凡是存在的，都是合理的。

五

现在应该来谈谈“泛雕塑”的时代。

我们把这个话题的背景放在当代中国。

目前，我们还不能对雕塑采取一种简单的取消主义的态度。雕塑的特殊性在于，它始终都保留物质性、工艺性的建造成分，它的一些古老的功能，例如，纪念雕塑、广场雕塑仍在延续（它们现在被称为城市雕塑），雕塑的这类功能看来无法取消也无法取代，这类雕塑总不能说它们不是雕塑，而那些“泛雕塑”更是雕塑。至少它在外部存在方式上和过去一致，不过，它在文化内涵上的确与过去有了很大差别，所以我主张将这类雕塑称作“环境雕塑”，因为它们和古代相比，文化情境有了很大的改变，它的文化功能不再是神圣的了，更多的是起平衡环境、丰富空间的作用。

架上雕塑出现以后，这类雕塑不代表雕塑的文化前沿，加之传统的甲乙双方关系，这类雕塑在当代中国往往被视为“行活”。不过，有意思的是，当代雕塑家们接受的恰好是“行活”教育。当代中国艺术学院的雕塑教学基本还在延续十七八世纪西方雕塑的正统，主要还是以解剖、透视、体感、量感这些写实主义的规范来指导、教育学生。课程也主要是素描、头像、人体。那么，环境雕塑作为一种古老样式的延续，它怎么发展，增加它的文化负载，怎么变得不是“行活”？问题还有，我们的雕塑教育如何定位，如何跟上时代，都应该是雕塑的研究课题，或者是雕塑在新的文化情景下获得发展的一个契机。

问题比较麻烦的还是在自由创作的雕塑方面。

目前装置、行为在中国风起云涌，他们根本不在乎他们是不是雕塑家，他们的作品是不是雕塑。对这类作品，我认为应该承认它们的存在合理性，因为原有的形式已无法解决他们在当代所遇到的问题，他们愿意以一种更直接的方式寻求文化表达，应该是对现代形式主义雕塑的匡正。

那么，有人仍在进行形式探索，有人则坚持古典的创作原则，有没有意义呢？我认为，关键的问题是，寻找新的文化生长点，只有跳出现代主义的樊篱，跳出后现代主义的樊篱，从当代文化的问题入手，摆脱雕塑存在方式上的迷惑；摆脱抽象、具象，西方、东方，传统、现代的诱惑；重新寻找适合我们这个时代的文化精神，我们的艺术活动，不管它怎么称呼，都具有当代文化的意义。我十分欣赏解构主义大师福柯的一段话：“总而言之，我认为知识分子——假如这号人存在或有理由存在下去（后一点不大可能，似乎不尽如人意）——正在抛弃他们过去的预言家功能。说到这功能，我不仅指他们假装能未卜先知，而且包含他们一直梦寐以求的那种管理者作用：‘该做此事，这样较好，听我的没错。在你们面临的一片混乱中，唯有它是立足之点，也是我的立场。’古希腊圣哲、犹太先知和罗马立法官至今仍然作为楷模，萦绕在我们教授和作家的脑海里。而我却梦想着，会有那么一位摆脱了自明与全能的知识分子，他努力在时代的惯性和约束网中探查并指明弱点、出路与关键联系。他不断更换位置，既不知明天的立场也不去限定今后的想法，因为他对现状的关切超过一切。”[7]

如果我们不执着于什么方式，而是执着于这种行为的文化意义，我们还是可以用雕塑和“泛雕塑”的方式切入社会生活，表达我们存在的价值的。因为我们能找到一些例证，来说明雕塑在当代存在的理由。例如，隋建国送到深圳参加“’97南山雕塑展”的那件《世纪的影子》，比较起他过去的铁石结构显得要大大跨越了一步。他的铁石结构和傅中望的榫卯结构一样，如果定型化，就会变成个人样式主义的东西，如果跳不出来，将大大减弱它的文化冲击力，而《世纪的影子》则更富智慧和具有当代的文化精神；还有王中的《四合院系列》、于凡的一组带有波普色彩的反映都市生活的作品、刘杰勇《站立的人》、李秀勤的盲文纸作品、姜杰的《婴儿系列》、陈妍音的《箱子》、杨明的《椅子系列》、张永见的《世纪门神》、刘建华的《不协调系列》和《隐秘系列》、史金淞的《莲说》等，都使我们看到了雕塑文化的一种新的可能。

最后我想说说中年雕塑家田世信的一件作品。田世信是一个有名气的雕塑家，我们已经熟悉了他的少数民族题材的作品和历史人物题材的作品，他的雕塑总是带着他们那代人的真诚、责任感和沉重、悲天悯人、忧心忡忡；当我们看到他近年的新作《胖女人》[8]时，觉得面貌迥异，也很有意思。这是一个穿睡衣，刚刚起床，正在洗漱的女人，既不边缘也不古典，是我们常常可见的日常生活化的女人，她绝无崇高的念头和举动，也未必有胆量去做伤天害理的事情，有些虚荣，有些脾气，咋咋呼呼、唠唠叨叨，关心时尚，追随时髦，不管天地玄黄，人世沧桑，她总是有理由就这么圆圆滚滚地活着，我们的雕塑，过去几乎从没有关心到这拨人，而她们的数量并不在少数。

当然，这和“典型的”雕塑规范已相去甚远，但是，当人们透过历史的缝隙看到神圣中的虚妄、秩序中的混乱之后，还能回到“高贵的单纯、静穆的伟大”中去吗？

在一个解构和价值重估的时代，我们很难为雕塑设想更好的命运。

面对雕塑已经发生的和将要发生的，适宜于大哲学家斯宾诺莎的一句话：“不要哭，不要笑，但求理解。”

注释

[1]当然，严格地说这样提出问题本身，就包含着悖论。我们说，成为艺术之前的“雕塑”，这个“雕塑”的本身可能会预设了艺术的含义，否则其指向是不明确的。如果我们已经预设了艺术的概念，再来讨论后来被称作雕塑在成为艺术之前的状态，似乎自相矛盾。况且，没有一成不变的“雕塑”。面对这样的语言陷阱，除了不说，别无办法。不过，为了讨论问题我们还是要进行这种“不可言说的言说”。我们不能因为先有鸡还是先有蛋的悖论，就不去研究孵鸡蛋和鸡下蛋的具体问题。

[2]参见朱狄《当代西方艺术哲学》，人民出版社1994年版，第7页。

[3]参见拙著《生命·神祇·时空——雕塑文化论》，中国美术学院出版社1990年版。

[4][法]罗丹:《罗丹艺术论》，人民美术出版社1978年版，第103页。

[5]同上书，第98页。

[6]印度在佛教出现前，基本没有雕塑传统，直至笃信佛教的阿育王请来波斯工匠。中国的雕塑，特别是人物雕塑，没有全民性的佛教造像活动推动，也绝不会产生这样的成就。佛教雕塑在数量和质量上都在中国雕塑史中首屈一指。

[7]转引自赵一凡《欧美新学赏析》，中央编译出版社1996年版，第146—147页。

[8]图见《美术研究》1997年第1期，第33页。

本文载于《美术研究》1998年第1期

孙振华，1956年生，湖北荆州人。1989年毕业于浙江美术学院（现中国美术学院）美术学专业，获博士学位。中国美术学院雕塑系教授、博士生导师，深圳雕塑院院长。

视觉经验与艺术观念

——关于当代艺术中的文化问题

陈丹青　段　炼

被访者：陈丹青

访问者：段　炼

摄像记录：陈　丽

地点：纽约曼哈顿，陈丹青画室

时间：1997年5月16日

（以下皆以姓氏简称）

一、引语

段：丹青，看了你近期的画，读了你写的一些文章，还有台湾《雄狮美术》和中央美院《美术研究》对你的采访，发现你很强调视觉经验，强调这背后的文化因素。你的观点有挑战性，当然也会被人挑战，所以我觉得，你应该为自己的艺术观进行辩护，或者说应该对一些具体问题进行详细阐述，今天我就是要向你请教些具体问题。

陈：我从没想过要“挑战”，艺术不是“挑战”。“艺术观”也用不着辩护，我只是把话说出来。

二、视觉经验与文化错位

段：你提出过一个观点，说中国的画家到了国外，他们没有失去自己的文化，但失去了以往的视觉经验。那么，对作为视觉艺术家的画家来说，以往的视觉经验是不是自己的中国文化背景？

陈：我是说我失去了以往的视觉经验，别人失去没有，我不知道。我在《即兴回顾》中有一段说：我失去了一方天下和自给自足的视觉经验。上海作家王安忆认为这是我对出国多年最要紧的一句总结。我并没有总结的意思，我连算账也不会，我就是说出来。王安忆常出国，有体会。我想她懂得这种自给自足的经验对创作意味着什么。

段：什么是自给自足的一方天下？

陈：自给自足就是“自给自足”嘛，也包括文化背景。一方天下当然是指所有海关和边防之内的“中国”。比方说一本美国杂志、一部好莱坞电影、一场西方现代艺术展览，只要你是在中国境内读到看到的，也仍然属于中国境内这“一方天下”的视觉经验，也构成了你在中国的那个文化背景。当代中国文化背景，不是特指传统的中国文化（其实传统的中国文化在当代中国已经是很远、很稀薄，甚至很陌生的背景了），而是指所有当代文化讯息，包括碰巧流进中国的外国文化讯息构成的一个文化“背景”。可是当你跑来美国，看杂志、看电影、看一切，就不是“自给”，也谈不上“自足”，你整个掉进了另一个文化背景。好像你正演着《红灯记》，忽然独自闯进了美国百老汇的舞台，布景、剧情、台词、角色，全对不上了。所以我们在中国看西方艺术，其实仍是中国经验。一旦到了国外，这种经验就失灵了、变质了——假如你诚实的话。

文化背景会形成观点（point of view）。视觉经验（visual experience）则是感官的，越不带观点，经验就越真实。观点、视觉是两个东西，但相互影响。陈丽说她第一次来纽约时是刚从中国出来，同这次感觉大不一样。这就是“错位”：文化背景不会轻易失落，每个出国的人都带着自己的文化背景，但视觉经验失落了。视觉最容易出错（否则前后两次纽约印象何以有如此差异），但又是最“对”的（因为忠实体现了陈丽，一个异乡人在异国的视觉经验）。所以我在和《雄狮美术》的高千惠的访谈中说，如果文化发生了错位，它一定是“对”的，有理由的。

总之，一旦文化背景和视觉经验冲突了，是强调还是掩饰这种冲突？我强调冲突。

段：在这冲突当中，你想告诉别人什么？

陈：提醒。提醒自己：我在视觉经验上失落了，乱了。这失落的背后是什么？说明什么问题？没有答案。我的所有作品，只给问题，不给答案。“答案”永远是一个非常复杂的“问题”。

段：你曾经说，视觉经验是潜在的记忆或前世的回忆，那么，视觉经验就有一种历史的连续性或承续性，它有可能把你的中国背景和西方背景联系起来。

陈：“经验”是过去时。严格地说，“视觉经验”这个词指的是“视觉记忆”“内心视象”。初生婴儿只有眼睛、视觉，没有记忆、经验。一旦有了回忆、经验，自然也就是同很多东西发生了联系。

段：既然联系上了，你怎么会说你以往的视觉经验失去了呢？

陈：“失去”并非指“没有”。我失去国内的视觉经验，是因为太多别的视觉经验挤进来，以至错位。“失去”“错位”不是可怕可悲的词。

我写过一篇以“记忆”为由谈音乐的稿子：出于想中国、怀念少年时光，我特意在纽约寻找某几张欧洲古典音乐唱片，因为我听这些唱片时人在中国，正当年少。不是只有乡音、乡曲才能抚慰乡情吗？然而奇怪（但非常真实）的是：异国的文化，也可怀自己的乡呢！“错位”的旨趣是你料不到的：我初到美国曾借中国民间歌曲怀乡，大概听得太往心里去，以致我回中国偶然听到同一曲民歌，忽然就想起纽约——这就是我的“听觉经验”。一句话，文化错位，证明了文化的活力。

段：你现在在西方得到新的视觉经验，有些让你回想起在上海的经历，你感到兴奋，这是一种历史的联系，但是，这两个东西实际上是不一样的。可不可以说这种不一样是两个视觉经验之间的裂缝？如果一个人在这个裂缝上没有找到一座桥梁，而是一头栽了下去，那么，他是不是陷入了我们通常说的艺术的困境？这话听起来很抽象，实际上是海外的中国艺术家都面临的问题。

陈：“困境”这个词耸人听闻。我不在意“顺境”或“困境”，我需要“境”。

真正可怕的是“视觉”，是我们的眼睛呢。为什么老子说勿看五色、勿听五音？柏拉图为什么讲艺术是罪过？为什么一个乡下人没翻过山、没进过城，他内心的宁静、平衡就不会丧失；为什么人们都说旧情人见不得？为什么儿孙在老人临终前非得赶到看一眼，看不到，就悔恨终身？

可又有谁愿意变成盲人？有一年好莱坞阔人山庄起大火，所有富豪撤走时只带走家庭相册。动物交尾，哪会像人那样还要画成春宫画细看。你可以试试，拎个猫狗鸡鸭到镜子前面去，它们会掉头走开，毫无兴趣。

段：你提到过立场和视点问题。立场和视点应该是一回事，你站到这儿，这儿就是你的立场，你的视点也就从这儿开始，这就是你看问题的角度和出发点。

陈：对。

段：那么，如果以往的视觉经验失去了，而你的文化背景还在，你现在的立场是什么？你从什么立场去看这个世界、从什么角度去看艺术？立场视点不同了，你对中国、对西方就会有不同的看法。你能不能讲一下你现在的看法是什么，这些看法与你的立场、视点之间有什么关系？这个关系也是文化错位中的一个重要问题。

陈：列宾有幅画叫《库尔斯克省的祈祷行列》，画了不同阶层的人。托尔斯泰看了这幅画，问他是什么意思。列宾说，我没有什么意思，就是呈现。托尔斯泰又追问列宾对画中人的态度是什么，同情？嘲讽？列宾说，“既不是这样，也不是那样”。托尔斯泰在回忆中写道：“列宾流露出对我的愚蠢表示原谅的神色。”

这些俄国人多么可爱。契诃夫回忆托尔斯泰，说他从来不谈自己的作品，好像他不是个作家（可是他倒要去追问别人的作品呢）。

画家重要的是眼睛（福楼拜说，托尔斯泰是一流的画家）。你可以用政治、历史、道德、文化的种种标准来评论一幅画，但我们为什么长着眼睛？我喜欢一个词：“被吸引。”你看到一张脸，你老是从某个角度去看、去画。如果非得有态度，那态度就藏在眼睛里。

段：你回答问题的时候，采用了一种苏格拉底式的方式，你用别人的话来回答该你自己回答的问题。你回答问题的这种方式，和你画画的方式是一致的。你说你画画的时候，是被某种东西吸引了，于是你回避了对自己的解释。

陈：我不是不解释，而是不可能解释。可以解释的视像，或许我就不去画了。为什么我“被吸引”？天晓得。“被”，把双方都牵扯进来了。只谈一方，都说不清。我不出现，它就不会吸引我，我出现了，于是它也出现了，开始和我“工作”了。

段：也就是说，在面对文化错位的时候，你实际上采用了一种消极的态度，因为你主张“被吸引”。

陈：这又是一个价值判断。我尽可能不判断，不存在积极和消极的问题。如果有，我很积极，我醒来之后，眼睛从不闲着。

段：你是说，你积极地去“被吸引”吗？

陈：你已经被吸引，何来积极消极？走进地铁，总会有几张脸被你看见。你可以说因为那几张脸长得有意思，也可以说你有那种眼光、看法。同在地铁的其他人，可能根本不注意那几张脸。这是两方面的事，任何一方没出现，“被吸引”就不会发生。“被”既指我，是我被吸引，也指对方，我被它吸引。

段：因此，可不可以这样说，“被吸引”是你跨过视觉经验的裂缝、克服文化错位和艺术困境的方式？

陈：如果你要这样说，那我表达的就是这条裂缝（又是一个可怕的词）。我刚到美国的头几年，就意识到所有的问题：视觉上、文化上的错位。可是我不知道该拿它怎么办，它非常困扰我，bother 我，妨碍我表达旧的东西（西藏），也妨碍我表达新的东西。可是后来，我忽然觉得我要肯定这道裂缝，我要表现它。我需要它，靠它，我才能走下去。

段：也就是说，文化错位对海外的中国艺术家来说，这是一个很重要的现象。

陈：对我很重要，但不知对别的海外艺术家重要不重要。我常说一些煞风景的话。

三、当代艺术的观念性

段：你和马克·坦西是好朋友，而马克是美国当前最有影响的观念画家之一，尽管他采用了具象的方式。你和他的友谊，不应该仅仅是两个人之间的友谊，我相信艺术方面也应该是一个重要原因。从艺术的角度说，你和马克之间，有一种什么样的关系？

陈：我也闹不清我们俩怎么就变成了好朋友。你瞧我这破英文，可他居然老有话跟我说。我发现不论在美国、中国，艺术家纯粹为了画画交朋友已经很不容易了。我同马克来往，总会想起“文革”初期我刚学画时同几个哥们那种关系：马克每画出一批新画，就叫我过去看，他也过来看我的。我刚搬画室后，有一次他都进了我所在的楼，却发现忘了带我的电话、地址，找不到在哪一层，只好回去，下周再特地来。

段：马克的画，观念性比较强，具备西方当代文艺理论知识的人，看他的画，知道他在说什么。马克自己也说，在展览会上，有些人一看见他的画就笑起来了。我相信，那些没有笑的人，都没有看懂。再说看你的画，能让人看懂的东西，不是那样明显，也许有些人能懂，他们说：啊，这画的是什么什么。我觉得，这些人其实只看到了表层的东西，看到了故事，可是在这之下还会有些东西，比方说你对绘画中修辞语言的看法。你能不能谈一下这个问题，或者你对别人的观念的看法？

陈：美术史上有的是观念。文艺复兴时期的画家用女仆当模特儿来画圣母，是观念；库尔贝宣称不画神话、历史，是观念；印象派用色光闹革命，也无非观念。至于什么是“观念艺术”，这不必我来说了。反正杜尚以后，绘画就倒退到了历史的角落，空出了一大块地方，不管是什么语言、媒材都可以弄艺术。只是眼下这块空地上也蹭满了人，很挤了。

马克的画，其实我不太懂，我也安于不懂。他的画，我称为“典故画”，有点像中国诗词的用典，比如宋代的江西派，专讲用典、讲来历。马克的典故就是德里达、福柯等，不识这些洋典故，看他的画就不得要领。在当代美国艺术中，他最讲用典，所以有一席之地。他是观念艺术同龄人的晚辈，但不混进去，只是旁观，然后以边缘的、绘画的、叙事的方式同观念艺术对话，这是他的可贵。他的画没法“看”，真得“读”。

作品中的“观念”，是不能自己来说的，一说，就不像；不说，仿佛有，但究竟是什么，这要你来告诉我，我真佩服有的艺术家动辄就是“我的观念”如何如何。

我只是“看”，几乎是盲目地看，尽可能不带观点。事后整理这些“看”。

段：我可不可以这样说，一幅画有两端，一端是现象，就是你所看见的那一端；另一端是观念，那里有需要理性思考的东西。在马克的画中有这两端，在你的画中也有这两端。你们的区别在于，他更强调观念的一端，而你更强调视觉的、可见的一端。

陈：对，他强调可读性，我关心可看性。这大概就是我们俩成为朋友的契机吧。

段：在看画、看艺术、看世界的时候，有一个情况，就是误解。你曾经用一个很精彩、很准确的词来谈艺术现象，叫“生态”。我们面对西方当代艺术生态，容易误解的是观念的一端。你现在提倡视觉经验，那么，这是不是说，你认为我们也可能会误解视觉的一端？你是否认为有两种误解？这两种误解，与你提倡视觉经验有什么关系？

陈：我没有“提倡”视觉经验，我只是呈现。误解，我不重视“误”，我重视“解”，误解也是一种解。小孩子往往误解了大人，有心的大人，应该弯下腰去听小孩子的“解”，他能从中得到大人想也想不到的好东西。

凡是有了“正解”的事物，往往不妙。尼采说：“一切重新评价。”又说，“一切都是诠释。”他所指的“一切”，当时都有堂而皇之的“正解”。至于说我们对观念和视觉的两端都有可能误解，这需要具体的例子、个案，不能一概而论——先得去“解”。

段：你提到过两个很重要的问题，一是文化身份，二是马尔库塞的“大拒绝”。似乎有这种情况：某些从国内出来的画家，在面对文化错位的时候，为了保持自己的文化身份，便对西方艺术持一种“大拒绝”的态度（或者宣称自己采取了“大拒绝”态度）。如果你的情况也是这样，那么，你在你的画中，采用并置的方式，把西方和中国并置起来，从中求得一种历史和文化的联系，这就不好解释你的大拒绝态度了。

陈：“文化身份”不是我提出来的，是《美术研究》的宋晓霞用这个词问我，我不知，问她是什么意思。国内的许多用词，我都不知道，得恶补。

我说的大拒绝，哪里是拒绝西方文化。你说有人对西方文化持抵制态度，那是弱者心态，马尔库塞的“大拒绝”是强者心态，是指保有个人人格，独立思考。这是对整个西方价值体系、生活方式的总的态度。我用这个词，是针对徐冰的访谈，他说他做观念做厌倦了、无聊了，可西方又排满了他的展览活动，所以我引用了马尔库塞这句话——你可以不合作，自己玩。

正如“失去”并非“无有”，拒绝的另一面，是获得，是保有你自己，做你自己的东西。照中国的说法，就是我行我素、隐士文化。这种文化也有虚伪的地方，因为有人等着招安，等着“落实政策”。但中国隐士文化很成熟，只是在当代行不通，失传了。当代社会空间、政治环境，让你没处隐、没选择。西方真正的艺术家全是隐士，老鼠似的躲在工作室里，安一部电话，但是不接。吕西安·弗洛伊德专门到马路上打公用电话约朋友。马龙·白兰度这顶尖大演员，从不到奥斯卡领奖舞台去，得了奖，还委托人代他大骂美国。

我的画本身谈不上“大拒绝”，你画画、开口，总得让人看、有人听。要说“大拒绝”（好一个犟头倔脑的词），是我目下干这种既难趋时、又难换钱的勾当。凡是众人肯定、趋前、煞有介事的事，我本能地会退开。用俗话说，不肯“随大流”。

我们过去的政治文化和文化政策，形成一种人格，就是眼睛看着画，心里想着领导的态度、当前的政策。今天呢，是手下画着、做着，心里想着谁来买、谁来选、行情如何、潮流又是如何。这也难怪。其实，当代中国自己的大文化也难自给自足，要靠西方的认同、点头，不是样样都要同“世界”接轨吗？

段：与观念性相对的，是绘画性，现在不少人不喜欢这个词。我认为绘画性应该是指观念和材料的结合方式，而不再仅仅是描画的特性。所以我强调制作的作用，只有制作才能把观念和材料结合起来。

陈：考苏斯说，你只要还在用绘画的材料，你就在同陈旧的观念妥协（大意）。艺术家说话难免武断，但我觉得他是对的。我只是想，观念艺术和架上绘画，是否真的如此冲突、势不两立？绘画死了，可是绘画的尸体可以转化成另一种东西。“绘画死了”这说法本身就是一种观念，一种尖锐的认识，意思并不是说绘画怎么样，而是在预告别的东西。

我来自中国，我们都不在西方绘画的年龄周期中。幸或不幸，我们画兴正浓。

段：你是说，你想把架上绘画的潜力推到极限，去看它还有多少可能的余地，去发挥它的……

陈：不发挥了，我一点也不想发挥。发挥什么？现在要想在画布上用油画颜料做出什么有意思的事情，太难了。我现在才明白为什么基里柯和皮卡毕亚声称要作一个“业余画家”。这大有深意。绘画作为一个发言的东西已经没有要紧的话能说了，所以他们才有这种姿态，或者说是出于这么一种观念：退出专业画家，当一个“业余画家”。他们与毕加索同代，但半个世纪后，毕加索旧了，影响有限了。可是这两位，却对后现代绘画影响甚广。

业余画家的意思大概是说，他们可以不必对绘画负责了。绘画成了游戏，成了工具。罗兰·巴特说过，文学已经不被保护了。就是说，绘画过去有那么重要的一个发言的地位，现在不重要了。没有人太在乎了（这是西方的情况）。所以罗兰·巴特接着又说：现在是走向文学的时候了。

对我来说，绘画亦然。绘画不再光荣，因此也不再是负担，真的可以变成“游戏”。基里柯、皮卡毕亚，画的数量惊人，玩疯了。可他们知道说一句“业余画家”。中国人早就看穿这个，所有文人画家都是“业余画家”，他们的正菜是做官。

段：中国的文人画让我想到西方的纯抽象表现主义。抽象绘画是形式主义的，后现代主义反对现代主义的形式主义，这是因为形式主义不愿承认艺术的工具性特征。可是，从“政治上的正确性”来说，后现代主张多元共存，而反对形式主义就违背了这一宗旨。

陈：我不认为西方艺术史就是后来的反对前面的，无非就是一个“走开”的历史。你不喜欢那一套，你走开就是，不和他们玩了。当代艺术就是这样不断地走开，找别的事干。“政治上正确”是福柯讲的权力话语。但在艺术界，这句话同艺术的创作关系反而不大，而是牵扯到赞助人制度、收藏家的利益，牵扯到curator（画展主持人）的权力。一句话，背后是钞票、权力。这一套中国人熟悉。在“文革”中，谁来审稿、谁来拍板，至关重要，现在是否还是如此？或是换了另一种方式？所以熟悉权力关系、权力操作的艺术家，即使出国后换了环境也可以如鱼得水——他们不是“走开”，而是“进去”。

四、结语

段：今天你谈了这么多，都是在强调视觉经验的重要性。虽然你也有一半是在谈观念，但实际上是用观念来反衬视觉经验。有些人认为视觉经验与艺术的观念性是对立的，你的看法呢？

陈：眼睛管“视觉经验”，脑袋琢磨“观念”，两者在同一张脸上分工合作，各逞其能，你说对立不对立？

自然，画家眼睛更好使，思想家、观念艺术家脑子更好使。但善于想的画家、善于看的思想家也不少啊。

当代艺术，“想”比“看”重要，得势，文化变了。在手工时代，人的感官、技能厉害，在高科技时代，脑袋、想法要紧。杜尚说：法国农村有句俗话，“蠢得像个画家”。他又说：“重要的是艺术家作为一个人，而人作为一个脑袋。”这话，把20世纪厌倦画画，又仍想弄艺术的人点醒了，有事干了（其实杜尚说这话时已经70多岁了）。

塞尚说：“莫奈只有一只眼睛，可是天哪！那是怎样一只眼睛！”我所羡慕的，是塞尚、委拉士贵支、芬奇那样的慧眼。他们的脑子好像就长在眼睛里，一看事物，即见观念。

音乐家有的是聋人，文学家有的是盲人。画家，特别是当代聪明透顶的观念艺术家，可有哪位是盲人？这不是观念和视觉对立不对立的问题，这要看怎样的眼睛、脑袋长在哪位艺术家的身上——这是个上帝才能回答的问题。

本文载于《美术研究》1998年第1期

陈丹青，1953年生，上海人。画家，文艺评论家，作家。1980年毕业于中央美术学院油画系，获硕士学位。曾任清华大学美术学院教授、博士生导师。

段炼，1960年生，四川成都人。加拿大学者。中国文学与艺术教育双博士，加拿大康科迪亚大学副教授。

装置与中国经验

王　林

一

1913年，马塞尔·杜尚突发奇想，把一只自行车轮装在厨房的凳子上，然后看着它转动——6年以后徐悲鸿出国，15年以后刘开渠留学欧洲。而徐、刘二人在法国习得的西方写实技巧，影响了中国艺术半个多世纪。也就是说，当“厦门达达”的年轻人在1985年打出杜尚旗号，鼓吹“无物不是艺术”的时候，我们的“新潮”美术家对世界美术史而言已经有了70多年的差距。

这就是中国艺术的现实，这就是中国艺术和西方艺术的关系。当代中国艺术既有前现代即启蒙主义问题，也有现代即形式主义问题，更有后现代即艺术如何在重新使用各种媒体的过程中保持可能性和创造力的问题。当然这里所说的各种媒体，包括“艺术”的也包括非艺术的，包括技艺的也包括挪用的，包括学院的也包括通俗的，包括精英的也包括大众的。

在这样一种背景下来谈论装置艺术，难度很大。因为谈论的目的，不是对装置艺术作课堂式的描述，而是要通过谈论，呈现我们对于中国当代艺术的批评意识。也就是说，我们必须把“装置”这样一种产生于现代艺术内部，同时，又颠覆了现代艺术的艺术品种，同中国90年代美术创作的文化处境联系起来加以研究。

二

最初的装置乃是杜尚破坏既成秩序，亵渎传统美学的一种行为，但它不仅是杜尚意欲颠覆现代艺术样式主义的冲动，而且是现代艺术特别是现代雕塑系列革命性变化的结果。从德加《14岁的小舞蹈者》对实物的动用到波丘尼主张玻璃、木材、纸板、铁、水泥、马尾、皮革、布、镜子、电灯等都可以进入雕塑，已经为杜尚动用现成品奠定了相当的基础。杜尚的功绩在于，他能够跳出现代艺术二元冲突思路，即“形式—结构”主义和“主观—表现”主义两条线索的制约，独辟蹊径，在艺术的边界上反攻“艺术”——古典主义和现代主义所界定的艺术。从杜尚运用现成品开始，艺术资源不断扩大，到60年代末经波普艺术而扩展至大众领域，以致当代艺术从现代主义的精英语言演变为后现代主义的社会媒体。杜尚无疑是一位开创者，在现代主义内部引动了后现代主义艺术的发生。

从装置艺术的角度讨论这一历史过程，“新

达达”值得提及。尽管杜尚在1962年对他们不无嘲讽:“当我发明现成品艺术时，我原是想要揶揄美学的，而新达达派的人却捡起我的现成品艺术，还从中发现了美学价值。”的确，正是现成品及其一系列相关行为的美学价值，使装置成为艺术，以至于今天我们要把它作为艺术品种来加以讨论。

装置艺术和雕塑一样，是存在于真实空间中的实体艺术(影像装置有影像模拟空间，可视作影像艺术与装置艺术的结合)。但和雕塑不同，它不是用单纯性的质材通过技艺制作来完成的，而是通过对现成物品的选择、加工、组织、装配来完成作品，其间技艺的作用不是没有，是大大减弱。因此，选材的突兀、加工的机智、组织的完成度和表现的结构性是我们判断其优劣高低的基础。装置艺术倾向于现场性和一次性，倾向于反样式主义和反商业化。

三

我们可以把当代艺术分成架上艺术和观念艺术两大类，装置无疑属于后者。在中国当代艺术状况中，有一个现象值得注意，那就是无论中西，只要是从政治出发，都抬举大陆的架上艺术而贬抑观念艺术。西方的展览组织者到中国来挑选艺术家往往是以居高临下的心态来观察所谓人权状况落后地区，他们并不考察中国艺术自身的发展，只是想选取世界政治格局中的中国代表。所以大名鼎鼎的威尼斯双年展，对于欧洲人来说，代表了艺术的最新动向，而对于中国人来说，则是丈二和尚摸不着头脑，一会儿是民间剪纸，一会儿是政治波普，一会儿又是学院绘画。

尽管中国的观念艺术，从整体上说，较之西方差得很远，但并非没有精彩的作品。观念艺术的成就并不像架上艺术具有那么强的延续性。一个中国艺术家现在不可能像白南准、杰夫·昆斯或汉斯·哈克那么有名，但他却完全有可能创作出水平不低的作品。这就是今天的艺术状况：一个艺术家完全可能在偶发性创作中达到最高水平，艺术最需要的是智慧的闪光而不是技艺的超群，而关键在于作品处在什么样的话语权力之中。批评的责任就在于打破固有的惯性的话语权力关系，为艺术史筛选出能够真正代表时代的作品和艺术家。早在1989年现代艺术大展上，黄永砯清洗美术史的洗衣机，张培力关于甲肝状况的橡胶手套，宋海冬抹去东西德界限的地球仪和后来王川的大型水墨装置《墨点》，就是中国当代美术史上优秀的装置作品。我们没有必要妄自菲薄，把中国的观念艺术说得一无是处。事实上，进入90年代以后，海内外的中国艺术家都创作了不少高水平的装置作品，如林一林《1000块的结果》、王天德《水墨快餐》、周啸虎《谎言时代》、隋建国《殛》、戴光郁《搁置已久的水指标》、黄一瀚《我们是一群长不大的孩子》、陈箴《圆桌》以及陈妍音的女性装置、谷文达的人发装置和黄永砯针对西方博物馆制度而创作的一系列作品。分析这些作品中所呈现的中国经验和文化，乃是批评的责任，尽管这些自在的艺术事实为学院评论家、潮流策划者和西方组展人所共同忽略。

四

从上面我们提到的装置作品中，可以明显地

感觉到，中国当代的装置艺术一开始就力图摆脱现代主义情结和后殖民文化的制约。所谓现代主义情结表现在中国，就是二元对立、造反有理，把艺术视作政治策略。所谓后殖民文化，就是投西方组展人之所好，以外在的共谋性取代内在的创造性。二者合一，影响中国美术，无非就是对既成权力的认同，使艺术狭义功利化、政治化。这在所谓前卫性的架上绘画中表现得非常突出。并不是说这些东西毫无意义，关键在于我们必须明了90年代中国美术的文化情境发生了怎样的变化。

如果说80年代中国刚刚开放，世界性文化资讯还相当滞后的话，那么，到了90年代，这种状况已发生了极大的改变。随着先进通信和公共传媒的普及，整个中国大陆特别是重要城市，已被置于世界文化资讯的同步之中。中国放弃了50—70年代拒斥当代文化的封闭性，开始进入当今世界的各种问题之中，生态、环境、物种、性别、民族、人口、贫困、人权以及流行文化、消费文化、明星文化，还有暴力、吸毒、贪污等。这些问题是中国人和西方人共同面对，甚至需要共同去解决的。正是在这种情况下，中国艺术开始进入“当代”，从追赶西方、模仿西方的新潮状态转向关注问题本身以及在艺术中关注中国经验和世界文化的关系。

分析一些优秀的装置作品，一方面是发掘传统文化资源，或者转换，或者延伸，或者极端化，由此去触及当代人的视觉心理和生存状态，如王天德、谷文达、隋建国等人的作品。另一方面则是运用东方艺术观念，强调虚空、时间性和组合关系，在世界资讯背景中去揭示人类面临的精神问题和文化问题，如林一林、戴光郁、陈箴等人的作品。更有一些艺术家，置身在中西方交流交错的文化环境中，以中国人特有的敏感对当下生存现状做出及时的反应，如周啸虎、黄一瀚、陈妍音等。黄永砯更是以自己一系列颇有力度的作品，批判了西方的文化制度和文化关系。

中国作为一个历史悠久的大国，不太轻易地全面认同其他民族的价值观。即使是在走向现代化的进程中，它也会力图保持和发展自己的思维智慧和审美观念。同时，中国又是一个正在摆脱百年落后，急速进入现代化的国家，其生存状况和文化追求，混乱而充满生机。正是同步的资讯共享、复杂的文化处境、活跃的精神能量和执拗的大国心态，使中国人的生存经验成为当代艺术的重要资源，成为中国艺术家确定文化身份的根据。

五

我们强调中国经验在当代艺术创作中的重要性，乃是基于对当今世界文化一体化倾向和后殖民倾向的批判，乃是基于对文化多样性和精神可能性的珍惜。我们所说的中国经验，不是种族生存经验即传统文化经验，这种东西实际上已演变成惯性意识形态，如果不加以分解和转换，往往成为艺术发展的阻力。中国经验是当代中国人作为个体存在的生存经验，它是局部的、具体的，却又是真实的、自在的。它有自己的思维特征，但并非不能容忍“他者的眼光”。

这涉及现代化的普遍性问题。

老实说，一般地反对普遍的现代化，很容易

落入民族主义泥淖。对精神而言，现代化最根本的意义是对人的解放。尊重个人，发展个人，甚至追求人人平等乃是现代化的目标之一。普遍性原则是现代化的基本原则。然而这种乌托邦式的普遍原则在确定了天赋、人权之后便陷入困境。对于当代而言，它并不能面对诸如女权主义、同性恋以及文化多元论所提出的问题。于是，差异性原则开始凸显出来。克林顿允许美国军队同性恋的法案便是一个信号。这一原则承认人类社群存在不可通约的差别，而前提则是普遍的，即人的差异性证明了人的丰富性。人有与他人不同但不伤害他人这样一种权利。同理，区域文化差异性正是世界文化丰富性的证明。

现代的普遍性原则融入后现代的差异性原则而并没有被完全取代，这是人类思维进步的标志。当代艺术不过是更加强调在不同文化环境中艺术家个体思维的价值，强调艺术家充满智性的创造力。以此看待中国艺术，我们可以说，正是90年代的观念艺术，开始真正显示出当代东方智慧的魅力。

本文载于《美术研究》1998年第3期

王林，1949年生，陕西西安人。美术理论家。1982年毕业于重庆师范学院中文系。四川美术学院教授，西安美术学院教授。

“观念性雕塑”

——物质化的观念

展　望

观念艺术与雕塑在表达方式上明显不同，前者以纯粹理念的表述作为其特征，它的属性是纯概念的。后者则以手工制作方式传达感性思维，雕与塑所代表的都是手工劳动。作为艺术，它们同样具有思想，但观念艺术更重视的是事物的普遍概念。而雕塑（就近现代雕塑而言）的表现方式主要是艺术家的个性情感与手工的结合。

在美国和欧洲的现代主义发展到60年代末70年代初时，在偶发艺术和环境艺术的基础上，延伸出观念艺术的方式，其概念是“一件艺术品从根本上说是艺术家的思想（idea），而不是有形的实物——绘画或雕塑，有形的实物可以出自那种思想”[1]。这一概念源自马塞尔·杜桑与他的达达主义。战后的极少主义也似乎与观念艺术的关系有些暧昧，但极少主义更多的是观念艺术的形式。事实上，观念艺术的形式并不是重要的，“有多少独立的艺术家，就会有多少不同形式的观念艺术”[2]，观念即想法。因此，“虽然观念艺术的标签几乎包容了流行思想、手段和技术这些众多的概念，但是却把对自然模仿、抽象或是表达物体的绘画或雕塑排斥在外”。甚至“人们可以怀疑所形成的这些东西的实在性”[3]。在上述关于观念艺术的论述中，首先肯定的是它把想法本身作为目的，以及非物质化的属性，其次强调的是它的对立面——带有手工痕迹的绘画与雕塑。与学院派写实主义的复兴相去甚远的超级写实主义在观念艺术的形成过程中也起了一定作用，“这种风格与极少主义一样是客观化和客观定向的”[4]。超级写实主义建立在对表现性艺术否定的基础上，目的是让观念（想法）明确出来，使观者不受手段的干扰。在作品中，超级写实主义者极力消除制作的痕迹。尽管对超级写实主义的解释有些混乱，但它与极少主义同是通向纯观念艺术的两条途径应该说是毋庸置疑的。在它之后的大地艺术（环境艺术），人体艺术（偶发艺术），则直接导致了观念艺术的出现。我们不得不承认观念艺术家从一开始就非常明确，他们不需要留下永久作品（有些甚至只有一行字），J. 凯奇无声的音乐作品、克莱因的“空无”展览则做到了连艺术的存在物也取消了的结果。而这是观念艺术的一个重要问题，这个问题也影响至今，在各种装置性艺术中尤为明显（如果抛开虚设的文化意义，装置艺术不小心就会走观念艺术的老路）。但它为新艺术所开启的这扇大门，特别是为后现代艺术注入的思想，却是极其重要的。当代艺术中的装置艺术、行为艺术、影像艺术、方案艺术和环境艺术基本都是观念艺术的派生物，这些新的艺术表现方式正流行于中国的艺术界。

而雕塑则不同，一方面，在现代艺术的进程中它显得很迟缓，各种主义似乎与绘画更近，雕塑在经历了现代主义的形式与视觉实验之后，仍然毫无进展（波依斯的社会雕塑解答的是观念艺术的问题，与雕塑本身无关）。另一方面，雕塑革新的大门都是从外向里打开的，来自雕塑家自身的主动变革微乎其微，难怪美术史上有一种说法，认为近代雕塑的几次突破性观念改变都是画家所为。我要说，当代雕塑的变革更多的是来自观念艺术家、装置艺术家和行为艺术家。总体来说，雕塑面对社会文化呈封闭状态。难道雕塑家都被他所拥有的看家本领——手工技能所限制了吗？比较乐观的是，进入90年代，无论是欧洲、美洲还是亚洲，越来越多的雕塑家转入当代艺术的大潮中，最多介入的是装置，因为早在世纪初，装配性的雕塑就已出现，尽管雕塑的实验一直停留在形式上，但也为雕塑家转入装置提供了方便。当然，也有一些至今仍在为彻底放弃雕塑（或保住雕塑）而努力的艺术家。

然而不可忽视的是，人们只注意到了雕塑观念的演进，即什么样的东西还可以被称作雕塑，以此打开雕塑家的视野（仍然是有限度地关注艺术本体及人类精神的问题）。倘若雕塑家本身并无局限之累，这些努力的意义何在呢？如果想搞当代艺术就应注意到当代艺术国际化这个事实，国际化不等于同一化，它特指一种大家都能认同的语言来表达各自的问题。雕塑自身的问题又能对此有多大影响呢？因此，“问题”是重要的，而不在于何种表达方法，假若你偶然学了雕塑，就把它当作你所掌握的技术好了。接着是风格不存在了，个性显得没有意义，习惯也无足轻重，剩下的只有物体本身和你的思想观念——对事物分析和概括的能力（当然，直觉更重要，这是做出好作品不可缺少的），雕塑只是根据你的需要去使用（可以是你做的，也可以不是你做的），在这种情形下，不仅艺术品是非自我的，就连艺术家自身也消失或隐没了。这种方式区别于纯观念艺术，因为它不强调可视的实物，也就无法实现自我在物质当中的隐没；也区别于传统意义上的“现代”雕塑——那些永远伴随着强加的个人印迹的物体。我们暂且将这种表达方式称之为“观念性雕塑”[5]，即人类的自我意识不仅要消失于观念之中，还要消失于对物体的制造之中，只有在这个时候，艺术归还大众、回到其本位“物我两忘”的努力才有可能实现。但在实施“观念性雕塑”中，重要的是雕塑技术本身如何转换为观念；观念如何形成物质化的过程；而观念又必须在制造新物质的过程中让人意识到（现成品也是物质，但没有创造新物质的过程，它的摆置方法是非永久的、可恢复原位的）。这就需要改变工艺和思想相对立的传统习惯。别的不说，就连代表当代潮流的观念艺术也排斥绘画和雕塑，其原因自然是上述的对立思想所致。在这个世界上，思想是无尽的，而物质的含义也是无尽的，我们没有必要把它对立起来。这正应验了前面定义观念艺术的一句话“有多少独立的艺术家，就会有多少不同形式的观念艺术”，同样，也会有多少不同形式的“观念性雕塑”。具体到每个艺术家自身，也无须被风格、流派所约束。因为思维的主线会透过不同形式的作品显现其结果。观念艺术的意义在于获取离开可视的形式后的纯粹经验，雕塑的意义在于把精神（或感觉）物质化，这两个极端的结果在时空的某一点相遇，由此形成纯精神之后的物质化和纯物质之后的精神化。这两者的转换是“观念性雕塑”的核心，它所强调的概念是：观念即物质。

“观念性雕塑”是观念与物质的有机结合，是不可分割的一个整体。虽然沿用的仍是西方艺术的概念，但它不像观念艺术（包括装置、录像、行为等）是西方艺术发展的必然产物，而更具备本土特色。这种特色表现在立足于自身的发展状况和需要（当然也可解释为在中国本土受西方艺术影响的必然结果）。“观念性雕塑”对于辩证关系的运用，有中国传统文化的影响，正如后现代情境与中国当代社会的吻合，偶然中有必然。这也是为什么我们很难进行纯形式主义的探讨和纯观念艺术研究的原因。但这不证明我们无法延拓当代艺术，反而提醒我们应该做什么。也许我们骨子里对事物两极的关系及其转换的辩证原理的认同是天生的需要，这一点与古老的东方哲学有关。

最后说明一点，“观念即物质”特指艺术领域中的问题（不涉及宗教及哲学），它是为了解决在日趋物质化的环境下，如何使艺术从社会中来，再回到社会中去。

注释

[1][2][3][美]H.H.阿纳森:《西方现代艺术史》，邹德侬等译，天津人民美术出版社1986年版，第697—699页。

[4][英]休·昂纳、约翰·佛莱明:《世界美术史》，毛君炎等译，国际文化出版公司1989年版，第616页。

[5]这个词是我和批评家殷双喜在一起谈论我的作品时提到的。

本文载于《美术研究》1998年第3期

展望，1962年生，北京人。雕塑家。1988年毕业于中央美术学院雕塑系。中央美术学院雕塑系教授。

江南蜕变

——19至20世纪初中国艺术史一瞥

万青力

从“近世之画衰败极矣”[1]，“清代无画论”[2]，到“19世纪中国画创造力耗尽”说[3]，诸多先入为主的结论，曾阻碍了对中国近代绘画史的研究，致使这段最近的历史，变成一座似乎难以辨识的雾中远山。虽然，近30年来，20世纪中国绘画史的研究成果，也带动了19世纪中国艺术史的研究，但是时间上大多限于1840年以后[4]，地域上则仅以上海为热门。或许，这次“江南”研讨会可以推动研究范围有所扩展。

本人认为，在19世纪，甚至18世纪中国绘画史的研究尚处于十分薄弱、大量的历史空白有待个案研究成果填补的当前，对本世纪中国艺术发展的理解必然受到局限。20世纪中国艺术史的若干变革，并非是近百年突然发生，而植根于19世纪，甚至18世纪，是中国社会、经济、观念、文化长期历史转型过程的派生物。本文以江南地区为例，简要提出如下几个方面的考察，与各位同人讨论。

一

儒学作为十八九世纪中国的主导思想，自身经历了深刻变革。清初大儒博学不尚空谈，躬行道德气节，倡导经世致用之学；雍正、乾隆时代（1723—1796）文字狱桎梏之下，学者纷纷避祸而转向考古；乾隆、嘉庆时期（1736—1820）以降，则所谓“汉学”（实为“考据学”）盛行[5]；至清末《春秋》公羊学复兴，成为维新变法的学术依据[6]。在清代儒学的发展中，清初大儒的明道救世精神，以及乾、嘉之学的考史征实风气，看似矛盾却又相互依存，在19世纪后期国运衰微、内外交困的危机中，融汇为图存求变，接受西学的思想基础。

在这一背景之下，某些直接与艺术相关的观念及文化方面的变革，是值得注意的，这里仅举两例：一是儒家“农本商末”的轻商思想转变为“重商主义”[7]；二是考据学衍生出的碑学理论及金石学盛行。前者反映了城镇经济及以商贾为代表的市民阶层的崛起，市民阶层是接受西学，图变求强的社会基础；后者引发了时代审美观念的改变，孕育出不同以往的艺术风貌。

中国虽然号称农业帝国，但是，可耕种的土地面积却仅占全部领土的不足十分之一。[8]清代至嘉庆、道光年间（1796—1850），人口已超过四亿，其中四分之三以上集中于东南地区，以江南为最。战乱、灾荒使大量农村人口流入城镇，不仅是农民增加补充了城镇工商业劳力，同时，也有部分地主转化为商贾。城镇经济每为资本雄厚的巨商富贾所左右，如斥资买下贩盐专利的盐商、掌握金融流通的票商、控制某一行业的行商等，成为市民阶层中最有势力的核心集团。他们对文教事业的参与，在相当程度上左右了中国社会文化的演变。我认为，以商贾为代表的新兴市民阶层并不仅仅是扮演着艺术赞助人的角色（如盐商对扬州画家、徽商对新安画家等），而是走上前台，直接参与艺术创作，甚至成为开派人物或艺坛领袖。被尊为“西泠八家”之首的丁敬（1695—1765），金石学家，是影响印学200年之久的浙派印章的创始人，被认为是扫尽“工细秀媚”的明人习气，开一代“浑厚醇古”新风的印坛领袖，而他本人则是位酒商。史载丁敬“家杭州候潮门外，邻保皆野人也，酿曲蘖自给，身厕佣贩，未尝自异”[9]。金农（1687—1763）曾是丁敬同乡近邻，“相距一鸡飞之舍”，据记载，两人都曾以倒卖古董为生。[10]除了经济来源及社会阶层的差异之外，如丁敬、金农等人的教育背景和知识结构也与传统（或“笼统”）的文人（仕则食官俸，隐则靠田产）不同。文人的教育以经学为核心，元末到明清两代，程朱理学官方化，科举考试以朱熹注疏为主要内容。理学虽在清初颜元（1635—1704）、李塨（1659—1733）的时代已告尾声，同时，“乾嘉学派”渐兴（实渊源于元明宗汉学之非官方学派），但是清廷则死守理学，钳制思想。文网之下，学者转向考据训诂，蔚为风气。同时，尚有部分人专修小学（文字学）等科，其中颇有浸淫书法、篆刻终老而有成者，如程邃（1607—1692）、丁敬、邓石如（1743—1805）等。这些“布衣”的学问，即所谓“金石学”，与科举考试并无直接关系，属朴学思潮派生出的某种“专门知识”，涉及小学（文字学），颇有些类似医药、堪舆、数术、营造之类；所不同者，因举业习经学之士大夫当时亦多热衷此道，故金石家寄附攀交，混交其间，引为风雅。康熙、乾隆先后两次设博学鸿词科，未仕者亦可经内外大臣举荐赴内廷应试，实际上是为笼络别有专才的人网开一面。程邃等不就，誉为逸民固有之。而金农等不中（未考上也），恐与其学窄而欠博亦有关。如清代印人中，不少“布衣”，号称金石家，实为高级职业刻工，并不比市井郎中、风水先生、刀笔师爷能高出多少，他们应属市民专业阶层，与传统意义的文人是有区别的。即使从文人官僚中擅长治印而有成者，如陈鸿寿（1768—1822）与陶工杨彭年兄妹及邵二泉合作制紫砂壶的事迹中，也可以感受到市民阶层地位的上升，以及文人阶层的观念变化。19世纪初，擅画的镇江殷实布商张自坤（1734—1791），培养其子张崟（1761—1829）别开生面，另辟蹊径，以“浑噩苍郁”的独特画风，成为京江画派之首。[11]而出于绍兴破产商人之家的赵之谦（1829—1884）则以北碑入画，熔诗书画印为一炉，被推崇为“金石画派”第一家。如果文人出身的画家钱东（1752—1817）“弃儒从商”的事例，在18世纪末寓居扬州的画家中尚不多见，那么，到了20世纪初的中国就成为相当普遍的现象，甚至被称为“中国现代教育之父”的蔡元培（1868—1940）也在巴黎开过豆腐店。[12]同样，20世纪山水画大师黄宾虹（1865—1955）先生也在青年时代做过字画买卖，而且于1915年在上海正式开办“宙合斋”，经营古董生意。继吴昌硕（1844—1927）之后成为上海画坛领袖的王震（1867—1938），为众所周知的洋行买办。[13]而王震之后，另一位上海画坛的重要人物，画家兼美术史家郑昶（1894—1952），同时又是首创汉文正楷活字，创办汉文正楷印书局的出版商。[14]而被称为民国初年北京画坛“教主”的浙江人金城（1878—1926），本人集官僚、买办于一身，还开过古董店。[15]笼统地称上述这些人为“文人”画家或艺术家，似乎是不够恰当的。他们的艺术风格以“古拙”“沉厚”“雄强”为共同特征，有意在“娄东”“虞山”文人画正宗传统之外，另张旗帜，应该说是至少表达了市民阶层中的部分知识分子的审美追求。[16]所谓“市民趣味”有丰富包容，不仅仅是体现在“俗”或“狂怪”等特征之中，不应一概而论。[17]

二

中国的书法艺术在清代取得了可以说是“划时代”的进展，甚至被称为“书学革命”，无论是时代风格或审美标准都发生了根本的变化，并对绘画及其他视觉艺术有直接或间接的影响。书法方面的“碑学理论”，绘画方面的“金石”趣味，以及篆刻艺术的流派纷呈，是清代汉学和考据学成就的衍生物，是近代中国艺术史的重要成就之一。这一成就是中国本土自发产生的，并非“西方文化冲击”的产物；或许正是因为如此，这一延续到20世纪中国艺术史的重要成就，至今并未受到充分的估价。

虽然明末书法有相当成就，但基本上仍是延续晋唐传统。[18]清初考据学渐兴，在访古校碑风气之下，不少书家转向铜器铭文（金）及碑刻（石）等，开始古体文字的研习，古籀秦篆，汉隶魏楷成为新的书法范本。对古风的热衷，引发了审美观念的变化。明末清初的傅山（1607—1684），堪称是这一审美观念转化的先驱之一。傅山对金石学有研究，书法亦从篆隶中吸取古意，他的草书有朴拙气息，写篆隶则带草书笔意，正统书家则谓之“怪”。傅山在论书文字中，反复强调学习篆隶的重要，曾谓：“楷书不自篆隶八分来，即奴态，不足观矣。”[19]又批评明末流行的所谓“南董、北米”[20]书风，是“董则清媚，米又肥靡”。在傅山的审美标准中，“媚”“肥”是很低下的境界。“熟媚绰约，自是贱态”“肥字可厌”。从而明确提出了“宁拙勿巧，宁丑勿媚，宁支离勿轻滑，宁真率勿安排”的审美原则。[21]“拙”“丑”“支离”“真率”，这些特征在18世纪及其以后的艺术作品中日见明显，而金农、郑燮（1693—1765）、高凤翰（1683—1748）等扬州画家的书法和绘画，则标志着这一“艺术新潮”的开始。康有为（1858—1927）说：“乾隆之世，已厌旧学，冬心（金农）、板桥（郑燮）参用隶笔，然失则怪。此欲变而不知变者。”[22]如果说，金农的“漆书”和郑燮的“六分半书”尚带有“安排”做作的痕迹而不够“真率”自然的话，那么，金农绘画的“拙”则可以说是天趣与金石学养的自然流露。至19世纪初，“碑学”已渐成优势，又经阮元（1764—1849）、包世臣（1775—1855）、康有为等人的理论鼓吹，褒碑贬帖，尊魏卑唐，造成时代书风的深刻变革。"书学革命"也带动了绘画的变革，以篆、隶、魏碑书法笔意入画，讲究金石趣味，重视画面布白、平衡对比，成为画家的普遍艺术追求。所谓的"金石画派"于是应运而生，以赵之谦、吴昌硕、齐白石（1864—1957）等为代表，从19世纪中期发展到20世纪。上述三位"金石画派"的大师，除诗书画之外，又精于篆刻，而且各自开创印学流派，影响甚著，从而把传统中国画的"三绝"发展到诗、书、画、印"四全"。即使本身不以篆刻著名的画家，亦同样受到碑学书法的陶冶，如本世纪陈师曾（1876—1923）、吕凤子（1885—1959）、潘天寿（1897—1971）、张大千（1899—1983）等。甚至擅长西画的美术教育家徐悲鸿（1895—1953）和刘海粟（1896—1994），也曾经同是康有为的书学弟子。至于碑派书家更是多不胜数，其中以何绍基（1799—1873）最受推崇，被称为"数百年书法于斯一振"[23]，甚至与王羲之相提并论，成为划时代的界碑。他的行草作品，可以说是完全实现了傅山所倡导的标准，实现了从以端庄、娟秀、柔媚、娴雅、流宕为主导特征的一千数百年的书法传统，向奇崛、朴茂、雄强、稚拙、沉涩的新时代书风的转化。

在这审美观念转化的背后，是面对清廷腐败，国祚衰微，艺术家奋起追求雄强风格的心理感应。

三

西方艺术在中国的传播，催化了近代中国艺术的蜕变。18世纪传教士供奉清廷的史实已是为人所熟知；然而，可能并不如过去所理解的那样：在当时，西洋画的传播仅限于宫墙之内。[24]早在17世纪初，圣像及宗教书籍的版画插图已经在宫墙外与平民接触，成为有效传教的工具。[25]信徒人数迅速扩大，由1596年的百余人，发展到明亡前后（1644）二十几万人，有传教所四十余处，遍布十数省。[26]这期间，由于传教的需要，已经在中国境内绘制圣像，已知的传教士兼绘圣像的，如生于澳门死于杭州的游文辉（Pereira Yeou，1575—1633），生于日本，1602年来华的中日混血儿倪雅谷（Jacpues Niva，1579—1638）等。[27]而18世纪的苏州桃花坞木版画[28]，流行于江南的"西洋镜"画[29]、风俗画等[30]已经明显看出西洋画明暗透视法的影响。[31]而在中国艺术史的文献中，也有擅长西洋画法的画家记载，如张恕[32]、丁允泰、丁瑜[33]等。而18世纪时，广东沿海口岸城市的洋画作坊已经相当活跃，其产品远销欧、美。[34]19世纪中期，天主教在上海设立了生产传教用品的工艺工场，一直延续到20世纪初期，培养了至少百余名油画、版画、雕塑人才。[35]其中，有些成为中国早期商业广告、私立美术教育等行业的先驱，如周湘（1871—1933）、张聿光（1885—1968）、徐咏青（1880—1953）、杭穉英（1900—1947）、张充仁（1907—　）等。本世纪初期，西方写实绘画的技术已广泛用于商业广告、月份牌画、市民家中附庸风雅的"八破"画等。[36]在康有为、蔡元培、陈独秀（1879—1942）等人提倡美术"改良主义"及"融合中西"的同时，西方写实主义绘画在中国已经有了一定社会实践。而这种源于上海和江南地区的商业西洋画风，可以说一直延续到今天，只不过包装技术更为漂亮而已。但是，这些拍卖市场推出的精致行活，内涵却显得贫乏肤浅，与20世纪初的上海商业宣传画相比，明显是缺少当年文学、电影、戏剧、音乐、舞蹈等丰富的文化背景。

19世纪“洋务运动”和“维新”变法的主要成果，是促成了中国教育制度的根本改革。1901年（光绪二十七年），学校参西法改制，设小学、中学、高等学府，实用科技知识在总课程中占绝大比重，而以前旧学中占绝大比重的经学则减少到七分之一，标志着旧学的结束。由于这一历史性的变革，历来以经学为主考内容的科举制度陷入危机，致使清政府在1905年（光绪三十一年）不得不宣布废除科举制度[37]，自隋唐以来延续了一千四百余年的科举制度终于结束了，新式教育体系的确立，知识结构的改变，和文官制度的形成，也标志着存在数千年的官僚士大夫阶层从此解体消亡。20世纪初，留学日本、欧、美的美术家成为中国美术教育制度的主要创建者，他们对近代中国艺术蜕变所起的作用是大家所熟知的。江南地区对近代中国美术史的贡献和影响，是尤其值得研究的课题。例如，从19世纪到20世纪初，上海、杭州、苏州等江南城市出现过数百个艺术社团，可以说是居全国之冠。1861年至1869年在北京出现的第一个书画组织“松筠庵画社”，即是由参加过上海“萍花书画会”（1851年成立）的无锡人秦炳文（1803—1873）参与组织的。[38]1915年江南人汤定之（1878—1948）与余绍宋（1882—1949）在北京发起组织“宣南画社”，广集京城名家。[39]20世纪初居北京，在近代中国艺术史上有影响的人物中，不少为南方人。以江南人为多，如蔡元培、陈汉第（1874—1949）、陈半丁（1876—1970）、汤定之、金城、周肇祥（1880—1954）、鲁迅（1881—1936）、余绍宋、俞明（1884—1935）、寿石工（1885—1950）、徐悲鸿等，但是其中不少人尚未引起研究者注意。其实，有待研究的课题简直是太多了。

不过，以西方的艺术理论套用中国艺术史，发一番聪明的带有结论性的批评，是目前美术史界颇为时髦的学风。我以为，在所知极为有限，大量历史空白有待填补的中国艺术史领域，多做些发掘第一手材料和原创性的个案研究乃是当务之急。有时候，或许暂时离理论远一些，反而会离事实近一些。

注释

[1]康有为：《万木草堂藏中国画目序》，文史哲出版社1977年版。

[2]陈小蝶：《清代无画论》，《国画月刊》1934年第2期，第18—19页；第3期，第37页。

[3]“From about the year 1800 on, painting in China became rather repetitive ; The creative force was spent”, Sherman E. Lee, *A History of Far Eastern Art*, New York : Prentice-Hall, 1973, p.456.

[4]19世纪上半叶的个案研究少见，如赵力《京江画派研究》，湖南美术出版社1994年版；通史见拙著《并非衰落的百年——19世纪中国绘画史》，台湾《雄狮美术》第254期起连载，第278期终止。

[5]参见柳诒徵《中国文化史》下册，第2编第25章及第3编第7章，中国大百科全书出版社1988年版。

[6]参见韦政通《中国19世纪思想史》下册，第3章，台湾东大图书公司1991年版。

[7]明末黄宗羲即有“工商皆本”的主张；而徽商的“贾而好儒”“亦贾亦儒”倾向，尤其反映了时代观念的变化；至清末郑观应（1842—1921）则由江南名商而参政，成为近代史上重要思想家，主张“以商为本”是重商主义的代表人物，所著《盛世危言》，影响深远。

[8]翁之镛：《中国经济问题探源》，台湾正中书局1965年版，第36页。

[9]《杭州府志》，光绪版。

[10]杭世骏：《道古堂集》，乾隆五十七年（1792）版。邓之诚：《骨董琐记》，“金冬心”：“盖当时钝丁、寿门，恃买卖骨董为生。”

[11]参见注[4]。

[12]冯治、刘永彪：《民国名人逸闻录》，江苏古籍出版社1992年版，第9页。

[13]《中国近代画家图录》，条11，香港翰墨轩出版有限公司1992年版。

[14]同上书，条25。

[15]《金拱北先生事略》，《湖社月刊》，1—10合册。

[16]如张崟跋《戏法娄东山水轴》：“吾润（镇江别称）画家家自为法，未专一宗娄东。”又如自跋山水：“元人尽弃宋人习气……所谓浑噩苍郁存。白石翁法自梅花道人，而又别出浑噩之气，所以有明一代画家之冠。峭拔如唐子畏，细秀仇十洲，皆不能超其上。可见书画以古朴为最，能为次也。”（以上两件作品均为镇江市博物馆收藏）

[17]王原祁《麓台画跋》中所谓“广陵、白下，其恶习与浙派无异”，广陵白下指扬州镇江一带，这里所批评的是浙派枯硬刻露的笔墨风格对后世的影响，并把扬州镇江一带流行的画风划为同类，却也反映了某种市民所好尚的刚健痛快的视觉效果。

[18]详见注[4]拙著，第264期，第113—120页。

[19]傅山：《霜红龛全集》，丁宝全刊本，卷二十五。

[20]董，即董其昌（1555—1636）；米，即米万钟（1570—1628）。

[21]同注[19]，卷四。

[22]康有为：《广艺舟双楫·尊碑二》，中华书局1936年版。

[23]杨翰：《息柯杂著》，苏州古籍出版社1988年版。

[24]王伯敏主编：《中国美术通史》，山东教育出版社1988年版，第149页；参见《故宫博物院清代宫廷绘画》，文物出版社1995年版。

[25]《利玛窦全集》卷四，罗光译，光启出版社1996年版，第405页。

[26]熊月之：《西学东渐与晚清社会》，上海人民出版社1994年版，第32页。

[27]方豪：《中国天主教史人物传》，中华书局1988年版，第166页；另见荣振华《在华耶稣会士列传及书目补编》，耿昇译，中华书局1995版，第495页。

[28]《中国洋风画展——明末至清代的绘画、版画、插图本》（图录），日本町田市国际版画美术馆1995年版，第376页。

[29]“江宁人造方圆木匣，中点花树鱼禽，怪神秘戏之类，外开圆孔蒙，以五色玳瑁。一目窥之，障小为大，谓之西洋镜。”见李斗《扬州画舫录》，中华书局1960年版。

[30]同注[26]，文章，页。

[31]参见 Michael Sullivan，*The Meeting of Eastern and Western Art*（II.From the Sixteen Century to the Present Day），Graphic Society，New York，1973。

[32]“张恕，字近仁，工泰西画法，自近而远，自大而小，毫厘皆准法则；虽泰西人无能出其右。”见李斗《扬州画舫录》卷二《草河录下》。

[33]“丁允泰，钱塘人，工写真，一尊西洋烘染法。其女丁瑜，守其家学，专精人物……”见《国朝画征续录》卷下，上海人民美术出版社1963年版。

[34]参见拙作《画家与画史·广州外销画简史》，中国美术学院出版社1997年版，第158—172页。

[35]参见张弘星《中国最早的西洋美术摇篮——上海土山湾孤儿工艺院的艺术事业》，《东南文化》1991年第5期，第124—130页；另见拙作《中国西洋画之摇篮》，同注[4]，第148—157页。

[36] Nancy Berliner，“The ‘EightBrokens’ Chinese Trompe-l’oeil Painting”，*Orientations*，(HongKong)，Vol.23，No.2，February 1992，pp.61-70.

[37]参见《光绪政要》《光绪朝东华录》。

[38]同注[4]，拙著，第274期，第103页。

[39]黄萍荪:《余绍宋其人其事》，《朵云》1987年第12期。

本文载于《美术研究》1998年第4期

万青力（1945—2017），安徽宣城人。美术史论家。1968年毕业于中央美术学院美术史系，1979—1981年考取中央美术学院中国画系研究生，1989年毕业于美国堪萨斯大学，获博士学位。香港大学艺术学系教授、博士生导师。

在西方文化冲击下中国艺术家如何自处

熊秉明　庄　喆　文　楼　靳尚谊
朱乃正　袁运生　范迪安

编者按：1998年11月15—21日由中央美术学院学术委员会主办，研究部和对外艺术教育交流中心协办系列学术活动，邀请熊秉明、庄喆、文楼和靳尚谊先生，先后围绕"在西方文化冲击下中国艺术家如何自处"这一学术主题进行演讲，并与到会的各系教师与学生展开热烈的学术对话。这次讨论涉及的传统与现代、东方与西方等学术主题，对于提升全院教师的理论意识与思想认识，进而作用于艺术创作与教学实践都具有积极意义。现刊发几位先生的发言摘要及这次学术活动的主持人范迪安先生的答本刊记者问。

在东西融合上有许多路可以走通

熊秉明
（巴黎第三大学教授、学者）

这次学术活动的题目很有意义。80年代以来，我们一直面临东西方文化关系问题，它引发了我们许多思考。但是，这个问题实际上是一百年来或者更长时间面临的问题，中国现代文化史就是以东西方关系为主的文化史。

从历史上看，我们的文化受到影响，一个是印度，另一个是西方。玄奘到印度取经，后来还是回到了中国。而这一百年中国主要受西方影响，许多艺术家到了西方，有回有留。留下来的，带着中国的基因，在西方也能够完成他们的事业。我自己就在西方几十年了。虽然待了很久，但所希望的还是达到东西方文化的结合。在国内的艺术家虽然受西方影响，但画家还是主体，西方来了我可以取用，可以用拿来主义，也可以不拿。可是在西方呢，从早到晚受的冲击是不停的，就像大瀑布悬头灌顶，怎样把东方和西方结合起来始终是困扰我的课题。

我自己先学哲学，后来从哲学转到雕刻，到法国后，在大学里又教了很长时间的哲学，还研究书法和教书法，退休后又用大量时间做雕刻，也搞过一点观念艺术。我觉得，一个艺术家最切身的问题首先是我们怎样去了解别人。当前西方艺术那么混乱，我们怎样能够冷静地去看，然后是怎样去创作。

西方艺术在20世纪经历了现代主义，现在到了后现代主义。现代主义艺术的哲学基础是社会进步观，从达尔文开始，到马克思，再到20世纪初的多家学说，社会进步观都占了主导地位，这种观念认为今天的东西就是好的。经过几十年，发现现代主义产生了许多弊端，于是走向后现代，要把过去好的东西找回来。今日西方文化艺术是多元的，也就是说没有一个标准，可以自己定义，自己为自己设定游戏规则。当然，你可以说人家的游戏虽然有规则，但没有玩好；也可以说人家的游戏规则太简单，玩不出什么妙处。但是，如果在他的游戏规则的内部传达了某种内容和趣味，那他就不是一个普通的游戏，就值得我们欣赏，而且还留下一个作品。艺术在今天的确自由到绝对没有什么约束了，可是大家仍然觉得艺术有那么一个模糊的定义，你创造的游戏规则不能太复杂，太复杂就没法玩了，也不能太简单，太简单玩了一次就结束了。此外你自己的游戏还应与生命有关系，如果只是玩游戏，恐怕还不是艺术，如果在你的游戏里透露出一种人生的体验，一种生命的体验，而且很巧妙，让人看了觉得还有可以再想一想的东西，这个游戏就不只是游戏，而是作品了。我想，在今天这样一个艺术上混乱的时代，我们还是可以找到一些隐约的道路，有一些工作的方向。

中国传统文化的光彩

庄　喆

（美籍华人画家）

我觉得解决中西艺术的一个途径，还是自然与人的一种结合，所谓物我合一的问题。这个物我合一并不是老生常谈的那种，它实际上是一个历史过程。我的感觉是要在认识西方之后从西方回归，回过头来看中国传统的精髓，为我所识，为我所取。例如，中国传统中的诗与画，好像是一半对一半，但是它们之间有一种视觉上的联想，如果我们通过一个新的角度去看，可能是一个发挥。再一个就是线的运用。中国绘画最妙的地方大概就是线条的运用，当然我们不一定说是非要用毛笔，非要用墨，受这个限制。但是这个线的变化，如果有了对毛笔线条的了解，用一把刷子、用一把刀，甚至用手抓两下，也跟西方人用的不同。这里头有一种非常丰富的资源，我们可以在实践中去找。在我的经验中，重新看中国传统，重新看过去的遗迹变得很重要了，可以单独看书法，可以单独看绘画，可以把两个合起来看。比如看文徵明的画，就有好几个固定的因素是他的独创，但又反映了艺术的基本规律，一个石头和一棵树，在山水画里是基本的元素，一个石头就代表一个面，树就是一根线。一个面跟一根线再加上点，就直接组成了一幅画，三个单元。你如果通过一种新的看法处理，就可能达到不同的创造领域。我们今天看朱屺瞻、刘海粟、林风眠，他们都是通过西方的画出发，然后又回到用中国画。在他们那一代可能还说我要重新拿起毛笔来，甚至连徐悲鸿都是这样，还是把这个宣纸拿起来好。我觉得“材料”可以打破这一观点，我们回来以后可以用更新的材料，可以传达出来不同的形式，可以做一种创新的尝试，这种可能性就是这个传统的一种价值，它始终还是有一个正待开发的一面。以这样的眼光去看传统，我觉得它是活的，它永远没有死。当然也有后来许多人说的中画西用、西画中用的问题，就好像在音乐中用管弦乐来演奏中国的传统乐曲，或是用中国的乐器来演奏西方的音乐，或者用中国的乐器奏中国的创新的音乐，我想都可以，只要用得恰当，只要内容传达得好，都可以。长期以来，我们这个中跟西分离、分割的观点始终是一个障碍，我个人觉得是要去打破的，把中与西看成一个整体。那天我们去看法海寺，它旁边有一个小屋，展览中国岩画的照片，我过去很少见到，一看这些照片，觉得又是一个新的领域了，中国的这些岩画，和法国的、其他画家的不同，它是一种活泼的形状和线条的组织，有一块大石头，它上面的线纹好像是在说一个故事，可是它跟那个石头的形状结合成一个整体，它本身就变成一个又是雕刻，又是绘画的东西了，像一个非常大的图章。所以说，对中国传统艺术要不断地观照，以新的角度去观照它就会显示出鲜活的生机。

要重视中华文化的保存、继承和创造

文　楼

（中国香港美术家协会主席、雕塑家）

是什么维系着中国人，使他们聚拢在一起互相帮助，解决彼此的生存问题，提高共同的生活质素，进而对世界其他民族、人民也有所贡献呢？答案是：中华文化。无论是纵的历史来看或是横的空间来看，依然是同样的答案。

从历史上看，中国不止一次地接受神州以外的民族统治，但到最后中国并没有灭亡，它的主要民族汉族不但没有消失，而且还把神州周围的少数民族融合了，形成了一个更巨大的中华民族。其中的一个重要因素，就是中华文化强大的统摄力和包容力。从横的空间来看，除了中国大陆、台湾和香港外，遍布世界各地的华人社区，尤其欧美各大城市的唐人街，更突出地表现中华文化对中国人的凝聚力。因此，我们谈爱国、谈统一、谈振兴中华，如果单从政治、经济着眼，眼光似乎是比较短浅、狭窄；若从更广阔的视野来考虑，则中华文化所能起的作用，应该同样地，甚至格外地值得重视。

中华文化的承传、发展和创造的主要场所，当然是整个神州大地。但由于历史和政治原因，在近百年的实践又兵分四路：中国大陆、中国台湾、中国香港和海外的华人社区。这种分离的情况尽管不是一种正常的现象，却不一定完全是坏事。是历史、政治的因素造成了这种分离，但也正是这些因素促使中华文化在承传、发展和创造方面有不同的实践，让这个源远流长的民族文化在更新的过程中，有更多可参考的经验。

经历了两次世界大战及由第二次世界大战结束后到80年代末的“冷战”年代（其中包括了韩战、越战、两伊战争、以色列与巴勒斯坦的长期冲突等热战），我们对于那些以希腊罗马文化、基督教文化为底子，通过海盗式武力扩张，殖民和侵略发展起来的西方现代文化，不能不抱定反省和批评的态度。尤其是近代以来使东方民族感到自卑、羡慕以至崇拜的西方科技文明，结果却造成了战争、污染、自然生态的破坏和资源的极度浪费，更加值得我们深思。而中国自清末以来针对中华文化所作的以西化为前提的种种批评、转化、调整甚至批判，也有值得商榷、检讨之处。

许多学者指出，东方文化尤其中国文化和印度文化的许多宇宙观，适足济西方现代文化的种种弊端。但在西方政治、经济、军事的冲击下，东方文化的精粹已大量流失，或已被扭曲、改造、变形，被纳入西方文化的价值体系之内。这样下去，不但传统文化会加速式微，就是现代文化的素质也会大大地下降，有着悠久光辉历史的中华文化势必陷入沦亡之边沿；振兴中华文化，对人类做较大的贡献，矫正西方文化的缺失又从何说起？

文化并没有绝对的价值标准，一时的评价不应该是最后的评价。中国历史上对传统文化所惯用的“增删”观念，不是对民族文化有所损害，就是对民族文化原貌有所改造、扭曲，这对新文化的创造是不利的。晚清以来，我们对文化的视野已大为扩张。但是，我们对传统文化的保存，依然没有改变历来那种“增删”的观点。其中一个关键是我们一直没有清楚地把文化的保存与继承、创造划分开来，文化的保存，应该做到尽量客观、全面，不应带任何意识形态的偏见。文化的继承或创造却可以主观地各取所需。或全面继承，或取其一端，或加以改造，或完全舍弃，或中西合璧，或全面西化，都不成问题。但如果把保存、继承与创造搅在一起，或以继承、创造的观点来作为保存文化的准则，民族文化遗产必然大量流失或受到歪曲、损害，这对民族文化的继续创造是极大的不利。

文化多元化是世界趋势

靳尚谊

（中央美术学院院长、中国美术家协会主席）

这次讨论的题目可以说既是大的，又是小的。所谓大，是因为我们已经处于世界性的东西方交流的时代，我们从政治体制、经济体制到文化体制的改革，都必须思考东西方两大体系的融合与交流这种趋势。所以说这是一个大题目。所谓小，是因为我们每个人都这样做，都正在以自己的实践来探索这个问题，很具体。东西方的关系困扰了我们百多年，鸦片战争开始使我们不得不面对世界，几百年来一直在应付来自西方的挑战。但是，中国是一个历史从未中断、有着悠久文化传统的东方大国，虽然在近代落后挨打，但顽强地要翻身自立。1949年以后是初步做到了。可以按我们自己的意志办事了，但在当时的国际形势下，意识形态的斗争摆到了首位，到“文革”就更紧张，犯了错误。改革开放以后，中国的发展使世界对我们有了崭新的看法。在相当长的时间里，我们总是在想独立、有戒心这样一种心态下考虑与西方的关系，这在前一个历史时期尚有道理。但现在世界形势发生了变化，我们的思维方式也要改变，不要把什么问题都对立起来，绝对化，认为这个是好的，那个是落后的，这个是先进的，那个是保守的，这样简单看问题，就会出现极端和粗糙的东西。过去，西方对中国文化的了解是不多的，我接触的不少西方人只懂他们自己，对东方既不懂，还排斥，原因就是在他们的眼中，我们是落后的。现在西方世界对中国文化重视起来了，这两年很明显，英、美及好些国家开始主动了解中国艺术和美术教育，不少艺术学院派人来考察。我们今天也要以宽阔的眼光看待西方。第一，我们对西方艺术要做深入的了解，不仅是看艺术作品，还要了解它的社会背景。我到国外去，就不仅是看博物馆，还要与各界人士交往，做调查研究，才能清楚它的艺术现象为什么发生，才能从自己的角度去吸收。第二，作为中国人，必须了解中国。现在的年轻人对西方的东西有兴趣，一头扎在里面，认为越现代越好，西方化的倾向很强烈。因此，现在不是要强调学西方，大家都很自然地去学。但是，学中国的东西就要稍微说一下，提醒一下。研究中国的东西，有助于知识面更宽更丰富，有助于自己的创造。西方的一些学者，特别是大学者是看重中国文化的，而且拼命在学，我们自己更应该认真学，两方面都认真学了，我们“如何自处”、该怎么办，答案也就自然出来了。

我80年代初到美国，考察他们的艺术，那时候主要是新表现主义绘画，观念艺术和装置艺术才刚刚开始。这次去，发现以装置形态为主的观念艺术已成为主流。但现在的东西没有活力和冲击力，不如80年代初看到的当时的主流艺术那样新鲜。西方艺术的这种发展有它的合理性，在信息社会的今天，绘画作为古老的品种，它的视觉冲击力已经很弱了。以往一点技艺上的提高都会引起轰动，而现在摄影、电脑图像的冲击无所不在，所以西方的艺术起了变化。现在世界经济一体化是趋势，但文化上将是多元化，多元化才丰富，艺术上才不会越来越单调。在这个形势下，东方文化艺术的传统在世界上是十分可贵的，我们自己重视得还很不够，对它的转换还远未完成。因此，我们要通过这样的研讨、交流，在思想上重视起来。

东西文化碰撞中的“自守”“自处”“自主”和“自由”

朱乃正

（中央美术学院教授、学术委员会主任）

这次学术对话的前提是“在西方文化冲击下”，可以叫“冲击”，也可以叫“碰撞”“融合”。我觉得西方文化的冲击不是现在开始的，近一个世纪前就开始了，外国军事、经济入侵以后，产生了文化的入侵，我们前辈的有识之士已经在这个问题上做了思考。当然历史发展不是按照哪个知识分子的设想来变化的，由于中国的国情，中西融合这个题目一直延续到今天。中西融合不光是本世纪、我们这一代人的课题，而且是下个世纪，甚至几代人的一个重大课题。

摆在我们面前的现实是，我们跟西方的对话已经丧失了很多平等的机会，一百多年来，我们总是处在受压迫、受欺侮的情况下，自身的文化没有得到充分的高扬。相反，西方文化在不断地冲击我们。我们谈到中西融合的可能性，首先是它的度的问题，你拿什么融合？我觉得首先要看看我们自身，具体能够融合的是什么，有多少。我觉得改革开放以后我们对西方的了解远胜于我们对自己传统文化的了解。在我们的教育中，连最基础的传统教育、文化教育都不够，在这样的情况下说融合，就有一个落差，很难真正地做到融合。举例子说，我们很多画家，特别是画西画的，对西方从古典一直到近代的新表现主义的画家都滚瓜烂熟，但对自己历史上、对唐宋以来的那些画家则非常陌生。学生在入学考试时，可以轻而易举地举出西方从古典到现在的画家，但要他说出近代的或者当代的三个国画家，竟然回答不出来。所以搞美术教育，可以说每天、每时每刻都会遇到东西方文化融合的问题。传统文化十分丰厚，但丰厚是我们过去的光荣，要在现代大潮当中跟人家平起平坐，既要吸收人家东西，又要把自己东西发扬好，我们自身确实是缺少很多东西。

我认为我们应该注意三方面的研究，一个是对西方的传统文化的研究，另一个是对自身的传统文化的研究，还有一个就是对现代的社会生活的深入研究。从这三方面入手，才能获得一个现代人的立足之地，才具备能够真正思考的基础。现在我们生活中都是西方文化的影子，我们处在大量的西方文化的氛围中。在这种情况下，我们更应该把中国艺术作为一生的追求，哪怕是做得很差、做得很不够。这次的题目很好，但如何做要从每个人做起，百年来我们的美术教育，不是在自身的教育模式之下，而是借用西方的，一直到现在还是这样。学院中的国画系也仅仅是给一个系的地位，我觉得非常的不够，而国画系本身是不是已经对传统文化的研究非常到位、非常深入，我觉得还不一定，可能有个别的教师多一点，大量的还是在西方模式下求得一席之地。要在院校真正实施有中国特色的美术教育，我觉得任务还十分重。

中国艺术家如何自处，我觉得首先是你能不能自守，不能自守就谈不上自处。自己站的脚根是什么，守的是什么都不清楚，怎么处啊？有了自守才有可能自处，自处也可能带来自主，最后带来自由。这样就不会什么风来就跟着倒。苏东坡有两句诗，我觉得比成本的理论要高明得多，“出新意于法度之中，寄妙理于豪放之外”。关键是能不能认识到这句话的文化积累和内涵。艺术家的实践是每个人的自由，但是美术教育不是个人的事情，而是一个共同的事业。你是中国的艺术家，艺术教育家，你守住的是不是中国固有的这一点东西。我想很多问题，主要是“融合”中我们自己的东西少了，叫人家融你，你融不了人家。所以，首先要自守，守不住就跟人家跑了，自处建立在自守的基础上，最后才能达到艺术上自由的创造的境界。

迫切需要研究传统艺术

袁运生

（中央美术学院油画系教授）

我们在发展现代化的同时需要冷静一点。现在谈如何重视、如何看待传统文化，已经是非常难做的事了，而且比前一段时间还要难，现在比我们年纪轻的人对自己的文化所知甚少，我觉得确实是一个应该重视的事情。在实践上，我们应当有一些具体的真正的行动，这些年写西方的文章很多，但对我们自己文化的研究、对民族美术的研究却被放在一边了，至少是相当不够。去年我带学生到西北去，在天水与麦积山之间看到了一个巨大的浮雕壁画，据说是北周时代的作品，很精彩。这样大的作品在世界艺术史上也很少，但在我们的美术史上却没有提到过，我也没有听到美术史家谈这个问题。我们确实是应该找到我们传统文化里头有价值的新东西，这种新东西就是过去没有人意识到的，我们没有发现的，被疏忽了的东西，而这样的东西是非常多的。新出土的和新发现的文物很多，但为什么对我们的艺术运动缺少影响力，我觉得这是艺术家自己的事情，面对它们，在实践中生发出新的东西的时候，我们才可以说我们对民族文化有了研究。才能说把一个死的东西，变成一个活的东西，变成一个有发展潜力的、有前瞻的现象。我们的民族文化绝对是有前瞻性的，不是像有人说的要死亡，或已经是死亡的东西，生跟死的关系是相对的，我们认识到它的价值的时候，它就活了。要有一种主动精神或创造力，遇到一个新鲜事物不能无动于衷，而要在作品里立刻做出反应，我觉得我们现在缺少这种活力。我们的学生说，能变的东西西方都已搞过了，我们还有什么好搞的。我们如果老处在这么一种心态下，那的确就没有什么好说的了。我们在教学上，提出要重视传统文化，但究竟体现在什么具体的安排上，这个要考虑，如果没有这个就是空的。在艺术教育里，就谈不上什么真正的学习与继承。因为现在我们所学的东西跟传统是两个不同的体系，传统体系里出来了那么好的东西，而我们这个体系到目前为止还没有出现那么好的东西。

为什么要谈民族文化对我们的价值，就是因为我们是中国人。我在美国生活了十几年，虽然竭力地想去了解美国的文化，我觉得我当然也可以了解一部分。但是，作为中国人了解自己的文化应该是条件最好的，从里面吸取精华的可能性最大。我们对唐以前的西北的研究是非常不够的，非常非常不够的，那是一个很大的天地，它不下于中国在文人画上所取得的成就。我看到当代的许多艺术作品都是以技术为基础的那些东西占到主导地位，技术性很强，怎么把这个解剖、透视做好，把这个骨骼肌肉做好。但是作为一件艺术品，它很难有打动人的时候，这个是我们艺术教育里头一个大的失误，这个失误本来可以在我们传统文化的研究当中得到弥补，但是，我们放弃了，我们一放弃就是一百年。如果我们到现在还无动于衷，我们还不能在艺术教育里作为一个重要的课题来研究的话，我们将再一次失去机会。

我们好像缺少这种热情，也缺少这种迫切感，好像传统的东西我们只能去看看，我觉得，在西方哪怕是最激进的人，也不是这样的态度。一个非洲的图腾能生发出一个立体主义。所以对于传统文化，我们首先要承认过去很多的东西比现在好，比我们现在的绘画、现在的雕塑好，这是有原因的。但是这个原因我们现在不清楚，我们现在还没有理出头绪来，没有做深入的研究，而且没有体现在教学里。只有从一些很具体的、一点一滴的事情去做的时候，才有成果，才会有作品。在对传统认识的包容性上，我们到底是不是有那样的深度，如果不是立足在一个大的前提下，一个国家的前景，一个民族的前景，我们讨论问题就没有意义。我们现在讨论中国艺术的前景，也涉及我们这个学院怎么办，怎么往前走，这是我们大家的事情。只有我们把它当作自身的事情时，我觉得才有讨论的意义。如何看待中西艺术的确是一个问题。我在美国时，有的中国艺术家谈到一种观点，说中国是个后进国家，是农业社会，美国是工业社会，中国的前景必然走向工业社会。因此，从文化上讲，我们就只有跟的份。我觉得这个事情说得不全面。中国艺术历来对其他艺术采取的都是很通达的、开放的态度，当然在历史上也有过这么一段时期，我们变得狭窄起来，有很多东西挑挑剔剔，跟人家对不上话。但是中国从大历史上讲一直能够吸取各种营养，这么大的一个国家，这样一个民族，艺术发展是不是就只有那么一条路，西方走到哪儿我们就跟到哪儿。我一直认为我们的艺术发展和我们的人民、历史是相关的，这么多的人在这块土地上生活，有自己连续不断的历史，有自己的艺术，在今天就一定有发展下去的动力，它不是任何一个东西可以代替的。我们是非常主张交流、主张吸取的，把各种营养吸取过来推动我们的发展，但如果说我们只有跟着人家走，这是我不赞成的。在美国有一位中国画家说，我恨不得一下子就变成一个刚生下来的儿童，重新开始我的一生，以前的一生白过了。我也不赞成这个，人生是有它的价值的，不管你遇到什么样的磨难和困难，艺术并不因此中断与人生的关系，人活着艺术就活着，没有理由说我们需要从零开始，重新开始生活，这是没有必要的。一个人必须有一条自己的路，不管你走得怎么样，这条路非走下去不可，只有这么一个可能。

学术建设是学院的首要任务
——答本刊记者问

范迪安

（中央美术学院副院长、研究部主任）

本刊记者（以下简称“记”）：范先生，请您首先谈谈院学术委员会举办这次学术对话的初衷。

范迪安（以下简称“范”）：我们学院中转搬迁已经3年多了，这几年学院工作的重点首先是恢复教学，稳定教学秩序，加强教学管理，但与此同时，中转办学的几年期间，又是我们教师队伍更新替换的关键时期，还是我们整个艺术教育和美术发展处于新的社会文化进程的关键时期，支撑我们教学和创作的根本支柱是我们的学术思想的建设。在我们的教学秩序稳定之后，学院的学术发展就成为院领导集体十分重视的问题，也是全体教师非常关心的问题。在当前美术发展的态势下，美术学院的教师有责任通过自己的思考来形成关于当下美术的文化问题的讨论，以期对整个美术界有所影响，再具体一点说，从我们目前学术发展所处的大环境和小环境上看，都有组织学术讨论的必要性。所谓大环境，就是整个当代文化环境。这些年文化界大谈后现代，认为“后现代”就是如杰姆逊所说的“无意义、无中心、无深度”的时代，就是如德里达所说的“一切都在解构之际”的时代，再往前一点，也就是如福柯所说的“非理性价值为主导的”时代，而我们觉得，在“一切现实的都是合理的”看法盛行的时候，我们恐怕要提倡一下理性意识，特别要回顾、梳理一下中国艺术所走过的道路，以理性的精神重新看待东方和西方、中国和世界艺术的关系。所谓小环境，就是这几年我们学院中青年教师的艺术思想和创作实践表现得十分活跃，但也隐含了一种重技艺、轻理论的状态，或者说，在我们学院内部学术交流、理论思辨的色彩还很不够，在各门类内部探讨具体的艺术问题多，跨系科、跨学科探讨共同的艺术问题、文化问题比较少，因此，有必要组织一些系列性的活动，把学术气氛活跃起来。

记：请您谈谈选择“在西方文化冲击下，中国艺术家如何自处”这样一个学术主题的意义。

范：这一次恰逢几位先生在金秋的季节来到北京，来到中央美院，使我们能够组织成一次有意义的学术活动。这也是去年学术委员会组织的“关于西方艺术与文化”“对传统文化再认识”系列活动的继续与深入。这一次活动由我和袁运生先生主持，我们在筹备的过程中就想，请这几位先生来讲什么呢？因为美术的问题很多，就美术界而言，从80年代以来就不断地在讨论美术的发展，美术创作就是在理论讨论和实践这样一种互动的情形下发展起来的。有些话题不断地提出，不断地讨论，当然有些话题在讨论中也没有完全得到解决，还要靠艺术的实践，但展开讨论是必要的，有利于解决认识上的问题。现在又处在世纪之交的前夕，什么是美术界共同关心的问题，我们想来想去，还是关于中西艺术关系、中西文化关系的问题。这个问题虽然近20年来一直在谈论，但是如何更宏观一些，更多从大家的实践经验角度来讨论，应该说它在我们面前还是一个常新的课题。于是我们就非常明确地提出“在西方文化冲击下中国艺术家如何自处”，希望在这次对话中有所深入。从改革开放以来，中国的艺术、谈论的话题，基本上是在西方话语的支配下、影响下来进行的，我们虽然在说自己的问题，虽然用我们的声音在说话，但是往往我们在思想观念，包括在理论框架上所受到的更多的是西方的影响，也就是说某种西方话语正在通过我们自己的嘴巴说话，这不能不使我们认识到问题的严肃性和紧迫感，促使我们从更高的立足点来看待东西方文化的关系，来看待我们自己传统文化在当代的价值。这次我们请的几位主讲先生，一方面有几十年的艺术实践的心得，另一方面在国外、海外居住的时间长，经历西方艺术多年的发展，另外他们不仅是艺术家，也是在艺术学术上有较深造诣的学者，等等，这些原因，加上这些机缘，就促成了我们以这样一个学术主题来组织这次学术活动的考虑。

记：请您介绍一下几位主讲人及他们在学术思考上的主要特色。

范：首先主讲的是熊秉明先生，熊先生是一位旅法50多年的艺术家，也是一位在书法艺术、雕塑和西方艺术研究几方面很有建树的学者型艺术家。庄喆先生是中国台湾画家，这一次在油画系和袁运生先生作一段联席授课。他1958年毕业于中国台湾师范大学艺术系，是台湾“五月画会”的主要成员。60年代到了美国，70年代定居在美国，近10年来他主要居住在纽约。他与熊秉明先生相同的是都经历了西方当代艺术近几十年的发展。所不同的是他们的经历有欧、美文化环境区别。美国和欧洲相对中国来说都称西方。这几年我们逐渐认识到欧洲和美国的艺术发展特点还是有所不同的。他们所谈的就是分别在欧洲和美国的不同的艺术、文化空间里面从事艺术创造的经历。还有一位是大家熟识的中国香港雕塑家、香港美术家协会主席文楼先生，他是我院的客座教授，目前正在雕塑系他的工作室里授课。再一位就是我们的院长靳尚谊先生。他最近利用暑假到美国做了探亲观访。我想，这两岸三方，欧、美、中国三地，有这么多先生能够集中在一起，真是一次机缘，恰好促成了我们的这次活动。我初步感到，熊秉明先生的讲法是哲学式的，他的思维方法和他打通中西文化界限的艺术经历有关；庄先生更多的是从对美国战后艺术发展规律和文化内涵演变角度谈自己的认识，他的艺术实践是一个不断敞开自我、在东西方艺术资源上寻找立足点的过程，他从这个角度谈得比较多；文楼先生主要是从社会学角度谈了作为一个艺术家应该具有的文化关怀，他还特别谈到中国香港回归前的艺术状况和回归后面临的民族文化发展的问题。靳尚谊先生的艺术情况我们都比较了解了。他侧重谈了油画作为西方造型艺术代表的体系性特点和表现东方思想情感的关系，我觉得提出了一个如何坚持“中体”与如何取法“西用”的问题。这几位主讲人所谈的并非作出了这个题目的理论答案，而是敞开地畅谈了他们的从艺经历、遭遇的问题以及自己的实践方式。

记：在这次学术对话的过程中，有关现实主义传统的问题和有关传统文化的现代发展的问题是中心，这一课题关系到教学与创作两个方面。有关现实主义的问题也是《美术研究》非常关心并一直在组稿讨论的课题，能否请您谈一谈。

范：这次对话中涉及的两个问题也是近些年来一直摆在我们中国艺术家面前的问题，一个是如何看待我们传统文化的价值，如何认识和利用传统文化的资源。80年代基本上是向西方开放，主要吸收来自西方，这些对我们来说是新鲜的。把原来不熟悉的艺术因素，特别是借鉴一些流派的风格语言，融化到我们原来比较单一的艺术基础和艺术观念之中。但是到了90年代之后，整个艺术界开始意识到80年代的这种单向吸收是不够的，必须往回找，但是往回找就遇到一个独立的、高度成熟的，甚至与现代社会有所封闭的传统文化体系，这个体系怎么导入我们今天的现代社会之中，怎么和我们今天的现代文化的建设性实践相联系？这就首先存在一个要不要传统文化的问题，当然在要不要的问题上，大家能够取得共识，但如何要，要什么，就没有一个统一的答案，在不同的艺术家那里有不同的取用方式。传统文化的现代发展是个大课题，不管你是否有主动的使命感，都会在实践中遭遇到这样的问题。传统文化的现代发展，当然不是传统文化的延续，实际上也不可能延续，那么，这时候与其说是传统文化的现代发展，还不如说是传统文化的现代解释、阐释或者利用，是在每一个艺术家那里得到升华，这样才能构成一种普遍的气象。我感到，通过这次活动，在这个问题上是形成了一定共识的，我相信会作用于教师的实践。当然，这不是说期待马上就有内容、风格上的反映，而是指形成一种自觉探索具有中国特色的美术文化的精神共性。靳院长几年前就提到要在各个学科教学上、在整个学术建设中加强传统文化的分量，现在看来，大家都已有了这种意识。但具体怎样做，还需要探索。另一个是，现实主义艺术的当代发展也是我们面对的问题，我想在美术学院，我们有很好的现实主义的基础，现实主义在我们这里有几十年的发展，今天，越发清楚它是不同于西方发展的另外一个体系，在今天它还要继续发展，特别是关注现实、反映社会变革时代中人的精神世界的丰富性、倡扬精神价值的现实主义观念与手法，仍有深化和发展的空间，还需要很多艺术家在这里投入，形成积累。我认为中国的艺术要发展多种学派，不能像西方那样由现代走向后现代。现在最简单的描述是在现代主义上加点什么就是后现代，但这个加点什么并不简单，因为西方的现代主义是比较宽阔的领域，加点什么不是一个东西加点什么，而是各种东西都加点什么，所以它有变化有发展，虽然现代西方出现危机，但它有可能突破危机走向新的发展。反过来我们不能搞现实主义加点什么就满足了，这样做就会比较单一，所以目前应该比较宽阔地吸收和发展。

记：您认为这次活动是否取得了预期效果？

范：我觉得在重视我们的学术建设上是进一步热了身，几天的活动中大家都很活跃，气氛很热烈，有许多对话的角度、提出的问题和观点很有意思。这种学术讨论还要进行下去，一是在主题的设置上要找共同问题，从我们实践中生发出来的问题。比如，我们这些年较多地讨论中西艺术和文化的“异”，这还不够，我们也可以讨论一下中西之间的“同”。从20世纪的艺术发展看，“同”也是一种趋势，在变迁中有交会。另外是要请中青年教师多谈起来，尤其是提倡学术自由和畅所欲言。美术学院能否成为学术中心，在于是否有学术的敏感，能不能提出有益于发展的理论命题以及深入地思考。如果有了这个，美术学院就有了生机，每个人就都会感到生活和工作在这样一个学术集体中的意义。

本文载于《美术研究》1999年第1期

熊秉明（1922—2002），江苏南京人。法籍华裔艺术家、雕塑家。1944年毕业于西南联合大学哲学系，后留学法国，先后就读于巴黎大学哲学系和巴黎高等美术学校，后转习雕塑。

庄喆，1934年生，北京人。画家。1958年毕业于中国台湾师范大学艺术系，后旅居美国。

文楼，1933年生，广东新会人。雕塑家。1958年毕业于中国台湾师范大学艺术系，后旅居欧美，定居中国香港。1997年受聘中央美术学院客座教授，并设立“文楼工作室”。

靳尚谊，1934年生，河南焦作人。油画家。1953年毕业于中央美术学院绘画系。中央美术学院教授、博士生导师。曾任中央美术学院院长、中国美术家协会主席、中国文联副主席。

朱乃正（1935—2013），浙江海盐县人。油画家。1958年毕业于中央美术学院。中央美术学院副院长、教授。

袁运生，1937年生，江苏南通人。油画家。1962年毕业于中央美术学院油画系。中央美术学院教授、博士生导师。

范迪安，1955年生，福建人。美术史论家，油画家，美术教育家。1988年毕业于中央美术学院美术史系，获硕士学位。中央美术学院院长、教授、博士生导师。中国美术家协会主席，北京美术家协会主席，教育部艺术教育委员会副主任。

水墨画与后水墨画

卢辅圣

水墨画发展三阶段

水墨画是中国美术史的独特产物，从新石器时代彩陶墨绘，到战国时期的帛画线描，再到晋唐宋元异彩纷呈的屏扇卷轴，可以看到水墨画发生、发展和成熟的清晰轨迹。它作为中国人观察和表现世界的一种重要而独到的方式，作为中国人承载其观念意义的形式结构自律化发展的结果，作为中国人赖以休养生息的文化传统楔入现实情境的有机组成部分，不仅参与建构中华文明的灿烂光辉，为世界美术的多元格局提供了自立和自足的一极，而且以其不可替代的奇特文化品格，渗透于当今绝大多数中国人的血液中。

当然，上述过于概括的叙述，其实混淆了水墨画与中国画、传统水墨与现代水墨之间的重大区别。

如果把中华民族区别于世界上其他民族的绘画形态称为中国画，那么，水墨画仅仅是中国画的一个分支。在本世纪中叶以前的漫长岁月里，水墨画一直都是指用纯水墨或辅以淡彩制作的中国画。随着西方油画、水彩画等外来画种逐渐普及中国大地，以及中国画本身的现代化和国际化需求，水墨画在一些场合被用来指称中国画。水墨画外延的扩大，一方面顺应了画种称谓上的平行性原则，另一方面也有助于民族绘画的现代形式探索。用媒材的物质规定性，来约简过于庞大、模糊和精神价值化的中国画内涵，对于该画种的从事者减轻历史压力、摆脱习惯心态和楔入现实情境，具有不容忽视的优越性。这也许是90年代以来作为一个画种的水墨画概念日趋流行并且更多地为年轻人所接受的内在原因。

与水墨画概念的变异相联系，传统与现代的对立化倾向也逐渐纠缠到当代中国画的创作思维与理论思维之中。当人们摆脱了中国画存亡之争的阴影，共同从水墨画作为一个画种的意义上获得前进的动力时，忽然发现面临着两个截然不同的选择：一个是由特定的动作规则和表达方式、特定的学科意识和理性精神、特定的文化品位和人文内涵所规定、所引导的话语系统，需要当事人站在前人肩膀上攀缘新的高度；而另一个，则把水墨画理解为一种不同于油画、版画、水彩和水粉的媒材构成，一种为中国文化所孕育、为中华民族所擅长的思维与操作方式，因此，完全可以不受拘束地站在新的起点上，奔向新的自由和新的可能性。于是，传统水墨与现代水墨的分野、互动和交叉，构成了当代水墨画坛的纷繁景观。

鉴于以水墨画为概念依托的绘画艺术蕴含着历时性和共时性的巨大变化乃至质的不同，为了下文的顺利展开，有必要为之增设特指的前缀——前水墨画、水墨画、后水墨画。

在水墨画的学科特征尚未确定，文化氛围尚未形成、代表画家尚未涌现之前的中国绘画形态，我们将之统称为前水墨画。从现存材料看，唐以前的绘画史亦即前水墨画史，尽管水墨作为一种绘画媒材已被广泛使用，纯水墨制作的绘画作品也不乏其例，但那只能算是水墨画的前奏曲。随着王维和张璪的泼墨山水、荆浩和徐熙的笔墨构成、董源和米芾的图式趣味相继成为中国绘画史的主角，水墨画时代的帷幕才被正式拉开。

有趣的现象是，水墨画家往往与文人画家相重合，水墨画史的盛衰与文人画史的荣枯亦存在着紧密的联系。宋元以来，文人艺术家居于主流地位，从元四家、董其昌、徐渭、四王、扬州八怪，直到吴昌硕和黄宾虹，都以文人画家的素养支撑着水墨画艺术的高度成就。画品的人格化、画艺的人本化、画家的文人化过程，将水墨画锻造成一种融汇诗书、涵泳情怀、讲究形式趣味的精英艺术，而在民间彩绘、宫廷院体等诸多绘画形态的映衬下，代表着中华民族绘画的最大特性和最高水平。

本世纪以来，这一态势发生了急剧的变化。救亡图强、经世致用的时代需求，使文人画价值观成了中国画首当其冲的革命对象，水墨画在面临油画等外来画种的挑战下，经受了通俗、写实、叙事性等艺术原则的强迫改造。蒋兆和的人物、李可染的山水以及盛行一时的浙派新人物画，作为中国画创新的标志，有效地消除了水墨画的文人情愫。85新潮后，新文人画之类的反思浪花虽然此起彼伏，却无法扭转水墨画剥离其精英意识和高雅情趣的总体趋势。正是基于此，对水墨画的现代化追求，被顺理成章地引向了媒材开发、媒介实验和形式解构，长期以来与之交融共生的价值依凭，与之豁然通贯的精神投射，也就不再具有内在的约束力。伴随层出不穷的画家、铺天盖地的新作而日趋繁荣的“家族扩张”现象，水墨画变成了一座无墙的收容所，不管是泥古不化的遗老，还是胡作非为的狂徒，抑或黾勉有成的园丁，全都来者不拒。这就意味着后水墨画时代悄然莅临了。

前水墨画、水墨画和后水墨画，既是中国主流绘画的历时态表现方式，同时，也处在共时态的不断互渗之中。尤其是当今这个中西并协、古今杂陈的多元化时代，水墨画和后水墨画与其说是两个先后相继的阶段，不如说是同一艺术事业中的两种彼此相携的活动，因为正是相互补充的不同变态，壮大和延长着该艺术表现方式的生命力。

剪不断的水墨情结

对于镶嵌在具体时空中的艺术家来说，其时代、地域的综合情境和文化背景无所不在的作用，总是使个人行为的多样化打去种种折扣，而趋向某种单一性，成为内化为知识结构和外化为权力结构的主体自律行为。与此同时，这种行为约束趋向又总是在种种超越意识的催化下，表现为从单一走向多样的观念解放过程，使个人深层心态发生自我中心主义的冲动。主体自律行为与自我中心主义冲动的双向展开，默默酿造着艺术家所从事的课题的内在矛盾——创造形式与表达情意，亦即形态学与价值学之间难以两全的对应关系。水墨画之所以区别于前水墨画，后水墨画之所以无法圈限在水墨画里，都有其自律行为所保障，这是一方面。然而在另一方面，自律行为对于自我中心主义冲动毕竟是一种强制和异化，前者越是自觉、规范，后者便越是躁动、逆反。这也就是水墨画脱胎于前水墨画，以及后水墨画与水墨画分道扬镳的初始阶段，后起者总是充当对经典规范的反叛角色从而表现出前卫色彩的内在原因。当前水墨画作为稳固的绘画形态造就着日益固执的主体自律行为，又在无形之中贬损、压抑着自我中心主义冲动和主体价值体现时，水墨画以其"媒介创造"的异军突起之势，宣告了智慧论对本体论、人本主义对形式主义、自我中心主义冲动对主体自律行为的挑战，同时，也启动了自身的"语言创造"进程，为水墨画所特有的本体论、形式手段和自律行为，由此跃居为水墨画定于一尊之后被绝大多数水墨画家共同遵奉的价值标准。后水墨画对水墨画的叛离，也基于同一道理。在水墨画作为稳固的绘画形态重新以其固执的自律行为压制着自我中心主义冲动时，对自律行为和对从事课题的修正或破坏，就成了自觉的超越者们借以凸显自我价值的首要依据。在他们那里，对水墨画的意义守护和形式创新除了证明当事人的个人能力外，已不再成为艺术创造力的标志，真正的创造转向了在独立精神启示之下对既有的和正在产生的各种水墨媒介潜能的广泛发掘与自由运用，其指归既非水墨的精神本体，亦非水墨的语言模式，而是关于水墨的思维方式和智慧水平。从抽象水墨、实验水墨到观念水墨的发展，正是这样一个自我中心主义冲动逐渐超越自律行为的过程。

不过，与水墨画取代前水墨画的历史不同，后水墨画渐成气候，基于一个全球性的现代化时代和一个后现代的国际文化秩序。如果说，中国自设或被设的现代化进程不可避免地蕴含着第三世界国家所共有的身份焦虑，故将现代化与民族性的融合统一作为自己的唯一选择，那么，作为中华民族文化标志的水墨画的现代化，则在经历短暂的迷惘后，从"文化相对论"这个西方后现代思想最重要的理论洞见中汲取了抵制西方话语强权的勇气，而致力于自我身份和自身话语权力的建构。现代水墨艺术家们既"敏感于当下人的生存状态，重视个人直接艺术体验的表达，艺术因而更加贴近急速现代化的中国现实生活"，又"不打算以牺牲自己的水墨特质来赢得西方标准的认同"，而"力图在传统的艺术语言与借来的艺术语言之外寻求某种新的表达的可能性"。[1]但不容忽略的是，这一切仍然在很大程度上依托着一个源于西方的后现代文化情境。经由对传统的"理性""历史"和"人"的三大批判过程，西方后现代文化一方面以前所未有的扩展性输送着它的"解构游戏"和"价值平面"，另一方面又以空前广泛的包容性揭示着它的"多元价值取向"。既想超越传统又想消解西方中心主义的后水墨画，或者更确切地称之为后水墨艺术，即便不能说是以西方为背景的话语强权入侵而导致的结果，也至少透露出遵循后现代主义逻辑的思想理路——以一种媒介方式楔入当代艺术这个普遍主义的艺术语境，除了剪不断的水墨情结，亦即通过对水墨媒材和水墨性表达的执着追求以对抗后殖民主义之外，已经无法像传统水墨画一样保持其独立不羁的“能指”和“所指”了。

一边是自我中心主义冲动压倒自律行为，另一边是剪不断的水墨情结汇入后现代文化语境，内和外的双重变异，使日趋成型的后水墨画时代显得浮躁、动荡、缺乏边缘性，而水墨画、后水墨画乃至前水墨画作为绘画形态上的共生现象，又加剧了后水墨画作为时代存在性质上的复杂化及其悖论状态。这与同样具有剪不断和水墨情结，却在本体论和中国中心主义的意义上把握其存在价值的传统水墨画时代，是不可同日而语的。

走出西方的眼光

我们无法设想，如果中国仍然羁留于农业社会和儒学文化圈的话，后水墨画现象是否会发生。但毋庸置疑的是，以有机宇宙观为基础的和谐稳定倾向作为水墨文化的精神内核，虽然也会出现“媒介创造”与“语言创造”的交替振荡，却不可能构成对水墨画所依存的“道”的威胁。“道”统摄着生命态度、艺术本质、价值理想等终极关怀的形而上层面，水墨画之所以以文人画家为主体，并且在历史发展过程中相继锻造出隐逸情怀、淡泊内涵和笔墨趣味，而将与之相反的世俗情怀、绚烂境界和形式魅力留给了金碧重彩和民间绘画之类的前水墨画，就因为它那幽昧绵邈的黑色视觉效应，以一驭万、有无相生的玄根玄机，以及随机渗化、重过程而轻结果的媒材物质，恰到好处地为形而上的“道”实现了形而下的物性匹配。然而，不争的事实是，20世纪的中国历史抛弃了文人这一文化主体，抛弃了为文人所承传守护的“道”，同时，也就导致了水墨画形而上精神的失落。正是基于此，在汹涌澎湃的西潮美术面前，水墨画似乎成了一种过去时的存在，视其为一个自足的精神本体的语言模式，故有理由与当代文化艺术中的西方中心主义相抗衡的本体论者，由此而显得迂阔保守。也正是基于此，从西方现代、后现代艺术引来新的“道”以发掘水墨媒材新颖表达方式的后水墨画，不仅获得了发生发展的空间，而且被赋予了民族文化符号的载体和传统文化批判的主体这不无悖谬的双重职责。

过分看重西方文化的外因作用，固然有乖史实。由于中国从未沦为殖民地国家，尽管面对殖民主义作出被迫选择，仍然具有“拿来”的主动性。因此，即便从业已成为中国历史的一部分并直接影响到水墨画创新和转型的中国油画等西方主义艺术景观着眼，也不难发现，西方在中国人这里已经被筛选、过滤、亵渎和变形，成了借他山之石以攻玉的筹码。但与此同时，我们更不能忽视这样一种现实：正因为引进了西方，借助了发现中国问题的西方眼光，中国的问题才成了真正的问题。如果没有西方科学精神和写实主义的眼光，中国传统水墨画的弊端就不会被认定为“两点是眼，不知是长是圆，一画是鸟，不知是鹰是燕，竞尚高简，变成空虚”[2]，也未必会出现“衰弊极矣”[3]和“革王画的命”[4]的社会学命题。如果没有西方现代主义和后现代主义的眼光，中国水墨画的现代转型，就不会尾随中国的西方主义艺术，在形式、观念、抽象、行为、装置和政治波普、玩世现实主义、艳俗艺术的多元道路上左冲右突，同时，也就无缘领略与之相应的困惑，诸如如何保持民族身份、如何确证东方精神、如何在走进当代艺术这个普遍主义的艺术语境时又不至于坠入后殖民主义的陷阱等。事情的两面性，使西方的眼光既成为中国近现代水墨画在不同的阶段发现问题、解决问题从而导致其背离民族根基的麻醉汤。

绘画作为诉诸视觉的艺术，从原始时代到现代的演化流衍过程，在西方，大抵是逐渐芟除附加其上的巫术、宗教、文学、哲学、科学等因素，而向着较为纯粹的视觉形式转变。但中国，则以在文人士大夫"归去来兮"的心路历程中获得独特发展机会的水墨画为代表，反而融合文学、哲学、书法等因素，强化人格、趣味、象征等原则，朝着综合艺术的方向舒展其精神根基。这一历史发展的反叛反差，到了20世纪末，已经基本上给填平了。无论坚持本体论的水墨还是乞灵媒介论的后水墨画，都在现代社会这个多元的、重视个人价值的、容忍无数个真理并存的时代需求面前，将视觉形式的建构视为一己职责。区别仅在于，后水墨画的视觉形式建构着眼于普遍主义的形态学特征，其可读性、可观赏性在中国人眼里与西方人眼里均通行不悖，而水墨画的视觉形式建构则着眼于本土主义的形态学界限，其可读性需由特定的文化素养和人文背景来维系。在失落相应形而上精神的情况下，后者的保守色彩决定了其作为将是有限的，但是，只要水墨画继续作为中国人意义世界的一种体现，它那份与西方化和世俗化相抗衡的超越性，恰恰是该艺术表现方式赖以不断发展的生命之源。这是因为环境条件的改变，以及原本附着其上的诸多伦理性功能的丧失，使当代水墨画蜕化成一种"为艺术而艺术"的存在，从而有可能进入相对独立、相对冷静、相对超脱的思考，以非功利性的关切和对本体规律的执迷，深深楔入纯粹化的艺术状态。而对于富有批判精神和开放改革胸怀的后水墨画来说，只有与这种相对立的艺术状态构成张力场，才不会在走向现代化的文化转型进程中失去文化自身的深层冲动，失去超越于即时性、现实性和社会性之上的对终极追求的内驱力，才不会迷失在西方的眼光中而无力自拔。

在艺术自律的形而上信念日趋式微，民族文化的未来利益又往往屈从于现实需求和即时效应的当今时代，做一个水墨画家要比做一个后水墨画家困难得多。前者非但要承受不移不屈、安贫乐道和耐得住寂寞的考验，而且必须在拒绝社会化的孤高寡和状态中剔除信而好古的迂腐气，通过跨越古人已有的成就而成就自我。不过尚可欣慰的是，历史已经给我们提供了一个新的起点，由西方眼光带来的将理性与信仰、社会功能与艺术规律分而治之的二元化价值观，使建立在"独善"和"自娱"等消极意义上的"为艺术而艺术"，被建立在对艺术本体规律的渴求与献身精神上的"为艺术而艺术"所取代，水墨画学术追求的纯正性由此提上了议事日程。收缩横向的社会学价值而潜心于纵向的艺术学科价值，这对自律和自足的艺术家，恰恰是一种难得的机遇。黄宾虹可以作为此类追求得风气之先的例证。

总之，拒绝西方眼光的水墨画与顺应西方眼

光的后水墨画一道，不仅构成了当代水墨画坛对立互补的整体艺术机制，同时，也是这一机制顺利走向自己的未来性的切实保障。我们必须从更深远的意义上看问题，才能为已经变异了并将继续变异着的中国文化减少一些事后的遗憾。

注释

[1]皮道坚:《水墨性话语与当下文化语境》,《美苑》1995年第1期。

[2]鲁迅:《且介亭杂文末编·记苏联版画展览会》。

[3]康有为1917年手书《万木草堂藏画目·国朝画》。

[4]陈独秀:《美术革命——答吕澂》,《新青年》1918年第6卷第1号。

本文载于《美术研究》1999年第1期

卢辅圣，1949年生，浙江东阳人。1982年毕业于浙江美术学院（今中国美术学院）中国画系。上海书画出版社社长、总编辑。

实验性水墨与当代文化问题

皮道坚

实验性水墨艺术的日趋活跃与成熟，是90年代中国画坛的一道越来越引人注目的风景线。从1993年在北京中国美术馆举办的“美术批评家年度提名展”（水墨部分）到1997年在上海落幕的“97中国艺术大展·当代中国画展”，短短5年时间，中国大陆画坛的水墨画领域有了极大的拓展。今日的中国画坛恰如《中国艺术大展作品全集·中国画卷》的前言所描述的：“……不仅将昔日的异端吸入精神世界，同时，也使统一意识形成，画派领袖和习俗规范失去了权威性……中国画家的生存方式、艺术观念、创作态度也因此发生了新的分化组合，而演绎为种种共时和历时的人文景观，新奇、创造、激情、冲突、经典、解构、返祖、弄潮、狂妄、执守、困厄、繁荣……林林总总，层出不穷。”[1]“97中国艺术大展·当代中国画展”所展示的相当一部分包括表现性水墨和抽象水墨的实验性水墨艺术作品，正是中国画坛“昔日的异端”。而“新奇”“创造”“激情”“冲突”“解构”“弄潮”“狂妄”“困厄”等语词所指涉的也正是这些“昔日的异端”给我们带来的前所未有的复杂而难以言说的审美感受。上海“97中国艺术大展·当代中国画展”的观众平静地接受了这些作品，他们带着理解的困惑但却饶有兴味地观看，至少表明了这样一个不争的事实——水墨画领域的拓展和中国画坛的新艺术格局已被认可。圈内的争议仍然是难免的，较为一致的评价则显然是对实验性水墨之创造性活力的认可。

但据我所知，实验性水墨画家们的工作，其初衷并不在于向人展示自己的创造性活力。几乎所有的实验水墨艺术家有自己明确的工作目标和实验方向。在刘子建看来，“20世纪末的世界危机四起，其实就是现代社会物质高度发展带来的灾难性后果。西方现代艺术以参与的姿态执着具体实例，以复制现实的方法提出问题，并非一概而论都称得上是好的形式”，他认为“东方的智慧和水墨表现形式在对这个主题的关注上比起其他的一些语言和方式显得更加合适”。[2]石果则明确地将自己的实验称为“图式革命”，而这一革命的目的乃是“运用抽象语言去传达与西北远古文明相契合的人本主义精神”。[3]

另一类实验性水墨画家尽管开始与传统水墨艺术保持一种若即若离的关系，但一旦进入水墨语言实验阶段也大都明确了自己的工作目标。如90年代以来为推动实验性水墨艺术发展做出了不少工作、用功甚勤的张羽，1990年还跻身于新文人画家的行列。但一当他以“递进方式”创作的一系列作品由视觉符号的撷取转换成对心灵冲击力的寻求时，目标便也明确起来，即“以水墨的精神图式撞击现代心灵，以‘水墨性操作’来挑战今天的物质至上主义、功利主义、泛商品文化和为反叛而反叛作为特征的现代主义思潮”。[4]张羽和刘子建所创造的新水墨图式迥然不同，一沉静内敛，一充满动感。技法上差异更为显著，一个以图式的单纯来凸显水墨精致微妙的变化；另一个则纵横捭阖，大刀阔斧地交错使用硬边拼贴、拓印和大面积泼墨晕染等手法，来营造奇幻的空间。但显而易见顾念永恒，逃避商品化的机械复制，诉求自然性的意向是它们的共同特质，而它们共同的主题则是关注我们当下的生存困惑。共同的主题关注体现着共同的价值取向，正是这种共同的价值取向决定了90年代中国抽象水墨运动一个总体上的艺术特色，即“从外部世界向心灵和精神空间的拓展”。我赞同批评家邓平祥对此的敏锐把握和深刻分析：“但这并不是传统文人‘退向内心’的消极，而是现代文化所赋予的，以对外部世界的体认为基础的向心灵和精神空间的拓展，尤其是面对人被物化，人欲膨胀的现实危险，这种拓展就更具价值了。”[5]

20世纪90年代大陆画坛的实验性水墨艺术，其缘起虽然可以追溯至80年代的新潮美术运动，但从事实验水墨创作活动的艺术家群真正引起批评界的关注，实验水墨作为当代文化问题的一个有机组成部分在美术传媒中频频亮相并引起激烈争论，应该说是90年代中期以后。此时对85新潮美术的反思已使美术界大多数前卫精英开始对西方文化意识形态中心地位的合理性及其艺术语词的普遍有效性持怀疑态度。当然与此同时发现于西方的装置、行为乃至音像影视（Video）等观念艺术方式，也越来越多地为90年代的中国前卫艺术家所采纳和借用。另外，80年代末一度作为新潮美术的制衡力量而出现的“新文人画”因融入市场而淡出思想文化领域。传统与现代之争在水墨画领域则集中体现为“前卫”的批评家对实验水墨的诘难。90年代的中国实验水墨正是在这样一种一面批判地面对传统水墨语言规范和图像结构；另一面顽强对抗纯粹西方艺术方式以谋求水墨绘画对当代观念与文化问题的发言权的文化语境中；或者说是在这样一种两面出击的社会参与方式下，受到批评界的重视，成为中国传统绘画现代转型问题的一个议论焦点。

批评界对90年代中国大陆实验水墨的关注，兴趣实际上并不全在水墨画（作为画种的水墨画）本身。理论的交锋、观点的对峙均是在一个大的文化背景上展开的。这个风云变幻的背景中交织着中国社会急速现代化、市场化和世界化的种种情态。绝大多数就实验水墨问题发言的批评，没有将实验水墨问题仅仅看作一个局部的绘画问题，而是通过讨论实验水墨来探讨中国本土绘画在90年代的遭遇及其可能的前景，探讨中国当代艺术如何重建自己独立的文化身份以及如何在西方中心主义的世界文化格局中与西方当代艺术实行多元文化的“批判性共存”。于是“当下性”、“可能性”、“文化身份”、普遍主义与本质主义、文化差异与文化冲突等话语与话题频繁出现在有关实验水墨问题的激烈争辩中。相对于90年代中国画问题讨论中“传统与现代”“继承与创新”“借古开今”“引西润中”以及“越是民族的便越是世界的”等关于中国画前途和命运的焦虑和议论，这种批评话语的转换更新、批评切入点的重新选择，无疑透露着当代文化语境巨大变迁的消息。遗憾的是，尽管实验水墨已经成为90年代中国当代艺术的一个新的“生长点”并且如有的批评家所说，已经成为当今中国艺术的三个话题之一[6]，但从迄今为止已发表的有关实验水墨的总体批评和个案分析文章看，具有这种眼光的批评者还是太少。据此可以认为与90年代中国水墨艺术的创造性转型相比，我们的批评表面热闹，实质上滞后（当然，热闹声中也夹杂着尖锐的“超前”批评，只可惜因为“超前”而失去了当下，对于关注当下的实验性水墨艺术来说，它们与滞后的批评一样“不在场”，因而也不是其批评对象的对象。详述见后文）。

当代艺术现象的一个重要特征是艺术与批评共生，新艺术渴望“批评性关注”（哈贝马斯语），乃是因为新艺术图式隐喻性的释放在相当程度上有赖于这种“批评性关注”。不承担批评对新艺术的这种关注职能，而指责新艺术建立在对以往图式语言经验的挪用、改造和变异基础上的个人化语符与图像的翻新再造，意义虚妄和不可捉摸[7]，是荒谬和不负责任的。如果说从所谓“笔墨中心主义”出发的批评，对于实验水墨艺术来说，它的滞后主要表现在批评话题和话语方式的陈旧过时，则这种不合逻辑地既要求新艺术“卓然新创”又要求新艺术意义一目了然的论调，实际是批评家对自己面对作品事实时的无感觉、冷漠、失语状态的一种无奈掩饰。如果说，“笔墨中心论”者的尴尬在于他们早已成为苏轼所取笑的那种“赋诗必此诗”的人而不自觉的话，那么，一旦意识到自己的批评话语与作品同一性已经消解，他们还有可能摆脱先验预设的强制性言说规范，面对实验性水墨的作品事实，去发现超出作品之外、大于作品事实本身的意义。[8]但对这类面对新艺术作品所展现的开放性、探索性空间毫无感觉，面对作品符号的暧昧和种种支离破碎、时空错接的作品事实茫然失语的批评者，我们只能遗憾地问一句：“批评何为？”

实验水墨遭遇的最严厉的批评，其实并不来自传统主义的“笔墨中心论”。与一些激进的、“前卫”的批评家相比，传统主义者要宽容得多。尽管传统主义者认为在传统的笔墨语言之外重新创立一套能够传达丰富的精神世界，并和古代水墨相比肩的语言系统是不可思议的事，但还是认为探索性水墨的多种语言实验，作为笔墨语言的一种补充和改造力量是有价值的。[9]“前卫”的批评家们干脆认为现代水墨画在发展方向上是一种虚拟状态中的求存策略。而水墨画存在和发展的可能性，就是作为一个特殊画种的消亡，就是它在形态意义和文化指向上的彻底失败[10]，应该说这个判决虽然确实令人沮丧，在逻辑上却无懈可击。因为如米兰·昆德拉所说：“未来说是比现在有力。”前卫派因此与被未来相和谐的雄心所主宰。不过他同时又说：“过去，我也认为未来是对我们的作品与行为唯一有能力判断的法官。后来我明白，与未来调情是最卑劣的随波逐流，最响亮的拍马屁。”[11]道理其实再简单不过，未来不论多么有力，也是现在的未来，即没有现在就不会有现在的未来。11年前，我在一次为“新潮美术”辩护的发言中说过：“现在不仅是连接着过去与未来的时间中介，更是活的精神驰骋的空间场所，正因为如此，现在又是未来的胚胎和萌芽，所以舍弃了现在的未来，只不过是一种海市蜃楼。”[12]没有想到这段在当时有具体针对性的发言今天仍有其针对性。不过，具有讽刺意味的是，它的针对对象竟完全对调了位置。

青年批评家中也不乏对实验水墨的当下性及其意义有清醒认识者，王南溟发表在《江苏画刊》上的《张力的疲软》一文语虽尖刻，但看得出作者对近年来水墨画坛的发展态势有过冷静观察和认真思考，可贵的是其观察和思考不仅有一定的当代知识背景，而且是在学理的层面上展开的。尽管我们不能赞同该文结尾的论断：在当代艺术中，有没有现代水墨画并不重要。[13]但却赞赏作者把当代艺术看作一种“动态的文化问题”[14]的眼光。正是具备这种眼光，他才有可能发现抽象水墨的当下性及其现实的文化意义。与那些认为抽象画不具有当代性而予以排斥的批评家不同，王南溟看到了抽象画在中国艺术中的现实性价值，并指出：“缺此一环，中国当代艺术就有天生的语言佝偻病，而且一旦到抽象画的切入点和语境有其‘观念’和‘意义’的维度，那它就远远超越了画面传递的信息。”[15]这个见解无疑是深刻而有远见的。令人奇怪的是，既有如此见识，并认为抽象图式可能是与传统拉开距离的最好途径，以“构成”转化“写意性”，以“表现”提取“书写性”，可能提示抽象艺术的新看法的同一作者，何以会在同一篇文章中得出前述有没有现代水墨并不重要的结论。其实，对于一个崇尚多元文化的当代社会，在其艺术领域中，要说少了谁都不会塌下天来，岂独对现代水墨画而言！如果从当代社会对多元文化价值的尊重和对差异性原则的强调之态度出发而立论，则艺术的样式、形态、风格、语言似乎应该是“韩信点兵，多多益善”，那就更没有理由轻言将谁谁废掉。就实验性水墨本身（不是作为画种的现代水墨画，而是作为中国当代艺术的一个重要组成部分的水墨实验工作而言）[16]，一些最为敏锐活跃的实验水墨艺术家所创作的形态样式各异的抽象水墨作品，已然成为可以引发批评对当代文化问题不断阐释的水墨性文本，这充分表明，实验水墨与其他样式的当代艺术一样对中国当下文化语境有着敏锐而深刻的把握，尤其对中国社会急速现代化、市场化所带来的自然性丧失和因追求国际社会认可和接纳而导致的自我意识淡化与自主性失落保持着一份独到的清醒和冷静。一些对实验水墨艺术家提供的图式语言缺乏感觉的人，可以信口开河地指责实验水墨艺术缺乏“现实关怀”的热情，但改变不了实验水墨进入90年代当代文化问题情境的事实。事实上90年代中国实验水墨艺术的最主要的成就正是其建立在对以往图式语言经验的挪用、改造和变异基础上的个人化语符和图像，不仅为我们开拓了新的艺术想象和阐释的空间，同时，也促进了当代中国文化想象力和创造力的发展。更重要的是它们展示了一道意义的风景线，从中我们不仅能感觉到包括宣泄感、破碎感以及针对力量和速度、爆发等时空意味的生命感悟在内的浓烈的现代气息，并能发现艺术家们对当下虚假符号的有力拒斥和一种与中国古典艺术气息意味相通的对自然的依恋之情。而这正是当代文化问题情境中关注当下、顾念永恒、逃避商品化的机械复制和诉求自然性等意向的生动形象的集中体现。

因此，有理由认为实验水墨是90年代中国当代艺术中相当重要的美术现象。它的重要不是因为它在对西方文化权利持批判态度的同时，又并未陷入狭隘的本土化立场，而能以一种开放的态势挪用西方现代、后现代艺术经验处理中国当代艺术问题，也不是因为它提示了在世界文化格局中重建民族文化身份的必要性和可能性。事实上实验水墨从未将所谓“文化身份”作为自己的目标，绝大多数实验水墨艺术家是为着在当下文化语境中追求真实的表达而从事各自的语言实验的。如果说90年代的实验水墨作品确实在某种程度上为我们提示了重建民族文化身份的必要性和可能性，那也只能说是它的一种结果，而非它的初衷。因为对于实验水墨艺术家们而言，身份意识并不意味着一种“保守主义”的狭隘民族立场。身份意识只代表一种相应的文化权力，而且它基于这样的认识：一个多元的世界文化格局优于一个一元的世界文化格局，一个多样化的民主世界好过一个独裁的霸权的世界。因此，90年代实验水墨艺术提示的民族文化身份问题，其实质是当代文化中多元化价值观能否受到尊重、差异性原则如何贯彻实行的问题。

对于90年代的中国当代艺术，实验性水墨的重要性首先在于它对当下文化语境的深刻把握，和它对当下存在以自己特有方式的切入。实验水墨与其他样式的当代艺术关注当下方式最大的区别在于，它从未站在传统文化与当代文化的对立面，也从未试图超越民族传统文化的逻辑发展阶段去寻求自身的发展。而是对中国社会与文化转型的艰巨性与复杂性有着足够的认识。因此，多数实验水墨艺术家是由当下状态入思，并以自己的实验方案切入当下状态。如王川“上无傍依，下无临地，先死而后生地从中国水墨情境的内心唤醒中出走”便是为了“重新解读和整合水墨和本文含义，探讨其影响当下文化状态的可能性”。[17]刘子建创造的黑色空间中的无序漂浮物，它们那风格化的浮显和隐入的冲突碰撞，正是当代中国诸多社会及观念问题的意味深长的图像隐喻。石果的“图式革命”是为了“凭借着原创的、异端的、纯粹的水墨图像，进入与现实保持对应张力的形而上自足性”。[18]张羽的《灵光系列》，是超越直呈的聚合与感悟，艺术家创造它们也是为了以一种独特的水墨性精神图式重新聚拢、整合我们对这个世界支离破碎的感受，在形形色色的灵光显现中缅怀传统，追寻信仰。[19]最年轻的实验水墨艺术家魏青吉运用水墨媒材（也包括一些非水墨的工具和材料）在书面上营造悬念，则是为了“展现隐蔽在我们生活背后的真实”并给当代生活“注入一种泛宗教化的意识”。[20]看来几乎所有的实验性水墨画家对现代化和高科技发展所带来的人性与自然性丧失，始终保持应有的警惕。这里面既有实验水墨艺术对我们当下存在所面临的问题，以及我们所面临的人类共同问题的关注，也有传统的水墨媒材所携带的民族文化基因。应该说在全球一体化和市场文化选择中，当利益原则支配一些艺术家，也支配一些刊物传媒，造成艺术价值的普遍失落和艺术在某种程度上的总体盲动时，实验水墨画家的这种追求更能显示人类审美活动的精神性物质。这种物质体现在实验水墨中即是它的文化批判性和它对水墨语言功能的拓展。

如果我们真能把当代艺术当作一个“支柱的

文化问题”来对待，进而把实验性水墨艺术放到当代艺术这个大的动态文化背景中看待，还会发现除了前述的关注当下、顾念永恒、逃避商品化的机械复制和诉求自然性等意向外，90年代的实验性水墨艺术确实如伽达默尔所说的那样，是“携带着向将来开放的视野和不可重复的过去而前进”。[21]与以油画、雕塑、装置等其他艺术方式从事创造活动的艺术家不同，实验水墨画家差不多全都出身于中国传统绘画，他们所受的教育使他们与传统绘画有千丝万缕的联系，这种联系既在于对传统魅力的领悟和倾倒，也在于对传统束缚的切身感受和体会。这或许是理解为什么这一部分人始终不放弃水墨媒材和水墨性话语，而又常常是有意识地针对传统发问和挑战的关键，这也是在他们看似与传统决绝断裂的作品中，我们总能感受到一些与中国古典绘画气息相通的精神内涵的根本原因（有必要指出，批评在这一点上的最严重错位是认为实验水墨艺术以实现文化身份为目的，从而将动机、过程及结果混为一谈）。因而新水墨的图式或符号创造往往能不时给我们带来一些惊奇。对看惯了“舶来的”西方绘画以及这些绘画的仿制品的眼睛和心灵，新水墨的图式和符号不仅开拓了新的艺术想象和阐释的空间，而且在相当程度上摆脱了意义的循环。因此，对于批评界来说，要使对话成为可能，一次也许是有着切肤之痛的转换在所难免。这个转换就是由言说绘画及绘画之真理，转向言说绘画的语言方式或方案，批评何为？如何为之？其答案就该是致力于参与新水墨视觉空间符号系统和语义进程，以不懈的意义发现去否定所谓“形而上学”的永恒追求。

也许还有必要指出，实验性水墨不仅有可能在当代艺术中形成纯粹西方艺术方式的一个对立因素，而且也通过对抗与传统主义相互砥砺，取长补短，形成有张力的水墨画艺术多元格局，防止传统的僵化，牵引传统向现代方向发生变化，因为如福柯所说，一种艺术“如果具有了一种日常生活的色彩，再让经济法则凌驾其上，就能把传统僵化”。[22]不幸的是中国传统写意画今天已有相当一部分已日常生活化，成为人们休闲和延年益寿的工具。这样的情况下，“要把它的频繁出现从习惯和熟悉中拉过来”。[23]实验性水墨艺术的探索实践，将是一股可信赖的力量。

注释

[1]卢辅圣、郎绍君、皮道坚：《思潮与情境——当代中国画略论》，载《中国艺术大展作品全集·中国画卷》，上海书画出版社1997年版。

[2]刘子建：《有关现代水墨的随感》，载《当代艺术丛书》（7），湖南美术出版社1995年版。

[3]黄专：《石果“图式革命”的意义》，载《当代水墨艺术丛书》（1），天津杨柳青画社1993年版。

[4]皮道坚：《超越直呈的聚合与感悟》，载《当代水墨艺术丛书》（3），黑龙江美术出版社1996年版。

[5]邓平祥：《张羽心象——张羽（随想集）审美识》，载《当代水墨艺术丛书》（1），天津杨柳青画社1993年版。

[6]青年批评家陈侗认为这三个主要话题是“实验水墨”、方兴未艾的装置和重新找回表现空间的架上油画。见《叙述作为一种观念》，载魏青吉、赵乐琳、段建宇“三面展”（1997年，广州）场刊。

[7]见钱志坚《假设的可能性——现代水墨画的虚拟状态》，载《当代水墨艺术丛书》(3)，黑龙江美术出版社1996年版。

[8]事实上随着实验性水墨艺术的日趋活跃，已有不少笔墨中心论者修正了自己的观点，如刘骁纯即为了介入现代水墨画的批评而提出了两大笔墨系统的概念。详见刘骁纯《笔墨——黄宾虹与林风眠》，载《20世纪中国画》，浙江人民美术出版社1997年版。

[9]郎绍君:《关于探索性水墨》，载《当代水墨艺术丛书》(2)，天津杨柳青画社1994年版。

[10]见钱志坚《假设的可能性——现代水墨画的虚拟状态》，载《当代水墨艺术丛书》(3)，黑龙江美术出版社1996年版。

[11][捷]米兰·昆德拉:《小说的艺术》，孟湄译，生活·读书·新知三联书店1992年版，第19页。

[12]皮道坚:《选择，立足于我们的当下——兼谈当前美术论争的一个方法论缺陷》,《美术研究》1986年第4期。关于"精神"一词的含义可参见该文所引伽达默尔的一段论述:"我们的日常生活就是由过去和将来的同时性造成的一个持续不断的进步，能够这样携带着向将来开放的视野和不可重复的过去而前进，这正是我们称为'精神'的东西的本质。"

[13]王南溟:《张力的疲软——给现代水墨画的诊断书》,《江苏画刊》1997年第9期。

[14]详见王南溟未刊稿《"观念水墨"与"水墨"的形而上学》。

[15]王南溟:《张力的疲软——给现代水墨画的诊断书》,《江苏画刊》1997年第9期。

[16]关于这种实验的艺术史性质和意义，可参阅贡布里希《艺术发展史》关于"实验性美术"的章节。贡氏认为以各种各样的观念和媒介来从事实验的自由正是20世纪艺术的特征。这原本是实验水墨的理论依据，但实验水墨却也因此而被贴上了现代主义和形式主义的标签，而受到中国"前卫"批评家的诘难。

[17]王川:《关于水墨材质的文化身份问题》，载《当代艺术丛书》(7)，湖南美术出版社1995年版。

[18]石果:《艺术家手记——创作笔记》，载《九十年代中国实验水墨》，世界华人艺术出版社1998年版。

[19]皮道坚:《超越直呈的聚合与感悟》，载《当代水墨艺术丛书》(3)，黑龙江美术出版社1996年版。

[20]摘自画家笔记。

[21]皮道坚:《选择，立足于我们的当下——兼谈当前美术论争的一个方法论缺陷》,《美术研究》1986年第4期。

[22]《权力的眼睛——福柯访谈录》，上海人民出版社1997年版，第96页。

[23]同上。

本文载于《美术研究》1999年第2期

皮道坚，1941年生，湖北人。美术史论家。1981年毕业于湖北艺术学院研究生班美术史论专业。华南师范大学美术系教授。

实验水墨画在现代性重建中的作用

李公明

首先应该确认，现代性裂变仍然是我们至今所生活于其中的20世纪世界的基本事实，现代现象是一个包容有历史性与当下性、全球性与地域性的问题。现代现象本身主要是在三大层面上展开和推进：社会的政治经济制度、知识理念体系和心理结构及文化形态。[1]这种各自展开的过程至今仍在延续，其中作为“现代性”题域所面对的心理结构与文化形态问题是至为关键和困难的问题。本文所讨论的论题在性质上正是属于这种类型的问题，因此，把当代中国水墨画艺术的文化意义问题置于现代性问题的框架中讨论，在学理上是正当而合理的。

目前理论界关于现代水墨画的讨论，基本上是围绕着现代水墨画在当代中国的文化语境中的地位以及在世界当代艺术格局中的文化身份这两大问题来展开。以“文化”的视觉切入对水墨画问题的讨论当然是必要的，但是也可从更多的角度（或更准确地说是从更多的学理框架）来切入讨论，以拓展和深化——偶尔也矫正——对同一论题的认识。

比如，依我看来，目前关于水墨画的讨论更多是笼罩在“民族身份”的切身光环之中，而更多的现代化性问题却是隐而不彰，而事实上，我们能否认为后者与这个论题的讨论没有多少关联呢？

又如，目前的讨论似乎已经是以对中西文化的对立的关注取代了对传统与现代的对立的关注（似乎这已经是一个被解决了的问题），这里面是否还隐藏着值得反省的问题呢？

甚至对于目前的提问与答案本身，我觉得至少还可以提出一个问题：讨论者们相继以本质论、消亡论、媒体论、表现论、观念论、新保守主义论、文化介入论等理论来回应同一问题，为什么讨论者们的注意力会相对少地放在对提出的问题进行审视和提出新的问题呢？[2]

现代现象可以称为有史以来人类社会所经历过的最巨大、最深刻的裂变，其根本性的标志是人的生存状态的彻底转变，而且是转向一种缺乏整体性与确切性的状态。人的心灵因此而惶惑不定[3]，现代人的精神之旅危机频仍、危险四伏。在这里，我们的问题是，实验水墨画作为当代中国的一种艺术言说方式是如何在个体生命的安身立命的意义层面上回应当代问题的。有论者认为，现代水墨画在当代文化语境中已无力作为视觉审美和精神价值呈现的负载物；也有论者对现代水墨画缺乏与现实生活的直接联系而感到忧虑。[4]尽管人们大都认为现代水墨画应该关注当下人类面对的共同问题，但对于这种“关注”的属性、品格究竟为何，“关注”是如何实现的等问题均语焉不详。

我认为，实验水墨画对当下问题的关注只能表现为个体心性在现代结构中重建个体化的感性品质的努力，其基本属性是建立在个体感性基础上的审美性。从G.西美尔到D.贝尔，都对现代性与审美性的问题有着这样一种认识：现代性表现为个体生存的整体感和完整感的丧失，碎片或部分代替了整体，现代性与审美性的同质表现在一种新的心性或生存伦理的成型：审美距离、感性经验等的绝对现在性、自我的绝对评判、个人不受任何限制的自由。[5]因而，实验水墨画的取向是返回个体生命的内在性、表现和创造个体生存的独一无二的感性本体。不少论者之所以对于水墨画疏离社会——集体的现实问题感到不安，正是对其根本属性与精神品格的认识遮蔽所致。在当下的社会语境中，作为个体生存的最大精神性问题是生存本体的迷失、个体经验的意义耗散，“关注当下”的问题只能以个体生存本体论的重建来实现。正是在此意义上，当代实验水墨画的种种探索精神与实践是具有真实的审美价值与伦理意义的。

然而，我们如何区别真正内省的个体生命体验与虚张声势的故弄玄虚？如何判别精神动机的纯粹与视实验水墨画为名利图腾？这种问题不是没有引起研究者的关注[6]，而是无法把它作为一个可以进行有效讨论的问题来看待。其原因绝不是理论家们出于人际关系的考虑，而更重要的是由于个体化话语的属性和品格所决定的。由于个体感受从根本上看是一个心理过程，现代实验艺术的感性诉求也是体现为一系列的心理过程，因而对其体验的真实性是难以从结果——呈现为物质媒介的“作品”——进行验证的。D.贝尔对此有过一段人们比较熟悉的论述：“传统的现代主义试图以审美对生活的证明来代替宗教或道德；不仅创造艺术，还要真正成为艺术——仅仅这一点即为人超越自我的努力提供意义。但是回到艺术本身来看，就像尼采明显表露的那样，这种寻找自我根源的努力使现代主义的追求脱离了艺术，走向心理：不是为了作品而为了作者，放弃了客体而注重心态。”[7]因而，在这个问题上，批评家们无法不陷入失语的状态。随之而来的对批评家的考验是，是坦诚地面对失语状态，还是轻而易举地有所言说——廉价地以结果“论证”过程、动机的精神纯粹性。从目前的情况来看，属于后者是居大多数，很少有批评家在介绍一位他愿意为之写评论文章的画家时不对他的道德动机表示真切地了解和坚定地颂扬。

可以说，上述这种问题还不仅是关涉到一种个人道德评价问题，因而还不至于在艺术学的本体研究方面造成多大麻烦，而是关涉到开启了一道为免于失语的恐惧而随意言说的闸门。许多批评家在面对作品时努力使自己适应、顺从新的文本现实，释读的工作变为争先恐后的命名：为某种晦暗不明的源动力、为某种若有若无的即兴随想而庄严地命名。当然，不排除在这过程中理论思维被激活的可能性，尤其是相对于仍被主流意识形态笼罩着的那种“美术评论”，即便是“呓语”，它也是真实、自由的；也不能否认理论家们也有游戏冲动的权利。游戏精神正是现代性的审美特性之一，问题是，过于一本正经的命名使这些因素变得不被看重或不愿被言说。

无可讳言，某些批评家发出的声音明显的是上演着“皇帝的新衣”的喜剧（悲剧？），他们中有些人甚至在私下也会坦诚地承认这一点。[8]

不能否认，对个体话语的执着、对形式结构的迷恋、对想象力的恣意挥霍，必然导致能指系统的无限膨胀，即兴的“可画”“可泼”甚至“可摆设”都真实地负载着无穷的宣泄意味。而且，即使是异常规模的无政府主义的水墨骚乱也可能是真实地表达出某种复杂的情感。但是，如何能够有效地对它们进行解读（或者这样问：还存在着有效解读的可能性么），这是需要认真思考的。“现代主义可能不仅意味着艺术的新形式和独特风格，也意味着艺术的某种极大的灾难。总之，实验主义不单单表明艺术上存在着深奥、困难和新奇；它也表明凄凉、黑暗、异化、崩溃。”[9]这也意味着解读的多种维度与可能性，批评家的自由空间是面对实验作品时与生俱来的。

实验艺术还不得不面临的一个悖论：当它自以为是最为独创、最具有自由的个体的时候，往往也就是迅速形成了同一性的开端——同样大面积和视觉撞击、同样坚定的惶惑、同样直逼中心的疏离、同样浓黑的深奥意蕴、同样冷冽的激情喷发，等等。于是，一次、两次大型展览、研讨会下来，自称为走在边缘的私人创作转而成为新一轮的集体话语。

关于现代水墨画“文化身份”的讨论给人以强烈的中西文化冲突意识，这在目前席卷全球的国际化语境中是有其合理性的。但是，百年来的中国思想文化界一直深陷入中西文化二元景观的理论僵局中的事实提醒我们，解决“中国问题”的真正出路可能恰恰不是在“中国”的问题之中，而在“现代”问题——包含了西方与东方的“问题”——之中。金耀基关于走出“种族中心情结”，消除中西二元紧张的思路值得我们借鉴。[10]我认为，认识自己的“问题”比确认自己的“身份”更为关键，而且所谓“自己的”问题其实也是世界上“每个人”的问题。

注释

[1]参见刘小枫《现代性社会理论绪论——现代性与现代中国》，上海三联书店1998年版，第3页。

[2]H. 赖欣巴哈对哲学史的看法或许会给我们一点有益的启示：“在整个哲学史上，我们发现哲学思维总是和诗人的想象连在一起；哲学家发问，诗人回答。因此，我们在阅读各种哲学体系的陈述时，应该把注意力多放在所提的问题上，而少放在所作的回答上。基本问题的发现，其本身就是对于智力进步的重要贡献，当哲学史被看作问题史时，它所提供的方面比被视作为诸体系的历史时丰富多彩得多。”见其《科学哲学的兴起》，伯尼译，商务印书馆1983年版，第25页。

[3]M. 舍勒早在20年代就指出，关于人的传统观念受到了彻底的震撼，“故而可以说，在历史上没有任何一个时代像当前这样，人对于自身这样地困惑不解”。见其《人在宇宙中的地位》，李伯杰译，贵州人民出版社1989年版，第2页。

[4]参见鲁虹《水墨画及其文化身份问题的讨论》（打印稿）。

[5]同注[1]，第305页。

[6]参见范迪安《当代水墨变革的文化价值》："在现代水墨运动中确实有一些画家把'实验'视为可以迅速成功的捷径，浅尝辄止、虚张声势，使水墨语言的探索成为一种表面的、夸张的和浮浅的样式……"载皮道坚主编《九十年代中国实验水墨》，香港世界华人艺术出版社1998年版。

[7][美]D.贝尔：《资本主义文化矛盾》，赵一凡等译，生活·读书·新知三联书店1989年版，第98页。

[8]这也是一个有真实意义，但难以被当作研究对象进行规范研究的问题。或许应该研究的是批评家们真正的个人话语——私下之间的话题。

[9][英]马尔科姆·布雷德伯里、詹姆斯·麦克法兰：《现代主义的名称与性质》，见布雷德伯里、麦克法兰编《现代主义》，胡家峦等译，上海外语教育出版社1992年版，第11页。

[10]参见金耀基《从传统到现代》"新序""自序"，广州文化出版社1989年版。

本文载于《美术研究》1999年第2期

李公明，1957年生，广东广州人。美术史论家。1982年毕业于华南师范大学历史系。广州美术学院教授。

关于解放区的木刻创作

力　群

20世纪30年代初期，由鲁迅先生辛勤培育起来的中国新兴版画的木刻家到了抗日战争年代就都成为木刻发展的种子，在当时的国统区和解放区发芽生根、繁荣昌盛，对中国的抗日战争和解放战争做出了贡献。

20世纪30年代初期从事新兴木刻的革命青年，大都活动在当时的上海、杭州、广州、北平等大城市。1937年卢沟桥事变抗日战争爆发后，由于战争的失利，沿海大城市先后被敌人侵占，当时在上海等大城市活动的木刻家，不得不走向内地，走向"国统区"，走向"解放区"。所谓"国统区"是指国民党统治的地区，所谓"解放区"是指共产党领导的地区。国统区的木刻家以揭露旧社会的黑暗为主，解放区的木刻家以歌颂新社会的光明为责。这就是两个地区在木刻作品上的大区别。而作者大都是革命的青年木刻工作者。

先后走出上海来到解放区——延安的木刻家有胡一川、沃渣、江丰、马达、陈铁耕、黄山定、张望、刘岘、力群等人，他们来到延安后大都在当时的"鲁迅艺术文学院"美术系当教员，于是培养出一批新的木刻艺术工作者，其中有的后来成长为中国著名的木刻家，如古元和彦涵。

当时"鲁艺"的美术系，实际上就是木刻系。因为在延安由于物质条件所限，既无法买到国画用的宣纸和毛笔，也无法买到油画用的画布和颜色等用品。所以无法从事国画和油画创作。鲁迅生前在他出版的《新俄画选》的小引中就说过："当革命时，版画之用最广，虽极匆忙，顷刻能办。"他的预见在延安"鲁艺"竟成为现实。

最先来到延安的木刻家，后来又到了敌后的抗日根据地，如沃渣到了晋察冀解放区，胡一川、陈铁耕、彦涵、罗工柳等人到了太行山晋冀鲁豫解放区，这就产生了敌后的木刻创作。同时，吕蒙、沈柔坚等人在新四军所在地也开辟了木刻创作的新园地。

由于以上介绍的情况，所以在共产党领导的解放区，当时的木刻创作就应有前方和后方之分。由于前方是战争环境，木刻家具有战地生活实践，所以他们的作品多以歌颂八路军、新四军的英勇战斗和军民鱼水情为其主要题材。在这方面应以彦涵为代表，如他创作的有名的作品《当敌人搜山的时候》《开展民兵爆炸运动》《抬担架》等，就是很好的说明。而作为后方的延安，因为敌人未来过，大家处于和平环境，所以其木刻创作主要是歌颂陕甘宁边区人民和平民主幸福生活的劳动生产，练兵学习等内容。在这方面以古元为代表。如他创作的有名的作品《运草》《冬学》《羊群》《离婚诉》《哥哥的假期》等，以及力群创作的《饮》《听报告》等都是很好的说明。

而即使是属于反映前方军民生活的木刻创作，又可分为两种：一种是作者回到延安后创作的，另一种是在前方战地创作的。但即使是回到延安创作的，因为表现的内容是战地的战斗生活，所以也应属于前方的。前者是在延安创作的，由于作者听不到炮火声了，可以心平气和地从容构思，精雕细刻；而在前方的战争环境中创作的，多半由于有紧迫性，所以一般就显得粗糙，与回到延安创作的有明显不同。这从彦涵在延安"鲁艺"创作的《当敌人搜山的时候》等作品与他在前方刻的那些年画即可得到证明。而这基本上属于抗日战争时代的情况。到了解放战争时期，随着解放区的扩大的变化，以及木刻家的流动，又有了新情况。例如，日本投降后，笔者从延安到了晋绥边区，而延安在解放战争初期为国民党军队胡宗南所占领，陕北便从抗日战争时期的后方变成了前方，而晋绥边区在抗日战争年代属于前方，此刻又变成了陕北前线的后方。李少言同志在1948年创作的木刻《黄河渡口抢救伤员》就是伤员从陕北前方渡过黄河来到作为后方的晋绥边区的。

但不管属于前方的木刻，还是属于后方的木刻，又以时间的不同而分为"延安文艺座谈会"之前和之后两种。因为毛泽东同志《在延安文艺座谈会上的讲话》(以下简称《讲话》)中要求我们的文学艺术应为工农兵服务，应为他们所喜闻乐见。这之前他也要求我们的文艺作品应有中国作风、中国气派，但并未引起应有的重视。而这次在"延安文艺座谈会"之后就不同了。文艺家们认真实践了他的教导。早期的解放区木刻，由于是向西欧木刻学习的，形成了"欧化风"。表现在作品上讲究明暗法，从而使画面上的人物形象如老百姓批评的所谓"阴阳脸"，其结果是虽然内容是关于工农兵生活的，但不为工农兵所喜爱。虽然当时延安也有个别木刻家尝试大众化、民族化，刻了几幅民间风味的新年画，如沃渣同志刻的《五谷丰登六畜兴旺》，但未形成木刻创作上的运动和风气。而在延安文艺座谈会之后，又经过文艺整风运动就不同了。以古元为首，下决心抛弃了欧化风，向中国年画学习，以阳线为主刻出了新的木刻作品，从而形成了一种木刻创作上的革命，一种新风气。例如，他在毛泽东《讲话》之前创作的《离婚诉》又重新刻过，以及他的《区政府办公室》《减租会》等和他以前的作品比较，就有明显的不同。而我在《讲话》之前刻的《饮》《听报告》也和《讲话》之后刻的《丰衣足食图》《为群众修理纺车》有了很大的区别。这种区别是我们在延安文艺整风运动中在思想上建立了"群众观点"的结果。也就是艺术家进行木刻创作时心里应想到人民。因此，不论是古元还是我自己，直到全国解放后，在艺术创作中也未曾忘怀"群众观点"。也就是不能不考虑广大群众是否喜闻乐见，这是作为一个人民艺术家应有的创作态度。

本文载于《美术研究》1999年第3期

力群(1912—2012)，山西灵石人。版画家。1931年入国立杭州艺术专科学校学习，1940年任延安鲁艺美术系教员。《美术》杂志副主编，《版画》杂志主编。曾任中国美术家协会党组成员、书记处书记。

谈谈延安—太行山—延安的木刻活动

彦　涵

话要从头说起。中国新文化的伟大旗手鲁迅倡导的新兴木刻艺术，具有现代的革命精神，它不是有着辉煌历史的古代“复制木刻”。它在1932—1937年短短期间内，从“小点萌芽”形成“茂林嘉卉”般的一支坚强有力的木刻艺术创作队伍，而且导致解放区木刻活动蓬勃开展。

1937—1949年，中国经过民族战争、解放战争两个重大历史阶段。当时由于敌我两种势力的对比悬殊，战略决策农村包围城市争取最后胜利。相继建立许多根据地（亦称解放区），吸引全国众多爱国人士来到这里。特别是“革命圣地——延安”，更是千万革命男女青年投身的天地。从1937年起，新兴木刻先驱们江丰、胡一川、沃渣先行到达延安，胡一川在城内办起木刻墙报来。接着于1938年有更多的先后从事木刻艺术的卓有成就者和后进者来到。大都进入新成立的鲁迅艺术学院工作或学习（院址在延安城北门外山坡窑洞里）。为继承发展新兴木刻事业，“踏着鲁迅开辟的道路”前进，美术系设立木刻训练班、出墙报、刻木刻。

1938年冬，鲁艺各系毕业生中有很多人分配到华北、华东抗日根据地工作。以胡一川为首包括罗工柳、华山和我成立了一个“鲁艺木刻工作团”，带着江丰交给我们的全国木刻展作品，随八路军东渡黄河开赴属于晋冀鲁豫根据地的太行山抗日前线。路经山西永和关，利用短暂时间把木刻试展两天。到晋西离石县双池镇又举行第二次展出。年底到达目的地太行山抗日前线，也是中共北方局、前总司令部所在地。立脚未稳，罗工柳、杨筠调去《新华日报》（华北版）工作，和先在那里的陈铁耕担任美术编辑。剩下的胡、华、我三人受命迅即前往沁县参加“抗日反汪精卫大会”，并在那里的铜川中学正式举行一次全国木刻展览，接着又去长治巡回展出。这两次展览产生较大影响，为部队所重视，博得了领导的关心。胡一川领导华山和我在北方局驻村创制木刻连环画，即胡一川《太行山下》、华山《王家庄》、彦涵《张大成》。原本由报社印行，可是未及问世就毁于敌人“扫荡”的炮火。

1939年4月，木刻工作团全体成员都集中到报社（陈铁耕、杨筠此时也参加工作团），共同担任美术编辑、刻制版画的任务。尤以罗工柳、华山工作量最大，作品最为精致。有时画漫画、独幅画、连环画、插图、名人肖像甚至票证等，充分发挥木刻的功能。此外还出版《敌后方木刻》画刊，随报纸发行，深受人们的喜爱。出完四期，也因敌人“扫荡”，根据地缩小、机器受损、纸张短缺等困难而停刊了。久久不能释念，幸于1950年冬我在列宁格勒的艾尔米塔什博物馆看到有此藏品。另有我1939年2月在北方局驻地刻连环画时刻的《彭副总司令》头像一幅，绝无仅有。我们在报社刻画，亦到部队体验生活，我在这一年就曾参加武涉公路的破交战役。华山更是多次下到部队体验生活，并写出一些战地通讯、报道，颇受社长何云（于1942年反“扫荡”时牺牲）称赞，胡一川也到基层体验生活过。

1939年12月北方局杨尚昆书记和李伯钊同志在原长治民族革命艺校基础上，加以扩大、充实，在武乡王家峪附近，重新改为鲁艺学校。我从工作团调来担任教学和开展木刻工作，没有多长时间，胡一川、罗工柳、杨筠等也调出报社，来到艺校驻地关烟垴山村。木刻工作团为使木刻更好与群众结合，起到积极宣传教育作用，为抗战更好服务，决定利用民间形式开展新年画创作。为此调来木版印刷师傅赵思恭，罗工柳又从报社要来一些油光纸。此时，已到1940年年初，前总在下河村召开部队文艺工作座谈会，朱德总司令亲临会场，发表重要讲话，并出示敌伪宣传品，要大家为抗日多写多画，宣传部部长陆定一讲话，提出文艺为工农服务方向，并对工作团加以肯定。大家受到莫大激励，为时不多完成一组新年画。有胡一川的《军民合作》《开荒》，罗工柳的《抗日人民大团结》，杨筠的《织布》，彦涵的《保卫家乡》《春耕大吉》。年画印制完毕，胡、杨身背万张作品，去几十里以外襄垣县西营镇赶集出售。把画展出，摆开地摊，农民们见到这些五彩耀眼的新年画，顿时抢购一空。不在于卖钱多少，重要的是这些新年画获得可喜成效。驻地农民找上门来买画，彭德怀副总司令写信给工作团同志们给予肯定与鼓励（来信被中国历史博物馆收藏）。

到1940年春季，工作团扩大组织，又有邹雅、刘韵波参加到团里来，积极配合形势，根据中央公布“十大任务”，集体创作组画一套，发到地方、部队，进行宣传教育。木刻工作团于这年7月、8月间又赴冀南根据地开展木刻活动。虽然处境艰险，仍利用可能有的时间办训练班培养人才，创作不少佳作，出版画刊，广泛宣传，起到了鼓舞、教育群众和瓦解敌伪的作用。经过五六个月的艰苦奋斗，于1941年重返太行山。团长胡一川回延安汇报工作，其余人员由罗工柳率领，组织木刻连环画创作，计有赵在青《崔贵武的家》、邹雅《一支枪》、刘韵波《回家》。留华山在报社工作，既刻插图又当记者，直到1944年调回延安，这时他已专事写作。

1940年4月，李伯钊校长向我传达杨尚昆书记的指示，在艺校再成立一个“木刻工场”。这个名称也是他决定的，并加以解释是工作场合的意思，并要我负责起来。首先把班子组织起来，调来艾炎、黄山定、古达、范云等，还有几位印画的小同志。不久艺校归前总领导，属部队建制，代号“6连”，实名“十八集团军鲁迅艺术学校”。校长李伯钊，副校长是木刻家陈铁耕，分设文、音、戏、美四系，附属有实验剧团、木刻工场。我的军衔定为连级场长。工场人员共13名，发给我土造马枪一支，子弹五发。这样我就成为一手拿枪、一手拿刀（木刻）的军旅青年木刻工作者；另有三四人各发土造手榴弹两颗，各有一条行军米袋，备战服用的二两海盐。这是一支不怕艰难困苦，不怕流血牺牲，同心同德，团结友好的木刻小分队。

木刻工场遵照前总政治部指示，首先刻制一批革命领袖像，而且印刷量很大，以供部队需要。同时，要创作时事宣传画，如“皖南事变”组画，以及“反对妥协投降”“平江惨案”等。春节时创作新年画一组，也受到人们欢迎。还有英雄故事《刘二堂》木刻连环画和表彰我军胜利的《八路军华北抗战》画册（上有罗瑞卿主任写的前言，中国历史博物馆收有藏品）。上述领袖像《彭德怀副总司令在前线》（彦涵，1941年作），宣传画《身在曹营心在汉》（彦涵作）经武工队散发到敌人据点里。据《新华日报》记者报道，有一敌伪军官见此印刷品时说：“大丈夫如此是也。”还有连环宣传画《十凄惶》，对伪军都起到一定动摇、瓦解作用。

1941年春，太行山成立晋东南美协分会和木刻协会，同年夏季晋冀鲁豫边区文联召开大会并向文艺界颁奖，《彭德怀副总司令在前线》木刻画被授予美术一等奖。

夏秋，前总发动“百团大战”，敌寇受到沉重打击，木刻工作者以作品宣传我军辉煌的胜利。

1942年2月，罗工柳夫妇调回延安，工作团邹雅、刘韵波、赵在青调到木刻工场，人员增加，力量充实，正忙于布置工作，日寇发动2月“扫荡”，袭击我黄烟洞兵工厂，我军在彭副总指挥下给予敌人以粉碎性的打击，但我木刻工场原驻地一带村庄损失很大，工场设备、物资遭到严重破坏。而且驻地迁移到麻田镇沁泉村。我曾参加“宣慰团”赴武乡一带进行宣抚工作，但见日寇“三光”政策，奸、淫、杀、抢掠之甚令人愤恨，同时，散发木刻宣传品，以求化悲痛为力量。接着我又调去129师参加《战友报》编辑工作，受到邓小平的接见，表示欢迎、关心与鼓励。我为报纸刻制了一些插图。

同年5月，日酋冈村宁次调动数万之众，以“铁壁合围”“梳篦战术”“三光政策”进行空前未有的大“扫荡”，我首脑机关于偏城村十字岭上，陷入三面包围，我工场赵在青、乔云、理发员三人不幸牺牲。此后刘韵波要求去太岳区开辟木刻工作，因驻村遭到敌人夜袭而壮烈牺牲。这些同志永远活在人民的心中，并载入了史册。敌寇频繁“扫荡”，每次都有月余。木刻工场每次分为两个小组，由我翻山越岭与敌人周旋，刻刀也从未离身。秋季，太行山区实行精兵简政，我、黄山定、古达先后调回延安。经过长途行军，于1943年才又回到鲁艺。

我回到延安，见到胡一川、罗工柳、杨筠，感到非常幸运。同时，我见到古元、力群、王式廓、马达、江丰、沃渣等很多木刻杰作者，令我钦佩，使我学到很多。我下定决心不枉这个安定的环境和条件，以自己在前方感受的生活，创作出更多一些木刻作品。

1943—1944年，是学习毛泽东《在延安文艺座谈会上的讲话》的热潮时期，大家联系中国新兴木刻受西方形式主义影响较重，明确为工农兵服务的方向，吸收、利用民族形式，强调生活体验，创作为人们喜爱的雅俗共赏，中国作风、气魄的作品。1944年冬，美术系的木刻家们创作一组新年画，受到国内外的好评。后来，被中国历史博物馆及中国美术馆收藏。

解放区木刻家们遵循为人民服务的方向，新现实主义的创作方法，深入生活，不断探索创新，是形成解放区木刻独特面貌的根本原因，因此，必将受到历史的肯定，在中国美术史上占有光辉一页。

个人经历与见解有限，不免有挂一漏万之处。

本文载于《美术研究》1999年第3期

彦涵（1916—2011），江苏连云港人，版画家。1935年入国立杭州艺术专科学校学习，1938年毕业于延安鲁艺美术系。中央美术学院版画系主任、教授。

大乡土

刘骁纯

更乡土又更不乡土

毛泽东同志曾明确地要求艺术家表现人民生活，而当时人民主要指农民。不仅要表现农民，而且要求艺术家与农民在同吃同住同劳动打成一片的过程中改造思想，然后以农民的思想感情和农民便于理解便于接受的形式去表现农民。于是40—70年代，在中国出现了轰轰烈烈的深入农村表现农民的艺术大潮，其人数之众、作品之多、规模之大、持续之久，旷古未有、举世仅见，产生了一种以朴实、喜庆、明朗、幸福感、阳光感、年画味为特殊美学风格，以小康理想为基本精神内涵，政治化通俗化的乡土写实绘画。就水墨画而言，“文革”前最有代表性的艺术家是刘文西。“文革”时期这种画风被扭曲地大普及、大发展，并进一步向“红光亮”的极端泛化，成为“火红年代”。

乡土绘画并不专属于中国，但在这种政治背景和历史背景下，它又成了中国的特有问题，这种特殊的乡土绘画的现代转型，也就成了中国特有的问题。经过80年代的过渡，到90年代，这种转型出现了一种新景观——大乡土。

在油画领域，我们从罗中立的《父亲》(1979)、陈丹青的《西藏组画》(1980)、尚扬的黄土系列(80年代)、程丛林的《迎亲的行列》和《送葬的行列》(1990)、段正渠的陕北系列(90年代)、徐晓燕的玉米地系列(90年代后期)可以看出大乡土绘画的发展序列和衍变过程。

本文着重谈水墨画。在水墨画领域，从周思聪1979年的《人民和总理》到1981年的《矿工图·遗孤》可以看到历史题材中的这种转型；从杨力舟、王迎春1973年的《挖山不止》到80年代中的《农民头像》系列，可以看到现实题材中的这种转型。

“大乡土”水墨画最显著的特征是抛弃粉饰，直面乡间的苦难和生命的顽强，直接表现对顽强的原始生命力的敬畏、对苦难的众生命运的关怀，直接抒发由此而来的精神困境和不平心绪，形成了现实主义和表现主义、象征主义、超现实主义、照相写实主义不同方式的结合，艺术内涵从对乡土风情的捕捉转向了对人的生存状态的关注，“乡土”转化成了关注人生、社会、历史的借体，风格大都趋向于悲怆与力量。它比红色乡土绘画更乡土(弃粉饰)又更不乡土(意在乡土之外)。

为了便于分析问题，本文首先从剖析陕西的

表现性乡土水墨人物画[1]入手。

对现实感受的穿透

对于陕西的乡土表现性水墨画家来说，最直接、最深刻启蒙表现意识的导师是石鲁。

石鲁“文革”期间的写意花木和大字书法，所发展的不是写意艺术中“逸”的传统，而是更狂放、更血性的书愤传统。中国的书愤精神与西方的表现精神同质，都是直抒胸臆，都是不平之鸣。石鲁对悲喜冤愤的放笔直书，使他成为将文人书愤传统推向现代表现主义的转折性艺术家。

石鲁的表现意识可以上推到“文革”前。据程征、郭全忠等人介绍，现在的石鲁《东渡》小稿曾创作完成为巨制，并在1964年国庆15周年的全省美展中展出过。作品直接以焦墨和朱砂色皴斫染，在色墨冲突中塑造船夫的人体肌肉，“十分震撼人心”。李世南说他“文革”中的1973年，在文化局的一间堆杂物的房间还看到过这幅画，他对作品的描述与郭全忠、程征的描述完全一致。[2]这可以视为将表现因素引入现实主义水墨人物画的最早尝试。可惜这件重要的作品至今下落不明。

郭全忠原是有影响的现实主义水墨画家，1979年的《万语千言》是他的成名之作，也是他现实主义创作阶段的代表作。这件作品出现了两个重要因素：一是找回现实主义的本质，直面农村贫困落后的真实性；二是在写实风格中融入了大写意笔法，强化了对艺术家不平心境的直接抒发。后来的变化，便是这两个因素不断膨胀而导致的一系列蜕变。

1984年的《自乐班》是郭全忠由乡土写实向乡土表现的转折点。这张画的精神结构有两个最重要的特征：一是悲与乐的两极同体；二是现实主义精神和表现主义精神的两极同体。一方面，这张画摆脱了人为导演的痕迹，不加修饰地描绘了农民说拉弹唱的乡间风俗，更深地触摸到了农民的艰辛命运和顽强性格；另一方面，对苦命苦相的过深体验导致了苦命苦相的极度强化，从而激发了心中巨大的苦涩和不平，并直接宣泄为动荡苍乱的笔墨运动和整体气氛。

从《万语千言》和《自乐班》的内在一贯性和明显的差异性中，可以看出促使这种转化的两大基本动力：一是逆反于对乡间生活的粉饰，直接捕捉西部农村苦、涩、悲、力的原生状态的生猛感受，当这种感受激起的情绪（相对于物象）成为表达的重点时，便趋向了对苦涩、不平心境的直接表现。二是逆反于对中国古代和欧美现代艺术的双向封闭，重新认识了文人书愤传统和西方表现主义传统。

李伯安，河南画家，1998年54岁病逝。他留下的作品中最让人感动的部分，是90年代从写实倾向转向表现倾向的作品，他特别爱画雪域高原和黄土地上在烈日下的老人，老年农牧人的满脸沧桑和满身沧桑恰可表达他的现实感受和人生追问。

这些画有两大类：头像和全身人物群像。头像多是面部特写，形象充满画面而不留天地，表情多取呆、木、疑、虑之状，偶有笑者，但笑也骇人、笑也惊心。全身人物形象中有一部分是没有来得及画完的未完稿，有的在无意之中达到了“不了了之”的完整性。从未完稿可以看出，他作画先以浓墨勾皴以立形骨，一出笔便带着磅礴的激情；后以润墨洇染以烘托环境，运墨中聚散着神秘的宗教气氛。无论是头像还是全身人物，都突出了粗拙强悍的形象感受，形体像强光照射下凹凸起伏的山石一样坚实有力。

他的画有一种更极端的辛、辣、生、猛，这种极端性首先来自对现实性、写实性的深化和强化，他高度强调现实感受的生猛力度、写实形体的结构力度、阳光下强烈黑白的对比力度、画面构成的扩张力度、笔墨表现的苍劲力度，由此形成的视觉—精神的震撼力，显示出艺术家对人的生存状态发自肺腑的热切关怀和不可遏制的表现激情。为了表达他特殊的生活感受和艺术精神，他甚至根本没有顾及“用水墨画素描”“用水墨画版画”的危险，从而在边缘扩展了水墨语言。

从郭全忠、李伯安的艺术来看，大乡土绘画的表现性是对写实造型和现实感受的穿透。

土著风格的现代意义

乡土性只是李世南艺术中的一个侧面，但对陕西的大乡土绘画影响颇大，他由写实转向表现有多种渠道。

第一个渠道，与郭全忠、李伯安类似，沿着现实主义的方向继续深化而逐渐强化了表现因素，其代表作品如1984年参加六届全国美展的作品《开采光明的人》、1988年创作的《石鲁广元落难图》。

第二个渠道是抛开写实性，直接沿着文人大写意传统向表现主义推进。在陕西时以古装人物为主，迁武汉后广泛借鉴了荆楚艺术的浪漫飞动和悲剧性、象征主义和超现实主义的喻义与象征性，表现主义的狂放和表达孤苦心灵的直接性。代表作如《石鲁》(1987)、《魂兮归来》(1989)、《鬼趣图》(1989)。

第三个渠道是在土著风格中寄托现代人的不安灵魂，即1986年和1988年两度赴黔东南，受侗苗原始文化刺激而创作的一批作品，代表作如泼彩画《剥蚀的灵魂》(1988)、水墨粉彩画《岜沙系列》(1988)、水墨淡彩画《跳月》(1988)、《无题》(1989)。

由此看来，如果不是1984年由陕西迁至武汉、1992年由武汉迁至深圳，李世南不会产生或不会那么快产生或不会以那样的方式产生后来的巨大变化，但他迁到武汉后却自谓“离秦客楚”，这说明他在精神上依然自认为是西部画家。他有些画中土坷垃味道的造型和破柴乱草般的笔墨上承赵望云下启张立柱、邢庆仁，他将写实推向表现的实践乃是石鲁未竟的课业，他的没骨人物探索以及由激愤到淡泊的转化下启晁海。从上下文看，李世南始终没有离开陕西问题和西部文脉。

关玉良与李世南类似，他从黑龙江迁居深圳，艺术却没有离开塞北文脉。关玉良艺术经历了三个阶段：第一阶段，乡土风情；第二阶段，乡土风情融入了表现性和超现实主义因素而转义；第三阶段，继续转义而形成大风格的“山魂”系列。

在平面中求纵深，是“山魂”系列画面结构的基本特征。在平面框架和幽深空间的冲突中，挤压出或隐或显的人兽鬼神，形象显示出强悍、狞厉、粗野、豪放的土著风格。在晦暝幽暗的纵深处，闪动着精灵们红黄蓝绿的慑人目光，似疑、似痴、似思、似惊，或萧森冷峻，或凶悍激愤，令人揪心吊胆、惊恐战栗、莫名所以。这种目光使关玉良笔下的形象一概染上了鬼气，这和他张扬强悍生命力的正气构成强烈冲突，使他的山林之魂、万物之魂的宏壮风格带上了浓重的悲剧色彩。

人兽鬼神的远古共融的理想，折射着艺术家对天人对立、破坏环境、戕害自然的现实危机的静观和焦虑，对生命问题的反省和批判。

20世纪原始风、民间风长盛不衰，其深层精神因素是对现代文明的怀疑和失望。但李世南、关玉良的艺术与卢梭那种陶醉原始梦的状态完全不同，当他们为原始的、本能的、粗野的生命力而激动不已的同时，又奋力挣扎在蒙昧的、荒蛮的、令人窒息的空气中。返归大朴是对现代困境的逃避，但他们又似乎隐约感到返朴是实现不了的白日梦。返朴和返不了朴的尖锐冲突激活的想象力，使李世南、关玉良创造了一种土著意味、巫灵意味的表现性绘画。

关玉良由入世而困惑而殉道，李世南由入世而无奈而超脱。当李世南的表现倾向发展到一定程度以后，出现了剧烈动荡之后的静寂，超越不平的淡泊，这就是他90年代创作的“灯”系列、“白屋”系列、“浮生”系列、“土围子”系列。

双重结构

李世南、关玉良那种返朴又返不了朴的心理状态，我称之为精神上的“双重结构”。

双重结构，我最初是在《王炎林的艺术精神》[3]一文中提出的观点，主要指乡土表现性艺术家精神上田园梦幻与失园困境的两难冲突。

王炎林的画中常常有一种强烈的动荡、狂躁、怪诞和不平，但这并不是因为他不喜欢和谐。受民间和传统文化的抚育，王炎林深怀返璞归真的理想，因此，农民总是他画中的重要角色，西北民间生活总是不断出现在他的画面中，色彩和造型总是带着乡音。他说：“我希望人神兽及一切自然生灵能在我的画中和睦相处。”[4]我们也确实能从他的作品深处感受到一种朴野的乡情，当张晴别有心计地将他的画题排列出来以后，这一点被清晰地勾画出来：“今秋／点些苜蓿／在低洼地／天黑了／船上有树／树上有鸟／好大的雨／后来，我掉入了池塘／在黑城墙／如果我没听错，果树那边有动静／昨夜发了大水／隐隐滚过的雷声／在局促的岁月中／有鹤来兮／豪雨骤止。”张晴说：“这些作品的题目不但能串成一首朦胧诗，更能从中打开王炎林胸中的风景。”[5]

然而，这“胸中的风景”一旦落实为具体的形、色、笔时，某种不和谐的力量立刻使一切都发生了畸变，幽默、乡俗、烂漫、童趣转瞬间转变为噩梦般的“灵魂闪电”，人神鸟兽不和睦的现实造成的不平之气立刻使一切都蒙上了惊恐和不安。这种不安不仅出于对人类的忧虑，更是出于对鸟兽的同情。他为鸟兽悲泣，代鸟兽呐喊，以致范迪安称他的艺术是“对‘大人类中心主义’的批判”。[6]

乡土与表现、和谐与不和谐，这种外观的双重性的背后，是理想与现实的双重性。归家的强烈愿望和归不了家的沉重现实使王炎林的灵魂充满了冲突。这种心理冲突在乡土表现性绘画中有一定的普遍性。

陕西的大乡土画家大都生长在农村，至今怀着顽强的恋乡情结和寻根情结，同时，又怀着顽强的创造欲望和求生欲望。这种向后寻“根”向前求“变”的双重性被称为“根变”，这种取向抛之不去也不想抛弃，因此，他们必然要承受由此产生的精神苦役。张立柱尤为突出。

张立柱是陕西国画院的一级美术师，可他自己却打心底里“不敢认可，总觉得自己是个农民，是个硬挤进城里又入不了城的农民”，“人说爱忆旧成不了材，看来我算其中之一”。

事实上忆旧是为求新，他在寻找“土语感的内现代气息”。[7]

近几年张立柱的画风发生了一次巨变，作品远离了乡土风情，画幅越来越大，拖泥带水、破柴乱草的笔墨如乱云飞渡并越来越浓重酣畅，画面越来越躁动不安，显示出越来越强烈的表现性。有时甚至在纸面上“直吼”一阵，在不顾节奏、不顾旋律的笔墨挥扫中寻找那种更原始、更痛快、更直接的心灵宣泄。

在他的画中，抽象结构和浓笔重墨形成了前冲感，而淡墨和留白则形成无限渺远的局部空间。在某些局部空间中，常出现一些意境悠远的牧归、汲水、纺纱、喂鸡、背柴等乡土风情的碎片，似乎在长塬大吼和关中秦腔间奏出的几曲悠扬牧笛。这些田园牧歌在与紧张的现代结构的现代笔墨的冲突中似乎正在远去，而它的远去又使依托于浓重笔墨的现代灵魂更加显得不安。他试图在寻根和寻找家园中得到解脱，然而，对乡土的极端关注却深深地生出了不安——这是张立柱艺术精神的双重结构。

变雄浑为淡泊[8]

晁海的艺术有极为强烈的入世情结和理想情结，“大农民”是他的基本母题。他的画尺幅较大，画中有时只有一个人、一排人、一头牛、一截树，甚至并排几张重复一个人、一个头，形象顶天立地、撑满左右，甚至冲出画框，人物粗壮、结实、高大。他笔下的农民、牛马、树木都像大山一样巍峨、雄浑。

他的艺术虽然筑基于农村生活的直接经验，但意不在经验本身，而在借经验寄托超经验的宏大精神。它的第一层含义是大农民精神，农民是晁海笔下的西部英雄；第二层含义是大华夏精神，农民在他笔下是寻根问祖的借口；第三层含义是大生命精神，世世代代在西部极端恶劣、极端艰辛的环境中自下而上的人、畜、木，是他生命体验和生命追问的符号；第四层含义是大宇宙精神，他笔下的农民是山岳、土，是天地、大宇。

这是一种与西方表现主义不大一样的表现性，它是蒋兆和那碗“苦茶”的顺向强化，画家心中的苦涩、压抑、不安、悲郁之情在此过程中同步强化，这种心绪不仅使我们笔下的农民带上了丑怪粗拙的特征，而且使他的笔墨成为扭动挣扎的苦笔苦墨。也就是说，晁海的表现性不是纯粹的自我表现，而是农民的苦命相激发起来的悲郁心绪的表现。

这种强烈的表现性又被更强烈的象征性制约着。痛感表现较多苦涩、悲郁、苍凉，正气象征较多宏伟、雄浑、强悍；痛感表现需要粗粝、狂野、破坏性；正气象征需要秩序、控制、庄正感。晁海任何一极都不肯放弃，由此形成了粗野中的庄正。

出世，是晁海艺术精神的另一面。入世与出世、雄浑与淡泊的两极同体，是晁海绘画的重要特征。他的入世是一种乡土的理想和英雄主义，但理想与现实存在着十分尖锐的矛盾。这使英雄主义倍显苍凉，使寻根意识倍显尴尬。

晁海深感他所崇尚的农民品性是真实的，然而一旦面对现代技术文明的巨大洪流，存在又转化成了虚无，近在咫尺又变得十分遥远，真真确确又化为无着无迹——这是晁海艺术精神的双重结构，也是虚无缥缈的笔墨和淡泊苍凉的画面产生的潜在心理因素。

他的画是淡墨没骨人物画，但不是渲淡，而是一笔一笔地写出来的，笔墨像云团、棉团一样，在反复地堆积叠加中形成笔墨清晰的走势。他的笔墨，虽润但并不潇洒流畅，虽柔但并不轻松幽雅。淡墨大大缩小了色阶，在极有限的色阶中，笔墨又要与英雄主义所需要的厚重和雄浑相衔接，这迫使晁海强化了笔墨走势的绞转、提按，层层叠叠的厚积、烧土焦柴般的淡皴，创造了柔润中的枯拙苦涩，恍惚中的苍劲有力，淡墨中的丰富色阶。

这种在温润中含着艰辛和苦涩、平静下藏着不平和抗争的走笔，让我想到了郭全忠黄河观涛的日记："泥浆一样的黄河浪下，像有条巨龙在拼搏、（在）蠕动、在抗争，极力摆脱欲飞，忽高忽低，但（似有）一个强大的力量使它难以露形。虽怒吼呻吟，虽浪涛汹涌，但终未（抛出）一点浪花，只留下那深沉、内在、巨大、痛苦的运动，乃至最后无能为力。"[9]

写实倾向

除了表现倾向，大乡土现象也反映在大写实、写意化身之中。此外这有一种相关现象：走出大乡土而转向抽象。

写实倾向，赵奇最有代表性，他的主要影响是历史画。1984年的《可爱的中国》《嘎达梅林》（合作），1987年的《靖宇不死》，可以视为他艺术创作的"大连环画"阶段。所谓大连环画，是针对50年代以来中国大量出版的"小人书"而言的，它将独幅画因素引入连环画，对连环画中的若干重点画面，力求按独立成画的境界提出更高的要求，与此相应，画幅趋大，每幅画尺寸和长宽比例打破一律，随内容而变化无定。

大连环画是对传统连环画的解构，1990年在北京中国画研究院举办的"赵奇中国画、连环画作品展"则是对连环画更极端的解构。由于赵奇对画展做了整体设计，因此，画展可以看作一件大作品，画展以农民、农村为主要表现对象，展示着中华民族百年沧桑的各个断面，以苦涩、悲怆、沉重、雄浑构成精神基调。同年创作的巨制《生民》则完全转向了独幅创作，作品以黄遵宪的具体历史事迹为引子，创造了震撼人心的华工群像，群像的构成如一堵雄伟的大墙，形成了作品的纪念碑风格，作品使现实主义力度和象征主义力度两极相互作用、相互增效，恰当地避免了相互抵消，成了赵奇真正的成名之作。

赵奇对人物内在精神挖掘的深度，使作品超

越了对具体历史的叙述，也超越了对中华魂的讴歌，而具有了对人的生存状态热切关怀的更永恒的主题。正因为有更深层的精神内涵，赵奇才会进而解体《生民》，抛开历史叙述和纪念碑式的象征性，于90年代中期创作了一批表现黎民百姓悲惨命运的《人群》系列，更直接地突出了对人的生存状态的关注；也正因为有更深层的精神内涵，赵奇才会越来越自由地往来于历史与现实之间，于90年代末创作了《马哟，你慢些走》系列，从历史转向了现实，从叙事性象征转向了抒情性象征。作品都是画的迁徙中的蒙古族牧民，充满画面的形象苦涩而又浑朴。由于作品对苦涩的超常放大，牧民找家转化成了人类找家的象征。苍凉的情调深深寄托着艺术家对失落家园、寻找家园的巨大无奈。

写意倾向

写意性和表现性同质，都是借笔墨抒发胸臆，都是得意而忘象。区别不在理论上而在文脉上、感觉上，相对而言，表现性绘画痛感因素更重些，写意性绘画更超脱些。

陈一峰是广西人，1987年至1989年他历时两年多考察了各地几十个少数民族的风土人情，画了数千幅速写，90年代又创作了一批民族风情水墨画。1996年至1997年他进入中央美术学院国画系助教进修班以后画风开始变化，1997年他到陕北创作了一批黄土地上的农民形象，画风又一变。1998年年底他在中国美术馆举办了个人画展，展出的新作中有一批边长两米左右的大尺度写意绘画，则代表了陈一峰由民族风情到大乡土的彻底转变。

如果拿1994年创作的《版纳风情》和1998年创作的《醉归图》进行比较，可以明显看出这种内在的变化。两件作品都是水墨写意画，都是乡土艺术，但《版纳风情》是一幅抒情的民族风情小品，《醉归图》却大不相同，作品画了两个拿着酒葫芦的南方农民壮汉，趔趔趄趄在月下行走，人物画得很大，上下有顶天立地之感，左右有挤出画框之势，造型如汉魏陶俑般敦实朴拙，动势若行若止若恍若惚，大笔浑朴而尽兴，大墨浓郁而厚重，整体给人以大朴、大野、大浑、大沉的感觉。这显然是不一般的乡土风情画，画家借乡土风情在诉说着别的什么。

到底诉说着什么？画家有一段这样的自白："也许我是落伍的，因为我喜欢原始；也许我不被人喜欢，因为太真实，只顾及自我的情感；也许我是错误的，因为我不喜欢现代，不喜欢所谓的'文明'，不喜欢虚伪，我崇尚自然，喜欢肆意天真，朴实无华。"

工业文明与科技文明越是发达，乡土文明越是成为古老遗梦和边缘残留物，成为都市文明任意提取的旅游资源、文化碎片和精神调味品。陈一峰的乡土绘画不断发展变化的过程，就是不安于都市文明调剂品的地位，不断摆脱这种地位的过程，他使乡土艺术成为对科技文明、商业文明、都市文明、物质文明的反向思考，使乡土艺术成为都市文明的异在和精神家园。为此他不断在乡土中去发现能与现代物质文明相对抗的乡土精神，不断寻找自己独立的语言方式以强化对抗力度。随着现实中都市化的程度越来越高，他的画反而越来越土；随着他精神历程的不断跋涉，他越来越成了边缘人；随着他越来越意识到自己的边缘处境，他越来越甘于那种边缘地位。他说："我的艺术在现代这个社会里，注定是孤独的。"[10]

邢庆仁主张说："艺术应该更平和、更宽容，'不平之鸣'与我没有太直接的关系，我想把我的快乐告诉观众。"但他的艺术并不那么平静。如果把他90年代的作品按年代排序，可以清晰地看到：一是墨与色由互渗而渐渐分离；色调由混浊沉厚而渐渐明朗辉煌；与此同时，象征理想的大花和宗教符号渐多。这说明，乡梦渐渐成了他佛门理想的幸福家园。这就是邢庆仁自己所说的"平和"。二是笔墨的土坷垃味越来越重，破柴乱草式的皴擦点染越来越破乱。对于水墨画家来说，笔墨是心灵的窗户，这里透露出邢庆仁的潜意识——乡梦并不宁静。这又是邢庆仁自己不愿承认的"不平"。

乡梦是现代忧患意识的代码，是对不断膨胀的物质至上、环境污染、人性异化的怀疑，是对现代怪圈的出走，是寻找精神家园的象征，就连邢庆仁皈依佛门也是一种寻找家园的代码和象征。但这一切必然要被疾速发展的现代力量所冲破，这就决定了现代乡梦是做不安宁的。这是一场难圆的梦。从他的成名作《玫瑰色的回忆》到"乡音"再到"乡梦"，构成了邢庆仁不断逃遁而又无法逃遁的心灵轨迹——这是邢庆仁艺术精神的双重结构。

走出乡土意象

抽象艺术与乡土性没有必然联系，但胡又笨的抽象艺术却和乡土有关，一是他的抽象艺术脱胎于乡土艺术，二是他的抽象艺术中游荡着乡土精神。

他的乡土系列（90年代前期）不是对乡土生活的再现而是对乡土生活的选择和提取。他着重提取了太行山人原始、古朴、顽强的性格，相应创造了浑厚、朴拙、顽石般的造型，这种造型在山、石、屋、人中一以贯之。"提取"即对乡土风情的解构。

他对所提取的乡土生活的感受是具体而又真实的，但这种感受在与现代精神和现代结构的冲突中又忽然显得十分遥远，这使乡土眷恋转化成了远去的时空和虚幻的残梦。与此相应，他创造了一种浑朴的淡墨世界。

他创造了一种时空错位的、岩石般的冷抽象意味的现代画面结构，作品常以哲喻的方式显示出他对现代文明的渴望和忧虑。

这种冷结构的淡墨世界使他对现代文明的渴望和忧虑都染上了一种东方哲学的静观色彩，甚至宿命（顺天）色彩。

在乡土恋情的推远中，他寄托着对现代文明的渴望；在时空错位的重组中，他实现着对乡土文明的解构；在以顽石为切入点的解构中，他完成着现代结构的重建。这种以顽石为切入点的解构的重建，在多重对抗中形成了一种推进的力量，并最终推展了一次大的突变，产生了他的抽象系列（90年代后期）。抽象系列在对山石纹理的极变放大中形成，在对太行魂魄的更高概括中诞生。

大乡土艺术家们的选择是悲壮的，这使他们的画中蒙上了一层苦涩；他们的道路是孤独的，这使他们的画中带着某种苍凉；他们对自己的选择是自信的，因此，他们的画中有一种磅礴的混茫之气和内在的精神张力。

注释

[1]参见拙文《陕西的乡土表现性水墨画》，《江苏画刊》1998年第3期。

[2]李世南：《狂歌当哭——记石鲁》，河南美术出版社1997年版，第80—82页。

[3]载《江苏画刊》1996年第8期。

[4]王炎林笔记。

[5]张晴：《幻想中的真实》，《江苏画刊》1994年第10期。

[6]范迪安：《有一只大鸟在画中出现》，载《长安中国画坛论集·下》，陕西人民美术出版社1997年版，第685页。

[7]张立柱：《挤进城的农民乱弹》，载《长安中国画坛论集·下》，陕西人民美术出版社1997年版，第967、970页。

[8]晁海：《正道沧桑》，载《长安中国画坛论集·下》，陕西人民美术出版社1997年版，第949页。

[9]郭全忠1992年7月26日致笔者信，见拙文《黄河浪下的悲与力》，《国画家》1996年第5期。

[10]陈一峰笔记。

*凡未标出处的引文均为口述。

本文载于《美术研究》1999年第3期

刘骁纯，1941年生，河南洛阳人。美术理论家。1985年毕业于中国艺术研究院，获博士学位。中国艺术研究院美术研究所研究员，曾任《中国美术报》主编。

概念书籍设计

——设计教学笔记

谭 平

在设计系的整体教学中，特别关注对学生的素质及创造性思维方式的启发和引导。在基础教学中，我们通过对物体的选择、文字、音乐的转换、偶发实验，以及从具象到抽象的逻辑分析等练习，使学生能够全方位、多角度地面对一个问题，并提出独特的解决方法。今天的书籍设计课也是遵循这个宗旨。

我在这里并不想谈书籍装帧的基础知识和它详尽的发展历史，而是和学生共同讨论“书”的概念，并要求每个人为它下一个明确的定义。

书的形态：书有着不同的尺寸和外形。它有封面、封底、书脊、扉页；有着丰富、多变的开本；它在书店、家庭和我们的周围比比皆是。由于它的内容不同、字数不同、销售的对象不同，使它有一个变化多样的外部形态——引申来讲，它是“雕塑”。

书是传播的媒介：它是将人们的思想感情通过“文字”或是“图形”传递给他人的一种方式，是人与信息沟通的桥梁。电脑网络也可称为“新媒介”。这其中包括两个含义：人们可以通过媒介将信息传达出去，如作家、诗人等；人们可以通过媒介获得信息，如读者。可以说它是动态的。

书是储存信息的一种载体：它可以将历史“保存”下来，放到一本书中。光盘可称其为“书”的新形式。竹简曾被纸材料所替代，光盘也将替代传统的书籍。

书与人的关系：人用眼睛来阅读，感受悦目的颜色、外形和内容；用手来触摸封面的材料、纸张和肌理。

讨论的结果超出我们最初的想象，讨论的重点从什么是“书”转移到寻找它与其他领域的界限。它给我们带来了疑虑、快乐和惊喜，仿佛使我们品尝到伊甸园的禁果。概念设计的重点就在于对传统“书”的定义提出质疑。我们开始明白一本书的设计，从开始构思、写作、版式设计、封面设计、形态、印刷、发行，直至销售，它既是一个纵向的过程，也是一个横向阶段性的结果，无论从哪里入手你都可以创造奇迹。

现在我可以说：“概念设计”是一个定位，是一个选择，是一种思维方式。

书是作为一种传媒，它对世间事物做另一种解读。《书的另一种解读》这一作品是将书以另一种形态存在于标本瓶中，存在于不同的液体和固体中。水与油、水与蜡是不相溶的，通过书作为媒介，使之相互渗透。文化的作用是使人与人、民族与民族、国家与国家相互了解、沟通，这是人区别于动物的标志。

《福尔摩斯侦探集》的形态是受到一个中国式的柜子启发而创作。封闭的柜子象征在它的里面存有着猜测、故事、光明和能量。这种封闭却又可渐开的形式，尽管越开越小，但在它的后面却有一种不断扩大和逐渐明晰的故事。

《淡淡的回忆》这件作品的重点是在材料的运用。在温暖的光线下，书的文字是零散的、朦胧的，读者对它的感受不是来自阅读，而是来自视觉。

《爱情故事》这是用“小孔”方式组成的文字书，在夜晚的灯光下阅读时，光透过小孔洒落到下一页带有文字的纸面，相互重叠——“我曾经……爱过你”，一种无言的心灵独白，令你哑然一笑。

《方案篇》是由10个不同的设计方案组成，这是一本关于“书”的“书”。这是一本需要静下心来读的书。

盲文是以有规则的凹凸来体现文字内容的。作者试图为盲人制作“插图”，让他们在用双手识别令人心动的故事的同时也体验“插图”带来的美好世界。我们并没有让盲人去尝试它带来的感受，而盲文却给我们正常人呈现出完美的形式。

《克林顿调查》是一本有两个书脊的书。它由中间向两边打开，是一个非常有可行性的创意。作者采用牛仔裤做封面是和他选择的内容有关，新闻界曾评价克林顿：如果他今后拉紧裤链就是个好总统。

《未来的书》是用药片的形式来体现的。药片上标明《红楼梦》《水浒传》等名著。现在的人接收知识的方式是通过眼睛来阅读，在未来由于“科技”的发展，“社会”的“进步”，人可能采用一种最为本能、与生俱来的信息接收方式——“吃知识”。药片中可以储存很多信息，像电脑芯片。人可以在很短的时间里，掌握小学、中学那些无聊的课程。这件作品具有丰富的想象力、幽默感，对现代文明的批判、对人类的异化的恐惧。作者为此还撰写了一个报告，犹如一篇黑色幽默小说。最为令人震撼的一句话用以阐述作品的内在意义：“我们精心制作了精美的蛋糕，却在里面下了毒。”

这些概念设计作品我看后十分感动，不是因为作品的完美和成熟，而是在其中似乎有一种“精神”，这是在以往设计中难以察觉到的。在这些看起来“无用”的“书”中，我看到了中国设计的未来。

本文载于《美术研究》1999年第3期

谭平，1960年生，山东烟台人。1994年毕业于德国柏林艺术大学，获硕士学位。中国艺术研究院副院长。曾任中央美术学院副院长、设计学院教授。

寓意与诗情的交响

徐庆平

夏凡纳——美术史上一个极其光辉的名字，作为壁画家，他使法国主要城市的市政大厅放出异彩。作为油画家，他被视为象征主义绘画的主要代表；作为法国美术协会的主席，他以高尚的品德和非凡的艺术成就深孚众望。罗丹曾主持百位文艺界名人的聚会，向这位伟大的画家致敬。对于我——一个曾负笈巴黎5年，多少次于其画前低回感慨的学子，夏凡纳的画，就如圣母院尖顶上那灰蒙蒙的天空，亚历山大桥畔拍击石岸的塞纳河水一般，令人无法忘怀。今年是夏凡纳逝世100周年，我特作此文以寄托对这位艺坛巨匠的敬意与怀念。

毕维·德·夏凡纳（Puvis de Chavanne）1824年12月14日生于里昂的一位采矿工程师之家，自幼受到良好的教育，毕业于巴黎名校亨利四世中学，尽管父母都希望儿子研习法律，日后成为令人尊敬的法官，夏凡纳自己心中也曾闪过投考著名的理工大学的念头，但献身绘画的强烈愿望最终占了上风。不过，帮助他做出这一抉择的最重要因素还是他赴意大利的旅行。亚平宁半岛唤起了年轻人对祖先艺术的迷恋与向往。他尤其被14、15世纪文艺复兴早期壁画所感动。在布兰卡契礼拜堂马萨乔的画前，包括达·芬奇、米开朗琪罗在内的多少艺术大师曾顶礼膜拜，汲取灵感；而弗朗切斯卡的《基督受挞图》，其构图的巧妙、透视的研究令同代人惊异不已，又怎能不令人感慨万分。它们给予夏凡纳的震撼是不言而喻的。

人们都说这次旅行对夏凡纳日后成为壁画大师有决定性意义，但并未有人去分析深一层的原因。事实上，法国的绘画传统不同于意大利，它是在教堂花玻璃画和卢瓦尔河谷中的细密画基础上进入文艺复兴的，属于欧洲北派传统，故历史上称为法兰西—弗兰德斯文艺复兴。擅长大壁画的本是南派的意大利，它的画家喜爱表现宏大的场面，画中人物与环境的比例关系处理得准确无误。此派画上的人物比例往往大于环境，反映出细密画的深刻影响。它的卓越超常并不在于表现出场面的气魄，而在于对细部极尽精微的刻画。夏凡纳虽然出生于法国，但几代之前其祖是由意大利移居到勃艮第的。所以，应该说，在他的身上隐藏着把握宏伟气魄的能力。这一潜在的特质在意大利的旅行中被引发出来，而且一发而不可收。他注定要在装饰画上大展雄才，所需的只是时间与磨炼。受到夏凡纳热情的感染，与他同游意大利的德维莫隆把他介绍给了自己的朋友德拉克洛瓦。夏凡纳先进入德拉克洛瓦的同窗施菲尔的画室，盖兰的这位学生以《奥古斯特与其母莫尼克》一画闻名遐迩，是位浪漫主义大旗下的折中派画家。几个月之后，夏凡纳又转入德拉克洛瓦本人的画室，成为他的学生。遗憾的是几个星期之后，德拉克洛瓦便把画室关闭了。时间虽然不长，夏凡纳却已知道了如何以大师的胆量、气魄和伟力去驾驭绘画。对于夏凡纳这样的天才，只要看到大师是如何作画、如何将澎湃激情化为具体画面，也就足够了。至于他对德拉克洛瓦色彩的学习，我们则可以从现藏里昂美术馆的夏凡纳油画《让·卡瓦利埃守护着垂死的母亲》中窥到一些痕迹，画面上有着德拉克洛瓦所喜爱的红色和蓝色。

离开德拉克洛瓦画室之后的下一个学习场所是库图尔的画室了。这是当时被认为学习扎实的造型能力的最理想之处。这可从莫奈的经历中得到佐证。初到巴黎的年轻的莫奈去见自己最为倾慕的大师——巴比松画派的特洛瓦扬，这位大师给他的建议便是进一所正规的画室，进行一段严格的训练，他介绍给莫奈的便是库图尔画室。不过，夏凡纳在这3个画室学习的时间总共加起来也不过一年。因此，更应该说他是自己画出来的。真诚与自信是天才迸发的必由之路，对此，他曾这样写道："我对相当多的一些东西的厌恶，这就是我的老师。"

夏凡纳一面自学，一面不停地进行创作，不断地把作品送交沙龙评选。在其落选的作品中，便有现存马赛美术馆的佳作《狩猎归来》。此时的沙龙可谓是画家获得成功的唯一可能。它每年评选作品，推出和奖励重要的作者，公布国家和私人的订货。老天不负苦心人，1861年他的两幅大装饰画——《战争》《和平》入选，并被当时正在主持亚眠美术馆建造工程的迪埃看中。这位建筑师成为夏凡纳的第一个知音，他建议国家买下其中一幅来装饰未来的亚眠美术馆。夏凡纳对知己的报答是以这一幅画的报酬6000法郎奉献该馆3幅作品，即除上述两作之外，再加上一幅《劳作与休息》。从此，夏凡纳便步上了为各大城市做大幅装饰画，以光荣和杰作为标志的漫长之路。

1865年，夏凡纳为彼卡狄亚美术馆绘制了《阿沃·彼卡狄·努特利克斯》，向人们展现了这一古老边远省份的农村景象。1869年，他完成了马赛龙尚宫的两幅大画《希腊殖民地麦萨利亚》和《东方之门——马赛)。后者尤其显示了画家把握地域特点的能力。巨大的船只，堆积如山的货物，熙熙攘攘的人群和蔚蓝色的大海相得益彰。大面积的蓝灰和在上面闪亮的红色、浓重的黑造成热烈紧张而又井然有序的感觉，巨大的桅杆和起重设备更使画面极具现代生活气息。

1874年，勃瓦蒂埃市政厅得到了他的两幅大作《夏尔·马尔代尔击败萨拉撒人，救出慈善女神》和《圣女拉德库特倾听诗人富图纳的朗诵》。这是夏凡纳首次取用宗教题材，把中世纪的传说描绘得栩栩如生。他在画中对中世纪道德观念的写实表现引发了一场激烈的争论，在画家的维护者中，出现了特奥菲尔·戈蒂埃、保尔·德·圣维克多和特奥托尔·德·蓬威尔等著名评论家。

也是在1874年，位于巴黎市中心的先贤祠向夏凡纳订购表现巴黎主保圣热纳维耶娃的壁画。先贤祠原是路易十五国王在患病时许愿重建的圣热纳维耶娃修道院，由建筑师热夫洛设计成为庄严的古典式教堂。它的圆形内壁是一幅接一幅的壁画。夏凡纳构思了一幅表现这位圣女童年情景的画作《祈祷的圣热纳维耶娃》。从亚眠美术馆的《和平》到先贤祠的《祈祷》。漫长的15年过去了，夏凡纳独一无二的壁画风格已经形成。将这两件作品做一比较，便可清楚地看到区别所在。

《和平》为横幅，表现人们欢乐地在林中空地准备丰盛的午餐。它以对人体的刻画为主，人物或立或卧或跪，有奋力向上方举起果篮者，也有俯身向下传递重物者，形成一环形构图。人物动态得到充分的强调，特别是画面的右半部分，在湍急的水流中踏着石块，手提食品，摇摇晃晃地行走着，其动作的强烈多于优美，写实多于装饰。画中，将人群做环状组合，正中立着树干的构图；对人物和树木同样刻意描写的手法和人与景的关系处理，都使人不禁想到将意大利的古典主义与法国式的奇兀跌宕结合一处的普桑。

画家在绘制《祈祷》时已是行云流水一般的自由自在，画上的任何部分都既准确坚实，又自然生动，可谓意到笔随。作为画中最亮色块的女孩衣裙突出着大块形状的美，而毫无古典画家钟爱的衣褶刻画。中心人物——带光环的少女被画家安排在画的边缘上，挂着十字架的大树也只有一小截在画内，构图因此而新颖别致。以往作为夏凡纳艺术主体的缪斯，轻盈飘逸的仙女被一对赤裸着上身、光脚的农民夫妇取代了。他们正把沉重的柴火放到地上，直起腰来休息片刻，同时，看着牧羊的女儿虔诚无比地履行圣事。在这幅画中，人体已退居次要位置，对大自然——树木、岩石、荒凉的坡地、在起伏不平的山地上耕作的牛和嚼食野草的羊的深情描绘使画面安详憩静，充满幸福感。画面上端的十棵树以粗细变化和伸展的体态，造成人群一般动人的效果。生动的绘画性、宏伟的装饰性和故事情节融为一体，构图的每一安排都引人遐想，吸引欢乐进入其中，感受那既朴实平凡，又神圣庄严的生活。

夏凡纳19世纪80年代最重要的作品是为里昂美术馆绘制的《诗人与缪斯珍爱的树林》《古代的目光》。他的手法更加简洁，人物尽量简化，甚至将女神手中说明身份、职能的道具都去掉了。他施展驾驭各种形块、曲线和反向曲线的能力，通过它们的和谐与平衡给人以巨大的视觉享受。在色彩上，则力求柔和、淡雅，着意使墙上的画布吸油，从而产生14世纪湿壁画那样和美的效果。《古代的目光》借古希腊广袤的海岛来传达寓意，沿画面右上到左下的对角线安排陡峭的海岸。山顶处一位半裸的女子，让人远远望去好像雅典娜的神像。人物或聚或散地分布在近景和中景上，各自进行着冥思苦想，相互间似乎毫无干系，而让前景上黑白色的羊群去起形与质感上的平衡统一作用。观众可以在人物中去寻找音乐之神阿波罗、美神维纳斯和与牛相嬉的欧罗巴。夹在碧海蓝天之中的蓝灰、绿灰微妙而含蓄，略带伤感的色调导致人产生凭吊远古之幽思。

在创作巨幅壁画的同时，夏凡纳也不断出示其架上油画杰作。原藏卢浮宫，现陈列于奥赛美术馆的《可怜的渔夫》与《希望》表现两种截然对立的情感和氛围。《希望》以一充满青春活力的少女人体，讴歌清新纯洁的生命。她坐在海边的岩石上，在轻风的吹拂下眺望远方，令人想起波蒂切利的《维纳斯的诞生》。她的手中持着一朵含苞欲放的小花。正在发育中的肌肤的柔润和一望无垠的海天给人以清晨时看到露水时一般的愉悦心境，一切都在预兆着冉冉升起的朝阳和充满生机、幸福时刻的来临。《可怜的渔夫》，则以悲歌哀怨一反画家惯常的平和柔美，画面处处可见尖锐的形状：伸入水中的海岸、水与船、与人、与地形成的锐角、尖尖的船首、桅杆与绳索以及桨与船的关系，直到人物的发型和胸颈，都像射向观众的支支利箭。焦虑万分的母亲与奄奄一息的婴儿的头与手更好似已经射出的箭头。画上的人物很小，把大块空间留给水天，以此突出人的孤立无援和可怜无望。取消体积感的表现加强着土地的贫瘠感觉，似乎连水和地也都不再能出产任何东西，悲凉绝望就这样浸入了观众的心中。这幅拨动悲天悯人心弦的画作因此而称为“象征派绘画的第一篇宣言”。

1896年，夏凡纳接受了先贤祠的第二次订货，再次描绘保佑巴黎的圣热纳维耶娃。画家满怀深情地将自己爱慕了数十年之久的罗马公主的形象赋予了她。巨大的月亮挂在夜空之中，圣女身着深色的厚重衣裙，默默地伫立在城堡顶部的围墙前面，望着进入梦乡的花都。蓝灰色的冷调子带着淡淡的忧伤浸入心脾，近乎平涂的画面好似现实，又似梦境。这位公主最终与夏凡纳结婚，但几个月之后便撒手西归。在她去世后完成的这幅《圣热纳维耶娃守护着夜晚的巴黎》便成为壁画大师幸福与悲伤、寓意与诗情的最后交响。

夏凡纳逝于该画完成之年，1898年10月24日。

本文载于《美术研究》1999年第3期

徐庆平，1946年生，江苏宜兴人。1985年毕业于法国巴黎大学，获博士学位。曾任中央美术学院教授，中国人民大学徐悲鸿艺术研究院院长、教授、博士生导师。

艺术媒介与创作意图

曹意强

一

在我们的时代，艺术已被视为表现个性的神秘载体，因此，人们往往乐意对艺术自由、灵感和独创性之类的问题高谈阔论，而忽视那些跟创作实践密切相关的具体问题。这种情况也存在于我国的油画界。本文试图从历史的角度出发，探讨一下油画材料、调色板、表现手段与油画风格之间的关系，同时，也牵连触及油画民族化问题。

众所周知，西方油画传入中国已有400余年，而从20世纪初起，它迅速发展为我国视觉艺术领域中的一支主力军。可是，凡在国外观看过西方油画名作的人，都会意识到中国油画依然没有摆脱一股“土气”，或者说，缺乏“油画味”。

造成这种状况的原因大致有三：改革开放之前长期的社会封闭状态使我们很难接触西方原作，有些只能依据色彩失真的印刷品学习油画，所以难以真正把握油画的实质，而往往流于一种以油彩画素描的简单做法，这是其一。80年代以来，随着与西方文化交流的急速展开，人们如饥似渴地引进和模仿西方现代艺术，以期跟上时代的步伐。这种做法固然打破了以往油画单一化的局面，但若操之过急，对中国油画的发展却不无消极的影响。现代西方艺术的标志之一是对传统的反叛，特别是否定艺术的再现功能与传统技巧，更多地依赖外在于图像语言的观念和阐释，在很大程度上消除了视觉艺术应有的独立性。从这一点上看，中国艺术家在尚未真正把握西方油画技巧的情况下，直接插足现代潮流，难免会未究其本而先承其末。这是其二，也可以说是第一个原因所导致的另一个极端。

介乎这两个原因之间的是一种理论误导，即过早地强调油画的民族化。如果说，在80年代以前，这种理论曾使中国油画失去油画自身的特质，那么，现在又被用作为缺乏真正的油画技巧和造型功夫辩护的工具。诚然，创作富有中国特色的油画是一个无可指责的远大目标，但是，在没有掌握西方油画要领的情况下，过分地强调这一点会导致把目的与手段、风格与价值判断混淆（甚至将其颠倒）的危险。在此，我们暂且搁置这一问题，先着重强调一个明显的事实：若要精通油画艺术，就必须理解其色彩语言、形式结构和技巧，否则，“民族化”的目标只能是沙上建塔。油画既然已成为我国的一个主要画种之一，那么，我们就应该将它视为我们自己的艺术传统中的一部分，就像对待我们中国传统绘画一样来对待它。只有这样，我们才能画出“地道”的油画，我们的油画才能代表中国艺术的一部分立足于世界艺术之林。

二

其实，轻视对油画艺术语言的理解，轻视传统的油画技术早已是一个世界性的普遍问题了。西方18世纪所掀起的浪漫主义运动对此负有重大责任，这种思潮的核心是强调天才与独创性，并一味把技术视为妨碍个人情感宣泄的屏障。到了19世纪，业余画家便被奉为最具独创性的艺术家，因为他们无师自通，纯凭天性，“真诚”地表达自我的“个性”。没过多久，这种缺乏训练、漠视传统的做法就带着至尊的冠冕跨进了现代艺术。然而，也正是在传统技巧遭到否定的岁月里，不少西方艺术家越来越觉得恰恰是这种知识构成了西方伟大艺术遗产的重要部分。一个著名的例子便是被誉为现代立体派启示者的塞尚，在他声名鹊起之时，毅然退居林下，要回到传统，依据普桑去重画自然。也就是在那个时代，人们开始感叹，他们的传统油画的“秘密”因未被记录而失传。众所周知，在18世纪以前，西方大师无一不是在具有高度组织性的画坊中进行创作的，他们的创作方法和所追求的艺术效果在很大程度上都受制于社会的需求，可以说，那时的油画是一种规范而具竞争性的“商品”。在那种画坊制度下，种种绘画方法一直依赖师徒传授是不言而喻的，因此，18世纪以来的人们相信，那些“老”大师必定掌握着一种油画“秘方”，即所谓的“金钥匙”。为了解开他们的秘密，英国画家雷诺兹爵士竟然把一幅卡拉瓦乔的作品彻底清洗了一遍，将画面层层洗刷到一无所存，企图弄清卡拉瓦乔的作画过程。

雷诺兹的努力当然是徒劳的，因为世上并不存在这样一把“金钥匙”，真正的奥秘在于谙熟传统的技术知识和绘画材料。塞尚深知其义，他潜心研究古典形式语言，分析色彩与明暗效果，从自然中学习普桑的画法，希望使自己的印象主义作品能够像美术馆中的古典作品一样坚实而历久弥新。可以说，塞尚真正找到了那把通往油画艺术殿堂的“金钥匙”。

西方油画的手段与材料在油画形式语言的发展上曾起过至关重要的作用。在文艺复兴时期阿尔卑斯山南北的绘画风格截然不同，南方讲究素描，北方重视色彩，尽管形成这种差别的原因众多，但是我们认为，两地的艺术家采用的绘画手段不同则是一个不容忽视的简单事实。南方的艺术家们沿用了中世纪琴尼诺·切尼尼(Cennino Cennini)的《艺匠手册》(*Il Libro dell' Arte*)中所记载的蛋彩媒介，引进焦点透视法、运用解剖知识并以数学手段揭示形体在环境光中的变化，而北方的画家则发扬光大了杨·凡·艾克等创立的以油彩描绘光影的技巧，在传达各种材料的细微质感上精益求精。他们各自不同的作品表明，画家只能画手中材料所允许他画的作品，只能创造出媒介所允许他创造的视觉效果。而随着材料和手段的变化，他的绘画目的和意图也会相应发生变化。总之，特定的时代所采用的特殊材料和手段必定会影响绘画风格和视觉效果。这就是为什么沃尔夫林(Wölfflin)会说“各个时代当有其不可为之处”的原因。

如果我们分别从波蒂切利、伦勃朗和印象主义时代各请一位画家来表现一个同样的题材，例如，描绘那光影变幻无穷的河水，那么我们就可以清楚地看到材料和技巧是怎样增强或限制艺术表现力的。

波蒂切利时代的画家运用的媒介是蛋彩。这种颜料缺乏光泽，难以表现光线落在水面上的明亮效果，因此，正如我们可以从许多当时所画的《基督受洗》（*The Baptism of Christ*）中所见到的那样，在表现基督所立于其中的那片水时，画家是怎样着力于表现水的透明性的。他并不去追求那种在日照下的耀眼的闪烁水光，相反，他往往运用一系列细线来表示出水的波纹，且添上几条流动的小鱼，以暗示出水的透明感觉。而透过水面，基督的双腿清晰可见。在此，艺术家扬长避短，发挥了蛋彩的特性，表现出图案化的色彩绚烂的画面，出色地解决了一个视觉难题。

两个世纪之后，伦勃朗时代的画家早已废弃蛋彩，他们使用的是会逐渐变干的植物油调制的油彩：一种特别适合于描绘光影闪烁的视觉效果的媒介。伦勃朗那幅现藏于英国国立美术馆的表现其情妇斯托费尔斯（Hendrickje Stoffels）下河洗浴的作品即是描绘水光的杰作。尽管画家面对的视觉问题与波蒂切利时代的画家完全相同，但他无须刻画那位妇女站在水中的双脚，也无须添画游鱼以表示水流。他手持油画颜料，大可倾心去描绘那深暗水面上的闪闪微光和垂垂倒影。这属于只能用油彩来探索的视觉世界，在这种媒介诞生之前，这一奇妙的领域自然是一片无法开垦的荒原。

大约又过了两个世纪，印象派画家们，特别是莫奈与雷诺阿，将油画表现水光的潜力又向前推进了一步，这一步可以说将光影的描绘发挥到了极致，是一项惊人的成就，而这项成就是与19世纪的科学进步密不可分的。当时化学工业的发展已为颜料的制作开拓了崭新的前景，生产制作出了色彩强度前所未见的新颜料，因而为画家提供了以不同的方式处理前代画家难题的新媒介。像雷诺阿这样的画家便可大胆地借助这种媒介将群青与明亮的铬黄、铬橙并置，从而创造出一种奇妙的水面效果，在历史上开天辟地首次描绘出耀眼夺目的水中阳光与倒影的“舞蹈”。现藏英国国立美术馆的莫奈的那幅描绘塞纳河畔的海滨浴场的作品以及雷诺阿的《塞纳河上的游船》（*Boating on the Seine*）都堪称是这一新成就的范例。如前所述，印象主义画家之所以能创造出这样惊人的视觉世界，一个重要的原因就是现代绘画材料工业的诞生。1841年，旅居英国伦敦的美国艺术家约翰·兰德（John G. Rand）发明了类似于我们现在所用的锡管颜料。在这之前，油画颜料是装在猪囊中的。但由于猪囊透气，颜料干得快，往往在未用之前便已硬化。兰德的发明可使颜料较长时间地保持其鲜丽柔润的品质。同时兰德还供应绷好的画布和金属包头的扁平画笔。今天，我们的油画家已习惯于运用现成的颜料、画布和画笔，但对于当时的艺术家来说，这些新工具、新材料的上市简直是一场革命，彻底改变了艺术家的手艺程序。画家们无须像以前那样依赖作坊合作，要亲手准备画布、研磨颜料，并费心地估计所需材料的种类与数量。现在，他成了一个独立的艺术家，不论何时何地都可以操起画笔，蘸上颜色，在画布上直接表达自己的视觉感受。更为重要的是，这些新材料帮助艺术家走出画室，能够在户外对景作画。如果不是随时随地可以要求画商提供现成的画布和颜料，凡·高奔赴法国南部写生的做法就是难以想象的。可以说凡·高在普罗旺斯（Provence）的作品证明了当时颜料工业的繁荣和邮寄服务的效率，不仅仅如当代的艺术史家所谓的是其内心痛苦的象征而已。没有前者，凡·高就不可能给我们留下那样的作品。凡·高留下的大量订购画布与颜料的信札表明，当时还发生了另一项重要革新：化学的进步扩展了色彩的范围，尤其是亮色的范围。我们从凡·高的一封订货信中得知，他曾请求颜料商一次性给他邮寄18支不同明度的铬黄。在上一个世纪，没有任何艺术家可以梦想坐在阳光下，要求别人邮寄颜料，更不用说明度这么丰富的颜料了。在凡·高的《向日葵》中，我们可轻而易举地辨认出各种不同的铬黄。

不但明亮的黄色、橙色和红色出自现代化学家之手，而且新的蓝色，包括合成群青也是如此。在19世纪60年代晚期，这种合成群青也比从天青石中提炼出来的自然群青要便宜700倍，画家可以放手使用。与此同时，翠绿、氧化铬合成液也进入了生产。这些颜料都可以与铬黄调和，产生极其丰富的色彩层次。

无疑，新颜料的出现，为印象主义画家征服视觉真实创造了重要条件。虽然我们不应忽视其他促使印象主义画家兴起的社会、文化和经济等诸种因素，但是我们可以断言，如同过去的时代一样，他们的创作动机受到了他们可利用的材料的影响，在很大程度上，材料甚至决定了他们的绘画意图，如果我们回忆一下莫奈晚年的《睡莲》便可对此有更清醒的认识。他用手中的颜料去捕捉不同光线下的睡莲，与其说是在努力描绘对象的自然情态，还不如说是在尽兴探索如此众多的新颜料所创造的视觉可能性，并享受由此带来的精神愉悦，或者干脆说，他是在尽情地玩弄色彩游戏以变幻出若即若离的抽象意境。凡·高被称为表现主义之父，其艺术风格的形成与这么多种类铬黄和绿色颜料的出现不无关系。只要看一下他《蝴蝶与长草》（*Long Grass with Butterflies*）便可明了此点。在这幅画中，凡·高使用了数种新的明亮绿色。作画时，他直接将管装颜料挤到调色板上，不加松节油，用笔厚厚地挑起颜料，以精心的笔触塑造形体。他用笔极为轻捷也极为小心，既避免压得过重使颜料下塌扁平，失去厚度感，又能一笔成形，使草叶豁然立现，而又蕴含着多种色彩。在画飞蝶时，他先用铅白块面铺出双翼，然后在笔端蘸上一丁点深蓝色，很可能是新的合成群青，勾出翅膀轮廓，点出头部，然后迅速移向蝴蝶背部，以疾笔冲破未干透的白色。这种惊人的笔法正是由于颜料允许乘湿作画的缘故。在这一方面，凡·高的笔触与中国画家笔下滋润的墨色有同工异曲之妙，一笔挥出既有丰富的色调，又迸发出无限的活力。可见，新材料不但产生了新画法、新观念，而且还激发了新激情，正是在前者的作用下，后者才得以完满的实现。如果忽视这一点，那么，我们就永远难以窥见凡·高的创造秘密。

三

在寻找开启往昔大师创造奇迹的“金钥匙”

的过程中，人们往往忽视了一个可以真正帮助窥其奥秘的工具——调色板。历代大师对它无不极为重视，凡·高曾多次用素描记录下自己不同时期的调色板即是一例。抽象艺术的奠基人康定斯基对它更是赞美有加：“它赏心悦目，值得称颂……本身便是一幅作品，比许多其他作品更美丽。”

调色板是画家的一个重要工具，它的历史不仅标志着油画的发展，而且反映了各时代大师的不同的色彩观念。

从古典时代到中世纪，画家们一直都在使用纯色，他们用贝壳或碟子来分门别类地盛放颜料，多者11种，少者5种。调色板的启用时间恰与传说中杨·凡·艾克发明油画的时间一致，即15世纪初。从2幅现藏巴黎的勃艮第抄本插图上，可见几位妇女手持调色板，其上放置着几种颜料。据勃艮第大公说，这类调色板是画油画用的。不过，那时的画家尚未开始用调色板来调和颜料，颜色依然单独使用。这样画出的作品色彩艳丽且富有装饰性。在调色板上调色的做法始于16世纪初叶，并迅速地传播开来。为画家们普遍地采用，以致最终改变了传统的色彩观念。瓦萨里（Vasari）在《名人传》（*Lives of the Artists*）中对莱奥纳多·达·芬奇在委罗齐奥（Verrocchio）画坊时的画友洛伦佐·克雷迪（Lorenzo di Credi）的调色板的描述可以帮助我们想象这场绘画实践的革命：“他在调色板上准备了许多混合颜料。从最亮的到最暗的颜色，颇具夸张性。有时，他在调色板上排列25至30种颜色，并为每一种颜色准备了专门的画笔。”

在那时，尽管人们普遍把调色板视作一种以油稀释颜料的工具，色彩的调配是在作画过程中一点点进行的，但克雷迪的调色板却预示了18、19世纪盛行的做法，即注重调色板上事先调好的色彩的细腻色调层次。

在1600年左右，人们开始用新的眼光来看待以原色为基础和以混合色为基础的两种色彩体系。鲁本斯大胆地尝试了纯色并置的方式，伦勃朗则在作画时使用了不同的调色板，从他可能作于1629年的自画像中，我们可以看到一大一小两块尺寸不等的调色板。伦勃朗喜欢根据从亮到暗的色调顺序在调色板的边缘排列颜色，他毕生都保持着这种习惯，并为其学生所继承。

在伦勃朗的时代，调色板已经起到了现今所通用的3种功能：一是安排色调序列，二是将颜料与油调和，三是混合色彩。那时，已制定了色彩排列的原则，强调应把亮色置于调色板上端靠近拇指孔之处，而将暗色放在底部。此后，人们越来越充分地意识到，调色板上的色彩安排会左右绘画的整体色调。显然，这时的调色板已成为画家创造色彩的重要工具，正如将调色板赞美为“众色之母”的皮埃尔·勒布伦（Pierre Le Brun）在1635年所说的那样：“只需将4种主色中的3种混合，画家的画笔就能创造出丰富多样的色彩，宛如百花争艳。”

然而，调色板上颜料的布置及其比例关系视画家的取舍而定。委拉斯贵支在画《宫娥》时把10种颜色挤于调色板上：朱砂为首，白色紧接其后，在亮色、棕色与黑色之间则布置了色阶宽广的中间色。

到了19世纪初，人们开始讨论调色板上的色彩配置是否会直接影响绘画的特征。1815年左右，一群艺术家聚集在英国著名批评家威廉·黑兹利特（William Hazlitt）家中，对下述问题进行了辩论：

画家调色板上特定的色彩安排是否会影响其艺术风格？假定某位画家采用了提香、鲁本斯或伦勃朗3位大师的任何一块调色板，他到底能否画出风格相应的作品？

一位苏格兰风俗画家的回答是肯定的，而另一位画家却讲述了一件轶事，反对这种看法。他说，有一次，凡·代克在弗朗斯·哈尔斯家做客，他操起后者的调色板画了一幅肖像，但结果还是他自己的风格。

我们难以肯定在这场辩论中谁胜谁负，但不难看出调色板在画家心目中所占的地位。

19世纪浪漫主义大师德拉克洛瓦常把自己的调色板比作“武士的兵器”。他一见调色板，就觉得浑身是胆，信心随之而来。在传统的基础上，德拉克洛瓦推进了依据表现对象而改变调色板色彩排列的惯例。19世纪40年代初期开始，德拉克洛瓦为每一幅作品制定了独特的“调色板”，这些调色板的颜色都出于精心的安排，有助于作画的速度，也更具有直接性。这一点尤其反映在他的巨幅作品之上。由于这些作品实际上均由助手完成，因此，画面的色彩构成，德拉克洛瓦都借助调色板一一给出详细的指示。他的助手对此写道：

> 在着手创作大型装饰性图画之前，德拉克洛瓦往往花费整整几个星期的时间，在他的调色板上配置色彩关系，然后将这种种关系转换到钉在他画室的墙上的小块画布上。他仔细地标出每一种色调的构成成分及预想效果（倒影、投影、中间调子、光、人物名字、欲表达的情感、厚涂或上光油等）。

如今依然陈列在巴黎德拉克洛瓦画室中的一系列调色板证实了上述描述确凿无误。

德拉克洛瓦的调色板看上去好像是正在乐池中演奏的一个大型交响乐乐团的缩影。确实，把调色板比作乐器有助于我们进一步说明它对绘画的重要作用。早在1828年，一位名叫布维耶（Bouvier）的瑞士画家已将色彩层次比作钢琴键盘上的音符。在他的《画家手册》中作者建议用9种基色去调配出36种颜色，这种理论犹如乐器调音。但是，随着时间的推移，决定调色板“乐器”作用的是那被称为“洪亮高音”的复杂混合色。这是一个崇拜瓦格纳的时代。法国画家亨利·方坦－拉图尔（Henri Fantin-Latour）是瓦格纳的崇拜者之一，他探索了前所未见的色调可能性。那位崇尚黑调（Les Noirs）的象征主义者奥迪隆·雷东天生酷爱音乐，1882年，他把方坦－拉图尔的调色板比喻为“一架完美的钢琴，包容5种色彩层次，适用于描绘鲜艳的花卉、耀眼的事物”。凡·高也是一位瓦格纳的崇拜者，他在哈尔斯的画中发现了27种黑色。惠斯勒更是意识到调色板与乐器的关系，不过他心目中的乐器不是钢琴而是小提琴。19世纪90年代末，他告诉一位学生，调色板是一种乐器，画家能用它演奏出“和声”。他还告诫说，应该像伟大的音乐家细心保护小提琴一样来爱惜调色板，使它永远保持美丽的状态。因此，惠斯勒总是不惜光阴，精心调和颜色，并将其分为两种色阶放置到调色板上，一是从红色到黑色，一是从黄色到蓝色。惠斯勒的同代人斯托里（G. A. Storey）则把19种颜色安排得犹如一架钢琴的键盘，可经混合而获得各种完美的色阶：“颜色若按确定的、理性的秩序安排，那么，就可以更方便地找到它们；经过一段时间的实践，画家就能像音乐家演奏乐器一样运用它们，完全有把握知道怎样或在何处去发现其综合成分。”而另一位画家的话更为简单明了，他说，“只要熟悉我们键盘上的颜色，确知它们各处的职能，那么，调出一种色调就跟在乐器上击出一个和弦那样方便”。

西方油画大师不但将调色板与音乐类比，而且把自己的作品也比作音乐。勋伯格（Schoenberg）的亲密朋友康定斯基的抽象艺术的灵感直接源于音乐，他称自己的创作是在画布上谱写“自然……嵌入我心灵深处的色彩合唱曲”。难怪，跟惠斯勒一样，他常以音乐标题如“作品××号”或“即兴”来命名自己的绘画作品。的确，19世纪以后的艺术似乎在迫不及待地证实佩特（Walter Pater）的著名预言：“一切艺术最终趋向音乐。”

四

音乐之所以被视为一切艺术典范，是因为它是一门从最严格的技术限制中获取最伟大的自由解放的人类艺术。

诚然，世上一切真正的艺术作品无不产生于对各种限制——不论是社会的、经济的、文化的还是技术与材料的限制的超越，而非对其挑战的回避。在伟大的艺术家看来，没有限制的自由，没有翅膀的想象力是艺术最大的潜在敌人，正如歌德所说，它时刻会“像膜拜怪异偶像的野蛮人那样冲破一切文明的节制防线”，摧毁艺术家及其作品。因此，不少艺术家担心的不是想象力的萎缩，而是它的放纵无度。年迈的歌德依然担忧“活跃的想象力会以放任自由的花招捉弄有教养的人”，而法国诗人波德莱尔则给自己规定了严格的法则来防范这只会伤害他的艺术生命的“尺蠖”。灵感与激情是艺术创造的动力，但它必须接受理性的控制。我们前面谈到过凡·高的《蝴蝶与长草》，这幅画表现的是精神病医院的一块草坪。凡·高是该院的病人，但我们不难看出，在这幅画中，画家以高度的控制手段，充分依据材料的性能去表达画意。他深知，激情的稍一失控便会破坏他正在力求创造的东西，即他以虔诚之心细心体察到的那种生机盎然、动人心弦的明亮形式——上帝之光在世间的反射。

没有人比柏拉图更雄辩地赞美过那“神圣的迷狂”即天授的灵感，但正是这位哲人对此也产生了一种“神圣的恐惧”（Sacred Fear）。

也许，正是由于这种正反两重性，自由与想象力才成了艺术史上最为古老的一个话题。《艺匠手册》的作者琴尼诺·切尼尼提出了一个著名的论点即应该像诗人那样享有自由，依据想象力去创造自己的作品。如果我们回想一下，直到文艺复兴时期西方的艺术家依然处于工匠的地位，而诗人从古希腊以来就一直被尊为上帝的代言人的话，就不难体会这一论战的巨大震撼力。为了提高自己在社会和知识界的地位，文艺复兴时期的艺术家常常把画家与诗人进行比较。在莱奥纳多·达·芬奇写的著名的《比较论》中他反复强调进行智力活动的画家不同于纯粹的体力劳动者，而且甚至还高于诗人。这是一种伟大而诱人的信念，难怪它到了18世纪成了学院艺术生存的基础，并且推动了汹涌而起的浪漫主义思潮。尽管如此，从切尼尼以来的一切真正的艺术家都没有将这种理论的社会功能与具体的艺术实践混为一谈，他们深知，完全顺乎秉性随意创作的自由并不存在，甚至连诗人也要受到严格的格律与韵律的约束。由此出发，我们或许能更加贴近切尼尼的《艺匠手册》的主旨。那部书开宗明义，首先强调了艺术家创作时心、手、眼的和谐配合："为了发现肉眼未见的事物……并用画家之手把它们固定下来，以清晰的图案将实际上不存在的事物呈现出来，画家应当诉诸想象力与手的技巧。"

从切尼尼时代起，经由文艺复兴再到巴洛克直至新古典主义时期，西方艺术家关注的焦点并非我们居住的现实世界，而是我们与另一个世界即那个肉眼难以瞥见的上帝的理念世界的关系。要瞥见那个世界，便需要诗人的想象力。毋庸讳言，要将那种想象力转化为视觉形式，就需要现世的材料与媒介，需要艺术家的技艺。

正是为了这一目的，切尼尼在《艺匠手册》中记录了当时的画坊惯例和方法，对如何调制和运用山羊胶，如何用精细的石膏粉制作绘画板面，如何嵌镶宝石等做了详细的说明。同时，切尼尼意味深长地把画家的工作喻为"烹调"，把创作过程描绘成准备一顿丰盛的飨宴。主持创作的画家是"掌厨者"，统率设计、描绘画中的主要部分（通常是圣父、圣母、圣子及重要的使徒形象）。镀金工匠负责贴制真金薄片，而其他助手准备基底、调配胶材、绘制画面的次要部分。参与创作的每一个成员都懂得，欲做一名出色的画家，就得先做一名诚实的工匠，力求精通一切技艺。他们勤恳劳动精诚合作，把手中廉价的鸡蛋与昂贵的黄金巧妙结合，化作一种神奇的媒介，借此将天国带往了人间，将人间提升到了天国，建立起两者之间的神圣联系。

这种诚实态度与合作精神一直延续到了德拉克洛瓦时代。从那以后，艺术家的个性渐渐膨胀，最终成了高于一切的东西，而艺术家也成了高于艺术本身的圣人，他将原属于上帝的光环，即创造力与神圣灵感套在了自己的脖子上。现在他就是创造者，可以像上帝一样随意创造，他所做的一切都是艺术，正如库尔特·施维特尔（Kurt Schwitters）所声称的那样："我是艺术家，我吐一口唾液，那便是艺术。"

然而，事与愿违，依照这种逻辑，艺术与非艺术的界限就不存在了，人人都可以成为艺术家，因为人人都会做吐痰的事。极而言之，如果现在想成为一名艺术家，只要宣称一下自己是艺术家就行了。这样，历代艺术家经过长期艰苦奋斗而赢得的崇高地位在他的"傲慢与偏见"的火焰中毁于一旦，化为乌有，我们真不知柏拉图会发怎样的愤慨将这类亵渎艺术神性的人逐出他的"理想国"。

五

现在，还是让我们再次回到切尼尼那谦卑的画坊中去，在那里准备结束我们的讨论，因为他的“烹调”比喻可以恰当地把我们引回到本文开端提到的油画民族化问题。凡是在国外生活过一段时间的人都有一种体验，觉得国外的中国餐馆里炒出的中国菜大都面目全非，这种感觉也往往适用于国内的西餐，它们都同样的不地道：国外的“中餐”为适合洋人的口味改了谱，已然“西洋化”了，而国内的“西餐”则为了迎合国人的口味变了样，也俨然“民族化”了。油画艺术的改造当然远比烹调艺术精微复杂，但急于求成，也难免会导致同样的结果。

在此有必要重申，我们老一辈艺术家提出油画民族化的口号有其积极的历史意义，在这一口号中凝结着崇高的理想和伟大的境界，此处提出这个问题并非否定它的精髓。相反，正是为了这一目标，我们才应首先正视油画是外来艺术这一简单的事实。

当今，我们已进入了一个歌德和马克思曾梦想的“世界艺术”的开放时代。在这样的一个新时代里，我们理应从新的角度重新审视东西方艺术的关系。我们所说的“世界艺术”既不是一个不同国家、不同民族的艺术大杂烩的拼盘，也不是一个以某种艺术形式同化甚或取代其他艺术为指归的单一体系。恰恰相反，“世界艺术”旨在为各种不同的艺术提供更为广阔的独立发展的天地，也就是说，让它们各尽其能地凸显自己的特性，从而使我们全人类的精神生活显得更加丰富多彩。显然，我们应以这样的境界来理解鲁迅的名言：只有民族性，才具有世界性。任何狭隘的民族主义观念是断然不能获得世界性意义的，反之亦然。

同样，如果我们希望把外来的油画发展成为我国艺术传统中的有机组成部分，我们首先就应当尊重其“外来性”，因为恰恰是它的“外来性”构成了油画的本质特征。而这种“外来性”尤其体现在其表现与媒介之中。

1828年，歌德在致钱塞勒·冯·米勒（Chancellor von Miller）的一封信中，说到了翻译的问题，他的论述对我们所面临的问题不无启示：在翻译中，人们首先必须避免与外语进行直接对抗。人们必须竭尽全力，努力理解那不可译之处，并且尊重它；因为正是在它那不可译之处隐含着任何一门语言的特征与价值。

语言不仅是交流思想的工具，而且也是思想的结晶体，简而言之，语言即是思想。绘画技巧与媒介也是如此，它们并不外在于表现的手段，而是把艺术表现升华成了凝固的形式，其中凝聚着历代大师的创造智慧与经验，诚如温德（Edgar Wind）所说，“艺术的本质在于把表现（expression）变为技巧（skill）”。从这一意义上说，离开油画的技巧，当今画家所渴望以求的个性表现、艺术灵感、独创性，乃至油画的民族化都不过将是空中楼阁、无根之谈罢了。

本文载于《美术研究》1999年第4期

曹意强，1957年生，浙江杭州人。1995年毕业于英国牛津大学，获博士学位。中国美术学院艺术人文学院院长、博士生导师。

中央美术学院和“五四运动”

王　工

80年前，1919年的5月4日，中国的历史走进了波澜壮阔的时代。

81年前，中央美术学院的前身——国立北京美术专门学校诞生在这个波澜壮阔时代的前夕。

整个五四运动由三个阶段构成：第一阶段是“五四”之前的新文化运动，以1915年9月15日陈独秀创办《新青年》杂志为标志，中国近代启蒙知识分子提出“民主与科学”“文学革命”“青年与妇女解放”“反帝反封”的主张，在中国知识界产生了强烈的震撼；第二个阶段即为1919年的5月4日发生至7月结束的“五四”爱国民主运动的全过程；第三个阶段是“五四”引发的巨大的思想浪潮、社会进步和“共产主义运动”在中国的兴起。“五四”新文化运动同时也是晚清文学改良运动向现代文学革命和思想革命的过渡，是近代中国接受西方进步思想的开始。

中央美术学院的前身——国立北京美术专门学校诞生于推翻清封建王朝后不久的1918年4月，是20世纪初期新文化运动和早期革命运动的产物，是中国在20世纪初期走向进步、走向现代的过程中实现陈独秀的进步思想和蔡元培“以美育代宗教”的主张的具体产物。中央美术学院和中国早期文化思想解放运动及中国早期革命运动有着密不可分的关系。

1918年年底第一次世界大战结束，中国作为战胜国沉浸在喜悦之中，而美、英、法、日诸帝国主义战胜国却于1919年1月18日在法国巴黎凡尔赛宫召开“和平会议”，制定《凡尔赛条约》。其中拟定由日本继承德国在中国山东的各种特权，中国军阀政府代表团向和会提出废弃西方诸国的在华特权，取消“二十一条”，归还租界以及收回山东主权，遭到诸帝国拒绝，军阀政府欲准备在和会上签字，消息传来，举国激愤。1919年的5月4日是星期日，北京十数所高等学校学生于5月3日发起约定次日下午2时在天安门集会示威，当时国立北京美术专门学校仅有1年零1个月的校龄，在校生仅仅35人，大部分在校生利用休息日从西单京畿道校址步行到天安门，并携带着毛边纸手写的口号传单[1]，参加到爱国学生队伍当中去。游行队伍打着“外争国权，内惩国贼”“取消二十一条”“还我青岛”的标语，从天安门行至东交民巷使馆区示威受阻，遂向美国使馆及英国、法国、意大利四国大使馆送交了包括国立北京美术专门学校在内的、北京专门以上所有学校11500名学生具名的说帖[2]，整个队伍便向北折返，沿户部街至东单赵家楼，火烧曹汝霖住宅，痛打章宗祥。参加自天安门至东交民巷使馆区至赵家楼集会、示威的学生总数近3000人，打出旗帜的北京学校共13所：国立北京大学、国立北京高等师范学校、国立北京工业专门学校、国立北京农业专门学校、国立北京法政专门学校、国立北京医学专门学校、私立中国大学、私立民国大学、私立朝阳大学、私立汇文大学、交通部北京铁路管理学校、税务局北京税务学校、内务部高等警官学校。此外，尚有无旗帜学校多所，如俄文专修馆、留法预备班等，国立北京美术专门学校未携旗帜或建校初期未置旗帜待考。清华大学因在郊外，5月4日当日除进城的部分学生外，未参加集会，第二天始参加运动。[3]北京政府派军警镇压，逮捕学生32人。

北京大中学校5月4日当晚筹备并于5月5日宣告成立“北京中等以上学校学生联合会”[4]，国立北京美术专门学校加入，并于5日至6日参加为营救32名被捕学生举行的北京学校总罢课，北京美术专门学校参加了5月11日成立的“北京专科以上学校教职员联合会”。5月19日为抵制田应璜出任教育总长、追悼北大郭钦光同学，北京大学、北京高等师范学校、北京女子高等师范学校、北京法政专门学校、北京工业专门学校、北京农业专门学校、北京医学专门学校、北京美术专门学校、铁道管理学校、邮电管理学校、高等警官学校、北京税务学校、清华大学、中国大学、民国大学、朝阳大学、汇文大学、协和大学，全市18所大专学校共同罢课[5]，同时，成立“十人团”“力维秩序，以舒我国家内况之忧”，抵制日货，开展爱国活动，直至6月2日、3日全市大中小学校的罢课和街头讲演。

整个“五四”过程由以下各个阶段组成：5月4日火烧赵家楼，5月5—6日成立“北京中等以上学校学生联合会”营救被捕学生，5月18日之后的抵制日货，6月3日北京大逮捕，6月10日北京政府发布对曹、章、陆的免职令，6月17日“全国学联总会”诞生，7月22日“全国学联总会”发表中止罢课宣言。6月3日由于全国工商界的参加将“五四运动”推向高潮。还很稚嫩的国立北京美术专门学校学生参加了5月4日和5月5日以后的北京及全国学联统一行动，美专校长和美专教授同时参加了“挽蔡行动”[6]。

80年过去了，20世纪即将结束的时候，历史的使命使几代学人都在重新回顾和审视这场关系到中国一个世纪命运的思想启蒙和思想解放运动，中央美术学院及其前身——诞生于中国近代史上最壮丽的思想启蒙运动的最早的最高美术学府，同时，经历了近代史上最壮丽的中国学生反帝爱国运动的洗礼。

注释

[1]中国现代学者和历史学家王森然教授曾保存有五四运动中北大、师大、美专的传单，并于新中国成立初期将五四运动传单和保存的其他革命文物、史料、照片捐献给中国革命博物馆及首都人民英雄纪念碑筹建处。

[2]说帖原文：“大美国驻华公使阁下：吾人闻和平会议传来消息，关于吾中国与日本国际间之处置，有甚悖和平正谊者，谨以最真挚最诚恳之意，陈辞于阁

下：一九一五年五月七日二十一条中日协约，乃日本乘大战之际，以武力胁迫我政府强制而成者，吾中国国民誓不承认之。青岛山东一切德国利益，乃德国以暴力掠去，而吾人之所日思取还者。吾人以对德宣战故，断不承认日本或其他任何国继承之。如不直接还交中国，则东亚和平与世界永久和平，终不能得确切之保证。贵国为维持正义、人道，及世界永久和平而战，煌煌宣言及威尔逊总统几次演说，吾人对之表无上之钦爱与同情，吾国与贵国抱同一主义而战，故不得不望贵国之援助。吾人念贵国与我两国素敦睦谊，为此直率陈词，请求贵公使转达此意于贵国政府，于和平会议予吾中国以同情之援助。世界永久和平万岁。北京专门以上学校学生一万一千五百人谨具。中华民国八年五月四日 西历一千九百一十九年五月四日。”

[3]《北京专门以上学校新调查》,《申报》1919年7月12日。

[4]《晨报》1919年5月8日,《每周评论》1919年5月11日。

[5]《晨报》1919年5月20日,《民国日报》1919年5月22日。

[6] 5月4日32名学生被捕后，蔡元培即召集各校长力争保释，但非难者欲将“北京学生一万五千人所为之事，乃加罪于北大之一校，北大一校之罪加之于蔡元培校长之一身”。蔡元培自述：“被拘的虽已保释，而学生尚抱再接再厉的决心，政府亦且持不作不休的态度。都中宣传政府将明令免我职而以马其昶君任北大校长，我恐若因此增加学生对政府的纠纷，我个人且将有运动学生保持地位的嫌疑，不可以不速去。”蔡元培于5月9日秘密出走，有辞呈曰：“元培滥膺校席以来，不称厥职，久图引退。此次大学校学生，因爱国之故，激而为骚扰之举动，元培实尸其咎。唯因当场学生被拘，不能归罪于少数，未即引咎。目下学生业经保释，各校亦已一律上课，元培不敢尸位，谨请辞职以避贤路。”教育总长傅增湘由于不主张对学生采取严厉镇压政策，对蔡元培表示同情和挽留，亦遭非难，并于5月11日辞职，拟由田应璜接任教育总长即因此故。随着蔡元培的辞职，北京高等专门各校长统向教育部具呈辞职。由于各界的努力和北洋政府的妥协，大总统徐世昌出面留蔡，但蔡元培延至9月方才返校归职。

参考文献

1.《晨报》1919年。

2.《每周评论》1919年。

3.《民国日报》1919年。

4.《申报》1919年。

5.《五四爱国运动史料》,《历史教学》1951年第1卷第6期。

6.《五四爱国运动档案资料》，中国社会科学出版社1980年版。

7. 彭明:《五四运动史》，人民出版社1998年版。

8. 翟作君、蒋志彦:《中国学生运动史》，学林出版社1996年版。

9. 余力主编:《中国高等教育史》(上、下)，华东师范大学出版社1994年版。

10. 李华兴主编:《民国教育史》，上海教育出版社1987年版。

11.《中华民国大事记》(5卷本)，中国文史出版社1998年版。

12.《中国高等学校变迁》，华东师范大学出版社1992

年版。
13. 吴惠龄主编:《北京高等教育史料》，北京师范大学出版社1992年版。
14. 高平叔:《蔡元培年谱长编》(4卷本)，人民教育出版社1996年版。
15.《胡适研究》，东方出版社1996年版。
16.《陈独秀研究》，东方出版社1999年版。
17. 任建树:《陈独秀传》(上、下)，上海人民出版社1989年版。
18. 唐宝林、林茂生:《陈独秀年谱》，上海人民出版社1988年版。
19. 韩一德、王树棣编:《李大钊研究论文集》(上、下)，河北人民出版社1984年版。
20. [美]周策纵:《五四运动：现代中国的思想革命》，江苏人民出版社1996年版。
21. [美]费正清:《剑桥中华民国史》，上海人民出版社1991年版。
22.《20世纪中国全记录》，台湾锦绣文化事业出版公司1990年版。
23. 彭明:《中国近现代史论文集》，广东人民出版社1982年版。
24. 陈万雄:《五四新文化的源流》，生活·读书·新知三联书店1997年版。
25. 张宝明:《启蒙与革命：五四激进派的两难》，学林出版社1998年版。
26. 丁守和主编:《五四图史》，辽海出版社1999年版。
27. 陈平原、夏晓虹主编:《触摸历史》，广州出版社1999年版。

本文载于《美术研究》2000年第1期

王工，1951年生，河北定州人。中央美术学院教授。中国近现代美术史及中央美术学院校史研究学者。

从象征写实到抒情表现

——对詹建俊先生油画的再认识

范迪安

想为詹建俊先生的油画写一点论述文字的念头已有时日了，每每翻阅他的画作资料或在展览中看到他的新作时，便觉得有许多想法要说，特别是结合中国油画50年来的发展背景析评他的艺术。但一旦动笔又觉得困难，觉得他的画是让人晓畅易懂的，他明晰和肯定的艺术语言已不需要更多的阐释。除此之外，我还感到文字表达的困难，詹先生的为人为艺之风何其真诚朴素，评论他作品的文字稍有不慎，便会落入虚饰之中。时下写中年同辈、青年道友的艺评文章，还可以写得艰涩一些、朦胧一些，谈一些大的气氛，有时候甚至可以抓住一点或某几点因素作一下“观念”或“文化”的文章。但对于詹建俊先生，这些都用不上。他迈逾50年的艺术生涯就落实在他的画中，就实实在在地展现在那里。他的许多作品已经牢靠地在艺术史上占有了位置，在有关百年、50年和近20年中国油画的画册或著作中，少不了那些已成为经典的作品。20世纪50年代他的《起家》成为当时油画创作中引人注目的大作；60年代他的《狼牙山五壮士》不仅被视为主题绘画的典范，而且因其艺术语言上的探索特征成为一个富有启发意义的例证；70年代末在中国画坛刚刚恢复创作自由的时候，他的《高原的歌》以吟唱文化解冻与复苏的清新之曲赢得了广泛的共鸣；80年代的中国艺术呈现出像触角多样化发展的景观，但在1985年第6届全国美展上，他的《潮》又领取了美术界全面评奖的油画金牌。这些几乎都是众所周知的。一个艺术家成功的标志，固然不完全靠作品在一个时代中的“效应”，但詹先生的画总是在具有时代艺术的共同特征的同时，又有比共同特征先行一步的探索性与自身充分的学术质量，对于他这一代画家来说，做到在同一种艺术氛境中“先行一步”和“自身充分”是特别不易的，这不仅需要足够的艺术才华，而且需要探索的勇气，詹先生就是这样一位画家。他还是他这一代画家中高产的一位（以“创作”作品而言，他的数量可能是最多的）。90年代以后，他仍然坚实地沿着自己艺术发展的逻辑走向变化和精深的层面。所有这些，都是詹先生艺术与人不同的地方，他所走的一条不懈探寻的道路及其艺术特点，值得我们进一步认识。

我始终觉得，詹先生1957年的《起家》这幅画的题目是颇有象征意味的。这个时期，是他自己艺术上的“起家”的时期，也是中国油画在新的文化情境中“起家”的时期。当时的中国油画全面地学习苏联模式，一方面缘于政治意识形态的制约，另一方面也源于中国油画自身的发展需求。在20世纪前半叶中西文化碰撞的背景中，展开了先贤们对油画从奠基和初步发展的实践，就油画语言而言，第一代人完成了接受欧洲油画造型体系的引进，第二代人开始了向中国审美表现的转换，但艰难的时局使许多画家的才华无法施展，留下了与油画应有质量之间的缺链。50年代，新的时代需求为中国油画发展提供了条件，当时，提高中国油画水平的方式是派遣留苏学生和请来苏联专家。1955年，马克西莫夫到达中央美术学院，开始了对苏联美术思想和油画整体技巧的传布。在马克西莫夫和艾中信、罗工柳、吴作人、王式廓等先生的执掌下，形成了以油画训练班教学为主的新的演练。按照当时对油画状况的分析，油训班要解决的是规范的基础训练和学会从生活中提炼创作两个问题。在基础训练方面，马克西莫夫不仅传授了系统的方法，而且提出了“科学研究”这个命题，让当时的教师们分头承担不同的方面。

例如，列出色彩在绘画中的作用（梁玉龙负责）、头像习作研究（李宗津负责）、绘画上的空间感和立体感（王式廓负责）、油画色彩的观察（吴作人负责）、风景画习作（韦启美负责）、民族绘画与油画性能的关系（艾中信负责）、油画工具的制作（戴泽负责）等题目进行专门探讨，以形成有机的整体，这是在中国油画教学中第一次进行的全因素的训练，使中国画家对油画的体系性特征有了领悟。与此同时，在20世纪前半叶油画基本经验的基础上进一步规范了“创作”的概念及要求。所有这些，对当时的油画学生都是新鲜的内容。詹先生参加了当时的油画训练班，获得了集中研究油画的良好机会，他的毕业创作《起家》在主题上无疑扣准了时代生活特征，在基本手法上也符合了当时的创作要求，但值得注意的是，除了主题性与情节性之外，詹先生在艺术趣味上的倾向性已初步地显露出来。詹先生1948年入校后，先学油画，1953年本科毕业后在当时的“彩墨画系”任教，得到了蒋兆和、李可染、叶浅予先生指导，可以说是转益多师，而且他的兴趣广泛、爱好多样，对音乐、戏曲、电影、诗歌等不同门类艺术都酷爱极深，且不流于一般浅显认识。他对音乐的迷恋，致使他愿意每日三餐就着开水吃馒头也要用相当于每月生活费的三分之一购买一张密纹唱片。这已经不是一种喜欢，而是一种气质和情感上的需要。音乐对他的补益，熏染了他对浪漫情调和舒展境界的向往。《起家》也即是这种审美意趣的集中体现。他运用青年垦荒队员在草原上安营扎寨的素材，采用宽幅画面，突出了视觉形式的作用，将飞扬的白色帆布作为画面视觉中心，使这件作品视觉形式的强度超越了被限制的主题“思想性”。被浓密乌云衬映的一片翻滚的帆布似如一处白浪，也如一片白色的气流，在画中形成了一个抽象的动态结构。很显然，詹先生努力的是将自己的形式感觉嵌入当时艺术标准需要的主题，这在当时的创作中无疑是富有个性的。从现有的材料中可见当时的艺术评论并没有给予它特别的注意，因为在以“思想性”为标准的年代，这件作品具有“中性”的性质，它的艺术形式的“扩张”感几乎被界定在“形式主义”的边缘。

实际上，詹先生正是20世纪50年代末、60年代初油画家中形式探索的自觉者。他在油画训练班学习时就主张不要学得与马克西莫夫一样，而提倡学习马氏的基本方法，在创作中融汇自己的思想感情。“形式主义”这样一个属于普遍艺术志趣的范畴，一代中国艺术家却为它付出了冒险的代价。一方面，外在因素的制约使画家的思路离不开政治主题，特别是歌颂性的主题，另一方面，又意欲体现自己的形式感觉，并把有意味的形式想方设法地渗透在作品中，这就是一批有思想和有见解的画家在当时的探索。在油训班毕业之后，詹先生留在油画系任教，在1959年油画系设立工作室后，他进入董希文主持的“第三工作室”。董先生注意个性表现和油画艺术表现力，并提倡油画民族化等主张，对他有了更大的影响。 60年代初，在艺术空气稍事宽松的气氛中，他对当时视为“资产阶级形式主义”的西方画家如马蒂斯、莫迪里阿尼产生了兴趣，更加明确了形式探索的目标。1959年问世的《狼牙山五壮士》便是他在形式领域迈进的又一代表。在当时的条件下，历史画创作为中国油画家提供了一个相对“自由”的天地，在相对远离时事政治对艺术的具体要求中，有发挥个人想象和探索个人风格的可能。正是在这个有“弹性”的主题范围里，包括靳尚谊、闻立鹏、全山石、杜键、钟涵等画家创作了一批主题与形式都比较完整的大作品。在《狼牙山五壮士》中，詹先生通过人与山的比拟造型，形成了这幅在当时艺术氛围中最有意象感和象征性的作品。也可以说，是形式因素的魅彩使这个主题确立起来。

对于50年代成长起来的中国油画家，10年“文革”无情地压制了他们正当年华的艺术才能。在艺术完全受到政治干预的时代，再有感觉的画家也无法抒发自己的心声，只能服从于一体化的艺术思想。因此，“文革”结束，整个文艺界欢呼迎来了“第二个春天”。那是一个“重新找回感觉”的开始，被扭曲的艺术性和遭到沉湮的艺术理想，都如雨后春笋般复苏与活跃起来。詹先生也由此步入了他的艺术盛期。那时候，许多画家都离开都市前往西部地区深入生活。他们到荒寒僻壤之地，为的是寻找一种贴近自然和接近真实的感觉，詹先生也深入青海、甘肃、四川等地的藏区。到藏区的画家都会感到有特殊的经历和体验，因为那片保持着远古传统和民族特色的风情是神奇的、朴素的，有足够的景致可以入画。但是当时大部分关于藏区、藏民的绘画，在主题上是苦涩的，在风格上是凝重的，似乎画家所经之途的每一处景观都披上一层孤寂的灰颓。詹先生则与众不同，透过藏民生活相对于都市的落后和藏区生活的荒凉，他看到了藏民心灵的单纯和精神上的向往，他认为热爱生活与自然才是广袤雪域上生命得以持续的根本原因。基于这样的认识，他笔下出现了另一种雪域的景观。

《高原的歌》(1979)，一在展览会上露面，便给人们带来了全新的视野。晚霞中的藏女引吭高歌，落日衬映出她逆光的身影，雪域并非凄冷，而是充满辉煌。人们惊叹画家感受到了藏民的理想和生命的倔强，更惊叹他敢于运用热烈的红色。由于红色在“文革”中成为政治的象征已经泛滥，“文革”后大部分画家把它挤到调色板的角落。但在詹先生的作品中，红色不再是令人反感的标准色，而是复苏的生命热情的象征。同样，红色也十分明显地出现在后来的藏区系列《遥远的地方》(1987)和《帕米尔的冰山》(1979)

上，它在热烈中有几分含蓄、温润，和人与景的造型意味有本质上的契合。在这几幅画中，红色的运用方法是不同的。《高原的歌》表现的是开放的心曲，红色在背景上的大片使用，营造了一个充满乐音的空间。《帕米尔的冰山》表现的是旷达的胸怀，红色的云霞与白色的冰山相照应，显现出边塞景致的奇幻。《遥远的地方》表现的是藏女的遐思，红色笼罩着她的藏袍和肌肤，并延伸到深远的空间背景中。这幅画在红色的运用上可以说达到了极致，是一种满幅浸染弥漫的红，是一种超越“写实”而为生命象征的红，曾经被扭曲了的红色在他的笔下变成了美丽的梦幻和生命的活力。如果把视点放在当时画坛的“创新”和“形式探索”的时代思潮上，詹先生的这些作品都是极好的例证。

詹先生的艺术感觉在“新时期”无疑地朝向了宽阔的领域。他本来首先是一个人物画家，从油画系学习到毕业后留校任教，他在人物画领域用力甚深，做了大量人物（包括人体）的长期写生，进行造型研究，在教学指导上也以人物为主，但他同时也作风景画。其实，他笔下的人物和风景都不是静态的概念，而是体现了主观创造的主题性作品。他20世纪80年代有三个系列可以证实他构筑自己独特艺术境界的努力。第一个系列是《飞雪》（1983）、《清风》（1983）、《绿野》（1983）等作品，这些画中的人物虽得以从现实生活中捕捉到原型，但超出了具体人物的肖像性质而成为抒情表现的载体，以意写代替了如实、精确的描绘。他抓住了人物活动中最体现性格的动态，果断地肯定出人物“活”的身影，用极为概括的线条勾勒出处于运动状态瞬间的躯体，大笔阔略地表现最生动的感觉，绝不拖泥带水，拘泥于细节。每一笔落在画上，既塑造了形和体面，也表现了色彩和光影，几块大形甚至有抽象的形式美感。他还更特别注重运用主色调统领全局，这三幅作品分别有热烈、明亮、清新的色彩主调，它们实是画家要表现的情感基调。这种造型效果只有在良好的感觉与娴熟的技巧高度统一的层面上才能达到。

第二个系列是《潮》（1984）与《回望》（1979），体现了詹先生不仅表达自己喜欢的主题，而且把它与整个时代背景相联系的宽阔思维。《潮》在1984年全国美展中独领金牌不是偶然的，它是80年代中国社会变革的缩影。改革开放引起的社会变化首先是农村的变化，在农村生产力获得了极大解放之后，神州大地旧貌换新颜，成了希望的田野，画家以涌动着绿潮的原野为背景，描绘了一个充满信心的青年农民。很显然，画中翻卷的绿浪既是吹染江天的春风，也是全社会劳动者建设家园的昂扬心志。视觉上的“潮”实是时代生活之潮，画家以浪漫主义的乐观情怀奏响了一曲歌咏现实的欢乐颂。任何一个认识到中国社会主体是数亿农民的观众，都会被这幅画所传达的春天与生命的信息所感染，都会意识到画家所描绘的不是某个具体的农民，而是一个有信心征服自然、主宰自我命运的人。在《回望》中，这种驾驭大容量思想的风格再一次体现出来。许多人画过长城，因为长城在中国艺术家的眼里是外在的形式美与内在的文化意味最完美的统一体。无论是亲自登临还是遥想遐思，长城都会令画家产生表现的欲望，但是长城本身极为丰富的形貌和作为华夏民族精神象征的深层意义，又无不对画家的心智与感觉、技巧与表现力提出挑战。几十年来，为长城造像的绘画不断出现，加上摄影、电视、电影领域的表现，关于长城的作品变得极普遍又极艰难。1979年《回望》问世，在画坛犹如语惊四座，人们看到了一幅崭新的长城，那让许多人感受过却未捕捉到的长城的灵魂，而今被詹先生信手把握住了。全画视野极为辽阔，万里关山尽收眼帘。这是画家看到的长城，也是画家精神中的长城。多少画家"欲与长城试比高"，但在这幅《回望》面前，人们不能不惊叹詹先生独具慧眼又似有神助。同样，它也是"实写"与"意写"相结合的产物。烽燧似点，有古代画论常谓"高峰坠石"之重，城垣逶迤，若古代画论所称"潺潺一线"之灵。在红褐的峰峦上，灰白色的城垣特别具有一种历尽沧桑的悲剧感和史诗性，一如绷紧的琴弦，发出悠久的回响。

绘画技术技法对于画家来说是重要的，没有技法只有观念的画家只能留下苍白的概念，而为技法所累、使作品徒有技法的堆砌，也不能成就真正的艺术。一方面是需要长期探索，形成技法上的娴熟程度，另一方面是需要创造性地运用技法，使之与所画对象相符合，这是艺术创造中必须有的"老生常谈"。时值80年代，詹先生已经积累了油画技法的丰富经验，但他却不断感到，有新的可能性还在前头，特别是把技法转化为自然的语言，甚至只有面对"此情此景"，积蓄于心的形式技法才会以新的面目出现。他这个时期的第三个系列《寂静的石林湖》（1978）和《藤》（1981）几幅便是这样的探索过程。像石林这片景致，早有多人踏访，但在关于它的纪实性描绘中，唯有詹先生这一幅不仅直取其貌，而且再现其神，成为石林入画的最成功一幅。在作品中，几座山石大大方方地落入画幅，平正的视点和平缓的空间衬出了石林无须修饰的美。面对形貌已经不凡的物象，画家不再加以变形、夸张，这就使石林有了真实可信感。石林的质地曾经难倒许多画家，使用环境色或强调阴影往往难以表现出它们堆叠状态的大块。在外形不离其真的基础上，他运用了薄画法，用稀释的油彩在画布上流淌、浸化，然后略有勾勒、塑造出转折的块面，使石林风化的表面质感顿生纸上。这种画法类似于中国传统水墨中的淡墨法，也有些像西方抽象表现主义之后的色域派，但它用在此处，绝妙地服从了造型的需要。

油画的"写实"与"写意"，油画的西洋风与民族性，都是70年代末到80年代画坛探讨的问题。对此，詹先生似乎从来不匆忙表态，也不牵强地试解这些命题。他所做的是在作品中融入自己逐步吸收的多种营养，把东方的审美观念有机地渗透到形式语言的研究之中。他曾经说过："为了更好地表情达意，我更加注重在油画艺术特性上的发挥，无论是构图、色彩、造型、笔触、肌理等方面，都更多地融入了主观精神因素，突出审美的艺术表现和视觉的冲击力，在似与不似之间把握强烈鲜明的艺术效果，并追求心随笔动、笔底见物、笔底见情，把形质与心气相结合，在写意的境界中发挥绘画艺术独有的魅力，同时营造出画面的气势、意境、韵律等方面的特质，以体现个人在艺术表现上的整体特色。"詹先生没有谈到他受到何种西方绘画流派的影响，但从他的作品中可以看到，他是注意从西方油画中汲取营养的，只不过他不直接搬用某家某法，而是择选其中与自己的兴味、志向相符合的因素，化而融之，合而相生，因而如出天然，不留履痕。也不能说詹先生所有的探索都是成功的，在我看来，詹先生80年代的油画中还有一个系列就有其不足。那是题为《高原情》（1982）、《冬雪》（1986）的几幅大画，表现的是风雪中的立马。这个系列与其他几个系列不同的是，它们有很明显的平面性，做过肌理的背景（画布底子）展开了线条或块面，用甩滴方法形成的飞雪则加强了平面上的笔触肌理。可以认为詹先生在这些画中吸收的是西方抽象表现主义和日本现代绘画的某些特点，但是，由于过多地注重了扁平空间的表面处理画面结构显得简单了，笔触本身的意味也被表面大的动势所掩盖，少了隽永和深厚的感觉。我庆幸詹先生没有在这个系列上继续发展，否则可能陷入装饰性的形式里去，这一步对于他来说是容易的，但肯定会变得浅显。实际上，詹先生自己也是意识到的，这个系列在他的艺术过程中只是一个小的回环，他最后又重新回到了有力度的表现轨道。

时间到了90年代。从80年代到90年代的时代转换对于整个中国美术和中国油画，意味着文化格局的变化和艺术思潮的变化。年青一代画家在新的国际文化格局的重组中以锐意探索的锋芒表达着自己的现实处境和文化追思，油画的问题比起80年代变得更为复杂了。但是，年代的间距对于詹先生这一代画家并没有直接的意义，他（和他们）思考更多的是继续深化自己的艺术，朝向更为坚实和丰满的艺术境界。在我的感受中，詹先生对中青年画家的探索热情、勇气和实验总是肯定得多，鼓励得多，在肯定、鼓励的前提下提出要求，他宽容的学术胸怀和平等的学术态度是深受中青年画家尊重的。在油画如何发展的问题上，他也提出了自己宏观的见解，我就多次在各种展览开幕式和讨论座谈会上听到他提及中国油画要有时代性、现化感和中国气派。这些见解看上去很普通，但却是从中国油画历史发展的角度阐发的，特别涉及中国油画总体的文化价值。他还提出了油画的学术性和精神性等命题。在我看来，这些命题是他和他这一代画家十分看重的油画（和艺术）的灵魂，“学术性”这个命题涉及油画的质量，特别是油画语言的质量。以历史主义的视角看中国油画，还有继续向西方油画学习和进一步深化的必要性，“精神性”这个命题则事关油画的文化内涵和艺术品格。中国油画在90年代的发展，一方面是不断有新的探索，另一方面也明显地暴露出“风格主义”的弊病，后者还直接趋向于商品市场。詹先生在不同场合中提示这些问题，是一种对中国油画寄予希望也负起责任的清醒认识。相比较一些中青年画家急功近利、以风格找市场的状态，詹先生一直坚执着严肃的艺术道路，以护守学术质量为信念，不为时流、特别是不为市场时尚所动，足以引起我们对他产生深深的敬意！

依我所见，詹先生在90年代的作品也可以分为几个系列，一个是从80年代后期就开始的《岩》系列，在这个系列中，很有一股“形象淡出，肌理为重”的意趣。本来，以刀助笔、以刀代笔，刀笔结合，就是他的擅长。经过长期的实践，他已十分熟练地掌握了油画刮刀的性能，刀与笔成了他作画工具的双刃，达到畅解大块、形、色、势同时生发的效果，淋漓尽致地表现出山岩的坚硬质地，也极为生动地达到了油画语言的流畅与和谐。第二个系列是《倒下的树》(1993)、《枯树中的一片绿》(1993)等，那些颓败的枯树老干曾经是被遗忘的存在，在生命将逝的时候独处在荒漠旷野之中，但是画家用色彩和笔触赋予了它们新的生机。这种凋落残缺的美，在很长时间里是被画坛忽视的，甚至可以说是在观念上被有意回避的。80年代以后，年轻的画家在自我表现意识的驱使下，开始关注生命的衰亡之象，但他们营造的往往是无奈的寥落气氛，刻画的往往是生命衰亡本身。而经受过人生与艺术诸多体验的詹先生，却在一片光秃秃的枯干残枝中看到了生命的原动力。第三个系列是90年代中后期作的《立马》(1997)等幅，在这些作品中，他更加打破了人与景、物与景的界限，也更加感性地使用强烈的主调和阔大的笔触，使大自然生命的律动朝气蓬勃地展示出来。

我之所以用《从象征写实到抒情表现》为题描述詹先生的油画历程，是试图贴近他一贯注重艺术形式语言的追求。他的早年作品归属于写实范畴，但由于他在形式上的自觉，他采用了象征的语言，补合了直接反映的狭隘的写实手法，80年代以来，他从写实到表现，走上了一条更为宽阔的道路。他的表现不是苦涩的，而是歌吟式的，也就是抒情的，这是他的人生观与世界观的体现。他总是希望现实与理想接近一些，试图用自然生命的热烈与蓬郁气象缓解现实生活的苦恼与矛盾，用美好的向往引领人们的精神世界。他的艺术风格兼蓄了许多属于“成熟”境界的因素，例如文艺复兴诸家晚年作品那种浑然的氛境、印象派各位到后来信笔流淌出来的华彩、属于表现主义语言根本的那种急疾而鲜活的“手气”，他也将中国传统美学中崇尚“骨气”、注意综合，以阐发人与自然亲和关系等优长，融化到自己的作品之中，由此不断朝向表达更自由、笔力更老辣、抒发更从容的境界迈进。

本文载于《美术研究》2000年第1期

范迪安，1955年生，福建人。美术史论家，油画家，美术教育家。1988年毕业于中央美术学院美术史系，获硕士学位。中央美术学院院长、教授、博士生导师。中国美术家协会主席，北京美术家协会主席，教育部艺术教育委员会副主任。

故宫倦勤斋天顶画、全景画探究

聂崇正

在北京故宫博物院（紫禁城）的东北部，即宁寿宫花园（俗称“乾隆花园”）的北端，有一处名为“倦勤斋”的建筑，它是宁寿宫建筑群的一个组成部分。这处倦勤斋的建筑面南向，北靠红墙，东西共九间。在倦勤斋靠西边四间的内部有一个小戏台，这是紫禁城中现存的四个戏台之一（其他三个为畅音阁大戏台和漱芳斋内的大、小戏台）。斋内除去戏台外，还有用竹竿搭架成的透空隔断墙。室内的天顶部位以及西墙和北墙上，都贴满了画幅。在宫廷的殿堂内贴画是清朝装饰宫殿的常用手法，这些画幅被称为“贴落”，即贴上、落下之画。一般来说“贴落”的张幅都比较大，往往是整个墙面或半个墙面只贴一两幅画。这些“贴落”画可以起到壁画的作用，但是制作与更换却要比直接画在墙上的壁画简易和方便得多。

现存倦勤斋内顶部和墙壁上的画幅，也都是先画完以后再贴上去的。但是这部分画与其他“贴落”画不同的特殊之处是，所有的画是连成一体的，由各个局部拼接成整幅，不但如此，画幅与室内的环境及装饰亦相连接，等于是在室内又造成了另一个新的空间。

下面笔者将对倦勤斋和倦勤斋的顶棚画及墙面画（即天顶画及全景画）作一介绍和描述。

倦勤斋西边四间的室内西端是一个尖顶亭子式的小戏台，是在房子里面的又一个建筑物。戏台的南北两侧及后边（即西侧）均有用天然竹子搭架而成的隔断墙，并与戏台连成一体，与南窗墙平行的竹隔断墙上有一个圆圆的月亮门。小戏台的东侧（即前面），还有一个略高于地面的方平台，也可供演员演出用。在戏台对面，是皇帝观戏时的座位，座位后旁另有小楼梯可以通到上面一层。在室内设置小戏台的做法，于宫内还有漱芳斋一处，但布局小巧精致不及倦勤斋这里。

倦勤斋内除去小戏台外，更加令人瞩目的是室内顶棚及西墙、北墙上画满了的图画，而且这些图画保存得比较完好。

先说倦勤斋西四间室内北墙上的图画，画的是一处宫殿建筑景致，院落中有树石、花草，还有一段斑竹搭成的透空隔断墙，隔断墙的中间也有一个圆圆的月亮门，在月亮门外庭院中有两只丹顶鹤，一只低头觅食，一只振展双翅；宫殿建筑之间有一段宫墙，宫墙中有一座宫门，宫墙之外还可见远山及蓝天；画面中还有两只喜鹊，一只在空中飞翔，一只驻足于隔断墙上。斑竹的隔断墙画得非常细致而具体，每根竹竿都中间色浅，并画出高光，极富立体感；宫殿建筑采用焦点透视画法，深远感和层次感都很强，站在画前似乎能产生穿越圆圆的月亮门走入花园的感觉。

倦勤斋西四间室内西墙上的图画，画得比较简单。同样也画有一段斑竹搭架的隔断墙，墙后面是远山，山石高耸，生长有松树、柏树多株。

最富神奇妙趣的是顶棚（即天顶）上的画。整个顶棚画满了一座藤萝架，架上爬满了藤萝，并盛开着蓝紫色的花朵。透过藤萝架和枝干花叶，从空隙中能见到蓝蓝的天空。这一切都是画出来的。藤萝花完全以色彩塑形，不见线条的痕迹。花朵的形状依照远近透视而不同。观者如果站在戏台前面的某一点上抬头向顶棚望去，其中藤萝架上的一个花朵，正好悬在头顶上，呈正透视状。以这朵花为中心，逐渐向四周远去，花朵也慢慢变成斜的，离这个中心花朵越远的地方，花朵的形状越斜，最远处的花朵几乎是平躺着的样子。但是当你站在这个点上向戏台方向看去，那些藤萝架上的花朵似乎是朵朵下垂的模样，造成一种很奇妙的立体视错觉。

这是一处效果非常奇特的环境艺术场所，在中国传统艺术中似乎找不到类似的例子，它与欧洲艺术中的天顶画和全景画却有异曲同工之妙。从绘画样式来看，这组作品就具有十分浓厚的欧洲风味。天顶画在欧洲的教堂内是很多见的，它们与建筑物及室内的其他装饰相结合，形成统一的整体。一般在欧洲的教堂天顶画中常见的有飞升于空中的仙女、天使、圣徒等，背景中画着蓝天和白云，当人们站在教堂的地面抬头向上望去，目光似乎不受室内的局限，而是将视线投向无尽的苍穹，引发出一种神秘的宗教感情。

倦勤斋内的这部分绘画显然是受欧洲艺术影响的产物，但是又显然不同于欧洲的类似作品。首先它没有任何的宗教内容，其次它不画人物而只画自然景色。不过将绘画置于建筑物天顶部位的做法，中国史书中已有记载，西汉时戴王刘海阳，在其所居的宫殿天顶上绘春宫画，宴请饮酒时，令众人仰视。[1]此外实物也有发现，从考古发掘中见到在墓室的顶部绘有星象、银河等，造成“地下星空”的效果，这也是汉代、南北朝时期常见的做法。当然，这些图画和欧洲的天顶画还是很不相同的。欧洲的天顶画和环境及建筑密切结合，成为有机的一体，而中国古代宫殿、墓室中画于顶部的画幅似乎只是将单独的图画搬了个地方，它们之间唯一的相似之处，就是在观看这些图画时，都必须仰起头来。倦勤斋顶部的绘画，应该说主要是受到欧洲天顶画的影响，而不是继承了中国本身的艺术传统。

倦勤斋北墙的全景画，采用了欧洲焦点透视画的手法，不过经过仔细观察，焦点并不十分精确，这大概是因为画面张幅过大、由小幅拼接而成的缘故。从画面的风格来看，这组全景画同样也充满了欧洲绘画的因素，在平面上注重于立体感和深远感的表现，即力图在二维空间内表达出三维空间来。欧洲焦点透视画的技法在清朝宫廷中运用还是比较多的。这种画法在清宫中被称为“线法画”或“线法”[2]，清内务府造办处的档案中常常可以看见；另外于雍正年间出版的由年希尧与意大利传教士画家郎世宁（Giuseppe Castiglione，1688—1766）探讨后撰写的《视学》一书，专门介绍欧洲焦点透视画的技法。[3]

除去倦勤斋的这组作品外，清宫内类似的画幅还有多处，但仅见于清内务府造办处档案的记载，如乾隆七年(1742)五月二十五日，“画样人卢鉴，姚丈瀚奉命帮助郎世宁画咸福宫藤萝架”[4]，同年六月初二日“建福宫敬胜斋西四间内，照半亩园糊绢，着郎世宁画藤萝”[5]。在宫廷禁城之外，也有类似的作品，乾隆十五年(1750)八月初一日，皇帝命令“西洋人为盘山行宫引胜轩连棚顶满画四面通景”[6]。盘山，在今天津蓟县的西北，清代在此建有行宫，名为“静寄山庄”。此则档案说得十分明白，这些画幅是“连棚顶满画四面通景”，也就是说既有“天顶画”，也有“全景画”。

清内务府造办处档案中提及的咸福宫和建福宫两处室内均画有藤萝架和藤萝花，这两处宫殿都在紫禁城中，咸福宫为西六宫之一，今尚存，但是此宫殿在乾隆之后曾有过多次改建和装修，室内模样已与乾隆时大不相同，藤萝架和墙上、天顶上所画的藤萝花等早已不存；而建福宫则连建筑物已成为灰烬了。建福宫原“居西二长街，为乾西五所之一”[7]，于民国十二年(1923)，与建福宫连在一起的敬胜斋，因“不戒于火，静怡轩、延春阁一带焚烧殆尽”[8]。所以建福宫敬胜斋内的藤萝架和墙上天棚上所画的藤萝花等也不复存在，无法见到了。

不过，现在的倦勤斋完全是依照敬胜斋的原样建造的。乾隆四十一年(1776)，皇帝有御制“倦勤斋诗”，其中有“敬胜依前式(自注：此斋依建福宫中敬胜斋为之)，倦勤卜后居(自注：将以八旬有五归政后居之)”[9]之句。《清宫述闻》一书中说及“倦勤斋”时也写道：“此斋仿建福宫中敬胜斋为之。”[10]倦勤斋的建筑物形制是完全仿照敬胜斋的，而档案内写明敬胜斋中绘画有藤萝架和藤萝花，所以可以推断目前现存倦勤斋内墙上和天顶部分的藤萝花也应当是仿自敬胜斋，二者是极为相似甚至完全一样的。指出这一点对于了解倦勤斋画幅的作者是至关重要的。

由于敬胜斋中的藤萝架，清内务府造办处的档案内写明是由供奉内廷的意大利画家郎世宁所绘制的，那么，倦勤斋内的天顶画和全景画的作者应当也与郎世宁有一定的关系。史料中说明，倦勤斋所在的乾隆花园一带的建筑物，是为了乾隆皇帝退位之后当太上皇时居住而建造的，“养性门之西，衍祺门内为古华轩，西为禊赏亭，东为抑斋，斋中为佛堂，斋外山上为撷芳亭，斋西为矩亭，轩之西北为旭辉亭，轩后为遂初堂，西北为延趣楼，堂之北有山，山上有亭曰耸秀，后为萃赏楼，楼上为佛堂，楼后西南为养和精舍，楼北有山，山上立亭为碧螺亭，再北为符望阁，阁西北为竹香馆，阁后为倦勤斋，斋北偏东为贞顺门。衍祺门以内俱为乾隆三十七年(1772)添建”[11]。这组建筑物建成的时候，意大利画家郎世宁已于数年前的乾隆三十一年(1766)去世了。而倦勤斋中的天顶画、全景画从风格以及水平来看，似乎又出自郎世宁之手，尤其是北墙上画的两只丹顶鹤，其造型及笔触，与郎世宁所画的《六鹤同春图》轴(北京，中国历史博物馆藏)和《松鹤图》轴(沈阳故宫博物院藏)中的仙鹤做一比较，便可明了，这应当是出自同一画家之手。那么，现在二者之间便存在着一个不好解释的时间差问题。

笔者现在试图来解释这个问题。《清宫述闻》

一书中提及倦勤斋所在的这一部分建筑群是于乾隆三十七年（1772）添建的，那么，有没有可能一些局部工程提前启动，从而使郎世宁能够赶上某些室内装饰画的绘制呢？看来这样的可能性也并不存在。经查清宫《工程奏销档》可知，乾隆三十五年（1770）十一月，皇帝为修建宁寿宫殿宇房屋，要求有关部门“烫样呈览”，其中包括了“后殿倦勤斋九间”。说明此时倦勤斋的建筑尚处在图样和模型的阶段，郎世宁是无论如何也赶不上为室内作画的。当然，除了意大利画家郎世宁之外，宫廷中还有几位欧洲传教士画家，以他们的技艺而论，其中唯有法兰西传教士画家王致诚（Jean Denis Attiret，1702—1768），尚可与郎世宁匹敌，但是他也已于乾隆三十三年（1768）去世了。至于波希米亚传教士画家艾启蒙（Jgnatius Sickeltart，1708—1780），其画艺的水平，似乎还画不出倦勤斋天顶和墙面上的画来。

在清内务府造办处的档案中，笔者查到如下一条资料：乾隆三十九年（1774）《各作成做活计清档》内提到“二月二十日，接得郎中德魁押帖一件，内开本月十一日太监胡世杰传旨：宁寿宫倦勤斋西三间内四面墙、柱子、栏顶、坎墙俱着王幼学等照德日新殿内画法一样画。钦此”。据于敏中等编纂的《日下旧闻考》一书的记载：“敬胜斋阁之西额曰‘德日新’”，所以档案中说的地方就是建福宫敬胜斋。再次证实了前边所做的推测：倦勤斋与敬胜斋从建筑外观到室内装饰几乎是完全一样的。关于王幼学其人，姓名仅见于清嘉庆时胡敬所著之《国朝院画录》一书。书中对他生平及艺术的记述十分简单，仅寥寥数字，“王幼学，工花木。《石渠》著录二”[12]，没有再提供其他更多的信息。笔者则在清内务府造办处的档案中发现了有关这位画家的一些新的资料。乾隆三年（1738）的《各作成做活计清档》记载：“双鹤斋着郎世宁徒弟王幼学等画油画”，明确指出王幼学曾经跟随郎世宁学过欧洲画法，给郎世宁当过助手，所以乾隆皇帝下令由王幼学来担当倦勤斋室内装饰画的绘制工作，无疑是个十分合适的人选。不过王幼学虽然是郎世宁的徒弟，但是他的画艺比之师傅相差甚远，比如倦勤斋北墙全景画中的丹顶鹤、喜鹊等禽鸟，王幼学是无论如何也画不到那个水平的。

根据目前所掌握的材料，笔者有如下的推测：现在我们看到的倦勤斋内的天顶画与全景画的大部分，是由中国宫廷画家王幼学等人完全按照敬胜斋内的天顶画和全景画复制重绘的，但是其中的有些局部（如前述之丹顶鹤、喜鹊等处），则应当是郎世宁在绘制敬胜斋内装饰画时多余出来的一份图稿，这份图稿没有贴在敬胜斋或其他宫殿的墙上，而一直收存在郎世宁徒弟王幼学的手中。清代宫廷画家在创作时均须先“画样呈览”，得到皇帝允准后，才落墨画正图，所以图稿一般来说都不止一份。[13]到了乾隆三十九年（1774）倦勤斋建成时，王幼学等奉命绘制室内装饰画，便将过去存留下来的图稿复制增补并完成了倦勤斋殿内西四间的天顶画和全景画。倦勤斋室内顶棚和墙面上的图画是由欧洲传教士画家及他们的中国助手借鉴了欧洲教堂中的天顶画和全景画的形式而移植于清代宫廷内的。这类绘画当初在宫廷内外还画有多处，但保存至今仅倦勤斋这一处了。我们现在可以根据倦勤斋内的天顶画和全景画来想象已经毁于火灾而不存于世的郎世宁所画的敬胜斋以及圆明园中类似作品的规模与气势。它使我们看到了欧洲文化艺术对于中国宫廷文化艺术影响的又一实例，故而非常值得珍视。

就在意大利画家郎世宁来华的前夕，另一位意大利画家法拉·安德烈·波佐（Fra Andrea Pozzo，1642—1709）于康熙二十七年（1688）在罗马开始为依格那提欧教堂绘制天顶画《圣依格那提欧的崇拜》，整个作品于康熙三十九年（1700）完成。这幅天顶画以其强烈的透视感吸引了观者。据《大英视觉艺术百科全书》的描述："在这个作品里，他（指波佐）使用了不可思议的透视技法，使壁画延续了教堂的实体，造成实际上并不存在的整个上层楼，惟妙惟肖的幻象。但这种真实感只存在于大厅中一个特定的视点，离开了视点，整个假的结构就好像要崩溃垮下来一样。"[14]这位叫波佐的意大利画家，早郎世宁约半个世纪，亦曾在郎世宁的家乡米兰画过教堂内的装饰画。波佐还专门著有《画家和建筑师的透视学》一书。应当说郎世宁完全有可能亲眼看见了波佐所画的教堂天顶画，并且钻研过波佐的那本专门讲述透视的书籍，由此在脑海中留下了深刻的印象，据英国美术史家苏立文（Michael Sullivan）云："该书于清康熙三十七年（1698）在罗马发行后，仅一两年就被送到了中国。"[15]而在波佐之前还有意大利画家彼埃罗·达·柯尔多那（Pietro da Cortona）和乔凡尼·巴蒂斯塔·高利（Giovanni Battista Gaulli）等，也以出色的教堂天顶画著称于欧洲美术史。而这些作品都为郎世宁在清朝的宫廷内绘制天顶画提供了启发和借鉴。

另外，从康熙四十三年（1704）耶稣会中国教区的传教士杜德美神父写往法国巴黎的信中得知，当时在紫禁城附近的天主教堂内，亦画有宗教内容的天顶画。他在信中做了如下的描述："教堂顶都画满了。它分三个部分：中间是一个敞开的结构复杂的穹顶，大理石圆柱带着一排拱形光圈，形成一幅美丽的图画；大理石本身和一些置放得当的花瓶一起被摄入另一幅美丽的图画之中；永恒的天父手里捧着地球，被一群天使蜂拥着高高坐在云彩之中。我们告诉中国人这一切都是在同一平面上画的，但是他们不相信。他们看到这些圆柱竟不是直的，他们觉得不可思议，阳光通过拱形窗给人们造成了错觉。这是出于意大利画家热拉第尼之手。"[16]这位早于郎世宁来华的名叫热拉第尼的意大利画家，在中文文献中未曾见到其活动的记载，生平情况也不详。据英国美术史家苏立文云："一位世俗画家杰凡尼·切拉蒂尼（Gheradini），他在1700年与白晋神父一起乘坐著名的'昂菲特里特'号来华……他似乎为皇室成员画了一些肖像，并在皇家画院教授油画，因为在若干年之后，马国贤神父和另一位新抵达的著名画家郎世宁参观该画室时，发现有数位切拉蒂尼的学生还在那儿……切拉蒂尼在北京的主要任务无疑是装饰耶稣会教堂的墙壁与天花板，他用的是典型的巴洛克风格。他描绘的长方形的柱子，似乎真的从一边的墙延续到桌几后面东边的墙，给人的印象是一组逐渐缩小的等距离的柱子，具有纵深感觉，他们不能相信那柱子是画出来的。当他们抬起头看天花板时，那些按照透视方法描绘出来的巨大空间，那些似乎在天国中飘浮的人物，令他们惊叹不已。”[17]切拉蒂尼来华后为教堂所作的天顶画，肯定也对郎世宁产生了直接的影响和启示。（以上所引的两段译文中，人名一处为热拉第尼，一处为切拉蒂尼，应是同一人的不同译音。——笔者注）

在中国人撰写的笔记和画论中，也都可以看到当时教堂内类似的作品。姚元之（1776—1852）曾经描述了京师宣武门天主教南堂中的一幅壁画（或许是贴落画）：

> 都中天主堂有四：……在宣武门内东城根者，曰南堂。南堂内有郎士（应为“世”——笔者注）宁线法画二张，张于厅事东西两壁，高大一如其壁。立西壁下，闭一目以觑东壁，则曲房洞敞，珠帘尽卷，南窗半启，日光在地，牙签玉轴，森然满架，有多宝阁焉，古玩纷陈，陆离高下。北偏设高几，几上有瓶，插孔雀羽于中，灿然羽扇，日光所及，扇影、几影、瓶影不爽毫发。壁上所张字幅篆联，一一陈列。穿房而东，有大院落，北首长廊连属，列柱如排，石砌一律光润。又东侧隐然有屋焉，屏门犹未启也。低首视曲房外，二犬方戏于地矣；再立东壁下以觑西壁，又见外堂三间。堂之南窗，日掩映三鼎，列置三几，金色迷离。堂柱上悬大镜三。其堂北墙，树以槅扇，东西两案，案铺红锦，一置自鸣钟、一置仪器，案之间设两椅。柱上有灯盘四，银烛矗其上，仰视承尘，雕木作花，中凹如蕊，下垂若倒置状。俯视其地，光明如镜，方砖一一可数，砖之中路白色一条，则甃以白石者。由堂而内，寝室两重，门户帘栊，窅然深静，室内几案，遥而望之，饬如也可以入矣，即之油然壁也。[18]

邹一桂（1686—1772）云：“西洋人善勾股法，故其绘画于阴阳远近，不差锱黍……布影由阔而狭，以三角量之。画宫室于墙壁，令人几欲走进。”[19]倦勤斋北壁的图画就与以上文字描述的作品完全是一样的。所引的文字记述以及现存故宫倦勤斋内的天顶画、全景画实物都证明，近三百年前，欧洲的这类式样的绘画已经传入中国，不但在天主教的教堂中，而且在清朝的宫廷内都曾经出现了。

注释

[1]见《汉书》“景十三王传”，中华书局标点本。

[2]聂崇正：《“线法画”小考》，《故宫博物院院刊》1982年第3期。

[3]向达：《记牛津所藏的中文书》，载《唐代长安与西域文明》，生活·读书·新知三联书店1957年版；刘汝醴：《〈视学〉——我国最早的透视学著作》，《南艺学报》1979年第1期。

[4][5][6]清内务府造办处《各作成做活计清档》。

[7][8][10][11]章乃炜、王蔼人编：《清宫述闻》（初、续编合编本）卷五，紫禁城出版社1990年版。

[9]（清）于敏中等编：《日下旧闻考》卷十八，北京古籍出版社1982年版。

[12]（清）胡敬：《国朝院画录》卷上，《画史丛书》标点

本，上海人民美术出版1957年版。
[13]聂崇正:《绘画作品中的双胞胎现象》,《收藏家》1997年第4期。
[14]《大英视觉艺术百科全书》(中文版)，台湾大英百科股份有限公司、广西出版总社、广西美术出版社1994年版。
[15][17]苏立文:《明清时期中国人对西方艺术的反应》，莫小也译，载《东西交流论坛》，上海文艺出版社1998年版。
[16]朱静编译:《洋教士看中国朝廷》，上海人民出版社1995年版。
[18](清)姚元之:《竹叶亭杂记》卷三，标点本，中华书局1982年版。
[19](清)邹一桂:《小山画谱》卷上,《画论丛刊》标点本，人民美术出版社1960年版。

本文载于《美术研究》2000年第1期

聂崇正，1938年生，上海人。1965年毕业于中央美术学院美术史系。故宫博物院研究员。

江南风象

——从张夕庵的《京口三山图卷》谈晚清画坛的异动

赵　力

1827年张夕庵创作的《京口三山图卷》（北京故宫博物院藏），不仅代表了画家个人的创作水准，也是“京江画派”关于“实景山水”创作中的经典之作。据画卷的上款“云汀大人”可知其受画人即为时任江苏巡抚的陶澍（1779—1839）。

作为嘉道名臣，陶澍在江南的彪炳事功当首推漕粮海运的试行与两淮盐政的改革，对此魏源（1794—1857）有如下的评价：“今日东南民计、国计莫困于漕盐，公所排决疏导可垂久大者，亦莫如海运与票盐。后有来者，欲大苏东南之困，为国家筹百世利，非赓其绪而恢之不可也。”[1]诚然，陶澍的改革思想于嘉庆朝就任京职时即已彰显，并因嘉庆帝心腹蒋攸铦的举荐而成为皇帝倚重的对象。在此期间陶澍、蒋攸铦还共同主持“宣南诗社”，而与他们同声应和的是以林则徐、魏源为代表的一批力主变革的文人。[2]

面对嘉道年间因清王朝的衰落而引发的现实问题，与阮元希望借助读经来振兴道德和文化的社会改革构想不同，陶澍显然更能切中时弊——注重对官僚行政制度本身的振新除弊，而其中的差异客观地反映着晚清思想领域中日渐激烈的对“汉学”的批判姿态。魏源、方东树在自己的著作中不约而同地试图纠正“汉学”琐碎的考证之风以及由此造成的社会意识之退化趋向，1841年魏源的《古微堂内外集》谈到了他对中国精英阶层的“担忧”：“自乾隆中叶后，海内士夫兴汉学，而大江南北大盛……锢天下聪明智慧，使尽出于无用之一途。”由此这些批评者普遍认为汉学已经没落，转而强调对现实问题关注并表达出一种强烈的救世愿望，于是以解决有关国计民生重大时务为治学宗旨的经世之学得以重振，并逐渐取代了斤斤于文献考证的汉学而成为新时趋。

在江南，与之互动的是常州今文经学家的崛起与各种批判时政的思潮蔓延。詹姆斯·鲍拉切克（James Polachek）的研究指出，嘉道年间魏源等人正是以今文经学为武器，借微言大义之旨而壮通经致用之气；与此同时，这些立基江南的文人除了致力于学术圈的交流之外，常常又是官僚和政府关系网络中的活跃因子，他们通过因公往来所形成的关系网而南北呼应、联合行动。[3]如出生苏州望族的潘曾沂、潘曾莹在京时即为“宣南诗社”的参与者，而在退隐故里之后也成为地方之倡议革新的积极分子。[4]基于这层关系，当陶澍任苏抚时自然与苏州潘家过从甚密，并倚重这些地域性主流人物的影响力来推动由其主持的江南地区改革之进程。

思想领域的新风尚无疑诱发了改革者们在艺术趣味、艺术价值判断以及需求诸方面的变迁。与陶澍有关的艺术创作，除了有大量的“宦迹图”存世——如1837年由何士祁绘并书的《陶文敏公宦迹图册》——之外[5]，尤以胜景记游图居多，如张宜遵的《资江垂钓》《皖江大观》，黄鞠《东南名胜图》等，对此陶澍自谓“纪其游踪所至，择其山水之佳者，绘以为图”。[6]这种俨然成为习惯之胜景记游图的创作[7]，一者可视为道光年间出于经世目的之实证地理研究流风所致，而从陶澍对景致迥异于寻常文人雅士的观看方式——“公精于地理，所至之处，必登高以观其形势，谈山川曲折回环，了如指掌”[8]，再结合刘鸿翱在《陶澍家传》中所云——“登涂山以望淮，登虞山以望海，登云台山以望淮海形势。所至赋诗纪事，俯仰古今，隐然以一身为江淮保障”而论，这类作品的创作又莫不隐含着陶澍以天下为己任之强烈社会责任感与远大抱负。

由此可见，绘画在陶澍眼中并非仅仅是闲暇赏玩之物什，更深的意义在于它是陶氏关怀人生、关注现实的理想化表现。于是意趣索然而千人一面的正统派风格当然无法适应改革者的新口味，而“四王”后继专以“简远超妙”为宗之笔墨亦不能胜任对山川形势如实之描绘。因此，当陶澍在潘曾沂处见到张夕庵为其衍生性赞助人所作的《临顿新居第三图卷》（苏州博物馆藏）时，他自然对张夕庵实景式的描写青眼有加[9]；而其急于与张夕庵结交的心情也在张履所作《张君夕庵传》得到反映：“陶宫保澍抚吴时，阅河京口，约邑中诸耆旧会江上之临东亭，君独不至。宫保爽然作数语去，人莫测其意。君（张夕庵）既卒，宫保见君之子深，谓曰：‘曩日，临东亭恐而翁不可独致，故为是会，而翁胡介介乃尔？！’”可知名盛权重的陶澍对一介隐士张夕庵的倾慕、尊重乃至体贴之情。

如往常一样，真实生活中无缘相识的张、陶是通过某个中介人才续上这段书画中缘分的[10]，基于以上描述，对于《京口三山图卷》意义与功能的认定则须立足于对画家可作的选择和其决意作的选择双方面的研究考察方可进行。

在张夕庵创作《京口三山图卷》之前将“京口三山”绘为一卷在画史上从未出现，而更多的是将金山、焦山、北固山分而绘之的记载，其中尤以对金山的描绘成为大宗。[11]从现存最早的传为李唐的《大江浮玉图页》（台北故宫博物院藏）来看，“三山”画题的形成与南朝两宋对京口三山作“海上仙山”般的不断附会相关。[12]到了明代，随着这种附会的愈演愈烈，[13]以京口三山为题的创作也呈急剧上升之态势。对这一题材发展厥功至伟的应该是吴门画派的两位宗师沈周、文徵明。根据著录沈周曾创作有《金山图》《北固山图》[14]，可惜两图早已佚失；文徵明的《金山图轴》（台北故宫博物院藏）与《金焦落照图卷》（上海博物馆藏）则幸存下来。值得注意的是后者的创作，不仅开启了将两山并置一卷加以描绘的方式，也力图在作品中呈现金、焦两山的差异——金山被层层楼阁环绕的富丽景象与焦山零落的庙宇、荒寒的裸峰所形成的对比，而两者的差异又因环绕的游船数量的细节刻画以及凸显于右下方的金山和向右上方隐去的焦山的反向运动而得到加强。

虽然文、沈之后，“京口三山”已成为吴派画家都努力尝试的一个主题，但无论是周臣的《金山图》（上海博物馆藏）、孙枝的《金山图》、张元举的《焦山图》（均藏于南京博物院）等独幅性的作品，抑或如陈淳的《金焦图卷》（镇江博物馆藏）、张复的《金焦春涨图》（天津艺术博物馆藏），这些由明代外邑画家所完成的画作往往只是流畅笔法与水墨淋漓效果的吴派风格的完美体现，因此，一旦撇开作品的标题，其约化的形象、简化的构图都难以与金、焦实景联系在一起。

嘉道年间，京江山水终于拥有了属于自己的画手——京江画派，而京江画派的画家也将大量的精力集中于本邑景致的描写，于是“京口三山”真正成了一时的热门话题，以至于此一题材此后也成为京江画人的专利，“他处擅画者终不得其苍厚深远之意”。

1798年张夕庵创作的《焦山图》（北京故宫博物院藏）是其秋游后为其好友郭树亭所作，其时正处于画家全力以赴地“仿文（徵明）”的阶段。源自地域（镇江画家）与仿学双重需要的张夕庵自然对文氏《金焦图》的样式十分了解——离他住所不远的金山寺就藏有一张文徵明的《金焦图卷》并作为镇寺之宝，在清代每逢宗教性的节日即公开展览以资夸耀。但他在借用这一图式时却断然割裂了焦山与金山的联系，但焦山形象仍处于画卷的右上角并努力向深处隐去；同样的情形也出现在顾鹤庆的《枕江图卷》（苏州博物馆藏）中，焦山亦出现于画面的相同位置，但那渐渐远去的身影宛若海市蜃楼般的幻象——美丽而不可触及。

处于“仿文”中的张夕庵缘何不将文徵明的图式做全盘性的接受却是做如此大的删改呢？事实是创作中的画家接纳了与其隐逸生活态度所对应的关于“京口三山”的意象，并将其演化为一种控制画面叙说的手段与寓意法，而文学中的连续演变的程式与相关意象无疑有助于我们对其原因做出解释。

在张夕庵的年代，把“京口三山”仅仅视为寻常之景——由江中的一些岛屿和江边的峭壁所组成的纯视觉形象简直是不可能的，一些强烈的意象显然已控制了观者的观看方式。其中关于金、焦的最重要的意象是由北宋苏轼《自金山放船至焦山》诗所提供的[15]，该诗确立了关于金、焦比量这一诗题的范式：通过语言来控制两个地点，并如此贴切地指出在文人心目中两者间的差别。苏辙《和子瞻诗》可以视为是对苏轼诗意的全盘接受与翻版[16]，而以后的诗人则更满足于以依韵唱和的方式肯定这一范式的权威性。由此历代文人们对——金山“绝胜”而焦山“闲”——不同韵味品赏的热衷以及在比量中以焦山为假想的隐居地，无疑也影响到关于“京口三山”的绘画创作，而文徵明的《金焦落照图卷》无疑是对此一源自苏氏兄弟之金焦比量范式的最初回应。

如果将徐有贞在《焦山壮观亭记》中所发出——“兹山（焦山）之形势视彼两山加胜，而其名不加著，题咏不加多，何哉？”——的疑问归咎于公认的因交通的不便、财力的匮乏而开发不足的话，那么，在晚明退隐成风之时先前的一切劣势却奇迹般地转化为胜出的凭借。在晚明，“山裹寺”——“自为之”的焦山与“寺裹山”——“人为之”的金山外表之别正反映了精神内涵的迥异，袁中道有“焦山有野意，大胜金山”之说[17]；

而至清初京江人张玉书更有“金以丽胜，焦以幽胜”之论[18]。顺治间的王士祯遍历京江名胜，亦留下了“焦山幽冶，金山绮艳；焦山骨胜，金山肉多”的精辟评语[19]，而在他闻名天下的《焦山题记》中又从焦山的景致联想到“米家父子的笔意”、出世隐居等丰富内涵并将其归为游焦山的“四快事”。[20]

王士祯的这种思想似乎也得益其在扬州任上与京江文人的交游。[21]因为对明清易祚中那些坚隐不仕的京江文人而言，野逸的焦山与珠光宝气的金山截然相对，并成为他们生命与精神的依托之地。阮亨的《珠湖草堂笔记》载：“京口诗人多爱隐居焦山，冷士嵋、何絜、余京、鲍皋、张曾、李御诸公终年住山，屏弃俗气。”被视为清初京江“超逸”偶像的冷士嵋也从现实中的焦山遥想到东汉时隐居此地“三诏不出”的焦光，以求得赋予此一地点之象征的历史性与权威性。同时，为了进一步与世俗化的金山相疏离而确立焦山独特的品格，冷士嵋在此基础上进一步地清除了历史上对焦山的种种神异附会，而将其奉为“隐逸”精神的崇高体现。[22]对焦山崇敬的情感也源自京江文人们对青年岁月的无限追忆。焦山入清为读书佳地，借寓于此的不仅有本地的笪重光、王文治，也可以看到郑燮、周增、魏黄中等外地文人的身影。于是正如年逾古稀的笪重光所言，焦山在他们心目中的崇高位置“非特山水情深”，还在于自幼由对焦光品格的景仰而至对焦山爱屋及乌式地偏好，以及在不断的情感注入、意象固化与共鸣中所实现的对自我生命、人格的那份肯定。[23]

随着康乾盛世的来临，焦山也从地域性的“隐逸象征”扩展为全国性的“文化标记”。其中1673年被誉为“大字之王”的《瘗鹤铭》的出水与康、乾两帝对焦山极力赞誉无疑是其中不可或缺的原因。《瘗鹤铭》的重现既与蔡邕的《焦光赞》、江淹《焦山集》、王瓒诗构成让世人钦羡的“焦山四绝”，亦与焦山原先保有的“周鼎”、摩崖石刻一起成为乾嘉金石考据学家热衷的话题。焦山与文化内涵异常丰富的关联性无疑使之从京口山水中、从作为“名胜”的一般意义中脱颖而出而独具魅力，正如钱大昕所云：“京口三山，焦最僻左，而名特著者，以斯鼎（周鼎）及《瘗鹤铭》在焉。”[24]

文人圈中关于焦山的象征与金、焦地位的流行观点经皇家认同而逐渐定型。虽然康熙帝曾于1689年的南巡途中不畏风浪地登临过焦山[25]，但如乾隆这般津津乐道于金、焦两山品评的帝王则空前绝后。乾隆显然对所有关于“金焦争胜”的典故烂熟于胸，并乐于接受现时文士们的观点与评判，正如他对考据学的接纳。在乾隆十六年（1751）所作的《游焦山歌》中，他将金山比作“谢安”，而视焦山为“羲之”，并且提出了以本色论山水则“我意在此（焦山）不在彼（金山）”的评价。在此后的大量“焦山诗”中乾隆通过对苏轼《自金山放船至焦山》诗意的追忆，以不断地依韵唱和的形式来强调这一结论。[26]乾隆帝这些东拼西凑的诗作并未因其凿碑立石而确立起于文学史上的地位，但其至尊无上的抉择却为长久以来的“金焦之争”打上了句号。

在不断增饰和变迁的互动过程中，“京口三山”最终被一些强有力的公认意象所支配，而“焦山”也因转型为一种公众性的“文化”标记而抽离了在其中作为“隐逸”象征而具有的原本意蕴。然而到了嘉道年间，强调地域传统复归的镇江士人，由于自身的隐逸生活使他们与“焦山”的原本精神不期而遇。由此在毫无外在压力的情况下，张夕庵、顾鹤庆往往只选择焦山作为画题，这是自我经验与情感的写照并显示了一种与焦山不可分割的复杂历史联想的情绪，而接受者也常常是与之身心相契的一二知己或京江文人小圈子的本地赞助者。

然而当张夕庵面对一个如此倾慕于自己的艺术并具有特殊身份与趣味的受画者的时候，他不自觉地体现出在外部期望下的独特运作方式。

首先，《京口三山图》与嘉庆年间用以传达自己隐逸志向的“焦山图”不同的是，张夕庵无疑又重新借用了公众性的意象：金、焦两山分列图卷左右的式样是文徵明《金焦落照图卷》的翻版，但位置却被颠倒——金山在右、焦山在左，由此观看地点也随之从江南移至江北，这或许是北来的陶澍对京口山水的最初印象。而伴随着这一视点的转移，金、焦两山被置于整个镇江山水背景之中，并与首次获得完整描述的北固山一起构成了鼎足而立之形势。与此同时原先《京口名胜册》(镇江博物馆藏)中的其余景点也作为“京口三山”的背景而得到详略得当的展示，这种实事求是的创作态度以及对于地理形势描写的精确度得益于张夕庵擅长堪舆、曾经担任《丹徒志》之“堪理形势”章节撰写者的经历以及其晚年“实景山水”的创作实践，但无论如何整个图卷明显的“舆地图”的特征无疑亦暗合“精于地理”的受画人的趣味。

其次是对细节的关注，如行船、码头的细致描写，这同样是对“于地形、水利尤究心”的陶澍之趣味的回应。另一个细节引人注目，便是对京口风神庙的描写，据陶澍《重修京口风神庙碑记》：为了保佑出行、行船安全，陶澍曾经主持并筹款重修了京口的风神庙，而此举亦甚得民心。据此，张夕庵的这一着意的强调既是一种对受画者的含蓄而适度的颂扬方式，也使图卷平添了几分“宦迹图”的色彩。

在另一方面，张夕庵又基于地方的立场，通过作品不断固执地宣称着自己的权力，并在与传统的协调中努力融入地方的意象和个人的经验方式，赋予作品以“边缘(地域)性象征”的意味。因此，图卷对“三山”的塑造在承继了《京口名胜册》结论的基础上，尤致力于景物象征性、典型性的提升——立足于隐逸者的立场而力图形成一种彼此争胜的格局：西北面的侧影最能代表金山的胜景，显然画家从嘉庆年地志中的插图中得到灵感，并确认了这一金山之“标准像”，而作品由此切入无疑是对金山“富贵气”的详尽说明；西北面是焦山最幽冶的一角，借此也突出了处于半山腰的三诏洞(焦光隐居之地)与山顶的御碑亭(是焦山“幽逸气”的浓缩)；而北固山庞大的体态所呈现的雄强气象与珠光宝气的金山、深含不露的焦山形成反差，让人不由得回忆起其在抵御北寇中的彪炳“事功”——一种关乎本邑历史性的肯定与标榜。

对典型性的强调是张夕庵在金、焦间刻意制造紧张与对立的匠心，这无疑取自历代尤其是本邑文人源自隐逸立场的文化假说，但同时又对应于官方文化的认同与接纳的事实而成为受画者可以阅读、参悟的内涵。借此张夕庵又成功引入了他的真正意图：隐居的“我”与作为“隐逸象征”

的“焦山”是如此匹配。而风格化地描绘亦为之推波助澜：由大小相同的墨点一层层堆积出的“焦山”之“苍厚深邃”是“他处擅画者终不能得”的“我”之专利；而“落笔浓重”的特点也让受画者“展卷了然，望而知为京江人”了。[27]在这种“焦山即我”“我即焦山”的互动过程中，画家、风格以及景物的相关意象融合于一，图卷也同样具有了明确的关乎自我的标榜意味。出于相同的目的，在全景式的画面中曾经是张夕庵家族别业所在地的蒜山无疑又成为继“京口三山”“京口风神庙”之后的显著地标，此一景致亦在张夕庵为陈文述所画的《京口名胜册》中占有一席之地。山腰上的一株孤松也许亦为画家孤傲的“自画像”，抑或对应于闻名遐迩的“张松”为其风格自诩的“标记”，然无论如何它的反复出现并以一种近乎顽强的方式向受画者宣称着“我”的存在与价值。

以《京口三山图卷》的创作为纽带，嘉道年间政治改革家（陶澍）与艺术革新者（张夕庵）俨然成为互动的双方：不满于旧制而锐意改革的陶澍自然具有改革者突破陈规陋习的勇气与开创精神，匡时济世的使命感与道光年间思想领域经世之学的勃兴也剧烈地影响着他对社会、文化的认识，同样也导致了其在艺术趣味与艺术需求上的新变，并构成了陶澍赞美并接纳张夕庵风格的主观依据。而张夕庵一方面以“实景山水”的创作曲意投合受画者的新诉求，另一方面又将其强化为一种关乎地域、自我的标榜范式。画家这种独特的处理方式与受画者陶澍的官方身份、地位及其改革的姿态联系起来，莫不隐含着同样不满足旧有模式并“家自为法”后的创作者意图，凭借更广泛的认同与支持，而由此走出地方，与晚清画坛日显颓势之绘画主流相抗衡的积极愿望。

注释

[1]李桓辑：《国朝耆献类征初编》卷201。

[2]参见费正清主编《剑桥中国晚清史》第3章，第123—127页。

[3]鲍拉切克：《19世纪中国的文人社团与政治社团》，美国加州大学，1977年。

[4]1. 冯桂芬：《功甫先生墓志铭》称潘曾沂“尤绻绻于东南赋重财竭，农田水利之不讲，民生之日蹙，思有以挽回而补救之，几于举笔不望，盖先生学问经济之大成者，实在于此”。（《碑传集补》卷11）

2. 潘曾沂曾仿古制而在苏州试行“区田之法”（轮耕制），受到陶澍的称赞，认为这是可尽地利且简便可行的改革法。

[5]《中国嘉德'98春季拍卖古籍善本图录》，1998年5月。

[6]陶澍：《陶文毅公全集》卷34《鸿雪因缘图记》。

[7]参见梅韵秋《从张崟画风谈19世纪前期吴派传统的复兴》一文对此的描述。

[8]刘鸿翱：《陶澍家传》，辑入《国朝耆献类征初编》卷201。

[9]张夕庵《临顿新居第三图卷》后有陶澍观款。

[10]张夕庵与官僚阶层受画人的关系常常是通过本地的赞助人为中介建立起来的，如为莫瞻箓侍御作《临王石谷半园图》即是由本邑的茅元铭、邹文瑗为中介人的（参见张夕庵《嘉庆九年日记》以及赵力《京江画派研究》有关论述）。

[11]1. 参见“现存的京口三山题材作品表”。2. 参见“现存京江画派画家创作的京口三山题材作品表”。

[12]根据《金山志》的记载，北宋天禧五年（1021）以

水陆道场而闻名的金山寺因真宗皇帝梦中驾临而赐名“龙游寺”，政和四年（1114）复因徽宗独尊道教而改为“神霄玉清万寿宫”并赐以御笔所书殿额；大中祥符年间以真宗病时梦中焦光献丹后愈而在焦山建焦公祠、封东汉隐士焦光为明应公，皇家的青睐有加无疑增加了京口三山名重天下的砝码并给山水附会上一层求仙问道的神秘。（《金山志》清刻本）

[13] 1. 明屠隆《三山志序》中也已将京口三山与传说里的蓬莱三岛联系起来：“蓬莱、方丈、瀛洲三山在大海中……而所谓金、焦、北固三山者在润州，灵诡空阔，庶几大海三山之亚。”

2. 陈仁锡《纪游》文中亦有“尝读太史公书始知蓬莱、方丈、瀛洲为三山……吾吴金、焦、北固名袭而实左，欲为仙灵拭汗”。这些流行的观点无疑扩大了京口三山的意象，而在另一面则有效地将京口三山连成一个整体。（杨棨：《京口三山志》，清光绪重刊本）

[14] 1. 沈周：《金山图》，著录于《佩文斋书画谱》卷100，《式古堂书画汇考》卷25。

2.《北固山图》至清仍为陈玉棨所收藏。（陈玉棨：《北固山图记》，《北固山志》卷13，清光绪刻本）

[15] 杨棨：《京口三山志》卷3，“焦山”。苏轼诗云：“金山楼观何耽耽，撞钟击鼓闻淮南。焦山何有有修竹，采薪汲水僧两三。云霾浪逐人迹绝，时有沙户祈春蚕。我来金山便留宿，而此不到心怀惭。同游尽返决独往，赋命穷薄轻江潭。清晨无风浪自涌，中流歌啸倚半酣。老僧下山惊客至，迎笑喜作巴人谈。自言久客忘乡井，只有弥勒为同龛。困眠得就纸帐暖，饱食未厌山蔬甘。山林饥饿古亦有，无田不退宁非贪。展禽虽未三见黜，叔夜自知七不堪。行当投劾谢簪组，为我佳处留茅庵。”

[16] 引上书。诗云：“金山游遍入焦山，舟轻帆急须臾间。涉江已远风浪阔，游人到此皆争还。山头冉冉万竿竹，楼阁不见门长关。金山共此一江水，只有胜绝无此闲……”

[17]《焦山志》卷5，清同治乙丑刊本。

[18] 张玉书：《焦山志序》，《焦山志》卷15。

[19] 王士祯：《题焦山题名二则·在方丈》，《焦山志》卷8。

[20] 同上。

[21] 宫晓卫：《王士祯》，上海古籍出版社1993年版，第25—28页。

[22] 在《谒焦先生祠堂记》中，冷氏详细考证焦光传说中的种种谬误，认为人们对焦光的尊敬与祭祀并不因其为神或任何功利的目的，而是“先生之处浊世，蹈末流，高标卓轨，清操独行，有可以激天下而风后世者”，故而“此后之人登其山而曰巍乎先生之山，临其水而曰渊乎先生之水，江山无尽，而先生之风之高直与之而俱无尽，是其祠之所沾被岂复有涯哉”。（《焦山志》卷12）

[23] 笪重光：《跋〈宿焦岩及三诏洞诗〉》，《焦山志》卷3。

[24] 钱大昕：《焦山鼎铭考跋》，《焦山志》卷3。

[25] 康熙：《望焦山念己巳曾登其上》，《焦山志》卷3。

[26] 乾隆曾作焦山诗10余首，《焦山志》卷1。

[27] 蒋宝龄：《墨林今话》卷8。

本文载于《美术研究》2000年第1期

赵力，1967年生，江苏无锡人。1998年毕业于中央美术学院美术史系，获博士学位。中央美术学院艺术管理与教育学院副院长、教授、博士生导师。

我们的传统与人类的传统

——关于中国书法在西方传播的若干问题

邱振中

中国书法以其在中国文化中的特殊地位——与汉语的共生、变化无穷而又精妙入微的图像系统、典型的意义生成机制等，越来越受到人们的关注，并成为激发人们思想与灵感的源泉。

在今天这样一个日益完备的信息社会中，任何民族的优秀传统都不只是一个民族的财富，例如，中国书法，它必然要传播到世界，在人们的关心和培育下，最终成为全人类的传统。然而，文化的传播又是极为复杂的现象，它受到众多因素的制约，同时，还需要耐心——某些领域便需要若干世纪默默地耕耘。像书法这样一种与汉语言深深契合的艺术，可以说，对它的把握便是对中国文化核心的把握，对于今天的中国学者来说，这也是非常困难的工作，更不用说处于另一文化中的人们了。

谈到西方人与书法的关系，我总忘不了贡布里希讲过的一件事。一位妇女问韦利（Arthur Waley），学会欣赏中国的草书要多长时间，韦利说："500年。"[1]不过，书法的魅力似乎使人忘记了种种困难，只要有机会接触到中国书法总会有人不辞辛劳，投身于此。例如，到中国学习美术的留学生，许多人最后都要求改学书法，他们凭本能察觉到，书法能给他们带来自身文化中所没有的东西。

1998年12月，我随中国书法代表团访问法国，参加巴黎"现代中国书法艺术大展"的有关活动，出席"中国书法国际讨论会"，与一批研究中国书法的欧美学者进行了交流。欧美学者为中国书法在西方的传播提供了一些重要的信息；通过自己的观察与思考，也发现了一些值得注意的现象和问题。这些，对于中国学者、艺术家思考中国书法的传播，以至于我们自己如何深入中国书法，或许有所助益。

当然，这里我谈的主要是书法在西方的传播，书法在亚洲的传播，情况有所不同。

巴黎第三大学自1968年起开设书法课——此为法国大学中第一次开设书法课程，每年注册的学生在10—20人之间。此后，开设书法课的学校渐多，但规模与此相近。此外还有各种形式的书法班，最盛时巴黎有十几个书法班同时招生。这次中国书法代表团路过里昂附近的罗纳尔市，参加了一次罗纳尔法中友协"汉语—书法学习班"的活动。罗纳尔是个很小的城市，但那天参加活动的有100多人，其中包括各种年龄、各种职业的人们，还有不少孩子。我与一位工程师、一位幼儿园教师、一位退休飞机驾驶员进行了交谈，他们对书法的热情给我留下了深刻的印象。此外，这次“现代中国书法艺术大展”一个月的展期结束后，还应观众要求延长了两个月，参观人数估计接近7万人次——据此，对法国关心中国书法的人数不难有个大略的估计：参与过书法训练的大约有数千人，关心中国书法，并多少有一些了解的，大约有10万人以上。此外，赴中国留学学习书法的留学生近10人，归国后部分人继续从事书法研究、创作和教学工作。

法国是中国书法在欧洲传播最好的地区之一。欧洲大部分地区没有有组织的书法活动，参与的人数也极少。

欧洲有影响的中国书法研究者有10位左右，重要论文与著作10余种。[2]

美国因为开设中国文化类课程的大学较多，有关系科通常会请人上几节书法课，加上在美国生活的中国留学生、艺术家不少，美国人接触中国书法的机会还是比较多的。早在20世纪80年代末期，便有人类学专业的美国学生把中国书法作为博士学位论文的选题。此外，大学中有关中国文化的系科，有时会请懂一点书法的人们作作讲座；各大学和美术馆、博物馆中，亦有少量专业人员在进行研究，研究涉及著录、考证、文化史等领域，但是这些信息通常无法化作有关鉴赏的知识，传递给一般公众，当美国观众面对弗利尔美术馆的中国书法常设陈列时，仍然是一片茫然。[3]此外，中国的传播者也不断给对方带去错误的信息，例如，电视报道，中国某公司在美国凤凰城斥资建一座“文化城”，开幕式上，主办者请了一批人去宣传中国文化，进行书法表演的是一位左右开弓的“书法家”，他两手各拿一支毛笔，同时，书写一样的文字，右手正，左手反。这与其说是传播中国文化，还不如说是为中国文化的传播设置障碍。

以上材料，大致可以说明中国书法在西方传播的现状。

尽管西方严格意义上的研究和创作在很小的范围内进行，但在这个圈子之外，我们却见到上层知识界对中国书法出色的见解。贡布里希曾说过，书法在中国文化中所起的作用与西方文化中音乐所起的作用相似。[4]伯克利加州大学巴克森德尔（Michael Baxandall）教授为西方有重要影响的美术史家，他把中国朋友送他的一幅草书挂在书房中，日夕相对。他说：“我向来歆慕中国，尤其是歆慕她的书法传统。这有几方面的原因，其中一个明显的原因便是：这个传统赋予了中国文化一种深刻的特质，我愿称为一种介于人人都具备的言语与视觉文化之间的‘中介语汇’（middle term）。甚至通过译文，我们西方艺术史家依然能够体会到中国的古典艺术批评缜密细腻、平稳连贯，可以明显地感觉到这种‘中介语汇’的存在。”[5]我们已经注意到书法图式与语言发生学上的联系，以及书法与语言在发展中相互依存、制约的关系，也注意到书法批评中感觉与陈述的结构，但所有研究都立足于古代陈述与现代陈述的比较。[6]然而巴克森德尔补充了另一面：相对于西方古代陈述，中国古代关于艺术的陈述由于书法的存在而显示出自己的特点。这里我们已经预感到，即使是书法这样一个典型的中国课题，西方学者同样能够做出重要的贡献。

法国总统希拉克为“现代中国书法艺术大展”的题词表现出他对中国书法深刻的感悟。他没有用法国专家为他拟好的文稿，而是自己写下了这样一段文字：

> 在中国，书法乃艺中之艺。
>
> 祖祖辈辈，她一直是一个民族的记忆。世纪更迭，她代代传沿不息，在崇尚传统的同时，大胆创新。
>
> 这种艺术表现形式，在我们画与书极少融合的西方文化中，尚鲜为人知，她既使人惊诧，也使人着迷。
>
> 我祝愿这个我们即将有幸观赏的中国的精彩展出，能使法国观众得以切近这门如此独特的艺术，并从中领略生发于动作之精与笔画之雅的快意。[7]

巴克森德尔与希拉克的思想无疑出自个人的颖悟，但其中亦含有长期以来书法传播者和中国文化传播者所播散的影响。

一种文化对另一种文化的关注，会在一种文化的内部缓慢地生长，然而一种文化要对另一种文化产生大影响，一定是出自另一种文化内部变革的需要，出自它迫切地向外部寻求借鉴的需要。如日本绘画对20世纪末欧洲绘画的影响、50年代日本现代书法对抽象表现主义的影响，都是西方恰逢变动的关头，亟须寻找一新的支点来帮助自己实现这种转变。这种情况不是传播者能够左右的。

今天，西方一小批敏感的知识者已经察觉到中国书法对于创作的意义，但对于整个西方文化而言，它还只是一种酝酿中的、潜在的需求——20世纪50年代书法对西方美术界的影响，主要表现在抽象表现主义的创作中，通过这些创作，对笔触书写意味的敏感已融入西方自身的艺术传统中，年青一代的艺术家从这些创作中即可获得有关的灵感，因此，今天西方的知识界和艺术界对中国书法的关心，除了对书法本源的关注外，还有着更深一层的学术、艺术上的诉求。

西方学者在观看展览时，明确表示希望看到中国艺术家富有新意的作品，看到我们带去的一批与书法有关的现代水墨作品（非“大展”作品），海德堡大学雷德侯（Lothar Ledderose）教授说：“21世纪的书法作品。看到这些作品，感到中国书法有前途，对中国书法有信心。”比利时皇家美术馆东方部主任史蒙年（J.M.Simonet）先生指着其中一件作品说：“博物馆级的作品。”法国语言与艺术研究所研究员幽兰（Yolaine Escande）女士说：“西方当代艺术不能使我满足，他们几乎没有什么办法了。希望看到中国书法艺术家的新作，他们应该给世界艺术带来希望。”

他们的这些反映，确切地传达出一种信息：他们关心中国书法的终极目的，是给他们的文化注入活力。幽兰女士还写道：“不少欧洲年轻艺术家因中国书法而获得新灵感”，他们“转向中国书法，汲取西方传统所缺乏之作法、形状及与宇宙之新关系”；此外，“因文人传统非他们所属，故不受束缚，且对此传统所给予的新启示更加敏感”。[8]

在文化传播中，传播者能做的最重要的工作，是对自身传统不断深入的认识和解说。如果强调自己已在传统中，从而怀有优越感，并放弃对传统的深究，这实际上承认自己只是传统的一个被动的载体，河川中一小股被裹挟的水流。你并不理解河川，更不可能帮助河川以外的人们真正理解河川。

中国学者、中国艺术家的困难在于怎样找到不断深入传统的道路。其障碍，首先是对自己深入程度的认识。

当我们仅仅以继承人的身份介入传统时，对传统感悟、认识的浅薄之处被忽视，而且出自人类固有的弱点，我们会对这一点有意无意地加以掩饰。然而，传播所要求的可陈述性以及对“道理”的追究，将迫使我们正视自身的缺欠。

认识自己的传统并不像想象的那么容易，那么有把握。例如徐复观先生，他是一位毕生致力于中国哲学研究的学者，对中国艺术也有极大的兴趣，著有《中国艺术精神》一书，讨论中国艺术的含蕴和某些重要性质。然而，他认为中国书法缺少精神上的蕴涵，至多是在技巧上为中国艺术做了一些准备。[9]联想到巴克森德尔、希拉克等人，他们对中国书法意义的判断，恐怕还要略胜一筹。如果巴氏和希氏的见解有道理，即中国书法中确实蕴含了中国文化特异的质，那么徐氏对中国艺术的研究必然有重要的缺失。

这里并不是对徐复观先生的非难，而是证明深入中国文化、中国艺术、中国书法之难，关切、沉迷、思考，都不能保证深入事物的核心，更不用说不断地深入！不断地深入尤其困难，它要求对常识的警惕，对自己思想严苛的反思，对所获得的结论无休止的批判。批判需要高度的敏感加上严格的现代思维训练。

对书法不断深入的解说，几乎反映了对中国文化进行现代解说的全部问题。

中国学者对传统的阐释，一般都在题材含义所限定的范围内进行，也就是说，仅仅在有关文献中搜寻概念或范畴内涵形成的踪迹，这是在传统内部一个特定领域展开的工作。它仅仅涉及概念或范畴的使用，本质上还只是某一方面现象的清理，它无法对人们认识概念或范畴形成的深层原因有所帮助。它还不是真正意义上的发生学研究。希望由此而建立起传统与当代文化之间的联系，是不现实的。[10]应该对作为思考起点的现象进行严格的审核，对文献与自己思考中所使用的所有词语进行严格的语言分析，同时对范畴发生与运用中的所有感觉及感觉方式、思维过程及其机制进行彻底的思考。这是异常细致、异常艰难的工作，但是不这样去做，便不能深入语言、感觉的基础之下，并从那里开始形成我们新的认识。

把传统以及人们与传统的关系放在一起，作为一个完整的客观的思考对象，是一种典型的非传统研究方式，但它又是深入认识传统不可或缺的一项工作，一项在传统的工作方式之外（相对于古典文献范围之内、主体感觉范围之内）进行的工作。例如形神问题，如果仅仅局限于诠释古人对形神关系的陈述，现代意义上的研究不可能有什么进展，但是，如果我们把形、神这两个概念进行一番语言分析，不难发现，由于观察范围的不同，人们一直忽略了它们某些极为重要的性质。被人们笼统地称为“神”的概念，可以分成三个相对独立的层面：存在、感知和陈述。“神”的存在就是一个十分复杂的问题，但如何判断“神”的存在，以及“神”的存在方式，缺少现代意义上的讨论，这是思考无法深入的重要原因。对“神”的感知，前人深知其难，然而对于论说者是否已经感知到作品之“神”以及感知的深度，却全无判断的办法，从前人、今人的著述中，我们每每发现一些值得怀疑的文字：人们似乎并未感知到“神”，却在滔滔不绝地谈论“神”——在“神”的感知方面我们有许多必须弥补的知识。对“神”的陈述问题就更复杂，它牵涉到中国语言学与中国语言哲学中的各种问题，其中不少问题还从未被提出讨论过。这是对“神”认识深化途径最简单的勾勒。“形”同样可以分成存在、感知、陈述三个层面来进行研究。“神”“形”各层面之间错综复杂的关系正是造成神形复杂关系的由来。当“神”“形”各层面的研究深入到一定程度，我们对神形关系的认识或许有大的改变。[11]

在对书法传统的深入探究中，存在大量的这一类的问题。而此类问题的解决，才可能将我们对书法的认识切实地向前推进，才可能使历来被认为“不可说”的书法变为可以用现代语言加以解说的艺术，变为可以为整个人类所理解、所接受的艺术。

训练方法是书法传播中另一个突出的问题。在一个离开中国文化氛围的环境中教授书法，“对帖临摹，长期沉潜”的传统方法很难取得好的效果；此外，西方的传播者不能及时得到中国有关书法教学的研究、出版信息，也无法从他们所获得的有限信息中挑选出所需要的出版物。如果能定期出版一份以书法传播为宗旨的“通讯”，及时介绍、评述书法研究、出版情况，将有力地推进书法传播事业。史蒙年先生对我说：“我们缺少书法教材。你有没有好的教材可以推荐？”我告诉他，我们现在使用的是一部新的技法教材。我们把所有技法分成166个练习，复杂的技法分成几个练习，然后再进行综合；每个练习有清晰的解说和明确的要求，学完这部教材的学生将掌握全部的基本技法。[12]史蒙年先生非常兴奋：“太好了！这对我来说，真是个新闻。”他的儿子是一位小提琴家。接着，他就与我谈起音乐技法教材与书法教材的区别。他们要求科学的教学思想，要求循序渐进，要求了解所以然，要求付出努力时得到可靠的收获——而这些同样是我们今天的教学所迫切需要的东西。

为传播而做的工作与我们自身的需要是完全吻合的，对传播的讨论，只不过为我们对传统的现代阐释增加了某些理由。传播并不是单纯的“输出”——像出口商品换取外汇那样，换取中国文化、中国艺术在今天世界上的地位，那实在是一种极幼稚的算计。传播的根本目的，是我们自身的需要，是维持我们自身活力的需要。

一种历史悠久的传统，自有其运行机制和价值准则，它是一个自足的存在。然而，它对于当代文化的意义是未知的，需要去求索的，同时它自身也需要补充和更新——它并不容易找到自己所需要的支点。到异邦文化中去碰撞、磨砺，并寻找发展的契机，是一种文化在传播中可能得到的最重要的收获——尽管在传播的早期，这一点并不容易见出。

书法如果有朝一日成为人类的传统，它必然是一种生机勃勃的、不断生长的传统，而我们作为这一传统最初的持有者，为保持它的生机，保持它面对未来时无限的可能，无疑应该付出我们全部的心力。

注释

[1][4]列勃编译:《贡布里希论杰作的产生及其验证》,《新美术》1985年第4期。

[2]据熊秉明先生和幽兰女士所提供的材料。

[3][美]安明远(S. D. Allee):《佛利尔博物馆所藏中国书法——藏品总览及中国书法的大众普及》,《中国书法国际讨论会》,1998年版。

[5][英]巴克森德尔:《意图的模式》,中国美术学院出版社1997年版,第168页。

[6]邱振中:《书法的形态与阐释》,重庆出版社1993年版。

[7]刘正成:《巴黎现代中国书法艺术大展作品集》,青岛出版社1998年版。

[8][法]幽兰:《中国现代书法在西方》,《美术观察》1999年第7期。

[9]徐复观:《中国艺术精神》,春风文艺出版社1984年版。

[10]如古代文论研究便非常重视范畴的"转换",但似乎不曾找到"转换"的有效途径,参见杨牧之《中国古代文论的现代转换》(陕西师范大学出版社1997年版);哲学界近年的进展,如艾兰《中国古代思维模式与阴阳五行说探源》(江苏古籍出版社1998年版),两种研究路线在书中都有反映。

[11]参见邱振中《"神"居何所?——形神新论之一》。

[12]邱振中:《中国书法:技法的分析与训练》,中国美术学院出版社1996年版。

本文载于《美术研究》2000年第2期

邱振中,1947年生,江西南昌人。1981年毕业于浙江美术学院(今中国美术学院)书法专业,获硕士学位。中央美术学院中国画系教授、博士生导师。

十倍于昔的新视野

——20世纪关于中国古代雕塑史的研究

李 松

尽管中国古代有极为丰富辉煌的雕塑遗存，但是对于古代雕塑史和雕塑理论的记述和研究，比之同时期的书法与绘画都是过于寂寥了。

在中国古代，雕塑在文化史上的地位低于其他兄弟艺术门类，这与雕塑家的工匠身份有关。中国一向是官本位的社会，雕塑创作不像书画艺术有官吏、文人的参与，历史上早期的西晋雕塑家戴逵、戴颙父子能够名垂史册，也还是由于其工书画，善属文，能鼓琴，是皇帝累征不肯就的隐逸文人。

对于中国古代雕塑史论的研究主要始于20世纪初期，兴于二三十年代，盛于八九十年代。推动中国雕塑史研究的动因，在早期，和近代考古学的兴起与发展有直接关系，而更重要的，则是出于发展中国现代雕塑创作的需要。中国雕塑艺术在近世出现发展的断裂。20世纪初，西方雕塑传入，在美术教学和创作中成为主导，而在如何解决雕塑创作的民族化与现代化课题时，人们自然地把目光转向古代，迫切希望从传统艺术中得到借鉴。负笈海外研习西方雕塑之学的几代雕塑家如刘开渠、曾竹韶、滑田友、钱绍武等人，在深入钻研过西方古典的、现代的雕塑技法经验之后，以极大的热情提倡学习和发扬中国传统雕塑，并亲身做了很多考察与研究即是显例。

另外，一个世纪以来，地下美术考古接连不断的重大发现，极大地扩展了雕塑史研究的视野，迫使人们不能不改变一些传统的认识，改变角度，重新思考，从而有可能比以往任何时期都更清晰地理出中国传统雕塑艺术的发展脉络，了解其多方面的艺术成就，从中寻绎出丰富的创作经验与审美内涵。

起步

对中国古代雕塑遗存的调查研究起步于20世纪初。一些外国学者依据古文献和明清地方志史料提供的线索，对中国古代陵墓、石窟寺进行调查。1902—1903年，日本伊东忠太在华北地区进行古建筑和云冈石窟的调查，1906—1907年日本东京帝国大学关野贞调查了河南巩县石窟寺和龙门石窟、陕西汉唐陵墓、山东汉画像石。法国人E. E. 沙畹1907年调查了陕西陵墓、云冈石窟、龙门石窟、四川汉阙、山东碑刻。1914年法国人V. 色伽兰等于陕西秦汉陵墓、四川崖墓、石阙之外，还调查了广元千佛崖石窟。20年代初，日本关野贞、常盘大定、田中俊逸等及瑞典喜龙仁等调查了山西天龙山石窟、河北省南北响堂山石窟等，以及华北、江浙等地区的陵墓与古建筑（在此期间来自俄、英、法、日、德、美等国的一些“考察队”，正麇集于新疆、敦煌莫高窟等地，对古代壁画、文书等进行着各种盗掘与窃取活动）。[1]

日本美术史家大村西崖（1867—1927）于1915年出版《支那美术史·雕塑篇》，他所著的《东洋美术大观》（15册）曾由陈彬和从中摘择出《中国美术史》于1928年出版。大村西崖在著作中以文献与实物遗存相对照，并将中国雕塑与日本、印度雕塑进行对比研究。大体上代表了20世纪初，国内外对中国古代雕塑了解的程度和认识水平。瑞典喜龙仁（Osvald Siren）著《中国雕塑》（*Chinese Sculpture*，1925）三卷在对中国雕塑美学意蕴的理解与分析上更胜一筹。还有些石窟寺艺术的调查研究专著，如日本小野玄妙、田中俊逸的《天龙山石窟》（1922）。[2]

三四十年代

中国学者对古代雕塑遗存有组织、形成规模的调查研究起始于20世纪二三十年代。建筑学家梁思成1929—1930年在东北大学开始讲授中国雕塑史。1931—1936年，中国营造学社成员梁思成、刘敦桢、林徽因等陆续前往云冈、天龙山、龙门、南北响堂山、山东历城神通寺千佛崖等地考察。抗日战争期间，梁思成、刘敦桢等赴四川，沿岷江、嘉陵江夹江两岸及广元、大足等地对摩崖石刻做了半年多的考察。[3]

抗战前，国内学术界对石窟寺等古代雕塑遗存的考察与研究，重要的有1930—1933年西北科学考察团对新疆石窟的调查；1934—1935年中央古物保管委员会对南京附近六朝陵墓、洛阳龙门、安阳宝山石窟的调查；1935年北平研究院史学研究所对南北响堂山石窟的调查与著录。

日本学界始终没有放松对中国重要石窟的调查。1936年，京都东方文化研究所水野清一、长广敏雄调查了响堂山、天龙山、龙门石窟。抗日战争爆发后，1937—1944年，他们又先后8次前往侵华日军占领下的大同，对云冈石窟强行进行全面调查、实测、摄影，并发掘了第9、10、19、20等窟。其调查研究成果于20世纪50年代初编成32卷的《云冈石窟——公元5世纪中国北部佛教窟院考古学调查报告》。[4]他们还有关于龙门、响堂山石窟等研究专著。

40年代前期，大后方学者在十分艰难的环境下对西北、四川等地的古代雕塑遗存进行了更深入的调查研究。其中比较重要的有1940—1944年以王子云为团长的教育部西北艺术文物考察团对陕西汉唐陵墓、龙门石窟、敦煌莫高窟、河西走廊文殊山、马蹄寺等石窟的调查、翻模、拓印、摹绘、测绘、摄影、著录。[5]

1942年，中央研究院组织西北史地考察团，历史考古组向达等考察了敦煌莫高窟、榆林窟。考察团成员石璋如用考古学方法对敦煌石窟形制进行了测绘与记录，是国内学者用考古学方法研究石窟寺之始。[6]在此之前，于右任于1940年赴西北考察，专程到敦煌莫高窟，结束后向政府建议将莫高窟收归国有，成立敦煌艺术学院。1941年，张大千到敦煌，为洞窟编号。之后，又组织了对敦煌壁画的大规模临摹活动。1944年成立敦煌艺术研究所，领导这一工作的常书鸿将临摹壁画和塑像作为研究的起点。在40年代，关山月、赵望云、张振铎、吴作人、董希文、李浴、史岩、潘絜兹等画家、美术史家都曾在敦煌活动，对他们后来的艺术实践发生过深刻影响。

1942年在成都附近发掘五代前蜀王建墓，提供了古代肖像性雕刻的重要实例。

1945年4—5月，由杨家骆、马衡、顾颉刚、傅振伦、梅健鹰等15人组成大足石刻考察团，对大足龙岗、宝顶石窟进行了全面考察、记录和研究、宣传。

外国人对中国古代雕刻史迹调查、认识的过程中，常常伴随着破坏和掠夺。帝国主义列强早年对新疆地区石窟和地下文物、敦煌莫高窟藏经洞文物的掠夺，后来又继续发展、扩大。龙门、天龙山、南北响堂山等重要石窟许多精美的石佛像被剜凿，割掉的头像堂皇地陈列在许多海外的博物馆，著名的唐代昭陵六骏也被切割，两件流失海外。[7]海外不法商人与国内文物盗窃分子勾结，外国人对古代雕塑珍品的偷盗行为至今不曾杜绝。

另外，国内社会变革过程也常发生过激行动，例如，民主革命期间破除封建迷信活动[8]，近年的“文革”十年动乱，也使很多古代雕塑作品受到严重破坏，造成无法弥补的损失。

20世纪50年代以后的发展

50年代以来，中国古代雕塑史研究出现新局面。由于地下考古的许多重大发现，使研究领域、研究对象不断扩展；而陵墓、石窟寺遗址的大规模调查研究和考古学方法的引入，使研究工作更为规范并获得坚实的基础。到八九十年代，在研究成果的丰厚积累上，进入梳理、总结、集大成的时期。

20世纪中国雕塑史研究所关注的重点主要为陵墓雕塑（含俑、明器）、石窟寺雕塑、寺观雕塑、金铜佛，以及早期雕塑、民间雕塑、少数民族雕塑等方面，限于篇幅，本文不做全面论述，只举其荦荦大者如下：

（一）对中国雕塑历史源头的追索

地下考古发现把中国雕塑的源头不断上溯。80年代初在辽宁阜新县查海遗址发现的夹砂红褐陶直腹罐上有蟾蜍、蛇衔蛙的浮雕和最早的真玉器雕刻品。90年代中期又在聚落遗址中心部位清理出一条长19.7米的龙形石块堆塑，经碳－14年代测定，其年代距今8000多年。[9]稍后一些，距今六七千年前，是中国新石器时代发展的一个高峰时期。河南密县莪沟裴李岗文化出现捏塑人头像；辽宁东沟县后洼屯出土滑石雕刻及陶塑人头、半身人像及猪、鸟、虎、鱼等共计36件；浙江余姚河姆渡出土有陶人头、猪、羊及牙、木雕刻等。研究者推断这类小型雕塑作品可能是出自妇女或巫觋之手，用作辟邪的祖先灵物供佩戴，或用于驱鬼辟邪、求育等目的。[10]

距今5000多年前后的新石器时代晚期也是发展的第二个高峰时期，以不同材料、不同手法制作的各类雕塑作品，在南北东西各地各种遗存中皆可见到。其题材和表现形式主要有：1.圆雕的小型人或动物形象。2.以人或鸟兽造型的陶器，为后来青铜鸟兽尊的滥觞。其中有些在雕塑语言的运用上达到相当高的水平，如1975年华县太平庄出土的陶鹰尊(属仰韶文化庙底沟类型);仰韶文化的人头形彩陶壶,创造了多种多样的少女形象;大汶口文化的狗鬶、猪鬶具有异常生动的神态。3.作为器物附饰的人或动物形象。

新石器时代雕塑遗存中最引人注目的是出自东北、华北等地区的女神塑像。

在欧洲、西亚等地区多处发现石雕、牙雕或陶塑的裸体孕妇形象,是由旧石器时代晚期到新石器时代的重要文化遗存。其制作动机与祈求种族繁育的巫术活动有关,是母权制的象征物。在中国,从50年代,学术界便期望找到类似的遗存,直到1982年在辽宁喀左旗的东山嘴,发现了距今5000多年前祭祀地母神的祭坛和小型孕妇裸身陶塑,学术界以难以抑制兴奋之情,说"我们终于找到了全国考古界等了30多年才发现的重要材料"[11]。孕妇像塑成后曾经磨光,并着肉色陶衣,推测为农神或生育神。1983年又在凌源、建平两县交界的牛河梁发现积石冢、女神庙,雕塑作品有女神头像和分属于五六个个体的裸体少女像残块,女神庙墙壁有彩绘图案,雕像有大小老少之别,应是尊卑有序地裸身盘坐着。居于主室中心部位的主神,从残存的鼻、耳、乳房等残块推知,应有真人3倍之大。庙中还塑有形体巨大的猪龙、大鸟等。在5000多年前已出现大型彩塑作品,其制作手法与后世泥塑做法相似,这是人们从来想象不到的。

同类作品此后又陆续有发现:1983年在河北滦平县金沟屯后台子遗址又发现一批石雕人像,其中多数为裸体孕妇像,属于红山文化早期。[12] 1984年在内蒙古林西县出土了两尊石雕女裸像,年代属于更早的兴隆洼文化,距今7000多年。这些石雕手法粗犷、原始,而女性特征则表现得很明显。在西北地区仰韶文化晚期陶塑作品中也发现有裸体女像,见于1991年发掘的陕西扶风县案板遗址。

在新石器时代的雕塑作品中还有被推测为两性复合体的形象——青海乐都柳湾裸体人形浮雕彩陶壶,属于距今4000年的马家窑文化马厂类型。商代妇好墓出有两面分别为男女裸体形象的玉雕,为男女交合巫术的产物。

进入阶级社会以后,一些裸身人物形象常被作为器足,代表着一种卑贱的奴隶身份,西周时代的青铜鬲等器物上常铸有守门的裸身刖刑奴隶形象。还有些奇怪的造型,如山东莒县出土的西周鼎形器盖上铸有男女裸身相对的形象,浙江绍兴出土的战国伎乐铜屋中,有一组裸身男女演奏乐器,可能是反映古越族巫术活动。江苏涟水三里墩出土的男女三人环立的铜塑,有明显性行为表现,可能与祈求子嗣繁衍有关,从当时的上层社会风气看,它更可能是淫亵性质的玩物。回溯母系氏族社会神圣的女神像,数千载中题材的变异,深深留下了社会变迁的印迹。

(二)三星堆青铜人像群

1899年甲骨文的发现、1927年开始的对商代晚期都城遗址河南安阳殷墟的科学发掘,使历史上一直笼罩着迷雾的商代历史文化面貌变得清晰明朗了。

过去对商代雕塑面貌的了解主要限于发现于殷墟及其周边方国出土的鸟兽尊类青铜礼器,礼仪性质或装饰用的玉石、牙骨雕刻,以及作为建筑装饰的石雕虎、鸱等形象。

1986年秋，四川广汉三星堆青铜人像群的发现，使人们第一次获知在商周之际，古蜀人已能创作硬质材料的大型雕塑作品。出自两个祭祀坑的青铜立人像、人头像、人面具、兽面具等合共82具，还有高大的3株神树和金权杖、青铜礼器等。

古蜀人从宗教观念出发，创造了一种能够为社会成员所认同的、似人非人的神异样式，一种类型化、符号化的面相。立人像通高260厘米，下方是一个镂空的倒夔形底座。人像高170厘米，面相瘦削，浓眉，菱形目，颧弓明显，口裂很长，具有一种冷峻的神情。身着三层华丽的衣服，赤足戴脚镯，双手很大，空握，上下相对，被推测为主持祭祀活动的巫师和首领的形象。人头像54具，有7种样式，多数与立人面相类似，另有一种面型较为圆润者。颈部前后有三角形榫头，应是由综合材料制作的人像。其中有的戴有金面罩，表明身份的特殊高贵。从一些头像上的残迹推知，人像五官是曾施加彩绘的，眉毛、眼眶和眼睛涂黑，口、鼻孔、耳上的穿孔涂以朱色。

三星堆青铜雕塑中最为奇特的是凸眼巨耳的人面具，其中最大的一件通高65厘米、宽138厘米。双眼凸出眼眶之外达16.5厘米。有人据《华阳国志》一书记载，推测为“其目纵，始称王”的蜀侯蚕丛形象，可能是被组装于大型柱状的建筑或构件上，供人祀奉。三星堆祭祀坑还出土有菱形人眼饰件20多对，圆泡形瞳孔饰件30多对及一些勾云状或带有眉毛的单件眼形铜饰亦可组装于神像之上。[13]他们传达了从不为人所知晓的远古文化信息；古代工匠曾运用或具象或抽象，或写实或无限夸张的多种艺术手段，去创造神灵、营造浓郁的宗教氛围：在神庙之中，有立于高台之上主持祭仪的巫师和首领，有以综合材料制作的数十尊铜首人像群雕，墙壁、柱上有体量巨大的神面具或铜质五官的神人像，还有沟通天地的神树与巨鸟等种种灵物。蜀先祖与神灵们以严冷、肃穆的神情俯视着前来参拜的人们，不能不使人感到精神上的强大威慑力。

广汉三星堆雕塑等是一个突兀的文化现象。祭祀坑出土的青铜礼器明显地受到中原商文化的影响，而青铜人像、面具、神树等则是古蜀人意识形态的体现。三星堆祭祀坑还有很多谜有待破译，包括两个坑的性质——那些铜人、金杖等都是被火烧、砸打之后，有秩序地瘗埋的，铜人、人头、面具的身份，都代表什么人，学术界在认识上也有歧义。还有三星堆代表的蜀文化与中原文化以及周边地区的巴文化、楚文化、滇文化以及藏文化之间的关系也是人们热烈探讨的课题。

在中原地区，已知的大型青铜人物形象为1978年湖北随县战国早期曾侯乙墓出土的钟鐻铜人，共6件，每件人体部分高近1米，皆作武士装束，戴冠，衣裳施加彩绘，处于钟架转角部位的铜人一臂很长，以便平稳承托上下相错的两根横梁（笋）。虽仅是用作支撑65件巨大的铜编钟的人形支柱（鐻），但如此富于理性色彩的写实人物形象实为前此所仅见。曾侯乙墓钟鐻铜人的发现也为历史上聚讼不已的秦始皇所铸十二件钟鐻铜人提供了直接参照。

更直接地反映复杂丰富生活内容的青铜雕塑作品，是从1955年以来在云南晋宁石寨山等地发现的古滇人铸造的贮贝器、屋宇模型等作品。年代在战国至东汉时期，其时，滇人还保留着猎头、杀人祭祀等很原始的社会习俗。古滇人艺术工匠利用失蜡法浇铸、鎏金镀锡等技艺企图对社会生活做全景式的再现。在贮贝器盖上铸出纺织、播种、纳贡、杀人祭铜柱、战争等各种场面，一件西汉时期祭祀场面贮贝器盖上除干栏式房屋、铜鼓等之外，还铸有从事各种活动的人物127个。而从雕塑艺术的表现技巧看，成就最高的是那些写实的或幻想的动物形象。云南古滇族、北方草原民族的金铜饰牌等作品中有很多表现人兽之间、兽类之间相亲或搏斗厮杀的描写，达到惊心动魄的地步。河北平山县中山王嚳墓出土的一件错金银虎噬鹿屏风插座，通过运动姿态的转换表现动物生死拼搏中爆发出的强力，显示出雕塑技巧运用的高度水平。

（三）秦始皇陵兵马俑

陵墓地表上矗立的具有仪仗、护卫性质的纪念性石刻群，与墓室内的俑群及其他随葬明器共同构成陵墓雕塑的整体，而又各自体现着不同的功能与审美要求。

一个世纪以来，对各代帝陵和各种墓葬的调查、勘测、发掘，有很多重要的发现。而雕塑遗存的新发现则突出表现在俑的大量出土上。在20世纪初，已出现有关俑与明器的收藏、研究专著。如王襄所辑《簠室古俑》（1909），罗振玉所辑《古明器图录》四卷（1916），郑德坤、沈维钧《中国明器》（《燕京学报》专号，1933）。鲁迅也是陶俑的热心收藏、研究者。

代替活人随葬的俑是中国特有的雕塑器类之一。俑开始流行在春秋晚期，正是孔子批评“始作俑者其无后乎”时期的前后。已知最早的实例是山西长子县牛家坡7号墓所出土的木俑。到战国时期杀殉风气虽未彻底消除，但俑的制作已普遍流行，齐、韩、秦墓多用陶俑，楚墓多用木俑，为了模拟生人，有些俑做了可以活动的四肢，并加上真实的毛发和丝质的衣服，一如文献所记“有面目机发，有似于生人”（《礼记·檀弓》）。

引起举世惊诧的陕西临潼西杨村秦始皇兵马俑群，是1974年当地农民掘井时偶然发现的，不见于文献记载。[14]

出自一、二、三号俑坑的有7000陶武士俑、驷马战车百余乘，陶马与骑兵千余匹，还有数千件实用铜兵器。对兵马俑坑的墓主人和兵马俑的性质有过不同的判断，比较一致的认识是：这是以车、骑、步、弩编制为秦始皇送葬的秦军方阵，它以恢宏的整体气势体现着“秦王扫六合”的强大军威与国威。

以捏塑与模制相结合并通体施加彩绘的兵马俑的制作，重视服饰、生理特征、结构细节的逼真再现，而不强调人物的个性表现，这与中国人的灵魂观念有关。

与真人真马等大的陶塑群昭示中国雕塑史上一个重要史实：由红山文化的大型彩塑女神像、广汉三星堆青铜人像群，到秦始皇陵兵马俑，表明中国古代很早就在大型雕塑创作方面积累了丰富的经验。南北朝以后佛教美术出现造大像的风气，正是本土雕塑传统与外来宗教艺术相互融汇的产物。

汉代以后，为皇室和贵胄塑造大批俑群的风气更盛，兵马俑群也见于咸阳作为长陵陪葬墓的杨家湾大墓（可能为周勃、周亚夫父子之墓）、徐州狮子山楚王墓，但在俑的体量、俑群的规模、气势上已无法与秦始皇陵兵马俑群相比。1990年在咸阳市张家湾村西汉景帝阳陵的从葬坑发现数千陶俑及陶塑家畜家禽。俑中有武士及奴婢、伎乐等，其中有很大一部分是裸体施肉色而无臂，另外安装木臂并着衣。东汉以后逐渐抛弃了这种过分追求表面真实的做法，而在人物的动态、表情上着力，也更娴熟地把握了雕塑的语言特色。汉代和唐代的俑类作品达到了此类作品的最高境界。例如以“天马”为造型依据的汉代铜、陶、木马踔腾嘶鸣的神态，充满浪漫主义色彩的武威铜奔马，皆不拘泥写实，而是对时代精神、自信力量的张扬。又如表现社会各色人等的唐三彩俑，其对人物意态、情趣的生动表现中所流露出来的，作者不拘守规范制约的自由创造精神，都是前所未曾有过的。

（四）石窟寺雕塑

石窟寺艺术是20世纪雕塑史研究着力最多，也最能反映学术研究成就的一个领域。

中国石窟的雕造约始于3世纪，盛于5—8世纪，最晚可到16世纪。国内学者对石窟寺艺术的研究，主要着手于20世纪50年代初，70—90年代达到兴盛繁荣时期。

1952年，由中央文化部组织的炳灵寺石窟勘察团，1953年组织的麦积山石窟勘察团，都是以画家、美术史家为主要成员，进行著录、编号、测绘、摄影、壁画临摹和雕塑作品的石膏翻模。先后参与这两次勘察工作的美术家有赵望云、常书鸿、吴作人、张仃、李可染、夏同光、萧淑芳、王朝闻、常任侠、罗工柳、孙宗慰、陆鸿年、戴泽、邓白、吴为等人。1953年还成立新疆石窟调查组，先后赴北疆、南疆考察，成员有武伯纶、常书鸿、阿力哈木、于素甫拜克、王子云、范文杰等。在此之前还有1950年对云冈石窟、义县万佛堂石窟和1951年对敦煌石窟的调查。随后，又进行了四川、云南、山东、江苏等十几个省市自治区石窟、摩崖龛像的普查，至1957年告一段落。在调查中，初步探索了石窟寺艺术的题材、风格衍变、洞窟年代、中外艺术交流等方面的问题，为雕塑史研究提供了概略的基础。

20世纪60年代后，由于考古学者的努力，将石窟寺研究进一步纳入考古学范畴，对石窟寺进行全面的考察，排年分期，为进行深入的专题研究，包括石窟雕塑的研究，奠定下科学、坚实的基础。在这方面，考古学家宿白做出重要贡献，他的研究成果在20世纪90年代编为《中国石窟寺研究》一书。[15]宿白提出对中国石窟寺的研究有四个程序，即考古学的清理和记录；洞窟、造像、壁画的类型组合与题材的研究；分期分区的研究；关于社会历史的、佛教史的和艺术史的综合研究。20世纪70年代以来，运用层位学、标型学方法和碳－14测定方法分别对云冈、龙门、敦煌莫高窟、克孜尔等石窟寺的分期断代研究取得了重要成果。在调查、勘测过程中不断有新的重要发现，如1959年发现的甘肃庆阳北石窟寺，是陇东地区遗存最丰富的一处北魏石窟群（南石窟寺发现于1925年）。1963年对炳灵寺复查中发现西秦建弘元年（420）墨书题记，为国内石窟寺中已知年代最早的题记，洞窟形制、塑像与壁画提供了早期样式的实例。麦积山石窟在20世纪六七十年代修通连接东西崖的栈道，使自明代（或更早）以来因崖壁坍毁而无法登临的北朝至隋代53个洞窟、402尊造像得以重新面世，成为雕塑史研究的重要新资料。20世纪80年代以来对四川地区石窟寺的调查，发现有摩崖造像、窟龛在10处以上的达120处之多。与大足石窟毗邻的安岳县境内有石刻造像217处、窟龛1298个、大小造像22272躯，保存有唐代最大的涅槃变造像，还有大量宋代地域性很强的密宗题材石造像，而在80年代以前却很少为人所注意。20世纪90年代，在南京栖霞山千佛崖又有关于南朝石窟造像原貌的重要发现。[16]

从对中国石窟寺群整体的宏观把握与地区比较、分期断代研究中，纠正了中外学术界过去不少相沿已久的偏颇之见，廓清了石窟寺发展的基本脉络：在公元3世纪左右，北印度佛教美术传入西域，与深受中原文化影响的本土文化相接触、融合，产生古龟兹地区的石窟寺群，进而传播流行于内地，云冈、莫高窟早期的造像皆可见出新疆的影响。5世纪晚期，南方造像明显影响了中原北方，“5世纪以来，佛教窟龛在新疆以东逐渐形成自己的特点后，中国各地石窟龛像的发展演变，尽管都还具有地方特征，但都不同程度地受到全国主要政治中心或文化中心所盛行的内容的影响”。“6世纪中期以后，中原西部的石窟龛像又影响到四川北部……”11世纪以后，罗汉群像既盛行于中原北方，也流行于江南，13—14世纪西藏喇嘛教窟龛不仅出现在中原北方，还出现在南方。[17]

1979年以后，由中日双方学者合作编撰出版的17卷本《中国石窟》集中了当代石窟寺研究的最高学术成果。中方编委有夏鼐、宿白、常书鸿、金维诺；日方编委有长广敏雄、冈崎敬、邓健吾。几乎每个石窟的主要研究人员都参与了有关的编撰工作，从而保证了此书的科学性、完整性与权威性。[18]

20世纪50年代以来成批出土的一些古代寺庙雕塑遗存也是中国雕塑史重要研究对象。其中1979—1981年在汉魏洛阳城遗址内发掘的北魏后期灵太后胡氏所建永宁寺（516—534）塔基出土的影塑作品，都是在大火后从壁上剥落下来的，包括菩萨、比丘，以及诸色供养人及其男女侍从、仪仗等各种彩塑残件1560余件。其中一些头像或肢体、衣服的残块，都很精彩，塑造技艺超出同时代石窟寺造像的水平。还有一些是在“灭法”或动乱中遭到损坏，被集中瘗埋于地下的。其中主要有四川成都万佛寺遗址。自清末以来陆续出土的南朝至隋唐石造像200多躯；1953年、1954年先后在河北曲阳修德寺塔基和寺址下发现的北魏至隋代石造像2200多躯；1959年在山西沁县南涅水村发现的北魏至宋代石造像1161尊、造像塔400多件；1995年在成都发现的南朝齐、梁年间的佛、道造像9躯；1996年在山东青州龙兴寺遗址发掘的窖藏北魏至宋代不同材质的佛造像400余尊，其中石造像多施彩绘或贴金。这些发现都不是孤立现象，在其附近地区还陆续有新的发现。其遗址包含的年代很长，地域特点明显，对研究造像分期、类型、风格演变、地域特点都是极宝贵的材料，从中也透露着当时南北之间，域内域外之间艺术风尚交相影响的错综、丰富的信息。

成果与不足

20世纪中国雕塑史研究是一个开创性的学术领域，体现着多学科共同研究的成果。

当代中国雕塑史研究在占有大量资料的条件下，已基本克服了早年因掌握基本情况不足而不免出现的大而化之、想当然地发议论之空疏现象。在八九十年代已出版的有史岩、陈少丰、孙振华等人的中国雕塑史专著或图录。而《中国美术全集》中雕塑部分在全书60卷中占了13卷，包括原始社会至战国、秦汉、魏晋南北朝、隋唐、五代宋、元明清断代卷6卷，和敦煌、麦积山、炳灵寺、云冈、龙门、四川石窟、巩县响堂山、天龙山石窟7个专题卷。跨世纪的出版工程《中国美术分类全集》中以石窟寺雕塑、寺观雕塑、金铜佛、陵墓（包括俑、明器）分类，还有不少作品收入陶瓷、青铜、玉器、漆器、中国民间美术、竹木牙角等卷。全集与分类全集雕塑各卷皆附有研究论文和完备的图像资料，是当代雕塑史研究的重要结集，也是下一步研究的起点。

还有一些美术史著作，如王伯敏主编的《中国美术通史》、王朝闻主编的多卷本《中国美术史》中的雕塑章节都是分量很重的。

有所不足的是目前雕塑史的研究和论著内容还比较偏于美术考古的范畴，包括本文所涉及的内容基本上也未越出这一大的范围。今后需要深入对于雕塑本体的研究，如中国雕塑艺术的审美特点、审美范畴、评论规范，以及材料、技法理论的研究等。一位久居海外的学者、雕塑家熊秉明在谈到对中国佛像雕刻的理解与评价时曾经慨叹说：京剧一度被视为封建落后的艺术，西方现代戏剧出现，京剧作为象征艺术的价值被重新认识，“佛像的遭遇还不如京剧，因为我们有一个欣赏京剧的传统，却没有一个欣赏佛像的传统。我们竟然没有一套词汇来描述，来评价雕塑”[19]。也可以说我们现在还只能是用西方雕塑的词汇、观念和标准来观察研究中国的传统雕塑，或者是简单地以文学或兄弟门类艺术的评价标准衡量雕塑（借用、参照都是可以的，但不能代替）。我们需要从粗放的研究、评论中升华，充分利用美术考古提供的大量资料，做深入的调查、研究，剖析出中国雕塑艺术作为艺术之最本质最核心的东西，从中找出今后发展的借鉴。

感谢前人做了大量的前期工作，以后的事情需要我们自己努力。

注释

[1]参看《中国大百科全书·考古学》中国考古学年表。

[2]刘晓路:《日本的中国美术研究》,《美术史论》1986年第4期。

[3]梁思成在东北大学讲授的中国雕塑史未能成书，百花文艺出版社1997年出版的《中国雕塑史》一书仅是讲课提纲。据林洙《前言》: 1947年梁思成赴美讲学，参加普林斯顿大学成立200周年学术活动，作“唐宋雕塑”及“建筑发现”两个学术报告，得到极高评价。回到清华大学时，开了“中国雕塑史”课程，并准备写一本《中国雕塑史》，未果。

[4][日]长广敏雄、水野清一:《云冈石窟——公元5世纪中国北部佛教窟院考古学调查报告》32册，日本京都大学人文科学研究所，1951—1956年。

[5]王子云的考察活动一直持续到70年代，其考察成果，编为《中国古代雕塑史》《从长安到雅典——中外美术考古游记》等书。

[6]石璋如于1942年6—9月对敦煌石窟形制所作的测绘记录成果，1996年发表于《田野工作报告之三·莫高窟形》(见马世长《敦煌石窟考古的回顾与反思》,《文物》2000年第8期)。

[7]唐代昭陵六骏为1914年帝国主义分子勾结古董奸商买通地方军阀，将六骏石雕每件割为三段后，串通使馆冒充行李运出海外，第一批2件飒露紫、拳毛䯄今存美国宾夕法尼亚大学博物馆。第二批4件运送时，为当地群众发现，追至潼关，沿途农民纷起阻拦，未能运走。抗战期间为免遭损坏，埋藏地下。今存陕西省博物馆。1933年日本人对天龙山石窟、1934年美国人对龙门石窟肢解石雕凿毁造像。这些都是显例。

[8]鲁迅1913年在《拟播布美术意见书》中就曾提及“壁画及造像，梵刹及神祠中有之。间或出于名手。近时假破除迷信为名，任意毁坏，当考核作手，指定保存”。

[9]见《中国文物报》1995年3月19日《查海遗址发掘再获重大成果》。原始社会龙形堆塑见于报道的还有1987年在河南濮阳西水坡仰韶文化遗址发现的龙虎图案等3组蚌壳堆塑，其龙形具有超前特点，与后世定型化了的形象很接近。1993年在湖北黄梅县焦墩遗址发现卵石堆塑的巨龙，1998年在内蒙古清水河县原始社会挖掘的深壕中有以黄土夯造的两条巨型鱼龙形象，年代均相近。

[10]宋兆麟:《后洼遗址雕塑品中的巫术寓意》,《文物》1989年第12期。

[11]俞伟超、严文明等:《座谈东山嘴遗址》,《文物》1984年第11期。

[12]汤池:《试论滦平后台子出土的石雕女神像》,《文物》1994年第3期。

[13]赵殿增:《三星堆祭祀坑文物研究》,《三星堆与巴蜀文化》，巴蜀书社1993年版。

[14]按照本来意义，“俑”只应是指代替活人随葬的人形作品，畜禽等为“动物模型”，统称“明器”。参看杨泓《美术考古半世纪——中国美术考古发现史》下编一·俑的世界，文物出版社1997年版。秦始皇陵区的重要发现尚有1980年出土之两乘铜车马，有八马二驭者，皆相当于实物之二分之一大小。现在发掘清理仍在继续，不断有新的重要发现，认识也远未终结。

[15][17]宿白:《中国石窟寺研究》，文物出版社1996年版。参看徐苹芳《中国石窟寺考古学的创建历程——读宿白先生〈中国石窟寺研究〉》,《文物》1998年第2期。

[16]林蔚:《栖霞山千佛崖第13窟的新发现》,《文物》1996年第4期。

[18]《中国石窟》17卷，包括敦煌莫高窟5卷，克孜尔石窟3卷，龙门石窟、云冈石窟各2卷，库木吐喇石窟、炳灵寺石窟、麦积山石窟、安西榆林窟、巩县石窟各1卷。大足石窟等未能包括在内。由文物出版社、平凡社(日)合作出版。

[19]熊秉明:《看蒙娜丽莎看·佛像和我们》，百花文艺出版社1997年版。

本文载于《美术研究》2001年第1期

李松，本名李松涛，1932年生，天津杨柳青人。中国美术家协会理论委员会委员、编审，曾任《美术》《中国美术》主编，炎黄艺术馆原副馆长。

滑田友先生的艺术之路

沈吉鹏　张　铜

一

滑田友，原名庭友，又名舜卿。1901年5月8日出生于江苏省淮阴县渔沟镇一个贫苦木工的家庭。8岁在镇上读过私塾，辛亥革命第二年进入新办小学。虽因家境贫困，时常辍学，但成绩总是名列前茅。后来又靠借贷读完江苏省第六师范，并靠做中小学美术、音乐老师还清了债务。师范的管一德老师，应当是他在艺术生涯中的启蒙者和提携人，他称赞滑田友的才华，并为他介绍工作。

1929年，滑田友为他的3岁儿子雕刻了木雕头像。这件《小儿肖像》受到大家的称赞，他将作品照片寄给当时中央大学美术系主任徐悲鸿先生，徐先生即刻复信曰："中国现在恐怕还没有人能刻出这样的雕像，你不必进中央大学，我愿与你做朋友，要把你送到法国去学雕塑，并希望你春假时来南京相见。"当徐先生看到原作后，非常高兴，并把它推荐给《良友》画报和《新闻报》发表，同时还为滑田友筹募旅费。

经徐先生介绍，滑田友曾给上海写实主义雕刻家江小鹣当过助手，后经江小鹣推荐，于1930年任当时教育部所属江苏甪直保圣寺保管委员会技师，负责修复寺中工程很大的一壁彩塑罗汉像。后来吴作人先生言及："他深切领会了中国传统之精要，并发掘整理提炼了中国古代传统雕刻的优秀技法和创作要领。"1932年秋在揭幕式上获得各方人士一致好评。

任何艺术家的从艺生涯，都离不开他生存的历史时代。甲午战争之后，中国政治文化处在一大转折时期，在洋人的坚船利炮面前，康有为呼喊"救亡图存"，孙中山倡导"振兴中华"，中国人从洋务求实的美梦中惊醒，蔡元培发出《告大学生及全国学生书》言及教育之必要。至"五四"新文化运动，中国的现代化进程又进入思想文化的新局面，进而引出"文学革命"和"美术革命"，于是美术界也出现了求学西方的潮流。

时年32岁的滑田友，在中西文化冲突、碰撞、交融的大背景下，跟随出国办画展的徐悲鸿先生，于1933年1月28日毅然背井离乡，远渡重洋，前往当时的世界艺术中心——法国巴黎。

到法国后，滑田友先生在巴黎高等美术学校布夏工作室做工，然后半工半读成为预备生，第二年他以雕塑、素描均获第一名的考试成绩被录取为正式生。学习期间，他语言不通、囊中羞涩、孤独无靠、逆境横生，靠打工割麦子、砸泥、送豆腐、刻商品砚度日。曾因饥饿昏倒在地铁车厢里、过街桥下。但他为寻求艺术的真谛，跑遍了巴黎所有的博物馆，罗丹博物馆更是他流连忘返的地方。他居住在条件极为恶劣的顶楼里，但在这里结识了音乐家冼星海，由于对民族、艺术的忠诚与执着，二人结为患难之交。后来他们都为祖国的艺术事业做出了卓越的贡献，他们都是我们民族的骄傲。

1936年，滑田友以作品《沉思》（坐姿）获巴黎春季艺术家沙龙展览铜奖而宣告学科毕业。该作品被里昂中法大学收藏，滑田友也获得了中法大学公费留学的名额。由此滑田友免去了打工的困扰，回到巴黎美术学校边学习边在儒里昂研究院研习雕塑。

1939年第二次世界大战爆发，滑田友再度失去了公费赞助，生活重又陷入绝境。直到1940年，经人介绍为一家漆器装饰厂做一对木雕金鱼帐钩，得到厂长赏识，被请入工厂工作，半天做工，半天研习雕塑，生活才又稍事安定。

1941年圆雕《浴女》获巴黎春季艺术家沙龙展览银奖。1943年圆雕《沉思》（站姿）又在同一沙龙展上，以最高票数获取金奖。同时他也获得H. C.（Hors-Concours）资格，从此以后滑田友的作品可以不经评审而参展。他还获得“艺术家之友”独立派画家颁发的奖金，《少女头像》（陶）就被独立派艺术家收藏。他的圆雕《小儿头像》和《少年中国》及一批素描、速写均先后被法国、瑞士收藏家收藏。

1944年速写《沉思》被法国教育部收藏；水彩《恐怖》（《轰炸》的平面构图）被巴黎中法协会收藏；《女坐像》被中国新闻局驻法办事处收藏。二战期间，他耳闻目睹德日法西斯对世界人民犯下的滔天罪行，他创作的《轰炸》等反战题材的雕塑稿，也因德军入侵巴黎而不得不被隐藏。直到德国战败，《轰炸》稿才得以放大。1946年圆雕《轰炸》被法国教育部收藏，后又收藏于巴黎近代艺术博物馆，并入编《世界美术百科全书》（法文版）。1947年圆雕《母爱》被巴黎市政府收藏。当时法国的一些报刊、文集也对滑田友的作品进行了广泛的评论与赞美。法国大雕塑家德斯比欧对他的作品也一再赞扬，徐悲鸿先生更惊叹为“罗丹再世”。

滑田友于1948年1月28日作为成就卓著的中国雕塑家，在徐悲鸿与吴作人先生的邀请下，结束了在法国颠沛流离的15年生活，携带他的大量雕塑作品从马赛登船回到了祖国，开始了他实现自己学业有成、报效祖国的初衷。

他先后在南京大学附中礼堂和北平艺专大礼堂举办中国有史以来正式的个人雕塑（及素描、速写等）展。他的归来，不仅为当时极度贫乏沉闷的雕塑界带来震惊与激励，而且为整个文化艺术园地带来了一股强劲、清新的春风，更为后人认识和迈入中国现代雕塑艺术领域指明了方向。如台湾的何明绩先生曾说：“在短短的展期中，我曾三度前往欣赏、学习，并承蒙他指示和鼓励……记得会场中央大件男体《沉思》，造型优美，功力深邃，真是令人感动不已，久久不忍离去。”雕塑家潘绍棠先生说：“……那次展览给我留下难以忘怀的印象，它启示我……初步知道了在造型艺术门类中，占有立体空间的雕塑艺术所给人们的独特感受，使我终于选定了雕塑这一专业。”

滑田友回国后，在徐悲鸿任院长的北平艺专雕塑系任教，使本来就实力雄厚的学院教师队伍更增添了骨干力量。北平解放前夕，他断然拒绝国民党教育部将他及其全部作品南迁的要求，与徐悲鸿院长及艺专全体师生一同，坚定而热情地迎来了新中国的诞生。

北平和平解放后，他创作了两件大型浮雕《一直向前》和《生产长一寸》，陈列在第一届文代会主席台两侧。开国大典前夕，他又与中央美术学院教师一起通宵作画，完成了《耕者有其田》，这是开国大典时陈列在天安门城墙上的四幅巨画之一，曾受到周总理的称赞。

新中国成立后，他积极参加土改，深入生活，始终坚持从生活到艺术的法则，并且辩证地运用中西美学精华，做出了自己的开拓。

1952年至1966年“文革”前，滑先生一直担任中央美术学院雕塑系主任、教授，同时不断承接并负责多项国家重大雕塑创作任务。如1952—1957年承担了首都人民英雄纪念碑浮雕这一杰出的历史性巨制的工作。开始他总负责，后来任美术组副组长。他不但承担了许多组织工作，还呕心沥血完成了《五四运动》大型浮雕创作。

1957年应对外文委之邀，他访问了保加利亚，仅仅20天就完成了7件头像和圆雕《保加利亚女教师和朝鲜孤儿》，并举办了个展。

1958—1959年为迎接新中国成立10周年，中央决定兴建北京十大建筑。中央美术学院雕塑系几位德高望重的老先生分别负责承接了不同建筑的雕塑创作设计任务，同时也希望把雕塑教学与国家重大雕塑任务相结合，使学生能够在创作中学习创作。当时，中央美术学院雕塑系全体师生均分别进入各创作组。一开始，滑先生负责的是国家大剧院两块墙面大浮雕，后来由于工程调整，国家大剧院停建，他又转而承接了革命历史博物馆的主厅圆雕创作任务。滑先生深知新中国的重大艺术创造，在国际上将会产生的巨大影响，他告诫全组：“全世界都在看着我们！”这是由他的身世、经历与情感所决定的而发自内心的精警之言。后来这一横幅就挂在了创作现场。在创作期间，滑先生从家里及图书馆取来大批珍贵画册，还在工作室里陈列出优秀的古今雕刻（其中有他在法国做的人体雕塑）；组织大家欣赏、借鉴梅兰芳京剧专场及其他音乐、影剧表演；并在这种气氛中开办雕塑讲座，讲授自己多年的创作经验及对世界名作的详尽分析，令师生们茅塞顿开，受益匪浅。

记得在泥稿的设计过程中，他一开始就设计了《中国人民站起来》，用它来概括中国近百年来进行革命斗争的历程与意义。后来经过反复推敲设计，以及无数次倾听身经百战的将军及有关部门领导的意见与审定，将《前赴后继》定为革命博物馆的主题雕塑。最后由两位教师顺利完成定稿放大任务，并一直陈列在中国革命博物馆的大厅内。

五六十年代，滑田友先生还创作了《毛主席胸像》《工人与农民》《工农努力生产建设新中国》《劳动模范蒋再求》《战斗英雄》《站在祖国最前线》《女生产队长》《游击队员》《刘天华夫人像》《刘育和像》《五四运动宣传者》等作品。每件作品里都蕴含着对领袖、英雄人物和普通民众的敬仰之情和由衷的讴歌与礼赞，而在艺术性上则充分地体现着中国民族传统文化的审美情韵。

滑先生是中国美术家协会理事。1984年加入党组织。吴作人院长对他的评价是："滑田友先生是近百年来涌现的中国大雕刻家。他的艺术的确做到了中西合璧、熔古铸今，既体现了西方雕刻的精髓，又充满了中国文化之神韵。他对中国的现代雕刻贡献极大，影响极深。"滑先生在近40年的教学生涯中，桃李满天下。在雕塑创作、雕塑理论、雕塑教学上均取得了卓著成就。1986年2月19日病逝于北京，享年85岁。

滑田友先生是现代雕塑艺术的拓荒者和奠基人之一。他那不畏艰难困苦，勇攀世界雕塑艺术高峰的坚韧品格与赤子之心，将永远铭刻在我们心中。

二

滑田友出生在中国苏北贫瘠的土地上，但这片土地却是浸滋在中华民族五千年文化的膏腴血脉之中。他与土地和生活在那块土地上的人民都有着割舍不断的脐带深情。他那种自尊、自爱、自强的倔强性格与朴实无华的真挚情感，可以说都是来自此，而他毕生为之奋斗的成果，也全然是对这片热土的回报。

滑田友少年时读过《三字经》《百家姓》，进过新办学堂，出国前有11年美术研习基础。因此，当他初为人父、挚爱之情无以言表之时，便拿起了普通的木工工具，雕刻了儿子的肖像。这件《小儿肖像》表现了他异常的雕塑天赋，徐悲鸿慧眼识才并予以激励，因而也改变了滑田友一生的命运。滑田友仅在雕塑家江小鹣处做过短时间的助手，但已具备写实技能与"中西"融通的探索取向。

1930年，滑田友为损毁严重的甪直保圣寺罗汉壁进行修复，当时16尊罗汉仅存9尊，背景岩石（民间称为"云头"）已大部分剥落，仅存的9块及水纹也多破碎不堪。一开始他研究了原来雕塑的手法后，就依样画葫芦地去修复。但总感到不如原作那样有姿态有气势，于是就想到自己画水彩画的体会：在画树叶之后，总是一片散的、乱的，但一勾树干就条理清楚、生气勃勃了。他思考是不是也应当把全壁串联成"通体一气"呢？于是他就根据这一体会继续完成了修复工作。在此期间，他还完成了《校长谢耀华》《教育家袁希寿》《诗人陈散元》等肖像创作。此后，他一直在想，"通体一气"这一点是不是与谢赫"六法"中"气韵生动"的道理有关系呢？不久，他带着一连串的问题远赴法国深造。

滑田友在法国的15年中，前期主要是对西洋技法的学习和掌握，同时也致力于与中国传统相结合。他以他特有的研究方法，运用"六法"中的"气韵生动"，深入浅出地阐述了东西方优秀传统雕塑与绘画"皆讲得过去"的共同规律。

他自己讲，初到法国学习做人体雕塑，"同样也有散、软、乱的毛病"，而且还有人说他雕塑中"没东西"。他想到"做一个人体是不是在整个姿态上也要有个什么东西串联一下"？他根据对"六法"的研究，以及在巴黎博物馆领悟和找到的"东西"，运用到自己的雕塑实践中。经过多次尝试，的确"在一个雕塑的复杂形体当中，需要有几个主要的线、形，组成气势的贯连和变化，好比诗的韵，有了，念起来就动听，就完整，也更显得活"。其实这也就是意到笔不到的道理。“尤其在描写人的精神状态时更为显著。因此我曾把‘气韵生动’作为有‘气韵’就‘生动’来讲，在雕塑中这就是组织结构。换句话说，就是要通体‘贯气’。”他曾把雕塑的组织结构关系比喻为“编筐子”，做人体又好比“串糖葫芦”。他曾举中国古代的作品，如《女史箴图》《历代帝王图》《送子天王图》《捣练图》等，认为均有此因素。他还说：“米开朗琪罗是十分懂得组织结构奥妙的，他对自己作品上的每一个圆、每一根线，都从组织结构的规律上精心研究过。”“希腊的菲狄亚斯、意大利的达·芬奇对此皆曾有精心研究。”“近代罗丹、布尔德尔、穆希娜更发挥了这一作用。”

滑田友还指出，如果以西洋的办法对艺术整体观念、组织结构、比例动作及细致刻画方面做科学的分析，对写实功夫达到惟妙惟肖、栩栩如生具有好处，而中国的绘画和雕塑简练，首先是大的线、面，其中气势贯穿自有组合，不是照摹对象依样画葫芦，而是找它的规律。风格鲜明，看起来印象显著，触目难忘。例如，咸阳顺陵的石狮，这是中国雕塑的特色。他说：“可惜（中国的雕塑）有时缺乏解剖上的研究，所以西法中的优点可以吸收，化到我们自己的东西中来，那是有好处的。”

吴作人先生说：“他（指滑田友——笔者注）认为艺术的核心是‘神韵’，而在雕刻的造型中关键是‘贯气’。”确实，在中国传统艺术中，“神韵”即“形神合一”。写“形”即写“神”“形”的构成，即“神”的表现。正如宋人郭若虚论陆探微一笔画时所说：“乃是自始及终，笔有朝揖，连绵相属，气脉不断。所以意存笔先，笔周意内，画尽意在，象应神全。”这样一笔呵成，通体贯气，就能够表现出整个内容的整个形了。因此有理由相信，滑田友认为的“通体贯气”，在雕塑上就是“组织结构”。

滑田友在法国学习的前一阶段，既学习和掌握了西方技法，同时又充满中国文化的神韵。因此其创作的作品不仅在学院中两次获奖，而且在法国官方春季艺术家沙龙展上也屡屡获奖。法国媒体介绍说：“自从1933年始，法国艺术家沙龙每年都收到这位雕塑家的作品。”“他曾在这间沙龙展览里接连不断地得到最高嘉奖：1936年获得铜奖，1941年获得银奖，1943年获得最高荣誉——金奖。”

三

滑田友在法国前期的学习与研究，虽历经困苦磨难，却取得了卓著的成绩。但他认为自己是中国人，很想做出中国风格的东西。他不断研究谢赫“六法”，除“气韵生动”外，还用“应物象形”来强调对形体的认识和概括。他说：“传统的画法不是像西洋那样照着模特写生，而是靠观察、记忆，找对象的规律，有时还揣摩对象究竟像个什么。”他说：“例如，中国的写像秘诀中，把人的脸型写成几种，长方脸像‘目’字，方脸像‘国’字，上方下削的脸像‘甲’字，下腮广阔的像‘风’字……这正是一种很好的观察对象的方法。人的动作当然也可以有种种象形。抓住了这样的象形，就是抓住了对象最扼要的地方，在观察记忆当中，已经把对象简练、夸张，突出了对象的特点。”这种由个性到共性，由“形”而至形而上的审美升华，以超越的目光，对终极的把握与追求，是有其深厚民族文化渊源的。

哲学是文化的思想基础，也是文化的核心，每一个民族的政治、经济、文化、艺术、风俗等，都受着这一民族哲学思想的引导和影响。中国哲学中，从观物于时空到立象于心里，进而取意于认识，升华为境界，无不以对偶范畴形式显示着中国哲学辩证法与艺术辩证法的优质与生机。滑田友在雕塑创作中，抓住了雕塑艺术的本体——“意象”构成，即“情与景”这一对偶范畴，也就揭示了艺术家与生活、生活与艺术、艺术与欣赏者，乃至东方与西方、传统与现代、艺术的运动与发展等种种辩证关系的根本规律。

滑田友在远离祖国的巴黎——当时的世界艺术中心，站在世界的大格局中，以民族文化为背景，无论人生、艺术应该说都进入了更高境界。而正当此时，第二次世界大战爆发了，个人的苦难、民族的苦难、人类的苦难给艺术家带来的是接踵而至的心灵撞击。

在二战前后，滑田友在巴黎不仅负责中国留法艺术学会工作，而且以实际行动屡履抗战救国之举，还创作了圆雕《轰炸》和《母与子》。可以说，这两件作品是历史、时代、人性的折射，也是面对人类苦难所造就的滑田友人生追求与艺术真诚的时代成果，更可以看出滑田友对时代两大主题——战争与和平的关注与表述。

他在圆雕《轰炸》构图中，将中国平面空灵的美与西方几何力学、数的比例的美相结合，压缩前后空间，强调大造型的概括和简练，突出一条强烈向前倾斜、有动感的大斜线，构成母亲的身躯；而依附于母亲身躯的两个小儿则形成方向相反，呼应、对照、通体贯气的大S线。斜线与S线所构成的内涵，把“轰炸”与“恐惧”的强烈反差紧紧地联系在一起，并激活了形体以外的虚空间，从而表达了作者对祖国和人民深切的关爱和对法西斯战争罪行的控诉。

另一件作品《母爱》，则以应物象形的手法，以两条反向相连的线形，隐喻树干与树枝，或树木与果实的相依相连的肢体关系。作品整体造型单纯简练、饱满，大面的微妙衔接与大线的辗转牵动，使母子情深的意境在浑然中得以展现，揭示出人民对和平、宁静生活的强烈向往。

1945年法国出版的论述艺术家的文集中，对滑田友获得的奖项和所取得的荣誉均有报道，还特别评述道：“滑先生希望创立中国的现代艺术，他对中国传统艺术的全面了解和对我们的绘画技术的研究，使他实现了这一愿望。”

1946年3月5日法国《欧陆每日邮报》对他的艺术也曾有大意如下的评论：他是优秀的中国画家，又是雕塑家，具有个人独特风格。他从西方学到了技术，但不是简单的写生，而是具有形式上的美。中国艺术的主要特点，并不是简单的写实，不单讲外貌的真实，而是更着重于神似。

当时滑田友和法国著名雕刻家德斯比欧、纪蒙、杰尼奥等都有广泛的交往与交流。在法国出版的《世界美术百科全书》中对他的介绍占有整整一页，他在国际上享有崇高的声誉。

吴作人先生曾评述滑田友说：“自从30年代初，滑先生是深入研究中国古代塑造盛期的精英，又在此后的15年在西欧，主要是法国的现实主义艺术和浪漫主义的熏陶，结合上他民族艺术方面的反馈。他的作品在中国艺术园地有如一股清风，不仅给艺术学徒们带来美的享受，更重要的是让学生看到了西洋传统的真东西，以及经他提炼并创造的中西精华结合之全新面貌，给我们研究西欧传统的工作带来极大好处。”

四

滑田友先生作为20世纪的知识分子，他的命运和时代休戚相关。也如中国近代雕塑事业一样，无论坎坷、艰辛、荣辱升沉都和民族命运紧紧相连。滑先生秉性忠厚善良，聪敏勤奋。他意识到中华传统文化的优越，然而又当如何继承和发展呢？当他毅然走到世界大格局中，才更清醒地认识到要为发展中国现代雕塑艺术事业而毕生奋斗。在他的奋斗历程之中所创造的全部精神财富，包括他的雕塑精品、理论见解，以及他和他的同道者所共同创建的严整的雕塑教学体系，都不愧为“古为今用，洋为中用”的典范，堪称时代的楷模。

1952—1957年，他为天安门广场人民英雄纪念碑创作《五四运动》大型浮雕。滑先生作为亲历五四运动的一代青年，对具有划时代重大历史意义的运动，有自己会心的理解。他在浮雕构图中运用各阶层人士围绕在以“五四革命宣传者”为核心的周围，形成逐层波及的环绕场面，而所有人物的动势在横幅构图中又似隐似现地形成上窄下宽的向线集中大趋势，又因大浮雕置放在纪念碑碑身背面正中央，这趋势正好贯穿、延伸了碑身，增强了纪念碑的崇高感和碑身建筑的稳定性。滑先生强调浮雕整体大造型的建筑感，其概括饱满的大面处理与碑身浑然一体，突出了刚劲明晰大线的表现力；将人物动静、疏密，以至每个角色内心情感变化，都外化为鲜明的节奏和韵律，与广场远距离欣赏紧密结合，在充分体现五四运动精神的同时，也表现出作者鲜明的个性与风格。这是运用中国传统雕刻大形大线的处理手法所展现的民族风格与气派，以及造型意蕴带来的感人之美在当代雕塑杰作中的继承与发展。

滑田友先生一生深切理解中国人民解放的来之不易。他亲耳聆听开国大典上毛主席向全世界庄严宣告：“中国人民站起来了。”他热血沸腾，激动不已。1958—1959年在滑田友先生及其所带领的创作组，负责革命历史博物馆的主体雕塑设计时，《中国人民站起来》这一设计构思，顺理成章地浮现在滑先生眼前，他当时塑造了一个昂首挺立、含胸握拳、两腿排开，站在大地上有如泰山一样稳定、拔地而起的巨人形象。他对同学说：“你看，一个人两腿并立，不稳，可以推倒；如果两腿分开，这人就像山一样稳定了。”1963年他将此构图做成放大稿。雕塑《中国人民站起来》从正面看是一个稳定如山的大三角形，从侧面看是一条紧绷的弓形大弧线。形神兼备，概括了时代最强音，表现了民族自豪感，是时代精神的展现，是“应物象形”创造性的再发展，也是滑先生作为一个正直的艺术家通过艺术创造行使人民大众代言人的崇高使命。

解放初期，他跑遍了北京市区，设想树立城市雕塑，并打报告给市政府。也曾撰文主张在高山峻岭上用雕塑表现民族英雄事迹，激励人民，他希望雕塑走到人民中间去。

在滑先生任中央美术学院雕塑系系主任期

间，他和他的同道们一起在引进西方艺术教育的同时，将欧洲综合分析的科学造型方法，不断地与中国传统文化相结合，在反复的实践中，总结创建了一整套相对稳定的、适合中国的教学体系。在广泛深入调查研究的基础上，筹建了“民族民间工作室”，责成编写5年制民族雕塑班教学方案，试图在教学中推行双轨制。在他主持工作期间，充分发挥各家之长，调动各方面的积极性，分工考察、研究中国古代雕塑遗存，开办学术讲座，聘请民间艺术家来校讲课，不断丰富中国教具的创作和使用，并在适当的时机把课堂教学与国家重大雕塑创作任务相结合，等等。这些都是为寻求中国雕塑民族化、现代化的开创性举措，在当时是具有预见性的思考。在多年的反复实践中，这些努力为学生能具有独创性的发展奠定了坚实基础，为新中国造就了一大批雕塑人才。

滑田友先生还撰写大量理论文章，发表过《我的美学》《巴黎铸铜厂两周记》《中国雕塑美术建设计划》等。解放后又发表了《游云冈石窟后的感想》《我对雕塑基本训练的看法》《雕塑的组织结构》《传统与继承》《美好的回忆》等。这是滑先生在学科建设上做出的历史性、开创性的贡献。

滑田友先生辗转考察中国一些著名石窟的雕塑遗存，畅谈中国汉唐雕刻之雄伟，以及如何学习历代雕刻之精髓。他曾告诉我们：现代西洋雕塑也吸收了中国的艺术形式和表现手法，但只学到了表面，形成了“为形式而形式”。而有些人吸收了“气韵生动”的方法，做出许多生动的、体积饱满的作品。他还明确指出“我们传统艺术形式的精髓是‘神似’”。他也告诫我们：清代以后，有一批艺术家向西洋学习，很好，有必要，推动了我国艺术的发展，但缺点是容易被具体形象牵制（包括自己在内），因此，需要突破这个局限，发扬中国“神似”的传统。正所谓“洪钟万钧，夔旷所定，良书盈箧，妙鉴乃订”（《文心雕龙·知音》）。

中国传统文化在历史上不断与异国文化相互交流。汉唐时代，我们的祖先更以其博大开放的胸怀，精明遴选地吸收外来文化因素，并加以改造，不断丰富中华文化的内涵。滑田友先生是享誉中外的中国现代雕塑大师，他能在现代雕塑艺术领域中高瞻远瞩，运筹帷幄，他所奉献出的一切丰硕成果，也会在世界雕塑艺坛中占有一席之地。

今天纪念滑田友先生百年诞辰，举办他的作品展，重温他的奋斗历程和谆谆教诲，一方面，可以告祭他的在天之灵，另一方面，他的崇高精神品格也将继续鼓舞我们不断进取。

本文载于《美术研究》2001年第3期

沈吉鹏，1938年生，北京人。雕塑家。1965年毕业于中央美术学院雕塑系。中国美术家协会会员。

张铜，1937年生，天津人。雕塑家。“泥人张”第四代传人。1966年毕业于中央美术学院雕塑系。清华大学美术学院教授。

古玩交易中的艺术理想

——黄宾虹、吴昌硕与《中华名画——史德匿藏品影本》始末考略

洪再新

一

1913年7月间，旅沪的外国古玩商史德匿（E. A. Strehlneek）将其收藏的百余件中国古画和盘转卖给瑞典的一位著名艺术收藏家法赫拉乌斯[1]。与此同时，史德匿着手编辑一部彩色图录，聘请上海的中外文化艺术名流撰文作序并翻译，精印成汉英合璧《中华名画——史德匿藏品影本》（以下简称《影本》），在第二年7月正式向国内外读书界推出。当时《申报》《时报》《神州日报》等连登广告，称之为“20世纪新发明”[2]。英文《字林西报》除广告外[3]，专门发表书评，称此藏品“可能为最后一批离开中国本土的古代艺术精品真迹”，《神州日报》的社论声称这“将使西方画系中开一新纪元”[4]。值得注意的是，上海画坛的名流吴昌硕、黄宾虹分别为此图录作序，而据媒体报道，后者对整个事件“实赞助之”[5]。

然而，如此轰动一时的事件，在近代画史上却鲜为人知。其问题何在呢？概括起来，主要有两个方面的原因。

一是史德匿其人、法赫拉乌斯其藏品、《影本》其书，都像扑朔迷离的“影像”，若隐若现，若有若无。史氏名不见经传，唯有各种传闻，莫衷一是。法赫拉乌斯其藏品，自其入藏之日起，就很少为人提及[6]。至于《影本》[7]，国内外学术界唯一给予著录的仅《民国时期总书目》，直到1985年才向我们提供了如下的信息：

> 中华名画（史德匿藏品影本），［英国］史德匿（E. A. Strehlneek）编，上海商务印书馆（印），1914年出版，400页，12开精装。内收史德匿珍藏的中国自唐至清各代的名画150余幅，每幅画均有中、英文字说明。书前有史德匿自序，弁言，历代帝王纪（中外纪元对照表）。书末附所收名画题跋故实，书画目录，金石陶瓷名品照片30余幅。书前有“史德匿先生珍藏”等字样。[8]

二是对吴昌硕、黄宾虹参与此事的真相不明，如上述著录对二人的手迹《影本》居然视而不见，只字不提，就是再清楚不过的例子。在学术界，直到上世纪末，黄宾虹的序文、总论才重新刊出[9]，而对吴昌硕序文的介绍及相关活动

的考察，至今仍为一研究空白[10]。

发生在20世纪10年代上海画坛上如此奇异的事件，自然引起我们极大的兴趣来做一番考证。澄清黄宾虹、吴昌硕参与史德匿《影本》的始末，可以帮助我们在其共同经历的商海沧桑中，重新认识这两位中国画大师之所以坚持其“与古为新”理想的现实动因。

二

翻开外国冒险家在上海的发迹史，“洋人古玩商”史德匿的名字是极富象征性的。它为E. A. Strehlneek音译，其中文字义就十分令人玩味。一个“匿”字，里面包含多少说不清道不明的生意经。其曾用名还有“施德之”“施都之”等，也别有意蕴。关于这位影子式的艺术商人，不久前卓三枝先生在《海上旧闻》中发表的《洋人古玩商——史德匿》一文，讲述了一些引人入胜的传闻[11]。尽管没给出处，我们还是可以此为蓝本，参照笔者掌握的材料进行补充，使读者对这位外国冒险家有个总的印象。

史德匿的诡秘，从其不同的国籍传闻，可见一斑。大概说来，它要根据不同的社会场合而定。如“英国人”“德国人”，多在塑造其“绅士”形象；而“拉脱维亚人”“塞尔维亚人”，则指代其“掮客”身份。

比国籍更众说不一的还有史德匿的履历。据卓文介绍，这位拉脱维亚人出身行武。1905年因日俄战争来华，先到哈尔滨，退役后抵沪，在海关任验货员之职。1910年辞职，在虹口黑狮路（即赫斯克尔路，今中州路）开了家古玩店：Strehlneek’s Chinese Studio，中国人称为“史德匿古玩行”，于是他就将“史德匿”作为其汉名。他从小酷爱艺术，对中国工艺品兴趣最大。据说他刻意收藏和仿制所谓的“古月轩”彩瓷，在闸北大统路设有烧瓷工场，用来复制康熙、乾隆时期的珐琅器，水平足以乱真。他把复制的赝鼎和真品混在一起，印制成画册各处发行，兜售给来沪的外国人。“以致许多外国人在上海上了另一个外国人的当，出人参价钿买了包萝卜干。于是旧上海的外国人圈中把‘史德匿’一词喻为骗子。”

从《影本》史氏《自序》等材料来看，其经营的重点略有不同。据称1914年时他来华已廿余年，辛亥以后常在沪上媒体上曝光，多和古字画收藏买卖有关。除《影本》外，1922年上海出版的《古画大观》，还刊出他的藏本。于1930年左右由东京美术印刷社刊行的史德匿中国艺术画廊（Strehlneek’s Gallery of Chinese Art）《目录》，内夹有其名片，经营范围涉及字画、玉器、织锦、铜器、雕塑、陶瓷等，地址在江西路26号，表明他当时仍活跃于上海的古玩界，做着古画方面的国际买卖。[12]

结合着古玩生意，史德匿善于把自己塑造成上流社会的绅士形象。特别在1913—1914年围绕《影本》的问世，他在中外舆论中，一度成为“焦点人物”。吴昌硕视其为英国士绅，日本美术教授尊称其为“独国（德国）绅士”，而黄宾虹所在的《神州日报》就更加美化之，称史“久为我国客卿，于役沪渎海关甚久，深悉中华历史情俗，旁通哲学教乘，故能萃力收录吾国古物美术诸品，沈沈夥颐，蔚为巨汇”。尤其值得注意的是，史德匿在体面的海关“政府工”形象中，还添加了一副社会慈善家的面具，准备将其积蓄尽数捐助上海孤儿院等处，“尤吾人所钦风而嘉赖者也”[13]。这不禁使人想起当时海上名流王震的形象，后者就是集洋行买办、公益慈善家和书画艺术家于一身。[14]

作为艺术商人，史德匿的过人本领是巧借上海这片风水宝地上的中外智力资源，进行古玩投资。史氏《自序》就显露了其高明之处。“余初拟辑画目一册，以为沪上书画赛会之备览。嗣经同人怂恿，华友赞助尤力，因出所得收藏，付诸珂珞电版，敷以采色。又复搜求华人论画故实及其画法，撮译大旨，为之图说。而以金石陶瓷精品附之于后，谅为研求文艺美术者所同好，是可连类而增其兴趣者也。”略去他请到商务印书馆第一流的华人技工不谈，单就审定品目，编译文字而言，史德匿的西方朋友中，就有爱士高、戴惠和毕烈古数人；而华友中，则包括吴衡之、黄宾虹两位。

我们尚不清楚戴、毕二人的情况，但对爱士高女士，却十分熟悉。她是出生并久居沪上的英国侨民，对中国传统文化感情至深。翻译了大量唐诗，特别是杜诗，而且对字画、陶瓷、园林都有专门的研究和著述。[15]所以《影本》“皆有其指示之雅意，以为集思广益”。

对《影本》“赞助尤力”的华友中，“吴君衡之独任翻译，致力尤多”，促成第一部汉英合璧收藏图录这个“世纪新发明”[16]。吴衡之，名秉钧，广东香山人，“南社”成员，与黄宾虹为老友。黄称其精西文，善卜卦，旁研六法。吴是汉英务商学校校长，以“灌输中西学识，养成商业人才”为宗旨。[17]他是英美租界艺术活动的常客，做翻译解说之事。[18]因此由他独任《影本》译事，无疑是最佳人选。

至于黄宾虹，《自序》没有点到其名，但中文报章反复强调了他的重要作用。如下文将要讨论的，史德匿另外在《附录》中向黄鸣谢，称“以上诸说(指‘铜器总论’‘玉器总论’‘瓷器总论’)，为中华黄朴存先生所述。先生素精鉴别，并善书画，今出其绪余，匡我不逮，实所深感”。这显示出黄史二人的关系非同一般。如吴昌硕序文中所说，史君“复得良友之助，赏鉴日益精”。[19]通过吴衡之的英文译本可以确定，这“一位良友”不是别人，就是黄宾虹。

最后来看吴昌硕，他未必和史直接认识，但也因为华友的赞助(应该就是黄宾虹的关系)，被照样借用来支撑《影本》的正式门面。由此说明，史德匿在偌大个上海滩，和前一二年“革命画师”高剑父看中黄一同办《真相画报》相似[20]，特别器重黄宾虹，与之结为“良友”，不能不说是识见过人的。要是没有这些宝贵的智力资源，再精明能干的史德匿，也很难在国际古玩市场上翻云覆雨，形成自己的气候。

综述各种传闻材料，可以知道史德匿是一个不同寻常的现代画商。仿佛卓文传说的：“中国人又从外国人中听到‘史德匿’一词，但又误以为‘史德匿’是一个做生意的高手，反正不论哪一家企业商店经营得好，就认定老板就是‘史德匿’。”对这位象征符号般的传奇人物，笔者也经历过一段曲折的认识过程。在1992年于伯克莱加州大学东亚图书馆偶遇《影本》之前，笔者曾依据1985年出版的《黄宾虹年谱目录》所提的史黄关系浮想联翩。[21]但当亲眼过目《影本》真容之后，就对史德匿的历史作用开始重新估价。在随后考察由《影本》呈现的史黄关系细节中，就越发惊讶80多年前上海商场上演出的这场扣人心弦的“空城计”。富于戏剧性的是，到目前为止，关于史德匿其人的“真迹”，笔者唯一可以报告的，只有他亲笔题写在伯克莱藏《影本》上的E. A. Strehlneek签名及其在沪的地址：宁波路7号甲宅。

三

以洋人古玩商的形象出现的史德匿，首先为研究黄宾虹早年在上海的真实生活提供了重要的历史线索。这就是1915年刊登在《南社丛刻》上黄宾虹致柳亚子信中涉及的问题。黄在信中介绍了他此一时期的交游：“下走学植荒落，无由进德，唯蜷缩尘世中，岑寂如崖谷，仅摩挲古金石书画，间与一二欧友相研求，稍剖前人拘泥穿凿之惑以为快。自谓古人之道与艺，皆于是乎存，而不知其僻隘也。”以往由于不了解这“一二欧友”中竟包括了史德匿在内，所以就容易把黄宾虹想象为一旧式文人，躲进“象牙之塔”，过其“市隐”的生活。现在，在清末民初上海滩“文化人下海”的时潮中，重读这封“公开信”，就颇能体会其特殊的用意。比作《申报》或《字林西报》的通栏广告更重要的是，黄发表在《南社丛刻》的几封信，是借这块中国知识界瞩目的舆论阵地，宣扬“重商主义”的观点[22]，为其谢绝仕途的诱惑，潜心于传统艺术的钻研，指明一条生路。《影本》事件将告诉我们，辛亥以后的黄宾虹非但没有消沉隐匿，而是热情奔放地投向商海，与“一二欧友”成为这浩浩荡荡的世界新潮中勇敢的弄潮儿。在这样的历史上下文中，我们来读1914年7月2日首先在《神州日报》上刊出的《影本》广告，就立刻能察觉其传递的重要信息：“凡有世界艺术之观念者……而知中华美术之价格矣。”[23]

从世界古玩市场来给中国传统艺术定价位，这对出身徽商的黄宾虹说来，无疑是极富召唤力的新观念。由于心理认同和利益驱动的一致性，使黄宾虹在《影本》的制作中，发挥了关键性的作用。其作用有多大呢？除撰写序文和附录总论外，黄宾虹研究者甚至发现，《影本》中的“其他说明文字亦焕发着黄宾虹式的文采和睿智，影影绰绰有着黄宾虹的身影”。[24]这个不无幽默的发现对我们很有启发，因为倘若没有黄宾虹在前台和幕后的努力，《影本》或许就是一本寻常的“赛会目录”，而不会产生汉英合璧、编排科学、图文并茂、装帧精美的客观效果，以及为中外媒体爆炒成为“世纪发明”的场面。

作为商业行为，参与的各方都必须顾及自身的现实利益。史黄之间究竟是怎样的“良友”关系，自然要从古玩生意的合作上来辨明。我们不会忘记，《神州日报》上的“贞社征集同人小启”，就关系到黄宾虹本人的古玩生意。[25]1912年春他在四明银行二楼租下场地，以“贞社”的名义，联络南北古董商，进行古物流通，扩展业务网络，包括了皖人陈昔凡在沈阳和北平投资的“崇古斋”[26]，粤商在广州成立的“贞社广东分社”，从北到南，打开了一片天地。而他另一刊登在《南社丛刻》上致柳亚子的公开信，具体介绍他“近在老垃圾桥北，辟一廛宇曰‘宙合斋’，以与同人叙谈。拟撰楹帖云‘宙有往古来今之训，合于天工物巧而珍’”。[27]这副楹联的实业倾向是一目了然的，所以黄特意请李瑞清为这个“古玩书画店”题写招额。据说曾有鲁迅等文化界巨子光顾[28]，或有一定的规模。当然，来此“叙谈”业务者，更少不了洋人古玩商史德匿。

毋庸置疑，《影本》是黄宾虹和史德匿业务交往的重要项目之一。这对我们了解其“良友”关系，提供了研究上的便利。因为这是一项涉外业务，使“商不厌诈”的各种计谋，都分别呈现在不同的参与者身上，并有多种语言文本的材料可供参照。其中，通过双语对照的形式，特别是跨国的业务对象，可以帮助我们争取做到“兼听则明”，以避免落入各种陷阱。只有明辨各方的用意，才能在黄史的“叙谈”“研求”中，考量出其彼此理解和信赖的程度。而这第一步，就是语言沟通的形式。我们大致可以肯定，黄宾虹是不熟悉英文的。所以，史德匿的中文就应当比较流畅。要不然他们之间“稍剖前人拘泥穿凿之惑以为快”就无从谈起。换言之，在《影本》事件中，史德匿有控制西方信息资源的主动权，而黄宾虹则需通过史，或者通过老友吴衡之，担当其自己的业务本分。

在这种情形下，这对“良友”的合作出现了一个迷案。在《影本》的英文书名页上，史德匿特意标明：“本藏品新近为斯德哥尔摩市布列维克的科拉斯·法赫拉乌斯先生所购藏。”这和本文开篇所引《字林西报》的报道完全吻合。令人费解的是，这一事关重大的生意信息，竟没有出现在汉译文本中。我们会想，究竟黄宾虹知不知道史氏已经做成的大买卖呢？

其实，黄宾虹1913年12月曾间接地提到过该收藏被欧人“将之西去”[29]，而稍早些时候，吴昌硕的序文也以《影本》清样而不是收藏原作大做文章[30]。这些迹象表明，至少黄宾虹应清楚藏品脱手给谁的实际情况。可是怪事出现了。1914年7月9日的《神州日报》社论，及由那时开始的有关中文报道，竟把法赫拉乌斯其人其事来了大调包，编出完全不同的新买主，实在耸人听闻。社论称“仄闻瑞典国王，闻史君是举，将为建一藏画楼，即名曰‘史德匿’，以为史君庋藏之所，并以供西方美术家之研究”。[31]关于这位国王，该报次日更正为“皇族”，说明传闻有误。于是，我们会猜想法赫拉乌斯可能即是其人。但实际上，法赫拉乌斯和王族一点边都搭不上，他是实业家，喜好艺术收藏。他似乎对史德匿还言而有信，在1926年去世前，一直将史氏原藏保存在斯德哥尔摩市的布列维克家中。[32]那么，所谓“皇族”者为谁呢？考瑞典王族宗系，确有皇太子热衷中国古物收藏。不过，查考这位皇太子的所有收藏中国古物的图录，却从未见有史氏原藏品。更重要的是，后来这位成为古斯塔夫六世的声誉卓著的瑞典收藏家，只喜好中国的古器物，偏偏不收古画。[33]

明确了来自瑞典方面的情况，加上西方文献有关史德匿与法赫拉乌斯的协议，中文传闻出现的讹误，看来应事出有主了。问题有两种可能性：一是史黄之间的“叙谈”有语言交流上的障碍，造成张冠李戴；二是史黄双方相互默契，明明知道不是“皇族”购买史氏藏品，却有意由《神州日报》制造这一“中文版”的传闻，以虚张声势，为《影本》添加轰动的市场效应。究竟如何，听听黄宾虹后来对《影本》始末的重述，答案似乎就会清楚起来。

让我们先从黄1919年10月10日在《古画出洋》一文的“再版”开始：“自庚子联军入京之后，中朝古物，秘藏宫殿，充斥无算，奇珍异宝，零落殆尽。而历朝名画，亦悉为夷舶输运而去，欧美各国置之古物陈列所与博物院中，开展览大会，以供邦人学科之研究。自是而西人艳称东方美术，遂于古瓷铜玉之外，咸收罗中国古画，用印刷品，装订成帙，流播五洲。有英国史德匿君者，侨寓中国有素，遂辑《中国名画》一书……又乞安吉吴昌硕君、黄山黄宾虹君为之序，东瀛小栗秋堂题其所藏唐王右丞《江干雪霁图卷》。既而史君收藏中国古画之名，流播欧美。旋有瑞典国之皇叔某君，赍数十万金，尽购其册内收藏之物而归。闻特建藏画楼于其国名胜之处，瑰奇伟丽，此所未有，因名之曰：史德匿藏画楼。”[34]我们注意到，时隔5年，“皇族”成了“皇叔”，而藏画楼的地点，也被描述得具体起来，是在“其国名胜之处”。

接下来我们看故事的“第三版”，它由《新北京报》记者在1914年12月3日以《绘画市场——塞老兄买古画生财有道》为题，援引黄宾虹的回忆而成：“在上海的时候，有一个在上海海关做小职员的塞尔维亚人某君，专在画市上收买中国古画。至于每幅画的代价，不许超过五块钱。从此后，一元一幅，两元一幅，二元半一幅，四元一幅，大约有一年的时候吧，这位外国老兄竟花了不到一千元钱买到了数百幅画。他便将这许多幅画，不论真假，全都拍了照，委托商务印书馆印成很讲究的一部英文书。[35]此君便把这书寄到各国美术馆，名人，王公大臣，大肆宣传。恰好某国王储周游世界，道经上海，专门收买中国古画，正好这位塞国老兄把书呈上，鼓其如簧之舌，说这书中精选的作品，如何名贵！于是王储大喜，塞国老兄就把这批一千余元买来的中国古画，以四十万美元的代价让给那位王储了。王储惊喜不置云。”我们进一步注意到，事隔《影本》问世27年，从“国王”到“皇族”到“皇叔”，现在终于成了“王储”——真正的中国古物收藏大家。不过如前所说，这位赞助人和《影本》并无干系。而且还有新的证据表明这“第三版”传闻的问题。第一，原藏品根本不用《影本》的宣传就早已出手给了瑞典的私人收藏家。第二，瑞典王储周游亚洲列国不是在1914年，而要到1926年。[36]第三，比较1913年外销美国纽约大都会美术馆的一批质量更精的“名人画”（近百件作品）[37]，4万美元才勉强成交。所以40万美元的天价，也当然是史德匿和黄宾虹的一厢情愿。

回想《洋人古董商——史德匿》一文中的传闻，黄宾虹转述的故事显然更加离奇。为什么他要这么移花接木又添枝加叶呢？原来，这些版本都是为了透露古玩市场上重要的商机。我们可以设想，如果就事论事，史氏的一笔生意做出，也就没什么更多的噱头来引起舆论的重视。因为我们必须知道，《影本》的编辑绝不是放一无谓的“马后炮”，为已经易主的藏品“存此立照”。相反，《影本》的炮制着眼于史德匿后来的古物生意。可以看出，在这个以讹传讹的过程中，黄对史德匿都很关照，先称呼其为“英国人”；后因涉及早年共事的底细，他便信手拎了一个“塞尔维亚”国籍给这位昧良心的“德匿”老兄，并隐其大名，尽量为其“欧友”保全面子。而强调《影本》的价值，目的至少有二。一是它为史德匿后来再出各种真假掺和的图录，创出一个最像样的牌子，由中外名流捧场，打开大的局面。和1914年前后出版的各种中国美术品图录相比[38]，《影本》除了一般外国人不知情的藏品本身的漏洞外，在其他各个方面都堪称一流。二是由于有了这部很像样的“英文书”，他们能向各国美术馆、博物馆、私人收藏家大量散发，用来吸引更多的客户。这就是说，《影本》的制作是瞄准了新的大买主，那就是古玩界的主要赞助人——宫廷皇族，比如瑞典的“皇族”。从那以后，黄宾虹没有忘记这样的商业目标，所以每讲一次《影本》的旧事，就会添出新的细节，启发读者的联想。后来瑞典的王储到故宫参观，又专门委托代理人来华收购古物，这些都让中国的古董商们不亦忙乎。[39]在这样的市场背景中，黄宾虹才帮助史德匿杜撰出瑞典皇族或王储们介入《影本》之事的传说。

不管黄宾虹怎么谈论《影本》，出入如何明显，他对“欧友”史德匿的评价都是积极的。如他用“塞老兄生财有道”的例子，启发记者对北京画商的重农主义观念进行率直的剖析，具有鲜明的现实意义：“类似上述的事实，一时也说不尽。不过，这种做法，中国的画商似乎做不来的。第一，其人没有美术常识，而且富于保守性。第二，没有冒险性，做生意不愿多下本钱，或在远处着眼。第三，虽然有所谓‘走洋庄’的人，只不过把收买来的古物，卖给另一批与西洋人接近的中国人，并不是直接与外国美术商人办交涉。由此三端，来推测将来琉璃厂的商人，倘若再不充实脑筋，放大眼界，开拓新生路，只好回家种地，别无他路可走（因为他们赚来的钱，全都置了地了）。”很明显，黄宾虹以史德匿的现代经商观念，构成和卖古玩置地旧式传统的强烈反差。特别是在被琉璃厂的画商们重重包围的北京，他便更留恋当年上海商场上那种潇洒的气派。所以便用《影本》之事来给国人“洗脑筋”，树立现代艺术商人的形象。

更进一步，黄宾虹由讲述《影本》一事，揭示出了“古画出洋”的市场机制。《影本》之所以被视为“20世纪新发明”，就因为它示范了一套收藏，办赛会，出展目，印图录，加双语对照，作广告宣传，诸如此类的市场运作程序。从经营规模上讲，黄和岭南三家在推销《真相画报》时，从上海福州路这个海派文化的策源地开始，到国内各大埠，又由东京、南洋，最后到檀香山，但还局限在环太平洋地区。如今则真正是全球化贸易：从上海至南北大城市，至东京、纽约、伦敦，远达斯德哥尔摩，开拓了前所未有的广阔市场。用时新的术语来形容，黄宾虹由此机制，建立了和国际接轨的渠道。这为黄宾虹1926年发表《沪滨古玩市场记》积累了宝贵的经验，以上海为晴雨表，提供给他国内外各大收藏生态圈的信息。[40]由于生态圈的不同，他可以使其经营更加专门化。他的慧眼所开之处，恰恰就在看到了与“古画出洋”国际市场对接的环节中，“中华名画之家，与古董营业之商人，类多编次画目，翻译中外文字，必借重一二欧人为鉴别，因之传运欧美，获利不赀”。[41]这里就差一句话没讲出来，即他本人又为“一二欧人”所咨询垂问，从中也收得相当的好处。

四

放在一个商业运行机制中，我们可以来界定黄宾虹对《影本》的直接赞助了。从英文的黄序称谓上，他是以“鉴定家”的身份在国际舞台上亮相的。这使黄宾虹处于一个两难境地：一方面，他应该实事求是，对《影本》作品的真伪作出权威的鉴定意见，以使过目经手的古玩保证其文物价值；另一方面，他必须根据商业利益，帮助史德匿不仅做成，而且做大其古玩生意。我们知道，古玩业有其特殊的“玩法”[42]，非一般商品交易所能比拟。买卖双方都承担极大的风险，在每一笔投资中盈利或者亏本。而在国际古玩生意上，其投资的风险就更大。对史德匿这么富有“冒险性”的洋人古董商，他顾问黄宾虹作为中国的“鉴定”权威，就是要在真伪和优劣两重关系上，靠其“良友”“一锤定音”。这里，我们只就真伪的关系加以分析。而对最有争议也更有意思的优劣评定问题，则将另外撰文讨论。[43]

在生意场上，兼金石字画家、理论家、鉴定家和古玩商人数任于一身的黄宾虹，除了鉴定真伪的技术层面问题之外，还要面临更复杂的问题，那就是他作为中国人的民族情感。如前面提到的，庚子以后国际市场上兴起的收购中国古画的热潮，对国人保存国宝形成了极大的威胁。以“赛会”形式展示的西士收藏中国古画和古玩，其买主都是欧美的私人收藏家和博物馆，其购买力是国内收藏人士很难匹敌的。建于英租界的上海博物馆，就充当了这样一个连接欧美市场的重要窗口，在那里史德匿们不时在展览中出售其藏品。如1913年12月20日的“赛会”，史德匿又有新的收藏参展。而主办者还预告第二年1月9日至11日，将在同一地点举办更大规模的展览。[44] 1914年7月《影本》紧锣密鼓隆重上市之际，史德匿（署名“施都之”）就在《申报》上宣传其准备出售包括赵孟頫等名家在内的一批古画。除了史德匿之外，沪上一地以营销古画为主的洋人古玩商还有若干重要人物，他们之间也形成越来越明显的竞争。当时对史德匿有直接威胁的，就有寓沪30年之久的美国古董商巴尔，以及被李鸿章、盛宣怀幕僚，为袁世凯顾问的美国人福开森等，其客户主要来自美国东海岸。[45]面对如此咄咄逼人的商业攻势，黄宾虹作为一个有强烈民族意识的爱国主义者，其矛盾的心境是不难想象的。从同一年《神州日报》刊登的题为《古物飘零之可伤》一文，以及有关的零星报道，都披露了国内大量珍贵文物被盗，被古玩商转往欧美市场谋得暴利的严峻现实。[46]该报更发表一香港读者致袁世凯总统的公开信，呼吁政府以立法形式来制止古物流失出境。[47]这也是黄宾虹后来写《古画出洋》一文的历史背景。可是与此同时，黄宾虹又必须做自己的国际买卖。所以在承接其“一二欧友”的特殊生意时，他的态度又可以从《神州日报》为《影本》发表的社论看出，对“中国艺术之西流”，做出充分的肯定。[48]这种意见认为：“海通之初，东西情意睽隔，彼此观感恒惑。一瞥之外象而不获相喻于真际。此中误会歧见，颇为人类和亲之障。近年西方学术滔滔东来，而吾国固有之文物，夙擅美誉于东方者，亦多为西方人士赍往。其于吾国古代品物美术，尤加宝重。此在吾人，虽有古物放失不能保守之憾，顾在西方人士因是观摩，洞见我国固有文明而生其爱慕，则于国交之和洽，未尝无裨补也。”不管署名“圆照”的作者是谁，其观点肯定为黄宾虹所欣赏，因为他们还希望这批藏品流向瑞典“王室”，能“使西方画系开一新纪元”。

放在为史德匿牟利的上下文中，就容易把握黄宾虹“从远处着眼”参与鉴定其收藏的巧妙意图。以黄宾虹对其底细的了解，在5元钱价格以内的“古画”，充其量不过是像样的赝品和三四流画家的真迹而已。站在职业道德的立场，黄宾虹心里明白，当《影本》被寄到世界各大博物馆和私人收藏家手中时，他作为鉴定家应该以什么形象出现。也就是说，他应该怎么“假戏真戏”一起唱，既为史德匿出力，又顾全自己的牌子。对此，我们可以就他处理《影本》藏品的具体技巧和当时整体的古画鉴定水平两个方面，来考察他怎么和史德匿同担风险，共享利益。

前面提到，虽然黄宾虹以“鉴定家”身份为《影本》作序，但史德匿本人却只在《附录》中感谢其赞助，这就给人一种错觉，似乎黄的鉴定专长不在字画而在金石陶瓷。或许史德匿没有错，黄宾虹经营古玩的长项是古印玺，对此他论述最精。可从中文的媒体对黄宾虹“实赞助之”的反复强调来看，黄当然希望在正编中得到承认。可为什么在《影本》本身，也就是当黄宾虹真正向外国的“好事者”露面时，这层作用反被淡化了呢？是否史黄之间早有默契，好让黄回避在图录上鉴定失职责难？究竟如何，黄宾虹的序文为我们提供了精彩的答案。

> 昔倪云林筑清閟阁，陈列法书名画，鼎彝钵印，高标逸韵，致动异域，人所倾慕。方今欧化东渐，国人惟物质文明是尚，古学精华，坐视凌替，日就淘汰。言国粹者，心焉忧之。史德匿君以异域名流，久居中国而能独具慧眼。以我邦文艺，如书画金石，靡不殚精研求。且能深明画理，贯彻禅宗，储藏既富，评骘尤当。所得王摩诘，黄山谷诸迹，皆世所罕觏。是昔云林之动异域所欣慕者，今我国人且转慕史君矣……

此序在其《文集》上业已重刊，不过它的巧妙构思，怕离开本文的情境，是不易领略的。为什么呢？原来，作者借《影本》中所谓元人《倪云林天伦乐叙图》为楔子[49]，在修辞上狠下了一番功夫，用来传达几层意思。第一，将史德匿的收藏声誉和倪瓒所谓的收藏逸事并提[50]，这不仅取悦史德匿，同时也把黄宾虹心目中的文人理想介绍到国外，启发西方“好事者”认识“高标逸韵”的境界。第二，通过“今我国人且转慕史君”的现实，提醒国人赶快做自己的艺术实业，不使“古学精华……日就淘汰”。第三，通过有意编造倪瓒的逸闻[51]，巧妙地提示读者就所谓的《倪云林天伦乐叙图》对史德匿的收藏作出自己的判断。事实上，对比台北故宫所藏张雨题元人作《倪瓒小像》，这幅寻常的庆寿图，无论从内容到风格，都和倪云林无关，而且与元画也挂不上边。虽然1913年前后黄宾虹还没有条件到故宫去看元人的《倪瓒小像》，但他绝不至于判断失误到如此地步，把一风马牛不相及的“堂画”真作为倪瓒平生从未经历过的“乐叙”造像。精彩的是，《影本》的编者在《乐叙图》的著录上介绍倪“筑清閟阁，陈列法书名画”，这便扣住了黄序的文意。这种修辞的效果，足以让没有见过《影本》的读者对史之收藏产生羡慕之心，而让见到《影本》者，又通过这个杜撰的例子，想见史氏藏品之特征。因为这类乱定品名的情况，在《影本》中随处皆是，不一而足。从序文表明，黄宾虹为了推脱鉴定家的实际责任，便“无中生有”，虚虚实实，“玩”了一场前无古人的文字游戏。难怪国内外的中国艺术史家们对这“世纪新发明”都避之不及，讳莫如深。连黄本人后来的藏书中，都剔除了这部当年广告中强调“凡有书籍艺术观念者不可不家备一册”的《影本》。要不是《民国时期总书目》的编者一点不懂画史的话，也可能连一条著录都不给《影本》留下，听凭其销声匿迹。

既然黄宾虹从开始就知道《影本》收入的藏品相当伪劣，那么，是否他统统将其视为赝品呢？据20世纪10年代黄本人和古玩界总的鉴定水平来衡量，情况并非如此。我们知道，在技术的层面上，鉴定古画真伪，犹如自然科学的实验，总是后来居上。所以，对待黄宾虹鉴定眼光，也要从发展的观点加以评定。回到1913—1914年黄的鉴定水平，我们无须为尊者讳。黄序所提“黄山谷”的《重阳诗》书迹“世所罕觏”到底有没有修辞的用意[52]，我们不清楚；但他对“王摩诘”的作品信以为真却是可以肯定的。黄宾虹当年看过这个手卷，给予很高的评价。称其“缣墨古闇，精彩焕发，颇足惊心动魄，玩赏久之。最后有青溪跋……前尚有沈石田，董玄宰诗跋存，洵奇物也”。[53]《影本》将此卷分四段刊出，并印影了沈、董、程三跋，以及日本小栗秋堂在沪的新跋。后者称“披阅一过，拍案惊叹曰：是洵宇内之至宝也……今始接斯名卷，窃以为观止矣”[54]。

那么，这幅题为《江干雪霁图》的手卷（简称“史本”），究竟是什么货色呢？

对此，汪世清先生有过一个相关考证[55]，可以直接帮助我们解答疑难。据汪文考证，现藏日本小川家族的《江山雪霁图》（简称“小川本”），其直接的祖本是明张丑《清河书画舫》（成书于万历四十四年，1616）卷三著录旧传王维《江山雪霁图》和《江干雪意图》。前者归钱谦益，早已不存于世，仅有一明末清初的仿本，即小川本；后者为台北故宫所藏，著录见于《故宫书画录》卷四，改标题为《王维江干雪意图》卷。小川本“实际是把《江干雪意卷》这一名迹前半部的一个仿本，用名家的引首和题跋装点起来，以假冒另一盛传一时的名迹《江山雪霁卷》”。

无独有偶。“史本”则仿录沈周《江干雪意卷》诗跋[56]，再仿录董题《江山雪霁卷》的二跋文[57]，又仿录程正揆《书王摩诘〈江干雪霁卷〉后》的跋文[58]，最后根据其品名，拼凑出《江干雪霁图卷》这一典型的赝品。既然如此，为什么黄宾虹和小栗秋堂一起，都不辨真相，而对其赞不绝口呢？这里主要原因是黄宾虹对程青溪的画情有独钟[59]，所以看到伪作之程跋，便爱屋及乌，把全卷都视以为真迹。他同时忽视了沈跋和董跋都和程跋不属于相同的一个卷子。由于伪作者知道《江干雪霁图卷》“于顺治甲午（1654）为程所得，但后即未见著录，其流传已不可知”，所以就以此程跋来拼凑手卷，传说还是从宫中散出，使其显得越发“珍贵”，“洵为史氏珍藏之最”。[60]由于这种种因素，黄宾虹也就顾不上“史本”画迹和诸跋书迹的拙劣了。[61]结果，黄宾虹和小栗秋堂的权威意见本来可以使《影本》靠一二宝物，来遮“百丑”，但真相大白后，却让史氏收藏中这一“镇山之宝”变成比“小川本”更加不伦的伪作。

这样一来，在古画鉴定本身，黄宾虹还有什么要再说的呢？其实，个人和时代的局限是任何鉴定家都无法避免的。所以，到1941年黄宾虹在北京重提《影本》时，就端出了史氏的老底，也作为一种对自己过去失鉴的弥补。当时他刚结束历时三年的故宫审画，所以回头再看当年对《影本》藏品的鉴别，自然有“曾经沧海难为水”的感叹。不管怎么说，在《影本》的鉴别一事上，黄宾虹针对史德匿其人其事，运用了灵活的策略来平衡商业利益和学术准则的关系。“唯利是图”是一方面，可他同时还是利用一切机会，来宣传中国传统鉴定的标准和审美的理想。他在“赝品”一节中讲述了临摹旧作在中国文化史上的地位，也指出其商业的用途。但除此以外，他更重视在“古画出洋”的时尚中大力弘扬文人画的旨趣，把以笔墨为中心的古画鉴定方法介绍给西方世界。其序文中所玩的修辞术，就是把倪瓒这个文人画“逸品”的形象作为中华文明的标志来强调，让西方收藏界能够由此认识这一陌生而古雅的艺术境界。史德匿的国际古玩贸易的直接作用，是他期望看到的，“嗣知中国论画，崇尚笔墨，欧美诸邦，转重笔墨……其高尚者，且侈谈云林，子久，骎骎而上溯王摩诘矣”。[62]作为一个鉴定家，这些就应该看作他对《影本》的学术贡献。（未完待续）

注释

[1]见《字林西报》（*The North China Daily News*）1914年7月27日“书评”的开篇介绍，称：“众所周知，12个月前，史氏将其全部藏品有条件地出让给瑞典收藏家法赫拉乌斯[Klas Valter Fahraeus（1863—1926）]。”法氏为瑞典著名艺术收藏家，以收藏欧洲印象派大师作品著称。著有《美术评论集》（*Konstkritiska Essayer*，Stockholm：A. Bonniers Forlag，1924）。

[2]广告由别发洋行（Kelly & Walsh Ltd.）和商务印书馆合出，7月2日先在《神州日报》，7月3日在《申报》《时报》刊登，前后三日至一周不等。称“是书为西彦史德匿君所编，爱士高女士，戴惠君，毕烈古君，中华吴衡之君，黄朴存君所参订。史君在华廿余年，博雅好古，夙精鉴赏。所获书画金石瓷铜，多属精品，久为中外欣羡。近因东学西渐，中华美术传播欧美，特出藏品，付印成帙，公诸同好。其中考核明确，译论精详，图画丰富，敷采鲜艳。兼以印刷之工，装饰之美，得未曾有。凡有世界艺术观念者，不可不家置一编，藉见西人心理之趋向，评品之异同，而由知中华美术之价格矣。是不独鼓吹文明，沟通欧亚，当以是书为宝筏，抑昌明中学，进化大同之嚆矢也……”

[3]从1914年7月2日开始，先后做8次广告，该书定价20美元。

[4][5][48]1914年7月9日，署名圆照，题为《中国美术之西流：观〈中华名画——史德匿藏品影本〉》。

[6]直到1924年他的《美术评论集》问世，上面还有《影本》的三四幅作品。不过这是笔者所见《影本》之外唯一再出现的印刷品。说明它们还保存在该藏

家手中，要到1926年其去世后才散失。承高居翰教授2001年8月11日函告，《影本》中有清人《八美图》，曾为香港九龙的一古玩店购得，现为波士顿私人收藏。

[7]国内最早如余绍宋的《书画书录解题》(国立北平图书馆1932年版)，晚近如谢巍《中国画学著述考录》(上海书画出版社1998年版)均未提及之。国外最典型如范得本(Harrie A. Vanderstappen)编《袁同礼编西文有关中国艺术和考古文献目录》(*The T. L. Yuan Bibliography of Western Writings on Chinese Art and Archaeology*, London: Mansell, 1975)就未收该书。高居翰编《中国古画索引》(*An Index of Early Chinese Painters and Paintings: Tang, Sung, and Yuan*/by James Cahill; incorporating the work of Osvald Siren and Ellen Johnston Laing. Berkeley: University of California Press, 1980)的参考书目，也未及此。据高先生函释，《中国古画索引》不录《影本》是因类别问题，非他故也。在西方文献中，就笔者所知，唯有一二例外征引过《影本》。如哈内克(Louise Wallace Hackney)《中国画指南》(*Guide—Posts to Chinese Painting*, 2nd ed, Boston New York: Houghton Mifflin, 1929, p.210)曾提到该书。其初版笔者未见，其为伯希和编辑(*Guide—Posts to Chinese Painting*, by Louise Wallace Hackney, edited by Dr. Paul Pelliot, Boston and New York: Houghton Mifflin Company, 1927)，但二版再未提伯氏之名，原委不详。此外，还有温克华滋(W. W. Winkworth)撰《铜器及玉器、珐琅器和漆器》(*Bronzes & Minor Arts: Jade, Enamels, Lacquer*)一文，参考书目仅列《影本》附录。见弗莱(Roger Fry)主编《中国美术》(*Chinese Art*, introductory handbook to painting, sculpture, ceramics, textiles, bronzes & minor arts, New York, Weyne, 1935, p.73)。

[8]书目文献出版社1985年版，182页。《影本》实际收绘画57幅，分80幅图版印刷。

[9]见王中秀责编《黄宾虹文集(以下简称〈文集〉)·书画编上》，载上海书画出版社、浙江省博物馆编《文集·金石编》，上海书画出版社1999年版，第79—87页；第260—268页。又见赵志钧编《黄宾虹金石篆印丛编》，人民美术出版社1998年版，第32—38页收入《附录》三《总论》。

[10]最近的研究，如沈揆一(Shen Kuiyi)《吴昌硕和19世纪末20世纪初的海上画坛》(*Wu Changshuo and the Shanghai Art World in the Late Nineteenth and Early Twentieth Centuries*, Columbus, Ohio: Ohio State University, 1999)也未例外。

[11]《海上旧闻》第二辑，叶又红主编，文汇出版社2000年版，第264—265页。卓文称："今人称其为'施德之'，应该是不识'史德匿'而笔误的。"非是。此名见《古画大观》(国华书局)第3集。

[12]承Thomas Ebrey教授惠示《中国美术》。为黑白图版，"合计贰佰八十八点"，字画占一半。无出版年代。该图录品名有汉英对照，间有日文，但无解说。据《八代遗珍》参考书目，认为此目录可能出版于1930年。(*Eight Dynasties of Chinese Painting*, the collections of the Nelson Gallery: Atkins Museum, Kansas City, and the Cleveland Museum of Art, with essays by Ho Wai-kam, Cleveland, Ohio: Cleveland Museum of Art in Cooperation with Indiana University Press, c 1980, p.400)另据高居翰教授函示，史德匿在东

京美术俱乐部也曾办其所藏作品展观，出有目录，但年代不详。

[13]“又闻史君之行，亦以平生积劬所获之财，捐诸东方慈善实业。故于上海孤儿院等处，尤特注重。现方从事调检，为倷施之备。是举大能为福于吾华无告之民”。或许这才是“施德之”一名的出典。不过社论用“闻”“方从事调检”等字眼，都是未确定的事实。查《圣教杂志》1918年第5期，从署名“伊人”的杂著《记上海新普育堂》看，民国初年由陆伯鸿主其事，未闻有史氏参与的记载。

[14]参见曹星原（Hsing-yuan Tsao）《被遗忘的名流：作为实业家、慈善家和艺术家王震》（Forgotten Celebrity—Wang Zhen（1867—1938），Businessman，Philanthropist，and Artist），文载周汝式（Ju-hsi Chou）编《中华帝国末期的艺术》（*Art at the Close of China's Empire*，Tempe，Ariz.：Arizona State University，c1998，pp.94-109）。

[15]关于爱士高女士（Florence Wheelock Ayscough，1878—1942）的生平，参见其丈夫（Harley Farnsworth MacNair）为《爱士高与洛威尔》（*Florence Ayscough & Amy Lowell*，correspondence of a friendship，Chicago，Ill.，University of Chicago Press，1945）一书写的序言。但奇怪的是，爱氏本人其他的著作中从未再提《影本》之事，包括1915年编《刘宋夫（音译）藏品目录》（*Catalogue of Chinese Paintings*，Ancient and Modern by Famous Masters，Property of Mr. Liu Sung Fu，San Francisco，California：San Francisco，Panama Pacific Int'l.Exposition，China Pavilion，1915）之事。后者于1915年送旧金山参加国际博览会。

[16]史氏原拟在汉英合璧本出版同时，再有汉德合璧本问世，见《影本》版权页的说明。但笔者查访国内外图书馆，查阅1914年7月间在沪出版的《德文新报》（*Der Ostasiatische Lloyd*），均未见后者的踪影。但《影本》开汉英合璧之先河，功不可没。到1924年，沈初鸣编辑《中国书画精选》，采用中文、法文、拉丁文3种文字对照出版其书画家小传，又比《影本》推进一步。

[17]见1935年黄撰《吴衡之译某女士画谱序》，载《文集·书画编（下）》，第37页。承王中秀先生惠示《时报》1912年7月7日“上海务商中学（原名汉英务商学校）招生”广告，由此得知吴为校长，黄为校董。故黄序称其为“老友”。

[18][44]见《神州日报》1913年12月23日报道《西士收藏中国名画展览会》。

[19][24]参见王中秀《黄宾虹十事考》，载《文集·书信编》，第66—67页。

[20]参见拙作《鼓吹革命中的艺术真相——从〈真相画报〉看黄宾虹与岭南三家的关系》，载《朵云》第44期，上海书画出版社1995年版，第54—61页。

[21]汪已文、王伯敏合编，1914年项下。“英人史德匿编印《中华名画集》，先生制序，并撰玉器，瓷器，铜器总论三篇。”载《黄宾虹画集》，上海人民美术出版社、浙江人民美术出版社1985年版。

[22]黄很早就表达了崇尚“实业”的救国主张，观点见于他最早在沪发表的文字中，典型如1909年《国粹学报》第57期上的《四巧工传》，1912年5月4日的《神州月旦》，诸如此类。

[23]注意，在广告中，“价格”一词本指“价值”。但因为用在古画市场的上下文中，一语双关。

[25]参见王中秀《黄宾虹十事考之四——贞社时代》，载《荣宝斋》第8期，荣宝斋出版社2001年版，第

233—237页。

[26]关于崇古斋的情况，可参见陈重远《崇古斋东家与张作霖、陈独秀》，载《文物话春秋》，香港明镜出版社1998年版，第172—179页。

[27]据黄宾虹长子黄用明回忆，其父亲1913年起就开设了古玩铺，他和弟弟都在铺里帮工，这比1915年刊载于《南社丛刻》第14集黄的公开信提到的开铺时间要早。（据王中秀先生2001年6月17日告知笔者）

[28]同注[21]，1916年项下。

[29]1913年12月21日《神州日报》副刊《冰鉼杂录》记："西士史德匿君航海东来，居我中国，已十余稔，事获余暇，究心美术。故凡瓷铜玉石，工艺雕琢，无不精核。性尤酷嗜古人书画，以为中国精神文明逾于异域，口讲指画，皆能深中肯綮。暇出所藏唐王摩诘山水卷视余……神物流传，将之海外，中国秘宝，不能为中国人所有，吾生也晚，犹及一睹此图为幸。"收入《文集·杂著编》，第40—41页。

[30][53]阴历1913年10月，详见本文后面转引的吴序。

[31]据王中秀先生告知，曾见《神州日报》刊登该"藏画楼"照片，但笔者查1914年该报，未曾见之。从收藏通例讲，如果不是无偿将个人藏品赠送给博物馆，新得主不可能再以旧收藏人之名来命名其藏室。很可能是史氏曾得到法氏在Lidingo岛的Brevik的住宅的照片，向黄炫耀，便有了"藏画楼"的传闻。另据1971年出版的哥伦斯瓦德（Bo Gyllensvard）编《瑞典远东艺术博物馆手册介绍》（*Museum of Far Eastern Antiquities*，Stockholm：Museum of Far Eastern Antiquities，1971，p.4），1914年古斯塔夫·阿道尔夫皇子曾在瑞典皇家学院举办第一次中国艺术品展览。或者这一展室的照片曾被用来作此传闻的依据。但更可信的说法是，瑞典王储第一次这样的展览要到1918年才举办，因为专门出版了图录《艺术史研究所和斯德哥尔摩大学举办的中国古代艺术展》（Konsthistoriska Institut. Utstallningen af alder kinesisk knost anordnad af Konsthistoriska Instintutet vid Stockholms hogskola. Katalog med knosthistorisk inledning af Osvald Siren，Stockholm：Cederquists grafiska，1918，p.72）。

[32]承瑞典远东艺术博物馆主任费斯克思爵（Magnus Fiskesjo）博士2001年7月5日函告，法赫拉乌斯与瑞典皇族没有关系，且其收藏至1926年方开始散失。

[33]见帕尔马格伦（Nils Palmagren）编《瑞典皇太子古斯塔夫·阿道尔夫藏中国古物选珍》（*Selected Chinese Antiquities from the Collection of Gustaf Adolf*，crown prince of Sweden，Stockholm：Generralstabens Litografiska Anstalts Forlag，1948）；哥伦斯瓦德（Bo Gyllensvard）编《王藏中　物》[*Chinese Art from the Collection of H. M. King Gustaf VI Adolf of Sweden*（1882—1973），London: British Museum，1972]等多种出版图录。

[34][41]《时报·美术周刊》增刊，见《文集·书画编（上）》，第94页，其过程是基本转述史氏《自序》的内容。

[35][62]原括号有说明："这书记者在东安市场看过，名称似是《中国绘画》，其中有彩色版，单色版，并有黄先生的中文序。"

[36]见《故宫老照片》，紫禁城出版社1998年版，第381页。

[37] 见福开森（John C. Ferguson）编《名人画》（*Special Exhibition of Chinese Paintings from the Collection of the Museum*：*Catalogue*，New York：Metropolitan Museum of Art，1914），其价格原来索要5万美元，1913年年底以现在价格拍板。见大都会美术馆档案，转引自科恩（Warren L. Cohen）《从国际关系看东亚美术和美国文化》（*East Asian Art and American Culture*：*A Study in International Relations*，New York：Columbia University Press，c1992，p.69，p.215）。

[38] 除上面提到爱士高、福开森等人的图录，在早一些的代表有1908年11月由上海道台出面，中外收藏家参加的"中国古瓷美术展"，专门出了展览目录，由美国人巴尔（A. W. Bahr）以英文在1910年于伦敦出版（*Old Chinese Porcelain and Works of Art in China*，being description and illustrations of articles selected from an exhibition held in Shanghai，November，1908；with frontispieces and 120 plates，12 being in colour. London，New York，etc. Cassell and company，limited，1911）。但这些都非双语对照，也没有系统的中国美术发展脉络。

[39] 参见为王储来华收购古玩的代理人卡尔倍克（Orvar Karlbeck，1879—　）的回忆录《在中国寻宝》（*Treasure Seeker in China*，Translated from the Swedish by Naomi Walford Skattsokare i Kina. English，London：Cresset Press，1957）。

[40] 原载《艺观》第2号，《文集·书画编（上）》，第290—292页。

[42] 参见陈重远《古玩谈春秋》前言，香港明镜出版社1997年版，第7—8页。

[43] 卓三枝认为也许是人们急于使曾属于洋人的旧藏升值，于是乎，那些洋人也被现代的上海人"炒"了起来。见注[12]，第267页。对史德匿的旧藏，现在国际上是出现了新兴趣回潮，但除了市场的直接驱动外，还有学术界出现的"反文人偏见说"在为早期的洋人古董商叫好。如高居翰教授的近年研究，就集中在那些消费性的绘画作品，而《影本》在这方面是相当典型的。在高教授致笔者的信中，特别为史德匿所收"坏画"辩护，而不是本文所关心的"伪作"问题。所以，笔者拟就"蹩脚的真迹"问题，专门作一讨论。

[45] 除福开森1913年出手的收藏，巴尔不久也将其藏品在纽约拍卖。其拍卖目录为《中国古代艺术》（*The Art of Ancient China*：a remarkable collection formed by the well-known connoisseur and authority on Chinese art A. W. Bahr，for many years a resident of Shanghai：unrestricted public sale at the American Art Galleries... January 17th，18th，and 19th，1916.New York：American Art Association，1916）。

[46] 1914年4月29日，转译法文《北京日报》报道纽约亚洲协会消息。

[47] 1914年1月21日以"英金五千镑之摩诘画"为题，刊登谢缵泰自香港上总统书，称"昨仆阅《香港西报》得悉，有一唐代王维画本求售，索值英五千镑。盖仆欲免此项中国历史之古画失落外人，故特请即将各种名人字画及各种古器严禁售卖出口"。而在此之前，《神州日报》1月6日全文刊载《内务部制定古物陈列所章程》，则体现出政府在时局的压力下已经作出的姿态。同年6月民国总统府颁布通令，禁止国宝散失海外。

[49]据著录，此为绢本设色立轴，高三尺十分半，阔三尺七分。彩印。画面有老年夫妇并坐于一大屏风前，另一男子立于老翁左手旁。前景有花石，两侧的桌案上分别摆设书籍文具。屏风上画有东海旭日，屏风后有竹石苍松，传递祝寿祈福之意。画风属浙派一路，不会入元，内容并非倪瓒追求的道教场景。著录说倪画“不用图章款识”，实为无稽之谈。

[50]查倪瓒生平，并未见有与西域和外国的古玩同好交往的记载。参见陈高华《元代画家史料》，上海人民美术出版社1978年版，第451—482页。

[51]据倪瓒《清閟阁全集》卷一《述怀》，倪有“嗟余幼失怙，教养自大兄……大兄忽捐馆，母氏继沦倾”的不幸身世，何来“乐叙”之事？

[52]这也是一件显而易见的赝鼎，笔迹之钝滞，和黄庭坚的楷笔风格相去甚远。

[54]小栗于1913年6月在沪得观此卷，提起为《江干霁雪图》。称“披阅一过，拍案惊叹曰：是洵宇内之至宝也……今始接斯名卷，窃以为观止矣”。

[55]《〈江山雪霁〉归尘土，鱼目焉能混夜珠？——记中国绘画收藏史上的一大骗局》，《新美术》1996年第2期，第19—24页。

[56]对比《清河书画舫》(文渊阁《四库全书》本)卷三《王右丞江干雪意题咏》下沈诗后跋署“弘治壬戌之中秋日，后学长洲沈周”。而“史本”作“弘治壬戌中秋日，长洲沈周”。其伪迹立见。

[57]见汪珂玉《珊瑚网名画题跋》卷一董其昌跋《王右丞江山雪霁卷》二跋。然与“小川本”一样，“史本”的抄录亦误“宗派”为“宗脉”，足见其伪。

[58]见汪先生2001年7月31日函告，此跋原载《青溪遗稿》卷二二。

[59]参见注[30]，黄对程有特别的评价：“程青溪画，虽师法华亭，其笔力遒劲，墨采简洁，上关唐宋，近宗倪黄，要非拘守绳墨，规规于一家者。至其抗心希古，持论不凡，题跋诗词，往往而见。”

[60]《字林西报》书评，同注[1]。

[61]当然，从爱国的立场来看，黄宾虹这一误鉴，也算是“塞翁失马”。

本文载于《美术研究》2001年第4期

洪再新，1957年生，浙江杭州人。1996年毕业于中国美术学院美术史专业，获博士学位。美国普吉海湾大学教授。

古玩交易中的艺术理想

——黄宾虹、吴昌硕与《中华名画——史德匿藏品影本》始末考略（续）

洪再新

五

由于《影本》的真伪问题那么一目了然，所以吴昌硕介入这一事件的危险性也就不言而喻。在这样的陷阱面前，我们来欣赏吴之序文，也十分有趣。鉴于该序于《影本》问世之后从未被征引过，因此，它将带给我们的惊喜，也是出人意想的。其序云：

> 英国史德匿君既辑画目，复出所藏古人名画，附以金石陶瓷诸精品，付珂珞版行世，其与真迹原形不爽铢黍。予爱画入骨髓，古画神品非千金万金不可得。但求夏商周秦吉金文字之象形者，以为有画意，摹仿其笔法。今见此本，欢喜赞叹，如探龙藏，胜玩钟鼎拓本多矣。世屡沧桑，古物荡为劫灰，日见其少。非好事者为之收藏著录，为之模范，则美术家无可仿效，何由与古为新耶？史君旅华多年，中国之文化艺术，无不熟闻而稽考之。复得良友之助，赏鉴日益精。著有论说，吾国文学稽古之士，或有未能及也。现当世界大同，将见中西治术合而为一，共录三代文明之治。美术文艺之进化，不过起点焉耳！
>
> 癸丑十月朔安吉吴昌硕时年政七十

前面提到，阴历1913年10月，《影本》的藏品已远送北欧的瑞典。所以，吴应邀为《影本》作序，只需要围绕“影本”二字做文章。由于没见到藏品原物，这使他比黄宾虹就要超脱，可以运用中国大写意画“舍形而求影”的高妙本领，尽情抒发观感心得。我们不清楚他对史德匿收藏底细的知情程度，但从他的一段自白中看，似乎也应略有所闻：“予爱画入骨髓，古画神品非千金万金不可得。”这在史德匿、黄宾虹等当事人读来，不知会做何感想？《影本》中那些不出5块钱购得的古画，能算是神品吗？如果世界上真有这等好事，可以用买包萝卜干的价钿换支西洋参，那这好事就得打上问号了。

吴昌硕比黄要超脱的另一原因，是他不以“鉴定家”，而是以“名画家”的身份被史德匿利用来吸引外国的“好事者”。所以，他实话实说，不但点明了黄史的关系，而且充分肯定了“好事者”们的业绩。这就是把珂珞版印刷的效果制作得和“真迹原形不爽铢黍”，至于那些他不曾寓目的“真迹原形”是否为“古画神品”，那应该是黄宾虹的分内了。可吴昌硕陈述的完全是真实的情况。因为在画家看来，五彩套印的图录比黑白二色的钟鼎拓本，视觉的效果当然更胜一筹。[1]吴昌硕更加实事求是的地方，是给史德匿的学术思想以恰如其分的评价。本来，请吴昌硕为《影本》作序，从生意的角度讲，为的还是增强史德匿在国际古玩市场的竞争力。因为吴昌硕在1912年就曾为美国波士顿美术馆篆书横匾一块，用“与古为徒”相标榜，挑出了海上画家的一面大旗。[2]值得注意的是，当时波士顿美术馆的东方部主任就是明治维新中宣扬“日本画”的主帅冈仓天心。在波士顿美术馆出现这块大匾，具有明显的象征意义。在这之前，冈仓的西行代表了东方美术在西方的时兴[3]；在这之后，由冈仓请来吴昌硕这面旗帜，则昭示着美国的中国艺术收藏进入了一个黄金时代[4]。吴昌硕由于卖画的关系，对这一时尚的变化心中有数。所以他不会放过为《影本》作序的机会，进一步传达他所代表的海派艺术的实际主张。显然，他和洋人古玩商史德匿能玩到一起，就是因为这“与古为新”的思想在发挥作用。

不难注意到，从“与古为徒”到“与古为新”，虽一字之差，却体现了吴昌硕和上海画坛的一个理论飞跃。不过这个飞跃，由于吴序和《影本》的长期湮没无闻，尚未被人重视，也谈不上对其成因的了解。时隔88年，我们现在终于能够来认识这个极有价值的命题。从吴介人《影本》一事可以注意到，吴昌硕的思想变化，很可能是受到史德匿艺术观念的启发。因为史德匿确如黄宾虹欣赏的那样，不仅懂“美术常识”，而且按照其经商的思路，拼凑了一些所谓的理论，恰好投合吴昌硕与黄宾虹的口味。这就使吴序和史德匿《弁言》中提出的“中国精神文明优于异域”论和“艺术非进化之产物”之说相互映发，丰富了上海国画界新的理论资源。这里，我们就对史氏《弁言》的这些观点逐个进行分析，看其如何使《影本》对吴、黄发生积极的影响。所谓“中国精神文明优于异域”的结论，来源于史氏所作的中西哲学和宗教的比较。他认为“若夫西人心理所谓天理人性之界限，在东方则视为乌有……故中国山水图画，笔墨间多寓斯旨，在在皆然”。他以“德国”绅士的口吻引述《浮士德》中的诗句[5]，参证“中国山水得意之作”。这种笼统含糊的比较，颇得中国知识界的赞同。《神州日报》早在《影本》发行前数月，就连载过《弁言》。更有意思的是，前述“圆照”的社论还将其撮述成一个“中国版”，试图对中国精神文明在“世界艺术观念”中做出理想的定位。[6]我们从黄、吴二序中，都感受到他俩对“古学精华日就淘汰”和“古物荡为劫灰”的极大忧虑，而其起因竟是“欧化东渐，国人唯物质文明是尚”所致。如今有世界古玩市场的开辟，中国精神文明的形象化身——古金石字画，足以让国人重新看到自己的传统，扭转文化自卑的观念。

比宣扬文明优胜更具体的理论，是史德匿买卖古玩而好古学，一反当时中国思想界占压倒优势的社会进化学说，这对吴、黄等人肯定古画传统，启发更大。史氏认为：“华画杰作多出唐、宋、元，以及明初。其后最精之品，大抵临仿前古名画然。”他又以《歌德谈艺录》“引证于此者。有云‘新画多俗气，非以其新也，以其弱而病也。古画多雅意，非其旧也，以其健而神也。倘能以此品画，则自有见地矣’”，如此解说尚古之意，在20世纪10年代的上海画坛，无疑有振聋发聩之功。这是对中国传统绘画所面临的悖论的很好解答。从社会进化的立场，美术要市场化，要生产对人类发展有益的精神产品。而正是这个市场，在西方开始对中国的古典美术有购求的热望，便使上海的画家们，能够在吴昌硕、黄宾虹他们的带领下，从古画传统中发现新的创造活力。

现在，我们可以知道吴昌硕认识飞跃的参照系了。他并不在乎《影本》原藏品的真伪，而是把《影本》那些有价值的形式和内容，都和他鼓吹的“与古为新”思想融合一体，揭示出传统艺术在国际古玩大市场中的勃勃生机。基于艺术实业的考虑，吴序认为《影本》（包括充斥其间的大量赝品），在“美术文艺之进化，不过起点焉耳！”而正是受益于《影本》编者的重大启发，吴昌硕对史德匿做了颇为公允的评语：史君“著有论说，吾国文学稽古之士，或有未能及也”。

六

从黄宾虹、吴昌硕参与《影本》的始末过程，呈现了近代上海画坛出现的特殊现象。它生动地说明了中国古玩市场的国际化实际成为国画发展的一道命脉。对要在上海定居的外地人和外国人，介入商业活动是必要和重要的生存途径，艺术家和收藏家都很少例外。吴昌硕靠鬻画为生，黄宾虹则从事多种经营，最后打开局面。他们以一个开放的市场为后盾，逐渐摆脱了传统绘画所面临的“颓势”，不但从经济上蹚出一条生路，而且更重要的是在艺术上确立自我更新的崇高理想。

如果和300年前上海出来的徐光启、董其昌所面对的世界相比，黄宾虹、吴昌硕在20世纪10年代最大的优势是在于上海本身经历的变化。这个国际都会使后者能够自觉地参与到支撑其艺术发展的经济活动中，从而在坚实的现实基础上形成新的意识形态——世界艺术的观念。史德匿这样微不足道的艺术商人，虽然和利玛窦那样声誉卓著的耶稣会士不可同日而语，但他从市场交易中带给上海画坛领袖人物的利益和启示，却比传教士们播布的天国福音更具影响。黄宾虹从徽商传统中积淀而成的重商主义倾向，经过在上海滩大风大浪的磨炼，已经转化为他艺术追求的有机组成部分。所以，当康有为寓居沪上鼓吹艺术实业化的主张时[7]，黄宾虹立刻就作出了积极的响应。这是他早年倾向革命的新形式，也是他比“革命画师”更热衷社会改革的具体表现。因为大上海让他领略了世界风云的大千变化，尤其是通过和史德匿等“一二欧友”在商海中冒险闯荡的经历，使他真正认识到古典艺术的价值之所在。1919年他出任《时报》美术主编时，便在《附增美术周刊预告》中明确了这一思想。“美术者，实业之母，此为当今世界所公认。欧亚各国无不有实业以致富强，而其研究美术之法，尤关各报与杂志之销行，得觇进化之迟速。”他把《时报》作为示范，“采择我国美术自立之特色与欧亚各国欢迎之极心，类分雕刻，图画，巧工，杂器，丛谈，著录，移译，摄影凡八门，萃数千年艺术之精英，促四百兆人生活之增进，新知旧学，舍短从长，由是而广兴工业，骎骎乎富强之盛，则《美术周刊》或其先导也”。同年的双十节，即辛亥革命后的第八个国庆日，黄宾虹发表了《古画出洋》一文，他和史德匿合作的《影本》也因而成为美术实业中的划时代标志。非常有意义的是，在这篇文章中，黄宾虹第一次，也可能是最后一次，在其所有著述中提到吴昌硕的名字，交代出他认为彼此间唯一值得纪念的事件，正是在涉外的实业活动中。[8]事实上，还有什么能比这层关系更典型地体现在今天被统称为“海派”的艺术风采？

再从近代东西文化交流的历史看，史德匿这样一个出身不明、计谋多端的艺术掮客，虽然不能和毕业哈佛的哲学教授费诺罗萨对明治时代日本美术的贡献相提并论，史的《影本》也和费氏的名著《中国和日本美术之纪元》不能等量齐观[9]，但前者却曾经利用上海这个冒险家的乐园，施展出现代画商的手腕，令黄宾虹、吴昌硕等海上的闻人名流为之折服。这一现象可以澄清现存的一些模糊认识。以往我们习惯把冒险家当作贬义词，并统统归之于外国人名下，似乎上海只是外国人才敢冒险的乐园。从黄宾虹参与《影本》的始末过程，这种“旧上海”的神话应该可以休矣。如我们看到的，倘若没有黄宾虹这样的“华友”赞助，史德匿再有胆子冒险，也做不成那么大的古玩市面。当然，要是按照过去的思维习惯，把黄宾虹这么心志高远的艺术家和外国投机商人一起论列，重新揭开他们之间在生意上的一道道黑幕，总让人觉得对前辈不恭。其实，对于这层“面子”，我们不妨听听1941年采访黄宾虹介绍“绘画市场”的记者怎么说法，就不难揭去：

> 无论名士们把“绘画”一道看为多么清高的职业，它究竟离开“交易条件”和“经济背景”是不能单独存在的。原来艺术是依附人类社会存在的一种东西，假使画成的画专给狮子或狼狗去看，也许它们不能领略个中奥妙。于是，绘画的价值，便消失了。记得古人形容某人的画珍贵便说：“零缣断绢，视如金璧。”“金”“璧”是什么呢，我想这里不必多说了。

这位《新北京报》记者的署名为“谛听”，它和为《影本》写社论的《神州日报》的“圆照”，构成了一副绝妙的双字对。其感官所及，使笔者追忆起第一次读到《影本》时的惊讶和慨叹。经过近十年的考察，笔者感到自信的关于史德匿其人的形象，唯有他在上海留下的亲笔签名。面对这难得一见的“真迹”，我们深切地感知到上海这方特殊的地界对制作《影本》的意义，由此看清是什么把吴、黄、史三人维系在一起，又是什么使“洋人古玩商”和琉璃厂的古董商拉开距离。在这个意义上，“谛听”在北京不想多说的话，可以添一续语。

“金”“璧”是什么呢？“金”“璧”是古玩交易中不可或缺的媒体，由其等价定值的“缣”“绢”，可以体现艺术家崇高的精神追求。越是明确“金”“璧”在国际古玩市场中的价格，就越能坚定伟大艺术家的信念，通过“零缣断绢”来实现与前代大师们的心灵对话。

注释

[1]这一年他老人家时届天命，进入了“从心所欲不逾矩”的境地，因此，在署款时，也特意添上“年政七十”的字样，让明眼人知道这位海上画坛的盟主在说什么。

[2]林树中《吴昌硕年谱》1912年项下记此（上海人民美术出版社1994年版，第62页）。吴并题“波士敦府博物馆藏吾国古铜器及名书画甚多，巨观也。好古之心中外一致，由此以推仁义道德，亦岂有异哉？故摘此四字题之”。以吴和日本人的关系，很可能是受冈仓天心之请而书此匾。

[3]参见本刊上期注[37]，科恩（Warren L. Cohen）《从国际关系看东亚美术和美国文化》，第43—49页。

[4]同上书，第35—74页。

[5]史氏的观念集中见于其自序：“按上古中国哲学之特色，与西方哲学之精神峙立相辉，以集一为群为宗旨，绝无一己之私存乎其间。是以天演所趋，个人于其社会生活，自必由家族以致邦国，以成渐大之组织。而于其宗教皈依（指大乘宗而言），则涵浸其魂灵于宇内。参透成果者之中，以现其身，为造化中一子之真相焉。中国道释二教，一主修炼，一主忏悟，异途同趋，共达于一神主义之真觉……盖东人以为，天亦有魂命，一如人然。惟不得加以评议，临以审判耳。一言以蔽之，彼盖不以宇宙为领治之土，研究之地，自矜之资，所持态度，则唯造治宇宙之主权是敬是赖……或霜岩雪岭，或江雨湖烟，或婆娑之树，或嵯峨之石，或花卉或禽兽，皆足使观者被其感化。既陶冶其性情，复激扬其志趣，因以参合天道之玄机。试读以下之歌，庶足仿佛之矣。歌曰：‘惟愿登彼山巅兮，飘然直向尔宝，光神魂留恋岩洞兮，明月芳草倍倘佯。’按 此数句并其余韵，乃摘自《浮士德》曲谱者，当我侪思夫中国山水得意之作。”

[6]社论写道：“吾人尝论东西学艺不同之点。一则本诸天然之状态，而加以描摹，一则原诸严整之几何，而根于象数。故东方画事以疏宕超妙为贵，而得于神味于笔墨之外。西方画事，则以细密历物为尚，而赋意象于点画之中。试借佛家对待法门喻之，则东方贵空，而西方崇有也。今日世界，棣通东西，溶液将见，空有双融，别造成一圆境。”

[7]参见曹意强（Yiqiang Cao）《意外的出游结果：康有为的意大利之旅和斯特林·克拉克的中国征程》[*Unintended Consequences of Tourism: Kang Youwei's Italian Journey* (1904) *and Sterling Clark's Chinese Expedition* (1908)]。A lecture delivered in Clark Art Institute, Williams College, Massachusetts. USA, 12 June 1999.该文指出，康氏《意大利游记》中对美术和欧洲近代社会发展的关系的认识，是我们了解其改革中国画主张的更现实的原因。承曹兄惠示手稿，特此申谢。

[8]翻阅《文集》，这是黄宾虹唯一说到吴昌硕名字的地方。而《金石编》573页提及吴名，则是因为著录印谱的关系，没有“故事”情节在内。虽然黄吴关系不是本文的讨论话题，但他们之间的异同，的确很值得思考。两人同在上海画坛，1913年间还有合作《蕉石图》的艺术交往，但彼此的趣味却并不一样。比如对日本画和日本文化，黄宾虹就不如吴昌硕那么

有兴趣。因为后者在上海能形成割据一方的局面，很重要的因素来自日本客户对吴派艺术的赞助。黄宾虹办贞社时，也吸收日本人参加，但他真正的兴趣还是与“一二欧友”做生意，寻找艺术发展的更大空间。

[9]费氏(Ernest F. Fenollosa，1853—1908)，*Epochs of Chinese & Japanese Art*，an outline history of East Asiatic design.(New York：Frederick A.Stokes Company；London，W. Heinemann，1921)，对费氏的评价，参见科恩一书，第39—43页。

本文载于《美术研究》2002年第1期

九鼎传说与中国古代的“纪念碑性”

[美]巫　鸿/著　孙庆伟 巫　鸿/译

首先有必要对本文中所使用的“纪念碑性”(monumentality)这一基本概念作若干解释。我之所以用这个词而不是更为常见的“纪念碑”(monument)一词，是因为前者相对的抽象性使在对它进行解释时可以有更大的弹性，同时，也可以减少一些先入为主的概念。正如在诸如旅行指南一类文献中常常可以见到，“纪念碑”经常是和公共场所中那些巨大、耐久而庄严的建筑物或雕像联系在一起的。凯旋门、林肯纪念堂、自由女神像，以及天安门广场上的人民英雄纪念碑等是这类作品的代表。这种联系反映了传统上依据尺寸、质地、形状和地点对于纪念碑的理解：任何人在经过一座大理石方尖塔或者一座青铜雕像时总会称其为“纪念碑”，尽管他对于这些雕像和建筑物的意义可能一无所知。艺术家和艺术史家们沿袭了同一思维方式，很多学者把纪念碑艺术和纪念性建筑或公共雕塑等量齐观。这一未经说明的等同来源于对纪念碑的传统理解。[1]一些叛逆“正统”艺术的前卫艺术家以传统纪念碑作为攻击对象，美国现代艺术家 Claes Oldenburg 因此设计了一系列“反纪念碑”，包括模仿华盛顿纪念碑的一把大剪刀，并解释说：“显而易见，这把剪子在形态上是模仿华盛顿纪念碑的，但同时也表现出一些饶有趣味的差异，如金属和石质的区别，现代的粗鄙和古意之盎然的不同，变动和未定的对立。”[2]因此，在这种“反纪念碑”的话语系统中，纪念碑的定义再次与永恒、宏伟和静止等观念相通。

然而，这种似乎“普遍”的理解是否能够概括不同时期、不同地点的各种纪念碑呢？或者说，这个理解本身是否即是一个由其自身文化渊源所决定的历史建构？事实上，即使在西方，许多学者已经对此观念的普遍性提出质疑。如奥地利艺术史家、理论家 Alois Riegl 在其《纪念碑的现代崇拜：它的性质和起源》一书中就认为纪念碑性不仅存在于“有意而为”的庆典式纪念建筑或雕塑中，所涵盖对象应当同时包括“无意而为”的东西(如遗址)以及任何具有“年代价值”的物件，如一本发黄的古代文献就无疑属于后者。[3]从另外一个角度，美国学者 John Brinckerhoff Jackson 注意到在美国国内战争后，出现了一种日渐高涨的将葛底斯堡战场宣布为“纪念碑”的要求：“这是一件前所未闻的事：一片数千英亩遍布农庄道路的土地成了发生在这里的一件历史事件的纪念碑。”这一事实使他得出“纪念碑可以是任何形式”的结论。它绝对不必是一座使人敬畏性的建筑，甚至不必是一件人造物："一座纪念碑可以是一块未加工的粗糙石头，可以是诸如耶路撒冷断墙的残块，可以是一棵树，或是一个十字架。"[4]

Riegl 和 Jackson 的观点与对纪念碑的传统理解大相径庭。对他们来说，类型学和物质体态不是断定纪念碑的主要因素；真正使一个物体成为一个纪念碑的是其内在的纪念性和礼仪功能。但是虽然这种观点非常具有启发性，它却难以帮助人们解释纪念碑的个例，尤其是它们真实生动的形式。他们的论述引导我们对历史和回忆作抽象的哲学性的反思，但对分析艺术和建筑的形式或美学特征只有间接的贡献。研究具体形式的历史学家们（包括艺术、建筑和文化史家）不得不在经验主义和抽象思辨间寻找第三种位置。他们对于一座纪念碑的观察要兼顾它的功能和外在的特征。因此，在1992年华盛顿大学召开的一个以"纪念碑"这一直截了当的题目为名的学术讨论会就提出了这样一些问题："什么是纪念碑？它是否和尺度、权力、氛围、特定的时间性、持久、地点，以及不朽观念相关？纪念碑的概念是跨越历史的，还是在现代时期有了变化或已被彻底改变？"[5]

会议的组织者之所以觉得有必要提出这些问题。据他们所言，是因为"还没有建立起一种在交叉原则和多种方法论的基础上来解释纪念碑现象的普遍理论"。[6]但是如果有人相信（我本人即属于这种人）纪念碑现象（或其他任何受时空限制的现象）从不可能"跨历史"和"跨文化"的话，那他就必须历史和文化地描述和解释这些现象。与其试图寻求另一种广泛的、多方法论基础上的"普遍理论"来解释纪念碑性的多样性，将纪念碑现象历史化似乎更为迫切和合理。这也就是说，我们应该在特定的文化和政治传统中来探索纪念碑的当地概念及表现形式，研究这些概念和形式的原境（context），并观察在特定条件下不同的纪念碑性及其物化形态的多样性和冲突。这些专案研究将拓宽我们有关纪念碑的知识，也会防止含有文化偏见的"普遍性"理论模式。这就是我为什么坚持要把纪念碑严格地看成一个历史事物，以及为什么在研究中首先要界定地域、时间和文化范畴的原因：在本书中，我将在中国的史前到南北朝时期这一特定背景下来探索纪念碑的概念和形式。

这里我使用了"纪念碑性"（monumentality）和"纪念碑"（monument）这两个概念来指示本书中所讨论的两个互相联系的层次。这两个词都源于拉丁文 monumentum，本意是提醒和告诫。但在我的讨论中，"纪念碑性"（在《新威伯斯特国际英文词典》中定义为"纪念的状态和内涵"）[7]是指纪念碑的纪念功能及其持续；但一座"纪念碑"即使在丧失了这种功能和教育意义后仍然可以在物质意义上存在。"纪念碑性"和"纪念碑"之间的关系因此类似于"内容"和"形式"间的联系。由此可以认为，只有一个具备明确"纪念性"的纪念碑才是一座有内容和功能的纪念碑。因此，"纪念碑性"和回忆、延续，以及政治、种族或宗教义务有关。"纪念碑性"的具体内涵决定了纪念碑的社会、政治和意识形态等多方面意义。正如学者们所反复强调的那样，一座有功能的纪念碑，不管它的形状和质地如何，总要承担保存记忆、构造历史的功能，总力图使某位人物、某个事件或某种制度不朽，总要巩固某种社会关系或某个共同体的纽带，总要界定某个政治活动或礼制行为的中心，总要实现生者与死者的交通，或是现在和未来的联系。对于理解作为社会和文化产物的艺术品和建筑物，所有这些概念无疑都是十分重要的。但在对其进行历史的界定前，这些概念无一例外的都是空话。进而言之，即使某种特定的纪念碑性得到定义，但在把它和历史中其他类型纪念碑性相互联系、形成一个有机的序列以前，它仍然只是一个孤立的现象。我把这种序列称为“纪念碑性的历史”，它反映了不断变化着的对历史和回忆的概念。

思想的转变外化为实物的发展：物质的纪念碑体现出历史的纪念碑性。和它们所包含的概念和含义一样，纪念碑的可视可触的特性如形状、结构、质地、装饰、铭文和地点等，都是在不断变化的；这里根本不存在一个我们可以明确称为标准式的“中国纪念碑”的东西。换言之，我对纪念碑性的不同概念及其历史联系的有关讨论有助于我对中国古代纪念碑多样性的判定。这些多样性可能与人们对纪念碑的传统理解相符，但也可能不符。但不论是哪种情形，我们判定一件事物是否是纪念碑必须着眼于它们在中国社会中的功能和象征意义。更重要的是，它们不能单纯地被视为纪念碑的各种孤立类型，而必须看成一个象征形式发展过程的产物，这个过程就构成了“纪念碑的历史”。

通过把这两个历史——“纪念碑性的历史”和“纪念碑的历史”——综合入一个统一叙事，我希望在本书中描述中国艺术和建筑从其发生到知识型艺术家及私人艺术出现间的基本发展逻辑。在独立艺术家和私人艺术作品出现之前，中国艺术和建筑的三个主要传统——宗庙和礼器，都城和宫殿，墓葬和随葬品——均具有重要的宗教和政治内涵。它们告诉人们应该相信什么以及如何去相信和实践，而不是纯粹为了感官上的赏心悦目。这些建筑和艺术形式都有资格被称为纪念碑或者是纪念碑群体的组成部分。通过对它们纪念碑性的确定，我们或可找到一条解释这些传统以及重建中国古代艺术史的新路。为了证明这一点，我将从中国最早的有关纪念碑性的概念着手，关于一组列鼎的传说十分清楚地反映了这一概念。

公元前605年，一位野心勃勃的楚王挥师至东周都城洛阳附近。这一行动的目的并非表现他对周王室的忠诚：此时的周王已经成为傀儡，并不时受到那些政治权欲日益膨胀的地方诸侯们的威胁。周王派大臣王孙满前去劳师，而楚王则张口就问“鼎之大小、轻重”。这一看似漫不经心的提问引发出王孙满一段非常著名的回答，见载于《左传》：

> 在德，不在鼎。昔夏之方有德也，远方图物，贡金九牧，铸鼎象物，百物而为之备，使民之知神、奸。故民入川泽山林，不逢不若，魑魅魍魉，莫能逢之。用能协于上下，以承天休。
>
> 桀有昏德，鼎迁于商，载祀六百。商纣暴虐，鼎迁于周。[8]
>
> 德之休明，虽小，重也。其奸回昏乱，虽大，轻也。天祚明德，有所底止。成王定鼎于郏鄏，卜世三十，卜年

七百，天所命也。周德虽衰，天命未改。鼎之轻重，未可问也。[9]

王孙满的这一段话经常被用作解释中国古代青铜艺术的意义，但学者们多关注于文中所说的“铸鼎象物”的“物”，并根据各自理论的需要将其解释为图腾、族徽、符号、纹饰或动物崇拜等。但在我看来，这段话的意义远远超出了图像学研究的范畴。事实上，它所揭示的首先是中国文化中一种古老的“纪念碑性”，以及一个叫作“礼器”的宏大、完整艺术传统。

这段文献中的三段话显示了“九鼎”在三个不同层次上的意义。首先，作为一个集合性的“纪念碑”，九鼎的主要作用是纪念中国古代最重要的政治事件：夏代的建立。这一事件标志了“王朝”的肇始，因此，把中国古代史分成两大阶段。在此之前的中国被认为是各地方部落的集合，在此以后的中国被认为是具有中央政权的政治实体。因此，我们可以把九鼎定义为Riegl所说的“有意而为”的纪念碑的范畴。但另一方面，九鼎不仅是为了纪念过去的某一事件，同时，也是对这一事件后果的巩固和合法化——国家形态意义上的中央权力的实现和实施。王孙满形象地表达了这一目的。从他的话中可以看出，九鼎上铸有不同地域的“物”。这些地域都是夏的盟国，贡“物”于夏就是表示臣服于夏。“铸鼎象物”也就意味着这些地域进入了以夏为中心的同一政治实体。王孙满所说的九鼎可“使民之知神、奸”的意味是：进入夏联盟的所有部落和方国都被看成“神”，而所有的敌对部落和方国（它们的“物”不见于九鼎之上）则被认为是“奸”。

这层意义也许是铸造九鼎的最初动机。但是当这些礼器被铸成后，它们的意义，或者说它们的“纪念碑性”马上发生了变化。首先，这些器物成为某种可以被拥有的东西，而这种“拥有”的观念也就成为王孙满下一段话的基础。这里我们发现九鼎的第二个象征意义：这些器物不仅标志某一特殊政治权力（夏），同时，也象征了政治权力本身。王孙满这段话的中心思想是任何王朝都不可避免地要灭亡（如他预言，周王朝的统治也将不会超过三十代），但政治权力的集中——也就是九鼎的所有——将超越王朝而存在。九鼎的迁徙因此指明了王朝的更替。所以王孙满说：“桀有昏德，鼎迁于商，载祀六百。商纣暴虐，鼎迁于周。”从夏到商再到周，九鼎的拥有正好和三代的更替吻合，九鼎的迁徙因此成为历史进程的同义词。

九鼎的逐渐扩大的象征意义最终引申出这些神秘器物的第三层含义：九鼎以及九鼎的变迁在很大程度上不再是历史事件的结果，而被看成这些事件的先决条件。虽然从前两层意义上讲，一个王朝的明德使其获得天命，铸造九鼎或拥有九鼎则表现出这种天命。但在第三层意义上这一逻辑被逆转，变成了：因为一个统治者拥有了九鼎，他理所当然的是天命的所有者。这也就是为什么野心勃勃的楚王要问（事实上是“求”）九鼎的缘故，这也是为什么王孙满回答“周德虽衰，天命未改。鼎之轻重，未可问也”的原因。王孙满的理由或可以这样来概括：尽管周德衰落了，但它仍然是九鼎的拥有者，因此，它还是王朝的合法统治者，因此，它还拥有天命，因此，它仍有德，在道义上不可动摇。在这个辩解中，周王朝对九鼎的拥有成为它继续存在的唯一支持。而对于楚王来讲，夺取九鼎则是获得王朝权力的第一步。

作为集合式的政治性纪念碑，九鼎的特征与对“纪念碑”的约定俗成的现代理解既有相同又有不同之处。如上文所说，一座纪念碑，或更准确地讲一座“有意而为”的纪念碑通常被看成用耐久材料所制造出来的某种形式，它所带有的符号是“为了在后来者的意识当中保留某一瞬间，并以期获得生命和永恒”。[10]传说中的九鼎符合这一基本概念：它们不但是用当时最为耐久的材料铸造的，而且所装饰的符号（物）表明了中国第一个王朝的建立。但除此之外，九鼎还有其独特之处。

第一，铸鼎所用的青铜不仅是当时最耐久的材料，同时，也是最宝贵的材料：夏商周三代只有统治阶层才能拥有和使用青铜。王孙满并特别强调九鼎的材料来源是“贡金九牧”，这说明青铜的象征性不仅在于其坚固、耐久和珍贵，还包括它的来源以及器物的铸造过程。当来自不同地域的青铜原料被熔化在一起而铸造成一套礼器时，这个过程也象征了不同地区的贡金者融合于同一个政治集合体当中。如我上文所说的那样，这也是把各地的“物”铸在鼎上的意义之所在。

第二，现代概念中的“纪念碑”一词经常是和巨大的建筑物联系在一起的，其宏伟的外观控制着观众的视线。但作为青铜容器，九鼎的高度不会超过两米，随着王朝的更替它们也可以从一地搬迁到另外一地。[11]我们可以认为，正是这种简洁的造型和可移动性使九鼎显示出它们的重要性；其意义和内涵并非通过外形的巨大而体现。因此，王孙满说：“德之休明，虽小，重也。其奸回昏乱，虽大，轻也。”这也就是为什么中国古代青铜礼器被称为“重器”的原因：这里的“重”指的是器物在政治和精神意义上的重要性，而不是其物质的尺寸和重量。根据同一原理，《礼记》规定臣下在执君主的礼器时，即使它很轻，也要做出不胜其重的样子。[12]

第三，纪念碑的形式经常和永恒、静止等特性密切相连，但九鼎却被认为是运动的和“有生命”的神物。在王孙满的话中有这么一句：“桀有昏德，鼎迁于商，载祀六百。商纣暴虐，鼎迁于周。”在不同版本的英文翻译中“鼎迁”一词都被译成“鼎被迁”，但事实上原文的含义并非如此明确。“迁”既可以解释为“被迁”，也可以理解为“自迁”。事实上，根据句子的语法，后一种理解更符合原意。因此，“鼎迁于商”和“鼎迁于周”可以解释为“鼎自迁于商／周”。这个意义在另一个有关九鼎的传说中表达得极为明确。《墨子·耕柱篇》记载夏后开铸鼎，使翁难乙卜于白若之龟，曰：“鼎成三足而方，不炊而自烹，不举而自臧，不迁而自行，以祭于昆吾之墟，上飨。”翁难乙释卜兆曰：“飨矣！逢逢白云，一南一北，一西一东，九鼎既成，迁于三国。夏后氏失之，殷人受之。殷人失之，周人受之。”[13]翁难乙将九鼎和流云相比拟，显然在说明九鼎有“不迁而自行”的自身运动能力。根据这种理解，不同王朝之所以拥有九鼎并非是由于他们有能力获取九鼎，而是因为这些神秘的器物愿意被其合法所有者所拥有，因此，“自迁”至下一个所有者的统治中心。

九鼎的这种“生命”性在汉代被进一步神秘

化：人们开始相信九鼎不仅能自行迁移，而且还具有意识。如孙柔之《瑞应图》中说："宝鼎，金铜之精。知吉凶存亡。不爨自沸，不炊自熟，不汲自满，不举自藏，不迁自行。"[14]下文中我将进一步说明九鼎的"生命性"并不完全是一种抽象的概念，而是在艺术中得到视觉的表现。这种表现在广义上与中国古代礼制艺术中一贯的"变形"原理有关，具体说来则在强调不断变异的铜器装饰中获得明显的体现。

第四，一个现代人可能会吃惊：作为中国古代最为重要的政治性纪念物的九鼎竟是一套实用器物。虽然一般概念中的"纪念碑"多不具备实用功能，但九鼎的造型说明它们是祭祀时用的一套炊器。由于这种礼仪中的用途，它们成为宗教活动中沟通人神，尤其是沟通于已逝祖先的礼器。[15]它们的意义不仅在于纪念那些最早创造和获得这些神器的祖先（如他们对三代的建立），同时，也在于纪念所有继承和拥有过九鼎的先王们（因此，而证明一个王朝"天命"的延续）。九鼎的政治象征意义之所以能够历经每个王朝数百年地流传下去，正是因为它们在祭祀中的持续使用可以不断充实和更新对以往先王的回忆。由于只有王室成员才能主持这样的祭祀，九鼎的使用者因此也自然是政权的继承者。

第五，一般意义上的纪念碑总在公共场合中展现其宏伟壮丽，但九鼎却是被密藏在黑暗之处。事实上，很多的古文献，包括王孙满的那一段论述，都表明正因为九鼎如此被珍藏、不为外人所见，它们才能保持其威力。我们知道商周时期的重要青铜礼器常保存在位于城中心的宗庙之中，而宗庙是统治者家族举行重要祭祀活动的法定场所。如我将在本书第二章讨论的那样，在古文献中宗庙常被描述成"深邃"和"幽暗"的地方，其建筑形态赋予庙中举行的礼仪活动以特定的时空结构。这些礼仪活动引导人们，特别是男性家族成员接近和使用深藏于庙中的礼器。外人不得靠近这些宗庙重器，因为这种"僭越"就意味着篡夺政治权力。这也就是为什么作为政权象征的九鼎在夏、商、西周时期并没有被如何提及，只是到了春秋、战国时期，随着周王室的式微它们才成为纷争中列国兴趣的焦点。公元前605年的楚王问鼎引出一系列类似的事件。[16]如秦相张仪向秦惠王建议："秦攻新城、宜阳，以临二周之郊，诛周王之罪，侵楚魏之地。周自知不能救，九鼎宝器必出。据九鼎，按图籍，挟天子以令于天下，天下莫敢不听。"[17]

据《战国策》中的有关记载，周王室所采取的措施最后使之不至失去九鼎，其幸运同样是归功于周王朝一位大臣机智的应辩。因为当时不仅是秦，其他强国如齐、楚、梁等也都垂涎九鼎。周大臣颜率首先利用齐国对九鼎的贪婪而克制了秦的野心，随后又东行至齐，告诉齐王即使齐得到九鼎，他也不可能将这些重器迁到山东："夫鼎者，非效醯壶酱甀耳，可怀挟提挈以至齐者。非效鸟集乌飞，兔兴马逝，漓然止于齐者。昔周之伐殷，得九鼎，凡一鼎而九万人挽之，九九八十一万人，士卒师徒，器械被具，所以备者称此。今大王纵有其人，何途之从而出？臣窃为大王私忧之。"[18]

当我们回过头去看公元前7世纪末年的情况，当时王孙满为周王室对九鼎所有权的辩解主要还是依赖于周室的天命和道德权威。但到了公元前3世纪早期，颜率就只能通过夸大九鼎的体积来欺骗齐王了。颜率的话告诉我们这样一个事实，对于某一物体感性经验的缺乏导致对它的真实尺寸和比例的混淆。Barbara Rose在她对当代西方艺术品的研究中也已经指出一个类似现象："人们对于毕加索作品纪念碑性的概念并不是依据其实际的大小；事实上，在我看来，对于它们的纪念碑性的相信在相当大程度上是因为人们从来没有看到原作，而只是借助于幻灯片或照片来熟悉它们。在这种情况下也就不存在作品和人体自身尺度的比较，因此，事实上仅仅20英寸高的《金属线结构》却给人以巨大到难以置信的感觉。"[19]

和毕加索作品不同的是，有关九鼎只有文字上的描述，这就使凭想象来夸大这些神秘的宗庙重器的做法更加方便。此外，与观赏现代艺术作品不同，接近九鼎有着严格的限制，局内人士对于九鼎的了解也因此成了他们拥有和行使权力的手段。这也可能就是为什么颜率虚构的故事竟能够阻止齐王迁鼎的原因。我们还可以注意到，颜率对于九鼎物体特征的强调也不同于先前对于这些礼器纪念碑性的理解：他不再把九鼎描述成有生命、有意识的神器，而是把它们说成无法自动、巨大笨重的东西，要搬动其中一件竟然需要九万人众。此时的九鼎真是成了直意的"重器"，而非原意上的"重器"，即具有超强政治意义的有限物质形体。同样，公元前7世纪的王孙满尚可自豪地拒绝告诉楚王鼎之轻重（"鼎之轻重，未可问也"），此时的颜率却只能夸大其词地主动将鼎之轻重告知齐王了。这里我们可以发现在东周时期，对于九鼎的纪念碑性的理解已发生了一个根本变化，而此时正是古代中国从三代向帝国时代的过渡期。事实上，颜率的解释反映了通过赋予九鼎以新的形式和象征意义来维护这些古老政治象征物所作的最后努力。从这一点上说，九鼎原有的纪念碑性已经消失了，而作为物质存在的这些器物本身不久之后也将消失：当周王朝最终灭亡后，九鼎也沉于河中。[20]

有关九鼎的记载可能纯属传说：尽管古人对此有不少相关的记载和讨论，但没有人说他亲眼见过九鼎，也没有人对其做过详细描述。对于艺术史研究而言，九鼎可能是最不理想的材料了。但对我说来，九鼎的史料价值不在于它们的物质形态，甚至不在于它们是否曾经真实存在过，而恰恰在于围绕它们的传说。与其证明九鼎到底是什么，不如说这些古代传说的作者告诉我们的是他们对九鼎的信念和期望。在这些信念和期望中，九鼎纪念着最为重要的历史事件并代表着政体及其公众。珍藏九鼎的宗庙同时也是国都和国家的中心；有关这一地点的知识使它们成为人们关注的焦点。九鼎可以易主；不同人对九鼎的拥有，或者说九鼎的自我迁移因此反映了历史的变迁。九鼎的造型虽为炊器，但它们远远超出了其他任何日常用器的功用和目的。对于艺术史研究而言，这些传说最重要的意义是九鼎的地位和含义体现于其具体形象特征，如质地、形状和装饰图案。由于这些传说中对九鼎功能和内涵的期待可以帮助我们理解"礼器"的基本性格，这些传说中的器物不仅可以引导我们发掘出中国古代一种被遗忘的纪念碑性，同时，也为我们提供一条解释真实存在的礼器的新思路。这些研究的进一步意义在于：正是这个"礼器"传统决定了自新石器时代晚期到三代晚期中国艺术的主流。

这一观点在本书第一章“礼制艺术时期”中得到进一步阐述。作为中国最早的艺术传统，礼制艺术背离了“最少致力”（least effort）的制作原理，而引进了“奢侈消费”（conspicuous consumption）的原则。[21] Thorstein Veblen所提出的“浪费可以提高消费者的社会声誉和权力”的观点使人类学家得以确定纪念碑建筑的一个基本特征[22]，即它们巨大的造型需要庞大的人力资源[23]。但在中国古代，对巨型建筑的追求直到三代晚期才出现。在这以前，奢侈但形体有限的礼器体现了对人工的浪费和对权力的控制。因此，对工具和日常用器的“贵重”模仿——玉斧和薄如蛋壳的陶器——标志了礼制艺术的开端。礼器和用器的区别首先表现为对“质地”和“形状”的有意识选择；“纹饰”随之成为礼器的另一个符号，并进而导致装饰艺术和铭文的产生。

礼制艺术另一重要的特点是，每当中国古代有一种新材料或新技术出现，它总是毫无例外地被吸收到礼器传统中来，并成为其专有的“财产”。中国古代极度发达的青铜艺术最有力地证明了这一点。社会学中“青铜时代”这一概念一般指人类早期历史上广泛制造和使用青铜工具的时代，但在中国，青铜时代应该被定义为礼制艺术的一个时代，这是因为青铜容器和其他礼仪用器在这个时期成为这一艺术传统最主要的代表，实用青铜工具的制作即使不是没有，也很少使用这种“贵重”材料的。礼制艺术的发展因此符合青铜时代延承玉器时代这一中国传统的进化理论。在这一理论中，玉和石的差别正如铜和铁的区别：石和铁都是用来制作实用器的“恶”材，而玉和铜则是服务于礼制艺术的“美”材。

鉴于这种观察以及相关研究，我摒弃了对中国早期艺术研究中的两个通行模式。首先，与其按照质地把古代遗物进行分类（如玉器、陶器和青铜器）来研究其相对独立的线性演变过程，我更倾向于探讨不同质地器物间历史的和概念的联系和互动。其次，与其把形状和装饰看成艺术分析的主要标准，我更认为礼制艺术有四个基本要素——质料、形状、装饰和铭文，每个因素各有含义并分别在这一艺术的不同发展阶段中扮演了领先角色。尽管这两个观点并非没有人谈到过，我希望的不仅是提出这些观点，而是对这些观念进行实践以重构中国古代礼制艺术的发展史。这个发展史将综合并发挥艺术史、建筑史、考古学、人类学、冶金学、宗教史和历史学等领域中的重要发现和独立研究。

这里可以用青铜艺术的发展来简单地说明这种构想。已知最早的中国古代青铜容器——二里头遗址出土的夏代晚期平底爵——通常因为器表没有装饰纹样而被认为“原始”。但我认为它们实际上代表了古代礼器从陶器向金属器过渡的重大变革；它们的含义，或者说它们的“纪念碑性”主要是由新出现的青铜媒介来实现的。丰富的纹饰在商代早中期青铜礼器上出现，并很快成为青铜艺术中的领先形式因素。以往对铜器装饰艺术的研究多在图像学和形式分析的范畴内进行；前者对主题纹样分类和定名，后者则关注于风格的演变。我的研究没有沿循这两个通行方式，而是提出商代铜器的装饰在形式和主题上都强调不断的“变形”（metamorphosis）。这一基本特征对图像学和形式分析的研究前提形成挑战，要求对商代青铜艺术的发展过程进行新的解说。学者们经常注意到西周铜器装饰趋向抽象和简练，但在本书的叙事中这一变化并不被认为是纯粹形式上的变革。反之，是铭文在青铜器上的逐渐普及导致了装饰的衰落：西周青铜礼器通常带有长铭，这些器物成为“读”而非“看”的对象。

有意思的是，王孙满似乎把青铜艺术的这一长期发展演变过程凝聚到九鼎之上。他对青铜质料象征意义的强调似乎反映了夏代二里头铜爵制造者的观点。他所说的“物”很可能是族徽，而族徽只是到了商代早中期才出现在青铜器上。他对于九鼎所具有的“自迁”和自我意识等超自然能力的描述似乎和商代晚期的铜器装饰相关，其不断变化的象生造型力图造成一种动态生命的感觉。九鼎之数进而反映了周代的一个新概念，以“九”象征天子至高无上的地位。上文已经提到，据文献记载周代灭亡后不久九鼎就沉没于河。公元前 3 世纪秦始皇统一六国后，九鼎又现于河。始皇大喜过望，并命令数千人下河寻找九鼎。但当他们找到了九鼎，正用绳子准备把鼎拉上来的时候，突然出现了一条龙将绳子咬断，九鼎因此重新消失，再也没有出现。[24]有心人可以看到的是，九鼎的“生命”历程正好和三代的历史吻合。

礼制艺术时代随着九鼎的消失而结束。新历史时期中的“纪念碑”不再是神秘的“重器”，而是取而代之的宏伟的宫殿和陵墓建筑。这一历史转变是本书第二章讨论的主题，同时，也涉及一些尚未解决的艺术史中的重要问题，如为什么壁画和画像砖石成为汉代艺术的主要形式，以及为什么图像性艺术表现越来越吸引了艺术家的想象力。我在这一章中的讨论仍然是从三代开始，但关注的不再是礼器本身，而是存放礼器的建筑形式，即建在大小城市中心的宗庙。“宗庙”这一名称最清楚不过地揭示了这种建筑的社会和政治功能：张光直和其他学者已经令人信服地证明了三代社会从根本上讲以不同等级的父系宗族构成的政治和血缘结构，宗庙（更准确地讲是宗庙中祭祀的祖先们）则反映了宗族的地位及其在整个社会政治体系中的相互关系。[25]古代的颂歌、文献和礼书都强调宗庙无与伦比的重要性：对一位贵族而言，他应该在兴建其他任何建筑之前修建宗庙，正如他应该在制作任何用器之前制作礼器。这一观点肯定了礼器和宗庙是三代“纪念碑”体系中最基本的两个部分：前者界定了权力的聚集，后者则建供了礼仪场所。

考古发掘的三代宗庙遗址使我们了解宗庙是如何通过建筑形式体现其社会和政治价值的。高墙重门的宗庙形成了一个封闭的平面院落，把它和周围的世俗世界隔开。宗庙建筑的历史发展主要表现为中轴线的延伸以及门、墙的复加，而不是向三维高度发展。中轴线和坐落在中轴线上的门、墙是宗庙建筑的两个主要特点，其隐含作用是规范礼仪活动的过程和段落。祭祖仪式通常是从祭祀靠近宗庙入口处享堂内的晚近祖先开始，而以祭祀坐落于宗庙最内部享堂内的始祖告终。这里我们可以发现三代祖先崇拜的本质：“教民反古复始，不忘其所由生。”[26]

在这个宗教系统里，都城中王室宗庙的地位最为尊崇，对先王的祭祀以及其他重要的国家庆典仪式都在此举行。在这个意义上，王室宗庙同时充当着政治中心和宗教中心。但是当这种以宗法为基础的古代社会体系在西周之后逐渐瓦解，作为政治中心的宫殿就逐渐独立出来并成为封建统治者权力的象征。高台建筑和楼阁建筑获得长足发展以满足新兴的统治阶层的需求。据文献，有的这类建筑超过100米，其惊人高度帮助其所有者慑服甚至恐吓政治对手。这些宫殿式建筑的原理和传统的宗庙建筑截然不同：不再是高墙环绕、深邃幽暗、隐藏秘密的封闭结构，东周和秦代的高台建筑是高耸入云的古代“摩天大厦”。它们的作用不再是通过程序化的宗庙礼仪来“教民反古复始”，而是直截了当地展示活着的统治者的世俗权力。

墓地中高台建筑的出现体现了东周社会变革的另一侧面：在宗教领域里，祖先崇拜的中心逐渐从宗庙转移到墓地。这一变化渊源于这两类建筑不同的象征意义：即使在商和西周时期，历代祖先均供奉在宗庙中，地位最高的是家族的始祖；但墓葬总是为生者的近亲甚至生者本人而建。宗庙从设计起就是一个集合性的宗教建筑；墓葬则是为个人建造。在个人野心高涨的东周时期，丧葬建筑的宏伟程度迅速增加。诸侯把高大的陵墓看成个人的纪念碑；他们为自己修建陵园，并颁行法令以确保它们的竣工。这一发展趋向在汉代，又因新的社会、宗教因素而增加了势头：小规模的核心家庭代替大型宗族成为社会的基本单位；皇族刘氏所支持的民间宗教广泛流行；皇位继承中的不延续性给传统宗庙祭祀带来了困难。最后这一因素致使东汉的第二个皇帝汉明帝废除了所有的宗庙祭祀，而以墓祭取代之。此后的两个世纪因此成为中国古代丧葬艺术的黄金时代。这一例子也证明：纪念碑和纪念碑性的发展不是受目的论支配的一个先决历史过程，而不断地受到偶然事件的影响。有时某一特殊社会集团的需求能够戏剧性地改变纪念碑的形式、功能及艺术创造的方向。艺术史研究因此不仅要描述一个总体上的演变过程，同时，也要发现这些突发事件并确定它们对美术和建筑的影响。

与木构的宫室不同，东汉时期很多丧葬建筑是石制的，而石头是在汉代以前少有使用的建筑材料。本书中建议汉代对石料的“发现”与有长期建造石质建筑和雕刻历史的印度文化有关。但我的主要目的不是简单地追溯文化影响的来源，而是希望解释中国建筑中这一演变的内部原因以及演变之具体发生过程。石头这种陌生的质料之所以在汉代变得“有意义”是因为它和当时中国文化中的某些相当本质性的概念发生了联系。汉代丧葬艺术和神仙崇拜中的三个相互关联的概念——死、成仙、西方——都和石头发生了联系。这种多边的概念联系解释了一些令人困惑的现象，如，为什么中山王刘胜要在其地宫的中室内建造一座木构房屋，但在后室中建一石屋？为什么汉武帝要把他的陵墓建在都城长安西面？为什么汉书中记载的西王母祠是石构的建筑？为什么中国古代第一位遣使到印度寻求佛经的皇帝汉明帝也是最早为自己建造石祠的皇帝？为什么当石头成为丧葬建筑和雕刻的流行原料，不少佛教题材也出现在这些丧葬建筑中？

本书第二章因此描述和解释了商周时期礼器向秦汉时期宫殿和丧葬建筑的转变，由此又引出下文有关宫殿和墓葬的两章。第三章的主题是西汉都城长安。尽管学者们对复原这一重要历史名城进行了反复的尝试，但通行的方法是以静止、二维的观点来复原：长安被描写成为一座城墙、十二座城门、十三座皇陵和诸多宫殿的集合体。本书中对长安城的复原采取了另一种办法。我拒绝把分散的文献和考古材料糅合到一座孤立的、没有时间性的“纸面”城市中，而是试图利用这些证据来勾画出长安城的变化。我们发现汉代开国皇帝汉高祖仅建造了一座宏伟的宫殿用作新政权的象征，而长安城城墙的建筑则是在他的儿子惠帝时进行和完成的。惠帝对长安的改造基本是按照周代传统城市规划概念进行，反映出传统政治势力在这一时期的影响。到了汉武帝时，这位雄才大略、醉心于求仙的君主把视线从长安城内转移到长安郊区，修建了规模宏大的上林苑和象征天堂的建章宫。但以后王莽又拆毁了武帝的上林苑，利用其原料修建了明堂和辟雍等儒家建筑，借此表示他对汉代天命的合法继承。沿循这种历史复原，我把西汉长安的形成和发展看成包含一系列变化的一个复杂过程，而这些变化反映了各个时期不同的“纪念碑性”的概念。

随后的第四章是对汉代丧葬“纪念碑”的一个研究。这里我采用了另一种方法，“不再去探讨这一类型纪念碑总的发展脉络，而是着重分析了公元150—170年这二十年间山东西部的一些遗存范例”。这种小范围的研究有助于了解在当时和当地建立和装饰丧葬纪念碑的动机。在这里我同意 Martin Powers 以及其他学者的基本观点，即汉代丧葬建筑是当时社会的缩影：墓地不仅是家族内部祖先崇拜的中心，同时，也是社会联系的焦点；丧葬纪念碑不仅是死者的财产，同时也是生者各种关系的见证。[27]在这里我不把丧葬纪念碑的制作者分成不同的社会群体和等级，而是证明一座东汉墓园的建造和社会功能通常要涉及四个方面：死者本人、他的家庭成员、他的生前友好和同事，以及墓葬的建造者。我试图通过考证丧葬铭文和画像来复原若干“场景”（scenarios），进而揭示出这些人在建造丧葬建筑和雕刻时的不同考虑。可以说，这种讨论希望发现丧葬纪念碑所凝固的人的“声音”。

在本书的结尾的第五章中我讨论了或可称得上是中国古代艺术发展史中最为重要的事件，即汉代以后独立艺术家的出现；公共性的纪念碑艺术通过这些人的努力被转化为个人行为。在此之前，我们所说的艺术品，不论是一件青铜器还是一座石享堂，都在人们的政治和宗教生活中起着直接的作用；它们的制作从总体上讲是把政治和宗教概念具体化和形象化；它们凝聚着无名工匠们的集体努力；它们在主题和风格上的变化首先是由社会和宗教演变的大趋势决定的。和后世那些供个人欣赏的书画作品不一样，早期中国艺术的种种个别形式是更为广泛的纪念碑艺术的有机部分；每一种形式通过它自身的特点以及与其他形式的联系实现其意义。早期中国艺术的这些最本质的特征决定了本书的范围。

本书的研究因此在本质上是一个历史学的探索，而非纯理论的抽象演绎。“纪念碑性”这一主题使我可以对中国古代艺术史作一系统的解释和重构。我们发现了多种而不是孤立的中国古代的纪念碑概念，它们的不同理想突出了不同艺术传统的特性，它们的历史关系帮助我们发现古代中国艺术和建筑发展的主线。这条主线在从宗庙礼器到宫室墓葬建筑性纪念碑这一过程中不断变化着的艺术创作焦点中显现出来。在这一历史演变中，美术史研究中经常被分割开的艺术门类，如装饰艺术、图像艺术和建筑艺术，显示出它们的内在联系，并都从属于更大范围内艺术的发展变化。我希望通过对这种变化的复原使我们能够更好地了解在一个变化的社会中艺术和建筑是如何发展并发挥功能的——在礼制和宗教的背景下视觉形式是如何被选择的，这些形式如何决定人们的精神和物质生活的方向，如何表现道德或价值体系，如何支持和影响社会群体和特殊政治个体的法则，以及如何满足个人的野心和需求。

从方法论的角度来看，“纪念碑性”这个主题使我可以尽量汲取在中国古代艺术史研究中的不同方法和观念。第一，我希望既采用又更新传统的形式分析方法；更新的手段是不断拓展观察范围，研究不同艺术质料间的相互联系和相互作用，考察形式特征的技术性决定因素。第二，我希望强调观者和作品间的相互作用，说明这种相互作用——而不仅是艺术品的“客观”特征——决定着作品在观者感知系统中的价值和含义。我的第三项考虑是有关不同的“原境”（contexts）：通过审视一件艺术品的物质、礼制、宗教、思想和政治环境，我们能够更准确地确定它在某一特定社会中的地位、意义和功能。和这种“原境”研究相关的是第四种方法论，即所谓的对艺术“赞助”的研究。这类研究强调从社会学角度来研究艺术创造，发现资助者对艺术作品主题和风格的直接影响。最后，我也将运用文化史研究的方法。这种方法不针对单个的作品和它们的历史背景，而是利用视觉和文献材料尽可能地复原一个宏观而生动的“过去”。

我相信这些研究方法并不矛盾，而是可以互补，或用以说明中国古代艺术的不同方面，或用以相互印证，使历史重构更为充实可信。本书中的5章有意识地使用了以上提到的5种研究方法。第一章中对礼制艺术的重构主要依据礼器的内在视觉和形式因素。由于记载这些器物具体设计制作、资助人及工匠和作坊等情况的文献材料鲜有遗存，我选择了宏观的历史叙述方式。第二章着眼于礼器的建筑、礼制和政治背景（即“原境”研究）；礼器的衰落和建筑性纪念碑的兴起反映出一个关键性的历史转变。第三和第四章吸取文化史研究方法，描绘广阔的历史和社会视野。但第三章中对长安城的复原遵循年代顺序；第四章中对丧葬纪念碑的研究则着眼于社会的一个剖面。这两章中都讨论赞助人的作用但又有不同侧重：长安城的变迁与最高统治者的个人野心和政治目的直接有关；而所讨论的丧葬性纪念碑的资助人则主要是地方官吏、学者以及普通百姓，他们的关注点往往反映了当时流行的一般性社会道德。第五章讨论了中国早期艺术向晚期艺术的过渡。这里我不对某种具体历史环境进行重构，而是希望通过各种证据来勾画出一个视觉感知和艺术再现中的“革命”：当文人式的艺术家们开始支配艺术取向时，他们以一种崭新的眼光来审视公众性纪念碑并把它们转化为一种个人艺术。

注释

[1] Georges Bataille 在其1929年论文《建筑》（*Architecture*）中的讨论已经隐含了这一理解：“因此宏伟的纪念碑如同堤坝般被建立，与权威的逻辑和高贵相抗，反对任何令人不安的因素。正是在大教堂或宫殿这样的建筑形式中，教会和国家对大众发话并使其沉

默。" 见 D.Hollier, *Against Architecture : The Writings of Georges Bataille*, Cambridge, Mass. : MIT Press, 1992, p.47。S. Giedion 在20世纪40年代早期撰写了一系列论文批评他所认为的"伪纪念碑",提倡能够表达"人类最高文化需要"的"新纪念碑"。他所用的这两个术语都意味着特殊的建筑形式。见 S. Giedion, *Architecture*, *You and Me*, Cambridge, Mass. : Harvard University Press, 1958, pp.22-39, pp.48-51。对纪念碑的两个新近的研究也都将其注意力集中在"纪念碑建筑"上。根据其作者,这种建筑"或多或少地总是对使建筑得以永恒的条件的极度夸张"。见 R. Harbison, *The Built, the Unbuilt and the Unbuildable : In Pursuit of Architectural Meaning*, Cambridge, Mass. : MIT Press, 1991, p.37 ; B. G. Trigger, "Monumental Architecture : A Thermodynamic Explanation of Symbolic Behaviour", In R. Bradley, ed., Monuments and the Monumental. World Archaeology special issue, Vol.22, No.2, 1990, pp.119-120。

[2]引文见 B.Haskel, Claes Oldenburg : Object into Monument. Pasadena, Calif., 1971, p.59。有关讨论见 M. Doezema and J. Hargrove, The Public Monument and Its Audience, Cleveland : Cleveland Museum of Art, 1977, p.9。

[3] A. Riegl, "The Modern Cult of Monuments : Its Character and Its origin" (1903). Trans. K. W. Forster and D. Chirardo. In K. W. Forster, Monument / Memory. Oppositions special issue, 25. 关于对 Riegl 理论的讨论, 见 K. W. Forster, "Monument / Memory and the Morality of Architecture" ; A. Colquhoun, "Thought on Riegl"。二文同载于 K. W. Forster, *Monument / Memory*。

[4] J. B. Jackson, *The Necessity for Ruins*, Amherst : University of Massachusetts Press, 1980, p.91, p.93.

[5][6]见 Marian Sugano 和 Denyse Delcourt 所撰会议介绍和程序。该会议由华盛顿大学人文研究中心主办,于1992年2月27日至29日在美国西雅图召开。

[7]见 Webster's New International Dictionary of the English Language, Springfield, Mass. G. & C. Merriam Co., 1934, "monumentality"条。

[8]原文为"成王定鼎于郏鄏",郏鄏在周代文献中指周王室所在地或其首都,见唐兰《关于夏鼎》,《文史》第7辑,中华书局1979年版,第3—4页。

[9]英文翻译见 J. Legge, *The Ch'un Ts'ew, with the Tso Chuen*, Chinese Classics 5, Oxford : Clarendon Press, 1871, pp.292-293。

[10] A. Riegl, "The Modern Cult of Monuments", p.38.

[11]目前发现的最大商代铜器司母戊鼎为52.4英寸高,重1929磅。

[12]《礼记》,中华书局标点本,第1256页。学者对《礼记》的成书年代有不同意见。较可靠的说法为这本书是汉代初年编纂而成的;见 J. Legge, Li Chi : Book of Rites, 2 Vols, New York : University Books, 1967, Vol.1, p.100。由于我在此处进行的是关于中国古代宗教和艺术一般原理的讨论,《礼记》和其他晚出文献在这里作为辅助文献,配合考古材料使用。

[13]《墨子》,《诸子集成》本,中华书局1986年版,第256页。

[14]《瑞应图记》,叶德辉《观古堂所著书》本,第10页下。这本书的作者孙柔之生活于汉代以后,但建

于151年的武梁祠中有一条非常相近的题记。见Wu Hung，*The Wu Liang Shrine：The Ideology of Early Chinese Pictorial Art*，Stanford：Stanford University Press，1995，p.236。同书第92—96页为对九鼎传说的一个较为详尽的讨论。

[15]大部分商和西周的有铭铜器是奉献给先祖的。正如David Keightley在其“The Religious Commitment：Shang Theology and the Genesis of Chinese Political Culture”（*History of Religions*，Vol.17，No.3-4，1978，p.217）中所述，古代中国的宗教“主要是祖先崇拜，关心的是生者和死者之间的关系问题”。

[16]除下面将讨论的两段文献外，其他有关诸侯对九鼎欲望的记载见于刘向《战国策》，《四部丛刊》本，第19、21页；司马迁《史记》，中华书局标点本，第163页。参见赵铁寒《说九鼎》，载其《古史考述》，台湾正中书局1975年版，第129—132页。

[17]《史记》，第2282页。

[18]《战国策》，第22—23页。

[19] B. Rose，“Blow Up：The Problem of Scale in Sculpture”，*Art in America*，*No.*56，1968，p.83.

[20]《史记》，第1365页。但据司马迁提供的另一个说法：秦国于在进攻周的时候获得了九鼎，见《史记》，第169、218、1365页。但据《汉书》（中华书局标点本，第1200页），班固把这个事件定于公元前327年。参见赵铁寒《说九鼎》，第135—136页。

[21]有关对这两个原则的简明解释，见B. G. Trigger，“Monumental Architecture”，pp.122-128。

[22] T. Veblen，*The Theory of Leisure Class*，New York：Macmillan，1899.

[23] B.G.Trigger，“Monumental Architecture”，p.119，p.125.

[24]《史记》，第248页；郦道元：《水经注》，台湾世界书局1936年版，第327页。

[25] K. C.Chang，*Art*，*Myth*，*and Ritual*，Cambridge，Mass.，Harvard University Press，1983，pp.9-12.

[26]《礼记》，第1439、1441、1595页。

[27]Martin Powers在一系列著作中讨论了这些问题，请特别参照其*Art and Political Expression in Early China*，New Haven：Yale University Press，1991。

注：本文为《中国古代艺术与建筑中的“纪念碑性”》一书前言。

本文载于《美术研究》2002年第1期

［美］巫鸿，1945年生，艺术史家。1963年与1978年先后于中央美术学院美术史系攻读学士与硕士学位。1987年毕业于美国哈佛大学，获美术史与人类学双博士学位。芝加哥大学教授。

孙庆伟，1970年生。2003年毕业于北京大学考古系，获博士学位。北京大学考古文博学院副院长、教授。

全球化与中国艺术的现代性

潘公凯

在我们的当代美术研究中存在着一个严重的缺陷，即我们往往是用西方的一套方法来研究中国的现实。别人的方法当然可以被我们借鉴，不过我们借鉴的时候，要紧的还不是方法本身，而是别人如何从他们自己的现实中推演出他们自己的方法。从面对的问题本身来寻找解决问题的方法是最重要的，只有在这个方向上才能走出我们中国人自己的路来。

世界多元文化中的一元

现在大家经常谈到多元文化的问题。说起来，我们现在的文化政策比较开放，而且在世界范围内，中国艺术家的处境都可以说是相当不错的。在这样一个环境背景下，大家都认为我们的艺术会越来越走向多元。我想这肯定是没错的，但是这个多元究竟是在多大的范围里来说的呢？

姑以今天的建筑为例。如果我们单看一条街的建筑，有方盒子大玻璃，也有大屋顶；有花岗岩的，也有琉璃瓦的，甚至还有青砖的；还有些旧的四合院没有拆掉也夹杂在里面。这么局部地看，这一条街上确实是挺多元的。可是，如果我们从更大的范围来看，现在的中国建筑其实是没有任何风格的。从北京到西安再到东北，从南方到中原，除了历史遗留下来的传统建筑之外，所有现在建的建筑物都趋于雷同，尤其是在中小城市，走到哪儿都能见到非常相似的面貌。绍兴新建的街道和西安的都差不多：绿色大玻璃加红色的墙。你说它是现代的，它却没有现代主义建筑的民主内容，也不是地道的国际主义风格建筑的商业形式。你说它是后现代的，它却谈不到对现代建筑的改造。这种局部的多元造成整体上的千篇一律和重复，这一点在今天的建筑上比较明显，同样的情况在我们美术界也是存在的。

当我们讨论多元的时候，不能不对当代美术中的雷同保持清醒的认识。不要在我们自己的小圈子里自以为很多元，而放到世界范围里的时候就不能成其为一元了。中国原有的传统文化是世界文化的一元，这一元是世界上任何一个国家的任何一位学者都不得不承认的。但是，中国现代文化在世界范围内作为一元是否能够站得住？这恐怕就成为一个问题了。

当今世界日趋全球化，在世界文化多元化的趋势下，我们怎样才能避免丧失自己文化的特色，怎样才能使中国现代文化在世界文化中当之无愧地成为一元？

文化策略之目的：构筑现代中国文化的总体特色

针对这个问题，我们应该有宏观的考虑和总体的文化策略。在这个策略中，最基本的应该是强化当代中国文化的总体特征。我们现在所说的多元，是个比较混乱的概念，它往往指的是任意的、没有方向性的、没有主次的多样状态，这样一盘散沙的状态不能称之为多元，这只能是对多元的误解。在我看来，一种文化即使是在专业的小范围内，各个小的节点之间也应该有一种结构关系；倘若放大一些，在全中国的范围内，那些不同的块面之间也应该有一种结构关系，这样的话，我们才能够形成一个整体。当代中国文化应该有自己的整体性，有自己的中心和主流，这样才能在当今世界文化中具有更为鲜明的面貌，才能取得应有的地位。

至于这个结构应该是什么样的，我们大家可以一起来探讨。我个人认为，在世界文化的范围内，这个结构一定要有我们中国人的整体特色，这一点应该是我们文化策略的目的。在中国现代艺术的发展中，我担心由于我们强调多元、重视向西方学习，却因此而把我们中国自己的特色给淹没、淡化和肢解了。文化的发展需要解构，但是解构的目的不是肢解，"解"了还得"构"，还得建立起我们自己的东西。如果解构之后，我们的东西都没有了，都变成了别人的翻版和拷贝，那么我们在这个历史时期的文化只能是千篇一律没有特色的重复。总之，在世界多元文化中，以国家为单位的整体文化特色非常重要。

这种整体的文化特色的具体形成过程，恐怕相当复杂。我想最根本的一点是要在中国的本土文化当中寻找具有当代意义或未来学意义的生长点，把它们加以培植，形成一种新的结构，它与传统旧有的结构虽然有着内在联系，但绝对不是对传统的简单继承。因为相对于传统，它已经发生了重大的结构性改变，而且这种改变又是从传统自身原有的生长点中发展出来的。就像西方现代主义之于西方古典主义和浪漫主义，差别不可谓不大，可是它是它们的子孙，它们是一家人，有明确的血缘关系。而现代主义在中国是一种移植，两者之间没有直接的血缘关系，移植的东西当然可以在中国发展，可现在的问题是，我们自己原有的东西难道就不能繁殖发展吗？为什么别人的文化能往前走，我们中国原有的文化就不能现代化了？这从逻辑上是讲不通的。关键是我们原有的中国文化在向现代转向的时候没有转好，然而，时至今日这个工作依然值得我们去做。

关于如何从本民族的文化传统中找到今天发展的生长点，19世纪和20世纪之交的西班牙建筑家安东尼·高迪（Antoni Gaudi）为我们提供了一个很好的先例。高迪的建筑我们都很熟悉，代表了西班牙的风格。我在西班牙走一走、转一转，发现高迪确实把西班牙建筑传统中的符号和文脉继承下来了，但他绝不是被动和简单的继承，他的建筑也绝不是传统建筑风格的翻版。高迪的建筑，其基本的思路和西班牙传统风格有密切的关联，像马赛克的拼贴、建筑内外曲线风格和完全的有机形态，还有建筑内部的家具、门窗、装饰部件也全都吸取植物、动物形态的造型，这些都可以从西班牙的传统风格中找到，但是高迪把它们加以强化，使之成为"新艺术"运动的生长点。高迪不仅继承了民族的风格，他还创造了民族的风格。因为有了高迪，西班牙的民族风格才变得明确和鲜明了；也正因为如此，高迪成为当时向弥漫世界的工业化风格挑战的西班牙“新艺术”运动的代表人物，甚至时至今日，新一代建筑师为抗衡曼哈顿的国际主义风格，也会将高迪视为自己灵感的源泉。

我们中国人今天却不敢像高迪这样做。中国的建筑传统也有可供当代建筑借鉴的符号和文脉，然而为什么我们出不了高迪？在近百年来，我们对传统和本土文化批判与否定得过分，这会造成民族虚无主义的心态，使我们对中国传统当中的基因和生成点视而不见，意识不到这些基因和生长点所蕴含的巨大的未来学价值。这里面也有一个信心的问题：今人对传统文化没有信心。信心是建立在对传统文化的深入理解之上的，不理解，就不可能有信心，理解了，才可能有信心。高迪充分理解自己的传统文化，他为巴塞罗那和加泰隆尼亚灿烂的过去感到自豪，并且怀有振兴昔日光彩的决心和梦想，因此才会有他自己的探索。

我们应该建立起这样的信心，中国现代文化在全球范围内、在世界多元文化中应该成为具有鲜明特色的一元。因此，中国当代艺术和文化应该建构起自己的特色，这个特色不是能够继承来的，而是需要我们去重新构筑的。

“两端深入”的学术策略

至于如何强化和建构我们现代文化的整体特色，我觉得有两个关键的方面：一方面是对中国传统的深入研究，这种研究不是局限在“继承基础上创新”这类习惯思维方式当中，而是在与外来体系的并存对照中，用新的思路和方法重新深入地研究传统、分析传统。在这种研究中，传统将被重新发现、重新认识，而中国现代文化也将在这种研究中孕育生成。另一方面是对西方现代的深入研究，我们要建立起中国自己的现代文化，就必须要对西方现代有透彻的认识，尤其是西方是如何形成其现代的。也就是说，不仅要知其然，而且更重要的是知其所以然。从他们那里的所以然，可以推演到我们这里的所以然，或者是应该如何预测和实现这一文化变革。

20世纪80年代，我曾经提出一个“两端深入”的学术策略，即学术上应该向中国传统和西方现代这两端去深入，这两端同样重要。这一学术策略同我80年代对中国现代化发展的认识有关。当时我预感到中国的改革开放已不会逆转，中国打开了的大门不会重新关闭，而且将会面临越来越大规模的西潮冲击。基于这一认识，我和80年代中期一些激进的青年理论家的主张有所不同。他们担心传统继续成为中国艺术发展的阻力，生怕打开的大门会重新关上，所以要在短时期内竭力把门打得更开，让外面的东西尽可能多地进来。而我当时认为，最大的问题已经不是传统观念的束缚，而且传统再也不可能是我们前进的障碍了。相反，我倒是担心中国的传统会被我们自己中断，我担心中国现代艺术的发展会失去自己的特色，会失去自己立足的基点。在这样的前提下，我提出了“两端深入”的学术策略。

大约在1987年，我曾经想形成一个动议，希望召开有关文化发展战略的讨论会，组织各方文化人士和专家共同商讨和研究中国文化发展的总体战略和长远规划。因为我们国家对文化发展问题只有像“二为”“双百”这样的国家政策，却没有关于文化本体发展的总体策略和长远规划。长此以往，一旦中国的经济高度发展起来，具备了文化发展的条件，却会因为对文化发展缺乏总体战略性的考虑而丧失历史的机遇。15年前我之所以提出这个动议，也是基于我对中国未来发展的信心，我相信中华民族必将重新崛起。当时我认为中国已经在走出低谷，20年之后中国的经济就会有一个大的发展。从现在的情况来看，中国崛起的速度比我15年前估计的还要快。依我个人的感觉，再过20年中国就会成为世界经济的强国。加入WTO对中国来说，其意义和当年改革开放一样重大，会促进中国的高速发展。

虽然这15年来大家的看法冷静得多也客观得多了，对中国传统和西方现代的理解和研究也都在向深处发展，但是目前我们对这两端的研究还很不够。

比如对传统的研究，尽管在局部的问题上取得了一定的进展，像董其昌研讨会以及与艺术史相关的考证、辨析，等等。但是在艺术家当中，即使是中国画画家，对传统到底是个什么东西缺乏感性的理解和把握。换言之，对传统的感觉在今天已经成为一个问题。所谓“对传统的感觉”，是对特定的氛围、心态、生活方式的感觉，以及对感觉背后的东西的挖掘，这是具体的学问所不能代替的，也不是文字教科书所能传授的。同齐白石、吴昌硕时代相比，今天我们大家都能说得头头是道，好像都比前人懂，但事实上没有以前不会说的人懂。齐白石不如今人会说，可他画的味道一点儿都没错。我们今天丧失的正是这样一种对传统的感悟。这是我们对中国传统这一端研究的薄弱之处。

对西方现代这一端的研究也有很关键的薄弱之处，就是我们还处在尽力要做到知其然的阶段，还没有到达知其所以然这个更为重要的阶段。对于西方现代主义是怎么从古典主义、浪漫主义和印象主义一路走过来的，其内在的逻辑性究竟是什么缺乏研究，同对中国传统一样，对西方现代也缺乏感悟，所以不能区分中国现代文化与西方现代文化的差异，无法确立中国现代艺术自己的道路。由于我们对这两端的研究还远远不够，所以目前我们在强调现代中国文化的总体特色时，恐怕还会带有一定的盲目性。

全球化与中国当代艺术的价值体系

我注意到全球化所蕴含着的悖论：一方面，一种强大的普遍化趋势在世界范围内广泛传播；另一方面，每一个国家都有它自己独特的文化传统和现代性模式，并无疑将要取代原有的对峙局面。我相信，在西方文化势不可挡地涌入的过程中，中国的知识分子将会被激发起从本土文化中寻找基因和生长点以构筑中国新的当代文化结构的热情。当然，这将是一个相当漫长的过程，它本身也不是一时一事的事情。这个过程说不定又是一个20年。

随着中国经济的发展、综合国力的增强，我们国家就会对自己的文化有迫切的要求。在中国走向一个经济强国的过程中，必将会产生重新确立自己的文化大国的地位的愿望：要求我们国家文化得到整个世界的重视，要求建立我们自己明确的面貌、我们自己的结构和成就。这就关涉到一个更根本的问题，即如何建构中国当代艺术的价值体系。

西方现代主义的背后是一个价值体系，它是西方艺术在过去100年当中一步一步逻辑地推衍而来的结构。目前，这种结构已经成为全世界评价艺术的标准了，它也转变为一个价值体系。回过头来看我们自己，我们古老的大传统中的那套价值体系早已被我们扔掉了，像“神韵”“意境”之类的价值标准，好像套在哪儿都不好用，在现代语境当中一说就显得很陈旧。这套东西显然不管用了。而我们在现代形成的小传统中的那套价值体系，无论是“社会主义现实主义”，还是它的极端“红光亮”，也都不起作用了。那么怎么办呢？只好去借用西方的价值体系，以创意和创新作为自己的价值衡量标准。可是这是别人的价值体系，它到底具有多大的普世性还是个问号。我们现在不问它的普世性如何，先拿来用了再说。眼前既然没有别的好用，这样也未尝不可，至少解决了目前没有东西可以衡量的困境。但是这显然不是我们的终极目标。

有的西方学者把全球化描述为世界各民族融合成一个单一社会、全球化社会的变化过程，照此说法，500年之后全世界的艺术标准或许会共用同一价值体系也未可知。可是，我更愿意将全球化理解为在全球范围内发生的一系列相互强化的社会转型，在这之中没有哪一方比另一方更具有意义。就好像把无数的细线纺织成一个五彩缤纷的纺织品，一旦纺织在一起，每一根细线只有作为整体中的一部分才具有价值和意义，而这块“全球化之布”是由一个个独立的社会和众多文明相互联结、长期演进的结果。我认为，每一个国家或文化都有权力对现代性做出自己的解释，并在全球秩序中去实现它。

究竟什么是中国的现代性？中国在近现代发生的巨大变化，无论是与西方有关还是无关，都是中国的现代性变革。促成这一系列变革的种种因素，无论是外来的还是我们自身的，都是现代性的因素，都属于现代性研究的范围。中国的社会文化变革不同于西方，反映这一变革的艺术作品与西方的当代艺术也不会相同，中国艺术家的思路也不会与西方艺术家完全一致。

举个具体的例子，像袁运生先生，他在美国十几年之后，非常强调中国传统文化，但是究竟怎么做，我想可能他也不一定很明确。但是他有这样强烈的愿望就非常重要，他的愿望本身就具有价值。因为这是在中国特定历史环境下产生的愿望，这个愿望针对的是中国当下所面临的基本问题，它就是中国所处的当代语境的产物，所以袁先生的这个愿望本身就是中国艺术现代性的体现。袁先生有一句话：“我们到底是跟还是不跟？”这句话典型地体现了中国艺术的现代性特征，这个问题本身就是中国艺术的现代性。在中国，真正具有现代性的艺术问题不是去割肉，而是问出“跟还是不跟”的人的思维状态。这种状态充分地象征了中国艺术的现代性。我们大家对这种状态都很熟悉，就是大家都有一点清楚，但又有一点盲目，可是心里很着急，好像再不做就来不及了，所以非做不可。这种状态正是整个中国社会走向现代变革的大形势，给中国艺术家所形成的压力。

我们能否回答“跟还是不跟”这个问题，在根本上还要看我们能否建立起中国自己的艺术价值体系。如果能建立起来，我们就可以不跟；如果建立不起来，我们只好跟着。对于一个艺术家来说，“跟还是不跟”似乎只是个人如何选择的问题，但是对于一个群体、一个国家来说，却是我们有没有决心、有没有信心建立起自己的价值体系的问题。我曾经在纽约现代艺术博物馆里长久地坐着，看着他们的现代艺术作品，脑子里想着我们中国艺术自己的事情：西方人各种各样的花样都做过了，他们唯独进入不了的东西就是中国古典艺术的价值体系。我觉得这个西方难以进入的领域，不仅具有非常高的文化层次和思维层次，而且它是最具未来学价值的文化结构。中国当代艺术的价值体系极有可能从这里走出来。所以如果我们中国人不能重建现代艺术价值体系，那么世界上就没有人能够做了，那么世界上就只有西方现代主义这一个价值体系。日本人在强化自己文化的特色方面做得比我们好，形成了自己的味道，但是他们没能建立起自己精深庞大、可以与西方现代主义相抗衡的价值体系。我们中国人如果想要建立自己的价值体系，真是需要我们的知识分子具有大智慧、大魄力和大决心。

本文载于《美术研究》2002年第2期

潘公凯，1947年生，浙江宁海人。美术史论家，画家，美术教育家。毕业于浙江美术学院（今中国美术学院）国画系。中国美术学院、中央美术学院原院长，教授、博士生导师。

复兴文人画传统的最后一次搏击

——吴昌硕和海上金石画派

沈揆一

20世纪中国美术中最明显的变化可能始于二三十年代一批以西洋油画风格创作的画家崭露头角时，但是美术界结构的重组其实在之前的几十年中已经展开。长期以来，在中国美术界，国画家们很自然地被看作传统水墨画的当然继承者。尽管这是许多画家和忠实的赞助者真切的希望或理想，整个社会的基本变化实际上使得传统的士大夫文化和艺术的继续存在变得不可能。

19世纪中叶，一些活跃在长江中下游地区的书画家们形成了所谓的“金石画派”，吸取清中期盛行的考证学和金石学的学术成果，将周秦汉魏时期的碑学研究结合进书法和绘画的实践之中，以此对中国绘画和书法美学观加以新的阐释。这一金石画派在江南地区形成的另一个原因是抵御外国列强势力的不断侵入。一位很重要的金石书法家吴大澂就曾激昂地在1895年率清军抗日，虽然最后惨败而归。金石画派的书画家们也同样不满于清代的“四王”风格。但他们并未如后来康有为、陈独秀那样宣告中国美术的衰败，而代之以寻找一条可行的别径。

这篇文章是基于对晚清和民国初期金石画派的代表人物吴昌硕的艺术生涯的研究，来探讨相对于清代的宫廷绘画，作为地区性的江南金石画派在当时所具有的特殊意义。当时这一画派产生背后的社会政治历史背景很复杂但很重要。历来人文荟萃的吴越地区的书画家、收藏家和文人学者在晚清时已与当时迅速崛起的新型半殖民化了的经济都市上海的同行们有了紧密的联系。也许有人把他们看作只是地方性的一支，但这一群体已日益意识到他们在整个中国画坛中的重要性，尤其是当吴昌硕和其他海派画家们在日本也名声日隆之后。

吴昌硕不仅是在他于1927年去世时中国最有名的画家，也是研究中国文化界在1895年至1905年这一时期变迁最好的例子。出生受教于儒学之门，吴昌硕在他一生中花了55年追求成为一位文人士大夫。但极具讽刺意义的是1900年，当他在这个传统的仕路上铩羽而归时，却发现自己在高度商品化了的上海新型都市文化中获得了极大的成功。不齿于以笔墨丹青为生计，他这种对待买主的新的态度以及他的艺术代表了当时中国画家对文人士大夫文化衰落的反应，以及面对并未受过很好教育的新兴商贾阶层的挑战。

传统社会秩序的推翻一般都归结于晚清中国半殖民主义的政治现实。这一观点尽管很无情，但包含着许多重要的方面。西方经济和教育体制、国际贸易不平等保护条约，以及一个富有但未受充分教育的工商阶级的形成，都集中地出现在这个中外文化的交汇点上。

吴昌硕因此就在这个特殊的时刻扮演了一个非常矛盾的角色。他以强烈的中国美学观点创作书画，但在一个受西方经济社会影响极强的文化背景中出售它们。他艺术成就的荣耀和他个人抱负的悲剧都把这一矛盾作为中心。

当然，如果我们说中国文化规范在1900年就终结了是夸张的。我祖父在那一年出生，一直到他于1986年去世还用毛笔、繁体字、半文言文写信。吴昌硕和他的朋友用来通信的带有水印木刻装饰的信笺与明代的信笺相比，也只有在书法和装饰风格上有些微差别，这大概只有中国人能对此加以区别。尽管住在颇为西化了的上海，但吴昌硕的书法、绘画和金石，都体现一种典型的中国趣味，甚至他的外国顾主——主要来自日本和朝鲜，欣赏他的艺术也似乎因为他的正统中国味。波士顿美术馆在1912年请吴昌硕写了一块匾。吴昌硕在上面以他拿手的篆书写了“以古为徒”。这也明显是为装饰该馆亚洲部展厅所作的合适选择。

尽管吴昌硕在上海画坛独领风骚是在清朝覆灭之后，他是晚清科举教育体制培养出来的文人士子。他一生的大多数时间生活在清朝的统治下，经历了中国最后一个王朝覆灭前的所有社会动荡。[1]他出生于浙江安吉一个没落的文人家庭。1860年他17岁时，太平军攻陷安吉，战乱使他无家可归，与他父亲流落他乡，直至1864年才回到故里重新开始生活。[2]之后他在杭州师从著名书法家和学者俞樾学习古典诗文，并从杨岘学习金石书法。[3]

根据现存的题跋和诗文，在19世纪80年代早期吴昌硕在苏沪杭一带靠卖字和刻印谋生，并结识画家蒲华和著名收藏鉴赏家潘祖荫、吴云，特别是吴大澂（1835—1902）。[4]他们使他增长对古董的认识，拓宽了他对书法印章的眼界。这一时期吴昌硕得以有机会看了许多青铜器和其他古董，以及早期重要的绘画。吴大澂，江苏吴县人，晚年客居上海，为萍花社书画会成员。他于1868年中进士，任职于湘粤两省。1894年中日战争爆发，吴大澂领缨抗日，吴昌硕和另一位吴大澂门客苏州画家陆恢（1851—1920）随吴大澂赴前线。同年清军被日军击溃，吴大澂因此解职归乡。之后在苏州开办龙门书院，吴大澂本人为著名书画家，书法行楷兼长，尤善篆书，亦善画花鸟、山水，也是当时江南最著名的收藏家之一。[5]

在这一时期，吴昌硕也开始收藏碑拓和青铜器等古董。1882年友人金节送一古缶，吴昌硕极为珍惜，并因此自号“缶翁”，并将其画室命名为“缶庐”。他收藏拓片甚多，虽然偶尔在拓片上作画或与友人交换珍藏，但是在他去世后还留下千余张拓片。[6]

与先金石书法后绘画的赵之谦一样，吴昌硕步入画坛也是在长期实践金石书法之后。“金石气”在海派绘画中是一个非常重要的概念。吴昌硕习书法自楷继而隶，但最为擅长也以之闻名的是他的篆书及石鼓文。吴昌硕的艺术作品最直接地体现了“书画同源”这一概念。他的画中强有力的构图都是以刻石般的线条形成的。

尽管吴昌硕并不是第一个将金石趣味引入绘

画的画家，在他之前有金农、赵之谦，但他的贡献是独特的。随着书法中碑学派的兴起，赵之谦开始将古代碑文的稚拙之味引入绘画。赵之谦的绘画具有金石之味，却缺乏生灵之气。持续一生治印和书写石鼓文使得吴昌硕能够更为自然和随意地将金石效果带入他的画中。他的画相对来说更为天真稚拙，老辣浑厚。因为这个原因，他的画较之金农和赵之谦的，更为有力也更为生动。

他个人风格中的随意性也与晚清宫廷的恽寿平、邹一桂等精美巧致的花鸟画风格完全不同。在他晚年，随着西方文化和教育体制的挑战和受西方文化影响的新文化运动的冲击，传统艺术的基础动摇了。继续实践传统绘画被赋予一种更为公众甚至民族的特性。当时追求西方的强烈意识表现在各个艺术领域中，而吴昌硕却试图唤回文人画的传统，在这一传统中注入他从金石书法中所汲取的生气。因此在吴昌硕的艺术中，“金石气”可以被看作传统水墨画家为保存和复兴文人画传统所作的最后一次搏击。吴昌硕，作为当时公认的巨匠，实践了这一主张，但是他走的这条路却是后无继者。然而吴昌硕无疑是这一重要的历史转折时期最有代表性的画家。

19世纪末20世纪初，中国腐败衰落。人们很自然地仰慕吴昌硕作品中的阳刚之气。他试图唤回中国古代文化中的精华，所以与其说他是创新者，不如说他是复兴者更为确切。他拒绝长期与宫廷绘画相连的柔美之风，试图在古代文化语汇中为文人画注入新的活力。

吴昌硕艺术生涯的后半段在上海卖画为生。他的画的买主有文人士子，也有商贾市民。因其不同的社会和教育背景，前者仰慕文人传统，后者更喜欢色彩亮丽、更具大众趣味的吉祥题材。在吴昌硕的画中，尽管他试图复兴传统文人趣味，也不得不应付都市大众的口味。

吴昌硕的绘画，以他的文人题材、金石趣味和稚拙刚硬的风格，可以被看作他这一辈文人士子心理上一种自然直接的表露——这些人依然认为中国的传统文化的力量足以逾越任何障碍，抵制任何外来挑战，只是当时社会的腐败动荡造成了她可悲的衰弱。当时是一个柔美之风很难有市场的时刻。吴昌硕笔墨中的那种刚气，可以被看作他个人对粉碎了他的希望的社会现状的一种挑战。如果我们将他作品中的那种直率、刚直的力量比作他这一代文人士子的一种悲壮的抗议之声，可能也不为过。他们看到他们的理想被历史的力量摧毁了，但又不甘无声无息地投降。

吴昌硕试图遵循中国艺术的黄金时代的质朴诚挚的美学语言将中国古典精粹与绘画相结合，但最后这一目标不可避免地未能达到，因为他的成就只存活于他自己生活的时代。

吴昌硕在与友人间的通信和著述中描述了这有得有失的境况。他的很多想法都反映在他的题画诗中，有杨岘题答的《缶庐诗》印制于1893年，五卷集的《缶庐集》印制于1923年，其中包括了施蛰存、郑孝胥等友人早年所写的序，还有王一亭画的一张吴昌硕的像。吴昌硕的这些著述大致分为三种：一是他写与友人的，其中一些反映了他与友人和买主之间的关系；二是他在旅行中对所遇人物、风景的感想；三是题画诗。

有一首写于1913年的70自寿诗，就像对他一生的回顾。那时他才在上海定居不久，诗中对他自己经历的描述间接地反映了当时社会的动荡：

我祖我父称通儒，可怜无福授我书。我年十七遭寇难，人亡家破滋忧虞。甲午从军出山海，庚子干戈走而骇。世变复见辛亥冬，热血若沸摧心胸。胸中一尘无可容，谈诗对客双耳聋。卖字得钱醉一斗，有口不饥技在手。鲁公乞半羲之鹅，古人已别黄垆酒。我年七十老而已，对此茫茫那足喜。寥寥四壁坐秋风，殉名殉利两不取……[7]

但吴昌硕的这种悲观实际过早了。14年后当他去世时，民国时期的革命家和著名书法家于右任写了挽词。他称颂这位大师精于金石和篆隶等各种书法，然而特别崇尚的是其绘画的原创性，并记录了他晚年享有的极大名声：

先生之画，浑噩诙诡，独辟隅奥，千缕万变，无迹可蹑……七十而后，光名弥著，东国侨士，钦其才品，为冶金船象龛，置西湖孤山之麓，过其下者，留连嗟慕……[8]

吴昌硕追随吴大澂北上抗日失败的经历是这位政治上极为幼稚的文人士子开始认识到现代世界敲响中国大门的最好印证。我们没有发现任何现存的证据可以把吴昌硕与20世纪初聚集上海的改良运动推动者联系起来。相反，现存的他的著述中充满了对过去的怀恋。他自称“双耳聋”，直接避免讨论时政。

他和他的画作的买主不可能避开康有为、梁启超、蔡元培等人的著述的影响，但对吴昌硕来说，中国文化的现代性等还不是他直接关注的问题。然而，不管怎样，中国的现代化，尤其在上海发展得如此迅速，是画家们云集上海的根本原因，这也决定了20世纪新型的艺术家生涯的必经之路。

作为一个文人士子，吴昌硕不可避免地成为一个悲剧性的失败者。他的一生就像晚清时期他这整个阶层的一面镜子。超越任何个人意志的历史力量改变了他生活的世界，他对儒家传统的执着把他带入了一个十分矛盾的境地。在最根本的层面上，他相信他应该将他从之出生的中国文人士大夫文化继续下去。他的绘画、书法和篆刻，甚至那些较具通俗趣味的作品也都展现了传统的精粹和美学观。这种信仰和他的个性充分地融合，并以典型的文人画家方式直接体现在他的艺术创作中。因为这个理由，他参加了20世纪初上海的很多传统绘画团体。

另外，他那风格刚劲、设色大胆的花卉题材作品也满足了那些寻求购买文化物质符号的新兴买主阶层。晚年他在上海卖画，也承受家庭和经济的压力。他那些商品化了的作品在把文人趣味带入这些买主的家中时，只代表了这位画家的一个不完整的部分。他晚年的画上往往没有题诗题词，除非买主特别要求并付较高的价钱。甚至这些题诗，据他的学生回忆，也有许多是由他的学生和友人捉刀，然后经他稍加修改而成的。[9]尽管他晚期的一些画有点草率，但其中的精品仍不失为近代中国最出色的作品。然而吴昌硕画中最能代表当时绘画界中那种折中特质的作品可能是博古图，即画在古器物拓片上的画。这种拓片本身，尤其是那些高质量的带有铭文的拓片，具有一定的艺术价值，可以激起人们对金石考古的兴趣。为了取悦那些附庸风雅的买主，画家常常在这些青铜器拓片上加一些花卉。这种吉祥题材和鲜艳的色彩很典型地代表了当时的通俗趣味。一幅画中吴昌硕甚至点明了是因为顾主喜欢的颜色而为之，不知是否以此为自己寻找一些解脱。[10]

因为一个新型的商贾顾主群的成长，吴昌硕变得十分出名，甚至经济上也富裕了。他在上海，甚至日本所享有的盛誉，可能会比他在清代中国做一个士大夫更高、更广、更持久。只有在上海，这个新兴的完全商业化了的通商口岸，才能创造出这样一个经济和文化环境，使得一个像吴昌硕这样的文人画家成为一个现代名人。

吴昌硕的生涯是中国美术史上一个重要转折时期的典型代表。他为在一个剧烈动荡和变化的社会中保存和发展中国的传统绘画所作的努力和挣扎激励了许多更为年轻的同代人。1927年在他去世后，上海的画家们，包括他的学生和追随者，更为激进地运用了现代的社团组织结构、展览会、宣传媒介、出版物和商业行为来继承和发扬中国画的传统以及提高中国的国际艺术地位。他们相信中国艺术的现代化是必要的，同时充分意识到这样的现代化必须是基于自身的历史价值和内部的改造。有意义的是，他们推动现代化进程用的是传统的中国画形式。

20世纪10年代至30年代上海地区美术社团和美术期刊的激增揭示了继续实践传统的中国水墨画在这一时期具有某种代表全国性的文化民族主义的象征意义。这一地区艺术家的活动和许多现代中国所面对的文化和政治议题，如民族主义和反帝爱国运动有着难以分割的联系。

尽管较晚时期的上海美术社团的宣言中那种民族主义特性在吴昌硕去世时还不很明显，海派画家们比起历史上任何一个时期的画家更直接地面对西方社会经济和文化价值与中国儒家传统文化间的对立和抗争。在20世纪初期他们做出的反应非直接地点出了在国际市场中的中国价值，但还不是明显的民族主义，他们的艺术更多地凸显了一种区域性的特征。

注释

[1]关于吴昌硕的生平，近年来有许多著作加以介绍和研究。至少有8部年表陆续发表，其中吴长邺、丁羲元、林树中、王家诚、陈肆明等编撰的年表都对吴昌硕艺术做了深入的研究。

[2]吴东迈在1963年出版的《吴昌硕》一书中将吴昌硕家乡鄣吴村的摧毁归因于清军。但吴昌硕在其1923年印制的《缶庐集》中说是因为太平军的行动。见《缶庐集》卷1，第1—2页。

[3]见王个簃《王个簃随想录》，上海人民美术出版社1982年版，第48页。

[4]见吴长邺《吴昌硕的画中师友任颐和蒲华》，《四大家研究》，浙江美术学院出版社1992年版，第91—100页。

[5]杨逸：《海上墨林》卷3，1919年。

[6]吴长邺在1994年7月与作者的访谈中告知。

[7]吴昌硕：《缶庐集》卷3，第5页。

[8]于右任：《于右任书吴昌硕墓表》，上海大众书局出版。承蒙范景中先生惠赠此书，谨表谢意。

[9]王公勖，王个簃先生公子，在1996年8月与作者访

谈中告知。亦见王个簃《王个簃随想录》，第45页。

[10]见《吴昌硕作品集·绘画》，上海人民美术出版社1984年版，第52页。

本文载于《美术研究》2002年第3期

沈揆一，1954年生，上海人。1989年赴美国俄亥俄州立大学美术史系学习，获硕士、博士学位。美国斯坦福大学东亚研究中心博士后。美国加州大学圣地亚哥分校美术史论与批评教授。

中西雕塑家的社会角色

宗　贤

雕塑是造型艺术的重要组成部分，由于历史文化的差异，中西雕塑家在艺术史上的地位、被社会认同的程度完全不同，导致中西雕塑史文本对待雕塑和雕塑家采取了两种不同的态度。审视中西雕塑家在艺术史上不同的社会角色，透析造成中西雕塑家在艺术史文本上不同“待遇”的原因，对于把握中西雕塑艺术的精神是十分必要的。

一

人们曾把荷马史诗—建筑与雕刻—悲剧，这样的序列比喻为古希腊艺术的链条。雕塑在这根绵延之维上是非常重要、不可缺少的一环。事实上，在西方艺术史上的任何一个时期，雕塑都是艺术门类中最辉煌的板块之一，将这一个个板块衔接起来，呈现在人们面前的是人的本质力量与石头撞击形成的人类精神演绎的形象史诗。面对这首史诗，艺术史学家尽力从各自的角度去解读、诠释，尽力走进历代雕塑家生活的时代、他们的心灵和他们的艺术世界，试图“还原”出一个个艺术的生命。在艺术史文本中我们能够把握从古希腊到现当代由雕塑家和他们的作品构成的完整的雕塑艺术演变的历程。

在中国漫长的文明史中，无数富有创造力的艺匠们用智慧和心灵在石块、泥土、木头以及金属、陶器上注入了他们对生活的热爱之情和对未来的期盼，用形象回答了他们对生与死、善与恶、美与丑的思考，创造了无比辉煌的绝不逊色于西方的雕塑艺术史，为我们留下了无比丰富的艺术遗产。然而，雕塑在中国的艺术史文本中却没有占据应有的篇章。当然这并不意味着中国传统雕塑在漫长的历史中大受冷落，那些布满诡谲纹饰、造型庄重、具有“狞厉之美”的青铜礼器，不是被“天子”们作为权力、地位、等级的象征吗？哪朝哪代的帝王官吏不懂得“非壮丽无以重威”“上者不美不饰，不足以一民”的道理，因而他们哪一个不在生前的皇宫、官府前陈设威猛的神灵石兽，哪一个不在死后的墓室中雕刻壁饰，陈设明器雕塑，在墓前修造神道石刻。与其说中国雕塑被冷落，还不如说是那些作品的创作者被冷落。一部中国古代雕塑史几乎是没有创作者的艺术史。那些满腹经纶、学富斗车的雅士们可对一位丹青好手的逸闻趣事津津乐道，但他们谈艺论道的笔对“雕工”们却是无比的吝啬。中国古代的雕塑家（实际上他们并没享受过这个称呼，长期以来他们被称为“百工”“雕工”或“塑工”）同西方古代雕塑家相比，被社会认同的程度、获得的荣誉和回报，有天壤之别。

在西方有崇尚雕塑艺术的传统，同样有尊敬雕塑家的传统。公元前5世纪的古希腊时期，被称为雕塑泰斗的菲狄亚斯，曾被雅典政治家伯里克利斯任命为雅典一切伟大建筑物的雕刻总监和建造巴特农神庙的总设计师和监督人。一位艺术家和一位最高统治者成为终生的挚友。权力与艺术之间并没有形成主子与奴仆的附庸关系，两者的结合，使权力增添了艺术的光环，同时艺术也结出了灿烂的果实。当时的思想家、哲学家对雕塑家及他们的作品也极为尊重。苏格拉底在与柏拉图的对话中，借菲狄亚斯为巴特农神庙创作的雅典娜女神雕塑来界定“美”的概念，他把菲狄亚斯称为“出色的手艺人”。欧洲古代的一些作家、诗人对菲狄亚斯及其作品都给予了高度评价。罗马人虽然在政治和军事上最终统辖了希腊，但是他们却对希腊的艺术家和雕塑艺术表现出了敬仰的态度。罗马诗人荷拉斯曾说“被俘虏的希腊人诱使他的粗野的捕捉者成为俘虏”。《剑桥艺术史》在谈到这一点时写道：“罗马人不仅仅被希腊的艺术迷住而且还受诗歌、修辞学和哲学的强烈吸引。这种现象对于希腊的知识分子和手艺人——教师、学者、思想家、雕刻家和画家——来说是一种很大的恩惠，因为这样一来，热心的罗马人就会雇用他们。”[1]

文艺复兴时期的艺术大师米开朗琪罗年轻的时候就表现出超群的才华，因而赢得当时佛罗伦萨的统治者罗伦佐·米第奇的重视和爱护，他可以住在宫廷中自由进出，并和罗伦佐一起进餐。虽然，罗伦佐逝世后，米开朗琪罗黄金般的少年时代便一去不复返，并经历了终生的苦难。但是，他在艺术上从未被冷落过。特别是他于1498年，为罗马圣彼得大教堂雕制的《圣母与基督》完成后，引起了罗马人的极大狂喜，人们接踵前往参观，几乎踏破了圣彼得教堂的门槛。康狄罗曾说他“以这作品为自己获得了巨大的声誉和光荣。大家知道这巨匠不仅胜过所有自己的同时代人和先驱者，而且能够和古代巨匠相匹敌”[2]。可以说无论是坎坷还是荣誉，对于米开朗琪罗来说并不重要，重要的是他以超越时间和空间局限的宏伟大作在生前和后世都造成了无与伦比的巨大影响。

在许多个时期，西方雕塑家的地位远远超过画家，在整个西方艺术史上，雕塑家的地位至少不逊色于画家。就连歌德也曾为他未能成为一个雕塑家而惋惜。卢那察尔斯基对雕塑艺术在西方艺术史和美学体系建构中所做的贡献给予高度的评价，“毫无疑义，雕塑曾经是希腊罗马世界的艺术中心。从垃圾堆下脱颖而出的大理石神像，在十五六世纪有过不亚于从僧侣的经书中脱颖而出的古人著述的伟大意义。如今，在一片浑浑噩噩的德国世俗习气之中，伟大的温克尔曼身先士卒举起了人文主义的火炬，他也首先用它照亮了永恒的奥林匹亚众神的大理石像。受过教育的德国资产阶级，一时恰恰就是在温克尔曼的有口皆碑的希腊雕塑史中发现了他们的美和自由的圣经。还值得注意的是，莱辛从拉奥孔的雕像着手，运用雕塑的实例，发挥了他的整个美学体系，他认为雕塑比绘画高得无可比拟”[3]。

二

中国古代雕塑家的地位和命运，是无法与西方雕塑家相比的，也无法与中国画家，特别是宫廷画家和文人画家相比。那些创造过动人心魄的雕塑的雕塑家们留下名字和生平事迹的也可谓凤毛麟角。那些遗留下来的众多杰出的雕塑作品几乎没有一件能确定其具体的创作者。

公元3世纪以前的中国雕塑家，文献上几乎没有任何记载。我们现在知道的最早、最有名的雕塑家大概要算公元4世纪中后期，即东晋至宋时的雕塑家戴逵及其子戴颙了。如果戴逵仅是一个一般意义上的雕塑工匠，即便是他有鬼斧神工般的造像本事。那些为艺术家树碑立传、对中国美术进行钩沉品评的美术史论家们未必会把搜寻的目光投向他，未必给予他“至逵始大备”的高度评价。事实上戴逵及其子戴颙能赢得后世“史家”乃至于像米芾（米芾《画史》云：“自汉始有佛，至逵始大备也。”）这样的文人画家的青睐，除了他们是中国式佛像雕塑风格的创始人外，最根本的是他们是集画家、雕塑家、音乐家兼学者于一身的人物，而且都是为历代文人们所欣赏敬慕的著名“隐士”。在史家的笔下，他们是朝廷屡次征召，皆不就，唯以琴书自娱，具有超然淡泊的生活态度和人格精神，父子俩的传记分别列于《晋书·隐逸》和《宋书·隐逸》。唐代的美术史大家张彦远在其《历代名画记》中对戴逵不惜笔墨，最主要的是基于两点：第一，戴逵首先是位“聪悟博学，善鼓琴，工书画……词美书精”的标准的文人学士；第二，戴逵是位极富天分的画家，“其画山水极妙”，所画有“巧思”，在肯定了上述条件的基础上，才给予他“善铸佛像及雕刻”的评价。其子戴颙与之相提并论，在于他“传父之琴书丹青”，“巧思亦逵之流”。可以说戴氏父子“一门隐遁，高风振于晋宋”的人生态度和“博学”才是文人学士对他们津津乐道的根本原因。

一个雕塑家因兼善绘画可以留名，而一个以雕塑为主的艺术家无论如何是难以与一个纯粹的画家在“史学”文本上平分秋色的。唐代的雕塑家杨惠之和画家吴道子的“史学”定位足以说明这一点。杨惠之创作的作品“世称奇巧”，为人所称赏，赢得了“塑圣”的称号，其成就似乎可与“画圣”吴道子媲美，史家曾曰：“道子画、惠之塑，夺得僧繇神笔路。”但实际上，“塑圣”在当时及艺术史文本上的地位是远远比不过“画圣”的。被称为我国第一部完整、系统的艺术史著作《历代名画记》就没有给雕塑家杨惠之以任何地位。杨惠之在文人的著述中虽然记载不多，但是他还是比许多雕塑工匠幸运多了，没有被历史彻底的遗忘。因为他毕竟是由绘转向塑的，是绘塑兼长的艺术家。

在西方艺术史上，许多欧洲人，无论他是国王、教皇，还是诗人，无论他是充满睿智的哲学家，还是一个普通的市民，都可能对一个雕塑家表示由衷的钦佩，甚至将雕塑家视为民族、国家的骄傲。人们往往将那些经过千百年岁月磨砺的雕像作为打开认识人类早期——如古希腊——精神世界的钥匙。如果我们避开古希腊的雕塑，能够体悟希腊文明的精义吗？如果米隆、菲狄亚斯等未被载入艺术史的文本，那希腊艺术的星空中又将失去多少光彩。即便是雕塑家被载入了史册，但是他们却同那些经历了漫漫岁月风雨吹打幸运遗存下来的艺术瑰宝没有任何的直接关联，也就是说假设我们根本不知道那些有幸载入史册的雕塑家们有何作品遗留下来，那艺术史会留下多少遗憾，作为文本的艺术史会显得多么的苍白。

中国的艺术史文本因为少有雕塑家人生经历、个性特征、心路历程以及逸闻趣事的记录，还有雕塑家与现存作品的完全分离，显得多少有点干瘪，缺乏感人的力量，我们无法在作者、作品以及受众之间去把握三者的互动关系，更难走进雕塑家们的心灵世界。即便是戴逵、戴颙、杨惠之这样的大师级雕塑家，在文献中也仅有非常简略的概念化的记录，而且在他们生活的那个时代的遗存作品中，没有一件可以确定为出自他们之手。一些经考古发掘出的雕塑遗迹上虽刻有雕塑家的名字，但是这些雕塑家却名不见经传。一部元人著的《元代画塑记》，可以不惜笔墨对宫廷艺术家从事雕塑、画像所需的工料作流水账式的记录，却对雕塑家而且是大雕塑家点到为止。

三

中国雕塑家地位低下，在贯穿两千多年的封建等级秩序中，他们被列入了卑贱者行列。在中国古代社会中，以雕或塑的技艺而作用于泥、石、陶木或各种金属材料，创造出可视形态的“器物”者，当属“百工”之列。《易经·系辞》：“形而上者谓之道，形而下者谓之器。”将创造具体的有形的“器”（有形的人造物）的人和思考高于有形的物质之外的无形、无定、无所不在的理念原则——即“道”的人，划分为两大范围，并无不妥，正如一位学者所说：“在这里，‘上’与‘下’的一条线，划出了有形与无形，具体与抽象，存在与精神两种哲学范畴，也是描述了构成现实世界的一个基本轮廓……从一个完整的哲学认识的结构来看，中国古代造物思想中关于‘器’与‘道’的划分是完整的合理的，也是必要的。”[4]

但是，随着儒家思想的蔓延，“轻器而重道”，鄙夷“器”为“形而下者”不足以言之的偏见也穿越时空而影响深远。雕工或塑工同金工、木工、绣工、画工和陶工一样，被视为掌握“雕虫小技”（甚至为“奇巧淫技”）的人，从“道”的文人与他们有尊卑、贵贱、上下之别。他们唯一的作用就是用熟练的技艺服务于统治者，满足达官贵人们“造神”和“一民”“重威”的需要。神和权力的威严可以在雕塑工匠的手中被渲染得无以复加，然而，雕塑工匠们却在权力的重压下和别尊卑的等级秩序中默默无闻。

西方的雕塑家在文艺复兴以前，也划归于匠人的行列。但是在西方的传统中，对于掌握了特殊技巧的艺匠们，并没有贬低、戏谑的习惯。作为匠人的雕塑家可以被哲学家称为“伟大的匠人”，亚里士多德对于艺术必备的技巧从不排斥，他认为探索、磨炼技巧是使作品臻乎完美的重要条件。古罗马美学家朗吉努斯在其《论崇高》一书中主张天才与技巧并重，认为“在一切场合都应该以技巧来帮助天然”。雕塑家在名分上与画家没有差别，与哲学家、思想家、诗人相比，也无尊卑、贵贱之别。早在公元前5世纪左右，古希腊的匠师画就将雕塑家的工作作为他们表现的内容，就像他们描绘神话题材、宫廷生活一样，描绘得十分认真详细。

这里我们还必须承认这样一个事实，被我们称为“艺术”的遗存下来的中国古典雕刻作品，除了具有工艺品性质的装饰性雕刻以外，大多数原本并不是独立的“艺术品”，而是依附于宫殿、陵墓、寺观等建筑的，其功用要么是表达镇恶辟邪、媚祖邀福的现实功利需求，要么服从于“非壮丽无以重威”的宫殿建造原则，或为构造虚幻的精神彼岸的元素。这种强烈的依附性质，使雕塑工匠难以在制作过程中注入自己强烈的个性和情感因素，因而他们多运用世袭的技巧，进行一种程式化的操作。尽管作为一种可视的造型形态的雕塑，从整体上看蕴含了丰富而深刻的文化精神内涵，是一种同工艺美术迥然有别的纯精神文化现象，但是，因其功利价值观和审美法则，并非雕塑工匠可以确定的，在某种程度上，工匠仅成了将一种观念、法则物态化的技术操作者。在中国雕塑艺术演进的历程中，雕塑家从总体上看是在抑制中寻求宣泄，在程式化的格式和技巧中显露个性的。他们——特别是那些为雄伟的宫殿、帝王的陵墓和佛寺道观造像的雕塑工匠们——隐没在了他们所创作的神仙异怪、佛祖圣像、道教神仙形象的背后。他们的名字、生平事迹、艺术思想、见解没有也不可能像他们的作品一样留传下来。在中国古代，雕塑工匠没有也不可能上升到与骚人墨客相提并论的层次，而始终戴着世袭的人为枷锁，遭到冷落的讽嘲和戏谑。

以古希腊为代表的西方早期雕塑，不能说没有宗教的、政治的、道德的意义和功效，但是，与广泛的社会生活的不可分割性，是希腊雕塑的主要特征，它是整个自由市民集体的财富。因此，势所必然的是，在和建筑相结合的或是竖立在广场上的纪念性雕塑作品，尤其充分地显示出美术的社会教育作用，体现出当时人们普遍崇尚的审美法则和美学理想。雕塑家们时常也以神像为题材进行创作，以教皇或国王作为雕塑对象，但是他们所受的外在压力绝不会像工奴或工匠身份的中国雕塑家那样大，他们有很大的空间能把所指的“意义”体现在美里，甚至他们在纯粹的宗教题材中，毫无顾忌地以娱乐观众为目的而创作，或者借助于神的躯体淋漓尽致地表现世俗的审美趣味。美，在雕塑艺术的殿堂中成为唯一的也是最高的法律。

一种根深蒂固的观念与偏见，使中国历史上各个时期雕塑家的队伍结构没有发生根本的变化，民间工匠始终是这一支队伍的主体。文人士大夫少有参与到这支队伍中来，从总体上看，中国雕塑家不仅没有知识分子化，而且知识分子还对雕塑表现出一种不屑一顾的姿态。在西方虽不说雕塑家是时代艺坛的宠儿，但是，他们的地位却没有低于过诗人。公元1世纪，一位名为戴奥（Dio）的古希腊修辞学教师在一篇演说中就给雕塑家这样的评价，说他们有能力“树立自己的观点，从某种意义上说，他们不仅成为诗人的伙伴，也是竞争对手”[5]。文艺复兴以后，西方雕塑家的地位有了更大的提高，雕塑家的队伍也如同画家队伍一样，逐渐学者化了。他们在人文主义思潮的影响下，将雕塑从神学樊篱中解放出来，在题材内容上，主要表现人和人的现实生活，即使是宗教题材，也注入了世俗的情感和赋予了新的解释；在表现手法上，提倡对自然加以理性的理解，于是，像透视学一样，解剖学成为雕塑家们极为关注的学问。除此以外，雕塑家还广泛涉足知识领域。赞助者对艺术的要求也日趋精深，他们大都招聘有知识才能的人，再不将雕塑家视同工匠了。恩格斯曾经说过文艺复兴是“一次人类从来没有经历过的最伟大的、进步的变革，是一个需要巨人而且产生巨人——在思维能力、热情和性格方面，在多才多艺和学识渊博方面的巨人的时代”[6]。在雕塑领域，这个时代出现了基伯尔提、奎尔查、多纳太罗、波拉尤奥、委罗基奥、米开朗琪罗等一批名垂千古的雕塑家。他们在当时同一大批画家一样，被人们所崇拜、赞美。彭塔斯曾说：理想的人应该是艺术家，在艺术中居于首要地位的是造型艺术，而诗人、小说家或音乐家的名字便不大为人们所注意了。这种说法虽然有失偏颇，但是，包括雕塑家在内的艺术家创作的作品的确最能迎合新兴资产阶级的思想意志与道德规范，满足整个社会的需求，对当时的人们来说，艺术要比宗教、哲学、历史和道德更富有价值。

四

中国文人对雕塑家的偏见，或者说中国雕塑家队伍非学者化性质，直接导致中国雕塑史学研究的薄弱和理论探讨与创作经验总结的严重滞后。

在中国艺术史上出现过许多画史、品评、画论、画理方面的著作，但是几乎没有有关雕塑史、雕塑品评和雕塑理论方面的著作，更少有以雕塑为研究对象的，或者以雕塑为切入口探讨艺术美学和文化问题的专著。在公元前5世纪至公元前4世纪，古希腊雕塑家们已在理论上对雕塑技法作出较为系统的总结，特别是对人体比例有了非常深的理性认识的时候，中国还没有独立的探讨雕塑问题的著作，只有在诸子论述中偶有涉及雕塑的只言片语。如《韩非子·说林》记桓赫之言：“刻削之道，鼻莫如大，目莫如小；鼻大可小，小不可大也；目小可大，大不可小也。”这种被中国雕塑史学者称为言简意赅的雕塑守则，只不过是一种感受式的经验之谈而已，它与大致同一时期的古希腊著名雕塑家帕利克莱妥斯有关雕塑中人体比例的论述相比，其系统性和指导性都相去甚远。据传，公元前5世纪下半叶，与菲狄亚斯齐名的帕利克莱妥斯曾写过一本有关论人体比例的书，同时还制作了一个叫《法则》的青铜像来加以解释。他所倡导的理论，或者说他确立的“法式”，几乎已成为古希腊人像雕刻艺术的规范。

在中国古典美术文献典籍中，我们只发现了一个雕塑理论著述的影子，这就是传为唐代著名的“塑圣”所著的《塑诀》一卷，或许这“应为中国古代雕塑史上唯一的雕塑理论著述”[7]。但是，这部或许流行于古时的《塑诀》，在时间的磨砺下，早已变得无踪无影。在中国少数的画史、画传中，虽附有“塑作”或“妆銮”，但它仍是由于绘画关系而侥幸列举。为绘画艺术和画家著书立传的作者几乎都是画家本人，他们大多为有才学的文人，在放情于笔墨、驰骋于丹青之余，点评画家、梳理画史、探究画理是自然的事情。他们当然是凭着他们的眼光、好恶和兴趣来点评、梳理、探究，被列入“工匠”层次的雕塑艺人和被称为“雕虫小技”的雕塑作品，是难以被纳入他们的学术视野的。

在西方雕塑史上，不仅有许多著名的雕塑家的言论、理论主张流传下来，而且还有不少人文学者、诗人、考古学家，将古典雕刻作为他们关注的重要对象，写出了具有巨大影响力的有关艺术、美学的著作。如莱辛的《拉奥孔》、爱克曼的《歌德谈话录》都属此例。18世纪的德国学者温克尔曼，随着古希腊的雕塑不断被考古学家们发现，对古希腊雕塑和绘画无比崇尚。这位希腊艺术的早期探索者从未去过希腊本土，他仅以欧洲现存的希腊雕塑的罗马复制品为基础，写出了著名的《关于希腊绘画和雕塑的思考》(1755)一书。在这本书中，温克尔曼企图通过提供一个历史的框架对作品加以归类，从而在混沌中给以雕塑为主的艺术品建立起艺术风格化类型，给艺术史一个有机的秩序。他的研究方法不仅影响了后来许多艺术史家和画家，重要的是为艺术史学科的进一步发展和新古典主义的知识视野提供了重要的理论基础。在温克尔曼之后，一批欧洲著名学者，包括历史学家米什莱(Jules Michelet)和兰克(Leopold von Ranke)，美学家帕特(Walter Pater)，以及哲学家康德和黑格尔等人，常常在他们的学术专著中，以古典雕塑的素材支撑他们庞大而深奥的理论大厦。一部西方雕塑史，是由雕塑家的思想、理论主张和作品以及由众多学者对这些思想、理论主张和作品不断诠释构成的历史，其丰富性、连贯性与生动性是中国雕塑史所不能比拟的。

中国雕塑史史学文本的缺乏，无疑给有志于雕塑史研究的学者，设置了诸多障碍，以致中国雕塑史研究的现状根本无法与绘画史研究相比。长久以来，中国美术史文本基本上形成了以绘画为主干，而绘画中又以文人画为重点的框架结构。不过，我们应该看到这样一个事实，20世纪以来，中国雕塑史研究超过了以往任何一个时期，一批学者将他们的学术视野投向了这个以前被冷遇的领域，有的甚至倾注了毕生的心血。这种现象的出现，主要基于两个原因：一是20世纪以来，随着考古学的发展，一大批以雕塑为主的艺术遗迹被发掘出来，如大足石刻、秦始皇陵兵马俑、广汉三星堆青铜雕塑等，这些精美绝伦的雕塑作品在使人们激动不已的同时，为美术史增添了大量丰富的材料，研究者不再为中古以前美术史文本资料的缺乏而犯愁。许多艺术史上的空白和臆猜，随着艺术考古的不断深化而得到填补和验证。二是中国雕塑史文献资料的严重欠缺和西方实证研究方法的输入，为中国学者走进文化现场，对雕塑遗迹进行实地考察提供了契机。近几十年来，不少著名学者，如王子云、史岩、宿白、王朝闻、金维诺、陈少丰等，对中国传统雕塑艺术的研究付出了极大的心血，他们在雕塑史迹的考证、雕塑理论和美学思想的建构方面都取得了丰硕的成果，使中国雕塑艺术走出了被冷遇的境地，并获得了应有的学术地位和尊严。

20世纪以来，中国雕塑家的队伍结构也发生了根本性的变化，学院出身的雕塑家已成为创作的主体力量。雕塑家自身的学者化和社会对雕塑艺术的新的认识，使雕塑家的地位空前提高。随着城市化进程的加快，城市环境建设和文化生态的被重视，雕塑必将有更为广阔的发展前景，雕塑家更是任重道远。我们也要看到，与西方相比，中国雕塑艺术研究的队伍还是太薄弱，在研究方法上还是较单一。特别是对中国传统雕塑的语言和风格特征、美学精神的探究与把握还十分不够，对一些重要的雕塑遗产（如三星堆青铜雕刻）和雕塑现象（如中国近现代雕塑艺术的演进）还未给予足够的重视。因而，中国雕塑艺术的研究队伍亟须扩充壮大，中国雕塑学作为一门学科，也应该在这变革发展的时代建构起来。这样，我们才真正能为未来留下更丰厚的学术遗产，不让后世的艺术史家们为今天的雕塑艺术学文本的欠缺而犯愁。

注释

[1]《剑桥艺术史》第一卷，中译本，中国青年出版社1994年版，第132页。

[2]《米开朗琪罗传》第二章。

[3]卢那察尔斯基:《托尔瓦德森》，佟景韩译，《世界美术》1985年第1期。

[4]许平:《造物之门》，陕西人民美术出版社1998年版，第148页。

[5]转引自《艺术史与艺术教育》，宋献春、伍桂红译，四川人民出版社1998年版。

[6]恩格斯:《自然辩证法·导言》。

[7]王子云:《中国雕塑艺术史》，第317页。

本文载于《美术研究》2002年第3期

宗贤，原名黄宗贤，1958年生，四川丹棱人。1982年毕业于西南师大美术系。四川大学艺术学院院长、教授、博士生导师。

非物质文化遗产与大学教育和民族文化资源整合

乔晓光

一、一体与多元·人类非物质文化遗产认知

联合国教科文组织“世界遗产”中刚启动的非物质文化遗产项目，对许多人来说是陌生的，但世界已开始把口传的民间文化遗产提到了一个新的历史日程上来。非物质文化遗产又称无形文化遗产，主要指非文字的、以人类口传方式为主的、具有民族历史积淀和广泛突出代表性的民间文化（艺术）遗产。中国作为一个古老的农耕文明之国，8000年的文化绵延不断，非物质文化遗产丰富。如果说中华文明源远流长，那么就首先反映在活态的民间文化传统上，实际上在我们辽阔的疆土上，许多偏远的乡村仍然是靠着口头文化传统的维系在生存着，这是一个既熟悉而又令人陌生惊奇的现实。

让我们回顾联合国教科文组织“世界遗产”的发展历程，可以看出对非物质文化遗产、对人类熟悉而又陌生的民间现实的认识过程，同样经历了时间的代价。30年前形成了最早的《世界遗产公约》（1972），当时主要是历史遗产和自然遗产两项，主要指有固定空间形式的文化遗产，简称物质遗产或有形遗产。工业文明的迅速发展、全球经济一体化的大趋势，逐渐形成强势文化对弱势边缘文化的侵蚀，当经济迅猛发展到每个地域后，相应而来的是物质消费方式和生存观念的急剧改变，导致许多民族的无形文化发生急剧消亡和流变。世界似乎朝着一种经济方式、一种物质方式、一种价值观念发展，不同民族、不同文化、不同宗教、不同习俗、不同生存价值观被忽略，被强势文化统辖。但实际上经济的迅猛发展并没有解决人类和谐生存的精神问题，幸福的概念被物化，在这样一种背景下，人们开始关注文化本土化的问题，关注人类自己生存的根系，关注不同族群的历史生命记忆和独特的生存象征，开始关注人类文化不同的精神存在，尤其是发展中国家的文化传统存在与可持续发展。于是，联合国教科文组织于2000年设立了《人类口传和非物质文化遗产代表作名录》，2001年公布了世界19项非物质文化遗产，亚洲4项，中国的昆曲入选。

《世界非物质文化遗产名录》的评选工作是

积极的，尤其对发展中国家，在经济快速发展的初期，如何保护自己的活态文化传统，不走西方工业文明发展初期时活态文化传统消亡的老路，是非常富有建设意义的工作。中国的昆曲已经面临消失，入选《世界非物质文化遗产名录》后，开始起死回生，得到政府及专业人士积极抢救，目前对600个传统剧目进行抢救。各地区昆曲团的重新整组成立，以及昆曲通过教育方式的传承问题，都已紧锣密鼓地在进行。虽然许多工作仍存在着诸多困难，但柳暗花明毕竟又有了一个新的开始。

非物质文化遗产对于刚进入WTO的中国来说，确实是一个陌生的课题，在大学的学生与教授中间同样是这样。一方面我们在告别古老的农耕传统，另一方面我们在迅速开放地追赶着西方的科技与工业文明。在传统与现代之间，似乎形成了一种分离对立的思维定式。发展的欲望似乎并没有提供一个连接传统与现代的情感逻辑。

联合国教科文组织在《人类口传和非物质文化遗产代表作名录》的申报规定中，为我们提供了广泛的文化选择，规定指出："列入《名录》的作品必须是代表性的传统杰出工艺，有代表性的非文字形式的艺术、文学，突出代表民族文化认同，又因种种原因濒于失传或正在失传的文化表现形式。这些文化表现形式包括各类戏曲和相关的面具、服装制作工艺；舞蹈，如民族民间节日舞蹈、祭祀舞蹈、礼仪；音乐，如各类民族民间音乐以及乐器制作工艺；口传文学，如神话、传说、史诗、游戏和故事；各种精湛杰出的工艺、手工艺，比如针织、织染、刺绣、雕刻、竹藤编织、面人制作、玩具制作和剪纸等。"中国的非物质文化遗产像一个汪洋大海，每个人回到故乡，走到乡村生活中去，你都会发现许多令人感动的非物质文化。但在当今转型期的中国，非物质文化遗产像退潮的大海，每时每刻地在迅速消失着，老一辈艺人默默地故去，文化也悄悄地消失了。活态的非物质文化，它的消失是永远的，是不可再生的。

20世纪60年代，法国和日本在现代化发展的高潮时期，都不约而同地开展了对本国民间文化遗产的抢救工程，法国进行了全国性的，也是其文化史上最重要的一次文化遗产大普查，提出"大到教堂、小到汤匙"的普查观念，对文化遗产巨细无遗地登记造册。日本也实施了由国家组织的民俗资料、民谣方面的紧急调查，80年代，政府又专项拨款进行无形文化财产的记录工作。法国与日本的行动无疑是面对现代化发展，对即将消失的本土文化，尤其是乡土文化的抢救，是面对工业文明迅速发展，对民族文化之根的维护。

中国非物质文化遗产的现状不容乐观。第一，中国作为世界非物质文化遗产大国，遗产的丰富性与消失的迅速，为抢救工作提出了极大的挑战。第二，整个社会（政府与公民）对非物质文化遗产认识非常不够，缺乏法规措施，缺乏智能资源，缺乏抢救与保护资金。第三，传承渠道不畅，原生态传承缺乏自觉，民俗流变冲击大。教育领域对非物质文化遗产缺乏重视和价值认知，教育和文化遗产保护、传承脱节。第四，政府文化部门文化遗产保护观念滞后，资金技术贫乏，正面主导参与乏力。第五，民俗旅游对民间原生态文化价值认知肤浅，缺乏文化规划。旅游市场对民间艺术遗产庸俗化、廉价开发，对社会造成文化误导和原生态破坏。但从近期发展趋势来看，形势已有所改观，首先文化部正在着手制定民族民间文化遗产抢救工程，其中包括申请国家重大投资，进行文化抢救、普查记录、保护以及相关法规制定。同时，中国民间文艺家协会由冯骥才先生倡导的中国民间文化遗产抢救工程，已准备启动。中国艺术研究院、中国社会科学院也都在积极准备非物质文化遗产方面的普查抢救工作。中央美术学院在国内高校率先成立非物质文化遗产研究中心，将民间艺术作为人类非物质文化遗产正式系统地引入高等教育，并积极筹备文化遗产规划管理本科专业的建立，同时和中国民间剪纸研究会合作，着手进行中国民间剪纸的非物质文化遗产申报工作，并启动在陕北延川进行民间剪纸原生态传承保护，在陇东环县启动民间皮影原生态传承保护。

中国进入WTO经济迅速发展的前20年，应把保护文化遗产作为一项国策。像大西北开发，不能忽略封闭空间中的文化遗产价值。大西北交通、工业、经济确实落后，但大西北却是中华文明的重要发祥地，许多民族的祖先正是从这块土地上发生、发展、迁徙的。我们不能忽略大西北正在耕田、游牧的乡民们承载着的许多活态文化原型。我们对大西北应当有一个客观的非物质文化遗产资源评估，应当在开发的同时有文化保护的立法，不能因为盖一个厂子，而破坏文化，不能因为一点眼前的经济利益，而丢失掉象征民族标志的文化遗产。作为文化遗产大国，中国从物质遗产到非物质遗产，都是世界独一无二的，这是我们用漫长的时间、漫长古老的农耕文化生活换来的。在民间，许多古老文化原型在不同时代通过积淀形成了不同文化形态的叠层和变体，只不过我们还没去从容的认读便面临着消失。我们应当去打破地下考古和地上活态文化、有形文化和无形文化之间的隔阂，打通汉民族和少数民族的文化血脉和深层关联。我们开放的心怀，不仅仅是东西方文化的交融和沟通，同时也是本民族多元文化的整合。一个民族的发展，基因是不能丢掉的。我们是谁、我们从哪里来、我们往哪里去。只有守住自己的根，才能向前发展。

二、中国无形文化资源·丰富深厚的民族活态文化

对文化有很多定义，但有一点是公认的，即文化传承创造的主体是由世界不同国家、不同民族群体之人构成的。文化经历了人类社会漫长的发展过程，它都是通过一种活生生的、可观的、可感知的、实体的真实进程来实现相互沟通的。

当代社会，已经形成了全球经济一体化的格局，但这个格局在文化上不应是单一的。在一体化内部应该是具有丰富的文化存在，多元文化彼此之间又进行沟通和变化。目前，经济一体化作为信息时代的一种价值观和操作方式发展速度非常之快，甚至可以说在市场领域当中，有时已经超过了国家权力的限制。在这样的全球经济一体化的氛围之下，任何一个国家都回避不了这样一种趋势。所以，我们必须站在人类文化整体的大格局中去认识我们民族整体的文化资源价值，认识这种价值在社会现代化可持续发展中的生产力价值。

中国的文化，具有一定特殊性。其一，几千年文明发展没有断裂，而现在又是一个发展中国家，农耕文化占的比重还比较大，农业人口有八亿之多。他们真实的文化状态我们关注得很少。比方说我们有精英文化、官方文化及现代文化，同时在大片土地上生存的农民是依赖自身的农业传统文化来维系其自身的生存，比方说情感、道德、伦理价值，包括很多生存方式，比如农耕和居住方式，这些都是十分具体的文化。以往我们讲“文化”常指书本上的，或理论体系的文化，而民间文化多是指非文字的、活态的生存文化。在农村其文化形式不是通过文字与书本传承的，它是通过民间几千年来在农村生活形态、生存心理意识当中积淀传承下来的一种文化，其表现方式是非文字的、主要是通过口传心授方式，是一种口传文化。这种文化的另一个特点便是约定俗成。它是祖祖辈辈依民俗形成的，没有官方倡导、没有明显的时代性，像春节、端午节以及许多民俗祭祀仪式，等等。乡村一年365天，文字的使用非常少，但口传文化方式的交流天天都在进行。这种活态语言的文化，是民间的主要语言方式，是被我们长期忽视的一种文化存在。

这方面在我国的少数民族地区表现得更加鲜明。其文化承传方式都是通过民族方言式的口头文化保持本民族族群文化特性的。同时也通过民间艺术方式，如音乐、歌舞、祭祀仪式及文化符号等实现其文化象征。比如苗族的服饰文化，通过一代代的穿戴及祭祀、民俗活动等，来认知、传承民族的历史、神话、族群特征等文化内涵与主题。从这方面讲，民间的活态文化资源不是孤立、简单表面的艺术样式，它体现的是一种生存的需要，一种时间顺序的生存行为，是通过一种整体的活动来再现一种生存的主题。例如，许多少数民族的习俗仪式，体现出对祖先的崇拜、图腾的祭祀，通过这些仪式，来认知自己的民族，知道我们从哪里来，知道民族的文化特征。还有少数民族大量的歌谣、史诗都反映同样的主题。如藏族的《格萨尔》、蒙古族的《江格尔》等英雄史诗，傣族、纳西族等民族的叙事诗，都通过一种口传方式讲述本民族的历史、来源、英雄事迹及物质创造，反映出民族活态文化的整体精神面貌。这实际上反映的是活生生的民族文化长卷，这个长卷是通过他们原生态的生活行为体现的。所以说这是一部无字的“生活之书”，也是常青的“生活之树”。正是它维系着中国文化独特的几千年的连续性。因此，活态文化不是狭义的文化观，它是由生活体现慰藉精神与心灵的、整体的生存文化形态。

在中国，经历了无数天灾人祸、几千年的历史沧桑，还能保持民族的凝聚力和健康的生存心态及纯朴善良的文化品性，劳动人民自己为自身生存而创造的丰富多彩的文化资源起着重要的支撑作用，这是封建社会长期被忽视的文化。我们应该走进田野、走进农村，来认读它、了解它，并作为民族文化复兴，作为整体民族文化可持续发展的源泉，在人民传承创造的文化基础上探究其价值和意义，这方面我们做得远远不够。在今天快速的经济发展和全球一体化的大背景下，我们应该更深入地认识我们民族丰富多彩的多民族多元的文化资源，认识这种资源潜在的发展价值。

三、文化生态资源·中国农耕(牧)文化产业发展的可能性和前景

作为国家生产力的发展，首先是经济的发展。但是文化与经济发展并不是一个简单的对立关系，也不是简单的补充关系，像我们通常讲的“文化搭台，经济唱戏”。反过来讲，“文化搭台”是否可以由文化来“唱戏”，也可以“经济搭台，文化唱戏”。比方说开发大西北，东部沿海作为经济发达地区，取得了好的经验。而西部地区由于封闭性和交通等原因，经济发展滞后，缺少现代意识。但是文化与经济却不是等值的，不是经济发达了，文化也就发达了、丰富了。现代经济可创造强势文化，但创造不了积淀深厚、历史悠久的传统。中国作为一个古老的民族，大西北是中华文明重要的发祥地，许多古老的民族今天仍在承传着在这个发祥地产生的古老的文化传统。在这样一个前提下，发展工业化和现代化要考虑当地的自然条件和文化传统。要根据这个地区真正的资源特点，尤其是整体的资源价值、农业资源、自然资源、包括丰富多彩的文化资源，来寻找适合这一地域的发展方式。

这就提出一个文化资源与生产力发展的关系问题。许多西部地区的文化资源，是否具有生产力价值，是否可以成为向现代化发展的重要桥梁和方式。尤其是现在加大经济发展力度的同时，保持适应经济发展的自然生态、文化生态。文化生态的保护，不仅仅作为一个文化遗产、民族标志的问题，同时也应作为独特的文化资源转化为生产力发展的问题。中国农业文化资源是一个有待整体评估和认知的新课题，资源价值的确立、农业文化整体发展战略规划的确立，才能使发展具有可能性和前景。

四、民族资源整合·农村现代化发展中经济与文化平台的共同打造

伴随着旅游业在中国西部与少数民族地区的迅速开展，发展农耕(牧、渔)文化资源已经提到议事日程上来。目前的旅游业常把民俗文化功利化、廉价化、随意化。由于利益驱动，很多是对本地域文化资源的曲解和破坏。其原因之一就是我们没有把它当成文化生产力的资源来认识，缺少对文化资源可持续发展的整体认识和规划。观念滞后对文化处理自然就相对随意、粗糙，也就发现不了文化资源潜在的生产力价值。农村文化资源的存在，是与地域内自然环境、人的生存方式等融为一体的，是一种活态整体的文化存在，其文化魅力是有巨大吸引力的，同时，也潜藏着巨大的文化产业价值。

在农业经济发展过程中，我们提出过“绿色革命”“蓝色革命”，又依据中国耕地现状提出“白色革命”。这三次革命都与中国民间乡村的经济发展有着直接关系。但农村不仅是物质生产基地，也是文化生产、承传的基地。对乡村的文化生产，我们是认识不足的。用西方单一化的经济观点认为农村是一个封闭的、落后的地区，而看不到其文化资源的价值，就会造成决策上的失误，容易造成经济发展是以破坏农业文化资源为代价。这方面欧洲、日本在二战后的发展经验已经有过教训。这种破坏是不可逆转的，一旦消亡，难以再生。中国农业现代化的发展，正处于

工业现代化的初期，处于农耕文化向工业文明转型的两种文化作为文化生物链的衔接期，这是文化发展的重要时期，这时候正是我们经济与文化双向发展的良机。我们完全可以不走西方发展的老路，依据我国特有的国情，提出经济与文化的可持续发展战略。有些边远少数民族地区的物质资源，比如矿业，短期开采利用获得有限的利益，而从长远看是破坏了本地域的山地文化资源，产生负面作用，造成文化传承中的断裂。这里，我们不应该为了一个短期利益而把文化资源破坏掉，这无疑是不负责任的，而从长远的经济利益上讲，同样是不合算的。所以，经济的发展方式同样是多元的，是追求更持久利益的。

因此，从长远的可持续发展的角度上着想，是一个经济平台与文化平台共同打造的问题。这一问题所涉及的是在社会经济发展层面上，需要对自己的文化有一个认识的深化和提升。从世界经济发展过程中不难看到，经济发展越快的民族，对自己文化认识的愿望就越迫切，他们需要知道“我是谁，我从哪里来”，这涉及一个族群自身的文化价值，文化存在的主权和在世界范围内文化地位的确立，也就是一种身份感，这是经过证明的历史。所以，我们在经济发展初期的时候来积极地、合理地、长远地保护不同民族的文化身份、象征标志，这也就是当前世界文化遗产保护中，已开始启动的非物质文化遗产项目的宗旨所在。非物质文化遗产的存在往往成为一个社区、一个地域生命发展的源泉与动力，成为情感凝聚力和认知自身与文化创造力的依托。

五、非物质文化遗产
在大学教育中的学科建设

中央美术学院在原民间美术研究室20多年的学科研究、教学、发展基础上，为适应新的国际、国内社会发展的紧迫形势，更好地发挥大学教育在文化遗产方面的重要作用，于2002年5月正式建立“非物质文化遗产研究中心”。在国内高校率先创建并完善以非物质文化遗产——中国民间文化艺术研究为主旨的新学科，将民间美术作为人类文化遗产正式系统列入大学艺术教育，填补了“学院派”教育中长期忽视民间文化艺术认知教育的空白。中央美术学院“非物质文化遗产研究中心”正在进行和即将启动的一系列科研及社会策划项目，标志着中国高等艺术教育在社会大的转型变革时期，将在非物质文化遗产传承保护、研究、社区文化发展以及专门人才培训等方面发挥重要的历史作用。

中央美术学院建立非物质文化遗产的新学科来不断地与当代信息沟通，意在使学科成为一个文化信息的集聚地、文化遗产的学习传承地、一个以青年与知识集中的文化信息平台。在这个平台上，我们一方面要解决文化遗产在大学里的认知学习、传承创造的问题，另一方面大学教育要与民族现代化发展相结合，培养具有适应社会发展的复合型人才、具有文化创造力的人才。反过来讲，大学也关系到民族文化发展是否真正具有创造力问题的探索。作为信息平台，大学教育的终极目的是为社会发展提供人才和信息。所以说我们在积极与社会不同领域的学科进行沟通，我们根据社会发展的前瞻来调整学科知识结构的

重组。

为此，与中国农业科学院原院长卢良恕院士的交流，其意义十分重要。在一个和农业文化相关的领域进行关于农业现代化发展问题的探讨，认识文化资源、沟通信息，应该是非常重要的课题。一个国家的社会文化需要发展，但文化发展绝不是一种单一模式化的保护或发展，传承也是一种发展。发展的观念应该是多元的、多层次的，而且要面对现实，具有可行性。它不是单一的理想化和西方工业文明价值观念化，更不是文本化、学究式的。我们的学科正是适应文化保护与社会生产力发展需求而不断改革、补充，进行结构调整，进行对中国文化资源重组的研究，对中国文化基因可持续发展的研究，这才是新学科，也是大学教育不应推辞的文化使命。

非物质文化遗产研究中心学科建设理念：关注人类文化遗产，关注本民族优秀文化传统的可持续发展价值，关注民间文化遗产保护传承，关注民间社区文化发展创造，关注大学教育在社会转型期对文化与遗产方面的重要作用，探索以“产、官、学、民”的科研操作理念，实现科研社会参与和新型专业人才培养。

为此，我们确定了非物质文化遗产研究中心发展宗旨：

1. 中心是具有独立操作性质和广泛合作方式的科研与教学并重的信息基地。

2. 中心职能。

（1）面对教育：中心的职能是把民间艺术作为文化遗产引入大学艺术教育体系，加强中国本源文化基因的认知，推动当代多元文化教育的改革发展，推动民族、民间优秀传统创造性的传承发展，推动大学相同学科的普及建立，培养非物质文化遗产研究与规划管理专门人才。

（2）面对社会：中心的职能是参与国际、国内人类文化遗产的保护传承及民间社区可持续发展方面的工作，发挥大学教育在文化遗产方面的重要作用，参与民间社区文化遗产保护、文化生产力的发展创造，创立具有国际化水准的学科与学术中心。

有关非物质文化遗产研究中心学科发展规划（2002—2006）为：

以民间原生态文化信息抢救、集聚、整理、研究为基础，将信息转化为知识体系，在教育和社会发展需求中发挥作用。

1. 建立视觉文化符号工作室，加强视觉民俗文化学及民间符号学的研究与教学。

2. 建立非物质文化遗产传媒与规划工作室，加强原生态文化抢救及可持续发展参与。

3. 建立中国非物质文化遗产档案库。

4. 建立民间美术（科研与教学）信息库。

5. 配合国家民间文化遗产普查抢救工程，开始民间文化遗产（尤其是少数民族地区）抢救行动和民间原生态信息考察采集工作。

6. 完成大学非物质文化遗产教学教材的编写工作，为启动“文化遗产规划管理专业”本科教学做准备。

7. 开展中国民间符号学的课题研究工作，将视觉文化符号学作为新的信息传播方式纳入艺术教育，寻找中国本原文化和现代教育更广泛更具实效的切入点。

8. 开展原生态民间社区非物质文化遗产保护项目，目前启动陕北延川民间剪纸保护传承项目，计划开展甘肃陇东道情皮影原生态文化保护传承项目。

9.启动教育领域内艺术与右脑智能发展研究及非物质文化遗产认知普及的科研项目。与北京市（或大西北少数民族地区、汉族乡村地区）品牌中小学合作完成创意课题。

10.申请联合国教科文亚太地区文化遗产培训基地，进行非物质文化遗产普查保护人才培训，以及少数民族濒危民间文化遗产项目抢救行动。

11.筹备召开2002年10月的“中国高等院校首届非物质文化遗产教育教学研讨会”，在全国大学推广普及非物质文化遗产学科建设及教育教学。

12.继续协助中国民间剪纸研究会完成联合国教科文非物质文化遗产项目申报后续工作。

13.建立中央美术学院西北、西南民族文化遗产研究基地。目前正在筹备申请资金支持，启动中国西北多民族区域非物质文化遗产现状调查，计划完成《中国西北多民族区域非物质文化遗产资源价值评估报告》《中国西北多民族区域民间社区文化遗产保护及可持续发展现状分析报告》。

六、传承与发展·举办“中国高等院校首届非物质文化遗产教育教学研讨会”的历史意义

美术学院的教学体系基本上是西方18世纪、19世纪学院派的教学体系，是以西方视觉价值体系的文化方式来进行教育的。而中国作为几千年来文化没有断裂的一个民族，有大量丰富的文化遗产，比如中国画已进入学院教学体系当中。中国传统艺术的发生与发展在文化上是时空一体的，与西方单纯强调视觉的空间价值相异，这种差异不仅是中国画一类，还包括壁画、民间艺术、民间戏曲及口传文化等。就学院派的中国画认识与发展，应该是建立在中国本原哲学与认知方式上的，它的语言体系是在时空一体方式上观察、认知、觉悟、积累、修炼等因素基础上形成的。所以中国画的艺术语言不同于西方。比如西方的素描是在纯视觉价值观念上形成的，中国绘画更强调对自然时空一体的感悟。比如画黄山，通过一年四季的观察体验在绘画中强调对自然（包括自身人格心灵）文化品性的认读。中国的绘画强调内功的修炼，强调与艺术相通的综合文化素质的修炼与人格文化品质的综合实现。

民间艺术学科在学院教育中的发展，无疑将涉及艺术院校文化与艺术教育体系的扩展与整合。美术学院不仅要教西方的视觉价值体系，同时也要关注本民族自身的文化传统在大学艺术教育中的实现，研究寻找一种符合这种艺术价值文化体系的教学方式，这个问题在美术学院始终没有解决好。目前的学院派在文化价值观念上是单一的、西化的，教学体系和教学方式也是单一的。民间艺术学科的建立，首先在艺术院校当中，应该能够解决这样一个问题，学院教育应当探索解决多元文化教育的实践。

民间艺术学科在中央美术学院的大力支持下发展很快。尤其是最近在教育教学改革的大环境下，把民间美术作为一个完整的艺术文化体系及教学体系引入中央美术学院教学。美术教育应该与本民族的文化传统接轨、与西方文化接轨、与

民间文化传统也要接轨。如果文化资源（文化遗产）有100种，而在学院教育教学只反映一两种，那么这种教育是滞后和狭隘的，同时也是失败的。所以，中央美术学院在开放包容的教育观念上支持新学科的发展，在民间美术研究中心基础上，又新建立了非物质文化遗产研究中心，其意义明确了民间美术不仅作为艺术院校学习本民族文化传统的补充，同时也提出了一个非常急迫的问题：作为一个古老文化积淀与传承极为丰厚的民族，应如何对待自己的文化遗产？首先应该明确大学就是一个文化遗产的学习地，以青年为主体的大学，也是民族文化遗产传承、创造发展的主体。

一个民族文化的创造力是建立在民族文化基因发展基础上的，其实现也是要靠青年群体来参与的，所以说把文化遗产引入大学是非常重要的。2002年10月22—23日在中央美术学院召开的“中国高等院校首届非物质文化遗产教育教学研讨会”的宗旨，即在于倡导呼吁中国高校及教育领域都来关注本民族文化遗产传承与发展。比如文科类院校、农业大学等都涉及此类问题。在目前改革发展的过程中，听说十几所大学的中文系要取消民间文学课，其中可能有人认为民间文学消亡了，我们学习它已没有用了。实际上，如果把它简单地作为一种文学样式，那是与西方现代化、都市化的生活与工业化传媒是不相称的。但是要把它作为一种文学遗产，作为几千年的口头文化传统，作为依然在民间起着重要作用的活态文化，那么作为口头传统和活态文化的民间文学与我们民族的现代化发展都是有着紧密联系和研究意义的。在广大的农村及少数民族地区，大量的口传文化通过民间交往、民俗仪式、民间艺术方式来实现其文化的承传及本民族的认同，仍在民族凝聚力方面起着作用。当文字记录的文化衰弱死亡时，在民间的大量活态文化依然像河流一样生生不息。作为大学教育这样一个智能的、知识与信息的基地，不了解自身本民族的现实及文化丰富的存在，而单一地学习西方，那么大学教育为社会国家全面发展的目的在能力实现上将受到怀疑。因为单一西方的方式是不能完全解决中国现实问题的。

在世界经济一体化的今天，首先要关注的应该是人类文化的多元性。由于经济一体化而把文化单一化，这种发展是失败的。如果人类的发展失去了丰富性与多元性，很多人性的价值也会丢失。这个问题国际上已经提出经济一体化，文化一定要多元化、本土化。中国在这样的背景下，只有既保持经济可持续发展，又保持民族有价值的文化资源可持续的发展，才有可能在精神上真正独立成熟起来。

一个民族的文化像大河，它是不断发展的。但是怎样发展，这里存在着自发与自觉两方面的问题。此次全国会议所要解决的一个问题不仅是在大学里把文化遗产引入教学体系，并培养这方面的人才反馈到社会之中发挥作用。同时，我们也倡导全国所有高等院校来积极地、紧迫地以民族文化整合心态来认知自己的文化资源。尤其是文化遗产丰富地区的大学，都应对当地文化遗产的保护与传承及文化生产力的发展发挥积极的桥梁作用。我们不能把学术做成单一的文本化，也不能让学术脱离文化活态的研究，我们应当使学术在社会发展中起到作用，让教育成为文化资源可持续发展的重要桥梁，保持文化健康有朝气地发展。我们要有前瞻性、可持续性和创造性的学术研究。这方面更需对本民族文化的深刻理解与研究。

在此，需要提出一个命题：民族文化的整合。民族文化的整合是在一个更宽泛的、更完整的，包括静态与活态文化的、汉民族与少数民族多样丰富性的整体基础上，来认识我们文化的生长、发生、传承、演变。只有深刻地认识了我们自己的过去，才知道我们未来的发展方向。这就要求我们要有新的学科理念，要有复合型的知识结构，并且要有对我们自己文化资源的重组。新的文化资源重组产生新的学科，新的学科培养新的复合型人才，提供有创造性的信息，促进社会及文化的有力发展。

这次全国会议首先是一个中国民间文化遗产进入高校的宣传大会，是一次付诸行动的誓师大会。同时也标志着中华人民共和国成立以来，真正开始了在中国教育体系当中把自己的民族、民间文化资源引入高校教育教学体系当中，并且预示着更多与文化遗产相关的新学科的诞生，预示着多元文化在大学教育中的实现。新学科发展应建立在中国国情需要的前提下，借鉴西方多领域优秀的文化理念及研究方法，来真正地进行本民族文化资源的研究与重组。这应是大学教育改革深化的重要课题。

参加会议的全国各地大学代表、研究机构专家及文化部、教育部等部委社团组织的领导、联合国教科文组织官员，包括文化遗产地政府代表及优秀民间艺术家代表，来中央美术学院搭建一个互相沟通信息的文化平台，来共同探讨中国非物质文化遗产作为教育事业究竟如何发展，如何为社会发展做出新的贡献。这无疑是一个非常好的开端，具有深远的历史意义，也标志着中国民族文化整合在大学教育中开始起步。

本文载于《美术研究》2003年第1期

乔晓光，1957年生，河北邢台人。1990年毕业于中央美术学院民间美术系，获硕士学位。中央美术学院人文学院与非物质文化遗产研究中心教授、博士生导师。

现代院体画

洪惠镇

现代院体画是个新概念，它是多元化的当代中国画中重要的一元，近年发展迅速，日益受到关注与重视。

中国画在20世纪历经改革，到最后20年，可谓百花竞妍，体式纷呈。进入21 世纪以来，形势依旧，总体上可以分成三大板块：现代文人画、现代院体画和现代派中国画。三大板块又交叉夹带着一些边缘区域和飞地，共同组成五彩斑斓的国画世界。

现代文人画是传统文人画的延续，它虽然不断推陈出新，但基本特征不变，那就是以诗书画印相结合作为骨干艺术形式。现代派中国画则是改革开放的产物，是借鉴乃至嫁接西方现代派绘画的国画现代化实验。现代院体画情况稍微复杂，正是本文所要论析的。

现代院体画的主要来源是传统院体画。传统院体画通常是指宋代翰林图画院及后代宫廷画家所创造的作品体式（也有专指南宋画院作品的）。它是专为皇家服务的绘画，讲究法度，形式工致规整，重视形神兼备，风格华丽细腻。这种体式，还可以溯源到魏晋南北朝以及隋唐五代士大夫与宫廷御用画师的绘画。换言之，院体画不是宋代的发明，而是历史的积淀。在它之前，中国绘画就基本沿着讲法度、工致规整以及形神兼备的轨道在运行，只是到宋代才登峰造极，并形成画院华丽细腻的风格而成就辉煌，成为这一体式的代表，且形成传统，在后世宫廷中流行。

然而物极必反，反对森严法度的文人画就诞生在法度森严的北宋。接着，在南宋的院体画中，也出现了梁楷开创的简笔写意画风，对工笔一统人物画、花鸟画的天下提出挑战。这种写意画风不但被明代院体画所继承，还催生了文人写意画。它们两者的区别，主要在于笔墨。

文人写意画讲究笔墨的书法性审美价值，院体写意画的笔墨则只为简练地形神兼备地表现物象。为此，通常所说的院体画概念是不够完整的，它的形式不只是有工细规整，也有简练写意。还有一点常被忽略，宋代的院体画受文人画思想影响，也很重视与诗相表里的精神寄寓，不是一味只讲绘画法度，因此院体山水画充满意境，花鸟画极富意趣。元代以后，皇家画院体制不再健全，文人画大兴，对院体画时加贬抑（主要是针对笔墨），院体画逐渐陵夷，以至于20世纪初封建王朝倾覆时，这门为它服务的艺术也竟寝寂。

文人画虽是封建文人士大夫创造的，但流行

朝野，在民间拥有深厚基础，并未随着封建社会的终结而消亡，20世纪初还随着西式美术学院的建立，堂而皇之地成为一种学院化的画种，不断创新，广泛流传。院体画没能像文人画那样直接传薪，而是作为一份宝贵的传统营养，消化在学院中国画里。它注重专业法度，就是重视绘画本体的各项绘画性因素的完备与完善，和传统西画的根本要求正好相投，很自然地成了学院中国画的重要教材，然后在与其他因素的结合中，演变出现代院体画。

现代院体画经历了两个历史阶段，在性质上略有差异。在20世纪80年代以前，它主要是以现实主义新国画的面貌出现的。从20世纪初开始，西方绘画观念与技法被引进来改造中国画，经过若干年的流派斗争，现实主义因为适应中国激烈的社会与政治变革需要而占了上风，成了学院中国画的主角。现实主义新国画包括工笔画和写意画两种形式。工笔画得西画素描之助，大大提高了写实造型的准确度和塑造力，但在勾线敷色上，还是继承院体画传统，因此和文人画系统中的那种虽工致而力避“作家气”，强调“书卷气”的工笔画有明显差别。写意画则是既承袭梁楷开创的院体写意画，又学习明清文人写意画，同时也以西画素描进行写实性造型改造，追求更高标准的形神兼备，因而是一种新型的写意画，即以写意性的笔墨画、写实性的造型，表现力比传统院体写意画和文人写意画大有增强。这种新型的写意画与它的姐妹工笔画，在本质上与院体画相同，都应算是现代院体画，只是在它们飞黄腾达的时代，没有这种称谓，那时都统称中国画。

表现力增强了的现实主义新国画，因为长于重大的社会与政治题材创作，长期大获宠幸。文人写意画则因笔墨至上，造型追求不似之似，缺乏现实表现能力，和文人工笔画一起都负荷不了时代任务，在接受批判改造的过程中，逐渐异化、低落，并遭受冷遇直至退出自元明清以来所占的主流地位。在文艺极“左”时期，现实主义新国画更因适用于图解政治而被定于一尊，其中尤以写意人物画出尽风头。文人画，特别是文人山水画、花鸟画，在那个时期曾经被批判为封建地主阶级艺术，不能为无产阶级政治服务，因而处境更加艰难。直到20世纪80年代政治拨乱反正之后，现实主义写意人物画才黯然失色，甚至遭到逆反心理导致的厌弃达10余年之久。1993年拙文《水墨写实人物画应当复兴》（1993年4月浙江美术学院中国画65年学术研讨会上发表，收入会议论文集续编，后又发表于《国画家》1994年第3期），就是看到现实主义写意人物画的窘境，才呼吁正确对待它们。当时连称“现实主义”都有些忌讳，所以称法不同。这一呼吁得到画家的响应和部分理论家的支持，现实主义写意人物画又陆续重返重大画展，但时移事易，它们终究不可能再享旧荣，只是新时期的一种国画体式，和其他体式平等地共创多元格局。现实主义工笔画因从事者寡，创作数量和政治影响不如写意画，在拨乱反正之际，没受到冲击，很顺利地适应时代变化而进入第二个历史阶段。

改革开放之后，社会转型，文化出现多元需求，中国画也开始由一元化走向多元化，四面八方寻求发展道路。其中最主要的三种探索势力逐渐三分天下，形成上文所说的三大板块。现代文人画在20世纪80年代中期由被冷落而复出，并理直气壮地向传统深度回归，表现为对“文革”摧残传统文化的反弹，也用来抵御一时汹涌而来的西化艺术浪潮。“新文人画”运动只是文人画回归途中的一朵溅起的浪花，文人画迅速地流行成一条大河，以至于在当今中国画中，文人画系统的画家（无论专业和业余）最多、观众最广、作品量最大。

现代派中国画则是借拨乱反正文艺解放的历史机遇，受“85艺术新潮”推动而兴起的。他们认为中国要实现四个现代化，一切都得以西方为标准，中国画的现代化自然也应借鉴西方现代绘画。这种全新的探索性中国画，在学院里逐渐取得重要地位，也传播于社会，在全国性、国际性学术展览中，席位越来越多，甚至超过了现代文人画。

现代院体画也是在20世纪80年代中期崭露头角的。它们的主要特征是重绘画法度，善塑造制作，讲形神兼备又有形式感，专业性强，属于“画家画”，与“文人画”相对。它们最早是以洗心革面的现实主义工笔画与回归传统院体的工笔画为主力，来宣明同20世纪80年代以前一统天下令人反感的极“左”现实主义划清界限，并由此开辟新的创作天地，这样就进入了第二个历史阶段。

这一阶段与前一阶段性质有所不同，前一阶段以现实主义为特征，这一阶段则包括了多种成分。

一是仍坚持现实主义，但丰富了艺术语言，并将写实水平推向新高度。原先的写实只满足于服务政治，未遑完善艺术本体，至此才有艺术本体的进步机会和成果。同时，纠正“革命”的僵化偏激，使之回复真实自然与平易亲切。也有的转向“批判现实主义”和反映普通生活的唯美的写实主义。

二是舍弃西画因素，回归院画传统，直接而深入地学习借鉴以宋代为主的古代院体画，以开发新的艺术形式，这是院体画概念最明确的现代创新探索。

三是在讲究绘画本体的意义上，吸收文人画、壁画、年画等绘画营养，把它们加工成新的精致的院体化绘画因素来丰富院画体式。

四是适度借鉴西方现代艺术观念和色彩学、构成法以及制作技巧等，来拓展院体画的题材、精神内容、色彩、构图、形式感与肌理效果，等等，使之增强现代感。

由此我们可以看到第二阶段现代院体画的画貌与实力，已非现实主义所能涵盖，需要一个统一的体式新概念。“现代院体画”这一新概念，正是为了适应这一需要而提出的。这一概念并非没有根据，它和古代院体画有着三个明显的契合点：一是古今院体画都偏重绘画法度；二是现代院体画的许多技法直接继承古代院体画；三是作者都是专业机构的画家，古代是皇家画院画师，现代是美术学院及专业画院画家，也有部分学院出身的职业画家，以院体画为业，业余自学成才的画家，能够从事此画者极少。

现代院体画多数出自新一代画家之手，他们善于反思和总结历史经验教训，勇于超越传统，探索更新的院画体式，发展相当迅速，很快取得成果。到20世纪90年代末，现代院体画在全国性大展中的入选与获奖率已大大超过其他国画体式，第9届全国美展国画展区的入选作品，属于现代院体画者竟然高达90%以上。相比之下，文人画虽然势力依然庞大，但只拥有民间地盘，学术地位每况愈下，在全国性画展中的入选率甚低；而现代派中国画则存在文化背景与国情限制，不容易当上龙头老大。

现代院体画之所以出现这种兴盛势头，有四个重要原因：

一是现代院体画写实性塑造力强，有能力创造新时期所提倡的“主旋律”和“力作”，能够获得当年现实主义新国画的那种宠幸，不断受到鼓励宣传与奖掖。

二是写实性绘画在中国，由于种种原因，依然有着最广泛的学术与社会基础，无论是国画还是油画，都不管写实性绘画早已过时的世界艺术主流朝向，继续一枝独秀，自我繁荣与发展。

三是国画教学被置于西式美院里，偏重技法训练，文化修习严重不足，不利于培养文人画家，却是院体画家与现代派中国画家的最佳摇篮。近百年的教学积累至今，院体与现代派优势终于显露，而文人画却因文化底气不足，自然江河日下。

四是在当代市场经济里，受工本核算概念影响，工细写实的画作，无论是国画还是油画，都最易获得商业成功；而企业大量介入画展操作，又以市场口味与效益左右创作，鼓励刺激写实性绘画的繁荣。现代院体画得到市场与学术的双重动力，比其他体式的中国画发展快速，也就不言而喻了。

只要这些因素不变，现代院体画的发展势头也不会改变。

然而，直至今日，学术界还没有形成现代院体画概念，它们有不少被风马牛不相及地网罗进“新文人画”和现代派中国画，于是不可避免地造成了创作、批评和欣赏的标准混乱。这种不分体式混淆一气的状况，并非始自今日，20世纪之初的国画改革，已经出现分化与演变，就一直未加区别，统称“中国画”，艺术标准自然也混淆一气。在长达近百年的国画改革中，理论始终未能同步建立，不但机械地搬用古代文人画论，也牛头不对马嘴地套用西方古今画论。古代文人画家拥有文化优势，能够大造画论，院体的画论著作就很少见，文人画论又多数年代晚近，对现代影响很大，一向被用来批评指导不同体式的现代中国画，就不免因矛盾而错乱。而中西绘画分属两大体系，即使借鉴西画来改造中国画，两者本质仍有区别，机械地套用西方画论于现代中国画，也会造成混乱。例如，以文人画论挑剔现代院体写意画，就有笔墨不够精妙，造型过于写实而役于物象等缺陷；而以西画理论来对照它，又不符合西方的写实标准，以至于害得它们长期进退维谷，莫可适从。近年的笔墨之争，则是用文人画论要求现代派中国画讲究笔墨，和以西方观念去否定现代文人画笔墨的意义，都同样荒唐，圆凿方枘，不可调和，没有结果，白费精力。这类混乱现象，都是现代各体中国画未能同步健全理论体系造成的。

一方面，近20年来西方画论影响更大，已导致某些现代院体画出现诸如追求立体性写实效果，仿效西画的光影运用，色彩丰富得几同西画，肌理试验反宾为主等过度变革，使其迷失国画本性，出现异化倾向。而另一方面，则是误解院体画只需要绘画性，不需要精神含量，一味讲形式，比技巧，重制作，计工本，使得许多作品犹如姿容妍丽却缺少灵魂的娇娃，不能动人。第9届全国美展最为集中地反映了这两种不良倾向，可见现代院体画健全自己的理论已迫在眉睫。而建立理论体系先需确定体式，也就是需要正名，因为理论之所以混乱，首先在于体式不分。我在关于“新文人画”和现代派中国画的讨论中，也多次指出这种混乱现状，如今实在到了应该结束这种混乱，提出恰当的名称，来为那些被指鹿为马的中国画正名的时候了，否则将影响中国画真正的多元化及其繁荣发展。

有人认为，既然现代院体画的作者主要是美术学院画家，不如径称“学院派中国画”。我以为不妥。第一，“学院派”是西画派别名称，有它自家的概念和标准，虽然也重视法度，但脱离现实生活，仿古保守，教条陈腐，禁绝个性，缺乏生气，和中国院体画并无共同之处，不宜套用。第二，学院里的中国画包括现代院体画、现代文人画、现代派中国画以及其他尚无法定名的边缘或最新探索的中国画，用学院派为名，会被误以为包罗所有学院中国画。目前似无比“现代院体画”更合适的名称。如果此名能被画界接受，现代院体画家就可认识自性，团结一致，明确方向，不再受无关的干扰和困惑，同心协力共奔前程，去创造比宋代院体画更加辉煌的成就，为21世纪的中国文化增光添彩。

本文载于《美术研究》2003年第1期

洪惠镇，1946年生，福建同安人。1981年毕业于浙江美术学院（今中国美术学院）美术史论专业，获硕士学位。厦门大学艺术学院教授。

走进民艺

——呼吁民间文化生态保护

潘鲁生

笔者对民艺的学习与研究已有近20年，在这些年里，对民艺各方面的思考不断萦绕在自己的脑海里，从未间断过。要研究民间艺术就必须时常深入乡村采风调研，做实地考察。这期间我与课题组的同事们一起，可以说足迹遍及大江南北。无论是汉族的乡村还是少数民族的村寨，无论是西北雄浑的黄土高坡还是江南秀丽的水村山郭，无论是心灵手巧的农妇村姑还是朴实粗犷的庄稼汉子，那些看似平常的一草一木、一山一水、花花草草、坛坛罐罐都给了我们无尽的启迪。那些生动的民艺、民俗、民风、民情恰似一幅丰富多彩的民间文化画卷，向我们展示了民间社会多姿多彩、深沉丰厚的文化和生活情景。

对民艺的研究应该说有一个渐进的过程，起初是从对民间的剪纸、年画、刺绣、皮影之类具有较强的审美价值的艺术品类的研究开始的，这种研究思路大多是注重造型艺术，沿用的也是“民间美术”的概念，其研究对象自然也就有所局限。随着研究的深入，以及民间采风调研的逐步深入，隐藏在民艺作品背后的深沉的文化背景和民间文化底蕴，不仅有着比艺术作品本身更深的内涵，而且更全面地反映了民间社会的文化、生活状态，也能够更好地解释民艺作品的诸多意义，它使我们真正了解了民艺是民间文化的物化形式。对民间艺术的研究也就不仅仅是艺术学的课题，民俗学、社会学、文化人类学，以及哲学、美学、历史学、民族学等，都是研究民艺学的重要参照和支持，而且与民艺学水乳交融、不可分割。因为民艺更好地反映了作为文化形态、艺术形态以及生活形态的民间艺术的形式。在诸多前辈及同行学者的研究成果的基础上，我们对民艺的概念、性质、内涵、品类、特征、传承、传播等问题也进行了进一步的思考。另外，随着采风调研以及收集、整理、挖掘工作的开展，民艺作为一种生活形态的存在，使我们更深切地意识到它在民间生活中的意义。作为民间文化的物化形式，民艺的生存发展，或者演变传承，更深刻地受到了民间社会形态发展演变的影响，民艺的消失与衰落，缘于民间文化、民间生活形态的演变和发展。换句话说，民艺的严峻现状缘于民间文化与民间生活传统形态背景的丧失。社会形态、社会组织结构的发展演变是历史发展的必然，对民艺的研究、保护、拯救和整理，更重要的是对历史的和现实的民间文化、民间生活的分析和研究，现代社会、现代生活的发展是否就以对传统文化的抛弃为代价呢？这很值得探讨和研究，因而记录传统文化状态、传统生活状态下的民艺显得尤为重要。在对这些问题的思考的基础之上，我们更关注民艺作为民间文化的存在，作为民间生活内容的存在，它在当代艺术学研究上的意义。当然，对这些问题的思考也是在深入民间采风、在调研过程的体验中感悟到的，是在民间的考察调研中切身感受到民间文化的生动性，体悟到民间文化作为一种文化生态对民艺的生存与发展有着重要的作用。

伴随着在农村考察的深入，我们思考的侧重点转向与民艺相关的社会、环境、民族、文化等问题，并开始着手对民间手工文化的生态性这一课题进行探讨。随着对这些问题的思考的明朗，1997年正式提出了“民间手工文化生态保护与调研”这一命题，1998年在教育部获得立项，并将民艺研究落脚于对民间文化生态的调研、考察与保护。

作为文化现象的民艺研究，在我们以往的研究方向中是可行的，它表现为文化的载体，展示为一种文明的结果。另外，民间手工文化既具备艺术形态，同时又是民众的社会活动的一个组成部分，与人类生存的各个领域无不发生联系，它涉及精神生活和物质生活的许多方面。因而我们只有将民艺还原到民众生活的环境中去，才能深入探讨民间文化的内涵。也就是说，民间的生活形态决定了民间手工文化意义，它是以人为主体的存在，是以民众的生活为依托，甚至就是民众生活本身。民间文化如同一种生态环境，在这种生态环境中繁衍、生长出不同的民间文化之树和民间文化果实，如果仅仅局限于对文化产品的个体之中，研究显然失去了深沉的文化底蕴和内在的生命力。如果文化生态环境受到了破坏，文化也就会凋零、失落或者畸形，即使新文化也将成为无本之木、无源之水，这正是文化的生态性。传统文化除了依靠文献典籍的记录、博物馆的收藏等来展示外，还有生存于民间的活生生的文化。一些历史文献没有记录下来的东西，依靠地下发掘的文物实证，现存的民间文化形态遗存则保留了下来，这不能不说民间文化有着强大的生命力和传承性。

“文化生态”可以看作借鉴生态学这一学科的一种延伸，并越来越引起全人类的重视，影响到其他学科研究中的一种文化研究的认识。另外，按照文化人类学家的观点，“文化生态论”认为，人类不仅是生物意义上的人，同时又是文化的产物，人类生理功能的发展进化，同时又是在文化进化的基础上发展起来的。文化不仅是人类文明进化的产物，也是人类与外部环境相协调、适应的手段和途径，因而文化的性质和特征与人类的生态环境密切相关，不同种族、不同地域的文化现象、文化差异、文化模式，是人类为了适应自然条件、生产力发展水平等所做出的选择。我们所理解的文化生态的观念是在社会经济、文化现代化的背景下产生的，同时又是一种对社会现代化的反思。社会现代化的发展在给人类带来巨大恩惠的同时，又不可避免地使人类的生存面临一定危机，这些危机也是多方面的，除了自然带给人类的危害和无奈，还有科技发展对人类的威胁。现代社会背景下这些危机的产生又与人类社会现代化的发展相关，这必然导致了生态学对现代经济、环境问题的进一步关注。另外，“文化生态”与传统的自然生态学相比，不仅借助生态学的相关理论，还将生态学作为一种方法，超越了生态学对于自然和科技的研究范围，将自然科学和人类科学相结合，是一种系统全面地观察自然、科技以及社会的整体方法和广阔视角。其中，对于文化的认识，也纳入一种全面整体的系统环境当中，是一种广义的文化概念，而不仅仅局限于精神世界，从而将文化真正落脚于“自然—人—社会”的整体系统当中，赋予文化以丰富的内涵和新的价值，目的在于充分协调人类与自然、社会、人自身的关系，以利于人类的完善和可持续发展。在现时情景下，对于民间文化和民间艺术而言，“文化生态”观具有更紧迫和现实的意义。

我们所关注的“文化生态”不仅是那些表现环保内容的文学艺术作品或这些作品所反映的与大自然的关系，或是描述一种文化现象，而是从自然生态与人的关系、文化与人的关系入手，去关注那些已经或正在被社会丢弃的人类文明，那些与自然、与人类和谐相处的文化生态，并侧重于以手工文化和民艺为重点内容。文化生态，包括有形的文化资产与无形的文化传承，涵盖了文化与自然环境的关系、民众生活方式之间的关系等方方面面，影响着人们的价值观念、生活方式和审美境界等相关的文化存在。自西方古希腊科学思想的完善、发展到工业革命的产生，人们在极力追求物质财富的丰裕，追求科学的创造发明，开发自然资源，利用地下能源，科学技术改变了几千年的传统文明。但是，科学在创造社会物质财富的同时，一些人类无法抗拒的来自自然界的报复的悲剧也在一次次上演，大自然与人和谐相处的关系被打破，环境污染加剧，生态平衡失控，新的疾病出现，自然资源被肆意利用而匮乏，人类的伦理道德正面临史无前例的挑战，人类面临着严峻的考验。在经济全球化的口号之下，本土的文化面临着危机。中西文化的差异，主要表现在价值取向和思维方式的不同，西方近世以科学理性的世界观去认识自然、改造自然，当运用这种观点去发展科学的时候也破坏了自然生态。而中国传统思想一直受“天人合一”哲学观念的影响，人们的生产方式、生活方式和文化方式以适应自然为标准，对待自然的态度是亲和性的，人与自然、人与物、人与人自身的关系始终是协调发展的。在长期的农耕文明中，我们的祖先懂得了协调人类与自然关系的重要，那就是利用自然、顺应自然，与自然共存，这表现出人文主义与自然主义精神的有机结合，并影响了中国审美思想的形成。历史塑造了中国人“重人文、轻数理”的思想，但同时也塑造了一种中国人的人文情怀和人格精神。21世纪科学技术是否已发展到与人类社会相处的极致状态，文化的冲突是否愈演愈烈，人类社会在呼唤和平、呼唤人文关怀、呼唤科学精神。人类生活需要物质的繁荣，更需要人文精神的关爱，需要科学技术所带来的生活享受，更需要人文精神的关怀，需要良好的自然生态环境与人的彼此协调关系。优秀的文化生态环境也要与人类共存，并能相互协调发展，相互补充完善，相互依存，共同持续发展。如何总结人类一切的文明成果，把自然、科学与人文整合统一，创造一个人与自然生态共荣，与文化生态共存的和谐空间是历史赋予时代的责任。

人类追求自身的尽善尽美的生活空间，是建

立在与大自然和谐共存的基础之上的，同时更不能丢掉几千年文明的成果，破坏我们的文化生态环境。在民间，那些错落有致的村落布局，那些与身体相依的服装饰品，那些曾在中国土地上驰骋了几千年的车轮，中国人的衣食住行用直接体现了中国人的传统生活方式，这些宝贵的人文资源环境不能无休止地被丢弃和践踏。因为它是一种几千年沿袭的文明成果，我们绝不能重复要科学就忽视人文、要现代化就要丢掉传统的愚昧做法，社会的发展也绝不允许以人类创造的科学技术来残害传统的文化生态和人文精神为代价。优秀文化在当代是一种无形的资源，那些传统的手工技艺、审美情怀、营造法式、风水学说等，无不暗含了人与自然的关系，并终始关怀着人与物、人与自然的和谐。我们认为对文化生态的认识与保护，应借鉴国际社会对自然生态保护的经验，提倡“可持续发展”的战略，建立起尊重文化的时代风尚，认识社会现代化建设与文化生态的关系。目前，按城市发展的速度，如果不保护具有传统风格的建筑物，或许再过半个世纪我们的后人将无法了解中国传统的民居或市井风情，只留下如林的冰冷的水泥构造建筑物而已。如果我们依然没有意识到文化会塑造一个民族的精神，那么弘扬民族文化就成了一句空话。尽管传统手工艺已走过了几千年，成为一种文化遗存，但作为工业社会的前身在信息社会仍会有它生存的空间。21世纪国际社会将呈现出经济的一体化，但文化恰恰需要民族化，需要个性化。也许这就是我们课题的主要出发点，也是我们深入民间调查的动力所在。

在文化生态观的定位方面，并非是自然生态学的研究，而是借助生态观的基本理念立足于文化现象的研究。我们主张为了保护我们的文化生态环境，就有必要从根本上纠正简单移植西方文化中心论的观念。我们的研究要站在民族文化的精神家园里去体味，否则面对民间文化我们就无法接近它、理解它、认识它，就会用片面的现代化的价值观去丢弃它。如果认识不到位，我们不但不能拯救它，反而会进一步破坏文化生态。所以改变我们以往对民间文化的认识尤为重要，把它定位在与自然生态同样的高度，并从中认识中国传统哲学和人文观念的深刻内涵。我们认为，文化生态环境是与自然生态相互依存的，在这里，人是沟通两者之间的桥梁并构架联通的血脉，不要把民间文化作为现代文化、现代社会建设中的障碍而淘汰，应该认识到自然与文化、人造物与自然物都是人类生存的需要。所以，我们应该重新审视传统文化的价值，应该清醒地认识到保护文化生态的重要意义，这种理念并非把它当作一个历史的躯壳，而是让它服务于社会，融入我们的现代生活方式和文化方式。21世纪信息社会的到来，发达国家大量的生产、消费与资源浪费，从根本上损害了人类文明进程中的优秀成分，把人与自然的关系搞乱了，人们对物质生活的欲望越来越强，而精神文化的追求却日益缺乏，劳动的传统也被淡化了。为使我们的生存环境和生活方式有益于身心的健康，就必须保护那些已失落的文化环境和自然环境，用心去沟通大自然，用心去感悟文化，提升人文精神。我们深深地感受到由于文化生态的破坏所造成的人们心境的失落。所以，我们应该重新重视文化的建设，特别要关注民间文化对人类发展的作用。在调查中，我们发现，文化生态的遗存是丰富的，许多是我们缺乏或无知的。那些一字不识的民间艺人能讲述动听的民间故事，那些不懂艺术的老太太能用一把剪刀剪出绝妙的水浒戏曲人物，无论是铁匠的打造、木匠的木作还是妇女的纺花织布、穿针引线，无不透露出才艺和智慧，这就是我们民族的财富和文化精神所在。

民艺资料的遗存在逐日减少，而且收集的难度也增加了，一些优秀的民艺品类在现代社会的发展中渐趋消亡。特别是随着人类现代生活方式的改变，我们身边的民间手工艺品、民间交通工具、纺织工具、生活用器用具等每年又有多少在消失甚至受到人为的丢弃和破坏，我们没有理由不像保护生态平衡、保护珍稀动植物那样保护我们的祖先为我们留下的手工文化，保护正在遗失的传统。假如有一天我们身边的传统文化真的消亡了，我们会不会像忍受自然对人类的惩罚一样忍受文化的枯竭，忍受文化生态的失衡呢？传统手工文化及其生存环境，随着工业社会的发展也在遭受着如同自然资源和生态环境一样的破坏。日本把对传统文化艺术的抢救作为国家发展的大事，把艺人尊为“文化财”。德国在一些村落有各种乡村博物馆，以此唤起当地民众的自豪感。我国台湾地区制订了“民间艺术保存与传承计划”，对濒临失传的民间艺术，投入巨额资金进行保护，派专人传习，以传之后人。我国在1997年颁布《传统工艺美术保护条例》，有关学术团体和学人也投身于调研、收集和研究之中，为我们的研究课题提供了有益的借鉴和帮助。改革开放20多年来，经济获得了巨大的发展，但对自然生态环境的掠夺也是残酷的，同时，我们在引进西方现代文化思潮、艺术样式和生活方式的同时，也是以本土文化生态的牺牲为代价的。物质生活虽然获得了富裕和满足，但精神生活越来越贫乏，似乎有些失落感。经济的发展更需要保护已失落的文化传统，保护民族民间文化生态环境，以此构架传统文化与现代文明的桥梁。也就是说，在现代社会环境中，更需要传统文化融入我们的生活，在国际大家庭中，以文化树立中华民族的自尊，留住民族文化的传统，留住我们文化的精神家园，留住民族民间那朴素的民艺传承十分重要。同时把这些文化遗传，与现代社会沟通融合，服务于现代社会，融入民族文化的优秀成分。经济发展和经济转型也需要文化的转型，彻底打破“传统文化就是封建”的错误观念，以此形成国民的文化自觉、提升整个民族的文化素养。可持续发展是国际社会的永恒的主题，无论是自然环境还是文化都需要引起人类的重视。在保护文化生态的同时，也应该认识到现代人应该具有国际视野，有远大的胸怀和境界，把中国优秀的文化置身于国际大文化环境之中，在发现抢救的同时去批判地继承，在承传的基础上提炼出优秀的民族传统文化融入现代文明之中。

围绕对民间文化的社会的、历史的、经济的、人文的等方面的思考，针对“民间手工文化生态保护与调研”这一课题，我们开展了一系列的工作。1997年，我们以山东省为主，进行一项“民间手工文化生态保护计划”的调查。印发了万余份调查表，通过部分驻济高校及省内其他高校、山东省民俗学会、山东省工艺美术学会等组织，将调查表分发下去，试图对山东省传统工艺美术进行普查。调查表分列了不少项目内容，包括工艺美术企业的情况，工艺材料与技艺调查，民间艺人、作坊情况调查，工艺口诀、谚语、民俗事象调查，对某一种传统手工艺的调查，对失传手工艺的调查等。调查表回收的情况还算理想，虽然调查内容不够深入，但也涉及不少新问题，更重要的是一次活动就有5000余人参与，这本身就是在唤起人们对传统手工文化的重视，特别是对高校学生来说，意在使他们思考传统民间文化的现状，进行传统手工文化的教育。1996年底，我们参与筹划并组织了山东电视台《文化传真》栏目拍摄的民俗文化电视片《大过年》，记录拍摄了山东省民间年俗中富有典型性、文化性的节令民俗活动，其中包括民间的歌舞灯彩、游艺竞技、年画剪纸、玩具面人等，并聘请专家学者从民俗文化、艺术内涵等方面讲解评论，目的亦在于唤起人们对节日文化的历史情感，使节日生活更充实、更丰富多彩，也更富文化内涵，它同样是我们民间文化生态保护的宣传、呼吁的形式和内容之一，《大过年》荣获第16届电视金鹰奖。1998年4月，申请创办了山东省首家民办“中国民艺博物馆”，作为民间工艺文化生态保护的一部分，收藏了以山东省为主，涉及全国二十几个省市的民艺品近万件，同时也是民间工艺文化生态保护的具体内容和措施。除了收藏民艺品进行研究之外，为了实现博物馆的教育功能，博物馆先后在山东工艺美术学院、青岛民俗博物馆、团中央青岛青少年夏令营活动营地，分别举办不同内容、不同形式的民艺藏品展，除了一般的观众，还邀请了大学生、中学生、小学生参观，目的亦在于唤起年青一代对传统民间文化艺术的认识和兴趣。我们还参与组织了青少年陶艺夏令营活动，参与组织相关的民艺展览，于2000年开通“中国民艺网站”，与同行专家沟通交流。

传统手工文化的保护与研究以考察调研、采风为基础，然后分门别类地加以整理、研究，进行个案分析，并写出考察报告。田野考察采风不仅具有比历史文献记载更为广泛而直接贴近研究对象的优势，同时对发掘、收集和保护传统手工文化技艺和品类也具有直接的意义。调研采风包括对传统手工文化现象的考察、调研和关注，同时还包括对手工技艺的调查记录、对手工技艺产品的收集发掘，以及对传统手工技艺的专题研究、生产生活方式的调研等。这种研究思路和方法是传统手工文化史和手工技艺理论研究的基础，它为日后进一步的研究提供了确凿的依据和丰富的第一手资料，它对深入认识传统手工文化的传承、传播及其发展演变和历史价值都有重要的意义。除了深入民间考察采风，获得第一手资料，进一步研究之外，保护行动也需要配套进行。必须健全保护与调研计划的总体构想：建立民间艺人档案、建立指定的民间文化生态保护区域、设立文化旅游的景点、建立民艺资料馆所、设立民艺研究机构。在有条件的都市科研院所设立民艺作坊，吸引现代人参与、体验民间生产、生活方式，这既是一种民间文化的普及教育，又是现代社会生活快节奏下人们的休闲娱乐方式。另外，亦可在大学、中学、小学等院校中设立民间工艺技术课程，达到开发智力，开发动手能力，学习、借鉴、研究民间技艺的目的，也为民间文化保护与开发培养了更多的具有手工技能的专业或非专业人才。而对民间工艺理论、技艺、历史等的整理与研究则须从一个较高的层次来着眼，将“民间手工文化生态保护计划”纳入全民教育领域。如对民间生活方式史的研究，对民俗与民艺的综合研究，对民间技艺口诀、谚语的整理与研究，对民间工艺、技艺、工序的记录与研究，对某些失传民艺的抢救与保护，对历史形态与现存形态的民艺的比较研究等。

如果说“民间手工文化生态保护与调研”是一个美好的构想，那么其中调研考察最有收获，也最具诱惑力。上述举措是伴随着学术考察与调研而进行的，是我们将文化生态保护推荐给大家，以赢得更大的支持和更多的力量。我们不断努力，为之辛勤付出的还是学术考察及保护，以及对民间手工文化的理性思考。自1997年开始，在山东确定了几十个富有传统特色的村庄和民间工艺、民间艺人，并对这些村庄和民间艺人进行有计划的考察和采访，文字记录、拍摄照片、录音采访、收集实物资料等同步进行，积累了大量的第一手资料。1998年，“传统民间手工文化生态保护与调研”正式申报教育部人文科学学科研课题，并获批准立项。之后，笔者与课题组的成员，先后集中或分散地赴山东、山西、陕西、湖南、安徽、江西、江苏、浙江、贵州、广东等地进行调研。从历史上曾经繁荣的民间作坊到现代民间艺人，从历史上遗存的古民居村落到现代开发的旅游景区，从偏僻的少数民族山寨到人气兴旺的商贾大院，从平原到山区，从陆地到湖泊，考察地点近百处，拍摄图片资料几千幅，收集民艺实物资料千余件，采访的民间艺人和农夫村妇难以细数，不仅获得了生动形象的图片资料，记录了可靠的文字资料，同时也充实了民艺博物馆的实物资料。考察的内容虽不能完全涵盖民艺的内容，却丰富生动，都从不同的侧面反映了民间文化的不同内容。每一个村落、每一个艺人、每一种技艺至今都仍然鲜活地浮现在眼前，令人激动和难忘。徽商的村落、晋贾的大院、铁匠魏、哗啦棒槌刘庄、花格子布、夏布、蓝印花布、陕北窗格格、江西稻作农具、蝈蝈葫芦、纸筐箩、上梁面塑、红席子、微山湖渔民渔船、皮影戏、烧酒、打铁、印年画等，都让我们深深地感受到民间文化的魅力，意识到民艺在民众生活中的价值和意义。我们不仅记录考察了民间技艺、民间艺人、民艺作品，更重要的是学到了不少书本上没有的知识，文献不曾有的记载，博物馆里不曾收藏的文化艺术品。同时，农夫村妇们热情、质朴、豪爽、善良、真诚的美好心地，也教育了我们，使我们不止一次地感动，我们也得到了他们一次次友好的帮助。在考察调研的过程中，我们也在不断地思考传统民艺、传统文化在现代社会、现代经济、现代文化建设中的许多实际问题，也越发使我们感到我们选择的正确性、紧迫性和艰巨性。

调研工作虽然已具有一定的基础，但其中的甘苦也是一言难尽的。虽然我们较早地进行了民间文化生态的保护与调查，并阐明了自己的思想和观点，但要想把这一工作做好却并不容易，越研究越感受到民间文化的魅力和难度。除了资金与人力的大量投入，更重要的是民间文化的浩瀚无边和广博深厚，并非靠一个课题组所能胜任的。随着我国现代新文化的建构，以及对传统文化的重视，还有西部大开发的机遇，越来越多的有识之士投入这项工作。这也表明，传统文化的生态建设是需要全社会的重视才能完成的，这也如同自然生态保护一样，它是全社会的义务，如果能唤起人们的文化生态意识，应该说比仅仅完成一项科研课题更有意义。我们的“民间手工文化生态保护与调研”也旨在表达一种思想和观点，尝试一种方法，而不可能包罗万象、全面完整地呈现丰富多彩、历史悠久的华夏民族民间文化的生态景象。我们会一如既往地将“民间手工文化生态保护与调研”进行下去，希望能唤起人们对传统民间文化生态的重视。

本文载于《美术研究》2003年第2期

潘鲁生，1962年生，山东菏泽人。1996年毕业于南京艺术学院美术学专业，获博士学位。山东工艺美术学院院长、教授，山东大学博士生导师。

论徐悲鸿与岭南画派之关系：以《文艺因缘》册为例

朱万章

徐悲鸿与岭南画派诸家的关系是近代美术史上一个耐人寻味的话题。关于这一课题的探讨，目前尚无人做过专门、系统的研究。笔者最近于广东省博物馆书画藏品中钩稽索隐，发现一件于研究二者关系极为重要的《文艺因缘》册。该书画册分别由徐悲鸿、高剑父、陈树人、方人定、黄哀鸿、黎葛民、陆丹林、曹禺、戴涯、田汉、汪辟疆、华林、徐仲年等21人所作，是一本集民国年间（即20世纪30年代）著名书画家、文学家、出版家和社会活动家于一体的诗书画合册。此册的发现，激发了笔者对徐悲鸿与岭南画派诸家关系的浓厚兴趣，于是便以此为契机，查阅大量有关资料，草成此文，希望有裨于艺术史学者。

在解读《文艺因缘》册之前，我们不妨先回眸一下徐氏与岭南画派诸家的交游，从中或可有助于我们更深入地了解其文化内涵。

一、徐悲鸿与“二高一陈”

徐悲鸿与高剑父、陈树人订交的时间大致在1914年左右。先是徐悲鸿识交高氏兄弟，再由高奇峰介绍认识陈树人。[1] 1916年，21岁的徐悲鸿考入上海震旦大学，生活窘迫，经高氏兄弟介绍开始在上海卖画，其作品渐为人所重视，受到高剑父、高奇峰称赞。徐悲鸿后来在自传中满怀感激地谈到当时的情景：

> 初，吾慕高剑父兄弟，乃以画马质剑父，大称赏，投书于吾，谓虽古之韩幹，无以过也，而以小作在其处出版，实少年人最快意之举。因得与其昆季相稔。至是境迫，因告之奇峰，奇峰命作美人四幅，余亟归构思。……于星期四下午，仍据笔作画，乃得一书，审为奇峰笔迹，乃大喜。启称视则誉于吾画外，并告以报吾五十金。遂急舍笔出，又赴阮君处偿所负。阮又集数友令吾课画，月有所入，益以笔墨，略无后顾之忧矣。[2]

很显然，徐悲鸿当时在名家云集的黄浦江畔

能有一席之地，高氏功不可没。高剑父、高奇峰于民国初年在上海创办审美书馆，徐悲鸿在一封致友人的信札中谈到在1915年、1916年间其画便在审美书馆有多种出版物[3]，想必也是高氏兄弟揄扬之功。有论者称“高剑父是徐悲鸿艺术上的第一个知音”[4]，诚为的论。

同时，徐悲鸿也是高氏艺术的知音和推广者。1935年5月23日，“高剑父绘画展”在南京举行，徐悲鸿特地撰写《谈高剑父先生的画》一文在当时南京的主要报刊登载，文章先对中国艺术做了一番概括性的评介，然后称“画家高剑父，博大真人哉！吾昔曾评剑父之画，有如江珧柱，其味太鲜，不宜多食。今其艺归于淡，一趋朴实，昔日之谈，今已不当，则非深研于高氏艺者不能言”[5]。

1933年，徐悲鸿携带包括高奇峰、陈树人等在内的现代绘画名家作品赴法国举办中国近现代绘画展览。本次展览在欧洲获得空前成功，法国国立近代外国美术博物馆更出资购买高奇峰的《孤帆》图及陈树人、徐悲鸿、方药雨、郑曼青、王一亭、齐白石、汪亚尘、张大千、经亨颐、张聿光、张书旂等名家的12件作品，专门陈列一室。随后，徐悲鸿又将其作品携往比利时、德国、意大利、苏联等地展览7次，在各大博物馆及大学成立了4处“中国近代美术专室”。[6] 1936年5月12日，徐悲鸿致函挚友、著名出版家舒新城，相约由舒刊高剑父、张大千画集，并向其介绍高剑父，不日将由高亲自将画送至舒处。[7] 1936年，高剑父被聘为中央大学艺术系唯一的国画教授，有论者认为“此事的促成，显然很大程度上取决于徐悲鸿的友谊及他对剑父艺术的认同”[8]。

不仅如此，徐悲鸿与高氏兄弟的交游及友情还蕴含在共同的美术活动以及高奇峰身后之荣哀中：

1933年10月，德国研究东方美术之学者及画师为在欧洲提倡中国美术，与中国一部分研究美术者决定于1934年2月间在德国柏林举行中国美术展览会，并由中、德双方共同组织筹备委员会，徐悲鸿、高奇峰、陈树人等9人为中方筹备委员[9]；1940年，徐悲鸿与高剑父、张大千、简又文、鲍少游等雅集于香港“寅圃”，其间与高剑父、鲍少游更联手作画，由高剑父写石、徐悲鸿画鸡、鲍少游补新篁，鲍氏并题诗曰：“竹比虚怀石比贞，画坛此日订新盟；大风起矣尘氛涤，且听钟鸣铎振声。”[10]此外，陈继春认为有迹象显示，徐悲鸿客居澳门观音堂（即普济禅院）时与同时住在普济禅院妙香堂的高剑父有过相聚。[11]普济禅院现仍藏有徐氏作于1937年的《漓江春雨》图，笔者近日赴澳也观摩了高氏作于1940年、画赠普济禅院主持慧因大师的《兰花》立轴，普济禅院的禅房、厅堂大多为高氏所书匾额。由此足见徐、高二人均与普济禅院有着不寻常的翰墨因缘。

高奇峰于1933年11月在上海病逝后，徐悲鸿与陈树人等36人参与作《高奇峰先生行述》，同月在南京、上海、香港、广州各报所登以《实现高奇峰先生遗志会议》为题的新闻中，提到高奇峰遗作现存处所时，其中有两件由徐悲鸿带赴法国。1934年8月徐悲鸿还为即将梓行的《高奇峰先生遗画集》第一辑题写“发扬真艺，领袖画坛”字样，并在小注中称与高奇峰“纳交廿年”。[12]

徐悲鸿与陈树人的关系除前文所述外，还表现在：

徐悲鸿与陈树人积极参加或发起组织美术社团，成为艺术上的坚实战友。1931年在上海由叶恭绰、钱瘦铁、郑午昌、孙雪泥、贺天健、陆丹林、谢公展、马孟容、黄宾虹等人发起成立的“中国画会”，陈树人和王一亭、谢公展、黄宾虹、经亨颐等担任监察委员，徐悲鸿与沈一斋担任候补监事；1933年1月，陈树人、徐悲鸿与孙福熙、张书旂、汪亚尘等在杭州发起创立“艺风社”，孙福熙任会长；同年，在南京成立的中国美术会，徐悲鸿与陈树人不仅是其发起人，而且在1935年两人同被选为理事，高剑父、赵少昂等成为该会主办之《中国美术会季刊》的主要撰稿人；1936年8月，徐悲鸿、陈树人等在上海发起成立中国书画团体“力社”；1940年5月，由中国美术界抗敌协会、原中国美术会、中华全国美术会联合发起组织成立新的“中国美术会”，该会为战时全国最大的美术团体，名家云集，徐悲鸿、傅抱石、张书旂等10余人担任理事，陈树人等担任监事。

徐悲鸿在陈树人绘画向国内外的推广中，充当着非常重要的角色。1933年，由徐悲鸿在法国主办的“中国近代绘画展览”在巴黎开幕，陈树人的《芭蕉》图为法国政府所购藏；1935年由徐悲鸿在当时苏联莫斯科及列宁格勒主办的“中国近代绘画展览”中，陈树人的《绿竹》《桃花》等分别被莫斯科博物馆及列宁格勒博物馆收藏。[13]前文所提到的对陈树人画艺的推广起着重要作用的徐仲年，便是经徐悲鸿绍介在1934年与陈树人相识的。随后徐仲年与陈树人共同挑选陈画40余幅辑成《陈树人近作》，徐仲年并为之撰写中、法文序言，并每一幅画撰写法文说明，用透明纸置于画页之前。

1935年岁末，徐悲鸿在报上发表《民国二十四年中国艺术之回顾》一文，称陈树人之《雨后》为当年中国艺术界最美妙之产物。[14]1945年9月9日至16日，陈树人画展在重庆七星岗江苏同乡会展出，徐悲鸿、傅抱石、陈之佛等联袂参观，徐悲鸿并为此撰写《陈树人画展》一文刊发于《中央日报》，称其“绘画之作风为春光骀荡，直抒胸臆，又变化多门，锐意创格”[15]。

当然，正如所有书画家间的交游一样，徐悲鸿与陈树人的关系也无时无地不体现在笔墨的酬和中：

1934年孙中山生日，徐悲鸿与陈树人等雅集于徐氏寓所，二人合作《松枝红叶图》，陈氏写红叶，徐氏画松枝。[16]1936年3月，徐悲鸿探望陈树人，参观其画室及共赏啸台景色。同年，徐悲鸿为陈树人伉俪作《两猫图》，上题“相对浑如梦，昏昏又一年”，另行题“同年三月敬奉树人先生、若文夫人赐存”。[17]1943年，徐悲鸿自印度返国，仍执教于中央大学艺术系，见陈树人提出抗战功成始作画，认为画家不可一日停笔，遂以“拳不离手，曲不离口”之意劝其继续作画；陈树人感其意，乃重操画笔，作画不辍。同年，陈树人60寿辰，徐悲鸿特为此绘制《红梅双鹤图》赠之，并为其题五言祝寿诗曰：“中庸为至德，看似极平常。仙侣纪人瑞，新诗是国光。云霞蔚异彩，冰雪咀清香。献画祝双寿，寿长比长江。”上款题曰：“树人先生、若文夫人六十双寿。”款署“悲鸿写贺，卅二年始寒重庆磐溪”。[18]

以上所有的史实均传递了同一种信息，那就是徐悲鸿与“二高一陈”在艺术上的同盟关系。

二、徐悲鸿与岭南画派传人

徐悲鸿与岭南画派传人的交游可以说是他与“二高一陈”关系的扩展与延续。就笔者所钩稽之材料，与徐悲鸿交游的岭南画派传人主要有赵少昂、关山月、杨善深、黄少强，其中尤以与赵少昂的关系最为密切，交游时间亦最久。

徐悲鸿与赵少昂的交游始于笔墨。

1938年，徐悲鸿为其妻廖静文作《梅花》图轴（徐悲鸿纪念馆藏），赵少昂补蝉，并钤白文印“赵少昂鉥”。徐悲鸿题识曰：“静文爱妻惠存。廿七年九月将去桂林作此至港，少昂为补蝉，悲鸿。”1938年，徐、赵合作《秋声图》，题识曰：“戊寅晚秋，少昂写蝉，悲鸿为足成。”[19]1939年，徐悲鸿为廖静文作《红叶》图轴（徐悲鸿纪念馆藏），赵少昂画蝉并题曰：“少昂缀小虫其上。”无印。徐悲鸿题识曰：“静文爱妻存。廿八年元日试笔香港山郇道中，悲鸿。”钤朱文印“悲鸿”。1940年，徐悲鸿、赵少昂合作《红棉小雀》（现藏香港郑健庐后人处），徐悲鸿写红棉、赵少昂补小鸟鲜花，赵题识曰：“悲鸿兄为红棉写照，嘱少昂补花其上，改缀以小鸟时花，廿九年暮春。”钤白文长方印“赵少昂”、朱文方印“家在沙园”和“外师造化中得心源”。1943年，徐悲鸿于贵阳与赵少昂为耀卿合作《古柳黄鹂》图轴（徐悲鸿纪念馆藏），赵少昂画黄鹂，钤白文印“少昂”，徐悲鸿写古柳并题识，文曰：“少昂写黄鹂，悲鸿以古柳新枝足成之，以贻耀卿老兄，卅二年岁晚贵阳客中。”钤朱文印“悲鸿”和白文印“东海王孙”。1944年2月，徐悲鸿、赵少昂合作《雄鸡翠竹》图轴（现藏香港黄乾亨、郑国璋处），由徐悲鸿写鸡，并题识曰：“真是无稽之谈，名尚夫人一笑。卅三年二月阴庐灯下，悲鸿写。”钤朱文圆印“徐”和方印“悲鸿之画”；赵少昂则写翠竹，并题识曰：“少昂补成。”钤白文印“少昂”。

1944年2月19日，赵少昂画展在重庆中一路中苏文化协会举行，徐悲鸿特地在当地报纸刊登启事，以广宣传。徐氏称赵“天才豪迈，有出蓝之誉”，其中徐文中的“画派南天有继人，赵君花鸟实通神。秋风塞日老骑客，灿烂春光艳羡深”[20]诗一直被后人作为评介赵氏花鸟的经典话语。1945年9月，画家陈之佛50寿辰，徐悲鸿、赵少昂、吕凤子、傅抱石等在重庆沙坪坝金刚饭店为之庆贺并即席泼墨挥毫；徐悲鸿曾专为赵少昂画素描肖像，这幅赵氏的侧面小像，一直悬挂于“梦萱堂”中。[21]1995年，徐悲鸿百年诞辰，年已九十有一的赵少昂没有忘记昔日交谊，欣然题写小行书“徐悲鸿先生百年诞辰纪念书画集”。

徐悲鸿与关山月订交是在1942年。李小平《关山月艺术年表》之“1942年”条称，时年关山月在昆明、四川东山、成都等地举办画展，结识了徐悲鸿、李国平、吴其昌、张大千、姚石倩、朱光潜等[22]，而订交的地点则是昆明，这年5月徐悲鸿正好也在昆明举办画展。[23]1944年11月在成都创刊之综合性美术杂志《新艺》（月刊），关山月与罗文谟、谢无量、刘开渠、邓穆卿、程漫文、梁又铭、陈觉玄、郭梦芝、洪毅然、施孝长、林君墨、周浒生、王白与等为编委会成员，编委会特约徐悲鸿、张大千、傅抱石、郭沫若、潘天寿、吴作人等84人撰述者。[24]之后关山月赴西北、南洋等地，1948年出版《关山月纪游画集》，徐悲鸿欣然作序，称其初识关山月则“惊其才情不凡”，尔后觉其纪游画“风格大变，造诣愈高”。[25]在1949年中华人民共和国成立后，相信同时供职于大陆美术界的徐、关以及岭南画派的另一重要传人黎雄才等应有很多机会交游，但限于资料的缺欠而无从得知。

徐悲鸿与杨善深订交的确切时间已不可考，最晚是在1940年。是年，徐悲鸿与杨善深在新加坡“江夏堂”邂逅，这是目前所见二人交往的最早记载。之后，二人曾合作绘画多幅。1941年，杨善深举办画展，徐悲鸿作有《杨善深画展序》，在序文中，徐悲鸿进一步提出了中国画改良的方法。

徐悲鸿与黄少强的交游见诸记载的并不多见，李伟铭在《黄少强（1901—1942）的艺文事业——兼论20世纪前期中国画艺术中的民间意识》文中谈道：“继1929年沪、杭之行以后，黄少强在1932年、1935年之间，曾连续畅游了桂、沪、平、津、塞北，考察各地风土人情，同时广泛拜访了包括齐白石、黄宾虹、徐悲鸿在内的几乎所有当时享誉中国画坛的名家。”[26]徐悲鸿与黄少强的结识当在此期间。1934年中秋，徐悲鸿为黄少强作品题词：“不尚工巧，不法古人；绘形绘色，民之呼声。”[27]1935年秋，徐氏更亲自为黄少强“民间画馆”题写匾额。[28]

这些史实无不直接或间接地表明徐悲鸿与“二高一陈”的传人们的一种从同关系。

三、关于《文艺因缘》册

现在再回到《文艺因缘》册中来。

该书画册因有高剑父题“文艺因缘”四字而得名。[29]全册由精制的木版作装潢，蝴蝶装，纸本，每开纵15.5厘米、横19.8厘米，凡14开，与其他册页不同的是，双面均有书画，因此实际应为28开。很显然，此册是先有空白的本子，再分别请名流赋诗作画，大类今日之嘉宾签到册。从书画所作年款看，最早的为1936年春，最晚为1937年夏；从作者构成看，既有美术界的名流如徐悲鸿、高剑父、陈树人、张书旂、陆丹林、黎葛民、方人定、黄哀鸿、陈之佛等，也有文学、戏剧、出版界的知名人士如曹禺、戴涯、田汉、汪辟疆、华林、徐朗西、徐仲年、王平陵等，更有一些是名不见经传的人物如洪正伦、夏维海、子羽等；从题材看，均是围绕“梅魂女士”所作的书和画，画有山水、人物、花鸟等；从书画所作地点看，分别为上海、南京，而以上海为主。

《文艺因缘》册中所有书画均系诸家为“梅魂女士”所作，但“梅魂女士”究竟为何人，目前尚不清楚。笔者查阅了时人的有关笔记、诗文集（包括《郑逸梅选集》）等，均无所获。陈玉堂编《中国近现代人物名号大辞典》，“梅魂”有两人：一曰“王靖”，别名王梅魂，一作王槑魂，笔名梅魂、槑魂，20世纪20年代初参编《新的小说》，著有《英国文学史》；一曰“王蕴章（1884—1942）”，江苏无锡人，字尊农，别号莼庐、梅魂，室名梅魂菊影室、玉晚香簃，鸳鸯蝴蝶派主要作家之一，曾参加南社，任商务印书馆编辑，首编《小说月报》，著有《王蕴章诗文钞》等。但两人均为男性，与《文艺因缘》册中所谓“梅魂女士”相去甚远。笔者曾查阅有关的文学、美术史类工具书，也无所获。相信随着新史料的进一步发掘，当时活跃于徐悲鸿、高剑父、曹禺、田汉等名流之间的“梅魂女士”必将露出其“真面目”。

《文艺因缘》册是现代美术、新文学史上的一件珍贵文物。它的意义不仅在于为我们展示了书法、绘画的艺术美感、便于我们了解这一时期客居沪上的一部分文化名人的手迹，更主要的是为我们提供了20世纪30年代岭南画派诸家的相关原始资料，从而让我们可以更深入、客观地了解置身于历史潮流中的这一特殊画派的文化背景。

现将《文艺因缘》册中之徐悲鸿与岭南画派诸家书画释读如下：

徐悲鸿所作书画各一。书法为行书，录诗一首，书文曰：“象维近逼万云低，俯视峰峦隐翠微。举眼芸芸无一似，神奇绝世到峨眉。感事一章。梅魂女士雅正，悲鸿。”钤朱文印“阳朔天民”。绘画为一幅《猫》图，设色，描绘一只白猫蹲于地上，两眼斜视前方，似无所适从，题曰：“寂寞谁与语，昏昏又一年。梅魂女士文豪，悲鸿，丙子春尽。”钤白文印“徐”。“丙子”为1936年。时年一月，徐悲鸿与汪亚尘、颜文樑、朱屺瞻、张充仁、陈抱一等在上海发起成立“墨社”，不久便赴桂林。

册中属岭南画派的画家有高剑父、陈树人、方人定、黄哀鸿、黎葛民等。

高剑父所作书画较多，其中书法两件，画三幅。从有年款的作品看，显然不是作于同时，而是断断续续两年时间，中间分别被曹禺、徐朗西、华林、方人定的书画间隔，所作地点也分别在南京和上海。其画分别为《紫藤图》《花卉》《菊花》。

《紫藤图》，设色，高氏自题曰：“昆仑客戏作。”钤白文印“崙”。虽然画上并无年款，但从紧随其后的曹禺的题词署款“廿五年十二月七日”可知，高氏此画当作于此时（即1936年）或之前。是图和高氏其他成熟时期的所绘的花卉、藤萝一样，以书入画，挥洒自然。

《花卉》作于1937年夏，设色，自题曰：“梅魂清赏，廿六年夏沪滨之作，崙。”钤白文印“崙”。该图为没骨折枝花卉。

《菊花》亦作于1937年夏，设色，自题曰：“昆仑山人。”钤白文印“崙”。该图亦为折枝花卉。

两件书法均为枯藤体草书[30]，其一作于1937年，书文曰：“歌摇千尺龙蛇动，声机半天风雨寒。廿六年端节客金陵，剑父。”钤朱文印“剑父”。其二作于1936年秋，书文曰：“绝妙呼它心未安，品题天女本来难。梅魂菊影商量遍，化作人间□□□。录定翁句为梅魂女士雅属，廿五年秋，剑父。”钤白文印“崙”。

陈树人为行书《书愿一首》，文曰：“何处溪山不入诗，雨晴风雪四时宜。吾生也更无他愿，得作江南一画师。书愿一首，梅魂女士属，陈树人。”钤朱文印“树人”。

方人定为绘画五幅，分别为《春柳喜鹊》、《仕女图》、《山水》（两件）、《小雀图》。《春柳喜鹊》为设色，作者自题曰：“为梅魂女士画，人定。”钤白文印“方”。《仕女图》亦为设色，自题曰：“梅魂女士雅政，廿六年夏，人定上海客中。”钤白文印“方”。该画所写之仕女身着和服，头顶挽起云髻，若有所思，疑为方氏为梅魂女士所画像。《山水》两件：一为淡设色，作者自题曰：“梅魂诗家政之，人定。”钤白文印“方”。二为墨笔，作者自题曰：“梅魂女士属画，人定。”钤白文印“方”。前者写平远之景，轻舟行于江中，大雁纷飞；后者描绘近景，截取丛林边的山溪一角为景。《小雀图》为设色，作者自题曰：“梅魂女士政，人定。”钤白文印“方”。以上作品有年款的为1937年夏，时年方人定被聘为第二次全国美术展览会广东出品审查委员，参加第二届全国美术展览及第二届全国美术展览会的广东出品沪展，并于上海举办个展。方氏以上诸作与其成熟时期的绘画风格迥然相异，明显是传统绘画一路。

黄哀鸿所作画三幅，一曰《山水》，二曰《木棉》，三曰《蝉》。《山水》作于1937年夏，设色，作者自题曰：“梅魂女士雅政，廿六年夏，哀鸿。”无印。画面上远山淡影低回，楼阁半隐于丛林中；近处停舟泊烟渚，一幅典型的传统文人画，设色淡雅。《木棉》为折枝花卉，设色，作者自题曰：“梅魂女士雅赏，哀鸿。”钤朱文印“黄氏”。《蝉》，设色，作者自题曰：“梅魂女士雅鉴，哀鸿。”钤朱文印“黄氏”，描绘一只蝉独伏于树枝上，笔简意饶。黄哀鸿（1914—1937）为高剑父弟子，天才奇逸，长于花鸟、草虫、走兽，可惜天不假年，年仅24岁病殁于上海，作品传世也极少。

黎葛民所作为《墨菊》，自题曰：“梅魂女士雅正，黎葛民。”钤朱文印“葛民”。画为折枝花卉，亦为简短数笔。

此外，该书画册中汪辟疆、戴涯、陆丹林、陈之佛、田汉、曹禺、徐朗西、华林、徐仲年、王平陵、夏维海、洪正伦及不知名的子羽等，因限于篇幅，此处不一一细列。

当然，《文艺因缘》册所示徐悲鸿与岭南画派诸家并无直接关系，但他们的书画均为同一人——“梅魂女士”所作，有的可能还是在同一时间、同一地点的书画雅集中完成。很显然，在1936—1937年，徐悲鸿与岭南画派的高剑父、陈树人、方人定、黄哀鸿等在上海同与“梅魂女士”有着良好的社交关系。这可反映出徐氏与岭南画派诸家间交游关系的一个侧面（所以高氏将之定名为“文艺因缘”，也是别有深意在焉）。

四、结语

有论者认为黄宾虹与“岭南三家”（即“二高一陈”，习惯上称“岭南三杰”，而“岭南三家”循例指屈大均、陈恭尹、梁佩兰——笔者按）的关系，“构成了现代中国画史上一个很好的二律背反，其情形颇似明末清初画坛上出现的矛盾对立”。因为黄宾虹面对的不是时贤，而是他崇仰的古代大师。[31]而笔者以为徐悲鸿与岭南画派的关系则正好与此相异，他们之间的关系可归结于徐氏在艺术上与岭南画派相似的画学渊源与默契，他们对中国画革新之宗旨及其路径基本上也是一致的。就连当20世纪30年代被称为“折衷派”的岭南画派与弘扬传统的国画研究会在广州展开激烈论战的时候，正在广州举办展览的徐氏绘画也同样遭到猛烈的抨击。[32]徐悲鸿早年更受到高氏及其日本画风的影响。郎绍君认为：

"青年时期的徐悲鸿、林风眠等，均不同程度接受过二高一陈的影响。"[33]李伟铭在谈到早年的徐悲鸿、林风眠时也说：

> 但我们也注意到，林风眠、徐悲鸿早年都与日本绘画有着极为微妙的关系：林氏未出国前，曾临摹过岭南高氏带有日本风格的所谓"新派画"；徐氏流寓沪上时，曾到岭南高氏兄弟创办的审美书馆观画……[34]

毫无疑问，徐氏对"二高一陈"由最初的心仪直到后来的频频为他们及其传人的画展（画集）撰写褒奖文章，最终成为画坛的盟友，其间所经历的心路历程是不难理解的。作为南海康有为弟子的徐悲鸿对从得风气之先的广东兴起的岭南画派不仅在感性上易于接受，而且在所高扬的艺术准则上的一脉相承也使他们能互相容纳——甚至他们的艺术与政治二位一体的价值模式也有着惊人相似的一幕。[35]他们之间这种同志加战友式的关系很自然地延续到岭南画派的传人如赵少昂、关山月、杨善深、黄少强等人的交游中。

由上述徐悲鸿、高剑父等《文艺因缘》册所引发的关于徐氏与岭南画派诸家之关系，希望能有助于我们更深入、全面地了解徐悲鸿与岭南画派诸家的历史渊源，从而对近代美术史上这段鲜为人知的历史关系有更详尽的认识。

注释

[1]徐悲鸿在1934年为《高奇峰先生遗画集》第一辑题词时称与高奇峰"纳交廿年"，由此推知二人订交约在1914年。徐氏在《悲鸿自述》及《谈高剑父先生画》均谈到与高剑父、陈树人的相识情况。参见中国图书大辞典编辑馆编《高奇峰先生荣哀录》（第1辑，上海）、《良友》第46期（1930年，上海）及《中央日报》（1935年6月3日，南京）。

[2]《悲鸿自述》，台湾《艺术家》第89期。赵少昂的《高奇峰先生小传》也提到"名家徐悲鸿先生亦尝受其（指高奇峰——万章按）资助"，参见黄小庚、吴瑾编《广东现代画坛实录》，岭南美术出版社1990年版，第264页。

[3]徐悲鸿：《致在平诸友》，《庸报》1932年11月26日。

[4]李伟铭：《从折衷派到岭南画派》，载广州美术学院岭南画派研究室编《岭南画派研究》第2辑，岭南美术出版社1990年版。

[5]李伟铭《高剑父留学日本考》称此文乃"由高氏亲自组织并通过他的私人关系推荐给报刊发表的"，文载《朵云》1995年第1期，总第44期。徐氏的评介文章见《中央日报》《中华日报》《新京日报》，1935年6月3日。

[6]关于这次展览的情况，徐悲鸿曾撰写《巴黎中国美术开幕前》和《记巴黎中国美术展览会》详细介绍，两文分别载《民报》1933年6月和《时事新报》1933年10月16日、《艺风》第1卷第11期。

[7]参见《中华书局收藏现代名人书信手迹》（中华书局1992年版）和王震编《徐悲鸿书信集》（河南教育出版社1994年版）。按：舒新城（1893—1960），原名玉山，学名维周，字心怡，号畅吾庐，曾用名舒建勋，湖南溆浦人，从事出版事业，著名学者。1930年任上海中华书局编辑所所长，1949年后供职于中华书局。

[8]前揭《从折衷派到岭南画派》。

[9]《高奇峰先生荣哀录》(第1辑)。

[10]陈继春:《徐悲鸿港澳留痕》，载陈继春《濠江画人再录》，澳门成人教育学会2000年版，第14页。

[11]同上书，第16页。

[12]汪精卫、陈树人、曾仲鸣、叶恭绰、方君璧编:《高奇峰先生遗画集》第一辑，上海华侨图书印刷有限公司1935年版。

[13]陈真魂主编，陈适、陈美魂、陈善魂协编:《陈树人先生年谱》，岭南美术出版社1993年版，第125—131页。

[14]陈树人读后即赋诗曰:“国事身谋付一叹，今年回首足辛酸。些儿也有强人意，艺苑加来月桂冠。”参见《陈树人年谱》，第57页。

[15]徐悲鸿:《陈树人画展》,《中央日报》1945年9月16日。

[16]参见广东省博物馆藏品B941项，该图纸本，设色，纵124.5厘米、横37.2厘米，徐悲鸿题识曰:“二十三年中山生日，小集敝斋，树人写红叶，余为松枝，以贻尧阶先生，悲鸿。”钤白文印“悲鸿”。

[17]《陈树人年谱》，第58页。

[18]《陈树人年谱》，第75—76页。

[19]*Xu Beihong Centenary Album* (*Collection of the Cheng Family*), copyright (c)1995 Ying Man Co., Ltd., Printed in Hong Kong. 即《徐悲鸿先生百年诞辰纪念书画集》。

[20]徐悲鸿:《赵少昂画展》,《中央日报》1944年2月19日。

[21]《濠江画人再录》，第14页。

[22]李小平:《关山月艺术年表》，载《名家翰墨5·关山月临摹敦煌壁画·王翚特辑·八大山人特辑》，香港翰墨轩出版有限公司1990年版，第27页。

[23]参见李松编著《徐悲鸿年谱》，人民美术出版社1985年版，第83页；岭南画学丛书编委会编《关山月》，岭南美术出版社1996年版，第5页。

[24]许志浩:《中国美术期刊过眼录(1911—1949)》，上海书画出版社1992年版，第219—220页。

[25]岭南画学丛书编委会编:《关山月》，岭南美术出版社1996年版，第5页。

[26]广东美术馆编:《黄少强·走向民间》，人民美术出版社2001年版，第24页。

[27]黄少强:《画家》，民间画馆1937年印行。

[28]《濠江画人再录》，第10页。

[29]高剑父题签书于1937年，文曰:“文艺因缘，廿六年长夏，剑父题。”无印，字迹略有污损和漫漶不清，参见广东省博物馆藏品B1244项。另外，承李伟铭君见告，类似《文艺因缘》册的书画在日本尚有一件，分别为高剑父、高奇峰、徐悲鸿等诸家写(画)赠日本须磨理事，可惜笔者未及亲见。

[30]书画鉴定家苏庚春先生将高剑父草书形容为“枯藤体”，形象逼真，学人多以此论之，而不知从此肇始，特此说明。

[31]洪再新:《鼓吹革命中的艺术真相——〈真相画报〉所示黄宾虹与岭南三家的关系》,《朵云》1995年第1期，总第44期。

[32]任真汉:《徐悲鸿画展一瞥》,《青年艺术》1937年第4期。40余年后，任氏在《三论徐悲鸿艺术》一文中，对这次笔墨官司做了交代，文载《七十年代》(1978年，香港)，参见王震编《徐悲鸿评集》，漓江出版社1986年版。

[33]郎绍君:《论中国现代美术》，江苏美术出版社1988年版，第83页。

[34]李伟铭:《现实关怀与语言变革——20世纪前半期广东绘画一斑》，载广东省博物馆等编《现实关怀与语言变革：20世纪前半期一个普遍关注的美术课题》，辽宁美术出版社1997年版。

[35]李伟铭:《艺术与政治二位一体的价值模式——二高研究中一个耐人寻味的问题》，载《艺术史研究（1）》，中山大学出版社1999年版，第391—443页。该文对高氏艺术与政治的联袂论列尤详。而关于徐氏艺术与政治的交融也并不鲜见，参见《徐悲鸿年谱》和《徐悲鸿评集》。

本文载于《美术研究》2003年第3期

朱万章，1968年生，四川眉山人。2011年毕业于中国艺术研究院明清美术研究专业，获博士学位。中国国家博物馆研究员。

机遇与应战
——林风眠1926年出任北京艺专校长始末考略

彭　飞

林风眠1926年出任北京艺专校长一事，一般人都认为是蔡元培先生的推荐，对此虽曾有学者提出过异议，却语焉不详。为还原历史的真实面目，有必要谈谈这一情况。

林风眠是1919年赴法留学的，他在欧洲有近6年艰难而刻苦的留学求艺生活，这期间，林风眠还结识了时旅欧洲的学界泰斗蔡元培，深受其赏识，蔡元培相中了林风眠，准备有机会就委林风眠以重任。[1]

1926年1月2日林风眠携法妻瓦当从法国马赛港起程回国。[2]船到了新加坡，林风眠不期而遇地见到了徐悲鸿。

徐、林的这次不期而遇的缘由，包立民在《徐林首次会面考异》中有考证[3]，包文中除没指出徐悲鸿得到的蔡元培两封介绍函中，其中有一封是推荐他任北京艺专校长，他们到达上海的时间是1926年2月6日[4]外，基本上都是正确的，包文中还说林因不知自己已被任命为北京艺专校长而在船上请徐帮助介绍工作，徐一口答应，轮船到达上海时却遇到了来接林去北京艺专任校长的场面而闹了误会，这也是真实的。包文因材料所限未能对其进行详细的考证。其实，林风眠讲的是实话。

说来话长，原来，在蔡元培美育思想的影响下，创办于1918年的北京艺专（当时的教育总长为范源濂）于1922年6月改称北京美专，聘请国画家陈师曾、王梦白、萧俊贤以及我国最早留法的吴法鼎与留英的李毅士等为教授。1923年暑假后，美专首任校长郑锦不知何故，将平常最受学生欢迎的陈师曾、吴法鼎、李毅士等5位教授辞退。开学后学生不见这5位教授，便质问学校当局，要求让他们继续任教。校长坚决拒绝了学生的要求，学生愤而罢课。校方开除了带头闹事的16名学生。接着教育总长章士钊派余绍宋任校长，“但连校门都未能进去”被学生给轰了，1925年1月末美专被强行解散，9月恢复，9月28日，章士钊命教育部专门司司长刘百昭为校长，10月5日，刘百昭聘刚回国不久的闻一多为教务长，学校工作刚刚有所起色。12月31日，临时政府国务院改组，段祺瑞执政，免章士钊教育总长之职，以易培基继之。1926年1月12日，免刘百昭教育部专门司司长职，以陈延龄继之，“教部去刘之意早决”，他的艺专校长之职也在被免之列。何以如此？原来刘上任后不久被发现有损失艺专校款8000元的事件。[5]

由于这个原因他的艺专校长无法再当下去，

只好自动辞职，由此就引发出谁来当艺专校长的问题。刘百昭虽然提出辞职，但还是希望学生能将其挽留，于是艺专学生会开代表大会，报纸报道说学生代表："对刘多持不友善之论，尤以对刘报失校款八千元及其不懂艺术之两事为讦评最烈之点，结果决议：(一)刘辞职决不挽留；(二)继任校长须与前美专风潮无干系之人；(三)继任校长须高深艺术知识，能将校内均衡发展，不偏一系。"而陈延龄非常希望能当上艺专校长，当时报纸报道刘百昭被免职"一因章士钊关系，一因现任某司长(指陈延龄)亦思重长艺专"。"学生累次宣言继任校长须与前美专风潮无关者，即专对某司长而发。"[6]

陈延龄在王代之的说和下，向教育部建议聘任远在法国，他认为一时回不了国的林风眠任校长。于是教育部于1926年1月20日拟聘林风眠任北京艺专校长，次日教育部又去疏通萧俊贤，请他在林风眠未到任前暂代林为校长，萧俊贤坚持不可，使得该项命令没有公布，随后有传闻说易培基已决定以陈延龄在林风眠未到任前兼代他任校长职务，并说22日晚将发布这一命令。[7]此事引起了闻一多及艺专一些同人异议，认为陈延龄身为教育部司长，有部员干涉教育之嫌。21日晚北京艺专召开教职员会议，讨论新校长问题，会上推闻一多、萧友梅、程振基、赵太侔4人赴教育部质询。[8]22日下午4时，闻一多等4人赴教育部质询林风眠接任校长是否属实，教育部次长陈任中接待了他们。闻一多等认为："艺专秩序甚佳，殊无部员代为维持之必要。且教育部之不能维持学校秩序，早成事实，此次若有部员到校，更足以引起纠纷。"并说："万一刘校长辞职，则同人认为继任人选，总以资望较高，对于艺术深有兴味，且与前美专风潮无关系者为宜。"还询问了教育部司长陈延龄。[9]对此事，此时艺专教职员已分为两派，刘百昭的一派私人主张挽留他，而闻一多、赵太侔及萧友梅等主张欢迎蔡元培。身为艺专教务长的闻一多坚持蔡元培来可以合作，此外无论何人来，他是一定要引退的。[10]"教职员中颇有主张蔡元培继任校长者"，"谓蔡氏在名流中，为惟一提倡艺术者，以其声望，决可增高艺专之地位，并谋更大之发展"。"此说初甚得全校之赞同，然教部不能容纳"，"故急提出所谓林风眠者"。[11]全校师生对此有怨言，认为教育部"蓄以蔡氏人物太大了，不能指挥如意，对于艺专即失操纵之力"。而事实上，教育部曾多次电邀蔡元培赴北京艺专任校长，但蔡元培并没有放弃与政府不合作的主张，拒绝北上，坚决不就北京艺专校长职。何以如此？原来由于北京政府日趋腐败，蔡元培早在1923年就明确表示不与北京政府合作，事情是源于当时的教育部部长彭允彝非法要求再次逮捕未曾证明有罪，且经法庭宣告不起诉的财政总长罗文干，蔡元培极为愤慨，他不愿与人格卑污的教育部部长彭允彝等政客为伍，乃于1923年1月17日愤然辞去北大校长职务。1月19日，蔡元培又在各报登载《启事》，宣布"自本日起，不再来校办事"，随即离开北京。1月23日，他又发表《不合作宣言》，7月20日，蔡元培偕夫人周养浩、女儿蔡威廉、儿子蔡柏龄从上海乘轮船赴欧洲。这就是当时蔡元培到欧洲的原因。蔡元培这一次在欧洲研究学习，从事各种社会事务活动，一直到1926年1月上旬才从德国回国，于2月3日到达上海。[12]虽然教育部曾多次电邀蔡元培任艺专校长，但蔡元培坚决不就。

对于教育部提名的林风眠，全校师生是怀疑的，他们认为“惟林氏不独在国内不知名，据由即欧返国者言，亦不知有此伟大之艺术家。故均怀疑，且多以林氏如果有艺术造诣，则不妨充教授，却不必当校长”[13]。

陈延龄“其计不得售，愤懑之余，遂再散布谣言，谓前日去教部质询者，系假借学生名义，为挽留刘百昭而来，以挑动学生之反感。学生不察，果竟有赴教务长处质问者，并一面对教职员提出警告书，勿复过问校长事，一面商议选举校长”[14]，1月27日艺专学生会采取全体学生投票的方式票选校长，《晨报》报道了选举结果：林风眠111票、蔡元培82票、萧俊贤48票、彭沛民46票、李石曾44票。以上5人为得票之最多数，即为正式当选人。其余得次多数者，尚有凌文渊21票、闻一多20票、冯臼18票、张镜生16票、徐悲鸿15票、萧友梅14票。以上为当选人票数。现学生会正预备呈文，请教育部就得票最多之林、蔡、萧、彭、李五人择一任命云。

林何以得票最多，这与诗人萧三的弟弟萧子升和先于林回国的王代之的宣传有关，他们极力介绍林的为人和艺术，并把林创作的油画作品的照片展览给学生看。学生们认为林风眠画得很好，也盼着他能来。再加之“选举时，多数学生并不参加，只由极少数人包办，有一人至写数十票者，结果中国画系三年级学生以选举舞弊，提出抗议，于是又将票焚毁，作为无效”[15]。但最终教育部还是按陈延龄的诡计行事，电聘远在法国的林风眠出任艺专校长。谁知任命下达之时，林风眠早已踏上了回国的旅程，林风眠没有接到任命书，对陈延龄等人搞的“把戏”事先也一无所知，所以，在船上，林请徐帮助介绍工作，以致闹了误会。

就这样，陈延龄的诡计没有得逞，林风眠抵沪后稍作逗留，除参加一些应酬（如2月7日，晨光美术会公宴林风眠夫妇。[16]2月18日，参加田汉在上海大东旅社特地为徐悲鸿首次旅欧归来举办的小型作品展览会而举行的“梅花会”[17]）外，还考察了上海的美术学校，了解了国内美术教育的一些情况。2月19日下午便乘招商局新铭轮船由张聿光迎接经天津赴北京[18]，2月26日晚到了北京[19]，王代之等人到站欢迎，3月1日的《国民新报》对林风眠抵达北京的情况有详细的报道。

1926年3月2日，林风眠正式就任北京艺专校长一职。[20]

在林风眠到任之前，艺专教授萧俊贤、谢阳、冯臼、彭沛民联袂辞职，声明说：至于刘校长辞职，与俊贤等出处并不相涉，而是“艺专成立，初愿已赏，方拟脱身而去”。林风眠到校后，遵照蔡元培“对于艺专旧有教职员决不轻予更动”的主张热诚挽留[21]，这4位教授才没有离去。但教务长闻一多在3日午前就“具函向林辞职”[22]。3月6日下午，北京艺专召开全体教职员茶话会，会上闻一多又“自请辞职，意甚坚决”[23]，林风眠挽留不住，随后闻一多便离开了北京艺专，林风眠只好自己兼任教务长和西画系主任（因此前闻一多还兼任西画系主任）。

行文至此可以看出：林风眠出任北京艺专校长并不是像许多专家学者所说是蔡元培的聘请或

推荐。林出任艺专校长有很大的机遇性，是一种权力斗争的产物，而不是因为蔡老的关系，但这并不能否认蔡元培先生是识才的伯乐，也不能否认林的伟大与智慧之处。林的校长宝座并不好坐，他是在一种不为艺专大多数人认同，甚至是不受欢迎的逆境中担负起重任的，对于一个只有26岁的年轻人来说，这是一大挑战！从行政到人事，从思想到行动，方方面面都要考虑周全，虽然他曾在欧洲成功地组织策划过两次画展[24]。但领导学校工作是一门新学问，有很大的难度，但他却迎难而上，并且做得很好。林风眠继续聘萧俊贤、黄怀英、萧友梅、赵太侔等为各系主任。聘在法国的林文铮为该校驻法代表。并通过他聘克罗多来华教授西画。3月10日他在艺专举办个人画展。随后又力排众议坚请齐白石来艺专任教，实行专科教室制，一时校风大变，学生们对艺术的研究兴趣空前高涨，艺术社团林立，在此基础上他发起组织了“北京艺术大会”，取得了积极的成果。虽然“北京艺术大会”因军阀的阻挠最后流产，但这样却更加坚定了蔡元培的眼力，后来蔡委林以重任，支持他在杭州创建了国立艺术院。

或许读者诸君会疑问：为什么此前蔡元培不是推荐林风眠任北京艺专校长，而是推荐的徐悲鸿？其实，这个问题是不难思考的，徐有过在学校从事美术教学的经验（1917年蔡曾邀徐任北大画法研究会导师），且徐在留学前就已有知名度，林呢，既没有教学经验，又没有什么知名度，而当时的艺专从上述看是个“难题”。蔡不把这“难题”交林去“解答”，无疑是出于爱护林的考虑。

澄清这段史实，对深刻认识了解林风眠有重要意义，林早年的文章意在呼吁全国艺术界团结是言之有物的。上文中提到的闻一多先生在美术上也很有造诣（从他的作品《对镜》可见一斑），他任艺专教务长是他的好友徐志摩推荐的[25]，徐志摩和林风眠有过交往[26]，并且林还是徐主编的著名的《美展》会刊的撰稿人之一，也就是在该刊物大赞塞尚和马蒂斯，和徐悲鸿论战，留下了有名的“二徐”之争，林风眠和徐志摩在此点的见解上相近，笔者猜测闻一多先生在艺术上的见解大约也和徐志摩相差不到哪里去，若闻一多先生与林风眠能互相了解，合作共事于北京艺专，甚至后来的杭州艺专，那将会是怎样一番情景呢？

注释

[1]见林文铮《蔡元培器重林风眠》，载郑朝、金尚义编《林风眠论》，浙江美术学院出版社1990年版，第1—3页。

[2][4]1926年2月7日《申报》报道《艺专新校长林风眠昨由法到沪》：“北京国立艺专校长林风眠君携夫人（法国籍），昨日下午四时，乘法国邮船爱纳克到沪，在黄浦岸南满铁路公司码头上岸，由沪上友人等招待，暂寓沧州旅社，与蔡元培同寓。”林风眠启程回国的时间是根据1926年1月31日《申报》报道《蔡元培定期回国》确定的：“23日京讯，昨闻北大方面接有蔡元培在法国马赛港登船时所发报告启行归国来电，谓已决于1月2日由法首途，同船者有蔡之夫人及其公子女公子等，并有林风眠及留德留法学生多人，据最近由法归京之某君云，彼曾于启行前，亲见蔡、林诸人在法预备归国，购置船票，故此消息或为可靠云。”虽说后来蔡元培没有

与林风眠同船在法起程回国（参见[12]），但其报道的起程时间从林风眠抵达上海的时间来看应是正确的。

[3][17]包文载香港《明报月刊》1991年9月号。另参见席德进《改革中国画的先驱者——林风眠》第2篇，台湾雄狮图书公司1979年版。

[5]由于1925年“五卅惨案”，北京女师大学生声援上海工人斗争遭校长杨荫榆镇压，发生学潮，要求驱逐杨荫榆、章士钊。章士钊令刘百昭多次镇压学生，随后刘百昭趁闹风潮的学生打砸他的住宅之机，说是艺专校款8000元遗失。但后发现刘因贪图重利，将校款10000余元做九六公债存于堂善胡同某银号，后该银号因做九六公债而倒闭，刘借机捏报，借以填补。这一真相公诸报端，引起了艺专学生及教育界的不满。当时的《京报》等报纸对此曾有连续报道。

[6][11][13][14][15]见《艺专校长更迭之内幕》中引艺专学生某君来函，《晨报》1926年1月31日。

[7]见1926年1月22日《晨报》。

[8][9]见《艺专代表质问教育当局》，《晨报》1926年1月23日。

[10]见1926年1月23日闻一多致梁实秋信，载《闻一多书信选集》，人民文学出版社1986年版，第205页。

[12]1926年2月4日《申报》报道《蔡元培夫妇与陈定昨日返国抵沪》：“前教育总长蔡元培与其夫人，偕苏省长陈陶遗之二公子定，同由德国乘福尔大达轮船返国，昨日上午7时半抵沪，在公和祥码头登岸，江苏交涉公署特派交际科帮办王镜舜前往欢迎照料。”另参见高平叔《蔡元培年谱长编》，1923—1926年相关内容，人民教育出版社1994年版。

[16]见《晨光美术会公宴艺专校长林风眠》，《申报》1926年2月8日。

[18]见《国立艺专新校长林风眠昨日赴京》，《申报》1926年2月20日。

[19]孙福熙:《林风眠先生》，《京报副刊》1926年3月2日。

[20][21]见《国立艺专新校长林风眠就职》，《申报》1926年3月7日。

[22]见《晨报》1926年3月4日《艺专职员大更动》报道。

[23]见《晨报》1926年3月7日《艺专明日非正式开课》报道。

[24]即1924年5月史泰斯堡的中国美术展览会和1925年8月巴黎举行的“国际工艺美术博览会”“中国馆”展览会。

[25]见梁实秋《谈闻一多》，台湾传记文学出版社1967年版，第64—65页。

[26]林曾在徐的《一本没有颜色的书》纪念册上题字作画，在上面题字作画的还有闻一多、胡适、印度文豪泰戈尔等20多位知名人士。该册后由陆小曼辑入《志摩日记》中，1947年3月由上海晨光出版社公司出版。

本文载于《美术研究》2003年第3期

彭飞，1973年生，湖北潜江人。1997年毕业于中国美术学院美术史论系。广东岭南师范学院美术学院副院长、教授。

建设一流美术学院面临的形势、任务与对策

杨 力

当前，中国的高等教育进入了快速发展的新时期。由于党和国家以及各级政府对高等教育的高度重视，高等学校办学自主权的逐步扩大，使高等学校面临着前所未有的发展机遇，极大地激发了高校的办学活力和主动性。旧的传统秩序正在被打破，各高校都在以竞争的态势，调整和确定新的办学目标，采取有力措施，加快发展的步伐，力争在社会主义市场经济体制下高等教育的新格局中占据有利位置。

美术院校同其他高校一样，正面临着激烈的竞争。我们必须清醒地认识到，中央美术学院在建院之初所具有的龙头老大的种种优势现在已经所剩不多，面对高等教育发展的新形势和高等美术教育当前的危机和挑战，我们要有深入的认识，中央美术学院的发展已经到了一个关键时期。这就如同逆水行舟，不进则退，我们必须树立危机意识，必须转变观念，统一思想，迎接挑战。

为实现中央美术学院新的办学目标，根据教育部关于高等教育改革发展的有关精神，结合并针对中央美术学院办学中的若干重要问题，我在概括高等教育发展改革基本情况的基础上，重点分析、总结了国内外一些高校，特别是美术院校办学的基本情况、主要经验和做法，希望它能对大家的学习和思考起到积极的作用。

一、高等教育发展的主要趋势及面临的挑战与任务

20世纪90年代中期以后，面临新世纪的到来，联合国教科文组织在分析世界高等教育发展的基础上，制定了《关于高等教育的变革与发展的政策性文件》，该文件分析了高等教育发展的三种趋势和挑战，并对这些挑战提出了针对性的回应和对策建议。1998年10月，联合国教科文组织在巴黎召开首次世界高等教育大会，通过了《世界高等教育宣言——为了21世纪：视野与行动》和《高等教育变革与发展的优先行动框架》。该会议及其文件为我们审视中国高等教育的发展，形成先进的办学理念，提供了广阔的视野。

会议认为，高等教育的根本使命是促进社会的可持续发展和进步。关于高等教育的功能，体

现在以下三个方面：

首先，高等教育要“培养高素质的毕业生和负责的公民，他们能够融合于人类活动的各个领域，通过学习适应当前与未来社会所需的课程，获得适当的职业资格，包括高水准的知识与能力”。

其次，高等教育要“为学习者提供可以终身接受高等培训和学习的空间，为他们提供一系列最佳选择的课程，使他们能够获得自身发展和社会流动，从而把他们培养成为积极参与社会的公民”。

最后，高等教育要“通过研究，创造和传播知识，通过恰当的科学鉴定，为社区服务，促进文化、社会与经济的发展，促进科学技术研究的发展，促进社会人文科学的发展以及艺术创造领域的发展”。

自20世纪90年代以来，中国高等教育取得了历史性的变化。我们不妨简要地回顾10年来中国高等教育的发展，这将有助于我们认清形势，进一步明确学院在新时期面临的任务，以新的思路办好学院。

（一）稳定发展时期（1992—1997）

1992年，以邓小平南方谈话和党的十四大为标志，我国改革开放和现代化建设进入一个新时期。高等教育发展也有了较快增长，教育体制改革有了突破性进展，教学改革取得显著进展，高等教育形成了比较清晰的思路，高等教育事业坚持质量、规模、结构、效益协调发展，走以内涵发展为主的道路，重视质量和加强素质教育。

体制改革、教学改革和观念变革是这一时期的主要任务和成果。“体制改革是关键，教学改革是核心，教育思想和观念改革是先导”，成为这一时期明晰的指导思想和思路。实践表明，这一思路仍将是今后高等学校发展改革的指导性原则。

这一时期，教师体制改革取得突破进展，教学改革取得显著成效。教育部建设了51个文科基础学科基地，45个工科基础基地，52所文化素质教育基地；制订并实施了“高等教育面向21世纪教学内容和课程体系改革计划”；修订了本科专业目录；探索建立了高等教育质量评估管理体系；进行了教学质量评估。这一切，都极大地推动了高等教育改革和发展。与此同时，高等教育事业的规模有了很大的发展。1990年至1997年，普通高等学校在校大学生从190万人增加到317万人，7年里净增近130万人。

（二）快速发展时期（1998—2002）

1998年5月，江泽民总书记在出席北大百年校庆的讲话中明确提出中国要建若干所国际一流大学的要求。1999年，中央召开第三次全国教育工作会议，教育部制订了“面向21世纪教育振兴行动计划”。同年，中央决定实行高等教育扩招。这一系重要讲话和会议，拉开了高等教育快速发展的序幕。

遵循“共建、调整、合作、合并”的八字方针，这时期，高等教育管理体制取得重大进展，基本形成了中央、地方两级高教管理体制。正是在这次改革中，中央美术学院由文化部的直属高校调整为教育部直属高校。在管理体制改革的大潮下，内部管理体制改革，学校后勤社会化改革也取得历史性突破。

这一时期政府教育投入有了较大幅度提高，从1997年教育投入占GDP 2.5%，增加到2002年的3.19%。“211”工程投入200亿元，国债投入200亿元，后勤社会化总投资800亿元。

由于大规模地扩招，到2002年我国已初步实行了高等教育大众化，普通高校学生从1997年的317万人增加到2002年的903万人，各类学生（包括成教、自考）达到1600万人，每10万人中大学生比例由1992年的313人，增长到2002年的1146人，高等教育的毛入学率已从1997年的9%达到15%，迈入高等教育大众化的门槛，取得了高等教育发展的历史性成果。

（三）创新时期（2003— ）

党的十六大召开，对高等教育的发展提出了新的任务和要求。在新的党中央领导下，教育部提出要按照“巩固、深化、提高、发展”的指导方针，重点抓好6个方面工作。第一，要以发展为主题，进一步促进高等教育持续发展；第二，要切实提高教学质量；第三，要巩固成果，深化改革，向改革的深度、广度进军；第四，要大力推进“中国大学科技创新工程”和“人文社会科学创新工程”；第五，要从严治教，强化管理；第六，要加强党的建设，加强和改进党的领导。在新的历史阶段，教育部要求各校要在学习十六大精神的基础上，认真思考“两个问题”，科学制订“三个规划”，即思考“建设一个什么样的大学”和“怎样建设这样的大学”，制订学校的“发展战略规划、学科建设和队伍建设规划、校园建设规划”。

我们必须清醒地认识到，国家已经对高等学校提出了更高的要求，能否实现这些任务关系到中央美术学院的未来发展和命运，我们必须紧紧把握当前的有利时机，紧紧抓住学科建设、队伍建设等关键问题，实现学校跨越式发展。

二、关于学科、专业建设问题

学科、专业建设是高等学校的核心问题，是学校实现办学目标的集中体现。教育部周济部长明确提出：“学科水平是高等学校学术水平的主要标志，世界一流大学的关键，就是要建设一流的学科，我们的人才培养、科学研究和为社会服务都是以学科为基础进行的，因此，在学校的整体建设中都要坚持以学科建设为主线，抓住了这条主线，抓住了这个核心，抓住了这个纲就纲举目张，带动学校其他各方面工作的开展。”为了实现中央美术学院国内领先、国际一流的办学目标，我们必须高度重视学科专业建设，把建设若干国内、国际一流学科作为中央美术学院发展的首要任务和核心。为此，有必要认真分析中外美术院校学科专业设置的特点，学习借鉴中外高校在学科专业建设的主要做法和经验，推动我院的学科专业建设。

（一）中外高校美术类学科专业设置的概况及异同

1. 中国高校美术类专业设置

我国的高等学校本科专业设置在新中国成立后经历了5次大的调整。1998年7月，教育部颁布了新修订的普通高等学校本科专业目录，该专业共分11大门类，下设71个二级类专业。该专业目录突出的特点是少、宽、柔，即减少了专业种数（由1993年的504种调减到249种），拓宽了专业基础，柔性设计了专业方向。艺术类作为文学大类下的一级学科，下设20个二级学科，其中包括我院设置的绘画、雕塑、艺术设计、美术学、动画、摄影等6个学科；在这次专业目录调整中，原来的油画、中国画、版画等合并为绘画，而艺术设计则涵盖了原来的装饰艺术、装潢艺术、陶瓷等设计专业。经过此次修订，美术学院的专业数量大大减少，现有7个二级学科，本科专业基础则较大地拓宽。此外，2002年经教育部批准我院新设置的建筑学专业（本科）已跨出艺术类，属于工科大类中土建学科下的二级学科。建筑学专业的设立，使我院从单科性的学校发展为具有多科性质（文学和工学）的学校，将会对中央美术学院的学科专业发展和建设产生重大影响。

我国的研究生专业目录从1981年开始修订，现在实行的是1997年6月经国务院学位委员会通过的新的研究生专业目录。新目录按学科体系设置，对二级学科进行了较大调整，共设12大类，88个一级学科，382个二级学科。与本科专业目录相统一，艺术类仍从属于文学大类，下设8个二级学科，包括我院设置的美术学和艺术设计学两个专业。值得关注的是，建筑学专业在该目录中属于一级学科，下设4个二级学科。随着我院建筑学专业研究生教育的发展，建筑学将成为我院第一个一级学科的专业。

2.美国大学的学科专业设置

美国高等学校专业目录（CIP）是由美国国家教育中心研制开发，美国教育部颁布的。同中国的专业目录不同，该目录只是一个引导性文件，适用于本科、研究生、专科、职业技术专业。主要用于各类教育统计，并为高等学校所接受。根据CIP-2000专业设置表，2000年美国高校共有17个学科大类，38个学科群，349个学科。其中艺术类属于独立的学科大类和学科群，下设10个学科。建筑学也同艺术类一样为独立的学科群，下设8个学科。如果按照美国CIP的专业设置，中央美术学院专业设置将包括3个专业群中的9个一级学科，18个二级学科。（参见文末表1）

3.中美学科专业设置的区别及对美术学科的影响

◎美术学科的地位不同

中美艺术类专业设置的最大不同是艺术学科具有不同的地位。在美国，艺术与人文科学、社会科学、工学等学科群并列，具有同等重要的学科地位，美术、艺术设计等属于独立的一级学科。而在中国，艺术专业则整整低了一等，一直从属于文学，艺术专业的毕业生获得的是文学学位。作为艺术中重要门类的美术不具有独立的学科地位。像中央美术学院、中央音乐学院这样国内顶尖并在国际上享有很高声誉的学校，竟没有一个一级学科。学科地位反映了学校地位，应该说，我国专业设置上的这一现状严重影响了艺术学院的建设与发展，迫切需要改革。

◎专业设置权上的不同

在专业设置权上，中国高校和美国高校也有较大的不同。美国大学的专业设置由学校根据有关程序自主确定，CIP只是引导性的。而在中国，专业目录具有指令性。除了极少数学校，学校设置新专业必须得到教育主管部门的批准。从一方面看，这种管理使高校的学科建设趋于规范，但另一方面，则使学校在专业建设上缺乏主动性和社会适应性，仍带有较强的计划经济色彩，不利于学校面向社会自主办学。但我们也高兴地看到，随着高等教育改革的深入，我国高校的专业设置权正在逐步下放。因此，我们要更加主动地适应改革的趋势，特别加强对美术类学科专业设置的科学研究，使学院的专业设置更加科学、合理，更加适应时代和社会的需求。

◎新兴学科、交叉学科的发展

特别重视新兴学科和交叉学科，是美国高校专业设置的一个突出特点。在这方面，中美高校有所不同。经过几次调整和修订，我国现行的专业目录更加规范、合理。但与发达国家的相比，专业目录弹性不足，没有给新兴学科和交叉学科留出足够的发展空间，仍是主要问题之一。表现在美术类专业的设置上，现有专业设置不能适应迅速发展的社会需要，有的专业数十年如一日，专业之间界限分明，学科的综合化很低，缺乏整合、交叉。因此，建立新的专业发展平台，加强美术各学科的综合与交叉，是美术学院今后学科建设的重要任务之一。

(二)国内外高校在学科专业建设上的主要做法和经验

1. 全面规划，重点建设

国内外一流大学的经验表明，在高等教育人力资源和经费有限的情况下，学校必须集中优势的人力和财力，在全面规划的基础上，进行重点投入，重点建设。美国加州伯克利大学前任校长田长霖说：“世界上地位上升很快的学校，都是在一两个领域首先取得突破。因为一个学校不可能在很多领域同时达到世界一流，一定要有先后，重点建设大学一定要想办法扶植最优异和有发展前景的学科，把它变成世界最好的。待它有名气了，其他学科也会自然而然地上来。”

在中外高等教育的发展中，有很多例子值得我们学习。20世纪七八十年代，美国卡内基－梅隆大学校长萨尔德从本校的优势着手，把学校的战略重点放在发展信息科学领域，使学校实现了跨越式发展的战略目标，由二流大学变成了一流大学。到了90年代，学校又把战略重点放在改善本科生教育上，使学校的教育质量大大提高，成为全美教育质量提高最快的4所大学之一。

英国的沃里克大学是一所1965年建立的新校，经过短短30年，就跻身英国大学排行榜的前列。靠什么？靠的是先进的办学理念和出色的学科发展战略决策。学校建校之初，就提出别于传统模式的办学之路，将企业家精神熔铸于办学思想中，提出与工商界密切联系的“产学研合作大学”。80年代初，在英国高等教育经费削减的情况下，学校又创办了学科公司，推动了学科专业的设置和学术水平的提高。令人惊奇的是，它的数学学科被评为英国第一。其主要经验就是集中财力聘请一流数学家，在短时间内实现了跨越式发展。

中国南京大学作为国内一流大学，在确定学校发展目标和战略时，始终保持清醒的头脑。围绕南京大学的发展战略目标，学校明确提出了“以学科建设为龙头，队伍建设为核心”战略重点的指导思想。为加快学科建设，学校确立了“全面规划，突出重点，促进交叉，提高内涵”的学科建设指导思想，在发展新兴学科、现代学科、应用学科方面大胆探索，率先提出建设“学科特区”的创新举措。从2000年开始，学校先后成立了分子医学研究所、地球系统科学研究所、理论与计算化学研究所、模式动物研究所、现代数学研究所等5个“学科特区”。“学科特区”的目标定位是建设具有国际先进水平的新兴学科，引进和培养一批杰出人才，形成一流的学科队伍。“学科特区”的管理与运行机制按照国际惯例，实行所长负责制，人财物管理充分自主，主要学术骨干都是从国外成组引进的杰出人才。“学科特区”建立后很快就显现出旺盛的活力，不仅在申报国家重大项目、发表高水平的学术论文、培养年轻的优秀人才等方面取得了明显成效，而且更重要的是对全校学科整体水平和学科创新能力的提高，起到了重要的推动作用。

正是基于“重点建设”这一思路，1998年以来，教育部实施了“985”和“211”工程，集中力量重点建设一批一流大学和国家重点学科。对于高等学校来说，抓住这次机遇，是提高学科质量和人才质量，促进学校实现跨越式发展的头等任务。因此，各学校都把它作为学校工作的重中之重，全力投入。中央音乐学院把握了这次机会，在十分不利的情况下，成为最后一个，也是唯一一个进入国家“211”工程的艺术院校。在重点学科建设中，中国美术学院把握了先机，使中国画专业进入国家重点学科行列。博士点建设成了一流大学学科建设的标志性成果，最近清华大学美术学院、中国美术学院、西安美术学院分别获得美术学及艺术设计学的博士点。这样，清华大学美术学院和中国美术学院都具有了两个二级学科博士点。兄弟院校取得的成果，既对我们提出了挑战又提供了经验和思路，值得学习总结。

2. 突出学科特色

中外一流大学在学科建设上值得学习的另一个经验是在学科建设上力求突出特色，力争做到人无我有、人有我优。

◎美国大学的特色学院

美国很多一流大学都设置了一些特色学院，如哈佛大学的政府学院、耶鲁大学的戏剧学院、加州理工大学的地球科学院、加州伯克莱大学化学化工学院、密歇根大学社会工作学院。这些学院不仅具有突出的学科特色，而且其质量分别名列各类特色学院之首。

◎美国若干美术学院的学科设置及特色

罗德岛设计学院、芝加哥美术学院、洛杉矶艺术中心设计学院是我们熟悉的美国几所著名美术学院，其中罗德岛设计学院、芝加哥美术学院在去年的全美美术院校研究生教育排名中名列榜首，而洛杉矶艺术中心设计学院在很长时间都在前几名行列。一方面，这几所学院都有一些质量很高的学科；另一方面，这几所学院的专业设置都具有突出特色，值得我们研究。（参见文末表2）

◎中国的美术学院专业设置

与国外的美术学院专业设置相比，中国各个美术学院在学科特色上明显不足，主要的特点是趋同。中央工艺美术学院在并入清华大学之前，学科设置以工艺和设计为主，是一个特色鲜明的学院。并入清华大学之后，工艺与设计专业设置并无明显的扩展，新增的专业为绘画和雕塑，使它在专业设置上更加靠近于其他的美术学院。其他8所美术学院虽然在专业设置上有所不同，但特色专业少，专业设置多相同。在中国的美术学院专业设置上，很多学校（包括新建美术学院）都在追求人有我有，求全求同，与美国的美术学院设置形成较大对比。（参见文末表3）

3.既发展新兴学科、交叉学院，又重视学科之间的交叉与综合和基础教学建设

美国CIP专业设置对我们最大的启示之一就是重视新兴学科、交叉学科建设。

在目录中，除了已有学科外，都要留出编号为"××・××99"的一格，为其他新专业留出空间。除了上述特色专业外，美国的艺术学院都设置了一些新兴的学科和交叉学科。仍以上述几个美术学院的专业设置为例。芝加哥美术学院的室内设计与装饰、美术与技法研究、版画媒介、艺术心理疗法、专业写作、美术教育、艺术品修复等都是我国没有设置的专业，特别值得注意的是，它还设立了诗歌研究中心，招收美术专业本科生，从事诗歌、文学等研究，极大地拓展了视觉艺术的学术空间。

在重视发展新兴学科、交叉学科的同时，一些学校还重视学科群的建设和学科方向的整合。如洛杉矶艺术中心设计学院将学院的专业分为3个学科群：一是娱乐专业学科群，包括美术、插图、摄影、电影；二是工业设计学科群，包括建设与环境设计、工业产品设计、汽车设计；三是数码媒体设计群，作为交叉学科。在9个专业组群中具有内部的专业交叉关系，在领导上统一。[1]

◎基础教学建设

在新兴学科和交叉学科发展的过程中，随着学科专业数量的增加，加强基础教学建设的任务急迫地摆在学校面前。如同一棵大树，树冠越是枝繁叶茂，就越需要有庞大的根系支撑，因此，一流大学在加强新兴学科的同时，也在加强基础性的教学，形成了两头发展趋势，这应该引起我们的足够重视。

作为美国第一大学府，哈佛大学之所以取得这样辉煌的成绩，有多方面的原因，但重视本科生基础教育无疑是重要原因之一。它的课程体系建设一直在美国处于领先地位。其本科生核心课程被誉为课程改革的一个里程碑。哈佛大学的核心课程是一个独立的实体，文理学院（本科学院）内设有专门负责核心课程的委员会，由文理学院的院长担任主席。担任核心课程教学任务的教师通常是学校里最优秀的教师，由核心课程办公室发出邀请，没有报酬。在授课之前，任课教师必须向分委会呈交详细的教学计划，征得常务委员会通过后才能任教。由于重视通识教育，哈佛毕业生在信息技术瞬息万变的社会中，往往比别的学校培养的学生更适应竞争和社会发展的需要。

同哈佛大学等综合大学一样，美国的美术院校同样重视基础课教学。加强基础，培养"全人"（综合素质）不仅是美国综合大学的理念，同样也是美术学院的追求目标。根据罗德岛设计学院负责外事的人介绍，全校虽然设有19个本科专业，横跨的专业领域非常宽，但本科学生一年级都必须统一在基础部学习，这一学年被称为"基础学年"。和我们不同，其全院所有一年级学生的主干课（相当于核心课）为6门，即素描、色彩、二维空间设计、三维空间设计、美术史

论、英语。同样，芝加哥美术学院本科生一年级也称为基础学年，也要进行共同基础学习。

4. 教学、科研并重

随着大学的发展，大学的功能任务早已从单纯的“人才培养”扩展为“知识贡献”和“服务社会”并重。大学学科建设的中心已从单纯的教学成为“教学、科研”并重。复旦大学已过世的校长陈望道先生在20世纪50年代中期就曾提出大学发育的三阶段论，即办总务的阶段、办教学的阶段、办科学研究的阶段。完整的理解是，到了能“办科学研究”（但不能理解为“总务”和“教学”就不办了）的阶段，大学就发育成熟了。[2]作为教育部直属的唯一一所美术学院，中央美术学院理应在这三方面走在前沿。学院现已明确提出要办成“教学研究型”大学的目标，但反思这方面的工作，应该说还有较大的差距，对如何办好这样的大学还有待于加深认识。

美术学院的科研和综合大学既有相同之处，又有很大不同。对于纯艺术专业来说，科研既包括理论研究、教学研究，也应包括具有学术价值的艺术创作。而对于艺术设计专业来说，产、学、研的结合无疑更为重要。洛杉矶艺术中心设计学院的汽车设计专业属国际一流水平，之所以达到这一高度，在于学校与企业的密切合作，对三菱汽车10年之后的形式、功能的设计和开发探索，成为2000年春季学期汽车设计系教师、毕业生和部分高年级学生的毕业项目，整个学期的课程教师、学生都在围绕这个项目进行。在这方面，美术学院更加类似于工科大学。因此，本文前面提到的英国沃里克大学“产学研结合大学”的模式及其创造的“学科公司”，都可以给我们提供宝贵的办学经验。

5. 学科组织的创新

加强学科建设，不仅涉及专业设置、课程与教材建设、重视科学研究等方面，也要重视学科的管理。没有科学、合理、符合学术学科内在规律的组织管理制度、形式和方法，学科建设就会受到影响，事倍功半，甚至走向反向。

学科组织的建设，应该做到统一性与多样性的辩证统一。综观中外一流大学，特别是国外的学科组织建设，我们看到学科组织的创新，在学科建设中发挥了重大的推动作用。

美国麻省理工学院（MIT）的院（系）设置就很有代表性，其主要设置包括6个学院，20个学系（department）、3个学部（division）、4个计划（program），如果不把不分系的管理学院算作“一级学系”则大小共28个“正规”的教学和研究单位。MIT的这些院系的概念，与国内通常理解的“学院”“学系”概念比较接近。而学部和计划都是新兴的多学科跨学科教学和研究单位，其成熟度或“定型”程序可能尚不如传统的学系。这种“准学系”是我们的学术体制没有的，也是在我们现有学术组织结构中难有立足之地的，可是它们在学术创新中却占有举足轻重的地位。

在MIT还有形形色色的从事科学研究为主的单位200余个，它们在该校亦占有学术创新的重要地位，其中跨院的跨学院研究机构60个。这类学术组织灵活多样、不拘形式，多数称实验室或研究实验室、中心、研究组、研究计划，部分称项目（课程）组、协作组、研究所，少数也有用其他名称如论坛（forum）、研究部（section）、首倡行动（initiative）等，这些大大小小的研究单位均在从事世界级水准的研究，同时也把MIT推上世界一流大学的峰巅。

（三）几点启示

以上从几个方面分析、总结了国内外一些高校在学科建设方面的经验、做法。除了上述几个方面，还有很多重要问题值得我们深入了解、研究、总结，如课程与教材的建设问题、学分制的改革与推行、工作室制的实施等，有待今后进一步研究。但从上述几个方面的学习中，已经给了我们办学很多启示，值得学习和借鉴。

1.建立中央美术学院重点学科建设机制

中央美术学院建院之初是以少数几个纯美术专业为主的学院，随着时代的发展，特别是20世纪90年代以后，中央美术学院先后增设了艺术设计、摄影、数码媒体、建筑学、美术教育学、艺术管理等专业，专业数量大量增加。特别是随着工学类建筑学专业的建立，已从一所单科化的美术学院跨入了以美术类学科为主，具有多科性质的艺术院校。在专业数量急剧增加，而人力资源、经费和物质条件资源相对困难的状况下，实现建设一流大学的目标，必须在对所有学科进行全面规划的基础上，集中有限的财力、人力建设若干一流的重点学科，整体带动学科建设。这是在办学规模大发展的形势下，确保学校教学科研和人才培养质量的必由之路；学校应借鉴“学科特区”“学科公司”的经验，用新的管理机制支持新学科的发展；同时，要积极创造条件，申请国家级重点学科，申报艺术设计学博士点，使学科建设上一个新台阶。

2.大力扶植新兴学科、交叉学科，建立有中央美术学院特色的学科专业群

周济部长明确提出，学校在确定大学规划时最重要的是强调“特色”，要“异峰突起，出奇制胜”，不能“人云亦云，随波逐流”，“缺乏个性，模式趋同”，这应是学院学科建设的指导思想和工作目标。艺术设计专业以及建筑、教育、管理、新媒体等专业的建立，为学院发展新兴学科、交叉学科发展开辟了空间，随着各种学科群的交叉和综合，中央美术学院应着力在不断整合学科资源的基础上，形成一批特色鲜明、质量超群的特色学科、专业和课程，以特有的学科面貌独立于中国美术学府之林。

3.加强本科生基础课的教学，提高学生的综合素质

专业越发展，基础教学越重要，这已是国内外一流大学的共识。中央美术学院基础部的建立，顺应了高教改革的趋势，也获得了重要成果。在新的学科建设过程中，应该坚定不移地循这条路走下去，不断根据学院的实际状况加强、完善基础教学，特别是探索建设若干基础教学的“核心课程”，加强优质教师资源投入和评估，使中央美术学院的学生既具有很高的专业水准，又具有较宽广、深厚的艺术人文素质和专业基础。

4.重视科学研究和艺术创作，确保中央美术学院成为中国美术教育教学、科研和创作中心

和其他院校相比，科研是美术学院的薄弱环节，但美术学院并不缺乏高水平的科研人员，中央美术学院历来重视学术研究，这是美院最优秀的传统。关键在于缺乏科研管理的机制和环境，因此，应建立并完善科研管理的机制，有效地整

合学院的学术资源和研究、创作力量。首先，要建立并积极扶持若干代表国家最高水平，具有国际水准的研究所或研究中心，设立专项的研究经费，制定学院研究的规划和课题指南，鼓励和督促教师，特别是中青年教师和研究生进行学术研究、艺术创作和课程教材建设；其次，要建立奖励机制，制定表彰的条例，对优秀的研究成果和创作进行鼓励表彰和奖励，包括提供一定时间以进行学术研究。

除了体制的改革和建设外，推动学校研究还有赖很多软环境的建设。在此我想引用杜作润发表于《现代大学教育》中的一篇文章《让“研究型大学”可望及可即》中的观点，以加深我们的理解：

如果承认不拘形式、不分资历、不讲尊卑、没有压力的自由交流和恳谈，是一种启发教育和研究灵感的方式，我建议：有心创建研究型大学的学校，应开辟几间茶室，为各学科特别是不同学科的师生交流和切磋，提供一个安静、幽雅但不是豪华的场所。视需要，学校各研究所、各中心、各系都可设这样的茶室。

如果承认，拔尖人才需要“拔”，如果承认讲效率就不能平均用力，我建议：有心创建研究型大学的学校，在各个系科、专业，一般都要建立自己的拔尖计划，例如，要在每一个研究室、教研室选拔出1—2名有发展潜力的年轻人，压任务、给条件，使他们能取得预期的进步或做出预期的成果。

如果承认，学术带头人是取得重大研究成果的关键因素，我建议：有心创建研究型大学的学校，要在自己的奋斗日程之内引进1—2名世界级的学术带头人，多几名更好。当然，要同时非常重视我们自己拔尖人才群中的那些已成长起来的学术带头人。如果他们也有相应的成果在影响着外界，也在起着世界学科带头人的作用，我们就应当给他们“引进”的待遇。

5. 高度重视学术组织和学科组织的建设，以一流的管理促一流学科建设

学术委员会是学院最重要的学术组织，是学科建设的组织保证。随着中央美术学院二级学院的建立，应继续健全完善学院—二级学院—系（专业）的学术组织，形成中国特色、美院特点的“教授治学”模式。学院学术委员会要重视基础学术组织的指导和建设，基层组织越有活力，学校的教学科研就越有活力。特别是要发挥各级学术组织在学科规划、学科专业建设、课程教材建设、学术研究、艺术创作等方面的作用，强调学术民主，切忌用行政管理的方式进行学术组织的建设。同时，要注重培养、扶植中青年的学术骨干，形成老、中、青相互衔接的学术骨干梯队。

6. 用创新的思路来加强学科组织建设

学院的院（系）是保证学科发展的学科组织机构。美院学科建设要实现跨越式发展，不能局限于传统的学科管理模式，而应用新的思路促进

新的管理。特别是对一些新专业、少数有发展前途但不具备建系条件的专业方向，以及一些共同课程，如非物质文化遗产、公共艺术、修复（油、国画）、材料等，用传统的学科设置都无法解决，应采取更切实际、更灵活有效的组织方式和管理方式。

三、教师队伍建设

建设一流的学科必须具有两个重要前提或条件，一是要有一支一流的教师队伍，二是要有必要经费和物质条件保障。而在这两个条件中，人是更关键的因素。清华大学老校长梅贻琦的名言是："大学之谓也，非大楼之谓也，乃大师之谓也。"而最近因教师人事制度改革而引起社会广泛关注的北京大学党委书记闵维方教授也重申"所谓办大学，就是大师之学"。[3]中国大学和国外一流大学最大的差距是学校的学科水平、学术水平和学术声望，而这些都取决于教师队伍。他们的讲话已充分表明教师队伍在建设一流大学中的极端重要性和迫切性。

（一）中国高校教师队伍建设中存在的弊端

我国现有的教师管理制度是适应计划经济体制，采取行政干部管理的办法而建立起来的一种集中统一的"封闭指令性"管理模式。近年来，随着学校内部管理体制的改革，高校用人制度和分配制度有了很大进展，但仍不能适应高校建设发展的要求，亟待改革。

高校教师管理的弊端主要包括："条块分割，部门所有"、"职务终身制"、人才"单位所有制"、人员"能进不能出，能上不能下，能高不能低"等。据某大学对教师业绩量化的情况进行了分析，得出的结果是：①25%的教师承担了55%的教学科研工作量；②65%的教师承担了44.8%的教学科研工作量；③10%的教师承担了0.2%的教学科研工作量。实践表明，没有建立起适应社会主义市场经济体制下教师聘任的"流动机制"和竞争机制，是造成上述弊端的根本原因，也是高校教师队伍建设面临的急迫而又艰难的任务。

（二）国内外高水平大学的主要做法和经验

1. 聘任制

实行聘任制是任用教师、管理教师的有效手段和形式，其总的原则是"按需设岗，公开招聘，平等竞争，择优录取，严格考核，合约管理"。目的是打破铁饭碗，破除职务终身制，汇聚优秀人才，建立起合理的人才流动模式，以提高和保证教师队伍的整体素质。

世界上的高水平大学，都是面向社会，甚至全世界自主选聘教师，大学与教师之间的关系（除了少数终身教授外）往往是以合同制的方式给予规范和限制。在哈佛大学，学校控制教师聘任的程序和质量，而二级学院的院长具有明显的聘任权力和影响。聘任制的真正实行，确保了教师的水准和学术水平。

2. "终身教职"与"非升即走"

"终身任职制"（tenure-track）是美国等西方大学普遍实行的一种人才资源管理制度，根据这种制度，凡是被纳入"终身轨"的助理教授，如果在教学、科研和服务方向能够受学校的考核和考验，即可晋升副教授，再经过一段时间，可进而成为终身教授。只有在存在显而易见的疏忽，不能胜任或犯道德错误或财政紧张时，才可能解除终身教授的任职。

“非升即走”或称为“不升即离”（up-or-out），是美国大学普遍实行的与终身教职制相衔接的教师管理制度，其基本内容是助理教授、副教授晋升教授必须在一定期限内完成。通常，助理教授一般要经过4—8年才能获得终身聘任。如鲤鱼跳龙门，一旦不能晋升，教师将被解聘，而教师若看到晋升无望时，一般不达到规定年限就会另谋高就。据有关资料介绍，哈佛大学每年博士毕业后到该校任教的年轻教员，几年来只有20%晋升终身教职，其余的80%被淘汰。由此保证了哈佛大学领先于世界的质量。由于实行这一制度，美国大学学术竞争力居世界领先地位。

英国是个教育传统深厚的国家，但在过去，大学教师是终身职位，结果国立大学越来越失去竞争力。于是英国开始学习美国的教师管理制度。现在牛津大学已经开始改革，新聘任的讲师要在第5年进行一次评估，达不到要求就要离开。在英国其他大学，直接获得终身教职的也越来越少了。大部分讲师开始都是合同制。英国政府为了提高英国大学的竞争力，几年前又引入了评估制度，为此，大学不得不淘汰业务不佳的教员，并对学科实行“末位淘汰制”。现在新加坡和中国香港特区都在学习美国的这一制度。

值得关注的是我国的高校已经开始学习借鉴这一制度。今年年初，北京大学起草了《教师聘任和职务晋升制度改革方案》，在该方案第二次征求意见稿第一部分“基本原则”中，学校明确提出：“教师聘任和职务晋升制度改革的基本目的是通过实行合同聘任制，分级流动制和引入外部竞争机制，建立起有活力和竞争力的教师聘任和职务晋升制度，全力提高教师队伍的水平。”“为了增强教师的活力，提高教师队伍的教学、科研水平和综合竞争能力，学校决定采取有限聘任期和有限申请晋升次数等措施，在讲师和副教授队伍中实行择优和分流。”在第二部分“实施意见”第23条中，方案提出，“新聘讲师在该级岗位工作两年以后的合同期内有两次晋升副教授的机会；新聘副教授在该级岗位工作5年之后的合同期内有两次申请晋升正教授的机会（有关申请晋升次数的计算方式见第29和第30条）。如果第一次申请不成功，第二次申请须在相隔一年之后；如果第二次申请也不成功，除已获得长期职位的副教授外，聘任关系从学校通过本人之日算起一年后自动解除，不再续约。如果晋升申请成功，聘任关系按新岗位规定执行”。

现在北京大学这一改革已经引起高校乃至社会的广泛关注，不管结果如何，它标志着中国的高校已经在教师管理制度改革上迈出了具有历史意义的一步，必将对高校的改革发展产生重大影响。

3. 调整“学缘结构”，避免学术“近亲繁殖”

学术“近亲繁殖”是我国高校中长期存在的一个痼疾，其造成的直接后果就是学校和学科失去了因学术交叉互补而受益的优越性，形成学术单一化倾向，对学科建设极为不利。中外高水平大学的经验表明，教师来源的多样性，有利于不同学术风格和思想的相互交叉渗透的竞争，活跃学术竞争，促进学术研究的广度、深度和质量，形成“远缘杂交”的合理的“学缘结构”。

为了避免学术“近亲繁殖”，国外一些高水平大学都采取了一些措施，教师的聘用面向全社会，广泛筛选，并规定不从本校应届毕业生中招聘教师。德国慕尼黑大学，一般不聘用本校博士毕业后没有在其他地方工作过的人。他们认为，博士生与导师在研究方法和学术思想方面常常有许多共同点，如果某个系的教师全都一脉相承，将很可能其科学研究局限在一定范围内，难有突破。类似这样的规定，在美国也很普遍，如哈佛大学也有此规定。

在北京大学新拟出的《教师聘任和职务晋升制度改革方案》中，北京大学也在这方面迈出了实质性的一步。在聘任上，明确指出：“教师面向国内外公开招聘”，“为了进一步改善教师队伍的学历结构和学缘结构，新聘教师应当具有博士学位（或本学科最高学位）；院（系）原则上不直接从本单位应届毕业生中聘用教师（部分特殊学科除外）”。

4.引进与培养相结合

在面向社会聘任一流高水平教师的同时，国内外高水平学校还高度重视本校学术骨干梯队的建设。引进与培养结合，是中国高校从实际出发，尽快建设好一支高质量教师队伍的重要措施。

日本很注意大学教师的在职进修，将教师的进修与晋升结合起来，并与科研奖励制度、教师考核制度结合起来，每年派遣教师出国进修或进行学术交流，对科研成果在经费和出版方面提供方便。美国大学为了提高教师水平，将系主任的评价、教师之间的相互评价和学生对教师的评价结果，作为教师继续聘任或提升的参考。设立教学、科研奖和学术休假，积极鼓励教师走出校门进行各种学术交流。

为了建设一流的大学，近几年南京大学在教师队伍建设上采取了很多措施，其中最重要的就是引进与培养相结合。南京大学的“学科特区”——分子医学研究所的学术骨干就是从哈佛大学团队引进的。几年来，学校先后引进优秀人才300多人。另外，就是抓好中青年学术骨干和优秀学科梯队建设的培养工作。经过近几年的努力，学校教师质量有了很大提高，队伍结构也明显优化。在1750名教师中，学校现有23名两院院士，25名“长江计划”特聘教授，48名国家杰出青年基金获得者，等等。获得博士学位的教师比例由1997年的12.8%提高到了2002年的34%。

（三）几点启示

1.加强教师队伍建设是当前中央美术学院面临的最为重要的迫切任务

中央美术学院之所以成为中国美术教育的龙头学府，就在于建院之初汇聚了一批国内外一流的艺术大师，如齐白石、徐悲鸿、吴作人、李可染、董希文、王式廓、蒋兆和、叶浅予、李苦禅、李桦、刘开渠等，每一位大师都代表一座丰碑，托起中央美术学院，使之成为国内美术教育的最高学府。追昔抚今，我们必须清醒地认识到，当今的美术学院与历史上最辉煌时期相比较，真正的差距就是教师队伍质量的下滑。只有正视这一问题并采取有力的，甚至超常规的措施，加强教师队伍建设，才能重现美院的辉煌，实现建设一流大学的目标。

2. 在已经完成后勤社会化改革、党政管理机构改革的有利基础上，尽快启动教师人事制度改革，建立起教师的竞争机制和流动机制

要尽快进行教师岗位聘任制改革，在定编的基础上，实行身份管理向岗位聘任的转变。可以通过试点的形式，首先在部分院（系）中实现改革试点，待成熟时全面推广。

3. 改革当前教师管理的制度和方式

可考虑增设教师管理的机构或部门，探讨建立适合国情和校情的教师人才资源管理的制度和办法。使教师管理逐步从系管、系聘逐步过渡到院管、系聘的教师管理新模式。

4. 进一步加强学术的“远缘杂交”，形成合理的“学缘结构”

应继续坚持已经开始改革的留校制度，除极个别专业建设需要外，原则上毕业生不再留校，多渠道、多途径地选聘海内外优秀的毕业生到学校任教。同时，促使本校优秀毕业生到其他学校、地区工作后再回到学校聘任。对已经留校的毕业生要进行严格考核和培养，可以考虑以校际交换的方式，到其他高校从事教学科研一段时间，有利于他们开阔视野。

5. 积极实行引进和培养的方式，建立起一支素质高、专业和年龄合理的骨干教师队伍

学院应考虑设立专项经费和项目，有计划、有重点地引进重点学科和优先发展的新学科的学术带头人，有计划地选派一批中青年学术骨干在国内外进行进修和学术交流，通过压担子重点培养，促其早出成果，多出成果，出好成果，培养出一批具有大师潜质的骨干梯队，为中央美术学院的未来和大发展积淀雄厚的人才基础。

6. 充分发挥名教授和名师的作用

拥有名师，用好名师是中央美术学院的传统，在国家现有的退休制度下，要以创新的思路，充分发挥我院名师、名教授的作用。应该明确“凡是有助于提高中央美术学院学术声誉和质量的教师，不管其退休或是在职，都要充分发挥积极性和作用”的思想。可以通过办大师班、高研班等多种方式，使他们成为中央美术学院当下和未来发展中的重要力量。

四、关于经费问题

（一）现代高等教育是昂贵的教育

正如联合国教科文组织在变革与发展政策性文件中提出的那样，经费不足已成为高等学校特别是发展中国家高等学校面临的重大挑战。世界银行1994年报告中指出，财政困难使高等教育“处于世界性危机之中”。在这方面，发达国家和发展中国家有差距拉大的趋势，而实现中国高等教育跨越式发展必须有高强度的经费投入，因此，经费问题成为制约中国高等学校发展的关键因素和瓶颈。

据四川大学组成的“大学管理架构、运行机制改革与调整”的课题组研究，中国一些重点大学的经费与国外一流大学相比，差距是巨大的。美国斯坦福大学1999—2000年度收入16.4亿美元，哈佛大学2000—2001年度收入22.28亿美元，麻省理工学院1998—1999年度收入12.336亿美元，日本东京大学1999—2000年度收入为

265.428亿日元（约合20亿美元）。相比之下，中国重点大学经费收入低得多，即使国家对“985”工程的学校（即北京大学等若干所大学）进行了重点投入，但这些学校的经费与世界一流大学仍有不小的差距。清华大学、北京大学2000年总收入2亿多美元，其他几所学校在1亿美元左右，只有世界一流大学经费的十几分之一。

与上述学校相比，美术院校的差距和困难就更大了。根据在国外访问考察几所美术院校的结果，和国内的内部教育统计资料，我曾经比较了国内外几所美术院校的情况，现提供给大家作为参考，可以清晰地看出中外美术院校在经费上的巨大差距。（参见文末表4）

国家经济发展水平的限制是我国高校经费短缺的一个因素，此外还有其他一些原因，其中，高等教育成本越来越高即是重要原因之一。从绝对数上说，学校每年经费支出总额不断增加，不仅日常运行经费成本提高，而且基本建设投入、教师工资和社会保险的支出，图书资料、信息化校园建设等开支也大大增加。从相对数来说，各种生均指标，如生均事业费、生均教学经费、生均人员费不断增加。以高校生均经常费支出为例，1996年为5440元，1997年为6176元，1998年为9768元，2000年为10787元，5年上涨了两倍，上涨幅度远高于物价同年年均上涨1.8%的幅度。这说明高等教育不仅绝对成本大幅上升，而且相对成本也大大增加。如果再把高校人力资源成本、科研材料设备成本、信息交易成本、基本建设成本等要素考虑进去，我们就能体会今天高等教育事业的“昂贵”。

（二）高等学校经费收入的来源分析

1. 国外大学和艺术学院经费收入的来源概况

国外大学（包括美术学院）的来源主要包括5个方面：①政府投入；②学费；③捐赠；④销售、服务；⑤其他收入。

法国、日本等国的国立艺术学院投入，主要靠政府，学费很少，甚至不收。如东京艺术大学2001年总收入82亿日元，其中学费4000万日元，占0.5%。

在美国，综合类大学靠学费、基金、捐赠、政府及社会拨款为主要收入构成，如哈佛大学：学费28%，基金利率21%，捐赠6%，政府和非政府拨款契约性收入23%。[4]艺术院校主要靠学费和基金、捐赠、企业投资。如罗德岛设计学院介绍，每年学费2.5万美元/生，学院的90%收入来自学费，10%来自基金。

2. 国内公立大学经费收入来源的概况

中国公立大学的经费主要由3个方面组成：①政府投入；②事业收入（学费）等；③创收等其他收入。

在政府投入中包括：教育拨款（共分两类，第一类为日常拨款，包括生均拨款、离退休人头费等；第二类为专项补助费，包括修购专项、“211”工程、行动计划等），科研拨款（项目拨款），其他拨款（房改等）。

事业收入中主要包括：教育事业收入（学费、住宿等），科研事业收入（项目收入）等。

3. 国内外大学经费收入来源的比较分析

根据教育部课题组提供的研究资料，中国高校和美国公立高校在“政府投入”和“学费”两个项目中的比例基本相似，分别为“政府投入”50%(中国)、50.5%(美国),“学费”22.4%(中国)、19%(美国)。两国的主要差距在社会、私人捐赠和销售、服务两项上，如美国公立校(1995—1996)获得的社会、私人捐赠是4.9 %，私立校高达14.3%，而中国2001年仅为1.6%。在销售、服务(即校办产业、勤工俭学和社会服务收入用于教育的经费)上，美国公立、私立学校都达20%以上，而中国为1.8%。

私人捐赠是国外名校重要的收入来源，哈佛大学至1997年所获捐赠市值高达110亿美元，麻省理工学院至1998年所获捐赠市值达36.781亿美元，耶鲁大学至1999年所获捐赠市值达72亿美元，普林斯顿大学至1999年所获捐赠达60亿美元。之所以能获得捐赠，除了文化传统等原因外，很重要的是政府实行了鼓励捐赠的政策。我国虽然也颁布了捐赠法，强调对捐赠者给予税收优惠，但在具体税收政策上并没有明确的规定。

企业投资也是高校经费，特别是科研经费的重要来源之一。例如，1991年美国企业为大学提供的科研经费为12.5亿美元，占当年大学科研总经费的7.3%。目前，不仅美国，而且原来与企业联系较少的英国、法国和日本大学现在也争先恐后通过合同研究、专利出让、联合科研、联合培训等方式，竞相从企业获取经费。1995年，日本大学仅通过委托研究一项，即从企业获得141.1亿日元的科研经费。对这些投资者，西方国家往往在税制上也给予一定的政策优惠。

通过成本补偿方式解决高等教育经费不足，是世界许多国家采取的政策措施之一。我国从1993年开始实行大学本、专科生缴费读书，目前学费收入已经成为学校经费的重要来源。但是，在收费政策上，还存在着较大的非市场性因素的影响，主要表现在两方面：一是本专科学费由政府统一定价，无质量差异和地区差异，成本与收费价值背离；二是研究生教育与本专科生教育实行双轨制，既不符合教育公平的原则，也不符合成本补偿原则。在实行高等教育收费的国家，成本补偿是按市场化原则来实行的，个人收益率与成本补偿率成正比。学习层次越高学费越高，学校越好学费越高。美国哈佛大学本科生一年的学费目前高达2万美元左右，而一些普通大学只需2000多美元。[5]

(三)中央美术学院面临的问题与出路

1.问题

综合分析起来，中央美术学院经费不足的症结，主要在于收入的来源结构不合理，项目单一，管理体制和手段比较落后等。

◎结构不合理

在中央美术学院获得的政府投入中，长期、稳定的项目很少，除了生均经费等教育拨款外，政府的专项投入少。由于学院没有进入“211”工程，在重点学科、国家社科基地和其他重要的项目也失去了很多机会，致使学院在政府专项拨款上只能获得少数一次性的修购专项经费。根据专款专用的原则，这些经费是不能投入到学科建设、教学科研和队伍建设上的。此外，由于科研薄弱，学院缺乏政府科研拨款项目，既削弱了科研工作，又减少了收入，而这方面差距的问题，不利于学院实现教学科研型的办学道路，对学院的长远发展产生不利影响。

学费在整个学院收入中所占比例过高，也反映了收入结构的不合理。如前所述，2001年中国高校获得政府投入的经费平均值为50%，学费收入占整个收入比例为平均22.4%，而中央美术学院这两项数字分别为35%和40%，学费收入已经超过政府投入，几乎接近了1995—1996年美国私立大学的比例43%，位居美院所有项目收入中的第一位。换言之，中央美术学院的学费收入已成为经费的主要支柱。而国内其他高校则有很大不同，如2001年清华大学学费收入占总收入不足10%，中央音乐学院约为13%，广播学院达到35%左右。（以上数字是在教育部统计数字基础上初步分析统计的，仅供参考）

除了政府投入和学费，中央美术学院在过去若干年依靠出租房屋和各系办班创收，很大程度弥补了经费不足。2001年，这方面的经费占总经费25%，与全国大学的平均数字24.2%基本持平。然而，随着中转搬迁结束，王府井校园的迁出和现在校园的超饱和运转，上述来源将成为历史。而另一方面，由于迁入新校园，公用运行经费大幅增加，特别是随着续建工程的上马，美术馆等项目的落成和整个学院空调系统的完工，公用运行经费将会进一步大幅增加。此一少一多，将造成美术学院新的财政困难。

◎管理制度和手段落后

管理制度和手段落后是造成学院经费困难的又一重要原因。较长时间以来，中央美术学院的公司不仅没有给学院上缴经费，相反，有的公司连学院的水电费都欠缴，对各公司审计的结果表明，学院在这方面不仅没有任何收益，反而支出了不少经费。

管理上的问题反映在出租的租金收缴上，既包括文达物业、翠宝轩等公司租金欠款数量巨大，也包括像李德华案件中所反映的那样，在管理中存在巨大漏洞。至于日常经费使用的不合理和浪费现象，也是管理制度和手段落后造成的后果。实践表明，再沿袭传统的财务管理方法而不加以改革，必然会进一步加重财政困难，对美院发展产生负面影响。

2. 出路与对策

◎以服务和贡献求发展，争取国家、社会对学院的支持

作为教育部唯一一所直属的美术学院，应该说国家对中央美术学院的发展是重视的，也是关心的。但是审视自身的问题，我们必须承认，中央美术学院长期封闭式的办学，影响了我们对国家高等教育发展形势相对清醒的认识和判断，对高等教育的三大功能，即人才培养、知识贡献、服务社会，特别是后一个功能理解不清，导致了一定程度上学校不了解社会，社会不了解美院的状况。我们必须认识到，要想保持学院的龙头地位，获得国家的支持，我们必须摒弃固守象牙之塔的落后观念，树立以服务求支持，以贡献求发展的观念，以主动的服务而非被动地等待，通过对国家文化、教育和经济发展卓有成效的贡献，得到国家和社会的认同。实践表明，世界一流大学正是由于在国家安全、社会进步，以及科技、经济发展中的巨大贡献，从而赢得了政府的巨额资金支持。“资金流向最有效益的地方”的市场规律在此表现为教育经费分配的“卓越质量原则”。大学贡献越大，所获办学经费就

越多。

因此，我们应积极激励各教学单位和科研部门，通过服务社会获得社会和政府的关注和重视，从而提升中央美术学院在国家、政府、社会中，而不仅仅是在美术界或纯艺术领域中的地位，最大限度地获得政府和社会的支持。当前，我们要努力做好“三个规划”的制定，按“211”工程目标和标准建设学校，做好力争下一批国家重点学科、艺术设计博士点和人文社科基地的准备，并势在必行。要全力支持设计学院牵头进行的“奥林匹克研究中心”的项目，通过对奥运会的服务，获得政府和社会对学院的认同和支持。而做好上述工作，首先应该加强学院对外形象的宣传，实施新的宣传策略，建设好学院的网站，整体规划好学院的对外宣传资料建设。

◎增强学校经费自筹能力

通过大学基金会方式面向社会筹资，是国际上较为通行的做法。大学教育基金会在国外已有上百年的历史，公立、私立的学校都有，基金会是独立法人。基金可拿来运作，如上市股票、做房地产、送金融机构获息等。国外高校基金会都聘有金融方面的专家来运作基金，如哈佛大学以年薪各400万美元聘请4位专家运作，聘期为5年，使基金增值，用增值部分及当年的捐赠投资奖励。各校基金会都有一笔数额较大的留本基金，如哈佛大学有110多亿美元，其每年的投资去向由基金会提出意向，最后由校董事会决定。

由于国情不同，我国现在在高教基金会的建立上还处于探索阶段，但现在一些学校已经建立了基金会。中央美术学院有着悠久的历史和影响，应该广泛地开始探索建立基金会的路子。在国家政策许可的情况下，通过作品捐赠、校友捐赠和社会捐赠的方式，募集办学经费。学院的广大教职工要积极支持、扶植这一新的事物，把它看作与自己的前途发展息息相关的事情，同心同力地把这件工作做好。

◎积极发展继续教育和其他形式的办学

中央美术学院的品牌声誉是在长达80余年的时间里，经过历代教师的呕心沥血而筑成的。这是我们宝贵的无形资产，应该像爱护眼睛一样珍惜和爱护。在经费紧张影响办学的现状下，如何通过办学获得经费，既做到获得经费又保护好质量品牌，做到社会效益、经济效益双赢，是一件两难又必须确保的事情。而继续教育和终身教育则是实现这一目的的有效途径。党的十六大明确提出要建设学习型社会，构建终身教育体系的目标，教育部对此很重视，周济部长明确提出：“高等学校要特别重视抓好继续教育，继续教育有巨大的市场需求，也是高等教育为社会服务的重要形式，我们为社会培养人才，提高民族的素质，是为社会做贡献，这个潜力非常巨大。”“另一方面，我们也有经济上的回报。”他强调在抓好终身教育建设上，要靠重点大学，“在这个问题上我们还要解放思想”。

我认为，“学习型社会”和“终身教育体系”的提出，对中国高等教育发展具有历史性意义，标志着传统的以学历教育为中心的大学应该让位于“以学历教育和终身教育为中心”的大学。中央美术学院必须在这一发展过程中转变观念，既要完成好培养少数高质量美术人才、设计人才的任务，又要为社会的美术教育做出贡献，通过这一贡献，获得社会回报，以此来完成好高水平学历教育的培养任务，形成良性循环。做到这一点，就是要保护和运用好学院的无形资源，通过继续教育，服务社会，获得回报，再投入学院学术资源的建设，促进中央美术学院的良性发展。

最近，教育部公布了关于规范二级学院的文件，同继续教育一样，支持并规范二级学院的建设，是满足社会人民群众要求获得优质高等教育资源，促进高等教育发展的需要，也是学院通过办学获得社会回报，反过来用以支持本部学科、教师建设的有效途径。我们应在深入理解国家有关文件精神的基础上，积极而稳妥地探索这一办学模式，当前要特别做好海南和城市设计学院的规范化建设工作，并在总结经验的基础上，探索其他可能，使学院在不断提高办学质量的基础上，走上服务社会，获得社会效益和经济回报双丰收的良性轨道。

注释

[1]参阅王受之《扫描与透析》，人民美术出版社2001年版。

[2]转引自杜作润《让“研究型大学”可望又可即》，《新华文摘》2002年第7期，第136页。

[3]闵维方:《大势所趋，势在必行》，《文汇报》2003年7月10日第11版。

[4]郝平、程建芳主编:《创新与挑战——世界名校鉴》，北京大学出版社2001年版。

[5]参阅教育部“大学管理架构、运行机制改革与调整”课题组报告。

参考文献

1. 联合国教科文组织《关于高等教育变革与发展政策性文件》，教育部网站。
2. 王晓辉:《21世纪国际高等教育展望》，《中国教育报》1999年2月1日。
3. 周远清:《质量意识要升温　教学改革要突破》，《高等教育研究》1998年第3期，转引自《新华文摘》1998年第3期。
4. 李岚清副总理、陈至立部长在教育部直属高校咨询会议第13次全体会议上的讲话。
5. 周济部长在直属高校咨询会议上的讲话。
6. 《教育部2003年工作要点》。
7. 教育部《大学的专业调整、学科建设、科研与开发专题研究报告》。
8. 教育部“大学管理架构、运行机制改革与调整”课题组报告。
9. 北京大学《教师聘任和职务晋升制度改革方案》(第二次征求意见稿，2003年6月16日)。
10. 《关于我国研究型大学发展规划的战略思考》(教育部直属高校咨询会议第13次全体会议材料)。
11. 教育部咨询项目课程组、胡建雄等:《学科组织创新》，浙江大学出版社2001年版。
12. [美]德里克·博克:《走出象牙塔——现代大学的社会责任》，浙江教育出版社2001年版。
13. 教育部2001年教育统计资料。

表1

美国CIP-2000有关美术专业设置的目录（摘录）
50.01视觉艺术与表现艺术
50.02工艺、民间工艺学、民间艺人

续表

美国CIP-2000有关美术专业设置的目录（摘录）	
50.04 设计与实用艺术	50.0401设计与视觉传达，非专业
	50.0402商业与广告艺术
	50.0404工业设计
	50.0406商业摄影
	50.0407服装/饰物设计
	50.0408室内设计
	50.0409平面设计
	50.0410插图
	50.0499设计与应用艺术，其他
50.06胶片/录像和摄影艺术	50.0605摄影
50.07 美术与工作室艺术	50.0701美术研究，非专业
	50.0702美术/工作室艺术，非专业
	50.0703美术史、美术批评和保存
	50.0704艺术管理
	50.0705素描
	50.0706跨媒体/多媒体艺术
	50.0708绘画
	50.0709雕塑
	50.0710版画
	50.0711陶瓷艺术
	50.0712纤维、纺织和编织艺术
	50.0713金属与珠宝艺术
04 建筑	04.02建筑（学士、硕士、博士学位）
	04.03城市/城区/社区/地区规划
	04.04环境设计
	04.05室内建筑
	04.06景观建筑
	04.07建筑城市设计与规划
	04.08建筑史与批评
	04.09建筑技术
13教育	13.1302美术教师教育

表2

学校名称	所设专业（方向）
罗德岛设计学院	绘画、雕塑、摄影、服装设计、建筑、室内设计、陶瓷、电影/动画/录像、家具设计、玻璃、平面设计、插图、工业设计、珠宝与首饰、版画、纺织品、教育（研）、景观建筑（研）
芝加哥美术学院	建筑、室内建筑与设计物、美术与技术研究、美术教育、艺术史理论与批评、陶瓷、时装设计、视觉传达、纤维品与材料设计、电影、录像与媒体、自由艺术、绘画与素描、表演、摄影、版画媒介、雕塑、声音、视觉与批评研究、当代美术批评（研）、美术教学（研）、艺术心理治疗（研）、艺术管理（研）、艺术品修复（研）、写作（研）
洛杉矶艺术中心设计学院	艺术、广告、建筑与环境设计、平面设计、插图、摄影、工业产品设计、汽车设计、电影（研）、媒体设计（研）、理论

注：（研）表示该专业只有研究生专业，其余均有本科、研究生。

表3

学校名称	所设专业（方向）
中央美术学院	绘画（中国画、油画、版画、壁画）、雕塑 艺术设计（视觉传达、环境艺术、产品设计、服装设计、数码媒体）、摄影、动画、建筑学 美术学（美术史、美术教育）、艺术设计学等
中国美术学院	绘画（中国画、书法、油画、版画、综合绘画）、雕塑 艺术设计（视觉传达、工业设计、染织与服装、陶艺、新媒体） 美术学（美术史）、艺术设计学
鲁迅美术学院	绘画（中国画、油画、版画） 艺术设计（环境艺术、工业设计、染织服装、陶瓷、装潢设计、装饰设计、新媒体） 美术史（美术史、美术教育）、艺术设计学

续表

学校名称	所设专业（方向）
西安美术学院	绘画（中国画、油画、版画）、雕塑 艺术设计（环境艺术、服装、陶瓷、工艺） 美术学（美术史、美术教育）
清华大学美术学院	绘画、雕塑 艺术设计（环境艺术、工业设计、染织服装、装潢艺术、陶瓷、工艺美术）、美术学、艺术设计学

表4

类别	年度	学校名称	支出	学生数（人）	生均经费（万元）
国外艺术学院	2002年	东京艺术大学	82.9亿日元，约6亿元人民币	2897	20
	2001年	巴黎高等美术学院	1165万美元，约0.97亿元人民币	692	14
	2002年	罗德岛设计学院	预算6500万美元，约5.4亿元人民币	2200	24.5
	2001年	洛杉矶艺术中心设计学院	4000万美元，约3.3亿元人民币	1400	23.6
	2002年	纽约美术学院	400万美元，约0.33亿元人民币	140	23.6
国内高校	2001年	中央音乐学院	0.6288亿元人民币	学历生1100，其他404	4.4
	2001年	中央戏剧学院	0.4125亿元人民币	学历生765，其他333	3.8
	2001年	北京广播学院	1.8854亿元人民币	学历生7254，其他11413	1.5
	2001年	中央美术学院	0.5793亿元人民币	学历生937，其他1019	2.85

注：国内高校经费和人数数据来源于教育部2001年统计资料。国外院校的数据来源于相关资料、网站。

本文载于《美术研究》2003年第4期

杨力，1951年生，天津人。1986年毕业于中国人民大学中文系文艺学专业，获硕士学位。中央美术学院原党委书记。

图像学的模式

易　英

一

帕诺夫斯基的《视觉艺术的含义》出版于1939年，在其前言和《图像学研究》中，对图像学进行了理论的阐述，也大致确定了图像学的方法与模式。图像学的方法就是对意义（meaning）的阐释，帕诺夫斯基把这一点阐述得很明确，但什么是意义呢？意义依附于作品，但不能直接从作品中阅读出来，因此它需要阐释与追寻。在帕诺夫斯基的概念中，意义不是重大事件的影响，不是一种价值，而是指内容。他在《作为一门人文学科的艺术史》中说："内容，是与题材相对立的，或者可以用皮埃斯的话说，那就是，一件作品中只能悄悄透露而不能公开炫耀的东西。一个国家、一个时期、一个阶级、一种宗教信仰或哲学信念的基本态度——所有这些都不自觉地受到一个个性的限制，并且凝结在一件作品中。"[1]这个内容与我们平时的理解是不同的，它隐藏在题材和形式里面，不经过阐释它不会自动显现出来。一件艺术作品在其表面所呈现的现象之外还有其内在的本质，内在的本质不可能从表面的现象直接阅读出来，它存在于一个系统和结构之中，艺术作品的表象及其内容共存于这个系统和结构。帕诺夫斯基认为艺术品是人类精神活动的产品，是要求人们进行审美体验的人造物品，因此当后人需要对前人的作品进行欣赏和解释时，就有一个在精神上重新参与和重新创造的过程。这也是美术史家在面对艺术品时同样要具备的条件，帕诺夫斯基甚至认为这是人文学科的真正对象开始形成的过程。他的这一思想主要来自德国哲学家狄尔泰。狄尔泰的历史哲学在现象学与阐释学的影响下，提出了重新理解历史事件的观点。历史不是文献的堆砌，历史对于今人的价值在于今人对历史的理解，历史学家必须学会根据展现在他面前的历史表现去重新体验时代。理解就是对历史事件和历史本身的阐释，狄尔泰将之称为"更高层次的理解"。对历史的体验就是重新回到历史事件之中，实现对历史的重构。具体对美术史家而言，就是怎样实现对作品的解释。对艺术品的解释也就是对作品的"更高层次的理解"，其意义存在于创造出它的那个时代的各种条件之中，因此只有重新返回到那个时代才能实现对作品的解释。

帕诺夫斯基的研究者迈克尔·安·霍丽指出了帕诺夫斯基与理论符号学的关系。费迪南·德·索绪尔研究了不涉及时代发展的语言操作方式的结构，他将重点放在控制日常语言惯例的事实的“根本原则”上，便能够在语言（langue）系统和言语（parole）系统之间做出决定性的区分：“语言”涉及潜藏的关系网络，这些关系网络在惯例上决定了在“话语”上显示出来的东西，以及说话行为自觉表达的范围。为了使语言形式系统的活动和它对话语表达水平的控制概念化，索绪尔研究了不涉及时代发展的语言操作方式的结构，要全面地理解语言行为只有在更广阔的文化与社会意义的关系中才能实现。[2]一个共时性与历时性的结构还只是一个简单的模型，对帕诺夫斯基来说是远远不够的，尽管这是一个非常重要的阐释的出发点。在一个历史的整体中，所有文化的门类都共存于这个整体之中，整体的每一个环节，不管是何种物质的或经济的规定，何种政治制度、何种宗教形式、何种艺术形式或哲学形式，在表现上既包含着自身又包含着整体的本质本身。在帕诺夫斯基关于图像学的三段式中，第三个阶段即图像学的阶段就进入了这个整体，“绘画形式并不仅仅表示一种外部世界的意义，而是揭示一种空间，它在这个空间中与其他时代的符号形式发生联系，同时它也具有这些符号形式的痕迹。它揭示一种文化空间的公式，同一现象出现在不同的文化产品之中”[3]。作为一个美术史家，必须熟悉的不仅有艺术作品的风格形式和题材内容，还有一切可能不可言喻的和最终无法验证的确切含义——心理、社会、文化、政治、精神、哲学，等等，它们共同构成了艺术品的存在。显然，这种对意义的追寻已经超出了艺术家本身的理解，即艺术家自觉地有意表现的东西。事实上，帕诺夫斯基在《图像志与图像学》中已经指出了这一点。“一个国家、一个时期、一个阶级、一种宗教信仰或哲学信念的基本态度——所有这些都不自觉地受到一个个性的限制，并且凝结在一件作品中。显然，这种无意识的显现将由于观念和形式二者中任何一种因素的比例受到有意识的强调或压抑而变得模糊不清。”[4]这段话实际上表明了一个深刻的思想，内容是作品意义的载体，由于艺术家无意识的作用而隐藏在作品之内，揭示出作品的这个意义应该是美术史家的任务。这段话的另一层意思则说明了无论是形式还是内容，都同样反映着艺术也受着文化的制约，文化与艺术品的特定关系构成了帕诺夫斯基美术史方法的一个重要出发点。一个索绪尔的符号学的模型还不能完全说明帕诺夫斯基的图像学思想，因为“言语”的变化是在一条共时性的水平线上波动，而艺术作品则是置于一个历时性与共时性的复杂网络中，它不是单纯地呈现于符号学上的十字坐标。凝聚在艺术作品中的“心理、社会、文化、政治、精神、哲学，等等”或“一个国家、一个时期、一个阶级、一种宗教信仰或哲学信念的基本态度”既不是符号学的水平排列，也不是黑格尔的“时代精神”的环形结构，因为在每一个文化门类中都有其自身的历史的“垂直切割”。“垂直的切割”对应于“本质的切割”，每一文化的个体对于整体都是本质的切割，但每一个个体都有其自身的历史，即使是在一个水平的坐标上，每一个个体也有其子系统的“垂直的切割”。同样的道理，在传统的或历时性的垂直线上也是无数共时性的连结点，历史的分期和断代、风格的迁移和演变，都显示出共时性的震荡和历史在那一个点上的横向展开。

帕诺夫斯基的图像学阐释就是在这样一个立体网络上的路线图，而且也只有循着这个路线图才可能实现阐释的循环和作品的还原。既然艺术品本身承载着文化的意义，那么也只有通过由文化构成的空间与时间的网络才能返回到艺术品本身的含义，实现对艺术品的历史的阐释。帕诺夫斯基将此称为“阐释的循环”。“阐释的循环”就是重构艺术品存在于其中的历史条件，返回到艺术品在创作之初的历史情境之中，只有经过这样的循环，才能实现今天对艺术品的解释。当然，历史的重构只是理论的设想，帕诺夫斯基的原意是指艺术品的深层含义不可能只通过对图像的辨识揭示出来，而是要从人文学科的广泛层面上来理解艺术作品。

在《视觉艺术的含义》中，《提香关于〈谨慎的寓言〉跋》一文写于1932年，早于《图像志与图像学》7年，其精彩的分析说明帕诺夫斯基已经熟练地掌握了图像学方法，但是与1939年的《新柏拉图主义运动》相比，更带有图像志的色彩，不过这种图像志的分析却是在图像学的网络中进行的。斯蒂芬·巴恩（Stephen Bann）认为帕诺夫斯基以他那百科全书式的知识和熟练的图像志分析的技巧，对《谨慎的寓言》进行了充满智慧的、令人眼花缭乱的分析，“但他不能解释这样一种‘视觉背后的含义’是如何从画面的色、线、光、影中引发出来的”[5]。帕诺夫斯基并不认为形式是分析的出发点，一个阐释网络的入口不是绘画本身的语言，而是绘画语言之外的记号或符号，“它包含了符号、智力测验、格言、谚语的特征”[6]。提香在《谨慎的寓言》的画面上签了一句箴言，它包含了过去、现在和将来的意思，它正好对应着画中的三个人物，以及三个人不同的朝向。在帕诺夫斯基看来，记号是象征的形式，意义正是隐藏在记号、象征之中。这个记号就是“谨慎”，对谨慎的解读不仅追溯了知识的历史，也探索了图像的传统，从文艺复兴到中世纪，穿越古希腊，直至古代埃及；同时还涉及宗教、神学、哲学和文学，还包括大量不同材质的实物，如陵墓雕刻、抄本插图、雕塑与钱币。如此复杂而精彩的图像学分析使我们非常清楚地了解了这样一种样式的知识与图像谱系，然而正像巴恩所指出的，“视觉背后的含义”与画面的色、线、光、影有什么关系呢？换句话说，怎样区分一个伟大艺术家的杰作与一个二流艺术家的作品采用的共同的样式呢？另外一个问题是，艺术家为什么要采用这种样式？帕诺夫斯基可能会给我们带来一种误读，提香是在无意识中接受的流行样式，这种样式融汇在文化里面，当艺术家要表现这一题材时，这种样式就会从他的意识中浮现出来。帕诺夫斯基没有说明提香的《谨慎的寓言》在形式上的独创性，以及提香为什么要画这个题材。不可思议之处还在于，如果一个三流画家的三流作品也是同样的题材，也会这样进入图像学的阐释系统吗？怎样在图像学中判断一件伟大的艺术品呢？艺术家的动机与意图和图像学的阐释究竟有什么必然的联系呢？帕诺夫斯基的《提香关于〈谨慎的寓言〉跋》倒是没有回避后一个问题，在文章的末尾他提到画中老人的侧面像就是提香本人的肖像，他通过另一幅自画像来证明这种判断的真实性，并假设“这位年迈的大师和长者感觉到这正是为他的氏族做准备的时间了”。“如果能做一个浪漫的推测，那么，我们甚至还可以认为它是为了密封一个嵌在墙壁内的小食橱（其中装着重要文献和其他有价值的东西）而创作的。”[7]

显然，图像的意义在于追溯图像的渊源，而且这种追溯都是在图像的题外进行。但是，图像与渊源的关系并不能说明图像或作品的重要性，对《谨慎的寓言》的图像分析似乎仍在图像志的范围内，即关注通过文学或形象资料的知识，从图像到图像地发现“次要的或惯例的含义”，还没有进入人类精神的“基本趋势”的领域，即由信念、假定、期望、思想、宗教和文化价值所构成的领域。可以假定，《谨慎的寓言》作为一件并不重要的作品，其本身不可能承载更多的精神含量，就像帕诺夫斯基所假设的那样，它只是对遗产的一种安排。反过来说，如果一件本身以精神的追求为目的的作品，图像学的阐释就可能真正进入一种高级的阐释状态，进入狄尔泰所谓的“更高层次的理解”。

二

《新柏拉图主义运动》是用倒叙的方式阐释提香的《人间的爱和天上的爱》，帕诺夫斯基认为“《人间的爱和天上的爱》似乎是提香对新柏拉图主义哲学进行有意赞颂的惟一作品”，因此新柏拉图主义哲学是理解《人间的爱和天上的爱》的关键。

新柏拉图主义在16世纪已广为流行，其最初是源于佛罗伦萨的一个知识分子的小圈子“柏拉图学院”，而最重要的人物是马尔西利奥·菲奇诺。菲奇诺是意大利文艺复兴时期最重要的哲学家之一，也是新柏拉图主义的代表人物。菲奇诺是柏拉图思想的主要传播者，他把柏拉图及其追随者的著作译成拉丁语，同时还把古代的文化遗产纳入一个条理分明的系统，既有古罗马的维吉尔、西塞罗，也有中世纪的奥古斯丁、但丁，还包括古代神话与传说、物理学、占星术、医学等。作为新柏拉图主义的主要特征，还要使这个系统与基督教和谐统一。在早期基督教与哥特式时期，都有新柏拉图主义的各种表现，而菲奇诺的新柏拉图主义就在于与人文主义的密切联系，古希腊罗马的神话与世俗文化都容纳在新柏拉图主义的体系之中，人文主义的艺术也才有可能进入这个体系。就如帕诺夫斯基所说：“在克拉纳赫时代，这一理论就已通过许多漂亮的小册子深入到大众中并成为必不可少的时髦话题。”[8]

在菲奇诺的体系中，宇宙表现为完美程度不同的四个等级。第一是宇宙智慧，这是一个纯理念的超天国，纯净而稳定，它还包纳了较低等级中一切存在的形式的观念和智慧。就如柏拉图的“理念”的床，这是由神创造的床，现实的床是理念的摹本，但床的形式已包含在理念之中。第二是宇宙灵魂，它也纯净但不再稳定，随自己的意志而运动并不再是纯形式的而是一个纯因果的层次。第三是自然王国，即现世世界。它由形式和物质组成，所以容易腐败，它自身并不运动，而靠天国的带动而运动。第四是物质世界，“它没有形式和生命，只有当其不再是自我并与形式相结合时才会赋予生命，成为自然王国的物质来源”[9]。

在这四个等级中，最重要的是第二个等级与第三个等级的关系，不仅是天国的运动带动自然王国的运动，而且人的理性与智慧所能企及的也是天国的这一部分。天国的光芒均匀地照射在现世的万物，赋予现世的生命与美，但现世并非被动地接受天国的恩赐，现世的主体人类通过与神共享的智慧进入神的世界。人是由肉体和灵魂构成的，肉体是固有的物质形式，灵魂则依附于肉体。直接依附于肉体的灵魂是低级灵魂，它主要反映了生理的功能，是不自主的，是由命运决定的。高级灵魂也称第一灵魂，它由两种能力构成：理性与智慧。理性离低级灵魂较近，它依靠逻辑和推论，同时也与肉体的体验、欲望和需要密不可分。智慧则不同，它能够冥想天国的观念而掌握真理，它与神的智慧发生联系。理性使人区别于动物，而智慧则使人与神共享其智慧，使人进入天国的至福与纯美。帕诺夫斯基在解释米开朗琪罗的《奴隶》时就运用了菲奇诺的观点。一个挣扎的奴隶和一只猿猴组合在一起，人们对此迷惑不解。帕诺夫斯基指出，猿猴是低级灵魂的象征，作为欲望和本能共存于人的肉体，人只有脱离本能的状态才能由低级灵魂进入高级灵魂，成为理性与智慧的人。挣扎的奴隶就是人在摆脱欲望和本能的诱惑进入理性王国的状态，这个过程是痛苦的也是神圣的。

从低级灵魂到高级灵魂还不是人的精神追求的完结，按照菲奇诺的说法，理性仍低于上帝和天使的纯理智，它既可能升华到纯理智，也可能存在着下滑到低级灵魂的危险。高级灵魂使人与神共享其智慧，同时也决定了人对至福的永恒追求。但是，人的理性只能到达或认识宇宙灵魂，即天国的第二个等级，理性永远不可能到达天国的最高境界——宇宙智慧。只有直观的理解才是通向至福的唯一道路，只有当冥想上升到忘我的境界时，至福才会到来。柏拉图将这种至福描述为“神圣的迷狂”，即“诗人的迷狂，占卜者的心荡神移，神秘主义者的欣喜若狂，相爱之人的忘我狂热”。在这四种由灵感而生的狂热形式中，相爱之人的忘我狂热最为强大和崇高。简单地说，至爱是实现至福的唯一途径。这样，维纳斯就出场了。柏拉图在《宴饮篇》中将“爱的欲望”称为两个维纳斯：一个是天国的维纳斯，象征代表神的光辉的美；另一个是普通的维纳斯，象征具体形象的美。天国的维纳斯是一种纯理念；普通的维纳斯将生命形状赋予自然的万物，使理念上的美进入人们的直觉与想象。[10]

人们一直迷惑不解的《人间的爱和天上的爱》在这儿有了图像学的依据，它甚至可以直接对应菲奇诺的新柏拉图主义哲学。帕诺夫斯基认为提香作品的标题应该是“孪生的维纳斯”，因为它表现了菲奇诺意义上的“孪生的维纳斯”并符合所有相关的理论。画中裸体的形象即“天国的维纳斯”，她象征了宇宙永恒的而又纯理性美的原则；着衣的形象是“普通的维纳斯”，她代表了世间创造出的有死有生而又可见有形的美的形象。从菲奇诺到新柏拉图主义，再从新柏拉图主义到《人间的爱和天上的爱》，围绕提香的作品帕诺夫斯基建立起一个完整的阐释链，使其图像具有无可辩驳的合理性。但是这儿还有一个关键的问题：有什么证据能够说明提香是按照新柏拉图主义来创作《人间的爱和天上的爱》或者是哪一位新柏拉图主义的信奉者委托提香创作此画呢？

帕诺夫斯基设想了两种可能性：1. 曼坦尼亚

的作品《宴会欢乐之神的世界》中有一个裸体的维纳斯和一个着衣的维纳斯，提香是否看过此画或受此画的启示不得而知，但是对人文主义者和艺术家来说，裸体的维纳斯和着衣的维纳斯并置在一起是常见的事情。2."辩论画"的形式早已有之，当辩论的双方象征"自然"和"理性"的概念时，其中一位一般是裸体的，另一位则身着袍服。提香很可能对这个画面极为熟悉，如法国康斯坦丁奖章（约1400年前后）的背面。帕诺夫斯基都是用的"很可能"或"极有可能"这样的假设，在图像学的阐释与艺术家的意图之间仍然有一条跳不过去的鸿沟。

三

帕诺夫斯基自己也承认："确实还存在着某种公认的危险；图像学可能不会像相对于人种志的人种学那样行事，而是像相对于占星志的占星学那样行事。"[11]图像学如果像占星术那样，那就充满着假设与猜测，无论其意义多么深刻和无可辩驳。意义是帕诺夫斯基的图像学的关键，意义不仅超越了艺术家的实际意图，甚至也超越了作品具体表达的内容。意义隐藏在图像的背后，图像成为意义的象征。事实上，在很多非专业的辞典上，对iconology的解释即是"肖像学与象征主义"，这个解释与图像学有点沾边的地方就是"象征"，象征的意思是用一件事物来说明或暗示另一件事物。把这个概念用于图像学，或图像学与图像志的区别就在于要从一件事物上解释出另一件事物。对绘画而言，就是作为一个视觉文本，其每一个词句、字节可能都是在说明另一事物，或由另一事物所暗示。按照贡布里希的说法，这是早期图像学的工作，而图像志的工作即是分类和著录。帕诺夫斯基虽然对传统的图像学进行了革命性的改造，但潜藏着一个问题，对"象征"的宏大叙事是否能够还原到作品，尽管帕诺夫斯基一再表明意义是对作者意图的超越。对于这一点，贡布里希是持不同意见的，他引用文学批评家赫希（E.D.Hirsch）的话说：一件作品的意义就是作者想表现的意义，解释者所做的就是尽其所能确定作者的意图。

帕诺夫斯基的"意义"是用的meaning一词，在赫希的解释学里，meaning指作品的原意，由解释者所阐发的意义则是用significance。贡布里希说："自从帕诺夫斯基的开创性研究以来，我们一般用图像学表示对一种方案的重建，而不是对某篇具体原典（text）的确定。"[12]方案将一件艺术作品的意义具体化了，方案的重建使意义的还原成为可能。在这一点上，帕诺夫斯基与贡布里希是一致的，作品的意义并不一定是作者的意图。作者的意图就是作者直接表现的东西，其动机、想法及在作品上的实现。在帕诺夫斯基看来，宗教信仰与哲学信念凝聚在作品中，"这种无意识的显现将由于观念和形式二者中任何一种因素的比例受到有意识的强调或压抑而变得模糊不清"。贡布里希认为，作者的意图是方案的实现，方案是多种因素的构成，艺术家不是独立地、完全按照自己的意愿完成作品。在文艺复兴时期，艺术作品的题材往往是由赞助人决定的，"赞助人还经常请一些有学问的人提供方案"。方案必须通过作者的意图才能实现，作者的意图实际上又是方案的实现。历史流传下来的是作品，方案则被隐藏起来，破解作品的意图就要重建失传的方案。贡布里希说：“图像学家正是靠着对这些原典的熟悉和对绘画的熟悉，从两边着手，架起一座桥梁，沟通图像和题材之间的鸿沟。这样，解释就是重建业已失传的证据。而且，这条证据不仅要能帮助图像学家确定图像所再现的故事，他还希望根据那一特定的上下文来弄清这则故事的意义。”[13]如果按照赫希的说法，作品的意义就是作者想表达的意思，那么作品的意义也就存在于方案之中。作者的每一个意思都是可解释和可证明的，意义的解释最终也能还原到作品。对于贡布里希的图像学来说，除非有确凿的证据，任何解释都可以排除。

一般的美术史考证都以艺术作品与原典的关系为基础，即艺术作品是艺术家对原典的解读，对原典的解读各不相同，形成原典的变异。贡布里希在研究波提切利的《春》时指出：“波提切利的神话作品不是对现存书面文字的直接图解，而是根据某位人文主义者特别制定的‘方案’绘制的。”[14]这个意思是说，波提切利不是依靠自己对原典的理解来绘制的《春》，而是根据别人制定的方案来作画。在以往的种种解释中，充满着猜测与假想，但在艺术家的主体性上是一致的，最流行的解释是波提切利的《维纳斯的诞生》与波利齐亚诺的诗句的联系，并由于推测到《春》与诗人的《武功诗》的关系。更多的假设是以某位美人为原型，因为洛伦佐·梅蒂奇及其圈子里的文人曾在诗篇中描述过她。贡布里希讥讽这是一种历史浪漫主义的研究方法，这种方法不是把历史看作无数生平和事件的不完全的记录，而是把历史看成秩序井然的表演，人们所喜爱的所有精彩场面和情节都在其中出现。贡布里希认为对《春》的解释不应该依据那些原典，而应是对历史情境的重建。“历史情境”很类似于帕诺夫斯基的“历史重构”，不过前者不是意识形态的大构架，而是由可证明的证据构成的方案。贡布里希的“方案”实际上是一个逻辑严密的结构，即是由一个互证的事实构成的网络。艺术家作为方案的执行人，最终使方案成为作品的现实，但是方案实际上是理论的“虚构”，并没有一个方案的制定者，方案从历史情境的重建中浮现出来。

波提切利的《春》是为洛伦佐·迪·皮耶尔弗朗切斯科·德·梅蒂奇绘制的，这幅画画于卡斯泰洛别墅（现藏乌菲齐博物馆），别墅当时正为皮耶尔弗朗切斯科所有。皮耶尔弗朗切斯科无疑是《春》的赞助人，但波提切利接受委托时，这位赞助人才15岁左右，以这样的年龄是不可能把一个划时代的异教题材和人文主义思想委托给一个艺术家的，即使他后来可能具有人文主义倾向。因此，在他的身后必定有一个人文主义者。贡布里希把这人锁定在马尔西利奥·菲奇诺，菲奇诺似乎是文艺复兴的思想发动机，尤其是新柏拉图主义。但是贡布里希并不是阐述菲奇诺的思想，而是寻找方案的证据。在菲奇诺的《书信集》中有一封给皮耶尔弗朗切斯科的信。这是一封对波提切利的少年赞助人进行道德教育的信，菲奇诺把古代神明的道德寓意与占星学的知识融合在一起，比如金星（维纳斯）是人性的象征，代表了爱与仁慈、尊严与宽容、清秀与端庄，等等。其他的星宿则代表与人性相关的其他方面，如月亮代表灵魂与肉体的连续运动，火星代表迅速，土星代表迟缓，太阳代表上帝，等等。菲奇诺告诫少年赞助人："如果你这样安置天上诸星宿和你的天赋，你就会逃脱命运的一切威胁，并将在神的恩典下愉快地生活，无忧无虑。"[15]菲奇诺在给其监护人的信中还提到要让他"背诵下来，铭记在心"。由此可以推测，菲奇诺把用他的思想来教育皮耶尔弗朗切斯科，并转告其监护人让他把这些思想背诵下来，铭记在心，那么《春》则是这个计划的具体体现，因为《春》不仅反映了菲奇诺的思想，而且在图像上可以对应于菲奇诺的构想；同时，《春》的创作地点和时间也是有力的旁证。首先可以确定，《春》不是按照"异教的爱情和春天"来画的，而是为皮耶尔弗朗切斯科而作。以菲奇诺的信为中心，构成方案的第一个层次。

方案的第二个层次是图像的表现。菲奇诺的哲学思想不可能直接转换成图像，《春》也不是对信件的图解，两者之间仍有一条很大的鸿沟，这条鸿沟必须由假设的方案来弥合。应该还有一个方案的制定者（也包括菲奇诺本人在内）根据菲奇诺的思想来寻找合适的表现，波提切利才可能用图画来付诸实现这个方案。这个方案事实上是图像学的假设，贡布里希似乎是将他的试错原则运用于方案的重建，作品是一个固定的坐标，通过不断校正作品与原典之间的差异来重建方案，使方案成为事实。

波提切利是根据方案制定者的建议来描绘维纳斯，方案制定者则会根据当时已有的表现维纳斯的资料（如故事和戏剧）来提出建议。贡布里希认为原典可能是出于古罗马哲学家阿普列乌斯（Lucius Apuleius）的《金驴记》中对"帕里斯的裁判"作的一段描述，这个故事在15世纪十分流行，不仅是这些制定者，波提切利也应该很熟悉这个故事。阿普列乌斯用哑剧的形式描述了维纳斯的登场，"维纳斯……在舞台的正中……一边是最受欢迎的美惠三女神，另一边是最美丽的时序女神，她们撒着花朵，既有花环也有落英，以此对她们的女神表示敬意，她们跳着设计巧妙的舞蹈，用春天的花瓣讨好这位享乐女王"[16]。《春》中的中心人物正好与阿普列乌斯的描述惊人的一致。但是如果绘画作品完全对应于原典，问题就简单多了，方案是一个网络的结构，不是单一的线索；不仅因为一个原典不可能还原整个作品，而且原典本身也不能准确地对接作品，即使是作品的某一部分。比如在维纳斯的形象上，阿普列乌斯的描述还有另一种可能："在这之后，一位少女出场……她那赤裸的、无遮无掩的身体显现出她那无瑕之美，因为只有一件薄薄的绸裙遮住这美丽的少女。"如果这一段描述也收入波提切利的顾问们的方案中，那么就会出现两个维纳斯，一个奔上舞台，另一个开始舞蹈。但是在《春》中只有一个维纳斯，或者是顾问与画家对原典做了修改，或者还有另一版本的原典。事实上，在古往今来对《春》的解释中，几乎每一个人物，每一个细节都找到对应的原典，如贡布里希所说的，困难并不是我们不知道任何意义，而是我们知道得过多了。关键在于哪一种意义或哪一个原典可以进入顾问们制定的方案，或者说，只有进入方案的解释才具有解释的合理性，而进入方案必须有直接的证据。即使某些原典与作品有非常合理的解释，如果没有直接的证据，也应该放弃。方案是制定者的方案，意义一旦出现脱缰之势的时候，贡布里希就会紧紧抓住菲奇诺这根主线，返回到方案本身。但有一种猜测似乎是无法跨越的，那就是艺术家在多大程度上受到顾问和方案的支配。就如贡布里希所说：“假如他了解菲奇诺的信件和他的圈子对于神话的看法，那么他的脑子就自然会朝着至福灵视的方向思考。正是这个概念使波提切利能够以宗教绘画的规模，在宗教绘画的水准上构思这幅作品。”[17]这仍然是一个需要跳跃的鸿沟，尽管这个鸿沟不像帕诺夫斯基的新柏拉图主义与《人间的爱和天上的爱》的鸿沟那么宽大。

注释

[1]帕诺夫斯基：《视觉艺术的含义》，傅志强译，辽宁美术出版社1987年版，第17页。

[2]参见迈克尔·安·霍丽《帕诺夫斯基与美术史基础》，易英译，湖南美术出版社1991年版，第22—23页。

[3]同上书，第134页。

[4]帕诺夫斯基：《视觉艺术的含义》，傅志强译，辽宁美术出版社1987年版，第36页。

[5] Stephen Bann, “Meaning/Interpretation”, in *Critical Terms For Art History*, Edited by Robert S. Nelson and Richard Shiff, The University of Chicago Press, 1992, p.87.

[6]帕诺夫斯基：《视觉艺术的含义》，傅志强译，辽宁美术出版社1987年版，第175页。

[7]同上书，第192页。

[8]帕诺夫斯基：《新柏拉图主义运动》，诸葛勤译，载《西方现代艺术美学文选（造型艺术美学卷）》，春风文艺出版社1990年版，第353页。

[9][10]同上书，第355、363—367页。

[11]贡布里希：《象征的图像》，杨思梁、范景中编选，浙江摄影出版社1990年版，第3页。

[12][13][14][15][16][17]同上书，第6、6、62、69、74、91页。

本文载于《美术研究》2003年第4期

易英，1953年生，湖南芷江人。美术史论家。1985年毕业于中央美术学院美术史系，获硕士学位。中央美术学院教授、博士生导师，《世界美术》主编。

"美术"语源考

——"美术"译语引进史研究

陈振濂

我们在无数场合与无数的生活经验中遇到过"美术"：美术馆、美术学院、美术班、美术学科、美术报刊等，但对于"美术"这一词汇的由来，却很少有人去热心追究一番。比如，它是怎么来的？是本土的、原生的，还是舶来的、引进的？是从一开始即指现在的造型艺术的含义，还是经过了好几轮含义的转换与变迁？"美术"作为一个词汇的发生、发展、引进、确定、含义不断地被变化应用的过程，又正好是20世纪这100年政治社会生活的一个典型的缩影。对"美术"进行一次语源学的考察与考证，将会涉及整个近百年文化转型的许多内容。我们如果对"文化""政治""经济""革命""干部""科学""商业""法律""共和""健康""社会主义""资本主义""文学""抽象""封建""哲学"等固有名词或一些常用词如"取消""代价""服务""组织""纪律""方针""政策""申请""解决""理论""原则""法人""手续""取缔"等进行语源学的考察的话，将会据以勾画出近百年近现代史的许多重要踪迹。因此，对"美术"一词进行考察，其意义绝不仅仅限于画家，而是整个文化界都必然会引起关注的课题。如果把它仅仅理解为是某个专业的内部问题，以为是空闲无聊敲头钻脚，掉书袋以自炫，那真是太低估这个课题的重要价值了。这就是我们从事本课题研究的基本理由。

一、问题——关于"美术"词汇引进中国的几种观点

中国古代典籍中，并没有"美术"一词以及同类概念的应用。中国古代对"绘画"只用"绘事""画事""绘缋之事"。孔子有云"绘事而后素"，是指具体的"绘画"的门类与行为动作。直到近代，才出现了"美术"概念的逐渐被社会应用。它当然应该是外来的产物，是西方概念的舶来品。那么，课题自然就被分为两个子项目：一是"美术"原意是指什么？据一些常见的西方理论著作，则"美术"源于古罗马拉丁文art，在西方古代是指文学、戏剧、音乐、绘画，乃至一切非自然形成的"人工技艺"之美。这方面已有许多著作面世，我们在此不赘述。二是"美术"一词传入中国的情况如何？目前在中国的美术学界，对此有过针对性论述的大致有三种意见，分列如下：

第一种意见是较为笼统的。不讨论传入中国

的时间，而只含糊地论及中国应用的大概时期。比如新版《辞海》“美术”词条：

> 美术，亦称“造型艺术”。社会意识形态之一。通常指绘画、雕塑、工艺美术、建筑艺术等。欧洲17世纪开始使用这一名词时，泛指具有美学意义的绘画、雕刻、文学、音乐等，以别于具有实际用途的工艺美术。……中国五四运动前后开始普遍应用这一名词。[1]

如果以五四运动即1919年来计算，则这一时间的界定太晚。但撰此词条者认为是“普遍应用”，口气十分宽泛，则当然未必算错。但也正因为过于宽泛，缺乏学术上的精确性。至1987年上海辞书出版社《中国美术辞典》中首列“美术”词条，更指实“在中国，‘美术’一词系于五四运动前后由海外传入，开始普遍应用”，显然是把“由海外传入”的时间至少推迟了10年。

第二种意见也是较为笼统的，但因其专业的撰述目标——而不是泛文化的百科全书式的立场而更引起我们的关注。如果说，泛泛的百科全书式的《辞海》立场对“美术”一词可以持大而化之的宽泛意见，那么专业美术史论家的看法却会使我们迅速把握这一领域存在的共同视角：新出版的《中国现代美术学史》作为具有专业性的“美术学文库”之一种，当然应该代表了专业人士与专家学者的见解。该书在绪论、第一节“我国美术学研究现状”中，对“美术”一词是这样表述的：

> 美术（art或fine art）是20世纪初才从西方引进过来的新概念。最初使用时包括音乐、舞蹈、戏剧在内，后来才专指绘画、雕塑、建筑艺术和工艺美术。[2]

笼统地说，这样的提法也对。但就中国而言，至少不是直接引自西方，而是引自日本，这是地点的问题。至于时间上的“20世纪初”，也还是比较大而化之的说法，尚未有较为精确的学术提示。考虑到《中国现代美术学史》作为学术性很强的专业著作，以及“美术学文库”作为最大规模的学术丛书体制，我们有理由认为：这种提法大致代表了目前中国美术学界的基本水平和已达到的认识程度。

第三种意见则相对细致，已经开始涉及了具体的“美术”一词引进的人与事。有时间、有地点、有文字凭证，相对之下是最具有学术性的。刘曦林先生著《20世纪中国美术》第一卷（1901—1930），第二章“美术革命与中国美术前途的论争”中单列一节：“‘美术’概念的使用”。其中有这样一段话，颇为发人深省：

> 艺术（art）与美术（fine art）作为词汇自西方引入中国，是20世纪的事。先是日本人运用汉字来标示，转而为中国学界使用。目前见到较早的中国文献，出自李叔同（弘一法师）1905年赴日本之后所撰的《图画修得法》，文中谈到“图画者美术工艺之源本”，又称法国为“世界大美术国”。但尚未明确

美术之概念和范围。[3]

在此段的“注”中，作者指出李叔同此文是“1905年秋作于日本东京，曾列入高天梅主编《醒狮》杂志”。查《醒狮》月刊共出5期，均是在东京留日学生自行创编。同人有李叔同、陈去病、柳亚子、高天梅等。[4]那么据常理，这篇《图画修得法》以及它所引用的“美术”一词，其范围应该是只限于日本东京，而并未有发行于国内的证据。弘一法师李叔同在日本留学时就学于东京上野美术专门学校，师从日本著名画家黑田清辉，从1905年起直到1910年才回国入天津直隶模范工业学堂任图画教员。那么是否可以这样理解：在《图画修得法》中所提及的“美术”用语，在日本是常用词汇；但被引进中国，则要等到李叔同1910年回国时才一起被“携来”？

不管怎么说，刘曦林先生勾画出的“美术”一词的几个标志：A.时间——20世纪；B.渠道——是日本运用汉字来标示，转而为中国学者使用。仅凭这两点，即已陈述出一个清晰的事实。这一说法，虽然还有许多细节和含义有待我们在后文进行探讨，但相比前引诸说，它仍然是一个最有深度也最准确的结论了。我们的研究，即从这个学术前提开始。

二、溯源——从奥地利到日本：“美术”作为译语词汇的诞生

在拙著《近代中日绘画交流史比较研究》（1993年完稿，2000年由安徽美术出版社出版）之第二章“近代中日美术观念的迁移——关于‘美术’一词的语源考察及其他”的第一节“关于‘美术’一词的语源”中，我曾对“美术”一词，通过对中、日两国的存世典籍之反复比较与考证，陈述、归纳过一个明确的结论，兹简述如下：

1871年即日本明治四年，正值明治维新对外开放之初。奥地利维也纳准备筹办万国博览会。博览会总负责为奥地利亲王拉依纳尔，由他以总督名义，向世界各国政府发出邀请照会，并附上了一份德文的展览分类分项的说明附件。1871年11月，收到这份照会的日本明治政府译员将之译成日语，其中多次出现了作为分类名称的“美术”一词。由于当时日语中还保存着比现在多得多的汉语词汇，因此译词也不用假名而用汉字。这可以说是“美术”一词第一次在日本问世。但据我推测，当时它还只是停留在官方译词阶段，并没有进入社会被广泛使用。

1872年即明治五年，明治政府向下属各知事、知县转发了这份邀请书的日译文本，希望把参加博览会作为维新举措之一环来做动员，组织产品展品参加欧洲的博览会。在同时转发的附件即“展览分类说明书”中，对展览做了如下说明：

第22区：作为美术的展览场所用。

第24区：展出古美术品及爱好美术者的作品。又，第二种：各种美术品

比如青铜器与烧画陶器各类形象等。

第25区：今世美术品。[5]

此外，在第二条目中，对“美术”一词由日本译者做出如下解释：

美术：在西洋是指音乐、画图以及诗学等内容。

文本中其他条目涉及“美术”一词的还有一些。日本学者认为：“美术”一词在日本的传播，即是在明治五年（1872），它是被政府通过发布公告遍传全国社会各阶层，非比前一年的仅限于内府官方文书译本，具有显然的社会效应。四年以后的1876年，日本成立了“工部美术学校”，这是一个教习西洋画、石膏写生素描和机械制图的学校，它是又一次以专有名词的形式为“美术”做了含义上的确立。

明治十四年（1881），也是一个相同的机遇。与奥地利的万国博览会形式相近的或许正是从模仿得来的日本内国劝业博览会（第2届）上，福田敬业做了一份详细的报告书《美术概论》。报告书对“美术”一词从语源、分类、基本含义做了全面的综述，至此，“美术”这个词汇在日本获得了完全的确立。

翌年即1882年，美国人费诺罗沙（Fenollosa）在日本东京著名美术团体“龙池会”发表演讲——《美术真说》。“美术”一词再一次成为东京上层最时髦的流行语。同年，日本著名画家小山正太郎与冈仓天心在报刊上展开了激烈争论：“书法是不是美术？”这一方面是对近代书法史进行了学术反省，但另一方面也是反过来对“美术”这一概念进行了重新厘定。并且，从争论中可以看出：“美术”一词正在被社会各阶层全面接受。自然，它在最初的定位，是不无“西方”的。比如在“工部美术学校”成立两年后，京都成立京都府画学校，就叫“画学校”而不叫“美术学校”。在当时，京都府画学校教授的是中国的水墨画与近代日本画，与西洋的油画素描相比，它应该是另一个传统氛围浓郁的旧系统。当然，更进一步的结论，则是“美术”一词在日本以外来语而最终获得认同，但并不如我们今天通用的认同含义，比如：第一，明治时代的“美术”作为译语，更接近我们今天“艺术”一词的含义。在“美术”中包括音乐、图画及诗，这是德国古典美学著作中对“艺术”的一般定义。而在今天，“美术”只是指造型艺术或视觉艺术，并不包含音乐与诗的。第二，即使在“工部美术学校”这样的名称下，“美术”已接近于造型艺术之后，它应该完全以“绘画”作为自身的立身之本，但这个绘画却不包括日本传统水墨画而只指西洋画，在当时，是指素描、油画、版画、写生画以及机械制图，甚至是医学上的人体生理解剖图与兵器船舶制造上的剖面图或结构示意图。而传统的水墨画则不用“美术”一词而用诸如“画学校”之类的名称。这即是说，一方面，它比现在的“美术”大得多——音乐、诗学皆得入内；另一方面，它又比现在的“美术”小得多——一个绘画中还只指西洋画的那一半，而不包括水墨文人画的这一半。

这是“美术”（汉字词汇）诞生时的基本情况。它对我们认识及疏浚“美术”这一词汇从日本再被引入中国的另一历史阶段的史实，提供了极为重要的前提与条件。

三、桥梁——留日学生："美术"词汇输入的渠道

把日语中"美术"（びじゆフ）一词输入中国的，应该是往返中、日的使者或留学生。在明治与中国的清末光绪年间，赴日本学习西方文明、学习日本明治维新富国强兵之术的留学生数以万计。至于为什么留日学生会有那么多，理由也很简单：日语中保留了大量汉字与古汉语用法，日本文化一直是追随甚至在早期是建立在中国文化基础之上的，因此相对于清末的中国留学生而言，"同文同种"，在文字上隔阂不那么深，是一个首选的理由。不仅是美术人才，比如军事，日本实藤惠秀著《近代中国留学史》谓："20年来，中国军队之重要人物姓名，百分之九十殆可于明治四十年振武学校一览学生名册中查出。"当时的留日学生中，曾任民国教育总长者即有7人：范源濂、黄炎培、汤化龙、汪大燮、汤尔和、黄郛、章士钊。曾任司法总长者也有七八人。至于民国史上赫赫有名的如吴禄贞、阎锡山、蔡锷、唐继尧、李烈钧、徐树铮、王揖唐、卢永祥、孙传芳、张群、何应钦、程潜、杨宇霆、汤恩伯、汪兆铭、胡汉民、戴传贤、居正、董必武、沈钧儒、宋教仁、熊克武、陈铭枢……乃至鲁迅、陈独秀，都是日本留学生。除此之外，中国政治家如孙中山、黄兴之革命党，梁启超之维新党，郭沫若、郁达夫、周作人、张资平等文化人，邵飘萍、林白水、张季鸾等新闻记者……都是活动于日本或就学于日本，说中国近代化中的相当一部分是先走日本化模式，至少在教育与军事方面是不会有大误的。[6]

那么落实到"美术"，清末的留日学习绘画、或入美术学校学习的，我们也可以举一大串名单来。如陈师曾、李叔同、高剑父、陈抱一、王悦之、汪亚尘、朱屺瞻、关良、陈之佛、卫天霖、丁衍庸……而在其中，陈师曾最早（1902），但学习的是博物学，李叔同次之（1905），却是在东京美术专门学校学习油画。虽然不比教育与军事这样占了绝大多数，却利用"同文"的优势，在早期的中国美术界形成了一个清晰的"日本模式"，这一点乃是毋庸置疑的。拙著《近代中日绘画交流史比较研究》，以35万言的篇幅，专门从观念、背景、画家交流、绘画史学、画论、美术教育等方面，对这一"日本模式"进行了详细的展开，读者自可参看。

如上述，在刘曦林先生的观点中，是把李叔同于1905年所撰的《图画修得法》中涉及"美术"一词作为"目前所见的较早的中国文献"来对待。虽然语气上还不十分肯定，但认定它是现阶段认识水平所限的"最早"，应该是可以理解的。但李叔同赴日本留学，是到1910年才回国，而他的《图画修得法》曾发表于高天梅的《醒狮》月刊，这也是一份在日本东京办的刊物，在国内并无多大影响。那么，是否应该据此认为："美术"一词进入中国，是在1910年即李叔同回国之后？

这当然仅仅是一种猜测，但它显然是难以自立的。且不说日本明治后期关于"美术"的学校与词汇使用早已普及，任何一个赴日本留学的非

美术类的留学生如王国维（1901）、鲁迅（1902）或还有亡命的梁启超（1898）等，也都有可能应用此词并把它带回中国。比如王国维得罗振玉资助，赴日仅两个月即归，那么他完全有可能在1901年，即先于李叔同赴日（1905）也开始引进"美术"一词。当然，不仅仅是王国维，当时在日本的如梁启超、章太炎、鲁迅等，应该都有可能充当这一引进的"桥梁"的。

事实也的确如此。以"目前所见的较早的中国文献"所限范围，如果仅止于画界与画家，那么李叔同自是较早的一位；而如果不限于画界或画家身份，则情况即大不一样了。在李叔同之前，集中或反复使用"美术"一词的例子，即有两位近代文化名人：王国维与刘师培。他们文章中"美术"之词汇的出现，均应该早于1910年返回中国的李叔同。但有一点共同的是：他们都有过留学日本的经历。亦即是说，在近代率先在中国"引进"或使用"美术"一词的最早几位，主要是指王国维、刘师培、鲁迅、李叔同，都有留学日本的背景。正是因为有了这样的背景，他们才有可能成为中国引进"美术"的重要人物。此外，另一个值得重视的现象是，这几位人物，都不是单一的美术家与画家。且不论王国维、刘师培、鲁迅，即使是曾为画家的李叔同，也是以佛学终其生，且他的音乐造诣，他的春柳社……作为一个文化名人，他对近代中国文艺史的贡献并不亚于王、刘诸君。这又表明，近代中国绘画、"美术"的变迁，离不开它的大文化背景，离不开诸如中国在清末派留学生赴日本，中国在近代建构新的文学史、艺术史、学术史，中国在近代推行新式教育等更宏观的内容。仅仅一介"美术家"的视野，是完成不了"美术"引进中国并进而改造中国近现代美术（绘画）发展之轨迹的。这是近代化进程中的中国的特殊性格，应该予它以足够的重视与理解。

四、范例一——王国维："美术"用语引进的开拓者

首先讨论王国维。

一代大师王国维，在青年时期即与日本有着密切的联系。光绪二十四年（1898）他22岁，第一次由海宁赴上海，即到罗振玉创办的东文学社入学，从东文学社的日籍教师藤田丰八受业。后又在东文学社承担庶务以免学费，又是受学社中日本教师的启发，开始对哲学、史学产生浓厚兴趣，关注起汗德（康德）、叔本华，并代罗振玉为日本学者那珂通世《支那通史》、桑原骘藏《东洋史要》撰序。还兼任日文教员。直到1900年底之前，还在武昌农校任日本教师之翻译。1901年春，赴日本东京物理学校留学，至夏天返国。这即是说，无论是教授日文，担任日本教师翻译，或通过日文书籍去研究康德、叔本华，乃至亲赴日本留学数月，王国维都有可能在其中接触、接受到"美术"一词。尽管当时这一名词在中国还十分陌生也罢。

正是基于此，王国维自称是"余之研究哲学，始于辛（丑）壬（申）（1901—1902）之间。癸卯（1903）春，始读汗德之《纯理批评》，苦其不可解，读几半而辍"，"自癸卯之夏以至甲辰（1904）之冬，皆与叔本华之书为伴侣之时代也"。这即是说，1901—1904年，是王国维最热

衷于哲学之时期。正是在这一时期中，我们看到了他的文章中频繁出现了“美术”一词，这是迄今为止最早的见诸文献的“美术”用例。请注意它的时间：1904年以前。

首先是著名的《红楼梦评论》。开宗明义第一章的标题，即是“人生及美术之概观”。在全篇中，“美术”一词出现不下几百处，如下例：

> 故美术之为物，欲者不观、观者不欲……
>
> 今既述人生与美术之概略如左……
>
> 前者之解脱，宗教的也；后者美术的也……
>
> 美术之务，在描写人生之苦痛与其解脱之道……
>
> 于此桎梏之世界中，离此生活之欲之争斗，而得其暂时之平和，此一切美术之目的也……
>
> 美术之价值，存于使人离生活之欲，而入于纯粹之知识……
>
> 如此之美术，唯于如此之世界，如此之人生中，始有价值耳……
>
> 然而超今日之世界人生以外者，于美术之存亡固自可不必问也……
>
> 不求之于实行，犹将求之于美术……
>
> 《红楼梦》……《水浒传》……《三国演义》之作者，必为兵家，此又大不然之说也。且此问题，实为美术之渊源之问题相关系。如谓美术上之事，非局中人不道，则其渊源必全存于经验而后可。夫美术之源，出于先天，抑由于经验，此西洋美学上至大之问题也。……而知《红楼梦》之精神，与其美学伦理学上之价值，则此种议论，自可不生。苟知美术之大有造于人生，而《红楼梦》自足为我国美术上之唯一大著述。[7]

在《红楼梦评论》中，“美术”一词的出现蕴含着如下三个方面的课题：

1. 在通常意义上，王国维使用“美术”一词，是沿用西洋学者的通用概念——在《红楼梦评论》中，他曾明确在第一章之末尾为“美术”一词下过定义：“而美术中以诗歌、戏曲、小说为其顶点。”这是今天文艺学的一般用法，而作为造型艺术这一主导内容的“美术”概念却并不见有多少用例。由此可见当时“美术”作为译语的外来性质。

2. 如上所引，在许多情况下，“美术”在王国维文中，又是作为“艺术”或“艺术表现”的意义来用的。比如“不求之于实行，犹将求之于美术”，此中的“美术”，明显是指与物质相对应的艺术。亦即是说，在这种情况下，“美术”不是一个固有名词，而是一个形容动词。这种用例，仅看上引几段例文即可明了，不再赘述。但值得深思的是，在《红楼梦评论》中，并不是因为不用“艺术”而权以“美术”来代。比如第一章中，也有“艺术”的用例——“而艺术之美所以优于自然之美者，全存于使人易忘物我之关系也”。这即是说，什么时候用“艺术”指代，什么情形用“美术”指代，并无一定。但王国维很少用“艺术”而多习惯于用“美术”。从中可以看出一个译语在早期的不稳定状态。在学术发展上说，这种不稳定是正常的。

3. 亦如上所引，在有些情况下，王国维笔下的“美术”又指“美学”。比如前引“经验”之说，论“美术之源”（小说创作）是出于“先天”还是“经验”，此西洋美学上至大之问题也，像这样的思考，当然是美学内容。但是也很有趣，在《红楼梦评论》中，也是“美术”与“美学”混用，并非只是一味以“美术”去代替“美学”。其理由我想应该与讨论“美术”“艺术”的关系相同。仅仅是一篇《红楼梦评论》，其“美术”一词的用例，即有如此丰富复杂的情形；那么推及王国维在同一时期，即1904年前后所撰写的其他论文，如《叔本华之哲学及其教育学说》《叔本华与尼采》《论哲学家与美术家之天职》等，其中大量出现的“美术”一词，应该也有同样的与“艺术”互用、与“美学”互用的习惯与用例。比如《叔本华与尼采》一文中，有大量的“美学”词语用例，但也有大量“美术”用例，相比之下，在其中“美学”大抵抽象偏于哲学，而“美术”则具体等同“艺术”。但显然，也还是太多不甚成熟稳定的情况。但大致上已有向“艺术”靠近的迹象。比如王国维在文中转译叔本华有如下一段：

> 夫美术者，实以静观中所得之实念，寓诸一物焉而再现之。由其所寓之物之区别，而或谓之雕刻，或谓之绘画，或谓之诗歌、音乐。[8]

这种情形，在王国维的《论哲学家与美术家之天职》中也有典型的展示。因为这是王氏唯一的以“美术”冠题的文章，我们对之特别关注。其中，视“美术”为“美学”之用的例子，有如下：

> 更转观诗歌方面，则咏史、怀古、感事、赠人之题目弥满充塞于诗界，而抒情叙事之作什佰不能得一。其有美术上之价值者，仅其写自然之美之一方面耳……
>
> 其有纯粹美术上之目的者，世非惟不知贵，且加贬焉。

而文中视“美术”为“艺术”之用的例子，则如下引：

> 今夫人积年月之研究，而一旦豁然悟宇宙人生之真理，或以胸中惝恍不可捉摸之意境，一旦表诸文字、绘画、雕刻之上，此固彼天赋之能力之发展。而此时之快乐，决非南面王之所能易者也……愿今后哲学美术家，毋忘其天职，而失其独立之位置，则幸矣！[9]

如果我们把王国维定为第一阶段，那么结论应该大致如下：第一，“美术”译名是从奥地利到日本，再通过与日本有密切关系的王国维带入中国。1904年他写的几篇文章，是目前可以找到的最早佐证之一。第二，之所以会由王国维来承担引进之功，除了他的“日本经验”这一物质渠道之外，还有他在1901—1904年热心哲学、热心叔本华的理由。没有这样的热心钻研，他未必会注意到“美术”一词。这即是说，“美术”一词的被引进，在最早的理由并不是美术（绘画、图画）的，而是哲学、美学的。它是一个极为明显的学术（而非艺术）的理由。第三，王国维在引进之初的使用，也并未有过十分明确的定义，而是如上所述，有时指代“美学”，有时指代“艺术”，内涵与外延经常在游移。这一点，特别在我们指出的在同一篇文章中或“美术”与“艺术”并用，或“美术”与“美学”并用的现象对照下，更其明显。这也符合文化交流中语词交流、引进的通常惯例，是引进在先，然后才慢慢地定型。王国维的阶段，应该还不是定型阶段而只是引进与应用阶段，至少在1904年即光绪三十年时是如此。

王国维自己在翌年即1905年，有一篇不太被人注意的重要文章，题为《论新学语之输入》，其中有几段论述，足以引来作为他当时使用“美术”一词的心绪与思考：

> 近年文学上有一最著之现象，则新语之输入是已。……言语者，思想之代表也。故新思想之输入，即新语言输入之意味也。……数年以来，形上之学渐入于中国，而又有一日本焉，为之中间之驿骑。于是日本所造译西语之汉文，以混混之势，而侵入我国之文学界。好奇者滥用之，泥古者唾弃之，二者皆非也。
>
> 夫普通之文字中，固无事于新奇之语也。至于讲一学，治一艺，则非增新语不可。而日本之学者既先我而定之矣，则沿用之何不可之有？故非甚不妥者，吾人固无以创造为也。
>
> 窃谓节取日人之译语，有数便焉。因袭之易，不如创造之难，一也。两国学术有交通之便，无扞格之虞，二也。（王氏自注：叔本华讥德国学者，于一切学语不用拉丁语，而用本国语，谓“如英法学者，亦如德人之愚，则吾侪学一专门之学语，必学四五度而后可”，其言颇可味也。）有此二便，而无二难，又何嫌何疑而不用哉？[10]

“美术”一词的引用，应该即是在此种开明的思想基础上的理性选择。这种“节取日人之译语”的做法，既非“好奇者滥用之”又非“泥古者唾弃之”，正代表了王国维作为学术大师的宽阔视野与博大胸襟。

而正在这1904—1905年之际，李叔同尚未（或正准备）赴日本留学，从时间上来说，他怎能超越于王国维之前？

五、范例二——刘师培：“美术”用语的定位者

第二位关键人物，是刘师培。

刘师培是个非常复杂的人物。他一生只活了36岁（1884—1919），学术上有大师气象，在当时的学术界首屈一指，但在政治上却又屡次失节，乃至成为端方的密探，不齿于士林。而正是在这位青年学术天才身上，我们发现了一个十分有趣的现象：王国维写《红楼梦评论》及与“美

术”有关的著述时，年方28岁。而刘师培则更早：他与“美术”产生联系的年龄，最“冒险”的估计，也只是23岁。一个23岁的青年竟能成为“美术”引进史上的关键人物，且本身并非从事美术专业，这样的奇迹大约也只有在清末乱世中才会出得来。

光绪二十九年（1903），江苏仪征青年刘师培到上海，开始与章太炎等交往。因为赞成光复，主张反清，故改名“光汉”，并撰写《攘书》以表其反清之志。这时，他才19岁。以后，他在上海与邓实、黄节等创立“国学保存会”，创办《国粹学报》。在《国粹学报》上发表《论说部与文学之关系》，在《广益丛报》上发表《论近世文学之变迁》……显见得是一位极其活跃的文学界才俊。

刘师培的赴日本留学，是在光绪三十三年（1907）。正是在这一年，我们看到了他在文章中多次专论“美术”。这与我们的研究有直接的关系，故不避烦赘，按年排序如下[11]：

1907年春，刘师培赴日本。

3月，章太炎、张继、刘师培、苏曼殊在日本组织“亚洲和亲会”。以“反对帝国主义、期使亚洲已失主权之民族各得独立”为宗旨。

5月，与刘师培有关的《国粹学报》第28期刊登金一的文章——《文学上之美术观》。

6月，由何震主编，刘师培、汪公权等撰稿的《天义报》（半月刊）在日本东京创刊，为我国近代史上第一份无政府主义的报纸。6月20日，刘师培撰《论近世文学之变迁》，发表于重庆《广益丛报》5卷9期137号。6月30日，刘师培撰《中国美术学变迁论》发表于《国粹学报》第30—31期（7月29日）连载。

7月29日，刘师培撰《论美术援地而区》发表于《国粹学报》第31期。

8月，张继、刘师培等人在东京成立社会主义讲习所，宣传无政府主义思想。

9月，刘师培撰《论美术与征实之学不同》，发表于《国粹学报》第33期。

12月，刘师培《论说部与文学之关系》，发表于《国粹学报》第36期。

1908年，刘师培即回国了。那么，在刘师培赴日本之后，他在国内的上海《国粹学报》上发表的3篇“美术”论文，即《中国美术学变迁论》《论美术援地而区》《论美术与征实之学不同》（分别刊发于1907年6、7、9月），便理所当然地成为我们研究的主要对象了。1907年5月号《国粹学报》曾发表金一的《文学上之美术观》，仅从题目上看，即知此“美术”是指作为表现手法的文学的“艺术性”，是名词作动词用。相比之下，刘师培的“美术”三论，却有着无可争议的本位立场。目前我们还无法判断的是，这是刘师培在出国赴日本前撰写的旧稿呢？还是他在日本吸收了“美术”理念而撰稿寄回国内发表的呢？倘若是前者，那么章太炎、苏曼殊等有日本经历的同道亲友也许给了他有益的启示；倘若是后者，那当然是刘师培直接取自日本的影响。此外，还有一种可能也不能排除。王国维撰《论哲学家与美术家之天职》《论新学语之输入》等，均发表于1905年由他代罗振玉主编之《教育世界》杂志。这些文章，通过公开发行之杂志，应该为刘师培所见。又王国维于1905年9月汇编甲辰（1904）年以来刊行于《教育世界》杂志之文章12篇，汇为《静安文集》，包括《红楼梦评论》《叔本华与尼采》《叔本华之哲学及其教育学说》，这些文章先刊于1904年之杂志，又汇为1905年之文集，相信会有一些曾入刘师培之视野。是则他在3年后的1907年的“美术”三论的用语，也不排除可能是受王国维的先期影响。

刘师培的贡献，不在于继承了“美术”一词引进中国的学术脉络，而是在于继承的同时有所发明。发表最早（1907年6月）的《中国美术学变迁论》，对“美术”一词的界定，已经摆脱了王国维文中屡见的叔本华哲学式的“美学”的含义，而把它首先缩小到“艺术”层面上来。请看下例：

> 夫音乐、图画诸端，后世均视为美术。皇古之世，则仅为实用之学，而实用之学即寓于美术之中。舞以适体，以强民躯。歌以和声，以宣民疾。而图画之作，又为行军考地所必需，推之书契既作，万民以昭，衣裳既垂，尊卑乃别，则当此之时，舍实用而外固无所谓美术之学也。[12]

虽然谈的是实用产生美术，但请注意刘师培所使用的概念“音乐、图画”：舞（蹈）、歌（乐）、图画、书契（法）、衣裳（服饰）……与今天的艺术，特别是美术专业的分野基本吻合。只有“舞”“歌”是稍稍不同的。其后还用到“九鼎既铸，图山川奇异之形。五彩彰施，以日月星辰作绘。箫韶笙镛，奏于虞廷，纤缟织贝，详于禹贡……”大抵是立足于造型艺术的立场。在后文中，更是创见迭出，比如在论汉代美术时，列举“汉印、汉碑、所图之物，不外指事象形……汉代美术，即此可窥”。在论魏晋美术时，更是以书画连称：

> 诗语则以神韵为宗，图画则以传神为美。二王书法，间逞姿媚，遂开南派之先，推之奏音、审曲、调琴、弄筝，亦必默运神思，独标远致。旁及博弈，咸清雅绝俗，以伸雅怀。美术之兴，于斯为盛。
>
> 晋代以降，学士大夫以书、画、弈、棋相尚。……以言乎书法，则南人长于书帖，北人长于书碑。南派疏放妍妙，行草之体盛行。羊、刘、萧、王，师法羲献，姿态既逞，隶意日泯。北派直质谨严，笔多波磔，近则崔、卢，远宗汉隶，故笔法劲正，圆寓于方……
>
> 故当时之美术，界乎今古之间。况南朝之士，兼侈赏鉴。《画品》录于谢赫，《书品》成于庾肩吾，品第优劣，人各系评。……厥后南朝美术传播于北方，自西魏灭梁，秘阁二王之书入于北朝，为颜之推所秘。又王褒由梁入周，北人多习其书。

在后文中，论及唐太宗兼法王羲之，欧、虞、褚等大书法家的由来，乃至张旭之书，郑虔、王维之画，颖师之琴，阳冰之篆刻……都被列于“美术”，而与雕琢、建筑之术相提并论。甚至在论到宋代美术时，还特意提到“于书画印章之属，莫不逞收藏之富，侈赏鉴之精”。

《中国美术学变迁论》是如此，那么其他两篇文章的情况如何？在《论美术与征实之学不同》一文中，刘师培重点提示出“美术”乃“以饰观为主者也”的原则。“饰”者美化（艺术化）、“观”者欣赏（以视觉造型为主），这是一个极接近现在通用概念的立场。刘师培举了两个例证。一是书法，列举许多古代名碑中“以饰观为主，不得不迁就以成其美”的事例，如汉碑“为中国书学之祖，然字体之误已非一端”，《衡方碑》《开母庙石阙铭》《三公山碑》《张迁碑》《北海相景君碑》《郙阁颂》……以众多的饰观之书法而不惜文字之误的例子，来证明“书法愈工，字体愈伪，不惜更字体以就书法”的历史事实。甚至举例还举到汉印。二是辞章，也列举古之辞章是“导源小学，记事贵实不尚虚词。后世文人渐乖此例，研句炼词，鲜明字义，所用之字，多与本义相违”。也是列举了许多文句之例，再简述绘画与小说的同类情况。至于另一篇《论美术援地而区》，主要是讨论美术的地域性：“故美术以地为区分。”谈得较多的是青铜器等工艺美术的事例，不再赘引。

对刘师培的“美术”理念的解读，应该是在与王国维的比较中进行，才会更具有历史感。依鄙见，刘师培的贡献应该有以下几个特点：

1. 与王国维的思想多从西方的尼采、叔本华的“美学”立场中引申出来的情形不同，刘师培是第一位以传统的金石、书法、水墨画、印章、鉴赏的立场来讨论美术者。他所持的视角，完全是传统、古典的，有时具有浓郁的士大夫文人风范的视角。这显然是一个较为灵活的、融会贯通的“形象”。“美术”一词本为西来者，但“美术”在刘师培笔下却为传统艺术所用；“美术”一词本来是指纯粹立场上的视觉艺术造型艺术，本应包括建筑、雕塑、绘画等，但“美术”在刘师培笔下却成为传统的文人士大夫修养风采的象征，成为诗、书、画、印并旁及小学、金石、碑版、辞章之学的标志。在刘氏笔下，并没有那些西哲如叔本华、康德笼罩的影子。

2. 在王国维心中的“美术”，或指“美学”，或指“艺术”，或指视觉的“美术”，范围过于广泛，虽然有时在王氏的文章中是“美术”“美学”“艺术”并用，但是并无明晰的区分。而在刘师培的美术三论中，尽管也存在着“美术”与“艺术”混用的情形，如《中国美术学变迁论》，但大抵已有了一个范围，即大抵约束在视觉观赏的书画、碑刻、印章之类，只有一处是用作文学修饰“饰观”的含义以与征实之学相对。因此，刘师培的用法相对地更精确，范围也更固定了。

3. 对“美术”一词的本土化使用，不但见出刘师培与“外来”的王国维之间的不同，甚至还显示出刘师培作为先知先觉者与嗜古迂腐之徒的巨大差异——众所周知，直到20世纪80年代，还是有许多书法家篆刻家把自己定位于学问修养，而拒绝与视觉的“美术”等同。而许多美术家们也正认定书法篆刻不是艺术，因此也不属于美术；至于金石、碑版、印章之学，更是被归为古文字、古器物等旧有学问中去，而无视它们在视觉美方面的应有魅力。而刘师培在1907年即已清晰肯定地以“美术”来为书法、篆刻、金石、碑版之学作指代，即已清楚地表明他那无人可及的超前思维。在80年代我们还在为书法与美术、视觉艺术或造型艺术的关系喋喋不休又莫名所以之时，真应该回过头来对刘师培的智慧与才情匍匐称臣！可惜他30多岁即夭亡，倘非如是，以他的才华来写一部"美术"的中国书法史或篆刻史，将会把书法篆刻史的艺术觉醒时间提早至少50年！

"美术"一词到刘师培，已被划出了大致的内涵与外延以及使用的基本方式。

六、范例三——鲁迅："美术"用语的全面推行者

鲁迅虽以文学大师著称，但他对木刻运动的推动，向被美术界引为同道。在早期，鲁迅曾经作为"美术"概念的确定与推行以及阐释者，在中国"美术"用语史上确立了不可动摇的历史地位。但这一地位的获得，仍然得自他与日本的渊源关系。

光绪二十八年（1902）3月24日，鲁迅（周树人）由清政府"南洋矿路学堂毕业奏奖五品顶戴"被派往日本留学。于4月30日进日本东京弘文学院读书，并与留日官费生许寿裳订交。次年即1903年，即开始了文学翻译活动。比如据史记载：他曾以日文为底本，译出法国雨果的小说《哀尘》，编译历史小说《斯巴达之魂》，凡尔纳的科幻小说《月界旅行》《地底旅行》，在此时期，他应该有充分的时间与机会接触到日语中的"美术"一词。值得注意的是，此时也正是王国维开始阅读康德、叔本华著作并注意使用"美术"用词的同一年。

光绪三十二年（1906），鲁迅在日本从仙台医专回到东京，开始了文艺译著的专门工作。次年则开始创办文艺杂志，并应刘积学主办的《河南》杂志之约，一连写了《人之历史》《摩罗诗力说》《科学史教篇》《文化偏至论》发表。正是在《摩罗诗力说》中，他大量运用"美术"的概念进行了讨论：

> 由纯文学上言之，则以一切美术之本质，皆在使观听之人，为之兴感怡悦。文章为美术之一，质当亦然。与个人暨邦国之存，无所系属，实利离尽，究理弗存。故其为效，益智不如史乘，诫人不如格言，致富不如工商，弋功名不如卒业之券，特世有文章，而人乃以几于具足。[13]

这是谈诗之论，"美术"是取"艺术表现"之意，由是，这篇撰写于日本、发表于日本的文章，其实还是取"美术"一词的最初级用法。如果考虑到《摩罗诗力说》是在1908年2月至3月之间公开发表在《河南》第2—3号的因素，那么相比王国维《红楼梦评论》以下的从1904年开始使用"美术"一词，与刘师培从1907年开始发表"美术"三论而言，则鲁迅在1907 年撰写文章而在1908年发表本文，在时机上并不占先。如果再联系到评论界认为这是"中国介绍西欧进步文艺思想的第一篇论文"[14]的话，那么鲁迅更不可能成为"美术"词汇引进史上的开创者。

1909年8月，鲁迅由日本回到杭州。12月，即与许寿裳、夏丏尊、朱希祖、张宗祥等25人联合抗议浙江两级师范学堂监督夏震武的倒行逆施。次年，兼任绍兴府中学堂监学。后又赴日本

催周作人夫妇返回，对这段几年的历程，他有过一段精辟的反省："闭居越中，与新景气久不相接，未二载遽成村人，不足自悲悼耶！"如此则可以想象，著述既少，当然就不会对"美术"一词有多少创见与发挥了。

1912年，辛亥革命推翻清朝王朝之后第一年，袁世凯任临时大总统，蔡元培电邀各界名流20余人北上组织教育部。鲁迅也在被邀之例。5月就任教育部社会教育司第二科科员，即在教育部的夏期演讲会中演讲《美术略论》。这是他的又一次努力。但原讲稿是否有存尚不清楚，而据7月5日日记所载："讲员均乞假，听者亦无一人，遂返。"可见最终并未讲完。次月，即被任命为教育部佥事，"承长官之命分掌总务厅各司事务"，后又被任命为社会教育司第一科科长。据史记载，他正是在这第一科科长任内，开始领导"美术调查处"。我颇疑心这是他或蔡元培的创设而不是原来即有的机构。一则当时的袁世凯政府并不重视美术（美学、美育），因为在鲁迅日记（7月12日）中有如下一条："闻临时教育会竟删美育，此种豚犬，可怜可怜。""美育"既不受重视，"美术调查处"并无成立的必要与可能。而在8月21日鲁迅就任教育部佥事后，有"承长官之命分掌总务厅各司事务"的权职，而教育总长又正是大倡"以美育代宗教"的蔡元培，成立"美术调查处"才有了可能。而据民国《教育杂志》第4卷第9期记载："美术调查处"成立于1912年9月12日。故而这一专设机构，应该与鲁迅有着相当的关系的。研究鲁迅的编年事迹，应该可以提出这样的推断与假设。

"美术调查处"具体有什么功能与职责？在蔡元培任教育总长的任内，在鲁迅经历了以"美术"作为诗文之艺术表现的阶段之后，当然，也在经历了从王国维式的"美术"观（美学、艺术）到刘师培式的"美术"观（艺术、书画、金石）之后，鲁迅开始为"美术"做出了正名之举。"美术调查处"拟定的工作，包括了国内与国外两个部分。

> 国内部分：①历史；②古代美术品存佚情况；③现代美术品流存情况；④现代美术家的制（创）作品；⑤搜集及复印美术品；⑥征集现代美术家之意见。
>
> 国外部分：①历史；②中国必需的世界美术复制品目录；③中国必备的世界现存美术家作品目录；④搜集的先后步骤及方法。

已经清楚地提出了"美术品"，当然是指绘画、雕刻等的现代立场，而不会再让人误会这是否是"文学"中的美的表现或美的感受之类了。至此，我们已可判断鲁迅的"美术"观念已获得了完全的确立。当然，这一确立的时代背景也有必要一提，"美术调查处"在北京教育部的成立在9月，而上海的"图画美术院"则于本年11月23日在虹口乍浦路成立。发起人为周湘，乌始光、张聿光、丁悚、刘海粟共同创办，校长为张聿光，首任教务长为王道远，副教务长为刘海粟。这一南一北的"美术"呼应终成大格局，从此带动了"美术"词语引进史上最重要的成果。这一点，我们在下一节还要论及。

1913年2月，鲁迅在北京《教育部编纂处月刊》第1卷第1册上，以周树人的名义发表了重要论文——《拟播布美术意见书》。这是在“美术”意义上最具里程碑价值的美术论文，虽然它还有些许旧时的痕迹。《拟播布美术意见书》共分四段：

（1）何为美术

（2）美术之类别

（3）美术之目的与致用

（4）播布美术之方[15]

终其大要，有以下几点值得注意：

1. 在“美术”的语源方面，鲁迅明确认为这是一个外来词：

> 美术为词，中国古所不道。此之所用，译自英之爱忒（art or fine art）。爱忒云者，原出希腊，其谊为艺……顾在今兹，则词中函有美丽之意，凡是者不当以美术称。
>
> 故美术者，有三要素：一曰天物，二曰思理，三曰美化。

为了说明美术作为门类的要求，鲁迅还从反面来讨论什么不是“美术”。

> 刻玉之状为叶，髹漆之色乱金，似矣，而不得谓之美术。象齿方寸，文字千万，核桃一丸，台榭数重，精矣，而不得谓之美术。几案可以弛张，什器轻于携取，便于用矣，而不得谓之美术。太古之遗物，绝域之奇器，罕矣，而非必为美术。重碧大赤，陆离斑驳，以其戟刺，夺人目精，艳矣，而非必为美术。

之所以这些“似”“精”“用”“罕”“艳”皆不是美术，关键是美术应该有“思理”即有思想。故工艺则不属其内。于是，“美术”应该是指“雕塑、绘画、文章、建筑、音乐”，这是古希腊的立场。之后，又再细分为静、动两类。雕塑、绘画为“静”，音乐、文章为“动”。再细分之，则以目之美术（绘画、雕塑）、耳之美术（音乐）、心之美术（文章）；再细分为（甲）形之美术，（乙）声之美术，又细分为（甲）模拟美术，（乙）独造美术；再细分为（甲）致用美术，（乙）非致用美术。这样的层层剥开，多角度观察与分析的做法，当然是从古希腊与西方学术的思辨立场而发。从鲁迅的情况看，应该是译自与德国渊源很深的日文著述。

当然值得补充的一点是，这是以艺术来代美术——有音乐、有文章，与今天的美术只指视觉艺术仍有些微的差异。

2. 在讨论“美术”的普及时，则首提“美术馆”与“美术展览会”。“美术馆”项中提及“立中央美术馆”，“所列物品，为中国旧时国有之美术品”。以鄙见，陈列是绘画的专利，音乐、文学不存在陈列的问题。而“美术品”更应指绘画雕刻，也与音乐、文学无缘。至于“美术展览会”项中，提到“陈列私人所藏或美术家新造之品”。有藏有“造”“品”，当然也不应该是音乐与文章。

因此，“美术馆”“美术展览会”这两项，是站在今天我们认定的美术立场上所确立的。它表明“美术”一词已有了一个逐渐约定俗成的用法。

在上举这两项“美术馆”之类的同时，鲁迅又列出“剧场”“奏乐堂”“文艺会”“著名之建筑”“碑碣”“壁画及造像”“林野”“古乐”“国民文术”9项。其中剧场、奏乐堂、古乐等当然不属视觉艺术的“美术”，于是，在“播布美术之方”的大段中，我们发现已经存在了两种“美术”的概念内涵。第一种，是宽泛的，如标题的“播布美术”，但包括剧场、奏乐堂等戏剧、音乐、文章在内的所有内容，它接近今天“艺术”的范围所指。第二种，是精确的，如“美术馆”“美术展览厅”所说，是以“美术品”“所藏”“物品”为中心。这样的定位，自非绘画雕塑莫属。这与今天“美术”的概念范围一致。

3. 在《拟播布美术意见书》中，我们开始发现了一个有趣的立场位移。“美术”不再是指王国维或刘师培文中的那种“艺术表现”的方法或“美化”“美感”之类，而开始指一个对象（形式）。作为方法与过程，它是一个时序展开的关系，是无法静止也没有结果的。而作为一个对象或形式，它却首先是“物”，是“实体”，是“作品”这个实物的存在。只有这个过程完成了，“美术”才会由美学（它是一种抽象的思想或思考）转向美术作品（它是一个绘画或雕塑的形式实体）。于是，从王国维在《红楼梦评论》中使用“美术”一词到鲁迅《拟播布美术意见书》，我们发现了“美术”一词内涵的3次转换。它呈现出从抽象到具体、从感觉到存在、从精神到物质、从意义到形式、从一个过程到一个对象的丰富含义。

（1）“美术”作为“美化”、美的表现与艺术表现的用法，多用于文章之学中。典型的用例，是王国维《红楼梦评论》《论哲学家与美术家之天职》，和刘师培《论美术与征实之学不同》，以及鲁迅《摩罗诗力说》。

（2）“美术”作为“艺术”门类的用法，则相对要精确得多。典型的用例，是刘师培《中国美术学变迁论》和鲁迅（周树人）的《拟播布美术意见书》。这一阶段，文章学的意义被削弱，而美术包括音乐戏剧（即艺术所包括的内容）则逐渐凸显。

（3）“美术”作为美术的最精确用法，典型的用例是鲁迅的《拟播布美术意见书》中第四段“播布美术之方”的第一、第二节：“美术馆”“美术展览会”。其中已有明确的“美术品”“陈列”“私人所藏”等。音乐、戏剧既非“品”，也无须“陈列”，更不可能“藏”，因此它应该是指绘画、雕塑之类，完全与今天“美术”的概念一致。

这即是说，到鲁迅的这一时段，或到了1913年之际，“美术”一词作为一个译语、输入语、外来语，经历了将近10年的筛汰与汇聚，无论内涵、外延都发生了很大变化，最终以中国人最习惯接受的方式，被完整地确定了下来。在这10年中，鲁迅承担了一个“收结者”的角色。（未完待续）

注释

[1]见《辞海》，上海辞书出版社1979年版，第2158页。又，上海辞书出版社1987年2月出版的《中国

美术辞典》(沈柔坚主编)在“通用名词术语”中首列“美术”，更见详细，但语意所指似乎更在时间上滞后。此外，相同的见解还见于最近的专家见解。如距《辞海》出版已22年的2001年，在《美术研究》第1期上，有西安美术学院院长杨晓阳所撰写的《美术教育改革之我见》，其中也专门提出一节“美术的概念与功能”。开篇即有一段：“众所周知，‘美术’这一概念是在中国新文化运动中开始出现的。”这即是说，从1979年《辞海》到1987年《中国美术辞典》再到2001年的专家论文，而且是发表在《美术研究》这样的学术刊物之上，“美术”一词是起源于1917—1919年，是一个“众所周知”并且不再有多少怀疑的既成事实。它表明本文的研究，是拥有十分确切的现实意义与针对性的。

[2]陈池瑜：《中国现代美术学史》，黑龙江美术出版社2000年版，第4页。

[3]转引自刘曦林《20世纪初年的美术革命与论争(一)》，载《水墨》丛书(一)，西苑出版社2001年版，第116页。

[4]关于《醒狮》月刊的情况，参见陈鸣树主编《20世纪中国文学大典》“1905年”条，上海教育出版社1994年版，第97页。

[5]关于日本向奥地利亲王照会作日译后创造了“美术”一词之过程，可参见拙著《近代中日绘画交流史比较研究》第二章“近代中日美术观念的迁移——关于‘美术’一词的语源考察及其他”中第一节“关于‘美术’一词的语源”，安徽美术出版社2000年版，第62—68页。又，关于这方面的日文原文资料，大约有如下几种：一是浦崎永锡《日本近代美术发达史》“明治篇”，日本“东京美术”1974年版。二是《艺术新潮》杂志社1990年第10期特辑《美术史事开始的步履》。三是佐藤道信著《日本美术的诞生——近代日本的“言语”与战略》，讲谈社1996年版。

[6]关于中国留学生到日本留学的规模，可参见梁容若《中日文化交流史论》，商务印书馆1985年版。内收梁氏《评〈中国人日本留学史〉》文，第387—404页。此专题的日本著作，则首推实藤惠秀著《中国人日本留学史》(1960年版、1983年中译本)。此外，舒新城编著《中国近代留学史》，上海中华书局1927年版，亦足资参考。

[7]王国维《红楼梦评论》原文，可参见《王国维学术经典集》，江西人民出版社1997年版，第49—72页。

[8]《王国维学术经典集》所载《叔本华与尼采》，第74页。

[9]两段引文均出自《王国维学术经典集》所载《论哲学家与美术家之天职》，第106—107页。

[10]均见上引，《论新学语之输入》，第102—103页。

[11]年表编排资料依据为：(一)钱玄同《左盦年表》，《刘师培全集》第1册，中共中央党校出版社1997年版；(二)陈鸣树主编《20世纪中国文学大典》1907年部分，第120—148页；(三)赵慎修编著《刘师培评传·作品选》，中国文史出版社1998年版，第114—119页；(四)郑方泽编《中国近代文学史事编年》“1907年”条，吉林人民出版社1983年版，第258—269页。

[12]引文详见《刘申叔先生遗书》第53册，《左盦外集》卷13。上引《刘师培全集》第3册，第434—439页。其中“美术”三论是连页排列，可参看。

[13]鲁迅：《坟·摩罗诗力说》，载《鲁迅全集》第1卷，人民文学出版社1981年版。

[14]见郑方泽编《中国近代文学史事编年》，吉林人民出版社1983年版，第274页。

[15]《拟播布美术意见书》，原载《教育部编纂处月刊》第1卷第1册，后被收入《鲁迅全集补遗续编》，载顾森、李树声主编《百年中国美术经典·1896—1949》第3卷，海天出版社1998年版，第8页。又，从这篇文章的还在讨论“何为美术”等一些基本概念问题，即能感觉到它的发轫之意。这正证实了本文的判断，即教育部的“美术调查处”，应该是鲁迅到教育部以后创设，而不是他到部之前即已先有的。正因新创设，所以才有解释名词的必要。那么，他应该不是一个执行者，而是一个创立者，时间则在1912年8月21日到8月26日之间。

本文载于《美术研究》2003年第4期

陈振濂，1956年生，上海人。1981年毕业于浙江美术学院（今中国美术学院）书法学专业，获硕士学位。浙江大学人文学院副院长兼艺术系主任，中国美术学院教授、博士生导师。

“美术”语源考

——“美术”译语引进史研究（续）

陈振濂

七、世相一——南洋劝业博览会·上海图画美术院·美术调查处

在缅怀王国维、刘师培、鲁迅这些大师们的光辉业绩，在了解“美术”名词引进史上许多人身上存在着的“日本影响”这一事实的同时，我们还应看到社会力量介入这一同样重要的事实。它们与大师们的努力一起，构成了“美术”引进史上双线型的发展局面，并使得在文化精英著作中的“美术”，迅速成为一个普及至万千民众的共同理念。

宣统元年（1909）己酉初夏，中国南京举办了第一次“南洋劝业博览会”。据当时年仅25岁就获得奖状、银牌的著名美术教育家姜丹书回忆，博览会有如下部门设置：

> 南洋劝业会为我国破天荒的盛大展览会。我国自古以来无所谓展览会，此为沾被欧化后之第一次，为物产性的、文化性的。由国家所主办。全国各省皆特设一陈列馆，馆屋皆新建洋式，属山东者称山东馆，属陕西者称陕西馆，其他各省均如此。各该馆内所陈列之物品，皆为各该省内之特产，各种各类，巨细毕举。希奇古怪，万汇并陈。又有属于综合性者，如教育馆、美术馆、交通馆等。当时名播世界的余沈寿女士所绣之意大利皇后像，即赫然陈列于美术馆者也。全场范围甚大，包括数十个陈列馆、游戏场、临时商店等，远近各地来参观者，真是连衽成云、挥汗成雨、车水马龙、熙来攘往，极一时之盛。余参加教育馆之陈列工作……[1]

“南洋劝业博览会”的设置名称，让我们想起了1871年奥地利为办“万国博览会”向日本明治天皇发出的邀请照会，正是这份照会，催生了“美术”译语的产生。至于在奥地利本是“博览会”而未有“劝业”二字，则在1881年的日本，也已有“日本内国劝业博览会”，其中已出现了“劝业”字样。在这届劝业博览会上，福田敬业还有一份《美术概论》的报告书……那么，中国清末南京三牌楼举办的“南洋劝业博览会”无论是名称、体制还是分类，应该都是以日本为蓝本的。既如此，则博览会中出现了“美术馆”，自然也应与日本联系起来看——姜丹书提到它是

“由国家主办”；当时的国家是清朝宣统，自己不可能有能力创立这种新样式与新名词，而现成从日本移植，却是最为可行的方式。姜丹书自己参与了教育馆的陈列布置工作，身在现场，应该是记自亲见，不会有误。而他提到的余沈寿女士绣的意大利皇后像被陈列于美术馆，也与“美术”一词的定义相当，并无舛谬。

如果说王国维、刘师培、鲁迅的大声疾呼与首倡，还只是处于文化精英层面上的努力的话，那么南京三牌楼“南洋劝业博览会”上的“美术馆”陈列，却是面对着“连衽成云、挥汗成雨、车水马龙、熙来攘往”的平民大众。渔樵耕猎、贩夫走卒，是一个最拥有社会特征的基础层面。由是，这赫然在目的“美术馆”之“美术”新名词，无形之中便迅速广泛地被传播蔓延开去，成为一个人人皆能认同的通行概念。考虑到此事发生在1909年，是刘师培发表“美术”三论之后的2年，又是鲁迅《拟播布美术意见书》之前的4年，我们应该重视它在“美术”引进史上的重要价值——这是一个直接由日本输入的、迅速被中国各阶层接纳的事实过程。

3年之后的1912年，上海由周湘、乌始光、张聿光、丁悚、刘海粟共同发起成立“上海图画美术院”。11月23日，成立仪式在上海虹口乍浦路举行。张聿光为校长、王道远为教务长、刘海粟为副教务长，成立之后还在报上发表了宣言。1913年3月，开始招生上课，共收学生12人，学期为1年，分为绘画正科与选科各1班。据说，徐悲鸿、朱屺瞻、王济远等，都是第一期的学生。

7年后的1920年，“上海图画美术院”才改名为“上海美术学校”。本来，作为一个学校，校名上既有“图画”又有“美术”，叠床架屋，也许只有校内的人关心。但正因为1915年后，“上海图画美术院”开始以裸体模特儿作写生授课，以后又用女裸体，甚至还在1926年被孙传芳通缉，于是名声大震，这才使这“上海图画美术院”即“上海美术学校”成为公众舆论关注的对象，成为一个时论的焦点。在早期，当然也连带着使“美术”一词的传播久远成为必然。尽管在当时“美术”有时还包括“音乐”，但绘画却是其中的主导。比如，在最初的1913的绘画正科与选科之外，并无其他科目。更进而论之，在“绘画”中，“美术”一词一般也是指引进的西洋绘画而不指传统的中国画（水墨画）。能引为证据的，是在1916年即开办3年之后，改绘画科为西洋画科。直到1920年4月，“上海图画美术院”改名为“上海美术学校”之后，才开始设中国画科以与西洋画科对应。由是，“美术”一般是指“西洋画”，这似乎又是当时一个约定俗成的含义。

1912年，鲁迅在北京政府教育部领导“美术调查处”；1912年11月，上海成立“图画美术院”。1913年，鲁迅在北京发表《拟播布美术意见书》；1913年，“上海图画美术院”招生开课。这一南一北遥相呼应，再与1909年的“南洋劝业博览会”之“美术馆”联系起来，说“美术”一词是从文化精英的文章中走到社会中来，成为庶民生活中的有机组成内容，应该是不为过分的。

切莫小看了这“美术”用语出现的意义。因为在同一时期，我们也看到了许多没有用“美术”这一新译语来作指代，而仍是用老传统的“图画手工”名称的例子。举证在此，还可以看出一个新译语与老名词“并存”的有趣的时代。

1906年，两江优级师范学堂在李瑞清的指导下，开设美术科，当时称“图画手工专科”。以教育、图画、手工为主，音乐、文化为副，还聘请日本盐见竟等教西画、手工，李瑞清、萧俊贤等教中国画。

1907年，杭州成立“浙江两级师范学堂”，文、理科均设“图画手工课”。1912年创办高师“图画手工专修科”。学生30余名。李叔同、姜丹书、樊羲臣任教。

1910年，周湘在上海创办“图画传习所”。1911年又改名为“布景传习所”，乌始光、丁悚、陈抱一、刘海粟、王师子、张眉荪等皆就学于此。

1912年，杭州有浙江省立女子师范学校，有“图画课”，姜丹书任教。次年，又有省立第一中学，有图画、手工课，亦由姜氏任教，但均不称“美术课”。

1912年，福州省立第一师范学校开设“图画手工科”一班，学生数十人。

1914年，李叔同任教浙江省立第一师范学校之图画手工专修科。首先在图画手工课堂中采用男人体写生，但也不称“美术”。

1916年，国立北京高等师范学校设3年制图画手工科，李毅士、陈师曾、郑锦等为教师，俞剑华为此科学生。

1916年，国立南京高等师范学校开设3年制图画手工科。

1919年，鲁迅的美术论文已发表6年了。但在本年秋的私立上海专科学校（吴梦非、刘质平、丰子恺），仍以图画、手工、音乐为主科。此外，神州女学的学生丁素贞、史述、陈慧纕等学美术，但也叫“图画专修科”而不叫“美术科”。

如果说学校设科目课程这一方面还不足以说明问题的话，那么再看社团，也许更可以找出不少佐证。在清末民初的社团中，凡称“美术”者，大抵是以西洋画为主，而中国画家们结社，则多以“画会”称。由于社团大抵发自民间，因此没有完全统一的称谓。但一般而言，凡称“美术”者必以西洋画家为主，中国画社团不会混入。而称“画会”者，则中国画社团、西洋画社团皆可通用。兹分别如下：

（一）以“美术”命名者

如在日本的“中华独立美术协会”，为1916年创立的西洋画社团。

如“赤社美术研究会”，为1921年成立于广州的西洋画社团。

如“晨光美术会”，为1921年创立的西洋画社团。

如“苏州美术会”，是成立于1912年的包括绘画、雕刻、刺绣、音乐、演讲与诗歌的以西洋画为主的社团。

如“时代美术社”，为1930年创立的西洋画社团。

如“中国左翼美术家联盟”，为1930年创立的西洋画社团。

（二）以“画会”命名者

中国画系列：

海上题襟馆金石书画会（1875—1908）

豫园书画善会（1909）

湖社（1920）

蜜蜂画社（1929）

中国画会（1931）

中国女子书画会（1934）

西洋画系列：

东方画会（1915）

天马会（1920）

决澜社（1931）

野风画会（1932）

默社（1936）

分析这两份资料，可得出两个结论：

第一，“画会”（画社）的形式与名称要早得多，所以它应该是个传统的称谓。如果以“海上题襟馆金石书画会”计算，则可上延至清季的1875年，当时，中国还没有“美术”这一名词出现呢。而“美术会”则是在1910年以后的称谓，它显然与王国维、刘师培、鲁迅的努力在时间上是吻合的。在1910年之前，我们看不到有以“美术”为名的社团。

第二，即以“美术”社团自身论，最早的社团如“中华独立美术协会”，竟是创设于日本东京的画家社团。而检其创始者的名单，如陈抱一、江新、严志开、许敦谷、胡根天、汪洋洋、雷毓湘、方明远、李廷荣……都是在日本留学西画的学子。这是一个最典型的“日本影响”的例证，它又一次证明了“美术”用语是传自日本这一铁的事实。

美术调查处的情况，我们在鲁迅与“美术”引进的上一节分析中已谈到，不再赘述。

据此，可大概排列、整理出“美术”一词在社会层面上被应用、被传播的时序：

1909年，“南洋劝业博览会”中设“美术馆”。

1912年，北京政府教育部设有“美术调查处”。

1912年，“上海图画美术院”成立并于翌年招生。

1912年，苏州创办“苏州美术会”。

1916年，留日学生等在东京创办“中华独立美术协会”。

1921年，上海创办“晨光美术会”，广州创办“赤社美术研究会”。

把这些内容再与鲁迅《拟播布美术意见书》以及演讲等结合起来看，会发现其中更见丰富厚实的历史内涵。

八、世相二——美术杂志·美术著作·《美术丛书》

关于美术出版物，目前值得研究的有三大系列，均取其冠名“美术”者。

（一）刊物

1.《中华美术报》1918年9月1日创刊。该报是以周湘为校长的上海中华美术专门学校编辑出版，每周1期，到1918年10月20日第8期后停止。刊载的文章有：康有为《万木草堂藏画目》、钝庵《论吾国美术之沿革》、邓天乎《论中国之美术》、欧阳亮彦《西洋画浅说》《中国画与西洋画之异同》、巢民《吾国美术学校当改良教授法》、灌园叟《一百二十种花谱》、邵拙庵《美术之概论》、周湘《雪庐印章款识》《近世美术家小传》等。

2.《美术》1918年10月创刊。该报是上海图画美术院出版，第1卷为半年刊，第2卷为双月刊，直到1922年5月第3卷第2期后停刊。目录与书眉上有“上海图画美术学校杂志”的题眉，可知在当时，“美术院”与“美术学校”已经共享。其中有刘海粟写的《发刊词》，提及宗旨是登载中外古今美术史、画家论、画派论、美术教学研究，报道国内外重要美术活动，侧重西洋美术的介绍。其8期内容中，对西洋画、美术、人体写生、风景画、色彩学、广告美人、裸体画与裸体照片、造型美术、石膏模型、日本美术院、讽刺画滑稽画、后期印象派、塞尚、谷诃（凡·高）、文艺复兴等均有专论。具体目录，可参见《1911—1949中国美术期刊过眼录》所载。[2]

以期刊论，在1918年9月《中华美术报》和10月《美术》创刊之前，我们还未看到其他的同名刊物。比如，1911年创刊的《滑稽画报》是美术期刊，但不以“美术”命名。1912年1月5日创刊的《真相画报》共出了17期，画家高奇峰为发行人。高氏是日本留学生，创“岭南画派”，本来最有条件引进“美术”一词，但它也仍然名“画报”而不名“美术”。其后，1916年上海广仓学会创刊《艺术丛编》，以古物为主，自然也不会自命“美术”。故而论“美术”刊物，应以《中华美术报》为最早。需要补充的一点是，在《真相画报》（1912年1月5日—1913年3月）中，还发表了不少美术论文，其中有（陈）树人《新画法》《图画教授法》、（高）剑父《论瓷》《论古瓷原始于陶器》、海风《工艺指南》及黄宾虹的画学文章系列之外，有一篇独一无二的“美术”冠名论文——蕙荪《中国美术志》。这大约是最早的一篇以“美术”命名的美术论文，对我们这个论题而言，具有足够重要的历史价值。

（二）著作

1.蔡元培于1916年开始编写《欧洲美术小史》，写成《拉菲尔》一章。但未编成全书。同年，又编写《欧洲美术丛述》。

2.姜丹书于1917年在浙江第一师范任教期间撰成《美术史》及《美术史参考书》，由商务印书馆出版。该书自序如下：

美术艺事也，非我国固有名词也。我国自古重文轻艺，故文事有记载，艺术无记载。艺而近于文者有记载，艺之纯为术者无记载。即有之，亦不过东鳞西爪，散见杂籍而已，并无系统之记载也。画，一艺也。艺而文者也。与书并视。故书有史，画亦有史。虽无通史纪其由来之变迁，历代之进化，然犹不乏专书，足资考订。剪取史料，吾患其多。至雕刻、建筑以及工艺美术之类。更何所取材乎？以视东、西洋艺苑著作之林，图史并陈，涉笔成趣，固何如者。此编美术史之所以难，而尤难于本国一部也。予何人斯？敢云著作？只以身任讲席，课有定程，责无旁贷，乃不揣谫陋，稽古摭今，行粗浅之文字，述中外之大略，自惭獭祭成篇，殆亦聊胜于无云尔。

是编既成，承经君子渊、李君叔

同、沈君惠田、李君仲干、桂君承之、陈君效韩，正谬不少。重以部视学钱君均夫、周君仲容认为需要，敦促付梓，始敢出而问世。谨志之，以记其实。

之所以不嫌琐细，全引此文，是因为如下一些原因：第一，与1913年鲁迅《拟播布美术意见书》所述"美术名词，中国古所不道"一样，姜丹书也明确提出"美术"是一个引进词，"美术艺事也，非我国固有名词也"。这一观点已成公论。第二，"美术史"古来无之，在东洋西洋"艺苑著作之林"的对照下，中国并无《美术史》，姜丹书撰此，则是"聊胜于无"。这即是说：姜著是第一部。第三，姜著完成之后，经亨颐、李叔同、李仲干等有留日背景的同行均对之加以讨论过——姜丹书并无留日之举，因此他此著曾得熟悉日本美术教育的经亨颐、李叔同的批评，是一个十分重要的事实。第四，因为是第一部《美术史》，故而教育部视学即钱均夫、周仲容亦加首肯。推为教材，由商务印书馆印刷。

即以上四点，已可见姜丹书《美术史》出版的重要意义。但站在本文立场上，人们还可伸延出一个有趣的证据：出版《美术史》的商务印书馆，正是早年在废科举、兴学堂的大潮中，率先聘请日本教师与教材专家来华，由他们编出从初小、高小、初中的图文课、历史课、修身、格致、英文、商业等课的教科书几十种发行于世，造成大影响的。[3]教育史研究家认为商务印书馆的教材教科书编辑，带有明显的"日本影响"，它与中国清末的"兴学堂"中采用日本学校制度与教学方式，是互为表里的。那么，以具有浓郁日本背景的商务印书馆，出版姜丹书的《美术史》教材，而"美术史"又是引日本的"美术"译语为题，使用教材的又是受日本影响极深的浙江第一师范。吁唏！

在"回顾与展望——20世纪中国美术史学研讨会"上，有专家认为本世纪美术史上有过三件大事。其中第一是姜丹书出版了第一本《美术史》，时间为1917年。[4]这当然是一个十分重要的学术结论。但我们可能更关注在这部著作的"美术"用语的出现。姜丹书著述时不用"画史""图画史"之类的名称，而用"美术史"，其中必然已经有了一个日本模式的影响在。也唯其如此，它才会在我们的"美术"用语引进史上具有历史里程碑的意义。自姜丹书以后，如英国人波西尔著《中国美术》（1923）、史瀚著《中国美术史》（年份不详）、滕固著《中国美术小史》（1925）、日本大村西崖著《中国美术史》（1928）、王钧初著《中国美术的演变》（1934）、朱杰勤著《秦汉美术史》（1934）、郑午昌著《中国美术史》（1935）、史岩著《东洋美术史》（1936）、刘思训著《中国美术发达史》（1946）……鱼贯而出，才构成了"美术"用语引进史中学术著作群的蔚为大观、众星璀璨的宏大局面。

（三）《美术丛书》

在"美术"用语输入、引进的历史中，还有一个特例不可不涉及。这就是《美术丛书》的出版发行。

如果说，"南洋劝业博览会"中"美术馆"开设于1909年，而北京教育部"美术调查处"设立于1912年，"上海图画美术院"成立于1912年，鲁迅发表《拟播布美术意见书》是在1913年，而美术刊物最早是在1918年，美术著作最早是在1916年的话，那么唯有《美术丛书》编辑，是在所有美术著述刊物之前，甚至还早于“美术调查处”“上海图画美术院”的。《美术丛书》的编辑，是在1911年即清宣统三年，这有邓实撰写的序为证。而它的出版面世，是在1913年，与“美术调查处”等同时。这样的时间标志，很让我们为之咋舌！

《美术丛书》的主编者，一是邓实，二是黄宾虹。关于邓实，我们知道他是个反对清廷、倡导革命的志士。早在1908年即清光绪三十四年，他即主编《神州国光集》双月刊，在上海风闻一时。神州国光社也因此风靡新派人士之间。他又与章太炎交往甚厚，章氏并有《与邓实书》（1909）谈自己平生得意之处。其后，他又在1911年创《民国报》于上海，与李剑、胡朴安共为撰稿人。值得注意的是邓实与刘师培有过交往，还共同举办“国学保存会”，创办《国粹学报》。是则发表于《国粹学报》的刘师培的“美术”三论，应该曾寓邓实之目，或成为他创编《美术丛书》的缘机也未可知。黄宾虹更是革命团体“南社”的十七君子之一，与陈去病、柳亚子、高天梅等齐名。在1911年9月南社第5次集会时，还被推为庶务，与朱少屏、高天梅共掌社事。像宣统三年（1911）这样的大动荡之时，邓实办《民国报》，黄宾虹参与“南社”，是要冒极大的风险的。这样两位志士又是一流的文人，共同来编《美术丛书》，相信应该有不少呼应时势的趣事逸闻。尤其是《美术丛书》由邓实的神州国光社出版，是则任编务者，应该更多的是黄宾虹。

《美术丛书》共4集，每集各10辑，计120册。收辑有关书画翰墨、雕刻摹印、笔墨纸砚、磁铜玉石、文房杂事、鉴定收藏等共250余种。主要是书画著录居多。据黄宾虹于戊辰（1928）序中提及“是编刊行，肇始辛亥（1911），竣工癸丑（1913），曾未三稔，成书百二十册……逮乙卯（1915）再版”……至戊辰（1928）作序时又十余年。在出书两年之间又再重版，像这样大规模的书，若不是市场需求极旺，是很难想象的。

而初版之序即在辛亥（1911）开始撰述时即已由邓实写定。在开篇讨论“丛书之刊，始于季明”和丛书体例等内容之外，有如下一段论“美术”者，堪作分析的理想范本：

> 自欧学东渐，吾国旧有之学，遂以不振。盖时会既变，趋向遂殊，六经成糟粕，义理属空言，而惟美术之学，则环球所推为独绝。言美术者，必曰东方。盖神州立国最古，其民族又具优秀之性，故技巧之精、丹青之美、文艺篇章之富，代有名家，以成绝诣，固非白黑红黄诸民可与伦比。此则吾黄民之特长，而可以翘然示异于他国者也。[5]

这是一副“革命家”的口吻。从黄种人反清开始说到白人、黑人、神州、民族之类，在清末民初都是最“时髦”的词语。但对于“美术”一词的定义，却是“技巧之精”（工艺）、“丹青之美”（书画）、“文艺篇章之富”（文学或戏曲）三者，大致符合同时代的刘师培与鲁迅们在使用的含义。

值得注意的是《美术丛书》的《凡例》，其中有如下一些“美术”用语的出现，可窥编纂者的立场：

> 是书为提倡美术起见，丛集古今大美术家之著述，勒成一书。
>
> 古之集录书画者，如《书断》《画断》《书史》《画史》等书，各自成编，未合为一……是书于书画之外，凡雕刻摹印笔墨纸砚磁铜玉石词曲传奇以及一切珍玩，无关不收……洵美术之大观也。
>
> 是书以书画为主，而画尤多。盖画为神州美术之最优者。近来欧美美术名家，竞相罗我国画品庋藏，宝贵视同珙璧……
>
> 先贤著述，凡有涉于美术者，多不胜收……

据此引，则在邓实、黄宾虹心目中，“美术”一词虽为引进新译语，但它的所指范围大致是清晰的：“画为神州美术之最优者”，也包括其他雕刻摹印之属。这正是我们今天大致习惯了的意义范围。

《略例》之后，有胡蕴玉撰文曰《引》，落款署“辛亥正月”，也是1911年。这个时间有特殊价值。其中涉及“美术”者，有如下几行：

> 所以西方哲士，设有美术专科，东土士夫，不少赏鉴巨子。独是时代递嬗，宗派分歧，墨客骚人，争奇斗巧，技师艺士，踵事增华，书别方圆，画分南北……逸少之书、虎头之画、伯牙之琴、李斯之刻，洵艺林之始祖，为士夫所推称。……盖世界之文治日繁，而美术之进步愈速……

第一是指实“设美术专科”的是西方哲士，是舶来品；第二是书、画、刻、琴皆被列入，与刘师培的立场一致。考虑到邓实、黄宾虹、胡蕴玉都曾是反清志士，或是南社中人，与刘师培曾有过同一个反清“革命”的政治背景，因此不排除其间有互相影响启发的可能性。而这正印证了我们对《美术丛书》予以特殊关注的理由：1911年，在“美术”用语引进史上，是一个引人注目的年份。它超前于鲁迅，衔接于刘师培。而就其使用的含义与所指范围而论，又表明了邓实、黄宾虹、胡蕴玉等的“早熟”，在别人还为“美术”这一译语而迷乱之时，他们已经十分清晰准确地掌握其中的定义。

第一本“美术”杂志发行时间为1918年。

第一部“美术”著作的撰写时间为1917年。

第一套《美术丛书》的编著时间为1911年。

这是本节讨论后的基本结论。

九、并行——“美术革命”与“美术”的共存

由于从王国维、刘师培到鲁迅的良好铺垫，由于美术社团、学校、刊物、著作、丛书的社会辐射面的不断扩大日益普及，“美术”作为一个外来译语，在中国已获得了广泛的认同。于是，

才有了1917年在《新青年》上掀起的“美术革命”的大冲击大震荡。发起这场冲击与震荡的，是吕澂与陈独秀。

吕澂的《美术革命》刊登于《新青年》第6卷第1号。其中对“美术”已完全定位于“视觉艺术”，而把文学与音乐划了出去。请看他的界定：

> 窃谓今日之诗歌、戏曲，固宜改革，与二者并列于艺术之美术[凡物象为美之所寄者，皆为艺术(art)，其中绘画、雕塑、建筑三者，必具一定形体于空间，可别称为美术(fine art)，此通行之区别也……]，尤亟宜革命。
>
> 文学与美术，皆所以发表思想与感情，为其根本主义者惟一，势自不容偏有荣枯也。
>
> 革命之道何由始？曰：阐明美术之范围与实质，使恒人晓然美术所以为美术者何在，其一事也。阐明有唐以来绘画、雕塑、建筑之源流理法……使恒人知我国固有之美术如何？此又一事也……

陈独秀在《新青年》同卷同号上也回了一篇《美术革命——答吕澂》，内中对“美术”也作同样的定义。比如，他有如下一条：

> 现在得了足下的来函，对于美术——特于绘画一项——议论透辟，不胜大喜欢迎之至。
>
> 说起美术革命来，鄙人对于绘画，也有点意见，早就想说了。……若想把中国画改良，首先要革王画的命。

吕澂对“美术”的定位，是专指绘画、雕塑、建筑，“必具一定形体于空间”。为了明辨这一点，他特别指出“混移空间、时间艺术为美术”的混乱现象，这就把音乐划出美术之外，显然要比刘师培、鲁迅等进了一大步。此外，分别“文学”与“美术”的门类不同，又是他的一大功绩。正是在这样的基础上，他认为首要的是“阐明美术之范围与实质”。而陈独秀更直截了当，直指美术为绘画，认定“美术革命”是先要革(四)王画的命。其后从宋元再到倪、黄、文、沈，再到清代的王石谷、扬州八怪、吴墨井……都是画家。“美术”等于“绘画”，是1917年之际最有特征的现象。它的背面意思是，原来混在“美术”译语中的文学诗歌、戏曲、音乐，逐渐地被另列，而造型艺术则越来越见出其独立性。

讨论“美术革命”的历史进步价值，并非本文的目的，但讨论在“美术革命”运动中“美术”一词的定位方式，却是本文最关注的所在。可以说，到了1917年之际，“美术”一词作为译语的被确立与被使用，已经呈现出相当清晰的轮廓与范围界定。考虑到“美术革命”口号在整个五四运动、“文学革命”格局中的地位与作用，又考虑到陈独秀作为“文学革命”的主将，他的思维方式与思想意识，必然会同时作用于文学与美术的两项革命。这一点，只要看一下时间即会明了。

文学革命：

被指为“文学革命”的开篇之作的胡适《文学改良刍议》，撰写于1917年1月。发表于《新青年》第2卷第5号。

陈独秀的名文《文学革命论》开创了文学革命的真正格局，该文发表于1917年2月《新青年》第2卷第6号。

自胡、陈二文发表之后，“五四”新文化运动才开始构成波澜壮阔的历史。

美术革命：

吕澂的《美术革命》发表于1918年《新青年》第6卷第1号。执行编辑的正是倡导文学革命的陈独秀。

陈独秀《美术革命——答吕澂》发表于同期即《新青年》第6卷第1号。

这前后只差一年的“革命”宣言，不正标志着“美术革命”所必然拥有的文化背景与社会时代背景吗？

在“美术革命”的讨论展开之际，一些新文化运动的重要人物也在不断介入“美术”用语的本土化运动。其中，梁启超、蔡元培和胡适，分别从各自的角度对“美术”进行了阐释与推扬。

首先是蔡元培。从1908年8月底至1911年7月31日，蔡元培曾留学德国。在莱比锡大学听哲学课程，接触到了美学、美术史、文学史的大量研究内容。这为他日后以“美术”名词来介入，倡扬学术奠定了优秀的基础。在其《自订年谱》中，他曾提道：“我于讲堂上既常听美学、美术史、文学史的讲演，于环境上又常受音乐、美术的熏习。……我所最喜读者，为栗丕斯（T. Lipps）的《造形美术的根本义》……兰氏［指兰普来西教授（Lamprecht）］讲史，最重美术，尤其造形美术，如雕刻、图画等。”值得注意的是，这一时期，正是王国维、刘师培们率先开始讨论“美术”译名的时期。

1912年，蔡元培在《民立报》2月8日、9日、10日及《东方杂志》第8卷第10号发表了《对于新教育之意见》，在谈到“美感之教育”时，提到“至美术则即以此等现象为资料，而能使对之者，自美感以外，一无杂念”，开始使用“美术”一词。

1917年，蔡元培在北京神州学会做了题为《以美育代宗教说》的演讲，这是他的“美育”观的第一次面世。该演讲稿也成为近代中国学术史上的经典。在文中，他对“美术”的应用，显然是取“艺术”的宽泛立场，而与“宗教”作对应。比如以下的文句：

> 于是未开化人之美术，无一不与宗教相关……
>
> 赞美者必有著名之歌词，演说者必有雄辩之素养，凡此种种，皆为美术作用，故能引人入胜。然而美术之进化史，实亦有脱离宗教之趋势。
>
> 及文艺复兴以后，各种美术，渐离宗教而尚人文。[6]

在其后他的其他一些演讲中，他又对“美术”与“美育”的概念做了清晰的区分——从“美育”与“宗教”区分，到“美术”与“美育”分，是他的学术思维在日趋细密的一个明确指向：

> 只有美育可以代宗教，美术不能代宗教。……美育是广义的，而美术则意义太窄。

科学美术，同为新教育之要纲。

宗教可以没有，美术可以辅导宗教之不足，并且只有长处而没有短处。

从1917年开始，大约是1月4日蔡元培就任北京大学校长的身份转移缘故，他在各地不断推动以美育、艺术教育为中心的新思想。

1917年4月8日，在北京神州学会作《以美育代宗教说》的演讲，后发表于《新青年》第3卷第6号。

1918年4月15日，在北京国立美术专科学校成立及开学式上做演讲。

1919年12月1日，演讲稿《文化运动不要忘了美育》，发表于《晨报副刊》。

1919年10月11日，《在北京大学画法研究会之演说词》发表于10月25日《北京大学日刊》。

1920年5月1日，演讲《美术的起源》，发表于《新潮》杂志第2卷第4号。

1920年10月27日，在明德学校茶话会上对学生做《美术的价值》之演讲，发表于11月5日、9日之长沙《大公报》。

1920年10月29日，做《美术的进化》演讲，发表于《北京大学日刊》第807号。

1920年11月1日，做《美学的进化》演讲。

1921年2月23日，做《美术与科学的关系》之演讲，发表于《北京大学日报》第814号。

把蔡元培这段时间的演讲稿对比一下，即会发现一个有趣的变化，即他在1917年的几场演讲，把"美术"与"艺术"（包含音乐等）、"美育"是做混合应用的。在1919年的《文化运动不要忘了美育》一文中，他还提到"美术的教育，除了小学校中机械性的音乐图画以外，简直可说是没有"。似乎是以音乐与图画并提，而皆曰"美术"；但在同一文章中，他却又有"专门练习的，既有美术学校、音乐学校、美术工艺学校"[7]，似乎又以"美术"与"音乐"对应。那么，前一句是以美术包含音乐，是取宽泛之意；后一句是以美术相对于音乐，是取精严之意。这种矛盾，反映出蔡元培的"美术"概念尚处于转变过程之中。而到了1920年的几场"美术"演讲，以及《在中国第一国立美术学校开学式之演说》（1918）、《创办国立艺术大学之提案》（1927）之中，对"美术"则开始取清晰的造型艺术、视觉艺术的立场。于是，从"美术本包有文学、音乐、建筑、雕刻、图画等科"的认识，转向"除去名士派毫不经心之习，革除工匠派拘守成见之讥，用科学方法以入美术。美虽由于天才、术则必资练习"[8]，我们看到了蔡元培对"美术"一词使用的"进化"过程。它反映出"美术"译语引进史上的一个必然规律——先宽泛，后精确。

其次是梁启超。据说，梁启超于戊戌变法失败后潜入日舰，逃亡日本。在海上漂浮的无聊岁月中，不通日文的梁启超借来了日本作家东海散士的小说《佳人之奇遇》，除了日语格助词之外，满纸汉字他竟大都可以读得。于是，他开始了翻译日本小说的尝试。在他抵达横滨之后，创办了《清议报》以面向中国读者，其中即开始连载他译的《佳人之奇遇》。据专家们认为，他在此时与其后的大量译文，是把日语汉词输入中国的开端[9]——我们有理由相信：在1898—1899年之际，梁启超把民主、科学、政治、经济、自由、法律、哲学、美学等词汇转译入中国之时，一定也关注到了“美术”一词并可能是最早接触并使用这一译语的重要人物。

其间的情况，现在已很难确切判定了。但在迟至1922年8月13日，梁启超在上海美术专门学校所做的《美术与生活》的演讲中，已明确地提道：

1. 专从事诱发以刺激各人器官不使之钝的有三种利器：一是文学，二是音乐，三是美术。

2. 美术中最主要的一派，是描写自然之美……一幅名画在此，看一回便复现一回，这画存在，我的趣味便永远存在……这是美术给我们趣味的第一件。[10]

前者将“美术”与文学、音乐区别，后者将“美术”直指“名画”，表明在这一时期，梁启超的“美术”观是十分清晰的。

从蔡元培到梁启超，这是一组正面的例证。但在同一时期，也有另一面的例证。它充分证明了一个外来译语在中国的被确立，必然要经过一个不稳定时期这样一个定律。

最后是胡适。胡适作为新文化运动——白话文运动的主将，与陈独秀都是当时的先知先觉的首脑人物。但陈独秀倡“文学革命”，也倡“美术革命”；对“美术”直指其为绘画，表现出他一以贯之的先知姿态。而胡适却在倡导“文学革命”之外，于“美术”却迟迟无法出以专门立场。

1916年，胡适在思考文学革命与白话文运动之时，在美国与一批朋友同好讨论白话诗，其中有几位知交老友是任叔永、陈衡哲、梅觐庄、杨杏佛等。其中梅觐庄在一封致胡适的信中，反复使用了“美术”一词。而其用法，则近于以“美化之术”的意义：与真正的“美术”作为一个艺术门类的指代完全不同。以1916年的时间，却与10年前王国维《红楼梦评论》中的用法十分接近：

> 足下以俗语白话为向来文学上不用之字，骤以入文，似觉新奇而类，实则无永久价值。因其向未经美术家之锻炼，徒诿诸愚夫愚妇，无美术观念者之口……
>
> 如足下之言……而村农伧夫皆是为诗人美术家矣！甚至非洲之黑蛮，南洋之土人，其言文无分者，最有诗人美术家之资格矣！
>
> 总之，吾辈言文学革命，须谨慎以出之……欲加用新字，须先用美术以锻炼之。
>
> （俗语白话亦有可用者，惟必须经美术家之锻炼耳。）[11]

这里的“美术”，是指文学的表现手段。而“美术家”，是指文学家。与真正的“美术”其实并无关系。据我们前面的梳理，显然是处于“美术”用词的最初级阶段。

梅觐庄写给胡适的信是如此，那么胡适自己呢？在“文学革命”1917年于《新青年》如火如荼地展开之后一年即1918年，胡适有一篇长文《建设的文学革命论：“国语的文学——文学的国语”》，其中是这样使用“美术”一词的：

> 最近六十年来，欧洲的散文戏本，千变万化，远胜古代，体裁也更发达了。最重要的，如"问题戏"，专研究社会的种种重要问题；"象征戏"（Symbolic Drama），专以美术的手段作的"意在言外"的戏本……[12]

在此中，"美术"还是作为"艺术表现手法"的含义在被使用。胡适此文撰于1918年7月26日，已是1917年之后的一年多了。相比吕澂、陈独秀，或刘师培、鲁迅，毋乃太迟钝乎？

由是想到一个译语生存、确定的"空间"问题，在国内的"美术"译语早已在刘师培、鲁迅、蔡元培、吕澂、陈独秀、姜丹书等人手里逐渐由"美化之术""美学""美育"或"艺术""艺术表现"等宽泛含义走向精确的"美术"（即造型艺术）之时，身处国外的胡适、梅觐庄却未能感受到这种潜在的悄悄的变化与"进化"，于是他们在美国还是大谈"美"之"术"，而忽略了在国内，美术早就由文学、音乐、图画通用的"美"之"术"走向了固定的"美术"。这种不同步的空间阻隔，为我们的"美术"译语引进史研究提供了一个不可多得的范例。

1920年之后，"美术"一词终于找到了它寻觅已久的意义定位，自此，美术学校、美术刊物、美术馆、美术作品、美术展览、美术家协会，甚至商务印书馆作为出版社还专设美术部，以黄宾虹任主任（1921）……我们再也不会遇到意义上的困惑。作为一个外来的、输入的"译语"，"美术"终于彻底地被本土化，从而成为近现代中国文化的一个有机组成部分。

十、余论——关于"美术"译语的语言转换背景的说明

站在中文立场上去考虑100年前的先贤们为什么连"美术""美学""美育""艺术"之间的区别也分不清，可能是十分在理但也必然是十分幼稚的。当我们在轻率地指责先贤们之时，我们是站在一个已经分类清晰，并且各项用语已约定俗成被习惯使用多年这样的事实基础之上，换言之，我们是站在结论"终点"回头去看起点，好比是一个久经沧桑的老人去讥笑儿童的幼稚一样。语言（译语的转换也一样）本身是一个"生命体"，它从一个熟悉语境转向另一个陌生语境过程中，也必然会经历孕育、出生、成长、成熟、衰老的生命历程。

倘若要从背景的、文化的角度来审视"美术"译语引进史的生命历程的几个阶段，我以为应该是呈现出如下形态。

（一）译语含义的并列选择（第1轮）

在art作为原始译语之祖的时代，它并没有中文的对应也没有日语汉字的对应。那么当它由德语kunst或bildende kunst经由奥地利输向明治维新的日本时，日语汉字可供选择的对应词，可以是"艺术""美术""美学""美育""图画"……在当时，哪一个词都是可供并列选项、互为通用的；而不存在我们站在今天立场上的对或错、正或谬的判断基准。这一时间，应该是在1871年到1880年之间。

（二）译语含义的并列选择（第2轮）

在由日本的"美术"译语，通过诸如梁启超、

章太炎，或直接的如王国维、刘师培、李叔同、蔡元培、胡适等引进、输入或应用的过程中，它的原有的"多义并列选项"的功能，不但没有被弱化，反而被更强化了。这是因为，由日本的本来是译自西方的译语，再作为日语中固有词语再转输中国，又构成了中国的译语，其间又是一个从意义到用法的再转换过程。我们可以称之为"二次转换"。转换越多，自然"并列选项"的机会越大。不但是对第一次的并列选项（德语原意），而且存在着对第二次的并列选项（日语原意）。它的具体时间，应该在1904年前后。

（三）走向基本范围的定性

刘师培与鲁迅，是使"美术"译语第一次从一种行为、过程（如文字上的美化之"术"）或抽象哲学含义（如"美学"），逐渐过渡到以结果、对象、目标、物质形态（如"艺术"）的层面上来，从而使"美术"走向了学科标志与名称的自我定位。蔡元培、梁启超等以及当时的许多学者，已经在这个层面上来思考问题了。它的时间，应该是在1907年至1913年。

（四）精确定义

从《美术丛书》的编纂者邓实、黄宾虹到"美术革命"的倡导者吕澂、陈独秀，再到上海图画美术院……"美术"译语终于被最终定位为以绘画、雕塑、建筑为核心的造型艺术或视觉艺术门类，文学与作为表演艺术（舞台艺术）音乐、戏剧不再被笼统地归为同类。它的具体时间，应该是在1913年到1920年。

从这个意义出发，我又想到了"文学"这个译语的"进化"过程。它在一开始也有许多种译法，如我们常常把曹魏时代作为官职的"文学"当作中国的"文学"一词古已有之的证据，其实这完全是一种误释。今天我们使用的"文学"概念，是译自西语 literature，最早的日译，即有"文章学"与"文学"两种译语。以后，"文章学"消失了，"文学"却成为典型译语，其中也包含了"并列选项"在词语翻译过程中必然会有的筛汰过程。但在此中，作为中转的"转译"关钮十分重要。因为正是它，决定了某一译语的最终定位。

那么，检验先贤们的论述，有时也会发现他们的百密一疏。比如，前引鲁迅的《拟播布美术意见书》，是我们认定的最重要的"美术"文献。但它也有一个疏失不可不察。该文的开场白是这样的：

> 美术为词，中国古所不道。此之所用，译自英之爱忒（art or fine art）。

通常而言，这样的观点并无大错。但如果从译语的语言转换背景立场看，却出现了纰漏。因为英文的"爱忒"（art）并未直接译成中文的"美术"，反过来倒是非英文的德文：kunst，被先译成了日语的"艺术"。在一个"爱忒"（art）或kunst（德）的译语中，可以有"艺术""美术""美的表现""文学技巧""美学""审美""美育"等七八个义项并行，它们之间并无谁对谁错之分。并不是非得译为"美术"不可的。它的最终落脚处，也是"艺术"而不是更局部的"美术"。只有通过日译的曾经译作"美术"，再通过上举先贤们的“前仆后继”、不断积累又不断筛汰，最终是先定位为“艺术”而舍弃其他“美学”“美育”“文学技巧”等，再将其中所含的“美术”的含义作一更精确的定义而从“艺术”含义中区别开来，形成一个独立的fine art的“美术”作为造型艺术的门类名称，这才形成了“美术”引进的最终结果。亦即是说，如果不考虑日译的“美术”（或“艺术”）的中转之功，只凭一个英之“爱忒”（art）或即使是德之kunst，是不会译转到现在我们所用的“美术”一词的本意上来的——第一是未必会取现在这个含义，第二是即使取相近义也不一定非得用“美”“术”这两个汉字来指代。

如此看来，“美术”的日译中转之功，岂能小觑哉？

注释

[1]见《姜丹书艺术教育杂著》，浙江教育出版社1991年版，第390页。

[2]见许志浩《1911—1949中国美术期刊过眼录》，上海书画出版社1992年版，第8—11页。

[3]商务印书馆于1910年即宣统二年，开始成规模地出版初小、高小、初中的各科教材。编撰教材中主要是聘请日本专家而为之。参见陈鸣树主编《20世纪中国文学大典》，上海教育出版社1994年版，第211页。

[4]详见《现状的反思与方法的探讨——“回顾与展望——20世纪中国美术史学研讨会”学术综述》（张鹏），薛永年代表组委会做学术总结时所述的三件大事，《美术研究》2001年第1期，第43页。

[5]《美术丛书》中的1911年邓实《序》《略例》、胡蕴玉《引》，原文均见该书江苏古籍出版社1986年版，第1—3页。

[6]《以美育代宗教说》，原载《新青年》第3卷第6号，1917年8月。顾森、李树声主编《百年中国美术经典》转载，海天出版社1998年版，第3—7页。

[7]《文化运动不要忘了美育》，原文见注21引，第6页。

[8]《在北大画法研究会之演说词》，原文见注21引，第7页。

[9]参见林大中主编《九十年代文存1990—2000》下卷，《隔在中西之间的日本——现代汉语中的日语“外来语”问题》（王彬彬撰），中国社会科学出版社2001年版，第206—215页。

[10]《美术与生活》，原文见注21引，第1—2页。

[11]梅觐庄此信的署日为1916年7月17日，详见胡适《逼上梁山——文学革命的开始》引。《胡适说文学变迁》，上海古籍出版社1999年版，第199—200页。

[12]《建设的文学革命论》，详见注26引，第57页。

本文载于《美术研究》2004年第1期

叶茂台辽墓出土《深山会棋图》再认识

李清泉

一、缘起

1974年，辽宁省博物馆和辽宁铁岭地区文物组发掘小组在法库叶茂台清理了一座辽代契丹贵族妇女的墓葬（7号墓），墓中原悬挂于木棺室内东西两壁的山水和花鸟两幅卷轴，是这次发掘的一项重要收获。其中的一幅山水画，备受学界注意。该画系青绿重彩，色泽鲜艳如新。其上部绘峭峰陡起，又有白云掩映其间；中部山崖间有松林楼阁，楼阁前方绘褒衣博带的两人正于临崖空地上对坐围棋，另有一童仆在旁侍候；山崖下方有一隧道，前方辟门，门外又有一宽袍大袖、头戴高冠的人策杖向隧道方向走去，后面跟着一前一后两个童仆，前者背负一物，似为酒葫芦，后者负一琴囊。[1]整个画面给人一种超然世外的感觉。

由于画中既无作者名款又无收藏印鉴，考古工作者依两幅画的题材种类笼统称之为“山水”和“花鸟”，自然是出于一种稳妥的考虑。但就这幅山水而言，显然非同一般描绘自然的画作，有关专家根据画中人物活动将其定名为《深山会棋图》，实则更为确当。关于这幅画的主题、风格、年代以及作者族属等问题，杨仁恺先生已经有过深入的研究，认为此作于建筑物画法上有北宋李成“仰画飞檐”的特征，树木画法又与五代时江南的董源、巨然的特点一致，崖石皴法与南唐卫贤《高士图》相类，而落笔又有坚重之性，其创作年代当在辽太宗会同三年至穆宗应历十八年，即公元940年至968年前后，表现的是汉族士大夫阶层的“山林隐逸”情趣。[2]此外，铃木敬先生认为画中建筑物是一座寺院[3]，显然是对画中建筑和人物活动未加细审的缘故。实际上，会棋人后部描绘的是一所带有廊庑的深宅大院，现藏美国波士顿美术馆的《文姬归汉图》等宋人作品中描绘的汉式宅院建筑，皆是这类形制。

与前贤主要从风格入手来研究这幅画不同，本文试图联系墓葬本身包含的相关信息，对这一作品做一些新的考察，通过对绘画主题与功能的考察，来重新思考作品的性质与意义乃至创作的年代问题。

二、作品的内涵

首先，《深山会棋图》中所表现的山崖均呈拔地而起之势。以宋代已臻成熟的山水画“平远”“深远”和“高远”三种空间表现形式而论，属于表现“高远”的一类。在五代和北宋，属于这一类的作品为我们耳熟能详者，有荆浩的《匡庐图》、卫贤的《高士图》、范宽的《溪山行旅图》、郭熙的《早春图》、燕文贵的《溪山楼观图》，等等。这些作品通常以两种方式与画外的观者发生联系：第一种方式是通过山前蜿蜒回转的盘山小径，将我们的视线由山下引向山顶，如《匡庐图》和《溪山楼观图》即是如此。这类画面也常有楼阁建筑出现于山腰或山顶。无论盘山小径最终将观者引向建筑物还是山顶，它总在暗示着画中主体与人世间的某些联系。第二种方式是通过环绕于山脚的溪流、树石、小路等，将人的视线带到突兀耸立的山体近前，然而登山却无路可寻。如《高士图》《溪山行旅图》《早春图》中所见的那样，这类山水画山体布势方式大体是为了给人一种不可登临的神秘感的。反观我们眼前这幅《深山会棋图》，形式似出入于两者之间而又有所不同：山崖陡峭显然难于登临，而临近山顶处却有建筑物和人物活动；山下无路通往山顶，而在绝壁断崖之下出现了一个半掩的洞门；洞门前方并不像一般作品那样有路径引导我们的视线，相反，取而代之的是一片水泽，仿佛有意用来阻隔画外的观者。然而很明显，这个洞门即是进入山中的唯一通道，它正在向画中那个头戴高冠、手中持杖者敞开。

那么，这个洞门究竟意味着什么？它所通向的那个宅院究竟是怎样一个空间？

唐代诗人刘禹锡在《桃源行》中就描写了一个洞门：“洞门苍黑烟雾生，暗行数步逢虚明。”诗句的意象，仿佛将我们带进了一个梦幻般的神秘世界。然而，里面究竟会出现什么奇迹，我们还要到诗的典故中寻找。陶潜的《桃花源记》在记述梦幻般世外桃源时，是以这样的文字连接它与现实世界的：

> 林尽水源，便得一山，山有小口，仿佛若有光。便舍船，从口入。初极狭，才通人。复行数十步，豁然开朗。土地平旷，屋舍俨然。[4]

陈寅恪先生在《桃花源记旁证》一文中指出：“陶渊明《桃花源记》寓意之文，亦纪实之文也……真实之桃花源在北方之弘农，或上洛，而不在南方之武陵。真实之桃花源居人先世所避之秦乃苻秦，而非嬴秦……”[5]陈寅恪先生从指实的一面对隐藏于《桃花源记》背后的一段史实特有发明，然而仅就此文寓意的一面而言，“不知有汉，无论魏晋”之语，毕竟大大加强了故事的神话色彩，令后人相信洞中人与世隔绝近600年之久，正如唐长孺先生所指出：“武陵是否真有如记中所述的桃花源，可以不必指实，因为这毕竟是一篇寓意之文。……桃花源的故事本是南方的一种传说，这种传说晋、宋之间流行于荆湘，陶渊明根据所闻加以理想化，写成了《桃花源记》，但闻而记之者不止渊明一人。”[6]此外，这个故事以陶隐居的身份言之，更容易令人相信世间真的存在着一种超越时空的仙境——洞天。

大抵在魏晋南北朝以来，方仙道以洞天称仙人所居之处，有王屋山等十大洞天、泰山等三十六洞天之说。[7]由于仙人喜居洞府，故仙人又被通称为洞仙。经过了道教与民间神仙信仰的相互融合，洞仙信仰在民间产生了广泛的影响。《太平广记》卷一至卷七十辑录了甚多宋代以前的好道之士于山中寻找或发现洞天之事。适在辽宋之前，即有一本有关仙人的记传书就叫作《洞仙传》[8]，唐教坊有曲名《洞仙歌》，宋又有小曲中吕调《仙洞开》、平调《洞中春》等[9]，而《洞仙歌》，竟成了一种常见的词调名和曲牌名，为许多词家所专好。当时的洞天信仰情况，从中可见一斑。

有关洞天的信仰在契丹社会也有具体的反映。宋哲宗元祐六年（1091，即辽道宗大安七年），宋人彭汝砺使辽，到了契丹皇帝冬季捺钵之地广平淀，其所著《鄱阳集》卷八《广平淀诗·序》中记载："广平淀，谓虏地至此始广大而平易云。初至单于行在，其门以芦箔为藩垣。上下去其花为饰，谓之羊箔门，作山棚，以木为牌，左曰紫府洞，右曰桃源洞，总谓之蓬莱宫，殿曰省方。"也就是说，辽代皇帝捺钵时所住的行宫，也被比附成仙人居住的"紫府洞"和"桃源洞"。辽寿昌五年（1099）鲜于鸿作《孔水铭》，《序》曰："按幽州土地记，沙门惠珍尝篝火入，经五六日方还。亦不测其深浅也。安知此水不与瑶池潜通，桃源相接乎。故开元天子每时雨不降，必遣使投龙璧于此，则休，应响答事。存诸往记焉。"[10]

可见洞天观念反映在辽代艺术中也绝非偶然。

石泰安（Rolf A. Stein）曾讨论过中国艺术中"洞"的主题与道教和佛教之间的关系，认为古代中国人的"来世观念，与洞的主题紧密地联系在一起，与仙人所居的'洞天'（由一个洞构成的自然、宇宙）紧密联系在一起"[11]。据此，我们将《深山会棋图》中描绘的那个洞门理解为仙人洞，应该无甚不妥。

值得注意的是，有关仙人洞的传说常常与弈棋的活动相连。如《稽神录》记曰："婺源公山二洞有穴如井。咸通末，有郑道士以绳缒下，百余丈，旁有光。往视之，路穷阻水，隔岸有花木。二道士对棋……明日，井中有石笋塞其口，自是无入者。"[12]类似之事，在《太平广记》中也有不少记载。[13]这些记载使我们相信，《深山会棋图》中洞门和会棋画面的联合出现绝非偶然。画中的两个会棋人物以及他们的童仆，当系表示山下的主人进入洞天之后的所见。而且，画中描绘的场景与人物活动，乃是基于历代流传于民间的一些同一主题的神话传说。如《晋书》所记："王质入山斫木，见二童围棋，坐观之。及起，斧柯已烂矣。"[14]如《异苑》所记："昔有人乘马山行，遥望岫[15]里有二老翁相对樗蒲，遂下马造焉，以策注地而观之。自谓，俄顷，视其马鞭，摧然已烂，顾瞻其马，鞍骸枯朽。既还至家，无复亲属，一恸而绝。"[16]如《夷坚志》所记："南剑尤溪县浮流村民林五十六樵于山，见二人对弈，倚担观之。旁有两鹤，啄杨梅，堕一颗于地。弈者目林使拾之。俛取以食，遽失二人所在。林归，即辟谷不食，不知其所终。"[17]此正所谓"山中方一日，世上已千年"。

容或附带一提的是，所有这类文献记载的叙

事结构，一概是以一个世人的活动及其眼前的经历为出发点的。这一点使我们更加确信，画中位于洞门前方的那个持杖人物，正是画中的主角。

三、作品的性质与意义

值得特别注意的是，这幅作品中似乎还隐含着某些与死者本人或墓葬相关的信息。正如杨仁恺先生曾经注意到的，这幅画与一般山水画的一个显著不同是，所绘树木悉皆“一色的落叶松”[18]。按照我们前面对作品的解释，这种树木显然符合作品的主题。据《梁书》记载：著名道家人物陶弘景就“特爱松风，每闻其响，欣然为乐。有时独游泉石，望见者以为仙人”[19]。《玉策记》称：“千岁松树，边枝起上，杪不长望，而视之有如偃盖。其中有物……服之皆寿万岁。”[20]《嵩高山记》曰：“嵩高丘有大松树，或百岁、千岁。其精变为青牛，或为伏龟。采食其实，得长生。”[21]关于吃松子可以长生的说法辽代亦有之。《辽史》卷四十一《地理志》载：“（蔚州）飞狐县……相传有狐于紫荆岭食五粒松子，成飞仙，故云。”[22]别有意味的是，在墓中摆放桃、李等果品和食物的供桌上方，即有一个盘子中盛着两枚松实，也就是原报告所称的“含有松子的松塔”。[23]墓室的布置者似乎有意要用这种特别的供品，建立起死者与画中描绘的仙境之间的联系，以满足墓主不死的幻想。随葬物品与画面图像的呼应，在同墓中还有一例，即墓内陈列有漆木双陆棋子和棋盘一副并骰子博具两粒。[24]虽然棋的品种与画中有别，但性质完全相同。

由此可见，《深山会棋图》在叶茂台辽墓中的出现，绝不仅仅出于模仿居室挂设或体现死者生前的艺术玩好等简单原因，而是死者的亲属有意选择了这幅画作，以寄托他们对死者灵魂的祝愿——期望墓主人像画中主人公那样去往理想中的仙境，在凡俗生命结束之后，进入永恒。我们在墓葬发掘报告材料中还注意到，死者所穿绣花棉袍的主要部位皆绣有簪花骑凤的羽人图像[25]，这类图像实际上也表达了同样的精神寄托。

无独有偶，在河北宣化辽代张文藻墓（1093）的后室门楣上方，也有一幅表现仙弈神话的《三教会棋图》壁画[26]，可以作为本文观点的一个旁证。同时这个例子也提示我们，以此类题材的绘画作品来寄托升仙幻想，在辽代墓葬艺术中可能已经形成惯例。

早在汉代，“仙人六博”与六博棋局纹画像即已在墓葬艺术中流行。尤其在四川，更是比较多见。巫鸿先生即曾推论四川石棺上的这类石刻内容与当地天师道传统的某些关联。[27]20世纪50年代至80年代初，考古工作者先后在河北望都1号汉墓、江苏丹阳胡桥南朝墓、河南安阳隋代张盛墓、湖南长沙唐墓、湘阴唐墓、四川万县唐墓、新疆阿斯塔那唐张雄墓以及淮安宋代杨公佐墓中发现葬有围棋、棋局实物和模型。[28]而在辽代墓葬的发掘中，更是屡屡发现随葬的棋具实物。见诸报告的材料除了叶茂台辽墓以外还有辽宁锦西萧孝忠墓、辽宁省朝阳市的常遵化墓、辽宁省建昌县城子沟辽墓、内蒙古哲里木盟陈国公主墓、内蒙古赤峰宝山1号辽墓、敖汉旗白塔子辽墓，这些墓葬中均发现过不同材质的围棋实物。[29]在以往的发现中，曾见有一类体积甚小的瓷质棋盘，如安阳隋代张盛墓所出围棋盘，边长不过10厘米。[30]湖南长沙和四川万县一带唐墓所出双陆棋盘，有的长边才9.2厘米。[31]这种棋盘的出现，说明当时某些地区已有专门的作坊在烧制这类明器，以迎合民间丧事活动的普遍需求。1971年山东邹县九龙山明鲁荒王朱檀墓出土一副围棋，据郑岩先生目验，其棋盘格的墨线绘制不均匀，难以用于实际的博弈。而朱檀本人生前即喜好炼丹服药，因“毒发伤目”而早亡。[32]这种习俗惯例的形成和延续，显然也与前述历代仙弈神话及其背后联系的洞仙信仰密切相关。

在汉代丧葬艺术中，不死的仙界通常是由西王母及其所居之昆仑山来象征的。及魏晋南北朝时期，洞天说开始成为道教处理生死问题的一个重要学说，长久影响着中国人对死后世界的理解。道教对神仙等级的界定有三品，即天仙、地仙与尸解仙。根据道家的有关解说，天仙的境界难以为凡人所得，凡人欲得升仙，可以通过尸解的方式，成为尸解仙。《无上秘要》解释说：凡尸解仙去者，即入名山，与地仙无异。[33]这些来自道家的解说，无疑是魏晋以降人们将来生转而寄托于名山与洞府的理论依据。许多道教神仙传记材料中，都见有凡人死后入名山成仙的记载，如南宋初道士陈葆光的《三洞群仙录》卷十四，就转述了《记异录》所载唐朝著名书法家颜真卿为李希烈缢杀后，如何空棺而去、尸解成仙，以至有人于罗浮山见其与道士下围棋的故事。[34]这类故事尽管人物各不相同，却总在重复着同一类场景和同一种道具，即名山与棋局。显然，前者是来生的理想去处，而后者，则是进入神仙行列的象征。[35]叶茂台7号辽墓中所见《深山会棋图》这幅不同寻常的山水画以及墓中随葬的双陆棋具，恰好也在重复着前述故事中的两种要素，将这两种要素还原到墓葬的上下文中，分明可见这里同样在演绎着一个死而复活的神话。

回到《深山会棋图》的画面，还有一个重要的细节值得做进一步分析：前文提到，画中位于洞门前方的那个持杖人物，正是画中的主角。虽然这个世俗人物形象的出现正合乎许多仙弈神话文本所惯用的一个世俗中人如何于山中见仙人会棋的叙述结构，但画中对这个形象的表现，却使得这幅画看上去并非一个仙弈神话文本对应式的图解。前文引述的那类仙弈神话文本通常强调在观棋的短暂时光里世间万物所发生的变化，由此表达时空的转换，故文本中观棋的世俗中人通常是这种时空转换的亲历者和见证人。日本藏有明代天启年间（1621—1627）出产于江西景德镇民窑的一件青花大瓷盘，盘内绘二道士于山中对弈，旁侧有仙鹤和仙鹿相伴，而中间则有一樵夫正依担观棋。[36]像这样的作品，显然更忠实于文学的文本。与之类似的图式早在辽金时期已经出现，除宣化7号辽墓（1093）的《三教会棋图》外，现藏美国费城美术馆的一件金大定元年（1161）豆形瓷枕表面所绘弈棋图[37]，也遵循了人物观棋的固定格套。据此推测，在《深山会棋图》创作的前后时期，应该已有更为接近文学文本的仙弈母题绘画图式存在。而《深山会棋图》显然偏离了这种习见的图式，该图的主要表现对象不再是人物活动的情节，而是山的形象，即墓主死后升仙旅程的终点，而旧有的情节则变成死者与山之间必不可少的连接。下棋人位于立轴中段的左侧方，远离视觉的中心，也明显不是作者所描绘的主体对象，相反，位于中轴线上的，是陡峭山峰之下半掩于断崖背后的一个洞门，洞门正前方较为开阔的平地上，即画中的主人，他（她）身穿长袍，头戴高冠，正执杖走向洞门，其身后的两个侍童形象更是突出地强调了主人作为画中主体的地位。很显然，画面的种种布局安排都在表明，画家所真正关注的焦点是一个“过程”，所以，主体形象以一个背影出现在画面上，强调了运动的方向——如从画家的角度着眼，这个背影中的主体形象在进入永恒的同时，也意味着正从画家眼前消逝。尽管画中这个主体形象多可能是男性，但在墓葬的上下文中，他正是死者个人的象征。

通过以上分析可以推定，《深山会棋图》反映的是墓主及其同时代人对死后灵魂去往仙境的精神寄托，所以它绝不是被随意拿来装点墓室的，也不大可能是供墓主人生前雅玩的一件收藏品。根据有关的记述，这幅作品出土时装裱状况比较简陋，画心两侧既未套边又未镶边，天杆仅以竹子制成，并且天杆下方绢裱一边有破裂后针缝痕迹。[38]这些迹象一一表明，这件作品只是一幅专供贵族人家殉葬用的“冥画”。至于木棺室西壁的那幅花鸟画，所绘植物或许是被认为有祛病延年功效的药草之类，有关问题，容另文论述。

四、作品年代与背景

《深山会棋图》既然是一幅用于丧葬活动的冥画，多可能是由当时的画店或民间作坊生产，其创作年代与死者下葬大体同时是不言而喻的。而关于这座墓葬，发掘工作者认为属于辽代前期，约在公元959—986年。[39]曹汛先生通过对该墓所出棺床小帐及其装饰的分析，认为墓主的下葬时间应在圣宗时代（983—1031），有可能在澶渊之盟（1004）略后。[40]这是极为确当的。近年来，经考古工作者的研究，已将出现石棺葬具的辽墓年代下推到圣宗以后，实际也为曹氏有关叶茂台7号墓的年代说增加了又一重佐证。[41]

这里还要补充说明，在目前仅见的两幅表现弈棋内容的辽代绘画作品中，宣化张文藻墓《三教会棋图》的年代是大安九年（1093），属辽代晚期作品。除了这两幅画，在前述葬有棋具实物的辽代墓葬中，常遵化墓的年代为辽统和二十六年（1008），陈国公主墓为开泰七年（1018），白塔子墓为大康七年（1081），萧孝忠墓为大安五年（1089）。基本上都是圣宗时期以后的墓葬。这一点再次表明，葬有《深山会棋图》和双陆棋具的叶茂台辽墓，年代不会早于圣宗时期。

以会棋图或棋具随葬之所以在圣宗以后十分流行，当不外乎与道教神仙思想在当时社会中的空前泛滥有关。在唐代，道教一度泛滥于玄宗时代，之后又渐呈与民间信仰相结合的趋势，正如姜伯勤先生论及敦煌道教时所言：“在晚唐五代，敦煌道教虽已不同唐玄宗朝的那种气势，但由于它已渗入民间信仰，并与王朝祭天的礼制相通，因而仍然保持着生命力。”[42]辽代早期已经受到中原道教和道家思想的影响，当时的上京已有天长观，中京有通天观，部分州城也多有道士和道观。[43]至圣宗朝，圣宗皇帝耶律隆绪对笃信道教的唐玄宗极为钦敬，“道释二教，皆洞其旨”[44]的他，与唐玄宗一样迷信丹药符箓，统和七年（989），辽自于阗引进内丹术。[45]圣宗之弟耶律隆裕于东京崇建宫观，接连数百间，备极辉丽，风气化及中京。[46]其形势几乎是与当时正在广设道场、兴建玉清昭应宫、朝野方言符瑞的北宋真宗朝遥相呼应。道教与神仙思想经辽统治者的提倡，势必在朝野上下极度弥漫，进而深入民间信仰的各种层面之中。进入丧葬礼俗的仙弈绘画以及棋具实物，正是当时道教观念融入民间信仰之状况的一个方面的反映。

注释

[1]辽宁省博物馆、辽宁铁岭地区文物组发掘小组:《法库叶茂台辽墓记略》,《文物》1975年第12期。

[2]杨仁恺:《叶茂台辽墓出土古画的时代及其它》,《文物》1975年第12期，第37—39页;《叶茂台第七号辽墓出土古画综合研究》，载《杨仁恺书画鉴定集》，河南美术出版社1999年版，第40—59页。

[3]铃木敬:《中国绘画史》(上)，魏美月译，台北故宫博物院1987年版，第149页。

[4]逯钦立校注:《陶渊明集》卷六，中华书局1979年版，第165—167页。

[5]陈寅恪:《陈寅恪史学论文选集》，上海古籍出版社1992年版，第224—235页。

[6]唐长孺:《读〈桃花源记旁证〉质疑》，载《魏晋南北朝史论丛续编》，生活·读书·新知三联书店1959年版，第163—164页。

[7]见《云笈七签》卷二七《十大洞天》;《事林广记》前集六《仙境》。

[8]全文载自《云笈七签》卷一一〇至一一一;《新唐书·艺文志》三录有《洞仙传》十卷。

[9](元)脱脱等:《宋史》卷一百四十二《志》第九十五《乐》十七，中华书局1985年版，第3355页。

[10]耶律铸:《双溪醉隐集》(四)，陈述辑校《全辽文》，中华书局1982年版，第259—260页。

[11] Rolf A. Stein，*The World in Miniature*，Stanford，California:Stanford U- niversity Press,1990,p.55.

[12](宋)徐铉:《稽神录拾遗·洞中道士对棋》，载《稽神录·括异志》，中华书局1996年版，第139页。

[13]见《太平广记》卷第四十一《薛尊师》、卷四十二《黄尊师》等，中华书局1961年版，第257—258、265页。

[14](宋)李昉:《太平御览》卷七百五十三，河北教育出版社1994年版，第七册，第64页。

[15]"岫",《白孔六帖》卷三十三引作"洞"。载《异苑》卷五校勘记，中华书局1996年版，第51页。

[16](南朝宋)《异苑》卷五,《异苑·谈薮》，中华书局1996年版，第48页。

[17](宋)洪迈:《夷坚志·乙志·仙弈》，中华书局1981年版，第188页。

[18]杨仁恺:《叶茂台第七号辽墓出土古画综合研究》，载《杨仁恺书画鉴定集》，河南美术出版社1999年版，第44页。

[19](唐)姚思廉:《梁书》卷五十一《列传》第四十五，中华书局1973年版，第743页。

[20](宋)李昉:《太平御览》卷九百五十三，河北教育出版社1994年版，第八册，第603页。

[21]同上书，第604页。

[22](元)脱脱等:《辽史》卷四十一《地理志》五，中华书局1974年版，第512页。

[23]见辽宁省博物馆、辽宁铁岭地区文物组发掘小组《法库叶茂台辽墓记略》,《文物》1975年第12期，第27、34页。

[24]同上书，第32页。

[25]详见原发掘报告中公布的图像材料与文字描述。《文物》1975年第12期，第29页。

[26]详见《河北宣化辽张文藻壁画墓发掘简报》，《文物》1996年第9期，第14—46页。

[27]巫鸿:《地域考古与对“五斗米道”美术传统的重构》，载巫鸿主编《汉唐之间的宗教艺术与考古》，文物出版社2000年版，第431—460页。

[28]分见北京历史博物馆《望都汉墓壁画》，插图16、17，中国古典艺术出版社1955年版；南京博物院《江苏丹阳胡桥南朝大墓及砖刻壁画》，《文物》1974年第2期；邱百明《从安阳隋墓中出土的围棋盘谈围棋》，《中原文物》1981年第3期；《新疆出土文物》图189，文物出版社；江苏省文物管理委员会、南京博物院《江苏淮安宋代壁画墓》，《文物》1960年第8、9期合刊；何介钧、文道义《湖南长沙牛角塘唐墓》，《考古》1964年第12期；湖南省博物馆《湖南湘阴唐墓清理简报》，《文物》1972年第11期；湖南省博物馆《湖南长沙咸嘉湖唐墓发掘简报》，《考古》1980年第6期；四川省博物馆《四川万县唐墓》，《考古学报》1980年第4期；东延《唐墓出土的双陆盘》，《文史》第12辑。

[29]雁羽:《锦西西孤山辽萧孝忠墓清理简报》，《考古》1960年第2期；刘桂馨:《辽代常遵化墓出土的围棋子》，《文物》1997年第11期；冯永谦、邓宝学:《辽宁建昌县普查中发现的重要文物》，《文物》1983年第9期；内蒙古自治区文物考古研究所、哲里木盟博物馆:《辽陈国公主墓》，文物出版社1993年版，第64页；内蒙古文物考古研究所、阿鲁科尔沁旗文物管理所:《内蒙古赤峰宝山辽壁画墓发掘简报》，《文物》1998年第1期；敖汉旗文化馆:《敖汉旗白塔子辽墓》，《考古》1978年第2期。

[30]马世之:《关于隋代张盛墓出土文物的几个问题》，《中原文物》1983年第4期，第76页。

[31]分见何介钧、文道义《湖南长沙牛角塘唐墓》，《考古》1964年第12期；湖南省博物馆《湖南湘阴唐墓清理简报》，《文物》1972年第11期；湖南省博物馆《湖南长沙咸嘉湖唐墓发掘简报》，《考古》1980年第6期；四川省博物馆《四川万县唐墓》，《考古学报》1980年第4期；东延《唐墓出土的双陆盘》，《文史》第12辑。

[32]山东省博物馆:《发掘明朱檀墓纪实》，《文物》1972年第5期，第25—36页。

[33]参见李丰楙《误入与谪降：六朝隋唐道教文学论集》，台湾学生书局1996年版，第80—81页。

[34]文曰:“真卿问罪李希烈，内外知公不还，亲族饯于长乐坡。公醉，跳踯前楹曰:‘吾早遇道士陶八八，受刀圭碧霞丹，至今不衰。又曰七十有厄即吉，他日待我于罗浮山，得非今日之厄乎？’公至太梁，希烈命缢杀之，瘗于城南。希烈败，家人启柩，见状貌如生，遍身金色，爪甲出手背，须发长数尺。归葬偃师北山后。有商人至于罗浮山，有二道士围棋，一曰:‘何人至此？’对曰:‘小客洛阳人。’道士笑曰:‘幸寄一书达吾家。’遣童取纸笔，作书至北山颜家。子孙得书大惊，曰:‘先太师亲翰也！’发冢开棺，已空矣。”见《道藏》第32册，第329—330页。

[35]李丰楙先生业已指出:“棋局虽小却变化莫测，以此隐喻‘世事如观棋’。因此汉朝以下，棋戏为神仙悠闲、预测世事的象征，成为神仙图的重要形象。”见《误入与谪降：六朝隋唐道教文学论集》，

台湾学生书局1996年版，第301页。
[36][日]井口海仙、末宗广、永岛福太郎:《原色茶道大辞典》，淡交社1975年版，第359页。
[37]本图片及有关档案资料系美国费城美术馆Anni Proser博士提供。
[38]同注[18]，第54页。
[39]见辽宁省博物馆、辽宁铁岭地区文物组发掘小组《法库叶茂台辽墓记略》，《文物》1975年第12期，第33页。
[40]曹汛:《叶茂台辽墓中的棺床小帐》，《文物》1975年第12期，第58页。
[41]叶茂台辽墓出现了石棺葬具。李逸友提出：一、沈括《梦溪笔谈》所言“虏中无棺椁”属于早期情形，从纪年墓资料看辽代早期契丹贵族不用棺和部分人不用棺，驸马赠卫国王墓即无棺，只是在尸床上木作小帐，朝阳耶律延宁墓(986)、秦晋国大长公主墓(1045)、法库叶茂台墓开始发现有棺，史载宋明道二年(1033)宋使章频卒于辽中京北面的紫(蒙)馆，将尸体运至中京用银饰木棺入殓，亦可见已有棺，但这些都是在圣宗、兴宗时期。二、发掘者定为早期的几座石棺墓葬，从其中的克什克腾旗二八地墓出土瓜棱形陶罐和三彩长瓶看，也不早于圣宗以前。三、北票水泉1号墓也曾出土石棺，石棺上刻四神图，原报告者认为属于辽代早期，但该墓中出土的扁身双穿、上饰皮条纹的鸡冠壶，见于迁安韩相墓(1017)和朝阳耿延毅墓(1020)，可见这种石棺确乎出自圣宗之后。这样，出现石棺葬具的墓葬，大体应归入中期以后。详见李逸友《略论辽代契丹与汉人墓葬的特征和分期》，《中国考古集成》东北卷十四，北京出版社1997年版，第147—152页。另参见李逸友《内蒙古辽代契丹人墓葬的形制和分期》，《昭乌达蒙古族师专学报(汉文哲学社会科学版)·北方民族文化》1991年增刊。
[42]姜伯勤:《道释相激：道教在敦煌》，载陈鼓应主编《道家文化研究》第13辑，生活·读书·新知三联书店1998年版，第71页。
[43]李桂芝:《辽金简史》，福建人民出版社1996年版，第174页。
[44]《契丹国志》卷七，上海古籍出版社1986年版，第72页。
[45](元)脱脱等:《辽史》卷十二，中华书局1974年版，第136页。
[46]《契丹国志》卷十四，上海古籍出版社1986年版，第152—153页。

本文载于《美术研究》2004年第1期

李清泉，1962年生，山东蓬莱人。2002年毕业于中山大学历史系，获博士学位。广州美术学院教授，广州美术学院艺术与人文学院院长。

沙龙的起源与公共性问题

初枢昊

或许，今天我们对作为展览制度与艺术作品展示方式的巴黎沙龙展览（the Salon）的认识，一部分是来自夏尔·波德莱尔（Charles Baudelaire）在19世纪中期对它的评论：沙龙对现代生活的表现、现代公众与摄影术的关系等[1]，无疑波德莱尔是用他诗人的语言来表达对这种现象的激赏的。然而，另一部分或许是更大的部分，则来自库尔贝和以莫奈为代表的印象派画家所受到的这种展览制度的拒绝，包括他们的失败与反抗。由于库尔贝、印象派画家们的反叛性以及他们今天所享有的崇高地位，在二元性的思维惯性中，这种展览方式常被无形地定性为保守与落后。然而，历史地看，它自身所具有的公共性品格，以及对推动法国乃至整个欧洲艺术展览制度建立所起到的作用，却是任何其他展览制度都难以比拟的。

一

沙龙（salon）的本义就是指资产阶级的文艺沙龙（literary salon）。尤尔根·哈贝马斯（Jürgen Habermas）在《公共领域的结构转型》（*Strukturwandel der Öffentlichkeit*）一书中将其作为资产阶级公共领域的发生对之进行了讨论。他认为："资产阶级公共领域首先可以理解为一个由私人集合而成的公众的领域；但私人随即就要求这一受上层控制的公共领域反对公共权力自身，以便就基本上已经属于私人，但仍然具有公共性质的私人交换和社会劳动领域中的一般交换规则等问题同公共权力机关展开讨论。这种政治讨论手段，即公开批判的确是史无前例，前所未有。"他认为，公众（Le public）在17世纪的法国指的是作为文学和艺术的接受者、消费者和批评者的读者、观众和听众。而这些公众，或是指当时的宫廷朝臣，或是指出入巴黎剧院包厢里的部分城市贵族与资产阶级上流社会。因此这些早期公众离不开当时的宫廷与城市。在这种完全贵族式的社交领域中，一种现代因素，即公开批判开始萌芽；而且，由于兰布依耶（Rambouillet）饭店的建立，它取代了供王公贵族用于庆典和罗致艺术家的宫廷宴会厅。当时的人们认为这种豪华的大厅既不是内阁（cabinet），又不是圈子（circle），而是一种新式的聚会场合与方式，即后来所说的沙龙。模仿这种形式，出现了许多华丽的（17世纪贵妇的）室内沙龙（ruelles）。与宫廷不同的是，它们拥有独立的经济地位，因此要求一定程度的独立性。[2]

这种沙龙自路易十四（Louis XIV）时代以来在巴黎一直很盛行，而在奥尔良的菲利普（Philipps von Orleans）摄政（1715—1723）到1789年法国大革命之间达到了它的繁荣时期。

而巴黎对艺术作品进行展览、展示的制度之所以也被称为沙龙（我们常将沙龙展览简称为沙龙展、沙龙，因此沙龙这个词在汉语中就有了两种指称：沙龙展览和文艺沙龙，这里讨论的是沙龙展览的沙龙），是因为1737年艺术作品的展出地点是在 the Salon of carré of the Louvre（卢浮宫方形大厅），因而被称为 the Salon exhibition，简称 the Salon。严格来说，the Salon 真正固定地指称艺术作品的“沙龙展览”，其起始就是1737年的那次作为制度化开始的展览[3]，然而其发端却是在17世纪晚期，现代的人们常借用沙龙一词来讨论1737年前的那些前－沙龙展，准确地说，这是一种年代的错置，但这种错置无疑也充分显示出其历史沿革与承续。

对于前－沙龙展的起始年代，托马斯·克劳（Thomas E.Crow）在《18世纪巴黎：画家与公共生活》（*Painters and Public Life in Eighteenth-Century Paris*）中根据当时的文献记载将其确定为1663年，并详细地转述了当时展览推迟的窘况；[4]而哈贝马斯则认为是1670年。[5]但有一点是确定的：展览的地点不在卢浮宫。展览是学院（Académie）成员作品的展览[6]，它的举行是在柯尔倍尔（Colbert）、勒布伦（LeBrun）等人推动下的直接结果，同时也是当时各种权力集团斗争的产物。

17世纪中叶的法国绘画面临着很大的困境，根源在于画家只能被迫在两种同样不理想的选择中选择一种：或者屈从于门禁森严的行会的淫威，或者依靠王室喜怒无常的赏赐。具有精神性、个人自由及创造含义的 artiste（艺术家）在这时无从谈起，画家们被迫只能以 artisans（艺人）自称。其间虽有黎塞留（Richelieu）、普桑（Poussin）力图变革这种封闭的职业结构，然而由于普桑的自感无法胜任行政职责而无所改观。真正完成变革的是勒布伦为首的一批画家。与普桑一样，勒布伦他们几乎都是历史画家，也几乎都与朝廷有关系：普桑得到了黎塞留的赏识，曾数次力邀其回国，而勒布伦也得到了权臣塞吉耶（Séguier）的恩宠，于1648年在巴黎创办了研究艺术的学院，艺术学院的建立，吸引了大批画家的加入，成为一个与行会相对抗的实体。[7]

尽管历史画家进入了艺术学院，而小画师们却依旧处在行会的旧框架之中。但一件对于学院具有转折性意义的事件发生了：1655年7月3日，朝廷颁布的一道命令标志了行会支配高级艺术（high art）领域时代的终结；而且，就在这同一道命令里，学院取得了与法兰西学院（Académie Francaise）同样的特权、同样的年金、同样自由地提名自己的成员的权力，而且更进一步独享了安置模特的权力。[8]学院在与抗拒其势力扩张的行会［当时行会寻求的是新近获得权威的以最高法院（parlement）为代表的巴黎资产阶级的支持］的斗争中取得了以国王为首的朝廷的支持。这种选择在未来的政治权力斗争中日益显示出其深远的影响。

随着路易十四1661年决定开始亲政，中央集权运动也日益发展。学院作为建筑大臣柯尔倍尔权力的延伸而成为该运动的一部分。1663年柯尔倍尔开始全面推动艺术的国家垄断，在此过程中勒布伦与柯尔倍尔进行了权力的联合，一个典型的事例就是关于挂毯的：改组前的挂毯厂家遍布于巴黎的作坊，但自1663年起它们被全部集中在哥布林皇家织毯厂（Manufacture Royale des Gobilins），厂长就是柯尔倍尔任命的勒布伦。勒布伦于同年被授予新设立的首席画家（Premier Peintre）一职并随之获得了贵族称号，而柯尔倍尔也接受了他作为学院“副保护人”（Vice-Protector）的任命，并成为其富有效率的监管者。国王的支持、柯尔倍尔的权势，使学院在与强大的行会竞争中所处的劣势逐渐逆转：年轻艺术家纷纷倒戈。1667年更是通过一纸公文将所有的雕刻匠、金匠、镶嵌画匠、家具匠、装饰匠等统统网罗在一个公司里，以服务于凡尔赛宫的建设；在凡尔赛宫全面投建后，勒布伦直接管辖的艺术家有数百名之多。而作为他个人权力的标志，是1675年后，只有他的签字，学院的政令才能得到认可，而这时他已由柯尔倍尔任命为院长和督学。[9]这种伴随着中央集权制的发展而渐趋巩固的学术权力与政治权力的合流，使学院的地位日益上升、巩固，并最终占据了行会的上风：几乎所有重要的巴黎艺术家都集中起来并接受学院的指导。

当然，凭借意识形态确立的权威并不意味着同样可以凭借意识形态解决艺术自身的问题，对此，学院有着充分的考虑。其中一项对此后法国绘画，尤其是沙龙绘画影响极为深远的举措是一项大奖的设立：学院于1661年为研究者设立了Grand Prix（大奖）并习惯上将获胜者派往罗马以延长他们的学习，就意识形态角度来看，罗马凭借其深厚的古典遗产与文艺复兴的伟大成就，成为法国艺术检验自身方向与成就的不二指针。[10]当然，这一切与勒布伦的努力密不可分。诺曼·布列逊（Norman Bryson）接受了图叶（J.Thuillier）的观点，认为勒布伦首先是一位杰出的公务员、官僚而非画家，并进一步指出，勒布伦同时是一位语词大师，是官僚机构和文本两大势力的交汇点，他一生漫长的官僚生涯，对法国绘画持久的文本性特征具有决定性的影响：他宣称，集权化的学院理应拥有此前只有教会、王室才享有的权力——向画家指定其所要描绘文本的权力。1663年，他设立的年奖指定的文本是“国王的文治武功”；1666年，是Prix de Rome（罗马大奖），文本主题来自《圣经》，也就是这一年，柯尔倍尔在罗马创设了法兰西学院（the French Academy）[11]。也是在同一年，勒布伦在柯尔倍尔的授意下出台了话语例会制度：每个月全体院士都要当众谈论一件王室藏画（实际上举办讲座的决定早在1663年就已经出台）。这与行会的做法形成了某种有趣的类比：行会传达指示的方式是言传身教，而如今学院的方式则是手本，即由官方速记员做记录后将这种辩论的记录汇编发表。对于自己，勒布伦开创性地坚持要有脚本（livret），他为路易十四所作的宣言式作品就配上了安德烈·费利比安（André Félibien）所撰写的一篇长篇论文和说明，并将这种方式一直坚持了下来。这种话语性绘画方式的支配性地位，实质上是经君主—柯尔倍尔—勒布伦的独裁作风进入学院而得以实现的，并直接导致了法国绘画在此后200年时间里的出类拔萃。[12]

不同于行会森严的门规和对艺术作品的垄

断，学院还提供了一种具有绅士风度的制度，即“对艺术、学识、责任和友善的爱”（Love of Art，Learning，Dutifulness，and Cordiality）。而且，为了改变以前艺术家在君主或王室保护人直接干预下工作的局面，现在学院力图将其变为由国家赞助的间接方式，并希望凭借保持一系列标准的方式来代替以前那种听凭赞助人根据自己的意愿对作品进行直接干涉的方式。[13]尽管这种愿望的实现并不容易，学院还是希望通过建立制度，以保护艺术家在创作时的相对自由度。以使画家从行会、教会与宫廷的束缚下解放出来，从而从手工业中产生一种自由职业（ars liberalis）。[14]

但制度的逐步完善并不能保证展览的顺利举行。实际上，1737年之前的大半个世纪里，从每两次展览之间的时间间隔（曾经由一年延长到两年，并且实践中也并没有很好地得以执行）、展览开幕的时间、展期长短这些方面来看，展览并不是很有规律。哈贝马斯指出，在路易十四执政期间，这样的展览至多只举行过10次。[15]并且在17世纪末期，还发生了普桑派－鲁本斯派（Poussiniste-Rubéniste）（最终鲁本斯派胜出）之争这件大事。

对勒布伦过分话语化图像的最主要攻击来自皮埃尔·米尼亚尔（Pierre Mignard）。在勒布伦时代，他不甘屈居其后而一直没有加入学院，但柯尔倍尔1683年的去世导致了勒布伦的失势，他于1693年当上了院长。他对勒布伦的批评主要有两条：一是过于文学性而缺乏画家性，一是画面单调乏味又晦涩难懂。当时鲁本斯派的领袖罗杰·德·皮尔斯（Roger de Piles）还加上了一条教条主义的指控。[16]

笛卡儿认为：“理智告诉我们，图形存在于对象中；只有一种含糊的感情告诉我们图形是有色的。”勒布伦接受了笛卡儿的思想，认为图形是逻辑上更高层次的范畴，他说：“假如某物的优点越大，就越不依赖别的外在于它的东西，为此，图形的优势比色彩大得多。”因此在高贵风格中，对物质宇宙呈现的物质表面必须加以超越，照抄其表面只是小画师、艺人（métier）之事。并认为，摆脱物质的外部拖累而升华到纯精神（de l'esprit）境界的普桑绘画应是法国绘画的发展方向，而德·皮尔斯反对这种观点，认为色彩与光线在本质上是不可分割的，并以鲁本斯作为色彩胜于线条（color over line）论的标尺与之辩论。[17]

1699年，建筑师J.H.芒萨尔（J.H.Mansart）作为建筑总监[18]决心恢复学院的锐气，他树立了两个典范：作为首席画家的夏尔·德·拉·福斯（Charles de la Fosse）和作为amateur honoraire（荣誉爱好者）及主要理论家的德·皮尔斯。在1699年7月的一次会议上，芒萨尔本人推介德·皮尔斯做了第一次演讲。在演讲中，德·皮尔斯认为，自学院建立以来，技术的进步、社会的支持、良好的意愿这些条件都已经具备了，所缺乏的只是理论。学院的历史性任务就是将过去最优秀的绘画集中起来，“并将它们光荣地传给即将来临的新世纪”。在他新合作者的帮助下，他宣布他将承担起系统化陈述这些“必然法则”（Infallible Principles）的工作。尽管事实上改革的范围有限，但紧随德·皮尔斯演讲之后举办的那届展览，确实以一种新的远较以前宏大得多的规模呈现在观众面前，A. 阿达马（A. Hadamart）作于同年的蚀刻画《1699年的沙龙》(*The Salon of 1699*)就生动地展示了当时的情景。当时的学院设在卢浮宫内，而展览也由以前的王宫(Palais Royal)转移到这里的Salon carré（即方形大厅，或称方形沙龙，因此展览被称为the Salon，沙龙的名称由此发端）举行。这届展览的重要性不仅仅在于其规模，更为重要的是它实际上成为18世纪沙龙的范例。[19]

这届展览第一次明确阐述了其在教育与理论上的宗旨。在出售给参观者的展览说明书上，陈述了院士们的目标，“改革此前这些作品面向公众展览的惯例，以接受对其的评判并培育这种有价值的竞争，这对于美术(the fine arts)的进步是必不可少的”。1699年之后，下一届展览同样在芒萨尔的指导下，于1704年举行，在展览说明书的前言中，对展览的宗旨进行了扩充说明，并敏锐地观察到私人市场对于学院展览的冲击侵蚀作用：尽管院士们的绝大多数作品都用于增强教堂的庄重威严和王宫的宏伟华丽，但还是有相当多的一部分作品被直接放到了私人的密室里，因之它们常常从公众的视野中消失。因此，如果不采取一些措施来重新唤起公众的注意力，那么学院在艺术上正在取得的进步将被漠视掉。[20]

但芒萨尔1708年的去世，使他所致力的事业也几乎戛然而止。而随着18世纪20年代晚期启蒙运动审美观念对公众产生的深刻影响，普桑重又受到了人们的推重。普桑的《七宗圣》(*the Seven Sacraments*)、叙热(Le Sueur)的《圣·布鲁诺的生平与死亡》(*the Life and Death of St.Bruno*)、勒布伦的《亚历山大之战》(*Battles of Alexander*)三大系列作品得以被复制、出售。尤其是普桑的作品更被称为国宝和王室收藏中的宝石。勒布伦和叙热的作品也被抬高到国家趣味(national taste)的高度。这三人在18世纪被作为法国绘画无可比拟的榜样。[21]

1704年的展览之后是整整一代人的萧条，直到33年后，即1737年的那次具有划时代意义的沙龙展。从此，它才开始了规律化的进程：除了早期很短的一个时期是每年一届外，都是两年一届，逢奇数年举行，在圣路易节(the Feast-Day of St.Louis，8月25日)开幕，展览持续3—6周。[22]

二

汉语中的“公共的”“公共性”“公共领域”概念分别对应于英语中的public、publicity、the public sphere在不同语境中的具体应用，与法语中的publicité大致相当。

汉娜·阿伦特(Hannah Arendt)认为，公共领域意味着公共的空间，“公共的”这一术语首先是指，凡是出现于公共场合的东西都能够为每个人所看见和听见，具有广泛的公共性。其次，世界对我们来说是共同的，并与我们的私人地盘相区别。[23]哈贝马斯则认为，所谓“公共领域”，首先是指我们社会生活的一个领域，像公共意见这样的事物能够在这个领域中形成。它原则上是向所有公民开放的。公共领域的一部分由各种对话构成，在这些对话中，作为私人的人们来到一起，从而形成公众。特别需要强调的是，他们是在非强制情况下作为一个团体来行动的，并具有可以自由集合、组合的保障，可以自由地表达和公开他们的意见。[24]

就欧洲历史来看，公共领域与私人领域的区分是对应于政治领域与家庭领域的区分的。至少从古代城邦兴起以来，政治领域与家庭领域就一直是作为两个不同而分离的领域而存在的。城邦的兴起，很可能是以牺牲家庭这一私人领域为代价的。[25]对于希腊哲学家来说，无论他们如何反对城邦生活，却都将一点视为当然：自由毫无例外地存在于政治领域之内；必然性主要是一种前政治现象，是私人性家庭组织的一个特征。在家庭领域，强力与暴力是正当的，因为它们是驾驭必然性（如统治奴隶）、到达自由的唯一手段。一家之主凭借前政治力量来统治他的家庭与奴隶。而城邦与家庭的区分就在于，城邦仅仅是由一些“平等的人”组成的，而家庭则是最严格的不平等的中心。自由意味着既不受制于生活的必然性或他人的命令，也不对他人发号施令；既不意味着统治，也不意味着被统治。因而，自由在家庭领域里是根本不存在的，仅仅是在作为家庭统治者的一家之主离开家庭，进入人人平等的政治领域时，他才被认为是自由的；而平等就是指生活在自己的这些同侪之间，并仅与他们打交道。显然它预设了一个前提，即一群事实上占城邦人口大多数的“不平等的人”的存在。因此它与近代情形的不同之处就在于，在这里，平等与正义没有什么关系，它显示的只是自由的本质所在：成为自由人意味着摆脱内含于统治中的不平等，跨入既没有统治又没有被统治的领域。[26]

对此，荷马有一个经常被人引述的思想：当奴役的那一天攫住一个人时，宙斯便带走了他的卓异的一半。卓异希腊人称之为aretē，它存在于能使一个人卓然而立，并将自身同其他人区别开来的公共领域之中。这种思想不涉及批评或道德判断，而只是一种客观陈述。奴隶之所以失去了卓异，是因为他失去了进入公共领域的机会，而正是在公共领域里，卓异才能够得以显现。在公共条件下所从事的任何活动都能达到在私人领域里永远无法企及的卓异境界。这需要其他人的在场，一种与自己地位相等的人的遵循正规程序的在场，而不能是与自己地位相等或比自己地位低下的人的偶然的、习以为常的在场。[27]

基督教兴起以前，Corpus rei publicae是一个在拉丁文中非常流行的术语，它有居住在共和国这个特定政治领域中的人口的含义。在近代开始以前，一切文明都是建立在私人财产的神圣性之上的。这种财产起先是意味着在世界的某个地方拥有自己的处所，也意味着成为构成公共领域的诸家庭的一个首领。在任何情况下，一个外国人或一个奴隶的财富都无法取代这种财产。贫穷并不会使一位家长丧失掉他在世界上的这个居所和由此而来的公民身份；但如果一个人碰巧由于某种原因失去了他的居所，他也就几乎自动失去了他的公民身份和法律对他的保护。亚里士多德说，在古代，儿子在父亲活着时不可能成为公民，即使在父亲死后，也只有长子才享有政治权利。而罗马的平民（plebs）原先是由没有家和壁炉的人组成的，因此，不仅是外国人与奴隶，即使是平民也明显地与罗马的公民（populus Romanus）相区别。[28]由于这种种的限制，使古罗马时期对公共领域的进入几乎是垄断性的。

阿伦特认为，罗马帝国崩溃以后的中世纪，

伴随着世俗领域向宗教领域的转移，信徒共同体一直都主要依靠一种来世关怀而得以维系。在这种时代背景下，只能将公共领域与宗教领域勉强地相等同起来，而封建统治之下的世俗领域与古代的私人领域的整体重合，使公共领域彻底消失。[29]哈贝马斯同样认为，中世纪盛期的欧洲，没有证据说明已经存在着独立、与私人领域相分离的公共领域。然而当时主权的各种特征，却仍被称为“公共的”。在当时由封建法律建立起的权力金字塔的各个层次中，作为权力的拥有者，封建君主并不在意“公共的”与“私人的”范畴，但却公开地代表并展示这种地位，以表明自己是一种一直存在的“较高”权力的化身，即本质上的君主具体存在，却以一种代表的公共性（representative publicness）面貌而出现。[30]

在漫长的两极化过程中，由于这种代表的公共性所附着的封建权力（教堂、君主、贵族）的解体，到了18世纪末期，他们一方面分化为私人的因素，另一方面则分化为公共的因素。而代表的公共性也让位给新的“公共权力”领域，并与民族—地域国家相并存。那些被排斥出“公共权力”的人因为没有任何职位而成为“私人”，而公共权力则在与那些单纯受制于公共权力、在权力体系中发现自我仅仅是自己的否定性因素的人的对立中得以确立。“公共的”一词不再涉及具有既定权威的个人代表性宫廷，而是指涉一个享有合法运用暴力垄断权的机构的权能调节活动。而公共权力所指向的私人，也构成了国家统摄下的公众。这样，社会就成了一个与国家相对立的私人领域。资产阶级公共领域则可以被理解为集中形成公众的私人领域。而他们很快就开始利用那些官方控制的信息报刊的公共领域来反对公共权力本身。因此，公共领域成为介于国家与社会之间进行调节的一个领域，就是在这个领域中，作为公共意见载体的公众得以形成，而它所涉及的公共性原则一度是在与君主的政治斗争中获得的。这种公共领域一旦形成，它的公共性使得公众能够对国家活动实施民主控制。正是在这种具体的历史情境中，公共领域和公共意见的概念才在18世纪得以形成。[31]

哈贝马斯用一种社会结构图来表示18世纪的资产阶级公共领域（他特别指出，不能排除简单化的问题）：

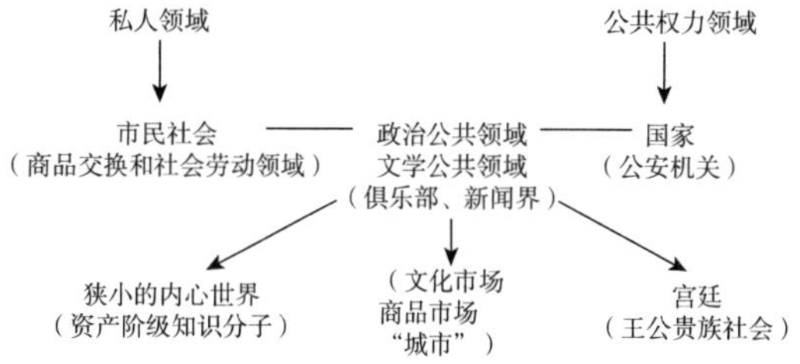

哈贝马斯认为，在公共权力机关的公共性引起私人政治批判的争议而最终被取消之前，在其保护下，文学公共领域这种非政治形式的公共领域，作为具有政治功能的公共领域的前身已经形成。虽然它并不是纯粹的资产阶级公共领域，而是与王室的代表性公共领域之间保持着一定的联系，但其机制则体现为咖啡馆、沙龙以及宴会等。在与资产阶级知识分子相遇的过程中，那种充满人文色彩的贵族社交遗产，通过即将发展为公开批评的愉快交谈而成为没落的宫廷公共领域向新兴的资产阶级公共领域过渡的桥梁。[32]

在法国，沙龙成为一块飞地（enklave）。虽然文人还无法彻底摆脱贵族主人的控制而获得自律，但这些一般为平民出身但却具有举足轻重地位的作家、艺术家和科学家，却与毫无经济生产能力与政治影响能力的城市贵族联起手来。[33]在这里，贵族以及正与他们同化的银行家和官僚等杰出市民阶层同“知识分子”能够平等相遇。狄德罗说：“我们的写作只对某个阶级的公民产生影响，我们的言论则影响所有的人。”他的话揭示出了这些新兴场所的意义。[34]在这个过程中，艺术逐渐摆脱了其社交表现功能，而逐渐成为自由选择和随意爱好的对象。画家也逐渐成为从行会、宫廷和教会中摆脱出来的一种自由职业。这是一个超越国家垄断的过程。[35]

哈贝马斯指出：举凡对所有公众开放的场合，我们都称为“公共的”，它们与封闭社会形成鲜明的对比；公共性，发挥的主要是评判功能，它本身表现为一个独立的领域，即公共领域，是与私人领域相对立的；而有时候公共领域说到底就是公众舆论领域，它直接与公共权力机关相抗衡。[36]这是一种思想、意见、信息可以自由流动的空间。沙龙自诞生之日起，就因为其自由的、面向公众开放的公共性品格而成为公共领域：早在对1673年前一沙龙展的记载中，就生动地描述了由于允许公众自由地前往而导致的民众拥挤而不得不使所有日常的学院活动加以暂停的情形；而且由于观者的踊跃，展期也不得不随之延长。[37]而1737年沙龙的记录，则令人几乎可以感受到展览时的拥挤：无休无止的观者人潮充塞了大厅，人流不时地堵住大门，使大厅里的观众几乎连移动都变得不可能。[38]

然而，也存在这样一个前提，即这种由沙龙开始的现代公开展览，其基础是假定观众共享某些公共趣味，而这种公共趣味是相当难以确证、确指的。例如，当时的画家科佩尔（Noel-Nicolas Coypel）就否认“公共性”的提法，他说，在展出画作的沙龙里，“一天里的公众要变换20次。公众在早晨10点钟所叹赏的就是公众在中午所鄙夷的。是的，我可以告诉你，在这里，仅只是一天之内就可以提供20种持不同腔调、有着不同性格的公众：在特定时刻无知的公众、怀有偏见的公众、不负责任的公众、满心妒忌的公众、为了判断时尚（fasion）什么都想看却一无所获的只醉心于追逐时尚的公众”[39]。

但无可否认的是，艺术通过艺术家—沙龙—公众这一流布途径确实是进入了公共或公众生活的。这种展览方式是在欧洲第一次以完全世俗的方式来展览当代艺术，而它作为现代公开展览的滥觞，至少是在形式层面的意义上打破了等级的局限与垄断，带来了一种广泛的阶级与社会类型的混合，因为在沙龙的观者中相当大的一部分人通常是无力享受到如此的消闲（leisure-time）娱乐的，而展览的开放性所造成的场地的可怕拥挤、污浊也使他们因之成为被讽刺、评论的对象。

沙龙无论是对创作者（艺术家）还是接受与消费者（观众与收藏家）等都产生了重要影响。就更广阔的社会视域来看，科尚（Cochin）在1757年就深刻地认识到，如果没有从1737年开始的制度化沙龙展览这种积极的文化政策的“保护和支持，绘画艺术早已衰微”，而且“如果没有这项展览”，那些富有才华并热爱艺术的人将根本没有成功的机会。而达维特（David）在18世纪80年代的巨大成功就深深地根植于40余年前的这一切。[40]沙龙不仅是作为一项展览制度，更是作为一项文化制度存在于文化、政治结构之中的。而它的公共性也体现在观者对批评的期待上。18世纪中期的沙龙展期间，每次学院都要印刷几千份小册子，还不包括各种不合法与匿名的批评。这种读者群体的存在，必然引起批评的发展与专业化水平的提高，而精英人物与团体也对观众日益起到了重要影响，其标志性的人物就是狄德罗。

注释

[1]弗兰西斯·弗兰契娜、查尔斯·哈里森编:《现代艺术和现代主义》，张坚、王晓文译，上海人民美术出版社1988年版，第21页的《1846年的沙龙：关于现代生活的英雄主义》、第25页的《1859年的沙龙：现代公众与摄影术》等文，波德莱尔敏感而直接地表达了他对沙龙中画家与现代生活关系的认识。

[2]具体讨论可参见[德]哈贝马斯《公共领域的结构转型》，曹卫东等译，学林出版社1999年版，第32、35、36、61页。

[3][4] See Thomas E.Crow，*Painters and Public Life in Eighteenth-Century Paris*，New Haven and London：Yale University Press，1995，p.1，p.33.

[5]《公共领域的结构转型》，第44页。也有的学者将1667年视为其发端。

[6]学院，即1648年马萨林（Mazarin）以意大利学院为蓝本成立的绘画雕刻学院（Académie de Peinture et de Sculpture），1655年该学院获得国王的特许状，成为第一所用来训练艺术家的学院，指导他们服务国家，装饰建筑。学院亦改称皇家绘画与雕刻学院（the Royal Academy of Painting and Sculpture）。马萨林之后，柯尔倍尔继之。1664年，柯尔倍尔成为建筑总监，得以控制建筑及其附属艺术。同年，重组绘画雕刻学院为皇家美术学院（Académie Royale des Beaux-Arts）。后来，该学院与一所公立学校合并，成为成立于17、18世纪学院的模式。现在称之为美术学院。1671年，成立皇家建筑学院（Académie Royale de l' Architecture）。它们的主要功用就是激发艺术家从事建筑与装饰来体现国王认定的优美格调。这两个学院与法兰西科学院（1666年设立）、法兰西学院[亦称法兰西文学院（French Academy），1635年设立]、音乐学院（1672年设立）等现在构成了法兰西研究院。

对展览的参展者资格的限定直到1791年才出现了松动。See Langmuir and Norbert Lynton，*The Yale Dictionary of Art and Artists*，New Haven and London：Erika Yale Nota Bene Yale University Press，p.626，Salon.

[7] See Thomas E.Crow，*Painters and Public Life in Eighteenth-Century Paris*，pp.25-26.[英] 诺曼·布列逊:《语词与图像：旧王朝时期的法国绘画》，王之光译，浙江摄影出版社2001年版，第31—32页;《公共领域的结构转型》，第44页。

[8] See Thomas E.Crow，*Painters and Public Life in Eighteenth-Century Paris*，p.27.

[9]《语词与图像：旧王朝时期的法国绘画》，第33页。Thomas E.Crow，*Painters and Public Life in Eighteenth-Century Paris*，p.28.

[10] See Thomas E.Crow, *Painters and Public Life in Eighteenth-Century Paris*, p.28.

[11]当时的罗马法兰西学院称为法兰西皇家学院(Académie Royale de France),但人们习惯称之为法兰西学院。

[12]《语词与图像:旧王朝时期的法国绘画》,第32—34页。

[13] See Thomas E.Crow, *Painters and Public Life in Eighteenth-Century Paris*, p.25.

[14]《公共领域的结构转型》,第44页。

[15] See Thomas E.Crow, *Painters and Public Life in Eighteenth-Century Paris*, p.34, p.35.《公共领域的结构转型》,第44页。一说为13次。

[16]《语词与图像:旧王朝时期的法国绘画》,第65—66页。Thomas E.Crow, *Painters and Public Life in Eighteenth-Century Paris*, p.35.

[17]《语词与图像:旧王朝时期的法国绘画》,第68—70页。Thomas E.Crow, *Painters and Public Life in Eighteenth-Century Paris*, pp.35-36.

[18]学院在行政上是由建筑总监领导的,也就是说,作为专制统治体制的一部分,在学院中绘画主要是为皇家的建筑装饰服务的。

[19] See Thomas E.Crow, *Painters and Public Life in Eighteenth-Century Paris*, pp.36-38.《公共领域的结构转型》,第64页。

[20][21] See Thomas E.Crow, *Painters and Public Life in Eighteenth-Century Paris*, pp.37-42.

[22] Ibid., p.1.《公共领域的结构转型》,第44、45、64页。*The Yale Dictionary of Art and Artists*, p.626, Salon. 沙龙在法国大革命期间曾中断,后又恢复,并于1831年改为一年一届,不过此后又发生了很多变化。

[23]汉娜·阿伦特《公共领域和私人领域》一文,刘锋译,载汪晖、陈燕谷主编《文化与公共性》,生活·读书·新知三联书店1998年版,第81—83页。

[24]同上书,尤尔根·哈贝马斯《公共领域》一文,汪晖译,第125—126页。

[25]同上书,阿伦特一文,第62—63页。阿伦特指出,城邦的兴起并没有导致家庭古老神圣性的消失,也并没有侵害公民的私人生活,其根源就在于这样一个事实:一个人如果不能拥有一所房屋,他就不可能参与世界事物,因为他在这个世界上没有一个属于自己的位置。

[26][27][28][29]同上书,分别见于第64—65页;第80页,以及注释,第116页;第92—93页,以及注释,第117、119页;第66页。

[30][31]《文化与公共性》书中的《公共领域》一文,第126—128页。

[32][33][34]《公共领域的结构转型》,第34—39页。狄德罗的话,转引自该书第62页的注释。

[35][36]同上书,分别见于第44页,正文第2页。

[37] See Thomas E.Crow, *Painters and Public Life in Eighteenth-Century Paris*, p.35.

[38] Ibid., pp.1-3.

[39] Ibid., p.10.

[40] Ibid., pp.1-7.

本文载于《美术研究》2004年第1期

初枢昊,1969年生,山东文登人。2003年毕业于中央美术学院美术史系,获硕士学位。中央美术学院学报《美术研究》编辑,副研究员。

明清之际西画东来与传教士

叶　农

明清之际，绘画交流是中外文化交流的一个重要内容。其中，西画东来中国又是绘画交流的组成部分。最早开始进行这项交流的人是从明中叶开始来华从事传教工作的天主教传教士。关于这个问题的研究，已有许多研究成果[1]。但这些研究成果仍然存在着许多不足之处，对于将西洋绘画传入中国的传教士的研究主要着重于后期来华的清宫廷内传教士画家，对西洋绘画来华途径研究不足。

西画，即西方绘画，是指16世纪之后，以意大利为代表的西方美术。本人认为它有三层含义：第一，指的是西方的绘画作品，特别是天主教的宗教画；第二，指的是西方画家；第三，指的是西方的绘画理论。西画是作为天主教的传教手段及工具，随同传教士而来到中国的。西画东来始于明万历年间，随着天主教在中国的发展而逐渐进入了一个高潮，后又随着清政府的不断禁教，天主教在华传教的困难而于清乾隆之后陷入一种停滞状态。故本文以此为研究的时期段。由于西画东来这个问题涉及面较广，涉及的问题亦较多，为研究的方便，本文主要探讨两个问题：一是绘画作品的传入途径，二是来华的传教士画家。

一、明清之际西画东来的一些途径

西方的绘画作品传到中国，并不是西方艺术家们单纯地想把西方的绘画艺术传入中国，而是先作为天主教传教士的传教工具来华的。这从客观上起到了促进西画东来的作用。在这个过程中，传教士起到了很重要的作用。通过研究史料，我们可以发现，西画是通过以下途径来到中国的。

1.由传教士们携来中国。传教士，特别是早期来华的传教士，为了传教方便和宗教信仰，他们来华时，多携带有一定数量的宗教画。从现有史料来看，最早的应该是方济各会会士阿尔法罗（Pierre Alfaro，西班牙人，？—1580）等携带宗教画来到广东肇庆。阿尔法罗是首名来华的该会传教士，他于明万历七年（1579）来到广东的肇庆。在他的行李中，就有手绘圣像。据［法］裴化行称：“及至（1579）八月二十一日，他们（阿尔法罗等）又到肇庆过堂。（两广）总督检点他们携带的物品时极其高兴。其中……还有几张笔致精妙，五光灿烂的手绘圣像。”[2]

最早来到肇庆传教的意大利籍耶稣会传教士利玛窦亦曾携来宗教画。据金尼阁说：“（肇庆）百姓……诧异地望着圣母的肖像。”[3]

除独立的绘画作品外，在其携带的书籍中亦有绘画作品。据明顾起元《客座赘语》载："（利玛窦）携其国所印书册甚多……间有图画人物室宇。"[4]明万历二十六年（1598），意大利籍耶稣会会士龙华民（Nicolo Longobardi，1559—1654）曾致书欧洲，称中国人喜爱西洋画，请多寄画像来华，作为传教的工具，故利玛窦以后来华的传教士，多携带有西洋宗教画。

明天启元年（1621），法国籍耶稣会会士金尼阁（Nicolas Trigault，1577—1628）从欧洲重返中国，他携带有巴伐利亚诸公爵所赠绘画。据［法］费赖之（Louis Pfister，S.J.）说："巴伐利亚国诸公爵以所藏最贵重之绘画与异物赠之……诸传教士见尼阁至，携来诸基督教君主之赠品……皆大欢欣。"[5]

在南京，意大利籍耶稣会会士毕方济（P.Francois Sambiasi，1582—1649）兴建教堂时，在堂内绘有宗教画。据费赖之说："一六四一年方济在南京城内某山上为天使建一教堂……堂内用西洋画法绘一图，附以说明，右为善天使图，分天使为九种；左为堕入地狱之恶天使图。教内教外人见图新异，争往观之，因而不乏受洗者。"[6]

在直隶，有葡萄牙籍耶稣会会士傅作霖（Felix da Rocha，1713—1781）和奥地利籍耶稣会会士刘松龄（Augustin de Hallerstein，1703—1774）携来宗教画散发给在此的教徒。据费赖之称："一七四七年教难时代，有人诉于巡抚，傅作霖与刘松龄表散十字架、图像、念珠等物。"[7]

在四川，明清更迭之际，葡萄牙籍耶稣会会士安文思（Gabriel de Magalhaens，1609—1677）在此活动时，其携带的书籍中亦有宗教画。据费赖之说："后在汉中有一回教徒，以文思之《圣务日课》交还，盖其人得此本，见上有外国字及圣像，疑其为欧罗巴人所有，故见还。"[8]

在浙江，意大利籍耶稣会会士卫匡国（Martino Martini，1614—1661）曾用所携之宗教画临时布置圣坛，以阻止清兵袭击。据费赖之说："鞑靼取杭州时，匡国在距杭不远之Wen-Choei，寓一大宅中。尚有数人避难此宅……及闻鞑靼兵至，匡国题其门曰'泰西传布圣法士人居此'。将所携之书籍、望远镜及其他诸异物陈列桌上，于中设坛，上挂耶稣像。"[9]

在湖广，1662年杨光先教案发生后，在此处的法国籍耶稣会会士穆迪我（Jacques Motel，1618—1692）被解往北京前，就曾将其经像藏起来。如费赖之说："迪我于是藏其经像祭物，遵陆北行。"[10]此处的经像即宗教画。

2.作为天主教传教场所，特别是教堂的装饰来到中国。天主教传教士在华建造的教堂、住院为了增加宗教气氛等目的，一般均有宗教画进行装饰。这亦是西方绘画东来的最初与最主要的目的。而且，它随着教堂、住院在中国许多地方的建立，这些绘画作品亦分布到中国许多地方。

由于广东地区是天主教最早传进中国的地区，故西方绘画作品亦是最早传入，其时间在明嘉靖四十三年（1564），当时葡萄牙来华使节团在澳门一带活动，两名随团来华的传教士来到今属香港地区的大屿山为在此活动的葡萄牙人进行宗教服务，接受服务的葡萄牙人曾专门修建了一座临时教堂，堂内就悬挂着一幅宗教画。据随团的三名传教士之一的平托修士称："我们从Amacau这个港口出发，两天后到达这个Pinhal

岛（即大屿山岛）。……次日礼拜日，所以我们对他们说，我们已准备好为他们做弥撒。于是他们当中有些人就登了岸，就在半夜三更在海滩上搭起了一座教堂……到天亮时，树枝搭成的、有旗子装饰的教堂也出现了。连供祭 orago（圣徒）的祭坛装饰画也不缺，因为虽然没有装饰画，但还是摆上了圣米迦勒的一幅画像。这样，就修起了 Pinhal 的圣米迦勒教堂。”[11]

此后，当利玛窦在肇庆建成中国第一座住院时，内部亦有宗教画装饰。如金尼阁说：“所谓的传教室在两头各有两间房，中间是间空屋，用作教堂，中央是圣坛，上面挂着圣母画像。”[12]而悬挂它，亦有利于宗教气氛的形成。“当人们去访问神父时，官员和其他拥有学位的人、普通百姓乃至那些供奉偶像的人，人人都向圣坛上图画中的圣母像敬礼，习惯地弯腰下跪，在地上叩头。这样做时，有一种真正宗教情绪的气氛。他们始终对这幅画的精美称羡不止，那色彩，那极为自然的轮廓，那栩栩如生的人物姿态。不久就清楚，由于种种原因，最好把圣母像从圣坛上取下来，换上救世主基督的像。”[13]

在明万历二十三年（1595）利玛窦离开韶州，前往南昌等地后，天主教开始传播到中国的其他省份，而西方绘画作品亦随此北传。各省的情况如下：

在北京，在日本出生的华人耶稣会会士倪雅谷（Jacques Neva，1579—1638）在明万历三十二年（1604）为北京教堂复制了一幅圣路加圣母像。北京的教堂建成后，其内部的装饰画受到中国人的好评。据明刘侗《帝京景物略》载：“（利玛窦）邸左建天主堂……供耶稣像其上，画像也，望之如塑，貌三十许人。左手把浑天图，右叉指若方论说，指所说者。须眉竖者如怒，扬者如喜，耳隆其轮，鼻隆其准，目容有瞩，口容有声，中国画绘事所不及。右圣母堂，母貌少女，手一儿，耶稣也。衣非缝制，自项被体，供具如左。”[14]

他在明万历三十九年（1611）被派遣来北京为利玛窦安厝祠堂绘制壁画。清初顺治年间，北京城郊教堂中，大堂7所，小堂14所，它们内均饰有宗教画。这从杨光先教案发生后，北京的大小教堂被封，宗教画被摘走可见。据“费书”载：教案发生后北京“教堂尽被封闭，图像尽被摘取”[15]。康熙三十九年（1700），法国籍耶稣会会士张诚（Jean Francois Gerbillon，1654—1707）在京奉旨修建天主教堂（“北堂”），教堂内部有绘画装饰，所附房屋中的客厅，亦有人物像装饰。据“费书”载：

> 教堂……天花板皆加绘饰，祭坛后部亦加彩绘，华人见者咸目迷五色。……祭坛装饰极为华丽，皆路易十四世寄赠之物也。教堂两旁建华式厅屋二所。……客厅之中悬挂法国国王，王世子，诸亲王，西班牙和英吉利等国国王诸绘像……华人见者莫不惊异。[16]

至康熙末年，意大利籍耶稣会士、画家郎世宁（Giuseppe Castiglione，1688—1766）亦曾为天主教“东堂”扩建时做过内部美术和装潢设计，画有《君士坦丁赖十字徽号得胜图》和《君士坦丁大帝作战图》两幅图；后又为天主教“南堂”的圣若瑟学院大厅作天顶图。乾隆四十一年(1776),意大利籍耶稣会会士画家潘廷璋(Joseph Panzi,1733—1812)又为“东堂”绘《圣母无原罪像》。费赖之说:“一七七六年为葡萄牙神甫重建之教堂绘圣孕图,高十一尺,宽八尺。”[17]

在江西,倪雅谷于明万历三十八年(1610)被派遣到南昌为一座教堂绘制壁画。[18]于该省传教的法国籍耶稣会会士聂仲迁(Adrien Greslon,1614—1695),在杨光先教案发生后,知道其教堂难保,在1664年将教堂中的经像等隐藏。据“费书”载:“知县待我甚善,然曾询我经像等物何在,我答以二月前在赣州被逐时,堂中诸物皆被掠矣。”[19]

在湖广,穆迪我在德安府建有一座教堂,内有宗教画装饰。据“费书”载:“一六八六年迪我在德安府城建一新堂。……而知府亲至堂礼救世主像。”[20]

在广西,葡萄牙籍耶稣会会士罗佩思(Cajetan Lopes,1690—1736)曾修复在桂林的教堂,内有绘画装饰。据“费书”载:“曾将桂林教堂修复。会雍正仇教事起……所修复之教堂立被摧残。本省总督入堂,毁其祭坛,焚其图像。”[21]

在西藏,葡萄牙籍耶稣会会士安夺德(Antonio de Andrade,1580—1634)于1626年修建了西藏的第一座天主教教堂,内部亦有10余幅宗教画装饰。伍昆明说:“教堂内部用十多幅宗教图画装饰。其中有反映圣母生活和基督生活的图画,还有耶稣遇难和圣母怀抱婴孩的两幅浮雕。”[22]1726年9月,圣方济各嘉布遣小兄弟会在拉萨的住院及教堂成立,内部用许多宗教图画装饰。据“伍书”载:“教堂用许多宗教图画装饰。”[23]

从全国情况来看,至康熙六年(1667)全国仅耶稣会教堂就达159所,可想而知,这需要绘制多少宗教宣传画、圣像。而且每次全国性教案一发生又有大量的宗教画被毁。如在1745年至1748年的教难时期,全国的教堂均遭破坏,宗教画像被焚。据“费书”载:“在1745年至1748年间教难遍及全国,正风雨飘摇之时也。……教堂、经像、十字架等物被焚,教堂被毁。”[24]教案过后,需要重绘的量亦是非常大的。

3.作为被赠送的礼物进入中国。西方绘画有时是作为送给中国君王、要员的礼物来到中国的。

明万历二十八年(1600),利玛窦从南京启程赴北京,他准备进贡给明万历帝的礼品中,就有许多绘画作品。“贡品中有……油画三幅,内圣母像一幅,圣子耶稣偕施洗约翰像一幅,救世主像一幅。”[25]

明崇祯十三年(1640)十一月,汤若望为葩槐国(Bavaria)君玛西利(Maximilianus)所寄《天主降生事迹图》及蜡质三王来朝天主圣像一座,进呈明思宗。汤若望并将图中圣迹,释以汉语,然后进呈。杨光先《不得已》中《临汤若望进呈图像说》引言称:“若望进呈画像共六十四张,为图四十有八;一图系一说于左右。”[26]

清康熙三十八年(1699),在清廷服务的法国籍耶稣会会士白晋(Joachim Bouvet,1656—1730)奉命出使法国返回中国。他携来法国国王送给中国皇帝的版画集一册。据“费书”载:“法国国王以装订华丽之版画集一册付晋,嘱其转赠中国皇帝。”[27]

在西藏，1738年教皇克列门十二世（Clement Ⅻ）赠给西藏郡王颇罗鼐的礼物中，有一幅教皇本人的画像。据颇罗鼐给教皇的复函载：

> 您派遣所属喇嘛携带着您的亲笔信和许多珍奇物品，一张非常精致的您的画像和一些金制礼品来到我处馈赠给我。[28]

同时，教皇亦给第七世达赖喇嘛赠送了礼品。据达赖的复函载：

> 转交您……诸多馈赠礼品，计有……一张艺术性很高的喇嘛或是枢机大臣的画像（枢机主教贝鲁加神父的画像——引者）……一些教皇、帝王，法国国王、西班牙国王、葡萄牙国王和一些杰出人物的印版像……一匹绯红色的骏马像。[29]

4.通过园林壁画传入。如意大利籍耶稣会会士闵明我（Philippe-Marie Grimaldi，1639—1712）曾为康熙帝的园林绘壁画。如费赖之说：

> 有一次在园囿四壁绘人面各一，壁高五十尺，面长如之。正面视之，只见山林游猎诸景，第若位在一定地点观之，则风景没有人面见焉。……所绘一切图画，表面视之，似模糊不明，若在一定地点或用圆锥形、圆柱形、角柱形之镜视之，图画毕见，如是之类，举不胜举。朝中贵人见之者，咸惊羡不已。[30]

通过这些途径，西画逐渐传入中国，亦产生了一定的影响。就连教案发生时，践踏宗教画亦成了中国政府要求信教者叛教的工具。在葡萄牙籍耶稣会会士黄安多（Antoin-Joseph Henriques，1707—1748）与意大利籍耶稣会会士谈方济（Tristandi Attimis，1707—1748）被杀一案中，就曾这样做。据“费书”载：

> 仇教者以妇女弱质，不难强之背教，乃以教中圣像置地上，命诸在教妇女以足踏之。诸妇女反向圣像围拜，刑者以杖击诸妇女足，仍忍痛礼拜如故。……一小时后隶役置天主圣母像于地，命神甫（黄安多、谈方济）教民以足踏之。二神甫跪礼圣像。隶役等见安多抗尤力，乃强曳之置圣像上，安多力抗，始止。[31]

由于宗教画等绘画作品在传教活动中作用很大，需求量亦很大，故传教士们将其大量运来中国。而在中国，储存它们最安全的地点是澳门。如在1762年耶稣会将被解散之际，大量法国耶稣会储存在澳门的这些绘画作品被低价拍卖。据“费书”载：

> 一七六二年……九月初法国传教会财产悉被拍卖。……余若法国耶稣会士用重资从法国、印度、广州等处备置之像章……皆以贱价卖出。[32]

二、来华传教士画家概述

西画东来，首先是绘画作品的输入；其次，随着绘画作品的进入，有一批传教士画家亦来到中国。他们来华的历史背景是，当绘画作品通过上述途径进入中国后，西洋绘画作品逐渐引起了中国人的兴趣，传教士们因此感觉到，如果派遣一批传教士画家前来，特别是进入宫廷服务，可以来促进传教事业；另外，由于大批教堂的兴建和中国民众的入教，对绘画作品的需求量亦很大，画家来华可以满足这方面的要求。另从中国的情况来看，清朝的一些皇帝对西方绘画作品亦感兴趣，希望召集一些西方画家入宫为其服务。如清圣祖康熙嗜画，曾命耶稣会士派遣画家来华。

对来华的传教士画家的研究，目前学术界比较重视的是清乾隆时期入宫服务的、以郎世宁为首的一批传教士画家，对他们的研究也较多。本文在此主要是想对这些画家作一次尽可能详尽的罗列。在罗列时，像郎世宁等比较有名、研究亦多者只进行简略的提及，而将篇幅留给不太有名、研究较少者。请参阅下表。

明清之际来华传教士画家一览表

朝代	姓名	国家和地区	会籍	活动情况
明	游文辉（Emmanuel Pereira，1575—1630）	中国澳门	耶稣会	曾在澳门学西洋画。利玛窦临终（1610）时，他曾在其侧，为利氏绘像。1614年由金尼阁（Nicolas Trigault）携返罗马。［法］荣振华（Joseph Dehergne，S.J.）说："1610年在北京，他协助处于垂危的利玛窦；1613年在南雄作传道员和画家。"
	倪雅谷	中国	耶稣会	据"荣书"载："1601年作为传教区的画师而到达澳门，然后又于1602年7月来到北京。"
	石宏基（Francisco de Lagea，1585—1647）	中国澳门	耶稣会	据"荣书"载："1610年，本人在上海作传道员和画家，1612—1613年在杭州，1614年在南京，1630年在山西绛州，1634年在江西建昌，1645年在海南，然后又到广东的南雄。"
	艾儒略（Giulio Aleni，1582—1649）	意大利	耶稣会	1610年抵达澳门。1613年入华。1637年著《天主降生事迹图》及附图《出像经解》，有57幅西洋宗教画，亦为西化的中国版画。
	卢安德（Andrius Rudamina，1596—1631）	立陶宛	耶稣会	据"荣书"载："1626年到达澳门，后又到达福建福州。……他在中国绘制的画像曾被寄往法国。"
	利类思（Ludovico Buglio，1606—1682）	意大利	耶稣会	明崇祯十年（1637）入华。清顺治五年（1648）入京。据"费书"载："以西方绘画之法教授华人，宫内颇赏其画法。南怀仁神甫曾在《欧罗巴天文学》一书中，称其曾以画三帧呈康熙，其画全守透视之法，并绘副本三帧陈列于其居宅园中。各处官员来京者见此画皆惊赏。彼等皆明缘何在一平布上将一切室廊门户及道路皆能一一绘出。"

朝代	姓名	国家和地区	会籍	活动情况
清	海因里希斯·范弗列登（Heinrich Van Vlierden，1608—？）	荷兰	耶稣会	据“荣书”载：“1644年4月12日乘船出发前往中国。本人为药剂师和画师。”
	阿尔贝·布拉克（Alber Brac，1622—？）	荷兰	耶稣会	据“荣书”载：“进入初修院：1643年，画家。……1648年到达澳门学院。”
	亨利·沙勿略（Henri Xavier，1608—？）	比利时	耶稣会	据“荣书”载：“1648年在澳门学院，作为画家。”
	依纳爵·拉戈特（Ignace Lagot，1603—1651）	弗拉芒	耶稣会	据“荣书”载：“1648年在澳门学院作画家……‘是屈指可数的几名中国传教士之一，也是澳门学院的著名画家’。”
	魏玛窦（Vaz Mateus，1608—1681）	中国澳门	耶稣会	据“荣书”载：“他（1659）曾在澳门神学院任学监四年，当时正是画家，同时也为中国传教区工作，他是‘卓越的画家’。”
	南怀仁（Ferdinand Verbiest，1623—1688）	比利时	耶稣会	1659年来华，1660年5月9日入京。自谓曾作画三幅，呈圣祖御览，并作副本悬堂中，官吏进京者，以一睹为快。
	萨克索·伊桑斯（Saxo Isense）			据“荣书”载：“1690年为新学修士，准备派往北京宫廷（此人可能为画家、数学家或医生）。”
	比纳昔攸斯（Pinnacius）	意大利	耶稣会	据“荣书”载：“他于1690年被提名为北京宫廷的画家。”
	费约理（Christophe Fiori，1672—？）	意大利	耶稣会	据“费书”载：“费约理（Christophe Fiori）修士，意大利籍画师也。一六九四年至中国，居北京数年。”
	卫嘉禄（Charles de Belleville，1656—1730）	法国	耶稣会	1699年，与意大利籍非传教士画家Gherardini抵京，入内廷作画，他成为首位入宫的传教士画家。据“荣书”载：“修建了北京与广州的住院。1704年在广州‘为我们教堂绘制了漂亮的图画’。”
	马国贤（Matthaeus de Baroni Ripa，1682—1745）	意大利		他于1710年抵达澳门，1711年11月27日离开广州，1712年2月5日抵达北京，入宫绘画。
	郎世宁（Giuseppe Castiglione，1688—1766）	意大利	耶稣会	1715年抵京，以善画供奉内廷。
	倪天爵（Jean-Baptiste Simon Gravereau，1690—1757）	法国	耶稣会	据“荣书”载：“1719年11月左右于北京作为画家和搪瓷专家。”
	利博明（Ferdinand-Bonaventure Moggi，1684—1761）	意大利	耶稣会	据“荣书”载：“到达：1721年9月6日。在北京做画家和雕刻家，1721年7月24日与费隐共同修建了圣若瑟教堂（东堂，由郎世宁装饰）。”
	王致诚（Jean-Denis Attiret，1702—1768）	法国	耶稣会	1737年启程来华。据“荣书”载：“1738年成为北京宫廷的画家。”

续表

朝代	姓名	国家和地区	会籍	活动情况
清	约瑟夫·诺伊格鲍尔（Josef Neugebauer，1706—1759）	德国或奥地利	耶稣会	他曾于1739年和1750年到达过澳门。据“荣书”载：“本人为数学家、机械师、天文学家、画家、音乐家等。”
	艾启蒙（Jgnatius Sickeltart，1708—1780）	波希米亚	耶稣会	1745年来华。据“荣书”载：“1745年到达北京。本人为画家（郎世宁的学生参与画《乾隆得胜图》）。”
	管玛尔（Marc Ribeiro，1719—1774）	中国	耶稣会	据“费书”载：“入会前曾绘画；遗有宗教画数幅，在艺术方面价值甚微，然颇有裨于劝化也。”
	安德义（Joannes-Damascenus Salusti，？—1781）	意大利	奥斯定会	《乾隆得胜图》四大作者之一，所作最多：《库陇癸之战图》《伊西洱库尔之战图》《霍斯库鲁克之战图》《乌什酋长献城降图》《呼尔满大捷图》《拔达山汗纳款图》《郊营回部成功诸将士图》等。
	图散·马松（Toussaint Masson，1715—1749）	法国	耶稣会	据“荣书”载：“他是一位准备派往（中国）宫廷的画家。……逝世：1749年7月5日于莫桑比克，他事实上未曾到达过中国。”
	贺清泰（Louis de Poirot，1735—1814）	法国	耶稣会	他为供职画院的最后一名耶稣会会士。1770年10月20日来华。在内廷为画师。
	穆保禄（Paolo-Agostino Amoretti，1739—1783）	意大利	耶稣会/巴黎外方传教会	他是补郎世宁、王致诚两位宫廷画家之缺而来华的。据“荣书”载：“1773年11月作为画家而被派往北京。”
	潘廷璋（Joseph Panzi，1733—1812）	意大利	耶稣会	1773年，补郎世宁、王致诚之缺抵京。入内廷为乾隆皇帝画师。据“荣书”载：“到达：1771年。1773年1月12日到北京，本人为画家。他于1773年绘制了乾隆的画像。”
	卡布里埃尔·格律贝尔（Gabriel Gruber，1740—1805）	奥地利	耶稣会	据“荣书”载：“本人既是工程师，又是机械师、化学家、画家和医生。1801年……他被派向了中国传教区，徒劳无益地试图到达那里。”

注：上表按画家入华时间排列，部分被派往中国而在途中死亡或因其他原因未能抵达者及仅在澳门活动者亦列入。资料来源为“费书”“荣书”及沈定平著《传教士马国贤在清宫廷的绘画活动及其与康熙皇帝关系述论》、林子昇著《经由澳门传入中国之西洋美术及其影响》，故引文不再一一注明出处。

从上表可以看出，明清之际共有30位传教士画家，他们绝大部分是耶稣会会士，由此可以看出，耶稣会在西画东来的过程中起到了关键作用。在他们之中，有意大利人10名，法国人5名，这两个国家的人数占总人数的50%，可见意、法两国，特别是意大利（占总人数的33.3%），是西画东来的主要力量。

注释

[1]参见林子昇《经由澳门传入中国之西洋美术及其影响》，刊载于《十六至十八世纪澳门与中国之关系》，

澳门基金会1998年版；徐新《明清中西美术交流和郎世宁画派》，刊载于吴志良主编《东西方文化交流：国际学术研讨会论文选》，澳门基金会1994年版；周正平《明清之际西洋绘画在中国衰退的缘由》，刊载于《复旦学报（社会科学版）》2000年第3期，第76—80、102页；胡光华《传教士与明清中西绘画的接触与传通》，刊载于《美术观察》1999年第10、11期；沈定平《传教士马国贤在清宫廷的绘画活动及其与康熙皇帝关系述论》，刊载于《清史研究》1998年第1期；等等。

[2]见[法]裴化行《天主教16世纪在华传教志》，第166页。

[3]见利玛窦、金尼阁《利玛窦中国札记》（下称《札记》），何高济等译，中华书局1983年版，第164页。

[4]见（明）顾起元《客座赘语》卷六《利玛窦》，转引自暨南大学古籍研究所等编《明清时期澳门问题档案文献汇编》第5册，人民出版社1999年版，第381页。

[5]见[法]费赖之《在华耶稣会士列传及书目》（下称"费书"），冯承钧译，中华书局1995年版，第120页。

[6]同注[5]，第145页。

[7]同注[5]，第806页。

[8]同注[5]，第240页。

[9]同注[5]，第261页。

[10]同注[5]，第307页。

[11]见平托《安德烈·平托修士给印度耶稣会士们的信》（澳门—广州，1564年11月30日），刊载于[葡]罗理路《澳门寻根（文献汇编）》，澳门海事博物馆1997年版，第88—89页。

[12]见《札记》，第168页。

[13]见《札记》，第168页。

[14]见（明）刘侗《帝京景物略》，转引自暨南大学古籍研究所等编《明清时期澳门问题档案文献汇编》第5册，人民出版社1999年版，第218—219页。

[15]同注[5]，第242页。

[16]同注[5]，第448—449页。

[17]同注[5]，第1038页。

[18]见胡光华《传教士与明清中西绘画的接触与传通》，刊载于《美术观察》1999年第10、11期，第80页。

[19]同注[5]，第301—302页。

[20]同注[5]，第308页。

[21]同注[5]，第665页。

[22]见伍昆明《早期传教士进藏活动史》（下称"伍书"），中国藏学出版社1992年版，第148页。

[23]见"伍书"，第432页。

[24]同注[5]，第723页。

[25]见雅利克（du Jarric）《在印度发生的最令人难忘之事》卷三，第936页。转引自"费书"，第38页。

[26]见林子昇《经由澳门传入中国之西洋美术及其影响》，刊载于《十六至十八世纪澳门与中国之关系》，澳门基金会1998年版，第246页。

[27]同注[5]，第435页。

[28]见"伍书"，第472页。

[29]见"伍书"，第476—477页。

[30]同注[5]，第370—371页。

[31]同注[5]，第370—371页。

[32]同注[5]，第752页。

本文载于《美术研究》2004年第2期

叶农，1964年生，湖南长沙人。1989年毕业于上海华东师范大学，获硕士学位。广州暨南大学副教授。

周亮工“金陵八家”说考辨

吕　晓

1988年，由南京市博物馆主办了“金陵画派学术研讨会”，引发了学术界对清初金陵画坛的较多关注。10多年来，对“金陵画派”的研究取得了不少成果。但是，对“金陵八家”构成问题仍存在诸多分歧和争议。虽然研究者不断从各种文献中发现多种关于“金陵八家”组合的不同记载，大多表明周亮工才是“金陵八家”的首评者。然而，各类美术史书籍仍遵循张庚《国朝画征录》中的记载，将龚贤、樊圻、高岑、邹喆、叶欣、吴宏、胡慥、谢荪定为“金陵八家”。加之，周亮工品题的原文一直未能发现，各种记载又不尽相同，众说纷纭，各执一词。笔者几经周折，终于查证了清初诗人王弘撰在《西归日札》中关于周亮工品题“金陵八家”的最确切完整的记载。本文将试图在论证其可靠性的基础上，通过对周亮工“金陵八家”说的立说时间的确定，进一步论证该记载的合理性。希望能引起学术界对清初金陵画坛更多的关注。

一、《西归日札》中记载的周亮工“金陵八家”说初探

不久前，笔者在北京图书馆善本库，查找到清人王弘撰在《西归日札》中一条关于周亮工“金陵八家”说的完整记载，断句后全文摘录于下：

《善画八大家记》

金陵之以善画名者众矣，而周栎园司农独标八人，曰八大家，则张损之（修）、谢仲美（成）、樊浴沂（沂）、吴远度（宏）、樊会公（圻）、高蔚生（岑）、胡石公（慥）、邹方鲁（喆）也。其时有叶荣木（欣）、盛白含（丹）、施雨咸（霖）、盛林玉（琳）辈，八人者不能过之，乃不与焉。癸卯予至金陵，八人者日相往来，皆为予作《独鹤亭图》，位置渲皴，极山云林泉之胜。八人者固未见亭，亦写其意而已。戊辰予再至，则六人已化为异物。损之老不复出门，独会公尚健，乃二三年间亦俱倏然谢世。今遂无一存者矣。可胜叹哉。仲美有子令靖（孙）。会公有子青若（九云）。蔚生有子树嘉（阴）。方鲁有子子贞（寿坤），皆能继志不失家法。石公有门人陆仪吉（逵），以花鸟虫草特著名一时，尤善蝴蝶。能曲尽其态，工

细而有逸致，则青出于蓝矣。

翁笃于友谊，即一艺之交，皆久而不忘，八人者可以不朽矣。（按：此为李夔龙的评语）[1]

北京图书馆所藏《西归日札》由清人王弘撰撰写，李夔龙评。清康熙三十七年（1698）刻本。王弘撰（1622—1702），字文修，一字无异，号太华山史，又署鹿马山人，室名砥斋，陕西华阴人。明亡后，弃绝科举功名，隐逸终生。“曾于顺治七年至八年（1650—1651）、康熙二年至三年（1663—1664）、康熙九年至十一年（1670—1672）、康熙十九年至三十五年（1680—1696），凡四游江浙，足迹遍及南京、扬州、苏州、上虞、嘉兴、海州等地，并曾游历北京、河北、山西、河南、山东、福建诸地。……在二十余年的周游中，他不仅结交了吴伟业、周亮工、汪琬、王士祯、孔尚任等大批贰臣文人与国朝文士……山史一生嗜学，对金石书画，精于鉴赏，富于收藏……”[2]此处提到王弘撰的行迹正好与《善画八大家记》中吻合。而且，王弘撰到过南京，并结识了周亮工。王氏的《砥斋集》卷二有多篇画跋，其一为《题周元亮藏画云柳》。卷八下（尺牍）收有《与周元亮司农》，云：“秦汉以来，金石之文，各有评跋，卓然独得，绝不随人悲笑，行文亦自蕴雅可喜。弘撰浅学寡闻，窃谓可与集古今金石二录并传不朽。他著作甚多，其后人既不能为之广播流传，而友朋中又力不及此。弘撰每以此自恨。旋自愧也。先生为王于一刊《四照堂集》，凡有与于斯文者，无不感之欲涕，岂但于一御环地下哉？今之世，如先生者几人乎，殊可叹也。闻已扬帆不及走饯，翘首江天，我劳如何？”[3]不仅证实了王弘撰与周亮工的交往，而且证实了王氏本人也是一位“精于鉴赏，富于收藏”的鉴赏家。《西归日札》中所收也大多为题画诗，更证明了这一点。综上所述，可知《西归日札》中所载，可靠性不可置疑。

首先，通过《西归日札》，我们，对“金陵八家”的构成便有了全新的认识：周亮工曾经独标张修、谢成、樊沂、吴宏、樊圻、高岑、胡慥、邹喆八人，这才是他品题的“金陵八家”。这种构成与前人查证的所有“金陵八家”构成均不同，这些构成除高岑、邹喆、吴宏、樊圻4人与之相同外，其他还涉及13人。大致可分为三类：一为张庚提出的以龚贤为首的“金陵八家”，他们是龚贤、樊圻、高岑、邹喆、叶欣、吴宏、胡慥、谢荪。[4]得到《桐阴论画》《清史稿》[5]及现在大多数美术史的认同。二为标明是周亮工品题的“金陵八家”，他们是陈卓、樊圻、高岑、邹喆、吴宏、蔡霖沧、李又李、武丹，其中不包括龚贤。《上元县志》《新修江宁府志》《上江两县志》《金陵通传》[6]这4部南京地方志采用该说。前三书完全相同，而《金陵通传》略有不同，将武丹换成了武弁（很可能是传抄的错误）。《眼福编》[7]的组合为樊圻、高岑、邹典、邹喆、吴宏、叶欣、胡慥和谢荪，虽与张庚之说相似，但将龚贤换成了邹喆的父亲邹典，故将之归到这一类。三为《昆山景物志》，此说也以龚贤为首，大概因为龚贤是昆山人。新入3人，即施霖、盛丹、王概，形成龚贤、樊圻、邹喆、高岑、叶欣、施霖、盛丹、王概的“金陵八家”组合。这3类“金陵八家”构成以第一种受到的附和最多，近十几年却开始遭到质疑。首先，张庚（1685—1760），秀水（今浙江嘉兴）人，不仅其生活的年代距“金陵八家”活动的时间存在一定的差距，而且他本人并未到过南京，更不可能亲历清初金陵画坛的情况，他所述很可能是听来的。更为重要的是，张庚所列的其他7家与龚贤相比，艺术风格相去甚远，艺术成就更是不可同日而语，将他们并提既不合理，也不能令人信服。从常理看，县志的编修十分严肃，所引材料必有可靠的出处。因此已有多人著文赞同第二类地方志中周亮工品题之“金陵八家”。笔者虽认同周亮工首先对“金陵八家”进行了品题，并承认其权威性（下文将进一步论述），但是，我们应该注意到，所引地方志最早的编撰时间距周亮工生活的年代至少也有100年。如果均有确切的出处，为什么地方志中记载并非完全相同，应该相信哪一种说法呢？况且，县志中提到的“李又李”一直无法考其姓名，其作品也不见传世。此外，为什么在周亮工的《读画录》（公认为是周氏对清初金陵画坛最翔实的记载）中并未提及他有品题“金陵八家”之说，在他的相关文集中也未找到他本人品题的原文。这些疑问一直萦绕在我的心头，久久无法解开。王弘撰的《西归日札》中对周亮工“金陵八家”记载的揭示正好可以解除这些疑惑：《西归日札》出自与周亮工有交往的王弘撰之手，误记的可能性极小。除张修和谢成外，其他6人的作品均有传世。最为关键的是，周亮工的《读画录》对这8人全都有记载（详见后文）。

其次，通过《西归日札》，我们还了解到“金陵八家”生平和交往的蛛丝马迹。王弘撰曾于癸卯（1663）“至金陵”，“八人者日相往来，皆为予作《独鹤亭图》，位置渲皴，极山云林泉之胜。八人者固未见亭，亦写其意而已”一段说明王氏本人与八家有交往，而且八家之间也有交往。以前对八家的生卒年均为推测，《善画八大家记》中云：“戊辰予再至，则六人已化为异物。损之老不复出门，独会公尚健，乃二三年间亦俱倏然谢世。今遂无一存者矣。”戊辰为1688年，这就为我们提供了一条重要的线索：除张修、樊圻外，其他6人均在1688年前去世，樊圻则约逝于1690年或1691年。张修至迟应在王弘撰逝世的1702年前去世。王氏在文中还介绍了谢成、樊圻、高岑、邹喆、胡慥的子孙及弟子的简要情况。

最后，王氏在文中云：“其时有叶荣木（欣）、盛白含（丹）、施雨咸（霖）、盛林玉（琳）辈，八人者不能过之，乃不与焉。”这就说明，虽然周亮工“独标”八家，但是叶欣、盛丹、施霖、盛琳4人的艺术成就不见得比“八家”为差。惜“与”在古代汉语中意义众多，与此相关的便有“结交”“交好”“赞成”等意。不知王弘撰在此取何意，如理解为“结交”，那么，因为“八家”成就不如叶欣等4人，相互不相交往似乎不太合情理；如为“赞成”，是否表明当时人们因为“八家”成就非高，在不赞成周氏之品评呢？依周亮工在当时画坛的地位和影响力也有点说不通。以笔者之浅陋，暂时无法回答，这个疑问只能留待新材料的发现和方家的赐教。

二、从立说时间看周氏“金陵八家”说的合理性

周亮工（1612—1672），字元亮，一字减斋，

号栎园、陶庵、缄斋、栎下先生等。祖籍河南祥符（今河南开封）。明崇祯十三年（1640）中进士，初任山东潍县知县，后升为浙江道御使。明亡后降清，并出仕清朝。先任两淮盐运使，后升迁福建按察使、左副都御史，迁户部右侍郎、江宁粮宪等职。周亮工是一位嗜画成癖的鉴赏家和收藏家。他的祖籍虽为祥符，但出生地却是南京，并在此度过了他的童年；年长为官后，他的双亲仍居于金陵，他常来此探望；任江宁粮宪时，其官署亦在金陵；罢官后，也居于此。[8]这就使他与金陵画坛结下了不解之缘。周亮工既是清初金陵画坛的权威评论家和见证人，也是金陵画家交流与合作的一个中心。他所著的《读画录》对明末清初70余位画家（其中，金陵画家或与金陵有关的画家便占了40多位）生平和他们与周亮工的交游做了生动翔实的记录，并对他们的绘画做了精当的品评，成为后世研究金陵画坛以至明末清初许多画家重要而准确的一手资料，屡屡为后世论者所引用。因此，他所品题的"金陵八家"无疑具有不可置疑的权威性。

清初的金陵画坛名家辈出，论声望，王弘撰文中已言明叶欣、盛丹、盛琳、施霖4人已在八家之上；论成就，"二溪"（"青溪"程正揆、"石溪"髡残）、龚贤、张风等均更是高出八人，且与周亮工均有交往，张风和龚贤还与之交往密切，为什么周亮工没有将他们列入"金陵八家"之内呢？笔者认为，除高岑、樊圻、吴宏等8人的绘画风格较为相近外，立说时间是解决问题的突破口。王弘撰在文中虽未言及周亮工何时"独标八家"，但方文有诗云："绘事江东有八家，君工人物更修姱。奈何不把青铜镜，自写真形对雨花。"[9]"江东"即"金陵"，从诗中所述可知金陵八家之说已成定论，此诗作于康熙二年（1663），为公认的"金陵八家"的最早记录。虽然只提到樊圻一人，但方文作有《七月初三夜过周元亮先生小饮有赠》[10]一诗，说明他与栎园有交往，他所提到的八家之说很可能来自栎园。可见，金陵有八家之说至迟于1663年已存在。"金陵八家"说出现的时间一旦确定，便提供了解读周氏"金陵八家"的构成最好切入点。让我们将眼光直接投射到1663年前的金陵画坛，分析一下金陵画家们的活动。

首先来看被张庚列为魁首的龚贤。1644年，厌于"白门（南京）杂沓"的龚贤，避走广陵（扬州），1648年秋，又应朋友徐逸的邀请到海安，做了6年徐家塾师。然后，再次客居扬州10年，直到1664年方才回到南京。其间只在1653年冬至次年春天在南京作短暂停留。由此可见，周亮工品定"金陵八家"时，龚贤根本就不在南京，当然不会被列入其中。

其次，再来看"二溪"。"青溪"程正揆（1604—1676），湖北孝感人。降清后官至工部右侍郎，1657年，遭弹劾，罢官来金陵。1667年曾返回家乡，但仍不时往返于两地之间，1673年最后一次从金陵回到家乡后不再远行。这期间，在金陵画坛活动了十几年。"石溪"髡残（1612—1673），湖南武陵人。1654年来白下（南京），初住锡城南大报恩寺，参校《大藏经》，1657年，结交程正揆后，书画创作渐增。1660年，至黄山归来后，创作激情勃发，绘画风格趋于成熟。1669年，龚贤到栎园的读画楼观画后，在金陵众多的画家中，唯独钟情于"二溪"："金陵画家，能品最多，而神逸品亦各数人。然逸品则首推二溪：曰石溪、青溪。石溪，残道人也。青溪，程侍郎（正揆）也，皆寓公。残道人画，粗头乱服，如王孟津书法。程侍郎画，冰肌玉骨，如董华亭书法。百年来论书法，则王董二公应不让。若论画笔，则今日两溪又奚肯多让乎哉……”[11]从栎园的《读画录》《赖古堂集》和程正揆的《青溪遗稿》来看，栎园对“二溪”的诗、书、画皆十分推崇，他们之间也曾有过一些交往。如栎园曾与程正揆在一起论画，程氏作有《与周栎园侍郎论叶荣木画》：“竟陵诗淡远又淡远，淡远以至于无，荣木画似之。每见其作，断草荒烟、孤城古渡，辄令人动作秦月汉关之想。栎园评楚人谈诗，乃不获竟陵然。青溪诗实不拾竟陵牙后慧也。”[12]髡残亦有画作赠栎园，并在题跋中流露出对其敬重之情：“栎园翁文章诗画之宗匠也。”[13]从髡残另一件为周亮工作的《山水图》轴中题跋，“残山剩水是我道人家些子活计，今被栎园老子夺角争先，老僧只得分炉头半个芋子，且道那半个覃他日觌面再与一顿”（《读画录》）来看，他们有可能也曾在一起论画。栎园还为髡残作过《石溪大师六十僧腊与佛同日降》[14]一诗。但1663年前，“二溪”在金陵画坛的影响力和他们与周亮工的交往仍颇可再议。“二溪”交往圈多为隐逸之士，他们的作品也多为馈赠友朋和自娱而作，不轻易示人，更不要说成为商品出售。程正揆“欲作《卧游图》五百卷……然矜贵不肯轻以示人，惟于石和尚无所吝耳”。髡残则隐居于祖堂山，自建“大歇堂”，“所与交者遗逸数辈而已，绘事高明，然不轻为人作……”（《读画录》）他们虽在遗民和文人中享有盛誉，但在整个金陵画坛的影响力却受到限制。周亮工第一次得到髡残的画是1662年，还是“强之再”[15]后方得到，他对髡残在1663年前很可能还停留在只闻其名，不见其画（即使有，也不可能太多）的层面。

最后来看张风，周亮工评其画：“无所师承，偶以己意为之，遂臻化境，潇然淡远几无墨路可寻，秣陵（南京）画家掉臂孤行者，大风一人而已。”（《读画录》）可谓赞誉有加。但是，张风“家贫惟容膝地，每天雨湫隘踦卧书案上常累日”，这虽与其品性高逸有关，但也足见其画在当时的金陵并没有太大的市场，其影响力也有限。加之壬寅年（1662），张风便辞世，这大概是他未能入“金陵八家”的重要原因。

至于后来曾在金陵画坛产生重要影响的戴本孝和石涛，查其在金陵活动的时间，也很容易理解为何他们没有进入栎园的“金陵八家”。戴本孝（1621—1691），安徽和州（今和县）人。明亡后，与其父戴重曾进行过一段艰苦卓绝的抗清斗争，戴重负伤后，绝粒而死，时年45岁。本孝秉承父志，具有强烈遗民思想，将自己45岁（1666）前的诗稿定为《前生诗稿》，之后为《余生诗稿》。在1666年前，戴本孝基本上隐居于和州的“迢迢谷”，很少远游。1666年后，戴本孝曾到北京、华山等地游历，于1676年回到家乡。和县虽处安徽，但与金陵相距仅百里之遥，因此，他常到金陵卖画，与龚贤、石涛等交往，并参加了康熙二十二年（1683）《江宁县志》的修撰，在金陵画坛颇具影响力。但这时，周亮工早已不在人世。石涛（1642—1707），出身广西桂林靖江王府。其王子身份使其在明亡后被迫出家。1661年至1662年曾到过南京，但他那时才20岁左右，画名未显。石涛的绘画风格直到1666—1680年在宣城后才趋于成熟。1680年他再次来到金陵，并在此居留了近10年，在画坛上的地位和影响力已非往昔可比。但是，他同戴本孝一样，不可能再从栎园处“好从宝绘论知遇”了。因此，戴本孝和石涛无缘于“金陵八家”是最可理解的。

除去这些成就斐然的大家，周亮工当初品题“金陵八家”时，在金陵画坛享有时誉的便是高岑、樊圻、吴宏等老画师了。虽然周亮工在《读画录》中没有直接提到“金陵八家”说，但却不时流露出对八家的赞誉，加上他在其他文献和时人的相关记录，为我们勾画出“金陵八家”的轮廓。以下按《西归日札》中的排名先后顺序对八家分别进行阐释（下文所引多出自《读画录》，恕不再一一标明，但其他引文皆有注释）。

张修，《读画录》载其“工山水、花草虫鸟，更好绘藕花，人争购之。……损之（张修）画春灯谜甚工，至今人多藏之者。重损之画也”。足见其金陵画坛的影响。

谢成，栎园与之同庚，相交甚多。评其画云：“从其尊人而加以秀润。山水花鸟皆擅长，写生尤逼肖有颊上三毛之妙。”“颊上三毛”是关于顾恺之的非常著名的画史典故，顾恺之为西晋人裴楷画像，“颊上加三毛，云：‘楷俊郎有识具，此正是其识具。’观者详之，定觉神明殊胜”[16]。栎园以此相喻，可见谢成所作人像极尽传神之妙。1666年，谢成去世后，周亮工还特意作诗，并令谢成之子焚于灵几前，以践谢氏生前索诗之约。

吴宏、樊沂和樊圻。文学家李渔在《寄樊会公、吴远度》一诗云：“不见江南顾虎头，千岩万壑为谁幽。沧州满壁当年事，烟云怀人此地愁。猿鹤有家争咫尺，燕鸿无计共春秋。何当抛却登山屐，只向高斋作卧游。”[17]将樊、吴二人与东晋画家顾恺之并提足见对他们的推崇。周亮工本人对樊、吴二人更是赞誉有加。他评吴宏云：“推倒一世之智勇，开拓万古之心胸。”并将他与五代宋初著名画家范宽并提，“范中立以其大度得名曰宽。远度亦名宏，远度伟然丈夫，人与笔墨俱阔然有余而无世人一毫琐屑态”。因此，栎园“合范吴论之，世未有不豁然大度，而能以笔墨妙天下者，宏与宽并传矣”。以至感叹道：“披此图者能不罗列下拜？”栎园评樊圻“工山水、人物，莫不极其妙境”。并以一段轶事加以证明：书法家王孟津“最赏会公（樊圻）小幅。时年六旬灯下作蝇头小楷题其上云：‘治公吾不知为谁，此幅全模赵松雪赵大年，穆然恬静若厚德淳儒，敦庞湛凝，无忒无佻。灯下睇观，觉小雷大雷、紫溪白岳一段忽移于尺幅间云。’又云：‘是古人笔不是时派，时派即钟谭诗也。’小印模糊。误视会公为治公，会公后即以治公行，感知己也”。辽宁省博物馆藏有樊圻的《江浦风帆图》，上钤有“元亮”一印，应送给栎园之作。干笔皴擦，略显虚和松散之态，设色清雅明洁，堪称精品。樊沂为樊圻之兄，笔墨与樊圻有“双丁二陆之名”[18]。

高岑的兄长是高阜，栎园14岁时便与他为同学，相交甚早，自然与高岑有较多交往，并极推崇其画。康熙七年（1668），《江宁府志》修成，“太守陈公属蔚生（高岑）图其胜迹，蔚生抽笔得七十余幅，刊列志首”。选刊的实为40幅，十分精美，栎园亲为之作跋，云：“金陵山水旧有八景、十景、四十景，画家皆有图绘，见之绢素，多笨本刎从枣梨间觅生活，今得蔚生笔，峥嵘萧瑟，工皴染，所不能及荆关不传之秘，往往于镂刻之余天真毕见，金陵山水不大为吐气呼。顾蔚生本从山水为模，索意有所会，胸中为之涉涉落落，固不向荆关乞灵，又岂斤斤于一树一石已哉？其振笔泼墨，高出前代有以也。予以蔚生老画师，一纸半幅为时人争贵，其必传于后无疑……”[19]由此可知，高岑的画在当时的金陵很有市场，而且价格也颇高。不仅周亮工极赞高岑的画，龚贤对他评价也很高：“画至今日，金陵可谓极盛矣。前此之文沈邹董，皆产于吴，比之三君八龙。一时星聚两王钟山之阳，淮水之涘，含毫吮墨者不啻百家，加以宦游寓公，指不胜屈。而蔚生高先生实此中铮铮者。蔚生生而能画，用智不穷，虽有师承，托名而已。今此卷其朴老处似石田，其幽秀处似待诏，华亭尚觉生疏，衣白少其厚润，况余子乎？画有内外学，蔚生初由内而外，后由外而内，可谓神品而兼逸品者矣。余少与蔚生共砚席，故能知其详，因纪之。重阳前二日龚贤敬评。”[20]观此画，墨色明润，用披麻皴，有南宗风致，惜树木略显工整，龚贤所评虽有溢美之嫌，但也可见他对这位当时活跃于金陵的老画师是服膺的。据吴定一先生研究，龚贤本人在回到金陵后，画风一变早期简笔荒率之风，而趋于雄浑，重晕染，很可能便是吸收了金陵画家的一些画法。改变画风的原因之一便是，这种画风在金陵有市场，为卖画计，龚贤不得不改变画风，而这正促成了其独特画风的形成。

胡慥，“工写菊。菊冷花，经石公手洗尽铅华，独存冰雪，始称真冷。然笔墨外借极香艳之致，此则非石公不能为也”。

邹喆，《读画录》对之记录较简，但对其父邹典评价甚高，“君画笔意高秀，绝去甜俗一派，故足俯视余子”。邹喆“画宗其父，图松尤奇秀”。

虽然八家并不能代表清初金陵画坛的最高成就，但从他们的传世作品来看，均具有突出的金陵特色。其一，由于他们都是金陵老画师，以卖画为生，很多时候必须满足顾客的审美要求，因此，他们的画大多重视对实景的真实描绘，重染而轻笔。其二，画风呈现出南、北合流的倾向。这主要是受到七处和尚（朱翰之）的影响。周亮工在《读画录》中云：“秣陵（南京）画先惟知魏考叔兄弟（魏之璜、魏之克），翰之出而秣陵之画为之一变，士夫衲子无不宗之。”八家对南宗画有所涉猎，但由于他们的文学修养和书法均无法与“二溪”、龚贤、张风等人相比，故多以“北宗”风貌为主，偶也融入了一些“南宗”的表现手法。“金陵八家”所代表的这种金陵画风正是后来被王原祁称为浙派恶习的金陵习气。

综上所述，周亮工的“金陵八家”说既具有权威性，又具有合理性。那么，既然周亮工“金陵八家”的品题早在1698年刊行的《西归日札》中即有明确的记载，为什么却有多种版本的“金陵八家”行世呢？笔者认为，原因有两点。

其一，王弘撰为陕西人，“明亡后，弃绝科举功名，隐逸终生”。虽与多位名士有交游，但其书的影响并不广泛，以至现在的美术史论界多不知其为何人，当然无从关注其中的这一记载。

其二，虽然周亮工曾独标这八家，并因其在金陵画坛的特殊地位，使该说迅速传播，并通过舆论得以不断重复和强化。但是，金陵画坛享有盛名的并不止此八家，王弘撰文中提到在当时，八家之名已不能超过叶欣、盛丹、施霖和盛琳。而且随着髡残、程正揆、龚贤、王概、陈卓等画家的成长和影响力的扩大，金陵画坛的面貌也渐渐发生了变化。正如龚贤虽对高岑有很高评价，但他内心推崇的仍是“二溪”。周亮工本人不可能意识不到这种变化，也许正因为此，他在后来的著作中对自己曾经品题的“金陵八家”没有作明确的记载。这就使八家之说很可能在江南流于口耳相传，难免发生误传。50年后，张庚撰写《国朝画征录》时，八家中的一些人更是声名浸微，故张氏很容易推出成就斐然的龚贤来领衔“金陵八家”，并增加了叶欣、谢荪，“金陵八家”的构成便发生了质的变化。上面所举的三种南京的地方志应该比较可靠，但最早的《上元县志》修纂时间为清乾隆十六年（1751），不仅晚于周亮工品题近百年，而且比张庚的《国朝画征录》还要晚，其他就更晚了。因此，不能排除其中有误传的情况。

注释

[1]王弘撰撰，李夔龙评：《西归日札》，清康熙三十七年（1698）刻本。

[2]张兵：《清初关中遗民诗群的构成与王弘撰、李柏的诗创作》，《兰州大学学报》（社会科学版）2000年第3期。

[3]王弘撰：《砥斋集》。

[4]张庚《国朝画征录》创始于清康熙六十一年（1722），完成于雍正十三年（1735），开雕于乾隆四年（1739）。

[5]见秦祖永（1825—1884）《桐阴论画》、赵尔巽《清史稿》卷二九一《列传》。

[6]《上元县志》卷二十四《方伎》“陈卓”条云：“陈卓字中立……名与吴远度（吴宏）、樊会公（樊圻）、邹方鲁（邹喆）、蔡苍霖（蔡泽）、李又李、武忠伯（武丹）、高蔚生（高岑）相埒，栎园（周亮工）品题为金陵八大家。”《上元县志》为清乾隆十六年（1751）刻本。嘉庆十六年（1811）的《新修江宁府志》和同治年间（1862—1874）所修《上江两县志》从之。《金陵通传》卷二十六，第一一七册，“吴宏”条云：“吴宏，字远度，容貌伟然，最善画，与陈卓、樊圻、邹喆、蔡泽、高岑、武弁、李又李齐名，周亮工谓之金陵八大家，尝以诗赠之。”该书成书于清光绪三十年（1904）。

[7]见杨恩寿《眼福编》初集卷十四《樊会公八景图卷跋》云：“会公（樊圻），与高岑、邹典、邹喆、吴宏、叶欣、胡慥、谢荪，号金陵八家。……”该书成书于清光绪十一年（1885）。

[8]《赖古堂集·年谱》。

[9]方文：《题樊会公小像》之二，《嵞山集》续集卷五。

[10]方文：《嵞山集》续集卷一。

[11]龚贤题周亮工集《名人画册》，《故宫书画录》卷6，台北故宫博物院藏。

[12]程正揆：《青溪遗稿》卷二十二。

[13]《穰梨馆过眼录》卷三十六。

[14]周亮工：《赖古堂集》。

[15]《三秋阁书画录》卷上。

[16]张彦远:《历代名画记》。
[17]朱绪曾编:《国朝金陵诗征》卷四十一，清光绪十三年(1887)刻本。
[18]查俞剑华《中国美术家人名辞典》,“双丁”指丁廷枚和丁尔俊两兄弟，“二陆”指陆瑞徵和陆泰徵两兄弟。
[19]《江宁府志》，清康熙七年(1668)刻本。
[20]见龚贤在高岑的《山水图》(故宫博物院藏)卷上的题跋。《金陵八家画集》，天津人民美术出版社出版。

本文载于《美术研究》2004年第3期

吕晓，1974年生，四川人。2003年毕业于南京艺术学院，获博士学位。北京画院理论研究部主任、研究员。

罗丹与中国

——《罗丹笔记》中译本序言

迟 轲

一

罗丹是近百年来西方美术史上对中国影响最大的艺术家。

首先，罗丹敢于打破僵死的传统、勇于革新的精神，激励了“五四”时代的革命者。郭沫若在他的著名诗篇《匪徒颂》中，赞美了许多向旧传统宣战的人，包括列宁、托尔斯泰、惠特曼和罗丹等人，说罗丹是“反抗古典三昧的艺风”的“文艺革命的匪徒”。

其次，中国现代的雕塑艺术是“五四”以后才发展起来的。这个时期，罗丹在西方艺术界影响巨大。中国青年到西方留学的，无论是学美术、学文学，还是学其他学科，大多受到罗丹作品和思想的不同程度的影响。宗白华在1920年夏秋间赴德国，途经巴黎时参观了罗丹纪念馆，罗丹的作品对他是一个重要的启示。到德国后，就在大学学习美学，写了一篇《看了罗丹的雕塑之后》，寄回国内，刊于1921年的《少年中国》月刊。半个多世纪后回首，宗先生仍未能忘情。刘开渠回忆他1924年在北京艺专学习时，见到北京《美育》杂志封面上印有罗丹的《青铜时代》，激起了他对雕塑艺术的向往。1929年去巴黎国立高等美术学校学习雕塑，进入了著名雕塑家布歇的工作室。这位教授“在艺术手法上近似罗丹，但不像罗丹那样富于浪漫色彩，更接近于写实主义”。刘开渠学成归国，1933年到杭州艺专任教。当时的学生也都受到罗丹影响。后来他回忆说：“我第一次走进教室，发现学生的基本练习都接近罗丹的手法。”可见罗丹的影响之广泛。刘开渠任教期间，雕塑系有十几位学生，他们后来都成了中国现代雕塑的先驱者，其中包括后来成为美学家的王朝闻。当然，无论刘开渠或王朝闻，在雕塑创作方面，后来都摆脱了罗丹的影响，而形成了自己具有中华民族特色的个人风格，但对于罗丹的雕塑和理论的重视却贯穿了他们的一生。20世纪90年代初，王朝闻以80多岁的高龄完成了他《雕塑雕塑》专著时，曾在书中多处论述了罗丹的雕塑和理论，肯定了罗丹所作的《巴尔扎克》《老娼妇》等曾受到曲解的作品的独到的创造性，同时对罗丹《艺术论》中有关“雕塑中的运动”，以及对米开朗琪罗等人的评价，做了精辟的分析。

罗丹对世人的重大影响，不单在他的雕塑作品，还在于他的理论著述。对于中国的文化界，这一点也是很明显的。20世纪20年代初，美学家朱光潜在欧洲留学时，写了他的《文艺心理学》的初稿。当时他已读到了罗丹的《艺术论》，并且把它与歌德的名著《文艺对话录》都列为美学的重要著作。过了半个多世纪，朱光潜在《谈美书简》中再次谈到罗丹，并且为罗丹受到的不公正的批评进行了有力的辩护。

朱先生指出，国内曾有人批评说罗丹“受到了颓废思想的很深的影响”，“罗丹思想上同颓废派的联系，使他不能正确辨认生活中的一切美丑现象”。朱先生对此反驳说：“试问罗丹既不能辨认生活中的一切美丑现象，他不就成了白痴吗？还凭什么创造出那些公认为杰出的作品呢？”“请问广大读者，《罗丹艺术论》和罗丹的作品究竟在哪一点上表明他是个颓废派呢？和他联系较多的人是雨果和巴尔扎克，他替这两位伟大小说家都雕过像，此外还有大诗人波德莱尔，他和罗丹是互相倾慕的。波德莱尔的诗集命名为《罪恶之花》，一出版就成了一部最畅销的书。”在这里，朱先生还纠正了《罪恶之花》译名的不够确切，按照法文原意，译为“病了的花”更为恰当。最后，朱先生指出这种简单化的批评，“其实就是割断历史的虚无主义，与马克思主义毫无共通之处”。

多年来，罗丹引起中国文化艺术界的重视，这一点也表现在翻译和出版方面。

最早出版且影响最大的，是20世纪20年代末曾觉之译的《罗丹艺术论》，1930年上海开明书店出版。封面印：“《美术论》，罗丹讲，吉塞尔记，曾觉之译。”译者不是学美术的，在作家孙福熙的鼓励以及留法同学们帮助下，参阅了大量当时法国出版的书刊，译成此书。除吉塞尔的正文外，译者还写了很长的介绍罗丹生平和作品的文章，材料很丰富。译者采用的是早期“直译”的办法，文字不够通达，甚而艰涩。

翻译家傅雷1931年与画家刘海粟由法国同船归国，住在刘海粟家，同时在刘海粟主持的上海美专任教。为了给学生讲授“美学”课，傅雷把《罗丹艺术论》译出，作为“美学讲义”发给学生，一共只印了30册。当时，曾觉之的译本已经流行，傅雷可能觉得译文不太理想，遂亲自再译一次，并在译文前说“自学一遍，方便后生”，表现出高度负责的“傅雷精神”。这个译本，在傅雷去世30多年以后，才在傅敏主持下于1999年由中国社会科学出版社正式出版。

《罗丹艺术论》的第三个译本是1978年由人民出版社出版的。曾觉之30年代译的书早已绝版，而经过了“文革”的十年浩劫之后，人们渴望得到西方文化的知识。所以，此书一出版即成为畅销书，以后一再重版，书名为《罗丹艺术论》，罗丹口述，葛赛尔（即吉塞尔）记，沈琪译，吴作人校。译文通达流畅，是个比较好的译本。葛赛尔是文学家，他还记述过作家法朗士、戏剧家耶米尔的思想言论。他曾说自己喜欢听智者的谈话，站在高处可以看得更远。又说常常从罗丹十次二十次谈话中才整理出一篇谈话。可见其严肃认真，实际上带有创作的性质，并非简单的记录。

翻译家梁宗岱1929年在法国留学时，翻译了奥地利诗人里尔克写的《罗丹论》前一部分，曾于40年代出版，1962年在广州又补译了后一部分（《一个报告》）。这两部分经整理，于1985年由四川美术出版社出版。里尔克做过罗丹的秘书，他以一个诗人的情怀去理解和赞颂罗丹，文中充满诗的语言。

有关罗丹艺术和思想的著述，大多是别人记录整理而成的。唯独《法国大教堂》一书，是罗丹自己撰写的。罗丹在考察大教堂过程中亲自记下了许多笔记，评论家摩里斯担负了文字的整理工作。1914年3月印行问世。此书的中译本译者啸声曾赴巴黎研究法国美术史，精通法语、熟悉艺术，译文是可信的。

曾在巴黎任教的熊秉明教授，把他1947年留学法国后有关罗丹和雕塑问题的日记，摘抄成书，书名《关于罗丹——日记择抄》。1986年由雄狮图书公司出版。后经修改，1991年由四川美术出版社出版。书中叙述了许多作者亲身的艺术感受，也提供了许多有关罗丹的史料，十分可贵。

1982年陕西人民出版社出版了美国通俗传记作家戴维·韦斯写的《罗丹的故事》，姚福生、刘廷海译，孙新元校。作者按照通俗传记小说的要求，力求生动有趣。书中写了罗丹重要的艺术活动和作品，也写了一些生活轶事，包括罗丹和他的女学生卡蜜尔·克罗代尔的爱情纠纷。作者也强调了罗丹一生所经历的艰难坎坷。

宗白华在82岁高龄时，翻译了德国女作家海伦·娜丝蒂兹写的《罗丹在谈话和信札中》。1982年北京大学出版社出版的《宗白华美学文学译文选》中收入了这篇长文。宗先生在译后记中说，这位女作家“记述她和罗丹的亲密接触，和罗丹共享意大利风光，欣赏古典艺术，年老的罗丹倾泻他丰富的艺术体会的这篇文章，对我们启发极多；而文笔描绘的优美，也给我们愉快的享受”。

二

这本《罗丹笔记》的法文原作，由朱迪丝·克莱代尔编著。她的父亲里昂·克莱代尔是位作家。罗丹爱读其作品，和他成为好友。朱迪丝自幼即熟识罗丹，后来入罗丹门下学习雕塑，并且多年担任罗丹的秘书，处理许多与罗丹有关的事务，包括1916年与大作家罗曼·罗兰等人向政府交涉，建成了罗丹博物馆（毕隆府）。

朱迪丝编著此书时，葛赛尔的《艺术论》、里尔克的《罗丹论》、罗丹的《法国大教堂》都已出版。所以她在撰写时，既涉及其他书中论述的重要方面，同时，又避免了重复，保持了独自的特点。

比如，葛赛尔的记录，把罗丹的意见提炼概括，近于格言词式的美文，易于记忆和传诵。而朱迪丝不但熟知雕塑专业，而且以一个女性的细致的情感和精密的思维，对问题的阐释更觉具体和深入。

她为了记述罗丹成长的道路，亲自到罗丹的故乡，研究那里的环境与风习。同时索取了罗丹少年时期的日记和速写画册作为参考。尽管罗丹后来从没有创作过动物的圆雕。但他少年时代喜画动物，甚至不顾危险挤到马群里去画了大量速写。这和他热爱大自然的天性是一致的。朱迪丝本人是雕塑家，所以当她记述罗丹谈论雕塑技巧时，能够表达得更为翔实确切。比如，“塑造是什么？”罗丹说：“塑造是无数本质的、次要的或是充满活力的凸起与凹进的断面的连接。”“艺术家的眼睛看到无穷的凸起与凹陷组合而成的外观与质感。较之最周密的平面拼接要更为严密更为精确。”罗丹还说：“今天，对于圆雕的感觉已经完全丧失。”“这是一个平面的时代”，“而在古代，中国和日本的艺术是非常伟大的，可与古代希腊比美”。

罗丹经常赞美东方（包括中国）艺术的伟美，表明他绝不是一个狭隘的民族主义者。但同时他又的确是一位热爱法兰西民族的伟大艺术家。他用了几十年时光研究法国大教堂，认为大教堂哥特式的建筑不仅反映了法国的民族精神，也反映了法国特有的阳光云彩、原野森林的美。林语堂曾经说过，中国古代建筑的美在于与中国的山川林木特别协调。不知是否也受到了罗丹的影响。

朱迪丝曾跟随罗丹奔走于著名的大教堂之间，记下了罗丹关于哥特建筑的结构和线条、平衡和对比、雕刻和装饰等种种的规律。这些经典性的意见，对于建筑家、雕塑家以至画家都是很有启发的。

罗丹的艺术道路，可以说是在对抗“学院派”的斗争中发展起来的。在本书的卷一、卷三中，朱迪丝都有生动的记述和真切的评价。

罗丹年轻时，三次报考美术学院都未被录取。并不是罗丹的水平低，而是他追求的艺术表现不符合学院考官们的口味。虽然后来他的好友雕塑家达鲁说：“罗丹没有进美术学院，是罗丹的幸运。”可是，与“学院派”的矛盾所带来的压力和坎坷，却贯穿了罗丹的终生。

18世纪官方美术学院的权威，法国的勒·布朗和路易·大卫，英国的雷诺兹，都强调模仿古人，而轻视甚而反对向自然学习和反映现实生活。勒·布朗把绘画题材分为三等：历史和英雄题材为一等，风俗和肖像为二等，风景为三等。雷诺兹向皇家学院作的《艺术演讲录》再三强调：“应该勤奋地学习前辈大师的杰出作品”，“不要过分地摹写自然本身”，“因为自然的创造物充满了不匀称，而且缺乏真正的典范的美”。

出身贫苦的罗丹，自幼即与工匠为伍，直到成名之后还常常自称为“工匠”。热爱大自然中的一草一木，以至所有的生命。他所说的“对于艺术家，自然中的一切都是美的”，当然含有“典型化”的意思，即透过作品的外貌，显示出人物的性格本质，从而加深对于社会人生的理解。他的创造确实又能使平凡的形象焕发出动人的美质，正像他所赞美的米勒笔下的“粗笨”的农民形象一样。

《加莱义民》就是一个很好的例子：

加莱市政府为了纪念14世纪法英战争时为全城人民牺牲的欧斯塔奇，委托罗丹为这位英雄做一个纪念像。如果按照学院派的传统，这座雕像应该是高大完美仪表堂堂，甚至头上要有“光环”。但罗丹到加莱了解到，当年去英国军营代替全城受死的，是6位市民，而不是一人。依据史实，他做了6个人的群像：或坚定或沉思，或悲痛或留恋亲人。正是这种“凡人”真实的形象，更能显示那段特殊的历史情境，也更动人，可是，加莱市政府却很不满意，不仅只付了一座雕像的酬金，而且把群像放在极不显眼的地方。反而是当年的敌国——英国政府出重金购买《加莱义民》，安置在伦敦最美的地方——威斯特敏宫前。

罗丹所有重要的作品，从《青铜时代》《施洗者约翰》《地狱之门》到《雨果像》《巴尔扎克像》……几乎全都受到压制和攻击。罗丹从不妥协，在与保守的旧势力奋战中，终于被人民与时代所承认。他坚决反对学院派粉饰现实的所谓“理想化”。尽管他的作品中常常带有浪漫的激情，但他始终宣称自己是坚定的“现实主义者”。他敢于面对社会中一切美好的和丑恶的东西。他赞美了青年男女纯真的爱情——《吻》，也揭露了不合理的社会，把如花的少女变成丑陋的弃妇——《老娼妇》；他歌颂了为祖国献身的英雄们——《战斗的号召》，也批判了因争权夺利而被囚“饿塔”，从“人性”堕落为“兽性”的典型——《乌果利诺》。《地狱之门》可以说表现的是“人间的苦海”。而坐在门顶上的诗人(《思想者》)，“似乎要在这地狱深渊中，寻求无限怜悯的词句，解救令人悲伤的人类世界”。

生活在19世纪后半期的罗丹，深感资本主义社会的弊端。他认为劳动已经不能给人们带来快乐，只会损害人性。除了自己的生活实践外，也受到同代的艺术家、作家如约翰·拉斯金、威廉·莫里斯和萧伯纳等人的社会主义思想影响。雕塑家达鲁因参加巴黎公社起义被判过刑，罗丹怀着深切的同情为他做的赤身的胸像，就像受难的基督一样。

朱迪丝在本书(《罗丹笔记——他的生平与作品》)第2部第5节中，详细地记述了罗丹晚年向往建立一座国际性的《劳动纪念塔》的计划。在这座塔里，雕塑出城市劳动者中各行各业的人物形象：工人、海员和矿工的形象，农业劳动和牧民们的形象，以及为人类造福的各种脑力劳动者——科学家、艺术家们的形象。朱迪丝称这座纪念塔“其主题是对于劳动的赞颂，是我们现代文明胜利的表征”。虽然，《劳动纪念塔》终未建成，只留了一个小型的草稿在梅东的工作室里，但它却有力地显示了罗丹晚年所怀有的一种崇高的梦想——劳动者成为社会主人的“大同世界”的梦想。

本文载于《美术研究》2004年第3期

迟轲(1925—2012)，山东宁津人。西方美术史研究学者。1948年毕业于华北联大美术系。广州美术学院美术系教授。

黄宾虹对中国美术史学研究的贡献

陈池瑜

黄宾虹（1865—1955），名质，字朴存，初号滨虹，室名滨虹草堂，中年更号宾虹，以号行。他一生经历清代同治、光绪、宣统三朝，又经民国直至新中国，历经沧桑，完成了其艰辛而又辉煌的艺术人生。他在古文字学、金石、书艺、印学、诗文、书画鉴赏、美术文献整理、编辑出版、美术教育，以及中国画创作和研究等诸多方面，都达到极高的成就。在如此众多领域获得重要成就，在20世纪中国艺术家中无人出其右。他博大精深，牢牢扎根于中国传统文化与艺术之中，他在中国画特别是在山水画创作中，综"五笔七墨"之法，创"黑、密、厚、重"之貌，开启了"浑厚华滋"现代审美新境界。黄宾虹在中国画创作上的巨大成就，是同他在古文字学、金石学、书艺印学、诗文及美术史研究的综合文化高品质分不开的。黄宾虹的山水画和齐白石的花鸟画是20世纪中国画的两座高峰，他们都是从中国画和中国文化的传统中走出来的。他们的成功再一次证明，中国画具有强大的生命力，中国传统文化在现代或当代都可以得到新的创造，光景常新，光辉不替！

黄宾虹不仅是一位杰出的画家，同时他亦是20世纪中国现代美术史学研究的奠基者和开拓者，他对中国古代美术史学的整理和研究，对中国绘画史的独到见解，都有很高的学术价值，他是当之无愧的中国美术史学研究之大家，我们在充分认识黄宾虹在中国画创作中的巨大成就的同时，也要高度重视对黄宾虹在美术史论、画学思想、文献整理等方面的成果的研究，这样我们才能全面认识和把握黄宾虹在中国现代美术史和学术史上的价值和意义。本文仅就黄宾虹在中国古代美术史学文献整理和中国绘画史研究及画学思想方面的成就作一初步探讨。

一、黄宾虹编纂《美术丛书》之意义

由黄宾虹与邓实编纂的《美术丛书》是20世纪规模最大的中国古代美术文献汇集丛书之一，共分四集，每集又分十辑，共四十辑，约一百三十四种，收录之宏富，是以往所不多见的，直至卢辅圣于20世纪90年代所编《中国书画全书》出版之前，《美术丛书》是20世纪规模最大的中国古代书画、金石等著作汇编之最。《美术丛书》收录著述了从南朝至民国初年邓实自己的《谈艺录》，时间跨越1600多年。《美术丛书》于宣统三年（1911）由上海神州国光社排印初刊本，民国四年(1915)再版，民国十七年(1928)增加续集重印，民国二十五年(1936)第四版，此本为重订，至此共出重订本四集，民国三十六年(1947)重印增订本，共二十册洋精装。1964年台北艺文印书馆重印1947年本，1986年江苏古籍出版社影印第四版，改为十六开精装三册，1996年又重印。从1911年初版到1996年重印共八次，亦可见流传之广，影响之大。

黄宾虹、邓实为何编辑此丛书呢？这要从“国学保存会”及保存国粹之需要说起。

1904年即清光绪三十年，邓实和黄节有感于洋务派官僚，只知媚外，而外国侵略者又多方收购我国古书名画，盗走我国珍贵文物，载运出口，所以邓实等人筹备成立“国学保存会”，遂设一个出版机构，以研究国学，保存国家文物，弘扬我国书画金石艺术之伟大传统，并出版《国粹学报》。邓实，字秋枚，一字枚子，号野残，别号风雨楼主，海上病民，室名风雨楼，广东顺德人，寓居上海，光绪三年(1877)生，1951年卒。邓实在20世纪初，是上海学术界一重要人物，他对保存国粹、研究古代书画金石、弘扬国土文物，起到了极大的作用，亦为黄宾虹1904年来上海后创造了学术环境。邓实这一时期的主要贡献是，创办“国学保存会”，出版《国粹学报》(与黄节一起主持)，编辑《神州国光集》期刊(印有古代书画、金石作品)，成立神州国光社，创办国学保存会藏书楼即风雨楼，和黄宾虹编纂《美术丛书》。仅藏书楼初得六万卷，后所积古籍有十五万卷之多。此外，邓实还著有《吾炙集小传》《谈艺录》，辑有《灵谷纪游稿》《竹懒画剩附录》《明朝两大儒手帖》《禁书目录》，编印有《风雨楼丛书》《古学汇刊》《政艺丛书》等。邓实对古典文献及书画金石鉴赏均有较高造诣，他在《谈艺录》跋语中说：“余少好为考古之学，凡前贤手牍有涉及艺事者，流览所及，辄随手择录投置箧，衍积久成帙……所录多明季清初诸老之作。”[1]《谈艺录》分七类编次，即绘事、书、雕刻、文具、玩具、音乐、金石，其中以言绘事者为大宗，共八十四通，其余仅三十三札。

黄宾虹20岁时曾奉父命参加院试，父亲想让他走仕途，但他的兴趣在国画艺术和金石研究上，虽考试落榜，但毕竟也使他接触了不少文史知识。他对石涛、渐江、石溪等进行研究，又研读董其昌、笪重光的画论著作及许慎的《说文解字》和有关印学著作，打下了良好的学术基础。1904年，原来在湖南长沙的安徽旅湘公学由长沙迁回芜湖，改名为安徽公学，其同乡邀请黄宾虹到芜湖去襄办校务，这使黄宾虹有机会进入学术圈子。先后曾有柏文蔚、陶成章、陈独秀、刘师培、苏曼殊等人在安徽公学任教。当时黄宾虹还和广东的黄节千里神交，后来他俩在上海国学保存会成为同事。1905年由邓实和黄节主办的《国粹学报》出版，每月发行一册，内容分社说、政篇、学篇、文篇、丛谈、撰录等，是当时研究学术和谈及革命的一种重要刊物。撰稿者有章绛(即章太炎)、刘光汉(即刘师培)、王国维、陈佩忍(即陈去病)、黄侃等人，他们都是著名学者，所以刊物之影响也就颇大。1907年《国粹学报》增辟博物、美术两门，并刊登黄宾虹的处女作《滨虹羼抹》的《叙摹印》一文，从上古三代玺印到秦汉铜玉印，再到六朝、唐宋之杂品印直至近代玺印流变均作梳理探讨，此后黄宾虹的许多论文相继在《国粹学报》上发表。1908年黄宾虹从芜湖来到上海，继续为《国粹学报》撰稿。1909年黄宾虹开始与邓实共同负责编辑《国粹学报》《国学丛书》《神州国光集》等书刊画册。黄宾虹比邓实大12岁，加之他发表的论画、论印、论墨的文章和从事国画创作的成绩，正好可与邓实携手工作。这使黄宾虹从此进入上海的学术界和编辑行列，两年后才有可能与邓实合编《美术丛书》。梁国冠在《东方杂志》上撰文《岭南诗人黄晦闻评传》说："乃于光绪乙巳北走沪上，与章炳麟、刘光汉（刘师培）、黄宾虹、邓实诸人创国学保存会，办《国粹学报》并参加'南社'，以诗文鼓吹革命。"[2]黄宾虹自1909年参与《国粹学报》等的编辑工作后，亦与邓实同往国学保存会的藏书楼。

1908年（戊申年）二月，国学保存会精印《神州国光集》第一集出版，为双月刊，共出二十一集，至民国元年十月停止。第一集刊邓实所作《叙》，其文受到德国近代哲学美学的影响，认为美术是天才之制作，不同于政治等科学是为世之所利禄而生，而美术则是忘其利，"美术之高尚纯美，尤足怡魂而怿魄，令人有无涯愉乐之思，是故生人之于美术未尝一日而可缺"。邓实有感于近世西方考古之学立会著书，远游掘地，欧美考古名家收罗我国不少珍品，"视同环宝，著书摹印，称颂不衰"，并有欧美人著中国美术志，邓实感到国人有必要起来保护我国文物，此外，邓实还认为我国自汉唐迄今金石书画名迹宝光亦多为收藏家所珍秘，珍迹流传越久越少，且珍品在此，仅供一二达官贵人所把玩，所以邓实想通过收访书画金石名迹，或展览以示大众，或刊印以加流传，"国学保存会即立三年，藏书之外复收罗古代美术品，购借收讨日积而多，时于国粹学报镂铜公世，兹复有神州国光集之刊"[3]。邓实在《神州国光集》第十九集所写《辑录余谈》也说道："西人之爱购中国旧画，自近二三年开始，自庚子之役内府所藏唐宋元真迹流落海外，西人尽置之巴黎、柏林、伦敦各博物馆中以供众览。"看到故土文物流失，邓实忧心如焚，"中原法物日流海外异日必有国亡而物与之俱亡者，吾不知览之者其感更当如何也，是则予之叙是集者不能毋悲耳"[4]。悲愤之情，溢于言表。所以《神州国光集》创办之目的，在创刊号《凡例》第一条就写着："本集专为表扬国光，提倡美术起见。"所谓"神州国光"，就是要弘扬神州之国光。《神州国光集》每集前有所著录之名家小传，然后便是"用日本最新电气铜版玻璃法精印"之书画金石作品，前几集名家小传未写作者名，但后几集则署邓实名，改名家小传为"辑录余谈"，可见该刊实为邓实主编。邓实对书画金石鉴赏亦很在行，他在《神州国光集》第二十集上撰文《鉴画真铨》，仅刊出其第一部分"辨纸绢"，未完待续，但第二十一集未见续刊即停。在1911年2月出版的第十九集《神州国光集》邓实写的《辑录余谈》提道：他最爱清初三大和尚之画，即石涛、石溪、渐江。这三人也正是黄宾虹所倾心研究的，邓实说："友人滨虹（黄宾虹）云昔见石师山水册有其自跋称，暑月处寺中苦热，欲求世人布施一草棚，故写此册以待施主，卒竟无问津者云云，今此册售之某收藏家价至三百金，在当时不值一草棚之费，亦可异也。"[5]这说明邓实与黄宾虹经常在一起观赏讨论画艺。正是共同的爱好与弘扬国光的责任，才使他们携手编纂《美术丛书》。

1911年，国学保存会已成立六年，成绩斐然。邓实及同人们兴办了数件大事，出版《国粹学报》《神州国光集》刊物，成立神州国光社出版机构，建立国学保存会藏书楼收购古籍及书画作品，编辑《古学汇刊》《风雨楼丛书》，为保存和研究国学做了大量的工作。《国粹学报》增辟美术、博物栏目，发表美术研究论文，新办《神州国光集》收录刊发书画金石作品，可见对古代美术的研究及收录古代美术作品都在邓实的视野之中。应该说邓实对国学研究、保存、整理是有着全盘的计划的。1909年黄宾虹来到国学保存会工作，邓实如虎添翼，共同切磋艺术，成为挚友。从以上工作看，对书画金石作品的收录刊登有《神州国光集》，对其原作的收购借览有藏书楼，刊发美术研究论文的阵地有《国粹学报》，那么还应该做的工作有什么呢？邓实和黄宾虹认为应整理中国古代美术文献，使之系统化，重排出版，于是开始编辑《美术丛书》之鸿篇。

《美术丛书》初集共十函，每函四册，共四十册，初集每月一函，自1911年2月至11月出齐。后又出版续集，再续集，至1915年出满三集，共三十函，一百二十册，由神州国光社铅印出版。初版，只有邓实写的《序》和胡韫玉的《引》，无黄宾虹序。因此，初版一般认为是邓实编，引用此丛书只署邓实名。如1932年，北平图书馆出版的余绍宋编著的《书画书录解题》，录《美术丛书》十集、续编十集、后编十集，近人邓实辑。他还未见到1928年有黄宾虹作序的增补本，所以仅依1915年版，编者仅署邓实一人。前三集黄宾虹虽然未写序，但实际参加了编辑工作。邓实将自己的《谈艺录》收进第三集第十函最后一篇，当时也是整个《美术丛书》的最后一文，作为该丛书的结尾。

到1928年再版时，再增补一集，再增十函（十辑），《美术丛书》到戊辰十月复印（1928）已是四集四十函（辑），共一百六十册。首篇文章即黄宾虹于戊辰八月写的《美术丛书·序》。至此该丛书被引用或著录时，若按印刷文中序的前后，则黄宾虹的新序在前，邓实的原序在后，所以有著黄宾虹、邓实编《美术丛书》；若按作序发表时间先后，则邓实的原序是1911年，黄宾虹的新序是1928年，且前三集定稿出版时无黄宾虹的任何文字，所以将邓实署前，黄宾虹署后，即《美术丛书》为邓实、黄宾虹编。

黄宾虹在《美术丛书·序》中说："是编刊行，肇始辛亥（1911），竣工癸丑（1913），曾未三稔，成书百二十册，题签标帙，不胫而走者，凡数千部。逮乙卯（1915）再版，至今（1928）又十余年。考古名家，如珍玮宝，摊泉冷客，频问陈编，既快睹于争先，或殷情于待后。虽锲而弗舍，匪辞仆仆 。从事之劳，而座有向隅，时抱姗姗来迟之感，因鉴于此，不获自已，重拟复印，务益求精。"黄宾虹在此记述了《美术丛书》前三集的编辑过程，不到三年，成书一百二十册，印行凡数千部，不胫而走，观众读者"既快睹于争先，或殷情于待后"，说明丛书出版后，流传极广，读者则争先阅览。另也记述自己编辑此丛书锲而不舍，座有向隅，不辞劳苦。从中可以看出，黄宾虹在前三集编辑中是劳苦功高的。

接着黄宾虹又写道：“文章焕发，蔚为国华，艺事清高，符于古趣，先民矩矱，重不朽于立言，后学津梁，在无纷于志道。”盛赞我国古代文章艺事，编辑丛刊其目的乃发扬神州国华，承接传统艺事。“尚思广搜载籍，继轨前尘，续为四编，月刊一辑，裘缀粹白，价重于千金，火候纯青，钢成乎百炼。是则难多食跖，乃知味之弥珍，而豹仅窥斑，未足语于斯旨也，爰述端末，谨为之序。”[6]新增第四集乃黄宾虹主持，“广搜载籍，继轨前尘”。可见黄宾虹无论在前三集，还是在最后一集的增编过程中，都对该丛书的完成起了重大作用。

邓实在1911年为《美术丛书》写的原序中，说到编辑此丛书的原因，虽然明代就开始刊刻丛书，但一般丛书或限于地域如岭南遗书，或限于个人如戴氏遗书等。现在邓实要创分类丛书，即将美术作为一类进行整理刊行，古今学术浩如渊海，“先由一类入手，由此推彼，事半功倍”。学以分而始精，书以类而易别，分类而治，易成绝学。“今人每欲为专家之学，而苦于书籍之散而无纪，搜求不易因此裹足，得此类刻之丛书，只患不学，不患无书。”这就是邓实所谓编辑此丛书的几条理由。邓实还感于西学东渐后，我国学术不振，唯有美术，可为发扬。“自欧学东渐，吾国旧有之学遂以不振，盖时会既变，趋向遂殊，六经成糟粕，义理属空言，而惟美术之学，则环球所推为独绝。言美术者必曰东方。盖神州立国最古，其民族又具优秀之性，故技巧之精，丹青之美，文艺篇章之富，代有名家，以成绝诣，固非白黑红棕诸民可与伦比，此则吾黄民之特长而可以翘然示异于他国者也。”邓实的序言，是代表黄宾虹等编者的共同心声。邓实和黄宾虹他们深感西学东渐后，对国学具有强烈的冲击力，此文五六年后，所谓新文化运动，即掀起“打倒孔家店”否定传统文化之浪潮，邓实、黄宾虹因已经预感到“六经成糟粕”而痛心，因而他们想通过弘扬美术、整理美术文献来保存国学，发扬国光。邓实和黄宾虹欲用美术来治愈国民受伤之心灵，“国死可复兴，心死无复活，然则此数十卷忘忧捐忿之书，聊拯一国方死未死之人心，而引之于高尚玄渺之境，以通于神明。望古而怀旧，哀窈窕而思贤才，是亦乱世诗人所不得已之极思也”[7]。邓实与宾虹的鸿鹄之志，邓实谓“于世肉食者不足与谋”，宾虹曰“豹仅窥斑未足语于斯旨也”。

《美术丛书》“略例”第一条：“是书为提倡美术起见，丛集古今大美术家之著述，勒成一书以引起人优尚之思想，盖吾国开化最早，为列邦文艺之祖，凡书画雕刻之类，久为艺林所宝贵，是书所收皆系讲求书画雕刻之术者，良墨精印，以供海内共赏。”该丛书也是有所选择，“取其裨见，闻足资考，镜之助者，方为入集”，而对那些“无关学术之书与乏趣味之作概不暇及”。“略例”还说到，神州国光社所编印出版的《神州国光集》《神州大观》久已风行海内，两种刊物都是古人之书画金石作品之真迹，而《美术丛书》则是古人精神观念之汇集，二者并行不可偏废。这充分说明，国学保存会和神州国光社是将对古代名家书画作品的收集刊行与对古代美术论著的文献整理研究，作为一个整体系列来考虑的，二者同等重要，邓实与黄宾虹当时能有如此之胸志实乃不易。该丛书所集内容共分五类，即书画类、雕刻摹印类（附文房各品）、磁铜玉石类、文艺类（词曲传奇）、杂记。每集五类不一定俱全，但至少有三四类，五类之中又以书画为主，而论画著述尤多，这是因为画是我国古代美术最优者，故论著亦最多最精。《美术丛书》收录画论、画品、画史著述较为丰富，如笪重光《画筌》、石涛《画语录》、董其昌《画眼》、黄钺《二十四画品》、米芾《画史》、汪珂玉《珊瑚网》、裴孝源《贞观公私画史》、朱景玄《唐朝名画录》、郭熙《林泉高致》、韩拙《山水纯全集》、谢赫《古画品录》、姚最《续画品》、李嗣真《续画品录》、彦悰《后画录》、荆浩《笔法记》、汤垕《画论》和《古今画鉴》等。在其他几类中，《美术丛书》收录较广，如晁说之《墨经》、陈洋《摹印记》、高兆《观石录》、刘体仁《七颂堂词绎》、万寿祺《论墨》和《墨表》、屠隆《纸墨笔砚笺》、吴骞《论印绝句》、米芾《砚史》、张丑《野服考》、汪镐京《紫泥法》、张谦德《茶经》、丁佩《绣谱》、朱琰《陶说》、姚孟起《字学忆参》、无名氏《宣德鼎彝谱》、董其昌《骨董十三说》、蓝浦《景德镇陶录》、张谦德《瓶花谱》、贺裳《词筌》、陶弘景《刀剑录》、朱启钤《女红传征略》和《清内府藏刻丝书画录》等，书法收录更多。这说明邓实和黄宾虹学术视野是很广泛的，上面列举内容除书画外，包括诗词、字学、砚墨、印石、刺绣、女红、陶瓷、服饰、茶道、骨董、鼎彝、藏书等，有些是非常珍贵的资料，说明作者在浩如烟海的文献中去仔细搜寻，费了不少工夫。此外也说明在20世纪初，邓实和黄宾虹对"美术"一词的理解也是较为宽广的，除书画外，诗词字学、笔墨纸砚、茶陶金石、骨董鼎彝、服饰刺绣等都包括在"美术"之中。"美术"（西文Art）是从西方或经日本于20世纪初才传到中国，不久，邓实、黄宾虹就将中国的"美术"文献编成巨制，对国人理解美术的内涵起到了很大的作用。

由于邓实和黄宾虹编纂《美术丛书》时，考虑尽早与读者见面，不是采取的编完后整体一次性出版，因此虽然编辑略例中说明包括五大类，但由于是边编边出，缺乏统一安排，可能先找到有关版本就先出，后找到其他书目再后出，在数年的编辑过程中，也搜寻到不少珍贵的文献，但校勘方面因时间赶印来不及多做。黄宾虹在《九十杂述》中回忆说："《美术丛书》第一次刊印中国线装本一百二十本，与邓秋枚同编；第二次线装一百六十本，补四十本；第三次洋装二十本。三次校对排比中有舛误，因司事印刷遗漏误人，仍未改正。"此外也遗漏了一些重要的文献，如张彦远的《历代名画记》、宋徽宗时编的《宣和画谱》和《宣和书谱》、郭若虚的《图画见闻志》，这些重要的画史著作或未收入或仅节录。此外，韩拙《山水纯全集》在第二集第八辑中已经收入，不知为何在增补的第四集第十辑中又重复收入。

余绍宋在其力作《书画书录解题》中对《美术丛书》的评论是，根据1915年本即三集一百二十册本，还未读到黄宾虹作序的四集四十辑本，即署作者为"近人邓实辑"。余绍宋列举丛书有八个方面的不足：1.有关梁元帝、王维、荆浩、李成、唐寅等人的伪书不应收入，或收入应加按语说明；2.小品收录过多；3.张彦远的《历代名画记》、张怀瓘的《书断》等名著应收入；4.《图画见闻志》《宣和画谱》不应循王氏书画苑之陋，割裂分篇，应完整刊出；5.汪珂玉《珊瑚网》所收画据画法等编，皆属抄袭，其内容已见于各本书中，因而可以删除；6.丛书所据之本未有注明版本、藏家及流传；7.丛书中诸多书未标卷数；8.丛书既为一般读物，有的著述作者冷僻，读者不知，应附作者小传。余绍宋的这些意见是中肯的。由于《美术丛书》是一浩大工程，有关样刊、版本、作者小传等，被编者忽略。余绍宋在列举八条意见后，对丛书的贡献仍做了肯定："自来搜集书画之书如王氏书画苑，既病其纷杂无次，四铜鼓斋论画集刻，又仅限于清代论画，采集未全，实未有此书(《美术丛书》)之完备者。上举八端皆求全责备之论，若能加以改正更续数集，则真可称美术大观矣。"[8]

瑕不掩瑜，邓实与黄宾虹所编《美术丛书》四集四十辑一百六十册，最终以二十本洋精装印行，凝聚了邓实和黄宾虹的劳动心血。该丛书对于在西风日烈的情况下，保存国学、发扬国光起到应有的作用，同时对于系统整理、出版我国古代美术文献也起到较大的作用。此外，由于丛书收录宏富、规模庞大，对于美术和国学研究者，都是极有用和方便的参考资料，所以黄宾虹在20世纪初为中国美术史学的整理和研究作出了重要的贡献。

二、黄宾虹之中国绘画史研究

黄宾虹对中国美术史学的贡献，除编辑《美术丛书》外，还在于他对中国古代绘画史的研究。1907年，《国粹学报》增开博物、美术两门，刊登黄宾虹的处女作《滨虹羼抹》之《叙摹印》一文，黄宾虹由此开始撰写中国美术史方面的研究论文。1909年至1913年，他主要在《国粹学报》和《真相画报》上撰文。1909年黄宾虹用笔名"予向"在《国粹学报》上发表《梅花古衲传》和《江允凝传》，前文是研究新安画家渐江的生平事迹，也是他后来写作的《渐江大师轶事》一文的初稿。《江允凝传》是为渐江之子江注(字允凝)所写的短文。1912年高奇峰、高剑父兄弟来上海办《真相画报》，请黄宾虹为之撰文和插图。1912年至1913年，黄宾虹在《真相画报》上发表《真相画报叙》《论上古三代图画之本原》《论两汉之石刻图画》，这三文后来于1914年复刊于《南社丛刊》第八集。黄宾虹在《真相画报》上发表的其他文章还有《论魏晋六朝记载之名画》《论画法之宗唐》《论五代院画界作之创体》《论五代荆浩关仝之画》《论北宋画学之盛》《论东坡开文人墨戏画》《论宣和图画谱之美备》《论徐熙黄筌花鸟画之派别》等，这些文章均署"颀厂"笔名。从在《真相画报》上发表的这一组文章来看，黄宾虹已经在计划对中国古代美术史中重要的画派画家做较为系统的研究。在20世纪初，黄宾虹是最早对中国古代绘画史做系统研究的人员。姜丹书写的《美术史》包括中国和西方，于1917年出版，比黄宾虹的这组论文要晚几年。1923年7月25日始，黄宾虹又在上海《民国日报》副刊《国学周刊》第12期连载《中国画史馨香录》，至1924年7月29日止，因该周刊停止出版而中断。《中国画史馨香录》从上古三代画家、汉画家、魏晋六朝画家，到唐五代、北宋直至南宋四大家，均做了研究，黄宾虹按朝代顺序，对中国古代杰出画家做了较为深入的探讨。1925年商务印书馆出版黄宾虹的中国绘画史专著《古画微》，这是一本以简体字写的中国绘画通史，从上古三代画画实物之形，一直写到清代汤贻汾、戴熙。这是一部有独立见解的中国古代绘画史之力作。初版时是作为“国学小丛书”之一而印行的。

1926年，黄宾虹脱离商务印书馆，重回到神州国光社主持编辑业务工作，并约邓尔雅、宣古愚等老朋友在神州国光社内成立“艺观学会”，邓尔雅和黄宾虹都是柳亚子主持的“南社”成员。“艺观学会”出版《艺观》杂志，黄宾虹发表《国画分期学法》等文。黄宾虹还在1926年出版的《艺观画刊》上发表《南宋刘松年与马远山水说略》《恽南田传略》《宋王诜山水说略》《五代黄筌花鸟》《清王麓台传略》等文。1929年黄宾虹在画家个案研究方面取得重要成果，《艺观》杂志复刊，黄宾虹在1929年出版的《艺观》第二、三期上刊登《明代画家沈石田先生传》，署名“芸人”，为黄宾虹当时所用笔名。此外，1929年神州国光社出版《画史汇稿·文徵明》一书，分二册出版，未署名，序言代署“编者识”，但书中数处按语有“芸人按”，根据赵志钧考证，此书为黄宾虹所著。此外1935年至1940年，黄宾虹在《教育杂志》《中国文艺》上发表《画学升降之大因》《画史编年表》《壁画偶谈》《画学南北宗之辨似》《扯画史话》《水墨与黄金》等文，这说明黄宾虹一直关心中国画史的研究，直到他九十岁时，所作的《画学篇》诗，仍是在探寻中国绘画史发展的规律。可以说，黄宾虹从青年时代读金石画论著述和接触渐江、石涛、石溪等人的画作和画论时开始，从未间断对中国画学问题和中国绘画史的思考与研究，就像他自染指翰墨后，就从未停止对中国画的创作与探索一样。正是黄宾虹具有坚韧的毅力，锲而不舍的精神，勤于探索和善于思考的睿智，才使黄宾虹在中国画史研究和中国画创作实践两个方面都取得了卓越的成就。而黄宾虹对中国绘事史的钻研，对历代大画家的解读，对画学画理的深度认识，都对他的创作产生了巨大的影响，使他对中国两千多年以来的伟大绘画传统胸有成竹，筑高了他的艺术视野，加之他对古画所具有的极高的鉴赏力，帮助他深刻理解中国画的创作规律，因而才使他在中国画的创作中如鱼得水、游刃有余，终成大家。黄宾虹的中国画研究与中国画创作可谓相得益彰。

笔者认为，黄宾虹在中国绘画史研究中有如下几个特点：其一是坚持运用中国画学研究的传统方法；其二是通过对个别代表性画家的研究而串联画史；其三是既重材料的挖掘，又重研究的独立见解和心得。

20世纪初，西学东渐，“向西方学习”成为时髦的口号，西方的文化、哲学、社会科学、艺术等，开始在中国的人文科学和文化思潮方面产生较大影响，中国现代哲学、美学、心理学、法学等，均在参照西方的相关学科的情况下得以初步建立。本来中国古代的绘画史学科是很发达的，且建立比西方要早，如唐代张彦远的《历代名画记》、宋代郭若虚的《图画见闻志》都是体系完备的绘画史著作，但在20世纪初，建立现代形态的中国美术史和中国绘画史成为一项新的任务。近代由于西方人掠夺或搜购了中国古代不少文物，或到中国从事美术研究，因而也开始对中国美术进行系统探讨，如英人波西尔在中国北京居住30年，写作《中国美术》一书，由戴岳译、蔡元培校，1923年由商务印书馆出版。此外日本人对中国美术史和绘画史的研究也取得一些成果，中村不折的《中国绘画史》、大村西崖的《中国美术史》先后于20世纪20年代和30年代在中国翻译出版。中国画家和美术史家开始借鉴西方和日本的中国美术史研究方法、体例从事研究，如陈师曾的《中国绘画史》分三编“上古史”“中古史”“近世史”，潘天寿的《中国绘画史》，都受到过日本人之影响，滕固的《唐宋绘画史》借鉴西方近代艺术史学中的“风格理论”等，他们都为中国绘画史学的研究做出了贡献。黄宾虹则坚持独立的研究品格，固守中国画学传统研究方法，传承中国画学研究精神，独立思考与探索，取得卓越的研究成果。黄宾虹对西方人的学术和艺术也是重视的，但他并不盲从，在西风日烈的情势下，他更多考虑的是发扬国光，弘扬国粹。他在1912年发表于《真相画报》第2期上的《真相画报叙》说“欧云美雨，西化东渐，绘采之丽，妍丽夺眸”，但他想到的是西画的这种山光水色，显晦之妙，其与北宋之画，尤相印合。“今者粤中诸友，方有《真相画报》之刊，将搜全球各种画艺，分别区类，萃为一编。笼天地于形内，容古今为一炉。余喜其沟通欧亚学术之大，发扬中华国粹之微，陶养人民志行之洁，潜移默化，未尝不于是乎。”可见，黄宾虹的艺术观并不拒绝西方艺术，而是主张沟通中西，只是他念念不忘发扬国粹。

黄宾虹在青年时期就打下良好的国学基础，他在1953年写的《九十杂述》中说道：“丙戌（1886）后返歙应试，改名质。旋食干禄。奉父母大人返歙。应紫阳、问政诸书院课，受知于浙杭谭仲修山长。从乡父老游，知汪容甫《述学》，洪北江《更生斋》诸集，学为骈俪文，并金石书画谱录，得汪容甫所藏汉印，黄山名画真迹。著《画谈》《印述》，另详杂著中。”[9]他在家乡参加过县试，后在紫阳书院学过经史、古文诗词，还做骈俪文，并于汪容甫那里得览汉印和黄山名画真迹，使其对金石书画产生浓厚兴趣，打下良好的国学基础。黄宾虹于1904年到上海后，正值邓实、黄节创办《政艺报》《国粹学报》，他们留黄宾虹一道商办神州国光社及做《神州》《时报》刊物编辑，使他实际参与保存国粹的学术活动，这样黄宾虹就以整理和研究国粹作为己任，而将保存国粹的任务具体落实到整理中国古代文献、研究古代金石、书画的行动中。

黄宾虹系统地对中国绘画史进行梳理和研究，是在1923年至1925年，1923年7月至1924年7月他在《民国日报》副刊《国学周刊》上连载《中国画史馨香录》。1925年12月，商务印书馆出版了他的专著《古画微》。据黄宾虹《九十杂述》回忆：“《古画微》原稿四册，经商馆（商务印书馆）小丛书篇幅所限，前六篇存原，余多删减，非完本。”[10]可见《古画微》的原稿本要更丰富些。这两部著作均精练简明，用文言文写作，继承中国古代画史写作的传统，对画家画派以外的东西如朝代背景、政治经济，一概不论，行文单刀直入，紧扣画家画派分析，力图揭示画派画史的内部规律。此外黄宾虹在研究中注重画史、画论、画品中的文献材料的运用，有根有据，不加妄断。黄宾虹所运用的画史研究方法，是基于我国画史研究之传统方法，他是将中国绘画及其研究方法都视为国粹而欲加张扬。画家及画派研究乃是绘画史的最基本也是最重要的任务，黄宾虹就是抓住每一朝代的代表画家及其画派的特点、师承与嬗变进行分析，从而探讨中国绘画的演变规律。黄宾虹的这种画史研究方法，我们认为是一种绘画本体的研究方法，这种方法不同于西方的社会学、心理学、形式主义、风格理论之美术史学研究方法，社会学、心理学之美术史研究方法，或注重社会的经济、政治、生产、风俗等方面的情况对美术的作用，或注重画家的主观上的精神作用与观赏者之欣赏过程，而忽略绘画本身特点包括技法演变之特点的研究，而形式主义、风格理论之美术史研究方法，则完全局限于作品的色彩、构图或风格的表象上的比较，不完全适合研究中国绘画，就像滕固在《唐宋绘画史》中所言，虽然口头上说要用西方的风格理论研究唐宋绘画，但实际上又不得不注重中国传统的画史研究方法，从中国画史画品有关唐宋绘画的材料中寻找立论之证据。当然我们是可以借鉴西方近现代美术史研究方法，但我认为，目前更为重要的是应该重提黄宾虹所奉行的中国绘画本体研究方法，使中国本土所特具的绘画史研究方法得到发扬光大，以有益于中国绘画史学科的发展。虽然《古画微》《中国画史馨香录》两部著作还显简略，但在美术史方法论上的重要意义随着时间的推演，其价值将不断为中国绘画史家所认识。

《宾虹画语》中说“要知云林由荆浩、关仝入手”，这可看成是黄宾虹治史方法之一。《中国画史馨香录》虽然只写到南宋，但从上古三代画家到汉蔡邕、张衡直至李唐、刘松年、马远、夏珪等主要画家都有论述，且能将所论某一画家放在绘画史的历史背景中通过与其他画家比较来确定其特征。如对南宋院体画的评价，针对有些论者“恒不以院画为重，以为用巧太过，而神不足也”的观点，黄宾虹并非人云亦云，而是提出自己的不同见解，“不知宋人之画，亦非后人所易造其堂奥，如李唐、刘松年、马远、夏珪，此南渡以后四大家也。虽人以残山剩水目之，然可谓之精工之极”[11]。如对李唐的评论，黄宾虹认为李唐改变古法，独行己意，后人每况愈下，滔滔不返，谓李唐是“变古而不远于古者”。黄宾虹在评刘松年时说：“是兼六朝唐宋之长，而擅其精能，又与唐宋人如异其风趣者也。”这对于我们正确认识李唐、刘松年的画风特点和历史地位都有很大的启示。再如对夏珪的评论仅仅六百字，但字字掷地有声，精妙无比。黄宾虹先指出夏珪山水，自李唐以下无出其右，虽与马远同，但其意尚古至简淡，“突兀奇怪，气韵尤高。笔法苍老，而色如敷粉之色”。并举其《千岩万壑图》为例，赞其精细之极，非残山剩水之比，有清旷超凡之远韵。对世人所称马远、夏珪之构图为“马半边、夏一角”有不同看法，认为“非所以尽马、夏之长也”。指出明末董其昌于夏珪、李唐，性所不好，故不入选场，“然知一代作者，出类拔萃，逞其天才，常有剑拔弩张之气，而乏山明水静之观，不善学者，粗犷恶俗，以半边一角，自为能事，滔滔不返，弊滋多矣”[12]。由此我们可以看出黄宾虹对中国画史的独立研究方法，既能揭示出夏珪的绘画特征，同时亦指出李唐之法出于范宽、荆浩，夏珪、马远又法李唐，而夏珪师李唐，又更加简率，厘清夏珪的师承关系和特点，还对董其昌片面之论进行匡正，并指出后来不善学者“以半边一角，自为能事”而滋多弊端。

黄宾虹的这种求真务实，寓见解于材料分析之中的绘画史方法，我们认为应该是研究中国绘画史的最有效的方法之一。

《古画微》将朝代划分同每一朝代绘画中的显著问题结合起来进行研究，而不面面俱到。如果说《中国画史馨香录》是以画家个案研究来串联画史的话，那么《古画微》则是以问题探讨来导引画史，《古画微》是中国绘画问题史之研究，史论结合。黄宾虹的这两部著作给我们的最大启示是，不能仅仅以编写绘画史教材为己任，而应有独特见解，以研究心得为根本，这样才能真正深化中国绘画史研究。《古画微》新见迭出，如《两晋六朝创始山水画以神为重》，说明中国山水画创始阶段为两晋，并以神为重，《唐吴道子画以气胜》《唐画南北两宗由气生韵》《五代两宋之尚法》《南宋院画之废古》《开元人尚意之宋画》《元季四家之写意画》《明画尚简之笔》《清初四王吴恽之复古》等，每一专题都是一个绘画史上某一朝代的突出问题，对这些艺术史问题，黄宾虹都做了深刻的剖析，并提出了自己的新见。如《唐画南北两宗由气生韵》比较王维和李思训时指出：南北两宗虽殊派别，迹其蹊径，上接顾陆张展，往往以精妍为尚，深远为宗，既以气行，尤以韵胜。指出他们的差别和联系，"故王维之学道子，较道子之画为工，韵已远过于道子，其气全也。李思训之工过于王维，韵亦差似于王维，其气亦全也。学者求气韵于画之中，可不必论工率，不必言宗派矣"。再如《开元人尚意之宋画》，主论元代尚意之作品，实由北宋苏东坡、文同与米芾所开创。元人"神思所注，妙极自然，不惟人力，纯任化工。此气韵生动，为元人独得之秘"。"然由浓入淡，由俗入雅，开元人之先者，实惟宋之文湖州、苏东坡、米襄阳诸公之力为多。"[13]这些观点揭示出元代绘画的主要特征以及元画与宋代文人画的承续关系。

黄宾虹在出版《古画微》这一时期，还写作了一篇重要的论文《鉴古名画论略》，发表于1925年的《东方杂志》。此文论及古代名画鉴定的方法等问题，分为五个方面：印本与真迹之关系、士习与作家之辨别、历代御府鉴藏名画、士夫论画书之美、历代画家之派别。在谈论士习（文人画）与作家（院体画）之辨别时，黄宾虹的有关意见已时过80年，今天看来，对我们仍有很大启发：

> 中国鉴藏古画，常重士习而轻作家。搜求中国古画者，欧美诸邦，专崇作家而遗士习；东瀛海国，既尚士习，兼收作家，采取虽富，而精鉴不远。中国之画，有离作家之面貌，合士习之精神者，此其上乘，兼作家士习之形神者次之；仅守作家之矩矱者，又次之。欧化东渐，莘莘学子，习画者，初尤不免诋诽国画。近数年来，东西艺术沟通，远识之士，稍知国画之神味，而苦无鉴别之明识。[14]

从此文可见，黄宾虹是将绘画史研究同中国古代名画的鉴识紧密相连，并欲帮助读者和观众提高对中国古画的鉴别能力。黄宾虹在对中国古代绘画的研究中必定要碰到鉴识的问题，引起他对古画鉴定的理论思考，反过来，鉴识能力之提高，又帮助他对画史做更深入和精到的研究。

黄宾虹对绘画史的研究成果，还体现他在1912年至1913年为《真相画报》写的若干论文上，以及他为恽南田、石涛所写的传略和为沈石田、文徵明写的长篇评传。

他在1912年至1913年受《真相画报》之约，写了《论画法之宗唐》《论五代院画界作之创体》《论五代荆浩关仝之画》《论北宋画学之盛》《论宣和图画谱之美备》《论东坡开文人墨戏画》《论徐熙黄筌花鸟画之派别》。这些论文是20世纪初比较有计划地对中国画进行系统研究的开山之作，并颇富见解，有的观点则在《古画微》和《中国画史馨香录》中得到深化与发挥。如《论五代院画界作之创体》一文，对北宋郭忠恕的界画给予很高的评价，称赞他天资颖拔、博学好文、自然中道，化境自臻，直追晋唐、空前绝后，无出其右。黄宾虹认为界画有很大的难处，必须折算无差，乃称合作，"因其束于绳矩，笔墨不可以逞，稍涉畦町，便入庸近。恕先深入矩矱之中，超乎楮墨之外"，自然中道渐入化境，无往而不精妙。虽然黄宾虹比较推崇文人画，但从他对郭忠恕的高度评价来看，他对院体界画也都十分肯定，这说明黄宾虹并不像董其昌等人那样，以个人好恶来褒贬画家，正由于黄宾虹是一位绘画史学者，因此他能站在画史的历史平台上客观地、公允地评价每一个有成就的历史上的画家。

黄宾虹从1909年在《国粹学报》上刊发《梅花古衲传》开始，对画家传记就有意留心。《梅花古衲传》是叙述明末歙县画家渐江的事迹，也是黄宾虹介绍新安画派的最早文章。后于1926年又在《艺观画刊》上发表《恽南田传略》《清王麓台传略》等文，对清代画家恽南田及王原祁的生平事迹及绘画上的成就均做了评述。特别是1929年黄宾虹以"芸人"笔名在《艺观》上连载的数万言长文《明代画家沈石田先生传》，分七节进行全面评注，包括家世、行谊、师友、石田之游履、石田之居宅、石田之高致、石田之鉴赏，可谓对明代吴门四家之首沈周进行了全面研究，资料丰富，是沈石田研究的重要成果。此外1929年神州国光社分上下两卷出版了《画史汇稿·文徵明》一书，未署编者名，但正文中有数处"芸人按"，"芸人"即黄宾虹在当时的笔名。根据赵志钧考证，该书实为黄宾虹所编。《画史汇稿·文徵明》"编者识"载：

> 有明中叶，文待诏徵明诗书画三者，皆卓越当代，主盟吴中，风雅三十余年。顾世所传《甫田集》诗文著述，遗佚甚多，世远年湮，不无沧海遗珠之憾。是编以题跋书画为主，旁及集外诗词，首列传略、年表、支裔表，末附以诸家评骘及杂缀所得资料，十之八九不见集中；虽耳目未周，犹多缺略，而区类董理，综合条贯，区区搜采之意，亦已勤矣。至于如《宝绘录》所载诸跋，凡明知其伪羼者，姑付阙如。方闻君子，尚有以匡其不逮焉。十八年六月编者识。

该书广罗文徵明传略年表及诗词题跋，如"传略"中，将《明史本传》中有关文徵明条款摘录，并收录王世贞《文先生传》一文，"题跋"一节中，又分书、画、自题书画三类加以收编，题画诗，则也分三类，即题他人画、自题山水、自题杂画，可谓最大限度地收录了他的题跋和题画诗。在“诸家评骘”一节中，在《姜斋诗话》《静志居诗话》《清河书画舫》《吴郡丹青志》等诗词、画史、地方志等文献中，广泛收罗对文徵明的评论，可见黄宾虹及同人们在编辑此书时是下了大功夫的。正因为如此，《画史汇稿·文徵明》一书，成为此后研究文徵明的较全面、最实在的重要资料。黄宾虹所撰画家传略或画史资料，有的是收寻民间资料加以缀成，如渐江传，有的则根据文献资料加以梳理，如文徵明，但都有根有据，从不妄加臆断，亦可见出宾虹先生画史研究治学之严谨。

我们认为黄宾虹之中国绘画史研究方法，是一种基于我国画史研究之本土的绘画本体研究的方法，他将画史、画学、鉴识、传略以及画法（本文略）研究加以打通，结合起来为中国绘画史研究及为中国绘画新的创作服务，黄宾虹的绘画史研究方法及其观念为中国现代之美术史学奠定了良好的基础，其学术思想如同他的中国画创作成果一样，都具有强大的生命力，是20世纪中，我们重要的文化经典。黄宾虹启示我们，无论在中国画创作还是在中国美术史研究中，只有保存国粹，才能发扬国光，只有吃透传统，才能创造未来！

注释

[1]邓实:《谈艺录》，载邓实、黄宾虹编《美术丛书》第3集，第10辑，神州国光社1936年版。

[2]梁国冠:《岭南诗人黄晦闻评传》，《东方杂志》1947年第43卷第2号。

[3][4]邓实:《神州国光集·叙》，《神州国光集》1908年2月第1集。

[5]邓实:《辑录余谈》，《神州国光集》1911年2月第19集。

[6]黄宾虹:《美术丛书·序》，载邓实、黄宾虹编《美术丛书》初集，第1辑，神州国光社1928年版。

[7]邓实:《美术丛书·原序》，载邓实、黄宾虹编《美术丛书》初集，第1辑，神州国光社1928年版。

[8]余绍宋:《书画书录解题》卷八，北平图书馆1932年版，第5页。

[9]黄宾虹:《九十杂述（一）》，载赵志钧编《黄宾虹美术文集》，人民美术出版社1990年版，第248页。

[10]黄宾虹:《九十杂述（十七）》，载赵志钧编《黄宾虹美术文集》，人民美术出版社1990年版，第352页。

[11][12]黄宾虹:《中国画史馨香录》，生活·读书·新知三联书店2002年版，第24、26页。

[13]黄宾虹《古画微》中《开元人尚意之宋画》一节，商务印书馆1925年版。

[14]黄宾虹:《鉴古名画论略》，《东方杂志》1925年第22卷第3期。

本文载于《美术研究》2005年第1期

陈池瑜，1956年生，湖北监利人。毕业于华中师范大学，获博士学位。清华大学美术学院教授、博士生导师。

观念的生长

——徐冰、殷双喜、冯博一对话录

徐 冰 殷双喜 冯博一

时间：2005年2月20日

地点：中央美术学院《美术研究》编辑部

殷双喜（以下简称“殷”）：时间过得很快，一晃你出去有15年了。这10多年里国内、国际的变化都很大，大家公认你作为中国艺术家走出去后，在国际上是很成功的一位。在国外的大学，有专家开研讨会研究你，还有许多博士生做关于你的艺术的论文。但国内的学术界对你知道得很少，真正的学术交流并不多。我觉得有必要把这10多年来贯穿在你作品中的整体思路做一个回顾和梳理。

优秀的艺术家总是有对于艺术的某种“核心概念”，10多年前你在国内版画界提出“复数性”，这就是一个核心概念。直到去年开高校版画年会，还有很多论文讨论“复数性”，就是说这个概念已经成为版画界知识结构的一部分。这就是我说的“种子型的观念”，它在不同的地方能生长出不同的植株和果实，在骨子里这种东西具有扩展的可能性。一个杰出的艺术家提供给时代的如果是这种结构型的、种子型的东西，就像杜尚的思想，它就可以生发出很多东西。

中央美术学院已经聘你为客座教授，有机会的话，你应该回到学校来，和年轻人思想上有个交流。你的思想背景和知识结构有中国的传统的哲学的东西，是有根基的。而当代艺术越来越追求大场面的、戏剧性的、活动的视觉效果，国际上的双年展有娱乐化的趋势，就是好玩、好看，观众到国际双年展去可听、可看、可动、可玩，是一种当代艺术盛宴的享受，但是不求思考，给你一种即时性的浮华与美艳。

徐冰（以下简称“徐”）：双喜的想法，我觉得挺好，就是挖掘那种带有种子型的、根本上的一种东西，但是这个东西是什么？比如上回咱们碰面，你问我愿不愿意回来短期讲学，我当时觉得，如果真的可以有实际的作用，我愿意。为什么呢？从我直接的感觉上、经验上，我觉得，这么多年在各地参与艺术的创作和活动也好，和艺术界接触也好，包括自己文化上的冲突等各种各样的问题，弄到现在，我觉得最起码我有很多经验。你会觉得，一个年轻艺术家，如果有人能告诉他这个路大致怎么走，怎么能成为一个好的艺术家。就是怎么样能成为一个好的艺术家，这不是说大师，是说一个能够跟艺术挂上钩的艺术工作者。因为现在很多人做的东西看上去挺像艺术但其实和艺术没关系，和艺术根本上的东西不是一回事。比方说，我要带一个工作室，有几个年轻人跟我在一起，由我负责把他们从一个喜欢艺术的青年，带入一个比较容易发展的，比较能够和艺术核心的部分相联系的境界。这个部分包括两个：一个是当代艺术本身的一种关系、规律，这种东西其实大家都不太清楚；另一个就是说怎样能参与到一种实际的操作和程序中，因为它形成一个线索，一个系统，你参与多了，就有了经验，就知道这其中的关系是怎么回事，与它的距离怎样才合适，这些东西可寻、可抓，都可以传授给年轻人，让他们可以撇开很多障碍和浪费时间的训练。比如说坚持绘画也好，不坚持也好，我觉得都不是一个问题，在一些非本质的问题上费了很多脑子和时间，但又都不能真正碰到问题的要命之处。我觉得美院毕业的学生，都有一身技术，或是坚持了绘画，或是搞一些试验，搞一些装置，对新的东西有兴趣。但一直没弄懂艺术与社会和文化是什么样的关系，不知道作为一个艺术家到底是干吗的，他们到社会上以后，就有些无所适从。上学时袁运生先生有一句话，现在还有印象，他说“好的艺术给它放在哪里都可以”。这“好”也许就是把艺术的道理搞通了的人。

殷：现在的问题是这个社会的当代艺术创作非常活跃，但是当代艺术创作的方法、程序、技术、观念，中国的学院基本上是不教的。比如说1994年初你在北京红霞公寓做的《一个转换案例的研究》这件作品，我始终在场，这是我第一次感受到当代作品的现场感，它和一般的画册阅读的感觉是完全不一样的。这使我意识到对于当代艺术的现场必须参与，在过程中间去感受它，你看到这个作品在发展，但发展的方向你不能预料。

徐：这个作品在根上和我其他作品是很像的，都带有一种对文化和人的关系的反问，它使观众特别不习惯，觉得尴尬或不好意思。你后来看录像，那些观众的表情特别有意思。事实上验证了人的一种局限性，就是文化带给人的一种负担。

冯博一(以下简称“冯”)：后来我问过徐冰，为什么你以后做了一系列的动物“试验”？徐冰说，世界上有两种动物，一种是人，被文化文过身的，一种是没有被文化文过身的生命，他想要这样一种关系、冲突和差异。

殷：这个就像你刚才说的，我试着理解你这件作品和《天书》的内在联系。就这种文化、文明的痕迹，包括你写在猪身上的文字，包括你后来在广州三年展给毛驴身上的纹饰，还有你用烟卷给《清明上河图》留下了一个燃烧的痕迹，这里面有没有一种联系，也就是人通过自己的努力和活动，给自然万物留下自己的痕迹，他觉得他已经从根本改变了它，你是不是对这样的东西表示怀疑。就是说，文化是否有这种巨大的力量，能把所有的东西改变。

徐：我们讨论的不是文化的力量是否能改变什么，而是讨论文化在一种关系中的作用和限制。我的很多作品都与“文身”这个概念有关系。其实我们都是被文过身的，都有一个文化的伪装。

冯：徐冰说他一直做这种“表里不一”的东西。其实斑马驴不是说针对现在造假，而是你刚才说的被文化文身，被文化掩盖。

殷：这个说得非常好。人作为文化动物，实际上都被某种文化文过身了，我们的身上没有，但是我们的血液里骨子里有，在观念思想中有。我们看动物不自然的时候，实际上是我们被文明文化、羞耻文化文过身的表现。如果我们是原始部落的人，我们可能不会紧张。

徐：我的作品，它对于知识分子特别有作用。但是对于没有受过教育的，或者是低知识阶层的人，杀伤力就不强。

殷：那时还有一个传说，三联出版社的一个编辑想从《天书》中找到一个认识的字，结果没找到，回去就病了。这说明你的杀伤力对于越有知识、越有文化的人，越有震动。

徐：动物也好，文字也好，我的作品始终贯穿一个线索，就是对现有的概念的一种质疑。为什么用文字？文字是人类文化概念最基本的一个元素。对文字的改造，就是对人对思维最本质的那一部分的改造。为什么又使用动物，这两个确实是截然不同的，因为动物是一种最没有被文化过的代表物，是从另外一个角度，反衬和说明这个事。

殷：就是回到本源。有时候没有这种似乎超出常规的想法的话，人可能就会深陷其中，对所有的东西，他都从知识和文化的角度去解释。你要告诉他们，他们所依赖的东西是值得怀疑的，但是他们却用这种知识系统来解释你的东西，最后就把你弄得特别神秘了，给绕进去了。

冯：有时候我想，徐冰为什么做这个《尘埃》，就是他觉得所有文化本源性的东西就是文字，文字是文化基本的元素。他后来做的那个《尘埃》，其实就是物质世界最本源的东西。那么大的东西，最后毁坏了，就是尘埃。

徐：是的，尘埃是一个最基本的恒定的元素，它不会再变了。为什么说那个双塔最后能够倒成平地，是因为那个双塔属于物质结构最奇特的一种关系，它聚集了太多的物质的能量在里面，其实它是不正常的、人为的、资本主义的，对物质基本元素的使用，成为这么一个物质的载体。这事件具有更深的暗示性，是因为最终要回到最基本的物质状态。

殷：能不能这样说，《尘埃》这个作品，不是简单的一个反恐题材，而是借助这个来思考物质更本源的问题。

徐：绝对不是一个反恐题材，它探讨的是物质世界与精神世界的关系和认识世界的态度。事件、动物、文字其实都是一种材料和手段，即使大家都用文字，但每个人用文字说的事儿不一样。

殷：说到文字，你的作品，从《天书》开始，几乎做出了让人认不出一个字，可以把一个熟悉的文字系统变得陌生化的一个过程，然后你的《新英文书法》呢，又把两种系统融合起来，几乎又创造了一个可以通行的文字系统。前者是从懂到不懂，后者是从不懂到懂，别人能读懂你的新英文书法，并且在一些地方，将你的文字作为一种新的标识系统，像世界语似的被传播。我不知道现在全世界学习和研究你这种新英文书法的有多少人，虽然你也使用模拟的教室，将来会不会出现新英文书法的普及化，有一批人就使用这种书法，就像我们现在说的"网语"，这种语言不断地萌生、消失，当然人类现在语言的消失多过萌生，新的语言的创造和推广都非常困难，世界语言几十年了，在全世界不过就几百万人在使用。我知道你现在并不试图要像盘古开天那样，要创造一个已有的语言文字之外的文化系统，但是你对文字为什么有这种执着的兴趣？如果简单地说，徐冰有关文字的作品，揭示了人与人之间，文字作为一个交流传达的工具系统，是非常可疑的。它能不能促进人类的交流？或者说，它在某种程度上阻碍了人类的交流。

徐：你刚才说的思维、语言、文字之间的关系，包括对语言的怀疑等，这些问题是当代哲学的一个主要命题，也是大家讨论得很多的一个问题。所以《天书》《新英文书法》这类有关文字的作品很受重视，都跟这个有关系。

殷：比方说你在沙可乐美术馆做的展览，你把传统的文字又变成在天空中悬浮的一种立体的，像文字又像雕塑的实体，从平面中跳出来，又在空中飘浮，跟中国传统的绘画结合，从绘画中又生发出来，我觉得这里面有很多的意味。是否是因为我的文化背景促使我想象得很多，还是你确实也想过这些东西，还是说你做得很简单，是我把它想复杂了。你这样解构，把文字作为艺术的实体的想法是什么？

徐：可能要针对每一件作品来说。我后来的一些作品与象形有关，就是中国的文字来自象形这么一种特殊的文字线索，我对此越来越有兴趣，顺着这个线索下去，可以直接摸到咱们文化中最根本的部分。这种实验，我是从那次尼泊尔“深入生活”开始的，因为我带着久违了的速写本，又不想像过去那样画，我后来很自然地就画了这样一种文字的写生，我体会最深的是，我坐在山上，看着真的山，写这个“山”字，其实也就是在画这个山，你在检验和证明文化的表述与自然之间的关系，最后你就发现你所依赖的这个文化表述系统跟不上自然的变化和丰富。体会到一种错位和有限性。但在画的“此刻”，又感觉摸到了中国文化与思维。书法也好，绘画也好，它们的一个最实在的文化源头，在这一瞬间，你会觉得，所谓的关于书法的、绘画的风格的讨论，其实都是无聊的，像是一种思维与分析的游戏，你会觉得手下这种风格是最直接的、最原始的，是没有受到任何文化的参照、比较和规定的最有理由的动作和风格。

殷：能不能这样认为，你做的这些工作，在某种意义上，都是一种试图返璞归真的工作，或者说，解释人们在认识论和方法论在发展到一定程度以后，重新回到认识世界和文化的本源。你的工作在某种意义上来说，是很当代的，但是它又是在指向历史知识本质上的一种回溯。福柯提出“知识考古学”的概念，他解释知识何以成为可能，人们所使用的知识体系的基本的合法性来自何处，它的权威在何处。我们从来不怀疑我们脚踩的大地是稳定的，也不怀疑我们所受到的教育和知识都是可靠的，从小学到大学所学到的知识都是帮助我们的，有助于我们的。但我们很少反过来想，某些知识是否遮住了我们认识事物的本能。随着人类知识量的增加，人类是否变得越来越聪明了、进步了、发展了，还是离原本的东西走得越来越远了。我理解你所做的工作，就是拨开一层层知识的包裹，去寻找知识的原本核心的东西。

徐：我经常说，我的文字作品像一个字库，但它是一个不好用的字库。一般文字都是通过传达、沟通和交流发生作用，但是我的文字是通过阻截、逆向、不沟通、扰乱正常的思维线索发生作用。它像电脑病毒，它使你的思维暂时不工作。人的思维是懒惰的，习惯按照已有的知识和概念行事，比如说书是什么，书是能翻的、给你知识的，人都是按照这个来认识的。我的作品喜欢给你制造一个障碍，强迫你必须要面对一个新的知识和概念的挑战，最典型的就是《新英文书法》这个作品，因为已有的知识告诉我们中文是什么，英文是什么。

殷：你刚才谈的就是一种方法论的东西。你的作品都是一种障碍和阻断，它总是那么磕磕绊绊、不顺，一般的人都在历史之流中乘坐着文化之舟自然地顺流而下，但是进入你的作品，老是遇到障碍，不是一个大坝，就是一个险滩，甚至有时候逼得你弃船上岸，翻过一座山，再走，逼得你必须意识到除了这条惯性之路，人类的认识和世界的交往，必须有其他的途径和方式，也就是我们说的，你老让人死机，被迫重启动。

冯：但是他这种被迫重启动，是试图打开另外一个空间，换一种思维模式。

徐：当你重新连接的时候，它让你打开了更多的思维的空间和可能性。

殷：否则的话，你觉得太顺当，就忽略了很多的可能性，就按照你这条路一直走到头。我想是不是你的作品在方法论上揭示了在当代经常会有的联结点的阻断，你要重新搭上。只有这种多元的交叉，不断地断开和搭上，才有可能产生许多新的想不到的连接。

徐：很有可能让人类的太固定的文化的习惯、思维的惯性和知识的结构松动，松动才会有缝隙，才会有新的空间。比如典型的是，日本文化奖要求得奖人做一些公益的活动。我就去过一所小学教孩子们写这种字，到那里后，我就问他们，你们说我今天到这里来干什么呢？他们说请你来教我们写这种字。我说我今天来不是来教你们学会写这种字，我是希望通过你们写这种字，来打开你们思维的空间，重新认识你们所学到的知识的位置。课后，老师让他们说他们的感受，日本的孩子都比较规矩，很多的学生却说得很有意思，说他们今天通过上这个课，觉得这是他们这么多年学习最有收获的一天，因为从今天开始，他们觉得想事情可以从另外一个角度来想，不一定完全按照老师和书本上教的线索来思考，从今天开始，他们觉得看东西都变了。

殷：我也有这样的感觉，包括今天和你交谈就有这样的启发，就是说换一种眼光看世界，大家认为天经地义、如此肯定的东西，经过艺术家的启发，发现我可以拆开它，我也可以另外做一个。打个比方，有很多人受了你的启发，就创造另外一种书法和字体，也不是不可能的，而且你也认为这是很好的，你能够对一种习以为常的东西进行解构。

徐：其实越是对习以为常的东西改造，对人的刺激就越深。习以为常的事物，理应如此的东西，你不认为它有什么别的可能性。习以为常才是刀刃。

殷：就是说，如果你在一个陌生的环境中，你会为了生存，想尽一切办法，动用一切资源。但是如果你在一个非常熟悉的环境里，你的生活的方式方法就会比较单一，一切都成自然。就像你说的“文身”，我换一个词——“驯化”，我们人类不仅是在进化，还是在被文化驯化。

徐：其实所谓文化也好，文字也罢，都是最习以为常的事情，而这些习以为常的事情是别人最相信的东西，是不加思考接受的东西，是被认可的东西。就像《天书》，为什么要印出来，做得那么认真。因为人们认为印出来的东西是可以相信的，是官方的，是没什么可说的。为什么选用宋体字？因为宋体字是最通用的，最没有个人性和风格指向的字体。

殷：现在有一个疑问，就是你刚才提到的，你以往的东西比较文，想要寻求更直接的东西。因为你也生活在文化之中，你不是来自月球或原始社会，你自身的知识结构也已经被浸泡了。

我们都已经被文明所浸泡了。在这种情况下，你试图通过自己的作品让大家来反思。但是，你所采用的方法有两种，一种是以文化解构文化，还有一种是以无文化解构文化，以某种更原始的，非文化、无文化或反文化的方式来表达一种东西。

徐：大的概念上。你要懂得艺术家是干什么的，懂得艺术和文化之间的关系，懂得什么样的艺术是有价值的。你做的工作必须要在那个点上，下围棋叫眼位，宁丢九子，不让一眼。我觉得这个很重要，作品的价值在于所能碰到的这个问题，是人类永远会碰到的，如此一来将来的人就绕不开你的作品。

殷：对，你在艺术史上能不能持久地发生效用，取决于你的作品别人能不能产生相关的关联。历史上的大家，随着历史的推进，人们不断地回到他那里去，想他、说他。就像杜尚，几十年下来，哪怕批评他、骂他，也得把他当成一个绕不过去的环岛，你的东西吸引我的地方就在这里。

徐：作品在想法上必须特别的结实，特别精致，抓住了这个东西，作品就有了，别的东西都是不重要的。有了这个东西，作品就可以变得特别单纯，外在东西才可以简单起来。我从来没有特别考虑过材料和风格，我从来没有担心过。只从材料上来考虑问题的艺术家，都不会太有出息。如果你不从材料、风格、流派上来考虑艺术，你的艺术就是无限的。

殷：能不能这样说，对年轻艺术家，我建议最好不要把自己规范为某种媒体的艺术家，慢慢地把材料工具的思维变成个人本体的思维了。

徐：这样他的局限性就来了，他就不能够真正找到他自己最有兴趣的东西，很多艺术家都是由于某一种材料把他真正的人的特殊之处给掩盖了。

殷：这个框子可以给他带来收获，但也可能使他守在那里，不知道别处，又是一种遮蔽。为什么命运就对你这么眷恋，就为你敞开了这个点，让你一下就抓住了，而大多数人围着这个点打转，就像蒙着眼睛的马围着磨转来转去的。

徐：从逻辑上和刚才我们谈的，谁都知道，这个点很重要，但同时，它又是很抽象的。怎么来把握这个点，在于一个人对当代文化的敏感和判断。

殷：比方说你的创作里头，对于当代的新闻和信息是更重要呢，还是关于历史的阅读和思考更重要呢，还是对于生活的直接感受更重要呢？作为当代艺术家，很明显新闻是个重要资源，但是否只要紧扣当代新闻来做就可以了？

徐：说到现在问题才开始有意思。怎么样抓住这个结实的东西？我的方法是，首先我不认为艺术本身是重要的，我也不要求和限制自己的作品在艺术史上有一个位置。艺术的范围它本身是狭窄的，你在这个领域里思维，只在这个线索里工作，你肯定是不可能留在这个线索里面的，因为这个线索必须要有别的内容来补充。这些年来我最喜欢的几件东西都不是艺术家做的，比如前几年有一个玩电脑的人提出了一个计划，他三年的时间内所有的用品购物都通过网络来解决。他的行为引起网络领域和各大公司的关注和跟踪。我认为这是他对未来人类生活形态可能性的极有价值的实验。材料和形式又是如此的简单和贴近生活，这不比任何行为艺术家的作品都好？

冯：如果你要对艺术有作用，你不能在艺术本身里。

徐：我希望我的工作不是在做艺术本身的工作。我也强调过，你做的事情，必须要有必要去做，这个必要是因为对人类有益处，或对人类的思维有作用，或是没有人做过的，带有原创性，这种东西才值得去做。至于这个东西是什么，它是不是艺术，我并不去考虑。只要你手里的活，你做的事情有这几个性质，就有理由把精力和时间用上去。再一个，我是总抱着这么一个态度，就是艺术家生活在哪里，就会面对哪里的问题，有问题就有艺术，就有工作的理由。这也是我对工作的认识。因为你生活在哪里都会有问题，你的艺术就不会无所适从，你不会为你的艺术的风格不能确立而发愁。

殷：这个问题我想了一下，我们这样思考，会不会在思维方式上陷入一种比较古典哲学的，包括像黑格尔的哲学中的现象和本质的东西。你知道后现代主义中解构主义一直对本质主义持怀疑态度，包括历史决定论。其实我看你的思想很多地方是打开的，不是一个二元的表象，但是我们又不得不承认，世界上所有的认识，不是完全的匀值化的，不是完全平等的，确确实实有重要和不重要之分，就像刚才谈的，有命脉和不是命脉的东西，在现实生活中，有轻重缓急，我们还是有价值观的，还是有判断力的。那么在这一点上，你怎样解决这样的界限，一种是什么都可以，在当代艺术中间，也许有些人说，我不要求很深刻，不要本质，我就要现象，作为流行文化或美国文化，光把现象放在那里就够了，但是作为欧洲思想或德国哲学，它一定要从现象到本质，这会不会成为我们认识的又一种障碍呢？你如何解决两分法的这种认识论和对于不同空间打开的多样性的矛盾。

徐：这是个有意思的问题。其实我说的要命的那个点，它不排除任何的可能性。其实没有现象和本质这么一说，可以把一个现象作为很本质的命题来完成。你看，安迪·沃霍尔的作品是从现象开始的，流行化、生产化、大众图像，这都是一种现象，但是最后你发现，他的所有的作品和行为，都是在一个极为深刻的思想基础上完成的。他的现象本身带有深刻性。我发现，安迪·沃霍尔为什么那么厉害，是因为他是一个思维非常厉害的人，绝对是一个思想型的人。他对当代文化和商业的关系、当代和古典之间的分野和区别，他可以抓住当代社会很现象的东西，把当代社会很本质的东西揭露出来。在他的认识中一定没有现象和本质这么一说，紧紧地抓住现象就是他的本质。总之，在那个年代，相对于其他艺术家来说，他是对这个社会、这个世界，以及这世界上的新奇的事件，认识得最到位的一个人。所以他的作品不受到任何的限制，怎么做都可以。

殷：我可能有一点执着，我认为你是学者型的艺术家，你的创作和所有的东西，仔细去追寻，是有文化历史脉络的。安迪·沃霍尔在你的评价中间，也是很有想法的，他把对于世界的洞察，以艺术的形式那样独特地表达出来，所以他所获得的艺术的自由相当于毕加索在他那个时代出入各种艺术种类的自由，是吧？

徐：我觉得他更像杜尚。杜尚其实和他有很多共同的东西。杜尚也是在他那个时代把艺术和文化的关系，艺术本身的局限性和不确定性，认识得极深。他做了很多东西其实都是在制造这个没法解的障碍和怪圈，他是一个顽童，也是一个思想家。对于艺术家来说，最关键的是必须要找到一个说话的方法，把你的思想说出来，因为你的这种思想认识是新的，是没有人说过的，或者是没有人认识到的，所以你的语言必须是全新的和具有独到的说话的方式的，这就是新艺术产生的线索。思想家很多，但思想家还不是艺术家。好的艺术家和差的艺术家的区别在于是否能够获得独有的说话方式。

殷：是否可以这样说，你的思想和别人的思想在某种意义上说，都已经触及了某种人类共同的命题，但是当在具体的表达的时候，你作为艺术家却是要和其他人完全不同的。

徐：就是因为你要表达的概念和思想是新的，是在现有语言库里面没有的东西，所以才有新的艺术语言出现。这个新的语言不是材料的问题，而是艺术方法论的问题。当代艺术是什么？是艺术家对他所处的时代的敏感，而导致的对于旧有的艺术方法论的改造。不管你有多深的思想，但如果你不能提交这种“新的艺术方法论”的东西，你就不是一个好的艺术家。

殷：你也可能不是以改造旧的艺术体系和方法论为己任，并不是刻意要做一个旧有体系的改造者。但是在要鲜明、直观地表达自己对于世界的洞见的时候，你肯定要有一种对于旧的体系的改变、挑战和创造因素在里面。我们所说的创造因素，可能不是你说的材料、语言、风格的创造性，而是一种方法论的试验。有了这个东西，用什么材料都可以。

徐：你有了不得不表达的思想和感觉的时候（为什么不得不表达，因为它是新的），你就必须要找到一种不得不使用的方法，也可能过去是没有的，也可能是借用了过去已有的或其他领域的表达方式。你刚才说的，用任何文化的资源，我觉得都是可以的，而且它是因人而异的，是性格所致。

殷：对于作品创作的资源和材料的选取，似乎不应该有什么等级。并不是说你选取中国传统的古代资源，你就是保守；你选取某种国外的现代的材料，你就具备某种先进性。

徐：我很早以前在教书的时候，做过一个笔记，那个笔记对我帮助很大。我当时就想把艺术创造的灵感和想法到底是怎么发生的给搞清楚。有一个阶段，我把所有的想法，比方说，看到这个杯子，我想到做什么作品这一瞬间思维的流动，我尽可能客观地把那一瞬间想到的所有东西都记录下来。记了一段时间后，我发现创作这个事情确实是和你这个人的里里外外、前前后后完全是一体的，所以才导致艺术为什么那么有价值，是因为艺术不能作假。当时我印象特别深的是，比如说我想到做这个作品，就会在一秒钟都不到的这一瞬间，你所有的与此有关的思维都被调动起来，就像下棋的棋盘，面上都是空白的点，在那一瞬间，你的思维会把这所有的空白都填满。

殷：盘上没有落一子，你已经用眼光和心灵把这盘上全部填满了。

徐：对，这是一瞬间的东西，这一瞬间你要是回想和记录的话，你要记一大篇。这个东西很真实。我记得那一瞬间想到的东西甚至包括这件东西将来的命运是什么，一想到这个，你就马上会想到它的大小和尺寸、风格、它的倾向，或者说这作品和其他谁的作品有联系。你的知识中的跟这个作品有联系的所有东西此时都要跑出来。比如说今天这个杯子触动了你，你以往所有的关于杯子的经验同时都会出来，包括谁的作品曾经涉及过杯子，这个东西到底要达到一个什么程度，是要一个杯子好，还是一千个杯子好，为什么要用一千个杯子，等等。更别说所有知识上的、文化上的、文学上跟它有关的，包括你的性格，比如你很快就会想这个东西是更偏向当代一点好，还是不当代一点好，其实都表现了你的性格的判断，你的风格，就像你穿衣服，怎么穿？那一瞬间里里外外你所有的性格都在这上面了，每一个点你都要回答的。这就是最后决定这个作品是什么。基本可以说，你身上有多少东西，有多少的信息，多少的国学，多少的经验，和你的品位，都会在这上面出现，一点假不了。你的思维的连接点多，感受多，知识多，这棋盘就大，就满。

殷：照你这个说法，我现在对当代艺术评论有些信心了。对当代作品，换个眼光去看，能够从里面看到作者的英雄气概和狐狸尾巴，只要他有，包括他的憨厚朴实和虚张声势，作品中都会有。也就是说当代艺术作品也可以有这种人性和文化品格的分析。

徐：这是肯定的。比如说有些艺术家的左顾右盼，急功近利，含糊不清，或者想通过作品引起注意，或者想掩盖一点什么，或者想炫耀一点什么，所有这些任何的一闪念，最后都会在作品中反映出来，暴露无遗。

殷：我今天和你谈话的最大收获就是作为艺术家和知识分子的这种自我反思，就像人家说，你行走在路上，你的灵魂出窍从旁边观察你。这样的自觉性和这样的反思的能力，我觉得非常重要。但这是两个问题，这种自觉性很困难，大多数人在行走时没有这种反思。

徐：有人经常会问，你的灵感是哪里来的，或者说你怎么会想到这个，很多人都对这个很有兴趣。最后我发现，这个东西是重要，但不是关键。

冯：你一直在思考这个问题，所以你就对它敏感。

徐：你看到了这个杯子，可能引出了你的一个新想法，大家觉得你今天有运气，被你碰到了。其实是因为你长期对这个问题有兴趣。

殷：就是说你做这个作品的时候，你以往创作的经验和经历，形成又一个资源，会对你的创作发生潜在的影响。

徐：这个没想过，但是它一定会有。倒是没有专门考虑过思维的连续性，其实几乎可以不考虑。但是我想，这种思维的连续性，只要你真实，不真实也是一种真实，这种连续性总会在那里。古元以前对我说过一句话，你是什么艺术家，就是什么艺术家，谁都不用着急。他作为共产党的艺术家，跟我们这样说，我当时觉得挺奇怪的。但是，其实他是一个有经验的艺术家，他最终认识到这种艺术和艺术成果的宿命。其实他自己都不清楚为什么，他的东西就比别人的更有代表性。越是有经验的艺术家、老艺术家对此认识的就越深，就像年轻人狂，老人信命一样。

冯：从这个角度说，是不是说每个人都有潜能，关键是潜能的发掘和发挥。

殷：除了这种潜能之外，这么多年来这种持续的思考和工作，这种量的积累和训练，像你刚才说的，要明白技术上的东西，这些也是艺术家不可缺少的训练。比方说，机会来了，你不会把握，或者你不会跟别人交往。

徐：这其实是一个很技术的问题。我又想到，比如说你给我5个学生，我怎么带他们，首先这些学生肯定不一样，而且他们的慧根也不一样，问题是你怎么样帮助他们找到他们的慧根，调动他们的慧根，把他们的局限性使用好，而成为一个优势的东西。这是很重要的。最能说明这个问题的是凡·高，他画画不好，最后画成了一个大师。就是他找到了自己的慧根。

殷：对，凡·高当年还拼命地想画得和学院派一样，他还找过巴黎的一个学院派的画家教他，那个画家老训他，说他笨，形不准，他很失落和郁闷，为自己没有达到学院派的标准而懊丧。

徐：再加上现代艺术这种工作的范围是很宽泛的，从这点上确实又不存在天才和非天才，只存在一样和不一样，怎么发挥自己的不一样。这就是关系。问题是，慧根本身是一个既定的狭窄的概念，比如你说谁在艺术上有天才，这个天才是什么呢？是因为他的思维很符合艺术这个领域的线索？

殷：这个我持怀疑态度。

徐：对，其实不是。越是在这个领域里有才能的人，就越可能跟这个领域里流行的东西太对路而没有空间。

冯：就跟在当时肯定没有人能接受凡·高的天分，但我们后人觉得他是大师。所以从这个角度来说就没有天才和不天才。

殷：现在我还有一种超前的担忧，就是一旦我们对于这种现代艺术的技术性的体系形成以后，并且可以传授以后，我们将来会培养出一批很职业化的当代艺术家。就是一出手，特技术，特专业。就是很有成就感，很像装置，很像当代艺术。

冯：现在就有那么一批艺术家，他们参加什么展览，作品都不差。就是他们有很丰富的经验。

徐：我还有一次经验。在围绕奥尔巴尼的3个城市，方圆100公里的艺术家，每年做一个展览，3个美术馆轮流做。每年都请策展人。有一年，他们觉得老请策展人没意思了，决定请一个艺术家来选择作品，后来他们就请了我。我那次就体会到，很难评判哪个作品好，哪个不好，到底选什么。这就涉及艺术的概念的问题，怎么评判好和不好。很明显有两类作品，一类是特别懂得用现代艺术的流行材料来完成的作品，包括怎么样展示，用什么手段完成，就是特别会制作“好的现代艺术作品”。另一类是显然不懂得现代艺术时髦材料和制作方法，但是却特别真实，这个人的性格和真诚度却是在那里，你特别能看到作者到底想说什么。但是话说回来，这部分作品确实展示效果不一定好。所以我当时就真不知道该选择哪一部分。但是最后也不得不选择一部分特有作品感的，因为你要考虑到展览效果，这时策展人的杂念也显示出来了。

殷：你希望你的展览特展览，你怕你弄出一个不像展览的展览来。现在很多策展人的困惑就是，特别想把一个展览做成一个展览，特怕自己的展览不当代，所谓当代就包括当代语言、当代形式、当代媒介。

徐：对对，是这样。所以我那篇和小冯的谈话也说，有时候对当代艺术会反感。因为现在有太多“好的”、无聊的当代艺术。

殷：你现在有没有这种困惑，当代展览的邀请越来越多，你有时候某种程度上被迫为了展览而做作品。

徐：当然不能说没有，你只能在现有的框架内和你所储存的东西里搜索出来适合做的东西。我总是有很多想法出现，有些就是你今天想到觉得特有意思，明天睡觉醒来就会觉得特别无聊，但是有些想法总是挥之不去，每次又想到都会有一点兴奋，有新的内容补充，你没时间去做或是不理它，它过一段时间又跑出来，一般过个两三年，或更长的时间，你会明白应该去做，这不会是那种无聊的想法。

殷：说得好，有时一个想法特激动，第二天觉得特无聊，这可能是个假问题。你不是说有问题才有艺术吗？有些问题就是真问题，一直在困扰你，有些问题当时觉得特是个事，过后可能就那么回事。

冯：我觉得你刚才说的两三年后又出来的，那可能就是个真问题。

徐：是，一般来说，每个人都有感兴趣的问题，对此就敏感。一般非常特殊的想法，或真有价值的想法，开始有时会怀疑。其实他是特殊的，你才会怀疑。

殷：按照常规的判断系统，找不着判断的根据。有一瞬间，失去了判断的能力，传统的标尺到这里不管用了。

徐：是这样。我对陈丹青以前文章里的一句话印象挺深。就是他搞毕业创作，刚从西藏回来，带着那几张小画，他特别扫兴，特别怀疑，他觉得他的毕业创作没辙，就画了几张习作。

冯：我也看过这个，他当时其实很恐慌，不敢拿出来，他也没想到会引起这么大的反响。

徐：我当时受到启发，是因为他这里面有和咱们现有的常规的认识不同的东西，所以他才怀疑。他有点把握不准，因为他里面有新的东西。

殷：我有这么一个小的总结，不断地思考、怀疑、敞开这种思维认识的空间和新的可能性，你刚才说的慧根就是可能性。每个人都有发展生长的可能性，但这个慧根怎么去敞开它，我们很多的慧根都被什么东西给遮蔽了。你的作品就不断地提示、揭示遮蔽我们的东西。你并没有给出答案，并没有说那是一个门，但是你可以突然给人一个墙，就让人觉得这条路继续走，就要思考在墙上打出门来。我这么理解，凡墙都有门。

徐：你刚才说，要不断地打开，有一点我觉得很重要，你不要给自己有任何文化的概念、文化的方位和参照，如果你可以做到的话。

殷：你知道文化是挥之不去的，但是你在思考和创作的时候，力求使自己在文化之间漂移和游动。

徐：摆脱文化的负担。有一句禅语，就是说，在没有任何可供参照的条件下，佛才出现。他的意思是，你真正彻底干净了，这个东西才能抓住。

殷：今天你给我做了一个非常好的思想“洗澡”，我觉得这种交流太有必要了。记得80年代，你们在美院宿舍通宵的聊天，现在这种东西久违了。现在的“艺术家”在一起都不谈艺术，当代艺术越来越技术化、策略化。中国的青年艺术家，通过不断的出国展览，了解国际展览和策展人的类型口味，不断地制造出越来越职业化的“好看的”当代艺术。

冯：其实我就老想做个艺术家自我反思的展览，艺术家老揭露社会，就不揭露自己。

殷：西方艺术史中明星众多，非常璀璨，但我们反复讨论的这几个人，他们的作品就是生长性的。它在某种意义上，像流感、像病毒，会复制和传播，在复制中还发生变异。我觉得，这些东西应该是我们工作的重点。当代艺术评论在这方面严重地滞后和失语，这在某种程度上是我们的失职，但是也有很多困惑。

徐：当代艺术很多人都没搞清楚，我自己也没搞清楚。很多大的策展人和批评家都不清楚。因为它本身就是一个生长的和不确定的东西，它太年轻了，变化也太快了。过去咱们觉得，这个东西好像西方什么都搞过了，我后来觉得并非如此。

殷：你走到前沿以后，发现还有很多空白地带。你现在是不是还有很多事情要做，还有很多领域没去，不像别人想的，你已经走到当代艺术的前沿，山穷水尽很无奈。

徐：没有，我有时候觉得自己真正的好东西还没拿出来呢。确实觉得还有很多想法实在是太有意思了，必须去做。

附消息两则：

1.RARE，国际环境保护组织邀请徐冰参加由4个著名美国现代美术馆合作的艺术活动。这4个美术馆是加州州立大学的伯克利美术馆及太平洋电影资料库、圣地亚哥现代艺术博物馆、纽约新美术馆、休斯敦现代美术馆。这次极具探索性的艺术项目的形式为4个机构各提供4名艺术家，让其自由选择由联合国教科文组织指定的世界遗产保护区，其中有印度尼西亚的科莫多国家公园、墨西哥的香卡安植物保护区以及土耳其的格雷梅国家公园等16个自然保护区。

这次独特的机会将使16名艺术家对稀有的濒于灭绝的自然环境、人文遗产以及本土居民和自然的关系做出各自的反思。这个项目纯属开放型，艺术家根据各自的体验可以选择各种方式的创作和表达，没有任何限制。它的宗旨是通过艺术家的创作，使人们更加关注这些人类稀有的遗产，对当地的人文环境产生积极的影响。这个项目将持续3年，最终的展览将在这4个美术馆同时展出。徐冰将在5月中旬赴肯尼亚首次“深入生活”。他对肯尼亚50多个部落之间，以及各种动物的共存关系怀有极大兴趣。

2. 徐冰获得2005年美国纽约市教育局和高中教育艺术委员会颁发的第96届青年之友奖。

青年之友奖（Youth Friend Award）具有近100年的历史，它作为纽约公立学校的艺术学生和丰富的纽约艺术资源之间的桥梁，起着重要的作用。这个非常著名的奖，每年奖给一个艺术家，主要是奖励他们对教育事业的热情和崭新的贡献。徐冰多年来大量的艺术创作和在各学校所作的极受欢迎的讲演以及对纽约许多艺术机构的无私捐助，受到了艺术教育界的关注。在组委会的授奖评述中说:“今年我们选择了你，因为我们看到了你创造的热情，正直的人品和你对艺术精益求精的态度。”今年的颁奖仪式将在纽约大都会博物馆的 Grace Rainey Rogers 讲演厅举行。

本文载于《美术研究》2005年第3期

徐冰，1955年生，浙江温岭人。艺术家。1987年毕业于中央美术学院，获硕士学位。中央美术学院教授、博士生导师，曾任中央美术学院副院长。

殷双喜，1954年生，江苏泰州人。2002年毕业于中央美术学院美术史论系，获博士学位。中央美术学院教授、博士生导师，《美术研究》主编。

冯博一，1960年生，北京人。1984年毕业于首都师范大学历史系。美术评论家、独立策展人。

画史上流传石涛伪作分类考略

朱良志

石涛是一位高产量的艺术家，其友人黄云（1621—1702）说他赠给其学生洪正治的作品就近千件，由此可见其创作量之一斑。其传世作品数以千计，但真伪混淆，赝品极多。像著名的致八大山人请作《大涤草堂图》书札，世间流传就有两本；其代表作之一《清湘书画稿》，北京故宫博物院藏有一本，另外还有一赝本在市面上流传。石涛去世后不久，康熙五十八年己亥（1719），石涛一位友人就指出："老人画传世者多，然真伪相半。"[1]

造成此一情况，有多方面的原因，石涛处于一个造伪极发达的时代，他在世之时，假冒其作品的赝作就有流传；另外其自身也是一个原因，石涛晚年生活困顿，与收藏家、商人来往密切，为了生计，大量地卖画，有些作品过于随意，其中也不排除有代笔的情况；石涛在当世就很有名，像朝廷的高官博尔都、曹寅、孔尚任等都向他求画，王原祁甚至说石涛之画江南第一，他和王石谷都有所不及，因此他的画价位不会低，这对一些仿作者产生极大诱惑。近代以来，有专门仿造石涛的画家，像人们所熟知的张大千，就以仿造石涛之作而著称。

石涛传世赝品多，作伪者的方式五花八门，不一而足。这里拟通过分类的形式，对石涛传世作品的伪作情况做一概括。对石涛传世作品伪作的清理是石涛研究中的基础性工作。石涛作品真赝互参的情况，严重影响石涛研究的深入。这里提出一些初步的意见，以教于学界。

一、若极、亨极和依极

石涛晚年曾有"赞之十世孙阿长""靖江后人"等印章。所谓"靖江后人"，表明他是靖江王的后代。靖江王朱守谦，是太祖朱元璋的从孙，于洪武三年（1370）受封，守谦去世，其子赞仪继位，这就是石涛的十世祖。员燉的记载正说明石涛的传承谱系："清湘石公，天机清妙，落笔超脱，自是画家逸品。公于画上，往往钤'靖江后人'印。……按靖江王系高族祖皇伯南昌王孙守谦，以洪武三年，同九皇一体受封。钦锡'赞'佐相规约，经邦任履亨，若依纯一行，远得袭芳名，二十字为派系。……嗣王亨嘉僭号桂林，闽中丁魁楚讨平之。公名若极，应是亨嘉的嗣。"[2]自"佐相规约，经邦任履亨"，数到"若"字，正是十世，故石涛称"赞之十世孙"。

然世之流传石涛作品有些与此谱系不合。

上海博物馆藏有石涛《兰竹水仙图》,《中国古代书画图目》编号为“沪1-3184”。上海人民美术出版社1990年出版之《石涛》(郑为编)第91页影印。此图右侧下画一怪石，向左参差几片兰叶，右侧伸出一枝竹和数叶水仙。左上以楷行干笔书有七律一诗，诗云:“几年未许错相干，一纸书成忽□繁。随世随人频吐玉，无风无雨尽安闲。天开名畹何常设，地结兰荪那得干。不是野夫多曲护，寒心多被热肠看。”款署“大涤子亨极漫写”。钤“阿长”“痴绝”一白一朱印。再靠右，有浓墨书“脱却风流开秀色，乱呼群玉冒仙人”诗句，应是补题。钤那枚著名的“赞之十世孙阿长”印。此作题跋和印章酷似石涛，但落款称“大涤子亨极漫写”，殊为奇怪。石涛晚年之落款署“若极”之处多见，然书“亨极”目前仅此一见。从员燉所记载的靖江“派系”看，石涛父亲名“亨嘉”。据徐鼒《小腆纪传》卷九记载，亨嘉乃“太祖嫡兄南昌王兴隆之裔”，以“庶子袭封”靖江王位。员燉云:“公名若极，应是亨嘉的嗣。”李驎《大涤子传》也以亨嘉为其父。亨，明明是其父亲的辈分，自称“靖江后人”、朱赞仪十世孙的石涛，怎么可以僭父之辈分而为之！此乃不谙石涛家族谱系所致，断非石涛所为。此作可定为伪作无疑。

这和历史上曾误石涛法名为“道济”同出一辙。石涛传世作品多有“原济”“元济”之款，而其友人记载中也称其为“原济”或“元济”，如张潮《尺牍友声初集》就载其名为“元济”。但清乾隆以来，以“道济”为石涛之法号者多见史载。《国朝画征续录》卷下、《扬州画舫录》、《清史稿》卷290等都以石涛法名为道济。石涛没有“道济”之印，今传石涛作品中唯有一件款题“道济”，这就是见载于傅抱石《石涛上人年谱》的一件赠陈元孝(恭尹)的作品，这幅作品当为赝作。石涛与岭南三大家之一陈元孝生平无交往。汪世清先生说:“石涛在宣城作《十六阿罗应真图卷》，即署款‘天童忞之孙善果月之子石涛济’，佛教谱系很严，怎能祖名道忞而孙名道济？”[3]这是非常有说服力的证据。

石涛传世作品中还有名为“依极”的款署。北京故宫博物院藏有署名石涛的山水四段，为一卷轴，纸本，上装裱有四图。《中国古代书画图目》编号“京1-4730”。天津人民美术出版社《石涛书画全集》下册收录。第一段山水，上有款:“遥山近山青欲滴，大木小木叶已疏。斜日疏篁无鸟雀，一湾溪水数函书。大涤子耕心草堂。”钤“大涤子极”白文印。诗为隶书写成，名款为行书。第二段，跋云:“在涧幽人乐考槃，南山白石夜漫漫。空林无风万籁寂，长啸一声山月寒。清湘大涤子依极。”钤“粤山”和“老涛”一白一朱印。诗和名跋均为隶书写成。第三段山水，跋云:“泽雉樊中神不旺，白鸥波上梦相亲。一鞭斜日归来晚，只有青山小慰人。清湘老人极燕山道中。”跋文乃端庄之楷书。第四段山水跋:“老木高风著意狂，青山和雨入微茫。画图唤起扁舟梦，一夜江声撼客床。清湘老人极。”并钤有“半个汉”“若极”二印。

此四幅作品流传有序，曾经潘正炜和庞元济等收藏，四幅中分别钤有潘正炜“潘季彤鉴藏章”“曾藏潘健庵处”“健庵眼福”“听帆楼藏”“季彤曾观”“季彤审定”以及庞元济“虚斋审定”“虚斋鉴藏”等印。

潘正炜《听帆楼书画记》卷四收有《大涤子山水花果册》，此四段全见是册。并和其他四幅花果装裱在一起。石涛著名的《苦瓜图》[4]，也收在此册中。庞元济《虚斋名画续录》卷四录有《石涛山水卷》，纸本，共四段，四段的款署与故宫所藏相同，但顺序却不同。故宫之第二幅，在此为第一幅，故宫之第四幅，此为第二幅，故宫之第四幅，此为第三幅。说明潘正炜之后，此四段山水流传到庞元济之手时，已经重新装裱，而庞元济之后，四图又重新做了装裱。

故宫第二幅(《虚斋名画续录》第一幅)的落款为“清湘大涤子依极”，石涛名为“若极”，此四段山水中的第四段所钤印章就是“若极”。依照朝廷所赐靖江之谱系，“依”在“若”后，“依极”，应该是石涛的子辈，但石涛并没有这样的子辈，即使有这样的儿子，他也不可能以“极”名之。这样的作品不可能出自石涛之手。晚年急于回归“大本”的石涛不可能犯下如此低级的错误。故我判此作非石涛所作。

二、道士的僧家功课

石涛晚年出佛入道，成了有发有冠之人。从1692年南归，到大涤堂建成的1696年冬天，他过了将近5年的漂泊生活，成了一个“久罢参”的“高僧”(石涛友人先著之语)。大涤堂建成之后，他正式脱离佛门，皈依道教，直至1707年去世。石涛晚年信奉道教有史料可证，如其晚年密友博尔都《问亭诗集》(1705年抄本)中就多处称石涛为“道士”，卷二有《题清湘道士〈枯木竹石图〉》，卷三有《霁后怀清湘道士》，卷四有《答清湘道士》等。诗中说“吾友鹤背人”，骑在鹤背，飘飘欲仙，一个修道的仙客；又说“簪冠疏世情”“之子今黄冠”，分明以石涛为道士。这一思想转变情况，可以帮助我们鉴别一部分石涛作品的真伪。

程霖生《石涛题画录》录有石涛《松下清斋》，其跋文称：“我坐松斋，求理胜最。遗其爱憎，出乎内外。去来住止，夫岂有碍？依榻或宿，御风亦迈。云行水流，游戏自在。乃处岩居，先于地上。照胸中事，往往不昧。如波月底，光烛眄睐，是镜是灯，是火非绐。根尘未净，自相翳晦。耳目所移，有如盲聩。心想之微，扁舟岂坏。觿然一笑，朝朝世界。清湘大涤子石涛济山僧。”称“大涤子”，可确定其为大涤堂落成之后的作品，应为1696年底之后，在这之后，石涛已出佛入道，故不可能有“济山僧”之自称。而此中的“云行水流，游戏自在”“根尘未净，自相翳晦”乃佛门之语，在石涛晚年的题跋中很少直接以佛学语入跋。

粗看这段文字，也不似石涛手笔，石涛的文字活泼捷便，而此则四言体诗凝重迟滞。其实，这首四言诗原是“元四家”之一的倪云林之诗，《倪云林先生诗集》(四部丛刊本)卷一载有此诗，原诗如下：“我行域中，求理胜最。遗其爱憎，出乎内外。去来住止，夫岂有碍？或榻或宿，御风亦迈。云行水流，游戏自在。乃处岩居，先于地上。照胸中山，历历不昧。如波月底，光烛眄睐，是镜是灯，是火非绐。根尘未净，自相翳晦。耳目所移，有如盲聩。心想之微，扁舟岂坏。觿然一笑，朝朝世界。”这里只是有意做了一些文字上的更动，如原诗之“我行域中”，改为“我坐松斋”；“照胸中山，历历不昧”，改为“照胸中事，往往不昧”。引古人之诗题跋，在石涛的画作中常出现，但一般石涛会加以注明，若不注明，或是较短，或是人们熟知的，像这样冷僻的长诗，石涛若以此格式引用，则有掠美之嫌。此事则非石涛所为。虽未能见画，此作可定为伪作无疑。

汪研山《清湘老人题记》载有石涛一画，其跋语云：“山居镇日无事，佛课又暇，正当诗画时也，奈炎蒸渐到，贫人无以为棚叶之资，遂兴幽感，是盖非达者所为，缘去夏苦甚故耳，勉作着色画一册，并不为柴米衣履计也。好事君子以芦柴数束、杉木数本，不必问我以彼易此，竟携将去无罪过也。大涤稽首和南。”此画并未涉及时间，但其中所涉内容与石涛生涯不合。所录之画今不见。但可以断此画为伪作，应可从石涛题画语中剔除。款署“大涤”，而大涤堂建成，他起用“大涤子”之号，此时他已离佛门，已无“佛课”。其实石涛在1687年离开金陵客居扬州准备北上之时，就告别了佛课。而这幅画跋语中竟称“佛课又暇，正当诗画时”，何来此语！作伪者因不了解石涛生活道路，想当然而为之。

广西壮族自治区博物馆藏有题名石涛之《东岑嫩绿图》，纸本，设色，大幅。天津人民美术出版社之《石涛书画全集》列入石涛未纪年作品。此画构图倒有石涛痕迹，近处一桥一斋，远山迢递，笔法熟练，多用淡墨。上有跋云：“两亭抱东壑，一障横西天。嫩绿初肥，亟（又似‘函’）易先生属写于大涤草堂，清湘小乘客一字钝根。”题款称此为石涛住进大涤草堂之后的作品，若是，应为石涛晚年之作。此图初视即不似石涛真迹，一是风格细软，不太像石涛晚年画风。二是落款书写体式也不同于石涛一般的书写习惯，如“嫩绿初肥，亟易先生属写于大涤草堂”以稍大的隶书写成，与前诗句字体同。而“清湘小乘客一字钝根”则用稍小楷书写成，将落款分列，不是石涛落款的常例。此作款题与石涛身份有矛盾。此时石涛已出佛入道，而款署“清湘小乘客一字钝根”，“小乘客”三字明明是佛门称谓。石涛早年号“小乘客”，并有“小乘客”之印，在石涛早年的作品中多见。石涛题画诗中就有“目极小乘禅”“时人皆笑小乘客，吾见有口即当哑”“诸方乞食苦瓜僧，戒行全无趋小乘”“笔如削铁墨如冰，冷透须眉见小乘”，等等。石涛出佛入道之后的作品仍以“小乘客”自称，这是匪夷所思的。

广州美术馆藏有署名石涛的大幅《净墨山水》，纸本，墨笔，立轴，长过两米。画以细碎之笔写山水古木，中段有一溪横出，轻舟迟迟，画得很熟练。其右上以隶书录一诗，诗云：“屋静围深竹，平看老树林。山光到溪冷，秋色入门深。共此寒暄候，谁为远别心。丘林多胜概，遥羡日登临。”其侧以轻柔之行草书：“余客邗水，与蚀庵论画，至深邃及平远，一一参出，精微入山，遂嘱予作大幅，气横宇内，纵笔超之，若有不能止者，至工拙计，予不能遗也耶！大涤子清湘石涛济山僧。”此图载天津人民美术出版社之《石涛书画全集》之下册。荣宝斋《石涛画集》收录此画，河北美术出版社2001年出版的《中国画名家经典画库·石涛》也收录了此图，改其名为《凉亭客话图》。均判为真品。

此图粗眼一过，即不似石涛真迹，笔势细而

碎、文而软，若依其有“大涤”之款看，当是石涛晚年之作，石涛晚年之作中的古拙苍莽之态，全然不见。尤其是跋诗之隶书与落款之行书，笔势软沓，似有硬性模仿所生之痕迹。

落款之文露出作伪之两大消息。其一，款署“大涤子清湘石涛济山僧”，既然是“大涤子”即是出佛入道之作品，此时的石涛曾不以“山僧”自称，这样的款署与石涛晚年的思想状态大悖。余定其作伪之由一也。其二，此款称与一位名为“蚀庵”的人论画，论到至精至微处，因蚀庵所请，而作此画。蚀庵确有其人，即徽人程守（1619—1689），字非二，号蚀庵。石修《歙县志》云：“程守，字非二，号蚀庵，郡城人，钱塘籍，诸生，甲申后谢去，一意为诗，刻划多创语。书法奇崛，涉世早而历年尊，四方名宿皆知之。性淡泊，操守极严。年七十一卒。”非二的确在黄山、扬州以及宣城之间往来过，石涛在宣城期间可能就与其相识。在渐江著名的《晓江风便图》上就同时有程守和石涛的题跋。石涛晚年定居大涤堂时，非二早已去世，何来与其论画之事？

三、从地名上发现的石涛伪作

经过几代学者的努力，石涛一生活动的情况现在越来越清晰了。他在1664年到1666年到宣城，1675年曾有一次松江之行，1678年至金陵，1687年因北上未果而滞留扬州，时往返于金陵扬州之间。1690年初北上，1691年夏秋之际准备南归未果，滞留天津。1692年初再至北京。1692年深秋南返，至金陵。1693年初居扬州吴山亭，是年秋冬之际曾短暂客居静慧寺，是年冬至1695年春避居黄山之下，客居于歙县的梅庄、丰南等地。1695年春夏之交到1696年秋，客居真州。1696年底大涤堂成，除了1702年曾有一次金陵之行之外，他很少离开扬州。1707年秋过世。这个“线路图”可以帮助我们鉴别石涛作品的真伪。

如现藏于沈阳故宫博物院的《山亭听雨》轴，纸本，墨笔，高三尺一寸，宽一尺，入录天津人民美术出版社的《石涛书画全集》下册，又入人民美术出版社2003年出版的《中国古代名家作品选粹·石涛》之中，成了石涛作品的精粹。但这是一伪作。上录有一诗：“双干亭亭碧玉明，翠阴凉风石床清。南风吹断闲庭酒，卧听萧萧暮雨声。”款署：“清湘大涤子写于一枝阁。”书法以楷体写成，过于方正有力，不似晚年石涛于劲健中裹挟一种狷介之气的书风。山石、柳、松和屋宇的设置也同样过于方正，有呆板之嫌。屋宇几同于界画。这幅画跋所涉地名有问题。“大涤子”是大涤堂成后、石涛离开佛门的新号，李驎在《大涤子传》中明谓石涛大涤堂成后，始用“大涤子”之号。而一枝阁在金陵长干寺（即大报恩寺），是石涛在金陵时所住的一个小阁，石涛于1687年离开这里。1696年底起用“大涤子”之号后，虽然有一次十余天金陵之行的记载（1702），但未见再次光顾一枝阁的记载。如果在那个一张破床、一个炉铛的羞于示人的小屋中，重温过往的生活，那该有怎样的感受，但这幅作品没有。这里只有平淡的大大咧咧的勾勒！此作绝非石涛所作。且这幅作品名下所钤的“清湘老人”朱文印，乃方形小印，石涛有一枚“清湘老人”的椭圆形朱文印，大概于石涛在金陵的后期开始使用，晚年石涛的作品中多用之。而“清湘老人”的方形小印，在署名石涛存世作品中仅此一见。这也是此作乃伪作重要证据之一。伪作者似对石涛的风格领会不够。绝非张大千这样的仿石涛高手所为。

而下面著录的这幅石涛作品就更奇了。汪研山《清湘老人题记》载石涛一作，其跋云：“云卧雪声集，庭树飒以秋。身同高飞鹤，心若不系舟。燕俎登松菌，匏尊□涧流。芳兰日馨香，吾生已安休。不作蝼蚁梦，游神麟凤洲。仙飘行冉冉，风鸣竹修修。谅哉伐木诗，鸟嘤尚可求。广陵仲秋于一枝阁下写此，清湘大涤子石涛济。”一枝阁又到了扬州，岂非咄咄怪事！此作定非石涛所作。

同样的情况，《清湘老人题记》载有石涛《山云仙寿图》，汪研山所录文字为：“尊前何物相赠贻，红叶风清起清影。君素爱此特寄君，驻颜好共轩皇并。山云仙寿。壬戌十月，一枝阁石涛济山僧写于邗江平山堂。”“一枝阁”是斋名，文人有以斋名为号的做法，石涛有“枝下人”之号，但无“一枝阁”之号。这里的“一枝阁”乃在表斋名，意思是“一枝阁中的石涛在扬州的平山堂画下这幅画”，地名如此重复，别扭。跋诗也很劣，这是祝寿之作，诗全无意味，“红叶风清起清影”“君素爱此特寄君”这样的劣句，定非石涛所可出手。此诗款作于“壬戌十月”，时在康熙二十一年（1682），此年石涛是否有扬州之行，今海内外所见石涛传世作品也无载。故此作赝本的可能较大。汪研山所见的这幅画的作伪者水平不高。

神州国光本《大涤子题画诗跋》卷三著录《白花图设色长卷》，记石涛跋云：“庚辰（1700）花朝节偶过白燕楼，适见案头有宋人花枝长卷，兴会所至，猝尔临之，工拙所不计也，即请问亭老维摩正。清湘大涤子济。”博问亭为石涛生平密友，号白燕楼主，其有斋名为白燕楼。白燕楼在北京，李光地题博问亭所藏石涛《百美图》说“偶过白燕堂中”，曹寅题此图也说“过白燕堂”，所到之地均是北京的白燕堂。1700年石涛未有北京之行。未至北京，如何能“过白燕堂”？当然，也不能绝对排除扬州有白燕堂的可能，但此跋中明说“问亭老维摩”，白燕堂就是问亭之斋，问亭之斋不可能跑到扬州。此作定非石涛所作。

《清湘老人题记》载石涛所临赵子昂的《神骏图》，题作于康熙丁亥（1707）春日。其上诗云：“年少公子富且强，不爱金玉爱骕骦。金珠为槽粟为粮，亲被银鞍锦绣装。东风三月试康庄，擎鹰牵狗迓秋霜。一匹当前万匹降，主人大喜累千觞。红旗飘拂风琅琅。”款：“清湘遗人大涤子次日复题于大本堂中。”下又有一跋：“右少陵画马赞并录以裕其后，此册得自宣城。数十年未装潢，值守虚子李氏一日过大涤堂索观时，一览便携去装潢。遇大涤子南来，问翁往我西山，方属题焉以藏，大涤宝之。瞎尊者主人再题并记。”这就有些奇怪了。从其中的“遇大涤子南来，问翁往我西山，方属题焉以藏”的话看，题跋者当不是石涛，而是住于西山的另一人。而从“大涤宝之”之句看，意思是让石涛好好珍藏，作画者不是石涛，而是另一人。而最后的落款却是“瞎尊者主人”。石涛晚年出佛入道之后，很少用“瞎尊者”之号，而石涛生平使用“瞎尊者”之号，从来没有加上“主人”而称之。这幅画要么是汪研山所录有问题，要么是伪作，以后者的可能性较大。

四、时间不合的署名石涛作品

石涛于1707年秋冬之际去世，这已成定论。然文献中多有康熙丁亥之后的作品，这些作品可以判为非石涛所作。现将我在阅读文献中发现这方面的一些问题，随记于后。

神州国光本《大涤子题画诗跋》卷三载石涛《重午即景图》，其跋云："亲朋满座笑开眉，云淡风轻节物宜。浅酌未忘非好酒，老怀□□为乘时。堂瓶烂漫葵枝倚，奴鬟鬅鬙艾叶垂。耄耋太平身七十，余年能补几篇诗。清湘遗人己卯蕤宾于大涤堂下。"程霖生《石涛题画录》著录此图，跋语相同。此图又见日本《支那名画宝鉴》著录，题名为《五瑞图》。这被有的学者称为"石涛七十自寿诗"[5]，从而一度在确定石涛生卒年中成为最主要的证据之一。此图作于康熙己卯（1699）。石涛生于1642年，已被确认。如石涛在《庚辰除夜诗》中就说："五十有余枝叶少，一生累及友朋多。"此诗作于1700年。何以1700年石涛自称五十有余，而在此前一年却称自己"耄耋太平身七十"。其荒诞如此，应非石涛所作。

荒诞者不仅有"石涛七十自寿诗"，还有"八十述怀图"。北京《中国画》杂志1981年第1期，刊《清湘老人八十述怀图》，款署："辛丑仲秋，清湘陈人大涤子济青莲草阁。"此图定为赝本。辛丑为康熙六十年（1721），此时石涛已经去世十四年了。由此二图，也可见石涛流传画迹混杂之一斑。

神州国光本《大涤子题画诗跋》卷三录石涛《石竹水仙图》之跋语："冰姿雪色奈双钩，淡淡丰神隔水羞。一啸凝脂低粉面，天然玉质趁风流。早春争秀芳兰并，带露凌空洛浦俦。灯下但将文竹书，容管夫醉得骚头。壬午八月哲翁年道长五十初度清湘弟请正。"《石竹水仙图》今不见。傅抱石《石涛上人年谱》将其系于石涛1702年之下。所赠之友人哲翁先生应是程哲（1668—1739，字圣，王士祯及门弟子，为石涛晚年密友）。此期石涛有大量致"哲翁先生"的书札（上海博物馆藏有九通，辽宁省博物馆藏有两通），谅此画中的"哲翁年道长"也指此人。不过，这幅作品跋语的内容与程哲不合。康熙壬午为1702年，此年程哲五十初度，那么程哲当生于顺治癸巳（1653）。但据《新安岑山渡程氏支谱》（程梦星纂，康熙抄本藏北京大学图书馆）卷五，程哲生于康熙戊申（1668），卒于乾隆己未（1739），享年七十有一。《支谱》与《大涤子题画诗跋》所录前后相差了十五年。是《支谱》错了，还是《大涤子题画诗跋》所录作品乃伪作（因为这是祝寿之作，不存在纪年上的错记）？据《新安岑山渡程氏支谱》卷五，程哲父亲程浚生于明崇祯戊寅（1638），比石涛长4岁。程浚有五子，长子喈，次子祖愈，三子启，四子哲，五子鸣。程喈生于顺治丁酉（1657），次子祖愈早亡，三子程启生于康熙丁未（1667）。由此可见，程哲不可能出生于1653年。《支谱》记其生于康熙戊申（1668），比其兄程启小1岁。这应该是一个可靠的记录。神州国光本《大涤子题画诗跋》卷三所录的这幅作品，可以排除是石涛的作品。

康熙年间成书的《十百斋书画录》著录石涛

作品较多，然问题也不少。是书已集著录《石涛云山放舟图》，其跋文称："白云起石上，迅逸如迸泉。泛演乎林莽，飘摇乎山川。飞霞共联溪，清风与周旋。开轩涤遐思，我意何绵绵。顾瞻忽在兹，亦复停披焉。放舟无定处，来去随留连。戚欣从妄起，心寂和自然。壬寅七月既望。大涤子石涛作于一枝阁下。"壬寅，为1662年，此时石涛刚满二十，何来一枝阁和大涤子之名。若定为1722年，此时石涛已经去世。故可判为非石涛所作。

《十百斋书画录》酉集收《清风高节图》，言为石涛所作，纸本，画墨竹一枝。上有题跋三，首题为："梅花道人有此本，予喜而临此，大涤子石涛。"后复题一次，跋云："风枝木未干，叶叶舞青鸾。浑似潇湘夜，纵横山月寒。得心随应手，写入画图中。峭壁临秋水，萧疏若有风。粤山僧原济复题一遍，时丙寅四月望日也。"后再题，跋云："翠竹如云溪水春，愿将结屋傍岩滨。堤边迸笋从侵径，雨后垂阴复得邻。映叶黄鹂还自语，依人白鹤亦能驯。遥知静者忘声色，满拂清风未觉身。丁卯五月，清湘老人再笔。"第一题未署时间，第二题乃是1686年，第三题乃在1687年。初题当在康熙丙寅之前，但却款署"大涤子石涛"，此一名称不可能出现于1686年之前，故此图难定为真。

程霖生《石涛题画录》收有石涛《苕水垂纶图》，跋有一诗："苕水群流合，澄泓碧眼明。清风吹短棹，白日照孤城。树老忘今古，亭闲任送迎。收帆依钓竿，犹对晓山横。"款署："丁酉秋仲画，法元人墨妙，于一枝阁下，自顾稍有安处，而觉数十年来之进益也。识者当一可乎。大涤子石涛济山僧。"若为石涛所作，可能的时间应该是顺治十四年(1657)，然其时石涛不到二十岁，更与金陵一枝阁不合。只能考虑康熙五十六年(1717)，而其时石涛已经过世，而且"大涤子石涛济山僧"，也与石涛晚年出佛入道之变化不相合。此画定为伪。

程霖生《石涛题画录》又有《松瀑鸣琴图》，上有一诗："深山有怪松，举世人罕识。生植万木间，挺出亦孤特。老干嵌龙鳞，修枝扇鸾翼。(诗长，后略)"款署："清湘陈人大涤子，时丙辰□□。"依石涛生平，丙辰应为康熙十五年(1676)，此时石涛在宣城，哪里来大涤子之称呼？而后一个丙辰，乃是乾隆元年(1736)，此时石涛早已作古。

程霖生《石涛题画录》著录一图，其跋云："幽居兴未索，觅径恣悠讨。沿流戛琴瑟，穿云进窈窕。源深即平旷，巘杂入云表。急泉响弥清，乱石净如扫。兴到足忘疲，岭高溪更绕。浪高三月渡，客舟去若森。谡谡松风吹，息游此中老。壬寅春仲造天龙古院，作此以拟古人精华，识者赏之。大涤子石涛济山僧。"从落款之"大涤子"来看，此壬寅应在1696年之后，则为康熙六十一年(1722)，显然不可能为石涛所作，且"济山僧"的落款也不符合晚年石涛的情况。若定为康熙元年(1662)之作，则又不该有"大涤子"之号。故此画为伪。傅抱石《石涛上人年谱》忧天龙古院地名无从考订，此为伪作，可不必当真也。另此画跋文之"作此以拟古人精华，识者赏之"，似非晚年石涛表述习惯。而此诗堆砌严重，内容浮廓，缺少石涛诗作常有的韵味。

汪研山《清湘老人题记》载有石涛一花果图，

题跋云："滴滴酸同味，黄黄胜过金。有仙难作酒，无藕不空心。设芰情非少，投桃意独深。者般清极品，未许一尘侵。丁酉秋八月为希老年道兄画果品并题。清湘道人大涤子极。"另，《陶风楼书画目》（南京国学图书馆铅印本）载《道济松鹤图》，其款云："松鹤延年。丁酉秋八月为希老道先生教。靖江后人石涛写。"[6]这两幅作品都是赝品。若是石涛所作，从"大涤子"或"靖江后人"的题款看，应为后期作品，这样丁酉乃是康熙五十六年（1717），时间不符，应非石涛所作。

《清湘老人题记》录有石涛一图，其跋云："云山满目夜萧萧，正是高人远世嚣。独坐游亭无一事，近临流水看春潮。甲寅冬月客维扬傍花草舍，写此以解寂寥。清湘大涤子。"此图今不见。甲寅或为1674年（康熙十三年），此年石涛在宣城。石涛1673年曾客扬州，住静慧寺，为象南作《古松人物图》，1674年是否来过扬州，史无所载。但即便是年客扬州，也不应有"大涤子"之号。有"大涤子"之号，就不会"客维扬"，因为此时他已经有了真正的家了。其后一个甲寅为1734年（雍正十二年），显然没有这个可能。

秦潜《曝画纪余》卷七著录《清湘道人山水图》，秦潜记云："楮本，长四尺，高九寸。原题云：'此图学董北苑，兼学巨然僧，合而为之。时壬辰小春，清湘石道人漫作于耕心草堂。'是帧气势雄健，墨沈淋漓，随笔潇洒，似绝不经意者，非刻画摹拟家所能学步也。"壬辰为康熙五十一年（1712），时石涛已过世，不知何能作此图。此画受到秦潜赞扬，但即便仿造者水平很高，毕竟不是石涛作品。

《支那南画大成》卷十五著一兰花长幅，题为石涛所作。其跋云："磊磊几块石，馥馥数枝兰。写得其中意，幽情在笔端。壬寅清和一枝阁下石涛济山僧。"这首五言绝句又见《清湘老人题记》。石涛在金陵一枝阁大致在1680—1687年，前后约8年，而壬寅则不在这时间范围内，若靠前，康熙元年（1662）为壬寅，但此时石涛尚没有住一枝阁；靠后，康熙六十一年（1722）为壬寅，此时石涛不在世。故此画难判为石涛真迹。

北京故宫博物院藏有石涛《黄山游踪图》，六开，天津人民美术出版社《石涛书画全集》下册收录，其中第二开上有跋云："新长龙丝过屋檐，晓云深处露风尖。山中四月如十月，衣帽凭栏冷翠沾。清湘苦瓜老人入山采茶写于敬亭之云齐斋。"石涛1678年离开宣城，年龄三十多岁，三十多岁的人自称为"苦瓜老人"，似有不妥。当然，另一种可能就是石涛在金陵或扬州时返回宣城时之作，但其画风格又不像石涛后期作品，石涛即使回宣城，也是短暂的小住，是否有入山采茶之闲意，颇值怀疑。故此画伪作的可能性较大。

南京博物院藏有石涛一扇面，入《中国古代书画图目》，拟名为《山径独行图》，编号为"苏24-0656"。诸家对此画并未置疑。荣宝斋《石涛画集》收录此图，题为《青莲草图》[7]，并署年代不详，其实此图不应名《青莲草图》，也不是年代不详。此扇面上跋文称："辛卯冬十月，为只庵老道翁漫设，清湘大涤子原济青莲草阁。"题"大涤子"，若为石涛所作，必在晚年。辛卯是康熙五十年（1711），这年的冬天，石涛已去世整四年了。

《别下斋书画录》卷五著录石涛《大涤子山水幅》，今此画不见，其款署“清湘大涤子原济仿张僧繇没骨画法”，此作伪作的可能性也较大。因“原济”为石涛佛门法名，石涛出佛入道后，即不以此名，友人称其为“石清湘”“清湘先生”“大涤子”。

傅抱石《石涛上人年谱》“1695年”条云：“夏五月，上人受合肥李相公稻香园之请，有皖省之行，道过銮江，奉访巢民先生，留赠山水册十纸。中华书局刊《石涛和尚山水集》录此，上有款云：‘时乙亥夏月，予受合淝李相公之请，道过銮江，奉访巢民世先生，小册十纸留赠，请正。’”据说这十幅粗笔画，曾归张大千先生的大风堂所有[8]。这帧册页被写进了很多石涛的年谱传记，其实，它是一赝本。冒襄，字辟疆，别号巢民，如皋人。十岁能诗，崇祯壬午副榜贡生，与桐城方以智、宜兴陈贞慧、商丘侯方域，并称“四公子”，晚年隐居不出，著述甚丰，其生于1611年，卒于1693年。康熙乙亥（1695），冒襄已故世两年，石涛何有小纸十幅赠巢民？

五、从印章上发现的石涛伪作

印章是鉴别书画真伪的重要依据。石涛仿作中，很多印章制作简直到了乱真的地步，像张大千所摹刻的几十枚石涛印章，十分逼似，往往通过肉眼难以发现其差异。但即便如此，辅之以一些技术手段，还是可以辨别其真假。世界上不可能存在着两枚完全相同的印章。近年来从印章的角度，鉴别石涛作品的真伪，已有其成果。

神州国光社集外增刊之五十七《清湘老人山水册》，是由神州国光社审定精印的。该册页共十二幅作品，涉及十多枚印章，全是赝品，且摹刻水平极劣，其中有“苦瓜”“大涤子”“阿长”“石涛”“瞎尊者”“清湘遗人”“清湘老人”“清湘石涛”等。

石涛传世伪作很多，但像这组册页，有如此劣章，并能被专家“审定”而判为石涛精品，是不多见的。

石涛有多方阳文、阴文的“苦瓜”“苦瓜和尚”“大涤子”“大涤子极”等印章，其形制与神州国光社所收录的此作有很大区别。

张大千《大风堂书画录》第一集录有《苦瓜钟馗图》，此图今藏上海博物馆，郑为编《石涛》画册题名为《钟馗图轴》，天津人民美术出版社《石涛书画全集》下册也收录此画，题名为《人物》。此画纸本，墨笔，正面为一威武凛然之人物像，一手张开，一手压住一物。细看人的影像，可能就是所谓鬼了。故郑为以“钟馗图”名之，不为错。此图人物非佛教中人。画右上有款云：“时乙丑清湘大涤子制。”康熙乙丑为1685年，郑为注为1685年，而天津之《石涛书画全集》则注云“年代不详”，图上明明有“乙丑”之字，为何说是年代不详？可能编者也认为此图的年代有问题。1685年，石涛在金陵，此时何来“大涤子”之号？所以款为“大涤子”之号的乙丑之作，就很成问题。既然成问题，怎么又作为石涛作品收录其中，其原因不得而知。此图“时乙丑清湘大涤子制”下有一“西方之民”白文印，刀法凌厉，似石涛同文之印。另，左下角又钤有二印，一是“苦瓜和尚济画法”，二是“藏之名山”，均为白文。此二印石涛均有使用，印章也十分像。但细辨此三印与石涛原印都有不同，应是摹刻。判此图为伪作原因有二：一是“大涤子”之号不可能出现在1685年；二是既然书“大涤子”之号，就不可能再用“苦瓜和尚画法”之印。石涛求画于八大山人，要求他“莫书和尚”，他自己为何又这样做？晚年石涛出佛入道，一般不用有和尚标记的印章了。

《大风堂书画录》第一集又载有《苦瓜采药图》，此画纸本，墨笔，高四尺八寸，宽二尺三寸。左有“前有龙眠济”引首，款署“癸丑粤西济山僧石涛客广陵之净慧寺”。癸丑为康熙十二年（1673），这一年石涛的确来过广陵，如其有《古松人物图》，其款云：“画为象南先生老道长博正。癸丑客广陵之净慧，粤西石涛济。”但《采药图》的印章却有问题。其下一连钤有三印：“瞎尊者”朱文印、“大涤子”朱文印以及“搜尽奇峰打草稿”朱文印。连同印首的“前有龙眠济”，这四印的确与石涛同类型印状态极为相似。但“大涤子”这样的后期之印不可能出现在1673年。

葛金烺《爱日吟庐书画录》卷二收《明道济山水轴》，纸本，上有题跋云：“一峰突起，连冈断堑，变幻顷刻，似续不续。如云护蛟龙支股间，凑接亦在意会而已。清湘石涛济一枝阁下并识。”神州国光本《大涤子题画诗跋》卷一也录有此诗跋。但《爱日吟庐书画录》后有“大涤子”（朱文圆印）、“零丁老人”（朱文方印）。这二印就显得非常奇怪，它是石涛晚年定居于大涤堂时所用。而在金陵之时，他年届四十左右，何来“零丁老人”之称。唯一的可能是石涛于金陵之时作画后，没有钤印，而到了晚年再钤印。这样的可能性不是很大，所以这幅作品极有可能是赝品。

六、清湘大涤之子所作图

石涛于真州学道处所作之《仿范宽笔意图》，上有跋云：“除夜客真州之读书学道处，风雪中不得奉访西玉道兄，用范宽笔意。此小徒中有人大似西粤瞎尊者，未归客，请发一笑，清湘原济。”石涛对他的老友西玉说，徒弟中有人模仿自己到了“大似”的地步。正如儒学名臣李光地所说，当时石涛已名满天下，向其求画者，有公子王孙（如博尔都）、朝中重臣（如大宗伯王泽弘，大司农王骘、国子博士孔尚任、盐业御史曹寅），又有文坛胜流，更有南来北往的商贾。石涛晚年独居大涤堂中，“家口甚众”，常以卖画为业。故石涛的小徒模仿其师自当难免，有心慕其艺是原因之一，但同时，“大似”石涛的模仿者，也有可能就是石涛生前的代笔者。董其昌的画多由代笔者所为，而石涛传世之作如此混乱，可能也有代笔的缘故。

石涛晚年“家”中的生活压力不仅很大，而且也很混乱，互相争斗，甚至石涛做出要逃难的准备。石涛故世后，他的印章还在，他的大涤堂尚存，他的那些“大似”石涛的模仿者便利用这些条件，干起了瞒天过海的勾当。这里现在可知的就有石乾（当不止石乾一人）。

谢稚柳先生在《谈石涛二事》一文中云：“最近程十发先生出示其所藏的石涛《兰竹图》轴。

这是一个新奇的发现。画上的署款为‘时乙未春清湘大涤之子并识于大本堂中’。‘乙未’为康熙五十四年（1715），这时石涛已七十五周岁，幸而这一图尚传于世，得以证实这时石涛尚健在。”[9]两位大师都已作古，他们对中国书画的精鉴享誉海内外。但谢先生所述这幅十发先生藏品，应该不是石涛所作。不要说1715年石涛早已作古，就是其中的款署也有问题。如“清湘大涤之子”，绝非石涛署款之语，石涛只有“清湘大涤子”之款，而无“清湘大涤之子”，多了一个“之”字，内容完全不同。此图我未见，据谢先生说，此图后有三印，一为“眼中之人吾老矣”，二为“西方之民”，三为“石乾化九”。谢先生以“石乾化九”为石涛之别号。其实“化九”乃是石乾之字。

北京故宫博物院藏石涛致江世栋的四封书札中，有一封这样写道：“向日先生过我，我又他出。人来取画，我又不能作字，因有事客在座故也。岁内一向畏寒，不大下楼，开正与友人来奉访，恭贺新禧是荷。外有宣纸一幅，今挥就墨山水，命门人化九送上，一者问路，二者向后好往来得便。岱瞻先生知己。济顿首。”由此可证，石乾是石涛的门人，“化九”是石乾之字，而非石涛之号。程十发先生所见之《兰竹图》是石乾所作，而非石涛所作，这样此画作于1715年就可以得到解释了。[10]

画史上将石涛门人石乾所作归于石涛名下的，目前所见有这样两件：

一是《十百斋书画录》乙卷所录之《石涛僧兰竹画》，其款云：“画兰一本藏之石边与疏梅相映，试问春风不知兰之先乎梅之先乎？幽兰有夙念，到处静无声。裂石穿云叶，流香结纫生。素心藏九畹，拱璧照孤清。若说春风面，名苏百卉醒。庚寅仲春似云章老道长先生博教，清湘石子乾。”这是石乾的作品，而非石涛。庚寅1710年，此时石涛已经过世。

二是《听帆楼书画记》卷四著录的《大涤子山水花卉册页》，共十二开，此是第七开。题为《泛舟买夏》，上有跋云：“茱萸湾里打西风，水上行人问故宫。秋草茫茫满天雁，蛮烟新涨海陵东。……甲辰初夏雨窗读老人《广陵竹枝词》十一，录为与白道翁文长博教。一枝石乾耕心草堂。”此跋中明确说道“读老人《广陵竹枝词》”，是石乾所作，而非石涛。《听帆楼书画记》所判不确。此扇面今尚存，上海人民美术出版社出版的《石涛》（郑为编）收有此扇。

今所见款为石乾所作的作品有三件，除了郑为《石涛》画册所收的这帧扇面和程十发所藏的《兰竹图》之外，尚有《西楼自寿图》。此图为美国王季迁所藏，载《艺苑掇英》第38册，其上跋称：“咏西楼自寿写意，清湘石子乾大涤堂下。”

另有两件画史著录的石涛作品，也有可能为石乾所作：

一是《十百斋书画录》戊卷著录的《石涛山水画》，其上跋云：“五十年来大梦春，野心一片白云因。今生老秃原非我，前世襄阳却是身。大涤草堂聊尔尔，苦瓜和尚味津津。犹嫌未遂逃名早，笔墨牵人说假真。此苦瓜和尚癸巳年旧作，今为香林道兄嘱笔率性图此并之其题请教。时乙未三月上旬也。”《十百斋》以为是石涛所作，乃误解。因为跋中明谓：“此苦瓜和尚癸巳年旧作”，即这首七律为石涛所作，作于康熙癸巳

（1713），但此年石涛已下世。或许为后来的作画人误记。1715年作画之人显然不是石涛，最大的可能是石乾。这位香林，石涛也认识。《大风堂书画录》著录石涛《晚风渔艇图》，其上有跋云："香林道兄佳纸在案，兴到图此。"图作于大涤堂中。可能为金陵诗人马香林。《国朝金陵诗征》卷十四载："马禹锡，字洛文，一字香林，上元人。"香林与石涛的好友田林相善，田林《诗未》卷下甲午（1714）编年诗有《马香林七十》，诗云："甲午正月之四日，香林先生年七十。我长二龄鬓成丝，不及先生发如漆。"《淮海英灵集》戊集卷三载有员燉诗序，称："白沙翠竹江村，旧属余家别业。更历数主，至郑氏始增台榭。多名流题咏。近归香林，遂为江北名构。"不知这是否就是马香林。

二是汪研山《清湘老人题记》所录石涛第一图，其跋诗云："春云离离浮纸肤，翠攒百叠山模糊。（诗长，从略）"款："戊午冬月临高尚书手卷为巨幅并题于清湘耕心草堂。时十月二十四日洒墨。"傅谱以此定石涛1678年在扬州耕心草堂，并是对这则材料的误读。其实，这幅作品的题跋中有玄机："戊午冬月临高尚书手卷为巨幅并题于清湘耕心草堂"，汪研山和傅抱石均误为石涛所作，其实是在"清湘"之"耕心草堂"作，而不是清湘作于耕心草堂。这位作者可能也是石乾。

从以上所录的几件作品看，石乾作为石涛的门人，笔墨模仿石涛，书法酷似其师，要命的是，他有意地设下一个个圈套，使一个个鉴赏大师上当，从十百斋主到潘季彤，从傅抱石到程十发、谢稚柳等，莫不如此。他的款题如"清湘大涤之子并识于大本堂中"，堂也是石涛的堂，"清湘大涤"也多是石涛习惯的题款之法，甚至印章也是石涛的章，只是多了个"之"，则风味大变。再如他题款中有"一枝石乾耕心草堂""无发无名寄一枝"，石涛的号也成了他的号。他题款中的"清湘石子乾大涤堂下"，设下重重烟幕，就等着人上当。他也是文字游戏的高手，一个"之"字，一个"子"字，或者一个"于"字，就完成了他的"魔术"。

由此可见，石乾作为石涛的门人，是给石涛流传绘画带来极大混乱的关键人物，为了应付艺术市场，得到些许银两，握老师印章，住大涤草堂，瞒天过海，行骗人之实。相信石涛存世作品中，还有不少是出于他的手笔。《画谱》可能就是他的大作。

注释

[1]上海博物馆藏石涛花卉册页，共八幅，题纸二。《中国古代书画图目》编号沪1-3151。

[2]见汪研山《清湘老人题记》附录。

[3]见汪世清先生《石涛并无道济之名》短文。世清先生一组考石涛生平之文字，多刊香港之《大公报》，上海书画出版社2002年出版之《石涛研究》论文集（《朵云》第五十六集），将其裒为一篇，名《石涛散考》，颇便览观。感谢编辑者张长虹、王克文等先生的劳动。草撰此文时，忽闻世清先生驾鹤仙去，哀痛至极，谨以此文以表纪念。

[4]《苦瓜图》跋文称："这个苦瓜老涛就吃了一生，风雨十日，香焚苦茗，内府纸计四片，自云不易得也。瞧，且看，是何人消受。清湘苦瓜并识于大涤

子下。”

[5]如谢稚柳先生《关于石涛的几个问题》，载《鉴余杂稿》，上海人民美术出版社1996年版，第135—136页。

[6]《陶风楼书画目》的这则材料据傅抱石《石涛上人年谱》。

[7]《石涛画集》下册，荣宝斋出版社2003年版，第366页上图。

[8]引自李叶霜《石涛上人之研究》，《中华学术集刊》第12集。

[9]《鉴余杂稿》，上海人民美术出版社1996年版，第265页。

[10]参见张长虹先生所作之《石乾小考》，《文物》1999年第4期。

本文载于《美术研究》2005年第3期

朱良志，1955年生，安徽滁州人。1982年毕业于安徽师范大学。北京大学哲学系教授、博士生导师。

宋代女画家及其创作群

李 湜

一

最早记载宋代女画家的文献是《宣和画谱》。在这本宋宣和二年（1120）由徽宗内臣奉敕编撰的官方著录书中，记录了徽宗御府所藏历代画家231人的作品，其中包括3位女画家的画作。除五代时擅绘人物的童氏外，其余2位分别是宋代的曹氏和王氏。

曹氏，真定灵寿（今属河北省）人。嫁宋仁宗为后，称慈圣光献曹皇后。《宣和画谱》记曹氏“雅善丹青。所画皆非优柔软媚，取悦儿女者。真若得于游览，见江湖山川间胜概，以集于毫端耳”。其画作被宋内府收藏有《桃溪图》《雪雁图》《柳塘图》《牧羊图》及《蓼岸图》，共计5幅。从《宣和画谱》和其作品名称上，可知曹氏虽为生活在深宫大院中的皇室女性，但是她擅写江山胜景，同时又工绘雁、羊等动物画，这些题材在历代女画家笔下极为少见。

王氏，是宋代功臣王审琦后裔，16岁嫁亲王端献为妻。她性情高洁，能书擅画、巧于诗词。所绘仕女，多表现贤妇烈女，其目的是“以画自律”。同时，她更能“以淡墨写竹，整整斜斜，曲尽其态，见者疑其影落缣素之间也”[1]。她通过精熟的笔情墨韵，曲尽其态地表现竹的风姿，以此抒发其超脱、坚贞的胸怀。宋御府藏有王氏所绘2幅《写生墨竹图》。

《宣和画谱》作为宋代官方编纂的画史文献，在对女画家的材料收集上，具有一定的偏差。它只收录了有宋皇室身份的2位画家，而对其他阶层的女画家则有所忽略。在《宣和画谱》刊行的48年之后，邓椿编辑的《画继》作为一种补充就显得尤为重要了。《画继》辑录了219位活动于北宋神宗熙宁七年（1074）至南宋孝宗乾道三年（1167）间的画家传记史料，其中包括6位来自各个阶层的女画家（但《宣和画谱》所录的曹氏、王氏却不在其列），她们是擅绘竹画的李夫人、文氏、方氏，工于翎毛的和国夫人王氏，擅以篆笔画棋盘的章煎，以及巧于着色山水的任才仲妾艳艳。

李夫人是文学家、书法家黄庭坚（字鲁直，号山谷）的姨母，朝议大夫王之才妻，崇德郡君李公择妹。她来自文化气息浓厚的书香之家，具有极高的艺术修养，尤其在花木竹石的表现上，邓氏记她勤于笔墨，精于摹画，“能临松竹木石，见本即为之。卒难辨”。

文氏，梓潼（今四川梓潼）人。著名画家，

进士文同（字与可，又称文湖州）之女，文士张昌嗣之母。她秉承家学，工于绘竹。《画继》记："湖州始作《黄楼障》，欲寄东坡，未行而湖州谢世，遂为文氏奁具。文氏死，复归湖州孙，因此二家成讼。文氏尝手临此图于屋壁。"由此可知，文氏是文献记载中的第一位女壁画家。她在"暮年尽以手诀传昌嗣，今昌嗣亦名世矣"[2]。墨竹艺术经其传授而在文家继续发扬。

方氏，桐庐（今浙江桐庐）人，陈晖儿媳，擅绘梅、竹，笔墨具"清远"韵致，体现了宋代文人画家所追求的清雅意境。同时，她还是位在书法上博学各体，在草书创作上颇有功力的女子，《画继》记她"临《兰亭》并自作草书具可观"。

和国夫人王氏，是位具有全面的艺术修养，在绘画上追求新意与个性的宫掖画家。她最令当时人惊叹的是能够将扇面画改绘成纵向式的立轴画，而不失原意。《画继》记："和国夫人王氏，显恭皇后之妹，宗室仲之室也。善字画，能诗章，兼长翎毛。每赐御扇，即翻新意仿成图轴，多称上旨。一时宫邸珍贵其迹。"

艳艳是宋代女画家中设色山水画的代表。《画继》记："任才仲妾艳艳，本良家子，有绝色。善着色山水。"宋佚名《画录》记艳艳所绘《潇湘八景图》册，言："细润清远，足以名世。"可见，艳艳的画作应属于唐宋画坛流行的笔法细腻、设色雅润、意境清幽的青绿山水。艳艳的画作曾流入商贾店铺，为世人所收藏，明代时收归书画史家张丑之手，他在《清河书画舫》记："偶从金昌常卖铺中获小袖卷，上作着色春山，虽气骨寻常，而笔迹秀润，清远可喜。谛视之，见石间有'艳艳'二字，莫晓所谓，然辨其绢素，实宋世物也。越数日，检阅画谱，始知艳艳为任才仲妾。"

章煎，福建建安人，一作浦城人，《画继》记："章友直之女煎。能如其父以篆笔画棋盘，笔笔相似。"

成书于宋淳熙十四年（1187）的孙绍远《声画集》，是本收录唐宋人题画之作的书籍。此书辑录了黄庭坚观李夫人竹画而作的诗题，内有"姨母李夫人墨竹二首"以及"姨母崇德君赠新墨竹图且令作歌"，因此，它也是一本涉及女画家的重要文献。黄庭坚的题诗为"深闺净几试笔墨，白头腕中百斛力。荣荣枯枯皆本色，悬之高堂风动壁"；"小竹扶疏大竹枯，笔端真有造化炉。人间俗气一点无，健妇果胜大丈夫"等。从黄庭坚对姨母李夫人推崇备至的诗句中可知，李夫人一生致力于竹画创作，直至白发暮年仍乐此不疲；其所绘墨竹枯荣相映、高低错落，极富情趣和节奏变化；其在表现技法上，行笔运墨苍健豪放，腕中犹有"百斛力"，因此，将其画悬于高堂之上，有竹林"风动壁"的感觉。

元代品评宋代女画家的文献，有的是抄录上述三书的内容，有的则进行了一些补充。其中以完成于至正二十五年（1365）的夏文彦《图绘宝鉴》最为重要。此书是一部资料来源丰富，广罗各类文人笔记、文集及铭刻的绘画通史简编。书中共介绍了14位宋代女画家，包括《宣和画谱》中的2位、《画继》中的6位。夏氏在对这8位画家的介绍上，没有补充任何新的资料，只是在原书的基础上进行了文字上的删节取舍，尚不失梗概。重要的是，夏氏在此之外，又补充了6位女画家，她们分别是擅绘竹的胡夫人、汤夫人、卢氏、翠翘、苏翠和擅画人物的刘夫人希。

胡夫人，号惠斋，平江（今江苏苏州）人。尚书胡元功女，尚书黄子由妻。她博学多才，有深厚的文学修养和书画造诣。宋周密《齐东野语》记其“俊敏强记，经史诸书，略能成诵。善笔札，时作诗文亦可观，琴弈写竹等艺尤精”。《图绘宝鉴》亦云：“胡夫人……画梅竹小景，具不凡。”周密、夏文彦虽然在文中都未详尽陈述胡夫人的梅、竹艺术风貌，但从对其画作评介用词“尤精”“不凡”中，可以体会到胡夫人的梅、竹艺术当已达到了较高的艺术水平。

汤夫人，江西人，赵希泉妻，著名画家汤叔雅（号闲庵）之女，《图绘宝鉴》记其“写梅竹每以父‘闲庵图书’识其上”，令人难辨真伪。

卢氏，许州（今河南许昌）人。《图绘宝鉴》记她“能作墨竹，梅圣俞尝赋诗题之”。北宋文学家梅圣俞（名尧臣）对卢氏的诗题见于《宛陵集》，其言：“许有卢娘能画竹，重抹细施神且速。如将石上萧萧枝，生向笔间天意足。战叶斜尖点映间，透势虚黏断还续。粉节中心岂可知，淡墨分明在君目。”言简意赅的诗句点明，卢氏擅绘淡墨竹，画风具有“神且速”的特点，并且能够在迅捷的创作中，不失竹之形貌与神韵。

翠翘，能书擅画，《图绘宝鉴》记：“洪内翰侍人。失其姓。自题云：‘翠翘戏笔。’字画婉媚。程大昌诗云：‘戏作风枝斜，再恼玉堂宿。’”由“戏笔”及“戏作”可知，翠翘的画风应属宋文人画家中不求形似唯得墨韵的“墨戏”一派。

苏翠，建宁（今属福建省）人，是位妓女画家。《图绘宝鉴》记：“苏氏，建宁人。淳祐[3]间流落乐籍，以苏翠名。尝写墨竹扶疏，旁八分书题，如‘倚云’‘拂云’之类，颇不俗。”

刘夫人希，能书擅画。《图绘宝鉴》记其“建炎年[4]掌内翰文字。善画人物，得古人笔法及写宸翰字，高宗甚爱之。画上用‘奉华堂’印”。刘夫人在以书画自娱遣兴的同时并“掌内翰文字”，是位画史上少有的以书画才艺而得宠的宫掖画家。

夏氏的《图绘宝鉴》一经问世，便以较高的史料价值而称著于画坛，明清两代几经翻刻而广为流传，以至明清画史文集中涉及宋代女画家的资料基本上都选用了《图绘宝鉴》的内容，如明代佚名《书画史》、朱谋垔《画史会要》以及清代王宸《绘林伐材》、王毓贤《绘事备考》、杨恩寿《眼福编》、窦镇《国朝书画家笔录》等。直至1831年，由女美术史家汤漱玉（字德媛）编纂出版的《玉台画史》，才在《图绘宝鉴》的基础上，又对宋代女画家进行了一次大规模的补充。《玉台画史》是第一部关于女画家的史料专集，在编辑上不仅涉及的文集、诗集、笔记、方志等文献广泛，多达70多种，而且还标示出所引用的内容及书目，因此，具有较强的史料性和集合性。此书共辑录了传说中的嫘直至清道光朝的221名女画家的史料，其中包括宋代30余名。在30余名中除上述的14位外，又补充了10余位。她们分别是擅绘竹菊的文学家李清照、朱淑贞，织绣名家韩希孟，常州女史朱氏、鲍夫人，妓女画家琼华、绿华和延平妓，擅绘罗汉像的王氏女，绘山水画的仁怀皇后朱氏和清音道人，以及一部分徒有画名，而未标示出所擅题材、画风特点的画家蔡国长公主、度宗皇后全氏、宁宗恭圣皇后妹杨妹子、郭昭晦女郭氏、谭文初妻谢夫人、祝次仲女、天台营妓严蕊等。

《玉台画史》作为女画家的专集，其所遴选入编的女画家，要比以往的画史文献宽泛很多。但这也不免使它失之芜杂。比如，被它收入的画家，就有的并不是因为其画艺精湛，而是靠着其他艺术领域的声誉或者较高的社会地位而得以入编的。如李清照、朱淑贞，仰仗的是其显赫的文学之名；蔡国长公主、度宗皇后全氏、宁宗恭圣皇后妹杨妹子，有赖于其至尊的皇室地位。这不能不说是此书在编辑上的一丝缺憾。

二

通过上述文献资料，可以按其社会身份将宋代女画家分为三个创作群体：一是闺阁画家，二是妓女画家，三是宫掖画家。

（一）闺阁画家

闺阁画家是指生长于稳定、闲适的家庭环境中，并且具有绘画修养的“名媛”和“姬侍”。这其中既有来自文化世家特别是绘画世家的女子，也有来自官宦、商贾家庭的女子。宋代的闺阁画家主要有文氏、汤夫人、章煎、李夫人、胡夫人、乔夫人等。

来自文化世家的女画家自幼熏陶在浓郁的文化氛围中，既有能书擅画的亲属随时指教，又有家中丰富的书画藏品供其参考，因此，她们与官、商家庭的闺阁画家相比，在先天教育上就具有很大的优势。如文氏，自幼聪慧内秀，常观父亲文湖州绘竹于左右，在耳濡目染的家学环境中，渐通笔墨之道。因此，她在创作上，受文湖州“浓墨为叶，淡墨为背”的墨竹画影响，笔苍墨健，注重写生，直追湖州纵健秀逸的竹画风格。同时，遵循其父所倡导的“胸有成竹”创作理念，每每将眼中之竹熟识、提炼为胸中之竹，方肯落笔为纸上之竹。在这种意在笔先的创作宗旨下，她在临其父《黄楼障》图时，才能够信心十足地直接面壁挥毫，犹如其父“振笔直遂，兔起鹘落”。汤夫人与文氏一样，绘画教育亦来自家传。其父汤叔雅，是著名画家扬补之的外甥，所绘梅竹松石，宗法扬补之，并别出新意。汤夫人自幼聪慧机敏，秉承家学而有所得，善绘梅竹，画风直追其父清雅笔意。此外还有章煎，她是画家章友直的女儿。章友直（1006—1062）擅篆书，并能用篆书笔法绘龟蛇、画棋盘等，名重朝野。其家人女子，深受其艺术影响，尤以章煎最得其笔意。《书史会要》记：“章氏煎，友直之女。工篆书，传其家学。友直执笔自高壁直落至地，如引绳。而煎亦能如其父以篆笔画棋局，笔笔匀正，纵横如一。”

官、商家庭的女子习画主要靠自学或从学于外聘的“善画者”，这实际上是女画家习画的另外一条重要的途径。李夫人便是通过这条途径而成为女画家中佼佼者的。其外甥黄庭坚工诗词擅行草，官至吏部员外郎，他学识渊博，胸怀高逸，因而其周围聚集了一批当代著名的艺术家，彼此间常以诗文书画雅集切磋。他与苏轼、蔡襄、米芾合称为宋代书法“四大家”。黄氏在与文人们交往中，每每见名品佳作辄借与李夫人临摹，《画继》记：文同曾“作一横绢丈余《着色偃竹》以贶子瞻，过南昌，山谷借而李临之”。由此，李夫人接触到不少当时最杰出的名家墨迹，加之她勤于笔墨，不放过每一个学习的机会，“能临松竹木石，见本即为之”[5]，从而娴熟地掌握了绘画技法，并且达到了较高的艺术境界。

（二）妓女画家

妓女画家是指那些有画艺修养的风尘女子。妓女们为了迎合八方来客的需要，必须学会或文或武的多种应酬，其中绘画便是应酬方式之一。在应酬画的创作中，妓家经常表现的题材是墨竹画，其所以喜绘竹，主要是因为，竹画相对人物、山水画具有形象简单，创作用时短，纵情涂抹三两枝便可形完气足等特点，因而便于妓家与文士间的笔墨应对、雅集助兴。再有，竹画在宋代作为花鸟画坛的时尚题材，拥有着广泛的创作与鉴赏群体。妓女画家作为处于激烈竞争与开放性生活环境中的女性，自然会在笔墨意趣上不自觉地迎合时流，进行竹画的创作。由此而在宋代出现了一批擅绘竹画的妓家，甚至有一位因巧于绘竹，而隐去真名，被称作“写竹妓”。宋代陈造《江湖长翁集》记此人：“写影道机熟，犹记涪翁诧子舟。谁信红衣万钧笔，拟分此派嗣湖州。……劲节苍梢笔底寒，一天风雪与坚顽。”由陈造所记可知，写竹妓的画风追摹的是当时画坛最为流行的文湖州竹画笔意，由此可见，文湖州的竹画艺术影响范围之广，文氏的竹画风格已经成为妓家与文人间共同欣赏和追仿的一种绘画风范。通过陈造所记还可知，此妓在技法表现上，毫无女性柔弱力薄之态，而是施墨淋漓豪放，运笔雄健有力，令人难以相信弱女子能有这般“万钧笔”之力。在题材的描绘上，写竹妓刻画的是在恶劣的生存条件下，迎风斗雪“劲节苍梢”的隆冬之竹，通过表现竹子耐严寒、抗冰雪的顽强性，而昭示出其与周围环境相抗争的精神。这实际上是妓家对自身心境的一种真实写照。受宋代妓女画家的影响，明清时期的妓女画家亦一直以绘竹作为与文人墨客间艺术交流的重要题材之一。

具有艺术天分的妓家们，其绘画教育主要有两种渠道。一是接受由妓院老鸨们教习的书、画，如周密《武陵旧事》记：刘婉容云“本位近教得二女童，名琼华、绿华，并能琴阮下棋，写字画竹”。二是妓家通过与文人间的交往，亦可获得一定的艺术熏陶。她们在雅集笔会中，听到的是文人们对艺术的真知灼见，观赏到的是文人们的助兴之作，甚至她们还可以得到文人们在笔墨方面的直接传授。王英英是位楚州（今属江苏省）的官妓，常与高官、文士们相交往，其中书法“宋四家”之一的蔡襄（字君谟）、著名文学家梅圣俞等都是她的好朋友。她以擅作颜真卿大字书而著称，其笔法便是由蔡襄教习而得的。《书史会要》记：“英英，姓王氏，楚州官妓。学颜鲁公书，蔡君谟教以笔法，晚年作大字甚佳。梅尧臣赠之诗曰：‘山阳女子大字书，不学常流事梳洗。亲传笔法中郎孙，妙尽蚕头鲁公体。’”徐州（今属山东省）妓家马眄的书法是向“宋四家”之一的苏轼所学，并且达到了写苏体而乱真的地步，《书史会要》记：“马眄，徐州营妓也。性惠丽。苏轼守徐日，甚喜之。能学轼书，得其仿佛。轼尝书《黄楼赋》未毕，眄窃效书‘山川开合’四字，轼见之大笑，略为润色，不复易之，今碑四字，乃眄笔也。”

上述的王英英、马眄都是师从著名书法家习字的妓家，类似的情况在妓家习画上也时有出现，有许多妓女正是通过与男性画家间的交往，而成为画家的。就这样，一个妓女画家群便从普通妓女中分离出来，她们在身份上仍为妓女，但她们的精湛艺术却使她们作为女艺术家而流芳千古。

（三）宫掖画家

宫掖画家主要是指生活在皇亲贵戚家族中的擅绘女子，如越国夫人王氏、宗妇曹氏等。与闺阁画家一样，宫掖画家的生活状态也属于社会封闭型，她们深居内宅，有着优裕安定的生活环境和充足的自由时间，绘画成为她们略显寂寞的生活中的一种自娱手段。《宣和画谱》记：越国夫人王氏“不复事珠玉文绣之好，而日以图史自娱”。不过由于她们拥有特殊的身份和地位，因而其在创作上虽说是“自娱”，实际上并非完全像闺阁画家那样随兴所至，任意挥毫涂抹，而是带有一定的目的性，如这位越国夫人王氏喜绘仕女，目的是“取古之贤妇烈女可以为法者，资以自绳”[6]。利用绘画这种形式来张扬女德、女诫等封建伦理观念，而绝非为了表现女性的娇柔与妩媚之美。在封建上层妇女中，像王氏这样自幼深受封建礼教的诱导，并执迷不悟的人很多，甚至，许多妇女在深受封建教义侵害后，又以身作则地积极宣扬诸封建伦理观念，如汉代班昭作《女诫》、唐代陈邈妻郑氏作《女孝经》、宋若莘作《女论语》等。王氏同她们一样也不自觉地成了削弱女性自尊自立的帮手。

宫掖画家与闺阁、妓女画家相比，其创作题材更显广泛，她们对山水、人物、花鸟无不涉及。更为难得的是，她们当中有的人更是兼善多种表现题材，如仁怀皇后朱氏“钦宗后也。画山水学米元晖，亦善花鸟，付彩甚妙”[7]。刘夫人希“善画人物，得古人笔法，及写宸翰字，高宗甚爱之”[8]。此外，还有既善绘山水又工翎毛的曹氏、既善仕女画又精墨竹笔意的越国夫人王氏等。宫掖画家习画的环境应该说比闺阁、妓家都要好，但是由于她们的画作，只是在宫廷小范围内观赏、流传，因此，其作品除少量由皇家收藏外，大多数自生自灭。这不免使得其画作留存于世和为世人所记载的机会要比闺阁、妓女画家的更为稀少。

尽管宋代闺阁、妓女、宫掖画家的社会身份不同，她们的生活环境、学画经历及绘画旨趣也互有差异，但是，她们毕竟同为“女”画家，就共同具有在封建体制中不可摆脱的从属特征，她们在社会文化舞台上的失落也不可避免。这种失落主要表现在，她们的作品不为收藏家们所关注，被认为是些排遣闺房闲情的习作小品，没有艺术价值及收藏价值。除非在她们的身后有着强有力的男性为依托，才可能被社会略加关注，如文氏的背后有着画艺精湛的其父文湖州，李夫人的背后有着以学识渊博著称的其侄黄庭坚，宗妇曹氏的背后有着显赫地位的皇亲国戚，等等。女画家这种需仰仗男性才得以传名的怪异现象，实际上是古代女性不能独立于社会的一种悲剧身份的体现。

由于不被重视，目前，宋代女画家的作品没有一件被保留下来，有关她们绘画创作的文献，也只是在专业性较强的画史中，被附加在文人、皇室、僧道等画家之后，作一极其简单的介绍。另外，中国古代女性在封建社会伦理、道德的重重束缚下，在政治上无地位，经济上不独立，婚姻中不自主，社会地位甚至低微到失去了自己的姓名权的地步。女画家们被称作李夫人、文氏、张氏，沦为社会第二姓的她们自然步入“人贱画微”的境地，她们及其作品不被社会重视亦在“情理”之中。当女画家们的生活空间已小到足不出户的地步，狭窄的生活圈子使其艺术视野被封闭、创作灵感被窒息后，她们往往选择的是追寻男性画家的创作规范，她们的绘画创作其实就只是男画家作品与风格的一个翻版。李夫人有一张《着色偃竹》，与文同的竟一般无二，以至著名鉴定家米芾也不禁发出：“非鲁直自陈，不能辨也。”[9]的感叹。当然，李夫人与文同之间的这种相似，主要反映的是女画家对男画家作品的仿作。黄庭坚又称赞李夫人竹画是“人间俗气一点无”。而“俗”与“雅”是宋以来文人画家品定画作高下优劣的重要审美标准之一，只有画品、人品、修养等均达到较高造诣的人，才能在其画上体现出“脱俗尚雅”的审美意趣。在男尊女卑盛行的宋代，黄庭坚能够认定李夫人画无“俗气”，并发出“健妇果胜大丈夫”的感叹，则又反映出女画家在审美意趣上向男画家的趋近。除李夫人外，翠翘在审美意趣上亦与男画家相一致，她在画作上自题“翠翘戏笔”，程大昌题其画亦曰“戏作风枝斜”，这种在游戏笔墨中而流露性情的自娱性，恰恰与宋代男性文人画家苏轼、米芾等倡导的“戏笔”创作宗旨相吻合。当女画家们始终按照男性的绘画模式、审美意趣，甚至思维方式进行创作时，她们自然又要被注重个性化的艺术法则所冷落。

宋代女画家们就是这样，在向男性绘画观念和技法的趋同中失去了自己的“色彩”从而在绘画史的发展中失去了自己的位置。“五四”以后，随着封建体制的日益瓦解，女性自身解放意识的日趋增强，这种局面才稍有改观。女性画家真正担当起个性创作的角色，还是在新中国成立以后。

注释

[1][6]《宣和画谱》，引自《中国书画全书》，上海书画出版社1994年版。

[2][9]邓椿：《画继》，引自《中国书画全书》，上海书画出版社1994年版。

[3]南宋1241年至1252年。

[4]南宋1127年至1130年。

[5][8]夏文彦：《图绘宝鉴》，神州国光社民国十八年（1929）版。

[7]《绘事备考》，引自《中国书画全书》，上海书画出版社1994年版。

本文载于《美术研究》2005年第3期

李湜，1963年生，北京人。1988年毕业于中央美术学院美术史系。故宫博物院研究馆员。

土山湾画馆

——中国早期油画研究之一

李　超

一、新圣像——晚清传教士美术补遗

在明清以来的西画东渐过程中，传教士无疑扮演着十分重要的传播者的角色，但是他们的历史却留下不少有如“沙子”般流失的历史之惑。[1]在明清之际的传教士美术研究，同治年间上海土山湾孤儿院美术工场的活动，使得我们能够进行有关晚清传教士美术的历史补遗，有助于人们对于中国近现代美术的某种发现和思考。

倘若回顾相关的历史，我们发现，从17世纪至19世纪（包括20世纪初期），在这漫长的300多年历史中，先后出现了三次与传教士相关的西画东渐的重要现象。第一次是明末万历年间，第二次是清中期乾隆年间，第三次是晚清同治年间。如果说前两次是在罗马耶稣会派遣传教士东来的背景下，传教士由西画传播变为在朝廷供职，那么第三次则是在鸦片战争的背景下，传教士由禁教所迫转为大规模“卷土重来”，进行师徒形式的西学传授。创立于同治三年（1864）的上海徐家汇土山湾画馆，即是其中重要的事例。如果说，第一次是以意大利传教士利玛窦、罗明坚为代表，第二次是以意大利传教士郎世宁、法国传教士王致诚为代表，那么第三次的代表人物则是西方传教士和中国修士共同担当。西班牙传教士范廷佐，意大利传教士马义谷，中国修士陆伯都、刘德斋，以及法国传教士范世熙等，这些原本陌生的名字，重新获得历史的尊重，进入了近代西画东渐的文化视野。

虽然，在第一次“传教士时期”，也有类似的西画传授记录。比如意大利传教士乔凡尼在澳门曾经开设过“画坊”。“为了传播宗教，澳门教会在南湾嘉思栏修道院设立刺绣厂和画坊，专门生产教徒穿的衣袍和教堂用的宗教书籍，这里的产品是供应整个远东用的，可见规模之大。画坊里教授油画技巧，当时称之为‘泰西画法’，摹绘的虽然都是圣像和宗教故事的画，那是中国最早培养油画人才的一所学校。画坊中除西洋教士外，更多的是中国教徒和日本教徒当画工。”[2]而在第二次“传教士时期”，郎世宁也曾经有过在清宫教授中国学生油画的记载。“经郎世宁培养出来的中国学生计有：斑达里沙、八十、孙威凤、王玠、永泰、葛曙、汤振基、戴恒、戴正、张为邦、丁观鹏、王幼学、王儒学、戴越、沈源、林朝楷等十余人。”[3]“在油画方面，传教士画家培养了一批中国宫廷画家，使之掌握油画技法，并与其结合创作。还传授焦点透视的科

学方法，培养出了一批专门用焦点透视作画的画家。这种采用焦点透视的绘画，在清廷和造办处内称为‘线画法’，成为清画院的一门新画科，多用于建筑和室内装饰等。”[4]但是，相比土山湾画馆而言，上述两个时期的传教士传授活动，无论在规模范围、形制规格和沿革时间方面，都不及晚清的土山湾画馆。“虽然，据可靠的文字记载，至迟在唐代初期，西洋画已经被欧洲基督教传教士带入中国，而在清代宫廷中的欧洲画家如郎世宁等，也曾向少数中国画家介绍过西洋画法；但是，如土山湾画馆正式教授中国孤儿西洋画和雕塑，并培养出人数众多的人才，可谓在中国历史上前所未有。”[5]无疑，作为前所未有的规模化的西画传授机构，土山湾画馆具有了重要的美术史地位。

关于土山湾的记载，大约主要见诸如下这些史籍：

“土山湾者，浚肇家浜之时，堆泥成阜，积在湾处，因此得名。前清同治三年（1864）削为平地，土山故地，不复可寻矣。”[6]

“距沪郊徐家汇不远之处，曰土山湾，其地与徐家汇同为天主之势力范围。”[7]

“土山湾位于徐家汇之南端，地势积土成丘，其东南更因蒲肇河一水之曲，缘有土山湾之称。”[8]

“1847年以后，徐家汇是中国耶稣会总部所在地，在这里还有其他一些教会机构，比如天文台、藏书楼、圣母院、教堂、大小修院以及徐汇公学。土山湾位于徐家汇南端，占地大约八十余亩，一条河从它的东南两面流过，许多年前当疏通河道时淤泥积在湾处，而成了土山湾。孤儿院的大门正对着河，河上有一慈云桥把孤儿院与对岸连接起来。孤儿院北面是大修院和主教公署，西面则是大片农田。”[9]

1864年7月，土山湾孤儿院开始建屋，同年11月建成第一排房屋，孤儿院正式迁入。1867年4月，又建成第二排房屋和一座小型教堂。这时，土山湾孤儿院工艺工场（又称“土山湾孤儿院美术工场”）包括缝纫、制鞋、木工、金属制品、绘画、雕塑、印刷等工场才开始全面授徒。土山湾孤儿院美术工场是由两部分所组成：一部分是徐家汇圣依纳爵堂的工作室，包括绘画、雕塑两个工场；另一部分是蔡家湾孤儿院工艺工场，包括缝纫、木工、木版印刷等工场。当时孤儿人数已达342人。这些孤儿入院时大多六七岁，当地人称之为“土山湾堂团”，孤儿到十三岁时开始学艺，进入下属“土山湾美术工场”（或称“土山湾美术工艺所”）。“育婴堂所收异教之孩童，幼者为六七岁，大者亦不过九、十岁，初授以四年之教育，如国文、习字、算术、天主教义等科，平均至十三岁，始就各童之天资性质，而授以某种工艺，至十九岁而卒业。”[10]“当时孤儿们学习的主要手艺有木工、制鞋、成衣、雕刻、镀金、绘画，以及农田耕作；此外，还有刻写印刷用的汉字、木版。”[11]

关于土山湾孤儿院美术工场的创立背景，有关的记载如下：

“土山湾有一育婴堂，为天主教所设，其创始尚在前清道光二十九年（1849）初堂在沪南，继而迁至距徐家汇约十里之蔡家湾。太平天国时，战氛四起，堂事中止，所留孩童亦星散，直至同治三年（1864）始再迁至土山湾而定居矣。

此育婴堂实即一美术之工场也。……堂中工场有印刷、装订、绘画、照相、冶金、细金、木工、水雕、泥塑、玻璃制作等。绘画师约有四十人，所绘者均为圣洁之宗教画，或于纸，或于布，或于石，或于玻璃，无不精美。育婴堂中全部人员约共六百五十人。各种工艺，悉由修士所指导，如绘画指导者，则诚为可贵之艺术家，并非仅为艺术人员也。堂中人员虽不众多，而出品种类则颇繁多，且制作又精美如此，实不能不令人为之倾倒。”[12]

土山湾画馆，其实是土山湾孤儿院美术工场下属“绘画”部门的一种习称。[13]所谓“土山湾亦有可画之所”，即是指这个“绘画”部门。[14]该部门在土山湾孤儿院美术工场的创建之初，就已经初见规模了。“关于绘画工场和木雕间的创始，主要功绩得归功于郎怀仁主教，是他从欧洲新来的辅理修士中发现了一位艺术家。此人即范廷佐，他在郎主教的赞助下，开始创作圣堂中的雕像和祭台，后来于1852年又创办了一个美术学校，校址在神父住院内。1856年他逝世于董家渡大堂，接替者是他的一个学生，陆伯都修士。陆修士很善管理。虽然从1864年美术学校并入土山湾孤儿院，但是校址仍在徐家汇住院，即在住院大楼的会客厅之隔壁。这个时期起，美术学校开始变成了艺术工场。1870年，陆修士和他的学生刘必振一起把工场迁进土山湾。”[15]“人们特别注意到雕刻、镀金、油漆、绘画工场。这工场是由范廷佐的两位得意门生，陆伯都和刘必振两位辅理修士从徐家汇搬到土山湾的。他俩把自己的技术精心地传授给孤儿们，培养了一批优秀的人才。这所工场后来大大地发展了。”[16]

由此看来，范廷佐创办的这个“美术学校”，可作为土山湾画馆的“雏形”。“因此，它才是近代第一所美术学校。”范廷佐(1817—1856)，英文名字叫Joannes Ferrer，字尽臣，西班牙人。范廷佐擅长雕塑，包括立雕、浮雕作品。“范修士在徐家汇大堂广场的西南角上有一间工作室，在此他传授技艺，同时自己也进行艺术创作。……在学校里，廷佐教素描和雕塑课程。另一位神父 Nicolas Massa（1815—1876），中文名字叫马义谷，字仲甫，教授油画，因而我们也可以把马神父看作这所学校的创办者之一。”[17]从1857年开始，在范廷佐去世之后，马义谷成为徐家汇雕塑、绘画工作室的主持人。在土山湾画馆成立之时，范廷佐和马义谷虽然都已经先后故世，但是他们无疑为此事业起到了奠基者的重要作用。

鸦片战争后，上海地区的传教活动“卷土重来”。法国耶稣会派遣传教士来沪。布教区域主要在浦东、浦南、崇明、松江和青浦等地，当时尚未有教堂之类的正规传教场所。为便于交流，教会设置“堂口”的基层体制，而其宗教活动场所则被称为“小堂”。对于这种“小堂”的描述，在1845年的有关记载写道：“每一个堂口都有一个公所，公所就是有小堂的专为集合教友的一座屋子。小堂不是别的，只是一间厅堂。厅堂的深处有一座祭台……祭台上一般装有一架十字苦像，一帧耶稣或圣母的圣像……在祭台两旁的小儿桌上，悬挂着两幅并不高明的天神像：一幅是护守天神引导着一个中国小孩，一幅是总领天神弥额尔战败幽王魔鬼的像。”[18]这一记述，可以视为目前能见到的较早的在上海的有关圣像绘画的文字记载，同时也可以和1847年范廷佐初到江南教区，发现“圣堂里的雕像极为幼稚、粗糙”相联系，并与他的参与“加工”后“圣像与以前大不一样”形成对照。

有关的历史记载表明，土山湾画馆的绘画作品，主体上是一种宗教产品。其主要是供应宗教事业的发展需求的。在土山湾画馆创办前的19世纪60年代前期，“随着各地天主堂的建立，圣像需要数量日益增多，工作室复制圣像作品供不应求”。在其成立后的19世纪60年代后期之后，“绝大部分艺术家仍然主要制作油画和水彩画，因此绘画工场的制品远远不能满足各教区的需要”。仅就江南教区中心的上海而言，当时该地区的天主教活动频繁，相应所设立的天主教堂众多。美术工场相应制作教堂急需宗教用品，如祭台、圣像画、雕刻，神父弥撒用的“圣爵”和“圣盘”等。虽然教会旨在为宗教宣传服务，但客观上促成了土山湾美术工场能够集中而系统地传授西洋美术和工艺技术，培养专门人才。这个工场后来“人才济济”，各天主堂“都有他们的作品”[19]。

> 中国教友喜爱的圣像绝大部分都由这所工场绘制印刷；还有圣堂里用的装饰和用具，在辽阔无边的中华帝国各地无数教堂里，几乎都能看到。[20]

由土山湾印书馆发行印刷的有关出版物，将土山湾画馆称为“图画馆”。比如1933年出版的《徐汇记略》，就曾经对该“图画馆”进行如是的概括：

> 图画馆分水彩、铅笔、油画等，其所绘花草人物，摹真写影等件，前经南洋劝业会颁奖凭，十九件之多。近日新添彩绘玻璃，将人物鸟兽彩画于玻璃上，后置炉中煨炙，彩色深入玻璃内，永久不退，中国彩绘玻璃，此为第一出品处。[21]

1943年出版的《上海徐家汇土山湾孤儿院》，同样对该“图画馆”有所描述，其措辞用语与《徐汇记略》中的相关文字相近：

> 图画馆。分水彩、铅笔、油画等。其出品曾获南洋劝业会历次褒奖。又制造彩绘玻璃，供给各教堂及建筑界之应用，为中国彩绘玻璃之第一出品处。[22]

这些记载出现于20世纪30年代至40年代，在一定程度上体现了当时社会需求的发展和变化。换言之，这些文字突出了土山湾画馆事业的新趋势，即除了宗教领域以外，还在与商业社会的联系中，产生了很大的社会影响。

因此，就土山湾画馆所绘制的作品而言，大致分为主体性的宗教作品和非主体性的商业作品，随着其事业的发展，这两大类作品都前后不同程度地体现了其专业特色，为其带来了较大的知名度。“图画间在孤儿院开办时已初具雏形，最初是画圣像，以后分铅笔画、水彩画、油画等部门。尤其西洋画为当时国内之奇货，间也销售海外，得到‘南洋劝业会’颁给的奖牌、奖状共十九件之多。有一些临摹欧洲名画的作品，售价昂贵，往往三四尺见方的一幅要售七八担米钱。”[23]而此事业发展的基础，正是“铅笔画、水彩画、油画等部门”的西画传习。

从素描到油画的传习，构成土山湾画馆“新圣像”的一个重要因素。这种传习的传统，贯穿土山湾画馆的创立前后。早在1851年，范廷佐在徐家汇的工作室（“美术学校”）开始向学徒授艺，其中绘画部分则主要由马义谷负责教学。“当时除从欧洲带入的少量绘画用品外，颜色及画布涂底材料都要在当地自制，所以学徒要从研磨调制颜色学起。”“学徒们则通过临摹复制圣像的过程，从马义谷学习油画技术。”这种西画的传习，构成了土山湾画馆最明显的专业特色，不断引起以后美术界人士的关注。比如：

“上海徐家汇土山湾教会内，亦有若干人练习油画，且自制油画颜料。唯所画，皆为宗教性质的题材，指导者为法国教士，学习者则为中土信徒。”[24]

“上海西洋画输入的机会较多，在徐家汇有一所天主教所立的学校，内设图画一科，专授西洋画法，不过所有作品。均带有极浓厚的宗教气氛。”[25]

“上海西洋画美术教育，最早是徐家汇土山湾天主堂所办的图画馆。该馆创立于清同治年间，教授科目分水彩、铅笔、擦笔、木炭、油画等，以临摹写影、人物、花鸟居多，主要都是以有关天主教的宗教画为题材，用以传播教义。”[26]

诸如此类的记载，反映了近代西画东渐中的一种史无前例的传播形式：美术教育。通过这种初期的美术教育，明清以来持续长达约三百年的圣像艺术，以其一定规模的传习授徒教育形式，获得了新的展示空间，而在这新的空间里，中国的学徒们系统地掌握了西画造型能力，由于他们的实践，西方圣像艺术，从以前舶来的印刷品变成了自制的原作——遥远天堂的“圣像”在他们的手中“复活”了。

由于近代印刷业的兴起，土山湾孤儿院美术工场中印刷事业得到了长足发展。其中的印书馆拥有石印、铅印、木版印、铜版印和五彩印等多项技术，曾经创下印刷品出口总数达53万种的空前纪录。其中图像类印刷品也十分丰富，分为“图像书、插图和单幅图像”等项，而这些图像类印刷品的图稿绘制，同样也与土山湾画馆的业务密切相关。这就为圣像艺术的传播，提供了一个数量空前的媒介和渠道。

因此，多种印刷品形式的圣像艺术，构成土山湾画馆“新圣像”的另一个重要因素。1926年土山湾印书馆出版的《道原精萃》，“是土山湾生产的最大型的一种图像书”。其卷首有法国传教士方殿华（Louis Gaillard，1850—1900）所作《像记》的序文，记曰：

明神宗万历二十年，耶稣会司铎拿笪利，始聘精画二人，绘耶稣事迹，计一百三十六章，参列圣经，公诸西海。事为教皇格肋孟所知，立降诏书，殊为嘉奖。崇祯八年，艾司铎儒略，传教中邦，撰主像经解，仿拿君原本，画五十六像，为时人所推许，无何，不胫而走，架上已空，阅如千岁。艾君撰天主降生言行纪略，付梓福州，流传甚广，无如世代迁移，枣梨散毁。自今求之，旧籍寥寥矣。咸丰三年，法司铎某，仿拿君稿，绘像三百枚，镌于钢，缀图说，惟撰以法文，而裨于华人也鲜。去年江南主教倪大司牧辑《道原精萃》一书，嘱修士刘必振，率慈母堂小生画像三百章，列于是书。其间百十一章，仿法司铎原著，余皆博采名家，描写成幅，既竣，雇手民镌于木，夫手民亦慈母堂培植成技者也，予自去年以来，承委督绘像等艺，恐阅是书者，不知是像之由来，爰志此于卷首云。[27]

从该序文可见，在土山湾1926年版《道原精萃》之前，该书已有“明神宗万历二十年”“崇祯八年”和“咸丰三年”的三种版本问世。同时，其有“绘耶稣事迹，计一百三十六章”“仿拿君原本，画五十六像”和“仿拿君稿，绘像三百枚”的图稿绘制情况记载。土山湾版的《道原精萃》，则由“修士刘必振，率慈母堂小生画像三百章”，“博采名家，描写成幅”，而“刘必振”和“慈母堂小生”，皆为“慈母堂培植成技者”。

“博采名家”和“培植成技”，在一定程度上体现了土山湾画馆圣像绘制的特征。这类特征在其他的“印刷图像”中同样得到反映。方殿华从1886年开始“负责印刷图像的生产”。另一位法国传教士范世熙（Adiphus Vasseur，1828—1902）是“绘画工场中制作印刷品画稿的先驱”。“他的画主要用来作为印刷图像的画稿”，其作品如《末日审判图》《天堂图》《炼狱图》《地狱图》等，其中吸收了中国绘画线条造型的某种技法，他“也许是土山湾第一位运用中国技法表现基督教主题的艺术家”。在1876年出版的相关图册中，有学者发现《圣教圣像全图》《救世主实行全图》《救世主预像全图》《要理六端全图》《玫瑰经十五端》和《十二宗徒实行圣像》六种图册。这六种图册“可以对其作品略知一二”。[28]

上述的“新圣像”，构成了某种圣像艺术中国化的效应。由于历史上土山湾画馆所诞生的这些“新圣像”，目前大都下落难明，因此，在资料条件困难的情况下，尽可能地对其进行若干的研究，本身就意味着对这段被“忽略”历史的填补。而这种填补，也是对上述传教士的历史疑惑所进行的一种新的历史注解。

至此，倘若重新展开近代西画东渐的历史画卷，我们可以找到更多的传教士画家的身影。按照美术史家的某种概括，这些在中国“为神而服务”的艺术家们，他们“17世纪在人们心目中唤起那种强烈的兴趣”，“18世纪只是为帝王作画”，那么，在19世纪出现的土山湾画馆现象，证实了他们的历史获得了新的延续。土山湾画馆现象，作为明清之际西画东渐中传教士文化的余脉，客观上为中国近代美术以及西画东渐的历史，提供了一处可资深入研究的重要对象。其价值和意义，正如徐悲鸿所概括“中国西洋画之摇篮”[29]。

二、马义谷和刘德斋——土山湾画馆油画的样式之变

“中土自道光二十二年鸦片战争后，致成五口通商。……西洋耶稣天主诸教士，亦因通商故，重来中土，布教于中土内地。《天主像》

及雕版图像等之欧西绘画，亦随西教士重来中土。”[30]鸦片战争以后，西画东渐的文化情境发生了很大的改变。这时期来华的传教士艺术家们，他们面对的文化境遇，已经不同于利玛窦时代，西画在当时已经失去了那种“明末清初新来时之骇异”，因为国人“已属惯见”；也不同于郎世宁时代，因为“中西折中之新派，终不为中土人士所欣赏”。[31]按照土山湾画馆的实践事例，他们将西画传播的重点，放在了较为完整的西画传习方面，圣像艺术中贯穿了其画法和材料等多种技术因素，而“新圣像”的产生，并不是局部的画法参照和材料引用所得，而是由西画传习所带来的一种样式移植的结果。

一般而言，人们关注土山湾画馆的历史变迁，多注意范廷佐、马义谷时期（1852—1856），陆伯都时期（1856—1880）和刘德斋时期（1880—1912），其历史跨度基本属于晚清的历史阶段。如果我们将马义谷和刘德斋，作为其绘画艺术前后发展的两个重点代表，并以此出发，对土山湾画馆将近半个世纪的绘画工作，进行一种认真的连贯和对比，那么我们会发现，其演变的重点，不在引起的“明末清初新来时之骇异”的画法参照层次，也不在“不为中土人士所欣赏”的材料引用层次，而在于“耶稣事迹”和“花草人物”为典型的样式传承之中。

土山湾画馆初建前后的样式，是具有纯粹西方色彩的圣像艺术。这在范廷佐和马义谷的工作室里，就能够发现这种“西方样式”。范廷佐（Joannes Ferrer），字尽臣，西班牙人。他的父亲是一位著名的雕塑家。出于子承父业的考虑，他将范廷佐送往罗马深造。但范廷佐在学艺之余，却热衷于天主教活动，后进入耶稣会拿波里修道院做修士。几年以后，在他的反复请求之下，1847年他踏上了驶向东方的航程，他被耶稣会派往中国传教。由于他的艺术才华不久被郎怀仁神父发现，来华同年，范廷佐受中心会院委派，主持董家渡天主堂的设计工作。“范廷佐来华后，立即投入教堂的建设，他除建筑设计外，还亲手绘制、雕塑圣像，指导木工制作祭台等宗教用品。……范廷佐擅长雕塑，包括立雕、浮雕作品。从有限的文字记载来看，他的绘画作品较雕塑要少。”[32]1851年，范廷佐在徐家汇主持圣依纳爵堂的设计施工之际，又在教堂院内开设工作室，不久他又把工作室扩展，兼作工艺学校或艺术课堂，传授素描、雕塑以及绘画（包括版画）的技术，“范修士建议在徐家汇创办一所绘画和雕塑宗教用品的工艺学校，可以供应教堂装饰品，而且对教友家庭和对教外人士都能起很好的宣传作用。郎院长非常赞成这一建议。于是工艺学校于1852年正式开课”[33]。大概有三位至五位中国学徒，成为他的学生兼助手。当然，其中除了陆伯都外，“其他学生的姓名已经难以稽考”。

“范廷佐在徐家汇的工作室里，为当时的天主教堂制作了不少雕塑作品，并在实际制作中训练他的学生。”范廷佐所制作的这些作品，目前能够见到的相关记载有《基督殓葬》（董家渡大堂中正祭台下方浮雕）、《罗马赛马场》（圆雕，曾经收藏于土山湾工艺院陈列室）等。这些作品基本体现了西方古典主义风格的样式特征，这从人们对于《罗马赛马场》这尊圆雕“栩栩如生”般的叹服，可以得到一些有效的引证。由于范廷佐这种“特殊”的教育方法，可能这些作品在“实际制作”中都使他的学生获得了“训练”。

如果在早期的工作室里，范廷佐“绘画作品较雕塑要少”，那么马义谷则以擅长绘画而见长。“范廷佐在工作室主要教素描和圆雕，而油画则是由另一位意大利传教士负责教授。”[34]这位意大利传教士即马义谷。马义谷（Nicolas Massa，1815—1876），字仲甫，意大利拿波里人，是一位很少被提到的意大利传教士画家。但实际上“他是油画在上海的最早传播者”。目前，有关马义谷的研究资料甚少，其相对集中而重要的相关文字如下：

“马义谷是意大利拿波里人，1846年到上海，比范廷佐早一年。马义谷初在横塘修道院教拉丁文。次年范廷佐主持设计董家渡天主堂时，请求马义谷帮忙绘制圣像，两人有可能早在意大利拿波里时已经相识。1851年范廷佐在徐家汇的工作室开始收徒授艺，请马义谷负责教油画。当时除从欧洲带入的少量绘画用品外，颜色及画布涂底材料都要在当地自制，所以学徒要从研磨调制颜色学起。随着各地天主堂的建立，圣像需要数量日益增多，工作室复制圣像作品供不应求。学徒们则通过临摹复制圣像的过程，从马义谷学习油画技术。”“从1857年开始，在范廷佐去世之后，马义谷成为徐家汇雕塑、绘画工作室的主持人。”[35]

马义谷“所教过的学生”有名字记录的有：陆伯都、刘德斋和王安德。陆伯都是在1852年，由郎怀仁神父从张家楼修道院中挑选而进入范廷佐的工作室的。当时他是一位年仅16岁的中国修士。“陆修士是个油画家。土山湾的油画现已不复再见，修士的画也不例外。但从某些书中，尚可寻到几个画题。它们是《圣依纳爵像》《圣弥额尔像》等。”[36]“王安德也是一位出类拔萃的画家。我们对此人所知甚微，甚至不知道他的俗名。不过从他的教名来看他肯定是一位中国画家。他的字叫静斋。”[37]在马义谷的学生中，生平史料相对较为翔实的要推刘德斋。

刘德斋（1843—1912），俗名刘必振，号竹梧书屋侍者，苏州市常熟县（今常熟市）古里村人。刘德斋来沪及其西画学习背景，特别是他何时进入徐家汇绘画、雕塑工作室学习，没有确切记载。可以参考的背景说明，一说为：“当是在1856年范廷佐去世之后，他的老师是陆伯都和马义谷。……1867年随陆伯都转入土山湾孤儿院后，绘制过大量的圣像和圣经插图。”[38]而另一说则为：“据考刘必振离开常熟到上海的时间当是在咸丰十年（1860），那年他17岁，1862年入耶稣会初学院，从晁德莅神父学习。晁公意大利人，西文名Angelo Zottoli（1826—1902），中文名敬庄。晁神父是徐家汇公学和初学院的校长。刘必振同时从陆伯都学习艺术。”[39]自1869年起，由于陆伯都长期患病，刘德斋开始主持绘画和雕塑工场的日常事务，并成为绘画部（土山湾画馆）主任助理。

19世纪70年代至80年代，是刘德斋创作圣像画的一个重要时期。在刘氏25岁时，他曾经为佘山教堂绘制了一大幅油画《进教之佑圣母像》。此画模仿法国巴黎“胜利之圣母像”而作。这时期，他还为董家渡教堂“画了许多油画”，如《护守天神像》《依纳爵像》《圣纳像》和《德肋撒像》等。这些作品多为“仿制品”。[40]这些

“仿制品”既可以与马义谷油画教学的内容相联系，又可以与以后的土山湾画馆场所环境中的宗教绘画成品样稿相关联，显然，这些“仿制品”体现了“耶稣事迹”样式移植的一种传承关系，而这种传承关系是在西方模式中体现其价值所在的。这种价值，可以表现为西画传习的早期过程中应有的模仿起步。

然而，刘德斋的另一类“半创作性质”的油画作品，却给我们展示了“耶稣事迹”样式移植的另一种传承关系。而这种传承形式的与众不同之处，是在西方化的相关模式中注入了浓重的中国化色彩。刘德斋的《中华圣母子像》就是一幅“半创作性质”的代表性油画作品，这是一幅具有十分特殊意义的“圣母子”题材作品。

我们知道，所谓“圣母子”题材，在近代西画东渐的历程中，无疑是“已属惯见”的绘画内容。清姜绍书《无声诗史》就曾经记：“利玛窦携来西域天主像，乃女人抱一婴儿。”[41]明末“程大约（君房）墨苑中收有西洋宗教画四幅，并附罗马字注音，明代西洋教士携来之西洋美术品。现存者当以此为最古矣”。这四幅“西洋宗教画”中的第四幅即为“圣母抱圣婴耶稣之像”[42]。“宣统三年（1911）芝加哥裴尔特（Field）人类学博物院主任洛弗尔（Dr.Berthold Laufer）在西安发现圣母抱耶稣像一帧，圣母似西方妇女，耶稣则俨然中国儿童也。”该作被认为可能是临摹“罗马圣母大殿卜吉士小堂现存圣像”之作。[43]顺治十一年（1654）清初学者谈迁所著《北游录》，曾经记录了著者对“圣母子”题材作品的印象：“供耶稣画像，望之如塑，右像圣母，母冶少，手一儿，耶稣也。”[44]

这些“圣母子”题材的作品在中国的出现，引起了历来中国人士的关注。该类“耶稣事迹”题材，主要是使相关论者的注意力集中在“与生人不殊”或“望之如塑”等西画明暗法方面，而相应带来的变化，是这类画法的“改作”实践。但是其样式却基本没有发生改变。而晚清“耶稣事迹”的“改作”，其重点却放在了样式移植的方面。而这种移植分为两大类：一类是模仿性的传习，上述“耶稣事迹”的“仿制品”即为代表性作品；另一类则是变体性传习，刘德斋的《中华圣母子像》正是属于后者。

关于这幅《中华圣母子像》作品，有关的描述为：

“它是模仿北京某一大堂中祭坛画而作的。但是把外国圣母圣子改成了中国人。我们现在不知道此画藏于何处。但是……可以找到这幅画的照片印刷图像。在画面里圣母端坐于中国式椅子上，耶稣立在她的左腿上，有趣的是画中两人都身着清人服装。此画是在中国中华圣母像的代表作品。”[45]

在刘德斋的这幅作品中，“圣母端坐于中国式椅子上”“画中两人都身着清人服装”等记录，都是“耶稣事迹”变体性传习的表现结果，其中创造了“中华圣母”新的样式价值。这种价值，正在于与以前相类的圣像作品的比较中得以产生，并且体现其样式移植的一种倾向。

刘德斋《中华圣母子像》原作下落不明，目前我们只能在难得的印刷品中，依稀地发现刘德斋的油画艺术。[46]该作品以色彩平涂是造型手法为主，突出线的造型语言，整体画面呈现平面化的装饰倾向。所谓此画作为“中国中华圣母像”的代表作品，集中代表了样式移植的价值所在。

同时，与刘氏的色彩平涂风格相应的是他的“线描”风格。他的《训道图》中的线描造型，与“当时中国传统绘画中的线条相比，显然它属于此传统，然而画面上还是透露出一种全新的绘画经验”[47]。而刘德斋的“全新的绘画经验”有其特定的历史情境，其中关于刘德斋和任伯年的交往，值得认真关注。此也是近代海派绘画研究，乃至中国近代绘画史研究中的一个重要个案。“任伯年平日注重写生，细心观察生活，深切地掌握了自然形象，所以不论花鸟、人物，有时信笔写来也颇为熟练传神。他有一个朋友叫刘德斋，是当时上海天主教会在徐家汇土山湾所办图画馆的主任。两人往来很密。刘的西洋画素描基础很厚，对任伯年的写生素养有一定的影响，任每当外出，必备一手折，见有可取之景物，即以铅笔钩录，这种铅笔速写的方法、习惯，与刘的交往不无关系。”[48]在刘、任二氏往来的过程中，最值得关注的焦点，是他们彼此的相互影响：刘以素描影响任；而任则以白描影响刘。而刘德斋的这种白描风格，在土山湾出版的有关宗教书籍插图中得到反映。比如光绪十三年（1887）土山湾慈母堂出版的《道原精萃》一书（分七部，每部都附有若干插图，计300幅），其中刘氏所作插图，因以其独特的白描造型，形成了圣像艺术的全新“创作性质”的画面效果。

导致刘德斋这种画风改变的原因，是对中国人的接受方式的考虑。正如主持此书编纂的江南主教郎怀仁在序文中写道：“犹恐人未易领会，属刘修士必振（德斋）绘画列入篇中。”[49]亦如以后方殿华在《像记》中写道：“去年江南主教倪大司牧辑《道原精萃》一书，嘱修士刘必振，率慈母堂小生画像三百章，列于是书。其间百十一章，仿法司铎原著，余皆博采名家，描写成幅，既竣，雇手民镌于木，夫手民亦慈母堂培植成技者也。”[50]因此，刘德斋所代表的这种圣像艺术中国化的样式和造型的改变，反映了土山湾画馆在19世纪末期的一种文化选择。这种选择即以“博采名家，描写成幅”为中心特色，进行多种样式移植的艺术工作。

值得关注的是，在上述样式移植的现象中，画法“改作”已经不是融合的重点，其明暗和透视的画法体现，已经不再是进行中国化痕迹明显的处理，甚至在人物投影和空间景深方面，保留着西画固有的处理方法；而且在材料方面，也是依据西画传统的油画、水彩等传统格式，纳入西画传习的教育和传播轨道之中，因而也同样淡化了中国式材料引用的特色。因为画法参照和材料引用，作为局部和微妙的融合过程，已经不是其西画传习的重点对象。那么，土山湾画馆出品的作品如何又能够屡次得奖，售价昂贵，从中反映出本土人士对又一次西画的“骇异”，且“为中土人士所欣赏”——这其中的奥妙，正是得力于“耶稣事迹”和“花草人物”之类样式移植新的尝试之举。

土山湾画馆是19世纪后期至20世纪初期，在华传教士艺术家活动的一个生动缩影。从马义谷到刘德斋，我们可以寻找土山湾画馆的油画实践和发展的一条重要脉络。从某种意义而言，马义谷和刘德斋，构成了土山湾画馆西画传习历程中两个重点“代表”。在这师徒关系的两位艺术家之间，我们能够发现一种宗教情结，但是却能感受到不同民族文化背景和文化意识的作用。正是这种作用，才能够潜移默化地产生清末西画东渐某种微妙的变化。这种变化的真正意义，正是由土山湾画馆所显现的清末民初西洋画“流入中土”的新迹象和新特征。

注释

[1][英]苏立文:《东西方艺术的汇合》，朱伯雄译，《美术译丛》1982年第3期。

[2]李瑞祥:《澳门——中国油画的发祥地》，《文化杂志》(中文版)1996年第29期。

[3]参见王镛主编《中外美术交流史》，湖南教育出版社1998年版，第183页。

[4]刘汝醴:《〈视学〉——我国最早的透视学著作》，《南艺学报》1979年第1期。

[5][32][34][35][38][49]万青力:《并非衰落的百年——19世纪中国绘画史》第三章“十九世纪中期”“中国西洋画之摇篮”部分，台湾雄狮美术图书公司1994年版。

[6][21]《徐汇记略》，土山湾印书馆1933年版。

[7]徐蔚南:《中国美术工艺》，中华书局1940年版，第161页。

[8][22]《上海徐家汇土山湾孤儿院》，土山湾印书馆1943年版。

[9][15][17][36][37][39][47][50]张弘星:《中国最早的西洋美术摇篮——上海土山湾孤儿院的艺术事业》，《东南文化》1991年第5期。

[10]徐蔚南:《中国美术工艺》，中华书局1940年版，第161—162页。关于学徒的情况，该著记载:“育婴堂所收异教之孩童，幼者为六七岁，大者亦不过九、十岁，初授以四年之教育，如国文、习字、算术、天主教义等科，平均至十三岁，始就各童之天资性质，而授以某种工艺，至十九岁而卒业，仍留堂居住，至结婚而始离去。然堂设有工房，以供结婚后之工友寄居，所取租值则较一般为廉。因设备之周密，加以宗教信仰之关系，工友中颇多工作至老而亦不远去也。”

[11][法]史式徽:《江南传教史》第二卷，天主教上海教区史料译写组译，上海译文出版社1983年版，第294页。

[12]徐蔚南:《中国美术工艺》，中华书局1940年版，第163页。

[13]“土山湾画馆”之称谓收入《上海文化源流辞典》。见《上海文化源流辞典》，上海社会科学院出版社1992年版，第18页。关于土山湾画馆一称，该辞典释为:“中国最早的西洋美术传习场所。1852年(一说1862年)创立于上海，为徐家汇天主堂的附设机构之一。该画馆创立的目的是培养宗教宣传的绘画和雕塑人才，但实际上为中国培养了第一批西洋美术人才。学员的来源主要是土山湾孤儿院(亦为徐家汇天主堂附设机构)内具有美术天赋的学童。同时对外招收学员。后来成为著名画家的徐咏青、周湘、张聿光、丁悚等，均在那里学习过。担任教师者都是擅长美术的法国教士，教学方法采取工徒制，传授擦笔画、钢笔画、水彩画、油画、雕塑等技法，课堂作业大多用范本临摹。1907年该画馆出版有《绘事浅说》《铅笔习画帖》等书籍为教材，亦向社会公开发行。”需要修正的是：一、在20世纪10年代以后，画馆的教学工作主要由法国教士负责。而在此之前，自1852

年至1864年，土山湾画馆的雏形由西班牙传教士范廷佐、意大利传教士马义谷奠基；1864年至1869年，由范、马二氏的学生、中国修士陆伯都主持画馆事务；自1869年至20世纪初期，画馆则由范、马二氏的另一位学生、中国修士刘德斋主持工作。二、1907年问世的《绘事浅说》《铅笔习画帖》等书籍，由土山湾印书馆出版发行。

[14]关于该“绘画部”，其内容为：“分素描、水彩画、油画等专业。作品主要供应全国各地之教区。另外也承接非宗教性任务。自本世纪初开始又开辟一彩绘玻璃制造部门，专供教堂及其他机构使用。”见张弘星《中国最早的西洋美术摇篮——上海土山湾孤儿院的艺术事业》，《东南文化》1991年第5期。

[16][20][法]史式徽：《江南传教史》第二卷，天主教上海教区史料译写组译，上海译文出版社1983年版，第294页。

[18]见在沪传教士竺良仁(Indovicus Tattin)写于1845年9月15日的信。转引自[法]史式徽《江南传教史》第一卷，上海译文出版社1983年版，第126—127页。

[19]当时上海地区设立的教堂，计有：徐家汇天主堂(旧建，1851年3月23日奠基，本年7月间竣工；新建徐家汇天主堂于1910年10月22日落成，设租界时有“法国天主堂”之称)；董家渡天主堂(又称“圣沙勿略天主堂”，1853年3月20日落成，在徐家汇新天主堂未建之前，为上海最大的天主堂)；老天主堂(1860年竣工)；松江邱家湾天主堂(1874年4月9日竣工)；虹口天主堂(又称“救世耶稣至圣三心堂”，1876年6月1日竣工)；洋泾浜天主堂(又称“圣若瑟堂”，1877年竣工)；川沙张家楼天主堂(1893年竣工)；浦东唐墓桥天主堂(1898年1月2日竣工)；南桥天主堂(竣工年代不详)；崇明大公所天主堂(1844年竣工)等。

[23]沈毓元：《土山湾与孤儿院》，载汤伟康、朱大路、杜黎《上海轶事》，上海文化出版社1987年版，第201页。

[24][30][31]潘天寿：《域外绘画流入中土考略》，载潘天寿《中国绘画史》附录，1926年由商务印书馆初版。1934年商务印书馆组编《大学丛书》，将《中国绘画史》列入再版。1983年12月上海人民美术出版社重版。

[25]梁锡鸿：《中国的洋画运动》，广州《大光报》1948年6月26日。

[26]丁悚：《上海早期的西洋画美术教育》，载上海市文史馆、上海市人民政府参事室文史资料工作委员会编《上海地方史资料》(五)，上海社会科学院出版社1986年版，第208页。

[27]转引自张弘星《中国最早的西洋美术摇篮——上海土山湾孤儿院的艺术事业》，《东南文化》1991年第5期。引文中“拿笪利”即Belgium Girolamo Nadal。其书名为：*Adnotationes et Meditationes in Evangelia quae in Sacrosancto Missae Sacrificio toto anno leguntur*(1595)。另，目前有学者将其书名引为《出像经解》；也有学者以为应为《主像经解》，而非《出像经解》，原因是“出”为“主”之误。

[28]参见张弘星《中国最早的西洋美术摇篮——上海土山湾孤儿院的艺术事业》，《东南文化》1991年第5期。参考资料有《经书总目》，土山湾印书馆1876年版，等等。

[29]徐悲鸿：《中国新艺术运动的回顾与前瞻》，《时事新报》1943年3月15日。

[33][法]史式徽:《江南传教史》第一卷，天主教上海教区史料译写组译，上海译文出版社1983年版，第222页。
[40]张弘星:《中国最早的西洋美术摇篮——上海土山湾孤儿院的艺术事业》,《东南文化》1991年第5期。文中提道:“在一本1934年出版的书目书上面，可以找到这幅画的照片印刷图片。”该书具体名称不详，待查。
[41]姜绍书:《无声诗史》，画史丛书本。
[42]向达:《明清之际中国美术所受西洋之影响》,《东方杂志》1930年第27卷第1号。
[43]方豪:《中西交通史》第四篇第九章“图画”第一节“利玛窦传入之西画及墨苑之翻刻”，岳麓书社1987年版，第907页。关于该圣母子像，作者写道:“画署名唐寅作，当系伪托。顾其画与罗马圣母大殿卜吉士小堂现存圣像极似。考教宗庇护第五世，曾以此像之仿作五帧赠方济各玻尔日亚(Fr.de Borgia)，玻为利玛窦同时人，且同会修道，或曾转赠利氏一、二帧，则西安圣母像之由该像临摹而来，似颇可信。”
[44]谈迁:《北游录》，中华书局1960年版，第45—46页。
[45]张弘星:《中国最早的西洋美术摇篮——上海土山湾孤儿院的艺术事业》,《东南文化》1991年第5期。文中提道:“在一本1934年出版的书目书上面，可以找到这幅画的照片印刷图片。”该书具体名称不详，待查。
[46]与刘德斋的油画作品《中华圣母子像》加以对照和印证的印刷品，目前能够发现的有三处：一是笔者自藏的20世纪初法国版《中华圣母子像》明信片(作者自藏)，二是上海图书馆收藏的民国初期土山湾画室的历史照片，三是徐蔚南《中国美术工艺》中第七十四图“华服圣母圣子浮雕”。这三件印刷品都从不同的侧面反映刘德斋《中华圣母子像》的画面。
[48]沈之瑜:《关于任伯年的新史料》,《文汇报》1961年9月7日。

本文载于《美术研究》2005年第3期

李超，1962年生，上海人。2004年毕业于中国美术学院，获博士学位。上海大学美术学院教授、博士生导师。

不期而遇

——社会学对于艺术的几个切入点

于长江

艺术与社会学本来是两个差别比较大的领域，但社会学对艺术一直保持着某种关注，很多社会学者把对艺术的研究视为社会研究的一个重要部分，并发展出“艺术社会学”和“文化社会学”等分支，由此构建了某些概念和理论。本文选择介绍社会学对于艺术的几种研究视角，以供艺术界朋友们参考。

一、社会学：一种思想传承

（一）社会物理学

现代意义的社会学，通常认为起源于法国实证主义哲学家奥古斯都·孔德（Auguste Comte，1798—1857）。孔德原来是著名空想社会主义大师圣西门的秘书，但后来他与圣西门分道扬镳，独树一帜，建立了“实证主义”哲学，并以此为基础，1838年创立“社会物理学”，这是“社会学”的前身。孔德社会学的基本思路，是用当时人类思想的最新成就——自然科学方法来研究人类社会，通过改良方式逐步优化社会，他不主张浪漫的、激进的、理想化的社会革命。

孔德的思想具有浓厚的“科学主义”色彩，后来的很多社会学者修正甚至放弃了这种思想，但它毕竟构成了社会学初创时期的一个基调，使得社会学总体上一直含有某种“科学”倾向，表现为注重逻辑推理、探索“相关性”（correlation）、运用假设检验、构建解释体系等研究程序。

（二）转折点：功能主义

19世纪末，社会学借鉴当时自然科学的最高成就——生物学，发展出“社会有机体学派”和“社会达尔文主义”，前者由于解释体系的粗糙，没有形成太长的影响，而后者一度成为很有影响的社会思潮，尽管很快被学术界抛弃，但扩散到社会政治领域，演化为某些极端主义意识形态和运动，造成很大危害，直到第二次世界大战后，才正式失去影响力。社会达尔文主义在19世纪末传入中国并本地化，至今某种程度上仍然是中国社会思想的主流。

源自人类学的“功能主义”思想，基于对社会达尔文主义的否定，是西方社会学思想中的一场革命，也奠定了后来社会学一些重要的基础原则。功能主义反对社会达尔文主义所提出的“进化”“进步”观念，主张人类社会不同文化的等价性，这就直接颠覆了形形色色种族主义、殖民主义、文化霸权主义以及单线“先进—落后”等思维模式，打破了它们强加给各弱势民族所谓“愚昧、落后、原始”之类的标签，为各民族文化恢复了应有的尊严，为捍卫文化多样性和文明正当性提供了强有力的理论依据。功能主义在文化价值上的优势，使之成为西方社会学思想的一个转折点，也大大弱化了社会学早期模仿自然科学的倾向。

欧陆德语区的社会学，有自己独特的人文传统。滕尼斯（Ferdinand Tönnies）是这种传统的重要奠基人之一，他提出的“社区”（德文Gemeinschaft，亦译“共同体”）的概念，成为此后社会学的基础概念，而奇美尔（Georg Simmel）的“形式社会学”为现代社会学确定了学科特征，被称为“社会学的印象派”。

（三）现代和当代

20世纪早期，法国的涂尔干（Emile Durkheim）和德国的马克斯·韦伯（Max Weber），构成了社会学的里程碑，分别代表了以“社会”为中心和以“人”为中心的两个方向，被视为现代社会学成熟的标志。

20世纪初形成的美国“芝加哥学派”主导美国社会学近40年，也是社会学的第一个完整学派。该学派通过大规模实地研究（fieldwork，“田野工作”），形成了“社区研究”等经典研究方法，完成了社会学从理论探讨向实地研究的转化。

欧洲社会学人文主义色彩浓厚，从20世纪30年代开始形成“法兰克福学派”，对古典马克思主义进行继承、对话和修正，经过二战，直到今天，形成所谓“新马克思主义”或“批判理论”，长期居于欧洲学术界主流。

二战后美国经历了结构功能主义、冲突理论等时期，同时发展出高度职业化和量化研究的传统，其调查技术，已经渗透到社会生活的方方面面。欧洲则继续在社会学思想领域领跑，二战后大量融合结构主义、现象学、解释学，以及后现代理论和解构主义，等等，目前还在发展之中。

（四）中国的脉络

中国知识界在19世纪末开始引进西方社会学思想，最早称“群学”，后来从日语中借入“社会学”这个词。北京大学首任校长严复翻译的《天演论》反映了当时社会达尔文主义的思潮。五四时期介绍了一些社会学学说，但主要不是从学术和学科角度，而是从社会思想、主义、意识形态角度。

中国严格意义的“社会学”，直接渊源是30年代引进美国的芝加哥学派和英国人类学功能学派思想，代表人物是吴文藻、严景耀、费孝通、林耀华等学者。这些学者在吸收了西方学术思想的同时，大力开展本土调查，摆脱了五四时代空泛和意识形态化的思想运动，开辟了一种借鉴西方思想、立足中国本土经验的思潮，既不同于激进的革命理论，又不同于“全盘西化”，在国际学术界形成“中国学派”，其代表是抗战时期的所谓“魁阁”学术群体——云南社会学调查所。后来这些学者基于自己对中国社会的研究，大多倾向于认同共产党领导的革命运动，成为同盟者，但他们的思想与激进的革命思想还是有所不同，到50年代很快被激烈的政治和意识形态运动淹没。1952年社会学被取缔，直到1979年才开始重建。自80年代至今，中国社会学规模迅猛扩大，成为遍及全国高校和社科机构的学科。今天的社会学，已经形成众多学术方向，在原有传承基础上，又大量引入了当代西方社会学——特别是美国的量化研究方法和欧洲的各种当代、后现代思潮。

（五）学科特色

社会学总体上强调研究者在实际研究中对社会事务采取超然态度。这种“超然”，不是不食人间烟火，而是要保持“研究者心态”——社会认同上尽可能中立，避免沦为某个集团的代表，防止陷于某个特定群体的立场。

早期社会学曾经追求“客观公正”“价值中立”，等等，但现代社会学认为，绝对意义的“客观公正”不可能存在，“价值中立”也只可能是一种虚拟……关于这方面的讨论，一直是社会学方法论中探讨的问题。马克斯·韦伯认为，由于每个人、每个研究者、每个学说都既有特定文化背景，所以在理论构建总体上不存在“客观”的问题，但在终极价值确定了的情形下，在操作层次上有可能“中立”，避免故意偏袒某一社会利益，要对不同社会群体或社会势力一视同仁，努力理解各种社会群体内在的价值和逻辑。

社会学研究方法本身非常强调“参与观察”，但这种“参与”并不是简单的“参与社会”，而是为了学术研究目的进行适度的、可控的“参与”，旨在同时把握“主位”“客位”的感受，深入理解社会。这种“参与”是一种学术工作状态，而不是为了其他政治、经济、文化或个人兴趣原因的“参与”。当然，作为个人，社会学者可以以任何方式参与任何社会活动，但作为正在从事研究工作的“社会学者”这个身份，就要多边之间保持中立性，这样才能最大限度理解社会的方方面面。

二、艺术是“制度”（institutions）

（一）“制度”的含义

社会学对于艺术的理解，集中反映出社会学思维的一些重要特点。社会学对于艺术的经典研究不是从艺术品的内容、流派、艺术家等角度切入，而是从“制度”的角度进行的，这种视角，可能与艺术界自身的思维相去甚远，但它是典型的社会学思维方式。

社会学界比较一致的观点，认为艺术是一种“制度”。这里“制度”一词的英文原文是“institutions”，它同时兼有中文“制度”“机构”等含义，它与另一个英文词“system”（制度、体制、体系、系统）是不同的两个词，但是在中文中，通常都翻译成“制度”这个词，因此常常引起混淆。

这个“institutions”的制度，是泛指人类社会中具有某种功能的“结构”，通过它，人们的活动得以组织和确立起来，以满足某种社会需要。艺术以及艺术活动被社会学视为人类社会的一种“制度”，也就是人们按照一定显性或隐性社会规则组织起来，形成一系列规范性的思想和行为，旨在满足社会与人某方面的需求。

（二）两种划分

社会学对于制度的划分，有不同的视角，大

体可以分为两类，一类是强调制度的发展程度，关注点在于其“社会维持”的功能，而另一类则强调不同制度文化价值的差异。

按照第一类强调“维持”的视角，各种制度依其维持社会的作用而分为“基本的”和“次级的”，比如，按照萨姆纳（Sumner）和凯勒（Keller）的说法，经济制度、家庭制度、政治制度等是属于基本的制度。家庭制度的基本功能在于维持社会生物性延续的“自我永恒”（self-perpetuation），而经济和财产制度则在于“自我维持”（self-maintenance），这些都属于“基本制度”。而另一类制度，像艺术、娱乐、体育等，则没有上述基础性质，只能属于“次级制度”——是建立在更基本的制度之上的二级制度。艺术并不涉及人类社会最基本的生死存亡的问题，不是一种“实在”的制度，它没有一种实现的结构。艺术的作用在于人类的“自娱自乐/自我满足”（self-gratification），这种制度的功能不是硬性的，而是“软”需求。持这类观点的还包括巴内斯（Barnes，1942，ix-xi）和帕努恩齐奥（Panunzio，1939，p.265）等学者。

关于制度的另一种分类基于文化价值等人文标准，侧重于“现实”和“超越现实”之间的区别，认为“精神文明”高于“物质文明”。这种划分在一定程度上反映了基督教思想的影响，它假设精神的东西是更一般的、非经验性的，高于各种工具性的价值。艺术属于精神领域的活动，因此是高于一般世俗的。麦克依维尔（MacIver，1949，p.446，pp.498-506；cf. Tomars，1940）认为艺术与宗教属于同一层次的东西。菲波尔曼（Feibleman，1956，215ff）认为艺术与宗教、哲学、科学等在一个层级上，属于“基本价值”的领域，是一种普世的、非经验性的价值，其位阶高于那些现世的、工具性的价值，因此艺术制度是一种高级的、超越现实的制度。

总之，从制度角度理解艺术，不管哪一种分类，都认为艺术是脱离常俗的、不同于一般现实类型的制度。

三、互动（interaction）的视角

（一）帕森斯的薄弱

结构功能主义是社会学思想发展的一个重要的阶段，也是一种“很社会学”的社会学思想，它主要兴起于二战后的美国，一度几乎称霸社会学界。结构功能理论热衷于构建的宏大话语体系，符合二战后美国一度高度繁荣以及“冷战”意识形态斗争等国际背景，后来随着60年代社会动荡，结构功能主义受到挑战，逐步为“冲突论”所取代。早期的结构功能主义者忽视对于“艺术”的研究，后来，像多数经典社会学者一样，结构功能主义者开始关注艺术，把艺术视为一种“制度”。但他们更多地强调从“行动”的角度理解这种“制度”，特别是强调“互动”（interaction）的意义。“制度”被理解为各种“互动”交织起来的体系。结构功能主义大师帕森斯（Talcott Parsons）在《社会体系》（*Social System*）一书中，把艺术归于“表达式象征的体系”（systems of expressive symbols），以区别于“信仰体系”。但帕森斯也认为，艺术是社会制度化的一个次级的基础，不可能成为基本的基础。

帕森斯一直存在一种把艺术等同于一般社会

结构的倾向，认为应该从社会互动体系的视角入手来研究这种“表达式象征体系”与其他社会体系的关系（Parsons，1951，pp.385－386）。基于这种思路，他以“互惠”的互动关系框架来分析艺术家与一般社会公众之间的关系：“他（艺术家）在公众中提供人们之所求或满足一种需要，而在‘表现’的层次上，他得到了‘欣赏’和‘敬重’为回报。”（Parsons，1951，p.409）

总的来说，帕森斯承认在他的理论体系中，关于艺术的分析很不完整，是他整个理论构建中比较薄弱的环节。

（二）三角模式

关于互动的另一个重要理论，是“符号互动论”（symbolic interaction），它从微观机制上研究社会互动，具有十分独特的风格。这一学派的邓肯（Duncan）从社会互动原则出发分析艺术和艺术产生过程，认为艺术跟一般语言、文字等媒介一样，是一种互动的物化手段。他深入研究了这种互动模式，提出一系列艺术家、批评家、公众之间的特定的互动模式，并自认为发现了在各种社会中共存的文学艺术活动结构的共同要素（Duncan，1953，p.67）。

在他构建的“作者—批评家—公众三角”互动模式中，每一方面都要根据其他方面的状况而行动，但是在程度和力度上有所不同。不管怎样，他认为所有社会的艺术中都存在这种相互作用的关系。在某些复杂社会中，这些“行动者”可能从来不见面，但是这个三角中的各种因素还是具有互惠的作用（Duncan，1953，p.72）。这种互动关系中隐含着“社会团结”（social solidarity）的意义，同时，这种社会团结又会反过来造成互动各方之间在高一个层次上的“同态化”（isomorphism）。

邓肯的这种解释模式可以被称为“转化行动”（trans-action，通译“交易”）模式，它的特点在于在作者和观众之外，也纳入了批评家——这是互动理论对于艺术研究的一个重要贡献。但是，有的学者认为这种解释模型过于简化，同时混淆了“象征 / 符号过程”和“社会互动”这两类不同性质的“动”——前者是象征性的、符号化的互相作用，后者是社会的甚至物理的。比如，如果作者和观众或批评家从来未曾谋面，那么社会互动究竟算不算发生？如果仅仅是人们对某个艺术家的作品表示欣赏或赞美，而艺术家常常没有针对欣赏者做出回应，这究竟算不算互动？针对艺术欣赏和批评，艺术家也许会通过别的方式反馈，比如在以后的作品中表现出来，但这些作品未必一定呈现在原来的观众或批评家面前，这种间接的非同时性的“动”，能否算作严格意义上的“社会互动”？……有的学者认为，那些艺术家本人“隐身”的艺术过程，以及批评家、观众单方面的评判，应该称为一种“锁链”（chains），它只是一种发自艺术家或观众的单向传递过程，不一定是真的“互动”。

（三）物品？社会性？

关于社会互动的视角，一直存在着众多的争议，其中一个重要的不足，是这种分析忽视物质化的艺术作品本身。艺术品作为一个物品，其意义除了人们的互动功能之外，还有其自身作为一个客观物体的意义，但这种物质客体，又往往造成艺术品与“工具”“器皿”“武器”“服装”等的混淆。为了扭转这种偏颇，有些学者，比如帕森斯，试图调整思路，越来越强调“对象”（objects），包括与社会体系相关联的“艺术的物理形式”。到帕森斯学术生涯的后期，在《社会诸理论》（*Theories of Society*，1961，p.963）中，他已经把他“行动”的含义大大扩展了：人类行动是通过并基于各种“意义”的组合方式（patterning）组织起来的，这些意义属于人类经验世界中的对象以及朝向某些对象的取向（orientations of objects）。在这样一种广泛的基础上，帕森斯试图把“对象”也包括到他的互动结构中。对于艺术而言，这就在一定程度上包括了艺术品作为“器物”的属性。

对于艺术社会学中的互动学说，社会学界也有完全否定的意见，比如希尔勒（Hiller）就认为，艺术尽管也涉及人与人之间的交流和交换，但其创作过程和构成基本要素中，缺少“社会”意义的关系或规范，因此是“非社会性”的复合体。按照他的观点，社会性是构成社会互动、进而形成“社会结构”的基本前提，而艺术活动中的所谓“互动”，事实上是一种个人的、随机的、经常是单向的、不确定的作用，不能形成真正意义的常规，因此不应该纳入社会互动的范畴中。（Hiller，1947，p.72，pp.242－243）

四、“需求”与功能

“需求”（needs）是社会学在探索人类社会某些基本原则时引入的一个基础概念。作为探讨所谓“人性”的努力的一部分，很多早期社会学家花费大量精力研究人类究竟有哪些“普遍的”“基本的”需求，试图以此构建关于人类社会的普世性理论。社会学中深受人类学影响的“功能主义”就是通过研究人类各种制度、文化、习俗与当前或历史上各种需求之间的函数关系（function，即“功能”），深入理解社会各种运行机制，从而颠覆社会达尔文主义和单线的“进化观”。

（一）“没用”的需求

关于“艺术需求”的分析，极具社会学色彩，而不同于一般生物学或心理学的“需求”。早在19世纪末，社会学家斯宾塞（Spencer）提出人类的“审美情绪”（aesthetic sentiment）属于人类一种必然的需求（Spencer，1896，Ⅱ，2，pp.632－635）。他认为“审美”是一种类似本能的东西，但不是维持生命基本生存的，它是一种高级的需求，人们在有条件的情形下总会产生这种冲动，但没有它人们也能活，对于生命来说，它是“没有用”的，因此，它该被归于一种“自娱自乐”“自我满足”（self-gratification），这类活动包括表演、游戏和运动，等等。通常说的高雅艺术，属于这种行为的高端，也就是“最没用”的。斯宾塞把这种需求的原因，归结为人类神经中心产生出一些超过实际需要的精力，好像常言说的“过剩精力”。持同类观点的佩帕尔（Stephen Pepper，1958，p.53，pp.153－154）认为，艺术需求并不构成生理上的内在张力，无须刻意寻找现实的、生理的或物质的方式来放松缓解，因此，满足这种需求，是一种所谓“无来由”“无代价”（gratuitious）的满足。

萨姆纳（Sumner）和凯勒（Keller，1927，pp.2061－2062）大体上认同斯宾塞的思路，但进一步规范化，提出了人类所谓“三种基本需求”，包括“自我满足”（self-gratification）、“自我维持”（self-maintenance）、“自我永恒”（self-perpetuation）。其中艺术需求属于第一种“自我满足”的需求，但他们很宽泛地使用这一需求概念，不仅指艺术活动，也包括获得战利品、赢得奖章、嚼槟榔等体验。菲波尔曼（Feibleman，1956，pp.26－27）认为，人的需求除了基本的生存和生育之外，还有“探索和好奇”（inquisitiveness and curiosity）的需求，其中包括对艺术审美的需求。

很多社会学者形成这样一种共识：艺术是属于生存和生命之外的一种“本能”需求，但又是“非必需”的需求，没有这种需求，并不会威胁到人们生存，但是，只要有可能，人类肯定会倾向于满足这种需求。

（二）休闲与宣泄

另一些学者倾向于从一种生理或社会功能，而非“本能”的角度研究艺术需求。帕努恩齐奥（Panunzio，1939，p.265）摒弃了斯宾塞的“过剩精力”说，而采用所谓“休憩”说，认为艺术等活动实际上是人们在劳累之后休息的需求。巴内斯（Barnes，1942，ix-xi）更明确地提出了“休闲”说，认为艺术与游戏其实没有实质区别，都是一种“休闲活动”。他们两人的共同点，是把前人主动的“自我满足”变成休闲的需要。以此，艺术的心理和社会功能是“消遣”（recreation），应该归入恢复体力的各种活动中，属于“工作—休闲”的二分框架内的一端。

帕森斯（Parsons）和希尔斯（Shils）等人从制度化角度揭示艺术存在的意义，他们认为，现代社会过分的制度化，人已经变成“工具性的角色”，造成人们过于紧张和压抑，因此需要艺术等活动来缓解心理紧张，这是对于现代社会一边倒的“工具角色”压力的平衡。他们进而发现，这种补偿性机制要想真正起作用，就必须夸张一些，因此现实中某些娱乐方式总是被推到极端，造成高成本的情绪宣泄、浪漫爱情、高度商业化娱乐、饮酒、暴力文学电影等。但这种观点也受到其他学者的质疑，因为作为反例，人们很难说其他理性化、制度化程度较低的社会，就少有各种补偿性的暴力等（Albrecht，p.388）。

与结构功能主义制度说反向，但又有一定关联的，是科赛（Coser）代表的冲突学派的解释。他认为大众文化、体育和娱乐等其实都是一种“转移”或“排遣”人们进攻性（aggression）的手段。社会的制度性冲突，造成人们之间各种敌意的冲动，也就是所谓“进攻性”，这些冲动需要一种安全的方式释放，才能舒缓现实社会冲突，维持社会稳定，延缓社会激变。艺术可以被视为一种释放社会冲突和敌意的替代物，是一种“安全阀”。科赛的这种观点，类似于弗洛伊德的“转移”理论在社会层面上的运用。（Albrecht，p.389；Coser，pp.40－41，pp.45－57）

（三）社会功能

从需求的角度介入艺术研究，可以向纵深不断扩展，事实上不可避免地导致某种功能主义倾向。心理学家图尔曼（Tolman，1932，p.280）认为，艺术从来不是纯粹审美的，它总是深植于社会其他的爱恨情仇之中。查宾（Chapin）认为象征文化特征（symbolic culture traits）是所有主要社会制度的四个首要因素之一（1935，pp.15–16）。赫尔兹勒（Hertzler，1961，pp.519–522）和菲波尔曼（Feibleman，1956，p.218）则认为艺术审美是一种广泛的文化形式，贯穿于几乎人类所有活动中，包括政治宣传、宗教符号、公众人物纪念，等等，常常有助于鼓舞团队士气，促成社会团结和统一。不管有意无意，直接间接，艺术可以被用来批评或支持某种社会秩序，用来代表人们对社会的认知，充当现实社会的一种符号象征，等等（Albrecht，p.390）。

马克斯·韦伯从他所熟悉的宗教的角度理解艺术，认为艺术在现代社会实际上发挥了巫术和宗教的作用。随着现代知识化和理性化的发展，艺术越来越成为一个拥有独立价值观的世界，成为现世获得"拯救"的途径。它与宗教形成一种并驾齐驱的状态，只不过以"品位"的判断，代替了"道德动机"的判断，构成一种反神学、但又类似神学的新的超级价值观，可以把人们从现代日常生活的常规程序中，从理论与实践上的"现实主义"中，拯救出来。根据格林伯格等人（Greenberg，1961，pp.5–7，pp.31–33；Barzun，1959，pp.16–19；Peckham，1965，pp.313–315；Grana，1964）的观点，艺术作为一种独特的价值，对于现代社会具有多种平衡作用。比如：

1. 艺术提供和强化一种"定性"（qualitative）的感觉，反对科学技术带来的一味机械化、数量化潮流。

2. 人的整体性意识，对抗现代社会造成人们社会角色过分特化和支离破碎。

3. 培植社区（共同体）的感觉，对抗非人格化的契约关系和官僚化倾向。

4. 艺术呼唤内在价值，以对抗社会上对财富、物质成功的狂热追求。

总之，艺术的发展，可以对抗现代、都市社会过度膨胀强势的各种中产阶级、资产阶级的主导价值，把人们从这种垄断性的意识形态下解放出来。

另一些学者也发现了艺术除对抗常规性和工具性之外的另一些"积极"的作用。比如，艺术为某些另类的人格类型提供了一种特定的亚文化环境。生来倾向于沉思、反省的人格，他们的价值取向朝向"存在"（being）而不是"从事"（doing），可以在艺术中发现创造性的自我表达（F. Kluckhohn，1961，pp.15–17）。艺术不仅仅是一种社会平衡、稳定的机制，它本身也在不断生成新的社会价值，丰富现有社会的精神体系。作为某种意义上宗教的替代物，艺术向宗教一样具有扩张性，成为一种世俗的新信仰，不仅会使社会稳定，也会推动社会的优化和变迁（F. Kluckhohn，1961，p.45；H. G. Barnett，1953，378ff）。

五、艺术的"社会卷入"

（一）绘画兴替

艺术与社会之间的互动关系，是艺术社会学另一个重要的视角。经典社会学基于经验研究的传统，通常力求把这类研究建立在"实证"的基础上。俄国裔美国籍社会学者索罗金（Pitirim A.

Sorokin）曾经对欧洲历史上美术作品的内容进行统计分析，试图找出艺术与社会主导力量之间的关系。他认为历史上不同阶层、不同人口在肖像画中出现的比率，大体上与各社会阶层在各时期的作用相吻合。比如，14世纪到20世纪，欧洲肖像画中中产阶级的比例大概呈上升趋势，只有在17世纪左右专制主义时期出现一次回落，因此，他认为美术作品的内容在很大程度上直接反映社会群体的相对地位。但同时，这种“反映”并不是简单地线性地随着地位高低增减，而是常常有一些复杂的例外和间接变化，如他也注意到，社会结构的某些变化并没有反映在绘画作品中，比如城市化过程，并没有造成城市背景题材的作品增加。同时，在下层民众饱受压榨的1800年到1850年，劳动者反而更频繁地出现在绘画作品中，因为当时主导艺术圈的是浪漫主义思潮，“下层”的形象备受推崇。在战争年代，比如拿破仑时代，在法国、俄国、中欧诸国，军旅形象明显上升，大多歌颂战争胜利的荣耀和英雄主义，等等。但到了20世纪，同样是关于“战争”，但其题材内容完全不同，主要是反映战争带来的普通民众的痛苦、伤亡、损失等，而不是将军们的荣耀，这与民主化和人道主义的思潮有关。（Sorokin，p.467）

美术作品与现实的关联性，并不仅仅简单体现在作品或人物出现数量的多少，它同时也体现在作品内部的构图等方面，不同文化或意识形态主导，会改变美术作品中的各种形象的布局。比如在中国古代绘画中，随着道教思想在知识界内的影响扩大，艺术中“自然”的意义逐步增强，山水画中自然景物的体积越来越大，人物逐步缩小，成为山水之中的点缀。在西方传统中，单纯的风景画在古希腊很少，但在15世纪后得到迅速发展，这跟欧洲当时自然科学的兴起有关，人们的注意力，从原来垄断化的“神性”转向“自然”，产生了所谓“自然信仰的艺术”，但这种对自然的关怀，与中国基于道家思想的这种艺术表现，完全是不同的路径和取向。

（二）“社会—艺术”机制

社会学在分析美术作品与具体社会状况的相关性中，逐步发现一些更为复杂的机制。比如，美术作品的内容不是简单跟随社会主导力量的变化，而是反映艺术家对于社会现实的合法性、有效性和正当性的“态度”。艺术家并不简单被动地随着社会现实起舞，而是具有自己的选择，如果某一种社会趋势十分明显，而这一时期的艺术作品没有很多反映，就表明艺术对社会现实的一种间接的“拒绝”。（Sorokin，p.468）

艺术作为一种亚文化价值，对社会也可以进行某种主动的批评，像俄国20世纪初期的绘画，德国20年代的表现主义，美国30年代的艺术等，都是艺术家们意识到自己的亚文化价值，以此批判社会主流文化价值。同时，艺术对于特定时代的重大或热点事件的关注，也是艺术与社会互动的一个重要途径，比如欧洲“发现新大陆”后艺术界掀起的“原始文化热”，庞贝古城发掘后兴起的“古典热”，以及艺术直接反映社会热点话题的《梅杜萨之筏》，等等，都是艺术题材与社会现实事件复杂的互动关系的典型例子。（Kavolis，p.470）

一般来说，当一个社会处于经济、政治、文

化激烈变化中时，艺术与社会状况之间常常会呈现“不吻合”的状态，也就是说社会主导的力量，反而不是艺术中正面反映的主题，这种“不和谐”关系是社会变迁的间接反映；而在相对稳定的社会状态，艺术与社会往往呈现相对“和谐”的关系。

艺术社会学家在进行趋势研究的同时，也对历史过程中具体社会群体、阶层的互动进行研究。比如，对于裸体艺术的兴衰，社会学家研究了历史上不同阶层的地位、精神、世俗追求等的变化，发现艺术变迁背后的因素。在中世纪，贵族阶层大多反对裸体艺术，其中一个重要原因是在裸体状态下，人们赖以表明自己社会地位的各种服装、饰物、勋章等不存在了，人们之间社会地位差别的标志被抹杀了，这是贵族所不喜欢的。而对于一些宗教苦行者来说正好相反，裸体恰恰代表了他们的价值，那就是人与人之间不管世俗意义上如何，本质上是同样的，裸体代表了“去除世俗”“回归本质”的意义，但这也造成当时的裸体艺术，排斥形体美的意义。另外，对于某些更极端的清教教派来说，又反对裸体，因为“肉体”作为一个概念本身是“不好的”，是不应该展现出来……这种社会信仰体系的差异性和复杂性，直接影响到当时艺术作品的内容。

（三）“情绪化卷入”（emotional involvement）

卡沃尔利斯（Vytautas Kavolis）在分析了诸多社会与艺术关系的研究之后总结说：艺术的内容，反映的不是社会现实本身，而是艺术家对社会现实的各种模式的“情绪化卷入”（emotional involvement），可以分为三种形式：

1. 艺术通过展现现存社会结构，支持其合法性。

2. 艺术通过提供“心理一致”（psychological congruence）的形象，强化某种社会结构，或者通过提供“不一致”形象，试图改变之。

3. 艺术通过展示当时当地的社会事件，表现主观卷入程度。

这里所用的“卷入”概念，是指艺术家对于社会文化环境的一种“人文关联状态”（human relatedness），它是由感知、评价、意动、情感等诸多因素交织在一起而形成的一种状态。卡沃尔利斯认为，不同时期不同社会美术作品的各种题材，只是与这种“卷入”具有“心理一致性”（psychological congruence），而不是必然地与社会现实本身的那些可描述特征相吻合。艺术内容最普遍的社会功能，是强化艺术与非人格化的社会文化现实之间的“情感关联性”（affective relatedness），可以丰富人们对社会文化的感知、意动和评价的方式。（Kavolis，p.471）

艺术与非人格化的社会制度、文化规范和重大事件的“情感关联性”具有重要的社会功能。一种文明中如果排除了这种关联性，就会让人感到一种压缩、收缩的趋势，个人和社会的性情都得不到张扬，即所谓“文化之苦”（Das Unbehagen in der Kultur）。在决定艺术内容的诸因素中，与文化价值的关联性比其他社会卷入要更为基本、更为重要，这表明艺术内容的基本功能，恰恰在于主动担当起对于文化价值的责任，以一种感性方式使某些抽象的文化价值“人化”（humanize）。

六、对于“理解”（verstehen）的理解

现象学和解释学作为20世纪人类重要的思想成就，一直与社会学存在着互相影响、渗透的关系。二战后，艺术社会学的某些流派刻意与这两种思路互相融合，生成了很多创意，成为当代艺术社会学一个重要方面，也开辟了一些新的思路。

（一）审美独立的质疑

20世纪解释学重要人物伽达默尔（Hans-Georg Gadamer）认为，现代艺术的理念，诞生于席勒（Schiller）宣称艺术可以超越自然，独立存在。这是一种理想/主观主义的审美观，与康德的“自然之完美”的观念很不相同。依照这种审美独立性的观点，人们只要具有一种审美态度（可以通过教育实现），就可以抓住审美的意义。正是由于人们信奉了这种信条，艺术被认为可以脱离生活，审美变成一种独立的“艺术世界”，成为一种可以随意移动、天马行空的“文化领域”，而原本围绕着艺术作品意义的各种社会环境被“隐蔽”掉了。相应地，艺术品也被视为可以独立于其原来的社会背景而存在，比如非洲面具，可以摆放在欧洲贵妇人的客房里，欧洲油画，可以装饰中国江南水乡的民居……但是，今天很多学者认为，这种审美独立的艺术观是存在着严重隐患的。比如，霍布斯（Hobbs）证明，这种“形式主义—现代主义—唯心主义”艺术观，很容易被跨文化的经验所否定（Hobbs，1980）。随着诸多学者对于这种审美独立艺术观的批判，伽达默尔总结说，艺术的万神殿不是一个超时间的存在，不能自我提供纯粹的审美意识，它是一种人类心灵成就的集合，是在历史中得以实现的，审美经验也是一种自我理解的方式。（Gadamer，1982，p.86）

（二）经典的“现象”与“解释”

捷克学者印嘎尔登（Roman Ingarden，1973）和德国哲学家伊塞尔（Wolfgang Iser，1978）是用现象学方式研究艺术的典型代表人物。他们认为解释艺术作品的过程，是读者和文本的“共同创造”，文本提供了潜在的“意义储备”（store of meanings），读者有选择地抓住一些意义，构建一种审美对象……这种解释学的分析方式，具有很强的启发性。但是，一些学者认为它的不足在于，它过分偏重认知过程，而忽视概念化过程，换言之，它只说明了我们怎样“知道”，却没能说明我们如何“解释”（Dan Nadaner，p.22），因此现象学思路似乎没有考虑时间纵深感，无法解释为什么同一幅作品，在不同时代会有完全不同的解读，为什么完全不同的艺术作品，可以归入同一个流派，等等。尽管如此，现象学毕竟开辟了艺术研究的全新视角，成为后来学者进一步探索的基础。伽达默尔就接受现象学的基本前提，即“我们最好的知识，来自我们对于自己关于世界的经验的总括和意识”（Dan Nadaner，p.22），他认为这种思路，非常有助于找到一种充分解释的方法。

在经典解释学——按照解释学者伽达默尔的观点——也存在问题，比如所谓“重建作品原本意义”的努力，实际上几乎是徒劳的，由于我们今天的鉴赏者和批评家注定已经失去了作品当

时的社会生活，也就不可能真正重构当时的意义，因此，艺术研究拘泥于经典解释学也是没有出路的。由此，伽达默尔呼吁经典现象学和经典解释学进行一种“对话”，融合二者之所长，发展一种新的解释学方法。他指出，批评家接触作品时，会意识到自己的价值、信仰和观念，同时对作品的价值、信仰和观念持开放态度。作品会引导观众，而观众在体验作品时，也会为他原有的价值观增加新东西。这种互动“对话”的结果，既不是观众观点简单投射到作品上，也不是对原有作品的重构，而是观众和作品两方面视界（horizons）的合并（Gadamer，1982，p.92；Dan Nadaner，p.22）。对于伽达默尔来说，历史意识和当前意识的妥协与调停，是对艺术作品真正的理解，“艺术作品之切实存在，在于这样一个事实，它变成一种经验，改变着正在体验着它的人”（Gadamer，1982，p.92）。

（三）沃尔夫的批评

20世纪80年代，艺术社会学者沃尔夫（Janet Wolff）是解释学研究方法最积极的鼓吹者和实践者，她大声疾呼，认为当时艺术社会学的研究方法不足以解释或理解现存的和历史的艺术生产过程及其结果——艺术品，因此强烈主张要大量借鉴伽达默尔的解释学方法。她认为，艺术社会学必须同时考察“艺术家的个人意识”（consciousness）、“艺术家的社会历史处境”，以及“艺术品自身的特征”，这三方面缺一不可，而她认为当时一般的社会学思路，充其量只能涵盖这三者中的两个，而唯有解释学思路可以同时涵盖这三个方面。

沃尔夫的解释学倾向，含有强烈的批判性和社会历史取向，她对于艺术的阐述，是从批评其他学说开始的。她批评了美国社会学经验主义研究，说它没能处理艺术品的内容问题，特别是在“意义”层次上。沃尔夫的批评范围，包括所推崇的解释学家伽达默尔的某些概念。她认为一切艺术都是“社会的”，审美总是与其他领域相关联，不可能独立存在。如果不涉及社会意识形态的，就无法探究艺术和审美意义。因此，她认为其他理论家的关于艺术的定义，比如伽达默尔（Gadamer，1982）的“惊异”、弗勒（Fuller，1980）的“创造性个体性”、古德曼（Goodman，1976）的“语义密度”等，都不是合适的。（Dan Nadaner，p.20）

她认为现象学的思路可以把个体艺术家的个人意识（Lebenswelt，“生活世界”）与艺术品的内容联系起来，但她同时又认为纯粹的现象学思路会导致一种过于偏向心理学的结局，远离社会学的感觉，特别是容易忽视艺术家所在的社会文化的背景，因此，尽管现象学成功地理解了艺术家主观的个人意义，但却没能把它纳入文化体系中，同时，现象学过于强调瞬时（synchronic）而不是历时的（diachronic）分析，这也是明显不完善的。

（四）诉诸解释学

因此沃尔夫主张发展一种具有强烈社会历史属性的社会学框架，来弥补现象学的非历史性（ahistoricality），这就要通过所谓“世界观”（world view / Weltanschauung）这个概念，把个人意识和社会历史脉络联系起来，把个人生活世界(Lebenswelt)与集体的世界观链接起来，同时又不牺牲现象学所提供的非常有意义的行动脉络(Rosenblum，p.497)。为此，她审视其他理论家关于个人心智生活与集体心智生活的思想，包括涂尔干(Durkheim)的“集体良心”(collective conscience)、曼海姆(Mannheim)的“世界观”(Weltanschauung)、帕森斯(Parsons)的“价值体系”(value system)、列维·施特劳斯(Levi Strauss)的“普世的心灵建构”(universal structuring of mind)、古尔德曼(Goldmann)的“世界幻想”(the world vision)，等等，企图建立一种针对艺术的具有双重性的“理解社会学”(verstehende sociology)——它既能从其自身(艺术家或审美)的意义上理解艺术作品，又能够理解他们与社会生活的关系。经过一段时间的探索，到70年代，她认为在传统社会学内部已经不可能找到满意的思路，于是转向解释学传统，认为它是唯一一种研究方法，可以同时分析艺术作品的内容、其制作者的现存—历史意识(通过世界观)，同时又能分析当下解释者的各种偏见(Rosenblum，p.497)。

解释学方法要求通过所谓“解释学循环”——“解释—补充总体理解—资料收集—再解释—再补充总体理解—资料收集……”——对艺术的意义进行反复“解释”，它包括解释者要考虑到她/他自身的社会历史和现存定位(sociohistorical and existential location)，一般称为“视界”(horizon)。解释者首先要把他自己的理解和意义赋予艺术作品，意识到它占据着一个不同的社会历史和现存视界，其次本着一种“效果历史意识”(the effect historical consciousness / wirkungsgeschichtliches Bewusstsein，也就是“历史总是在发挥作用的意识”)，承认他的对象和他自己在历史中、在真实事件的传承中的位置，不断在自己和作品的互动中，不断补充、改编、修正和重建作品的意义。解释学的一个重点，是鉴赏者必须能够同时意识到自己的被历史影响的视点和欣赏对象的视点，并理解这两种视点在作品中如何结合起来(Wolff，p.110)。

七、“艺术世界”(art worlds)

在当代艺术社会学领域，贝克尔(Howard S. Becker)的“艺术世界”是最具影响力的概念之一。贝克尔不仅是一位社会学家，而且还是音乐家和摄影家，爵士乐造诣颇深，年轻时曾经长期为各种俱乐部和晚会弹奏钢琴，与艺术家群体有着广泛的联系，直接介入艺术领域具体活动和事务。因此，贝克尔不是在一般考察或思辨层面上谈艺术，而是结合他本人“在几种艺术世界中的个人经验和参与”(Becker，1974，p.767)进行研究，分析具体艺术作品的产生和流通过程。他1982年出版的《艺术世界》(*Art Worlds*)一书，被视为当代艺术社会学的代表之作。

(一)集体行动(collective actions)

贝克尔对于艺术现象的研究，不追求新奇或玄妙，而是返璞归真，他觉得有必要回归到最基本的层面，对艺术在社会上的实际运行过程进行一种梳理和直白表述。用他自己的话说，“没有一个例子或观点是新奇的”(Becker，1974，p.767)，他用的材料和观点，似乎都是人之常情、老生常谈，但它的概念和结论，确实是开创性的。

贝克尔艺术社会学的一个基本命题是“艺术是集体行动（collective actions）的结果”。贝克尔认为，艺术不是个人的成就，而是“合作”的产物，这不管对于作一首诗，还是拍一部电影，都是一回事儿。艺术作品实际上不过是一大群具有合作关系的人构成的一个社会网络的中心，是所有与最终成果有关的人参与合作的结晶。这里的“合作和参与者”包括制造材料、器具、工具的人，包括那些设法获得财政支持的人，包括负责调配各种工作的人，也包括所有那些造成各种形式、流派、风格传统（对此艺术家们依赖或反对）的人，以及观众。具体到当代美术，这个群体可能包括画家本人，包括亚麻布、颜料和其他材料的生产者和供应商，包括收藏家、艺术史学家、批评家、艺术馆负责人、经销商、经理、代理商，等等，还要包括各类辅助人员，如印刷厂工人等。

鉴于这些合作关系，从事艺术工作的人在每一个步骤和细节里，都要考虑其他合作者会不会合作，如何合作，以及在什么意义上承担后果，等等，而维持这种合作得以持续进行的，实际上是一系列成文或不成文的彼此了解的“常规”（mutually understood conventions）——所有涉及艺术品生成过程的人要形成一种默契，彼此之间，要保证一种“常规性理解”（conventional understandings）。人们按照这些规范反复合作，“例行公事”地制造艺术品。艺术活动和艺术品事实上都是通过这类“常规”（规范，norms）组织起来的。艺术作品形成的方方面面都受这种“常规性理解”的左右。

（二）“艺术世界”与“常规”

以“集体行动”为基础，贝克尔提出他的核心概念——“艺术世界”（art worlds）。贝克尔指出，“艺术世界”的技术性定义，就是一个合作行动的网络，它包括了在艺术品整个形成过程中所有那些运用某种共有的“常规性理解”发挥了作用的人。

对于这个定义要有深入的理解。比如，为什么强调“常规性理解”？因为如果不具备这种共识的人，虽然影响了艺术活动进程，也未必被视为“艺术世界”的一部分。比如战争中某一个炮兵，他发射的炮弹破坏了某件艺术品，可能无意中影响了艺术进程，但他并不存在“常规性理解”，因此就不属于艺术世界；再如，随机路过、随机观赏了某一件艺术品的观众，尽管跟这个艺术品的制造过程好像没有具体的、社会的或组织的联系，但他或她也要被算作这个艺术品形成中“合作”的一方，因为一件艺术品，在每一个人观赏它、阅读它、聆听它的时候，它实际上都等于重新“生成”了一次。换言之，物理意义的对象，其实不是艺术品的全部，艺术品总是处在不断地被理解和再理解的过程中，而每一个解读者都在帮助创造着该作品的属性。

“常规”的概念，也同样成为贝克尔理论的基点之一。他致力于研究各种类型艺术世界中“常规”的作用，包括电影、文学、音乐、舞蹈、视觉艺术、摄影，等等。贝克尔认为，艺术家等参与合作创作艺术的人，其实不是真正的创新，而是在按照、依赖于那些早前形成的“协议”（agreements），只不过这些协议，随着时间的推移变成了常规或惯例（Becker，1974，p.770）。这种惯例是广义的，有些实际上已经成为审美的标准，决定了所谓“美和艺术效果”。那些违背或忽视某一特定艺术常规的人，就被视为“没品位”“丑”等，就不可能进入这个世界，被排斥在外（Becker，1974，p.773）。

（三）“标签”和争议

贝克尔对社会学理论的一个重要贡献，是深入阐释了“标签理论”（theory of labeling），尽管后来他自己对艺术的研究中并不太多运用这一概念，但其“艺术世界”的思路，实际上隐含着标签概念。比如，贝克尔认为艺术品是通过“艺术世界”获得其价值的，这实际上等于从另一个角度表明，艺术成就本身必须是一种依赖艺术品之外各种条件的“标签”，这并不是说艺术品自身不是令人愉悦、有启发性或深邃的，而是说艺术和艺术家不可能自命为获得这些品性，而一定要有大家共同的解释，标定他们拥有这种品质，这只能发生在有某种共识的人口中。伟大的作品，是对那些足够解释他人来说的“伟大”，而这个世界总是在不断地重新解释作品，不断把原来认为没有价值的东西赋予价值，或反过来降低某些作品的价值，等等，作品没有变，但价值观变了（Becker，1995）。

某些学者则乐于直接运用贝克尔的标签理论来分析艺术（Griffin，1976）。比如，“艺术家”这个角色本身，是公众认定的。所谓“成功”，实际上就是如何按照某种常规，获得人们的“标签”的问题。从这种意义上说并不存在一个严格的客观艺术标准。艺术的实质不是一种作品的质量，而是别人对其作者运用某些社会规范进行标定的结果。艺术家不过是人们标定的一个称号。现实中，一个人可以被标定为伟大的艺术家，但实际上并不一定要有多少作品（Griffin，1976）。

贝克尔的诸多观点中，备受争议的是关于艺术作品的质量是否受其制作体制影响的问题（Becker，1995）。贝克尔认为好的作品（指被公认的）可以在任何一种体制下产生出来，即使在最庸俗化的商业化条件下亦然。他举例说，人们应该想一想好莱坞的电影，按说在那种纯商业气氛下，很难想象会产生好的作品，但实际上好莱坞还是有好作品的，又比如维多利亚时代英国作家，也一定要考虑出版商迎合市民品味的纯商业要求，但事实上仍然能创作出好的作品……（Becker，1995）这种观点，尽管受到很多人批评，但实际上恰恰体现了贝克尔思想的独到之处。他打破了人们长期习以为常的观点——认为某些体制会“扼杀艺术”——这类常识，究竟是事实，还是人们一种无所作为或怨天尤人的借口？艺术品的水准究竟是否可以归因于社会环境等外部原因？艺术家是否应该抱怨生不逢时？这在今天的中国，肯定是一个十分有趣的问题。

八、艺术的自主性

谈到社会学对于艺术的研究，不可能绕开法兰克福学派的观点。作为该学派最重要的代表人物之一，阿多诺（Theodor W. Adorno）本人的社会学研究与音乐有着千丝万缕的联系。阿多诺在二战期间流亡美国，致力于通俗艺术文化研究，奠定了他在社会学史上的重要地位。他的美学著作，在欧美被很多人视为继黑格尔之后的最具有里程碑意义的美学著作。

阿多诺继承德国社会学传统，注重人文和思辨，他阐释的“大众文化”（mass culture），构成了文化研究中广为人知的一个经典概念，但是，真正代表他深刻思想的并不一定总是知名度高的概念，他的其他一些概念——比如他在论述美学问题是运用的“物质”概念——就不那么广为人知，但其重要性，足以构成艺术社会学的一个基石。

阿多诺艺术社会学思想的独到之处，在于他不认同把艺术社会化的观点，而是坚守艺术作品的“独立性”和“优先性”。他认为艺术作品具有自主性、封闭性，与社会对立，艺术作品一旦造成，就获得脱离作者和欣赏者的独立价值，等等，这些思想，使得他的艺术社会学独树一帜，代表学术光谱中的一极。

（一）“美”的悖论

阿多诺是从美学的一些基本问题入手探讨艺术问题的。他指出康德美学中存在着的一个难以超越的悖论，那就是一方面“美是不凭借概念而让人普遍愉悦的”（黄圣哲，台湾，第2页；Adorno，1973，145/c.188），但另一方面“品味判断总是与知性（Verstand）有关”（145/c 191），这种表述，反映了西方美学中对于“美”存在着一种无所适从的悬置状态，它到底是作为可概念化理解的东西，还是完全可感知的东西？用阿多诺的话说，康德的矛盾之处在于“美既无法定义，却也不能放弃概念，这就是绝对的二律背反（Antinomie）”（黄圣哲，第2页；Adorno，1973，82/c 105）。

这种悖论，根植于人类审美的特定历史进程中。在人类超越了巫术时代之后，艺术已经不能真正排斥理性，“美”本不是“概念”，但必须用“概念”去掌握。阿多诺借用马克斯·韦伯在研究西方理性化过程提出的“解除魔咒”（Entzauberung）的表述，认为艺术也是人类这种对抗死亡恐惧的“解除魔咒”过程的一部分。人类社会的理性化进程几乎是不可避免的，美只能被设定为概念性的，但真正用概念来掌握它，又非常难，因为艺术内在的特点，决定了它不可能依从一般理性或科学的那种确定性。一方面，“艺术活动无论是创作或诠释基本上都带有作为认知活动的知识性格，但另一方面，究极而言，艺术终究并不是知识的活动，它的认知，只能采取一种准知识的形态，但却缺乏科学知识基本的确定性”（黄圣哲，第3页）。艺术的知性（Verstand）规律，与其自身的非概念性运动规律，总是存在着天然的冲突，因此永远摆脱不掉一种“非同一性”（Nichtidentitaet）的状态——阿多诺指一种“概念”“概念所指”与“具体事物”三者存在于不同的运动路径上的状态（黄圣哲，第3页）。

（二）艺术品自主性

基于上述悖论的分析，阿多诺明确指出，对艺术的研究，必须把“艺术作品”与“艺术的生成过程”截然分开，为此他提出“客体的优先性”的命题（Adorno，1982，p.184），认为艺术作品本身具有抵抗任何概念化的本质，所以我们应该把他作为“客体”，置于“优先”的位置，谁也不可能企图用范畴式的各种概念体系去掌握它，包括艺术家本人也不可能。艺术品一旦制成，就已经脱离了艺术家，成为完全独立自主的“客体”了；被创作之物脱离了创作过程，其优先性必须受到尊重，不该被化约为某某时代、某某社会、某某流派或某某阶级的属性。他批评那些把“艺术创造”（Genese）混淆于“艺术本身”的研究者，是与艺术疏离，即他所谓的“艺术学的艺术疏离”（Kunstfremdheit），而艺术作品会依循其自身的形式规律，这种形式规律会将其创造过程消耗掉（Adorno，1973，p.267）。

阿多诺坚持，艺术品一旦被创造，就获得了其自身结构的客观性，脱离了主观认识活动，但是，这种客观性，并不排除人们对其内在结构的认识，在此，阿多诺区分了“内在分析”（Immanente Analyse）与“直观性”的差别。他认为，人们可以认识艺术作品内在的客观结构，达到一种“内在分析”，这是一种沉浸在作品自身结构的认知，不是对于作者或外在社会背景的理解（黄圣哲，第3—4页）。这种认知，与一般的欣赏艺术品不完全相同。一般欣赏艺术品有很多纯粹是感官感受，是“直观性”的，而直观性并非艺术的普遍特质，它是充斥着间歇和偶然性的。比如，诗具体化为某种语言形态，但并非感官表象（Vorstellung）。伟大的音乐作品不一定是悦耳的，它复杂的结构，不是感官直觉当下所能掌握，只能透过记忆或期待去理解，等等（黄圣哲，第4页；Adorno，1973，p.193）。

（三）“物质”

为了超越艺术本身内在的悖论，阿多诺引入“物质”（Material）概念，对其进行重新定义，构建了他的解释体系。按照布尔格（Peter Buerger）的解释，阿多诺意义的“物质”是指“在艺术作品中艺术形式与制作方式对象化了的状态”（黄圣哲，第4页；Buerger，1980）。阿多诺曾经以音乐为例，解释物质是“艺术家所操控的一切，语词、色彩、音响以及每一种组合的方式，直到为了整个作品所提供的每一个已发展出的制作方式，就此而言，形势也能成为物质，因此，物质也就是艺术家所面对的必须去做出选择的一切”（黄圣哲，第4页；Adorno，1973，p.222）。

就美术而言，这里的“物质”，包括绘画所需要的基本材料、工具、场所、空间等，也包括既有的流派、表现方式、有关的知识、规范，等等。阿多诺使用“物质”这个概念，而摒弃了“素材”（Stoff），似乎是在强调“物质”具有可观的“强制性”，并非任由创作者主观爱好随意选择取舍。事实上，阿多诺认为，“物质”制约着艺术创作的方向及其发展，“物质”本身会对艺术创作提出要求，因为物质中隐含着人类的各种文化，“物质自身是沉淀的精神，它是经由人的意识以社会的方式预先形塑的”（黄圣哲，第5页；Adorno，1975，p.39）。“物质”在这个意义上，等于黑格尔所谓的“客观精神”（黄圣哲，第5页）。

阿多诺的“物质”概念，使得社会与艺术作品合一。因为这里的“物质”已经是由历史中诸多因素——包括社会——决定了的，它是艺术与社会的中介，是艺术自身演进与真实历史发展的辩证的结晶。因为物质作为中介，社会历史进入了作品，社会并非外在于作品，而是被写于作品之中。创作者与物质的遭遇，就是与社会的遭遇，社会是通过“物质”进入艺术创作过程的，而艺术家并不可以任意支配物质，因此，阿多诺关于艺术自主性的理论，并不是说艺术与社会完全无关，而是说艺术作品并不受制于社会形成的各种概念范畴的操控，问题的关键在于谁是“优先”，阿多诺的回答是，一旦作品完成，作品优先，但这也暗示，在作品形成过程中，社会通过物质，有一定的决定作用。“物质”概念的引入，一定程度上就在于跨越艺术作品的“客体优先性”与“社会”之间可能的对峙状态，因此说这种艺术理论也是一种社会理论。而阿多诺本人明确反对“物质”完全脱离社会的倾向。比如20世纪60年代，艺术出现了迷信物质本身的给予性的狂热，有些艺术家认为无须人工介入，仅凭物质自身原生态达到艺术状态，结果反而出现大批单调乏味的作品，这种趋势被阿多诺称为“物质的去质化”与“去历史化”，他认为预示了后来出现的“后现代”艺术表面化、肤浅化、去质化与无时间性的现象（黄圣哲，第5页）。

（四）艺术的冲突性

阿多诺思想的一个独特之处，就是如此坚决地强调艺术的自主性，同时也就不可避免地导致艺术的冲突性，“拒绝沟通可以说是艺术作品的社会属性”（黄圣哲，第5、7页），他用自我封闭、独立存在的所谓“单子”（Monade）一词，来表达艺术的特性，认为艺术作品是彼此封闭、盲目的，而且是在此种封闭性中想象外界。艺术必然是反社会的，他对现存社会规范不顺从，不会将自身变成“有用”的交换物，他本身的存在就是对社会的批评，“只有经过社会的抵抗，艺术才能维持生命，它才不会物化，否则，就会变成商品”（Adorno，1973，p.335），因此，非社会性（Asoziolitaet）转化为艺术的社会正当性（Adorno，1973，p.348）。阿多诺把艺术品的这种“拒绝沟通”视为其非意识形态本质的先决条件（Adorno，1973，p.353）。

但是，如前所述，艺术这种自主和对抗，并非意味着与社会“无关”，就像一个性格孤僻自闭执拗的人，并非不食人间烟火，他也是由各种社会资源造就的。社会与艺术的连接，除了通过“物质”，也通过艺术家本人。艺术家是经过社会化的人，他本来就是社会的，也是历史的一部分。通过艺术家，社会和历史会被写入艺术的结构之中，经由已经被社会化了的创作者，历史和社会走入艺术的物质之中。但这种过程，不一定是艺术家自我意识的，艺术是在“无意识的历史书写”（Adorno，1973，p.272）。历史和社会在艺术中，不是像我们日常感知中的样子，艺术中的社会历史不是简单地通过我们人的处理而形成的，而是经过了其自身的转化过程，特别是艺术的不妥协性，使得艺术中的社会历史性以其自身特有的方式隐藏在作品中。“艺术品中显现的是内在时间，显像（Erscheinung）的爆炸也摧毁了时间的连续性。艺术作品是通过它单子式的核心与真实历史中介，历史可以说是艺术作品的内容，分析艺术作品也可以说是发觉储存在其中的历史”（Adorno，1973，p.171）。

艺术作品的自主性，也造成其内在的不协

调，事实上，阿多诺认为，艺术的特点在于综合各个不相容、不同一、彼此冲突的环节：它真正寻求那在过程中发展的同一者与非同一者的统一性（Adorno，1973，p.263）。各种对抗性元素的争斗，是作品的内在运动的推动力，只有在这个运动静止时，才会出现运动的结果——艺术品（黄圣哲，第7页），这就是所谓“内在时间”。“所有艺术作品，肯定性的作品亦然，先验地都是争议性的”（Adorno，1973，p.264），“每一个作品都是不相容性的体系”（Adorno，1973，p.274）。“深刻的是那些既不掩盖分歧或矛盾，也不让分歧矛盾保持未经调节的原貌的艺术作品”（Adorno，1973，p.283）。

艺术这种内在的矛盾性决定了其“真实性”，阿多诺认为，艺术属于“事实性中的非事实者”（Adorno，1973，p.174；黄圣哲，第7页），“不存在的事物的仿佛存在，是艺术最重要的真理问题。艺术向我们承诺了不存在的事物，宣称它的客观性”（Adorno，1973，p.166；黄圣哲，第7页）。

（五）拜物教

阿多诺除了从美学为线索探讨艺术的属性之外，也在一般社会层次上研究艺术过程，并提出了广为人知的“大众艺术/文化”（mass art/culture）等经典概念。为了解答经典马克思主义没能回答的“现代市场资本主义为什么不断获得新的活力”的问题，阿多诺从“大众文化”的生产过程入手，发现现代市场社会在制造物质产品的同时，把文化本身也产业化了——人们的精神、思想、心理等也被纳入市场体系中——所以出现了“文化产业”（culture industry）（Horkheimer and Adorno，1947，pp.127-128）。然而，阿多诺按照他对艺术的一贯理解提醒说，原本意义上的“艺术”应该具有一种“自治”（autonomy），应该是“无目的”（purposelessness）。艺术品的精华在于其“使用价值”（use value）——也就是人们对它的“欣赏”，它完全是艺术品自身的属性，跟外在的“社会评价”（gesellschaftliche Schaetzung）无关，也跟“供需状况”无关，不能用“价格”来标定（M. Horkheimer and T. W. Adorno，1947，pp.127-128），可是，文化产业中艺术作品的价格是由“交换价值”决定的，它服从于“交换社会”（Tauschgesellschaft）的“交换原则”（Tauschprinzip），取决于“供求状况”。

阿多诺认为，交换价值与艺术价值并不相干，但是，文化产业导致“交换价值”取代“使用价值”，这就消解了艺术品的“真正的日用特质”（Horkheimer and Adorno，1947，pp.129-130），这种状况导致公众关于艺术的理解完全是一种拜物教（the fetish）——错把公众对某一个作品的“社会评价”（gesellschaftliche Schaetzung），当成了它自身的“优点”（Rang）和唯一的价值，也当成人们唯一感到“享有”的东西……尽管二者本没有必然的联系（Horkheimer and Adorno，1947，p.128）。艺术的这种“拜物教化”具有“洗脑”作用，使人们反过来成为市场秩序最忠实的卫士。人们已经被纳入一种既定的体制，但还觉得自己是“自主”地选择——这是一种“伪个人主义化”（pseudo-individualization）。阿多诺认为，人类的思想，具有一种“专横”的本性，“一旦达到一种圆满的认知，就会把它强加给对象，同时压制和忽略对方的差异性和多样性”（Adorno，1966，pp. 143–161）。如何处理这种拜物教状态，关系到艺术在当代社会中的“再解放”的问题。

九、结语

本文简述了社会学对艺术进行研究的几种切入点，当然这不是社会学艺术研究的全部，而仅仅是笔者选择出来与艺术界朋友分享交流的几个方面。社会学作为一个坚守以“社会”为基本参照系的学科，总是把所有社会领域都视为它的研究范围，但又不偏执于任何一个领域，不把任何一类社会现象看作特殊偏好，这也是社会学在社会科学中的比较独特之处。艺术社会学作为社会学的分支之一，其方法论、方法和关注焦点，主要还是受社会学自身发展的影响，并不完全反映艺术界的关怀，而社会学有色眼镜下的“艺术”，也肯定不是艺术界自身感受的“艺术”，这在社会学方法论中称为“主位”和“客位”之别。但不管怎样，社会学的思考可以为艺术界提供一种欣赏和审视自己在其他领域中“投影”的机会，也就是社会学中所谓的“镜中之我”，借用中国最知名的社会学前辈费孝通先生的一句话，叫作“我看人看我”。

参考文献

1. Adorno，Theodor W.，*Philosophie der neuen Musik*，*Gesammelte Schriften Band 12*，Frankfurt a.M.：Suhrkamp，1975.
2. Adorno，Theodor W.，*Negative Dialectik*，Frankfurt a.M：Suhrkamp，1982.
3. Adorno，Theodor W.，*Aesthetische Theorie*，Frankfurt a. M.：Suhrkamp，1973.
4. Adorno，Theodor W.，1966，*Negative Dialectics*，trans. by E. B. Ashton，New York：Seabury Press，1973. 原文收于 Vol.6 of *Gesammelte Schriften*，edited by Rolf Tiedemann et al.（Frankfurt am Main：Suhrkamp，1970–1986）。
5. Albrecht，Milton C.，“Art as an Institution”，*American Sociological Review*，Vol.33，No.3（Jun.，1968），pp.383–397.
6. Barnes，Harry Elmer，*Social Institutions*，New Jersey：Prentice Hall，1942.
7. Barnett，J.H.，“Research Areas in the Sociology of Art”，*Sociology and Social Research* 42（July–August，1958），pp.401–405.
8. Barnett，J.H.，“The Sociology of Art”，in Robert K. Merton，Leonard Broom and Leonard S. Cottrell，Jr.（eds.），*Sociology Today*，New York：Basic Books，1959，pp.210–211.
9. Barzun，Jacaques，*The House of Intellect*，New York：Harper，1959.
10. Becker，Howard S.，“Art as Collective Action”，in C. Lee Harrington and Denise D. Bielby，eds.，*Popular Culture：Production and Consumption*，Malden，MA：Blackwell，2001（1974）.
11. Becker，Howard S.，*Art Worlds*，Berkeley：University of California Press.，1982.
12. Becker，Howard S.，“A New Art Form：Hypertext

Fiction", Mark Bernstein, ed., *How to Read a Hypertext*, Cambridge : Eastgate, and Instituto de Ciencias Sociais, Lisbon (the paper was originally given at a conference in Lisbon), 1995.

13. Buerger, Peter, "Das Vermittlungsproblem in der Kunstsoziologie Adornos", in : Burkhardt Lindner/W. Martin Luedke (Hg.), *Materialien zur aesthetischen Theorie,* Th. W. Adorno, Frankfurt a. M. : *Suhrkamp*, 1980, S. 174.

14. Chapin, F. Stuart, *Contemporary American Institutions*, New York : Harper, 1935.

15. Coser, Lewis A., 1964, *The Functions of Social Conflict*, Glencoe, IL : Free Press, 1956.

16. Duncan, Hugh Dalziel, *Language and Literature in Society*, Chicago : University of Chicago Press, 1953.

17. Feibleman, James K., *The Institutions of Society*, London : Allen & Unwin, 1956.

18. Fuller, P., *Beyond the Crisis in Art*, London : Writers and Readers Cooperative, 1980.

19. Gadamer, H., *Truth and Method*, New York : Crossroad, 1982.

20. Goodman, N., *Languages of Art*, Indianapolis : Hackett, 1976.

21. Grana, Cesar, *Bohemianism versus Bourgeois*, New York : Basic Books, 1964.

22. Greenberg, C., *Art and Culture*, Boston : Beacon Press, 1961.

23. Griffin, Charles T. ; Griffin, Brenda S., Comment on "Art as Collective Action", *American Sociological Review*, Vol.41, No.1 (Feb., 1976), pp.174-176.

24. Hertzler, J.O., *Social Institutions*, Lincoln : University of Nebraska Press, 1929.

25. Hertzler, J.O., *Social Institutions*, Lincoln : University of Nebraska Press, 1946.

26. Hertzler, J.O., *Social Institutions*, Boston : Allyn and Bacon, 1961.

27. Hiller, E.T., *Social Relations and Structure*, New York : Harper, 1947.

28. Hobbs, Jack A., *Art in Context*, New York : Harcourt Brace Jovanovich, 1980.

29. Horkheimer, M., and Adorno, T. W., 1947, *Dialectic of Enlightenment : Philosophical Fragments*, ed. by G. S. Noerr, trans. by E. Jephcott, Stanford, Calif. : Stanford University Press, 2002. 原文收于 Vol.3 of *Gesammelte Schriften*, edited by Rolf Tiedemann et al. (Frankfurt am Main : Suhrkamp, 1970-1986)。

30. Ingarden, Roman, *Cognition of the Literary Work of Art*, Evanston, IL : Northwestern University, 1973.

31. Iser, Wolfgang, *The Act of Reading : A Theory of Aesthetic Response*, Baltimore, MD : Johns Hopkins University, 1978.

32. Kavolis, Vytautas, "Art Content and Social Involvement", *Social Forces*, Vol.42, No.4 (May, 1964), pp.467-472.

33. Kluckhohn, F., *Variations in Value Orientations*, Evanston : Row, Peterson, 1961.

34. Nadaner, Dan, "Critique and Intervention : Implication of Social Theory for Art Education",

Studies in Art Education, Vol.26, No. 1 (Autumn, 1984), pp.20-26.

35. Panunzio, Constantine, *Major Social Institutions*, New York : Macmillan, 1939.

36. Parsons, Talcott, *The Social System*, New York : Free Press, 1951.

37. Parsons, Talcott, and Shils, Edward (eds.), *Theories of Society : Foundations of Modern Sociological Theory*, New York : Free Press, 1961.

38. Peckham, Morse, *Man's Rage for Chaos*, Philadelphia : Chilton, 1965.

39. Pepper, Stephen, *The Work of Art*, Bloomington : Indiana University Press, 1955.

40. Pepper, Stephen, *The Sourses of Value*, Berkeley and L.A. University of California Press, 1958.

41. Rosenblum, Barbara, "Review of Hermeneutic Philosophy and the Sociology of Art", by Janet Wolff, *The American Journal of Sociology*, Vol.83, No.2 (Sep., 1977), pp.495-499.

42. Sorokin, Pitirim A., *Social and Cultural Dynamic*, Vol.1, New York : American Book Company, 1937, p.468.

43. Spencer, Herbert, *The Principles of Psychology*, New York : Appleton, 1896.

44. Sumner, W.G., *Folkways*, Boston : Ginn, 1906.

45. Sumner, W.G. and A. G. Keller, *The Science of Sociolgy*, New Haven : Yale University Press, 1927.

46. Tolman, E.C., *Purposive Behavior in Animals and Men*, New York : Century, 1932.

47. Wolff, Janet, *Hermeneutic Philosophy and the Sociology of Art*, By London : Routledge & Kegan Paul, 1975.

48. 黄圣哲:《美的物质性——论阿多诺的艺术作品理论》,《师大学报》2002年第47卷第1期，第1—10页。

本文载于《美术研究》2006年第2期

于长江，2000年毕业于北京大学社会学系，获博士学位。北京大学社会学系副教授，北京大学深圳研究生院人文学院副院长。

青海乐都瞿昙寺宝光殿与隆国殿壁画内容辨识

谢继胜　廖　旸

瞿昙寺各殿众多的藏汉风格壁画是中国美术史上明永乐至宣德之际壁画艺术的重要遗存，正在引起美术史界的高度关注，以往的研究多为考古工作者的简括描写[1]，由于缺乏佛教造像学及藏汉美术史的背景知识，至今对壁画的内容准确的描述和辨识，对壁画表现的艺术风格及其在中国美术史上的地位更少有涉及。本文作者于2001年至2005年4次前往瞿昙寺进行调查，对各殿壁画依照图像实际位置进行现场描述与记录。现将宝光殿与隆国殿壁画内容辨识与研究成果公布如下，此后将陆续刊布所有的研究结果。[2]

一、宝光殿

宝光殿为瞿昙寺中院，明成祖永乐十六年（1418）正月二十二日瞿昙寺“皇帝敕谕碑”云：兹者灌顶净觉弘济大国师班丹藏卜于西宁迦伴虎蓝满都尔都地面起盖佛寺，特赐名曰“宝光”。可见宝光殿约建成于敕谕之时，亦即永乐十六年（1418）正月二十二日。同年三月初一的“御制金佛像碑”还提道“朕……发欢喜心，铸金为佛像……持以布施灌顶净觉弘济大国师班丹藏卜，归于西土”[3]。不过宝光殿的营建则似与皇室无关，在建筑形制和特征方面，与瞿昙殿也有很多相似之处。[4]殿内石雕陈设，上有汉、梵、藏“大明永乐年施”铭刻。

宝光殿右壁Ⅰ—Ⅴ、左壁Ⅸ—ⅩⅢ共表现十身菩萨装形象，与瞿昙殿同位置的壁画类似。相邻画面交界处上部多插绘上师像，有的平头，有的戴黑色或黄色噶玛噶举派帽子。有的着红色僧祇支，外裹白色袈裟。正壁描绘三世佛。

1. 上师像：平头。内着袒右交领田相衣，外披红色大衣。结金刚跏趺坐于仰覆莲座上，双手作转法轮印并各拈一茎莲花，花台上未见标识。身后头光、身光相交处绘火焰宝珠和带结。

2. 马头金刚像：红色身相，三目，蓬发上扬，发顶露出一个绿色小马头，戴五骷髅冠。左展势踏覆莲，右臂上扬挥杖、杖头装饰莲花，左手当胸作期克印并握羂索（梵 tarjanī –pāa mudrā ）。

3. 宝帐怙主（梵 Panjarnatha，藏 Gur gyi mgon po）：双腿微屈踏仰覆莲座，双手当胸持金刚钺刀搅血钵，肘臂托红杖。头顶金翅鸟与黑鸦翻飞，犬狼奔逐。

Ⅰ.宝生佛化身：主尊身色肉红，三面三目六臂，左面青，右面白。二主臂结定印，其余上左手举金刚杵，下左手当胸作拈花印；上右臂握摩尼宝及羂索，下右臂竖持金刚剑。莲座中有如意宝标志。画面左右上角各绘上师像一身，其中右上角者内着白色僧祇支，外披红色袈裟。

Ⅱ.阿閦佛化身：主尊身青黑色，三面三目八臂，左面红，右面白。二主臂之中，左手于跏上托金刚铃，右手当胸托金刚杵。其余上左臂执羂索，中左臂当胸作拈花状，下左臂持弓；上右臂斜挥金刚剑，中右臂持金刚钩，下右臂握箭。宝座中两头白象相背而卧，三昧耶形为金刚杵。

Ⅲ.文殊金刚：主尊黄色身相，三面三目，左面白，右面青，五叶宝冠中有梵文字 oṁ。六臂，左一拈青茎白莲花，左二持弓，左三当胸持梵箧；右一挥剑，右二握箭，右三作与愿印。对狮座，座中三昧耶形为法轮。与瞿昙殿同位置的壁画Ⅲ类似；所不同者，瞿昙殿壁画上左臂只是作拈花姿势而已，宝光殿则表现出了花朵。

Ⅳ.法金刚像[5]：主尊身色白，三面、三目、六臂，左面红、作喜悦相，右面青。五叶宝冠当中似嵌有碧色宝珠。主左手结定印并捧花茎，茎梢绽放的花朵红蕊蓝瓣，主右手当胸作抚花瓣状。其余上左手当胸、同样轻抚花头，下左手执净瓶；上右手执绕成“8”字的数珠，下右臂握金刚杵。对孔雀座，左回首振翅，右悠然举步；座中有红莲花标志。

Ⅴ.不空成就佛化身：主尊身色红，三面、三目、六臂，左面白色，右面青色，宝冠中有墨书梵文 oṁ 字。左右主臂结法界定印，其余上左手当胸作拈花状，下左手持金刚钩；上右手斜挥金刚剑，下右臂作期克印并握金刚杵。人面蛇身鸟翅紧那罗座，座中有剑莲标志。该画面宽330厘米，高度不详；距离地面75厘米。

Ⅵ.三世佛之迦叶佛（梵 Ka'syapa，藏 Sangs rgyas vod srung）[6]：胁侍右手下垂，持红莲花，莲花上有摩尼宝。画面上方有红帽噶玛巴上师像，内着红色僧祇支，外裹白色披风，左手下垂，执莲花茎，右手上扬当胸执莲花茎，左手莲花上有宝瓶，双脚脚踵相交为“一”字形。迦叶佛左侧上方有戴黑帽上师像，着白色僧祇支和红色披风。

Ⅶ.主尊释迦牟尼佛：着汉装裙、袒右田相袈裟，右手下垂作触地印，左手结禅定印。右侧胁侍弟子为阿难，左手托钵，右手执锡杖，被袒右袈裟；左侧为摩诃迦叶，装束与阿难相同。阿难之上有金刚持佛（梵 Vajradhara，藏 rDo rje vchang）像，身青色，作菩萨庄严，双手交持金刚铃和金刚杵，结跏趺坐。摩诃迦叶之上有一佛像，身青黑色，着红袈裟，右手于右膝处触地并持金刚杵，左手结定印托钵。

Ⅷ.弥勒佛：发间有宝珠，双手当胸作转法轮印。左胁侍身白色，两手当胸各持一莲花茎，左侧莲花上有梵箧，右侧莲花上有宝剑，当为文殊菩萨。右胁侍菩萨身青色，戴五叶宝冠，右手下垂，拈莲花茎，左手当胸拈莲花茎，右侧莲花上右直立金刚杵，当为金刚手菩萨。画面右上方角有上师像：黄色披风，红色僧祇支，双手交持铃杵。Ⅵ、Ⅶ和Ⅷ三个画面表现过去、现在、未来三世佛。两侧的佛陀由菩萨随侍，胁侍菩萨正面站立，双足分开呈“一”字形；中央的释迦牟尼由弟子随侍，弟子侧身朝向主尊站立，双足前后平行。

Ⅸ.不空成就佛化身：身浅绿色，三面三目六臂，左面红白色，右面青白。二主臂之中，伸右手作施无畏印，抬左手当胸作期克印。其余诸臂，上左手拈短茎莲花，下左手持弓；上右臂举金刚杵，下右手握箭。须弥座上绘紧那罗，台布中有青莲花。画面右上方有寸头西藏僧人像，穿着红色僧祇支与白色披风，双手结转法轮印。左上方亦有寸头西藏僧人像，穿着白色僧祇支与红色披风，跏趺坐。

Ⅹ.观音：红色身相，三面、三目、六臂，左面白，右面青。主左手当胸捧青莲花头，主右手侧伸作施无畏印；其余上左手执绕作“8”字形的数珠，下左手持弓；上右手握金刚杵，下右手握箭。右侧上方有着红色披风，黄色僧祇支，双手转法轮印的上师，莲花座，红色背光，龛上方有金翅鸟头。

Ⅺ.文殊金刚：黄色身相，三面三目六臂，左面白，右面青。二主臂当胸作转法轮印并各拈花茎一枝，花台齐肩，左置梵箧、右竖利剑。其余上左手拈短茎白莲花，下左手持弓；上右手握箭，下右手作与愿印。须弥座上有剑和对狮。画面右侧上方有上师像，寸头，发髻凹进，红色披风，黄色袈裟，红色僧祇支，双手作转法轮印。左侧上方亦绘上师形象，黄披风，黄袈裟，红僧祇支，双手作转法轮印。

Ⅻ.阿閦佛化身：青黑身相，三面三目六臂，左面白，右面青。主臂之中，左手当胸作期克印，右手伸出作施无畏印。其余上左手握缠结的羂索，下左手持弓；上右手把金刚杵，下右臂握箭。须弥座上有金刚杵和对象。画面左侧上方有上师像，半侧面朝向主尊、略俯，穿着黄色红边僧祇支与红色披风，双手结转法轮印。

XIII.宝生佛化身：此铺壁画左右两侧因雨水淋漓渗漉而受到较大破坏，下部则遭刮擦磨损。主尊身色黄，三面三目，左面白，右面青。八臂，左一擎莲花，左二拈数珠，左三持弓，左四（主臂）当胸作期克印并执羂索；右一因水渍而不清[7]，右二握金刚杵，右三握箭，右四（主臂）作施无畏印。须弥座上有火焰摩尼宝珠和对马。画面右侧上方有上师像，头半侧面朝向主尊、略俯，黄色袈裟，红色僧祇支，双手结转法轮印。左侧上方亦绘上师像，半侧面朝向主尊、略俯，红披风，黄僧祇支，双手结转法轮印。

4.上师像。

5.不动金刚像（梵 Acala，藏 Mi g.yo ba）：不动金刚与马头金刚相对，正是藏传佛教殿堂中常见的殿门两侧护法神的配置。左手当胸作表示威吓的期克印并握羂索，右手高举金刚利剑，左肩绕右胁披一条昂首吐信的蛇作为神线（梵 upavīta），一如其他忿怒相神那般可畏。

6.四臂大黑天像：身黑色，一面三目四臂，坐于人身。头戴五骷髅冠，主左手当胸捧血钵，主右手当胸执魔心，另外的左手握天杖，右臂竖举金刚剑。火焰背光中可见金翅鸟与乌鸦、黑狼等信使。

平綦顶，全书写梵文经咒。拱眼壁分二栏画佛像，前壁下层拱眼壁木板上绘空行母等低级女神，应当表现坛城中做种种供养（香、花、乐、舞等）的神灵。殿内走马板上绘木板画，表现有四供养天女——鲜花女（梵 Puṣpā，身白色，司东方）、焚香女（梵 Dhupā，青色，南方）、灯明女（梵 Dīpā，黄色，西方）和涂香女（梵 Gandhā，红色，北方）[8]；四舞蹈天女——游戏女（梵 Lāsyā，藏 sGeg mo ma）、持鬘女（梵 Mālā/Mālyā，藏 vPhren ba ma）、歌呗女（梵 Gitā，藏 Glu ma）、妙舞女（梵 Nṛtyā，藏 Gar ma）；四音乐天女——长笛女（梵 Vam’sā，藏 Gling bu ma）、琵琶女（梵 Vīnā，藏 Pi wang ma）等，以及吹筚篥的天女。

和瞿昙殿一样，宝光殿外也建有副阶明廊，但后世不曾另筑厚墙将之封闭为暗廊。殿外壁在左、右、后三面分栏、分格表现。[9]大部为后来绘制新壁画预留的白灰面所覆盖，白灰剥落后，当时为敷白灰层而将原壁面凿糙的迹象清晰可见。由此推想，瞿昙殿建暗廊与宝光殿用白灰覆盖有壁画的外墙意图有些相近，似乎都是想让外墙壁画不为人所知或不易为人所知。至今隆国殿内很多富于藏传佛教特色的本尊画像（尤其是双身像）用红色布帘遮掩（两者性质不同）。另外，在外墙绘制壁画的情况虽然不太常见，但在青海还有其他例子。

宝光殿前木檐有建筑彩画一列。藏密经典记载的“护门十忿怒王”在这里出现了，亦即四方、四维以及上下两个方向的护神（梵 dikpālas），他们包括：司东方的阎摩使终极（梵 Yamāntaka，藏 gShin rje mthar byed）；司南方的智慧使终极（梵 Prajāntaka，藏 Shes rab mthar byed）；司西方的莲花使终极（梵 Padmāntaka，藏 Padma mthar byed）；司北方的金刚除障明王（梵 Vighnāntaka，藏 bGegs mthar byed）；司东南的欲帝明王（梵 Ṭakkirāja，藏 vDod pavi rgyal po）；司西南的蓝杖明王（梵 Nīladaṇḍa，藏 dByug sngon can）；司西北的大力明王（梵 Mahābala，藏 sTobs po che）；司东北的不动明王（梵 Acala，藏 Mi g.yo pa）；司上方的顶髻转轮明王（梵 Uṣṇīṣacakravartī，藏 gTsug tor vkhor los vgyur ba）；司下方的妙言王（梵 Sumbharāja，藏 gNod mdzes rgyal po）。

1. 金刚萨埵（？）像：菩萨装，右手当胸，左手置膝上并持金刚铃，半跏趺坐。

2. 金刚手：身色褐灰。左手当胸作期克印，右手高举金刚杵。此处护法神形象皆着虎皮裙，下同。

3. 药师佛像：身色白灰，着红色袈裟。左手作禅定印并托钵，右手下伸、指间拈诃子。

4. 身色白灰。左手作期克印，右手执如意宝。

5. 身色白。右手持矛，左手期克印。

6. 莲花使终极。卫护西方之忿怒神。身色红，三目，右手握如意宝，左手作期克印。

7. 身色白，三目。左手期克印，右手上举天杖。

8. 十相自在图（藏 rNam bcu dbang ldan）。

9. 似不动金刚。三目。左手作期克印，右手挥剑。

10. 褐色身相，三目。举双手当胸，似均作期克印。

11. 金刚手：身相褐色，红发，三目。左手作期克印，右手执金刚杵。

12. 身褐色，三目。左手作期克印，右手持矛。

13. 释迦牟尼佛：现为白色。结禅定印并托钵。

14. 不动金刚：现为白色。左手作期克印，右手挥剑。

15. 宝藏神：现为褐色身相，一面三目。左手捉吐宝鼠鼬，右手托钵。

二、隆国殿

最初隆国殿称为“后殿”，是明宣宗下令建造的，“惟国家宝祚之重，用隆本支于蕃盛；惟海宇生民之众，用保太平于悠久”，祈愿“佛暨我国家永永同寿”，隆国即其谓。[10]在瞿昙寺主要的三座殿堂中，只有隆国殿的营建可以明确认为有朝廷色彩，而其规模最大（面阔七间），等级也最高（重檐庑殿顶），有“小故宫”之称，应该是和背景的不同有关；结构与装修都采用了当时官式建筑的程序手法，很可能有京城的工匠参与设计。[11]背刻“大明宣德二年（1427）二月初九日御用监太监孟继、尚义、陈亨、袁琦建立”的皇帝万万岁牌位（供奉于隆国殿内），也证明隆国殿与京城之间有更紧密的关系。

袁琦或即宣德六年（1431）十二月，因贪暴而遭磔死之中官。[12]御用监是明代的十二监之一，负责为皇室置办各种用具物品，如制作佛像等事务即由御用监下辖佛作负责。御用监奉命或私人筹建佛寺的不乏其例。明宪宗成化年间（1465—1487），曾派御用监扩建四川新津九莲山观音寺[13]，于孝宗弘治三年（1490）完工。北京法海寺建造于正统四年至八年（1439—1443），是由明英宗宠宦御用监太监李童集资，工部营缮所修建，更由宫廷画士官宛福清、王恕与多名画士绘制了精美的壁画。

Ⅰ. 双身红阎摩敌像（梵 Raktayamāri naddhayuga，藏 gShin rje gshed dmar yab yum）：阎摩敌右臂在头后挥杖，左臂当胸捧血钵并拥明妃 Bhagavatī。双足踏牛，牛背上还俯卧一名身色青黑的男子形象——这就是印度教中的死神阎摩的形象，这种形象很好地说明了阎摩敌或者降阎摩尊征服死神的功能。

其余画面为火焰背光和须弥宝座所占据，顶端浮现祥云，左右角各绘一小像，小像具火焰背光和莲座，下列画面亦同。此幅左上角绘双身黑阎摩敌小像，青黑身相，亦踏牛；右上角表现同一题材。

Ⅱ. 双身上乐金刚萨埵（梵 Vajrasattva-sambara naddhayuga，藏 bDe mchog rdor sems yab yum）像[14]：明王身白色，三面三目，左面红、右面青黑，头戴五骷髅冠，中间一叶顶饰羯摩杵。二主臂当胸交持金刚杵和金刚铃（又称金刚吽迦罗印，梵 vajrahūmkāra mudrā）并拥明妃，其余上左手高举血钵，下左手执缚结羂索；上右手挥剑，下右手握金刚钩。瞿昙殿等壁画中的钩一端为金刚头，另一端为简单的弯钩，而这里的钩是所谓的“象棒”（梵 ȧnkusa，藏 lcags kyu），即顶端分三枝，两枝为金刚头，一旁枝为状若象鼻的弯钩。明妃身色略带浅红，三目，除主面外另可见左边的红面，亦戴五骷髅冠，六臂，二主臂拥男尊脖颈，其余上左手拎人头，下左手握金刚索，上右手挥剑，下右手握钩。属无上瑜伽续母续。

画面右上角是金刚亥母（梵 Vajra-vārāhī，藏 rDo rje phag mo）或金刚空行母（梵 Vajraḍākinī，藏 rDo rje mkhav vkhro ma），身红色，一手挥金刚钺刀，一手拄两端为骷髅头的天杖。左上角为身色青黑的忿怒神像，展左站立。

Ⅲ.双身文殊金刚像（梵 Ma'sjuvajra naddhayuga）[15]：坐姿，宝座中绘对象。明王身黄色，三面三目，左面白、右面青，头戴五叶宝冠，六臂，二主臂当胸交持铃杵并拥明妃，其余上左手擎青莲花、花台上横置梵箧，下左手持弓，上右手挥剑，下右手握箭。明妃身色相近，可见左面白色，六臂，二主臂拥抱明王，其余上左手擎平放着梵箧的青莲花，下左手持弓，上右手挥剑，下右手握剑。

画面右上角绘双身像，明王红色身相，展左站立；明妃身白色。左上角绘左展势双身像，明王与明妃的身相皆粉色（一深一浅）、六臂，持物包括如意宝、法轮以及剑。

Ⅳ.双身密集金刚像（梵 Guhyasamāja naddhayuga，藏 dSang vdus yab yum）：坐姿，对狮座。明王身青色，三面，右面白、左面红，六臂，二主臂当胸交持金刚铃和金刚杵并拥抱明妃，其余上左手握摩尼宝，下左手持剑，上右手持法轮，下右手拈莲花。明妃触金刚（梵 Spar'savajra）亦六臂。藏密有五大本尊（梵 Satyadevata，藏 Yi dam）即大威德金刚、上乐金刚、时轮金刚、密集金刚与喜金刚，在隆国殿内依次得到体现。

画面右上角绘双身像，明王身青色、六臂、立姿，所拥明妃身绿色。居中一面表法身，右面表报身，左面表化身。交臂怀抱着六臂智慧佛母，象征悲智双运。双尊皆戴五佛冠，身着天衣装饰珠璎宝珞。密集金刚（Guhyasamaja），藏名 gsang vdus，意为秘密的结合或秘密的集合体，在西藏备受格鲁派的推崇，亦称“密聚金刚”，属于无上瑜伽续的父续，据信藏密中的密集金刚可助人将五毒转化成五佛五智。该尊主要双手握持金刚铃杵，象征传承自东方金刚部的不动佛，同时也是黄教创始者宗喀巴的守护神。其造型同古代经典中所载的形象相差无几，记载于8世纪的《一切如来金刚三业秘密三昧大教王经》，属于西藏译入的第一批梵文经典。此铃杵还可以代表东方的金刚部，其他四臂手持象征中央佛部的法轮、南方宝部的摩尼宝、西方莲华部的莲华、北方业部的剑。

Ⅴ.独尊大威德金刚像（梵 Ekavīra-bhairava，藏 vJigs byed dpal gcig）：身青色，牛头、偏向其左肩，身缠龙、挂人头璎珞。足下踏鹅等鸟兽，以及八面、白身色的神，一面、青黑身色的神，等等。下方白色的边框中有一行不太醒目的藏文真言，意为“礼敬大怖畏”。他没有表现成双身像，而是所谓的独尊。

Ⅵ.542厘米 × 505厘米。本铺主尊肉髻顶饰宝严，五叶宝冠与圆形耳珰金光熠熠，镶嵌各色宝石，画面华美之极。佛着田相袈裟，偏袒右肩，胸部横束下裙形成折扇状的褶襞，左手结禅定印，举右手当胸作施无畏印，结跏趺坐于仰覆莲座。背光六拏具，环绕一周小坐佛，其外火焰光炽烈，图案精工富丽。宝座柱间绘两头绿鬃雪狮，座中台布上有宝剑标志。两侧菩萨恭谨端立，左胁侍肤色深暗，双手各执莲茎，肩头莲台上有宝剑、梵箧，为文殊无疑；右胁侍肤色明亮，左手所持花台上平置梵箧，但右手的青莲花上无标志物，一般说来应表现普贤菩萨。

画面顶端两角落中各绘一身红色人物，头戴宝冠，身着帔帛大裙，双手结禅定印，当为无量寿佛。座下彩云翻涌。

Ⅶ.释迦牟尼佛三尊像：主尊左手结定印，右手作触地印，对象座，座中有平放的金刚杵标志。二弟子戴耳珰，袈裟敷搭右肩。左胁侍摩诃迦叶所着袈裟多襞纹，褶襞间加以晕染，捧钵杖锡，右臂可见腕钏和臂钏。右胁侍阿难为藏僧容貌，着红地、蓝格田相袈裟与黄色下裙，左手当胸托钵，右手持锡杖。

画面右上角所绘形象身青色，菩萨装扮；左上角绘青色身相的坐佛像，左手结定印，右手垂下。

Ⅷ.主尊庄严与Ⅵ相同，腰际可见束裙之带。双手结转法轮印，座中有莲花标志。二胁菩萨肃立、拈莲茎。左胁侍肤色偏红，肩识为梵箧和净瓶，可能是地藏；右胁侍青黑身相，肩头的莲花上分别是金刚杵和金刚铃，当为金刚手菩萨。

画面顶端左右两角落中绘身红色、结禅定印并托钵、袒右着田相袈裟的佛像。Ⅵ、Ⅶ、Ⅷ三幅壁画合为三佛。此三佛像壁画风格类似四川新津观音寺毗卢殿明代壁画。壁下放置经柜，木柜门上保存有四臂黄般若佛母像（梵 Caturbhuja prajnāpāramitā，藏 Yum chen mo phyag bzhi ma），色彩淡雅。佛母身形窈窕，头戴五叶宝冠，二主臂当胸、似结转法轮印，其余一左手持梵箧，一右手握金刚杵。

Ⅸ.双身时轮金刚像（梵 Kalācakra naddhayuga，藏 Dus vkhor yab yum）。

画面右上角绘文殊像。身绿色，三面、六臂，左面红、右面白；二主臂当胸分持金刚钺刀和颅钵，其余上右手挥天杖，下右手执金刚杵，上左手挥剑，下左手执金刚铃。左上角之神像尊格不明，系青黑身相。

Ⅹ.双身持颅钵喜金刚像。

Ⅺ.双身上乐金刚（上乐金刚与金刚亥母）像：上乐金刚手提四面大梵天头颅。

Ⅻ.双身大幻金刚像（梵 Mahāmāyā naddhayuga）：全图542厘米 × 352厘米。[16]明王取右腿支撑的舞立姿，身青黑色，四面、四臂，左面绿、后面白、右面黄（褐）。主臂当胸交叉，分持三股戟和血钵；另二手则于身后张人皮，同时上左手持弓、上右手握箭。佩戴人头及骷髅头项链各一。明妃佛空行母（梵 Buddha-dākinī，藏 Sangs rgyas mkhav vgro）身红色，可见右面绿、后面白，四臂，上左手拥抱明王，下左手握弓；上右手高举三股戟，下右手平端颅钵。

画面左右上角似均绘双身像，青黑身相，男尊展左站立。

ⅩⅢ.四面八臂神像：结跏趺坐，对紧那罗座，座中有莲花标志。身黄白色，三目，左面青、后面红（在二维的壁画上交叠在左面之后）、右面白，戴五叶宝冠。二主臂当胸作转法轮印、各持青莲花茎（右肩莲台上似置金刚铃或金刚杵之类），其余上左手以獐鹿印（梵 harina mudrā）持弓、中左手握金刚杖、下左手作期克印；上右手握羂索、中右手执箭、下右手拿白法螺。从形貌、持物等元素看，接近无上瑜伽续母续描述的金刚度母（梵 Vajratārā，藏 rDo rje sgrol ma）[17]，唯没有明确的线索表明这是一尊佛母。

画面上左胁角落表现作明佛母，上右胁角落

表现白色宝帐怙主。

注释

[1]张驭寰、杜仙洲:《青海乐都瞿昙寺调查报告》,《文物》1964年第5期;谢佐:《瞿坛寺》,青海人民出版社1982年版;赵生琛:《青海乐都瞿坛寺文物调查记》,《文物与考古》1983年第4期;王进玉:《青海瞿昙寺壁画实测及其有关的问题》,《青海文物》1990年第4期(总第4期);赵增福:《瞿坛寺壁廊画中的佛教故事》,《青海文物》1992年第7期(总第7期),第144—148页;张君奇:《青海乐都瞿昙寺》,《青海文物要闻》1998年5月;张君奇:《青海乐都瞿坛寺》,《青海文物》1999年第11期(总第11期);青海省文化厅编:《瞿昙寺》,四川科学技术出版社、新疆科技卫生出版社2000年版。

[2]笔者数次调查瞿昙寺壁画的过程中,得到扎洛、黄维忠,以及瞿昙寺僧人索巴多杰(bZod pa rdo rje)等的大力协助,谨致谢忱。

[3]瞿昙寺旧藏有永乐年款的鎏金菩萨装立像,高145厘米,根据《瞿昙寺》第204页照片判断曾安置于护法殿内,现藏于青海省博物馆。

[4]见张剑波《瞿昙寺总体布局和单体形制》,《瞿昙寺》,第12页。

[5]Sādhanamālā, p.33; Machhandar Vahal, Kathmandu, Nepal. 转引自 B. Bhattacharyya: *The Indian Buddhist Iconography, mainly based on The Sādhanamālā and Cognate Tāntric Texts of Rituals*, Calcutta: Firma K. L. Mukhopadhyay, 1968 (repr.), pp.142-143, fig.120; Appendix p.396, fig.23(A)。

[6]也有以燃灯佛(梵 Dīpamkara,藏 Mar me mdzad)作为过去诸佛的代表,构成三世佛的。

[7]如果此幅壁画与瞿昙殿同位置的壁画XII类似,那么此臂当作与愿印。

[8]此据 NSP · Vajratārā Mandala, p.38。

[9]林瑞宾(Rob Linroth)博士认为宝光殿外壁绘画题材为八十四大成就者。

[10]明宣德二年(1427)二月初九日《御制瞿昙寺后殿碑》。

[11]参见王其亨、吴葱《瞿昙寺建筑的历史文脉》,《瞿昙寺》,第20—23页。

[12]参见《明史》卷九《本纪九·宣宗》、卷三百十四《列传第一百九十二·宦官一》。

[13]观音寺初建成于宋孝宗淳熙八年(1181),元末毁于兵火。明景泰中(1450—1456)僧人碧峰、福宾等发起重修,初具规模。寺中毗卢殿壁画有新津县太平乡绘壁信士"成化四年"(1468)的款题。

[14]参见《金刚鬘》第五"上乐拔喇萨鶵";逸见梅荣《新装中国喇嘛教美术大观》"诸尊身容表",东京美术1981年版,第24页。

[15]参见《新装中国喇嘛教美术大观》。

[16]《中国美术全集·绘画编13·寺观壁画》,文物出版社1988年版。

[17]参见 B. Bhattacharyya, *The Indian Buddhist Iconography*, pp.240-243, 308, figs.180-183; Antoinette K. Gordon: *The Iconography of Tibetan Lamaism*, New York: Columbia University Press, c1939, p.75;《金刚鬘》第三十五"金刚度母"。她是黄度母之一,能征服三界。

本文载于《美术研究》2006年第3期

谢继胜，1957年生，甘肃兰州人。2000年毕业于中央美术学院佛教美术专业，获博士学位。浙江大学汉藏佛教艺术研究中心主任、教授、博士生导师。

廖旸，1972年生，重庆綦江人。2001年毕业于中央美术学院美术史系，获博士学位。中国社会科学院民族学与人类学研究所研究员。

徐悲鸿形式语言的改良

华天雪

徐悲鸿的名言“古法之佳者守之，垂绝者继之，不佳者改之，未足者增之，西方画之可采入者融之”，指的是对“古法”的改良，“法”即画法，其意与今天说的“形式语言”大体相近。徐悲鸿的改良主张与实践，可以概括为写实方法与技巧，模仿徐氏说法就是“古法之近于写实者守之，远离写实者改之，西方画之写实法融之”。

徐悲鸿改良中国画形式语言的资源主要来自两方面：一是中国的“古典写实”传统，这是他改良的根基，是他心目中要“守之”的基本部分，其中，人物画、花鸟画是以重视形似格法的宋画为代表的勾勒填色画法，山水画则是像范宽《溪山行旅图》那样重视地域景物特点，对自然物象和远近空间有较为真实描绘的画法。二是欧洲的古典写实传统，其中主要是文艺复兴以来建立在科学的比例、解剖和透视基础上，能够描绘真实视觉幻象的写实描绘方法。改良的范畴，虽然在文章中只提到风景、人物画法而未提动物花鸟画法，但后来的实践，则包括了人物、动物花鸟、风景（山水）各方面，其着重点是人物和花鸟动物，而风景（山水）画的改良探索则较少。

学界一般把徐悲鸿对中国画形式语言的改良称作“中西融和”，但一个多世纪以来，出现过多种多样的“中西融和”，徐悲鸿属于哪一种呢？郎绍君曾用“中体西用”或“以西润中”来概括徐氏的“中西融合”，以区别某些画家如林风眠式的“西体中用”。但“中体西用”“以西润中”也是多种多样的，具体属于徐悲鸿的特点到底是什么呢？即徐悲鸿形式改良的具体内容和特点是什么？其改良过程如何？这些改良提供了哪些历史经验与教训？如何从中国画史和中国画发展的角度对这些改良进行评估？……这些，都还需要我们作更为具体的探讨。

一、对传统笔墨的选择与改造

尽管徐悲鸿一生致力于中国画的改良，也始终坚持以中国画的工具材料和形式语言作画，但“徐悲鸿的笔墨”这一话题却从未有人专门谈过，即人们从未把它当作一个确实存在的问题，不认为徐悲鸿与笔墨之间有太多关联。

造成这种局面的客观原因主要有两个：第一，自20世纪30年代初徐悲鸿被画坛所瞩目，一流的写实能力就遮掩了人们对其笔墨的关注，对其中国画的评论，也多从融合中西画法和写实的角度而非笔墨的角度讨论。第二，徐悲鸿自己很少谈笔墨，尤少正面谈笔墨。在他六十余万字的文集中，提到“笔墨”二字仅八处，不仅极其简短，而且基本持否定态度。他还对以董其昌、“四王”为代表的近三百年重视笔墨的文人画大加挞伐。另外，在他一生评论过的百余名历代画家中，也一概不谈他们的笔墨如何，而只是用“高妙奇美”“作法巧妙”“真体内充”“妙造自然”一类概念去评说。

但我们也必须看到，对于笔墨，徐悲鸿在言论上否定多于肯定，在具体实践上则是肯定多于否定。这是因为他的言论是围绕“改良中国画”这一战略目标而发的，他强调的是“变”而不是“守”，是“新”而不是“旧”，是“造型”而不是“笔墨”，因此，其议论往往十分偏激。但在实践中对笔墨的把握决不像其言论那样简单和绝对，他并没有放弃笔墨，而是有选择地研究、运用和改造笔墨，努力把严格的造型与生动的笔墨结合起来。

徐悲鸿中国画的基本语言无疑是笔墨。他坚持了笔墨方式：第一，他始终用中国画的材料工具；第二，他始终坚持用传统勾、染、泼墨或没骨为主的方法作画；第三，他也始终在画面上坚持诗（或题跋）书画印一体的方式。总之，对于徐悲鸿来说，不存在要不要笔墨，而只存在要什么样的笔墨，以及其形态与质量如何的问题。概括地说，徐悲鸿对笔墨的继承和运用，主要表现在两个方面，一是勾勒法，二是没骨法。他对笔墨的改良，也主要体现在这两个方面。

徐氏人物画，无论白描、工笔还是工写结合的作品，多数用勾染法。其勾法主要用来自传统程式的铁线描，有时也用兰叶描和折芦描。他也有粗笔写意，但没有齐白石式的大写意人物，即便以极为粗壮的笔线画出的《钟馗》，其面部刻画也具有工细的特点。这是徐氏的一个突出的特点。可以看出，他主要继承了强调以形写神、以线造型的人物画传统，远师唐宋，近师任伯年，并能自成一格，没有独创，也没有模拟和依傍。

徐氏花鸟动物画，几乎没有像宋代院画那样的工笔，绝大多数属于工写结合的一类，即严谨的形似和程式化笔墨方法的结合。如果梅花的枝干是粗笔写意，花朵就相对工整；如果鸡是工整的，下面的坡石就相对粗放；如果鸟是写意的，它所站立的枝干和叶子就会相对工整，如此等等。这体现着他的写实追求，又使他的笔墨富于灵动性和生机勃勃的特征。与徐氏人物画、风景画相比，其花鸟动物画的笔墨相对丰富。但这是基于对象形色质感的丰富而形成的丰富，而不是基于笔墨的独立性和自身的变化而形成的丰富。大片的墨韵从不脱离造型，墨色在很大程度上作为色彩使用。这与传统写意花鸟画的笔墨表现有明显的距离。但徐的笔墨具有很高的和谐性、统一性，有高明的虚实浓淡处理，讲究墨韵，从整体上说，几乎找不到西画的痕迹。

徐氏花鸟动物画多湿笔，少渴笔与焦墨，温润浑融，极少枯涩。他画树干，先干皴后湿勾；画树叶，在勾勒轮廓后很快注入含水量大的透明色，让墨线约略渗入色中，形成淡而润、充满水分的效果；画面背景甚至形象本身的处理常常吸收水彩画的方法，也加强了这种温润浑融的特性。他不特别追求笔力，而更注重追求色调的和谐与充足的水分，所以在风格上极少剑拔弩张或顿挫沉郁。与此相关的另一特点，是徐氏笔线比较含蓄，不浮滑也不刻露，但画风并不因此而纤弱。

总的来说，他的用笔是多变而且和谐统一的。所谓“多变”就是笔线随物象的形质而变化，如肌肉与衣服的形质不同，古代衣服与现代衣服不同，钟馗与仕女的形质不同，松树与柏树的形质不同，柳枝与梅枝的形质不同，马、牛、狮、猫的形质不同……因为对象本身的形质不同，笔墨就要有所变化。这是强调科学性、写实性的徐悲鸿所特别注重的。当然，他也借鉴古人的笔墨和相应的笔墨程式，如古装衣纹等，而画马、狮、猫、柏树等，则多是从写生观察中总结、创造的新的笔墨程式。但所有这些借鉴与创造的笔墨程式，都强调与物象形质相契合，强调它与对象造型、质量感的相对统一，而不特别突出笔墨本身的独立风格与表现性，这是徐悲鸿在笔墨要求与处理上的最大特点之一，也是其笔墨与明清近代写意画笔墨的主要区别之处。

把没骨与勾勒结合起来，是徐悲鸿常用的画法之一。最典型的是他的马，就主要是用水墨没骨法和大笔泼写、勾泼结合的大写意笔法。在马的轮廓、口鼻、关节等关系到结构的部位，都一丝不苟，把得很紧，使用笔与造型重合为一，虽然也喜用湿笔，但并不影响结构与形质的准确塑造。一方面是高度形似的，另一方面是笔墨酣畅奔放、充满气势和力量的，创造了能够用笔墨精练而熟练地塑造形象、表达情感的画马的勾泼程式。

另外，徐悲鸿熟悉书法，深知笔墨的自由与随机性的重要。因此，为了减弱形似对笔墨发挥所造成的约束，他尽可能地在形似的前提下求得有限的自由与随机性，形成了其作品结构紧、笔墨松的特点，这在其花鸟动物画中表现得最为突出。“笔墨松”体现于用笔和用墨两个方面，譬如，画树枝上的喜鹊，喜鹊高度形似，在结构上紧而又紧，但画喜鹊与树枝的笔线却是自如的、举重若轻的，绝不板结僵硬，加上婀娜多姿的细枝条，真是松而又松。应该说，这与徐悲鸿的书法功底有很大的关系，他的字无论大小，都写得松弛自然，虽然是写碑的功夫，但从不故作姿态，没有生硬的曲折顿挫，虽然没有康有为的力度，但用笔更松，也更有画意。除了少数偏工的人物画如《国殇》《孔子讲学》等之外，其写意人物、花鸟动物和风景，都可以用“结构紧，用笔松”来概括。其用墨之“松”，既表现在已谈到的用墨湿这一点上，也表现在多泼墨、多一次性画足这一点上。因为相对而言，渴墨、焦墨易紧，积墨也易紧，而含水多的墨、淡墨、一次性泼成的墨易松。当然，用墨松也源于用笔松，二者是互为因果的。

徐氏的山水画以及对传统山水画的看法值得特别重视，它对认识徐悲鸿的笔墨观念和笔墨实践，具有关键性。早在《中国画改良之方法》中，他就曾特别标出“风景画之改良”一节，透露出要用外来风景画改良传统山水画的意思。事实上他也正是用风景画来衡量山水画的，衡量的结果，几乎全是否定和批评，如说山水画描绘天空“最逊欧画”，画树“均不能确定指为何树”，“地最不厚”，不分远近，没有透视，不写影，等等，通篇没有谈到山水画的笔墨。这个基本立场贯穿其一生，在1950年他甚至说：“中国一切艺术之不振，山水害之，无可疑者。言之无物，谓之废话，画之无物，岂非糟糕。”这里说的“画之无物”，是指元明清山水画不重描绘，只重笔墨的倾向。可以说，他对自元代以降的山水画日益强调的笔墨语言的独立性与丰富性、笔墨意趣的内在品质以及与人品操守的高度一致性，不理解也不认可，而只是从造型手段与功能的角度看待笔墨价值，能描绘真实造型的笔墨是好的，否则就不可取。他的这种态度和理解必然地反映在他的风景画实践和笔墨实践中。

徐悲鸿的山水画，严格说来应该是流行于20世纪中国的、以中国画的工具材料、中西融合的观念与画法创作的彩墨风景画。缺少传统笔墨以及相应的笔墨审美要求，更近于水彩画，与表现丰富形态与细腻感受的传统山水画笔墨不能同日而语，严格说来谈不上是对山水画的改良。

徐悲鸿的艺术人生并不长，他在人物画、花鸟动物画改良方面已经用了极大的精力，做出了杰出的贡献。他没有深涉山水画，不屑于也没有在笔墨上下功夫，甚至没有真正弄懂中国山水画和笔墨，都是可以理解的。但他偏偏对山水画发表了一系列偏激而武断的批评，暴露了他对山水画和笔墨的无知。这让我们再次认识到，徐悲鸿是一个活生生的、真实的人，我们对他不能求全责备。我们虽然无法把真实的徐悲鸿完全还原，但要尽可能真实地去描述他，不能把他塑造成一个虚假的“完美”偶像，要给予“同情的理解”。

二、把素描融入笔墨

徐悲鸿一再说，素描是包括中国画在内的一切造型艺术的基础，他制定的中国画教学大纲，也把学习素描放在首位。但在他的中国画作品中，却没有明显的素描画法——不是说他抛弃了素描，而是把素描融入笔墨、转换成笔墨——徐悲鸿式的笔墨。这种融入与转换，在不同题材的作品中有不尽相同的表现。一些白描和古今人物画如《黄震之像》《巴人汲水》《钟馗》《大士像》《孔子讲学》《张采芹像》《国殇》《落花人独立》等，没有光影，完全用线造型，已经看不出光影素描的痕迹；一些作品如《李印泉像》《印度妇人像》《泰戈尔像》《愚公移山》等，以线为主，但面部或肌肉略以光影显示体积，多少还可以看出光影素描的痕迹。动物画中的猫完全是用笔墨刻画的，但其他如狮、牛、马、禽鸟等虽也以笔墨语言为主，但常常略用光影以显示体积与分量感，或适当用光暗强化局部的真实感，如飞鹰的翅、秃鹫的喙和脖子、喜鹊的肚子等。但总的来说，这些素描因素是辅助性的，若隐若现的，并不妨碍作品整体上的笔墨形式。

把光影、解剖、比例、透视等科学性写实的素描因素融入笔墨，并不是徐悲鸿创造的，至少从曾鲸、沈南苹到任伯年等，一直有这样的探索，但徐悲鸿却是对此做出了最卓越、最富成果之探索，并对20世纪的写实人物画产生了巨大影响的艺术家。

把素描融入笔墨，何以主要影响人物画，而对山水花鸟画影响不大呢？一个主要原因，是传统人物画自宋以降日渐衰微，在笔墨上也没有大的发展，可继承的东西不多，可直接用于现代人物画的更少。山水、花鸟画在元以后则有很大的发展，特别是在笔墨形式方面，可以说流派纷呈，名家辈出，高度繁荣，可直接继承的东西相对多。另外，人物画对写实技巧的要求较高，笔墨自由发挥的余地小，山水、花鸟画对写实技巧的要求相对低，笔墨自由发挥的余地大。50年代以来，主流意识形态提倡新人物画，徐悲鸿及其学派受到空前的重视，在客观上形成了对“把素描融入笔墨”这一形式语言改良的巨大支持。

把素描融入笔墨的改良，是中西文化交汇的必然产物，不是哪一个人所独造、所能左右的。在近百年融入外来绘画语言的链条上，徐悲鸿扮演了重要的但远不是唯一的角色，如果没有徐悲鸿，这个角色也会由另外的艺术家来担任。因此，这种融入的成就、影响、问题和不足，首先是时代性的，而不是某一个艺术家的。一些论者在谈及20世纪中国画借鉴写实主义问题时，往往把功过和问题都归之于徐悲鸿一人，是很不恰当的。

把素描融入笔墨的探索是因人而异的，徐悲鸿的特点可以用笔墨服从于造型要求来概括。它表现在三个方面：一是笔墨服从于物象轮廓与形质的要求，典型例子如以浓淡墨描绘竹干的形质，而放弃了传统的笔墨方法；二是笔墨服从于物象结构的要求，如画人物的笔线都与人的筋骨结构相一致；三是笔墨与空间结构（透视）相统一，如用笔用墨要与物象近大远小、近实远虚的空间形态相一致。也就是说，徐氏的笔墨要与形似相统一，而与传统绘画尤其是明清文人画的笔墨可以适当脱离形似（“不似之似”“离形得似”）的原则不同。前者为了造型而不惜弱化笔墨，将笔墨只是作为写实再现的工具；后者为了笔墨而不惜弱化造型，认为笔墨不仅是工具，还具有表现情感、趣味一类艺术本体的意义。这是徐悲鸿（以及现代写实性中国画）与传统绘画特别是文人画的一个重要区别。

形似与笔墨的高度统一，必须是笔墨在充分发挥造型作用、表现高度形似的同时，还能充分发挥笔墨的力感和韵味。典型者如齐白石画虾和小鸡，即在形似的同时，还有用笔的力度、书写性和墨韵的变化。徐悲鸿没有也不追求齐白石那样的功夫。我们常感到他的中国画缺乏传统绘画所特有的那种韵味，与此有极大关系。

把素描融入笔墨，大多有一个从素描转变为笔墨的过程。这一点，我们从徐悲鸿纪念馆所藏大量素描稿，如《愚公移山》《泰戈尔像》的素描稿，画马、牛、狮的素描稿，以及一些风景素描稿中，可以清楚地看出来。笔者所见《泰戈尔像》的写生素描稿至少有5幅，其中一幅与中国画《泰戈尔像》的面部刻画的角度、表情几乎完全一样，两者的区别仅在于有无光影，用铅笔还是用毛笔而已。也就是说，中国画《泰戈尔像》是从素描《泰戈尔像》变化而来的。素描是对着真人画的，中国画则是根据素描加工创作而成的。对于徐悲鸿来说，这个过程是十分必要的。如果没有写生素描的过程，中国画《泰戈尔像》就不会刻画得这样生动而有深度。《秦琼卖马》《霸王别姬》《画龙点睛》《国殇》《鲁迅与瞿秋白》《毛泽东在群众中》等未完成的主题画，都是素描稿。《愚公移山》是在印度创作的中国画，画中开山的裸体青壮年，都用素描画了模特儿。我们看到，这些素描人像被移到《愚公移山》画面上时，光影没有或被大大减弱了，除了那只大象用了明显的光影外，人物主要是用笔线塑造的。徐悲鸿并不缺乏用笔线写生画草稿的能力，他选择以素描的方式作画稿、画模特儿，一是出于他在留学时养成的习惯，二是为了深入把握对象的形质—动态中的解剖结构、动作与表情等。在这方面，素描要比速写和白描深入得多。《愚公移山》中的愚公和那个穿黑衣的邻居女人没有画模特儿，而是根据想象和传统程式画的，与画面中的其他人物相比，就显得概念和单薄，缺乏深度。相反，那些从模特儿素描转化而来的人物，就更具立体感，都肌肉发达，每个人的面貌与个性也都不同，并且充满生气和力量。事实上，徐悲鸿的古装人物画，包括《孔子讲学》《紫气东来》《天寒翠袖薄》《庄姬》等，和现代人物画如《巴人汲水》等，也都相对单薄与呆板，其原因是它们都没有画模特儿，没有从素描转化的过程。这些都表明，徐氏画人物，对素描模特儿和适当的光影法有相当的依赖性，如果完全取消了这一环节，或完全取消了光影法，而全用线描画，其形象刻画的深度就会大打折扣，甚至产生雷同。但融入素描光影法，又难免淡化中国画的特色。有时徐悲鸿采取一种兼容的方式，即一幅画中，有用光影造型的形象，也有完全用线造型的形象。典型者如《三牛图》(1940)，画面描绘了黑、白、灰三头牛，黑色与灰色牛都借助于光影刻画它的结构与体积，白色牛只用白描勾出其结构，这样的处理，对光影效果有所淡化。与此同时，画家又用笔法与飞白适当削弱了黑、灰二牛的光影，加上全以传统方法画草地、竹林，从整体上缓解了光影语言对笔墨语言的破坏。从这个例子中，可以看出徐悲鸿对素描融入笔墨的问题，是开动了脑筋，做了认真探索的。素描语言与笔墨语言的矛盾，不只反映在徐悲鸿的画上，也反映在整个这类写实人物画上。在徐悲鸿前后，大致有三条路可行：一是大面积移植光影法，如陶冷月的月光山水；二是沿着徐氏所开拓的道路继续进行融合的探索，如蒋兆和、李斛等；三是放弃光影法，回到传统笔墨造型，如新浙派的方增先、周昌谷等。就现代写实人物画而言，徐悲鸿方式的影响，至今仍是最大的，原因很简单——这种方法能够把人物刻画得更深入，更有力度。整个20世纪写实人物画的历史——从蒋兆和的《流民图》到周思聪的《人民和总理》，再到李伯安的《走出巴颜喀拉》，都证明了这一点。

三、使用模特儿和人体

徐悲鸿把画模特儿视为艺术的“务本”[1]之举，艺术盛衰之关键。在美术教育的基础教学中使用模特儿，李叔同、刘海粟、林风眠等都比徐悲鸿早，但在教学中推行与实践最力者，当属徐悲鸿。中国人画模特儿也并不始于徐悲鸿，但在中国画(主要是人物画)创作中使用模特儿，徐悲鸿是先驱者、身体力行者之一，并产生了有力的影响。中国传统的人物画(肖像画除外)没有使用模特儿的传统，都是根据观察记忆和相应的程式创作的。20世纪初的古装人物画还在继承、延续着这一传统，但现实题材的人物画开始从写生中寻找出路。20世纪30年代初进入画坛的黄少强、赵望云，都画简笔人物，或直接出自写生，或根据写生整理，但形象刻画都还比较粗糙和简单，远没有《九方皋》描绘得这样深入和具体，这一方面源于造型能力，另一方面也与没有使用模特儿有很大关系。20世纪30年代中期显露头角的蒋兆和，受了徐悲鸿的指导和影响，他的《流民图》使用了模特儿，人物形象刻画才会那么深入。

在人物画创作中使用模特儿，具有历史性的意义。中国的人物画自元以后走向衰败，最直接的原因就是只依靠前人程式和观察印象作画，不作真人写生，无法对人物进行深入的刻画。人的表情、动态的丰富性与生动性，人物内心世界的丰富性与生动性，是花鸟、山水所不能比拟的。画人物对技巧的要求也相对难于山水画和花鸟画。杰出的人物画家如陈老莲可以创造出自己的独特风格，但无法改变人物画因为脱离写生造成的衰败趋势。中国人物画的突破始于晚清的任伯年，但一个不可回避的事实是，他曾在上海土山湾学习过素描写生，画过较多的人物写生，在人物画造型能力上有很大突破。任氏之后对人物画有重大推进和影响的画家，首推徐悲鸿。他像任伯年一样，靠的不是多么高于常人的天赋（虽然他们都有很高的天赋），而主要靠的是从画模特儿得来的造型能力。20世纪下半叶中国的人物画获得了飞跃性的进展，首先应当归功于画模特儿这一手段的普遍使用。

徐悲鸿的人物画如《九方皋》《愚公移山》《船夫》和《泰戈尔像》《李印泉像》等肖像画，形象都刻画得比较丰富、深入、有个性，但另一些作品如《巴人汲水》《孔子讲学》《紫气东来》《钟馗》和一些仕女图等，却形象雷同、缺乏个性、很概念化。这是什么原因？我认为，是因为前者使用了真人模特儿，后者则是根据想象和程式画的。这种情况不限于徐悲鸿，其他人物画家如方人定、蒋兆和等也是如此。这一差距表明了人物画的特殊性和使用模特儿手段的重要性。

将人体作为形式语言纳入中国画创作，徐悲鸿大概是第一人。在《船夫》《愚公移山》《山鬼》等作品中，人体形式甚至占据了最重要的地位。这种借鉴西方艺术方式的做法十分大胆，它冲击了传统规范，冲击了旧礼法、旧习惯和旧趣味。那么，应该如何看待这种改良以及它所带来的问题呢？对徐悲鸿而言，画人体不受传统衣纹描法的约束与局限，可以获得形象刻画上的更大自由。同时，画人体比画着衣人物更能显示他的素描功夫和他的写实造型功底。而且，这些人体形象并没有直接移植西方的素描法，而是用中国的笔线造型，即将它们转化成了中国画形态。人体形式是西方的，画法是中国的，这就是改良。但徐悲鸿也并不是将这种改良用于一切人物画，像孔子、老子这样的圣贤，愚公、伯乐这样的智者，项羽、田横、秦琼这样的英雄，庄姬、红拂这样的侠女，以及文人、仕女等，都没有用人体形式处理。因为他知道，如果这些人物也用人体形式表现，中国的观众是一定无法接受的。这就是说，徐悲鸿使用人体形式，是经过认真思考与选择的。在《愚公移山》中，画家根据不同人物选择了着衣、半裸、全裸三种形式，愚公与送饭的年轻妇人着衣，两个年纪较大的挖山者半裸，四个年轻的挖山者和两个孩子全裸。《愚公移山》故事的主人公愚公，是作为坚忍不拔的中国人形象出现的，他是中华民族高尚道德和不屈意志的象征，以人体形式表现他，与传统习俗不合，也会模糊由其衣着显示出的民族身份特征。不过在画面上，最突出的人物不是愚公，而是他的子孙——那些正在用力挖山的壮汉们，他们显示和象征着力量。画家以裸体形式处理他们的形象，正便于突出对肌肉的刻画，突出蓄势待发的力感。如果都像愚公一样画成穿衣者，不仅难以突出这种力感，也容易出现画家所痛恨和害怕的程式化倾向。此外，故事出自上古传说，画面上描绘的又是劳动场面，把他们画成裸体比较合乎历史与情理。艾中信在《徐悲鸿研究》中曾介绍过徐悲鸿自己的说法："这样大的画，不作人物写生画不好。""不画裸体表现不出那股劲。""画人体的肌肉、筋骨的活力很有感人的效用，无论英雄豪杰或舟子农夫，都为靠着那几根骨头和肌肉的活动，方有饭可吃，有酒可饮，有生可用，有国可立。"[2]正是基于这样的认识，他在《船夫》中刻画两个俯身撑篙的船夫，也用了人体形式。其题跋写道："丙子重阳节近，放乎漓江，见一舟子壮健，为平生罕遇，真Helacles也！兹先成初试未定之幅，必将集精力写之。"事实上，船夫在夏天撑船都着衣很少，有时就是裸身操作。他们的力量和健美吸引和感动了像徐悲鸿这样习惯画人体的艺术家，是十分正常的。

徐悲鸿把人体形式纳入中国画，也受到了尖锐的批评。广东画家任真汉说："《愚公移山》题材极有意思，只是画中人物全身裸露，几个大人和小孩同样一丝不挂，有些形象很明显是从文艺复兴时期的米开朗琪罗壁画中借来的，连那些有包皮的生殖器也照借过来。试想中国人怎会有那样的裸体生活者呢？在欧洲那样见惯裸体的地方也要把米开朗琪罗的《最后审判图》加上遮羞布的，在素无此俗的中国，这样描画裸体，肯定是有问题的了。"任氏还认为把山鬼画成裸体与原著不符，等等。[3]这种中国"素无此俗"的观点，以及不能把山鬼画成裸体的意见，代表了相当一部分中国人的看法。但历史告诉我们，艺术与艺术形式可以跨出地域与习俗的界限，在一定程度上相互渗透和吸收。山鬼可以按照屈子的描述，画成"披薜荔兮带女萝"的样子，也可以像徐悲鸿这样画成骑豹的女人体（如果说徐氏的山鬼画得还不够好的话，是其形象过分写实，过于世俗而缺乏仙气，而不是人体形式本身）。经过百年来的传播，人体绘画或以人体为形式的绘画，在中国已经被广泛接受，徐悲鸿有选择地以人体为形式的做法，已被证明是可行的，其作为先行者的意义，也是不言自明的。

把人体形式纳入中国画的前提，是画人体的能力和功夫。徐悲鸿始终坚持画人体模特儿的主张，也始终身体力行地在教学上画人体模特儿，这对过分倚重前人程式的传统人物画教学方式与创作方式，是革命性的改造，这一改造大大提高了人物画家的造型能力，对现代人物画的发展产生了深远影响。

四、含有焦点透视的平面性结构

徐悲鸿的绘画空间，大抵是一种含有焦点透视（三维纵深表现）的平面性结构，即主要是平面性、二维性而非三维性的空间结构，基本坚持了传统中国画的空间结构模式。这与徐悲鸿坚持以笔墨为主、以光影为辅的造型态度是一致的。用"大抵""基本"这样的词汇，是因为还有个别或局部突出三维空间的情况，但这种情况不影响整体上以平面性为主的取向。这种含有焦点透视的平面性结构，在徐氏绘画中又有许多具体的变化，归纳起来，大致有如下几种形态。

（一）横卷式

这多表现在主题性人物画中，如《九方皋》《愚公移山》《船夫》《春山十骏图》《三牛图》《松鹤》《喜马拉雅山杉林》等。《九方皋》描绘了五个人和四匹马，画的中心是那匹黑马，黑马的两侧是九方皋和牵马人，再两侧是两匹凡马、看马人和两个对九方皋有所怀疑和蔑视的看客。整个画面是由中心向两侧平行展开的结构。不难看出，这种结构大抵是从古代横卷构图变化来的，具有传统平面结构的特点，但由中心向两侧辐射的构图则应是从立轴画或西方主题性绘画借鉴来的，即它既带有传统横卷画视点横向移动的特点，也包含着用焦点透视表现的纵深空间。这在人物、马匹和坡石树木的左右关系和远近关系中可以清楚地看出来。不过，这两种透视关系都被画家淡化，彼此和谐地融为一体。相距不到半步的九方皋与身后的看客之间，有差距明显的近大远小的透视关系，即是借鉴了传统绘画中，把主要人物画得更高大一些的常见手法，这种借鉴既出于突出主要人物的需要，也出于平面空间置阵布势的需要，并适当地弱化了透视感，巧妙地使两种空间处理方式变得更融洽。

《愚公移山》的空间结构更接近于视点平行移动的横卷。如果从右向左观看，首先见到的是垦壤者，接着是愚公、儿童、邻妇、挑土者。画面可分为两组，一组是正面或正侧面描绘的垦壤者，另一组是侧面或背面描绘的愚公、邻妇和挑土者。两组人物虽是依次横向展开的，实际上分为两排，即垦壤者在前，愚公等在后。这种纵深空间的描绘，也存在于《九方皋》中。不过，《愚公移山》的纵深描绘更突出——在两排主体人物的后面，还有更远一些的牛车、竹丛、平坡和丘陵，而这种空间纵深描绘，大致是用焦点透视的方法。事实上，第一排人物也有纵深描绘，位于画幅中心部位、一蹲一立两个垦壤者离观者最近，越往右者就越远些，这也是依据焦点透视的方法表现的。不过，所有这些纵深性的描绘，并不影响作品整体上的平面构成性，因为作为主体的人物群像是一个近于平面的结构，为了突出这个结构，画家加大了第二排人物如愚公、挑土者的身高，以使他们看上去与第一排人物位于同一个平面上。不论他是否有意如此，都反映了他对于平面与纵深这两种空间表现之间平衡性的追求。

《船夫》描绘了一只正在离岸的木船。画面的开端，如同《愚公移山》一样是紧张的劳动场面：两个强壮的船夫在全力俯身撑篙，他们身后的一个少年直立着，似正在用篙杆推岸。由于人都在船的一边用力，船面有些倾斜。前面船头上，有一个妇人侧面坐对舱口。作品也像《愚公移山》一样近镜头取景，最近者是纵穿画面的枫树枝叶，枝叶后面是横穿画面的船体，三个撑篙人一字排开地在船舷上作业。整个画面的人物结构，也是一种平面性的结构。

《春山十骏图》是以横卷形式展开的十匹骏马，从右至左可分为三组：第一组是两匹奔马，一正一侧，正向画面中心跑来；第二组是四匹休息的马，一站立，一打滚，另两匹扬头挺立，神态十分警觉；第三组亦为四匹，其中三匹在水洼边饮水，稍远的一匹小马正朝它们跑来。整个作品的背景是横向起伏的丘陵和远山。可以看到，作为主体的十匹骏马，也和《愚公移山》中的人物安置一样，大抵都处在一条随着视点移动的平行线上，即基本是平面上的动态横向结构。但在这个大结构之下，它们又有小结构上的变化：处于中心位置的两匹立马离观者最近，两侧的各四匹稍远一点，且都有疏密、远近、大小的不同。背景的坡地和天空层层远去，极具纵深感，但它们对整个画幅的平面式横卷构成并没有形成大的影响，即仍然是我们在《九方皋》《愚公移山》看到的那种包含着焦点透视的平面结构。

徐悲鸿的其他一些横幅作品也有类似特点，这里不一一介绍了。

(二)条幅式

条幅式是中国画特别是各类条屏结构作品所特有的。徐悲鸿继承了这一开幅形式，有时又赋予它以新的空间因素。条幅形式也像横卷形式一样，对画家的空间处理有很大的限制，但因为中国画家不受科学透视的束缚，能够以“心灵俯仰的眼睛看空间万象”[4]，所以又是相当自由的，这自由就来自前面谈到的传统的平面构成。不论是人物、山水还是花鸟，一进入条幅，就要比横卷式更加强调上下左右置阵布势的空间处理方式。徐悲鸿的条幅式作品也是如此，所不同的，是他有时也根据需要适当融入焦点透视，但总是力求平面结构与纵深表现的某种统一。他的这类作品以花鸟画为最多，如画松、柏、竹、鹰、喜鹊、猫石等作品，有时也用在画人物、风景和动物的作品中，典型者如《巴人汲水》《世界和平大会》《怀素学书》《槟榔树》《羊》《秋风》《月色》《伐椰》，等等。

条幅式花鸟作品如空中飞鹰、柳枝麻雀、折枝梅竹与花卉，等等，大多只在画面上经营位置即进行上下左右之安排，不画背景或不作纵深空间的描绘。典型者如《竹》《双鹊》《飞鹰》《寒梅》等。但也有一些作品如《双飞鹊》《飞鹊》等，都用柳枝作背景，鹊与柳枝有明显的前后关系，这种关系，一方面是近大远小的透视所造成的（包括柳枝、鹊身与细如发丝、似乎在空气中摇曳的柳条间的对比），另一方面是枝条间的虚实重轻所造成的。这种纵深关系处理，是传统折枝花鸟画所没有的。条幅式的动物作品也可以分为这样两类：一类只画动物形象，不画任何背景，典型者如《羊》《猪》等，除了形象本身的结构关系，画面上没有其他纵深关系，完全是传统式的空间形式；另一类是画动物也画背景，如《饮马》《双猫》等，对于背景的描绘，适当强调纵深感。总之，在花鸟动物画中，徐悲鸿仍然坚持以传统平面构成为主的空间处理原则，在背景的描绘中小心翼翼地融入焦点透视，赋予作品在空间上更多的写实因素。

徐悲鸿的条幅式人物画，如《日暮依修竹》等杜甫诗意画，凡有环境刻画的大都有一定的纵深描绘。但像《槟榔树》《怀素学书》等，虽都有环境刻画，却并不强调空间纵深。比较特殊的两件作品是《巴人汲水》和《世界和平大会》。《巴人汲水》画在狭长的条幅上，诸汲水人被安排在向上攀登的石阶上，近景二人，中景二人，远景三人，视平线不止一条，即我们观看的视点是上下移动的，如中景那个让路的年轻挑水者基本是平视角度，即视平线约在他肩部，远景三个挑水者也近于平视角度，但那是在另一条视平线上。所以从总体看，人物间虽有近大远小的透视差别，但整体上仍属于可移动视点的中国传统绘画中的所谓“散点透视”，即大的结构还是平面性的。《世界和平大会》把站在三层楼上近二百人的大场面纳入一个狭长的条幅，真是匪夷所思！一层与二层之间用写着“全世界和平力量团结起来，粉碎战争挑拨者的阴谋”的红色大标语相连接，显然经过了精心的构思。《巴人汲水》的巧妙处，是将人物构置在由下而上的石阶上，看上去十分自然；《世界和平大会》则把浩大的人物场面集中在如此细窄的空间里，难免有些挤迫和局促。不过，能把这么多人物组织得如此单纯有序，是不容易的事。他的方法是：第一层大体取俯视角度，第二、三层大体取平视角度。即也像《巴人汲水》一样采用上下移动的视点：当我们观看第一层的人群时，是站在比他们高的位置上的；观看第二层和第三层人群时，则是站在与他们大致平行的位置上的。我们在传统界画（如袁江的作品）中也看到过类似的空间处理，但像这样容纳了如此众多的人物的场面，却是十分鲜见的。

（三）中堂式

中堂式在这里指介于横卷和条幅之间的平面结构，包括正方形、竖方形和横方形三种略有区别的类型。其中，“竖方”与“横方”最多，遍及徐悲鸿的人物画、动物画、花鸟画和风景画，“正方”则较少。这与林风眠的彩墨画主要以“方纸布阵”的做法很不同。仅从这种不同，就可以看出他们在继承传统中国画上的区别：林是尽力摆脱传统横卷和立轴幅式，徐则是尽力保留和继承它们。

徐悲鸿的中堂式结构，与横卷式、条幅式一样，以传统平面结构为主，适当融入用焦点透视表现的纵深感。中堂式近方，不必像横卷式、条幅式那样移动视点，因此在处理平面与纵深的关系上相对单纯，或用传统式，或适当融入焦点透视，而融入也具有更折中的特点。所谓“传统式”即底子留白、不作背景空间描绘的作品，典型者如《逆风》《八哥》等；“折中式”则是指在主体之外还描绘具有鲜明纵深感背景的作品，典型者如《双饮马》《柏树双鹿》《沉吟》等。但即使是在传统式作品中，仍可看出徐悲鸿对纵深感的注意和追求，这种追求一方面是通过刻画物象的前后关系获得的，如《逆风》中的苇叶和麻雀，《八哥》中细小的树枝与红叶，等等，它们毫不含糊的前后关系就表现了一种纵深感；另一方面是通过物象的大小比例获得的。传统绘画对物象比例的要求随着感觉走，并不严格依据真实的比例画，有时甚至是根据画面和主题的需要改变正常比例，赋予比例关系以想象的、主观的色彩，如在人物画中，主要人物比次要人物高大；在山水画中，屋木舟桥和点景人物都大于它们与山的正常比例；在花鸟画中，鸟儿、花朵、松针都大于树的正常比例；等等。如果齐白石追求西画那样的科学比例，他所画的树木、蔬果和花卉上的草虫恐怕就小得看不见了。中国画的这一特点，源于它强调心灵感受而不特别模拟现实的基本观念，也根于它使用的是书写性的笔墨语言。徐悲鸿接受过严格的西方素描训练，对于物象间的大小比例十分敏感，养成了依照“科学比例”描绘物象的习惯。他笔下的山与树、人与树、树与鸟、鸟与花朵以及人的各个部位之间的比例，都表现了这一特点，如果有不够“准确”的地方（如头大手小之类），那是他没有把握好，而不是有意如此。这一点，是他的中国画与传统中国画之间的一个极为明显的区别。徐氏中国画作品即使不画背景，也常常能凭着近大远小的形象本身，让人感觉出空间的纵深，这种效果常常就是这种“科学比例”造成的。如《斗鹰》画了大小五只鹰，最下面的三只很小，就显得很远——也可以说，这是一种暗含着焦点透视的空间处理。徐悲鸿的作品，用的是宣纸、水墨、透明色，有笔法有墨韵，并没有像陶冷月那样使用光影，但还是觉得与传统中国画有距离，这原因之一，我想即在其空间和比例关系处理上。

五、略含光色表现的固有色平涂

徐悲鸿出入于中西画，平光、固有色和平涂法，是他改良中国画色彩的基础和出发点，而融入的新东西，只能是西画的光色观念和画法。在这个问题上，他仍然坚持“中体西用”的原则。

徐悲鸿在造型上推崇唐宋传统，在色彩上则主要继承文人画的传统：以透明的植物色为主，不用或极少用覆盖性的矿物性颜色；在墨与色的关系上，除个别作品外，坚持以墨为主，以色为辅，色彩不碍墨韵；在画法上，坚持以平涂为主，略有浓淡的渲染；在色调上，追求简雅、单纯与和谐。但他也有小心翼翼的改良——有时根据形象真实性和特定气氛的需要，融入一些色光因素，在平涂性色调中，略加入一些深浅不同的同类色，但这种融入总是以不损伤作品整体上的中国作风为原则。概言之，他坚持了中国画的色彩传统，有别于移植西画写实性或表现性的光色方法（如不同于林风眠和陶冷月），也不同于强化主观性的现代色彩方法（如不同于吕寿琨和吴冠中）。

徐氏对人物面部和肌肉的刻画，基本都采用赭石平涂，但细心的观者可以发现，这种平涂与传统人物画的平涂还是有些不同，即它的功能不只是表示肉色，还有相当的造型功能——刻画筋骨肌肉的结构、厚度、起伏、圆润感等。如额头、鼻梁一些明亮的地方常施以浅淡的赭石，鼻尖有时还留高光点；颧骨、鼻头、耳垂等肌肉圆厚之处，常施以深赭。这在《泰戈尔像》特别是《李印泉像》中最为突出，在这些作品中，作者巧妙融入了西画的明暗画法，但因为是使用深浅不同的同一色相，仍与西画色彩处理不同，并不影响整体上的平涂特质和风格。在一些群像类作品中，这类画法与平涂法同时使用，如《孔子讲学》中左起第二人胖而有胡须，面部肌肉堆起，就用了较重的赭石，还参用了明暗法，鼻头圆厚而有高光，他右边那个清秀的年轻人，面部光润，就用淡赭石平涂。这不同的着色法，充分显示了人物不同的年龄、皮肤的质感甚至个性。再如《愚公移山》中的诸人体，乍一看也属于以赭石平涂，但稍微细致观察后，就会发现那赭石有深浅重轻的不同，这些不同于墨线的勾画共同表现了人的不尽相同的肤色，以及不同肌肉的结构与形状，而且可以让人感到投射在圆浑肌体上起伏不定的光影。如果没有深厚的素描根底和相应的西画色彩训练，是无法这样处理色彩并达到如此效果的。

人物衣服的色彩，一些较工的作品如《孔子讲学》等，大抵用平涂法，除黑色外，多用调出来的各类灰色，如蓝灰、紫灰、灰黄、灰绿等，这种大量用调和色和灰色调的画法，无疑也显示着画家的西画背景。个别作品如《泰戈尔像》等，衣服是填以略有深浅变化的土黄色，但在衣褶处却加染少许花青，使衣服凸显凹凸的同时，也有些冷暖色调的变化，并与背景的绿色树叶形成色彩的呼应——这也自然而然地显示着画家的西画修养。

对于人物环境的色彩处理，徐悲鸿总是在力求真实性的同时，多用淡色、灰色调，强调陪衬性，而绝不喧宾夺主。但有时也根据主题的需要，强化环境的色彩设计与表现，如《紫气东来》中的城门的砖墙砖地和天空背景，都用了一些深浅不同，或偏暖或偏冷的紫色，看上去像略有光色表现的水彩画法而非平涂画法，这是为强化“紫气”感而采取的特殊手段，不待说，这也显示了画家的西画背景和其自觉不自觉地借鉴西画以改良中国画的探索。

徐悲鸿的花鸟动物画和风景画，也都坚持以水墨为主，色彩为辅，色调力求单纯和谐的原则。他画马多数为水墨，少数着色者，也多施淡色，以突出水墨。他画狮、虎、牛和各种鸟儿，大抵也是如此。他画树木、草地和石头，和传统写意画一样，所用最多的是花青和赭石，而且只是作为水墨的辅助手段。在画法上，除白粉、朱砂等少数重色外，凡使用植物色时，无论画石、树干还是树叶，总是用水很多，总有一种水色交融的效果。用这种方法画树叶时，常把红、黄或蓝、绿染在一起，以水令其交融，形成一种明艳如有光照的感觉，我们不难从中看到徐悲鸿对水彩画的某种借鉴。

总之，徐悲鸿对中国画色彩的改良，谨慎地借鉴了一些水彩画的观念与画法，有时适当应用色彩进行造型，但没有影响整体上的中国作风。他追求色彩的和谐，特别是以水墨为主调的和谐和灰色调的和谐，而不很强调色彩的对比与象征，这与他的欣赏对象主要是知识阶层有一定的关系。

最后要特别说明的是，任何形式语言都和一定的风格、趣味相连，即形式语言最终将与画家的审美选择与取向，与他的精神世界发生联系。正是在这个意义上，可以说“形式也是内容”。尤其自元以后，笔墨方法、形态、趣味被认为是画家人格和精神品位的具体体现。谈论笔墨常常要与画家的天资性灵、人格修养、胸襟宽窄、读书多少、书法功底等连带在一起。

徐悲鸿一向重视艺术的形式语言，也懂得形式语言与精神之间的内在联系。但他对中国画形式语言的改良，重在革新造型方式，提高写实能力，而对形式风格与趣味，没有特别的关注和介意。正是基于这一点，他把改革的重心放在人物画和动物花鸟画方面，而不用心于甚至回避了“虽无常形，而有常理”（苏轼语）的山水画改良。人物画、动物画当然也有格调趣味问题，但形神即造型问题要比山水画更为重要。

总的来说，徐悲鸿不像传统画家那样重视笔墨的独立意趣，有意无意地淡化了笔墨形式在作品中的独立审美功能。这不是徐悲鸿一个人的追求，而是一个时代性的倾向。凡是较多地借鉴西画以求中国画创新的画家，包括岭南派诸家、林风眠、陶冷月以及20世纪后半叶以来的几代人，他们的革新探索都带有这种倾向。这并非出于哪个人的意志，而是源于中国画与西画不同的审美传统与形式语言传统。这似乎是一个悖论：时代要求改良传统的形式语言，但这种改良一定会造成传统形式语言的弱化和衰变。中国画能够超越这个悖论，找出一种既保持自己的形式语言特色又适应时代变化的新路吗？对徐悲鸿中国画形式语言的讨论，应当有助于对这个问题的思考。

注释

[1]徐悲鸿:《与〈时报〉记者谈艺术》，转引自王震编《徐悲鸿文集》，上海画报出版社1995年版，第16页。

[2]艾中信:《徐悲鸿研究》，上海人民美术出版社1984年版，第48—49页。

[3]任真汉:《三论徐悲鸿艺术》，转引自王震编《徐悲鸿评集》，漓江出版社1986年版，第213页。

[4]宗白华:《中国诗画中所表现的空间意识》，见其所著《美学散步》，上海人民出版社1981年版，第83页。

本文载于《美术研究》2007年第1期

华天雪，1967年生，辽宁营口人。2006年毕业于中国艺术研究院研究生院，获博士学位。中国艺术研究院美术研究所研究员、博士生导师。

近代绘画社团蜂起的文化因缘

乔志强

绘画社团及其历史性的存在，是中国近代绘画史上极为重要甚至相当精彩的现象。据许志浩《中国美术社团漫录》一书的不完全统计，仅20世纪上半叶，全国各地及海外留学生组织的各级各类美术社团就多达三百余个。诚如王伯敏先生所说："这么多绘画社团的产生，在我国历史上是从来没有过的现象。"[1]绘画社团的大规模涌现，是近代中国社会政治、经济、文化等多种因素综合作用的结果，本文拟对近代绘画社团蜂起的文化原因进行初步分析，敬请方家不吝指正。

一、传统文化及国粹沉沦之刺激，是近代绘画社团大量涌现的文化诱因

在漫长的人类文明史上，中国古老的书画艺术曾熠熠生光，让国人引以为豪。然近代以降，传统书画艺术却在西方文化和西方艺术的冲击面前节节败退，这无疑将国人，尤其是画界中人置于一个非常难堪的境地。国势颓败、国粹沉沦，深深地刺痛着书画家们的民族自尊心，同时也激发了他们重振书画艺术以文化救国的决心和勇气。对他们来说，团结起来，奋起直追是唯一出路。从这个意义上说，传统文化和书画国粹沉沦之刺激，是近代绘画社团勃兴重要的文化诱因。

在近代诸多绘画社团的成立宣言中，我们处处可以感受到传统文化和传统艺术的衰落给艺术家们带来的痛心与耻辱，同时也感受到他们那种知耻而后勇的决心与努力。1923年9月，"南北艺术界诸君，感于无大规模之集合，不能有伟大之建设"[2]，因而组织全国性的艺术协会。《艺术协会成立宣言》称：

> 我们中华民族本是优美的民族之一，我们在四千年前便有极优美的抒情诗、大规模的音乐、气韵生动的雕刻和绘画。但是我们的民族精神，如今是腐化到了极点了，创造的灵泉已经消涸，失了水的游鱼只以唾沫相嘘濡，啊！啊！我们久困在涸泽中的国魂，正希望我们协力救拯。我们要把固有的创造恢复，我们要研究古代的宝藏，收集古老的遗物，期以继往而开来。欧西艺术经过中世纪一场悠久的迷梦之后，他们的觉醒比我们先了四五世纪，许多伟大的前驱和聪明的艺术爱护者，已经替我们开辟了无数达到自由，达到平和的坦

坦的大路。艺术的熏陶虽还没有普及于人寰，然而这正是我们继起者的事功，这正要赖我们继起者的努力奋勇，我们应该把窗户打开，收纳些鲜暖的阳光进来，我们应该对着前面的灯台，开驶我们的航路。如今不是我们闭关自主的时候了，输入欧西先觉诸邦的艺术，也正是我们的急图，我们要宏加研究介绍收集宣传，借石他山，以资我们的攻错。[3]

从这篇热情洋溢的宣言中，我们可以真切地感受到艺术家们对中国传统艺术衰落的无比痛心与惋惜，“我们在四千年前便有极优美的抒情诗、大规模的音乐、气韵生动的雕刻和绘画”，这样的历史荣光确实值得我们骄傲和自豪。然而现在，“欧西艺术经过中世纪一场悠久的迷梦之后，他们的觉醒比我们先了四五世纪”，我们远远地落后于西方，“我们的民族精神，如今是腐化到了极点了”。中西古今对比之下，就有了强烈的心理落差，也自然意识到“这是我们应该觉醒的时候了”。知耻而后勇，下面的事情就是要大家团结起来，奋起努力，只争朝夕，“输入欧西先觉诸邦的艺术，也正是我们的急图”。而最终的目的是“创造艺术的蓝图以濡合民众”，以艺术的方式振奋我们的民族精神，从而使中华民族不再受列强陵夷之苦。

1927年，著名书画家余绍宋自京南归，并定居杭州，联合杭州书画名家孙智敏、马叙伦、高时丰等人发起组织“东皋雅集”。关于该组织发起之缘由，余氏说道：

百年来风雅之道亦随世变而陵夷几尽，书画两端衰落尤甚。今日吾侪苟不思所以矫正而振兴之，此责更将谁属乎？[4]

1930年，由郑午昌、谢公展、贺天健等人发起组织的“中国画会”，是中国近代绘画史上著名的绘画社团组织，关于画界同人成立该社团的初衷，《民国十九年中国画会缘起》说得明白：

在今日世界文化比较之情势下，无处不予我人以惭怍与愤奋之感觉。尤以我画界零落之衰象，而使我人益觉来日责任之重大，不能迁延苟且以相推诿。盖无论欧美各国，莫不将其固有之文化发皇广大，以表现其民族之特性。而画道实又为表现文化最有价值之工具……日本为我国文化之犹子，虽格于其天性系统之差别，犹未能深肖，而其在国际文化上之宣传，每每以东方艺术主人翁自居，此最足使我人难避不自振作之诮者也。[5]

中国绘画艺术的沉沦和衰落，欧美各国，尤其是“为我国文化之犹子”的日本文化和艺术的发达，“每每以东方艺术主人翁自居”，两相比较之下，画家们的民族自尊心受到强烈刺激，简直是羞愧难当，“无处不予我人以惭怍与愤奋之感觉”，所以该是振作奋起的时候了。并且，他们还意识到欧美及日本各国能于绘画艺术上后来居上，与画会组织的组建有密切的关系。

尝闻欧美各国及东邻日本，无不有画会之组织，其间团体之性质，或公或私不一，或由画家组织而政府予以有力之辅助，或由政府之提携而画家从而组织之，或以社会的力量而使画家得团结之机会，或以画家本身的动作而自行合成者。以故彼能于国际地位及学术本身诸问题皆能得到相当的解决。反顾我国则何如，虽不乏零星之组织，而其性质与目的不外乎娱乐与消闲而已，至于“整个的组织”及“一致的发展”如东西各国者尚未之见。能不慨然！同人等本此见地，益觉为适应今日实际之需要，而中国画会之组织为不容或缓矣。[6]

中西绘画艺术一衰一盛，先是使画家们的民族自尊心受到强烈刺激，使他们意识到现在必须振作奋起了，继而认识到，要谋中国绘画之重振，刻不容缓的首要任务就是要组织高水平的画会。

1920年成立于北京的中国画学研究会，是北方地区规模最大、影响最著的绘画社团，曾活跃画坛数十年，培养和造就了大批绘画人才。这样著名的绘画社团之成立，同样受了近代绘画艺术衰落的直接刺激：

绘画为东方文化之一，我国具有悠久昌明之历史，自清季斯道中衰，民初日趋荒落，国际博览，有所征求，辄无以应。周肇祥、金绍城因与同志贺良朴、陈衡恪、萧愻、陈汉第、徐宗浩、陶瑢等，共谋挽救与发展，乃有中国画学研究会之发轫。[7]

实际上，如果我们对近代绘画社团的宗旨与成立缘起进行一番系统的考察，就会发现，各个绘画社团成立的原因和机缘尽管有所差别，但画家结社却有着共同的动机、意愿和出发点，那就是在社团的组织下，大家群策群力，挽救国粹之沉沦，重振民族绘画艺术，从而为中华民族的绘画艺术在世界艺术百花园中争得一席之地。近代绘画社团的宗旨与活动，明确地昭示了这一点。可略举几例，如《豫园书画善会缘起及章程》开宗便说：“沪渎繁会，甲于海内，其间善人之仗义疏财，济困扶危，名士之提倡风雅、保存国粹者，联袂以来，接踵而起，碌碌吾徒，附庸翰墨，硁硁自守，耕耨砚田。既不克与识时之俊杰共辅维新，复不能博济夫饥寒广行阴骘。同居江海，窃自恧焉。因念广厦大裘，固足庇其风雨，微尘涓露，或亦补乎海山。虽解推之力巨细不同，揆其见义勇为之举，同是当仁不让之心。爰集同志创设书画善会。”上海书画研究会以“提倡研究，承接收发”为主旨，以便于书画家、鉴赏家“随时晤叙，互相考证，以为保存国粹之一助”。青漪馆书画会“专以讨论书画，保存国粹为宗旨”。中国画学研究会“以精研古法，博采新知为宗旨”，“宗旨正大，合于保存国粹，与时代进化”成其突出特点。古艺术保存会的宗旨为：“借以研究和宣传中国古代艺术的价值，呼吁当局和民众珍视文物，保护文物。”中国金石书画艺观学会“以保存国粹、发扬国光、研究艺术，启人雅尚之心为宗旨”。蜜蜂画社以“提倡发展研究中国美术为宗旨”。如此等等，举不胜举。

如果对近代绘画社团成立的目的与宗旨稍加排比的话，就会发现诸如“保存国粹”“发扬国粹”的字样俯拾皆是。近代数量众多的绘画社团，在艺术主张、艺术风格以及审美追求等方面千差万别，但它们却有着共同的目的与愿望，即挽救书画国粹之沉沦，究其原因，就是中西文化全面冲撞融合之下传统绘画艺术衰落的强烈刺激，而这种刺激正是近代绘画社团勃兴的一个重要的文化因素。

二、近代学校美术教育的兴起与发展，为绘画社团的大量涌现提供了坚实的人才保证

近代以来，尤其是20世纪以后，全国各地有数百个绘画社团组织涌现于画坛，这表明近代中国存在着一支相当庞大的书画专业人才队伍，正是有了这成千上万的书画家的存在，才使近代绘画社团的大量涌现成为可能。

数量庞大的专业书画人才队伍的形成，是近代学校美术教育兴起与发展的结果。近代以降，中国社会的急剧变迁和西学、西政、西艺的全面冲击，中国的教育和学术体系开始出现某些根本性的变化。具体到美术界，就是学校美术教育的兴起，使“中西美术双方开始有了真正的对话”[8]。不过，中国美术教育体制的根本性转变，还是20世纪以后的事情。随着清末各类新式学堂的兴起和西方近代实用科学的普及，国人逐渐意识到西方学校开设的教学科目多与“绘事”有关，于是新式学堂中开设美术课成为一种趋势。1902年7月12日，清管学大臣张百熙在《进呈学堂章程》中提出“中小学均应开始图画手工课”[9]；次年，张之洞在《奏进学堂章程》中再次提出“高等小学堂一、二、三、四年级图画课，每周各两堂”[10]的倡议。于是，中国的学校美术教育从最基础的小学开始，后逐渐普及中等和高等教育。1906年，李瑞清在两江优级师范学堂创办高等师范院校第一个美术系科——图画手工科，开设中西绘画课程，揭开了近现代高等美术教育的序幕。自此以后，师范院校的美术教育以及各级各类专门的美术学校相继开办，1906年至1927年，开设图画手工科的师范院校有13所之多。[11]此外，清末民初至新中国成立近三十年，全国各地还有各级各类私立专门美术学校及美术补习班近50所。[12]国立的专门美术学校“北京美术学校”和“国立艺术院”也相继创办。这么多不同级别和类别的美术学校的存在，客观上构成了一个从初等、中等到高等的相对完善的美术教育体系，为美术人才的连续培养提供了体制保证。当然，在近代风云际会的历史条件下，美术学校的发展也异常艰难，办学质量更是参差不齐。但由于学校数量基数大，所以，培养和造就了大批专业的美术人才，不仅促进了美术创作的发达，也为绘画社团的勃兴提供了丰富的人才资源。

近代学校美术教育的快速发展，促进了中国绘画艺术的发展，也对绘画社团的大规模涌现产生了直接的影响。美术学校与美术社团，二者的兴盛衰亡，虽不完全同步，却有着惊人的一致性。绘画社团发展的鼎盛期，差不多也是学校美术教育发展的高峰期，绘画社团集中的区域，同

时也是美术学校集中的地区，这绝非偶然的巧合，而是历史的必然。事实上，近代许多绘画社团都滋生在美术学校内，或是由学校绘画专业的师生发起组织。笔者据《中国美术社团漫录》一书，对滋生在学校这一文化土壤内的绘画社团进行了一番初步的考察与统计，举例列表如下：

画会名称	成立时间	成立地点	所在学校	备注
振青社	1914年	上海	上海图画美术院	社员有丁悚、张聿光、刘海粟等。
东方画会	1915年	上海	上海图画美术院	乌始光任会长，汪亚尘任副会长。
洋画研究会	1916年	杭州	浙江省立第一师范学校	李叔同发起成立并任会长。
漫画会	1916年	杭州	浙江省立第一师范学校	由该校部分漫画、木刻爱好者共同发起组织。
北京大学画法研究会	1918年	北京	北京大学	在北京大学校长蔡元培的支持下发起成立。
美术社	1919年	北京	清华学校	闻一多发起组织并兼主持人。
天马会	1919年	上海	上海美术专科学校	由江小鹣、丁悚、刘雅农、张辰伯、杨清磬、陈晓江等六人发起组织。
中华美育会	1919年	上海	上海专科师范、爱国女学	两校部分艺术教师发起组织，姜丹书、吴梦非先后任驻会干事。
桐荫画会	1920年	杭州	浙江省立师范学校	由该校的美术爱好者发起组织。
晨光美术会	1921年	上海	中华艺术大学	汪英宾、朱应鹏、张聿光、宋志钦、陈抱一等发起组织。
东方艺术研究会	1922年	上海	上海艺术师范大学	倪贻德、丰子恺、潘天寿、诸乐三、姜丹书等知名画家参与活动。
文人画社	1923年	上海	上海美术专科学校	该校高师科十余位同学发起组织。
造型美术研究会	1924年	北京	北京大学	由北京大学部分教师共同发起组织，是继“北京大学画法研究会”之后又一大型美术社团。
糊涂画会	1926年	北京	北平国立艺术专科学校	借郑板桥名句“难得糊涂”而得名。
艺术运动社	1928年	杭州	杭州国立艺术院	林风眠、林文铮、李朴园、吴大羽、李金发等发起组织。
美艺社	1930年	南京	金陵大学	社员多是该校教师和学生。
白浪画会	1931年	无锡	无锡美术专科学校	由杨建侯发起组织并任会长，因杨笔名“白浪”而得名，社员多是无锡美术专科学校的学生。
摩社	1932年	上海	上海美术专科学校	由倪贻德、刘海粟、王济远、傅雷、庞薰琹等发起组织。“决澜社”就是在其基础上成立的。
木铃木刻研究会	1933年	杭州	国立艺术专科学校	由该校进步美术学生组织，力群为负责人。
洋画实习研究会	1933年	上海	上海新华艺术专科学校	由该校部分美术教师发起组织。
黑白画社	1934年	成都	中央大学艺术系	由中央大学艺术系学生自发组织。

续表

画会名称	成立时间	成立地点	所在学校	备注
现代创作版画研究会	1934年	广州	广州市市立美术学校	由李桦发起组织，主要成员大都是学校西画系二年级学生。
朔风艺社	1935年	长沙	湖南华中美术学校	陈国钊发起组织并兼主持人，成员多是学校绘画科的教师和学生。
茉莉书画会	1936年	苏州	苏州美术专科学校	为苏州美专国画系学生所组织，王企华任会长。

学校因绘画人才的集中而成为绘画社团滋生的沃土，而绘画社团的成立，也必然会对学校的美术教育、美术创作和美术研究产生积极影响。近代绘画社团已不单是书画家交游雅玩的场所和寻求心灵慰藉的精神家园，其功能与作用已经得到大大拓展，不仅在经济上具备商业行会的性质，而且还是画家成长和教育的学校。社团成员经常在一起交流切磋，相互取长补短，社中的大师名流和艺术造诣较高的核心和骨干成员，往往也会有意识地教育和提携一般成员，在这个意义上，绘画社团本身就是画家成长的学校。另外，还有部分绘画社团在组织以及活动体制上就是培养画家的学校实体，定期举办各种类型的讲习班或培训班，招生社会学员。如著名的中国画学研究会和湖社画会既是一个从事绘画创作和研究的社团组织，又是一个培养国画家的学校，培养学生是其一项重要的活动。

甚至还有一些社团，在社团基础上招生办学，直接发展和扩大为美术学校。如徐州艺术专科学校就是在“欧亚艺术研究会”的基础上发展创办的，许多会员转入学校任教或是担任学校的管理者。[13]1925年10月2日在“重庆美术社”的基础上，社内同人共同创办了“私立西南美术专科学校”，美术社社长万从木任校长。[14]类似这样的例子还有不少。

总之，近代学校美术教育的蓬勃发展，为绘画社团的大规模涌现提供了文化土壤和人才资源；绘画社团的组织与活动，又大大促进了美术教育的发展与繁荣。社团与学校，二者相辅相成，如车之两轮，共同推动着中国绘画艺术的发展。

三、报纸杂志等近代传媒为绘画社团的发展提供了重要的物质保证

各种文化因素在社会发展过程中往往是相互制约、互为因果的。绘画社团与报纸杂志等近代传媒发展的双向互动关系就是一个很好的例证。绘画社团最新的组织动向，最近的活动情况，社员最新的创作和研究成果，都可通过报纸杂志等近代传媒手段及时地播向社会，从而大大加强了绘画界与社会其他各界的交流与互动，迅速地树立起自己的艺术形象，最大限度地扩大社团在绘画界以及整个社会上的知名度。可以说，如果没有报纸杂志等近代传媒以及近代出版印刷业的繁荣与发展，近代大多数的绘画社团恐怕早就为历史所湮没，也就不会有近代绘画史和文化史上如此精彩的社团现象出现了。如此便利的书画传播

条件和传播手段，为近代绘画社团的发展提供了重要的物质保证。

特别是日报这一新型传媒介入美术，对近代绘画社团的发展、繁荣起了极大的推动作用，其意义不可估量。对此，我们以《申报》与近代上海地区绘画社团发展的互动关系为例，加以说明。《申报》创刊于1872年，是我国近代创办最早的中文报刊之一，其开办不久，就对上海地区的社会生活，尤其是文化生活产生了重要而深刻的影响。在沪上绘画艺术和绘画社团的发展过程中，《申报》起到了重要的推动作用，其对书画艺术的关注和支持几乎令人动容。自创刊后，陆续刊登大量的书画文化信息，而关于绘画社团活动情况的报道又是其中的重头戏。《申报》对绘画社团的报道是全方位、多角度的，同时又是连续的、跟踪式的，涉及绘画社团的内容方方面面，归纳总结起来，主要有以下几类：

其一，对绘画社团的筹备及成立过程进行报道，对社团发表的宣言和拟定的章程予以登载。《申报》对这方面的报道非常之多，如：1922年5月28日，登载《苏人创设金石书画会》消息；1923年11月10日，登载《金石书画文艺研究社之发起》的消息；1923年5月15日，有《邑人组织锡山书画社》的报道；1926年12月7日，有《漫画会成立》及《漫画会成立启事》的报道；1927年2月17日，有《上海艺术协会成立》报道。

对于海外留学生组织绘画社团的情况，《申报》也高度关注并详细报道。1928年2月17日，有《留日美术界组织中华留日美术研究会》报道；1928年12月17日和24日，分别有《沪书画家组织寒之友社》和《寒之友社成立》的报道；1931年10月17日，有《沪上书画家成立中国画会，以取代中日同志会》的报道。

诸如此类关于绘画社团筹备及成立经过报道，非常之多，而且往往还同时刊登各个社团的成立宣言、章程等具体内容和条款。

其二，关于社团组织的展览会、雅集会、助赈会、聚餐会、年会、学术研讨会等系列活动的报道。《申报》有关绘画社团各类活动的报道，更是比比皆是。如对于上海地区两个著名的绘画社团天马会和晨光美术会历次举办书画展览会的盛况，该报都做了详细的跟踪报道。此外还有：1922年，中国画学研究会与日本画家联合举办绘画展览会，1922年5月6日的《申报》有《书画家携画东渡参与展览会》的详细报道；1922年6月9日，有《艺术会第一日洋画展览会》报道；1924年4月23日，有《青年书画会筹备展览》报道；1926年3月12日，有《保存国粹书画社书画展览会》报道……

此外，对于绘画社团定期举行的年会、聚餐会以及部分社团一些最新的活动情况和组织动向，《申报》都投入了较多的关注热情。

其三，刊登社员润例。《申报》还大量登载书画家们的润例广告，如：1923年7月17日《申报》刊登《张骞鬻字二十天》；7月20日刊登《郝天民鬻书》。1924年1月22日刊登《王师子书画篆刻》；2月9日刊登《田桐鬻书》《杨雪瑶、玖、珍三女史鬻画》；7月6日刊登《康南海先生鬻书例》。1926年12月12日刊登《章太炎先生鬻书》《张小楼鬻画鬻书》《李搢臣太史文字润格》《张聿光先生鬻画》；12月14日《申报》刊登《杏芬老人鬻画一月悉数助赈》；如此等等，不胜枚举。

报纸杂志等近代传媒大量刊载书画家的润例广告，一方面对于书画艺术市场的发展与繁荣起到了积极的促进作用，而书画艺术市场的繁荣又是近代绘画社团勃兴的一个重要因素。另一方面，这些广告所收取的费用，也是报社重要的收入来源。诚如姚公鹤在《上海报纸小史》中所说："报纸于售报之外，其大宗收入，本以广告为首。"[15]

当然，日报介入美术，远不止《申报》一家，近代其他一些重要报纸在这方面都做出了贡献，比如《东方杂志》曾专门出版"美术专号"，登载重要的理论研究文章。其他如《晨报》《大公报》《新闻报》等也都登载大量有关美术和绘画社团的信息。

日报作为传媒的突出特点是其传播速度的快捷性与传播范围的广泛性，这样，它能够将绘画界以及绘画社团的最新动向和活动信息播向社会，对绘画社团起到了广泛的宣传效应，从而在艺术界以及社会公众中树立自己的艺术形象，大大加强了绘画社团与艺术界以及其他社会各界之间的交流与互动，这对于绘画社团的生存与发展是尤为重要的。同时，有关绘画界和绘画社团活动的报道，也使报纸的内容更加丰富，扩充了版面，扩大了读者群，增加了发行量，从而使报社收得了良好的经济效益。发行时间长达77年的《申报》，销量过万，可以说是两者双赢的典型案例。

除了在报纸及其他传媒上进行介绍和宣传外，近代多数绘画社团还创办和发行自己的专业刊物，这对绘画社团的发展也是至关重要的。与报纸刊物紧密相连，这也是近代绘画社团与古代文人结社的一个明显区别之一。例如，北京大学画法研究会之《绘学杂志》、中国画学研究会之《艺林旬刊》、湖社画会之《湖社月刊》、蜜蜂画会之《蜜蜂》、中国画会之《国画月刊》，广州国画研究会之《国画特刊》，等等。这些社团自办刊物，不仅是研究近现代中国绘画史的重要的第一手资料，而且在当时，对绘画社团自身的发展走向也产生了积极的影响。

总之，中国近代绘画史上的"社团现象"，是一种重要的文化现象，它与近代中国社会的文化转型紧密相连。绘画社团的大规模涌现，既是近代中国文化转型这一历史过程的见证，也是近代中西文化全面冲撞融合的历史产物。

注释

[1]王伯敏：《中国绘画通史》(下)，生活·读书·新知三联书店2000年版，第358页。

[2]《申报》1923年9月11日。

[3]《申报》1923年9月11日。

[4]余子安编著：《余绍宋书画论丛》，北京图书馆出版社2003年版，第238页。

[5]王扆昌主编：《中华民国三十六年美术年鉴·史六》，上海市文化运动委员会1948年版。

[6]王扆昌主编：《中华民国三十六年美术年鉴·史六》，上海市文化运动委员会1948年版。

[7]王扆昌主编：《中华民国三十六年美术年鉴·史十六》，上海市文化运动委员会1948年版。

[8]郑工：《演进与运动：中国美术的现代化(1875—1976)》，广西美术出版社2002年版，第81页。

[9]朱寿朋编，张静庐等点校:《光绪朝东华录》(卷五)，中华书局1958年版，第4902页。
[10]转引自王伯敏主编《中国美术通史》(卷七)，山东教育出版社1988年版，第8页。
[11]据郑工《演进与运动：中国美术的现代化(1875—1976)》之1906—1927年师范学校美术系科一览表，这13所学校分别是南京两江优级师范学堂图画手工科、保定北洋优级师范学堂图画手工科、广东优级师范学校图画手工科、浙江两级师范学堂高师图画手工专修班、福建优级师范学堂图画手工专修科、浙江高等师范图画手工科、南京高等师范学校图画手工科、北京高等师范学校图画手工科、北京女子高等师范图画手工科、成都高等师范学校图画手工科、济南省立第一师范学校图画手工专修科、泉州公立溪亭艺术专科师范学校、江苏省第四师范学校图画手工专修科。
[12]据郑工《演进与运动：中国美术的现代化(1875—1976)》之1910—1949年私立美术专门(科)学校(含画会、补习性质)一览表统计而得，广西美术出版社2002年版，第93—96页。
[13]许志浩:《中国美术社团漫录》，上海书画出版社1994年版，第40页。
[14]许志浩:《中国美术社团漫录》，上海书画出版社1994年版，第54页。
[15]杨光辉等编:《中国近代报刊发展概况》，新华出版社1986年版，第270页。

本文载于《美术研究》2007年第2期

乔志强，1976年生，河南淮滨人。2005年毕业于浙江大学中国艺术研究所，获博士学位。广东湛江师范学院美术学院院长、教授。

“青绿”颜色词考及青绿山水画

王文娟

本文所说的“青绿”颜色词是针对“青绿山水画”而扩展的溯源式考察。作为一种尝试性探讨，自是抛砖引玉的初步性工作。

一、“青绿”颜色词的考察

上古中国把绘画称为“丹青”。所谓“丹”应是指称丹臒或丹砂。《本草纲目》曰：“丹砂，大略二种，有土砂、石砂。其土砂复有块砂、末砂，体并重，而色黄黑，不任画用。”“其石砂有十数品，最上者为光明砂。……形块大者如拇指，小者如杏仁，光明无杂，名马牙砂，一名无重砂，入药及画俱善。”“(朱砂)出辰州、宜州、阶州……生深山石崖间……砂生石上，其大块者如鸡子，小者如石榴子，状若芙蓉头、箭镞……阶砂又次之，不堪入药，惟可画色尔。”[1]《尚书·梓材》曰：“若作梓材，既勤朴斫，惟其涂丹臒。”[2]蒋玄佁先生引四部备要本卷八第十页注：“朴斫，制木器也；丹臒，赤石脂也，可为颜料。”此种赤色土(按：应为矿物质)用作颜料，当为极原始之壁画所作用者。[3]唐孔颖达则疏为：“若梓人治材为器，已劳力朴治斫削其材，惟其当涂而丹漆以朱臒乃后成。”“器言‘涂丹臒’‘涂’‘丹’皆饰物之名，谓涂臒以朱臒。臒是彩色之名，有青色者，有朱色者，故郑玄引《山海经》云：‘青丘之山，多有青臒。’此经知是‘朱’者，与‘丹’连文故也。”[4]如果按此条解释，丹臒、青臒都为赤色颜料，此乃“丹青”之连读也。《说文解字》释“臒”为：“善丹也。”[5]《山海经》有“鸡山，其下多丹臒”之句，郭璞注曰：“臒，赤色者。”吴任臣作注亦曰：“臒，盖赤石脂之类。”《尚书·禹贡》云：“华阳、黑水惟梁洲……厥土青黎。”孔安国传：“色青黑而沃壤。”孔颖达疏：“孔以‘黎’为黑，故云‘色青黑’。其地‘沃壤’，言其美也。王肃曰：‘青，黑色。’”[6]

如果丹臒、青臒都为赤色颜料，如果“青”乃黑色，那么从这些考证大约可以推知，青臒颜色较深，乃黑红色。因此有一定的依据说上古“丹青”即指红黑两种颜色，于是我们迄今发现的汉及其以前的绘画主色调为黑红两色就不奇怪了。[7]这基本可以说明，在未受异域异族影响的汉民族绘画中乃以典型的黑、红为正统的色彩观念由来已久，从而形成了中国远古(中古以前)绘画的基本色彩主调。[8]这是符合五行色彩观念的，黑、红在五行色中即是堂堂两正色。[9]

然而我们的思路又不能拘泥于此。因为“青”字在古代汉语的颜色谱系中是个相对复杂而十分模糊的颜色词。在现在大多数中国人心目中“丹青”作为两种颜色词，被看作“红”“蓝”（或者成为颜色词的总称而成为绘画的别称）[10]，这也不能不说没有一点道理。

看来对“丹青”之“丹”无甚歧义，对“青”却歧义丛生。

在最早的文字记载（即殷墟甲骨文）中，“赤”字作为五色词之一种就是较早出现而基本没有歧义之词。上古的人们钟情于五色（青赤白黑黄），五色思想，在春秋时期确已形成，而在殷墟甲骨文中，就已基本出现了这些颜色词（或者是这些颜色词的前生）[11]：“赤”“白”“黄”“玄”“幽”“勿”等。

1. 赤

乙未卜，[illegible]，贞：自贾人赤駜，其剢不尔，吉。（《合》28195）

癸丑卜，[illegible]，贞：左赤马，其剢不尔。（《合》29418）

2. 白

乙丑卜，贞：白人。（《合》1039）

壬子卜，穷贞：惠今夕用白羌于丁。用。（《合》293）

3. 黄

丁亥卜，大……基铸黄吕，利，惠。（《合》29687）

乙卯：其黄牛，正，王受有祐。（《合》36350）

4. 幽、玄

惠幽牛，又黄牛。（《合》14951）

乙巳，贞：桒禾于[illegible]三玄牛。（《合》33276）

5. 勿（物）

惠勿牛，有正，吉。

王宾母戊……有正，吉。（《合》27591）

癸亥卜，贞：祖甲祊，其牢。

其牢又一牛，惠羊；兹用惠物。（《合》35818）

这五类颜色中，赤、白、黄基本没有歧义，这是后面五色系统中的三种主要色。玄、幽和勿却很有歧义，“玄”被现代人认为是黑色[12]，而《说文解字》却释玄为：“幽远也，黑而有赤色者”[13]；对“勿”字的理解更是众说纷纭[14]，有说黑色，有说杂色。殷人多用赤、白、黄、黑色，而贬低和排斥杂色（勿）。这一色彩选择深刻影响了周人以及后世的华夏汉民族。这四种颜色就是后来“五色”系统中的四种主要色系。

五色词中，“青”字晚出，迄今在甲骨文里尚未发现“青”字的出现[15]，但到了春秋、战国时期“青”字则频频出现。除了上文提到的《尚书·禹贡》云：“华阳、黑水惟梁洲……厥土青黎。”孔颖达疏：“王肃曰：‘青，黑色。’”这样的记录外，《诗经》里亦有“青青子衿，悠悠我心”之类的诗句。美国学者巴克思特（W. Baxter）认为在西周以前的四种颜色系（白、赤、黄、黑）中的“黑”类中包含了黑、绿和蓝色。[16]日本学者清水茂也认为中国古人的“青”字常常可以跟“黑（苍）”“绿”“蓝”混淆使用。[17]想必这些解释都是有道理的。即使查今天的现代汉语词典，“青”字条目下第一条解释即“黑色”，第二条解释是“绿色（多用于植物）或蓝色（用于天空）”[18]。庄子《逍遥游》就有：“天之苍苍，其正色邪？”“苍”“青”通用[19]，可谓之“青天”。而荀子所云“青出于蓝而胜于蓝”[20]的“青”则是植物染料蓝中提炼的精华，那浓重的深蓝，即与黑相近了。传统戏曲中的“青衣”（有说为“正旦”），即因所扮演庄重的青年或中年女性大都穿青色（黑色）的褶子，故而得名。东汉许慎却释“青”曰：“东方色也。木生火，从生丹。丹青之信言象然。”[21]这是五行（五方）色的解释。[22]

因此从颜色词的考察中，“青”字是极为复杂的颜色词。“绿”色亦然。在五行色彩中，相对于“丹”与“青”之正色而言，“绿”为间色，是青胜黄之色。《说文解字》即云：“绿，帛青黄色。”[23]

在五行色中，确切地说在五方与五色的关系中，当色彩和时空相连，即色彩随时空把洪荒无序变成有序而成为一种宇宙秩序的确认时，中国人的色彩还能确认另一种秩序，即人伦秩序。[24]这就是，色彩与方位相连（青赤白黄黑对应于东南中西北），方位的尊卑就自然对应性地体现在色彩尊卑上，中央高于四方，那么与中央相应的黄色就高于四方之色了，黄色在汉民族色彩谱系中的至尊地位（如皇帝的龙袍）想必即渊源于此。五色为正色，五色两两相配的二级产物为间色，正色为尊，间色为卑，上下尊卑、官位等级、服饰装饰都要选配相应的色彩，这在周“礼”中已有了明确规定。孔子从周，更把这种色彩尊卑强固化、伦理化而成为中国人源远流长的传统。[25]

于是，“绿”为间色，自然就没有正色高贵。不仅如此，绿色在汉民族的色彩史上地位一直不高，甚至被看作贱色。如《诗经》里就有《绿衣》诗，那是描述卫庄姜夫人失宠，着绿衣而伤怀：“绿兮衣兮，绿衣黄里。心之忧矣，曷维其已。绿兮衣兮，绿衣黄裳。心之忧矣，曷维其亡。绿兮丝兮，女所治兮。我思古人，俾无訧兮。絺兮绤兮，凄其以风。”毛亨传曰：“《绿衣》，卫庄姜伤己也。妾上僭，夫人失位而作是诗也。”[26]作为汉儒之古文学派对经典的解读较为接近原儒之意，因此毛亨把绿色解读为地位的降低（实指人伦秩序的错乱），是儒家色彩观的伦理体现。唐孔颖达亦疏：“作《绿衣》诗者，言卫庄姜伤己也。由贱妾为君所嬖而上僭，夫人失位而幽微，伤己不被宠遇，是故而作是诗也。”[27]可见绿色在汉民族色彩谱系中的地位。汉代戴绿巾者只有庖人、卖珠者之类。唐代碧巾甚至是侮辱囚犯的一种刑罚。[28]至元、明、清只有娼妓、优伶等“贱业”中人才把绿色、碧色用于服饰。人妻有外遇者被称为戴绿帽子。[29]即使到了20世纪20年代，西化风大开、欧风劲吹的时髦上海滩，若良家女子穿绿裤子上街依然会被人耻笑。[30]

汉民族色彩习俗中对绿色、碧色的轻视应与儒家色彩观密切相关。这种色彩观使我们对“青绿”颜色词的考察以及对理解青绿山水画的色彩样式带来了很多麻烦，尚需进一步探讨。

二、绘画思想史的考察

从中国绘画史的考察来说，“青绿”作为中国画的一支并成为中国画的主色调而雄霸一时为画坛盟主是后来的事，然而却也只是漫长历史中的“一瞬间”。也就是说，中国画在汉及其以前是以黑红色为主色调（虽青赤白黑黄五色俱备）[31]，这是被大量的考古发现和绘画遗存所证明了的。

魏晋时期佛教美术的传入改变了中土绘画以黑红为基调而一统天下的局面，青绿兴起。因此，大致可以这样说，中国画色彩在唐宋前以彩色（概括色）胜，集中体现于壁画、帛画、漆画、院体青绿山水和重彩人物、花鸟画中。确切地说，青绿画在唐宋时期一直占主导地位；在唐宋尤其是宋元以后以抽象色胜（主要是黑白灰色调的文人水墨画和淡彩的浅绛画），这一脉画风逐渐兴盛而成为画坛主流，青绿衰退。

“青绿山水画”的出现是受印度佛教的传播，即受印度及周边佛教美术（以及西域和北方异族文化的美术色彩样式）的影响已是学界、美术界注意到了的问题。[32]然而我们却不能走向把这种外来影响当作青绿山水画出现的根本性、决定性、始源性推动力的偏颇。[33]汤一介先生认为：“一种外来文化传到另外一种文化环境中，往往一方面需要适应原有文化的某些要求而有所变形；另外一方面也会使原有文化因受外来文化的刺激而发生变化。因此，在两种不同传统的文化相遇过程中，文化的发展有一个双向选择的问题。”[34]更确切地说，任何的外因都是通过内因起作用的，所以不是佛教单方面起决定性因素，而是在双向选择中，佛教美术的作用就要透过中国文化的过滤网。

需要特别强调的是和青绿山水画的产生密切相关的印度笈多艺术所处的笈多时代[35]，既是佛教鼎盛的时代，也是印度教日益昌盛的时代。印度艺术就呈现为异常复杂的情况。印度教不仅吸收了佛教、耆那教、密教的某些教义，而且吸收了吠陀雅丽安人的自然崇拜文化，还特别吸收了印度土著达罗毗荼人的生殖崇拜文化。于是佛教崇尚沉思内省，安宁静穆；印度教却崇尚蓬勃旺盛的既具创造精神也富破坏性的生命活力。于是包罗万象的印度文化就具有了特别的矛盾性：既虔信宗教又眷恋世俗，既追求解脱又执着人生，既崇仰精神又沉迷肉体，既乐生又苦行，既禁欲又纵欲[36]……于是，印度美术、印度佛教美术乃至印度美学也就都呈现了这种矛盾性。所以我们才不会奇怪印度佛教美术中“活跃”着那样一群妖娆、妩媚、丰乳肥臀、感性肉欲的裸体药叉女。

在印度第一部传统美学的经典著作《舞论》里提出了一对相关的美学范畴“味”与“情”。《舞论》把戏剧的总体审美情感基调归纳为八种“味”：艳情、滑稽、悲悯、暴戾、英勇、恐怖、厌恶、奇异。“艳情味”即“性爱味”居八味之首，可见印度古代生殖崇拜的观念（“性”）已提升到美学的高度并居审美情感基调之首位。这一“味论—情论”的美学思想不仅应用于舞蹈音乐戏剧等表演性艺术，也扩展到绘画、雕塑等造型艺术。绘画的色彩也按照《舞论》的规定分别隶属于某种“情”和“味”。如绿色代表艳情，白色代表滑稽，灰色代表悲悯，红色代表暴戾，橙色代表英勇，黑色代表恐怖，蓝色代表厌恶，黄色代表奇异。[37]这种色彩观不是西方视知觉的印象色（非固有色），而是表情性的，但这种表情性又赋予了固有的特定的人文含义，从而又成了色彩象征。

如果说青绿山水画的哲学基础是儒、道、佛之融合和五行五色之收摄[38]，那么印度美学中的这种色彩象征首先是不会被中国的儒家所接受的，换句话说，儒家在思想过滤、清理、改铸、扬弃与吸收中与佛抗衡。如在笈多雕刻的两大样式中，中国人取马图拉样式的“湿衣佛像”而不取萨尔纳特样式的“裸体佛像”，中国佛画把印度佛教中妖娆、妩媚、丰乳肥臀、感性肉欲的裸体药叉女变成了敦煌壁画中端庄飘逸而典雅着装的飞天、伎乐天[39]，即使同一题材同一题目构图也相仿的画中魔女[40]，印度的魔女全裸或半裸，诱惑佛陀，极尽艳情之态（如印度阿旃陀石窟第1窟壁画《降魔图》），而中国的魔女却全都穿上了衣服，斯文了许多（如敦煌石窟254窟《降魔女》），想必就是儒家“礼”与“仁”之伦理思想和“文质彬彬”之美学理想对佛教绘画过滤之表现，于是印度佛画中“绿色”的艳情味自然会被儒家所不齿而汰变。

如果说儒家色彩观不仅有正德正色的合“礼”之要求，也有文质兼备的合“度”之要求，孔子不经意间提到的（引譬连类般在说礼）的与绘事相关的“绘事后素”成了绘事一科的经典训条，从而形成了儒家极富理性主义的色彩观的话[41]，那么比较一下印度佛画和中国佛画、比较一下藏传佛教中的唐卡和中原佛画就可看出，前者包含的艳情、浓烈更衬出后者艳丽中的理性，这表明在儒家思想流行渗透的地方，佛画色彩是怎样被儒家进行了过滤的。这应是从佛画中“脱胎”的青绿山水色彩的理性与克制的原因之一。于是，即使大青绿，色彩调式也讲色彩之“清”、纯度之明，忌火、热、燥、烈，而以纯净（素）、清朗、和谐为上。[42]

中国山水画萌芽于魏晋时期（晋末），战乱频仍而儒学腐朽，使魏晋名士转而向道，乐道谈玄，体道通玄，纵情山水。遂玄是庄学的大发展：“晋人的美感和艺术观，就大体而言，是以老庄哲学的宇宙观为基础”，（它）“奠定了一千五百年来中国美感——尤以表现于山水画、山水诗的基本倾向”[43]。于是全面地来看，道家不仅奠定了水墨山水画的基础，也同样奠定了青绿山水画的基础。“山林奚，息壤奚，与我欣欣然与乐奚”的庄子精神应是青绿山水萌芽的首要前提。

然而无论青、绿都不是老庄的真正色，老庄的色彩是素淡虚空之黑白[44]，这种色彩观的彻底贯彻是要“心斋”“坐忘”，“外物、外天下、外生”而“体道”（体“无”）的，这种超越性的体现只有在“心印”似的水墨山水画中才能彻底实现。[45]然而就像水墨画没有选孔子的五色绮丽却受了孔子雅与平和、内敛而和谐的色彩气质的影响一样，那么青绿山水画没有选老庄的真正色彩却也可以取他们的“心斋”，以纯净、澄澈、安静之气质来淘洗所选色彩，于是中国的青绿色彩画格外求静而“繁彩寡情”便是当然（儒道合流）。

儒道如此，五行色和佛教及青绿山水画的关系又如何？这是和前面的讨论有问题交叉性的探讨。

“五行说”是中国文化中影响最为深刻而广泛的学说之一，“五色说”是五行学说的一部分。五行色的审美观是汉民族色彩观的奠基石，是中国绘画色彩的始源性资源。[46]虽然佛教美术对中国本土美术的影响首先是色彩调式的改变，即改变了中土汉画的黑红色基调而以青绿为主色调，但我们不能忘记的是外因是变化的条件，内因是变化的根据。佛教如果没有或者不和中国文化内部的因子相契合，它就会在中国大地难以立足，中国历史上几次大的灭佛禁佛运动（即中国佛教史上所说的“三武一宗”的灭佛运动[47]）已深刻说明了这一点。因此，可以这样说，青绿山水画的出现是中国文化（中国哲学）对外来文化的共鸣、整合和消化吸收。

五行色彩与印度美学的色彩在观念概括性上有程式化形式上的相似性，即都具有观念性阐释的语义符号性，从而是极富概括性的观念色、概括色（这在战国至秦汉的帛画、漆画、敦煌壁画、克孜尔壁画的菱格式和印度笈多时代的雕刻和阿旃陀石窟壁画中都能一再看到）；然而它们又有着许多不同点，这不仅表现在中国人的色彩不具有印度美学色彩那样极强的表情性特点和情绪性张力（青绿山水才会出现“繁彩寡情”的特别样态），而且在象征、概括的具体内容上也有着许多差异。如前所述，诸如印度美学中以绿色为“艳情”（又以蓝色为“厌恶”）之义首先不会被儒家思想接受，因此虽受外来影响但作为中国文化中的青绿山水画显然没有接受他们这样的色彩观念，而只是借鉴了和我们相通的程式化的色彩形式。

此外，中国人在讲色彩的观念性的时候也不完全排斥色彩的自然性成分（如五行色就有东方——春天草木苍翠为“青”这样的视知觉意味）。于是青绿山水色彩样式确立的因素之一就有真实面对自然的要求。这一方面是五行色本身所具有的含义之一，即中国人的五行色观念所把握的抽象性不完全是从抽象中来，占卜以贞色是在观念的支配下，却也是在视知觉的经验积累中，五方、五侯与五色的联想也同样首先是在视知觉的经验积累中[48]；另一方面，如前所述，青绿山水萌芽时魏晋士人面对自然的态度，在纵情山水里既有道家情怀也有道教情综。因此不是惠远所云山河大地都是“佛影”，而是“山林奚，息壤奚”的真实山水（真实人生）首先进入了画家的眼帘。于是对自然真山水的态度是山水画一开始即以青绿重彩形式出现的原因之一[49]（“以形写形，以色貌色”，才能“以形写神”而“迁想妙得”）。因此青绿山水的色彩样式既有强烈的色彩概括性、观念性而程式化、装饰化（即纯形式）的一面，也当然不排除对自然山水描写的因子（只是这样的描写不是对景写生，不是随物赋彩）。[50]

况且，青绿山水所使用的颜料有石色（矿物质颜料）和草色（植物质颜料），石色有石青、石绿、朱砂、朱膘、赭石、白粉、金银等，草色主要有花青、藤黄、胭脂等[51]，这都是五行色系所包含的内容。张彦远在讨论画之材质时除了对画底亦对颜料做了详细说明：“齐纨、吴练，冰素雾绡，精润密致，机杼之妙也。武陵水井之丹、磨嵯之沙、越隽之空青、蔚之曾青、武昌之扁青、蜀郡之铅华、始兴之解锡，斫炼澄汰，深浅轻重，精粗林邑。昆仑之黄、南海之蚁铆、云中之鹿胶、吴中之鳔胶、东阿之牛胶，漆姑汁炼煎，并为重彩，郁而用之。”[52]张彦远对当时绘画颜料之丰富可谓细查备至，唐之绘画以青绿为主导，因此彦远所讨论的绘画颜料系统自然可以看作青绿色彩之谱系。[53]

因此更具体地回到色彩本身来说，青绿山水画的色彩样式是中国的五行色（融通儒道）对佛教美术色彩（包括异族色彩观）的整合、共鸣、过滤和消化吸收，于是即使再受外来影响，青绿山水画也依然是中国画中的一支。它既能被皇家贵族所喜爱而光华于宫廷，同时又能在文人画兴起并具主流的时候，被“淡出”而落实于民间，想必都仰赖于有五行色托底。其实在未受异族影响的华夏本民族的绘画色彩中，即使以黑红为主色调，也并未排斥抛弃掉青绿色（中国人始终坚持的是青赤白黑黄五色体系）。反之亦然，即使以青绿为主色调，黑红黄赭诸色也没有在青绿山水画中消失。如青绿兴起后，赤色所用比重虽大大降低，元饶自然在总结隋唐金碧山水之画法时，竟然强调“除红叶外，不可妄用朱金丹青之属，方是家数”[54]的地步。但饶氏之总结也许过于严格了，事实上，我们在唐宋青绿山水里依然能看到甚至是大面积的亮丽之红色。如宋无款的《澄江碧岫图》《云山殿阁图》《江天春色图》《曲院莲香图》等作品所呈现的那样[55]，在青绿山水中赤色依然占有着一席地位，这当然可以看作是五行色之影响。因此五行色两个向度的发展（宫廷与民间），自然也就成了青绿山水的两个向度的发展。[56]

因此无论从颜色词的考察，还是从绘画思想史的考察中，虽然都能看出“青绿山水画”的出现是受异域色彩观的影响，然而“青绿”却也是我们自己色彩文化中的题中已有之义。于是也许我们可以做这样的意向性探测，“青”乃五行色彩之正色，那么，如果远古之人把绘画叫作“丹青”是偏向于“丹”的话，把绘画中的一支叫作“青绿”就是偏向“丹青”之“青”了（如果青不止“黑”这一种颜色，如果“青”除“蓝”外还包含“绿”的话），“青绿”之叫法也就没有完全逸出中国人的色彩观，因此“青绿”不该是一个外来词。于是青绿山水画的色彩样式虽借鉴了外来绘画的形式[57]，却最终建立的是中国人自己的美学味道和程式化准则。

注释

[1]（明）李时珍：《本草纲目》卷九，人民卫生出版社1957年影印本，第625页。

[2]《尚书正义》，载李学勤主编《十三经注疏》（二）（标点本），北京大学出版社1999年版，第386页。

[3]蒋玄佁：《中国绘画材料史》，上海书画出版社1986年版，第125页。

[4]《尚书正义》，载李学勤主编《十三经注疏》（二），北京大学出版社1999年版，第387页。

[5]（汉）许慎著，（宋）徐铉校订：《说文解字》，中华书局1965年版。

[6]《尚书正义》，载李学勤主编《十三经注疏》（二），北京大学出版社1999年版，第153页。

[7]参阅大量的考古发现和绘画遗存。

[8]本文的考证可以得到一些对此问题关注的学者之支持。如蒋玄佁先生曰：“中国绘画，以赤为正，其中以朱之用途为最广。古代绘画中，仅有赤红两色，如乐浪汉代漆器及长沙楚代漆器均无青绿等色。”《中国绘画材料史》，上海书画出版社1986年版，第123页。吴秋野女士对“丹青”亦做了简约但相同路向的考证并得出结论。参阅吴秋野《青绿山水的产生与佛教美术及异族文化》，《美术观察》2004年第11期。

[9]参阅拙作《五行与五色》，《美术观察》2005年第3期。

[10]参阅《新华字典》，商务印书馆1987年版，第145—146页。

[11]参阅汪涛《殷人的色彩观念与五行说的形成及发展》，载艾兰、汪涛、范毓周主编《中国古代思维模式与阴阳五行说探源》，江苏古籍出版社1998年版。

[12]参阅《新华字典》，商务印书馆1987年版，第953页。

[13]（汉）许慎著，（宋）徐铉校订：《说文解字》，中华书局1965年版，第84页。

[14]参阅金祥恒《释物》，《中国文字》1968年第30期；裘锡圭《释“勿”“发”》，载《古文字论集》，中华书局1992年版；沈之瑜《甲骨卜辞新获》，《上海博物馆集刊》1989年第3期。

[15]参阅汪涛《殷人的色彩观念与五行说的形成及发展》，载艾兰、汪涛、范毓周主编《中国古代思维模式与阴阳五行说探源》，江苏古籍出版社1998年版，第272页。

[16]参阅艾兰、汪涛、范毓周主编《中国古代思维模式与阴阳五行说探源》，江苏古籍出版社1998年版，第272页。

[17][日]清水茂：《说“青”》，载香港中国语文研究会编《王力先生纪念文集》，1987年版。

[18]《新华词典》，商务印书馆1987年版，第677页。

[19]查《现代汉语字典》，“苍”字的第一条解释即是“青色（包括蓝色和深绿色）”。《新华词典》，商务印书馆1987年版，第81页。

[20]《荀子·劝学篇》。

[21]（汉）许慎著，（宋）徐铉校订：《说文解字》，中华书局1965年版，第106页。

[22]参阅拙作《五行与五色》，《美术观察》2005年第3期。

[23]（汉）许慎著，（宋）徐铉校订：《说文解字》，中华书局1965年版，第273页。

[24]参阅拙作《五行与五色》，《美术观察》2005年第3期。王文娟：《墨韵色章——中国画色彩的美学探渊》，中央编译出版社2006年版，第58页。葛兆光：《中国思想史》（第一卷），复旦大学出版社2001年版，第19页。

[25]参阅拙作《论儒家色彩观》，《美术观察》2004年第10期。

[26]《毛诗正义》（上），载李学勤主编《十三经注疏》（三），北京大学出版社1999年版，第117页。

[27]《毛诗正义》（上），载李学勤主编《十三经注疏》（三），北京大学出版社1999年版，第117页。

[28]（唐）封演《闻见录》：“李封为延陵令吏人有罪，不加杖罚，但令裹碧头巾以辱之。随所犯轻重以日数为等，日满乃释。吴人着此服出入州乡以为大耻。”

[29]参阅王书奴《中国娼妓史》，上海生活书店1934年版。

[30]卓影：《丽人行》，古吴轩出版社2004年版。

[31]参阅拙著《墨韵色章——中国画色彩的美学探渊》第一章，中央编译出版社2006年版；蒋玄佁《中国绘画材料史》，上海书画出版社1986年版，第123页。

[32]参阅金维诺《敦煌艺术在美术史研究上的地位》，载《敦煌壁画》（五），文物出版社1987年版；楚启恩《中国壁画史》，北京工艺美术出版社2000年版；吴秋野《青绿山水的产生与佛教美术及异族文化》，《美术观察》2004年11期；王文娟《青绿山水画衰落原因探微》，《清华美术》2006年第2卷；

王文娟《墨韵色章——中国画色彩的美学探渊》，中央编译出版社2006年版。

[33]近年来国内的青绿山水研究中这样的偏颇是存在的。

[34]汤一介:《佛教与中国文化》，宗教文化出版社1999年版，第2页。

[35]印度笈多艺术对青绿山水画的出现所起的促进作用应该是通过西域及北方佛教绘画（如敦煌壁画、克孜尔壁画以及麦积山、文殊山等地的佛教石窟壁画）为中介的。

[36]参阅王镛《印度美术》总论，载《世界美术全集》，中国人民大学出版社2004年版，第9页；穆纪光《阿芙洛蒂忒·药叉女·敦煌菩萨——对三种美神的文化内涵的解释》，载《美学与艺术学研究》（第三集），江苏美术出版社1997年版。

[37]参阅王镛《印度美术》，中国人民大学出版社2004年版，第160页；[印度]婆罗多牟尼《舞论》，金克木译，载曹顺庆主编《东方文论选》，四川人民出版社1996年版。

[38]参阅王文娟《墨韵色章——中国画色彩的美学探渊》第三章第二节，中央编译出版社2006年版。

[39]穆纪光:《阿芙洛蒂忒·药叉女·敦煌菩萨——对三种美神的文化内涵的解释》，载《美学与艺术学研究》（第三集），江苏美术出版社1997年版；张法:《佛教艺术》，高等教育出版社2004年版，第27页。

[40]参阅王镛《印度美术史话》，人民美术出版社1999年版，第98页。

[41]参阅拙作《论儒家色彩观》，《美术观察》2004年第10期。

[42]悉心体察展子虔的《游春图》、李思训的《江帆楼阁图》、李昭道的《明皇幸蜀图》、王希孟的《千里江山图》、赵伯驹的《江山秋色图》、仇英的《桃源仙境图》等青绿名作，便会有更深体会。

[43]宗白华:《美学散步》，上海人民出版社1981年版，第220页。

[44]参阅拙作《论道家色彩观》，《美术观察》2006年第6期。

[45]参阅[美]方闻《心印——中国书画风格与结构分析研究》，陕西人民美术出版社2004年版；徐复观《中国艺术精神》，春风文艺出版社1987年版；王文娟《墨韵色章——中国画色彩的美学探渊》第四章，中央编译出版社2006年版。

[46]参阅周跃西《略论五色审美观在汉代的发展》，《中原文物》2003年第5期；王文娟《五行与五色》，《美术观察》2005年第3期。

[47]灭佛的“三武一宗”为北魏的太武帝拓跋焘、北周武帝宇文邕、唐武宗李炎、后周世宗柴荣。参阅方立天《中国佛教与传统文化》第四章，上海人民出版社1988年版。亦参阅《佛教三百题》，上海古籍出版社2000年版。

[48]参阅拙作《五行与五色》，《美术观察》2005年第3期。

[49]参阅许俊《青绿山水画技法》（北京工艺美术出版社2002年版）中“青绿山水画发展综述”一节的具体论述。

[50]要特别说明的是，自然真山水的色彩只是中国青绿山水画的因素之一，却不是它最终的定向。于是，青绿山水画不是对景写生不是随物赋彩。因此确切地说，作为中国重彩山水画，青绿山水虽有面对真实山水的一面，却不是写实主义的固有色，也不是主观性的色彩抒情（既非西画中印象派之“条件色”似的抒情性，也非中国文人水墨画之“抽象色”的抒情性）。青绿色彩因其“繁彩寡情”、理性、克制，重设计性、程式化、装饰性的风格，因而具

有极富观念性的概括性、符号性特点，究其原因是多方面的。其色彩特点以原色的运用（石青、石绿、朱砂、赭石、藤黄、白垩等，花青藤黄调和之汁绿例外），对纯度、明度的强调（以求色相的高度稳定性），对主色调的强调、对少量对补色的偏爱（如红绿对补）以及响亮饱满的大面积色彩“平涂”（以罩、染、提、烘、铺、衬、填等手法），同时注重同一色相中的明度对比形成色阶而极富虚实节奏，从而具有中国美学的典型特点。

[51]参阅许俊《青绿山水画技法》，北京工艺美术出版社2002年版。

[52]（唐）张彦远：《历代名画记·论画体工用拓写》。

[53]重彩花鸟、人物画之所用颜料亦同此理，另外，文人浅绛设色画之色彩颜料亦在此色彩谱系中选择用之。

[54]（元）饶自然：《绘宗十二忌》。

[55]参阅许俊《青绿山水画技法》，北京工艺美术出版社2002年版。

[56]参阅拙作《青绿山水画衰落原因探微》，《清华美术》2006年第2卷。

[57]要强调的一点是，中国青绿山水画的出现受异域佛教美术的影响不是直接搬移的。这种影响除了前文提到的指中土绘画色彩调式的改变（由黑红而青绿）之外，还有印度美术中色彩晕染出立体感的“凹凸画法”也许直接启示了中国青绿山水画的“罩”“染”“提”“填”“衬”等色彩技法。壁画史专家楚启恩先生就认为“‘天竺晕染法’在当时（按：魏晋时期）的壁画中被普遍运用，中原地带的唐、宋时期工笔重彩人物、花鸟、山水中的皴染法，也是受此影响而发展起来的。在此以前的时代中，每以纯粹的平涂着色，无渲染之例”。楚先生所说的唐宋工笔重彩山水应乃青绿山水也。参阅楚启恩《中国壁画史》，北京工艺美术出版社2000年版，第101页。

本文载于《美术研究》2007年第2期

王文娟，1966年生，湖南沅江人。2005年毕业于中国人民大学艺术学院，获博士学位。中国人民大学艺术学院教授、博士生导师，徐悲鸿艺术研究院学术部主任。

重返现代

——社会转型时代的艺术转型

荣 剑

哈贝马斯和利奥塔在20世纪80年代所进行的有关现代性和后现代性的争论，可能是20世纪以来西方现代思想史上最重要的争论之一。实际上，当18世纪英国的工业革命开启了西方现代性的列车之后，对现代性的批评和质疑就已经开始。从尼采往前溯及卢梭，西方经典的以理性主义为核心的现代主义的各种文本，如工业的、伦理的或艺术的理论和实践，便时刻在遭受着来自非理性主义的侵蚀和消解。特别是，当承载着工业革命二百余年所沉淀下来的历史成果而进入信息化时代时，也即是在西方基本完成其现代性的一切诉求时，先前那些始终对理性和科学的后果抱有警惕和敌意的思想先知们的片言只语，才真正地在现代性的时间洪流中完成了后现代的历史语境。正如利奥塔在他的代表作《后现代状态》中所说："现代性结构性地和不间断地孕育着它的后现代性"，"后现代性并不是一个新时期，而是对现代性所具有的一些特征的改写，而这种改写长期以来一直是在现代性本身中进行的"。[1]

现代性作为西方社会转型的标志和后果，在超越了古代和中世纪的社会状态后必然会在众多的领域显示其固有的品性和风格。在哈贝马斯的视野里，现代性意味着"不再需要参照其他时代的标准，不再从模仿其他时代的标准的过程中寻找自己的前进方向。它只需自创其所需要的规范"[2]。现代性的全部能量就是"自我立法"。正是依据现代性这个基本要求，现代性被区分为三大价值领域，即根据自身的逻辑和规律建立起来的客观科学，普遍的道德和法律，自主的艺术。哈贝马斯所理解的现代艺术的核心就是艺术的自律性和自主性，他从波德莱尔那里观察到了现代性审美的最初轮廓。按照这位现代主义诗人在他的经典文本《现代生活的画家》中的理解，审美的现代性不是对古典范例的模仿，不是以绝对的美为理想，或者说，绝对的永恒的美是不存在的，现代艺术只能在偶然的、琐屑的、非规范的因素中表达对美的永恒追求。艺术的具有超越时间的力量和魅力并不取决于它对既有的艺术样式的完美模仿和重复，而是在于它能否从流行的时尚的东西中提取出它可能包含着的在历史中富有诗意的东西，从过渡中抽出永恒。[3]波德莱尔的完全不同于古典主义的现代审美观，在哈贝马斯那里被进一步上升到哲学的高度上来予以把握：现代性的出现，意味着时代的精神现象只能通过诉诸自身来求得生存的合理性和合法性，艺术只能在自身的时代为自身立法，而不是简单地从古典传统中（特别是从宗教传统中）发掘诸如进步、解放、危机和时代精神的渊源。

哈贝马斯对自主的现代艺术的坚持和理解，作为他整个现代性理论的一个部分，是力求和后现代主义划清界限的。自康德以来，人的理性和主体性的觉醒削弱乃至彻底消解了宗教所发挥的绝对统一的力量，最后在尼采那里演变为“上帝死了”的预言。当理性不能复兴宗教的统一力量时，哈贝马斯关注着重建现代性统一的可能性，他力图在多元性的话语体系中通过不同思想资源的“交往”来重新建构起一种被后现代主义所极力拒斥的人类“共识”或“元叙述”。但是，现代艺术能否提供这样一个具有统一的艺术共识的范例呢？因为现代艺术多样化的态势本来就意味着艺术无限发展的可能性，当现代艺术从古典的艺术样式中解脱出来并独立地确立其自律性的品格时，它有别于“前现代性”的“现代性”，实际上在利奥塔的逻辑上，已经潜伏着向后现代发展的可能，或者是杰姆逊所认为的那种“向前的逃跑”。当现代性艺术不再以古典艺术为范本时，后现代的艺术怎么会可能甘愿在现代性的艺术样式中确立自己的立足点？这样，现代艺术在颠覆了古典艺术之后就埋藏起一个有可能也颠覆自己的巨大悖论：它自身所倡导的“新”的规范和原则在另一个“更新”时代到来时将被无情地抛弃。一部现代艺术史难道不是一部后现代艺术的前史？

美国艺术批评家金·莱文在他的《后现代的转型》一书中这样写道：“我们正亲眼目睹这样一个事实，即在过去的十年中，现代艺术已变成一个时期的风格，一种历史的存在。我们惊讶地发现现代主义阶段已经结束，并成为历史。70年代初，一些现代艺术批评家和艺术家发出了有关艺术的死亡的可怕预言。现在，真相大白，当时走向终结的并非艺术本身，而只是一个时代。”[4]这段评论是批评家写于20世纪70年代的最后一年，其时，后现代主义艺术正如火如荼地在美国遍地燃烧并蔓延到欧洲，现代主义体系以及依靠这个体系所建构起来的科学、道德和艺术面临着前所未有的冲击，这是否就是现代性时代的终结？或者说历史已经进入一个新的时代，艺术转型作为社会转型的前兆或后果，已经明白无误地指示着“后现代的状况”已经成为每个人无法回避的现实？

从西方社会编年史和艺术史来看，上述问题似乎已有答案。在哈贝马斯和利奥塔展开他们的著名争论之际，争论的线索实际上是由社会的变迁所决定的。从1968年罗马俱乐部发出人类现代性危机的预言以来，人类真真切切地开始感受到科学的发展——现代性的主要形式——给人类可能造成的可怕后果。对现代性的质疑和批判绝非杞人忧天。当现代性受到根本质疑时，现代性的精神现象，包括自印象主义美学以来一切现代主义风格的艺术，注定成为一种新的“古典艺术”。套用莱文的说法，现代主义艺术是依靠科学和对科学的运用而发展起来的，如大胆涉足光学的印象派，利用爱因斯坦相对论的立体派，具有工业技术效果的构成主义、未来主义、风格派、包豪斯以及达达主义的图解方式，甚至连运用弗洛伊德梦境理论的超现实主义形象和受其精神分析过程影响的抽象表现主义，都试图用理性的技巧来驾驭那些非理性的事物。[5]而当理性受到根本质疑时，建立在理性主义基础上的现代主义艺术，连同它赖以生存的社会制度，注定成为后现代思潮的解构对象。

后现代主义在思想领域成为一种主流，它标志着机械论的世界观已经陷入不可克服的危机，一种维系语言结构、社会结构和知识结构的统一性的普遍逻辑已不再有效，它对本质主义和历史决定论的拒斥，对理性和宏大叙事的消解，对意义和乌托邦的疏离，对逻各斯中心化的抵制，所有这一切构成了后现代主义的特定历史语境，并且物化为它所特有的建筑风格、艺术样式、戏剧模式和行为方式。这的确是自启蒙时代以来人类社会所发生的最深刻的变化。但是，即使如此，后现代是否已经构成了一个时代，这仍然是值得怀疑的。哈贝马斯坚持认为，现代性是一项尚未完成的计划和未竟的事业，在他看来，现代性是以个人的自由为特征的时代，现代性并不是某种我们已经选择了的东西，我们不能通过一个决定将其动摇；现代性仍然包含着规范的令人信服的内涵；启蒙思想并不是简单的抽象结构，它作为预设条件已经嵌入了日常交流实践之中，嵌入了生活世界之中。哈贝马斯看到了现代性具有进步和贡献与压迫和破坏的双重性，他主张通过对现代性批判来发挥现代性的潜能，重建现代性中的理性、共识、解放和团结等价值。作为和哈贝马斯相对立的后现代思想代表利奥塔也并没有把后现代上升到一个新的时代上来进行把握，他认为，后现代不是一个时间的概念，“而是对现代性自称拥有的一些特征的重写，首先是对现代性将其合法性建立在通过科学和技术解放整个人类的视野基础之上的宣言的重写”[6]。这种重写意味着从科学认知、叙事话语到社会规范的一系列规则的转换和确认，是以解构“宏大叙事”或“元叙事”为价值指向的新的思维方式和行为方式的建立。一句话，利奥塔是要重新构造现代性的精神基础。

哈贝马斯和利奥塔的争论，在过去了20多年后的今天，仍然在左右和影响着人们对现代性和后现代性的看法。基于他们各自不同的理论和价值观，人们会对社会的趋势和艺术的趋势产生不同的考量。而我注意到的是，他们的争论在整体上是对西方历史进程的一个反映。自启蒙时代以来，现代主义艺术随着工业革命的车轮向前拓进，它历经各种艺术风格和流派的演绎，上演过古典艺术所难以企及的辉煌剧目，对人类想象的极限内所能出现的各种艺术形式进行了不懈的探索。这是一个需要时间来积累的过程，就像马克思在《资本论》中所说的那样，是一个既不能缩短也不能跳过去的“自然历史的过程”。只有在这个过程中，现代性的各种问题才会显现出来，后现代的场景才可能进入人们的视野。

西方的社会和艺术进程，对中国的社会转型和艺术转型来说，是全球化范围内唯一可以参照的一个历史坐标。中国自晚清新政以来，在近代化的模式中开始其最初的现代性进程，这比西方要晚了近二百年。当印象主义绘画拉开西方现代主义艺术的序幕时，油画这种艺术形式如同西方的其他舶来品一样，在中国才刚刚进入一个被模仿和学习的阶段。西方的艺术形式的引进作为中国向现代性的社会转型的副产品，它在中国的命运，首先是取决于中国社会转型的完成。辛亥革命从形式上终结了帝国专制，但在其后的半个多世纪里，中国的现代性进程始终是步履维艰。20世纪最后20年在中国开始的体制改革和对外开放，对中国具有决定性意义的，就是真正开启了中国的现代化之门。历史由此赋予了中国和西方在现代性问题上的巨大的时空差距：不管在哈贝马斯看来西方的现代性作为一项未竟的事业有待继续完善，还是利奥塔所认可的向后现代性的必然转换，在中国都不具有现实性。中国的现实性仅仅在于，中国还处在前现代性向现代性转型的道路上，中国的现代主义体系及其在政治、经济、道德和艺术层面上的成熟表现，还远没有完成。一个至少需要上百年历史积累的过程，是不可能在一个早晨一蹴而就的。

晚清民初之际的几位思想大家，如王国维、梁启超等人，在不同的场合都曾经感叹他们遇上了“三千年未有之大变局”。的确，在此以前中国社会所出现过的任何一次社会动荡或变革，都不具有现代性的意义。为终结盘亘了几千年的帝制所进行的辛亥宪政革命，使中国在历史上第一次直面现代性的社会转型。这样的社会转型不同于以往的改朝换代，它要在政治、经济、文化、教育、道德各个层面，按现代性的要求完成对传统社会的根本改造。很显然，艺术的转型以及它的现代性构成，只能被置于这个社会改造的系统工程中来加以估量。在这一点上，中国应当没有其超然于西方的特殊性。在西方启蒙以来的历史语境中，现代主义艺术从来就是现代性社会构成的一个组成部分，艺术被置于和科学、道德同等重要的位置，它的自主性是现代性宪政制度的应有之义，审美的价值在形而上学的意义上是超乎一切其他价值的。只有在现代主义艺术基本穷尽了各种艺术形式的探索之后，历史才可能进入一个由后现代艺术来宣告现代主义艺术终结的时代。现代主义艺术退出历史舞台的理由既是社会的，也是艺术的。就前者而言，工具理性的破产和现代性的困境突出了西方社会另一种意义上的“合法性危机”，这预示着现代性改造和重建的必要性；就后者而言，艺术发展的现代性尺度本来就内在地包含着艺术求新求异的无限可能性，艺术不会永久停留在现代主义阶段。西方现代性问题的滥觞和后现代艺术的出场，无疑仍然是一个前后相续的自然历史的过程。这个过程会在中国发生吗？

按历史的逻辑来看，中国一旦开始其现代性的社会转型，现代主义的艺术之门也就打开了。但问题在于，辛亥革命以来的中国现代性社会转型迟滞于20世纪的最后20年才开始；在油画被引进到中国来的近百年的时间里，写实主义的语言在不断地重复着西方古典时代的艺术样式，特别是在苏俄所谓的现实主义艺术的指引下，所有的艺术形式都不同程度地蜕变为一种意识形态的图解工具。在中国社会还未真正开始其现代性变革之前，艺术的现代性转型，既缺少其社会性动力，也缺少其来自自身内部变革的动力。当中国的改革开放开启其现代性的“时间之窗”时，中国不仅进入一个真正的现代性时代，而且也使自己成为和西方后现代转型的同时代人。这是一个奇异的时空交错的历史场景，前现代的、现代的与后现代的文本和话语同时出场，全球化借助于空前迅捷的电子网络世界，彻底摧毁了原来设置在相隔遥远的各民族国家之间的时空壁垒。世界似乎进入了马克思在《共产党宣言》中所展望的那种状态："过去那种地方的和民族的自给自足和闭关自守状态，被各民族的各方面的互相往来和各方面的互相依赖所代替了。物质的生产是如此，精神的生产也是如此。各民族的精神产品成了公共的财产。民族的片面性和局限性日益成为不可能，于是由许多种民族的和地方的文学形成了一种世界的文学。"[7]

西方的后现代艺术是否就是马克思意义上的"世界文学"？在西方的经济话语主导世界经济秩序的情景下，精神领域的话语霸权是否一定具有其"世界性"的性质？这样的设问，其实在中国"八五美术新潮"以来的艺术进程中，应当已有答案。

"八五美术新潮"是中国艺术迈向现代主义的第一步，这既是适应于社会体制的变革在艺术领域所发生的最初反应，也是呼应和推动体制改革的思想启蒙的一个部分。肇始于改革初期的思想解放运动，要求通过宪政和市场来重新配置传统的政治资源和经济资源，以求得社会最大限度的公正和效率；同时也要求艺术摆脱其传统的意识形态的枷锁而确立其自律和自主的品质。但是，至"后八九"这个特定的时期，启蒙止步于一场政治风波，艺术的现代主义步伐没有再随着以后继续进行的改革和开放而进入一个全面发展的时代。在现代主义徘徊不前时，后现代主义应运而生：一个对中国是超时代的而对西方则是同时代的艺术现象，构成了"后八九"以来中国当代艺术的一个特殊空间——以波普艺术和观念艺术为核心的后现代艺术。

西方的后现代艺术是现代性高度成熟乃至趋向衰竭的产物，是现代主义艺术基本穷尽其各种风格和形式的探索后面向艺术新的可能性的趋势，也是美国依靠其经济霸权而强行向全世界输出其话语霸权的主要方式。后现代的历史性和时间性就在于它是"现代之后"，当它把现代主义艺术作为解构的对象时，它实际上已经预设了现代主义艺术作为它自己的一个前提，它在价值上的合理性是基于现代主义艺术的内在局限，它对大众文化和平民艺术的诉求直至消解架上艺术是源于现代审美的疲惫。而中国的后现代艺术出场，显然完全超越了一个需要特定时间的积累并在时间的积累中历经各种艺术形式和风格进化的现代主义过程，它是直接从前现代跨入了后现代，是在向现代性的社会转型中完成了向后现代的艺术转型。中国在其刚刚启动的现代性列车还远没有到达她的目的地时，便在艺术领域——比之其他一切领域——唯一在世界赢得了她在后现代意义上的"当代性"。中国的"当代艺术"不过成了中国后现代艺术的代名词。

后现代艺术构成中国当代艺术的一个主流，从表面上看，似乎缺少其社会的生成机制，也缺少本应作为其生存前提的博大的现代主义积累；但如黑格尔所说，凡是现实的都是合理的。事实上，从前现代社会状态中脱胎而出的后现代艺术在中国并没有被悬置在半空，相反，它有它存在的现实土壤。从"八五美术新潮"以来，以启蒙和思想解放为价值指向的现代主义艺术，一直试图以其特有的方式来干预和介入社会的改革进程，变革现实的工具理性是其不加掩饰的要素，而对艺术形式和风格的探索则倒退而其次。艺术的社会批判功能本来并不是现代主义艺术的应有之义，它的核心要求是回到自身完成其语言和形式的革命。但是在中国的社会转型中，超常发展的政治控制力量使社会的各个领域都被打上了政治的烙印。艺术也不例外，艺术还无法完全按照自己的要求发展，艺术在现代主义的道路上究竟能走多远，是取决于政治的特定情势和政治力量的对比关系。因此，当一场政治风波使政治的钟摆停顿下来时，艺术的现代主义实验必然也陷于停顿，一个自觉使自己成为社会变革的工具和启蒙的意识形态的现代主义艺术，在特定的历史情景的制约下，必然要转换其话语形式。中国艺术的后现代转型只能被置于这样的现实来理解：它既是对现代主义艺术进入政治死胡同的反思和逃避，又是通过一种新的叙述方式来延续对政治的关联。在后现代的文本里，政治不再是作为启蒙的对象或动力，而是被编造成各种玩世主义的故事，崇高被消解，反讽和调侃成为主流；大量充斥在波普的、观念的、前卫的艺术中的政治性符号，在后来蓬勃兴起的消费主义文化中，日渐堕落为艺术的卖点。特别是在国际资本的“第一推动”下，中国后现代艺术完成了它从中国的边缘走向西方并从西方胜利归来的历史，它的商业价值被热钱追捧而日趋膨胀，它最初出场的某种先锋性在资本逻辑的操控下已经成了艺术生产的时尚模式。

“后八九”的艺术史基本上是由后现代的话语来书写的这个现状，是否表明中国的当代艺术已经进入了一个全面后现代的时代？抑或中国已经成熟到西方那样的水平而必须在自己的现代主义艺术还处在萌芽时期即把它葬送在博物馆？中国在艺术领域真的能够超越现代主义历史阶段吗？靳尚谊在评论雕塑家吴为山的雕塑时也曾经提到，中国是从现实主义直接跨越到了后现代主义，中间缺少了现代主义。我们在80年代对现代主义感兴趣过，但很快被后现代主义取代。[8]正是针对中国当代艺术的这种现状，我要提出“重返现代”的口号。当后现代艺术超越现代主义已成既定事实时，中国的当代艺术可能面临的转折并不是从写实艺术走向现代主义艺术——因为这是一个毫无疑问的历史性趋势，而是从后现代艺术返回到现代主义阶段。中国的当代艺术必须补上“现代主义”这一课。

从根本上说，艺术不能是超时代的现象，它必须是随社会的进化而完成其自我变革的制度性基础，并在艺术进化的时间洪流中完成其自我变革的历史积累。中国当下的社会转型还远没有完成它的现代性构成，一个现代主义艺术生成和发展的社会制度条件——这当然也是后现代艺术存在的前提条件，还在逐步的形成中；传统的前现代的制度和文化不仅是现代主义艺术需要继承的历史遗产，而且也构成了现代主义艺术需要超越的历史障碍；20世纪“八五美术新潮”以来的现代主义实验，在新的历史情景下，也需要充实新的内容和进行新的探索。中国的现代主义艺术和它赖以生存的社会改革进程一样，正处在方兴未艾的时期；中国的现代主义艺术史才刚刚开始，用哈贝马斯的话来说：“我们仍然是与首次出现在19世纪中叶的那种美学现代性同时代的人。”

注释

[1]转引自谢立中、阮新邦主编《现代性、后现代性社

会理论：诠释与评论》，北京大学出版社2004年版，第377页。
[2]哈贝马斯:《论现代性》，载王岳川、尚水编《后现代主义文化与美学》，北京大学出版社1992年版，第17页。
[3]参阅《波德莱尔美学论文选》，人民文学出版社1987年版，第484—485页。
[4]金·莱文:《后现代的转型》，江苏教育出版社2006年版，第3页。
[5]同上书，第5页。
[6]《后现代性与公正游戏——利奥塔访谈、书信录》，上海人民出版社1997年版，第165页。
[7]《马克思恩格斯选集》第1卷，第255页。
[8]见《诗意的塑造》，群言出版社2006年版，第7页。

本文载于《美术研究》2007年第2期

荣剑，1957年生，浙江定海人。毕业于中国人民大学，获博士学位。北京锦都艺术中心艺术总监。

全球化视野中的世界艺术史

——略论西方美术史教材的撰写体系与范式的“难题”

李行远

一、问题的提出

在多年来进行西方美术史教学的过程中，我常常困惑于教学体系的框架改革、视角的转换、价值取向的调整等问题。在2001年为“高等美术教育丛书”撰写《西方美术史纲》（湖南美术出版社2002年版）一书的时候，对这个问题感触尤深，曾试图以叙述框架的重构入手，对外国美术史教材的知识结构与价值取向做出某些调整。但是由于在一系列问题上的知识欠缺和思考未周，最后还是保守地在原有的旧框架内进行撰写，只是在基础知识的叙述准确性与概括性方面尽可能从学术与教学需求的角度进行严格的梳理和表述。当时的这种问题意识主要体现在2002年我撰写的一篇对于修·昂纳与约翰·弗莱明合著的《世界艺术史》的书评[1]中，我当时对于这部著作的赞誉并非由于其规模宏大，而是在很大程度上由于它的全球性视野，以及作者们在“平衡”与“联系”等这些方面表现出来的深思和技巧——这些恰好就是我曾试图解决的问题。因此在本文中也会继续把在这篇书评中提出的问题做更进一步的探讨。另外，我和我的同事在2003年为广东美术馆策划一个题为“世界美术大系图展”的教育性质的展览陈列的时候，这些想法部分得以实现。我们合作编著的《图说世界美术大系》（广东人民出版社2002年版）是这一展览的文本，实际上就是我们对于美术史教材改革的一种尝试，其中所触及的一些问题也将是本文讨论的内容。

另外，促使我把教材的“框架”“范式”等问题作为本论文议题的缘由是，在近年来教学过程中美术史论专业学生在课堂讨论课中表现出来的活跃氛围与五花八门的问题取向，从中我一再感受到现有教学范式与开放的、全球的、感性的理想诉求所存在的差距，感受到隐含在现有教学体系中的惰性和危机。现在的学生虽然在知识基础上往往表现出并不理想的状况，而且求学问难的激情在总体上看也比较欠缺，但是只要教学体系的运作仍在进行，有关的思考和改进工作就不应停顿。尤其是与学习过程最为密切相关的教材改革问题，我认为仍有迫切的需要。

另外一个缘由是2006年2月H.W.詹森的《艺术史》推出最新的版本（第7版）所引起的争议，这可以说是关于教材体系的反思和改革的一次前沿交锋，对于所提出问题的不同回答的思考以及对相关问题的继续挖掘成为我写作本文过程中的重要思路。在本文中我将试图结合中国艺术史教育的语境来分析这一争议。

二、知识结构与内容的更新问题

在本论题中，知识内容的更新是一个相对简单的问题，但也涉及对于原有的“经典”“代表性”作品的调整，并且往往会由于新材料的增加而改变原有的认识。然而，教材和体系的知识结构在一定时期内的稳定性又会与日积月累的新发现形成冲突。

例如，我们的教材的原始部分中关于洞穴艺术至今仍只是或主要还是讲述法国拉斯科（Lascaux）洞穴和西班牙阿尔塔米拉（Altamira）洞穴的壁画。1994年在法国阿尔代什地区发现的、被命名为“雪维洞穴壁画”（Chauvet cave）共有300多幅用赭石绘制的动物画和几十幅雕刻画，据放射性碳测年代为距今2.5万年；更重要的是其表现技巧的高度成熟性可媲美于距今一万多年的上述洞穴壁画。从重要性来说，起码不低于上述洞穴壁画，但进入我们教材的速度却比较缓慢。我从2001年开始撰写《西方美术史纲》，因当时对这一发现知之未详而没有采纳。交稿以后才读到修·昂纳和约翰·弗莱明的最新版《世界艺术史》[2]，其中对雪维洞穴壁画的论述使人认识到新材料的发现意义重大，对于以往通常以技巧的熟练程度为断代标准之一的做法有了质疑。这种知识更新的意义并非仅是增大了信息量，而是对艺术发展状况与水平的重新评价。然而，新的发现不断增加。2000年在法国多尔多涅省的屈萨克（Cussac）附近的一个洞穴里，又发现了一条600多米长的地下画廊，在洞内岩壁上有150多幅动物和人类的石刻画，年代距今约2.6万年。同时在洞穴里还发掘出了一具近乎完整的成人骨架和可能属于5个人的零散骨骼。这是第一次在史前洞穴中发现人类墓葬。2007年2月，在法国夏朗德省的一个森林洞穴中又发现了一组史前洞穴壁画，经初步测定，这批壁画可能距今2.5万年。这些新材料从年代上看都具有重要意义，但是，教材内容的更新目前在国内却难以做到“与时俱进”，而且教材的根本属性不是前沿报告。问题是，如何保持一种适当的稳定与更新标准。

比上述考古发现新材料更难处理的是新的思潮、观念、方法等“软”知识结构的更新，尤其是在20世纪60年代以后新学迭出、思潮激涌的学术生态中，“知识”的概念之下所包容的内涵已远非仅是客观的和可以积累的。对于新发现的美术史材料，学生反倒容易借助于先进的检索手段获得，教材的滞后问题其实不难解决。困难的是，新思潮和新的学术方法的出现导致知识结构在客观上的变化，而我们的教学体系则难以在标准性的教材中表现出相对应的改革。比如，女性主义思潮对艺术史研究和教学的影响明显存在，而在1970年以前的艺术史教材中几乎没有提到女性艺术家的作品。[3]那么，增加对女艺术家及其作品的介绍当然成为艺术史写作，尤其是教科书写作的知识结构改革问题。

但是，问题还没有解决。因为根据女性主义的观点，“男权至上”在艺术史课程和教材中仍是无处不在，因而“一个女性艺术家至少有两个任务：揭示传统艺术史中的父权制因素，表现不同于男性的妇女的经验”[4]。那么，这种“揭示”和“表现”是否也应该被纳入知识结构的范畴向学生介绍呢？比如说，迈纳以早期的男性对《尼多斯的阿芙洛狄特》(前350年)的凝视作为早期范例，以因进入了博物馆和教科书而显得神圣的阿芙洛狄特作为至今的范例，说明男性凝视是一种不能完全被排除的因素[5]——而我想继续推论的是，这样的一种因素是否也是关于艺术观看的知识呢？是否也应该被看作进入艺术史教材的知识呢？

实际上，即便是在过去的年代里(如20世纪上半叶)，美术史知识结构的开拓也是依赖于与各种思潮、意识形态密切相关的因素。如中国人对于外国美术的知识是从翻译工作开始的，在20世纪的20年代至40年代，出现了一个相对突出的引入和传播西方美术的时期。在这时期虽然还谈不上对西方美术史知识体系的全面了解，但就所接受的知识范式而言，并没有受到外力的干预。在50年代以后，意识形态的因素对于选择引进外国美术起了很大的制约作用，基本上是局限于苏联美术和某些欧洲古典美术，美术史的知识结构被圈定在以现实主义为中心的框架中。从70年代末以后，对于外国美术的介绍逐步冲破了禁区，研究性论著的译介受到重视。尤其重要的是在知识视野上的拓宽得益于同期更为大量地涌进中国的西方哲学、美学、历史学、人类学、社会学、文化研究等领域的译著，得益于与美术史研究相关的历史文化资源比较迅速地积累起来。很明显，知识框架的调整和内容的更新、扩充不是在自足的系统内可以机械地解决的。

三、“全球史”的艺术史难题

如果要对“世界史”的观念追根溯源的话，假如可以说希罗多德(Herodotus，前484—前425)的《历史》尚未表现出自觉的“世界史”意识的话，起码古罗马时期的希腊历史学家波里比亚(Polybius，约前205—前122)的《通史》则是的确表现出自觉的关于人类历史的统一性意识——各地区互相联结、影响的“世界”意义上的统一性。他写道：

> 在此之前，世界历史不过是一些毫无联系的事件的记录。事件的原因和结局因地区不同而各不相同。但从这时候起，历史开始成为一个相互联系的整体：意大利、利比亚与希腊、亚洲的事务相互影响，呈现联合统一的趋向。这就是我以此作为本书起点的理由。[6]

关于全球史观的发展趋势，英国著名历史学家杰弗里·巴勒克拉夫(G. Barraclough)有过很概括的论述。他认为，早在20世纪30年代荷兰历史学家赫伊津哈就提出了“我们的历史首先是世界史”的观点，而在1945年以后，由于“世界已经进入全球一体化的新阶段”，这种需求就更为迫切了。[7]

在这里最为关键的是这样一种史学思想：所谓的“世界史”，并不在于它是否谈论了“世界”，而在于它是否在这“世界”之中建立起各个部分之间的联系。

在波里比亚以后，在西方史学的发展中对

“世界史”的思想观念、编撰方法等问题有过各种贡献的史学家为数不少，但真正促使史学研究打破种族、区域等视野偏见的力量更主要的不是来自学术内部，而是来自现实中的世界力量的变化。巴勒克拉夫指出：

> 正是那些使我们对现实的看法转变的力量——首先是指绝大部分人类的崛起，摆脱政治上的从属关系，获得政治上的独立，并发挥政治影响——迫使我们开阔视野去看待过去。[8]

因此，历史叙事中的“全球视野”问题与世界力量的格局变化有着某种不可分割的联系。值得我们深入思考的是，当代世界美术史的研究，尤其是通史类著作的撰写，是否也同样受到了当代艺术发展力量的变化的影响呢？

假如只是从内容结构上来看，几乎所有当代学者撰写的“世界艺术史”都会有一种“世界”的视野，不同的只是在分量、比例上的差别而已。但真正具有“世界”性意味的叙事并非仅仅体现在叙述内容的分配比例上，更重要的是作者的思维观念和对以往“西方中心论”模式的反思程度。

首先值得我们研究的是，对来自西方思维传统中的某些概念的反思。例如，修·昂纳与约翰·弗莱明合著的《世界艺术史》在《导论》中一开始就表明这样一种意愿：摆脱种种来自当今西方世界的“艺术”这一概念的对于艺术史的“假设”，并且申明这些概念对于近代西方的独特性[9]——在我看来，这里作者其实是委婉地否定了西方概念的普世意义；作者在同一页论述艺术的演进方式的时候又特别指出，“西方概念里‘进步’一词的意涵经常会扭曲我们对世界艺术的看法”；作者认为，“西方艺术中一直保有古希腊时代的审美观而助长了种族偏见——在心智、品性或美丑方面的白种人优越主义”[10]。这里所讲到的的确是西方审美概念的形象性来源与传统的重要问题。这种对于概念的思考较为集中地体现在分插于某些章节的“概念探析”这一专栏，我认为这种结构是美术史撰写范式中很好的一个组成部分。当然，从现在的这一部分“概念探析”来看，我们有理由指出其不足：所举出的概念太少，在分析中也缺乏与非西方语言中的相同或相类似概念的介绍和比较分析，因而显得仍然没有脱出“西方中心”的局限。

而且，在对概念的梳理中，作者并没有如德里达那样清醒地意识到一种似乎是陷于“绝境”的“难题”：德里达对那种宣称可以“终结”哲学、“超越”哲学的结构主义思潮表示怀疑和批评：“不用形而上学的概念去动摇形而上学是没有任何意义的：我们没有对这种历史全然陌生的语言。”[11]他的态度是在对旧有概念、旧有哲学的瓦解与无须否定之间作清醒的、坚韧的探索。对于我们无法抛弃的“艺术”“审美”等概念，也应该作如是观。

当然，意识与目标并不能简易地统一起来。正如巴勒克拉夫所说：

> 然而，越是强烈地相信需要用全球的眼光去看待世界史，历史学家便越容易认识到撰写这种世界史的过程中所包含的问题和实际困难。至今，试图

撰写世界史的努力并没有取得真正的成功。对此，大家的看法似乎是一样的。然而，对于有关撰写世界史的目标和方法，意见却很不一致。[12]

巴勒克拉夫的这一评述很值得我们思考。他所评述的是20世纪70年代后期的状况，到目前的发展状况如何，笔者未敢断言，但可以认为，在目标、方法、结构等问题上，的确仍然有许多问题需要进一步探讨。

我们仍以修·昂纳与约翰·弗莱明合著的《世界艺术史》为例，来讨论在结构安排上的"全球史"特点问题。作者在导论里承认：

面对如此广阔的时空范围，我们不得不将焦点集中于具有历史重要性、同时也是通常让人最感兴趣的时期和地区。我们以时间的先后次序为经，宽广的地理全景为纬来划分章别，如此可以让世界历史上的重要事件（它们同样影响着艺术家与全人类）清楚地显现出来。[13]

应该说，这是所有同类著述通常的做法。但是，比较另外一些大致同等规模的世界艺术史，如由 Lawrence Gowing 主编的《艺术史》[14] 和 Gardner 的《艺术史》[15]，该书在结构安排上的"世界"观念仍是相当突出。比如，包括上述两部通史在内的许多著作都是在远古、古代、中古等时期的划分中再以文明区域为单位进行叙述，而该书则比较彻底地按照历史发生的"共时性"框架进行论述，宁愿把过去人们比较习惯的文明单位分割为不同时段，分别在历史的时间维度中展示出来。这样，古埃及艺术就分属于"早期文明"和"横贯大陆的发展"两章，中国的商朝和周朝也分属于这两章。这种结构安排无疑更加突出了每个历史时段的"世界"图景，更能帮助读者以超越地域和文明单位的眼光认识艺术的发展历程。

上面提到的"世界史"的意义和关键其实不在于"世界"的呈现而在于揭示其相互间的"联系"的史学思想，在该书中也有比较充分的体现。作者把这种"联系"看作"比较"的结果：把前5世纪古希腊文明与毗邻的"野蛮"文化"并置观察"，把16、17世纪的中国、日本和欧洲风景画进行比较，目的是互相启发和认清艺术的意义（导论，第12—13页）。具体来看，在全书中经常运用这样的"比较"和"联系"研究方法，使读者经常可以获得做进一步深入思考的指引。当然，这些作为"比较""联系"而提出的问题和观点本身非常复杂，在一般通史类的著作中不可能论述得十分详尽，但问题的提出本身就具有重要的意义。同时在理论上，作者对艺术作品产生的"历史语境"也是极为重视的："最重要的是，我们尝试将艺术作品还原至其生发背景的脉络中来进行阐述与讨论。"（导论，第12页）这当然也是世界通史著述中一直不易解决的难题。以一二人之力无法在每一个专门领域中"深入浅出"，而由专家集体分头撰写则使各章节之间或重复，或脱节，更遑论有统观全局、收放自如的眼光？

人们对于这类在主观上明显地表现出摆脱"西方中心论"的努力的著述通常有一种疑问：

真的可以做到像斯塔夫里阿诺斯所说的那样吗？就如在月球上进行观察，所得出的观点与在伦敦、巴黎、北京或德里的观察者得出的观点全然不同。[16] 其实，这并非简单的观察点、观察角度的问题，而是涉及对迄今为止的全人类历史发展的价值、意义等观念的认识和价值取向问题。例如，对“进步”“美”“艺术”“连贯性”等这些最基本的概念的理解和运用，都直接影响到“世界性”构架的建立、“中心”的选择（或是否需要有一个“中心”）等问题的抉择。

事实上，在“全球”“世界”“西方”或“外国”这些概念之前，我们首先遇到的是“艺术”和“艺术史”，这些概念的运用本身就似乎设置了很多预设，使得一种真正“世界性”的“艺术史”难以实现。关于这个问题，撰写“艺术史”条目的W.R.戴恩斯（Wayne R.Dynes）等人的较有系统性的论述很值得详细地引用在这里，以期引起我们的深入讨论：

> 20世纪90年代，除了受影响于《新艺术史》（梅尔摩兹，1989）的个别作品外，“艺术”这个概念仍然很大程度上没有遭到质疑，“艺术史”仍然是一种有连贯性的独立学科，它是“传统的”、现代主义的、马克思主义的、形式主义的、女性主义的或后结构主义的。“艺术”概念的保留同时使所有关涉到它的活动合理化——从艺术品的处理、收藏到展示、欣赏，到艺术评论的写作和阅读，这些活动逐渐取得了全球化文化身份的认定。如今，当“民族遗产”的概念扩大到世界规模，“艺术”这个概念与文化、精神性和进步性概念一样，提供了一种普适的范式，用来合理地阐释各种类型的视觉艺术品，并且还能从一种看似客观的“艺术”史观标准上重新定义其意义。……
>
> 目前，试图建立一种全球视角的世界“艺术史”困难重重，因为在这之前存在很多有问题的预设。例如，它是通过将当代艺术品置于多种阐释的语境——这本身就是预设多于论证——来假定“世界艺术”和一种“世界艺术史”的存在。艺术家、画商、收藏家、博物馆负责人、批评家、教师及其他人士不分年代地使用这些概念，手工制品的日益商品化，导致“艺术史”的整体规划归于失败——本来这种整体性的艺术史是用来对抗理论的多元化的一种可供选择的视觉实践理论概念。
>
> 这里的讨论——即不可能书写出一种“世界艺术史的通用历史”——是基于以下两种信念：首先，“艺术”的概念并不足以描述现在被它涵盖在内的视觉艺术品的多样性；其次，这种不足要求对“艺术史”中的概念和实践作一种系统的理论化的重新检验。而“艺术史”作为一门学院学科，仍在把思想观念显现为历史事实。要改善对“艺术史”的模糊论述，可行的是，采取对视觉艺术品的跨学科研究方法（借鉴从诸如历史、人类学、符号学、心理分析学

和诠释学等学科而来的方法与观念），这样才不会盲目地用阐释理论去定义和不断重新创造阐释的对象。[17]

通过上述的讨论，我们意识到尽管尽一切努力，建构一种从基本概念到叙述方式都真正符合“世界性”普适要求的“艺术史”文本几乎是不可能的，它十分类似于德里达式的“难题”。德里达曾经在接受访谈时说，要叙述他的成长经历将是一件需要冒险的、“实际上还是不可企及的”事情。[18]因为对于德里达来说，文化身份的追溯与确证就是一种难题：他的犹太血统、阿尔及利亚生长环境、法国公民的身份、反犹主义的烙印等体验使他个人存在的边界无法确定，他对自己一生工作的界定也无法落实。一个人的成长尚且如此，地区的、民族的、大跨度时空中的精神与物质混合的事物——如“艺术”这类事物——又能如何叙述它的边界与核心呢？德里达的“难题”论包含多种晦涩的含义，其中最大的“难题”就是解构之必要性与不可能性、书写之必要性与不可能性，“所谓彻底的难题就是作为难题的难题之本身的不可能性”。“艺术（史）”本身存在与否已是扑朔迷离，“书写”中的“书写者”本身也是被书写的产物，其运用的概念、准则、叙述文字等无一不是被书写出来的产物。

四、新版《詹森艺术史》的争议和启示

自20世纪60年代以来一直被美国艺术史教师们奉为经典的H.W.詹森的《艺术史》在今年推出了第7版[19]，此事再次引起了美术教育界的极大关注。新版本由六位学者联手修订。据介绍，在新版本中，许多被人熟知的作品被删弃，其中包括美国画家惠斯勒（Whistler）的名作《母亲的肖像》；有些重要人物亦被驱逐出境，譬如巴洛克艺术的大师多梅尼基诺（Domenichino）、17世纪法国现实主义大师路易·勒南（Louis Le Nain）；原本占了整页的凡·艾克兄弟（Van Eyck）的双折画《基督受难·最后的审判》（现藏于大都会美术馆）也被删除。实际上，艺术史书写中的“谁进来”“谁出去”的问题还不是关键性的变动，发生争议最大的问题是坚持原来的叙述范式、固守历史传统还是与时俱进地吸纳当代创作、反映新的社会现实，这竟然有点类似于过去我们的历史研究中的“两条路线斗争”：厚古薄今还是厚今薄古？

美国艺术出版界似乎是要推动厚今薄古的潮流，这似乎表现出出版业对学术界进行重构的努力。亚历山德拉·皮尔斯介绍说，一些主要艺术史教科书的修订本和一些即将出版的新艺术史扩大了艺术历史的关注范围，从伊斯兰教的雕刻到前哥伦布时代的艺术，从摄影到录像。同时，艺术史还更加重视阐述艺术与社会环境之间的密切联系。

我个人认为，扩大艺术史的关注范围、重视艺术与社会生活的联系这些无疑是应该肯定的，也是在我撰写教材的过程中曾试图努力的方向。但一些批评家对这种修订潮流的批评也值得我们思考：它会“养成了一种致命的坏风气，那就是鼓吹流行、鄙视历史。它盲目推崇现代艺术家，很容易误导学生”[20]。与“修订论”比较起来，这种反对的理由似乎难以成立。但深入地

思考这个问题，尤其是联系在大众流行文化熏陶下成长起来的当代学生（在这方面中国大学生与美国大学生可能有着很大程度的相似性）的精神状况，我也认为这种忧虑并非没有道理。多年前读艾伦·布鲁姆的《走向封闭的美国精神》[21]一书，我深感于价值相对主义思潮的过度泛滥与人文学科教育中的缺失有着内在的联系。这些缺失之中就包括有对知识传统的轻视、对历史缺乏“同情与敬意”，而表现出对现实潮流的投机性追逐。“宾夕法尼亚大学的拉里·西维尔发现，艺术史教科书在过去超过50年里基本上没有实质性的改变，它们根本没有从特定时代的学生的需要出发。”[22]“从学生的需要出发”当然是教育工作者时刻不可以忘却的，但是，这种“需要”本身也应该被审视和分析。由时代与社会风气培育出来的实用功利思想、享乐欲望、逃避艰苦思维的劳动，等等，这些都是今天中国的大学生较为普遍存在的状况，正是这些状况塑造了他们的需求。也正是对这种性质的需求的认识和忧虑，使一些有责任感的教师铤而走险，冒着不被学生鼓掌的危险反其道而行之，像艾伦·布鲁姆那样呼吁经典的回归。

我认为，在古今之间的厚此薄彼的问题不但是一种知识结构、关注维度的调整问题，而且也隐含着有意识的价值倾向和对塑造精神气质的向往。因此，对经典名作的纯正品位和精神契合是艺术史教育应该努力追求的效果。艺术史在中国还仅仅是美术学院的课程，在综合大学中应该还主要限于艺术学院，我们对于这门学科在知识教育与人性教育中的期望还主要受制于美术专业教育的特殊性。因此，古今之争和精英与大众之争将会聚焦在艺术鉴赏的品位与能力的培养上。

巫鸿先生引述兰迪·肯尼迪（Randy Kennedy）对《詹森艺术史》新版的评论《重访美术史的重头书：谁进来了？谁出去了？》来谈论美术史的陈述与美术品的“经典化”的关系。他指出，一方面，美术史陈述创造了经典作品，另一方面，经典作品影响美术史的陈述。那么，某些作品的经典性是如何建立起来的呢？“虽然人们通常认为使一件作品成为经典的原因是它的艺术性，英文中称为‘艺术质量’（artistic quality），但是每一个时代都有自己对质量的标准，而且，在目前的美术研究中，‘艺术性’这个概念对确定一个作品在历史上的地位似乎变得越来越不重要。”[23]从这里我认为可以思考的是，我们的艺术史教材是否应该首先把“经典”的标准作为《导论》部分的重要论述内容呢？否则我们的学生无法弄清楚一个最基本的事实：那些需要他们默识和自我表述的艺术家及其作品是怎样来的？

我认为，新版《詹森艺术史》所引发的争议的最大价值之一，是在理解艺术史“难题”的时候增加了一个很重要的维度：在当代全球化的大众商业文化语境中，不管艺术史教材的撰写如何面对难题，对历史价值的关注和对人文精神的坚持永远是艺术史教育工作者的基本立场。

注释

[1]李行远：《艺术通史的撰写范式：何谓“世界的”？——修·昂纳、约翰·弗莱明〈世界艺术史〉读后》，《美术馆》2002年总第3期，后收入作者文集《看与思——读解西方艺术图像》，中国人民大学

出版社2004年版。
[2]修·昂纳、约翰·弗莱明:《世界艺术史》(中文版),范迪安主编,南方出版社2002年版。
[3][4][5]弗农·海德·迈纳:《女性主义》,李建群译,《世界美术》2006年第1期。
[6]转引自宋瑞芝等主编《西方史学史纲》,河南大学出版社1989年版,第73页。
[7]杰弗里·巴勒克拉夫:《当代史学主要趋势》,杨豫译,上海译文出版社1987年版,第242—243页。
[8]同上书,第243页。
[9][13]修·昂纳、约翰·弗莱明:《世界艺术史》(中文版),范迪安主编,南方出版社2002年版,第12页。
[10]同上书,第26页。
[11]德里达:《书写与差异》,张宁译,生活·读书·新知三联书店2001年版,第506页。
[12]杰弗里·巴勒克拉夫:《当代史学主要趋势》,杨豫译,上海译文出版社1987年版,第244页。
[14]*A History of Art*,手头的版本是*Grange Books*,1995,在80年代该书曾被编入《大英视觉艺术百科全书》作为“艺术史”部分(见第1—5卷)。
[15]*Gardner' s Art Through the Ages*, Eighth Edition, Horst de la Croix , Richard G. Tansey , Harcourt Brace Jovanovich , Inc., 1986.
[16]斯塔夫里阿诺斯:《全球通史——1500年以前的世界》,吴象婴、梁赤民译,上海社会科学院出版社1988年版,第54页。
[17] Wayne R.Dynes, Gerard Mermoz, Hans Devisscher, “Art History”, See Jane Tverner, *The Dictionary of Art* II, pp.530-540, Macmillan Publishers Limited, 1996.
[18]德里达:《一种疯狂守护着思想:德里达访谈录》,何佩群译,上海人民出版社1997年版,第9页。
[19]*Janson' s History of Art*, Pearson Prentice Hall, 2006.
[20][22]亚历山德拉·皮尔斯:《美术教科书:改,还是不改?》,靖思编译,《新快报》2006年2月25日。
[21]艾伦·布鲁姆:《走向封闭的美国精神》,缪青等译,中国社会科学出版社1994年版。
[23]巫鸿:《“经典作品”与美术史写作》,《读书》2006年6月号。

本文载于《美术研究》2007年第2期

李行远,广东广州人。1987年毕业于广州美术学院外国美术史专业,获硕士学位。广州美术学院美术史系教授、硕士生导师。

《西洋画法》：李叔同的译述著作

王中秀

1912年4月1日，《太平洋报》在上海滩创刊了。这是份南社的机关报。这里，我们的关注点倒并不在于刊载在“太平洋文艺”版上的南社同人的那些诗词文辞，而是这一版上连载的《西洋画法》。

这篇在《太平洋报》连载了好长一段时间、全文长达1.5万字、署名“凡民”的《西洋画法》，可以说是迄今为止所能见到的国内最早也是最专业的一篇介绍西洋画法的文献。在该文《序言》中，作者说这篇文章是“以桥本邦助氏《洋画一斑》为蓝本，但多以己意增删颠倒，又采取它书补入者约十之二”写成的，显然这是篇带有译述性质的专著。除了起首的序言，这篇译述厘为《总论》《分论》上下卷，《分论》的上卷又分“木炭画”“水彩画”，下卷分“油画”“色粉条画”“墨水笔画”，凡五章，纲举目张，条分缕析，在我国西洋画启蒙时期的1912年，无疑是一篇专业而又实用的类似启蒙课本的画学文献。

然而，令人匪夷所思的是，自那时起直到现在，时光流逝了近一个世纪，只有毕克官先生注意到这篇《西洋画法》。他在《近代美术的先驱者李叔同》一文中说：“1912年，李叔同就任《太平洋报》美术编辑时，利用工作的方便条件，于民国元年正月初四日（按：应为4月1日），开始在该报文艺副刊上开辟《西洋画法》专栏，连载木炭画石膏写生教授法。专栏作者署名‘凡民’，今天已难考证是否确为李叔同本人。”文章发表在1984年《美术研究》第4期上，自此以往，《西洋画法》又一直处在画史研究者的视野之外，就连最专业的中国西洋画史著作也没有它的一席之地。同样令人惊异的是，自《西洋画法》发表到毕克官文章发表的1984年，又从1984年至今，居然无人出来认领也无人出来再考察这篇文章。译述者“凡民”在世的时候，他无动于衷，轻易地看着它落花流水似的漂去，身后也无人知晓其作者的真面。

众所周知，我国的西洋画启蒙起步较之日本要晚，在20世纪初，我国的西洋画启蒙之初还借助了日本教师之力，至于这方面的启蒙著作更是凤毛麟角。如果能将隐藏在笔名“凡民”背后的真正译述者找出来，无疑是件有意义的事情，这将对这段时期西洋画启蒙史增添绚烂的一笔。1984年毕克官先生发现了《西洋画法》，可是他没有深究下去，仓促下了难以考证的结论，使得本案成为悬案，这是很可惜的。本文拟重检这一悬案，对之重加考察，以求解开这个谜团，还作者以公正，还历史以真相。

一

关于《太平洋报》的人事结构，柳亚子在其《我和南社的关系》中说："《太平洋》的局面是热闹的。大家都是熟人，并且差不多都是南社的社友。不是的，也都拉进来了。那时候，可称为南社的全盛时代，现在把我们的阵营，揭示如下：姚雨平（太平洋报社社长）、陈陶遗、邓树楠（顾问）、叶楚伧（总主笔）、柳亚子、苏曼殊、李息霜、林一厂、余天遂、姚鹓雏、夏光宇、胡朴安、胡寄尘、周人菊、陈无我、梁云松（主笔）、朱少屏、王锡民（干事）。"[1]

除了柳亚子说的以外，还有一个组织值得注意，那便是柳亚子、李叔同发起的文美会的班底。文美会是以南社社友为主体的研究文学美术为宗旨的文艺社团，其征集会友的告示与署名"凡民"的《西洋画法》刊登在同一个版面上："叶楚伧、柳亚子、朱少屏、曾孝谷、李叔同诸氏同发起文美会，以研究文学美术为目的，凡品学两优，得会员介绍者，即可入会。每月雅集一次，展览会员自作之文学美术品，传观《文美》杂志，联句，名家演讲，当筵挥毫，展览品拈阄交换等。事务所设在《太平洋报》社楼上编辑部内。"由于事务猬集，文美会雅集只举行了一次。唯一的一次雅集选择在李叔同、曾孝谷留学日本时结识的好友陈师曾来沪办事的1912年5月14日。是日来宾有清道人、李瑞清和吴昌硕，参加雅集的会友有陈师曾、诸贞长、费公直、柳亚子、余天遂、严诗庵、黄宾虹、叶楚伧、夏笑庵、李叔同、曾孝谷、沈筱庄、沈墨仙、朱少屏、姚鹓雏，以及松江画家蒋鹤年的老父蒋卓如和陈师曾的妻舅范彦珠。[2]

以上这两组名单基本上涵盖了《太平洋报》"太平洋文艺"版初期的撰述者，除了"凡民"这个陌生的名字。

凡民，是名是字是号还是笔名？他包括不包括在上述那些人当中？如果他就在上述那些人当中，那么他是谁？为什么他对认领《西洋画法》这么冷漠？

一个容易忽视的信息有助于拓宽我们的思路，帮助我们缩小检索范围，这就是《西洋画法》里的一句话："是编为余在某校时所编辑者，以桥本邦助氏《洋画一斑》为蓝本，但多以己意增删颠倒，又采取它书补入者约十之二。"要找到日文介绍洋画的书，在当年的上海很难办到，只有在日本才能做得到，看来"凡民"是在日本的"学校"里写成此文的。那么，上列名单中有哪些人的经历能满足这一条件呢？

就现在所知，这些人当中只有陈师曾、曾孝谷和李叔同三人最符合这一条件。他们都留学日本，都热爱艺术。先看陈师曾。陈师曾（1876—1923），1902年东渡学博物学，1909年卒业回国，此时执教于南通师范学校。他在日本读的不是美术学校，虽然他和曾孝谷、李叔同都参加了日本书画组织淡白会[3]，而淡白会不是西画家社团。无论是他的这段经历，还是他的艺术实践，都不能与《西洋画法》挂上钩，因此，首先可以将他排除在外。

再看曾孝谷。曾孝谷（1873—1936），名延年，字存吴，四川成都人，与李叔同是日本上野美术专科学校的同班同学。他也是一位才华横溢的青年，在日本和李叔同一起创办春柳社，1907年公演的《茶花女》的剧本便是他改编的，被誉为中国话剧剧本的始祖。1912年他和同窗好友李叔同联袂来到上海，一起加入南社，一起成为《太平洋报》的积极撰稿人。1915年他回到成都，任教成都高等师范学校担任艺术教授，致力于四川艺术教育。1938年吴梦非《弘一法师和浙江的艺术教育》记有1921年他写给吴氏的一封信，吴氏时任《美育》杂志的主编。信中说：

> 若问蜀中美育，则民国四年夏初，成都高等师范学校已附设音乐图画专修科，为中小学校造就教师，实则学科尚有手工、体操，与音乐、图画并立，唯手工一科所备实习材料，较为丰富。弟滥竽图画教授一部分。无标本，无绘具，无参考品，教师日持商务印书馆《铅笔画》一册，模写其画于黑板，令诸生从而临之，此一教法也。或更取日本邮片上之娼妓小像，令诸生以毛笔濡洋盾写之，此又(一)教法也。诸生届卒业时，不识他日为师从何着手，向校中某教师请益，某师曰：于商务印书馆购《黑板画法》谈之，则用不竭矣。此又一教法也。正式之写生教授无之，色彩论，远近法，人体画法，构图学说，一皆无之，其关于艺术之种种修养方法，更无人过问。可怜学者中之聪颖者，一经此等教程，其冤屈几等于无罪而受活埋；其天资拙钝者，且忧是等教法如天梯不可几及，偶借得一印刷蔷薇葡萄邮片以作标本，欣喜如获拱璧，不可言喻。图画课程皆由校长苦心自造，奇奥非常人所能解。弟于四年秋到校，因校中不能购置石膏模型，不得已，乃令诸生习动植物写生，然每星期只得四小时实习，且纸笔色彩，无往而非杂凑，简陋不殊儿戏。然而五年以来，卒业两班矣，第二班学生中颇有富于天才者三数人，暇时于正课外向弟请益，教以风景写生法，突然涂抹，积久亦小有可观，使得较优之教法，引之渐进之域，则其造就，岂止此耶？[4]

这是迄今为止，我们见到的曾孝谷有关西洋画和西洋画教育观点的唯一表述。尽管这里表露出来的见解与《西洋画法》十分相合，但作为该文的作者，尚缺少更多有说服力的证据支持。在没有有力的排他性证据的支持下，将其与《西洋画法》挂起钩来，就未免太牵强、太武断。在这里，我们可以姑且将其放一放，如果在李叔同那里，发现更有说服力的证据，与《西洋画法》以及“凡民”的署名有更多的联系，那么再把他排除掉。

现在我们来看看李叔同吧，看来，他可能是解开这个谜团的“枢纽”了。

二

关于李叔同，这里要多说几句。

1898年戊戌政变失败后的腥风血雨中，年方弱冠的李叔同奉母命南下，来到十里洋场上海。翌年的9月25日，上海休闲小报《同文消闲报》冒出了一个生疏而奇怪的名字：李漱筒。这个名字出现在报端的书画篆刻润格上，作者别出心裁地以篆书“后起之秀”为标题，文曰：

李漱筒，当湖名士也。年十三辄以书法篆刻名于乡，书则四题兼善，篆法完白，隶法见山，行法苏黄，楷法隋魏，篆刻则独宗浙派。成童游燕，鸿印留题，人争宝贵。今岁才弱冠，来游沪渎，诗酒余暇，雅欲与诸公广结翰墨因缘，缀润如下：书扇五角，楹帖一元，堂幅诸例均详仿单，三日取件。篆刻石章，每字二角半。件交《便览报》馆、《游戏报》馆、理文轩书庄、九华堂、锦云堂代收。

这份润格连载了些日子，到这年10月9日，标题依然是篆书“后起之秀”，介绍文字却做了微调，用个例强化了他艺术的功力：

当湖李漱筒，少年博学，兼工篆隶。成童游燕，荣仲华中堂、王夔石农部亟赏其才，于其书法尤为称羡，故名誉远播，诸巨公求书者，日络绎不绝。今岁年才弱冠，来游沪渎，诗酒余暇，雅欲与海内广结翰墨缘，爰缀润例如下：书扇五角，楹帖一元，堂幅诸例均详仿单，三日取件。兼刻石章，每字二角半。件交《便览报》馆、《游戏报》馆、九华堂、锦云堂代收。寓法大马路卜邻里第三弄。

这位“当湖名士”便是李叔同。

到上海不久，他便显示出不凡的凝聚力和创新精神。1900年春天，他和许幻园、张小楼、吴亶中发起组建书画公会，编印《书画公会报》。他们租借繁华的四马路（今福州路）中心地段的杨柳舞台旧址作为书画交流的会所，于5月20日开始出版发行《书画公会报》。书画公会以“提倡风雅，振兴文艺”为号召，申明《书画公会报》专刊书画篆刻作品，不登其他新闻。[5]在今天，这也许算不上新鲜事，可在那时候却是个了不起的事情。在此以前，只有权贵者为了风雅，拢聚一些书画家，搞些雅集，还没有书画家为振兴文艺，自觉地组织起一个社团。在此之前，也不曾有过专以刊载书画篆刻的专业报纸。尽管这是只有每礼拜两期、每期一纸的小报，而且到目前还没有发现有实物传世，我们的了解还仅仅依赖于《中外日报》上的广告，但不论如何，都掩蔽不了它的开创意义，而且随着时间的推移，这一开创意义将会越来越清晰地凸显出来。

半年后，由于组织者各自的原因，《书画公会报》停刊，李叔同在1901年春短暂北上后，回沪不久即考入南洋公学，从他本年10月第二个润例看[6]，他在和旧时春江花月社的文侣诗俦创办《春江花月报》的同时，忙于公学的学业。然而到第二年冬，南洋公学学生不满学校当局的专制，压制言论自由，因而引发学潮，其结果是学生相率退学，退学学生在中国教育会的支持下，创办了爱国学社。此际，李叔同的心情十分压抑和痛苦，这种心情表露在他《冬夜客感》一诗中："纸窗吹破夜来风，砭骨寒添漏未终。云掩月华光惨白，廉飘烛影焰摇红。无心难定去留计，有泪当抛梦寐中。烦恼自寻休自怨，待将情事诉归鸿。"[7]令慈在堂，难定去留，面对日益高涨的革命潮流，他一面翻译日文的《法学门径书》《国际私法》，一面与人创办沪学会，从事文化启蒙运动。1903年夏，自日本归国的杨白民在社会资助下办起女子苦学社[8]，不论年龄和水平，一视同仁招收学生，一时来学者甚众，第二年改名城东女学，走上了正轨。李叔同和南洋公学时的同学黄炎培一起参与了城东女学的教学。由于李叔同的介入，城东女学此际每年举办展示学习成绩的"游艺会"，便以学生的书法和手工作品获得社会的注目，学生的书法作品甚至引起人们对其真实性的质疑，以致学校不得不安排学生当众挥毫以征信。这种生活一直延续到1905年，到这一年春天，与李叔同相依为命的母亲逝世了。母亲的去世，使李叔同失去了人间的牵挂。失去牵挂的李叔同渡海去了日本，在日本考上了上野美专西画系。

是什么原因驱使他选择日本，选择西画系？

原因可能是多种多样的。当时留学日本是个大潮流，很多人选择到日本学习强国之道，就李叔同的朋友圈子而言，很多人都到过或将去日本学习，如朝夕相处的城东女学校长杨白民从日本归国，是松江留日同乡会的成员，与留日的友人交往密切，李叔同的友人陈师曾也在那里求学。此外，主持书画公会的张小楼此际也去了日本学习法学。无疑他们的选择促成李叔同的去向，至于为什么他偏偏选择很少有人问津的西洋画为专攻学科，那既是出于李叔同的艺术天性，也出于他对艺术潮流的敏感：当年西画教育初入中国，不少日本西画教师来华执教，为了取得"真经"，他选择了西画系。

到了日本，他又积习难改，开始动笔写作，其中就有《图画修得法》《水彩画法说略》和《石膏模型用法》三种，这是目前李叔同艺术文献中仅剩的有关绘画的著作。

1911年4月，李叔同和他同班同学曾孝谷学成归国，并于翌年初双双来到光复后的上海，再入城东女学任教。就在此际，他和曾孝谷都由在日本结识的友人、南社发起人之一高天梅的介绍而加入了南社，并参加了1912年3月13日在愚园举行的南社第六次雅集。此前南社集会呼吁社员以"言论鼓吹""统筹全局"，号召社友办报、创设文艺社团，而作为南社的机关报《太平洋报》也在此时应运而生了。李叔同参与了报纸的筹办工作，并被委任为主管广告部，主编"太平洋文艺"版和附刊《太平洋画报》。在《太平洋报》筹组阶段，他与叶楚伧、柳亚子等发起了文美会。4月1日，《太平洋报》正式问世，于是在报社和城东女学之间，李叔同开始了新的生活[9]，直到半年后报纸停刊，受经亨颐之请，赴杭州就浙江两级师范学校图画音乐教师职。

三

为了便于下文的分析，上面我们对李叔同1898年来沪到1912年这一时段做了简明的扫描。在这里，我们先来考察一下李叔同两篇未完篇的有关画学的著作《图画修得法》和《水彩画法说略》。前者的“小序”云：“不佞航海之东，忽忽逾月，耳目所接，辄有异想。冬夜多暇，掇拾日儒柿山、松田两先生之言，间以己意，述为是编。”后者云：“西洋画凡十数种，与吾国旧画法稍近者，唯水彩画。爰编纂其画法大略，凡十章。以浅近切实为的，或可为吾国自修者之一助焉。”

不难发现，无论是《图画修得法》还是《水彩画法说略》，在体例上都和“凡民”的《西洋画法》相似，即它们都不属于翻译著作，也不属于自撰，它们都有日本相关著作的依据，都有编著者的个人理解，同属译述类著作。这种体例同出一辙的情况，似乎暗蕴着一种可能：它们也许同出一手。

《图画修得法》和《水彩画法说略》都是李叔同初到日本时的译述之作，借助刊登它们的留日学生办的刊物《醒狮》而得以保存下来，却都因《醒狮》不久停刊而未完篇，我们看到的仅仅是开篇而已。而此后进入美校专攻西画，直至出家，那么热衷振兴文艺、那么热衷著述的李叔同，十来年间，却没有一部较为完整的“学习心得”类的著作留给我们，似乎太不合乎情理。

如果说，在《醒狮》杂志停刊以后，缺少传媒载体制约了李叔同写作的欲望还情有可原的话，那么到了1912年，他主编文艺副刊，手中掌握了传媒，把握了文章的生杀大权，而置自己多年所学的西画于不问，置多年前初到日本时的向国人介绍西洋画的未完事业于不顾，显然是说不过去的。

再看与李叔同有同样资格成为《西洋画法》作者的曾孝谷，史料里没有他像李叔同写作《图画修得法》《水彩画法说略》之类画学著述那样的经历和冲动，较之李叔同，显然缺少写作《西洋画法》的逻辑合理性。在《太平洋报》上，他发表的诗文不少，文风不同于李叔同译述之作。

恰恰相反，《西洋画法》与《图画修得法》、《水彩画法说略》的文风却有着一脉相承之处。下面我们将考察《西洋画法》与同为西画译述之作《水彩画法说略》之间的异同。

首先，《西洋画法》里不仅包含着水彩画的内容，而且占有很大的篇幅，有着完整和详尽的阐述。这种倾向和特点，很容易叫我们联想起这是《水彩画法说略》未完稿的“足本”。

其次，在作品取名上，它们都将主题定格在“画法”层面上，题目中都有“画法”两字。此外，在行文习惯和术语使用上，也有太多的相似。

下面从两文摘录一二片段，以见端倪：

1.“Chinese White（以上皆单举英名），其质细而纯白，即吾国之铅粉。水彩画家常用之，与他色混合，不损他色。大抵光线极强者部分，与远景之空气，用之最为合宜。”（《水彩画法说略》）

“Chinese White 白色颜料甚多，以此为最良，不变色，质密——画空气时，与 Cabalt 相合用者甚多。”（《西洋画法》）

2.“Lemon Yellow 淡黄色，混红色能得肉色。空气部分，又草叶、树叶之柔和调子常用之。”（《水彩画法说略》）

“Lemon Yellow 为极明之淡黄色，绝无变色之忧，比他之黄色尤华美，与红色混交画女子小儿柔丽皮肤之色最佳。”（《西洋画法》）

3. “Light Red 灰红色，与吾国所用之赭石相似，其用甚广，与 Ultramarine 混合得灰色。”（《水彩画法说略》）

“Light Red 红土色，与 Cabalt，Ultramarine 等之青色相混为华美之灰色。又画地面等亦用此色。赭色，画阴面用。又作暗绿色用，为不变之透明色。”（《西洋画法》）

如果比照两篇文章，我们可以发觉它们的文风和遣词造句有着内在的一致性，所不同者，《西洋画法》在水彩画法的阐述上，较诸《水彩画法说略》更成熟，这是不足为奇的，毕竟写作后者时，李叔同还初到日本不久，尚未受正规的训练，体会不深，认识还很肤浅，而写作《西洋画法》时他已十分专业了。

四

我们知道，李叔同在《太平洋报》社，除编辑《太平洋文艺》和《太平洋画报》外，还负责广告部。广告部虽称“部”，但实际上只有他一个人，他是光杆司令。署名“孤芳”的在《忆弘一法师》一文中说：

> 他（李叔同）擅长的艺术当中，除了音乐之外，还有书法、花鸟和篆刻。《太平洋报》的报头，是他的手笔。报上的广告文字与图案，大半也是他写的和画的。他关于广告的设计，很有研究，在那时候中国报纸的广告除了文字之外，没有图案的，只有《太平洋报》的广告有文字，有图案，都是一人所经营的，而且他设计的广告、文字和图案，都很简单明了，很容易引起阅者的注意，但是没有市侩气，这是法师平日读书养气功夫很深的缘故。[10]

如果有幸看到《太平洋报》上的报头、题头和广告文字图案，谁都会有“孤芳”同样的感觉：李叔同的确对广告这门学科“很有研究”，他很看重广告，制作起广告非常投入，他自画自书自刻，将广告制作视作艺术创作看待。从上文对李叔同的扫描中，我们知道他很早就对报刊广告的传播力量有切身的体会，他一到上海便一再地在报刊上刊载自己的书法篆刻润例，自1899年9月25日至1903年3月30日，据不完全材料显示，他在不同报纸上刊登并连载了四种内容不同的润例。《太平洋报》创刊不久的4月12日，他又在报上刊出他新的鬻字润例：“名刺一元，扇子一元，三四尺联二元，五尺以上联三元，横竖幅与联例同。三四尺屏四幅三元，五尺以上屏四幅六元，四幅以上者照加。余件另议，先润后墨。件交《太平洋报》馆广告部。”连刊到5月11日又换上他自书自刻的润例，后面加上如下的说明：“本报报头及新式广告木戳，皆李君所书，可供参考。”他对广告的钟情可见一斑。

值得分外注意的是，《太平洋报》创刊之初，曾编发过一篇《广告丛谭》的连载文章，在这篇文章里，作者对广告在社会经济中的作用，给予极高的评价，并预言其必定会发展为一门学科：

> 广告为科学欤？技术欤？其有研究之价值欤？广告学之存在，尚未经人道

及，故难断言。广告为科学，然其支配之原理原则，确凿可证。又未可斥为单纯之技术。广告发达，实在晚近，只供工商家实用而已，学者评究，殆所罕闻。譬犹经济学，逮至今日，靡不认为科学之一，然于百四十年前，殆无人识其为科学者，为萌为芽，行将结良实佳果，广告科学必有宣言于世界之一日。谓广告非单纯之技术，可以“簿记”喻之。簿记或谓为学，或谓为术，学子主张，各据一理，逮至今世，主张“簿记学”者，殆居多数。广告性质，与簿记酷似，谓簿记为学，宁可卑广告为单纯之技术邪！民法关于广告有定则，于法学上，可据精妙之理，详切论定，更以商品买卖论之，凡商业经济学中，论货物之交换或交通，广告实占重要之部分。又商业经营学中，论商店整理，广告亦唯一之要素。此外，如希望广告，绍介广告，有无相通，为人生所必需。盖广告实为经济之机纽，绝非单纯之技术所可限定者也。[11]

较诸《广告丛谭》的题目和文章的观点，更令人惊异的是，这篇文章的作者恰恰是《西洋画法》的译述者“凡民”。

谁会关心报社的经济收入手段之一的广告？谁会写这篇为广告正名的文章？除了广告部的李叔同就数报社经理。《太平洋报》的经理是朱少屏。朱少屏（1881—1942），名葆康，上海人。毕业于南洋公学，后赴日留学，1905年归国，曾协助于右任创办《民呼日报》《民吁日报》《民立报》，是南社苏州第一次雅集十七条汉子之一。上海光复时，参与攻打江南制造局，组织沪军都督府，任总务科科长。南京政府成立，任总统府秘书，旋与叶楚伧等创办《太平洋报》。他是位经理型人才，精明强干，但就绘画艺术而言——我们就此请教过其子、还健在的朱桐生老人——却非其所长，从经营角度分析，他有一百个理由写作诸如《广告丛谭》之类的文章，却没有一种可能写作诸如《西洋画法》这样的美术方面的译述文章。

除了李叔同，最有可能写作《广告丛谭》的朱少屏被淘汰了，我们求索的目光最终仍然回落到了李叔同身上。

伴随着著作权的考察回落到李叔同身上，我们发现了更为有趣的一幕:《广告丛谭》的作者在论证广告将成为一门科学时，举簿记学的历史为例，接着将话题转到“民法”“法学”上，显示了作者法学上的渊博学识。这不能不叫我们想起10年前李叔同翻译《法学门径书》和《国际私法》的往事，只有李叔同有这方面的学识，而在与李叔同同样有资格写作《西洋画法》的曾孝谷却没有这方面的经验。

作为广告部的主持者、策划者和制作者，如果说李叔同写了这篇《西洋画法》，应该说是有百理而无一失的了。

还有一个有趣的现象也支持了我们的上面的结论。我们知道，李叔同的名号众多，据其年谱，1912年他启用新名叫“李凡”。李凡、凡民，两者之间好像也有太多割不断的内在联系：

李叔同—李凡—凡民—《太平洋报》广告部

主管—《广告丛谭》的作者—《水彩画法说略》的作者—《西洋画法》的作者。

这次第，那么多巧合，那么多牵连，都是“李凡”和“凡民”肇的事。在他们之间能不能画上等号？如果画上等号，一切都显得顺理成章，如果将他们割裂，展现在我们眼前的一切未免显得过于乖戾。

为了醒目起见，下面我们将李叔同和“凡民”相关情况列一表格进行对照：

李叔同	“凡民”
1912年名李民	
早年利用传媒发表大量润例	著《广告丛谭》
《太平洋报》广告部主管	
兼任广告制作者	
留日	留日
著《水彩画法说略》等	著《西洋画法》（内含水彩画法）
译述《法学门径书》《国际私法》	《广告丛谭》中引用“法学”“民法”（即私法）概念

至此我们有什么理由不将“凡民”与李叔同画上等号呢？正因为作者是李叔同，所以才没有人出来认领《西洋画法》：李叔同1918年勘破红尘，剃度出家成了高僧，他割舍了尘世的一切，包括亲情，包括艺术，也包括这篇《西洋画法》。

《西洋画法》著作权回归李叔同，应该说是历史的公正。它的回归，将为我们研究李叔同，研究中国西洋画史添上耀眼的亮色。

注释

[1] 柳无忌编：《南社纪略》（柳亚子文集），上海人民出版社1983年版。

[2]《文美会第一回开会之盛况》，《太平洋报》1912年5月16日。

[3]《太平洋报·文艺消息》1912年4月15日。

[4]《弘一大师全集·附录卷》，福建人民出版社1993年版，第33页。

[5]《创设书画公会报启》，《中外日报》1900年5月10日。

[6] 拙编《近现代金石书画家润例》，上海画报出版社2004年版，第78页。

[7]《笑林报》1903年2月24日。

[8]《苏报》1903年6月22日。

[9]《太平洋报》文艺版上刊有大量关于城东女学的报道，从李叔同署名“息”评价学生书法作品一文的文风看，这些报道很可能也出于李叔同之手。

[10]《弘一大师全集·附录卷》，第91页。

[11]《太平洋报》1912年4月11、12日第二版。

本文载于《美术研究》2007年第3期

王中秀（1940—2018），山东烟台人。黄宾虹研究学者。上海书画出版社原资深编辑。

高山流水

下卷

《美术研究》创刊60年优秀学术论文选集

殷双喜 主编

文化艺术出版社
Culture and Art Publishing House

目录

〔下卷〕

问题域、核心概念与话语谱系

——有关中国现代美术思潮的研究方法

郑　工

> 作为一门学科的历史，并非基于同质的（homogeneous）、空洞的时间，而这时间则被当下的存在所充满。
>
> ——W. 本雅明[1]

谱系学亦称“历史编纂学”，其出发点是解释性的，且是时下的，力求建立一种语境式的批评实践，突出“此时此地性”。在这样一种解释过程中，通过文献的查证，特别是通过与某一观点相关的文献资料，对证某一思潮或观念的思想来源及其表现形式，但又不陷入观念史的写作方式，一味寻求关于“起源、连续性和总体性”的解释，而像福柯（Michel Foucault，1926—1984）那样去证实所有知识的客观性，或者也看到话语背后的权力问题。不过，福柯的批判还不能让我们完全进入一个无意义的结构框架，哈贝马斯（Jürgen Habermas）说，应该让每一个事件“根据自身的情境得到彻头彻尾的说明”[2]——这就是以个人话语为基点建立历史阐释的根本原因。与个人话语相关的思想类型，可能涉及哈贝马斯所谓的“派性”原则，提出各种思潮或各个派系的规范性基础。中国现代美术思潮史的写作，就是探讨中国美术的“现代”问题，其中有许多观点都是相对应的存在，我们难以消除相对主义的说法。作为思想者或论辩中的思考者，总以为在探讨真理，但谁能断言真理？真理不再停留于“言”，而在“行”中体现，体现为真理的视角。

中国现代美术思潮史的写作资料，主要是历次的美术论辩，不仅仅是那些直接冲突的论争，也包括那些隐含的对立的观点之陈述。思想是流动的，而思潮则是激荡的。我们不可能用一种论辩性的话语去讨论各种论辩。或者说，在各种思潮的涌动中，论辩性的话语自身就带有各自的价值取向及强烈的批判性。因此，作为叙述主体就应该尽量避免介入，而让对象话语自行构成一个个“陷阱”，吸附知识。

一、个人话语与零散结构

无论如何，所有人物的观点及其话语都依附于各个思潮而动。思潮具有一种覆盖力，同时吸纳相应的话语，但现代中国的话语总是飘零的，与思想保持着若即若离的关系，因为话语不再是自身思想的产物，而多是一种“移植”状态。譬如“五四”之后，新时期之后，西方各种主义的话语席卷而来，翻译如潮，外来词铺天盖地，新概念层出不穷——形成特有的“五四现象”和“后‘文革’现象”。但我们发现，那些词语或概念本应有相关的思想内涵，一旦进入中国的学术界，在读解、转译、运用以至流传过程中，词义之间不可避免地被剥离，甚而重释或借用、误用，以致延误成习。

个体是话语的实践者，或者说每个人对话语的使用都具有一种隐秘的操纵手段，在社会的舆论空间中构成权力游戏。因此，就是学术话语也不仅仅是知识的载体，不再探求真理，有时甚至沦为诡辩的工具，任人支使，听命于时势，假借真理之名掩盖其虚假性、相对性和临时性。绝对的真理被这种话语悬置了，总体性的叙述也被零碎化了。有了真理的借口，某个人或某个利益集团都可以操纵同一话语，达到不同的利益诉求，其最为显著的就是“革命”话语、“科学”话语、“民主”话语、“民族”话语、“大众”话语、“现代”话语。所以，当我们接触到中国现代美术的种种论述，就会被话语所迷惑，看到一片飘浮于面的外观。我们艰难地寻找话语与思想的联系，不自觉间（许是客观使然），还是回到“人物”上。因为只有在一些代表性的人物话语中，可以集中地、深入地讨论一些问题，或者说，这些人物在不同的时期均不同程度地介入各种论争，形成一家或一派的主张。譬如鲁迅，就很集中地说明了三四十年代中国左翼美术话语的形成过程；而王朝闻，又集中地体现了五六十年代“现代中国”美术话语的形成过程。无论“左”倾或右倾的话语，因其强烈的意识形态性，在结构上均具有一种内在的整合力；而自由一派，其思想的个性更为突出，更为多元，相对离析，如吕澂、陈师曾、黄宾虹、丰子恺、俞剑华等，以及“后‘文革’时期”各个出场的人物。

表面上看，许多话语是冲突的、矛盾的，也是零散的。但正是这种零散性使个人的话语具有一种扩张力，将思想的触角深入社会网络，同时以“人物”为主，又增加了一种局部的凝聚力，形成“派性”，并让人从另一角度去看穿“派性”。人物的话语叙述带出了“门派”观念，以至与思潮衔接，体现不同的观念形态和价值取向，这似乎还是一种离散的结构，实不以为然。语境式的有派性的原则将规范隐蔽了，但毕竟还是存在。各个人物之间的活动并不孤立、隔阂，其思想观念之间也不缺少联系，只不过强调差异性而已。美术的“现代”问题是由“美术革命”提起，从而传统的艺术本质遭到质疑，“现实的、物质的、具体的、描述的”替代了“意念的、精神的、抽象的、概念的”，表象替代了本质，差异性替代了同一性。在西方，促使形而上学转向的是尼采（Friedrich Nietzsche，1844—1900），他将真理的绝对性让位于相对论；而在20世纪初的中国，也正是尼采吸引了不少中国知识分子反思现代性。人们不再为虚幻的本质问题所诱惑，开始祛魅，并以相对主义为基础的平面化的思维差异系统，取代以绝对理念而建构的多层次的逻辑体系。这时，细节活跃起来，并得以充分展开，并出现“分层”现象——每一层面都蕴含自己特有的分割与断裂，形成思潮内部的动荡，如写作鲁迅，主要就在于他与左联某些人物在思想上的断裂；而在中国现代美术思潮的书写结构上，事件的连续性和最终形成的整体意义被“层次”问题和“类型序列”所取代——书写者转而考虑的是各层次中的关系系统，如等级关系——支配或重叠、单一决定或互为因果，建立“序列中的序列”（即“范围”）[3]和关系类型。所谓的“论辩”，所谓的“问题”意识，也就在这样的学术环境中生发，“概念”常常发生位移或转换。没有问题，就没有争论；没有争论，就无所谓思想的灿烂。但这里还有因果关系，不存在纯粹的无目的的“嬉戏”。

个人话语的零散化是由理论转换中的割裂所致。尽管存有“派性”，但叙述中的单位并不可能为“团体”或“流派”，而可能只是一篇文章的结构或几个相互联系的基本观点，以及由此产生的思想片断。

二、隐蔽主体与叙事功能

文本的多元结构已昭示着写作主体不再是前场的表演者。写作主体的退让和隐蔽，为的是让叙述对象的主体登场，同时也给予词语以主体性的位置。因此，前场的表演者只是叙述对象和独立的具有重量、密度和土壤的词语（指词语本身的物理属性、内在质量及其生成）——由这两者可以完成中国现代美术思潮的叙事功能。

陈述思潮以及论辩的过程，总被各种词语所纠缠。我们要抓住概念，把握词语，但又不能完全地斩除其人为（尤其是叙述对象之所为）的外在指向。它有一个如何呈现的问题，又有一个自身的生成轨迹，会排出指令、脱离管制，不借助文本的运作机制和“再现”的力量，而趋向符号帝国。文本的叙事功能，在很大程度上依赖于文本性，让文本的实际存在成为其之所以存在的根本。对象的话语，或引用或转述或在注释中连接相应的话语，让文本自辨，让陈述中的话语也构成一种知识对象，供人探究。故而写作主体的任务在于认真地辨认对象话语中种种字词、概念的差异，注意重复使用的现象。这样做的目的，在于尽量减少写作主体对对象话语操控中的盲点，但主体依然还在分类、挑选和清理着对象话语。其实，福柯的“人之死”，亦不过指纯粹的、抽象的、超越具体条件之上的人或主体观念之不复存在。面对“中国现代美术思潮”这样一种研究对象，主体不可能完全退却，也不可能完全成为语言的功能（不排除部分存在的可能性）。在作者的写作实践中，还应将阅读置于首位，主体还是认知的，对象的话语还是在主体之处汇集，以分析但不作判断，不以主体构成唯一的焦点，其叙事功能是对象性的而不是主体性。写作者承认对象话语存在的正当性，并努力寻找正当性的依据，为其提供一个外围的空间，包含着各种衔接和触动的环节。同时，写作主体也被刻写在自身的词语之中。

在话语的主题叙事与历史阶段论的结构性选择中，本文偏向前者。因为论辩话语往往是片断式，有时出乎意料——个人话语进入公众领域后激起的反响，不是都能预见的，何况还有背后所运行的权力机制。对话语的揣测、试探与臆断，会构成各种不同的反响。一个话题也会断断续续，在不同的历史时期被提及或被忘却。思潮是有起伏的，也有势头，顺流而下，但在历史的河床内，在话语的流程中，我们如何测绘？如何编撰？线性的阶段式的整体叙述显然不是方法，而采用束状结构，则重在主题叙事。这样，既解构了主流话语，也保留了叙事流程，在主流之外，拾取边缘体、沉默体和异质物，注意“机遇”和偶然的生发，喧哗而骚动。我们知道，无论如何努力，主体的价值判断都不可能彻底消除，不可能不“省略”某些材料，也不能让话语陷入麻木和灰暗。主体的意图总和对象的话语交织在一起，个人和社会总是通过各种思潮发生关联。

三、价值中立与知识证明

知识，有总体性知识和局部知识之分。利奥塔（Jean-Francois Lyotard，1924—1998）将总体性知识称为元叙事，而局部知识不谈共识、绝对真理和普遍性，不再依赖统一的标准、原理或规则，只要求不间断地质疑、实验与创新。所谓“科学”就是破除“迷信”，它要求不断地分析，不断地规范，不断地激励任何一种异质性事物的产生，不断引发知识“爆炸”，并为一切知识提供各自的明证。在思想界，人文知识是否也呈现出“科学化”的倾向？就状态而言，论辩的知识就是局部的知识，因其范型不一，特别是那些少数话语——不可通约的少数派知识，不能压制，无法漠视，且在与权力话语的对抗中，越发显示其思想的活力。

对抗性话语的背后都有其价值观，体现出不同的思想来源。作为历史的编撰者，任何一种价值取向都会干扰对事实材料的选取方式，产生不自觉的、不经意的忽略或构成话语的遮蔽。谱系学的目标，是无价值判断吗？所谓的客观主义很容易引向绝对真理论，与自然科学的科学性相接近。其实不然。就福柯而言，从来没有认为知识是公正的、客观的与不偏不倚的，它是权力的产物。而福柯的谱系学只是“以知识意志所特有的不公正摧毁认识主体”[4]。真理并不涵盖一切，真理是有所牺牲的。我们通常都称真理为相对的局部的，它比绝对真理更为真实。谱系学的解释是一种透视法，关注到言说者的话语立场和利益因素，而这些都是相对应而产生的。正因为谱系学的这种相对主义素质，面对知识的态度，才让知识本身特有的不公正的意志攻击认识主体，而主体并不采用反抗的形式。主体将包容一切么？不完全是。谱系学不逃避自己的规范性，而是“贯穿”于其他人文科学。譬如，“陈述”之不同于“论述”，正在于其探讨的是原始的中性材料和一般话语空间中的事件，而不是某种自以为是的判断。利用“陈述”，可汇集资料体或话语事实。福柯说，对于话语事实所作的语言分析和对于话语事件的描述，其问题是不同的——“对于某个话语事实，语言分析提出的问题永远是：这一陈述是根据什么规律形成的？其他相似的陈述又是根据什么规律构成的？而话语事件的描述提出的完全是另外一种问题，即这种陈述是怎么出现的，而在其位置的不是其他陈述”[5]。陈述可以重建事件的特殊性。论辩，不就是一种“话语事件”吗？作为一个单位研究的论辩材料，可以成为具有样品价值的整体为民国时期的美术思潮基础确定某些规律，并依据这些规律构成另一些陈述。如传统的“守成”一派的思想基础是明清以来“儒道合一”，其规律性的呈现就是“现代变异”；科学的“革新”一派，其思想基础是西方传统的理性主义，其规律性的呈现就是“移植”与“转化”；而非科学的“蹈空”一派，其思想基础是一种混杂的非西非中的神秘主义，其呈现的根本特性就是“排空”与“泛化”。“现代变异”与“移植”或“转化”，都是互为陈述的；而“移植”或“转化”又被“排空”或“泛化”了，“有意义”变成了“无意义”。这样的一种互为关系，既强化了各自的价值立场也起了消解作用，叙述主体的价值观被隐藏了。在合并、间断和个体化的事件系列中，就会散布（dispersions）大量的话语事实。对话语实践的分析和证明，是陈述性的也是知识性的——观察对象固有的存在而不探究本质，因为有关本质性的断语往往出自主体的价值立场而脱离客观知识的证明。

我们不能用一种先验的既成的学科系统去看待历史上种种先在的话语。当时的“话语形成”，就已拥有后来可资利用的实证性，即可回射过去的科学性。我们可以证明话语的存在及其应用场域，运用相关的陈述或陈述群，建构知识的范畴，如主义话语和思潮类型，会被组成一个独立的话语实践。这样的“分割”，自然是为证明某种知识的存在，但话语中的知识成分却颇耐人琢磨。“五四”之后，群言蜂起。“群言”现象，在20世纪的中国文艺界有过三次高潮：第一次是在30年代，第二次是在“文革”时期，第三次是在80年代。那时，“小人物”（“文革”时称为“小将”）纷纷出场，或“拉大旗作虎皮”，或“戏弄威权”，作“文字的斗争”。“群言”现象的基础是“群氓”吗？那一群青年人，热血沸腾，冲击着既有的国家权力体制和国家意识形态，激进但也易于转向——难怪鲁迅对青年人既寄予希望又充满失望。在那样的论辩状态中，许多话语是群众性的“意见”，十分泛滥。借用概念，偷换概念，挪用、拼接或反讽，以一个“新”字，便去除、颠覆或置换了原有的概念内涵，如“新流氓主义”“新现实主义”“新古典主义”“新学院派”“新文人画”，等等。群众性的“口号”更是铺天盖地，其中有自发的，也有的是在政府权力机构的运作下推行的。难道“意见”或“口号”更能准确地表达有关时代事物的理念并因此获得相关的知识证明？不可否认，能够流行的“口号”，往往都有意识形态的支持，且无须论证，是一种强力话语；而“意见”的情形就不一样，权势者的“意见”可依权势推广，形成群众性的“口号”；而非权势者的“意见”只有迎合了某种形势，被某种权力所运作，才能投放于公众的舆论空间。但非权势者的“意见”很容易被历史所忽略，被主流边缘化。作为个体性的话语一旦投放到公共空间，其话语的意志力是否会冲破知识的限定或否定知识的意志？

话语的构成遵循陈述的扩散和分配的原则。它有对象域，与陈述相间离又相互缠绕、不断替变转换，激活不相容的叙述空间或将同一主题包含在不同的整体中。这是一个对象话语的世界，是独立于主体而存在的意义蔓延的知识空间。因此，中国现代美术话语谱系的编撰与写作，并不在于写作者观点的特殊性，这一点已先天地被对象的话语所抹杀，也被其本身所持有的方法所排解。也许，可将写作主体的话语方式视为对对象话语的“引述”与“批示”，从而将主体话语也独立出来，与写作者一样关注其中游移的词语、概念和种种流行的“口号”及群众性的“意见”，了解其形成、存在、共存及其功能的规律，甚至从某种话语的衍生状态，也可判断某种思潮在那段历史中的影响状况。福柯用“对档案的描述”来解释他的“知识考古学”，一方面，提醒我们注意原始材料的独立价值，提醒我们重在“发现”，在“词”与“物”之间，将其不可见的转换为可见的；另一方面，他又不喜欢“挖掘”和“探秘”，不喜欢过度诠释，他规定的只是话语表面的各种关系，构成知识的序列。

四、语境与语境关联

如何编撰对象的知识及其话语，使其成为“有效的”或“有意义的”？一般的处理方式是建立语境，并解决“语境关联”问题。

就某些问题展开讨论时，总有相关的议题，也总有不同的意见，各种观念及思想产生冲突并形成特殊的话语环境。这种语境是一种语言的弥散，随着报纸杂志及各种口头的议论而传播，会在一个相关的人群中引起反应，并在“阅读”“交谈”或“演讲”的状态中“临时构成”，让片断性的话语构成一种“有机”的联系。这种“有机性”的语境，虽说让话语自由进入，可又以其特殊的氛围规定着话语的语义，让进入者各就其范；同时，也在编织特殊的话语逻辑，形成语言的“陷阱”，让话语“无归”。语境，常常构筑某种幻象，通过语言的“陈述”连缀与其相关的那些事实材料，同时也遮蔽事实的另一面。可见，语境是思想的“共谋”，是话语的“变通之所”。

在思想的交锋或话语的论辩中，高手们多设置这样的语言“陷阱”，而对手也会提醒自己不要误入圈套，被人牵着鼻子走。所谓的“不上当”，便是拒绝进入对方的“语境”。如果双方都这么警觉，这么明察秋毫，那么如何对话？如何论辩？这时，共同的论题就为双方话语建立一个相应的语境关联，实际上也就构筑了一个更大的语境，以论题为中心，强调“变通”，也强调“共谋”关系，但不是“一己的”，而是“公共的”，以“公共性”接纳“差异问题”而消解各自思想的“诡计”。譬如，传统与现代、保守与变革、科学与人文、精英与大众、民族性与世界性，或写实主义与抽象主义、表现主义与象征主义，都有各自共同的议论主题。一个大的语境就是一个话语场域，不仅存有相关的对立话语，也不排斥其他话语进入。或者说，大的语境自身拒绝“门派”观念，但不排斥具有门派意识的单项话语进入，它可以在一个特定的历史时期衍生并展开，可也不是漫无限制的，毕竟这历史语境的背后还有一股大的历史思潮在推动着。

譬如，从“五四”到抗战，在民主主义思潮的推动下，思想界对社会制度、思想、文化等方面均提出“范式”变更的要求，形成一种自下而上的颠覆性的批判活动。其中，“语言”范式问题尤为突出。人们都在试图改变“言说方式”，从文学始，波及美术。如文学上的“文体（文言与白话）之争”，美术上的“画法（写实与写意）之辩”。言与思，向来难以分离——言是思之载体，思是言之内涵。言之变，即思之变也。变与不变，改良与守成，强调“写实”者与坚持“写意”者，都是在思想“表述”的层面上辨析“贵族意识”与“平民意识”、“创造意识”与“模仿意识”。这就是一个“革命化”的历史语境，一切都纳入“革命”与“反革命”、“进步”与“保守”、“新”与“旧”等具有价值取向的判断性概念中，甚而会有“非此即彼”的简单化倾向。“革命”者，代表着新兴的外来的民主的力量，一方面，形成“十字街头”的美术、“普罗”美术，推动漫画的发展，促成新兴木刻运动；另一方面，对传统的文人画体系又构成一种冲击，导致“传统”美术内部因分化而产生离析与反弹的力量，如康有为、金城、徐悲鸿、黄宾虹等人对中国“古典”美术的追寻，力求返回儒学的思想层面上，而陈师曾等人系统地论述文人画的价值，反驳所谓“荒率”的指责，其思想亦儒亦道。

又如，20世纪初在科学主义思潮的推动下，由西方的启蒙理性和逻辑思维方式导致了现代中国学术的系统建构。而美术作为一门新兴学科，开始新的系统建构时也包容传统的诗学、书学和画学；同时，方法论大行其道，具有实践意志的“写生法”大肆流行，形成以“写实”而求真的现实主义美术运动，其影响不仅在西画界、雕塑界，还波及中国画界。以“科学”为主旨的现代化语境必然面临着现代的“人文性”。就“西学”而言，既有康德、黑格尔的影响，也有叔本华、尼采的影响，关于艺术“本体”的思考与人的主体精神、自主决断常常混淆不清，佛学也掺和进来。于是，儒道佛禅，绝对理性与神秘感悟，知识状态与非知识状态，科学主义与个人经验主义，都体现在各种不同的创作实践中，也引发了大大小小的争论。如有关“学院派”问题的论争，关于中西绘画中“写生”问题的讨论，美术与科学的关系讨论，等等，这一时期中国美术的现代性呈现为二元化的矛盾分裂。在这一“现代化”的语境中，人们容易陷入知识的困境，容易“一意孤行”，容易产生意识形态的偏见，而其中最容易生长的就是对自然和社会现象寻求合理解释的“新”意识——唯物论。[6]在美术上，即由写实主义向现实主义过渡，技术上的问题与社会人生的问题结合在一起，中西文化的体用关系进入新一轮的讨论。接着，五六十年代以至“文革”“后‘文革’时期”，中西文化的关系问题总是和“科学精神”与“人文幻想”纠缠在一起，倾向于“美学”而淡化了“科学”。

再者，在民族主义的思潮推动下，人们着意于探讨具有民族美术特征的现代形态或形式，强调现代化过程中民族文化的历史传承与自身经验，与现代化反向牵引，寻求民族文化的身份认同，以差异、多元为目标——这是面对西方化的知识图景做出的一个积极的反应。“本土化”有两大维度，一是向本“民族”文化延伸，二是向本“传统”文化延伸。前者针对“外来”的文化状态，后者针对“现时”的文化状态。有时，“外来”与“现时”会媾和，成为“现代”问题，而“民族”与“传统”也会媾和，成为“本土”问题。[7]虽说“本土化”的语境容易停留在对民族文化的整体认同上，但对自身文化的不同切入与实验性的探索已经出现了不同的文化路向，其中心话语就是“融合”，其创造性的意识集中体现在对中国美术现代性的建构上。这时，学术界试图用现代话语重新解释传统的理论，相互审视中西方美术的造型观念，不断打开中间环节，讨论具体的形式与形态的创造、改造或再造。

“革命化”“现代化”与“本土化”的历史语境并非前后相继，各占时段，但也存在着一个时间差位。即在不同的时间段中三者均不同程度地存在，前后会发生变化。如“革命”一词，辛亥前后是一概念，30年代后就有了较大的分歧，50年代以后变化就更大了。[8]又如“现代化”与“民族化”“大众化”，至二三十年代大量出现，其后，含义又有所转变。[9]而在五六十年代至70年代初，“现代化”“民族化”“大众化”这三大话语与“革命化”的话语又相互渗透，互为关联，体现出一个特殊的历史境遇；进入“后‘文革’时期”，“现代化”与“大众化”的话语浪潮一浪高过一浪，而“革命化”的话语开始退却，“民族化”的话语曾一度低迷，至90年代又开始抬头，反对“现代化/全球化”。在各自不同的语境中，话语和思潮是浑然的。如“革命化”的思潮总伴随着“大众化”的话语，“现代化”的思潮总伴随着“科学化”的话语，“民族化/本土化”的思潮总伴随着“中国化”的话语。从“大众的”到“科学的”再到“中国的”，似乎又呈现出一条叙述脉络。这时的“现代”已渐行脱出西方美术的问题域，开始构筑中国自己的问题域，“我们”的眼光也在观察中国“现代”的思想流向。当“现代”回到本土问题上，与传统相对时，就具有更新的意义，成为一种趋向性的发展现象，尽管其中依然有西方之镜。

有关现代问题的讨论，几乎都在精英的知识阶层，其思想往往触动敏感的社会神经，批判性强。这一时期，知识分子的批判有两个基本向度，一是针对形而上学，二是针对精英文化。在美术界，这种批判的思潮轻易而自然地又转换为对现实主义美术的支持，并推行“大众化”——中国现代美术的基调。

五、相关问题域

建立历史的语境关联，不过借此对中国现代美术思潮设计一个论述系统，希望能提供一些问题域。毕竟20世纪以来，思潮起伏，言论纷纷，问题很多，论辩不断。20世纪中国美术论辩有一特点，即论辩者的话题常常不在一个点上，而是随意引发，旁触及它。但是，他们所引发的问题又和20世纪前后发生的几次论争均有关系，某一个重要的问题在百年中时常反复论争，或被反复提及、反复引证。

现代中国美术最大的问题是什么？就是传统和现代，中国和西方。简言之，古、今、中、外，四者如何构成问题？是对立的还是相辅相成的？在人们的通常观念中，“西方”等同于“现代”，“中国”等同于“传统”，中西问题就转换为传统与现代的问题，而传统与现代的问题又转换为新旧问题，人们总习惯在二元对立的模式中谈论关系。就在这看似简单的关系模式中，争议依然不断。论争者总有一个预先的设定，即正方与反方。这样，二元对立的思维模式与行为模式正相吻合。这种关系模式并不是固定的，因为位置的“设定”会出现问题。如谁是传统者？谁是“旧的”？也有人反问，“传统”为什么一定是“旧的”？各种论争出现了。[10]但无论如何，大大小小的论争都在论证各种有关中国美术现代化的设想。有趣的是，论争者几乎都是自身理论的实践者，因而门户洞开，创见与偏见杂陈相见。又因政治时势所迫，美术的论争常常顾左右而言他，难以自立，或借势生威，或虚言假语，难以自得其果。但种种理论触角都离不开两个基本点，即传统的中国美术如何完成自身的变革，走向现代？中国美术的现代发展选择现实主义还是现代主义？这就构成这一时期与创作相关的两大问题域。

第一个问题域，即“传统的现代批判”——这是在中西关系问题上展开的“现代”讨论，其立足点在中国。传统，指的就是中国美术延续至今的一种传统形态，以清末文人书画为代表。名曰批判，实则是继承与发展，在批判中继承与发展。批判不是目的，批判仅仅是手段，是策略。在批判中有反批判，有正反两方面的观点。传统的现代批判，是为了让传统在现代持续发展，尽管存有中止传统的意图，但在很大程度上也只是批判传统美术中惰性的一方面，目的还是让批判激发起传统美术中的活性，属于中国传统美术内部的一项自我更新。但这传统的现代批判要借助西方，借助西方近代的视觉审美经验和造型范例，或用西方批判中国，或用中国抗拒西方。故而对传统的现代批判，实际上就是传统与现代之争，也直接体现为中西之争。具体而言，即在西方美术（包括欧洲传统的学院体系和现代主义）的参照下，讨论中国传统美术如何延续和发展，讨论如何保持民族文化的自身特点。民族主义和世界主义，是活跃在这一问题域中的两股思潮。

第二个问题域，即“现代的中国问题”，亦可谓中国的现代问题——这是在西方学术视野下展开的“现代”讨论，其针对点还是中国。从洋务运动、维新运动、五四新文化运动、50年代的国画改造运动、“文革”美术、85新潮美术，无不充满着西方学术话语，无不体现着西方现代的科学主义与民主主义精神。尤其“五四”之后，写实主义美术在中国兴起，并被发展为现实主义，成为“左”的潮流，同时，非现实主义的各种现代思潮亦蜂拥而起，形成“右”的或“第三种”的存在（“现实主义”和“非现实主义”的划分并非二元论，而是以“现实主义”为中心话语的一种表述），其背后都有西方现代理论的支持。“主义”的理念凸显了，“主义”之间的论争加剧了，中国理论界开始了对西方的批判，但还是用西方的理论工具批判西方。如社会主义对资本主义的批判，理性主义对直觉主义的批判，自由主义对文化专制主义的批判，性灵说对反映论的批驳。尽管其中也展开中西比较的研究，也涉及中国传统的理论范畴，动用一些尚有活力的概念，如“气韵”“神游”“意象”“胸中逸气”等，但语境转换了。这些中国的理论话语一旦进入这一问题域，就成为概念的标签，还是要被纳入西方的现代理论阐释体系。

简而言之，第一个问题域是在全球化的浪潮下，讨论民族文化的独立性；第二个问题域是在现代化的浪潮下，讨论主义与观念的先进性。

也许最终谁也没有弄明白，到底是问题本身导致观念性的冲突，还是话语本身导致理解性的差异？在论辩中，我们总是忽略话语问题而看重观念问题，强调中西方的观念差异，强调传统和现代的观念差异，认为全球化是在消除民族的和地区间的差异，而现代化是在消除传统和现代的差异。但在20世纪初，我们做的最重要的一件事，是变文言文为白话文，其目的则是解决中西方话语的转换问题——与其说这是在审美趣味上以俚俗反对古雅，毋宁说在话语习惯上让我们更贴近西方，更易于翻译，更便于敞开思想。

六、核心概念

主题词仅仅是概念工具，而某一概念工具被大量使用恰恰表明了某一时代和地区普遍的文化状态。我们仔细地检查一遍，就会发现“主义”和“批判”这种政治话语不仅可以侵入美术领域，也可以侵入许多人文学科，成为20世纪中国人文学术的普遍话语，成为普遍适用的关键词。这是否意味着20世纪中国的人文学科普遍显示出政治化的倾向，或20世纪的中国本身就处在一个意识形态化了的综合状态中？

也许，我们不必过分纠缠于词语问题，但我们总是在概念的层面上把握思想的走向和文化的动因，美术亦然。如鲁迅所言，“新潮之进中国，往往只有几个名词，主张者以为可以咒死敌人，敌对者也以为将被咒死，喧嚷一年半载，终于火灭烟消。如什么罗曼主义，自然主义，表现主义，未来主义……仿佛都已过去了，其实又何尝出现”[11]。论争，总有点“符咒”的意味，在文学界煞是热闹，美术界也有波澜，只因美术家们大都不善于概念的表述，等到在报纸杂志上真的打起“笔墨官司”，已属迫不得已的事，那时才借用词语，借用概念，在具体或抽象的表述中艰难地澄清自己的思想。艺术毕竟属于人文学科，基本概念大都相通，就是在学术问题上也难以避免社会政治的观念介入。但政治问题和学术问题还是有分野，学科间还存在着界限。在整体的社会语境中，我们只能尽力为学科定位，确认学科视野和学科议题。

（一）关于“主义”

主义，本不能成为“词”，因其不能够独立运用。可为什么又将其作为“主题词”呢？在20世纪初，有一个流行的外来语，即“一师姆”[12]，又称“唈死木死”[13]，为英文 –ism 的音译。将一个英文的尾缀转换成中文的词，道理何在？

主，君也，掌也；义，通仪，为事之宜者（《礼记·中庸》“义者宜也”）；而“主义”一词，当主其宜也。某名物，一旦成为什么主义，必定在“思”的层面上设定了标准，即适合其内在的规范。而在20世纪初的中国，只要被称为“主义”者，则指某种流行的思潮或意欲推行的观念，如形式主义、写实主义、自然主义、浪漫主义、印象主义等，有时与“流派”互换使用，有时就指称某种信仰或信念。流行着的或意欲推行的，都意味着某种范式的存在。主义，就指构成范式的某种思想或观念类型。在一切都被模型复制的现代社会，“主义”就是思想领域内“范式”的指代。

1919年7月，胡适有一篇文章《多研究些问题，少谈些“主义”！》，认为“主义”的缘起，即某些不满现状的人所提出的一些“救时”的主张，而“主张成了主义，便由具体的计划，变成一个抽象的名词”[14]；1923年，刘海粟也有一篇《论艺术上之主义》，认为“艺术上之主义，大都是有才能的作家，从适应时势的新思潮里产生出来的一种新的主张”[15]。那时，中国画坛受西方现代美术影响，常常高谈“主义”。故，刘海粟说，有人迷于主义，有人盲于主义，有人假于主义；要么过于执一，要么陷入迷离，要么使之欺饰。之所以如此，都因为没有彻底研究“主义”。不过，刘海粟也没有研究出个究竟，只是说艺术上主义之兴起，皆时势之必然。他是不喜欢附会或跟从什么“主义”的，认为那没有个性。创造“主义”的艺术家是天才，而跟从“主义”的艺术家是庸才。“主义”是批评界对天才性创造的标榜，不是画家的自行标榜。“主义”很容易成为流行的口号，并且在现代中国几乎没有中断过。各种主义最盛行的时期，是20世纪30年代和80年代，中国的艺术家随之风起云涌，“主义”成为艺术家兜售自己的标签，而不是天才的自行展现。西方艺术的各种范型在中国被不断复制，或者说，中国扩大了西方美术各种“主义”的流行场域，成为“主义”的消费者。故，1929年，徐悲鸿说：“不必先有一什么主义，横亘胸中，使为目障。”[16]但到了20世纪80年代，艺术家要先改变创作观念，才能寻找相应的创作方法，理论界也普遍强调“观看”的问题。

主义，与信仰相关。追崇主义，就是追崇一种信仰。[17]20世纪初的中国文化界，新旧问题十分突出，旧有的传统文化遭到各种西方“新”文化的不断冲击，尤其是新文化运动对儒学的批判，使传统文化的根基开始动摇，出现文化危机。于是，意识形态的问题出现了。意识形态就包含着信仰。[18]譬如，科学一旦成为意识形态，就有了“主义”之称，非科学的形而上学作为意识形态，也就代表着自由意志的信仰。中国现代的各种文化论争，包括美术论争，往往都是各种“主义”的论战，其实也就是某种意识形态之争。[19]或者说，“主义”具有意识形态的指认性。在美术领域，人们不会沉浸于意识形态的体系建构和某种诱人的理论说教，但会针对意识形态后面的话语权进行批判性的颠覆，因为意识形态的形成正是通过真理式的话语系统替代并遮蔽了内在的权力关系。造型艺术领域中任何一种主义或思潮，都有意识形态的支持，而跳出既定的意识形态观念，揭示其历史境遇，才能进行批判、解构或颠覆的现代性实践。在20世纪中国，美术界各种“主义”的论战，很容易被意识形态化。

（二）关于“批判”

卡尔·马克思（Karl Marx，1818—1883）有句名言：“对天国的批判变成对尘世的批判，对宗教的批判变成对法的批判，对神学的批判变成对政治的批判。”[20]——马克思正是在实践的意义上展开对意识形态的批判，拒绝承认任何一种意识形态的恒久性，要求通过“批判现在的生活关系”去揭示意识形态的虚假性与暂时性。

晚清以降，批判与启蒙难以分离。无论是“开民智、新民德”的“新民”运动[21]，还是以陈独秀为代表的美术革命派，中国现代知识分子的启蒙意识始终伴随着批判的热情。知识分子向来是社会的良知，因为知识分子天生就有一种忧患意识，忧国忧民，听从神圣使命的召唤，如同马克斯·韦伯（Max Weber，1864—1920）所说的天职感（calling）。

知识分子的本质是批判的，即对现行的一切不满，总是批评现行的真理和社会秩序，总在不断地批判社会和自我批判。他们有着道德上的自省和政治上的自觉诉求，并以其异议为特征。批判的精神在中国旧时文人中就已存在，其以道统天下——道是真理，政是体制。以道统论政统，往往反政统者为大儒，反道统者为异端。换言之，真正的知识分子（指自由知识分子）都游离在体制之外，而进入体制内部的无非亦在实践自身的道德理想，如古人之所言，“达则兼济天下，穷则独善其身”。按照德国卡尔·曼海姆（Karl Mannheim，1893—1947）的观点，知识分子是一个无阶级归属的社会阶层。在现代社会，教育已经社会化，更不为某一阶级所垄断，知识分子也就不再来自某一阶级，面向全社会开放。另外，知识分子不直接参与到生产过程中，超然于生产关系之外，也就游离于阶级关系之外，这种旁观者的处境使他们进行批判活动时具有更公正的态度及更全面的眼光。[22]公正、公义，都与道德相关，与神圣相关。故，知识分子的批判就先天性地带有神圣的道德意识，并赋予自身以使命感。如自重、敬畏、终极关怀，以理想的价值标准批判现存的有缺陷的社会，这是人文知识分子（或称自由知识分子）的普遍现象。不过，知识分子批判性的强弱与其独立性有关，而真正促成现代知识分子性格上的独立是现代大学的出现。大学使得知识分子在生活和精神上独立，并与政治保持一定的距离，成为自由思想和社会批判的中心。在中国的现代史上，北京大学就这么必然地成为自由思想的发源地和社会文化批判的场所，如严复，如蔡元培、陈独秀、胡适等人。美术界也一样，如第一所国立的北京美术学校（后校名几经变更），在1918—1937年，学生运动不断。上海私立的美术学校也很活跃，在三四十年代，学生运动也接连不断。尽管那些青年学生并不是真正意义上的公共知识分子，但或多或少都介入社会公众领域，讨论的问题也都具有公共性。

对知识分子批判性的质询自然涉及公共性问题。美国的拉塞尔·雅各比（Russell Jacoby）称20世纪20年代出生的知识分子为“最后的公共知识分子”，因为之后是大学普及的时代，教授和专家取代了公共知识分子，公共文化和公共生活渐次衰落，知识分子的主体不再是自由身份的作家、艺术家及人文知识分子，而是以专门科学技术为业的专家、教授们。那么中国呢？五四时期的知识分子最具有公共性，最热衷公共领域内的话题，最具有批判性。那是一个从神魅到解魅的过渡——原来充满意义的目的论宇宙观开始解体，知识分子的使命感尤其突出，而不同的立场又导致观念的冲突，引发论辩。最明显的就是新道德和旧道德的问题，精英文化和大众文化问题，本土文化和外来文化问题，以及政治上的民主与专制问题，各种意识形态纷至沓来，知识共同体内部价值观日见分歧。不过那时，中国的知识分子大多属于普通知识分子（universal intellectual），即所谓的传统知识分子（traditional intellectual）和有机知识分子（organic intellectual）。传统知识分子是独立的、超然的、自治的，而有机知识分子则与一定的社会体制或利益集团有着有机的思想联系，两者均相信普遍真理和知识的存在，热衷于扮演导师和先知者的角色，指示前行的目标，具有整体性建构的意向[23]，这一责任与普遍主体（共有）的概念不可分离。故普遍知识分子会被给予权威，也容易被有机化；而另一类知识分子则不同，其从自身的特殊位置以专业分析的方式进行具体批判，从而拆解社会隐蔽的权力关系，被福柯称为特殊知识分子（specific intellectual），即具体存在的被专业化了的人。

知识分子以一种正义的声音对社会政治文化问题进行干预。在现代化社会的早期，知识分子的形象在“控诉”“请愿”“批判”等入世行为中，不断纯洁自己的身份。那时，知识分子和艺术家还是自由职业者，可以为艺术而艺术，可以在相对完整的公共空间中自由发表意见。我们承认，自由从来都是相对的，故而批判的自由从来也都是受限的。但知识分子的自由意识却有一个内在的无限发展的空间，会在自我的立场上实现理性的批判——知识分子批判的最大理由就是自认为掌握了真理。可在专业领域，譬如美术，很难凭借形而上的普通知识实施批判。是否说，知识分子的公共性在专业领域内遭到挑战？不，技术性很强的专业问题一般不引起讨论，也无批判可言。引发讨论的还都是那些公共问题，如“中西融合”“民族化”“现代化”“本土化”“全球化”，等等。中国现代的美术学界，也有如福柯所说的那种特殊知识分子，即具备某项专业技能的艺术家，能对自身领域内某些既定规则提出质疑，重新问题化，动摇传统的审美习惯，如林风眠、徐悲鸿以至吴冠中、张仃对笔墨问题的讨论即是。这种知识专业化的现象并非后现代的产物。五四时期，元话语已开始消解，不同知识领域内的专业批判已经出现，并且是不断的批判，不断的解构，其与传统知识分子、有机知识分子同时存在，只是声音尚为微弱，且相互之间缺乏联系，难以对抗整体性的权力网络。因此，中国美术界那时的批判，既对人的理性建构能力的肯定（如写实主义），实现道德的自我立法（如社会现实主义），甚至提出中国现代美术的主体模式（如工农兵文艺模式），而且也支持个体的批判立场，关注自我而反抗规范（如表现主义）。我们也可以不用福柯的这一套概念，而回到传统的思想资源，一样可以看到“文人”或“士”的阶层中儒家与道家之批判性的差异（公共的与虚妄的），可以看到在现代情境中的这种批判性的转向。

20世纪50年代以后，随着知识分子全面有机化（无论是自愿的还是非自愿的），个体的专业的批判被集体的政治的批判所取代；随着思想的改造与整合，个人话语被意识形态的普遍话语所取代，没有任何商量的余地。批判以“运动”的形式出现，尤其是“文革”中的“革命大批判”，因话语的力量，图像迅速被符号化了；而在“后‘文革’时期”，也因为批判性的话语，这种符号化的倾向被继续着，并蔓延到各种“主义”的图像呈现方式中，与“象征”交织在一起。90年代后兴起的消费主义美术，开始消解这类批判性的话语，但又以另一种方式，如“反讽”“调侃”“搞笑”，用一面诡异的镜子映照知识分子，“新流氓主义”又出现了，而对政治的批判也就转变为对“天国”的批判，绝对的理念世界崩溃了。

注释

[1] Walter Benjamin, Thesis XIV from "Theses on the Philosophy of History", in Benjamin, trans. Harry Behn, Illuminations, ed. and with an introduction by Hannah Arendt, New York, 1968, p.261.

[2] J.Habermas, *The Philosophical Discourse of Modernity*, Polity Press, 1987, p.275.

[3] 参见[法]福柯《知识考古学》，谢强、马月译，生

活·读书·新知三联书店1998年版，第5—10页。

[4]杜小真主编:《福柯集》，上海远东出版社2004年版，第145页。

[5][法]福柯:《知识考古学》，第28页。

[6]20世纪20年代始，有留学生自日本及欧洲回国，带回了印象派之后的现代主义画风，倾向唯心与唯美的思想，最有代表性的就是“决澜社”画家群体，李铸晋、万青力将其称为民国时期“第二期的美术思潮”，但同时亦认为“这些以唯美为主的尝试，在中国并未生根发芽。……没有构成一个强大的运动”。李铸晋、万青力:《中国现代绘画史·民国之部》，文汇出版社2003年版。

[7]“本土”具有区域性特征，但不是狭隘的地域观念；“本土”问题亦不是指族群对立问题，而是质疑全球化理论，提出边缘文化的活性，强调“本土化”实践，促进文化的交流与共生。

[8]“辛亥”前后，“革命”一词具有普遍的认同，即采取决绝的态度和暴烈的行动推翻旧有的体制。但在1927年国共分裂，“革命”具有强烈的意识形态方面的色彩，其指涉不同，1949年后更是如此。

[9]“现代化”或“民族化/本土化”的意识形态色彩不是那么浓重，但在大陆和台湾，其概念还是略有差异。如大陆出现了“简化字”，而台湾没有；大陆推行新国画运动，台湾也没有；大陆推行“工农兵美术”，而台湾推出“素人画家”。

[10]王济远就说:“现代中国的绘画界，把新旧两种界限是分得很清楚的：旧的是以保存国粹为前提，新的是以吸收时代精神为鹄的。我敢大胆地讲，旧的绘画，今人不如古人；新的绘画，国人不如外人：所以今人不绝地抚摹古人，国人尽量地采访外人；其结果在旧的方面，今人做个古人的印刷活动机，新的方面，国人做了外人的留声器。”这里将“新旧”问题直接转换为“古今”问题与“中外”问题。王济远:《我们的工作应贡献给全人类》，《艺术》1933年1月第1号。

[11]鲁迅:《现代新兴文学的诸问题·小引》，《鲁迅全集》第10卷《译文序跋集》，人民文学出版社1981年版，第296—297页。

[12]刘海粟:《谈“一师姆”》，《艺术》周刊第128期，1925年12月4日。

[13]此为徐志摩的戏谑之言，曰:“主义是共产最风行，文学是‘革命的’最得势，音乐是‘脚死’最受欢迎，绘画当然就非得是表现派或是漩涡派或是大大主义或是立体主义或是别的什么更耸动的哸死木死。”又曰:“日本是永远跟着德国走；德国是一座哸死木死最繁殖的森林，假如没有那种哸死木死的巧妙的繁芜的区分，在艺术上凭空的争论是几乎不可能的。”徐志摩:《我也惑——与徐悲鸿先生书》，《美展》第5期，1929年4月22日，第4页。

[14]胡适:《多研究些问题，少谈些“主义”！》，《胡适文存》(二)，第149—150页。

[15]刘海粟:《论艺术上之主义——近代绘画发展之现象》(1923年10月15日)，载朱金楼、袁志煌编《刘海粟艺术文选》，上海人民美术出版社1987年版，第74页。

[16]徐悲鸿:《惑之不解》，《美展》第9期，1929年5月4日，第1页。

[17]如蔡元培说美术教育中有人对“美育”并不具有透彻的认识，只是凭借一时的冲动或环境的影响，投入新文化运动中，“看得很明白，责备他人很周密，但是到了自己实行的机会，经小小的利绊住，不能不牺牲主义”。这“主义”就指信仰或信念。蔡元

培:《文化运动不要忘了美育》,《晨报副刊》1919年12月1日。
[18] 19世纪初，法国哲学和经济学家D.特拉西的《意识形态概论》一书认为意识形态是考察观念的普遍原则和发生规律的学说，即观念学或观念体系。
[19]李泽厚:《记中国现代三次学术论战》,《走向未来》1986年第3期。
[20]《马克思恩格斯全集》第1卷，人民出版社1995年版，第453页。
[21]严复:“是以今日要政，统于三端，一曰鼓民力，二曰开民智，三曰新民德。”《严复集》第1册，中华书局1986年版，第27页。
[22][德]卡尔·曼海姆:《意识形态与乌托邦》，黎鸣等译，商务印书馆2000年版。
[23]参见[意]A.葛兰西《狱中札记》，曹雷雨等译，中国社会科学出版社2000年版，第1—4页。

本文载于《美术研究》2007年第4期

郑工，1956年生，福建福州人。2000年毕业于中国艺术研究院，获博士学位。中国艺术研究院美术研究所副所长、研究员、博士生导师。

关于西方后现代时代艺术状况的研究

彭 锋

不同的学科对于“后现代”有不同的理解，有些是确定的，有些是不确定的。比如，在城市的建筑外观上，我们能够感觉到推崇功能的现代建筑与强调装饰的后现代建筑的截然区别，这是相当确定的。但是，从学术话语乃至日常话语的总体上来说，“后现代”一词又是最不确定的，正如后现代美学家舒斯特曼（R. Shusterman）所指出的那样，“关于后现代主义最清楚和最确定的东西也许就是：它是一个非常不清楚和充满争议的概念”[1]。

造成“后现代”概念的不确定性的原因，是不同学科对它有不同的理解，这些理解有些是一致的，有些是矛盾的，但那些矛盾的理解汇聚到一起的时候，就会造成关于“后现代”最清楚和最确定的就是它的不清楚和不确定的局面。不过，如果我们从不同的学科角度分别开来看，仍然可以获得某些关于“后现代”的确定的理解。

一、历史学、社会学和哲学上的“现代”“后现代”以及“现代性”“后现代性”

“后现代”（postmodern）、“现代”（modern）以及与之相关的“前现代”（premodern），最初是一组历史学和社会学的概念。在这组概念中，中心词是“现代”。从历史学上来看，“现代”是泛指从中世纪结束以来一直延续到今天的一个“长时程”。这种意义上的“现代”包括“后现代”，而与“前现代”相对。“现代”与“前现代”的区分通常被认为发生在16世纪或更早的时候。“后现代”与“现代”的区分发生在“现代”内部，一般认为发生在20世纪60年代。

历史学家将“现代”社会从“中世纪”“古代”“传统”或“前现代”社会中区别出来的标准，就是所谓的“现代性”（modernity）。“现代性”是一个价值概念而不是时间概念。作为时间尺度的“现代”不具有普遍性，比如，欧洲以外的现代很可能就不是从16世纪或更早的时候算起。但作为价值尺度的“现代性”是具有普遍性的，即使是一种存在于21世纪的现象，如果它不符合“现代性”的指标，也不能算是“现代的”。

从社会学角度来看，“现代性”指的是现代社会的一系列特征，“它是社会在工业化推动下发生全面变革而形成的一种属性，这种属性是各发达国家在技术、政治、经济、社会发展等方面所具有的共同特征。这些特征大致可以概括为：（1）民主化；（2）法制化；（3）工业化；（4）都市化；（5）均富化；（6）福利化；（7）社会阶层流动化；（8）宗教世俗化；（9）教育普及化；（10）知识科学化；（11）信息传播化；（12）人口控制化；等等”[2]。

根据韦伯（M. Weber）和哈贝马斯（J. Habermas）等人的总结，“现代性是与西方合理化、世俗化和区分的整个工程连在一起的，它不再对传统宗教世界观着迷，将其统一整体切割为三个分离的和自主的世俗文化圈：科学、艺术和道德，每个文化圈分别由它自己的理论的、审美的或道德—实践判断的内在逻辑所管制”[3]。韦伯和哈贝马斯的这种总结，已经不是一种表面的社会学上的描述，而是一种哲学概括，他们所依赖的哲学体系就是康德（I. Kant）著名的批判哲学。

一般认为，这种社会学上的作为价值概念的“现代性”发生在18世纪中期，比历史学上的作为时间概念的“现代”要晚。事实上，这并不难理解。因为现代社会的典型特征在现代社会的初期不会非常明显，需要等到现代社会发展到较高阶段的时候才会凸显出来。

作为时间概念的“后现代”与“现代”之间的区分比较简单，作为价值概念的“现代性”和“后现代性”（postmodernity）之间的区分就不那么容易。[4]我们可以看到，在某些人看来，“后现代”在“现代”之后；在另一些人眼里，“后现代”在“现代”之中，还有人认为，“后现代”在“现代”之前。

首先，“后现代性”是在与“现代性”的对照中确定自己的含义的。经过哲学概括，我们可以发现“现代性”与“后现代性”之间的一系列对立，比如：理性对感性、永恒对暂时、必然对偶然、科学对艺术、本质对现象、所指对能指、实在对解释、真实对虚拟、自律对他律、区分对联系、精英对大众、男人对女人、白人对有色人种、欧洲中心对非欧洲中心、大叙事对小叙事，等等。而且，顾名思义，“后现代性”发生在“现代性”之后，是现代社会高度发达之后出现的现象，一般认为从20世纪60年代开始在欧美发达国家率先出现。绝大多数学者持这种看法。

其次，“后现代性”是“现代性”的持续、重写或者极端化。由于后现代社会实际上是现代社会的一部分或一阶段，因此后现代社会延续了现代社会的许多特征，要完成现代社会没有完成的使命。比如，现代社会推崇的民主和平等并没有成为后现代攻击的靶子，相反后现代进一步维持了这些特征，或者将这些特征极端化了。后现代思想家利奥塔（F. Lyotard）就持这种观点。在利奥塔看来，后现代不是在现代之后的一个历史时期，甚至不是完全不同于现代的一种思想形式，后现代就蕴含在现代之中，后现代是对现代的重写。“和现代正相反的不是后现代，而是古典时代。”[5]古典时代的标志是“稳定性”，现代与后现代的标志是“暂时性”和不断“超越自身”的冲动。但由于现代容易成为一种风格被稳定下来，因此需要更激进的后现代来拯救。后现代拯救的是现代之中本有的却正在衰退的暂时性和超越性。

最后，鉴于“后现代性”是对“现代性”的反动，而“现代性”又是对“前现代性”（premodernity）的反动，根据负负得正的原理，“后现代性”就是对“前现代性”复归。正是在这种意义上，一些人认为，“后现代性”事实上发生在“现代性”之前。比如，埃兹科维茨（H. Etzkowitz）和莱兹（L. Leydes）在论述具有后现代色彩的“模式二的知识生产方式”时说：“所谓模式二，并不是什么新东西；它就是科学在19世纪进入学院体制化之前的原初形式。另外一个需要回答的问题是：为什么模式一在模式二之后出现？因为模式一提供了科学原初的组织和体制基础……科学家作为孤立出来的个体的观念以及科学从社会利益中分离出来的观念从何而来？模式二说明了科学的物质基础，说明了科学实际上是如何运转的。模式一只是一个构造物，建立在那个基础之上，以便证明科学自律的合理性。”[6]科学领域的“模式一的知识生产方式”就是具有现代性的知识生产方式，“模式二的知识生产方式”就是具有后现代性的知识生产方式，模式一在模式二之后出现，意味着现代出现在后现代之后，也就是后现代出现在现代之前。

二、关于前现代、现代和后现代的符号学区分

有一种最简明的关于前现代、现代和后现代的区分，即梅勒（Hans-Georg Moeller）的结构主义符号学（structuralist semiotics）的区分。上述涉及的前现代、现代和后现代之间的交错关系，在这种符号学区分中可以得到很好的解释。

梅勒用“代表性”（representation）作为他的整个方法的核心概念。梅勒说：“‘代表性’这个概念首先表示能指（signifier）与所指（signified）之间的一种特殊关系。它描述一个符号学结构：如果能指是被理解为所指的某种‘代表’（representative），并且仅仅被理解为某种‘代表’，我就称它们之间的关系为‘代表性’的关系。”[7]与“代表性”结构相对的是两种“非代表性”的结构：一种是“存有性”（presence）结构，另一种是“标记性”（significance）结构。前者也可以说是“前代表性”结构，后者也可以说是“后代表性”结构。“存有性的符号结构在于肯定能指与所指的同样真实性，就是说能指与所指合成事物的整体，正如形式与颜色合成绘画的整体一样。……在此种结构中，你不能够说‘名’与‘实’之间只有‘代表’的关系，因为它们具有同样的真实性，‘名’不只是某种符号，它同时体现了事物之理。‘名’与‘实’同样地真实，它们都是存有的一部分。而标记性的结构中没有真正的存有领域，可以说，一切都在‘代表’的领域中。就是说，在存有性结构中，所指与能指都在存有的领域；在代表性结构中，所指在存有的领域，而能指在‘代表’的领域；而在标记性的结构中，只有‘代表’而没有所代表者，所代表者也只是某种‘标记’而已。”[8]梅勒根据这个模式认为，西方现代哲学具有典型的代表性的解构，中国传统哲学的主流形态都可以归属于存有性的结构，而标记性的结构则在所谓“后现代主义”或者说当代“后形而上学”（post metaphysics）的哲学讨论中占主导地位。

梅勒用一个表直观地列示了这三种不同的符号学结构关系[9]：

	存有领域	标记领域
存有性结构	能指—所指	—
代表性结构	所指	能指
标记性结构	—	能指—所指

我个人认为，梅勒的这个模式可以用来很好地说明前现代、现代和后现代之间的区分。简单地说，所谓存有领域就是实在领域，标记领域就是虚拟领域。在前现代哲学的存有性结构中，符号的能指与所指都属于实在领域，都具有现实存在的意义。在后现代哲学的标记性结构中，能指与所指都属于虚拟领域，都只有语言符号的意义。尽管这两种结构完全属于不同的领域，但是它们具有一个共同的特征，那就是能指与所指都属于同一个领域。而现代哲学的代表性结构中，能指与所指分别属于虚拟的标记领域和实在的存有领域，它们之间存在着类型上的差异。

只要我们做一点适当的语言转换，梅勒的这种结构主义符号学模式就可以用来很好地区分三种不同形态的美学。我们可以用艺术来代替能指和标记，用现实来代替所指和存有。于是，我们就会看到一种这样的情形：在前现代美学中，艺术与现实同属于现实领域，它们之间存在着密切的关系，艺术能够对现实发生直接的作用，艺术是现实的一部分，但艺术所发挥的作用不会特别重要，因为艺术同现实一样都服从现实原则；在后现代美学中，艺术与现实同属于艺术领域，它们之间也存在着密切关系，现实能够对艺术发生直接的作用，现实在某种意义上具有了艺术的特性，艺术所发挥的作用特别重要，因为现实同艺术一样都服从艺术原则；在现代美学中，艺术属于艺术的领域，现实属于现实的领域，它们之间不存在直接的关系，只能发生间接的作用。

三、在文学艺术中的后现代概念

美国后现代主义者詹明信（F. Jameson）运用马克思主义的术语，在“现实主义”（realism）、“现代主义”（modernism）和“后现代主义”（postmodernism）之间做了区分。这种区分在文艺批评中具有广泛的影响。詹明信将文学艺术中出现的三个思潮与资本主义发展的三个阶段联系起来：从18世纪到19世纪后期，西欧与美国的生产关系是市场资本主义，生产力的标志是蒸汽机，在文学艺术上流行“现实主义”；从19世纪后期到20世纪中期，出现了垄断资本主义，这时的生产力标志是电力与内燃机，在文学艺术上流行“现代主义”；从20世纪中期到现在，出现了多国资本主义或消费资本主义，与此相应的生产力的标志是核与电子技术，在文学艺术上流行“后现代主义”。在詹明信看来，文学艺术上的“后现代主义”与“现代主义”之间既有联系也有区别。它们之间的联系是：赞同创作的主体性，赞同超越旧有的门类划分，并进一步打破旧有的“高等”与“低等”艺术间的界限，但是，“后现代主义”不像“现代主义”那样悲剧性地希望为破碎的世界提供整体性，而是拥抱这种破碎、不连贯和当下性。

具体来说，在文学中，后现代主义是从20世纪50年代开始的。当时，一些诗人和小说家用扭曲的语言和多重叙述声音，显示出一种对意义和主体性的消解，与此相应，理论界反对由新批评（new criticism）和结构主义（structuralism）所代表的“现代性”，出现了以德里达（J. Derrida）为代表的解构（deconstruction）或后结构主义

（poststructuralism）思潮，解构主体性、原创性以及真理，推崇传播的复杂性、写作的互文性、解释的创造性。

在建筑中，20世纪初兴起的现代主义建筑具有形式主义和功能主义的特点，反对古典建筑装饰性，追求简单的几何图形。与此相反，后现代主义建筑强调地方风格以及多种风格的并置，反对结构与装饰之间的截然区分。

在绘画和雕塑中，后现代主义表现为抛弃规则，放弃独创性，取消原作与复制之间的差别。更进一步说，后现代主义表现出一种对以博物馆为代表的艺术和美学思想的批判，以及对于将艺术对象与日常生活对象分离开来的美学传统的批判。

在舞蹈中，后现代舞蹈在20世纪60年代出现。这种舞蹈打破舞蹈动作与日常生活动作的界限，并通过裸体挑战社会的行为规范，获得一种情欲的快感，等等。在随后的发展过程中，后现代舞蹈越来越追求戏剧性和叙事性，反对现代舞蹈的形式主义倾向。[10]

四、后现代艺术的特征或趋势

尽管不同门类的艺术在其后现代阶段中表现出不同的特征，我们仍然可以总结出某些一般的特征或趋势。

（一）虚拟性

由于“所指”也处于“标记”的领域，社会现实也是由符号解释构成的，不存在符号解释之外的赤裸裸的事实，艺术生产因此就具有现实生产的意义。在后现代社会，艺术不再是现实的反映；相反，现实是由艺术构成的，现实成了一种虚拟的、构造出来的实在。图像或影像制作，成为一种普遍的艺术生产方式，同时也是后现代现实的生产方式。威尔什（W. Welsch）和鲍德里亚（J. Baudrillard）等人的理论可以解释这种现象。

（二）事件性

由于取消了永恒的本质，一切偶发的事件自身就具有意义。后现代行为艺术突出了事件的不可重复性，用令人震惊的现场效果，瓦解日常生活中的因果关系和理性秩序。阿多诺（T. Adorno）和利奥塔等人的理论可以解释这种现象。

（三）观念性

现代艺术的自律观念遭到了颠覆，艺术单凭自身不足以构成艺术，艺术总是“关于什么”的艺术，有关艺术的理论解释也参与艺术的构成之中，艺术越来越接近哲学，成为一种思想观念。丹托（A. Danto）的理论可以解释这种现象。

（四）拼贴性

后现代的艺术也被认为是后历史的（post-historical）艺术。在后现代艺术界中，将以往出现的各种艺术联系起来的时间脉络已经失效，艺术的历史没有了“时间之箭”。艺术不再有古今之分、内外之别，一切曾经出现过的艺术都可以成为后现代艺术家挪用和拼贴的对象，后现代艺术也因此不再要求独创性。舒斯特曼的理论可以解释这种现象。

（五）流行性

后现代艺术不再追求永恒的价值，同时反对高雅与通俗、精英与大众之间的区别，这就使得艺术像消费社会的商品一样，具有时尚、流行等特征。艺术界中流行的都是历史上曾经出现的各种风格的改头换面，但不管何种改头换面的风格都不可能在艺术界中占有持久的位置。

五、走出后现代主义的困境

在思想领域，越来越多的人对后现代的无可无不可的相对主义已经感到厌恶，开始在后现代的废墟上重新寻找新的秩序和确定性，为这个无根的时代寻根，为这个没有基础的世界重建基础。在人文社会科学领域中出现的“第二次现代性”，在自然科学领域中出现的“模式二的知识生产方式”，都在努力从后现代的相对主义泥沼中摆脱出来。

如果人文社会科学和自然科学中的这种新趋向对于我们判断艺术的发展趋向有借鉴意义的话，我们可以说在不久的将来在艺术领域会出现一系列的回归。美国著名批评家希基（D. Hichey）就预言会出现“美的回归”[11]。希基的这一断言在美学界、批评界和艺术界都引起了极大的反响，美的问题重新成为美学家、批评家和艺术家谈论的热门话题。2005年在柏林的世界文化中心举行了一个“关于美”的国际文化节，其间专门召开了一个会议，邀请各方面的专家来讨论“美的回归”问题。在我看来，如果可以出现“美的回归”，就可以出现“精神的回归”“文化的回归”。如果出现了这一系列的人类正面价值的回归，那么就有可能出现一种“正面”艺术，以此来取代明显是“侧面”或“反面”的后现代艺术。我希望中国艺术家能够在“正面”艺术的回归和复兴中做出自己的贡献。

马克思曾经说过，一切伟大的世界历史事变和人物，都出现两次，第一次出现是悲剧，第二次出现是喜剧。[12]不过，在唐代禅师青原惟信那里，事物的第二次出现却摆脱了喜剧的命运，而成为顿悟得道的标志。[13]事物的第二次出现究竟是喜剧还是顿悟，关键在于当事人是否真诚地迎接事物的回归，是否坦然地面对事物本身。

注释

[1]Richard Shusterman, “Aesthetics and Postmodernism”, in Jerrold Levinson ed., *The Oxford Handbook of Aesthetics*, Oxford : Oxford University Press, p. 771.

[2]杨国枢:《现代化的心理适应》，台湾巨流图书公司1978年版，第24页。转引自罗荣渠《现代化新论——世界与中国的现代化进程》，北京大学出版社1993年版，第14页。

[3]关于“现代性”的详细论述，见 Jürgen Habermas, *The Philosophical Discourses of Modernity*, Cambridge, Mass. : MIT Press, 1987, pp.1-22。

[4]需要指出的是，许多作者并未在“现代”与“现代性”之间、“后现代”与“后现代性”之间做出明确的区别，我们需要根据上下文来判断他们使用的是时间概念还是价值概念。

[5]利奥塔:《后现代性与公正游戏》，谈瀛洲译，上海

人民出版社1997年版，第154页。

[6]Henry Etzkowitz and Loet Leydes, "The Dynamics of Innovation: From National Systems and 'Mode 2' to a Triple Helix of University-Industry-Government Relations", *Research Policy*, Vol. 29, 2000, p. 116. 需要指出的是，虽然"模式二的知识生产方式"反对现代的"模式一的生产方式"，但又与不要求任何知识的后现代有所不同，尽管它在许多方面具有后现代的特征。就像建筑领域中有消极响应的后现代(reaction postmodernism)与积极反抗的后现代(resistance postmodernism)之分一样，如果说"模式二的知识生产方式"也在后现代范围之内的话，那么它也是积极反抗的后现代，而不是消极响应的后现代。关于这两种后现代的区别，见Stenven C. Bourassa, *The Aesthetics of Landscape*, London and New York: Belhaven Press, 1991, pp. 136-139。

[7]梅勒:《冯友兰新理学与新儒家的哲学定位》,《哲学研究》1999年第2期，第54—55页。

[8]梅勒:《冯友兰新理学与新儒家的哲学定位》，第55页。

[9]有关这三种结构的更详细的分析，见Hans-Georg Moeller, "Before and After Representation", *Semiotica*, Vol.143, No.1, 2003, pp. 69-77。

[10]上述关于"后现代主义"在文学艺术中的表现，参见Daniel Herwitz etc., "Postmodernism", in Michael Kelly ed., *Encyclopedia of Aesthetics*, New York & Oxford: Oxford University Press, 1998, Vol.4, pp. 57-70；高建平"后现代主义"，新版《中国大百科全书》辞条(即出)。

[11] Dave Hichey, "Enter the Dragon: On the Vernacular of Beauty", in *The Invisible Dragon: Four Essays on Beauty*, Los Angeles: Art Issues Press, 1993, p. 11.

[12]马克思原话:"黑格尔在某个地方说过，一切伟大的世界历史事变和人物，可以说都出现两次，他忘记补充一点：第一次是作为悲剧出现，第二次是作为笑剧出现。"(《马克思恩格斯选集》第4卷，第584页)

[13]青原惟信原话:"老僧三十年前未参禅时，见山是山，见水是水。及至后来，亲见知识，有个入处，见山不是山，见水不是水。而今得个休歇处，依前见山只是山，见水只是水。"(《五灯会元》卷十七)

本文载于《美术研究》2008年第1期

彭锋，1965年生，湖南祁东人。1997年毕业于北京大学哲学系美学专业，获博士学位。北京大学艺术学院副院长、教授、博士生导师。

艺术理想与社会理想

——关于20世纪中国的“大众主义”美术

高天民

在20世纪的中国，文艺大众化是贯穿于整个文艺和美术进程中的一条重要的线索，并且十分鲜明地而不是隐蔽地表现在历史的几乎每一个阶段，它作为20世纪中国的美术革命和社会革命的一部分，既表明了中国历史发展中与世界范围内的现代化进程相一致的民主化的一面，又表现出它在中国特殊的历史和文化情境中的独特的适应力和包容力，从而产生了特定的表现与意义。这种表现在美术中就是“大众主义”美术的产生，这种意义就是在理想主义推动下的美术或美育的普及，以及建立在这种普及基础上的中国现代美术体系的探索与建设。它的出现和形成适应了20世纪中国“救亡图存”和民族振兴的社会变革的理想，遂幻化为一种理想主义的美术革命的思想和行动，这就使得“大众主义”美术在中国有着特殊的地位和意义。

一、“大众主义”美术的过程

“大众主义”一词不是历史中已有的概念，而是我们对20世纪美术中一种现象和历史过程的归纳和指定，它与“传统主义”“西方主义”和“融合主义”一起构成中国现代美术的基本面貌。

严格地说，“大众主义”美术是“五四”之后开始兴起并形成的，是伴随着“五四”新文化运动而产生的。但追溯“大众主义”美术的起源，它的源头其实早在19世纪末20世纪初的上海就已经显露出来。资本主义在上海的发展造就了一种新型的社会形态和社会观念，彻底改变了传统的价值观和文化观，逐步形成了由“洋化”所引发的时尚观念，这种观念作为现代审美的重要驱动力之一，对于通俗美术的发生和发展产生了决定性的影响。它一方面唤起了人们在审美上的开放性和个性追求上的自由精神，同时，更重要的是它鼓励了人们对一切新的事物和观念的接受与向往，并把这看成处身当代社会和当代世界的重要标志之一。这种通俗美术的具体表现即连环画、月份牌、漫画、画报插图、广告插图等。尽管通俗美术还不能完全等同于“大众主义”美术，并且受到了像吕澂、陈独秀、鲁迅这样的新文化运动人士的批判和揶揄，但它已具备了“大众主义”美术的最初特征：题材上的现实性，主题上的忧患意识和政治关怀，功能上的教育性，艺术手法上的写实性，艺术方向上的通俗性、大众性（具体表现为农民趣味）和艺术观念上的中西融合与民族性追求。这些都对“大众主义”美术具有示范性的作用和影响。

"五四"新文化运动之后，陈独秀的"美术革命"思想和蔡元培的"美育"观念逐步扩展开来，尤其蔡元培的"以美育代宗教"的思想尽管并不具有明确的现实针对性，然而它一经形成就产生了深远的影响，激发起许多仁人志士的共鸣，并积极投身于"美育救国"的事业之中。这种观念的产生不是偶然的，它是中国自19世纪末以来外辱内忧的社会现实的直接反映，是有责任感的中国知识分子"国家兴亡，匹夫有责"的传统儒家思想的自觉体现。知识精英们希望通过有计划、有目的、有方向的美育普及，实现中国社会的现代转型——这构成了20世纪中国美术以及美术教育的现代性特征的重要方面，既体现出20世纪中国艺术家和艺术教育家的历史使命感，也反映了他们以民族复兴为己任的自觉的集体主义意识。这种觉悟直接导致了20年代中后期文艺界"走出象牙之塔""走向十字街头"口号的提出和文艺为社会、为人生的观念的产生，对中国"大众主义"美术的发展起到了积极的推动作用，奠定了"大众主义"美术的宗旨和观念基础。历史地看，虽然"走出象牙之塔"问题的提出造成了美术界"为艺术而艺术"和"为社会而艺术"的分歧与分化，但在本质上双方却有着共同的追求，即与整个救亡图存相适应的"艺术救国"，尽管"为艺术而艺术"者没有跟上时代的步伐最终成为"资产阶级的帮闲者"（鲁迅语）了。对双方而言，不管艺术是纯粹的还是不纯粹，都是实现救亡图存的手段。而艺术家无论是从事"艺术的艺术"还是从事"社会的艺术"，都是引领大众的启蒙者甚或"救世主"。

随着左翼文艺思潮的兴起、"五四"新文化运动的深入和"走出象牙之塔""走向十字街头"实践的展开，至1930年春天左联成立时，"文艺大众化"问题已成为一个重要的历史命题。为此，左联专门召开了包括鲁迅在内的左翼人士"文艺大众化问题座谈会"，正式提出"文艺大众化"的口号，并通过《大众文艺》杂志将座谈会成果与一批专文发表出来，从而引起了广泛的讨论。尽管人们对"文艺大众化"在理解上还存在一定的差距，但其方向却是一致的：以艺术的方式影响大众、教育大众、唤起大众，从而使中国摆脱封建主义和帝国主义的压迫，走向现代。这成为美术界乃至整个知识界普遍的理想和追求，使"文艺大众化"在各个领域全面开展起来。[1]这就使20年代之后的中国美术出现了质的飞跃——"大众主义"美术的产生。这种"大众主义"美术我们可以称为"精英化的大众主义美术"。它的特征就表现在它是由精英推动和身体力行的，其目的在于以理想主义的观念改造国民性，实现全民美育。刘海粟、徐悲鸿等之办教育，林风眠之开展"艺术运动"，都是"精英化的大众主义美术"实践的有机部分和具体体现。

在这个过程中，"大众主义"美术也逐步完成了它在样式上的准备。新兴木刻一诞生就被赋予现实的功能，它集叙事性、革命性和战斗性于一身，以其直接的视觉力量和对现实的表现力成为"大众主义"美术最初最鲜明的艺术样式之一。至抗战时期，随着民族矛盾的激化，"大众主义"美术面对民族身份的危机，遂在严酷的现实面前通过激烈的争论而将大众美术和通俗美术整合为自己的有益资源，延安美术界成为"大众主义"

美术进一步发展的大本营。这样，到抗战之后，“大众主义”美术经过近20年的实践和探索，在理论、形式、观念、人员、传媒和舆论等方面为其进一步开展做好了全面的准备，并逐步从国统区转向了解放区，其表现内容和体裁样式也逐步确定下来。

随着实践的展开，尤其是新中国成立之后，“大众主义”美术逐步转向了新的、特定的艺术表现样式，即“年、连、宣”。年画、连环画、宣传画和漫画、木刻等都曾在解放前中国共产党领导的各个根据地和解放区的各时期的革命斗争中发挥了重要的作用。尽管木刻从它一诞生就被赋予了现实的功能，以其直接的视觉力量和对现实的表现力而为“大众主义”美术提供了最重要和直接的艺术样式保证。但从以后的发展看，是“年、连、宣”而非版画成为中国“大众主义”美术的核心样式，这其中是有着多方面的复杂原因的。“年、连、宣”在发展过程中的模糊观念使之常常包含了油画、中国画、木刻、漫画等美术样式，就是其中原因之一。不过，更为重要的是，“年、连、宣”虽然和漫画、版画一样具有类似的现实功能特征，但“年、连、宣”在中国较漫画和版画更具有现实的表现力、传统的价值、大众的普及性和有力的宣传作用，特别是它们更切合了新中国对建立自己的“新文艺”和“新形象”的要求和愿望。其中，年画和连环画以其通俗性和叙事性迎合了表现现实的要求和大众审美趣味，宣传画则以其简明的主题和形象、切入现实的即时性和战斗性成为政治与政策宣传的有力工具，它们构成了中国社会主义美术的全新起点，在反映20世纪中国人的民族意志和民族期待的同时又反过来塑造了新的民族意志和民族期待。这与中国共产党在新中国成立之后对建立“人民的新文艺”的愿望是一致的。

由此我们在1949年之后看到了中国“大众主义”美术的又一种表现——意识形态化的大众主义美术，它与我们上面所说的“大众主义”美术——精英化的大众主义美术，既有区别又有联系。作为“五四”精神的进一步延伸，无论是“精英化的大众主义美术”还是“意识形态化的大众主义美术”，都承继了“五四”新文化运动的理想主义和忧患意识，把改造国民性、实行全民美育、提高大众的文化艺术水平、摆脱封建主义和帝国主义的压迫、建设一个繁荣富强的现代化的新中国作为自己的历史使命。这就使得无论是精英推动的“大众主义”美术，还是贯注了政治意识形态的官方倡导的“大众主义”美术，都是在理想主义的激励下以自上而下的方式传播或提倡某种理想与精神，而不管这种理想和精神与大众是怎样的关系。因此也就不难理解为什么在新中国成立之后，不论是“新文艺界”还是“旧文艺界”的美术工作者，大都以自觉真诚的心态弃旧趋新，激动地迎接新时代的到来。但显而易见，“意识形态化的大众主义美术”较之“精英化的大众主义美术”在内容和形式上都已发生了深刻的变化，这既是历史环境的结果，又决定于政治选择；“意识形态化的大众主义美术”无疑较“精英化的大众主义美术”更多地排除了个人主义的因素而被赋予了浓郁的集体主义色彩，它的转变期始自延安的文艺运动，而新中国的成立则标志着它的具体化和完善化，具有了更明确的方向和组织体制。随着社会主义政体的确立，“意识形态化的大众主义美术”就明确了它从阶级的立场建立无产阶级这个世界上最先进的阶级的文艺的方向，从而使中国的现代美术迈向一个全新的历史阶段。

二、概念厘定

对于20世纪中国美术的大众化趋向，人们曾有过许多命名，诸如“大众美术”“群众美术”“通俗美术”等，多年来，人们几乎是约定俗成地通用着这些用词，即使在近些年的一些美术史著作中仍等同地沿用了这些概念。[2]然而在中国，这些概念实际上有着很大的区别，尤其在“大众主义”美术的构架中它们具有特定的含义。

从字面上看，所谓“大众美术”，即是由“大众”从事的美术，但是在现实中，“大众”一词却是相对于“精英”（知识分子）而言的，这就使它具有了价值判断的意味。也就是说，“大众”是自认“高雅”的“精英”的一方对他们认为需要由他们来教育、引导和拯救的“低俗”的“民众”的另一方的命名和称谓。所以，当“大众”与“美术”这两个词相组合时，其意义就发生了根本的变化：“大众美术”在这里并非由“大众”从事的美术，而是指由“精英”为普及、改造、拯救、宣传、革命等目的而从事的美术，即林风眠所提倡的“表现”十字街头的艺术。这就是“大众美术”的真正含义，即它是“为大众”的美术而不是“大众的美术”或“大众”从事的美术。所谓“群众美术”，即由“群众”从事的美术，但这里的“群众”不是一般所说的“民众”，而是相对于“阶级敌人”而言的，即“地、富、反、坏、右”不是“群众”，“群众美术”即工农兵美术。因此，所谓“群众美术”是政治意识形态和理想主义信念下的产物，相对于“大众美术”来说就更具有了组织性、方向性和明确的理想性。[3]而“通俗美术”则与其完全不同，它是完全“大众的美术”。

“大众美术”和“群众美术”在趣味上都具有通俗性，在这一点上，它们也可称为“通俗美术”。不过“大众美术”和“群众美术”与“通俗美术”之间有一个本质的区别，就是“通俗美术”乃资本主义商品经济运作下的产物，经济规律的作用决定了它的趣味、规模、样式和内容等。这种美术的目的主要在于赢利或迎合大众趣味。所以在20世纪的“大众主义”美术构架中，“通俗美术”一词主要或特指19世纪末20世纪初以上海为中心和代表逐步发展起来的商业美术或商业化的美术，诸如连环画、月份牌、漫画、画报插图、广告插图等。作为“大众主义”美术前奏的“通俗美术”虽然不能完全等同于“大众主义”美术，但亦是“大众主义”美术的有机组成之一。“通俗美术”还具有另一个特征——它不仅在趣味上包含了“大众美术”和“群众美术”中可以为工农大众或工农兵群众所接受的通俗性的一面，还在欣赏主体上包含了诸如知识分子、城市小资产阶级和市民中的流氓无产者等更广泛的社会接受面。而在接受面上，“大众美术”同样包含了“精英”，因为“大众美术”既是“精英”参与的美术，“精英”也是被改造、拯救、唤起的对象；而“群众美术”虽受到知识分子精英的鼓励和推动，但在趣味上知识分子精英实际上并不欣赏，甚至排斥。

与这些词相联系的是“民间美术”“民俗美术”。虽然“大众美术”“群众美术”“通俗美术”等都包含民间化和民俗化的倾向和因素，但并不能因此而称之为“民间美术”或“民俗美术”，因为“民间美术”特指自发地产生和存在于民间，以祈福、驱邪、自娱自乐等为目的的美术，而“民俗美术”则是指以民间的方式表现或包含了民俗内容的美术，属于民间美术的范畴。它们只是以其通俗性和（题材与形式上的）大众性而与“大众美术”“群众美术”“通俗美术”等概念联系在一起。同时，由于西方20世纪60年代美术中的“波普艺术”（pop art）的兴起，因其内容多与时尚生活相结合而被称为popular art（流行艺术），也有人将其与中国的“大众美术”“群众美术”“通俗美术”相联系（90年代之后是与中国的“政治波普”相联系）。但十分明显，它们之间有着质的不同。西方的“波普艺术”虽然借取了通俗艺术的形式和内容，但其实质却与“大众”或“群众”无关。与之相较，中国的“大众美术”“群众美术”“通俗美术”都是建立在大众或群众的基础之上的。尤其重要的是，中国的“大众美术”“群众美术”“通俗美术”都具有明确的大众指向和大众来源，是以中国的民间美术为依托的、为大众的，甚至是由大众直接参与的美术。

但“大众主义”美术却是对以上所有的相关概念的总括和提升，并与之区别开来。我们所说的“大众主义”美术既不是历史上的孤立现象，更不是一个一般意义上的“流派”。它作为一个具有明确针对性的学术术语和概念而区别于以往诸如“大众美术”“群众美术”“通俗美术”“民间美术”“民俗美术”“波普艺术”等所有常用习语，第一次集中指出了20世纪中国美术中一种包容了丰富和复杂内涵与外延、具有完整内在联系和过程的历史和社会趋向。使我们看到，“大众主义”美术具有了既包含“大众美术”和“群众美术”，并涉及“通俗美术”和“民间美术”更超越它们的综合意义，即它是一种主动、有计划、有组织、有目的、有方向、有理想的“主张”或“方案”，既包括“大众的美术”（自发地产生自大众的商业化美术），更强调的是“为大众的美术”（由精英自觉创作和推动）和“大众化的美术”（由官方意识形态倡导，并由“大众”或“群众”直接参与创作）。因此，“大众主义”美术在发生上不是自发的和流行的，而是有目标、有组织的自上而下的精英化行为；“大众主义”美术在传播上不是商业性的和个人化的，而是社会性的和集团性的集体努力；“大众主义”美术在主题上不是娱乐性的，而是具有明确的政治或意识形态理想和教育、宣传目的；“大众主义”美术在艺术上既不是西方化的也不是民间性的，而是以现代性建构为目标的民族化追求。而20世纪初期的“通俗美术”和20年代中后期开始的“走出象牙之塔”的文艺运动，则为这一形态的形成奠定了基础，并使之成为可能。

三、谁是“大众”

在“大众主义”美术中，“大众”自然是文艺服务的对象。然而，究竟谁是“大众”？在不同的观念下和不同的时期内却具有不同的内涵和所指。一般而言，“大众”一词是相对于“精英”（知识分子）而言的。也就是说，“大众”是“精英”的一方对他们认为需要由他们来教育、引导和拯救的另一方的命名和称谓。这种观念的产生是“五四”之后精英知识分子面对中华民族危机而形成的历史责任感和使命感的一种体现。因此，它所指向的是整个的国民，或者说就是“人”。这一点首先在蔡元培那里得到了很好的表述，并成为当时人们的共识，即美术的任务就是：“将来使社会上的人受了美术化，造成新中国高尚纯洁的国民。”[4]这种以“人”为核心包括全体国民在内的“大众”观念构成了“精英化的大众主义美术”的对象认知和实践基础。林风眠就是这种“精英化的大众主义美术”的主要代表之一。他不仅从回国后执掌国立北京美术专科学校起，就本着蔡元培“以美育代宗教”的思想，开展全面的“艺术运动”，而且在1927年举办的“北京艺术大会”期间明确提出了“打倒模仿的传统的艺术！打倒贵族的少数独享的艺术！打倒非民间的离开民众的艺术！提倡创造的代表时代的艺术！提倡全民的各阶级共享的艺术！提倡民间的表现十字街头的艺术！”的口号，所针对的“大众”即以“人”为基础的“全民的各阶级”的“民众”。

但自从左翼美术产生以后，阶级的概念的提出，使“大众”的内涵迅速发生了转变。1927年，成仿吾明确提出：“我们要努力获得阶级意识，我们要使我们的媒质接近农工大众的用语，我们要以农工大众为我们的对象。……开步走，向那‘龌龊’的农工大众！”[5]在这里，“农工大众”代替了以往的“平民大众”或“民众”而成为“大众”的主角。而到了30年代左翼文艺运动时期，“大众”的身份就更加明确了。就像郭沫若所描述的那样，艺术家“你要认清楚你的大众是无产大众，是全中国的工农大众，是全世界的工农大众！你要向着这个大众飞跃……你去把被人麻醉了、被人压迫了、被人榨取了的大众清醒起来”[6]。

左翼文艺界提出的“大众”显然与此前所指“大众”已有了本质的区别，它从“五四”知识分子的一般的抽象的“人”转向了以“无产者”或“农工”为代表的“大众”，从而赋予“大众”以阶级的含义。然而，在毛泽东看来，这个“大众”仍是抽象的，并不能真正反映中国的实际状况。为此，他在《讲话》中给予了全新的解释。毛泽东在提出了“革命文艺”的概念之后，指出革命的“文艺工作者”必须首先解决立场问题和“为什么人”的问题。这个“立场”就是“无产阶级的和人民大众的立场”，这个“大众”就是“千千万万劳动人民”，就是工人、农民、革命军队以及城市小资产阶级劳动群众和知识分子，尤其是其中占百分之九十五以上的工农兵，而在“工农兵”中，农民是核心。因此毛泽东指出，“我们的文学艺术都是为人民大众的，首先是为工农兵的，为工农兵而创造，为工农兵所利用的”。“工农兵”的“大众”观念直接为新中国全盘接受下来。

在阶级的观点和立场下，“大众”被赋予了新的内涵。在新中国成立之前，“大众”主要被表述为具有普遍性意义的或中性的“平民大众”或“民众”，而在新中国成立之后，“大众”则为具有价值判断的“群众”一词所代替。但“群众”与“精英”（知识分子）在这里已不是相对的和上下之别，而是一种平行的、平等的关系，即在阶级的划分中，“群众”不是一切人，而是以“工农兵”为核心的“人民大众”，“群众”也不再是需要“精英”教育、引导和拯救的对象，而是主动掌握了自我拯救和自我教育权力的“我们”的一部分（甚至是最重要的一部分，因为知识分子“精英”在这里也已被改造成为“群众”的一部分）。

随着90年代中国城市化进程的加快，“大众”的内涵也同时再次发生变化，城市化中的“市民”取代了“工农兵”的“大众”，新的市民文化逐渐形成，但这与“大众主义”美术已没有什么关系了。我们可以把它作为“大众主义”理想的实现或一种异化现象来看待。

从以“人”为基础的“全民的各阶级”的“民众”到以“无产者”或“农工”为代表的“大众”，再到以“农民”为核心的“工农兵”和“群众”，“大众”概念的这种变迁既表明了“大众主义”美术从“精英化的大众主义美术”向“意识形态化的大众主义美术”的发展过程和二者之间的承接关系，同时也表明了“大众主义”美术在性质上的一致性，它反映了“五四”之后艺术家普遍的忧患意识和艺术上民族意识的觉醒与自觉，从而使“大众主义”美术构成中国现代美术或中国美术现代性的特殊形态。

四、“大众主义”美术的内部结构

“大众主义”美术是以“精英化的大众主义美术”和“意识形态化的大众主义美术”的二元结构为基础的。在这个结构中，“精英化的大众主义美术”提出并明确了“大众主义”美术的宗旨和方向，而“意识形态化的大众主义美术”则进一步推进了“精英化的大众主义美术”，最终完成并终结了“大众主义”美术。在此构成中，“大众主义”美术又必然要扩展到“大众的美术”，即商业化美术。因为就其构成和“大众主义”美术的发展看，“大众主义”美术不是突发的，而是近代以来中国社会和美术发展的逻辑结果——“大众的美术”构成了“大众主义”美术的前奏。因此，其内部构成主要表现为三个基本层面：1. 大众的美术——它是自发地起源于大众的美术，它依托于大众的审美、情感和现实需要，突出强调了现代审美与民间性的结合；其表现形式主要是漫画、连环画、月份牌、画报插图等商业化美术。2. 为大众的美术——它是由精英倡导和推动的美术，不论采用何种内容和形式，都表现出艺术家强烈的社会责任感和历史使命感，即以艺术改造国民性、普及美育、使大众逐步走向现代，因此又被一些人称之为“化大众”；其表现形式主要是中国画、油画、雕塑和木刻等所谓“大艺术”，尽管有时它也注意对中国传统民间艺术的吸收。3. 大众化的美术——它是由官方倡导和推动的意识形态化的美术，但是它却真正地实现了美术的大众化，使全民（即工农兵）都参与到艺术的创作中来，真正成为艺术的主人和“有社会主义觉悟的有文化的劳动者”；其表现形式主要是“年、连、宣”，它在写实的基础上既贯彻了有目的、有方向的意识形态观念，又与民间艺术建立了密切的联系。这三个层面既互相独立又依次递进，形成一个合理的结构关系，并表现出“大众主义”美术的完整构成。在这个构成中，毛泽东及其思想对“大众主义”美术具有转折性的推进作用。

到90年代，“大众主义”美术的消解和异化在新的历史情境下已成为一种必然。从外部环境看，中国的开放和与世界日益密切的互动，使以往的政治决定不得不让位于经济和文化决定。在这个过程中，“大众”越来越具有了更多文化消费的主动权。他们不再依靠文化精英的赐予和拯救，而是在多元的文化中进行自我选择，而且具有了越来越多选择的余地。从这个意义上说，“大众”文化消费的主体地位已经确立（尽管这在相当程度上是由外部环境造成的）。这也是“大众主义”美术一直努力的方向和目标，即从对大众的拯救到大众自我教育和自我解放的实现。而从“大众主义”本身来看，随着政治封闭和人为壁垒的拆除，以及“大众”成为文化消费主体目标的实现，“大众主义”所针对的问题也随之消失。首先，作为宏观目的的“为大众”目标消失。“大众主义”的预设是以“精英—大众”为二元结构的，即由“精英”来拯救、教育和唤起“大众”，“大众”的文化消费是由“精英”选择性地给予的。但到了20世纪90年代，“大众”主体已由一般的“人”和工农兵（农民）变成了城市化中的“市民”，其主体性质发生了本质的转变。问题的消解同时导致了“精英”和二元结构的被消解，“大众主义”的宏观目的也就不存在了。这样，“大众主义”就在消解和异化中不可避免地走向终结。

五、“大众主义”美术与毛泽东

作为20世纪中国政坛的风云人物，毛泽东及其思想不仅与“大众主义”美术有着密切的关系，而且始终关注并直接参与了“大众主义”美术的建构，也因而最终完成并终结了“大众主义”美术，尽管这个过程还受到了其他诸多外在因素的影响。

毛泽东是在“五四”新文化运动的思潮中成长起来的，而毛泽东思想则是在对中国现实考察的基础上逐步形成的。在蔡元培提出“以美育代宗教”的口号之后，中国文化精英普遍注意到了“普及教育”对于唤起中国大众、改造国民性的重要意义。尽管在河北等地开展的“平民教育”运动已深入大众之中，但其立论仍然是把农民作为受精英教育和拯救的没有文化的愚氓。然而在这个时候，毛泽东的思想已发生了根本的变化，开始从一个作为精英的“洋学生”转变为一个站在农民立场上的马克思主义者。他通过对湖南农民运动和农村状况的考察认识到，“中国历来只是地主有文化，农民没有文化”，但实际上农民不是没有文化，也不是不需要文化，而是有自己的文化，需要的是他们自己的文化。所以，“智识阶级和所谓‘教育家’者流，空唤‘普及教育’，唤来唤去还是一句空话”[7]。历史地看，毛泽东的这种认识成为他此后建立自己的中国文化和文艺观的基础。

毛泽东的另一个中国文化和文艺观的基础就是民族性。亲历了中国近代历史变迁的毛泽东对于中国饱受帝国主义压迫的屈辱有着切身的痛感，这使他对于民族的振兴产生了发自内心的召唤。因此，毛泽东此后无论在政治上还是在文艺或文化上都始终坚持民族的立场：“共产党员是国际主义的马克思主义者，但是马克思主义必须和我国的具体特点相结合并通过一定的民族形式才能实现。”因为，“离开中国特点来谈马克思主义，只是抽象的空洞的马克思主义。因此……洋八股必须废止，空洞抽象的调头必须少唱，教条主义必须休息，而代之以新鲜活泼、为中国老百姓所喜闻乐见的中国作风和中国气派”[8]。这个名言的基调从此贯穿毛泽东思想的始终，并成为半个世纪中国文艺工作者和大众主义美术的方向与准则。

从大众（农民）的立足点到民族性的立场，毛泽东的文艺思想到20世纪40年代初的时候已基本成熟。就在这时，文艺界发生了文艺向何处去的争论。一部分人认为，抗战美术虽然具有现实宣传的功效但并不是艺术，只是临时的宣传，是从高级的艺术地位下来屈就俗众，因而与中国未来的艺术发展无关。中国的艺术要在未来担负起建设的重任，在国际艺坛拥有一席地位，唯有以“艺术的艺术”之精神才能做到。只有这样，才能教育大众，实现救国的理想。[9]这种思想尽管立刻受到许多人的驳斥，却引发了是坚持“五四”的“新文艺”还是对旧形式的改造、是为抗战还是为艺术、是普及还是提高等问题上的分歧。为了澄清分歧明确方向，1942年5月，毛泽东先后两次在延安文艺座谈会上发表讲话，对这些问题给予了全面的回答。他从“无产阶级的和人民大众的立场”出发对所涉及的广泛的问题：为什么人的问题、立场的问题、艺术的源泉的问题、普及与提高的问题、艺术典型性问题、内容与形式问题、批评标准问题、艺术与政治的关系问题、阶级性与人性的问题、歌颂与暴露的问题，等等，都给予了全新的解释，不仅在当时对解放区和国统区的艺术家产生了广泛的影响，而且对20世纪中国美术具有决定性的转折意义，并直接决定了此后“大众主义”美术的性质和方向，为“大众主义”美术的进一步完善提供了前提和保证。

正是基于其一贯的思想，新中国成立之后，毛泽东对文艺在新中国的作用给予了高度重视。新中国开展的建立人民的新文艺的第一个美术创作运动——新年画创作运动，就是在毛泽东的直接关心下开展起来的。[10]在毛泽东的亲自过问下，新中国成立后文化部曾专门讨论如何在全国范围内开展“新年画”创作问题。在文化部《关于开展新年画工作的指示》正式发表之后，一场轰轰烈烈的群众性的“新年画创作运动”随之开展起来，并通过各种措施把新年画创作迅速推向高潮。[11]

在其带动下，新连环画和宣传画的创作活动也同步开展起来。到1963年举办全国首届连环画创作评奖时，连环画的创作、出版和发行已完全被纳入社会主义美术体制之中，使连环画得到前所未有的飞速发展，全国已出版新连环画一万余种七亿多册。[12]而在宣传画方面，通过紧密配合像抗美援朝、“三反五反”、婚姻法、增产节约、爱国卫生、社会主义建设总路线和争取与保卫世界和平等政治活动，创作出大量广受欢迎的宣传画作品，并在各地的公共场所和工人、农民的家庭里广为张贴，产生了广泛的影响。到1958年，无论是宣传画的数量、参与的画家人数，还是与政治运动的紧密配合上，都得到了加强，并在“大跃进”中达到空前的繁荣。[13]

这样大规模的群众性的“年、连、宣”创作所隐含的意义，一方面在于通过人民的新文艺的建立来证明人民当家做主的新政体的合法性，另一方面则以艺术的普及来唤起群众的革命热情，最终实现以群众参与为标志的未来政治诉求和政治理想——共产主义。所以，尽管新中国的“大众主义”美术是以“年、连、宣”为核心而展开的，但全面的群众文化运动的开展却标志着20世纪以来文艺大众化运动的真正实现——这是“意识形态化的大众主义美术”区别于“精英化的大众主义美术”的根本标志之一。

1958年，在毛泽东发出“破除迷信、解放思想”，“要敢想、敢说、敢做”，“打掉自卑感，砍去妄自菲薄，破除迷信，振奋敢想、敢说、敢做的大无畏创造精神”的号召，和“鼓足干劲，力争上游，多快好省地建设社会主义”的新时期总路线提出之后，大批的专业美术工作者开始奔赴农村，与农民同吃、同住、同劳动，并积极开展美术普及工作。他们一面动员起全体农民以自己的双手美化家园，以自己的艺术创造表现自己、教育自己，一面就地取材，大办艺术教育，以打破资产阶级和封建阶级对艺术的垄断，使更多的人走进艺术的殿堂，掌握艺术的武器，成就劳动人民自己的红色艺术专家。[14]同时，作为建设社会主义的重要一环的农村群众美术运动也同时得到了极大的推动。[15]其中最典型的就是江苏省的邳县和河北省的束鹿县（今辛集）。这两个县有组织、有计划地实施群众美术创作活动，并在很短的一个时期内就创作出无数件作品，创造了前所未有的奇迹。它一出现就被誉为“共产主义艺术的萌芽”。

新中国成立之后，对社会主义新形象的探求一直是美术界努力的目标，虽然毛泽东一直十分关注文学艺术的发展和意识形态领域的问题，并且在其一系列的文章、讲话中明确指明了文艺的“中国作风和中国气派”和文艺家必须深入工农兵为工农兵服务的方向，但是究竟什么才是这种“新文艺”的“中国作风和中国气派”，什么才是新中国美术的标准样式，在美术界并没有明确起来。所以，尽管在轰轰烈烈的“大跃进”群众美术运动中产生的以“革命现实主义和革命浪漫主义相结合”的手法创造的“中国大众画”，曾经给美术界以鼓舞，尽管美术家不断深入工农兵、在“年、连、宣”中积累了丰富的经验并产生了独特的样式，但仍不能令人满意。尤其严重的是，毛泽东所一再强调的为工农兵服务的方向时常不能得到落实，文艺界不断出现回潮和反复，其“洋、名、古”的现象十分严重。这在一直注意意识形态领域内两个阶级、两条道路斗争的毛泽东看来，是极为危险的。为此，1963年12月12日和1964年6月27日，毛泽东连续做了两个批示，严厉地批评了文艺界脱离群众和现实的问题，并警告说，这有可能出现修正主义。[16]

其实，在“五四”新文化精神中成长起来的毛泽东并不是一个保守主义者和狭隘民族主义者，而是一个胸怀世界的国际主义战士，而这种胸怀虽由“五四”新文化所造就，但更主要的是与建立共产主义这个世界上最先进的社会的政治理想紧密联系在一起的。这在他的心中形成了一个民族主义与国际主义相结合的基本文化构架。

六、结束语

20世纪中国美术的大众化趋向之所以被名之为“主义”，不仅因为它具有明确的运行轨迹，更重要的在于它不是自发的，而是知识分子精英面对中国现实、解决现实问题的具体方案之一，由此构成“大众主义”美术的两个基本属性，即作为目标的“为大众”和作为方案的“大众主义”。从前者来说，“为大众”的美术在其发展中也被赋予了两个层面的含义。一方面，它把拯救、教育和唤起大众作为自己的目的，因此，在艺术上并没有特定的要求，它几乎包括了所有的艺术样式。因为对于它的目的而言，它不是为了迎合大众，去俯就大众的审美趣味，而是通过对民间的关注和向大众输送“真正的艺术”以培养其健全的人格和向善、向美的心灵。另一方面，它强调大众（群众）的唯一性，即一切为了大众（群众），一切服从大众（群众），一切从大众（群众）出发。因此，在艺术上它强调大众的形式，大众的语言，大众的情感，大众的趣味。一句话，它把大众（群众）视为具有自我拯救、教育和唤起能力的主人。而从后者来说，作为方案的“大众主义”是与整个中国近代落后挨打和积弱的现实以及救亡图存的需要密切相关的。为了民族的振兴和富国强民之梦，有责任感的知识分子们提出了各种变革现实的方案，以为民族注入新机，为国家造成新民。这种方案在美术上的表现就是“大众主义”美术的产生。

由此可以看出，作为目标的“为大众”是整个近代以来中国文化和中国美术的基本方向。可以这样说，20世纪以来的中国美术就是反对帝国主义和封建主义、寻求民族的解放之路和不断探求艺术的人民性和民族性的历史过程，而不管艺术家是主张“为艺术而艺术”还是提倡“为社会而艺术”。这个目标甚至直到今天还是如此，尽管如今的含义和手段已发生了深刻的变化。因此，毛泽东提出的民族的、科学的、大众的新民主主义文化的方向准确而深刻地揭示了近代以来中国文化和美术的基本性质。而作为方案的“大众主义”则是这种“为大众”的文化方向的具体体现和落实。它和“传统主义”“融合主义”“西方主义”一起，构成了解决中国美术现实问题的策略选择，体现出艺术家面对现实寻求中国美术的现代化道路时的自觉意识。

注释

[1]其中包括电影、小说、美术、音乐、诗歌等，几乎每个领域都有突出的例证。在美术中，作为这一文艺思潮的最早的突出例证之一就是林风眠于1927年5月1日—6月3日在北京举办的历时一个月，声势浩大的“北京艺术大会”，尽管最后以失败而告结束。

[2]例如邹跃进的《新中国美术史（1949—2000）》（湖南美术出版社2002年版），陈履生的《新中国美术图史（1949—1966）》（中国青年出版社2000年版），严善錞、王明贤的《新中国美术图史（1966—1976）》（中国青年出版社2000年版）等都是如此。

[3]据有关资料，“群众”一词的最早使用者是周恩来，1926年，他在发表于中共两广区委机关刊物《人民周刊》上的《现时政治斗争中之我们》一文中首次使用了“群众”一词：“推进国民革命，当然不外领导

工农群众的革命力量。"[《周恩来选集》(上卷),第2页]随后,毛泽东在1927年的《湖南农民运动考察报告》中大量使用了"群众"一词,并在湖南从事农民运动期间对政治宣传图画和革命歌曲给予了极大的关注。此后,"群众"一词在红区及以后的延安和其他解放区得到广泛传播,直到1942年,毛泽东在《在延安文艺座谈会上的讲话》中正式将"群众"的核心界定为"工农兵"。"群众"和"群众美术"从此成为新中国的唯一用词。而在国民党统治区则主要使用由孙中山于1925年临终前提出的"民众"一词,因为"群众"一词在国民党统治区被认为是无一定组织的多数人之集合的意思。从此可以看出,"群众"或"群众美术"具有阶级的含义,是与中国共产党的阶级观念和政治理想联系在一起的。

[4]戴峻:《用美术改良社会的前提》,《美术》第2卷第4号,上海美术学校美术杂志社1921年3月31日出版。

[5]成仿吾《从文学革命到革命文学》,此文完成于1927年11月23日,发表于次年1月,转引自李何林编《中国文艺论战》,上海东亚书局1932年第4版。

[6]郭沫若:《新兴大众文艺的认识》,载大众文艺社编《大众文艺》第2卷第3期,上海现代书局1930年3月1日发行。

[7]毛泽东:《湖南农民运动考察报告》(1927年3月),见《毛泽东论文学与艺术》,人民文学出版社1960年版。

[8]毛泽东:《中国共产党在民族战争中的地位》(1938年6月),见《毛泽东论文学与艺术》,人民文学出版社1960年版。

[9]早在1933年李宝泉就表达了这样的看法。抗战兴起之后,沈从文又从文学的角度再次呼应了这种观点:"这部书说不定只是一部小说,内容仅仅写到普遍社会所见的'愚'与'诈','虚伪'与'自大',认识它,指摘它,且提出方式来改善它。与战事好像并无关系,与政治好像并无关系,与宣传好像更无关系,可是这作品若写好,它倒与这个民族此后如何挣扎图存,打胜仗后建国,打败仗后翻身,大有关系!"沈从文:《一般与特殊》,《今日评论》第1卷第4期,1939年1月22日。

[10]1949年10月下旬,毛泽东找周扬谈话时说:"年画是全国老百姓老老少少特别是劳动人民最喜欢的东西,应该引起注意,文化部成立要发一个开展新年画创作的指示。"周扬立即找到蔡若虹说:"毛主席有一句名言,凡是劳动人民喜欢的东西,一定要看重它,你来写一下这个指示吧。"《蔡若虹文集》,人民美术出版社1995年版。

[11]据不完全统计,至1950年4月,全国已有至少26个地区出版了新年画412种,印数共计700余万份,其中反映现实题材的作品在90%以上,几乎所有的重大题材都在年画中得到了反映。参见《中央人民政府文化部颁发一九五〇年新年画创作奖金》,《人民美术》1950年第3期。

[12]参见新闻报道《全国连环画创作评奖揭晓》,《人民日报》1963年12月28日第2版。

[13]据不完全统计,中华人民共和国成立后十年间,仅北京人民美术出版社就出版宣传画527种2788万份。邹雅:《亟需把宣传画创作提高一步》,《美术》1955年8月号。

[14]"过去,艺术被封建阶级、资产阶级的艺术家所垄断,他们把艺术创作神秘化以迷惑大众,似乎劳动人民天生就无法懂得或掌握艺术。艺术并不神秘,对艺术的迷信如今已被劳动人民的艺术实践

打破了。劳动人民既能创造艺术，也势必要产生专家，而这样的真正出身于劳动阶级的红色专家将不是一个两个，而是千个万个。”见《促进美术大普及大繁荣》，《美术》1958年9月“农民壁画专号”。

[15] 1958年8月，中共中央做出《关于在农村建立人民公社的决议》，决议认为：“人民公社不仅加快了我国社会主义建设的速度，而且是我国农村从社会主义集体所有制过渡到全民所有制的最好形式，是从社会主义过渡到共产主义的最好形式。”参见《读报手册》，红代会南京大学委员会编印，1969年4月24日出版，第194页；而“今天被社会主义共产主义思想所鼓舞的劳动人民的艺术创作，可以说是群众共产主义艺术的萌芽”。沈雁冰：《新中国社会主义文化艺术的辉煌成就》，《光明日报》1959年10月10日第5版。

[16] 这两个批示参见张炯主编《中国新文艺大系（1949—1966）：理论史料集》，中国文联出版公司1994年10月版。

本文载于《美术研究》2008年第2期

高天民，1961年生，山东茌平人，2004年毕业于中国美术学院史论系，获博士学位。国家画院美术研究院常务副院长。曾任中国美术学院潘天寿纪念馆馆长，中国美术学院教授。

道咸"金石学"与绘画

——从潘曾莹与戴熙的两个画卷谈起

蔡星仪

20世纪中国画的大师黄宾虹（1865—1955）多次谈到晚清绘画时均强调"道咸中兴"，例如他说："文艺中兴，清道咸中，金石学盛，而六法精进。"（《自题山水》，见《墨海波涛》，第65页）

又如："道咸世险无康衢，内忧外患民嗟吁。画学复兴思救国，特健药可百病苏。"（《画学篇》手稿，见《澄怀古道——黄宾虹》）

道咸就是清代道光、咸丰两朝，即1821—1861年这40年间，正是从鸦片战争前至战争后这一中国近代史的关键时期。

黄宾虹对近百年中国画史的这一独到见解近年来渐受学者注意，讨论不少，如一些学者就分别以史学宏观和画法微观两个不同角度来进行探讨（请参阅上海书画出版社《朵云》第64集《黄宾虹研究》），但这些研究探讨都是以赵之谦、吴昌硕等"金石派"画家的艺术风格为中兴之依据，而完全把传衍吴门、娄东或虞山等正统画派余绪的同时名家的艺术摒弃在外。事实上，赵之谦、吴昌硕等均主要活动于同治和光绪朝，即"道咸"以后的19世纪下半叶。可见黄宾虹所指并非赵、吴一派，用赵、吴等人的绘画来诠释此"道咸中兴"是不确切的或者是有片面性的。我们探讨晚清"金石学"对书画艺术的影响显然是不能回避"道咸"这一时段的。晚清"金石学"是由乾嘉考据之学所引发的，"金石学"热潮是整个道咸以迄民初传统学术思潮的主流，活跃在这一历史时期中的知识精英无不为这一大潮所裹挟和影响，而文人艺术家尤其是最为敏感的群体，岂能置身于外？作为他们的感觉和思想的精神物化体现——艺术创作——岂能与时代的学术风尚无关？ 2007年9月在美国夏威夷檀香山艺术博物院（Honolulu Academy of Arts）举办的中国近现代书画特展"古调新声"（New Songs on Ancient Tunes）展出了美国费立哲神父（Richard Fabian）的19—20世纪中国画的收藏，对这个时期中各个地区的各家各派艺术家在这一波"金石学"时尚中的活动与追求，他们相互间的切磋与交流，以及不同地域间之互动关系展示出一个比较完整的面貌，有助于改变上述的片面观点。

笔者下文将对展品中的几件作品提出来讨论，希望引起研究晚清"金石学"与绘画的学者的兴趣。

首先，潘曾莹的《河朔访碑图》揭示的意义就相当重要。潘曾莹（1808—1878），字申甫，号星斋，江苏苏州人。道光二十一年（1841）进士。早年多画水墨写意花卉，风格类似陈淳（1483—1544）、徐渭（1521—1593），旧金山收藏家默斋收藏有潘曾莹一轴《梅花湖石图》就是这样的作品。潘晚年专力画山水，风格有如王翚（1632—1717）、恽寿平（1633—1690）。现在这卷《河朔访碑图》虽然于画上没有纪年，但用笔疏简轻逸，用墨设色温润淡雅，确实为晚年作品。他的书法则学赵孟頫（1254—1322）和米芾（1051—1107）。从潘曾莹一生的书画师承风格看，与赵之谦、吴昌硕大异其趣，似乎是与"金石学"无关的，但事实却并非如此。这卷《河朔访碑图》为我们展示了晚清艺术史上一件重要的史实。[1]

潘曾莹的书画并不为现今艺术史家悉识，然而在晚清时期却很受江浙学界与艺坛的推崇，其主要原因在于他的家族在晚清的"金石学"热潮中具有相当重要甚至举足轻重的地位。他的父亲潘世恩是乾隆进士，官至体仁阁大学士兼太傅，在此中枢内阁高位上长达三十年，哥哥潘曾沂是嘉庆举人，亦官至内阁中书，而在该卷《河朔访碑图》后题跋的潘曾绶则是他的弟弟，是道光举人，官至内阁侍读，但不乐仕进，很早便退休。潘曾绶文名满京城，是位有名文人，潘曾绶的儿子就是晚清鼎鼎大名的金石学家潘祖荫。潘祖荫是咸丰进士并官至工部尚书，潘家的大量金石、书画文物收藏以及整理研究在近现代影响深远。当今尽人皆知的近代大收藏鉴赏家、书画家吴湖帆（1894—1968）的夫人潘静淑就是潘氏后人（上文提到的潘曾莹《梅花湖石图》，就有吴大澂、吴昌硕的边跋），吴湖帆的收藏有相当一部分即来自夫人的嫁妆。了解潘曾莹家族与晚清"金石学"的关系，有助于理解这卷《河朔访碑图》对研究此时期"金石学"对晚清绘画的影响所具有的意义。

这卷《河朔访碑图》是为当时著名的金石学家沈涛画的。沈涛，字西雍，号匏庐，浙江嘉兴人，嘉庆年间曾得乡试第一名，在江西等地任知县等地方官。他在大西北地区当官时亲身深入山野间搜寻，发现了散落在河朔一带（河朔，泛指黄河以北地区）的大量古碑石刻，并加以拓印辑集，他的工作及其发现在当时金石考据学盛行的风气中很受推崇。潘曾莹此画就是画沈涛这一访碑活动。而在这个时期盛行的这种访碑风尚是中国金石学上史无前例的。[2]

"金石"一词最早见于《墨子》中"书于竹帛，镂于金石"一语。但说到"金石学"却从北宋开始，其实质即现今所称考古学，不过即如欧阳修（1007—1072）《集古录跋尾》所记，此时"金石学"（考古学）所依据的实物大都是好古的文人（也即考古学家）在文物市场上获得，其时的工作只可称为"书斋考古"，仅是这一学科的初创幼稚阶段，属于中国考古学的启蒙时期。此时期盗墓者、文物商贩与考古学家之间是各自分离的。学者专家走出书斋，在野外探寻发现文物，在现场亲手收集古物数据加以记录，然后进一步整理研究，编写专题研究报告，以及结集成专书等，那是要在清代嘉庆以后，以嘉庆时黄易（1744—1802）为先导，继起的一批道咸金石学家开创了这一中国考古学的新篇章，这是一种具有现代田野考古性质的新型“金石学”，沈涛正是其中的一位重要人物。然而，他们那时是单枪匹马地在从事这一工作，但他们是开拓者，筚路蓝缕，功绩卓著，意义深远。

潘曾莹这一卷《河朔访碑图》正是描绘金石家沈涛在河朔地区寻访发现古代碑刻这一艰苦而又充满崇高文化使命感的情景，以淡墨浅色绘于绢上，既不以人物活动为描绘的重点，也不突出某一考古发现的现场情况，展卷纵览却是满眼的荒峦与旷野，完全是一卷山水画，而且亦非那种描绘细致、刻画具体的宋画式写实的作品，而是以倪瓒（1306—1374）般的简略笔法写其大意，所追求的不是景物和情节的记录，而是一种心情和意绪的传达，画面传达出的这种境界是寂寞和冷清，这种画境正如恽寿平曾经形容的，是一种“寂寞无可奈何之境”，此情此景完全是那些以天下为己任的知识精英，在一个政治昏暗、民生凋敝的时代里，无计可施，孤处一隅，只好将精力和知识投入一项远离眼前社会现实、冷落孤寂的文化承传事业中，以排遣余生的精神写照。

学术工作本身就是寂寞的工作，而考古工作尤其如此，而在晚清这个时代竟然成为一代知识精英竞相追逐的风尚，形成一股空前的学术热潮，这正好反映出中国社会在向现代转型前的社会心理，正所谓“无可奈何花落去，似曾相识燕归来”也。

该卷后有十四位当时的文化名家题诗，其中最令人注意的是有“金石僧”之称的六舟和尚释达受（1791—1858）。其诗曰：

广陵一别十载余，三千里书天都寄。
适我黄山尚未归，空负使君相招意。
自谓云泥近或难，谁期薜垢南屏寺。
几年违教鬓俱霜，觌面几希失交臂。
常山古迹书见贻，压倒几辅孙氏志。
展读始周终于元，篆隶缩笔无稍异。
想君河朔裹轻椎，剔藓剜苔辨文字。
凿险探幽广搜罗，鬼神冥寞来相示。
秘文夜夜发奇光，一朝泄露无猜忌。
古刻埋没四千年，欧赵无闻君独识。
精诚耿耿上通天，苟非其人天吝畀。
一卷琳琅压官囊，两袖清风充书笥。
归来示我访碑图，不弃芜言许附骥。

道光戊申四月上旬奉题匏庐先生观察大人访碑图并请政句

古塩官方外六舟达受待定稿

钤印：“西湖禅味”（朱文方印）；“达受私印”（白文方印）。

注：道光戊申为1848年。

达受正是又一位行脚半天下的“金石僧”，同样亦常漫步荒山蔓草间寻访剔拓古碑，他不但精于摹拓而且擅书画篆刻并装池，是极受尊敬的一位僧人艺术家，我们在旧金山默斋收藏中也见到达受的两件作品：《花卉》四屏及山水横批《天台圣域》，花卉则类陈淳，山水则近王蒙（1308—1385），都是潇洒中显出儒雅和俊秀。笔法仍然是以中锋内擫的帖学笔法为主，未见侧峰凌厉、豪雄劲拔的北碑笔法。

从达受诗中我们得知他和沈涛之间有超过十

多年的交情，是学术、艺术互相欣赏的同道中人，值得注意的是，达受又同时是当时画坛和书界最负盛名的两位领袖戴熙（1801—1860）和何绍基（1799—1873）最投契的知交。

戴熙也曾画过一幅《伊阙访碑图》卷（见《习苦斋画絮》卷一），画的是黄易在龙门石窟考古拓碑的事，是送给另一位金石家高元眉的，高元眉是沈涛的老乡，也是浙江嘉兴人。戴在题跋中称高与自己的交谊为“金石契”，又说，知道高近来“搜罗碑版益富于前”，告诉高自己近来酷嗜颜真卿的书法，请高将他最近在四川搜寻到的颜真卿碑拓一本寄来，以先睹为快。戴熙还提到他画这幅《伊阙访碑图》是因为另一位朋友、高元眉的同乡程文荣送了一幅黄易画的《伊阙扪碑图》给他，使他想到了高元眉的访碑行动。程文荣也是金石家，著有《南村帖考》一书。戴熙这幅《伊阙访碑图》与潘曾莹的《河朔访碑图》相呼应，正好反映了这个时代金石家山野访碑的时代新风尚，以及这一群知识精英艺术家的共同喜好和追求。

当达受为潘曾莹题跋《河朔访碑图》的时候，即1848年，戴熙却在北京正在从事一件有点戏剧性的绘画创作，这就是展览中那卷戴熙的杰作《小栖云亭第二图》。

“小栖云亭”是另一位著名金石学家张穆（1805—1849）在北京昌平的书斋名。张穆是山西平定人。正因为对金石碑版、书画艺术的共同嗜好，他与戴熙、何绍基相友善。1848年初冬10月他请戴熙将自己的居所“小栖云亭”绘成一画卷，珍爱异常，不料家中遭贼，该图被偷去，他非常惋惜。1849年春以石涛的一幅画作为润笔，请戴熙再重绘此卷，名之为第二图。另一位著名金石家和鉴藏家祁寯藻（1793—1866）是张、戴两人共同的知交好友，看到后认为这卷第二图画得比第一图更好，是戴熙的精心杰作，亦在图后题诗及跋。可是，在戴熙完成此画的第二年张穆就去世了，接着就发生太平天国的战乱以及戴熙在杭州的殉清死难。十年后（1860）祁寯藻再见此图时已是物是人非，在眼前的是张穆留下的遗腹女及寡妾，此时他的感慨，尽抒诉在他写在该卷的另一长跋中。

史料告诉我们，戴熙与潘曾莹一家也是知交好友，戴熙有多件著名的作品是为潘曾莹和他的家人创作的。其中现藏美国克利夫兰艺术博物馆的戴熙名作《天台石梁——雨来亭图》就是画给潘曾莹的哥哥潘曾沂的。戴熙在《习苦斋画絮》一书中还记述潘曾莹有一次下围棋赢了一个装裱好的空白册页，就请戴熙在此素册上作画，戴熙画成后在上面题跋，称赞潘的画艺高于自己。潘曾莹所著《红雪山房画品》是晚清的画论著作中较突出的一部，该书的后跋就是戴熙写的；潘的另一部画学著作《小鸥波馆画寄》，余绍宋（1882—1949）就认为与戴熙的论画名著《习苦斋画絮》颇类似，南京博物院收藏的潘曾莹《水墨山水图册》，笔墨风格颇类戴熙，各页均有戴熙与吴云的题跋，可见他们是如何互相影响的。潘曾莹此《河朔访碑图》虽未见有戴熙的跋，但以潘曾莹、达受、戴熙和何绍基交游之密，戴熙至少是了解沈涛在河朔地区访碑的活动以及潘曾莹为此事作画的，下面还有另一个证据证明他们是一个关系密切、很相投契的艺术圈子。

北京故宫收藏戴熙的《忆松图》卷又是一件

名作，受画人正是为《小栖云亭第二图》多次题跋的祁寯藻。戴熙在该图末尾的自题中说到五年前祁就请他作这幅画，至今始完成。题中纪年是丁未，即1847年，也就是在最初画《小栖云亭图》的前一年。该画卷为纸本，尺寸是37.7厘米 × 123.3厘米，正好和费立哲神父这件《小栖云亭第二图》尺寸相仿，笔墨意味又很相近，恰是姊妹篇。

《忆松图》卷后也有祁寯藻在十年后重观此图题的两首诗。其第二首如下：“鹿床居士谪仙才，借我离愁付酒杯。十载孤山鹤飞去，孔宾何事不归来？”

诗中把戴熙比作李白，推崇备至。

而前面提到的在美国克利夫兰艺术博物馆收藏的戴熙《天台石梁——雨来亭图》，也完全可以与前面提到的旧金山默斋主人收藏的达受《天台圣域图》相互印证。画的都是天台山的石梁飞瀑，构图亦颇相似，而受画人恰恰又是潘曾莹的哥哥潘曾沂。由上面所述的这一组画作的互相关联，编织成一个金石家与艺术家的异常密切的关系网，传达出这一金石家、艺术家群体之间的交往和互相影响。这一个道光、咸丰时期的金石学者与艺术家的关系网，创造了从乾嘉学派发展起来的新型“金石学”的新的学术文化氛围，渐次孕育出新的艺术美学观，为新的笔墨形式——以北碑或金文大篆等笔法作画——奠定了学术文化的基石，一个新的画派——“金石派”已经呼之欲出了，正是这一拨金石学家与书画艺术家紧密结合的新的文化热潮的高涨，给本文开头关于黄宾虹“道咸画学中兴”之说的问题做了回答。

我们将围绕这两个画卷的上述人士他们的地籍以及书画渊源系统列出一表，可看出颇有意思的图像：

潘曾莹（1808—1878）——江苏苏州——帖派（赵孟頫）——正统画派；

沈涛（生卒待考）——浙江嘉兴——书画作品未见；

释达受（1791—1858）——浙江海宁——帖派（赵孟頫和董其昌）——正统画派；

戴熙（1801—1860）——浙江杭州——帖派（欧阳询与赵孟頫）——正统画派；

何绍基（1799—1873）——湖南道州——碑派——画未见；

张穆（1805—1849）——山西平定——帖派（欧阳询）——画未见；

祁寯藻（1793—1866）——山西寿阳——帖派（柳公权）——画未见。

上述有书或画作品可见的六人，其书画艺术的师承及风格取向基本都属帖学书派与正统画派，也就是说按照以往的艺术史标准来划分，属于晚清艺术中的保守派，其实以唯一碑学书家列于其中的何绍基，其书法的根基仍是颜真卿，与其他人的渊源也都是相同的。学术上他们都受时代风尚的裹挟而热衷于金石碑版的考据，但在艺术上又都各有自己的取向，并非一窝蜂似的都去写碑或以篆隶入画的。而黄宾虹所谓“画学复兴”也不是都只限于是否超越于正统画风之外的另立门户。这样的历史事实说明在论及晚清兴起的“金石派”绘画时不能仅以笔法是否雄强外拓，是否以北碑或篆隶笔法作画，气势是否纵横豪宕等外形式着眼，还应看到其绘画美学的学术根源这一更深层面。正是晚清这一股新的金石学热潮给绘画艺术注入了新的文化生命，艺术家的审美眼光不仅仅囿限于典藏在书斋秘籍、案头的前代的卷轴籍册，还投向到屹立于旷野、隐没于荒漠、历阅千载沧桑风雪的原生文物——“金石”。新的文化体验积淀、激越，形成新的审美感觉，这一新的审美感觉或隐或现，直接、间接都在影响着他们的艺术创作。我们并不是要把戴熙、潘曾莹也归纳入“金石派”，更不是反对把赵之谦、吴昌硕等定名为“金石派”，而是要看到晚清，即从19世纪初兴起的新型“金石学”同样对当时的正统派发生影响，道咸时代画坛的领袖是戴熙，他的成就、地位是道咸时的艺术界与学术界一致推崇的，上述张穆、祁寯藻等金石学家都推崇戴熙的艺术，戴熙的作品沉实深厚，严谨朴茂，古雅清新，有浓烈的学者书卷气息，他喜在生宣纸上以淡墨干笔短皴作画，反复皴擦，造成粗厚斑驳的画面肌理，其笔墨效果仿佛近似碑版拓片的泐痕和青铜拓片的锈蚀印迹，同样也可视为具有某种金石趣味，也即黄宾虹所认同的“古雅苍厚”之美，这种笔墨趣味与金石学家们的志趣和学风是相契合的。这是在道咸间出现的新画风，从略早的奚冈（1746—1803）、黄易演进到戴熙，有迹可寻，戴熙是这个由正统派向金石派蜕变时期的一个代表。可惜他在太平天国战乱中死于非命，未竟其业，而接棒的正是他的浙江同乡人——赵之谦，终于将这种源于新型“金石学”的审美观完全落实到笔墨形式、造型和色彩等绘画的外形式上，完成了这一个革命性的大转变。

注释

[1]潘曾莹及其祖潘世恩、潘氏兄弟及下文张穆等人传记均引自《碑传集·补集》及《续碑传集》。亦参阅俞剑华《中国美术家人名辞典》。

[2]日本大阪市立美术馆藏北宋李成、王晓（传）作《读碑窠石图》描绘一戴笠骑马的旅人立马在一古碑前仰首观看的情景，背景几树寒丫古木，荒凉空旷。历代著录均题作《李成读碑窠石图》，原作已不存，现存此本当为明摹本。此图的“读碑”与嘉道间兴起的“访碑”是不同的两个概念，前者是旅途中偶然发生，一时兴到的思古幽情，后者则是主观目的明确的田野考古活动。

本文载于《美术研究》2008年第2期

蔡星仪，1939年生，广东中山人。旅美中国美术史学者。1981年毕业于中国艺术研究院，获硕士学位。中国艺术研究院研究员。

山水形象与家国记忆：弘仁《始信峰图》解读

邱才桢

山水画在怎样的程度上才能够反映人们的精神和观念世界？作为图像的山水，其题材、内容、母题、空间等视觉符号又是在何种程度上与人们的观念世界相关联？本文通过对弘仁《始信峰图》的解读，试图探寻17世纪的山水画作中所传达的特定人群的观念问题。

17世纪，黄山是徽州画家图绘的重要题材，据统计，有近两百件之多，而弘仁就绘有45件，其中就有《始信峰图》[1]。

从画面上看，《始信峰图》描绘的是实际的始信峰景点，画家用干而淡的笔触，悠缓的用笔，勾勒出始信峰的山体、深壑、流泉、岩石、松树，甚至连始信峰与旁边山峰连接的榕枒枝，都刻画得纤毫毕现。画家描绘的是黄山实景。

山水画中的实景图大致可分为两种类型：胜景图与纪游图。[2]有游人、路线和具体景点的描绘，采用册页的形制，以诗文配合画面，为纪游图。而只描绘单独景点，路线特征并不明显的，则为胜景图。《始信峰图》基本上属于实景山水中的胜景图范畴。

仔细观察，会发现《始信峰图》作为胜景图的特异之处。我们可以之与弘仁另一张描绘黄山的胜景图《天都峰图》[3]相比。《天都峰图》中，主峰作正面造型，山水结构清晰，前景中有松树揖让有致，松树下有路蜿蜒而上，亦有流泉湍湍而下。整个画面是开放式的、迎接式的。似乎随时迎接观者和游客，有引人入胜之感。而《始信峰图》与此不同，前景左边有一巨石横亘于前，前景中部为深壑山泉，令人望而却步。中景与远景逐渐向右后方退缩，主峰侧于右翼。而且前景与中景之间缺乏流畅的连接。对于观者和游客而言，画面意涵是抗拒式或退缩式的。右侧有一隐秘小径蜿蜒而上，不知从何而来，显然不是为观者和游客所设。观者所能面对的，是前景中的巨石与深壑。而随着右侧小径蜿蜒而上，可发现山体中间偏上的位置，有一空亭。

空亭的母题一般被认为来源于倪瓒，在倪瓒的山水中，空亭是一个重要的母题，具有特定含义，成为倪瓒画中的重要标志物。空亭作为画家品行高洁和隐逸思想的象征物已经为很多学者指出。[4]而空亭在绘画的发展进程中，已逐渐演变为一种视觉符号，浮现于倪瓒之后的诸多画家作品之中。

高居翰把特定母题与构图特征视为含有意义的符号，它们指向特定的含义和观念。画家们借此潜在地向观看者传递某种观念或意义。这种意义，“是艺术家的同时代人无须细想或无须互相解释就能理解的”[5]。关于结构形式，方闻曾引述乔治·库布勒的话：“结构形式可以独立于意义而被意识……结构要素或多或少有规则地伴随时代变迁而与意义无关……”[6]其实问题要比这复杂，画家所创造视觉符号的深层观念并不一定能被完全顺畅读取，人们对于母题、结构的选择并不是将之与其原来赋予的特定含义一起选择，后来者总是因为身份、际遇、修养的不同，根据自己的需要对前代的遗产进行选择，也因为历时的原因而变化。因此，我们应该更多地考虑到接受者本身的特殊性，他所处的时代以及个体状况，以及作为视觉符号的母题与画中其他元素的配合。

明代中期的吴派画家就醉心于“元四家”的画风，尤以倪瓒最受尊崇，当时人们已经开始以有无收藏倪画作为区分清俗的标准。[7]不仅收藏，而且临仿，同时也“和”倪瓒的诗词。吴派画家对于倪瓒画风的模仿主要重神会甚于形似，“他们所想追摹的，不只是倪瓒画中所呈现的那种‘繁华落尽见真淳’的清净与幽寂；更重要的，是要达到倪瓒心中所拥有的平淡与宁静的精神境界”[8]；而在笔墨、造型、绘画母题上并不求其肖似，而是常常兼用元代其他三大画家的画风。[9]因此，“空亭”的母题尽管见于吴派画家的仿倪山水以及自己创作的山水中，但倪瓒的空间结构已经不再，精神意涵也随之变化，大多数已不复有倪的沉寂萧疏，而变为冲淡悠闲。

弘仁是17世纪画家中对倪瓒风格和精神的继承者。他的画中就有多幅仿倪瓒风格的山水图，据笔者统计，流传下来的海内外收藏品中，共计有13幅之多。其中对于空亭的母题，几乎是全搬照写。此外，弘仁有多篇诗文传达了对倪瓒的仰慕，其中有两句非常有代表性：“迂翁笔墨予家宝，岁岁焚香供作师。”[10]“此时若遇云林子，结个茅亭读异书。”[11]

两句诗表明了弘仁与倪瓒精神上的关联，“茅亭读异书”可以看作品行高洁、脱离凡俗的象征。弘仁在图像与文字表达对倪瓒的继承的同时，也完成了对倪瓒精神的继承。

通过对弘仁作品的考察，可以发现其中有多幅黄山图中有空亭，有代表性的有四幅，如江西婺源博物馆藏的《黄山图》[12]、美国顾洛阜藏的《幽谷泉声图轴》[13]、美国私人所藏的《山水图》(《西园坐雨图轴》)[14]、故宫博物院藏的《山水》[15]、上海博物馆藏的《林泉春暮图》等。

与倪瓒以及吴派山水中的仿倪画作相比，尽管空亭的母题相同，但我们仔细考察空亭在两个画家所处的整体空间，会发现两者并不相同。倪瓒的空间是空疏的，与外物相交融的，令自己的精神之气与自然相接；而弘仁的空间是接近封闭的，与世隔绝的。而且，弘仁山水中通过大块面的岩石构图，半封闭的空间、空亭等母题，以及清刚悠缓的笔调，形成一种超稳定的构图，造成一种宁静的、封闭的、时间上接近静止的山水。两者所要表现的心灵世界是不一致的。

倪瓒的诗歌与绘画中所呈现的思想曾被一度解读为“民族气节”的表现，阮璞在细致辨析之后，认为仅是反映“朝代意识”而已。[16]阮璞对倪瓒的理解是一种还原式的理解，事实上，历史上对于倪瓒的接受要比这复杂得多，也就是说，对于倪瓒的理解与接受，有的注重对其人品的理解，有的注重画品。对于倪瓒画品的理解，明代中期之后一般被视为雅的极致。[17]而倪瓒在画品中的地位，在沈周到王世贞、董其昌的理解中又不大一致。到董其昌时期，倪瓒被认为是逸品的最高代表。[18]而对于倪瓒人品的理解，明代后期关于倪瓒形象的文本中，倪瓒已不仅是个超凡脱尘的隐士，还成为爱国主义和道德革新象征的文化英雄。[19]因此，通过对倪瓒的接受和理解的分析，倒可以看出接受者的观念。

如果我们要进一步谈弘仁对倪瓒的理解，应该从弘仁的身份、际遇等多方面谈他的选择。作为参与过抗清战争、具有强烈遗民意识的弘仁，他的心灵世界与同处朝代变更的倪瓒有相似之处，倪瓒入明以后只题干支，而不用洪武年号，弘仁的画中，也只用干支纪年。但不同的是，异族入侵给弘仁等遗民的强烈记忆对于倪瓒而言是不存在的，而且，他们还面临着清初残酷的高压政策，弘仁去世于1664年，清朝统治者统一大业尚未完成，康熙新政还未开始，因而，弘仁的选择与倪瓒并不相同。

弘仁的黄山图中尽管借用了倪瓒的空亭母题与题款方式。但从空间构图来看，弘仁的黄山形象是与世隔绝的封闭的心灵世界的象征。图像具有隐居遁世的隐居图的性质。

隐居图的历史由来已久，唐代王维的《辋川图》就是较早的表现隐居题材的例子[20]，反映的是王维归隐辋川的生活，画面中营造了一个个带状的封闭的空间，中间用小径相连，但画面中的主要景物是敞开的，呈现舆地图的特征。[21]这种情况到五代、北宋的时候发生了变化，最有代表性的例子就是传为董源所作的《溪岸图》，此图“江山高隐”的主题已经为学者指出，画中山水并非某处实景的描写，“他意味着一种超乎真实外在的理想世界，正与高士的胸中丘壑起着呼应的作用。如此高士内心与山水的互动，实际上便是此隐居的主旨”[22]。

石守谦从画面远景空间的“叠加、割裂式的空间观”判断它属于郭熙之前的产物。[23]这是从画面样式角度谈的结构、空间问题，同时，他也谈到“庄园之外的景观”，“不仅意味着此隐居在地理上的远离尘俗，也作为高士在家居中向外观望的对象”。这里谈的实际上是一种心理空间，这种空间是半封闭性质的，画中文士过着隐居生活，同时还可以遥望尘俗世界。画面上，画家描绘有水阁的庄园，庄园一半嵌在山体内，一面临着浩渺的湖水。

这种反映山林隐逸、避世隐居的山水在元代继续发展。在构图、“心理空间”的处理上并没有太大的改变，当然，样式角度而言的结构、空间已经大为纯熟。以吴镇的《秋江渔隐图》[24]为例，画面依然有高山，占据画面一角，山脚有一嵌入山体的书斋，面对右边浩渺的湖水，同样，这种空间具有半封闭的性质。画中人物既可以过着隐居生活，同时也可以遥望尘俗世界，甚至可以靠渔船与外界相通。

元代这种类型的山水被何惠鉴称为“书斋山水”，“这是人和地、环境和心境、艺术和现实的结合”[25]。这种类型我们在王绂的《隐居图》中可以看到，无论从构图还是空间处理而言，都可以视为吴镇的《秋江渔隐图》的翻版。

然而这种半封闭性质的空间在弘仁等画家的黄山图中发生改变。我们看到，弘仁所表现的空间几乎是全封闭的空间，画中后面的山体几乎占据画面的全部位置，偶尔有一山涧作为可通往外部世界的标志，更为关键的是，画中几乎不见有人，只有空亭。隐居图的表达方式在这里发生了重大的改变。

我们可以进一步看画家题款中的文字：“始信峰图。癸卯春弘仁为旦先居士作于番阳之且读斋。”

番阳即现在的江西鄱阳县，且读斋主人旦先居士姓吕，名应昉。此图作于番阳，又是在癸卯，从旁边岩石上的几行小字可知此画的创作背景：“紫云千堵削芙蓉，不信人间有此峰。记与老人松畔立，至今眉鬓带烟浓。壬、癸间，予客芝阳，渐公从黄山来，偕予将往匡庐，流寓且读斋，为主人吕君图此，而余题识之。广乘樵王艮。”

王艮（原名王炜，字雄右，1626—约1701）为弘仁弟子，从题字可知，癸卯年前后，弘仁将作庐山之游，路过番阳吕应昉的居所，为吕应昉而作的。那么，弘仁出于何种目的为吕氏作画？吕氏出于何种需求需要此图？

我们可以进一步探究吕应昉的身份，吕应昉，字旦先，歙县吕村人。父时春（1599—1645），字生伯，与金声（字正希，1598—1645）、江天一（字文石，1602—1645）为友。弘光乙酉（1645），金、江同时死难，生伯亦“愤懑不食”而卒。旦先为生伯第五子，年与王炜（即王艮）年相若而为好友，其二子从王炜学。弘仁就是由王炜而与吕应昉相识为友的。[26]

江天一是明清之际著名的抗清义士，也是弘仁和吕应昉共同的友人。清军南下，生灵涂炭，各方面的创伤自不待言，而对于士人思想上的创伤犹剧。而对于亲身经历抗清战争，感受家国之痛的人们，更是记忆深刻。弘仁就直接参与金声、江天一领导的抗清活动。

清军南下，各地纷纷涌现如福王、鲁王、唐王等抗清政权和地方武装。弘仁的家乡徽州府歙县，就在唐王（后来的隆武帝）的管辖之中。在南京陷入清军之手，弘光政权被消灭之后，周围诸郡纷纷降清，清军也继续向东西纵深推进，抵达歙县，徽州名臣金声和他的学生江天一组织军队，奋起抗击，徽州的士人大多参加了这些战斗。从弘仁后来的行为可知，他当时肯定战斗在第一线。后来由于叛徒的出卖与破坏，金声、江天一等人的抗清斗争失败了。金声、江天一被俘后慷慨就义。徽州落入清人之手。顺治二年（1645）之后，一部分抗清志士便相继入闽，投奔唐王政权，继续抗清。弘仁也偕其师汪无涯奔波福建，去参加抗清的斗争。[27]为了避免清人的迫害，在武夷山出了家，皈依了古航道舟禅师圆顶焉，在古航禅师圆寂的顺治十二年（1655）之前，回到歙县，仍为佛门弟子，居于佛寺之中。同时，弘仁几乎每年都登黄山，有时就挂单于黄山云谷寺、慈光阁之中，过着出尘隐居般的世外生活。[28]

如前所述，弘仁曾参与金声和江天一的抗清斗争，而吕应昉对于他们的事迹自是耳熟能详。由此可知，弘仁与吕应昉都有共同的话题，即金声和江天一。而江天一就曾结茅隐居黄山始信峰，经常于始信峰独坐，抚琴抒怀，后人在此刻有“寒江子独坐”五个大字。弘仁和王炜还曾于庚子年（1660）登黄山，至始信峰，并提及“寒江子独坐”题名。[29]

如此，我们不难理解《始信峰图》中的深刻意涵。空亭暗指江天一的隐居独坐之地，不过现在已经杳然无人，故人已逝，唯有空亭。始信峰既是江天一避世隐居之所，也成为弘仁、吕应昉心中故国家山的象征。从笔墨风格来看，《始信峰图》作于1663年，即弘仁离世的前一年，而弘仁的画作风格，基本上是延续着含糊枯索到简洁清刚变化的线索。[30]弘仁作于1660年的《天都峰图》，正是其晚年清刚画风的代表，而此图则反其道而行之，特意使用干而淡的用笔，造成迷蒙的视觉效果，目的是造成时空阻隔的感觉。

《始信峰图》采用立轴的形制，画幅也非同寻常：纵214厘米，横84厘米，在弘仁的作品中是较为罕见的，显然是为厅堂悬挂瞻仰之用，而非如册页一样用于手头展玩。从题字来看，“始信峰图”四字用隶书书写，更见庄重效果。对于已逝英雄的缅怀和故国家山的记忆，通过弘仁所塑造的黄山形象，在两个遗民意识浓厚的遗民之间得以沟通与共享。

画家对黄山形象的塑造其实就是画家对黄山的认识，非实景黄山形象、非现世非现时的黄山形象正是对黄山的一种虚构和想象，黄山成为一个供想象的空间或区域。画家面对的是实际存在的黄山，却把黄山想象为时空阻隔的世外山。

画家面对的实际上的黄山也已经跨越了朝代，它在1644年之后属于清代王朝，在行政区划上属于清朝的徽州府，而不是明王朝的徽州，尽管它的地理位置不变。但在遗民、遗民画家看来，地理的、行政区域的黄山已经模糊不见，它仍然属于过去。总之，不属于现时的清朝。这样被凸显的是其政治意涵，这种政治意涵是遗民画家所强化或赋予的。如果我们理解了遗民画家的遗民意识，理解这种意识与黄山形象之间的关系，我们就不难明白其中的逻辑关联。黄山形象正是遗民画家区域（空间）观念的体现：黄山成为一个想象中“不在场”的区域或空间，它不属于现时世界。

因此，在画家看来，黄山不仅是徽州的象征，也是故国山川的象征，同时，它也不仅仅是一个空间或区域的象征物，而是某一段时间内的空间或区域的象征物。而对于黄山形象的描绘，画家是以黄山为起点，对前朝的山川风物进行缅怀和想象。

注释

[1]弘仁《始信峰图》，作于康熙二年癸卯（1663）春，立轴、纸本、设色，214厘米×84厘米，广东省博物馆藏。

[2]黄贞燕将实景图分为三大类：描绘特定地域的山水图、园林书斋图以及名胜图。见黄贞燕《清初山水版画〈太平山水图画〉研究》，硕士学位论文，台湾大学艺术史研究所，1993年。这是根据所绘内容分类。黄文玲将“描绘特定地域的山水图”与“名胜图”合为一类，因为“画家在绘画特定地域的山水时，有时就是选择当地的名胜入画”，见黄文玲《张宏〈栖霞山图〉研究》，硕士学位论文，台湾大学艺

术史研究所，2002年，第55页。本文将实景图根据其描绘图像的性质分为上述两类。此外，关于胜景图与纪游图的论述，还可见薛永年《陆治钱谷与后期吴派纪游图》，载《吴门画派研究》，紫禁城出版社1993年版，第54页；梅韵秋《明代苏州地区的胜景纪游图》，载《第一届台大艺术史研究生论文研讨会发表论文集》，台湾大学艺术史研究所学生会，1994年。

[3]弘仁《天都峰图》，作于顺治十七年庚子(1660)，立轴、纸本、墨笔，307.5厘米 × 99.6厘米，南京博物院藏。

[4]最早谈到山水中“空亭”意象的是宗白华，他认为是“山川灵气动荡吐纳的交点和山川精神聚积的场所”，见宗白华《艺境》，北京大学出版社1988年版。楚默认为倪瓒画中的空亭象征心物的交流融合，空亭中不置人物，是“民族意识”的表现，“今世那复有人”的悲叹，见楚默《倪云林研究》，百家出版社2002年版。

[5]高居翰把特定母题与构图特征视为含有意义的符号。对于这些符号的判断，他认为这属于广泛意义上的符号学方法。对此他有较为详细的表述，见高居翰《中国山水画的意义和功能》，《新美术》1997年第4期。

[6]方闻:《中国山水画结构分析探讨》，《新美术》1989年第2期。

[7]见沈周在倪瓒《松亭山色图》中的题跋“云林先生笔墨在江东人家以有无定清俗”，著录于吴升《大观录》卷一七。

[8][9]陈葆真:《从陆治〈溪山仙馆图〉看吴派画家的仿倪模式》，《朵云》第62集《倪瓒研究》，上海书画出版社2005年版，第276页。

[10]弘仁《吴中山水轴》上题诗，葛金烺《爱日吟庐书画录》卷二著录。

[11]郑旼:《忆浙江诗八首》，见汪世清、汪聪编《渐江资料集》，安徽人民出版社1984年版。

[12]弘仁《黄山图》，作于顺治十八年辛丑(1661)，纸本、立轴、设色，145厘米 × 47.6厘米，江西省婺源博物馆藏，又见《中国古代书画图目》，编号：赣4-12。

[13]美国顾洛阜藏的《幽谷泉声图轴》，辛丑(1661)春正为交如居士写，见于《中国绘画总合图录》第一卷，第97页。《黄山之影》，第85页。

[14]弘仁《山水图》(《西园坐雨图轴》)，作于己亥(1659)三月，纸本、墨笔、淡设色，218.6厘米 × 66.6厘米，美国私人收藏。《中国绘画总合图录续编》第一卷，第269页，编号：A56-002。同时亦见《黄山之影》，第81页;《渐江石溪石涛八大山人书画集》。

[15]弘仁《山水》，作于顺治十六年己亥(1659)四月下浣，立轴、纸本、墨笔，84.1厘米 × 33.4厘米，北京故宫博物院藏，又见《中国古代书画图目》，编号：京1-3809。

[16]阮璞:《倪瓒人品与画品辨惑》，《朵云》第62集《倪瓒研究》，上海书画出版社2005年版。

[17]董其昌认为倪瓒的画在“元季四大家”中，“品格尤超”，见董其昌《画禅室随笔》；李日华认为“真绘事中仙品也”，见李日华《六研斋三笔》。

[18]倪瓒在明清画史中地位的上升过程，可见阮璞《倪瓒人品与画品辨惑》，《朵云》第62集《倪瓒研究》，上海书画出版社2005年版，第65—68页。

[19]方闻:《倪高士的质朴风格与传奇》，《朵云》第62集《倪瓒研究》，上海书画出版社2005年版，第

41—43页。

[20]王维《辋川图》因为其多样的性质，也曾被作为园林题材画和胜景图加以探讨，见吴晓明《明代中后期的园林题材绘画的研究》，博士学位论文，中央美术学院，2004年；黄文玲《张宏〈栖霞山图〉研究》，硕士学位论文，台湾大学艺术史研究所，2002年。

[21]黄文玲:《张宏〈栖霞山图〉研究》，硕士学位论文，台湾大学艺术史研究所，2002年。

[22]石守谦:《风格、画意与画史重建——以传董元〈溪岸图〉为例的思考》，《朵云》第58集《解读〈溪岸图〉》，上海书画出版社2003年版，第185页。

[23]同上书，第182页。

[24]吴镇《秋江渔隐图》，台北故宫博物院藏。

[25]何惠鉴:《元代文人画序说》，载洪再辛选编《海外中国画研究文选》，上海人民美术出版社1992年版，第249页。

[26]关于吕应昉情况，见于汪世清《渐江画录补目》中的考证，手稿未刊本，第138—139页。

[27]汪世清:《关于渐江的几点考证》，见汪世清、汪聪《渐江资料集》，安徽人民出版社1984年版，第250页。

[28]弘仁的生平，汪世清、陈传席有较为详细的描述，见汪上引书；陈传席《弘仁》，吉林美术出版社1996年版。

[29]王炜《黄山游记》:“庚子八月偕渐江老衲入……登始信峰，有‘寒江子独坐’题名。”见(清)汪士鋐等编《黄山志续集》，载王德毅等编《丛书集成续编》220卷，台湾新文丰出版公司。

[30]见陈传席《弘仁》，吉林美术出版社1996年版。

本文载于《美术研究》2008年第3期

邱才桢，1972年生，江西临川人。2005年毕业于中央美术学院中国古代书画鉴定专业，获博士学位。清华大学美术学院副教授、博士生导师。

民国、新中国美术史研究述评

孔令伟

民国、新中国美术史是我们时代的历史。由于史事切近，所以研究工作和资料的累积、更新一直处于并进状态。新中国成立以后，从旧中国过渡而来的艺术家依然健在，他们以回忆录等方式留下了很多宝贵的历史资料。新中国培养的几代艺术家，是“新艺术史”的创造者，如今，他们和他们的作品也成为国内外学者关注的对象。

20世纪80年代，民国、新中国美术史研究开始升温。其原因主要是为了解释和解决现实问题，如对中国艺术“现代化”问题的思考，等等。90年代以来，公私艺术品收藏、交易日趋活跃，历史档案材料逐渐解禁开放，民国、新中国美术史研究再度成为学者们感兴趣的话题。新出现的论文、论著在思路、立意、选题上都有了新的突破。

80年代的讨论积累了很多积极成果。虽然当时的学者有很多分歧，但他们至少形成了以下两点共识：一是要解释当代问题，必须重新回溯新中国成立之初、民国，甚至晚清的美术史。晚清、民国、新中国开始融合成一个完整的文化单元。二是中国现代文化、现代艺术是在与西方文化激烈的互动状态下发展而成。不论我们采用“中国中心观”式的主体叙事模式，还是采用“冲击—回应”模式，都离不开这样一个主题。在中国近现代美术史中，抛开价值判断、褒贬臧否等问题不论，由此种互动关系带来的复杂曲折，甚至是自相矛盾的现象比比皆是，这既是艺术家的个人遭遇，也是晚清以降中国现代艺术史的共相。

从总体上看，目前学术界所感兴趣的问题主要有中西艺术关系、艺术与政治、艺术教育等，在美术思潮、运动、功能、体制等问题上都有深入的讨论。这些研究与晚清以来中国艺术史的主体暗合，同时也投射了我们最关心、最想解决的问题，是“我们时代的话题”。

一、材料与方法

（一）材料问题

历史事实与历史阐释之间永远存在着一种紧张关系，这种关系要通过史料加以缓解。由于研究对象的特殊性，美术史研究所面对的问题可能还要更复杂。以材料而言，除了档案、手札、日记、书信等一般历史学家所重视的第一手文字材料，美术史学者还要依赖第一手图像资料，如经过鉴定的原作、构图小样、写生素材等。从某种意义上讲，美术史研究的特殊性即来自材料的特殊性。滕固曾向梁启超请教美术史研究之法，梁任公的答复是难在“史料之缺乏”，这种史料指的就是传世文物，或我们今天说的第一手图像材料。陈寅恪先生对美术史亦有同样看法，他说：

> 关于本国艺术史材料，其佳者多遭毁损，或流散于东西诸国，或密藏于权豪之家，国人闻见尚且不能，更何从得而研究？其仅存于公家博物苑者，则高其入览券之价，实等于半公开，又因经费不充，展列匪易，以致艺术珍品不分时代，不别宗派，纷然杂陈，恍惚置身于厂甸之商肆，安能供研究者之参考？[1]

美术史研究的第一手材料是物质文化材料，对这些材料的搜集、整理、鉴定是艺术史研究的第一步，在这一点上，美术史与考古学是一致的。

传统意义上的美术史研究基本是收藏家的学问，常人根本无缘染指。公立博物馆、美术馆出现之后，这种局面才发生彻底改观，进而演化成大学里的学问。但是，艺术收藏仍然是刺激艺术史研究第一动力，艺术品的鉴别、排比、著录是材料建设的第一环节，这个重任仍然落在博物馆、美术馆、艺术家纪念馆、收藏家、鉴定家甚至是拍卖商的身上。对实物、图像资料的依赖决定了美术史绝非书斋里的学问。

在民国、新中国美术研究领域，我们所关心的第一个问题仍然是第一手图像、实物资料的整理工作。由于历史原因，民国时期的美术品有相当一部分被保存在中国香港、台湾地区以及美国，并直接刺激了中国近现代艺术史研究的发展。据李铸晋、万青力先生介绍，最近新构成的纽约大都会博物馆安思远捐赠藏品，以及旧金山曹仲英及费班（费立哲）神父的收藏，都以晚清、民初作品为主。而且，在美国博物馆中，亚利桑那州之凤凰城博物馆、波士顿博物馆、亚拉巴马州的伯明翰博物馆以及堪萨斯大学的史宾塞美术馆等都开始注意现代中国画的收藏。在美国、欧洲不少大学的美术史研究生以现代中国美术史为方向的研究越来越多。[2]

国内目前还没有专门的近代艺术博物馆。除了中国美术馆、上海博物馆和其他一些专题博物馆[3]、地方画院外，晚清、民国时期的作品大多散落在各地名人纪念馆、文物公司、拍卖公司和私人收藏家手中。新中国美术史最重要的收藏是在国家博物馆、军事博物馆、中国美术馆等单位。

以公共收藏而言，研究者最希望看到的是博物馆、美术馆能在功能上实现转换，即从收藏功能向研究功能略做倾斜。[4]这意味着除了名作、杰作之外，像书信、手稿、草图、样稿、影像资料等都要纳入收藏范围。当然，真正关心这个问题的还是各地的纪念馆及美术院校所属的资料室、档案室、美术馆。[5]

除了实物、图像等材料外，关于晚清民国以来各类出版物的搜集、编选工作也是很多学者关心的问题。日本学者鹤田武良，已故学者刘晓路在这方面都有很大贡献。文字史料的发掘、整理和出版，直接关系到学科的盛衰和分支学科的建立，其意义甚至还要重要于博物馆、美术馆的各种专题展览。80年代中期，水天中先生曾发表过一篇论文《中国画革新论争的回顾》，此后，人民美术出版社根据水天中提供的线索，将“五四”前后至中华人民共和国成立后一些代表性文章重新刊出。郎绍君先生评论说：“这是建国后首次对这一问题做系统的考察。”1996年，水天中和郎绍君合作编选了《二十世纪中国美术文选》，前言中说：“二十世纪以来由于社会革命和西方思潮的影响，美术思想呈现出前所未有的活跃局面。但我们对本世纪中国美术思想的研究还很弱，其中首先就缺乏的便是对有关资料文献的搜集、梳理。”[6]对近现代美术史研究者而言，这段话是警醒和鞭策。

以笔者所见，近年来出版的资料性著作主要有：许志浩先生《中国美术期刊过眼录》《中国美术社团漫录》，鹤田武良《民国期美术学校毕业同学录·美术团体会员录集成》《中国近代美术大事年表》，水天中先生《20世纪中国美术纪年》，王震先生《二十世纪上海美术年表》，徐昌酩先生主编《上海美术志》，赵力、余丁先生《中国油画文献》，顾森、李树声先生主编《百年中国美术经典文库》，颜娟英女士《台湾近代美术大事年表1895—1945》《1872—1911〈申报〉艺术条目索引》，章咸、张援编《中国近现代艺术教育法规汇编》，文化部教科司编《中国高等艺术院校简史集》，中国美术馆编《中国美术年鉴：1949—1989》等。

对史料编纂工作的新要求体现了美术史研究的进步。一方面，学者们继续关注年谱、传记的编写，如王中秀先生的《黄宾虹年谱》。另一方面，根据个人研究领域、研究兴趣编选资料，这些工作是研究民国、新中国美术史的基础。

除了专业档案[7]、方志、年谱、文集、传记、谈艺录、人名辞典、美术年鉴、藏画目之外，民国、新中国美术史研究者还经常使用近代史研究的通用材料、工具书。如《中华民国史档案资料汇编》《中华民国史资料丛稿》《中国近代史资料丛刊》《民国时期总书目》《中国近代期刊篇目汇录》《近现代图书期刊出版目录汇编专辑》《1833—1949全国中文期刊联合目录》等，或借用其他专科史料，如《中国近代教育史资料汇编》《中国近代学制史料》《中国近现代出版史料》《中国早期博览会资料汇编》《中国近代纺织史研究资料汇编》等。

（二）方法问题

民国时期的科玄论战是对国人现代世界观和知识论的一次检验。然而，科玄论战结束后，并没有引发关于世界观、人文主义、人文科学的持续讨论。此后，科学主义的世界观渐渐占据了优势，实证的、唯物的世界观是近现代中国人历史意识的主体，也是方法论的源泉。然而，唯物、实证的方法（考古式研究）并非美术史研究的全部，正如美术史家潘诺夫斯基所言，美术史研究的方法是考古式研究和审美再创造的结合，这是其研究对象、研究内容和美术史学传统所规定的基本方法，也是今天我们回头反思近代中国美术史学时所得出的一个认识。

以具体研究模式而论，民国时代的艺术史研究曾有一些新的变化，如风格分析、美学、考古学等都介入了艺术史研究。美学家也参与了美术史的研究与讨论，但并未将美术史引入哲学的殿堂。由于大师王国维过早谢世，美学家的美术史研究境界日趋低婉，对艺术品的解释，对人类心智与情感的阐述过于随意，渐渐流入历史学家所反感的相对主义。新中国成立后，国家按体制分配学术，美术史研究被分裂成考古、美学、收藏鉴定、教学等特定的专业，分属不同的机构。

从研究方法上看，中华人民共和国成立后的美术史研究所使用方法主要是来自普通历史学，如晚清、民国时代兴起的“通史”观念，中华人民共和国成立后的马克思主义史学，80年代以后的社会学、文化史、思想史研究方法，等等。而美术史自身的专业方法并未得到很好的开发，诸如以图式、范本为基础的视觉“母题”研究、风格研究等。至于晚清、民国以来，关于人体解剖的知识、色彩知识、空间的概念是怎么建立的？关于画稿、图谱、教科书、石膏教具、摄影术、戏剧美术和“纯美术”之间的互动关系等一直未得到我们足够的重视。水天中、郎绍君二位先生编选的《二十世纪中国美术文选》完全侧重于美术思潮，“舍弃了各种研究美术技法的文章”。如果换一个角度，我们就会得到完全不同的看法。姜丹书编的人体解剖教材和陈独秀的“美术革命论”相比，到底哪一个更重要呢？[8]

以郑午昌《中国画学全史》为代表的艺术史撰述模式，以及中华人民共和国成立后的受马克思主义历史学影响编写的美术史是中国美术史研究方法的主体。但这种方法一直存在着一个缺陷，即我们承认艺术与政治、经济文化事业有密切的联系，但我们更关心的是这种联系是如何建立的。如果对这种联系仅仅是一番概述，接下来依然是整整齐齐的人物传记、作品编年，那我们说这并不是一种专业的艺术史写作模式。这一类美术史研究所采用的主要是普通历史学的方法，做简单的资料删减编辑工作。最典型的是用作教材的美术史著作。同时，由于受学院教学的牵制，美术史研究往往被划定在国、油、版、雕、民间美术、西方美术、中国美术等相互隔绝的领域。另外，由于缺少专题和个案研究，我们一直习惯于孤立地观看和解释作品。对图像背后的观念、题材的来源、艺术手法的用意、艺术家的个人意图、动机、具体的赞助模式和文艺批评模式等很少进行综合评判。

历史唯物论以生产方式和阶级斗争为故事主线，自范文澜、胡绳先生以来，这种思考模式深深地影响了近代史和近代文化研究。其优点是叙事清晰、深刻，缺点是过于强调抽象的理论，忽视了对人群心态、动机、历史的偶然性的分析，对经济基础和上层建筑的关系未能做出令人信服的解释。历史主体的能动性、历史事件的复杂性均被简化成必然的客观规律。

20世纪80年代以来，以政治史为核心的近代史研究模式开始出现了调整，各类档案材料也陆续向社会开放，新的研究方法开始逐渐出现。在民国美术史研究中，以万青力、洪再辛、李伟铭等学者的研究最富创造性和启发意义。万青力的论文《美术家、企业家陈小蝶——民国时期上海画坛研究之一》[9]提示了一种新的思考方法，即在尊重美术史料的前提下，从整体上考察和评价艺术家的行止。这一点对从事近代美术史研究的国内美术史学者尤其重要。[10]

洪再新的《古玩交易中的艺术理想——黄宾虹、吴昌硕与〈中华名画——史德匿藏品影本〉

始末考略》[11]叙述了民国时期中外合作的赝品交易事件。有趣的是，此文非但无损黄宾虹、吴昌硕作为传统派大师的形象，反而让我们看到了黄宾虹处世的智慧、对传统文化的信仰，以及长久被我们忽视的"东学西渐"问题。

李伟铭的论文集《图像与历史——20世纪中国美术论稿》，以岭南艺术家为例重新检讨了近现代艺术史中的"中西关系"问题。作者力图消解五四时期和80年代文化大讨论时期沉淀下来的价值判断，希望重新回到事实中去，以岭南画家的实际事功，而不是预设的中西文化关系为叙述主体。他说：

> 在近代以来关于中西艺术是否可以兼容以及兼容的结果是否具有存在价值的争论中，我们甚至已种下了这样一种根深蒂固的情结：你必须证明你在中、西艺术两者的修养方面已经真正达到登堂入室的程度的时候，你才具备使你兼容的结果达到像汉语中"合璧"这个词所描述的那样完美无缺的可能性。于是，奢谈方法，成了20世纪持续高温的时尚。[12]

李伟铭的研究改变了以往自上而下的研究模式。

如前所述，新方法并不是否认艺术与政治、经济、文化的联系，而是找到建立起这种联系的环节，而且故事的主角是艺术家和艺术品。"社会学的方法"是通过对视觉表达模式、艺术家个人心态的研究来汇集信息，提供新的视角，弥补一般历史学研究的不足，而不是相反——用图画的社会背景解释图画。

新中国美术史特别是80年代之后的美术史研究具有两种作用，一是资料纂集，二是艺术批评。时间越近，艺术批评的色彩越浓厚。艺术家、策展人、新闻记者等也参与了艺术史的写作，由于他们是当事人，所以我们更愿意把他们的著作视为资料集。在今天，策展人、艺术家的艺术史意识可能要远远超出以往所有时代，有时候，他们还会刻意制造历史或艺术史的"奇迹"，并小心地保留创作底稿，记录创作过程，他们是"当代艺术史"的缔造者。

从材料的角度来看，研究民国、新中国美术史有着得天独厚的条件，我们可以相对轻松地看到第一手图像材料、文字资料，还可以访问当事人，了解事件的来龙去脉。当然，问题也出在此处，由于时间相隔太近，我们很难保持一种客观态度。研究者易受研究目的和个人价值判断的干扰，而研究的过程往往就是干预和引导的过程。

民国、新中国美术史研究兴起于20世纪80年代之后，由当代艺术批评所引发，回顾历史是为了解释当下艺术现象。但由于论者所持的价值观不同，历史也就呈现出不同的面貌。如张少侠、李小山先生的《中国现代绘画史》把近现代画家分为开拓型、延续型两类，强化了传统与现代的二元对立。而西方学者的研究在选题和立意上更重视艺术和现代政治文化的关系，以及西方现代艺术对中国艺术的塑造作用。类似决澜社、星星美展、85新潮、"文革"美术等都是他们感兴趣的话题，而金石画风、写实手法、左翼木刻，中华人民共和国成立后的连环画、动画、主题性历史画，传统画论与西方艺术理论的衔接和相互置换，等等，则很少涉足，一则因为材料生疏，二则受自身艺术史研究传统和文化批评风气的影响。

二、地域与专题研究

从大师、名家过渡到地域美术研究是近几年出现的一个突出现象。不知道这种情形与国家鼓励区域组块、自由竞争的策略是否有关，但我们清楚一点：研究本地区问题的课题很容易在当地立项、申请到科研经费。

2001年12月上海书画出版社组织的"海派绘画国际学术研讨会"，2003年广州美术学院的"广东与二十世纪中国美术国际学术研讨会"，2005年12月中国美术学院组织的"浙派人物画研讨会"等是近年来集中讨论地域美术现象的较为重要的学术会议。另外，各地美术院校博士、硕士毕业论文选题也有这种倾向，京津地区关注京津画派，上海偏爱"海上文化"，江浙一带留意海派、浙派，广东关心岭南派，台湾更是如此。

地域美术和地方画派研究的长处是深入、具体，可以充分利用地方志、地方档案，发挥考据的长处。研究京津画派可以向上延伸到四王传派、郎世宁传派，海派可以追溯到前海派甚至是扬州画派，岭南派又可以联系到"日本画"、外销画问题。事实上，这种考据式研究恰恰可以延伸到对"西画""现代艺术""前卫艺术""实验艺术"的研究之中，详考外籍来华艺术家、留学生和巴黎、纽约、东京的艺术有何种具体的联系。

正如瓦萨里的《名人传》一样，地域美术和地方画派研究的优点是可以建立一个清晰的"艺术谱系"。但是，对于具有较大文化流动性的地域，我们就很难加以概括。比如，什么是"延安美术"，或者什么是"战时重庆美术"，等等。一则其构成并不单一，二则其影响完全超越地域限制。退而言之，到底什么是海派，什么是京派、浙派，也都成了问题。类似现象是地域美术研究中经常遇到的。

一般来说，从大师、经典作品、地域、分期、画种入手作研究，其优点是便于排列史料，如果把上述几个环节组合起来，也可以变成一部历史。[13]但如果控制不好，美术史很容易变成美术家的历史。类似于传统的纪传、著录体例。[14]因此，在原始材料的基础上重新组织线索，对各种类型的材料做综合性的研究一直是近现代美术史研究者比较重视的问题。[15]这些研究以专题、个案居多。依据其内容，我们暂时分为以下几个主题：留学生与近现代美术教育，思潮与艺术运动，视觉文化研究，现代中国画、油画、版画、书法、雕塑、建筑研究等。

（一）美术教育

晚清以来，中国现代教育经历了私塾、学堂、学校这三个变迁过程。早期美术教育的用意是振兴工商实业，故而设国画手工科。又因为要普及图画手工教育，故而急需师资，发展师范美术教育。进入民国后，审美教育的思想开始滥觞，其用意是振奋民族精神，各种公立私立美术专门学校正是在民国后得到了蓬勃发展。

在有关现代美术教育的讨论中，较具有"美术史意义"的问题是对教材、教法、技术手段的研究，几代人认知世界和表达世界的模式正是在这些教育中得到了根本性的改变。此外，美术教学还牵涉到许多文化观念问题，如要不要使用人体模特儿，是用希腊罗马石膏像还是用工农兵胸像做教具，如何编写以中国人形象为主的艺用解剖教材，等等，都是比较有趣的问题。以目前情况来看，有关留学生、外籍教师、校史整理等问题是现代美术教育史研究的重要内容。

探讨美术教育问题比较重要的一次研讨会是1998年中国美术学院70周年校庆之际由潘耀昌教授所主持的“’98二十世纪中国美术教育研讨会”，会议出版了论文集，对中国现代美术教育所涉及问题和讨论方向进行了一次总结。潘耀昌教授此后还出版了《中国近现代美术教育史》一书。

（二）留学生

对于赴日留学生的研究，国内最有成绩的是已故美术史家刘晓路先生。通过与日本学者鹤田武良、吉田千鹤子等人合作，刘晓路重新调查了原东京美术学校学生名簿等各种文书资料，并在实地考察的基础上写出了多篇研究论文，如《让先辈们名垂史册——东京美术学校中国留学生名簿的世纪沉思》，在《美术家通讯》等处刊发。

较早关心留欧学生的是日本学者鹤田武良[16]，此外，中国台湾地区的学者有一篇论文也值得我们特别注意，即《1920至1930年代中国画家赴巴黎习画后对上海艺坛的影响》[17]，此文对留法画家研究做了两点反思：1. 到底这些留学生在巴黎所见为何？当时巴黎的画坛又是如何？大陆的学者在谈论此一问题时，有的笼统带过，或者是本身有预设，认为现代流派是进步的代表。2. 由美术史写作所设定“呈线状发展的西方现代美术史”是一个“中介”陷阱，需要我们警惕。

一般来说，国内学者在研究留学生艺术家时所使用的材料大致是回忆录或口述文献，很少有机会去海外调查原始材料。在材料不占优势的情况下，国内学者很容易受西方学者的暗示，甚至将片面之见视为定论。语言是我们深入研究留学生或西画东渐问题时亟须克服的障碍。

关于外籍美术教师问题有两篇较为优秀的论文。一篇是万青力先生的《法国画家安椎·克罗多（1892—1982）及其中国之行》，另一篇是彭昌明的《达仰·布弗莱的生平与艺术》[18]，通过研究来华外籍美术教师，我们可在中西艺术史之间建立起直接的联系，如果扩大我们的视野，那么早期的利玛窦、钱纳利，后来的马克西莫夫、博巴都可以纳入这一系统，有关中外艺术关系的讨论也会因此变得更为生动、丰富、具体。

（三）思潮、运动

在中国，艺术运动与激进主义思潮有着不解之缘，而且在特定时段内还呈现出愈演愈烈的态势。在西方现代艺术史中，一方面，艺术运动以前卫、先锋的面目出现，代表了社会正义和良心，有着激烈的政治诉求；另一方面，形形色色的艺术运动也制造了新的世俗文化、大众文化，并以直白、激烈的方式取悦于社会大众。中国的艺术运动现象则相对复杂，例如：蔡元培倡导的美育运动，鲁迅先生引领的左翼木刻运动，新中国的全民艺术运动，其主体都是正面的、自上而下的，甚至是全民运动。这一点也造成了中西方学者在理解和阐释中国现代艺术运动上的差异。

西方学者感兴趣的是与西方先锋派艺术相关的艺术现象，隐含的讨论主题是专制主义与个人自由。如苏利文教授的《20世纪中国艺术与艺术家》中选用了一幅中央美术学院学生在天安门广场搭建自由女神像的照片，给人印象很深刻。而中国学者感兴趣的是与重大历史事件相关联的艺术运动、艺术现象，其隐含的主题是国家的文化命运及西方文化对抗。以具体研究而言，从民国时期美术革命思潮、民间美术运动、国粹主义运动、洋画运动、木刻艺术运动、决澜社，到新中国成立后的新年画运动、油画民族化、工农兵美术运动、85新潮、90年代新艺术、实验艺术……都已被纳入学者的考察范围，既有个案，也有专题研究。

（四）视觉文化研究

摄影术、现代印刷品、电影、电视、电子图像等是现代视觉表达方式的主体，其便捷的复制和传播技术使图像的观念塑造功能得到了空前强化。图像对现代文化、现代生活的干预程度超过了以往所有的时代，这些现代现象均引发了学者的兴趣。从理论上看，视觉文化研究主要得益于本雅明、詹姆逊等学者的理论，其关注的焦点是：图像背后的文化信息、观念形态是什么？图像信息的接受与传播过程如何？相比之下，传统艺术史所关心的大师、经典作品在此反而居于次要地位。当然，新方法也为传统艺术史研究提供了新的思路。例如版刻图谱、二流三流画家、地方小画派等都可以在这些理论框架内得到新的讨论。在民国、新中国美术史中，诸如画报、画刊、画集、月份牌、商标、徽章、漫画、连环画、年画、动画、幻灯片、影视艺术、宣传画、电子影像艺术等均可纳入考察范围，但目前学者的研究主要集中于"印刷文化"的讨论。相关成果有：梁庄爱伦（Ellen Johnston Laing）《印刷品中的中国画》[19]《海派绘画风格在二十世纪早期印刷广告业中的命运》[20]，陈平原《以图像为中心——关于〈点石斋画报〉》[21]，郭继生（Jason C.Kuo）《视觉文化和海派绘画》[22]，［德］鲁道夫·瓦格纳（Rudolf G. Wagner）《进入全球想象图景：上海的〈点石斋画报〉》[23]，文以诚（Richard Vinograd）《可视性和视觉性——19世纪晚期海上绘画的女性形象》[24]，等等。

以上述文献为例，我们发现，从视觉文化的角度入手进行研究具有两个优势：一是把握了真正"现代意义"上的视觉表达工具，如摄影、现代印刷品。二是在研究上具有整体性，能够把艺术问题还原到整体文化氛围中进行讨论。

（五）现代中国画、油画、版画、书法、雕塑研究等

关于现代中国画，目前学者们比较感兴趣的论题主要有20世纪二三十年代的"传统派""融合派"，新中国成立后的"新国画"，特别是"新山水画"[25]"浙派人物画"，此外还有85新潮之后的现代水墨等。自80年代以来，现代中国画问题一直是批评界争论的焦点，这个问题牵涉了具体的艺术实践、艺术教育及对中西文化关系的讨论，内容比较丰富。郎绍君先生的论文《新时期的中国画研究1978—1989》介绍了这方面的情况——"著述多、歧义观点多、讨论角度多、相关的学术会议多"[26]。1997年3月在北京钓鱼台召开的“20世纪中国画——传统的延续与演进国际学术研讨会”展示了当时研究的总体水平，此处不再赘述。

油画方面主要有朱伯雄、陈瑞林编著的《中国西画五十年》，李超的《中国早期油画史》等专题著作。另外，在史料整理方面，关于沙耆的发现与研究是一个突出的例子。现代版画研究主要涉及四方面内容：1.以石版、铜版等印制的各类笺谱、画谱、画传、画报、画集；2.左翼木刻；3.解放区木刻；4.中华人民共和国成立后木版年画、新年画。较重要的资料集和研究性著作有李桦、李树声、马克编《中国新兴版画运动五十年》及李允经的《中国现代版画史》等。

总体上看，80年代以来关于国画、油画、版画、雕塑等艺术门类的专题研究，多以社会背景为中心展开讨论。最近出版的殷双喜博士的论文《永恒的象征——人民英雄纪念碑研究》则一反旧例。邵大箴先生对此书的评语是：“史料翔实，在写作过程中作者除查阅了大量的原始档案及文献资料外，还访问了与纪念碑创作有关的各方面人士，包括建筑、雕塑、绘画、设计领域的专家和国家机关工作人员。……不带任何主观成见地忠实记述参与纪念碑酝酿、设计、制作的人和事，竭力清晰地呈现创作这一重要艺术品的过程。”[27]此书给人的印象是：纪念碑终于可以自己说话了！

三、关于现代性和现代艺术的讨论

(一)现代性问题

在现代化、现代性讨论中，和中国有关的主要有两位西方学者：费正清和列文森，其理论分别为“冲击—回应”论和“传统—现代”对立论。[28]在中国，马克思主义中国化一直是现代史、现代化的叙事主体。20世纪80年代，在改革开放，思想解放的浪潮中，知识分子开始对中国的现代化、现代史寻求新的解释。上述“冲击—回应”和“传统—现代”理论在中国风靡一时，产生了广泛的影响。

90年代以来，中外文化交流更为深入，国家派出的访问学者和留学生对西方学术界有了更深入的认识，并不断将新的信息反馈国内。新理论对现代性问题提出了新的解释。其中有两种观点比较引人注目，一种是“另类现代性(或译可选择的现代性、多元的现代性)和后殖民理论”，另一种是关于现代性主体意识的讨论。

多元现代性理论一反旧有的单线发展的现代化理论，肯定了非西方国家在现代转型过程中的特殊路径，及其对西方现代文化的合理诠释。这种看法源于对单线发展的现代化理论的反思，同时也来自对现实世界的观察。例如：日本、印度、沙特阿拉伯完成了现代转换，但在文化类型上依然与西方国家迥然不同。同样，西方国家内部，如欧洲与北美同样存在着各种差异。中国美术学院于2003年11月23日举办的“地之缘：非西方语境中的文化想象、感性与多义的现代性国际学术论坛”即体现了对这类理论问题的思考。

而对历史主体的重新设定则将现代性问题研究引入了一个新的境界。在20世纪50年代至70年代西方学者的现代性叙事中，历史的主体是西方，中国类似于西方文化的实验室，其意义是从正反两个方面检验西方文化的成就。1984年，柯文（Paul A. Cohen）在《在中国发现历史》[29]中提出了“中国中心观”，形成了与“欧洲中心论”截然相反的观点。柯文强调了中国历史的整体性和连续性，提倡研究和理解西方冲击之前18世纪的中国，要求放弃50年代至70年代形成的现代化理论及其全部相关术语。在接受西方文化这个问题上，柯文则强调了中国积极、能动的一面，这种看法与中国人的历史经验基本接近。我们对西学的接受始终伴随着一个主动的比较和选择过程，这一点可以在中国现代汉语的发展中得到验证。在这方面，刘禾对20世纪前半叶“跨语际实践”所做的研究就是一个成功的范例。

在海外从事思想史、文化史研究的中国学者大多保持着与柯文相近的看法。一方面他们对历史唯物论框架下的中国现代史持有保留意见，另一方面又对西方学者强加于人的“文化帝国主义”有切身的感受。他们对中国现代文化发展的主体性和连续性有更明确的认识，并在哲学思考、研究对象和研究方法上保持了独立。

例如劳思光的《新编中国哲学史》把“心性”“道德主体观念”列为考察的核心内容，他批评了胡适、冯友兰、范寿康的哲学史，对熊十力、牟宗三表示了认同。相比之下，大陆学者更熟悉的是胡适、冯友兰、任继愈、侯外庐的哲学史。用实证论或唯物论的眼光来看，我们不可能脱离社会现实和历史上下文孤立地谈心性、道德。但是，人文世界恰恰可以脱离现实和历史限定而独立存在，人的心智、情感和信仰恰恰可以穿越时空，嬗递不衰。存在决定意识，意识反过来也塑造了存在。如果我们想深入去谈历史主体性、文化自觉，那就必须在哲学思想上有所调整，至少是用辩证的眼光来看问题。

再如余英时先生在其论文《现代儒学的回顾与展望》中，对清末民初三个核心观念“兴民权”“兴学会”“个人自由”进行了考察。余英时先生联系晚明思想传统，解释了清末不少儒家学者为什么会对某些西方的观念与价值有“一见如故”的感觉。在中国“现代化”的过程中，传统也曾发挥了主动的力量，并不是被动地“回应”西方的“挑战”。对主体能动性的认知会对历史得出更合乎情理的判断。在近现代美术史研究领域，体现这一思想观点的是万青力先生的著作《并非衰落的百年》。

20世纪90年代以来，由黄宗智所提出的“典范危机”理论[30]进一步清理了中国现代史研究中的陈旧观念。黄宗智认为，西方学者研究中国那些难解的史料时，之所以会有矛盾或龃龉产生，是因为西方的错误预设。一方面是中国马克思主义者讲传统中国“封建制度”加上“资本主义萌芽”观点；另一方面则是西方的现代化理论，现在不再强调停滞论了，转而肯定中国在商业发展上的长足进步，以及与西欧平行发展的“早期现代”特性……他对此评道，这些理论在未加检讨之前就普遍受到接纳、成为“典范”[31]。

从柯文到黄宗智，我们听到了关于中国现代史、现代文化、现代性讨论中相对客观的声音：放弃预设，回到事实中去重新把握历史。这并不是说历史研究不需要理论，而是说理论要经得住严格的检讨。

对大部分艺术史研究者而言，现代性问题均显得太大而难以把握，尽管如此，我们还是能看出一些讨论方向：例如现代艺术史的分期，由上海研究引发的有关视觉文化现代性的讨论，等等。另外，还有一些涉及“市民社会”“公共领域”的话题，如对艺术市场[32]、艺术教育、博物馆、美术展览、公共建筑等问题的研究，等等。这些研究大多与中国社会的现代转型问题联系在一起。

分期问题比较特殊，此处略做讨论。

在西方，古代、中世纪和近代（modern）的历史三分法是历史学的一大进步，其意义为西方史学家开始摆脱基督编年史的束缚，进而将整个人类的历史纳入同一时间系统中进行考察。三分法从内部界定了希腊罗马、中世纪和文艺复兴三个时段，同时也为和非西方历史进行横向比较提供了一个基本的时间坐标。晚清以来，中国学者接受了这样一种历史三分法，并尝试着从整体上划分本国的历史，并在三分法的基础上与西方进行比较。例如，梁启超将中国历史也分作“上世史、中世史、近世史”，其近世史“始于乾隆末年以至于今日，是为世界之中国，即中国民族合同全亚洲民族，与西人交涉竞争之时代也。又君主专制政体渐就湮灭，而数千年未经发达之国民立宪政体，将嬗代兴起之时代也”[33]。梁启超的三分法也被当时的美术史研究者所采纳。

以鸦片战争为近代史的起点是稍后才出现的判断，是把鸦片战争后发生的西力东侵事件作为一个整体来思考的结果。这种划分含有两层意义，一是强化了本民族苦难与觉醒，二是凸显了西方文明对中国的“冲击”。

目前，国内外史学界一般是将鸦片战争（1840）视为中国近代史的起点，“近代”这个词并不是为了对应西方文艺复兴、启蒙运动、工业革命等历史事件，而是表达了中国人自身的历史感受，指涉的是中外文化前所未有的互动格局，即晚清士大学者所说的三千年、五千年未有之“变局”。但问题是，鸦片战争以来，中国始终处于巨大的历史变乱之中，甲午海战、辛亥革命、新文化运动……几乎每一次变乱都是国际性事件。而不同历史事件在不同的历史参与者那里也就具有了不同意义。例如，受20世纪50年代美国出现的“现代化理论”（modernization theory）影响，中国人对近代史的分期就出现了分歧。由于晚清以来的中国历史是西方文化力量（科学与民主）向中国传统的挑战，所以现代史应该从五四运动开始分界。这样一来，近代之外又多出来一个“现代”问题。张少侠、李小山的《中国现代绘画史》认为“现代”绘画史的开端，就是以西方绘画艺术大量“入侵”为始，而其分期定位是五四运动前后。

关于近代艺术史分期问题，王伯敏先生认为应定位在清末民初。他在《中国美术通史》中提到，近代美术的变化，是在辛亥革命前夕，由于新学的兴起而开始发生；辛亥革命胜利后，随着美育和新文化的倡导而日益发展。之后，他在《近代画史分期的一个焦点——评海派绘画》中明确地说：“事实上，应该把清末民初这段时期划出来，明确地作为中国近代画史的分期……这清末民初，当时既有时代的某种特殊气质，又有社会的某种特殊条件，加之又有几位突出的富有创造性的画家应时而出，力挽狂澜，终于走出了绘画史上的低谷时期，谱写了近代绘画史可观一页。”[34]但是，我们关于现代艺术史的分期却一直存有争议。如果把19世纪中叶以来的中国历史视为传统与现代的冲突，那么现代艺术史就应该从五四运动开始分界。但如果将晚清、民国、新中国视为连续性的历史整体，那么近代史和现代史就应该是同一起点，换句话讲，近代艺术就是“现代艺术”。

由于我们对“现代”一词存在着强烈的心理预设、理论预设，所以在分期问题上总是很难获得一个统一认识，不管这种预设是来自艺术史学，还是来自一般历史学、社会学，我们都存在这种困惑。因此，对于分期问题我们只能根据历史事实保留一个模糊的共识：晚清的“变局”观念，以及经由学堂教育培育出的新文化是中国人现代意识和现代文化的主体，是我们进行现代史分期的基点。另外，如果用风格对中国现代艺术史进行断代，似乎更是无从措手，其一是因为西方现代艺术标准和中国现代艺术史的主体部分并不吻合，其二是中国现代艺术史中的风格过于庞杂，传统与反传统、西方与反西方、融合与反融合同时并存。真正主导风格选择的是人的观念。我们无法准确分期，也许是因为身处变局之中，还无法形成独立的判断。

热衷于断代可能是当代中国人浮躁心态的反映，其背后多少隐藏着激进主义思想的影子，这一点在“当代艺术史”研究中尤为明显。例如受《第四代人》一书的影响，90年代以来的文学批评家、美术评论家总是急于划分代群，标定自我。短短几十年的历史被割得七零八落，趣味非常卑俗。60年代出生、70年代出生、80年代出生似乎先验地提供了存在的意义，这是庸俗的机械唯物论。

（二）现代主义问题

“文革”结束后，中国人决心不再搞运动，但随之而来的改革开放和现代化依然是一场大运动。运动到来，反面的声音彻底消失。在艺术界，过去我们只关注85新潮，事实上，中国艺术的现代化、现代主义追求是全面展开的。

与现代化运动相联系，20世纪80年代文化大讨论形成的理论、概念直接影响我们对中国现代艺术史的理解。晚清、民国至新中国的艺术史被解析成三条大的脉络，即传统派、现代派和融合派。与西方先锋派、现代主义接近的艺术家和艺术作品被解释成现代派，如决澜社、星星美展、85新潮、90年代新艺术等。西方艺术史家和收藏家所愿意理解和接受的中国现代主义艺术大致属于这样一条线索，然而最合乎前卫精神的左翼木刻运动又被排斥在外。换句话讲，这种解释排斥了中国艺术史的主体部分，因而也就失去了理论的可信性。传统派和融合派是主体叙事，但在现代主义、现代性这个问题上稍有被动，最典型的问题就是关于吴昌硕的讨论，吴昌硕及其艺术是传统文人画的终结，还是现代中国画的开端？如果是后者，那么他与西方现代艺术的关系又是什么？如果不存在与西方因素的互动，那么还有必要用现代性、现代艺术这一类词语来进行讨论吗？类似的阐释问题在黄宾虹、齐白石、潘天寿等大师的身上也同样存在。

当然，传统主义在理论上也有两种资源，一种是20世纪二三十年代陈师曾、丰子恺等人关于中国画和西方现代艺术（如表现主义）关系的讨论，另一种是康有为、徐悲鸿关于中国与西方写实主义传统的讨论。前者在明清文人画和西方现代艺术之间找到了关联，后者则在宋画和西方古典主义艺术之间建立起了联系。上述两种见解均可构成传统艺术向现代转型的理论基础。但传统主义无法容纳一个事实，即整套的西方油画训练方法被引入了中国，那么它的传统又是什么呢？

在80年代的理论框架中，现代派所讨论的主体是“油画”，传统主义讨论的是“国画”，融合主义范围较宽，但主要是指中西兼能，同时又在思考改变国画和油画固有传统的艺术家，如徐悲鸿、林风眠、刘海粟等。从消极的角度看，80年代以来一直延续的理论划分割裂了整体艺术史，在解释具体历史问题的时候经常失效，且容易陷于褒贬臧否历史人物的泥潭。

理论会激发出研究者的热情，也会使历史增色。80年代以来，有关现代化、现代性和现代主义的讨论修正了旧有的以阶级斗争、政治斗争、生产力和生产关系的斗争为核心的理论表达方式，重新敲开了近代艺术史研究的大门。但80年代的讨论同样也保留了时代的印记。

在关于现代性和现代主义的讨论中，我们应该试着在理论和事实之间画上一条界线，在研究对象和我们把握对象的方式之间做一个区分。如历史学家G.M.特里维廉所说，时代和年代不同，它不是事实。它是我们追溯过去的历史事件所形成的概念，有助于集中地研讨问题，但又把历史的思考引入歧途。

注释

[1]陈寅恪:《吾国学术之现状及清华之职责》,《金明馆丛稿二编》，上海古籍出版社1982年版，第317页。

[2]李铸晋、万青力:《中国现代绘画史·序》，文汇出版社2003年版。

[3]如中国油画学会目前正在筹建的“油画博物馆”。

[4]在史料建设方面，特别值得一提的是广东美术馆，该馆先后接受了黄志坚先生家属捐献的中国近现代美术史图书资料3000余种(1998年)，沙飞家属捐献的中国近现代摄影史图书资料500余种(2005年)。2007年，广东美术馆又接受了日本著名学者鹤田武良先生捐赠的近现代中国美术史研究文献，共包括美术书籍4283种(5968册)，幻灯片14550枚，照片3755枚，底片、正片1631枚，以及复印资料36种，并编印了“鹤田武良中国近现代美术史研究文库书目”。而重视公众学术建设正是广东美术馆的一大特点，用王璜生先生的话讲:“我们早已超越了收藏展览。”例如，2007年11月19日至2008年1月6日，广东美术馆举办的“浮游的前卫——中华独立美术协会与1930年代广州、上海、东京的现代艺术展览”，就是迄今为止关于“中华独立美术协会”最全面的一次文献展。

[5]如苏州的颜文梁纪念馆，江苏丹阳吕凤子纪念馆，杭州的中国美术学院美术馆、潘天寿纪念馆、林风眠纪念馆、黄宾虹纪念馆、唐云纪念馆、西泠印社，南京的梅园、李瑞清纪念馆，北京的中央美术学院美术馆、徐悲鸿纪念馆、齐白石故居、鲁迅博物馆，上海的吴昌硕纪念馆、鲁迅纪念馆、中国左翼作家联盟成立大会会址纪念馆、刘海粟美术馆、朱屺瞻艺术馆，等等，这些美术馆所举办的各类纪念展、回顾展常常会提供最珍贵的第一手研究资料。

[6]郎绍君、水天中编:《二十世纪中国美术文选(上卷)》，上海书画出版社1996年版。

[7]利用校藏史料进行研究最能发挥档案的优势，同时也能刺激新史料的发掘工作。例如，中国美术学院开辟了校史陈列室，并招收“国立艺专人物志”方向的研究生。近几年还主办了潘天寿、林风眠、倪贻德等艺术家的纪念活动和回顾展，这些活动对于资料建设和学术研究都有明显的推动作用。

[8]在这方面，李伟铭的论文《一种日本近代美术史观的中国之旅——从〈绘画独习书〉到〈新画法〉〈新画训〉兼论黄宾虹与〈新画法〉的关系》提供了一个很好的研究范例。

[9]发表于《美术研究》2002年第1期，收入《海派绘画研究文集》，上海书画出版社2001年版。

[10]拘泥于80年代艺术批评所形成的一些成见，我们往往习惯于用脸谱化、标本化的方式来解释艺术家。很多丰富的历史细节因此而被遮蔽，或不做深入的讨论。如吴湖帆等传统派大师和摄影家的交往，齐白石早年所作中西折中风格的衣冠像，等等。如此种种复杂的状态是中国几代艺术家的共同遭遇，于此恰恰可以看出中国现代艺术史和欧美现代艺术史的区别。

[11]发表于《美术研究》2001年第4期与2002年第1期，收入《海派绘画研究文集》，上海书画出版社2001年版。

[12]李伟铭:《图像与历史——20世纪中国美术论稿》封底，中国人民大学出版社2005年版。

[13]如阮荣春、胡光华先生的《中华民国美术史》在当时就是填补空白的重要著作。

[14]以近二十年的当代艺术为例，艺术家们相互竞争、相互批评的理论武器大多是“地域文化”“派别”“代群”和“工作方法”，而关于当代艺术史的写作也基本上围绕着这些问题展开。

[15]万青力先生的论文《江南蜕变——近代中国画坛的南风北渐现象》针对的就是此类问题，可以给我们带来很多启发。

[16]鹤田武良:《留欧美术学生——近百年来中国绘画史研究(六)》，汉译载《美术研究》1998年第3期。

[17]作者为周芳美、吴方正，论文载《区域与网络——近千年来中国美术史研究国际学术研讨会论文集》，台湾大学艺术史研究所2001年版。

[18]载《美术研究》1996年第3期。

[19]Ellen Johnston Laing，*Chinese Paintings in Chinese Publications*，*1956-1968*：*An Annotated Bibliography and an Index to the Paintings*，Michigan，Michigan Papers in Chinese Studies，1969.

[20]收入《海派绘画研究文集》，上海书画出版社2001年版。

[21]载《二十一世纪双月刊》2000年6月号，第90—98页。

[22]收入《海派绘画研究文集》，上海书画出版社2001年版。

[23]载《中国学术》2001年第4期，总第8辑，第63—67页。

[24]收入《海派绘画研究文集》，上海书画出版社2001年版。

[25]如李铸晋的《中国新山水画》。Li Chutsing，*The New Chinese Landscape*，American Federation of Arts，1966.

[26]参阅郎绍君《现代中国画论集》，广西美术出版社1995年版，第383—403页。

[27]邵大箴:《为人民英雄纪念碑立传(代序)》，载殷双喜《永恒的象征——人民英雄纪念碑研究》，河北美术出版社2006年版。

[28]列文森的思想来自马克斯·韦伯，即学术界所说的“欧洲理性的思想”或“韦伯思想”。韦伯把欧洲社会的演变建构成一个不断现代化的过程，并反复与亚洲的“传统主义”进行比较。

[29] Paul A.Cohen，*Discovering History in China : American Historical Writing on the Recent Chinese Past*, Columbia University Press, 1984.

[30]参 阅 Philip.G. G.Huang，“The Paradigmatic Crisis in Chinese Studies : Paradoxes in Social and Economic History”, *Modern China*，Vol.17，No.3，July 1991，pp.299-341。

[31]参阅沙培德《西方学界研究中国近代史的最新动向》，洪静宜译，载《思想史研究》。

[32]例如陈永怡的博士学位论文《近代书画市场与风格迁变：以上海为中心》就讨论了市民趣味、公共趣味与近代书画风格的互动关系。

[33]《梁启超全集》第一册，北京出版社1999年版，第453—454页。

[34]见《海派绘画研究文集》，上海书画出版社2001年版，第32页。

本文载于《美术研究》2008年第4期

孔令伟，1972年生，山东曲阜人。2002年毕业于中国美术学院，获博士学位。中国美术学院教授、博士生导师。

罗杰·弗莱的批评理论[1]

沈语冰

他作为1910年前后英国现代主义事实上的创始人，以及他对20世纪上半叶公众观看和理解艺术的方式所产生的巨大影响力，使其成为那个世纪的精神领袖之一。（John Murdoch，现任伦敦柯陶德美术馆馆长。参见“Foreword”，in Christopher Green ed., *Art Made Modern*：*Roger Fry's Vision of Art*，London：Courtauld Gallery，1999，p.5。）

弗莱有足够的洞察力认识到现代艺术的意义是两重的：它不仅带来了美学理论的激进修正，而且还带来了一场趣味革命。（Solomon R. Fishman，*The Interpretation of Art*：*Essays on the Art Criticism of John Ruskin*，*Walter Pater*，*Clive Bell*，*Roger Fry and Herbert Read*，Berkeley and Los Angeles：University of California Press，1963，p.110.）

罗杰·弗莱（Roger Fry，1866—1934），英国美术史家、艺术批评家和美学家。他在布里斯托克利夫顿学院和剑桥大学国王学院接受教育，学习自然科学。他承传了父母双方家庭七代的教友派信徒（Quakers）身份，但在成年时却放弃了基督教信仰。[2]从剑桥毕业后，弗莱接受了作为画家的训练，最初拜在巴特（Francis Bate，1853—1950）门下，然后在巴黎朱利安学院（Academie Julian）学习。他把绘画实践看成他生命的中心，在他整个生涯中不断地作画和展览。

作为一个艺术家，他的影响力较小，但是他的艺术创作实践却赋予了他鉴定家和批评家的角色一种与众不同的敏锐性，而作为一个作家，他的写作范围却十分宽广：从中国或波斯诗歌，玛雅或非洲雕塑，乔托、弗兰切斯卡或巴托洛梅奥（Bartolommeo）的壁画，直到杜米埃尔、塞尚或马蒂斯的绘画。现在，人们已能清楚地发现，他不单是英国后印象主义热情洋溢的宣扬者和精细入微的理论家，还对众多重要而持久的艺术机构，从《伯林顿杂志》（*Burlington Magazine*）到国家艺术收藏基金会（National Art Collections Fund）和考陶尔德艺术学院（Courtauld Institute of Art）的创制与发展，做出了巨大贡献。弗莱在艺术体制方面的这种贡献，常常导致对他在英伦确立起新文化的合法性方面的重要性的过分评价，然而，事实上，他的文章和作为，不仅与第一次世界大战前的艺术发展，而且与世纪之交的艺术中那最富有刺激性的发展，都有着令人难以置信的关联。[3]

1891年，弗莱首次游历意大利，在那里受到了乔凡尼·莫雷利（Giovanni Morelli）方法的影响。1894年开始为"剑桥推广运动"做意大利艺术讲座。1899年，弗莱出版《乔凡尼·贝利尼》（*Giovanni Bellini*），接着，他又在《每月评论》（*Monthly Review*）上发表了一系列关于意大利艺术的重要文章，迅速成为贝伦森（Bernard Berenson）、霍恩（Herbert Horne）及其他鉴定家和收藏家圈子里的名流。

贝伦森只比弗莱年长数岁，却视弗莱为自己的学生。他们于1898年相遇，1903年终因贝伦森的偏执而散伙，但在接下来的岁月里，他们仍然保持着彼此尊重的接触。到那个时候，弗莱已是一位蜚声欧美的著名鉴定家，他与贝伦森一道，成为欧洲最厉害的鉴定圈子的专家，吸引了数位顶级的学者、博物馆馆长和画商，包括柏林的博德（Wilhelm von Bode）和卢浮宫的莱纳赫（Saloman Reinach）[4]。

贝伦森的鉴定学给予批评家和理论家弗莱的东西，是一种将他那种经验科学的方法适用于理性分析，而无须牺牲对艺术品的情感投入的方法：贝伦森教导他如何超越莫雷利固执的经验主义，从而走向一种既是反应性的，也是批评性的准科学的实践。他所带来的是一种对于绘画技法极其博学和敏感的关注方法，实际上这是一种画家的（亦即实践者的而不是单纯理论家的）理解力。贝伦森的最终焦点是艺术家的个性，但这种个性只能靠对于绘画最"微不足道"的特征进行分析才能揭示。对他来说，"艺术家富有想象力的天赋"正好位于"这些微不足道的特征之中"。鉴定学将艺术中的情感等同于艺术家的个性，贝伦森称之为"艺术人格"（artistic personality）。对一幅画做出反应也就是将鉴赏者置于与艺术家的个人关系之中。早年，弗莱还分享了贝伦森的伊壁鸠鲁主义（一种绝对的经验论和唯物论），但随后，弗莱认为将普遍原理与鉴定学的这种彻底经验主义结合起来是可能的。鉴定学没有普遍原理可言，但却大大强化了弗莱的信念：普遍原理只能建立在对作为现象，亦即作为能够唤起情感的现象的艺术作品的经验研究之上。[5]

至此，贝伦森与弗莱都追随着英国唯美主义者沃尔特·佩特（Walter Pater）：艺术家只存在于作品中。但是他们放弃了佩特用华丽的辞藻来重建审美经验的做法，代之以能够适应最精确理性分析的严肃文辞。佩特的唯美主义建立在这样一个前提之上：对艺术品的体验只要求观众和艺术品（而不涉及艺术家）。但是，佩特本质上属于古典主义者，他坚持认为艺术作品及其生命本身并不是目的，而是，只有当它们能对个体施加影响的时候才有价值。自我认识、对仔细观察的依赖，以及自我对绘画、音乐与诗歌的反应的近乎科学的分析，诞生了一种生命质量。佩特放弃了基督教教义，转而拥抱文艺复兴的人文主义，从而拒绝了维多利亚时代的卫道作风。尽管他研究艺术品的内在方法与现代主义相似，但对佩特来说，艺术品只是通往美好生活的手段，而非目的本身。他说："生活的目的不是行动而是静观——存在而非作为——这一点乃是一切高级道德的原则。"[6]

佩特的"美学批评"概念抛弃了种种成见，这一点值得赞美，但他无视所有历史的和技术的东西，却招来批评。除了文学，佩特对艺术的历史和技术所知甚少。渐渐地他认识到艺术中的形式分析的重要性，最终承认“需要一种技术的和形式主义的方法”[7]。

历史、个性和命运都允许弗莱去实现早已潜在于佩特思想中的形式主义方法论的诺言。正如不久以后人们将会看到的，弗莱也通过意大利文艺复兴发现了形式主义。他不是惠斯勒或王尔德之类的好出风头之人，但也不是佩特之类的静观者。他的生活既是积极活动的，也是静观沉思的，正如其事业，甚至其遣词造句都充分地表明的那样。

如果说佩特影响了弗莱对艺术品的形式方面的关注，那么，拉斯金（John Ruskin）则引导弗莱将作为形式的艺术，与作为社会交往方式的艺术的更大语境联系起来。对拉斯金来说，观念总是比事物（包括艺术品）更重要。即使是在讨论一位艺术家的作品时，观念也往往会凌驾于艺术家之上。肯尼思·克拉克（Kenneth Clark）在关于拉斯金的研究中对他做了非常中肯的概括。他界定了拉斯金的“总体性方法”（holistic approach），认为艺术“涉及艺术家的整个人”，涉及、反映并建立在“宗教、生活行为和真理”之上。[8]

不仅是在社会的事务上，而且在对绘画与自然中的风景的关注方面，人们都可以发现拉斯金与弗莱之间的平行。弗莱的《伟大的国家》（*The Great State*，写于1912年，收入《视觉与设计》时更名为《艺术与社会主义》）回响着拉斯金的声音。但是，在对个别作品的考虑中，弗莱远离了拉斯金。当弗莱致力于分析形式与构图，而对其内容却只眼相看的时候，拉斯金却经常描述然后停留在内容上。

除了这些影响，在弗莱理智与情感的成熟过程中，最为重要的是他对科学的兴趣以及在剑桥所受的教育。逻辑成了这两个要素的共同点。将逻辑与严格的客观性带入艺术批评，弗莱希望形式主义可以纠正20世纪初非常流行的拉斯金、佩特以及关于艺术的“鉴赏性”或美文写作的偏颇。对科学，特别是对方法论的关注，始终是弗莱美学理论的标志。他好不容易克服了对日尔曼事物的偏见，在实践上，也是在语言上寻找着Kunstforschung（艺术史）的英国对应物。根据他的看法，艺术史学科正处于向社会科学靠拢的阶段，它不仅与人类学，还与社会学相关。特别重要的是，弗莱坚持认为，当时存在着对艺术史进行“系统研究”以及运用“科学方法”阻止“滥情态度”的迫切需要。[9]

对弗莱而言，科学与艺术之间永远存在着可比因素，而且通过采用科学的思想和程序，他可以更好地解释艺术的某些方面。他的想法因此超越了具体问题，而达于普遍之域。他认为，艺术作品拥有“秩序与独特性”，但总是与“精确的或数学的秩序”不同，它使图像生动活泼，并诉诸观众“理智的愉悦”。就像科学家不断地探索现象以发现规律一样，弗莱也鼓励观众一而再、再而三地回到艺术品面前，以检验特殊的视觉元素的运用和效果。这种真正的互动不是一蹴而就的，因为“艺术品总是无限地拖延这一过程”，但“当我们的心神从不安转为安宁与舒适时”，艺术品就能提供“一种持续的愉悦过程”。[10]

对弗莱的主要艺术思想，笔者已在其他语境中做过一个简要的述评。[11]这里，我试图在避免重复地自设前提下，进一步勾勒和深化对他的认识和理解。

《印象派的最近阶段》(The Last Phase of Impressionism，1906)是一封致《伯林顿杂志》编辑部的信，在弗莱形式主义理论的形成过程中是非常重要的一步。弗莱在此文中开始关注现代法国绘画，主要是因为他发现他所崇拜的那些意大利“原始画家”(指后期拜占庭画家与文艺复兴初期画家)与后印象主义者之间的相似性。弗莱断言“拜占庭主义乃是印象主义的必然后果”，而印象主义这种风格“没有力量表达……个人态度和情感”。相反，后印象主义则重新强调了线条和坚实的块面，以纠正印象主义者的错误，因为印象主义已使视觉元素成为“彼此融合，完全消失在表象里，以至于不再传达任何可理解的信息……”[12]

弗莱对印象主义持不断的批评态度，并成为他从后印象主义，特别是从塞尚的造型形式中发现的所有优点的对立面。弗莱认为，在后印象派作品(特别是塞尚、高更和西涅克的绘画)中，结构的重要性使他们脱离了印象主义，因此弗莱称他们为“准拜占庭画家”，以强调他们使用强烈、扁平的色彩，并使他们的“效果完全依赖于对最简洁元素的深思熟虑的协调”[13]。

在弗莱批评观念的形成中，《一篇美学论文》(An Essay in Aesthetics，1909)极其重要。在这篇文章中，弗莱首先区分了“实际/活动的生活”(actual/active life)与“想象/静观的生活”(imaginative/contemplative life)。日常生活的视觉是习惯性的和不精确的，是一组识别符号而不是观看对象的活动，而且是为着特殊的目的，例如为了避免碰撞，因此人们很少真正注视。而“想象的”视觉，包括艺术中的体验，则更为精确地加以观照，而且不涉情感，因为行动与伦理在此都不需要，人们在此时是不带利害的，所以可以分析其反应。[14]

从弗莱开始关注现代艺术起，他对塞尚的敬重与日俱增，到1910年，当他翻译法国画家、艺评家莫里斯·德尼(Maurice Denis)的《塞尚》一文时，他已经能够在“译者导论”中断言塞尚是“伟大的和原创性的天才……是他开创了一个新的运动，现时代最有希望、最有成果的运动”[15]。从塞尚的作品中，弗莱发现了一种“艺术的新概念”，最富有启发性的莫过于弗莱认为塞尚的作品直接来源于印象派，但他的作品“意味着与印象主义艺术观的直接对立”。

1910年，还正值德国著名艺术史家迈尔-格拉菲(Julius Meier-Graefe)的《现代艺术》一书出版，《现代艺术》认为马奈是现代主义的源头，因为马奈“认为绘画就是平面装饰；因为他对老大师们所运用的、通过造型幻觉来欺骗眼睛的所有其他元素的无情贬抑；还因为他对别的绘画元素的有意坚持”[16]。迈尔-格拉菲特别强调了艺术的创作过程，这一点博得了弗莱的好感，使他转而支持德国人的这样一个观念：艺术是对表象背后的永久结构的再创造。[17]将塞尚的绘画视为具有古典精神和哲学精神，就使它们超越了个人趣味和倾向性，这允许弗莱从中发现社会价值。位于弗莱这一信念背后的，乃是对印象主义肤浅性的攻击。印象主义绘画不仅抛弃了体积以及对形式的关注，而且抛弃了诠释性的和个人的视觉。他们的世界是物质主义的和过渡性的，而不是超越的和永恒的。

弗莱的美学理论观和艺术批评观在主持两届

现代艺术史上极为有名的后印象派画展（第一届从1910年9月至1911年1月、第二届从1912年10月至1913年1月）时得到了进一步深化。展览的新颖性、作品的数量、观众的规模和多样性，以及展览对英国艺术批评的影响，都增加了它的历史重要性。[18]作为这两次活动的主持人，弗莱被迫坚持不懈地捍卫展览，并向公众不断地做出解释。在这个过程中，他的美学观念开始变得越来越清晰。塞尚仍然是两届展览的核心。在给美国《国家》（*Nation*）杂志编辑的一封信中，弗莱曾为一幅《塞尚夫人像》辩护，断言它有意大利文艺复兴初期画家皮耶罗（Piero）和曼泰亚（Mantegna）的那种纪念碑性："那自我包含的内在生命力，属于真实图像的恒久性和确定性，而不仅仅是对某些更一贯的现实的表面反映。"[19]

第一届后印象画派展的秘书麦卡歇（Desmond MacCarthy），在弗莱提纲的基础上撰写了展览目录的《导论》。他解释说"格图中的综合"乃是潜在于后印象派方法中的原则。这种综合允许艺术家使其"绘画中的再现力量"有意识地臣服于"整体构图中的表现性力量"。[20]正因为他们关注的是概念，而不是视觉，后印象主义者才从根本上区别于写实主义者和印象主义者。形式主义批评的基本术语，已在这届展览上奠定。

与第二届后印象画派展高调的形式主义相应，弗莱开始讨论这些作品的"古典性"。到1912年，他已不再使用"精神的""表现性的""原始的"这三个从迈尔－格拉菲那里借来的术语，但是他仍然为塞尚辩护，以反对英国批评家和一般公众对他"不真诚""夸张"甚至"笨拙无能"的指责。[21]

两届后印象派画展改变了英国公众的艺术观，也使艺术批评产生了一场革命。形式主义已深入人心，正如其术语的流行所表明的那样："造型"（plastic）、"图画平面"（picture plane）、"色调"（tone）、"构图"（composition）以及"结构元素"（structural elements）等成了形式主义语汇中的关键词。这两次展览使形式主义与后印象主义完全交织在一起。正如美国学者维切尔所总结的："后印象主义在形式与内容缓慢而又不断的分离中达到高潮，它还催生了形式主义艺术批评。"[22]对形式主义的接受，也成了"使后印象派被接受为严肃的艺术家的合法性需要中最后一个音符"[23]。

弗莱曾在《一篇美学论文》中提出"实际生活"与"想象生活"，及其相应的"实际的视觉"与"想象的视觉"的区别，但这两者之间仍然是有关联的，并且暗示着后者根源于前者。但是，到1912年时，也就是在第二届后印象派画展时，他却提出这两者可以彻底地分开。他说："他们（指法国后印象派画家）不求模仿形式，而是创造形式；不模仿生活，而是发现一种生活的对等物。我的意思是，他们希望通过逻辑的清晰结构和质感的严密统一，来创造形象，这种形象以某种鲜活的东西诉诸我们不带利害的和观照的想象，就如同现实生活中的事物诉诸我们实践的（实际的）感性一样。"[24]

形成于1908—1912年的弗莱理论的基本形状，之后并没有发生根本性的改变。在对"纯粹形式"的反应与对"联想的观念"的反应之间做出根本性的区分，给予了他足够的弹药发动对艺术的精神分析和赫伯特·里德（Herbert Read）的批评。在这些事件中，弗莱似乎像一个顽固的形式主义者。然而，细读弗莱的专著和论文，人们可以发现他从来没有运用形式分析作为研究一件作品的唯一的方法，而是使用一定范围的学术手段，通常是形式分析与图像学的和传记的方法结合起来。不过，形式分析确实也构成主导。弗吉妮亚·伍尔芙曾评论过弗莱思考艺术作品时理性与感性那种罕见的“统一”与“和谐”，因为他“总是不断地检查和修正他的印象”，运用“其大脑来纠正其感性。同样重要的是，他总是允许他的感性去纠正他的大脑”。[25]

另外，在弗莱理论和批评实践的核心，是对其结论的临时性的接受。在《视觉与设计》的《回顾》一文中，他开宗明义地指出，“我从不相信我所知道的事情是艺术的最终本质。我的美学是一种纯粹的实践美学，一种实验性的权宜之计，一种使某种秩序转变为我至今的美学印象的意图。它仅维持到新鲜的经验可以巩固或修正它的时候。此外，我总是以某种怀疑的目光审视我的体系”[26]。对此，一个最有名的例子是，有一段时间，弗莱倾向于认为绘画离不开再现，但是在1913年夏天举办的艺术家联展上，他有机会以更为开放的头脑来看待绘画中出现的新趋势。弗莱发现，康定斯基“正在将他那令人着迷的实验推向一个表现形式的新世界”。康定斯基的风景和两件即兴之作，是展览中“最佳的”和“最彻底的”的作品，因为它们“拥有最确定和最融贯的表现力”。弗莱不仅得出结论认为康定斯基的即兴之作“是纯粹的视觉音乐”，而且还迫使他放弃“是否存在着由如此抽象的构图来表达情感的可能性的疑虑”。[27]

弗莱批评理论的这种临时性和开放性，特别表现在他与克莱夫·贝尔（Cleve Bell）严格的形式主义理论的差异中。弗莱谨慎地欢迎贝尔提出的不同于日常情感的“审美情感”说，但是在两个关键问题上，他不同于贝尔。第一，他坚持认为存在着这样的可能性，即不单单是形式，而且还是“图像”，都可以在文学和绘画中结合在一起，以便唤起“审美情感”，因此，他暗示，可以有一种建立在关系之上的“真正的形象艺术”。第二，他不相信“有意义的形式”（significant from）是自足的，并且暗示，其意义事实上来自与生活经验相关的某种外部成分。弗莱染指两个不确定的领域，这些问题伴随着他一生，直到他去世也未曾解决：视觉艺术中的形象塑造（illustration）与形式设计（design）之间的关系，有意义的形式与可见事物之间的关系。

英国学者格林以弗莱寄自法国普罗旺斯、给英国著名画家凡妮莎·贝尔（Vanessa Bell，弗吉妮亚·伍尔芙之妹，克莱夫·贝尔之妻）的信为例，提出自然母题在弗莱心目中的重要性：“我知道，你认为画什么地方不重要，从理论上讲你是对的，不过我想观看大自然时的那种激动（尤其是当大自然显得那么温顺，仿佛是在邀请人们和接受人们关于形状与色彩的偏见的时候），是多么令人兴奋。”他还说，“我越来越觉得，塞尚是个纯粹的自然主义者，或者差不多如此；只要他的意识和清晰的自我暂时离开他，尽管，对于某些形式关系，他一直拥有某种可怕的内在偏见”[28]。将塞尚视为“自然主义者”这一看法将会贯穿整个20年代，并持续支持他不断增长的信念，即在艺术中，当形式作为与可见事物的最强有力的遭遇的结果出现时，它就经常变得最有意义。塞尚是最有说服力的例子。另一个例子则是马蒂斯。弗莱早在1912年就发现了马蒂斯与毕加索的根本差异：前者是一个理智型的画家，其“构图几乎总是来自某些清晰的可见事物”；而后者却是一个冲动型的画家，其晚近作品达到了很高程度的“抽象和音乐品质”，放弃了“对自然现象的直接指涉”。

弗莱认为马蒂斯不仅是一种新的自然主义（弗莱的“自然主义”与通常所说的完全不同，他所谓的自然主义是指循着自然的指示，并在艺术中可见自然母题这种意义）的现代诠释者，而且还是“绘画的双重性质”的最佳体现者。他说：“马蒂斯拥有处理扁平的正面色彩体块的秘诀，因此，它们尽管明显地是扁平的，并且粗暴地嵌入画布表面，却能在观者的头脑中引发精确的后缩效果——它们以平面的形式保持在想象的（ideated）绘画空间中。”从马蒂斯“对造型形式的系统理解中——这种理解是通过对自然的直观获得的——产生了一种特殊的能力，既能暗示体块，又能暗示画面上的空间”。[29]将“平面的”立体主义者毕加索与“造型的”自然主义者马蒂斯并置，弗莱显而易见倾向于后者，从而带出了弗莱形式主义批评理论中一个迥然有别于格林伯格的特征：弗莱的信念，特别是1918年之后，形式当其是“造型的形式”时才是最具意义的。所谓“造型的”，他是指能直接唤起三维效果的体块和空间。平面性（flatness）本身，对弗莱来说，是没有意义的：它不可能成为现代主义绘画的关键，一如它在格林伯格那里所扮演的角色。[30]

在出版于1926年的《变形》（*Transformations*）一篇分析伦勃朗绘画的著名文章中，弗莱认为伦勃朗的名画《瞧这个人》（*Ecce Homo*）的成功，既是图画“设计”的成功，也是图画戏剧（形象塑造）的成功。毫无疑问，在他脑海里，这是形象塑造艺术的典型例子：一个殉难故事，它的讲述本身就能唤起强烈的“统一情感”。在考虑这一点时，他引入了他的法国朋友、作家查尔斯·毛隆（Charles Mauron）的一个新术语“心理体积”（psychological volumes）。不过，他仍然坚持设计与形象塑造之间的根本性分裂，坚持认为他无法同时对“造型形式”与“心理体积”做出反应，两者之间没有融合。同样，在《变形》一书的开篇论文《一些美学问题》（Some Questions in Aesthetics）中，弗莱似乎也想将形式的抽象价值与伴随着的联想观念或戏剧性效果进行中和。乔治·卢奥（Georges Rouault）的画让他意识到，观看作品的时机对于联想价值效应来讲是非常重要的，而心理因素与造型因素均卷入其中。在那些使“心理诉求成为可能的”作品里，“心理价值比造型价值更直接有效，更富有紧迫感，但是……在长久注视下，它就倾向于虚化，并使造型价值成为更加永恒而不会迅速耗尽的动机力量”[31]。

在1929年所做的一次题为《艺术中的再现》的演讲中，弗莱把自己的现代主义理论称为艺术的“建筑理论”，将过去占主导地位的、与联想的观念联系在一起的理论叫作艺术的“文学理论”。但是，不是将两者严格地加以区分，弗莱出其不意地试图将它们结合起来。他认为，不仅存在着这样的作品，在其中“建筑的因素和文学的因素同时出现”，而且，“这两种不同的艺术还存在着彼此合作”。这类作品的最高典范是伦勃朗的绘画。他坚持认为，这不是一桩“形式”与“内容”相互融合的事情，而是一桩形式以两种不同的方式起作用的事情。他总结说：“在这样的作品中，存在着与建筑类似的空间—体积的安排模式，也存在着与文学类似的心理瞬间的模式。”[32]

在对弗莱的诸多批评中，说他是精英主义者的最多。这种批评始于查尔斯·哈里森。[33]但是遭到了克里斯多夫·里德（Christopher Reed）的有力反驳：弗莱与其说属于当时的精英集团和占统治地位的观念，还不如说处于某个亚文化，他与其盟友本身就是反主流文化的，他们是在与“资本主义消费文化的律令作殊死搏斗”，而不是在维护任何既得利益。[34]

相对而言，弗莱的精英主义形象只是他的另一个主要形象的补充：顽固的形式主义。他将艺术从生活中独立出来不仅使艺术成为少数人的特权，而且开创了通向20世纪40年代后的格林伯格的英美形式主义的道路。对此，里德也给予了有力的驳斥，他论证了弗莱形式主义的开放性及其“方法上的怀疑论”。[35]与里德一样，格林也提出了强有力的证据，认为弗莱的形式主义与其说可以与格林伯格加以比较，还不如说可以与后者加以分离。他举出的例子是弗莱生前的最后一篇文章，在此文中，弗莱对他最为核心的理论问题（关于“心理反应”与“造型 / 形式反应”是否可以在绘画鉴赏中相结合的问题）做了悬而未决的处理。他最后的话是：“这是一个我永远无法回答的问题。”[36]他举出的第二个例子是弗莱生前提供给《伯林顿杂志》的最后文章之一，该文强烈批评了他的后继者赫伯特·里德。在此文中，他坚决拒绝了里德在达达主义和超现实主义中所发现的那种反理性主义的热情。[37]格林将弗莱对欧洲理性主义的坚持追溯到他成长期在剑桥所接受的教育，特别是他与高尔斯华绥·狄金森（Goldsworthy Lowes Dickinson），著名黑格尔主义哲学家麦克图加特（J. E. McTaggart），以及伯特兰·罗素（Bertrand Russell）的交往。[38]

从以上简明的勾勒中，我感到对弗莱批评理论和美学的认识上存在着一个十分令人困惑的现象，那就是：他所说的一切似乎早已成了老生常谈。真的，当现代主义美学与形式主义批评理论早就成为教科书常识和艺术界陈词滥调的时候，再来反观弗莱的思想，似乎确实有些简单。但是，如果我们稍稍回顾一下历史，从当初的语境中来观照他的理论发展，就会深深地震撼于其探索的真诚，以及为之付出的巨大努力的可贵。虽然有一些理论资源可供借鉴（弗莱恰好隶属于从希尔德布兰德、李格尔、沃尔夫林、莫雷利、贝伦森等人的形式主义艺术史家的传统），他也吸收了美国学者丹尼尔·罗斯（Daniel Ross），以及法国画家兼艺评家莫里斯·德尼的一些观点，但总的来说，他仍然是一个特征鲜明的英国经验主义者。他与众不同的一点，就是自始至终将面对艺术品的体验和直觉，作为作品分析的出发点和最后归宿。这就使他避免了不少艺术批评家以及多数美学家致命的空疏毛病，也使他有幸从未跌入历史决定论或其他种种形而上学的深渊。

肯尼思·克拉克曾评论弗莱的为人和思想态

度说："他思想的独立与敏锐无可置疑，很少有批评家像他那样拥有如此广泛的美学兴趣。对他来说，没有一种艺术表现手法是太遥远、太卑微或是太琐碎，乃至于无须加以眷顾的。从各种清规戒律中解放出来就是他为人的特点所在。"[39]起初，我们或许会因为弗莱不加区分地在拜占庭风格、意大利文艺复兴初期画家、阿拉伯艺术、中国书画、玛雅文化、黑人雕塑等广泛得令人难以置信的范围中寻找艺术形式的共同点，并为现代艺术中的形式主义做辩护，而觉得不可思议，也不免心生疑窦。但是用不了多久，我们就会发现他的高明之处。事实上，当其为塞尚及现代主义绘画辩护时，世上并没有多少现成的理论资源可以利用，那时索绪尔的语言学理论尚在形成过程中，俄国形式主义者还不知道在哪里，稍后就沦为某种不幸教条的英美新批评文学理论则连影子都还没有！

所以，当我们得知弗莱对其美学思想和艺术批评理论的价值是如此深信不疑，同时，对它们的局限性又是如此清醒明白时，我们不由得要暗生敬佩之情。他说："不管我所尝试提出的这些原理或理论有着什么样的价值，这种价值并不在于它们的真实性［因为我们仍处于（现代）美学的开端］，而在于它们激发潜在的感性的能力，在于它们有望助你成为一个艺术的欣赏者；因为正是在这种心灵之间的交流中，艺术才成就其本质，观众才像艺术家一样成为根本。"[40]

注释

［1］本文是作者为罗杰·弗莱《塞尚及其画风的发展》中文版所撰写的长篇导论的第一部分，这一导论的其他两个部分分别是"塞尚的工作方式"与"弗莱之后的塞尚研究管窥"。第一部分（即本文）试图对罗杰·弗莱的批评理论提供一个概览。第二部分详尽地评述了弗莱对塞尚艺术及其发展的全面分析，它既是弗莱批评理论的具体化，也是对他的形式主义批评方法的一个集中展示。第三部分则对弗莱之后的塞尚研究进行了简要的回顾与梳理。全文请参阅罗杰·弗莱《塞尚及其画风的发展》，沈语冰译，广西师范大学出版社2008年版。

［2］参见范景中主编《美术史的形状：从瓦萨里到20世纪20年代》，中国美术学院出版社2003年版，第93页。

［3］Christopher Green, ed., *Art Made Modern* : *Roger Fry's Vision of Art*, London : Courtauld Gallery, 1999, "Preface", p.9.

［4］关于贝伦森与弗莱的关系及其作为商画和鉴定家的活动，见 Ernest Samuels, *Bernard Berenson* : *The Making of a Connoisseur*, Cambridge, MA and London, 1979 ; M. Secrest, *Being Bernard Berenson*, New York, 1979。

［5］Christopher Green, "Into the Twentieth Century : Roger Fry's Project Seen from 2000", in Christopher Green, ed., *Art Made Modern* : *Roger Fry's Vision of Art*, pp.18-19.

［6］Walter Pater, *Essays on Literature and Art*, edited by Jennifer Uglow, London : J. M. Dent & Sons, 1973, p.115.

［7］Solomon R. Fishman, *The Interpretation of Art* : *Essays on the Art Criticism of John Ruskin*, *Walter Pater*, *Clive Bell*, *Roger Fry and Herbert Read*,

Berkeley and Los Angeles : University of California Press, 1963, pp.46-50.
[8] Kenneth Clark, *Ruskin Today*, New York : Holt, Rinehart and Winston, 1964, pp.133-134.
[9]Roger Fry, " Art-History as an Academic Study", in *Last Lectures*, Cambridge : Cambridge University Press, 1937, pp.1-21.
[10] Ibid., p.9.
[11]参见沈语冰《20世纪艺术批评》第一章"罗杰·弗莱与形式主义批评"，中国美术学院出版社2003年版，第55—80页。
[12]Roger Fry, "The Last Phase of Impressionism", *Burlington Magazine*, Vol. XII, October 1907-March 1908, p.374.
[13] Ibid., p.375.
[14]Roger Fry, "An Essay in Aesthetics", in *Vision and Design*, pp.18-24 ; 中译本参见罗杰·弗莱《视觉与设计》，易英译，江苏教育出版社2005年版，第11—24页。
[15]Roger Fry, introduction to Maurice Denis, "Cezanne", translated by Roger Fry, *Burlington Magazine*, Vol. XVI, October 1909-March 1910, p.207.
[16]Quoted in Twitchell, *Cezanne and Formalism in Bloomsbury*, Ann Arbor, Michigan : UMI Research Press, 1987, p.57.
[17]参见 Jacqueline V. Falkenheim, *Roger Fry and the Beginnings of Formalist Art Criticism*, Ann Arbor Michigan : UMI Research Press, 1980, pp.39-40。
[18] Ibid., p.31 ; 展览的具体背景及其引发的争议，详见拙著《20世纪艺术批评》第一章。
[19] Denys Sutton, ed., *Letters of Roger Fry*, 2 vols. London : Chatto & Windus, 1972, pp.39-40.
[20]转引自 Twitchell, *Cezanne and Formalism in Bloomsbury*, pp.58-59。
[21]Roger Fry, "The French Post-Impressionists", *Vision and Design*, pp.237-239 ; 中译本，参见第153—157页。
[22] Twitchell, *Cezanne and Formalism in Bloomsbury*, p.62.
[23] Jacqueline V. Falkenheim, *Roger Fry and the Beginnings of Formalist Art Criticism*, p.65.
[24] Roger Fry, *Vision and Design*, London : Chatto & Windus, 1957, p.188 ; 中译本，参见第154页。
[25] Virginia Woolf , "Roger Fry", *The Moment and Other Essays*, ed., Leonard Woolf, New York and London : Harcourt Brace Jovanovich, 1974, pp.101-102.
[26]弗莱:《视觉与设计》，中译本，第186页。
[27] Roger Fry, "The Allied Artits", *The Nation*, Vol. 13, 2 August 1913, pp.676-677 ; quoted in Beverly H. Twitchell, Cezanne and Formalism in Bloomsbury, p.49.
[28]Quoted in Christopher Green, ed., *Art Made Modern : Roger Fry' s Vision of Art*, p.24.
[29] Roger Fry, *Henry Matisse*, London, 1930, pp.14-15.
[30]参见 Christopher Reed, ed., *A Roger Fry Reader*, Chicago : Chicago University Press, 1996, pp.121-123。
[31] Roger Fry, "Some Questions in Aesthetics", *Transformations*, London : Chatto & Windus,

1926, p.10.

[32] Quoted in Christopher Green, ed., *Art Made Modern* : *Roger Fry' s Vision of Art*, p.27.

[33] Charles Harrison, *English Art and Modernism*, 1900-1939, London, 1981.

[34]参　见 Christopher Reed, "Forming Formalism : The Post-impressionist Exhibition", in Christopher Reed, *A Roger Fry Reader*, Chicago, 1996。

[35]Christopher Reed, "Revision and Design : The Later Essays", in Christopher Reed, *A Roger Fry Reader*, p.309.

[36] Roger Fry, "The Toilet, by Rembrandt", *The Listener*, 19 Sep. 1934, p.468, quoted in Christopher Green, ed., *Art Made Modern* : *Roger Fry' s Vision of Art*, p.14.

[37]Roger Fry, "Art Now-An Introduction to the Theory of Modern Painting and Sculpture", *The Burlington Magazine*, May 1934, p.242, quoted in Christopher Green, ed., *Art Made Modern* : *Roger Fry' s Vision of Art*, p.14.

[38]参见 Christopher Green, ed., *Art Made Modern* : *Roger Fry' s Vision of Art*, pp.14-18。

[39] Sir Kenneth Clark, *Introduction to Roger Fry*, *Last Lectures*, Cambridge : Cambridge University Press, 1937, p.x.

[40]Roger Fry, "The Meaning of Pictures, VI : Truth and Nature in Art", *The Listener*, II, No. 43, 6 November 1929, pp.618, quoted in Christopher Green, ed., *Art Made Modern* : *Roger Fry' s Vision of Art*, p.29.

本文载于《美术研究》2008年第4期

沈语冰，1965年生，浙江余杭人。2008年毕业于浙江大学，获文艺学博士学位。长期致力于西方现当代美学与艺术理论的翻译与研究。复旦大学特聘教授。曾任浙江大学美学与批评理论研究所所长、教授、博士生导师。

中国绘画的率意与天然：一种理想的兴衰

[美]高居翰/著　任晓炜/译

本文所关注的不是某一种风格，而是一组相关的风格及其隐含的理想，或曰激发人们解释并证明这些风格的理想。这种理想就是表现手法的率意与天然。我们将通过这种理想所引起的一系列体现、反应和意义，追寻其兴衰与变迁。鉴于我们所论证的对象是理论和批评性反应，并非风格的发展，因此所援引的书画将仅作为说明论点的例子，大部分作品只注明标题，而不予讨论。我们不会以从中判定究竟存在几分真正的天然，抑或有多少刻意制造的天然效果为目标，来分析绘画作品。对于那些性本天然之作的审视，有时会损害其效果，本文无意作此尝试。[1]

我们将纵横一千多年的中国绘画史，简明扼要地探寻率意与天然的理想。通过哲学的或宗教学说、社会阶层或文化层次所划分的不同群体，我们将会看到，他们自以为拥有这种理想，并付诸言行，尽管他们具有某些天然的看法，这种率意与天然模式只不过是他们对特定情景或某些看法的坦率表达。我们实际所见是一种绘画模式所积聚的各种含义，这些含义遵从于惯例，而不是直接表达的任何自然的关系。中国作家（以及论述中国艺术的大多数西方作家）一贯坚持这种直接表现的理论，认为尽管艺术家风格的某些方面反映了他个人的气质及特定地位或情境，但更多的是（譬如我正提到的率意与天然模式）表达了或许源自艺术家的信念、观念以及他和其他人所赞同的原则。典型的中国思考模式认为，“画如其人”，即艺术家的画风因其本人为道士、禅师或富有教养的士大夫而不同。这种理论在风格与观念之间设定了一种简单的关系，在某种意义上甚至成为不可变更的关系，描述了我们在此将要考虑的一系列晦涩而变化的联系。另一方面，假如我们以这样一种假设开始，即意义在很大程度上凭借常规依附于风格特性，而且这种联系仅对赞同那种常规的人而言是牢固的，那么我们就能够理解那些拒绝这种常规的人是如何否定风格与观念之间的特殊联系，并为另一种关联而辩护。我们将认识到形式和图像的多义性，风格可以表示未曾产生过的观念。我们因此可以跨越时间，用率意与天然或任何其他一种中国绘画模式所蕴含的意义多样性，来构建一部历史。本文正是就此方向所作的初步尝试。

我们的讨论从8世纪的唐代开始。8世纪中叶左右，诗人杜甫为其同时代画家王宰写下了这样两行颂诗：“十日画一水，五日画一石。能事不受相促迫。”后来的作家（正如我们将看到的那样）对于耐心、耗时的绘画模式或褒或贬时往往引用这两句诗。朱景玄作于公元9世纪的《唐朝名画录》在论述这同一位画家王宰的相关段落中，引用了杜甫的诗，并且描述了王宰以周密细致的手法所表现的场景。朱景玄对王宰称许适中，将他列入“妙上品”，但这只是朱景玄分类体系中的第二品级，居于最高的“神品”之下。朱景玄只把公元8世纪早期的吴道子列入最高的“神品”之列。早期批评家无一例外将吴道子誉为人物画超级大师，然而，朱景玄所述吴道子作为山水画家的一则故事，可能不足凭信。这个故事称吴道子受皇帝之命游四川嘉陵江，归来后将所见景色绘于宫殿的墙壁之上。吴道子归来，却无粉本，说景色并记在心，然后，以令人眼花缭乱的精湛技艺，三百余米山水一日而毕。另一位宫廷画家李思训也接受了同样的诏令，却花费了数月之功才完成绘画（现存作品如《明皇幸蜀图》，可供借以想象李思训作品的样貌）。皇帝惊呼“李思训数月之功，吴道子一日之迹，皆极其妙也”[2]。

这一时期，速成（quickness）与缓就（slowness）被视为大抵相当的优秀品质，杰出的作品可以采用其中任何一种方法来完成。但是，在后来的几个世纪中，批评家的偏好越来越多地集中于速成和天然的理想，吴道子就是以此范例而位居神品。为了理解这种批评观赖以转换的基础，我们将简要探究在吴道子时代之前的几个世纪中这一理想的起源与内涵。

书法早在绘画之前就已经确立了用笔的简率手法。在书法方面，这种形式的极致是草书，以此名之，是因为它被用来快速起草文书，然后再用比较规范的书体来誊抄。至汉代后期，草书不仅逐渐成为一种技艺，而且已经招致非议：2世纪末至3世纪初的作家赵壹所撰《非草书》，是现存最早的书论。[3]赵壹谴责这种草率的书写方式“背经而趋俗”。他说，草书最早、最自然的形式，是由像文书这样的人用于在战场上起草战报，除了让书写者将文字迅速成篇之外，草书别无他用（快速书写的早期实例在汉简上可得一见）。然而，赵壹却抱怨其同代人在滥用草书。新一代习草书者不再以简洁便易为目标，而是长时间刻苦练习，精通其形式，并体现出天然的效果。确实，赵壹指出，他们匆忙之际不再采用草书，因为现在对它的运用变得艰难而迟缓。赵壹还提出，既然早期大师的草书形式反映了他们特殊的性格和气质，后人模仿这些形式往往会徒劳无益，乃至不合时宜——这就如同试图模仿他人的面部表情。赵壹认为当草书形式确实适合某人时，可以被读解为书家性格的表现，并且在其从实用性向艺术性的转变过程中，草书已逐渐表现出率意与天然的特征，而并非它们外在的表现形式。他的这种卓见正是我们思考这些特征的起点，这将成为富有洞察力的共识。

在随后的几个世纪中，书法家并未理会赵壹对草书的驳斥，而是狂热地研习草书，乃至变本加厉，每每达到无法辨识的程度。最伟大的两位草书大师是活跃于4世纪中叶的王羲之及其子王献之。至他们那个时代，以草率的方式书写已经是不言自喻的事。此处我们将借鉴雷德侯（Lothar Ledderose）的研究。[4]“二王”的同时代人杨羲在公元364—370年于夜中修炼，受到天启而得到道教经文，恍惚之中写下来。天女夜访杨羲，坐其衾上，引导他的手来书写。经文走笔狂书而就，可谓神来之笔。后来，陶弘景把杨羲的手迹与“二王”的书法做了比较。6世纪初编就的《陶弘景文集》为后世道教的基础性文献。“二王”也是道教徒，其中年轻的王献之似乎尤其受到这种无意识的书写模式的影响。他的书法往往以一种转动的运笔方式完成，其中单个笔画甚至整个字以线相连，其间不提笔。早期批评家称赞他的措辞不同于用在乃父身上的那些用词，他们所采用的词语是“自然”。草书之所以“自然”，是因为书家未受任何社会的或智性的限制，容许“气”通过手和笔无拘无束地流动挥洒，作为道家“真人”的一种直接表现呈现于绢面。在这个早期阶段，天启观念与个人表现的观念无法轻易区分开来。8世纪的书法理论家张怀瓘指出，一种文学观点的形成颇费笔墨，而在书法中只用一个字就会使书家的心灵表露无遗。

书法方面的这些发展，使我们可以更好地理解吴道子新画风的含义以及批评家对此做出的反应。至吴道子时代，以“狂草”之名为人所知的一种更加彻底的草率书写模式业已形成，这在被称为“书颠”的张旭及其追随者“狂僧”怀素的作品中体现得尤其显著。根据最早的记载，我们得知吴道子青年时期师从张旭研习笔墨技法。中国画家使用率性而为的绘画方式由来已久，长达几个世纪。但是，如同在书法方面一样，这种书写模式已开始作为有效而便利的手法在短时间内创作可以识别的图像——正如在一些小型的墓室画面中所见到的那样。据载，5世纪的画家陆探微已采用“一笔”画法，这种技法衍生于笔画与字相互连接的一笔书。吴道子很可能已将这种书法模式发展为一种更加灵活、更富于表现效果的绘画方法。

尽管吴道子的成就基于一种体现书家精神的书法模式——“狂”是书家和书法两者的财富——中国批评家从未以自我表现的字眼来评论吴道子的绘画。社会偏见是其中的原因之一：自我表现的观念几乎为上层社会所专有，而且就我们所知，吴道子既非出身贵族世家，没有文学或学识才具，也未赢得品性高贵的称誉。他实际上是被神话的画匠。他出身低微，但出类拔萃的精湛技艺容许他以貌似超人的控制力从事创作，这种控制力超乎意识和愿望。他不用白画或底稿创作米开朗琪罗式（Michelangelo style）的巨幅宫殿壁画和寺院壁画，实现了道家的完美理想：无意而为出于吴道子的追随者之手，或许是一幅壁画的大样。成书于9世纪中叶的《历代名画记》是中国第一部绘画通史（就此而言，也是世界上第一部绘画通史）。其作者张彦远称吴道子“神人假手”，作品“侔造化之功”。他把吴道子比作道家传说中的传奇性工匠，譬如，庖丁精通牛的生理构造和自然特性，因而杀牛二十载而牛刀锋利依旧。张彦远坚称，吴道子绘画中的这些观念，早在他动笔之前就已完全蕴含于其内心深处，因此他可以用有效的寥寥数笔完整地勾画图像，正如一个复杂汉字的草书形式，可循着一条转动、纠缠的线条，加以识别。[5]

然而，中国批评家并不认为以此方式创作的

绘画作品必然优于精描细绘之作。张彦远用“若知画有疏密二体，方可议乎画”来结束对吴道子的褒美。张彦远的同代人朱景玄，即那位曾经讲述吴道子于一日之内完成一幅壮观山水的故事的作者，在其划分艺术家品级的体系中增添了一个特殊等级——“逸品”，以容纳开始以天然风格从事创作的数位艺术家，这一等级既未列于“神品”之上，也没有位居其下，而是置于业已确立的品评范畴之外。[6]例如，他把8世纪末的泼墨画家王墨列入其中，并对他的画法做了描述：

> 凡欲画图幛，先饮醺酣之后，即以墨泼，或笑或吟，脚蹙手抹，或挥或扫，或淡或浓，随其形状，为山为石，为云为水，应手随意，倏若造化，图出云霞，染成风雨，宛若神巧，俯观不见其墨污之迹。

到11世纪初，一位批评家才把逸品置于神品之上。他仅把一位画家列入此类，即9世纪末的大师孙位。[7]孙位工于奔湍巨浪、山石曲折。其追随者孙知微有这样一件类似于吴道子的轶事：他受雇在一座寺院的四壁描绘波浪和岩石，却数年未在寺中露面，这使寺僧焦急不已，最后有一天他突然出现了，要来笔墨，“奋袂如风”，瞬间挥笔而就。[8]吴道子显然是孙知微的榜样。孙知微的表现说明，画家已具有更高的地位和不同以往的特立独行，此时他可以一锤定音，告诉其顾主他们以金钱换来的是其“神技”之作，而不是费时费力之作。

这是由苏轼讲述的孙知微的故事。苏轼是11世纪末伟大的诗人和政治家，他本人也是业余画家。事实上，苏轼是新兴业余绘画运动(amateur movement)的中心人物，这场绘画运动先以士大夫画而闻名，后被称作“文人画”，总之，意指文人业余画家的绘画作品。这些文人无不满腹经纶，文采飞扬，他们可以通过科举而入仕，为朝廷服务。出仕为其正业，而绘画不过是一种消遣。苏东坡及其朋友所形成的绘画观念成为这场新兴运动的基础，对后世理论的形成具有决定性意义。他们认为，率意与天然不仅可以与精密画风交替运用，而且是灵感创意的唯一有效渠道。兹引苏东坡的一首诗，它赞扬一位朋友的水墨花卉：“造物本无物，忽然非所难。花心起墨晕，春色散毫端。”[9]

苏轼还写道：“余尝疑少陵《王宰画山水图歌》云‘十日画一水，五日画一石。能事不受相促迫，王宰始肯留真迹’，殆是言王宰之画不易得，当听其累日经营，不可促迫之意尔。”[10]

稍后，一位名叫王履道的作家以诗歌的形式表达了相同的看法：“五日十日一水石，此言虽工盖其迹。请看天地开辟初！岂铸日魂镕月魄？忽然而成随所遇……”[11]

杜甫对精密画法的称许适用于“画工之作”，这导致了一种新观念：文人画家独享率意与天然的理想，他们贬低职业画家的策略之一就是将其置于趣味烦琐枯燥的一端。苏东坡对天然而为的辩护，似乎自始至终迫使他崇拜其中最伟大的早期代表人物——吴道子，他本人也做到了这一点，不过他设法稍微削弱了吴道子的成就，他在另一首诗中写到吴道子的画：“吴生虽妙绝，犹以画工论。”反之，另一位8世纪的画家和诗人王维在此时被前所未有地抬高到文人画运动的先驱位置，“摩诘得之于象外”[12]。

在这些陈述背后隐含着一种信仰，它是儒士的艺术理论基础，认为过于细致而无法用诗歌语言来表达的观念和情感，可以通过专一的绘画表达方式来传达，作为对“象外”的回应。将一种教化的心灵传达于人，这种交流模式，实现了儒家通过社会和跨越时代传播智慧和美德的理想。[13]新的理论体系容许绘画作为一门“高雅艺术”（polite arts）与诗歌、音乐及书法一同登堂入室，有文化的人便可以参与其中并展现自己的教化水准。苏东坡评论诗人时说“读诗可以见其人”，评书家则云“凡书象其为人”。正像我们可能想见的那样，对苏东坡本人的绘画的批评性反应亦如出一辙。苏东坡的朋友米芾称苏东坡画石“怪怪奇奇，无端如其胸中盘郁也”。这一评论意味着承认绘画具有以某种独立的表现形式来表达情感的能力。12世纪伟大的理学家朱熹在评论苏东坡的《枯木怪石图》时这样写道：“苏公此纸出于一时滑稽诙笑之余，初不经意，而其傲风霆、阅古今之气，犹足以想见其人也。”

一种古老的理想已被赋予从根本上不同于其本义的意义。它要求通过自然的笔法的直接媒介，使艺术家的品质体现于作品之中，这种品质已非道家“真人”的品质特征，后者相对摆脱了社会偏见的限制，与吴道子及其他“画工”的职业标准相共存。相反，这种品质特征体现了具有书卷气的自我修养，使儒士有别于凡俗之辈。有修养的文人画家的技巧无从神授，却受到永恒的高雅品位的指引。以行云流水般的娴熟技法，以及通过演示技巧来描绘益发精工细描的、完整易辨的图像，已经不再作为最高理想。事实上，非专业化的笨拙受到尊崇，被看作率真的一种反映，表现技巧则被贬之为俗，这种观点与品质的评判关系不大。苏东坡认为：“论画以形似，见与儿童邻。”

中国画家逼真地刻画物像本来面貌的技能实际上在10世纪和11世纪初已经臻于极致。此后，在美术史的其他时期，重大的艺术运动远离了再现主义（representationalism），呈多元发展。也许我们很难理解，在一个依然有能力在真实再现上取得成绩的传统中，正如我们在这一时期的某些作品中所见到的那样，为何精工细描的绘画方法反而似乎趋于流俗或平庸。鉴于充满灵感的自然的理想，作为一种观念所拥有其内在吸引力，因此它无须在绘画实践中获胜。对于大多数人而言，则宁愿选择一幅精心描绘的图画，而舍弃充满灵感的业余之作，这种做法似乎更加合理，正如他们宁愿挑选一把制作精良的椅子、一处构造完善的房屋一样。但是，实践与理论相辅相成。率意与天然的拥护者具备修辞上的优势，他们乐此不疲，能够把自己所处的立场表现为进步的，而把对立者表现为退步的。使反对派的立场看上去故步自封，是中国理论辩论的普遍策略。以禅宗为例，赞成顿悟的一派通过给对立的一派加上渐悟者的标签，将其推入保守的营地。正如率意的绘画模式令观赏者对比较传统的手法失去耐心，对此表示支持的理论家则以此作为判定某人鉴赏水平的标准，这实质上阻塞了批评。

不管怎样，文人画家通过动摇评判基础而置顾主的喜好于度外，这使他们可以或多或少免于责难。从理论上说，业余画家没有顾主，因为他出于自身的兴趣而作画。画家作为自己的评判者，可以确保志同道合的朋友以及社会同人的认可。

然而，文人批评家的论点不仅适用于文人画，也肯定影响到人们对于较为传统的绘画种类的看法。我们可以确信，就像现在的情形一样，艺术品顾主一边自称只遵循自己的趣味，却一边认真听取批评家时下何谓高档、何谓低级的训导。到13世纪古老而保守的传统得以持续，一直保持最高水平，然后突然衰落，再也没有全面复苏。我认为，衰落的原因之一应归咎于批评家贬低那些传统，并与新兴的文人业余画家结为联盟。我猜想，我们在此所能观察到其中的一种情形是，那些成功的反庸俗的批评性观点具有这样的效果，即通过说服艺术品顾主认为其自身的趣味滞后而幼稚，应代之以更时髦、更高雅的趣味，从而逐渐阻隔无论是优秀的还是乏味的艺术家的保守选择。

职业画家继续以遭受质疑的保守风格从事创作，我们或许期待他们对这些动态做出回应。事实上，这种回应并非不存在。翰林院画家韩拙于1121年著文，试图通过抓住粗俗或平庸的污点，来反击文人批评家。他认为，在绘画方面最严重的过失莫过于粗俗或平庸，称这种画家“昧乎格法之大，动作无规”。韩拙还写到前辈大师凭借勤奋学习形成自己的特质，而今人则依仗天分，轻视学习。[14]这直接攻击了刚刚被儒家文人画家和批评家所巩固的理论阵线，但徒劳无益，业余画家运动愈演愈烈。到元代即13世纪末和14世纪，它不仅驾驭了绘画理论，还支配了绘画实践。

在12世纪晚期和13世纪，以及随着14世纪的衰竭势力，另一群艺术家采用率意与天然的画风以适应他们的特殊目的，将之推向简率的极端，创作了一些极其简洁明晰的图像。这些画家多为禅师，既有教派之内的僧人业余画家，也有教派之外但为其服务的其他画家。我们没有关于禅师或其崇拜者的绘画的大量文献，但我们可以假定，参与运动的人们认为其绘画方法与禅宗的联系是一种自然的表现。对于禅僧而言，他们坚持直接、直觉地感知真实，不依靠知性分析，这样的画作看来恰好是其信仰的图像化实现。图画的极端简略意味着可以被即刻理解，而不是付诸分析或解读；画家隐没笔迹，舍弃传统形式，图像超越技巧，浑然天成。

对此不予认可的人则把这种相同的风格特征看作不足之处，而且儒家文人批评家对此做出的反响迅速而强烈。13世纪晚期的作家庄肃宣称最伟大的禅师、13世纪中叶的画僧牧溪之作“诚非雅玩，仅可僧房道舍，以助清幽耳”[15]。另一位批评家汤垕于1320年左右把牧溪的绘画形容为“墨戏，粗恶，无古法”[16]。禅宗画家创作的这类朦胧山水画，题有像“烟寺晚钟图”或“潇湘夜雨图”这样的标题，它们早已受到早期批评家邓椿的嘲弄。邓椿于1167年（此时这种山水图尚未专门与禅宗联系在一起）著书指出，在绘画中表现钟声或夜景（更不用说雨景）显然是不可能的。他又说：“至于形容不出，而反嘲诮云：‘不过剪数尺皂绢，张之堂上，始副其名也。’”[17]

对于应用清晰的笔触来表现可以识别的形状的传统要求，这种绘画则背道而驰。就儒家文人画家和批评家而言，天然这一理想必须用规则的笔法来调和，不容许脱离常规的真正自由。上文所及批评家邓椿认为，绘画之“逸”格至9世纪水景画家孙位已臻巅峰，而后来尝试此类绘画的画家“往往益为狂肆……意欲高而未尝不卑，实斯人之徒欤”[18]。正如我们所见，文人批评家以指责其笔法粗俗、不合规则的形式来表达对于典型的禅宗画僧之作的鄙视。

为了举例说明文人批评家所赞赏的个例，我们不妨来看12世纪晚期苏东坡的追随者王庭筠的《幽竹枯槎图》。这幅画的优点主要在于适度控制地采用写意笔法来表现粗糙的树皮以及斑斑苔藓，这比任何真正的天然都有过之而无不及。不过，称许此作的措辞是标准的。汤垕在1300年左右为此图题跋，在写到当文人画家以绘画自娱时指出，不再需要“含毫吮墨，五日一水，十日一石之谓哉！故画家之经营位置者，犹书家之工篆隶。士夫写意笔墨者，犹书家之写颠草”。汤垕还赋诗颂之，诗中把绘画描写为“一时寄兴”，并于结穴云：“信手幻化兮，吆嗟逡巡；一时之寓兮，百世之珍卷；舒怀想兮，如见其人。”

汤垕把业余画家的笔墨比作“颠草”，就此而言，他（像其他文人批评家一样）遗漏了一处关键的区别。文人业余画家带有书法意味的图像，并非那些最优秀的职业画家的作品，是对较完善的图像的真正率意而简练的表现。相反，它们富于表现力的用笔或多或少地体现出自足的结构，而其图像以及与实际对象的关系往往难以确定。随着绘画逐渐变得与其说是画出来的，不如说是写出来的，用笔的书法特征渐渐独立于其再现功能。元初大师赵孟頫在1320年左右所作《秀石疏林图》的题跋中写道，他画石的方式如同“飞白”，这种技法要求笔尖散开，笔画粗破。他认为，画树采用篆书，画竹如书八分。

写意的、准天然的风格似乎最适合于描绘这类小题材，也许仅此而已。但通过减少构图成分，以及用有限的笔法体系来表现构图要素，艺术家可以在山水画中追求类似的效果。黄公望于1352年画了一幅山水写生册页，在滑稽的自我嘲弄的题跋中，他提到其友石寿购得半张纸，请他画一幅山水，却一直未得空闲，加之时值酷夏，令他汗流浃背，并且说道：“翻思古人画难得，五日一水十日石。石寿之如此相促逼，王宰定不留真迹！”黄公望丝毫不以他的山水写生图为骄傲，而是觉得不得不做出说明，为此道歉。

黄公望的年轻朋友倪瓒，论画技远在黄氏之下，却为其作品感到自豪，觉得没有必要为其简约甚或苦行的、渺无人迹的景色而题诗致歉。当有人问及为何画中不见人迹时，倪瓒以格特鲁德·斯坦（Gertrude Stein）的腔调说，对他而言四周恍若无人。他曾经写道：“仆之所画者，不过逸笔草草，不求形似，聊以自娱耳。”[19]这种对于再现以天然和业余为绘画目标的主张，在倪瓒的绘画和著述中得以强化；据载，倪瓒的一位朋友声称他画的竹图看起来根本不像竹子，他则说：“全不似处，不容易到耳！”[20]

事实上，如果撇开形似的问题，倪瓒的绝大多数画作似乎是在相对严格的控制下构思完成的。当时其他画家的一些作品中则更加明显地体现出即兴创作的效果，如著名的道士方从义在一件绘画作品中似乎再次表演了早期的泼墨技法。可以理解的是，批评家将方从义归属逸品，并把他的风格看作道家脱俗的淡泊人生观的直接表达。他的一位同时代人这样发问："非仙者孰与于此？"[21]

明代画家吴伟活动于15世纪晚期和16世纪早期，他的绘画有时也被中国人视为道家气质的体现。吴伟本人以其非正统的行为或采用"小仙"之名鼓励那种读解。我们或许从中看到了古老的道教与天然模式之间的联系在此得以重逢。但在吴伟及其追随者的作品中，粗糙的笔法呈现了新的含义，这些含义不依据宗教学说，而更多地取决于社会阶层和经济状况。吴伟为明代新型画家树立了榜样，他既不与未受教育的"画工"为伍，也不隶属于仕进之余作画消遣的（理想的模式）文人——业余画家。明代这一新型的画家群体通常都受过正统教育，却举业失意，或者发现前程受阻，被迫作画谋生。他们运笔自如而迅疾，行为脱离常规，采用古怪的名号，这一系列特征要素将他们与普通的职业画家区别开来，确立为"生活豪放不羁的"人物，其丰富多彩的艺术家个性容许他们跨越早已确立的阶级障碍。富裕有权的人喜欢与他们为伴共饮，或观赏他们淋漓尽致的笔墨表演。这些画家的特殊技能在于以简约形式和粗放笔法表现构图和保守主题，甚至表现院体风格，因而与观赏者对极为熟识的图像、对视觉上令人激动的非正统表达方式的渴求一拍即合。吴伟曾经在皇帝面前大醉，信手而成《松风图》。皇帝无疑知道吴伟所唤起的道士和吴道子的先例，他赞叹曰："真仙人笔也！"[22]

假若我们如其所想来看待他们，16世纪以吴伟为榜样的非正统画家们可视为一系列引人注目的个体，其风格和行为反映出古怪的个性。然而，事实上，从他们的风格与行为中，我们可以看到新出现的类型和关系，它们清楚地表明：非正统的新型常规业已确立，并且这些画家所属社会角色在某种程度上规定了他们的艺术风格。16世纪早期的画家史忠直到17岁才开口说话，晚年自称"痴"或"痴翁"。他谱写流行曲调并在饮酒时吟唱，以类似于吴伟的泼墨、迅疾的风格描绘山水。此类风格标新立异，在皇帝面前醉酒泼墨的吴伟为此树立了一个无法比拟的样板。他们由此表明，受过教育的职业画家不仅拒绝文人画家训练有素的笔法，连职业画家为了满足顾主而被迫普遍采用的保守风格也退避三舍。新派画家就此割断了与文人画家和职业画家的联系。

唐寅是明代最伟大的画家之一，在很多方面与这种新派画家相符。他早年仕途落空，主要以画谋生。他与这类画家并无二致，酗酒嫖娼，消磨时光，而且行为出轨，令人震惊。据说他曾经佯狂以逃避卷入一桩事关假皇帝的危险政治风波。他画风多样，既善于追摹宋代大师，也可以采用天然模式做精湛的表演。到唐寅时代，吴伟之作在这一模式中与道家的那种联系似乎已经烟消云散，批评家对唐寅的颂扬与道教无涉，而他本人则倾向于禅。

在明代末期，文化水平的激涨与仕途机遇和回报的骤减产生了一个有文化修养却无权势的大阶层，"有文化的职业画家"类型也从中脱颖而出。16世纪，率意与天然的绘画模式主要与这类画家有关（当时的业余画家以更加细致的手法从事绘画），并在徐渭（1521—1593）的作品中蔚为大观。徐渭的优秀作品在简率风格方面取得了卓越成就，他用令人眼花缭乱的流畅笔法表现传统的花果母题。他的生活与其他人大致相仿——年轻时前途不可限量，经七次科举考试而每每落榜，入仕无望，创作流行的南戏剧本，酗酒成性，行为古怪乃至走向极端——他的疯狂显然不是出于佯装，的确是真实的，至少在晚年如此。然而，他画画时却不像一个疯子，其淋漓尽致的笔墨表演似乎不是痛苦或压抑的个性表现，而是感情的宣泄。徐渭的写意笔势对视觉形式做了最彻底的简约，展示了20世纪之前所绘物像中最近乎完全抽象的作品。无论其同代人还是后来的批评家，对这些作品的评价都不是很高，尽管有几位作家做出了富有洞察力的反响，指明与其书法和诗作中的急躁而粗心相比，他的绘画具有无法比拟的品质，在其艺术产品中，这些画作至少是标新立异的。

可以想见，20世纪的学者在艺术作品意义的直接表现论中另辟蹊径，尝试从心理学的角度来阐释徐渭的作品。其中一位学者在求教于精神病学同事之后，告诉我们徐渭是个精神分裂症患者。[23]当然，将徐渭的笔势热情与他的感情失常联系在一起是很自然的事，并非完全错误。但是正如前文所言，徐渭与其他画风相近的画家之间的相似之处属于社会角色和经济状况上的相似，以及他们所选择呈现的自我形象上的相似，而不是心理状态上的任何相似，有鉴于此，这种解释受到了重创。这样说，并非要否认徐渭或任何画家的画作中的个人表现因素，或作为一种个性展现的艺术因素。但是，承认即便怪诞也是因业已成立的常规而彰显，可以使我们避免过于盲从对于徐渭的艺术所做的传记性解释，并且容许我们更为深刻地把个人风格的演变看作在与我们所界定的那套常规体系做部分的接受、部分的抗争。

我认为，尽管画家的真实个性和情境在很大程度上当然支配艺术个性的选择，这种选择呈现在他的作品之中；一旦做出这种选择，如果他要将其含义与观众相交流，就必须在呈现这种选择时，运用已确立的艺术常规，并将这些常规加以扭曲为其所用。低估这些常规，并把艺术作品的创作当作一种直接表现，如同每次从艺术家的特定个性和情境中都会出现新的形式一样，就会产生难以控制的假美术史。

在17世纪最初几十年的明代晚期，画家似乎再次颠倒了角色：最优秀的职业画家重新采用过分注重细节的风格从事创作，这种风格衍生于宋代以及更早的绘画，写意模式则主要流行于文人业余画家之中。业余画家的“墨戏”大多以疏松的笔法表现竹、树、岩石或者简单的山水这些传统题材，此时的疏松笔法不含任何像道教、禅宗或儒家的深奥意义。事实上，这类绘画创作不过是士大夫的一种标榜方式，如同人们期望有教养的欧洲绅士相当不错地演奏一曲钢琴或创作一首措辞恰当而优美的十四行诗一样。这一阶段的画家无论业余的或职业的，似乎没有一位以堪与唐寅和徐渭的简约方式相媲美的方式取得成功。恰在此时，我们才开始在一些评论著作中发现对于率意与天然理想不再抱幻想的认识，此际，这种理想突然受到了怀疑。

李日华本人是一位业余画家，他这样写道：

古者图书并重，以存典故，备法戒，非浪作者。……尽力为之，年煅月炼。……“五日一山，十日一水”，诸家皆然，不独王宰而已。

迨苏玉局、米南宫辈，以才豪挥霍，借翰墨为戏具，故于酒边谈次，率意为之而无不妙然亦是。天机变幻，终非画手。譬之散僧入圣，瞰肉醉酒吐秽，悉成金色。若他人效之，则破戒比丘而已。[24]

像1500年前非难草书的赵壹那样，李日华认为随意、率略在往昔无可厚非，但在他所处的时代则未必然。

伴随着对绘画中粗枝大叶、草率而为的抨击，是对回归古代模式、完美技巧以及认真对待高雅主题的渴望。几个世纪以来，中国批评家倾向于将精细的再现风格打上非艺术（philistine）的烙印，而现在则不然，开始认为它们毕竟具有某些优点，天然和个性表现或许有点太过分，“新写实主义”（new realism）也许才是合乎时宜的。谢肇淛是一位趣味保守的收藏家，他写道：“今人画以意趣为宗，不复画人物及故事；至花鸟翎毛则辄鄙视之，至于神佛像及地狱变相等图，则百无一矣。要亦取其省而不费目力。若写生等图，不得不精工也。”另外，他对绘画的鼎盛时代做如下评：“夺天地之工，泄造化之秘。”他持相同态度征引了杜甫关于五日一山和十日一水的两句诗，并且说：“古人之画，细入毫发，飞走之态，罔不穷极，故能通灵入圣，役使鬼神。今之画者，动曰取态堆墨，劈斧仅得崖略，谓之‘游戏笔墨’则可耳。”[25]

正如我们在第一章所提到的那样，绘制历史片段或古代事件的场景，要赋予具体的真实情境。谢肇淛以嘲弄的口吻提到无人再画人物或历史题材以及宗教图像，这不仅是出于美学方面的抱怨，也是在抱怨同时代艺术家缺乏严肃的目标。当然，我们此处所观察的是对于熟悉种类的一种保守的反冲。对率意和天然理想满怀忧虑的质疑并不限于门外汉的圈子。詹景风和张丑均为明代晚期的杰出鉴赏家，似乎也有此疑虑。詹景凤说：“画极于宋，自宋而下，便入潦草。至于国朝，又草之又草矣。”张丑甚至表达了更加激烈的观点：“古今画流不相及处，其布景用笔不必言。即如傅色积墨之法，后人亦不能到。细检唐宋大着色画、高米水墨云山，皆是数十百次积累而成，故能丹碧绯映，墨彩莹鉴。自当穷究底里，方见良工苦心，慎毋与率易点染、淡妆浓抹者同类而视之也。”[26]

正如我们业已看到的那样，绘画的率意和天然模式历经几个世纪已经呈现出多样化的含义。现在由于文人业余画家的研习，它的内涵在许多批评家看来似乎萎缩了，它不过是一种身份的习惯性宣言。一位名叫沈颢的二流画家和理论家企图在此虚弱的基础上捍卫曾经拥有更多内涵的“士夫画”。他写道：“今人见画之简洁高逸曰士夫画也，以为无实诣也。实诣指行家法耳。不知王维、李成、范宽、米氏父子、苏子瞻、晁无咎、李伯时辈士夫也，无诣乎？行家乎？”[27]

我们甚至可以看到，在这一时期，也许是几个世纪以来第一次，从职业画家的立场出发，猛烈反击文人画家。当时杰出的人物画家陈洪绶，在其1652年所撰《画论》中，以这样的抨击开篇：“今人不师古人，恃数句举业饾饤，或细小浮名便挥笔作画，笔墨不暇。责也形似，亦不可而比拟，哀哉！欲扬微名供人指点，又讥评彼老成人。此老莲所最不满于名流者也。”[28]

有关富有灵感的天然风格与业余性（amateurism）和士大夫身份之联系的辩论，延续到17世纪末，但对此过于追究，会使我们偏离主题。我们不妨引用哲学家和画家方以智的一条精辟评论：“世之目匠笔者，以其为法所碍；其目文笔者，则又为无碍所碍。”

对一挥而就、漫不经心的绘画手法的辩难和告诫再次失效。数百年以降再来恢复细致而周密的古老绘画表现理想已为时过晚，它早已屈从于铺天盖地的批判。在类似铜臭驱散美德那样的现象中，画家及其顾主面对潇洒的笔法和多变而动人的视觉效果，对保守风格仍旧缺乏耐心，这些保守风格主要由毫无想象力的画家以某些方式维持下来，而他们的方式令反对他们的偏见更加坚定。最具个性的画家石涛，先是创作了一系列与时代格格不入的经典之作，后来在晚年转向以粗放笔法绘制仓促之作，作品的质量水准由此大大降低。我们可以将这种转变看作由于健康状况的恶化以及需要创作更多的画作用于糊口所致，但在率意和天然不再像原来那样必须以真正的技法纯熟为基础时，它们作为臻于绘画中的超凡品质的关键而得以确立，这种观点亦鼓励了石涛的晚年创作。18世纪追随石涛的扬州画派画家以及此后的大多数中国艺术家的主要不足之处就在于重复性的作品过剩，他们习惯于匆忙完成过多的作品，而对每一幅都思考不足，用心不够。率意和天然模式起初具有超越规则的重要意义，却以成为对法则、创造和艺术表现力的失败做出补偿的一种常规方法而告终。

注释

[1]见 Robert Read “Method and Meaning in Monet”, *Art in America*, September 1979, pp.90-108，赫伯特指出，莫奈的绘画通过精心而有序的颜料底子获得了天然的效果。参见 Richard Schiff, “The End of Impressionism”, *Art Quarterly*（new series）, Autumn 1978, pp.338-378。希夫征引了19世纪法国批评家诸如马拉美（Mallarmé）和左拉（Zola）的看法，他们早已把印象派画家，尤其是马奈（Manet），的技法看作“赋予天然之外观的技法把戏之一”（第361页）。

[2] Alexander Soper, “Tang Chao Ming Hua Lu : Celebrated Painters of the Tang Dynasty by Chu Ching-hüsan of Tang”, *Artibus Asiae*, Vol. 21, No. 3-4, 1958, pp.204-230，有关王宰的内容，包括引用杜甫的诗，见第219—220页；有关吴道子和李思训的轶事，见第209页。

[3]赵壹《非草书》的英译文和讨论见 William Acker, *Some T' ang and Pre-T' ang Texts on Chinese Painting*（Leiden, 1954）导论部分，第LIII—LIV页。

[4] Lothar Ledderose, “Some Taoist Elements in the Calligraphy of the Six Dynasties”, *T' oung Pao* 70, 1984, pp.246-278；关于杨羲的内容见第254—255页。

[5]张彦远关于吴道子的评论，见艾惟廉《六朝及唐代绘画文献选编》，第179—184页。

[6]苏伯英译《唐朝名画录》（见注2），第228—229页。参见岛田修二郎《论逸品画风》（*Concerning the I-p' in Style of Painting*）第1部分，高居翰译，见 *Oriental Art*, Vol. 8, No. 2, Summer 1961，第

66—74页。

[7] 黄休复:《益州名画录》,《王氏画苑》本，叶一 a 至二 a。

[8] 这件轶事引自苏轼的《东坡集》,《佩文斋书画谱》卷十三，叶四十一 b。

[9]《声画集》卷六，叶十一 b。

[10]《梁溪漫志》卷七，叶十二 b。

[11]《声画集》卷四，叶十六 b。

[12] Susan Bush and Shih Hsio-yen, *Early Chinese Texts on Painting*, p.203.

[13] James Cahill, "Confucian Elements in the Theory of Painting", *The Confucian Persuasion*, Arthur F. Wright, Stanford, 1960, pp.115-140. 下面三处引文均出自此文。

[14] 韩拙:《山水纯全集》,《王氏画苑补益》本，叶二十一 b 至二十二 a，叶二十六; Robert Maeda, *Two Twelfth Century Texts on Chinese Painting*, Ann Arbor, 1970。注意：赵希鹄于13世纪初撰文抱怨："今名画工绝无，写形状略无精神。"(Susan Bush and Shih Hsio-yen, *Early Chinese Texts on Painting*, 第200页；中文本见 Susan Bush, *The Chinese Literati on Painting*, 第197页，第182则。)

[15] 庄肃:《画继补遗》(重印本，北京，1963年)，第6—7页。元代的夏文彦和汤垕表述了类似的见解。

[16] 汤垕:《画鉴》,《美术丛书》本，叶十六 a—b。

[17] 邓椿:《画继》; 译文采用苏伯，"郭若虚的《图画见闻志》", 第157页，注429。

[18] 邓椿:《画继》, Maeda 译,《十二世纪中国绘画文献两篇》, 第58页。

[19] 倪瓒:《清閟阁志》，引自俞剑华《中国画论类编》(北京，1957年)，第702页。

[20] 这件轶事最早见于明代晚期，或许不足为信。见 *Hills Beyond a River*, 第175页(译按：录自《美术丛书》本《画麈》, 第56页)。

[21] 李存(活动于14世纪)《俟庵集》，转引自 Mary Gardner Neill, *Mountains of the Immortals : The Life and Paintings of Fang Ts' ung-i*(耶鲁大学博士论文，1981年)，第212页(译按：引文见《俟庵集》卷二十六《题方壶画记后》)。

[22] 见 Parting，第99页。这件轶事又见明末刻本《无声诗史》。

[23] 曾幼荷(Tseng Yu-ho), "A Study on Hsü Wei", *Ars Orientalis*, 5, 1963年，第244页。"根据三位精神病学者的观点，徐渭所表现的症状确实体现了一种精神分裂症的有趣状况。"

[24] 李日华:《恬致堂集》卷三十九，叶八 b 至十 a。

[25] 谢肇淛:《五杂俎》，引自《佩文斋书画谱》卷十六，叶二十六 a (两段均是)。参见 Susan E. Nelson 所译谢肇淛论山水画的相关段落，"I-p' in in Later Painting Criticism", 收入 Susan Bush 和 Christian Murck 编 *Theories of the Arts in China* (Princeton, 1983)，第397—424页；此段见第405页。此处，谢肇淛责备米芾和倪瓒的作品体现了山水画的衰落，并对其模仿者示以轻蔑："于是藏拙取捷之辈，转相摹效，自谓画意不复求精工矣。此亦绘事升降之会也。"纳尔逊的文章引用了晚明及此后直接反对当时以率意与天然风格作画者的其他评论。

[26] 詹景凤:《东图玄览编》,《美术丛书》本，第五集，第一辑，第183页。张丑，引自《佩文斋书画谱》卷十七，叶二十八 a (译按：原出处作"卷第

十六”)。

[27]沈颢:《画麈》,引自《佩文斋书画谱》卷十七,叶二十八a(译按同上)。

[28]陈洪绶:《画论》,见《宝纶堂集》。

本文载于《美术研究》2009年第1期

高居翰(1926—2014),生于美国加州。美国汉学家。1958年毕业于密歇根大学艺术史系,获博士学位。加州大学伯克利分校艺术史教授。

任晓炜,1977年生,浙江淳安人。2009年毕业于中国美术学院美术理论专业,获硕士学位。中国美术学院讲师。

庞薰琹与“决澜社”现代美术运动

周爱民

一、庞薰琹在决澜社时期的艺术创作

1930年，庞薰琹回国之初，参加了由汪荻浪、周汰、屠乙和胡道之等人在上海组织的“苔蒙画会”，“苔蒙”即是法文“两个世界”的音译。在“苔蒙画会”期间，庞薰琹创作了《如此巴黎》和《人生的哑谜》(或称《如此上海》)[1]，这两件作品在形式上明显有着立体主义分割组合的艺术表现特点，而在形象内容上则更多的是他个人生活体验及经历的反映。这两件作品在视觉上是关联的，他将巴黎与上海的不同生活体验并置在一起，在视觉上造成一种幻觉与错位——是“上海”？或是“巴黎”？庞薰琹在两种生活体验间游离。这种游离状态，表明此时他还没有完全将两个不同空间里的生活情景区分开来，而是将它们混同于一种“现代性”体验。在上海，他租住在法租界里，租界除了是殖民者的政治、经济据点外，也是殖民者在中国建立起来的一种文化景观，号称“东方的巴黎”的上海成为以巴黎为代表的西方大都市的一种“拟像”。租界里的建筑与装饰，以及租界里的生活方式、情调及趣味等，成为混杂的上海文化的重要组成部分。此时，庞薰琹的生活圈里大多是曾留学国外的画家朋友、震旦大学的校友以及租界社交圈里的人士等。陈抱一这样描述庞薰琹：“我记得有一次，在吕班路角上的庞薰琹的画室中，他曾邀集过一次‘艺人会’。他却亲自制备了多量的葡萄酒的混合酒，和各色丰美的Sandwich便餐；在他那个画室中，畅聚了一晚。在座的洋画家大概有十多人，最后共同画了一幅纪念的墨笔略画。这一种有趣的艺术联欢会，大有一点巴黎的Bohemian风趣。”[2]对庞薰琹描画最为贴切的无疑是他身边两位最为亲密的朋友——傅雷和倪贻德。在《薰琹的梦》中，傅雷这样写道：“在巴黎，破旧的，簇新的建筑，妖艳的魔女，杂色的人种，咖啡店，舞女，沙龙，Jazz，音乐会，Cinema，Poule，俊俏的侍女，可厌的女房东，大学生，劳工，地道车，烟突，铁塔，Montparnasse，Halle，市政厅，塞纳河畔的旧书铺，烟斗，啤酒，porto，Comaedia……一切新的，旧的，丑的，美的，看的，听的，古文化的遗迹，新文明的气焰，自普恩加(Poincare)至Josephine Baker，都在他脑中旋风似的打转，打转。他，黑丝绒的外衣，帽子斜在半边，双手藏在裤袋里，一天到晚的，迷迷糊糊，在这世界最大的旋涡中梦着……”从这些文字中，不难想象到庞薰琹沉醉在巴黎的艺术环境中的情形。倪贻德评说，当他初回国时，还保持着巴黎艺术家的气派——黑丝绒的外衣，帽子斜在半边，双手插在裤袋内，长而蓬乱的头发，嘴上老是衔着烟斗，“大约他对于巴黎的艺术生活，还是依依难舍吧”[3]。

这一时期，庞薰琹创作了《时代的女儿》《三女性》《慰》《无题》等作品，这些作品从题材内容到形式手法，有颇多的相似之处。画面缠绵在一股忧郁烦闷的气息之中，青春女性的姿态、眼神等反映出她们内心的苦闷、压抑、矛盾与迷惘。这些作品的风格以及画面表达出来的情绪，既反映出巴黎艺术对他的影响，也与此时国内兴起的唯美文艺思潮有关系。事实上，如果将这些作品放在“五四”以来的社会思想背景下来认识的话，它们就不只是一种新颖的形式创造和表面的唯美忧郁趣味的写照，而是与中国社会变革的思想有密切的联系。“五四”以来，有关女性、家庭的伦理道德观一直是中国社会改造的一个重要内容，《新青年》等一些颇具影响的报纸和期刊都曾开辟专栏，探讨女性和青年问题。鲁迅发表过一系列杂感，猛烈抨击腐朽的名教、吃人的礼法，反对寡妇主义。在他看来，妇女只有争取经济权才可以获得真正的平等，消灭“想做奴隶而不得的时代”和“暂时做稳了奴隶的时代”，创造“中国历史上未曾有过的第三样时代”。唯美主义思潮作为反封建礼教的一种武器，被中国知识分子从国外引进的，创造社便是推崇这一文艺思潮的代表。创造社于1921年7月成立，郭沫若是发起人和最主要的成员，他主张诗歌创作应强调直觉、灵感的作用，突出“自我表现”和感情的“自然流泄”，这些反映诗歌创作内在要求的主张，在当时具有反传统伦理道德和传统载道文学的积极作用。同样，在绘画、文学和戏剧方面都卓有研究的闻一多，早期也曾深受唯美主义思想的影响，立志做“艺术的忠臣”。他于1923年出版的《红烛》，表现了对死于幻美的追求者的歌颂。[4]如同唯美主义最初在西方世界兴起一样，唯美主义者并不只是耽迷于美，沉醉于美的幻觉中，而是把无功用的美作为一种进攻和反抗的武器。如同主张“为艺术而艺术”的戈蒂埃所说，“除了毫无用处的东西外，没有真正美的东西，凡是有用的都是丑陋的”。戈蒂埃及其同人们宣扬一种论战式的美的概念，与其说他们的主张源于无功利性的理想，不如说是源于对艺术完全无偿性的一种进攻性肯定。对“有用的”抗拒，并非陷于虚空之中，而是对既定的“有用的”价值观念进行反抗和颠覆。从鲁迅、郭沫若、闻一多等人早期的艺术经历看，事实上无论是主张“为艺术而艺术”还是“为人生而艺术”的文艺阵营，他们最初都从唯美主义获取过思想能量，他们都主张从“有用的”传统伦理道德中挣脱出来，以“无用”对抗“有用”，以此作为建立一种新的伦理道德秩序的前提条件。所以，卡林内斯库评价，“为艺术而艺术”是审美现代性反抗市侩现代性的头一个产儿。[5]

从庞薰琹和倪贻德等人参与的艺术活动看，决澜社的兴起与唯美主义的文艺思潮不无关系。庞薰琹曾参加倾向唯美主义的文学社团“绿社”。绿社成立于1933年，其主要成员有朱维基、蔡方信（笔名芳信）、林徽因和庞薰琹，邵洵美和夏莱蒂也加入其中。绿社成员曾先后发行《绿》

《声色》《诗篇》等刊物，后来还组织了绿社出版部。这个社团虽然小，但唯美色彩之浓厚仅次于“狮吼”“金屋”社团。绿社成员的一个主要贡献是对西方唯美颓废主义文学的介绍，绿社成员的文学创作流露出来的唯美颓唐情怀，在一定程度上反映了现代知识青年追求个性解放和自由的苦闷。[6]在一份未曾公开的手记中，庞薰琹自述他在这一时期曾创作了二三十首诗作。[7]因资料所限，这里尚不能以诗歌去解读庞薰琹此时的艺术思想，但是从《薰琹随笔》中依然可以辨析出他的思想状况。在《薰琹随笔》中，“自我的表现”“情感”“本于心”“生命力”等成为他谈论艺术的关键用词。他说：“艺术（art）就是艺术家自我（self）的表现，是人类发泄情感的工具。”“画家应该清楚地认识自我（self）。不受些微束缚，不被有所控制，凭自我赤裸裸地暴露。”“自我表现（self-expression）是把自己内部的生活向外部表现之，表现自我的艺术，当然能说是自我表现的艺术。”庞薰琹将“自我表现”的艺术同当时热门讨论的“人生的艺术”与“艺术的艺术”的问题联系起来进行思考，他并不主张将这两种思潮决然地分开，对抗起来，而是认为“自我表现的艺术不能说不是人生的，因为自我表现的艺术是自我情感的表示，而情感不能脱离生活，生活不能脱离人生”。他将社会、人生与自我统一起来，强调“自我”并不是与社会隔绝起来，而恰恰是在社会中形成了“自我”。画家应该站在社会上观察社会，站在人生中观察人生，观察一切，画家应该追寻自己的人生观，找出自己的思想，发觉自己的情感，自然就能产生自我。[8]

倪贻德曾是颇具影响的创造社成员之一。他于1919年进入上海美专学习，受到刘海粟和李超士的赏识，并在吕澂的启迪下致力于艺术理论研究。倪贻德从上海美专毕业后，曾在俄国人古敏斯基的画室里担任过助教，1923年他加入新文学团体“创造社”，尝试文学创作。这一时期，他曾在《文学报》《创造日》《创造周报》《创造》《洪水》等刊物上发表小说、诗、散文和戏剧计二十余篇，出版文学创作单行本四册，《玄武湖之秋》《东海之滨》《残春》《百合集》就是他最初的一批文学作品。这些文学作品描写了不自由的婚姻，失学、失业青年的痛苦，以及新一代人对未来的憧憬等。倪贻德的文学才能得到了郭沫若、郁达夫、成仿吾等创造社骨干成员的赞赏。[9]后来，倪贻德还参加过“狮吼社”，该社团还包括滕固、滕刚、方光焘、章克标等人。[10]除参加文学活动外，倪贻德还是现代艺术理论的重要推广者。1929年1月，倪贻德著作的《近代艺术》由上海金屋书店出版。该书共分九章，对自印象派以来的艺术流派的艺术主张、代表性画家及艺术创作特点进行论述。1934年1月，由外山卯三郎著、倪贻德翻译的《现代绘画概论》由上海开明书店出版。在序言中，倪贻德阐述了翻译的目的以及他个人对现代绘画的认识理解，他讲道：“中国自从有了所谓洋画以来，艺术界中似乎也有新旧画派倾轧的现象。然而不是无理的攻击，便是盲目的追从，他们大约都以为只要狂挥大笔，红红绿绿地乱涂便是新派画了。这都是对于现代绘画没有真正了解的缘故。”因此，他认为艺术理论书籍的出版将有助于热心绘画的青年真正了解现代绘画。该书包括现代世界绘画概论、现代绘画的精神论、现代绘画的“画因”论、现代绘画技法论、现代绘画的构图论等内容，并附录了现代十大画家的评传。1937年3月，上海商务印书馆出版了倪贻德编著的《西洋画派解说》，该书也对西方各现代艺术流派进行了论述。这些成果反映出，倪贻德既是一位艺术创作实践者，同时也是一位颇有作为的理论家。

决澜社能够在30年代的上海洋画界脱颖而出，成为引人注目的社团，与庞薰琹和倪贻德这两位有才能、志趣相投的艺术青年的密切合作是分不开的。他们在创作实践和理论研究方面各有所长，这样也使他们在酝酿艺术社团时，强调从创作实践和理论传播两方面推进现代艺术的理想。他们构想“决澜”的艺术运动：1.要有理论的阵地，要出版艺术刊物，“没有正确的理论的指导决不能产生健全的作品……要使艺术大众化应当先从理论的介绍入手”；2.定期举办展览会，“我们要提倡艺术，首先就要拿东西给人家看”；3.组织社团，“集合许多思想上，旨趣上相同的同志”。[11]正是因为有这些较为全面的社团活动，所以，决澜社被美术史家肯定为“中国最早主张吸收西方现代艺术成果的、有宣言和纲领的学术性社团”[12]。

在决澜社首次画展开幕前不久，庞薰琹回国后的第一次个人画展在上海爱麦虞限路“中华学艺社”开幕，展出油画、水彩画、钢笔、毛笔、构图肖像及速写等作品70余件。这批作品既有他回国之初创作的，也有巴黎时期的，倪贻德对这批作品印象非常深刻，他讲道，庞薰琹的作品没有一定的倾向，显出各式各样的面貌，“从平涂的到线条的，从写实的到装饰的，从变形到抽象的形……许多现在在巴黎流行的画派，他似乎都在作着新奇的尝试”。令倪贻德尤为赞叹的是庞薰琹以线描形式创作的作品，倪贻德将它们称为“纯粹素描”（croquis），他说：“这种纯粹素描，是和作为油画底稿的素描不同的，和中国的淡墨画的意味差不多，只由几根单纯的线条，寄托着作者的艺术心，所以它的价值不在所描写的什么上，而在于线条的纯美和形体的创造。”倪贻德认为毕加索（Picasso）、马蒂斯（Matisse）、特郎（Derain）等人都在线条和形式上创造了独特的样式，正是巴黎的艺术氛围造就了庞薰琹在“纯粹素描”方面的深厚修养，他称赞庞薰琹“是一个具有现代精神的优秀的画家”。傅雷与庞薰琹在巴黎时就相识，并结为至交，他对庞薰琹的艺术经历和作品都是非常了解的。《薰琹的梦》是傅雷为庞薰琹的个人画展写的一篇评价文章。对于庞薰琹艺术创作的特点，傅雷主要评价了两点：一是纯粹的形色构成特点，“他以纯物质的形与色，表现纯幻想的精神境界，这是无声的音乐。形和色的和谐，章法的构成，它们本身是一种装饰趣味，是纯粹绘画”。二是与内心情感相一致的艺术“变形”，“他变形，因为要使‘形’有特种表白，这是deformisme expressive，他要给予事物以某种风格（styliser），因为他的特种心境需要特种典型来具体化”[13]。

庞薰琹将风行于法国巴黎的现代艺术画风带入中国，他的作品流露出来的异域风格特性，以及略显忧郁唯美的情趣，受到了租界里的“花厅夫人”及其文学圈的推崇。[14]由弗丽茨女士发起，在美国妇女俱乐部组织了一次展览，展出了庞薰琹、刘海粟、王济远等人的绘画作品。展览会后，弗丽茨女士特地为庞薰琹举行了一次招待会。弗丽茨女士是当时上海英文报纸《密勒士报》文艺副刊的主编，她的丈夫是犹太巨商，“在上海的外国人中，她是文艺界的代表人物”。在招待会上，弗丽茨女士盛情地向租界社交圈人士介绍了庞薰琹，她说：“我在这所房子里，第一次招待了萧伯纳，第二次招待了卓别林，今天是第三次招待一位中国青年画家。”[15]

在整个决澜社时期，庞薰琹的艺术创作可划分为两个阶段。在第一、二次决澜社展览上，庞薰琹创作作品的题材大多是静物、风景，以及忧郁烦闷的青春女性形象，画室里的女性，跳西班牙舞蹈的女郎等。庞薰琹沉醉于纯粹的形、色、线的“艺术世界”中，他作品中的形象大多安逸、优雅，秩序感强。《绿樽》《壁炉前的静物》和《屋景》等作品，画面中分明的水平线与垂直线构图，加强了画面的平稳与坚实感，画面明净、细致而有着精微的形式构成变化，体现出他在艺术技巧和形式方面的深厚修养。然而，从第三次决澜社画展之后，也就是在创作《地之子》和《无题》(《压榨机》)之后，庞薰琹的艺术思想发生了很大的转变。他在艺术上不再只是追求纯粹形式的审美趣味，而是在形式创造中糅合特定的思想意识，他努力地将巴黎的艺术趣味与中国的现实生活内容结合起来。《无题》(《压榨机》)具有象征和隐喻的艺术表现特点，画面运用了立体主义的几何造型方式，同时以一种“超现实”的手法将多种形象内容组合在一张画面中，各种并置的形象表达出作品的内涵。庞薰琹曾自述这幅画作的意义，他说：“画面主要画的是压榨机的剖面，前面一个是机器人，一个是我国农村妇女像，一个是象征资本主义国家的工业发达，一面是象征落后的中国农业，三个巨大的手指在推动压榨机，象征着帝国主义，反对的政治与封建势力，这是对我国人民进行压榨的三种势力，也就是迫得我走投无路的三种势力。”这是事后庞薰琹在写回忆录时，用清晰的阶级话语阐述的创作动机。当时，庞薰琹另一件深具影响的作品《地之子》，展出于决澜社第三次画展上，这件作品以一种更为直接的方式表现了现实生活内容。1934年江南大旱，庞薰琹的家乡苏州、常熟地区是重灾区之一，“农民把地契贴在地主门上全家去外乡逃荒”，饥饿贫困的农民们流离失所，在死亡线上挣扎，这些情景加深了他对中国现实社会的认识，他的作品自觉地转向一种人道主义的关怀。庞薰琹以一家三口的形象构思了《地之子》画面，这件作品不是对现实生活进行如实的描写，而是浓缩了情感的形式再现，“我没有把他们画得骨瘦如柴，穿得破破烂烂，相反他们是健康的，我用他们来象征中国。我用孩子来象征当时的中国人民”。反映在《地之子》中的艺术处理手法和思想特性贯穿于庞薰琹一生的艺术创作中，他的作品总是将苦难与希望同时并存在一起，有时甚至是完全以美的形象压制剧烈惨痛的情感。《无题》(《压榨机》)画面中的“天使”和“芭蕾舞”形象就是因苦难、压迫而激生出来的对未来生活的浪漫想象。庞薰琹的作品不宣泄痛苦，而是以美和希望抗拒痛苦、死亡和毁灭，这既反映出庞薰琹深刻的艺术思想，也体现出他积极面对人生的态度。

通过决澜社的艺术活动，庞薰琹展现了自己的艺术理想和艺术才能。同时，也在组织决澜社的艺术活动过程中，他对中国的社会现实及艺术状况逐步有了深入的认识和体会。他由一个纯粹沉醉于形与色的艺术理想的青年，开始意识到艺术与人生、与社会之间的密切联系，认识到艺术只有在真正走向生活的过程中，才能实现艺术的价值和意义。

二、决澜社与中国现代美术运动的意义

傅雷既是决澜社的热情支持者，同时又是一位冷静的旁观者，他参加了决澜社的筹建活动，待到决澜社成立时，他又退出了。[16]傅雷在认识中国社会及文化问题时始终保持了独立的自由思想的知识分子的立场及态度。从1932年10月30日始在连续三期的《时事新报·星期学灯》上，傅雷发表了《现代法国文艺思潮》一文，这是一篇颇具理论深度的文章。傅雷一反当时人们只是简单地从风格和流派等方面对西方现代艺术进行介绍评介的做法，而是深刻地揭示出西方现代艺术的思想核心。在文章中，他对"现代的（moderne）"的概念作了两点清理：一是"现代的"的含义起源于17世纪法国文艺的"古代的与现代的争辩"，这场古今文学之辩的结果，"令人们相信文化是进步的，要把作品从流逝的时间中特别表现出来，而且要随着时间的流波，一同前进"。二是"现代的"生活与流动性的感觉经验紧密相关，人们加强了时间观念，强调变化的意识，"'现代的'的观念，在某一程度内，竟是对于作品的不朽性加以否定的意思"。傅雷指出，到了19世纪"世界的速度，意外的加快……由马车而汽车，而火车，而飞机，在短时间内，一切都推翻了：电报、电话、蒸汽……日用科学以惊人的速度发展。老祖母看见年轻的孙儿，坐着飞机在云端里翱翔，不由得想：'太阳下面，简直无所谓新奇！'"[17]因此，时间、进步以及流动的感觉经验，是西方人讨论现代性问题的关键词及理论要点。[18]在此，本文并不着眼于从风格和形式的角度去讨论决澜社与中国现代美术运动的意义，而是探讨时间、进步和流动的感觉经验，是如何以一种不完全等同于西方观念意识的方式反映在庞薰琹等人的艺术主张及创作实践中的，从而提出本文认识决澜社与中国现代美术运动的意义的几点意见。

（一）何为东方的现代

现代主义以西方为中心而建立起来，同时它也成为世界历史发展的总体潮流。在这一不可逆转的历史潮流中，中国人首先需要思考的问题是，如何在现代主义的总体历史进程中确认自身历史的存在，以及自我文化身份的问题。竹内好是一位以研究鲁迅而著称的日本学者，他曾以日本和中国的近代历史为例阐述何为东方的现代。他认为，东方的现代受到了西方的冲击，这是不容否定的事实。以此意义而言，强调东方的现代与西方无关的本土主义立场是反历史的；同时，东方的现代又不可能在西方意义上完成，直接挪用西方观念的做法只能使自己身处自己的历史之外。对于东方的现代而言，采取自我否定的方式并不意味着照搬西方的发展模式，以鲁迅为代表的中国人在追求现代的过程中所经历的痛苦与挣扎，都是针对着主体内部的缺陷而发生的。在面临强势的西方文化冲击时，鲁迅所采取的"抵抗"姿态，并不是"挑战—回应"模式中的一种

"回应"表现，反传统与反霸权的意识在鲁迅的思想中同时并存。通过鲁迅思想研究，竹内好注意到，朝向内部的文化否定力量，才是创造东方历史的真正动力。对于世界史而言，东方的现代化过程是以西方的入侵为媒介而再造传统的一种过程，西方同样被东方以主体自我否定方式解构并被结构进东方的现代之中。[19]因此，鲁迅反传统和反霸权的意识实质体现为，在反传统中继承和延续传统，在反西方现代性中建构一种确认自我身份的"现代性"，这些构成了鲁迅思想的奇特张力——这也是东方走向现代的独特之处。

"鲁迅的意义"超越了鲁迅本人作为一个生命个体的意义，而成为一种"民族的意义"和"文化的意义"，因此，鲁迅的思想及文化取向是有普遍性的。庞薰琹和决澜社画家群体的艺术实践，反映出与鲁迅相似的一种现代的价值追求。1932年9月25日法文《上海日报》几乎以整版的幅面刊登了庞薰琹的作品，这些作品在题材内容和创作手法上不尽相同，特别是其中的两幅自画像，反映出此时庞薰琹在艺术思想上的矛盾与混杂。两幅肖像画：一幅是身着闲散外套的自画像，这件外套是一位越南朋友赠予他的，自画像中的穿着打扮颇有波西米亚的意味，画面以调色刀画成，颜色厚重；另一幅，他把自己画成手持书卷、穿古装的自画像。这两幅作品完成于回国之初，如他自己所说，"回到家乡，脱掉了西装，换上了长袍。放下了外文书籍，埋头在线装书中，拿起中国笔墨，用传统笔法画人物画"。刚从巴黎回来的庞薰琹，却一头扎进了古书堆里，其经历与鲁迅颇有几分相似，鲁迅从日本回国后经历过一段"回到古代"的时期。[20]这两幅同时刊登在法文报纸上的手法完全不同的自画像，无意间呈现出某种视觉隐喻性——它们是尚难辨认自身和自我文化取向的一种隐喻性表达，以何种"自画像"的方式开始自己在国内的艺术道路？此时，庞薰琹尚处于模糊认识之中，他的思想是混杂的，西方现代艺术和中国古代画论的思想分立并存于他的头脑中，如他自己所说"我的思想或许矛盾，我的意见或许错误"。在《薰琹随笔》中，他一方面谈论谢赫的"六法"，推崇"气韵生动"的思想，强调"气韵是画家的情感，是画的生命力"；另一方面，他又引述康德的思想，表达"美的美术是自由的"观点，他赞同柏格森所说的"世间绝没有固定的事物——世间一切在流动着，我们自己也在流动着"。他体会到"书画发于情思"，而思想和情感又是"流动的"，所以他说："我不明白为什么画国画的人，开口就要说，这是谁的笔法，画幅上也常能看到，写上仿某某人笔意等的字句……我更不明白为什么画油画的人要去死仿塞尚（Cézanne）、仿雷诺（Renoir）、仿毕茄沙（Picasso）等。"他提出，在艺术创造上不应该只是"捉定一个固定的派别来表现流动的情感与思想"，"不该有什么派别的成见，派接只是一种束缚，一种障碍"[21]。

随笔也反映出，庞薰琹此时已经开始意识到他将来要走的艺术道路，这就是——"我们不妨尽量接受外来的影响，凭他们在我们的神经上起一种融合的作用，再滤过我们的个性来著作，来创造"。融合与个性化创造是庞薰琹艺术主张的要点，融合并不是将东西方艺术简单地添加起来，而是一种"抗拒"与"吸纳"的过程，以西方文论思想而言，"融合"可被理解为一种解构并结构为“个性化创造”的过程。决澜社画家对中国“往古创造的天才”的赞美，对秦汉传统的讴歌，是“五四”以来的“美术革命”论逻辑演变的链条上的一环。从五四时期的激烈反传统，到30年代，在推崇现代主义的同时，又极力地赞美传统，并试图以现代精神重振传统艺术的雄风，将这一历史脉络贯通起来看，决澜社宣言体现的正是在反传统中继承和延续传统的文化取向。尽管这样的文化取向在决澜社画家群的实际创作中反映得还不是那么明确和鲜明，但是至少在他们的思想中已经开始意识到了自己将来应该走的路。

（二）都市生活与现代性经验

都市生活是激发现代性经验的场所，都市生活最为强烈地反映出“流动的感觉经验”。本雅明的《发达资本主义时代的抒情诗人》就是讨论都市生活与现代性经验的名篇。他以波德莱尔的文学创作为例，说明了文明进步的现代生活与诗人内心审美体验之间的分裂与疏离，以此揭示在发达资本主义时代，文明进步的社会现代性与人性自由的审美现代性之间存在着无法避免的矛盾对抗关系。

决澜社诞生于当时中国最为繁华的国际大都市上海，这其中是有必然性的，它也表明了现代主义美术运动与大都市生活之间的密切关系。上海被称为“东方的巴黎”，决澜社艺术运动无疑是“上海摩登”的一个绝好表征。在西方，以巴黎为代表的现代主义艺术，与大都市、发达资本主义、工业化等概念联系在一起；而在中国，尽管当时的上海与巴黎等西方大都市的现代生活有相似性，但它又不完全是巴黎现代文化景观的简单移植和挪用。如同李欧梵在研究“上海摩登”时指出的，“如果我们看一下二三十年代的中国文坛，当时各种美学现代主义在欧洲达到了巅峰，但在中国很显然没有出现此类美学上的敌对或否定态度，也没有确定的资产阶级阵营可以攻击……不像欧洲的现代派，他们还不明白工业革命——以及因之而来的发育完全的‘发达资本主义’——的全部冲击，甚至在上海都不可能明白。换言之，现代性可以成为一种文学时尚，一种理想，但它不是一种可确证的‘客观现实’”[22]。李欧梵的分析是有说服力的，30年代在上海的艺术青年们对城市生活的体验，与波德莱尔在巴黎大都市生活中感受到的人性“异化”与压迫有所不同。对于中国的艺术青年而言，波德莱尔描述的那种如“花一般的罪恶”的都市生活体验，与其说是他们生活在上海大都市里的真切心理反映，还不如说是一种文学时尚引发的想象。对于大部分从乡土生活中成长起来的艺术青年而言，繁华的大都市展开的是一幅美丽的生活画卷，艺术青年们热切地向往城市，他们欣赏并陶醉于城市里的声光电化的现代生活。如同庞薰琹初到巴黎时，深深地感慨巴黎的美一样——“我是在中国的一个县城里长大的……从来没有见过繁华世界”，展现都市生活和工业化文明成果的巴黎博览会，令他“眼都花了”，“什么都美”。应该说，正是因为渴望城市的现代生活，庞薰琹才激生出从事现代绘画和现代设计的艺术理想。回国后，他也是选择在中国最为繁华的大都市上海发展自己的艺术。

在西方现代主义艺术的理论逻辑中，社会现代性与审美现代性之间存在的矛盾与悖论关系，导致了现代主义者在精神意识上的分裂，如同杰姆逊通过解读凡·高和蒙克的作品，揭示出："现代主义是关于焦虑的艺术，包含了各种剧烈的感情：焦虑、孤独，无法言语的绝望，等等。"[23]尽管庞薰琹和决澜社画家们此时还不能从中国的现实环境中体验到工业文明造成的压迫和疏离感，但是他们在追求现代艺术的过程中也感到了无法排遣的焦虑与迷惘。在1933年出版的《良友》第77期上，刊登了一组以"都会的明暗——如此上海"为专题的图片，这些图片将上海大都市的浮华与凄凉并置在一起：有人在华堂欢宴，有人争先恐后地但求分到一碗稀粥；跑狗场里的狗儿们有福了，它们的享用百倍胜过街头的可怜的野鸡们；有人宁愿豪爽地在赛马场里花去整千整百的银子，却对叫花子吝啬得甚至不肯施舍一个铜板；倒霉的人们在路边，使劲地拉，拉着笨重的货车；幸福的人们在舞场，软玉温香洒满怀抱……庞薰琹也以他自己的经历独特地体验着上海大"都会的明暗"，一方面他是"花厅夫人"的座上客；法国驻华领事柯克林购买了他的作品，并称赞"这样的画，西方画家是画不出来的"；驻上海的法国邮船总经理米奥理斯邀请他赴宴会；他还受邀为银行家太太画像……庞薰琹以自己的艺术才能成为上海租界社交圈追捧的对象。另一方面，他又是一位为艺术、为生活而穷困奔波的青年，他的生活中也时常充斥着饥饿、寒冷与冷漠的情感体验。为筹募决澜社画展的经费，他去杭州找朋友商借，但无功而返。坐在返程的火车上，他想到决澜社，想到"为受难者和穷画人闯条路"的志向，他感到"天冷、心凉"。庞薰琹在《西湖》诗作中写道："十月的夜啊你知道么？我的秋冬季衣服全在当铺里，我，只有身旁的一件单布衫，我蜷缩在车厢角上，靠旁边的人挤着取点暖。西湖，我能像你那样平静地去探望你么？"[24]还有，警察、密探、巡捕房、逮捕、恐吓等情景也不时地浮现在他的生活中，如同倪贻德观察到的，"他也似乎感到在中国做画家的困难的情形，而不再像刚回国时的那种超然的态度了"[25]。对于庞薰琹而言，巴黎的生活更像是被异乡者观看的一种都市景观——一切都是美的，而当他回到上海，想真切地立足于城市，立足于现代生活中时，他却深深地感到在这座城市里充满了混乱、动荡与不安的潜流。

尽管上海有着浮华的外表，但是这种表象又是极其脆弱而不稳定的，日本军队的枪炮轰炸，不得不使沉醉于"都市梦"的人们惊醒。30年代的上海文艺经历了一段繁盛时期，这种繁盛景象最终却被一种越来越浓密的战争阴云遮盖起来，战争、灾害、死亡与逃难的阴影从未在生活于这座城市的人们的心头中散去。庞薰琹感到随时有可能从城市生活中被挤压出去，这种焦虑感真切地存在着，他当时吐露："我相信中国总有一天摆脱穷苦，中国人也总有一天有人能成为大画家。我明白自己只是时代的牺牲者，我也明白上海已非我可以久居之地。"[26]为了生活，他从上海迁到北平，而后当"卢沟桥的枪声"响起，他和家人又不得不仓促地逃离北平城。正是在这些生活体验的基础上，他创作了《无题》(《轰炸》)、《苦闷》等作品，如同苏立文评价的：庞薰琹"是一个浪漫与理想主义者，但绝不是一个逃避现实者。他深切地意识到人类的苦难，而他的气质又使他未去表现愤怒和反抗，只是含蓄地表达痛苦和忧郁的感觉”[27]。在此后颠沛流离的战争流亡生活中，“上海摩登”成为一个远去的幻景，但是因都市生活而激发起来的现代艺术理想并没有在他心头熄灭，他的艺术探索以一种不同于上海时期的方式继续延伸着。

（三）中国现代艺术的出路——“往深处去！”

作为决澜社重要理论阵地的《艺术旬刊》，于第二卷第一期上发表了傅雷的文章《我再说一遍：往何处去？——往深处去！》。在这篇文章中，傅雷针对当时的艺术状况发表了自己的看法，他指出：“现代的中国艺术家先把自己在‘人类的热情’（passion humaine）的洪炉中磨炼以后，把东西两种艺术的理论有一番深切的认识之后，再来说往左或往右去，决不太迟。”他认为艺术应当负有“预言”和“暗示”的作用，中国的艺术应该向何处去呢？傅雷明确地说：“往深处去！”这是中国艺术走向现代的真正出路。[28]

傅雷所说的“往深处去”，包括三个方面的含义：往历史的深处去，往现实生活的深处去，并以此往艺术的深处去。傅雷讲道：“庚子以还，我们六十年来的工作，几乎可说完全是抄袭模仿的工作：从政治到学术没有一项能够自求生路。君主自立，共和政治，联省自治，无政府主义以至鲍尔希尔克主义，无一不是从西方现成的搬过来的标语和口号。在文学上，浪漫派、唯美派、写实派、普鲁文学、阶级意识；在艺术上，古典派、官学派、印象派、野兽派、表现派、立体派、达达派，只是一些眼花缭乱的新名词。至于产生这些学说派别的历史背景，精神状态，一切因果关系都在置之不问之列。”他认为，一个国家，一个民族，到了历史大转折的时期，必定是错综万状的一片混乱与矛盾；要从这混乱、矛盾的现象中打出一条生路，绝非浅薄的认识与研究，可以成为适当的准备的。他举例说，法国大革命爆发之前，伏尔泰、狄德罗等百科全书派的思想家，他们在政治、哲学上用了何等深刻的研究功夫，但是他们并没有立刻拿出一种主张、一种革命的总结论，而只是提出了一种方法，一种思考方法——怀疑精神。傅雷肯定，这种急于上进的热情是值得推崇的，但是他警示，只要稍稍具有自由思想的怀疑者，在这乱哄哄的叫喊声中，不得不静静地加一番思考，深恐犯了盲人骑瞎马，黑夜临深渊的大忌而自寻死路。因此，他说：“怀疑的出发点是理性主义。在一个乱哄哄的时代中，唯有用你冷静的头脑，锐利的目光去观察，更用科学方法去抉择，方才能够渐渐辨识时代的面目及其病源。”[29]

傅雷强调怀疑精神和自由思想是“往深处去”必不可少的条件，他讲道：“我们现在要认识他人与自己，以怀疑的精神去探索，以好奇的目光去观察，更要把各种不同的思潮，让我们各人的内心去体味。”他反感那种面临外来文化侵入时，放弃了自己的立脚点，只想借用别人的武器的做法，“他们喊口号，我们也喊口号，他们提倡什么最新的主义，我们也跟着莫名其妙的提倡。他们喊口号的后面，那些在实验室里，图书馆里，画室里，过一辈子学术生活的人，我们全没有看见”。他认为，在各种思潮、口号、主张迭起的时代，尤其“需要镇静与忍耐”，“在各种口号和呐喊声中，要认清：一、东方艺术和西方艺术的根本不同点，应该是可以调和抑或争斗。二、培养个人技巧，磨炼思想，做长时期的研究”。而特别令傅雷感到痛惜的是，曾几何时，除了几个极少数的专门学者还锲而不舍之外，还有谁敢向青年提起“国故”两字？谁敢？敢被人家骂为落伍？现在那些高唱唯物论的青年，对于我们固有的文化，除了含含糊糊加上一大串罪名以外，还认识什么儒家思想、老庄思想，以至宋明之学？他们把新奇的偶像来抹杀史实，并掩饰他们自己的愚昧。

同样发表在《艺术旬刊》上的丰子恺的《新艺术》，也是一篇很有见地的评价“现代艺术”的文章。在这篇文章中，他坚持以中国文化的立场去论说艺术的“新”与“旧”，以及艺术是如何以其“超现实性”而成为千古不朽的“常新”者的。他说：“艺术的分新旧，是仅就其表面而说的。艺术的表面跟了时代而逐渐变相，现在的为新，过去的为旧；但‘艺术的心’是永远不变的。脱去了衣服，古人与今人都是同样的人，无所谓古今，同理，不拘泥其表面，而接触其内部的精神，艺术也是永远不变，无所谓新艺术与旧艺术的。”他对一些中国青年以“新”是尚，表面模仿西方现代艺术的形象，提出：“他们的艺术，犹之一个服装徒尚时髦而体格不健全的人。这人无论如何讲究服装，终于装不出好看的模样来。反之，若先有了强健美满的体格，则御无论何种服装，都有精神，正不必拘于老式与时髦了。”他强调研究艺术的重要性在于有“艺术的心”，而不是只顾以新艺术取代旧艺术，他认为，一切大艺术都有“常新”的不朽性，而无所谓新艺术与旧艺术的分别。[30]丰子恺的认识观点表明，往深处去，并不是要退回到远古去，回到汉唐盛世的虚幻梦境中去，往深处去，实际上是为了抓住“艺术的心”以使自己更为坚实地站在时代精神的最前沿。

“我们往古创造的天才到哪里去了？我们往古光荣的历史到哪里去了？我们现代整个的艺术界又是衰颓和病弱。”往古的宏盛与现实的病弱形成强烈对比，充满决澜社画家们内心的焦虑，是一种为了摆脱“病症”的强烈心理焦虑。决澜社宣言鲜明地表达出崇尚现代精神的艺术理想，但是，如何以实际的艺术创作去摆脱中国艺术的“病症”，如何在中国现实生活中切实有效地开辟出现代艺术的道路？对于这群青年的决澜者来说，他们尚处于摸索与探索时期。因此，与其将决澜社的经历看成一场“夭折”的现代主义美术运动，还不如将决澜社的艺术实践看成20世纪中国美术走向现代、“往深处去”的开始。在抗战血与火的洗礼中，美术家们进一步辨明中国现代美术的方向，深化他们走向“现代的”艺术理想。

注释

[1]庞薰琹在30年代初创作了《如此巴黎》和《如此上海》两幅对应的作品，庞涛教授认为《人生的哑谜》应当就是《如此上海》，参看《庞薰琹》，凤凰出版传媒集团、江苏教育出版社2006年版，第18页。

[2]陈抱一：《洋画运动过程略记》，载《二十世纪中国美术文选》，上海书画出版社1999年版。

[3]倪贻德：《决澜社的一群》，载《倪贻德美术论集》，浙江美术学院出版社1993年版。

[4]参看唐弢主编《中国现代文学史》(一)，人民文学

出版社2001年版，第135、152、235页。
[5][美]马泰·卡林内斯库:《现代性的五副面孔》，顾爱彬、李瑞华译，商务印书馆2003年版，第52页。
[6]解志熙:《美的偏至：中国现代唯美—颓废主义文学思潮研究》，上海文艺出版社1997年版，第247—248页。
[7]笔者在北京和平门庞薰琹寓所查找到的资料。
[8]参看庞薰琹《薰琹随笔》，《艺术旬刊》1932年。
[9]杨成寅:《一个画家和艺术理论家的生活与艺术道路》，载《倪贻德美术论集》，浙江美术出版社1993年版。
[10][美]李欧梵:《上海摩登》，毛尖译，北京大学出版社2001年版，第261页；另外，张伟专门研究过《狮吼社初论》发表于《中国现代文学研究》，1993年。
[11]倪贻德:《决澜社的一群》，载《倪贻德美术论集》，浙江美术学院出版社1993年版。
[12]邵大箴:《不朽的艺术之梦》，载《艺术赤子的求索——庞薰琹研究文辑》，上海社会科学院出版社2003年版，第395页。
[13]傅雷:《薰琹的梦》，载傅敏编《傅雷文集》，当代世界出版社2006年版。
[14]邵洵美写过一篇颂扬“花厅夫人”的文章，他写道：在英法沙龙(salon)是推动文学走向社会、影响社会的一种途径，花厅夫人便是沙龙的领袖。他以法国的Mme Du Deffand，英国的Mrs.Elizabeth Montagu为例，说明：“她们时常有叙会，每次总在她们的家里，客多文人学者，所谈都是关于文学艺术一方面的话，一时风尚，群相效尤，当时英法文坛的兴盛，她们多少有些功劳。”他认为，这种形成文学圈的“花厅”只是在《红楼梦》的大观园里出现过，而在外侮内乱的现今中国已绝难找到有人去做这样的事情，倒是“一位弗丽茨夫人来代替我们做这一番工作”。弗丽茨夫人自小在美国，与各国大文学家多相往来，欧美文艺家来华，多半由她招待，她对于中国的文学艺术也提倡尤力。参看邵洵美《花厅夫人》，载《洵美文存》，辽宁教育出版社2006年版。
[15]庞薰琹:《就是这样走过来的》，第124页。
[16]袁韵宜:《庞薰琹传》，北京工艺美术出版社1995年版，第72页。
[17]傅敏编:《傅雷文集》，当代世界出版社2006年版，第80—85页。
[18]傅雷提到的有关“现代的”的问题，也是在70年代末美国学者马泰·卡林内斯库在其著作《现代性的五副面孔》中首先阐明的问题，这本书颇具影响，它成为当今中国学者讨论现代性问题的一本重要参考著作。
[19]参看[日]竹内好《近代的超克》，李冬木、赵京华、孙歌译，生活·读书·新知三联书店2005年版，第55—56页。
[20]鲁迅从日本回国之后，到写出《呐喊》这一段时间，被文学研究者称为“蛰伏时期”。鲁迅在会馆的一间“闹鬼的屋子里”埋头抄古碑，编《会稽郡故书杂集》，校辑《后汉书》《百喻经》，读佛经等，鲁迅经历了一段“回到古代”的时期。参看[日]竹内好《近代的超克》，李冬木、赵京华、孙歌译，生活·读书·新知三联书店2005年版，第45—53页；李欧梵《铁屋中的呐喊》，尹慧珉译，河北教育出版社2002年版，第22—24页。
[21]庞薰琹:《薰琹随笔》，《艺术旬刊》1932年。
[22][美]李欧梵:《上海摩登》，毛尖译，北京大学出

版社2001年版，第161—162页。

[23]在西方现代主义的历史进程中，工业化与城市化的过程紧密联系在一起。杰姆逊在讨论“现代主义的焦虑感”时，这样讲道：“在新的城市里，过去以村庄、家庭为单位的社会共同体系统地遭到破坏，也就是说，由于和一大群互不相识的人生活在一个城市里，旧有的集体感消失了。资本主义制度首先要做的一件事，就是摧毁农业社会式的集体，以形成资本主义生产所必需的‘劳动后备大军’……杜尔卡姆的‘迷惘’描写的就是那些在城市中的生活，不属于任何集体的人的精神状态，一种很强的离异感，孤独感，相互之间谁也不认识，陷于不断的焦虑和不安中。个人找不到任何保护，也没有什么社会共同体可以依靠，完全暴露在这种消极性、破坏性的情形面前。”由此，杰姆逊认为蒙克的《呐喊》“最富有现代主义的象征意义，几乎是对‘迷惘’的经典性的艺术表现”。参看[美]杰姆逊讲演《后现代主义与文化理论》，唐小兵译，北京大学出版社1997年版，第190—191页。

[24]庞薰琹:《就是这样走过来的》，第138—139页。

[25]倪贻德:《决澜社的一群》，载《倪贻德美术论集》，浙江美术学院出版社1993年版，第244页。

[26]庞薰琹:《就是这样走过来的》，第142页。

[27][英]苏立文:《忆庞薰琹》，载《决澜社与决澜后艺术现象》，台北艺术家出版社1997年版。

[28]傅雷:《我再说一遍：往何处去？——往深处去！》，《艺术旬刊》1933年第2卷第1期。

[29]傅雷:《我们的工作》，《艺术旬刊》1932年第1卷第8期。

[30]丰子恺:《新艺术》，《艺术旬刊》1932年第1卷第2期。

本文载于《美术研究》2009年第2期

周爱民，1970年生，湖北监利人。2003年毕业于中央美术学院，获博士学位。清华大学美术学院绘画系副教授。

依据叠印痕迹寻证马王堆3号汉墓《“大一将行”图》的原貌

李　淞

“复原图”并不就是“原图”，带有某种程度的“创作”成分，所以研究者应当持以审慎的态度，不可盲目相信。对残破的文物进行拼合复原，是一切研究工作赖以展开的基础，同时本身也是第一阶段研究成果的体现，当然还应接受随后的研究工作的检验。绘画作品的拼合复原，是将各种碎片放置在正确的位置上并连缀成一个整体，以重新装裱的形式呈现出来。连缀必须遵从图像（墨迹及色彩）、大小形状、织物纹理相吻合的原则。画面上有原生的图形（出自作者）和次生的图形（添加和污损），首先须分清图形痕迹的性质：是原生还是次生？为什么出现次生痕迹？它是否有意义及有何意义？然后要揣摩原作者构图的规律和法则，理解图像所呈现的意义。或许最难之处在于将没有边缘联系和图形关系的单独碎片放置在合适的地方。在这个角度看，拼合复原工作基本上是半有依据、半是推理加想象的工作。它的好坏取决于对图像观察的细致程度、综合理解程度和想象力。好的复原能够真实展现对象的原貌，而某些失误则会使后期的研究工作混乱和失真。应该说，长沙马王堆3座西汉墓里的诸多帛画自1972—1973年出土以来，其复原大多数是成功的。但是一些细节常常决定我们对作品的理解会否产生偏差，一处关键细节的处理不当会导致另外的“客观事实”的出现。马王堆3号墓出土的《“大一将行”图》或许就是未被发现的一例。

一、对现有的《“大一将行”图》的简要描述

这是一幅颇为特殊的帛画，绘制时间不晚于西汉前期，现藏于湖南省博物馆。“大一”即“太一”（本文中不做区分），是汉代流行的至上神，故又称《太一将行图》，还称《避兵图》《社神图》《神祇图》等名。出土时十分残破，后经较长时间的拼合修复，出土13年后首次披露，17年后在《考古》杂志正式发表，21年后出版精美的印刷品。[1]复原后的帛画接近方形，长43.5厘米，宽45厘米。底为细绢，彩绘。以墨线勾勒形体的轮廓，再填以赤（赭）、藤黄、花青。在现有的复原图上，构图可上下分为三层，总共可见有

10个单体图像，中央上部一个略大的图像占据主要位置，似乎成为全图的中心，被认为是“太一”或“社”神。每个单体图像旁大都附有文字榜题。笔者给图中各个单体图像依次编号，以利行文方便，图像编号为1至10。至于文字的识别及内容，20多年来许多学者前后有多种读法，此处且依陈松长所读[2]，不做讨论。以下依次做简略描述。

图像1，一人，瞠目，红衣，下部似短裙状。对应的文字“雷”。被认为是雷公图像。（按：下文将看到，这个“人物”实际上是虚拟的。）

图像2，一人，正面而立，头顶为两层的直折型头饰。对应的文字有两处。头部左侧：“大一将行，何（荷）日，神从之。以……”左腋下，仅一字：“社”，字外有一圆圈，将“社”字框住。（按：几乎所有的研究者都认为这个人物是画面的主神，或是“太一”或是“社”神，然而下文将看到，这个“人物”的完整性也是虚构的，实际上应该“身首分离”。）

图像3，似有一头，大眼可见，似为侧面。旁有文字：“雨币（师），光，风，雨，雷。□从者死，当（者有咎）。左弇其，右□□。”（按：可能真是一般所认为的“雨师”，但首先是一批位置待定的碎片。）

图像4，武士一人，瞠目，头顶有双重直折型的头饰，恰如图像2，跣足侧身而立，双手持一戟。没见对应的文字。其像左侧的一长行字迹是画面右边的长篇文字叠印所致（见后述）。

图像5，一人侧身而立。对应的文字：“我虒裘，弓矢毋敢来。”

图像6，武士一人，瞠目，张口吐舌，头戴三山形冠。所对应的文字是：“我□百兵，毋童（动），□禁。”

图像7，武士一人，全然相似于图像6。图像对应的文字是：“武弟子，百刃毋敢起，独行莫理。”

图像8，一龙，黄首青身，位于画面之中央。未见对应的文字。

图像9，青龙一，侧面，位于画面左下角。对应的文字是：“青龙奉容。”

图像10，黄龙一，位于青龙对面，龙首赤色，身黄。对应的文字是：“黄龙持鑪（炉）。”

画面最右边有一竖行文字：“……□承弓，禹先行。赤包（抱）白包（抱），莫敢我向，百兵莫敢我（当）。□□狂谓不诚，北斗为正。即左右唾，径行毋顾。大一祝曰：某今日且行，神从之……”这段文字与各个单独图像都没有关系，且位于右边从上至下书写，不同于其他对应于图像的题记，一般看作此图总的题记。

二、对图中的色墨叠印痕迹及其原图像的分析

3号墓出土有将近12万字的帛书（及帛图），是清末发现敦煌经卷之后古代典籍的又一次重大发现。它们全部出于东椁箱内编号“东57”的长方形黑色漆奁中，除少数几种外，一般都呈长方形叠在一起，放在奁内的一个大方格中。《“大一将行”图》也在其中（东57-6-028）。从图片可以看出，这件帛画出土时相当破碎，有许多独立的碎片，这就给复原工作造成了很大的困难。出土十多年后才整理发表，由此可见一斑。

先从摹本说起。拼合装裱后我们还是可能看不清原作的面貌，这就需要描摹。所谓准确的描摹，不是对原作进行写生式的临摹、画出一幅类似照片的绘画作品，因为在这个标准上不可能超过彩色照片。理想的摹本应是有依据的还原性的摹本，剔除次生的污痕，显露出被隐蔽的原痕，帮助研究者认识作品原来的面貌。拼合和描摹都影响着原件的真实呈现，然而两者又相互关联。描摹不仅是绘图者个人的劳动，实际上是一个不断认识描摹对象的过程，还经常伴有集体讨论，最后体现出考古发掘者（或集体）对图像的判断和认识，是研究者对图像的一种重新表述。李零早就指出，早先发表的“摹本不尽准确”[3]，其实近年发表的改过的新摹本也同样不准确[4]。主要问题在哪里？我认为就是没有分清帛画上原生痕迹和次生污痕，没有理解污痕的意义。在新、旧摹本中，以第7号人物（即有“武弟子”题记者）为例，他的脚向左侧站立。帛画上确实有这样一只红色的脚，新、旧摹本都将它描绘成“武弟子”的脚。或问：为什么并排的其他三位武弟子的足都是朝右侧而唯独此人足朝左侧？底下那个向左侧过去的红脚真的就是此人的脚吗？笔者认为它只是一个印痕，来自5号人物，即5号人物的脚在另一面的重叠染印，色彩略淡，是一只“虚足”。这是由于不同画面紧贴在一起时间过久而造成的色墨互渗和转移现象。那么7号“武弟子”的双足该在哪里呢？就在这个“虚足”右上方，两个不相连接的色块，方向为向右侧，其色赤（与手臂、短裙的色彩相同）。其迹还叠印到了对面5号人物脚后。这样，四位并排站立的“武弟子”也就都是足朝右边侧立，呈现出图像设计的一致性。新、旧摹本上还有相同的将叠印绘成实线的错误，如10号黄龙的赤色角在9号青龙侧的叠印痕。这种左右叠印的色墨互渗痕迹在此画上比比皆是。我将原图的底色减为单色，其中成对叠印的位置如有 A–a、B–b 等圆形或椭圆形区域，保留原色彩，以利观看：

A–a，左右互叠。左边的4号人物的头部及上身叠印到画右 A 处，右边的两行文字叠印到左边4号人物处，外侧的文字很多，一直叠印到下角的龙足。

B–b，左右互叠。左边5号人物的右臂和臂下的文字叠印到右边，右边7号人物的右手叠印到左边。

C–c，左边的8号龙首叠印到右边，包括2号人物右手（尖状）也叠印到右边。

D–d，左边4号人物的双足叠印到右边。

E–e，5号人物的脚叠印到右边。

F–f，6号人物的双足叠印到左边，所以8号龙身左侧现出一对足而无相应的腿和躯体。

G–g，左右互叠。10号黄龙和9号青龙的尾部叠印到对方的相应位置。

H–h，左右互叠。黄龙和青龙的头和角叠印到对方的相应位置。10号黄龙头后出现一个较为清晰的白描龙首，即9号青龙的叠印。

色与墨的叠印痕迹并非全然无用，它可以帮助我们寻找次生痕迹的原位，在碎片拼合时减少猜测性，寻找碎片的正确位置。现有的帛画大致可划分为上下三段，即甲、乙、丙，各自相对独立。笔者画在图中做区分的白色虚线实际上沿着帛的残断边缘而界定。寻找画面产生左右叠印痕迹的对称轴，中部（乙段）的对称线大约在主像（2号）两腿之间略偏向于其左腿处，如黄色虚线X，这是笔者依据左右叠印痕迹的距离用尺子量出来的。同样，黄色虚线Y是下部（丙段）的对折线。X线和Y线略有一点左右错位，方向略有偏离，应是拼合装裱时不一致所致，而不是帛画原先绘制时错位。可能当时没有考虑到这根对折线的存在。乙、丙两段构成了帛画的主体，可知中央大部分区域的拼合复原大致是正确的。这点错位没有对画面结构产生实质性影响。可以推测帛画当时是左右折叠放置进黑漆奁盒的，而发掘报告也正好证实这一点："呈长方形叠放在一起。"[5]画面接近正方形，对折后就成了"长方形"。

然而画面上部（甲段）有问题。甲段是一群碎片的集合体，被复原图所捆定。最值得关注的是主像（2号人物，所谓"太一"）。2号人物的头部是一个单独的碎片，请注意这个十分重要的细节。这个碎片被放置在这里，我想不出有过硬的理由。若正面理解复原者的考虑，从画面结构看，2号人物的躯体缺少头部，而在碎片中恰好多出一个头，还刚好是正面，符合躯体的角度。放在此处与下面的身躯看起来比较连贯，似乎能够连成一体。然而这里存在着一些图形匹配不合适的问题。先从小问题说起。头部本身的整体性还不够连贯，脸左边可以但右半部却有问题。右眼、右额、右冠饰都不能与左边匹配，不在其位，显得十分勉强，有拼凑之嫌，或者说主要靠面积和色泽的效果造成了与左脸一体的错觉，是否属于这个个体还需要再琢磨，但肯定需要调整位置和相互关系以组成更合适的头部。头旁的圆形隆起物似乎是耸起的右肩，但与腋下"社"字的圆圈形式相似，也有可能是另一个被圈起来的文字，可惜过于残破不能进一步讨论。再说身躯和双臂，左臂无手且没有留出手的位置，右上臂有一块较为浓重的色彩，向外突出，显然不是背景色而可能是某一物体（无法解释）。

再看左上角1号"雷公"像，本由几个单独的碎片拼合组成，有一个非常重要的细节：仔细观察这个图像右边较大的一块碎片，在似为"龙尾"的弯曲图像之中，夹杂着文字的痕迹。再仔细辨认这些痕迹：竟然是其右边"大一将行"两行字的反相叠印！即I对应于i处，其中"大一将""神从之"清晰可识，笔画、大小和方向都相同（镜像）。"雷公"与"太一"两图左右对称，其左图是"雷公"背后的文字叠印痕迹，其右图是笔者将"大一将行"题记用电脑软件Photoshop作水平翻转处理的镜像，亦即，若该题记果真会产生对叠印痕，必当如右图。比较左右二图，字迹正同，可证左图确为叠印所致，不是原生而是次生痕迹。再顺着这个方向观看1号"雷公"的脸：竟然是右边2号人物头部的反相叠印！即J对应于j处：瞠目（及其位于眼眶下部的黑眼球）、眉、额线及脸的边缘线、似耳的小圆形圈、右肩上貌似耸肩状的圆环形，以及赤色面孔——只是颜色要浅一层（这一点正符合次生图形的特征）。当然，"雷公"的左脸不能完全对应于"太一"的右脸，这是因为后者过于残破且拼合的位置不对，其形不可信。而"雷公"的右脸和"太一"的左脸竟然如此贴切对应！原来所谓"雷公"的面目是"太一"头部叠印的虚幻镜像，并非作者原绘。笔者所作的描摹图比照片有所强化、有所删除，以使其"镜像"的特点被观者更清晰地感知。描摹图强化了左边叠印的“大一将行”等文字使之更醒目，剔除了“雷公”下面所谓的身躯（实属拼凑），也没有把“太一”的右脸描出（因其复原有误），图中的虚线形成两者左右对称的轴线。不过从尺寸上看，左边的图形比例略宽于右边，应是在复原装裱时左边被拉宽所致。

然而要排除一个疑问，“太一”头上一个重要的图形（双重直折型的头饰）为什么没有叠印过来？左边“雷公”头上没有这个头饰。观下面4号人物，有相同的双重直折型头饰，在对面（画面右边）也没有产生叠印痕迹，只有脸面的叠印。我认为应该是其颜料的特殊性质所致。并非所有的颜料（颜色）都会产生叠痕，有的颜料比较敏感，容易转移，有的颜料则比较牢固，附着力强，不易转移。观察全图寻找色彩的叠印规律，我发现此图上所有被成块涂成深色的部分可能原来大都有青色（花青）成分，因为下部9号青龙有墨书题记“青龙捧容”，所以估计原为青色，因年久而变重（黑）。这类深色还有龙前面的团状物“容”、8号龙身、6号和7号武弟子的三山形冠、2号人物的大腿等处，它们在画面上都没有因折叠而产生镜像印痕。而容易产生镜像印痕的是墨书题记、勾勒的墨线、赤色，亦即黑、红二色。这也反证那些成块的深色不是墨色。所以2号人物的深色直折型头饰没有在对面（雷公）产生叠印痕，这是符合此图的色彩叠印规律的。

再看这个“雷公”形象，其身躯是一个或两个独立的碎片，估计放在这里的理由是因为其上半部的形状似乎能够与那个头（实为叠印痕）拼成一个脸，但所谓的“上身”和“下裙”则完全不能构成一个人物的合理体形和动态，仅仅凭借上面“头”而产生“身躯”的模糊联想。去掉这个“头”，则“身躯”也就失去了任何放置在这里的理由。具体该属于哪一块，一时还不能肯定。上面夹杂着叠印文字的似龙尾的曲线形，应是本身的痕迹，但没有在对面的题记处造成反叠印，或与其色彩调和有花青颜料有关。“雷”字应属原迹，下面的红色形体可能真与“雷公”图像相关，但在现有的残片上没有发现其他可看作“雷公”头部的图形。而最左侧的一小块碎片，看不出与大碎片有何关系，应属未定位的碎片。

由上述的观察和分析笔者得出初步的结论：1号“雷公”的头部是2号“太一”的叠印，同时叠印的还有“大一将行”等文字。“雷公”的“身躯”更是虚拟的，本身就不能构成清楚的物体。这个发现提示我们进一步思考：1号和2号人物的头部（包括题记）这两个碎片的位置可能有误。因为从上述图像分析中可以得知，造成图形叠印的原因来自将帛画放进漆奁时处于左右对称叠放的状态，也就意味着在原初状态下，原生图形和次生的叠印痕处于以中轴线对称的位置。而这两个碎片在目前的复原中并不如此：2号头部位于中间，1号位于画左。如果在两者之间建立一个对称线，则大大偏离画面的中线。虚线Y和X通过微略调整就能一致，成为画面的对称轴线，但是上部虚线Z却与X、Y线严重错位。显然，目前上部的复原位置不符合对称叠印的规律。或问：在一个平整的绢帛上对折，能否造成上下两个错位的对称轴线？或许可以假设两种情况：其一，占画面绝大部分的中、下部平整而上部揉作一团，且揉后仍呈平面一样地对折；其二，1号“雷公”和2号“太一”的头部在最初放置入奁时就已是碎片。而这两点都不符合一般判断和逻辑。只要拿一个手绢做对折实验即可得知，第一种情况不可能产生。我们通常的理解，应是画面以一般的、最普通的方式对折。恰如已做的复原所展示的，画面的大部分构图都符合这个对折方式。理想的复原方案，应该是画面的甲、乙、丙三段的对折痕服从同一根中轴线，亦即X、Y、Z同一。

这样，1号的主体和2号的头部（及附属的题记）的相互关系必须调整，按照叠痕对折产生的原则进行复原，它们应分别位于中轴线两边。2号的头部及其题字必须离开中轴线位置，使Z线右移，与X、Y线一致。它可有两种移法：（1）2号（仅头部）右移，这样才能与左部的1号（“雷公”）成为镜像对称关系。至于1号的位置虽然仍可在左边，但也要随之互动。（2）左右互换，2号（头部）左移，1号调到画面右边。至于具体取哪种方案，又具体移到何处合适，则要看画面的整体关系而定。

另外还有两处叠痕没有落实原点。第一处在画面右部，两则题记之间的上端，A处有一个人物面部的叠印痕。它的原形当然应该是4号人物，比较二者的头像便十分清楚：凹陷的额际线、瞠目、腮角的胡须、身躯的斑点，以及题记在4号人物身边反叠印的一长串痕迹（反字，可辨识的有第一个字“武”、中间的“莫敢我”等字）。可是在题记之右邻还出现了另一个人脸的印痕，它与题记左的人脸印痕并列，颇为清楚地显示也是一个正面像，张嘴伸舌，面孔略似6号或7号“武弟子”之脸。观察现在的复原图，在4号人物左侧却没有任何人物图像。那么，这个印痕来自何处？是否该是6号、7号人物的叠印？如上述，6、7号人物的位置所对应的叠印区域应该是画左的5号人物附近，除足部外，另一证据如5号人物高举的左手，叠印在6、7号人物之间，恰好成镜像。可知肯定不是6号或7号，那么画面最右边的这个人头印痕找不到原形。第二处没有原形的叠痕在画面左下角，青龙之下还有一个若隐若现的龙首，可见线条勾勒的龙角、一只眼及部分轮廓，但方向倒置。在它的对面即画面右下角没见对应的图像原形。奇怪的是这个隐约可见的龙首却近似于其上“青龙”的头，并与青龙方向相同（都是面向右侧、角向左伸）。应该不是原生痕迹，是叠印所致，但不知如何生成。也许它属于另一个画面，或另一件帛的碎片，比如一块空白的帛，碰巧压在该画的上面，或复原时被贴成背面了，还有其他的“或许”。这两处叠痕都不能确认出原生图像，待考。笔者为目前研究条件所限，只能期盼他日或他人了。

三、另一种可能的复原方案

现有的复原图是假定所有的重要碎片都没有遗失的，但这个前提很可疑。其实画面上部的空余面积大于上部实际有图像的面积，丢失了什么图像（及文字）不是很清楚的，或者说是否还有一些碎片混杂在其他地方，也不能排除。另外，原初的画面尺寸很可能要更大一些，可能还有另外的人物形象，尤其是上部。现在复原的帛画长43.5厘米，宽45厘米，略呈方形。此画与众多帛书一起出土，而墓中出土的帛书整幅帛的一般高度都是48—50厘米。[6]如同时出土的带图的帛书《天文气象杂占》高48厘米、帛图《导引图》高50厘米。[7]一般说来，帛画应与它们的材料一致（包括功用），所以有可能原画略大一点，高度也在48—50厘米。

笔者试着作了一个复原图，只是体现诸多可能性中的一种，作为进一步讨论的新起点。2号（“太一”）的头被放在画面左上角，1号（雷公）也就相应地放在右上角，3号（雨师）略为移向中间，腾出一点空间，紧靠2号。画面上部比原来的方案略加高了一点。

之所以如此，首先是考虑到2号和1号印迹对称，即对称以中轴线。其次是考虑到画面本身已有的构图，为2号头部寻找合适的空位。其实就目前已发表的复原图来说，放置在中间是最合乎大家的期待的，一个残躯配一个残头，破碎的图像得以完整复现，画面中心主神得以确立，只是违反了对折叠印的逻辑。若转到右边，画面右部所余的面积不太够重新安排一个站立的人像（这里设想了2号头部应匹配一个立像）。假设放在右上角，则必须向上方扩展较大的画面，为了照顾到现有的画面面积，不突破高度48—50厘米的极限，就要尽可能少地向上扩展。所以受空间所限不太合适放在右上角。而画面左上角移走1号后恰好空间较大，向上略作扩展即可。再就是考虑到在4号人物头部之上残存有一个小的尖角形，其上断失。2号头部放在左上角后，恰可与下方的这个尖角形成呼应之势，使之可以构成人物“脚下”的某一部分（或持物），其高度也大致等于4号人物。另一个考虑也是与4号有关，2号头部的双重折形冠正好与4号的折形冠相同，而2号面相的瞪目、张口、吐舌的表情也与6号、7号“武弟子”相同，符合“武弟子”的特点，即使是由“太一”屈尊变身为“武弟子”，形式、尺寸和构图也都无丝毫不妥。最后，“雷公”右移后与“雨师”放到了一起，也符合“物以类聚”的原则。谁说雷（公）、雨（师）一定分别位于左右两方？至于2号头部能否再向中间移一点？似乎余地不大，因为1号“雷公”就要随之相应左移，而3号“雨师”因有较多的题记文字就不好左移了。当然，3号“雨师”本来就是一堆碎片，现有的复原位置颇不可靠，但文字与上面的曲形龙尾状线条似乎不可分，其余碎片则可拆散后与1号、2号一起重新调整。1号的现状也是由若干碎片拼合而成，所剔出的莫名其妙的“身躯”还当再找“婆家”。至于如何调整，要由具体的碎片形状、经纬纹路、图像衔接关系、色彩等综合因素决定，并且需要有足够数量的碎片。这样调整后，2号头部（及其题记）离开了中央位置，而所配的带有“社”字的躯体仍在原地，成了“无首之王”。

应该还有很多复原方案可供选择。笔者的这个方案降低了帛画的“完整性”和“完美性”，主神的面目消失，肯定不讨人喜欢。只是笔者自认为它减少了逻辑混乱，有可能更接近原作。其实，单从图像本身看，这个“太一”的面目就颇为可疑：其头饰、面目表情甚至尺寸大小居然和几个“武弟子”一样，全无居高临下的君主气势，丧失了等级差别，这不符合中国历代的礼仪规制和图像表现规律。

四、解构现有的复原图后的片断思考

现有的所有研究全部基于已出的复原图。中央2号人物图像（头和身躯）、题记“大一将行”等文字、题记“社”、胯下的黄首青龙被看作一个整体，一直是确定主神身份和画面主题的主要依托点。“太一”还是“社”？这一对看似矛盾的题记始终使人难以抉择。以下对相关的主要研究做简短的回顾和评述。

首先披露此图的周世荣认为主像是“社神”，但后来考虑到画面还有其他神灵又改称《神祇图》。他试图将主像解释成社神与太一的合成，提出帛画“具有辟邪性质”[8]。不久李学勤发表文章，认为“大一”是“天一”，即太阴、太岁，将此图与早先在湖北荆门出土的一件战国铜戈上的双面神像相联系，认为二者属同一性质，推测帛画“显然是讲征战的数术，且与‘兵避太岁’有关”，因此取名为《兵避太岁图》。[9]李零的意见略有不同，他认为这里的“太一”代表北斗，“雷公”“雨师”代表左右方向，“武弟子”是与四方、四时相配的避兵之神，整个图是避兵性质的图，应称之为《避兵图》。[10]这种“避兵”或“兵避”的观点被许多人接受。饶宗颐虽然也认为主像是太一，但他认为“图的主题是用兵不是避兵”，甚至包括荆门战国铜戈图像也应作相似理解，“是积极义而非消极义”。他将主像太一和下面的两条龙连成一体，“青龙为苍龙，黄龙为地龙，合中间之大一，是为三一”。他所找到的对应文献或许比他人更为贴切，即《越绝书》的描写，其中有“雨师扫洒，雷公击橐，蛟龙捧炉，天帝装炭。大一下观”句。[11]这段话出自相剑者薛烛，他对越王描述了一件名剑的铸造过程。若引申到用兵，或“三一”，似都过于牵强。况且“三一”只有两条龙，而图中是三龙。但考虑到墓主军事将领的身份和随葬品中有军用地图，他的“用兵”说还是有道理的。只是此幅帛画似乎与“造剑”或“剑”都没有直接关系，图、文的相关性或许在其广义，即对出场的诸天神作一般常态性图像的描写。陈松长又有不同，他认为帛画主题不限于避兵而是广义的驱邪避灾。太一是汉代的至上神，单称之为《避兵图》没有道出帛画的实质内容。在墓葬中出现的目的，在于陪伴和保佑墓主人免受风雨、水旱之苦，避开兵革、饥馑、疾疫之难。他主张，“采用青铜器定名中常见的以铭文定名的方法，直接从‘大一’像题记文字中取名”，应称作《“大一将行”图》。[12]这是一个较为中性的、不强调主题观点的命名，现在较为通行的定名大概多依据于此。陈锽回到“避兵”的主旨，认为此图并没有覆盖在棺材之上，而是与其他众多帛书（多达十二万字）存放在一起，表明主人并未将其视为另类，反倒证明墓主人生前主兵之事。“太一”与胯下的青龙组成“太一驭龙”，旁边的文字有“何日”（即荷日），“能以荷日之龙为驾的就是太一莫属了”。[13]这几种说法相同的是将中间的正面人物（2号人物）认作“太一”神，主题是“避”或“兵”，避兵或者避广泛的灾难，抑或“用兵”。但也有一些年轻学者挑战权威，重视主像腋下的“社”字，认为主像就是“社”。如有人提出帛画主题是祭社求雨，表现“民祭社稷，巫接雷雨之神”，具有巫仪色彩。[14]有人认为，“太一将行”的题文不是针对中间神像所言：“这一神像应只代表

‘社’神，与‘太一’无关。”[15]有人虽然也认为画名该叫《太一出行图》，但主像不是“太一”而是“社”，社即是禹。[16]有人将帛画称为《社神护魂图》，举出四个理由证明中央神像是社神，其中有的解释很有道理。[17]然而，如果帛画并不是专为死者葬礼制作的，只是属于“日常读物”，那么就不会必然导致为“护魂”而作了。的确，中央图像腋下的“社”字写法很特别，字外加一个圆圈，没有上下文字连接，很符合人物身份的标识方式。如果一定要确认神像的“太一”身份，“社”是一个无法绕过的难点。饶宗颐、李零等人都试图为“社”字找到合适的解释，但其说法遭到了批评，有人评价说“显然都太迂曲勉强”[18]。

本文依据图像叠印痕迹对现有的复原方案提出了质疑，解构了现有构图的上部，即1号（雷公）、3号（雨师）、带题记的2号头部，包括原属于它们某一部分的更小的一些碎片。甲段中这些被复原图所捆定的图像再次释放，重新处于位置待定状态。尤其是将2号人物的头部及其“大一将行”题记挪到了中轴线以外。在这个情况下，随着帛画结构的重组，研究者已有的认识必当作相应的调整。主神头部及题记离开“中央”后，“身首分离”，失去了判定为“太一”身份的最重要的理由，也不再与胯下的青龙构成“太一驭龙”情节，而“社神”的可能性大大增强，两难的身份障碍或许被扫清。2号头像被请出“中央”后，与“大一将行”这段题记的内在联系或许会变得松散，而后者与其他题记的关系也面临重新整合和解释的必要。随之，图像的主题也会重新考虑，具有主题暗示的画名《“大一将行”图》的合理性也面临考验。“武弟子”不是4位而是5位（或者更多），虽然这第5位仅见叠痕。他们还是代表“四方、四时”吗？雷公、雨师不一定必然就是“左右护卫”了。此外，与帛画同在3号墓东边箱第57号黑漆奁盒出土的诸多帛书（画）中，是否还能寻到一些可用的碎片以匹配这幅帛画？或有必要重新清仓查库。另一方面，为漂泊的碎片重新定位，除了依据图形和绢帛的相互关系外，还赖于对图像内容的理解。不同的诠释导致不同的构图，不同学科的学者互动的必要性和机会增加。

笔者否定了因拼接复原错误而产生的“事实”，使一些重要的碎片重归漂泊状态。帛画的不确定性大大增加了，但因此会去除一些误解和遮蔽，使之更加接近历史的真实。只是，由于最初的复原工作忽略了这些重要的细节，耗散了许多当代一流学者的不少精力，或能成为日后可供借鉴之例，使学人为之警醒。虽然我们仍需对艰难的复原工作心怀敬意，但保持独立判断力必须是学者的立身之本。好了，我们现在重新设定了起点。

注释

[1]《中国考古文物之美·辉煌不朽汉珍宝·湖南长沙马王堆西汉墓》，文物出版社和光复书局编辑出版，1994年，图版8。这是本文所依据的图像资料来源。

[2]陈松长：《马王堆汉墓帛画“神祇图”辨正》，《江汉考古》1993年第1期，第88—92页。

[3]李零：《中国方术考》，人民中国出版社1993年版，

第71页。
[4]图见何介钧《马王堆汉墓》，文物出版社2004年版，第67页，图26。
[5][6]湖南省博物馆、湖南省文物考古研究所编:《长沙马王堆二、三号汉墓·第一卷 田野考古发掘报告》，文物出版社2004年版，第87页。
[7]何介钧:《马王堆汉墓》，文物出版社2004年版，第59、67页。
[8]周世荣:《马王堆汉墓中的人物图像及其民族特点初探》,《文物研究》1986年第2期，黄山书社；周世荣:《马王堆汉墓的“神祇图”帛画》,《考古》1990年第10期。
[9]李学勤:《“兵避太岁”戈新证》,《江汉考古》1991年第2期。
[10]李零:《马王堆汉墓“神祇图”应属辟兵图》,《考古》1991年第10期。
[11]饶宗颐:《图诗与辞赋——马王堆新出〈大一出行图〉研究》,《新美术》1997年第2期。
[12]陈松长前引文，第91页。
[13]陈锽:《中国帛画——发现与研究》，博士学位论文，中国美术学院，2002年；陈锽:《古代帛画》，文物出版社2005年版，第214页。
[14]聂菲:《马王堆汉墓艺术品与巫文化》，载《湖南博物馆文集》，岳麓书社1991年版。
[15]李建毛:《马王堆汉墓“神祇图”与原始护身符箓》，载《马王堆汉墓研究文集》，湖南出版社1993年版。
[16]胡文辉:《马王堆〈太一出行图〉与秦简〈日书·出邦门〉》,《江汉考古》1997年第3期。
[17]杨琳:《马王堆帛画〈社神护魂图〉阐释》,《考古与文物》2000年第2期。
[18]胡文辉前引文，第86页。

本文载于《美术研究》2009年第2期

李凇，1956年生，湖北荆州人。毕业于南京艺术学院，获博士学位。北京大学艺术学院教授、博士生导师。

“霍去病墓”的再思考

贺西林

茂陵以东约一公里处，耸立着一座奇特的土丘，土丘上下散落着许多大石和石雕，很像一座小山，其南侧立有清乾隆四十一年（1776）的一座石碑，上面写着“汉骠骑将军大司马冠军侯霍公去病墓”。

20世纪早期，西方和日本汉学家接踵而至，开启了对“霍去病墓”现代意义上的调查研究。1914年法国汉学家组队对中国川陕古迹进行了实地考察，在随后发表的调查报告中，谢阁兰（V. Ségalen）详述了“霍去病墓”。[1] 1923年J. Lartigue踏访了该遗址，并著有论文。[2] 1924年美国汉学家毕安琪（C.W.Bishop）接续而来，撰写了考察报告。[3]之后，C.Hentze、H.Glück、J.C.Ferguson、水野清一等多位汉学家亦相继发表论文。[4]除专论外，喜龙仁（Osvald Sirén）、H. D' Ardenne、桑原骘藏、足立喜六在相关著作中对此也有简要载述。[5] 30年代，国人马子云、滕固亦对“霍去病墓”及其石雕进行过考察著录。[6] 20世纪50年代至今，对茂陵及“霍去病墓”的调查和研究不曾间断。考古工作者于1962年和2003年分别对茂陵及其附属遗迹进行了大规模调查勘探，并发表了正式简报。[7]此外，顾铁符、王子云、陈直、傅天仇、杨宽、刘庆柱、李毓芳、何汉南、林梅村、陈诗红、A.Paludan等学者亦各抒己见，推陈出新。[8]回顾近百年学术史，学者们通过调查勘探、著录考证、分析阐释等方式，就“霍去病墓”及其石雕的礼仪规制、渊源与风格、思想性等问题进行了全面、深入的探讨，可谓硕果累累。

然而上述所有讨论皆基于同一个前提，即认定了毕沅题字立碑的那座小山丘就是霍去病墓。笔者以为这个前提的设定缺乏足够依据，因为现有文献和考古材料远远不足以支撑它，故其只能被视作一个假设，或一种可能，而绝非既定事实。那么也就是说，这座小山丘除可能是霍去病墓外，或许还存在其他可能性。此外，也正是基于同一前提，上述绝大部分的讨论都把这座小山丘的特殊形制及其石雕的思想性归结为纪功，唯水野清一指出其除纪功性外，可能还隐含着另一层意义。水野清一这一洞见虽然同样基于上述前提，但对重新检讨这座小山丘的功能、思想性及其可能的属性提供了重要线索和启示，循着这条线索，我们或许会有新的思考。

霍去病墓的最早记载见于《史记》，《史记·卫将军骠骑列传》：“骠骑将军……元狩六年而卒。天子悼之，发属国玄甲军，陈自长安至茂陵，为冢象祁连山。”[9]《汉书·霍去病传》亦曰：“去病……元狩六年薨。上悼之，发属国玄甲，军陈自长安至茂陵，为冢象祁连山。”[10]《汉纪·孝武皇帝纪》也见类似记载。[11]关于石雕的最早记载见于《史记·卫将军骠骑列传》司马贞索引姚氏案，曰：“冢在茂陵东北，与卫青冢并。西者是青，东者是去病冢。上有竖石，前有石马相对，又有石人也。”[12]亦见于《汉书·霍去病传》颜师古注，曰：“在茂陵旁，冢上有竖石，冢前有石人马者是也。”[13]此外，唐《元和郡县志》，宋《太平寰宇记》《长安志》，清《关中胜迹图志》《兴平县志》《陕西通志》等历代文献皆有关于霍去病墓或石雕的简略记载，内容多袭《史记》《汉书》及其相关注解。[14]其中清乾隆四十二年（1777）修《兴平县志》记载，乾隆四十一年（1776）时任兴平知县顾声雷请陕西巡抚毕沅题字立碑，以官方名义正式确认前述小山丘为霍去病墓。[15]

在整个茂陵陵区中，唯毕沅题字树碑的土丘上下散落有许多大石块，其外观最具“山”形，并且上下还存有多件大型石雕，其中包括“马踏匈奴”石雕。这座土丘的方位、状貌及其个别石雕的题材和象征性与上述文献记载吻合，故此人们不仅自然而然，并且理所当然地认为这座小山丘就是霍去病墓。直至今日大家提到茂陵陵区的其他土冢可以说“传为金日磾墓”“毕沅所谓的霍光墓”，然而但凡谓及“霍去病墓”，皆肯定之。若仔细检视历代文献，并观照近年来相关考古钻探和发掘简报，笔者发现这种认识的形成存在明显的逻辑疏漏，其中很多问题值得再考。

早期文献《史记·卫将军骠骑列传》《汉书·霍去病传》只记载霍去病墓“为冢象祁连山”，并未说明霍去病墓之具体地望，也只字未提石雕。石雕之最早记载见于《史记·卫将军骠骑列传》唐司马贞所引姚氏语，据水野清一考证，姚氏可能是南朝陈姚察（533—606）。[16]《陈书·姚察传》记载，其曾于陈太建初（569）报聘于周，并著有《西聘道里记》，所述事甚详。[17]此外，石雕还见于《汉书·霍去病传》唐颜师古（581—645）注。南朝陈太建初距汉武帝元狩六年（前117）相去686年，唐颜师古所处时代更是相距700年以上。强调这一点，并非企图颠覆这批石雕的年代，因为从石雕的风格样式以及共存的“左司空”“平原乐陵……”题记刻石看，其为西汉遗存不成问题，然而问题在于姚、颜二人凭什么说列竖石、存石雕的那座小土丘就是霍去病墓。

桑原骘藏1907年踏访“霍去病墓”时，其北100多米处尚存一小丘，前有清康熙三十六年（1697）所立的“汉霍去病墓”碑。[18]且当地乡人一直把这座小丘称祁连山，而把南面的“霍去病墓”称“石岭子”。[19]清乾隆四十二年（1777）修《兴平县志》说：“今案师古之说是也，尚存石马一。土人呼曰祁连山矣，不念谁何假路北小冢当之，知县顾声雷请巡抚毕沅题碑改正。”[20]然而令人不解的是此县志茂陵图中标示“石岭子”即霍去病墓，但县图中却标示“石岭子”以北一冢为霍去病墓。另据考古钻探证实“霍去病墓后面100米处、现在的茂陵博物馆宿舍区内有传说是霍去病的‘衣冠冢’，封土已平，经钻探为一座墓葬，墓室东西19米，南北21米，墓道西向，长32米、宽8—14米”[21]。如此，摆在我们面前的问题是："石岭子"与其北小冢到底哪个是霍去病墓？康熙三十六年（1697）碑与乾隆四十一年（1776）碑孰是孰非？所谓"衣冠冢"可信吗？

2003年考古钻探调查表明，茂陵东部司马道两侧，共分布着19座陪葬墓，存有封土者11座，封土不存者8座。其中"霍去病墓前面、茂陵东司马道南部有两座大型墓葬，墓道皆朝北，其中东边一座陕西省考古研究所进行过发掘，西边的一座我们钻探时发现，地面封土不存"[22]。两墓位于现茂陵博物馆大门外不远处，距"霍去病墓"皆很近，且都是大型墓葬，其墓主身份、地位肯定绝不一般，那么我们要问的是：这两座大型陪葬墓的主人又是谁呢？

《汉书·卫青传》记大将军卫青薨，"起冢象庐山"（匈奴辖区山名，一说为寘颜山），但未指明冢之地望。对其方位的最早记载见于南陈姚察语，即"冢在茂陵东北，与卫青冢并。西者是青，东者是去病冢"[23]。唐颜师古亦曰："在茂陵东，次去病冢西，相并者是也。"[24]其后文献及口传皆据此认为"霍去病墓"西北约50米处那座土冢就是卫青墓，冢前亦立有清乾隆四十一年（1776）毕沅所书"汉大将军大司马长平侯卫公青墓"石碑。然而20世纪考古发现则对这种传统说法提出了挑战。茂陵以东2公里处东西并列着5座冢，其中西端一座最大，南北长95米，东西宽64米，高22米，南高北低，颇似羊头，故当地人称"羊头冢"，1981年该冢一号陪葬坑出土大量器物，其中很多铜器上有"阳信家"铭[25]，据此学者断定其为武帝长姊卫青妇阳信长公主墓。[26]而根据《汉书·卫青传》记载："元封五年，青薨。""与主合葬，起冢象庐山云。"[27]如此，是否意味着"羊头冢"就是"庐山"呢？是姚察、颜师古记载有误，还是另有其他原因？对此有学者提出一种假设，说"从《汉书》行文的语气看，公主可能比卫青先死。可否假定公主先葬于一号无名冢（即'羊头冢'）处，待卫青死后，公主迁葬于卫青墓处，与卫青墓并列于'庐山'形的大冢下。原来的随葬器物仍埋于无名冢处，未作搬迁，所以出现了现在所看到的这种现象"[28]。这种假设能否成立，实在令人怀疑。退一步讲，即便这一假设成立，位于"霍去病墓"西北50米处的冢丘就是卫青墓，那么我们不禁要问：同为抗击匈奴英雄的卫将军冢既不具备"山"的外观，封土上也未竖石，且不见大型石雕，若两墓都是以匈奴辖区之山为冢，用以旌功，那么相距咫尺之遥的两墓为何形制大异？

此外，传说与文献对古遗址地望讹传的事例不胜枚举，如长沙马王堆西汉轪侯家族墓地旧传为五代时楚王马殷及其家族的墓地，故名马王堆。而《太平寰宇记》则记载此处为汉长沙王刘发程唐二姬的墓地，号曰"双女坟"，后《大清一统志》《湖南通志》《长沙县志》皆沿袭此说。古往今来没有人对此表示怀疑，但发掘表明此前所有的传说和记载都是错误的。再如位于陕西咸阳周陵镇北的两座封土，自宋以来就被视为周文王和周武王的陵墓，陵前还立有清乾隆年间毕沅所书石碑，旁边祠堂内尚存有明清碑刻32通。然而2007年考古发掘证实，两冢系战国晚期某代秦王的陵墓，并非千年来文献和口传中所谓的周文王和周武王的陵墓。那么，"霍去病墓"这一概念的生成是否也存在以讹传讹的可能呢？

也正是基于认可"霍去病墓"这一前提，学

者们大都不假思索地视前述小山丘为“祁连山”，并把它的思想性完全归结于旌功。不错，《史记》确谓霍去病墓“为冢象祁连山”，司马贞索引北魏崔浩（？—450）亦言：“去病破昆邪于此山，故令为冢象之以旌功也。”[29]然而司马迁、崔浩二人所说“祁连山”是否就是这座小土丘还另当别论。小山丘南侧“马踏匈奴”石雕确具纪功表征，但与其他石雕是否同组，历史上是否存在移位？亦有待考察。其他石雕的母题则绝非如许多学者所言，是取自祁连山中的野兽，象征祁连山环境的险恶，一个简单不过的道理就是祁连山绝不可能出现大象。而其中马、虎、象、鱼、蟾蜍等动物以及力士抱熊都是汉代神仙世界中常见之母题。20世纪早期石雕的分布还表明，除“马踏匈奴”、卧马等几件作品位于土丘下外，其余皆在土丘上不同位置。土丘上石雕与竖石错落，景象正如水野清一之洞见，酷似汉代的博山炉[30]或其他博山形器。如此，与其说这座土丘是“祁连山”，不如说它是一座“仙山”。

倘若这座土丘象征仙山，即便它是一座墓葬[31]，抑或就是霍去病墓，那么其功能和思想性的主旨亦肯定不在纪功，而在于通过构建一个虚拟的神仙世界，以此来表达不死和永生的观念。

汉代是神仙信仰风靡的时代，神仙思想可以说渗透于汉代社会生活的方方面面，并成为当时文学和艺术表达的一项主题，汉代的文赋、建筑、绘画、雕塑、器物无不充斥有浓郁的神仙气息。仅就建筑而言，见于文献的集仙宫、仙人观、渐台、通天台、望仙台、神明台、集仙台等与神仙信仰有关的建筑就可谓林林总总，不可胜数。

《史记·封禅书》说建章宫“其北治大池，渐台高二十余丈，命曰泰液池，中有蓬莱、方丈、瀛洲、壶梁，象海中神山龟鱼之属”[32]。《史记·孝武本纪》司马贞所引《三辅故事》云：“殿北海池北岸有石鱼，长二丈，广五尺，西岸有石龟二枚，各长六尺。”[33]1973年西安西郊高堡子村西汉建章宫泰液池遗址出土一件大石鱼，长490厘米，头径59厘米，尾径47厘米。[34]石鱼大致轮廓呈橄榄形，仅见有鱼眼，造型非常简练，颇具西汉大型石雕风格，故证明上述文献记载可信。

《史记·封禅书》《汉书·郊祀志》皆记载元封二年（前109），汉武帝听信方士公孙卿之言，为招来神仙，于皇室举行重大祭天仪式的甘泉宫作通天台。[35]现存于陕西淳化县凉武帝村东的两座高大土堆即西汉甘泉宫通天台基址，两台基东西对峙，高约16米。其南侧不远处尚存一石熊和一石鼓，石熊高125厘米，腰围293厘米，造型敦实，风格简约，颇似“霍去病墓”石雕。[36]

可以想见既然武帝于宫中大兴神仙建筑，那么茂陵陵区中也一定缺少不了这类建筑。茂陵封土东南500米范围内现存两处汉代高台建筑遗址，其中较矮的一处被认为是文献中所说的孝武园“白鹤馆”遗址，较高的一处现高约9米，上有数块天然巨石，当地人称“压石冢”。[37]两处遗址皆被认定为建筑遗址，但其功能如何，目前尚难断定。然而与“压石冢”类似，“霍去病墓”上亦存大量石块，据说上下共有大小石块150余[38]，其中大多为天然石块，亦见有建筑基石。若以方士公孙卿所言“仙人好楼居”以及宫苑神仙建筑状貌推测，茂陵陵区与神仙信仰有关的建筑亦当高大耸立。那么通观整个茂陵陵区，又有哪座遗址具备如此状貌和性质呢？答案似乎是不言而喻的。

艺术史是开放的，在“霍去病墓”尚未发掘前，就其任何质疑和思考皆有存在的理由。

注释

[1]G. de Voision, J. Lartigue et V. Ségalen, “Premier Exposé des Résultats Archéologiques Obtenus Dans la Chine Occidentale Par la Mission”, *Journal Asiatique Onziè me Série tome V*, Paris, 1915, pp.471-473. V. Ségalen, “Recent Discoveries in Ancient Chinese Sculpture”, *Journal of the North-China Branch of the Royal Asiatic Society* Vlo.XLVIII, Shanghai, 1917, pp.153-155. V. Ségalen, G. de Voision et J. Lartigue, *Mission Archéologiques en Chine* (1914), 1, Paris, 1923, pp.33-43.

[2]J. Lartigue, “Au Tombeau de Houo K’iu-ping”, *Artibus Asiae*, 1927, No.2, pp.85-94.

[3]C.W.Bishop, “Notes on the Tomb of Ho Ch’u-ping”, *Artibus Asiae*, 1928-1929, No.1, pp.34-46.

[4]C.Hentze, “Les Influences Etrangeres Dans le Monument de Houo-K’iu-ping”, *Artibus Asiae*, 1925-1926, No.1, pp.31-36. H.Glück, “Die Entwicklungsgeschichtliche Stellung des Grabmales des Huo Kiu-ping”, *Artibus Asiae*, 1927, No.1, pp.29-41. J.C.Ferguson, “Tomb of Ho ch’ü-ping”, *Artibus Asiae*, 1928-1929, No.4, pp.228-232. 水野清一:《前汉代に於ける墓饰石雕の一群に就いてて——霍去病の坟墓》,《东方学报》(京都)第三册，1933年，第324—350页。

[5]Osvald Sirén, *Histoire des Arts Anciens de la Chine*, *tome III*, *La Sculpture*, Paris et Bruxelles, Les Editions G.Van Oest, 1930, pp.6-7. H. D’Ardenne, *La Sculpture Chinoise*, Paris, 1931, pp.30-34. 桑原骘藏:《考史游记》, 中华书局2007年版，第61页。足立喜六:《长安史迹の研究》, 东洋文库，1933年，第99页。

[6]马子云:《西汉霍去病墓石刻记》,《文物》1964年第1期(该文写于1933年)，第45—46页。滕固:《霍去病墓上石迹及汉代雕刻之试察》,《金陵学报》1934年第4卷第2期，第143—156页。

[7]陕西省文物管理委员会:《陕西兴平县茂陵勘查》,《考古》1964年第2期，第86—89页。咸阳市文物考古研究所:《汉武帝茂陵钻探调查简报》,《考古与文物》2007年第6期，第23—30页。

[8]顾铁符:《西安附近所见的秦汉雕塑艺术》,《文物参考资料》1955年第11期，第3—11页。王子云:《西汉霍去病墓石刻》,《文物参考资料》1955年第11期，第13—18页。陈直:《陕西兴平县茂陵镇霍去病墓新出土左司空石刻题字考释》,《文物参考资料》1958年第11期，第63页。傅天仇:《陕西兴平县霍去病墓前的西汉石雕艺术》,《文物》1964年第1期，第40—44页。杨宽:《中国古代陵寝制度史研究》, 上海古籍出版社1985年版，第72页。刘庆柱、李毓芳:《西汉十一陵》, 陕西人民出版社1987年版，第47—68页。何汉南:《霍去病冢及石刻》,《文博》1988年第2期，第20—24页。林梅村:《秦汉大型石雕艺术源流考》, 见其著《古道西风——考古新发现所见中西文化交流》, 生活·读书·新知三联书店2000年版，第99—165页。陈诗

红:《霍去病墓及其石雕的几个问题》,《美术》1994年第3期，第85—89页。A.Paludan，*The Chinese Spirit Road*：*The Classical Tradition of Stone Tomb Statuary*，New Haven and London：Yale University Press，1991，pp.17-27.
[9]司马迁:《史记》，中华书局1982年版，第2939页。
[10][13]班固:《汉书》，中华书局1962年版，第2489页。
[11]荀悦:《汉纪》，见张列点校《两汉纪》，中华书局2002年版，第221页。
[12][23]同注[9]，第2940页。
[14]李吉甫《元和郡县志》卷二、乐史《太平寰宇记》卷二十七、宋敏求《长安志》卷十四、刘於义等《陕西通志》卷七十(分别见《文津阁四库全书》，商务印书馆2005年版，卷159第830页、卷160第81页、卷195第60页、卷186第317页)。毕沅:《关中胜迹图志》卷八，见毕沅撰、张沛校点《关中胜迹图志》，三秦出版社2004年版，第285页。
[15][20]顾声雷修，张埙纂:《兴平县志》卷七，乾隆四十四年(1779)刻本。
[16]水野清一:《前汉代に於ける墓饰石雕の一群に就いてて——霍去病の坟墓》,《东方学报》(京都)第三册，1933年，第328—329页。
[17]姚思廉:《陈书》，中华书局，第348—349页。
[18]桑原骘藏:《考史游记》，中华书局2007年版，第61页。
[19]同注[16]，第329页。马子云:《西汉霍去病墓石刻记》,《文物》1964年第1期，第45页。
[21]咸阳市文物考古研究所:《汉武帝茂陵钻探调查简报》,《考古与文物》2007年第6期，第27—28页。
[22]同注[21]，第27页。
[24]同注[10]，第2490页。
[25]咸阳地区文管会、茂陵博物馆:《陕西茂陵一号无名冢一号从葬坑的发掘》,《文物》1982年第9期，第1—8页。
[26]负安志:《谈"阳信家"铜器》,《文物》1982年第9期，第18—20页。
[27]同注[10]，第2489—2490页。
[28]丰州:《汉茂陵"阳信家"铜器所有者的问题》,《文物》1983年第6期，第65页。
[29]同注[9]，第2939—2940页。
[30]同注[16]，第348—349页。
[31]同注[21]，第27页。
[32]同注[9]，第1402页。
[33]同注[9]，第483页。
[34]黑光:《西安汉泰液池出土一件巨型石鱼》,《文物》1975年第6期，第91—92页。
[35]同注[9]，第1400页；同注[10]，第1242页。
[36]姚生民:《关于汉甘泉宫主体建筑位置问题》,《考古与文物》1992年第2期，第94页。
[37]同注[21]，第26页；陕西省文物管理委员会:《陕西兴平县茂陵勘查》,《考古》1964年第2期，第87—88页。
[38]陈直:《汉书新证》，天津人民出版社1979年版，第322页。

本文载于《美术研究》2009年第3期

贺西林，1964年生，陕西西安人。2000年毕业于中央美术学院，获博士学位。中央美术学院人文学院教授、博士生导师。

视觉文化研究与艺术史

邵亦杨

在过去的二十年，视觉文化成了学术界最令人关注的课题之一。可是，到底什么是视觉文化研究呢？ 它是一个新兴的领域，还是前一段跨学科研究的总结？它是一个独立研究课题，还是文化研究、传媒研究、艺术史和美学的分支？如果它已经成为独立的学科，那么它与其他学科之间的界限在哪里？特别是艺术史研究界限在哪里？它有明确的定义吗？它是否应该在学术研究和教学机构里占有一席之地，是否应该有相应的教学大纲和教科书？

以上这些问题不仅是视觉文化研究的入门者所面对的问题，也是这项研究的奠基人之一米歇尔（W.J.T. Mitchell）2002年提出的问题。针对视觉文化研究的热潮，他曾经及时地指出了过分神化视觉文化研究的趋向，希望研究者们能够冷静地对待这个越来越火爆的学科，看到它的局限性，同时也发现更多新的可能性。[1]这些问题对于当今世界范围内的视觉文化研究，特别是在中国方兴未艾的视觉文化潮流之下，仍然很有参考价值。

什么是视觉文化研究

从字面意义上看，视觉文化研究，是视觉研究与文化学研究的结合。文化研究（cultural studies）起源于20世纪50年代晚期的英国，代表人物有霍格尔德（Richard Hoggart）、威廉姆斯（Raymond Williams）和霍尔（Stuart Hall）。[2]文化学研究在历史写作中融合了社会关注，迅速发展成为一个重要的研究方法。70年代末，文化学研究已遍布英国，融进了艺术史、人类学、社会学、艺术批评、文化批评、电影研究、新闻学、性别和女性主义研究等许多邻近学科。80年代，英国的文化学迅速普及到其他英语国家：美国、澳大利亚、加拿大、英国和印度，至今这些国家还设有文化学系。文化研究从一开始就以社会批判和政治介入为核心，从五六十年代的阶级文化研究、70年代的亚文化研究到80年代以来的种族研究和性别研究，都致力于发掘社会边缘群体与主导阶级之间的权力关系，揭示文化塑造社会的作用。 其中“阶级”“性别”和“种族”是“文化研究”所关注的三大焦点问题。[3]

视觉研究与60年代晚期受马克思主义和女性主义影响的“新艺术史”的出现同步。以克拉克（T.J. Clark）、诺克琳（ Linda Nochlin ）和巴克桑德尔（Baxandall）为代表的一批学者开始关注日益兴起的当代影像艺术。他们从符号学和心理分析学的角度入手，融合了文化学研究的最新成果，不再回避阶级、性别和种族的问题。这种新的研究方法重视普通的、日常生活中的大众文化，关注再现、差异和权利。一方面显示了视觉的重要性，另一方面凸显了文化实践本身的重要性。

视觉文化这个词汇最早出现于1972年巴克桑德尔的艺术史教材《15世纪意大利的绘画和经历》中。[4]但是，直到90年代，视觉文化才作为一个新的学科出现。视觉文化研究挑战了人们以往对于文化的思考。当分析文化经验和艺术实践时，社会学和历史学自身都是有用的方法，但是这种方法在把文化简化为文本"阅读"的过程中忽视了大量的观念、经验和意义。视觉文化研究反对这种偏见，强调视觉性本身的重要性。尽管如此，视觉文化研究并不是把文本性放置在一边，而是建立起文本性与视觉性、表演性、听觉、触觉等多种艺术感知的对话。同时，视觉文化学者也质疑视觉性自身的主导，把视觉放入更广泛的文化文本关系之中，避免新的社会实践等级。1995年，米歇尔在芝加哥大学开设了关于视觉文化的课程。他把艺术史、文化学和文学理论中同时出现的一种新的视觉研究趋势，称为"图式转向"（pictorial turn）。[5]在他看来，视觉文化的意义接近于"一种由文化建构的……人类学的视觉概念"[6]。对视觉文化的具体定义一直有各种各样的争议。总体上说，视觉文化不像文化学研究那样过分注重社会意义，较少马克思主义研究方法的政治说教，更倾向于本雅明（Walter Benjamin）和罗兰·巴特（Roland Barthes）那种偏重于视觉问题的艺术史研究方法。视觉文化甚至可以被看成是视觉占据了文化研究。视觉研究不同于人文学科中以文本为主的研究方式，具有跨学科的综合性和联系能力，能够吸取现有的领域和思想方法，用更新的方法、不同角度更明确地阐释研究对象。为了避免视觉文化研究向文化学研究那样落入社会学的窠臼，当美国加州大学欧文分校在1998年开设这个新专业时，曾经以视觉研究替代视觉文化研究作为其专业名称。[7]

自90年代中期开始，大量关于视觉文化的学术著作涌现出来，其中主要有：霍利（Michael Ann Holly）、莫克西（Keith Moxey）和诺曼·布列逊（Norman Bryson）于1994年共同编辑的《视觉文化》[8]；1996年，博金（Victor Burgin）出版的《在/不同空间：视觉文化中的地点与记忆》[9]；1998年，巴纳德（Malcolm Barnard）的《艺术，设计和视觉文化》[10]。作为视觉文化的教科书，冉克斯（Chris Jenks）1995年编辑的《视觉文化》，米尔佐夫（Nicholas Mirzoeff）1999年撰写的《视觉文化读本》，以及斯塔肯（Marita Sturken）和卡特怀特（Lisa Cartwright）的《看的实践：视觉文化介绍》（2001）相继出版。[11]这些著作的出现标志着视觉文化作为一个新的研究学科已经逐步被学术界认可。

视觉文化研究近年来发展迅猛，欧美国家大多数学院都设立了视觉文化研究专业。许多大学的传统专业，如电影系，艺术史、文学和哲学系也都开始设立了这一新课程。但是在不同的学院和不同的国家，视觉文化研究所教授的内容并不相同。在有的学院中，视觉文化专业的研究对象主要是电影和新媒体，而有些则是艺术史和建筑。普遍来说，英美的学者通常认为视觉文化扩充了传统的艺术史、文学和电影研究的领域。而欧洲和拉丁美洲的学者的视觉文化研究通常基于符号学、视觉传达和哲学的研究模式。至今为止，至少有三种视觉文化研究的类型，美国式的基于艺术史发展起来的视觉文化，英国式的以文化研究为基础的视觉文化，欧洲式的与符号学和信息传达理论相关的视觉文化。目前，从规模上看，美国式的以艺术史为核心的视觉文化研究显然占据了主导地位。

作为一个新的学科，视觉文化研究涵盖的内容也不尽相同。根据已有的著作来看，大致包括三个方向：1. 当代跨国大众媒体；2. 对于视觉和视觉性的哲学探讨；3. 对于当今图像制作实践的社会批评。[12]无论从哪个方向探讨，它们与现有的其他各研究领域都出现了矛盾和冲突。这种冲突在艺术史上的表现尤为明显。在时尚的视觉文化面前，艺术史显得过时和保守，似乎只适用于研究传统的绘画、雕塑和建筑，最终与考古系合并。

视觉文化 VS 艺术史

1996年，《十月》杂志刊登了一期关于视觉文化的专论，召集了来自艺术史、政治科学和电影学的学者共同探讨视觉文化问题。许多一向属于革新派的学者对视觉问题提出了质疑和批评。

他们认为视觉文化是杂乱无章的、无效的、误导的，或是原有学科的延伸，只限于用在零散的大众图像上。艺术史家罗莎林·克劳斯（Rosalind Krauss）的文章从理论上总结了这类批评，她认为视觉文化迎合了当今大众媒体传播的低俗文化市场，实际上，它只能把学生训练成更好的消费者。[13]《十月》的质疑反映了视觉文化这门新学科与旧学科之间的冲突，尤其是与艺术史之间的冲突。

在视觉文化涉及的所有学科中，以视觉为中心的艺术史受到的冲击最大，无论是从方法论的广度上看，还是从历史的深度上看，艺术史都是人文学科中最重要的学科之一。从视觉文化研究的角度，艺术史与当代生活脱节，本质上属于精英主义，政治上幼稚，方法上陈旧，受艺术市场左右，视野狭隘，只围着少数艺术家和艺术作品做文章。而在艺术史家的眼里，视觉文化没有历史感，理论上故弄玄虚，研究对象太通俗，内容太庸俗，风格太混杂，文化太多元，政治太投机。[14]

这种争论的焦点在于艺术史以视觉艺术特有的感性和符号性特征，反对视觉文化研究对于身份政治和社会建构的兴趣。[15]艺术史研究者批评视觉文化缺少历史意识，固定在被简化了的视觉性（visuality）定义上，看不到媒体之间的不同，对价值的问题漠不关心，在研究对象和研究方法上草率地采用了折衷主义的态度。而视觉文化对于艺术史的主要批评在于艺术史没能足够地关注艺术作品以外更广泛的文本和接受者，包括观众的兴趣，也就是说，缺少社会文化意识。这种批评似乎不够公正，因为文化学和社会学艺术史研究早已拓展了艺术史的研究领域，早在20世纪初，欧洲艺术史家为了保护自己的民族记忆，就已经很关注文化背景和社会结构的文化意义了，比如20世纪早期德国学者对于中世纪艺术德国建筑、木雕和对荷尔拜因、丢勒等艺术家的研究[16]，然而，问题的关键在于，艺术史研究和传统的工作室的训练方式一样，从美学入手，所用的视觉材料主要集中在精英文化领域。

视觉文化和艺术史之间的争论再次涉及关于形式和反形式、美学与反美学、精英文化和通俗文化，总之，高、低艺术关系的讨论。[17]从历史上看，20世纪以来第一次混合高、低艺术区别的并非波普艺术，而是超现实主义。超现实主义者对于资产阶级社会的批判首次跨越了高、低艺术的界限，本雅明注意到了这一点，并归纳到自己的理论中。第二次高、低艺术的混合是波普艺术，阿洛维（Lawrence Alloway）对此进行了理论阐释，丹托（Arthur Danto）对波普进行了更学术的总结。第三次高、低艺术的融合发生在后现代主义时期，特别是80年代中期之后，数码艺术和新媒体艺术占据了更重要的地位。杰姆逊、鲍德里亚的理论对此具有重要影响。当今的艺术史和视觉文化之争依然带有现代主义以来高、低艺术之争的影子。随着高、低艺术界线不断被打破，设计学家把艺术带到日常生活之中，人类学和考古学家拓展了艺术和文化的概念，以往艺术史研究的精英化方式产生了明显的局限性，因此，视觉文化对艺术史研究的抛弃是：不再对旧文化中形式主义和规范化的艺术作品感兴趣。[18]

新学术范例是否建立

视觉文化跨越人文学科的大多数领域，不仅涉及艺术史、艺术批评、艺术实践、艺术教育，还有女性主义、性别理论、政治经济、后殖民学、表演学、人类学和视觉人类学、电影和多媒体研究、考古学、建筑和城市规划、视觉交流、装潢设计、广告和社会学，等等。这个学科的一个重要优势在于与其他学科之间的黏合力，因为它原本就是从符号学、后结构主义、人类学、社会学、文艺理论甚至翻译学中发展起来的。随着视觉文化的扩展，学者们不断提出的问题是，视觉文化作为一个新兴学科是否已经建立了自己的学术范例？

如果说视觉文化可以被看成一个独立学术领域，那么，它必须有一套可以应用的文本和解读方法。在现有的理论中，关于凝视（gaze）和权利（power）的理论是适用的方法论。围绕着“看”与“权利”这两个核心问题，视觉文化研究最常用的理论有：福科（Michel Foucault）的机构权利论，罗兰·巴特的影像理论，本雅明的图像复制理论，德波（Guy Debord）的景观社会理论，拉康（Lacan）的他者的眼光理论，马丁·杰伊（Martin Jay）等人的视觉政体理论，鲍德里亚（Jean Baudrillard）、德勒兹（Gilles Deleuze）、詹姆逊（Fredric Jameson）等人的仿像理论，弗洛伊德（Freud）的恋物（fetish）理论，劳拉·莫维（Laura Mulvey）的性别视角论和哈拉维（Donna Haraway）的机械眼理论等。[19]其中最核心的理论家是罗兰·巴特、本雅明、拉康和福科等，他们有效地奠定了视觉文化理论的基础。

在视觉文化研究中，任何可见的现实都有可能成为它的研究对象，不论是精英的还是大众的，高雅的还是低俗的。它不仅研究视觉艺术和图像文化，还研究诸如广场、博物馆、购物中心等承载大众文化的公共建筑空间；它不仅研究视觉艺术史，还研究各种改变视觉概念的机械技术史；它不仅研究“看”本身，也研究与“看”这种行为有关的各种社会建制等。视觉文化研究主题是开放式的，以艾尔金斯（James Elkins）的话说，视觉文化研究“并不知道它的主题是什么，它在扩展中寻找主题”[20]。这意味着视觉文化研究无边界可言，但是，这种无边界并不意味着无所不包，它的基本核心是视觉性，即组织看的行为的一整套的视觉体系，包括：看与被看的关系，图像与观看主体之间的关系，观看者、被看者、影像机、空间、机构和权力配置之间的关系，等等。[21]也就是说，视觉文化研究的对象不仅仅是它自身的品质，而且包括它在整个文化文本中的地位。

视觉文化的新范例以视觉性为核心，表现了对可视世界更全面的探索。这意味着过去存在的许多视觉观念受到挑战，以欧美、男性和精英文化为中心的视觉模式被进一步打破。从跨文化的视角，视觉文化研究超越了国家的边界，把不同文化放置在全球性的文本关系中，观察各种图像、对象和事件的生产和消费。跨文化的思考要求融入异质结构的再现方式，比如中国水墨，伊斯兰抽象形式，非洲视觉概念和欧美文化中对“看”有各自不同的精神领悟，因此欧美以外的艺术，比如亚洲艺术，不仅有可能产生另外一种现代性、后现代性或者当代性，而且也有可能完全不以欧美的现代性标准为发展依据。[22]另外，不同的性别、价值取向也会导致对于视觉性的不同理解。由于“看”的重要目的在于理解文化差异，视觉文化研究的许多的基本工作都是关于种族、性别、阶级和身份建构的问题。

跨边界与反学科

近几十年来兴起的许多学科，如性别研究、种族和地方研究等，都具有与视觉文化观念相同的跨越边界的倾向：从“高”文化向更广阔的领域扩展，强调观众和参与者的作用。与以往的学科不同的是，视觉文化具有更强的包容性和反学科的力量。米歇尔认为视觉文化可以是一种“去学科”（de-disciplinary）或者说解构学科的行动，“我们需要摆脱‘视觉文化’被艺术史、美学和媒体研究的材料所‘覆盖’的这样一种说法”，“视觉文化开始于这些学科并不关注的领域——非艺术、非美学和非间接的或者说‘直接的’视觉图像和经验”。它有关“日常所见”，拓展了传统上强调视觉性的学科。[23]

对于美术史来说，视觉文化可以是一种新的研究方法。这种方法的优势在于结合各个相关领域的研究，比如美术史家米克·鲍尔（Mieke Bal）用视觉文化研究方法重新解读巴洛克艺术家贝尼尼时，就运用了文学理论、艺术史、后殖民理论、心理分析和最近的翻译理论。[24]另外，从视觉文化研究自身的发展来看，它在未来很有可能会与艺术史拉开距离，尤其是在当代艺术研究方面，视觉文化研究具有明显优势，从某些方面看，它已经改变了当代艺术研究的面貌。以往的艺术史研究强调历史感，刻意与当代艺术保持距离，因此回避研究近二十年来发生的艺术，把这一领域划归艺术批评的范畴。而视觉文化研究可以直截了当地切入当下正在发生的文化之中，把当代艺术作为研究的对象。由于艺术批评通常缺乏艺术史和艺术理论的深度，并且越来越受到艺术市场的控制，它的学术地位已经逐渐被视觉文化研究所取代。[25]视觉文化研究对象主要是大众文化结合的当代艺术。比如：观念艺术、女性主义艺术、新一代前卫艺术、新兴绘画和新媒体艺术等[26]，在处理当代艺术中反美学、反形式的图像时，视觉文化能够及时提供艺术史以外的阐释。

有趣的是，不仅是视觉文化研究适用于当代艺术研究，当代艺术图像也能够为正在扩张中的视觉文化提供反证。也许这是因为它们都属于德波所谓当代“景观社会”（the society of spectacle）的异象吧。达米·赫斯特的那条著名的鲨鱼，浸没于福尔马林液中，仍然显得异常冷酷和凶悍。它的身体穿越白色水箱的格子，仿佛冲破了所有理性的条条框框。这样一种表现方式横跨于建筑、绘画、雕塑和科学之间，显示了混杂、多媒体、跨学科的霸气，有如来势凶猛、正处于扩张之中的视觉文化。达纳·舒兹（Dana Schutz）的《革新者》表现了人们面对新事物的冲动。画面上的外科医生们或兴奋，或惶恐，或无奈地分解了一个人的肢体，却不知道接下去该怎么办，恰如艺术史研究者们面对新兴的视觉文化学科时好奇得不知所措。舒兹的另一幅油画《吃脸的人》呈现了一个奇特的生理状态：一个张大的嘴巴正在吞噬自己的眼睛，而眼睛兴奋地注视着这一切，仿佛正在享受即将被吞噬的快感。这种吞噬真的出现了吗？当然没有，然而，它又真实地发生着，而且永远也不会结束，如同宇宙中死亡与生命之间的永恒角逐，这个自我吞噬的头颅象征着自我反省的力量：在艺术上，它表现为一波又一波艺术运动之间的更迭；在基督教上，它表现为雅各布和天使的搏斗；在物理上，它表现为万物守恒定律；在哲学上，它表现为质疑与批评的精神。正是这种自我反省的力量促使着人类文明的进步。

视觉文化研究真的能够取代艺术史吗？从来也没有过，恐怕永远也不可能，艺术史有自己的优势和存在的意义。但是，视觉文化研究对于艺术史的冲击是不可避免的，而且没有人能够预计这种冲击所产生的后果。视觉文化研究的积极意义在于它破坏了艺术史这类传统学科戒备森严的边界，使它们既能看到自己的不足，又能够看到新的机会。它的反学科的动力导致艺术史不断地质疑自己的基础和动力，甚至怀疑自己存在的根本理由，同时，也就会跨越学科之间的界线，不断地寻找新的方法论和研究对象，像罗兰·巴特所说的那样发现那些“不属于任何旧领域的新的研究对象”[27]。视觉文化研究迫使美术史从跨学科的角度不断反省自己，在与其他领域的相互协调、抗争和质疑的过程中，发展和重构自己的学术范例。

注释

[1] W. J.T.Mitchell，“Showing Seeing：A Critique of Visual Culture”，*Journal of Visual Culture*，Vol.1，No.2，August 2002，pp.165-166.

[2]他们的代表作分别是：Hoggart，*The Uses of Literacy*，London：Chatto and Windus，1957；Williams，*Cutlure and Society*：1780-1950，London：Chatto and Windus，1958；Hall，“Cultural Studies：Two Paradigms”，*Media*，*Culture*，*and*

Society, Vol.2, No.1, 1980, pp.57-72。

[3]关于英国文化研究状况和它与视觉文化的关系，可参见 Victor Burgin, *In / Different Spaces : Place and Memory in Visual Culture*, University of California Press, 1994。

[4] Baxandall, *Painting and Experience in Fifteen-Century Italy : A Primer in the History of Pictorial Style*, Oxford : Clarendon Press, 1972.

[5]参见 W.J.T. (Tom) Mitchell, "Interdisciplinary and Visual Culture", *The Art Bulletin*, Vol.77, No.4, 1995, pp.540-544。另参见 Mitchell, " What Is Visual Culture ? " in Irving Lavin (ed.), *Meaning in Visual Arts : Views from the Outside*, Princeton, NJ : Institute for Adcanced Study, 1995, pp.207-217。

[6]参见对米歇尔的访谈, Dikovitskaya, *From Art History to Visual Culture*, Ph.D thesis, Columbia University, 2001, p.87。

[7] Dikovitskaya, *From Art History to Visual Culture*, p.142.

[8] Michael Ann Holly, Keith Moxey, and Norman Bryson, ed., *Visual Culture : Images and Interpretations*, Middletown, CT : Wesleyan University Press, 1994.

[9] Victor Burgin, *In/Different Spaces : Place and Memory in Visual Culture*, Berkeley : University of California Press, 1996.

[10] Barnard, *Art, Design, and Visual Culture : An Introduction*, New York : St. Martins, 1998.

[11] Chris Jenks ed., *Visual Culture*, London : Routledge, 1995 ; Mirzoeff, *Visual Culture Reader*, London : Routledge, 1999 ; Marita Sturken and Lisa Cartwright, *Practices of Looking : An Introduction to Visual Culture*, Oxford : Oxford University Press, 2001.

[12]参见 James Elkins, *Visual Studies, A Skeptical Introduction*, New York:Routledge, 2003, p.17。

[13] Rosalind Krauss, " Welcome to the Cultural Revolution", *October*, Vol.77, Summer 1996, pp.34-36.

[14] Appaduri, "Diversity and Disciplinary as Cultural Artifiacts", in Cary Nelson and Dilip Parameshwar Gaonka ed., *Disciplinarity and Dissent in Cultural Studies*, New York : Routledge, 1996, pp.29-30.

[15] Mitchell, " Interdisciplinarity and Visual Culture", p.543.

[16]参见 Oskar Bātchmann, *Einfühhrung in die kunstgeschichtliche Hermeneutik: die Ausleguang von Bildern*, Darmstadt : Wissenschaftliche Buchgesellschaft, 1984。

[17]参见邵亦杨《形式和反形式》,《美术研究》2008年第1期。

[18]邵亦杨:《从形式美学到视觉文化》,《美术观察》2003年第12期。

[19] Buck-Morss, reply to "Visual Culture Questionnaire", *October*, Vol.77, 1995, p.29.

[20] James Elkins, *Visual Studies : A Skeptical Introduction*, London : Routledge, 2002, p.30.

[21]劳拉·莫维(Laura Mulvey)曾运用精神分析理论探讨摄影机、观看者、性别之间的权力关系，对视觉文化理论影响很大，见 Laura Mulvey, "Visual Pleasure and Narrative Cinema", *Screen*, Vol.16, No.3, 1975, pp.6-18。

[22]对于这样一种可能，可参见 John Clark, *Modern*

Asian Art, Sydney : Fine Arts Press, 1998。

[23] Mitchell, "Showing Seeing : A Critique of Visual Culture", *Journal of Visual Culture*, Vol.1, No.2, August 2002, p.178.

[24] Mieke Bal, *Ecstatic Aesthetics*, *Metaphoring Bernini*, Critical Issues Series 4, Woolloomooloo, New South Wales : Artspace Visual Arts Centre, 2000.

[25]关于艺术批评正在衰落的问题，见邵亦杨《艺术批评死亡了？》,《美术研究》2008年第4期。

[26]关于新一代前卫艺术和新兴绘画，见邵亦杨《后现代之后》，上海人民美术出版社2008年版。从视觉文化角度解读西方当代新媒体艺术，见邵亦杨《从绘画到影像——数码时代的三个片段》,《文艺研究》2009年第6期。

[27] Roland Barthes cited in Bal, Mieke, "Visual Essentialism and the Object of Visual Culture", *Journal of Visual Culture*, Vol.2, No.1, April 7.

本文载于《美术研究》2009年第4期

邵亦杨，1970年生，北京人。2003年毕业于澳大利亚悉尼大学艺术史论系，获博士学位。中央美术学院人文学院副院长、教授、博士生导师。

为现代绘画“立法”

——浅析格林伯格的形式主义批评与现代主义理论

何桂彦

1955年，格林伯格发表了《“美国式”绘画》一文，标志着他倡导的形式主义批评日趋成熟。尽管如此，此时的形式主义批评仍停留在批评方法论的层面，并没有被提升到哲学化的高度。直到1960年完成《现代主义绘画》一文后，格林伯格建立在形式批评之上的现代主义理论体系才最终得以建立。

在格林伯格看来，现代主义（modernism）是资本主义社会独有的文化现象，主要体现为一种批判性的文化精神。他谈道：

> 现代主义包括的内容不只是艺术与文学。如今，它几乎包括了我们文化中一切真正有活力的东西。现代主义的出现也许是奇特的历史事件。西方文明并没有从一开始就偏离和质疑自己的根基。但是，这种文明确实走得很远了。我认为，现代主义与始于哲学家康德的自我批判（self-criticism）趋势的强化甚至激增同出一辙。康德是对批评方式本身进行批评的先驱，因此，我确信，康德是第一个现代主义者。[1]

之所以要强调这种“自我批判”，因为“现代主义的本质就在于运用某一学科（discipline）的独特方法对这门学科本身提出批判，其目的不是去颠覆它，而是使这门学科在权限领域内处于更牢固的地位”[2]。

接下来的问题是，现代主义“自我批判”的动力来源于何处？其运作方式又是如何体现的呢？格林伯格认为：

> 现代主义的自我批判起源于启蒙运动的批判，但它们不是同一回事。启蒙运动的批判以更能让人接受的方式从外部展开；现代主义则通过被批判对象本身的过程从内部进行批判。看来，这种新形式的批判首先出现在哲学领域是很自然的，因为哲学的本质就是批判。然而，进入19世纪后期，这种批判方式进入了许多其他领域。每项正式的社会活动都开始要求用一种更理性的方式进行证明。最终，一些与哲学毫不相干的领域也将康德的自我批判视若珍宝，用它来满足并解释这种要求。[3]

显然，在格林伯格看来，现代主义的批判态度得益于启蒙时期留下来的文化遗产——西方的理性主义精神。但对于艺术而言，其运作的生效是以内部批判的方式体现出来的。按照格氏的思路，现代主义绘画要寻求发展就必须恪守自我批判的原则。而且，和其他领域的批判方式不同的是，现代主义绘画的批判最终要回到内部，落实到自身的本质属性上：

> 因此，每门艺术都必须以其独特的方式实现这一点。必须展示和阐明的是：不仅在广义的艺术中，而且在特定的艺术中，都存在着独一无二性的、不可简化（irreducible）的东西。每门艺术都必须通过其固有的方式方法决定这门艺术自身固有的独特作用。这样，无疑使得各门艺术的权限范围变得狭小，但同时，也使得各门艺术权限范围占据的地位更为可靠。[4]

沿着格林伯格的思路，如果现代主义绘画遵从"自我批判"原则，必然会出现两个结果：返回"平面"（flatness）与走向"纯粹"（purity）。既然艺术的批判是不断回到自身的本质属性，那么绘画最本质的特质就是它的平面性：

> 在现代主义绘画的艺术批判和限定自身的过程中，强调不可避免的平面性是其最根本的特征。平面性是绘画独一无二的特征。封闭的形状支撑是一种隶属于戏剧艺术的条件和规范，而色彩则是一种隶属于戏剧和雕刻艺术的规范或手段。然而，二维的平面是绘画艺术唯一不与其他艺术共享的条件。因此，平面是现代绘画发展的唯一方向，非它莫属。[5]

既然每门艺术都要回到自身的权限范围，要与其他艺术形态相区分，那么"每门艺术都将变得'纯粹'，并在这种'纯粹性'中寻找自身物质标准和独立性的保证。'纯粹'意味着自我定义（self-definition），艺术自我批判的事业就是一种彻底的自我定义"[6]。如果说只有体现了内在批判精神的艺术才能被称作"现代主义"的话，对于绘画艺术而言，就是绘画之于绘画自身的批判，即唯有完整地体现了"纯粹性"与"平面性"的作品才能成为真正的现代主义绘画。所以，在格林伯格的理论体系中，"现代绘画"和"现代主义绘画"实质是两个不同的概念。按照这个标准，从19世纪中期以来，西方现代艺术就出现了"分野"，比如印象派、后印象派、野兽派、立体主义、抽象表现主义等流派就是现代主义的，而超现实主义、"达达"则不属于现代主义的范畴，因为前者符合上述两个原则，而后者则不具备这些特征。

和此前的形式主义批评方法比较起来，格林伯格对现代主义绘画的讨论在观念上已发生了本质性的变化。在《走向更新的拉奥孔》（1940）中，格林伯格是从前卫文化—前卫艺术—抽象艺术的逻辑来思考绘画在资本主义文化体系中所具有的功能和意义的：

前卫文化的任务是在反对资产阶级社会的过程中履行某种职能，这种职能就是为了在同一社会的表现中寻找新的相应的文化形式，同时不屈从于其意识形态的划分，不屈从于它对艺术进行自我评价的否定。[7]

按照前卫文化的逻辑推进，抽象艺术将成为前卫艺术的“代言人”。但是，在《现代主义绘画》中，格林伯格批评观念的变化带来了两个不同的结果：1.并不强调现代主义绘画在意识形态上的反叛功能，它与外部的政治现实没有直接的联系；2.现代主义绘画并不等同于抽象绘画。也就是说，尽管现代主义绘画也强调形式的“自我批判”，但和前卫艺术的自律性不同的是，其批判不以抽象艺术为终结目的，而是将批判本身作为存在的本质。也可以这样理解，抽象绘画可以体现现代主义绘画的本质，但它与现代主义绘画则是两个完全不同的概念。这一点正是格林伯格现代主义理论的精髓之处。与早期形式主义批评的本质差异是，“自我批判”本身是可以不断更新的，只要这种批判得以延续，新的艺术形式就会产生。这同时也意味着，现代主义绘画将有清晰的发展脉络，完整的家族谱系，并能形成自身的艺术传统。正是从这个角度讲，抽象艺术不过是现代主义绘画发展过程中某一个阶段的产物而已。更重要的是，在这篇文章中，格林伯格不仅将“自我批判”提升到了哲学批判的高度，而且将其看作推动现代主义绘画不断向前发展的动力。因为，从理论上讲，只要现代主义绘画遵从“自我批判”原则，它就会不断地超越过去，在发展中保持自己的活力。

此时，格林伯格对现代主义绘画所抱有的乐观主义态度已展露无遗。他的理论构想不仅远远超越了此前形式主义——抽象艺术的范畴，而且是在给现代绘画“立法”，试图为其确立一套法规和标准。不过，在这种标准的后面，我们似乎看到了格氏理论上的另一些来源，即除了康德主张的自我批判外，还受到了马克思的辩证法与黑格尔艺术史观的影响。尽管在文章中，格林伯格并没有直接引述他们的观点，但是，这在他相信现代主义的绘画是以螺旋形的轨迹不断上升，总有一股力量敦促其不断前进的思想中显现出来。换言之，格林伯格所说的“自我批判”并不以直线的方式前进，而是有一个辩证发展的过程，即新与旧始终处于一种砥砺与对话的状态。但是，一个新的阶段终会出现，因为有一种黑格尔所说的历史精神在催化着“自我批判”不断地超越自身。这样一来，现代主义绘画就会以自律的状态，不断推陈出新，永远保持着活力。其后，批评家迈克·弗雷德（Michael Fried）进一步发展了格氏的“自我批评”原则。[8]

虽然格林伯格将“自我批判”提升到哲学化的高度，但他并没有使其脱离西方现代艺术史的发展轨迹，也没有让它摆脱形式主义的范畴。格林伯格美术批评的一个显著特点是，他的理论大多数时候都是与西方现代绘画，特别是与抽象表现主义维系在一起的。如果按照“自我批判”的原则，现代主义绘画就应该具有以下几个基本特征。

1.重视媒介的物性表达。西方传统绘画的特点之一就是在三维的空间中呈现一种视觉表象，那么，写实主义的幻觉（illusion）体验最终会掩盖艺术的手段，掩盖艺术自身的媒介特性。现代主义绘画则反其道而行，用艺术的手段唤起人们对艺术本身的关注。现代主义绘画与传统绘画的最大区别在于，过去那些被“老大师”（Old Master）认为不利的因素，如二维的平面、颜料的物质性等，恰恰被现代主义的大师看作绘画自身的特点。在格林伯格看来，马奈创作了第一批能够称作现代主义的绘画，因为他的作品直接呈现了绘画的平面特征。于是，在马奈的影响下，一批印象派画家断然放弃了传统绘画中先打底色的习惯，直接在画布上创作。同时，他们不再给作品涂上光油，而是希望画面保持颜料管中颜色自身所具有的质感和实存性。于是，媒介的物性特质得以彰显。

2. 平面性与平面的界限。从《前卫艺术与庸俗文化》（1939）发表以来，格林伯格就坚定不移地将平面性看作现代绘画最基本的特质。但在格氏看来，不管是古典主义的大师，还是现代艺术家，他们都并没有彻底地解决这个问题。为了保持画面的完整性，古典大师通过营造三维的幻觉空间让绘画保持一种恒久的状态。因此，在欣赏古典大师的作品时，首先看到的是画的内容，然后才是一幅画。而在欣赏现代主义的绘画时，观众首先看到的是一幅画。尽管后一种方式是欣赏任何一幅绘画作品——不管是古典大师的还是现代艺术家的都是如此，但格林伯格认为，只有当现代艺术家把这种方式当作唯一的欣赏方式时，现代主义绘画的“自我批判”才算取得了成功。问题在于，现代主义绘画怎样才能维护画面的平面性呢？首先是艺术家要放弃具象物体在三维空间中的实存感。如果要描述三维空间，那么任何微不足道的暗示，如人体或茶杯的侧影，都足以引起人们对三维空间的联想。于是，现代主义绘画不得不放弃对阴影的描绘，放弃明暗对比。但是，格林伯格并不认为现代主义绘画就不可以表现具象的物体。这是一个悖论。既可以表现具象的物体，又不能将其放在三维的幻觉空间中，因为艺术家要强调绘画的平面性，那么其中的一种办法就是需要将注意力转化到具象物体的形式表达上。另一种解决办法是探索平面的界限。从表面的形态上看，不管是古典大师的作品还是现代主义的绘画，它们都具有自身的二维平面性。也就是说，所有的绘画都有自身的平面特征。只不过，古典大师用三维的幻觉空间掩盖或隐匿了这种平面性。既然现代主义绘画放弃了对三维幻觉空间的表现，于是二维平面的界限就成为一个新的问题。格林伯格谈到了两个例子：一个是塞尚，另一个是蒙德里安。为了使画面的构图能与画布的长方形形状统一起来，塞尚不得不放弃透视，以及对具象物体的描绘，而将注意力放在作品内部的形式结构与边框的协调性上。而蒙德里安的作品同样依赖于画布四边封闭的边框。换言之，现代主义绘画在强调二维平面的表达时，边框已经成为绘画的一个规范。如果将其与1955年《“美国式”绘画》中对“色域绘画”的讨论联系起来，这个问题就很好理解了，因为以罗斯科、纽曼为代表的艺术家创造性地利用了画布的边框，将边框包围的“场域”成功地转化成了二维平面的“色域”（color field）。于是，由边框形成的“大画幅”就成为作品形式表达的重要组成部分。在1962年的《抽象表现主义之后》一文中，格林伯格进一步地强调了“平面与平面的界限”问题。当格林伯格认为“一张绷着的空白画布也可以成为一幅绘画的时候”[9]，尽管他并不认为这是一幅成功的作品，但绘画的平面界限已达到极致，因为只有一步之遥，绘画就触及形式与非形式、绘画与非绘画的边界了。也可以这样理解，正是由于边框的存在，一张空白的画布才有可能被看成一幅作品。于是，“平面与平面的界限”也就自然成为现代主义绘画的一个本质属性。

3. 两种“视觉性”。尽管现代主义绘画需要回到二维平面，但格林伯格又认为艺术家可以保留具象的图像，那么作品就最终无法摆脱视觉呈现的问题。格林伯格也不得不承认，现代主义绘画追求平面性，但始终不可能达到绝对的平面。虽然不容许雕塑式幻觉的存在，却并不排除视觉的幻觉。譬如，蒙德里安的绘画就仍然具有三维空间的幻觉感，但和古典大师作品的空间幻觉比较起来，前者属于绘画和视觉的空间，而后者则是雕塑式的三维空间。所谓“雕塑式的空间”，即观众可以想象自己身临其境，能在画中行走；而现代主义绘画的幻觉空间只是供观众观看的，观众则无法进入画面。这正是两种视觉空间在表达上形成的本质区别。由于追求“绘画式”的视觉空间，所以必然导致现代绘画在观看方式上的改变。格林伯格坚信，每门艺术都有自身的本质属性。按照这种思路，现代主义绘画就应该强调它的视觉特征，而不是对三维幻觉空间的营建。毕竟，“三维性”是属于雕塑领域的。同时，假设有文学性的主题要成为现代主义绘画的内容，它也必须先转译成绘画的语言，即用完全失去文学特征的方式来转译，使其符合现代绘画的平面原则和观看方式。在格林伯格看来，新印象派对视觉性的探讨就是最好的例证。很显然，对“绘画性视觉”与二维平面的强调恰如一枚硬币的两面，它们互为表里，相辅相成。

如果完全遵从格林伯格的“自我批判”原则，现代主义绘画将会找到许多属于自身的特质。因为格林伯格坚信，“现代主义的本质就在于运用某一学科的独特方法对这门学科本身提出批判，其目的不是去颠覆它，而是使这门学科在权限范围内处于更牢固的地位”[10]。换言之，只要“自我批判”不断地延续下去，现代主义艺术的特质就会源源不断地显现出来。然而，问题是“自我批判”毕竟是一个抽象的概念，它是如何在具体的艺术创作中体现出来的呢？于是，形式的“简化”原则逐渐浮现出来。因为只有“形式简化”才能体现“自我批判”是如何推动现代主义绘画向前发展的——这在印象派、后印象派、立体主义、抽象表现主义的发展谱系中可见一斑。既然“形式简化”能找到属于各个时期绘画的本质属性，这也意味着，现代主义绘画可以通过以建立规范（norms）与惯例（conventions）的方式将它们确定下来，形成自身的传统。反过来说，也只有通过确立“规范”，现代主义的“自我批判”才能体现自身的价值，才能反映艺术史发展的上下文关系。

格林伯格曾反复强调，正是由于有“规范”与“惯例”存在，现代主义绘画才从未与过去决裂。在他看来：

现代主义可能意味着一种转移

> (devolution)，一种对之前传统所做的阐释，但这也意味着对传统的继承。迄今为止，现代主义艺术没有与传统发生缺口或断裂，无论在哪里结束，在继承传统方面，它的作用都是不言而喻的。[11]

对于艺术家而言，如果要避免脱离现代主义的范畴，就必须以既定的规范为前提，继承传统，然后在传统之上建立新的规范。这样一来，格林伯格就将“自我批判”这个抽象的概念与具体的艺术创作联系了起来。并且，明确了作为个体的艺术家与艺术传统应该保持的关系，即艺术家不能脱离传统的规范，因为规范是先在的，不以艺术家的意志为转移，只有天才型的艺术家才能打破传统的藩篱，确立新的规范。在这一点上，格林伯格与艾略特（T.S.Eliot）的观点同出一辙，因为，艾略特也认为，唯有天才才能超越传统，并形成自己的个人风格。

此时，一个新的问题又出现了。按照格林伯格的思路理解，“自我批判”是可以持续不断地发展下去的；但随着“自我批判”的发展，“规范”的定义就会越来越严密，“规范”留给艺术家的自由度就越小，因此现代主义艺术的发展道路就会越来越狭窄。这无疑是一个悖论。同时，现代主义绘画可以在“自我批判”的催化下，通过“形式简化”原则不断前进，到最后，一张绷着的空白画布也可以成为一幅绘画。虽然格林伯格也承认，一张空白的画布成为艺术品在理论上完全可以成立，但他并不认为这是有价值的。于是，这就涉及“形式简化”原则的有效性问题。也就是说，即使艺术家完全遵从“形式简化”原则，并确立了一种新的“规范”，但是，这也有可能是没有意义的。这又是一个悖论。格林伯格是如何解决这个问题的呢？在格林伯格看来，只有那些既建立了新的“规范”，又具有审美价值的作品才是有价值的，“现在和过去一样，唯一有价值的一致性就是审美的一致性，而审美的一致性并不体现在方法或手段上，只体现在结果中”[12]。实际上，在1967年的《批评家的抱怨》一文中，格林伯格就力图为自己的形式主义批评辩护，并将“审美价值”看作保持现代主义绘画品质的一个重要评价尺度，即一种新出现的样式或风格，尽管它已经完全不同于先前的状态，但在审美的品质上，却保持了同样高的水准。直到1971年《形式的必要性》一文的发表，格林伯格仍在强调，现代主义不是依靠它所处的时间、创作程序来界定自身的，而是它的价值取向——“美学价值是它最终的目的”[13]。

一言以蔽之，在格林伯格整个现代主义理论的构架中，“自我批判”是推动现代艺术前进的主要动力。但就绘画领域而言，“自我批判”是从内部生效的，即只有通过“形式简化”原则，绘画艺术才能找到自身的本质属性，如媒介性、平面性、视觉性、纯粹性等，并最终形成新的规范和惯例。但是，由于“自我批判”可以不断地向前发展，这也意味着现代主义绘画能不断超越自身，确立新的规范，并永远处于向前的发展状态。

虽然现代主义与形式主义属于两个不同的范畴，但它们有密切的内在联系。正如前文所言，尽管格林伯格提出了现代主义的“自我批判”原则，但它毕竟是一个哲学概念，它和具体的艺术流派、艺术家的个案仍无法有机地结合起来。因为它们之间还缺乏一个连接点。在格氏看来，这个连接点就是"形式简化"原则。既然绘画领域中的"自我批判"是从内部开始的，那么"自我批判"在具体的运作方式上，就包括了形式的自我批判。正是通过"形式简化"，格林伯格的讨论就和具体的艺术个案联系了起来。由于"自我批判"有其阶段性的发展，并建立了自身的"规范"与"惯例"，并且这些"规范"与"惯例"又与具体的艺术个案或艺术流派维系在一起，因此它们就能形成一种艺术史的上下文关系。实际上，"形式简化"原则可以在以下几个方面"生效"：1．"形式简化"完全符合"自我批判"的运作规律；2．"形式简化"能从一个侧面反映和体现现代主义绘画的艺术史发展逻辑；3．"形式简化"可以作为一种形式批评的方法。从某种程度上说，"色域绘画"就是格林伯格运用这种分析方法的最佳范例。

不过，有必要说明的是，形式主义批评和"形式简化"原则在本质上仍是两个不同的概念。前者是一种解读、分析现代绘画时的方法，属于批评方法论的范畴，而后者则是现代主义绘画的一种发展原则，其背后蕴含着西方现代文化的自我批判精神。这正是格林伯格形式主义——现代主义理论体系的一个特点，即他的形式主义批评并不仅仅停留在工具论的层面，而是被赋予了文化现代性的特征。并且，它是在一个现代主义的体系下，在与"形式简化"原则的有机结合的过程中才得以生效的。基于此，格林伯格的形式主义批评具有双重的维度，既是一种批评方法，又体现了现代主义绘画的艺术史发展逻辑。

从内容上看，格林伯格的《现代主义绘画》完全是一篇脱离了具体艺术史语境的纯理论性文章。实际上，它在20世纪60年代初却是一篇檄文，其使命是去捍卫现代主义绘画的艺术价值。因此，如果要讨论这篇文章的现实针对性及其产生的深远影响，我们就需返回到当时的艺术史情景中，探寻文章背后"隐匿的现实"和"潜文本"。譬如，格林伯格在文章的结尾处就流露出他对当时的批评写作和新闻报道的失望与不满：

> 艺术批评和艺术史滞后于现代主义艺术，就像它们曾落后于前现代主义艺术（pre-modernist art）一样。有关当代艺术的大多数著述都属于新闻式的，而非批评或艺术史。艺术批评属于新闻，也就是属于千年文化情结——今天的许多新闻工作者正从中遭受折磨，以至于把现代主义的每一个新阶段都作为与过去传统、惯例的决裂，并将其作为每个新阶段的起点而大加喝彩。每一次，人们都期望一种新的艺术能一改先前的面貌，能从既定的规范（norms）和趣味（taste）中解放出来，以至于每个人（不管他是否具有艺术修养）都能发表自己的看法。[14]

或许，正是这种失望与不满成为催促格林伯格写《现代主义绘画》一文的最初动机。如果进一步分析，格氏所说的"对批评的失望"，矛头之一其实是指向批评家罗森伯格（Harold Rosenberg）的。

和格林伯格对抽象表现主义的看法完全不同，罗森伯格提出的是"行动绘画"的概念。在罗森伯格眼中，"行动"的价值就在于体现了一种自由，而这种自由的价值是由政治、美学和道德领域所赋予的。同时，罗森伯格认为，由于艺术家是围着画布展开"行动"的，这就意味着观者欣赏的也不再是艺术家创作的画面，而是艺术家连续不断的身体运动和创造行为。而且，艺术家的创作行动和与其自身的生活是密不可分的，因此艺术家的创作过程实际上是在打破艺术与生活的界限。

然而，格林伯格却认为罗森伯格的观点十分荒谬，如果将"行动"当作唯一的目的，将"绘画当作一个事件"，那么作品的形式就不再具有任何实质性的意义，形式仅仅是"行动"的"副产品"。这样一来，艺术就不再与形式表达有关、不再与传统相维系，而且，艺术与非艺术的界限也将变得模糊。其实，最让格林伯格头痛的是，罗森伯格在《新的传统》（*The Tradition of the New*，1959）一书中宣扬的观点。在这本文集中，罗森伯格强调了前卫艺术的"新"的价值：

> 知名的"现代与传统的断裂"已持续了很长的时间，足以形成属于自己的传统，自波德奈尔（Baudelaire）提出从往日记忆那狭小世界逃离的人，一起去探寻新事物算起，至今恰巧是一百年时间。自那时起，产生了一种艺术，若不论实际创作者的信条，其历史涵盖了从一个前卫艺术家到另一个艺术前卫家之间的跳跃，以及社会机构与个人的全新革新为目标的政治上的群众运动。[15]

实际上，早在1952年的《美国行动绘画》一文中，罗森伯格就已经将艺术家通过反叛来创造一种"新"的艺术与当时流行的个人主义思潮联系起来讨论了，"个人神话的张力，就是这种前卫艺术家的绘画内涵。绘画上的行动，源于当画家第一次发现自己已经摆脱既有的价值之后……"而且，他还特别指出：

> 一种优越的价值已经出现在这个时代，新的价值，而且有一些人和事物体现出这种价值……由于成为现代艺术的唯一理由就是"新"，而且因为这新的问题并非取决于分析，而是社会权力与教育，前卫画家便是处于其作品内涵全然不相干的场域中显现出来。[16]

虽然罗森伯格并不认同"新"与激进政治之间具有联系，但是，作为一种艺术价值，"新"已经在美国前卫艺术中形成了自身的传统。

不过，格林伯格也同样主张"创新"，但就"新"所具有的价值与意义来说，两人的观点在本质上是冲突的。格林伯格强调的"新"是在一个"规范"的前提下，按照绘画的"形式简化"原则层层推进，其结果的"新"最终与传统是密切维系在一起的；而罗森伯格的"新"却与传统完全断裂，“新”（new）即意味着艺术家的彻底反叛。格林伯格之所以不认同罗森伯格的观点，就在于，如果按照罗氏的理论，现代绘画就将丧失自身的传统，变得毫无意义，而艺术家在片面求“新”的过程中，最终会走向虚无主义。所以，格林伯格坚定地认为：

> 我们时代真正的艺术并不像连续性断裂的观点所说的那样。艺术像其他事物一样，都有自身的连续性，如果没有这种连续性，简直是无法想象的。如果没有艺术的过去，如果不需要也不强制保留以往艺术杰出性的标准，那么，像现代主义这样的事是完全不可能存在的。[17]

当然，罗森伯格对“新”的宣扬并不是空穴来风，因为20世纪60年代初美国艺术界已经涌现出以波普、极少等为代表的“新艺术”。然而，对于格林伯格而言，他不仅要在理论上驳斥罗森伯格，而且需要针对当时的“新艺术”提出批评性的意见。这正是促使他为现代主义绘画“立法”的真正动因。格林伯格在后来的《前卫的态度：60年代的新艺术》（1969）中，谈到了他对60年代美国艺术的整体印象，这正是《现代主义绘画》一文背后“隐匿的现实”，即存在着一个鲜活的艺术史情景。在格林伯格看来，60年代初以来的美国艺术是无比混乱的：不同的艺术媒介在扩张，绘画转化成雕塑，雕塑变成了建筑、工程、环境，等等；不同艺术的边界开始趋于模糊，而且艺术与非艺术的边界也正在消失。同时，科学技术进入视觉领域，并改变了艺术的创作和审美方式。更让人迷惑的是，高级艺术（high art）正在变成流行艺术（popular art），而流行艺术也企图成为高级艺术。[18]也就是说，当时美国的前卫艺术几乎丧失了自身的价值标准，而唯一判断的依据，就取决于作品是否是“新”的。正是在艺术家盲目求“新”的过程中，导致艺术陷入了一种混乱状态。格林伯格将其看作“新的策略”。同时，他认为，一个人可能在一个特定的时刻知道“in”的意义，但并不容易懂“out”的意味。换言之，在50年代的时候，一个艺术家只要是反学院的，他就是前卫的。但60年代的艺术史情景已发生了剧变——学院艺术发生了改变，前卫艺术的阵营也形成了新的格局。在这种情况下，如果艺术家要保持一种前卫状态，那么，前卫艺术就需要反对前卫自身。[19]正是从这个角度去考虑，我们就可以理解格林伯格为什么要站出来为现代主义绘画辩护，为其制定规则，并反复强调现代主义绘画与传统之间的内在联系了。唯其如此，现代主义绘画的根基或传统才不至于在反传统的、盲目“求新”的艺术思潮中消失殆尽。从某种程度上说，格林伯格为现代绘画“立法”的目的之一，就是为他所倡导的现代主义绘画进行辩护。由此，美国艺术界的现代主义传统得以建立起来。

注释

[1] Clement Greenberg, “Modernist Painting”, *The Collected Essays and Criticism*, Vol. 4, Edited by John O’ Brian, 1993, p.85.

[2] Ibid., p.85.

[3] Ibid., p.85.

[4] Ibid., p.86.

[5] Ibid., p.87.

[6] Ibid., p.86.

[7]克莱门特·格林伯格:《走向更新的拉奥孔》，载易英主编《纽约的没落——〈世界美术〉文选》，河北美术出版社2004年版，第37页。

[8]后来，格林伯格的追随者迈克·弗雷德在《三个美国画家》(1965)的文章中，对现代主义绘画的运作规律进行了深入的阐释。参见 Michael Fried, "Three American Painters : Kenneth Noland, Jules Olitsski, Frank Stella", *Art and Objecthood—Essays and Reviews*, Chicago Press, 1998, p.217-218。

[9]参见 Clement Greenberg, "After Abstract Expressionism", *The Collected Essays and Criticism*, Vol. 4, Edited by John O' Brian, 1993, p.131。

[10] Clement Greenberg, "Modernist Painting", *The Collected Essays and Criticism*, Vol. 4, Edited by John O' Brian, 1993, p.85.

[11] Ibid., p.92.

[12] Ibid., p.91.

[13]参见 Clement Greenberg, "Necessity of 'Formalism'", *New Literary History*, Vol. 3, Autumn, 1971, p.171。

[14] Clement Greenberg, "Modernist Painting", *The Collected Essays and Criticism*, Vol. 4, Edited by John O' Brian, 1993, p.93.

[15] Harold Rosenberg, *The Tradition of the New*, New York : Horizon Press, 1959, p.11.

[16] Harold Rosenberg, "The American Action Painters", *Reading Abstract Expressionism*, Yale University Press, 2005, p.197.

[17] Clement Greenberg, "Modernist Painting", *The Collected Essays and Criticism*, Vol. 4, Edited by John O' Brian, 1993, p.93.

[18]参　见 Clement Greenberg, "Avant-Garde Attitudes : New Art in the Sixties", *The Collected Essays and Criticism*, Vol. 4, Edited by John O' Brian, 1993, p.292。

[19] Ibid., p.299.

本文载于《美术研究》2009年第4期

何桂彦，1976年生，四川射洪人。2009年毕业于中央美术学院人文学院，获博士学位。四川美术学院美术学系教授。

“寻源问道”漫议

余　丁

中国油画在改革开放30年间的大发展、大繁荣可能是中国近百年来从未有过的；油画自传入中国400多年来，也从未有过今天这般的盛景。也就是在这短短的30年间，中国油画也因当代艺术的发展，多种媒材在艺术创作中的普遍运用而遭受了前所未有的挑战。艺术的边界不断被拓展，也使得人们怀疑油画作为画种存在的理由。在当代艺术中，油画被当作众多表达观念的媒介之一，使得油画之为油画的独特性被忽视。当代艺术对于图像的“崇拜”胜过了对于媒材特质及艺术语言的关注，以至于很大程度上不再对艺术之好坏作价值判断，而把艺术作品当作图像和观念的载体。资本对于艺术的渗透，艺术市场上作品价格的飙升成为当代艺术发展的猛药。

在这样的背景下，继承和发展油画的传统，建立油画的中国学派，成为一种难得的呼声。“寻源问道”反映了中国油画界一种明确主张，而“寻”和“问”的过程，其实兼具创作和研究双重任务。事实上，在面对油画问题时，每个人都在寻找解决问题的办法。大而言之，如果把艺术看作一种人生目标，每位艺术家都会有接近真理的方法，而正是那不同的方法，使艺术作品呈现出不同的面貌。

一、油画“寻源”：一种文化态度

源，对于油画创作来说至少有两种解释，一为自然，一为本体。前者是指油画所要描绘或者表达的对象，后者则是指油画之为油画的属性。若为前者，恐怕不为油画所独有，举凡艺术，都离不开自然之源，因此，这里所说的“源”多半是指后者。

寻找油画之源，是近百年以来中国人一直在做的事情。然而对源的理解，不仅在不同时代、不同的环境有很大的差异，即使在同一时代，因为观念不同也充满争论。中国油画曾经有三次“寻源”的学习热潮。第一次，即20世纪初的留学西欧与日本；第二次，是20世纪中的学习苏联；第三次，则是20世纪末的西方现代艺术热。[1]

20世纪伊始，一批留学生前往欧美和日本，就是去寻源的。1881年，李铁夫赴美国追随萨金特学习油画。1905年，李叔同东渡日本学习油画。其后有李毅士、李超士、林风眠、徐悲鸿、庞薰琹、常书鸿、倪贻德等中国油画的先驱者们外出寻源。虽都是寻源，然而目的不同，对油画的看法也不同。

以徐悲鸿为代表，把油画看作改良中国画的

方法，着眼于油画的技艺法度，数十年间坚持引入西方写实主义；把自文艺复兴以来，到19世纪法国现实主义油画看作中国新艺术之源；把如实再现生活作为艺术的衡量标准。由此产生也确定了中国现实主义油画的基础。同样是到西方寻源，刘海粟和林风眠等人却有所不同，他们把当时欧洲正在发生的艺术革命看作中国艺术之源。刘海粟号召人们做“艺术叛徒”，要“革传统艺术的命”，把凡·高等艺术家的后印象主义风格作为油画之源；而林风眠则把欧洲古典艺术、印象主义以及野兽派与中国艺术传统一起视为自己的艺术之源，创造了一种融合中西的独特表现方式。

在20世纪初美术革命的洪流中，对于不同源头的选择形成了传统、西化、融合三种不同的流向，而对每一种流向的选择，都无法舍弃立足中国传统文化来审视西方艺术的立场。[2]三四十年代由于抗战的需要，现实主义逐渐成为主流，直到新中国成立以后，徐悲鸿所提倡的现实主义逐渐与延安的革命现实主义结合起来，形成了新中国油画的主要面貌。在社会主义的意识形态下，中国油画都在欧洲油画的“源头”中寻找答案。从库尔贝、米勒到委拉斯贵支、伦勃朗，再到达·芬奇、米开朗琪罗都成为中国现实主义油画之源。而印象派及其之后的艺术则被视为资产阶级的反动腐朽的艺术。当然，现实主义油画还有一个更近的源头，那就是苏联和俄罗斯油画。50年代在油画教学上引进苏派体系，除了具备社会主义文艺思想的意识形态合法性以外，更重要的是在艺术上看重自俄罗斯巡回画派以来的现实主义传统。中国油画这一“全盘苏化”的历史，可以被看作自20世纪以来第二次向欧洲学习的高潮。

与此同时，油画的民族化被作为一个重要问题提出来，并在油画创作中有所呈现。自董希文先生创作《开国大典》之后，在油画中运用民族形式和表现民族风格成为50年代末到60年代的一种风气和潮流。中国传统艺术中的审美因素被有意识地运用在油画的创作当中，并在美术学院的油画教学中体现。

70年代末80年代初，中国艺术界对现实主义有了新的认识与理解，在油画中出现了乡土写实主义和伤痕美术。美国画家安德鲁·怀斯的作品在80年代初被介绍到中国来，那种清新写实的画风深受当时年轻艺术家们的喜爱，由此掀开了中国油画第三次向欧美寻源的序幕。

80年代中期，中国油画界出现了古典写实的画风，许多中青年画家在这个方面进行了深入的探索。许多艺术家认为，学习欧洲的艺术遗产，应该从源头学起；中国油画几十年的发展并未学到真正的油画，也未真正掌握西方油画的技法，应该为中国油画补上这一课。80年代古典写实画风的领头人是后来担任中央美术学院院长的靳尚谊先生，他的《塔吉克新娘》《青年女歌手》《瞿秋白》等作品对中国油画界产生了很重要的影响。他的要为中国油画“补课”的主张[3]，影响了杨飞云、孙为民、王沂东、朝戈、韦尔申等一代画家，并在全国掀起了研究油画材料语言和技法的风气。这一次向欧洲油画寻源的思潮是空前的，尽管刚刚开始改革开放，但许多画家已经有机会出国去亲眼看见欧洲油画大师的原作，一时间各种有关材料技法方面的著述被翻译成中文出版，许多专业刊物，如《世界美术》等开设了专门的材料技法的栏目。这次寻源既有技法层面的，也有观念层面的——用纯正的油画技法表达中国人的思想情怀，是这次寻源之后中国油画界的共识。杨飞云、孙为民、王沂东、艾轩等人都在油画创作的题材与技巧的表达的贴切上下功夫，创作出了那个时期具有代表性的写实油画作品。

与此同时，80年代中期“新潮美术”运动蓬勃兴起，“85新潮”是传统与现代、西方与中国在艺术观念、艺术形式等方面的一次激烈交锋。如同20世纪初一样，油画再一次被看作艺术变革的重要载体或者媒介，但不同的是，这一次把西方现代主义看作美术运动的源泉，在短短几年内，把西方现代艺术的各个流派都做了一次演练。这一次寻源更多的是观念的变革，在全国各地以群体展览的形式出现，在思想上表现为对各种西方现代主义思潮的全面接收，在创作上表现为对西方现代主义诸流派艺术形式的模仿。从展览宗旨、群体性口号和艺术观念来看，大体可归纳为三种倾向：1. 提倡理性精神；2. 直觉主义与神秘感；3. 观念更新与行为主义。[4]“85新潮”可以被视为以油画为主体的中国现代主义运动，它也是西方现代主义艺术的普及运动，对西方现代主义的顶礼膜拜导致有人提出“全盘西化”的观念。而这一次寻源的结果，是为90年代中国当代艺术的发展铺平道路。

20世纪中国油画三次寻源的浪潮，每一次因时代要求不同、艺术观念不同而有不同的选择，因此寻源是一个动态的过程。寻源是为今天的艺术寻找发展的方向，寻找合法性。然而寻找合法性只是一种策略，寻求艺术真谛才是根本。在20世纪的前两次寻源都有较为明确的动机，而在最后20年，中国油画面临了更为复杂的文化环境，对“源”的理解也就变得更为复杂。有人说现代主义在西方已经有百年历史，已经合法地成为今天的艺术之“源”，还有人认为今天强大的中国应该回到中国传统文化之“源”，要建设油画的中国学派。总之“寻源”代表了一种艺术理想，总是希望在回眸历史中发现接近真理之路，它代表了一种对文化的态度。

但是，上面所说的态度在当代艺术迅猛发展的今天显得“保守”，当代艺术对于艺术边界的拓展，对于图像的追捧，使得很多人认为艺术即图像。图像的泛滥导致对艺术本体的忽视，因为可以承载当代艺术图像的媒介实在是太多了——影像、多媒体、网络、新材料、新技术——媒介之为图像载体的可能性每天都在发生，油画只是其中的一种而已。对于图像之媒介可能性的探索无一例外地要求与众不同，与以前的艺术都有差别，因此“寻源”被认为可能限制一种新的可能性，当然就成为多余的事情。

由此我们只能把“寻源”当成一种艺术方式，一种态度，这种方式和态度仍然要求保持艺术之为艺术的独立性。换言之，今天的中国油画“寻源”绝非只是寻找图像的表达方式，而是希望发掘油画自身的特有表现力。[5]这并不意味着艺术的枯死，或者停滞不前。因为即便人们把寻源当作一种方式和态度，仍然会基于不同的艺术观念、主张和追求，寻找不同的源头。就像大卫、安格尔把古希腊、罗马和文艺复兴的艺术当作源头，而毕加索、马蒂斯把东方的、非洲的和原始艺术当作源头一样，古典主义者和现代主义者们以不同创造使油画呈现出不同的魅力。油画艺术的丰富多彩以及多种可能性已经被艺术史充分证明，这就是在现代主义之后，当艺术终结和绘画死亡之声不绝于耳，西方艺术在20世纪80年代重返架上绘画、回归欧洲传统的原因。油画在80年代又一次成为西方后现代主义和当代艺术的“发动机”。

这样看来，“寻源”作为一种文化态度，支撑着艺术史的更迭与转换。现代主义者们强调绘画之为绘画的独立性，把绘画从文学的描述性和雕塑的三维幻觉中解放出来，他们会把塞尚、马奈甚至大卫作为起点；波普艺术家们强调大众消费文化和现成品的观念，他们会把杜尚等人的观念作为起点；而当代形形色色的行为和观念艺术家们则可能会把博伊于斯作为起点……无论是现代或是后现代、艺术或是反艺术，寻源为今天的创造找到了根，找到了可靠的文化解释，这种文化态度支撑着当代艺术合理的延续。

二、问艺术之“道”

波德莱尔在《现代生活的画家》一书中谈到了对于美、艺术和现代性的看法：“美永远是一种双重构成……构成美的一种成分是永恒的、不变的，其多少极难确定，另一种成分是相对的，暂时的，可以说它是时代、风尚、道德、情欲……”而“艺术的两重性是人的两重性的必然结果，如果你愿意的话，那就把永远存在的那部分看作艺术的灵魂吧，把可变的部分看作它的躯体吧”；“现代性就是过渡、短暂、偶然，就是艺术的一半，另一半是永恒和不变。每个古代画家都有一种现代性……”[6]波德莱尔所说的存在于艺术当中永恒的、不变的、永存的东西，用中国人的话来说就是“道”。

正如中国最早论“道”的经典之一《简易道德经》里所述：“简，道之根；易，经之本。道，事物之行径。……简生道，道法于自然，失道无恒，循道而长。”简是自然现象所依的最基本规律，道以这个规律为根本就成了事物的行径。换言之，道即真理，是产生一切形式的根本，也是主宰一切形式的根本，在艺术中正是那永恒、不变的东西。

今天，假如我们能够对波德莱尔提问，用一系列的追问来构建一种有关艺术之“道”的逻辑架构。1.当代艺术日新月异，它仍然具有永恒性吗？艺术需要永恒吗？2.如果永恒性是艺术的一种特性，是艺术的一半，那么永恒性的缺失是否意味着艺术的死亡呢？3.如果永恒只是一半，那么缺了另一半，也就是那些过渡、短暂、偶然的时代、风尚、道德、情欲……艺术也会死亡吗？

其实在波德莱尔的逻辑中，艺术由两部分组成，缺一不可。永恒与风尚、时代与经典是相互支撑、相辅相成、不可割裂的，这才是真正的艺术之“道”。艺术离不开时代，而每个时代都可留下永恒的东西，真理永远会隐藏在时代表象的背后，时代和风尚是真理的载体，用今天的批评术语，可以说图像和与之相关的艺术语言是真理的载体。这种观念在中国古已有之，例如，中国南朝时宗炳在《画山水序》中说：“夫圣人以神法道而贤者通，山水以形媚道而仁者乐。”传统山水画从一开始就奠基于“道”这一形而上的追求，而指出自然之形只是“道”的载体，在宗炳那里“道”其实是天道和人道的整合，是自然和人文的融合。由此看来，“问道”，是把艺术作为一种精神活动，通过艺术创作和活动，来寻求真理。

“问道”作为一种艺术追求，曾在西方艺术史上的不同阶段以不同的方式呈现出来。西方艺术来源于两个传统：一个是古希腊罗马的传统，以写实的方式再现现实，塑造和描绘永恒的美；另一个则来自希伯来的基督教传统，以抽象和符号获得移情，展现宗教精神。文艺复兴以来的艺术基本上继承和发展了前一种传统，把再现自然作为艺术的根本任务，就像达·芬奇所说，把艺术当作自然的一面镜子。艺术家们在追求对自然的再现过程中很难把“问道”作为一种艺术创作的精神命题有意识地提出来，但可以从艺术家的创作中找到影子。如文艺复兴三杰的作品中所蕴含的精神内涵，人文主义思想情怀，都可被视为对真理的追求在视觉艺术中的表现。这个时代对真理的追求，更多地表现为对人的关怀，以及对科学的追求，以实证为基础的科学精神被视为真理的一部分。事实上，科学精神也是人文主义的一种体现，是基于怀疑论而后希望通过实证来探索世界的本质，这种思想观念体现在艺术当中就是解剖和透视的广泛运用。在文艺复兴及其之后的相当一段时间内，再现性的写实艺术追求真实的描述，这些真实是基于人的生活的真实，而不是神的真实。换言之，追求艺术“真实”在一段时间内被等同于追求艺术“真理”。艺术真实当然不同于生活的真实，西方艺术理论在这一点上曾经有大量的著述。在艺术真实中，真、善、美的表达曾经被认为是绝对的真理，尽管每个时期对真、善、美的理解不同，并各有偏重。因此，西方油画在相当一个时期内是把追求科学和人文作为艺术之“道”的，并通过一整套图像系统、语言和技巧系统，以及不同的风格体现出来。

西方艺术中自觉把“问道”作为一种命题，是18世纪以后的事情。它表现在18世纪以来的美学著述和艺术批评当中。在这些著述中，艺术中美的价值显然被抬到了一个很高的位置。英国画家荷加斯在他著作《美的分析》中说：“美之所以为美，可以寻到一些规则：适应、多样、单纯、统一——所有这一切，都参与美的创造！”[7]对美的追求也在19世纪被当作艺术追求的根本，这一时期，美又与崇高联系在一起，在创作中表现在新古典主义的油画中，如大卫、安格尔的作品。而在理论上也有相当的论述，如康德把他的“审美判断力批判”分成了“美的分析”和“崇高的分析”两个部分，他显然是把美和崇高当成两个范畴。事实上，在西方美学史上，所谓“美的真理观”在尼采之前并未得到充分论证，“美”与“真”是断裂的[8]，真、善、美在哲学和美学理论著作中被区分为不同的范畴，而在艺术的创作中又被联系在一起。因此，我们可以了解，在西方古典的艺术观念中，美被当作永恒而存在，美就是绝对真理，对美的追求其实就是“问道”。

这么说仍然有些片面，因为直到尼采时代，才开始把美（艺术）与真理联系起来考察，尼采采取了最激进的形式来反对从柏拉图开始的欧洲形而上学传统，艺术与真理的关系亦被“翻转”过来，从而试图彻底颠覆传统的思维框架。[9]尼采对待艺术与真关系的看法是：以人生的眼光考察真理，用艺术家的眼光考察真理和科学。[10]尼采认定艺术的感性比起超感性的真更加真实，认为艺术作为存在的基本发生比认知真理更有价值。尼采对美与真理的论断为存在主义者海德格尔铺平了道路。在海德格尔看来，“艺术就是真理的生成与发生”[11]。因此，他认为“美的真理”实质上就是一种生活真理，作为能显现“本真生活”的真理形态，它的本质规定应该是“自由”，这是因为，“真理的本质乃是自由”[12]。海德格尔为我们确定了这样一种逻辑推断：艺术—真理—自由。一方面，真理自行置入美和艺术之中，也就是说美的本质在于存在之真理；另一方面，真理又以自由为其本质，这样就可以推论出美（艺术）的“本质之本质”是自由。换言之，“美的真理”的本质是自由，或者说，艺术之“道”就是自由，“问道”的过程，其实就是追求精神的自由与解放的过程。

尼采和海德格尔等人关于艺术与真理的论述并不是凭空产生的，自19世纪末以来，西方的艺术家们不断通过艺术创作来寻找真理。艺术家“问道”体现在对艺术本质的思考：艺术到底是什么？它的边界何在？后印象派画家凡·高和高更都以自己的方式，回答了艺术是什么的问题，凡·高还付出了生命的代价；而马塞尔·杜尚对艺术边界的拓展影响了好几代艺术家，他对于艺术本质的思考与实践，其实也是一种“问道”的过程。在杜尚看来，艺术自由是艺术的终极目的，因为人是自由的。当然，20世纪形形色色的现代主义者们，都在探讨一个问题，那就是如何通过艺术达到精神的自由境界，把人生变为艺术。但是追求自由并不意味着胡为，因为艺术所追求的精神自由不同于一般意义上的行为自由。精神自由是一种有规律的精神活动，是通过一系列的有规律的行为来达到的。也就是说，艺术之“道”是有规律的，“道”的背后揭示的是艺术的规律，艺术规律及其标准是能否达到自由的基础。

上面所说的，正是中国当代艺术发展过程中所缺失的或者偏离的东西。当代艺术把追求艺术自由理解为对传统、体制、意识形态的反动，图像成为当代艺术家们追求自由的工具。但是图像不同于艺术，因为图像是指特定的空间中包含特定的时间，它的本质是叙事的。因此，图像是具体的、过渡的、暂时的，而不是永恒的；是波德莱尔所说的时代和风尚的，而不是不变的。图像中既不蕴含真理，也就不可能获得自由。

总之，“寻源问道”在今天有着重要意义。因为，假若当代艺术的根本目的还是寻求人的自由，无论它采取何种媒介，都应该可以做出价值判断，而不只是叙事，这要求我们仍要尊重艺术的规律。

三、中国油画该研究什么

如上所述，中国油画的发展是在“寻源”中找到规律，在“问道”中寻求自由。那么我们该研究什么呢？

从文艺复兴开始，艺术家的研究就从未间断过。达·芬奇研究科学，研究人体解剖和透视学的原理，他的素描以线为主，画得十分清晰，科学精神要求每个地方都是清晰可证的，他的作品的确都是建立在科学研究的基础之上。17世纪的法兰西学院，以古希腊罗马的艺术和文艺复兴大师作为研究对象，通过临摹古代雕塑和拉斐尔等大师作品，确立了一整套绘画的标准。这套标准影响了18—19世纪的新古典主义和学院主义，理性的研究确定了美的标准。而几乎所有的再现性绘画，都是建立在科学理性的研究基础之上的。即使到了印象派时代，对于光和色的研究也是基于理性的，这在新印象派那里达到了极致。而此后，塞尚不满足于再现自然，他把艺术看成与自然平行的和谐体，他不断研究构图，并不断重复同一母题。他们不再像达·芬奇那样去研究自然物象，而是研究绘画本身，它的形式因素——色彩、线条、构图等。毕加索继承了塞尚的研究，1907年，也就是在塞尚去世的第二年，他创作了《亚威农少女》作为向塞尚致敬之作，为了创作这件作品，他用木炭、水彩、油画等画了30多幅草图，做了许多形的分析和研究工作。现代主义者们也做创作的研究，如未来主义者研究运动及其在油画中的表现方法，荷兰风格派研究几何形与画面构成之间的相关性，超现实主义者研究梦境和无意识……

我们看到，艺术史上每次研究的内容都不相同，研究之后都会有所创新。前面谈到，为了创新，很多艺术家都有“寻源”过程，也就是寻找自己的艺术起点。但是寻源绝不是对前人艺术的模仿，否则就无法超越。一味地模仿前人，只能使艺术陷入僵死变得毫无生气。艺术史上的“创新”逻辑，其实是艺术进步论的逻辑，在这一逻辑中，旧的艺术会被超越。同样，在这种逻辑中，艺术会有起点，也就是所谓的“源”，也会有终点，也就是艺术的终结与死亡。有新艺术，也当然会有旧的艺术。艺术进步论意味着任何艺术都有生命周期，在这个周期中，对美和真理的追问总是处在局限之中。所以，对艺术永恒的追求，对精神自由的渴望，应该超越进步论的束缚，这就意味着“新”不一定是好，因为“新”不代表永恒，创新只是为了寻找一种求“道”的可能性。这样看来，“寻源问道”的命题应该是反艺术进步论的，因为“问道”，即追求绝对的真理（精神的自由）才是艺术的终极目标。

在这样的语境中，油画研究的核心问题不再是创新问题。我们可以在这里罗列油画研究的对象。1.研究自然。从达·芬奇到莫奈都这么做过，西方人把自然看成客观对象，把艺术的主、客体看成一个二元对立结构，而中国人则把自然与心灵结合起来，称为“外师造化，中得心源”，也就是对客观对象的观察与研究，要与内心的感悟联系起来。2.研究油画的材料和技法。从坦培拉技法到尼德兰早期文艺复兴时期改善油画的媒介，再到印象派的直接画法，这些材料和技法的变革，总是伴随着艺术的变革——题材、风格总会因材料技法的变化而不同。3.研究风格和观念。风格与观念往往是艺术更新的逻辑起点，风格形成当然有较为复杂的原因，与地域、时代、艺术家个性、观念都有关系。4.研究图像。在艺术史上，许多艺术家总是研究和利用前辈艺术家作品的图像并有所创新，如马奈研究提香和乔尔乔内的图像，创作了《草地上的午餐》和《奥林匹亚》。5.研究语言。语言往往是个人化的，却又与题材、主题、母题、形式、情感等有着更为内在的联系。

在上述的各种研究中，客观对象研究、材料技法研究、风格观念研究，以及图像研究都可能是艺术创新的有力武器，这些都成为中国当代艺术研究的主要对象。特别是图像，更是成为当代艺术的重要目标。中国当代艺术的图像泛滥，使得艺术批评也把图像转向作为当代艺术的观念核心。然而，正如前面所述，图像是具体的和暂时的。图像的本质虽然是叙事的，但是它却会随时因时间和空间而产生变化，因而图像不可能成为真理。尽管在艺术进步论逻辑中图像是一个极为重要的变革因素，但是艺术的永恒却不完全依赖于图像，而更多地依赖于语言。

显然，在任何艺术门类中，语言都是表达精神自由的工具。对于图像而言，语言构成了叙事的方式。相同的图像以不同的语言表达，可能会有不同的意义。语言作为作品形式的基本构成要素，包括线条、形状、色彩和色调，等等。语言有多种表达方式，如写实、表现、抽象、象征、隐喻、夸张，等等。语言作为艺术表达方式，具有独立的审美价值，因而更能够接近真理。语言的自由表达，其实也就是精神的自由表达，它更加接近"道"。在当代艺术语境中，对油画语言的研究应该成为中国油画特别关注的焦点。当我们放弃进步论，不再把中国油画当作西方油画的革新者或者中国画的改良工具，我们就应该更加关注油画语言的独立性，而非中国式的图像的特殊性。建立中国油画的独特语言，就是聚焦于中国人的精神方式，以中国的方式表达对于自由的理解，进而获得真理，而真理是属于全人类的，是不分国界和地域的。当中国油画有了自己的语言表达方式，并让不同国家的人通过这种方式接近真理的时候，我们的当代艺术就会不只是依靠图像来吸引人的眼球，中国的油画艺术就会具有永恒的魅力，就像那些感动世界的汉唐艺术一样，成为人类共同的文化财富。

注释

[1]詹建俊:《中国油画的处境与选择》，载《新时期中国油画论文集》，岭南美术出版社2005年版，第35页。

[2]梁江:《本土化——百年中国油画的主题词》，同上书，第42—43页。

[3]殷双喜:《中国油画的引进与发展——靳尚谊访谈录》，《美术研究》2000年第2期。

[4]高名潞:《85美术运动》，同注[1]，第77—79页。

[5]同注[3]。

[6]波德莱尔:《现代生活的画家》，郭宏安译，浙江文艺出版社2006年版。

[7]威廉·荷加斯:《美的分析》，杨成寅译，佟景韩校，广西师范大学出版社2002年版。

[8]刘悦笛:《美的真理观:"共识观"与"解释学"的统一》，《哲学动态》2006年第8期。

[9]同上。

[10][德]尼采:《悲剧的诞生》，周国平译，生活·读书·新知三联书店1986年版，第272页。

[11]Martin Heidegger, *Poetry*, *Language*, *Thought*, Harper & Row Publishers, Inc., 1975, p.71. 中文转引自刘悦笛《美的真理观:"共识性"与"解释学"的统一》，《哲学动态》2006年第8期。

[12][德]海德格尔:《论真理的本质》，载孙周兴选编

《海德格尔选集》(上)，上海三联书店1996年版，第221页。

本文载于《美术研究》2009年第4期

余丁，1968年生，江苏武进人。2000年毕业于中央美术学院美术史系，获博士学位。中央美术学院艺术管理与教育学院院长、教授、博士生导师。

1970年以来的西方艺术理论概览[1]

[美]詹姆斯·艾尔金斯/著　陶　铮/译　沈语冰/校

[校者按]2009年5月，我在北京召开的“中际论坛”上有幸结识芝加哥艺术学院艾尔金斯教授，蒙其不弃，答应我就值得翻译的西方艺术史、艺术理论与批评的著作为我提供咨询，并撰写有关西方艺术理论与批评发展的最新趋势的文章，作为我正在主编的《艺术理论与批评译丛》的序言之一。这就是本文的第一个版本的缘由。适值国内某刊物约我主持一个“西方当代艺术理论与批评”的栏目，请我邀约国际知名学者撰稿。我再约艾尔金斯教授，于是有了眼下这个扩展了的版本。出乎意料的是，该杂志以本文更像一个书单，而不像一篇专业论文为由拒绝发表。我意识到此文所提供的信息，对于国内美术史、美术理论与批评的研究来说，具有极其重要的向导作用。而艾尔金斯教授的慷慨善意，也绝没有辜负之理。于是，借《美术研究》杂志予以刊出，以示文献信息之重要，不敢自秘也。我希望本文对我国美术研究者(特别是研究外国美术史的学者和研究生们)具有积极的参考价值。当然，文中的观点与视角都是个人的，这一点自不待我多言。

这是一篇特别的文章，并非通常发表的那种。我认为无法用任何一门西语在三千字以内写出概述西方艺术理论主要潮流的文章。一本叫作《简明艺术史导论》(*Very Short Introduction to Art History*)的书有三万字，还有一些艺术术语词典。在英语世界里，人们使用《艺术史关键词》(*Critical Terms For Art History*)，即便它没有收录任何亚洲艺术批评的词条而受到日本学者Shigemi Inaga的批评。[2]学生们可以查阅几本词典，它们提供一些专有名词的释义，诸如符号学、精神分析批评和性别研究等，但并不是艺术史意义上的。[3]现如今没有这样一篇文章面世，其基本原因或许是，没有人会信任任何一个单独作者所写的东西。所以如果本文不够准确，请读者谅解。但我希望它至少有所帮助。

在这篇文章早一点的版本里，我把20世纪以及21世纪的艺术理论分成8个运动。此次我选择了17个标题。我本无意写成名单的形式，但是事实上西方艺术理论像一棵树一样生长着：它有许多分支，所有的分支都延伸至当下。因此以名单来介绍是一个好办法。除了前两个标题，后面15个标题并没有按照年代顺序排列，因为人们还在以不同的方式运用它们。

1.现代主义。始于不同的欧洲国家而面貌各异。例如在英格兰，现代主义始于罗杰·弗莱、克莱夫·贝尔，以及围绕着弗吉妮亚·伍尔夫的圈子。在法国始于阿波利奈尔、雅克·里维特，以及其他了解立体派及达达派艺术家的作者。[4] 现代主义不是艺术史上的一个理论，而是影响了盛期现代主义批评的一套概念。我列在这里，是因为它是盛期现代主义批评的背景，仍被艺术史沿用。[5]

2. 盛期现代主义批评。在西欧和北美艺术理论界，它与克莱门特·格林伯格有关，也经常与哈洛德·罗森伯格、托马斯·海斯及其他秉持格林伯格形式主义的批评家联系在一起。迈克尔·弗雷德在许多方面扩展了格林伯格的工作，尽管他更多的是从历史的角度进行研究，同时运用不同的后结构主义模式[他的《库尔贝的现实主义》(*Courbet's Realism*)与《写实主义、写作及畸形》(*Realism, Writing, and Disfiguration*)对精神分析、文学批评及其他后结构主义思潮下了很深的功夫]。盛期现代主义批评家们对艺术作品的视觉效果以及它产生的迅疾而自发的视觉冲击感兴趣；一般来说他们较少着力于政治、性别、身份、社会背景以及许多作为对盛期现代主义的反映而涌现出来的关注(这些关注在本文剩下的部分列出)。盛期现代主义的一个主要特征——并不总是由盛期现代主义批评家构建出来——是它对清晰的论辩的承诺。弗雷德和格林伯格都善于发表可供争辩的言论，而早期现代主义批评家们却只能提供笼统的描述或暗示。需重点指出的是，格林伯格对世界范围的许多地方很少或没有影响力，包括中南美洲，南欧(西班牙、意大利、希腊)，中东，俄罗斯和非洲。同样值得注意的是，弗雷德与艺术史是脱节的，他与这个学科内的许多潮流都没有关联。[6]

现代主义与盛期现代主义批评是近30年使用的艺术史理论的起点，因为许多理论都可以被理解为对现代主义的回应。然而我在下面率先列出的4种艺术史理论并不直接或专门针对现代主义或盛期现代主义批评。而之后到本文结束的理论按惯例都被理解为对现代主义或盛期现代主义批评的回应。

3. 女性主义(批评)经常被分为三波"浪潮"。第一波女性主义者是指最初那些想争取女性权利(包括投票权)的人。第二波女性主义始于20世纪70年代早期，在艺术史中则包括琳达·诺克林和格丽塞尔达·波洛克。诺克林的文章《为什么没有伟大的女艺术家？》在艺术史上经常被认为是第二波女性主义的起点。这篇文章指出整个社会系统地将女性排除在艺术训练和艺术事业之外；诺克林的文章之后，许多响应把她的抗辩延伸到了艺术史，它们诘问"为什么艺术史课堂里只有极少的女性艺术家"？第三波女性主义运动从20世纪90年代开始，有两个与艺术史相关的趋势：艺术上的实践包括接受并赞颂从前被认为对女性的社会地位有害的女性画像(比如使用时尚摄影的艺术作品)；批评上的实践则包括接受矛盾复杂的关于女性的观念，作为对第二波女性主义运动中被察觉到的本质化倾向的规避方式。艺术史上第三波女性主义的影响已见于对各种表征(包括色情文学)的评论文章。[7]

4. "批判理论"的含义有狭义和广义之分。[8] 狭义上它表示由法兰克福学派，尤其是阿多诺和霍克海默发展而来的理论，它们因旨在人的"解放”而具有“批判性”；亦即，通过使民众对那些控制他们的思想获得更为清醒的觉悟，从而将他们从社会的支配中解放出来。在广义上，“批判理论”指的是那些有意识地引用法兰克福学派的概念并将它们运用到现代艺术中去的艺术史。在这个意义上，批判理论家们强调前卫艺术的持久的重要性；重视复杂大胆又具有野心的艺术作品，重视那些在艺术史中定位自己，因而能对其媒介的过去做出回应，且试图将过去推向未来的艺术作品。相反，批判理论家较少研究那些平凡的、一般的、大众化的、容易理解的或娱乐性的艺术作品。这些评价源自早期法兰克福学派的作者们，但是有时也与他们保持相当的距离，因此批判理论家也关注通常意义上的现代主义以及我列于此的其他学派。

5. 马克思主义或马克思主义批评，和马克思主义政治学不同。大多数北美和英国的马克思主义批评家拥有大学教席，政治上并不特别积极。事实上有些人在事业上已经取得了很高的地位，住豪宅，拿丰厚的薪水，这使得美国艺术批评家达夫·海奇声称他要写一本叫作《马克思主义教授们的豪宅》(*Fabulous Mansions of Marxist Professors*)的书。马克思主义批评是艺术理论的一个重要分支，在英语、意大利语和西班牙语艺术史中仍被广泛地应用。马克思主义批评由于在一定程度上并不热衷于一系列批评家(包括弗洛伊德、尼采、哈贝马斯及其他关注批判理论的人)，而从批判理论中分离出来。一个意欲标识自己是马克思主义者的艺术史家往往喜欢指出支撑艺术实践的社会结构，证明包含在艺术作品生产和接受当中的阶级构成，并揭示作品的政治背景如何助产其意义。在这种思维方式下，揭示社会形态表面上的“自然性”，便成了首要的关切，而在这样的作品里遭到驱逐的“幻象”之一，则这是样一个信念：艺术品拥有内在的审美品质。一个马克思主义分析的优秀范例是卡尔·魏克迈斯特的《保罗·克利的画家生涯》。他还用德语写过一本书叫作《美学的终结》(1971)。

6. 社会艺术史于20世纪40年代与现代主义一同兴起，但是“社会艺术史”这个概念的表述通常与60年代开始做研究的一代艺术史家联系起来，特别是T.J.克拉克。社会艺术史有多种样式，而且没有一致的意见表明它们是相互关联的。大体上，一个社会艺术史学者认为艺术作品的社会环境给它提供了一个必要和充分的说明，因此不需要其他的批评标准，尤其是偏好古典艺术史的标准(不只是盛期现代主义，还有较早的艺术史学者如沃尔夫林式的风格分析、形式主义批评与鉴赏)。可以说社会艺术史有三种基本模式：(1)艺术作品受到社会环境的影响和塑造，因此对其时代的政治和社会的研究可以阐明作品的意义；(2)艺术作品影响和塑造了社会环境，因而对追随(follow)作品的社会状况的研究，反过来可以解释作品的含义；(3)艺术作品影响社会环境同时也受它影响，进而一个艺术史家的工作是致力于艺术、社会与政治之间丰富的交互作用的研究。从宽泛的意义上说，艺术史家研究艺术家的社会网络和政治现实的细节，这样的社会艺术史学或许是所有当代艺术史研究都默认的方法。当然，艺术史的解释无法达到精确的程度，除非艺术史家能够成功地获得对艺术家身处其中的社会的理解。这对于西方学者的中国艺术史研究也同样有效，比如谢柏柯对李华生的研究，或柯律格对文徵明的研究。这两本可效仿的书值得像西方学界对西方艺术家的研究那样被翻译成中文。[9]

7. 后结构主义。其20世纪60年代与诸如德里达和罗兰·巴特这样的理论家一起兴起于法国，70年代和80年代在艺术界散播开来。德里达从70年代开始艺术方面的写作，还有其他一批法国哲学家及艺术史家。许多法国理论家还在继续从事视觉艺术方面的研究，比如凯瑟琳·马拉葆和海伦·西苏，两位都是德里达的学生。一些最好的代表有让-克劳德、莱贲茨津、路易·马林、让·路易、舍法尔和于伯特·达弥施。书写、声音、物质性以及对历史构架的认识都在这些浸淫于后结构主义思想的艺术史家的普遍关切之内。此外，许多人对德里达解构理论的发展感兴趣。马林对阅读绘画的欲求——好像画是书写形式一般——以及对绘画的“声音”或典故的类似兴趣做出了富有思想性的分析。舍法尔是一位独特的评论家和艺术史学家，他的著作有时充满试验性，以致不符合语法规则，几乎无法卒读：他的目的是要对视觉艺术作品的独特性——不可复制性——做出回应。达弥施就视觉艺术的结构与其材料性质之间的关系，以及这两者与其艺术史的地位之间的关系，写了一些复杂难懂的评论，他的研究方法融合了对结构主义和精神分析两方面的解构式批评。马拉葆眼下的兴趣是视觉的科学理论与艺术品的物质属性的整合。既然解构的意图是如此这般——大体上讲，是揭示使其他批评话语看似完整和有说服力的某些内在缺陷与盲点，对后结构主义感兴趣的艺术史家们并没有形成一个统一的团体，这种现象也就不难理解了。

8. 符号学艺术史有过几次复兴，但也有几个被弃用的时期。20世纪30年代它首先由南布拉格学派创立，70年代由迈耶·夏皮罗再次提起。第三次和第四次符号学的复兴包含了从前两次符号学艺术史中多次被引用的语言学家索绪尔，向美国哲学家皮尔斯的转换。皮尔斯成为80年代由诺曼·布列逊所领导的，以及21世纪初由一批研究行为艺术和录像艺术的史学家所领导的符号学复兴的主要来源。一种普通的符号学在当下持续流行，主要在斯堪的纳维亚诸国、法国和拉丁美洲。但它并不专门针对艺术史，而是一种将所有经验理解为一个符号体系的科学的、系统的尝试。符号学的前两次复兴不是对现代主义或盛期现代主义批评的回应，然而第三次和第四次却可以这样去理解。在艺术史中，对符号学的关注源于将艺术品视为一个符号系统，而对符号种类及其关系的阐明则建立起了一种关于艺术品的充分的解读方式。关注皮尔斯的艺术史家倾向于避免那种系统结构的分析，他们倾向于关注符号的易变性，以及它们那种根据观看的语境而改变意义的倾向性。布列逊特别运用皮尔斯式符号的假定的易变性，作为追求艺术作品的政治阐释的通道。符号学在英语艺术史中并不纯粹，但在斯堪的纳维亚和法国有把艺术作品视为符号结构的纯粹分析。[10]

9. 反现代主义。我从《1900年以来的艺术》这本书里借用了这个术语，不过我并没有将它用于艺术实践，而是用它来指写那本书的作者的部分写作。罗莎琳·克劳斯、哈尔·福斯特和其他一些以特别方式反对格林伯格的一代人，某种意义上比后结构主义者更加反对现代主义。《十月》和《艺术文本》两份期刊遭到了批评，因为它们似乎不追求原创性思路，相反却专门陈述早已存在于盛期现代主义中的概念的对立面——《十月》和格林伯格仿佛是一枚硬币的两面。哈尔·福斯特有部文选叫《反美学》(1980年出版)，是一本批评著作。自此许多事情有了改变，但是美学实践(即现代主义与盛期现代主义批评)和反美学实践(包括极简主义、激浪派、反艺术、概念艺术)之间的基本选择，仍是一个尚未解决的问题。部分反现代主义的研究对象包括故意胡闹的艺术作品，包含身体功能与感觉，而非视觉的作品(而视觉乃是格林伯格所特许的东西)，从达达与超现实主义观念而来的艺术品(此为格林伯格所恶)，以及运用摄影、电影和录像的作品(格林伯格不感兴趣的媒介)。[11]

10. 体制批评。它和马塞尔·布鲁泰尔斯、汉斯·哈克、丹尼尔·布伦、拉切尔·怀特里德和安德里亚·法拉斯尔等艺术家联系在一起。在艺术理论领域里，它主要以本雅明·布赫劳的著作，更多的是以包括托马斯·克洛这样致力于政治批评的批评家及史学家的著作为例证(少有作家会称自己的著作为"体制批评"，那是给艺术实践的命名)。体制批评试图通过分析艺术体制赋予自身以意义：这个观念就是艺术的价值常常或者主要地被体制构建起来，它在其中被生产、宣传和解释：博物馆(策展人、广告人、讲解员、赞助人、管理者、经纪人委员会)，画廊(鉴定家、商人、投机资本家)，画展(组织人、艺术明星、广告赞助人)，以及大学(学者、管理人、教学委员会、学生)。艺术体制的批评对于某些人来说是一个已经过时的概念，不再有效，但它还没有遭到决定性的批判(体制批评迥异于乔治·狄冀提出的艺术的惯例论，他可能是阿瑟·丹托之后最有影响的美学家)。

11. 社会学艺术史属于少数人的兴趣，不过已经吸引许多年轻艺术史学者的注意力。它与马克思主义批评和体制批评有关(三者相互重叠)，不过社会学艺术史通常都会涉及布尔迪厄，他的主要观点是，艺术的价值是"文化资本"的一种效应，是一种在有教养的公众——包括我在上文中提到的艺术家、收藏家、画廊主人等中——交易与积累的非金钱性的价值。文化资本可以包括"客观化的"资本，指的是艺术作品，还可以是知识资本——包括艺术作品的实际移位(策展人有权如是做)，触摸作品(保管人有权如是做)，或是在知识上拥有它们(艺术史家有权如是做)。社会学的艺术史学试图将艺术的意义理解为这类资本的运作的效应。

12. 经济学艺术史同样较少引起注意。有几十个关心艺术的微观经济交易的艺术史家在从事这种研究。例如汉斯·凡·梅格罗泰亚斯研究17世纪在尼德兰制作油画复制品，面向国内和国外销售的"工厂"。同样还有一定数量的人就当代艺术市场进行研究，也有一些对市场价值感兴趣的财经记者在作这方面的研究。

13. 一种更冷僻的艺术理论是利用自然科学来理解艺术。有接近一打艺术史家活动在这个领域且各不相同。约翰·奥涅斯是最突出的，他的书《神经艺术史》(*Neuroarthistory*)试图将艺术发展理解为一种基于艺术家经验之上的感知神经变化的结果。例如马萨乔的透视画，就可以归因于脑部的心理—神经变化。他童年时来到了矗立着石头建筑物的意大利小镇，那些石头形成了精确的平行水平线的“道路”，以至于当年轻的马萨乔眺望街道时，可以看到线条都退向一个消失点。拉迪斯拉夫·凯斯纳尔以更先进的认知科学和神经学来更新贡布里希的理论；巴巴拉·史塔福德已经构建起的理论则认为当代艺术一定程度上是大脑“自动的”（自我运转的）神经功能的产物。其他关注这个领域的人包括沃姆伯格、凡·达姆、艾伦·狄莎那雅克和大卫·弗里德伯格。

14.述行批评，这是我给这个理论取的名字。它关注两件事：一些视觉艺术，特别是行为艺术的短暂性；艺术家的身体在一些行为艺术中的重要性。述行批评可以被理解为试图通过写作来对某些艺术做出回应，这些艺术既能表达作品临时的、基于时间的短暂性（这是第一要点），也能表达作品主观的、身体的性质（第二要点）。因此，这样的写作不是一种单纯地解释艺术作品或对其做出断言的努力，而是一项实验，以一种临时的、主观的、讽刺的、第一人称叙述的方式，表现（performing）那些解释或断言。述行批评受到法国理论与写作中的某些因素的影响，尤其是梅洛－庞蒂。写作中涉及这些观念的作者有艾米莉亚·琼斯、伊丽特·鲁格夫和盖文·巴特，这方面一本有趣的书是《批评之后》（*After Criticism*）。[12]

15.关系美学，由尼古拉斯·鲍里德提出。它认为艺术并不是美学或反美学的东西，而是发掘新的关系、交往途径的方法。20世纪90年代受关系美学影响的艺术家在人群与艺术，或艺术与社会之间建立起新的联系，例如通过把艺术画廊的后室（包括咖啡机和档案柜）移至展厅，而把艺术品移至其后室。这些关系本身就是艺术。鲍里德的理论已经在《十月》杂志及其他地方被完整地探讨过，目前他正做着其他项目。但是关系美学仍是当前艺术生产和艺术理论的一种策略。

16.接受史由伊瑟尔（他以德语称之为“Rezeptions sthetik”，意即“接受美学”）和姚斯（他发展了“Rezeptions geschichte”，即接受史）开创。它也被用于文学批评、考古学和其他领域。接受史致力于研究艺术品的理解方式，这种理解始于艺术家在创作中可能想象得到的第一批虚构的观看者，包括艺术作品所暗示的那种虚构的观看者；还有第一批实际的观看者，第一批评论家及其读者，然后是作品在其后的艺术史当中的接受过程。艺术史研究中的接受史局限在一个较小却颇具影响的艺术史家圈子，包括安妮·霍莉；在其更为笼统的意义上，艺术史总是关心作品的接受的，但在其最初的意义上（包括虚构的、投射的、理想的和实际的观看者），接受史却不是艺术史的中心部分。

17.自从弗洛伊德写出论莱奥纳多和米开朗琪罗的文章以来，精神分析一直有一个延续不断的传统，但它现今的理论构架更多地归功于拉康，而不是弗洛伊德。运用精神分析模式的艺术理论家，其代表有哈尔·福斯特、米格农·尼克松、乔治·迪迪－于伯曼和米歇尔·莱雅……这个名单可以被轻易地加以扩充，把大多数北美艺术史家和理论家以及许多欧洲的理论家包括进去。精神分析批评可以被列在这份总名单的第一个或者中间任意处，因为精神分析模式如果不为大多数，也为许多美国及欧洲艺术史家所使用。要详细说明他们对精神分析的不同程度的效忠，以及他们所引用过的作者与概念，会大大超过这篇文章的规模。这样说就够了，对于相当比例的艺术史家来说，精神分析，或者也许只是它最基本的一个概念——无意识——位于阐释的最深层面，因而能够解读其他任何理论所无法解读的现象。[13]

在这份短名单里有许多东西都省去了。西方读者看到的话，会注意到我省去了后殖民理论、区域研究、性别理论和酷儿理论。我的排序和描述只是自己的看法：我怀疑有人会同意我写的东西的大部分，或者哪怕是一半。但我希望这份名单能有所帮助，而且，我已经暗示了几乎没有一个西方当代艺术史家不采用这种或那种艺术理论。

注释

[1]这篇文章是写给沈语冰(Shen Yubing)的。基于2009年7月一个1000字的版本。眼下这个版本2010年1月22日完成于丹麦哥本哈根。

[2]此批评见于《艺术史是全球性的吗？》(*Is An History Global*？)。

[3]还有关于单个艺术史家的参考书目的资源。一个是www.dictionaryofar-thistorians. org，不过它会有一些异见，且参考书目不完整。Grove Art Online(www.oxfordartonline)是世界上最大的艺术百科全书，由超过7600名艺术史学者参与编写(起初印刷版叫MacMillan Dictionary of Art，然后叫Grove Dictionary of Art，Oxford Dictionary of Art，现在则是Grove Art Online，收了Oxford Art Online上大量的文章在内)。但是它只有一些关于1970年以后艺术的理论文章，如“接受理论”。其他一般的资源有Encyclopedia of Aesthetics和Oxford Companion to Western Art。有关“女性主义”“解构主义”“符号学”和像Erwin Pan of Sky这样的艺术史家的评论在两处都能找到，以及Oxford Art Online上。这三种资源都有“艺术理论”的文章，但指的是评论家撰写的从古希腊至今的理论，且非供艺术史家使用的理论。Grove Art Online在介绍理论方面特别守旧：它大体上属于一种更陈旧的理解艺术史学科的方式，这种理解方式认为研究独特的理论概念的特别文章是没有必要的。所有这些资源都要付费。免费的在线资源里，最好的是德语维基百科，较英语、法语和意大利语维基百科远为深入和广泛。研究生可以从以下这篇文章中查找搜寻近三十年的艺术理论：Donald Preziosi在《艺术史的艺术》(*The Art of Art History：A Critical Anthology*)中的介绍性文字，但是麻烦在于Preziosi有一种基于20世纪80年代解构主义的挑剔看法，而他对艺术史又有不同于多数艺术史家的个人感觉。同时研究生们还可查阅《1900年以来的艺术》(*Art Since 1900*)一书的导论，分别由四位与后现代主义有联系的主流艺术史家撰写。我想在下文讨论那本书。这四篇导论出名地难读：里面有两篇或三篇实际是写给了解并研究(艺术)理论的人看的，而所有四篇文章都有些偏颇和不全面处。

[4]这方面一个不错的资源是哈里森编的《艺术理论1900—2000》(*Art in Theory，1900-2000*)。

[5]校译者注：现代主义理论与批评的经典文献，译成

中文的有罗杰·弗莱《视觉与设计》，易英译，江苏教育出版社2006年版；罗杰·弗莱《塞尚及其画风的发展》，沈语冰译，广西师范大学出版社2009年版；罗杰·弗莱《弗莱艺术批评文选》，沈语冰译，江苏美术出版社2010年，即将出版；克莱夫·贝尔《艺术》，薛华译，江苏教育出版社2005年版；阿波利奈尔《阿波利奈尔论艺术》，李玉民译，上海人民出版社2008年版。

[6]校译者注：盛期现代主义理论与批评的经典文献，译成中文的有格林伯格《艺术与文化》，沈语冰译，广西师范大学出版社2009年版；迈克尔·弗雷德《艺术与物性》，沈语冰、张晓剑译，江苏美术出版社2010年，即将出版。

[7]校译者注：女性主义艺术批评的经典文献，译成中文的有琳达·诺克林《女性，艺术与权力》《现代生活的英雄：论现实主义》《视觉的政治：19世纪艺术与社会散论》，均由广西师范大学出版社2006年出版。

[8]"狭义"的概念引自Stanford Encyclopedia of Philosophy里的条目，这是一个相当好的免费在线资源，plato.stanford.edu。"广义的理论"则没有按照Stanford Encyclopedia of Philosophy条目给出的意思。

[9]校译者注：社会艺术史的经典文本，译成中文的有T.J.克拉克《现代生活的画像：马奈及其追随者艺术中的巴黎》《告别现代性》《瞥见死神》，均收入沈语冰主编《艺术理论与批评译丛》，2010—2011年，陆续出版。

[10]校译者注：符号学艺术史的经典文本，译成中文的有诺曼·布列逊《语词与图像：旧王朝时期的法国绘画》，王之光译，浙江摄影出版社2001年版；诺曼·布列逊《注视被忽视的事物(静物画四论)》，丁宁译，浙江摄影出版社2000年版；诺曼·布列逊《视觉与绘画：注视的逻辑》，郭杨译，浙江摄影出版社2004年版；诺曼·布列逊《传统与欲望：从大卫到德拉克罗瓦》，丁宁译，浙江摄影出版社2003年版。

[11]校译者注：反现代主义艺术批评代表作家为《1900年以来的艺术》一书所撰写的四篇导论，已全部译成中文，收入沈语冰主编《艺术学经典文献导读书系·美术卷》，北京师范大学出版社2010年，即将出版。

[12]校译者注：述行批评代表性文献，盖文·巴特编《批评之后》，李龙等译，江苏美术出版社2009年版。

[13]校译者注：精神分析大量经典文献，除弗洛伊德与荣格的少量作品外，均无中译本。一本值得参考的论文集是格里塞尔达·波洛克编《精神分析与图像》，赵泉泉译，江苏美术出版社2008年版。

本文载于《美术研究》2010年第2期

詹姆斯·艾尔金斯，1955年生，美国艺术史家和艺术批评家。1989年毕业于芝加哥大学，获博士学位。芝加哥艺术学院教授。

陶铮，1987年生，浙江杭州人。2015年毕业于浙江大学美学与批评理论研究所，获博士学位。浙江音乐学院讲师。

艺术史写作的隐形框架与利益取向

杨小彦

传播学的框架理论（Framing Theory）对信息传播当中所达成的“客观性”提出了一种分析方法，用以辨别真实之达成的心理动机及相关因素（戈夫曼，1974）。戈夫曼在研究戏剧效果时发现，真实与其说源自对现实的描摹，不如说源自对真实的期待。在他看来，类似“人生如戏”，“世界就是大舞台”这样一些说法，并不完全是文学的修辞，而是对真实的某种暗示，这说明真实和戏剧性有关。所谓真实，就社会生活而言，指的是对一种社会情景的如实期待。对真实的体验，来自内化了的社会规范与社会秩序，这些内化在心理上形成了理解的框架，既给真实划定了边界，同时也塑造了与真实有关的现实进程。这似乎可以证实，真实就是一种框架，人们在理解真实时，其已形成的内心期待会渗透到对象当中，并对现实构成回应。显然，人们的这种期待，直接影响到对信息的采集、加工乃至生产，并构成有效的传播。戈夫曼的看法和李普曼在《公众舆论》一书中所分析的“图景”与“偶像”几乎不谋而合。李普曼尖锐地观察到，媒体之所以在制造舆论方面具有力量，是和大众对公共图景与偶像的普遍期待有关（李普曼，1922）。李普曼把媒体的这一功能以及后果称为“拟态环境”（pseudo-environment），其原因在于，在信息过度复杂化的环境中，人们无法对所有事实保持经验性的接触，对于超出个人亲身感知的事物与意见，只能听从媒体的分析。于是，媒体分析就构成了一种虚拟真实的“环境”（拟态），而与客观相对应。媒体环境是象征性的（因为媒介是一种符号），受众接受媒体分析，形成外部世界的图像，却是主观性的。结果，现实就被分裂为三个部分，即客观现实、象征性现实与主观现实。大众媒体的急剧扩张与传播技术和手段的飞速发展，迫使人们不得不生活在传播中，并依赖传播去建立对外部世界的认知。这一认知，显然是对象征性现实的主观反应，并构成传播的表象（陈卫星，1999），跨越或者覆盖客观现实本身。基于这种状况，李普曼指出，与“拟态环境”相对应的是受众对外部世界的“刻板成见”（stereotype）。“刻板成见”源自对“拟态环境”的依赖，通过媒体对公众期待的重新塑造，“成见”可以改变，这就是舆论产生的过程。从传播角度看，正是这种广泛存在于公众当中的“刻板成见”，构成了社会共识，并使新闻的煽动性获得了现实土壤，也使宣传成为大众动员的政治手段。麦克卢汉则发现，在象征性现实与主观现实之间并不存在鸿沟，两者互为镜像，很多时候甚至是一体的。他在信息时代来临前夕及时地指出，媒介是人的延伸，媒介即信息，信息即人（麦克卢汉，1964）。人生活在媒介中，媒介也就具有了人的认知性，并对真实构成期待性回应。麦克卢汉洞见了即将发生的信息爆炸的真相，他提醒我们，在对真实的复杂认知中，起作用的不是真实本身，而是媒介，一种对多元信息的处理与生产方式，它受制于技术的发展，更受制于传播制度的变革与更新。

艺术作为一种文化传播现象，对其描述与认知，也可以纳入传播学的讨论范围，而不必拘泥于美学或情感解释。从认知框架出发，对艺术的美学与情感解释是象征性的（贡布里希，范景中译本，1990），艺术作为现场事实与艺术作为认知对象互为镜像，构成了对艺术的整体描述。然而，从受众期待的角度来看，艺术传播与一般信息传播（我在这里更多指的是新闻）不同，受众总是偏向于对艺术的意义解释。结果，作为现场的艺术，因其公认的情感与审美性质，在解释上就会偏于主观，缺乏确实可信的客观标准。我的意思是说，尽管艺术实践是一种存在，但并不是一般的存在，其实践指向精神性，受众总是把艺术视为审美与情感的物质载体。结果，与客观描述相比，寻找艺术实践的意义就要超越对事实的再现，而一旦陷入对艺术意义的解释当中，艺术就会转变成概念演绎。在这种情况下，提供艺术解释可信度的途径便只能是理论逻辑本身，于是就有了种种解释艺术发展的体系，用以支撑对艺术现象的认知。

艺术现象可以对应李普曼所说的三种现实：现场的艺术实践构成客观现实、对艺术的解释构成象征性现实、对艺术的接受构成主观现实。在这三层现实里，象征性现实与主观现实互为镜像、互为表里，从而形成所谓的艺术运动，造成潮流的起伏与趣味的变化。解释体系给艺术以定义，同时构成接受者头脑中对艺术的认知。反过来也一样，受众对艺术的期待推动了解释的发展，并通过解释对期待加以验证，或巩固之，或改变之，并把艺术从事实存在提升为价值认同。在这里，我们已经看到，当象征性解释与主观认知互为镜像时，客观现实就自然成为分析的碎片，艺术的现场与意义就会产生人为的分裂。这种结果似乎不可避免，否则我们不能理解艺术解释本身也有一部历史这样的事实。

但问题还不是这么简单的，似乎可以让艺术存在成为分析碎片，让解释体系任意蚕食艺术现象。在现代主义的文化语境中，艺术实践也开始针对解释做出反应。例如杜桑，通过激烈的行为（杜桑，1917），把以往对艺术的解释变成了真实的“刻板成见”，成功地迫使艺术批评做出更为激烈和更为复杂的反应。结果是，艺术批评也变成了一种艺术运动，标准的滑动替代了标准的建立，思考替代了创作，理论成为实践，于是艺术批评也就获得了一部属于自身的历史。

同样，艺术史也无法逃离动荡的艺术现实。不过，艺术史写作毕竟与艺术批评不同，在艺术史领域，客观现实转变成与艺术家有关的文献与作品，如何排列这些文献与作品，寻找它们之间的承传关系，解释它们之间的风格转变的逻辑与因果，就成为一个史学问题，而为艺术史奠定价值基础。正是在这一层面上，贡布里希尊称黑格尔为“艺术史之父”，因为正是黑格尔，第一次尝试为人类的艺术发展建立明确的逻辑关系（黑格尔，朱光潜译本，1979）。尽管黑格尔的艺术史有诸多错误，但从他以后，“艺术何以有史”就成为艺术史所面对的基本问题。从某种意义来说，自黑格尔以来，艺术史学科就建立在对这一问题的回答与解释上，而不在于资料罗列，尽管资料罗列，尤其是第一手资料的整理与收集，是回答与解释的前提。与此同时，如黑格尔那样，解释也就成为艺术史的目的，事实反而成为任意剪裁的对象，被削足适履地放进论述的框架中，从而让框架顶替了对事实的描述。聪明的艺术史家如贡布里希，在解释与描述之间徘徊，一直到寻找了几个基本的公式（也就是方法），诸如“先制作后匹配”以及“错觉主义”之类，然后才着手为从15世纪文艺复兴到19世纪末现代主义艺术运动兴起之前的西方艺术建立认知路标。有意思的是，贡布里希的解释体系和福科的权力理论是相冲突的（福科，林志明译本，2005），更无法和阿多诺对文化工业的考察相适应（阿多诺，高丙中译本，2000）。从这个意义来说，贡布里希越是成功地解释错觉主义艺术的发展，就越是无法进入20世纪的艺术运动。虽然在其晚年，他聪明地吸收了伯明翰学派在文化研究方面的某些成果（霍尔，徐亮译本，2003），开始着手对普通知识寻求认知路径，但毕竟无法像先前那样，建立起一套有效的理论体系（贡布里希，范景中译本，1987，1989）。

现在的问题是，构成艺术批评与艺术史学的利益动机究竟是什么？同样，艺术批评与艺术史写作的劝服对象与效果如何验证？因为这与人们对艺术的认同有莫大的关系！前者涉及目的，后者涉及对两者的框架与词语的量化描述。就艺术批评而言，量化的对象是对语法结构（框架）与关键词使用频率的检索，具体方法是对相关批评个案的随机抽样处理。而在艺术史领域，则集中在对其书写框架的隐形结构的分析上。本文不打算讨论艺术批评，而集中讨论艺术史写作的隐形框架，并以近期这一方面的若干研究为例。

我感兴趣的一个对象是年轻的艺术批评家何桂彦，他最近接二连三地对艺术史的书写方式发表意见，试图寻找或建立解释30年来中国当代艺术发展的隐形框架（他称之为方法论）。《艺术史写作中的方法论差异》尽管行文简略，对“后艺术史时代”概念的泛用也影响到对中国艺术特殊性的认识，但作者通过对格林伯格的讨论，希望能够证明“方法就是历史”这么一种多少有些相对主义嫌疑的观点（何桂彦，2008）。正是这样一种相对主义，构成了《中国当代艺术史写作的三个阶段》的论述基础。在这篇文章中，何桂彦摆出了三种互有关联的艺术史写作方式，来论证当代艺术发展的自我逻辑。恰恰是这篇文章，在我看来，却凸显了中国当代艺术史写作的真实困境。

作为编年史的书写方式，至今我还没有找到一本描述当代中国艺术发展、堪称楷模的范本，这是一件包括本人在内不免有所汗颜的事情。新近出版的吕澎的《20世纪中国艺术史》，虽然洋洋大观，但在资料上就不完全符合历史研究理应要求的以原始文献为主的写作标准，尤其对民国部分的描述，在资料缺乏的条件下，恐怕只能以二手甚至三手资料为基础（吕澎，2008）。更为严重的是，其中所选作品，比如民国时期的油画，因为出处存疑，在真实性上就始终让人怀疑，这无疑影响到著作的可信度。而就历史与记忆的关系而言，这种可信度是历史学之价值所在。而可信度无疑和细节考证有关。一部过度缺乏细节的历史描述，很多时候其可信度是令人怀疑的。我举一个简单的例子，著名画家徐悲鸿，其早期经历至今可以参考的文献只有两处，一是徐本人30年代应《良友》之约所写的《自述》，言及在上海时的狼狈与落泊。作为旁证，则是当年对他出手相助的同乡黄警顽写于50年代的一篇回忆，也谈到了初到上海时徐悲鸿的窘况（黄警顽，1957；王震，2004）。按照历史学的基本要求，《自述》没有旁证，很难成为确凿的证据。黄之文字，与徐有所出入，有些情况仍然语焉不详，很难完全落实。这说明徐之早年经历，至今仍是一个谜。而徐后来之发展，尤其他对写实主义的执着追求，到法国后罔顾其时轰轰烈烈的现代主义艺术运动，坚持学习已经落伍的学院素描与油画，然后以一生之努力，在中国建立写实主义艺术教育体系，影响至今，这与其早期经历有着莫大的关系。这显然成为研究徐悲鸿的其中一个难点。广东的黄大德倾20年以上之精力，求证包括徐悲鸿在内的早期经历，也只能求其一二而已。吕显然不知黄之研究，所以在讨论徐悲鸿时，也就没有引用他的写作。加上黄之成果大部分还在抽屉里，没有面世，所以也就无从引用了。据我所知，黄对民国艺术的研究，尤其广东一段，在资料收集上倾尽全力，后人研究这一段历史，恐怕绕不开他的成果。这说明，艺术的编年史，第一要务是对作品的考证与对文献的鉴别，否则难以成就其书写。而黄大德目前在做的，正是这一类严肃的编年体写作。

坦率说，以一人之力，在短时间内治一百年的艺术史，质量是可想而知的，充其量也只是对旁人的描述再行整理，而成一通俗读本而已。从普及角度观之，这未尝不可，但如果据此而以为是严肃的历史著作，恐怕对历史产生错误认识也未可知。吕之著作，自然以近30年的描述较为可信，但即使这一段，也有可质疑处。众所周知，吕澎先前已经出版了两本断代艺术史，分别为《80年代中国艺术史》与《90年代中国艺术史》，描述这20年间所发生的艺术事件。先不论这两本书的可信度，只就《20世纪中国艺术史》而言，文字多从两书中原段摘录。吕澎是个有历史感的人，对进入历史比大多数同代人都敏感。在21世纪头10年快要终结时，吕澎便着手为这10年的艺术发展做文字与展览的准备了。显然，就像美国的当代艺术史家史密斯一样（史密斯，1980，1990，1996），吕澎已经把每10年出一本艺术发展的专著视为其进入历史的有效方式。但这样一来，吕澎的历史书写，就明显离开了何桂彦所说第一种方式，也就是严格的编年史方式，而以貌似编年的形式，来谋另外的利益了。这利益无以名之，姑且叫作“历史的利益”。显而易见，吕澎着手写作《20世纪中国艺术史》，为求完整而把原先的部分填充进去，就是这个“历史的利益”在起作用。

于是问题就涉及何桂彦所说的第二种方式，以方法论人史的方式。何桂彦的讨论比较含混，他对方法论可能颇为当真，可惜还没有建立据以讨论的书写方式，只以粗略的西方艺术史写作方法为参照。但何桂彦正确地看到了艺术史写作的“自觉”问题，而认为只有进入到方法论阶段，艺术史才开始具备学科价值。他举了高名潞对“无名画会”的研究、邹跃进对中华人民共和国美术史的研究和鲁虹对先锋艺术的研究为例（高名潞，2006；邹跃进，2003；鲁虹，2007），来说明这个“自觉”的含义。

从某种意义来说，我觉得应该把吕澎的写作也纳入这一“方法论”的类别中加以讨论，尽管旁人并不觉得其写作具有令人信服的“方法”，吕本人也一再强调，他并不想建构什么恒定的方法，但其实吕澎是有其方法的。按照前述之“历史的利益”，吕澎的方法与其说是一套严密的体系，像贡布里希的错觉主义那样，不如说是一系列“进入”历史的“门槛”。他写一百年艺术史，但着眼点却是当今。只要通过写作把当今与过去挂钩，使之成为整体，当今也就成为历史，他的历史感便落到了实处。严重的问题是，谁能跨越他所设置的“门槛”而成为“历史”？这将由写作者来决定。当然，我这样说，并不意味着吕澎已经获得了历史的终审权，因为事实上谁都可以从事艺术史写作，而不独吕澎这样做。何桂彦已经举出了高名潞、邹跃进和鲁虹为例。我刚刚出版了《新中国摄影60年》，也证明笔者正在努力进入历史（杨小彦，2009）。从何桂彦的研究来看，我私底下以为，这个年轻的艺术研究者也有这样的雄心，为书写历史而努力工作。

进入历史离不开书写者对历史的编排，所以，在这个意义上，艺术史的书写框架不纯然是框架那么简单，而是直指现实，以便让书写成为某些潮流与风格的“通行证”，同时拒绝另外一些潮流和风格的进入。表面看这框架是方法论，是用以达成“真实”的路径，实际上却是进入“历史”的门槛。在艺术市场成为新的合法性的今天，这门槛同时成为一种隐形的价值判断，一种与名声挂钩、进而与价格挂钩的排座次式的“标准”。

有趣的是，这个通行证是如何开出的？在风格权势学盛行的年代，进入历史的通行证自然要由权力来开出。但在今天，当艺术史的书写权下放之后，通行证就自然与个人的价值观联系在一起了。我至今没有忘记1992年黄专所提出的“谁来赞助历史”的疑问（黄专，1992）。今天，黄专已经不再提这个问题，相反，他义无反顾地加入质疑资本对艺术的侵蚀的行列当中，而对资本与艺术的合谋发出警告（黄专，2009）。20世纪90年代初对市场充满了神往，是一个市场神话刚刚开始鸣响的时候。当今的艺术市场则已经成为公认的事实，艺术家群体，我指的是那些“成功”的名家，其作品在市场的价值已经类同硬通货那样，成为资本的审美化身或审美的资本化身。在这样的环境中，艺术史写作就不得不蒙上一层交换的色彩，从而使我们这些喜欢历史的人心存阴影。这一事实证明了布迪厄的洞察力，他指出，如果资本主义不创造出非功利性的纯粹审美判断，象征交换就绝无可能（布迪厄，包亚明访谈，1997）。布迪厄所说的象征交换，是名声与资本的交换，而名声恰恰与历史紧密相连。事实上只有那些真正进入历史的艺术家与作品，才有名声，因而才有炒作的空间。市场不会炒作无名艺术家及其作品，相反，名声越是膨胀，炒作才越有升值的前景。中国当代艺术的火爆，不仅让西方艺术市场瞠目，也大大超出了国人的预想，这当然也包括了成名的艺术家本人，以及当年我们这些始作俑者。由此可见，所谓名声其实是一个经济学的概念，而不是人文概念。

我认为今天的确存在着艺术史写作与资本交换的可能性，这种可能性把艺术史写作的伦理与自律提了出来，并严峻地摆在每一位从事艺术史写作的学者面前，而不管其书写的方法论是否“完善”甚至“原创”。这一严峻的事实可能让何桂彦对于方法论的讨论软弱无力，因为问题已经不在于有没有方法，而在于以一种什么样的立场与态度来从事历史写作。最为糟糕的结果可能是，交换已经在大面积地发生，资本写作成为普遍的事实。那样一来，结果又会如何？在这里，我们就要重新回到前面所讨论的传播学的框架理论上去。传播学之所以要对蕴藏在真实背后的框架进行讨论，是因为信息传播始终有一个是否真实以及如何认识真实的客观问题存在。尽管在讨论真实性时我们遭遇到了困境，但这并不意味着我们要放弃对真实的追求，因为真实的信息始终是传播得以进行的必要条件，否则就不会有媒介的发展。这就像新闻的客观性一样，不能因为新闻包含着利益诉求与意识形态内容，就可以让传媒胡说八道，欺世盗名。象征性现实与主观现实交织在一起，共同形塑着我们对于世界的认知，这一认知必须以客观现实为依据。客观现实始终在调整着象征与主观的偏差，而使认知本身趋向更为真实的境地。一旦艺术史写作的框架资本化，最后受到摧毁的一定是艺术史本身，而不会是其他。原因很简单，艺术史的资本写作让艺术史不再具有独立性，同时也就失去真正的书写历史的伟大功能。

行文至此，我发现有一个终极问题自然而然地冒了出来，那就是畏惧，对历史真实的畏惧、对书写伦理的畏惧，以及对文明的畏惧。我的意思是说，如果连这种畏惧也一并丧失，那么，任何讨论都不会再有意义，从传播学的框架理论到艺术史的书写方式。我们将重新返回丛林社会，在黑暗的欲望中嘶鸣与嚎叫。

至于何桂彦所提到的第三种写作，也就是英文写作，让我颇为惊讶。当然，何桂彦引用的是远在美国的周彦的观点，而不是他个人的观点，相反，何桂彦对周彦的观点是有保留意见的（何桂彦，2009）。周彦认为，一方面，对于西方学界来说，中国当代艺术批评与艺术史写作是一个“封闭”的系统，自己在玩自己的游戏，别人根本不搭理你；另一方面，由于缺少英文版的中国当代艺术史，使我们在西方学者面前常常感受到“挫折”，大有无颜见江东父老之概（周彦，2009）。说实话，这一屈从在英语霸权之下贬低母语的观点，并不值得认真对待。我想稍微辩解的是，不仅我们一直在玩自己的游戏，西方人也一直在玩他们的游戏。只不过，由于历史的原因，他们所玩的，常常被命名为“世界”，而我们玩的，只能是我们自己。这和语言没有直接关系，所牵涉的是语言背后的国家利益与民族力量的此消彼长。人必须生活在母语中，这是不容置疑的，因为母语就是文化，文化就是我们生长的故乡。所以，我很难想象学术水平的提升与脱离母语有必然关系。此外，也不要轻率地美化今天的世界。今天的世界，本质上还是以实力为基础。跨文化的传播已经证实了这一点。在跨文化与跨语际的国际传播当中，除非我们坚持民族语言与民族传统，否则不会获得任何尊严。至于挫折感，那是把个人经历肆意放大的结果。

今天中国的学术界，依然存在着媚外的倾向，学术水平以是否能熟练运用西方概念为准则，接着以外语水平来衡量，最后则要以能否用英语流畅写作为指标。这种现象并不正常，恰恰是没有自信心的表现。学术最需要的是自信心，而这一自信心只能建立在自我反省与自我努力当中，不是用丢弃母语转用英语而能够得到解决的。所以，从这一点看，我倒觉得吕澎之坚持本土研究，坚持当代中国艺术史之写作，是值得推崇与令人尊敬的。他的努力再一次提醒我们，中国问题应该由中国人自己来研究，用自己的母语写作来呈现，再通过逐步地改进而获得国际地位。如果我们还有什么不尽如人意的地方，原因自可探讨，但绝对和母语写作没有关联。

本文载于《美术研究》2010年第2期

杨小彦，1957年生，广州人。2004年毕业于华南理工大学建筑学院，获博士学位。中山大学传播与设计学院副院长、教授、博士生导师。

谢赫“六法”渊源考

韩　刚

一、对现当代“六法”渊源研究之质疑

英国人勃朗（Percy Brown）在《印度绘画》（*Indian Painting*）中认为，印度《欲经》（或《欲论》，*Kamasutra*）中有“绘画六支”，中国南齐谢赫有“绘画六法”之论。《欲经》在前（约3—5世纪）而谢赫在后（5世纪），所以他说中国的“六法”是从印度传来的。这种看法自产生以来，遭到了很多学者的反对。日本学者金原省吾认为此看法说不通；刘海粟《中国绘画上的六法论》说：“所谓传自印度的假说，可以不攻自破了”；刘纲纪先生《“六法”初步研究》认为“‘六法’，不是从印度移植过来的。它是顾恺之、谢赫从我国的绘画实践中独立地总结出来的”[1]；叶朗先生说：“勃朗说中国‘六法’出自印度‘六支’，只能说明他对中国‘六法’实际上是一窍不通”[2]；金克木先生经过详细考察，认为“这个论断是错误的”[3]；阮璞先生不同意谢赫“六法”源于“印度画论六支”论，认为谢赫“六法”“由我们民族自创”。[4]

学者们在否定勃朗观点（谢赫“六法”源于印度“六支”）的基础上，对这一重大的“六法”渊源问题提出了自己的看法。

李泽厚、刘纲纪先生认为，“谢赫‘六法’的提出，既受到中国自古以来重‘六’的影响，也受到上述表现于《文心雕龙》中的佛教因明学的影响”。进而李、刘二位先生将刘勰在《文心雕龙·知音》中提出以论定文章“优劣”的“六观”[5]与谢赫论定“众画之优劣”的“六法”互相比附，盖认为刘勰“六观”影响了谢赫“六法”。[6]

张安治先生说，刘勰《文心雕龙》“提出作为构成文章的要素和批评的标准‘六观’：‘是以将阅文情，先标六观：一观位体……’钟嵘（？—约518年）的《诗品》把一百多位诗人分别列上、中、下三品，并在它们的名下各有评论。这些和谢赫在《古画品录》中提出‘六法’，并把许多画家分为‘六品’，体例上颇多近似。他们成书的准确岁月虽已无从查考，但互有影响是很可能的”[7]。

邵宏先生说：“《画品》中‘六法’在表述形式上有两个主要来源：一为齐刘勰的‘六观’论；一为晋裴秀的‘制图六体’论。”认为“‘制图六体’论为‘六法’之先声，其相互间的联系显而易见，然而前辈学者对此未作评述”[8]。

朱良志先生说：“‘六法’之目，受到传统

思想的影响。中国古代有重视'六'的传统，如儒家有六艺，易中有六爻，诗学有所谓六诗、六义，《文心雕龙》有所谓宗经六义、阅文六观等。我以为，六法受到影响最大的当是六书。"[9]

……如此等等，不一而足。

归纳学界关于谢赫"六法"渊源之论，可见，均认为源于当时中国传统文化中与"六"或"六法"等相关的思想，但皆寥寥数语，点到为止，似是而非，语焉不详，多感性猜测，少理性论证，如深究之，实缺乏说服力。

如很多学者提到刘勰"六观"，但谢赫"六法"与刘勰"六观"的关联性具体表现在哪里？学者们除了看到"六观"与"六法"中均有"六"字外，多论及它们评定"优劣"的一面。诚然，评定优劣是"六法"与"六观"的共同点，但"六法"指学习、创作、品评等绘画的所有方面而言，"六观"则仅及品评，并不能完全对应。从这个方面说"六法"源于"六观"，理由并不充分。

若进一步比较"六观"与"六法"遣词造句及其意蕴，则会发现要将二者对应起来相当困难，无异于生吞活剥，强拉硬拽：

> 刘勰《文心雕龙·知音》："将阅文情，先标六观：一观位体，二观置辞，三观通变，四观奇正，五观事义，六观宫商。"
>
> 谢赫《古画品录》序："六法者何？一、气韵生动是也；二、骨法用笔是也；三、应物象形是也；四、随类赋彩是也；五、经营位置是也；六、传移模写是也。"

刘勰《文心雕龙》由于沈约等人的看重与推荐，在当时可能影响较大，与其同处一时代的谢赫也可能见过《文心雕龙》，但"六观"仅是《文心雕龙·知音》篇中的寥寥数语，不甚重要。而谢赫"六法"在《古画品录》中却具有绝对重要的地位，对于中国绘画史而言，亦可谓开天辟地，影响深远。从这一方面看，"六法"受"六观"影响似乎可以忽略不计。

那么，谢赫"六法"究竟何所从来？

孟子曰："诵其诗，读其书，不知其人可乎？是以论其世也。"之后，"知人论世"遂成为中国学术方法的优秀传统，直到现在它还是行之有效的办法。就"知人论世"而言，谢赫在建构"六法"理论时，最可能选择当时极为流行、新潮，人们甚为关注又与绘画活动本身有紧密关联的理论模式来加以改头换面（按：照人类创新思维的一般规律，重大理论突如其来、横空出世、天外飞仙式的出现几乎是不可能的，或者说任何脱离某种文化渊源的师心独创都是不大可能的。无数事实证明，重大理论提出的一般路径应当是层累式、叠加式、渐进式、改头换面式的），只有这样才能让人们迅速理解与传播。那么，当时什么样的理论模式才符合"极为流行、新潮，人们甚为关注又与绘画活动本身有紧密关联"这一条件呢？经过深入细致地考察、比较，本文认为非当时极为流行、几为人人诵读的一部佛经——昙无谶译《大般涅槃经》中所宣讲的涅槃"六法"莫属。因为《古画品录》成书之时，佛教一度几乎成为国教，皇帝（尤其是梁武帝）不但自己佞佛，而且多次劝说后妃与大臣信佛，甚至屡屡舍身为寺奴。上行下效，以致当时佛教极为流行。面对这种情况，有识之士万分忧虑地上疏梁武帝云：“陛下昔岁尚学，置立五馆，行吟坐咏，诵声溢境。比来慕法，普天信向，家家斋戒，人人忏礼，不务农桑，空谈彼岸”[10]，“不然，恐方来处处成寺，家家剃落，尺土一人，非复国有！”[11]在当时人人争相修道，见性成佛的佛国世界里，极为流行、新颖的《大般涅槃经》所讲“一切众生悉有佛性，涅槃常住无有变异”，以及众生怎样见性成佛得涅槃的法门正好满足了其时佛国人们的深切愿望。作为见性成佛法门之一的涅槃“佛性”与“六法”及其关系的讲论风靡朝廷上下、社会民间，是上至天子、王公、大臣，下至士子、庶人、僧尼极为关注的话题。这正是作为当时著名宫廷画家的谢赫创建绘画“六法”时借鉴涅槃“六法”的语境。

二、涅槃“六法”与谢赫“六法”的对应、相通关系

汉末至宋初，流行般若义学；[12]晋宋之际，流行般若、毗昙、涅槃学说，高僧竺道生为集三者之大成者，《涅槃》尤为得意，被尊为“《涅槃》圣”。在佛学思想从般若向涅槃的转换中，道生是承前启后的关键人物。[13]道生盛阐《涅槃》之后，《涅槃》大行其道，在梁武帝（464—549）之世达到极盛。[14]谢赫盖出生于宋大明年间至宋明帝（457—472）时，《古画品录》成书最早可在523年。因而可以说，汉末迄谢赫出生之前，最流行的佛学思想为般若义学，其后影响不绝。贯穿谢赫一生（按：准确点说，是谢赫出生至《古画品录》成书之时）的朝廷上下、社会民间最流行的佛学思想是涅槃思想，所依据的基本经典为昙无谶译《涅槃》，称北本《涅槃经》或《大般涅槃经》。

在上述语境下，谢赫受佛学“般若”思想，尤其是“涅槃”思想影响巨大应当是自然的。对《大般涅槃经》所宣涅槃思想，谢赫所可直接资借者盖为：（1）《大般涅槃经》中所阐释的“佛性”与“六法”及其关系的思想；（2）谢赫之世中国高僧对《大般涅槃经》中“佛性”与“六法”及其关系思想的传释。

（一）“佛性”与涅槃“六法”

《大般涅槃经》的主题是“一切众生悉有佛性，如来常住无有变易”，涅槃师的学说即以阐发这一教义为宗要，并由此形成关于“佛性”的种种见解。梁武帝时的涅槃师宝亮在《大般涅槃经集解》中，分“佛性”义为十余家。到了隋代，吉藏大师在《大乘玄义》中把以往涅槃师关于“佛性”义的说法加以归纳总结，共为十一家，并认为此十一家可分为三类：“然十一家，大明不出三意。”[15]吉藏所分第一类共两家（即第一、二两家），为与本文直接相关者，尤其是第二家。此两家的宗旨分别为：第一家“以众生为正因佛性”；第二家“以六法为佛性”。名相虽殊，实则相通。如吉藏云：“第一家以众生为正因，第二家以六法为正因，此之两释，不出假实二义，明众生即是假人，六法即是五阴及假人也。”[16]第一家的代表人物是北凉的道朗、梁代庄严寺僧旻

等高僧，第二家的代表人物是齐代定林寺僧柔与被誉为梁代三大法师之一的开善寺智藏（458—522）[17]。

《大般涅槃经》中有关“佛性”与“六法”的经文最集中的表述为：

如彼盲人各各说象，虽不得实非不说象。说佛性者亦复如是，非即六法不离六法。善男子，是故我说众生佛性非色不离色，乃至非我不离我。善男子，有诸外道虽说有我而实无我。众生我者即是五阴，离阴之外更无别我。[18]

据隋代吉藏《大乘玄论》卷三的梳理，梁代智藏对“佛性”与“六法”及其关系的看法是：

第二师以六法为正因佛性，故经云：“不即六法不离六法。”言六法者，即是五阴及假人也。故知，六法是正因佛性也。[19]

现代佛学大家吕澂《中国佛学源流略讲》云：

二、以六法为佛性。五阴及其假名之人，《涅槃》说为六法。实际就是指的众生，不过分析之为六法罢了。此说代表人物为智藏。[20]

从上引资料可见，就涅槃“六法”及其各法之间的关系而言，《大般涅槃经》云：“众生我者即是五阴，离阴之外更无别我”；“六法”指“色”“受”“想”“行”“识”五阴及由其构成的众生（或假人、我），如《大般涅槃经》卷第二十五云“所谓五阴，色、受、想、行、识”[21]；卷第二十九云“众生名五阴五阴名众生”[22]，“众生亦尔，离五阴已无别众生”[23]。因而“众生”即“五阴”，“五阴”即“众生”：“众生”析为“五阴”，“五阴”和合为“众生”。涅槃“六法”之间的关系，从形式上看约如：

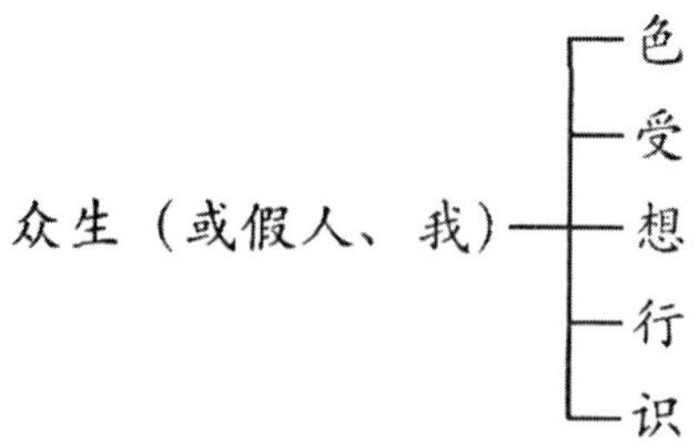

那么，何谓“众生”？“众生”与谢赫“六法”第一法“气韵生动”有怎样的关系？何谓“五蕴”（色、受、想、行、识）？“五蕴”与谢赫“六法”中后“五法”有怎样的关系？涅槃“六法”与谢赫“六法”有怎样的关系？

（二）“佛性众生”[24]与“气韵生动”之对应、相通关系

“说佛性者亦复如是，非即六法不离六法”[25]是说“佛性”与“六法”之间是“不即不离”的关系，“不即”意为“佛性”，并非“六法”，“六法”也并非“佛性”；“不离”意为离“佛性”无“六法”，离“六法”亦无“佛性”。由此可见，“佛性”与“六法”之间约可以画等号，而隋代吉藏所列正因佛性十一家中，第二师（家）的观点正是“以六法为正因佛性”。进一步地，由于“六法”即“五阴及假人（众生）”，因而涅槃经文及第二师的看法也可以说成“以‘五阴及众生’为正因

佛性”。稍加推衍，以“众生”为正因佛性显而易见。这种认识在《大般涅槃经》中有明确表述，如昙无谶译《大般涅槃经》卷第二十八云：“众生佛性亦二种因：一者正因，二者缘因。正因者谓诸众生，缘因者谓六波罗蜜。”[26]而隋代吉藏《大乘玄论》卷三所列第一师的看法正是“以众生为正因佛性”。[27]可见，无论是《大般涅槃经》经文，还是中国高僧对经文的理解，都表明“佛性”即“众生”。

然而，从一般意义上讲，“佛性”“众生”却是难以等同的，这不难从“众生”与“佛性”的不同意蕴看出。“众生”指“假人”“我”，即一般指有情识者，主要指人，容易理解。而在《大般涅槃经》中，“佛性”是超世间，绝言象，非内外，不落有无之“第一义空”“中道”。如《大般涅槃经》卷第二十七云：“佛性者名第一义空……所言空者不见空与不空……中道者名为佛性”[28]；《大般涅槃经》卷第三十二云：“众生佛性非有非无。……佛性虽无不同兔角，何以故？龟毛兔角虽以无量善巧方便不可得生，佛性可生，是故佛性非有非无亦有亦无”[29]；《大般涅槃经》卷第三十四云：“众生佛性犹如虚空，虚空者非过去非未来非现在非内非外”[30]；……表明“众生”与“佛性”难以等同显而易见。那么，为什么涅槃经文与当时高僧又认为“佛性”即“众生”呢？盖因为他们简略的表述是从“真谛”上说的。[31]

就真谛而言，无论是众生皆有的佛性还是佛陀的佛性，毕竟是一非二，即众生与佛陀的“佛性”在实质上是一样的。佛陀经常举金“器”与金“性”为例来说明这个道理，即金被做成钏、钗等各种器物，在表现形式上虽各有不同，但金“性”自身却是恒常无异的。

但就俗谛而言，“一切众生皆有佛性”，仅表明一切众生皆有成佛之“性”，皆可成佛。但皆可成佛并非当下是佛，众生见性成佛或得涅槃[32]须由修来，不能执性忘修。那么，《大般涅槃经》是怎样论述修的？

《大般涅槃经》的佛性思想来源于小乘佛教所讲的“心性”。说一切有部认为“心性本净，客尘所染”；解脱的办法在于去除烦恼客尘的染污，使本净的心性重新显示出来。[33]如昙无谶译《大方等大集经》卷第十三云：

> 一切众生心本性，清净无秽如虚空；凡夫不知心性故，说客烦恼之所染；若诸烦恼能污心，终不可净如垢秽；诸客烦恼障覆故，说言凡夫心不净；如其心性本净者，一切众生应解脱；以客尘烦恼障故，是故不得于解脱。[34]

昙无谶译《大般涅槃经》在成佛的办法上，继承了上述《大方等大集经》的说法，稍异之处是《大方等大集经》中的“心性”在涅槃经中变成了“佛性”，“佛性”虽与“心性”相通，但含义更为广泛。如《大般涅槃经·光明遍照高贵德王菩萨品之五》云：

> 诸佛菩萨终不决定说心有净性及不净性，净不净心无住处故。……从因缘故心则生贪；从因缘故心则解脱。[35]

这反映出《大般涅槃经》中“佛性”对《大方等大集经》中“心性”的扬弃。但虽然如此，“佛性”在多数时候所指实际上仍然是心性。

总之，在《大般涅槃经》看来，人们自身本具“常住”佛性，本来是佛。由于受到执着、分别、妄想等情欲烦恼的遮蔽才沦为众生，只有经过自己“以戒定慧勤修其心”，去掉这种遮蔽，反归清净至善之“佛性”才可见性成佛或得涅槃，此即“修”，一言以蔽之即“尽性”。

谢赫在《古画品录》陆探微序引中对“气韵”意蕴的描述与说明是“穷理尽性，事绝言象”，与上述“佛性”义通。而谢赫绘画“六法”中“生动”本义为画家的静净至善之心“性”应外物来感所“生”之“动”（或情、意等），在以后“五法”外化这种“动”的过程中，须顺情以理情，消弭情之负面，反归静净至善之“性”，此之谓“尽性”。“尽性”后即得“气韵”，即为画圣。谢赫“六法”理论的目的是帮助画家通过“尽性”，认识与证悟“气韵”，成为画圣。[36]

综上所述：（1）涅槃“六法”中“众生”是合真、俗二谛说的，从真谛上说，“佛性”即“众生”；从俗谛上讲，“众生”欲见性成佛或得涅槃，须“尽性”，不能执性忘修，此种意涵可以表述为“佛性众生”。（2）“气韵”与“佛性”意蕴相通，“众生”与“生动”意蕴相通。合以上两点可见，无论是在形式上还是在意蕴上，涅槃“六法”第一法“（佛性）众生”与谢赫绘画“六法”第一法“气韵生动”之间都存在对应、相通的关系。

（三）“五蕴”与谢赫“六法”后“五法”之对应、相通关系

1. 有关“五蕴”的佛学文献与思想梳理

从文献的流传看，一般认为，《阿含经》中的大部分内容均当为释迦牟尼人间说法的忠实记录，其中的“五蕴聚合说”是原始佛法的基本理论，在《杂阿含经》[37]中有突出表现。佛陀去世后，作为佛法基本理论的“五蕴和合”说，在许多论典中继续得到极大的关注和讨论。如小乘部派佛教时代，萨婆多部将诸法归纳为五位七十五法，又以“五蕴”统摄其中的七十二法，仅余三种无为法不在“五蕴”统摄之列。到了大乘佛教时代，继龙树的中观学派之后，无著、世亲建立大乘有宗的瑜伽行学派（即唯识学派），有千部论主之称的世亲造《大乘五蕴论》，以之作为唯识宗入门的论典。世亲《大乘五蕴论》后约百年间，《大乘广五蕴论》问世，造此论者是当时十大论师之一的安慧菩萨[38]。安慧是佛陀灭度一千一百年后出世的人，住世年代约为公元470年至550年之间，略晚于谢赫。其所著《大乘广五蕴论》是世亲《大乘五蕴论》的注释本。

佛陀死后，学派不断分化，在天竺，小乘分为“十八部”。在佛教东传的过程中，首先传入中国并得到传播的经籍是佛教的小乘体系。作为中国最先一批译经高僧之一的东汉安世高，其所出经大多数为小乘“十八部”中“上座部”系统里“说一切有部”的理论，其中即有《五阴譬喻经》（按：此经的同本异译还有东晋昙无兰译《水沫所漂经》）是专讲“五阴（蕴）”的。安世高所译另一部小乘经典——《阴持入经》在当时非常重要，有着深远的影响。其中有相当一部分也是有

关“五阴”的内容。可见，“五阴”理论在佛教传入中国之初就被传进来了，这也说明了它在佛教中的基础性地位。此后，唐代义净译过《佛说五蕴皆空经》。作为唯识学的基本经典，世亲《大乘五蕴论》为唐代唯识学大师玄奘译，安慧《大乘广五蕴论》为唐地婆诃罗译。

从义理上讲，佛学“五蕴”的建立，在于破除“我执”，这又跟唯识学中的“十二处”“十八界”“五位百法”等有关，这些都是唯识学派的重要理论。如《阿毗达摩俱舍论》卷第一云：“所化有情有三品，传说有情愚有三种。或愚心所总执为我，或愚色，或愚色心。根亦有三，谓利、中、钝……如其次第，世尊说为蕴、处、界。”[39]其中“蕴”“处”“界”合称三科。“蕴”即“五蕴”；“处”即“十二处”，亦即眼、耳、鼻、舌、身、意“六根”加色、声、香、味、触、法“六境”；“界”即“十八界”，亦即“十二处”加眼、耳、鼻、舌、身、意“六识”。引文大意是说，佛学建立“三科”的目的，在于破除各色人等的“我执”，天资聪明的人（“利”根者）懂了“五蕴”，就会把“我执”去掉；“十二处”是为天资一般的人（“中”根者）所设的，讲得更详细；“十八界”是为天资愚钝的人（“钝”根者）而设的，讲得最详细。

世间事物，无量无边，佛陀把它们析为色、受、想、行、识五种基本要素，总名“五蕴”（“蕴”为“聚积”义）。这五种要素在不同条件下的聚积与分散，造成万物的刹那生灭，任何事物皆非永恒，亦无常住不变的实体。“我”（或假人、众生、有情等）也由此五种要素聚积而来，如果离开聚积而成“我”的“五蕴”，则全体是空，故“我”是五蕴和合的假相或幻有，并无客观实在之“我”。众生迷“我”，起惑造业，流转生死；佛陀悲悯，说“五蕴”法，使众生了知万法不出五类之聚积，离五蕴无“我”之自体，由此便能通达“无我”而断惑业，证得解脱。世亲本佛陀之说造《大乘五蕴论》，安慧本佛陀、世亲之说造《大乘广五蕴论》以显上述“五蕴”所摄之内容及由“五蕴”聚积而成的“我”乃“无我”之义。如熊十力《佛家名相通释》谓：

> 案世间计执有所谓我，有所谓宇宙。佛氏便将所谓我与宇宙，加以解析，只是色受等法，互相积聚而已。本无实我，亦无实宇宙，如剥蕉叶，一一剥落，便不见有实物故。[40]

佛学传入中国后，从总体上讲，大乘大行其道，小乘并不发达。因而，后世学者在疏释“五蕴”时，一般以世亲《大乘五蕴论》与安慧《大乘广五蕴论》为基本经典，盖由于其义理既本于佛陀，又更集中方便故。加之就本文而言，谢赫《古画品录》成书于梁武帝时期，其时大乘涅槃学，尤其是昙无谶译《大般涅槃经》所阐学说盛行。所以下文主要以大乘佛学中“五蕴”之含义为基础展开。

2．“五蕴”与谢赫“六法”中后“五法”前两字意蕴的对应、相通关系

“五蕴”说源于佛陀，《阿含经》中译“五蕴”为“五阴”，“阴”为“隐覆”义，约是说如果固执此色、受、想等法，就会“隐覆”真性（或“我”之性德）；五蕴的“蕴”，梵语Skandha，音塞犍

陀，为“积聚”义，意指积此五聚，可以成就世间万事万物(包括我人的身心)。如世亲《大乘五蕴论》云：“以积聚义，说名为蕴。”熊十力认为“阴、蕴二义，须兼取为佳”。五蕴的“蕴”亦有现在所言“要素”之意，五蕴即是五类要素，若比附于两汉极流行的元气论与阴阳五行说，五蕴即相当于五行。佛法中五蕴和合生成世间，犹两汉以来所言五行和合生成万事万物。

色蕴：五蕴之一，涅槃“六法”之二。“色”为梵文Rupa的意译，意为变碍、质碍，多指有质碍并能变化坏灭的东西；“蕴”意为积聚。“色蕴”是指四大种及其所造色，“四大种”是指地、水、火、风四种构成色法的基本要素，因其周遍于一切色法，能造一切色法，故名之为“大”。如《俱舍论》卷一等云，地大的属性为坚，作用为持(保持)；水大的属性为湿，作用为摄(摄集)；火大的属性为暖，作用为熟(成熟)；风大的属性为动，作用为长(生长)。佛教认为万物，包括我人之身心皆由四大集合而成，称“四大所造色”。《瑜伽师地论·本地分中意地第二之三》谓四大之合集：“应知如种种物，石磨为末，以水和合，互不相离，非如胡麻绿豆粟稗等聚”[41]，又谓一切色法中，一切时皆具有四大种，如石中有火、草木中有水等。世亲《大乘五蕴论》云：“云何色蕴？谓四大种及四大种所造诸色。云何四大种？谓地界、水界、火界、风界。云何地界？谓坚强性。云何水界？谓流湿性。云何火界？谓温燥性。云何风界？谓轻等动性。”[42]

照时人一般的理解，认为“色蕴”之“色”相当于当今哲学所谓与“精神”相对的“物质”概念。但这一看法值得辨析。因为，谢赫时代佛法中之“色”虽具当下哲学中与“精神”相对的客观实在的“物质”概念的部分特征，但当以“心”为本，带有极强的心理性特征，用以指称人们心中所现的世间万物之范畴，并非完全相当于当下流行的“物质”概念。任继愈先生主编《中国佛教史》说：“后来的大乘佛教进一步明确否定了所谓‘色’的物质性，认为‘色’不过是指‘我’的感觉能力和‘我’的感觉对象的总和。”[43]可谓知言。

如稍加比较与体会，可见涅槃“六法”之第二法“色”的意蕴与谢赫“六法”第二法中“骨法”一语名相虽殊，但在本质上是一致的。因为，在当时的语境下，“骨法”即“骨体法相”“骨相”或“骨”。它是通过心物交感，在人们心中所呈现出来的、万物各具并互相区别的，可以被感知的典型、本质特征[44]。其实，“色”与“骨法”相提并论，在当时极为流行的、对谢赫“六法”的提出有极为重要之影响的昙无谶译《大般涅槃经》中有突出表现：“菩萨摩诃萨不修天眼见妙色身悉是骨相”[45]，“复作是念，骨色相异，所谓青黄赤白及以鸽色，如是骨相亦复非我，何以故？我者亦非青黄赤白及以鸽色，菩萨系心作是观时即得断除一切色欲，复作是念，如是骨者从因缘生”[46]。……在除《大般涅槃经》外的其他佛经中，具有极强心理性、精神性的“色”“骨”相通一致之表达亦不鲜见，如《大乘阿毗达摩杂集论·本事分中三法品第一之一》云：“如此如此色者，谓骨锁等所知事同类影像；如是如是色者，谓形显差别；种种构画者，谓如相而想”[47]，等等。

受蕴：“五蕴”之二，涅槃“六法”之三。“受”，梵文Vedana的意译，意为“领纳”；“蕴”为“积聚”。如世亲《大乘五蕴论》云：“云何受蕴？谓三领纳，一苦、二乐、三不苦不乐，乐谓灭时有和合欲，苦谓生时有乖离欲，不苦不乐谓无二欲”[48]；安慧《大乘广五蕴论》云“受谓识之领纳”[49]；“受蕴”约指我人内心“领纳”外界刺激而生感受、情绪、情感等，分“苦受”“乐受”“舍受”三种。稍加推衍，可见涅槃“六法”之三的“受蕴”与谢赫“六法”之三“应物象形”中“应物”一语在本质上是一致的。因为，在谢赫“六法”系统中，“应物”所指向的正是在“心”“物”感应活动中，内“心”顺应、顺随外“物”来感，进而有所“领纳”之动态过程与结果，即内“心”“受”外“物”而“生动（或情）”的动态过程与结果。

想蕴：“五蕴”之三，涅槃“六法”之四。“想”为梵文Samjna的意译，意为“取”；“蕴”为“积聚”。世亲《大乘五蕴论》云：“云何想蕴？谓于境界取种种相”[50]；安慧《大乘广五蕴论》云：“云何想蕴，谓能增胜，取诸境相。增胜取者，谓胜力能取，如大力者，说名胜力”[51]；《大乘百法明门论开宗义记》云：“想谓于境取像为性，施设种种名言为业。”[52]引文中之“境”与“物”相通。因而，“想蕴”所指向的乃是在心、物之动态感应过程中，内“心”顺随来感之外“物”、心物相应、互动选择的动态过程与结果，而这正是谢赫“六法”之四“随类赋彩”中“随类”一语之意蕴。因为谢赫“六法”系统中的所谓“随类”，乃在心、物同类的情况下，顺随同类相感后有所“取”之意。如梁武帝《孝思赋（并序）》开篇即谓：“想缘情生，情缘想起，物类相感，故其然也。”[53]

行蕴：“五蕴”之四，涅槃“六法”之五。“行”为梵文Samskara的意译，意为“造作”“迁流”。“行蕴”指除“受蕴”“想蕴”之外的诸心所法及心不相应行法，如世亲《大乘五蕴论》云：“云何行蕴？谓除受、想，诸余心法及心不相应行。”[54]其中最主要者为心所法中的“思”。世亲《阿毗达摩俱舍论》卷九云：“思即是行，于诸境事了别名识”[55]；《成唯识论》卷三云：“思，谓令心造作为性，于善品等役心为业。”[56]“行”或“思”，用当下语言来说就是思考、谋虑等有意识的心理活动。如对涅槃“六法”之五的“行蕴”稍作推衍，可见其与谢赫“六法”之五“经营位置”中“经营”一语在本质上是相通的。因为谢赫“六法”系统中的“经营”指的正是绘画活动中人们的构思（即思考、谋虑）活动。

识蕴：“五蕴”之五，涅槃“六法”之六。“识”为梵文Vijnana的意译，意为“了别”，即明了分别。如世亲《大乘五蕴论》云：“云何识蕴？谓于所缘境，了别为性，亦名心意”[57]；安慧《大乘广五蕴论》云：“云何识蕴？谓于所缘，了别为性，亦名心”[58]；世亲《阿毗达摩俱舍论》卷四云：“论曰：集起故名心，思量故名意，了别故名识”[59]；护法等《成唯识论》卷一曰：“识谓了别，此中识言亦摄心所”[60]；《唯识论》卷五曰：“识以了境为自性。”[61]如稍加推衍，可见，以“明了分别”为意的涅槃“六法”之六的“识蕴”与谢赫“六法”之六中的“传移”，在本质上是相通的。因为，绘画活动中“传移”的乃是在心物感应的动态过程中，在恬淡虚无的心灵状态下将通过前四法蕴积于心的最后意象外化出来，是对前面所有绘画心理活动（从“骨法”“应物”“随类”到“经营”等）的最后“了别”。

总之，“五蕴”与谢赫“六法”中后“五法”的前两字之间在意蕴上存在一一对应、相通的关系。

结论

综上文，可以得出的结论是：就《大般涅槃经》中“六法”（众生，色、受、想、行、识）与谢赫“六法”之前两字（气韵，骨法、应物、随类、经营、传移）的意蕴而言，存在着一一对应、相通的关系。

因而，谢赫创建“六法”的思路不言自明，盖为：

其一，谢赫“六法”的内核与框架均直接来源于当时极为流行的《大般涅槃经》中之“佛性”与“六法”及其关系的思想，以及当时中国高僧对涅槃“佛性”与“六法”及其关系之诠释的思想，后者如北凉的道朗、梁代庄严寺僧旻等高僧所倡的“众生为正因佛性”（第一家）与齐代定林寺僧柔，被誉为梁代三大法师之一的开善寺涅槃法匠智藏所力倡的“六法为正因佛性”（第二家）之论，而这些高僧中的大多数不但与谢赫生卒几乎同时，且皆活跃于京城、宫廷，甚至皇帝身边，其所大力宣扬的众生见性成佛或得涅槃的“佛性”与“六法”理论对宫廷画家谢赫建构画家见性成画圣或得气韵的“气韵”与“六法”影响关系是显而易见的。

其二，若进一步言之，谢赫借鉴涅槃“佛性”与“六法”创立绘画“气韵”与“六法”工作的要点主要有两步：第一步，精心选择当时及传统文化中既与涅槃“六法”各法内涵相通，又与当时文艺理论相关的重要词汇[62]代换涅槃“六法”各法——以“气韵”代“佛性”、以“骨法”代“色”、以“应物”代“受”、以“随类”代“想”、以“经营”代“行”、以“传移”代“识”；第二步，在经过改头换面的涅槃“六法”的每一法下各系一“浅近切事”的、具有分类意义的、关乎绘画本身之术语——生动、用笔、象形、赋彩、位置、模写。“万古不移”之谢赫绘画“六法”于是乎成。

注释

[1] 李泽厚、刘纲纪：《“六法”初步研究》，载刘纲纪《中国书画、美术与美学》，武汉大学出版社2006年版，第258页。

[2] 叶朗：《中国美学史大纲》，上海人民出版社1985年版，第216页。

[3] 金克木：《印度的绘画六支和中国的绘画六法》，《读书》1979年第5期。

[4] 阮璞：《谢赫“六法”原义考》，载《中国画史论辩》，陕西人民美术出版社1993年版，第12—14页。

[5] 即《文心雕龙·知音》篇所云：“将阅文情，先标六观：一观位体，二观置辞，三观通变，四观奇正，五观事义，六观宫商。斯术既形，则优劣见矣。”

[6] 李泽厚、刘纲纪：《中国美学史》，安徽文艺出版社1999年版，第775—777页。

[7] 张安治：《中国画与画论》，上海人民美术出版社1986年版，第235—236页。

[8] 邵宏：《衍义的“气韵”：中国画论的观念史研究》，江苏教育出版社2005年版，第73—76页。

[9] 朱良志：《中国美学名著导读》，北京大学出版社2004年版，第78—79页。

[10]（唐）李延寿：《南史》（百衲本）卷七十《郭祖深传》，第1055页。

[11] 同上。

[12]汤用彤先生说："自汉之末叶，直迄刘宋初年(420)，中国佛典最流行者，当为《般若》。即以翻译言之，亦译本甚多。最早为支娄迦谶之十卷《道行》。《放光》《光赞》，同为《大品》。《光赞》东晋时得释道安之表彰，乃稍流传，而《放光》于西晋即已行世。及罗什入长安，重译大小品，盛弘性空典籍，此学遂如日中天。"(汤用彤:《释道安时代之般若学》，载《汉魏两晋南北朝佛教史》，北京大学出版社1998年版，第163页。)按:《道行》《光赞》《放光》，均为《般若经》译名省称。以《道行》简略，形同节抄，学者称之为《小品》，后二者则名之曰《大品》。

[13]汤用彤先生说："晋宋之际佛学上有三大事。一曰般若，鸠摩罗什之所弘阐。一曰毗昙，僧伽提婆为其大师。一曰涅槃，则以昙无谶所译为基本经典。竺道生(约365—434)之学问，盖集三者之大成。于罗什、提婆则亲炙受学。《涅槃》尤称得意，至能于大经未至之前，暗与符契，后世乃推之为《涅槃》圣。"(汤用彤:《竺道生》，载《汉魏两晋南北朝佛教史》，北京大学出版社1998年版，第425页。)

[14]吕澂的《中国佛学源流略讲》说："由于各家判教对《涅槃》地位的提高，讲习《涅槃》的风气便盛极一时。不仅建业成为讲习的中心，庐山也在大力提倡，主要人物是慧远的门下。他们形成了一个系统，如道汪、道庆以及后来的慧静。慧静又传法瑶。其在建业，主要人物是慧观和他的门下。后来还有由北方青州南来的宝亮。亮传法云、僧旻、智藏等达到了高峰，三人通称为梁代的三大法师。在梁代集成的《大般涅槃经集解》(此书尚存，七十一卷，似乎不是原本)中，采取了当时流行的各种说法，除了已经提到的道生、法瑶、宝亮等人外，还有僧亮、昙济、僧宗、智秀、法智、法安、昙准等许多家。这也基本反映了梁代讲习《涅槃》之盛。到了陈代，由于三论天台两家兼讲《涅槃》，影响日大，涅槃师说就此逐渐走向衰弱……以上是南方的情况。其在北方，《涅槃》的讲习也很盛行。"(吕澂:《中国佛学源流略讲》，中华书局1979年版，第118—119页。)方立天的《佛教哲学》第二章"佛教哲学的历史演变"："在南朝，先是涅槃师代般若学派而出，到梁代涅槃学派盛极一时……此时最重要的是涅槃学，涅槃学主要是阐发佛性学说。'涅槃佛性'的问题是南朝时代佛教理论的中心问题。"(方立天:《佛教哲学》(增订本)，中国人民大学出版社1991年版，第39页。)

[15](隋)胡吉藏:《大乘玄论》卷三《佛性义十门·异释第二》，据大正新修《大藏经》第45册No.1853，第35页。

[16]同上书，第35—36页。

[17](唐)道宣:《续高僧传》卷五《义解篇初·梁钟山开善寺沙门释智藏传十二》，据大正新修《大藏经》第50册，第465—467页。

(宋)智圆:《涅槃玄义发源机要》卷二云："开善寺智藏、庄严寺僧旻并光宅寺法云，即梁朝三大法师也。"(据大正新修《大藏经》第38册，第27页。)

[18](北凉)昙无谶译:《大般涅槃经》卷第三十二《师子吼菩萨品第十一之六》，据大正新修《大藏经》第12册No.0374《大般涅槃经》："众生我者即是五阴，离阴之外更无别我。"第556页。

[19](隋)胡吉藏:《大乘玄论》卷三《佛性义十门》，据大正新修《大藏经》第45册No.1853，第35页。

[20]吕澂:《南北各家师说》，载《中国佛学源流略讲》，中华书局1979年版，第120页。

[21]（北凉）昙无谶译：《大般涅槃经》卷第二十五《光明遍照高贵德王菩萨品第十之五》，据大正新修《大藏经》第12册No.0374，第515页。

[22]（北凉）昙无谶译：《大般涅槃经》卷第二十九《师子吼菩萨品第十一之三》，据大正新修《大藏经》第12册No.0374："众生即是烦恼烦恼即是众生，众生名五阴五阴名众生，五阴名烦恼烦恼名五阴。"第536页。

[23]（北凉）昙无谶译：《大般涅槃经》卷第二十九《师子吼菩萨品第十一之三》，据大正新修《大藏经》第12册No.0374："善男子。离水无河。众生亦尔。离五阴已无别众生。善男子。如离箱舆轮轴辐辋更无别车。众生亦尔。"第537页。

[24]按："佛性众生"这种表述，于北凉天竺三藏昙无谶译《大般涅槃经》可见，如此经第二十卷《梵行品第八之六》云："何以故？夫无为者，非众生也。阿阇世者，即是具足烦恼等者。又复为者，即是不见佛性众生。"

[25]见上文所引《大般涅槃经》中"佛性"与"六法"的经文。见本文注[18]。

[26]（北凉）昙无谶译：《大般涅槃经》卷第二十八《师子吼菩萨品第十一之二》，据大正新修《大藏经》第12册No.0374，第530页。

[27]（隋）胡吉藏撰：《大乘玄论》卷第三，据大正新修《大藏经》第45册No.1853，第35页。

[28]（北凉）昙无谶译：《大般涅槃经》，据大正新修《大藏经》第12册No.0374，第523页。

[29]同上书，第572页。

[30]同上。

[31]为了便于众生悟解，佛陀的人间说法分真、俗二谛（又称世间法、出世间法），所谓"真谛"，《涅槃经》又称"第一义谛"，指"穷理尽性"的圣智者所见之真实理性（即内证离言法）。

[32]"佛性"即"涅槃"，在《大般涅槃经》中有明确表述："如来者即是涅槃，涅槃者即是无尽，无尽者即是佛性，佛性者即是决定，决定者即是阿耨多罗三藐三菩提。"[（北凉）昙无谶译：《大般涅槃经》卷第五《如来性品第四之二》，据大正新修《大藏经》第12册No.0374，第395页。]

[33]（三国）康僧会序，（后汉）安世高译《安般守意经》可作参考，据大正新修《大藏经》第15册No.0602。

[34]（北凉）昙无谶译：《大方等大集经》卷第十三，据大正新修《大藏经》第13册No.0397，第90页。

[35]（南朝宋）慧严等依泥洹经加之《大般涅槃经》卷第二十三《光明遍照高贵德王菩萨品之五》，据大正新修《大藏经》第12册No.037，第760页。

[36]对谢赫"六法"中"气韵生动"原初意蕴的详细考察请参见拙著《谢赫"六法"义证》（河北教育出版社2009年版）中的相关章节，此处只引用结论。

[37]《杂阿含经》五十卷，（南朝宋）求那跋陀罗译，元嘉十二年（435）至元嘉二十年（443）间译出，收入《大藏经》第2册。原始经典的《杂阿含经》是佛陀为四众弟子——比丘、比丘尼、优婆塞、优婆夷等讲说四圣谛、八正道、十二因缘的基本教义。

[38]安慧是南印度伐腊毗国（又称罗罗国）人，《成唯识论述记》谓其："梵云悉耻罗末底，唐言安慧，即糅杂集，救俱舍论，破正理师、护法论师同时先德……印度境罗罗国人，妙解因明，善穷内论，扇徽猷于小运，飞兰蕙于大乘，神彩至高，固难提议。"

[39]世亲造，（唐）玄奘译：《阿毗达摩俱舍论》卷第一《分别界品第一》，据大正新修《大藏经》第29册

No.1558，第5页。

[40]熊十力:《佛家名相通释》，世纪出版股份有限公司上海书店出版社2007年版，第21页。

[41]弥勒说，(唐)玄奘译:《瑜伽师地论》卷第三，据大正新修《大藏经》第30册No.1579，第290页。

[42]世亲造，(唐)玄奘译:《大乘五蕴论》，据大正新修《大藏经》第31册No.1612，第848页。

[43]任继愈主编:《中国佛教史》(第一卷)，中国社会科学出版社1985年版，第233页。

[44]对谢赫“六法”中“气韵”“骨法”“应物”“随类”“经营”“传移”原初意蕴的详细考察请参见拙著《谢赫“六法”义证》(河北教育出版社2009年版)中的相关章节，此处只引用结论。

[45](北凉)昙无谶译:《大般涅槃经》卷第二十四《光明遍照高贵德王菩萨品第十之四》，据大正新修《大藏经》第12册No.0374，第505页。

[46](北凉)昙无谶译:《大般涅槃经》卷第十二《圣行品第七之二》，据大正新修《大藏经》第12册No.0374，第434页。

[47]安慧糅，(唐)玄奘译:《大乘阿毗达摩杂集论》卷第一，据大正新修《大藏经》第31册No.1606，第695页。

[48]世亲造，(唐)玄奘译:《大乘五蕴论》，据大正新修《大藏经》第31册N o.1612，第848页。

[49]安慧造，(唐)地婆诃罗译:《大乘广五蕴论》，据大正新修《大藏经》第31册No.1613，第851页。

[50]世亲造，(唐)玄奘译:《大乘五蕴论》(一卷)，据大正新修《大藏经》第31册No.1612，第848页。

[51]安慧造，(唐)地婆诃罗译:《大乘广五蕴论》，据大正新修《大藏经》第31册No.1613，第851页。

[52](唐)沙门昙旷撰:《大乘百法明门论开宗义记》，据大正新修《大藏经》第85册No.2810，第1055页。

[53](南朝梁)萧衍:《孝思赋(并序)》，据严可均校辑《全上古三代秦汉三国六朝文》(3)《全梁文》卷一《武帝》(一)，第2948页。

[54]世亲造，(唐)唐玄奘译:《大乘五蕴论》(一卷)，据大正新修《大藏经》第31册No.1612，第848页。又，安慧《大乘广五蕴论》云:“云何行蕴?谓除受、想，诸余心法及心不相应行。云何余心法?谓与心相应诸行。触、作意、思、欲、胜解、念、三摩地、慧、信、惭、愧、无贪、无嗔、无痴、精进、轻安、不放逸、舍、不害、贪、嗔、慢、无明、见、疑、无惭、无愧、昏沉、掉举、不信、懈怠、放逸、失念、散乱、不正知、恶作、睡眠、寻伺。”[安慧造，(唐)地婆诃罗译:《大乘广五蕴论》，大正新修《大藏经》第31册No.1613，第851页。]

[55]世亲造，(唐)三藏法师玄奘奉诏译:《阿毗达摩俱舍论》卷第九《分别世品第三之二》，据大正新修《大藏经》第29册No.1558。

[56]护法等造，(唐)玄奘译:《成唯识论》卷第三，据大正新修《大藏经》第31册No.1585，第11页。

[57]世亲造，(唐)玄奘译:《大乘五蕴论》(一卷)，据大正新修《大藏经》第31册No.1612，第849页。

[58]安慧造，(唐)地婆诃罗译:《大乘广五蕴论》，据大正新修《大藏经》第31册No.1613，第854页。

[59]世亲造，(唐)玄奘译:《阿毗达摩俱舍论》，据大正新修《大藏经》第29册No.1558，第21页。

[60]护法等造，(唐)三藏法师玄奘译:《成唯识论》，据大正新修《大藏经》第31册No.1585，第1页。

[61]护法等造，(唐)玄奘译:《成唯识论》卷第五，据

大正新修《大藏经》第31册 No.1585，第26页。

[62]如《礼记·乐记》云："倡和有应，回邪曲直，各归其分，而万物之理，各以类相动也。"宗炳《画山水序》云："夫以应目会心为理者，类之成巧，则目亦同应，心亦俱会。应会感神，神超理得，虽复虚求幽岩，何以加焉？又神本无端，栖形感类，理入影迹，诚能妙写，亦诚尽矣。"

本文载于《美术研究》2010年第2期

韩刚，1971年生，四川仪陇人。2007年毕业于中央美术学院，获博士学位。四川大学艺术学院院长、教授、硕士生导师。

民国人民的美术史

刘礼宾

"人民·历史——20世纪中国美术研究展"分为三部分：民国美术、新中国美术、改革开放新时期美术。笔者将1919年及之后的民国美术分为四个时期（1919—1927，1927—1937，1937—1945，1945—1949）。做这一分期，同样基于对惯常历史分期以及对展览主题的考虑：（1）五四运动首倡的世纪新风，北洋国民政府的政权更迭以及腐败无能，南京国民政府统治较为安宁的十年以及政府对现代城市的构想，抗日战争时期全民族的群情激昂以及延安革命烽火的兴起，解放战争时期国统区的民怨激愤及人民大众对新中国的憧憬，这些史实成为该展览的宏观背景。（2）无论是在现实社会中，还是在理论表述中，这几个时期的民国之"人民"都在经历着嬗变。在时间的推进过程中，外族入侵以及内部斗争使"人民"一词成为不同阶层的指代。

一、民国之"人民"

1911年清王朝被推翻之后，两千多年来的封建帝制结束，唯皇帝一人独尊的社会体制崩溃，尽管此后的集权模式仍以各种变体呈现，但任何一个政府领导人的权力都已经不能和往日的皇帝相提并论。集权的崩溃必然导致一定程度上的还权于民。世世代代被草菅的"人命"和"民意"由关乎于"天"，指向上苍，到20世纪找到了其受重视的现实基础。20世纪中国历史的重大转变在于，一个曾经以皇权为核心，层层向上负责的金字塔式的社会建构模式崩溃，自此之后，向下负责，以"民"为主至少变成了一种舆论上的必需，也基本上奠定了20世纪中国政治的基调——尽管在此过程中，"人民"这一概念经常被不同程度上抽空，成为一个空壳。

"民族、民权、民生"为核心的三民主义，在同盟会的政纲中，被完整地表述为"驱除鞑虏，恢复中华，创立民国，平均地权"，此后更成为南京国民政府的执政纲领。一直到新中国成立之前，这一以"民"为核心和基础的执政纲领一直被南京国民政府所标榜。在《民报》发刊词中，孙中山把"外邦逼之"和"异种残之"并列为民族主义"殆不可须臾缓"的基本原因，将"反满"和"反帝"作为"民族主义"两个重要支点。"民权主义"明确封建主义和人民大众的矛盾，意于结束"以千年专制之毒而不解"的严重状态，提出经由"国民革命"的途径推翻封建帝制，代之以"民主立宪"的共和制度，从而赋予民众以“人权”。“民生主义”则希望解决“中国的近代化”的课题，发展资本主义经济，使中国由贫弱至富强，能给劳动人民带来生活福利。孙中山确立了“联俄、联共、扶助农工”三大政策，在“民权主义”方面肯定“比较代议政体改良得多”的“人民独裁政体”苏维埃国家，重申了“主权在民”的原则；在“民生主义”方面则强调了“耕者有其田”的观点，由此“新三民主义”成为第一次国共合作的政治思想基础。

民国之“民”和我们习惯表述中的“人民”的区别更在于后者对于“工农”的强调。1848年马克思在总结欧洲革命经验的基础上，在《1848年至1850年的法兰西阶级斗争》中提出“工农联盟”的思想。认为在革命中，工人阶级只有依靠农民的支持才能取得胜利，农民也只有得到工人阶级的领导才能得到解放。列宁在领导俄国革命中实践了这一工农联盟的思想。斯大林在《悼列宁》中提道：“列宁同志和我们永别时嘱咐我们要竭力巩固工农联盟。列宁同志，我们谨向你宣誓：我们也一定要光荣地执行你的这个遗嘱！”1925年，上海爆发“五卅惨案”，国民革命由此进入高潮，资产阶级和无产阶级争夺领导权的斗争日益尖锐起来。因此，客观分析中国社会各阶级状况，把握各阶级的相互关系，变得尤为重要。1925年到1926年上半年，中国共产党领导人针对这一局势，发表了不少的论著，对社会各阶级进行了分析和研究，如瞿秋白的《五卅中资产阶级与无产阶级之互争领袖权》、李大钊的《土地与农民》、邓中夏的《怎样实现工农联合？》、毛泽东的《中国社会各阶级的分析》等。“工农联盟”思想便已经萌芽，后成为新民主主义革命理论的基础。在此后的各个时期，尽管根据国内形势的改变，共产党人在处理阶级关系上做过一些调整，但基本上仍是贯彻这一路线。毛泽东在领导中国革命进程中，进一步发展了工农联盟的思想，提出了统一战线的理论。工农联盟则成为统一战线的基础，也成为后来的人民民主专政的基础。在新中国成立之前，共产党人在各个历史阶段，均将“工农联盟”视为革命的坚实基础。

二、“人民”之美术史

（一）1919—1927年

“五四运动”是指1919年5月4日在北京爆发的中国人民反对帝国主义、封建主义的爱国运动。上海人民首先大力声援北京学生，发展到学生罢课，工人罢工，商人罢市。南京、天津、杭州、济南、武汉、九江、芜湖等地工人先后举行罢工和示威游行。北京政府不得不于6月6日释放全部被捕学生。10日宣布“批准”曹、章、陆3人辞职。28日，中国代表团拒绝在对德和约上签字。五四爱国运动胜利地告一段落。而广义的“五四运动”是指自1915年中日签订《二十一条》至1926年北伐战争之间，中国知识界和青年学生反思中国传统文化，追随“德先生”（民主）与“赛先生”（科学），探索强国之路的思想文化运动。

“民主”使人们的目光由仰视王侯将相转向关注现实社会的普罗大众，在美术界“科学”则与倡导写实之风密切相关。坚持中国画“改良论”的康有为与坚持中国画“革命说”的陈独秀均重视艺术与现实的关系，倡导写实之风。与他们大体上持同一观点的同代人有吕澂、梁启超、徐悲鸿、林风眠、刘海粟、高剑父等，这样一种趋势的形成实在是时代风气使然（或者说是他们所首倡的时代之风）。比如，1918年5月14日徐悲鸿在北大画法研究会讲演《中国画改良之方法》。1920年6月，北京大学的《绘学杂志》转载此文，题为《中国画改良论》，在艺坛上产生了较大的影响。1927年，时任国立北京艺术专门学校校长的林风眠发起组织北京艺术大会，倡导新艺术运动，提出了"打倒非民间的离开民众的艺术！提倡创造的代表时代的艺术！"的艺术主张。由于上述持此论者的重要地位以及艺术实践，以写实（或者半写实、半抽象）的艺术风格表现社会现实渐渐成为时代推崇的一种潮流，这在民国初年已经逐渐明显。

在这一时期，以"人民"为主题的作品崭露头角。油画领域一批学子从欧美和日本学成归来，早期的有李铁夫、冯钢百、李毅士、李叔同等。李铁夫回国后主要居住在香港，对内地美术界影响很小。冯钢百回国后主要在广州、香港一带活动，作品主要以人物为主。和李铁夫一样，冯钢百也保留了对古典绘画技法的坚持，显示了高超的古典油画造型能力。李毅士现存的主要作品是《宫怨》。相对前三者来讲，李叔同的声名较高，这和他曾组织文艺社团、编辑美术杂志、担任教师，从而积极传播油画有关。李叔同传世作品最重要的是《自画像》。在早期回国的这些艺术家之后，林风眠、徐悲鸿等一批画家学成回国，他们继续和在本土成长起来的油画家一起以中国现实为对象进行油画创作，作品中有以现实人物为表现对象的肖像画、以代表性建筑为表现对象的风景画、以历史事件为表现对象的历史画等。林风眠于1926年初回国后，即担任国立北平艺专的第二任校长，《民间》（1926年）与他这一时期的艺术主张形成了直接的呼应关系——"提倡民间的表现十字街头的艺术"。此时就读于该校的刘开渠也创作了《流民图》，应该与当时国立北平艺专的风气（当时该校是李大钊拓展党组织的主要地点之一）有紧密关系。刘海粟这一时期已经坚定了对后期印象派的肯定，《北京前门》《南京夫子庙》不可避免地流露出塞尚、凡·高以及野兽派马蒂斯等人的影响。同时，作品亦具有浓烈的现实气息。这一时期直接反映北伐战争题材的作品有梁鼎铭的《前赴后继》《北伐军南昌之战》等。

中国现代雕塑也诞生于这一时期，作品多以政治、经济、文化领域的名人为表现对象。雕塑题材由"神"到"人"的转变与现代社会的兴起有密切关系。在雕塑史的发展过程中，把"人"作为表现对象是一个重要转折点，这是现代雕塑区别于古代雕塑的一个重要特征。如江小鹣的《李平书像》、李金发的《蔡元培像》、伍千里的《孙中山像》等。

（二）1927—1937年

1927年4月18日，国民政府定都南京。刚刚取得统治权的南京国民政府在经济建设、国家形象塑造、城市规划、文化建设等方面均有自己的设想，进入了为有些史学家所赞誉的"黄金十年"时期。在这十年中，城市建设方面的重大事件有："首都计划""大上海计划"等。这些经由国家出面发起的大型建设项目，一定程度反映了国民党以“三民主义”为核心的执政理念，并与这一阶段相对繁荣的现代雕塑创作有着紧密联系。在这十年中举办的第一届、第二届全国美展，也从一个侧面反映了民国政府欲在美术创作领域有所影响和作为。

1928年，南京被定为特别市，随即展开首都建设。孙科在《首都计划》的序文中写道：“自去岁双十节后，国民政府以北伐统一告成，乃筹备成立五院，宣示国人以训政建设。中外视听，于焉一新，而首都建设问题，遂亦为各方所注目。良以首都之于一国，固不唯发号施令之中枢，实亦文化精华之所荟萃。觇人国者，观其首都，即可以衡定其国民文化地位之高下，关系之巨，诚如是也。”[1]刚刚建立政权，踌躇满志的国民党人在城市建设方面表现出了新兴勃发之气，他们视城市形象为其执政形象的具体化，这无疑会推动城市建设进程。由于各种原因，特别是1937年的日本侵略战争使“首都计划”没有得到全面实施，但仍奠定了南京现代城市的基本格局。杨秉德对《首都计划》的评价为：“西方最新城市规划模式与中国民族形式建筑模式结合，城市整体格局走世界城市近代化的共同道路，体现了当时流行于欧美，1933年总结为‘雅典宪章’的城市规划基本原则，即城市应具备居住、工作、游憩、交通四大功能；而具体的建筑形式则强调‘发扬光大本国固有之文化’。”[2]可见，保持“传统”，走向“现代”，构成了“首都计划”的两大特色。除此之外，“大上海计划”也保持了这两大特点，即城市规划的现代化、城市建筑的民族化。

伴随现代城市的改造和兴起，民国雕塑创作在这十年中进入了相对繁荣的时期。上海公共空间的现代雕塑以上述上海市中心行政区的《孙中山铜像》最具象征意义。南京公共空间的现代雕塑以新街口广场、中山陵的《孙中山像》最为著名。广州、武汉、杭州、成都四个城市公共空间中也出现了一定数量的现代雕塑。如广州的公共雕塑有李金发创作的原来竖立在广九车站的《邓仲元将军像》；江小鹣创作的矗立在湖北军政府旧址大门口的《孙中山铜像》；刘开渠创作的竖立在杭州西湖湖畔的《淞沪抗日阵亡将士纪念碑》等。

1929年举办的第一届全国美展与南京国民政府的建立密切相关，南京国民政府初设大学院，院长便是积极倡导“美育”的蔡元培。后大学院改为教育部，隶属行政院。第一届全国美展继续由教育部统筹。李寓一在其《教育部全国美术展览会参观记（一）》中指出，这届展览之所以能够成功举办，“一、因教育部登高而呼，易于集合。二、因全国统一，南北艺术家得有合作之机，非如前此之划然分界也”[3]。该届展览由国家出资筹办，有来自二十多个省区的作品参展。举办此次展览的目的是“引诱倡导世界性的美术，恢复振兴中国的美术并翼助促成中国的新教育”[4]。1936年，教育部为“熟审吾国近年来美术之进展与其趋向，助长一般人之美术兴趣及审美能力”、使国民在国难期间能得到“正当之精神供养与美术调节起见”，[5]在1937年春天举办了第二届全国美展。

除了南京国民政府的政府行为之外，自发性的美术创作也在多个领域向现实社会拓展，“人民”在此过程中充当了越来越重要的角色。国画领域有“岭南画派”的新国画；油画领域有以徐悲鸿为翘楚的写实流派，以“决澜社”为中心的现代主义油画创作；20世纪30年代有“新兴木刻运动”兴起。它们都以各自的方式对“人民”、对当时的现实（时下的“历史”）进行了特有的阐释。

由于“岭南画派”创始人的特殊经历和思想倾向，革命精神是“岭南画派”的思想基础。这种革命精神又和时代精神相契合，所以“岭南画派”能在题材内容上大胆革新，将革命山水、战争场景纳入表现对象之中，技法上兼容并蓄，开时代风气之先。高剑父、陈树人、高奇峰以及第二代画家关山月、黎雄才、赵少昂等为中国画的推进注入了新鲜的活力。岭南画派的这一革新是在现实变革基础上的画风之变，脱离开具体历史环境之后的“岭南画派”，从某种程度上说，丧失了它的创新基点。

第一次全国美展之后，徐悲鸿与现代主义绘画的支持者徐志摩进行了激烈的争论。尽管争论的双方都没有说服对方，但时代风气以及客观环境使写实画风日渐取得优势。徐悲鸿在回国后的30年代，进入了创作的高潮期。《田横五百士》《徯我后》均因和现实形成了某种隐喻关系，赢得了巨大的声誉。在康有为和陈独秀主张用“写实”来推动中国画的“改良”或者“革命”之后，徐悲鸿无疑是最典型的坚持这一主张的艺术家，并且积极付诸实践。他“独执己见，一意孤行”，他本人的影响力加上他的诸多出色学生，使他的艺术主张对20世纪中国美术产生了重大影响。再进一步，如果把徐悲鸿对“写实”的坚持和他对现实（国家和民族命运）的持续关注联系在一起，就不能简单地看他对待写实风格的坚持了，他的“坚持”背后潜藏着更深厚的文化抱负，乃至对国家未来的期待。

1932年“决澜社”成立，这一以西方现代主义绘画为学习对象的组织，对写实主义绘画直接提出了挑战，认为写实绘画的功能早已经被摄影所代替。但举办了4届的“决澜社”展览最后在惨淡中结束，并因为抗战的开始，“决澜社”最终解散。其实，现代主义风格油画作品并非完全隔绝于现实题材之外，比如庞薰琹的《地之子》，但终因其风格的小众化，以及与中国现实需求的脱节，使其作品传播和接受遇到了很大的障碍。在这一时期，介于写实和现代主义风格之间的一些作品也取得了一定的成功，比如王悦之的作品《弃民图》《台湾遗民图》等。

1930年3月，中国左翼作家联盟在上海成立。7月，中国左翼美术家联盟成立。美术界革命风潮的兴起最终集中体现为“新兴木刻版画”的出现。这一时期的木刻版画的精神取向与启蒙、救亡相一致，作品以描绘人民疾苦、民族危亡为主。艺术创作与劳苦大众被联系起来，作品表现出强烈的忧患意识与爱国热情。胡一川的《到前线去》、李桦的《怒吼吧！中国》、黄新波的《鲁迅遗容》是这一时期版画创作的代表作。鲁迅等人引进的苏联以及欧洲版画艺术，经由这些年轻版画家的消化、吸收和创新，得以成为有效地介入现实的艺术工具。艺术语言与时代需求方面形成了紧密的咬合关系，版画因其艺术宣传的有效性、传播的便利性，逐渐成为20世纪上半叶最重要的艺术形式之一。

（三）1937—1945年

1937年卢沟桥事变之后，全面抗日战争爆发。中华民族与日本侵略者的矛盾上升为主要矛盾，在民族存亡之际，团结一切可以团结的人成为一种必然的政治选择，国共实现第二次合作，此时“人民”的内涵较以往不同，其外延也相对扩大。

在这样的历史氛围中，美术界的创作指向较以往更加明确和集中。从题材上来讲，“抗战”成为这一时期美术创作的主要主题，反映日军暴行、民族抗战、民生疾苦的作品大量涌现。从艺术形式上来讲，由于客观条件限制，油画、雕塑作品减少，版画、漫画因其制作简便、易于传播，得到迅速发展。基于不同的地域，国统区艺术、延安艺术则表现出不同的倾向。

在国统区艺术中，油画以及国画创作相对萧条，但亦有反映抗战的经典作品问世，雕塑创作只是偶然现象，但也留下了可圈可点的传世作品。油画作品，如徐悲鸿的《田横五百士》、唐一禾的《“七七”的号角》、吴作人的《搜索》《不可毁灭的生命》《祭青海》、董希文的《苗女赶场》、艾中信的《蜀山隆冬》、李瑞年的《暴风雨》等。国画作品如蒋兆和的《流民图》等。雕塑作品中则有刘开渠的《无名英雄》《农工之家》，王临乙的《大禹治水》《张自忠将军像》，张充仁的《恋爱与责任》等。在这一时期，漫画和木刻版画得到了发展。全面抗战之初，漫画家便成立了“全国漫画战时工作委员会”，指导全国各地的漫画活动，主要进行救亡主题的漫画创作。除此之外，批判现实的漫画创作主要以张光宇、丁聪、廖冰兄、张乐平为代表，如张光宇的《西游漫记》、丁聪的《今日形象》、廖冰兄的《教授之餐》、张乐平的《三毛流浪记》等。1938年“中华全国木刻界抗敌协会”（1942年改为“中国木刻研究会”）成立，该组织积极招募会员，传播版画技术，因艺术倾向的一致性，这一组织与延安有一定联系。1942年，该组织举办了“第一届双十节全国木刻展览会”，得到了徐悲鸿的肯定。1943年的第二届展览在全国八个展区展出。由此可见，版画依然发挥了激励全民族抗战士气、针砭时弊的重要作用。

第三届全国美展在抗战时期的陪都重庆举办，除有激发人民斗志的目的外，也有借此“沟通国际间之文化，博得盟国人民之同情之意”。[6]因此该展览偏重抗战题材，对这类抗战题材的作品放宽数量。作品来自14个省市，送交作品的艺术家有960人。与以往两届全国美展比较，此次展览的作品总体数量较少。王临乙的作品《汪精卫跪像》参加了这次展览，引起了极大反响。

1938年，鲁迅艺术学院在延安成立。用“鲁迅”冠名，以及将艺术“作为宣传、鼓动与组织群众最有力的武器”的初衷，即表明了该校鲜明的政治立场。此后，解放区出现了艺术追求“正规”和“专业”的“黄金时代”，但随之也出现了过分追求艺术自律、艺术创作逐渐和延安主流现实相脱离，或者对“革命延安”进行嘲讽的势头。一些人主张艺术脱离政治，艺术高于政治，作家可以不要马列主义的立场、观点，认为这些会妨碍创作。因此，一些作品脱离实际、脱离群众，要么就是所谓“暴露”文艺。一些群众看不懂、脱离根据地现实，甚至不适应抗战需要的作品在延安文艺界也时常出现。同时，文艺界长期积累的宗派主义等问题也带到了根据地。如果仅从艺术自律发展的角度来讲，这些变化可能也能找到充足的“理由”，但彼时彼景，这种倾向显然是与革命要求不相一致的。因此，1942年，毛泽东发表了《在延安文艺座谈会上的讲话》，掀起延安整风运动，明确了文艺必须为无产阶级服务、为工农兵服务的文艺方针，成为此后共产党文艺路线的基本原则，毛泽东文艺路线由此得以确立。这一路线的确立，从20世纪40年代的延安，一直到21世纪，六十多年来都以各种样式和变体深刻影响着中国艺术创作的方向。延安整风之后，延安艺术家的创作方向更加明确。美术界得到最充分发展的延安木刻涌现了大量优秀的艺术家和作品，如彦涵的《当敌人搜山时》《移民到陕北》、力群的《饮》《丰衣足食图》、古元的《减租会》《拥护咱们老百姓自己的军队》、罗工柳的《马本斋将军的母亲》等。

（四）1945—1949年

抗日战争结束后，国共就中国未来的走向进行磋商和谈判，结果谈判以失败告终，还未从抗日战争创伤中恢复过来的国人又被迫卷入了战争。在解放战争的过程中，国共两党在国统区、解放区实行的各方面政策相差悬殊。抗日战争本来已经使民生凋敝，物价飞涨，再加上国民政府在经济建设、政治统治、宣传政策上的无能，引起了民众的极大不满。国统区政治、经济均濒临崩溃边缘，民主运动高涨。全面内战爆发后，国民政府教育经费严重短缺，政府又采取高压政策，广大师生展开了“反内战、反饥饿、反迫害”运动，成为摧毁国民政府统治的“第二条战线”。而此时的解放区除了在军事上积极推进之外，还正在为解放战争的胜利以及新中国的成立进行着政治、经济、文化等多方面的调整，表现出一个蓬勃兴起的政党和政权的良好状态。

在解放战争时期，木刻版画仍然是最具战斗力的艺术工具。国统区的“中华全国木刻协会”基本上接受了共产党的领导，大多数木刻版画艺术家一如既往地站在共产党的一边，斗争的对象由以往的日本帝国主义直接转向了此时的国民党。解放区的艺术家更是将延安艺术的光荣传统发扬光大，其歌颂与反对的对象更加明确，艺术手法也较以往更为成熟。国统区李桦创作的《怒潮》组画、王琦创作的《洪流》、黄新波创作的《卖血后》，解放区王式廓创作的《改造二流子》、古元创作的《烧毁地契》《人桥》、彦涵创作的《豆选》《向封建堡垒进军》等作品均成为这一时期的代表作。

这一时期的油画创作以吴作人的《负水女》、董希文的《哈萨克牧羊女》最为著名。艺术家对西部的兴趣部分是由于日本入侵所唤醒的文化保护意识所激发的，著名的案例有常书鸿对敦煌的保护、王子云的西部考察，等等。吴作人、董希文这一时期的油画创作与此前他们的西部之行有着密切的联系，并掀开了油画民族化的序幕。

在解放战争时期，雕塑创作仍然受客观条件限制，作品不多。国统区傅天仇、萧传玖的创作和解放区王朝闻的创作最富典型意义。1946年4月初，傅天仇在重庆中苏文化协会举办个人雕塑绘画展，展出新创作的“写心”“传意”的雕塑作品和对现实颇具批判意味的雕塑作品、临摹品将近50件，其中有浮雕作品《抗战八年赞》（共四幅:《洪水来了》《共同筑坝》《坝支狂洪》《独占》)。1946年，傅天仇创作了《反内战组雕》。1947年至1949年傅天仇在香港从事雕塑创作，这段时期创作的作品依然表现出强烈的批判性，《上海街头》《南京大牢的爱国者》即属于此类作品。1948年暑假，萧传玖见到了美籍俄国画家尼古拉·费欣的作品，开始受其影响。同年，萧传玖在国立艺专陈列馆举办个人素描、雕塑展，展出了《逼债》《弃婴》《抢米》《救救孩子》《工人胸像》等作品。王朝闻于1947年创作的雕塑《民兵》则将解放区的氛围、民兵的个人气质进行了恰到好处的表现和处理，成为典范之作。

在时间的长河中，截取表现“人民”题材的“美术作品”作为横断层，勾画出民国美术作品中的“人民”历史。毋庸置疑，这样选用的作品只是民国美术史的一小部分。以图像构建历史，并凸显“人民”这一主题，显然会遭到作品选择标准以及主题先行的质疑：民国美术史多大程度上是表现“人民”的历史？将“人民”作为民国美术作品的表现对象，只是提供管窥这段历史的一个角度：民国美术史显然有以“人民”为主题的部分，但如果将“民国美术史”与“人民斗争史”做整体对应，那可能则是理论先行的一厢情愿。

注释

[1](民国)国都设计技术专员办事处编:《首都计划》，南京出版社2006年版，第1页。

[2]杨秉德:《中国近代中西建筑文化交融史》，湖北教育出版社2003年版，第72—73页。

[3]《妇女杂志》第15卷第7号，第3页。

[4]《申报》1929年4月11日。

[5]《中央日报》1937年4月24日。

[6]《中央日报》1942年12月26日。

本文载于《美术研究》2010年第3期

刘礼宾，1975年生，山东高唐人。2007年毕业于中央美术学院人文学院，获博士学位。中央美术学院副研究员、硕士生导师。

析“三位一体”与中央美术学院第一代中国画教学集体

曹庆晖

论题所言“第一代”，是指在1953—1964年和1977—1983年这十余年间，为摸索和建立现实主义中国画教学体系而形成的一代教学集体，这一代教学集体的特殊性正是由上述时间维度和教学维度所规定的。这里的时间维度并不连续，但教学维度却一脉相承，即这一代教学集体，十余年间一直以叶浅予为系主任，在“文革”运动结束后的拨乱反正和改革开放环境下，继续接续并建构着“社教”运动前在社会主义改造和建设环境下形成的低年级写生基础教学和高年级人、山、花分科教学的教学体制，而其遵循的以写生为核心、以临摹为援补、以创作为目标的写生、临摹、创作“三位一体”教学方法，原本就是在20世纪50、60年代由这一代教学集体为“建立一套较完整的现实主义中国画教学体系”而总结出的生活、传统、创作“三位一体”教学原则之下的产物。站在21世纪的门槛回望过去，可以用这样一句话简单地说，中央美院第一代中国画教学集体肇建的现实主义中国画教学体系，基本是以“三位一体”将基础教学和分科教学衔接并组织起来的一个教学系统。这个教学系统的形成尽管渊源有自来，但它在中央美院的成型也并非一帆风顺，它的形成是在20世纪50、60年代知识分子思想改造以及被名为民族文化“虚无主义”“保守主义”的不同认识争论所交织的压力场内，历经“中国画改良”“美术革命”“革命美术”“社会主义现实主义美术”洗礼（冲击）的一代师资，为中国画在社会主义国家的美术学院建构中争取合法地位、实现自身价值做出的重构性整合。因此，它是历史的产物。同时，它也是发展的产物。其中主要包含两层意思。其一，是指中国画学院化程度的发展。中国画进入学堂一百年来历经两次学院化过程，相对于第一次学院化过程——发轫于“五四”前后各美术专科学校系的“原生态”或“改良式”[1]中国画教学，以中央美院为载体之一的中国画第二次学院化，是偏倚“改良式”中国画教学，摸索和建立现实主义中国画教学体系的过程，也是中国画学院化——规范、标准、制度、体系等方面——更自觉的过程，其间形成的教学大纲、讲义、总结、笔记等诸多公开或不公开的教学文本，就是这一代以教学的方式对中国画现代演进这一中心问题的参与、思考和言说。其二，是指教学体系内部的辩证否定发展。在上述十余年间的体系肇建和人才培养过程中，第一代教学集体就是在辩证否定的过程中历史地构建着现实主义教学体系（如白描—素描—中国画素描基础教学），而更有价值的是这个体系也历史地孕育出对它进行反思和调整的力量（其优秀分子成为第二代教学集体的代表），为其输送着应变社会文化要求的新思维和新尝试，使其一直保有通过教学主动应对社会文化变动的活力。

至此，本文拟讨论如下3个问题：（1）第一代教学集体的构成。（2）“三位一体”的提出。（3）“三位一体”之于人物、山水、花鸟画教学形成的基本经验。

笔者认为，教学集体有广、狭之分，广义上的教学集体界定主要是指单位时间内稳定的主导师资构成，狭义上的教学集体界定则主要是指在广义范围内更主动、更自觉地思考专业发展并积极策动教学实施，提出新构想、新尝试和新经验的部分师资，换言之，他们是启导教学新方向的主力先锋。就此，笔者认为，对应到中央美院中国画教学来说，广义上的第一代包括（按年龄大小排列）：李苦禅、蒋兆和、刘凌沧、叶浅予、李可染、郭味蕖、萧淑芳、梁树年、黄均、陶一清、陆鸿年、高冠华、田世光、宗其香、李斛、王定理、李琦等人。进入狭义层面的教师，笔者认为，主要是叶浅予（1907.3.1—1995.5.8，浙江桐庐）、蒋兆和（1904.5.9—1986.4.15，四川泸州）、李可染（1907.3.26—1989.12.5，江苏徐州）、郭味蕖（1908.2.15—1971.12.21，山东潍坊）。

在叶浅予、蒋兆和、李可染、郭味蕖四人中，除郭味蕖家境殷实、富有收藏外，其余三人皆出身赤贫。叶浅予、蒋兆和属于自学成才的一类画家。叶浅予由漫画转向中国画，离不开亦师亦友的张大千引领；蒋兆和以素描人物中国纸墨画，离不开亦师亦友的徐悲鸿教诲。李可染、郭味蕖属于经历较正规的西洋画学习后，再转入中国画传统研究的一类画家。李可染与傅抱石交往，拜师齐白石和黄宾虹，是他进入中国画的阶梯；郭味蕖受业于古物陈列所国画研究室，在黄宾虹、于非闇等人指导下，步入中国画的门庭。这四位画家都经由徐悲鸿聘任，又多为中国画传统大家亲炙，在艺术来路上，原本就交融渗透着“中西融合”“传统出新”这两种“五四”以来发展中国画不同的思路并对其产生程度不一的影响。新中国成立后，叶浅予、蒋兆和、李可染是中央美院自1953年正式开办中国画专业教学以来的三位元老级教授。以后，无论是在绘画系彩墨画科、彩墨画系还是中国画系，叶浅予一直都是主任。若叶浅予外出，亦曾由蒋兆和为代理主任的临时安排。李可染在1958年底被任命为教研室主任。60年代中国画系实行分科教学后，蒋兆和曾任人物画科主任，郭味蕖曾任花鸟画科主任。这都表明，叶、蒋、李、郭属于中央美院中国画教学展开依靠的学术主力。在50年代末60年代初这一段中国美术发展的黄金期中，叶浅予对中国画规律的探索比较主动，蒋兆和对人物画造型体系的思考比较系统，李可染在山水画写生教学方面总结了一套思想方法，郭味蕖在花鸟画推陈出新的教学设计方面提出了一套思路。这些方面努力的成果，不仅从教育角度深入建构着他们的艺术人生，使他们超越一般美术家教师成为美术教育家，而且构成了中央美院中国画教学的基础，至今还在发生着影响。

值得注意的是，在20世纪五六十年代，叶浅予、蒋兆和、李可染、郭味蕖作为教学个体形成的一套认识、经验和方法，是对整个教学集体所达成的教学共识的深化和支持；从另一方面来说，若没有基本教学共识的达成，个体经验也难以汇聚为集体经验的有机组成部分。这也就是为什么在中央美术学院中国画教学历史上，第一代教学面目相对最为清晰的主要原因。那么，这个教学共识是什么呢？回顾过去，可以看到，这个教学共识就是对“三位一体”的明确；同时也可以看到，这个共识在新中国成立初期也并非一蹴而就，而是在过程中形成的集体智慧。

其实，在新中国成立初期改造旧文艺的氛围下，中国画教学如何搞？怎么办？中央美院的中国画家既明白又迷茫。所谓明白，是对改造中国画的大方向有所认识；所谓迷茫，是对具体怎么改和怎么教没有尝试。1950—1951年叶浅予在美院不同场合的两次发言就非常清晰地反映出这一点。他说：“国画有新旧之别，在教学中不知应采何种，经我们商讨的结果定了一个目标，是以改良的国画为目标。”[2]“中国画以往是师徒制的教法，就是先生在画，学生在一边看，这方法有它的优缺点，我们希望能研究出一个比较科学的方法，由浅到深、由临摹到写生、由基本练习到创作，怎样有机地结合起来实施教学。”[3]此后，中央美院中国画教学在组织上历经由绘画系彩墨画科（1953年）、彩墨画系（1955年）到中国画系（1958年）的沿革，在学术上历经素描与白描、写生与临摹、人物花鸟风景中哪一门为重点以及继承民族遗产等问题的讨论，在政治上经历“反右”“大跃进”运动后，到1958年蒋兆和对国画系四年来的教学进行总结时认为，实践证明：在写实造型能力培养方面，所尝试的素描改革是行之有效的；在临摹写生以谁为主方面，要坚持临摹与写生相结合才能推陈出新；在发扬传统方面，先师古人后师造化再搞创作应是山水、花鸟、人物画遵循的原则[4]。在这些教学经验的基础上，1959年，中国画系在教学大纲中明确提出了影响至今的、带有体系性的“三位一体”教学结构。

之所以说中央美院中国画系提出的“三位一体”带有体系性，是因为它是一个教学原则与教学方法的统一体。从方法而言，它是写生、临摹、创作的三位一体；从原则而言，它是生活、传统、创作的三位一体。就笔者目前看到的资料而言，作为方法的三位一体表述最早出现在《中国画系教学计划、大纲》（1958年度第一学期）之《卷轴画室教学计划》中，而更具有体系色彩的表述是在1959年10月14日制定的《中国画系1959年度教学规划》中，该规划如此解释说：

> 人物、山水、花鸟都应该从生活出发，学习传统技法和理论，最后搞出创作来。
>
> ①生活——生活是一切创作的唯一源泉。在人物画方面，主要是下乡、下厂、深入劳动人民的生活……其次是靠日常对周围事物的观察和体会。山水画和花鸟画也同样要对描写对象作多

方面的深入研究。

②传统——包括临摹和研究优秀的古典作品，达到能运用传统技法（也包括吸收外来的）进行写生，以及研究中国画创作的规律和理论等。

③创作——要求以完美的传统艺术形式，根据对生活的感受和积累创作出又新又美的作品来。

④生活、传统、创作三位一体的教学原则，在人物、山水、花鸟画的教学过程中，可以使写生、临摹和创作三者密切地结合起来，在具体贯彻和执行中视课程内容和性质而有所不同。[5]

毫无疑问，上述共识受到毛泽东文艺思想体系的深刻影响，不过，毛泽东文艺思想体系毕竟不等于中国画教学体系。换言之，能够达成如上中国画教学的明确共识，既有毛泽东文艺思想的外在作用，更有“五四”以来中国美术现代演进所形成的历史经验作为内在依据。具体而言就是源于“中国画改良”传统的“写生”经验、源于“文人画之价值”传统的“临摹”经验与源于“革命美术”救亡传统的“创作”经验。以上经验三元汇聚，在毛泽东文艺思想框架内获得新解释和新内容，写生被赋予生活源泉观，临摹被赋予古为今用观，创作被赋予反映生活观，由此构成原则与方法统一的“三位一体”的全部意义，而它的全部基础与价值核心则在写生。

中央美术学院中国画系在1958年明确的三位一体教学构架，不久就反映在1961年4月由高等学校文科和艺术院校教材编选计划会议，根据中央美术学院、浙江美术学院、上海市美术专科学校分别提出的草案修改制订的《高等美术学校教学方案·中国画专业教学方案（修订草案）》中，以及在此基础上于1962年修改而成的《高等美术学校暂行教学方案·中国画专业教学暂行草案》中。这两份指导全国美术院校中国画教学的草案核心，主要是对中国画各科写生与临摹、基本训练和创作练习相结合的方法确定以及按比例做出的学时规定，实际上正是对“三位一体”教学结构在全国范围的明确和强化。

“三位一体”作为思想共识的达成，乃至融化为指导全国美术院校中国画教学开展的体系框架，特别是在60年代高等美术学校中国画专业教学草案对中国画分科教学的要求，促使中央美院第一代中国画教学集体在共识和分科的前提下，结合个人实践经验与理论思考，探索以深入生活、反映生活为中心的现实主义人物、山水、花鸟画教学，正是在这方面，叶、蒋、李、郭表现得比较突出和自觉。

叶浅予在新中国成立后的50、60年代，出于教学开展和自我补课两方面的需要，比较重视探索中国画的艺术规律，自1956—1962年先后发表的相关研究有《中国画的艺术技巧》《关于线描》《中国画的色彩》《中国画的构图讲述提纲》《中国画的透视问题》《掌握全面和专攻一门》《中国人物画的基本功》等多篇论文。其中值得注意的是1962年《中国人物画的基本功》一文，基本可视为一篇从人物画教学出发，结合个人实践与中国画规律，将“三位一体”共识全面展开的教学思考文献，其核心即叶浅予概括的“八写、八练、四临、四通”[6]。其中八写、八练、四临，基本上围绕着写生与临摹，在方法、要求、目的上进行总结；四通则涉及更广泛的内容，其实质则直接关涉人物画创作问题。

相对于叶浅予50年代对中国画一般艺术规律的探讨和总结，蒋兆和在50年代更偏重于对中国画造型基础问题的教学思考和实践。这既和他承担素描课的本职工作有关，但更和50年代以来中国画改造、继承民族遗产的论争有关，特别是50年代中期的素描论争，直接逼促着蒋兆和必须在中国画素描教学中予以应对。《国画人物写生的教学问题——对彩墨画的素描教学在观点上的一些商榷》（1957年）、《关于中国画的素描教学》（1959年）两篇文章，就是蒋兆和对中国画素描教学问题的系统回答。其核心是建立一种适合中国画视觉文化的、以白描为骨干、兼以西洋素描解剖透视因素以及适当的结构性皴擦的人物造型方法——“现代国画人物写生法”，它是蒋兆和受徐悲鸿中西融合思想影响，在素描写生这一教学环节中的伸展和总结。60年代试行分科教学后，蒋兆和将思考实践的重点由素描写生转移到水墨人物画方面。1961年发表的《中国水墨人物画的造型规律》一文，对观察、线描、皴擦、墨染写生四步的确定以及对骨法用笔、以形写神、创造技巧的强调，体现了他在“三位一体”宏观共识之下，为建立更为完整的水墨人物画写生教学体系做出的努力。蒋兆和在50、60年代的教学思考和实践，与同时期“新浙派”南北辉耀，需要全面看待他们对中国画人物画教学体系的建构与影响，不能只见树木，孤立评价。

相对于叶浅予、蒋兆和主要是在50年代中期开始比较系统地思考中国画及其教学问题而言，李可染在理论和实践方面的探索显得更为自觉一些。1950年李可染发表的《谈中国画的改造》一文，为他深入生活、接受遗产进行了思想准备；1954年他参加的江南写生，为他探求传统今朝迈出坚实的第一步。在随后一系列的山水写生及教学活动中，不仅使李可染拿出了一批反映50、60年代山水画革新的佳作，而且促使李可染在改造中国画宏观构想下取得的具体实践经验系统化和教学化，相继发表了《漫谈山水画》（1959年）、《谈艺术实践中的苦功》（1961年）、《谈学山水画》（1979年）等数篇影响超出美术界的论文。这些论文的基本核心——以写生为中心，以意境和意匠、情感和笔墨的炼就为依归，以为祖国河山立传为抱负——从实践中来，又用于教学实践，逐渐形成了一套临摹、写生、创作有机统一的山水画教学方案，与同时期的傅抱石呈南北双星辉映之势。在此，笔者依然保留这样一个看法，需要全面看待李可染、傅抱石对中国画山水画教学体系的建构与影响，不能只见树木，孤立评价。

和叶、蒋、李的教龄比起来，1960年为加强师资队伍才调入的郭味蕖算是中国画系的一位“新同志”。然而正是郭味蕖——一位在史、论、法的研究上比较自觉，较早认识到“花鸟画的推陈出新是一次本质革命”的画家——在花鸟画教学的学科化方面做了大量工作，其要者即编写花鸟画科教学大纲。1971年，被下放原籍、心有不甘的郭味蕖撰写了《写意花鸟画创作技法十六讲》，实际上是以教学讲义的形式系统而深入地总结自己在创作、教学和理论方面的经验心得，其实也是他对60年代花鸟画教学大纲的进一步深入。虽然郭味蕖在教学大纲中也秉承“三位一体”的教学原则，但其可贵之处主要在于将原则予以专业化的努力。例如，他在贯彻高等美术学校中国画专业教学方案对写生、速写、默写的原则要求时，从花鸟画具体对象的写生出发，提出“一次精写、二次率写、三次变写”的具体方法，形成大、小三写结合的花鸟画写生观[7]。再如，通过写生与临摹的技法与经验习得，扩而大之，提出山水和花鸟相结合、工笔和写意相结合、泼墨和重彩相结合的创作观。郭味蕖的这种创作认识和实践，似乎可与潘天寿50、60年代的一批花鸟画创作相联系。而潘天寿、郭味蕖在中国画花鸟画教学体系的建构与影响，也需要深入研究，客观定评。

最后，笔者想补充议论或强调的几点是：（1）“三位一体”是中国画进入学院体制后形成的第一个具有普适性的教学结构，相对于民国时期美术学校的中国画教学来说，这是一个历史性的变化。（2）“三位一体”教学结构的形成，外有意识形态的影响，内则有中国画近代变革的线索为逻辑依据。（3）中央美术学院第一代中国画教学集体是“三位一体”教学结构的助产士，其50、60年代教学经验的生成以及80年代前期的进一步继承与完善，均立足于对“三位一体”共识的达成和坚持。（4）需要加强对南北教学体系建构的对比性、全局性研究，摆脱以创作评价代替教学评价、只见树木不见森林的研究局限。（5）“三位一体”作为普适性结构至今影响中国画教学，尽管现在对写生、临摹、创作方面的认识已然发生深刻的变化，但并不意味着目前的教学手段或者经验已然超越前人，中国画教学现实的情况是在很多外在方面进步的同时又在很多内在方面退步了，这抑或也就是本文强调“三位一体”之于50、60年代在人物、山水、花鸟画教学取得经验的意义所在。

注释

[1]原生态中国画教学是笔者杜撰的一个词汇，特指文人绘画进入民国学堂后承袭的通过临摹传道授业解惑，在诗、书、画、印、鉴、跋诸方面致力的教学方式；改良式中国画教学是笔者转借的一个词汇，特指以西法写生为师的基本手段，在形、色、体、神诸方面致力的教学方式。

[2]《一九五〇年系班科主任联席会议记录》。本文未特别标注文献出处者，均源于笔者搜集的原始教学文件，下同。

[3]《墨画组三四年级教学计划及进行情况》。

[4]《国画系四年来的教学总结》。

[5]《中国画系1959年度教学规划》。

[6]八写：慢写、速写、对写、默写，写形、写生、写意、写景；八练：练笔、练墨、练色、练图、练眼、练手、练心、练胆；四临：对临、背临，临古、临今；四通：贯通画理画法、穷通人情世态、旁通山水花鸟、变通古今中外。

[7]参见鄂玉梅《“推陈出新”与郭味蕖写意花鸟画教学研究》，硕士学位论文，中央美术学院，2009年。

本文载于《美术研究》2010年第3期

曹庆晖，1969年生，山西太原人。2011年毕业于中央美术学院人文学院，获博士学位。中央美术学院人文学院教授、博士生导师。

局部研究的普世价值：地域美术史研究及其方法论刍议

于　洋

时间性与空间性：地域美术研究的两个维度

在全球化背景与现代化的进程中，地域文化及地域美术研究的前景与趋向越发引人关注，无论是对于信息时代与地域美术之间的关系，还是以现代性理论观照与阐发地域美术研究，都成为艺术史研究方法论与范畴内容的焦点。在全球化的语境中，区分每个国家与地区的艺术史叙事，更已成为世界艺术史界学术实践的核心问题。全球化的多元结构与信息传播技术的高度发达，不但没有消解地域性的价值，反而更加凸显了地域文化的无法替代的可贵特性。

地域美术史研究在方法论上承担着双重使命，当创建普通艺术史的元叙事时，研究者还要针对不同的地域性特征展开叙述，从更广层面上指出其相似和差异，这就是我们所说的地域性因素。长期以来美术史研究的逻辑与体例都遵循纵向的时间线索，从张彦远的《历代名画记》、郭若虚的《图画见闻志》到邓椿的《画继》，纪传体的常规体例与时间顺序的前后相接，已经成为中国古代美术史叙事的传统方法。经典意义上修治美术史的习惯路径，首先需要排年表、列师承、追溯源，虽也有《益州名画录》等地域性美术的专题述评，但对地域美术的横向梳理一直缺乏深入的研究，唐宋之际的南北之分也只停留于宽泛而模糊的地域分类，实际上更强调某种风格而非地别的差异。

地域性首先是一个空间概念，而其内涵又绝不止于空间上的界定。空间层面不同的地域性往往有着惊人的一致性，或者说不同的地域往往展现了同一现象或事物的多个侧面。值得注意的是，以往很少有学者从时间的角度去考察过地域性，似乎地域性只是时间之外的某种与之二元对立的范畴，是独立于时间之外的另一种不相干的维度。然而当我们回顾艺术史，就会发现“地域性”中已然包蕴了时间的概念。例如，当今天我们谈到“青铜时代”不正是包含着一种地域性？“魏晋风骨”不正是包含着一种地域性？“盛唐气象”不正是包含着一种地域性？虽其作为古代艺术史中某一时段的时代称谓，我们也不能武断地说，“魏晋风骨”和“盛唐气象”已经消失了，与今日的中国艺术完全隔断不发生任何关联。反过来，艺术史中的“吴门四家”“扬州八怪”“海上画派”等也分别代表了某个时代。同时，这些派别、概念、范畴之所以直至今日依然有效，是因为它们代表着某种风格，具有艺术价值的普适性。正是在这一层面上，艺术史的地域性问题就变得错综复杂，同时也充满着戏剧性。

地域性的研究范畴，实际上已经给出了美术史家所需要的“地点”和“读点”。对于某一研究对象的地域性的选取，发挥的空间有多种可能，很多因素可以纳入其中。特定空间与线性时间的混合，可以在某一项研究中奇妙地展现出来。正如人类学家、结构主义哲学家列维－斯特劳斯在《忧郁的热带》中谈到自己领略结构主义精髓的感触：

> 当你忽然发现……可以同时在岩石上面发现两个菊石的遗痕，看到它们微妙不对称的回纹，这些回纹以它们自己的方式证明两个化石之间存在着长达几万年的时间距离，在这种时候，时间和空间合而为一：此刻仍然存活着多样性与不同的年代相重叠，并且加以保存延续。思想和情感进入一种新的层次，在那当中，每一滴汗，每一片肌肉的移动，每一息呼吸，全都成为过去的历史的象征，其发展的历史在我身体重现，而在同时，我的思想又拥抱其中的意义。我觉得自己处在更为浓郁的智识性里面，不同世纪，间隔遥远的地方在互相呼唤，最后终于用相同而唯一的声音说话。[1]

一项深入的地域美术史研究，应力求发掘并展现出这种时空并置的微妙结构，从中追求一种多样性基础上的共同感。唯其如此，时间维度的历史学含量才能在一项以局部地域为对象的研究中提升其意义。

然而说到底，地域性又首先是一种以空间为依据的分类方式。沈宗骞的《芥舟学画编》在讨论地域性格与地域绘画的关系时提出：“天地之气，各以方殊，而人亦因之。南方山水蕴藉而萦纡，人生其间，得气之正者，为温润和雅，其偏者则轻佻浮薄。北方山水奇杰而雄厚，人生其间，得气之正者，为刚健爽直，其偏者则粗厉强横。此自然之理也。于是率其性而发为笔墨，遂亦有南北之殊焉。”[2]不同地域艺术创作风格与样式的差异，在很大程度上是由地理空间的文化性格决定的。一个显而易见的事实是，无论是艺术史还是其他人文社会学科的历史，必然要在一定的空间中展开，并试图解释在这一空间中独有的审美思维与人文特性。

地域文化的形成是一个长期的过程，它不断发展、变化，但在一定阶段具有相对的稳定性，同时展现了文化在一定的地域环境中与环境相融合打上了地域烙印的某种特性。尤其在当代视角的大文化格局中，地域（Local）、国家（National）与全球（Globle）的概念呈现了空间分类的不同层面，更寄托着文化政治的差异性与由此带来的不同地理板块异质文化之间的互斥与关联。作为空间层面的“地域性”是一个相对性的概念，它可以指一片村落、一处城乡、一个省份、一个国家，甚至地球的东西两方。狭义上的地域美术史研究，则更加强调对于同一文化共同体内部，不同地域板块或地点的各自考察与观照。在这一点上，地域性比国家性或民族性更具针对性和专属意义。因为由于诸多极具地域性特征的民俗、文化及艺术创作是在相对封闭、隔绝的状态中发展演变而来的，尤其在交通条件有限、缺乏文化沟通交融的时代所形成的相异特点，更保留了地域美术的可识别性。这一点在五代时期已经形成的山水画南北两派的风格分类、传统工艺美术史上沿海地区与内陆地域在媒材技法与审美标准上的巨大差异都可见一斑。

无论是地域范围的广袤或狭小、中心或边缘，一项地域美术研究总是以某种形式的“整体”形态显现。但如果仅从美术史写作的层面，地域美术研究与国家或民族美术的通史相比，始终处于一种支流、局部或从属的地位，反过来，地域美术的多元存在又构成了国家、民族更高一层美术内容的主体。这就要求地域美术研究不能局限于现状考察，而应追溯研究该地域美术的纵向特征，即各个断代的时间段内形成的地域特征，同时要研究特定历史环境下的地域美术的发展，及其在交叉、流动、迁徙中造成的相互影响，以揭示在特定时空中存在的价值观。正如生活在北宋蜀地的黄休复在《益州名画录》中所追求的，“至如蜀都名画之存亡，系后学之明昧，斯黄氏之志也”。[3]在这一层面上，地域美术研究关涉风格样式的衍变规律，通过历史性的关联，完成某种“超越”。

中国地域美术史研究的晚近历史与现状述评

20世纪以来，随着美术史学研究的门类细化与现实需要，兼受西方现代学术方法的影响，中国地域美术史研究的个案梳理意识与学术自觉越发深入。早在民国时期，已不乏地域性美术研究的著述，罗元黼的《蜀画史稿》（1917年）、汪兆镛的《岭南画征略》（1928年）、王瞻民的《越中历代画人传》（1928年）、庞士龙的《常熟书画史汇传》（1930年）等的出版成书，已经反映出民国时期美术史学者的地域研究意识，这一过程与以滕固为代表的美术史论家以现代学术方法进行断代史研究近乎同时。

地域画派的概念与影响在美术史叙述中的生成，促进百余年来中国地域美术史的蓬勃发展。民国初期已经有过对于地域画派系统的梳理与分类。在民国时期的传统派画家群体中，按照地域性划分，其南、北分别以北京画坛与沪杭画坛两大板块为代表。前者代表人物为陈师曾、金城等，兴于20世纪一二十年代；后者代表人物为黄宾虹、潘天寿等，盛于20世纪二三十年代。20世纪30年代，地域性又与时代性并列为美术发展的两大重要因素，当时作为上海“中国画会”[4]的发起人和执行委员的郑午昌撰文强调了这种关联：

> 我们既不能忘却我们所处立的地域，尤不能忘却我们所生的时代。在历史进化的过程中，一时代有一时代的艺术，同一时代而又有各个民族的独特的艺术，以其环境及历史的条件反映使然也。[5]

在此前后，对于地域画派与地域美术现象的研究方兴未艾，地域派别观念盛行。由于1929

年第一次全国美术展览会自民国时期以来首次全面汇集全国画坛作品，此间评论者的印象也更具参考价值。“第一次全国美展汇刊”于1929年4—5月间共出版10期，作者队伍汇集了当时全国著名的画家和理论家。其中陈小蝶的《从美展作品感觉到现代国画画派》，以个人印象对于当时的画坛作了细致的阵营划分，依据此次展会中的国画作品风格，将当时画坛分作复古派、新进派、折衷派、美专派、南画派、文人派六派，实际上牵涉了上海、北京、广东三地的代表性画家。如果按照今日约定俗成的革新派与传统派的分类逻辑重新归列一下，则在陈小蝶划分的六派中，折衷派、美专派属革新派或中西融合派的范围，而复古派、新进派、南画派和文人派均属传统派的阵营，且陈氏对传统派前三者的复古、摹古风格均持有不同程度的不满，而毫不避讳对文人派的情有独钟。

在当代学者以特定地域性为范围的民国时期中国绘画的研究文章中，北京画坛、上海画坛和岭南画坛有关中国画的相关研究相对其他地域更为充分。其中代表性论文如薛永年先生的《民国初期北京画坛传统派的再认识》(2002年)、李松先生的《20世纪前期的湖社与京津地区画家》(2003年)等文章探讨了民国画坛传统派的理论与实践；万青力先生的《南风北渐：民国初年南方画家主导的北京画坛》(2000年)从当时北京画坛以南方画家为主流的现象入手，从画家与机构的角度探讨了这种现象的历史动因、时代契机与文化意义；万青力先生的另一篇论文《美术家、企业家陈小蝶(定山，1897—1989)民国时期上海画坛研究之一》(2001年)则通过美术家个体的研究，从第一手史料出发，在美术史细节中考察评价艺术家的成就，从而上升到对于上海画坛的整体考察。单国强、单国霖对于隋代以来至清代的京江画派研究，赵力对于京江画派形成的历史文化条件和艺术渊源背景的研究，曾对镇江地区的地域性画派作出了较为深入的考察。在对于广东民国画坛的专项研究中，黄小庚、吴瑾编辑的《广东现代画坛实录》(1990年)收集了岭南地区画家讨论美术的文章，对于这一专题有重要的资料作用；黄大德的相关文章更是揭示了当时岭南画坛“方黄之争”的历史细节，具有珍贵的史料价值；一直致力于广东美术地域性研究的李伟铭以数篇相关学术文章，对于岭南画派中国画论争及其史料的收集与研究，也从某种程度上拓展了这项专题研究的深度。

近十年来对于地方画派的研究著述及其出版，在2002—2003年之间达到了一个高潮期。2002年天津人民美术出版社出版的《中国近代画派画集》在汇集图像资料的基础上，对20世纪前期的“京津画派”“岭南画派”及“海上画派”进行了研究。2003年前后由吉林美术出版社陆续出版的《中国画派研究丛书》作为一部汇集性著述丛编，对海上画派、松江画派、新安画派、娄东画派、吴门画派、常州画派、南方山水画派、北方山水画派等十五个古代地方绘画流派分册进行了较为系统的整理研究，详细评述了各画派的来历、产生背景、画风的形成和转变、主要艺术特点及其影响，首次全景式地展现了中国地域画派的渊薮与全貌。

目前看来，地域美术通史的研究对象仍然以北京、上海和广东三地最为集中深入。以上海、广东两地为例，在相关研究领域，已有徐昌酩主编的《上海美术志》、李超的《上海油画史》、黄可的《上海美术史札记》、李公明的《广东美术史》等著作，对于两地的整体性地域美术研究起到了奠基作用。此外，一些地域性美术研究的工具性资料汇编著作，也为以往地域美术史研究奠定了重要的研究基础。如王震编撰的《二十世纪上海美术年表》《1872—1911〈申报〉艺术条目索引》、颜娟英编撰的《台湾近代美术大事年表1895—1945》等，以及各地域中城县各级的地方志，都成为地域性美术研究过程中不可或缺的学术资料和依据参照。

在对于近年来面世的北京美术的相关研究成果中，以邵大箴、李松主编的《20世纪北京绘画史》和李福顺主编的《北京美术史》最具代表性。[6]二者的研究都是国内一流专家学者集体智慧的结晶，均在不同程度上拓展了这项专题研究的深度与广度。在所有地域美术史研究阵营中，北京美术史研究作为地域美术史的特殊性不言而喻，其理据正如《北京美术史》引论中的描述："北京经历了从原始聚落到城市萌芽，从中土边塞到多民族城市，从少数民族政权之都到全国政治文化中心的演化过程。在这漫长的历史进程中，其地域文化构造宛如古老的地质积层一般，错综繁芜，一言难尽。"北京长期作为都城的历史，也决定了其具有主流示范性和中心辐射性的杂糅特征，从而兼具地域美术独特性与国家美术史的普遍性。

由北京画院组织编写的地域性断代史《20世纪北京绘画史》作为北京美术史研究的重要成果，全面系统地梳理了从20世纪初期新文化运动时期至90年代各时期北京地区美术发展的历史图景。参与各章节的编撰人员均为在各自研究领域颇有建树的美术史论专家，在主编邵大箴先生和李松先生的主持下，尽可能详尽地占有和掌握原始资料，力求客观地呈现历史原貌，分析历史事件、人物与当时历史情境的关系及所起的作用。而《北京美术史》作为第一部完整系统的北京美术通史，不但填补了重要的学术空白，而且在研究视野的广度上达到了新的高度。在此书之前，尚未有学者以通史的线索系统梳理北京地域性美术的发展历程。该著作以首都师范大学美术学院李福顺教授为首进行编撰，长达八十余万字，编者将丰富翔实的文献资料和诸多美术遗存图片相结合，系统书写了自原始社会至民国时期北京地区的美术发展历程，对北京美术的地域性特征进行了归纳、总结，以区别于其他地域已有的美术文献史。

除了对于北京、上海、广东的集中性研究之外，一些研究针对特定区域与门类，也体现了较为重要的学术价值。如郑工、莫小也等学者各自对于澳门美术史的研究，展现了一个近代以来中西文化艺术交汇的独特个案所能体现出的学术价值。在对于不同艺术门类的梳理方面，亦有吴敬贤、汪天亮等学者对于陕西、福建等地的工艺美术史专项研究的著述出版。

尤其值得注意的是，新时期以来一批少数民族地区美术史的面世，丰富了地域性美术研究的内涵，一些专家学者有意识地从中寻找地域性美术的审美特性，发掘各族群间的文化交流与影响，并取得了丰厚的成果。由王伯敏先生主编的六卷本《中国少数民族美术史》于1995年面世，作为国内第一部少数民族美术史专著，整理汇集了各少数民族地域的美术史研究文献。近年来，更为详尽深入的相关个案性研究尤以西藏、云南、内蒙古等地域的地区美术史研究取得的成果在数量、质量上令人关注。如康·格桑益希的《藏族美术史》、张亚莎的《西藏美术史》、谢继胜的《西夏藏传绘画：黑水城出土西夏唐卡研究》、吴明娣的《汉藏工艺美术交流史》、李伟卿的《云南民族美术史》、王嵘的《西域艺术史》、韩小忙的《西夏美术史》、阿木尔巴图的《蒙古族美术研究》、鄂·苏日台的《蒙古族美术史》、乌力吉的《内蒙古艺术地理》等。这些著作探讨了少数民族地域艺术的发展，并进一步阐析了宗教对于艺术的影响，对于研究少数民族地域文化的发展以及多民族艺术的交融具有重要意义。

综观以往中国地域美术史研究，史料梳理与图片整理的文献汇集，至目前为止仍然是此类研究的首要任务和学术使命。特别是地理位置或文化坐标上相对"边缘"地域的美术，对于一些原始资料的及时收集与发掘，以及诸多尚待填补的学术空白点，应引起相关学者的更多关注，投入更多精力进行调查研究。在方法论上，一些地域美术尚缺乏通史与断代史角度的整合梳理，从而影响考察、发现该地域美术的独特价值。

个性与共性：地域美术史研究范式及其存在的问题

传统意义上地域美术史研究的终极目的，是通过对于一个特定地域美术发展的专项研究，探求其个性与共性之间的关系，继而建构一种美术史发展模式，完成意义上的升华。受到现代学术观念与方法论的影响，愈来愈多的研究者对此进行过践行与反思。是单纯"就事论事"保持其独有价值体系的个案研究，还是将其放置在一个统一的社会文化形态中，观照其普世价值与建设性意义，成为地域美术史研究回避不开的选择。

在西方艺术史方法论的发展史上，有着从地域美术史研究中抽绎美术史研究范式的传统。温克尔曼较早试图通过一项特定地域范围的个案研究来推导出各地域艺术史的统一规律与模式。他认为研究古希腊艺术的目标，是要把人们的认识"引向统一，引向真理，并以此来作为我们在判断和实践中的指南"[7]。其《古代艺术史》（*History of Ancient Art*，1764）通过对于古希腊艺术史的深入考察推导出艺术史研究的原则，提出一个民族或一个时代的艺术必须看作和它的物质环境和社会背景有血肉联系："艺术史的目的在于叙述艺术的起源、发展、变化和衰颓，以及各民族各时代和各艺术家的不同风格，并且尽量地根据流传下来的古代作品来作说明。"对于这种"由点及面"的推广，认同与批判的声音一直并存。科学哲学家托马斯·库恩（1922—1996）认为："取得了一个范式，和取得了范式所容许的那类更深奥的研究，是任何一个科学领域在发展中达到成熟的标志。"[8]以此来看，温克尔曼从希腊艺术史中抽绎出的规律与方法论完成了一次伟大的建构。而同样的方法在艺术史家文杜里（1885—1961）看来，"这样做的结果，是使它所研究的艺术作品失去了个性，而成了某种类型。因此，温克尔曼开拓的道路偏离了历史和美学的标杆。……他把'艺术家生活'置之脑后，而创造了‘艺术史’的一种类型”。正是这种地域美术史研究推导出的范式，使温克尔曼成为文杜里眼中横亘在后来艺术史家们面前的“伟大的绊脚石”。[9]

对于地域美术史研究来说，比研究范式更为重要的是地域文化氛围、地理环境和人文风俗的具体影响。丹纳在《艺术哲学》中认为艺术作品的产生“取决于时代精神和周围的风俗”，地域性及其文化氛围深刻影响、启蒙了艺术家及其艺术创作的审美取向与风格追求。郑午昌也在《中国画学全史》中指出，画家传、画迹录和画学论“三者互相参证，并及与有影响之种种环境而共推论之，则其源流宗派，与乎进退消长之势，不难了然若揭”[10]。如此说来，与地域美术研究相互关涉的因素就十分复杂丰富，随之而来的相关问题也存在着多种可能。在笔者看来，对于地域画派和地域美术史研究，存在以下几个容易掉落的陷阱：

其一，方法论的“范式”误区。在大多数情况下，地域美术史专项研究的个性特征，与其可能达成的普适性范式，并非直线对应的关系。从这一角度来看，地域美术史研究对于美术史方法论的真正的建构意义可能在于，这项研究的学术价值不是对于已有模式的重复验证，而恰是对于一种已有的“普范性”模式的校正、反拨与挑战。任何先入为主地“套用”既有方法论范式来进入一项特定的地域美术研究，都可能无法发掘该地域美术的核心特点。因此，在“小中见大”的同时，秉持“同中求异”的精神，即在建构普遍联系的同时保持相对的独立性与个案性，也正是地域美术研究的普世价值所在。

其二，研究初衷上的地方保护主义与“家乡偏好”（权且借用金融学界的“home bias”一词）。研究者的“故乡情结”，很容易变为地域美术史甚或地域文化史研究的动力来源，这种源于集体无意识的乡土情感本无可厚非，也确为一种可贵的文化使命与伦理情操，但正如站在山中望此山的全廓难以尽收眼底，“家乡偏好”也使研究者很难保持一种理性客观的中立态度。如果这种立场又与某种文化权力甚至经济利益相对接，其后果更是可想而知。一个新鲜而典型的例子，是2009年12月在河南安阳一次考古中发现，所引发的关于“曹操墓”的真假及其归属的争议。其后来的一系列由地方政府等各方人士参与的辩论和争夺，事实上已与学术研究无关，与随后“刘备墓”的挖声又起，共同沦为一场争夺能够带来经济利益的旅游资源的角逐。

其三，过度强调地域文化性格对于地域美术的影响。地域艺术史研究乃至地域文化研究，稍有不慎便会陷入地缘决定论的极端，即过度放大地域决定文化的绝对性。事实上对于地域美术研究而言，地域性不过是某种特定的资源与背景，而非对艺术创作的全部内容，甚至也不是对于艺术创作的最重要的影响因素。清人沈宗骞在《芥舟学画编》中论述过地域性对于画家影响的相对性，并举其反例：“视学之纯杂为优劣，不以宗之南北分低昂也。其不可拘于南北者复有二：或气禀之偶异，南人北禀，北人南禀是也；或渊源之所得，子得之父，弟得之师是也。第气象之闲雅流润，合中正和平之道者，南宗尚矣。”[11]地域并非不可跨越的因素，尤其在交通与文化交流日益频繁的今日。南方画家寓居北方，西部画家定居东南沿海的情况十分常见，地域文化间的交融互渗是越发需要重视的现象。未能充分认识到此点，就容易陷入一叶障目、刻舟求剑的尴尬境地。

其四，地域美术研究的“主流皈依”情结。尤其在当代美术史与美术现象研究上，这一情结与文化权力和美术史研究的话语权有关。面对现当代中国的地方画派，一些学者与批评家试图通过推广某一地域的艺术家、画派来进入美术史的主流叙事。这种趋向的结果是，相关研究片面地回避地域性特征，导致了叙述模式与价值标准的趋同。一些本已珍贵的具体研究，一经“升华”，反而失却了它原初的优势和独特味道。这种趋向的另一种表现是，在一些经济文化欠发达地区，人们往往习惯于把“地域性”作为一种文化策略，以应对无法与主流文化对话的窘迫与尴尬。

今日的地域美术史研究，已经越发依赖于各种不同学科方法的参入，需要考古学、社会学、民俗学、历史学、文献学、人类学等相关学科的通力合作。尤其当今日的美术史研究不再奠基于严格的材料划分和专业分析方法之上，它成为一个“以视觉形象为中心的各种学术兴趣和研究方法的交汇之地和互动场所”[12]。地域美术史就注定成为地域文化的视觉映像及其意义阐释的重要方式，并折射出特定文化群落独有的精神趣味。

注释

[1][法]列维－斯特劳斯:《忧郁的热带》，王志明译，生活·读书·新知三联书店2000年版，第57页。

[2]沈宗骞:《芥舟学画编》(史怡公标点注译本)卷一，人民美术出版社1959年版，第41页。

[3]黄休复撰，何韫若、林孔翼注:《益州名画录·序》，(虞曹外郎致仕李畋述)，四川人民出版社1982年版。

[4]上海中国画会作为第一个全国性中国画家学术团体，于1931年由贺天健、张幸光、叶恭绰、钱瘦铁、郑午昌等发起，在上海成立;1934年创立《国画月刊》，1935年创办《国画》双月刊。

[5]郑午昌:《中西山水画思想专刊展望》,《国画月刊》1935年第1卷第4期。

[6]北京画院编(邵大箴、李松主编):《20世纪北京绘画史》，人民美术出版社2007年版；李福顺主编:《北京美术史》，首都师范大学出版社2008年版。

[7]参见[德]温克尔曼《希腊人的艺术》，邵大箴译，广西师范大学出版社2001年版。

[8][美]托马斯·库恩:《科学革命的结构》，金吾伦、胡新和译，北京大学出版社2004年版，第10页。

[9][意]里奥奈罗·文杜里:《西方艺术批评史》，迟轲译，江苏教育出版社2005年版，第126页。

[10]郑午昌:《中国画学全史》自序，上海书画出版社1985年版。

[11]沈宗骞:《芥舟学画编》(史怡公标点注译本)卷一，人民美术出版社1959年版，第41页。

[12]巫鸿:《并不纯粹的“美术”》,《读书》2006年第3期。

本文载于《美术研究》2010年第3期

于洋，1978年生，吉林长春人。2007年毕业于中央美术学院，获博士学位。中央美术学院副教授、硕士生导师，中央美术学院中国画学研究部主任。

“中国画”命运转机
——“双百”及“双百”后中国画论争研究

葛玉君

一、“寻求中国式道路”
——解决中国画生存危机

1953年发表的艾青的文章在某种意义上可以说是1956年“双百”期间及其后中国画论争的一个导火索。1953年8月15日出版的《文艺报》第15期刊出了艾青的《谈中国画》[1]一文。在此文中，艾青提出了所谓的“新国画”[2]概念，即一要“内容新”；二要“形式新”。而具体改造国画的办法则是“写生”，“必须以对实物的描写来代替临摹，作为中国画学习的基本课程。画风景的必须到野外写生，画花鸟虫鱼的也必须写生，对人对自然都必须有比较深刻的观察……我们要以科学的现实主义作为我们批评与衡量我们的艺术的标尺，一幅画的好坏必须首先看它是否符合社会的真实和自然的真实……”[3]艾青的文章一经发表便产生了极大的影响，但这里有一个非常值得关注的现象是：当《谈中国画》发表后，有许多人写信表示反对，然而来信却并未公开发表。可时隔3年到了1956年，即“双百方针”出台后，《文艺报》第11期突然出现了包括俞剑华、刘桐良、于非闇等一组针对此文批判的文章，而这种批判则被称为“不但对发展国画艺术有重大意义，对进一步理解整个文艺工作上的百花齐放，推陈出新的方针也是有现实意义的……”[4]更为值得关注的现象则是，在艾青的文章被批判后不久，美术界尤其在国画领域内便相继展开了关于“国画中‘线’的重要性”以及“画中国画要不要学素描”等一系列论争，而讨论的重心也由建国初期对中国画传统的“虚无”进而向“民族”漂移……

通过对艾青文章的分析不难发现，无论是艾青文章所提出的作为改造国画方法的“写生”，还是作为评判标准的“科学的现实主义”，抑或是作品是否“符合社会的真实和自然的真实”等内容，实质上都与50年代初期关于“社会主义现实主义”的创作模式不无关系。我们知道，在社会主义现实主义创作模式的三个来源中，不管是苏联的现实主义、法国的古典学院主义还是来自延安鲁艺的革命体系，其共同特点之一便是“写实”。显然，倘若站在如何更好地描绘现实、更好地为工农兵服务的角度来说，“写实性”无疑是重要的。也正是基于此，艾青的文章一经发表便产生了极大的影响。但是，如果我们换一种角度，从如何发扬传统文化的立场出发，无疑艾青的观点则可以说具有一定的民族虚无主义倾向。在政治环境风云变幻的50年代，这便意味着，一旦历史语境发生变化，就可能会迅速丧失其话语权，事实也证明了这一点。1956年2月4日下午，中国作家协会创作委员会诗歌组举行座谈会，集中对艾青进行了批评（并在1957年被划为“右派”）。当然，就艾青自身来说，他与胡风当年有过密切交往[5]，使其必然或多或少受到胡风事件的牵连。在这种情境下，6月《文艺报》发表一组关于批评艾青《谈中国画》的文章，实可谓顺理成章，自然得到美术界的积极响应。

当然，尽管都是对艾青文章的批判，但各自所取的角度却又不尽相同。俞剑华与刘桐良都是从究竟什么能代表“中国画”精华的角度出发来进行批判的。俞剑华认为艾青所指的国画，是清末那种“愈印愈坏的印刷机”式的绘画，而不能代表中国画的精华所在[6]。在俞看来，只有唐宋时期的绘画才能真正代表中国画的“精华”。因此，就“写生”问题，俞剑华虽然也同意“中国画必须写生”，但他却认为“中国画在唐宋以前是写生的时代，在元明之后是临摹的时代；因为写生，所以能创造，画坛上形成了百花齐放、万壑争流的光辉时代；因为临摹，所以不能创造，画坛上形成了陈陈相因、千篇一律的时代。尤其到了清代末年，已不知写生为何物”。基于此，俞剑华赞同写生而反对临摹。也就是说，俞剑华对艾青批判的关键点在于：俞倡导写生的方法，是基于中国唐宋时期所具有的“写生传统”，其合法性直接来源于中国绘画传统……[7]于非闇则认为国画的创作自古以来和作诗一样，那就是“内容决定形式，形式服从内容”，他从这个角度提出无论“写生”还是“写实”，都是为了描绘内容，是决定于内容的，而这正符合“我国古代绘画的原理”，所以无须挪用西方的方法，只需“继承古代优秀的传统”即可。于非闇想说明我国古代绘画的传统完全可以解决当下问题，而不用必须花费精力学习西方的绘画[8]。因此，他批评艾青“由于对国画创作过程了解不够，轻率地下了一些庸俗的不必要的评语，使得国画家缩手缩脚，不敢动手”。可见，俞、于二人都是从中国古代绘画传统可以解决当下问题，而不必从学习西方的绘画出发来论证传统在当下的有效性，进而展开对艾青文章的批判。

这里有一点是值得注意的，即虽然俞剑华反对艾青的观点，但他也和艾青一样，对明清文人画持否定态度。在这一点上，邱石冥、张伯驹则有不同看法，邱石冥认为，解放之初之所以要反对因袭、临摹，是因为旧国画（文人画）传统的思想在画家中比较严重，而目前经过一系列的措施、改造，这种思想已经基本上被扭转[9]。因此，现在完全可以借鉴古人，包括文人画的东西。张伯驹则更进一步指出“文人画”中包含文字、书法、金石，有浓厚的中国民族的色彩，应当继续来画，继续发展……[10]我们知道，自20世纪初康有为、陈独秀等人掀起的巨大的反传统思潮以来，总体上，所有和过去相连的东西都被看成封建的、反动的、落后的。这种情况在1949年后不但没有得到改变，甚至更趋严重，在建国初期“全盘苏化”占据绝对话语权的氛围中，中国画所面临的是前所未有的、究竟还要不要的“生存危机”问题，“中国画系”被取消而代之以“彩墨画系”便是一例[11]。因此，在50年代“双百方针”的特殊语境下，提出并肯定“文人画”

的价值，着实值得关注，这势必会在某种程度上给文人画的生存演进带来些许契机。而秦仲文则直接着眼于中国画自身的特性，提出“真正的国画”必须具备两个条件，1.笔精墨妙；2.它的形式既不是西画，又不是日本画，显著地具有我们中国民族的特色。“如果不具备这两种基本的条件，不能承认它是国画。”[12]在秦文中明确提到运用“笔精墨妙”，即“笔墨”以及“民族”概念来界定国画，在当时，这无疑显示出对中国绘画传统的重视，并试图尝试对20世纪50年代初期的中国画“改造”进行重新审视[13]。

可见，艾青是以如何有效地表现生活为宗旨的，而于非闇等人则是从保护民族文化立场出发，他们各自的立场有着明显的不同。换句话说，于非闇等人所指责的并非就是艾青所坚持的观点，而艾青的主张也不见得是他们要抨击之处。此一组讨论在1956年发表，透露出来的信息则是话语的主导权随着政策的变化正在发生转换，即由“虚无”向“民族”的漂移。同时，我们还应看到从俞剑华与刘桐良提倡“唐宋写生”传统而反对明清“文人画”，紧接着邱石冥、张伯驹认为“文人画”是可以学的，并指出文人画中包含的文字、书法、金石等“有浓厚的中国民族的色彩”，至最后，秦仲文提出“笔墨”“民族”等中国画本体性问题。这种对文人画由反对、接受以及笔墨这一中国画自身语言特征等观点的提出本身，也显示出对于传统的认识在逐步深化……

当然，如果说对艾青的批判是在尝试性地提出中国画传统的重要性的话，那么，发表在1957年《美术研究》第4期上的潘天寿《谁说“中国画必然淘汰”？》一文则是明确地对中国画生存危机作出正面回应。潘天寿针对江丰（江丰与艾青的观点、立场相仿，两人同样被划为“右派”分子）[14]提出的中国画“不能作大画”“不能反映现实”“不具有世界性”“必然被淘汰”等论断[15]逐一给予了批驳与校正，进一步说明中国画不仅不能被淘汰，而且会有进一步的发展空间。紧接着他的学生方增先提出“如果油画不讲究色彩与笔触，无异取消了油画形式。如果国画没有笔墨，形式上就近于科学挂图。假如芭蕾不讲究舞姿、中国京剧不要身段，也无异把京剧和芭蕾取消了……”[16]因此，“外国的东西，必须放在中国的土壤里，长出中国的花朵……这是原则问题”。中国画的方法“和人的视觉记忆是相一致的，在艺术上是科学的……”[17]我们不难看出，潘天寿及其学生方增先持一种对传统文化自信的态度，从维护民族传统文化的角度，给予“虚无主义”以有力一击。[18]在笔者看来，不可否认的是，这股现象对在那个特殊时代，重新认识中国画，使中国画艰难度过生存危机的作用是无可置疑的。正是基于此，我们可以说，1956年后兴起的这股思潮在某种程度上是对身处被动地位的中国画的一次历史性“正名”，同时，也为此后中国画的发展奠定了一个新的“平台”……

那么，究竟是什么原因导致了这种现象的发生呢？这显然与50年代的方针政策密不可分。1956年5月2日，毛泽东在最高国务会议上正式宣布实行“双百方针”[19]，这是中国历史上首次将“百花齐放、百家争鸣”作为发展科学文化的方针政策。“百花齐放”的含义是：一切文学艺术的风格和流派可以自由发展，自由竞赛；“百家争鸣”则是指：一切学术思想、理论和流派可以自由发展，自由争鸣[20]。虽然说“双百方针”是为了繁荣文学艺术自由发展，但此口号的提出却与毛泽东及中共领导层摆脱苏联模式的影响，着眼于本民族的文化，走“中国式”道路有直接的联系。而在由此兴起的“民族化”过程中卓显出来的“民族性”，即民族 / 国际（去苏联化）二元对立的紧张关系也与50年代初中国画改造中所强调的“阶级性”大相径庭。我们知道，在50年代初期强调阶级性的中国画改造过程中，中国传统绘画，尤其是文人画，因其贵族性、封建性而几乎受到绝对意义上的排斥。然而，在1956年后民族 / 国际这一关系的张力中，中国传统绘画包括文人画也因其的“民族性”这一特色无疑获得了更大意义上的生存空间。因而可以说，在此期间“双百”的出台对传统文化回归起到了极大的推动作用，并成为新中国“十七年”中党的文艺政策的一次明显转折。当然，这同时也形成了对艾青文章进行批评的“时代语境”。对“双百方针”提出背景的深入了解，将更有助于我们对政策的判断与“论争”的进一步理解。

简言之，“双百方针”的提出有两个重要背景。从国内情况来看，1956年的第一季度末对农业、手工业和资本主义工商业的社会主义改造基本完成[21]。无产阶级和资产阶级之间的阶级矛盾在生产资料的占有这个问题上得到解决，这使毛泽东作出了阶级斗争已经基本结束的论断而要求把工作的重点转移到经济建设上面来，正是在这种情况下，知识分子的作用开始被重视[22]。就国外情况而论，1956年苏共二十大召开，赫鲁晓夫作的秘密报告批判斯大林的“教条主义”“思想僵化”和“个人崇拜”，在世界范围里产生了重大的震动。毛泽东讨论这一秘密报告时指出赫鲁晓夫的发言具有两个方面：一是他揭了盖子；二是他捅了娄子。说他揭了盖子，就是讲，秘密报告表明，苏共、斯大林并不是一切都是正确的，这就破除了迷信，有利于反对教条主义。说他捅了娄子，就是讲，这个报告，无论在内容上还是在方法上，都有严重错误[23]。紧接着由苏共二十大引发的“匈波事件”等一系列现象，进一步推动了毛泽东及中共决策层加强了原来就已存在的冲破苏联模式的立场，加快寻找“中国式”道路的探索。正是在“阶级斗争已消失”以及“去苏联化”过程中形成的民族 / 国际二元对立的紧张关系的情境下，“民族化”思潮兴起[24]，传统文化开始受到关注，那沉寂了多年的中国画传统才又重新回到人们的视野中……

基于上述原因，我们可以得知，重视民族传统、向民族传统文化回归的“时代语境”已经形成。为了响应“双百方针”，全国文艺界都积极行动，在1956年8月国家文化部和中国音协在北京联合举行的第一届“全国音乐周”闭幕之后，毛泽东邀集一部分音乐家进行座谈，即《同音乐工作者的谈话》。在“谈话”中，毛泽东首先系统地论述了“中西关系”“古今关系”“雅俗关系”等问题[25]，最后认为：“说中国民族的东西没有规律，这是否定中国的东西，是不对的。”不仅如此，而且我们的艺术工作“应该越搞越中国化，而不是越搞越洋化……”[26]也正是以上诸种因素，使得稍后在美术界关于“‘线’是中国画的命根子”“画国画究竟要不要学素描”的争论成为可能……

二、重视民族传统文化
——回归中国画本体探讨

如果把对艾青文章的批判看作国画政策向民族传统回归的起始的话，那么稍后发生的关于"'线'是中国画的命根子"以及"画国画究竟要不要学素描"的讨论，可谓是这一思潮的进一步深化。

1957年，《美术》第3期发表了董义方的文章《试论国画的特点》，董文提出"'线'是中国画的命根子"的观点。紧接着《美术》杂志对其组织了讨论，前后发表了邓以蛰的《画法与书法的关系》[27]、秦仲文的《中国画的特点》[28]、刘海粟的《谈中国画的特征》[29]等多篇文章以及其他来信综述，表现出了"百家争鸣"的特色。在所有文章中大致有四种观点：第一，"'线'是中国画的命根子"；第二，"笔墨"是中国画的基本特点；第三，中国画的创作方面，以"笔精墨妙"为主，内容上表现"诗情画意"之联系，创作过程则是"遗貌取神"；第四，中国画的最大特点，一在"意"，二在"笔墨"……显然，单从以上观点我们便可以看出此时所谈论的问题已经涉及中国画本体，而远离了建国初期中国画与外来艺术的纠葛以及中国画还要不要的生存窘境，明显地表现出了对于传统艺术的重视与研究。

董义方认为"中国画最重要的特点就是'以线为造型的基础'，'线'是中国画的命根子"。而西洋画则是用"以光色分面为造型基础"的，这"两种方法完成了同样的目的，不能说谁高谁低，而且在适当情况下，它们之间又会合作"。但是要有主次之分，"若以'光'为主，则线在辅助地位；若以'线'为主，则'光'必是从属"。基于此，他就张仃、于非闇、李斛等人的观点及作品一一进行了反驳与批评。就张仃提出的"线不能完全概括国画的特点"，因为"西方绘画也用线"[30]的说法，董反驳道："波提切利画中的'线'不过在从属地位，是借助'光''色'完成维纳斯的表现。中国画的'线'本身直接去表达物象之质、形、动等方面……"也正是基于此，他认为李斛的作品就是那种典型的"把外来的营养（光）当成了主人，而把主体（线）当成了仆从"的作品。进而针对在第二届全国美展中引起异议[31]的李斛作品《工地探望》[32]，董义方指出，这归根到底是李斛没有弄清国画的基本特点，片面认为用国画工具画就是中国画。他进而分析了李斛作品中"线"的作用：第一，是为组合成面服务的；第二，其用法像铅笔或油画；第三，在某些器物上只能起轮廓的作用；第四，许多线没有存在的必要。而这种情况的出现显然是受到了"艾青同志所主张的'用国画工具画成的画就是中国画，和要求内容与形式并新'的理论所迫害"的结果。在对他人的观点反驳的同时，董文归纳出了中国画所用"线"的三个特征：1."线"组合在一起，达到表现质感的效果；2."线"本身直接变成了物象的质量；3.用"线"改变与影响它周围环境的质感效果。如果我们对董义方两种"线的用法"进行比较则不难看出，尽管董的讨论更多地限定在技法层面，但实质上却已经暗含着一个中西绘画的"评价标准"问题……

历史总是有些相似的地方，对李斛作品的批评让笔者想到了清初意大利籍宫廷画家郎世宁，郎也使用中国传统绘画工具作画，并努力学习中国传统水墨技法，但却无法完全摒弃光影造型、焦点透视、模拟写实的西画观念，而李斛的作品则在一定意义上也正是“宣纸、毛笔加素描的新中国画，是使用中国传统绘画工具而运用西方绘画技术所绘制的”。与对李斛批驳相类似的情况则是，在当时，宫廷画家邹一桂（小山）就指出“西洋人善勾股法，故其绘画于阴阳远近，不差锱黍……画宫室于墙壁，令人几欲走进。学者能参用一二，亦著体法。但笔法全无，虽工亦匠，故不如画品”。邹言西洋画“虽工亦匠，故不如画品”，显然是用中国画的“品评标准”来看郎世宁的作品。当然，或许邹一桂对郎世宁的批判在某种程度上更加侧重于“道”的层面，而董义方对李斛的批驳则更加侧重于“器”的层面，但本质上却实无他异……据此，笔者认为关键之处其实是一个运用什么价值标准来评价的问题，进一步说，是应该以一种什么样的“价值观”“历史观”看待中国画的问题。当然，这个问题几乎贯穿了整个20世纪，甚至至今仍充斥着种种争议……

董文发表后，很多文章表达了不同的意见，如邓以蛰就提出“笔墨”是国画的特点之一，而且是基本特点[33]。秦仲文则从中国画的创作技巧、内容、过程三个角度进行归纳得出，中国画具有“笔精墨妙”“诗情画意”“遗貌取神”的特点[34]。刘海粟与秦仲文的观点颇为一致，认为中国画的最大特点：第一在“意”，第二在“笔墨”[35]。《美术》编辑部在一个月内就收到二十多篇文章，周原对文章进行整理后得出对董义方进行反驳的四种意见：1.“线”只能说是中国画的特点之一；2.不能把“线”的范围无边扩大，没骨、米点不属于线的范畴；3.中国画的构图、空间、背景以及色彩等特点并不是以线为基础的；4.中国画的特点是笔法、用墨、设色[36]。由此可见，尽管是对董文的批判，但不论哪种观点都没有溢出中国画自身命题的范畴，而短短的一个月内就收到二十多篇文章，也足见此次讨论所受关注程度之高，影响之大！

正如上文所提及的那样，不论各自观点若何，但讨论的焦点无疑都是在解决了中国画的生存危机之后，回归到中国画自身问题的探讨。可见，“双百方针”所带来的这种难得的“自由宽松”的氛围，对中国画生存演进的作用无疑是巨大的。1957年后，与“‘线’是中国画的命根子”一样引起争论的是“中国画如何吸收西方绘画技法的问题，进而具体为画中国画要不要学习素描，画中国画的人如何学习素描的问题”。[37]而引起争论的原因自然与“双百”之后，“寻求中国式道路”“提倡中国画传统”的大背景不无关系。我们知道，“素描是一切造型艺术的基础”在50年代初期几乎成为纲领性政策，“双百”后，尽管素描的重要性仍然被提及，但这种占有绝对话语权的状况在中国画领域则开始式微。而对于画国画究竟要不要学素描的问题，在当时大致有三种看法，莫朴、李宗津、王曼硕等认为素描“对于国画不但没有矛盾，而且应肯定地说是完全必要的”；[38]蒋兆和、董希文则认为素描可以学，但必须进一步地改造以适应国画特点的要求；而何承荫、董义方的观点则是素描和中国画传统是不能相容的，学西洋素描必然会破坏传统……

首先，在莫朴看来，“所谓的‘笔墨’”，实质上“也包含着充分的素描要求”。[39]而在中国画论里，如六法提出“……应物象形，随类赋彩……”，三病中批评“……状物平偏，不能圆浑”，以及十二忌中反对“远近不分石只一面”等，均无一不是要求画家要有掌握形的能力，均无一不是素描问题。李宗津则指出，一般所认为的中国画重视形、结构、线，西洋画则重视光及物象的面的看法，“……是不甚了解素描的提法”，忽视了中西绘画中“这种面与光暗调子是和形及结构密切结合着的”。[40]王曼硕同样认为素描在表现对象时所要求的“形象要准”“神情要真”和国画要求的“形神兼备”的道理基本一致[41]，因此，学习国画不能离开素描。可见，莫朴等人的共同点是想从中国画中寻求一些与西洋绘画相一致的东西来强调学习素描的重要性。其次，蒋兆和、董希文则认为，过去国画系的素描教学是存在着“素描万能”思想的。在其看来，国画主要在于用线去勾勒具体物象的结构，比如李公麟时期形成的“白描”[42]，而“素描”的突出特点在于可使初学者更快更好地掌握表现现实生活的写实能力。基于上述两点，必须在素描中“……采取某些有益于国画造型的要求，使它能促进国画线描的造型特点”[43]。因此，他提出必须“改革素描教学”[44]，“应该对素描进行改造以适应中国画的特点”[45]。与以上两种观点相比，何承荫、董义方则更具特点。何文首先展开了对王曼硕、李宗津、莫朴等人的批判，认为他们引历代画论、中西名画来论证，“中国画和素描的共同点，为其‘学中国画必先学素描’的论调找依据”，“……这和认为应用芭蕾舞的基本练习代替京剧的基本练习一样可笑”[46]，都是混淆了中西绘画本质上的不同。而董文在详细地说明了国画与西画素描造型方法的差异后[47]，认为用西洋素描做基础练习，不仅对中国画并不合适，而且西洋素描的某些特点和要求往往成为继承和发扬中国画传统的阻力，这实质上是以西洋素描为基础和以中国绘画传统为基础的两条道路的斗争[48]。而董的目的“就是在国画科中取消西画素描方式……”[49]

我们知道，“素描是一切造型艺术的基础”可以说是在50年代初期几乎占有绝对的话语权地位，而中国画则被斥为“不科学”“不具世界性”，面临着是否被继承的生存危机。因此，1956年后，虽然莫朴等人认为画国画一定要学素描，并且在很大程度上这种观点仍是站在西画立场上看中国画问题，但其从“中国传统绘画”里寻求一些与“西洋传来的素描”相一致的东西来强调素描学习的必要性这种态度本身，也和之前对于中国画的直接否定是有差异的；而蒋兆和、董希文提出必须改造素描以适应中国画的特点，无疑进一步看到了中西绘画之间的差异，用一种批判的眼光来看待“素描”；紧接着何承荫、董义方坚持素描和中国画传统不能相容，认为“学国画必须学素描”实质上是混淆了中西绘画本质的不同的看法，则在很大程度上上升至文化比较、文化差异的问题，这和潘天寿所一直持守的“中西绘画是两座高峰”的观点有不谋而合之处。也正是这样的一种语境，为进一步深入传统、发展传统创造了良好的氛围……

正如上文所提及的那样，由“双百方针”的

出台所带来的宽松氛围进一步推动了中国画的发展。然而，更为重要的是：虽然“反右运动”在“双百”之后进一步扩大化，使得这一“宽松氛围”再度收紧。但在“反右”期间，中央提倡发掘祖国传统文化遗产，弘扬民族文化，给国画家提供政治上的支持，这无疑更进一步给中国画的发展带来了某种程度上的“契机”。正是“反右运动”使得极力推崇油画，认为中国画教学不科学的江丰被解职[50]，而对一直持守、提倡“中西绘画要拉开距离”的“传统派”大家潘天寿的起用[51]则可以说是美术界“民族化”思潮兴起的一个典型代表。潘天寿立足于中西绘画的比较，在当时提出临摹是必要的，中国画应该有自己的素描体系，中国艺术不追求科学的真实，而在乎心理的真实……[52]他强调唐宋的传统白描，提倡李公麟，并且支持博巴的教学，鼓励舒传熹、方增先等的结构素描实践……[53]在他被起用后的仅仅几个月，中央美院以及华东分院的“彩墨画系”又改为“中国画系”[54]，同时恢复了山水画和花鸟画的教学（并促成了近代以来第一个“书法篆刻科”的建立）。可见，潘天寿对于中国画的发展与延续，尤其是在当时的情境下为传统争一席之地的影响无可置疑……同一时期，北京“中国画院”[55]以及各地“中国画院”相继成立[56],《中国画》季刊创刊，一大批研究中国传统美术的书籍出版[57]。更为值得关注的是，1957年黄胄的《洪荒风雪》继周昌谷的《两个羊羔》后再度获得“第六届世界青年联欢节国际造型和实用艺术展览会”金奖。正是这一系列事件，共同推动了中国画的演进与发展……

结语

1956年，在“去苏联化模式”“走中国式道路”的大背景下，“双百方针”出台，“民族化”思潮兴起，正是在这样一种民族（中国化、民族化）／国际（去苏联化）相互对立的紧张关系的张力中，传统文化自新中国以来受到了最大程度的重视，而检测中国画的标准也由“非我性”向传统价值本身演进。在此阶段的中国画论争中，如果说对艾青文章的批判在某种程度上可以看作国画政策由“虚无”向“民族”传统回归的起始的话，那么，稍后关于“‘线’是中国画的命根子”以及“画国画究竟要不要学素描”的争论，实可谓是这一思潮的进一步深化。我们看到，无论是在对艾青文章批判时所使用的“中国古代绘画传统都可解决当下问题”，“‘文人画’也是可以学的”，“真正的国画既要笔精墨妙又要具有中国民族特色”等观点，还是在“‘线’是中国画的命根子”论战中所提出的“笔墨”“意”是国画的基本特点，中国画具有“笔精墨妙”“诗情画意”“遗貌取神”等特征，抑或是“画国画究竟要不要学素描”的争论所持的“必须进一步地改造素描以适应国画特点”，“学习西洋的素描就必然会破坏传统”等观点，都已远离了新中国成立初期那种与外来艺术纠葛下中国画究竟还要不要接受，要不要继承的生存窘境……而与此同时，潘天寿及其学生方增先则进一步正面中国画的生存危机，提出中国画不仅不能被淘汰，而且会有进一步的发展空间等观点……不难发现，此时论争的焦点已经开始逐渐着眼于民族传统文化——关于中国画本体问题探讨的历史语境正在形成……

我们知道，自20世纪初掀起的巨大的反传统思潮以来，总体上，所有和过去相连的东西，都被看成封建的、反动的、落后的，这种情况在1949年后不但没有得到改变，反而在“全盘苏化”的过程中，中国传统文化尤其是中国画面临的生存危机更趋严重。正是在这种语境下，我们可以说，于1956年“双百”时期及“双百”后兴起的“民族化”思潮中关于“传统绘画”的倡导，以及在实践领域对潘天寿的起用，“彩墨画系”重新命名为“中国画系”，各地中国画院的成立，《中国画》创刊等一系列事件，无疑共同促成了中国画“命运”度过生存危机并向传统价值演进的历史性“转机”[58]。当然，且不论这一现象在多大程度上受到政治方面的影响，不可否认的是，它对中国画的生存、发展起到了至关重要的作用，甚至成为自20世纪初以来，对身处被动地位的中国画的一次历史性“正名”，而其影响则一直绵延至今。

注释

[1] 1953年初，时任中国美术家协会理事的艾青在“上海美术工作者政治讲习班”上作了一个重要的讲话，后来以《谈中国画》为题发表在1953年8月15日出版的《文艺报》第15期上。

[2] 关于“新国画”一词，见于蔡若虹《关于国画改革问题——看了新国画预展以后》，《人民日报》1949年5月22日。

[3] 艾青:《谈中国画》，《文艺报》1953年8月第15期，第7—9页。

[4]《文艺报》1956年6月30日，“发展国画艺术”栏目，“编者按”。同时，6月30日，《人民日报》上也发表了题为《发展国画艺术》的社论，指出轻视和歧视对待民族遗产和国画家的问题，使国画界在社会上没有得到应有的重视和支持。

[5]《关于胡风反革命集团的一些材料》，《人民日报》1955年5月13日。

[6] 俞剑华:《读艾青同志“谈中国画”》，《文艺报》1956年第11期。

[7] 这与王伯敏后来发表的《关于国画写生与临摹的关系》一文观点却大相径庭，王伯敏认为“明清绘画之所以呈颓废的现象，其原因不在于‘从事临古’，是在于许多画家缺乏以生活为创作的源泉……”等原因，因此，“产生所谓‘泥古不化’之弊，这不能归咎于临摹……”所以，临摹是应该被提倡的。王伯敏:《关于国画写生与临摹的关系》，《美术研究》1957年第1期，第41页。

[8] 于非闇:《从艾青同志的“谈中国画”说起》，《文艺报》1956年第11期。

[9] 邱石冥:《关于国画问题》，《文艺报》1956年第11期。

[10] 张伯驹:《谈文人画》，《文艺报》1956年第11期。

[11] 有关“中国画”及“彩墨画”问题，请参见水天中《“中国画”名称的产生和变化》，《美术》1986年第2期，第8—9页，以及潘耀昌《从彩墨到国画——潘天寿在话语权转换中的作用》，《新美术》2006年第1期，第72—79页。

[12] 秦仲文:《读艾青“谈中国画”和看中国画展后》，《文艺报》1956年第11期，第26—27页。

[13] 这可能也与思想界从“百花运动”开始，一直延续到60年代初的关于儒家学说的全面再评价有某种

程度上的关联。

[14]详见葛玉君《20世纪50年代初期中国画论争解析》,《美术》2007年第12期，第100—106页。

[15]1949年，江丰在华东美术学院作总结发言时说：“中国画，不能反映现实，不能作大画，必然淘汰。将来定有世界性的绘画出来。油画能反映现实，能作大画，是有世界性的……”《美术研究》1957年第4期，第22页。

[16]方增先:《斥右派分子的“中国画不科学论”》,《美术研究》1957年第4期，第27页。

[17]实质上，潘天寿在20世纪50年代初就表达了对“彩墨画”的不满，在1951年9月11日，彩墨画教研室召开的会议上潘天寿和潘韵都对彩墨画的概念表达了含蓄的异议(见中国美术学院档案:“彩墨画教研组会议记录”，时间：1951年9月11日下午3时，地点：员工休息室，出席：潘天寿、汪克劭、吴豁、金浪、潘韵)。并且对江丰所说的中国画不能作大画，不具有世界性，必然被淘汰，而代之以更为写实的其他画种的观点难以接受并公开反对，此事件在当时的浙美引起了很大的争论。直至浙江省委在了解到浙美存在中国画问题上的不同意见与不满情绪后，向来杭视察工作的毛泽东作了汇报，毛泽东对此很重视，当即批评“江丰、莫朴他们就是形而上学，不讲辩证法，他们是单干户，老寡妇……”“把江丰、莫朴找来，审查他们的党籍，看他们是不是共产党员”(浙江省委档案:《毛主席在吕志先同志汇报浙江思想工作时的插话》，1957年春，藏中国美院档案室)。回京后，通过周恩来出面，批评了中国画问题上的民族虚无主义倾向。换句话说，“双百方针”在某种意义上可以说构成了对虚无主义批判的大的时代背景，而浙美潘天寿等人对中国画的不同意见，在毛主席获悉后所作出的决定，在某种意义上可以说直接推动或导致了美术界，尤其是中国画界对虚无主义的批判。

[18]同[16]，第29页。

[19]“双百方针”的产生大致经历萌芽、提出、成熟三个时期，早在1951年，国内关于京剧的发展问题就出现了争论，有的主张全部继承，有的认为京剧是封建主义的，主张全部取消。4月毛泽东为“中国戏曲研究院”(1951年4月3日正式成立，前身最早是“延安平剧研究院”)题词“百花齐放、推陈出新”(1942年10月10日《延安平剧研究院特刊》曾发表毛泽东为延安平剧研究院的题词“推陈出新”)，他主张京剧还是要，不单是京剧，各种戏曲形式都要去其糟粕，取其精华，加以继承。而“百家争鸣”是毛泽东在1953年就中国历史问题的研究提出来的(据陈伯达回忆，1953年中国历史研究委员会成立时，因郭沫若和范文澜在中国历史分期问题上有不同观点，他向毛泽东请示工作方针，毛泽东提出“百家争鸣”四个字)。当时，“百花齐放”“百家争鸣”这两个口号都只是分别向一个领域提出，而“百家争鸣”的口号还没有公开宣传。1956年4月25日，在中共中央政治局扩大会议上，毛泽东作了《论十大关系》的讲话。在讨论中，有人发言，建议在科学文化问题上要贯彻“百花齐放”“百家争鸣”这两个口号。4月28日，毛泽东在政治局扩大会议上作总结发言，首次将“百花齐放”“百家争鸣”放在一起。5月26日，陆定一在怀仁堂为首都科学、文艺工作者作报告，详细讲了实行“双百”政策的条件、内容和注意问题。这个报告在6月13日《人民日报》上正式发表。1957年2月，毛泽东在最高国务会议第十一

次（扩大）会议上的讲话中宣布：“百花齐放，百家争鸣”是党促进艺术发展和科学进步，促进社会主义文化繁荣的方针。这次讲话经整理补充后以《关于正确处理人民内部矛盾的问题》为题，于6月19日在《人民日报》公开发表。

[20]《百花齐放，百家争鸣》（1957年2月27日），载《毛泽东文集》（第七卷），人民出版社1999年版，转引自《毛泽东文艺论集》，中央文献出版社2002年版，第164页。

[21]1956年的第一季度末，全国全行业公私合营的私营工业已达到99%，私营商业达到85%，基本上完成了对资本主义所有制的社会主义改造。同一时期，还开展和完成了对于农业和手工业的社会主义改造工作。

[22]同时也是为了缓和因批判胡风造成的党与知识分子之间的紧张关系。

[23]参见夏杏珍《“百花齐放，百家争鸣”方针的形成过程的历史回顾》，《文艺报》1996年5月3日。据此，由《人民日报》编辑部写成《关于无产阶级专政的历史经验》，一方面着重肯定了斯大林的功绩，另一方面也指出了他的严重错误。并且发表在1956年4月5日出版的《人民日报》上。

[24]在油画界则表现为“油画民族化”思潮的兴起。

[25]《同音乐工作者的谈话》，载自《毛泽东文艺论集》，中央文献出版社2002年版，第154页。

[26]同上。

[27]邓以蛰:《画法与书法的关系》，《美术》1957年第5期，第47页。

[28]秦仲文:《中国画的特点》，《美术》1957年第5期，第49页。

[29]刘海粟:《谈中国画的特征》，《美术》1957年第6期，第36页。

[30]张仃:《国画的特点及其他》，《光明日报》1956年9月1日文艺生活版。

[31]“汤文选的《喂鸡》按整个画面的效果来看，是很好的，但人物的脸部画得灰灰的，看了很不舒服。蒋兆和、石鲁、李斛的作品中，人物脸部也都是不适当地运用了‘西法’，给人一种龌龊的感觉”，“李斛的《工地探望》与宗其香的《突破碾庄》，不是‘国画’而是西洋‘水彩’画”。引自《为争取美术创作的更大成就而努力——来京参观第二届全国美展的美术工作者对展出作品的意见》，《美术》1955年第4期。

[32]李斛:《工地探望》，《美术》1955年第1期封面作品。

[33]邓以蛰:《画法与书法的关系》，《美术》1957年第5期，第47—48页。

[34]秦仲文:《中国画的特点》，《美术》1957年第5期，第49页。

[35]刘海粟:《谈中国画的特征》，《美术》1957年第6期，第36—37页。

[36]周原:《对“试论国画的特点”的意见》，《美术》1957年第5期，第45—46页。

[37]水天中:《中国现代绘画评论》，山西人民出版社1990年版，第42页。

[38]莫朴:《关于彩墨画系安排素描和临摹作业的问题》，《美术研究》1957年第1期，第36页。

[39]同上书，第35页。

[40]李宗津:《素描基本练习对彩墨画系教学是必要的课程——读莫朴同志〈关于彩墨画系安排素描和临摹作业的问题〉一文而想起的有关彩墨画系素描教学的一些意见》，《美术研究》1957年第2期，第78页。

[41]王曼硕:《国画与素描》,《美术研究》1957年第2期，第47页。

[42]蒋兆和:《国画人物写生的教学问题(对彩墨画的素描教学在观点上的一些商榷)》,《美术研究》1957年第2期，第58—59页。

[43]同上。

[44]蒋兆和:《关于中国画的素描教学》,《美术研究》1959年第2期。

[45]董希文:《素描基本练习对于彩墨画教学的关系》,《美术研究》1957年第2期，第68—73页。

[46]何承荫:《谈中国画，素描——驳王曼硕、李宗津、莫朴等的“学中国画必先学素描”谬论》,《美术》1958年第4期，第32页。

[47]董文从“光源和五调子”“空间的处理”“反光面的效果”“投影的素描”“墨的应用”，以及“背景的处理”等六个方面论证了国画与西画素描造型方法的差异。

[48]董义方:《建立中国画素描教学体系问题》,《美术研究》1959年第2期，第31页。

[49]同上书，第37页。另外，诸如中央美术学院1958年度毕业班在《美术研究》1959年第2期上发表的《关于美术学校中的素描教学问题》等文章也表达了同样的观点。

[50]1957年，毛泽东去杭州检查工作，认为江丰、莫朴在工作中有严重错误，并说“检查他们是共产党的党籍还是国民党的党籍”。在随后举行的座谈会上，有画家谈到政府对国画的冷淡，也涉及中央美术学院轻视国画的问题。5月19日,《人民日报》对此作了报道。在文化部6月4日的座谈会上，江丰的言论受到攻击，“解放后党始终支持中国画，但中央美术学院却和党的政策背道而驰……从新国画研究会成立时江丰的讲话，到王逊的文章，到陈少梅、王青芳之死，到李苦禅的遭遇，是一系列的事实。影响所及，彩墨科的学生寥寥无几，还要老师打气动员。现在一般中学美术教学大纲上，说是教学要在西画的基础上，适当地吸收彩墨画的技巧，这是怎么定出来的……”批评江丰和中央美术学院“排斥国画”“压制民族遗产”，同年，江丰被解职。

[51]1957年5月10日，浙江省人民委员会通知(浙人字第57第1628号)，任命黎冰鸿、潘天寿、高培明为中央美术学院华东分院副院长。1959年4月6日，刘开渠被免去中央美术学院华东分院院长职务。12月5日，中共浙江省委通知(省委发第59第1037号)，中央批准潘天寿任浙江美术学院院长。详见卢炘《潘天寿》，中国青年出版社1997年版。

[52]其一，中国画不同于西洋画，不是用明暗而是用线勾轮廓造型，中国画应该有自己的素描体系；其二，自然的形和色不等于就是画，那不过就是素材，画家必须掌握艺术的语言，作品才可能有艺术性和创造性，因此临摹是必要的；其三，艺术处理不同于纯科学，纯科学讲效能而不讲形式和精神，科学没有个人特性和民族特性，中国艺术不追求科学的真实而在乎心理的真实。潘耀昌:《中国近现代美术教育史》，中国美术学院出版社2002年版，第57页。

[53]潘耀昌:《潘天寿与博巴——兼论浙派写意人物画的成因》，见《20世纪中国美术教育》，上海书画出版社1999年版，第284—296页。

[54]中国画在中国高等院校内的设置，经历了四个阶段：1.在绘画系开设国画课，1949—1954年上半年；2.绘画系设“彩墨画”科，为时一年；3.“彩墨画”升格为系一级建制，撤销绘画系，1955年8月；

4．“彩墨画”改名为“中国画系”，1957年9月。

[55]1965年改为“北京画院”。

[56]1956年6月1日，国务会议提出为培养中国画家，设立北京、上海两个中国画院。1957年5月14日，北京中国画院举办成立大会，周恩来总理亲自到会祝贺。1959年南京江苏画院成立，傅抱石任院长，钱松岩、亚明任副院长。之后又成立了广州国画院（1959年）（1964年更名为广东画院），上海中国画院（1960年），苏州国画院（1960年），扬州市国画院（1960年）。中国画院由一些从事传统文人画创作的艺术家来担任领导和院务委员，无疑为传统文人画的发展和传授提供了基本的条件。

[57]1957年后，整理和出版中国古代之画论与画史著作，作为美术专业教学、创作与研究的参考，1957年，俞剑华《中国古代画论类编》（上、下），阿英《中国连环图画史话》由中国古典艺术出版社出版，李浴编著《中国美术史纲》由人民美术出版社出版，朱杰勤《秦汉美术史》由商务印书馆出版；1958年，阎丽川编著《中国美术史略》；1959年人民美术出版社出版中国古代画论的标点注译系列丛书；1960—1963年，上海美术出版社陆续出版于安澜《画论丛刊》（上、下），《画史丛书》（1—5），朱季海注释的《画谱》（石涛著）；1963—1964年又是中国古代画史、画论资料整理出版的高峰（转引自郑工《演进与运动：中国美术的现代化（1875—1976）》，广西美术出版社2002年版）。

[58]这里需要特别强调的一点是，1956年“双百方针”的出台以及对“民族性”的强调，其更大意义上是对虚无主义进行了有效的批判，并进而在一定程度上解决了中国画还“要不要”的生存危机问题（这一方面与“去苏联化”有关，另一方面也与毛泽东等一直倡导的文艺的“民族性”相关联）。但是，这种对“民族性”的提倡绝不意味着政策允许向中国画传统主线尤其是文人画传统的回归，其更多的则是向具有人民性的“民间性”传统寻求资源，也就是说对“民族性”的强调在很大程度上并没有溢出“阶级性”的范畴。不过，尽管如此，正是这样一种强调民族传统文化的大的时代语境（包括1962年“文艺八条”的出台以及同时期思想界关于“儒家学说的再评价”的讨论等更为宽松的历史氛围），给予那些诸如潘天寿等对传统文化相当自觉的艺术家审时度势，积极努力使中国画传统主脉部分得以继承与发展成为可能，进而对新时期以来乃至当下的中国画发展产生深远的影响……

本文载于《美术研究》2011年第1期

葛玉君，1978年生。2011年毕业于中央美术学院人文学院，获博士学位。中央美术学院副研究员，中央美术学院研究生院教学部主任。

如何撰写“世界艺术史”？
——兼与大卫·卡里尔商榷

刘悦笛

在欧美语境当中，“世界艺术史”（World Art History）的新话题，自从2005年3月成为考克大学艺术研讨会的圆座主题之后，就成为国际艺术史舞台关注的焦点。[1]致力于视觉文化研究也关注中国艺术的詹姆斯·艾尔金斯（James Elkins）在2007年编辑出版的《艺术史是全球性的吗？》[2]，就充分记录了国际学者们聚焦于这一领域的现场交锋，并开始探讨艺术史作为“全球原则”的问题[3]。当该话题逐渐深入之后，聚焦于方法论——“如何撰写世界艺术史”——的探讨就逐渐出场，标志性的著作最初是2008年出版的文集《全球艺术研究：拓展的概念与途径》，[4]然后才是大卫·卡里尔（David Carrier）同年的具有总结性的独著《世界艺术史及其对象》，该书目标就被设定为“知道应该如何撰写一种世界艺术史”[5]。显然，真正意义上的“世界艺术史”的撰写，必然需要理论上的论证作为其逻辑前导。

然而，这个话题需要从“跨文化”的视角加以阐释，世界艺术史的方法研究并不应是欧美学者的专利，亦非欧美中心主义在艺术史全球领域的延伸，东方学者在这个问题上似乎应更有话语权。这是由于，西方与非西方艺术史在世界范围内业已形成了“中心与边缘”的结构。“世界艺术史”尽管是正在实现的一种转换的产物：从原初的中心无须看边缘（但边缘却总是看着中心）到中心需要看边缘，但建构的方向如若翻转过来，从边缘看中心进而趋近于世界艺术史，似乎更能看清整个历史的全球性变动的格局。

一、“单一与多元文化主义”：两类范式的分殊之辩

建构“世界艺术史”的吁求，的确是在全球化时代被艺术史家提出的，它是在全球语境（global context）下深研艺术史的必然结果。但首先需要解决的理论问题是：艺术史是跨越全球的吗？如果答案是肯定的，那么，西方艺术的方法、概念和原则是否就与欧美之外的艺术绝对匹配呢？如果匹配，那么这种认知的历史模式，究竟该如何在全球范围内得以实现呢？如果不是这样，那么，还存在哪些与之颉颃的、可替代性的艺术史模式呢？

“否定论”最先在西方出场了，保守的学者们认定我们并不需要世界艺术史，只要建构以西方为主的艺术史就够了，东方的艺术史只能作为边缘化的存在。属于教学体系的世界艺术史就出

现了这样的情况，加入了东方与女性（主义）部分会让艺术史教材越来越厚，而且，东方艺术的历史也面临了更多的尴尬：在西方搞中国艺术的不看这部分，在中国搞东西方艺术的也不用看同一部分。但对欧美中心主义保持警惕的论者则认为，不需要世界艺术史并不是因为欧洲艺术史研究是作为全世界核心而存在的，而恰恰由于，“艺术”概念只是晚近西方概念的知识建构，它并不是在全球范围内共时发生的，在不同的地域会形成各种“地方性的知识”。西方视觉文化中的“艺术”往往被视为“自律性”的行为、具有高度“个体性”的，并以“原创性”作为目标，这种艺术观对非西方世界而言无疑是“异质”的，当以这种观念来择取东方物品的时候常常有失亦有得，其中最常见的误解就在于：在西方艺术史概念映照之下的东方艺术史，往往被认为是趋向于“空间化”的，而“时间性”的风格流变却并没有西方变换得那样剧烈。

“肯定论”者无疑具有更为开放的心态，这种心态不仅超出了欧美文化的“单边主义”，而且更深层的则在于他们对待艺术概念之理解的变化。首先必须承认，当代的世界艺术史更多的是用英文垄断书写的艺术史，因为英文似乎已经成为艺术史撰写的“世界语”了。但与此同时，这些学者对英语意义上的“艺术”却赋予了更宽泛的理解，他们更多“将艺术这个术语作为保护伞，来意指对视觉图像（visual images）的把握进行创造、使用和应对的人类趋向。因而，艺术这个术语被简明地用于去把握一种——既通过形、色、线，又通过主体、意义、情感——转换艺术视觉媒介的普遍倾向，以吸引观者的关注，而作为其结果的产物则置身于各种各样的宗教、政治、社会和教育等语境当中”[6]。与西方视角之内的东方艺术往往被平面化的理解不同，这些肯定论者眼中的艺术不仅置身于空间之内，而且也强调了其作为时间性的存在，也就是说，非西方艺术得到“时空化”的全方位阐释。[7]

正是基于这种对“艺术”的开放性理解，于是就出现了两种基本的艺术史叙事模式的分殊：一种是“单一文化主义”（monoculturalism）的，另一种则是“多元文化主义”（multiculturalism）的，否定论者持单一主义的态度，肯定论者则大多倾向于多元主义。当代的世界艺术史研究，确实是为了顺应全球时代的多元文化的产物，但追本溯源，以“所有时代与人们的艺术”来命名的多卷本的世界艺术史，在20世纪的头十年就已出版完成了，[8]而且成为当时德语艺术史家的某种共识。然而，更有趣的是，投入更大精力来编撰世界艺术史的学者更多来自东亚，这一点却被西方学者视而不见。日本学界20世纪上半叶就开始编辑多卷的世界美术史图录（并对当时的中国艺术界产生过影响），中国学界在后半叶也陆续出版了多卷的《世界美术史》[9]。与德国学者将艺术史作为“世界史”分支的努力不同，东亚这种更为恢宏的视角的产生，恰恰是出于本民族“文化认同”的需求。所以日本学者将日本卷列于世界全集当中，中国学者将1990年出版的《世界美术史》第四卷定位为“古代中国与印度的美术”，1991年出版的第八卷聚焦在“13至19世纪的亚洲美术”，而其余六卷则仍是欧洲美术史。由此可见，文化多元主义与相对主义其实并不是新东西，但是当代欧美学界的世界艺术史研究热潮，的确是要突破了欧美语境的“单一文化主义”而走向“多元文化主义”。

二、“单线的艺术史叙事”：四种西方模式及其缺憾

按照“单一文化主义”的思维套路，西方艺术史叙事采取的就是“单线”的叙事方式。按照卡里尔的洞见，“单一文化历史的基本假设就在于，将所有具有意义的艺术都设置在同一条时间线索上”，而“同一条时间线索所呈现的就是在单一传统之内的艺术品序列”。[10]那么，关键在于如何界定艺术史意义上的“单一传统”呢？按照阐释者对《世界艺术史及其对象》的理解，这里的传统应该就是指：(1)在先与在后之物通过同一时间线索所形成的关系；(2)由此所构成的“真实的因果关联”；(3)被艺术家与同时代人“所共享的审美”趋向。[11]囿于单一的西方传统，西方艺术史叙事的时间结构被视为“艺术史线性的或进步的样式”。这种线性进步的历史观早在阿瑟·丹托(Arthur C. Danto)与汉斯·贝尔廷(Hans Belting)那里就遭到了解构。[12]

在卡里尔的视野里，“单线的艺术史叙事”主要呈现为四种西方模式。原创性的第一种模式就是“瓦萨里模式”，这种模式基本是以“人物史”为线索的，以1550年为终点，所形成的逻辑线索是：“契马布埃—马萨乔—皮耶罗—拉菲尔—米开朗琪罗”。[13]第二种则是黑格尔的艺术史叙事模式，基本上属于一种“时代史”融合“理念史”的写法，以1828年为终点(这一年恰恰是黑格尔提出“艺术终结”的那一年)，具体的展开逻辑则是：“埃及—希腊—文艺复兴—荷兰的黄金时代(Holland's Golden Age)—黑格尔美学讲座时代”。[14]第三种模式直接跳到了20世纪，以贡布里希的“思潮史”加“视觉心理分析”的写法为主，其所形成的内在发展逻辑则是：“希腊—乔托—盛期文艺复兴—荷兰黄金时代(Dutch Golden Age)—康斯坦布尔”。[15]最后一种则是“格林伯格模式”，按照这种现代主义的形式化路线，西方艺术史的发展逻辑则是：“老大师们—马奈—立体派—抽象表现主义”。[16]

有趣的是，卡里尔在列举出四种叙事模式后，又给出了一个大胆假设：假设瓦萨里在大英博物馆遇到了贡布里希，那么，瓦萨里会理解得以继续发展的15、16世纪的意大利绘画，他也易于理解意大利的巴洛克风格，包括其后的艺术形式，这同时意味着，他很容易认同贡布里希的对待“传统”的概念。同样假设，即使瓦萨里在纽约现代美术馆遇到了格林伯格，他可能最初被现代艺术所震惊，但是他也可以理解格林伯格的叙事方式。这意味着，“贡布里希和格林伯格将瓦萨里与黑格尔的欧洲思想方式带入到了20世纪中期。令人感到惊奇的是，由瓦萨里发展而来的基本时间线索被证明是具有适用性的”。[17]这说明，西方艺术史的叙事基本上是“同质”的，但问题是：这样的文化单一的叙事模式，能够代替所有的世界艺术史吗？

实际上，卡里尔的艺术史叙事观念，就是来源于丹托的艺术的“叙事历史”(narrative history)的理论，[18]丹托曾提出“西方艺术史分为两个主要的时段，我们称之为瓦萨里的时段与格林伯格的时段。两者都是进步主义的”[19]。沿着这条

红线，贯穿卡里尔前期学术工作的红线，就是对“艺术撰写者”的文本进行“叙事结构”的研究，而更深层困扰他的难题则在于：艺术史何以有历史？[20]正如卡里尔自己逐渐发觉的那样，历史不仅是事件的延续，而这些事件之所以被给定了秩序和结构，恰恰就是来自对欧洲中心、男性中心、逻各斯中心的秩序的强迫性接受。一方面，从理论上说，这种西方历史观的“唯我独尊”的选择性原则，暗示了可能将有争议的价值判断的存在；另一方面，就历史而言，西方艺术史诸原则面对中国绘画、非洲工艺、印度雕塑的加以阐释的乏力，恰恰证明了需要“与此迥异的新方法”来重新审视世界艺术史。

三、“世界艺术史基本格局”：单向流动还是多元互动?

世界艺术史的“知识生产”，到目前为止最为成熟的尝试与多元化的文化教育是直接相关的。作为教科书系统的世界艺术史往往影响最为广泛，属于欧美教育体系的艺术史教育也意识到了艺术史本身应该呈现出多元文化的面貌。在这种世界艺术史的基本格局的呈现当中，按照笔者的观点，应该说出现了两种模式：一种是加登纳艺术史的“平行叙事模式”，另一种则是弗莱明艺术史的“融合叙事模式”。

已修订到第14版的《加登纳穿越时代的艺术》（*Gardner's Artthrough the Ages*）被公认为最有影响力的艺术史，该书翻译成中文就叫《世界艺术史》。事实上也正是如此，加登纳艺术史本身的发展就是一个逐渐扩充的过程，从原来的欧美艺术史真正地转变成了世界范围的艺术史。但是，加登纳艺术史之包容非西方艺术，则采取的是东西方割裂的叙事套路。这具体表现在，起码从2005年来就区分出“非西方视角”与“西方视角”分卷，后来这类分卷的整体区分转化为章节的区隔。从新近的修订来看，包含东方的主要是第6章“通往教化之路：古代南亚与东南亚艺术”、第7章“儒学、道教与佛教：古代中国与朝鲜半岛艺术”和第8章“神像与长卷：古代日本艺术”，从13章到15章则分别是伊斯兰教艺术、古代美洲艺术和古代非洲艺术。

在加登纳艺术史叙事纳入非西方之前，在早期形成的世界艺术史格局里面，非西方特别是东方部分更多的是作为“古代形态”而存在的，从而缺乏对于近现代历史的论述。日本与非洲艺术只是作为印象派之类的“东方刺激物”而出场的。当然，古埃及虽然是与古希腊相对意义上的东方，但是其艺术早已被纳入西方艺术序列当中，并成为古希腊艺术的基本来源。“古风时代”如何克服埃及雕塑的模式呆板从而生动起来的论述，常常被视为西方艺术史的转承高潮。但无论怎样，这种叙事保持了传统的格式，正如法国艺术史家艾黎·福尔（Elie Faure）更具文明比照视角的艺术史那样，只将印度、中国、日本和热带地区艺术直接列入“中世纪艺术”。

但无可否认，加登纳艺术史起码从2007年的简本开始就将副标题定为“全球简史”，而后的足本如2009年第13版就明确定位为“全球史”，2010年的最新版本则将“全球”一词正式置于正标题中，首度改名为《加登纳穿越全球时代的艺术》，至今虽有所增删，但整体格局未变。同样，从《视觉艺术史：一种历史》(*The Visual Arts：A History*)直接更名为《艺术的世界史》(*A World History of Art*)的还有约翰·弗莱明(John Fleming)与修·昂纳(Hugh Honour)共著的艺术史，其中后者还曾写过《中国印象》(*The Vistion of Cathay*，1961)。然而，与加登纳艺术史的大结构上之东西并置不同，弗莱明艺术史试图将东西艺术杂糅起来加以论述。以中国为例，诸如元代和明代中国艺术就被放在16世纪欧洲艺术之后，17世纪欧洲艺术之前，也就是独立论述的美洲、非洲、亚洲艺术单章里面(第12章)；而清代中国艺术则被置于浪漫主义与现实主义之后，印象派与后印象派之前的“东方传统”单章之内(第16章)。“早期文明”的第2章也涉及东方，周代艺术列入“跨洲际的发展”的第3章，第6章佛教、印度教与南亚、东亚艺术也包容了中国部分。应该说，修订到第7版的弗莱明艺术史的创见，就在于将西方与东方的时代打散了，然后分别缝合在全球艺术的流变格局里面。但究其实质，这种论述只是将加登纳艺术史的“大平行”结构改为“小并置”结构而已。世界艺术史研究的关键要素，不仅在于文化平行与相对的并置，而且还在于不同文化之间的交融与涵化。尽管“置身于某一传统之内的艺术只属于同一条时间线索，但是当保持距离的艺术—制作文化(art-making cultures)发生关联之时，以前分立的时间线索就是交叉的了”。[21]卡里尔在《世界艺术史及其对象》当中就将世界史的基本格局高度凝缩了，也就是集中关注在文化之间保持距离的“高级”艺术传统，这是由于，“中国、欧洲、印度和伊斯兰的艺术都是属于相互独立的时间线索”。[22]按照这种基本结构，世界艺术史的基本格局可以图示如下：[23]

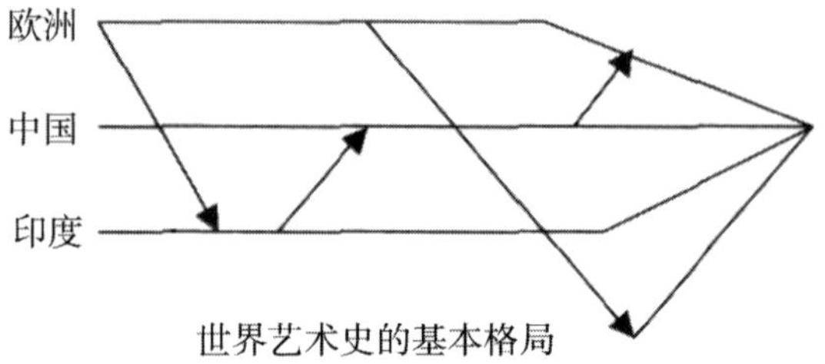

世界艺术史的基本格局

卡里尔试图证明，“我们的多元文化艺术史图表，展现出瓦萨里的时间线索不能成为世界艺术史的基础”，[24]在这个意义上，这种图示证明无疑是成功的。从18世纪晚期开始，多元文化主义就已经被证明其存在的必要性了，实际上，“如果并不考虑中国、欧洲、印度和伊斯兰在同一持续故事中不同叙事的言说，那么就并不存在普遍的单一文化的艺术史。按照贡布里希拓展瓦萨里叙事的方式，即使将艺术包容了所有的文化，那也是不可能拓展艺术史的。一旦我们从另一种文化当中深刻地研究艺术，那么我们就拥有了平行的历史”。[25]然而，问题在于，卡里尔所理解的艺术史仍是“平行范式”的，甚至就是单向流动的。由于对中国艺术史的误读，他为了证明中西艺术史的平行性，甚至举出两对坐标对应点：一对是契马布埃与元代的任仁发，另一对则是拉菲尔与明代的唐寅，这种选择所具有的随意性仍是由于缺乏对中国绘史的深入理解。更深入的误解，不仅在于卡里尔忽视了四大传统之外所丛聚的小传统(尽管他本人在序言里面适度做了自我辩护)，而且更在于他对于文明之间的交互的流变性高度缺乏关注。追溯到新石器时代，波利尼西亚人的工艺品就标志着亚非田野文明之间的交流，跨文化的艺术交流早就出现了。在卡里尔的世界艺术史格局里面，从较大的方面来看，既忽视了伊斯兰文明保存延续古希腊文明之后对于西方世界的“反哺”，也忽略了欧洲艺术明清之际对于中国的影响，更不用说忽视了与其他亚非拉文化之间的相互交通了。

四、从“世界艺术史”到“全球艺术史”：谁之合法性？谁做撰写者？

在《艺术史写作原理》中译本序言里，卡里尔就曾质疑这本聚焦于西方艺术书写原则的专著所进行的解析——“在多大程度上能应用到非西方艺术？”并认定“但至今无人知道如何写一部世界艺术史，也就是如何对欧亚伟大的传统做出客观的评价。这是中美年轻学者的任务”。[26]其实，这里恰恰提出了撰写“艺术史”的合法性与写作者的两个重要问题。

实际上，卡里尔专著《世界艺术史及其对象》的标题，就是来自他的美学老师理查德·沃尔海姆（Richard Wollheim）的名作《艺术及其对象》的启示。[27]就像沃尔海姆从“何为艺术”问题出发给艺术寻求对象一样，卡里尔也是要给世界艺术史寻求确定的对象。但是，究竟如何寻求这种对象才是合法的呢？尽管卡里尔在全书的最后一句话，明确表示“真正的世界艺术史已经开始可能了”，[28]而问题并没有因为他的乐观而匆忙得以实现，世界艺术史的合法化需要东西方的共同论证。卡里尔本人所使用的世界艺术史中的艺术概念，也被认定是具有“普遍主义”的西方倾向，具体来说就是来自理查德·沃尔海姆艺术观对再现与表现的论述，以及丹托对于艺术作为“意义呈现”的相关表述。[29]正如沃尔海姆的《艺术及其对象》从未论述东方艺术一样，丹托艺术观当中的普遍主义倾向是非常严重的，在笔者与丹托对话中，他说：“如果在东方与西方艺术之间存着何种差异，那么，这种差异都不能成为艺术本质的组成部分。”[30]卡里尔所构建的世界艺术史，正是以这种弱化的西方中心主义为视野的艺术观为基础的，在此基础上并不足以来建构世界艺术史，因为非西方语境内的“艺术”已经超出了西方所拟定的范围。

或许世界艺术史恰恰需要全球学者来共同建造，这是由于，“真正的世界艺术史”需要对全球范围的艺术传统都有着深入的研究，而非只通过西方文化中心对其他传统的艺术进行“以西释非西”的解读。从这个意义上来说，中国与其他非西方世界的写作者们，似乎更有资格来参与到这项全球性的事业当中。目前，西方相关的研究者已经区分出三个基本概念：从“世界艺术研究”（World Art Studies）、“世界艺术史”再到“全球艺术史”（Global Art History），[31]其实，这恰恰可以被看作全球学者正在从事工作的三个基本步骤。目前更为脚踏实地的工作还处于“世界艺术研究”的初级阶段，我们所做的工作也许正在走向初步的“世界艺术史”，但是在“世界艺术史”的拼接工作完成之后，还要走向“跨文化”更高阶段的“全球艺术史”。

实际上，“世界艺术史”与“全球艺术史”之间的区分更有价值，当前欧美艺术史家所说的“全球艺术史”主要就是指近几十年来步入全球化时代的当代全球艺术及其历史进展。[32]但是，

"全球"可以被视为比"世界"更宽泛的概念，"世界"的意蕴更趋进于空间化的组合，而"全球"则聚焦在时空化的融通上面。世界艺术史的"世界"往往被置于东西方的两级隔离当中，它更多被一种"平行叙事"的传统模式所羁绊，从而没有看到不同传统的艺术之间"跨文化"的流动与互动。或许可以这样说，"世界艺术史"更像是在世界艺术地图上来完成的"拼图工作"，目前归属于不同文化的艺术史家正在贡献着本土的那块拼图，而"全球艺术史"则更关注不同文化之间的交融与共生，近几十年的全球交融的局面只是这种历史展开的片断与极端而已。"全球艺术史"理应是"世界艺术史"发展到更高阶段的产物，但是，它们的研究都应是建基在"世界艺术研究"的坚实基础之上的。

注释

[1]本文的撰写要感谢大卫·卡里尔本人赠送他的专著，并在相关问题上与笔者所做的当面交流。

[2]James Elkins, *Is Art History Globall*, New York : Routledge, 2007, pp.113-173.

[3]Ibid., pp.3-23.

[4]Wilfried van Damme & Kitty Zijlmans eds., *World Art Studies : Exploring Co- ncepts and Approaches*, Amsterdam : Valiz, 2008.

[5]David Carrier, *A World Art History and Its Objects*, New York : Pennsylvania State University Press, 2008, p.11.

[6]Kitty Zijlmans & Wilfried van Damme, "World Art Studies", in Matthew Rampley et al., eds., *Art History and Visual Studies in Europe*, Leiden : Brill, 2010.

[7]"视觉原则"要比"艺术概念"更具有文化普遍性，参见刘悦笛《视觉美学史：从前现代、现代到后现代》，山东文艺出版社2008年版，第452—454页。

[8]Karl Woermann, *Geschichte Der Kunst Aller Zeiten und Völker*, 6 vols, Leipzig : Biblio- graphisches Institut, 1900-1910.

[9]朱伯雄主编:《世界美术史》(共8卷)，山东美术出版社1987—1991年版。

[10]David Carrier, *A World Art History and Its Objects*, pp.35, 37.

[11]John Rapko, "Reviews on A World Art History and Its Objects", in *British Journal of Aesthetics*, Vol.50, No.2, 2010, p.210.

[12]对艺术史"线性历史发展观"的批判，参见刘悦笛《艺术终结之后》，南京出版社2006年版，第71—78页。

[13]David Carrier, *A World Art History and Its Objects*, p.28.

[14]Ibid., pp.28-29.

[15]Ibid., pp.29-30.

[16]Ibid., pp.30-31.

[17]Ibid., p.35.

[18]对丹托"艺术史哲学"的叙事理论，参见刘悦笛《分析美学史》，北京大学出版社2009年版，第228—244页。

[19]Arthur C. Danto, *After the End of Art : Contemporary Art and the Pale of History*, Princeton : Princeton University Press, 1997, p.125.

[20]对卡里尔“艺术史撰写原则”的解析，参见刘悦笛《艺术终结之后》，南京出版社2006年版，第84—91页。
[21] David Carrier, *A World Art History and Its Objects*, p.39.
[22] Ibid.
[23] Ibid., p.41.
[24] Ibid.
[25] Ibid., p.44.
[26]大卫·卡里尔:《艺术史写作原理》，吴啸雷等译，中国人民大学出版社2004年版，序言第3—4页。
[27]理查德·沃尔海姆:《艺术及其对象》，刘悦笛译，北京大学出版社2011年版。
[28] David Carrier, *A World Art History and Its Objects*, p.152.
[29]沃尔海姆与丹托的相关艺术论述，参见刘悦笛《分析美学史》，北京大学出版社2009年版，第134—151、213—218页。
[30]阿瑟·丹托、刘悦笛:《关于“艺术终结”——与阿瑟·丹托的对话》，《艺术当代》2008年第10期。
[31]同注[4]和注[6]。
[32] Hans Belting and Andrea Buddensieg eds., *The Global Art Wodd : Audiences, Markets, and Museums*, Ostfildern : Hatje Gantz, 2009, p.44.

本文载于《美术研究》2011年第1期

刘悦笛，1974年生。2003年毕业于南开大学，获博士学位。中国社会科学院哲学所研究员。

视觉文化之名

刘晋晋

第一朵玫瑰的名字，揭示了一切。

——安伯托·埃科《玫瑰的名字》[1]

人生而有视觉，这视觉却无不在文化之中。视觉文化是人类最基本和普遍的文化形态。视觉文化研究可以上溯至古希腊：德谟克里特提出的“影像说”就是视觉研究；柏拉图把绘画比作世界的镜像就是在评论“视觉文化”。此研究伴随整部思想史，阿尔贝蒂和贝克莱主教的贡献不亚于本雅明和拉康。本文无法追溯所有非自觉的视觉文化研究，但视觉文化之名却是相对晚近之事。那么，此名从何而来？对此问题，美国学者一般将其归于巴克森德尔（Michael Baxandall）和阿尔珀斯（Svetlana Alpers）；我国学者则追溯到贝拉·巴拉兹。[2]实际上确切来源难以找到。1903年一本加拿大期刊已使用法语词“laculture visuelle”。[3]其显然在复述常见词语，而非提出新造词。其变换形式“视觉文化”（culture of vision）1883年就出现在教授打猎的书中。[4]可以说19世纪末“视觉文化”本是个平凡词汇。限于条件，本文将只追述该术语在英语世界的流传及其与当今视觉文化研究相关的历史。不久前《视觉文化杂志》的主编马夸德·史密斯（Marquard Smith）质疑了这种术语溯源的意义。[5]笔者以为，名称之所以重要，在于其体现了使用者的整套观念，使用者又会被名称背后的观念束缚。那么重要的不是名称，而是其内含的发展变化。本文对术语史的探究将紧密围绕该词背后的观念对当下视觉文化研究的影响进行。这里提供的观念史意欲消除上述疑虑，并从名称的角度揭示视觉文化研究中的误区。

一、艺术写作传统

英语世界中使用“视觉文化”的术语传统几乎已被遗忘。这个传统至少在20世纪初形成并一直延续到80年代。该传统中的作者多是艺术家、艺术史家、艺术批评家和艺术教育家。他们之间无明确的传承线索，却在大抵相同的含义上使用“视觉文化”一词。故该传统代表了视觉文化的原初含义。目前能找到的早期确切文献是1927年出版的沃尔特·贝斯（Walter Bayes，1869—1956）的《装饰绘画的艺术》（*The Art of Decorative Painting*）。贝斯是英国学院派艺术家，也是批评家和教育者。该书第三章讨论了装饰绘画对建筑的适宜性。为反对建筑师对绘画的抵制，贝斯谈到文明人观看自然和艺术都极大受惠于绘画，“对于他的视觉文化的不小的部分，他自己（指假想的作为论辩对手的建筑师）也受惠于它（指绘画）”。[6]这里“视觉文化”指建筑、绘画等视觉艺术。类似的作者还有著名社会学家索罗金（Pitirim A. Sorokin，1889—1968），与詹森合著艺术史的美国艺术史家塞缪尔·考曼（Samuel Cauman，1910—1971），德裔建筑家、教育家保罗·朱克（Paul Zucker，1888—1971），历任维多利亚和阿尔伯特博物馆、大英博物馆主管的著名艺术史家约翰·波普－亨尼西（John Pope-Hennessy，1913—1994）以及国内熟知的英国艺术史家弗朗西斯·哈斯克尔（Francis Haskell，1928—2000）和诺曼·布列逊（Norman Bryson）等。[7]这个名单只是冰山一角，是有名望的几位而非全部。

此传统中“文化”的含义集中于威廉斯所谓的“用来描述关于知性的作品与活动，尤其是艺术方面的”（定义三），而非泛指“特殊的生活方式”（定义二）。[8]那么与现今理解相反，“视觉文化”在其原义及大部分的使用历程中指的不是非艺术对象，而是高级艺术。此外还指形成视觉艺术的氛围、环境（这多在涉及教育的文中出现）。此用法中“视觉文化”无特定时、地限制，只要有艺术就有相应的视觉文化。例如匈牙利籍设计师、画家、新包豪斯成员哲尔吉·凯派什（György Kepes，1906—2001）在《视觉的语言》（*Language of Vision*，1944）中就用“东方视觉文化”指中国和日本绘画。[9]这些含义在国内几乎不为人知，但1995年詹克斯（Chris Jenks）提到“在学院之内‘视觉文化’是个惯例上用于指绘画、雕塑、设计和建筑的术语；它指示先前包含在‘美术’的定义之内的一个近现代的拓宽”[10]。可见视觉文化研究兴起时英语世界并未完全忘记这一术语传统。此传统之所以不彰显，是因为这些作者只是遵循一般用法，未把该术语看作特殊的新词。所以该词未得到阐释，甚至很少被当作核心术语。

这一传统中唯有巴克森德尔影响了当今的视觉文化研究。他在《十五世纪意大利的绘画与经验》（*Painting and Experience in Fifteenth Century Italy*，1972）（以下简称《绘画与经验》）及《文艺复兴德国的椴木雕刻》（*The Limewood Sculptors of Renaissance Germany*，1980）（以下简称《椴木雕刻》）中都用了这个词。虽然该词仍非主导术语，却起了画龙点睛的作用。《绘画与经验》中写道：“构图与着色、线条与色调的划分是一种有目的地简化视觉经验的手段，它深深地植根于欧洲视觉文化之中。”[11]巴克森德尔的视觉文化概念继承了上述传统。其往往在文本（如传教士的演说）中形成，因为他深刻理解文本与视觉并不对立。《绘画与经验》中多次对比15世纪意大利人与同时代中国人或当代人的视觉经验，以示不同时、地有不同视觉文化。而且他的视觉文化包括关于视觉的一般经验，不专指图像。作为各种视觉经验集合的“视觉文化”相关于他提出的“时代之眼”，是时代之眼形成的社会、文化环境。“时代之眼”指某时代形成的观看、体验艺术品的特殊知识、欣赏技巧或感知方式：“概括而言，一个人整理视觉经验的部分能力是可变的，这些可变能力是与文化相关的，从某种意义上来说，是由影响他的经验的社会所决定的。”

[12]这些社会因素包括特殊颜料的价格、教士布道的修辞、商人的数学知识，甚至(《椴木雕刻》中)帕拉塞尔苏斯的手相术概念(Paracelsus' concept of the chiromancy of matter)[13]等。那么巴克森德尔的视觉文化围绕着艺术存在，又超出艺术的范围涉及与视觉经验的社会建构相关的各领域。可以说其用法糅合了威廉斯的定义二和定义三。

这种领域的扩展与文化研究运动或其他学者无关。巴克森德尔的广阔视野源自其导师贡布里希代表的德语艺术史传统或艺术科学(Kunstwissenschaft)。《艺术与错觉》作为艺术史名著，材料不限于高级艺术。贡布里希一直强调要研究“再现和装饰这些一般的论题”，[14]还曾说：“我们无法不受环境影响，人们称其为‘视觉文化’。我该怎么说呢？我一直对装饰艺术和商业艺术中的动向感兴趣，有时它们比绘画更机智、更有创造性，我还是个海报的赞美者。”[15]这种学术兴趣也影响了米切尔。古老的艺术史与新兴的电影或媒介研究不同，不专注于新媒体，而是在各种媒介中考虑有关视觉的“一般的论题”。而且艺术史已发展了多样的方法论解决这些问题。正是这种广阔视野的存在，才使艺术史成为视觉文化研究的母体。就研究者而言，贡布里希认同艺术史家的身份，巴克森德尔却“觉得自己与艺术史家没有什么关系”。[16]这与他在瓦尔堡学院受的教育相关。瓦尔堡学派对学科界限的轻视提供了孕育视觉文化的智力土壤。90年代的视觉文化研究者无不是在诸多学科间进行研究。这解释了为何众多艺术史家中偏偏是与瓦尔堡学院有关的学者(贡布里希的学生阿尔珀斯)成了“视觉文化”的缔造者。巴克森德尔的影响力得益于艺术写作传统与瓦尔堡学派的交汇。

但是，贡布里希和巴克森德尔的研究核心和目的是艺术，而非一般图像。巴克森德尔的视觉文化只是艺术社会史研究的外部证据。研究意大利文艺复兴的视觉文化最终是利于以同时代的术语和经验理解艺术品。即便《绘画与经验》的初衷是“希望向社会史家‘灌输’一种积极的思想，即我们不应仅仅把艺术风格看作艺术研究的题材而应把它视为文化的史证，以补充其一贯依赖的文献载籍”。[17]“灌输”的内容仍是艺术。与艺术史家无关不等于与艺术无关，他还是把自己当作艺术批评家，也仍在艺术写作传统中。所以对巴克森德尔而言，“视觉文化”还不是一个能取代艺术史的新研究领域。

二、描绘的艺术

1983年阿尔珀斯在《描绘的艺术：十七世纪荷兰艺术》(*The Art of Describing*: *Dutch Art in the Seventeenth Century*)的导言中明确提出：“那么我计划研究的不是荷兰艺术的‘历史’，而是荷兰‘视觉文化’——使用一个我归功于巴克森德尔的术语。”[18]在此“视觉文化”首次被表述为研究对象和艺术史的替代物。与前述传统相比“文化”的含义转向了“特殊的生活方式”。视觉文化从等于艺术变为把艺术包含在自身之内。这是迈向自觉的视觉文化研究的关键一步。这些含义在巴克森德尔的用法中并不明显。在此意义上将阿尔珀斯称为“视觉文化”的缔造者亦不为过。

《描绘的艺术》宣称以视觉文化取代艺术史，

其具体研究却远不如导言激进。事实上该书仍聚焦于艺术史：第一章引证惠更斯（Constantijn Huygens）的文本提出“描绘”的概念，即荷兰艺术的核心原则；第二章引证天文学家开普勒（Kepler）的视觉研究论证荷兰与意大利绘画不同的透视观；第三章考察荷兰制像手艺是说明荷兰艺术的教育功能和画家的地位；第四章提出“绘制地图的冲动”欲说明荷兰风景画的地形志起源并阐释荷兰绘画中描绘地图的动机和意义；第五章“荷兰绘画中文本的再现”完全在论述高级艺术；“尾声”也专注于维米尔与伦伯朗的比较及他们对描绘的艺术的态度。该书考察荷兰视觉文化是为了阐释绘画。其未脱离贡布里希－巴克森德尔的模式。艺术史换个名字并不成为新研究。作为新艺术史的命名者，作者的阐释确与传统艺术史有别。然而视觉文化全面兴起前，哪怕新艺术史家也无法设想不是荷兰艺术史的视觉文化研究。艺术史诚然是视觉文化研究的重要方面。然而对视觉文化研究而言，观看方式等一般问题不只是阐释艺术的依据。当然不能过分苛求先行者。相比之下，阿尔珀斯对“视觉文化”的其他限定则很难让人接受。

阿尔珀斯称该术语得自巴克森德尔。但早有评论者指出二者的概念根本不同。[19]这源于另两段导言：“形象是一个特殊的视觉文化的一部分，对比于一个文本文化。17世纪对看和再现的强调与文艺复兴对阅读和阐释的强调之间的差异最近已经由米歇尔·福柯的书为我们阐明了。这是个一般的欧洲现象，但正是在荷兰，这种理解世界的模型被完全并创造性地实现在形象的制造中。”及“视觉文化在荷兰是社会生活的中心。一个人可以说眼睛是自我再现的中心手段，而视觉经验是自我意识的中心模式”[20]。可见她：1. 把视觉文化对立于文本文化；2. 把视觉文化当作特定时间（17世纪）或地域（荷兰）特有的现象；3. 把视觉文化缩小到对图像的偏爱。这三点不仅与巴克森德尔相左，而且背离了艺术写作传统中利于视觉文化研究的观念。例如她故意选取开普勒所言：“视觉产生于视网膜内凹表面形成的被看事物的一幅图画”，[21]即把视觉本身当作图画。然而开普勒并非荷兰人，与荷兰视觉文化无关。对绘画或一般图画的过度执迷导致阿尔珀斯把视觉与图像相混，使她几乎不关注图画相关方面以外的视觉文化。这也是我国视觉文化研究的误区。

视觉与文本文化的对立值得进一步讨论。视觉是种感官，只能对应另一感官。此对立明显是逻辑错误。为此阿尔珀斯援引福柯，并在注释中点明是《事物的秩序》（*The Order of Things*），即《词与物》。她认定福柯的文艺复兴认知型对古典认知型等于文本文化对视觉文化。文艺复兴认知型确把世界看成可读的文本，但该认知型的原则是相似性，其第二类是“仿效”。论述中，福柯用了“映像和镜子”的比喻，并说：“仿效首先出现在简单的映照中，……它仍向可见性敞开着。”[22]这说明16世纪认知型不缺少视觉。相似性往往靠视觉识别。所谓古典认知型中视觉占主导的依据出自《论自然史》（博物学）的第五章“分类”：“从17世纪开始，观察一直是一种可感知的认识，……视觉具有几乎特有的优先权。”[23]然而这只限于自然史。古典型的例证还有普通语法和货币分析。那两章中视觉根本不占优势。而且不应忘记上述引文的后续："在18世纪，盲人完全能成为一位几何学家，但决不能成为一位博物学家。"难道没有符合古典认知型的几何学吗？顾名思义《词与物》的主题是词与物的关系。古典时代词与物相分离导致了再现的新认知型。语言始终重要，只是作用变了："语言在古典时代的存在，既是最高的，又并不引人注目。""物与词十分严密地交织在一起：自然只是通过命名之网才被设定的，……这张网又把自然呈现给我们的知识，并且只有当自然完整地被语言跨越时，才使自然成为可见的。"[24]所以福柯未设置视觉与文本的恼人对立。那么阿尔珀斯为何要以偏概全呢？

答案就在上述对立中。《描绘的艺术》把文艺复兴意大利对立于17世纪荷兰。该对立是时、地的双重对立。具体讨论中作者只能说明其一。上述援引福柯仅涉及文艺复兴与17世纪的对立。正文中时间对立多被忽略而强调地域对立，荷兰也扩大为北方或非意大利欧洲。如书中多次用扬·凡·艾克和丢勒等北方文艺复兴艺术家例证描绘的艺术。定位的游移显示作者不确定作为特殊现象的视觉文化到底属于哪些人群。这反证了视觉文化无处不在。她唯一确定的是把意大利文艺复兴艺术看成文本文化的产物。以发现世界和透视法著称的意大利文艺复兴竟没有视觉文化，的确让人匪夷所思。如此划分是因为意大利文艺复兴艺术以文本为据绘制，描绘的艺术则依靠直接观察世界，即对立仅建立在创造上。反例是哪怕荷兰地图也要靠预先测绘的数据。任何图像成为视觉对象时也成为文本描述的对象；反之，无论是否以文本为据，画作首先是视觉对象。讽刺的是，这种所谓不依靠、不唤起文本的艺术令阿尔珀斯写了厚厚一本书。此对立是对"视觉文化"过窄的使用。

"文本"一词包括描绘的艺术的两个对立面：叙事艺术和象征艺术。阿尔珀斯把二者绑在意大利文艺复兴下，作为传统艺术史的对象。前者源自弗里德，后者更重要。《描绘的艺术》的雄心之一是以"描绘"的概念与潘诺夫斯基的图像学分庭抗礼。图像学者把荷兰艺术看作伪装的象征主义（disguised symbolism）。故她想论证荷兰艺术只是单纯描绘世界，不适用图像学。图像学以意大利文艺复兴艺术为原型。意大利文艺复兴经验制约着其适用范围。那么把荷兰扩大为北方或17世纪是为了进一步限制图像学。所以书中作为他者的意大利文艺复兴艺术比作为论述主体的荷兰艺术更稳定。意大利与北方是艺术史固有的地域划分。引证福柯则是为了在时间上画线。文艺复兴认知型近似象征绘画的解读法。只要再让古典认知型符合视觉主导原则（描绘的艺术之基础），此划分就吻合了适用 / 不适用图像学的内在标准。于是福柯被曲解了。

所以视觉 / 文本文化的对立并非阿尔珀斯对视觉文化深入思考的成果，而是推翻图像学的手段。结果她走向了逻辑误区。如果我们感兴趣的是视觉文化，不是与潘诺夫斯基争高下，就不必留恋这一说法。阿尔珀斯的贡献在于将"视觉文化"看作独立的研究对象并重塑了其与艺术的关系，而非提出这个对立。

三、视觉文化的确立

阿尔珀斯的著作颇具争议。但正如贡布里希

所言，她“能让我们在新的‘光线’中看我们过去熟悉的景象”[25]。“视觉文化”也是被更新的景象之一。多亏她将“视觉文化”与艺术史并列，才使其进入学术焦点，并凸显了这个新领域。许多叙述把她看作该词的传播者而非发明者，既说明她的谦虚（归于巴克森德尔），又说明其影响力。《描绘的艺术》出版后，探讨视觉文化渐成潮流。80年代后期举行了相关学术会议，出版了大量专著。视觉文化研究是在这一系列事件和作品形成的学术氛围中确立的，无法用单一事件或作品代表。

其中重要的有1987年霍巴特和维廉史密斯学院（Hobart and William Smith Colleges）及1989年罗切斯特大学（University of Rochester）举办的两次针对视觉艺术中的理论和阐释的暑期学院。研讨成果由布列逊等人编成文集，分别是《视觉理论：绘画和阐释》（*Visual Theory*：*Painting and Interpretation*，1991）和《视觉文化：形象和阐释》（*Visual Culture*：*Images and Interpretations*，1994）。文集聚焦于：“当代理论对艺术史学科的冲击。”[26]这表明编者们虽提出以形象史代替艺术史，但出发点仍是艺术史。同时与会者不限于艺术史家，还包括艺术家、哲学家、历史学者、电影研究者、人类学家、心理学家和文学研究者等。这种多学科交织状态代表了视觉文化研究的发展方向。正是其他学科学者的加入使这一新兴研究脱离了艺术史母体，成为超越艺术史视野的交叉学科。这也巩固了“视觉文化”内含的扩展。另外，1988年哈尔·福斯特（Hal Foster）召开了“视觉与视觉性”研讨会，并出版同名文集。该会议使“视觉体制”“视觉性”成为新研究的核心术语。上述会议未专注于“视觉文化”一词，其关注点却导致了该词的流行。

将视觉文化引入制度的是比学术会议更持久，受众更多的学院课程。1989年霍莉（Michael Ann Holly）与米克·巴尔（Mieke Bal）等人在罗切斯特大学跨越艺术史、比较文学和电影研究开设了视觉和文化研究（Visual and Cultural Studies）的研究生计划。该计划虽未直接使用“视觉文化”，但被看作美国首个视觉文化的研究生计划。90年代初，W. J. T. 米切尔（W. J. T. Mitchell）进入芝加哥大学艺术史系，以艺术欣赏课为基础创立了美国首个视觉文化的学院课程。这门公共课面向所有大一学生（包括理工科），其强调阅读经典文本（如《圣经》对形象的恐惧，柏拉图的洞喻，贝克莱主教对失明的论述，贡布里希的《艺术与错觉》及布列逊的反驳等）。教学上要求学生通过展示和讲述，把熟悉的视觉问题陌生化，并组织班级协作整理关键术语表。类似课程的开设确保了“视觉文化”在学院中的地位。

当时许多涉及视觉文化的著作直接受到阿尔珀斯的影响。克拉里（Jonathan Crary）的《观察者的技术：论十九世纪的视觉与现代性》（1990）讨论了19世纪新型观察者（Observer）的出现。该书多次提到阿尔珀斯，其在某种程度上是《描绘的艺术》的延续。克拉里同样始于探讨暗箱。他把暗箱看作17、18世纪客观视觉的模型，并对立于代表19世纪主观视觉的立体视镜。然而他认为暗箱是“弥漫了整个欧洲”的“人类视觉的隐喻”。[27]从而取消了阿尔珀斯在意大利与北方间设立的认知型差异。二人都引用福柯。阿尔珀斯依靠文艺复兴认知型向古典型的转变，克拉里关心古典型向现代的转变，但他未把福柯的认知型简化为文本/视觉对立。由“欧洲视觉文化史”“大众视觉文化”等说法可知，克拉里把欧洲文化、大众文化看作视觉文化的一部分。另外他虽论及艺术，但艺术不是排他的论述目标。书中认为视觉模式“关键的系统转换早在一八二〇年之前即已形成”，而摄影和现代主义绘画只是其“后续症候或结果”。对艺术未作为证据，他解释说：“视觉史的范畴远比再现实践的演变史还来得大。”[28]无论视觉是否有历史，克拉里都实现了阿尔珀斯以视觉文化代替艺术史的设想。

艺术史家克拉里受同行影响不稀奇。相比之下思想史家马丁·杰伊（Martin Jay）代表了闯入新领域的其他学者。在有名的《现代性的视觉体制》（Scopic Regimes of Modernity，1988）一文中有大量篇幅涉及《描绘的艺术》。文中提出“现代性的视觉体制最好被理解为一个竞争的领域”。[29]现代有多种“视觉亚文化”（visual subcultures）并存。占支配地位的是“笛卡尔式透视法”。另两种“替代的视觉体制”是阿尔珀斯提出的“描绘的艺术”和沃尔夫林区分的“巴洛克”。三者各有利弊，共同形成现代世界。所以《描绘的艺术》是此文的立论基础之一。马丁·杰伊大体同意其观点。但文中把诸视觉体制当作并存的“三种理想典型的视觉文化”。[30]因此“视觉文化”不限于17世纪荷兰。可见80年代末视觉文化概念已还原了艺术写作传统中的宽广含义。这种不自觉的恢复说明该传统仍是有效的。此外米克·巴尔的《阅读伦勃朗：超越语词—形象对立》（*Reading Rembrandt: Beyond the Word-Image Opposition*，1991）也研究了17世纪荷兰艺术。题目中“语词—形象”的表述比视觉与文本更合理。[31]在1992年《艺术论坛》上发表的著名的《图画转向》（Pictorial Turn）一文中，米切尔首次使用了“视觉文化”。[32]他未声明术语的来源，但该文后三分之一完全用于评论《观察者的技术》。此书出版后米切尔才设立了视觉文化课程。如上所述，书中的“视觉文化”源自阿尔珀斯。这说明他与阿尔珀斯具有间接的传承关系。

米切尔在《什么是视觉文化？》（写于1993年夏，刊于1995年）一文中写道：“在这里谈论一些问题和异议也许是有用的，即视觉文化的概念作为一个领域，一个课程，或一个研究的路线可能引起的问题和异议。”[33]其中的“视觉文化”一词成了研究本身的代称，并部分代替了他以前使用的广义“图像学”。可见90年代早期“视觉文化”出现了最近一次的含义变化。之后该词有两种用法，一是本意，指研究的对象；二是引申意，指对这种对象进行的研究，即“视觉文化研究”的缩略。与此前不同，该变化与其说是进步，不如说是混乱。这一混淆无法追溯始作俑者，因为其是个口语式省略，是习惯使然。这与“艺术史”的双重含义相仿。迟至《十月》杂志抛出视觉文化问卷时，其编辑哈尔·福斯特和罗莎琳德·克劳斯（Rosalind Krauss）已注意到这种双重含义。[34]当时该混乱造成了对新研究的误解（如认为视觉文化研究就是提倡大众文化）。

这种术语混乱也产生了积极作用。其与前述学术制度一起使视觉文化的定义和学术定位成了研究对象。寻求定义是比开设课程更确凿的标志。它说明视觉文化研究具有了学术自觉。本文限于篇幅无法讨论众多定义。从找寻最佳研究方法的角度看这些定义无太大历史意义，只有是否利于当下研究的高下之别。以笔者之见，米切尔提出的视觉文化的十个神话和八个反题[35]无疑是当今对这一交叉学科最有意义的总结。本文也是以其为据展开评判的。至此，视觉文化之名从艺术写作中不起眼的平常词汇成长为一个自觉的新兴研究之称号。

尾声

本文以一些重要作者和作品为线索勾勒了"视觉文化"一词的发展过程：其源于艺术写作，在艺术史研究中孕育，最终在交叉学科的语境中成熟。此历程中，缔造者不是某位电影研究者或文论家，而是艺术史家阿尔珀斯，这并非偶然。艺术写作传统虽未直接发展成视觉文化研究，却奠定了其基础。今天无须全面恢复此传统，但本文对其的考察重新确认了艺术史与视觉文化研究的渊源。

梳理历史可以清除讹传之说，如"视觉文化兴起于六十年代"。这大概肇始于沃克尔和查普林的《视觉文化：一个导论》(*Visual Culture: An Introduction*, 1997)。但此书中是说："文化已经被学者们研究了数个世纪而且公认艺术史学科能被追溯到1550年，……这样一个深入的历史超越了本章范围。它把自身限制于最近的过去——20世纪60年代到20世纪90年代——即视觉文化研究在其中出现的直接的，在前的语境、时代。"[36]可见"六十年代"只是对论述范围的限制而非起源时刻。作为可上溯至古希腊的研究，60年代对视觉文化并非决定性的。该名称在当时也未转变。或者这是混淆视觉文化和文化研究造成的。后者是英国伯明翰学派发起的学术运动。由于不了解历史，一些学者望文生义误将视觉文化看作文化研究运动的一部分。视觉文化当然从文化研究的方法和政治议题中受益颇多，但它也得益于精神分析、认知心理学、哲学、艺术史、美学……文化研究在视觉文化的知识谱系中并无特权地位。上述诸学科的诞生不等于视觉文化的诞生，这也适用于文化研究。

就笔者所知，60年代文化研究的主要成员未使用"视觉文化"一词。唯一例外是斯图亚特·霍尔(Stuart Hall)和帕迪·霍内尔(Paddy Whannel)合著的《通俗艺术》(*The Popular Arts*, 1964)。然而该书出版时霍尔还未加入伯明翰学派。书中引用了巴拉兹等人的著作，所以其中的"视觉文化"一词与艺术写作传统无关。七八十年代伯明翰学派对该词的使用仍凤毛麟角。文化研究对视觉文化相对不敏感的反应并不奇怪。因为文化研究源于文学理论，又专注于大众文化。在大众文化中，流行音乐和通俗小说都是重点，视觉材料并不突出。这种情况直到90年代才有所改观。1999年霍尔与人合编了《视觉文化：读本》(*Visual Culture: The Reader*)。此书显然是1996年《十月》问卷激起的视觉文化热潮的一部分。书中未把视觉文化的起源归于文化研究，反而提到阿尔珀斯对传播该名称起的作用，并承认："过去十五年中'视觉文化'在文化和媒介研究的快速扩展中已有点被忽视了。"[37]看来文化研究在90年代受到了视觉文化研究的影响。

史实之外，本文还提出：1. 视觉文化不只研究图像。形象研究只是视觉文化的一部分。2.视觉文化并不对立于文本文化。此对立在逻辑上不成立，使用上无效力。3.视觉文化不是某时代、地域或人种特有的。目前有多种把视觉文化归于特定人群的观点。这些观点只抓住了历史的某些片面真理。它们间的分歧表明任何时、地视觉都有主导和从属方面。宣称视觉在特定时、地占优势，表面上强调视觉，实则是对其加以限制。视觉文化源于感官，是最普遍的文化形态之一。把西方或现代社会看成空前的视觉占优势的社会，实乃恶毒的西方中心论。其潜台词是唯有现代西方人真正睁眼观看，迎来光明，而其他时代和民族都处在盲目和黑暗中。我们无须附和这种论调。视觉文化之所以值得研究，就在于它对任何人类社会都有重要意义。4.视觉文化并非研究艺术之外的事物，更未模糊艺术的边界或取消艺术。本文表明“视觉文化”原指艺术，之后才扩大到非艺术对象。贡布里希等艺术史大家使用非艺术材料也未使他们混淆艺术与其他图像。正如米切尔所言：

> 揭示研究的一般领域并不废除差异，而是使这一差异可以为研究所用，同时反对把它作为一道必须被维持和不准跨越的栅栏。最近三十年我一直在文学和视觉艺术之间以及艺术和非艺术形象之间从事研究，而且我从未困惑于区分它们，虽然有时我困惑于什么使人们对这项工作如此感到忧虑。[38]

视觉文化不是逃避思考艺术界限的借口，更不是对艺术无知者的乐园。这就是视觉文化之名的观念史带来的启示。

视觉文化之名承载着视觉文化研究的历史。它像琥珀一样把诸多作者赋予其的观念凝结在自身中。详察这些思想才能理解当下研究并避免再入误区。视觉文化中很多概念同样急需历史考察，如视觉性、视觉体制、凝视等。本文考察了视觉文化之名，然而并非只有使用了这个名字才是视觉文化研究。正如莎士比亚借朱丽叶之口所言：“我们叫作玫瑰的这一种花，要是换了个名字，它的气味还是同样的芬芳。”

注释

[1]最新译本中译为“昔日玫瑰以其名流芳，今人所持唯玫瑰之名”。在此笔者效法埃科，将错就错使用过去的译文。

[2]这由周宪最先提出。见周宪《视觉文化语境中的电影》，《电影艺术》2001年第2期，第36页。但巴拉兹等人与当今西方的视觉文化研究无传承关系。笔者将专文探讨此问题。

[3]《新法兰西》(*La Nouvelle-France*)第2卷第507页出现了该词。这里是在评论1902年3月8日美国伊利诺伊州立大学校长安德鲁·德雷珀(Andrew S. Draper)在哈佛的演讲。演讲本身未使用“视觉文化”。该杂志在解释德雷珀用的“文化”一词时举“视觉文化”为例。可见当时该词已被广泛使用。见 Andrew S. Draper, “Educational Tendencies, Desirable and Otherwise”, *Annual Report of the Department of the Interior for the Fiscal Year ended June 30, 1902: Report of the Commissioner of*

Education, Washington : Government Printing Office, 1903。

[4] Theodore S. Van Dyke, *The Still-hunter*, New York : Fords, Howard & Hulbert, 1883, p.48. 此处该词指视觉的训练和培养，与现在的用法无关。

[5] Marquard Smith, *Visual Culture Studies : Interviews with Key Thinkers*, Los Angeles : SAGE, 2008, pp.4-5.

[6] Walter Bayes, *The Art of Decorative Painting*, London : Chapman and Hall Ltd., 1927, p.47.

[7] Pitirim A. Sorokin, *Social and Cultural Dynamics*, New York : American Book Company, 1937, pp.398, 399, 467. 索罗金把该词当作写实艺术的代称; Samuel Cauman, "Art and the Teacher : A Plea for Relativism", *Parnassus*, Vol. 13, No.4, April, 1941, p.134 ; Paul Zucker, "Teaching History of Art in Our Visual Chaos", *College Art Journal*, Vol. 6, No. 2, Winter1946, p.98 ; John Pope-Hennessy, "A Painting by Peruzzi", *The Burlington Magazine for Connoisseurs*, Vol.88, No. 523, October1946, p.238 ; [英] 哈斯克尔:《法国大革命与反应》,《新美术》1991年第4期，第47页(原书出版于1976年); [英] 诺曼 · 布列逊:《视觉与绘画：注视的逻辑》，郭杨等译，浙江摄影出版社2004年版，第171页(原书出版于1983年)。

[8][英] 雷蒙 · 威廉斯:《关键词：文化与社会的词汇》，刘建基译，生活 · 读书 · 新知三联书店2005年版，第106页。

[9] György Kepes, *Language of Vision*, Chicago : Paul Theobald and Co., 1944, p.32.

[10] Edited by Chris Jenks, *Visual Culture*, London and New York : Routledge, 1995, p.16.

[11] Michael Baxandall, *Painting and Experience in Fifteenth Century Italy : A Primer in the Social History of Pictorial Style*, Oxford, New York : Oxford University Press, 1988 second edition, p.141.

[12] Ibid., p.40.

[13] Michael Baxandall, *The Limewood Sculptors of Renaissance Germany*, New Haven : Yale University Press, 1980, p.145.

[14][英] E.H. 贡布里希:《艺术与科学：贡布里希谈话录和回忆录》，杨思梁、范景中等译，浙江摄影出版社1998年版，第146页。

[15] David Carrier, "The Big Picture", *Art Forum*, Vol.34, No.6, February1996, p.69. 贡布里希接受采访时，自觉的视觉文化已兴起。他是用新术语表述既有的学术兴趣。

[16] 曹意强:《巴克森德尔谈欧美艺术史研究现状》,《新美术》1997年第1期，第42页。此外，贡布里希对自身学术身份的表述见[英] E.H. 贡布里希《艺术与科学：贡布里希谈话录和回忆录》，杨思梁、范景中等译，浙江摄影出版社1998年版，第97、163页。

[17] 曹意强:《巴克森德尔谈欧美艺术史研究现状》,《新美术》1997年第1期，第42页。然而巴氏仍把《绘画与艺术》当作艺术史，并在艺术史立场上与社会史对话。初版序言称:"这不是说我认为它(《绘画与经验》)作为艺术史是空洞的。""社会史和艺术史是连续的，每个都提供对于另一个的洞察。"见 Michael Baxandall, *Painting and Experience in Fifteenth Century Italy : A Primer in the Social History of Pictorial Style*, Oxford, New York :

Oxford University Press, 1988 second edition, "Preface to the First Edition"。

[18] Svetlana Alpers, *The Art of Describing : Dutch Art in the Seventeenth Century*, Chicago : The University of Chicago Press, 1983, p.25.

[19] Jeroem Stumpel, "Review", *The Burlington Magazine*, Vol. 126, No. 978, September 1984, pp.580 - 581.

[20] Svetlana Alpers, *The Art of Describing : Dutch Art in the Seventeenth Century*, Chicago : The University of Chicago Press, 1983, pp.24-25.

[21] Ibid., p.34.

[22][法]米歇尔 · 福柯:《词与物：人文科学考古学》, 莫伟民译，上海三联书店出版社2001年版，第29页。

[23]同上书，第175页。

[24]同上，第103、213—214页。

[25][英] E.H. 贡布里希:《十七世纪荷兰的油画和地图绘制：评阿尔珀斯的"描绘的艺术"》，张洁译，《美术译丛》1988年第4期，第63页。

[26] Edited by Norman Bryson, Michael Ann Holly and Keith Moxey, *Visual Culture : Images and Interpretations*, Hanover : Wesleyan University, 1994, p.8.

[27][美]乔纳森 · 克拉里:《观察者的技术 ：论十九世纪的视觉与现代性》，蔡佩君译，华东大学出版社2007年版，第60页。这里作者明确引用并批驳了《描绘的艺术》。

[28][美]乔纳森 · 克拉里:《观察者的技术 ：论十九世纪的视觉与现代性》，蔡佩君译，华东大学出版社2007年版，第60页。这里作者明确引用并批驳了《描绘的艺术》，第10页。第二章中批评艺术史家忽视了暗箱与相机之间视觉模式的不同。这也是指阿尔珀斯。同上书的第56页。

[29] Martin Jay, "Scopic Regimes of Modernity", in Hal Foster, ed., *Vision and Visuality*, Seattle, Wash. : Bay Press, 1988, p.4.

[30] Ibid., p.18.

[31]该书既提到阿尔珀斯，又用了"视觉文化"。此书出版前米克 · 巴尔为阿尔珀斯的另一著作写了书评，并在其中讨论了《描绘的艺术》。见 Mieke Bal, "Review", *The Art Bulletin*, Vol. 72, No.1, March 1990.

[32] W. J. T. Mitchell, "Pictorial Turn", *Art Forum*, Vol.30, No.7, March 1992. 该文后收入他的文集 *Picture Theory : Essays on Verbal and Visual Representation*, Chicago : University of Chicago Press, 1995。过去该文译为《图像转向》。文集中版本(即中译本)的前半部分大体是最初的版本，后半部分来自一篇论图像学的文章。本文涉及的是中译本前半部分后三分之一。此外，中译本提到了阿尔珀斯。见[美] W.J.T. 米切尔《图像理论》，陈永国、胡文征译，北京大学出版社2006年版，第5页注释2。对米切尔的研究见刘晋晋《敲响图像：W.J.T. 米切尔与视觉文化的新方向》，导师邹跃进教授，硕士学位论文，中央美术学院，2010年。

[33] W. J. T. Mitchell, "What is Visual Culture ？", in edited by Joanne Morra and Marquard Smith, *Visual Culture. Volume I*, *What is Visual Culture Studies* ? London : Routledge, 2006, p.306.

[34] Rosalind Krauss and Hal Foster, "Introduction", *October*, Vol. 77, Summer 1996, p.3.

[35] W. J. T. Mitchell, *What Do Pictures Want?: The Lives and Loves of Images*, Chicago: University of Chicago Press, 2005, pp.342 - 344.

[36] John A. Walker and Sarah Chaplin, *Visual Culture: An Introduction*, Manchester and New York: Manchester University Press, 1997, p.35.

[37] Edited by Jessica Evans and Stuart Hall, *Visual Culture: The Reader*, London: SAGE Publications, 1999, p.1. 对阿尔珀斯的评论见同书第5页。

[38] W. J. T. Mitchell, *What Do Pictures Want?: The Lives and Loves of Images*, Chicago: University of Chicago Press, 2005, pp.347 - 348.

本文载于《美术研究》2011年第1期

刘晋晋，1984年生，北京市人。2014年毕业于中央美术学院人文学院，获博士学位。中央美术学院人文学院讲师。

阿房宫：记忆与想象

郑　岩

清光绪三十二年（1906）至宣统二年（1910），日本学者足立喜六（1871—1949）受聘于陕西高等学堂任教，其间他利用闲暇探查西安地区大量古代遗址，写成《长安史迹研究》一书[1]。在叙及阿房宫时，足立喜六描述了遗址的位置、规模和形貌，配有一幅照片，并录引了司马迁《史记》的有关记载。此外，他还全文收入唐人杜牧的《阿房宫赋》。这篇六百余字的赋，篇幅远超过作者本人关于遗址状况的描述[2]。

足立喜六向读者展现了这样一个画面：底部是一张照片所显示的阿房宫前殿遗址，其上则是以古代文献重建的华美壮丽的亭台楼阁，眼前的废墟和两千多年前的景观重叠在一起。除了这个静止的画面，读者还可以凭借司马迁和杜牧的笔墨，穿越时间的阻隔，遥想当年那些屋殿台榭的生住异灭。

笔者在网络上还检索到几位中学语文教师制作的《阿房宫赋》PPT教学课件，除了各色文字，其中也包括后人所绘制的《阿房宫图》[3]。这种做法与足立喜六的倾向类似，老师们显然相信，这些不同形式的材料之间可以相互印证，图画能够帮助学生更好地理解杜牧的文字。

在笔者看来，问题并非如此简单。在这篇文章中，笔者将“阿房宫”解析为五个层次：

1. 秦代的阿房宫；

2. 历史学的阿房宫；

3. 文学的阿房宫；

4. 图像的阿房宫；

5. 作为废墟的阿房宫。

这些形式各异的层次都指向“阿房宫”，但它们不只停留在秦代，而是栖落在不同的时间点上，彼此并不完全重合。将这些层次联系起来，可以观察到一种多维的而非线性的历史。从中我们可以看到一种历史形象如何在人与物跨时空的对话中逐步建构起来，可以看到记忆与想象在这个过程中所扮演的角色如何交织，可以看到文学、艺术巨大的繁衍滋生能力。于是，这也就成了一部关于心灵的历史。

一

“秦代的阿房宫”不仅包括物质层面的建筑，还包括各种相关的人物和事件。“人”“事”都已经湮没在时间长河之中，“物”留给今天的也只有“遗址”，即“作为废墟的阿房宫”——当今田野考古学研究的对象。后人以各种形式对其内部、外部各种元素的记录、想象，无论多么逼真，都已经不是“秦代的阿房宫”本身，而是它留在历史中的影子。在对于这个影子重构的过程中又包括了三个层次，即“历史学的阿房宫”“文学的阿房宫”和“图像的阿房宫”。

“历史学的阿房宫”指的是历史写作而非历史本身，它既体现为正史的记述，也体现为方志和笔记等形式。前者包括《史记》和《汉书》等，后者如汉末至曹魏时成书的《三辅黄图》[4]、曹魏至晋时潘岳（一说葛洪）的《关中记》[5]、晋人的《三辅故事》[6]、晋张华的《博物志》[7]、北魏郦道元的《水经注》[8]、唐人的《三辅旧事》[9]、北宋人宋敏求的《长安志》[10]、北宋人程大昌的《雍录》[11]、元人骆天骧的《类编长安志》[12]等。无论质量如何，方志总体上可以看作历史学著作。笔记中的文字多搜神拾遗之说，介于文学与史学之间，但涉及阿房宫，态度上也总有着“纪实”的倾向，所以也大致可以归到这里。

上述文献以《史记》成书的时间最接近秦代，其《秦本纪》记载，孝公“十二年（公元前350），作为咸阳，筑冀阙，秦徙都之”。[13]《秦始皇本纪》称，孝公“十三年（公元前349），始都咸阳”。[14]除了在渭河北岸营建咸阳城，秦统一全国之前，还在渭南营建了兴乐宫、章台、诸庙、甘泉宫、上林苑等宫室苑囿。阿房宫就在上林苑内：

> 三十五年（公元前212）……于是始皇以为咸阳人多，先王之宫廷小，吾闻周文王都丰，武王都镐，丰镐之间，帝王之都也。乃营作朝宫渭南上林苑中。先作前殿阿房，东西五百步，南北五十丈，上可以坐万人，下可以建五丈旗。周驰为阁道，自殿下直抵南山。表南山之颠以为阙。为复道，自阿房渡渭，属之咸阳，以象天极阁道绝汉抵营室也。阿房宫未成；成，欲更择令名名之。作宫阿房，故天下谓之阿房宫。隐宫徒刑者七十余万人，乃分作阿房宫，或作丽山。发北山石椁。乃写蜀、荆地材皆至。[15]
>
> （二世皇帝元年，公元前209）四月，二世还至咸阳，曰：“先帝为咸阳朝廷小，故营阿房宫为室堂。未就，会上崩，罢其作者，复土郦山。郦山事大毕，今释阿房宫弗就，则是章先帝举事过也。”复作阿房宫。[16]

又《汉书·贾山传》记西汉孝文时，贾山言治乱之道，借秦为喻而作《至言》，其中提道：

> 又为阿房之殿，殿高数十仞，东西五里，南北千步，从车罗骑，四马骛驰，旌旗不桡，为宫室之丽至于此，使其后世曾不得聚庐而托处焉。[17]

上述记载主要叙述阿房宫的位置、规模和兴建过程。其他文献也常沿用这些记载，并踵事增华。这些文字多使用数据，将宫殿的规模加以量化，加之以周边的地标为参照，力求予人准确可靠的印象。

与《秦始皇本纪》《汉书·贾山传》相比，《汉书·五行志》中的一段文字则较少为后人所注意：

> 先是文惠王初都咸阳，广大宫室，南临渭，北临泾，思心失，逆土气。足者止也，戒秦建止奢泰，将至危亡。秦遂不改，至于离宫三百，复起阿房，未成而亡。[18]

唐人杜牧《阿房宫赋》一出，“未成而亡”四字被淹没，这就是“文学的阿房宫”的力量。这篇赋收入多种版本的中学语文课本，妇孺皆知。宋人史绳祖曾谈到，该赋“所用事，不出于秦时”。他以“烟斜雾横，焚椒兰也”两句为例，指出先秦只以椒兰为香，“至唐人诗文则盛引沉檀、龙麝为香，而不及椒兰矣。牧此赋独引用椒兰，是不以秦时所无之物为香也”。[19]然也有论者认为，“牧之赋与秦事抵牾者甚多”[20]。

实际上，对于杜牧来说，历史学写作的意义只在于提供了一个基本背景，杜赋最终的目的，不在于记史，而在于讽今。杜牧本人在《上知己文章启》中说：“宝历大起宫室，广声色，故作《阿房宫赋》。”[21]缪钺据此考订该赋作于唐敬宗宝历元年（825）[22]。敬宗李湛十六岁登基，整日沉耽于声色犬马，大兴土木，致使朝政荒废，年轻的杜牧遂以此赋道出“天下人不敢言而敢怒”。

《阿房宫赋》先写天下一统，再写阿房宫的营造；继而描摹宫殿之宏壮，讲述其规模、结构以及建筑内外的人物活动；最后说到宫殿的毁灭。这种历时性的叙述与历史学写作的总体结构是相同的。杜牧也不乏历史学家的眼光，在他看来，阿房宫的生死与秦帝国的兴亡是同步的，它的生前身后是两次规模浩大的战争，“六王毕，四海一。蜀山兀，阿房出”，可以说，阿房宫是秦始皇功业的纪念碑[23]。阿房宫的每个细节，都是始皇胜利的成果：“妃嫔媵嫱，王子皇孙，辞楼下殿，辇来于秦。朝歌夜弦，为秦宫人”，这是“人”的集中；“燕、赵之收藏，韩、魏之经营，齐、楚之精英，几世几年，剽掠其人，倚叠如山。一旦不能有，输来其间”，这是“物”的汇聚。“戍卒叫，函谷举，楚人一炬，可怜焦土！”另一场战争，则使阿房宫转化为秦始皇“无道”的象征。

这天下总会被下一个王朝所继承，那么，前朝的灭亡体现于何处？当项羽还来不及考虑保留秦始皇罪恶的铁证时，它首先要作为秦帝国记忆和信心的依托被摧毁[24]。摧枯拉朽、土崩瓦解——人们如此描述对一个旧王朝的打击及其灭亡，这打击和灭亡不仅是比喻意义的，更是物质层面上的，因为战争首先意味着对敌人肉体的消灭。“一炬”，这是多么小的代价。同样的方式，曾用来毁掉大批书籍及其蕴藏的思想以巩固秦帝国的统治，现在又反过来消灭这个帝国固若金汤的城池宫苑。秦始皇的另一座纪念碑是长城。摧毁它的不是火，而是水——弱女子孟姜女的眼泪。虽然长城的肉身难以撼动，但它却可以在代代相传的故事中一次次坍塌[25]。

阿房宫轰然倒下，光焰灿烂。灿烂之后，是巨大的虚空。这种强烈的对比，激发出无穷的想象力。想象力延展，构建出一个美轮美奂的万花筒，又反过来将虚空遮蔽。在赋中，旷日持久的战争以劲利简捷的笔法横空扫出，阿房宫短暂的繁荣却被细细铺陈：

> 覆压三百余里，隔离天日。骊山北构而西折，直走咸阳。二川溶溶，流入宫墙。五步一楼，十步一阁。廊腰缦回，檐牙高啄。各抱地势，钩心斗角。盘盘焉，囷囷焉，蜂房水涡，矗不知乎几千万落。

在这样的描述中，阿房宫的形象变得空前清晰。杜牧的思绪流连在时间与空间、宏观与微观、静止与运动中，他时而腾升到空中，俯瞰秦都咸阳内外的山川河流，时而漫游在危墙细栏、深宫高阁、廊腰檐牙之间。他的眼睛甚至看得见细密的瓦缝与钉头，帝王与宫女活跃的声音、温度、颜色、气味，乃至心绪，也一点一滴从他的笔端溢出。

其实，在杜赋之前，以阿房宫为题的文学作品已有先例，如南朝刘宋鲍照《拟行路难十八首》之一云：

> 君不见柏梁台，今日丘墟生草莱。
> 君不见阿房宫，寒云泽雉栖其中。
> 歌妓舞女今谁在？高坟垒垒满山隅。
> 长袖纷纷徒竞世，非我昔时千金躯。
> 随酒逐乐任意去，莫令含叹下黄垆。[26]

柏梁台是汉武帝建造的豪华宫殿，诗人将它与阿房宫相提并论，使之类型化。如今，它们都已风光不再，变为“丘墟”。从这些宏大工程黍离麦秀、沧海桑田的变迁中，诗人深切感受到个人的渺小与无奈。

鲍照身在建康（今江苏南京），长安这时已经落入鲜卑人的手中。对他来说，柏梁台、阿房宫无论在时间和空间上，都是一个遥不可及的旧梦。与鲍照不同，杜牧的故乡在阿房宫近旁，他似乎就站立在阿房宫的废墟上。这令我们联想到杜牧的怀古诗《赤壁》：

> 折戟沉沙铁未销，自将磨洗认前朝。
> 东风不与周郎便，铜雀春深锁二乔。[27]

诗行从半埋在沙中的一柄残断的古戟升起[28]。古戟正可对应阿房宫的废墟，锈迹的这边是今，那边是古。将古戟把手在握，磨洗掉锈迹，诗人便看到了熟悉的前朝故事（“认”）。然后，他的目光从戟上移开，远望着那场东风中起伏的人与物。后两行反用其锋，感慨若非东风助力，周瑜则家国俱灭。历史如梦如戏，竟如此不合逻辑，想到这些，诗人的目光再也未回到眼前的戟上。

与《赤壁》不同，《阿房宫赋》的意义并不在于怀古，所以它的结构正好相反，即先说过去的故事，再落到眼前的废墟。在杜牧的时代，渭水南岸的长安仍延续着盛唐的余音，帝国的覆灭还没有最后到来。赋提醒世人思考——如今的长安城以及它所带领的这个王朝，明天又会怎样？

除了杜牧的《阿房宫赋》以外，在唐代还有一些诗作以阿房宫为题，如胡曾《咏史诗》之一二五《阿房宫》：

新建阿房壁未干，沛公兵已入长安。

帝王苦竭生灵力，大业沙崩固不难。[29]

作者由阿房宫的毁灭联系到杨隋王朝的覆亡。这一次次重演的悲剧，皆源于帝王对民力的滥用。对于唐代人来说，阿房宫是很久以前的故事，隋帝国的失败却殷鉴不远。

《阿房宫赋》感人至深，影响久远。一千多年来，赋中所构建的阿房宫，成为后人再次回望这处著名宫殿的新起点，新的想象必须从杜牧而不是从秦代开始。值得注意的是，赋中的文字随时可以被转化为历史写作的元素。如郑午昌（1894—1952）在1926年完稿的《中国画学全史》一书中写道：

盖始皇既一统中国，行专制，张威福，以为非极宫室之壮丽，不足以示皇帝之尊严，于是合放各国宫室之制，大兴土木，而著名千古之阿房宫，乃于斯时出现于咸阳。宫东西五百步，南北五十丈，楼阁相属，几千万落。其建筑之壮阔如此，则其间之雕梁画栋，山节藻棁，当亦称是。惜被项羽一炬，尽化焦土，致无数精妙之工匠案画，不得留范于后世耳。[30]

这段文字将《史记》和《阿房宫赋》融为一体，天衣无缝，而“非极宫室之壮丽，不足以示皇帝之尊严”云云，则是移用萧何关于汉长安城宫殿建设的议论[31]。

不仅秦宫汉殿可以混为一谈，阿房宫还可以进一步从历史中抽离出来，与其他的宫殿重新组合。在当代画家黄秋园（1914—1979）的《十宫图画册》中，阿房宫是其中的一页，其他还有《吴宫》《汉宫》《未央宫》《九成宫》《章建宫》《连昌宫》《桃花宫》《清华宫》《广寒宫》等[32]。华丽无比的建筑群掩映在山水间，桥头岸边、檐下舟上，嫔妃粉黛徜徉在一片春色中。看到这样的画面，观者不禁又吟诵起杜牧的名篇，有关评论称：“黄秋园先生写阿房宫奢华之至，飞动之态，状其宫殿，融其神思，堪与汉赋和杜牧《阿房宫赋》相得益彰。”[33]

二

《史记·秦始皇本纪》载，“秦每破诸侯，写放其宫室，作之咸阳北阪上”[34]，或可证明秦宫殿建筑曾广泛地使用设计图纸。河北平山战国中山王墓出土的金银嵌错铜“兆域图”是一幅陵园平面图，图中绘出建筑各部分的位置并标注了尺寸，还附有一篇中山王的王命，反映了公元前3世纪初中山国王与王后陵墓总体规划的方案[35]。据此可以推测，阿房宫的规划和施工也应使用过这种图。这是“图像的阿房宫”的第一个类型，但它们早已湮没于时光长河之中。

从黄秋园的《十宫图画册》回溯，是“图像的阿房宫”另一个历史悠久的传统。《十宫图》题材古已有之，清人杨恩寿《眼福编三集》有“宋赵千里《十宫图》赞”，所记宋代画家赵伯驹的《十宫图》中有《吴宫》《秦宫》《阿房宫》《汉宫》《长乐宫》《未央宫》《蓬莱宫》《甘泉宫》《九成宫》《连昌宫》等[36]，与黄秋园所列宫殿大同小异。与“科学的”兆域图不同，这个传统是色彩缤纷、动人心魄的绘画。然而，绘画中的建筑形象并不是画家面对阿房宫所作的写生，有据可查的最早以阿房宫入画的例子出现在阿房宫身后一千多年。明人张丑《清河书画舫》称：“阿房宫样始于尹继昭氏，至卫贤而大备云。”[37]

尹继昭为晚唐人，宋人郭若虚《图画见闻志》卷二云：“尹继昭，不知何许人。工画人物台阁，世推绝格。有移新丰阿房宫、吴宫等图传于世。”[38]又，宋《宣和画谱》卷八云：

> 尹继昭，不知何许人。工画人物台阁，冠绝当世，盖专门之学耳。至其作《姑苏台》《阿房宫》等，不无劝戒，非俗画所能到。而千栋万柱，曲折广狭之制，皆有次第，又隐算学家乘除之法于其间，亦可谓之能事矣。然考杜牧所赋，则不无太过者，骚人著戒，尤深远焉，画有所不能既也。今御府所藏四：《汉宫图》一、《姑苏台图》二、《阿房宫图》一。[39]

尹继昭的作品属于建筑题材的绘画，晋人顾恺之称之为“台榭”[40]，与人、山水、狗马同列；唐人张彦远称之为“屋木”，与人物、山水、鞍马、鬼神、花鸟并称[41]；唐人朱景玄提到的四个绘画门类则是人物、禽兽、山水和“楼殿屋木”[42]。至元代，这类以界尺引线为技术特征的绘画被专列为“界画”一科[43]。

《宣和画谱》称，这类画作“虽一点一笔，必求诸绳矩，比他画为难工，故自晋宋迄于梁隋，未闻其工者；粤三百年之唐，历五代以还，仅得卫贤，以画宫室得名”。[44]卫贤是尹继昭的弟子，张丑提到阿房宫样“至卫贤而大备”，但《宣和画谱》所载北宋御府藏卫贤画目中并无《阿房宫图》[45]。卫贤有《高士图〉传世[46]，描绘汉代人梁鸿与妻子孟光“相敬如宾，举案齐眉”的故事，其中有一歇山顶瓦屋，用笔工细，可能窥见其界画的风格。《宣和画谱》还收录有五代画家胡翼“《秦楼吴宫图》六”[47]，不知其“秦楼”是否包括阿房宫在内。张丑强调以阿房宫为题的绘画有一个创始和完善的过程，他所说的“样”，或有可能是一种白描画稿。但其他文献提到这类绘画，则多称为“图”。

除了尹继昭的《阿房宫图》外，据福开森（John Calvin Ferguson）《历代著录画目》所辑，《广川画跋》《佩文斋书画谱》《诸家藏画簿》和《天水冰山录》等明清时期的著作还著录唐人无款《阿房宫图》[48]。这些晚期著录对作品年代的鉴定是否可靠，因画作不传已无从知晓，但是，仅据《宣和画谱》的记载已可以判定，《阿房宫图》这一题材的出现不迟于晚唐。

《宣和画谱》记御府所藏五代南唐至宋时画家周文矩画作中有“《阿房宫图》二”[49]。《图画见闻志》称周文矩画《南庄图》“尽写其山川气象，亭台景物，精细详备，殆为绝格”。[50]由此可以想见，其《阿房宫图》大概也属于“精细详备”一格。张丑《清河书画舫》记有周文矩《阿房宫样》一卷，无法确定是否为《宣和画谱》所记《阿房宫图》之：

> 《阿房宫样》一卷，南唐周文矩笔。

今藏震泽王氏。树石茂密，人物古雅，前后界画楼阁尤精细。迥出恕先《避暑宫殿》上，乃是仿效唐人之作，诚绝品云。[51]

清陈撰《玉几山房画外录》曾著录有明人仇英临郭忠恕《阿房宫图》云："工细之极，笔意殆不减小李将军。"[52]清李伯元《南亭四话》也记仇英有《阿房宫图》之作[53]。此外，文献还著录有南宋赵伯驹《阿房宫图卷》、[54]《阿房宫图》[55]，元人何澄90岁时曾向皇帝进献界画《姑苏台》《阿房宫》《昆明池》[56]。可见这类作品大概集中出现在晚唐至宋元，而这时期正是界画发展史上的高峰。

文人多认为界画近于众工之事，故不予重视。东晋画家顾恺之在《论画》中说："凡画，人最难，次山水，次狗马，台榭一定器耳，难成而易好，不待迁想妙得也。"[57]元人汤垕《画论》称："世俗论画，必曰画有十三科，山水打头，界画打底。故人以界画为易事。"[58]受这样的观念局限，文献中关于界画的记载并不多，具体到《阿房宫图》的记载更是有限。

《阿房宫图》始于晚唐，这就使人不由得想到它与杜赋的联系。这个问题已存在于《宣和画谱》作者的眼中了。《宣和画谱》指出，尹继昭《阿房宫图》等"不无劝戒，非俗画所能到"。这种劝诫之义，应与杜赋道出"天下人不敢言而敢怒"有所契合。不过，《宣和画谱》又云："然考杜牧所赋，则不无太过者，骚人著戒，尤深远焉，画有所不能既也。"尽管古人强调绘画与六籍同功，可以扮演"成教化，助人伦"的角色[59]，但绘画与文字毕竟是不同的语言，文字适于直抒胸臆，绘画则用以陈列形象。对于"著戒"之类的道德批判，绘画难以正面地担当其任。

关于这个问题，宋人董逌《广川画跋》卷四《书阿房宫图》也有很好的讨论：

宣徽南院使冯当世得《阿房宫图》，见谓绝艺。绍圣三年(1096)，其子翊官河朔，携以示余。考之，此殆唐世善工作传，不知其经意致思，还自有所出哉？将发于心匠者能自到前人规矩地邪？然结构密致，善于位置，屋木石甓，皆有尺度可求，无毫发遗恨处，信全于技者也。

接下来，董逌引述了《史记》和《三秦记》对于阿房宫的记载，然后说：

此图虽极工力，不能备写其制。至于围绕骊山，架谷凌虚，上下相连，重屋数十，相为掩覆，与史所书异矣。此疑其为后宫备游幸者也。

他比较了杜牧《阿房宫赋》的文字，认为赋中的许多细节描述"与此图相合，仿佛可以见也"。与《宣和画谱》的着眼点不同，他发现了杜赋与画作之间的共性，与以前将《阿房宫图》看作杜牧《阿房宫赋》的图解不同，他提出了另一种可能性："岂牧得见图像而赋之邪？"[60]这一点在理论上十分可贵。但早期的《阿房宫图》无一流传至今，所以我们已无从考证杜赋与《阿房宫图》孰先孰后。

传世《阿房宫图》画作的年代大都较为晚近。比较重要的除了中国国家博物馆所藏明佚名《阿房宫图卷》[61]，主要是清初袁江、袁耀父子（一说二人为叔侄）的作品[62]，如南京博物院藏清初袁耀《阿房宫图轴》[63]、广州美术馆藏袁耀《阿房宫图轴》[64]等。画幅最大的当属故宫博物院藏袁江《阿房宫图屏》[65]。

尽管文献所载《阿房宫图》数量有限，传世画作的年代偏晚，但是可以判定这些作品与尹继昭、周文矩、赵伯驹所代表的传统有着密切的关联。这种关联不仅表现在题材上，同时也表现在风格上。清初杰出的界画艺术家袁江、袁耀重新绘制这一题材，既是向古人致敬，同时也意味着历史悠久的界画在他们手中复兴。

袁江、袁耀创作《阿房宫图》时，面对的历史资源是什么？或者说，这种传统究竟是如何承续的呢？这里有几种可能性。

其一，像距离他们年代不远的董逌一样，袁江、袁耀仍能看到宋人的作品。秦仲文引张庚《国朝画征录》续录卷上所记袁江“中年得无名氏所临古人画稿”，推想这种画稿“有可能是宋人名迹”[66]。首都博物馆藏袁江于康熙四十一年（1702）所绘《骊山避暑图》题有“南宋人笔意拟之”[67]。研究者认为，唐宋青绿山水的传统对于袁江有重要影响[68]。除了二袁作品与宋人名迹共同性的一面，还应该注意到二者的差异，如二袁画作中的亭台楼阁在法式制度上已与宋代迥然不同。所以，即使他们可以见到宋画，其作品也绝不是泥古之作。

其二，历代绘画著录足以构成一种道统而受到后人的尊敬，那些关于古代作品的文字描述，可以再次转化成画面。在袁江的鸿篇巨制《阿房宫图屏》中，我们不难找到董逌所描绘的唐人《阿房宫图》“围绕骊山，架谷凌虚，上下相连，重屋数十，相为掩覆”的影子。但是，借助于文字，在多大程度上可以回归到唐宋绘画的风貌，却值得怀疑。如果袁江确实受到了画史中文字的影响，也只能认为他以自己惯用的技法，表达了对那些文字的理解。

其三，杜牧的千古名赋仍在流传。最值得注意的是，袁江《阿房宫图屏》的左上角有礼泉人宋伯鲁（1854—1932）所书杜牧《阿房宫赋》全文，文字和图像互为映照、互为说明。杜赋本身对袁氏的影响自然也无法否定。

当然，要深入研究这类问题，还必须充分考虑在当时的历史条件下特有的信息传播渠道，而不能将二袁想象为随时可以走进博物馆或在互联网上冲浪的人物。可惜的是，有关二袁生平的材料实在少得可怜，我们只能大致说，他们的画作在题材上继承了唐宋以来的《阿房宫图》，在技术上继承了界画的传统而加以发展，在内容上则继续发挥了他们对于文学作品的理解。关于最后一点，还需要更进一步地讨论。

台北故宫博物院藏有传赵伯驹《阿阁图轴》[69]，诗塘有明董其昌题“赵千里学李昭道宫殿，足称神品。董其昌审定”。阿阁传为黄帝时的宫室[70]。有研究者指出：“细察此图所画内容，似绘唐著名诗人杜牧所作《阿房宫赋》中所描写宏伟壮丽的阿房宫。”[71]这句话实际上蕴含着一种常见的方法，即根据文学作品来确定绘画的主题。其中一个未被言明的前提是，绘画的细节与文字描述是一致的。在袁江的《阿房宫图屏》上，杜牧《阿房宫赋》与图像并存，将二者“对读”，既可以根据文字释读图像上那些细节的含义，又可以依据图像来理解杜牧的作品。然而，这种将文字与图像并置的做法，实际上是一种刻意的算计，其目的在于显示绘画对于文学中各种信息超乎寻常的转化能力。但是，如果删除宋伯鲁的题字，观者还能从图像返回到杜牧的《阿房宫赋》吗？

袁江、袁耀二人作品的风格比较一致，多以青绿绘制雄伟壮阔的峻岭奇石、峰峦草木掩映着的华美殿堂。以首都博物馆藏袁江《骊山避暑图轴》（唐华清宫）[72]、南京博物院藏袁耀《阿房宫图轴》[73]，以及北京故宫博物院藏袁耀《蓬莱仙境图轴》[74]三图对比，可见其构图大同小异，内容和风格并无本质的差别；而天津艺术博物馆藏袁耀《蓬莱仙境图轴》[75]的格局也与袁江《阿房宫图屏》差别不大。作为商品性的绘画，它们都是同样类型的建筑、山石、云水、树木等元件进行一次次组合排列的结果，这类画作在绘制完成后，其实可以署上任何一座宫殿的名字，如九成宫、梁园、骊山宫、蓬莱岛、广寒宫。

画家使用了包括卷云、鬼面、斧劈等多种皴法，来表现山峦的靡丽流美，山峰间的水面开阔、波澜不惊。但是，这种风貌与阿房宫遗址周围的地理环境大相径庭。渭河南岸的上林苑较为平坦，距离山峰险峻的终南山有较大的距离。画中的山水并不是对实际景色的反映，而是闭门面壁的臆作。

宋代院画强调格物象真，在这一时代成熟的界画更加强调规矩绳墨。郭若虚《图画见闻志》卷一“叙制作楷模”节云：

> 设或未识汉殿吴殿，梁柱斗拱，叉手替木，熟柱驼峰，方茎额道，抱间昂头，罗花罗幔，暗制绰幕，猢狲头，琥珀枋，龟头虎座，飞檐扑水，膊风化废，垂鱼惹草，当钩曲脊之类，凭何以画屋木也？画者尚罕能精究，况观者乎？[76]

这些知识自然可以通过对建筑实物的观察研究获得。另外，按照明人唐志契的说法，师法古人的画作更为重要：“学画楼阁，须先学《九成宫》《阿房宫》《滕王阁》《岳阳楼》等图，方能渐近旧人款式，不然，纵使精细壮丽，终是杜撰。”[77]唐志契似乎相信，前人对于这些历史久远的宫殿的描绘并非出于“杜撰”。的确，在宋人的界画中，不乏“实对”而成的作品，袁江、袁耀的作品中也有很多是对江南园林的如实描摹[78]，但是，即使“旧人款式”也不一定真的可以反映物象的原貌。

台北故宫博物院收藏有元人无款《滕王阁图页》，林莉娜细心地注意到，图中主殿“鸱吻、脊兽等构件皆简化，鸱吻极小仅以简笔暗示，斗棋、昂绘法亦较规格化”，“斗棋、窗棂、栏杆等已简化为固定形式和一些线条组织，几乎接近印刷者。这可能是因为界画画家重视师徒相传，临摹稿本，而渐不观察实物的结果”[79]。谢柏柯（Jerome Silbergeld）在近期发表的一篇文章中，对此作了更为细致的研究。他指出，这张画还有上海博物馆、美国华盛顿弗利尔美术馆和波士顿美术馆收藏的三个版本，多传为元代画家夏永所作。而夏永也用同样的尺幅画过多幅岳阳楼，画面基本的成分和建筑格局几乎完全相同，只是左右颠倒为镜像。谢氏说，虽然我们不能肯定这些画作是否记录了滕王阁或岳阳楼的真实面貌，“然而，我们能肯定的是《滕王阁图》与《岳阳楼图》不可能同时描绘了历史上的真实建筑”。[80]唐志契既然将《阿房宫》与《滕王阁》《岳阳楼》作为“旧人款式”并举，那么，《阿房宫图》恐怕也是类似的情况。所谓“非杜撰”，只是与前人“款式”相合，而不是与画家所处时代的实际建筑结构相合，更不可能与所描绘的“古代”建筑的历史原貌相合。

退一步说，即使二袁的画作能够跨越千年与唐宋人的《阿房宫样》完全一致，又如何能够再跨越另一个千年，与那组早已毁灭了宫殿群严丝合缝地重叠在一起？袁耀于乾隆十五年（1750）和四十五年（1780）所绘两幅《阿房宫图轴》（分别藏于广州美术馆和南京博物院）皆自题“拟阿房宫意”，或许可以理解为这些所谓的《阿房宫图》只是在意境、意念上与“秦代的阿房宫”虚虚实实地遥遥相应。

三

比杜牧《阿房宫赋》更为古老的一篇描写宫殿的赋，是东汉王延寿的《鲁灵光殿赋》[81]。王延寿自楚地北上，“观艺于鲁”，当他看到西汉鲁恭王刘馀所建造的豪华气派的灵光殿时，大为惊异。赋的开篇颂扬汉朝创基、俾侯于鲁，以及作京筑城的宏伟大业，继而叙述灵光殿丰丽博敞的建筑以及华丽无比的装饰。作者将这座建筑的平面布局与天上的星宿相比照，又依次经过“崇墉”“朱阙”“高门”“太阶”“堂”，穿越“金扉”北行，进入曲折幽邃的“旋室”“洞房”，闲宴的“西厢”和重深的“东序”。作者随后勾描出梁柱、门窗、天井等华美的建筑构件以及其上的浮雕。接下来，种种建筑术语不复存在了，一些图画呈现在读者面前，使人意识到那是在平整的墙面上漫漫铺展开来的壁画。赋的最后呼应开头，再次采取宏观的视角回望整组建筑及其环境，将灵光殿的意义提升到“瑞我汉室，永不朽兮”的高度。

在《鲁灵光殿赋》中，王延寿独自登堂入室，步移景换，向我们展现出建筑完整的格局以及各种雕刻与壁画。与王延寿不同，杜牧并没有在阿房宫的柱楹间穿行，他甚至也不在那处废墟的旁边，他的赋不是游记。由于没有身体和物质的羁绊，杜牧的文字散漫而自由。凭借着独特的想象力，阿房宫的景象展现于作者胸次。但他不是画家，他只能依靠文字将心中的阿房宫描摹出来。通过阅读，杜牧笔下的阿房宫又复制在读者胸中。读者延续着想象力的接力，那些宫殿愈加华美瑰丽。

当画家读到赋，这种传递方式就发生了改变，阿房宫被转化为图画，而下一批受众变成观者。观画者不是完全与画面不相干的局外人，他的目光和思绪被画中明丽的色彩和逼真的细节吸引，不知不觉已漫游于画中乾坤，就像王延寿走进了灵光殿。

“可游”，这是中国传统山水画普遍性的一种境界。早在南朝，宗炳就提出了著名的“卧游”说：“老病俱至，名山恐难遍游，唯当澄怀观道，卧以游之。”[82]北宋郭熙《林泉高致》将“卧游”的理论发挥到极致，强调山水要可行、可望、可游、可居，“但可行可望，不如可居可游之为得”[83]。“可游说”的确富有深层次的美学价值，然而在这里，“可居可游”的终极目标却不一定是“澄怀观道”。购买袁江、袁耀绘画者有一些是新贵的商人。这些画作并不流传在二袁的家乡扬州，而集中在山西一省。相传二袁一生为当地的富室作画，画幅大小均与主人房屋格式相合[84]。二袁在界画中加入的山水画元素，当然可以使购画者随时去附庸风雅，以塑造和提升其文化身份；但物质上的满足感对他们更为重要。将袁江的《阿房宫图屏》安置在自己的房间内，鸟瞰式的画面使得大好河山、亭台楼阁一览无余。这样，坐拥这具屏风的主人就成了画中世界的主宰。走入画中，其同游者也不再是农夫渔樵、隐士书生，而是妃嫔媵嫱、王子皇孙；他不是一位孤舟上的蓑笠翁，而是如皇帝般富贵的人。

王侯将相宁有种乎？

人的欲望被唤醒。毁灭的宫殿重新建立起来，时间的维度被取消，所有的享乐成为永恒。阿房宫、九成宫、蓬莱阁、广寒宫又有何区别？仙境难道不可以被转移到人间？人间难道不可以被建造成仙境？杜牧《阿房宫赋》的结尾被删除，“呜呼”与“嗟夫”，“哀”与“讽”都变得一片模糊。一幕历史的悲剧，已被替换为现世的视觉盛宴。

这场盛宴是通过一种超乎寻常的精细风格营造出来的。画笔下的宫殿十分逼真，钉头磷磷，瓦缝参差，纤毫毕现[85]。除了工整精细，作为商品的二袁画作中也可以看到绘画语言过度的铺张：主殿十字脊已足够繁复，却再加设一个宝顶，如贯珠累丸；怪岩危峦，若狼奔豕突，不免有虚张声势之感；青山绿水，朱栏黄瓦，这般秾丽美艳更是人见人爱。

如果我们不局限于卷轴画史，而将更多图像材料纳入我们的视野，就会对界画这种超乎寻常的精细风格有更深的理解。

由于早期界画缺少传世品，所以研究界画历史的学者常常谈到唐神龙二年（706）陪葬于乾陵的懿德太子李重润墓墓道两侧的阙楼壁画[86]。需要补充的是，这对阙楼需要与过洞上方立面的门楼，乃至整个墓葬形制一起进行整体的观察，才能理解其意义。按照傅熹年的研究，这些以建筑为题材的壁画与墓葬的结构共同构成了一个有象征意义的空间，其平面布局与文献记载的长安城中的太子东宫基本一致[87]。在笔者看来，这种设计的意义不只是对太子生前居住环境被动的模仿和复制，同时，它也是对死后世界的一种积极的想象。换言之，它是在关于死亡的观念下，以物质的手段、视觉的形式和造型的语言构建出的死后世界的一部分。

从来没有人在生前亲眼见识过死后的世界，但壁画中的建筑却可以具体到斗栱、窗棂和瓦片。在辽宋金元的民间墓葬中，繁复的直棂窗、斗栱、梁架柱子均用普通的青砖一刀刀雕刻而成，又一块块垒砌起来，毫厘不爽，死者在生前都未曾拥有过的华丽宫殿在地下立体地呈现[88]，人们以鲜活的艺术与死亡的现实相对抗。

敦煌佛教壁画中的建筑比李重润墓壁画更加复杂。从初唐开始，大量的经变画被安排在洞窟两壁最显著的位置，画面中大都画出建筑，其中尤以阿弥陀佛经变、观无量寿经变和药师经变中的建筑最为宏大壮丽。根据萧默的研究，这种绘画到盛唐时达到高峰[89]，172窟北壁的观无量寿经变就是其中的杰作之一。这个画面为俯视角度的对称式构图，完整地表现了一组佛殿的结构：其中心是由建筑三面环抱而成的庭院，正中央是正在说法的佛，歌舞场面安排在水上的台榭中。在高于正殿的位置，还绘出第二进院落。画面中的一切，无论总体布局、单体建筑，还是局部建筑构件，均描绘得一丝不苟。

与这些壁画直接相关的宗教礼仪是“观想”。《观无量寿经》代表了“观”（想）类文献的高级发展阶段。“观”指的是禅定过程，信徒集中意志观想一幅画，然后修习用“心眼”看到佛和菩萨的真形。这些绘画只是这个过程的开端，只是起到刺激禅定和观想以重现净土世界的功能。当“心眼”打开之后，才能真正认识到净土世界的美妙[90]。这些画面最后指向的是宗教观念中一个终极的乐土。

“‘想象中的天堂’并不是一个虚幻的概念，并不是无视现实世界的残酷故意虚构的；而是运用上帝所赐予人类的特定能力对神圣的现实进行塑造，并且以人类的心灵图景来进行表述。”[91]以细密绚烂的敦煌壁画与在长安城发掘的寺院[92]以及张彦远《历代名画记》对长安寺院的记载[93]进行比较，不难发现其中的一致性。《历代名画记》还提到，在长安的寺院中，也大量绘制变相壁画。许多研究者指出，敦煌壁画的画稿许多来自长安，其中也应包括这类变相的画稿。试想，当善男信女的“心眼”被这些绚烂的壁画打开，从载有这些壁画的佛堂回到庭院中，这时，他们眼前的寺院建筑难道只是一些普通的房子吗？

我们可以看到这种方式在许多领域被运用。一些元代瓷枕上满布着细密的镂孔，在枕面之下构建起玲珑剔透的微型宫殿，仿佛象牙雕刻的“鬼功毬”，其题材表现的或是月中的广寒宫[94]，或者是杂剧中的一个场景[95]。据邓菲对北宋材料的研究，这些瓷枕可能与梦的观念密切相关[96]。观者的目光和思绪不由得在层层孔眼中穿行和寻找，被亦真亦幻的魔法所吸引。

这些作品与《阿房宫图》的联系显而易见：它们所描绘的都是一场梦。梦境中事物或者曾经出现于过去，或者将存在于未来；人们希望它是真实的，就像一个人在梦中遇到奇迹试图揪一下自己的耳朵，这些画面也必须为观者带来足够的感官体验，一切必须能具体再具体，细致再细致。对于那些暴富的商人来说，他们拥有了现世的财富，当然也可以拥有历史上最奢华的宫殿。

这当然不是文人们的趣味。文人画家们每每标榜自己的作品为“士夫画”“戾家画”，他们无常法、非专业。站在文人们的立场上，界画是“打底”的工匠之事。然而，工匠自有工匠的天地和道理，绘画是他们一家老小衣食所出，他们是“专家”中的“专家”，他们的技艺不是来自山水的启迪，不是来自诗词或琴瑟的启发，他们不长于写诗，甚至不太会写字，他们从师父那里接受代代相传的技术。他们不仅要懂得绘画，还要懂得建筑的每一个细节，懂得桌、椅、车、船、水闸、盘车的每一个零件，有的人甚至从前就是一位泥瓦匠或者木工。

文人们有时吝啬地选取一两幅界画载入他们

的著作，却又倾向于那些不用界尺徒手而成作品，以为抛弃了界尺才多少有一点“气韵”，所以吴道子“弯弧挺刃，植柱构梁，不假界笔直尺”的事迹总是为他们津津乐道[97]。但界画艺术家并没有因此而放弃界尺，对他们来说，工具非常重要。在汉代到唐代的墓葬绘画中，规与矩是人类始祖伏羲女娲的标志。无规矩不成方圆，不成天地，不成阴阳，不成人类所生存的大千世界。画家手中的界尺，如同夯土用的夹板、平木的刨子、墨斗中拉出的准线，他们就是用这样的工具在纸上、帛上耐心地搭建一根根柱、一道道梁、一片片瓦。画家也是建筑师，是魔术师，他以一人之力营造着山前山后的殿堂、飞梁、复道。“合抱之木，生于毫末；九层之台，起于累土”，“罗马不是一天建成的”（Rome was not built in a day），绘画的过程也同样漫长，作品浸泡在汗水和毅力中。当画完最后一条线，揉揉疲劳的双眼，他会为之四顾，为之提笔而立。

而拥有这些界画的买家，不仅占有了画中的图像，同时也占有了画家艰辛的劳动。

四

“楚人一炬”四字与这场视觉的盛宴形成鲜明的对比。中国古代绘画对火灾的表现虽然不多见，但亦非绝无。如美国纳尔逊—阿特金斯美术馆（The Nelson-Atkins Museum of Art）所藏北魏孝子棺上的蔡顺故事就有邻家失火的情节[98]，这个故事在后世的孝子图中也一再出现。敦煌壁画法华经变《譬喻品》的“火宅喻”也有对火灾的表现。在宋元人《妙法莲华经》的插图中，火宅直接以界画的技法表现出来[99]。这些绘画的目标均在于讲述故事，但诸多《阿房宫图》的指向却不是那个令人扼腕的悲剧，而在于重现已逝的繁华，所以祝融的角色完全被删去。

例外的作品出自兼有革命家身份的画家高剑父（1879—1951）。高剑父于1903—1921年往返日本期间，曾临摹过许多日本人的画作，其中有多幅《火烧阿房宫》[100]。该画的祖本是日本画家木村武山（1876—1942）的《阿房劫火》（1907）。木村此作的意义有待考证，而高剑父临本的含义却十分明确。高氏于1906年加入同盟会，积极参与反清革命。在这幅画中，火，是革命力量的化身；宫殿巍峨而森严，象征着貌似强大的清王朝，在冲天的烈焰中，它“忽喇喇似大厦倾”[101]。阿房宫，中国第一个帝国的纪念碑，现在又成了埋葬最后一个王朝的坟墓。

那么，烈火后的“焦土”如今又怎样？

从2002年开始，中国社会科学院考古研究所与西安市文物保护考古所共同组建阿房宫考古工作队，对相关遗址进行了规模较大的勘探和试掘。考古工作者对于传为“秦始皇上天台”“磁石门”“烽火台”，以及纪杨寨、后围寨等遗址进行了勘探和试掘[102]，证明这些遗址均为战国晚期至西汉时期上林苑内的高台建筑基址，与阿房宫并无直接关系。

根据《史记》的记载，阿房宫建筑仅限于其前殿。前殿遗址位于今未央区三桥镇西南3.5公里，其地在古滗河以西，沣河以东，与秦都咸阳北隔渭河相望。遗址夯土台基现存东西长1119米，南北宽400米，高出地面7—9米。

这处基址东部压在赵家堡、聚驾庄之下，西

部被大古城、小古城村所覆盖。在赵家堡以西的地方，立有一尊巨大的石佛像，传为北周时期的遗物。直到现在，当地的村民还常常在阴历初一和十五去拜佛。夯土台基顶部的西部、东部、北部则全被果树和墓葬破坏，墓葬年代最早的为东汉，而更多的是近代墓葬，其数量多达1300余座，与之相关的石碑、石狮触目皆是。夯土台的西南部则堆满了大批工业垃圾。在近年，这处台基还是当地百姓垫猪圈、制土坯的重要土料资源。根据一位记者2006年的采访，遗址周围的砖窑不下20家[103]。

这就是废墟之“废”，它与袁江、袁耀画作中那满目的葱茏是多么大的反差。

其实，中国历史上不乏对于已消逝的“古迹”的重建。如长江边上著名的黄鹤楼就一次次遭到毁灭，又一次次在文人骚客的记忆与怀念中被唤醒、重建[104]。孔子故乡曲阜孔庙的建筑也屡遭火焚，又迅速复生并扩张。独有阿房宫遗址，两千多年来一片死寂。

如上所述，阿房宫在绘画中的重建，实际上是其所有权被绘画的拥有者所剥夺。但是，“作为废墟的阿房宫”过于浩大，谁也无法再次拥有它。尤其待到小杜一赋，它就彻底死掉了。有谁敢为秦始皇背负一个骂名而去一砖一瓦地重建他的宫殿？

经过2002年10月至2004年12月对阿房宫前殿的勘探和试掘[105]，考古工作者基本搞清了阿房宫前殿遗址的范围及其所属遗迹分布情况。经复原后的前殿基址东西长1270米，南北宽426米，面积达54万平方米，其基础利用自然地形在四周加工而成，从秦代地面算起，现存最大高度12米。其北部边缘有夯土墙。在基址南面3米处还发现了一处屋顶铺瓦的遗迹，根据地层关系判断，其年代为秦至西汉。

这个基址的规模比《史记》描写的“东西五百步，南北五十丈”还要大。发掘报告认为，“司马迁描述的只是阿房宫前殿的核心宫殿之规模”，而不包括整个夯土台基。令人惊异的是，考古队试掘和发掘了3000平方米，钻探了35万平方米，却“未发现一处在当时被大火焚烧过的痕迹”。发掘报告指出，《史记·秦始皇本纪》记载项羽“遂屠咸阳，烧其宫室，虏其子女，收其珍宝货财，诸侯共分之”[106]，《项羽本纪》称“烧秦宫室，火三月不灭”[107]，指的都是对渭北咸阳城的破坏，但是司马迁“只字未提到项羽火烧阿房宫”。而在以前发掘的秦都咸阳第一至三号宫殿，的确发现了火烧的痕迹[108]。也就是说，就阿房宫而言，“楚人一炬，可怜焦土”，只是后人的想象。

更加出人意料的是，发掘报告认为，秦阿房宫只建设了前殿，而前殿在秦代只完成了夯土台基及其三面墙的建筑，夯土台基上面没有秦代宫殿建筑的遗迹。例如，没有发现秦代的瓦当、柱础石、壁柱、明柱、廊道、散水以及排水设施等，可知前殿尚未竣工。《史记·秦始皇本纪》所谓“前殿阿房……自殿下直抵南山。表南山之颠以为阙。为复道，自阿房渡渭，属之咸阳以象天极阁道绝汉抵营室也”，可能只是规划设计的阿房宫的范围，并未能实施。报告提醒人们再次注意《汉书·五行志》“复起阿房，未成而亡”的说法。

这一发掘结果与早年刘敦桢主编的《中国古代建筑史》对阿房宫的叙述也是一致的，而后者所依据的基本是文献材料[109]。其实，北宋程大昌的

《雍录》已通过对文献的考证得出了同样的结论：

> 然考首末，则始皇之世尚未竟功也。……二世复举役，而周章百万之军已至戏水，乃赦骊山徒使往击之。此时始皇陵既已复土，则骊山所发之徒，乃留其治阿房者也。则是胜、广已乱，而阿房之堂未竟也。[110]
>
> 其曰“上可坐万人，下可建立五丈旗”者，乃立其模，期使及此。而始皇未尝于此受朝也，则可以知其初抚未究也。[111]

程大昌认为杜牧的《阿房宫赋》“可疑者多”，并一一指出了其行文与史实不合之处[112]。考古发掘报告支持了程大昌的结论。然而，这一板一眼的考证终究无法与杜牧绚烂的文笔抗衡，《雍录》无法进入公众的视野。而借助于现代媒体，考古学家的声音却引起了公众极大的兴趣。有关报道往往将发掘结论与杜牧的赋以及画中的阿房宫进行比照。瑰丽无比的《阿房宫赋》一下子飘浮在了半空之中，那些色彩明丽、栩栩如生的绘画又当作如何观呢？互联网上出现了大量的帖子，有的网友情绪激昂，完全不能接受这样一个结论。

也许这还不是最后的结论，毕竟发掘面积与基址的总面积相比微不足道。更值得注意的是，人们对阿房宫诗意的想象并没有到此终结。

在政府有关部门酝酿对阿房宫遗址进行系统保护的同时，一组名为“锦绣阿房宫旅游景区”的仿古建筑群已在遗址对面建成[113]。历史上所不能做的事情，现在却可以做了。得益于20世纪以来考古学和建筑史研究的发展，这些建筑的形式均取自汉代图像，这在最大限度上接近了秦始皇的时代。借助于现代学术而复活的古老的建筑法式，是尹继昭、袁江、袁耀所无法梦得的。

在历代的《阿房宫图》中，秦始皇作为一个被剥夺者，始终是缺席的。而在“锦绣阿房宫旅游景区”中，他的雕像就矗立在正殿台阶的中轴线上。20世纪初以来，在现代“国家”“民族”概念下中国历史的重新书写，乃至极端的“评法批儒”闹剧，再加上1974年以来的兵马俑发掘等，使得秦始皇的形象越来越复杂，他已经不只是一个暴君的典型。

只有静止的雕塑还远远不够，景区内另有“一百多人的演出队，每天在四个演出点进行28场大型节目演出。内容有大型舞蹈《秦王加冕》《歌舞升平》、编钟古乐、宫廷乐舞等”[114]。从2010年7月开始，由一位著名演员主演并担任艺术总监的《阿房宫赋》“史诗乐舞景观剧”开始在景区上演。尽管考古学家在不停地诉说着他们新的见解，杜牧的名篇仍然是该剧的蓝本。据说，“上演以来，这部大型史诗乐舞景观剧以其绚丽的歌舞，动听的音乐，时空交错的情境和精彩的表演，带给广大观众动人心魄的震撼与冲击，在文艺界刮起了新的旋风”[115]。

当人们在认真地谈论一部题为《英雄》的影片中刺客和皇帝谁是英雄时，导演却说：“我不是个思想家，……那是一个传奇故事，大家把它当真理在说这个事，不是作品所承担的。”“一个历史学家的观点的东西，我不认为能做到，我也不想做到。”[116]电影导演当然不同于思想家和历史学家，但是如果缺失了思想维度，没有了起码的历史意识，电影剩下的就只有华丽的形式，就只有娱乐和商业的价值。回头再看那复建的阿房宫建筑群，也是同样的宏伟华丽，同样的空洞乏味。

一幅曾流传到日本传为仇英之作的《阿房宫宫女欢乐之图》描绘了秦朝的宫女们在融融春光中游戏的场景[117]。这种题材，令人联想到仇英的名作《汉宫春晓》。随着手卷自右而左缓缓打开，美艳的宫女们一一展现在观画者面前。画中人继续着她们的嬉戏，完全没有注意到观者的目光。观者是画外的偷窥者，是这些女子新的主人。“妃嫔媵嫱，王子皇孙，辞楼下殿，辇来于秦。朝歌夜弦，为秦宫人。”这时，始皇帝的斩获随着他的宫殿一同被转手。而今，这个传统被网络上的“人体艺术”所取代。裸体的女模特扮演秦代的宫女，她的背后，是仿阿房宫而建的宫殿。还记得鲍照的诗句吗？——“歌妓舞女今谁在？高坟垒垒满山隅”。时光倒流，那累累白骨已复原为有声有色的“千金躯”。

年轻人还沉浸于另一种图像中。据网络媒体报道，一款“大型战争策略类网页游戏”将在新近推出[118]，在这款游戏中，“海量阿房宫精美画作与你一同推开秦末楼阁的厚重大门，七十余张不同地图将为你讲述秦末阿房宫的扑朔迷离”[119]，“阿房佳人邀你一醉朝歌夜弦的纸醉金迷”[120]。所有历史上曾经出现过的语言全部融为一体，游戏者可以像王延寿那样漫步在古代的宫殿中，也可以像杜牧那样尽情地发挥自己的想象力，甚至可以像秦始皇那样去再次创造已逝去的历史，时间和空间都不是障碍。

但是，从这些铺天盖地的图像中抬起头，人人都可以体面地说：我，热爱艺术，热爱文学，热爱历史，热爱我们的传统文化——这也是占有那些屏风画的人们使用过的措辞。

一位报考硕士研究生的考生如此回答笔者列出的名词解释题“唐长安城”：“唐长安城在今天的洛阳，四面都是大海。”我不知道考试的前一天，这位考生是否将整个夜晚挥霍在了网络游戏中。

这就是数字时代人们特有的想象与迷狂。

注释

[1][日]足立喜六:《長安史迹の研究》,(东京)东洋文库，1933年；鸟影社，2006年。

[2][日]足立喜六:《长安史迹研究》，王双怀、淡懿诚、贾云译，三秦出版社2003年版，第71—72页。杜牧《阿房宫赋》见《樊川文集》，卷一，吴在庆《杜牧集系年校注》，中华书局2008年版，第一册，第9—10页。

[3] http：//www.5156edu.com/serach.php，2011年3月20日。

[4]何清谷校注:《三辅黄图校注》，三秦出版社2006年版，第57—62页。

[5]刘庆柱辑注:《三秦记辑注·关中记辑注》之《关中记辑注》，三秦出版社2006年版，第9页。

[6](清)张澍辑，陈晓捷注:《三辅决录·三辅故事·三辅旧事》之《三辅故事》，三秦出版社2006年版，第73页。

[7](晋)张华:《博物志》，卷六，《汉魏六朝笔记小说大观》，上海古籍出版社1999年版，第209页。

[8](北魏)郦道元著，陈桥驿校证:《水经注校证》，卷

十九，中华书局2007年版，第451页。
[9]（清）张澍辑，陈晓捷注：《三辅决录·三辅故事·三辅旧事》之《三辅旧事》，第18页。
[10]（宋）宋敏求：《长安志》，卷十二。
[11]（宋）程大昌撰，黄永年点校：《雍录》，中华书局2002年版，第17—20页。
[12]（元）骆天骧撰，黄永年点校：《类编长安志》，中华书局1990年版，第46页。
[13]《史记》，中华书局1959年版，第203页。
[14]同上书，第288页。
[15]同上书，第256页。
[16]同上书，第268—269页。
[17]《汉书》，中华书局1962年版，第2328页。
[18]同上书，第1447页。
[19]（宋）史绳祖：《学斋占毕》，卷二，此据张金海编《杜牧资料汇编》，中华书局2006年版，第131页。
[20]（宋）赵与旹：《宾退录》，卷七，此据张金海编《杜牧资料汇编》，第113页。
[21]（唐）杜牧：《樊川文集》，卷第十六，吴在庆《杜牧集系年校注》，第三册，第998页。
[22]缪钺：《杜牧传·杜牧年谱》，河北教育出版社1999年版，第132—133页。
[23][美]巫鸿（Wu Hung）：《中国古代艺术与建筑中的"纪念碑性"》，李清泉、郑岩等译，世纪出版集团、上海人民出版社2009年版，第139—140页。
[24]关于近代战争中建筑毁灭与文化记忆的关系的研究，见[英]罗伯特·贝文（Robert Bevan）《记忆的毁灭——战争中的建筑》，魏欣译，生活·读书·新知三联书店2010年版。
[25]关于孟姜女故事演变的研究，详见顾颉刚《孟姜女故事研究集》，上海古籍出版社1984年版。
[26]《乐府诗集》，卷七十，中华书局1979年版，第1000页。
[27]（唐）杜牧：《樊川文集》，卷四，吴在庆《杜牧集系年校注》，第二册，第501页。
[28]对这首诗精彩的讨论，见[美]宇文所安（Stephen Owen）《追忆——中国古典文学中的往事再现》，郑学勤译，生活·读书·新知三联书店2004年版，第59—61页。尽管宇文所安并没有提及《阿房宫赋》，但是按照他的指引，我们还可以将杜赋的结构追溯到5世纪中叶鲍照的《芜城赋》。旧注认为赋中的"芜城"指的是鲍照到访过的广陵。这座城市在前一年刚刚遭受到官兵的血洗。宇文所安注意到，"也许鲍照是为了避免因为批判当政者的政策而引起怀疑"，赋中并没有特别指出特定的地点、景色、人物和事件，只是描写了一座经历过盛与衰的抽象的古城。见《追忆》，第68—75页。
[29]陈贻焮主编：《增订注释全唐诗》，卷六四一，第4册，文化艺术出版社2001年版，第786页。
[30]郑午昌：《中国画学全史》，中华书局1929年版；此据上海古籍出版社2001年版，第24页。
[31]《史记》，第385—386页；《汉书》，第64页。
[32]http：//ylishujia.findart.com.cn/82645-zixunhtml，2010年9月19日。
[33]http：//news.artxun.com/jiehua-1224-6116494.shtml，2011年3月25日。
[34]《史记》，第239页。
[35]河北省文物研究所：《𠑱墓：战国中山国国王之墓》，文物出版社1996年版，第104—110页。
[36]（清）杨恩寿：《眼福编三集》，卷五，见徐娟主编《中国历代书画艺术论著丛编》，中国大百科全书出版社1997年版，第六册，第683—684页。

[37]（明）张丑：《清河书画舫》，见卢辅圣主编《中国书画全书》，上海书画出版社1992年版，第四册，第247页。
[38]（宋）郭若虚：《图画见闻志》，卷二，见卢辅圣主编《中国书画全书》，第一册，第472页。
[39]《宣和画谱》，卷八，见于安澜编《画史丛书》，上海人民美术出版社1963年版，第二册，第82页。
[40]（唐）张彦远著，俞剑华注释：《历代名画记》卷五，上海人民美术出版社1964年版，第102页。
[41]同上书，卷一，第17页。
[42]（唐）朱景玄：《唐朝名画录》，见于玉安编《中国历代美术典籍汇编》，第六册，天津古籍出版社1997年版，第288页。
[43]关于宋元界画概念的讨论，见陈韵如《"界画"在宋元时期的转折：以王振鹏的界画为例》，《美术史研究集刊》2009年第26期，第143—149页。
[44]《宣和画谱》，卷八，见于安澜编《画史丛书》，第二册，第81页。
[45]同上书，第83页。
[46]金卫东主编：《晋唐两宋绘画·山水楼阁》（故宫博物院藏文物珍品全集），上海科学技术出版社、（香港）商务印书馆2004年版，第8—11页。
[47]《宣和画谱》，卷八，见于安澜编《画史丛书》，第二册，第81页。
[48]［美］福开森：《历代著录画目》，附录二，人民美术出版社1993年版，第1—4页。
[49]《宣和画谱》，卷八，见于安澜编《画史丛书》，第二册，第70页。
[50]（宋）郭若虚：《图画见闻志》，卷六，见卢辅圣主编《中国书画全书》，第一册，第494页。
[51]（明）张丑：《清河书画舫》，见卢辅圣主编《中国书画全书》，第四册，第247页。
[52]（清）陈撰：《玉几山房画外录》卷上，见邓实辑《中国古代美术丛书》，初集第8辑，国际文化出版公司1993年版，第95页。
[53]（清）李伯元：《南亭四话》，江苏古籍出版社2000年版，第41页。
[54]赵伯驹：《阿房宫图卷》，见（清）杜瑞联《古芬阁书画记》，卷十，载徐娟主编《中国历代书画艺术论著丛编》，第二十六册，第358—369页。
[55]（清）杨恩寿《宋赵千里〈阿房宫图〉赞》云："祖龙宫殿媲于瀛洲，小杜一赋都京之流。千里画笔妙与相侔，冯心造境弹指崇楼。楚炬虽烈粉本能留，千载而下宛然旧游。"见杨恩寿《眼福编三集》，卷五，第680页。
[56]（元）程巨夫：《雪楼集》，卷九，《题何澄界画三首》跋。
[57]（唐）张彦远著，俞剑华注释：《历代名画记》，卷五，第102页。
[58]（元）汤垕：《画论》，见于安澜编《画论丛刊》，上册，人民美术出版社1989年版，第63页。
[59]（唐）张彦远著，俞剑华注释：《历代名画记》，卷一，第1页。
[60]（宋）董逌：《广川画跋》，见卢辅圣主编《中国书画全书》，第一册，第831—832页。
[61]首都博物馆：《千古探秘——考古与发现》，中华书局2009年版，第11页。
[62]关于袁江、袁耀较系统的研究，见聂崇正《袁江与袁耀》，上海人民美术出版社1982年版；聂崇正：《袁江·袁耀》，河北教育出版社2004年版；关于清代界画最近的研究，见Anita Chung（钟妙芬），*Drawing Boundaries*：*Architectural Images in Qing China*，Honolulu：University of Hawaii

Press, 2004。
[63] 中国古代书画鉴定组编:《中国绘画全集》(26 · 清代), 第8卷, 文物出版社、浙江人民美术出版社2001年版, 第219页, 图245。
[64]同上书, 图238。
[65]《袁江袁耀画集》, 天津人民美术出版社1996年版, 图版57—68。
[66]秦仲文:《清代初期绘画的发展》,《文物参考资料》1958年第8期, 第56页。
[67]《袁江袁耀画集》, 图版7。
[68]聂崇正:《袁江、袁耀的生平及其艺术》, 见《袁江袁耀画集》, 第4页。
[69]林莉娜:《宫室楼阁之美——界画特展》, 台北故宫博物院2000年版, 第28页, 图6。
[70](晋)皇甫谧《帝王世纪》第一云:"黄帝服斋于中宫, 坐于玄扈。洛上乃有大鸟, 鸡头、燕喙、龟颈、龙形、麟翼、鱼尾, 其状如鹤, 体备五色, 三文成字, 首文曰顺德, 背文曰信义, 膺文曰仁智。不食生虫, 不履生草, 或止帝之东园, 或集阿阁。"见《帝王世纪 · 山海经 · 逸周书》, 辽宁教育出版社1997年版, 第8页。
[71]林莉娜:《宫室楼阁之美——界画特展》, 第100页。
[72]中国古代书画鉴定组编:《中国绘画全集》(26 · 清代), 第8卷, 第172页, 图192。
[73]同上书, 第219页, 图245。
[74]杨臣彬主编:《扬州绘画》(故宫博物院藏文物珍品大系), 上海科学技术出版社、(香港)商务印书馆2007年版, 第43页, 图35。
[75]《袁江袁耀画集》, 图版148。
[76](宋)郭若虚:《图画见闻志》, 卷一, 见卢辅圣主编《中国书画全书》, 第一册, 第468页。
[77](明)唐志契:《绘事微言 · 楼阁》, 见卢辅圣主编《中国书画全书》, 第四册, 第65页。
[78]如北京故宫博物院藏乾隆四十三年(1778)袁耀《扬州四景图屏》就是写生之作。见杨臣彬主编《扬州绘画》, 第44—46页, 图36。
[79] 林莉娜:《宫室楼阁之美——界画特展》, 第109页; 又见林莉娜《文学名著与美术特展》, 台北故宫博物院2001年版, 第129页。对于元代界画技法更为深入的研究, 见陈韵如《"界画"在宋元时期的转折: 以王振鹏的界画为例》, 第149—157页。
[80][美]谢柏柯:《一去百斜: 复制、变化, 及中国界画研究中的若干基本问题》, 见上海博物馆编《千年丹青——细读中日藏唐宋元绘画珍品》, 北京大学出版社2010年版, 第140—145页。
[81]费振刚、胡双宝、宗明华辑校:《全汉赋》, 北京大学出版社1993年版, 第528—529页。
[82](唐)张彦远著, 俞剑华注释:《历代名画记》, 卷六, 第129页。
[83](宋)郭熙:《林泉高致 · 山水训》, 见卢辅圣主编《中国书画全书》, 第一册, 第497页。
[84]秦仲文:《清代初期绘画的发展》, 第56页。
[85]陈韵如提醒我们不能以西方绘画中"再现论述"的模式来看待界画写实的风格, 她更加重视对于界画内在"图绘模式"的观察, 她指出元代以王振鹏为代表的界画画家"灵活地运用画面单元的组合模式, 终能借着'自由组构'的图绘模式以达成'炫目'画意"。见陈韵如《"界画"在宋元时期的转折: 以王振鹏的界画为例》, 第135—193页。笔者赞成陈文的基本看法。这种模式化的图像构成方式还见于本文下面将要谈到的辽宋金元墓室仿木结构的

装饰。此前研究者比较多地注重讨论这些墓葬与地上建筑法式的共同性，而在笔者看来，这些结构只是运用了梁架、斗拱、门窗等部件进行了更为灵活自由的重组，墓葬的总体空间与这些部件并不能匹配，墓室闭合的内部空间与门窗、斗拱的外部视觉形象也互相矛盾，其目的只是营造出一个恍如生前居室环境的虚拟的地下世界。关于这个问题，笔者将另文讨论。

[86]陕西省博物馆、乾县文教局唐墓发掘组:《唐懿德太子墓发掘简报》,《文物》1972年第7期，第26—32页。

[87]傅熹年:《唐代隧道型墓的形制构造和所反映的地上宫室》，见《傅熹年建筑史论文集》，文物出版社1988年版，第245—263页。

[88]一个典型的例子是河南禹县白沙北宋元符二年(1099)赵大翁墓，见宿白《白沙宋墓》，文物出版社2002年版。

[89]萧默:《敦煌建筑研究》，文物出版社1989年版，第256—265页。

[90][美]巫鸿:《敦煌172窟〈观无量寿经变〉及其宗教、礼仪和美术的关系》，杭侃译，见郑岩、王睿编《礼仪中的美术——巫鸿中国古代美术史文编》(下册)，生活·读书·新知三联书店2005年版，第411—413页。

[91][英]阿里斯特·E.麦格拉斯(Alistet E. McGrath):《天堂简史——天堂概念与西方文化之探究》，高民贵、陈晓霞译，北京大学出版社2006年版，第5页。此处所引译文略有修正，以求文意畅达。

[92]马得志:《唐长安青龙寺遗址》,《考古学报》1989年第2期，第231—262页；中国社会科学院考古研究所西安唐城工作队:《唐长安西明寺遗址发掘简报》,《考古》1990年第1期，第45—55页。

[93](唐)张彦远著，俞剑华注释:《历代名画记》，卷三，“两京及外州寺观画壁”节，第60—71页。

[94]汪庆正主编:《中国陶瓷全集·11·元(下)》，上海人民美术出版社2000年版，第38页，图8。

[95]如江西丰城元景德镇窑青白釉透雕枕，见汪庆正主编《中国陶瓷全集·11·元(下)》，第35页，图6。

[96]邓菲:《欲作高唐梦，须凭妙枕欹：从一件定窑殿宇式人物瓷枕说起》，台北《故宫文物月刊》总第228期，2011年5月，第88—95页。

[97](唐)张彦远著，俞剑华注释:《历代名画记》，卷二，第35—36页。

[98]黄明兰:《洛阳北魏世俗石刻线画集》，人民美术出版社1987年版，第1页。

[99]有关讨论见陈韵如《“界画”在宋元时期的转折：以王振鹏的界画为例》，第163页。

[100]黎淑仪:《从临摹写生到创派成家——高剑父画稿展》,《收藏家》2007年第9期，第3—6页。

[101](清)曹雪芹著，无名氏续:《红楼梦》，人民文学出版社1982年版，第85页。

[102]相关考古报告见《考古》2006年第2期，第26—34页;《考古》2007年第11期，第94—96页;《考古》2007年第3期，第3—14页;《考古学报》2007年第3期，第359—377页。

[103]http://news.sina.com.cn/c/2006-02-20/16559153185.shtml，2011年3月20日。

[104]陈熙远:《人去楼坍水自流——试论坐落在文化史上的黄鹤楼》，见李孝悌主编《中国的城市生活》，新星出版社2006年版，第327—370页。

[105]李毓芳、孙福喜、王自力、张建锋:《阿房宫前殿遗址的考古勘探与发掘》,《考古学报》2005年第2期，第207—237页。

[106]《史记》，第275页。
[107]同上书，第315页。
[108]陕西省考古研究所:《秦都咸阳考古报告》，科学出版社2004年版。
[109]刘敦桢主编:《中国古代建筑史》(第二版)，中国建筑工业出版社1984年版，第48页。
[110](宋)程大昌撰，黄永年点校:《雍录》，第18页。
[111]同上书，第20页。
[112]同上书，第19—20页。
[113]金荣、愚木:《展现大秦恢弘，再造阿房盛景——记秦阿房宫重现者雷应魁》，《新西部》2002年第12期，第79—80页。
[114]同上书，第80页。
[115]《陈宝根调研秦阿房宫遗址保护工作启动遗址公园建设拉开城西建设序幕》，《西安晚报》2010年7月25日。http://www.xa.gov.cn/structure/xwzx/zwdnr_zwzy1413251_1.htm，2011年4月5日。
[116]《印象·张艺谋》，中央电视台《面对面》栏目柴静专访张艺谋。http://www.tudou.com/programs/view/nM61Yz10_Q4/，2011年4月2日。
[117]http://www.fmprc.gov.cn/chn/gxh/wzb/ywcf/t436708.htm，2010年9月9日。
[118]http://www.xw9w.com/index，2010年9月9日。
[119]http://game.163.com/09/1027/23/5MLUIMKO00313RAU.html，2010年9月8日。
[120]http://www.xw9w.com/index/xinxi_show.php?id=139，2010年9月8日。

本文载于《美术研究》2011年第3期

郑岩，1966年生，山东安丘人。2001年毕业于中国社会科学院研究生院考古系，获博士学位。中央美术学院人文学院教授、博士生导师。

身份认同：敦煌吐蕃装人物进入洞窟的条件、策略与时间

罗世平

引言

按《敦煌莫高窟内容总录》(以下简称《总录》)调查提示，中唐－吐蕃时期(786—848)营建的洞窟数43个，[1]分布于：1.莫高窟南区北端崖面；2.北大像北侧崖面；3.南大像与北大像之间崖面；4.莫高窟南区南端崖面。随后樊锦诗、赵青兰在《吐蕃占领时期莫高窟洞窟的分期研究》(以下简称《分期研究》)中经过调整，纳入分期的洞窟56个。[2]如果加上吐蕃时期补绘的洞窟，总数在80窟左右。[3]在上述洞窟壁画的调查分析中已注意到一种现象，即蕃据时期的多数洞窟中没有供养人画像，但有部分洞窟中画有着吐蕃装的供养人，另在一些洞窟经变壁画中画有着吐蕃装的经变人物。这一现象曾引起敦煌研究者的关注，并对此作过尝试性的解释，同时也纳入了中唐－吐蕃时期洞窟的分期排年中。[4]在已得出的分期意见中，着吐蕃装的人物所在洞窟的年代以晚期洞窟为多，也有一些放在了早期洞窟中。如第154窟，因主室西壁龛为敞口形制，属盛唐期的龛型，故而归入吐蕃前期。第225窟开凿于盛唐，后经中唐补绘。这类有中唐补绘痕迹的洞窟有25个左右，在分期排年时一般也都认为出现在吐蕃前期，故该窟补绘的蕃装人物也放在了吐蕃前期。[5]

如何看待蕃装人物进入洞窟的时间，实际关系着对吐蕃占领敦煌后的历史条件与民族关系的认识。吐蕃占领敦煌是敦煌历史上的大事件，汉人与吐蕃统治者如何相处，既是敦煌汉人不能回避的事实，也是吐蕃人要谨慎面对的问题。吐蕃统治者曾强令汉人辫发易服，带给汉人心理上的屈辱与文化上的冲突是激烈的，如何应对？这就必然成为敦煌人书写自己历史时的主题，被迫穿上吐蕃装的敦煌汉人(包括已归化民)以怎样的形象画进自家的洞窟中，也就不再像从前那样轻松裕如，其严重性甚至关系到民族尊严，关系到家族身份认同。因此供养人的一度“缺席”与再度“出场”就成了吐蕃时期洞窟中的特定历史现象，吐蕃装人物自然也就成为最直观的历史图像。本文的尝试即在解释蕃据时期多数洞窟供养人画像何以会缺席，而另一些洞窟蕃装人物又在何时，因何种原因而登场。

一

在讨论敦煌吐蕃装人物之前，有两个概念先作说明。第一个概念是蕃据时期沙州汉人的"归唐情结"。对于这个问题，研究者一般都注意到《新唐书·吐蕃传》《五代会要·吐蕃传》以及敦煌文书P.3451《张议潮变文》《沙州百姓上回鹘天可汗书》等历史文献内容[6]，可知沙州在蕃据时期汉人的"归唐情结"仍然坚定，这已得到沙州"玉关起义"事件[7]和归义军历史的证明。晚唐归义军时期敦煌文书《励忠节钞》写本的发现[8]说明"忠节"作为沙州汉人的道德基准在晚唐归义军时期又重新提了出来[9]。第二个概念是石窟功德主的"身份认同"。敦煌的建窟资料说明，蕃据时期营建石窟的主体仍是沙州的汉人，无论是家族窟，还是社邑人窟，功德主以什么身份见于图画，是不得不加以慎重对待的问题。以敦煌陷蕃的形势而论，吐蕃在沙州推行部落制，强制汉人"辫发易服"，这时的河西，"居人与蕃丑齐肩，衣着岂忘于左衽"[10]。对吐蕃人和对汉人而言，着不着吐蕃服装同样是一件严肃的事情，汉人服饰与民族身份乃至气节等纠结在一起，如《新唐书·吐蕃传》："州人皆服臣虏，每岁时祀父祖，衣中国之服，号而藏之。"陷蕃汉人于着装上如此看重，在他们的洞窟壁画中，人物的着装将必定成为"身份认同"的一个主要标志。

说明这两个概念，有助于将下面讨论的吐蕃装人物问题放在蕃据敦煌的历史语境下进行观察。

沙州降蕃（786）是在经过了十年的抗蕃之后有条件的屈服，这段经历深深地留在沙州人的记忆中，当战事消歇，敦煌归于平静之后，敦煌石窟的营建再次启动。这个时期的敦煌，在吐蕃强令汉人"辫发易服"的政策之下，被迫穿上吐蕃服装的石窟功德主因其身份认同上的"隐情"，选择了放弃供养人画像的传统做法，隐去了身份。这种隐身法，多少是出于趋利避害的策略，既保全忠节，又简便易行，潜台词自然是"归唐情结"与"身份认同"。按莫高窟壁画供养人的调查统计结果，蕃据前期的洞窟中几乎没有留出画供养人的壁面，壁画内容的安排从一开始就是设计好的，完成后的洞窟后世少有改动，今天所见基本是建窟时的原貌[11]。供养人画像的"缺席"，并不意味着功德主就此放下了敦煌久已有之的传统做法，另起新样，而是处在异族统治之下的无奈之举。只要条件许可，功德主仍会将自己或家族供养像重新画入洞窟之中。蕃据后期供养人画像的再度登场即说明敦煌的功德主并没有放弃在洞窟中画供养像的传统做法。

洞窟中绘有着吐蕃装的人物，图像资料可归纳为两类，一类是经变画中的人物，一类是供养人画像。经变画中见有着吐蕃服饰的人物，出现在《维摩变》《药师变》《弥勒下生经变》《涅槃变》《金光明经变》中。画《维摩变》的洞窟有第133、144、159、186、231、236、237、240、359、360窟，共计10窟，在维摩与文殊菩萨论辩的场景中，特别安排有唐朝皇帝与吐蕃赞普的画像。在第44、158窟《涅槃变》的举哀图中，唐朝皇帝和吐蕃赞普及其侍从并肩画在举哀队伍的前列。第154窟南壁《药师变》中有三身着吐蕃装的放生者。《法华变》中画有吐蕃装的舞蹈者。东壁《金光明经变》中有着吐蕃装的驱象人。

在第91窟《弥勒变》中也有着吐蕃装的人物。榆林窟第25窟《弥勒变》的婚礼图中，画有着吐蕃装的新郎新娘和侍者像，也有着唐装和吐蕃装的父母及亲友像。着吐蕃装的供养人画像有第144、158、205、220附龛、225、237、240、359、361等窟，其中205、225窟的蕃装供养人是补绘在盛唐未完成的洞窟之中。

这些蕃装人物的画像何时进入洞窟，是以吐蕃占据河西的政治形势变化及其管制的宽弛程度为条件的，同时也以汉人对吐蕃统治者的接纳和认可程度为前提，少了这些条件，功德主将着吐蕃装的画像放进自己的家窟之中，将被视为丧失气节、有辱家风的不耻行为。形势发生变化的转折点是长庆元年（821）和长庆二年（822）分别在长安和逻些（拉萨）举行的唐蕃会盟。以此为分界，唐蕃重续舅甥之好，情形即如唐蕃会盟碑上的誓词："彼此不为寇敌，不举兵革，不相侵谋"，"如斯乐业之恩垂于万代，称美之声遍于日月所照矣"。[12]从此以后，唐朝与吐蕃之间出现了和平相安的局面，由蕃汉之争开始转为蕃汉之亲，彼此亲善，故藏地民间有谚语称颂其事："天空的日月双星，地上的舅甥两王。"[13]重新修好的舅甥关系给河西的形势带来了转机，沙州民情也于此后发生了变化，蕃汉之间原来的对立情绪明显地得到了和解。

敦煌汉藏文书有百十件。这一时期的文书，其中如P.3256《愿文》，P.2255、P.2326《祈福发愿文》，P.2341《燃灯文》，P.2807《斋文》，P.2807《行城文》，S.6315《愿文》，S.2146《罢四季文》等，明确表达了沙州僧俗为蕃汉交好的欢迎态度，有多件文书称颂"使烽飙不举，万里尘清，四邻绝交净之仇，两国结舅生（甥）之好"（P.2255，P.2326），"遂得一国忻喜，三危康复"（P.2807）的大好形势，并开始表达对吐蕃赞普、太子诸王、国母夫人、论相节儿、都督部落使等的赞美回向。如S.6315《愿文》："又将殊胜功德，最上福田，奉用庄严我当今圣神赞普，伏愿永垂禅化，四海一家……使两国还好，重圆舅生（甥），四方艾安，保无征战。"[14]词语间不乏真诚恳切。根据对文书相关内容的考订，这些文书写于821年以后的可能性最大[15]。

另一深得敦煌僧俗民心的举动是吐蕃赞普的兴佛，文献中有此期间吐蕃赞普在敦煌倡导佛教的记录，如《汉藏史籍》记载："（赤祖德赞）在沙州的东赞地方、大海之中、铁树之上修建了千佛寺。"[16]敦煌文书如P.3336《大般若波罗蜜多经》题跋："丑年、寅年，赞普新加福田，转大般若经，分诸寺维那律。"又S.3966《大乘经纂要义》题跋："壬寅年，大蕃国有赞普印信并此十善经本，传流诸州，流行诵读。"[17]唐蕃之间的和好以及吐蕃赞普的兴佛举动深得敦煌百姓的认同和赞赏，从敦煌文书和石窟题记中可以看到敦煌汉人对吐蕃统治态度的明显转变。

石窟题记中保留了相关的内容，如洪辩和尚开凿的七佛窟（第365窟），造像和汉、藏文题记都保留了下来，藏文题记即称："圣神赞普弃宿隶赞（即可黎可足）这世……（赞普）宏德（广被），垂念众生……（洪辩）……复此佛殿于水鼠（壬子）年之春（或夏）兴建……木虎（甲寅）年仲秋开光承礼。"[18]洪辩俗姓吴，莫高窟有记录他的碑文保存。按《吴僧统碑》，洪辩在蕃据后期升任"大蕃沙门释门都教授"，题记中的水鼠年，即832年，这是洪辩接任敦煌释门都教授之年，据此推测，七佛窟的开凿或与他的升座有关。

洪辩和尚的前任是乾元寺的金炫和尚，莫高窟也有他的功德窟，第155窟西壁龛下留有他的供养题记："前沙州释门都教授乾元寺沙门金炫就此窟内一心供养。"[19]关于金炫和尚，郑炳林考订甚详，他任都教授的时间在825—832年，前后八年[20]。P.4660《前任沙州释门都教授毗尼大德炫者梨赞并序》记述了这位蕃据后期敦煌佛教领袖的事迹，他的职衔也如洪辩和尚一样，是吐蕃赞普可黎可足（815—836年）时期任命的僧官。P.2326是一件与金炫有关的设坛发愿文，愿文即以"奉为赞普圣神，次及法界有情"的回向内容作了篇首提句，石窟题记与文书二者得以印证。

蕃据时期敦煌的寺院僧人也曾为吐蕃赞普延寿而做法事活动，如北图藏敦煌写本月字21号《八婆罗夷经》尾题："令诸州坐禅人为当今圣神赞普乞里提足赞圣寿延长祈祷。"无论是否为出于自愿的祈福，吐蕃赞普已然是敦煌佛教法事活动感恩祈福的主角。也正是在这个时期，敦煌寺庙神祠壁画中出现了吐蕃赞普的画像，敦煌文书S.5448记录下了画吐蕃赞普的事实："（莫高窟）其谷南北两头天王堂及神祠，壁画吐蕃赞普部从。"为吐蕃赞普祈愿和画像，基本反映了唐蕃会盟后敦煌僧俗的态度，政治形势的变化使吐蕃的统治得以调整，开始能够顺应敦煌的民情，更多利用敦煌的世家豪族参与管理沙州军政和宗教事务，敦煌随之出现相对稳定的局面，经济得到恢复，社会生活与民族关系得以改善，敦煌石窟的营建也于此时变得活跃。似洪辩窟这样的大型洞窟陆续开始营建，第144、158、231、359窟等即是这个时期新建的大中型窟和家族窟，在这些洞窟中，吐蕃赞普及部从的画像至今还能看到，洞窟的营建与文书的年代皆能相互吻合。由此可见，唐蕃和好是这个时期壁画的主题。这些见诸文书和壁画中的种种变化，为供养人画像和吐蕃装人物新样进入洞窟准备了条件。

二

吐蕃期洞窟中绘出的蕃装人物新样，主要由经变人物和供养人两部分图像构成，着吐蕃装的经变人物一类是插绘在经变故事情节中的普通人物，多是现实生活的如实写照，如前述《药师变》中的放生者，《法华变》中的舞蹈者，《金光明经变》中的驱象人，《弥勒变》婚礼图中的新郎新娘与侍者，等等，其身份则是着吐蕃装的汉人。另一类着吐蕃装的经变人物则是吐蕃赞普及其侍者像，集中出现在《维摩变》和《涅槃变》中，通常与中原的皇帝同时出场。皇帝与赞普的同场现身，画面的语境也就非同一般[21]。着吐蕃装的供养人像以男像居多，缠头，着翻领开叉的袍服。在家族窟中一般将男女画在相对的壁面上，男着蕃装，女着唐装。家族窟中与蕃装供养人相关的还有另一种供养人像，也属于这个时期新出现的图像，画像的位置在东壁门的上方，男女皆着唐装，为家族先亡父母的邈真像。有意思的是，这三类人物图像在敦煌大族的新开洞窟中都有描绘，而在第231、359窟中，三种图像同在一窟，形成相对稳定的图像配置，其中的寓意颇值得玩味。以下提取蕃据时期敦煌家族窟中的这三类壁画图像略作分析。

第一类是东壁门上方的先亡父母邈真像，像取夫妇相对胡跪，手持香炉供养的姿势，二像之间有书写邈真像身份名衔的榜题文字。画邈真像于窟门上方不见于之前的洞窟，是新出现的图像格局，所在的位置原都是画佛或菩萨等类题材，这时替换上先亡父母（或祖父母）的邈真画像，还特别将书写名衔的题记框精心设计成先祖祠堂的牌位形制。意图很明显，是借此表明所画者在家族中的尊长地位。门上邈真像又都着唐装，是以表明其家族的唐人身份[22]。对于敦煌蕃据时期的家族而言，所建洞窟实际兼有家族祠堂的功能，故这幅画像也就成了家族身份认同的标志性图像。第231窟竣工于839年，是中唐－吐蕃时期有明确纪年的家族窟，画于门上方阴伯伦夫妇邈真像，即是窟主阴嘉政的先亡父母，故由窟门上方的夫妇像而知是阴家窟。依此，同期的洞窟第144、359窟门上都绘有夫妇像，画像的用意完全相同。由第144窟门上方的索留南夫妇像题记而知是索家窟[23]。第359窟夫妇像虽榜题不存，但经最新辨认窟内北壁下层的石姓男供养人题记而知该窟属敦煌的石姓家族[24]。

与门上画父母邈真像相关的现象是洞窟的报恩内容，以第231窟最具有代表性。第231窟门外原挂有“报恩君亲”的匾额，窟内与父母像同在一壁还绘有《报恩经变》和皇帝与赞普同时在场的《维摩变》壁画，窟额与图像内外配合，表明了阴家建窟的主旨。报恩窟在敦煌并不止阴家一例，第144窟门上索留南夫妇像牌位框题记：“索氏愿修报恩之龛供养”，也清楚地说明该窟的报恩性质。另伯希和检出的敦煌文书P.2991《报恩吉祥之窟记》，是建造“报恩吉祥窟”的专文，文字详细讲述了造窟以报父母恩的内容[25]。按阴家和索家“报恩窟”和文书“报恩吉祥窟”的范例，门上画父母邈真像的第359窟以及晚唐第12、20、138窟似乎也可作为报恩窟来考察。

第二类是经变画中同时出现唐朝皇帝与吐蕃赞普的画像。莫高窟第133、144、159、186、231、236、237、240、359、360窟的壁画《维摩变》以及藏经洞Ch.00350绢画《维摩变》，同时画有吐蕃赞普和汉人皇帝。第186窟画在南壁，第240窟画在西壁龛外的南、北壁，其余的洞窟皆画在东门壁。画面取对称式，文殊菩萨下是唐朝皇帝及其部从，维摩诘下是吐蕃赞普及其部从，构图沿用初唐以来隔门相对的样式，但换了出场的主角。这种旧图新样的《维摩变》，是唐蕃会盟之后出现的新图样，它提供了重新诠释出场人物身份与经义之间的明确指归。

在场人物的图像配置，有两点值得注意：其一，文殊菩萨与汉人皇帝的组合，图像意在表现正统身份，文殊代表了佛法的正统，皇帝代表了王权的正统。维摩与赞普的组合，则暗示着藩属的地位。可以认为，这是敦煌画工将“归唐情结”与“身份认同”在《维摩变》图像上所作的巧妙安排。

其二，《维摩变》的中心图像选取文殊问疾，要义在文殊与维摩诘由辩难到息诤，下方是唐朝与吐蕃由交兵到会盟，图像与经义之间因这两个时代主角的在场而对应得更加工稳贴切。第44、158窟《涅槃变》有同样的在场主角，在北壁各国王子举哀的场景中，唐朝皇帝与吐蕃赞普并肩站在各国王子之前，左右皆有侍者搀扶，二者以同等身份举哀，同样表达了这两个时代主角在特定情境下的相会[26]。皇帝与赞普的并列赴会，所提示的唐蕃永修和好的时代主题（或者说是愿景）是显而易见的。壁画图像与同时期敦煌文书对赞普以及下属各级官员的赞词显示出的是同一个指向。

经变画中皇帝与赞普的同时在场，或者还另有一层铺垫，即为着唐、蕃服装的供养人同时出场提供了最正当的理由，同时也尽可能为功德主的唐人身份张目。

第三类图像是供养人画像。现知莫高窟保存有吐蕃装供养人的洞窟有第144、158、205、220附龛、225、237、240、359、361等窟，通常男女相对，男着吐蕃装，女着唐装。在画男女供养人群像行列的家窟中，人物的位置安排则以东西向为中轴，男供养人位于北边，女供养人在南边，由门壁对称地汇合于西壁龛下。第144窟供养人像因年久漫漶，再加后代的部分重绘，已不是最初的原貌，但仍可辨识部分蕃装男像和唐装女像的人物特点。东壁门南侧现存一身女供养人，有题记留存下来，题记清楚写明了供养人的身份，也表明了画像的时间是在蕃据时期。兹将题记移录如下："夫人蕃任瓜州都督仓曹参军金银告身/大虫皮康公之女修行顿悟优婆夷如祥一心供养。"[27]

第359窟规模不大，壁画保存较好，留下了可观的蕃装男像与唐装女像的供养人行列，可以作为这个时期家族供养人画像的标准图式。最新的调查发现，第359窟为敦煌的石姓家族窟，男世俗供养人行列中第一身和第六身着唐装，其余皆着吐蕃装[28]。第231窟西壁龛下现存供养人行列男女皆着唐装，是晚唐、五代时阴家二次重绘的供养人像，最初的供养人画像可能被覆盖在下层。按P.4638《大蕃故敦煌郡莫高窟阴处士公修功德记》，洞窟竣工于839年蕃据后期，壁面画有家族男女成员供养像。依当时的情景推测，供养人像也应如第359、144窟，男着蕃装，女着唐装，不会有例外。第220窟是敦煌大姓翟家窟，蕃据时期仍有开龛的活动，现存窟门外南侧的小龛，按南北相对画蕃装男供养人像与唐装女供养人像，墨书发愿文可辨识"南无药师琉璃光佛观自在菩萨眷属圣□□普二为先亡父母"，功德主写明"清信士敬国一心供养"，也是为先亡父母所做的功德。发愿文中的缺字经比对为"圣神赞普"[29]，可见愿文与供养人画像皆明确表现出功德主画像的时代特征。

上述敦煌家族窟例中的供养人像有着共同的着装特点，当着唐、蕃两种服装的一家人同在一堂，这个空间里的图像语义便具有了"唐蕃一家"的指向，与唐朝皇帝和吐蕃赞普在场的主题相契合，是《唐蕃会盟碑》所称舅甥二主"社稷如一"之盟誓在民间的语义延伸。可以这样认为，是唐蕃会盟的历史契机，解开了开窟者在功德祈愿与身份认同上因吐蕃服装造成的现实困扰与心理纠结，敦煌大族窟不失时机，将时代的主题与民族身份巧妙地调和起来，于是蕃装男像可以正当地画进汉家庙堂，唐装女像亦可以堂皇地绘在壁面，以"唐蕃一家"的面貌向外应对蕃据社会，向内祈福家族功德。

蕃据后期着唐、蕃服装供养人的出场，尤其是敦煌大族窟的主导作用带有时代的深刻烙印，在现存洞窟中，新样供养人画像既有敦煌的大姓窟，如翟家窟、索家窟、阴家窟等，也有如补绘在第225窟的王沙奴夫妇这样的普通功德主。尽管蕃装供养人新样流行的时间不长，但却可以看到在蕃据时期敦煌人的智慧创造，同时也给今天研究敦煌蕃据时期的洞窟留下了营建时间的线索。

三

敦煌中唐的历史，从786年被吐蕃攻陷，到848年张议潮收复归唐，蕃据敦煌前后62年。这期间因唐蕃长庆会盟带来的历史转机，敦煌石窟的营建和洞窟壁画的题材内容前后发生了变化，蕃装人物是其中最具时代特点的图像。正是有了这个背景，才有了蕃装人物“缺席”与“在场”的分别，才提供了敦煌画工在会盟之后从容表现皇帝与赞普同时出场的时代语境[30]。作为洞窟分期的历史依据，以821年的唐蕃会盟为分水岭，敦煌吐蕃时期的洞窟可分为吐蕃前期（786—821）和吐蕃后期（821—848）。对于吐蕃前后期的洞窟内容，《分期研究》一文有很详尽的分析，文中依据洞窟形制及壁画题材风格所作的洞窟排年为本文的研究提供了很好的参考，笔者在《分期研究》的基础上，通过观察蕃装人物进入洞窟的条件及其图像语境，对蕃装人物进入洞窟的可能时间也有了以下几点认识：

第一，敦煌蕃据时期的洞窟以汉人窟为主，长庆会盟以后舅甥结好、唐蕃一家的时代主题解开了石窟功德主在身份认同与吐蕃着装上的现实困扰和心理纠结，这一条件是着吐蕃装的人物画进洞窟的前提，因而蕃装人物属于吐蕃后期洞窟才可能出现的新图样。在洞窟类型和排年分析的过程中，壁画蕃装人物具备相对清晰的时间界限，可以作为判断蕃据敦煌洞窟时间表的稳定指标。

第二，蕃据后期敦煌经变画以唐朝皇帝与吐蕃赞普的同时在场，昭示了唐蕃永修和好的时代主题。因有主题的铺垫，画进敦煌家窟中的男女供养人尽可以不加避讳地采用男着蕃装、女着唐装的形象，“身份认同”经过“唐蕃一家”的语义转换不再泾渭分明，时代主题成为壁画图像构成与配置关系的核心。

第三，敦煌大族窟是开起蕃装人物画像风气的“主使型洞窟”，其他普通洞窟属于“效仿型洞窟”。在蕃据时期的敦煌，大族窟引领了蕃装人物新样的时下风尚，成为普通功德主开窟画像的模仿对象。对于吐蕃补绘洞窟中的蕃装人物的时间判断，注意主使型洞窟的图像联系尤为重要。

基于上述的认识，有些在《分期研究》中被放在吐蕃前期的洞窟，如第133、154、155窟，似可考虑放在吐蕃后期；原没有作为考察范围的洞窟，如第186、236窟，也可以纳入后期的洞窟中。另外，一些保存有蕃装人物图像而没被纳入分期的补绘洞窟，如第44、91、205、220、225窟等，也可以考虑用作分期排年的参照。

余论

敦煌吐蕃时期石窟是敦煌石窟建造史上的一个特殊时期，前后六十余年，这期间既有新开的洞窟，也有在前代废弃的洞窟中进行的补绘和补塑。当初装饰一新的洞窟，经过历朝历代的改变，今天所获得的信息都不足以复位到原样，损失了不少内容，例如洞窟中的塑像留下的极少，重要的石窟题记和壁画也有剥落或遮盖，还有后代的补绘和新装，如此种种变动的因素，都成了洞窟分期观察时的眼障。拨开眼障的做法可以有多种，目的在于找到石窟中相对稳定的年代因素，最终达于客观。目前的分期成果主要是以考古类型学为基础方法的石窟形制考察，辅以题材，参较风格所得出的年代判断[31]。对于敦煌吐蕃时期石窟研究而言，可供观察分析的基础资料主要是洞窟形制和壁画，二者皆有相对稳定的因素，也都有较多变动的成分。二者同在一个空间，彼此虽然相关，但因为使用过程中的人为因素，增多了变数，常有貌合神离的时候，甚至会彼此无关。针对这一情况，吐蕃时期洞窟的分期研究有必要在研究方法上多些思考、多些角度、多些参照，这样我们才有可能更贴近历史的原貌。

注释

[1]敦煌文物研究所:《敦煌莫高窟内容总录》，文物出版社1982年版。

[2]樊锦诗、赵青兰:《吐蕃占领时期莫高窟洞窟的分期研究》，载敦煌研究院编《敦煌研究文集·敦煌石窟考古篇》，甘肃民族出版社2000年版，第182—210页。

[3]《总录》划入中唐吐蕃时期的洞窟数43窟，又《分期研究》提供的洞窟数56窟，另有中唐时补绘的洞窟25窟，总计81窟。

[4]史苇湘:《关于敦煌莫高窟内容总录》，见《敦煌莫高窟内容总录》，第181页。

[5]参见沙武田《莫高窟盛唐未完工中唐补绘洞窟之初探》，《敦煌研究》2002年第3期，第14—18页。

[6]《五代会要·吐蕃传》:“及安禄山犯阙，肃宗在灵武，尽诏河西戍卒收复两京，吐蕃乘虚，遂取凉、陇，华人百万，陷于腥膻。开成之际，朝廷遣使还番，过凉、肃、瓜、沙，城邑如故，华人见汉旌使，齐夹道泣诉，问皇帝还念陷番生灵否？”又敦煌文书《沙州百姓上回鹘天可汗书》:“太保弃蕃归化，当尔之时，见有吐蕃节儿镇守沙州，太保见南蕃离乱，乘势共沙州百姓同心同意，穴白趁却节儿，却着汉家衣冠，永抛蕃丑。”（池田温:《中国古代籍帐研究》，东京大学出版会1979年版，第614页）

[7]关于沙州玉关驿户起义，参见姜伯勤《唐敦煌“书仪”写本中所见的沙州玉关驿户起义》，《中华文史论丛》1981年第1辑，第157—170页。

[8]敦煌遗书《励忠节钞》存有多个复写本，编号如S.1810、S.1441、P.3657、P.5615、P.4059、P.2711、P.4026等。

[9]参见屈直敏《从〈励忠节钞〉看归义军政权道德秩序的重建》，《敦煌学辑刊》2005年第3期。

[10]敦煌遗书P.3451《张义潮变文》，录文见王重民等《敦煌变文集》（上），人民文学出版社1957年版，第124页。

[11]参见樊锦诗、赵青兰《吐蕃占领时期莫高窟洞窟的分期研究》。

[12]此录文为《唐蕃会盟碑》正面盟辞，碑立于唐穆宗长庆三年（823），高478厘米、宽95厘米、厚50厘米，四面刻字，上有碑帽，今存拉萨大昭寺门前。详见王尧编著《吐蕃金石录》，文物出版社

1982年版，第3—4页。

[13]第五世达赖喇嘛:《西藏王臣记》，郭和卿译，卷六“惹巴瑾王朝事记”，民族出版社1983年版，第71页。

[14]录文见杨富学、李吉和辑校《敦煌汉文吐蕃史料辑校》，甘肃人民出版社1999年版。

[15]陆离《有关吐蕃太子的文书研究》一文对上述文书的内容及年代曾有较详细的分析判断，可参考。文载《敦煌学辑刊》2003年第1期。

[16]达仓宗巴·班觉桑布:《汉藏史集》，陈庆英译，西藏人民出版社1986年版，第121—122页。

[17]S.3966号文书壬寅年应为唐穆宗长庆二年，即822年。P.3336号文书的寅年也应是同一年，其前一年即辛丑年，即长庆元年(821)，相对应的吐蕃纪年即可黎可足彝泰七年和八年，是知两件文书所记赞普即主持唐蕃会盟的赤祖德赞。P.3336号文书见黄永武编《敦煌宝藏》第127册，S.3966号见黄永武编《敦煌宝藏》第32册，新文丰出版公司。

[18]第365窟藏文题记转录自黄文焕《跋敦煌365窟藏文题记》，《文物》1980年第7期，第47—49页。

[19]莫高窟第155窟因被烟熏黑，窟内原有壁画多被烟尘遮盖，仅南北壁经变画下沿露出少量壁画。金炫墨书题记位于西壁龛正下方，也被烟熏黑，题记清楚，题记框外已看不清画像痕迹。

[20]参见郑炳林《都教授张金炫和尚生平事迹考》，转引自《敦煌归义军史专题研究》，兰州大学出版社1997年版，第542—553页。

[21]罗世平:《谁主沉浮——莫高窟吐蕃时期维摩变的图式及其语境转换》，参见敦煌研究院编《2010敦煌论坛：吐蕃时期敦煌石窟艺术国际研讨会论文集》，2010年7月，第19—21页。

[22]所见洞窟上方的画像均着唐装，系属家族身份认同的标志性图像。按题记所示，第144窟为索家窟，第231窟为阴家窟，索、阴二姓均为敦煌汉人大族。第359窟门上题记不存，据敦煌研究院沙武田最新辨识窟内北壁下层男供养题记皆为石姓，是知该窟为石家窟，门上唐装的邈真像表明其身份或属汉家，或属归化唐朝的中亚民。

[23]第144窟门上邈真像牌位上的题记现已模糊，伯希和笔记录文：“亡夫前沙州……索留南供养/索氏愿修报恩之龛供养/亡母清河张氏供养。”第231窟门邈真像题记墨迹清晰，录文为：“亡考君唐丹州长松府左果毅都尉政/亡慈妣唐敦煌录事孙索氏同心供养。”(敦煌研究院编:《敦煌莫高窟供养人题记》，文物出版社1986年版，第105页。)敦煌文书中见存有该窟功德主阴嘉政839年的建窟碑文，即P.4638《大蕃故敦煌郡莫高窟阴处士公修功德记》，依功德记知门上所画是其父母的邈真像。父亲阴伯伦曾先后在唐和吐蕃任职，题记上仅书其唐朝的职官名衔，可见阴氏窟身份认同的用心。

[24]参见沙武田《莫高窟吐蕃时期洞窟第359窟供养人画像研究——兼谈粟特九姓胡人对吐蕃统治敦煌的态度》，载《2010敦煌论坛：吐蕃时期敦煌石窟艺术国际研讨会论文集》，第61—77页。

[25]录文参见郑炳林《敦煌碑铭赞辑释》，甘肃教育出版社1992年版，第330—333页；马德:《敦煌莫高窟史研究》，甘肃教育出版社1996年版，第94—96页。

[26]第44窟是盛唐开凿但未完工的大型中心柱窟，中唐-吐蕃时期进行了整体重绘，涅槃变绘于后甬道西壁，下部大面积剥落，人物形象多处不清，长期

未引起注意。《敦煌莫高窟内容总录》对涅槃变人物未作更多记录，樊锦诗、赵青兰的《吐蕃占领时期莫高窟洞窟的分期研究》也未将该窟纳入分期之中。2010年7月笔者入窟调查时发现，在该涅槃变各国王子举哀图的前列绘有吐蕃赞普及二虎皮勇士的画像，赞普着翻领白袍，头戴高帽，两侧侍从上身着虎皮，腰间佩刀并蹀躞七事。往里的图像模糊，仅可见帝王头冠，疑即中原帝王像。

[27]题记录文据《敦煌莫高窟供养人题记》，第65页。

[28]参见沙武田《莫高窟吐蕃期洞窟第359窟供养人画像研究》，第61—77页。

[29]宁强推测题记中的缺字应为“赞普”，应是。参见Ning Qiang, *Art, Religion and Politics in Medieval China: The Dunhuang Cave of the Zhai Family*, University of Hawaii Press, 2004。

[30]参见罗世平《谁主沉浮——莫高窟吐蕃时期维摩变的图式及其语境转换》，第19—21页。

[31]关于敦煌吐蕃时期洞窟的分期，除《总录》和《分期研究》为综合性的研究外，另有以下等专题性研究：薄小莹:《六世纪末至九世纪中叶的装饰图案》，载《敦煌吐鲁番文献研究论集》第5辑，北京大学出版社1990年版；江琳:《敦煌中晚唐后壁一龛窟的分期研究》，《美术史论》1992年第1期；赵青兰:《莫高窟吐蕃时期洞窟龛内屏风画研究》，《敦煌研究》1994年第3期。因所用资料的不同，所用的洞窟数量和分期标准也有区别，故在部分洞窟的年代上，意见也不全同。

本文载于《美术研究》2011年第4期

罗世平，1955年生，湖北武汉人。1990年毕业于中央美术学院美术史系，获博士学位。中央美术学院人文学院教授、博士生导师。

当代影像学的图像研究格局

陈怀恩

图像时代

2008年，我将自己十年来在台湾几所大学艺术与设计科系教学的笔记整理成册，以《图像学——视觉艺术的意义与解释》名称印行[1]。出版之后，一些年轻朋友常问我，为什么这本小书古意盎然，对于传统图像学和现代图像学的发展根源穷追不舍，反倒是处理当代图像学和视觉文化研究的部分着墨不多？我的回答是：何止不多，根本点到为止！而且若想研读当代图像与视觉研究的专书和讨论文献，现有中文资源绝对充足！这个回答，目前看来还没有修正的必要。我对视觉研究确实深感兴趣，因此在这篇文字中，我希望以读者的身份，就阅读所得来谈谈视觉文化研究与影像学（Bildwissenschaft）的异同。

当代中国的图像研究与视觉文化研究，质量俱丰。揆其原因，一方面是艺术学者普遍具有强烈的企图心与实践力，肯于面对时代议题与社会主题进行思想上的搏战；另一方面则是80年代以来的中国图像研究者——无论当初是以艺术史、艺术学或者美学之名发言的学者群，先从全面性的贡布里希著作翻译开端，渐次发展到李格尔、沃尔夫林、帕诺夫斯基的原典翻译与研究，几部法国图像学专著随后问世，更几近同步的译介了布莱森、巴克桑德尔等人的文献与方法论丛，这就替紧接其后的图像转向讨论和视觉文化研究思潮奠立了相对稳定的基础。

如果锁定中文学界对视觉文化理论的引介讨论来看，从斯图亚特·霍尔《表征——文化表象与意指实践》的译本问世之后，罗岗、顾铮主编的《视觉文化读本》和陈永国的《视觉文化研究读本》等教科书和论文选集相继出版，这不但是阅读热潮的延续，也是思考议题的建构发展。由“视觉文化”到“视觉文化研究”，书名的考究，看来绝不只是为了出版市场上的区隔，更多地显现出中文世界对西方当代理论精确理解的发展。这条学术认识与深化之路，若从2009年邵亦杨的《视觉文化研究与艺术史》一文对视觉文化研究概念的缜密铺陈来看，已臻义精理熟之境。[2]

相对来说，“视觉文化”一词在20世纪90年代引进台湾之后，台湾文化界对这个名词的使用频率同样极高！但是在日常语言或者高教体系的教学课程中，“视觉文化”一词经常被用来称谓更广义的视觉活动与各类文化展演事物，而非关注深刻的社会文化课题。因此，其指涉内容泰半偏向巴纳德（Malcolm Barnard）所指的“泛称的”视觉文化(Visual culture in a "weak" sense),而非"特称的"视觉文化(Visual culture in a "strong" sense)。[3]台版的视觉文化教科书通常和设计丛书并置,这和中国高教界有时会将视觉文化、信息技术与网络传播相联系的做法相当。自从吴方正与林文淇两位教授于2008年在中央大学正式成立"视觉文化研究中心",并开设电影与视觉文化硕士学位学程,2009、2010年连续举办两届"视觉与文化识读国际研讨会",使得台湾的视觉文化和影像讨论获得一个固定的讨论机制。然而,若从两届研讨会发表论文内容来看,大部分仍然可归属到艺术社会学或者新艺术史的论述范畴。不过几位台湾学者——廖新田和刘纪蕙等跨领域专家,在多次论述中确实都能够精确掌握视觉文化的社会学面向,也值得推荐。

回到英美学界来看,这20年来,视觉文化相关出版品确如汗牛充栋,大陆学者在各类出版参考书目中也明之甚详,此处不必赘言。但若想细细领略视觉研究领域的风光,俄裔加拿大学者蒂柯维茨卡娅(Margaret Dikovitskaya)在2005年发表的《视觉文化》仍可一读。这本书借由文献梳理、专家问卷填答、口述历史和尖端学者访谈,多方考察视觉文化研究的发展历史、理论架构与方法。此外,还相当清楚地描述了罗彻斯特大学、芝加哥大学、加州大学欧文分校和纽约州立大学石溪分校这四所美国视觉文化研究重镇的人事异动、课程方向与发展蓝图。蒂柯维茨卡娅从访谈中交叉询问几位视觉文化研究健将,诸如克兰普(Douglas Crimp)、麦克尔·安·霍丽(Michael Ann Holly)、马丁·杰伊(Martin Jay)、米尔佐夫(Nicholas Mirzoeff)和米歇尔(W.J.T.Mitchell)等人对视觉文化的不同定义与看法,以民族志的方式具体描摹了当代艺术史的文化转向以及视觉研究兴起的轨迹。与其他著作不同之处,在于作者还翔实介绍了视觉文化学习机制的成立过程,据其观察,美国目前不少以视觉文化研究作为学术号召的大学,当初只是因为艺术史系或者社会学系招生不易,只好和媒体或电影科系整并,转型成新的学程,以求存活。事实证明,这些科系如今绝非苟活,而是社会文化研究最灵活的先锋部队。[4]

近年来,视觉文化科系在英美国家如雨后春笋般成立。然而视觉研究的学科地位是否真的提高了呢?英美学界也有不同的声音。艾尔金斯(James Elkins)长年在芝加哥艺术学院举办夏日学苑,2011年的研讨主题竟然是:Farewell to Visual Studies——挥别视觉研究。[5]对2011年的规划学者群来说,西方学界从20世纪90年代以来所倡议的视觉研究,原本希望勾勒适合所有影像研究的视觉方法论模式,同时创造一个全新的、自由出入于社会与学院殿堂的学术空间,更企图将各类艺术史问题熔一炉以冶之,今天看来,这些计划已经落空。这些年来,全球各种关于视觉研究的新期刊和网站不断成立,视觉研究领域也吸引了许多人文研究学子,致力于探讨马克思主义者对大众媒体和美术的批判,但是视觉研究仍然是各类艺术相关学门中的次要研究方向。尤有甚者,随着欧陆影像学学科的成长,许多新设科系根本不以"视觉研究"名称作为号召,东英吉利大学和莱顿大学的新设科系甚至取名为"世界艺术",这都象征着学术潮流的改变。

我和当代中国的视觉研究者一样,都倾向于

将21世纪称为图像时代！这种指称方式并不意味着人类过去没有图像，或者不看重图像，历史上每一个时代都拥有丰富多样的图像表现与记录，然而生活在21世纪的人们，越来越能够体会影像思考和影像自身的威力。21世纪以图像作为思维可能，以图像作为生活背景，将图像当作认识主体的魔幻舞台。世界充斥着各种影像——印刷、摄影、电影、网络信息、数码影像……这些影像以“图像即真理”的超实体身份呈现在我们面前：新闻报道以实时影像作为说服的根据，却让现场声音成为音效，旁白成为批注，再配上情境音乐指示观众应有的情绪反应；八卦杂志用显像粗劣的影像形成绯闻证据，众人皆知其未必为真，却又能启动心理学的认知机制，主动加以配对。更有甚者，任何人都能通过手机拍照、数字照片和网络，自行建构各种情境和现场，并且加以定义传递。2010年开春后中文网络世界暴起暴落的“犀利哥”传奇，或许就是这种图像世界舞台建构的具体表征。以数码影像为基础的影视动画，也已然建构起一个从现实、记忆、合成到幻想之间没有任何缝隙的庞大投影世界。到后来，虚拟不是现实，却是步步紧逼的真实（hyper-reality）。

图像与影像的论述，早已不是学术上的推想，而是社会文化中的实存议题。这些议题包含的层面何其宽阔！因此，西方学者才会从一开始就建议视觉文化研究者必须面对这种复杂情境，进行学科合作，甚至建立一套跨学科的反应机制，培育足以描述、分析、解释，甚至进一步开创学术新猷的人才。然而就像芝加哥艺术学院几位学者所忧心的状况：目标虽在，路途却极迢遥，不过这并不妨碍众人拾柴的决心。

视觉研究的跨学科模式

视觉文化研究的对象、方法和讨论，乃至于其学科调度的灵活度，大体建立在对跨学科或者交叉学科的学术构思上。当代视觉研究学者们更经常审视跨领域研究的真实意义，借以开拓视觉研究的格局。艾尔金斯八年前在响应 Mieke Bal 的《视觉文化的视觉本质与对象》一文时，就扼要说明了他观察到的九种视觉研究跨学科模式[6]：

1. 现今许多艺术史家仍旧希望继续研究教导既定历史时期的作品与艺术观，这些学者并不在乎跨学科或者跨领域研究的课题，然而他们通常不会公开这类主张，以免被讥为保守。

2. 德国艺术史学者希望利用艺术史方法论来研究新事物，通常从电影、摄影等领域出发，提出一套影像学的艺术史。

3. 一群后设研究者希望导入艺术史学之外的各种方法论来反省艺术史学，譬如以传统心理分析或者新精神分析学派方法重新说明艺术史家的解释活动。

4. 某些研究者企图以更生猛有力的解释原则来重塑艺术史，（Ellen Dissanayake）导入达尔文和斯金纳学说，重新找寻艺术的生物学基础，更多的学者从波狄厄（Pierre Bourdieu）的马克思社会解释学来谈论新兴媒体。

5. 学者们有时会用百货式或者万花筒式的学科拼凑法来造成跨领域研究的感觉——艾尔金斯写这段文字时火气挺大，他以巴黎政治大学社会学教授拉图尔（Bruno Latour）在2002年所策划的展览“破除圣像”（Iconoclash）为例，说明这类学者将视觉研究视为各种学科得以会面的综合座谈会议室，弄到最后，所谓跨领域研究就变成一群学科专家各说各话之后所达成的民主共识。艾尔金斯甚至用盗鸟理论（Magpie theory——从别处偷物，堆积在自己的巢内）来讥讽这种做法。我颇想替这位2011年甫获白南准艺术中心奖的拉图尔教授略作辩白，他从1996年开始提出爱图像（iconophilia）概念和拜偶像（idolatry）概念，并且说明其间的差异。拉图尔认为爱图像并非喜爱个别的影像，而是对影像运动与历程的关切，拜偶像则只关心视觉自身。这其实是从影像的运动与变异来谈论历史和社会变迁的。进一步说，人类历史上出现过各式各样的反图像运动（Iconoclasm），参与者既扫荡偶像崇拜，也攻击图像之爱，原因在于这些反图像者希望完全扫除作为中介者或媒介者身份的影像，直接面对真理。拉图尔认为爱图像的思维方式将影像视为变形系列中的片断，也将影像当作暂时性的画框，是相当可取的认识方式。因此，我们应当在所有艺术、科学和宗教领域内都采取爱图像的态度。“破除圣像”展览以及次年出版厚达700页的展览目录与论文集，企图展示艺术、科学和宗教领域内的反图像、爱图像与拜图像轨迹，以概念引导展览，影响颇为深远。至于艾尔金斯想要抨击的做法，恐怕是海曼（John Hyman）所主张的各个现代学科应当各自独立而又互相尊重的多重学科（multidiscipline）构想，这种结盟关系和讲求学科间相互渗透的跨学科关系自然大不相同。[7]

6. 希望融合各种学科，却不愿意被规范到任何一种学科，同时又确实无可归类的视觉研究。代表人物：德希达。

7. 希望能借由跨学科的概念秩序或者失序状况标定研究对象。这句话说来拗口，事实上是希望各学科不要老是坚持自己的学科界限，在知识地图上画地自限，然后看看彼此间的空白区域如何被填补。艾尔金斯期待各种学科能够保持自己的不确定性，随时准备与其他学科相融互润。

8. 某些学者主张去学科化，摆脱既有的学科对视觉研究的束缚，惊天动地冲撞一回，实际做法却只是回到对日常生活影像的观看与省思。对艾尔金斯来说，这些观看与省思最后还是会回到学科领域的归属问题。

9. 颇多学者主张研究者应当像德勒兹一样，四野游牧，根茎窜延，用动态的方式来找寻视觉研究的主题与方法。

面对琳琅满目的跨学科研究法，我们应该如何取舍？艾尔金斯在这里卖了个关子，他说自己每一种做法都参与过，还呼吁我们要向游隼（peregrine）看齐，在他心目中，视觉研究者必须具备猎鹰的本质和本事，盘旋天际，睇看寰宇，目光既宽广又锐利，见到猎物之时，瞬即俯冲奇袭，绝不失手。在我看来，这其实是第十种跨学科研究法，祖师爷正是尼采。

影像学的跨学科格局

从史学观点来看，德国艺术史界早在20世纪初就已经投入视觉研究，从李格尔、瓦堡、本雅明到帕诺夫斯基，相继不绝。但是影像学一词却是20世纪90年代的产物。[8]影像学或图像科学一词出现时，学者对这门学科充满期待，词汇的使用者也将各自的想象注入其中，无论在学科任务、内容与方法的界定上都有相当大的出入。顾名思义，Bildwissenschaft——影像学或图像科学就是对影像和图像所作的学科研究。德文中的“Bild”一词，兼有图像、影像、形象、插图……之意，“Wissenschaft”虽可直译为科学，却该以更广义的“学术”一词来加以理解，这两个名词在其他语文当中并不容易找到对应字。因此，“Bildwissenschaft”一词在名词创造和应用范围上似乎像是它的前辈学科——诸如人文学（Humanwissenschaft）、社会科学和最近似的艺术学（Kunstwissenschaft）一般，这个名词的中文翻译可能也跟上述这几门学科一样，必须经历漫长的学术定位讨论才能定案。然而定位预设定性，在我们还不能清楚地描摹出这门学科的现象与基本性质之前，各种讨论恐怕也只能是争论。

德国影像学者当然也察觉到这个问题，他们发现影像学在全球研究的通用翻译方式是最让他们难以接受的“image science”；某些英美学者则将影像学直接看成“视觉文化”或者“视觉文化研究”的德国式说法（如艾尔金斯和米尔佐夫）；法国学者将影像学当作“媒体研究”（Mediologie）的一环。[9]相对来说，英文文献中出现过的“vision science”和“image studies”用法听起来要顺耳多了！

视觉文化研究、影像学、影像与媒体研究这类新兴的多元学科，使得大学里的艺术史家、艺术学者、社会学者都产生了严重的学科焦虑。影像学与视觉文化的区隔为何？米歇尔曾经指出：视觉文化可被看作由英美社会学方法和研究的延伸，因此更多地关注视觉文化的文化面向，尤其显现在政治意识的揭露式论述上。我们如果接受他的说法，将视觉研究视为艺术史与文化研究的结合，那么视觉文化研究显然要优先处理“文化转向”问题，再谈“图像转向”问题。影像学则不然。（Klaus Sachs-Hombach）在他主编的《影像理论》论文集前言中指出：“影像和各种社会领域间的联系越来越强，影像研究报告越来越多，各式各样对影像转向的理解纷纷出炉，然而这些对影像转向的讨论是否能像语言学的转向讨论一样具有明确的解释作用？迄今未明。”[10]看来也是忧心忡忡。

目前在德国耶拿大学担任比较图像理论课程的威辛（Lambert Wiesing）教授，对影像学的学科归属提出了比较体系化的质疑与解释。他追问：

1. 影像学是不是一门全新而独立的知识学科？如果影像学和考古学、社会学这些学科一样，具有清楚的学科范围与限制，那么应当可以作为大学学术讲授的对象。

2. 如果影像学的学科特性和哲学或艺术史相仿，那么应当可以作为其他学门的基础，在许多不同的科系中立足。

3. 假如影像学的学科属性和记号学相近，则其关注的层面更广。

4. 影像学会不会只是新生的媒体科学或文化科学的一支？

5. 影像学会不会根本不是一门固定的学科，只是一种集合概念？即使说它是一门以图像和影像为主轴的跨学科研究，然而这些学科之间是不是又只能以一种相当松散的家族相似性彼此联结？假设如此，我们就不会只有一种单数的、普遍的影像学，而会有各式各样的、复数形态的影像学。

威辛对影像学格局的分析相当详尽，但是他自己所关心的反而是哲学问题。威辛提出一个逻辑的，同时也是现象学式的影像区分，他认为影像学主要研究三种课题——具体的影像、影像群组和影像的整体性质。同时也呼吁研究者应当要从：记号概念、摄影的载体、窗口、虚拟现实与沉迷、模仿、媒介这些方向来处理图像所涉及的哲学议题。并且总结说：影像学所关切的是一切人工的形相（artifizielle präsenz）。[11]这种希望结合视觉、现象学和符号学的做法，同好颇多，但是就根底上说来，其目标仍然关注于哲学论述与创造。

值得注意的是，不论是艾尔金斯或是威辛，他们对视觉研究跨学科的想法仍然有一点暧昧，看似开放，也不妄下结论，但又隐藏着一种追求共识的需求。相对来说，当代德国艺术史学三位举足轻重的人物贝尔廷（Hans Belting）、波姆（Gottfried Boehm）和布雷德康普特（Horst Bredekampt），对于“何为影像学”所提出的看法就明确许多。

贝尔廷以《艺术史的终结》一书享誉国际，中文读者绝不陌生，他在2001年发表的《影像人类学：影像学的规划》将瓦堡推定为影像学的先驱，将图像或影像定义为传达身体知识和身体经验的表象，因此图像认识的关键概念就是身体知识与身体经验，以及目前扮演着重要角色的图像思考。[12]贝尔廷认为西方学术界当前对影像的讨论语汇，大多围绕着媒体与身体概念打转，在他看来，影像的意义只有在考虑过诸多非影像的因素之后才能确定。他所理解的媒体（Medium）并不是一般意义的传播媒介，身体则是指影像借以被演出和感知的身体，这两个概念在影像研究中的地位旗鼓相当。因此，他并不谈论某些特定的媒体和身体概念，而是将媒体与身体视为不断变迁、随时显现的对象。如此一来，我们才有可能说明视觉技术或者感知的历史。由此看来，贝尔廷所规划的影像学，是一个和时代思潮与哲学美学同步的弹性学科。

巴塞尔大学教授波姆在2009年底为德国洪堡基金会撰写学术动向报告《艺术史／艺术学领域的学术出版》当中指出：“大约在这十五年间，艺术史和艺术学已经演变出全新的面貌：现代艺术和当代艺术如今已成学术讨论的重点。……图像已经提升为文化和学术的焦点（影像学），艺术史和艺术学领域遂为之大幅扩展，更为生机勃勃，然而整体言之，艺术史和艺术学的学科领域也更难令人窥其全貌。”[13]他也发现：这种学术风潮的转变，总伴随着激烈的斗争。美国式的文化研究或视觉研究，在德国也以文化学（或文化学导向）的名称崛起，但却遭到强大的抗力。

事实上，波姆早在1994年就编选了《何为影像？》一书，开启了德语学界对图像／影像学科的讨论，同时也旁及梅洛－庞蒂与拉冈的法国理论，并在此书中提出一个和米歇尔的“图像转向”平行的“iconic turn”概念。波姆宣称这种图像转向就是对影像的回归，并且通过欧洲哲学对暗喻的使用历史来说明哲学家的图像态度：当年康德哲学只敢暗度陈仓式地使用譬喻，到了尼采、博格森、弗洛伊德、胡塞尔和后期维根斯坦，影像式的譬喻的应用早已经是家常便饭。[14]对波姆来说，影像学与欧洲思想传统并没有断裂，而是思想家面对新议题的具体思想实践，这种实践需要从商量旧学和新知培养两路一起下手。

柏林大学艺术史教授布雷德康普特在他影响深远的论文当中指出：影像学的基本课题讨论在德奥学界大约始于1900年，发展到1933年已臻大成。这种说法无疑是将瓦堡和帕诺夫斯基的图像学视为影像学的先声。布雷德康普特指出：图像诠释学（Ikonologie）是当时艺术史方法学的主流，若非帕诺夫斯基只将其方法与用途都压缩在对文艺复兴寓意画的分析上，实在很有机会直接发展出今天的影像学学科。布雷德康普特认为：20世纪70年代之后，德国艺术史界发生了重大的转向，广告、摄影、非艺术展出的大众摄影、电影、录像带、政治图像……都成为研究主题，数字艺术与网络艺术的成形，随即改变了艺术史的对象。艺术史学科的任务与对象，如今不再受限于对欧洲高等艺术的认识，转而更多地去关切非艺术性生产的图像领域，进而和社会进行更密切的结合。因此，影像学有两个基本态度：首先，艺术史家不但要面对视觉艺术，也要关注所有影像领域；其次，艺术史开始以严肃的态度面对新兴的研究对象。[15]

布雷德康普特有一句话说得极好："视觉研究就是最狭义的艺术史所不能涵盖的一切研究活动。"视觉研究宣称自己是一种交叉学科，而其学科合作对象涵盖人类学、社会学、文化研究、媒体学、视觉文化、象征应用、纪实摄影、信息技术、视觉叙事、视觉知能、传播研究……可见，德国影像学也往这个路向迈进，这种学科的融合是一个相当艰巨而漫长的工程，但确实令人向往。

学影像和影像学

15年来，影像学在德语世界急速成长，以影像学为名的各种科系和学程也在这几年间相继出现。影像学既然是一门针对各种媒体以及各种形式的影像加以考察的跨学科研究，在大学内成立系所自有其必然性。然而其学科属性太过多元，处理议题又太过多样，使得它一直无法窄化或者专门化成某一套理论，更不容易衡定其研究对象与方法。这使得影像学一方面容纳了各种异质的想象，另一方面也造成了学科的失焦。如果我们确信影像学不只是一种文化的好奇心和风潮，那么这个学门又当如何规划？我们不妨先参考德奥高教体系关于影像学学位与学程的做法。

就学位授予状况来看，奥地利克雷姆斯大学（Donau-Universität Krems）设置影像学（Bildwissenschaft）和媒体艺术史（Medien Kunst Geschichte）硕士学位；德国耶拿大学（Friedrich-Schiller Universität Jena）授予传播学（Kommunikationswissenschaft）和媒体文化与美学（Kultur undÄsthetik der Medien）硕士学位，马格德堡大学（Otto-von-Guericke-Universität Magdeburg）提供"媒体学：视觉文化与传播"（Medienbildung：Visuelle Kultur und Kommunikation）学士与硕士，哥廷根大学则提供可列为双专业学士学位的"影像知能关键能力证照"（Bildkompetenz als Schlüsselqualifikation）讨论课程。比起美国视觉文化研究的授予博士学位，德语国家对于影像学的学术定位显然还有点顾虑。

克雷姆斯大学的图像学/影像学(Lkonographie/Bildwissenschaft)硕士课程，主要关切影像媒体内容的分析，针对影像象征的认识、诠释、描述与分类，影像的主题和内容提供密集训练。同时通过影像和媒体理论，应用媒体图像学，研究影像媒体的视觉传达能力所涉及的各种问题，通过历史和/或宗教文本对影像内容进行诠释，政治力的视觉生产，主要关注西欧文化区域，也简介非欧洲国家的图像学。[16]哥廷根大学则以影像知能关键能力(Schl ü sselqualifikation Bildkompetenz)作为证照与学程名称。看得见影像，并不代表能够懂得影像，对影像的认识要靠学习。影像知能(Bildkompetenz)就是要让我们学习理解影像的种类与功能，认识影像媒介的历史脉络，认识科学如何研究影像，如何利用图像进行沟通与传达，也认识图像何以能够创造意义，承载含义。这些课程的重点是影像学，招生对象则是各个具有不同学科背景的学习者，只要他们对广泛的影像问题感兴趣，或者对自己学科内与图像相关的议题发生兴趣者，就可以选修学程。从课程介绍来看，教师仍旧会教导图像学基本问题与历史，也会对瓦堡、贡布里希和帕诺夫斯基的经典著作进行研讨工作。

影像知能一词和乔姆斯基(Noam Chomsky)所讲的能力(competence)和表现(performance)区分相关。[17]关键能力(keycompetences)则是近十年欧盟倡导公民终身学习时所积极推动的概念。由此也可以看到影像学和视觉文化研究在学习关键语词上的差异。对视觉文化研究者来说，由于关心的是文化的多样性，因此更关切文化识读力(culture literacy)的建立，而影像知能则是对如何调适于社会的知识、技术、态度进行学习，在教育意义与含融的层面上更为广泛。

从各系的共同课程设定来看，学影像，当然必须涉及技术和影像载体的讨论。对影像媒体历史发展的认识，可以让学生更清楚媒体和影像内容，因此影像和历史社会环境的关联性，生产与再生产的技术可能，从铜版画、摄影、数码艺术等的演变对媒体概念进行历史性的说明，并评价当前的媒体趋势以及新影像媒体的变形过程。

注释

[1]陈怀恩:《图像学——视觉艺术的意义与解释》，台北如果出版社大雁文化2008年版。

[2][英]斯图尔特·霍尔编:《表征——文化表象与意指实践》，徐亮、陆兴华译，商务印书馆2003年版；罗岗、顾铮主编:《视觉文化读本》，广西师范大学出版社2003年版；陈永国主编:《视觉文化研究读本》，北京大学出版社2009年版；邵亦杨:《视觉文化研究与艺术史》，《美术研究》2009年第4期。

[3]巴纳德区分强性的视觉文化和弱性的视觉文化，前者指“视觉文化所要建构和传达的价值与认同”；后者则更关心“视觉面向……特别是那些人类将其视为文化与社会生活的一部分来生产与消费的无数的二度空间或三度空间可视事物”。见 Malcolm Barnard，*Approaches to Understanding Visual Culture*，Palgrave，2001，pp.1-2。

[4]Margaret Dikovitskaya，*Visual Culture*：*The Study of the Visual after the Cultural Turn*，Cambridge：MIT Press，2005.

[5]艾尔金斯是芝加哥艺术学院教授，视觉跨界研究健将，著作等身，其写作常将各种异质的学科导入视觉研究，譬如《图像版图》(*The Domain of Images*，1999)，旨在呼吁艺术史家关心在传统艺术主题——诸如绘画、素描、摄影和版画之外的其他非艺术图像，包括科学、科技、商业、医药、音乐、考古图像，他认为这些图像蕴含着和经典图像差堪比拟的丰富性。效仿名家书名的《主轴叙事及其不满》(*Master Narratives and Their Discontents-Theories of Modernism and Postmodernism in the Visual Arts*，2005)针对艺术史总是出现的四大叙事(现代、后现代、技术、政治)提出检讨，《艺术的故事》更直接挑贡布里希的畅销书下手，挑战其编年式的精英艺术观。芝加哥艺术学院夏日学苑相关信息，参见 http：// www.stonesummertheoryinstitute.org/2011.7.16。

[6]James Elkins，“Responses to Mieke Bal’s ‘Visual Essentialism and the Oblect of Visual Culture’(2003)：Nine Modes of Interdisciplinarity for Visual Studies”，*Joumals of Visual Culture*，February 2003，p.232.

[7]John Hyman，*The Objective Eye：Colour，Form and Reality in The Theory of Art*，The University of Chicago Press，2006.

[8]Klaus Sachs-Hombach ed.，*Bildwissenschaft，Disziplinen，Themen，Methoden*，Frankfurt a.M.：Suhrkamp，2005.

[9]Gustav Frank，Barbara Lange，*Einfuhrung in die Bildwissenschaft，Bilder in Der Visuellen Kultur*，Darmstadt，2010，S.12-13.

[10]Klaus Sachs-Hombach (ed.)，*Bildtheorien：Anthropologische und Kulturelle Grundlagen des Visualistic Turn*，Frankfurt a.M.：Suhrkamp，2009.

[11]Wiesing，Lambert，*Artifizielle Präsenz，Studien zur Philosophie des Bildes*，Frankfurt a.M.：Suhrkamp，2005，S.9.

[12]Hans Belting，*Bild-Anthropologie：Entwurfe für eine Bildwissenschaft*，München：Fink，2001.

[13]有一种说法是：传统艺术史学科分别起源于意大利、法国与德国，视觉文化似乎仅仅是英美论述下的产物。波姆也提出：“全球的艺术学/艺术史学在过去二十年间经历了急遽的分化。许多就读于研究所的博士生提出各种著作，造成出版数量激增，竞争加剧，各种新的出版形式也随之产生。由于艺术史内容经常具有国际导向，学术界也公认：研究者必须具备阅读德文、法文、英文和意大利文这四种重要学术语言著作的能力。然而目前看来，这种要求已经出现消退的趋势，特别是英美语系国家的艺术史界几乎不太关切非英文写作的著述。从另一方面看来，德语市场中却出现了相当丰富的艺术史著述，水平也相当高。”见 Gottfried Boehm，“Publikationsverhalten in der Kunstgeschichte/Kunstwissenschaft”，In *Publikationsverhalten in Unterschiedlichen Wissenschaftlichen Disziplinen - Beitr.ge zur Beurteilung von Forschungsleistungen*，12/2009，Zweite Erweiterte Auflage，Diskussionspapiere der Alexander von Humboldt-Stiftung，S. 62-63。网络版 PDF 下载点：http：//www.humboldt-foundation.de/web/diskussionspapiere. html，2010.12.02。

[14]Gottfried Boehm (ed.)，*Was ist ein Bild？*

München : Fink 1994, S.7, 12, 13.
[15] Horst Bredekamp, "A Neglected Tradition ? Art History as 'Bildwissenschaft'", *Critical Inquiry*, Vol. 29, No. 3, Spring 2003, pp.418-428.
[16] http : //www.donau-uni.ac.at/de/studium/ikonographie/index.php, 2010.11.07.
[17] Sandberg, R., "Competence : The Basis for A Smart Workforce", In R. Gerber & C. Lankshear eds., *Training For A Smart Workforce* , London : Routledge, pp.9-25.

本文载于《美术研究》2011年第4期

陈怀恩，1961年生，台湾高雄人。1994年毕业于东海大学哲学研究所，获博士学位。台湾台中教育大学美术学系副教授。

图式革新与趣味转变

——以十七年江苏国画家笔下的建设主题为例

万新华

引言

当历史的时针指向1949年10月，古老的中国大地发生了“换了人间”般的巨变。经过数十年的艰苦奋斗，中国共产党夺取了国家政权，缔造了全新的人民共和国。政治时局的变化深刻影响着当时的文学艺术思潮，悠久的山水画传统开始面临前所未有的新局面。也就在稍前的5月，从延安来到北京的鲁迅美术学院美术系主任、马克思主义文艺理论家王朝闻（1909—2004）在《文艺报》上发表了他致友人的一封书信，名为《抛弃旧趣味》，掀开了中国画改革的序幕。

1953年初，作为革命文艺工作者和美术界领导人之一的艾青（1910—1996）在“上海美术工作者政治讲习班”上作重要讲话，论述了“国画要不要改造”的问题，并给予一个明确的回答，而且提出了“新国画”的概念，认为“新国画”必须“内容新”“形式新”。关于山水画，他以为是中国画中仅次于人物画而“最有严重的问题”的领域，因此他提出了“画山水必须画真山水”，“画风景的必须到野外写生”。[1]艾青适时地提出中国画的问题，应该说是代表中国共产党向国画家发出的具有指导意义的号召。

在中国画改造的新形势下，李可染（1907—1989）等人开风气之先，来到江南水墨写生；北京中国画研究会多次组织画家到北京近郊各风景名胜点写生。这显然与艾青的讲话或当时中国共产党对国画家的要求有着必然的联系。自从写生成为山水画创作的必由之路，新老画家们都纷纷走出画室。当时，如何协调传统山水与“文艺为工农兵服务”之间的矛盾，如何协调大部分画家已十分熟悉的传统图像意义的表达方式和大众口味与国家象征之间的矛盾，是中国画改造的重要内容。为了解决这个问题，大部分画家想尽一切办法去用笔墨画劳动场面、建设工地、城市景观、工厂公路、铁路、桥梁、水坝等新景物，于是，山水画里烟囱林立、车水马龙、红旗飘飘、遍地英雄，其趣味迥然有异于传统山水画，反映出国画家在思想改造上的深刻变化。

笔者以“十七年”江苏省中国画家为例，探讨他们在中国画改造下所做出的努力，分析各位画家在笔墨技法、审美趣味、政治意义等各方面所做的变革与探索，并以此呈现中国画山水画传统在20世纪五六十年代的历史变迁。

一、建国初期之探索

随着社会环境、政治形势的转折，中国画改造范畴下的写生逐步从起初纯粹创作层面上的自然风景名胜写生向政治表现层面上的革命圣地、工农业建设工地写生转变。从20世纪50年代中期开始，风景名胜写生已经演变成一种新的奢华与闲情而被时人看淡。与全国的画家一样，身处江南的江苏画家也响应中国共产党的号召，积极投身于风靡一时的写生活动。他们深入农村，走进工厂，来到工地，接触新事物，体验新生活。

然而因为行政的关系，20世纪50年代初，江苏的国画家分散各地，基本处于个体性的分离状态，资源也没有得到及时而有效地整合。由于历史原因，省城南京的老画家数量也难与北京、上海匹敌。相较于北京来说，江苏的国画创作并不十分突出，也没有形成一种群体效应。以反映社会建设的主题创作为例，当时的各种全国性展览中，似乎难以寻觅江苏画家成功之作的踪迹。少数者如，谭勇（1918— ）1954年秋天以兴建中的水利工程为主体创作的《佛子岭水库》表现了当时时尚的建设主题，次年入选“第二届全国美术展览会”，成为江苏国画家早期水利建设题材中的代表作之一。在画面中，佛子岭水库工地置于群山环抱、绿水萦回之中，前景山腰上，指挥人员在讨论着，或拿图，或解说，或聆听；山道上，有吊车、卡车、轨道车，工人们正在忙碌地劳作着，热闹非凡。中景为水库主体，水泥墩雄伟高大，其上红旗招展，脚架伸向天空，墩下也十分繁忙，吊车、钻杆、搅拌机、成群结队的小推车、冒着青烟的挖土机、水面运输建材的小船，与前景共同构成了一幅热火朝天的建设图景。

谭勇早年随岭南画家黄少强学习，后又受业于徐悲鸿，善于刻画景物。在画面中，淡黄的色调，光影效果的处理，笔墨技巧保持着明显的岭南派作风。所以，他的创作在较大程度上仍停留在“速写”层面，只具有一般的写生意义。正如后来叶浅予（1907—1995）在一篇评论中所忧虑的：“早在1953、1955年的全国性展览会中，已经看到像《佛子岭水库》《森林调查队》《深入祁连山》等反映新内容的山水画，对山水画突破旧内容反映新事物起了重要的推动作用；但是，从艺术形象的完整性来看，这中间似乎缺少什么东西。记得当时曾有人问，山水画的革新是不是就只一个内容问题？的确，新的山水画还缺乏艺术上的吸引力。”[2]因此，这件作品在当时并没有引起过多关注，也是在情理之中的。显然，叶浅予发出的问题是十分肯綮的。他一语中的地提出了当时国画中内容与形式并不和谐的弊端。无独有偶，如果考察钱松嵒（1899—1985）建国初期在无锡的一系列创作，如《磨镰》《治螟》《丰收》等以描摹细腻的情节性再现为能事，大多趋向于写生的范畴。

事实上，建国之初六年左右的江苏国画创作在全国范围内并不十分突出，省城南京的国画家队伍规模相对有限。而且，当时的国画改造也基本处于摸索阶段，以写生改革国画的方式在某种程度上几乎可以说只徒有一种形式而已。值得一提的是，1960年10月22日，魏紫熙（1915—2002）在四川省文联、成都市美术界与江苏国画写生工作团的座谈会上的一席话似乎颇能说明问题：

> 1958年前，我们六七年没到过农村，组织下乡就到茶馆去喝茶，在那里闲聊。1958年后，由于下去有了生活体验，思想上有深刻的变化。[3]

虽然，魏紫熙可能出于谦虚，但也可以说是直言不讳。20世纪60年代以后，由政府组织、赞助的中国画写生活动在本质上已发生根本改变——这种改变不仅仅表现于形式，更在于思想意识层面。就实际而言，20世纪50年代早期的江苏国画家们并没有完全直接描绘当时热闹的生产、生活主题，大多仅在题材上做了适当调整，小心谨慎地利用一些现代式的景点人物、景物来表现新社会的变化，尤以傅抱石（1904—1965）最为典型。譬如1954年10月所作《四季山水图》，傅抱石只以山林间劳作的人物与古代山水样式拉开了距离，并以此来点明时代主题，在技法上也适当改变了传统程式中的点染、勾皴之法，而吸收了水彩画的技巧，以使画面更为真实。

1956年1月30日，中国人民政治协商会议第二届全国委员会第二次全体会议在北京隆重开幕。周恩来（1898—1976）作了《关于知识分子问题的报告》，慎重提出"关于设法解决不属于国家工作人员范围内的国画家的生活待遇"的问题。会议期间，作为人民团体特邀代表的傅抱石做了由衷的发言，代表那些不得不改变自己的笔墨兴趣的老画家向政府说明，凡是受惠于党和政府的画家已经按照要求改变了其原有的绘画方式、创作题材和风格趣味。[4]1956年6月，国务院遵照全国政协第二届第二次全体会议精神，决议通过在北京、上海各成立一所中国画院的报告。为了与中央保持一致，中共江苏省委、江苏省政府基于政治的高度，开始重视省内的国画家问题。当时，中共江苏省委第一书记江渭清（1910—2000）责成江苏省文化局筹建江苏省国画馆（后改为国画院）。次年5月4日，江苏省国画院筹委会决议聘请钱松喦、余彤甫（1897—1973）、鲍娄先（1874—1958）、陈旧村（1898—1957）、何其愚（1891—1958）为画师，魏紫熙、费新我（1903—1992）、张晋（1907—1988）、丁士青（1900—1976）、顾伯逵（1892—1969）、王琴舫（1889—1959）、龚铁梅（1877—1969）为副画师，宋文治（1919—1999）、叶矩吾（1923— ）为助理画师，张文俊（1918—2008）任办公室主任兼山水画组长，亚明（1924—2002）兼人物画组长。一时，江苏省国画人才聚集南京，风生水起！由此，江苏省的中国画获得了一个重要的契机，开始进入发展的新阶段。

二、1958年江苏省中国画展览会

1958年是江苏中国画发展史上十分重要的一年。那年，中国社会经历了一系列重大事件，中共中央频繁召开工作会议：杭州会议、南宁会议、最高国务会议、成都会议、汉口会议、广州会议、八大二次会议、北戴河会议、郑州会议、武昌会议和八届六中全会，一个接一个的会议将"大跃进"和人民公社运动不断推向高潮。

“多快好省，画最新最美的画图”是《美术》1958年第7期的刊首词。面对这次新的政治运动和时代要求，国画如何反映总路线、“大跃进”和人民公社，时代的重任再次摆在了全国国画家的面前。3月10日，为响应中国美术家协会提出的美术创作“大跃进”的号召，中国美术家协会南京分会筹委会举行第三次筹委扩大会议，提出“政治、创作双跃进”的口号。国画家们深入工厂、农村，开展各种创作竞赛，举办多种反映社会主义工农业生产建设的展览。

尽管时至今日，学术界对于“大跃进运动”的认识已经完全客观而透彻，其引发的各种弊端也发人深省。但是，处于当年历史情境的人们无不为一系列美好憧憬而激动乃至狂热，画家们也不例外。1958年9—10月间，中国美术家协会南京分会筹委会组织江苏省国画院筹备处、南京艺术专科学院、南京师范学院美术系创作《为钢铁而战》《人民公社食堂》《工人不要计件工资》《爱国卫生运动》等，成为当时反映社会、政治的最为重要的作品。

《为钢铁而战》以一个全景式的构图反映了时代所要求的烟囱林立、高炉四起、烟雾缭绕的热闹场景，歌颂了“大跃进”的日新月异和建设成就的与日俱增。就内容安排，烟囱林立的钢铁厂形象处于画面右边的远景位置，“为钢铁而战”占据画面的中心位置，冒着红色火焰的土高炉群成为画面中最为主要的视觉元素，遍地开花，绝对是当年“小”“土”“群”土法炼钢的生动写照。《人民公社食堂》表现的是一个时代的重大主题，围绕着“公社食堂”，还描绘了与之相关的许多内容，如“劳武结合”“幸福院”“托儿所”“光荣榜”“粮食加工厂”，都是社会中的新生事物，构建出一幅“理想化的人间乐园”。画面中的公社食堂门前，有一块比较显眼的牌子，上面写有一通知——“今日三菜一汤外，每人增加猪肉半斤”，表现了人民公社食堂不仅能吃饱，而且能吃好，这在讴歌人民公社的作品中显得比较独特。傅抱石以当时流行的一首民歌题款点明主题：“吃饭不要钱，老少尽开颜；劳动更积极，幸福万万年。”

细究这些作品的创作过程，显然也是十分有趣的。据陈履生披露，当年的创作是得到国务院副总理陈毅（1901—1972）专门指示而进行的，以图像的形式展现1958年火热的社会主题。陈毅之所以将人民公社食堂、大炼钢铁和工人不要计件工资等主题创作任务交给江苏，是因为他认为江苏有这方面的力量，有一批敢于创新的老画家。旋即，中共江苏省委宣传部副部长兼江苏省文联副主席钱静人（？—1981）责成亚明落实陈毅的指示并组织创作。尽管亚明在当时是一位青年画家，但是他担负的领导重任以及多年从事革命美术工作的经验，无疑是完成这一任务的基本保证。江苏省国画院的画家们带着行李，集体来到郊区栖霞十月公社体验生活，和农民同吃同住，在劳动锻炼中收集到一些创作的素材。初稿完成，接受政治审查，中共江苏省委宣传部部长欧阳惠林（1911—2009）提出：“菜板上的‘三菜一汤’还不够，要外加半斤猪肉，不但要吃饱，还要吃好。”于是，《人民公社食堂》在几易其稿后终于完成了。[5]

这些画在当时引起了极大的反响，从某种意义上说成为集体创作的表现“大跃进”时期社会主义新农村建设主题的经典之作。这种体现社会现实内容的集体合作画，则成了画家集体参与具有明确目标和手段的社会政治生活的一种方式。

就个人而言，钱松喦是当时最具代表性的画家之一。像其他从旧社会走来的老画家一样，受到党和政府重视的他几乎完全摒弃了以前惯用的传统题材，抱着感恩的心和对新制度的憧憬，对创作新国画投入了极高的热情，创作出诸如《芙蓉湖上》《排涝》《军民浚湖施肥》《开拓映山湖》《生产突击队》等一系列作品，体现出其锐意求新、紧跟时代的精神。这些作品不仅使人耳目一新，而且让人们看到了传统国画结合新题材的广阔前景，亦看到了从旧社会过来的老画师在国画改造过程中的巨大变化。其中，《芙蓉湖上》是画家建设主题中考虑最为周全的一幅。“以鸟瞰式的构图，揽万物于眼底，状物精微，整体关系既和谐又有气势，把透视法巧妙地运用到山水画当中，表现宏大的场面时不致失之繁乱，增强画面的空间感和生活气息”，[6]成为钱松喦的新山水画步入成熟的一个重要标志。这里，钱松喦对构图细节的苦心经营，对远、中、近三景的意象布陈，体现出一种强烈的场面营造感。为了映衬近景中的装卸煤炭、谷物等的货船，钱松喦精心选取了具有浓郁地域意象的惠山、锡山风景和工厂群、装卸码头等元素，依据现实重新组合画面构成，充分表现出社会主义建设的繁荣气氛。显然，善于人物的描绘，擅长气氛的烘染，都在钱松喦所从事的建设主题创作中得到充分的呈现，而惯于精心的章法设计和笔墨经营，使他的绘画烙上职业家的品质。后来，钱松喦的绘画技艺更是炉火纯青，1959年的《运河工程》《水上高歌丰收归》《帆船机械化》《无数银山积海盐》等系列作品无不如此。

1958年，张文俊也创作了《梅山水库》。这幅作品突破了中国传统山水局限，展现出社会主义建设宏大的劳动场面，成为当年描绘新中国水利工程的经典之作，被王朝闻赞誉为“中国的新声”。[7]《美术》执行编辑何溶评价说：“很多人都比较喜欢张文俊的中国画《梅山水库》，就作品的内容来看，它反映的是劳动人民与自然的斗争，反映的是劳动人民建设社会主义的那种伟大英雄气概和冲天干劲，尽管人物在画中很小。”[8]当时的人们普遍关注的乃是这种战天斗地的精神，这俨然表明经过近十年改造后的中国画的审美趣味已悄然发生巨大改变。张文俊曾数次深入工地写生，创作多幅反映工人生活和建设的写生画稿，其自述充分表明了这种创作心态和时代趣味：

> 听说梅山水库工程已动工，我就赶到梅山，在那里虽然住了不到一个星期，在工地上所看到的一切，给我感受很深：紧张劳动的场面、宏伟的工程与山的气势所构成的伟大动人的情景，吸引了我，感动了我。首先是浩浩荡荡的劳动人群，在工地上几路大进军，从这里可以看出劳动人民改造大自然的伟大力量。他们有组织、有领导地进行劳动，这是我从来没有看到过的。在过去的山水画里，表现雄伟的山川虽有，像这样大规模的劳动情景，却从来也没有。过去任何时代也不可能组织这样多

的人，为了建设人民自己的美好生活，自觉地、紧张愉快地进行劳动。这里充分地表现出我们这个新时代的精神。我认为这是中国现代的山水画家最好的创作题材。在这里我感到比在佛子岭有兴趣的地方，首先也就是赶上了施工场面，亲自感受了劳动气氛。这里生活内容的丰富，山川的变化，也正是国画家所说的丘壑之所在。我想能把这些表现出来，一定很生动，同过去的老山水相比，一定也有所不同。[9]

1958年12月28日，“江苏省中国画展览会”在北京帅府园中国美术家协会展览馆隆重开幕，展出64位画家的161件佳作，从各个角度反映了当年社会主义“大跃进”的现实生活，体现了推陈出新的时代精神。展览期间，有关部门先后举办了六次座谈会，就国画创作问题展开了广泛而深入的讨论。该展览不仅在全国美术界引起轰动，并引起了中共中央书记处、宣传部有关领导的重视，一致认为江苏的国画在推陈出新、反映现实生活方面，富有新意，经验值得推广。

1959年1月，《美术》杂志进行重点报道，江苏的中国画一时被誉为新时期中国画创作的样板。当时，傅抱石撰写《政治挂了帅，笔墨就不同——从江苏省中国画展览会谈起》，明确提出了“党的领导、画家、群众三结合”的创作方法，为新中国画的创作寻到了一条可行之路。在一定程度上，傅抱石的创作心得亦道出了当时画家的肺腑之言：

自觉改造思想，争取政治挂帅，不但提高了思想水平，更提高了业务水平。……今天对国画家来说，通过劳动锻炼，投入生活，改造思想，争取政治挂帅，争取更好地为人民多画些好作品，笔墨才可能从创作实践中得到提高。[10]

“政治挂了帅，笔墨就不同”，无疑折射出中国共产党对国画家的具体要求，也表明了当时中国画创作的主要审美趋向。国画界也由此兴起了一股“江苏经验”。

“江苏省中国画展览会”以反映江苏国画家的政治热情和在表现现实题材方面的成就，在特定的历史时期内为江苏国画赢得了声名。中共中央机关报《人民日报》有如下报道：“在这许多表现人，表现劳动，表现祖国伟大建设的画幅面前，那种认为传统的国画是不能反映现实生活的老看法都不攻自破了”，“国画家用自己的实践证明，国画既可反映现实生活，而且可以结合得很自然”。[11]一年后，作为中国美术家协会机关刊物的《美术》再次以“江苏省中国画院政治挂帅”为题进行了重点报道，代表党大力宣扬：“具有悠久历史传统的中国画，在毛主席的为工农兵服务、为社会主义事业服务的方向下百花齐放、百家争鸣和推陈出新的文艺思想指导下，是完全可以反映新时代、新事物，为社会主义革命和建设服务的。”[12]这足以代表当时中国共产党的文艺决策层对传统中国画的普遍认识，江苏的国画家反映现实生活和社会主义建设的创造由此成为当时国画改造的成功典范。

当然，现在的人们回顾这段历史时，都能客观、公正地总结历史教训，认为它违反艺术创作规律："'美术大跃进'是受全民大跃进热潮的促动，集中出现在1958年的特异美术现象，它干扰了美术事业的正常发展进程。"[13]江苏国画家的创作不仅见证了"大跃进"期间所走过的历史弯路，而且见证了当年艺术发展上无法避免的歧途。

但是，正是江苏国画家在"大跃进"运动中的积极表现，并作为一项具有高度政治指标性的政绩工程，引起了中共江苏省委的高度重视，也由此引发了一年后的傅抱石、亚明等人的两万三千里写生壮游和"河山新貌"专题展览，从而确立了江苏国画在全国的领先地位。同时，也正是江苏国画家们在1958年的一系列探索、切磋式的集体创作实践，对后来江苏国画成熟风格之同一趋向的最终形成产生了不可低估的重要作用。

三、1960年两万三千里写生之变革

1960年3月16日，江苏省国画院正式成立，江苏国画事业步入了快速的发展阶段。旋即，江苏省国画院投入了工作，酝酿写生活动。9月15日，傅抱石、亚明率领江苏省中国画写生工作团离开南京，历时三个月，行程两万三千里，瞻仰革命纪念地，游览风景名胜，参观工矿企业，成为中国绘画界1950年以来一件极为轰动的大事，将1950年以来中国画写生活动推向了高潮。

众所周知，此次远行为江苏国画家们的创作注入了新的源泉，对他们改变旧风格，积极创作表现时代新内容的作品具有深远的意义。如果说1958年"美术大跃进"期间的绘画创作对参与画家们的风格转变没有太多显著的话，那么，此次壮游对每个画家的影响则是巨大的。

诚然，此次远行的目的，亦如中共江苏省委宣传部副部长王人三（1915—1998）所指示：开眼界，扩胸襟，长见识，从而改造思想，提高业务。[14]换句话说，描绘祖国的山河新貌，看看伟大的社会主义建设成就，并以此讴歌中国共产党，当是画家们的首要任务。在时人看来，生产建设是实现新中国强国梦想的重要内容，也是中国从一个农业国走向一个工业国的必由之路，正如陈履生分析："这一切的建设成就，不仅是当时人们政治生活中的大事，直接关系到人民生活水平的提高，而且也印证了领导这个国家的政党在一段时期内的政绩。因此，反映新生活的课题，落实到具体的内容上，这些建设成就以及建设的过程就成了重要的表现对象。"[15]所以，在山水画创作中表现社会主义建设成就也成了一项政治意味浓厚的使命。

此间最值得一书的是，9月21—24日，傅抱石、钱松嵒等人在三门峡水电站建设工地的写生活动为中国绘画史留下了浓墨重彩般的一笔，一时传为美谈。"古人说'圣人出，黄河清'，几千年来从来不敢梦想的奇迹，今天在党中央和毛主席的正确领导下，在劳动人民的英雄气概和冲天干劲之下实现了。为害几千年的汹涌澎湃黄水怒号的黄河，变得一平如镜，清澄碧绿，将永远为人民造福了。"[16]面对繁忙的建设工地，写生团的画家们个个热血澎湃，情绪振奋，在工地上留下了大量的速写。然而，为了表现这个"清"字，

他们大多一时难倒了："大家很清楚，找古人的笔墨是不会有办法的。一不小心，很容易画成'长江'或是'太湖'呢？"[17]显然，怎样改变原有技法，以表现新题材成了画家们煞费苦心的首要内容。在旅途中，他们结合自己的实际，相继惨淡经营般地完成了创作，其复杂、缜密的构思过程至今为人们津津乐道。

11月8日，傅抱石经过严密的构思之后在重庆创作了已酝酿1月有余的《黄河清》。他并没有完全照搬热闹的工地现场，大胆取舍、剪裁，立意于更为深邃的境界。大块泼墨画出一个高山头，山头上耸立着两根巨大的高压电线杆，与它相连接的三个山头，以道路分割成大小不同的三角形、长方形、扁三角形；道路中车水马龙，人群来往，木板拖车、汽车、拖拉机行驶其间，山头有长短相间的工棚，六根高压输电线横穿画面，上下呼应，形成声势浩大的建设场面和繁忙的建设景象；山后蓄水湖成为画面中心，黄河水由左上绕远山曲折而下，远山既有北方黄土山的明确结构，又带有平远的曲折变化。黄土高原变成绿原，蓄水湖清平如镜，以暗示黄河由黄变清的奇迹。最后，傅抱石在题跋中发出了由衷的感叹："一九六〇年九月二十一日抵三门峡，至则前三日黄河之水清矣；清洌澄澈，一平如镜，数千年未有之奇观也。水闸工程尚未全竣，而亿兆人民将承蒙福祉，岂可无图颂之？"由此，《黄河清》的主题思想得到了进一步的升华。叶浅予在观看《黄河清》之后就感慨：

> 当作者凝神观察黄河，进而构想意境之时，所看的所想的，自然不能局限在他所站定的一点上。此时此地的画家，对于地貌水纹的特征早已了然于胸，所要考虑的是假设自己，应该站在什么位置，采取什么角度，才能充分表现目之所见和情之所感。从《黄河清》的取景位置看，说明画家的视点是假设的，所以视野极为开阔，不是一幅平常写生画稿。[18]

几乎同时，钱松喦也创作了《三门峡工地》。他选取了对岸禹王庙的描写，试图以新旧对比的形式来表现三门峡工程的浩大气势和在中国共产党领导下的劳动人民的英雄气概。他在上部以写实手法勾写三门峡工地，繁密的建筑群、大吊车、电线杆、机器、高压线杆、红旗，一应齐全，表现了极为开阔宏伟的建设场面；而禹王庙处于画幅中心，被赋予了更为深层的意涵："禹王血食已千秋，日日庙前滚浊流。不料黄河今慑伏，笑他空对鬼门愁。六亿人民是圣贤，禹王瞠目一龛前。惊看倒转乾坤手，腰斩黄河利万年。"

就在稍前的10月，宋文治以传统笔墨的形式创作了《山川巨变》，真实再现了三门峡水电站工地轰轰烈烈的建设场景，成为早期水利建设题材中的经典之一。与傅抱石、钱松喦的冥思苦想般的构思不同的是，宋文治在这件浅绛设色的长卷中以平铺直叙的方式表现了主题，没有对比的冲突，也没有刻意的经营，一切都是再现式的细微描绘。画面下部几座长满丛树的山头，笔势壮阔，山头露出点点工地红房，高压线杆、大吊车与烟囱穿插其间。中部自左至右为三门峡大坝，坝底为繁密的工地，清平的黄河水，自左往右东流，右侧为黄河铁桥。画面上部为连接大坝的黄土山，层层远去。宋文治自小耳濡目染于江南的“四王”遗风，以清丽隽秀见长，又时有苍沉，笔墨设色屡见巧思。《山川巨变》通过多变的线条加以丰富的皴、擦、点、染，充分发挥传统笔墨的作用，表现了三门峡景致。当然，或许传统的痕迹太多，以致有评论者对此产生了疑虑：“《山川巨变》虽然很费功力，描写了三门峡工地的大场面，但是整个看来，不能吸引人，不美也不新。是平淡的有条理的报告，却不是诗。”[19]为此，宋文治曾数次变更构图，画了多幅近方构图的《山川巨变》，笔墨更为豪放，主题更为突出，画面整体效果也比以前更胜一筹。

显然，《黄河清》《三门峡工地》《山川巨变》异曲同工，都在立意方面费尽了心思，但其描写手段、意境气氛、笔墨技法却大为不同，前者趋于写意，后者偏向写实，显示出画家的不同视角和风格。在画家巧妙的笔墨安排下，不仅没有破坏画面的和谐完整，也没有损害绘画情趣，反而使其山水呈现出独特的精神格调，体现出建设时代的浪漫遐想和人文旨趣。

在旅途中，以人物画见长的亚明除了创作以陕北农民为题材的《出院》《陕北老游击队员》外，还将关注点放在了“铁水钢花”的表现上，从高炉到平炉，从炼铁到出铁，从炼钢到出钢，从运钢到轧钢，他根据重庆钢铁厂、武汉钢铁公司参观、写生所得将钢铁生产流程几乎画了个遍，组成《钢铁掇拾集》。在这组单幅不大的作品中，亚明并没有采用当时流行的全景式构图，也没有以当时这类题材中普遍出现的烟囱、高炉等为表现对象，而是以其智慧和才情选取了炼钢炉前的不同角度，用中国画的笔墨表现了“炼钢”主题所特有的氛围与环境。画家以速写般的生动笔法和浓淡交替的墨色，利用皮宣便于渲染的性能，泼墨表现机械设备，浓淡互渗，刚柔相济，营造出工厂生产的节奏和气氛，又以朱色点染钢水和人物，在黑红对比中强化了这一特定题材的量感和色调。作品满纸笔飞墨舞，色墨交融，在红与黑的对比中，充分表现了那种符合时代要求的画面结构与审美理想。这是运用传统水墨语言表现现代工业的突破，在当时并不多见。后来，亚明还创作了大幅《炉火正红》，成为当时钢铁生产主题的代表性作品。

《钢铁掇拾集》《炉火正红》等展出后，引起观众浓厚的兴趣，有学生留言：“亚明的作品多写的是工农业生产建设，不受旧国画形式的限制，表现炼钢的题材处理得如此和谐，是难得的。过去我们一直认为这类题材只有油画和版画才能表现，用国画不会有好效果，其实不然。”[20]评论家则从专业的角度说明了作品的意义：

> 谁说炼钢必须用油画的高光才好表现？国画的水墨渲染同样表现了炼钢的气氛。亚明巧妙地运用了润墨，利用了纸的空白，用红色在人的全身画出炉火的反光，形成单纯强烈的对比效果。而厂房中复杂的机器也处理得简练干净，给人动的轻快之感。[21]

与钱松喦、亚明、宋文治等人不同的是，傅

抱石一般不直接描绘热闹的建设工地，而只是在远景中画出一片工厂、高炉、烟囱、乌烟，以点缀的方法巧妙地表现出建设的成就和时代的变化。同时，往往将建设工地置于一个诗意的山水间，以其习惯的内敛方式来表现新事物、新生活。固然，这是他与生俱来的浪漫气质和多年来的习惯作风起着决定性作用，也使他的作品与其他直接描绘热闹的劳动场面拉开了距离。有必要提醒的是，这应该与他本身并不擅长工整的实景描绘有着相当的关系。1958年，江苏省国画院筹备处受命绘制《为钢铁而战》《人民公社食堂》时，傅抱石似乎也没有过多地参与到这种写实性很强的创作之中，而仅是在“一旁出点子”。[22]但是，他扬长避短，将自己的注意力和精力投注于“毛泽东诗意画”的经营与创作，以示紧跟时代潮流。

尽管多次从事写生活动，傅抱石直接反映当时工农业生产建设题材的绘画作品并不是很多。从某种程度上说，或许天生的潇洒秉性，傅抱石并没有完全把目光投注在一些直接的生产劳动场面，而是在热闹的表象下追求深邃的意境，以比较“雅”的方式来处理新事物、新风尚。譬如1960年12月28日，他根据峨眉山铁厂矿石工地所得印象创作了《峨眉处处有歌声》，满山遍野，郁郁葱葱，一派生机勃勃的景象。与当时大多数人集中体现那些场面宏大、人员众多、成就喜人的场面、情节不同的是，傅抱石并没有直接大量描绘铁矿工地热闹的劳动场面，而是以一架工作着的石料传送带和若干工程车辆点明主题。在这里，我们依然看到了傅抱石对传统笔墨形式的大量使用与对传统文化的依依不舍，画面保持了其原有的笔墨风格，仅是有所收敛罢了。

显然，《峨眉处处有歌声》使一个劳动工地富有浓浓的诗意，也比直观的表现更有意境。而且，傅抱石在确保作品整体的艺术性和笔墨品质的同时，对建设主题作了巧妙的安排，再配以比较抒情的题跋，使得绘画在规定的题材范围内既能刻意求新又能明哲保身。这种图式的巧妙构思在某种程度上可视为画家在特殊政治环境下的一种发展策略——凭借这种策略，山水画家保证了自己一定的创作空间。从整体面貌上看，这仍属于正统的山水画，不同之处在于表现的主题是山水林木掩映下的工地，借此来歌颂社会主义现代化进程，而不是抒发传统山水中的文人情怀。

正如前述，此次旅行写生对每个画家的艺术道路都产生了重要影响，这是他们一直引为自得的。通过这次壮游，老画家们的笔墨注入了时代的血液，创作了一大批反映时代脉搏的作品，充分展示出他们卓越的艺术才华。不久，傅抱石在总结写生创作时提出了“思想变了，笔墨就不能不变”的著名论调：

> 只有深入生活，才能够有助于理解传统，从而正确地继承传统；也只有深入生活，才能够创造性地发展传统。笔墨技法，不仅仅源自生活并服从一定的主题内容，同时它又是时代的脉搏和作者的思想、感情的反映。我觉得，这一点在今天看来哪怕是不很巩固的体会，却清楚地、有力地推动了画家们思想上的尖锐斗争——对

自己多年拿手的（习惯、掌握了的）“看家本钱”开始考虑问题。这是极为可贵，极为难得的。所谓考虑问题，绝非说“看家本钱”全要不得，笔墨全没用了。决不如此。而是由于时代变了，生活、感情也跟着变了，通过新的生活感受，不能不要求在原有的笔墨技法的基础之上，大胆地赋以新的生命，大胆地寻找新的形式技法，使我们的笔墨能够有力地表达对新的时代、新的生活的歌颂与热爱。换句话，就是不能不要求“变”。[23]

这是傅抱石所代表的江苏国画家从新的时代生活体验中对中国画创作做出的重要理论总结，闪烁着集体智慧的光芒。它不仅蕴含着丰富的内容，而且达致一个时代的理论高度，成为当时中国画坛的艺术箴言，深刻地影响着20世纪60年代的绘画创作。

1961年元旦，“江苏国画工作团写生画展”在江苏省美术馆开幕，展出作品233件，向党和政府进行汇报。之后，中共江苏省委宣传部决定增加“江苏部分”。[24]3月中旬，江苏省国画院的画家们又深入苏州、无锡、宜兴、镇江农村写生，创作了一批具有江南水乡特点的新作品。5月2日，由中国美术家协会、中国美术家协会江苏分会联合主办的“山河新貌——江苏国画家写生作品展览”在北京帅府园美术展览馆开幕，汇集作品150幅，为期20天——这是江苏画家继1958年以来的第二次晋京展览。

这批画作描绘了祖国的河山新貌，塑造了新中国的新形象，推动了中国画与时俱进的变革与发展，引起了中国画界的强烈反响，标志着江苏省中国画创作的正式崛起。在当时中国画面临着适应新的时代内容而亟待解决的情境下，“山河新貌”展无疑为处于改革、创新的中国画坛树立了一个榜样。正如一篇报道所说：“江苏的画家们巧妙地运用了传统的笔墨，表现了祖国的大好河山。而且还突破了旧笔墨的束缚，在传统的基础上创造新笔墨。这几年来，他们在党的正确文艺方针指导下，刻苦钻研，基本克服过去国画作品中表现的热情有余而艺术水平不高的缺点，使传统与创新之间，新内容与传统笔墨之间的距离大大地缩短了。”[25]

研究者有云：“画家们着意去表现的是工业恢复建设的新生待兴，而不再是‘百废’的破败落后；是表现紧张的机器生产场面中的热情和力量而不再是之前机器生产所带给人的无力无助；是表现作为‘人民’的工人而不是作为‘苦力’的劳工。”[26]这应该便是新中国“十七年”建设主题绘画的三种表现倾向。时代的要求呼唤审美趣味的转变，正如钱松喦所言：“我开始把自己的创作当作一项党和人民交给我的政治任务来完成。”[27]“只有使旧笔墨从旧审美观的束缚中解放出来，才能重新获得生命力。”[28]新题材的出现必将带来新的语言方式，以中国画来说，过去的那种闲情逸致的笔墨，是不可能表现出烟囱、高炉等反映出来的时代气息。由此，改造笔墨以适应时代的要求，就成为一代艺术家的努力方向。当新的笔墨和新的题材得到较好结合的时候，它与传统中国画之间就有了一个时代的距离。

结语

通过上述勾勒，我们可充分了解到新中国“十七年”间江苏国画家在建设主题创作方面的多种努力。他们立足于传统绘画技巧，适当吸收西画方法，力求传统笔墨与现实生活相契合、清新的生活气息与灵性的笔墨气韵相交融，创作出一系列值得称颂的作品。但是，由于画家经历、性格、气质、学养、师承等诸多方面的差异，他们在统一主旨的要求下也展示出不同的趣味追求和风格特征，或寓刚健于柔和之中，或寄雄壮于秀润之内，或显工雅而不失豪放之致，充分反映出其对于建设主题不同的考量和视野。众所周知，在政治与艺术的夹缝中，新中国“十七年”中国画创作在一系列的政治运动中曾经历了非同寻常的路程。这里，我们真实地看到了江苏的国画家们在强大的政治力规约下的刻意或小心。综观其建设主题作品，这种矛盾几乎无处不在。有时，为了强调政治性，尽管费尽心思，而不得不收敛起他们得心应手的习惯做法，呈现出若干无法逾越的障碍或弊端，从而留下了某种意义上的败笔。

作为体现社会变化和建设成就的历史图像，建设主题的中国画创作在日益政治化的社会现实中反映了传统中国画在新的时代条件下改造、发展中的一个重要过程。它的产生、发展和嬗变轨迹几乎亦步亦趋紧跟着新中国社会政治的需要，与时代形成了一种极为密切的呼应关系。正如陈履生认为：“建设主题在新中国的兴起，与提倡写生有直接的关联，是改造国画整体战略中提倡写生之后所迈出的又一步。显然，这是一种文化策略，是这一文化策略引导下的改造传统国画的渐进过程。历史上，中国的画家或策杖于山巅，或泛舟于江湖，基本上是不问人间烟火的‘行万里路’，而眼前的提倡写生，既要摆脱墨守古人的规范，又要从现实的生活中激发表现新生活的灵感，让传统的国画为新中国的事业服务。所以，这不是简单的行走，也不是古人的那种遍访名山大川，而是通过写生看到现实中的变化，通过写生带来思想的变化。”[29]

因此，在山水画创作中表现社会主义建设不再仅是绘画的一种题材而已，而演变成一项政治意味浓厚的特殊使命，充分折射出20世纪中期中国的社会政治结构和文化生活的变化，呈现出一种特定的风格趣味和思想观念。

注释

[1]艾青:《谈中国画》,《文艺报》1953年第15期，第7—8页。

[2]叶浅予:《刮目看山水》,《美术》1961年第2期，第2页。

[3]黄名芊:《笔墨江山——傅抱石率团写生实录》，人民美术出版社2005年版，第110页。

[4]傅抱石:《在全国政协二届二次会议上的发言》，见叶宗镐编《傅抱石美术文集》，上海古籍出版社2003年版，第417—439页。

[5]陈履生:《理想化的人间乐园——关于〈人民公社食堂〉》,《嘉德通讯》1997年第3期，第17—19页。

[6]杨晓利:《新国画的成就与历史的契机——对赵望云、钱松喦、关山月的绘画成就及其相关时代背景

之研究》，硕士学位论文，西安美术学院，2005年，第17页。
[7]王朝闻：《中国画的新声》，转引自石延平《气骨刚健秀发风神——当代山水画大师张文俊艺术浅评》，《江苏商报》2004年11月14日第16版。
[8]何溶：《山水、花鸟与百花齐放》，《美术》1959年第2期，第7页。记者：《江苏省中国画展览会在京展出》，《美术》1959年第1期，第8—9页。
[9]张文俊：《学习中国画创作的体会》，《美术》1959年第1期，第6页。
[10]傅抱石：《政治挂了帅，笔墨就不同——从江苏省中国画展览会谈起》，《美术》1959年第1期，第4—5页。
[11]秦犁：《国画里的时代气息》，《人民日报》1959年1月10日第4版。
[12]《江苏省中国画院政治挂帅》，《美术》1960年第7期，第51页。
[13]北京画院编：《20世纪北京绘画史》，人民美术出版社2007年版，第284页。
[14]黄名芊：《笔墨江山——傅抱石率团二万三千里写生实录》，第5页。
[15]陈履生：《建设新中国——20世纪50年代中国画中的建设主题》，收录于吕澎、孔令伟主编《回忆与陈述——关于1949年之后的中国艺术与艺术史》，湖南美术出版社2007年版，第12页。
[16]傅抱石：《思想变了，笔墨就不能不变——答友人的一封信》，见《傅抱石美术文集》，第487页。
[17]同上。
[18]叶浅予：《刮目看山水》，第5页。
[19]郁风：《看〈山河新貌〉画展随记》，《美术》1961年第4期，第63页。
[20]《〈山河新貌〉观众意见摘录》，《美术》1961年第4期，第64页。
[21]郁风：《看〈山河新貌〉画展随记》，《美术》1961年第4期，第63页。
[22]陈履生：《理想化的人间乐园——关于〈人民公社食堂〉》，第18页。作者透露：该文写作得到了亚明、宋文治、吴俊发、谢海燕等当事人的帮助，部分史料源于对他们的采访。
[23]傅抱石：《思想变了，笔墨就不能不变——答友人的一封信》，见《傅抱石美术文集》，第487页。
[24]亚明：《关于江苏旧国画院两万三千里云游具体情况》，“十五”，南京庄天明藏手稿，第9页。
[25]《山河新貌——江苏国画家写生作品选》，《光明日报》1961年5月11日第4版。
[26]蒋岳红：《钢铁形象的生成与象征——试以新中国十七年（1949—1965）美术中的工业题材绘画为例》，硕士学位论文，中央美术学院人文学院，2005年，第14页。
[27]钱松喦：《推陈出新，创作新国画》，见《颀石楼画语》，江苏文艺出版社2007年版，第15页。
[28]叶浅予：《刮目看山水》，《美术》1961年第2期，第4—5页。
[29]陈履生：《建设新中国——20世纪50年代中国画中的建设主题》，见《回忆与陈述——关于1949年之后的中国艺术与艺术史》，第11页。

本文载于《美术研究》2012年第1期

万新华，1974年生，江苏海门人。1998年毕业于南京艺术学院美术史系。南京博物院艺术研究所副所长、研究员。

郑锦与国立北京美术学校

——兼论郑锦对国立北京美术学校学科及课程建设的贡献

傅怡静

作为中国近代第一所公立美术学校——国立北京美术学校的筹备者及首任校长，郑锦功不可没。然而长期以来，其人的淡泊、时人的不满、后人的淡忘，使这位对中国近代美术教育做出杰出贡献的先驱渐渐淡出人们的视线。其实，郑锦实实在在是中国近代美术史上拥有数个“第一”头衔的人。他不仅是中国第一个赴日学画的，而且是第一个赴日学习西洋画的人。只不过后来专习日本画，回国后又从事中国画创作，因此少有人知其在东京学习西洋画的经历。他还是入选“文部省美术展览会”这一日本级别最高的美术展览的第一个中国人。归国后，他又是中国近代第一所公立美术学校的创立者，担任第一任校长长达七年之久。可惜他于1924年辞去校长一职后，转而致力于平民教育，抗战后又居澳门，超然于世外，以致声名渐没，隐而不彰。

一、郑锦的留学与教学经历

郑锦有着长达十八年的留学经历与近四十年的从教经历，一生都与美术、教育休戚相关。他1883年生人，原名瑞锦，字褧裳，又作炯裳，广东香山县（今中山市）雍陌村人，村南有温泉三眼，故又号温泉居士。幼在乡塾攻读，1897年东渡扶桑，入横滨大同学校学习。肄业后去东京学习西洋画近五年，[1]还曾实习解剖，细致研究并了解人体结构，并将骨骼肌肉、组织结构等绘制成图。1902年考入京都市立工艺美术学校。[2]京都画风不同于东京，仍固守中国、日本的传统绘画精神及技法。所以郑锦在这里专习中国画技法，并刻意研习日本人物画。1906年毕业，次年又考入京都市立绘画专门学校（即今西京艺术大学）[3]绘画科。1907年作品《娉婷》入选日本第一届文部省美术展览会。[4]当时提交文展的作品有625件，但入选的仅89件，《娉婷》即是其中之一。该作品还为大正天皇所欣赏，轰动日本华侨界和日本画坛。1908年所绘人物画《待旦》入选万国博览会，[5]该作1912年又入选大正美术展览会，深受赞誉。[6]1912年，郑锦以优异成绩毕业。

1915年郑锦受民国政府教育部聘请回国，[7]沿途经过天津，他专程拜访了梁启超，梁为其撰写《郑褧裳画引》。抵京后，郑锦先在教育部总务厅编审处从事教科书编纂工作，并在国立北京高等师范大学图画手工科兼任教师。1917年10月受命筹建中国近代第一所国立美术学校，担任美术学校筹备所主任，后又兼任北大画法研究会教师、故宫博物院副院长兼文华殿古物陈列所主任。郑锦筹建学校时曾再度赴日考察美术教育。1918年4月15日，国立北京美术学校（即中央美术学院前身）正式成立，郑锦担任校长。开学典礼上教育部范源濂总长、蔡元培先生和郑锦校长都分别致辞，郑锦报告了筹备情形，“并述美术二字之界说，又勉学生以恪守规则、热心向学两义”。[8]七年经营后，多种因由下，郑锦辞去了校长一职。

此后郑锦赴河北省定县研究县政，致力于实验乡村的建设。并加入晏阳初、陶行知、胡适等人发起的中华平民教育促进会（简称“平教会”），专心于平民教育。1928年因日本入侵，该会由河北定县迁至湖南衡山等地。郑锦十年来深入农村，促进农民教育，并参与编写平民教育的相关教材，如其所编《平民教育与平民美术》（商务印书馆发行）。1936年应广东省中山县政府之聘担任中山模范县建设专员，旋任中山平民教育会主任，兼任全县民军统率专员等职。1938年中山县沦陷后，携眷移居澳门。抗战期间，闭门谢客，以丹青自娱，创作了大量作品。1941年在澳门、香港举办3次个人画展，展出作品百余幅，花鸟、人物、山水兼而有之。抗战结束后，还曾回中山担任过小学校长及乡长。晚年闲居澳门，创作不懈。1956年参加关万里、陆昌、谭智生、谭华牧、赵伟夫等人组织的澳门美术研究会，并参加该会第一届美术展览会。1959年3月病逝，6月15日其亲友于香港圣约翰教堂为其举办“遗作展”。[9]

关于郑锦的艺术成就，梁启超曾盛赞他“冥心妙造，历逾岁纪，沿流溯源，众长奄备，莫不细入毫发，而意惬飞动，务极规矩，归于自然，宋元家法，往往而合，其诸擅高往策独秀当时者欤！东京市新古博览会、大正博览会、美国巴拿马博览会，竞致褒题，翕然精诣，东方学者，未能或之先也”。[10]郑锦长达十八年孜孜矻矻的留日苦学生涯及其在日本所建立的声誉，使其成为当时最早一批回国的美术专业留学生中的佼佼者。

二、郑锦与国立北京美术学校

郑锦担任国立北京美术学校校长七年，在该校的任职年限比林风眠、徐悲鸿等人都要长。1917年10月30日，教育部正式委派郑锦筹办北京美术学校。[11]自此，他花费了半年时间筹划准备，学科建设、课程设置、聘请教授、招生程序、分省选考、教学硬件设备等，事无巨细，一切都是从无到有，贡献良多。然而个体往往是历史长河中的小沙砾，在时代的旋涡面前，个体的发展只能顺流而下。所以郑锦的上任是时代的选择，其卸任同样也是时代的选择。

（一）郑锦的上任与卸任

民国政府教育部选择郑锦来筹备、创立中国近代第一所公立美术学校，是经过深思熟虑的。首先是客观需要，清末民初的教育体制仿自日本，且有成效。所以他们依旧需要一个熟谙日本美术教育体制及文化的优秀人才。当时的优秀学子赴日留学者居多，符合条件的留日学生也有一些。1918年前在日本已经完成学业且著名者，有周湘、陈师曾、姚茫父、何香凝、李叔同等，周湘在上海，何香凝在广东，且是女子。陈师曾、姚茫父在北京，也有盛名，但他们在日本学的是博物、政法。早期留学东京美术学校并完成学业的有黄辅周、李叔同、曾延年、白常龄、陈之驷、潘寿恒、方明远、汪济川、雷毓湘，其中以李叔同最为著名，但他在两江师范学堂的改革教学尤其是裸体教学，引起了不少非议，传统势力强盛的北京必然忌讳这些在日本学习西洋画的留学生来搞极端的改革。

相比较而言，郑锦的个人条件和素质较好，有几点优势：1.郑锦留日十八年，接受了正规、系统、完整的美术教育，早年在东京学习西洋画，后又在京都市立美术工艺学校、京都市立绘画专门学校学习日本画近十年，可以说对日本的美术教育体制极为熟悉。2.郑锦在日本画坛及华侨界已有盛名。入选日本第一届文部省美术展览会的作品《娉婷》和入选万国博览会、大正美术展览会的《待旦》，曾在日本画坛和日本华侨界轰动一时。在早期留学的中国美术专业学生中，郑锦成绩非常优秀。正因如此，民国教育部才会在1915年将其召回国内，先从事一些教科书的编纂工作，隶属总务厅编审处。后又在国立北京高等师范大学图画手工科兼任教师。这两年的工作时间也充分考察了郑锦的为人与能力。3.郑锦研习的是传统的日本画和中国画，所以北京传统势力可以接受。4.郑锦久居日本，为人谦和，人际关系上的纠葛较少；且与当时文化界名人间有往来并得到认可，如前引梁启超对其艺术作品的盛赞。

由此，时代给予的机遇、个人的经历与成就，在各种主客观因素的综合作用下，郑锦担当起筹备中国近代第一所公立美术学校的重任。

草创伊始，万般艰难。郑锦在国立北京美术学校的创建中可谓呕心沥血，但是筹划时的办学思想和实践中的运行并不能完全一致。北京是传统派画家的大本营，当时学校聘请了不少著名的中国画家，如陈师曾、姚茫父、王梦白、萧谦中等。郑锦本人创作的也是带有浓厚日本画色彩的工笔，属于传统一路。相比之下，西洋画科的师资力量较为薄弱，1921年才有留法的吴法鼎任教务长、留英的李毅士任西画主任。但是他们在两三年内因受传统势力的排挤而被迫辞职。汪亚尘因此写下《评北京艺术界》一文，尖锐批评了北京艺术界及国立北京美术学校，矛头直指郑锦，认为郑锦创作的是“偏于在技巧上‘做作式’的日本画，绝对不是时代上的东西”，甚至认为要有“彻底了解艺术的人”主持学校，不能带有“不纯洁的色彩”。因为汪亚尘认为1923年发生的学生风潮就是郑锦等“顽固头脑的主事者酝酿成功”，[12]而这件事可能直接导致了吴法鼎、李毅士的离职。现在看来，汪亚尘之评不无偏激，涉及当时的“南北矛盾”。但他谈到国立北京美术专门学校成绩展览会上的大部分作品“因袭日本明治二十年间的旧日本画风，洋画只有十分之一”，[13]也传递了一个信息，当时师生的创作以传统中国画为主，这也就意味着学校里中国画科的主导地位与西洋画科师生力量的不足。汪亚尘还说对了一个很重要的问题，即“时代”，郑锦学习了十余年的日本画，这种专业的训练已根深蒂固，所以他的创作很难摆脱日本画的影响。但同样的创作，在20世纪初的日本得到的是赞扬，而在20世纪20年代的中国却是过时的了，这就是时代的选择，非个体所能左右的。而且当时学校办学经费相当拮据，1921年北京国立专门以上八校（包括北京大学、北京高师、北京美术学校等）的教育经费严重匮乏，教职工“终日皇皇，迫于饥寒，没有法子维持生计，亦不安心授课”，[14]为此集体向北京政府索薪，相继罢教。可见当时维持一个学校的生计已相当困难，在这种情况下，某些教师的待遇自然难以兑现，这也会引起一些怨言。这些都为郑锦的离职埋下了伏笔。

客观而言，郑锦的艺术创作并非如汪亚尘所言仅在技巧上“做作”，他能在“细入毫发”的基础上“意惬飞动，务极规矩，归于自然”，且与“宋元家法，往往而合”。[15]日本画与中国画本来就是同宗同脉，陈树人即云“日本画，实则改进之中国画尔”。郑锦的作品本身就是中国画，虽然他在日本学的是日本画，但他归国后又从熊希龄、罗瘿公等名贤那里观摩了“顾恺之、吴道子、唐寅、仇英等真迹百余帧，以为参考，艺遂大进”。[16]郑锦人物、花鸟、山水兼擅，尤喜巨轴人物。读其作品，细致入微、毫发逼真，画风清新自然、隽秀典丽。

再从郑锦个人经历和思想来看，他并没有排斥西洋画，他在《平民教育与平民美术》一书中谈及当时中国西洋画的发展状况：“溯自前清末顷，始渐输入，其盛如日之东升。然其现象，只在美感之美术，原不注重光学、色彩、几何、解剖、美学等种种科学。而一般盲目之国民，又复无从得此种科学之知识。故一旦输入西洋画，不易使民众了解其奥妙。虽有多数热心之美术家，本其普遍之精神，或作文以鼓励，或公开作品以为示范，终日奔走呼号，极其提倡之能事，然间有以环境太劣，声嘶力竭，而终难以舒其宏愿，不得已而改就他种生计者。唯幸继者有人，前仆后起，孜孜不辍，以期得最后之胜利。”这段话颇能代表他对西洋画在中国发展状况的理解。他的态度是客观的，对国人研习西洋画的复杂历程、存在问题、发展路径等都有独到的见解和看法。然而不论郑锦的真实想法为何，现实的发展状况还是令他饱受非议，当时复杂的局面已令郑锦难以支撑下去，终于1924年春他辞职了，调教育部秘书处任事。郑锦与国立北京美术学校的缘分也于此完结。

（二）郑锦办学的思想与成就

郑锦在日本接受了十八年的绘画教育，既形成了自己的绘画语言，也对绘画教育有了深入的理解，他把这些理解融入国立北京美术学校的办学中，给中国近代美术教育输入了新鲜的血液，尤其在学科和课程设置上，郑锦的办学有较多突破。概括而言，郑锦的办学思想及贡献主要有三个方面：

首先，他创建了中国近代第一所国立美术学校，建构了一个中西兼顾、较为完整的美术教育体系，具开创之功。

国立北京美术学校先设中等部，续设高等部。中等部“为欲从事于美术及美术工艺者授以必须之智识技能并陶冶其品性为目的”。高等部的中国画科、西洋画科与图案科“以养成美术专门技术家为目的”，图画手工师范科“以养成师范学校中学校之图画手工教员为目的”。[17]所以在当时，郑锦首次设立了中国画科、西洋画科、图案科及图画手工师范科四个学科，形成了一个中西兼顾、较为完整的美术教育体系。

此前，师范教育附属的图画科早已设立，虽然起到了拓荒作用，但毕竟是附属学科，难成规模。上海图画美术院成立时也仅有西洋画科，1920年后才有了较为完备的学科。因此，美术教育体系的完善应归功于郑锦创立的国立北京美术学校。不过，体系的完善也是逐步进行的，1918年先行开设的是中等部，设绘画、图案二科；1919年办高等部，设中国画、西洋画、图案三科，次年增设图画师范科。正因如此，大多学者以为国立北京美术学校在1918年所办乃中专性质学校，但实际上，高等部的设置也是同期筹划，并上报教育部的。1918年7月5日教育部指令《北京美术学校学则》中高等部的各科课程设置已相当完备。

其次，郑锦在学校课程设置上融入了中西兼容并包的办学思想。不仅仅是学科的建立上，既有中国画科，也有西洋画科，更重要的是，他将西洋画作为中国画科学生的必修课，将中国画作为西洋画科学生的必修科，兼容并蓄，博采众长，体现出中西兼容的先进教学理念。

在中国画科中，他非常注重实习，所设临摹写生、绘具用法（预科设）、作图新案、毕业创作（本科第三学年设）基本占去总课时的四分之三，其余设解剖学（美术应用、人体解剖）、图案法（平面图案、立体图案）、美学及美术史（中国绘画史、西洋绘画史、美学）、外国语、西洋画等，而这些课程中唯西洋画是预科1年、本科3年全学年必修的，下设木炭画、铅笔画、水彩画，每周4课时。中国画科的预科还要学习用器画（几何画、投影画、透视画），每周8个课时。由此可见，郑锦在培育中国画人才上，十分注重训练他们的西洋画技能。同样，在西洋画科中，也是全学年安排了中国画课程，即使到了三年级，图案法、解剖学均已停学，中国画仍是必修科目，而且每周占4个课时。这与上海图画美术院的西洋画科大有不同，在此将1918年两校的课程设置列表作一对比：

1918年上海图画美术院与北京美术学校西洋画科的课程设置对比表

私立上海图画美术院（1918）		国立北京美术学校[18]（1918）	
铅画部	室内写生、模写	预科	实习（铅笔画、水彩画；25[19]）； 用器画（几何画、投影画、透视画；4）； 中国画（毛笔写生、临摹；4）
技术师范部	毛笔画、图案画、手工、木炭肖像、铅笔画、水彩画	本科第一学年	实习（铅笔画、水彩画、木炭画；28）； 美学及美术史（中国绘画史；2）； 图案法（平面图案；1）； 解剖学（美术应用、人体解剖；2）； 中国画（毛笔写生、临摹作图；4）

续表

私立上海图画美术院 （1918）		国立北京美术学校 （1918）	
水彩画部	室内写生、模写、野外写生	本科 第二学年	实习（木炭画、水彩画、油画；29）； 美学及美术史（西洋绘画史；2）； 图案法（立体图案；1）； 解剖学（美术应用、人体解剖；2）； 中国画（毛笔写生、临摹作图；4）
彩油画部	人体写生、肖像、室内写生、模写		
石膏模型部		本科 第三学年	实习（木炭画、水彩画、油画毕业创作；31）； 美学（2）； 中国画（毛笔写生、临摹作图；4）

上海图画美术院仅在技术师范部设有毛笔画的课程，其重视程度显然不如国立北京美术学校。毛笔写生和临摹作图始终是国立北京美术学校西画科从预科到本科4年的必修课程。而且，国立北京美术学校除实习之外，还有美学及美术史的理论学习。不过，上海图画美术院的长处在于写生，既有室内、野外写生，也有人像写生。

中西兼容并重理念的形成与郑锦的留学经历是分不开的。他虽然在日本的美术学校里接受了近十年的日本画训练，但他早年在东京也学过数年西洋画，所以他对西洋画是相当了解并予以肯定的。1919年，在蔡元培主持的教育部学术讲演会上，郑锦就讲了《西洋绘画的派别》，概述了西洋绘画的古典派、浪漫派、印象派、立体派、未来派等，这足以说明郑锦的思想与态度，因此才会产生中西画课程互置的创见。

最后，郑锦是将解剖学融入西洋画科和中国画科教学中的第一人。学生在本科一、二年级必修解剖学，分美术应用、人体解剖两个课目，每周两个课时。此外，中等部绘画科也设有解剖课程，学生在第二、三学年须学习美术应用、人体解剖学，图画手工师范科的学生在第一学年也要学习，图案科的学生则无须学习。这种科学了解人体结构的方法，有助于学生在创作中准确把握造型。

利用解剖学研习美术与郑锦在东京的一段经历甚有关联。“其未到西京前曾在东京习西洋画数年，对于写生，相当娴熟，且曾实习解剖，时有一硕壮苦力，酗酒致死，郑君乘机参加解剖，详细研究，费时三月，对于人体之骨骼肌肉、组织结构等，描绘成画，详细记载。”[20]这段经历对其日后的创作影响较深，因此“其如虎猴鱼鸟人物等，其骨骼肌肉，脉络血气，无不酷肖原形”。[21]所以在日后的教学中他也是积极倡导，无论中等部、高等部，除图案科以外，全部都要学习解剖。这显然是将其个人的学习创作经验融入了教学之中，而解剖学课程的开设，也是中国近代美术教育的一个首创。

可见，郑锦对国立北京美术学校学科及课程建设的贡献不可小觑，从某种程度上，他是将日本学制引进中国近代美术教育界的一个关键性人物。只可惜，时代使然，郑锦的传统画法并非时代趋尚，更因接近日本画风为时人诟病、抨击，以致他离开呕心沥血创办的学校。1924年是郑锦人生中的一个转折，此后的他把心血转至平民教育与绘画创作上。

其实，当民国教育部将创办国立美术学校的重任交付与郑锦之际，就已奠定了郑锦在中国近现代美术教育史的开山地位，他七年的贡献更是为其巩固了“筚路蓝缕，以启山林”的首创之功。诚然，国立北京美术学校是在蔡元培先生“亲自倡导”下创办的，但郑锦就是在蔡元培教育思想倡导下的身体力行者，他也曾在中国近代美术教育史上画下浓墨重彩的一笔。

注释

[1]陈树人《郑褧裳画展香江有感》与郑锦妻鲍桂娥作《郑锦号褧裳先生略历》均有载。

[2]京都市立工艺美术学校，是一所相当于我国中专性质的学校。京都市立绘画专门学校是高等教育机构，1909年与京都市立工艺美术学校同址办学。

[3]陈继春:《郑锦的生平与艺术》，见《郑锦纪念画集》，临时澳门市政局2001年版。文中言郑锦1902年考入京都市立工艺美术学校，1911年3月考入京都市立绘画专门学校本科，1914年3月毕业。本文选自郑锦妻鲍桂娥所作《郑锦号褧裳先生略历》，可信度较高。

[4]文部省美术展览会于明治四十年(1907)成立，由东京美术学校西洋画科主任黑田清辉建议，仿效法国官展而办，简称“文展”，是日本有史以来第一个官办美展。1907年举行第一届文展，分日本画、西洋画和雕塑三部，第一部日本画的收件作品共625件，仅入选89件；郑锦的作品正是从中挑选出来的精品。第二部西洋画的收件作品共321件，仅入选82件。第三部雕塑的收件作品共44件，仅入选14件。杨先让:《难忘的一九一八(上)——纪念北京国立美专创始人郑锦120周年诞辰》，摘自其著作《海外漫记》，新星出版社。文中言郑锦入选的是1911年日本文部省美术展，有误。

[5]郑锦妻鲍桂娥作《郑锦号褧裳先生略历》。

[6]该作品获日本画界及学者称誉，考古专家黑川真赖博士说:“唐代称为金碧辉映的技法，久矣湮灭无存，今于郑君画中复见之，当于东方艺道添一异彩。”引自陈继春《郑锦的生平与艺术》，见《郑锦纪念画集》，临时澳门市政局2001年版。

[7]陈继春《郑锦的生平与艺术》与杨先让《难忘的一九一八(上)——纪念北京国立美专创始人郑锦120周年诞辰》文均言郑锦1914年回国并拜访梁启超，其实不然。郑锦妻鲍桂娥作《郑锦号褧裳先生略历》中明确说他是1915年归国。而且梁启超是乙卯年(1915)九月写的《郑褧裳画引》，云其“自顷应聘归国，将之京师，维舟天津，丐辞于余”，时间正好吻合。

[8]《美术学校开学记》，《绘学杂志》1920年第1期。

[9]1924年后的活动参见郑锦妻鲍桂娥作《郑锦号褧裳先生略历》、陈继春《郑锦的生平与艺术》，见《郑锦纪念画集》，临时澳门市政局2001年版。

[10]梁启超:《郑褧裳画引》，摘自梁启超《饮冰室文集》第五十六卷，中华书局1915年版，第38页。

[11]吴惠龄、李壑编:《北京高等教育史料》，北京师范学院出版社1992年版。

[12]汪亚尘:《评北京艺术界》，《时事新报》1924年4月20日，见王震、荣君立编《汪亚尘艺术文集》，

上海书画出版社1990年版，第537页。

[13]潘絜兹《致工笔重彩绘画艺术——一个老艺徒的自白》(《中国画研究》1983年第3期)中云:“那时北平工日本画的只有一人，是郑锦(字褧裳，国立艺专校长)，我看过他的作品，也给我一种清新的感受。……因为北平画坛保守思想严重，学习日本画是会受到斥责的。”可见汪亚尘所言并非实际情况。笔者以为，展览会上的应多是中国画创作，毕竟中国画与日本画有相近的传统和画法。汪亚尘提倡西洋画，以致把一切问题都归咎到郑锦身上。

[14]吴惠龄、李壑编:《北京高等教育史料》，北京师范学院出版社1992年版。

[15]梁启超:《郑褧裳画引》，摘自梁启超《饮冰室文集》第五十六卷，中华书局1915年版，第38页。

[16]陈树人:《郑褧裳画展香江有感》。

[17]教育部指令1918年7月5日《北京美术学校学则》，引自章咸、张援编《中国近现代艺术教育法规汇编》，教育科学出版社1997年版，第121页。

[18]课程设置见教育部指令1918年7月5日《北京美术学校学则》，引自章咸、张援编《中国近现代艺术教育法规汇编》，教育科学出版社1997年版，第124页。

[19]即每周25课时，简写，下同。

[20]陈树人:《郑褧裳画展香江有感》。

[21]吴道宏:《郑君褧裳之十二绝艺》。

本文载于《美术研究》2012年第1期

傅怡静，1981年生，安徽人。2007年毕业于北京师范大学文学院，获博士学位。中央美术学院科研处处长，助理研究员。

李叔同油画《半裸女像》的发现及初考

王璜生　李垚辰

2011年，我们与北京大学共同策划“民国时期的人、艺、事”展览，拟前往澳门展出，[1]在这一过程中，我们对中央美术学院民国时期藏品作了认真细致的整理，在中央美院美术馆的库房里发现并确认了像李毅士、吴法鼎、张安治、孙宗慰等的多件作品，其中有些作品尺寸很大，是艺术家的代表之作。这些发现，引出了有关中央美院的前身北平艺专的一些“人、艺、事”。如李毅士的作品，画的是他的同事、当时北平艺专的两位教授陈师曾、王梦白；张安治1932年的巨幅作品（222.5cm×129cm）是当年徐悲鸿点名收藏的；等等。不过，最重要的发现是被长期认为“不见了”或“不知在何处”的李叔同的油画代表作《半裸女像》。

目前没有在这件作品的画面上发现署名。

据中央美术学院“图书馆陈列室物品登录簿（总括）”（手抄账本）登记：“品名：吴法鼎半裸女像，布/登记号：2011－甲/凭单号：1/西方艺术艺术册:1/西方艺术－其他－金额:500.00”。[2]

数据库电子账本登录为：“欧洲作品登记表/序号：72/总号：2011/柜架号：2－3－8 /名称：半裸女像/材质：布/尺寸：90×116”（其他的“分类号”“作者”“国籍”“画种”“年代”栏都没有填写）。[3]

两种登记的品名并不一致。登记的尺寸与实际尺寸略有出入，实际尺寸为：91cm×116.5cm。

从作品状况可看出，画面保护基本完好，有几处卷折及色彩脱落的痕迹，色彩较灰暗及有灰尘积存的痕迹，无外框，内框较旧，但好像不是原框；背后画布较旧，但基本无损坏；画布边缘有个别处破损，背面有较大的白色笔书写的登记号“2011－甲”，贴有两处纸质库房标签。

左上角标签为：“中央美术学院陈列馆藏/柜架号:2－3－8－（136）/题目：半身裸女像/作者：空/年代：空/规格:90×116.5/质地：麻布/总账号:2011/分类号：空”。

右上角标签：“总账号:2011/题目：女人体半身像/作者：空/排架号:3油－1（下）”。

这件作品一直存放在“外国作品”区域，所登记的“柜架号:2－3－8”，即“欧洲作品”库架。因此，库房工作人员一直以为这是一幅外国佚名的作品。

这次在整理民国时期作品的过程中，工作人员觉得这件“半裸女像”似曾相识，画法上也有民国早期油画的一些特点。因此，我们查阅了大量相关的文献和史料，发现这幅作品与李叔同1920年发表于《美育》第一期（中华美育会发行）上的《女》（油画，上海专科师范学校藏）应该是同一幅画。我们又做了较详细的查证和比对，初步确定它就是日后为许多中国美术史论著所一再提及、论述和介绍的李叔同的代表作《半裸女像》。[4]

这幅1920年就发表于《美育》杂志，并且发表的当期当页上明确注明是“上海专科师范学校藏”的作品，怎么最终存放在中央美术学院的库房里？它是什么时候归于中央美院的？整个经过怎样？我们带着种种疑问，开始了关于这幅作品来龙去脉的考索和查证。

一、与这件作品相关的文献记载

1. 就目前查阅到的资料来看，这件作品最早刊登于1920年4月20日在上海发行的《美育》第一期第二页上，该画下端注明的标题、画种、藏处和作者为：“《女》（油画，上海专科师范学校藏）李叔同先生笔”。[5]并附有由“非”（即吴梦非）撰写的“李叔同先生小传”。《美育》系中华美育会发行，由吴梦非、丰子恺、刘质平——李叔同的三位门生创办，此期《美育》的封面“美育”两字为李叔同所书。《美育》杂志开本较小，约高22厘米，宽15厘米，《女》作品的图版制版、印刷质量较差，有较明显的修版痕迹。

2. 李叔同于1918年农历七月出家，据李叔同在1922年农历四月初六写给他侄儿李圣章的信说，“戊午二月，发愿入山剃染，修习佛法，普利含识，以四阅月力料理公私诸事。凡油画、美术书籍，寄赠北京美术学校（尔欲阅者，可往探询之）。音乐书赠刘子质平；一切书杂另物赠丰子子恺（二子皆在上海专科师范，是校为吾门人辈创立）。布置既毕，乃于五月下旬入大慈山（学校夏季考试，提前为之）。七月十三日剃染出家，九月在灵隐受戒……”[6]

3. 李叔同是1918年农历七月（阳历8月19日）出家，而在一年半后《美育》杂志创刊号刊登《女》这件油画作品，作品藏处是“上海专科师范学校”。《美育》杂志是李叔同的“门人辈”丰子恺、吴梦非、刘质平三人于1919年发起的“中华美育会”的刊物，李叔同为该刊题写“美育”两字；上海专科师范学校也是李叔同这三位门生所办，[7]那么，在李叔同出家不久，于“门人辈”吴梦非等创办的第一期《美育》显要位置上登出这件油画作品，并标明“上海专科师范学校藏”，附有老师的小传。可见，李叔同老师及老师的这件作品，无论对于社会或对于他们自己，都有非同寻常的意义和价值。随后在1920年7月《美育》第四期上又刊登李叔同的另一件油画作品《朝》，标明是“北京国立美术学校藏”。[8]

4. 吴梦非在1959年撰写的《五四运动前后的美术教育回忆片断》一文，发表于中央美术学院的《美术研究》1959年第3期，文章插图便是他当年主编的《美育》第一期上李叔同的《女》那件作品。而此处使用标题为《裸女》，图像的清晰度及制版质量较《美育》上的《女》好，但也有些模糊，黑白图像。据《美术研究》这一期的编辑奚传绩教授回忆，吴梦非的文章是他去组稿的，《裸女》图片由吴梦非提供。[9]文章中还特别提道：“李先生曾做油画‘裸女’一幅，此画现尚存于叶圣陶先生处。”[10]

5. 由商金林编的《叶圣陶年谱》1959年8月

30日条记载："作书致吴作人，以弘一法师的裸体油画一帧送中央美术学院，请其保存。"[11]笔者曾致电商金林先生，询问此记载的来源、依据等，商先生称，其资料来源于叶圣陶先生日记。又，夏丏尊先生的长孙夏弘宁在《从艺术家到高僧》一文中说道："值得庆幸的是，在三十年代，李叔同曾赠送夏丏尊一大幅油画，画的是一安静、媚美、舒适地躺卧着的浴后裸体少女。夏先生生前十分喜爱此画，长年挂在白马湖屋客堂上。夏先生逝世后，这幅油画被带往北京叶圣陶先生家珍藏。近读叶老日记：1959年8月13日，叶老致书中央美术学院院长吴作人，将此画送请中央美术学院永久保存。"[12]

6.叶圣陶1982年6月23日作《刘海粟文集》序写道："我国人对人体模特写生，大概是李叔同先生最早。他在日本的时候画过一幅极大的裸女油画，后来他出家了，赠予夏丏尊先生。中华人民共和国成立之初，夏先生的家属问我这幅油画该保存在哪儿，我就代他们送交中央美术学院。可惜后来几次询问，都回答说这幅画找不到了。"[13]

7.2012年3月27日在中央学术学院美术馆的李叔同《半裸女像》鉴定、研讨会上，中央美术学院李树声教授提供了这一作品的反转片，他回忆道：1960年至1964年间他们搜集整理"中国现代美术史"资料汇编工作时，曾与摄影人员一道到中央美院陈列馆提取这一作品，进行反转片拍摄，目前反转片片夹上写明："李叔同 倦女油画"。

8.从20世纪七八十年代开始，众多的中国美术史论著、传记、图典等一再提及、论述、介绍、登载了这件李叔同的代表作《半裸女像》。刊出时使用的题名有"女""出浴""浴女""裸女""坐着的裸妇"等，名称不一；创作时间也不尽相同，有"1906年""1910年""1910年前""1911年以前"等。除转自1920年《美育》第一期登载的图像注明"上海专科师范学校藏"外，都没有注明该作品现藏何处，可能普遍认为该作品"不知在何处"。[14]

9.2011年10月间，中央美院美术馆整理民国时期藏品时，库房工作人员对存放于"外国作品"库区的藏品编号为"2011－甲"的佚名藏品有疑问，并加以进一步查对，发现该藏品与多处发表出来的李叔同代表作《女》/《裸女》/《半裸女像》图像极为接近，经与同样由李叔同学生、著名教育家吴梦非先生经手发表于1920年《美育》杂志上图版和1959年发表于《美术研究》杂志上图版的图形比对，以及相关"流传有绪"资料的查证，确认其为出自李叔同手笔的油画作品《半裸女像》。

10.我们分别于2012年3月27日和29日约请了叶圣陶先生的孙子叶永和先生以及夏丏尊先生的孙女夏弘福老师验看这件作品。出生于1941年，从小就与夏丏尊先生一起住在上海霞飞路寓所，看着高高挂在客厅里这件"和尚"的画长大的夏弘福老师，一眼辨认出这就是祖父家里的那件李叔同的作品。"画面人物闲散的姿态和两支手臂舒展垂下的形态，印象深刻。但当年都不太敢正面凝视这一裸体的女像。"她还讲述了这一作品存放、流传的经历等，与目前相关文献的记载，颇为吻合。而比夏弘福小8岁、出生于1949年的叶圣陶先生孙子、夏丏尊先生外孙叶永和先生的回忆：儿时在家中所见到的李叔同作品，好像是一张全裸斜卧的女人体像，裸女的脸部有些“可怕”，作品尺度比例是较窄较长的，与中央美院目前这件李叔同《半裸女像》不同。从叶永和当年尚是八九岁的小孩，这一作品存放在叶圣陶先生家的时间也可能不是很长等因素看，叶永和先生的记忆及印象可能不及夏弘福女士的记忆更准确具体。我们正进一步联系夏家及叶家的后人，让更多人参加辨识，及对相关细节作回忆，以便更准确判断中央美术学院美术馆目前这件作品，与叶圣陶先生1959年代夏丏尊家人送给中央美术学院的李叔同的画，是否为同一件作品。

以上是有关《半裸女像》作品的相关重要节点史料，通过这些史料相关细节的联系和对照，以及作品与印刷品图像的比对、电脑叠影比对等，我们初步确定《半裸女像》是李叔同先生的作品。如果将上述线索串联起来，大体可以勾勒出这件作品流传的基本线索。

李叔同《半裸女像》可能作于他在日本留学期间。据刘晓路考证，李叔同1905年抵日本，1906年考入东京美术学校，1911年毕业后归国。[15]这幅画应该作于1906—1911年之间。1920年前后，这幅画为上海专科师范学校所藏，之后又转到夏丏尊先生处，夏丏尊先生的孙女夏弘福女士称，20年代初期夏先生在白马湖寓所客厅里就挂着此画。大约在1937年之后，此画挂在夏丏尊先生上海霞飞路寓所，[16]20世纪50年代又由夏的家人转托叶圣陶先生，1959年8月由叶圣陶先生代夏丏尊先生后人将此画捐赠给中央美术学院。

另有一种推测是，1920年发表于《美育》杂志的《女》与20年代夏丏尊先生家里的那幅裸女画是两幅画——是李叔同先生同时作的同题材、同构图的两幅画。因为两幅画的图像细节有一些小出入，究竟是早年印刷技术粗糙留下的问题，造成的错觉，还是确实是两幅画？尚存疑问。而目前中央美院美术馆发现的《半裸女像》应是后者，是1959年8月由叶圣陶先生代夏丏尊先生后人捐赠给中央美院的夏家的画。解放后多种美术史论著、图录上李叔同这幅画的图片，拍摄的是夏家这幅画。

关于我们目前发现的这幅画，与1920年《美育》杂志上发表的那件作品是否为同一幅画，我们将作进一步的科学技术鉴定及图像研究辨识等工作。

二、一些亟须厘清的环节及相关思考

在以上史料的分析和关系查证中，我们发现，这件作品在近一个世纪的流传过程中，存在一些很有意思又不甚清楚的环节，需要进一步厘清。这种追索、辨识、思考，有助于我们对这一作品展开深入研究。

1. 李叔同自己说过，出家前将“凡油画、美术书籍，寄赠北京美术学校”，特别是他在那封1922年写给侄儿李圣章的信中谈及出家前分赠绘画书籍物品去处时，“音乐书赠刘子质平；一切书杂另物赠丰子子恺（二子皆在上海专科师范，是校为吾门人辈创立）”，这里还提及了“上海专科师范”，却没有谈到曾有油画作品赠予“上海专科师范”或学校创办者，他的学生丰子恺、吴梦非、刘质平，尤其是这件《女》油画作品是如此大的尺寸也如此有代表性。那么，这件这么重要的作品是怎样由"上海专科师范"学校收藏的？是属于三位"门人辈"创办者所共有还是其中哪位的？在这三位"门人辈"的不少回忆纪念老师李叔同的文章中都没有谈及这些细节。[17]

2.创办"上海专科师范学校"并任校长的吴梦非先生，在1959年撰写的《五四运动前后的美术教育回忆片断》一文中谈道："李先生曾做油画'裸女'一幅，此画现尚存于叶圣陶先生处。"文章的插图便是与1920年《美育》第一期上刊出的同一件李叔同作品。[18]那么，当年他在《美育》杂志上发表这一作品是明确写着"上海专科师范学校藏"，上海专科师范学校是私立学校，创办者是吴梦非、丰子恺、刘质平，这画是李叔同先赠送师范学校或吴、丰、刘三位中的一位？而后来又怎样说是在叶圣陶先生处（之前在夏丏尊先生处）？在这里，作为前后都有直接关联的吴梦非没有作进一步的说明。

3.叶圣陶1982年6月23日作《刘海粟文集》序写道："他（李叔同）在日本的时候画过一幅极大的裸女油画，后来他出家了，赠予夏丏尊先生。中华人民共和国建国之初，夏先生的家属问我这幅油画该保存在哪儿，我就代他们送交中央美术学院。"[19]如果据叶老的这段话，又似乎没有什么疑问，这幅画是由李叔同赠送给夏丏尊先生的。但1920年发表时，怎么又标明是"上海专科师范学校藏"？之后又是怎样"赠予夏丏尊先生"的？据说这幅画很早就挂在夏丏尊先生的客厅里，孙晓泉先生和刘海粟先生都曾有文谈及在夏丏尊先生家里的这幅画。[20]据夏丏尊先生孙女夏弘福女士的转述和回忆，这件《半裸女像》作品很早就挂在夏丏尊先生白马湖寓所"平屋"里，白马湖地处农村，村民们对裸体画很好奇，表示不是很理解。此阶段夏丏尊先生工作于上海，往来于上海与白马湖之间，后夏丏尊搬到上海，霞飞路寓所里也一直挂着这件作品。[21]夏家的这幅画与1920年"上海师范专科学校藏"的那幅画是否为同一作品？

作为李叔同同事兼挚友的夏丏尊有过多篇谈及与弘一法师往来友谊的文章，其中很重要的《弘一法师之出家》一文里，特别谈及李叔同出家前分赠作品物品的情况，他写道："暑假到了，他把一切书籍字画衣服等，分赠朋友、学生及校工们，我所得的是他历年所写的字，他所有的折扇及金表等。自己带到虎跑寺去的，只是些布衣及几件日常用品。"[22]这里，并没有提及李叔同出家前将这一"极大"的油画作品赠他，而后夏先生的其他文字也没有谈到李叔同赠送作品的事。那么，《女》这件作品具体是在什么时间、什么情况下、以什么方式送给夏丏尊先生的？

有一则资料值得注意，夏丏尊先生的长孙夏弘宁说道："在三十年代，李叔同曾赠送夏丏尊一大幅油画，……夏先生生前十分喜爱此画，长年挂在白马湖屋客堂上。夏先生逝世后，这幅油画带往北京叶圣陶先生家珍藏。近读叶老日记：1959年8月13日，叶老致书中央美术学院院长吴作人，将此画送请中央美术学院永久保存。"[23]此处提到的"三十年代"李叔同赠送夏丏尊一大幅油画，这个时间是否确切？如确切，它与1920年"上海师范专科学校藏"的那幅《女》，倒构成一种时间上的前后关系，两幅画可能为同一幅画。

4.夏丏尊与叶圣陶是亲家关系，叶圣陶的儿子叶至善与夏丏尊的女儿夏满子为伉俪。夏丏尊先生1946年去世，这一作品大概是什么时间、在什么情况下存放到叶圣陶先生处？据朱伯雄《中国近百年美术史话：浙江两级师范学堂与李叔同》文提道："30年前，有关部门在搜集史料时，在叶圣陶先生处见到一幅裸女半身像；又在丰子恺处见到木炭素描头像一幅。……至于为叶圣陶先生所藏（现均已交赠国家）的那幅《裸女》，则更显画家在油画上的学院式技艺水平了。"[24]另据夏丏尊先生孙女夏弘福的回忆，其堂兄夏弘宁（已于2010年去世）大概在50年代初期，问叶圣陶先生，这一作品存放在家里怕不安全，怎么办，并由他带到北京交给了叶圣陶先生，叶先生后将作品送交中央美术学院。[25]而夏弘宁自己的文章对这一过程并没有具体的记述。

5.从图像考证的角度看，1920年《美育》杂志上的《女》出于李叔同手笔是确切无疑的，但是从流传及登载的《女》（或《裸女》等）图像看，至少存在三个黑白图像版本：一是于1920年《美育》杂志刊登的明显有修整痕迹的图像版本（A版本）。该版本图像比较硬朗，有多处轮廓线条，特别是画面左下角处有多处线条，脸部较模糊。二是画面没有卷折痕的图像版本（B版本）。代表性的是吴梦非1959年《美术研究》上的图像，特点是人物形象较圆厚，画面形象也不是很清晰。三是有卷折痕的版本（C版本）。有卷折痕C版本的图像，画面形象与B版本较相同，人物的左手下方多了一处较亮形状物，而卷折痕处与目前保存在中央美院美术馆该作品上的卷折痕是一致的。曾有专家指出，1920年的黑白图像版本与现在中央美院的油画原作之间距离较大，似乎不是同一件作品。[26]也有台湾学者撰文提出，李叔同有一作品画两幅的习惯，[27]所举的图像例子就是《女》的A版本和C版本，认为最主要的区别是C版本"人物左手按在一个像是书的东西上"。经对比现存中央美院的作品原件，发现"一个像是书的东西"，其实是画面颜料稍有剥落的痕迹。

有卷折痕C版本的图像，与B版本的图像比较接近，就是多了卷折痕和人物左手下方一处较亮形状物，代表性的是郎绍君主编《中国书画鉴赏辞典》上的图版，其卷折痕处与目前保存在中央美院美术馆作品上的卷折痕相一致。[28]

那么，这里有两个问题，一是社会上流传的B版本图像主要来自哪里？这一版本大概是什么时间拍摄的？中央美术学院李树声教授有这一作品反转片，他说是在1960年至1964年间搜集整理"中国现代美术史"资料汇编工作时，与摄影人员一道到中央美院陈列馆提取这一作品拍摄的，这一图像卷折痕不明显，接近于B版本图像。那么，C版本图像拍摄应该在B版本之后的20世纪60年代末、70年代初，甚至可能是"文革"后。据C版本的使用者郎绍君先生说，他所使用的李叔同《裸女》作品的图片（有卷折痕的C版本）是由出版社提供的。这样，从李树声教授的回忆及拍摄的B版本，到直接源自中央美院现藏李叔同作品的C版本，都较明确知道该作品的藏处是在中央美院，为何出版时都没注明收藏处？而作为收藏处的中央美院陈列馆，却长期认为这一作品是“佚名”的外国作品。作品拍摄时，应该是由中央美院陈列馆提供并有相关人员参与完成的，怎么可能长期存在“不知在何处”和“佚名外国作品”的误会呢？这其中的原因是什么？

6. 是否存在两幅李叔同同一构图的《裸女》作品？1920年《美育》杂志刊登的《女》作品图像，画面人物及物象形体等显得比较方正和硬朗，有多处轮廓线条，特别是画面左下角处有多处线条，脸部较模糊；而1959年发表于《美术研究》上的《裸女》图像，和目前收藏于中央美院的《半裸女像》作品，人物形象都较为圆厚，画面左下角没有线条状物象，脸部特别是嘴唇比较清晰。在2012年3月27日下午的专家鉴定及研讨会上，刘曦林先生、钟涵先生等专家提出了《半裸女像》与1920年《美育》上的《女》可能不是同一作品的观点。台湾学者李璧苑曾指出：“就同一题材来看，或许李叔同有时候有重复画两张的习惯，如照片(陈师曾与子封雄)中的盆栽油画与油画《花卉》；油画《女》与《出浴》；以及两幅同名为《朝》的作品等，均是构图相同之作。”[29]在该文的插图中，《女》为1920年《美育》版的图像，而《出浴》是介于上述所提到的B版本与C版本之间的图像，即画面人物形象较为圆厚，没有卷折痕，但人物的左手下方有一处较亮形状物。该图像出自《弘一大师全集》第七册《佛学卷(七)、传记卷、序跋卷、附录卷》，李璧苑在插图说明上写着：“以上两画的构图相同，但下一幅的人物左手按在一个像是书的东西上。”[30]李叔同作画是否有重复画两张的习惯，有待进一步考索，但是，就李璧苑所举的这一例证来看，经与现存于中央美院的作品原件对比，明显的，“一个像是书的东西”，其实是画面颜料稍有剥落的痕迹。

至于中央美院的《半裸女像》与1920年《美育》版的《女》是同一作品还是两张画，需要用科学技术手段作颜料、材质、年代检验，图形定点比对，轮廓线比对等工作。1920年的《美育》版本，当年登载的杂志开本较小，约高22厘米，宽15厘米，图版也不大，20世纪初期中国的拍摄和制版、印刷质量都处于较低水平，同时，当时作为出版方的“中华美育会”或“上海专科师范学校”是几位同人出资筹办的机构，经济窘迫，处于运作艰难的草创期。因此，图片制版及印刷质量较差，有较明显的修版痕迹，这是不争的事实。那么，以这样黑白的、小开度而后放大的、有可能被修版过的图像来进行图像比较，可能会有图像之外的误差及其造成的错觉，这也是我们在比对过程中要考虑的问题。

有意思的在于，1920年的《美育》版图像(A版本)出自吴梦非主持的《美育》，1959年出现在《美术研究》上的图像B版本也来自吴梦非。那么，一般情况下，这两个图像版本及所指向的应该是李叔同的同一件作品，更何况，1920年这件李叔同的作品就在吴梦非、丰子恺、刘质平三人手里，为“上海专科师范学校”所有。而1959年的B版本直接标明《裸女》，“此画现尚存于叶圣陶先生处”，“此画”即现在藏于中央美院的李叔同这一件作品。

7. 李叔同的《半裸女像》具体的创作时间，目前一些印刷物标着“1906年”“1910年”“1910年前”等，[31]但是郭长海、郭君兮编《李叔同集》，年表中1909年条："本年，作油画《浴女》《朝》。"[32]此《浴女》应该就是这件《半裸女像》。那么，这件作品的创作年代是否可以定为1909年？而这件作品创作于李叔同日本留学时期，这似乎没有什么异议。

8. 在李叔同出家后的1921年，上海的"第四届天马会画展"（1921年8月4—10日举行），展出有李叔同、李毅士、吴梦非、刘海粟等人作品。[33]天马会是在1919年10月由刘海粟等人发起成立，刘海粟对李叔同非常敬佩，这是李叔同出家后参加的少有的艺术展览活动之一，而且据推测这次参展的应该是油画。那么，这次展出的是哪些或哪件油画作品？吴梦非也参加了这次展览会，又是在上海，上海专科师范学校此时也很活跃。那么，是否可能参展的作品中就有这件与吴梦非和"上海专科师范学校"有关系的李叔同《女》（《半裸女像》）作品呢？

以上的存疑，驱使我们去作进一步厘清的工作。一件作品的流传背后，其实包含着一个时代，以及置身于时代中的人对美术作品、对历史的看法及其处理方式，其涉及和引发的与中国现代美术史相关的问题，值得深入思考。

三、关于李叔同寄赠北京美术学校作品一事的思考

李叔同在1918年出家之前，将他大部分的油画作品寄赠北京美术学校，这批作品20世纪二三十年代就传出不见了。这次，我们发现李叔同《半裸女像》时，开始以为与李叔同的这批"寄赠"作品有关，但是后来经查证，发现不是同一回事。当年"寄赠"作品的离奇失踪，其中存在着诸多语焉不详之处，值得深究。这里列举几处，我们希望通过这次李叔同这件作品的重见天日，引发我们对李叔同其他存世作品的关注和保护，特别是与中央美术学院前身北京美术学校有关的这批作品，我们将会加以持续的追踪，期待有一天，这批作品能重新浮出水面。现将与这批寄赠北京美术学校的作品相关的文献，引录如下：

1. 吴梦非1936年撰写的《弘一法师与浙江的艺术教育》说道：

> 弘一的艺术，不论绘画、书法、诗词、乐曲、篆刻等，无一不精，他的平时作品中，最伟大的要算油画，在出家前，曾拣取得意的几幅，专送国立北京美术专门学校保管（据弘一师说，"其中也有我的油画"），预想总可以垂诸永久了。不料日前我在上海，和夏丏尊先生谈起，他说："我想把弘一师的油画，出品于浙江文献展览会，岂知向北平艺专（即前北京美专）调查之下，竟不知去向了。可惜！可惜！"国立的机关，尚如此不可靠，真可为我国文化前途忧！[34]

2. 秦启明编注《弘一大师李叔同书信集》中谈道：

> 1918年夏，李叔同在杭州出家时，曾将历年所绘油画全部寄赠北京美术学

校，怎奈该校既未收藏又未陈列，结果全部失散。1940年欧洲举办美术展览会，阅读诗人泰戈尔邀请李叔同选送油画参展，结果几经周折竟找不到一幅。李叔同只能付之长叹：“一切的一切都老早丢光了！”因此之故，李叔同存世的作品很少。目前所知仅有这样几幅（原件或影印件）：……（六）花卉：油画，作于东京美术学校。为目前仅存的李叔同油画遗作，原件存储小石（原北京美校教授）处，曾刊陈慧剑散文集《孽海花魂》首页。[35]

3. 柯文辉著《旷世凡夫：弘一大传》：

1918年，叔同将全部油画素描水彩赠给了北平美术专科学校。校长郑锦是叔同后学，曾师事梁启超，习日本画，笔法琐碎，格局小而考据欠精，对画坛高手姚茫父、陈师曾、王梦白、吴法鼎皆不理解，更谈不上重视。叔同的油画放在校园的雪地上，经一冬雨雪毁掉，仅教师储小石从画堆里抽得花卉一张，另一说法是被盗，有一张掉在校园为储拾得。回家保存，现在台北。陈慧剑先生曾将此画印入台湾版散文集《孽海花魂》。[36]

4. 据张铁成编著的《听李叔同讲人生哲理》：

1918年他出家为僧，曾将手头全部油画20幅寄到北平国立美术专科学校保存。1923年冬，李叔同的学生刘质平到北平考察艺术教育，探询老师油画所在，竟一帧无存，据传已被转卖。又据该校教授储小石先生所述，当年他在雪地中捡到一幅题为《花卉》的油画，认出是李叔同手笔，后来此画转到新加坡广洽法师处，这是迄今为止李叔同油画作品在世间唯一能见到的一幅，至于其他19幅，至今不知所终。[37]

5. 吴可为著《古道长亭：李叔同传》中提道：

李叔同出家之前曾将身边的绝大部分画作赠给了北平国立艺术专科学校（陈师曾当时在该校任教），谁知这些作品根本没有得到妥善的保管。据台北工业专科学校储小石教授回忆，民国二十年前后他在该校任教期间，曾有窃贼于一雪夜偷走了校藏库内一批藏品，其中大部分便是李叔同的作品，他还有幸在第二天清晨，拾到了窃贼匆忙间遗落的一件李叔同的油画，就是我们前面提到过的那幅《花卉》。（陈慧剑：《弘一大师论》，台北东大图书公司 1996年版。）这一说法也得到另一资料的佐证。李叔同的学生吴梦非在一篇文章中提到，李叔同“平时作品中最伟大的要数油画”。1936年，李叔同出家之后，他的同事和密友夏丏尊曾想将他的油画拿到浙江文艺展览会上展出，岂知与北平艺专联系时却发现那批画竟已不知去向了。（吴梦非:《弘一法师与浙江的艺术教育》，见《弘一大师全集》第10册，福建人民出版社1991—1993年版。)[38]

李璧苑《槐堂油画为李叔同所作考——从陈师曾与子封雄的合影(1919)谈起》中的论述:

> 他出家以前，将生平所作油画，赠予北京美术学校，笔砚碑帖赠予书家周承德，书画临摹法书赠予夏丏尊和堵申甫，衣服书籍等赠予丰子恺、刘质平等，玩好小品赠给了陈师曾，当时陈还为他这次割爱画了一张画。……但从陈师曾携子与油画合影的照片判断，李叔同的油画作品应是部分赠予北京美术学校，部分赠予陈师曾的。……其实李叔同赠予北京美术学校的油画，除了根据储小石的说法之外，在门生刘质平1923年冬访察该校时，就不见踪迹了。而陈师曾于是年八月逝世，故有可能陈师曾家中的油画在其逝后，被人分走或清走了。然是否储小石从雪地上捡起的油画《花卉》，就是在这个时间点上呢?为何储小石收藏的《花卉》与陈师曾家中的盆栽油画，相似度那么高?还是李叔同当初画了两幅呢?则有待进一步的研究。但无论如何，陈师曾、封雄与油画合影的照片是绝对珍贵的史料。[39]

关于李叔同作品寄赠北京美术学校而后失踪的记载，还不只上述这些。不过，互相转引的情况较多，其说法、时间或大同小异，或语焉不详。我们觉得比较可靠的，还是吴梦非先生的说法、夏丏尊先生的记载等。此外，像“1923年冬刘质平到北平考察艺术教育”，“1936年浙江文献展览会”(一说“浙江文艺展览会”)，“1940年欧洲举办美术展览会”，“诗人泰戈尔邀请李叔同选送油画参展”，“新加坡广洽法师处”，“1919年陈师曾家中的油画”等多条资料线索，也可以为我们进一步的追寻和研究提供路径。

以上是我们近期因发现李叔同的《半裸女像》而作的一点查证、研究及思考，以此请教于各位同行专家学者!也期待与大家一道，对李叔同作品及相关的艺术问题作深入的挖掘和研究，希望有更多的李叔同绘画作品重见天日，让更多的人有幸亲炙创作于清末民初、中国现代油画一代宗师李叔同的油画原作，从中获得启迪和熏陶，也为深入研究李叔同艺术奠定更深厚的实物基础。

注释

[1]后来因澳门方资金问题，该展览暂没有成行。

[2]此手工账本据原中央美术学院陈列馆王晓副馆长(1900—2004年主持陈列馆工作)说，他到任时，此手工账本就存在，但可能是“文革”后整理的。

[3]此数据库电子账本为2008年下半年根据实物清点时所登记。

[4]李叔同《半裸女像》(油画)部分刊登情况(按发表年份排序):

1.1920年《女》(油画，上海师范专科学校藏)李叔同先生笔(《美育》第一期，中华美育会1920年4月20日发行）；

2.1959年《裸女》（油画）李叔同作（吴梦非：《五四运动前后的美术教育回忆片断》，《美术研究》1959年第3期，第42页）；

3.1988年《女裸》李叔同（1910年）（陶咏白编：《中国油画：1700—1985》，江苏美术出版社1988年版，第3页）；

4.1991年《出浴》（油画）一九〇六年作于日本东京（《弘一大师全集》编辑委员会编：《弘一大师全集 7 · 佛学卷 7》，福建人民出版社1991年版，第679页）；

5.1994年《裸女》李叔同［郎绍君等主编：《中国书画鉴赏辞典》（豪华本），中国青年出版社1994年版，第647页］；

6.2000年近现代李叔同《裸女》（王伯敏：《中国绘画通史下册》，生活 · 读书 · 新知三联书店2000年版，第474页）；

7.2001年 李叔同《坐着的裸妇》1910年前（苏林编：《20世纪中国油画图库1900—1949》，广西美术出版社2001年版，第8页）；

8.2002年 李叔同《裸女》，李氏在日本学画时完成（潘耀昌编：《中国近现代美术教育史》，中国美术学院出版社2002年版，第19页）；

9.2007年《女》（油画，上海师范专科学校藏）李叔同先生笔，《美育》第一期，中华美育会1920年4月20日发行（李超：《中国现代油画史》，上海书画出版社2007年版，第24页）；

10.2008年李叔同油画《裸女》（陈星：《李叔同西湖出家实证》，杭州出版社2008年版，第161页）；

11.2010年 李叔同在日本学习绘画时所作裸女画（柯文辉编：《旷世凡夫：弘一大传》，北京大学出版社2010年版，第71页）。

［5］《美育》第一期，中华美育会1920年4月20日发行，第2页。

［6］秦启明编注：《弘一大师李叔同书信集》，陕西人民出版社1991年版，第198页。

［7］上海专科师范学校，1919年秋，吴梦非、刘质平、丰子恺在上海筹办，私立性质，并于1920年正式成立，校址在小西门黄家阙路。由吴梦非任校长，丰子恺任教务主任。该校办学目的是培养中、小学美术师资。其学制仿照德国，分普通师范、高等师范两部，以图画、手工、音乐为主科。教材以日本《正则洋画讲义》为主要参考教材，崇尚写实画风。吴梦非、刘质平、丰子恺三人都是当时浙江省立第一师范学校教师李叔同的学生，吴精手工，刘专音乐，丰长绘画，三人通力合作，各自发挥自己的特长。该校虽然仅开办了7年，却培养了美术师资近800人，是中国一所具有很大影响力的美术师范学校。50年代吴梦非在接受音乐史界的专访时回忆说："当时我们办的上海专科师范，经常发生经费困难，李叔同知道这个情况，就写了很多字画给我们，叫我们把卖掉字画所得的钱，补贴学校经费不足之用。"（戴鹏海、郑碧英：《访问吴梦非的记录》，1959年9月，见张延辉《李叔同的艺术教育思想》，《甘肃联合大学学报》2010年第3期。）当年吴梦非在《民国日报》上刊登启事："李叔同先生的书法，海内闻名。顾自出家以来，罕能得其墨迹。去岁敝校筹募资金，弘一师特破例书赠琴条三十幅，俾作慷慨捐助者之酬赠。"可见，李叔同与上海专科师范学校关系之密切。

［8］李超：《中国现代油画史》，上海书画出版社2007年版，第24页。

［9］笔者于2012年3月28日电话询问居住在南京艺术学

院的奚传绩教授，了解到这一情况。之后，经奚教授建议，笔者又电话咨询当期的发稿编辑李松涛教授，其说法一致。

[10]吴梦非：《五四运动前后的美术教育回忆片断》，《美术研究》1959年第3期，第41页。

[11]商金林编：《叶圣陶年谱》，江苏教育出版社1986年版，第433页。

[12]夏弘宁：《从艺术家到高僧》，《宁波佛教》1995年第1期。

[13]《叶圣陶散文乙集》，生活·读书·新知三联书店1984年版，第606页。

[14]参见[4]。

[15]刘晓路：《档案中的青春像：李叔同与东京美术学校(1906—1918)》，《美术家通信》1997年第12期。

[16]2012年3月22日笔者采访夏丏尊先生孙女夏弘福老师。

[17]弘一法师的另一位学生李鸿梁曾谈过他得到李叔同一件早期油画。他这样说："这批画后来等法师将要出家时，都赠送给北京国立美术学校了。我得了一张十五号的画，画的是以大海为背景的一个扶杖老人，意态有点像米勒的《晚祷》，不过色彩比较淡静，调子也比较柔和，这是法师在日本东京美术学校里的第一张油画习作。这张画，后来在抗日战争时期与其他书画文物，全数被绍兴城区35号主任汉奸胡耀抠抢去了。"(陈星编：《我看弘一法师》，浙江古籍出版社2003年版，第83页。)

[18]吴梦非：《五四运动前后的美术教育回忆片断》，《美术研究》1959年第3期，第41页。

[19]《叶圣陶散文乙集》，生活·读书·新知三联书店1984年版，第606页。

[20]孙晓泉：《李叔同与西泠印社》中写道："夏丏尊客堂中，曾悬挂大幅油画一帧，面积约十七八尺，画一浴后之日本少女，斜侧椅上，肩上两手傍，有轻纱遮蔽，长发披于两颊，两目如将入睡，背景置瓶花一束，作为点缀，色调柔美，用笔生动，女性之美流露画面。读画的人但觉海棠笼雾，丽质天然。此画曾陈列上海天马会画展，深得各界好评，可作李氏代表作。"(原刊于1979年《新观察》，收录《弘一法师全集》第10册附录卷，福建人民出版社1993年版，第141页。)刘海粟1983年游青岛，访湛山寺，后写《湛山寺话弘一》一文，文中谈道："我在夏丏尊先生家看过他(李叔同)的女性胸像和一些小品。女像沉静清秀，左边眉毛微微扬起，双目略带下视，如有所思，人中下巴立体感突出，肌肉坚实而富有弹性，饱含着青春气息。头发画得很奔放，技巧娴熟，功力深厚。"(刘海粟：《齐鲁谈艺录》，山东美术出版社1985年版。)

[21]同[16]。

[22]夏丏尊：《弘一法师之出家》，见《夏丏尊教育名篇》，教育科学出版社2007年版，第216页。

[23]同[12]。

[24]参见《美术向导》编辑部编《美术向导》第12册，朝花美术出版社1988年版，第44页。

[25]同[16]。

[26]2012年3月27日"李叔同油画《半裸女像》鉴定及研讨会"上刘曦林研究员、钟涵教授的意见。

[27]李璧苑：《槐堂油画为李叔同所作考——从陈师曾与子封雄的合影(1919)谈起》，载《永恒的风景——第二届弘一大师研究国际学术会议论文集》，中国文化艺术出版社2008年版。

[28]郎绍君等主编：《中国书画鉴赏辞典》，第647页。

[29]同[27]。

[30]《弘一大师全集》第七册《佛学卷(七)、传记卷、序跋卷、附录卷》，福建人民出版社1991年版，第679页。

[31]参见[4]。

[32]郭长海、郭君兮编:《李叔同集》，天津人民出版社2006年版，第263页。

[33]刘海粟美术馆编:《艺术宣言：忆民国洋画界》，上海人民美术出版社2008年版，第41页。

[34]刊于1936年《浙江青年》第三卷第一期，转引自《弘一大师全集》编辑委员会编《弘一大师全集》第10册附录卷，福建人民出版社1993年版，第33页。

[35]秦启明编注:《弘一大师李叔同书信集》，陕西人民出版社1991年版，第478页。

[36]柯文辉:《旷世凡夫：弘一大传》，北京大学出版社2010年版，第66页。

[37]张铁成编:《听李叔同讲人生哲理》，新世界出版社2009年版，第292页。

[38]此段引自吴可为《古道长亭：李叔同传》，杭州出版社2004年版，第133页。

[39]同[27]。

本文载于《美术研究》2012年第2期

王璜生，1956年生，广东揭阳人。2006年毕业于南京艺术学院中国画论专业，获博士学位。原中央美术学院美术馆馆长，中央美术学院教授、博士生导师。

李垚辰，1984年生，内蒙古人。2010年毕业于中央美术学院油画系，获硕士学位。中央美术学院助理研究员，中央美术学院美术馆典藏部主任。

书画材料与宋代政治史研究

邓小南

一、开篇：感想点滴

（一）

美术史，本是“作品的历史”。[1]中国历史上的绘画书法作品，被欣赏，被观察，被置于特定脉络中予以解读，研究成就斐然。美术史成为当今对于历史学界影响最为深切的学术门类之一。

美术史研究，首先注意作品形式、风格发展的内在理路，而不轻易牵引至其他领域，亦避免作生搬硬套或庸俗化的政治解读。与此同时，学者也观察到，书画作品的内容及其呈现形式，作者的审美情趣、运思方式、艺术风格，是社会生活和文化氛围滋养熏陶的结果；而不同流派的书画，众多作者的佳品，在千差万别中沁润着某些共存的印痕，渗透出某些新起的导向，共同酿就了特有的时代情调。

美术史家自相对宏观的角度，观察不同历史时期绘画主流的“风格与世变”，从两轴的结合层面思考文化精神的演化脉络。[2]通过关注影响画史变局的主流人物，观察创作者与其文化环境之互动关系；从风格好尚与品位入手，观察画家群体背后的赞助者如何影响艺术创作。对于各类材料的充分连接组合，对于所谓“三度空间感的政治氛围”[3]的探求，使相关讨论更有层次，更加贴切有效，也开拓了更为深广的研究前景。

同样是艺术品，书法与绘画无疑具有许多相近的性质，其载体，其用具，其技法，其抒展胸臆的方式，都有相通或类似处。[4]但就其内容来看，书法作品以文字为表现形式，书写者通常直接表达某类具体意思；而绘画作品则是观察与想象的结晶，画家/画匠的意图通过其“艺术语言”，婉转地体现出来。书画作品中皆有许多政治意涵淡泊之作；而着实寓有政治“诉说”者，有的相对显露，也有的十分隐晦。

对于画作中政治文化意涵的体味与揭橥，有赖于相关文字材料的提示；但是，仅仅把文献看成图像的说明，或单纯把图像看成文字的佐证，都无法真正厘清破解图画自身所蕴含的意义。尽管画作的题记、题诗、序跋等附着性内容可能提供某些理解线索，但总体上讲，“艺术语言”的含蓄隐喻特性，留给人们无尽开放的阅读空间和认识空间。作为广义的史料，图像中的格套布局、构图组件乃至象征性“符号”，作画者撷取场景的特殊视角、凝聚主题的惯用方式，都是我们在读图之际不能不小心解析的。[5]作画者心迹的流露，有赖于读图者的辨识；而读图者的体悟，又依其时代、个人阅历及思考背景的差异而各不相同。

不少美术史的议题，在其延长线上自然地与政治史议题交会。美术史丰硕的研究成果，对于历史学关注的内容、历史学设问的方式，都有着积极的启发。

（二）

唐人张彦远在其《历代名画记》中，开宗明义地说：

> 夫画者，成教化，助人伦，穷神变，测幽微。与六籍同功，四时并运，发于天然，非繇述作。[6]

北宋时，郭若虚《图画见闻志》也在开篇“叙论”中说：

> 古人必以圣贤形像往昔事实，含毫命素，制为图画者，要在指鉴贤愚、发明治乱。……夫如是，岂非文未尽经纬而书不能形容，然后继之于画也？所谓与六籍同功，四时并运，亦宜哉。[7]

这些说法使我们感到，在中国悠久的文化传统之中，图画作品被看重的首先是其“功能”而不是其艺术性。多年来美术史研究的社会史、文化史取向，正是要在适当的脉络中寻求对于作品“意义”的妥适认识。

“绘画”为何可与“政治权力”并列，又如何发生关联，这类问题在美术史界早有正面的讨论。[8]从历史学的角度来看，书画作品并不仅仅是美术史的课题，其意义不限于“辅助”文字文献，也不应只用作“图说历史”的插图。[9]单纯以“找寻材料”为意愿去看书画作品，可能会带来片面、曲解的危险。人们表达他们所面对、所感悟的一切，或发于辞章，或形于书画，或畅达直率，或委婉隐晦，有着形形色色的呈现。产生于历史时空之中的图画，是一种特殊的“语言”系统，以其特有的方式映衬出历史现实。书画作品作为历史学的“材料”被郑重引入研究，提供着与传世文献不同的表达形式、不同的观察角度，传递着不同类型的信息，带来不同的阅读感受，也可能促成不同的“问题点”和不同的思维方式。

尽管美术史家和历史学者都将历史上的书画作品视为研究的对象，但二者训练背景不同，学术传统不同，关注议题不同，侧重方面和认识角度通常有所区别：美术史家往往是将特定背景下的画卷“拉”出来，进行集中聚焦式的情境分析；历史学者则倾向于把书画材料“纳”进特定的背景之中，作为观察时代的一个“入口”。视角的不同，正为研究的多面与深入，提供了广泛的可能。传世文献与书画资料的互补，历史研究与美术史研究的融通，将开启更加深入而开阔的认识天地。

宋代书画作品的艺术性，不是笔者能够讨论的议题。今不揣浅陋，试图围绕宋代政治史研究中注意到的书画材料，就个人接触所及，撷取二三常见之例，略谈粗浅认识，以就教于学界师友。

二、图画作品与宋代政治史研究

（一）

对于图画作品的“阅读”，有着彼此不同的取径。普通欣赏者可能沉浸于画卷中洋溢的气氛，关心卷面的内容和故事；历史学者往往会考虑作品出现的背景，注意内容、人物和时代的关联；美术史家则更为注重画家的风格技法，关注画作中渗透出来的情境及特定的表述方式。近年来，“艺术”与“历史”（包括政治文化史）两端结合更为紧密，研究者会从单幅风格与含义的解析扩展为探究某类画作（例如宋代院画）的意义网络与政治意涵；[10]对于画家的风格选择，也会自“政治话语”的角度予以认识。[11]

画作之所以可能成为政治史的研究对象，首先是由于中国绘画中确实存在“政治主题”。[12]画作可能是权力的显现，也可能是权力发生作用的一种形式。[13]当年的创作活动、书画收藏与欣赏、书帖与画谱的编纂，本身即可能蕴含着政治的寓意；后妃、臣僚、画师的艺术才赋，都可能成为获致政治地位的资本。在中国美术史上，宋代历来以宫廷绘画兴盛、职业画家活跃、文人画思潮形成而著称。前两方面因应时政的背景自不待言，作为宋代政治生活主要参与者的士人精英，也在绘画及鉴赏、馈赠、收藏等类活动中，或为官方需要的、或为群体崇尚的、或为个人追求的政治目标而努力。即便看似超脱于政治的文人画，也是特定政治文化环境导致的结果，其信念所向、意气所到，都渗透出对于当时当代政治景况之直接、间接回应。

画作的表述方式不同于文字。由于画家往往通过深度暗示、象征、隐喻、拟人、谐音等多种手法在作品中寓以复杂的政治意义，[14]相对于文献材料，更有赖于读画者的体察和诠释。因此，在含蓄的画面中钩稽具有象征意义的图像“符号”，就成为辨识隐喻的关键。有些研究者选择这样的视角，通过细腻的比对辨析，揭示画作背后掩映的政治隐情。依史读画，借诗解画，以画论史，近似于“索隐派”的研究方式，丝丝合扣的“文本解析”，似乎比历史学家走得更远。[15]

对于图画的政治功用，统治者从来不曾忽视。流传至今的宋代画卷，不少是应君主之意绘制出来的。尤其宫廷绘画，直接面对上层需要，集中反映皇家情趣，以山川之宏伟雄浑、花鸟之富贵野逸、人物之风俗活动烘托谐睦气氛，形塑秩序井然的理想环境。画卷中展示的政治场景、礼仪场面、宫廷活动，乃至自然意象，是当时的艺术家（包括宫廷画家，甚至帝王、后妃等）绘画才智的集中体现，也大多浸透着歌颂盛世、渲染太平的意涵。

在宋代，一如前代王朝，展现帝制权威、尊卑秩序的帝王画像，渗透出强烈的政治文化意念。[16]有学者从不同角度指出，奉迎、安置、祭拜帝后神御，都是当时庄严隆重的典礼；神御像不仅“浑融为王朝礼仪体制的一部分”，而且其真正的威力，“有赖于其个性化与拟人化的艺术呈现”。[17]英宗治平年（1064—1067）初，不仅在景灵宫西园作仁宗神御殿，而且“图乾兴文武大臣于殿壁”。李焘在《续资治通鉴长编》中称，文武臣僚“绘像自此始”。[18]此后，亦曾于景灵宫殿壁绘配享功臣。[19]这些作品，应该类似于今天特殊人物之巨幅全身“标准像”。

两宋时期，由官僚提议、君王授意，宫廷中绘制了不少歌颂当朝文治武功、时代礼赞式的图卷，例如祥符《四夷述职图》、庆历《景德御寇图》；[20]也有一些渲染治世圣德的图画，例如《景德四图》，实际上都属于政治宣传画。从各类典籍著录中可以看到，当时有许多与经史典故、神祇、礼器、卤簿、仪制相关的图卷，其中不仅有御制序者，也有御制之图。[21]与此同时，各地进奉的祥瑞，例如嘉禾、芝草、双头牡丹乃至甘露等“瑞应”异象，通常也会形于图画，[22]意在表现安宁清明景象。臣僚通过不同途径上呈的画作，例如程琳进呈刘太后的《武后临朝图》、郑侠进呈神宗的《流民图》等，通过特定事件的缩影和“现实”场景的描摹，表达出绘画者或献策逢迎或针砭时政的政治态度。凡此种种，自是当时政治生态的鲜活反映；也使今人注意到皇家与特定人群通过画作引导舆论、占据“话语”乃至文化制高点的努力。[23]

除去与宫廷或朝政相关的绘画之外，宋代的地方官员，会以画图作为告谕民众的施政手段；居庙堂之高、处江湖之远的士大夫，也会以图画或直白或幽约地表达心声。这些画作与政治背景的关联，早为学界所注意。

（二）

用于劝谕规谏的训鉴图画《观文鉴古图》《三朝训鉴图》等，可以说是直接服务于当代政治目标的。

元祐五年（1090）五月，身为经筵官的范祖禹曾经向太皇太后高氏和哲宗皇帝讲到成于仁宗朝的《观文鉴古图》和《三朝训鉴图》：

> 臣伏见仁宗皇帝庆历元年七月出御制《观文鉴古图记》，以示辅臣。皇祐元年十一月御崇政，召近臣三馆台谏官及宗室观《三朝训鉴图》。臣窃以古之帝王常观图史以自戒。仁宗皇帝讲学之外，为图鉴古，不忘箴儆，以养圣心。又图写三朝事迹，欲子孙知祖宗之功烈，如目睹之。二图皆尝颁赐臣僚，禁中必有本。臣愿陛下以永日观书之暇间览此图，可以见前代帝王美恶之迹，知祖宗创业之艰难。不唯有所戒劝，易于记省，亦好学不倦之一端也。[24]

次年三月，宰相吕大防再度建议，将仁宗所书“遵祖宗训”等三十六事（或曰三十五事）“图写坐隅，以备亲览”[25]，也得到采纳。

南宋大儒吕祖谦著有《庆历观文鉴古图赞》，他从规鉴的角度，阐释了“图”的意义：

> 图书相为经纬尚矣。经之以书，载前代成败之实，而读者兴焉；纬之以图，绘前代成败之形，而观者鉴焉。……鸿惟仁宗皇帝博稽古训，鉴前代为元龟，凡自古君臣美恶之迹，固已厌饫于方册之间矣，犹惧纪于简编，不得左观右览，朝夕展对，乃绘为图，揭之秘殿，名以“观文鉴古”，冠之宸章，丕论本指。[26]

像《景德四图》一样，用于诱导训鉴的这类图画在当时都是配有文字的，以便相互发明理解。在时人看来，“图”有其特殊作用：直观于形，启沃于心，而且便于披览。

《观文鉴古图》十二卷百二十事（一说“绘列百篇”，合为十卷），“图画前代帝王美恶之迹可为规戒者”“始黄帝梦风后力牧，终长孙皇后赏魏玄成谏”。仁宗亲自为之作记。庆历元年（1041）七月初一日，出御制《观文鉴古图记》以示辅臣。[27]四年（1044）二月丙辰，御迎阳门，召辅臣观画，当时，“四壁各张画图”，“其画皆前代帝王美恶之迹可为规戒者”，是即《观文鉴古图》。继而只命天章阁侍讲曾公亮讲《毛诗》，王洙读《祖宗圣政录》，翰林侍读学士丁度读《前汉书》，数刻乃罢。[28]此时正值庆历新政期间，观图、讲读，都成为鉴往识今、宣示治政决心的一种方式。

《三朝训鉴图》似乎出现稍晚。在宋人的书目著录中，该图与《三朝宝训》《三朝政要》并列，皆置于当朝“典故”类。[29]《宝训》类著述（包括图册）自仁宗朝开始流行，其中原因，学界早有阐析，[30]兹不赘述。《三朝训鉴图》在《太祖太宗真宗训鉴》基础上形成，大体上是三朝嘉谟懿行之图解。庆历八年（1048）八月，知制诰杨伟受诏检讨三朝事迹，与翰林学士李淑共同编纂，“凡得祖宗故实事大体重者百条”，始于太祖亲征下泽潞、平维扬，终于真宗禁中观稼、飞山观炮。仁宗命翰林待诏高克明[31]等设色其上，御制序，并赐名。次年（皇祐元年）二月完成，凡十卷。[32]图中“人物才及寸余，宫殿山川銮舆仪卫咸备”，[33]应该是文字与图并存，类似于连环画的独立事迹连缀。目前所见《景德四图》，非常接近于《三朝训鉴图》的图式，文字部分先叙事、继之以“臣等曰”的结构，也是《三朝宝训》习见的安排，为今人的理解提供了认识例证。

对于《三朝训鉴图》的形成过程，成于北宋中期的郭若虚《图画见闻志》、王辟之《渑水燕谈录》说法接近，而与南宋王应麟《玉海》及《山堂群书考索》《直斋书录解题》等书目著录中的记载不同。《玉海·艺文》等处的记载，侧重于三朝事迹的文字修撰，所述《三朝训鉴图》的成书顺序亦是文字在前，绘图于后。而《图画见闻志》卷六《三朝训鉴图》说：

> 皇祐初元，上敕待诏高克明等图画三朝盛德之事，人物才及寸余，宫殿山川銮舆仪卫咸备焉。命学士李淑等编次序赞之，凡一百事，为十卷，名《三朝训鉴图》。[34]

按照这种说法，则是高克明等作画在先，李淑等撰赞语在后。但今见《玉海》卷五六《庆历三朝训鉴图》，节略仁宗御制序文，称：

> 太祖以神武肇基，太宗以英文绍复，思皇真考对越灵期，莫不兢业以临朝机，忧勤而靖王略，总御臣之威柄，谨制世之令谟。朕明发耸慕，夕惕严祇，申诏信史，论次旧闻，得祖宗之故实事大体重者百条。绘采缀语，厘为十通，设色在上，各载纲源，执简嗣书，兼资义解。几杖勒铭，□图取正；酌古垂范，保邦守成。然而稽之先民，孰若稽之往训。

从“申诏信史，论次旧闻，得祖宗之故实事

大体重者百条。绘采缀语，厘为十通，设色在上，各载纲源，执简嗣书，兼资义解”诸语来看，应该先有搜讨编类祖宗故实的过程，继而绘图，再配合解义说明，图文似是交互进展完成。

皇祐元年(1049)十一月初一日，仁宗召近臣台谏官及宗室，于崇政殿观《三朝训鉴图》[35]。其后又传摹镂板印染，颁赐大臣及近上宗室。[36]《文恭集》卷十一有胡宿所作《代中书枢密院谢赐三朝宝字训鉴图表》，颂誉说：

留圣思于勒成，命侍臣而类次，形于方版之镂，参诸设色之明。序以宸章，置之禁坐，盖将订盘盂之作，况几杖之铭，式遵燕翼之谋，用慎起居之戒，兹惟不朽之事，以永无疆之休。

有关《观文览古图》与《三朝训鉴图》的成书，还有另一问题。王明清《挥麈后录》卷一有这样一段文字：

仁宗即位，方十岁，章献明肃太后临朝。章献素多智谋，分命儒臣冯章靖元、孙宣公奭、宋宣献绶等，采摭历代君臣事迹，为《观文览古》一书；祖宗故事为《三朝宝训》十卷，每卷十事……诏翰林待诏高克明等绘画之，极为精妙，叙事于左，令傅母辈日夕侍上展玩之，解释诱进，镂板于禁中。元丰末，哲宗以九岁登极，或有以其事启于宣仁圣烈皇后者，亦命取板摹印，仿此为帝学之权舆，分赐近臣及馆殿。时大父亦预其赐，明清家因有之。绍兴中为秦伯阳所取。(先人云)[37]

所谓“《三朝宝训》十卷，每卷十事”，又有高克明等人图绘其上，看来应即《三朝训鉴图》，而纂成年代则与前引诸说不同。[38]针对这段记叙，马端临在其《文献通考·经籍考》之《三朝训鉴图》十卷条中说：

《挥麈录》所言禁中刻本且有绘图，则似即此《三朝训鉴图》十卷之书。然直斋以此书为庆历皇祐时所修纂，则又与《挥麈录》所谓仁皇初年傅母辈侍上展玩之语深不合矣。当俟考订精者质之。[39]

从现存材料来看，北宋中期的记载及以之为据的著录，皆称《三朝训鉴图》为庆历皇祐时纂成；即便是热衷于向太皇太后“支招”教育少年哲宗的范祖禹，也是说仁宗皇帝“图写三朝事迹，欲子孙知祖宗之功烈”，而不是称道刘太后如何教育少年仁宗。王明清祖父王莘曾在元祐年间获赐该《三朝训鉴图》之摹印本，他在《挥麈录》中的说法，有可能是根据哲宗朝的情形逆溯推断的。但王明清的理解，亦非空穴来风。仁宗即位之初，如何教育“春秋尚幼”的天子，如何提供既有针对性又能使他感兴趣的帝王读本，如何保证日后的统治不脱离太祖太宗以来的政治轨道，确实是宫廷内外系念的重要问题。身任宰相的王曾，即曾于天圣初年诠录古先圣贤事迹凡六十条，绘制图画，进呈给皇帝；宫中镂板模印，赐予近侍，并且下令禁署月绘二十轴以进。[40]绍兴（1131—1162）年间，宋高宗也曾说：

祖宗故事朕尝省阅，然宫禁间事亦有外朝所不知者。朕昨日见毛刚中所进《鉴古图》，乃仁宗皇帝即位之初，春秋尚幼，故采古人行事之迹绘而成图，便于省阅，因以为鉴也。[41]

无论此类鉴戒图画作于哪一阶段，从高宗的说法来看，南宋初年的宫廷中很可能已经没有《观文鉴古图》留存。《三朝训鉴图》的情形大约类似，而在民间仍有刻本流传。陈振孙曾经说：

《馆阁书目》载此书云“绘采皆阙”，至《续书目》乃云“得其全”。未知果当时刻本乎，抑亦摹传也。

他同时也说道：

顷在莆田有售此书者，亟求观之，则已为好事者所得，盖当时御府刻本也。卷为一册，凡十事，事为一图，饰以青赤。亟命工传录，凡字大小、行广狭、设色规模，一切从其旧。敛衽铺观，如生庆历皇祐间，目睹圣作明述之盛也。[42]

《三朝训鉴图》不仅被用作“帝王学”图文并茂之教材，也被宋人视为了解本朝圣政、祖宗故事之史料。著名史家司马光《涑水记闻》卷一，自“太祖征河东”至“太祖聪明豁达”等五条，文末即注明“右皆出《三朝训鉴图》”。

（三）

南宋初期，先后出现了许多历史故实画（故事画），作为聚拢人心的政治宣传。其中，李唐所作《采薇图》，画伯夷、叔齐不食周粟，避于首阳山采薇的故事，借以颂扬其气节；卷末元代宋杞题跋，点明其“意在箴规，表夷、齐不臣于周者，为南渡降臣发也”。《晋文公复国图卷》《光武渡河图》等，呼应了元祐皇后孟氏《告天下手书》中“汉家之厄十世，宜光武之中兴；献公之子九人，惟重耳之尚在”的说法。[43]此外，还有关系弭乱复国题材者，如《望贤迎驾图》；有渲染中兴祥瑞征兆者，如《瑞应图》（又称《中兴瑞应图》《高宗瑞应图》《中兴祯应图》）；[44]有表现家国之思者，如《昭君出塞图》《文姬归汉图》。此后还陆续出现了宣扬君主纳谏的规鉴画，如《折槛图》《却坐图》等。颂扬中兴人物的肖像画《中兴四将图》，也寓有宣传之意。

《中兴瑞应图》是记载宋高宗赵构“受天命”之瑞应的专题连环图画，其画法风格使之被称为“典型南宋院画”。[45]该图卷文字为曹勋所撰，作画者不详，目前所见，至少有李嵩、萧照、苏汉臣等几种说法。[46]图中分十二段落，描写宋高宗赵构“爰自诞圣以及缵承”的种种“祥应”，以证明他是得到上天眷顾的真命天子。

历史上早有瑞应图之类作品，通常“载天地瑞应诸物，以类分门”，[47]亦有记载一时之瑞应者。北宋徽宗政和（1111—1117）年间，东京的地方官僚即曾汇聚本府与畿县“甘露芝草珍木瑞麦之祥，舆夫囹圄空虚之日，路不拾遗之人”，作《政和畿内瑞应图》，并配以画图。[48]而该类作品，当时也会存于史馆。

南宋高宗朝，曹勋由于其特殊身份，对于高宗继统、迎请韦后都曾有所贡献，也与高宗母子保持着不同一般的关系。他家中收藏有《迎请太后回銮图》（《迎銮图》）；[49]他去世后，作为太上皇的赵构曾经亲书宸翰，称赞他：

> 历事四朝，尽瘁国事，从徽考北狩至燕，被密旨昼伏夜行，持御札御衣，俾予继统。金人败盟犯江，奋身请行，见敌帅力陈祸福；敌退渡淮，继令请太后天眷，至金主前宣予孝思，使彼感动，俾予母子如初。[50]

曹勋本人，自南归后，即追随当时的上层人物，尽心竭力维护高宗"正统"，也时时披露一二"内情"，以表明自己的特殊地位。绍兴初年，他即在《上皇帝书十四事》中，陈述高宗即位的"灵瑞符应"，说：

> 臣闻有大德者必灵瑞以符应，抚大宝者必济世而安民。鲜有端居，必先穷厄……洪惟陛下以德承天，为天所子，甚矣，上帝之覆护，于再于三，昭陛下精意之虔，扶陛下神明之祚，验于天人之际，焕若日月。

并将这些"灵瑞"梳理为"亟临敌寨而还辕"等七项。[51]当时虽未成图，但这些符应在高宗默认之下，与靖康析字、泥马渡江等其他祥瑞传闻一起，播布颇广。

《中兴瑞应图》成于孝宗年间，应是高宗退位后，曹勋纂辑出十二瑞应，由画院成图。在楼钥所作《曹忠靖公松隐集序》中，说曹勋"绍兴乾道间出入两宫，奉清燕之闲，最承宠眷"。[52]《圣瑞图赞并序》虽无具体系年，但其中称高宗为"光尧寿圣宪天体道太上皇帝"；序文自署衔为"太尉、昭信军节度使、提举皇城司"，[53]据《宋会要辑稿·职官》七七之八二，乾道七年（1171）十月六日，"诏太尉曹勋落致仕，提举皇城司"，正与该系衔吻合。可知该图序文及赞语的正式文本，应完稿于乾道七年（1171）末至淳熙元年（1174）初之间。[54]尽管图画的完成，可能更在其后，但当初应是文图一并构思的。高宗"倦勤"之后，仍然在幕后组织着不少宣示"圣明"的文化工程，他所居处的德寿宫，其实是临安城内的又一政治文化中心。

曹勋自称，根据"显仁皇后洎陛下闲燕宣谕，并华夏所传"，"略辑瑞应凡十有二"，也就是说，促成"日靖四方，再造王室"的"圣瑞"，依据主要是韦太后、宋高宗的个人回忆，以及四方传闻。此时的汇聚纂辑，显然是根据君主"睿旨"，意在以"骇心动目"的事件来打动观瞻、感化人心，并进而向居于"余分闰位"者宣示正统。[55]

清代阮元《石渠随笔》卷三《宋（二）》有专条谈"萧照瑞应图卷"，称"曹勋序赞楷书，书画相间十二段"，而自图卷所录曹勋序言，却与《松隐集》卷二九《圣瑞图赞并序》文字不同。成亲王永瑆《诒晋斋集》卷八《附录》，录"内府所藏萧照瑞应图一卷凡十二段曹勋赞序"，与阮元本大致相同。其中如"上天照鉴，应运而兴，非群策群力之所能争矣。比仰蒙圣旨询问，特命宣谕四方臣民，所以见天命有德"，"虽当强敌之鸱张，一闻神异皆代为骇服"云云，均不见于《松隐集》。而《松隐集》中"臣仰蒙显仁皇后洎陛下闲燕宣谕，并华夏所传"以及"彼余分闰位，乃欲震耀一时，争衡百代，为可骇笑"则不见于清大内收藏本。两相比较，画图上的序文语气显得更为强硬。据楼钥在《曹忠靖公松隐集序》中所说，《松隐集》是曹勋子曹耜在父亲去世十七年之后据旧稿编辑而成的。瑞应图序文的变动出自何时，目前尚不得而知。该图卷十二段本之第六幅，赵构拜谒磁州崔府君庙，即是流传甚广的"泥马渡康王"故事之由来。[56]

传世的《瑞应图》尽管被归为"故实画"一类，却远非写实作品，[57]而是主题先行的典型建构，直接服务于"兹为天意，夫岂人谋"的立意。堪称"穷工极妍"的图像，构图古雅从容，看得出画师的细致用心；其笔下自承平之际到戎马倥偬，人物仪态平静淡定，服饰背景亮洁光鲜，全无落魄尘埃之感。其提纲挈领之意义，聚焦于高层认定的"圣瑞"，这面向士庶的符瑞宣传，正体现出制造并重申特定政治话语的努力。

三、书法作品与宋代政治史研究

尽管说"书画同源"，宋代的文学家、艺术家亦常使不同的艺术形式融会无间；但就其功能而言，二者有明显的不同之处。与绘画相类，书法有着审美、娱情甚至游戏的一面，通常被认为以"尚意"为趋向的宋代书风，蕴含着当时文化精英的学养与情操。与绘画相较，书法在现实生活中承载着更直接的社会功能，是人们用以沟通信息的中介；无论在察举科举中，无论是为官任吏者，都须臾无法离开书写技能。作为自古以来的实用技艺，书法体现着士人的基本能力素质，也是谋生的手段之一，在中国古代的官场和民间长期受到重视。

目前传世的宋代书法作品，多是士人手迹。就其书法风格而言，有"院体书法"，常用于官方文书的撰写抄录；也有"文人书法"，文人墨迹与其诗文作品，往往构成"一体两面"的欣赏对象。就其内容而言，属于原创者，往往为公私文书、诗文、题跋之类材料，大多可直接作为原始史料利用，其中有一些本身即是政治史资料。

下面即以若干书法篇章为例，围绕两宋时期的官员告身、诏敕批答，在张祎、方诚峰、久保田和男等三位博士相关研究[58]的基础上，择要介绍此类材料在宋代政治制度研究中可能的意义。

（一）

唐宋时期的官员告身（官告，委任状），如《朱巨川告身》《司马光拜左仆射告身》等，早为制度史研究者所注意。

在宋代，官员告身依其级别高低和除授职务轻重，分别由翰林学士知制诰和中书舍人（或他官知制诰者）负责命词，前者称为内制，后者称为外制。日本熊本县立美术馆所藏熙宁二年（1069）司马光充史馆修撰的官告，是北宋元丰改制之前的外制官告。[59]

该官告共59行，录文第1至27行，是一篇外制诏命。诏命中，司马光的除授职衔，当是宰相机构进拟，并由皇帝认可裁定的；而文词则是外制官（知制诰）根据下达的词头起草而成。据《辞学指南·诰》，外制诏命的一般形式是：“敕：云云，具官某云云，可特授某官”[60]，此卷与之完全相同。第28行日期之后，第29至48行是按照三省出令程序的官员签署格局。依次为中书省官员对于诏命的“宣”“奉”“行”，门下省官员的署衔，以及尚书省承接制敕程序的反映。第49至59行，则是官衔备具、经官告院签发的“告”本身之文字。[61]在北宋前期的两府体制之下，官告中以“三省”为名罗列的签署程序，并非除授官员的实际流程。在宋代的传世文献中，大多对此并不予以记载。存世的官告实物，使我们有机会窥得当时“双轨制”的运行方式。

台北故宫博物院所藏元祐元年（1086）的司马光拜左仆射告身，则是北宋元丰改制后的内制官告。[62]

这一告身长卷，同样是由制词、签押程式及“告”文构成，成于元祐元年闰二月庚寅（二日）。其中的制词部分与《宋大诏令集·宰相·进拜》中所收录的《门下侍郎司马光拜左相制》、徐自明《宋宰辅编年录》卷九《司马光左仆射制》文字相同。

王竞雄先生在其《〈司马光拜左仆射告身〉研究》[63]一文中指出：“本院所藏《司马光拜左仆射告身》系属制授告身，于元祐元年颁发，正值新官制推行之际，可以略见当时正式文书作业的情形。”并且认为，元丰改制之后，告身文书的运作流程，应由三省连贯操作，依序首先应由中书省签署宣下，而这篇告身与元祐三年范纯仁拜右相告身[64]一样，在制词之后，即接门下省审读签署记录，因而存有疑问。事实上，制授告身在宋代本属“内制”（元丰前后都是如此），并非中书舍人起草进画，而是由供奉内廷的翰林学士知制诰者命词。元丰改制“循名责实”，告身签署程序原则上应与实际除授程序相符，“内制”命词拟定后既无须中书省“宣奉行”，直接颁降门下省施行，因此中书省官员并不列衔其中。

门下省签押的文书程序，日本学者中村裕一曾经恢复唐代开元（713—741）年间的制书体式：

侍中具官封臣　名
黄门侍郎具官封臣　名
给事中具官封　名　等言
制书如右。请奉
制付外施行。谨言。
年　月　日
可　御画

根据日本京都藤井有邻馆所藏范纯仁拜相告身，门下省部分与唐制基本相同：

41. 侍中阙
42. 尚书左仆射兼门下侍郎臣　大防
43. 给　事　中　臣　临等言
44. 制书如右，请奉
45. 制付外施行，谨言。
46. 元祐三年四月五日
47. 制可

这份司马光拜相告身中，除职位虚悬的侍中之外，在官告上系衔的门下省官员，有尚未到任的尚书左仆射兼门下侍郎司马光（被除授者本人，未谢）、尚书左丞权门下侍郎吕公著和给事中范纯仁。而同属门下省的这几位官员，目前被截为两段，皇帝批示的“制可”二字，插在门下侍郎与给事中的署衔之间。对照以上文书体式可见，这一次序实有问题。这恐怕是该告身在流传中一度断裂，重新装裱时，因对宋代制度不熟悉，接装颠倒所致。按照正常文书流程，皇帝“制可”应在门下省程序完成、标注时日“元祐元年闰三月七日”之后。[65]

司马光与范纯仁的拜相告身，都依宋代的官告之制，用“五色金花绫纸十七张”。[66]各类官告以其用纸质地、尺幅规格、色彩纹样、色背白背、张数多寡……体现出官僚等级制度之庄重森严。

（二）

宋代诏敕中，有赐予臣僚个人，作为指示、奖谕或表示体恤的；也有颁发给特定部门，作为政务“指挥”行用的。前一类诏敕的现存实物，有《赐毛应佺敕》《赐蔡行诏》及《赐虞允文诏》等例。

这份《赐毛应佺敕》收藏于北京故宫博物院，敕文之后，有元顺帝至正二年（1342）张雨所作题跋，称该帖是“唐明皇手敕毛应佺知恤诏真迹”。《中国古代书画图目》据此题作“唐，无款，行书毛应佺知恤诏”。[67]而在明代后期，张丑曾推测该诏书为宋太宗时期颁出。[68]然而，上述两种推断都无法合理解释敕文首句“朕念三圣之爱育蒸黔”之语义。其实，南宋曾敏行《独醒杂志》全文著录过这篇敕书，并指明其背景为“天圣中毛应佺守窦州，朝廷赐虑囚敕书云”[69]。因此，这应该是宋仁宗时期的敕书，所谓“三圣”是指太祖、太宗及真宗。

今藏辽宁省博物馆的徽宗《行书蔡行敕》，[70]是宣和年间（1119—1125）蔡行请辞殿中省长官职务时，徽宗颁出的不允诏书。四川省博物馆藏南宋孝宗朝“行书答虞允文敕书”，[71]也是一份不允诏书，从其内容来看，该诏书颁赐应该是在乾道四年（1168）春天，虞允文时任资政殿大学士、知枢密院事、四川宣抚使[72]。

一般而言，称“诏”或“敕”，有级别高下的区分，所谓“赐五品已上曰诏，六品已下曰敕书”[73]。就文书本身来看，在命词者、措辞、用印、用纸方面都有等级轻重之分。仅以措辞方式为例，不难注意到其程序化表达中的区分。像《赐毛应佺敕》呼毛某为“汝”，词尾云“故兹示谕，想宜知悉”；而《赐蔡行诏》和《赐虞允文诏》则称诏书的被受者为“卿”，词尾则是“故兹诏示，想宜知悉”。

诏敕开端，都有较大字体书写的“敕”（勅）字，尾部署有“某日”和独立的大“敕”，《赐虞允文诏》末尾缺“敕”字，可能是流传中遗失了。从《赐毛应佺敕》和《赐蔡行诏》来看，“敕”字与诏敕正文及画日是在彼此拼接的两张纸上，中间有骑缝钤印。《赐毛应佺诏敕》《赐虞允文诏敕》上所钤玺印为“书诏之宝”；《赐蔡行诏》所用为“御书之宝”，表示该诏敕属于皇帝“手书”，以增重其事。

收藏于辽宁省博物馆的《行书方丘敕》[74]，是用于宣布朝廷举措的诏敕。

除了首尾的跋语以外，该书卷由两部分组成：主体部分是致祭方丘以后要求给嫔妃“加宠锡”的诏敕。诏敕的文辞，以“故兹诏示，想宜知悉”结尾；文末署日，不出年月，并有独立的硕大“敕”字，与前述颁赐臣僚个人的诏敕形式一致。

该书卷后面附连着另外一份文书，前有御批“依奏”，且加盖“御书之宝”玺印。该文书是前执政郑居中[75]大观四年（1110）十二月进呈之札子，就其形制而言，是加盖了御宝的内降批答（内批）。从内容来看，诏敕与札子之间并没有直接联系，应该是后来的收藏者装裱在一起的。

宋代的诏敕，文献中有不少著录。但即便是熟知典章制度，甚至经手相关程式者，也很少记载时人习见的文书体式。若讨论这类问题，关注其演变脉络，只能依靠实物原件。现实中的类别、情形，当然比较复杂；而从先后时段中不同类型的这四份书法材料来看，北宋元丰改制前后直至南宋时期，普通诏敕的基本体式应该没有发生明显变化。

（三）

在宋代文献中，“御前文字”是一相对专门的概念，以帝王名义自内廷颁出的命令文书，广义上都是御前文字，也称为“御前札子”，简称“御札”。[76]在当时的政治生活中，御前文字曾经广泛行使，成为一种用途相对固定化、制度化的文书体式。吴曾《能改斋漫录》中说：“天子亲札，谓之御笔。”[77]赵升《朝野类要》则说，“手诏或非常典，或示笃意”，[78]是诏书中挟天子个人威严、体式尤重者。而众所周知的是，宋代的“御笔”或是“手诏”，并不一定出自皇帝亲笔。如李心传《建炎以来朝野杂记·乙集》卷一一《故事》的《亲笔与御笔内批不同》中所说：

> 本朝御笔、御制，皆非必人主亲御翰墨也。祖宗时，禁中处分事付外者，谓之内批；崇观后，谓之御笔。其后，或以内夫人代之。近世所谓御宝批者，或上批，或内省夫人代批，皆用御宝。又有所谓亲笔者，则上亲书押字，不必用宝。

与一般针对个人的诏敕以“敕某某”开头不同，目前所见“御笔手诏”，凡有特定赐予对象者，都在文末用“付某某”表示。二者作用相同而形式互异。传世文献中，王珪《华阳集》卷一八《制词（诏）》有代皇帝起草的“手诏”，如《赐宰臣富弼乞退不允手诏》末句说：“所乞宜不允。付富弼。”流传至今的御前文字，例如徽宗给付刘既济的御笔手诏（碑刻拓片）[79]、绍兴十一年（1141）高宗赐予岳飞的亲笔批札[80]中，都有“付某人”的字样，其后则是押字和玺印。并非针对特定个人的手诏，则会沿用一般诏书中“故兹诏示，想宜知悉”之类用语[81]。

“御笔手诏”多非皇帝亲笔，而目前所见徽宗朝题额为“御笔手诏”的石刻，皆以瘦金体书写，联系到内廷善书吏人对于“奎画”的仿效，臣僚对于“御笔颇不类上字”[82]的批评，都使我们注意到，所谓“御笔”，在当时是通过特定书法风格（笔法）体现出来的。[83]

王充《论衡》卷十三《别通篇》指出：

汉所以能制九州者，文书之力也。以文书御天下。

文书作为官方政令的承载物，无疑是政治史研究的关键对象。传达民间信息的文书，也或多或少与当时的各类事件、人物、社情民意相关。目前我们所接触的宋代史料，缺乏足以冲击既往研究体系的新发现。流传至今的原始状态的文书，除去一些石刻碑碣外，基本上是作为传世书法保存下来的。这种状况，使书法作品的多重意义日益彰显出来。

赘语

理论建设的滞后和一手资料的匮乏，始终是困扰宋代政治史研究的突出问题。要求得研究中的切实突破，离不开材料范围的再开拓与史料内容的再解读。具体来说，不仅要充分利用正史等传世文献，也必须要深入开掘、认真面对存世的文书卷帙、绘画作品可能提供之信息。

就宋代政治史研究而言，历史上三百年间的政治生活场景，有潜流，有波澜，恰似徐徐展开的鲜活图卷。对于历史“真实”的深切体味，端赖充分开启视觉、感觉之“窗”，打通认知之“门径”。在以往的研究实践中，我们所习惯利用的史料，常局限于文献典籍，真正能够有效调度多种资料的研究并不多见；我们所习熟的发问和讨论方式，也迫切需要新鲜的滋养与刺激。在这一意义上，对于传世的书画作品、对于美术史卓有成效的研究，值得历史学者予以足够重视。

注释

[1]石守谦:《风格与世变》(简体字版序)，北京大学出版社2008年版，第1页。

[2]例如石守谦《风格与世变》。

[3]王正华:《传统中国绘画与政治权力——一个研究角度的思考》,《新史学》(台北)1997年第8卷第2期，第182—183页。

[4]如江兆申先生指出的，我国的书与画，由于所用工具相同，所以两者之间关系非常密切。同一书画家的书与画，也往往有脉息相通处。江兆申:《六如居士之书画与年谱》，见颜娟英主编《美术与考古》，中国大百科全书出版社2005年版，第1页。

[5]参见邢义田《格套、榜题、文献与画像解释——以一个失传的“七女为父报仇”汉画故事为例》，收入颜娟英主编《美术与考古》，中国大百科全书出版社2005年版，第207—208页；张广达:《唐代祆教图像再考——P.4518(24)的图像是否祆教神祇妲厄娜(Daena)和妲厄娃(Daeva)?》，收入《张广达文集·文本、图像与文化流传》，广西师范大学出版社2008年版，第275页。

[6]张彦远:《历代名画记》卷一《叙画之源流》，津逮秘书本。

[7]郭若虚:《图画见闻志》卷一《叙自古规鉴》，津逮秘书本。

[8]相关的评述与思考，例如王正华《传统中国绘画与政治权力——一个研究角度的思考》,《新史学》(台北)1997年第8卷第2期，第161—214页。

[9]参见葛兆光《思想史研究视野中的图像——关于图像文献研究的方法》,《中国社会科学》2002年第4期。

[10]参见颜娟英《美术与考古·导言》，中国大百科全书出版社2005年版，第10页。

[11]高居翰(James Cahill)撰:《中国绘画中的政治主

题——“中国绘画的三种选择历史”之一》，杨振国译，《艺术探索》2005年第4期，第23—30页。

[12]高居翰教授曾于1985年主持“中国绘画中的政治主题”研讨班，带动了系列研究。参见高居翰前揭文。

[13]参见注释[8]，第187页。

[14]参见注释[1]。

[15]参见姜斐德《宋代诗画中的政治隐情》，中华书局2009年版。邱才桢：《潇湘何以成怨？诗画交融中的艺术史还原与阐释——评姜斐德〈宋代诗画中的政治隐情〉》，《装饰》2010年第1期，第82—84页。

[16]参见陈葆真《图画如历史：传阎立本〈十三帝王图〉研究》，收入颜娟英主编《美术与考古》，中国大百科全书出版社2005年版，第299—346页。

[17]李慧漱：《圣母、权力与艺术——章献明肃刘皇后（969—1033）与宋朝女性新典范》，见王耀庭主编《开创典范——北宋的艺术与文化研讨会论文集》，台北故宫博物院2008年版，第431页。参见 Patricia Ebrey，“Portrait Sculptures in Imperial Ancestral Rites in Song China”，*T'oung Pao*，Second Series，Vol.83，1997，pp.42-92；汪圣铎：《宋代寓于寺院的帝后神御》，见姜锡东、李华瑞主编《宋史研究论丛》第五辑，河北大学出版社2003年版，第241—264页。

[18]《续资治通鉴长编》卷二百，治平元年三月丁酉条。

[19]《玉海》卷五七《艺文·图绘名臣》。

[20]参见《东莱集》外集卷四《祥符四夷述职图赞》，《玉海》卷五六《艺文·庆历景德御寇图》。

[21]参见王应麟《玉海·艺文》及陈振孙《直斋书录解题》、马端临《文献通考》等。

[22]参见《玉海·祥瑞》。

[23] Patricia Ebrey，*Rethinking Imperial Art Collecting：The Case of the Northern Sung*（《开创典范——北宋的艺术与文化研讨会论文集》），pp.471-497；Hui-shu Lee，*Empress*，*Art*，& *Agency in Song Dynasty China*，University of Washington Press，2010，对于相关问题都有深入讨论。

[24]《范太史集》卷十九《迩英留对札子》。

[25]《玉海》卷五六《艺文·元祐仁宗御书三十六事图》。

[26]吕祖谦：《东莱集》外集卷四《庆历观文鉴古图赞》，续金华丛书本。

[27]《玉海》卷五六《艺文·庆历观文鉴古图》。

[28]参见《续资治通鉴长编》卷一四六，庆历四年二月丙辰条，《玉海》卷五六《艺文·庆历观文鉴古图》。

[29]陈振孙：《直斋书录解题》卷五。

[30]例如王德毅《宋代的圣政和宝训之研究》，见《宋史研究集》第30辑，1999年版，第1—26页；孔学：《宋代〈宝训〉纂修考》，《史学史研究》1994年第3期，第56—64页；许振兴：《宋代〈三朝宝训〉篇目考》，《古籍整理研究学刊》1998年第4、5期合刊，第84—85页；邓小南：《“祖宗故事”与宋代的〈宝训〉〈圣政〉——从〈贞观政要〉谈起》，见《唐研究》第十一卷，2005年版，第95—116页；等等。

[31]据刘道醇《宋朝名画评》卷一《人物·妙品》，高克明“祥符中入图画院”，后“迁至待诏，守少府监主簿，赐紫衣”，应活动在真、仁时期。南宋周必大《文忠集》卷十八《题洪景卢所藏王摩诘山水》，称“自崇宁兴画学，名笔间出，有赐紫待诏高克明者，颇得摩诘用笔意”云云，似不确。

[32]参见章如愚《山堂群书考索》前集卷十七《正史》门，王应麟《玉海》卷五六《庆历三朝训鉴图》。

[33]郭若虚《图画见闻志》卷六《训鉴图》条。

[34]参见王辟之《渑水燕谈录》卷八。

[35]《续资治通鉴长编》卷一六七，皇祐元年十一月庚寅条。《宋会要辑稿·崇儒》七之四三，称是日“于迎阳门观《三朝宝字》并《三朝训鉴图》”。

[36]《图画见闻志》卷六《训鉴图》条。

[37]《挥麈录·后录》卷一，中华书局点校本，1961年版，第53页。

[38]李慧漱前揭文对于相关问题有所讨论，第417—418页。

[39]《文献通考》卷二百一《经籍考》。

[40]《宋名臣言行录》前集卷五《丞相沂国王文正公》。

[41]《建炎以来系年要录》卷八六，绍兴五年闰二月丙寅条。

[42]《直斋书录解题》卷五《三朝训鉴图十卷》。

[43]《建炎以来系年要录》卷四，建炎元年四月甲戌条。

[44]2009年春季中国嘉德拍卖会上曾经出现该图卷12段本。南宋绘制的同一题材手卷应不止一幅，后世亦有临摹本。Julia Murray对该类图卷有过系列的专门讨论。例如“Sung Kao-tsung as Artist and Patron：The Theme of Dynastic Revival”，in Chu-tsing Li，ed.，*Artists and Patrons：Some Social and Economic Aspects of Chinese Painting*，Seattle：University of Washington Press，1989。“Ts’ao Hsün and Two Southen Sung History Scrolls”，*Ars Orientalis*，Vol.15，1985.“The Role of Art in Southern Sung Dynastic Revival”，*Bulletin of Sung Yuan Studies*，No.18，1986.惜未得见。

[45]http：//bbs.sssc.cn/viewthread.phptid=563500&extra=&page=4，2012年7月10日。

[46]明人孙凤《孙氏书画钞》卷二《名画·宋高宗瑞应图》，称“曹勋赞李嵩画”。黄瑜《双槐岁钞》卷九《名画古器》，说道“苏汉臣所绘宋高宗瑞应图”；汪珂玉《珊瑚网》卷二五《名画题跋·王右丞江山雪霁图》外录部分，照抄了这一说法。董其昌该图跋语称“萧照为李晞古之嫡冢，更觉古雅。此卷穷工极妍，真有李昭道风格”（厉鹗：《南宋院画录》卷三）；清人卞永誉《式古堂书画汇考》卷四四《萧照》录有“萧迪功中兴祯应图卷”；陈文述所见，是画六幅而无赞语的图卷，他在《颐道堂集》外集卷四《古今体诗.南宋画院待诏萧照画高宗瑞应图》中称“翰墨推萧照，渊源出李唐”，卷后款署“寺召易非”，实为“待诏赐绯”之半。方濬颐《梦园书画录》卷四则称之为“宋李嵩萧照合作思陵瑞应图长卷”。

[47]陈振孙：《直斋书录解题》卷十《瑞应图十卷》。

[48]赵鼎臣：《竹隐畸士集》卷九《代进瑞应图札子》。

[49]楼钥：《攻媿集》卷七十《恭题曹勋所藏迎请太后回銮图》。

[50]《攻媿集》卷五二《曹忠靖公松隐集序》。

[51]《松隐集》卷二三《上皇帝书十四事》。

[52]《攻媿集》卷五二《曹忠靖公松隐集序》。

[53]《松隐集》卷二九《圣瑞图赞并序》。

[54]曹勋去世于淳熙元年九月。

[55]《松隐集》卷二九《圣瑞图赞并序》。

[56]参见拙作《关于“泥马渡康王”》，《北京大学学报》1995年第6期。

[57]石守谦指出，在“故实规鉴画”之中，规鉴之效能虽必基于史实的忠实性之上，但多数创作者并不认为必须绝对恪守对于史实的忠诚。到唐代、北宋之时，情形有所改变。见《南宋的两种规鉴画》，载石守谦《风格与世变》，第115页。

[58]以下内容的详细讨论，参见张祎《制诏敕札与北宋的政令颁行》，博士论文，北京大学，2009年；方诚峰《论北宋徽宗朝的“御笔”与“御笔手诏”》，2010年

"中国十至十三世纪历史发展"国际学术研讨会暨中国宋史研究会第十四届年会论文，待刊；久保田和男《宋代に于ける制敕の伝达について：元豊改制以前を中心として》，收入日本宋代史研究会《宋代社会のネットワーク》，汲古书院1998年版。

[59]照片承日本早稻田大学小林隆道博士提供，谨致谢忱。

[60]参见王应麟《玉海》卷二〇二《辞学指南·诰》。

[61]该录文内容，参见久保田和男前揭文，第201—202页。

[62]所提图片见王竞雄《〈司马光拜左仆射告身〉书法述介》，台北《故宫文物月刊》2006年第284期，第14—15页。

[63]《中国书法》2008年第1期，第89页(原文选自《大观——台北故宫书画大展》)。

[64]日本京都藤井有邻馆、南京博物院皆藏有该告身，制词文字可参看《宋大诏令集》卷五七《同知枢密院范纯仁拜右相制》。

[65]如王竞雄先生前揭文所说，依实际流程应接续48行年月日之后。

[66]参见《宋会要辑稿·职官》一一之六一至六二，六五至六六；宋敏求《春明退朝录》卷中，中华书局标点本，第19—21页；《职官分纪》卷九《官告院》。

[67]中国古代书画鉴定组编：《中国古代书画图目(十九)》，文物出版社1997年版，第42页。

[68]张丑：《清河书画舫》卷三(上)，影印文渊阁四库全书本。

[69]曾敏行：《独醒杂志》卷五，知不足斋丛书本。

[70]中国古代书画鉴定组编：《中国古代书画图目(十五)》，第33页。

[71]中国古代书画鉴定组编：《中国古代书画图目(十七)》，第12页。

[72]参见徐自明《宋宰辅编年录》卷十七，乾道三年二月辛巳、五年六月己酉条，第1194、1204页。

[73]杨亿：《杨文公谈苑·学士草文》，李裕民辑校，上海古籍出版社1993年版，第7页。

[74]中国古代书画鉴定组编：《中国古代书画图目(十五)》，第33页。

[75]时任观文殿学士、正奉大夫、中太一宫使兼侍读。

[76]张祎指出，"札"有书札、笔札之意，原本是对于各种私书的指称，基本不用作公文书名目，使用较为随意。在宋代，"札"的名目逐渐被引入公文书的范围，用来指称一些新起的文书形式，其涵盖相对宽泛，上行文书如奏事札子、中书进呈札子，下行文书如中书札子、枢密院札子等，性质本不相同，却并不妨碍共用同样的文书名目。

[77]吴曾：《能改斋漫录》卷二《御笔》，中华书局1960年版，第26页。

[78]赵升：《朝野类要》卷四《文书·手诏》，中华书局2007年版，第83页。

[79]见北京图书馆金石组编《北京图书馆藏中国历代石刻拓本汇编》第43册，中州古籍出版社1990年版，第53页。北京大学图书馆亦藏此拓，题《崇真宫徽宗付刘既济手诏》，系缪荃孙艺风堂旧藏。

[80]原件藏台北蘭千山馆。取自刘正成主编《中国书法全集》(第40卷)，荣宝斋出版社2000年版，第67—69页。该御前札子在岳珂编《鄂国金佗稡编》卷三《高宗皇帝宸翰卷下·绍兴十一年》有著录，见王曾瑜校注本，中华书局1989年版，第44页。

[81]例如苏辙《栾城集》卷三三《太皇太后明堂礼成罢贺赐门下手诏》，中华书局1990年版，第572页。

*本节以上内容参见张祎《制诏敕札与北宋的政令颁行》。

[82]《宝真斋法书赞》卷二《历代帝王帖·徽宗皇帝诸阁

支降御笔》，引蔡条《国史后补》，第579页。

[83]参见方诚峰《论北宋徽宗朝的“御笔”与“御笔手诏”》。

本文载于《美术研究》2012年第3期

邓小南，1950年生，北京人。1985年毕业于北京大学历史系，获硕士学位。北京大学历史系、中国古代史研究中心教授、博士生导师，北京大学人文社会科学研究院院长。

理解当代艺术的艺术

——施坦伯格和他的《另类准则：直面20世纪艺术》

张晓剑

1906年，马蒂斯展出了最雄心勃勃的油画《生活的欢乐》，不料引起了时任独立沙龙副主席的现代画家保罗·西涅克（Paul Signac）的极大愤怒，他写信对朋友说："马蒂斯似乎彻底完蛋了……他用一根像你大拇指一样粗细的线条，将一些稀奇古怪的人物团团围住……它唤起了一种掺杂了颜料、油漆与日用品商人的五颜六色的商店门面的感觉。"[1]而我们现在公认此画是21世纪绘画史上伟大的突破之一。一年后，轮到马蒂斯愤怒了。他在毕加索的画室看到《亚威依少女》，感到无法忍受，认为这是对整个现代运动的嘲弄，他发誓情愿"淹死毕加索"，也不愿他搞这种恶作剧。现在我们也公认此画是现代艺术中的另一个伟大突破。1908年，马蒂斯还拒绝了勃拉克带"小方块"的新风景；1912年，成功的立体派画家们则拒绝了杜尚的《下楼梯的裸女》。

这是艺术史家、艺术批评家列奥·施坦伯格（Leo Steinberg，1920—2011）在《当代艺术及其公众的困境》（1962年）一文中，为我们描述的几个现代艺术史的插曲。这样的事例可以一直罗列下去。格林伯格（Clement Greenberg）就重述过《时代》杂志关于毕加索反感抽象表现主义的一个细节：毕加索有一次抓起一本被墨水弄脏了的笔记本，把它塞给来访者，嘴里骂道："这就是杰克逊·波洛克！"[2]施坦伯格认为，当艺术家囿于自己的既定经验而不能接受其他新颖而又原创的艺术时，他在那一刻就跟"公众"站到了一起，变成了"公众"中的一员。19世纪下半叶以来，艺术家和批评家也与公众一样，面对艺术时常陷入不解、沮丧、愤怒的困境之中。

在我看来，施坦伯格的批评文集《另类准则：直面20世纪艺术》，除了洞察的深刻、方法的娴熟、文字的精确优雅，最可贵的就是表达了一个批评家坦然直面那种困境，同情地理解当代艺术，并为之提供论辩的努力。正是这种同情理解的史学家的情怀，让他反对格林伯格形式主义，批评"令行禁止"的"狭隘"；而他本人论辩的有效性，则使他跻身于杰出的批评家之列，与哈洛德·罗森伯格（Harold Rosenberg）、格林伯格一起构成"二战"后美国艺术批评的主轴，为美国当代艺术的崛起提供了强有力的话语支持。

一、直面公众的困境

跟大多数批评家不同，施坦伯格是在专业

的艺术史研究之余介入当代艺术批评的。作为同代人中最出色的文艺复兴艺术史家之一，他以《米开朗琪罗最后的绘画》(*Michelangelo's Last Paintings*，1977)、《文艺复兴艺术及现代健忘中的基督的性征》(*The Sexuality of Christ in Renaissance Art and in Modern Oblivion*，1983)、《莱奥纳多永远的最后晚餐》(*Leonardo's Incessant Lost Supper*，2001)受到广泛关注。美国《十月》(*October*)杂志曾专辟一期来讨论他那激起争议的关于基督性征的图像学研究；其艺术史写作中所表现出的机智、原创和博学，受到年轻一代的推崇。一般来说，很少有艺术史家严肃地对待当代艺术，因为艺术史家总是希望与自己的研究对象保持一定的时间距离(这样才能达到相对的客观)。此外，可能还因为醉心传统的史家把求新求异的当代艺术看作胡闹以致不屑一顾。施坦伯格就曾幽默地说："每当有同学提到我的'艺术批评'专栏，我都乞求他压低嗓门，他在谈论我的私生活呢。"(《另类准则》，第16页)不过，他的"私人"写作显然也带上了艺术史家的眼光：注重作品的意图，包容多元的可能性，公允对待当代艺术所带来的"困境"。

《另类准则》一书初版于1972年(中译本依据2007年新版译出)，收入施坦伯格20世纪50年代到70年代早期的批评与论文。那个时期的美国，在抽象表现主义之后，各种新艺术相继而至，公众和批评家经常感到困惑和憋屈，施坦伯格想用《当代艺术及其公众的困境》从理论上来解疑释惑。文中的"公众"是一个功能性概念，指人们在一种既定经验的强迫下被迫进入的角色，艺术家(如前述的西涅克、马蒂斯)也有可能成为公众。困境，则是指人们遭遇到一种不熟悉的新风格时感到的不适应，那些震撼、困惑、愤怒、厌倦的情绪，施坦伯格非常准确地将其表述为："有一种失落、突遭放逐、被故意拒绝的感觉"，好像"人们长期积累的文化或经验被彻底无望地贬低了，使人暴露在精神的赤贫之中"(《另类准则》，第23—24页)。这种体贴而又富于概括力的文字，让今天看过当代艺术展的我们读来都心有戚戚。

在施坦伯格看来，当代观众要突破这种困境，关键是要学会放弃，就是放弃已有的视觉习惯、已有的价值，去同情地理解那些新艺术。施坦伯格现身说法，以自己对贾斯帕·约翰斯(Jasper Johns)的接受为例，讲述了如何从最初的愤怒、沮丧，到后来鼓起勇气经受那种崭新经验，并不断有所创获的过程。他认为，公众的困境自库尔贝以来已经存在将近百年。他对此的理解是："毕加索曾经说过，对我们来说，塞尚身上最重要的东西，比他的画还重要的东西，就是他的焦虑。在我看来，将这种焦虑转嫁给观众，是现代艺术的一种功能，因此，观众与作品的遭遇——至少当作品还很新颖时——成了一种真正的存在的困境……换言之，将自己呈现为一种厄运，正是原创的当代艺术的本质所在。"(《另类准则》，第33页)也就是说，当代艺术的原创性，往往体现在它最初的不被理解上；艺术家为突破常规而焦虑，这种焦虑也需要观众来共同承担，就此而言，我们观众和艺术家一样，应该为身处这样的真实困境而感到骄傲。作者在文章的最后引用了《出埃及记》第16章里的沙漠降下吗哪的故事，将其作为当代艺术的寓言：每天根据各自的饭量收取，不要将它当作未来的担保或投资，让每天的收取成为一种信念。

正是这样一种态度，让施坦伯格对那时出现的新达达或波普艺术——这些形式主义批评予以摒弃的艺术——都抱有同情理解和阐释批评的愿望。他在《另类准则》一文中提出，有两种方式应对新艺术的挑衅，一种是维持批评家长期趣味和信念确立起来的固有标准，另一种是妥协性的，就是“同情地”感受新作品，悬置判断，不急于颁布等级，直到作品的意图变得清晰起来。他本人选择了第二种，并由此站到格林伯格形式主义批评的对立面。

二、从自然到文化

对偏好图像学的施坦伯格来说，形式主义将艺术价值落实到形式组织的单个决定因素上，要求观赏者不去关注艺术家的表现性意图、背后的文化、作品里的反讽或图像内容等，这种还原让绘画艺术丧失了太多的东西。他在论文《眼睛是心灵的一部分》（1953年）里就对此有过反思。而在《另类准则》（1972年发表的单篇论文，基于1968年的讲演）一文中，施坦伯格将批判的火力对准格林伯格，认为他用以区分前现代绘画与现代主义绘画的标准站不住脚，应该用其他准则来理解当代新艺术的发展。

施坦伯格动用了自己艺术史学家的知识储备去批判格林伯格的《现代主义绘画》。在格林伯格看来，现代主义通过不断的自我批判，而达到“每一种特殊艺术中独特的和不可还原的东西”，走向基于媒介的纯粹性。[3]为了达到这种纯粹，现代主义绘画走向平面性，排除叙事和象征性内容，放弃属于雕塑的立体错觉。格林伯格由此将传统绘画与现代主义绘画的区别建立在错觉与平面性的对立上，认为前现代的老大师们是在“利用艺术来掩盖艺术”，而“现代主义则运用艺术来提醒艺术”。[4]施坦伯格则通过艺术史上的大量反例，来颠覆格林伯格过于简单化的二元对立，他主要指出两点：老大师们并不是要制造错觉来掩盖艺术；绘画并不一定走向纯粹，绘画也可以不断扩展自己的权能范围。

施坦伯格着重说明：“所有的主流艺术，至少是过去600年中的主流艺术，都坚持不懈地‘提醒（或关注）艺术本身’……他们力图在引号中呈现自己信以为真的世界。”（《另类准则》，第94页）老大师们用画框、饰带，用壁画边缘的伪造，用色彩节减法、离奇的比例夸张、细节的复加或是超自然的美，或者用在画面中插入现代服饰的人物，或者指涉别的画作等手段，来向观众提醒绘画媒介的存在。因此，“一切重要的艺术，至少是14世纪以来的艺术，都高度关注自我批判”（《另类准则》，第100页）。也就是说，格林伯格以为的“自我批判”并非现代主义所特有。

施坦伯格同意“所有富有创造性的艺术都在探索它的边界”，但是探索的方向有多种，意在纯粹性只是历史中的个案而已。他举例说，“对扬·凡·艾克来说，绘画的自我实现并不是还原，而是扩展”（《另类准则》，第100页），凡·艾克在向雕塑家、金饰匠、建筑师叫板：你能做到的一切我都可以做得更好。因此，施坦伯格告诉我们：“在某个历史时刻，画家会对发现以下问题的答案感兴趣：他们的艺术能否并多少非艺术的领域，他们又能够冒险进入多少非艺术的领域，却仍然是艺术。另外一些时候，他们会探索相反的目标，去发现他们可以放弃多少东西，却还是待在艺术的领域内。恒常不变的因素是艺术对自身的关注，对拷问画家们所拥有的创作手段的兴趣。将思想的自我批判的转向当作现代主义明显的区别性特征，是非常狭隘的……”(《另类准则》，第101页)

这是不是对格林伯格构成致命的批判，依然还可以质疑，但我们确实得承认，施坦伯格以其史家的渊博和洞察力点出了艺术史的内在复杂性，说明了理解艺术问题的多个方向。基于此，他提出，应该用其他准则来说明艺术中的新的变化。他本人提供了一种模式。他认为：从文艺复兴一直到立体主义、抽象表现主义，绘画所给出的空间都能让人读出与人类的直立姿势相一致的东西，令人想起自然世界，画作上部对应于我们头部所在的空间，而其底边则对应于我们的双脚所站的地方，波洛克、路易斯的画都还是如此，所以他们实际上都还是“自然画家”；但在1950年前后，绘画发生了新变化，尤其在罗伯特·劳申伯格(Robert Rauschenberg)和杜布菲(Dubuffet)那里，出现了一种“平台式画面”，不再模拟垂直区域，不再跟人类直立姿势相对应，而是象征性地暗指诸如桌面、工作室地板、航海图、公告板等坚硬表面，从而，绘画表面不再是自然的视觉经验的类推，而是操作过程的类似物。施坦伯格认为，画面从垂直向水平方向的倾斜，乃是从自然向文化的转变，这是艺术主题中最激进的转变。

这种转变，实际上在杜尚的《大玻璃》等作品中就已经出现，而以20世纪50年代的劳申伯格最为典型，因此施坦伯格花了很多篇幅加以分析。在他看来，“平台式画面”可以用来呈现人们普遍熟悉的人造物，比如早期约翰斯的标志性图像，还有大多数波普艺术。他认为，“平台式画面”所导致的变革，“改变了艺术家与图像之间、图像与观众之间的关系”，“这是艺术震荡的一部分，它足以使所有纯粹范畴变得不纯粹。艺术不断加剧地侵蚀非艺术的领地，使鉴赏家们日渐疏远，因为艺术不断叛离并逃向陌生的领土，只留下陈旧的备用准则去统治一个日益遭受破坏的旷野”(《另类准则》，第115页)。这最后一个分句，显然是在暗讽形式主义的墨守成规。

我的理解是，20世纪50年代之后，艺术家将画面当作工作台来模拟，大量的人造物——也可以说是现成物、现成图案——开始进入画面。概言之，这种从自然到文化的转变，既表现为绘画主题从非人造物到人造物，也表现为我们观看方式从自然直立到平台浏览的转变。非常重要的一点是，人造物的使用，其实是艺术在不断地“扩展”自己的领地，这个过程跟格林伯格所说的现代主义的还原相反，而跟历史上凡·艾克的企图类似。至此，施坦伯格对形式主义的批判，与他对(约翰斯、劳申伯格等人的)新艺术的辩护合为一流。

三、毕加索的双重视觉

施坦伯格在史学研究中所表现出的令人称道的图像学功力，也同样被他施展到了20世纪艺术的批评中。在这部文集中，他对贾斯帕·约翰斯和毕加索的系列研究，就让我们见识了图像学的主题分析在面对现代艺术时所具有的潜力。不过，同时让我们见识到的，还有他高人一筹的画面分析能力——这或许得益于他早年在英国求学期间的形式分析训练，因此译者沈语冰先生很中肯地说，他“擅长将严谨的形式分析融入图像志的主题分析之中”（《另类准则》，第464页）。

《〈阿尔及利亚女人〉与一般意义上的毕加索》这篇长文就是主题分析与形式分析娴熟结合的体现，堪称欧美艺术史家和批评家个案研究的完美示范。此文中译长达114页，讨论毕加索在20世纪50年代依据德拉克洛瓦的《阿尔及利亚女人》而制作的系列变体画。施坦伯格认为，这些变体画表现了毕加索的终身追求：全方位地再现人体，从不止一个角度审视事物。为此，施坦伯格将这些变体画置于毕加索一生的艺术进程中来考察，澄清了有关立体主义的许多流俗看法，进而说明毕加索在立体主义之后并没有陷入创造力的衰退，而是继续追求全方位再现人体并将其融贯整合的目标。更有说服力的一个步骤是，施坦伯格将这个问题放到西方文艺复兴以来的整个再现传统中。他认为全面了解被描绘对象的愿望，是西方艺术中的普遍现象，因为西方历史上的画家想要通过再现对象的各个侧面，来击败那些自以为优越的雕塑家。他进而总结出：“在文艺复兴固定透视的体系内，有四个这样的手段得到了发展。它们是：连续的正面与反面；从一面镜子里反射出的反面；呈现在舞台后部的敏感的观者眼里的同一个形象；以及蛇形人物。”（《另类准则》，第204页）施坦伯格的这个发现，非常雄辩地解释了西方绘画中为何经常出现美惠三女神、镜子、画面深处向外张望的人、蛇形一样扭转的身体那类形象——它们都与“全方位再现”的理想有关。在提供这样的历史序列之后，施坦伯格又回到毕加索立体主义之后的艺术，并进行了连贯的说明，让我们相信毕加索不断实验的变体画，就是那种隐秘冲动的现代产物。施坦伯格总结道：“纵贯毕加索作品的，是对两者的坚持——既对作为一个自然的人的视觉的坚持，又对作为一个魔术师的视觉的坚持。”（《另类准则》，第250页）

在我所读过的已经译成中文的毕加索研究文献中，这是历史描述最清晰、理论阐释最雄辩、画面分析最精妙的一篇宏文。我想，对于那些嘴上叹服于毕加索的天才而心中又只热衷于毕加索的八卦的读者来说，它迟到得太久了。难怪沈语冰先生会感叹说：“我怀疑，在施坦伯格《另类准则》中文版问世之前，我们究竟有没有看过毕加索的画”，[5]以至于警告读者：“如果你还没有做好心理准备——准备接受艺术批评史上迄今为止最冗长繁复、最巨细无遗、最挥霍无度的分析——你就千万别打开此文。”[6]此外，文集中的《毕加索的窥寐者》《毕加索的“头盖骨”》两篇文章，也用独出心裁的角度、优雅精确的语言，来教我们如何理解，如何观看毕加索的作品。施坦伯格说：“我相信，毕加索的所有作品都需要在其全部作品中重新加以思考……毕加索作品意义非凡的统一性，将变得越来越清晰……我们这个世纪的专业评论一直在忙于遮蔽毕加索的想象力对我们的冲击。”（《另类准则》，第17页）

而他纵横捭阖、洞幽烛微的解读的艺术，无疑为我们揭示了毕加索想象力的某些方面，也许是最重要的方面。

结语

通过施坦伯格的《另类准则》，我们可以清楚地看到美国艺术与批评在“二战”后的发展：一方面，当时美国艺术表现出来的活力，吸引了许多优秀人士投身批评事业，以至于像施坦伯格那样的艺术史研究者，也甘愿冒着被同仁们鄙视的风险，在当代艺术批评中一试身手；另一方面，正是美国批评家们提供的令人信服的理论阐发，逐渐塑造了美国当代艺术的自我形象：从50年代早期罗森伯格的“行动绘画”（Action Painting），[7]到50年代中后期格林伯格形式主义解读下的“美国式绘画”，[8]再到施坦伯格所说的“平台式画面”，构成了非常清晰的理论进展，所辩护的对象则从抽象表现主义转到波普艺术——这也是从现代主义向后现代主义，从现代艺术向当代艺术的转移。

随着国内学者易英、丁宁、常宁生等对现当代艺术的介绍，尤其是沈语冰先生对西方现当代艺术理论与批评较为系统的译介和研究，我们将读到更多美术史和美术批评的经典文献，从而跨越外国现当代美术研究的入门式介绍或通论式泛泛之谈的初级阶段，深入把握西方艺术批评的基本脉络，进一步了解批评话语在争执与辩驳中不断发展和日益丰富的现状。我们都知道，中国当代艺术既源于自身的内部动力，更基于西方现当代艺术的启发，在摸爬滚打中成长起来，这是中国艺术进入全球化的“当代”必须遭受的命运。正因如此，理解西方现当代艺术，理解阐释那些艺术的批评话语，就成了我们更好地论说中国当代艺术的前提——而更好的论说则是让中国当代艺术真正进入“当代”的助推器。从这个意义上说，对西方当代批评理论的翻译与研究，不仅是为艺术批评的学科建设奠定文献基础，更是主动置身于“当代”的一个学术动作，是建设性地进入当代艺术交往的开端。

注释

[1]施坦伯格：《另类准则：直面20世纪艺术》，沈语冰、刘凡、谷光曙译，江苏美术出版社2011年版，第19页。以下引文出自本书的，径直在引文后面的括号里标出书名和页码。

[2]格林伯格：《75岁的毕加索》，见《艺术与文化》，沈语冰译，广西师范大学出版社2009年版，第80页。

[3]格林伯格：《现代主义绘画》，沈语冰译，见沈语冰编《艺术学经典文献导读书系·美术卷》，北京师范大学出版社2010年版，第270页。

[4]同上书，第271页。

[5]沈语冰、青虹：《艺术史家、艺术批评家列奥·施坦伯格》，《读书》2011年第9期。

[6]沈语冰：《图像学研究中的形式分析——施坦伯格和他的多重解释论》，《新美术》2010年第5期。

[7]罗森伯格在《美国行动画家》（*American Action Painters*，1952）中杜撰了这个概念，为当时的抽象表现主义辩护。对罗森伯格批评理论的评述，参见沈语冰《20世纪艺术批评》，中国美术学院出版社2003年版，第181—204页。施坦伯格认为，罗森

伯格对纽约画派的断言在事实上是错误的，却制造了历史，因为他“用一张自尊的词汇表，将整整一代的美国艺术家武装起来了”（《另类准则》，第83页）。

[8]格林伯格:《“美国式”绘画》，载《艺术与文化》，沈语冰译，广西师范大学出版社2009年版。格林伯格的形式主义在20世纪60年代前后影响很大，相形之下，罗森伯格对“生命”“个体”“解放”的强调显得过于浪漫主义了。见 Thierry de Duve，*Kant after Duchamp*，*Cambridge*，M.A.：The MIT Press，1999，p.201。

本文载于《美术研究》2012年第3期

张晓剑，1977年生，浙江永嘉人。2013年毕业于浙江大学美学与批评理论研究所，获博士学位。温州大学美术与设计学院副教授。

观念的历史

——考察与“水墨”有关的几个概念

顾丞峰

先秦哲学中对“名”和“实”的讨论是一道景观，庄子在《逍遥游》中借许由之口说：“名者，实之宾也，吾将为宾乎？”看来庄子重实而轻名，但“名”之为名，自有其道理。今天看来，名实之辨大体上可以归入形式与内容的关系中。名与实的关系大致有三种：一是名过其实；二是实过其名；三是名实相符。

20世纪80年代以来的时期是艺术流派、概念层出不穷的年代，这时期与中国水墨绘画相关的概念、提法众多，有的概念名实相符，有的概念名大于实，有的概念所指飘浮导致理解多样化。但无论名实相符的程度如何，都在不同层面上体现出这个时期人们对水墨绘画观念发生的明显或微妙的变化，也使对它们在观念层面上的研究具有了意义。从近年来流行的“观念史”角度看，通过对艺术相关术语进行微观研究，往往会还原出文化观念变化的痕迹。

本文的考察对象是20世纪以来至目前中国水墨绘画领域中流行的概念，其中主要挑出一些最具代表性的概念，像“中国画”“水墨画”“现代水墨”“抽象水墨”“实验水墨”以及目前方兴未艾的“新水墨”等。

中国画

在20世纪80年代以前，与水墨绘画相联系最多的是“中国画”这个称呼。“中国画”概念的使用为时并不久，古人指称具有文化色彩的中国绘画是用“丹青”这个词。清以前的中国，不可能产生“国画”的概念，因为中国人“国”的概念是近代以来特别是鸦片战争后才出现的。以汉族为主体的国家从来是自称为“华夏”“中华”“诸夏”“神州”“中土”等，其他国家相对于“华夏”只是“夷狄”。从万方来朝观念到平等相处观念，清末的中国统治者及有识之士痛切感受到：中国只是世界众多民族国家中的一员，直到1912年成立的中华民国才简称“中国”。“中国画”的概念显然是在与西洋绘画的对比中建立起来的。

可以说“中国画”是典型的中国文化现代性的话语文本。有个现象令人深思：“五四”时期，同样面临西方文学的强大冲击，文学领域中新诗与旧体诗并存，并没有产生一个类似“中国画”的“中国诗”概念，因而“中国画”所面临的传统／现代的时间问题被转化为中西文化的空间观的差异，这似乎是中国文化中“仅见的状况”。[1]这也使“中国画”问题在中国文化现代性问题中具有独特性。

而且“中国画”概念的产生还有一个特点，那就是从它一开始出现就伴随着对自身艺术传统的反思。在五四运动前后，陈独秀、康有为等提出的“中国画”概念主要是反思有清以来陈陈相因的四王画风。说其陈陈相因，是因为“中国画”有强大的比较参照物，那就是西洋绘画。在康有为看来，“中国画学至国朝衰败极矣”。而陈独秀说：“要改良中国画，断不能不采用洋画的写实精神。”其后的徐悲鸿也指出，“中国画学之颓败，至今日已极矣”。[2]

请注意，这里的西洋画并不是西方当时方兴未艾的现代艺术，而是西方写实古典绘画。更能打动中国思想先行者们的是西洋古典绘画中的“写实”。陈独秀等推崇西洋绘画，其核心在于“写实精神”。因为在他们看来，只有西洋绘画的“写实精神”才能医治中国传统绘画脱离现实的顽疾。

“写实”只是一种手法，手法成为精神，这既与中国艺术传统中的“技进乎道”的观念相通，更与当时百废待兴的中国社会亟须振兴有关。

所以说，“中国画”的概念从一开始出现就不仅仅是一个画种的区分。它既可以理解为“中国人”画的画，也可以理解为中国特有的“画”。因为这种指称对绘画的性质、形式、材料未做任何规定，其所体现出来的主要是一种对民族属性的强调。

对“中国画”的内涵，历来有不同的理解，20世纪50年代在北京画院的成立会上，当时的国务院总理周恩来就曾说过，他不同意“国画”的提法，他认为应该叫中国画，而且中国画也应包括油画等其他画种。看来，将“中国人”画的画作为“中国画”，体现出的是对民族身份的确认，对于这点作为政治人物更为敏感。

于是，1949年以后中国的美术界特别形成了奇诡的现象——作为与“油画”“版画”等相并列的概念，“中国画”是一个独特的，既不以材料（油画、版画），也不以功能（年画、宣传画），甚至不以形式（连环画）为特质的概念称呼。它是独特的，也是含混的，尽管人们内心明白这种约定俗成的提法的含义，“中国画”就是指代以水墨纸质材料上作的绘画。甚至在80年代大声呼吁将传统绘画放进博物馆中的李小山在《当代中国画之我见》一文中仍然要用“中国画”概念。

无独有偶，光复后的台湾也曾有过“正统国画”之争。那就是原先日据时代的“国画”（东洋画）和光复后随着大陆来台文化人带来的正统“国画”之争。大陆背景的画家无法容忍当时台湾把“东洋绘画”当作“国画”，刘国松曾用笔名鲁亭连续在报刊上发表《为什么把日本画往国画里挤？——九届全省国画部观后》《日本画不是国画》等文章，对展览“国画部分”中以浓重胶彩工笔为风格的作品大加批评。[3]刘国松的这几篇文章使“全省美展”中长期存在的“正统国画”之争，也就是水墨与胶彩之间的关系进入了白热化的阶段。

以此可见，虽然当年海峡两岸的中国人政见截然不同，但在推崇有民族文化内涵水墨传统的中国画奉为正宗这点上，文化出发点基本相同。

“中国画”概念虽然一直被沿用至今，但由于概念的不确定性或者说是模糊性，其所造成的语义混淆也一直受到质疑。特别是改革开放在文化上经历了西方现代艺术思潮的洗礼后，在中国当代艺术充分发展的今天，中西文化情境的关系已经相比20世纪初有了很大的变化。也就是说，文化针对性发生了质的改变，民族国家的完全建立使“中国／西洋”的比对失去了当时的意义，加之随着近年中国经济的飞速发展，文化拓展的要求也在寻找突破口。在这样的背景下，被固定了地域和材料的“中国画”提法不再适应文化发展的需求，这点显而易见。

今天，“中国画”这个指称的使用范围已经大大缩小，但仍然作为一种约定俗成的提法在一定范围内沿用。那么，在哪些领域被使用呢？首先是艺术学院的科系称呼中（中国画系），再有就是社会领域中非专业的新闻传播和大众审美指代（包括艺术品市场）中。而学术界使用“中国画”这个词汇已经非常谨慎。因为人们找到了更合适的替代词，20世纪80年代后期，一个新的称呼出世，那就是“水墨画”。

水墨画

水墨画的说法早已有之，古人就以“墨分五彩”指用多层次的水墨色度代替缤纷的色彩。“水晕墨章”效果在唐宋山水画中开始出现。王维对绘画提出“水墨为上”的要求，成为后人所宗至上之法。“水墨”这个词汇跟“文人”有天然的联系，明代董其昌的南北宗说的南宗正是以水墨为主，他断然地将“青绿山水”划到北宗那里，虽然有些强横，但毕竟表明了文人尚简、尚淡的情趣。从这个渊源看，“水墨”当然比“中国画”更具文化的底蕴。

另外，“水墨”又与前卫艺术形态有某种天然的契合。西方现代艺术中的抽象绘画主要就是点、线、面的构成变化，“体”的概念在西方古典艺术中得到充分发展，其高度到安格尔以后已经很难逾越，西方抽象艺术正是遵循着“塞尚—立体主义—抽象派—极少主义”的路径走来的。恰好在中国传统艺术中“体积”的表现也是弱项，所以当代中国艺术家在抽象艺术实践中，从传统绘画中挑选了“水晕墨章”与“线”的变化作为方法是自然而然的。

具体是什么时候“水墨”成为中国绘画领域中正式的指代？起码20世纪80年代前还没有成为新探索的称呼。有一个例子，1985年在湖北武汉举行的“湖北中国画新作邀请展”是80年代的一个重要展览，展览邀请了一批最能代表当时创新水墨画水平的新锐画家，如吴冠中、周思聪、贾又福、谷文达、朱新建、刘国松等，但展览还是沿用了“中国画”的称谓。这说明“水墨”概念还未能成为学术界的共识。

较早使用“水墨”这个名词作为正式展览的名称，能追溯到的是1990年由栗宪庭策划的在东京举办的“中国现代水墨展”。1991年，杨柳青出版社出版的《现代水墨》（张羽策划）是国内较早提出“水墨”概念的。从1993年起张羽策划的系列丛刊《二十世纪末中国现代水墨艺术走势》，都用“水墨”取代“中国画”的提法。“1993年度批评家提名展”（水墨）是国内大型展览首次直接以“水墨”作为名称的大型展出。这之后又有如“张力与水墨”（1994年，刘骁纯主持）。1996年在广州由皮道坚主持的“走向21世纪的中国当代水墨艺术研讨会”及作品展，是一次重要的展示和学术研讨活动。

需要指出的是，“水墨”概念的提出，开始主要在前卫的“现代水墨”范围内。“水墨画”概念此后通过展览的命名和学术研讨中的出现，逐步扩散到整个原来由“中国画”覆盖的领域。

“水墨画”的使用，正好解决了“中国画”没能解决的一个问题，那就是对这个画种的材料和质地有了限定。而且“水墨”提法相对单纯化，在复杂的现实中保持了相对的独特性。同“中国画”概念主要在学院教学和民间层面使用的现象相反，今天“水墨画”概念更多应用在学院以外的社会各种展览和学术探讨语汇中；而在民间，“水墨画”概念似乎并不普及，也许正是因为其蕴含的文人气质或者是前卫背景吧。

一方面是概念的单纯化，另一方面是更具学术色彩，这两方面推动了“水墨”概念的广泛使用，当然更深层的缘由要追溯到文化心理层面。“不论水墨画在中国现代艺术中的位置如何，水墨画作为民族身份的符号和礼仪，其媒体本身构成了水墨画的本质特性，是不可互换和替代的，它是中国‘文化生物链’中的一环，这是具有象征性的，一旦水墨材质失落，也就意味着中国‘文化生态灾难’的降临。”[4]

没有中国艺术的国际化需求，就不会有“水墨”概念的深入人心。

现代水墨—抽象水墨

“现代水墨”这个词汇最早可以追溯到刘国松的创作自述中，刘国松曾认为水墨必须“现代化”，这个“现代”是在文化现代性意义上的现代。“现代”顾名思义与“传统”相对应，20世纪90年代初它被冠在中国水墨绘画前，这个概念规定了“水墨”的文化形态。

“现代”是对文化发展阶段的定性，有现代性作为根基，有现代主义作为背景，有现代艺术作为依托，刘国松20世纪60年代以来不间断的纸上探索给“现代水墨”奠定了样本。

现代水墨必然碰到如何对待“笔墨”的问题，刘国松的办法是“革中锋的命”，听上去很像20世纪初陈独秀提出的“革王画的命”，而且来得更彻底——因为陈独秀所处的历史时期中的文化任务是强调“写实精神”；而刘国松的时代面临的问题是将水墨带入“现代”，这个“现代”真正体现了文化的现代性——现代主义要求。

对于现代水墨，“1993年可以说是一道分水岭，由于批评家提名展坚持笔墨中心主义和对其他一些创新方式的不恰当批评，招致了圈内圈外诸多不满。我们完全有理由说提名展既然是一次将已经完成向新文人画靠拢的学院主义纳入‘精英美术’的保护性推销，那么也就是宣布了笔墨中心主义作为一个创作时期的终结。水墨的现代化过程中一个新的时期已经到来了”。[5]

另一方面，1993年《二十世纪末中国现代水墨艺术走势》丛书的问世也标志着“现代水墨”概念被正式推向前台。

在中国90年代现代水墨的探索中，无论是服膺还是立志摆脱笔墨者，都逃脱不掉“笔墨情结”的纠缠。舍弃笔墨的沉重包袱，建立一套完全相异的水墨体系，又使现代水墨向抽象构成看齐，实际上现代水墨正是走了这一条路，是“以‘构成’转化‘写意’，以‘表现’取代‘书写性’”。[6]

“抽象水墨”与“现代水墨”的概念几乎是同时（90年代）出现在中国大陆的艺术界。从源头上看，“水墨抽象”这个词也是刘国松发明的，他将自己称为“水墨抽象画家”。这也应该是大陆“抽象水墨”说法的来源。

“抽象水墨”的技术手段充分体现出其文化取向，如使用拼贴、拓印、综合材料等，虽然是技法的采用，实际上又与工业社会文化心理因素相关联，是现代经验的视觉呈现，抽象水墨的观念与方法直接反映了现代工业社会所提供的新材料和新的视觉经验，其目的是以水墨的方式参与当代文化，直接表达艺术家对现实生活的感受。抽象水墨是针对当下的文化现实的表达，是水墨语言试图进行现代性转型在当下生效的尝试；但矛盾的是，“水墨”也为自身设定了限制。

“抽象水墨”形式出现的背景是西方现代艺术的抽象绘画。抽象水墨在这里碰到了一种两难处境，如果继承中国艺术传统的“笔墨中心主义”立场，那么面对笔墨已呈固化的能指和精神倾向，可供发展的余地有限，很容易落入“现代观念+笔墨处理=现代水墨”的误区；另一方面，如果彻底抛弃笔墨，让抽象、构成、肌理成为它的主要语言方式，则面临丢弃传统资源的指责；而且由于抽象水墨的评价体系是以西方标准为主，它的发展空间被限定在现代主义的抽象绘画范畴中。在西方艺术史上，抽象艺术已经是一个完成的时态，如此看来，用抽象水墨方式与西方当代艺术进行对话就会有一种差拍错位的感觉。

但这些并不妨碍“抽象水墨”是本文考察的概念中名与实最为相符的一个，也是在内涵上最没有争议的一个。

实验水墨

与前述的“抽象水墨”不同，“实验水墨”在实践中是名实关系比较复杂的一个概念。

有趣的是，“水墨”“现代水墨”“抽象水墨”“实验水墨”几乎是在同一个时间段内进入大陆学术界的话语中。在追溯“实验水墨”源头时，有人将其溯源到“85新潮美术”时期。[7]

目前比较得到公认的是“实验水墨”概念是由黄专、王璜生在编辑1993年第2期《广东美术家——现代水墨专辑》时最早提出的。最早以实验水墨名义举办的展览可以追溯到1995年在旧金山举办的“重返家园——中国当代实验水墨展”（黄专主持）。

所谓“实验”，顾名思义强调的是一种不断更新的状态，这与传统绘画的推崇恰恰相反，不断更新是现代主义的产物，实验水墨在文化属性上应当属于“现代水墨”。

目前在对“实验水墨”的认定上有两种意见，一种观点认为“实验水墨”主要就是“抽象水墨”，在当代艺术实践中，“实验水墨”更多是以“抽象水墨”形态出现的，多数谈到“实验水墨”的文章也是按照这一习惯来认定的。

另一种观点以鲁虹为代表，认为实验水墨应当包括“抽象水墨”“表现性水墨”“都市水墨”“观念水墨”等。“实验水墨这一概念恰如同期出现的实验电影、实验戏剧等概念一样，乃是由西方的实验艺术一词引申过来，而后者总是特指非正统与边缘的新进艺术。在价值取向上，它反驳的是固有的、流行的艺术观念与形态，提倡的是探索、批判与创新。因此，它从来就是一个动态的、发展的、具有不确定性的概念。”[8]

皮道坚、王璜生在2001年策划“中国水墨实验二十年”展览以及编辑同名画册时，将抽象水墨、表现水墨、观念水墨、都市水墨等纳入“水墨实验”中。皮道坚是这样解释的：“需要说明的是，‘水墨实验’不等于‘实验水墨’，前者在概念上比一般用来专指90年代后期抽象水墨的后者更为宽泛、更具包容性。”[9]

通过顺序颠倒，皮道坚的解释很巧妙地将其他水墨探索归入“水墨实验”中，让“抽象水墨”独享“实验水墨”这一称呼。这里的“名”之辨就凸显了。

如果沿着“实验水墨 = 抽象水墨”这样的逻辑进行判断，仅仅将“实验水墨”视为一场运动，那么它的价值和高潮点已经过去，“实验水墨”的重要理论推动者皮道坚是这样看的，“实验水墨”实践的重量级艺术家和推动者张羽也是这样看的，他认为：“实验水墨，完成了它的历史使命，它的创造属于它的时代。实验水墨，走出水墨的同时，也终结了水墨问题。”[10]

这里有了一个矛盾，如果认同“实验水墨”是一种动态，它是各种现代形态的水墨探索的集合的话，那么作为一场运动而结束的看法就不成立，因为在时态上仍然是一种现在进行时；如果认同“实验水墨”基本等同于“抽象水墨”的话，那么它就是一种完成时态。“实验水墨”如果等同于“抽象水墨”，那么又与“抽象水墨”在概念上重合，岂非叠床架屋？

“实验”的确是一种文化权力，在“水墨画”上不断实验的权力并不因某种风格的结束而结束。在这点上，鲁虹的观点是有道理的，起码在名与实的契合上站得住，在概念的逻辑上不自我矛盾。但它也面临一个问题，如果“实验水墨”将现代性的“实验”状态作为一种认定标志的话，那么是不是可以向前追溯到周韶华、吴冠中甚至林风眠？那么又与其后的“新水墨”看法接近了。

新水墨

近年来，“新水墨”的称谓常见于各种展览中。从2005年开始连续八年举办的“上海新水墨大展”对“新水墨”概念的推广起到了很大的推动作用。

关于“新水墨”的内涵，有人曾这样论述：“选用‘新水墨画’这一名称，是由于水墨画在本质上仍延续着一个脉络相承的中国文化和精神，并与西画中油画、水彩画、水粉画等画种相区分，形成与西画对话之势，进而推进水墨画的变革意愿，完成水墨画的现代转型。冠之以‘新’，更清楚地指明其特性，不仅是时间的现代性和当下性，而且是发展形态的一种，既表明纵向的与传统的传承本质，更强调横向的当代性，突出发展中的最具创新意味的多元并存、异彩纷呈的现象。”[11]

连“实验水墨”的主要推动人之一、艺术家张羽都在他的文章中这样说：“融合，是这个时代最大的特征，是这个时代的精神。是新水墨能否成大器的契机，更是新水墨能否体现水墨精神的关键，也是能否在今日世界再度创造东方文化辉煌的机遇。”[12]可见“新水墨”之新的诱惑力的确很大。因为“新水墨”也包括了“实验水墨”。

“新水墨”的提法不是一种简单的概念炒作，它已经进入一种观念层面中，可以这样说，“新水墨”概念的走向前台，其背景：一是狂飙突进的“实验水墨”宣布告一段落，起码“新水墨”是处于疲惫状态下的现代水墨的替代名称；二是在中国经济快速发展的条件下，与国际艺术文化对接、对话甚至试图引导潮流的一种潜在意识，也导致了“水墨”日益开始成为中国自觉选择的国家文化形象之一。

“新水墨”的概念在内涵上与2000年在上海刘海粟美术馆举办的“新中国画”大展上提出的“新中国画”概念相近，所覆盖的作品范围也相似，但当时主持人却使用了“新中国画”的概念。主持人对此的解释是：“在我用中国画这一名称时，概念的陷阱还是无法绕过，什么是中国画？……由于它混沌、笼统以及限定上的难度，越是企图将它解释清楚就越是乱上添乱，最后成为一堆杂乱无章的言辞的堆砌。我采用的是投机取巧的办法，把中国画当作约定俗成的系统，我言说它的众多方面，但是放弃对概念的解释。”[13]

2000年的“新中国画”大展后，学界并没有延续性使用和讨论“新中国画”这个概念。因为“新中国画”并非首次被提出，早在20世纪50年代就在国家文艺政策的指导下出现了“新国画”的实践，当时许多中国画创作就是“写生”的提倡和“反映真实生活”的政治和美学要求的产物。那场“师造化”的“新国画”的运动远远比50年后所提的“新中国画”要有实质性影响。

可见冠之为“新”的名头，对于饱经风雨的中国水墨绘画来说，并不是一件新鲜事，重要的是透过“新”的提法本身，分析其所代表的艺术是否能够形成一个潮流或者一种风格样式。以“新”来命名一种绘画的样式或风格，可能有几种情况：有时因为一时找不到合适的定性称谓而姑且称之；有时是因操作方便先起了名字再逐步阐释。“新文人画”属于后者，而2000年“新中国画”属于前者。

“新水墨”提法所涵盖的艺术家层次结构同“新中国画”大展所列举的画家基本相同，不同的是“新水墨”的理论阐释要比“新中国画”的阐释和作品展示更加充分。但无论怎样，“新水墨”是“新中国画”提法的变体是明显的事实。

“新水墨”甚至与“新文人画”相比，概念的清晰度都有不及——“新文人画”是在特定的历史阶段（80年代新潮美术的落幕）中国文人绘画心态与图式的一种延续；而“新水墨”却是对自林风眠、刘国松、吴冠中以来一直到今天各种水墨绘画的笼统描述，这种描述缺乏对对象性质的定性。如果说“新文人画”还勉强与风格沾边的话，那么“新水墨”既不是风格，也不是运动，更不是思潮。那么它是什么呢？

它仅仅是一种权宜之计的描述。

为什么冠之以“新”的描述能够被人们乐于采用？任何描述都不可能是随意的，特别是在被多数人所容忍或者接受的情况下。

与“水墨画”相比，“新水墨”的时间划分更清晰，而且也回避了“笔墨中心”的纠缠，这样在评判标准上有中西左右逢源的可能。

“新水墨”甚至在实践中也开始包容“学院写实水墨”。这样连同已包括进来的“实验水墨”，

"新水墨"就成了除"传统水墨"外中国水墨绘画的集大成者。

集大成意味着外延的无限扩大，从逻辑学角度说，外延的扩大意味着内涵的缩小。

希望"新水墨"的提出不是一种权宜之计。

本文拉拉杂杂，列举了20世纪特别是80年代以来流行在美术界的几个与中国水墨绘画有关的词汇，虽不能说是以偏概全，但基本是其使用频率最高并且最有代表性的几个词汇，其余的诸如"彩墨画""新文人画""表现性水墨""都市水墨""观念水墨"等词汇尚来不及一一梳理，其所体现的观念，有的在本文的论述中有所涉及，有的是因为与其他的概念有重合。

这种文体，既不是观念史的标准写法，也不是围绕中心论点的论文式的写法。只是通过对几个概念—观念的杂谈梳理，希望自己和读者能够对20世纪以来中国水墨绘画的"心理变迁"有一个大致的线索。这里我用"心理变迁"这个词没有什么所本，究其实仍然是在观念层面上滑行或涩行。而且本人很难做到纯客观的描述，时不时会将自己的立场表述出来。

由于时间紧促，本文尚不能像金观涛、刘青峰在《观念史研究：中国现代重要政治术语的形成》[14]中那样制作模型，通过数据库的方式，给人一种不容置疑的印象。其实即使他们耗尽十年时间的工作结果，也不是毫无瑕疵的，张仲民的质疑，特别是指出金、刘二人的研究取样忽视了"文学材料"，不能不说是有道理的。[15]这也给了我启发：与其等待工作进行得尽善尽美，不如将思想的片段不断展开，在工作的过程中逐步将片段连接为一个相对完整的织体。当然，我的与数据库类似的工作也必须在日后逐步进行。套句俗话说，我的研究才仅仅开了个头。

注释

[1] 张颐武：《"黑白"与现代消失》，见皮道坚主编《中国实验水墨1993—2003》，黑龙江美术出版社2004年版，第16页。

[2] 康有为：《万木草堂藏画目·序言》、陈独秀：《美术革命》、徐悲鸿：《中国画改良论》，见郎绍君、水天中编《二十世纪中国美术文选》（上），上海书画出版社1999年版，第21、29、38页。

[3] 萧琼瑞：《在传统与现代之间——为中国美术现代化开路的刘国松》，见萧琼瑞编《刘国松研究》，台北"国立"历史博物馆1996年版，第37页。

[4] 易英：《新保守主义与水墨发展战略》，见《二十世纪末中国现代水墨艺术走势（第三辑）》，黑龙江美术出版社1997年版，第126页。

[5] 刘子建：《故乡，我听到你的声音——从大陆现代水墨画创新的几个截面看刘国松的影响》，见李君毅编《刘国松研究文选》，台北"国立"历史博物馆1996年版，第138页。

[6] 王南溟：《张力的疲软——给观代水墨画的诊断书》，《江苏画刊》1997年第9期。

[7] 郭雅希：《中国实验水墨考察报告》，见皮道坚主编《中国实验水墨1993—2003》，黑龙江美术出版社2004年版，第22页。文中作者将"实验水墨"源头追溯至1985年举办的"湖北中国画新作邀请展"。此篇报告也是实验水墨源流考察最详细和篇幅最长的一篇。

[8] 鲁虹：《清理实验水墨》，见《镔铁：1979—2005最有价值先锋艺术评论》，敦煌文艺出版社2006年版，

第468页。
[9] 皮道坚:《水墨实验二十年》，见《中国水墨实验二十年》，黑龙江美术出版社2001年版。
[10] 张羽:《水墨，是一种精神——当代实验水墨的艺术史意义及其语言特征》,《画刊》2007年第3期。
[11]《新水墨画风的形成和演变》，见“中国国际文化产业网”，http://news.china9986.com/NewsPaper/InfoArticle/32280.shtml，2012年9月20日。
[12] 同[10]。
[13] 李小山:《新中国画大展前言》，见《新中国画大展作品集》，广西美术出版社2000年版。
[14] 金观涛、刘青峰:《观念史研究：中国现代重要政治术语的形成》，法律出版社2009年版。
[15] 张仲民:《数据库与观念史研究》,《东方早报·上海书评》2010年5月23日。

本文载于《美术研究》2012年第4期

顾丞峰，1957年生，辽宁人。2003年毕业于南京艺术学院美术史系，获博士学位。南京艺术学院美术学院教授、博士生导师。

“艺术介入社会”：新敏感与再肯定

王春辰

艺术作为“艺术”在今天需要自我反省。社会作为艺术的存在世界也需要接纳艺术的再认识。

本文试图以“艺术介入社会”的批评视角来观看近些年中国的当代艺术中的一些特别现象，希望在各种不同的批评话语中来凸显、重新肯定一种艺术形式和艺术关系。中国的当代艺术有许多的路径可以选择，也需要强化许多不同的艺术维度，如艺术语言问题、中国传统与当下问题、中国所发展的新的文化艺术与国际的关系问题，等等，都是今天的批评话语所讨论、争论的内容。

一、当代艺术在中国

当代艺术是一种存在。对于存在着的当代艺术，我们充满了好奇、疑惑、问题和执着。当代艺术在当代世界上已经成为一种普遍的文化现象，不为哪一个地方所独有，但对于每一个不同的地方，它又确实各有特点和差异。

今天，当我们提到中国，这个在过去30年里发生了历史性变化的国家，无不给世人一种惊讶和想象。无论是置身于其中的中国人，抑或是来自其他地域的人们，都对它产生了浓厚的兴趣和探讨的欲望。今天的中国，当代艺术之所以如此被重视，不仅是因为中国的历史巨变所致，也是因为艺术作为最感性的事物，它无法置之身外、漠然处之。今天中国之变，也绝非物质形态的变化，否则我们无以创造当代的艺术，也无以判断当代艺术。它是一种从文化传统到历史脉络到精神心理的全方位巨变，如果不是长期地生活在这样的一个国度，是无法体会斗转星移、物是人非的感觉，更无法深深体会这种沧桑巨变带给人们的精神感受、心理影响。从艺术的角度，我们去观看中国，发现它奇异莫辨、亦真亦幻；从严肃的批评视角去看，相当多的中国当代艺术都充满了文化的伤逝情怀和忧郁沉思。如果不从一种时代的精神特质去体会、分辨、深思这些中国艺术，就无法感知中国在当下的文化矛盾和社会焦虑。这种文化矛盾和社会焦虑不在于社会物质生产的丰富、不在于社会的物质进步，否则，文化艺术的反思和价值就无以根据。有意义的文化艺术永远都是指向带有问题的文化艺术。

我们常说的中国的当代艺术，是指向近三十年来的艺术，这是一个相当驳杂、迷离的艺术景观。当我们具体到中国的艺术，这里面要探讨和研究的东西，不仅仅是关于中国的，也具有一种和世界的网络关联。在过去的多年里，中国的当代艺术已经成为国际话题，成为众说纷纭的话语场（field of discourses）。[1]没有这样的世界相互关联的背景，则中国所发生的一切就失去了它的一个空间与时间之中的历史依托。如果我们不阻断它的历史联系和现实存在的关系，则一定也是与当今的国际艺术的发生与变化有联系、有共性，从这样的视角去看发生在当代中国的有意义的艺术时，才显示、揭示出其自身的独立特性和意义。

从实践上，这是今天的中国现实所提出的课题，而不单纯是一种理想或理论建构。在中国的艺术界，艺术理论家、批评家在近年来多次提倡、呼吁重新认识艺术及其功能、价值。王林呼吁："中国当代艺术家只有在面对当代中国的社会问题、文化问题和精神问题时，才是具体存在的、有真实意义的艺术家。"[2]

在此，艺术与社会的关系问题又重新凸显出来。我们有必要从一种艺术对社会的积极姿态——介入角度去看待艺术与社会的关系，它可以揭示出艺术发展的一个维度，也可以揭示出中国现代艺术具有的一个强大理论与实践传统，同时可以显现出中国当代艺术存在着这样一种重要的艺术方式，就是艺术在介入社会。

二、介入是先锋艺术的传统和信念

介入的实质是艺术与社会的关系问题。这是现代艺术一直面对的问题。从宗教艺术世俗化到宫廷艺术，再发展到现代艺术，是一条从集体性到个体性的过程。在这一过程中，艺术与观众时有分离，艺术的功能一再发生变化，即从宗教性到世俗化、到个人性，再到集体性、公共性。[3]早在19世纪中叶，德国音乐家理查德·瓦格纳（Richard Wagner）在他的著名论文《未来的艺术品》（*The Art-work of the Future*）中指出他那个时代的一般艺术家都是自我主义者，完全脱离开民众的生活，只为富人的奢侈欲望创作他们的艺术。为此，他们只遵循流行的东西。而未来的艺术则必须实现"自我主义跨越到共产主义"的需要。为了实现这个目标，所有的艺术家都必须在两个方面上放弃他们脱离社会的状态。首先，他们必须克服各种艺术类型之间的差别，也就是要打通不同的艺术媒介。要打破各自媒介的界限则需要艺术家组成伙伴关系，拥有不同媒介能力的个人要参与到这种伙伴关系中。其次，这些结成伙伴的艺术家必须愿意接纳那些很武断或很主观的主题或立场。他们的才华应该用来表达人民的艺术欲望（Kunstwollen）。艺术家必须承认人民作为一个整体是唯一真正的艺术家。瓦格纳认为人民是社会生活的实质，为此，他呼吁艺术家要与生活合为一体。[4]这样，就兴起了欧洲先锋主义运动，它是对"艺术与生活实践的脱离（isolation）"的一种否定（sublation），否定它"作为一种与人的生活实践无关的体制，当先锋主义者们要求艺术再次与实践联系在一起时……指的是艺术在社会中起作用的方式"[5]。

20世纪初就出现了激进的先锋艺术，意大利的未来派和苏黎世的达达派都试图消解艺术的个性化、作者权以及作者署名。他们故意在公众场合做出出格的举动或攻击观众，虽然会引起愤怒，但他们希望打破公众的被动、沉静态度。[6]

未来派的主要策略就是政治和艺术重新融合起来，重点是在公共空间挑动公众，激发起公众被隐藏的力量，获得集体性体验，而不是为了创作个体的艺术品。这个策略就被苏黎世的达达派艺术家所吸收，他们在苏黎世的伏尔泰酒馆聚会，挑动公众，使现场出现混乱。艺术家雨果·鲍尔（Hugo Ball）身穿怪异的外衣，头戴巫师一般的高帽，朗诵没有意义的诗歌，在表演中他像萨满巫师一样，又像被仪式魔法迷住的孩子，公众也受到影响，被震惊。[7]1921年，巴黎达达艺术家举办了“达达之季”，发表了一系列宣言，声称要调动起城市的公众，他们组织了100多名公众冒雨前往（贫者）圣朱利安教堂（Église Saint-Julien-le-Pauvre）。一个月之后，达达艺术家又组织了模拟审判从无政府主义作家变成了民粹主义者的毛里斯·巴雷（Maurice Barrés），他们邀请了公众参加陪审团。法国诗人安德烈·布莱顿（André Breton）造了一个词“人工地狱”，描述这种新的达达事件观念：从酒馆出走，走向街头，使思想和姿态结合起来，这样，“达达就脱离了阴霾的领域而向坚实的大地走去”[8]。

20世纪二三十年代的苏联将艺术融入调动群众热情、纪念历史的大型活动中，如纪念十月革命的《攻打冬宫》表演就有8000名表演者参与，将个人主义消除在集体性的壮观表演中。[9]到了60年代，艺术家的集体活动以及偶发艺术、行为艺术、类似事件又在世界范围内再次复苏，如激浪运动、情景主义国际（Situationist International）等。它们都有双重的目标，一是强调不同的艺术家的合作，二是将各种艺术媒介综合起来。激浪派认为艺术和生活没有区别，常规的、平凡的、日常行动应该被视为艺术事件，它坚持观众的参与。[10]情景主义国际一直努力在它发展的每一个阶段将艺术与政治一起转型，试图在政治介入中实现它的批判策略。[11]

博伊斯在60年代提出“社会雕塑”[12]，他希望社会有机体的每一个成员都是创造者、雕塑家或建筑师，让交流发生在互动中。60年代还兴起体制批判运动，到80年代这一运动又再次发展起来，而在最近几年里，又强劲地得以重新定位，涉足很多问题，如全球化、生态等。如安德里亚·弗拉泽（Andrea Fraser）对博物馆的反思，她称“体制批判”是一种实践，超越了具体的作品，它涉及的不是关于艺术的艺术，而是发生在现场的一种反思性批判关系。[13]事实上，这些介入（participation、intervention）在西方当代的艺术语境中都指向社会维度，而不是指艺术采用了新技术的那些互动式和装置。[14]采取了这类社会形式的艺术是为了使艺术更加接近日常生活，通过参与与介入的方式对问题、现象展开批判、反思或戏拟。

三、求变的中国当代艺术

艺术与社会的关系不是简单的对应关系，但也不是相脱离、与社会没有联系的关系。当中国的艺术批评家特别强调“中国当代艺术从20世纪80年代至今，其历史情境并未发生根本性的改变”时，就意味着中国的当代艺术依然是处在自身的逻辑中，而且这种艺术与社会的紧密关系问题再次凸显出来。当下艺术存在的问题，如“回避社会苦难，拒绝历史记忆，放弃对于边缘、底层和野地的人文关怀，在自我迷恋中寻找专利图式，以适应海内外艺术市场和媒体传播的需要”，更是应该引起当代艺术家和批评家的警惕。[15]对于中国艺术的格局变革与倡议，显示出判断者的艺术观念敏感度与历史洞察力，也显示出看待中国艺术的眼界的差别。从中国的历史情境出发，当下的艺术问题解决之道是“当代艺术向生活现实和大众文化的拓展，意味着艺术家改变现代主义的个人化的形式追求，更加看重艺术和他人的交流、和社会的互动”，“互动性不仅是艺术跨界的结果，而且意味着艺术人格的改变，即我们不再把自己视为自明、全能的美学革命者，以艺术创造强加于社会，而是以开放的心态，去呈现个人对社会、对历史、对生活、对存在的感受与体验”。[16]

在80年代，整个中国洋溢在思想解放的兴奋中，艺术的自觉意识开始兴起，中国艺术家挣脱了“文革”教条主义艺术桎梏，获得了创作的自由，打破了社会主义现实主义一统天下的束缚，全面地（带有强烈的激动心情）学习西方的现代主义艺术，这是焕然一新、具有艺术美学主义的自由精神，但社会结构依然保持了原有的国家体制，社会主义的政治意识形态并没有彻底消失。之所以反复出现多次针对文化艺术的政治批判（如反精神污染、反对资产阶级自由化），便是国家权威对自由艺术的干预和限制，直至禁绝。[17]艺术家刚刚摆脱了“文革”的集体意志和政治挂帅后，更多的是要感受艺术创作的自由，形式自由成为艺术自由的标准，个人表现成为艺术表现的价值准绳。而在当时的环境下，艺术已经被极大地去社会化和去政治性，相反，学习西方的现代主义艺术是充满激情与前途姿态的象征。这一时期被称为思想启蒙时期，其中出现的“85美术新潮运动”，是艺术家获得艺术自由的象征运动。它的“最本质的东西并不是艺术上的成就，而是一场思想解放运动，是由封闭走向开放、从专制走向自由、由学院主义的垄断走向艺术创造的多样化”[18]。尽管80年代的新潮美术运动随着“中国现代艺术大展”在1989年戛然而止，但是它全面激发了中国艺术家的自由精神和批判精神。到了90年代并没有随着中国的经济走入市场化、进入消费社会之后停滞，虽然没有了大规模的群体活动，但依然保持了80年代激发出来的艺术创造力。在以经济为中心的社会里，社会结构、社会控制开始松动，大量艺术家集中居住某一区域的现象开始出现，如北京的圆明园、东村、宋庄，南京的创库。艺术家成为游离在社会体制之外的独立群体，这种现象刚开始出现的时候，中国社会尚没有准备好如何接纳他们，他们和那些进入城市打工的农民一样被称作带有歧视性的“盲流”[19]，仅仅因为他们的身份特点，多了一点称谓：“盲流艺术家”。

恰恰是这种盲流性质——流动、没有归属、焦虑、压抑、自我激励、自我奋斗磨炼了他们的艺术嗅觉和大胆实验。这和80年代的整体封闭社会结构中的新潮美术不同，那是基于“文革”的思想压制带来的一种精神解放，但社会组织还没有完全转型，对艺术的控制还会体现出单位、组织的力量（如1983年栗宪庭因刊发讨论抽象美的文章和作品而被《美术》杂志免除公职，最后调离开；1986年王小箭也因刊发激进的文章被停止编辑工作[20]）。90年代这些最早的体制外独立艺术家是中国社会进步的象征，他们整体上进行了范围广泛的艺术探索和实验，思索问题的深度和广度比80年代更加直接、更加激进。

随着中国社会市场化程度的加快与提高，中国的这些当代艺术也迅速地市场化，由原来被认为的不安定因素，转而成为积极的文化产业元素，成为市场经济的一个环节。资本力量成为主宰艺术的强有力原则，原生态艺术、原创艺术、艺术前卫性、实验性被无形的市场机制一点点消解掉，这时候引起忧虑的不是政府，而是艺术家和批评家们了。艺术毕竟不是一般的消费商品，是体现了社会性、观念性、自由意志和创造能力的特殊对象。但商业化看似成为当下艺术的主导影响力时，艺术如何前进、如何反思自身就成为必要，这也是艺术界提出"当代艺术的社会学转型"的语境，但真正的问题是中国的当下社会发生了史无前例的改变，社会层面的矛盾和冲突比比皆是，现代化运动对中国的颠覆性改变成为中国当代艺术的最大语境。

四、介入之辩

从这个历史巨变去看中国三十年的当代艺术历史，它集中显现了艺术作为一种特殊的社会存在的事实，不仅有丰富、鲜明、激进的艺术现象，也有足够研究的理论素材和可供讨论的理论问题，甚至这些问题的丰富性涵盖了从传统艺术到现代艺术以及当代艺术的一系列论题。作为问题之一，就是当代艺术与社会究竟处于何种有效的关系——艺术的功能在当代的新表现，或者说我们对艺术的社会化的认识是否值得反思。

不可否认，中国当代艺术的价值有着深深的社会性和对时代反映的政治性。很多艺术家对艺术的理解就是对中国的理解，而这种理解与他们在中国的文化教育、社会政治运动、社会变迁、历史巨变有关联。20世纪对中国文化的最大影响是中国与世界的关系的改变，中国如何实现现代化，成为繁荣富强的国家。20世纪是中国的国家意识居于主导地位的世纪，艺术从属于这个时代使命，它在不同时期有不同的表现形式和不同的社会关联，但其命运无疑没有摆脱艺术的功能主义。但艺术又是特殊的，它自身又显现为自由的化身和精神价值的诉求。所以，艺术的功能价值与美学价值一直是彼此分离与汇合的矛盾体。在艺术的标尺上，从最极端的形式主义到最极端的观念主义、功能主义都在中国的当代艺术里有所体现。当我们重新思考艺术的性质、价值及功能时，即不得不将之与中国艺术的脉络相关联，我们不是在脱离开中国的艺术现实与社会现实的语境中来抽象地言说艺术的功能或形式主义。

在国际的艺术脉络中，当我们把目光聚焦于20世纪60年代以来的艺术，在这近50年的艺术历史里，除开新媒介、新材料的实验和引入外，始终有一条线索就是艺术如何结合在社会中，也即如何消除艺术与生活的界限。特别是从20世纪90年代之后，艺术世界又出现了新的趋势——艺术家、策展人与批评家共同寻找社会与艺术的结合点来创作、制作、实施当代艺术（作品）。[21]这无形中就促使艺术更加紧密地与社会联系起来，出现了合作式、参与式、干预式介入艺术。[22]这是与消解艺术与生活（社会）的隔阂、界限一脉相承的，它超越于形式主义的架上美学，而进入公民社会的合作对话领域中。

在中国，艺术始终被提倡要关注现实、反映社会，艺术为人民服务，在“文革”前更被强调为“艺术为政治服务”（这一口号在“文革”后的思想解放中因为它的过于简单化、行政化和非人道化而受到批判，逐渐淡出人们的视野[23]），等等。它在不同的时代体现了不同的党派意识（抗战美术、延安美术、“文革”美术、伤痕美术、主旋律美术），但从中国改革开放之后，艺术似乎更多被强调为自主性、独立性，充分体现的是艺术创作主体的个体性。随着中国经济发展、政治变革而逐步进入公民社会时，艺术的这一参与功能又重新以当代艺术的方式体现出来，表现出不同于过去的新型艺术关系，这就是艺术介入社会的关系。它暗合了世界艺术在当前的发展轨迹，也恰恰说明了中国艺术家对社会的敏感度和责任感。

艺术是构成现代社会的一个重要维度，但在中国的语境里，正如社会结构还远远没有现代化一样，当代的中国艺术也没有现代化。这里的现代化指的是一种普遍的现代意识、一种普遍的人文价值、一种普遍的对艺术的价值的认定，也是一种对艺术特殊功能与价值的认定。之所以我们还继续讨论很多不成问题的艺术问题，是因为我们有很多没有解决的社会政治问题；艺术是对社会政治有着强烈敏感关系的一种事物。在整个世界的艺术现实中，艺术与政治也都始终有着敏感而紧密的相关性。[24]

如今，我们谈论问题，已经失去了想象中的闲适、雅致、温和。这是一个焦灼、烦躁的时代，不论人们保持了高蹈的距离，还是喜怒哀乐的评说，都无法掩饰人们普遍的心理忧虑和现实焦虑。艺术与现实这种矛盾和冲突依然胶着在一起，并非经济的繁荣就自然地带来了艺术的自觉自为与非功利化，一切都恰恰相反，艺术依然沉重地裹覆在社会的禁忌与政治的惯性中。这就像我们在欢呼经济的繁荣时，问题却是环境恶化、资源浪费、空气污染、贫富分化严重，等等。对于艺术，也有同样的情况。艺术的存在，每每意味着它不是艺术本身，而是指向艺术之外，即它受制于诸多社会、政治因素。对于今天的艺术如果不提社会性，而单一地从艺术的本体形式谈起，往往落不到实处，或者说指向了无意义的幻觉争辩，而不是艺术存在的历史价值和社会价值，只剩下纯然的商业价值和表面的审美价值。

在中国语境下，艺术的介入具有特殊的意义。这种意义不仅凸显了艺术家反省自身身份与作用的必要性，也指向了特殊环境下中国艺术家创作出创造性成果的可能性。除去艺术指向艺术史自身之外，它所能够富有意义、富有当代性的领域就是它的主动介入方式与姿态。介入，不是简单地对应于社会，或简单地图解或描述社会，而是将艺术家的自由与独特的思考加入所针对的社会现象、社会环境、社会问题、社会体制中。在可见的中国短时段内，中国不缺少唯美的形式主义和教条的宣传艺术，而缺少来自具有独立意识与批判精神的艺术家的自由表达。对于自由表达进行解读，其思维模式即是一种积极的介入姿态和方式，它力图将艺术的功能扩大并赋予其一种新的表现力和价值功能。正因为艺术家发挥了独立的批判精神和反思精神，才使他们的艺术显得如此不同，如此地镶嵌在中国的当下语境中，它使我们有了时代感觉和特殊感觉。

当艺术世界中出现让艺术回到生活、回到社会而不是让艺术回到艺术的主张时，在中文语境里，我们特别需要重新认识“现实”二字所发生的艺术理论纠缠。为了某种简便的操作或策略，我们需要搁置那些已有的、被负载了太多矛盾的现实主义，而走向一种还原的、当下的现实存在的现实主义。这里的现实主义是一种态度和精神，即介入式艺术是针对现实的问题与课题而进行的，是对现实或社会的一种干预、改造、质疑，是为了不混同于中国习惯的现实主义。介入不是反映论，而是主动论，它为真实的当代艺术寻求合法性与判断原则，它确立的是作为价值判断的当代艺术，而不是确立作为形式主义的当代艺术。介入作为主动姿态，是个体的自觉意识的体现，具有强烈的反思性，而不是被动的反应，重新主张现实反映论。这二者的区别是关键的，如果不是以独立的个体姿态出现，其微观的个体视角就无以体现，从而无以展示艺术是艺术家的艺术，而不是集体的艺术。

之所以说不是简单地把艺术当作艺术，而是不把艺术当作艺术，而当作生活的一种表达和解释，这也是当作对生活的一种反思。今天的世界变化太快，来不及深入学习就又产生了许多新的知识和信息，介入的姿态也具有面对未知而给予实验、尝试的性质。如果不是保持了一种实验未知的新奇感，很多未来的前景就更加无法把握，而有了艺术的介入形态和集体行动，反倒确定了许多的不确定。年青的一代因为其学习能力强、探索欲望高而有可能引导了这个时代。[25]艺术介入就是对虚假艺术的批判和否定，这种批评与否定来自多方面的压力，既有商业成功的压力和诱惑，也有保守主义的围攻和牵制，还有自身批判能力的缺乏，从而导致作为一种积极介入姿态的艺术受到制约、限制和贬抑。

社会发展带来的新问题与新现象，成了各种学科、职业、领域共同关注的对象，艺术自然也不例外。艺术介入其中予以关注和反映的并不是庸俗的社会学，所谓艺术的庸俗社会学在中国语境里尤其特指80年代以前的一种国家意识形态，它左右着艺术对社会的关系，以国家政治标准为主导，成为官方意识形态的宣传工具，并不是社会公共领域的社会学关怀。[26]介入是艺术的公共性的延伸，是公共性在当代社会的放大，也是体现主动性价值与主观意图的方式。应当赋予介入在中国当下语境中的合法性与必要性，而不是以所谓的庸俗社会学或意识形态的嫌疑而加以回避，或视而不见，或不予肯定，视为畏途。

介入是一种态度，不是目的，是针对问题的一种手段，它是以行为和视觉的方式呈现出来的。其要点具有强烈的现场干预性、互动性，在某些场合也体现出仪式性。但我们这里强调的介入活动不是一般的社会活动，它的执行与实施都有很强烈的艺术潜台词，甚至具有强烈的批判意识。但有时候作为介入的艺术与日常活动之间有模糊之处，如何廓清就要依赖实施者是否有艺术意图、有无艺术的方式、有无艺术的诉求、后续效应是否成为艺术讨论的对象，等等。介入是一种立场和主动，它以艺术的方式来提出问题、反思问题、质疑现状。介入是无功利的功能在场，是改变我们观看艺术、欣赏艺术的原有的被动方式，但不是简单的机械互动。它甚至是以艺术的现有样式出现，它没有规则，没有艺术家的主体迹象，它不是简单的签名落款就意味着艺术主体的在场，而是艺术家改变了身份意义的一种姿态和一种应用艺术的态度。

介入作为一种开放的姿态和方法，不会守成某一类形式，也不固执于某一种思想表达，而是不断地以复杂、多样的生活、现实、社会为对象，进行着具体而变化的活动表达。能够保持介入的姿态，则一定会不断地寻求新的问题、表达的新视角，也促使这样的介入型艺术家不断保持敏锐的嗅觉和敏感的思考，紧紧抓住不确定的社会动态轨迹，用参与型的互动方式来揭示、呈现、思考、讽喻、批判、娱乐它们。在中国，我们希望这样的介入、干预型艺术多起来，也是为了这个社会的多样化表达而着想，当言论自由不能完全确证和保证时，以艺术的方式介入社会，就成为公民社会发表意见、表达观点、沟通理解的一种有效而曲折的方式。在中国语境下，其民主诉求的含义是不容忽视的，当介入之风起于青蘋之末，未必不是公民社会时代来临的信号。没有公共意识，难以成就介入式艺术；以往我们特别强调艺术的个体性，认为是艺术家的个体性或个人主义成就了其艺术，而且要着力强调和提倡；但另一方面，个体性不能导致自我主义或自私自利，个人主义不是孤立主义，也不是脱离社会的封闭主义，相反，越是具有公民意识的公民社会，个人主义越是具有社会性和公共性，因为其背后的支撑点是民主与权利、公平与正义。

介入作为一种活动方式或思维方式，同时还代表着一种价值诉求和态度，它具有反思、理想、价值、批判、提问、游戏、怀疑、调侃的性质，而并不只是简单的活动。正如行为艺术的要义也不是单纯的行为举止，而具有强烈的意图、目的和观念，行为的目的具有社会性和语境的政治性。作为思维方式，艺术介入社会是一种对社会现实的干预，也是对寄身于其中的艺术的功能与意义的拓展和延伸，对任何问题的思考和反应也就是观念介入。艺术介入社会是今天的一种需要，艺术在不断变化，我们需要那种透明的艺术，但是也需要关注艺术介入社会所带来的变化和开启的新的地平线。

注释

[1]《中国当代艺术国际论坛论文集》(*The Proceedings on China Contemporary Art Forum*)，北京，2009年。

[2]王林:《如何谈论中国的当代艺术》，见贾方舟主编《2007中国美术批评家年度批评文集》，河北美术出版社2007年版，第57页。

[3] Peter Burger, "The Negation of the Autonomy of Art", in *Participotion*: *Documents of Contemporary Art*, Whitechapel Gallery & The MIT Press, 2006, p.47.

[4] Boris Groys, "A Genealogy of Participatory Art", in *The Art of Participation 1950 to Now*, San Francisco Museum of Modern Art and Thames & Hudson, 2008, pp.21-22.

[5][德]彼得·比格尔:《先锋派理论》，高建平译，商务印书馆2002年版，第120页。

[6] Boris Groys, "A Genealogy of Participatoty Art", in *The Art of Participation 1950 to Now*, San Francisco Museum of Modern Art and Thames & Hudson, 2008, p.25.

[7] Hal Foster, Rosalind Krauss, ed., *Art Since* 1900,

Thames & Hudson, 2005, pp.136-137.

[8] Claire Bishop, "Introduction : Viewers as Producers", in *Participation : Documents of Contemporary Art*, Whitechapel Gallery & The MIT Press, 2006, p.10 ; André Breton, "Artificial Hells, Inauguration of the '1921 Dada Season'" (1921), trans. Matthew S. Witkovsky in *October*, Vol.105, Summer 2003, p.139.

[9] Claire Bishop, "Introduction : Viewers as Producers", in *Participation : Documents of Contemporary Art*, Whitechapel Gallery & The MIT Press, 2006, p.10.

[10] Hal Foster, Rosalind Krauss, ed., *Art Since 1900*, Thames & Hudson, 2005, p.456.

[11] Ibid., p.393.

[12] Joseph Beuys, "I Am Searching for A Field Character" (1972), in *Participation : Documents of Contemporary Art*, ed. by Claire Bishop, Whitechapel Gallery and The MIT Press, 2006, p.125.

[13] Andrea Fraser, "What is Institutional Critique ? ", in *Institutional Critique and After*, ed.by John C. Welchman, Zurich : JRP Ringier, 2006, pp.305-306.

[14]同注[8]，第10页。

[15]同注[2]。

[16]同上书，第59页。

[17] 1984年1月号《美术》杂志以编辑部的名义刊发的“迎接第六届全国美展”文章，指出“有些同志错误地理解创作自由，把它和资产阶级自由化混同起来，在艺术上鼓吹抽象的‘人性’‘人的存在价值’‘自我表现’以及超阶级、超政治的‘纯艺术’观点，在创作上盲目仿效西方现代派作风”。转引自高名潞等《中国当代美术史(1985—1986)》，上海人民出版社1991年版，第701页。

[18]易英:《从英雄颂歌到平凡世界——中国现代美术思潮》，中国人民大学出版社2004年版，第198页。

[19]高名潞:《墙——中国当代艺术的历史与边界》，中国人民大学出版社2006年版，第47页。

[20]高名潞等:《中国当代美术史(1985—1986)》，第669、720页。

[21] Hans Obrist, *A Short History of Curating*, preface, Zurich : JRP Ringier, 2008, pp.4-5.

[22] Claire Bishop, "The Social Turn, Collaboration and its Discontents", *Artforum*, February 2006, http : //www.artforum.com/, 2012年9月20日。

[23]杨小彦:《艺术为什么服务》,《读书》2005年第9期，第51—56页。

[24]高天民:《艺术与政治同构: 20世纪艺术的一个趋向》,《美术学报》2004年第2期。

[25] Brian Sholis, Introduction, in *Younger than Jesus : The Generation Book*, New Museum New York, Steidl, 2009, p.17.

[26]江马益:《庸俗社会学困扰中国文坛的原因探析》,《西南民族大学学报(人文社科版)》2006年第28卷第7期，第101—105页。

本文载于《美术研究》2012年第4期

王春辰，1964年生，河北宣化人。2007年毕业于中央美术学院人文学院，获博士学位。中央美术学院教授、博士生导师，中央美术学院美术馆副馆长。

明清同性恋题材绘画初探

——从两件中央美术学院藏画出发

邵 彦

一、本文的出发点

（一）问题的提出

中央美术学院及附中的收藏中有两件并不引人注目的小画——吴友如（1840？—1894，名嘉猷）《双女携琴图》[1]、王振鹏款《渔家乐》册页中的《读》[2]。笔者在相隔十五年的两次美院藏品展览上看到过它们，并有机会在2009年秋那次展览上对它们作了进一步的检视和思考，认识到它们所表现的很可能是同性恋题材。

同性恋在西方早已是社会学热点，并影响到艺术史研究。十五年来，中国的社会环境发生了不小的变化，对同性恋的社会认知度和包容度有很大提高，也更有可能开展客观的学术研究。不过迄今为止，对中国古代绘画中的同性恋题材做过研究的只有两位美籍中国艺术史学者：1994年乔逊（Jonathan Hay）在北京发表演讲《金农的马画及其政治倾向》，[3]2002年武佩圣（Marshall Wu）在扬州所作演讲及后来发表的论文《金农及几位扬州画家之生平与绘画活动》，[4]都指出清代画家金农有同性恋倾向，并在绘画中有所表露。虽然这些内容并不是他们演讲的主要部分，却在会场上引起很大争议。个中原因，恐怕是两个案例都将画家本人的性心理作为研究入口，试图以作品印证其特殊的性心理，而意涵模糊的作品又难以承载这种功能。

要将这个论题从偶然的猎奇变成可持续研究，首先必须直面一系列问题：同性恋题材绘画如何界定？辨识的标准是什么？作品的搜集与辨认的范围如何划定？同性恋题材绘画与画家本人的性取向之间有多大关系？

（二）概念的界定，初步的分类，以及辨识的标准和范围

同性恋题材绘画可以有广、狭两种定义。广义是指所有表现了同性恋场景、典故、人物以及同性恋心理的绘画，有许多从画面上看不出同性恋特征，要通过所附的文字或与画面分离的典故、隐语、相关文献记载甚至集体无意识等“潜在文本”帮助认定。狭义是指通过画面本身或所附文字能够判断人物的同性恋关系或身份的绘画。狭义作品是广义作品的一部分，在认定上争议会较少。首先从狭义部分开展研究，并且把它们按照有无文字辅助分成两大类，更具可行性。有文字辅助的作品包括版画和带题跋的卷轴画。前者数量颇丰，包括“涉同”题材小说、戏曲的

插图和叶子牌，后者则只有少数几件。无文字辅助的包括无题跋(或题跋不起提示作用)的卷轴画和民间绘画(年画、瓷绘等)。无论有无文字辅助，按照画面内容，都可以分成双人型、单人型和其他内容(多人型或喻示型)三类。

本文的讨论重点在狭义作品，并将搜寻未知作品的重点集中于卷轴画，尤其是无文字辅助的卷轴画，它们只能通过图像本身揭示同性恋关系。本文除了将寻找范围限定于人物画，还要求画中有两位人物，衣着打扮必须能证明其属于同性，通过非必要的身体接触表现出亲密关系，或通过眼神或肢体语言表达彼此的情感交流，场景应当是相对私密或安静的环境，或有适当的道具。

上述标准便于今后从更多性质不明的画中辨识同性恋题材作品，但它仍然具有模糊性。同性恋情与同性友谊在日常表现中很难区分，它们之间的根本区别在于是否有性的诉求，所以没有文字辅助又完全不会引起争议的同性恋题材绘画只能是春宫画。在材料稀缺而标准模糊的现状下，为了给作品范围确定边界，本文仍然将春宫画纳入了研究视野。无论是春宫画还是非春宫画，它们的表现尺度和绘画水平都参差不齐。

(三)广义作品

广义作品不再单列一章，仅在此举出数例。首先，乔逊拈出的金农画马画表现的是难以捕捉的画家性心理，自是只能归入广义作品之列。其次，以隐喻而非直写的方式表现同性恋人物，也应属广义作品。如清初诗坛领袖王士禛的学生崔华(娄东秀才，字不凋，工花鸟画)为陈维崧作纨扇花鸟画《小青飞燕图》，花名“小青”，盛开九朵，以拟陈的情人徐紫云之字“九青”，一春燕斜飞其上，以拟其身姿。[5]此图已不存，它以花鸟画象征同性恋人物，寓意幽微曲折，端赖陈维崧的社会地位与广泛交游，才留下相关文献，让我们一窥究竟。

还有一类人物肖像，虽然无法确认像主是否为同性恋人物，但是外貌、衣着与常人有异，似乎在印证其同性恋者身份，也应归入广义作品之列。如武佩圣指出的金农《幼僧图》(日本京都有邻馆藏)所画人物可能寄托着金农的性喜好，幼僧的相貌和衣着颜色颇为鲜妍诱人，与寻常僧人不同。更为引人注目的是一位清代易装癖女词人吴藻的肖像。《吴藻小影》作于像主去世以后(同治十年，1871)，实为历史人物肖像。画中是一男装女子正饮酒读书，作者自题为《吴苹香饮酒读骚图》。

吴藻(1799前后—1856/1862前后)，字苹香，号玉岑子，浙江仁和(今杭州)人，原籍安徽黟县，父业商，嫁同邑黄姓商人，终身抑郁无欢，晚年移居嘉兴，一说死于杭州太平军战乱中。[6]她是清代最重要的词人之一，著有《花帘词》《香南雪北词》，词风豪宕悲慨，大有须眉气象。她最有影响的作品之一《乔影》就是表现才女谢絮才自绘男装小影《饮酒读骚图》的场景，她还在其名作《金缕曲·闷欲呼天说》中埋怨自己的女儿身，有“读罢离骚还酌酒”的句子，谢絮才实为其自况。[7]

本画将这位女词人与其剧中人及剧中的人物图像合而为一，画上还以很大篇幅抄录了吴藻《乔影》中谢絮才的曲词。人物姿态柔弱，坐于圆洞窗后的书案旁，褰帷半露，线条纤细，从构图、造型到画风都接近晚清名家费丹旭(1801/1802—

1850)，书法则近华嵒和王素（1794—1877）。作者施瑞年（生卒不详），上元（南京）人，字葆生，号石叟、适翁，晚号江东布衣。工篆隶，兼工山水、花鸟、人物画，晚年好静，寄居莫愁湖上以终。画上第二段长题是施瑞年抄录、刘书田所作的曲词，以向吴藻诉说的口吻，表达了太平军战乱带来的痛苦。刘书田情况待考，从语气看是浙北苏南一带的小文人，与施瑞年熟识。[8]

《乔影》是清代社会中上层妇女文化教育水平大幅度提高后的产物，表达了女性参与社会生活的愿望，甚至体现了初步的女性解放意识。在女性解放的初级阶段，倾向于“男女都一样”，这是吴藻让自己和谢絮才都女扮男装的基本动因。但是该剧既采用了“影恋”的模式，又加上易容癖，反映了女主人公的自恋中包含着性别角色倒错，她所爱的自己是男儿身。

吴藻是否同性恋者，在文学史上存在争议。但是将她一生中的种种经历串联起来，同性恋倾向是一种较为圆满的解释：她长期拖着不肯出嫁，直到二十二岁；婚后以丈夫缺乏文学修养为由，关系冷淡，结婚十年无生养；在丈夫死后却怀念他昔日的关爱，将他想象成理想伴侣，并且守寡数十年未再嫁。她婚后经常作男装打扮参加男子的诗义酒会，甚至表达了携行青楼才女的“艳情”（《洞仙歌·赠吴门青林校书》）……她可能并未与其他女子发生过真实的同性恋关系，但是性心理变异，将自我身份认定为男子，并且恋慕才女，这就符合同性恋者的基本定义。历史上的女同性恋者大多是无名氏或文学虚构角色，吴藻是极少数真实存在过的名人。不过，此画上的两段题词，毕竟还是就易装饮酒读骚这件事本身而发的，并不能据文字坐实吴藻的同性恋身份，因而本文将它归入广义作品，而非狭义作品中的“有文字辅助的卷轴画”。

陈洪绶的《博古叶子》中有多幅表现以“佞幸”而致富贵的同性恋人物，但是其中《邓通》《董偃》《卫青》三幅只是画了同性恋人物而无相应行为，也应归入广义作品。[9]只有《董贤（断袖图）》一幅直接表现了同性恋场景，应当归入狭义的、有文字辅助的版画类，且为双人型。

二、狭义作品的辨识与分类

（一）有文字辅助的卷轴画：《迦陵填词图》和《紫云出浴图》

毋庸讳言，文字比图像更善于表现同性恋题材。在没有统一图标的情况下，图像必然具有模糊性，这给艺术史研究造成很大的困难。依靠文字来帮助辨识是较为简单的方法，并且可以获得清晰的结论。不过有文字辅助即拥有说明性题跋的卷轴画数量较少，其中最有名的两件就是《迦陵填词图》卷和《紫云出浴图》卷。《迦陵填词图》卷原作下落不明，有乾隆四十年拓本存世，北京大学图书馆藏，系根据版刻翻拍，另有清代叶衍兰摹本，浙江省博物馆藏。《紫云出浴图》卷，旅顺博物馆藏。[10]《迦陵填词图》描绘清初文学家陈维崧与其男性情人徐紫云，《紫云出浴图》为徐紫云单人像。两图皆为长卷，画面前后有大批名人题跋，说明主人公的身份、关系，赞美他们之间的情感。

这两件文图合璧作品的设计者正是恋情主角之一的陈维崧（1625—1682）。陈维崧字其年，江苏宜兴人，祖父为东林党人陈于廷，父为明末四公子之一陈贞慧，本人为清初文学大家，尤长于词。康熙十七年（1678）举博学鸿词，授翰林院检讨，与修《明史》，卒于官。另一位主角徐紫云（1644—1675），字九青，号曼殊，为如皋冒氏家乐优童，色艺双绝。冒襄与陈贞慧皆列名明末四公子，维崧以世侄身份，曾居冒氏水绘园，顺治十五年（1658）与徐紫云一见倾心。陈徐二人虽然年龄和地位悬殊，但他们的关系并无古代男风中常见的威逼利诱成分，而是真正的两情相悦。维崧为紫云写过大量诗词，还多次请人作画，其中最为知名的就是《紫云出浴图》和《迦陵填词图》二图。

《紫云出浴图》约作于康熙三年（1664）陈维崧离别水绘园、与紫云分离之际，此卷作为怀袖长物，可缓解相思之苦，维崧时时出示，与友人共赏，卷后同时代题跋者多达75人，题诗161首、词1阕。《迦陵填词图》作于康熙十七年，徐紫云已经去世三年，该图具有纪念性质。画成后维崧携之入都赴博学鸿词考试，在应试名人与京城士夫中遍征题咏。卷后与维崧同时代的题咏者共35人（加上后世36人，共71人）。

两卷的题跋者包括了当时朝野一众名士，反映了陈维崧广泛的交友。以它们为代表的此类肖像诗画长卷中，画面占比往往很小，长长的拖尾专供像主遍征题咏，社交功能远远超出艺术欣赏功用。除非出自一流名家，很少有人关注画家和画风（如《何天章行乐图》，尽管陈洪绶只画了衣冠，仍被多次提及）。

《紫云出浴图》的作者是陈鹄，南通人，字、号当为菊常（裳）、五琅，但不确定孰为字孰为号。善作工笔设色人物、花卉，卖画为生，生平不详。[11]图为袖卷，衣纹柔韧，山石皴法近王翚风格。图中紫云着白袍白裤，裤挽至膝，露出小腿，光脚着蓝色便鞋，天足，容貌细眉小眼，头发披散如小厮状，神情温顺，细看仍是男人形象。徐紫云本人在二十一岁时娶妻（陈维崧为之写下了著名的《贺新郎·小酌酴醿酿》），他平日应当还是多作男装打扮的。但在后世的文人收藏家眼中，就成了画中人“着水碧衫，支颐坐石上，右置洞箫一。逋发鬖鬖然，脸际轻红，似新浴，似薄醉，星眸慵睇，神情诒荡，洵尤物也”。[12]在后来（可能是根据摹本）翻刻的版画中，紫云衣服的颜色、发型和石头的形状都发生了明显改变，尤可注意者，其双脚被画成莲瓣金钩，鞋也变成了拖鞋，以加强“出浴”的暗示。所以此图被称为《紫云出浴图》，实在是清代盛行的男子易装癖形成“集体无意识”后造成的“主动误读”（中间可能经过了几个环节的图像转换），现在“出浴图”一名已经约定俗成，但它当初的立意却只是紫云作文人状的便装肖像，其别名《紫云图》或《九青图》更为恰当。从原作看，陈维崧和陈鹄对紫云都还保留着起码的尊重，而版刻中女装的紫云则被玩物化，这很可能是受《迦陵填词图》影响所致。

《迦陵填词图》绘画水平一般，画手大汕是因为奇特而充满争议的性格引起关注的。释大汕（1637—1705），字石濂，清初岭南名僧，诗文著述甚丰，工于绘事和多种奇技淫巧。他少时曾师从苏州画家沈颢（1586—？）和诗人龚鼎孳，[13]不过沈颢是山水画家，大汕的人物仕女画另有渊源。除了《迦陵填词图》，他最著名的作品是别集《离六堂集》前所附版画《自画像传》，共三十三幅，[14]饶宗颐先生称其为“足使老莲俯首，曾鲸减色”。[15]他早年应当通过沈颢接触过陈洪绶的真迹。

《自画像传》各图皆以两字标名，其中还包括吹箫、看云、浣花、酌古、抱琴、论道等名目，接近陈洪绶最晚期又最重要的作品《隐居十六观》（1651，台北故宫博物院藏）。《隐居十六观》恰好就是画给沈颢的，上款称其“朗翁”和“石天先生”。是年沈颢六十六岁，大汕十五岁，他师从沈颢当即始于此年前后，并随侍数年，有机会亲睹甚至临摹《隐居十六观》。《自画像传》还体现出陈洪绶其他作品的明显影响，尤其是与《隐居十六观》几乎同时所作的另一件名作《博古叶子》。叶子牌印行量很大，大汕更有足够机会观赏和学习。

再回来看《迦陵填词图》，就会发现画中人的造型元素与陈洪绶万年名作《何天章行乐图》（苏州博物馆藏）约略相似，尤其是女装的紫云，几乎就是《何天章》图中两个席蕉而坐的女子的合体：紫云正是坐在蕉叶上，他的头发以小团卷起梳拢成髻，与《紫云出浴图》中的梳法完全不同，却很接近《何天章》图中的执扇女子，下半身的坐姿也很相似，而吹箫的细节则来自《何天章》图左边的女子。

《何天章》图是多人合作而成，在陈洪绶晚年作品中地位并不突出，但它开启了清初的文人肖像长卷题咏之风，有着特殊的文化史意义。大汕在江南求学期间，何天章本人尚健在，携带此图在其定居地诸城附近遍征题跋，并未涉足江南。没有证据表明大汕和陈维崧有机会看到过它。那么，两画“仕女”造型上的巧合难道是出于“遥感”？笔者推测，很可能是陈维崧通过看过此画的山东或江浙友人的描述得其仿佛，再转述给大汕，因而基本的人物空间关系及“女方”的标志——发型、坐姿、吹箫和蕉叶坐簟——都得以保留，而“男方”造型何天章形象相去较远。实际上，画中的陈维崧自可依据本人形象描绘，而紫云已经去世，运用《何天章》图中仕女的某些突出特征，确实有助于与之从未谋面的大汕塑造其形象。而大汕继承的这些元素，正是“画衣冠”的陈洪绶在《何天章》图中留下的大部分手泽。

以上两件作品的当事人系著名文人，画上附有大量题跋，因而可以证实主人公的同性恋身份或关系，书画合璧作品也在很大意义上具有文人画的特性。然而在文人画以外的领域，缺乏提示主题的题跋，又该如何辨识画作的主题与内容？或者说，仅靠图像本身而不依赖文字，绘画如何表现人物之间的同性恋爱关系？

（二）无文字辅助的卷轴画

这个群组包括王振鹏款《渔家乐》册页中的《读》、吴友如《双女携琴图》、华嵒《怀琴春怨图》，以及仇英《汉宫春晓图》、许光祚《兰亭图》中的两个局部。第一件是商品画，表现手法较为直接而粗糙；后四件则是艺术性的风俗画，水平较高，作者是有文化修养的职业画家，表现手法都比较含蓄细腻，并会使用道具揭示特定主题，以免同性恋主题过于模糊。

王振鹏款《渔家乐》册页八开，内容包括渔、樵、耕、读四幅和“渔家乐”四幅（鼓板歌唱、饮茶、吹笛和竹筏鱼鹰），明显是根据两套图稿拼凑而成的。画法上也可以分为两组，提示它很可能由两位职业画师合作完成。《渔》和《读》两幅为一组，衣纹圆柔，大部分人物的眼睛呈小圆点状，这是明代中后期以来苏州职业画家的习惯，并一直延续到清代后期扬州画家王素的笔下。另外六幅衣纹稍多方折，大部分人物眼睛呈短弧线状，中央美院收藏有一件罗聘（1733—1799）《人物（市井蟹贩斗殴）》扇页，画法与之接近，但衣纹转折较为柔和。各幅中的山水树石画法熟练，形态自然，穿插得宜，不再是明末清初流行的来自文徵明原型的那种像从中间剖开的“半边树”，夹叶形态多样（如《鼓板说唱》的岸边灌木），带有王翚传派的职业化特点。而笔墨结构趋于涣散，又提示其制作时间要晚于王翚传派的兴盛期。总体上看，《渔家乐》册页的制作时间当与罗聘的活动期接近，即清代中期的18世纪，甚至可以把它的产地限定在苏州或扬州一带。《读》这一页上有行书款“太原王振鹏”，写法近于欧体，并钤盖明代文人印风的白文印章，与元代画家、浙江永嘉人王振鹏作品上的款印全无关涉，[16]我们也许可以善意地想象他出于清代一位名叫王振鹏的太原籍画家之手（但他活动于江南）。1994年展览图录著录为“明人（伪王振鹏）《渔家乐》册”，又推测它“也许出于清人之手”，[17]后面这个判断是正确的。

这本风俗画册页中的《读》（即读书人的生活）可能是无意识地描绘了一种特殊的风俗——“男风”，即男同性恋。前面花了不少篇幅讨论册页的鉴定问题，也是为了说明画中的男风是何时何地的社会写照（尽管不限于该时该地）。

画上是五位年轻男子，他们的头巾有两种样式，一种是玄色的儒巾，为明代秀才所常用；另一种是素色的文生巾，两侧饰有如意云头，脑后有两根下垂的飘带，很像戏曲服装，我们可以在清代山东潍坊杨家埠年画中看到小生戴着极为相似的文生巾。[18]这应当标明了两种不同的身份。

中间两人促膝而坐，共读一书。居右者（从我们的观看角度说是画在左边的人）戴文生巾，似乎较为年轻，双手托着翻开的书册，恭顺地聆听对方的讲解。居左者（画在右边的人）戴儒巾，架着“二郎腿”，鞋底朝向对方，显示出他处于支配地位。他的右手裹在下垂的袖子里，但似乎碰触着对方的左膝。

他们的坐具有点问题。两人所坐的平面明显呈现出前后、高低差异，甚至两边木器上的线脚装饰也不一致。如果他们所坐是两张不同的方凳，那么被指点者的膝盖正好顶在了“方凳”的尖角上，几乎无法安坐，所以画师想表达的还是他们坐在一张长凳上。不考虑线脚因素的话，露出的那四条凳腿都是马蹄足，还是成套的。他们的身下应该有一张斜向放置的长凳或春凳，可是却被拆成了左右两段，出现在不同的地平面上。这提示两个人物形象是从不同的画面中描摹拼凑而成的，原因只是画师需要表现这样一个相对亲密的场景。而整套册页中再也没有两个成年人之间的距离如此接近，哪怕是在逼仄的船上。

国外私人收藏的一套晚明春宫册页中有一对男女在小船上行淫的场景，小船、树石与陂陀画法与美院藏《渔家乐》比较近似，或许出于相近的时代和地域。[19]虽然没有进一步的证据证明二者之间有什么联系，却能给我们提供一点启示：因为明清时期的职业画家尤其是人物画家常常有机会接受春宫画训练、利用春宫画资源，[20]《渔家乐》册页充满了拼凑痕迹，而《读》一图中两人并坐的亲密姿态有可能正是从春宫画稿中撷取的。

再看立着的三人中，右边两人也是身体紧贴，又都头戴文生巾，手端书本，目光却都朝向别处，顺着最右边一人的目光，我们注意到最左边站着的、戴玄色儒巾的人，看起来像秀才，背着一只手踱步，似乎并未拿书。站在右边的那两个年轻男子似乎也在等待着秀才相公的指点，后者对他们也会形成支配关系。

画读到这一步，与其勉强把这幅画看成一群年轻人读书的场景，不如理解成两个强势男性支配着弱势同性。也许还可以这样推测：三个戴文生巾的年轻男子并非学子，而是戏子，他们手里的书不是经书制艺，而是剧本，正在请品戏玩角的秀才相公指点文辞。学者康正果在《重审风月鉴：性与中国古典文学》中引用旧时俗语“学堂、戏房，坏娃的地方”，说明“在过去的时代，人们一般都把学校和戏班子视为男风泛滥的场合”，《红楼梦》中所写贾府义学中薛蟠等人对小同学的行为以及宝玉与琪官的关系皆为其佐证。[21]秀才和同性恋者都被俗称为“相公”，这些来自俗语和小说的“非正规”信息，正好有助于我们理解这种出于无名画师之手的商品画。我们甚至可以感觉到，画家并未刻意把学堂戏房的男风当成创作主题，只是自然地描绘出（当时常见的）秀才与小同学或戏子的亲昵情状。如果不是有《品花宝鉴》一类的文字记录为佐证，我们很难揭示画中人物的隐秘关系。

《双女携琴图》的主人公是两位年轻女子，一坐一立，一正面一背面，立者右手挟抱古琴，左手与坐者右手相握，坐者左手在她肩头轻拍。原作尺幅较小，1994年图录说明误称“坐者双手在胸前抚弄手指”。[22]手的位置和姿态很关键，它们是用来传递感情的，表达的不是出场演奏前的鼓励，而是立者鼓琴已毕，抱琴欲去之际，坐者执手抚肩，依依不舍。她们显然属于传统旧式家庭，衣饰都朴素而整齐，质地不差。正面者额前无刘海，背面者脑后盘髻，但她们的发型很可能是相同或近似的，标志已婚身份。[23]她们所处的内闱，色调朴素高雅，家具陈设精美，是富裕而有文化的家庭。

女性的安全感所需空间（就是社会心理学所说的“人体泡泡”）较小，年轻女性常会以肢体接触来表示同性间的友谊。不过即使在吴友如所描绘的19世纪末上海富裕市民社会中，女性在日常生活中也并不轻易产生身体包括手部接触，如《吴友如画宝·海上百艳图》中女子执手的仅有数例，且都在公开场合。[24]

在《双女携琴图》中，仅仅携手亦可解释为同性友谊，笔者将之定格于情感依恋的根据是一件特殊的道具——琴。琴在这里固然可以作为文人生活的符号，但它的谐音“情”却指向另一重喻意——主人公之间的恋情。在文学中，琴很早就成了爱情的象征，从《诗经·关雎》到司马相如操琴曲《凤求凰》追求卓文君，从元杂剧《西厢记》之“听琴”，到明传奇《玉簪记》之“寄弄”（此折自清代以来演出即称为“琴挑”），一系列文学典故使“琴”与“情”形成较为固定的喻意联系，并通过戏曲艺术的传播进一步成为社会各个阶层普遍接受的观念。[25]在《吴友如画宝·古今谈丛图》中《妇鬻其夫》（第十八册之四十一)的文字说明中就使用了“文君新寡，愿结丝桐”一语，可见作者熟悉这一隐语。

画上作者自识：“庚寅夏日写于山阳小筑，友如。”庚寅为光绪十六年(1890)，正是吴友如刚刚脱离使他走红上海滩的《点石斋画报》，独资创办《飞影阁画报》之时，风格上仍带有浓厚的“点石斋特色”，构图饱满，并以桌椅线条的透视感表现纵深空间，似乎受到西方照片影响。不过创作平台的改变，还是带来题材与态度上的变化，从《点石斋》特色的时事新闻、奇谈怪异转向传统题材和风俗画，观察社会风俗的视角也由猎奇归于平和。

男女同性恋风气在晚清已经变得公开，吴友如对此并不陌生，也早已画过。如《吴友如画宝·风俗志图说》中的《贞男》(第十九册之十四)、《香闺结契》(第二十册之二十九)皆是如此。前者记录广东东莞一条娈童与主人产生生死之情、至以身殉的新闻，连称怪异；后者记录粤东未嫁女子的“金兰契”风俗，指责它妨碍了正常的婚姻。[26]在这两幅画中，文字确定了立场和基调，画是附丽于文字的，但并没有进行丑化。当他作为“媒体人”，既要猎奇以吸引读者，又要扮演引领风化的角色，自然会将其定位于奇谈怪事、奇风异俗，并在文字说明中表露嘲弄和批判的态度。作为风俗画的《双女携琴图》就自由许多，通过两位女子含蓄而平和的情感交流，反映了作者的态度是宽容而不乏同情的。

琴这种道具还在另外两件作品中出现。华喦(1682—1756)《怀琴春怨图》轴中，画上部的梧叶含烟带雨，低垂的帘幕也似乎为寒夜保暖而设，两位仕女身旁横放着一张黑漆素琴。掩映在梧叶中的题诗是元人萨都剌的诗《题二宫人琴壶图》，诗境平庸，与画面的契合度也不高。诗中提到了琴(冰弦)，这琴弹的就是求偶之曲《凤求凰》，还有琵琶和玉壶(投壶，古代的一种游戏器具)。但华喦只画了琴。道具的取舍表达出主题的转移，无聊长日中的宫怨变成了两个女子因长期的闭锁生活而被迫产生的相互依恋。

仇英(1498—1552)《汉宫春晓图》卷中段后室内，绘有两名女子俯卧在地毯上共读的场景，毯上也有一张琴。[27]虽然窗户洞开以便观众能够看到她们，但从空间设置来说，她们所处的是一个相对私密的环境，像是一个书房。琴是文人书斋的常用陈设，似乎可以和后面的书架相呼应，但褪去琴囊置于地席，却不是书斋中通常的陈设方式。其中一位女子手中团扇上的图画似乎是萱草(宜男草)，表明她们仍然渴望男子的宠幸和生育，与同性的亲近不过是无奈的替代。唯一专指女同性恋的典故“对食”正是出自西汉后宫，[28]这个场景表现的可能就是“汉宫”的“对食”之风。

明代晚期许光祚《兰亭图》卷，[29]作于万历三十九年(1611)，正是明末“男风”鼎盛期，作者情况不详，从题材和画风看很可能是苏州地区的职业画家。《兰亭图》有南宋人作长卷(黑龙江省博物馆藏)和明初周宪王朱有燉摹勒的石刻本(国家图书馆藏拓本)传世，在明代中期的苏州颇为流行，文徵明、仇英、钱穀都作有《兰亭修禊图》长卷，[30]已成了吴门画家自创的文人生活场景。许光祚的画也属吴门派风格，他吸收了石刻与吴门绘画的一些元素，又掺入了自己对当时文人士大夫生活风气的观察与记录，风俗画特色更为突出。在画面中段的人物密集区，曲水对岸的一个角落，两位男子席地而坐，赫然互相擎杯至对方唇下，如“饮交杯酒”状。两人年龄有少长之分，少者对长者的趋承之意颇为明显，而周围的人对他们视若无睹，见惯不惊。

另据友人告知，曾在江南私人收藏中见到王素所绘《簪菊图》，绘两名男子，其中一人为另一人头上簪菊，颇有深情缱绻之致，所绘应当也是男同性恋题材，可惜笔者未能获观。

吴友如、华嵒和仇英的作品都描绘了封闭的内闱环境，都是两位女性与琴同时出现，两位女性有琴（情），解释为她们之间的同性恋情比较合理，因为闺怨主题更宜于通过单个的女性来表现，而女性之间的友谊通常通过女红或其他生活场景来表现。这似乎说明这件道具已经从异性恋借用到女同性恋。而在许光祚和王素的画中，男同性恋者都被放置在室外场景中，亲昵动作也更为直接和大胆，这符合明清社会中的“男风”更为广泛和公开的特点。

（三）同性春宫画

春宫画的媒材包含卷轴画、版画、工艺美术图像等，表现“力度”也有不同的梯级，至少可以分为露骨与含蓄两个亚类型。其名义功能是房中教育和魇胜辟邪，[31]主要表现异性性爱，但社会上的同性恋风气也不可避免地留下了痕迹。高罗佩《秘戏图考》（R.H.van Gulik，*Erotic Colour Prints of the Ming Period*）是研究中国春宫画的开山之作，收录了两幅女同性恋图像和一幅男同性恋图像，都属较为露骨的亚类型。

女同性恋春宫画的第一例是一件十二幅（段）绢本设色春宫手卷中的一幅，表现两个裸体女子在花园中进行性嬉戏。作品全貌和收藏地点都不详，绘画者佚名，收藏者判断为属于明代最后几十年的二流春宫画，“其水平自然逊色于仇英和唐寅的作品”。[32]如果这一断代可信，它是目前所见最早的同性春宫画，大体上应当属于明末清初的“苏州片”。

另一例是根据明末版画《江南销夏》印本翻刻（但较为忠实地保留了原刻的风格）的六幅插图之一，画上是两个女人在洗澡前用淫具进行性嬉戏。[33]高罗佩和收藏者都认为《江南销夏》原刻本产生于崇祯后半期，画上的家具属于南部中国风格，是满洲人占领华北和华中后，江南画家逃到南部中国后所绘。[34]笔者却认为它们应产于南京，并且最有可能产生于万历后期的一小段时间，即公元1600—1620年之间，那段时间南京的版画最能体现建安与徽州的融合性风格。[35]而万历后期社会上对春宫画的需求增长，使南京这样传统上并不以生产春宫画见长的城市也加入了生产的行列。

《江南销夏》每幅图都带有异形的边框，原件损坏明显，收藏者认为这套版画原来是床架上的装饰而非画册，[36]这个观点引人深思。这张床加上帘幕就构成一个私密的小天地，在这个小天地里，女子与同性安然享受床笫之欢。这与晚明小说中对女同性恋的关注和接纳正可相互印证。

在两幅画中，两个女人的发型都有差别，一个高髻簪花，似乎还未出阁；另一个脑后垂堕马髻，似乎年纪稍大。在画面上，似乎总是年轻的（同时也可能是地位较低的）女子处于辅助的或学习的地位。她们的关系类型，最大的可能是主仆，而年轻的女仆通常是妾的候选人。春宫画中出现的女同性恋图像，是富裕人家拥有多个姬妾的畸形社会现实催生出来的。

男同性恋的一例见于书中收录的《花营锦阵·翰林风》，张杰指出“翰林风”在明代已经成了一个同性恋词汇。[37]图上画一个下体赤裸的少年坐在年长的男性腿上交欢。少年梳堕马髻，穿对襟衫，打扮中性，很容易被误解为一男一女，但地上放着的两双靴子清楚无误地表明这是两个男人（女性的金莲小鞋与包裹的脚是比裸体还要明显的性特征）。

基于私人收藏的春宫画专著里收录了包含女同性恋和男同性恋场景的作品各一件，[38]时代都属于清代中晚期，画中人物明显处于卧房私密环境，但都衣着整齐，可以归为春宫画中比较含蓄的亚类型。它们都绘制精美，水平较高，可能是名画家的匿名作品。

被归属于18世纪初的一套《肉蒲团》手绘插图中，有一幅[39]画面一侧表现男主人公与他的女性新欢在榻上云雨，与之半隔离的一间小室里，两个女人坐在长凳上等待男主人的分甘余幸，较为年长的那个似乎在安慰惴惴不安的同伴。墙上悬挂的《玉兔望月图》喻意这两个女人都像嫦娥那样寂寞。这是异性春宫画中的一个局部，再次印证了闭锁闺中的女子通常因为性苦闷才产生同性互慰之情。

另一件作品是绢本折扇面，画面一角透过一个月洞窗，表现一位衣冠楚楚的中年男人和他的“小官”和衣卧于烟榻上，两张单人卧垫之间有打开的烟具包，两人挤在其中一张单人卧垫上，小官左手放在两人身体的夹缝里。室外有一个仆人正送来烟灯和烟枪，仆人身后、榻前榻后，活跃着四个蓬头垢面、骨瘦如柴的羸鬼（画中的活人当然看不见它们）。这件作品被归属为18世纪末到19世纪初，[40]但考虑到鸦片烟的泛滥以及必须加以劝诫的形势，[41]不如把它定为19世纪前期到中期的作品更为恰当，可能与陈森（1797/1805？—1870？）《品花宝鉴》（1848）的时间不相上下。该画主题是对同性恋的批判，可与《品花宝鉴》甫一问世即遭禁的事实相互印证，都是对当时盛行的男风的一种反拨。在这幅作品里，同性恋同样处于陪衬的地位，被描述成像鸦片一样能摧毁男主人健康的恶习。这把扇子有明显的使用和修补痕迹，曾被主人长时间随身携带，除了提醒自己远离烟毒和男风，可能也经常向友人展示以正风俗，所以它与春宫画还是有所区别的。

笔者还从出处不详的火花图案中搜集到两幅同性春宫图像。其一表现一群殷实人家的年轻女子在院门口向一位老妪购买性具，这些性具将在什么场合下使用无法确知，所以这幅画应归入前述“广义的作品”大类。它的画风近似晚清扬州王素。另一幅则表现两位青年男子在床榻上准备交欢，床前的两双大小相近的鞋子暴露了他们的同性关系，被动者身穿粉红衣衫，他的鞋子是红色的，这反映了清代男人的易装癖。此画画风近似清中期画家徐玫，徐玫的一件春宫画卷于2009年从海外回流，现藏北京私人处。

三、初步的小结与问题的展开

（一）时代、地域和作者

中国古代的同性恋风气自先秦到晚清，一直

处于公开或半公开状态，从未遭受过大规模的打击迫害，文学作品也拥有从先秦诗歌到晚清小说长达两千余年的传统。从理论上说，相应的图像表现也应当出现得很早，但是就笔者搜集到的作品来看，产生时间都在明后期到晚清。

在艺术史本体范围内可以给出的解释是，同性恋场景必须比一般的人物画（包括异性恋场景）表达出更多的画外之意、象外之旨才能被解读，对图像的叙事能力提出了更高的要求。虽然我们都愿意接受中国人物画在宋代甚或唐代已经完全成熟、元明清则江河日下的说法，但是明清才出现同性恋题材绘画这一事实却指向另一种发展观：明清绘画的停滞和退步只在于形式技巧，而在叙事表达能力方面却有微妙的进步。这也许要归功于更方便的图稿（包括版画）复制与传播渠道，使人物画造型能力成为一种可以累进的社会财富。如前述《渔家乐》册页，虽然作者笔力软弱，人物面目单调，但也许就是因为使用了图稿，画中的人体比例基本准确，并能表现多种多样的动作姿态。

把这段时间内出现的版画、卷轴画、瓷绘和其他工艺图像全部算上，同性恋图像数量也远不及同性恋文本资源。[42]但也应当承认，图像并不是表现这一题材的最佳工具。数量之稀少也是由于图像表现和辨认困难。另外，中国古代同性恋中包含的阶级压迫和性别压迫成分多于当事人特殊的性取向，男同性恋中的被动方有不少人是假意逢迎，明清流行的男子易装癖，更使一部分男男相恋场景呈现为男女相恋场景。[43]而古代女同性恋在很大程度上是特殊环境下被迫同性互慰的“境遇性同性恋”，[44]本身就混合了友谊与性饥渴，画中的女性亲昵场景就易与仕女画混淆。

在这些画中，版画占了绝大多数。卷轴画只是少数，不过绘制都较为精美，当是供社会中等以上阶层消费的，已知作者的活动地域主要是在扬州、杭州、苏州、上海这几座高消费的大城市。华喦、王素和金农，都是笔耕于扬州的职业画家。《怀琴春怨图》作于雍正十三年（1735），正是华喦来往扬州卖画的高峰期。不过杭州是华喦的第二故乡，金农则是杭州人，他们在杭州居住的时间都多于扬州。至于王素，虽然出生和居住在扬州，但他的绘画市场更多是在苏州和上海。吴友如的画则是为上海市场而作。这些人都是深受市场欢迎的名家，题材领域宽广，个别作品选择同性恋题材当是迎合城市的风气与主顾的要求。在这些城市，人口的频繁流动、人性张扬的充裕空间、金钱可以购买一切的现实，使同性恋行为更加公开，对它的表现也从文字和版画，扩展到卷轴画这种更为昂贵，也更具感官效果的媒介。

（二）画家与同性恋

同性恋题材绘画与画家本人的性取向之间有多大关系？从笔者搜集的实例来看关系不大。明清时期的画家确信为同性恋者的有祁豸佳、郑燮，[45]疑似者有沈颢、髡残与程正揆，[46]他们是山水或兰竹石画家，都没有画同性恋题材的能力。基本可以确认是同性恋者，又能画人物的，只有释大汕和金农，他们也就成了需要重点剖析的对象。

大汕被攻击者视为妖邪淫僧。据说他早年在沈颢和龚鼎孳家中都充当过娈童：“石濂幼无赖而色美，沈朗倩宠之。……复见宠于龚宗伯，即背朗倩而事龚。”[47]他本人形容妖冶，“臂带金镯，……常衣红衫红袴，岂非人妖乎”。[48]他成为有钱有势的名僧后，蓄养优伶并在寺中搬演《西厢记》《牡丹亭》等淫词艳曲，[49]优伶中既有女伶，也有歌童，[50]他本人和徒从们既盛行男风：“方丈侍者无非美貌沙弥，汝徒夜争沙弥，至登屋飞瓦，而不闻摈出。”[51]又好男女之事：“媚妖尼以营己之欲”，[52]“随杖之众，在彼国（指安南）犯邪淫者十居八九，夜夜踰垣，朝朝捉解，彼国主全公体面，辄送公自决”。[53]看来他既当过娈童又好娈童，还是双性恋者，在性活动中的角色全由年龄和地位决定。他晚年遭到攻击后不久就被官府收逮，死于押解途中，这些攻讦是重要的罪名，其中必有夸张成分，但当非完全虚构。

他重要的艺术才能和淫邪罪名是善画春宫画，包括男色春宫：“时时拈笔作春宵秘戏之图”，[54]“画春图以导人之淫……所写春宫过于精妙”，[55]“屡貌蕃夫人观书之影，与周小史割袖之图，观想精微，通神入妙，使人惊以为老莲复出，仇英重来”。[56]大汕对陈洪绶的画风有明显的继承关系，陈洪绶也画过春宫，[57]但是大汕在春宫画上的兴趣和名声显然远远超过了陈洪绶，还增加了男色春宫，并且不是为了卖钱谋生：“以善画白描春宫著闻，公然装成册页卷子，持以赠人，此广州人所共见共闻者。”[58]这可以解读为画家个人强烈而丰富的性兴趣甚至身份宣示会流露到“创作”中，如果他的技能足够的话。这些画能显示出同性恋者画同性恋的尺度，可惜今天我们都看不到了。这样的画家在古代中国大概是绝无仅有的一例。而他的被逮与治死，似乎也说明即使古代中国比欧洲“宽容”得多，也只允许同性恋绘画与情感是分离的、是供出售的（即转换成一种劳动方式），而不容许它们合二为一，成为作者自己抒情（并秽乱风化）的工具。

如果沈颢与大汕的关系得以坐实，那么他们就提供了同性恋画家的两种类型的例子。沈颢是山水画家，宗法松江派，并响应董其昌的“南北宗论”，从他的“笔墨秀雅”“高格清标”的画中无法看出他有特殊的性取向。[59]而大汕擅长的仕女、春宫（包括男色春宫），这些技能在明清江浙一带的职业画家中很流行，他只是“恰好”是一位同性恋者。陈维崧委托他画《迦陵填词图》，首先是因为与他有诗交，其次是因为他擅画人物仕女，至于画家是否同性恋者并不是一个需要考虑的问题。所以同性恋者能否画同性恋题材，取决于他的技能，是否画同性恋题材，取决于订件人的意图。

金农能画佛教人物和鞍马，但是其中存在很多代笔，[60]如果乔逊和武佩圣拈出的两件画出于代笔，事实就转化成了一位文人委托职业画家代为表达自己的性取向。

大汕和金农受到关注的重要原因是关于他们的性取向有足够的文字证据。其实在能画人物的职业画家中可能存在很多同性恋者，因为文字的缺位，我们并不了解他们这方面的心理，只看到他们的画作更明显地俯仰于市场需求，而市场要求于画家的只是相应的表现技能，与其性取向无关。

最后要来说一说陈洪绶，他生活在一个“男风”鼎盛的时代，同学友人中不乏“好娈童”的名人，[61]对男风颇为熟悉。他本人不好此道，[62]但他画出了最著名、最直接的同性恋题材绘画——《博古叶子》中的《董贤》。《博古叶子》所用的文字是嘉靖时期的汪道昆所撰《数钱叶谱》，其中列出多名依靠男色发迹的历史人物，包括卫青、邓通、董偃、董贤，实际上反映了嘉靖时期男风兴盛并且进一步商品化的现实。《董贤》图中体型庞大的汉哀帝和娇小无邪的董贤看起来就像一对父子，读者理解画意的前提是读懂潦草的题识文字并谙熟相关典故。声色场中供人把玩的博戏具，竟尔变身熟读书史的考量题。而在卷轴画中，陈洪绶从未涉足这类题材。这些也许都说明他对“男风”表面包容而内心排斥，也说明现有同性恋题材图像中最为集中和明确的部分——附丽于印刷文本的版画（包括手绘插图）——与一般画家本人的偏好了无关涉。陈洪绶的卷轴画（很可能也包括春宫画）哺育了像大汕这样的同性恋画家，并法乳了《迦陵填词图》这样的同性恋题材名作，这已经不是他生前所能梦见的了。

注释

[1]团幅，绢本设色，纵24.3厘米，横25厘米，中央美术学院附属中等美术学校藏。

[2]册页八开，绢本设色，每页纵29厘米，横39厘米，中央美术学院藏。

[3]参阅黎生《深化研究，颖脱人才——明清绘画透析中美学术讨论会纪实》，《新美术》1995年第2期，第66页。乔逊的演讲主题是金农的政治心态，未发表。

[4]参阅刘金库《“扬州八怪艺术国际研讨会”综述》，《中国书画》2003年第2期；武佩圣：《金农及几位扬州画家之生平与绘画活动》，《东南大学学报》2003年第3期。

[5]参阅毛文芳《图成行乐：明清文人画像题咏析论》第五章“长鬣飘萧，云鬟窈窕”，台湾学生书局2008年版，第434—435页。

[6]关于吴藻生卒年和生平的考证，参阅赵淑徽《吴藻研究》第一章“吴藻生平考及作品版本考”，硕士学位论文，南京师范大学，2008年，第3—7页。

[7]参阅张宏生《吴藻〈乔影〉及其创作的内外成因》，《南京大学学报》2000年第4期，第38—46页；刘军华《明清女性作家戏曲创作研究》，博士学位论文，陕西师范大学，2007年，第81—83页。

[8]该图著录及题跋释文见莞城美术馆编《传神阿堵：明清人物画精品展》，广西美术出版社2011年版。

[9]例如《董偃》画面人物像是三名女子，如不借助文字，难以想象“她们”之间的复杂关系：左边是五十多岁的馆陶公主，右边是她宠爱的十三岁的董偃，中间是董偃的母亲，她是公主的仆役，年纪当在三十岁左右。在这个场景中，董偃与祖母级的公主“恋爱”，是“好老者”，后来他又被公主的侄子汉武帝所宠，才成为同性恋者。

[10]关于此二图及陈徐二人相恋情形，参阅毛文芳《图成行乐：明清文人画像题咏析论》第五章“长鬣飘萧，云鬟窈窕：陈维崧《迦陵填词图》题咏”，台湾学生书局2008年版，第341—460页；张杰：《迦陵诗词与他的情感轨迹》，见《趣味考据——中国古代同性恋图考》，云南人民出版社2008年版，第169—189页；房学惠：《简析〈紫云出浴图〉卷》，《东南文化》2006年第1期，第91—96页。《迦陵填词图》有别本，见张伯驹编著《春游琐谈》卷六《陈其年填词图》，中州古籍出版社1984年版，第

304—305页，毛文芳前引书第356—361页有较详细论述。

[11]见房学惠《简析〈紫云出浴图〉卷》，第91页。

[12]卷后吴檠跋，又载张次溪编《九青图咏》，见张次溪辑《清代燕都梨园史料》(下册)，中国戏剧出版社1988年版，第998页。

[13]沈颢卒年，见李来源、林木编《中国古代画论发展史实》，上海人民美术出版社1997年版，第247页。

[14]图见姜伯勤《石濂大汕与澳门禅史》，第304—356页；万毅、杜霭华、仇江点校：《大汕和尚集》，中山大学出版社2007年版，第466—533页。

[15]转引自姜伯勤《石濂大汕与澳门禅史》，第276页。

[16]目前公认的王振朋(鹏)真迹——《伯牙鼓琴图》(故宫博物院藏)上的款识是隶书"王振朋"，未见有行书款。另有《维摩不二图》卷(纽约大都会美术博物馆藏)卷后有作者楷书长题，自署为"王振鹏"，真伪有争议。《金明池龙舟图》(大都会美术博物馆藏)有"臣王振朋"款，书风与《伯牙鼓琴图》略异。他的可信印章只有《龙舟图》(台北故宫博物院所藏数本中最优者)上的"赐孤云处士章"一枚，由于这方印章是御赐，面积又较大，它在画上或盖于款识上方(如《伯牙鼓琴图》)，或盖于单独的位置(如《龙舟图》)，未见钤盖于款识下方的可靠例子。

[17]《意趣与机杼》，上海书画出版社1994年版，第131页。

[18]今天戏台上仍在使用近似的文生巾，只是脑后两条垂带变成了两侧如意云头下垂挂的流苏，垂带与垂流苏两种样式的文生巾在杨家埠年画中都可以看到，流苏似乎更为流行，在清末供帝后观赏用的戏曲人物画中也可以见到，见《北京图书馆藏昇平署戏曲人物画册》的朱家溍序，北京图书馆出版社1997年版。

[19]Ferdinand M. Bertholet，*Gardens of Pleasure*：*Eroticism and Art in China*，English translation by Prestel-Verlag，Munich，2003，"Wang Sheng"，pp.58-69，esp.p67.

[20]如清初杭州画家刘度善画"仕女春宫，俱悉仿旧"，太仓画家王式"善画宫妆美女，春宫尤妙"，见《图绘宝鉴续纂》卷二，第17、48页，于安澜编《画史丛书》第二册，上海人民美术出版社1963年版。陈洪绶和释大汕也擅长画春宫画，详见本文后述。

[21]康正果:《重审风月鉴：性与中国古典文学》，辽宁教育出版社1998年版，第124、124—125、129页。"学堂(学校)"有私塾和书院两种形态。在相对封闭的条件下，青少年和壮年男子群集之所即是"男风"盛行之地(类似情况也发生在军队和监狱中)。近代欧洲的公学和寄宿学校、教会中学也有这方面的恶名，并使其学生"由于把少年期的同性恋经验视为平常，助长了成人以后有较大的宽容"。见[法]弗洛朗斯·塔玛涅《欧洲同性恋史——柏林、伦敦、巴黎，1919—1939》，周莽译，商务印书馆2009年版，第135—136页。

[22]《意趣与机杼》("明清绘画透析国际学术讨论会"特展图录)，上海书画出版社1994年版，第113页。

[23]近现代中国妇女发型，标志已婚身份的是脑后的椭圆形盘髻，与未婚女子的辫子相区别，刘海则为未婚、已婚者所通用，见《老照片》编辑部编《风物流变见沧桑》，山东画报出版社2001年版，第61—62页照片及说明。

[24]如《浦滨春早》(第五册之九)画亲友年节拜访时的女眷寒暄场景，《愿花常好》(第五册之二十七)

画女眷和女友在赏花，《步屧寻幽》（第五册之三十六）画几名女子在租界的林荫道散步。吴友如主笔的画报篇幅浩繁，检索不易，《吴友如画宝》是他去世后由上海璧园会社以其子所藏粉本（墨稿）1200幅分类编印的。其中《海上百艳图》表现上海城市风俗尤其是妇孺生活，本文据中国青年出版社影印1998年版。

[25]参阅赵天为《弦上说相思——谈谈中国古代戏曲的以琴传情》，《艺术百家》2001年第1期，第67页。明代高濂《玉簪记》传记中"寄弄"一折在清乾隆二十八年（1763）钱德苍选编的流行折子戏选本《缀白裘》中已名为《琴挑》，中华书局2005年影印本，第二册，四集四卷。与琴相关的"知音"一语也常常转换为"知心"之意，张杰甚至认为伯牙与钟子期弹琴觅知音的典故中也不乏同性恋的意味，见《趣味考据——中国古代同性恋图考》，第147—148页。

[26]据今天学者的研究，粤东"金兰契"乃是典型的女同性恋表现方式，见张在舟《暧昧的历程：中国古代同性恋史》，中州古籍出版社2001年版，第749—775页。

[27]绢本设色，纵37.2厘米，横2038.5厘米，台北故宫博物院藏。

[28]《汉书》卷九七下《孝成赵皇后传》："（宫女道）房与（曹）宫对食。"东汉应劭注："宫人自相与为夫妇名对食。"中华书局1962年版，第3390、3392页。明清时期，宫女与宦官自相与为夫妇的行为也称"对食"。

[29]绢本设色，纵27厘米，横136.1厘米，故宫博物院藏。

[30]文徵明画现藏故宫博物院，仇英画私人收藏，见于中国嘉德2010年5月15日春拍，Lot1846，钱榖画现藏美国纽约大都会美术博物馆。

[31]周亮工《尺牍新钞三选·结邻集》录邹喆致周氏札并加眉批云："闻藏书者须杂以此种，以避火灾，则老莲正以此图作佛事。"说明时人迷信春宫画可以避火。见朱天曙编《周亮工全集》第13册《结邻集》（下）卷十五，凤凰出版社2008年版，第978页。还可参阅王春亮《春宫画厌胜的社会心态探析》，硕士学位论文，山东大学，2011年。

[32]R.H. van Gulik，*Erotic Colour Prints of the Ming Period*，Privately Published by the Author，Tokoy，1951，p.155.

[33]有一部分地面铺了地砖，高罗佩认为这是一间浴室，见 *Erotic Colour Prints of the Ming Period*，p.202。不过在明清住宅中并无专门的浴室，洗浴一般都是在卧室或烧水的厨房进行。从画上的桌子来看，这只是普通的内闱。

[34] *Erotic Colour Prints of the Ming Period*，pp.201-202.

[35]对金陵版画在万历后期呈现的这些特征，见于陈氏继志斋刊刻的作品，见周心慧《中国古版画通史》，学苑出版社2000年版，第150—151页。并无证据表明《江南销夏》是继志斋所刊，只能提示相近的时代和地域风格。

[36] *Erotic Colour Prints of the Ming Period*，p.201.

[37]《趣味考据——中国古代同性恋图考》，第92页。

[38] Ferdinand Bertholet《佚乐之园》（*Gardens of Pleasure*：*Eroticism and Art in China*）.

[39] *Gardens of Pleasure*，pp.48，120.

[40] *Gardens of Pleasure*，pp.172-173.

[41]明代中期，进口鸦片从药品变成享乐品，明末已经

食用成风，并出现了吸食法，至迟在乾隆年间，烟枪已经流行。参阅苏智良《中国毒品史》，第39—44页。清廷在雍正七年（1729）颁布了禁烟法令，乾隆后期至嘉庆时又多次发布禁烟谕旨和文告，但并未认真执行，鸦片进口量到清代后期迅猛增长。关于中国在鸦片战争以前的鸦片入境情况，参阅该书第88—89页所列“1800—1839年鸦片入口数量与总值”；冼波：《烟毒的历史》，中国文史出版社2005年版，第17、33—34页。

[42]张杰《趣味考据——中国古代同性恋图考》一书收录了近500幅插图，但其中涉及同性恋人物、历史与风俗的仅约为一半，正面表现同性恋活动的又约占其半，总数约在百幅以上，其中版画占八至九成。

[43]康正果指出易男为女是“封建等级制在男人之间制造的不人道的关系”，见《重审风月鉴：性与中国古典文学》，第90页。王德威也认为《品花宝鉴》模式中的伶童可能“只是穿着女装，以博君一粲为营生的异性恋者”，见王德威《被压抑的现代性——晚清小说新论》，北京大学出版社2005年版，第81页。

[44]张在舟《暧昧的历程：中国古代同性恋史》第三章指出女同性恋有很多“非自发的情形”，即使“自发的情形”在很大程度上也是“由于活动空间的限制”，第724—734、742页。

[45]据好友张岱记载，祁豸佳“去妻子如脱屣耳，独以娈童崽子为性命”，见张岱《陶庵梦忆》卷四，《祁止祥癖》，夏咸淳、程维荣校注，上海古籍出版社2001年版，第73页。郑燮在《板桥自叙》中公开承认自己的娈童之癖：“性好色，尤多余桃口齿及椒风弄儿之戏，然自知老且丑，此辈利吾金币来耳。”见中华书局上海编辑社编《郑板桥集》“补遗”，据杨荫浏藏墨迹，中华书局1962年版，第185页。他还为曾经宠爱的夭亡书童王凤写过情真意切的悼亡诗《县中小皂隶有似故仆王凤者每见之黯然》四首（见《郑板桥集》“诗钞”，第84页），其中频频使用“风情”“三生恨”“楚王幽梦”等男女情事暗语。

[46]关于沈颢见下文释大汕事。关于髡残和程正揆同性恋关系的主要证据来自程正揆记载的一个涉及髡残的性梦：“康熙六年丁未七月初一，在弘乐，梦祖堂石溪禅师赤身伏予身，卧良久。予问曰：汝病若何？石不答。复问曰：汝死耶？曰：然。又问：汝从何处去？无语。予曰：奚不入吾之体？遂吮予臂，予亦吮其臂，复大呸之，推倒床下而灭，予觉四肢五内如蒸焉。”见程正揆《青溪遗稿》卷二十八《奇梦录》，康熙天咫阁刻本，第8页。颜榴指出二人关系有“同性恋倾向”，较为年轻而有恋母情结的髡残在“二溪”关系中是处于弱势、被动的一方。见颜榴《试论髡残人格中的“恋母情结”》，《美术观察》1996年第5期。杨新也指出：“程正揆于1658年到1667年居住在南京的时期也正是髡残创作最活跃、情绪最高涨的时期。”而1667年后他作品减少，部分原因也在于程正揆的离去。见杨新《“四僧”小议》，《故宫博物院院刊》1998年第1期。吕晓不同意髡残与程正揆有同性恋关系的说法，见吕晓《髡残绘画研究》，江西美术出版社2010年版，第72—74页，但正如同书第80—81页所指出的那样，髡残有非常强烈的遗民情结，对领袖南京画坛的贰臣周亮工心怀拒斥，而对同为贰臣的程正揆则迥然不同，这就从侧面证明他与程正揆有着特殊的私人感情。

[47]（清）潘耒编：《救狂后语·别录·李莱圃来书》，第

2页，载（清）潘耒等撰《瓜蒂庵藏明清掌故丛刊》之《救狂砭语·金陵览古·余生纪略》，上海古籍出版社1983年影印本，第221页。

[48]《救狂后语·再与长寿石濂书》，第23页，《救狂砭语·金陵览古·余生纪略》，第165页。

[49]《救狂后语·再与长寿石濂书》，第22页，《救狂砭语·金陵览古·余生纪略》，第164页。

[50]《救狂后语·再与长寿石濂书》，第8页，《救狂砭语·金陵览古·余生纪略》，第135页。

[51]《救狂后语·二次致书札》，第1页，《救狂砭语·金陵览古·余生纪略》，第178页。

[52]《救狂后语·别录·屈翁山复石濂书》，第4页，《救狂砭语·金陵览古·余生纪略》，第196页。

[53]《救狂后语·再与长寿石濂书》，第7页，《救狂砭语·金陵览古·余生纪略》，第133页。

[54]《救狂后语·二次致书札》，第1页，《救狂砭语·金陵览古·余生纪略》，第178页。

[55]《救狂后语·别录·屈翁山复石濂书》，第4—5页，《救狂砭语·金陵览古·余生纪略》，第196—197页。

[56]《救狂后语·别录·屈翁山复石濂书附花怪》，第7—8页，《救狂砭语·金陵览古·余生纪略》，第202—203页。

[57]清初南京画家邹喆给周亮工的信中说："同人共称老莲《秘戏图》奇幻无伦……不意老莲沦入恶趣乃尔！"见《周亮工全集》第13册《结邻集》（下）卷十五，第978页。

[58]《救狂后语·再与长寿石濂书》，第7页，《救狂砭语·金陵览古·余生纪略》，第133页。

[59]（清）蓝瑛、谢彬等:《图绘宝鉴续纂》卷二，《画史丛书》第二册，上海人民美术出版社1963年版，第50页;《无声诗史》卷四，第70页，《画史丛书》第三册。

[60]参阅吴尔鹿《金农和他的代笔画》，《文物》1988年第12期；钱志扬:《关于金农画梅代笔的研究》，《南通职业大学学报（综合版）》2001年第3期。

[61]陈洪绶的同乡好友中有两位著名的同性恋者——画家祁豸佳和文学家张岱。张岱自述"好娈童"，见张岱《琅嬛文集》卷五，《自为墓志铭》，云告点校，岳麓书社1985年版，第201页。陈的同门王毓蓍也好娈童，与优伶王小碧情谊尤深，毓蓍殉明而死后，王小碧长年于家中设牌位供食祭奠，见《陈洪绶集》卷一，《好义人传》，吴敢点校，浙江古籍出版社1994年版，第21页。

[62]毛奇龄《陈老莲别传》总结他"顾生平好妇人，非妇人在坐不饮，夕寝，非妇人不得寐，有携妇人乞画，辄应去"，见《陈洪绶集》附录二"传记"，第590页。

本文载于《美术研究》2012年第4期

邵彦，1971年生，浙江杭州人。2004年毕业于中央美术学院人文学院，获博士学位。中央美术学院人文学院教授。

字体家国

——汉文正楷与现代中文字体设计中的民族国家意识

周 博

2006年初次去台湾的时候，有一个视觉文化现象让我印象深刻，就是楷书字体的广泛使用，无论是书籍报刊，还是机构、商家的招牌、广告，楷体可以用“无处不在”来形容。而这种楷书体的广泛使用在大陆是很少见的，即使是在非常正式的场合，比如在学术研讨会、公文或论文中，无论是标题字还是正文字，楷书字体使用的频率都远不如宋体字或仿宋字。为什么？这个问题在我的脑海中盘旋了很久。去年，我们的研究团队开始系统地整理和研究20世纪中国字体设计的历史，在这个过程中，我们发现了许多新的史料与线索。尤其是1935年1月29日，汉文正楷印书局经理郑午昌写给蒋介石的呈请这篇重要文献的发现，不仅解开了我心中的疑团，也使我开始重新思考现代中文字体设计的文化价值。本文将围绕汉文正楷与郑午昌的这篇呈请，结合相关的历史文献和时代背景，讨论中文字体设计与民族国家意识之间的关系。我所关心的问题是：什么力量可以使一种“微观的”字体语言与一个时代的民族国家意识紧密地联系到一起？到底应该如何在中国的文化语境中认识字体设计语言与民族国家之间的关系？民族国家意识到底会对中文字体设计的发展构成何种影响？这些问题都是本文想要努力研讨的。

一、来自南昌行营的指令

1934年2月19日，蒋介石在南昌行营举行的扩大总理纪念周上发表了《新生活运动之要义》演讲，宣布“新生活运动”开始。两个月后，江西省教育厅就下发指令，通知所辖部门发行的“各种书刊封面，报纸题字标语等，概不准用立体阴阳花色字体，及外国文，而于文中中国问题，更不得用西历年号，以重民族意识”。[1]这个指令所出部门，从江西省教育厅、内政部、中央宣传委员会到南昌行营政治训练处，转了几道弯才来到了指令的源头：“顷奉委员长蒋谕”。既然这个指令出自蒋介石，而且又是从当时事实上的权力中心“南昌行营”发出的，这显然不是一个地方行为。与此同时，上海、南京、北平、广东、安徽、福建、河南等地的政府公报也都传达了这一指令。[2]

蒋谕说的“立体阴阳花色字体”实际就是后来所谓“美术字”中一些比较具有装饰性的文字。“美术字”，在民国时期又有“图案文字”“装饰文字”“广告字”“艺术字”等称谓，这些称呼大多来自日本，[3]而且其写法与日本图案文字渊源颇深。1936年，梁得所在谈到当时的书籍装帧时就曾指出过这一点。[4]根据日本学者的研究，“图案文字”在日本的起源也是在明治维新之后，日本的设计师学习西方19世纪末20世纪初欧美的装饰性字体设计，再运用到日文中的结果。[5]中国虽至迟到清末已出现了近代意义上的图案文字，但和日本一样，直到20世纪二三十年代，“图案文字”都可算是一门新的现代学问。1931年9月号的《良友》杂志，曾经刊登过整整两个版面的“图案字”，经笔者比对发现，这些文字都是从藤原太一的《図案化せる実用文字》（东京：大蹬阁，1925）一书中选出来的。而笔者所藏本书未保存的货签显示，这原是上海内山书店所销售的日文书籍，另藏本松呉浪著《增補現代広告字体撰集》（东京：誠進堂，1929）亦有“上海内山书店”货签，联系鲁迅、钱君匋等人在该书店购置大量美术、图案著作的历史，我们可以想见，许多中国的设计师，或通过留学（如陈之佛），或通过日文的书刊（如钱君匋），逐渐学会了这种字体设计语言，并在商业广告和书刊设计中开始广泛使用。[6]当然，中国当时的图案字影响并非完全来自日本，比如，留学法国受Art Deco风格影响甚深的刘既漂所设计的封面字体很可能就是个例外。至于在封面上使用外文，的确是当时杂志常见的作风，尤其是当时中国的出版中心上海，许多出版社所发行的杂志，更是用封面上的外文来彰显其视野的国际化，比如《东方》《现代》等杂志。这种“中西杂糅”的设计对于那些习惯了中国传统书籍封面之简朴的读书人来说，的确有些不伦不类。

蒋介石的这个口谕表明他已经敏锐地觉察到，在“立体阴阳花色字体”中存在着一种与他所主张的“固有的民族意识”不相容的、异质的东西，与“外国文”“西历年号”一样，这种字体对固有的民族意识构成了威胁。很难说蒋介石对图案字的认识与他的留日背景有什么关系。因为在他早年留日期间（1908—1914），日本的图案文字才萌生不久，稲葉小千那本具有开山性质的《実用図案装飾文字》（興文社，1912）也不过刚出版，即使在日本的商业宣传中已得到应用，但这种新事物在感官上到底能给年轻的蒋介石留下什么印象还很难说。当然，我们也可以推测，蒋介石由于某个直接的原因，比如看到一些书籍和杂志上的“花色字体”产生了厌恶。但无论如何，通过这个指令，蒋介石这个颇具偶然性的“字体意识”被堂而皇之地纳入他所发动的“新生活运动”中，并引起了另外一个专家的关注，这个人就是上海汉文正楷印书局经理郑午昌。[7]

二、郑午昌的呈请

由于国民党的中央宣传委员会和内政部要求把蒋介石的指令传达给各地的报社、杂志社和出版发行所，所以，作为上海汉文正楷印书局的经理，指令一定是被直接交到了郑午昌手上。可以想见，对中国的传统艺术和汉文正楷的设计制作已经倾力多年的郑午昌，一定从这则指令中发现了最高领导人与他本人思想的某种“交集”。最终郑午昌决定，一定要借蒋介石关于封面标题文字发指令的契机写一封信，把更重要更专业的正文印刷字体问题向“领袖”言明。于是，郑午昌在1935年1月29日写完了这篇被题为“呈请奖励汉文正楷活字板，并请分令各属、各机关相应推用，以资提倡固有文化而振民族观感事”的呈文。[8]

在这篇呈请中，郑午昌首先指出，孙中山的建国方略重视印刷工业在现代文明中的价值，而要想发展印刷工业，尤需注意字体。接着，郑午昌简单叙述了汉字字体早期的发展，指出正楷字体自古以来就是中国文化最重要的书体：

> 我国立国最古，文字创始早。……至晋，而正楷遂盛行。以其字体端正、笔姿秀媚，运用便利。凡我民族，若有同好而认为最适用之字体。数千年来，人民书写相沿[9]成习。即在印刷方面讲，考诸[10]宋元古籍，凡世家刻本，其精美者，类用正楷字体，请当时名手书刻而成。元明以来，世家精刻仍多用正楷书体。惟一般俗工，不通书法，妄自刻鹄，辗转谬误，卒成结构死板、毫无生意、似隶非隶、似楷非楷之一体，即现在所谓“老宋体”，日人亦谓之“明体”，遽成为我国雕版印刷上所专用之字体，致我国文字书写之体与印刷之体截然分离，读非所用，用非所读，已觉诸多隔膜。

在这段话中，郑午昌从中国文化传统方面阐述了三层意思来支持正楷：第一，正楷是历史悠久、国人最认可的手写体，这的确是一个悠久的传统，因为早在唐代，选官择人就有所谓“身、言、书、判”四法之说，而所谓“书”，就是要求“楷法遒美”。[11]所以南宋学者洪迈后来在谈到唐人的铨选制度时说，“既以书为艺，故唐人无不工楷法”，[12]而这个传统到了明清时期的“馆阁体”，已经可谓登峰造极。郑午昌所说的这个道理，对于延续千年的科举制刚废除不久的中国人来说，实在是一个妇孺皆知的常识。

第二，“楷体字”是古代印刷字体的正宗，而“宋体字”（文中所谓“老宋体”“明体”）却是工匠不明就里所为，匠气死板。郑午昌的这个说法，从今天的研究来看的确符合历史事实，起码从清代内府给抄手和刻工的工钱中就看得出，楷书体的工钱要高于宋体（匠体）的价钱，而欧体楷书价钱最高。[13]这个传统在至今仍被奉为经典的中华书局“聚珍仿宋版”中也体现得十分明显。陆费逵在谈到中华书局《四部备要》的印刷时，对丁氏兄弟所创“聚珍仿宋版”的赞扬就是“方形欧体，古雅动人，以之刊行古书，当可与宋椠元刊媲美”。[14]关于楷书体在印刷中优越的文化地位，这个知识虽然十分专业，但是，从郑午昌这么一位出版家的口里讲出来，且以历代读书人最看重的“宋元古籍”“世家刻本”说项，对于爱读古书、满脑子“理学”的蒋介石来说，肯定是有说服力的。

第三，由于宋体字的广泛使用，使文字的“书写之体”与“印刷之体”不统一。这是一个不能回避的严肃问题。“老宋体”的起源可以追溯至明代，由于“写”“刻”分离，刻工可以是“文盲”，加之成本、效率等诸多因素的影响，使他们习惯便宜从事，[15]就导致了“书体”与“印体”不统一的问题，这在雕版印刷的时代就屡见不鲜。而当传教士和中国的刻工们运用西方的铅字活版技术改良中国的字体设计和印刷的时候，这个问题也没有被涉及，因为这个问题是文化的深层问题，无论是在英华书院还是在美华书馆，传教士是很难认识到这个层面的。不过，尽管这个问题除非专门的出版家，一般读书人未必能领会得到，但一经郑午昌点破，蒋介石只需拿一张当天的报纸，找几个标题文字一看就能明白。

接下来，郑午昌又把字体的话头转向日本印刷字体的输入：

> 且自近世印刷工业采用机器后，日本将明体字翻制活字铜模输入我国。我印刷家又从而翻制之，于是所谓“老宋体”字在我国印刷业上之地位益形蒂固根深。近又将老宋体改瘦放粗，而成所谓“方头字”“新明体”等输入我国，我各大报社、各大书局几无不采用之。是非日制之老宋体字果能独霸我印刷业也？亦因无较好之书体起而代之耳。

20世纪初，中国的印刷行业所使用的活字与日本印刷业之间有着千丝万缕的联系，日本精良的印刷工艺的确对国内的印刷行业很有吸引力，我们从商务印书馆早期的发展史中就可以看出这种关系。[16]尤其是日本明朝体的两大流派，“筑地体”和“秀英舍体”影响甚大。[17]商务印书馆所属的《东方杂志》第6、7期的封底所刊登的铅字铜模广告，就特别强调“雇佣日本东京名手，昼夜加工铸造”。[18]事实上，作为日本最早的明体活字，“筑地体”最初的设计，仿照的乃是上海美华书馆的宋体活字。[19]但是，日本明体活字的这种大规模的产业化的影响，足以在经济和声势上湮没它最初的起源。而随着抗日民族情绪的日趋高涨，不管郑午昌有意还是无意，更容易强调优势的日本“明体”对中国印刷业的“独霸”，而不会反过来强调“美华字”对日本的影响。

在突出了日本的活字对中国印刷出版业的垄断性的影响之后，郑午昌转向关于“自强”的叙事：

> 午昌有感于斯，不揣棉薄，筹得巨款，选定最通用、最美观、最正当，又为我国标准的正楷书体，聘请名手制造活版铜模，定名为“汉文正楷活字版”。自民国十九年九月起造至二十二年九月，为时三载，制成头、二、三、四、五号铜模铅字，设厂试印各种书籍文件，曾印有铁道部之《铁道年鉴》，盐务署之《全国盐政实录》，立法院之《各国宪法汇编》，中国银行之《全国银行年鉴》等宏。成绩之美，已得各界相当之认识，而全国印刷同业采用汉文正楷活字版铅字印刷已达二百七十余家。则此种汉文正楷活字版之适用于活版印刷，而为现代社会所欢迎者，已足以证明之矣。

在敦请蒋介石奖掖汉文正楷时，把自己的成绩摆一摆是有必要的，而把政府系统出版的书籍、文件抬出来，对政治人物则更有说服力。

最后，郑午昌将字体的选用上升到了政治统一、民族精神和国家存亡的高度。他写道：

钧长会以明令禁用杂体文字，于我国文化事业之统治，深具宏谋远虑。我国书体，尤其正楷体，无论南北，凡是中华民族几无不重而习之。此种文字[20]统一的精神，影响于政治上之统一甚大。文字既统一，民族精神即赖以维系而不致涣散。故我国虽曾亡于胡元，亡于满清，而因文字之统一不变，故至今仍为整个的民族，整个的国土。近世，外来文字日多，国人多有不重视我国固有之文字矣。为普通印刷工具之老宋体，又为日人所制，与日人自用者同体，谬种流传，感官混摇，其有危害于我国文化生命及民族精神之前途，宁可设想。为此，不揣冒昧，不惜牺牲，愿将数年来所苦心创制之"汉文正楷活字版"不但铸售铜模，使我国印刷业及好为文化运动者，得共利用之。钧长为我全民族之领袖，规矩准绳下民，是则一言之重等于河岳。凡所呈请，非敢自矜一得，有渎尊严。维希占有我国过去数千年文化史上光荣之地位而为现代四万万民族所仍通用之正楷书体，应用印刷工业。在我，钧长提倡奖饰之下而益广其用。于总理之提倡之印刷工业，及钧长之禁用杂体文字之旨意略有补益耳。谨特随文附呈各号汉文正楷活字版式样。呈请鉴察，准予奖饰，并令所属各机关相应推用，实深公感。

"钧长会以明令禁用杂体文字"显然指的就是蒋介石关于禁止使用"图案文字"作书刊标题的口谕，但接下来，郑午昌含混地处理了"字体"和"文字"的概念，并开始谈论"书同文"的传统，即"文字的统一"与民族精神的统一、政治的统一以及抵御日本文化侵略之间的关系。显然，秦代的"书同文"尽管在"字体"上也有所涉及（小篆），但这和现代意义上印刷"字体"的概念和价值是不一样的。"书同文"，即统一文字，主要是语言文字在写法上的统一问题，而现代意义上的印刷字体设计以"书同文"为基础，它可以拓展和放大"书同文"的影响，但在使用的层面上更多的是一种信息交流的载体和版面风格的基因。同时，郑午昌又再次强调了"老宋体"的日货身份，从反面凸显了汉文正楷在文化自尊上的优势。这些论述，在蒋介石看来是合情合理的。很可能自诩致力于国家统一和民族复兴的"领袖"在读到郑午昌这篇微言大义的呈请时，会有"心有戚戚焉"之感，一准下令推用。[21]

那么，军政事务繁忙的蒋介石为什么会对郑午昌的这篇呈请如此重视？是什么样的处境或时代氛围使蒋介石如此认同郑午昌的说法？我们如何理解，蒋介石对汉文正楷的这种异乎寻常的积极态度呢？

三、蒋介石的心思

事实上，在中国的历史上，统治者出于对书法的热爱而提倡某一位书法家的字体，历代不乏其人。[22]但是，发文推行某一种印刷字体，蒋介石可能是唯一一位。他对于汉文正楷活字的设计显然是持肯定态度的，除了汉文正楷本身在字体上的美观大方，在文化传统上的优势，以及郑午昌言辞恳切的呈请之外，我们也必须把当时中国的形势、蒋介石的政治处境、文化主张，甚至他个人的文化态度考虑在内。

国家统一和中央集权是蒋介石及其南京政权的一贯目标。[23]在北伐战争、中原大战之后，蒋介石只是在形式上统一了中国，真实情况是，阎锡山、冯玉祥等“新军阀”取代了“旧军阀”，国民党内部派别林立，共产党又开始崛起，这些都离蒋介石想要的“统一”和“集权”有着相当距离。“内乱”稍定之后，1931年“九一八事变”导致东北沦陷，又加上了一个奇耻“外辱”。如何挽救民族于危亡，是掌握最高权力的蒋介石必须考虑的大问题。在军事上，蒋介石采取了“攘外必先安内”的政策；在内政上，他向德国和意大利的法西斯主义取经，建立特务制度，力求把权力高度地集中在自己的手中；而在文化和社会生活方面，蒋介石、宋美龄夫妇则以南昌为“模范”，搞起了“新生活运动”。“新生活运动”中的一个重要内容，或者说是它的一个重要基础，就是对以儒家伦理道德为核心的“固有文化”的提倡。

蒋介石认为，中国近代的危亡局面，其根本的原因并不在于物质、武力层面，而是在于道德和精神层面，用他的话说，就是丧失了本民族“固有之精神”与“固有之美德”，“以及不能充实时代之智识以继续发扬我民族固有之文化所致”。因而，“救亡复兴之道，首在复兴民族之固有美德以提高我民族精神，发扬我历史文化”。[24]蒋介石始终强调中国民族复兴的基础是中国儒家的经典哲学与中国文化“固有的德性”。[25]因应这样一种思想，南昌行营下属权力很大的“党政军调查设计委员会”所属政治组，要处理的最重要的设计任务在蒋介石看来就是“中国文化的改进”：“这是要从教育学术和一切文化事业上，将国民心理和社会风气，以至民族的气质性能，使之革新变化，以谋根本的挽救危亡，复兴民族。”[26]

有了这样一个时代背景，我们就会发现，郑午昌的呈请虽然字数不多，但他一定是对蒋介石的心理进行了仔细的揣测，粗看洋洋洒洒，细审句句精心。比如，呈请的开篇就以孙中山对于印刷业的重视作为前引，把印刷字体提高到了“建国方略”的高度，这自然会引起以孙中山接班人自居的蒋介石的关注。在接下来的言说中，郑午昌又使“汉文正楷”这种字体几乎囊括了蒋介石对文化的所有要求：它来自晋唐以来的楷书这一“固有文化”，具有汉民族正统的、经典的文化地位，同时“汉文正楷”又是当代新创的事物，可以充实“时代智识”。不仅如此，汉文正楷作为“书同文”传统的延续，有助于统一人心，还能够取代强敌日本卖给中国的字体的影响，在文化上抵御外辱。这些说辞包含着强烈的家国意识和“正统”观念，显然都与蒋介石思想深处对于政治和文化的看法取得了高度一致。

另外一个不容忽视的原因，恐怕就是蒋介石个人对于楷书的热爱。他本来就是一位正楷字体的书写者和爱好者，蒋介石的字多以规矩险峻的正楷字体为主，行书就已经很少见，更不用说草书了。对楷书体的爱好蒋介石几乎坚持了一生。[27]

不过，当读到郑午昌的这篇呈请时，我不免

对郑午昌当时的思想和意图产生了兴趣。事实上，做正楷印刷字体并非只有郑午昌的汉文正楷，在他之前就有商务印书馆、上海商业印字房等，在他之后有华文正楷、华丰厂的颜体楷字等，[28]为什么只有郑午昌会想到写一篇呈请给当时的最高统治者呢？这是一个出版商的爱国行为，还是想要借助最高权力的营销策略？郑午昌的呈请难道只是因为看到了蒋介石之前的关于禁止使用美术字和外文、西历的文件？他字里行间所流露出来的浓烈的民族国家意识和民族主义情绪如何理解？这封呈请又是在一种什么样的环境中酝酿的？

四、郑午昌：危机中的“传统主义”者

1922年，时年29岁的郑午昌受中华书局之聘任文史编辑，两年之后，他便接替高野侯成为中华书局美术部主任。到20世纪20年代末，郑午昌已经成了上海艺术界的名人，不仅出版了皇皇巨著《中国画学全史》(1929)，还主编蜜蜂画社的刊物《蜜蜂画报》旬刊，并兼任上海美专国画教授。[29]与郑午昌在中华书局共事的吴铁声后来曾详述了汉文正楷产生的经过：

> 午昌即在画界负有盛名，与海上画家组织中国画会、蜜蜂画社，出版《蜜蜂画报》，用正楷字排印。当时的正楷活字，只有外商美灵登印刷厂有正楷字模，各号字体并不齐全。为《蜜蜂画报》排印事，美灵登厂种种留难，午昌负气之余，思自制正楷活字，因商得书家高云塍同意，由高先生书写正楷常用字八千余。伯鸿先生考虑以当时正在添置、扩充“聚珍仿宋”活字，无论在人力、经济及排版车间等各方面，都有不少困难，答应缓办。午昌乃脱离中华书局，与李祖韩、李秋君等集资筹办汉文正楷印书局，自任总经理，创制汉文正楷活字，各号铜模于1933年完成，字模行销全国。创制整套正楷活字，当以汉文正楷字为嚆矢。蔡元培先生谓“中华文化事业之大贡献”。以后有汉云、华文等正楷字先后产生。[30]

其实，郑午昌所在的中华书局一向重视印刷字体对于出版的重要价值，该局用“聚珍仿宋版”印制的《四部备要》，因其印刷精美考究又价格低廉，在当时的中国文化界获得了极高的赞誉。郑午昌的前任高野侯就曾主持其事，[31]对于这些情况，郑午昌自然是再熟悉不过。应该说，“聚珍仿宋版”的成功先例对于郑午昌创制汉文正楷具有一定的启发意义。

汉文正楷的书写者高云塍（1872—1941）[32]是当时中华书局著名的书法家之一，又是“蜜蜂画社”的社员，除了《高书小楷》之外，还出过《高书大楷》字帖，与他人合编《字学及书法》一书。而汉文正楷的雕刻工作则由朱云寿、许唐生、陆品生、郑化生等完成。[33]那么，从中文字体设计的角度来看，汉文正楷到底是延续了一种什么样的楷书传统呢？有人认为，汉文正楷的设计，从书法和字体的角度看，事实上是明清时期的馆阁体书写传统在印刷时代的一种延续。[34]

也有人认为，汉文正楷有扬州诗局刊行的《全唐诗》中清朝体字样的影子。[35]两种看法都有道理，前者强调“写”字，后者强调“刻”字，都统一于清代楷书字体的风格延续，两者并不矛盾，对于印刷字体而言，恰可互为补充。我也对《高书小楷》中的字和汉文正楷中的字进行了对比，发现汉文正楷印刷字体的基本结构和风格的确来自高云塍，但是在一些勾画的细节上，刻字师傅的影响又时有体现。

虽然郑午昌创制汉文正楷的直接原因，乃是起于在洋商美灵登公司用正楷字排印《蜜蜂画报》时的种种“不快”。这些不快，既有来自字体、版面印刷上的原因，也有一份民族文化的自尊在其中。不过，仅就字体谈字体，或者只从郑午昌的这篇呈请中理解其民族国家意识显然是单薄的。因为郑午昌是一个涉猎相当广泛的人，他既是一个坚持了文人画传统的画家，一个对中国文化具有整体观察力的美术史家，同时又是一个长期在出版机构工作的美术及文史编辑。关于汉文正楷的设想和力行，事实上是他整个文化和艺术观念的一部分，我们必须联系郑午昌在其他相关的文化和艺术领域的思考、作为，与他在汉文正楷上的言论作为联系比较，才能够更贴切、完整地了解郑午昌和汉文正楷之间的关系。

首先，郑午昌是传统派大画家，这就要联系他关于中国画的思想，看他关于汉文正楷的认识与他的画学思想之间有一种什么样的关联。在关注印刷字体之前，郑午昌最关心的问题是中国画的历史地位、命运与前途。作为一个传统主义者，在写那篇给蒋介石的呈请之前，郑午昌在一篇谈论中国绘画的文章中说：

> 可知中国绘画，乃是中国民族因历史地理宗教风习等之背景而养成的一种特殊民族的文化。此种民族文化的结晶，亦即我民族精神所寄托，我民族或因政治的经济的关系，而有强弱兴替之变，独此种民族文化的结晶，永远寄托着我民族不死的精神，而继续维系我民族于一致。[36]

郑午昌又谈到，帝国主义的侵略有武力、经济、文化三种方式，武力、经济上的侵略虽足以亡国，但尚可伺机复兴，但如果是亡于文化的侵略，民族的命运就会有万劫不复之虞。接着，他又以蒙元和满清的例子指出，“是以亡人之国，灭人之种，而使之永劫不复者，非武力，非经济，只有文化的侵略”。而“中国民族所以能永久巍然存在于世界之最大能力，是在文化”云云。[37]我们把郑午昌这些谈论中国绘画的文字义理与前面写给蒋介石的呈请做一番比较就会发现，他关于汉文正楷的言说与他关于中国画的言说，主题虽然不同，但主旨精神却是完全一样的。正楷文字与中国画一样，在郑午昌的心中都是承载民族精神，维系民族统一的重要力量。事实上，传统主义知识分子强调中国文化的“正统”、强调“固有的文化”是十分自然的反应，当然，这种传统主义的思想也是“九一八事变”之后，民国上下在民族危亡之际期待“民族复兴”的时代氛围使然。[38]

其次，虽然郑午昌给蒋介石写呈请的确会给人以政治上“投机”以推销产品的印象，但是，这篇呈请中所显露出来的广阔的政治和文化视野却不是一般的印刷商和画家所能具备的。郑午昌的手笔应该是得益于他在政治和文化领域中的广泛涉猎。检点其著述，我们就会发现，身兼中华书局文史编辑的郑午昌，其著作的确不限于美术，他曾经编著过新中华教科书里的《历史课本》《地理课本》《党义课本》《三民主义》(1929)，还编著过一本《世界弱小民族问题》(1936)，是《中华百科丛书》中的一种。这本小书系统地介绍了全世界的弱小民族现状，其中也包括中国台湾，虽然书中并没有把“中国”包括进去，可是在当时的时代语境中，中华民族危在旦夕的“春秋笔法”跃然纸上。[39]

呈请中的一个细节也许值得注意：郑午昌写给蒋介石的这封呈请的日期是1935年1月29日，这似乎也不是巧合，因为恰恰是在三年之前的1月28日深夜，就是在郑午昌生活和工作的上海，日本的军队突然向闸北的国民党第十九路军发起攻击。这场离郑午昌的家可谓近在咫尺[40]的战争打了一个多月，3月3日停战，5月5日在英、美、法、意各国调停之下，中日签署《淞沪停战协定》才算结束。其间，商务印书馆受重创，而该馆经营了三十多年，藏书46万册之巨的上海东方图书馆则被日本浪人纵火焚毁。此情此景很可能在郑午昌提笔写呈请时又会不时地浮现出来，把这样一位深具家国情怀的知识分子写的呈请简单地归入政治“投机”，于情于理显然都是不恰当的。

五、两通指令的实际影响

无论是禁止图案文字，还是奖掖汉文正楷，政令既出，接下来就有必要考察它们对当时的印刷出版和平面设计所造成的实际影响。

首先，我们来看蒋介石关于禁用“立体阴阳花色字体”的指令被贯彻的情况。显然，装饰性较强的字体设计在商业广告、招牌、灯箱的设计中仍旧是常用的，因为禁令只涉及出版印刷和标语。对于后者，肯定是有所影响，比如著名的《东方杂志》。可能是受到了当时流行的“图案文字”的影响，从民国二十三年(1934)一月十六日出版的第31卷第2号开始，《东方杂志》的刊头也开始使用“图案文字”。这个封面设计用了9期，一直没有做过任何改变，但是同年6月1日出版的第31卷第11号却把刊头字体一下子变成了篆书，并以传统的祥云纹样作为刊名的底衬，“固有文化”的味道十足。而且这个封面设计一直用到1937年的第33卷第24期，也就是说这种传统风格的封面设计一动没动地用了62期。从第34卷才有所变化，但是刊头字体仍是篆书体。《东方杂志》第31卷第11号字体设计上的改弦易辙，从时间上看显然是遵从蒋介石的禁令所致。[41]但是，这个关于图案文字的禁令不像“外国文”，其实操作性颇受局限。因为禁令涉及字体设计的专业层面和美学判断问题，这对于审查的官员们来讲过于微观，也难以判断。有个有趣的细节可以作为附证，上海、广东、安徽、河南、察哈尔的主管部门一开始在传达这个谕令时，都把“立体阴阳花色字体”写成了“主体阴阳花色字体”，有的后来又发文改正。[42]上海和广东已经是当时中国在经济和文化上最发达的地区，况且如此，足可见当时的官员们对这种字体“新事物”并不熟悉，那些没有把谕令抄错的省份估计也就是照葫芦画瓢而已。而一种美术字写到什么程度算是“阴阳花色”，这个问题如果铺开去查，根本就是一个管不了也完不成的工作，只能抓《东方杂志》这类重点管一管。像张光宇设计的《时代》《万象》《上海漫画》，其封面标题字不是“立体”就是“阴阳花色”，但禁令出来之后也没什么变化，一仍其旧。

即使是政治色彩浓厚的标语，禁令出来后，仍然也是“乱字丛生”。左翼作家田汉在1938年时就曾对美术字标语进行过批评，他说：“乡下人连正字都认不清楚，美术字当然更看不懂了。艺术家常常有这毛病，为了满足自己，把客观的政治任务忘记了。”[43]这个现象看来很普遍，以至于1939年12月31日，行政院又发布了第一六三四四号训令，训令各学校机关以后“一切标语皆应刊写正楷文字，以资一律而利宣传”。[44]这个问题，在当时的延安也隐约存在。毛泽东1942年的著名演讲《反对党八股》，在谈到党八股的第三条罪状“无的放矢，不看对象”时，首先批评的例子就是钟灵在延安城墙上写的标语“工人农民联合起来争取抗日胜利”。其中的“工”字中间的竖转了两道弯，“人”字右边一笔加了三撇。这种字的写法在毛泽东看来是故弄玄虚，不想让老百姓看懂。[45]上述事情都表明，无论是在国统区还是在延安苏区，政治当局都已经认识到了字体在政治宣传中的重要性，当用巨大的文字书写标语时，字体行家都必须谨慎地处理他们的字体规范和审美，尽管自由散漫的美化意识在具体设计书写时总是难以抑制。

接下来，我们看一下，蒋介石关于推广正楷书体的指令发出之后的实际影响以及汉文正楷的命运。事实上，汉文正楷在面市之后本来就颇受各界的欢迎。不仅蔡元培对汉文正楷赞誉有加，赞成“印刷用楷，书写用草”[46]的于右任也曾为“汉文正楷活字版”题写名称。据该书局自己的统计，在开始的三年中，承印的书籍、文件达25万种，全国先后有350余家印刷同业购买了汉文正楷活字使用。[47]汉文正楷印书局印刷的书籍，无论是“洋装书”还是“线装书”，都使用汉文正楷作为正文字体。在期刊方面，贺天健、谢海燕主编，汉文正楷印书局承印的《国画月刊》正文自然是完全采用汉文正楷印刷，有了自己的楷体字和印书局，郑午昌就不用生闷气了。汉文正楷与刊物的宗旨可谓相得益彰，刊物也时常刊登汉文正楷印书局的广告。其他一些杂志也采用了汉文正楷作为正文印刷字体，以使自己的出版物在设计上有令人耳目一新之感。比如，中国旅行社创办的《旅行杂志》从1933年第1期开始用汉文正楷作为正文字体。[48]《旅行杂志》的编辑们觉得这种字体美观，却也并没有刻意强调楷体字在文化上的优势以及民族特性。[49]

在“铅与火”的时代，字体本身的价值是形而上的、隐蔽的，但是，它的“外化”铅字，却是实实在在的“国货”。[50]由于郑午昌给蒋介石的呈请，借助于政府力量强有力的推广，汉文正楷字体获得了一种比一般“国货”还具有尊荣的声誉，销售业绩还是不错的。1935年第6期《国画月刊》刊登的一则汉文正楷的广告中说：“廿四年春，先后在南京、杭州等处成立分店，一面增设制模工场，添购最新印机谋生产，质量之精进、业务之盛，正如旭日初升，于我国文化界不久当更有一番伟大贡献也！”[51]“廿四年春”恰就是郑午昌写完呈请不久，因而，我们有理推断，这个红火局面与蒋介石的奖掖之间应该是有直接联系的。档案亦显示，汉文正楷印书局成立时的资本是老法币五万元，“历年经营，颇觉可以应付裕如”，[52]七七事变之前，该书局还在香港、南京、天津、广州、汉口、青岛、苏州等地设立了经理处，[53]想来的确是要大干一番的。受汉文正楷成功的影响，正楷印刷字体的种类也迅速多了起来，华文、华丰、汉云、千倾堂皆有新创正楷文字。[54]不过，好景不长，七七事变的爆发改变了一切，包括汉文正楷在内，所有字体企业的业务都得迅速回缩。上海“孤岛时期”过后，1943年，上海变成汪伪政权的一个辖区。尽管郑午昌仍旧以文章、书画和集会等方式表达着他的爱国之心，[55]可是在那种几乎已经成为亡国奴的历史情境中，已经没人再提字体对于民族国家的意义，汉文正楷又成了“低调”的商品。后来日本名古屋津田三省堂通过芦泽印刷所主人芦泽购去整套汉文正楷，翻制字模，并以正楷印书局冠名。[56]这个行为与郑午昌和蒋介石的饬令奖掖显然都没有什么直接关系，只是一个带有“盗用”色彩的模仿生意罢了。与国土沦丧、人民流离失所相比，这根本算不了什么。残酷动荡的历史际遇表明，汉文正楷铅字铜模本质上毕竟是一种商品，它对于固有文化的发扬以及思想的统一可能会起到细微的作用，但是把这种作用夸大却只是郑午昌一厢情愿的想象。

六、进一步讨论：字体设计的民族认同与科学化

从汉文正楷出发，当我们在讨论现代中文字体的设计与民族国家意识之间的关系时，有三个相互关联的视角是绕不过去的，它们之间相互缠绕，形成一个复杂的问题域，这使我很难对郑午昌的这种民族主义的方式匆忙论断。

首先，是字体设计与现代民族国家之间的关系。马歇尔·麦克卢汉（Marshall McLuhan）把“印刷的字词”称为“民族主义的建筑师”。他说：“印刷术的心理和社会影响之一，是将其易于分裂而又整齐划一的性质加以延伸，进而使不同的地区实现同质化。结果使力量、能量和攻击性都得以放大，我们把这种放大与新兴的民族主义联系在一起。”[57]这种看法与本·安德森（Benedict Anderson）、霍布斯鲍姆（Eric J. Hobsbawm）等人关于印刷文字与现代民族国家的建立的论述是一致的，相关的论述在西方经典印刷史研究中也可以得到支撑。[58]如果我们沿着安德森的《想象的共同体》的思路，在杜赞奇（Prasenjit Duara）解构主义视角中，从民族国家的话语中拯救历史，[59]我们会很自然地把汉文正楷以及现代文字设计的民族主义叙事当作对于这种西方经验的一种简单的回应。问题是，汉字的语言和文字范式跟欧洲民族国家的语言文字不同，它并不是伴随着现代民族国家意义上的中国的确立形成的，反而是在应对新知的过程中，在传统不间断的滋养和维护中“改进”和“自新”的结果。郑午昌的“汉文正楷活字版”同样也是在汉字书写和印刷传统的正轨上延伸的结果，当然，在这个过程中有“以邻为镜”的因素。而当日本这个“邻居”和“镜子”变成中华民族存亡的敌人时，以郑午昌为代表的具有传统主义思想的知识分子当然会毫不犹豫地强调以“固有文化”为本位的民族国家的意识以

及“中国文化至上”的观念。在这个意义上，我更加认同葛兆光对相关问题的讨论。[60]因此，现代中国字体设计的民族国家意识，从“聚珍仿宋版”开始，包括汉文正楷，中国近代“新兴”的民族主义在字体设计上表现为：对中国最正统的字体文化和久远的字体传统的追溯。无疑，在“新”中总是复活着“旧”，而正是在这种“新旧互生”之中，传统主义者获得了一种中国文化本位的自尊和自信。

其次，是作为“国货”的字体和民族主义消费问题。前文中已经谈到，字体在铅印的时代不光是个设计问题，还有“国货”与民族主义消费的层面。从这个角度来看，葛凯（Karl Gerth）对于中国近现代的消费文化与民族国家的创建的研究是有真知灼见的。[61]但是，他是从功利主义、自由贸易的角度，从一个世界大战的战火从未烧到其国土的北美人的视角看中国，对中国人近代屈辱的民族主义情绪事实上缺乏“理解之同情”。虽然有人说，民族主义只有在“民族建构、征服、外部威胁、领土争议或内部受到敌对族群或文化群体的主宰等危机时”才显得极为重要。[62]然而，这种“短暂”只能是相对于“历史的长河”，对于真实的人生来说，这个“短暂”的时段，往往就是人一生中最不能忘却的时段，比如抗日战争中的中国。而如果我们没有这样一种“理解之同情”，只是从重商的功利主义视角出发，就很难理解郑午昌在关于汉文正楷的话语实践中所体现出的那种浓郁的、深挚的文化情感。而且，必须强调的一点是，字体不同于一般的“国货”日用品，它所承载的是一个民族的历史和象征系统，涉及文化尊严，所以就更不能用一种经济全球化的视角简单地批判字体的“民族主义消费”。

最后，是字体设计的科学化和文化意识之间的平衡问题。与大正、昭和年间的日本相比，从字体设计的专业角度来看，民国的字体设计其实留下了许多遗憾。有两个方面尤其值得注意：首先，没有形成现代的字体设计方法。就现有的资料来看，尽管民国时期仅在上海，新设计的中文字体就不下80种。[63]但是，关于中文字体设计的方法性探索，却难以寻觅。这与日本字体设计师矢岛周一等在20世纪20年代对字体设计方法展开的试验就拉开了差距。[64]我曾经把1949年以前的中文字体设计归入手工艺时期，主要就是因为，尽管有了姜别利（William Gamble）的电镀技术，但这个时期的字体设计受木版印刷时代的影响还是很大，在现代字体设计的语言与方法上并没有太大突破。[65]其次，字体设计没有形成科学，没有形成综合的多学科的协作研究和探索。20世纪30年代，像陈孝禅的《读物字体格式对于立刻效率影响之研究》[66]这样的文章的确是凤毛麟角，而且也没有证据表明这类研究与字体设计、印刷到底产生了怎样的关系。这与同期的日本企业委托学者将字体设计与心理学、医学展开横向综合研究相比，差距很大。[67]郑午昌在研制和讨论汉文正楷时强调的依然是文化传统，他是否考虑过，从单位版面的信息容量以及阅读效率的角度如何看待楷体字和宋体字的差别？事实上，对于更广泛的大众来说，明末以来所形成的“匠体字”早就已经成为阅读习惯的一部分了。就像郑午昌说的那样，宋体字（包括“老宋字”）肯定是有些问题，但是从使用、阅读的角度来看，宋体字也有其优势，这些都需要科学的实证研究。事实上，汉文正楷的设计和推广某种程度上恰恰反映了那个“科举制”刚废除不久的时代，中国的知识分子对于楷书手写体的迷恋，他们片面地从文化传统的角度突出了手写体的优势，还未能科学、客观地认识“宋体字”以及诸多新字体的优点。

结语：民族主义、字体政治与自由

对于中国20世纪的文化史、思想史研究来说，关于汉字字体与民族国家意识之间问题的探讨是非常微小的课题。但是，字体，也就是文字的形式，从一定意义上讲，却是思想和意识的表皮，当它被放大到一定程度时就会产生一种力量，就像我们在台湾的大街小巷、政商学各界所看到的那样，各式楷体文字的无处不在形成了一种颇具温情的文化传统的表征。从本研究来看，这显然与本文所讨论的20世纪30年代围绕蒋介石、郑午昌和汉文正楷展开的字体国故具有密切的关系。

在写这篇文章的时候，我总是徘徊在民族主义情绪、实证主义的理智和自由主义的理想之间。民族主义的话语总是能够让一个生长在这种文化之中并以此为骄傲的人热血沸腾，然而，我们却不可能永远生活在一种高亢的民族主义的情绪中。李泽厚曾指出，五四运动以来，现代中国思想的一个重要特点是“救亡压倒启蒙”。[68]的确，中国近代的许多文化形态、科学门类都与救亡图存有关，从本文的研究来看，字体设计显然也非例外。作为一位传统主义者，郑午昌希望用一种文字形态来提高民族性、促进统一，更是可以理解的。然而，一种字体是拯救不了一个国家的，因为后者的巨大庞杂显然是文字形式的统一所改变不了也承受不起的重荷。但是，郑午昌力促国家推行正楷文字，希望在机器印刷中继续传承以楷书作为标准书体手写体传统，确实在一定程度上起到了弘扬和保存中国固有文化的目的，他的思想在今天这个传播技术无所不能而手写体却更加衰微的时代显得尤其引人深思。

但是，郑午昌的呈请又再次建立起了正楷字体与政治权力之间的关联性。尽管希望字体远离权力是不现实的，而且很多时候，正是借助于权力，甚至是强有力的政治权力，弱势的文化传统才能够保存它的尊严。但是，任何权力对于历史来说都是短暂的，而文化的品质则是更加持久的东西。郑午昌的呈请，从某种程度上成就了一种“字体政治”，它强调正统文化，希求权力的眷顾，却忽视了对字体设计本身的科学性、艺术性和多样性的追求。一种字体，无论它在文化、商业或政治领域占据何种优势，都不足以使这种字体定于一尊。对于中国的文化来说，最根本的存在是汉字，现代中文字体要追求的并不是“独尊”某家某体，而是在自由的氛围中尽可能呈现出的多样性与品质，供人选择。其实，越是在一种丰富之中，经典书体的魅力越是能够彰显，因为它们是中国固有文化的宝贵积淀和结晶。

注释

[1]见《江苏教育旬刊》1934年第9卷第7期，第12页。

[2]相关训令的题目都以蒋谕为蓝本，大同小异，参见《南京市政府公报》1934年第139期；《北平市市政公报》1934年第240期；《福建省政府公报》1934年第377期；《广东省政府公报》1934年第255期；《安

徽省政府公报》1934年第479期;《河南省政府公报》1934年第983期;《上海市政府公报》1934年第143期;《教育旬刊》1934年第9卷第7期。另外，上海市教育局也给上海市书业同业公会下发了这个指令。“上海市教育局为奉令准内政部咨以各种书刊封面、报纸使用字体及纪年事致上海书业同业公会令”，1934年，档号S313-1-161-48，上海市档案馆藏。

[3]这一点可以将民国时期的称呼与日本大正、昭和时期的一些比较重要的图案字书籍比较得出。如稲葉小千:《実用図案装飾文字》(興文社，1912年);矢島周一的《図案文字大観》(彰文館書店，1926年)和《図案文字の解剖》(彰文館書店，1928年);清水音羽:《包装図案と意匠文字》(江月書院出版部，1927年);本松吴浪編:《現代広告字体撰集》(誠進堂，1926年);和田斐太:《装飾文字》(太洋社装飾研究所，1925年)等。中国早期图案字著作和相关文章介绍大都依梁启超之“和文汉读法”直接使用，如钱君匋的《图案文字集》(新时代书店1933年版);一非、一尘的《非尘美术图案文字全集》(上海美美美术社1933年版)等。

[4]李朴园等:《近代中国艺术发展史》，其中的绘画部分为梁得所编写，良友图书印刷公司1936年版，第26—27页。关于民国书刊的刊头字体设计问题，参见拙文《平面设计史视野中的民国期刊》，载陈湘波、许平主编《20世纪中国平面设计文献集》，广西美术出版社2012年版，第53—57页。

[5]平野甲贺、川畑直道:《描き文字考》，(PDF版，2005)，http://www.screen.co.jp/ga_product/sento/pro/typography2/hk01/hk01_20.htm，2012年8月3日。

[6]关于“美术字”在民国的发展和相关问题可参考蒋华的《中国“美术字”研究》(博士学位论文，中央美术学院，2009年)中关于“美术字的现代主义”部分，不过该讨论显然有待进一步的修订和深入。

[7]据现有的研究来看，郑午昌应该是从20世纪20年代中叶起至1933年在上海美专兼任国画教学。参见陈世强《家园情深：上海美专本土美术教学、学术的建构与精进》和史洋《上海美专教师名录考》，载刘伟冬、黄惇编《上海美专研究专辑》，南京大学出版社2010年版，第609页。

[8]由于客观原因，原文是否存档未查，本文的引文来自《河南省政府公报》1935年第1259期的转发。《河南省政府公报》所转郑午昌呈文原无标点，本文中标点为作者所加。

[9]原作“沼”，当为印误。

[10]原作“请”，当为印误。

[11](宋)欧阳修、宋祁撰:《新唐书》卷45《选举志下》，中华书局1975年版，第1117页。

[12](宋)洪迈:《容斋随笔》卷10《唐书判》，上海古籍出版社1978年版，第127页。

[13]任中奇:《古书价格漫谈》，《藏书家》2000年第2期，第125页。

[14]陆费逵:《校印四部备要缘起》，《重印聚珍仿宋版五开大本四部备要样本》，中华书局1934年版，第3页。因此，所谓“仿宋体”，实际仿宋版风格的(欧体)楷书体。另外，中华民国九年(1920)八月二十六日内务部发给聚珍仿宋印书局的著作权执照上面写的也是“仿宋欧体铜模活字一种”。

[15][英]周绍明:《书籍的社会史——中华帝国晚期的书籍与士人文化》，第12—22、28—35页。

[16]商务印书馆自创立起就受日本印刷出版业的影响，1903年吸收日本著名的教科书出版社金港堂的投资

成为中日合资，其间出版事业受日本影响尤巨，合资止于1914年，持续了11年。参见[法]戴仁《上海商务印书馆1897—1949》，李桐实译，商务印书馆2000年版，第8—13页。

[17]关于“筑地体”和“秀英舍体”，参见曹振英、丘淙《实用印刷字体手册》，印刷工业出版社1994年版，第138页。

[18]《东方杂志》第6、7期封底，光绪三十年(1904)6、7月刊。

[19]日本现代活字印刷之父本木昌造于明治二年(1869)在日本长崎见到了主持创制“美华字”的姜别利(William Gamble)，学到了电镀技术，并得到了美华书馆的“宋体字”，因当时上海人称之为“明朝体”，日本至今袭用。1870年，本木在长崎开办了新塾活版制造所，后因经营不善转给门人平野富二，后平野将产业移至东京，改名东京筑地活版所。为进一步改良活字，最终完成“筑地体”，平野富二还曾派遣本社职员曲田成来上海研究活字。总之，“筑地体”直接来自“美华字”，“秀英舍体”为后起新制，亦受前者影响。参见曹振英、丘淙《实用印刷字体手册》，第138页；刘元满:《近代活字印刷在东方的传播与发展》，《北京大学学报》(哲学社会科学版)2003年第3期，第151—157页；张秀民、韩琦:《中国活字印刷史》，中国书籍出版社1998年版，第188—189页。

[20]原作“学”，疑为印误。

[21]范慕韩主编《中国印刷近代史(初稿)》(印刷工业出版社1995年版)提到，国民政府教育部曾规定汉文正楷用于印刷教科书。但我现在还没有查到史料佐证这一说法。

[22]比如唐太宗、明成祖崇“二王”行书，康熙酷爱董其昌，而乾隆则推崇赵孟頫的书法。参见杨德生《楷书概说》，江苏古籍出版社1999年版，第22、37页。

[23][美]费正清、费维恺编:《剑桥中华民国史(1912—1949)》(下卷)，刘敬坤等译，中国社会科学出版社1994年版，第125页。

[24]蒋介石:《新生活运动的意义与推行之方法》，载《总统蒋公思想言论总集》卷十三演讲，第136页；温波:《重建合法性：南昌市新生活运动研究(1934—1935)》，学苑出版社2006年版，第2—3页。

[25]秦英君:《蒋介石与中国传统文化》，《史学月刊》1999年第3期。

[26]温波:《重建合法性：南昌市新生活运动研究(1934—1935)》，第5页。

[27]根据一些国民政府官员的回忆，呈递给蒋介石的报告，必须是正楷大字，不能简写、横写，更不能用123等阿拉伯字。见李政隆《新台湾史》，http：//tw.myblog.yahoo.com/lz914/article ？ mid=325，2012年1月5日。

[28]华宗慈:《正楷活字的创始和发展》，《印刷》1964年第1期，第31—32页。

[29]参见《20世纪中国画家丛集·郑午昌》，上海书画出版社2000年版，附年表，第129—131页。

[30]吴铁声:《我所知道的中华人》，载中华书局编辑部编《回忆中华书局》，中华书局2001年版，第34页；关于汉文正楷印书局的创办经过，另见吴铁声、郑孝逵《郑午昌与汉文正楷印书局》，载上海市出版工作者协会《出版史料》编辑组编《出版史料》第1辑，学林出版社1982年版，第134—135页。

[31]吴铁声:《我所知道的中华人》，载中华书局编辑部

编《回忆中华书局》，第33页。陆费逵在写于民国十三年（1924）的《增辑四部备要缘起》一文中对高野侯的主持作用亦有交代："乃与同人商辑印《四部备要》，由高君野侯主之，丁君竹孙等十余人分任校事"，见《重印聚珍仿宋版五开大本四部备要样本》。

[32]潘德熙回忆，上海书画家符铸（1881—1947）也参与过汉文正楷字稿的书写。熊凤鸣：《汉文正楷印书局与画家郑午昌》，《印刷杂志》2000年第2期，第46页。

[33]何步云：《中国活字小史》，载中国印刷技术协会编《中国印刷年鉴1981》，印刷工业出版社1982年版，第307页。

[34]谭二洋：《高云塍书法艺术与社会影响》，《科技信息》2010年第10期；书法家刘小晴也指出高云塍精于"馆阁体"，见熊凤鸣《汉文正楷印书局与画家郑午昌》，《印刷杂志》2000年第2期，第46页。

[35][日]今田欣一：《宋朝体与明朝体的流变——汉字字体历史》（2000），见：http://www.typeisbeautiful.com/kinkido-3/zh-hant，2012年8月5日。

[36]郑午昌：《中国的绘画》，《文化建设》1934年第1期，第132—133页。

[37]同上，第133页。

[38]参见郑大华《论中国近代民族主义的理论建构与演变》，载高瑞泉主编《民族主义及其他》，上海古籍出版社2011年版，第45—56页；冯兆基：《中国民族主义、保守主义与现代性》，载郑大华、邹小站主编《中国近代史上的民族主义》，社会科学文献出版社2007年版，第47—54页。

[39]关注"弱小民族"的生存和文艺状况是当时知识界一个具有"普遍性"的现象，相关的出版物能找见很多，比如张肇融编著的《弱小民族与国际》（1936）、茅盾翻译的弱小民族短篇集《桃园》（1935）、胡风等翻译的《弱小民族小说选》（1936）等，郑振铎主编的《文学》杂志、潘孑农主编的《矛盾》杂志也都有弱小民族文学专号。在这些出版物中，郑著也是颇有特点的一本。

[40]据吴铁声回忆，郑午昌家住上海赫德路（今常德路）嘉禾里，与郁达夫、王映霞比邻。见吴铁声《我所知道的中华人》，载中华书局编辑部编《回忆中华书局》，第34—35页。

[41]民国的期刊在封面设计上早就懂得了利用视觉上的连续性和模式化来增加刊物的认知度，全年的设计一般都有整体的视觉面貌，一般只会做局部调整，整体的设计框架和风格前后一定是一致的。（参见拙文《平面设计史视野中的民国期刊》，载陈湘波、许平主编《20世纪中国平面设计文献集》，第59—62页。）《东方杂志》的这个改动是颠覆性的，不可能是出于设计的考虑，而且鉴于杂志的编辑和出版周期的原因，一般要提前编辑、印刷1—2期，所以收到指令之后，隔一期才改是很正常的。

[42]见《更正令禁书刊用主体阴阳花色字体文中之误字》，《广东省政府公报》1934年第257期；"上海市教育局为奉令准内政部咨以各种书刊封面、报纸使用字体及纪年事致上海书业同业公会令"，1934年，档号S313-1-161-48，上海市档案馆藏；《省政府咨内政部为咨复对于各种书刊封面报纸题字概不准用主体花色字体之"主体"二字系"立体"二字之误已饬属知照请查照由》，《察哈尔省政府公报》1934年第428期。

[43]文天行、王大明、廖全京编：《中华全国文艺界抗

敌协会史料选编》，四川省社会科学院出版社1983年版，第74页。
[44]《转饬嗣后一切标语皆应刊写正楷文字以资一律而利宣传》，《广西省政府公报》1940年第664期，第8页。
[45]毛泽东：《反对党八股》，载《毛泽东选集》（第3卷），人民出版社1953年版，第837页。另见孟红《钟灵：毛泽东〈反对党八股〉中曾批评的文坛怪杰》，《党史博采》（纪实版）2011年第3期，第40—43页。
[46]于右任：《标准草书自序》，台北国史馆1985年版，第227页。该文写于民国二十五年（1936）七月。
[47]华宗慈：《正楷活字的创始和发展》，《印刷》1964年第1期，第31页。
[48]"编辑致辞"当为主编赵君豪所写。见《旅行杂志》第7卷第1期，（台湾）"中华"旅行社1933年版。
[49]值得注意的是，《旅行杂志》只是在1933年将汉文正楷作为正文字体使用，从1934年开始，正文字体又变回到"老宋字"，这倒是颇堪玩味。
[50]国人自创之中文铅字的"国货"身份在当时颇受强调，如华丰印刷铸字所编《各种中文铭字样本》（华丰印刷铸字所1935年版）。
[51]广告见贺天健、谢海燕主编之《国画月刊》1935年第1卷第6期。
[52]"汉文正楷印书局股份有限公司临时股东会议决录"，1942年10月26日。见"汉文正楷印书局股份有限公司申请登记、经济局呈批函、实业部令"，1943年7月3日—8月21日，档号R13-1-1030-1，上海市档案馆藏。
[53]"汉文正楷印书局概况调查"，1947年，档号Q78-2-15829，上海市档案馆藏。
[54]姚竹天：《谈制造活字铜模》，《艺文印刷月刊》1937年第1卷第9期，第18页。
[55]关于郑午昌在抗战期间的风骨作为参见沈揆一为《郑午昌》画集写的前言《羡君一动生花笔，万水千山列画堂——郑午昌的绘画艺术》，第10—11页。另外，郑午昌1943年参加了"甲午同庚千龄会"，这是为纪念甲午战争50年，不忘国耻，上海书画家二十人秘密组织的集会。见徐昌酩主编《上海美术志》图版摄影部分，上海书画出版社2004年版，第19图。
[56]何步云：《中国活字小史》，载《中国印刷年鉴1981》，第307页；另见[日]今田欣一《宋朝体与明朝体的流变——汉字字体历史》（2000），http://www.typeisbeautiful.com/kinkido-3/zh-hant，2012年8月5日。芦泽多美次于1912年创办的芦泽印刷所是当时日本人在上海开办的最大、最先进的印刷企业，20世纪30年代的继任者为其子芦泽骏之助，据时间分析，帮助购买汉文正楷的应该是芦泽骏之助。关于芦泽，参见陈祖恩《寻访东洋人——近代上海的日本居留民（1868—1945）》，上海社会科学院出版社2007年版，第232—237页。
[57][加]马歇尔·麦克卢汉：《理解媒介——论人的延伸》，何道宽译，商务印书馆2000年版，第223页。
[58][美]本尼迪克特·安德森：《想象的共同体：民族主义的起源与散布》，吴叡人译，上海人民出版社2011年版，第38—46页；[英]埃里克·霍布斯鲍姆：《民族与民族主义》，李金梅译，上海人民出版社2006年版，第79—96页；[法]费夫贺·马尔坦：《印刷书的诞生》，李鸿志译，广西师范大学出版社2006年版，第328—331页。

[59][美]杜赞奇:《从民族国家拯救历史——民族主义话语与中国现代史研究》，王宪明等译，江苏人民出版社2009年版。

[60]葛兆光:《宅兹中国：重建有关“中国”的历史论述》，中华书局2011年版。

[61][美]葛凯:《制造中国：消费文化与民族国家的创建》，黄振萍译，北京大学出版社2007年版。

[62][英]安东尼·史密斯:《民族主义：理论、意识形态、历史》，叶江译，上海人民出版社2006年版，第24页。

[63]上海华丰铸字字模厂曾编印过一本《八十五种·中文字样》，华丰铸字字模厂1961年版，收集了85种1949年以前设计的中文字样。

[64]矢岛周一的《図案文字の解剖》(1928)和《図案文字大観》(1926)特别重要；关于20世纪20年代日本字体设计，比较集中的可参见北原义雄编《現代商業美術全集》第15卷《実用図案文字集》(东京：アルス株式会社，1930)；另见平野甲贺、川畑直道《描き文字考》(PDF版，2005)。http://www.screen.co.jp/ga_product/sento/pro/typography2/hk01/hk01_20.htm，2012年8月3日。

[65]主要体现在“设计”阶段依赖名家的书写，“刻字”以及查补缺字、漏字都要依赖巧工名手的刻字技艺，这些都没有脱离雕版时代的字体设计制作模式。尽管姚竹天对这种高超的手工技艺特别自豪，但事实上这种模式在其消极的意义上限制了中文字体设计在网格基础上的系统化探索。见姚竹天《谈制造活字铜模》，《艺文印刷月刊》1937年第1卷第9期，第18页；另见拙文“The Rebirth of Chinese Type Design”，in *Participatory Innovation Conference*，Melbourne，2012。

[66]如陈孝禅《读物字体格式对于立刻效率影响之研究》，《教育杂志》1937年第27卷第7期。

[67]参见[日]今井直一《关于阅读的科学研究》，载上海印刷研究所编《印刷活字研究参考资料》(第2辑)，上海印刷研究所1962年版，第17—34页。

[68]李泽厚:《中国现代思想史论》，生活·读书·新知三联书店2008年版，第21—39页。

本文载于《美术研究》2013年第1期

周博，1981年生，山东淄博人。2008年毕业于中央美术学院设计学院，获博士学位。中央美术学院设计学院副教授。

当代设计研究的范式转换
——理论、实务与方法

祝　帅

在全球范围内，文化创意产业的兴起正在促使当代设计研究发生一种悄然的转变。对于中国设计学界而言，这也是基于中国设计学术历程的反思所做出的一种判断。这是因为从20世纪80年代之初到现在，三十多年的时间里，中国当代的设计理论研究可以概括为三次重要的变革或转型。

第一次变革发生在20世纪80年代前期，即1980年到1985年这一段时间。这一段时间内有代表性的一场论辩，是“现代设计”和“工艺美术”之间的论争。这次论争分为两个松散的阵营。其中一个阵营是“工艺美术”派，这一派的代表人物是张道一等老一辈接受工艺美术体系教育的学者。他们的观点是，“设计”在中国古已有之，从中国古代的工艺美术可以发展出现代设计，工艺美术与现代设计具有一以贯之的内在发展脉络。而另一阵营则是“现代设计”派，他们认为“设计”完全是现代性工业化大生产时代条件下的新事物，它和传统的工艺美术之间本质上是一种断裂而非传承的关系。这一场论战在今天可以概括为一种设计界的“真理标准问题大讨论”。这个阵营的代表人物，包括经由香港在内地介绍现代设计的吕立勋、靳埭强，在当时代表新生力量的广东的王受之、尹定邦，以及留学归国的张福昌、柳冠中等人。

对于改革开放初期设计研究领域的新生力量而言，“现代设计”给人们造成的启蒙和震撼，远远超过对于传统工艺美术的依恋。这次大讨论也直接引导了20世纪80年代以来中国设计研究第一次深刻的转型，这次转型完成了现代设计的启蒙，让人们看到现代设计本质的价值和属性，以及这种价值和属性和传统意义上工艺美术教育、工艺美术史论研究之间所发生的断裂性的关系。“设计启蒙”和“理论先行”，这是20世纪80年代以来30年间中国设计研究第一次转型所完成的历史使命。

第二次变革发生在20世纪90年代中后期。在当时，有几件标志性的事件值得一提。一是中央美术学院于1995年正式建立了设计系（其前身是壁画系的环境艺术研究室），设平面设计、建筑环艺设计两个本科专业及大专班，由戴士和出任第一任系主任。二是国务院学位委员会研究生招生目录于1997年正式用二级学科“设计艺术学”取代了“工艺美术学”，1998年国家教委（今教育部）新版的本科招生目录上，也第一次正式出现了“艺术设计”的专业名称。在这样的历史背景下，中国设计研究开始了第二次变革。这次变革的历史任务，是完成了设计教育和设计研究从基于工艺美术训练的传统的技术教育，转向一种以图形创意和思维训练为主导的设计创意教育的历史转型。

中央美术学院新成立的设计系（今中央美术学院设计学院、建筑学院）和当时的无锡轻工业学院设计系（今江南大学设计学院）这两所学校主导了这次转型。这次转型对于设计史发展的一个历史性的推进，就是以西方现代设计教育和设计研究（主要是包豪斯）为参照，把设计教育的课程体系从传统的图案、装饰这种绘画、技法式的教育、装饰性的教育，转向现代设计本质性的功能、创意和思维等问题。这从20世纪90年代以后各个高校的考试方式所发生的变化中也可以看出：过去设计院校入学考试考头像、图案、装饰画，但90年代特别是21世纪以来，有越来越多的学校开始考思维、图形、创意方面的内容。这是第二次变革所完成的一个历史使命。

但是上述两次变革都是不彻底的。即便是第二次变革，也没有提出设计产业研究的历史任务，这使设计研究长期以来滞后于产业实践，设计教育只注意到了设计产业中间一个主体——设计师的培养和教育，而忽视了对于设计产业链中其他的各个主体——设计决策者、行业组织、甲方、媒体和设计受众的设计素养教育。这使我国设计师个体水准在与日俱增的同时，整个社会对于设计原创价值的认知、对设计创意的接受和对设计服务的尊重等，迟迟未能达到相应的水准。在相当长的一个历史时期内，我们的设计教育和设计研究并没有扮演引领者的角色，没有提出设计经营管理、设计服务模式和设计产业政策的对策性研究课题，直到从国家和各级政府层面提出文化强国、文化创意产业和设计之都建设的问题，反过来促进设计研究的开展。

因此，笔者把我们眼下正在经历着的种种变化概括为设计研究的第三次变革。每一次历史转型、每一次设计研究的变革都是解决那个时期的历史任务，但是都没有穷尽所有的问题。这一次变革提出了前两次历史转型都没有完成的一个历史重任，那就是设计研究的对象和主体，正在从传统意义上的“设计艺术”转向“设计产业”。当然，相对于前两次变革，目前这次变革还只能说是星星之火，它是一次正在进行中的使命，一项未尽的任务，还远远没有完成，但是我们已经看到了希望。所以，今天设计研究正在经历的这一次变革，也是80年代、90年代中从来没有提出来的一场全面的革命，一次全新的挑战。

那么，我们要怎样去应对这个挑战？

一、理论层面

首先，在设计产业的兴起面前，现有的设计理论研究体系要发生根本的变化，我们需要一次根本的革命。我们过去的设计理论研究和教育体系是模仿美术学、工艺美术学、民间艺术学所建立起来的人文学科体系，其主干是“两史一论”，即中国设计史、外国设计史和设计概论，最多加上一块叫作设计批评。这个体系是设计学模仿、移植美术学的结果。但是对于新一次设计研究转型和变革来说，这个体系要从根本上受到一种质疑。在设计产业的浪潮面前，设计学科行业实务层面的变化，使它的理论基础应该从传统的“两史一论”，也就是美术学这种人文学科的根基转向由经济学、管理学等学科所构成的社会科学根基。

如果把设计研究理论体系的大厦比喻成一座金字塔的话，在这个金字塔的底端起到支撑作用的一些学科，应该是解决设计产业实践问题的经济学、管理学和传播学。传统的设计史论研究、设计美学研究、设计文化研究、设计哲学研究应该被看作这个金字塔顶端的一些拔高的内容，这些形而上的人文性设计研究并不是这座大厦的全部内容。如果在设计产业面前的这座设计理论的大厦仍然是由一些人文学科构成而缺乏社会学科基石的话，那么这座理论大厦只能是一个空中楼阁。

在以往的设计理论研究与教学中，我们也经常碰到“设计理论课无用”之类的看法。起初这种思想只是来自听课的学生或者设计实践类从业者，但后来却逐渐成了一些设计理论家脱离设计实践、不懂产业实务的自诩或托词。他们甚至仿效美术史研究的立场，欲把设计理论研究变成美术史一样的“独立的人文学科”。[1]这种想法显然与设计的社会学科、应用学科的定位背道而驰。如果说作为人文学科的美术研究的目的不在“指导实践”的话，那么设计产业中所必需的营销管理、市场调查、消费者行为学、消费者心理学等学科则必须肩负起指导设计产业实践的重任，理性地研究和解答业界前沿问题、提出未来设计产业的服务和发展模式、对整个行业的发展规划提供对策并做出引领。

但令人感到遗憾的是，由于当今相当一部分设计研究者的学术训练来自文学、哲学、历史、艺术学等人文学科，作为教学编制的设计学专业也常常附属于美术学院，这使设计研究领域中直接移植或仿照美术学科建立起来的历史、美学、文化等人文研究占据了设计理论研究成果的“半壁江山”，而贴近设计产业研究或者设计业作为服务业特点的设计经济、商务、管理、营销、调查、监管、法律、政策等方面的研究则基本上付之阙如，这种情形与设计创意产业实务的发展很不相称。因此笔者就曾呼吁，就分别对于设计和工艺美术这两个领域的尊重而言，工艺美术研究应该与设计研究“拉开距离”。[2]对于未来的设计理论教育而言，很可能“设计史”要从必修课调整为选修课，取而代之的应该是设计管理、市场调查、产业经济学、消费者行为学一类社会科学类课程。

可以说，对于这一次转型目前设计研究界还没有做好历史准备。以笔者亲历的一次研讨会为例。2011年12月，笔者应邀赴深圳大学参加“2011深圳设计论坛”，那次论坛的主题与设计产业有关。王受之先生也应邀发言。在发言中他对中国设计界讨论设计产业的问题表达了不满，呼吁少谈点“产业”，多研究些西方设计史。他表示，美国设计领先中国这么多年，还没有谈过设计产业，因此不明白中国现在为什么在谈设计产业。[3]王受之先生的困惑引起了笔者的思考：王受之先生在20世纪80年代以后第一次设计研究转型中扮演着前沿和推动者的历史角色，他完全是代表新派的历史人物，在当时人们还没有觉醒的时候，王受之先生已经先行地走在了时代的前沿。但是在当今设计产业的蓬勃发展面前，为什么王受之先生没有再一次扮演20世纪80年代初那个时候的那种前沿者的角色呢?

对此笔者的回答是，我们眼下正在经历设计研究的第三次变革，但是就整体而言，现有的院校、现有的设计师、现有的教育者和理论研究者都没有做好充分的准备。对正在经历第三次设计研究转型的新一代设计研究者来说，他们的学术背景和知识体系也需要经历一次蜕变，一次根本性的变革。对于王受之先生这一批设计理论家而言，他们的教育背景和知识体系是西方设计史为基础建立起来的，这比较容易在前两次设计研究变革的过程中扮演积极的角色，但是这种学术背景面对设计产业的时候就显得远远不够了。对于设计产业研究而言，所需要的设计研究者必须具备现代的经济学、管理学、传播学和心理学这些社会科学的背景，而不能单单仰仗设计史。

在这一方面综合大学的设计专业是有机会的。如果说近三十年第二次设计研究的变革是由美术学院主导的，由美术学院将传统的装饰画教育转向思维训练图形创意的话，那么在我们正在经历的这场变革面前，美术学院学科资源的局限性就暴露出来了。从学术环境层面来说，第三次变革中的领军人物更适合由综合院校来承担。因为美术学院是由单一学科背景构成的，但是这次新的转型需要一个综合学科背景。这综合学科背景绝对不是指文史哲这样的传统学科，而是指心理学、社会学、经济学、管理学这样一些社会科学甚至是自然科学。

所以在理论层面上应该意识到，现代设计产业发展面前我们正在经历的这一次转型，要求我们必须重新定位设计研究的学科归属和理论体系。设计研究需要从传统意义上归属于艺术类的人文学科，转向一种社会科学定位；与此同时，需要把传统意义上作为一种理论的设计学，推向一种作为应用学科的设计学。在产业定位上，也需要把设计在传统意义上局限于服务业的单一服务模式，朝着文化创意产业这个新的阶段进行推动。

当然，这里所谓的“学科归属”，并不是否定了从其他学科角度进入设计研究的可能性，而只是强调设计学科的立足点。将设计的学科定位从人文学科转入社会科学，并不是否认人文性设计研究（如传统的设计史论、设计哲学、设计美学、设计文化学等）的价值，而是强调这种研究与社科性设计研究之间的比重应该有所调整。强调将设计研究从理论学科转入应用学科，也并不是打击理论学科背景的学者从事设计研究的积极性（事实上这部分人群也构成当今中国设计研究者的主流），而是强调应该根据行业的需求及时调整自身的知识结构，研究者尤其要以行业发展为己任，积极开展对策性研究，努力突破自身的局限性。

二、实务层面

近年来，设计领域实务层面发生的一些变化，也为设计产业研究的大规模开展进行了准备，提供了基础。人们逐渐意识到，设计研究不应该仅仅研究设计作品，而应该扩展到整个设计产业；设计教育也不应该仅仅面向设计师，而应该面向设计产业运行过程中的各个主体——设计师、设计服务机构、企业营销部门、设计决策部门、设计行业组织、媒体乃至全体设计受众。由此来观察，对应于设计研究第三次变革，当前设计实务领域也正在悄然发生一些变化。

首先，是地方各级政府对于设计产业的认识和重视不断加深。2008年以来，中国的深圳、上海和北京三座城市，先后向联合国教科文组织“世界创意城市联盟计划”申报为“设计之都”。“申都”成功后，各地纷纷加强了对设计产业的扶植、推广力度，北京世界设计大会、北京国际设计周、深圳创意12月、上海设计之都活动周等具有政府背景的设计项目纷纷登台。这些城市也相继设立了履行设计监管职能的政府部门或行业组织，如“设计之都推广办公室”“创意设计协会”，等等。这种现象无疑令人振奋，但稍感不足的是，一方面，目前对于设计产业的重视似乎仅限于部分开明的地方政府，而缺乏全国性统一的规划。国家并没有专门设立或指定履行设计监管职能的国务院部委，在对于“文化强国”“文化产业”的宣传与推广过程中设计产业所占的比重也尚不明确。另一方面，各地的设计活动的发展规划尚缺乏理性的指导，例如虽有“创意产业园”的诸多扶植计划，许多“创意产业园”的进驻企业是一些设计下游公司而缺乏整体规划，或“扶植计划”难以实际落实等。而其中尤其重要的是，对于行业的普查、数据积累和统计调研机制迟迟没有建立，无论是地方还是国家都还不能清晰掌握设计产业的一些基本统计数字，这些都在极大程度上限制了设计产业的品质和规模。这方面走在前沿的是广告业。我国政府于20世纪80年代初规定由国家工商局（后更名为国家工商总局）履行广告产业监管与发展的职能。国家工商总局广告司每年都会对行业进行基本统计数字的收集与研究，如每年年度广告营业额、广告从业人员数量、广告公司数量等，这为对策性的学术研究提供了极大的便利。但对于整个设计产业而言，相应的统计数字则无论是政府机构还是学术研究者都还不能确切掌握，这是一个很大的缺憾。

其次，是作为一种现象的“设计大展”蔚然成风。最近几年来，从中央到地方，在国内各地兴起了名目繁多的设计展览。学界对于种种设计展览有很多的期待，但也有很多的批评。[4]而批评、质疑设计展览的更深层的原因在于，“设计展览”这种设计成品的呈现方式，并不利于呈现设计产业运行中的整体面貌。说得危言耸听一点，这种把设计作品放到美术馆里面去展览的形式，从根本上来说很可能是与设计的根本属性相抵牾的。这是因为“设计”本身就体现在日常生活使用之中，如果把它像美术作品一样放到美术馆里面去展览，而不是作为商品在市场环节中流通，是对于设计作为一种传播工具本质属性的背离。所以从这个角度来说，仅仅靠“设计展览”的形式，并不可能诠释并解决中国设计产业实务领域中正在发生的全部问题。

再次，是行业内部设计批评的兴起。最近一段时间，随着奥运会、世博会等公共设施的大规模建设，以及建筑师王澍获得普利策（旧译普利兹克）建筑奖，设计批评吸引了业内人士和大众媒体越来越多的目光。设计批评相对于传统的设计人文性研究有一种积极和主动介入设计实践、引导设计实务的美好愿望和初衷，但是从理论上说，之所以叫作“设计批评”，这也仍然是受到文学批评、美术批评这些传统人文学科的影响。设计批评可以在一个小范围内回应设计产业实践中面临的一些问题，但是不可能对这个产业现状做出一种整体性的科学指导。设计理论研究的任务是什么？设计理论研究的任务不是对于已经发生的设计现象亦步亦趋地解释、批判，而是对还没有发生、即将发生的未来设计趋势进行预测性、前瞻性的引领。对于这一点来说，仅仅有自发的设计批评，而缺乏大规模的实证研究是远远不够的。

最后，是设计教育领域中对于理论指导的渴慕不断增强。不久前，一位美术院校设计教育领域从事产品设计教育的同行跟笔者说了这样一件事。他指导学生做出了一套产品的方案给甲方，结果没有得到甲方的接受。这本来是做设计的人经常遇到的一种情况，可以通过和客户的沟通来解决。在过去我们碰到这样的事情，可以用很多设计史上的案例，用很多设计专业术语和技巧去“说服”甲方，让他最终接受设计师的方案。但是这位同行在与甲方沟通的过程中遇到一个新情况，即甲方找第三方的市场研究公司，对他们的设计方案进行了消费者调研，他们找到一些受众进行了市场研究，最后告诉这位同行一个数据：经过受众研究，有50%以上的用户并不接受他们的方案。在调查研究的数据面前，这位同行所有的专业知识、修辞技巧都无以应对。因为这位同行是学画出身的，没有接受过社会科学的训练，对于数据和调查缺乏必要的知识准备，这让他在与现阶段客户沟通的时候捉襟见肘。尤其是由于被归属于艺术学学科门类，这使很多设计师数学是很差的，一看到数据马上就哑口无言。于是这位同行找到笔者沟通，表示今后的设计教育中理论课程是非常必要的，但前提是设计理论课程的内容应该由市场调查和统计学来取代沿袭了多年的“设计史”。

其实，与业界进行沟通本身就是设计研究的重要任务。设计研究的任务包括市场研究，市场研究要怎样去开展，市场研究容易有哪些错误，如何识别错误的抽样方法从而辨别统计数字的欺骗性，等等。如果设计师具备市场研究的基本技能和常识，就很容易发现看似客观的数据和研究报告在研究方法层面的一些问题，或者研究设计中的一些漏洞。但我们现在看到一个怪圈，那就是当下的设计理论研究更多地集中在历史研究、文献研究、人文研究，集中在对于美术史学科的模仿和复制，对当代问题关注不足、对产业实践关注不足。在面对设计产业和设计实务研究的时候，还没有做好准备。当今的设计研究很需要实证研究，需要大规模的社会调查、市场研究以及其他贴近设计产业本质属性的经济学、管理学式实务研究，从而打破设计史、设计概论“一统天下”的局面，进而对设计产业的规范发展提供指导和引领。

三、研究方法层面

在研究方法方面，当代设计研究的转型也对我们提出了许多新的要求。笔者每年在指导设计类硕士研究生、审阅研究生论文的过程中，发现设计专业的研究生论文中最薄弱的环节常常不是选题或文献综述，而是不会写“研究方法”。我们常常看到学位论文中写：“本文用的研究方法是归纳法和演绎法”，其实，归纳法和演绎法是写文章要遵循的形式逻辑，而不是研究方法。传统意义上的人文学者不会专辟一段来写“研究方法”，但现在设计学专业的学位论文要求写出研究方法，是受到自然科学和社会科学的影响，这对于设计实证研究来说是非常必要的。这就要遵循自然科学或社会科学的规范，需要从社会科学的资源里面去借鉴。

那么，到底为什么要写研究方法，研究方法要怎么样去写？对于社会科学各学科而言，一般二年级本科生都要学习一门专业基础课，即“社会研究方法”。笔者设想，未来的设计专业也应该开设一门基础理论课，叫作“设计研究方法”。设计研究方法不是指论文写作或学术规范，而是告诉学生现有的那些社会科学方法可以用来进行设计研究，其中最重要的是区分定性研究和定量研究，区分实证研究和非实证研究。这是因为社会科学中多采纳实证研究的论文，这种论文具有非常严格的步骤，有严格的规范规定如何撰写实证研究所使用的方法。而目前美术史领域作为学科前沿的“美术史方法论”，如图像学、现象学、精神分析学、女性主义等人文学科“方法论”（Methodology），与研究设计产业问题时所采纳的社会科学“研究方法”（Research Methods）仍然有很大的不同。

对于设计研究而言，一些实证研究的方法有严格的规程，需要经过系统的学习才能掌握。比如统计的方法，从简单的T检验、方差分析、因子分析、路径分析，到复杂的多元回归分析、异方差分析、结构方程模型，都是需要系统学习才能掌握的工具，这些也都是在社会科学研究中具有“信度”（操作中的可重复性）的科学的研究方法。但现实中我们却常常看到设计学界一些所谓“实证”研究的论文，仅仅是罗列了一些数据，最多计算一下百分比，这种对于数据的罗列与科学的统计分析方法之间还有很大的距离。

对于训练有素的社会科学的研究者来说，SPSS社会统计软件是一个必备的工具。对于设计的研究者来说，要涉及产业研究就会面对大量数据的处理，因此也应该掌握这些常用的统计软件。目前经济学、管理学、传播学、社会学这样的一些学科，SPSS软件基本上已经成为大学二年级的必修课，未来的设计研究者也应该掌握这门必备的技能。而对于非统计性的定性研究，如德菲法、焦点小组方法，甚至抽样的技术、电子数据的应用、图表的处理等，在社会科学领域中也形成了比较系统的规范和操作程序，对此很多设计研究者还缺乏了解。我们经常看到一些设计专业市场调查类的论文，以“随意抽样”代替“随机抽样”，这样的论文其实根本不符合实证研究的学术规范，而相关方法显然目前在设计院校的教学中还是一个缺环。

还有实验研究的方法。经典的控制实验法是社会科学研究的一个重要工具，笔者便曾与心理学界研究者合作，利用反应时和内隐联想测验方法，对平面广告版式设计的若干问题进行实证研究，[5]但国内学界还很少见到利用分组实验、行为编码等方法进行的原创性研究，这也反过来制约了设计构成类研究和课堂教学的科学水准。此外，在设计实务领域利用仪器进行的现代实验研究也早已在国外开展，一些广告公司、媒体监测公司早已经利用眼动仪、脑电仪等仪器开展消费者对广告作品、平面媒体版面设计的效果监测和研究，一些前沿的研究中更是使用FMRI（功能性磁共振）等军事学、临床医学的研究方法开展视觉心理学、传播神经学研究。据笔者所知，国内已有一些综合大学的设计院系开始购置眼动仪等从事视觉艺术实证研究所必需的实验设备，我国台湾和大陆地区也陆续出版了一些设计研究方法类的教材。我们期待着这些变化能对未来的设计研究带来实质性的范式更新。[6]

因此，从研究方法角度来说，设计研究者的主要学术背景和知识结构的参照系，应该从美术学转向经济学、管理学。做到这一点，当然我们还需要很多铺垫，比如设计行业基本统计数据的积累、设计类研究经费的保障、设计教育者对于自身局限性的突破，等等。笔者就曾遇到一位在高校中任教设计美学课程的设计研究同行，利用乔布斯的例子对笔者在设计研究中引入实证研究的呼吁提出质疑。他认为，乔布斯就从来不做市场研究，设计高等教育应该教给学生何为艺术，何为美，而不应该教给学生技术性的市场调研方法。笔者对他的回应是，乔布斯是天才，但我们设计教育所面对的对象只能是"中才"。而教育学研究的一般前提，是不以个案做通则式的论述的。其实，强调将研究方法类课程作为设计专业的基础理论课，并不是否认美学的重要性。但笔者认为美学类课程应该作为设计专业的一种通识课而不是基础课。所谓通识课，就是任何专业、任何学科都应该学习的一种人文素养，而不是本专业的必备技能。举例来说，笔者认为航空航天专业的学生也应该有美学素养，当然也应该学习美学类的通识课，但不能把"航空航天美学"混同为基础课一样，设计专业教育中也应该防止把通识课代替基础课的现象。

过去的设计研究受美术学的影响，以历史研究作为本学科的主体内容，而并没有建立起经济学和管理学所需的实证研究方法的思维和视野，但现在有条件的院校应该开设这方面的课程，或是鼓励学生跨系选修实证研究方法和统计学课程。在这一点上，一些具备相关学科资源的综合大学有可能对整个设计研究做出新的表率。所以，今后设计研究者的学术训练不能仅仅局限在美术学这一个领域内，而需要利用综合学科的研究条件和资源，如利用心理学专业的实验室，与经济学、传播学、管理学等学科开展合作研究等，从而逐步建立设计实证研究的框架和方法论体系。

结语

综上所述，在设计产业兴起的背景中，设计研究今后的学科定位要发生转向，这种转向从根本上说是与传统意义上的美术研究逐渐拉开距离，向传播学、经济学、管理学研究这些社会科学靠拢。虽然可能因为历史的原因，设计专业还需要设置在美术学院或者艺术学院，但这种学科管理模式并不能够限制我们的思维方式。对于我们来说，设计研究正在经历的第三次变革是一场全方位的革命。从理论层面来说，设计研究需要从一门人文学科转向一门社会科学，甚至人文、社会、自然交叉学科；从实务层面来说，设计研究需要从理论学科转向应用学科，它要为设计产业发展提供决策依据和智力支持，要回答设计产业实践当下面临的一些最紧迫最重要的现实问题；从研究方法层面来说，设计研究要掌握实证研究的规范与方法，提升设计研究和设计决策的科学性。只有这样，我们才能全方位地回应当下设计产业的发展对设计研究所提出的历史任务与现实期许。

注释

[1]章利国:《作为独立人文学科的设计艺术学》,《新美术》2005年第1期。

[2]祝帅:《"工艺美术"与"设计"宜拉开距离》,《美术观察》2011年第8期。

[3]周举:《设计：改变的力量——2011深圳设计论坛暨设计展述评》,《美术观察》2012年第2期。

[4]梁梅:《质疑中国设计大展》,《美术观察》2003年第3期。

[5]周小帆、祝帅:《平面广告文案版式设计的实验心理学研究》,《广告大观(理论版)》2009年第5期。

[6]管倖生:《设计研究方法》，台北全华图书2006年版；李立新:《设计艺术学研究方法》，江苏美术出版社2010年版。

本文载于《美术研究》2013年第2期

祝帅，1980年生，浙江金华人。毕业于北京大学，获博士学位。北京大学新闻与传播学院研究员、博士生导师。

校史钩沉：郑锦与中国第一所美术国立院校的创立

陈继春　袁宝林

2011年5月，定居于葡萄牙里斯本的郑美成女士逝世。可是有谁知道，这个恰巧在1918年诞生于日本而取名“美成”的女孩，竟是凝结了原来留学日本的乃父郑锦先生（1883—1959）纪念“北京美术学校”成立的深长心意呢？很多时候，人们提起20世纪初那一股中国青年学子留学日本的巨潮，在一长串学习美术的名单中，郑锦是并不起眼的，甚至在追溯中央美术学院校史时也是被许多人遗忘了的名字。“一沙一天国”，可是郑锦却是最早留日学习美术专业的第一人，他的名字包含了在那个特定的文化环境中中国的现代美术专业教育是如何起步的独特而珍贵的历史信息——这毕竟是一个重要的起点。

辛亥革命推翻了中国几千年以来的封建制度，孙中山先生（1866—1925）于1912年1月1日在南京宣誓就任中华民国临时大总统；据高平叔《蔡元培年谱》，蔡元培先生（1868—1940）是在同年1月3日当中华民国临时政府成立时就被孙中山先生委任为临时政府教育总长的，他的《对于教育方针之意见》亦于此间拟就。如众所周知，就是在这份报告中，他提出了包括“美育”在内的五育（即“军国民主义”“实利主义”“公民道德”“世界观”“美育”）并重的教育方针，其中他并特别强调，“惟世界观及美育”是为传统教育所不道，“而鄙人尤所注重”的新的主张，[1]这应是标志着中国的现代教育迈进新阶段的一个重要文献。

一、梁启超推荐郑锦

上述影响中国的历史事件发生时，原籍广东香山（今中山），13岁由姐姐郑玉英携带乘舟东渡，[2]经香港、上海转船抵达日本横滨的郑锦仍身处京都和横滨继续研究绘画。1915年，于日本完成“京都市立美术工艺学校”和“京都绘画专门学校”课程，同时于1913年以《娉婷》入选日本文部省第七回美术展览的第一位中国人郑锦应北洋政府教育部的聘请回国服务，当他经上海抵达天津、转北京舟次时拜访了约于三年前由日本返国的梁启超。[3]后来，梁氏为其撰《郑褧裳画引》一篇，当中有云：

郑生褧裳，负笈扶桑，秉秀腾实。彼邦绘画，受法于中夏，竞采于欧洲。传习之初，由博而一，先以几何物质解剖动植通其方，继以美术文史金石教育风俗昭其趣，渐成非顿，资深逢源，盖若是其难也。子云千赋之言，小山四知之论，昔贤已发，宁谓迂谈？然则上下数百年间，就画学画，以涂附涂，谓得圜中，讵知濠上，其于灵襟独逞，矩矱弗由，轮扁莫能运斤，伊挚不求负鼎，厥蔽均也。生冥心妙造，历逾岁纪，沿流溯源，众长奄备，莫不细入毫发，而意惬飞动，务极规矩，归于自然，宋元家法，往往而合，其诸擅高往策，独秀当时者欤！东京市新古博览会，大正博览会，美国巴拿马博览会，竞致褒题，翕然精诣，东方学者，未能或之先也。自顷应聘归国，将之京师，维舟天津，丐辞于余。燕京帝王旧宅，首善奥区，名利崇朝，伎巧鳞萃；内府之所供，方家之所庋，词人佚老，豪贵巨猾，并富收藏，各矜元赏，于生之至，有不厚礼到屣，以相友教者乎？竺于旧则得所折衷，劘于新则资以濡染，喜哉此行，可以游处矣！[4]

该文是梁启超平生少有的几篇美术论文之一。上文的“东京市新古博览会”可能是1910年举行的“第二回东京府美术工艺展”，而可以肯定的是，郑锦有作品参加1915年2月于美国举行的巴拿马世界博览会。

郑锦“应聘”归国的过程如何？如其子所云，缘自“梁启超介绍回国在北京教书”？[5]目前尚缺可以讨论的文献。不过，据说郑氏是可以留在日本发展的，岳父更计划将其在日本的所有产业交由他经营，其“再三推辞不允，只好离日，以免日后遭姻亲们的不谅解”。[6]郑锦甫至北京，此间影响力最大的是于1895年参与康有为、梁启超等人组织“公车上书”的张一麐（1867—1943）。张氏字仲仁，江苏吴县人，少负“神童”之誉，12岁中秀才，15岁得举人。1903年，他参加清政府经济特科考试，主考官张之洞（1837—1909）拟将他列为第一，但其他考官以为第一名应予已有进士出身者，故张一麐屈居一等第二。随后，张氏以候补知县发往直隶擢用，遂得与时任直隶总督的袁世凯（1859—1916）结下一生之缘。袁世凯做总统后，张一麐被任命为机要秘书。1914年，袁世凯撤销国务院，设政事堂，政事堂下设机要局，以张一麐为总统府秘书长兼机要局局长，成为袁世凯最亲密的幕僚之一。1941年张一麐在香港曾有云：

民国四年秋间，余承乏北京教育部时，梁任公以反对筹安会，屏居天津，著《异哉所谓国体问题者》一文，邮寄余达诸当局，未几余以面诤无效，出机要而长教育。任公又驰书，盛称郑君褧裳画学，兼综中西，推奖备至；余即罗致部中，领导教科书图画门，未能尽其所学；未几出长北京美术学校，而余亦谢部职赴津矣。[7]

上文中的“任公又驰书，盛称郑君褧裳画学”就是指梁启超所作的《郑褧裳画引》。在张氏看来，此是梁氏的“推荐信”，“即以为君之证明书可也”。[8]根据张一麐的记述，他是1915年秋天才出任教育部总长的，而“筹安会”是当年8月14日由杨度、孙毓筠等人组织并发表宣言，为袁世凯称帝敲起开场铜锣的团体，张氏也是此后才收到梁启超关于郑锦的“画引”。《郑褧裳画引》署于“乙卯九月”，即1915年10月9日至11月6日。郑氏在教育部的第一位领导就是1915年10月继兼代教育总长章宗祥之后出任中华民国教育部总长的张一麐。由此看来，郑锦进入教育部工作的时间，当在1915年10月以后。

文献表明，中华民国成立后，即将清朝的“学部”改名为“教育部”，从事国内教育兴革相关工作。1916 年3月，袁世凯在全国人民强烈的反对声中不得不取消了帝制，作为亲信的教育总长张一麐也下了台，移居天津。其后，教育部总长之职于1916年4月由张国淦（1876—1959）接替。之后，吴闿生、范源濂（1875—1927）、袁希涛（1866—1930）相继接任，而傅增湘（1872—1949）亦于1917年12月至1919年5月14日任教育部总长。

郑锦抵北京后，并没有立刻完全从事其后来为此奉献一生的绘画工作，而是在教育部供职，且隶属总务厅编审处，被派从事编纂工作，按1927年《教育杂志·平民教育专号》第十九卷九号中有关郑锦的“服务经验”，正确的职称是“教育部秘书”和“教育部教科书编纂员”。[9]

袁氏之后的中国，作为“进步党”一员的黎元洪（1916年6月7日—1917年7月1日 在 位）、直系军阀冯国璋（1917年7月6日—1918年10月10日在位）、皖系军阀徐世昌（1918年10月10日—1922年6月2日在位）先后为中华民国总统。在美术教育范畴内，“北京高等师范学校”[10]于1915年被教育部批准开办“手工图画专修科”。郑锦于1915年成了这所大学的兼任教师，[11]出任“讲师”（因为当时教育部有规定，“凡教育部的人到大学兼课，都只能称讲师，而不能作教授”）。[12]他的同事中有陈师曾（1876—1923）及李毅士（1886—1942）等。[13]按于1915年入读该校“手工图画专修科”的俞剑华（1895—1979）“年谱”，当时校长为陈宝泉（筱庄，1874—1937），教授为陈师曾（国画），郑褧裳任教图案，李毅士任教油画。[14]

二、筹办北京美术学校

1917年1月4日，蔡元培出任北京大学校长，同月聘陈独秀（1879—1942）为北京大学文科学长，也就是吕凤子（1886—1959）任北京高等师范教授兼美术专科主任，以及徐悲鸿（1895—1953）东渡日本那一年。是年10月，以范源濂为总长的教育部批准成立“北京美术学校”，[15]令郑锦自30日起负责筹办。[16]范氏为何选定郑锦而不是别人呢？

我们记得，当民国元年蔡元培以同盟会代表的身份出任北京的教育总长时，同时任教育部次长的即共和党人范源濂。当年6月至7月间，由于不满日益专横的袁世凯，蔡氏多次请辞。7月14日，辞职终于获准。而在辞职前蔡已向北洋政府建议开办国立美术学校。[17]此时范次长于

16日起行代理总长之职，并于7月26日正式继任教育总长。范氏，湖南人，号静生。光绪廿二年（1896），谭嗣同（1865—1898）言于湖南巡抚陈宝箴（1831—1900，即陈师曾祖父），梁启超被聘出掌长沙的“时务学堂”，范源濂和蔡锷（1882—1916）正是梁氏的得意门生；[18]梁氏因“戊戌政变”而逃亡日本时，范源濂与蔡锷等又追随至东瀛。[19]范氏后入东京高等师范学校专攻教育，曾于东京创办速成法政师范学堂。1905年，回国后的范氏在时任学部右侍郎严修（范孙，1860—1929）的提携下供职于清代学部，任参议。

接任教育总长的范源濂第一次出席国务会议宣读政见时，明确表明接续蔡元培整顿教育的办法。1912年8月20日，教育部设大学、专门学校课程讨论会。当时作为该部专家的鲁迅（时任教育部佥事）在其日记中写道：“……午后赴大学专门课程谈论会，议美术学校课程。”[20]此记述表明，此时的教育部已经开始讨论国立美术学校的具体事宜。

范源濂在任时的教育部十分注重美术，1912年9月20日，教育部设美术调查处，而同年10月教育部颁布《专门学校令》，规定专门学校的类型：“……第二条，专门学校之种类为法政专门学校……美术专门学校、外国语专门学校……第三条：国立专门学校统由教育部管辖……”这为后来的“北京美术学校”的创立奠定了法理基础。

另一个因素可能来自当时的政治生态。袁世凯1913年正式宣誓就任大总统职，同年，费诺罗萨（Ernest Francisco Fenollosa，1853—1908）在东京大学讲授西方哲学时的听课生，也是费诺罗萨组织“鉴画会”时会章条文上列名的正式译员有贺长雄（Ariga Nagao，1860—1921），被聘为法律顾问。由此可以看到，日本因素在袁世凯时期不容小视。“有贺长雄自此始就离开了日本美术界，转到中国政界，而且一住就是七年半，即从1913年直至1919年左右，他一直住在北京。”有贺长雄与段祺瑞、徐世昌、张一麐的关系十分密切，其1919年回国之前，“北京美术学校”和“中国画学研究会”巧合地分别于1918年和1919年成立，学者认为，“以他作为中华民国法律顾问的地位，又是以他与中国和日本上层的密切关系，他的举动比一般画家的影响要大很多，不排除他参与这些活动的可能性”。[21]

1916年8月1日，国会在北京召开，总统黎元洪任命段祺瑞（1865—1936）为国务院总理，组织新内阁。在新内阁的组成中，包括“进步党”的成员，而当时的“进步党”已转化为“宪法研究会”，又称“研究系”，梁启超为首领。1917年7月17日，段祺瑞发布了新内阁的任命，梁启超为财政总长，汤化龙（1874—1918）为内务总长，林长民（1876—1925）为司法总长，范源濂为教育总长，汪大燮为外交总长，张国淦为农商总长。汤、林、范、汪、张等均为“宪法研究会”会员。范源濂在1916年7月12日第三次执掌教育部，因早已和严修有约去美国考察教育而于1917年11月30日辞职。1917年12月22日段祺瑞内阁总辞职，梁启超连带下野。此期间，范氏在1916年冬天聘蔡元培出任北京大学校长，而1917年10月，即辞职前一个月任命郑锦为美术学校筹办所主任，时间把握得甚是到位。11月1日北京《晨钟报》刊出的《教育部筹办中之两学校》云：“……并闻该部拟在京办一美术学校，已派郑锦君筹办一切。”正因为范源濂与蔡元培对推广美育有共同的信念，尽管我们不清楚郑锦和范源濂是否在日本见过面，但他们均为梁启超的门生是不争的事实。

正如大家所知，鲁迅亦与郑锦同在教育部，而且前者1913年已有文章谈及美术——《拟播布美术意见书》。[22]他没有被委为“北京美术学校”校长。另外，被誉为“最早以现代的眼光审视传统绘画的中国人”的陈师曾[23]在1913年左右已发表译著《欧西画界最近之状况》，与郑锦亦是同事，前者进入北京艺坛比郑锦要早，但也没有被委为校长。

一般看来，范源濂和郑锦在教育部有共事一年多的经历，再加上郑锦于日本时所习的专业是绘画，与鲁迅的先习医后从文，又或是陈师曾的先博物再转绘画相比，于1914年3月25日毕业于“京都市立绘画专门学校”的郑锦的专业形象更强；除了美术专业学习的经历，加之美术创作上的实绩，画艺与声望比京华的其他人选便胜出一筹。他被指定为美术学校筹办所主任，并自1917年12月4日起由教育部总长傅增湘委任为“北京美术学校”校长，[24]亦间接表明梁启超的影响力之大。

经过半年的筹备，坐落于北京西城京畿道的中国第一所国立美术院校——“北京美术学校”[25]于1918年4月15日成立。此校先办中等部，两年毕业，可升入本科。[26]以培养美术师资、实用美术人才，提倡美育为办学目的，设绘画、图案两科。[27]有关其成立仪式的报道云：

民国纪元以来，教育部极注意于美育问题，因有设立美术学校之计划。去年范总长指任郑锦君为美术学校筹备所主任，定校址于西城前京畿道，旋又任郑君为校长，郑君经营半年，于本月十五日午前九时行开学式。到者教育部总次长及部员，学务局长，国立各学校职员十数人。届期学生向本校职员及来宾行礼后，郑校长报告筹备情形，并述美术二字之界说，又勉学生恪守规则，热心向学两义。次傅总长演说，谓现在学生到校者，虽不过三十余人，然以后必能发展。例如天津之北洋女子师范学校，初立时学生亦不过数十人，今则数百人矣。又述美育之重要，可以增进道德，振兴实业，望诸生切实用功云。次袁次长演说，谓兹校为中国第一国立美术学校，而诸生为兹校第一班学生，不可不养成良好之学风，以为后来者之率表，而博社会之信用，故当善自陶养，曰守规则，曰勤务，曰俭朴，曰相亲爱，曰诚实。学问之陶养，曰勤予自修，不专依赖教员。又言可自定义一种学业以后之目的，或于普通学校中任关于美术之教科，或于实业界改良制造品，或于社会教育界，提倡美育，可各因其性之所近而定之……[28]

被新闻报道称为“来宾”的蔡元培出席了开

幕式，并发表了讲话，指出：

美术本包括有文学、音乐、建筑、雕刻、图画等科。惟文学一科，通例属文科大学，音乐则各国多立专校，故美术学校，恒以关系视觉之美术为范畴（围）。关系视觉之美术，虽尚有建筑、雕刻等科，然建筑之起，本资实用；雕刻之始，用供祈祷。其起于纯粹之美感者，厥为图画。以美学不甚发达之中国，建筑、雕刻，均不进化；以图画独能发展，即以此故。图画之中，图案先起，而绘画继之。图案之中，又先有几何形体，次有动物，次有植物，其后遂发展而为绘画，合于文明史，由符号而模型、而习惯、而各性、而我性之五阶段（级）。惟绘画发达以后，图案乃与为平行之发展。故兹校因经费不足之故，而先设二科，所设者为绘画及图案，甚合也。惟中国图画，与书法为缘，故善画者常善书，而画家尤注意于笔力风韵之属。西洋图画与雕刻为缘，故善画者亦或善雕刻。而画家尤注意于体积光影之别。甚望兹校于经费扩张时，增设书法专科，以助中国图画之发展，并增设雕刻专科，以助西洋图画之发展也。[29]

之后，“北京高等师范学校”校长陈筱庄演说称：

中国美育不及西洋之发达，观西洋人之居室教堂，随在皆生美感，非吾国人所及，今既有此专研美术之学校，必能发达美育。鄙意学美术者，不可不注意之点有二，一曰抽象之美，即美感之发展，不仅限于所习之美术，而一切言动均有合于美学之理。二曰普及之美，即既习美术，当图以美育普及于社会，不可矜为独得之秘以傲人是也！[30]

最后，郑锦致谢词，并至院中摄影及茶话而散，开幕式十分热闹，至12时才结束。

蔡元培的讲话明显地表明中国传统绘画中“书画同源”的重要性，同时也明白雕刻具有“三维”的特征。可以说，他在开幕式时已着力为该校规划将来的路向。开幕礼上的来宾中有教育部总长傅增湘、次长袁观澜及学务局长，颇显官方对此校的重视。至此，“北京美术学校”的创立，尽管其比日本的第一所国立美术学校迟了32年，但这是中国历史上第一所由国家开办的专门美术学府，代表了国家和民族对美术教育重要地位的确认。[31]这所学校的筹办是蔡元培“美育”思想直接影响的结果，[32]旨在提倡社会美育，解决社会发展对美术师资的需求和改良工业产品的造型设计。[33]

郑锦正式筹办“北京美术学校”时，曾拟聘鲍少游为主任教授，可是鲍氏为求深造而婉拒。在此之前，鲍氏以《夹竹桃》而入选1915年的第七回“文展”，他是继郑锦之后第二位中国人而入选日本大型国家美术作品展者，为此郑锦曾“益以函电交驰，促早归国”。这一层关系，鲍氏有记："然犹记褧裳初创北平美专时，乘暑假之暇，躬自东渡，相访于神户。予导之游天王温泉，浴余小酌酒酣，郑君后申前请；且以创办该校行政建设草案，暨分省份征招学员等计划，相与详细研讨……翌日，褧裳言别归国。"也就是说他们两人在日本曾尽心尽力地规划一切大小事务，如分科教授、编订课程、招生程序、分省选考，还包括选择学生书桌等。其时是1917年。鲍氏并有诗记之。[34]

鲍少游以学问为重而推却了同窗先辈的雅意。不然，民初中国美术教育很可能出现不同的景象。

无可否认，正是由于郑锦毕业于日本，以及当时中国教育的流风，"北京美术学校"的结构大都依循日本教学模式而有十分浓厚的日本影响。再加上北京是传统派画家的大本营，所以学校亦不可避免地带有浓厚的传统色彩，教授组成以中国画家及原来留日的"海归派"居多。刘晓路相信"而且校名出自东京美术学校"。[35]尽管没有明确的材料来佐证，却并非没有可能。参照程淯在《丙午日本游记》中记述1906年10月13日访问东京美术学校时的情形来看，该校"学科分为西洋画、日本画、塑像、铸造调漆、莳绘（即泥金）、木雕刻、牙雕刻、石雕刻、图案等"。[36]课目设置的近似（包括"图案"学科的设置）是十分明显的。当然，更确切的是日本"京都市立美术学校"的影子也在其中。

实际上，郑锦此时仍声著于日本，1919年刘海粟（1896—1994）于日本访问时，便记下"依前田君说，我国北京美术学校校长郑褧裳君便是在这个学校毕业的"。[37]

三、"北京美校"创立初期

"北京美术学校"开创之初即设有图案系，它标志着中国图案教育的开端。该校在当时的美术院校中以学制明确、专业正规、教学严谨、师资雄厚而著称。教授组成中，郑锦大胆起用的陈半丁（1876—1970）、姚茫父（1876—1930）、萧谦中（1883—1944）、陈师曾、王梦白（1888—1934）、李毅士等都是当时卓有成就和影响的美术家，较年轻的秦仲文（1896—1974）、徐燕荪（1899—1961）等亦于画坛内有建树。他们是"北美"第一代老师，其中数人并成为中央美术学院最早的教师。1919年末，在傅增湘举荐下，郑锦聘郭风惠持鞭执教。这是郭氏作为北京大学一位法学在读生的勤工俭学的首次经历，其给学生们讲授文学、英语、西方美学、书法等基础课程，有时代授花鸟画技法、西画的素描。此外，学校初成立时，蔡元培每周讲授美学两小时，[38]而国文兼任教员中也有周作人（1885—1967）。

该校初期招收的是高小毕业有艺术天分和爱好的学生，年纪都在十四五岁左右。按1920年考入该校的刘开渠（1904—1993）称，学生大多数是北京的官宦和书香人家的子弟，外地来的也有一两个，也是富家子弟。"有的同学在家里早已专门从师学过。"[39]如1921年考入中等部图案科的雷圭元（1906—1989），其父亲就曾任职清户部，[40]民国后任职于外务部中文图书馆。

郑锦如何教画？

1919年由广州去北京，考入"北京美术学校"的吴公虎[41]（1904—1978）忆及郑锦曾对学生说："作画如著书之立说，作品上浮现作者之精神人格与学问。故下笔之先，必存正确创作观念，立定为人所不能为之决心，则成功已逾过半；反之肆意点染，弄小手段，则奸污创作真谛。而依样画葫芦，不事进取，又复抹杀自然。”[42]

“北京美术学校”初创期之状况，有郑锦向教育部总长所呈报告可作进一步考察，其文曰：

呈为本校将来拟添设高等科，谨先缮呈学则，恳予察核备案事。

窃锦猥以菲材，去岁辱承委令筹办北京美术学校事宜，惟时以此项学校之设立，在我国事属创举，就现时美术师资及国家经济两方面而言之，均似未能遽办专门程度，兼以此项专门学校规程未经钧部公布，所拟简章，仅参照日本京都市立美术学校规程，试办中等程度。先设绘画、图案两科，以应社会之急需，庶办法亦较切实而易举。数月以来，所有筹办、成立情形，业经呈报在案，谅蒙察核。惟是我国美术程度幼稚，对于东西各国，尚宜急起直追。就专门技术人才一端，究不能不预为计划。即以现时肄业各生言之，毕业后其愿再求深造者，似亦应为谋所升学之地，庶足以不策励而广栽成。现拟于二三年后，视本校经费情形，添设高等部，酌办数科。其修业年限定为：预科一年，本科三年，预科招中学毕业者入之，其由本校中等部毕业者得直接升入。本科更另设图画手工师范科，免予征费。其修业年限为三年，以为师范学校中学校毕业者入之，其中本校中等科毕业者得升入该科之二年级。是本校于造就普通及专门技术人才外，兼寓有养成中等学图书手工科教员之意。至本校校名在两科并设期内，仍名北京美术学校。惟将前次所拟简章再行修订，改名《学则》，以便公布施行，所有本校将来拟添设高等科各缘由理，合缮呈《学则》备文，呈请钧部察核，恳予批准备案，无任待命之至。

此呈教育总长

北京美术学校校长郑锦[43]

当中，《北京美术学校学则》云：

第一章　总　则

第一条　本校先设中等部续设高等部。

第二条　中等部之学科先设绘画科图案科。

第三条　高等部之学科设中国画科西洋画科图案科及图画手工师范科。

第四条　中等部各科为欲从事于美术及美术工艺者授以必须之智识技能并陶冶其品性为目的。

第五条　高等部之中国画科西洋画科图案科以养成美术专门技术家为目的。图画手工师范科以养成师范学校中学校之图画手工教员为目的。

第六条　中等部各科之修业年限定

为预科一年本科四年。

第七条　高等部各科之修业年限如下：

中国画科西洋画科料定为一年本科三年。

图画手工师范科定为三年。

第八条　本校中等高等各科均按年添一学级，每级定额四十名，但遇有特别事情时亦得停止一科或数科之添级。[44]

第二章　学科课程

第九条　中等部各科之学科课程如左表（略）

就此计划，教育部指令第八一〇号曰：

令北京美术学校

呈一件为拟添高等科先送学则请核备由

呈件均悉，查该校长拟于该校内添设高等部，酌办数科，以造就专门技术人材，并设图画手工师范科，以养成中等学校图画手工教员。事属可行，《学则》中所规定各节，大致均合，应予照准备案，仰即知照。此令

中华民国七年七月十五日

教育总长傅增湘

由此可见，早在1918年，“北京美术学校”的发展规划已订立出“中专”至大学的规模。即1918年先行开设的是中等部，设绘画、图案二科。

学校并行设立中国画科与图案科，而不是中国画、西洋画并行，其缘由或许是颇堪玩味的。学者相信，北京虽是各国驻华使节的集中之地，但相互之间的往还，尤其是普通居民与之的交往相对比南方城市如上海、广州少，而北京正因为在过去的五百年中一直是明清两代的首都，文化传统中的保守因素似乎比创新因素更占势力。“这个中画科的设立，正表示北京的学风与当地文化传统的保守性有关。而北京的民间美术教育家对于蔡元培在国立北京大学之内，极力推进西方艺术，不予赞同，似乎也是呼之欲出的。”至于图案科的设立，将其作为一种新的艺术内容来看待，“却不得不说是由于受到西方艺术思想的影响”。换言之，“如果要认真地追求艺术思潮与表现形式，应该进入中画科。反之，如果只想凭借普通的艺术技巧来谋生，应该在图案科里学习装饰画的创作与发展”。[45]对于西洋画科的设立，庄申认为“如果不是北京方面的教育部已向此校施展过必须中西并重的压力，就是此校的若干创办人，对于美术教育的态度，在此校设立之后，已与在该校未设立之前的态度，有所改变了”。[46]而就郑锦的呈请看来，更多的是开始时的时局和缺乏西洋画方面的师资，但不妨碍初开两个科目的学生修习本来是西画系学生的必修科目。

“北京美术学校”在1918年所办乃为中专性质学校，高等部的设置也是同期筹划，并上报教育部的。从《北京美术学校学则》可见，其中高等部的各科课程设置已相当完备。正由于“北京美术学校”1919年办高等部，设中国画、西洋画、图案三科，次年增设图画师范科。而上海图画美术院成立时也仅有西洋画科，1920年后才有

较为完备的学科。因此，美术教育体系的完善应归功于以郑锦为校长的“北京美术学校”。[47]

有必要说明的是，上述《北京美术学校学则》公布时所略去的中等部各科之学科课程表在1919年5月教育部总务厅文书科编《教育法规汇编》才整体地与人见面。

从绘画科的课程安排看来，“北京美术学校”的学生是中西兼收的。西洋画作为中国画科学生的必修课，将中国画作为西洋画科学生的必修科，兼容并蓄，博采众长，体现出中西兼容的教学理念。在中国画科中，他非常注重实习，所设临摹写生、绘具用法（预科设）、作图新案、毕业创作（本科第三学年设）基本占总课时的四分之三，其余设解剖学（美术应用、人体解剖）、图案法（平面图案、立体图案）、美学及美术史（中国绘画史、西洋绘画史、美学）、外国语、西洋画等，而这些课程中只有西洋画是预科1年、本科3年全学年必修的，下设木炭画、铅笔画、水彩画，每周4个课时。中国画科的预科还要学习用器画（几何画、投影画、透视画），每周8个课时。由此可见，郑锦在培育中国画人才上，十分注重训练他们的西洋画技能。同样，在西洋画科中，也是全学年安排了中国画课程，即使到了三年级，图案法、解剖学均已停学，中国画仍是必修科目，而且每周占4个课时。[48]郑锦是将解剖学融入西洋画科和中国画科教学中的第一人。学生在本科一、二年级必修解剖学，分美术应用、人体解剖两个课目，每周2个课时。此外，中等部绘画科也设有解剖课程，学生在第二、三学年须学习美术应用、人体解剖学，图画手工师范科的学生在第一学年也要学习，图案科的学生则无须学习。这种通过科学了解人体结构的方法，有助于学生在创作中准确把握造型。[49]

具体操作上，素描课如何?

“我们的素描课，开始就是以画《长恨歌》出名的画家李毅士先生教的，他教学非常认真……花鸟画家王梦白、山水画家萧谦中、油画家吴法鼎，都是当时我的启蒙教师。山水、花卉画家陈师曾，那时就用油画颜色画中国画花卉，还教我们博物。他说不能空想画画，要有自然的知识。他的创新精神和作品对我的影响最大。”[50]1920年入学的刘开渠回忆称。就算是图案系，也需要习素描。[51]

学校有一个成绩登记处，设在教务处，上面有每一个学生的姓名。若学生的画画得好，学校就将之留下来，而且在此成绩登记牌上挂上一个小牌，注明作品的名称、类型等。[52]对于品德和体育，该校亦十分注意。1920年7月22日教育部指令第1318号，就核准此校订定的操行成绩及体育成绩考查规程。该校订定《操行规程》的目的是让学生注意操行，具体的方法是每位学生有“操行考查簿”，考查方式分为“平时考查”和“年末评定”两种方式。即：

——平时考查由学监及教员随时考查学生之操行，或学生流露关于操行之事，登之于簿；

——年末评定由学监主任于学年末，调集各教员操行考查簿，会同学监，就平时考查之结果，于各项操行之要点，附注以适当之表词，代以相当之分数，取各项操行之总分数，以操行项数除之，得平均数，再视褒奖惩罚，应行加减之分数，以为加减，始实得学年操行成绩分数；

——学监主任判定学生操行成绩分数，应造学生操行分数册，呈校长核定揭示。

《操行规程》亦指明考查操行的要点有七项，即关于心性方面，分气质、智力、感情、意志四项，而行为方面即有仪容、动作、言语三项。[53]

至于体育成绩考查，其订定规程的目的是“促进学生卫生及运动上之注意”。同样，学校亦备有“学生体育成绩考查簿”，也分“平时考查”和“定期考查”。前者由“学监主任、学监校医、体操教员或体育会主任职员，就学生运动、休息、饮食、衣服、清洁、防病、慎疾及其他各项，随时考查其好运动、善卫生与否，摘要登记于簿。其有线病、贫血、脚气、肺病、头痛、衄血、神经衰弱、营养不良及其他病症者亦记入之”。而“定期考查”就分为身体检查、体操试验、运动评判三种。[54]

同在1920年，为加强学生管理，郑锦亦向教育部申请修改《北京美术学校学则》第二十八条，“原条文二十八条图画手工师范科，除照前条缴纳书籍用品、制服等杂费外，得免纳学费，并由校给予膳食；但因第二十二条退学或中途自行告退者，应令偿还学费及给予之膳食”，“修五文图画手工科得免纳学费，但因第二十二条事故退学或中途自行告退者应令偿还学费”。[55]即退学者不用返还学校当局已给予之膳食费。由此可见，此时期是郑锦锐意兴学的期间。

四、家居与师友

郑锦在北京画坛，又或是学术界甚是活跃。不仅在几个地方兼课和供职，同时他是曾参加过一些联合画展的。[56]早年学习西画的他对西方艺术难以忘怀，在家属所藏的资料中，我们看到三张颇有意义的作品，其为《郑锦于画室的自画像》《自画像》和《北海公园》，均是以油画为表现媒介。另外，1919年，他在教育部学术讲演会中主讲《西洋绘画的派别》。郑锦以校长的身份根据日本书刊材料，“略述了西洋绘画的古典派、浪漫派、印象派、立体派、未来派等。这大概是中国美术界最早有系统地介绍西方十九世纪以来的绘画发展”。[57]

（一）家居

1912年2月，鲁迅（周树人）进入南京临时政府教育部，5月随该部迁往北京，到1926年夏天自行脱离，鲁迅前后在北洋政府教育部任职15年。到北京任教育部社会教育司第二科（负责文化、科学、美术等，后改称第一科）科长之初就积极考察新剧，还计划将天坛、先农坛改建为公园，又在教育部夏期学术讲演会上连续宣讲《美术略论》。这里的“美术”相当于现在所说的艺术。[58]鲁迅任科长的社会教育司第一科主管“关于博物馆、美术展览事项；关于文艺、音乐、演剧等事项；关于调查及搜集古物事项”等。很明显，郑锦和鲁迅是同事，只是不同部门而已。而郑锦所居的北京西四牌楼宫门口西三条十二号，那是夫人以嫁妆钱购下的物业。[59]按曾于此院居住过的郑凯林云，此与鲁迅母亲住的十四号相邻。[60]

该处如何？

宫门口西三条十二号的大门一进去，就是一条长长的路，其左侧是一个直长的土坡，右边是一个花园。虽然不怎么大，不过空旷的地方就有二亩多，郑家在空地上种满了奇花异卉和果树，甚至蔬菜、瓜果。作为一位校长，他仍保持着乡间子弟的本色，早、晚均与夫人子女耘草灌溉，精心料理。郑家在当地人眼中甚为特别，1958年出版轰动中国的小说《青春之歌》的作者杨沫（1914—1995）回忆云：

> 十一二岁上小学时，有个同学叫郑秀眉（郑美成的姐姐），他爸爸是画家，好像是广东人。有一天，我到她家去。哎呀，惊煞，喜煞人也！那个院子不算小，整整齐齐，开满了各式各样的花儿。那么多的花呀，真多！真美！除了房子，除了一条走道，那整个院子尽是葳蕤繁茂的艳丽鲜花。因为从来没有在谁家庭院中见过这么多的花，这么好看的花。于是，我可着迷了。小时候，我自己的家是个啥样，都印象模糊了，而郑秀眉家的花却如此深深地镂刻在心头。[61]

长路的尽头是一扇门，此是南屋，其左是长屋，此进的北边就是一庭院平地，中间植有两棵大的枣树，其北又是一进，东西排列，称为北屋，郑锦当年的油画《北海公园》就挂在西墙之上，《自画像》挂于东墙；从北屋往北，仍有一个有水井的庭院，它的外面才是西四大马路。[62]

（二）与陈师曾

陈师曾与郑锦的相遇或可追溯至后者供职于教育部之时。他们初期合作可以说是无间的。

陈师曾于1902年与弟陈寅恪等人留学日本，习博物学，后对美术产生兴趣，并于1909年夏天归国以后，曾先后担任教师。

1913年，陈师曾应教育部之聘任教育部图书编审。如此的职位，与郑锦1915年被张一麐任为“领导教科书图画门”工作性质相关，或可以说是同一部门之同事。实际上，陈师曾于1915年兼任“国立北京高等师范学校”国画教师，北京女子师范及女子高师博物教员。在1917年11月间就应校长蔡元培之邀而在北京大学演讲。1918年初，陈衡恪到北京大学作绘画演讲时满堂听者叹服，蔡元培随即决定成立“北京大学画法研究会”。1918年2月4日，蔡氏曾致函陈师曾，就“北京大学画法研究会”会章咨询其意见。同时，陈师曾在校外聘请导师的愿望获得蔡氏的支持，而且约请他担任中国画导师。“北京大学画法研究会”于1918年2月22日正式成立，由蔡元培发起和组织，该会的导师有陈师曾、贺良朴（履之，1861—1937）、汤定之（1878—1948）、汤俊伯、冯汉叔、李毅士、吴法鼎（1883—1924）等，之后还有徐悲鸿。

陈师曾在1918年3月28日“北大画法研究会”始业式上就讲学习花卉须“先习写生，须有植物学知识，始能写出各花卉之特征，次学写意以表现各人性灵”。[63]在山水画方面，他认为“光线远近，多不若西人之讲求，此处宜采西法以补救之。风景雨景，我国画之特长，宜保守其法而更加以深心之研究，使臻于佳境界而后可也。他如树法、云法亦不若西画之真确精似，故观察方面当更须留意”，总体观点是“以本国之画为主体，舍我之短，采人之长”。[64]

中国近代绘画史上的艺坛佳话之一是陈师曾对齐白石（1863—1957）的发掘与推介。“师曾先生不但与白石老人交好，另外当时北京有不少的书家、诗人和画家都是要好的朋友。例如郑褧裳、姚茫父、萧谦中……”[65]1918年4月，以郑锦为校长的“北京美术学校”聘请陈师曾为中国画教授，翌年开始在该校讲授美术史。好骂人的姚茫父成为“北京美术学校”的教授，亦来自陈师曾向郑锦校长的推荐。[66]陈氏又与余绍宋（1883—1949）往来甚密，经常过访余氏书斋，并且结有“宣南画社”。[67]

陈师曾在“北京美术学校”的讲稿就是根据中村不折（Nakamura，Fusetsu，1866—1943）、小鹿青云的书而撰成的。[68]以我们目前所掌握的文献来看，此举间接使他成为我们所知的该书首位中文翻译者。同时“美术学校的美术史课，是师曾先生首先创始的，影响尤为重大”。[69]

另外，陈师曾与蔡元培的合作只有半年，两者关系耐人寻味。不可否认，蔡氏是一位温和的文化改良主义者，他认为中国艺术要吸收有正面价值的西方文化艺术资源，以补救积弊，开创新风。他曾指出：“此后对于习画，余有两种希望，即多作实物的写生，及持之以恒二者是也。……彼西方美术家能采用我人之长，我人独不能采用西人之长乎？”陈师曾则主张以本国美术为主体对中国画加以改造。他说：“美术者，以代表各国国民之特性，其重要可知矣。但研究之法，宜以本国之画为主体，舍我之短，采人之长。”显然，这一看法与蔡氏认为以西洋技巧改良中国画的主张不免相左。

陈师曾与1915年考人“北京高等师范学校”手工图画科的俞剑华关系密切，后者又随陈氏“初学山水，继学花卉。从学两年，以功课繁多，未能专心致力”。[70]俞氏所致力的至少是在1917年时对其产生重大影响的图案，着力于对日本图案的摹写与复制。也许，俞氏印象弥深的会是斯时任教的郑锦。[71]

目前我们可以看到的一张有陈师曾及郑锦等人在一起的照片，其上有“中华美术协会本部纪念摄影”。[72]按“中华美术协会”1915年成立于日本东京，由中国留日学习美术的部分学生联合发起组织，江小鹣（1894—1939）任会长。作为留日学生的团体，它既是一个联谊会，也是一个备作课外习画和会员之间进行学术交流的场所。画会还多次挑选成员的作品送交东京、横滨等地，其主要成员江小鹣、严智开（1894—？）、[73]汪洋洋、雷毓湘、方明远、李廷英、许敦谷、陈抱一、汪亚尘、俞寄凡等，而随着1920年胡根天（1892—1985）、汪亚尘、陈抱一等人归国，画会即形解散。[74]照片中出现郑锦和陈师曾而且指明“中华美术协会本部”，相中人除西服外仍穿中国式的厚马褂，由此或可推想拍照的地点在北京，若这样的看法可以接受的话，那么这批留学生回国以后，此美术团体仍然运作。

有必要指出的是，梁启超也与陈师曾来往甚密，而郑锦一直与梁启超有密切的往还，后来“美专”学潮时，梁氏仍对此校甚为关心。

对于郑锦而言，梁氏对之甚爱，曾为其书对联：“荷扇长凉绿衣持节，杏烘春昼红粉斗妆。褧裳仁弟索书，梁启超。”[75]从1915年《郑褧裳画引》中所称的“郑生褧裳”，到书联时的“褧裳仁弟”，以“仁弟”称呼，足见关爱之情。郑氏与梁氏的关系，于此可见一斑。更有甚者，目前，郑氏家属仍藏有一帧条幅，上书：“待御史冀州刺史纠剔瑕慝六教兄庐江太守拟泰和以陶化昭八则以。范巨卿碑，为褧裳临，启超。”隶书《范巨卿碑》全称《汉庐江太守范式碑》，又称《范氏碑》。三国魏青龙三年（235）正月立，在山东济宁。碑主范式，字巨卿，山阳金乡人。累官荆州刺史，迁庐江太守。此碑宋时已见金石著录，南宋洪适《隶释》载。唐李嗣真《后书品》云：“蔡公诸体，唯《范巨卿碑》风华艳丽，古今冠绝。”而康有为在《广艺舟双楫》中说：“至于隶法，体气益多”，“华艳则有《尹宙》《樊敏》《范式》”。梁启超在书法理论上是受其老师康有为“尊碑”说影响的，但其没有去摹仿老师的风格，而是自己探索新路。“温文儒雅，雍容恬静”，[76]以及神清气闲的书风，颇在梁氏为郑锦所书的对联中体现。而临《范巨卿碑》用笔清雅脱俗，淳古峭健。

如此的渊源，梁启超之临《范式碑》，似代表梁氏要郑锦借此领会碑主对待“朋友”之要义，当然也不可否认梁启超临古人的名碑以赠学生，不无让自少留日的郑锦注重学习书法的寓意。

（三）与徐悲鸿

《悲鸿自述》中，作者云：“旋闻教育部派遣赴欧留学生，仅朱家骅、刘半农两人。余乃函责傅沅叔食言，……幸蔡先生为致函傅先生，先生答曰：‘可。’……吾于黄震之、傅沅叔两先生皆终身感戴其德不忘者也。”[77]而《悲鸿自传》又云：“七年春……翌年被派赴法留学，时傅沅叔长教育部，吾终身感其德也。”[78]诚然，继获得高剑父和高奇峰兄弟的襄助以后，1917年徐悲鸿又结识康有为，而且成为其入室弟子，其交往圈一直向上层延伸，至1918年的两年之内，徐氏就快速和充分地体会到改变命运在瞬息之间。[79]他于1918年3月在康有为“万木草堂”弟子罗瘿公（掞东，1872—1924）的引介下访傅增湘于教育部，经华林引荐于3月初认识时为北京大学校长的蔡元培，再被成立了两个月的“北大画法研究会”聘为外国画部导师，负责水彩画和人物画的教学指导工作。

在1918年3月28日召开的春季始业典礼上，徐悲鸿给学员们介绍西洋画的入门方法，指出“在中国而学西洋画，取资极隘，然不必因是而灰心，学者无论从何种对象入手，必须注意于形体异同，黑白分明，庶不致误入歧途”。[80]12月中旬被教育部批准以官费生资格赴法国留学。换言之，蔡元培有8个月的时间去为其斡旋。不过，在已发表的文献中没有看到蔡氏为徐氏挺身而出的细节。要知道，在“北大画法研究会”内的校外名家中，除蔡氏所记的校外名家陈师曾、贺履之、汤定之、徐悲鸿外，[81]后来也有郑锦。[82]郑锦和徐悲鸿是有往还的，邓芬（1894—1964）云：

> 悲鸿先生、芬于海上时，尝相与江小鹣、潘玉良、王济远、张禹九在林荫路集研究国画之会，而徐氏已能写走

马。间及晤郑褧裳先生，论徐艺，知为当时郑公悉力推荐，承蔡孑民先生许以官费留学生赴欧深造，故徐归国后甚德郑公者，此也。芬乃于广州市立美术校当教，时值徐自桂来游羊城，席间谈话颇惬欢。徐去粤，多为时人短之，芬赠徐诗："汗血周流笑画工，生渐殊相渐难穷，欲从无鬼论规矩，骨法何曾与鹿同"云。善深道兄藏有徐作，系同客石泐即席见贶者，属题并正。庚子六月，昙殊芬。[83]

郑锦如何与徐悲鸿结缘，迄今未见详尽的文献记载，徐悲鸿1918年3月所认识的陈师曾，[84]又或是在此前后有往还的罗瘿公、林畏庐、易实甫，以及蔡元培，或可以说是他们之间交往的中介。郑锦也十分欣赏徐悲鸿，后者来北京以前有半年的日本居停，就大正时期的日本美术，徐氏在其《悲鸿自述》中认为其"渐能脱去拘守积习，而会心于造物……惟华而薄，实而少韵，大求夺目，无蕴藉朴茂之风"。[85]这种看法似触动郑锦的美学主张。此外，徐悲鸿主张中国画需要改良，且学画"可先用石膏模型练习描写，然后再至野外写生，亦是由简趋繁之道"，[86]认为中国画不应讲究派别，而是皆应抛弃抄袭古人的恶习，学习现代已发明之术，对物体的形、色、态、趣等进行深入探究。可见，徐悲鸿更倾向于西方，认为只有逼肖物象才能得绘画之妙，这点与郑锦颇有共同语言。

蔡元培之"许"，也许是邓芬的误记，更准确的说法应是"助"。在北京大学画法研究会中，"徐君任中国部人物画及外国派水彩画。评讲期由会员商定"。[87]因此可见，1919年1月1日辞去北京大学画法研究会导师之职，[88]14日徐悲鸿获官费生的资格留学法国而离开北京，[89]此举得自蔡元培于当年11月致函傅增湘，从而为徐悲鸿转圜有关，[90]亦有赖郑锦的悉力推荐。另一方面，郑锦是在徐氏出国以后才加入"北京大学画法研究会"的。1919年2月25日，郑锦是于"北京大学画法研究会"上课的，北京的文献云：

北京美术学校校长郑褧裳先生，近由校方聘请为画法研究会导师，担任教授外国画之部彩色画。二月二十五日下午三时莅会谈毕，审阅会员旧有成绩，均加评语。末谓诸会员以后对于写生一道，须特别注意……[91]

上海的文献又曰：

北京大学附设画法研究会及美术学校设立后，美术上颇放光明。今年画法研究会导师徐悲鸿君赴法后，即聘请旅京比国画家盖大士担任油画导师，北京美术学校校长郑锦担任水彩导师。两君均注重写实，不尚临摹，颇为画会放一异彩。[92]

郑锦在此要学生注意写生而不是临摹，明显表明他们的造型能力有待改善的同时，亦引入了一定的他者经验。他或许知道，日本画坛的狩野派，不允许没有画完写生画的弟子吃早饭。[93]注重写生，无疑是增强记忆和培养对物象细致观察的方式之一。其实，正如学者所云，“盖大士和郑锦皆注重写实，不尚临摹，成为徐悲鸿走后，蔡元培理想的又一具体执行者”。[94]到1920年，郑锦仍在“北京大学画法研究会”兼教，这可从1920年4月15日所订课表导师可见，该会导师为胡佩衡（1892—1962）、贺履之、盛伯宣、汤俊伯、汤定之、李毅士、盖大士（A. Kats）、郑锦、衡惟公、吴新吾（法鼎），共计十人。

正所谓教学相长，郑锦执教于此，对其个人亦不无裨益。要知道，郑氏的学习历程中，水彩画仅是其于东京习油画时的其中一科而已，并非他的“首本名曲”。尽管我们没有充分的材料去讨论郑锦教授水彩的成果，但其能长时期于该会任教，看来学生是比较接受的。另外，盖大士于1916年以前已居北京，作为“北京大学画法研究会”导师的胡佩衡亦随盖大士学习素描、油画、水彩和图案。[95]1928年在香港于所住的香港大酒店220号房展览其作品时，时人就其画艺评论云：“其色彩的谐和，笔触的遒练。”[96]虽然我们缺乏郑锦和盖大士直接交往的文献，但可以想见，一教油画，一授水彩，互为同事之下，郑锦在1920年之前，身边不乏西方的油画家。

郑锦初至北京大学正是五四运动的前夕，是后来美术史家所定义的“五四”新美术运动时期，其主旨是提倡西洋画，批判中国画。新文化运动的主将陈独秀（1879—1942）倡言“美术革命”，矛头指向以“四王”为代表的明清“文人画”。[97]“美术革命”揭开了新美术运动的序幕，新美术运动成为新文化运动的重要组成部分。新美术运动是对于民族传统美术的否定、对于西方美术的认同，“美术革命”所推崇的是西方写实艺术观念和表现手法，而西方写实美术反过来为中国现代美术开辟了新路向。以时序和参与程度而言，郑锦是这一“革命”浪潮的参与者之一。

梁启超、郑锦、陈师曾、徐悲鸿和鲁迅的交叉关系网中，就目前所及的文献可知，梁启超是陈师曾的至交，梁氏曾就陈师曾之死，视之为“殆甚于日本之大地震。地震之损失不过物质，吾人之损失乃为精神”。[98]陈师曾又是郑锦的同事，郑氏与陈师曾十分友善，鲁迅与陈师曾有密切的往还，而徐悲鸿离开北京前的1918年12月22日就与鲁迅等人有一个饭局。[99]按《悲鸿自述》，1918年“识陈师曾，时师曾正进步时也……”[100]在1919年1月1日“北京大学画法研究会”饯别徐悲鸿时，陈师曾就深情寄语，指出“东西画理本同，阅中画古本其与外画相同者颇多……希望悲鸿先生此去，沟通中外，成一著名画者”。陈师曾更赠之手治印一方。正如我们所知，陈师曾1917年作《花卉》赠鲁迅，[101]且为鲁迅刻印不少，后者甚爱其所刻的“俟堂”，[102]郑锦亦有陈师曾为其刻的印至少3方，其一印面有“郑锦”两字外，印章旁刻有“师曾刻”的字样。[103]另两方分别为：“郑锦”，边款刻“师曾”；“褧裳”，边款曰：“师曾为褧裳刻。”此三方印后期由北京携至定县，再由北方带回中山，后来更藏于澳门，可见郑锦对此十分珍视。遗憾的是目前我们没有发现徐氏向郑锦投赠作品的记录，而我们所知悉的有关郑锦和徐悲鸿的关系，迄今只余邓芬的一家之言。或许，郑锦与鲁迅的关系并不如何密切，尽管前者与后者的母亲是邻居，但在已发表的《鲁迅日记》中，似没有看到有关郑锦的记录，更有甚者，鲁迅并不怎么看得起与郑氏同门的范源濂。鲁迅只在1920年10月10日“午后往美术学校国歌研究会听演唱”。[104]详细的情况如何？惹人遐思！

曾几何时，康有为就中国绘画的发展问道：“国人岂无英绝之士应运而兴，合中西为画学新纪元者，其在今乎？”实际上，“在上述陈师曾的演讲中，主要表现了他与康有为主张相一致的一面，那么在其后的《文人画之价值》中则是鲜明地反映出他在对待文人画传统问题上对康有为和陈独秀的批评态度”。[105]这或许是郑锦和陈师曾对待中国美术发展方向的差异，当然差异最大的似乎还是后来对学生问题的处理上。

注释

[1]高平叔编:《蔡元培年谱》，中华书局1980年版，第27页。

[2]蕴玉:《郑褧裳画展观后归来》，澳门《华侨报》1941年1月19日。

[3]有必要说明的是，郑锦是1915年回国抑或我们最初所知的1914年，目前这仍是一个谜。例如，梁启超之文除了最后的十多行是说郑锦之外，前面均是对中国绘画史的考证。如此深刻之文，不是三两天就可写成的。中间郑锦是否先由日本回到广东香山，再由香山去上海，又从上海去天津？然而，根据郑锦家属手上的材料，有云是1914年归国的，而香山人王云五为郑氏1941年在香港的展览撰文时（王云五:《郑褧裳画展》，香港《星岛日报》1941年10月3日），认定其1914年回国，而郑锦的同宗郑春霆亦持相同的看法。

[4]梁启超:《饮冰室合集·文集》第十二册第三十三，中华书局1936年版。又见香港《华字日报》1941年10月5日；金雅选编:《中国现代美学名家文丛·梁启超》，浙江大学出版社2009年版，第375—376页。

[5]参看《郑胜鹏遗文》，2012年6月2日蒙其子郑伟雄兄出示于澳门，深谢！

[6]参看于素珊女士对郑美成回忆的记录。蒙记录者2012年5月30日出示手稿副本，深谢！

[7]张一麐:《郑褧裳之画》，香港《大公报》1941年10月1日。

[8]同上。

[9]参看《北京平民教育促进会总会重要职员表》（二），载《教育杂志·平民教育专号》第十九卷九号，1927年9月20日。

[10]“京师大学堂师范馆”于1902年创立，1908年改称“京师优级师范学堂”，独立设校。1912年改名为“北京高等师范学校”。1923年更名为“北京师范大学”，成为中国历史上第一所师范大学，是“北京师范大学的前身”。陈宝泉（筱庄）曾留学日本，其校长任期为1912.05—1920.12。

[11]陈振濂:《近代中日绘画交流史比较研究》，安徽美术出版社2000年版，第161页。

[12]张能耿:《鲁迅早期事迹别录》，河北人民出版社1981年版，第158页。

[13]陈瑞林:《东西方美术交流年表1492—1989》，见［美］苏立文《东西方美术的交流》，陈瑞林译，江苏美术出版社1998年版，第486页。

[14]《俞剑华年谱》作“北京高等师范手工图画专修科”，载周积寅编《俞剑华美术论文选》，山东美术出版

社1986年版，第352、408—409页。该科创办于1915年，只招一届，学制3年。文中称“陈筱庄”为“陈筱在”，当误。

[15]中央美术学院前身——国立艺专，经风历雨，屡遭磨难，曾三次停办，一次长途往返迁徙，十五次校名变更，终于迎来了新中国的成立。祝捷:《中央美术学院前身校名校长变更初探(1918—1949年)》,《美术研究》2007年第4期，第70页。

[16][日]鹤田武良编:《中国近代美术大事年表》，和泉市久保惣纪念美术馆1997年版，第15页。

[17]陈瑞林:《20世纪中国美术教育历史研究》，清华大学出版社2006年版，第118页。

[18]王森然:《梁启超先生评传》(节录)，此据夏晓虹编《追忆梁启超》(增订本)，生活·读书·新知三联书店2009年版，第19页。

[19]张志民:《时遇与机缘——谈范源濂、梁启超与北京美术学校之创建》,《中国书画》2010年第12期，第64—65页。

[20]参看《鲁迅全集》第十四卷，人民文学出版社1980年版，第17页。

[21]陈振濂:《近代中日绘画交流史比较研究》，安徽美术出版社2000年版，第99—102页。

[22]参看郎绍君、水天中编《二十世纪中国美术文选》(上卷)，上海书画出版社1999年版，第10—14页。

[23]刘晓路:《世界美术中的中国与日本美术》，广西美术出版社2001年版，第183页。

[24]《教育部职员任免调迁及行政事项通知粘存簿(1917—1925)》，第1057—1070页，北洋政府教育部档案，中国第二历史档案馆藏。

[25]办学初期，北京美术学校、北京美术专门学校在报纸、杂志上刊登招生广告或启事时，往往署名“国立”字样，而实际上，这时的校名中并不带有“国立”二字。这一点可由行政院颁发的“北京美术学校”“北京美术专门学校”的印章(纹样)来确证。详情可参看李中华《中央美术学院前身1917—1938年校名校长变更详考》,《孝感学院学报》2010年第30卷第2期，第108页。

[26]《中国美术年鉴1947》，上海社会科学院出版社2008年影印版，第18页。

[27][日]长广敏雄:《北京の画家たち》，日本京都全国书房，昭和二十一年(1946)，第64页。

[28]《美术学校开学记》,《北京大学日刊》1918年4月18日。

[29]《美术学校开学记》。蔡元培:《国立美术学校成立及开学式演说词》，载《北京大学日刊》第114号，1918年4月。又载聂振斌选编《中国现代美学名家文丛·蔡元培卷》，浙江大学出版社2009年版，第202页。括号内之字见于《北京大学日刊》。

[30]《美术学校开学记》。

[31]王宏建:《在探索中国现代美术教育的道路上——中央美术学院80年的回顾》,《美术》1998年第3期，第5页。

[32][美]苏立文:《东西方美术的交流》，陈瑞林译，江苏美术出版社1998年版，第393页。

[33]阮荣春、胡光华:《1911—1949中国近代美术史》，(香港)商务印书馆1997年版，第22页。

[34]鲍少游:《画意诗情忆故人：写于郑褧裳先生遗作画展前》(二)，载1959年6月6日香港《华侨日报》第3张第4页。此诗后来有新的版本，《送郑锦(褧裳)就任北平国立美专校长》丁巳(民六):“立志开新范，求精革旧模；廿年研美学，此日入燕都；

我亦关怀甚，君今得意无？临歧一杯酒，相祝长鸿图。(一)海角同攻读，葭莩况有亲；凌云钦奋志，破浪见精神；劳燕嗟分道，丹青信可珍；菁莪应乐育，桃李满京津。(二)”见《鲍少游诗词集》，台湾商务印书馆股份有限公司1979年版，第90页。

[35]刘晓路：《北平艺专前期若干史实钩沉》，《美术观察》1999年第11期，第61—63页。

[36]转引自李育中《岭南画派另一创始人质疑——广东画人钩沉之一》，载广州美术学院岭南画派研究室编《岭南画派研究》(第二辑)，岭南美术出版社1990年版，第71页。

[37]刘海粟：《日本新美术的新印象》，商务印书馆1920年版，第190页。

[38]陈瑞林：《20世纪中国美术教育历史研究》，清华大学出版社2006年版，第118页。

[39]刘开渠：《刘开渠美术论文集》，山东美术出版社1984年版，第257页。

[40]雷圭元：《晚年自述》，载廖延彦编《雷圭元文集》，山东美术出版社2011年版，第252页。

[41]吴公虎原名世璋，海南儋县人。早年毕业于北京大学，曾任(民国)北京政府参事、上海市政府专员、财政部苏北财政处处长、国民革命军第37师政治部主任、广东省侨务处处长等职。解放前夕移居香港。擅长花鸟，尤以画虎著名。曾多次在香港举办个人画展。

[42]吴公虎：《郑师褧裳画展怀旧》，载1941年×月×日香港《华侨日报》。

[43]参看《中国近代教育史料汇编》(民国卷)，全国图书馆文献微缩复制中心2006年版，第159页。

[44]教育部总务厅文书科编：《教育法规汇编》1919年5月。又载赵力、余丁编《中国油画文献》，湖南美术出版社2003年版，第402—403页。

[45]庄申：《对北京美术学校的考察与检讨(1900—1945)》，《明报月刊》1978年5月号，第37页。

[46]同上。

[47]傅怡静：《郑锦与国立北京美术学校——兼论郑锦对国立北京美术学校学科及课程建设的贡献》，《美术研究》2012年第1期，第69页。

[48]章咸、张援编：《中国近现代艺术教育法规汇编》，教育科学出版社1997年版，第121页。

[49]同[47]。

[50]刘开渠：《刘开渠美术论文集》，第257页。

[51]雷圭元：《漫谈图案造型规律——对图案教学的改进意见》，载廖延彦编《雷圭元文集》，第84页。

[52]王振宇：《中国水彩画之父李剑晨》，东南大学出版社2007年版，第34页。

[53]《指令第一千三百十八号》，载《教育公报》1920年第9期，第32—33页。

[54]同上书，第35—36页。

[55]同上书，第36页。

[56]署名“老苔”的人1941年在参观郑氏的画展后撰文云：“当他充任北京艺术院长时，我们曾在平拜览过好多大作……并未举行个人展览。”参看老苔《郑褧裳先生国画观赏小记》，载1941年1月19日澳门《华侨报》。

[57]刘晓路：《北平艺专前期若干史实钩沉》，《美术观察》1999年第11期，第61—63页。

[58]王树恩：《鲁迅在北洋政府教育部的15年》，《湖北档案》2010年第9期，第40页。

[59]参看《郑胜鹏遗文》，2012年6月2日蒙其子郑伟雄兄惠赐影印本于澳门，深谢！

[60]2012年4月14日，蒙郑锦姐姐郑玉英的外孙郑凯

林先生于澳门赐教，深谢！
[61]杨沫:《喜花》，载1982年1月25日广州《羊城晚报》。
[62] 2012年4月14日，蒙郑锦姐姐郑玉英的外孙郑凯林先生于澳门赐教，深谢！
[63]《画法研究会会务纪要》，《北京大学日刊》1918年3月30日。
[64]《画法研究会纪事第三十》，《北京大学日刊》1919年1月10日。
[65]俞剑华:《陈师曾先生的生平及其艺术》，见周积寅编《俞剑华美术论文选》，山东美术出版社1986年版，第347页。
[66]同上。
[67]余绍宋:《书画书目解题》，北京图书馆出版社2003年版，第164页。
[68]俞剑华云:“先师陈师曾先生在北京美专讲稿，大体多采用中村小鹿之书，由笔者整理印行，当时以校订荒疏，尚多谬误。”参见《俞剑华美术论文选》，山东美术出版社1986年版，第89页。小鹿青云在中国是一位精于鉴赏中国绘画的日本人，后来在日本以小说家的形象出现。
[69]俞剑华:《陈师曾先生的生平及其艺术》，见周积寅编《俞剑华美术论文选》，第352页。
[70]俞剑华:《陈师曾·弁言》，上海人民美术出版社1981年版。
[71]陈继春:《折射光芒——俞剑华早期若干艺文活动浅探》，此为参加由中国美术馆、南京艺术学院于2009年4月25日在中国美术馆联合主办的“俞剑华国际学术研讨会”发表之作。后收入刘伟冬主编《俞剑华先生学术研讨论文集》(套装全2册)，东南大学出版社2009年版。
[72]陈小从:《义宁陈氏剪影》，载《老照片》(第33辑)，山东画报出版社2004年版，第46页。
[73]严智开出生于天津，1917年毕业于东京美术学校西洋画科，后来考入研究生，但因留学美国而退学。1931年出任天津美术馆馆长，1934年出任国立北平艺术专科学校校长。系严修之子。[日]吉田千鹤子:《近代东アジア美术留学生の研究——东京美术学校留学生史料》，东京，2009年，第150页。
[74]许志浩:《中国美术社团漫录》，上海书画出版社1994年版，第27页。
[75]郑美成在于素珊的协助下，于1997年4月将此对联自葡萄牙捐赠台北故宫博物院。
[76]陈永正:《岭南书法史》，广东人民出版社2009年版，第165页。
[77]《悲鸿自述》，《良友》1930年第46期，第30页。又载王震、徐伯阳编《徐悲鸿艺术文集》，宁夏人民出版社1994年版，第127页。
[78]《悲鸿自传》，《读书杂志》1933年第3卷第1期。又载王震、徐伯阳编《徐悲鸿艺术文集》，第209页。
[79]华天雪:《徐悲鸿的中国画改良》，上海书画出版社2007年版，第98页。
[80]《画法研究会会务纪要》，《北京大学日刊》1918年3月30日。
[81]蔡元培:《北大画法研究会旨趣书》，原载1918年《北京大学日刊》，此据聂振斌编《中国现代美学名家文丛·蔡元培卷》，浙江大学出版社2009年版，第201页。
[82]许志浩:《中国美术社团漫录》，第31页。
[83]参见《邓芬百年艺术回顾》，澳门市政厅，1997年，第24页。

[84]徐伯阳、金山合编:《徐悲鸿年谱》，台北艺术家出版社1991年版，第15页。
[85]《悲鸿自述》。
[86]《画法研究会行休业式纪事》,《北京大学日刊》1918年6月28日。
[87]《画法研究会导师已请定》,《北京大学日刊》1918年3月9日。
[88]李松编:《徐悲鸿年谱》，人民美术出版社1985年版，第22页。
[89] 1919年1月20日《北京大学日刊》刊出的《徐悲鸿启示》云:“悲鸿于本月十四日晨挈眷离京到沪小住即赴巴黎。前承本校人士及画会同志数次祖饯，十分感激……”
[90]《悲鸿自述》。廖静文:《徐悲鸿一生——我的回忆》，中国青年出版社2007年版，第46页。
[91]《画法研究会纪事(第三十五号)》,《北京大学日刊》1919年3月8日。
[92]参看上海图画美术学校校刊《美术》第2期中《北京大学画法研究会之近闻》。
[93][日]冈仓天心:《中国的美术及其他》，蔡春华译，中华书局2009年版，第164页。
[94]封加梁:《徐悲鸿与北京大学画法研究会》,《南京艺术学院学报》(美术与设计版)2008年第6期，第45页。
[95]参看炎黄艺术馆编《近百年中国画研究》，人民美术出版社1996年版，第134页。
[96]杜若:《荷兰画家A.Kats》,《非非画报》，第13页，第二期，1928年6月26日，香港。盖大士应为比利时人，此应误记!
[97]陈独秀:《美术革命——答吕澂》,《新青年》第6卷第1期。关于《新青年》第6卷第1期的出版日期，应为1919年1月15日。原刊标出版有两行，一行为“民国八年”，另一行为“一八一八年”后者为错标。从前后期数看，其应出版于1919年1月。而由郎绍君、水天中编的《二十世纪中国美术文选》也标示其出版于1918年。
[98]俞剑华:《中国美术史·序》，翰墨缘美术院1924年版。
[99]同席者有刘半农、钱秣陵、沈士远、钱玄同等。参看《鲁迅日记》(上卷)，第293页。
[100]《悲鸿自述》。
[101]龚产兴:《中国巨匠美术周刊·陈师曾》，台北锦绣出版事业股份有限公司1995年版，第30页。
[102]参看李何林主编:《鲁迅年谱》(二)，人民文学出版社1983年版，第353页。
[103]参看《郑褧裳纪念画集·画家常用印》，临时澳门市政局，2001年。
[104]参看《鲁迅日记》(上卷)，第345页。
[105]袁林:《陈师曾和近代中国画的转型》，载炎黄艺术馆编《近百年中国画研究》，人民美术出版社1996年版，第242页。

本文载于《美术研究》2013年第2期

陈继春，1966年生，广东中山人。毕业于中央美术学院美术史系，获博士学位。澳门艺术博物馆馆长。

袁宝林，1939年生，河北唐山人。1965年毕业于中央美术学院美术史系。中央美术学院教授。

文物图像与艺术历史

葛承雍

一、图像的历史分量

文物作为图像史料在历史叙事中一直具有重要地位，虽然零散的文物不可能建立一个首尾贯穿的历史图景，文物图像只能证明历史的多样性，或当作历史脉络的证据，也具有极高的审美价值，但是，文物具有不同类型，例如汉代画像石中神兽与羽人讲述着当时政治形态的神化历史；又如南北朝宗教中的地狱与魔鬼的图像，很容易使人联想到战乱动荡恐惧的历史，联想到社会动乱的背景。唐代昭陵六骏让人感受到的是李世民的勇敢与突厥视死如归的葬俗。图像也担负着传递人们如何生活的物质文化和社会行为的证据，当时的画家就扮演着史家的职责，用绘画艺术记录下令人回味的景观。

文物图像作为古代遗存的艺术精品，能流传至今的图像在当年一定是创新，才能吸引后人体味艺术珍品中的精神享受，并带给人们创作思考和历史体悟。这就启迪我们认识到目前的读图时代、影像时代发展趋势，无论是文物图像还是艺术影像，都会映衬出黑白文字的相对苍白与容量局限，几万文字可能比不上一件文物或一幅图像的生动再现。一本历史著作除了要通过各种资料还原当时古人的精神世界，推理后再渗透在字里行间的感情，还有加入书中的文物图片，从而使全书有了立体的形象，不仅浓缩生动，而且有独特的视角与鲜明的细节。特别是一些首次公布的文物图像，不仅显现出要挖掘历史秘史的重量，而且透露出历史大潮带来的心灵激荡。正如人们所说“唐人走马打球，宋人钓鱼赏花”，表现的艺术主题随着时代也有变化。

文物图录作为一种艺术载体是一个时代文化的记载，我国古代向来有“左图右史”的传统，但受书写载体和印制技术所限，二十四史却未能收图入史。通过图录，以图明史、以图正史、以图补史，不仅可以为印证史实提供直观证据，也可以形象地展示当时社会的风貌，补充文字史料的僵化与不足，发挥文字叙述所不能替代的特殊作用。

一张张文物图片虽然只是史海粒尘，从中却可以窥见起于青蘋之末的微风，从信赖文字的记言叙事走进图像的传情达意，图文互动阐释进一步加强了历史的追踪与解读。图像叙事更为直接真实，即使选材受到限制也会因直观性而妙趣横生。

学术界过去受保存环境、档案封闭、影像技术、经济条件等种种制约，一直未将图像史料列入重要地位，除了历史文献外，人们注意的是对口述史料搜集，图像史料的利用基本停留在插图阶段，很长时间内没有走入文史学者的视线，直至今天许多学术刊物仍然不能刊登彩色图片。虽然我们不能说图像史料的重要性超越了其他文献史料，但许多图像史料常常带来文字史料无法比拟的强烈震撼力，图像所包含的各种信息比史书文字更为直观，比文献辑录更为纪实准确，既具有记录承载历史信息的共性，又具有印证历史事实直观形象的特点，是历史最为直接、最具说服力的证据。

面对许多历史的未解之谜，一件文物图像或许可以使学者辨识解读，或使读者一目了然、顿开茅塞，用形象化的记录展现出文字难以描述的事物和人物，补正文献史料的缺憾，图像史料的重量与力量由此可见。虽然文物图像一件一见和瞬间性的特点决定了它的局限性，不可能连续记录历史的活动，不如文献的细致，而且离不开文献史料的支撑与充分论述，但是文物图像在当代学术研究中占有越来越重要的地位，整个人文学科都随着考古文物新发现而面临重要的史料转移。因此图像与文献两者结合才会相得益彰，开创一个新的视野。

图像不仅弥补了历史文献的疏漏，也使研究者在文献文本中找到了突破口。图像使人“眼见为实”，从艺术品实物的图像意义而非考古学价值出发研究历史。特别是有些清晰壁画和实物图像，有相当一部分对历史研究具有拾遗补缺的作用，一些生动的细节是书斋文献研究难以获得的，堪称新的“活态史料”。

著名历史学家彼得·伯克（Peter Burke）《图像证史》一书专门论述了如何将图像当作历史证据来使用，[1]特别是尝试复原历史过程中某些切片，从微观视角入手进而拓展到历史的宏观视野。图像学源自19世纪在欧洲美术史研究领域里发展起来的图像志，关注艺术品的主题内容以及题材背后延伸的深层内涵。简言之，艺术史关心的是“怎么画”，图像学关心的是“画什么”。

图像展现了古代的绘画、壁画、雕塑、彩陶、三彩等及建筑艺术品，它们最初都是置放于庙宇、石窟、墓葬等重要公共活动场所的，即使在皇家宫廷大殿和贵族官僚宅室保存的传世画轴，也都有益于重构古代人的生活空间，也丰富了我们研究的史料和途径，提高了我们审视的眼界以及借鉴的参照和思维。更重要的是，图像虽然不能证明历史发展的前因后果，也不像枯燥的文字去做结论性阐述，但是图像的搜集汇聚足以令人们在强烈的感性印象之后，再去理性思考历史真相的分量。

许多学者爱将西安、洛阳、太原、南京、杭州、北京等古都旧迹比作“图像的城市”，就是因为这些历史文化名城遗存着众多有分量的文物，有着历史阐释的重量，能产生现代意识的美术或艺术概念，这也是考古学、美术史、艺术学研究相交集、相融汇后一个具有战略性的启发趋向。

二、图像的社会见证

文物可以成为重建过去生活的证据，例

如建筑构件结合遗址恢复了城市民居的面貌，保留的家具恢复了家庭内部的陈设，搜集的玩具恢复了儿童的童年生活，化妆粉盒重构了妇女的美容美貌追求，金钗步摇展现了女性头饰的婀娜多姿……因而文物图像可以补充史书忽略的细节，提供了更丰满的人物形象，激活已逝去的过去社会的想象，让历史重新鲜活起来。

文物改变了我们观察历史的方式，也改变了我们观察世界的方式，文物图像包括艺术品提供了文字文本所忽视的社会真实面向的有力证据，担负着传递过去人们如何生活的物质文化和社会行为的见证，可以充当一种社会史料或者历史珍档。图像的历史书写，犹如历史缝隙里的细微声音，图像的风姿绰约承载着历史叙述的能力。文物图像可以直观地道破文献无法单独负荷的历史重量，足以勾勒出无数文献无法描述的人间世态，也可能带来一种崭新的研究视角，让历史长河从文物图像中汩汩流淌，直至永远。

在历史学文字训练的长久影响下，我们已经习惯于听文字说故事，沉湎于读史书想故事，就像习惯了双眸紧闭，现在睁开眼睛，临摹主题构图，会感觉到文字与图像毕竟是南辕北辙的两种叙事语言，古典史籍的“情景再现”与文物图像的“真实再现”有着不同的视角。[2]

许多文物图录展现的历史图景，引起了国内外学术界的关注，不仅借助比我们自己更广阔的视野，还通过更具穿透力的视线，来展现他们对文物的理解、对历史的理解，因为这不是工艺品靓丽的浮光掠影，或仅仅是古典艺术的质感呈现，而是人们往往能从这些摆在我们眼前的文物图像中，能从一些无关紧要的艺术细节中找出另类的历史。

例如秦汉历史图像从先秦青铜器居多转向多元的人物陶俑、画像石、建筑石刻、服饰、玉器、金银器到边疆民族文物，以及域外传播的文物图像，都显示了图像印证文献的旺盛生命力，不仅拓宽了研究者的视阈，而且通过公之于众的文物图像印证了当时的生活，使人们有益于恢复历史本真的面貌。[3]

例如南朝墓中“七贤”拼镶砖画图像、北齐娄睿墓中贵族生活图等南北朝时期墓室壁画的发现，不仅为今人提供了六朝绘画真迹，也为我们提供了一个窥知那个时代风貌的窗口，具有无可比拟的史料价值。[4]

例如唐代的历史图像包括陶俑、三彩、壁画、丝帛画等，特别是诸多石刻线画尤为突出，它们形成一个一个久远的图像，将残余片断还原成鲜活的历史图景。唐代以后，石刻线画渐渐列入绘画，原来绘画雕刻技艺集中于良匠一人，后来画师、石匠有了分工，绘与刻逐渐分离，以后又有了捶拓技艺，从而使绘画、线刻、拓本三种技艺合为一体，流传欣赏。

近年从美国追索回归的唐开元二十五年（737）武惠妃石椁上镌刻着古希腊－拜占庭文化模式的艺术图像，既有英雄与神兽、勇士与走狮，又有丧葬仪礼上挽歌手塞壬，既有反弹琵琶“胡人”男伎，又有欧罗巴面貌的手捧祭盘的神人，从而印证了古代美术史虽有记载但一直无法直观的“拂林”画派，也是“以图述史”“以画及史”的印证。[5]

又如佛教艺术早期阶段向中亚、东南亚和中

国的传播，随着大量寺院遗址、石窟浮雕、供奉雕塑、遗存壁画等文物图像的展示，成为我们认识古代宗教文化的重要依据，佛教各类的文物图像，不仅是宗教历史的记录，也是对文化艺术的独特理解。一件文物一个领域，整体的汇聚就是文物凸显的大千世界了。[6]

目前，图像与文本互构的历史世界渐渐成为一种潮流，从本质上说，图文并茂的历史著作或是文学绘本，都是由图像构成的视觉媒介，经过发掘者、整理者有意识地排列组合(序列性)，长篇文字和图像艺术相互并置，不管是论著插图还是绘本小说，都用来传达古典信息以及促使人们欣赏接受这类美学。但需要注意的是，在学术研究中，历史图像一般是用来说明文本的附属物，在考古文物图录中历史图像则与文字文本拥有相同的地位，皆是用来建构已逝去的古代世界记忆，传递过去人类的生活意义。

如果说视觉文化就是图像文化，但是图像艺术的标准依然有很多困惑，图像能否触及文明的本源和真相，有无局限和偏见，这是需要我们分析和思辨的。

特别是有时历史图像不是用来说明叙事文本的，而是构成了一个独立的按年代时间排列的叙事线条，它跨越了一般的话语描述，形成了语言叙述和视觉叙事相结合的模式，创造出一个图文相得益彰的对应整体，同时还保持着各自的特征。在西方艺术史上，文字与图像被视作“姐妹艺术”“兄弟艺术”，两者之间平分秋色又存在着区别性的关系，例如诗歌被认为是时间的艺术，而图像被认为是空间的艺术，这些思考都对我们迎接图文时代以及学术研究中图文互配有着启迪作用，传统的文字与图像分割模式将走向衰落颓势已成定局。可以说，没有图像参与的历史描述是极不完整的，没有文物图像的影映逝去社会的见证也是毫无说服力的。

三、图像的论据分寸

历史学家将图像视作符号语言，分析图像内所呈现的文化模式，已是目前一种研究曲径，甚至被人们称为“人世镜像，社会百态”，“行文写春秋，图像感天地”。视觉图像史料进入历史学家、考古学家、艺术史家等专业研究的笔底，尝试着复原历史进程中的某些片断，尽管是一些零散碎片，但可以从微观角度入手进而拓展到历史的宏观视野，因而被一些学者高度评价为开启图文互动的新纪元。

面对沉默千年由文物实体转化为历史图像的史料，谁能独具慧眼，一声声唤醒它的灵魂，富有想象力地揭示它的真相，谁自然就是学林高手。在数以万计的图像中搜寻蛛丝马迹，还要在史书中进行检索分析，支离破碎的图像经过“推理”后力图还原古人的生活，带着我们回到图像结合文献产生的历史现场，解读细节既不容易又耗费心血，而且还会判断失误。

一般来说，视觉图像的解读十分复杂，要把图像史料解读成为历史证据非常困难。然而，文物图像与历史文献携手共同道出诸多典籍无法用文字道尽的事件，展现出细腻又有趣味的历史活剧，诉说出原来幽微晦涩的纸上剧场。所以笔者始终认为文物图像就像一页秘籍、一篇史诗，每当我们探讨历史隐秘的话语时，就会渴望珍贵的图像从沉匿的地下被发掘出来。

但是我们要分别文物图像与历史影像的不同，前者是绘画艺术类符号的表意，后者是摄影技术工具的定格，双方时代、手段、角度都有所不同，虽然在追寻散落的历史记忆中都有价值，然而真实性有待具体实物具体分析，特别是来源于真实却高于真实的艺术创作，有着渲染、夸张、抽象等因素，不能完全等同于现实，这就需要阐释图像时把握住分寸。

如果对图像作为历史证据运用不当或是偏差太大，不但起不到补充文本文献证据特殊价值的作用，反而会削弱历史的判断力，产生新的历史信息困惑。尤其是丰富的图像宝藏后面隐藏着许多不为现代人所知的陷阱，潜伏着误入歧途危险的模糊性与多义性。

历史文物类的绘画艺术创作者，有时受到当时社会条件的限制，有时又受到官方政治的制约，不得不带着文化偏见或预设的眼睛进行创作，只描绘统治者的盛大场面，表现了官府的意志，展示了官僚的排场，在今人眼中犹如拼接时间记忆的伤痕，可这却是当时等级社会的突出表现。不过，要注意文物图像由于诸多原因造成的若明若暗与虚实真假现象，即使初露端倪，也有不确定的幻象空白需要鉴别考释。

过去图书中许多历史人物是后人凭想象绘制的，按道理，后人应该有丰富的资料借鉴来描绘那个时代的人物，但是绘制者低劣的知识水平和对艺术的无知，画出了不三不四、不中不外的怪胎人物。例如中国古代人物画像往往很像同一个人，倭瓜脸、肿泡眼、络腮胡，不同时代的古人长相几乎一样，历史课本中秦始皇、光武帝、诸葛亮、唐玄宗、颜真卿等仿佛是一个模子里铸造出来的。历史人物的插图从明代《三才图会》上沿袭而来，缺乏想象力不说，而且连胡子都画成一样的模式。[7]这种人物绘画水平不如唐代阎立本，阎立本《历代帝王图》中汉至隋十三帝王，虽有程式化倾向，但刻画个性上还不落俗套。

当然，文物图像毕竟不是照相机翻拍的场景，也不是电视片中的“情景幻现”，它只是艺术主题的传达者，或者只是个别代表而不是整个群体的再现，社会现实与文化艺术或多或少存在着距离。许多图像并不是社会真实的反映，但也不是无关社会生活的虚假符号，它是介于两者之间的模糊概念。所以必须考虑创作者的意图，如同订史书、删诗词，句要斟、字须酌，应区分“象征符号”与“真实事件”的不同，[8]以免被曲解误导，不能走向另一个极端偏锋。

用历史的图像叙事，用文物图像印证编年史，但不是看重其直观性与愉悦性，而是追求更为真实的历史面貌。但是，靠图像说话绝非易事，因为图文互动的阐释、图像来龙去脉的追踪以及图像细节的解读，都有赖于作者依据历史文献的功底合理地鉴别诠释。目前一些研究者不认真研读历史文献随意想象，有的甚至编造不靠谱的离奇故事，所以图像常常会成为一柄两刃剑，有着可能刺伤自己也可能伤害原创作品的风险，既可以戳破也可能吹破。

观察图像、还原历史以及追索社会万象时出现一些歧义也属于正常，除了研究者学识功力不同外，绝不能急功近利浮躁追风，要仔细鉴别慎重梳理，也必须留意假冒赝品，防止颠倒混淆。有的汉画像砖石动辄几百块，造假伪作非常拙劣，我们一些“大家”“专家”信口开河说是稀世珍品留下了笑柄。有些外来艺术的程式图像被人们随意解释为外来宗教的展示，其实祆教、摩尼教、景教等外来“三夷教”有着自己独特的规定与约束，根本不是后人望图生义的随意想象。文物图像更需要现场考察、慢慢揣摩，特别是借助散落的历史图像碎片时，愈发需要注意“拼图”的陷阱与弱处。[9]

用图像还是用文字来呈现与梳理历史，或许是两门不同传承的手艺。但综合起来需要良好经典文化的滋养，那些散落四海的历史碎片，能够借助编著者的慧眼妙手，构成一幅体现作者史才、史学、史识的关键图像。

要想呈现给世人一部更为真实、新颖、鲜活的历史艺术著作，不仅要摆脱那种炒剩饭式的应景之作，不落俗套将一些鲜为人知的细节介绍给人们，使其对一些历史问题产生共鸣和思考。同时也让读者换一种眼光看世界，通过微观细节寻求历史真相，重新审视不易认识的令人眼花缭乱的历史。

不过，我们不能把审视的眼光局限在历史的细枝末节，不能只从图像中找答案，我们还要从宏观上更广阔地了解历史动态的进程。否则我们就很难享受历史进步所带来的辽阔和豪迈，很难理解汉代为何是中国古代的青春时期，或唐代为什么走向中古社会盛世的顶峰，以及明清为何转向中国历史的衰老时期。

总之，文物图像以直观的和不可替代的方式，传达和灌输着古人的核心观念，因而我们不仅能感受到图像所补充与印证的历史分量，也能体会到图像社会见证的重量，文物图像与历史文化、古典艺术的相得益彰，永久地刻画与固化下许多后人不知的历史场景，我们期待着更多的文物图像随着考古发掘公布面世，为中国历史和艺术发展史提供更多的养料。

注释

[1][英]彼得·伯克:《图像证史》，杨豫译，北京大学出版社2008年版。

[2]陈建守:《图像的历史重量——引介彼得·伯克〈目击：当作历史证据的图像用途〉》，(台湾)《新史学》2007年第18卷第1期。

[3]孙机:《汉代物质文化资料图说》(增订本)，上海古籍出版社2011年版。

[4]杨泓:《中国古代墓葬壁画综述》，见《中国古兵与美术考古论集》，文物出版社2007年版。

[5]拙作《唐贞顺皇后(武惠妃)石椁浮雕线刻画中的西方艺术》，《唐研究》(第16卷)，北京大学出版社2010年版。《再论唐武惠妃石椁线刻画中的希腊化艺术》，《中国国家博物馆馆刊》2011年第4期。《唐宫廷女性画像与外来艺术手法——以新见唐武惠妃石椁女性线刻画为典型》，《故宫博物院院刊》2012年第4期。

[6][法]阿·福歇(A.Foucher):《佛教艺术的早期阶段——印度和中亚考古学论文集》(*The Beginnings of Buddhist Art*)，甘肃人民出版社2008年版。

[7]《课本中众多古代名人画像雷同惹争议》，《语文教学与研究》2011年第2期。

[8]齐东方:《现实与理想之间——安伽、史君墓石刻图像的思考》，《古代墓葬美术研究》(第1辑)，文物出版社2011年版。

[9] 缪哲:《以图证史的陷阱》,《读书》2005年第2期。

本文载于《美术研究》2013年第3期

葛承雍，1955年生，陕西西安人。1986年毕业于西北大学历史系，获硕士学位。国家文物局文物出版社总编辑、党委副书记。

画家生活与教授生涯

——齐白石与国立北平艺专过往考略

张 涛

画家生活

齐白石20世纪40年代回忆过往曾如此感怀："秋凉回京华，天日和畅，无过北方，因在此流连廿又三载。竟使全世界知名，皆来购画。"[1]齐在乱世中的身份焦虑主要源自生存的极度不安全感。当他终以职业画家身份在北京得名得利后，这种焦虑感随着经济层面的好转逐渐消弭。齐白石对北京的好感可谓始终如一，这里给予了频遭匪乱世变的他所梦寐以求的安全与稳定。究竟是怎样的古都生活能够让他生发出如"故乡无此好天恩"的肺腑之言？

1929年出版的《工商半月刊》刊载《北平最低限度的生活程度的讨论》一文，将当时北京的生活程度由低到高分为四层：

> 第一层我们可以叫作穷得要命的生活程度。这一阶级包括仰给于人的乞丐，到粥场喝粥者，及一切吃不饱穿不暖的贫民。
>
> 第二层为将就度日的生活程度。这一阶级的人倒是吃饱了穿暖了，也用不着慈善机构的补助，但近于禽兽的生存，至于人为社交的动物的各种需要还供给不够，他们过了一日再说一日，即或偶尔有些积蓄，也不足几天用的，若家主一旦有病或失业，全家立刻感觉困难，非当则借，有溜入第一层生活程度的趋势。
>
> 第三层为安乐度日的生活程度。这一阶级的人不但不愁吃并且常吃适口的食品，不但不愁穿并且常穿舒服又好看的衣裳，不但房子够住并且外表很可观，里面家具应有尽有，也布置得很像个样子，除了能维持身体的健康外或能接长不短地听听戏，看看电影，年幼的儿女都上学读书。即或家中发生意外的不幸也有积蓄的钱来打接应，一年半载不至于塌架。
>
> 第四层为任意奢侈的生活程度。凡人类的需要和安乐这一阶级的人都能享受，除了极可心的衣食住外，也能满足他们关于文学、美术、音乐、游历等种种的兴趣。[2]

论者在文中援引1926年左右的数据，详细分析了这四种阶层大体的年平均花销：第一层全年支出少有超过百元；第二层处于150—200元之间；第三层全年各种费用约需250元；第四层全年消费总额在300—400元之间。[3]五四运动以来的十几年间，中国南北市场上主要流通银圆和兑换券（起初称为“宝钞”，后改称“钞票”），币值采用银本位制。1912—1919年间物价起伏不大；直到1926—1927年间市场才略有波动。[4]秦仲文在北京鬻画所开列的润例，从1930—1937年的七年间没有任何变化，[5]说明此时期北京的物价也是较为稳定。按照引文分类的四种阶层的消费指数，在民初二十余年间整体差异不大。

齐白石于1919年正式定居北京，到了第二年：“我的润格，一个扇面，定价银币两元，比同时一般画家的价码，便宜一半，尚且很少人来问津，生涯落寞的很。”[6]以此推算，当时活跃于北京，在他眼中只属“一般画家”的扇面价格约为四元。[7]此时期北京的物价如下：

农商部统计科编制之1923年全国物价统计表

（京兆 京都市）[8]

上等粳米/石	下等粳米/石	上等小麦/石	下等小麦/石	机制麦粉/斤	磨制麦粉/斤	黄豆/石	鸡蛋/百枚
13.93圆	12.00圆	9.28圆	8.28圆	0.08圆	0.07圆	6.62圆	1.90圆
牛肉/斤	羊肉/斤	猪肉/斤	豆油/斤	芝麻油/斤	花生油/斤	猪油/斤	食盐/斤
0.17圆	0.20圆	0.19圆	0.20圆	0.25圆	0.20圆	0.30圆	0.07圆
白糖/斤	红糖/斤	酱油/斤	毛尖茶/斤	烟丝/斤	上等白酒/斤	煤油/斤	宣纸/百张
0.17圆	0.14圆	0.26圆	0.65圆	1.80圆	0.19圆	0.08圆	6.12圆
毛边纸/百张	靛青/斤	金/两	银/两	上等呢/尺	上等夏布/尺	上等官纱/尺	烟煤/吨
1.00圆	0.25圆	44.37圆	1.43圆	4.43圆	0.23圆	0.90圆	7.54圆

按照“一般画家”的一幅扇面价格换算，则分别可兑换如下数量的物品：

一幅扇面的价格换算

一幅扇面可兑换（北京一般画家）	50斤机制麦粉
	200余枚鸡蛋
	20斤左右猪肉
	13斤猪油
	69斤左右食盐
	6斤左右毛尖茶
	20斤上等白酒
	400张毛边纸
	0.5吨左右烟煤

民初的北京，一个在齐白石眼中所谓的“一般画家”，大体每月只要售出扇面四幅，基本就能达到北京第二层级即“可将就度日”的生活水平。画家的实际收入，当然不会是类似如图表比对之后的完全所得，还要考虑到中介费用、画材消耗、人情酬酢等诸多不确定因素，润例本身也有着很大弹性空间。齐白石“四元一尺的画价，是贴在他的画室墙上的润例所规定的，而交给荣宝斋店里的却是八元一尺，其中的差价是中介费。到他画室订画的，则又有有无熟人介绍的分别：有熟人介绍的可享有七折优惠”。[9]而涉及画材等成本耗费并不为多。胡佩衡曾提及“李福寿笔店，应时而兴，仿制鹿毫，精工廉价，是以北平画界中，无不知李福寿之名者，其适用可知。……价亦极廉（大白云每支仅五角）”。[10]即便将所谓“一般画家”的扇面润例减半，实际收益也很可观。

其实当齐白石对“一般画家”四元一幅扇面

艳羡不已时，却在1919年的短短四个月内就已到杨度处存款共计一千一百元。[11]这笔钱足够当时五个中等层次生活水平的北京家庭（以家庭成员四人计）整整一年的花销。自1922年陈师曾携其作品东渡日本得以名声大噪后，齐白石的市场行情更是炙手可热。他随后所开列的润例，除去价格飙升外，甚至为购买者提出诸多苛刻条件。如“余不求人介绍，有必欲介绍者，勿望酬谢。用棉料之纸，半生宣纸，他纸板厚不画。山水、人物、工细草虫、写意虫鸟皆不画。指名图绘，久已拒绝”，等等。[12]北京低廉的消费水平与丰盈的鬻画收入，保证了成名后的齐白石日常生活的优渥与处世态度的自如。

齐白石获得市场声誉，并不代表即得到艺界一致认可。余绍宋于1922年在陈师曾东渡日本前浏览他为画展所征集的作品，在观看后做出如此评价：“看各家送往日本求售之画，最佳者为师曾、萧谦中；最恶劣者为林纾、齐璜。”[13]1946年，俞剑华在《从齐白石的画说起》一文中这样论说齐的画作：

> 吴王二氏树帜于上海，同时与之旗鼓相当的是久居北平的齐白石。他的人物，……于草草不经意的几笔里，颇能有微妙的表情……然面部的形状，千篇一律，变化太少，是其缺点。所作花卉，奇红骇绿，笔墨纵横，好的可与吴昌硕并驾，但缺乏吴昌硕的金石气味。坏的简直不成东西，尤喜以鲜艳的洋红画花，以乌黑的墨汁画叶，太不调和，既无醇古的丰神，又无优美的趣味，倚老卖老，无怪受人指摘。若纯作水墨的，反多秀逸可观。所画的以鹰鸦为较佳，颇近八大；鸡则多不成形，鸡雏尤无可取。……可惜他老人家近来却不大画，只是画了些红红绿绿的花卉。“多买胭脂画牡丹”，这也许是老头子的生意眼，但已经成名而且年登耋寿的大作家，应该为身后的千古之名着想。不应该老是看重在目前的几张钞票上。[14]

1949年，陆丹林言及齐白石皮里阳秋：“前年齐白石来上海，有人在文化会堂的欢迎会上，说他是当今中国画坛的唯一领袖。这句话，除了他的年纪以外，在艺术上说，是阿其所好的过甚其辞。但是同时有些人却批评他是艺术叛徒，是野狐禅，也未免党同伐异，而是崇拜古人做偶像，硬拉人去做古人奴隶，戕贼创造的天才。”[15]成名后的齐笔墨生涯虽不寂寞，然而对他的评价却始终毁誉参半。但是，生活已然富足的齐白石对类似攻讦之语并不过分在意。“然五百年后盖棺，自有公论在人间。此时非是，与余无伤也。”[16]《中华周刊》1945年刊载了一首齐白石的自嘲诗，更像是他鬻画心境的自况：“铁栅三间屋，笔如农器忙。砚田牛未歇，落日照东厢。”[17]

成功的职业画家是齐白石立足北京后的第一副面孔。古都生活让齐白石的日常营生悠然自得。盛名所致，终引起教育界的注意，国立北平艺专的聘书随即而来。艺专教授成为齐白石在北京所获得的第二个身份。

教授生涯

1927年春，齐白石接受林风眠聘请为北京艺术专门学校教授中国画。5月，绘《归帆图》参加由林风眠发起的艺术大会。[18]初执教鞭的齐白石此时在教学态度上还是非常认真的。6月10日，他专程赴黎锦熙家，与在教育学领域颇具造诣的黎氏谈“艺术教学法”。[19]8月，为艺专遇害教员方伯务作《海天旭日图》。[20]

1928年11月，徐悲鸿接任北平大学艺术学院院长一职。11月下旬，徐拜访齐白石。[21]12月3日，国立北平大学正式聘齐白石为艺术学院中国画系教授，受聘时间为正式开课日至1929年7月31日。[22]聘书内页附有如下文字：“先生薪金由艺术学院正式开课起支领，其数目另由艺术学院通知。”[23]齐白石初次执教的薪水多少难于具体明晰，但以1937年所受聘书记载的月薪数为二百四十元计，考虑到北平二三十年代物价整体比较稳定，1927年左右齐白石的月薪大体应在二百元左右。这样的薪资待遇属高属低？1933年《教育公报》刊载的“国立北平艺术专科学校筹备处每月预算”条目中标明：“主任津贴月支四百元。教务专员津贴月支三百元。事务股长月支一百八十元。书记二人合记月支七十元。校警两名月各支十一元。工友四名合计月支四十八元。”[24]与此比照，以兼职身份授课的齐白石在艺专的待遇相对而言还是非常优越的。

1929年1月，徐悲鸿辞去院长一职。离平南渡前向齐白石辞行，得齐所绘《月下寻归图》。在画面题诗中齐言及徐曾数次请他出山任教之事。[25]齐白石接受艺专教职的条件，薪资几何其实并非主要的考虑因素。在他后来的回忆中，对于艺专教授生涯时有提及，始终强调的是艺专执事者如徐悲鸿、林风眠等人是否诚心对待于他，对他如何尊重云云。撩拨他内心深处是否愿意接受教职的天秤尺度，可以说完全由校方的诚意深浅所决定。[26]

齐白石先后接受林风眠与徐悲鸿的邀请执教艺专，由聘书所察实为一年一聘。是否完全履行条约执教期满尚存疑处。王震即记载到齐白石在林风眠辞职后他亦辞职，徐悲鸿辞职后齐白石亦不到校。[27]1929—1932年属艺专多事之秋，学校屡经停招、改名、罢课、停办风波，正常教学难以为继，齐白石在此期间应无多少实际执教经历。[28]徐悲鸿于1931年9月致信齐白石：“……先生重任教职，至以为慰。古言传薪，今叹学绝。且仲子贤者，愿先生与终始也。”[29]1931年秋，杨仲子代理国立艺专校长，按信中所述，齐白石应于此时接受了杨的聘书。徐悲鸿言及他“重任教职”，则此前离职一说并非空穴来风。然而值得玩味的是，到了第二年的秋天，齐白石对于杨仲子的态度，却发生了一百八十度的转变。王森然曾回忆齐与艺专往事道：

> 当民国二十一年秋。音乐家杨仲子长平大艺院时，曾聘先生为中国画系教授。聘书赍去，先生未予接受，该院以为常态，再赍仍原璧奉还，继乃以聘书置普通函中附去，比先生察觉，而赍书者早已远去。先生恚极，疾书二十字于书端附壁之。其文曰：“齐白石已于民国二十一年九月二十五日死去矣。”此

书迄今，仍藏于国立北京艺专文书课中，此事一出，京市各报竞相腾载，无不传为佳话。[30]

这样的"佳话"未必会让杨仲子感到多么愉悦，齐白石也并未像徐悲鸿所期望的那样"与终始也"。"该院以为常态"说明之前也是屡拒屡聘。他为何如此决绝甚至以死相拒，而且丝毫不顾及徐悲鸿与杨仲子的交谊，个中缘由不得而知。[31]至于是否接受聘请一事，合理推测一为齐白石起初虽接受聘书但后来反悔而未就职；一为或许有过短暂的执教经历，但一定充斥着极不愉快的回忆。此时段齐白石有确切执教艺专经历应在1927年至1929年间，是为他在国立北平艺专的一进一出。

1933年4月，齐白石接受国立北平大学艺术学院院长严智开的聘书，成为中国画系教授。1934年，署名斐西所写的《齐白石之女侍者》一文以颇为调侃的口吻记述了齐在艺术学院上课时的情形：

西城××艺术学院，在去年停办了；今年又重整锣鼓，正式开了张。据说当政者十分加油，又承继了从前的风水，自然会迅速地发展起来。该院教授齐白石先生，在北平艺术界总算数一数二的名流。到他上课的第一天，学生们都早早静候在自己的位子上，急切等待着拜识这位久已闻名的老先生。等到齐白石走上讲堂时，不禁都怔了：因为齐先生年高力衰，上课时，总有两个女侍者扶持着寸步不离！艺院学生，见这位白发苍苍的老画家，被两位风韵犹存的少妇，扶上讲堂来，自然觉得有点别致。两位少妇都有三十岁左右；一位完全旧装，裙下露着一双瘦小的金莲，头上梳着一个乡下样的大圆头！一位已经剪了发，衣服是半旧式的。都一齐坐在讲堂上，当中夹着一位鹤发长须的老者；红颜白发，相映成趣。这种不常见的情形，学生们自然要引以为奇迹了。假如丁文江先生荣任艺院院长，定要等因奉此地说："教授带太太上课，有碍学生听讲，着即严令禁止！……"据说齐先生有好几位小星，恐怕这是其中的桃根桃叶罢！在那时候，有许多学生，在窗外拥挤地看，眼光都射到她们身上，好像看新过门的娘子。齐先生自然是谈笑自若，两位女侍，却也面不改色；学生们暗里称她们作女英雄。[32]

国立北平艺专1937年之前校址一直位于西城前京畿道十八号，[33]此处应确指艺专。此短文虽然通篇充溢着民国北京小报的八卦气质，但也反映出严智开掌校时对于齐白石的确待遇优渥且尊重有加。1935年，齐白石绘《松鹰图》一幅参加艺术学院教授作品展览会。"校长严季聪先生见之喜，余即将此幅捐入校内陈列室永远陈列。"[34]1936年4月，齐白石离平游川，同年9月北归。艺专国画组学生为欢送齐南游合影纪念。12月，齐白石在其日记中记道："余将出平时交齐白石三字印一方，取美术校薪水等用。"[35]虽南游数月却并未影响他在艺专的教席，艺专执事者给予齐白石任教的自由度不可谓不小。

1937年6月29日，国立北平艺专校长赵畸聘齐白石为本校绘画课国画组教授，聘请时间为8月1日至1938年7月31日。齐白石对于这份聘书未予接受。他在本年度离职时间应在4月份之后，察看《国立北平艺术专科学校教职员录（民国二十六年四月）》，齐白石的名字尚罗列其间。[36]翻阅1938年6月的《国立北平艺术专科学校教职员调查表》以及1945年的《国立北京艺术专科学校教员姓名及略历表》，则确无齐白石的相关记载。自1937年至1945年间齐白石与艺专关联处也仅有被后人所一再赘述的他拒绝艺专配给煤一事。[37]1940年左右，齐白石于时局困厄之中在自己的日记里黯然慨叹“且喜三千弟子，复叹故旧辰星”。[38]齐的入室弟子并不为多，所谓“三千弟子”的自矜之语，当含北平沦陷前春秋几度艺专执教时的桃李。此时彼时，寥落之情溢于言表。从1933年4月接受严智开聘书，至1937年4月之后去职，是为齐白石在国立北平艺专的二进二出。

1946年8月，徐悲鸿重任国立北平艺专校长。本年度徐齐两人故旧重逢过往颇多，但齐白石正式被艺专聘请却在1947年2月。同年8月，齐白石四子齐良迟也被聘入艺专担任导师一职。1948年，部分艺专教师合影留念。照片中徐悲鸿、宋步云等艺专股肱众星拱月般环绕齐白石站立，齐此时在校地位可见一斑。可惜，这种局面并未维持太久。

1949年1月，北平和平解放。“军管会开始接管北京城，对于艺专采用全部包下来的接管方式。艺专人员的生活、业务等方面均由军管会统筹处理。在制定了一系列相关接收政策后，军管会针对学校领导机构也做出了一定调整与部署。首先拟暂在军管代表之外，由教授、讲师、助教和学生代表组织校务委员会以维持校务。委员会组成在能够保持党的领导的原则下，吸收三分之一左右数量有学问、有威信的中间分子教授乃至个别右翼教授参加，以便团结全体有用的教授，慢慢加以改造。”[39]颇为诡谲的是，就在本年度3月份有军管会代表出席的校务会议上，出现了这样一条提案决议：“取消挂名教职员决议：现时并无挂名教职员，齐白石、张大千为中国有数之名画家，虽不授课但可请其来校指导。”前一年身处艺专尚且安如泰山的齐白石，短短不到一年时间居然差点被扫地出门，前后反差之大发人深思。更值得关注的是在《1949年国立北平艺术专科学校教员改定薪给名册》中，徐悲鸿的薪级维持一级不变，叶麟趾由七级上调到四级，李可染也由三级改为一级，而资历比叶、李更深的齐白石，反而由一级跌至八级。在其条目下面还标有“名誉教授不到校上课月薪教授八级”。言外之意对于齐白石如此处理，似乎已是给当初为他据理力争的校中支持者莫大的颜面。但是无论如何，齐白石暂时得以保住了他在艺专的饭碗。

本年7月，同样是在校务会议上又出现了这样一条提案决议：“齐白石先生为本校研究教授，由教授会议定每月小米九百斤可否增为一千斤。决议：同第二条。”查阅第二条，其决议为“校务会议授权校长处理之”。校务会将此事的处理权直接交付给了校长。为某个教职员工增加一点工资，这种要求并不过分。对于一校之长按说并非难事，何况是声名卓著的徐悲鸿亲自出面。而校务会的决议，某种程度上也等于同意了此提案。但是，在给齐白石涨工资这件事上，徐悲鸿貌似碰到了一枚软钉子。他在此年曾亲自致信齐白石：“前呈文化部拟每月增白石先生月薪二百斤，已来批否？待批到此约须由院中专人送去。告知齐先生，每月须交三尺条幅四件，请勿迁延。本年尚须补足，因吾与文化部言明，我有责任也，悲鸿。”此信应写于7月份的那次校务会议之后。从信中得见徐悲鸿为齐白石加薪一事可谓据理力争，同时他又不得不恳请齐白石按月为艺专补足所需画作，意在他并非只是挂职吃空饷徒具虚名的艺专教员，以免落人话柄。徐悲鸿在琐屑之事上如此谨小慎微，必是受到相当程度的外部压力所致。齐白石随后是否遵其所嘱不得而知，但为此事费尽周折的最终结果，确令徐悲鸿极大地失望了。

在艺专1949年10月的《教职员清册 薪给预算》中，齐白石的薪给赫然标明为“八百二十五斤（小米）”。翻阅同年12月的《国立美术学院教员名册》，他的月薪数依然是“八百二十五斤”。徐悲鸿为齐白石加薪一事虽多方奔走积极斡旋，最后还是以失败告终。1949年的寒冬时节，对于徐、齐二人来说，应比往年的北平更加冰冷刺骨。

徐悲鸿身为一校之长，面对增加一名教员百十斤小米的薪资问题却束手无策，其内心深处的挫败感可想而知。但是，齐白石绝不是坐以待毙之人。行事向来并不颟顸的他，却于1950年的初春，做出了一件令人匪夷所思的事情——直接越级上书毛泽东，恳请他能够解决自己在艺专的薪津待遇问题：

主席钧鉴：敬呈者，某自七岁牧牛，十□岁为木工，卅岁学作画刊印，六十岁后因乡关有兵事，避乱来北京，以卖画刊印作活计。今已九十岁，还在人间，且欲以口腹累及吾主席矣。盖某老年丧偶，饮食起居赖护士扶持，膝下稚子雏孙近廿口。去岁承艺专月赠小米八百斤，当时物价低廉，且有少量刊画收入补助，故得勉强支持。最近百物上涨，刊画更趋沉寂，仅恃艺专薪资，每月樽节为之，只能支持旬日，活计实属堪虞。以是不揣迫切上书，乞主席按月增加津贴，藉以全我主席养老之大德。此外，某于往年在湖南湘潭白石铺茹家冲置有田屋，田约二百余亩，住宅一进。当时出此者，实欲于老年南归，教儿子耕种，以养某余年。不料从抗战至今，卒无南还机会，余年几何？且儿辈均侍在京，往后决令其以劳动取食，以符主席各尽所能、各取所值之旨，无须田屋。为此，拟将上项田屋全部献给国家，以便归还人民。上两项谨呈，某不胜待命之至。未缘觐见，惟遥祝 主席寿并河山。敬请钧安。齐某上书。[40]

国立北平艺专正式更名为中央美术学院是在1950年4月1日。从齐白石所述细节推测，这封信应写于1950年的1—3月间。在此之前齐白石与毛泽东从未晤面过，且以信中口气看来两人至少到此时也并无任何直接的过往与交谊。在这封性质堪比投名状的信中，齐白石字斟句酌步步为营，用极为卑微的姿态乞求毛泽东能够改善其在艺专的薪资待遇，并且以贡献家乡田产为代价。湖南全省于1949年8月解放，1950年6月30日，中央政府才正式颁布施行《中华人民共和国土地改革法》。[41]齐白石在此年春寒未消时即已有此先见之明，其紧跟时务的眼力令人咋舌。一进住宅加二百余亩田产，对于齐白石来说绝对不是一个小数目，此番如此大方耐人寻味。就在前一年年末的《国立北平艺术专科学校教职员节约救灾认捐名册》中，月薪825斤小米的齐白石，也只捐出了区区25斤，与月薪仅为700斤的蒋兆和、蒋风之等人同数。其政治觉悟能于短短数月间得以升华至此，未免显得唐突。这封信是否属他人授意为之？在提笔之前与徐悲鸿有无商议？又是通过谁手转呈中枢？由于相关文献的付之阙如无从全然解答。总之，这是一封疑窦丛生的"齐某上书"。

期望日理万机的毛泽东主席能够亲自过问一名艺专教员的小米数问题，这封信现在读来颇有些黑色幽默的味道。是齐太天真了吗？可是接下来所发生的一切，却证明了他手书此信时的深思远虑。1950年4月，齐白石即受到高层接见。他的工资随后立竿见影地涨为1000斤小米。就在"齐某上书"之后的短短数月，他的待遇便很快达到了当初徐悲鸿为其力争而不可得的程度，这应是一次令徐悲鸿五味杂陈的涨薪。同年8月，全国工资准备会议召开，决定实行以实物为计算基础，用货币支付的工资制度；统一以"分"为全国工资计算单位。1951年，徐悲鸿的薪给为1300斤小米，工资分为659分；江丰1200斤小米，608分；吴作人1150斤小米，583分；齐白石月薪为1000斤小米，507分，其工资分与胡一川、张仃持平。1952年，徐悲鸿工资分为820分；江丰760分；吴作人700分；同年7月，经文化部人事处核定，调整齐白石在中央美术学院的薪给为文艺标准特级，与徐悲鸿同为每月820分。[42]他也借此一跃成为中央美术学院薪资最高者。此时的齐白石，已经可以颐指气使地写信给江丰为自己的弟子介绍工作；或致信中央美术学院院长室为其友人推荐学业。而在这些举荐信的抬头称谓中，却已不见徐悲鸿的萧瑟身影。

齐白石自1947年重被聘为艺专教授，至1952年以文艺标准特级待遇的名誉教授身份渐从中央美术学院隐退，是为他艺专生涯的三进三出。

（附录）齐白石与国立北平艺专过往年表

1927年	春，接受林风眠聘请，为北京艺术专门学校教授中国画；	5月，参加艺术大会； 6月，与黎锦熙谈艺术教学法； 8月，为遇害教员方伯务作画；
1928年	12月3日，被聘为国立北平大学艺术学院教授；	
1929年	短期任教；	1月，为徐悲鸿辞职南归绘画作诗；
1930年	未任教；	
1931年	存疑；	9月，徐悲鸿致信祝贺齐重任教职；

续表

1932年	未任教；	9月，拒绝杨仲子聘书；
1933年	4月10日，被聘为艺术学院中国画系教授；	严智开执掌艺术学院；
1934年	任教；	《老实话》发表《齐白石之女侍者》；
1935年	任教；	绘《松鹰图》参加艺专教授作品展览会；
1936年	任教；	春，与艺专国画组学生纪念南游合影；
1937年	6月，赵畸聘其为艺专教授，未接受；	4月之前尚任教职；
1938—1945年	未任教；	1944年6月，拒绝艺专配给煤；
1946年	未任教；	被推举为北平美术家协会名誉主席；
1947年	2月，被聘为艺专教授；	8月，四子齐良迟被聘为艺专导师；
1948年	任教；	与部分艺专教师合影留念；
1949年	任教；	校务会提案质疑其教员资格；涨薪未果；
1950年	任教；	上书毛泽东，争取艺专待遇问题；
1951年	任教；	月薪增为1000斤小米；
1952年	任教	被调整为文艺标准特级，与徐悲鸿同薪

余论

历史的演进，与其说是一种会自动生成明确的指向与目标，之后所有的逻辑基本均按其规定路径所发生的过程，毋宁说是由充斥着大量细节所构成的偶然性聚合所致。身处历史脉络中的人物，正是被这些看似微小的细节血管连接与驱使。齐白石栖身北京后所获得的三种角色，很大程度上正是经历这些偶然性的细节聚合所导致的结果。他三上北京历经波折，终以职业画家身份博得市场声名。随后在国立北平艺专的执教经历也是三进三出。身为职业画家，北京低廉的日常消费与丰盈的鬻画收入，既保证了齐白石在面对艺专聘书时能够始终保持一种主动姿态，也促成了他数十年得以在职业画家与艺专教授间游刃有余的角色游离。国立北平艺专从建校至1949年间迭经波折变动，齐白石几次接受艺专聘请，却均在其发展较为平稳的时期。齐白石接受教席的条件，除去对艺专校情的审时度势，更为重要的是艺专的执事者能否诚心对待于他。因此艺专校长一职虽然屡经易手，但是齐白石也仅在林风眠、徐悲鸿、严智开等寥寥数位在任时执鞭教席。

诚如其自嘲诗所言——“铁栅三间屋，笔如农器忙。砚田牛未歇，落日照东厢”。至少在1949年之前，无论是职业画家身份抑或艺专教授形象，对于齐白石来说其实都是经营生活之道，进出艺专的超然态度即为明证。在艺专时断时续的执教经历，同样也可理解为他只会选择“天日和畅”之时砚田耕耘的另一种收获形式。当齐白石在1949年的跨车胡同里终于迎来了北京城的新主人时，他的艺专教授身份与相关待遇反而一度受到猜忌与质疑。齐白石并非后人所屡屡论及并津津乐道的在新中国甫一开始即受到了官方的相当青睐与重视。至少在1949年整整一年的时间里，齐白石很明显经历过一个受冷落、被边缘化的不愉快过程。沐浴于新中国的体制化进程之中，栖身北京数十年历来以职业画家与艺专教授两种角色自由徜徉的齐白石，第一次产生了牵涉其生存问题的职业危机感。但是颇善经营的他，却以一封信为契机从而化险为夷。自此之后，齐白石开始带着荣耀的光环逐渐淡出已经正式更名且焕然一新的中央美术学院的舞台，走上了人民艺术家的神坛。

注释

[1]卞孝萱、唐文权编:《民国人物碑传集》，团结出版社1995年版，第638页。

[2]李景汉:《北平最低限度的生活程度的讨论》,《工商半月刊》1929年第16期，第2页。

[3]同上书，第3—8页。

[4]陈明远:《文化人的经济生活》，文汇出版社2005年版，第104页。

[5]《艺林月刊》第9期、第93期。

[6]齐璜口述，张次溪笔录:《白石老人自传》，人民美术出版社1962年版，第72页。

[7]齐白石在回忆中不提其他画作形式，单以扇面举例，具有一定历史渊源。郑逸梅曾回忆:“从前的人们，把画来代表人格的，入其室，丹青四壁，尽为名家超逸之笔，这个主人襟怀的雅淡，也就可想而知。还有折扇在握，携笔出门，在挥扇时候，人们瞧到了丹青名家署款，便知道这个人是很有来历的，便不敢来欺负你、侮辱你，无形中省却了很多麻烦。”因此扇面的市场需求量很大。郑逸梅:《国画谈》,1934年1月18日。

[8]选编自中国第二历史档案馆编《中华民国史档案资料汇编 第三辑 农商(二)》，江苏古籍出版社1991年版，第891—1097页。

[9]王中秀:《历史的失忆与失忆的历史——润例试解读》,《新美术》2004年第2期。

[10]胡佩衡:《绘事答问》,《湖社月刊》第51期，第2页。

[11]《己未日记》，载王明明主编《北京画院藏齐白石全集·手稿卷》，文化艺术出版社2010年版，第12页。

[12]张次溪:《齐白石的一生》，人民美术出版社2004年版，第247页。

[13]余子安:《余绍宋书画论丛》，北京图书馆出版社2003年版，第227页。

[14]陆丹林:《吴昌硕与齐白石》,《永安月刊》1949年第118期。

[15]同上。

[16]《壬戌纪事》，见《北京画院藏齐白石全集·手稿卷》，第29—30页。

[17]《中华周刊》1945年第11期。

[18]《归帆图》载于《北洋画报》1927年第98期。

[19]黎锦熙、胡适、邓广铭编:《齐白石年谱》，商务印书馆1949年版，第32页。

[20]史树青:《方伯务烈士及其作品》,《美术》1957年第4期。

[21] 徐伯阳、金山合编:《徐悲鸿年谱》,台北艺术家出版社1991年版,第55页。
[22] 有关北京国立大学此时期合并的来龙去脉,可参看许小青《北伐前后北京的国立大学合并风潮(1925—1929)》,《中山大学学报(社会科学版)》2010年第1期。
[23] 王明明主编:《北京画院藏齐白石全集·综合卷》,文化艺术出版社2010年版,第353页。
[24]《教育公报》1933年第5卷第47—48期,第16页。
[25]《徐悲鸿年谱》,第58页。
[26] 参见《白石老人自传》,第79页;齐良迟:《父亲的教诲》,《艺术家》1987年第9期,第217页。
[27] 王震编:《徐悲鸿年谱长编》,上海画报出版社2006年版,第72页。
[28] 王工、赵昔、赵友慈:《中央美术学院简史》,《美术研究》1988年第4期。
[29]《北京画院藏齐白石全集·综合卷》,第317页。
[30] 王森然:《齐白石先生评传(上)》,《中国公论》1940年第2卷第6期,第81页。
[31] 徐悲鸿早在1919年留学法国时,即与留学瑞士学习音乐的杨仲子交往颇多。《徐悲鸿年谱》,第32页。
[32] 斐西:《齐白石之女侍者》,《老实话》1934年第45期。
[33] 祝捷:《中央美术学院前身历史沿革年表(1918—1949)》,《美术研究》2009年第1期。
[34]《松鹰图》题记(齐白石《松鹰图》现藏于中央美术学院)。
[35]《丙子杂记》,见《北京画院藏齐白石全集·手稿卷》,第197页。
[36] 本文所引国立北平艺专教职员表及薪资表等名册档案,均收藏于中央美术学院档案室。
[37]《齐白石年谱》,第39页。
[38]《白石状略》,见《北京画院藏齐白石全集·手稿卷》,第271页。
[39] 此段关于1949年军管会接管国立北平艺专的细节陈述转引自华天雪《徐悲鸿的一九四九》,见第六届全国高等美术史学年会组委会、中央美术学院编《美术史:拓展与深入——第六届全国高等院校美术史学年会论文集(上)》,2012年11月。
[40]《北京画院藏齐白石全集·手稿卷》,第266页。
[41]《中华人民共和国土地改革法》,《天津市政》1950年第15期。
[42] 相关工资分数据引自殷双喜《永恒的象征——人民英雄纪念碑研究》,河北美术出版社2006年版,第218—219页。关于1949年前后分配制度问题的演变可参看杨奎松《从供给制到职务等级工资制——新中国建立前后党政人员收入分配制度的演变》,《历史研究》2007年第4期。

本文载于《美术研究》2013年第3期

张涛,1981年生,甘肃庆阳人。2012年毕业于中央美术学院人文学院,获博士学位。中央美术学院学报《美术研究》编辑,中央美术学院副研究员。

目光如戏

——前摄影时代的视觉文化对东西方艺术发展的影响

邵　亮

“戏剧感”，一种目光的模式：以德拉罗什为例解释迄于19世纪的历史画观看方式

有一天当笔者在讲坛的黑板上写下Delaroche（德拉罗什）这个姓氏的时候，一位学生很小心地问笔者：老师，你要想写的会不会是Delacroix（德拉克罗瓦）？——在19世纪的30—50年代，我们知道艺术史上德拉克罗瓦赫赫有名，而德拉罗什实在是——在一年前的一篇论文当中，笔者曾经以同样的开头以说明艺术史印象的反差，德拉罗什是19世纪法国官方艺术的真正旗帜。戏剧性的是，在德拉罗什过世之后，其声望则迅速下降，在印象主义艺术兴起的19世纪七八十年代，已经有一些批评舆论认为德拉罗什只不过是个二流画家。[1]英国艺术史家哈斯克尔（Francis Haskell，1928—2000）曾指出在19世纪中叶德拉罗什在艺术公众当中是一个远比德拉克罗瓦和安格尔更为响亮的名字。[2]而斯蒂芬·巴恩则指出：“如果有一个数值可以衡量一个艺术家过去的知名度和今天被遗忘的落差，那么德拉罗什几乎可以排在榜首。”[3]为什么一个曾经在19世纪中期的人们眼中最受欢迎的画家，今天却在艺术史中埋没无名？以往的艺术史，总是在风格技巧方面寻求一种一般性的解答，仿佛被我们今天的历史记住的艺术家，必然是一些造诣独创的人，而被我们遗忘的家伙，则必然是碌碌庸才。过去的人们欢迎庸才而我们的时代才发现天才，这种过度乐观的历史进步主义在今天的中外美术史教程中犹有余音。

本文试图指出，在历史评价沉浮的背后，是19世纪到21世纪“目光”的逐渐演变。艺术家总是趋向于把画画得更“顺眼”一些，而人们也总是对比较“顺眼”的作品评价更高一些，这是我们常识上早已知道的事情。不同的是，以往我们谈及目光的时候往往滥用“审美”的概念，由此不同时代、不同视觉习惯的特征分析往往流于空泛而神秘。事实上，在时代变迁、视觉生存环境转变、目光转变乃至艺术创作和欣赏趣味的转变之间，是有一定的脉络可以观察和考量的。在此，本文将从德拉罗什的历史画作品所反映的“目光”特征开始，初步探讨视觉习惯的演变与艺术史变迁之间的文化关联性，或许，我们也可以从中找到另外一种观察艺术历史的有趣方式。

我们选择“戏剧感”作为理解19世纪历史画趣味的一个特殊角度，虽然这个概念经常被误解为仅仅是在绘画中采纳了某些戏剧的场面或故事

桥段，但实际上决定艺术家能够创作出什么的，是他的真实的视觉感受。这种视觉感受可能直接来自生活现实，也经常来自各种视听媒介。在我们这个时代，很少会有艺术家拒绝利用照相、摄影和网络资源以形成自己的趣味，那么设想在一个摄影术尚未普及的年代，艺术家通过什么去了解自己并未亲临其境的那些“历史主题”呢？在这里，戏剧是19世纪绘画灵感的一个重要来源，因为它兼具着文字情节性信息和视觉生动形象的特点，它对于当时历史画的影响，并不只是曾经被画家们主题借用，而是左右着许多艺术家思考画面的方式。

阿纳森在其名著《西方现代艺术史》的开篇，已经敏锐地发现了新古典主义历史画在视角上的某种“舞台效果”，在分析达维特的《荷拉斯三兄弟的宣誓》以及《苏格拉底之死》的时候，其指出“这是一种在画面前景的后面，沿着狭窄的舞台去组织人物形象的效果”。[4]事实上这不仅仅是达维特因为研究希腊浮雕而形成的特例，类似的画面组织形式我们在德拉罗什的《珍妮·格瑞夫人的处决》《弥留之际的红衣主教马扎然》等作品中都能清晰地看到，19世纪的历史画家有意无意地把画面营造成一个舞台，把视觉纵深空间的注意力集中在画面的舞台前景上，仿佛一出“戏剧”正在上演，这是19世纪的“目光”习惯与我们今天的看画习惯迥乎不同的一个重要方面。

19世纪之前的100年，画家就已经与戏剧舞台长期密切关联，法王路易十四在赞助绘画雕塑的同时即大力扶植戏剧。1663年，他在给年仅两周岁的王储的训言当中这样写道：“一个法兰西的王子或国王应该在这些娱乐中看到表演以外的其他东西。子民在演出中尽享其乐……通过此举我们控制他们的思想，抓住他们的心，有时这会比奖赏和恩惠更有效；而对外国人来说，这些看似多余的消耗会在他们身上产生不同凡响的印象，那便是辉煌、强盛、富丽和宏大。”[5]戏剧演出从17、18世纪开始就成为人们重要的精神生活领域，“妇女和年轻人对歌剧烂熟于心，几乎没有哪一家不会唱上几场”。[6]这种趣味的状况类似于当前的青年追捧影星和传唱流行歌曲。就是在这样的情境下洛可可艺术家华托开始了他以描绘舞台布景起家的艺术生涯，有的艺术史家指出华托画面人物总是显得有些“虚幻”，那些在花园中载歌载舞、谈情说爱的人物仿佛只是一部短剧的主角，一切的欢乐都仿佛暗示着瞬间的落幕——这种说法不幸言中了艺术家灵感的来源，一个出身戏剧舞台的艺术家会自然而然地以舞台的方式来描绘他的对象，放在18世纪的社会大背景之下这种戏剧感的作品被无形中赋予了许多文化的寓意。而19世纪的历史画虽然在技法面貌上与18世纪的宫廷艺术颇异其趣，但来自舞台的视觉角度已经深入艺术家的视觉图式当中，人们已经习惯了从这样一个角度上去欣赏主人公，无论这个主人公是在画布上，还是在戏剧舞台上。

也是基于对同样一种观看方式的观察分析，我们才能够理解德拉罗什的主题性作品当中人物形象的某种特点：在《审讯圣女贞德》(1824年)一画当中，温彻斯特主教面对圣女贞德的凶狠神态占据了画面一半以上的注视空间，这显然是一个摆出来的动作造型。而在《伊丽莎白女王之死》(1828年)当中，群臣们刻意被构图集中起来的悲哀态势，更显露出人为烘托气氛的痕迹。很显然这个时期的主题性创作不是为了体现某个真实的场面，而是在构思一个适合出现在类似戏剧舞台上的场面——这一点绝不仅仅是当时的所谓保守学院艺术家在沿袭效法，而同时也在德拉克罗瓦同年创作的《萨丹纳帕勒之死》(1828年)当中体现得甚至更为明确。事实上，不仅仅是那些《圣经》中传说的“历史”、古老的历史被用这种方式描绘，本杰明·韦斯特具有“新闻”性质的历史画《沃尔夫将军之死》也采用了类似的营造方式。[7]尽管时评不同，但新古典主义者和浪漫主义者都不约而同地营造着这样的视觉场面：它的情节要比现实中的任何一刻矛盾更集中，它的每一个动作和神情的细节都如同身处一个“仪式”——比现实更沉重，也比现实更多象征含义。是的，在今天的观众看来，这些人物的动作和仪态有时候会显得有些做作而不自然，但如果把这个主人公的环境设想为一个面对观众的剧场，德拉罗什视觉形象的针对性即豁然显现——19世纪的历史画，与其说是在“再现”，莫如说是在“表演”。舞台上的动作会比今天我们熟悉的电视上的动作更“夸张”，这是因为电视镜头离观众很近，我们已经习惯了欣赏女主角“唇角的微笑”；但一个舞台演员却无法让台下的观众注视类似这样的细节。她必须用大声的哭泣和道白来表现“悲伤”，必须用手搭凉棚的招牌动作来表现“寻找和眺望”，必须用挺胸叉腰来表现“无所畏惧”——这是舞台的情境和舞台的目光所决定的行为模式。更重要的是今天的人们可以选择喜欢或者不喜欢这样一种戏剧感的效果，但我们如果指责其画得不够“生动贴切”，那我们显然就曲解了那个时代的看画习惯，曲解了不同时代人们“目光”中不同的文化特征。

画面中有舞台效果，这是我们今天看得见的。因为追求“如戏”的效果，决定了画面的布局模式和人物行为表情的模式，这也是我们今天看得见的。我们可以比较有把握地判断，一种目光习惯影响了当时的戏剧表现和绘画表现的模式，但本文试图进一步思考的是：如果整个世界都是“舞台”，整个世界都习惯了“如戏”的目光，那么这种目光影响的就不仅仅是绘画或戏剧，而是所有人的行为和思想。当所有人的行为思想都带有戏剧感倾向之时，画面中的戏剧感对于当时的人们来说，就不是“如戏”而已，而是一种“自然写照”。用一种文学式的修辞来进行一个比拟：我们今天的目光很“近”，而19世纪的目光较“远”；我们今天被摄像术“特写”化的目光，可以注意到许多往昔人类观察不到的细节，经常看得到细微表情变化的人们会逐渐习惯在意那些细微的表情；而19世纪的人们身处公众空间之时，来自外部的目光所要求他的，并不是“唇角的微笑”，而是舞台化的仪容。这种目光不仅仅规定了戏剧和绘画，也规定了19世纪的衣着时尚和言行礼仪，甚至思想观念。19世纪的观众观看绘画之时，看不到我们今天观众所看到的“戏剧式的画面”，对于他们来说，绘画自然如此，世界自然如此。

在本节的分析当中，我们试图揭示出所谓“戏剧对绘画的影响”不仅限于主题内容，更深入画面的构图形式和每一个形象塑造的视觉思考当中。事实上，“戏剧感”不仅仅通过戏剧体现，我们借用这个词汇所指，标志出19世纪各门类艺术当中某种特定的目光倾向：它强调比一般现实更凝练的“典型”形象；它如同营造一个“仪式”，强调在我们感知的每一个细节背后有着更多的象征暗示；它强调动作的“夸张”，如戏剧一般强调“做派”和风度款款。[8]

从更宽广的意义上看，以这种戏剧感的方式来观察和处理视觉对象，绝不仅仅限于18、19世纪的欧洲。因为在漫长的古代社会，不仅仅是欧洲人面对历史画之时会遭遇类似的视觉经验的限制，同样的视觉经验模式甚至也可以用来观察和描述古代东方的文化的某些方面。明清以降，一个典型的中国读书人在用视觉或文字的方式来描述“历史”或“故事”的时候，也同样摆脱不了类似“戏剧感”的模式——对此我们姑且不举那些生僻的例子，且以《三国演义》或《水浒传》所描述的“战争”为例——敌我双方武将，如同舞台唱戏那样用单挑来决定一场战斗的胜负，这样频繁出现在故事中的桥段与其说像远古的实战，不如说更像明清的戏剧。人们总是通过眼前的视觉经验来理解身外的世界，这是视觉文化固有的规律。只有从这个意义上，我们才能更好地理解一个没有现代视觉媒介的时代“戏剧”的模式曾经在视觉经验中拥有的特殊地位。

在这里，为便于说明这种“如戏”目光特征背后的人类文化状态，本文将审慎小心地使用“前摄影时代”这一词汇。在本论题的上下文中，它专指一种人类在熟悉照片、电影和电视图像之前的生存状态。由于我们今天的每一个读者和观众都不得不遭遇摄影图像的影响和包围，因此在我们试图理解“前摄影时代”的目光之时，必须把相片、海报、电视机、电影院和电脑屏幕带给我们的生活影响尽量加以区分，设想一个不存在上述图像的生活空间当中，哪些图像会代替电影电视和造像的功能；我们不妨设想一个18、19世纪的画家如何描绘古希腊？无法通过BBC的纪录片和网络资料，博物馆和实地考察诸多不便，但他看过前人想象的图像和文字，些许古希腊艺术的残存，但也许比这些更重要的是，歌剧和话剧中经常都会上演的那些动人的古代故事。19世纪，以及更古远的过去，人们借以建立视觉经验的媒介与我们今天是不尽相同的，过去人们依赖于戏剧和小说，在一定程度上类似于今天的人们依赖于电视和网络，而一定的媒介对于视觉艺术的影响绝不仅仅是提供了特定的主题那么简单，而是会深刻地影响到人们观看整个世界的方式。

人们理解的“真实”不一样了，他们画出的反映真实的画面也就不一样了，事实上，这并不是一种刻意的风格发明，而与社会文化的转型密切关联。在这里，德拉罗什恰恰是一个标志性的人物，他或许是照相术普及前夕最受欢迎的艺术家，也是他，在听说摄影术发明之后感慨“绘画死亡”。与其说是绘画的死亡，莫如说是一种旧的看画模式遭遇的危机，由此，在旧模式下最受欢迎的艺术家，以天生的敏锐第一时间发现了这场危机的根源。

不仅在西方：中国传统图像当中的“如戏目光”举隅——以民间年画为例

事实上，艺术史家早已指出，在绘画中即使最严格意义上的写实主义者，其所追求的“写实”亦不等同于追求“真实”。本文试图进一步指出的是，之所以“写实”不等同于“真实”，绝不仅仅是因为画家受艺术媒介所限，力有未逮；而更重要的原因是，人们观察世界的目光永远带有某种文化的特征——这种情况古今同在，我们专以19世纪中叶的历史画为例，只是因为它恰好处于照相术走进人们的视觉生活的前夕，当时的目光与我们今天目光的差异就会显得十分耐人寻味。

一种戏剧性的目光在前摄影时代的文化中有可能较普遍地存在着，它不仅存在于欧洲的油画传统之中，同时业已存在于东方的视觉文化传统当中——尽管具体的呈现方式或许大相径庭。除了上一节当中提到的古典小说章节，或许同样来自旧时代的图像可以更直接地反映出“戏剧”特有的力量：

《重耳走国》[9]是河南朱仙镇发现的清代版彩色套印门画，本图像所取母题，是晋文公重耳早年出亡至楚国，与楚成王狩猎云梦，此时山中遇一奇兽，嚼铁如泥，人莫能制。重耳侍卫魏准、赵衰上前飞跨兽身，怪兽遂伏——对于一个生活在清代的中国民间匠人来说，他同样需要在一个没有照相镜头和电视画面的时代完全靠“想象”重建一个遥远的历史故事，他对于春秋时期的人物形象难有任何直接的视觉体验，甚至，他也许从未真正见过一场真刀真枪的人兽搏斗，于是，他只能用一种他最能理解的视觉叙事方式来设计上面的图像。在这种设计当中，一种类似“舞台”而或“戏剧”的痕迹呼之欲出。

以“如戏”的方式来呈现“现实”，或者说，至少是呈现出我们眼睛能够接受的那种“合情合理的图像”，这种“如戏”的特征绝非孤例，而是在整个前摄影时代普遍存在的视觉倾向。在河北武强发现的《鞭锏门神》[10]的人物形象来源于《隋唐演义》的秦叔宝和尉迟恭，这是我们目前能找到的这类门神的最早刻本，而在这个刻本上，秦叔宝和尉迟恭的形象显然是舞台性的：传统戏剧中扎靠的武将背后插的三角形绣旗，一般为四面。靠旗源于古代将官之令旗，发展为舞台“靠旗”，用于美化、夸张“武将临战”的装饰物。在山东杨家埠发现的门画《招财童子》[11]中，我们看到的则是典型的戏剧式动作造型，上述的图像特征在类似功能的图像中当时比比皆是。在人们每天都会面对的各种画面图像上，“如戏”的场景、“如戏”的形象和“如戏”的姿势随处可见，人们习惯了通过舞台拓展自己有限的目光经验，并且从有生以来就利用“看戏”的方式形成自己的视觉叙事观念和人物形象观念，过去人们这样做，就如同我们今天利用网络、电视机和电影的方式来形成自己的目光同样的自然。更重要的是，在前摄影时代，这是人们最主要的把握视觉图像的方式，在没有照片和镜头之前，舞台就是古人看世界的眼睛。

不仅在遥远的过去：中国现实主义艺术当中的“如戏”目光

“如戏”的目光并不只在遥远过去的画面中才有体现，事实上，这种视觉感受在我们新近的文化环境中仍然发挥着持续的影响。在中国20世纪30年代最知名的油画作品，徐悲鸿先生的《田横五百士》当中，一种类似19世纪欧洲历史画的气息依稀在目：无论有多少民族历史的特殊背景，无论人物服饰有多少转换，这里仍然是一个“舞台”，舞台的右侧是站在所有观众目光焦点上的主人公，而浅对角线上分布的陪衬角色们仍然符合着戏剧式造型动作的许多特征；人物的手势和表情必须比我们现在习惯的电视镜头中的那些“自然的细节”更强烈更夸张些，因为这些动作信息发生在舞台上，它预备着让人们在比电视镜头更远的距离上也能注意到这些信息存在；画面说故事的方式也是戏剧式的象征方式，因为它要在有限的时空中尽可能多地交代情节，这决定了画面的“镜头”需要浓缩更多的信息，把《田横五百士》的各种备战、发誓、诀别、大义凛然和视死如归融汇在舞台的一瞬间，视觉的模式决定着画面处理的模式，在20世纪的那个时代，人们需要的是这样一种有故事的画面，它比今天的视觉艺术承担着更多的文字性信息和象征信息；必须强调的是，也只有它承担着更多的这类信息的时候，这个场面才显得足够“庄重”而被人接受。

在这个意义上，属于我们自己的文化史的“现实主义”绝不仅仅是表达了摄像机式的“现实”。尽管茅盾在1922年的文章中就认为科学方法的确立，是当时中国文艺选择写实主义和自然主义的原因：“自然主义是经过近代科学的洗礼的；他的描写法，题材以及思想，都和近代科学有关系。”[12]而“近代西洋的文艺是写实的，就因为近代的时代精神是科学的。科学的精神重在求真，故文艺亦以求真为唯一的目的”。[13]这种“求真的唯一目的”真正属于我们当时的视觉习惯吗？艺术家们或许真的这样相信，但问题是，他们理解的“真实”仍然是“前摄影时代”的自然和真实，这与照相镜头般的“真实”实则相去甚远。在《田横五百士》创作之后二十余年，新中国的油画创作当中我们仍然能看到“如戏”的视觉在我们的目光中深刻存在：油画《开国大典》就是一个最有代表性的例子。

由于特殊的原因，这件中国油画史上的代表性作品曾经历多次修改。[14]但几次具体的变更都未影响到全画整体上的“舞台式”效果。天安门城楼原本就是一个面朝观众的天然高大的舞台，但本画的取景却在这天然舞台的后方，这是一个一般公众站在天安门广场上没机会看到的角度，但在画面上，所有的人物被设计为像在舞台上那样被观众看到。每一个登上过天安门城楼的观众或许都能估计得到，这个画面肯定是一个经过加工的取景：所有的陪衬人物退向画面的一角以呼应主人公，他们与主席之间呈一个三角形夹角那样疏离开来，却基本平行地呈现在画面观众的视野舞台上，在画面的视角上，这个安排是让看画的观众最感舒适自然的一个角度——但大家设想一下，如果站在天安门城楼的下方，那是在开国大典那个真实的时刻舞台实际设置的位置——如果我们是在那个角度上看画中的人物，那么他们的排列将显得多么的“不自然”。这种经过设计的布局和呈现，对比当时的老照片会显得更加清晰，艺术家本人也不止一次向他的学生讲解过创作该画时他所做的那些加工和变动[15]：天安门城楼上那水平排列的廊柱被移除了数根，这可以让舞台的注意力焦点更加集中。画面的真实自然不等于镜头的真实自然，在天空的云彩、人物的造型的诸多细节上，一种红光亮的经典模式得以确立，今天我们有时过于匆忙地认为这种画面模式“不够真实”，然而，在很多场合和很多“主题”当中，这是比照相机镜头更“合适”的一种处理方式。

20世纪那个时代的中国文化人无不希望以现实主义的方式来作画，即使是一些明显带着“纪念碑式”的作品，也大量运用着写生和照片为创作素材基础，尽管其结果可能仍然是“戏剧式”的。“如何将人物形象真实地艺术性再现。这是任何历史画创作必须面临的问题”，[16]著名油画《狼牙山五壮士》的创作者詹建俊先生这样论及其画的素材搜集：在首先查阅了大量文字材料之后，他更亲身采访了五壮士幸存者之一的葛振林本人，“我面对面地对葛振林同志进行了写生，一张正面，一张侧面，这两张素描至今还在……”艺术家同时考察了狼牙山实地的地形地貌，大量了解了五壮士的形象特征和性格特点。耐人寻味的是，从结果上看，大量真实素材导致的最有说服力的创作，并不是一件纯粹“真实”的作品，而是“英雄丰碑”（艺术家本人语）式的作品。在许多同一母题的纪念雕塑作品当中，那种戏剧化了的矛盾冲突场景甚至更为明显：人物舞台化的造型和动作，人物群像舞台化的展示感和位置感，至少在某些时候，艺术家并不介意去顺应“如戏”的目光而担心其减少真实感，广大的艺术公众和批评家们更是如此。

事实上，反倒是那些更加强调脱离戏剧化的写实主义者比较容易招致“现实主义”舆论的批评。古斯塔夫·库尔贝在几十年前的中文艺术史当中获得的评价往往比较“有所保留”，尽管他是一个更直率的写实主义者，但在前摄影时代的目光当中，其作品往往被看成“缺乏空气的旨取，人物亦过于黝暗”。[17]虽然有很多证据证明库尔贝的作品也不可能杜绝戏剧性的成分，但他确实是一个有意识地削弱画面的叙事模式和抒情模式的创作者，也正因如此，他甚至被认为：“由于画家对于现实主义精神理解的限制，在处理这样的构图时，没有注意到人物的心理状态和思想感情的刻画，画面上的人物和背景也缺少轻重强弱的表现，只是如实地描绘了人物的操作情况，因而就不能不削弱了作品给予观众的强大的、激动人心的感染力。”[18]相信“艺术源于生活、高于生活”这个格言的我们，对于词源意义上的“现实主义”其实只能是“三心二意”地遵从，[19]或者更确切地说，一直以来即使我们强调绘画应该“如实反映”现实的时候，我们同时会坚持画面的现实必须“有所不同”，在当时的人们坚持这样做的时候，他们有意无意间仍然会留下许多戏剧化的征兆。

“如戏”目光背后的视觉文化变迁

类似19世纪欧洲历史画那种“如戏”的特征，在中国油画当中直至20世纪80年代仍然深刻存在。[20]我们的当代艺术史当然可以把这种艺术风格演化的“滞后”简单归结为我国艺术界在此前相当一段时间的与外界封闭隔绝。这种说法部分合理地说明了我国现当代视觉文化特征的成因，但其表述片面强调了艺术创作风格选择上的主观能动性——仿佛只要知识一旦开放，思想一旦解放，艺术家就能自主选择最震撼的风格和最进步的表达方式。笔者认为一种更符合文化逻辑的解释是：艺术发展史中每一次变化首先源于“目光”的变化。“如戏”的画面逐渐被改变，是因为“如戏”的视觉逐渐改变，是因为人们的生活状态和文化环境的改变带动了人们视知觉的改变，而当艺术家和广大公众的目光都开始转变的时候，80年代就变成了中国艺术当中一个至关重要的转型的时代。

诚然，在19世纪40年代银版照相法发明之后不久，摄影术就被西方殖民者带入中国，西方摄影师最早在香港、澳门开设照相馆，[21]内地的广州、上海也相继有照相馆开设。但中国早期的照相馆大多经营不善，除了少数为外国人拍照的业务，中国人对其少有问津。事实上，中国的文化生活真正走出“前摄影时代”的感官文化，其后还有一段相当漫长的过程。如果说1888年乔治·伊士曼（George Eastman）向大众推出柯达照相机，是摄影普及化的一个标志的话，那么类似的视觉媒介在中国文化生活中的普及则迟到了将近百年，[22]而这或许也是本文得以在19世纪的欧洲历史画与20世纪中期的中国主题性油画当中寻找某种视觉关联性的原因。

中国人的视觉文化进入摄影视觉的时代是相当晚近的事情。1947年宝丽来一次性相机问世，20世纪60年代彩色胶片在西方已开始流行，而当时的普通中国人对此几近一无所知。长期处于计划经济中的民众仍旧和解放前一样没有经济能力拥有个人相机和形成拍照习惯，也没有形成看照片、从摄影镜头和电视镜头中认识世界的习惯。尽管20世纪50年代政府开始支持相机工业和胶片工业的研发，[23]但这些研发成果远未普及，产量很低，仅提供给专业人士使用。直到20世纪80年代改革开放，西方的摄影产业逐步进入中国市场，我国的摄影器材产业也开始兴起，此时，人们的生活才逐渐被照相机镜头和摄录机镜头所影响。当人们告别听收音机的时代而进入收看电视的时代，同时人们也告别了关注舞台和演讲台的时代，而真正进入关注照片、摄像及其相关的整个图像信息世界的时代。

本文所要强调的，不是摄影技术的进步简单地决定着艺术的进化，摄影技术的发展，只是人们生存环境、包括视觉感知的环境逐渐发生深刻变化的一个征兆。在某种意义上，不是艺术家的天才，不是风格的变化，而是人们目光的变化决定了艺术变革的走向。19世纪90年代是公众普遍拥有手持相机的时代，也是公众逐渐习惯通过胶片镜头去理解世界的时代，而对应于艺术史，这个年代也恰恰是现代主义艺术开始获得舆论承认，艺术的功能发生深刻变化的时代。如果以我们今天的职业功能来比拟过去画家的“地位”，那么在前摄影时代，画家有时同时兼任着“经营照相馆”“舞台设计”“广告推广”甚至“贩卖黄色D版光盘”的功能，而随着新技术的发展，人们的目光在很多新技术中获得了更好的“服务”，画家在很多领域实际上退出了竞争，他们需要证明绘画不仅仅是照相，绘画不仅仅是说故事，绘画不仅仅是商业操作，绘画更不仅仅是一种官能取悦——那么绘画还有什么可能性？对于这个问题的探索，激励着整个现代主义艺术的发展。

与西方的艺术变化的文化情境遥相呼应的，

是20世纪80年代中国艺术的种种变化。通过目光的转变来理解80年代中国人生活和艺术的变化，这个角度是对于纯粹的艺术风格分析和意识形态分析的有益补充。无论那些锐意变革的艺术家是一些纯粹为艺术而艺术的人，还是一些通过艺术表达思想和“态度”的人，这些人在创作当中要做的第一件事情，就是说服自己的眼睛。当目光不再单纯追求戏剧模式的时候，新一轮对于视觉的反思得以在艺术探索中打开局面。[24]

在前面的大段论述分析当中，本文着重探讨了摄影技术发展前后人们视觉经验中普遍存在的一种反差，着重指出了旧时代目光中某种“如戏”的特征在我们今天看来正相对衰落。但我们还需要稍作补充分析的是：一种视觉习惯的兴衰是一个长期的过程，而不是一时的革命；随着文化的变迁，一种目光的地位或许会相对削弱，但传统的那种观看模式并未完全过时，更不会彻底消失。

我们不能简单地认为：“过去是看戏影响了看画，而后来则是摄影改变了绘画。”一种目光的习惯一旦形成，它就不会只影响舞台而不影响绘画，只影响绘画而不影响摄像，一种文化形成的观看方式总是在该文化所有的视觉领域同时发挥着某种作用。

新的视觉习惯与已有的视觉习惯之间，新的视觉媒介技术与传统技艺之间并不是一种简单的更新替代关系。我们在前文中一再提及各种摄影技术的更新，但技术的更新远快于目光的更新。在摄影术诞生之后很长的一个时期之内，我们看到的与其说是摄影影响绘画，莫如说是绘画和戏剧影响摄影，“画意摄影”在19世纪中叶的流行就是一个有趣的例子：“画意摄影的后继者再次转向传统美术，甚至戏剧，于是‘情节’进入了摄影。与‘情景’不同的是，‘情节’强调照片场景的戏剧化结构，强调照片场面的时空广延性，也即照片内容作为一个完整故事的过渡性场面，由此使照片变得具有充实的叙事性和浓厚的戏剧性。”[25]事实上，在摄像媒介中呈现“如戏”目光的特征并不仅仅是摄影术发展初期才存在的现象。

一幅比较知名的毛泽东演讲照片也在一定程度上表明：即使不刻意追求“画意”的一般肖像摄影，也一度顺应着传统的“如戏”目光——在镜头面前，肖像的主人公选择的是最郑重其事、最能表现其身份和态度的衣着打扮；面对镜头，主人公会选择比平时更大幅度的动作和姿势来呈现自己的形象，作为一个经常被人们从舞台或演讲台上重视的公众人物更是如此——即使主人公未做此想，这种多少具有舞台造型特征的拍照方式也是长期以来广大摄影师和围观群众趋向认同的方式，越是在庄重场合的摄影，这种类似特征会越发明显。尤其在20世纪80年代以前，人们很少愿意也很少被允许在破败的家庭背景中或身着破旧服装拍照，那种在戏剧中和绘画中普遍起作用的“得体”原则，同时也在相片中发生着作用。从静止的照片到移动的镜头，“如戏”的目光继续留下影响，中国建国初期的老电影当中，剧场般的布局和剧场式的动作表情鲜明可辨，这种戏剧表演迥异于当代电影观众熟悉的更“自然”的表演风格，这是众所周知的。仍然以《狼牙山五壮士》的同名电影截图为例，这种戏剧感其实在不久以前的时代仍然深入人心。建国初期的电影工作者往往具有舞台工作的历史，或者说，他们早已熟悉没有聚焦镜头、没有聚光灯和扩音器的情况下面对目光进行表演的大量经验。这种目光塑造了一代人的艺术表现模式，这种模式不会因为目光由戏剧和绘画转移到影像上，就会立即改变。

本文暂时只能以较少的篇幅涉猎影视领域的图像特征和视觉习惯，不过确实有迹象表明，“如戏”的目光同时存在于照片、电影当中，也存在于更晚近的电视剧镜头当中。老版的电视剧《红楼梦》中多次运用了“如戏”的模式，诸如“宝钗扑蝶”“湘云眠芍”等传统画题和戏剧中常常出现的母题在电视中被直接借用，如果我们看到的是直接的视频引证而不是孤立截图的话，那种戏剧感的效应会显得强烈得多。今天的人们如果重温80年代的电视剧表演，经常会产生一种明显的“不适应”感觉，这种感觉正如同我们在老电影表演中强求“表情自然”，在历史画中寻找“栩栩如生”一样。1987年版的电视剧《红楼梦》当中，这样的细节也经常存在，但耐人寻味的是，直至今天这个版本的《红楼梦》的舆评仍然高于新近制作的同主题电视剧，探讨制作水平的高下涉及复杂的争论，但本文想指出的是，在面对一些本来就属于虚构的主题之时，我们的目光至今仍然十分适应“如戏”的模式。我们会很在意一个历史人物、英雄人物的行为“不够自然”，但当电视镜头涉及浪漫与唯美的时候，其夸大效果的能力并非弱于戏剧，而是远强于戏剧。而今天的我们接受了电视和电影的夸张，却对于戏剧的夸张相对陌生，在这里，是否“真实”其实并不是新媒介压倒旧媒介的真正理由。

摄影镜头并非生来就代表一种新的目光，它所带来的变化，是一种潜移默化中的渐次改变。目光是一种文化，人们总是倾向于沿袭久已习惯的文化，然后再随着生活环境一点一滴的改变而逐渐调整它。今天习惯了自然取景拍照的人们，也许会对于领袖招牌般的动作稍生迟疑，但在一个摄像镜头只是偶然为之的年代，一个公众人物经常需要在类似舞台的大庭广众下发言和示意，其久已习惯的肢体语言模式原本就与习惯了电视特写镜头下微妙表情变化的今天观众有所不同。有些矛盾的是，在我们认为某些老电影的表演模式已经“不自然”的时候，在我们自己的生活照片越来越“自然”的时候，今天的我们仍然会在某些重大活动的集体照片中顺利地沿袭过去的某种模式：人们会自发地在镜头面前排列成舞台队列，人们会不约而同地响应“茄子”的呼声做出微笑表情。只要换一个场合，“如戏”就至今仍然有效，今天的艺术家可以用最前卫的方式进行个人创作，但同一个艺术家，在直面某些重大的革命历史主题之时，他可能仍然难以拒绝“狼牙山五壮士”那样的丰碑模式。其实不管是在画面上、舞台上，还是在电视荧幕上，我们至今仍然习惯以一种“如戏”的目光凝视某种远去的故事和远去的历史。我们把与想象力关联的某种视觉模式保存在了特定的场合和特定的时间，这与我们接受摄像术洗礼之后变得越来越“真实”的目光从未彻底决裂。

不同的目光造成了不同的看世界的方式和看画的方式，这些目光其实并存于我们今天的视觉文化当中——我们并不能简单地认为，前摄影时代的“如戏目光”已经衰亡。今天的人们从电视和电影中去理解“真实”，这情形就如同过去的人们通过戏剧舞台来理解“真实”世界一样。

余论

我们将文艺复兴以来的整个西方油画传统称为再现性的传统或者“写实”的传统，这在一定程度上误导了我们。至少，以19世纪中叶到20世纪初的几十年时间为过渡，在这之前、之后，人们看待“真实”的眼睛发生着深刻的变化，我们今天认为是纯粹写实的东西，在当时并不是因为纯粹的写实原因被创作的，至少，是以区别于我们的观察真实的方式创作的，我们不能忽略了这一点，而仅以我们今天经过大众传媒的“摄影视觉”训练的视觉经验去强行地理解历史，然后把整个传统都理解为我们心目中的“现实主义”——由此，我们从视觉文化的剖析中，获得了观察油画史乃至整个视觉艺术史的另一种观察角度。

文化塑造了艺术，这是人们所共识的；本论题所强调的是：文化首先通过塑造我们的视觉、塑造我们的目光，来塑造我们的艺术。在创作、作品和观看的文化关系当中，传统的艺术史写作往往成就了事实上的作品史、风格史或英雄列传史，而对于“观看”本身往往缺乏足够的重视。为此，“戏剧感”的分析，只是对一种目光模式的探索性分析，一种视觉研究与艺术史研究相结合的范式，在今天我们刚刚探索起步。

注释

[1] Stephen Duffy, *Paul Delaroche 1797-1856 : Paintings in the Wallace Collection*, London : The Trustees of the Wallace Collection, 1997, p.7.

[2] 参见 Francis Haskell, *Rediscoveries in Art : some Aspects of Taste, Fashion, and Collecting in England and France*, Phaidon, 1976, pp.8-13。

[3] 参见 Stephen Bann, *Paul Delaroche : History Painted*, London : Reaktion Books Ltd., 1997, pp.13-14。

[4] [美]阿纳森:《西方现代艺术史》，邹德侬等译，天津人民美术出版社1986年版，第2页。

[5] [法]阿兰·克鲁瓦、让·凯尼亚:《法国文化史》(第二卷)，傅绍梅、钱林森译，华东师范大学出版社2006年版，第284页。

[6] 同上书，第289页。

[7] 该画作于1770年，反映的是1759年英法之间在加拿大争夺殖民地的战争。

[8] 以上一节观点，参见笔者《戏剧感的衰落》一文，已发表于《荣宝斋》杂志2011年第10期，本文对相关内容做了重要的增订和调整。

[9] 所提图与本节所提其他年画作品参见《岁时纪胜——中国民间年画艺术展》相关图册，图26。展览时间为2009年11月20日—12月10日，总策划郭雅希，执行策展人姜彦文。展出的所有作品绝大多数来自天津美术学院美术史论系师生的田野考察收集，多未正式发表。

[10] 武强木版门画《鞭锏门神》。

[11] 杨家埠木版门画《招财童子》。

[12] 茅盾:《自然主义与中国现代小说》，载《茅盾全集》

（第18卷），人民文学出版社1989年版，第238页。

[13]茅盾:《文学与人生》，载《茅盾全集》（第18卷），第271页。

[14]这方面研究介绍论文众多，如《时代风采》1997年第4期载学前撰文《董希文与〈开国大典〉》等，因与本论题未直接关联，这里不做赘述。

[15]董希文的画面构思细节依据笔者本人对于董希文工作室50年代的学生如刘秉江、邵伟尧等的访谈回忆整理。

[16]本段引述参见《詹建俊与〈狼牙山五壮士〉》，载《中国美术馆》2006年第6期。采访及录音整理：廖羽。

[17]参见吕澂《西洋美术史》，商务印书馆1921年版，第138页。

[18]参见王琦主编《欧洲美术史》，上海人民美术出版社1985年版，第416页。

[19]在《清华美术》卷十三《重读现实主义》（张敢主编，清华大学出版社2012年版）当中，笔者曾撰文《写实主义艺术：从西方到东方的观念演变》专门分析国人心目中的现实主义与以库尔贝为代表的西方写实主义的观念差别，这里只作简要陈述交代。

[20]限于篇幅本文没有继续列举，然而有诸多证据表明，其实直至今日这种戏剧性的画面在当代艺术创作中仍然是多见的，尤其越是在处理重大历史主题的艺术作品当中，这样的处理方式就越多见，越显得“得体”。

[21]如1845年，乔治·韦斯特在香港开始了中国最早的照相馆，参见[英]泰瑞·贝内特《中国摄影史1842—1860》，徐婷婷译，中国摄影出版社2011年版。

[22]欧洲的个人手持相机于19世纪90年代逐渐推广，而中国则是在改革开放的80年代之后个人家庭才开始普及手持相机，摄影图像所特有的视觉传达特征此后才逐渐发挥越来越深刻的影响。

[23]中国汕头感光材料厂自20世纪50年代起开始研发和生产黑白胶卷和相纸，1963年上海照相机总厂的海鸥牌双镜头反光照相机4型研发成功及投产；1978年海鸥单镜头反光相机 DF-1投产。

[24]本文着重探讨一种传统的“如戏”目光的转变过程，至于新时代艺术所体现的新的视觉特征，是另外一个研究的课题。

[25]参见李文方《世界摄影史》，黑龙江人民出版社2004年版，第41页。

本文载于《美术研究》2013年第3期

邵亮，1976年生，广西人。2003年毕业于中央美术学院美术史系，获博士学位。天津美术学院美术史论系教授、硕士生导师，《北方美术》执行主编。

建设一流的现代高等美术学院

高　洪

深化高等学校管理改革，建设中国特色现代大学制度，是当前高等教育改革和发展的重大而紧迫的任务。结合中央美术学院建设一流的现代高等美术学院的目标，我们尝试从三个方面提出一些想法和建议。

一、让已经具备基本条件的专业院校确立和巩固世界前列地位

中国高等教育进入大众化阶段以后，面临的核心任务是提高教育质量。但对于规模庞大、学校数量众多的中国高等教育体系来说，提高教育质量必须是不同类型、不同层次学校组成的结构更加合理，不同类型、不同层次学校甚至不同学校各自的特色更加鲜明，其中必须有若干所学校达到世界一流大学水平。当然，就刚刚进入大众化阶段的中国高等教育整体而言，需要一个过程。现阶段，在普遍提升高校人才培养、科学研究和服务社会整体水平的同时，在建成一批国际知名、有特色、高水平高等学校的同时，要让已经具备基本条件的专业院校较快地确立和巩固世界前列地位。

处在世界前列高等学校的基本条件，不是学校规模、硬件条件本身，而是拥有一流的教师和一流的学生，以及把这些一流学生培养成某一领域乃至整个社会（可从历史和现实等多个角度看）最重要人才的教育教学，还有与此相适应的学校规模和硬件条件。同时，处在世界前列的高等学校发挥的作用，还应具有提升社会公众素养的重要影响力、对社会生活及其相关产业水平提升的实际推动力。所有这一切，最核心的是一流教师和一流学生，特别是一流学生，因为学生终归要超过老师，一代终归要超越一代。

中央美术学院具有处在世界前列高等学校的基本条件，首先，拥有一流教师和一流学生，学校在95年的发展历史上，汇聚了一批中国最优秀的艺术家，在中国美术历史和美术教育历史上产生重大影响的大师级人物都有在中央美术学院任教的经历。他们在教学实践中积累的经验、形成的传统世代相传，已经成为中央美术学院最宝贵的精神财富。进入中央美术学院及其附中学习，是热爱美术、学习美术的学子学习阶段的最高目标，从历史到现实，不是真心热爱美术、美术天赋不高、不具备一定艺术基础的学生是进不了中央美术学院的，即使侥幸进入也无法完成学业。中央美术学院学生的整体水平（特别是基础

能力）处在世界前列，得到世界最重要的高等美术院校的认可。

同时，从大师工作室到教授主导的工作室教学模式的形成和完善，从教育教学制度层面保证了把这些一流学生培养成某一领域乃至整个社会（可从历史和现实等多个角度看）最重要的人才。因为它符合培养顶级人才的基本规律，一流的教师因材施教、全方位熏陶、高境界引领、大视野拓展，一流学生耳濡目染、触类旁通、志在超越。

中央美术学院在新时期的发展，为学校发挥提升社会公众素养的重要影响力作用和提升社会生活及其相关产业水平实际推动力作用奠定了重要基础。经过艰苦努力，已由造型艺术为主的“纯美术单学科”发展为具有造型艺术、设计艺术、建筑艺术、艺术人文四大专业板块的综合美术学科结构“全学科大美术”的教育教学体系，建构了具有中央美术学院特色的现代形态高等美术教育，并参与了国家和地方城乡建设、生态环保、信息化建设、工业产品设计、生活产品设计、交通工具和轨道交通设计、大型国际赛事和展会设计等一系列与经济社会发展和人民生产生活相关的项目，积累了重要经验。

因此，让像中央美术学院这样的已经具备基本条件的专业院校确立和巩固世界前列地位，不仅是这些学校自身的使命和任务，也是中国高等教育改革和发展的使命和任务。

二、中央美术学院在中国特色现代大学制度建设中的历史责任和当前任务

拥有一流教师和一流学生的中央美术学院，肩负的神圣使命就是成为世界上最好的高等美术学校，做不到这一点就无法对历史交代，就无法面向未来。其中中央美术学院的现代大学制度，就是最好的高等美术学校重要的制度安排和保障，也必然是中国特色现代大学制度的重要组成部分。

1. 建立高等美术教育质量评价体系，肩负起为建设中国特色高等美术学校的现代大学制度提供标准的历史责任。

解决应该如何评价一所高等美术学校问题，是建立高等美术学校现代大学制度的前提。因为任何制度的制定，都必须为建设最好高等美术学校服务。建立继承传统、面向未来的高等美术教育的评价体系，不能指望别人，必须由最好的学校来主导，为此，从2012年10月开始，进入建校95年、走向百年的中央美术学院启动了“百年辉煌”工程，其中最重要的项目是一项重大学术研究，对走过的95年进行系统的回顾研究，对当前世界上最重要的高等美术学校进行严谨的比较研究，以此成果科学地确定中央美术学院的历史方位，规划未来5年的发展，实现在建校100年时成为一流现代高等美术学院的目标。其中一个带有基础性的重要成果就是把研究方法提炼生成为高等美术教育质量评价体系。

构建符合艺术教育规律的《高等美术教育质量评价体系》，采取了以纵向和横向比较的研究方法进行。纵向研究主要通过历史研究方法，文献研究方法及实地调研方法。全面梳理每一所重点艺术院校的发展脉络，回顾其在国家经济文化建设和美术教育发展过程中发挥的重要作用。重点是探究一所艺术院校的办学理念如何对学院发

展产生影响。通过对每所院校的教学、师资、管理、设备设施等方面纵深研究，可以总结出这所院校突出的办学特色和管理机制。横向研究主要通过文献研究、实证研究、量化统计等研究方法，以学科专业为研究对象，确立基础教学、跨学科教学、精专型教学、工作室教学、技术工作室、教学质量监控、教育创新、教育与产业等一级评价指标，针对每一个指标设定多个二级到三级观测点，通过层层剥离、归纳分析，提炼出符合艺术教育规律的教育质量评价体系。

这个评价体系，将从艺术学科本体出发，研究分析教学理念的形成与成因，进而判断一个学科专业的水平；通过对不同的艺术人才培养模式的分析比较，评估一个学校的教学水平和教师水平；通过对教学过程及考核的监控，来明确一名优秀学生的考核标准是什么；通过研究学校如何与社会及产业相关联，来评价学院服务于社会、引领产业的创新机制。通过这一系列的评价方法，可以确立世界一流美术学院的评判标准，构建有理论依据的世界公认、国家认可的符合艺术教育规律的高等美术教育质量评价体系。

在与世界范围内的同类优秀艺术院校进行深入翔实的比较基础上，中央美术学院更有信心全面把握国际艺术教育未来发展的趋势，科学反映本院在国际美术学科专业上的重要学术地位，担当起中国美术创作和美术教育的领军者角色。研究的内容涉及办学理念、教学方式、教师状况、管理制度和硬件设施。关于办学理念，包括20世纪艺术思潮对美术院校教学的影响、学院一贯坚持的核心教育理念、学院在发展进程中的重要节点及对学院历史发展的影响、面对社会环境变迁学院采取的应对措施、对国际一流美术院校标准的理解、如何看待学院现状和面临问题及未来的发展趋势、与其他同类院校相比较学院主要的办学特色、学院的教育变革对国家文化策略的响应。关于教学方式，包括专业的教学理念和教学模式及其变化、教学构架的设置及依据、不同层级（本／硕／博）培养目标的区别、学科变化及其依据、新学科的发展趋势、优势学科与特色专业、各专业课程结构的侧重与培养目标的对应关系、基础教学与专业教学的关系、跨学科教学相关实践及操作办法、导师工作室的现状调查、学术研究与教学之间的关系、教学与社会及产业间的关系、国际和校际合作及远程教育的相关教学实践，以及艺术教育中，实践类、艺术史论类、人文学科类课程的比例关系。关于教师状况，包括学院教师的聘用和淘汰机制、全职与兼职教师比例和职称结构比例及师生比、名师和常任教师的关系及选用办法。专业技术人员的设置及管理的依据和效果、对教师日常教学工作的管理和评估机制、对教师学术研究方面的要求、教师交流和进修及休假的相关制度。关于管理制度，包括学院教学的组织和教学结果的评估方法、招生的具体标准及操作方式、毕业的具体标准及流程、学生毕业论文和毕业作品的要求以及二者间的关系、毕业生优秀作品的评审制度和依据、专业技术工作室运行与管理方法、教务系统的管理办法及其效果、学生事务的管理办法与依据和效果、毕业生发展的调查。关于硬件设施，学院关于校园环境及整体设施的规划、教学及公共空间的规划及使用与效果、技术工作室的设施调查、图书馆与校园数字化的建设、学院美术馆与教学的关系。这些研究比较的框架和方法，经过提炼归纳构成高等美术教育评价体系的基础，也成为大学制度的基本指向。

2. 制定《中央美术学院章程》，完成好为建设最好高等美术学校目标制度安排的当前任务。

在提炼生成高等美术教育的评价体系的同时，并以高等美术教育的评价体系研究成果为基础，制定《中央美术学院章程》，也是“百年辉煌”工程的重大项目。

自2012年11月章程起草工作正式启动以来，按照文献研究、校内治理情况调查、国内国际院校调研、文本撰写的步骤推进。主要解决以下学校管理的重大制度：一是保障中央美术学院拥有一流教师和一流学生。二是保障中央美术学院的决策具有战略性和前瞻性。三是保障中央美术学院教授治学的有效实现。四是保障中央美术学院“崇尚学术、兼容并蓄、关注社会、服务人民”的传统得以传承并发扬光大。五是保障中央美术学院尊重个性、学术自由、宽松和谐的学术环境。六是保障中央美术学院发挥提升社会公众素养的重要影响力作用和提升社会生活及其相关产业水平实际推动力作用。七是保障中央美术学院对教师、对学生、对管理人员以及各项工作和工作岗位的评价和考核导向正确。八是保障中央美术学院有效防范廉政风险。

依据以上的若干保障，确立实现这些保障应设立的机构及其机构之间的相互关系，确定胜任这些机构职责的人员标准及其产生的办法，明确这些机构的议事规则与决策程序，明确与举办者国家及相关部门的关系。明确办学自主权，自主开展教学活动、科学研究、社会服务等，自主设置和调整学科、专业，自主制定学校规划并组织实施，自主设置教学、科研、行政管理机构，自主确定内部收入分配，自主管理和使用人才，自主管理和使用学校财产和经费。

三、中央美术学院的现代大学制度建设中要解决的主要问题

中央美术学院在95年的发展历程中，形成了自身独特的教学方式和管理方法。现代大学制度建设要在已有的基础上完善、改革和创新，需解决两个主要问题。

1. 解决与国家对高等教育普遍要求既对接又超越的问题。

一方面，中央美术学院已有的教学方式和管理方法是在规模较小、以造型艺术为主的“纯美术单学科”的基础上形成的，已经不完全适应具有一定规模，以造型艺术、设计艺术、建筑艺术、艺术人文四大专业板块的综合美术学科结构“全学科大美术”的教育教学体系；另一方面，这种教学方式和管理方法具有符合美术教育特色的合理成分，简单地套用所有高等学校通用的规范和评估标准，会损害中央美术学院的优质成分和特色。因此，建设中央美术学院的现代大学制度，要解决与国家适用所有高等学校通用的规范和评估标准既对接又不完全对接（超越）的问题。

凡是具有高等教育普遍性（共性）的方面，就要按照国家（教育部）的规范去建设。这方面，中央美术学院的确缺少很多东西，要尽快补充上去，尽快完善起来。

凡是具有高等美术学校特点的方面、凡是

具有中央美术学院要建设最好高等美术学校的方面，就要按照自身规律和实际情况去继承和创新。这方面，中央美术学院要做许多开创性工作。

2. 解决办一流大学要用一流办法的问题。

第一，让一流人才产生一流的工作绩效。

岗位设置管理、组织人事、学术组织形式及其运行、学科建设绩效评估等一系列制度和机制，都要使中央美术学院的教师和管理人员以最大的热情和所能达到的最高标准去进行教学、创作和管理。

一是让专业教师具有持续地感知与把握周围世界变化的热情和能力，具有不断适应与改变周围世界变化的热情和能力。

二是让管理人员把团结人、温暖人、引领人、提升人、解放人作为管理工作的重要目标。

第二，让学科建设始终处在主动和引领的地位。

一是继续保持造型艺术传统学科群的优势地位，培养具有民族文化传统修养与坚实专业基础的艺术人才，担当社会主流文化艺术创新与实践的主体。

二是积极引导实验艺术学科群在国际艺术院校中的健康成长与发展，培养具有鲜明艺术观念与有效艺术表达的新锐人才。

三是全面推动设计、建筑应用艺术学科群的持续性、前瞻性发展，培养具有时代敏锐性、创造性与扎实动手能力的艺术人才，着力促进设计与经济社会发展和科技进步的紧密结合。

四是大力发展美术史论、艺术教育、艺术管理构成的人文学科群，培养具有优秀综合素质与良好美学修养的艺术家、设计师和艺术理论与管理人才，推动中国艺术在国际范围内的广泛传播，引导中国艺术市场的健康发展。

五是既发扬传统学科优势，又在传统学科基础上，以中国文化主体意识为导引，以科学技术新发展为契机，寻找新的生长点。

六是强化学科融合，强调教学开放性与学生自主性，灵活有效配置资源。打造开放式课程平台，建立各种形式的跨学科研究中心或组织，以促进不同学科的交叉、融合。

第三，让学院具有参与国家重大艺术创作和各领域产业设计的能力和有效实施机制。

一是我国在建设社会主义文化强国的进程中，需要与国家战略发展相结合的重大艺术创作。中央美术学院要作为基础骨干，承担重要任务。

二是信息化、数字化将覆盖社会生活的各个领域。中央美术学院要更具前瞻性地参与影像艺术、数字媒体、艺术与技术、交互设计、数字电影等领域开发和应用，推动中国未来媒体产业的健康、快速发展。

三是设计作为中国产业转型的发动机，不仅是科学与艺术的结晶，而且是艺术与生活最密切、最直接的结合，现代设计和创意产业已经成为众多经济发达国家地区所赖以形成国际竞争强势的重要生产力。中央美术学院要最大化地发挥高端设计人才的资源优势，不断完善教育与社会的对接窗口，为国家培养各个行业需要的精英设计人才，推动中国成为设计大国和设计强国。

走向百年的中央美术学院对建立现代大学制度充满热情，对建设一流的现代高等美术学院充满信心，愿以更高的境界、更宽的视野、更大的胸怀，以更主动、更严谨的态度，一步一步扎实推进。

本文载于《美术研究》2014年第1期

高洪，1962年生，北京人。1997年获南京大学国际商学院工商管理硕士学位。中央美术学院党委书记。

敌我的镜像：黄鹤楼大壁画与中日宣传战

——从中央美术学院美术馆藏王式廓《武汉大壁画草稿》谈起[1]

蔡　涛

一、画稿释疑——关于壁画实战功能的推理

黄鹤楼大壁画在抗战期间遭日军涂毁，[2]现存的唯一一件画稿出自王式廓（1911—1973）手笔，由中央美术学院美术馆收藏，馆方将这件作品的创作年代定为1938年。在这张旧式信笺的中央部分，作者以潦草的速写法依稀勾勒出一群行进中的战士形象。信笺的朱丝栏外，王式廓作了文字说明："一九三八年武汉大壁画草稿。是田汉叫我画的。一九六九．四五。"

根据这一画稿，有两点可以明确：1. 这是"文革"王式廓就黄鹤楼大壁画接受政治审查期间提供的一件证物；2. 田汉（1898—1968）参与了这幅大壁画的指导工作。

同样是在"文革"时期，发表于杭州的另一份历史文献——由浙江工农兵美术大学（今中国美术学院）革命师生编辑的宣传读物《美术大批判——打倒潘天寿、方干民、倪贻德、费以复》，为我们提供了更为详尽的有关大壁画的信息：

> 在我国命运危亡时，倪贻德作为田汉的旧党羽又追随田汉钻进了国民军事委员会政治部第三厅，佩上三厅美术科中校科长军衔，参加了蒋介石亲自点名接见的干部会。倪贻德站在一切勾结帝国主义军阀、官僚买办阶级、大地主阶级以及附属于他们的一部分反动知识界的立场上，组织了三厅美术科员呕心沥血、精心绘制了黄鹤楼壁画《保卫大武汉》，他把恶贯满盈、袖手旁观、等待胜利、保存实力、准备内战的蒋该死，粉饰成"抗战统帅""盖世英雄"。倪贻德的投蒋反共、卖国的本性不是暴露得淋漓尽致了吗？

这两份"文革"文献不仅为我们回溯了倪贻德（1901—1970）与王式廓参与创作黄鹤楼大壁画的部分史实，同时也作为两位艺术家在"文革"时期不幸遭遇的这场民国黑画案的实证。[3]倪贻德于1970年被迫害致死，而王式廓则于

1973年猝逝于为其遗世名作《血衣》搜集素材的工作现场，不难想象这幅早已形迹无存的“黑画”成了两位油画家晚年挥之不去的政治噩梦。

有关这幅壁画所描绘的内容，1938年10月间，倪贻德曾在香港撰文进行了详尽描述：

> 在画面的中央，不消说是我们的最高统帅蒋委员长，英武的戎装，骑在高大的白马上，挥着军刀作指挥前进的姿态。以这为中心，画面划分左右两部，左面表示前线，右面表示后方。绕着委员长的前线，精壮的部队勇迈地开向前方。……这真是洋洋乎一幅抗战大观，什么都包括尽了。人物可以数得出的，至少在三百以上，每一个人物的面貌和动作，都显出了坚定、勇敢、沉着的表情。画面整个的感觉是充实的、动的，全体的人物围绕着中心而律动，而又一致地倾向于左方——那正是对着长江下游的方向。[4]

根据倪贻德的描述及相关图像，笔者对王式廓的这幅标记为1938年创作的手稿产生了四点疑问：其一，作为被田汉指定的起稿人，王式廓被赋予重任，为何在画面中仅仅绘制了一组战士的形象，而作为画面核心部分的领袖却缺席了？其二，王式廓同时期的美术作品已经呈现出戏剧化、情节化的强烈特点，如当时为他赢得众多赞誉的《血战台儿庄》。而即便是他为《平型关大捷》所作的人物草图，也具有生动具体的叙事性倾向。王式廓的这一技术特长显然是他被委以重任为壁画勾勒草图的重要原因，为何这幅画稿中仅仅敷衍了事地描绘战士行进的身姿，而有别于当时的一般性风格特征？其三，按照倪氏的描述，画面中全体人物“围绕着中心而律动，而又一致地倾向于左方——那正是对着长江下游的方向”。这是该壁画配合实体空间透露出的极为明确的政治寓意——表明了中国政府收复失地的决心，而王式廓的这幅手稿却是在相反的方向组织人物造型的。最后，王式廓画稿与1969年的说明文字的墨迹颜色一致，这也为我们讨论画稿的创作时间提供了重要参考。

综合上述情况，笔者认为这幅画稿是王式廓在“文革”政审期间临时绘制、用以说明历史情况的一份供述材料。

二、壁画的观众——1938年黄鹤楼大壁画的两个版本

1938年武昌黄鹤楼城壁上至少出现过两幅巨型壁画，它们的出现既体现出国民政府在宣传意旨上的差异，也反映了战局和国际形势的变化。

1938年初，罗伯特·卡帕（Robert Capa）作为荷兰纪录片导演尤里斯·伊文思（Joris Ivens）的摄影助手，前往中国拍摄纪录片《四万万人民》（*The 400 Million*）。这位匈牙利裔美国摄影师1936年在西班牙战场拍摄了一位共和军士兵被子弹击中仰身倒地的牺牲场面，从而跻身国际明星摄影师的行列。卡帕的中国之行，也兼负了为美国《时代》周刊报道中国战场的任务。1938年3月间，卡帕在黄鹤楼城壁前拍摄了一幅抗战壁画的制作现场，壁画中景和远景部分绘制了

青天白日旗、坦克、战车、骑着战马的中国军官，前景位置则是一尊自由女神像，一位身着工装的画家正聚精会神地站在梯子上工作着。在这幅照片的说明文字中，摄影师写道："中国人民生活在战争的阴影下，整个国家在战壕中。在战场的后方市民们不得不参与到国家争取独立自主的战斗中。城市的墙壁上布满了绘画，绘制了中国军队为之战斗的自由与独立的象征。这里是一个画家志愿者（学生身份）正在绘制一尊巨大的自由女神像，一个关于自由和世界团结（United Nation）的象征。"[5]卡帕拍摄的这幅照片迄今未公开发表，目前收藏于纽约国际摄影中心（ICP）。

卡帕所见壁画中的母题——自由女神像和骑马军官的形象，在抗战初期武汉、重庆等地风靡一时的抗战戏剧《为自由和平而战》中也有着极为相似的表现，而该剧的第一批观众就是驻汉的外国使节和外侨。[6]在抗战初期诸多流行的以动员民众为目的的图像符号中，自由女神并非主要用以激发普通民众的国家认同感；而对于武汉的西方人士而言，自由女神的视觉内涵是不言自明的。应该说，壁画中自由女神的形象在很大程度上寄托了此时中国政府对美、英为主的西方力量援助中国抗战的高度期待。

被期待的观众群于1938年初陆续出现在武汉的街头。3月间，当伊文思和卡帕抵达武汉的时候，这座中国的战时首都不仅聚集了军政要员、外国军事顾问、自沿海城市逃难至此的知识分子和广大民众，同时还吸引了众多国际人士，尤其是年富力强的一批西方记者前来报道。[7]如美国学者麦金农教授所言，1938年，中国抗战的盛况在绵延全球的悲观气氛中是一个难得的亮点：在马德里保卫战失败，斯大林对于苏共领导人和知识分子的无情清洗，以及西方列强对希特勒实行的绥靖主义的国际大背景下，中国在缺乏国际援手的情况下实现了极为难得的政治团结和全国总动员。武汉保卫战所表现出来的昂扬斗志迅速为这座城市赢得了国际舆论的同情。在这批西方人士的行列中，既有知名英国诗人W.H.奥登和剧作家克里斯托弗·埃塞伍德（Christopher Isherwood），又有以自由撰稿人身份从事新闻报道的埃德加·斯诺、阿格尼丝·史沫特莱、哈罗德·伊罗生（Harold R. Isaacs），[8]以及前国民政府外交部部长陈友仁之子——漫画家陈依范（Jack Chen）等人。尤为关键的是，蒋介石在战时任命的首席新闻官——留美博士董显光（1887—1971）制定了前所未有的开放新闻政策，在武汉的外国记者能够不受限制地采访任何地点和人物，而且放弃了对他们稿件的审查。这些年轻的国际一线记者对中国抗战的深入报道和毫无保留的支持态度，无疑为武汉保卫战的初期阶段注入了一种乐观情绪。[9]

9月间在同一幅墙壁上落成的另一幅大壁画，占据了蛇山脚下城壁的整幅墙壁，尤其引人注目的是，自由女神像已被一个政治领袖的形象所取代。虽然保留了国旗、战车等元素，象征性的骑马军官形象被具体化为中国的军事统帅蒋介石，画面中簇拥元首的军民人数达三百人左右，在他们中间没有出现西方人士的面孔。壁画的意旨因此发生了重大变化——这是一场中国人奋起自救的神圣卫国战争。在短短半年间，画面主题的更替折射出国民政府的失望情绪——虽然在赢得国际舆论的支持方面中国大获全胜，但西方政治家对中国的抗战局势普遍持消极的观望态度，[10]这意味着中国在武汉保卫战中不得不以悬殊极大的兵力与日军展开决战。在国际援助无望的情况下，加强对内的全国总动员成了政治宣传工作的优先选项。

负责指挥武汉保卫战的第九集团军司令官陈诚（1898—1965），当时还担任另一重要职务——1938年初新组建的军事委员会政治部部长，该机构的主要职能是全面加强战时的政治宣传工作。承担主要任务的是政治部下属的第三厅，吸引了来自全国的文学、戏剧、美术、电影、音乐界人士组成一个“名流内阁”，号称“五百罗汉会江城”。亲共的知识分子郭沫若在蒋介石和陈诚的邀请下——同时更是在担任政治部副部长的共产党领袖周恩来的积极促动下担任了厅长一职，在他的团队中云集了田汉、冯乃超、阳翰笙等左翼知识分子，以及来自全国各地的众多艺术家，组成了一支阵容强大的战时宣传队。

武汉保卫战在6月间进入高潮，日军集合了40万兵力对武汉发起总攻，中国方面则调动了至少80万兵力来保卫武汉与长江中游。尽管中国军队沿着长江顽强抵抗日军的来袭，但在6月中旬以后，安庆、彭泽、马当陆续失守，7月下旬日军队围绕临近武汉的要塞——九江展开了激战。7月28日，九江失陷。[11]

在武汉保卫战进入最危急的阶段，7月底，负责艺术宣传工作的第六处处长田汉向属下的第三科（美术科）代理科长倪贻德正式下达了制作大壁画的命令，主题是保卫大武汉，并拨出了800元专款购买画材。[12]倪贻德在接到命令后，首先安排了属下的决澜社画家周多、段平佑负责查看地形、构图起稿。在周多的画稿没能通过的情况下，汪仲琼、韩尚义、王式廓等人加入了构图小组，最后由汪仲琼综合各人的方案，形成了上墙之前的精稿。参加壁画制作的艺术家还包括李可染、丁正献、吴恒勤、周令钊、陶谋基、龚孟贤、沈同衡、翟翊、黄普苏、张友慈等十余人，以及数名负责为墙壁打底的油漆工。壁画几乎占据了整个城壁，最大高度约12米，长度约45米，为了施工便利他们还临时搭起了脚手架。[13]

随着日军对武汉的日益逼近，壁画主创人员在敌机频繁来袭的艰险条件下推进。8月中旬，主管壁画创作的倪贻德因躲避轰炸，没有按规定时间到三厅报到，被郭沫若革职处理，此后壁画的监制工作由田汉全面接管。而画家们在绘制过程中，也时常遭遇敌机空袭，为了保证进度，创作小组在壁画上方安置了电灯，让工作在夜间可以继续进行。[14]

而由田汉这位《义勇军进行曲》的词作者和富于经验的戏剧家来指导这幅主题壁画，无疑强化了这幅公共艺术作品的史诗气质。在下达大壁画的任务之初，田汉就明确了以蒋介石骑马指挥的形象作为视觉中心。此外，他还有不少即兴发挥的指导，根据周多的回忆，在大壁画的验收环节，田汉提出在画面的空隙处补入郭沫若在街头向群众宣讲的场面。[15]在撤离武汉之后，田汉还念念不忘，希望在收复失地后，能够加以点缀，使之成为传世之作。[16]

如何理解黄鹤楼大壁画所设定的目标观众，

是一个比较复杂的问题。武汉的撤退工作至迟从1938年6月起就已经有步骤地展开。[17]7月下旬，伴随着九江的失陷，武汉即将失守实际上已是决策者们所不得不面对的重大现实。进入8月之后，政府机关和市民开始了大规模撤退，壁画所在的武昌城如郭沫若所言，“差不多成了一座死城”。此时政治部三厅将壁画列为重点工作计划，[18]拨以相当的资金，并以十几位画家的庞大队伍来完成一幅大壁画，其制作动机就成为一个值得推敲的问题。在撤退之际，以武昌城内日渐稀少的中国军民和国际人士作为目标观众显然意义不大。

从壁画图像的实际受众来看，中国电影制片厂摄制的新闻纪录片《抗战特辑》，为壁画创作现场留下了影像记录，这部纪录片曾在国内外多个城市公映，[19]如果以这部纪录片的观众来估算壁画图像所能接触到的人群，是相当可观的数字。但作为实际空间中的大壁画，几乎没有悬念，面向的观众是即将占领武汉的日军，而壁画的监制者和主创者应该是有这种明确意识的。就主持对敌宣传工作的三厅而言，以一幅抗战壁画作为“精神武器”迎击即将占领武汉的日军，在当时也是一种具备实效性的举措——与占据宣传战主导地位的戏剧、电影、街头游行、音乐、宣传标语等宣传形式相比，壁画在公共空间中的视觉直观性和易于保存的特点，在中国军队撤离武汉后拥有特定的在场性优势。三厅的工作报告也显示：在完成了黄鹤楼大壁画的绘制工作后，9月27日、28日美术科全体工作人员在武汉各重要街头共完成了壁画14幅。[20]在武汉总撤退前突击完成如此大量的壁画，也可以看出三厅在当时已将壁画视为武汉沦陷后对敌宣传的一项重要手段。

我们可以从壁画绘制者龚孟贤留下的一段文字，了解到主创人员对于这幅大壁画宣传功能的期待：“我们在黄鹤楼前绘的大壁画，以集体创作，经多日而成；它的效果，不仅宣传了大量的武汉民众与士兵，就是后来敌人见了，也为之惊服而接受了我们的宣传，这可以说是我们在抗战中所建立的艺术宣传典型之一种。”[21]而美术科的另一位成员卢鸿基（1910—1985）则提供了一则更加振奋人心的传闻：“据闻敌人占据武汉后甚为重视它，没有毁掉。”[22]

如果我们将视线转向广州，可以发现类似黄鹤楼大壁画这样的视觉装置，在这场艺术宣传战中并非孤例。在武汉沦陷前四天，10月21日，广州被日军占领，一幅由广州特别市党部制作的宣传布画悬挂于市中心的惠爱路（今中山四路一带）。这幅布画可谓是黄鹤楼大壁画的姊妹篇，同样表现了蒋介石率领军民一致对敌的主题。布画的照片于1938年11月11日出现在日方发行的《支那事变画报》刊载的一幅新闻照片中。由此，围绕着中国的大幅抗战宣传画（主要为大型壁画与布画），中日之间的宣传战开启了一种新的模式。这幅新闻照片所展现的场景，似乎迎合了布画制作者的期待：画面中的中国元首和军民正面迎向入侵广州的长谷川部队和本田扫荡队，在摄影镜头中鱼贯而入的是前进中的日军部队的背影。这个看似漫不经心的“两军相遇”的画面——将实体空间（被占领的广州）中的日军部队和虚拟空间（陈列于街头的布画）中的中国军队同时安置于取景器中，反映了日方宣传人员对于占领图像的新创意。

三、战利品与精神武器：敌我双方关于大壁画的宣传策略

10月25日，日军攻陷武汉。12月11日在东京发行的《支那事变画报》（武汉攻略特辑第三），在《武昌风景》一栏中刊载了黄鹤楼抗日壁画的局部画面，并配有说明文字："黄鹤楼（前面的壁画是蒋被表现为统帅的抗日画的大作）"。这是日方发行的画报首次对大壁画做出报道。

12月28日，由名取洋之助[23]主持的外宣机构——"日本工房"所编辑的画报《日本》（*NIPPON*）第1卷第2号，首次以跨页的大篇幅报道了黄鹤楼大壁画，拍摄者是日本工房属下的随军记者小柳次一（1907—1994）。[24]照片中的日军列队从壁画前走过，士兵们不约而同将视线转向壁画一侧，这种几乎等身大小在同一水平线上形成的两军"相遇"场面，的确造成了一种奇特的视觉效应。为了避免照片产生歧义，编者还特意附加了说明文字："宣传壁画《威风凛凛的中国军队》，它所在的这个城市很快就要被日本军占领了。"在壁画图像的上方还配有对蒋介石形象的局部特写——《蒋的"勇姿"》，以及李可染等人绘制的抗战宣传画，和中国军队丢弃头盔的照片。毫无疑问，《日本》画报的编辑们是将这些现场实录的场景作为"败军的弃物"的揶揄对象——也是作为日军在"武汉攻略战"中获得的特殊战利品加以公布，在编辑者的设计意图中，这种蔑视敌军的态度也正是为了凸显日军在中国战场无往不胜的神话，从而迎合和煽动日本国内读者狂热的求胜心态。

与日方的画报宣传战针锋相对，1939年6月，政治部三厅特派第三科（美术科）副科长——漫画家叶浅予（1907—1995）在香港创办了《今日中国》（*China Today*）画报。由于西方记者伊斯雷尔·爱泼斯坦等人的加入，这份画刊以法、俄、英、中四种文字编排，作为中国抗战的外宣媒体，积极向外界传播中国抗战的近况。其发行对象也包括了尽可能广泛的领域：1.香港及东南亚各地的书店；2.美洲和欧洲的重要书商；3.大后方的书店；4.政治部的相关机构；5.中国驻外使领馆、各国元首和外交机构。根据叶浅予的回忆，在寄发杂志的元首名单中，甚至包括了德国的希特勒、意大利的墨索里尼以及苏联的斯大林和英国的丘吉尔等人。

1940年11月，《今日中国》推出了抗战美术特辑。与《日本》画报的排版风格极为相似，该特辑在壁画专栏中使用了跨页版式刊载了黄鹤楼壁画的现场图片。这幅很可能由政治部三厅提供的照片，反映了中国军人以及市民在壁画前驻足观看的场面，画报也在说明文字中提供了壁画的详细尺寸和参与制作的画家人数："军委会政治部于1938年在武昌黄鹤楼所制之大壁画，长150尺，高40尺，参加工作之画家达二十余人。"[25]与日方对大壁画的报道重在宣扬"占领"和"胜利"的意旨有所不同，该特辑主要报道了抗战初期中国艺术家参与抗战宣传的盛况。除了壁画及宣传画专栏之外，尚有蒋介石肖像（油画、浮雕），洋画及标贴、漫画、木刻、国画、雕塑等门类，编者在序言中也强调了全国艺术家都集中在全国美术界抗敌协会、全国木刻界抗敌协会以及全国漫画界抗敌协会的组织下工作，从后方到前线、从国内到国外，利用展览会、出版物、墙

头壁报及招贴传单的各种形式，为国家服务。这份专辑的主要意图在于向外界彰显中国美术界在抗战中的大团结，以及由此产生的美术创作的新动向和繁荣面貌。而由画家集体创作的黄鹤楼大壁画赫然出现其中，无疑强化了这一意旨。

紧接着《今日中国》美术特辑的刊行，同年12月，日本支那派遣军报道部出版了报道摄影画册《征服华中》(《中支を征く》)，其中刊用了小柳次一拍摄的另一张黄鹤楼壁画的照片，标题为《武昌黄鹤楼前敌人的壁画》。[26]似乎为了突出日军在赢取“武汉攻略战”中的牺牲精神和惨烈程度，编辑在大壁画的右侧还刊载了一幅日军士兵挂着战友骨灰盒行军的照片。与1938年底着重于“高扬战意”的宣传意旨已经有所变化，日军在战争初期极力避免的持久战此时已经成为不得不面对的事实，士兵的大量伤亡也越来越成为日本国内读者关切的话题。而在此之后，日军的宣传重心逐渐转向太平洋战场，揶揄一幅作为特殊战利品的中国抗战壁画，显然不再对日本读者构成吸引力。

中方关于大壁画的报道继而出现在1942年，伦敦威廉+诺盖特公司(Williams & Norgate)出版发行的英文宣传画册《图像中的中国》(*China in Pictures*)，[27]在该画册的“战时中国美术”栏目中重新刊用了《今日中国》杂志中的同一幅壁画照片，说明文字亦照录后者。

1947年，抗战胜利后由曹聚仁和舒宗侨编辑的《中国抗战画史》，[28]在武汉会战的章节转载了《征服华中》所刊载的壁画照片。这也是中方首次在出版物中使用日方拍摄的相关图像，但编者对这一照片的说明——“身负骨灰之日军(前第三人)走过黄鹤楼”，显然出于误读，可能是对日方出版物中的说明文字引用不慎所致。在中国抗战经历了巨大而惨烈的牺牲之后，将照片中日军士兵以枪刺挑起的包袱误读为骨灰盒，也未尝不是编辑们愤恨心态的微妙投射。

四、“卫国”与“报国”——中日艺术家的师生之战

1938年9月27日，日本洋画家的代表人物藤岛武二、石井柏亭、石川寅治、藤田嗣治、中村研一、田边至等人接受海军省委托，作为从军画家被派往中国战场。10月28日，汇合了日本文艺界诸多名人的一支小分队，跟随日军的先头部队攻入武汉。第二天，藤田嗣治(1886—1968)在他的从军日记中提及了黄鹤楼大壁画：

> 29日久米先生一定要带我去看武昌的抗日大壁画，又说今天和汉口突入的日子还是差不多，天空中小雨绵绵、阴云密布的样子，我当场决定离开〇〇舰，在〇艇上一边写生，一边去九江。[29]

在随部队攻入武汉之际，藤田嗣治曾亲眼看见布满街道墙壁的抗日宣传画，这些大多匆匆完成于大撤退之际的“作品”，给他留下的印象是“幼稚”，或许就是这一负面印象使他婉拒了作家久米正雄(1891—1952)的强烈推荐，没有前往参观。[30]但这一记载，还是向我们提示了1938年10月间，在壁画现场出现的一群极为

特殊的观众。田汉和壁画的主创者们，尽管对大壁画“迎击”日军的场面有所期待，但他们可能没有料想到这幅壁画也将面对他们昔日的朋友和老师——一批来自日本文学、美术界的重量级人物。

战争所不能切断的，是这批中日艺术家曾经的师生渊源。倪贻德于1927—1928年短期游学日本，就读于藤岛武二主持的川端画学校，[31]王式廓则于1936年入读东京美术学校，次年进入藤岛武二教室。[32]而石井柏亭（1882—1958）不仅是日本现代创作版画运动的先驱者之一，同时也是日本洋画坛与藤岛武二并肩的显赫人物，他和西川伊作等人在东京合作创办的文化学院，更是培养了包括关紫兰、林镛等人在内的众多中国现代艺术家，成为东亚地区实践现代人文教育的典范。[33]石井柏亭还是中国现代美术教育的重要启蒙者，促成了1919年刘海粟等人的日本考察之旅，正是这次考察直接推动了上海美专对日本现代美术教育模式的借鉴引进，对日后中国现代美术的发展影响深远。中村研一（1895—1967）在战前曾担任日本大学艺术科的洋画导师，他的中国学生中多为洋画运动的中坚分子，除梁锡鸿、李仲生、刘狮等人外，还包括了在武汉三厅美术科工作的段平佑。

一些潜性关系也值得我们关注——虽然没有直接的师生关系，但影响力却存在的一些例子。在这类关系中，参与黄鹤楼大壁画草图绘制的周多，也许是最突出的一例。这位决澜社画家在战前最典型的画风，无疑深受藤田嗣治的影响，甚至他的签名都有意模仿了这位偶像。

在中国现代艺术家的国际视野中，藤田嗣治的存在一直是个引发矛盾心态的刺点（punctum）。一方面，他是唯一一位在巴黎蒙巴纳斯崭露头角的东亚艺术家，以黄面孔打入西方现代艺术的豪华阵营，这对于力图跻身世界艺坛的中国艺术家而言，是个遥不可及的成就和梦想；[34]另一方面，藤田以流丽雅致的白描线条勾勒出的洋画人体，在相当程度上刺激了中国洋画家对于本土传统元素的重新评价。周多之外，尚有常玉（1901—1966）、庞薰琹、张弦（1901—1936）等人在20世纪30年代持续着这方面的实验。可以说，当时中国留法、留日的现代洋画家，都有着普遍而程度各异的藤田认识。[35]

1932年至1933年，藤田嗣治在墨西哥旅行期间，深受迭戈·里维拉、奥罗斯科等壁画家的影响，1934年归国后，他在银座圣书馆的巴西咖啡馆绘制了生平第一幅壁画，由此在日本国内刮起了一股壁画创作风潮。[36]上海的《艺风》杂志很快报道了这一消息，对于在漫画和版画所引领的文艺大众化浪潮中逐步被边缘化的中国洋画家而言，藤田的这一动向无疑有着重要启示。[37]1937年2月，洋画界的理论旗手倪贻德在《青年界》发表了根据日文文献编译的文章《壁画的现状及其制作法》。[38]同年，藤田接受友人、秋田商人平野政吉的委托——“由世界第一的藤田（绘制）世界第一的大壁画”。在短短十五天时间内，藤田独立完成了这幅宽20.5米、高3.65米的大画《秋田的仪式》，创造了他个人在壁画创作上的新纪录。[39]而次年，倪贻德在中国的战时首都武汉，与诸多年轻洋画家共同参与了一幅抗战主题壁画的创作。在武汉的创作现场，藤田嗣治的存在感仍然是值得推敲的。

1938年4月间，当倪贻德、段平佑等决澜社画家以政治部三厅雇员的身份加入全国总动员的队列之时，他们的日本同行及导师们也在“国家总动员法”的号召下纷纷加入“彩管报国”的行列。[40]作为20世纪东亚美术史上的一个重要分界线，这一时间节点不仅见证了中国现代美术史上蔚为壮观的留日热潮的休止，师生自此分道扬镳；其次，留日艺术家即将在这场旷日持久的战争中，使用他们在日本习得的现代艺术手法和语汇，去对抗他们的日本导师和同行的战争宣传行为。再者，这一时间点也见证了两个东亚国家在威权政治的强力作用下，同时展开了对美术家的管控和利用，现代美术所表征的个性化表达与自由主义价值观，逐步被民族主义和政治意识形态所取代，在作品上也体现为主题先行、政治正确性和写实主义的流行。日本学者饭野正仁将日本的战争画现象称为“现实缺席的现实主义”可谓一语中的。[41]而中国方面，抗战时期美术创作的功能和价值转向，也为此后革命现实主义美术的全面抬头，埋下了深刻的伏笔。

但中日之间的美术宣传还是在空间和体裁上表现出了迥异的形态。在百城沦陷、物资匮乏的危急时刻，中国艺术家不得不选择城市、农村的户外空间，以急就的壁画、漫画形态的宣传画和标语作为主要手段，动员流亡途中的民众，乃至“迎击”即将侵入的日军，这种近似游击战的创作状态也决定了这些“精神武器”的物理脆弱性——正如黄鹤楼大壁画的命运一样，它们大都无法长期保存。而日本的从军艺术家则主要选择了架上绘画作为载体。这些作品大多被称为“作战记录画”，以纪实的手法描绘日军的作战场面，[42]或者以象征性的手法宣扬皇国史观。在陈列方式上，则以经典艺术品的形态，作为名人名作出现在官方举办的巡回美术展览中，在民众的顶礼膜拜中营造皇国圣战的宗教气氛。[43]

中日战争画的比较，既是一个富有吸引力的学术领域，同时也面临着不少条件局限，以现存史料为例：在日本，近四十年来推动研究者展开卓有成效的“战争画”研究的，[44]是大量保存在公立美术馆和神社、个人纪念馆等民间机构的艺术品原作——尤其是东京国立近代美术馆以“永久借贷”（无限期贷）的方式从美国运回的百余件战争纪录画。这批在战后被美国为首的联合国占领军（GHQ）视为“战利品”的战争纪录画，在某种程度上，也遥遥呼应了1938年底中日之间在武汉发生的那场奇特的宣传战，而在日军的宣传策略中，黄鹤楼大壁画也正是作为日军的“战利品”被展示传播的。有所不同的是，日方的战争纪录画因为美军占领得以保存，而中国方面，在经历抗战、国共内战和建国后的长期政治运动后，相关的绘画原作大多散佚毁坏，侥幸存留的，多为以黑白图版的形态被永久凝固在作为战争宣传品的画报杂志中，本文讨论的黄鹤楼大壁画即为典型的一例。

注释

[1]本文是参加哈佛燕京学社主办之“美术史培训项目”（2011—2012）的研究成果，也是本人2013年在中国美术学院提交的博士论文《1938年：国家与艺术

家——黄鹤楼大壁画与抗战初期中国现代美术的转型》的部分章节。感谢培训项目主持人、哈佛大学艺术与建筑史系汪悦进教授的指导，以及广州美术学院李伟铭教授、中央美术学院李军教授在本文写作过程中的帮助。论文写作过程中，业师洪再新教授悉心批阅，并提出宝贵意见，在此深表谢意。在资料搜集方面，获得倪贻德先生家属倪亮先生、哈佛大学美术图书馆 Nanni Deng 女士、王为一先生、中央美术学院美术馆王璜生馆长、典藏部副主任李矗辰先生，以及中央美术学院宋晓霞研究员、王雁女士、洪铃女士、复旦大学顾铮教授、纽约国际摄影中心资深策展人 Cristopher Phillips 先生、首都师范大学莫艾副教授、林夏瀚先生等人的大力帮助，谨致谢忱。

[2]倪贻德的留日旧友、抗战时期在汪伪政府外交部任职的张操提供了这一说法，日军在占领武汉后将此画涂刷掉。参见倪贻德"文革"交代材料，第32—33页。感谢倪亮先生惠赐相关材料。

[3]有关王式廓因黄鹤楼大壁画接受中央美术学院专案组调查一事，参见冯湘一《回忆，思考——悼念王式廓同志》，载《王式廓艺术研究》编辑组编《王式廓艺术研究》，人民美术出版社1990年版，第268页。此外，没有参与黄鹤楼大壁画的王琦也曾被调查此事，王琦认为，三厅当时的实际领导者是周恩来，因此调查黄鹤楼大壁画事件，实际是将矛头指向周恩来。王琦:《艺海风云——王琦回忆录》，人民美术出版社1998年版，第303页。

[4]倪贻德:《黄鹤楼的大壁画》,《星岛日报》1938年10月29日。

[5] Man painting the Statue of Liberty on patriotic wall mural, Hankou, China.

Date：March 1938

Artist：Robert Capa

Dimensions：Image：8 x 10 in.(20.3 cm x 25.4 cm)Paper：8 x 10 in.(20.3 cm x 25.4 cm)

Medium：Gelatin silver print

Place taken：China, Hankou(Wuhan)

Accession Number：1728.1992

New York：International Center of Photography.

Http：//emuseum.icp.org/view/objects/asitem/search$0040/4/primaryMakerAlphaascldateBegin- asc ? t：state：flow=c9 820525 -a2ac-4474-91c5-23biic893dOd，2013年3月31日。

[6]王为一:《难忘的岁月：王为一自传》，中国电影出版社2006年版，第50页。感谢王为一先生提供相关信息。

[7] Whelan, Richard, *This is war ! : Robert Capa at work*, New York：Göttingen：International Center of Photography；Steidl，2007.

[8][美]麦金农(R. MacKinnon, Stephen):《武汉，1938——战争、难民与现代中国的形成》，李卫东、罗翠芳译，武汉出版社2008年版，第134—137页。

[9]同上书，第93页。

[10]根据美国学者易劳逸(Eastman, Lloyd E.)的研究，抗战初期，西方国家对中国请求援助反应迟钝，并且态度暧昧，直至珍珠港事件爆发后，美国对中国战争的关注才明显增长。参见易劳逸《中日战争时期的国民党中国，1937—1945》，载费正清、费维恺编《剑桥中华民国史1912—1949》(下)，刘敬坤、叶宗敭、曾景忠、李宝鸿、周祖羲、丁于廉译，谢亮生校，中国社会科学出版社1993年版，第657—658页。

[11]同注[8]，第39—47页。

[12]倪贻德“文革”交代材料，第60页。

[13]倪氏1938年11月在香港的报道，指出政治部下达关于创作大壁画指令是在7、8月之交，而倪氏“文革”时期的回忆，则是在1938年7月初，周多的回忆是在7月底，沈同衡的回忆则是在5月间。参见倪贻德“文革”交代材料，第21页；周多：《忆黄鹤楼下的抗战大壁画》，吴仲涛整理，《春秋》1985年第4期，第46页；沈同衡：《难忘的八个月》，《群言》1987年第12期，第31页。众说纷纭，本文以最接近创作现场的1938年的倪氏回忆为准。

[14]沈同衡：《黄鹤新楼忆旧画》，见《石东漫笔》，湖南文艺出版社2000年版，第18页。

[15]周多：《忆黄鹤楼下的抗战大壁画》，吴仲涛整理，《春秋》1985年第4期，第46页。

[16]赓雅：《田汉畅谈戏剧及其他》，《申报》1939年3月1日第2版。

[17]李泽主编，徐明庭、翟学超副主编：《武汉抗战史料选编》，武汉市档案馆、八路军武汉办事处旧址纪念馆、武汉图书馆合编，1985年版，第246页。

[18]政治部三厅在1938年七八月间的活动报告尚未公开出版，此处根据郭沫若对8月间工作的回忆：“我们的工作按照计划在推进，厅本部的昙华林在招收放映队，慰劳总会在征募寒衣，黄鹤楼大壁画的制作，《抗战一年》的编纂，‘七七’慰劳现金的收集和整理，使厅内的同志们认真减少了无事可做的苦闷。”郭沫若：《洪波曲》，人民文学出版社1979年版，第126页。

[19]黄鹤楼大壁画出现在《抗战特辑》中的具体集数，目前因相关资料缺乏，尚无法确认。1995年在台湾华视首播的大型抗战纪录片《一寸山河一寸血》的第17集《战时文艺》中插入了大壁画创作现场的动态画面，很可能取自《抗战特辑》原复印件。另见《抗战特辑第五集》广告，《扫荡报》（重庆版）1938年10月10日第1版；高维进：《中国新闻纪录电影史》，中央文献出版社2003年版。感谢王雁女士、洪钤女士、莫艾副教授的大力帮助。

[20]《政治部三厅的一份工作汇报》（《军事委员会政治部第三厅二十七年九、十月份工作概况》），《郭沫若学刊》第2期，1987年7月2日。

[21]龚孟贤：《谈宣传画》，见《抗战艺术》创刊号，国民政府军事委员会政治部，1939年9月1日。感谢林夏瀚君提供复印件。

[22]卢鸿基：《抗战三年来的美术运动》，载《卢鸿基文集1》，中国美术学院出版社2008年版，第103页。比较可靠的一则传闻来自倪贻德留日时期的旧友张操，1940年，任职于汪伪政府的张操在上海与倪贻德会面，在谈及这幅壁画时，张操提到，日军在占领武汉之后，粉刷了很久才将壁画遮盖起来。参见倪贻德“文革”交代材料，第32页。而参与壁画创作的沈同衡1949年5月重访武汉的时候，看到“大壁画已剥落殆尽，细视尚能找见斑斑痕迹”。沈同衡：《黄鹤新楼忆旧画》，见《石东漫笔》，第16—19页。

[23]在日本现代摄影史的发展序列中，1932年名取洋之助从德国留学归来，标志着作为大众传播形式的摄影开始进入日本现代主义者的视野。名取引进了当时国外的报道摄影理念，努力推广名为“报道摄影”（Reportage Photography）的摄影传播形式。1933年，名取洋之助与摄影家木村伊兵卫、平面设计师原弘、伊奈信男和冈田桑三等一起组成工作室“日本工房”。1934年，在木村、原与伊奈退出

后，名取与平面设计师太田英茂、山名文夫、河野鹰思等再次成立“日本工房”，并创办了受日本外务省指导的对外文化宣传杂志《日本》(*NIPPON*)，后摄影师土门拳、平面设计师龟仓雄策等相继加入“日本工房”。1938年，以名取为主首的“日本工房”出版了《日本》宣传画册，以摄影蒙太奇手法编排版面，这一画册与1937年名取在德国出版的《大日本》(*Grossas Jopaw*)，从手法到观念为日本在战时的对外宣传积累了经验。1938年，名取再次推出了反蒋宣传杂志《上海》，同年，他策划了报道日军侵略中国华东的“南京一上海报道摄影展”。1939年，“日本工房”改组为国际报道工艺株式会社，并于1940年在中国东北设立分社“满洲国摄影服务”，创办了宣传杂志《满洲国》。参见顾铮《现代性的第六张面孔：当代视觉文化研究》，世纪出版集团、上海人民出版社2007年版，第94—100页。由于名取团队在日方画报宣传中的突出地位，有理由相信1939年6月政治部三厅在香港组建以叶浅予为首的画报编辑团队，是以之作为对手实施的计划。

[24]颇具戏剧性的是，美国《生活》周刊早在罗伯特·卡帕之前，也聘请了日本摄影师名取洋之助报道中国战场，而同年《生活》杂志10月4号版刊载了中国记者王小亭拍摄的照片《上海南站日军空袭下的儿童》，在西方舆论中激起强烈的反响。这一事件直接刺激了日本上海派遣军特务部的反宣传行为，委派名取洋之助招募摄影师，筹办了《日本》《上海》等多种摄影宣传画报。小柳次一、石川昌保《従軍カメ ラマンの戦争》，东京新潮社1993年版，第79—101页。另参见井上祐子《戦 時グラフ雑誌の宣伝戦：十五年戦争下の〈日本〉イメージ》，东京青弓社2009年版。

[25]《今日中国》于1939年6月创刊，共发行了12期。根据叶浅予的回忆，他于1939年初奉军事委员政治部三厅之命，只身被调往香港为第七处(对敌宣传处)筹备出版这本外宣刊物，三厅之所以委以叶氏这项重要任务，完全基于他在战前所拥有丰富的办刊经验，抗战期间又曾在香港督印《日寇暴行实录》。画刊的编印费用，每月向重庆政治部驻港代表、三厅的“设计委员”成舍我领取，在编印过程中，叶浅予从成舍我和重庆三厅的席与群这两条途径获得政治部的指示。叶浅予：《细叙沧桑记流年》，群言出版社1992年版，第121—126页。

[26]《中支を征く》，支那派遣军报道部，1940年12月。

[27]Gordon，Edward，*China in Pictures*，London：Williams & Norgate，1942.

[28]曹聚仁、舒宗侨编：《中国抗战画史》，联合画报社1947年版。

[29]藤田嗣治：《腕一本巴里の横顔：藤田嗣治エッセイ選》，东京讲谈社2005年版，第131页。

[30]同上书，第129页。

[31]江川佳秀：《中国人画学生たちが 学んだ場所一特に川端画学校と太平洋研究所を中心に》，2007年12月23日。《“浮游的现代性：1930年代广州、上海、东京的现代美术和都市文化”国际研讨会论文集》，广东美术馆，待出。

[32]吉田千鶴子：《東京美術学校の外国人生徒》(前编)、《東京芸術大学美術学部紀要》第33号，东京艺术大学美术学部，平成十年三月，第58页。

[33]林镛：《往事的回忆：怀念陈抱一老师》，见陈瑞林编《现代美术家陈抱一》，人民美术出版社1988年版，第154—155页。《〈生活〉を〈芸術〉とし

て：西村伊作の世界》，神奈川県立近代美术館，2002年。
[34] 周多:《蒙巴纳斯的艺术家》，《六艺》1936年第1卷第3期，第42—47页。
[35] 参见《艺术界动态》，《现代美术》第16期，曾鸣、李东平主编，《众力》第2卷第2期副刊，1936年10月10日。其中关于张弦逝世的报道如下："张弦逝世——张君生前曾模仿藤田嗣治的作风，但未有开拓出自己的画风之前逝世闻者殊为痛惜。"
[36]《生誕120年藤田嗣治展パリを魅了した異邦人》，东京国立美术館，2006年，第73—74页。河田明久:《〈作戦記録画〉小史》，針生一郎[ほか]編、《戦争と美術：1937—1945》，东京：国书刊行会，2007年，第154页。
[37]《藤田嗣治作之壁画已完成》，《艺风》1935年第3卷第7期。
[38] 倪贻德:《壁画的现状及其制作法》，《青年界》1937年第11卷第2号，第55—60页。
[39] 同注[36]，《生誕120年藤田嗣治展パリを魅了した異邦人》，第75页。
[40] 飯野正仁:《リアリテイなきリアリスム一日中戦争期の文学と美術》、《社会文学》22号，2005年，第2—11页。
[41] 同上。
[42] 河田明久:《〈作戦記録画〉小史》，第153页。
[43] 同上书，第159—160页。
[44] 同注[36]，平瀬礼太《戦争画の行方：1945-現在》，第163—169页。

本文载于《美术研究》2014年第1期

蔡涛，2013年毕业于中国美术学院美术史系，获博士学位。广州美术学院艺术与人文学院副教授、硕士研究生导师。

当代艺术的社会历史：论“体制”与“当代艺术”之关系

盛葳

“体制”与“当代艺术”的关系并非新课题，从“当代艺术”产生之时就存在，且在当代艺术（80年代习惯称“前卫艺术”）的价值判断中处于中心地位。在中国当代艺术30余年的发展进程中，该课题时不时会跳出来，甚至成为一时热点。近几年，从艺术家到学术界，对该课题又予以了广泛的关注。尤其是中国艺术研究院当代艺术院、国家当代艺术研究中心、中国美术家协会实验艺术委员会、中国国家画院当代艺术研究所的成立，均是关注的焦点。其实，从“个体”的角度而言，这样的事件本身并无太实际的意义，但由多个连续事件引发的后续讨论，则使我们从历史和理论的角度对“体制”与“当代艺术”之关系进行重新梳理具有了新的意义，也为管窥中国当代艺术之未来发展提供了一个切入点。

当代艺术界一般所言“体制”，多与政治和意识形态挂钩，在一定时期，的确如此，但从整个30余年的当代艺术历史和理论的宏观角度看，或者略显不够。中国当代艺术产生、生存和发展于总体的国家体制中，不仅涉及政治，也同样广泛和深刻地涉及经济、社会、文化等机制。因此，当代艺术与体制的关系问题，并不仅仅是简单指政治体制，而是指整个国家体制、各层结构及其关系。一直以来，我们习惯于用“反抗”和“收编”的二元论去描述和理解当代艺术与体制之间的关系。但如果今天再回溯历史，应该充分注意和重视其中的复杂性与反复性，在此基础上对其进行现场还原、历史描述和理论反思，而不是给予简单的定论。

对前卫艺术或当代艺术进行历史化的意图，从2006年尤伦斯艺术中心开馆展项目“85新潮”启动起开始高涨，但实践者多固守于某种“一以贯之”或“约定俗成”的价值观，其叙事惯性成为束缚我们山外看山的制约——实际上，在高名潞等主编的《中国当代美术史1985—1986》（上海人民出版社，1991）中，已经提出“历史的创造者”。1992年，吕澎、易丹出版了《中国现代艺术史1979—1989》（湖南美术出版社，1992）；2000年，吕澎出版了《中国当代艺术史1990—1999》（湖南美术出版社，2000）。而在2008年，高名潞又重新整合出版了《’85美术运动》（两卷，广西师范大学出版社，2008）。就展览而言，1989年的“现代艺术展”（中国美术馆），2007年的“85新潮”（尤伦斯艺术中心），2010年的“改造历史”（国家会议中心），都是力图对中国前卫艺术和当代艺术进行历史判断的努力。

历史化的冲动并不是今天才开始出现的，而是一直伴随着前卫艺术和当代艺术的发展，对其历史发展逻辑的思考也一直存在且在近年达到高峰，成为焦点。但是，从何种角度入手切入一段专门史，从而能够更为有效地对中国当代艺术做出宏观的理性判断？以社会史为基础，从“体制”与“当代艺术”的关系切入，不失为一种参考。如果就二者关系而言进行阶段划分，从70年代末各地画会至1983年全国“严打”为第一阶段，1984年新潮美术运动开始兴起至1992年为第二阶段（其中，1987年“清理资产阶级自由化”和1989年又为两个节点），1992年邓小平南方谈话至2004年为第三阶段，2004年后艺术市场全面兴起至今为第四阶段。这几个阶段的转变与中国社会体制的改变密切相关，这同样也与艺术机制的变化密切相关，在这个意义上，甚至可以说是由社会体制改变带来的艺术机制的改变决定了中国当代艺术的主题和形式转换。

70年代末，西单民主墙上出现了最早的前卫诗歌和前卫艺术，其中不乏无名画会、星星画会等成员的“作品”。在传统的前卫艺术叙事中，这些画会的成员被看作最早的前卫艺术家，而他们创作的作品则被看作最早的前卫艺术作品。王克平举着“要艺术自由”牌子的照片数次发表，几乎出现在所有力图勾勒中国当代艺术历史的著作中。栗宪庭则因报道“星星美展”而被单位除名。反抗体制对艺术创作的束缚成为这一时期前卫艺术精神的典型。然而，尽管这些艺术家中大多数是工人或待业青年，但也不乏“大院”里长大的青年。他们能够在“文革”中看到较为全面的世界美术全集，在70年代可以拥有照相机，听到“披头士”，这些无疑都在激发他们的创作，也在一定程度上说明前卫并非完全是民间自发的。在社会结构的顶端与底层，有着千丝万缕的连接线索。在“星星美展”和“无名画展”的举办过程中，时任中国美协常务书记的刘迅给予了鼎力支持，没有他的支持，展览不可能举办。在“星星美展”进入中国美术馆的过程中，时任中国美协主席的江丰亦尽力周旋，但与此同时也坚持“太丑、太抽象的不能展”的原则。当然，希望进入中国美术馆本身也说明“星星美展”希望获得认同。因此，前卫艺术与体制和体制代表的关系并不像此前历史叙事中的那样单一，这种关系显然是双向和复杂的。此外，80年代初期的前卫艺术家也有时在家举办小型展览，邀请同行和驻华使馆爱好艺术的官员参与，一些驻华使馆官员甚至会购藏他们的作品。

在1983年以后，这些由民间力量推动的早期现代画会几乎全部瓦解，部分人员出国，部分进入专业院校或机构，部分放弃绘画，仍在国内坚持以绘画为主业者屈指可数。1984年后，“85新潮美术运动”开始兴起，短短两年在全国形成了新的现代艺术潮流。与1983年之前的画会不同，其推动者主要是体制内的艺术家、教师、编辑等，依靠体制内的资源推动现代艺术的发展是其特点，因为除此以外，并无其他资源和渠道可用，体制依然是统一和单一的。“85新潮美术运动”与此前的“星星画会”“无名画会”基本没有连续性，但在其他地方则有一定的连续性，譬如重庆的“野草画会”、上海的“草草社”、贵州的“五青年”（较早在西单民主墙发表作品）。不过，“85新潮美术运动”的主力依然是体制内的力量。从北京来看，《美术》杂志、中央美院、艺术研究院、《中国美术报》是主要力量。前卫艺术的倡导者希望以新的艺术观念和形式取代原有的艺术模式。用新东西取代旧东西，这是“线性革命”的方式。“85新潮美术运动”在1987年基本结束，原因之一是国外的现代艺术资源耗尽；从整个社会的角度看，另一原因是“清理资产阶级自由化”的全面开展。1987年以后，前卫艺术的探索已经开始转向对中国文化或艺术内部问题，比如徐冰开始创作《析世鉴》（天书，1987），孟禄丁提出了“纯化形式”问题（1988），王广义提出了“清理人文热情”问题（1988）。而在1989年“现代艺术展”宣告“85新潮美术运动”正式结束后，前卫艺术的探索也基本停止，不少艺术家出国。因此，1989年至1992年是一个停滞期和过渡期。未来前卫艺术怎样发展？没有人能够预测。但前卫艺术依然存在并发展着，其发展步伐和逻辑直接与1992年以后社会主义市场经济的全面扩展相关。

90年代以后，“当代艺术”的概念取代了“前卫艺术”的概念，但与民间画会到“85新潮美术运动”的过渡不同，这两者是一脉相承的。其过渡的社会背景在1992年，就“体制”与“当代艺术”的关系而言，发生了两件重要的事情。一件是邓小平南方谈话。南方谈话对中国社会产生的影响是震动性和持续性的，也是迫于形势不得不推进的社会改革。对于中国社会的发展而言，因为市场经济的发展，获得了一个全新的机会。对于1989年以后的前卫艺术而言，同样因此获得了新的机遇。体制内的改革或者突破已经不再可能，但市场经济带来了新的资源配置方式和新的可能性。南方谈话意味着计划经济和市场经济并行时代的全面到来，这为当代艺术家打开了“出国”之外的另一个窗口——出国则是全面撤离，彻底逃离体制。“恰好”是在1992年，“首届广州双年展（油画）”举办，直接提出了市场化的口号。尽管南方谈话和“首届广州双年展（油画）”之间并无直接的关系，但几乎同时发生却有历史的合理性，这不是靠想象力的结果。此后，走独木桥式的“线性革命”就不再必要，也不再可能。主流艺术和当代艺术分道扬镳，逐渐开始形成两个完全不同而且相互隔离的艺术圈。当代艺术开始依托于市场经济体制逐渐发展起来。经过十余年的发展，在2004年以后，两个圈子的固化现象更加强烈。这也在一定意义上说明，为什么此前的前卫艺术常常把反抗体制作为创作突破口，而此后的当代艺术则并不认为体制对创作有更多的干涉。以1992年为界，从社会学的角度，“前卫艺术”开始转向了“当代艺术”。在定义“中国当代艺术”的时候，尽管我们很难对其进行一种内在的、本质化的概括，但从外部对其进行该种描述则是合理和有效的。自然，这也构成了我们今天讨论中国当代艺术的社会学基础。

对两种完全不同的艺术而言，主流艺术对应的是传统社会，当代艺术对应的是商业社会。传统社会是一个长期稳定的结构，其精神和知识是“传承性”的，无论中外皆是如此。譬如中国文化中的“泥古”与西方文化中的“文艺复兴”，其实是一回事，只是如何阐释的问题。梁启超就将泥古看作文艺复兴。梁启超有一个朋友蒋方震，他去欧洲游历回来写了一本书《欧洲文艺复兴史》，介绍欧洲的文艺复兴是什么样的，然后请梁启超给他的书写一个序。梁很高兴就动笔写序，他认为欧洲有文艺复兴，中国也有文艺复兴，随即谈到中国清代学术思想是如何发展演变的。后来序就越写越长，比书本身的正文还长，最后就单独出版变成一本书，即后来看到的《清代学术概论》。这是以复古为解放。当我们回头去看那个时代，会看到金石学的复兴，还有包世臣《艺舟双楫》、康有为《广艺舟双楫》所提倡的“尊碑抑帖”，是我们要回到魏晋以前的碑学当中去，而不是在帖学中深化，因为他们想要找到中国传统当中最有力量的源头。

传承性的精神生产和知识生产参与构成长期稳定的意识形态；资本主义的发展及其所带来的市场经济的兴起，使精神和知识之生产由传承性的转变为“创造性”的，从经济模式的角度看，是为消费而生产。英国伯明翰文化研究学派对法兰克福学派提出挑战也可以看作基于这一点。在法兰克福学派看来，大众文化是一种工业生产，通过产品生产和消费的过程单向地控制大众的意识，而在约翰·费斯克等学者看来，作为读者和观众的消费者并非一无所获，他们从选择和消费中获得愉悦和个性。而且，这一过程具有连贯性和矛盾性。约翰·费斯克《理解大众文化》一书第一章“牛仔美国”，从商业和大众关系上论述了“牛仔裤”现象。譬如，某人或某人群选择身穿个性化的牛仔裤，进而形成一种亚文化，商家会从中发现商机，开始批量生产这种牛仔裤，工业化生产又扩大了消费人群，最终使去个性化的企图成为主流意识形态的一部分，与此同时，新的个性化需求又在别处萌生，继而又通过资本主义被整合，如此往返。这说明了文化创新与持续的消费拉动之间的关系。当代艺术亦同样如此。这就是为什么现代艺术需要不断地强调创新、原创、独创的现代社会根源。

在西方社会，知识和精神的生产与商业资本市场彼此独立、互不干涉，但它们之间又存在着等值交换的过程，其独立性和交换过程因制度的完善而得以保障，换言之，二者是一个统治制度之下的共同体。但在中国，因自身历史问题、发展的跳跃性和全球化的影响，尤其是两种经济模式的双轨制，使类似“百花”和“整风”的文化运动交替上演，鼓励资本市场，鼓励“百花运动”，当代艺术随之兴盛，而一旦当代艺术的影响扩大，并涉及意识形态领域时，基于社会稳定的需要，“整风运动”又必然出现。“鼓励”与“干涉”交错的复杂性和反复性，正是前卫艺术和当代艺术的社会历史与社会现状。两种不同的经济模式因其实用性得到统一，但他们在意识形态领域连锁反应产生的价值观问题却很难简单地调和。因此，改革开放30多年来，主流艺术和当代艺术的历史叙事几乎没有重叠，似乎是完全不相干的两个历史。然而，历史总是只有一个，当其真正成为“历史”之时，必然会被整合、统一起来。就如我们今天再去看民国艺术史一样，并没有两个历史。

美籍日裔学者福山在《历史的终结？》（《国家利益》杂志，1989）一文中定义历史的终结，乃是以全球被整合进“自由主义”政治和经济秩序为标准，天下大同，历史发展的逻辑因此终结。但是，冷战的结束并没有验证福山的“历史终结论”，他忽略了中国的存在。中国社会的发展模式和模型非常独特，最明显的地方就在于上述双轨制。对于中国的艺术而言同样如此，从社会学的角度看，两类艺术、两个历史、两种叙事的存在说明艺术和艺术史并未终结。这个角度给我们提供了一个反思亨廷顿、丹托理论西方中心主义的契机。在80年代或者90年代初期回首中国前卫艺术运动时，因为没有时间的沉淀，“进步论”的叙事模型很明显，但在今天再回头看，显然不应该是这样。前卫艺术的发展，是因其反体制而发展，从更高的层面看，它却是因体制的变革而变化的。对于今天的当代艺术而言，同样如此，它从根本上并不取决于反体制，而是取决于更高层面的体制，其改变，将因体制的改变而改变。

如前所述，计划经济与市场经济的并行框架和基本秩序，是讨论中国社会的基础，也是讨论中国当代艺术的基础。市场的问题在建国初期就被提出来，中间历经波折，1978年十一届三中全会以后得到强化，萌发了对市场经济的需求和初级形态。相伴随的是前卫艺术的产生。而艺术界之前对“前卫艺术”的讨论多是从“文革”的物极必反或国门打开后的“文化热”等角度来进行的。实际上，从市场经济机制的角度看前卫艺术的产生，也有其合理性。但这里需要追问一个问题：按照传统的马克思主义理论，经济基础应该先行于上层建筑，应该先有市场经济，才有当代艺术。民间画会和“85新潮美术运动”中的前卫艺术基本没有或者很少有市场。似乎是一个矛盾。不过，既然市场经济已经萌发，与之相对应的意识形态也必然产生。在中国，一切都充满着后现代主义式的调侃，但仔细分析，毋宁说这恰恰正是后现代主义的征兆。在此意义上，“文化热”是市场经济的产物。即便是没有“文化热”，没有西方现代艺术的影响，前卫艺术也会在市场经济的萌发和发展过程中自行产生，尤其是面向国际市场开放时，更是如此。故，前卫艺术与主流艺术之间的矛盾，是经济模式的矛盾，也是意识形态的矛盾。因此，“清理资产阶级自由化”便得到了合理解释。

1989年以前，前卫艺术是体制内的运动，是艺术上的革命。因此，前卫艺术本身也是靠具有浓重意识形态色彩的运动模式推动的，推动者是一批文化理想主义者，其组织和进程具有一定集权性。它与主流艺术的角逐，是权力的角逐，隐藏在权力背后的，是不同的价值观。用今天的话来描述，可以看成左派和自由主义之争。那么，2000年以后常常讨论的批评的没落或者是策展人权力的丧失也能得到很好的解释，因为推动艺术发展的力量不再是个人或群体，而变成整个市场的机制，它会自动调节其中的资源，对其进行配置。但那时，两种艺术必须利用同样的资源和渠道去竞争，因此，“体制”与“当代艺术”矛盾的复杂性便得到合理解释。主流艺术和前卫艺术的矛盾在1989年因“85新潮美术运动”的结束而解决。但这是一种临时的解决方案，因为市场经济没有终止。为什么艺术冲突会集中爆发？从社会的角度看，是因为1978年至1992年这14年的发展和局势的变化使社会不得不提出更直接有效的市场经济实施方案，这是迫于形势不得不进行的。那么，伴随资本主义市场经济产生的前卫艺术在寻求“线性革命”方案失败以后，也不得不寻找新的突破口，市场经济的强化可谓恰逢其时。因此，南方谈话和“首届广州双年展（油画）”同时发生就不难解释，这并不是历史的偶然。

90年代中期以后，中国的当代艺术，正是在这样的背景下展开的。在相当一段时间内，人们似乎觉得当代艺术和主流艺术不再有什么关系。但今天，随着同一国家体制框架下计划经济和市场经济两种经济发展模式裂隙的扩大，尤其是在加入WTO、与整个世界和全球经济进行接轨的过程中，在中国走向国际的过程中，矛盾再次凸显，使加强“顶层设计”“凝聚共识”这样的呼吁变得越来越强烈。推进改革，弥合两种经济方式的矛盾势在必行。身处其中的艺术同样也面临这样一个大的社会语境。这决定当代艺术未来的走向，艺术史并没有终结。

对于艺术生产、艺术市场而言，大量涉及境外资本的问题，它对中国当代艺术的影响是多方面的。由于国家社会结构、基本意识形态之间的巨大差异，使西方社会对待中国的文化态度有所不同，作为中国当代艺术的主要消费者，他们对生产方有着潜在决定权，此前关于这类“投其所好”的讨论很多，不再赘述。而且，从国际上看，艺术品是与房地产、珠宝并列的前三位投资渠道。一旦这种消费进入不断增值的循环中后，产生国际性影响时，计划经济需要保持的意识形态必然再次对其提出挑战。这时，艺术品并不简单是意识形态，同时也成为经济基础的一部分。美国后现代主义理论家弗雷德里克·杰姆逊提出“经济的文化”和“文化的经济”可以说明这一点。美国大片既是产业，也是文化；它的输出，既是商业输出，也是价值观的输出。在杰姆逊看来，马克思主义发展到今天，经济基础和上层建筑的二分法已然不再完全有效，在美国大片的例子上，二者合二为一。

对于中国当代艺术市场而言，乌利·希克等收藏的某些20世纪80年代中国前卫艺术作品已溢价数百数千倍，对国外其他藏家而言，这是一个典型的成功投资案例。查尔斯·萨奇藏品展“革命在继续”（2008，伦敦），参观量突破50万人次，打破了由英国皇家学院1997年举办“感觉——英国当代艺术展”所保持的参观纪录。逐利的行为使意识形态冲突矛盾加深，甚至，二者已经并非简单的因果关系，而是如前所述，它们已经被合并成同一个问题。诸如曾梵志作品拍卖1.8亿港元的情况，势必也会进一步产生文化和意识形态领域的连锁效应。因为矛盾的再次出现，当代艺术和体制的问题不得不再次被提上日程。这不是某一个事件能够决定的，而是整个中国社会改革和体制变迁发展所决定的。体制内当代艺术研究机构的设立，体制外艺术家进入体制内，这些微观的事件本身并不能解决任何问题，也很难推测出某种可能，更不可能预示出某种趋势。就如1989年“现代艺术展”和1992年“广州双年展（油画）”一样，这些现象不是时间的巧合，而是社会发展到此时，迫切需要解决的矛盾的表现。当代艺术走向如何，在更深的层面上，取决于现在人们所呼吁的推进改革、“顶层设计”、“凝聚共识”的结果。当然，这并不是说当代艺术会被设计到其中，而是说，当代艺术的走向最终将取决于社会改革的结果。对于中国的当代艺术而言，是一个非常关键的转变期，这一系列现象将具有怎样的历史价值，现在无法也不可能进行评定，但可以肯定的是，进一步的发展一定不是传统讨论中“反抗”或“收编”这样简单的结果。其性质，正如前卫艺术在1992年所遭遇的情况一样。中国当代艺术的发展与可能，并不完全取决于艺术史，也不完全取决于当代艺术自身的现状。如前文所述，社会机制改变带来的艺术机制的改变决定了中国当代艺术的主题和形式转换，它是整个社会和体制的产物，其未来，也正因为体制改革的可能性而具有可观的前途。从社会学的角度看，历史并未终结，艺术史也未终结，正是因为中国社会改革和中国当代艺术所具有的可能。

本文载于《美术研究》2014年第2期

盛葳，1981年生，2009年毕业于中央美术学院人文学院，获博士学位。《美术》杂志副主编、副编审。

穿越古今的逐梦之旅

——《六骏图》研究

张　鹏

伴随着甲午马年的到来，激发前人后世无穷文化哲思的唐代浮雕石刻昭陵六骏再度引人关注。如果说昭陵是唐太宗奠基立业的交响乐，六骏则是创业之奏鸣曲，是英雄主义、理想主义的史诗和颂歌，是具有深远影响力的纪念碑，是历代中国人共同铸造的记忆生命，是强国之梦的期待。

昭陵六骏的兴替变迁轨迹，是值得我们认真剖析与追寻的。它自创建伊始即迷雾重重：到底是太宗在世时所建，还是去世后高宗完成？六骏之名的真实意义与内涵是什么？六骏完成之时是否彩绘？唐太宗《六马图赞》的画本作者是谁？宋代游师雄昭陵六骏碑拓本的传播途径是什么？金代赵霖绢本设色《唐太宗六马图》中多元文化元素并置的原因是什么？近年来有关昭陵的考古新发现，以及失群去国数十载期盼六骏团圆的努力，都引领着我们再次走近昭陵六骏。

一、唐代的昭陵六马石刻

贞观十年（636）十一月太宗口谕镌刻六马，“朕自征伐以来，所乘戎马，陷军破阵，济朕于难者，刊石为镌真形，置之左右，以伸帷盖之义”。[1]他还亲制《六马图赞》并树立欧阳询书《六马像赞碑》。[2]唐宋金元以来有传为阎立本的《唐太宗六马画像》，[3]以及现分别收藏于西安碑林博物馆和美国费城宾夕法尼亚大学的石刻六马。唐太宗《六马图赞》是六马画像和六马浮雕石刻的设计文本，体现了唐太宗的文化选择与政治抱负。

昭陵六马石刻原位于九嵕山北坡下部昭陵北司马门内，与唐高宗永徽初年雕凿的十四国蕃君长石像并列，[4]“与夫刻蕃酋之形，琢六骏之像，以旌武功，列于此阙”，[5]六马石刻或有可能是唐高宗于永徽年间修筑安置完成的，其目的在于阐扬徽烈，昭彰勋业。[6]六骏和十四国君长都有异域血缘基因，都曾为唐太宗效忠献力，[7]也都琢石为像，刻名列门，其所题文字在西者自左至右，在东者反之。这种场所安置与组合关系或许暗喻了唐太宗文治武功、四海臣服的“天可汗”的地位。

北司马门内有祭坛，是唐代帝王朝拜之地，明代洪武四年（1371）至清乾隆二十年（1755）在此盖庑殿并勒石立碑21通，此地遂也成为明清皇帝登基致祭之地。[8]这是一个令人印象深刻的场所，它与长安城内玄武门在历史发展中形成的观念之间的联系，[9]成为记忆与创造记忆的宫殿。

唐太宗所撰《六马图赞》称之为飒露紫、拳毛䯄、特勒骠、白蹄乌、什伐赤和青骓，六马的名称或与毛色有关，或关乎异域部落的称谓，[10]也可能暗示了皇家宿卫仗马仪仗，与“天子驾六马”暗合，[11]甚至是以五方色代表大唐疆域。[12]六马在“芟建德，诛世充，降李密，逐薛举”的几场硬仗中“乘危济难”“定我戎衣”，立下汗马功劳而“青旌凯归”。以飒露紫为例，它还被称为“紫燕骝”和“馺露紫霜”，《册府元龟》称，太宗“每临阵多乘之，腾跃摧锋，所向皆捷。尝讨王世充于隋盖马坊，酣战移景，此马为流矢所中，腾上古堤，右库直丘行恭拔箭，而后马死。至是追念不已，刻石立其像焉”。[13]对飒露紫与丘行恭关系的表现证明这是一件艺术水平极高的雕刻杰作。再如拳毛䯄，陪伴唐太宗与刘黑闼在河北洛水恶战，“无以匹其神速”，[14]其“前中六箭，背三箭”，每一箭的方向、部位的刻意表现仿佛重音记号，记录了生死回合的奔突鏖战，而拳毛䯄虽身中九箭，仍一派气宇轩昂，唐太宗称其“弧矢载戢，氛埃廓清”，令人荡气回肠。[15]不同的马种有不同的外形特征和内在素质，适用于不同的功能和场合，对于马的造型、体量、鬃尾、毛色、特征、装饰、姿态、性格，以及所呈现出的原始活力会有不同的表现手法，正如《历代名画记》所言韩干所画乃膘肥体壮之御监之马，不关乎绘画水平和价值判断。不同功能的绘画用以传达不同审美理想和情趣，选择使用不同的艺术表现手法和方式。六马石刻以艺术的手法，从不同角度渲染战争之惨烈，留下一段刻骨铭心的历史记忆。

因此，六马与“义深舟楫”的凌烟阁功臣们一样，“身摧行阵，同济艰危”，终能“克成鸿业”。[16]也就享受与功臣同等的待遇，由唐太宗为其定名和撰赞，诏名臣为其画像和刊石。

昭陵六马石刻浮雕虽然是昭陵的一个组成部分，但是唐太宗的诏令和诗赞，使其具有了成为一件独立的艺术作品的合法性。《六马图赞》亦规定了六马的名称、经历、形态、毛色、中箭数目、部位，以及对六马的评价与精神取向，有明确的主旨，堪称皇家最高级别的艺术工程，也拓展了多重的艺术形式。

昭陵六马浮雕“琢石如屏风”，是群像的结合，三匹一组分列两排，六马构筑围拢形成礼仪空间，在仪式过程中产生人与物的互动。从局部着眼，每匹骏马也可以单独成像，或伫立、缓行，或疾驰、奋蹄，动静结合，可谓独立的功臣肖像。六马又由一个个的意象构成，完全彰显了诏令、图赞和皇家最高级别艺术工程的主旨。同时，六马中的首马飒露紫与丘行恭的组合，还完善了后世人马画的艺术形式。

综上所述，六马的文献和图像，正是以艺术形式体现了帝王赐名勋臣、用旌勋德的政治目的，呈现了皇家艺术的最高水准，是国家意识形态政策的体现，包含了丰富的、深刻的、多元的内涵，这其中有自强不息、腾飞善鸣的龙马精神，有对“与人同生亦同死”的忠勇精神的敬意，有帝都长安仗马仪卫的威武象征，有笼络异族为我所用的天可汗的胸怀，有“王业艰难示子孙”的告诫……

安史之乱后，唐王朝由盛转衰，别史逸事所

载潼关会战后昭陵“灵宫前石人马汗流”，[17]以及杜甫“铁马汗常趋”、韦庄“昭陵石马夜空嘶”，都让唐太宗与六马逐渐走入民间，展示了一种文化坚守和对理想的期待。可惜的是，唐末五代以来战乱频仍，昭陵陵区渐趋失控，“唐诸陵在境者悉发之，取所藏金宝，而昭陵最固，悉藏前世图书，钟、王纸墨，笔迹如新”。[18]无论是其所处地理位置，还是陵区秩序的混乱，都令昭陵以及六马的英雄形象难以为继。

如何承续传统有待来者。

二、宋代的昭陵六骏碑

《宋史》记载乾德元年（963）六月立唐太宗庙，[19]开宝六年（973）立《大宋新修唐太宗庙铭》。[20]宋代对昭陵的祭祀由此转移到昭陵南8公里的旧礼泉县城的唐太宗庙内。[21]

游师雄（1038—1097）先后出任陕西转运判官、提点秦凤路刑狱、陕西转运使、直龙图阁、知秦州等职。他在唐太宗庙内先后实施三项工程：元祐四年（1089）“谕邑官仿其石像带箭之状并丘行恭真塑于邑西门外太宗庙廷”；又“别为绘图刻石于庑下”，主持刻立《昭陵六骏碑》，为碑额篆书“昭陵六骏”，上部刻碑文，下部线刻六马、马名及赞诗；绍圣元年（1094）为《唐太宗昭陵图碑》题碑额。[22]

游师雄在《昭陵六骏碑》碑文中称实施唐太宗庙内工程的目的是“便观览”“广其传”，因为“距陵北五里，自山下往返四十里，岩径峭险，欲登者难之”。[23]

“便观览”，是指便于观览《唐太宗昭陵图碑》《昭陵六骏碑》和仿真六马塑像。首先以平面图使观者对昭陵整体面貌和设置一目了然，其上有清晰的六马位置标识。其次将平面图中六马的局部放大，并有唐太宗的赞语，在观览的过程中以文字加深对于图像的理解。最后有等大立体雕像，“高卑丰约，洪纤寸尺，毫毛不差”，[24]便于深切感受昭陵六马的体量和造型。整个观览过程仿佛摄像镜头由远及近，六马形象由山上移师山下，摆脱了地理位置的不便，重建了祭拜空间与氛围，“便观览”的直接成果是让观者更直接面对六马，而平面线刻与立体塑像的双重表现，更突出了六马的独立审美与内涵。于是从整体到局部、从平面到立体、从仰视到俯瞰，观者可以全方位感知、联想，抚今追昔和感时怀古。

“广其传”的有效手段表现为：第一，名称的改变；第二，传播方式和手段的改变。

游师雄题写碑额“昭陵陆骏”，竖排两行，由右至左。将“六马”重新命名为“六骏”，令人联想到周穆王的八骏。从《公羊传》《拾遗记》到《玉堂丛书》，从《历代名画记》到《图画见闻志》，相关文献和图像均将其作为战争凯旋和政权巩固的象征意象，更具有文学意蕴的叙述魅力和历史沧桑感。昭陵六马遂以六骏之名流行至今，朗朗上口，意象清晰。

宋代金石学的兴盛以及唐代以来逐渐成熟的拓印技术，使六骏图像摆脱原初的膜拜场所，从对仪式的依赖中解放出来，以拓片的方式成为一种可以传播和分享的物质文化。原来秘不可宣的石刻与文献史籍成为不同民族、不同身份、人人可见可触摸的图像，这种直观的艺术形态在本质上更具启发性和冲击力。苏轼可以获得石本而为之作赋，[25]赵明诚夫妇可以在闺房私宅中欣赏把玩，[26]无论宫廷内府、文人书房，或者市场瓦肆，甚至旅行途中，原有的不可接近变得可触摸、可携带、可展卷、可悬挂，既可以是成教化、助人伦的儒家道德规范，也可以在熟悉轻松的环境中愉悦性情。拓片在辗转流传中带来原作无法达到的效果，形成对美的崇拜的最普遍的形式。而这种传播的广度和速度进一步延伸进入不同的艺术领域，拓展了艺术的样式和深度，在传递交流中成为经验智慧的源泉。六骏拓片遂成为一种新的素材进入现实，投入创作，继续描绘新的社会生活，再度丰富六骏的意义和内涵，其意蕴变得愈来愈丰厚。

游师雄计议边事，多有建树，曾上《绍圣安边策》，陈御敌要务，得到宋哲宗的嘉赏。这或许是游师雄实施这一工程的初衷，而后来的发展或许远远超出他的想象。伴随六骏传播手段的变化，展示机会的大幅增加，对六骏的膜拜度由上而下，由内而外，成为人人可以遐想和自我激励的精神力量，更成为塑造、象征、延伸民族理想的精神源泉。六骏的社会功能由此扩展，成为真正的集体记忆和梦想。

另外，金石拓片所呈现出的金石味道与白描以其对于线条粗细、虚实、曲直、浓淡、刚柔把握的表现力相得益彰，二者在简约劲健中透露出共同的审美情趣和追求。我们在流传至今的李公麟的《五马图》中或许可以感受到这一意蕴。

正如《大宋新修唐太宗庙铭》所称“非独以耀丰恩，辉永世，抑亦使深为谷兮高为陵，英烈之声不坠美矣”。[27]

昭陵六骏从神秘走向神圣，由此获得了新生。

三、金代的《唐太宗六马图》

金元以来战乱频仍，在中原大地上，阎立本的《六马图》和昭陵六骏石刻仍然是不灭的记忆。王恽在《昭陵六骏图后序》中表明他曾寓目六骏图，“物之贤否一定，论其遇而不遇可也。昭陵六骏，天降毛龙，授之英主，俾剪隋乱，及其功成，琢石为像，太宗亲题真赞，以传不朽，何存殁遭遇，其为幸也如此。宜其声华气艳，上与房驷争光。故潼关之役，备体涣汗，又何神哉！如昭烈之的卢，冉闵之朱龙，名虽存而形何见焉？大史公称闾阎之人，虽砥行立名，非附青云之上，恶能施于后世者是已。予藏此图久矣，特装潢以备珍玩，因题品卷末，以寓余之所感云”。[28]一代谏臣王恽之所感或许正是对这一不灭记忆的最好诠释。

现藏故宫博物院的金代赵霖《唐太宗六马图》，笔致劲健，敷色淳厚，卷后有一段赵秉文的题跋：“洛阳赵霖所画天闲六马图。观其笔法，圆熟清劲，度越俦侣。向时曾于梵林精舍览一贵家宝藏韩干画明皇射鹿并试马二图，乃知少陵丹青引为实录也。用笔神妙，凛凛然有生气，信乎人间神物。今归之越邸，不复见也。襄城王持此图，欻若昨梦间也。霖在世宗时待诏，今日艺苑中无此奇笔。惜乎！韩生之道绝矣。因题其侧云。闲闲醉中殊不知为何等语耶。庚辰七月望日。”[29]已有学者对作品进行了研究，虽然还有一些疑问有待解决，但此件作品受宋代游师雄石刻拓片影响已成为共识。[30]引起笔者兴趣的有两点，一是赵秉文题跋中所提“韩生之道”，二是画面中的女真文化元素。

赵秉文跋文称此画作者为大定待诏洛阳籍画家赵霖，而他为此画作跋于兴定四年（1220）七月，此时他已过耳顺之年，距大定至少35年。此时金宣宗先后迁都汴京，攻打南宋，封建九公，致使金朝政局江河日下。“韩生之道”是指画马名家韩干所代表的盛唐精神，或是宋金以来对于盛唐的认识，而“韩生之道绝矣”则应是赵秉文回首往事的慨叹，以及对人生、对时局变化的认识和无力回天的落寞之情的表达。其实，回顾金代历史，自金熙宗开始即追法贞观之治，以唐太宗为帝王施政之标准，天眷元年元帅右监军完颜撒离喝奉诏重修唐太宗庙，立《金重修唐太宗庙碑》，称“两汉而下，基业绵远者莫如唐，有唐之君，功德昭著者莫如太宗”。因此“大德必百世祀”。[31]此后，金世宗主政于大定年间（1161—1189），因其政治清明，家给人足而史称“小尧舜”。金世宗以其事必躬亲、亲力亲为的施政实践，以其自比古圣贤君求贤纳谏的言说语录，以其对于女真文化与汉、契丹文化之融合措施等，追慕唐太宗，力图再造盛世。金世宗从政初年，先后详考《唐会要》、唐《开元》、宋《开宝礼》《宋会要》，设立详定所和详校所议礼、审乐，[32]继而于章宗明昌初年编成《金纂修杂录》，[33]逐步完善金朝统治的正统性。[34]

金世宗在大定年间主持多项皇家艺术工程，都是学唐比宋的直接体现。[35]如始于大定八年的衍庆宫功臣像绘制工程，是向唐代凌烟阁功臣像和宋代景灵宫功臣像学习的成果。[36]大定二十四年东巡会宁旧地，于上京得胜陀，即太祖伐辽誓师之地树立《大金得胜陀颂碑》，明确提到“以为昔唐玄宗幸太原尝有《起义堂颂》；过上党有《旧宫述圣颂》。今若仿此，刻倾建宇，以彰圣迹，于义为允”。[37]而现藏于故宫博物院的《六骏图》等，则是借拓本而直追昭陵六马。金世宗时期的数项皇家艺术工程均由金世宗诏命完成，是金世宗追述女真风习，教戒不忘本源，融合儒家与女真尚武精神，以及求贤若渴的政治态度的反映。这些艺术工程共同指向唐太宗，并在学唐比宋过程中形成了自身的特色，彰显了女真文化与汉文化的互动与融合。金世宗反省检讨历朝的施政之道，彰显其政治主张，体现对“太祖皇帝功业不坠，传及万世”的期待，在中国历史上再造了一位盛世明君的形象。赵霖所作《唐太宗六马图》或许与此有重要的联系。

赵霖画中以女真人形象代替丘行恭，开启了此后在这一艺术框架中纳入其他艺术元素的可能性。这是一种主观的强调和改变，是金世宗时期提倡民族本位政策的体现。赵霖《唐太宗六马图》中的女真文化元素记录了不同文化之间相遇时做出的反应，不仅记录了历史事件，而且也见证和影响了观察和思维方式，呈现出来的是带有某种意识形态和视觉意义的艺术化的“社会景观”。

四、多元形式与丰富意涵

1763年，赵霖的《唐太宗六马图》入藏清内府，乾隆帝先后于乾隆二十八年、四十三年和四十八年三度题诗于画卷。他既借题发挥讴歌“遂成宏业建大清”“太宗功德远迈贞观”，亦以史为鉴，告诫“要使后世知艰难”“丹青所贵鉴兴亡”。[38]

六骏在自唐宋至明清的长时段历史发展进程中，成为一种象征的意象符号，深入人心。它走进了不同的艺术门类，形成多元的艺术形式，承载不同的丰富的内涵，或抒怀旧之蓄念或发思古之幽情，成为约定俗成的集体意识。

宋辽金元时期流行的打马游戏走入寻常百姓的生活，在打马格钱上有取自穆王八骏和昭陵六骏的形象，而李清照在《打马图经序》和《打马赋》中表达的“老矣谁能志千里，但愿相将过淮水”的志向与豪情，就不单单是民俗生活与游戏了。20世纪以来，以徐悲鸿《六骏图》为代表的许多画马作品，模糊了六骏的具体形象，而成为一种奔腾的活力的写照，凝聚成文化图强、民族复兴的信念图像。2005年10月12日“神六”成功发射，其中搭载刘大为创作的《六骏图》，沈鹏题字“天马远行空，神州聚众雄，爱心连广宇，机遇正无穷”，道出其在新世纪的意义。六骏还成为当今旅游业、邮政，乃至打击乐、琵琶曲的主题。

今天，昭陵六骏已不仅仅是博物馆的展品，更成为公共教育的资源，也进入美术学院的教学和艺术家的创作范畴。2013年9月申红飙个展“驫”开幕，他的《昭陵六骏》铸铜雕塑，上溯金代赵霖的艺术手法，将蒙古民族艺术元素转换进六骏的艺术形式框架中。滕菲于2014年初创作了《六骏图》，不是胯下征战的六匹战马，而是与人肌肤相亲的首饰。以甲骨文、金文、篆书、隶书、楷书、简体字六个马字形体厚度的拉伸，强化飞奔的动感与速度，它不是当下戏说历史的穿越剧，而是跨越时空的文化创意，是对中国文化的追忆，也是中国文化走出去的探索与研究。

值得一提的是，有关昭陵六骏还衍生出新的学术研究方向，北宋至明清学者对昭陵的考察不绝如缕。北宋游师雄，明代赵崡、范文光，清代林侗、张弨都曾实地考察昭陵。明清以后学者的兴趣逐渐从对题赞的书法与书手的关注转移到六骏石刻本身的艺术欣赏上。20世纪初日本的关野贞和足立喜六也曾调查并留下珍贵照片。21世纪以来的考古发现为重新认识和答疑解惑提供了历史依据。[39]另外，有关昭陵六骏的拓片技术和相关学术史也是学者们孜孜不倦的研究课题。[40]

1918年和1920年飒露紫和拳毛䯄的雕刻相继被盗，学者发出“一上昭陵千古恨，肢离六骏添新仇”“黄金骏骨购不还”“抱守残缺图书府”的慨叹。[41]2002年正式成立“中华抢救流失海外文物专项基金”，21世纪以来有关海外流失文物的追讨、举证、研究活动得到不断推动，其中对昭陵六骏的研究最具代表性。[42]根据考古发现的碎片，中美专家还进行了联合修复保护。[43]

结论

六骏图从其诞生，无论名称、样式、造型手法，还是应用级别、位置场所、礼仪规范等，都承载着极丰富的精神内涵和开放性的象征意味。在历代中国人的共同铸造和集体记忆的推动下，建构起一种社会和文化认同。昭陵六骏石刻及其衍生出的新作品共同置身于一种精神氛围，这种氛围源于一种相互关系、相互阐发、相互构成，而这种关系又具有着内在的谱系。每一个新形象的出现，不是简单地还原历史，而是既有对原有关系的重复和强调，同时也由于新的因素的出现而生发出更多的可能性。多元的六骏表现仿佛一个艺术平台，是大唐“图式”的再创造，完成了对精神氛围的构造，树立为一座可以移动的纪念碑，成为我们心灵中的“魂”与“根”，成为大历史下的生命记忆。

注释

[1]（北宋）王钦若等编:《册府元龟》卷四十二《帝王部·仁慈》（第一册），中华书局影印本1960年版，第477页。

[2]唐太宗:《六马图赞》，收入《全唐文》（第一册）卷十，中华书局1983年版，第124页。

[3]《宋游师雄题六骏图碑并阴》，收入《金石萃编》卷一三九，中国书店影印本1985年版，第224页。元代王恽《昭陵六骏图后序》，收入《全元文》卷二〇五，江苏古籍出版社1999年版，第797页。

[4]张建林:《唐昭陵考古的重要收获及几点认识》，收入《周秦汉唐文化研究》（第3辑），三秦出版社2004年版，第255页。《2002年度唐昭陵北司马门遗址发掘简报》，《考古与文物》2006年第6期，第3—16页。

[5]《大宋新修唐太宗庙铭》，收入《全宋文》（第一册），上海辞书出版社2006年版，第731页。

[6]《唐会要》卷二十，中华书局1955年版，第396页。

[7]葛承雍:《唐昭陵六骏与突厥葬俗研究》，收入《中华文史论丛》（第60辑），上海古籍出版社1999年版，第182页。孙迟:《昭陵十四国君长石像考》，《文博》1984年第2期，第56—64页。

[8]陕西省考古研究所:《2002年度唐昭陵北司马门遗址发掘简报》，《考古与文物》2006年第6期，第3—16页。

[9]沈睿文:《唐陵的布局：空间与秩序》，北京大学出版社2009年版，第227页。

[10]芮传明:《周穆王、唐太宗骏马名号语源考》，《暨南史学》（第一辑），暨南大学出版社2002年版，第19页。

[11]周新芳:《“天子驾六”问题考辨》，《中国史研究》2007年第1期，第41—57页。

[12]沈睿文:《唐陵的布局：空间与秩序》，北京大学出版社2009年版，第227页。

[13]《册府元龟》卷四十二《帝王部·仁慈》（第一册），中华书局影印本1960年版，第477页。

[14]《许洛仁碑》，收入张沛编《昭陵碑石》，三秦出版社1993年版，第150页。

[15]唐太宗:《六马图赞》，收入《全唐文》（第一册），卷十，中华书局1983年版，第124页。

[16]《旧唐书·卷三·本纪第三》，中华书局1975年版，第47页。

[17]《开元天宝遗事/安禄山事迹》卷下，中华书局2006年版，第103页。

[18]《旧五代史·卷七三·唐书四九》，中华书局1976年版，第961页。

[19]《宋史·卷一·本纪第一》，中华书局1977年版，第14页。

[20]《大宋新修唐太宗庙铭》，收入《全宋文》（第一册），上海辞书出版社2006年版，第731页。

[21]杨宽:《中国古代陵寝制度史研究》，上海古籍出版社1985年版，第47页。《宋史·卷三四三·列传第一〇二》有载昭陵至熙宁中尚存“敕吏祭祀”，中华

书局1977年版，第10912页。
[22]《宋史·卷三二二·列传九一》，中华书局1977年版，第10688页。《游师雄墓志》，收入《石刻史料新编》第1辑第4册，新文丰出版公司1979年版，第2628页。
[23]《宋游师雄题六骏图碑并阴》，收入《金石萃编》卷一三九，中国书店影印本1985年版，第224页。
[24]同上。
[25]《苏轼诗集》卷四十九，中华书局1982年版，第2725页。
[26]赵明诚:《宋本金石录》跋尾十三“唐昭陵六马赞”，中华书局1991年版，第541—542页。
[27]《大宋新修唐太宗庙铭》，收入《全宋文》(第一册)，上海辞书出版社2006年版，第731页。
[28](元)王恽:《昭陵六骏图后序》，收入《全元文》卷二〇五，江苏古籍出版社1999年版，第797页。
[29]金维诺主编:《中国美术全集·绘画编3·两宋绘画上》图63，文物出版社1988年版，第170页。
[30]薄松年:《金代画家赵霖六骏图卷》,《文物天地》1984年第6期，第37—38页。余辉:《金代人马画成因与成就》,《美术研究》1992年第1期，第57—64页。杨新:《对昭陵六骏的追摹与神往：金赵霖〈昭陵六骏图卷〉》,《文物天地》2002年第2期，第54—57页。
[31]该碑现藏昭陵博物馆，张沛:《昭陵碑石》，三秦出版社1993年版，第231页。
[32]《金史·卷八十八》，中华书局1975年版，第1958页。
[33]《金史·卷二十八》，中华书局1975年版，第691页。
[34]刘浦江:《德运之争与辽金王朝的正统性问题》,《中国社会科学》2004年第2期，第189—203页。
[35]张鹏:《金代国家级艺术工程研究》，收入《考古与艺术史的交汇——中国美术学院国际学术研讨会论文集》，中国美术学院出版社2009年版，第323—346页。
[36]张鹏:《金代衍庆宫功臣像研究》,《美术研究》2010年第1期，第42—50页。
[37]《金代石刻辑校》，吉林人民出版社2009年版，第56页。
[38]金维诺主编:《中国美术全集·绘画编3·两宋绘画上》图63，文物出版社1988年版，第170页。
[39]王小蒙、张建林:《昭陵六骏的新出土》,《文物天地》2003年第8期。张建林、王小蒙等:《2002年度唐昭陵北司马门遗址发掘简报》,《考古与文物》2006年第6期。张建林:《唐昭陵考古的重要收获及几点认识》，载黄留珠、魏全瑞主编《周秦汉唐文化研究》(第3辑)，三秦出版社2004年版。
[40]罗宏才:《也谈昭陵六骏拓本——兼与钱伯泉先生商榷》,《收藏》1998年第9期，第50—52页。谢彦卯:《昭陵六骏拓片浅说》,《河南图书馆学刊》2002年第1期，第61—62页。罗宏才:《昭陵六骏蓝本、仿绘、仿刻、拓本、模制及相关问题的研究》，收入《碑林集刊》第9集，陕西人民美术出版社2003年版，第255—270页。罗宏才:《叶语半园》,《收藏家》2009年第9期，第63—68页。
[41]符浩:《登昭陵望秦川》，收入《礼泉县志》，三秦出版社1999年版，第958页。
[42]裴建平:《昭陵六骏被盗再考》,《文博》2000年第3期，第64—66页。高永丽:《国宝春秋　百年震撼》,《文博》2001年第1期，第45—48页。周涵:《“昭陵六骏”的前世今生》,《文史参考》2010年第14期，第90—93页。杨樗:《追索流失文物先要摸清底子》,《中国社会科学报》2012年12月28

日第B03版。

[43]杨文宗:《中美专家联合修复保护昭陵六骏之“飒露紫”“拳毛䯄”》,《文物》2011年第2期，第86—95页。

本文载于《美术研究》2014年第2期

张鹏，1968年生，北京人。2004年毕业于中央美术学院美术史系，获博士学位。中央美术学院教授,《美术研究》副主编兼编辑部主任。中央美术学院丝绸之路艺术研究协同创新中心副主任兼秘书长。

明末湖州版画创作中的刻书家

董 捷

要考察一部古代版画，必讨论其性质、风格、功能，以及促使这些要素产生的原因，相关问题都与主持刊刻书籍及其版画的人密切相关。因此要了解明末湖州刻书及版画创作，必须从闵、凌、茅三大刻书家族入手。令人感到疑惑进而发出兴趣的是，明末湖州的书籍刊刻者们，在不同的文献中，往往有着迥异的面目。以凌濛初而言，他是众所周知的著名小说集"二拍"的作者。[1]可是在大多数的明清史料中，却很少提及这一点，他的形象被突出地表现为与明末农民军对抗，"死当为厉鬼杀贼"的"殉难者"：

甲申正月，李自成薄徐境，濛初已病（光绪县志无此句），誓与百姓死守。曰："生不能保障，死当为厉鬼杀贼。"言与血俱，大呼而卒（光绪县志作"大呼无伤百姓者三而卒"）。众皆恸哭，自死以殉者十余人。[2]

再看当时人谢肇淛的笔记《五杂组》，却又说：

吴兴凌氏诸刻，急于成书射利，又悭于倩人编摩，其间亥豕相望，何怪其然。[3]

说的虽非濛初本人刻书，但在正统文人眼中，似乎从其父祖起，便完全是明末习见之奸滑书贾嘴脸了。[4]同一个人尚且众说纷纭，何况三个家族二十余人。于是明末湖州刻书者的身份便显得有些模糊了。然而，如果换一个角度，单纯从书籍本身出发，则无论这些人身份如何，都可以归入"刻书家"之列。重新检视与这些刻书家有关的原始资料，[5]对他们的身份问题有一个科学的解读，将使界定湖州刻书及版画的性质成为可能。更进一步的目的则是要明确刻书家在版画创作中的主导地位，以此为基础揭示出晚明版画史的种种真相。

刻书家的身份

通过考察，我们会发现明末湖州刻书家群体的一些共性：

首先，他们都是地方望族的成员，从整个家族的角度来说，都应当算是"官宦人家"的子弟。现以生平较详的凌濛初、闵齐伋、闵振声三人为例，略作对比分析。濛初的祖父约言，举人出身，做过知县、知州、府同知，累官至南刑部员外郎。濛初父迪知则中进士，官至常州府同知。父子两人在官场都不是很顺利，且皆于中年即罢官回家，老死林泉。但无论如何，在乡梓间已算得体面的人家。从他们交游甚广的情况看，确也有一定的声望。乾隆《湖州府志》有约言传：

> 凌约言，字季默，号藻泉，震子。举嘉靖庚子南闱，知全椒县。课最，擢知沔阳州，筑下流堤，捍荆、湖、汉、沔诸水。水暴至，不能损稼。州人德之，呼为"凌公堤"。迁庐州府同知，晋南刑部员外，丁艰，服阕不赴调。优游林泉，好养生家言，口诵老子"专气致柔"章，晚又逃禅，自称净因居士。[6]

《晟舍镇志》卷六《著述》载凌约言有《凤笙阁简抄》《椒沔集》《史记评钞》《汉书评钞》，朱批《选赋》《病稿偶录》等著作。[7]王世贞序其《凤笙阁简抄》曰：

> 余友人济南李攀龙、歙县汪道昆、吴都俞允文皆以尺牍名，今并凌公四矣。凌尤精二氏学，俱见集中。凤笙，其时所游止也，故以名其书。[8]

王世贞又有《南京刑部郎进朝列大夫藻泉凌君墓表》，评凌约言诗："晚乃多病，不数为诗，其传者三百余章，皆有唐人风至。论诗十法，凿乎其言也。"[9]

凌迪知为约言长子。乾隆《湖州府志》卷二十、同治《湖州府志》卷七十五、《晟舍镇志》卷五等有传。乾隆《湖州府志》传云：

> 凌迪知，字稚哲，号绎泉，约言长子。嘉靖丙辰进士，历工部郎中。时朝廷事斋醮，兴十坛之役，计琉璃砖瓦百五十万，非经年不办。迪知访得巨珰所贮三殿副料若干，尽勒数报上，刻期而办。巨珰恨之，中以危法，谪定州同知，署开州。里甲苦一供应，迪知请立"一条鞭"法。后庞御史尚鹏用于浙，海中丞瑞用于吴，皆以为便。迁大名府判，升常州府同知。罢归，闭户著书，林下三十四年。日校雠群书，雕板行世。年七十二卒。[10]

迪知著述甚丰。《晟舍镇志》卷六《著述》著录《万姓统谱》一百五十六卷、《历代帝王姓系统谱》六卷、《姓氏博考》十四卷、《史汉评林》一百三十卷、《增定荆州史纂》十四卷、《大学衍义补英华》十八卷、《文林绮绣》五十九卷、《名世类苑》四十六卷、《学海清澜》一千卷、《名公翰藻》五十卷。[11]其交游亦广，屠隆、江朝阳、王世贞、王稚登等皆有过从。王世贞序其《万姓统谱》。[12]

晟舍闵氏则更加兴旺，齐伋的六世祖闵珪，[13]与李东阳、刘大夏、焦芳等为同年，成弘间在朝，官至刑部尚书。崇祯《乌程县志》卷六有传：

> 闵珪，字朝瑛，号鷐山。初授御史，按河南，转宪副。历按察使，晋

金都御史，总督两广，平广柳诸郡寇。升刑部尚书，屡断大狱……议论政令，务持大体。引年求退，以太子太保加少保归。寿八十二。赠太保，谥庄懿，祀乡贤。[14]

《明史》卷一百八十三、《晟舍镇志》卷五皆有珪传，[15]于生平记述甚详，且各有侧重，可相互参补。自闵珪后，晟舍闵氏显宦辈出：

从孙如霖，南京礼部尚书。如霖曾孙洪学，吏部尚书。洪学从弟梦得，兵部戎政尚书。他为庶僚者复数人。[16]

齐伋父一范，万历庚辰进士，先后为颍上、巴陵令，卒于湖广任上。齐伋兄梦得，万历戊戌进士，官至兵部戎政尚书。《晟舍镇志》皆有详传。[17]一门四尚书，何等荣耀，而齐伋本人即为进士子、尚书弟。

其次，明末湖州的刻书家，其本人皆为读书人。凌濛初“十二游泮宫，十八补廪饩”，然而此后四中副车，竟终身不第，最后以副贡就选。郑龙采《别驾初成公墓志铭》：

（濛初）生而颖异，十二游泮宫，十八补廪饩，二十而（膳）[缮]部捐馆；服阕，上书于刘大司成。刘甚奇之，以其书示少司马定力耿公。曰：“此予年家子也，先孟恭简公目为天下士，君未之识耶？”一时公卿无不知有凌十九者。公试于浙，再中副车；改试南雍，又中副车；改试北雍，复中副车。乃作《绝交举子书》，为归隐计，将于杼山、戴山间营一精舍，以终老焉。作《杼山赋》《戴山记》《戴山诗》以见志。[18]

闵齐伋“由诸生入太学，处隐就闲，耽著述，尤精小学”。[19]闵振声“崇祯壬午副车。少负才名，补弟子员，即食饩。自守令以至文衡咸以国士目之”。[20]其余，凌瀛初为邑庠生，征入太学；凌毓枬与凌弘宪为郡庠生；闵齐华以岁贡出仕；闵光瑜为庠生。[21]这些刻书家的出身，大抵便是如此：一些功名不著的书生。

通过上述两点分析，明末湖州刻书家的群体身份渐趋明朗。同治《湖州府志》在谈到郡人刻书时，称他们为“旧家子弟好事者”，[22]也就是说，无论从家世还是本人情况看，他们都可以被统称为“文人”。

一切似乎已变得很简单，既然刻书家都是“文人”，那么他们的刻书行为自然便是“文人刻书”，而一般的理解便是，“文人雅士”的刻书，应是“私刻”或称“家刻”，与在商言商的“坊刻”有着不可逾越的界限。闵齐伋为其首部套印书《春秋左传》所作的“凡例”，确也题为“闵氏家刻分次春秋左传凡例”。[23]由此明末湖州刻书及其版画的性质问题似乎可以解决。

可是，稍加辨析便不难发现，这种将所有“文人”视作一个整体，并用以解释历史问题的笼统做法，是有悖于明末社会现实的。在当时的“文人”或称“士人”群体中，由于家世、功名、官职等的不同，存在着身份、地位差异极大的阶层。

齐伋的兄长梦得，进士及第，一生为官，政绩颇多，尤擅兵事。守闽彰，“盗风屏息”；巡川北，“群贼皆降”；抚偏沅，“苗孽悉破”；出则总督五省军务，入则为兵部戎政尚书。生前即以太子太保致仕，卒时加赠太子太傅：

> 万历戊戌进士，主南屯政。己亥，权芜湖南关税。中贵纵役，绳以法。羡余不入橐。庚子，升郎中，请告。辛丑，进虞衡司，以越次辞。甲辰丁内艰。丁未服阕，补虞衡郎，视殿门及禁城工。戊申，出守闽彰郡守，盗风屏息，百废俱兴，士民德之，立祠于学宫侧。壬子，升按察副使兼参议，分守漳南道，中蜚语去。丙辰，补川西道，署按察。庚申，升陕西按察副使兼布政参议，分守西关道。时边围多事，赖其力，闻望益著。天启壬戌，升四川布政右参议兼按察佥事，分巡川北。会重庆初复，奢酋还众，议进，请以合江兵由纳溪趋长宁，身自率兵趋赵灞，获贼，舍之，令招诸寨。自是，永宁上下皆降。贼乃弃辎重去。降人邹惟贤智胆可任，乃阴激发，令取古蔺，贼惊溃灭焉。癸亥，晋佐布政分巡川东，监遵路军，以祝釐还里。乙丑，大计，晋副都御史，巡抚偏沅。值贵阳告急，属兵不及三千，苗孽唐梦熊等攻围印江，悉以计破之。丙寅升兵右侍，总督四川、湖广、云南、贵州、广西五省军务，兼理粮饷，赐尚方剑。善用人，筹形势甚熟。时魏珰甚炽，甫任，无颂祠，坐是放归。崇正己巳，改元，起用，召对平对，陈战守大计，晋兵部尚书，协理戎政，明赏罚，核虚冒，叙录川功，加太子少保，叠赐金币。辛未，屡疏请告，以隆礼归。丁丑卒，年七十二，讣于朝，加赠太子太傅。[24]

齐伋本人不求进取，用心著书、刻书，一生事业皆在书中，《晟舍镇志》传云：

> 所刊书本，上自经书子集，下稗官词曲。锓本后，士人能雠一字之伪者，即赠书全部。辗转传校，悉成善本。又荟诸名宿评跋之精粹者，丹黄备列，艺林称为“十种鸿书”。年八十，精神强健如弱冠，与子侄论文不倦。[25]

而他们的族叔闵振声，本支几代并无出仕者，[26]地位肯定比不了齐伋一房，加之生平仗义轻财，产日益落，而为善益力、见义必为，到晚年已贫困不堪，借为人写字、篆刻聊以糊口：

> 善饮酒，终日不醉，醉则愈豪，洒洒千言。同郡潘曾纮督学中州，泾渭艺文，识拔寒畯，声实佐之。贡已及瓜，适李闯之变，遂肥遯焉。书法逼真二王，所至纸为之贵。生平仗义轻财，产日益落，而为善益力。有诸生某，窭甚，以女鬻为人婢。声至其家，见其举

止，询之，知为士人女也，面责其人，使还之。其人有难色曰，吾已与米数十石矣。声即至家，载米偿之，如其数。携女归，为择婿而嫁焉。鼎革之际，乱民郑九聚党数千，沿村焚掠，惟下令弗惊其家。里人闻之，环声而泣，求所以解贼者。声曰："果尔，当往谕之。"遂只身入贼穴，动以祸福。郑九率众罗拜曰："仁人之言，敬闻命矣。"即刻解去，其仁义之孚于盗贼如此。以逸民自居，监司某慕而请见，辞再三，乃以布衣礼见，言谈至夕，心悯其穷，不敢发言，叹曰："琨玉秋霜，不意菰芦中有斯人也。"同郡吴楚选唐诗，名《岭云集》，声为之序。先是，南浔庄氏私纂明史，祸至九裂。奸人因而索赂，别生事端，以楚同事庄史，遂累声下狱。时浙中以他案受文字之祸者累累满狱，群起而和之曰"圜扉鼓吹"。年余始解。为人仁恕，见义必为。晚益贫，踵门求书及篆刻者不绝，藉以糊口，人愈高之。五十始举子，寿八十四。子梦潮登康熙乙卯贤书，犹及见之，盖隐德之报云。[27]

此三人为兄弟叔侄，亲缘关系比较近密，然而由于性格、追求、遭际、地位之不同，生存状态已有天渊之别。如果无视这种差别，认为凡是"文人"都有共同的思想意识与价值取向；或是在原则上同意"文人"内部阶层的存在，一遇到需要分析的具体问题却倾向于统而言之，则不仅无法界定某个特指群体的身份，甚至对整个明末社会的观察都将是扭曲的。

本文无意将明末文人群体划分为若干界限分明的阶层，一则由于前贤时人在这方面论述已多，再则面对明末湖州刻书家们丰富鲜活、充满变数的生活轨迹，我们对于高低阶层之间的界限究竟应当划于何处，充满踌躇。[28]

凌濛初在天启七年（1627）之前，是决心要走科举之路的，却连考多年而不中。其间他已大量刻印套版书，获利而自养的目的不言自明。在乡试北雍失败之后，他投入了更加大胆的商业化活动，与书贾合作推出纯粹以营利为目的的"二拍"系列。经过几年的积累，到崇祯五年（1632）《二刻拍案惊奇》刊行后，濛初应已拥有一定的财富，此时他又重拾为官"济世"的旧愿，入都就选居然成功，除了他追随潘曾纮的"勤王"行动或见闻于朝外，撰写流行小说获得的经济基础尤不应忽视。此后，濛初似与刻书及稗史再无瓜葛，一心做官，由上海县丞做到徐州通判，直到卒于抗压民变之役，完全是乱世里下层官僚的生涯了。[29]

与乌程晟舍闵、凌同时参与套印书事业的，还有归安花林茅氏，《牡丹亭》的刊刻者茅暎，是闵振声的姑表亲，其祖父茅坤，享誉文苑，人生起伏亦颇可观：茅坤于嘉靖十七年（1538）中进士，仕途却很不通达，做了几任知县和中央部门的小官，即因事谪为广平通判。茅坤"雅好谈兵"，然始终不得施展，好容易有人举荐于朝，又卷入经济案，罢职丢官。他仍不甘心，为胡宗宪作幕宾，筹划兵事，这时庞尚鹏弹劾其家人横行乡里，朝廷竟褫其冠带。这对于一个文人，无异于灭顶之灾。可是茅坤走出了一条新路，他

"用心计治生，家大起"，归安茅氏成为种桑万株的大户。同时他醉心唐宋古文大家的著作，"选《八大家文钞》，其书盛行海内，乡里小生无不知茅鹿门者"。虽今日，略通文墨者亦无不知"唐宋八大家"之说。《明史》也因茅坤晚年的成绩，为其作传，列名"文苑"。[30]可见舆论与历史都并未因"褫夺冠带"事件而否认茅坤事实上的"著名文人"身份。

面对上述二人之生平，我们似很难以固定"阶层"对他们进行划分，在明末文人群体中，这种情形应非罕见。

我们可以不对明末的文人群体进行明确的阶层划分，却无法回避对具体的研究对象亦即湖州刻书家们的身份做出定位。可以想见，一个功名早就、仕途顺利、身居禄位的人，他的思想意识和价值取向应当是比较纯粹的，也较符合传统习惯上对于"文人"的理解。而那些终身不得志者，情形则大不相同，他们必须不断地调整自身的生存方式，四处找机会，以应对社会与生活的种种难题。他们的理想，或许仍然是"文人"式的，纯粹而持久；而他们的实践却不可能不是复杂而多变的。明末全国生员总数在五十万人以上，而一场乡试中举者不过百余人，其间反差之大是惊人的。大量无法进入仕途的生员，形成了人才过剩的局面。[31]而以贡生就选亦很难，《寓圃杂记》卷五《监生五途》：

> 旧制监生止有二途，岁贡、乡贡是也。后增四十岁生员，又增上马纳粟，近增大臣勋戚子孙乞恩，共为五途，自此选路愈远，仕途愈塞矣。[32]

无论是否继续应考，许多人面临逃避不了的谋生压力。故而现实中，生活轨迹复杂多变的不得志者，才是文人群体中主要的部分。考明末湖州的刻书家们，几乎全在此列。

刻书与市镇经济

明末湖州刻书家的身份，除了系于个人遭际之外，更多的是由历史条件和所处地区经济社会发展状况决定的。下面就这个问题作一些讨论。

明代中叶以后，江南地区的市镇出现了迅猛的发展。成、弘间初见端倪，嘉、隆间已呈勃兴之势，至万历时则蔚为大观。所谓"市"，就是"集市"，是初级的商品交易场所，各地称呼不一。[33]统而言之，北方多称为"集"，南方则多称为"市"。"镇"，原意是戍兵置将的军镇，唐时节度使割据的势力范围，便有"藩镇"之称。宋以后罢藩镇，而"镇"之名保存下来，逐渐演变为管理民政、征收商税之所。[34]到了明代，江南一带把较大的"市"称为"镇"，亦即"商贾所集谓之镇"。[35]因此，市镇是商品贸易的产物。

探究明后期江南市镇大量出现的原因并总结这些市镇所共有的特征，会发现绕不开"商品贸易"这个核心内容。

首先，江南市镇所处的地理环境，有利于商品贸易的发展。以湖州为例，位于太湖南端的浙北平原，水网密布，河道纵横，地方官吏又很重视水利的浚修，交通相当发达。"浙十一郡惟湖最富，盖嘉、湖泽国，商贾舟航易通各省。"[36]晟舍、南浔有荻塘沿运河陆路一百二十五里，直达平望镇，为江浙之通道。乌镇更有三十多条水道，“绾钱塘姑苏之脊，所当商贾之航，闽粤而漕于江淮者，亦咽喉于此”。[37]一些巨镇更处于两河十字形交汇处，南浔、乌青即是。南浔的通津桥一带，正是两河交叉点，成为热闹的商业区。

其次，江南市镇所处地区，农业发达，物产丰富，尤其是经济作物广泛种植，为商品贸易的发展提供了物质基础。仍以湖州为例，浙北平原自宋代以来即是产粮重地，有“苏湖熟，天下足”之谚。明时江南赋税极重，[38]只有改变作物结构，改粮食作物为经济作物，方能应对。经营方式也随之变化，租佃制逐步演化为以雇佣劳动为基础的“经营地主制”。[39]由地主统一组织，生产市场所需之经济作物，生产规模十分可观，湖州出现了“富者田连阡陌，桑麻万顷”[40]的大地主。湖州的主要经济作物是桑麻，乾隆《湖州府志》：“其树桑也，自墙下檐隙，以暨田之畔、池之上，虽惰农无弃地者。”[41]王士性则说：“湖多一蚕，是每年两有秋也。”[42]

最后，江南市镇手工业发达，逐步形成专业特色，并成为某些商品的集散中心。与桑蚕种养相联系，湖州的手工业主要是丝绸业。“湖之……蚕丝遍天下”[43]的原因主要有两个：其一，湖州泉水的水质特别适于缫丝。正德《新市镇志》记新市附近蔡家漾水：“蚕时取其水以缫，所得丝视他缫者独重，盖水性然也。”[44]其二，湖人缫丝经验丰富，有大批技术高超的缫丝工。同治《南浔镇志》：“湖丝甲天下，著在维正……缫丝莫精于南浔人。”[45]由于这两点，当时的湖丝在各地已享盛誉，其中有名的“七里丝”索价忒高，“较常价每两必多一分，苏人入手即识，用织帽缎，紫光可鉴”。[46]在湖州，以丝绸为专业的市镇有乌青、南浔、双林、菱湖、晟舍、新市、洛舍、塘栖等，在这些地方也大都形成了相关商品的集散地。南浔、乌青更进一步成为工商业繁盛兴旺的巨镇，影响直至近代。[47]茅坤所谓“至于市镇，如我湖归安之双林、菱湖、琏市，乌程之乌镇、南浔，所环人烟小者数千家，大者万家。即其所聚，当亦不下中州郡县之饶者”，[48]当非夸张之语。

商品贸易促进了明代江南市镇的形成发展，市镇的壮大繁盛反过来又有力地推动了商品贸易。在明末湖州，商品经济于整个经济体制中已非偶然因素，而是一个相当活跃的成分。以晟舍镇所在的乌程县为例，当时的贸易活动就十分繁荣。

崇祯《乌程县志》卷四《商税》：

> （自万历二十八年）本县遵将城镇铺行招商贸易者，作为行商，每年额编银一百三十两；开店贸易者，作为坐贾，每年额编银三百九十三两三钱三分四厘。税银贮库类解……[49]

法规如此细化，可见其时行商、坐贾之盛。同卷《风俗》又记：

> 今各镇市中有魁滑领袖无赖，开赌博、张骗局。社节出会，则夻身醵金钱，甚至贩盐窝盗，兴讹造言，无所不至。[50]

反映的虽是负面情形，但若非商贸兴盛，社

会景象恐也难这般热闹。

商品经济的发展使商人阶层异常活跃起来。朱国祯《涌幢小品》卷二有“蚕报”条。“湖之畜蚕者多自栽桑”，或“预租别姓之桑”。可是“本地叶不足”，商人便出来发挥作用了，“贩于桐乡、洞庭，价随时高下，倏忽悬绝，谚云‘仙人难断叶价’”。后面便讲了一个邻人章氏的故事。略云其家，每以占卜度桑价，价贱则多畜蚕，二十年不爽，生计遂饶。不意得罪蚕神，于是再卜往往不准，桑价高扬十倍，只能弃蚕入水，家亦耗矣。这当然只是神话，操纵桑叶价格的除了天时之外，必定不会是“蚕神”，而只可能是贸易于府县之间的商人。[51]

当时湖州的商人虽不及“徽商”著名，却也在各地留下了足迹。明代小说中广有涉及。《金瓶梅》三十三回中提到“湖州客人何官儿”。[52]凌濛初在《拍案惊奇》中也写了一位“湖州吕客人”。[53]而外地商人也来湖州经商，一些地方名品，“各省客商云集贸贩，里贾往鬻他方不绝”。[54]

明代中后期“士、农、工、商”四民的界分已经淡化。王阳明认为：

> 古者四民异业而同道，其尽心焉，一也。士以修治、农以具养、工以利器、商以通货，各就其资之所近、力之所及者而业焉，以求尽其心。其归要在于有益于生人之道，则一而已。[55]

李梦阳说：“夫商与士异术而同心。”钟惺说“货殖非小道也”。汪道昆说：“良贾何负闳儒。”这样的议论还有不少，可见“恤商”“重商”已成为士林中流行的话题。[56]

有时候通俗小说更能反映世态之真相，凌濛初讲过两个有关士人与商人的故事。《拍案惊奇》卷十“韩秀才乘乱聘娇妻，吴太守怜才主姻簿”中的书生韩师愈“满腹文章”却“家道消乏”，一直未能娶妻。忽然嘉靖登基，讹传“朝廷要到浙江各地点绣女”，在当地开典当的徽商金朝奉为避此事，硬要把女儿嫁与韩生。不想转过年来点绣女的谣言平息了，金朝奉竟又反悔，“不舍得将女儿嫁与穷儒”。后来亏得知府主持公道，才使韩生娶了这门亲。[57]《二刻拍案惊奇》卷二十九“赠芝麻识破假形，撷草药巧谐真偶”则反映了另一种情况：浙江有一个蒋姓客商到湖广汉阳做买卖，看上了仕宦缙绅马少卿的女儿，自忖门第不配，“小生原籍浙江，远隔异地，又是经商之人，不习儒业，只恐有玷门风”。马少卿却毫不在意：“浙江名邦，原非异地。经商亦是善业，不是贱流。”果然招蒋某为婿。[58]从这两个故事可以看出穷儒未必攀得上富贾，而商人在士大夫眼中已不像过去那样低贱。同时值得注意的是，小说的作者，也即我们的湖州刻书家凌濛初，对于商业意识的认同已达到较高的水平。

以上我们借重近几十年来江南经济史研究的丰硕成果，[59]对明末湖州的经济社会情况做了一个鸟瞰。在对市镇的繁盛、商品贸易的兴旺以及商人阶层的活跃有所了解之后，再回眸观察闵、凌、茅三氏刻书家们的身份，应当会有新的发现。

我们把晟舍、花林镇上的刻书业，放到当时

市镇经济的大环境中考察，就会发现它与丝绸业、棉纺业等有许多相通之处，是一种趋于专业化的工商业行为。作为刻书业的策划、组织者，刻书家们拥有场所、设备、资金，准备好书稿；雇请书工、刻字工与印刷工；如有版画，还要雇请画工与专刻版画的刻工。其身份是作坊主或工场主。如刻书家直接开设书铺则又成为经营主，从流通领域获取更多的利润。明末湖州的刻书家，作为工商业者的身份应当是明确的。

闵、凌、茅三氏刻书家的工商业行为并非孤立。常熟毛晋办的雕版工场规模很大，雇佣刻工数百人、印工数十人，又有编校者、誊抄者数十人，“汲古阁后有楼九间，多藏书板，楼下两廊及前后，俱为刻书匠所居”。[60]同为湖州人的臧懋循在长兴雉城设有刻印工场，选编刊刻了《元曲选》《古诗所》《唐诗所》等多种书籍。陆云龙、陆人龙兄弟设“翠娱阁”“峥霄馆”编刻书籍，《清夜钟》《型世言》二书即出其手。[61]他们还在书中附有“征文启事”，征求诗文以至小说、戏曲的各类作品。[62]可见明末文人参与商业刻书的情况已蔚然成风。[63]

然而闵、凌、茅三氏毕竟世代业儒，许多刻书家也都拥有初等的功名。他们从事工商业，注定带有儒士的气息。他们的刻书经商活动与一般的民间坊刻有许多不同。这在下文界定明末湖州刻书的性质时将作详论。

清初孔尚任名剧《桃花扇》里南京三山街上的书坊主人蔡益所有这样的唱词：

> 堂名二酉，万卷牙签求售。何物充栋汗车牛，混了书香铜臭。贾儒商秀，怕遇着秦皇大搜。[64]

从这几句唱词及后面的独白看，蔡氏应非普通书贾，而与湖州刻书家一样，是文人出身的经营主。“混了书香铜臭”的“贾儒商秀”刻出的书籍性质如何，应已不难想见。

湖州刻书的性质

通过上面的论述，明末湖州刻书家的身份可以确定。他们是官宦人家的子弟，由于科举不利，开始转向带有工商性质的刻书业，在一定程度上成为作坊主和经营主。但是他们原有的儒生地位及初等功名并未丢失，有些人在积累了一些财富后又回归仕途。正如许多经济史学者所指出的，明末市镇的商品经济并未脱离传统的地主经济，尚难称独立。湖州刻书家们在成为工商业者的同时，并没有放弃文人的身份和成为官僚的努力。这种亦儒亦商的角色，决定了他们所刻书籍的性质。

同治《湖州府志》卷三十三《物产》有这样的记载：

> 书船出乌程织里及郑港、谈港诸村落。吾湖明中叶，如花林茅氏，晟舍凌氏、闵氏，汇沮潘氏，雉城臧氏，皆广储签帙。旧家子弟好事者，往往以秘册镂刻流传。于是织里诸村民，以此网利。购书于船，南至钱塘，东南抵松江，北达京口。走士大夫之门，出书目袖中，低昂其价。所至每以礼接之。客

之末座，号为书客。[65]

湖州的书船时常光顾的对象中便有常熟的大刻书家毛晋：

（毛晋）榜于门曰："有以宋槧本至者，门内主人计叶酬钱，每叶出二百；有以旧抄本至者，每叶出四十；有以时下善本至者，别家出一千，主人出一千二百。"于是湖州书舶云集于七星桥毛氏之门矣。[66]

可见当时的湖州贩书船确实存在并且颇有影响，而明末湖州"旧家子弟好事者"所刻的书，应当是作为商品出售的。它与文化史意义上的"私家刻书"存在明显的差别。

明代私家刻书，最主要的意图在于保存文化，当然也不排除附庸风雅的因素。刻书家大多以庋藏的宋刻善本为底，影复摹仿，力求逼肖。不仅文字上不容出现错讹，即使行款格式也都一仍其旧。震泽王延喆影刻宋建安黄善夫本《史记集解索隐正义》一百三十卷，酷似原刊，几可乱真。王士祯《池北偶谈》卷二十二《谈异三》记：

……延喆少以椒房入宫中，性豪侈。一日，有持宋槧《史记》求鬻者，索价三百金。延喆绐其人曰："姑留此，一月后可来取直。"乃鸠集善工，就宋版本摹刻，甫一月而毕工。其人如期而至，索直，故绐之曰："以原书还汝。"其人不辨真赝，持去。既而复来，曰："此亦宋槧，而纸差，不如吾书，岂误耶？"延喆大笑，告以故，因取新雕本十部，散置堂上，示之曰："君意在获三百金耳，今如数予君，且为君书幻千万亿化身矣。"其人大喜过望。今所传有震泽王氏摹刻印，即此本也。[67]

王延喆是故相之子，其母与皇后为同胞，浮浪作风甚矣。其复刻宋本虽酷肖，毕竟被书贾识破，为留其颜面，以"纸差"言之。但无论如何，王氏刻书的认真态度还是应当承认的。他刻《史记》并非王士祯说的"一月而毕工"，而是"始嘉靖乙酉腊月，迄丁亥之三月"，[68]从嘉靖四年（1525）冬，一直干到嘉靖六年（1527）春，方始完工。私家刻书之不惜时、金，由此可见。苏州袁褧刻《六家文选》，复宋广都裴氏本，"刻始于嘉靖甲午岁，成于己酉，计十六载而完。有费浩繁，梓人艰集"。[69]一部六十卷的书，刻了十六年，世人称之精绝。私家刻印古籍，也有出售的，但绝不是主流，至于文人刻印自己的著作或先人的遗作，更少有经济目的。徐兆稷印乃父徐学谟《世庙识余录》，书前牌记；

是书成凡十余年，以贫不任梓。仅假活版印得百部聊备家藏，不敢以行世也。活版已颇费手，不可为继，观者谅之。徐兆稷白。[70]

明末湖州刻书，目的则显有不同。闵齐伋初创套版时，以"家刻"标榜，并号称"校雠不畜三五，而钱刀之靡，非所计矣”。然而在同一篇文字中，以“孙月峰先生研几索隐”为号召，将既定读者指向“初学课业”者，则又透露出此书浓郁的商业气息。[71]实则，闵、凌以套版印书，本意就是为了迎合当时流行的评点经史诗文的著作风气，提高书籍在市场上的竞争力。闵齐伋说：“旧刻凡有批评圈点者，俱就原板墨印，艺林厌之，今另刻一板，经传用墨，批评用以朱……置之帐中，当不无心赏。”[72]凌启康说：“兹刻季迪批点及诸评词印以朱。宏甫批点及诸考释印以黛。篇无不朱，朱无不黛。如十五女子设妆，而脂粉艳施。又如金谷园，而名花异植丛集其中，萧萧疏竹之致远矣。”[73]凌云则说：“杨用修批点，元用五色，刻本一以墨别，则阅之易溷，宁能味其旨趣？今复存五色，非曰炫华，实有益于观者。”[74]湖州刻书家们的这些话，说得虽很文雅，但与前面所引私家刻书直追宋椠的做法相比，立意之差别显而易见。泰昌元年（1620），陈继儒为闵振业刻《史记钞》作叙，好话说了许多，却有一句揭出了湖州套印书的实质：“吴兴朱评书错出，无问贫富好丑，垂涎购之。”[75]看来，创立套版的头几年里，湖州刻书家们真实的商业目的已然达到。

既然是一种商业行为，湖州的刻书就不可能像前面介绍的私家刻书那样不计成本，只求精妙，有时候甚至要要一些不太光彩的手段来牟利。凌瀛初刻四色套印本《世说新语》，[76]现存六卷本和八卷本两种，实际上就是一个版本的改头换面：

八卷较六卷本多两卷，凡增出之卷，必须空出书题一行，类目标题一行。如八卷本卷一凡三十四叶，即用六卷本前三十四版，而问题在八卷本如何增出书题“世说新语卷二”一行，类目“言语下”一行，因六卷本之第三十五叶无此空地也。其方法为改刻第三十六叶全版，增入书题及类目，而删减注文，俾空出两行，“晋武帝始登祚”条，删去注内“咸熙二年”四字及条末全注。“诸葛亮在吴”条，删去注文十余字，将原版四行改为三行，则适成为一新本矣。但不对校，不知其技不过如此而已。[77]

类似情况在凌刻《李于鳞唐诗广选》初印本与后印本的序言问题上再次出现，后印本删去原序，夹入新序，王重民“疑是故为变化，以畅销路耳”。[78]《晟舍镇志》评价齐伋刻书“辗转传校，悉成善本”，[79]闵我备《闵齐伋传》更载：“新域何端简公世基视学两浙，语人曰：‘吴兴闵遇五先生，余私淑师也，其后裔尚有在否？每读书至乌焉帝虎之讹，得先生刊本一校，心目豁然，非良师而何？’”[80]闵齐伋对于自己所刻书的校雠精良，也是十分自负的：“时刻字划讹谬，不可胜指，今以古本订定，而作时悉正于《说文》，时习之，谬无不涤去。”[81]

然而，齐伋所刻之书，耗费心力不少，形式上有大的创造，却难称方志所谓“善本”。以《考工记》[82]为例，此书原为吴澄考注、周梦旸批点、郭正域作序，而齐伋取周梦旸刻本重刊，删去郭序中有关语句，以为“郭正域批点”本。郑振铎发现了这个问题：

> 余既得周梦旸批点《考工记》，复于某肆架上，取得闵刻本批点考工记一册……顷灯下校读二本，于闵刻本之不实处竟大为惊诧，闵本首亦为郭正域序，删去序末……四十五字。复易“卷”为“篇”，并不标出吴澄及周梦旸之名，于“考注”“批评”及“音义”均任意删改变动。若余不先收得周氏刊本，直不知“批点”出于周氏手而“考注”之为吴澄著也。闵刻书之不可靠，往往如是。世人何当以耳代目乎？[83]

其结论是“闵刻读本，虽纸墨精良，实非上品”。齐伋刻书，一方面自诩“辗转传校”，一方面却又任意删改变动，要害即在于明末湖州刻书的商业属性。他改题《考工记》为“郭正域批点本”，是为了使这部书与同期推出的郭批《韩文》《杜律》相配合，以期获得更好的销路。湖州套印书在有清一代完全得不到重视，盖缘于此。

谢肇淛曾批评套印本创制之前的湖州刻书，认为开始时“剞劂之精者不下宋板”，可是“大凡书刻急于射利者必不能精，盖不能捐重价故耳”。于是好景不长，“近来吴兴金陵骎骎蹈此病矣”。他甚至点名批评濛初辈的先人，“吴兴凌氏诸刻，急于成书射利，又悭于倩人编摩，其间亥豕相望，何怪其然”。[84]可见当时人显然是将湖州刻书看作商业行为的，这些评价用于稍晚的套印本应也大抵不差。

谢肇淛对于湖刻的批评，与当时人对各地商业刻书的不满是颇为一致的。田汝成批评杭州刻书：“杭人作事苟且，重利而轻名，但顾眼底，百工皆然，而刻书尤甚。”[85]对于闽建刻书，历来批评最多。郎瑛《七修类稿》的说法很有代表性：“闽专以货利为计，但遇各省所刻好书，闻价高即便翻刊，卷数目录相同，而于篇中多所减去，使人不知。故一部止货半部之价，人争购之。”[86]他同时又指出：“近如徽州刻《山海经》，亦效闽之书坊，只为省工本耳。”[87]可见明末坊刻之草率，甚至故意作伪，已是全国通病。湖州刻书，既入商海，则不免沾染。然细审之下，其与一般粗制滥造的坊刻，尚有不小分别。

这种分别主要体现为所刻书籍的服务对象（亦即读者群）不同。湖州刻套印书中有很大一部分，是供给读书人诵读应考的。所谓名人的评选与批点，用意所指皆是将涉场屋之人。联系诸刻书家庠生、副贡的身份，这些著作正是与他们自身生活最为切合者。凌氏刻佛经，闵氏、茅氏刻兵书，也是当时儒士兼好谈释、论兵的反映，“盈篇累牍，展卷灿然，一新世界法眼”，[88]“国事方殷，冀开卷而增益云耳”。[89]这类书面对市场时，其预期读者自然也是文人。

戏曲是明末文苑流行的话题，尤其是《西厢记》《琵琶记》《牡丹亭》等名剧的刊行，已成一种风尚。湖州所刻戏曲，许多经过凌濛初等戏曲家手订，是带有一定研究性的。至崇祯间闵齐伋刻《会真六幻》，更是构筑了一个“玄幻”的奇妙世界。从全书的编排到“会真图”的设计，完全是迎合文人清玩之意，与一般坊刻自不可同日而语。值得注意的是，在闵、凌、茅所刻套版书中，没有一种是当时正风靡各地书坊的通俗小说，连濛初自撰“二拍”也被排除在外。解释这一现象的关键，即为文人戏曲与通俗小说在明末地位判然有别，受众亦存在分野。当时坊间习见之蒙书、历书、医书及其他名目繁多之百科类书，所指读者皆为粗识文墨的下层群众，湖州刻书自不会涉及。

总之，湖州刻书家们心目中的读者，正是与他们自己相仿佛的阶层。故而从刊刻者和受众两方面观察，明末湖州套印书所反映的知识结构、认识水平、趣味好恶以及受商业因素影响的程度，与前文所阐释的相关刻书家们复杂的身份是相适应的。

我们将明末湖州刻书与几乎同时的常熟毛晋汲古阁刻书相对比，会发现两者之间在性质上有许多近似之处。毛晋多次参加科举考试而不第，转而刻书，所刻以经、史和前贤文集、诗词为主，兼及戏曲，不刻小说等通俗读物，这些特点都与湖州刻书家相通。过去研究汲古阁刻书，多集中于其文化贡献，近年来学者们越来越多地承认毛氏实是刻书事业的“巨大利益获得者”。[90]这与我们对明末湖州刻书性质的考察是可以相互印证的。

明末湖州版画的创稿与刻印具有一定的独立性，而且诚如许多研究者所体察到的，晚明版画与文本之间的关系“若即若离，渐行渐远”。[91]但另一方面，明末湖州版画除极个别特例外，仍是从属于书籍的一个“单元”，这就决定了其作为文化商品的属性以及所指向的受众群体与前述湖州刻书相当一致，并且直接与刻书家们的身份和意识相关联。换言之，正是刻书家的身份决定了版画作品的性质和层次。笔者曾通过几件版画作品个案，观察刻书家在版画创作过程中的实践，进而论述明末版画风格的发展变化与刻书家实践之间的关系，相关内容写成《德藏本〈西厢记〉版画及其刊刻者》《风格与风尚——凌濛初〈北红拂〉杂剧及明末版画创作中的竞争》[92]等文，有兴趣的读者可以参阅，此处不赘。

注释

[1]濛初所作小说，现存《拍案惊奇》《二刻拍案惊奇》两种，《晟舍镇志》卷六《著述》则言“《拍案惊奇》三集”，《中国地方志集成·乡镇志专辑》（第24辑），上海书店1992年版，第1095页。有学者认为濛初于“二刻”后尚著有“二续”，可参看章培恒《〈二刻拍案惊奇〉校点说明》，见《二刻拍案惊奇》，上海古籍出版社1983年版，第1—2页。

[2]乾隆《湖州府志》卷二十一《人物》，第36页，乾隆二十三年刻本，上海图书馆藏；光绪《乌程县志》卷十六《人物五》，光绪七年刻本，上海图书馆藏，第8页。此说最早则来源于郑龙采《别驾初成公墓志铭》，全文载于周绍良《曲目丛拾》，见《学林漫录》五集，中华书局1982年版，第96—101页。

[3]（明）谢肇淛：《五杂组》卷十三《事部一》，上海书店2001年版，第266页。

[4]以往研究，常有引《五杂组》讨论湖州套印书者，实际谢氏此书成时，闵、凌套印尚未展开，其所谓“凌刻”当指濛初祖、父、叔等人所刻书籍。此点由扬州图书馆刘向东老师向笔者指出，谨申谢忱。

[5]与明末湖州刻书家族相关的资料，主要来自明清两代各级方志。大致有以下几种：雍正《浙江通志》、乾隆《湖州府志》、同治《湖州府志》、崇祯《乌程

县志》、乾隆《乌程县志》、光绪《乌程县志》、康熙《归安县志》、光绪《归安县志》以及同治《晟舍镇志》等。此外，闵、凌二氏宗谱中也保存了许多有价值的史料，而时人及后人的笔记与诗文中零星所见的相关记载则弥足珍贵。

[6]乾隆《湖州府志》卷二十《人物》，第42页。

[7]《晟舍镇志》卷六《著述》，见《中国地方志集成·乡镇志专辑》（第24辑），第1090—1091页。

[8]（明）王世贞：《凤笙阁简抄》序，引自赵红娟《凌濛初先世和迁徙情况考索》，《明清小说研究》1998年第3期，第184页。原书为嘉靖四十五年凌稚德刻本，上海图书馆藏。

[9]（明）王世贞：《南京刑部郎进朝列大夫藻泉凌君墓表》，见《弇州四部稿》卷九十四，《景印文渊阁四库全书》第1280册，上海古籍出版社1987年版，第520—522页。

[10]乾隆《湖州府志》卷二十《人物》，第43页。

[11]《晟舍镇志》卷六《著述》，见《中国地方志集成·乡镇志专辑》（第24辑），第1092—1093页。

[12]（明）凌迪知：《古今万姓统谱》卷前王世贞序，明万历刻汲古阁重修本，上海图书馆藏。

[13]闵珪生闻，闻生宜励，宜励生德庆，德庆生一范，一范生梦得、齐伋等。故齐伋等为闵珪六世孙，见（清）闵思端纂修《闵氏宗谱》"二支西房八世至十四世世经人纬图"，清道光十三年刻本，上海图书馆藏，第9—14页。《晟舍镇志》卷五《人物》记为"五世孙"，见《中国地方志集成·乡镇志专辑》（第24辑），第1061页，非是。

[14]崇祯《乌程县志》卷六《科第》，见《日本藏中国罕见地方志丛刊》第26册，书目文献出版社1991年版，第329页。

[15]《明史》卷一百八十三《列传第七十一》，中华书局1974年版，第4867—4869页。《晟舍镇志》卷五《人物》，见《中国地方志集成·乡镇志专辑》（第24辑），第1055—1056页。

[16]《明史》卷一百八十三《列传第七十一》，第4869页。

[17]《晟舍镇志》卷五《人物》，见《中国地方志集成·乡镇志专辑》（第24辑），第1060—1062页。

[18]（清）郑龙采：《别驾初成公墓志铭》，见《学林漫录》五集，第97页。

[19]（明）闵我备：《闵遇五传》，《晟舍镇志》卷八《艺文》，见《中国地方志集成·乡镇志专辑》（第24辑），第1183页。

[20]《晟舍镇志》卷五《人物》，见《中国地方志集成·乡镇志专辑》（第24辑），第1066—1067页。

[21]凌瀛初的情况，参见崇祯《乌程县志》卷七第349页、顺治《凌氏宗谱》卷四第51页、《晟舍镇志》卷三第1018页。凌毓枏的情况，参见顺治《凌氏宗谱》卷四第50页、《晟舍镇志》卷六第1105页。凌弘宪的情况，参见顺治《凌氏宗谱》卷四第49页。闵齐华的情况，参见《晟舍镇志》卷三第1012页、卷五第1064—1065页。闵光瑜的情况，参见道光《闵氏宗谱》"二支西房八世至十四世世经人纬图"第20页、《晟舍镇志》卷五第1072页。崇祯《乌程县志》、《晟舍镇志》、道光《闵氏宗谱》，见前；（清）凌士麟纂修：《凌氏宗谱》，顺治十三年钞本，上海图书馆藏。

[22]见同治《湖州府志》卷三十三《物产》，同治十三年爱山书院刻本，上海图书馆藏，第39页。

[23]见《春秋左传》卷前"闵氏家刻分次春秋左传凡例"，万历四十四年闵齐伋刻朱墨套印本，上海图

书馆藏。
[24]《晟舍镇志》卷五《人物》，见《中国地方志集成·乡镇志专辑》(第24辑)，第1061—1062页。
[25]同上书，第1065—1066页。
[26]闵振声祖宜力(齐伋曾祖宜励三弟)、父友曾皆未见有科举、出仕记载，据道光《闵氏宗谱》“二支西房八世至十四世世经人纬图”，第17—18页。
[27]《晟舍镇志》卷五《人物》，见《中国地方志集成·乡镇志专辑》(第24辑)，第1066—1067页。
[28]张仲礼以取得功名的情况，对明清文人提出“上层绅士—下层绅士—非绅士”的划分法则。笔者的疑问至少存在于一个方面，即父祖的高位和家族的影响，是否会在很大程度上影响对一个具体人物社会地位的品评。张仲礼:《中国绅士：关于其在19世纪中国社会中作用的研究》，李荣昌译，上海社会科学院出版社1991年版。
[29]参见(清)郑龙采《别驾初成公墓志铭》，见《学林漫录》五集，第96—101页。凌濛初“绝意仕进”于何时，是有争议的问题，其《二刻拍案惊奇小引》云:“丁卯之秋事，附肤落毛，失诸正鹄，迟回白门。偶戏取古今所闻一二奇局可纪者，演而成说，聊舒胸中垒块。非曰行之可远，始以游戏为快意耳。”由此可见凌氏于天启七年(1627)决定暂停科举，投入小说创作，见《二刻拍案惊奇》卷前，上海古籍出版社1983年版，第1页。
[30]茅坤，《明史》及历代各级方志多有传，以上引文皆见于《明史》卷二百八十七本传，第7374—7375页。
[31]参见王家范《晚明江南士大夫的历史命运》，《史林》1987年第2期，第29—39页。
[32](明)王锜:《寓圃杂记·穀山笔麈》卷五《监生五途》，中华书局1984年版，第39页。
[33]关于“市”之名称，可参见樊树志《晚明史》导论相关章节，复旦大学出版社2003年版，第75—76页。
[34]关于“镇”之名称，可参见何荣昌《明清时期江南市镇的发展》，《苏州大学学报》(哲学社会科学版)1984年第3期，第93—98页。
[35]正德《姑苏志》卷十八《乡都市镇村附》，《景印文渊阁四库全书》第493册，第344页。
[36](明)王士性:《广志绎》卷四《江南诸省》，中华书局1981年版，第70页。
[37](明)茅坤:《茅鹿门先生文集》卷十五《浙直分署纪事本末序》，见《续修四库全书》第1344册，上海古籍出版社2002年版，第668页。
[38]此问题可参见陈学文《明清时期杭嘉湖市镇的发展与城市化的道路》，《江南论坛》1998年第12期，第40—41页。
[39]同上。对于“经营地主制”，学界有不同看法。可参见林金树《“经营地主”应为“土地雇工经营主”说》，见中国社会科学院历史研究所明史研究室编《明史研究论丛》第七辑，紫禁城出版社2007年版，第162—166页。
[40]同治《湖州府志》卷二十九《风俗》，第36页。
[41]乾隆《湖州府志》卷三十七《蚕桑》，引谢肇淛《西吴枝乘》语，第15页。
[42](明)王士性:《广志绎》卷四《江南诸省》，中华书局1981年版，第70页。
[43]万历《湖州府志》卷前董份《湖州府志序》，见《四库全书存目丛书》史部第191册，齐鲁书社1996年版，第3页。
[44]正德《新市镇志》卷一《山川 井泉附》，见《中国地

方志集成·乡镇志专辑》(第24辑),第7页。

[45]同治《南浔镇志》卷二十四《物产》,见《中国地方志集成·乡镇志专辑》(第22辑下),第275页。

[46](明)朱国祯:《涌幢小品》卷二《农蚕》,文化艺术出版社1998年版,第46页。

[47]参见陈学文《明清时期湖州府市镇经济的发展》。

[48](明)茅坤:《茅鹿门先生文集》卷二《与李汲泉中丞议海寇事宜书》,见《续修四库全书》第1344册,上海古籍出版社2002年版,第483—484页。

[49]崇祯《乌程县志》卷四《商税》,见《日本藏中国罕见地方志丛刊》第26册,第284页。

[50]同上书,第294页。

[51](明)朱国祯:《涌幢小品》卷二《蚕报》,第47—48页。

[52](明)兰陵笑笑生撰,(清)张道深批评:《张竹坡批评第一奇书金瓶梅》第三十三回"陈敬济失钥罚唱,韩道国纵妇争锋",齐鲁书社1987年版,第491—505页。

[53]见《拍案惊奇》卷十一"恶船家计赚假尸银,狠仆人误投真命状",上海古籍出版社1982年版,第179—198页。

[54]见同治《湖州府志》卷三十三《物产》,第25页。

[55](明)王守仁:《王文成公全书》卷二十五《节庵方公墓表》,见《景印文渊阁四库全书》第1265册,第688页。

[56](明)李梦阳:《空同集》卷四十六《明故王文显墓志铭》,见《景印文渊阁四库全书》第1262册,第420页;(明)钟惺:《隐秀轩集·隐秀轩文冬集》"程次公行略",见《四库禁毁书丛刊》集部第48册,北京出版社1999年版,第461页;(明)汪道昆:《太函集》卷五十五《诰赠奉直大夫户部员外郎暨赠宜人闵氏合葬墓志铭》,见《四库全书存目丛书》集部第117册,齐鲁书社1997年版,第652页。

[57]见《拍案惊奇》卷十《韩秀才乘乱聘娇妻,吴太守怜才主姻簿》,第159—178页。

[58]见《二刻拍案惊奇》卷二十九《赠芝麻识破假形,撷草药巧谐真偶》,上海古籍出版社1983年版,第562—578页。

[59]这方面的文献,除上面引述过的之外,还可以参见刘石吉《明清时代江南市镇研究》,中国社会科学出版社1987年版;樊树志:《明清江南市镇探微》,复旦大学出版社1990年版;陈学文:《明清时期杭嘉湖市镇史研究》,群言出版社1993年版;钱杭、承载:《十七世纪江南社会生活》,浙江人民出版社1996年版;范金民:《明清江南商业的发展》,南京大学出版社1998年版;施坚雅(G. W. Skinner):《中华帝国晚期的城市》,中华书局2000年版;李伯重:《江南的早期工业化1550—1850》,社会科学文献出版社2000年版;陈江:《明代中后期的江南社会与社会生活》,上海社会科学院出版社2006年版;李孝悌:《恋恋红尘:中国的城市、欲望和生活》,上海人民出版社2007年版;范金民:《明清杭嘉湖农村经济结构的变化》,《中国农史》1988年第2期,第15—23页;陈剑峰、陈国灿:《明清时期浙北杭嘉湖市镇的徽商》,《安徽师范大学学报》(人文社会科学版)2003年第2期,第179—183页;王正华:《过眼繁华——晚明城市图、城市观与文化消费的研究》,见李孝悌编《中国的城市生活》,新星出版社2006年版,第1—52页;巫仁恕:《明清江南市镇志的园第书写与文化建构》,《九州学林》2008年第5卷第4期,第68—115页。

[60](清)钱泳:《履园丛话》卷二十二《汲古阁》,中华

书局1979年版，第579—580页。

[61]可参见徐朔方《元曲选家臧懋循》，中国戏剧出版社1985年版。

[62]可参见陈桂声《话本叙录》“清夜钟”“型世言”，珠海出版社2001年版，第464—473页。

[63]关于明代刻书的整体情况，请参见[美]Kai-wing Chow，*Publishing*，*Culture*，*and Power in Early Modern China*，Stanford：Stanford University Press，2004。一些更为具体的个案研究，则在[美]Cynthia J. Brokaw，Kai-wing Chow ed.，*Printing and Book Culture in Late Imperial China*，Berkeley，Los Angeles，London：University of California Press，2005之中。

[64](清)孔尚任:《桃花扇》第二十九出《逮社》，人民文学出版社1959年版，第190页。

[65]见同治《湖州府志》卷三十三《物产》，第39页。

[66](明)荥阳悔道人:《汲古阁主人小传》，转引自冯惠民、李万健《明代书目题跋丛刊》，书目文献出版社1994年版，第867页。

[67](清)王士祯:《池北偶谈》卷二十二《谈异三》，中华书局1982年版，第536—537页。

[68]见(明)王延喆刻本《史记》卷前“史记索引序”后王氏跋文。《史记》，嘉靖四年至六年王延喆刻本，上海图书馆藏。

[69]见(明)袁褧刻《六家文选》卷前自序。《六家文选》，嘉靖十三年(1534)至二十八年(1549)袁褧嘉趣堂刻本，上海图书馆藏。

[70]见(明)徐兆稷印《世庙识余录》牌记。(明)徐学谟:《世庙识余录》，徐兆稷活字本，见《四库全书存目丛书》史部第49册，齐鲁书社1997年版，第191页。

[71]见《春秋左传》卷前闵齐伋《闵氏家刻分次春秋左传凡例》，万历四十四年(1616)闵齐伋刻朱墨套印本，上海图书馆藏。

[72]同上。

[73]见《苏长公合作》卷前凌启康《凡例》，万历四十八年(1620)凌启康刻朱、墨、蓝三色套印本，上海图书馆藏。

[74]见《刘子文心雕龙》卷前凌云《凡例》，明末闵绳初、凌云刻朱、墨、蓝、紫、黄五色套印本，清华大学图书馆藏。

[75]见《史记钞》卷前陈继儒《序史记钞》，泰昌元年闵振业刻朱墨套印本，上海图书馆藏。

[76](南朝·宋)刘义庆撰，(南朝·梁)刘孝标注，(宋)刘辰翁、(宋)刘应登、(明)王世懋批点:《世说新语》，明末凌瀛初刻朱、墨、蓝、黄四色套印本，中国国家图书馆藏八卷本，辽宁省图书馆藏六卷本。

[77]王重民:《中国善本书提要》，上海古籍出版社1983年版，第388—389页。

[78]同上书，第461页。(明)李攀龙选，凌氏编:《李于麟唐诗广选》，明末凌氏刻朱墨套印本。初印本有凌濛初序及凌瑞森、凌南荣识语，上海图书馆藏；后印本仅有凌弘宪序，北京大学图书馆藏。

[79]《晟舍镇志》卷五《人物》，见《中国地方志集成·乡镇志专辑》(第24辑)，第1065页。

[80]同上书，第1183页。

[81](清)闵齐伋:《春秋左传》“凡例”，万历四十四年(1616)闵齐伋刻朱墨套印本。

[82](元)吴澄考注，(明)周梦旸批点[伪作(明)郭正域批点]:《考工记》，明万历间闵齐伋刻朱墨套印本，美国哈佛大学燕京图书馆藏。

[83]郑振铎:《劫中得书续记·闵刻批点考工记》，见《西谛书话》，生活·读书·新知三联书店1998年版，第293页。
[84](明)谢肇淛:《五杂组》卷十三《事部一》，第266页。
[85](明)田汝成:《西湖游览志余》卷二十五，见《景印文渊阁四库全书》第585册，第607页。
[86](明)郎瑛:《七修类稿》卷四十五《书册》，文化艺术出版社1998年版，第554—555页。
[87]同上。
[88](明)凌弘宪:《镂楞严缘起》，(明)释界澄撰、释弘沇、崇节等会释，凌弘宪纂辑:《大佛顶如来密因修证了义诸菩萨万行首楞严经证疏》卷前，天启元年(1621)凌弘宪刻朱、墨、蓝三色套印本，中国国家图书馆藏。
[89](明)闵暎张:《兵垣四编跋》，(明)臧懋循等辑评:《兵垣四编》卷末，天启元年(1621)闵声、闵暎张刻朱墨套印本，美国哈佛大学燕京图书馆藏。
[90]关于毛晋刻书之较新研究，有李咏梅《毛晋汲古阁刻书规模初议》，《四川图书馆学报》1996年第6期，第73—76页。章宏伟:《毛晋刻书活动考论》，见中国社会科学院历史研究所明史研究室编《明史研究论丛》第七辑，紫禁城出版社2007年版，第193—227页。
[91]马孟晶:《耳目之玩——从〈西厢记〉版画插图论晚明出版文化对视觉性之关注》，见台湾大学艺术史研究所《美术史研究集刊》第13辑，2002年，第201页。
[92]董捷:《德藏本〈西厢记〉版画及其刊刻者》，《新美术》2009年第5期，第16—25页；董捷:《风格与风尚——凌濛初〈北红拂〉杂剧及明末版画创作中的竞争》，《美苑》2012年第4期，第81—86页。

本文载于《美术研究》2014年第4期

董捷，1980年生，浙江杭州人。2008年毕业于中国美术学院史论系，获博士学位。中国美术学院美术史系副教授。

媒介意识形态：1950年代的“速写运动”

吴雪杉

1955年3月举办的第二届全国美术展览会作品种类中，有一门是速写。996件参展作品中，速写和素描共计51件。[1]能够明确为速写的，有艾中信《代表们眺望人民的首都》、伍必端《枪在这儿（朝鲜速写）》、邵宇《首都速写》、武德祖《你家的，我家的，都是咱们社的！》、侯逸民《农村速写》、孙恩同《劳动后的休息》、黄胄《少年》和《吹唢呐》、叶浅予《来自草地》和《舞蹈速写》、罗工柳《朝鲜速写》等作品。这是一个非常特别的现象。1949年第一届全国美展里没有速写，民国时期举办的全国美术展览会里不包含速写，现在的全国美展里，速写也不再出现。为什么在第二届全国美展中，速写会成为一个独立的绘画种类，又被如此重视呢？

一、速写与现实主义

第二届全国美展由文化部和中国美术家协会共同主办，具体事务由美协承担。决定举办这次美展是在1953年第二届文代会期间，1954年2月发出展览通告，这则刊登于《美术》杂志上的《中国美术家协会主办第二届全国美术展览会征集展品办法》标志着美展筹备工作正式展开。速写明确出现在征集范围之内：

绘画——包括墨画、油画、水彩、粉画、年画、讽刺画、宣传画、连环画、素描、插图、速写……[2]

虽然排在最末，但速写显然是作为一个绘画种类进入这个名单，与中国画（当时称“墨画”）、油画、水彩等并列，成为一种独立的绘画媒介。

速写为什么能够进入全国美展，可以从第二届全国美展之前举办的另一次全国规模的速写展览中窥见玄机。美术家协会筹备全国美展的同时，还在计划另外四个小型展览。1953年底就已决定，美协要在1954年举办“全国美术展览会一次、小型展览四次”。[3]1954年第2期《美术》杂志上刊登的《中国美术家协会一九五四年的工作计划》中将这4次展览明确为齐白石个人画展、水彩画展、建筑设计展和漫画展。[4]其中不包括速写。

但在1954年3月《美术》杂志上刊登的《中国美术家协会主办水彩画和速写展览会征集作品》通告里，突然在展览内容中加入了速写，2月份所提出的“水彩展”在3月变更并且确定为

"水彩、速写展览会"。[5]在前后接续的两期《美术》杂志上对同一个展览的报道出现显著不同，说明这两期之间发生了某种变动。1954年《美术》杂志发行时间是在当月的15日，所以这个变动发生在1954年2月15日和3月15日之间。这就为考察速写进入这次展览提供了一个具体的时间框架。

在这个时间段里，美术家协会召开过一个速写会议。1954年2月16日，中国美术家协会创作委员会的绘画组举行了一次关于速写问题的讨论会，40多位在北京的美术家参加，所有参会者在会上达成了这样一个共识：

> 大家认为一个现实主义的画家，必须随时随地多画速写，这不仅是可以记录生活、锻炼技巧，而且也可以进一步帮助画家更深入地观察生活。[6]

这里确认了速写的重要性，"一个现实主义的画家，必须随时随地多画速写"。这就是说，一个画家可以不画中国画，不画油画，或者不画版画，但不管你最后画什么，你必须要画而且是"多画"速写。速写在理论上被提升到一个很高的位置。或许正是2月16日这样一个凝聚共识、推崇速写的会议，最后促成"水彩展"在3月变成了"水彩、速写展"。

为什么美术家协会要召开一个关于速写的会议？这个问题可能需要追溯到新上任的美协副主席蔡若虹。蔡若虹是延安时期的老同志，新中国成立后在毛泽东的欣赏和周扬的鼓励下转向美术理论和批评写作，[7]成为新中国成立初期美术界最重要的"笔杆子"之一。1949年底1950年初的新年画运动有他的功绩，这一次，他的目光转向了速写。1953年10月，蔡若虹当选为中国美术家协会副主席，上任后的第一篇重头文章《开辟美术创作的广阔道路》发表在1954年1月的《美术》杂志上，文章提倡所有画家都要画速写：

> 我们必须跑到画室以外的生活中去，必须不间断地进行各种生活形象的速写，必须认识到生活形象的速写工作是我们创作的基础。我们现在很缺乏这种基础；所以在作品中往往看不见形象的真实，看不见生活的真实，当然也就没有什么艺术的真实。一般化的形象是从这里产生的，公式主义的构图是从这里产生的，创作内容的干枯也是在这里产生的。我们必须停止画家身边不带速写簿子的不良状况；在我看来，作为现实主义的画家的主要条件，应该首先看他有多少速写簿子；因为没有生活形象的积累就没有"现实生活"的根据。因而也就没有"现实意义"的根据。[8]

这段话有两点值得关注。一是首次提出，新中国的画家"必须"不间断地画速写，"必须"认识到"速写工作是我们创作的基础"。在蔡若虹这篇文章出现之前，画或不画速写完全取决于画家个人，从没有人把速写提升到"我们创作的基础"的高度。二是速写成为"现实主义"画家的主要条件，一个画家与"现实主义"的紧密程度，甚至应该取决于画了多少速写。蔡若虹的理由是，“现实意义”来自“现实生活”，“现实生活”来自“生活形象的积累”，而画家的生活形象的积累只能来自速写。所以，只有通过速写，一个画家才可能进行“现实主义”的创作。这里建立起一个等式：“现实主义＝深入生活＝画速写”。当这个等式建立起来之后，速写与现实主义的关系就明确下来，并且密不可分。

蔡若虹的文章发表在1954年1月15日出版的《美术》杂志上，美术家协会创作委员会召开的速写讨论会是在2月16日，这个速写讨论会上关于速写的共识几乎完全重复了蔡若虹的观点。这种从个人观点发展到集体认识的过程，体现在陈述主语的变化上。当蔡若虹1954年1月提出速写与现实主义的关系时，他用第一人称说：“在我看来，作为现实主义的画家的主要条件，应该首先看他有多少速写簿子。”而在2月份的速写讨论会上，就变成了“大家认为一个现实主义的画家，必须随时随地多画速写”。从“我”到“大家”的转换，可以看出这个观念从出现到扩展的过程。

蔡若虹突然提出速写的重要性，又能迅速在美协内部形成共识，应该还有一个更强大的动力在背后发生作用。这个动力最有可能来自1953年九十月间的第二次文代会。在9月23日的文代会上，周恩来所作的政治报告提到“要以社会主义现实主义作为我们文艺界创作和批评的最高准则”。[9]周恩来对“社会主义现实主义”的定义是“革命的现实主义和革命的理想主义结合起来，就是社会主义现实主义”。报告在为谁服务的问题上，明确了艺术家要写工农兵中的优秀人物和理想人物；在如何深入生活的问题上，提出艺术家需要深入实际生活，这种深入不能以旁观者的态度，而是“必须与劳动人民共呼吸，深入群众的斗争，和人民群众的生活打成一片”。[10]周扬在9月24日做的报告《为创造更多的优秀的文学艺术作品而奋斗》里也指出，“社会主义现实主义首先要求我们的作家去熟悉人民的新的生活，表现人民中的先进人物，表现人民的新的思想和感情”。[11]蔡若虹及美协速写讨论会不断强调“现实主义”“现实生活”“记录生活”“深入地观察生活”与速写的关系，恰恰和周恩来、周扬在文代会上对“社会主义现实主义”“深入实际生活”“熟悉人民的新的生活”等表述相一致。

实际上，对于速写的推重，在第二次文代会期间就已经初露端倪。1953年9月底10月初，江丰在中华全国美术工作者协会委员会扩大会议上做《四年来美术工作的状况和今后任务》的报告，[12]列举了四年来美术创作中产生的一些比较优秀的、在形式和风格方面有独创性的作品，其中就包括“邵宇的《首都速写》，古元的《朝鲜速写》”。[13]这些速写值得专门提出的原因可以在该报告后面找到。报告指出，广大美术工作者近年来进行了思想改造，“毛泽东同志所指示的‘为工农兵服务’的文艺方针，成为大多数美术工作者共同的纲领；因而能够比较彻底地批判非政治的艺术倾向和把艺术当作商品的恶劣现象，推动了许多美术家到群众斗争中去（仅在北京一地就有五十多人到工厂、农村、朝鲜前线），获得进一步的锻炼”。[14]北京画家到工厂、农村、朝鲜前线获得锻炼的成果，在江丰的报告里能够对应的主要就是邵宇的《首都速写》和古元的《朝鲜速写》。

蔡若虹在1954年末总结美协这一年的工作

时，也特地指出1954年的工作和第二次文代会之间的关系："自从去年九月举行第二次全国文学艺术工作者代表大会后，中国美术家协会遵循大会提出的有关创作方面和组织方面的任务，整顿了协会的工作；根据新的会章和创作的实际情况，在组织创作和学习活动上作了初步的规划；举办了十次美术作品展览会；出版了《美术》月刊，在研究民族民间美术遗产上以及辅导群众业余美术活动上，都进行了一些工作。"[15]在这个表述里，1954年美协组织的活动都跟前一年的文代会有直接联系。尤其1954年初美协内部对于速写的讨论，以及美协组织的水彩、速写展览，都是对第二次文代会的具体回应。正是1953年九十月的第二次文代会，促成美术家协会在1954年初对于速写的新认识。这种认识将转化为行动，不仅塑造了人们对于速写的理解，也改变了速写本身。

二、美协对速写的推动

《人民日报》1954年1月24日用整版刊登了一组"农村速写"，共计9幅。[16]新中国成立初期的《人民日报》常用速写来展现祖国建设的方方面面，但整版都是速写却绝无仅有。这些速写里最重要的主题是农业生产合作社，计有4幅，占了将近一半（《合作社好，我们也加入！》《爷爷：我爸爸入社了，净使着红骡马跟洋步犁耕地》《你家的，我家的，都是咱们社的！》《社里分给我们的大白菜》）；即将开始的春耕2幅（《修理农具，准备春耕》《"冬闲"不闲》）；从不同角度展现农村生活的新面貌3幅（《卖给国家的粮食一粒也不让损失》《六个月后她就是一个拖拉机手了》《孩子们算是赶上好时候喽！》）。

这批速写的刊登也许和1954年1月14日在北京举行的中国文联全国委员会主席团第二次扩大会议有关，这一会议确定文艺界1954年工作计划的要点是根据"总路线发展文艺创作"，具体到美术家协会的第一项工作就是组织美术家创作宣传总路线的作品。[17]10天后的"农村速写"可以视为美术界乃至整个文艺界对于这一工作方向最快速的回应。

《人民日报》的"农村速写"发表后反响极好。同年2月份的《美术》杂志选登了其中4幅，又增补汪志杰两张速写，同样以"农村速写"为名刊登出来。1954年第3期《美术》杂志对这批作品的意义和价值做了说明，指出这批作品在刊登后"受到广大读者喜爱"的原因，在于画家们"把现实生活中通常易见的情节，作了生动的描绘，给人们很大的启发和鼓舞"，"我们欢迎它，因为它们真实、朴素地描绘了农村生活和农民形象"。[18]速写的另一个特征——"生动""真实"和"朴素"——得到揭示。

"农村速写"的转引拉开了《美术》推动速写的帷幕。《美术》杂志虽然盛赞这批作品，但也承认它们在"技巧上还有不少缺点"。[19]技巧更好的速写如果国内没有，还可以去国外找。从当年第2期开始，《美术》杂志大量刊登外国优秀速写及相关介绍。1954年第2期《美术》除6幅"农村速写"外，还刊登了《保罗·荷加斯速写》10幅和常那丹的介绍文字。荷加斯的速写描绘了希腊人民的生活斗争以及1952年维也纳世界人民和平大会，"采用'现场作画'的方法，使他的感受和情感能够得到更直接的表现。他认为画家不应该躲在画室的角落里，对战争的轰鸣充耳不闻。画家应该描画出人类的良心，画出我们时代的悲剧和英雄主义”。[20] 1954年第3期《美术》又刊登《波兰画家柯布兹德依的速写》6幅，这位画家当时是波兰美术家协会总书记、华沙美术学院教授，1953年以波兰文化代表团副团长身份来华访问期间画了一百多幅速写，返回波兰前在中国美术家协会举办了速写展。这些作品在1953年就已经在《文艺报》《工人日报》上发表，“获得了各方面的好评”。[21]《美术》再次发表柯布兹德依速写时，又特意配上王琦《波兰画家柯布兹德依的速写》一文，全方面地介绍柯布兹德依的作品为什么具有“新鲜的、富于真实感的、浓厚的生活气息”。[22]

对于优秀外国速写的推广是持续性的。在1954年最后一期《美术》杂志上刊登了6幅外国艺术家速写。1955年2月，美协邀请丹麦画家赫庐夫·皮特斯脱鲁普来华访问，为他在中国所作的速写举办展览，又在1955年第4期《美术》杂志刊登了其中的3幅。[23]从邀请艺术家到组织展览再到最后的刊印作品，来华外国艺术家们画出速写并得到传播，都是中国美术家协会刻意为之的结果。

促进速写发展、鼓励画家投身速写更有效的方法是举办展览。1954年第3期《美术》杂志上发出了一个征集作品的公告，宣布中国美术家协会将在1954年的第二季度举办一次全国性的水彩、速写展览会。要求是：“作品的内容可以表现祖国壮丽的山河，反映我国的经济建设，描写劳动人民的生活，刻画人物的形象，以至祖国的一草一木，凡一切能反映今天新生活新气象的人像、风景、静物及作为创作准备的画稿，无论水彩、水墨、速写，本会会员或非会员自一九五〇年至现在的作品，皆可应征。”[24]

“水彩、速写展览会”于1954年8月正式展出，地点在故宫的承乾宫。在参展作品基本已经汇集的7月份，部分优秀速写已经开始在报刊上登载。《美术》杂志第7期刊登了4幅中国画速写，包括关山月的两幅《武昌造船厂工地速写》和黎雄才的《武昌造船厂工地速写》《武昌造船厂滑送口速写》。在《文艺报》1954年第16号（8月）上，刊登了“全国水彩、速写展览会作品选”，包括艾中信、黄胄、梁玉龙、黎雄才等画家的作品。[25]同年第8期《美术》杂志除艾中信、黄胄、梁玉龙外，还选登了彦涵、司徒乔、孙恩同、王盛烈的速写。

最重要的展览当然还是第二届全国美展。虽然美协原计划在1954年展出，1954年2月就发出通告，正式展期改为1955年3月27日至5月10日。入选作品可以视为1954年美协推动速写成果的集中展示。邵宇《首都速写》以及罗工柳《朝鲜速写》是运动发起之前的标杆；武德祖的速写《你家的，我家的，都是咱们社的！》是《人民日报》“农村速写”中的一件；黄胄的《吹唢呐》、孙恩同的《劳动后的休息》都是1954年8月“水彩、速写展”的参展作品。艾中信的《代表们眺望人民的首都》也曾发表在《美术》杂志1954年第10期，那是“水彩、速写展”和第二届全国美展之间最出色的速写作品之一。

速写专题展的举办并不仅限于1954年。在1958年6月，中国美术家协会又举办了“美术干部下厂下乡生活速写画展”，展出作品从全国各地征集，共有70多位作者、168件作品。[26]“尽管作者的思想和艺术水平有高有低，在表现生活的深度上有所不同，然而却有着共同的可贵之处，即对新生活充满热爱，画面有着新鲜的感受，和群众生活的纯朴气息。”[27]展览意义在一则展览观后感中得到清楚体现：

> 这说明要真正深入生活是十天半月难以解决的，今后必须长期在实际斗争中锻炼，不断进行思想改造和创作实践，才能真正表达劳动者的心机，创作出与我们伟大时代、伟大民族的英雄性格完全相称的作品来。当我们看了美术干部下厂、下乡生活速写画展以后，这种信念更增强了，这个展览可以说是美术家深入工农兵的起点，是艺术为政治、为生产服务，进一步贯彻毛泽东文艺思想的新路标。[28]

速写展览可以成为艺术贯彻毛泽东文艺思想的“路标”，这就充分说明速写以及围绕速写展开的美术活动在此时的作用和意义。

1954年美协对速写的推动目的明确、节奏密集、活动频繁，形同一场“运动”，将速写以全新的面貌呈现出来。这场“速写运动”最终使速写成为美术教学体系中的一个基础环节。在新中国成立前，各美术学校对于是否开设速写课程并无一定之规。到20世纪50年代，速写才成为美术院校的必修课程。1957年由华东艺术专科学校速写教学小组编写的《速写理论与技法》里说“速写课尚是一门新设的课程”。[29]这个新课程的设立与1954年“速写运动”脱不了干系。在理论上明确速写必须进入美术教学的还是蔡若虹。他在1961年9月28日《人民日报》上发表《关于美术教学中基本训练课程的改进问题》里提出了“四写”，速写要和写生、默写、摹写一起，成为“技术教学的一条基本路线”，不同美术系别在课目方面可以有轻重不同的安排，但不能随便取消写生、速写、默写和摹写中的任何一种。[30]也就是说，任何美术学生，不论是中国画、油画、版画还是雕塑，都必须学习速写。

至此，速写才从一种“现实主义画家必须画速写”的观念，经由层层环节，在技术层面上落实为每一个绘画初学者都必须尝试和掌握的艺术媒介。

三、媒介意识形态

“速写运动”确立了速写的合法性，但它确立的究竟是怎样的一种“速写”？中国古代没有一种名为“速写”的绘画形式，绘画中的速写概念是西方的舶来品。在速写传入中国以来，速写对应的英文一直是“sketch”。[31]《牛津艺术辞典》对“sketch”的定义是对某事物（something）的粗略描画，区别于有大量细节刻画的“study”。[32]另一部《艺术辞典》把“sketch”定义为“一幅创作（composition）比较粗略、初步的版本”。[33]这两部辞典都指出，“sketch”在18世纪后期开始用于指称一种小型的、作画快速的素描（drawing）。归纳起来，绘画中“sketch”的第一个含义是创作草图，到18世纪才有了第二个含义，指那些快速描画的素描，而且画这个素描的时候并不一定要面对具体的对象，或者一个眼前的“现实生活”。

“速写运动”所推崇的却是一种面向现实生活的速写。王朝闻在《漫谈速写》（1954年修订版）里说速写“都必须根据具体的客观的事实，不宜像创作那样，充分发挥想象来丰富形象，都不宜虚构地塑造形象”。[34]按《速写理论与技法》这部教材的定义，一个画家在面对英雄、模范或旅行中的景物时，“用自己的绘画工具，把对象主要的印象和特征扼要地记载下来。这种作品，我们就把它叫作速写”。[35]他们都强调速写要有一个具体对象，把“sketch”的第一种含义（草图）完全排除出去，又把第二种含义（作画快速的素描）限定了一个范围，将速写限定在写生式的速写范畴内。

面对这样一种中国式的狭义“速写”，就需要在理论上对它进行规范。首先要处理的就是“速写”和“写生”的关系。按叶浅予在1954年的定义，“写生是把一个客观存在的形象变为纸上模拟重生的形象”；[36]蔡若虹对写生的理解是“造形应以现实物象为根据”。无论何种定义，速写都与写生部分重合。尽管如此，写生和速写在指向上还是有所不同。在新中国成立初期，对于写生的倡导主要发生在中国画领域，因为当时相当一部分中国画家尤其是山水画家们尚不具备写生或者根据写生来创作的能力。对于受过西画训练的油画家或版画家而言，从入门时即开始写生，这时需要强调的就是写什么和如何写的问题。在这个意义上，速写才有提倡的必要。

在面对物象“写生”的层面上，速写的反面是“慢写”。速写的一个基本特征是“快”，虽然“快”并不构成速写的绝对条件。在现代美术教学体系里还存在需要花费“较长时间”进行的素描或创作，吴作人颇有疑虑地把它们称为“慢写”，[37]叶浅予则明确使用这个概念，更直接地把“速写”和“慢写”对立起来，说速写应该“从慢写开始”。[38]

提倡“速写”，就不免要批评“慢写”。在华君武自编自画的四幕短剧《两耳不闻窗外事》名义上是“献给一小部分不打算创作的画家同志”，实际讽刺的就是“慢”。短剧第1幕讲画家在画模特，一位勘察队员来邀请画家表现他们的生活，画家拒绝了，说自己技术还不够，“技术够了以后再去找你们吧！”第2幕是一年以后，矿产找到，钢铁厂即将建立，工人们请画家去表现他们伟大的建设，画家在研究怎么画模特的眼睛，又拒绝了。第3幕到了5年后，第一批钢铁马上要出炉，工人和工程师再次登门相邀，刚刚解决了鼻子问题的画家正在练习画眉毛，又没有去。第4幕是××年后，画家已经变成老画家了，模特也变成了老模特，模特忍不住问画家同志：“你练了这几十年的技术，我的鼻子、眉毛也被你画得很像了，总可以去反映反映人民的生活了罢？也该开始创作你的大油画了！”画家却无奈了：“可是我并不熟悉他们的生活，从什么地方下手呢？”[39]这则短剧讽刺只知道坐在画室里对着模特写生的画家，尽管没有直接提倡速写，它嘲笑的却是速写的反面：在画室里“慢写”，就是不去刻画新中国日新月异的伟大建设。华君武的漫画也生动揭示出这一点：青年画家在画架前对着青年模特用画素描，而在下一张里，画家和模特都已垂垂老矣，素描“慢写”依然在继续。

“慢写”问题尤其体现在画模特上。1954年第3期《美术》杂志在刊登柯布兹德依速写之外，发表了王琦的文章《波兰画家柯布兹德依的速写》，用柯布兹德依来批评那些只会画模特的画家：“他不像某些画家那样，面对着活生生的对象不肯下笔，往往回到家里再找模特儿来做姿势，一笔一笔地慢慢描写。这样做当然是可以的，但这样产生出来的作品，往往因此失去新鲜的、富于真实感的、浓厚的生活气息。”[40]在王琦看来，对着模特儿“慢慢描写”就走向了“生活”的反面，而远离生活基本上就等同于背离现实主义。同年第4期的《美术》杂志继续讨论模特问题，曾经接受过系统西画训练的倪贻德在《如何正确地对待模特儿》提道，“要是画家死死地依靠模特儿”，可能就会危害画家进入生活，“放松了根据真实生活中不断观察、研究而记录和积累起来的形象”。[41]同一期《美术》杂志还刊登“苏联人民艺术家”K. 尤恩的文章《美术学校业务教学上的几个问题》，也反对过多在画室里练习“慢写”素描的方法，说学院派传统教学方法中“长时间的完整的素描”是不能满足“社会主义艺术的要求的”，反过来，需要更多“直接照着对象画的短时间的速写”。尤恩说：

速写能教给我们眼和手的准确性，能教给我们以生动而又正确的素描；甚么描写方式也不能像速写那样教给我们更好、更正确的概括术。

描写“生活深处”的速写，在业务学习中应占据相当大的地位；为收集“生活材料”要进行专门的生活体验。[42]

来自“苏联人民艺术家”的文章证明了速写的意义，而这篇反对已有学院派教学体系的文章很可能是《美术》杂志精心选择的结果。

1954年8月的“水彩、速写展”进一步推动了美术理论界对于速写的讨论。《美术》杂志刊登了倪贻德《把水彩和速写提高一步——评全国水彩、速写展览会的作品》和吴作人的《谈速写》。吴作人的《谈速写》也许是这一年对速写做理论讨论最为深入的一篇。吴作人认为速写不仅是“艺术表现的一种手段”，而且“是艺术家必须毕生坚持的一种作业，是和其他基础功夫同为不可偏废的重要锻炼”，因为“社会主义现实主义艺术，要求我们的作品真实地反映出我们社会的生活面貌，从而在广大的人民群众中起教育和鼓舞作用”。[43]吴作人强调，速写固然可以作为艺术创作的准备，但速写本身就具有价值：

所以说速写一方面是造型的准备工作的开端，是创造形象的资料；另一方面，纵然没有一定的创作目的或计划，艺术家也应该经常面向生活，深入观察，不断积累手和眼的劳动，培养自己敏锐的感觉和用形象来反映自己的感受。

在极端复杂、万象纷呈的事物中间，艺术家经常睁着锐利的眼睛，随时发现对象，常不可自抑地、敏锐地写下稍纵即逝的、难再重复的动人的景象。

艺术家以炽热的感情，当机立断，首先从整体观察，抓住事物内在的真实，去粗存精，扼要地写出形象和运动，并不多费笔墨而表现出丰富的内容。这样的速写是诚实朴素的，简练而充实的，实质上已反映了现实的真实，就能感动别人。[44]

吴作人的观点很精彩。他赋予速写更加独立的地位。一般认为速写就是用来搜集创作素材的，但吴作人却说，艺术家即便不去画创作，也应该画速写。在他这里，画速写几乎等同于“艺术家也应该经常面向生活”，而“社会主义现实主义艺术”就要求“真实地反映出我们社会的生活面貌”，[45]这就已经很明确地表达出速写的意识形态意义。吴作人还赋予速写一种情感价值。艺术家面向生活时常常会“不可自抑地”要写下那稍纵即逝的动人景象，此时的艺术家需要“以炽热的感情”，观察、下笔、反映真实，最终“感动别人”。在这个过程里，速写的起点和终点都是情感，简略地说就是“以炽热的感情……感动别人”。速写被视为情感的载体，把艺术家对生活的某种被规定的态度和理解传递给观众。和蔡若虹一样，吴作人也在1953年成为中国美术家协会副主席，他在此处对于速写的讨论固然是他对速写的个人理解，也部分代表了中国美术家协会这个官方艺术机构对于速写的认识。

当速写的正面价值得到充分阐述，对什么是好速写有了清晰概念之后，还需要说明坏的速写是什么。《美术》1954年第10期发表鲁丁《端正速写的态度》一文，对速写做更进一步的规范。作者指出一个现象，由于“领导上既提倡，读者又欢迎”，速写作为一种创作方法已经非常流行。但速写的流行引发出一种以速写代替创作的倾向，很多画家直接将速写当作创作，导致速写侵占了主题性创作的空间。这个批评间接地表明速写在经过半年推广后达到的流行程度。更重要的是，作者批判了两种“虚假”速写，以否定方式规范了速写的内涵：

有些人，经常是游离在现实生活之外，单纯地依靠文字材料进行所谓“速写”，而又把这种“速写”来混同“创作”；有些人，则是利用照相机到处去拍摄工厂或农村的生活小景，然后再回家来把照片当成速写的对象。[46]

第一种“虚假”速写是“脱离生活形象凭空想象着画”却冠以“速写”名目的情况。在《端正速写的态度》的作者看来，这种“速写”就不是“速写”，只有当画家面对一个现实中的具体对象时才是“速写”。正是这种认识塑造了中国式的“速写”定义，并且构成延续至今的、关于速写的基本理解。

第二种“虚假”速写可以简称为“临摹照片”。为什么对着照片画“速写”也不行呢？该文作者认为，对着照片和凭空想象着画一样，都是“脱离现实生活、违反艺术法则的”画法，也就是说，当画家面对“照片”的时候，这个画家就远离了“现实生活”。“临摹照片”和“凭空想象着画”一样，都位于“现实生活”的对立面。

在“社会主义现实主义”得到提倡之后，“临摹照片”就开始带有负面价值。华君武在1954年4月《美术》杂志上编了一个段子，名为《照相机夸功》。照相机对一个画家夸耀说，它有“四大优点”：更快（两三秒甚至千分之一秒）、更完整（包括胡子渣有几根）、成色不出差错、更准确（照工人就是地道的工人），所以最近就有画家用相机“代替了铅笔了”。画家反驳说，“过去中国和外国的伟大的现实主义的画家都不是用照相机来作画的”。照相机骄傲地说，那是过去的画家受了时代的限制。画家祭出撒手锏，追问列宾怎么用照相机创作《伊凡杀子》？中国古代的《长江万里图》又怎么拍在同一张照片里？照相机只能承认它不能替代画家创作。[47]这个段子在照相机和画家之间划下一条界线，警告画家不要依赖照相机。同样，吴作人在《谈速写》里也回应了相机问题。吴作人承认，几百分之一秒的快镜摄影确实可以解决一切疑难动作，但拍下来的只是“静止的片段”，要表现“运动的感情和目的”，创造“生动的真实的形象”，还得“端赖于多画速写”。[48]在吴作人看来，画家能满足社会主义现实主义的要求就只能依赖速写而不是摄影。画家如果使用摄影照片来创作，几乎等同于远离现实生活。华君武为这篇文章配的漫画就在嘲讽这样一个热爱摄影的画家，他陶醉地抱着相机，却闭上了自己的双眼。如果相机替代画家的眼睛，那这个画家也就不再能拥有现实主义的合法性。

速写与照片的对立最极端地体现在《美术》1954年第5期封面上刊登的艾中信素描《鞍钢劳动模范王崇伦》。这幅素描依据的是《人民日报》1954年2月8日上的一幅王崇伦照片。王崇伦是鞍钢机修总长一名工人，因技术革新发明“万能工具胎”成为举国闻名的劳动模范，《人民日报》用整版篇幅报道他的成长经历和模范事迹，并登印了王崇伦的3幅照片。艾中信临摹的那张照片名为“王崇伦正用拐形工具装卸卡动器”，素描截取照片的三分之二，又将背景全部省去，着力于人物投入而专注的神态，刻画得相当成功。这大概也是它能够选登为《美术》杂志封面的原因。虽然该期杂志目录里将这件作品标注为“素描”，但画中快速的用笔痕迹以及明显的未完成感，都让人觉得它同时也是一幅速写。在一封写给《美术》杂志的信件里，有读者就此提出质疑：“《美术》自己批评过在速写中临摹照片的倾向，而自己又发表这种素描，这就‘使读者不大明白了’。”[49]这位读者所说的“《美术》自己批评过在速写中临摹照片的倾向”，无疑就是鲁丁那篇《端正速写的态度》。《美术》认可了读者批评，当年第12期杂志上以刊登来信意见的形式做了检讨。在速写不能画照片的论调出台后，无论《美术》杂志还是读者都达成共识，无论速写还是素描，只要画照片就不对！1954年5月刊登的作品，因为10月份一篇文章提出的观点而在12月遭到追究和批判，这个案例戏剧性地表明，在进行了大半年的“速写运动”之后，人们对于速写的认识越来越深入，也越来越统一了。

结论

1954年的“速写运动”影响深远。1961年，艾中信在《“聪明的小本子”——速写杂谈》里总结了速写的几个特征：1. 速写是独立的绘画形式，是一个画种；2. 和生活联系最紧密的绘画形式；3. 生活和创作以及基础技术训练和创作之间的桥梁；4. 速写培养画风；5. 收集创作素材。[50]

这几个特征恰好说明了速写的媒介意识形态性。将速写明确为“画种”，就意味着它可以和油画、中国画、版画等画种相提并论，承认了速写不仅仅是一种作画方式，更是一种艺术“媒介”。而将速写认定为“和生活联系最紧密的绘画形式”，以及速写可以成为生活与创作之间的“桥梁”，道出了速写在新中国被赋予的新意义。

“桥梁”这一修辞最能体现速写的价值。速写表面上最显著的特征在于快速，借由“速写/慢写”的对立折射出速写的时间性；而“桥梁”这个比喻，则反映出速写所隐藏的空间性。一般意义上的写生或者创作只要求画家坐在画室里或自然景物前，在一个相对闭合的空间里以旁观者的姿态描画对象；而速写却要求画家离开画室，进入生活（具体来说就是“工农兵”的生活），意味着画家的“身体”从一个空间进入另一个空间。这种进入首先是“身体”上的，艺术家的“身体”从“画室空间”进入“生活空间”，也就进入祖国热火朝天的社会建设当中；这种进入同时也是情感上的，艺术家是怀着“炽热的情感”进入这种生活。仅仅去画速写本身就可以成为这种“情感”的证明。如果没有“炽热的情感”，艺术家怎么会去画速写呢？

正是速写时间性（快/慢）下隐藏的空间性（生活/画室），使速写成为“和生活联系最紧密的绘画形式”、最符合“现实主义”要求的艺术媒介。就此而言，速写是对画家的“身体”提出要求、是对画家“身体”的意识形态化。速写所实现的也不仅仅是技巧的锤炼、生活的记录，更完成了对画家“身体”的改造，从根本上重建了绘画本身的政治性。在这个意义上，1954年的“速写运动”就不只是使速写成为一种新的媒介，更重要的是，“速写运动”同时也将艺术家的“身体”媒介化了。

注释

[1]中华人民共和国文化部、中国美术家协会主办“第二届全国美术展览会”的《作品目录》，第51—54页。

[2]见《中国美术家协会主办第二届全国美术展览会征集展品办法》，《美术》1954年第2期，封3。

[3]《戏协、音协、美协讨论一九五四年工作计划》，《文艺报》1954年第1号，第13页。

[4]《中国美术家协会一九五四年的工作计划》，《美术》1954年第2期，第9页。

[5]《中国美术家协会主办水彩画和速写展览会征集作品》，《美术》1954年第3期，第36页。

[6]《中国美术家协会创作委员会二月份的活动》，《美术》1954年第3期，第36页。

[7]刘新：《被遮蔽的蔡若虹的另一半》，《美术之友》2004年第1期，第28页。

[8]蔡若虹：《开辟美术创作的广阔道路》，《美术》1954年第1期，第12页。

[9]周恩来：《为总路线而奋斗的文艺工作者的任务》，见文化部文学艺术研究院编《周恩来论文艺》，人民文学出版社1979年版，第50页。

[10]同上书，第53页。

[11]周扬：《为创造更多的优秀的文学艺术作品而奋斗》，《人民文学》1953年第11期，第9页。

[12]《中国文学艺术各协会分别举行会议，决以发展创作为中心任务，并分别通过改组的决议选出新的

领导机构》,《人民日报》1953年10月6日。
[13]江丰:《四年来美术工作的状况和全国美协今后的任务——在中华全国美术工作者协会全国委员会扩大会议上的报告》,《美术》1954年第1期，第5页。
[14]同上书，第6页。
[15]蔡若虹:《一年来的美术创作和美协工作——一九五四年十月五日在中国文联第二届全国委员会第二次会议上的报告》,《美术》1954年第11期，第5页。
[16]“农村速写”,《人民日报》1954年1月24日第5版。
[17]《中国文联和各协会确定今年工作计划要点，根据总路线发展文艺创作》,《人民日报》1954年1月19日第1版。
[18]段炳果:《我们喜爱真实朴素的作品》,《美术》1954年第3期，第41页。
[19]同上。
[20]常那丹:《保罗·荷加斯》,《美术》1954年第2期，第36页。
[21]《波兰画家柯布兹德依的速写》,《美术》1954年第3期，第31页。
[22]王琦:《波兰画家柯布兹德依的速写》,《美术》1954年第3期，第35—36页。
[23]《丹麦画家赫庐夫·皮特斯脱鲁普旅行中国的速写》,《美术》1955年第4期，第37页。
[24]《中国美术家协会主办水彩画和速写展览会征集作品》,《美术》1954年第3期，第36页。
[25]《全国水彩、速写展览会作品选(八幅)》,《文艺报》1954年第16号，第21—24页。
[26]马:《下乡下厂生活速写画展》,《美术》1958年第7期，第39页。
[27]亦兰:《到火热的斗争中去——“十三陵水库美术作品展览”“美术干部下厂下乡生活速写画展”观后》,《美术研究》1958年第3期，第25页。
[28]同上书，第24—25页。
[29]华东艺术专科学校速写教学小组编:《速写理论与技法》，人民美术出版社1958年版，第2页。
[30]蔡若虹:《关于美术教学中基本训练课程的改进问题》,《美术》1961年第5期。
[31]如1931年的一篇文章里就明确了这个对应关系，后来也一直得到延续。见吴无痕《速写的兴趣》,《新学生》1931年第1期，第81页;《中文大辞典》编纂委员会编:《中文大辞典》，台北中国文化学院出版社1968年版，第14384页;《中国大百科全书》总编辑委员会编:《中国大百科全书·美术》(修订版)，中国大百科全书出版社2003年版，第779页。
[32] Lan Chilvers ed., *The Oxford Dictionary of Art*, New York: Oxford University Press, 2004, p.655.
[33] Advisory Board ed., *The Dictionary of Art*, Vol.28, New York: Oxford University Press, 1996, p.817.
[34]王朝闻1953年曾发表《漫谈速写》一文，此处征引为1954年修订后的内容。王朝闻:《面向生活》,艺术出版社1954年版，第57页。
[35]华东艺术专科学校速写教学小组编:《速写理论与技法》，人民美术出版社1958年版，第1页。
[36]叶浅予:《怎样画速写》，人民美术出版社1954年版，第2页。
[37]吴作人:《谈速写》,《美术》1954年第9期，第18页。
[38]叶浅予:《怎样画速写》，人民美术出版社1954年版，第4页。
[39]华君武:《两耳不闻窗外事》,《美术》1954年第4期，第16—17页。
[40]王琦:《波兰画家柯布兹德依的速写》，第36页。

[41]倪贻德:《如何正确地对待模特儿》,《美术》1954年第4期，第36页。
[42]K.尤恩:《美术学校业务教学上的几个问题》,《美术》1954年第4期，第37—38页。
[43]吴作人:《谈速写》,《美术》1954年第9期，第18页。
[44]同上书，第19页。
[45]同上书，第18—19页。
[46]鲁丁:《端正速写的态度》,《美术》1954年第10期，第19页。
[47]华君武:《照相机夸功》,《美术》1954年第4期，第17—18页。
[48]吴作人:《谈速写》，第19页。
[49]编辑部:《读者对〈美术〉的意见》,《美术》1954年第12期，第10页。
[50]艾中信:《"聪明的小本子"——速写杂谈》,《美术》1961年第5期，第47—49页。

本文载于《美术研究》2015年第1期

吴雪杉，1976年生，湖北沙市人。2015年毕业于中央美术学院美术史专业，获博士学位。中央美术学院人文学院教授。

重归情境与景观化的设计现实

——从包豪斯到“情境主义”的社会批判

许　平

不久前，一批远道而来的包豪斯设计珍品郑重入驻位于杭州的中国国际设计艺术博物馆，使包豪斯文化的全球版图增加了一个“西湖节点”。它给中国观众提供了一个难得的“走近包豪斯”的机会。这里所说的走近，不只是空间意义上的近距离观看，更主要的，还是因为这种本不存在的空间接近，使我们产生了一种更主动的省察与反思包豪斯文化遗产及其当下意义的冲动与意愿。

2009年，美国设计师威廉·斯莫克（William Smock）以《包豪斯理想》为题，对百年以来现代主义设计传统与后现代主义主张的分歧进行了一番个人风格的盘点。作者提出的问题是：50年前还雄心勃勃地重塑世界的包豪斯究竟意味着什么？包豪斯是正确的吗？包豪斯理想还有生命力吗？[1]书中不留情面地把批评的锋芒指向诸如流线型削笔刀、流线型机车头、巴西利亚城市规划这样一些现代主义设计的名作，认为这些史上留名的显赫案例仍然无法排除各种背离人性及功能准则的弊端。毫无疑问，一个世纪之前由一代现代设计精英庄严宣示的包豪斯理想，正受到迅疾变化的社会现实的挑战。虽然斯莫克的意图只是希望在现代主义的精神风范与后现代主义游戏态度之间找到一种平衡，但真正的问题显然还不在此。人们对现代主义设计风格的种种质疑与不满，其实早已超出这种方法或那种样式之间的比较。真正的挑战，是现代设计已经多方位渗入社会生产与生活结构，甚至在诸如“创意经济”或“文化产业”领域展示战略性介入价值之际，关于设计本体的讨论还停留在一些简单的功能批判或审美形式分歧的阶段，至今尚未在更深的层面上形成关于设计价值及其生产力性质的统一性解释，这才是真正的冲突所在。

美国设计史学者维克多·马格林在20世纪90年代中期，曾经有一段关于设计的“元叙事的精神性”批评的评述。他认为建立这种“元叙事的精神性”的批评与讨论，有助于克服现代主义与后现代主义的分歧，有助于培养一种“有价值的感觉的来源”，从而使设计师可以在“盛行的虚无主义”中重新拾取内心的安宁并能真正有力地行动。[2]时至今日，马格林的这一判断并未过时，某种意义上，其警示性意义还变得更为现实和明显。今天的设计界不得不面对的是：一方面，舆论与资本的双重造势使众多的精英更乐意选择明星化运作的社会态势；而另一方面，虚无主义的态度使所谓“国际化”的设计日益疏远现实的语境而陷入文化脱域的困境。一方面，名为“创新”实为谋利的商业主义模式毫不掩饰其利益驱动的底牌；另一方面，日益消解内涵的表象主义营销正在失去真正的资源动员能力。今天的社会过于推崇设计为消费弄潮造势的功能，但却忽视了它在另一些方向上，比如生产方式领域或文化权利领域所应受到重视和关注的价值。无可否认，在今天的市场环境下，设计是一种包含着高度敏感的人性向度与效用向度的价值交换行为，然而，在更为基本的层次上，设计归根结底还是一种关乎人类尊严、环境状态、生存与发展的平等权利并决定着社会进步取向的资源配置和生产投入行为。这一性质远比包装的诱惑、形式的炫目、享受的舒适、身份的张扬等感性价值更为深刻地影响着社会选择的取舍与历史前进的轨迹。在这种事关设计价值根本判断的问题上，设计师需要持守一种具有“元叙事”意义的统一性解释。因而，也恰恰是在这一点上人们有理由提出：今天的设计是否已与包豪斯诞生之初的百年梦想渐行渐远？

一

在2014年4月举行的清华大学“再生产——中国当代工艺美术学术论坛”上，笔者提交的论文《生产的解域与情境的回归》讲道，“生产过程的情境重归，意味着反映人与自然关系的一种质朴而具体的生产方式重新回到当代生产文化序列”，这可以视为对当下全球设计日趋深刻的文化脱域现象的一种回应。文中的“情境”，是就“生产区域、材质对象、主体经验的具体化，以及生产情境随时可以融入创意意匠的特殊要求”而言。换言之，是强调生产方式中人文内涵重要性的体现，同时也是呼唤现代设计应有的人性化起点。本文拟就“重归情境”的议题再作讨论，希望将其与当代社会及生产消费方式中日益抽象化、景观化的趋势略作对照，以提出相应的设计思考。

本文中“景观”（Spectacle）与“情境”（Situations）的概念借助于50年前欧洲政治风云中一度颇为引人注目的激进主义流派“情境主义国际”，但略有区别。这股思想潮流沉寂已久，其偏激而脱离现实的态度也逐渐淡出舆论视野。本文并不欣赏其极端主义的立场，但认为其思想的敏锐与犀利值得尊敬，当年“情境主义国际”的思想者们提出的“景观社会”批判理论对于今天重新思考设计与现代生产方式及消费方式的关系仍然不无现实意义。

情境主义理论是20世纪50年代至70年代之间一度活跃的“情境主义国际”（Situationist International，简称SI）[3]组织成员提出的政治主张与文化建构，是西方后马克思哲学中的一支重要力量，同时也是现代城市规划理论、现代媒体理论的拓荒者与先驱者。情境主义理论以居伊·恩斯特·德波、鲁尔·瓦纳格姆（Raoul Vaneigem）、米歇尔·德·塞托（Michel de Certeau）等人为代表，曾在当代艺术产生重大影响，但在设计史领域尚未得到应有的关注，而德波后辈如让·波德里亚等关于消费社会的理论、关于符号的表征理论，却在文化批判领域经常引用。

情境主义理论中最有影响的成果之一，是德

波的《景观社会》。该书涉及当代生产方式及消费关系的尖锐批判，对资本主义条件下当代社会景观化、表象化、符号化的现实予以深刻的揭示，并借费尔巴哈在批判基督教神学幻象时使用的“符号胜过实物、副本胜过原本、表象胜过现实、现象胜过本质”语境，揭示工业现代性背后的资本关系和话语结构中的虚伪面目，批判矛头直指当代社会“所有活生生的东西都仅仅成为表征”[4]的精神困境。

与经典马克思主义对资本主义生产方式批判的观点不同，德波认为，现代社会中的意识形态控制与资本剥削的方式已经从“占有”转为“显现”，即从原来的生产关系中资本占有关系的不平等，转向消费方式中精神性奴役与颠倒的欲望驱动。这种不正常的消费关系是一种从个人休闲时间到社会财富流向中的非干预性控制，即以炫目的“视觉形式”出现的精神奴役，在一种无法觉察的控制与奴役之下，在资本控制下生产出来的景观成为一代又一代人所赖以生存的现实，一旦虚假景观经由这样的生产方式变成现实，就成为这种生产与消费关系合法性的“永久在场”，人们再也无法对虚假的景观本质做出判断，这就是当代景观社会之虚假本质的最终来源，也就是德波所指明的“虚幻的景观社会”。

学者车槿山在为《居伊·德波》一书作代译序《德波是谁》时指出：“这种新的景观不再让社会的任何部分逃离，它融入现实本身，可以随意地按照自己的意志塑造现实。景观的延续培养了一代屈服于它的法则的人，这代人成长在这种条件中，讲的正是景观的语言。资本主义的统治从没达到到如此完美的地步，这是历史上所有统治者梦寐以求的统治方式和统治阶段。”[5]

德波所批评的景观社会，是针对20世纪60年代前后西方工业发达社会而言的。诚然，50年来这种景观社会的结构与表现方式有了很大不同，但其本质却并未有根本的改观，“所有活生生的东西都仅仅成为表征”的趋势与规模更是有增无减。1998年以及2008年前后两度灾难性的全球金融风波表明，“景观化”的“消费繁荣”并不能证明资本交易及其手段的正当性，更无法保证这种“繁荣”之下普通人的正常生活所应当得到的经济安全保障。同时还必须看到，当年弥漫在欧洲社会的“景观”之风，也随着现代生产技术以及消费商品的越洋东渡，渐次进入我们的周边和现实社会。虽然在生产及服务根本性质上有所区别，但德波所批评的“景观”化表现及其价值取向，在我们的社会中同样形成某种恶果，中国设计界必须予以充分注意。

如前所述，斯莫克所针砭的种种设计景观，让我们读起来并不觉得陌生：“……我们会赢得什么？拉斯维加斯费瑞蒙街赌场区域的屋顶是电脑控制的电子展示。因为这个赌场的正面已经布满了灯光展示，这样整个赌场就成了虚拟的空间。这个例子说明虚拟现实不是什么设计创新，而是设计暴政。”[6]现在比拉斯维加斯更“暴政”的，可能是澳门赌场大堂中那些夸张到极致，炫目到极点的暴富装置，或者不用那么远，每天围绕在我们身边的强制你去接受的“土豪金”建筑，称“王”称“霸”的各式消费广告，以及不知所为何用的各种“创意园区”“艺术园区”建筑闹剧……都会使我们加深对于这种跨越国界的“景观社会”之文化统一性的理解。

情境主义以及居伊·德波从法国左派理论家列斐伏尔那里接过来“使日常生活成为艺术”的大旗，给出一剂符合“情境主义”主张的景观社会解药，情境主义所希望的实践目标在于“改造社会和日常生活，去征服由景观所导致的冷漠、假象和支离破碎。战胜被动，才有可能恢复现有的存在，并通过积极的‘情境’创造和技术利用来提高人类生活”。[7]事实上，在松散的情境主义国际机构历时15年的思想实践及社会实践中，不仅从未给出，甚至还有意回避对名称中的“情境”概念给出确切的解释。但从上述阐述中，大致可以归纳出这种仅存在于头脑中的“想象”的革命——希望通过反对制造冷漠、制造假象的景观制造，来还原一种积极、本真的社会生活。尽管情境主义国际自身的社会实践并未取得真正的建设性成果，但是这里所给出的“本真生活”创造目标，对于思考今天“表征化”生产和“景观化”生存之下的社会现实，仍然具有积极的启示，对于设计纠偏，更是如此。

二

本文无意抹煞20世纪以来现代设计从早期机器制造的“工业暴力”下奋力崛起的历史伟绩，无意掩蔽发达国家中美轮美奂、无所不及的设计商品化现实，更无意否定发展中的中国向西方学习先进设计理念与方法的必要性，但是本文仍然期望有更多的思考者关注德波的“狂人狂语”，警惕“景观社会”模式之下资本与权力合谋控制消费人性与景观理性的危险，尤其是当这种控制力转化成一种视觉现实的惯性逻辑，而使设计完全失去对作为表征的虚假景观的批判与抗争能力时，我们需要重新唤起一种从无意识中警醒反思的自觉。时至今日，不是仍然有人愿意信仰名牌穿着就是品位与身份的象征吗？不是仍然有人愿意为没有最好、只有最贵的消费埋单吗？不是社会舆情仍然对那些铜钱登顶、黄金加身的建筑奇观视而不见、置若罔闻吗？不是仍然有众多将乱真视为机巧、模仿视为捷径的山寨产品通行无阻、大行其道吗？德波是一座已在奋力鸣响的警钟，不管这种专门制造表象的控制力在今天是被称为“商业营销”“消费时尚”也好，被尊为“城市名片”“创意产业”也罢，从根本而言，如果它沦为一种羞辱人性尊严、脱离人文情境、脱离本真生活的角色，只能在抽象的生产关系中服务于不公平财富支配方式的话，这种设计就应当停止。正如此前提到的，维克多·马格林十分谨慎地提到的“元叙事的精神性”，笔者认为其用心应当也在于此。

三

构成这种价值判断的背景是，我们今天所面对的现实，是全球化的世纪大潮把这颗星球的每个区域、每个民族都归并入同一个必须不停地自觉、奋起方能显示存在的命运沉浮。全球化中的国际化、自由化、普遍化和星球化四大趋势本质上都指向同一种“超越民族—国家界限的社会关系的增长”，[8]但不可否认的是，这种增长中不同的文化主体面临着不同的历史取予，多数始终无法摆脱被动与抗争的角色，只有极少数游戏规则的制定者从中渔利。工业革命以来的世界经济之所以被情境主义者视为“表征化”主导的生产格局，正是因为这种生产方式，已经整体地被归入一种不断地推进超越性、抽象性生产技术，构建单一整体的均质世界，并努力使原有的传统体验情境与这种生产系统相脱离的解构过程。以无差别、无止境地提高生产方式的技术性、简单性、效率性，以降低生产行为中的人文性、人为性、具体性，从而适应于一种以机器生产逻辑为特征的加工方式，就是被社会学家称为“解域化”（Deterritorialization）[9]过程的工业文明。这种文明方式，一方面创造了人类社会前所未有的商业繁荣、消费膨胀，另一方面却招致这个时代的人类心灵失去与传统坐标的联结之后无可避免的精神困境与文化迷失。而加剧这种全球化矛盾复杂性的另一因素，则是长期保持输出强势的西方在推广和普及抽象化的生产方式及技术系统的同时，客观上致力于东方的甚至更广阔地区的传统情境与现代生产语境的脱离，尽管近年来被输入区域也通过内向的反弹与结构性的调整加快了自身强化的进程，但“解域化”与“再地域化”或“重新地域化”之间的纠缠反复并未完全成为过去，其中所包含的理念及价值的重大冲突，值得各个领域的人们从各个角度予以充分的审视与反省。

从设计史的角度来审视，现代设计与“解域化”的生产文化之间有着几乎天然的策略联盟甚至需求共振。全球化的经济贸易与工业技术在促使生产过程中的传统文化与情境体验的抽象化、共性化的同时，不仅创建了一个无疆界的、超越地域资源与文化约束的生产加工体系与商品交易系统，也促成了一个去本土化、去情境化的审美评价与市场语境。现代设计的问世，实际上是充当了这种商业价值观与经济贸易需求与一种文化的剔除与审美规范的重建相关联的桥梁。只要检视一下设计史上从威廉·莫里斯寻求工艺美术风格的努力被阿道夫·卢斯“装饰即罪恶”的批判所抵消，从格罗皮乌斯“回归手工艺”的包豪斯呼唤被“简约主义”的“国际设计风格”所代替的过程就可以发现，正是一种立足于国际价值标准与抽象文化体验的设计技术与评价系统，借助一批艺术家创造极致的热情与天分，将一种面向全球市场且畅销不衰，但却与具体服务对象、具体应用区域脱离的产品方式与消费体验推向感官化与趣味化的巅峰。全球化的设计市场则成为连接起这种战略联盟及各利益攸关方之间的“双面胶”和天然结合体。

尽管现代设计的技术号称可以将一种普世的设计美学代入抽象的物质系统，并在此基础上进一步创造出虚拟的网络体验来弥补现实世界中的空洞与乏味，然而，“来自星星的你”最终仍然无法弥合“远方力量对本土世界的同步渗透，以及把日常意义在当地环境中的‘支撑点’移除的文化影响”，填补那种“文化与地理、社会领域之间的自然关系的丧失”。[10]

“解域化”努力的危险，在于它试图消解人与其所在的自然、社会、人文之间的文化联系，但人的这种文化依赖天性却是由人的生物本质，也即生命的局限性所决定的。50年代的德国哲学人类学家阿诺德·盖伦（Arnold Gehlen）曾经在《技术时代的人类心灵》[11]一书中深刻地阐述：是人类生物性的功能匮乏决定了内心对于连续性、稳定性甚至制度性文化的深刻需要；在传统社会形态中，人的个体发展前景是有限的，但是人与集体经验之间联系深厚，因此人类得以保持内心的安宁和平和；现代社会将人的个性解放出来，个体发展的前景被打开了，但是与传统的依存性被切断，正是当代社会心理焦虑层出不穷的由来。“理想的星空”毕竟不能完全消解经验世界被“抽象”的技术系统所代替，丰富各异的生产文化被压缩成点、线、面的几何形组合之后变得日益苍白和乏味的事实，今天的生产过程中，人们已经很难看到炉火熊熊的窑场、拉坯艺人一手托坯一手描绘、件件陶瓷坯胎顷刻成形的造化场景；意大利设计师马扎诺也会情不自禁地回忆起身为裁缝的老祖父在顾客的试衣镜中露出的暖意融融的微笑。工业革命带来的技术变革与社会变革，一次次地打破人与家庭、社区、文化传统的关联，创造所谓连通性、同一性的现代文化，缔造了一个单一空间的世界形式，现代设计对于从形式符号到社会功能的“抽象性”的内在认同，本质上正是源于这种强调世界的连通性、同一性而忽略内心体验的具体性、情境性需要的技术逻辑。现代设计对于当地生产方式的排斥，在其操作层面表现为生产程序与标准的抽象化、均质化，而在精神层面，则培育出一种将生产经验、功能要求与审美情趣从社会的、个体的实践中抽离的“去情境化”要求及体验方式。更进一步地，在抽离掉具有地域文化内涵的情境体验的同时，又融入一层将“日常意义的支撑点从当地环境中移除”的那种文化政治，即使在打着普世主义、国际风格的现代设计旗帜之下，也同样无法回避这种隐含的文化博弈实质。

现代设计的理想世界群星夺目，但它同样不能无视解域化留下的文化空白以及可能面临的危险，即使是现代设计高度强调的感官化的舒适度满足，但它也仅仅作为一种精神修复的表象，本质上无法掩盖主体位移之后由另一种生命价值取而代之的现实。

这种现代化关系生成过程中的主体性转变关系着一个巨大的社会生产系统的结构重建，并由此深刻影响着作为生产者的人的精神结构的转变。事实上，18世纪中叶以来的工业革命，不仅催生了乘势而起的现代设计，步步深化的“解域化”过程还导致全球生产文化及工业创造中至少四个阶段的“主体脱域”或者“主体性剥离”的过程。从青年马克思到德波都十分警惕这种生产者与生产产品之间的过程分离与结果异化，“工人和产品的普遍分离已消除了任何对已完成活动的统一的观点，消除掉了生产者之间的全部直接交往。伴随着分离产品的日益聚积和生产过程的不断集中，统一与交往被这个制度的管理者所垄断。这一分离经济体制的成功就在于使整个世界无产阶级化”。[12]

现代设计对于提高人类生产文化的感官品质与市场价值作出的贡献无可置疑，但与此同时这种设计文化在现代社会进程中的“文明悖论”也同样不可忽视。历史地回顾现代生产文化与设计发展中一次次“主体性剥离”的过程，可以更清醒地意识到从古老质朴的造物行为到今天光鲜入市的“创意经济”，人类生产文明的形式与内涵究竟发生了怎样的深刻变化；而就在这一次次剥离的过程中，现代设计机制是否可能被“抽象”为一种去情境化、去地域化的“玻璃金鱼缸”式的存在？设计师是否可能成为在一层华丽精美的外壳笼罩下，完全意识不到“脱域”的危险而只能在鱼缸内优游自得的、景观化的“金鱼”？对此，我们应当保持充分的警觉与足够的反思。

或许我们很难或者很不习惯将设计师微观的、个体的方案与全球化经济发展趋势以及其中不平等的文化关系联系起来，然而，德波的“景观社会”揭秘提供了一个从中观察和发现的视角，其中的奥秘就在于通过表征而建立的无所不在的文化控制性，而如果这种文化控制的关系本身就蕴含一种不平等的现实，那么制造这种现实的设计就被牢牢地拴在这种资本主义文化关系的整体格局之中。20世纪后期最重要的全球化经济发展理论家伊曼纽尔·沃勒斯坦从“世界经济体系”的结构中指出了“全球经济动态支配国内外政治和文化分配”的事实，而这种关系之中包含着“全球中心地区对边缘或发展中国家的资本剥削”，[13]在一个貌似全球资本主义体制的经济动态关系之中，抽象性的主体剥离抽除了具有主导地位的中心地区文化之外的生产主体一切创造及多样性存在的可能性，使全球生产成为一种统一意志、单一文化主导下的生产，如果考虑到任何一种文化、包括审美方式在内的文化都是一种生存逻辑与生活价值的艺术化体现，那么，在这里被抽除的价值观就是对多样化生存文化的全面阉割。当代资本主义正是通过这样的景观控制而实现了全面的意识形态控制性。环境生态、政治生态、文化生态的乱象已经体现出一种单一价值观与文化模式控制下的全球体制恶果，毫无疑问，这种现实确实距离当年情境主义者所向往的“生活创造瞬间”愈行愈远，而这种现实也正是今天的人们重新思考德波及其情境主义批判言论的真正理由所在。

包豪斯留给今天的设计财富，不只是理性主义的设计方法以及闪耀着早期工业主义技术光泽的实验性设计作品，还包括闪烁在其理念以及教育实践中不灭的社会责任意识以及昂扬的社会批判精神。或许“情境”只是一个连其始创者如德波及情境主义者们也语焉不详的含糊概念，但是人们还清楚地记得格罗皮乌斯在他激情四溢的《宣言》中针对“自鸣得意地离群索居”“树起妄自尊大的藩篱”的艺术形式所发出的猛烈批判，对“天恩照耀，在出乎意料的某个灵光乍现的倏忽间……不经意地从他的手中绽放出来”的新艺术、对“把一切——建筑与雕塑与绘画——都组合在一个单一形式里”的新建筑、“从百万工人的手中冉冉地升上天堂，水晶般清澈地象征着未来”的新信念的呼唤……如烈焰般燃烧和礼花般绽放的激情与信念，为现代设计的崛起带来“创造力最初的源泉”，人们确实可以从中感受到“情境”的价值所在；人们以这样的情境制衡和对抗抽象的、没有人文内涵的体制化生产方式，人们以这样的情境丰富和拓展为物质性的重负所压垮的文化脊梁，也以这样的情境寻回沉积在内心深处的祖辈梦想和每个人以自己的创造性生活实现这种梦想的权利。不要小看了今天徜徉在黄河故道、黄土高坡的采风者乐此不疲的脚步，不要小看了这里那里出现的手工小屋，不要小看了那些手工缝制工艺尝试着重归市场的现实，或许，正是这些点点滴滴“重归情境”的尝试，开始了当年情境主义领袖鲁尔·瓦纳格姆曾经憧憬过的“非人性的历史向人性实现的转变”。

注释

[1][美]威廉·斯莫克:《包豪斯理想》，周明瑞译，山东画报出版社2010年版。

[2][美]维克多·马格林:《人工制品的政治学》，转引自《设计真言——西方现代设计思想经典文选》，江苏美术出版社2010年版，第1133页。

[3]情境主义国际于1957年在意大利的国际会议上正式宣告成立，情境主义者就是从事于建构情境的人，组织的成员希望发动城市中每日生活的革命，来取代资本主义的景观社会。其代表人物如居伊·德波、鲁尔·瓦纳格姆以及米歇尔·德·塞托等。加入的团体包括：想象的包豪斯国际运动(The International Movement for an Imaginist Bauhaus，简称IMIB)，眼镜蛇小组(COBRA)和字母主义国际(Lettrist International，简称LI)等。后来德国的刺客团体(Gruppe Spur)也加入了情境主义国际。1962年3月该组织发生内部分裂，组成第二情境主义国际。1968年的欧洲“五月风暴”中，该组织获得了极高声誉，也达到了它生命的辉煌顶点。1972年宣告解散。情境主义国际总共存在了15年。

[4][法]居伊·德波:《景观社会》，王昭凤译，南京大学出版社2006年版，第7页。

[5]车槿山:《居伊·德波》译序《德波是谁》，转引自[英]安迪·梅里菲尔德《居伊·德波》，赵柔柔等译，北京大学出版社2011年版，第4页。

[6]《包豪斯理想》，第166页。

[7]转引自《景观社会》，第37页。

[8][英]罗兰·罗伯逊(Roland Robertson)、杨·阿特·肖尔特(Jan Aart Scholte)主编:《全球化百科全书》，2006年路特利支出版社(Routledge)版；中文版主编王宁，凤凰出版传媒集团译林出版社2011年版，第525页。

[9]同上书，第306页。

[10]同上。

[11][德]阿诺德·盖伦:《技术时代的人类心灵》，何兆武、何冰译，何兆武校，上海科技教育出版社2008年版。

[12]《景观社会》，第8—9页。

[13][英]《全球化百科全书》，第122页。

本文载于《美术研究》2015年第2期

许平，1953年生，江苏南通人。1991年毕业于南京艺术学院，获博士学位。中央美术学院教授、博士生导师，中央美术学院研究生处处长。

"TERMS"作为艺术史的问题

——对34th CIHA Congress（2016北京）的主题思考

朱青生

大会的主题是"TERMS"，题目是在5年的时间之内逐步汇集国内外各家建议，由中国的大会筹备组归拢之后，又经过了国内外各方面专家的提示和建议。他们各自有不同的文化立场和个人的学术观念，对各种不同的艺术概念和艺术术语具有不同的理解，最后确定了总体的主题"TERMS"，这个主题根据中国筹备小组（2009年由邵大箴先生在CIHA理事会上专程北京调查汇报中）提出的"不同文化和不同时代的艺术史观念"（The concepts of art history in different cultures and times）归纳而成；同时，初步设定了20个分会场的"选题方向"。2011年正式宣布中国筹办世界艺术史大会以后，交由中国筹备组委会继续修订。将"选题方向"发给国内多位学者，收到了不少反馈，也吸收了国际艺术史学会各个国家分会的意见。有些题目从单方的角度不一定能想象得到，有些题目对于某一个文化背景来说非常重要并多有讨论，但是换了另外的一个文化背景可能没有关注，也不会有参与讨论的准备和兴趣，所以，"选题方向"是互相协调的结果。但是无法做到面面俱到，符合各国学者的意愿和兴趣，希望各位学者将之看作一次阶段性聚会。

第34届CIHA大会是艺术史学大会，并不是理论和概念研讨会，所以不能按照概念化的理念结构来设计大会的主题。大会主题最终也没有采用concepts of art这种过于理论化的提法，而是采用了既体现会议理论主旨，又与各种具体个案研究更能产生联系的"terms"。诚然，这些"选题方向"的选择涉及具体的个案研究，而不是根据理论框架而设定。现在发布的框架结构只是在各分会场主题相关term（s）基本确定后，各个主题之间联系和顺序及其说明。因此，这些"选题方向"也不追求涵盖"TERMS"这个主题之下全部的问题，甚至不追求这些"选题方向"互相之间的逻辑性的周密和完整，只是把各个分会场"选题方向"之间的边界和问题以及互相之间的关系略加提示而已。

在中国，艺术史terms虽然用词与西方艺术史一样，但实际内涵却有很大的差异。之所以如此，涉及在这篇文章中讨论两个问题：

1.为什么在中国艺术中会用与西方艺术同样的词，既然原来的事实是指的另外的内容，难道中国本来没有另外的词可用吗？如果有，这些本来的词为什么不用？因为什么这些词没有被延续下来？

2.虽然用了相同的词，但是这些词里所隐含哪些重大的差异值得我们“重新”关注，通过这种关注是否有利于我们理解历史和认识现实的文化冲突？

先回答第一个问题。在1840年鸦片战争失败之后，中国力求实施现代化。但是由于对现代化的要求过于迫切，所以就把胜利的西方各国（列强）的所有特点都看作学习和模仿的榜样。在艺术上也把西方的艺术（以及以西方艺术为研究对象发展起来的西方艺术史）作为学习和模仿的对象。将自己的艺术作为失败的艺术，至少是作为导致国家失败的文化因素加以批判，从而发生了一次terms的转达更换。在现行的艺术实践中开始使用西方艺术和西方艺术史的词汇，并且通过教育体制的变革，将这种terms变成法定的学科使用语言。同时也逐步使用这种terms系统来描述过去，写作艺术史。于是把过去的艺术事实也按这个terms系统描述成了与西方艺术相同的词汇。也就是说当中国在政治军事失败之后，为了现代化（中文表述为救亡图存），不仅在失败之后的新艺术中使用征服者、侵略者和胜利者的艺术所使用的术语，而且使用这些术语重新描述了自己历史上的全部艺术。

阶段一：晚清的“洋务”艺术，以康有为艺术思想为中心。

此阶段处于力求变法、学习西方，谋求现代化的洋务时期（1840—1919），将艺术的标准置换成西方的标准，在创作方法上学习西方。清朝皇帝从17世纪以来就部分接受西方写实艺术，但是在品评标准上还保持了中国自己的价值标准，将中国书法列为最高成就。[1]以“戊戌变法”这次由皇帝发起的现代化改良运动的领袖康有为为例，虽然标榜坚持本国艺术核心价值，只是不明说西方，而是指中国古代就是如此，与西方本来相同。于是力倡恢复中国在公元15世纪之前，特别是宋代（960—1279）的绘画观念。康有为在《万木草堂藏画目》中的表述，[2]把元代之后中国绘画接受书法的方法而形成的“写意传统”彻底否定，由于他参观并了解西方油画，明确按绘画模仿对象作为判断优劣之标准，贬斥中国画已经“衰弱”，根本无法和西方绘画相比，[3]要求按西方绘画的标准来创作，把在中国就业的意大利二流画家郎世宁（Giuseppe Castiglione，1688年7月19日—1766年7月16日）尊为中国画的复兴之祖，希望出现中西结合的新的绘画方向。[4]

阶段二：民国的新文化运动，以陈独秀艺术思想为中心。

此阶段处于君主立宪制改良失败，经过革命，推翻了君主，建立了共和制的民国时期。在新的社会制度之下展开了“新文化运动”。这个运动以西化为目标，彻底地批判和否定中国自己的传统。虽然也有一股同样强大的反弹力维护着传统，[5]但是总体的趋势则是在艺术上完全吸取西方，陆续由国家和家庭支持中国的留学生以巴黎为中心开始全面学习和掌握西方的现实主义观念和写实主义方法。并且把西方的美术学院系统带入中国，完全取代了过去的艺术教育方法，形成了完全西方化的学院式艺术教育体制。以“五四运动”这次由激进的学者和学生发起的现代化运动的领袖陈独秀为例，他倡导艺术革命，[6]彻底地摒弃中国艺术的传统，强调要用现实主义的观念和写实主义的方法来改造中国的艺术。[7]

阶段三：1979年改革开放之前的“文化大革

命”运动和“二战”后的中国之外的西语表述的“西方中国艺术史”。

此阶段由于冷战，中国1979年改革开放之前几乎和西方隔绝。分两头说：在中国国内，艺术虽然或紧或松地执行“百花齐放，百家争鸣”的方针，但是其主导方向是毛泽东主席1942年《在延安文艺座谈会上的讲话》确定的艺术规范：“团结人民、教育人民、打击敌人、消灭敌人”的有力武器。[8]只是在共产党成为中国的执政党之后，由于与苏联的矛盾而逐步脱离国际共产主义联合体，而主张“自力更生”，从而在艺术上，基于两次学习西方（1919年和30年代以来学习苏联）的基础上，展开了各种形式的“民族化”运动，出现了“油画民族化”（中国风格油画，其中分成画中国对象和风景、用中国艺术传统因素进入油画两个方向）和国画现代化运动（用素描写生和造型构图的西方学院式训练改变中国绘画以书法为核心和以笔墨为中心的美学原则和创作方法）。

而在西方，一些西方艺术史家和在西方接受教育的华人学者开始用西方艺术史的方法研究中国艺术和解释中国艺术史。开始在欧洲，后来在美国获得重大发展。当中国的艺术术语改为用德文、法文和英文来转述时，我们现在所讨论的terms问题就层出不穷，或者说彻底地被掩盖了。所以最近几年当James Elkins和蒋奇谷在中国组织“中际论坛”，我从一开始就发现Elkins对中国有一个定见，这就是以水墨画为主要特点的“中国艺术”与西方艺术相对立，[9]同时也希望中国有自己的艺术terms，与西方的批评理论和艺术史terms相区别。我相信这本身的预设与今天西方艺术史界对古代中国的期待一致，但是我在与他共同主持2010年第二届“中际论坛”时明确指出，中国古代的术语已经在近代被西方术语替代，而且中国古代的术语只能是与古代希腊、希伯来、印度，或者意大利、德国、法国、英国的术语进行比较研究，而不能在新的当代艺术的术语中，与“现代西方的艺术术语”成为等价的对应物进行对比研究，因为“现代西方的艺术术语”不是西方的，而是国际的，也是中国的。这就如同在艺术实践中，中国水墨画的对比者是欧洲的油画，而不是后来新兴的“西方形式（抽象、行为、装置、视频……）”，抽象、行为、装置、视频不是西方的，而是国际的，也是中国的。而中国古老的艺术术语就像古老的西方油画一样，早已不是真实和有效的艺术批评术语和当代艺术，[10]而是对艺术术语的“考古”。

这种“terms的转达更换”遇到了两个困难和解决方法：

第一，terms解释了与西方的艺术相同和相似的部分，不能解释不同的部分。造成的后果是：

在现实的实践中取消和忘却了自己文化中独特和奇异的艺术，用西方艺术的理论和标准来指导和评价新的创作活动；在中国，一直到1979年改革开放之前，西方引入的油画是作为最重要的艺术（油老大）。中国水墨画反而排在油画之后。而在中国画中又分成三份，一份是按西方绘画的教育和训练画出来的工笔重彩，一份是按西方绘画的教育和训练画出来的写实水墨，另一份是按中国自我传统的延续画法。其中的2/3是以本土的传统材料和技术所进行的西方绘画和素描。以至于影响中国自己的后代逐步丧失了对传统艺术的解读欣赏能力和兴趣。中国艺术市场目前存在一个巨大的份额，就是油画和写实中国画。

而在艺术史描述中，按西方的框架(绘画、雕塑、建筑和工艺)对过去的艺术进行描述和排列，把不能被描述的部分搁置起来，或者作为“附录”依附在西方框架的后面，挂出一个多余的“模糊地带”而已。直至加入CIHA之后，特别是申请举办34th CIHA Congress之后显现出关于艺术史的terms的重新定义和重新考察的问题。

第二，就在西方对中国的侵略，中国接受西方艺术的时候，西方的艺术自身发生了“现代艺术”革命，而中国的学习者根本分不清新旧两种西方文化。分不清哪些是西方正在被淘汰的传统艺术(写实油画)；哪些是正在发展推动西方进一步现代化的现代艺术。以至于一直把西方艺术史研究对象的传统艺术当成了现实艺术创作评论的标准，所以无法了解和吸取新的艺术观念对艺术史形成的根本冲击。中国思想界和艺术界长期以来绝大多数人并不理解导致西方发达和强盛的不是西方的传统艺术优越，而是因为西方对传统艺术的现代化(“反传统”)优先早于其他国家和地区。

因此中国目前的急速现代化是在1979年“改革开放”以后。伴随着这个进程的艺术是新兴的中国的现代艺术运动。这种艺术既不属于“油画界”，也不属于“中国画界”，而属于“当代艺术界”，以实验艺术为主要方法和反传统为精神内涵。现在中国的艺术和艺术史在这三种艺术同时获得膨胀和发展，就提出了“中国的眼光和现代的立场”这样的命题。在terms这个问题上就发生了两个追问：第一，中国艺术有哪些是从西方引进的艺术，有哪些是自己原有的艺术？在原有的艺术中，哪些用西方的艺术史方法描述和研究过，哪些部分无法用西方的艺术史方法描述和研究？这是针对历史旧账而言的。第二，西方传统艺术被现代艺术改变之后，西方艺术史针对图像和意义的解释并不符合当代艺术的事实(艺术改变了)，图像和信息时代的来临已经改变了艺术的定义和范畴，我们还能用西方艺术史研究已经变化了的艺术吗？无论这种艺术发生在什么地方，我们都应该建造一种新的艺术史和艺术学，这种艺术科学不是以文化或国家作为它的分界，而是以全球范围各种全新的、创造性的、对艺术的自由理解的差异性作为人类文化差异的基础，是选择的差异、自由决定的差异，而不是文化身份和地缘政治对人的限制而形成的差异(虽然事实上艺术依旧在这种限制中)，这是针对当代问题而言的。如果说第一个追问还与各个民族、国家的历史传统有关，第二个追问则是全球时代艺术史的共同问题，是图像时代和信息时代人的自由和创造性的延伸。

再回答第二个问题：虽然用了相同的词，但这些词里所隐含哪些重大的差异值得我们“重新”关注。

首先最大的问题就是“什么是艺术”。在中国古代，其实没有“艺术”这个词，却有“艺”和“术”分别代表的两个概念。[11]

在中国历史上“艺术”的概念与“希腊—希伯来”文化史上“艺术”的概念不一样。[12]虽然从20世纪初开始，中国人已经用西方艺术的概念套用中国的事实，但是无论如何也解释不了为什么中国两千年的艺术评述（从公元前206—221年起），一千年的艺术史（从《历代名画记》847—860年前后开始）建筑、雕刻、壁画（如敦煌莫高窟壁画）都不被当作“真正的艺术”。也就无法理解早期中国古代的图书之“图”其实并不是图画，而是地图和用文字和图表做成的图解构成。类似西方的Atlas，其实是对用语言文字所不能陈述的真理的显现方式。[13]

中国历史形成的艺术观念和艺术标准，并不是在今天用英语和德语所研究的“中国美术史”中的那些物品（器物特别是瓷器[14]）和场所（建筑和壁画），那是用西方艺术的观念“看到的”中国艺术。中国艺术是另一种东西，它是什么？

中国的艺术古义有两个，一个产生于汉代之前，一个产生于汉代之后的魏晋。[15]两个概念后来并行发展，各有变化，一直沿用上述第一个问题所述的西方艺术概念传入之后被替代和遮蔽。

在中国古代，艺和术是将自然界和人间作为一个整体，进而观照，而变现出的特别形式。

至晚在进入农耕社会，人类的许多文明都显示出对自然整体的关注，商代（公元前1600—前1046）甲骨文对岁星变化的记录，成为古代科学和技术成就的典范。但是这些对于当时的人，则为“艺”和“术”。

这个“艺术”当然不是审美的活动，而是包括审美在内的人的感悟、想象活动的总称，并用之对不可知领域加以干预（对知识领域的干预就是科学与技术）。尤其是对黄河、长江流域的中国人，他们不仅把天然的现象看成必然的运行规律，而且看成与人事息息相关的互动作用，夜观天文可知国家之丰歉、人君之命运或战争之胜败。于是发展出各种解释自然中人的命运的数术，并设计出利用自然或人的某些因素来调控这种关系的方技。

数术方技中包含了对不可知领域的把握和干预的人类活动，由祝宗卜史巫觋专职执掌，也在不同的领域让统治者（最高代表为天子）到普通人不同程度地自己操作。虽然，出于统治者的利益和行政的需要，多次出现过收缴集中数术方技使用权利的行政命令（绝天地通——绝断普通人对不可知领域的把握和干预），把对自然与人事的预测规定为皇帝（统治集团）的特权和机密，在统治者一方最为典型的是祭祀与礼仪。但是作为人类个体对神秘的不可知领域的关注和探索，就俗化为巫术（通古斯语称作萨满，后人以“萨满教”作为巫术的通称），或神化为信仰。在民间则转化为测字、算命、择日、看相，等等。在游离于统治者和民间的士，[16]则把从统治者视角获得的天理和权术，从民间视角体认到人际关系（仁义）和环境（自然），与个体视角的肉身体验（性情）和理想（神圣）杂合成“天人合一”的思想。

数术方技中又包含了对不可知（而未知）领域的研究和改造的人类活动，也是由祝宗卜史等从事精神活动的人操持，也在不同的领域由统治者和普通人根据自己的功利需要主动地开展。对未知的索证和对已知的整理则为（原始）科学，对增益实际功效的实验和运用则为技术。科学技术关系国计民生，逐步独立成为国家经济、内政部门。医药相关生死，也独立为部门，不再归在数术方技之中。对数术方技的掌握也称作“艺”，具体的技术操作方法称作“术”。艺术二字在《晋书》中已并称。[17]其所指已是专门的活动，对不可知领域的把握和干预。唐代人对“艺术”的理解在前人基础上贬低为辅助的活动，是为君主的道德成就服务的杂务。但是其重要程度很高，缺艺术不能够成就道德。[18]“艺术”的贬值不是因为“艺术”不重要，而是因为数术方技对不可知领域的把握和干预已随时代变迁整体贬值了。而“艺术”所指称的范围并没有与前代有很大的区别。但是，“艺术”在其所指称的范围之内，已有重点的转移，也就是说从主要指人（以君主为代表）的对不可知领域的把握和干预，转到了主要指训练具体操作把握和干预活动的子弟们的技巧，从指一类事转到指做这件事的方式。这正是“艺”这个字进入“艺术”词义的缘由。也许正是因为数术方技（对不可知领域的把握和干预）贬值之后，才将之统称为“艺术”，而更古之时，分别称之为祭、祀、礼、仪，等等。

“艺”字在商代甲骨文、周代金文中是“种”（庄稼）的象形会意字，[19]《尚书·酒诰》中“艺”字就用此意。[20]大约在东周晚期“艺”字引申出“能力”的意思，再进一步引申为“技巧”的意思。第一次引申的意义大约出于孔子生活之际，如他对其学生冉求的评价“多才艺”，因而可以从事行政活动。[21]《尚书·金縢》也有类似说法，[22]显然是孔安国或其他魏晋时代儒生的托伪，而且把“才艺”分述为“多材多艺”，[23]实际已经受了第二次引申义的影响，把“艺”的意义从偏重于一种活动的“能力”（德行）转移到偏重这种能力所需要的一些技巧（艺事），这些技巧被归类为六种，可以传授，即“六艺”——礼、乐、射、御、书、数。在《礼记·学记》中，明确地把“艺”放在“学”之下，[24]这时的“艺”已包括“操缦”（在奏乐前练手指）和“博依”（在论述前学习修辞、比喻）等杂艺，是学正道之前的便道，先作练习，以增加兴趣和技巧。[25]

“艺”义的第二次引申与战国汉代的儒生对孔子的思想的解释有关，在他们编辑的《论语·述而》中有“志于道，据于德，依于仁，游于艺”的言论。[26]游是“游学”还是“游戏”，是“按课程结构周游研习”，还是“闲来散漫信手游心”，就决定了“艺”义的偏重。《周礼·保氏》的整理者（可能是与孔子相去不远的早期儒生），把“六艺”之“礼、乐、射、御、书、数”看作前者，于是认真地规定学习的科目和顺序，[27]应合孔子对儿子孔鲤的考问态度。而何晏的《论语注》则把六艺看成后者，不可据依。

由于对西方艺术的观察，使我们对中国的艺术历史也有了另外一种反省的角度。在我的 *Art History in China* 文章中，曾经为了论证中国艺术第二古义的形成是在魏晋时期，当时我所做的论证是想说明，这种自觉与佛教的传入没有关系，但是最近的一些研究使我纠正了自己的一些想法，我认为中国在汉代结束之前的艺术，即上述的“第一古义”，之所以能够转变为“第二古义”，可能正是由于印度文化的融入，中国的书法之所以能够形成，并不是中国文化单纯自我发展的结果，而是在与印度文化合流之后产生的一次重大的变化。而这种新型的艺术，在印度也不曾存在，如果不与中国艺术合流，也无论如何不能在印度单独自我发展而成（对这次变化的论证我将另文陈述）。过去我们以为东亚艺术是中国艺术向东边韩国、日本（Korea、Japan）的传播，应该进一步表述为是中国和印度文化在公元3—4世纪期间合流之后，这个合流的文化向东继续传播，构成了东亚文化的核心审美价值共同体。

但是这两种古代艺术——第一古义人为地对不可知的干预（数术方技）和第二古义作为人的本质（ontology）向存在（to being，行为活动）的一道痕迹，都与美化装饰活动不发生关系。而美化装饰活动与娱乐活动一样被称作“技”（工匠的实用制作），后来引申出“伎”（演戏）和妓（声色）。

以上的事实虽然是中国的个案，但是这种艺术terms问题的存在并不是中国独有，在西方之外的所有地区普遍存在。进入近代以来，各种曾经存在过的艺术terms被西方艺术terms一概遮蔽和替代，只不过其中分成同质文化类型和异质文化类型两种，还有介于其间的若干种类。与西方具有共同宗教和文化渊源的同质文化类型如加拿大、澳大利亚和早期美国的艺术和艺术史；与西方没有共同宗教和文化渊源的异质文化类型如印度、非洲和东亚的艺术和艺术史。

注释

[1]乾隆将自己60万件作品中选出最好的三件建三希堂，三件均为东晋书法，可为其例证。

[2]“中国近世之画衰败极矣，盖由画论之谬也。……非取神即可弃形，更非写意即可忘形也。遍览百国作画皆同，故今欧美之画与六朝唐宋之法同。惟中国近世以禅入画，自王维作《雪里芭蕉》始，后人误尊之。苏、米拨弃形似，倡为士气。元、明大攻界画为匠笔而摈斥之。夫士大夫作画安能专精体物，势必自写逸气以鸣高，故只写山川，或间写花竹。率皆简率荒略，而以气韵自矜。此为别派则可，若专精体物，非匠人毕生专诣为之，必不能精。中国既摈画匠，此中国近世画所以衰败也。……今特矫正之：以形神为主而不取写意，以着色界画为正，而以墨笔粗简者为别派；士气固可贵，而以院体为画正法。庶救五百年来偏谬之画论，而中国之画乃可医而有进取也。今工商百器皆藉于画，画不改进，工商无可言。”《国朝画》一节中又说：“中国画学至国朝而衰弊极矣。……岂复能传后，以与今欧美、日本竞胜哉？”引自康有为《万木草堂藏画目》，载《二十世纪中国美术文选》，上海美术出版社1999年版，第21—25页。

[3]“《元画》若欲令之图建章宫千门百户，或长扬羽猎之千乘万骑，或清明上河之水陆舟车风俗，则瞠乎阁笔，不知所措。试问近数百年画人名家能作此画不？以举中国画人数百年不能作此画，嶊惟模山范水，梅兰竹菊，萧条之数笔，则大号曰名家，以此而与欧、美画人竞，不有若持抬枪以与五十三生的之大炮战乎？”引自康有为《万木草堂藏画目》，第24页。

[4]“墨井寡传，郎世宁乃出西法，它日当有合中西而成大家者。日本已力讲之，当以郎世宁为太祖矣。如仍守旧不变，则中国画学应遂灭绝。国人岂无英绝之士应运而兴，合中西而为画学新纪元者，其在今乎？吾斯望之。”引自康有为《万木草堂藏画目》，第24—25页。

[5]对于这个问题的辩证叙述请见郎绍君《五四运动与美术革命》，《中华读书报》2009年6月10日。

[6]“若想把中国画改良，首先要革王画的命。因为要

改良中国画，断不能不采用洋画的写实精神。这是什么理由呢？……画家也必须用写实主义，才能够发挥自己的天才，画自己的画，不落古人的窠臼。”引自陈独秀《美术革命》，载《二十世纪中国美术文选》，第29页。

[7]说起描写的技能来，王派画不但远不及宋元，并赶不上同时的吴墨井(吴是天主教徒，他画法的布景写物，颇受洋画的影响)，像这样的画学正宗，像这样社会上盲目崇拜的偶像，若不打倒，实是输入写实主义，改良中国画的最大障碍。转引同上。

[8]毛泽东1942年5月在延安举行的文艺座谈会上的讲话，包括5月2日所作引言和5月23日所作结论两部分，1943年10月19日在延安《解放日报》正式发表，1953年编入《毛泽东选集》第三卷。

[9]最近埃尔金斯继续表述了他的观点：“我判断当代中国艺术时有两个方面。首先，如果一件当代艺术作品展示了对中国艺术历史的一种深度的关切，那么我通常会对那件作品感兴趣，我也许会认为这样的艺术是好的，或是有潜力的。其次，如果一件当代中国艺术作品故意拒绝中国的艺术史，那么我会有同样感觉：拒绝有时可以是有趣的，但是，如果一件中国当代艺术作品的创作与中国的艺术史没有任何关系或更深入的历史感，那么，这件作品基本上是一件模仿西方形式(抽象、行为、装置、视频……)的作品，因此我通常不会对这类作品感兴趣。”引自《蒋奇谷和Elkins的对话》，2013年10月24日，艺术国际网站。

[10]作为《中国当代艺术年鉴》的主编，我们在编辑方针中从来不把一种画种(如中国水墨画)作为记录的专项。但是我们却把这个现象：为什么在中国和中国之外却会将一个画种(水墨画)不断当成艺术的重大问题，作为研究的专题。

[11]2006年我在评论蔡国强的时候曾经做过一次论证，现补充论证之。

[12]也许是因为我们有着一种特别的“中国的眼光”，所以我们看待西方艺术的时候，就和西方人看待西方艺术有所不同。也许是一种偏见，但是这种偏见也反映了一定的角度。我们把西方的艺术看成希腊艺术和希伯来艺术传统的合流，在希腊艺术中强调艺术是对世界的现象和形体的模拟，并由此构成人认识和解释世界的方式；而希伯来渊源发展出来的基督教艺术，本质是一种对真理的解释，艺术的表象只是对意义的一种显现和指代(reference)的方式，这种方式分成(贡布里希所说)的符号、象征和隐喻三个层次，无论是哪个层次，艺术作品的形象都不是形象本身，而是形象背后的某种意义。在我看来，这两个西方的渊源是在文艺复兴的时候取得完美的结合和根本的合流。

[13]《汉书·艺文志》所载先秦(公元前221年之前)图目，名为“图”除部分地图和绘图样本之外，如《孔子徒人图法》，多为真法和天地感应的象征符号和图解。如《神输》，是讲统治者遵守、违背正当的方法，就会在全国各地产生奇怪的好的物象(祥瑞)和坏的物象(灾异)。

[14]现在我们在讨论中遇到了文化翻译上的困难。我们说中国古代的艺术标准是指中文“艺(Yi)”和“术(Shu)”这两个字的本义。一旦用德语和英语译为Kunst或Art，已经是用了Kunst和Art西方语义的所指。无法让读者在阅读到这些词型时，还会想到这不是指其所指，而是另有所指，所以下面我们这样表示，Yishu(Art)或Yishu(Kunst)。

[15]对第二古义的论证，请见我的文章《艺术史在中

国》(英文版), Diogenes August, 2011, pp.85-92, http://dio.sagepub.com/content/58/3/85.full.pdf+html。
[16]士是具有文化与政治双重角色的中国统治阶级及其生成类别，是宫廷和民间之间身份变动最多最大的社会分子。参见阎步克《士大夫政治演生史稿》，北京大学出版社1996年版。
[17]《晋书·艺术传序》:"艺术之兴由来尚矣。先王以是决犹豫，定吉凶，审存亡，省祸福。"
[18]贾公彦:《礼记疏》:"是故德成而上者，则人君及主人之属是也，以道德成就，故在上也。艺成而下者，言乐师商祝之等，艺术成就而在下也。"《十三经注疏》，中华书局本，第1538页。
[19]李圃:《甲骨文字学》，学林出版社1995年版，第323页。
[20]《尚书·酒诰》:"嗣尔肱股，纯其艺黍稷。"《十三经注疏》，中华书局本，第205页。
[21]《论语·雍也》:"求也艺""冉求多才艺亦可从政也"。同上书，第2478页。
[22]《尚书·金滕》:"予仁若考，能多材多艺。"同上书，第195页。
[23]《论语》魏晋时注也说:"艺为多才多艺。"同上书，第2478页。
[24]《礼记·学记》:"不兴其艺，不能乐学。"同上书，第1522页。
[25]虽然在东汉末郑玄注中"艺谓礼乐射御书数"还是理解为直道，到了唐代贾公彦疏:"艺谓操缦、博依六艺之等，若欲学诗书正典，意不歆喜也。其杂艺则不能耽玩乐于所学之正道。"同上书，第1522页。
[26]《论语·述而》，同上书，第2481页。何晏注:"艺，六艺也，不足据依，故曰游。"邢昺疏:"六艺谓礼乐射驭书数也。"
[27]《周礼·保氏》，同上书，第731页起。

本文载于《美术研究》2015年第3期

朱青生，1957年生，江苏镇江人，1995年毕业于海德堡大学，获博士学位。北京大学历史系教授、博士生导师。

“微叙事”及其知识机制

——界面、速度与批评

鲁明军

一百多年前的中国，之所以西风压倒东风，新学取代旧学，一个很重要的原因，是出版业的兴起。曹聚仁在《文坛五十年》中曾经说过：“一部近代文化史，从侧面看去正是一部印刷机器发达史。”因此，以往的历史叙事习惯将“启蒙/救亡”归之于个别精英士人，如今看来，从甲午到辛亥，短短不到20年的时间内，一个沉积了三千余年的制度和思想体系之所以被新文化彻底覆盖，还有一个不可忽视的因素就是知识媒介及其内在机制的更替和变化。[1]

一百年后，随着数字时代的来临和网络媒介的兴起，既有的知识机制及其话语结构又面临着一次新的危机和挑战。[2]甚至有人说，在今天数字化媒介已然成为一种新的宗教和信仰，[3]因为它不仅是一种知识方式，而且几乎渗透了所有人的日常生活经验，可以说它吞噬了我们以往熟悉的所有时间和空间，取而代之的是一种由“光线—速度”所决定的时间和空间，保罗·维希留称其为“速度层”，即两种介质之间的“界面”。在他看来，“界面所呈现的场景深度都是时间深度所构成的效果”，而所谓“实况时间的现在，就是一种加速之后展露于屏幕界面上的现在”。可见，网络认知机制的建立最终还是归之于“速度的解放”。在这里，“速度不只是让我们更舒适快捷地移动，更重要的是它改变了我们观看与构思世界的方式”。[4]而此时，如果要问什么是“当代”，而且非要一个答案的话，我想，没有比压缩了时间与空间的这个“界面”更恰切的了。[5]

一

应该说，真正的改变始自博客的兴起。和以往相比，最明显的一个变化是，它不再像传统的纸媒还持守着某种专业标准和相对精英的方式，而是转向一种自由、平等的全民写作——尽管有时候也会遭遇后台编辑的删改或强制处理。更重要的是，它更具时效性和现实针对性，因为不需要投稿、编审等漫长的过程，可以随时发表，即兴争论。

艺术批评在此尽管略显边缘，但其整个话语方式和知识机制同样植根于其中。换句话说，经由艺术批评这一视角和理路，我们也能揭示这一知识的系统性转向。如果回过头看，实际上《美术》《美术思潮》《中国美术报》《江苏画刊》等纸媒在80年代以来的艺术批评实践中扮演着同样重要的角色。所以，如果认为90年代批评的危机在于策展人的兴起的话，那么近年来，知识媒介的变化带给批评的挑战无疑更具颠覆性，它的意义甚至不亚于一百余年前的出版和印刷业。关键是，网媒本身还在持续不断地更新和升级，而且速度越来越快。

博客固然压缩了批评和沟通的时空，将其演化为一个单纯的界面行为，但它并未完全抛弃纸媒时代的严肃写作。因此，论文一经博客发表，所有人随时可以跟帖回帖，展开评论和交流，而且也可以撰写长文及时回应，将争论引向深入。比如2009—2010年，围绕“艺术与资本”（主要是王林 vs 吕澎）、“意派”（高名潞、鲍栋、王南溟、王志亮等曾撰文讨论）及“改造历史”“金酸莓奖”等展览、话题的争论，等等，主要还是通过相对严肃的长篇论述在博客上展开，其间虽有纸媒介入，但公众的聚焦点还是在网络和博客。直到今天，不少纸媒还是不同程度地依赖于转载网文。

当然，纸媒曾经也是争论的主要阵地，比如80年代关于“形式美”的争论及90年代的“意义大讨论”都是在《美术》《江苏画刊》等纸媒上展开的。今天，博客虽然“取代”了纸媒，但除了压缩时空、参与和受众面更为广泛（比如转载功能就远远大于纸媒）及成本低以外，就写作和争论本身而言，并没有实质性的变化。如果有区别的话，网媒的写作或许更显随意，也更易挑起论战。而且，相对来说，意识形态对于网媒的管控比纸媒要松一点，也为更加“自由”的发言提供了平台。同样是匿名写作，网媒比纸媒显然更具发挥的空间和社会效应，而且匿名本身实际上也是一种网媒游戏。于是，对于匿名者真实身份的猜测也成了其中不可或缺的部分。在某种意义上，这也是2011年前后“一杯生普洱”及其在豆瓣博客上的批评写作成为讨论焦点的因由所在。虽然缺乏严谨的学术分析和论证，但其独到的观察的确触及了一些大多人不敢正视或有意回避的问题。譬如就王林与吕澎关于“艺术与资本”的争论，“一杯生普洱”认为其实质在于：“吕澎的官商合作，完全取消了王林的幻觉。王林原来以为，自‘中国经验’之后，和买办机制抗衡的是自己，虽然没有甜头，但毕竟是个标帜，现在吕澎的出现，则将这个幻觉颠覆了。‘中国经验’被简化成了‘溪山清远’，院士艺术家们也开始投靠，结果王林成了光杆司令。”[6]这显然不再是以往争论的焦点即资本与反资本这样一种简单的二元对立逻辑所能厘清的，他甚至暗示我们：任何试图以西方现代社会的那套制度、规则和标准去解释中国社会的人情、面子、习俗，以及江湖、利益，都可能是徒劳的。

当然，这其中不可回避的一个因素是，几乎所有的网媒都是由资本主导的，所以它最终还是诉诸点击率和注意力。这使严肃的批评写作和理论研究在这个过程中愈加显得艰难而逐渐趋于边缘，而各种更能吸引眼球和激起公众参与的（无聊）争论也自然更受媒体的推崇和热捧。

二

如果说20世纪末我们对网络世界的想象是《黑客帝国》中所描述的场景：生活周遭的五光十色都是虚拟的、不真实的符号操控，真实反而是黑暗冰冷的电脑主机与无止境的0/1程式语言。而Facebook的兴起，则标志着现代“大叙事”的危机之后，无数建立于不同空间和不同时间的后现代“小叙事”也面临着危机并将消失，取而代之的是不断扩张的电传“微叙事”。它超越了虚拟/真实的想象，不再局限于文字、话语或论述的叙事，而是声音、影像乃至触觉的电传叙事，而这样一种叙事所建构的生活方式，本身就内含着真实的社会关系、人际网络、集体书写、知识分享和文化创新，及各式各样的可能性。[7]

2011年前后，源自美国社交网媒Facebook和Twitter的新浪微博，成为艺术圈和批评界新的主要交流阵地。所谓“微”，一方面指人际非正式交流所需的写作风格，另一方面是指人们所写的信息变短。[8]事实证明，微博比博客更具革命性和颠覆感。它不仅松动了既有的知识运作机制，而且彻底改变了写作方式和日常经验。

克利斯多福·强森（Christopher Johnson）认为，如果说长篇文章的写作是为了维持文章的连贯性，并持续掌握读者的注意力的话，那么，微写作是为了抓住对方瞬间的注意力，快速地传达信息内容。因此，精简表述是最重要的原则。不过，它也不是什么新鲜产物。确切地说，它是源自19世纪以来大众传播媒体的更新。且长期以来，它一直隶属于诗人、广告撰稿人、商品命名者、政治演说撰稿者，以及其他使用微型语言活动的人。然而今天，它可以让所有人都能成为诗人。关键是，人类社会自古就是以速度政权为基础的竞赛性共处，差别在于，如果在以往你我都只是这场文字竞赛的观众的话，今天的我们无疑都成了这场比赛的一员。[9]

然而，从另一个角度看，它也可以说是现代主义的产物。因为现代主义的一大目标就是将少数简单元素的沟通效力扩至极致。比如立体派画家用几何圆形创作风景与肖像画，威廉·卡洛斯·威廉斯（William Carlos Williams）用简单的只字片语及零星的意象写诗，等等。[10]不同的是，如果诗和现代主义都还有诉诸永恒和形而上学的可能的话，那么，微博则完全是一种碎片化、瞬时性的写作实践，因为它很快就会被新的信息所覆盖和替代，瞬即产生，又瞬即消失，不断地出发，又不断地自我离弃，消逝于速度的虚空取代了终结于地平线的永恒和形而上学，表演本身即是终点和目的。[11]

与此同时，这样一种实践也导致写作者身份的多重化或既有身份边界的模糊化。无论艺术家，还是批评家，无疑都热衷于微博上的公共讨论，如吕澎、王林、朱其等批评家在微博上讨论公共事件远远超过对于艺术的关注，俨然是一副公共知识分子的形象。问题就在于，与之相应，今天的艺术实践本身也在利用网媒，网媒甚至成了艺术实践本身，或是其中的一部分。就像格罗伊斯所说的：“如今，如果一位艺术家的活动设法跨越艺术界，那么，他采取的方式开始与政客、体育英雄、恐怖分子、电影明星以及大大小小的名流们所采取的方式如出一辙：通过媒体。换言之，艺术家变成了艺术作品。当从艺术界向政治领域的转变成为可能时，这种转变首先是一个关于艺术家与图片生产之间定位的变化：艺术家不再是图片的制造者，而本身成为一幅图画。”[12]

当然，这其实也不是什么新发现。最初，它

"还是由20世纪六七十年代的激进、新前卫的观念艺术所开启的。如果没有这些艺术家在先前所作的艺术的减法，这些社会网络的审美哲学的兴起是不可能的，它们也不可能向广大的民众开放"。[13] 2013年3月至5月两个月来，深夜中的望京街道，不时就会冒出一个裸奔的男子，或骑着小摩托、或扛着十字架、或抱着充气人模……因其频频被路人拍照发到网上，"裸奔哥"成了网络红人和热议对象。这是年轻艺术家厉槟源在实施其行为作品。一开始，他并没有声明这是艺术，只是意在引起微博的关注和海量转发，直到5月份媒体介入，他才明确这是一件作品，并停止裸奔。8月24日，由崔灿灿策划的"我有病——厉槟源个展"在杨画廊开幕。在整个过程中，网媒传播及其引发的舆论事件无疑是作品 / 展览重要的推力和因素。包括2014年8—9月，由杭春晓策划、北京现在画廊主办的"36天：周洁个展"，作品的重心实际后来还是转移到了网络媒介的传播。不过就此而言，艾未未无疑是典范中的典范，近年来其大部分作品如《借钱》（2011）、《奶粉国》（2013）等都是借助媒体制造事件。或者说，他自己本身就是作品，已无须借助媒体。所以，今天"我们已经无法将网络上的照片、视频和文章与所谓的观念或后观念艺术区分开"。[14]

可以说，"微实践"已经成为当代艺术最普遍也是最易生效的一种语言方式。它决定了批评无法跳脱同样的网媒系统。在这个意义上，我们也已经很难清晰地界定王林、吕澎等批评家在微博上的发言到底是批评写作还是艺术实践，抑或是一种公共表演。此时，网络为各种实践及身份之间的"平等"交汇提供了一个有效的界面。另如，2013年初，有两位批评家从微博争论到"约架"，直至演化为一场网络事件……显然，这些实践和行为已远远超出了以往的批评写作经验系统，甚至可以说，事件本身取代了批评而成了主体。关键在于，它也因此极大程度地获取了注意力和关注度。

就写作本身而言，微博只有140个字，这对不少人来说，其实也是一个新的挑战。甚至有人认为，这在某种意义上似乎又回到了修辞学的传统。2010年，推特上的"只有在你想让读者知道你是一个优雅高尚的人的时候，才把'周末'当作动词使用"，[15]这句话恰切地诠释了微博写作。而诸如"酱紫"（这样子）、"肿么了"（怎么了）、"rpwt"（人品问题）、"有爱"（对某种物品很喜欢）、"鸭梨"（压力）及各种"卖萌表情"等微博用语包括句式，则明显不同于传统的话语秩序，并有意对后者构成了一种挑衅和反叛。甚至可以说，微博写作就是要从专业写作中将自己解放出来。

微博看似简化了正文的部分，放大了跟帖回帖特别是转发的功能，但实际上并没有完全碎片化，并没有回避长篇大论即长微博的存在。而且，如果说博客还是在期待更多交流的话，那么微博则通过"@他人"还具有一个"强迫"交流的功能——除非被对方拉入黑名单。因此，大多时候，微博不再是纯粹的一对一的交流和争论，而更像是一种混战，甚至还有粉丝团的助阵。因此，它还极尽可能地放大了其公共（表演）性。这也是与近两年更为流行的网络媒介——微信的差别所在。

三

微信是微博的升级版，它沿袭了微博的诸多功能，但并不面向公众，而仅局限在朋友圈内，所以更具私人性，也自然少了表演的成分。如果说微博弱化了批评家、艺术家及公共知识分子等多重身份之间的边界的话，那么在微信圈内，已经无所谓身份，甚至可以认为它彻底抽离或颠覆了身份的界定，只是朋友。在这个意义上，它更像茶馆闲谈或学术沙龙。但是，除非私信群聊，微信讨论至少在朋友圈内还是透明开放的。所以，它不是绝对私密化的。

不过也因如此，微信圈内极少出现和发生严肃的学术讨论，更多时候，只是一种信息和资源的分享。比如很多展览，即使无法现场体验，也能从朋友的图片和视频分享中看出些许眉目。偶尔，微信朋友圈内也会有相对比较严肃的讨论，但可以看出，很少有针锋相对的争论发生，即便有也是彬彬有礼、客客气气，自然也就不会出现像微博中因争论引发约架这样的事件。同时我们也发现，所有的对话、讨论都是即兴表述，更多还是局限在观点的传达和在不同圈子内的急速传播，而不是为了将问题引向更深的维度和层次。这意味着，这样一种“微写作”（包括与之相对的“轻阅读”）也是一种表演。也或许，这一知识媒介的运作机制本身就决定了其无法展开深入的分析和论证，它的主要功能是消费，而不是生产。

吊诡的是，大多数人在讨论中所援引的知识资源基本都是来自另一个知识媒介，即长期阅读和思考的积累，仅靠网媒还是无法满足我们对知识及相关问题的深度思索和论述。因此，无意义的海量资讯还是无法取代流传数百年甚至上千年的经典著述。更加悖谬的是，这样一种所谓的自由交流和写作依然摆脱不了资本的控制。“用传统马克思主义的话语来说，大型的信息交流技术公司依然控制着互联网的物质基础和虚拟现实的生产手段，硬件决定一切。互联网通过这种方式实际提供给我们一种有趣的组合：资本主义的硬件和共产主义的软件。在这里，千百万的所谓‘内容生产者’将他们生产的内容放在互联网上发表，他们得不到任何报偿，内容常常不是知识工作所生产，而是来自操作键盘的手工劳作。而利润则归控制虚拟生产的物质手段的大公司所有。因此，它不是非物质性的，相反，它恰恰是彻底物质性的。”[16]当越来越多的知识分子、艺术家们都在诉诸一种所谓的去人类中心主义的万物平等的观念之时，伯瑞奥德（Nicolas Bourriaud）清醒地意识到“将世界还原为物的想法其实跟资本主义是完全合拍的”，就像马克思所说的“妖物起舞”（ghost dance）一样，物成了有生命的主体，人反而被异化为物。[17]

事实上，这也是种种“微叙事”逻辑今天所面临的困境所在。今天，日常体验、轻度介入与延异生长的“微叙事”已然构成了当代艺术的一种普遍实践方式和话语机制，甚嚣尘上的“后网络艺术”，可以说已经将其功能发挥到了极致。[18]然而，这一原本以反景观为目的的微实践和“关系美学”（伯瑞奥德），最终又沦为一道新的美学景观。格罗伊斯所谓的“弱普遍主义”“弱图像”试图凸显其在强大的大众文化包围中所含有的异质性力量，可是，能见度较低的“弱图像”非但没有成为异质性力量，反而成为受控于资本与市场的大众文化或“强图像”的一部分。媒介的发现和变化的确给我们带来了很多可能性，但也无法回避，它毕竟是一种介质，一种手段，自然会招致“概念化的”“去感性的”“小情趣的”“不落地的”“平庸的”“无聊的”“均质的”“重复的”“保守的”诸如此类的诟病和质疑（比如近两年国内关于“青年艺术”的论争便是围绕相关话题展开的）。而异质性的匮乏及其脆弱性与瞬间感业已成为微叙事的普遍症状。

麦克卢汉的名言是“媒介即信息”。而在格罗伊斯看来，这样的说法已经过时，在今天，更准确的说法应该是“信息即媒介”。也即是说，不是媒介生产信息，而是信息在生产媒介。艺术家们实践的确不得不依赖各种形式的媒介，但显然，对个别艺术家而言，既有的那套媒介决定论在逐渐地或已然失效。比如徐震 / 没顶公司（包括艾未未），我们很难根据艺术史和当下的经验定义或区分其作品的媒介性，恰恰是因为他们摆脱了媒介的束缚，反而具有生产新的媒介的可能。因此，他们并未迷失于“微叙事”及其内在的秩序，相反，恰恰是基于一种系统性的自觉，通过一种感性的力量构成了对普遍均质的“微叙事”及其话语秩序的检讨与批判。与八九十年代的口号和符号式批判不同，这是一种症状式的介入或内在于生产机制的抵抗。因此，他不仅是在利用和消费媒介，同时也是在生产媒介。

自然，网媒也同时彻底改变了我们的批评写作及话语方式，而且我们也从不认为今天还能有一个安然的书斋等待我们在关键的时候全身而退。目前流行坊间的诸如尼古拉·卡尔的《网络让我们变笨？》、马克·伯里昂的《最笨的时代》及玛基·杰克森的《分心》等，包括近期王蒙的《触屏时代的心智灾难》这样的精英姿态及其批判还是显得言过其实，甚至有些危言耸听。可即便如此，我们也不能放弃对于微写作这一主流的知识方式本身的警惕和反省，我们还是应该清醒地意识到，对于相关问题予以深度研究和系统考察的必要性和迫切感。也只有这样，我们才会对这种知识机制本身有所自觉和检讨，也相信，我们每一个人都已深深体会到，内在于“微叙事”界面的“取代”“替代”“僭位”以及“速度的暴力”才是这个时代真正的知识危机，而这也是伯瑞奥德选择以“剧烈加速度”作为2014年台北双年展主题的原因所在。

注释

[1]沈洁:《“新学猖狂”与启蒙的生意》,《读书》2013年第10期，第106—112页。

[2]约翰·哈特利(John Hartley)在《全民书写运动》一书中以表格的方式揭示了不同历史时期的知识媒介及其运作机制:

时代	前现代	现代	全球/后现代
价值链			
商品价值链	制作/生产	商品/流通	消费/使用
意义价值链	作者/生产者	文本/展演	读者/阅听人
何时、何地、何人？（时间/地点/人口）			
何时	中世纪	现代	全球化时代
何地	教堂	公共领域	私生活
何人（大众）	信众	民众	DIY自制公民
何人（中间人）	神职人员	出版商	行销手法
何种方式？（社会制度）			
理论家	圣经	马克思	福柯
主体性	灵魂	个人（主义）	经验
权力基础	死亡的痛楚/地域	战争	生活经营
主权	君主/神学家	独立国家	自我
武力持有者	骑士/十字军	征召兵/志愿军	恐怖分子
敌人	同侪/异教徒	他国	平民百姓
国土观	霍布斯式的	马基雅维利式的	康德式的
为何？（知识根源）			
哲学观	神示	稀少	多种
认识论	神学	经验主义	公民投票
教育程度	精英	大众	普遍
何种形式？			
诠释形式	圣经释义	批判主义（利维斯/霍加特）	编写与修订
创意形式	仪式/圣餐与礼拜	写实主义（科学/新闻学/小说）	真实（电视）
目的？（沟通政治）			
读写模式	只听	只读	读/写
发言模式	教化	游说（竞选活动）	对话
由谁发言？（选择权的掌握）			
控制权来源	祂——神祇	他们——专家	我——自我
选择权来源	无选择权	出版商/讯息提供者	网友/聚众者
知识主体	神职人员	阅听大众/媒体阅听人	消费者创业家
	基要主义	现代主义	全球化主义

上表尽管主要针对的是西方，但正如前面所言，从20世纪初——甚至更早——开始，已经不存在一个绝对自足的中国，特别是90年代以来，全球化的浪潮已经几乎抹平了文化上的种种差异，知识生产机制的同构化已经成为不可逆转的趋势和事实。可以说，全球已经共享着同一种知识媒介——网络。因此，我们至少可以肯定，表格最后一列对于中国语境并不乏针对性。见《全民书写运动》，郑百雅译，简妙如审定，（台北）漫游

者事业文化股份有限公司2012年版，第45—46页。
[3]鲍里斯·格罗伊斯:《走向公众》，苏伟等译，金城出版社2012年版，第197页。
[4]保罗·维希留:《消失的美学》导读，(台北)扬智文化2001年版，第4—6页。
[5]因为，首先对于“当代”而言，则不存在所谓的古代、近代、现代之分。“当代”是一种认知方式，一种理解角度。譬如，一个古代的遗物，或一个现代事件，如果赋予它一个当代的场域或理解方式，它便不再是古代或现代，而是当代。甚至不需要任何技术转化，古代在当代也是成立的。因此，传统与现代之间是一种连续的关系，而它们与当代之间，则是一种断裂的关系，二者之间既可以产生关联，也可以不发生任何关联，它们之间并没有一个必然的逻辑。所以，有别于“现代”的是，所谓的“当代”不再是一个封闭的线性化的历时叙事，而是一个开放的共时性的话语实践。其次，在空间的维度上“现代”与“当代”之间同样存在着巨大的差异。无论全球化还是本土化，无论西方中心主义还是后殖民主义，实际上都是对一种空间位阶和不平等的事实反思的结果。也就是说，全球化与反全球化，西方中心主义与反西方中心主义本质上并无二致，前提是承认这样一种不平等的事实。然而，对于“当代”而言，则不存在所谓的中心与边缘、全球与本土之别，而是一种同一层面上的差异性存在。因此，这里并无空间上的位阶与不平等，只有平等的差异和不同，它事实上已然消解了“中心 vs 边缘”“全球 vs 本土”诸如此类的现代二元叙事。
[6]一杯生普洱:《他们说，王林不是没有 yuan 则，他的 yuan 则是圆的》，“豆瓣网”，http://www.douban.com/note/202065453/。
[7]简妙如:《导论：数位时代的文化素养》，见约翰·哈特利《全民书写运动》，第8页；保罗·维希留:《消失的美学》导读，第26页。
[8]克利斯多福·强森:《微写作》，吴硕禹译，(台北)漫游者事业文化股份有限公司2013年版，第42页。
[9]克利斯多福·强森:《微写作》，第10—13页；保罗·维希留:《消失的美学》导读，第18—19页。
[10]克利斯多福·强森:《微写作》，第21页。
[11]保罗·维希留:《消失的美学》导读，第19页。
[12]格罗伊斯:《走向公众》，第39页。
[13]同上书，第149页。
[14]同上。
[15]克利斯多福·强森:《微写作》，第295页。
[16]格罗伊斯:《走向公众》，第163—164页。
[17]杜可柯、杨北辰:《尼古拉斯·伯瑞奥德谈2014年台北双年展》，见“99艺术网”，http://news.99ys.com/news/2014/1008/18_182876_1.shtml，2014年11月20日。
[18]岳鸿飞(Robin Peckham):《亚洲的后网络：一种全球艺术的网络及路径》，刘溪译，戴伟平校，《中国当代艺术研究》(第1辑)，中国青年出版社2014年版，第162—205页。

本文载于《美术研究》2015年第4期

鲁明军，1978年生。2011年毕业于四川大学历史文化学院，获博士学位。四川大学艺术学院副教授、硕士生导师。

启蒙与重构：20世纪中央美术学院具象油画与西方写实主义

殷双喜

清末民初，国门打开，西学引入，促成中国近代史上影响最为深远的文化巨变。在20世纪中国美术教育史上，有李铁夫、周湘、李叔同、郑锦、李毅士、吴法鼎、丰子恺、林风眠、徐悲鸿、刘海粟、颜文樑、林文铮、吴大羽等一大批著名美术教育家，开创了中国的现代美术教育体系。他们追求“五四”以来的爱国知识分子的“民主”与“科学”的理想，将西方的现代学院美术教育思想与教育方式引进中国，从根本上改变了中国传统的美术教育方式，对现代中国美术的发展产生了深远的影响。早期中国现代美术教育的两个阶段是实用工艺与政治艺术，强调的是启蒙与理性。一是为科学的艺术，一是为政治（人生）的艺术，这是维新的遗产，“五四”的成果。虽然政权更替，但“新学”的本质不变，它作为“官学”，被赋予了改造民族素质，重塑民族精神的重要使命。民国首任教育总长蔡元培的“以美育代宗教”说，奠定了中国美术教育的核心思想，蔡元培直接推动了20世纪中国最重要的两所美术学校——国立北京美术学校（1918年）和国立艺术院（1928年）的建立，而他所器重的林风眠则在26岁和28岁时分别担任这两所学校的校长，推动了欧洲油画和现代艺术进入中国。

一、写实油画的传入与文化启蒙

近代以来科学主义思潮开始在中国传播，它们进入绘画领域，导致写实主义在中国兴起，西画三学（透视、解剖、色彩）在中国近代美术教育中的普及，产生了与中国传统绘画不同的视觉表达方式。西方写实油画在中国的传播，是西方科学引入中国美术发展的必然结果。中国人在对西方绘画及其透视、解剖、色彩的研习借鉴中，不仅学习了西方写实油画的表现方式，也逐步建立了中国的现代美术教育学科，对西方油画的认识也逐渐从技术层面深入文化层面，创作出具有虚拟三度空间感的“真实”绘画，从而成为20世纪的先锋视觉形式。在上海、杭州、北平、南京等重要城市，油画逐渐成为现代社会生活中一种新的艺术类型和观看时尚。值得注意的是，与西方政治、经济等西学东渐的路径一致，西方写实绘画及其教育体系是作为西方文化的组成部分进入中国的，从宫廷画家到上层知识分子，西方油画逐渐传播并渗透到普通市民和社会底层，逐渐成为中国老百姓喜闻乐见的大众文化的一部分，参与了“五四”以来中国文化的现代化和大众化进程。要言之，写实油画其实是西方文化进入中国后的启蒙运动的组成部分，启迪民智，倡导新学，开启了中国人观察世界、表现世界的新角度和新方法。

西方写实油画在明清时由传教士画家传入中国，意大利人利玛窦（1552—1610）是天主教在中国的最早传教者之一，也是第一位阅读中国文学并对中国典籍进行钻研的西方学者。1582年，利玛窦到达澳门，第二年进入广东肇庆。他迫切地想到北京觐见中国皇帝，然而他的第一次北京之行无功而返。1601年1月24日，利玛窦第二次进入北京，呈献了各种礼物，包括天主、天主母油画圣像，受到明万历皇帝的接见和赏识，允许其留居北京，并拥有朝廷俸禄直到临终。利玛窦通过“西方僧侣”的身份，以“汉语著述”的方式传播天主教教义，并广交中国官员和社会名流，传播西方天文、数学、地理等科学技术知识，对中西交流做出了重要贡献。

传教士带来的西方绘画首先影响了明清宫廷画家，其中一些人成为他们的学生，接受了西方写实绘画的透视与立体画法。例如清代内廷画家焦秉贞，作为天主教教士的德国人汤若望（1592—1666）的门生，在人物、山水、花卉、界画方面，都有很高水平，得到康熙皇帝的赏识。清代嘉庆年间进士胡敬纂辑的《国朝院画录》在谈及焦秉贞时，称他“工人物、山水、楼观，参用‘海西法’”。胡敬认为“海西法善于绘影剖析分刌，以量度阴阳向背斜正长短，就其影之所著而设色分浓淡明暗焉。故远视则人畜花木屋宇皆植立而形圆，以至照有天光蒸为云气，穷深极远均粲布于寸缣尺楮之中。秉贞职守灵台深明测算会悟有得取西法而变通之，圣祖之奖其丹青正以奖其数理也”。[1]

胡敬这段叙述涉及了西方绘画方法——“海西法”的主要内容：形体、明暗、透视、色彩，指出焦秉贞“取西法而变通之”，而康熙皇帝奖励他的绘画成就，实是奖励他善于将天学测算之学运用于绘画之中。这段话的要点，一是科学与绘画的关系；二是西画一经传入中国，即由中国画家在传统中国画基础上进行变通改良，走向中西融合之路。而这正是20世纪中国写实性绘画的两个基本特征。

1905年，李叔同（1880—1942）在《图画修得法》一文中，谈到面对实物绘画的重要功能：“图画家将绘某物，注意其外形姑勿论，甚至构成之原理，部分之分解，纵极纤屑，靡不加意。故图画者可以养成绵密之注意，敏锐之观察，确实之记忆，著实之想象，健全之判断，高尚之审美心。”[2]他指出面对实物的绘画能够培养画者的科学理性认识，客观的观察方法，实则是一种道德与审美品性的培养。从李叔同在东京美术学校所绘的《裸女像》和《自画像》来看，他受到了当时日本流行的印象派的画法，这已经是西方写实油画的晚期样态。

1918年4月15日，由中国现代著名美术教育家蔡元培倡导，在北京成立了中央美术学院的前身国立北京美术学校，初设绘画科与图案科，在绘画科中设置了油画教学，第一任校长是留学日本的郑锦。1919年蔡元培推荐李毅士（1886—1942）任西画科主任，1923年学校更名为国立北京美术专门学校，1926年教育部聘任法国留学归来的26岁的画家林风眠为校长，学校设立中国画系、西洋画系、图案系，同年林风眠聘请法国教授克罗多担任西洋画系主任，讲授素描与油画。它表明北平美术学校体制和课程虽是参照日本东京美术学校而建立，但其主要的教学师资和艺术取向，却是欧洲和法国的写实油画，从留法归来的北京美专油画教授吴法鼎（1883—1924）的《旗装女人像》看，人物背景笔触明显具有印象派式的特点。

二、西方写实油画的原意

有关西方写实绘画的根源与特点，涉及西方写实绘画的哲学与科学基础。从哲学角度来说，"摹仿论"来自古希腊哲学，英国艺术理论家劳伦斯·比尼恩（Laurence Binyon）指出："欧洲艺术理论中许多不恰当的看法，或许都由于那个根深蒂固的观念，即认为从如此这般的意义上说，艺术就是对于现实的摹仿，是人类摹仿本能的后果。……这就是亚里士多德对于艺术的解释。"[3]

真正从绘画理论上具体概括出写实绘画基本特征的是文艺复兴早期意大利建筑家和作家阿尔贝蒂（1404—1472），在《论绘画》一书的第3章中，他讲述了如何做一个画家（括号里是我概括的要点）：

1. 画家的工作，无非是在墙上或画板上，用线条和颜色勾勒出与实物类似的画面，在一定的距离外，站在某个定点上，能产生立体的效果，看上去很像所画的物体。（摹写实物、定点透视、立体逼真。）

2. 画家首先应懂得几何学，几何学家很容易就能明白我们的绘画基本原理。（写实绘画的基本原理和权威性来自古老的几何学，达·芬奇认为"绘画是一门科学"。）

3. 画家们要发展与诗人、演说家的友好交往，他们所具有的渊博知识有助于创作叙述性作品。（写实绘画需要文学构思与叙述性。）

4. 不管做什么，在你面前总要有经过选择的专门的模特以供对照。（必须要有经过选择的模特——人或实物。）

5. （历史）故事画是画家最主要的作品。（历史题材是写实绘画的重点，因为它可以再现"编造"历史，以情节性、戏剧性的场景和人物打动观众，劝善惩恶。）

6. 创作，首先应深思熟虑，找出体现这一场面的最精彩的手法和最佳构图，脑海中形成局部乃至全景的概念；然后分别制作出各部分和全画的草图，征求朋友们的意见。（创作要有构思，寻找最佳构图和相应技法，要画草图。）

7. 画家作画的目的是要给大众以愉快的享受。（写实绘画的一个重要功能是要让看画的人愉快，写实绘画非常注意观众的接受和反应，它不否认自己的通俗性。）[4]

以上概括的是西方文艺复兴时期以来写实绘画的基本规范与创作方法，并且至今仍是中国的美术学院的基本教学准则，可以用来对照各类写实绘画。

三、具象油画与写实油画的区别

那么，什么又是我们提出的“具象油画”？它与“写实油画”的区别是什么？我主张用“具象油画”（Representational Oil Painting）这一概念来替代“写实油画”（Realism Oil Painting），将写实油画纳入具象油画的范畴中加以重新认识。这是因为中国的写实油画已经分化为多样化的形态，有许多作品已经远离了“写实油画”的原意，许多人看到作品中的形象稍微细腻一些，就称之为“写实”。其实，写实绘画有两个基本点，一是面对实物写生，二是艺术家的想象力创造（即形象与形式的结构组织）。我们有必要厘清写实绘画的本意，在英文中，“Reality”为真实、实在、实体之意，“Realism”有写实主义和现实主义两个含义，后者是20世纪50年代受苏联文艺思想影响所引入的，它来源于恩格斯致哈克奈斯的信，是一种特定的文艺创作方法（真实地再现典型环境中的典型人物）。“Realism”的本意应该是写实主义，即库尔贝所说的“从本质上来说，绘画是具体的艺术，它只能描绘真实的、存在着的事物”，它强调的是以科学的方法真实地再现客观实体。而“Represent”则有表现、描绘、象征、代表之意，它包含了更广泛的内涵，所有以形象的表象系统来表征、呈现客观世界的艺术图像，都可以纳入具象绘画的范畴。

我所理解的具象绘画，定位于传统写实绘画和当代抽象绘画之间。相对于传统写实绘画，当代具象绘画更强调“呈现”而非“再现”，在写实绘画的基本矛盾中，当代具象绘画更强调艺术家观念的渗入与主体的创造。相对于抽象绘画，具象绘画保持了与自然、形象的视觉联系，具象绘画的创作母题来源于自然对象，在其作品中保持了可视的（哪怕是依稀可辨的）形象，以此来保存写实绘画的精髓与奥秘，即写实绘画必须在视觉与想象的基础上建立起与观众的基本联系。具象绘画与传统写实绘画的差异，使它不再局限于统一的三度幻觉空间，而在二维平面上呈现出形象的多重组合，空间的自由切换，技法、风格的多样探讨，获得更大的观念与内心情感的空间。与抽象绘画的差异，使具象绘画保留了现象学意义上的意象呈现，它使艺术家有可能发挥创造性想象力，将个人对于自然物象的观察体悟通过多种技法与媒介综合组织、呈现于观众面前，使观众摒弃传统写实绘画的“真实之镜”，直面作品与形象，获得个人化的独特审美经验。由此，具象油画可以将表现性、叙事性、象征性的绘画等都纳入其中，在空间的组织、形象的变异、媒介的多样化中，获得更为广泛的自由度。

具象油画的核心概念应该是“形象”（Image）。这里的“形象”，不单是传统写实绘画所描绘的再现对象（物象），也包括艺术家的想象力所创造的可视形象（心象），它意味着艺术家对当代视觉形象资源可以而且必须进行创造性的接受、加工与组合再创，从人类的全部文化传统中获得视觉的想象力，而不仅仅停留于眼前的可视之物，这决定了具象油画的当代性和发展的可能性。

四、启蒙思想与徐悲鸿的写实主张

早在五四运动时期，中国共产党的早期领袖

和启蒙学者陈独秀、李大钊以及著名作家鲁迅等人，对中国美术的发展就有了引入西学、启迪民智的思路。陈独秀主张对传统中国画进行激进的“美术革命”，引进西方美术教育中的写实主义。李大钊强调美与劳动、工作、创造的密切关系，鼓励人们“在艰难的国运中建造国家”，贯穿了一种无产阶级改造世界的积极进取精神，实际上提示了一种对新的民族精神的期待。而在北洋政府教育部主管美术的鲁迅先生于1913年发表了他的《拟播布美术意见书》，提出美术可以致用于现实的三种目的，一是美术可以表见文化，即以美术征表一个民族的思想与精神的变化；二是美术可以辅翼道德，陶养人的性情，以为治国的辅助；三是美术可以救援经济，通过美术设计提升中国产品的形制质量，促进中国商品的流通。[5]

这就是五四新文化运动的启蒙主义的核心理念，即提倡从西方引进的“科学”与“民主”，提升中华民族整体素质，进而使中国走向繁荣富强，这也是20世纪中国写实油画的主流价值所在。

1947年10月16日，徐悲鸿（1895—1953）在北平《世界日报》发表《新国画建立之步骤》一文，反驳北平国画界一些人对他的攻击。徐悲鸿指出北平艺专的教学要求是“新中国画，至少人物必具神情，山水须辨地域”，为此，“三年专科须学到一种动物、十种翎毛、十种花卉、十种树木，以及界画”，使中等资质的学生毕业后，能够对任何人物、风景、动植物及建筑不感束手。在此文中他提出“素描为一切造形艺术之基础”的著名观点，即新中国画要直接师法造化，对物写生。关于徐悲鸿的写实主张，有学者认为，其中蕴含了他少年学画时的启蒙经验，即他所能接触到的清末郎世宁、吴友如及西洋古典画作图片的熏陶，以及由此萌发的“使造物无所遁形”的强烈愿望。“徐悲鸿的写实认识在于其根本的艺术理解和对中国艺术所承担的历史责任的判断。徐悲鸿特别注重艺术所能发挥的启蒙作用，而在他的理解中，启蒙的作用需要绘画通过有效的可传达性才能实现。可传达性则需要对艺术语言、艺术表现方式有所限定，写实手法因此成为艺术表达的必要基础。”[6]

徐悲鸿的艺术思想受到康有为的很大影响，1917年，康有为在其《万木草堂藏画目》里的第一句话就说“中国近世之画衰败极矣！”康有为主张引入西洋画特别是写生的方法，改造中国画，这在康有为1917年为徐悲鸿东渡日本研习日本画时所赠手书中可见。徐悲鸿在1920年《绘学杂志》上的《中国画改良论》中第一句也说“中国画学之颓败至今日已极矣！”这个句式跟康有为完全一样。徐悲鸿的名言是：“古法之佳者守之，垂绝者继之，不佳者改之，未足者增之，西方画之可采入者融之。”这决定了他的艺术发展思路是拾遗补缺，尽善尽美，中西融合，不是推倒重来。

徐悲鸿认为中国绘画应该具有写实面貌，直截了当，让更多的人懂得，发挥其启蒙作用，这导致了他对于现代派绘画夸张怪诞和左翼美术的简单政治宣传的严厉批评。特别是对于写实绘画，他认为仅有题材的阶级性是不够的，重要的是对艺术本身有所贡献。1935年10月10日，吴作人1933年在比利时创作的油画《纤夫》参加了“中国美术会第三届美术展览”，徐悲鸿在南京《中央日报》上撰文评论，吴作人《纤夫》的价值在于艺术本身而非题材，“不能视为如何劳苦，受如何压迫，为之不平，引起社会问题，如列宾之旨趣。此画之精彩，仍在画之本身上……”[7]

而留学英国的北京美专西画教授李毅士，早在1923年即注意到两种美术的存在，即“纯理的美术”和“应用的美术”，前者是研究美术本身的真理，后者是将前者研究的方法应用到画面之上，以达到感化社会的目的，“总起来一句话，‘纯理的美术’和‘应用的美术’依然是一件东西，并不是两件东西”。[8]李毅士的观点已经预示了20世纪中国油画的两个基本发展路径，一个是对于艺术语言本体的深入研究，另一个是将艺术视为改造社会，启发民众的文化工具。在中央美术学院的历史上，始终强调两种美术的融合运用，体现出“致广大尽精微”的艺术胸怀。

五、吴作人的艺术选择

吴作人（1908—1997）早年深受徐悲鸿的艺术影响，因为在《上海时报》上看到徐悲鸿反映现实的油画作品，他说：“我若有朝一日得师悲鸿习画，那才是我毕生最大幸事。”[9]早在1927年冬，吴作人从上海艺术大学美术系转入田汉任院长的上海南国艺术学院美术系，师从徐悲鸿。1928年又追随徐悲鸿，到南京中央大学艺术系作旁听生。因为受到徐悲鸿先生的赏识，吴作人和王临乙协助徐悲鸿完成了油画《田横五百士》的放大工作。王临乙与吴作人、刘艺斯、吕斯百是南京中央大学艺术系的同学，后到法国学习雕塑，在王临乙1928年所作的《油画风景》中，我们可以看到王临乙深厚的油画功力与整体性的色调把握能力。1929年在一幅蒋兆和为吴作人所作的素描上，徐悲鸿于题记中称：“……随吾游者王君临乙、吴君作人他日皆将以艺显……”后因吴作人参与进步青年的活动，受到校方的监视和驱逐，徐悲鸿愤疾之余，鼓励他和吕霞光、刘艺斯到欧洲留学。1930年9月吴作人考入巴黎高等美术学校西蒙教授工作室，因学费昂贵，同年10月考入比利时布鲁塞尔皇家美术学院，第二年，吴作人就在全院暑期油画大会考中获金奖和桂冠生荣誉。吴作人在接受了西方写实主义艺术思潮的熏陶之后，很自然地形成尊重自然、以造化为师的艺术信念，力图以加强写实来克服艺术语言日益空泛、概念化的厄运。因此，他明确提出：“艺术既为心灵的反映，思想的表现，无文字的语言，故而艺术是‘入世’的，是‘时代’的，是能理解的。大众能理解的，方为不朽之作。所以要到社会中去认识社会，在自然中找自然。”[10]

在20世纪初的历史条件下，吴作人像许多先辈画家一样，主动选择了西方写实主义艺术传统，并且在创作上更着力于反映社会现实生活，这是历史的抉择，也是受到他的老师徐悲鸿、巴思天的影响。但游学西欧，吴作人更深切地体会到，东西方艺术是两种不同的艺术体系，有不同的美学追求。因此，他没有盲目拜倒在西方艺术圣殿前，而是冷静地辨别清楚西方写实主义艺术发展进程中的“上坡路”和“下坡路”，以明取舍。他说：“西方绘画开始有量感和空间感的表现，一般可以追溯到乔托及马萨奇奥等，这就是明暗表现法的开始，一直到十九世纪也有五六百年了。意大利达·芬奇、柯莱基奥等走着明暗法的上坡路，但到十八世纪的意大利就开始走下坡路，发展到折中主义，脱离现实，这就是学院主义。”1978年“法国十九世纪农村风景画展”来华展出，吴作人撰文高度评价19世纪法国绘画，“正因为它吸收、消化他人之长。融会贯通，发挥自己民族的特色。鉴于他们前代人墨守意大利晚期以及学院主义的陈规旧套，把自己束缚在教条的制约之下而不敢逾越的教训，以结合自己的时代的特性，尽量发挥画家的独创性，十九世纪法国绘画为之面貌一新”。[11]

30年代，吴作人的油画造型精到，色彩浓烈饱满，深得佛拉芒派之精粹。但是，到了40年代抗日战争时期，激荡人心的西北之行后，当他站在西方油画技法的高峰上回顾东方时，发现写实油画不能满足他的艺术理想。“中国画的特点在于意在言外，……写实的油画难以做到言有尽而意无穷，它很客观地把画家本身的情全盘寄予所要表现的外观。”吴作人40年代对单纯写实倾向不满足，向东方艺术情趣回归，强调在艺术创造活动中加强主观感情表现的写意，把东西方绘画观念和技巧融为一体，把艺术创造和人民生活结合在一起，倡导中国油画的新风。这一新的时代艺术趋势深刻地影响了1946年徐悲鸿掌校国立北平艺专时期的教师群体，例如董希文、孙宗慰、李瑞年、艾中信、冯法祀、宋步云、李宗津、齐振杞、戴泽等人，他们的作品，在注重写实油画的表现语言和写意性的同时，朴素地呈现了普通百姓的日常生活和中国风景，留下了生动的时代写照。受到徐悲鸿抗战时期大型油画创作（如《愚公移山》）的影响，北平艺专教师的油画创作从民国早期油画对人体、静物、风景的学院性研究逐步转向了现实主义的社会关切。

六、革命历史题材创作与油画教学正规化

1950年，遵照中央的指示，北京的三所艺术院校被授予中央美术学院、中央音乐学院和中央戏剧学院的校名，并将其置于中央人民政府政务院文化部的直接领导下。三所学校冠以“中央”之称，表明政府期待在建国后全面引导文艺专门人才的培养。这就决定了中央美术学院的一个特点，它在全国逐渐建立起来的高等美术教育体系中具有领先地位，可以称为“美术学院的美术学院”（钟涵语），这一特点贯穿于新中国成立后的二十多年中。中国高等美术教育中的许多教育方针和学术措施都是首先在中央美院取得经验再向全国院校推广的，例如油画系的“画室制”即是中央美院首创的美术教育制度。

新中国的美术创作，和革命历史画有不解之缘。可以说，1949年建国以后，中国美术最有成就的一部分是革命历史画创作，而中央美院师生创作的革命历史画是其中最有代表性的重要部分。1950年5月，中央美术学院完成了文化部下达的革命历史画的绘制任务，油画有徐悲鸿的《人民慰问红军》、王式廓的《井冈山会师》、冯法祀的《越过夹金山》、董希文的《强渡大渡河》、于津源的《八女投江》、胡一川的《开镣》等。1956年和1959年，由于中国历史博物馆、革命博物馆、军事博物馆的筹备建设，推动了50年代中国革命历史画的创作高潮。有关机构组织画家描绘中国共产党的历史和中国人民解放军的历史，给予他们相对自由的创作空间和较好的物

质条件，例如董希文、刘仑就沿着红军长征的道路进行了6个月的写生。中央美院培养的油画家参与了这批军事历史画的订件创作，通过图绘党和革命军队的历史来建立国家意识形态的宏大叙事。

20世纪五六十年代中央美术学院油画家的创作，多是革命历史画和反映社会主义劳动建设、战斗英雄、劳动模范的主题，例如土地改革、抗美援朝、合作化运动、"大跃进"、新中国妇女劳动形象等，其中胡一川、吴作人、王式廓、董希文、李宗津、艾中信、韦启美、侯一民、蔡亮、孙滋溪、潘世勋、高潮、王文彬、温葆、王霞等尤为突出，他们的作品已经成为新中国社会主义的视觉历史。革命历史画和劳动建设主题的创作繁荣有外部原因，即社会主义革命和建设的需要，党和国家的高度重视；也有内部的原因，即中央美院油画家对祖国的热爱和对革命历史的深入了解，具有高度的创作热情。在创作基础方面，他们经过多年努力，较好地掌握了欧洲写实油画的技术语言，同时继承了延安时期革命文艺的传统，深入生活，深入人民，作品真挚饱满，有感而发，达到了艺术形式和革命内容的高水平的统一，历史与现实的统一，审美与思想的统一，从而写下了中国现代美术史上重要的一页。

1956年，中央美术学院正式组建油画系。1959年，油画系率先提出并实行导师工作室体制，成立了以主导教师命名的三个工作室：第一工作室由吴作人教授（时年50岁）主持，命名为"吴作人工作室"，教师有艾中信、韦启美等；第二工作室由苏联进修归来的罗工柳教授（时年43岁）主持，命名为"罗工柳工作室"，教师有留学苏联列宾美术学院的林岗、李天祥等；第三工作室由董希文教授（时年45岁）主持，命名为"董希文工作室"，教师有许幸之、詹建俊等。导师工作室于1960年改称为按序号排列的"第一、二、三画室"，至1980年油画系恢复工作室制教学，各个画室改为按序号排列的"第一、二、三工作室"。在新中国高等美术教育史上，这是第一次实行导师工作室制，具有示范作用与重大影响。1985年，由于新时期改革开放形势的发展，决定增设带有实验性的第四工作室，由林岗教授主持，教师有闻立鹏、葛鹏仁等。

1959年10月1日的《中央美术学院院刊》上刊载了艾中信先生《关于油画系工作室》的文章，对工作室的教学作了如下设定：

> 油画系的教学体制，"前三年是学年制，后两年进入工作室，……学生在结束三年的课程时，经严格考试，并经工作室教授审查批准，认为基本训练已经合格方可升入工作室"。
>
> "学生接受工作室教授的指导两年，优点是便于发挥教授在艺术上的专长和发展学生在艺术上的特点。每个工作室有教学法和艺术风格的特点，课程内容在大同之下也有小异。工作室并不是艺术风格的单一化，相反，工作室本身也是百花齐放的。"[12]

杜键认为，从1959年至今，虽然历经社会动荡，但油画系一直坚持了画室制，并且在教学上取得了显著的成果。今天，当我们回顾中央美院的油画历程时，不能不对这些富有远见、坚持真理的前辈们表示由衷的敬佩。

有关中央美院油画系的教学历史与特点，著名油画家钟涵教授认为，自1953年起，中央美术学院转入正规化教学，本科生实行五年制教学，分设中国画、油画、版画、雕塑等系，形成中央美院的“纯美术”特色，油画成为各专业的领头兵。同时向苏联派出了许多留学生，学习油画、雕塑、舞台美术、艺术史等，他们中的许多人，如李天祥、林岗、邓澎、郭绍纲、冯真、李骏、苏高礼等，回国以后成为中央美术学院的油画教学骨干，以苏联为代表的美术教育体系（今日称“苏派”）成为基本的学术借鉴资源。这与当时的社会政治形势有关，而且苏联的体系与中国已有的定位是一致的，都属于20世纪区别于西方现代主义的现实主义。所以，中央美术学院的教学体系是留学法国的徐悲鸿体系、延安解放区艺术和苏联美术教育三者的结合。但是，油画系强调要研究学习中国传统美术，同时也没有完全排除对西方艺术的了解，例如1956年就展开了对法国印象派的讨论。当时的苏联专家马克西莫夫来到中央美院油画系主持2年制的油画训练班，虽然他不是很杰出的一流画家，但他毫无保留地传授苏联的油画教育和创作方法，推动了中国油画的正规化发展。马训班培养的来自全国高等院校的油画家，如詹建俊、王流秋、汪诚一、俞云阶、王恤珠、王德威、任梦璋、于长拱、袁浩、何孔德、高虹、秦征等，创作了许多优秀的毕业作品，这些主题性的创作多数留存在中央美术学院，使我们可以了解20世纪50年代中国油画的艺术水准和创作状态。

中央美院油画系在20世纪50年代推动了中国高等美院的素描研究。这是因为战争年代条件下普及工作要求的造型基础训练已经不能满足艺术创作的要求，而素描基本功的提高很快提升了中国美术家的造型能力。在中国如何推动素描教学和研究曾有各种不同的努力，既有强调单线平涂方法的民族风格的实验，又有学习俄罗斯契斯恰柯夫体系的主流教学。中央美院原有的以徐悲鸿、吴作人等先生为代表的（被人们称为“法国派”）西法素描本来在实践中已有某些民族风格的融入，但基本上与俄苏派的素描并无根本分歧，只是后者更加强调严谨的空间形体的结构性。

20世纪60年代初，油画在中国已有一定的发展，赴苏留学的一批画家陆续回国，传统油画教学力量得到加强，但同时也提出了一个新问题：中国油画的发展道路是什么？艺术的发展只能按苏联的模式，以社会主义现实主义为唯一的创作方法吗？

罗工柳先生一向主张发展中国油画要走自己的路，1962年他到东欧访问，看到这些国家摆脱苏联模式自主发展，坚定了他的主张，形成了他在油研班教学中的一套教学思想。

首先，他非常重视油画基本功训练，认为一定要把欧洲传统油画技法学到手，要达到能深、能快、能记（默写）。在油画写生方面，他要求：

1. 景从外入，意从心出，形象结合，形色传神，即把写生和中国传统美学中的写意相结合。

2. 在写生、观察中，强调整体与比较。

3. 突出写生对象的个性特点。

4. 长期作业与短期作业相结合，课堂作业与室外写生相结合，写生与记忆默写相结合。

在罗工柳先生因材施教、严格要求、热情鼓励下，油研班的19位学员的毕业创作产生了一批在社会上影响很大的优秀作品，成为60年代中国油画史上的代表作。其中的闻立鹏、马常利、葛维墨、妥木斯、李化吉、杜键、钟涵、恽忻苍、武永年等，后来都成为著名油画家和各地艺术院系领导。油研班的教学实践，是中央美院坚持解放区艺术教育传统，批判地吸收欧洲古典画派、苏联画派的油画技法，又力图吸收中国绘画美学观念加以融合的一次有益的实验，它的经验值得深入研究。

七、探索油画发展的中国之路

关于油画系的整体发展目标，20世纪80年代任油画系主任的闻立鹏先生认为："站在中国油画优秀传统的制高点上，广收博采；对西方油画艺术采取拿来主义，融会贯通，从而创造具有现代精神、中国特色和个性特征的油画艺术，这是我们努力的目标。充分调动艺术家的积极性，根据各人的艺术追求自然地形成艺术集体——画室，分别去研究各种体系、各种派别的西方艺术，与青年学生一起，教学相长，群策群力，力图在各自的艺术领域里，有所吸收，有所创造，有所前进，各画室之间多元互补，百花齐放，百家争鸣，这是我们的具体措施。"[13]正是在这样的教育思想指导下，中央美术学院油画系从20世纪80年代后期起涌现出一批优秀的中青年画家，如孙景波、葛鹏仁、克里木、陈丹青、沈加蔚、夏小万、丁一林、龙力游、曹力、谢东明、马路、李迪、刘永刚、刘小东、喻红、毛焰、孟禄丁、赵半狄、李天元、马保中等，他们的作品在新时期的油画发展进程中产生了广泛的影响。

闻立鹏先生关于工作室教学目标的设想，有一个十分重要的思路，即不同的工作室分别研究西方油画史上的不同体系、派别，同时研究中国的传统艺术，努力开创具有现代精神、中国特色和个性特征的油画艺术。有关这一问题，90年代中期任中央美院副院长的孙为民先生曾经认真地与我讨论过油画系的教学改革，我的看法与闻立鹏先生相近，即中央美院油画系各画室的教师，应该分头研究西方油画史上的不同流派，从理论和实践上了解和掌握西方油画的技法、风格，这样，全系的学生就有可能受惠于广泛的西方油画史知识与油画艺术的熏陶和技术训练。这一思路当然有一定的理想化成分，并且至今尚未实现，但闻立鹏先生的油画教育思路是具有前瞻性的，并且在各个画室的教学工作中部分得到了实现。

1987年，正值中国进入改革开放的年代，负责第一画室教学工作的靳尚谊先生与潘世勋先生发表了一篇重要的教育文献《第一画室的道路》。他们清醒地认识到，如何顺应当前形势，再接再厉，继往开来，进一步丰富和发展原有的教学体系，成为今天担任画室教学任务的全体教师所面临的重大课题。

根据"第一画室教学纲要"，油画系第一画室的教学原则有以下四点：

1. 重点研究欧洲文艺复兴以来优秀的写实绘画传统，并引导学生逐步与中国的民族文化和艺术精神相融合。

2. 严格进行素描和色彩的基本功训练，培养学生掌握较高的造型能力和绘画技巧。

3. 因材施教，培养学生严格的治学态度，勤奋和勇于探索的学风；积极保护和发展学生的艺术个性。

4. 创作提倡热情地反映现实生活；提倡题材和体裁的多样性。[14]

上述四点，可以概括为“写实、素描、个性、生活”，反映了油画系第一画室既严格要求又鼓励个性，既研究历史又强调生活，既注重写实又提倡多样性的艺术教育思路，虽然已经过去了二十多年，中国当代美术的现状已经有了很大的变化，但这一教学原则对今天的油画教育仍然具有重要意义。

对欧洲文艺复兴以来的优秀艺术的教学研究，首先在于对素描的高度重视。靳尚谊先生和潘世勋先生指出：“强调素描、解剖、透视的造型基础训练，是欧洲传统绘画教育体系的核心。中国美术院校的油画专业的课程设置，从40年代开始以至今日，虽历经反复有不少的变化和补充，但基本的训练内容依然保持欧洲19世纪学院教育的规范。第一画室的教学是从这个系统而来，我们认为在今天仍有必要沿着这条道路，对欧洲绘画传统，做更全面、更深入的探讨。”[15]

1957年马训班结业后，靳尚谊先生留校在版画系教授素描，直到1962年调入第一画室任教，5年内他对素描进行了深入研究，改革开放后，他有机会到欧洲和美国进行考察，对于素描在造型艺术中的重要作用，特别是西方油画的三度空间的立体造型有了深刻的理解。有鉴于此，靳尚谊指出：“作为欧洲传统的素描训练，尽管有风格流派之不同，但基本要求还是一致，即强调准确地、生动地、概括地表现物体的结构、体积、空间。而为达到立体构造的充分表现，一般多用侧光和强烈明暗对比的手法和把握色调的微妙变化使画面产生浑厚、坚实和层次丰富强烈有力的艺术效果。为达此目的，在素描训练开始阶段，必须遵从严格的规范和法度，包括明确的作画步骤、程序和方法。经过一个时期艰苦甚至枯燥单调的功夫磨炼，然后才能走向自由，才能产生飞跃。”[16]

靳尚谊先生进一步强调了在素描的再现性训练中，应该包含着表现性的理解。他指出，素描是油画艺术的造型基础，欧洲的油画传到我国还不到一个世纪。这种以明暗为基本手段的造型方法的特点，我们认识得还不够全面。目前有些作品对表达人物情绪仍不够注意，有的虽然注意表现了人物的情绪，但是概念化。这可能是由于素描练习中缺少这方面的训练所致。

这一素描思想反映在油画创作上，则是罗工柳先生从苏联学习归来后开始的“油画民族化”的探索，反映在中央美术学院的油画创作上，则是在写实油画的创作中，突出写意性的笔触和主观情感的表达，而不是一味细腻地描摹眼前的物体景象，使中央美术学院的油画品格具有了中国传统的书写性和意象表达。

八、经典研究与古典主义

中央美院油画系的教学原则特别强调对欧洲优秀的写实艺术进行深入研究，并且形成了鲜明的特色。考虑到油画系的教师并未将教学与研究的范围，局限于19世纪欧洲油画中的古典主义和新古典主义，我们可以认为，油画系实际上是鼓励对西方油画自文艺复兴以来的代表性流派和经典作品进行研究。靳尚谊先生认为，国内油画家一般仅仅熟悉在委拉斯贵支以后才形成的，流行于19世纪欧洲画坛的“直接画法”，而对于之前的，不论文艺复兴早期佛拉芒画派、威尼斯画派、17世纪荷兰画派各自不同的技法，以及伦勃朗式或更古典的“透明画法”，则了解较少。这一状况，由于1986年潘世勋先生从法国考察回国后，与庞涛先生、尹戎生先生共同对西方古典油画的技法与材料的大力推介，而有了明显的改进。同时，由于中央美院油画系在20世纪90年代聘请巴黎高等美院的宾卡斯、鲁迅美术学院邀请伊维尔来华举办讲座，以及1994年中央美院油画系成立材料工作室，系统地进行材料研究和教学，而有了很大的提高。

作为西方外来画种的油画，严格地说在中国只有不到一个世纪的历史（此处以李叔同1910年留日回国展出油画为始，若以最早的广州外贸画画家关作霖为始则约在18世纪末），由于艺术语言的特殊性，中国油画家不可能靠中国古典文化（中国画、诗词、书法、音乐等）来直接推动油画发展，而必须面对博大的西方油画传统。然而，由于两个致命性的先天缺陷（长期看不到好的原作，没有对油画传统的直接视觉感受；建国后苏联油画模式的强力引入遮蔽了对欧洲其他类型的油画语言研究），使中国油画从理论到实践长期未能进入西方油画的典籍精髓，形成了游离于西方油画艺术传统之外的苦苦探索。因此，长期以来，人们心目中的油画语言和油画概念，只是法国写实主义画家库尔贝以后形成的近代油画语言经苏联传入我国的一种具有印象派特色的写实主义油画变体。虽然30年代留法前辈画家们做出了很大的努力，并在中国的学院教育中产生了一些影响，20世纪60年代初期曾有过对印象主义的探讨，但我国艺术史论与艺术创作始终没有超越印象主义，而停留在对欧洲艺术的一个狭窄时期的风格学习。20世纪80年代早期，由于对外开放，许多中国油画家出国学习和外国原作来华展出，中央美院油画系的教师在许多博物馆和展览中进行了外国油画原作的临摹工作，使中国油画不仅沿着印象主义、后印象主义、表现主义向现代派发展，而且开始从库尔贝上溯，向欧洲古典油画传统全面渗透。正是在这一意义上，可以将20世纪80年代由中央美术学院兴起的向欧洲油画传统的全面学习称为中国油画的“古典意向”。

20世纪80年代初期，靳尚谊带领油画系第一画室的中青年画家，积极地展开了对古典油画的研究。靳尚谊的《塔吉克新娘》（1983年）最早显示了写实肖像油画的魅力，在肖像画《青年女歌手》中，身着黑色连衣裙，具有现代气息的青年歌唱演员文静隽美，与背景上北宋范宽的山水相呼应，呈现出纯净典雅的东方审美境界。《坐着的女人体》和《黄宾虹》等作品，也以其对人体美和中国文人画家的价值肯定而获得了人们的审美认同。靳尚谊的研究生孙为民提出了新古典主义的一些创作原则，他认为新古典主义绝不是简单地选取古代神话题材，模仿古代艺术形象，而是要在深切了解传统精髓的基础上寻求自己需要的独特思想、技法、趣味，并成功地融合在自我对艺术的悟性之中。一个时代的现代意识的成熟标志，不是单向突进，而是全面渗透。中国油画必须改变那种画面效果的寡淡、单薄、无神、粗糙，而力求获得丰富、浑厚、形神兼备、精致的可以意会而难以言表的油画味。这种对西方油画语言和传统的新认识，反映了油画界希望尽快提高中国油画的学术性、油画性的追求。朝戈、杨飞云、王沂东、毛焰等人以他们的优秀作品使中国油画在古典写实主义这一方向上取得了长足的进步，在当时的中国油画界产生了重要的影响。朝戈、杨飞云等画家的人体作品，力求简洁质朴，以精湛的描绘技巧，赋予人体以高贵优美的风貌，也重新确立了新古典主义油画的审美价值。特别是朝戈，以其敏感的艺术气质和精湛的技术，在此后的一系列人物肖像中，深刻地揭示了变革时期中国青年的心理状态，在一系列广袤的内蒙古风景画中展示了意味深长的人文地理景观的历史性思考。

可以说，20世纪80年代后期发端于中央美院油画系第一画室对西方古典油画的研究，普遍地提高了中国油画的造型能力和色彩语言表现力。但是也应该看到，西方的古典油画是建立在其深厚的历史、文化、宗教、艺术传统之上的，在不同的国家中也和其民族的文化、宗教背景乃至国民性相结合。由于语言和文化的隔阂，不少画家仍然是通过画册和少量的来华艺术展接触西方古典油画，所以，中国油画家对西方古典主义油画的学习，尚未能深入其文化的底蕴中去，许多人仍停留在技术、手法、画面效果的层面。重要的是如何对古典主义所安身立命的历史传统及其人文主义思想进行研究，对人类所共有的人文精神资源加以消化吸收。

九、现实主义的深化与发展

20世纪80年代中后期，“新潮美术”风云乍起，对写实主义绘画产生了巨大的冲击；同时，艺术市场的兴起，推动了写实风的商品画生产，有许多油画的趣味近似19世纪的学院派和沙龙画风，追求高度逼真的超级写实。1996年，在“第3届中国油画年展”“首届中国油画学会展”中，油画中的“表现性”成为风尚，现实主义油画创作进入低谷。面对这一现象，中央美院教授韦启美先生进行了深入的思考，他坚信现实主义绘画的生命力与发展的可能性，只要它从生活中汲取了足够的力量，就会重新焕发光彩。韦启美先生指出：“现实主义道路广阔，因为生活的道路广阔。现实主义创作的样式多样，因为画家的人生追求、理想和艺术观念有差别。只有现实主义能对各画派敞开自己的胸怀，因为它要从其他画派那里吸取一切有用的东西，使自己的生命之树常青。”[17]

从这样的观点出发，以《烧耗子》一画为例，韦启美先生高度评价了新生代油画家刘小东的油画。韦启美认为，现实主义绘画的内容贴近生活，虽然在表达上基本是再现的，但在对生活的表现中蕴含着画家的价值判断，它的意义是明确的，不能任意阐释。但是他以更为宽阔的视野看到现实主义发展的多种可能性，他认为现实主义绘画与其他样式的绘画像地壳板块，互相连接、挤压和重叠，在交接处可以产生新的边缘作品，韦先生将采用写实手法的象征主义和表现主义绘画都视为现实主义的衍生和变体。

韦启美先生关于现实主义的真知灼见与孙为民先生的认识不谋而合。在《再谈现实主义》一文中，孙为民坚信现实主义具有强大的生命力和永久的魅力。因为现实是永远存在和不断变化的，现实生活提供艺术家的素材和信号是常新的。不同的时代有不同的现实，关键是艺术家以什么样的观念和方式去认识它。最重要的是，以具象写实为风貌的现实主义艺术，其实在的、深刻的力量能够直接传达给观众。同时，孙为民也清醒地看到，现实主义所受到的最大挑战，不是现代主义或是后现代主义，而是来自它自身，即现实主义的故步自封，他强调“现实主义的艺术家对于外在真实和内在真实的认识，需要不断地提高。真正的现实主义具有极为广泛的包容性，它对于其他所有的认识方式都是共存共融的，并且有能力在人类的一切艺术成果中兼容并蓄地不断发展”。[18]孙为民的艺术实践，也证明了他的现实主义艺术观的生命力，他创作的《山村小学·1980》，虽然是参加国家重大历史题材美术工程的作品，却表现了一群山村孩子在艰苦的山村学校里刻苦学习的场面，具有现实主义艺术直面人心的力量。

近年来靳尚谊先生提出“写实油画的观念性研究”这一新的课题，中央美院油画系中青年教师与学生的教学与创作，在坚持现实主义的创作道路的同时，呈现出更加多样化的创作趋势，从油画传统、油画语言、油画色彩及油画的观念性几个方面展开了研究。中央美术学院现任院长范迪安教授提出“要保持对于当代生活的持续关切”，这一思想应该成为当代油画观念的立身之本。对于写实油画的历史成就和当下处境，胡建成教授认为：“尽管写实油画面临重重压力，但写实油画也有其明显的特殊性，比如形象表述的直接性和视觉上的真实性，这对于将近百年历史的中国油画而言，更有利于在世界绘画平台上建树形象，一张生动的中国面庞已无须再说明它的中国性。何况在艺术趣味、色彩、结构等各个方面都可充分展示其特有的中国文化特质。……观念在这里我觉得体现在两个方面，一方面是画家在作品中表述出对人生和历史的态度；另一方面是艺术家对待艺术的态度。希望通过对这一课题的学习，学生触及的是有关人与艺术关系的研究、艺术与当代生活关系的研究。进一步讲，所谓的观念，应该是我们中国人对待艺术的观念，并逐步寻求表述它的当代方式。”[19]

余论

中国油画的发展至今已有百余年的历史，它选择了以写实和具象为基本的绘画形态，从一开始，油画进入中国的历史就是一个不断摸索在地化、民族化的过程，中国油画家以自身的才华和理解，对油画的中国化进行了卓有成效的探索。历史学者桑兵认为：“一般而言，现代化进程的开始阶段着重于追赶他人，目的是使自己变成他者，达到一定的阶段后，则希望重寻自我，想知道我何以与众不同、我何以是我。这样的重新定位，无疑必须从本国的历史文化入手，并且比较其他，尤其侧重于自我认识。”[20]范迪安教授认为，当今中国已被置于世界文化的共时性状态之中，这是不容否认的事实。另一点也使我们看到了希望，今日中国的国力已促使中国艺术家的本土意识抬头。“需要重视本土文化的价值，开掘和运用本土文化的资源，在弘通西方艺术精要的基础上复归本宗，开创当代‘中国艺术’具有特色的整体态势。”[21]

英国美术史家迈克尔·苏立文在谈到20世纪80年代以来中国艺术的迅速发展时，提出“有三种因素导致了这样的结果：对政治束缚的摆脱（即便是反复无常的和无法预测的）；中国艺术家对于30年来无法接近的西方全部艺术传统的同时发现或再发现；中国艺术家对于本民族的上溯到远古时代的文化传统的发现。由于艺术家们对所有这些影响的努力吸收和融会贯通，终于创作出既属于当代多元，又在本质上是中国的新的类型的艺术”。[22]苏立文注意到，在90年代以来的中国艺术发展的进程中，“来自西方观念的完全的创作自由的感染力，与植根中国儒学的艺术家的社会责任感，两者之间的紧张关系仍将继续存在。有个性的艺术家已经深刻地感受到它的存在，并经常有所表达。也许正是这种紧张关系，赋予了20世纪末的中国艺术以非凡的丰富性与影响力”。[23]

对于中国油画家和中央美术学院油画家的百年探索，以及他们所选择的写实主义和具象绘画的道路，我们应该从历史情境的角度加以感受和理解，从中获得一种“历史性的同情与了解”。正如陈寅恪在评价冯友兰《中国哲学史》上册时称：“凡著中国古代哲学史者，其对于古人之学说，应具了解之同情，方可下笔。”“吾人今日可依据之材料，仅为当时所遗存最小之一部，欲借此残余断片，以窥测其全部结构，必须备艺术家欣赏古代绘画雕刻之眼光及精神，然后古人立说之用意与对象，始可以真了解。”[24]如本次展览的主题“历史的温度”所示，从学术的高度梳理中央美术学院珍藏的前辈油画和当代油画，研究其发展变化的脉络，对于中国的美术教育，对于当代油画创作和社会公众的审美教育，都有很大的现实意义。它表明艺术史是活着的历史，在后人以新的角度观察和深入研究的过程中，艺术获得了持续的生命力，从而与当代人建立起新的精神联系，使艺术史成为有温度的历史。

回首来路，中央美术学院在百年中国油画发展史上留下了鲜明的足迹，涌现了许多著名画家和经典作品，推动了中国油画教育体系的发展。从前辈画家到今天的青年学子，中央美院的油画家历经艰难曲折而真诚无悔，以令人信服的成就证明了中国油画的持久生命力，这就是中央美术学院的油画之路，也是中国油画的发展之路。

2015年3月于北京

注释

[1]《中国书画全书》第十一册，上海书画出版社1997年版，第743页。

[2]郎绍君、水天中编:《20世纪中国美术文选》(上卷)，上海书画出版社1999年版，第3页。

[3]转引自吴甲丰《论西方写实绘画》，文化艺术出版社1989年版，第164页。

[4]迟轲主编:《西方美术理论文选》，四川美术出版社1993年版，第91—99页。

[5]郎绍君、水天中编:《20世纪中国美术文选》(上卷)，第12页。

[6]莫艾:《论民国前期徐悲鸿“写实”主张的内涵、现实指向与实践形态》，《美术研究》2013年第4期。

[7]徐悲鸿:《中国美术会第三次展览》，原载1935年10月13日南京《中央日报》，转引自王震编《徐悲鸿文集》，第80页。

[8]李毅士:《我们对于美术上应有的觉悟》，见《20世纪中国美术文选》(上卷)，第116页。

[9]周昭坎:《艺为人生——吴作人的一生》，陕西人民美术出版社1998年版，第16页。

[10]吴作人:《艺术与中国社会》，见《吴作人文选》，安徽美术出版社1988年版，第6—10页。

[11]吴作人:《深厚的友谊 美妙的风情》，《美术》1978年第3期。

[12]杜键:《关于“第二画室”》，《美术研究》1997年第3期。

[13]闻立鹏:《油画教育断想》，《美术研究》1987年第1期。

[14]靳尚谊、潘世勋:《第一画室的道路》，《美术研究》1987年第1期。

[15]同上。

[16]同上。

[17]韦启美:《现实主义遐想》，《美术研究》1997年第3期。

[18]孙为民:《再谈现实主义》，《美术研究》1997年第3期。

[19]《来自中央美院一画室胡建成工作室的报告：写实油画的观念性研究》，《中华儿女》(海外版)2012年第4期。

[20]桑兵:《治学的门径与取法——晚清民国研究的史料与史学》，社会科学文献出版社2014年版，第55页。

[21]范迪安:《文化资源与语言转换》，转引自鲁虹、孙振华编《艺术与社会》，湖南美术出版社2005年版，第396页。

[22]迈克尔·苏立文:《20世纪中国艺术与艺术家·中文版序言》，上海人民出版社2013年版，第13页。

[23]迈克尔·苏立文:《20世纪中国艺术与艺术家·下》，第439页。

[24]转引自桑兵《治学的门径与取法——晚清民国研究的史料与史学》，第48页。

本文载于《美术研究》2015年第5期

殷双喜，1954年生，江苏泰州人。2002年毕业于中央美术学院美术史论系，获博士学位。中央美术学院教授、博士生导师，《美术研究》主编。

分裂的想象

——关于古希腊艺术史认知的一个现象学视角

赵 炎

关于古代艺术史的研究始终都有一个绕不开的问题：一件日常用品究竟在什么条件下可以被视为艺术品？与之相关的问题是，如果一件日常物品被作为艺术品来看待，那它的形态又能在多大程度上得到还原？换句话说，我们通常所认识的那些被纳入艺术史的经典作品是否真的是其本来的样貌？作为一套知识系统的艺术史在形成的过程中到底有哪些不确定因素？又在多大程度上影响了我们对一个艺术对象或问题的理解？本文将试图以古希腊艺术作为一个（尽管是相当粗略和宽泛的）考察的个案，来呈现上述问题所涉及的那些复杂因素。

尽管古希腊艺术历来被作为西方艺术的重要源头而受到关注，关于古希腊艺术的典型形态与特征在诸多艺术史著作中也有着清晰的描述，并形成了一套经典的审美观念，但整体而言，古希腊艺术却仍然处在一种模糊和变动的状态之中。之所以说模糊是因为古希腊的历史本身就带有一层迷人的神秘面纱，它包含了三个层面的历史：以《荷马史诗》和《神谱》等文本为基础构成的希腊的神话的历史，以希罗多德和修昔底德等历史学家所撰写的历史著作构成的文本的历史，以及以考古发掘的遗迹和出土品构成的遗存的历史。虽然这三个层面的历史有时候能够联系起来，但却仍然存在着不少差异性的问题，而构成希腊艺术史的文献和材料也是从这三个层面获得的，因此，从一开始，希腊艺术就带有相当明显的模糊特征，当然，其中还包括大量文献所记载的艺术家和作品至今已全然无从考据等具体的技术问题。之所以说古希腊艺术处于一种变动的状态，是因为无论是出土物还是与之相关的那些观念都在随着时间的延续而发生着变化。一方面，关于古希腊的作品在不断发现，尤其是20世纪以来的不少重要考古发现在很大程度上改变了传统的古希腊艺术的构成形态，考古遗址的发掘也在不断提供新的材料；而另一方面，随着新的技术的发展和研究的推进，对于古希腊艺术的形态认知和艺术观念也在发生着变化，所有这些都在逐渐改变着关于古希腊艺术的艺术史想象。本文的出发点首先是考察关于古希腊艺术史的那些想象是按照什么样的逻辑得以形成的？

意图的识别与想象的逻辑

“面对一个天然对象，是否要对它进行审美

感受，这完全是个人的事。然而，面对一个人工制品，情况就不同了，它就要求人们既要进行审美感受，又不要人们进行这样的感受。因为其中存在一种学者称之为‘意图’的东西。”[1]欧文·潘诺夫斯基在《作为人文主义一门学科的艺术史》一文中提出的这个“意图”，目的在于限定一个什么样的对象可以被作为审美的对象。对于古代艺术史而言，当我们在试图探讨一件艺术作品的时候，这件艺术作品并不天然地作为艺术作品而存在，因此，确定一个物品可以作为艺术作品来欣赏是艺术史研究的一个首要起点。所谓“要求人们既要进行审美感受，又不要人们进行这样的感受”，指的是由于人工制品中的那些实用品所带来的审美的困惑，因为其中的“意图”无法绝对地划定。潘诺夫斯基对此给出了三个解释的理由：“首先，‘意图’是本身固有的，无法用科学的精确度加以确定。其次，创作者的‘意图’为时代和环境的标准所限制。……最后，我们对这些‘意图’的评价也不可避免地要受到我们本身态度的影响；反过来，我们本身的态度又依赖于我们个人的经历和我们的历史条件。”[2]潘诺夫斯基的解释清楚地说明了一个对象的“意图”在被识别为具有“可审美”特性的时候所面临的那些复杂的问题。但是这些还只是问题的一个方面，因为这里的“意图”所指的是一个物品被生产时所赋予的那种意图，主要来源于物品的创作者。

潘诺夫斯基提出的“意图”是一个假设，他假定存在一个可作为识别对象的“审美的意图”，是否能够捕获这个“审美的意图”成了确定一个对象是否成为艺术品的条件，但是这个“意图”却始终是与对象本身联系在一起的一个想象的世界，被视为是某种始终等待着被发现的特定属性，所以他说“实用品和‘艺术品’的分界线就在于创作者的‘意图’”。在潘诺夫斯基看来，艺术史家的工作就是要捕捉、识别，进而还原创作者的意图，重构一个审美的对象在诞生之初的那些具体的条件。但是，“意图”本身并不一定是固定的，例如一个公元前5世纪的阿提卡陶瓶商人并不会太关注一个陶瓶是否具有某种“审美的意图”，如果说他对某种纹饰有特别要求的话，也仅仅是因为特定纹饰的陶瓶在特定的贸易区能得到更好的销售。而一个现代的艺术史家毫无疑问会将一个公元前5世纪的阿提卡陶瓶视为珍贵的艺术品，并在思维中自动地将其按照风格和类型划分。所以，“意图”总是内在于观看者的，恰好是观看者的意图决定了对象的存在，进而实现了这种“审美意图”的想象性建构，使一个对象在实用品和艺术品之间实现意义的转化；而另一方面“意图”又是不断在滑动着的，变动的“意图”决定着我们观看和理解艺术品的方式，进而也决定了我们以为确定的那些关于艺术史的知识。

艺术史是一套按照时间与空间的秩序编织起来的知识系统，我们按照时间与空间的坐标将那些散落在各处的历史碎片拼凑起来，从而形成了今天的艺术史。对于那些以物质形态存在的作品而言，也正是因为这套知识系统，才确定了它们作为艺术品的地位。所以，作为观念系统的艺术史成就了物品作为艺术作品的存在，使得大量本来没有被捕捉到“审美意图”的物品开始大量地进入艺术史，进而丰富乃至重新定义了这套知识系统。但是，这套知识系统的建立与完善却并不是按照某种单一的模式展开的，隐藏在完整系统背后的其实还有大量不确定的因素。

要考察这套知识系统的生成，就有必要先建立一个可供操作的时空坐标，比如我们设定一个审美的起点，即审美的发端，首先有部分艺术作品的意图从一开始就被承认为审美的，那么就会以此为坐标建立起一套与之相关的知识系统，处于这套知识系统中的作品构成了艺术史的初级形态，比如古代希腊艺术中那些最早被认定为经典的雕塑作品，由此开始，这套系统开始不断地扩展和变化。对古希腊艺术史而言，最早建立起这套知识系统的无疑是18世纪的约翰·乔基姆·温克尔曼（Johann Joachim Winckelmann），他于1764年首次出版的《古代艺术史》一般被认为是第一部真正意义上的“艺术史”，这不仅仅是因为他超越了传统的艺术家传记式的写作（比如瓦萨里的《大艺术家传》或曼德尔的《画家手册》），更是因为他开始尝试建立起一套立足于风格分析、历史条件探讨和图像志解读的系统方法，从而将艺术史真正地提升到了方法论的高度，开创了艺术史写作的新维度。尽管在此之前，希腊艺术的审美意图实际上早已被捕获了，比如在柏拉图的对话中就涉及大量的关于艺术的问题，只不过仅仅是作为零散的美学观念而不是系统的思想方法被讨论。在此，本文姑且将温克尔曼建立的系统作为考察的标本——一个初级的古希腊艺术史知识系统，以此来讨论关于古希腊艺术史的知识系统在建立与完善的过程中所面临的那些问题。

尽管一套经典的知识系统的建立对于一个学科的形成和发展具有非常重要的意义，但是往往在经典知识系统的建构过程中还存在着大量悬而未决的问题，通过现象学的棱镜或许能更清晰地将其呈现出来。参考胡塞尔建立起的现象学的基本原理及其存在的问题，有以下几个方面可以作为我们讨论的出发点：第一点，在胡塞尔那里，显现与存在被赋予了同一性，有多少显现就有多少存在。但是在初级知识系统中，显现与存在却仅仅是具有部分的对应关系。第二点，胡塞尔认为：在认识的过程中，任何一个原初给予性的直观都被作为认识的一种正当来源。但是，原初给予性的认识实际上只能在某种程度上部分地作为一种正当的认识，更多时候却恰恰会成为一种限制，作为某种有意或无意被扭曲的认识，在知识系统的发展过程中，甚至会阻碍乃至消解新的知识的完善和拓展。第三点，胡塞尔的现象学认为：通过现象可以走向事物本身。但是，很多情况下，既定的知识系统恰好无法真正还原到事物本身，于是便出现了认识的扭曲和变异。按照上述出发点所提供的路径，再回到温克尔曼所建立的希腊艺术的初级知识系统，我们就会发现不少问题。按照第一点，物品制作时设定的初始“意图”未必能得到顺畅的传达，由此，所建立起的初级知识系统与其所指的艺术品并未能建立起完整的对应关系，或仅仅是部分的对应；按照第二点，我们之所以承认那套初级的知识系统并将其视为经典，就在于我们认可原初性给予的直观属于认识的正当来源，但是，正如上文所提出的，观者的意图实际上在很大程度上决定乃至掩盖了其初始“意图”，由此，观者捕捉“审美意图”的过程成了某种近似“任意的”过程，成了观者自己所建立起的一种想象性的秩序；按照第三点，知识的系统并不能直接地走向事物本身，尽管它能够为认识带来重要的引导和索引性的作用，但是这种现象学的“回溯”却是不完整甚至是错位的。因此，在现象学还原的过程中，恰好是观者有意向地捕捉现象的过程，将作为物品的艺术作品还原成了作为知识系统的艺术史，而艺术作品的存在恰好是经由知识系统这种本质性的力量，才得以被部分地理解为其本身。正是出于这个原因，作为一种知识系统的艺术史的建立成了一种想象，而关于艺术品的历史则构成了存在论视域上的另一重想象，而这两者本身又是相互独立的。因此，对于作为经典的古希腊艺术史而言，在认识论上它成了一种分裂的想象。

温克尔曼的想象及其分裂

温克尔曼在其1764年出版的《古代艺术史》中试图在一个坚实的历史基础上梳理一部“系统的”艺术史，在这个系统里面，一件作品在线性的历史线索之中被置于某个特定的临时位置，在类似于有机体那样具有出生、成长、成熟和衰败的风格系统中，一件作品被根据其可识别的痕迹（即“意图”的捕获）而放置其中，在进化的风格系统中获得其特定的位置，同时也承担起了支撑这个风格系统本身的重任。温克尔曼建立的艺术史的系统并非全然是他的原创，他还有一个可供参考的元系统——由瓦萨里所建立的艺术史的系统，恰好是在瓦萨里的基础之上，温克尔曼建立了一套新的系统。但是，瓦萨里的系统是把一个他自己所参与其中的近乎“当代”的系统纳入一整套前在的理想美的序列之中，而温克尔曼则是利用当代的考古和收藏所提供的碎片重构理想之美，这一不同之处恰好为现代艺术史研究的实践提供了一个初步的可操作的参考框架：将古代的物品按照特定的审美标准纳入一个知识系统中去。

无论是瓦萨里还是温克尔曼，在关于艺术史的建构过程中对于古典都有一个特定的标准：理想美，古典的艺术被设定或是想象为最完美的艺术形态，即使是当代的那些艺术作品之所以被称为完美，也是因为学习或重现了古典的理想美。理想美是一种建立在再现基础上的想象的标准，但是，这一点并非瓦萨里或温克尔曼自己的发明，早在古希腊艺术发生的时代，亲自见证过帕提农神庙的雄伟辉煌和希腊雕塑与绘画水平的柏拉图就已经表达出关于理想美的观念了。[3]比如：柏拉图在其晚期对话《智者篇》中谈到那些制作巨大尺寸作品的雕塑家或画家的创作时，就明确说：“艺术家们抛弃真相，在造像时不按照原物的真实尺寸，而只要造出来的像显得美丽。”[4]但是究竟这种“美”是如何得以被不同时代的人理解和认可的呢？为了弥合主体之间认识的差异，康德在《判断力批判》中所提供的解释是人类对于美的“共通感”。当然，本文在这里无意于探讨审美的问题，这里的目的在于说明，恰好同样是关于古希腊艺术的理想美，不同的时代在设定其所理解的理想美的时候，都是在特定条件下形成的特定想象。而且，不仅不同时代的人有着明显的想象差异，即使是同一个人对于同一对象的想象也存在着自我与客体之间的巨大差异，这一点在对于温克尔曼艺术史的研究和反思中反映得最为明显。

温克尔曼建立的古希腊艺术的理想美是他从个人经验和情感出发做出的想象，从表面上看，他的艺术史反映了18世纪古物学家的眼光和趣味；但更为重要的一方面是：他在艺术的发展与社会和文化的宏大格局之间建立起了同步的联系。他将希腊雕塑理想美的典型设定在男性青年裸体雕塑（Kouros）之中，而古希腊雕塑的风格演化进程恰好被对应于古希腊自由城邦的兴起、繁荣和衰落。换句话说，在温克尔曼那里的希腊艺术的发展与衰落是他关于希腊民主制度发展与衰落的想象在艺术上的同步投射。因此，温克尔曼的艺术史成了他关于历史变化有机主义观念的一个艺术史版本。但是，这个艺术史系统的建立并不是轻而易举的，对于温克尔曼而言，他的知识整合实际上处理了非常不同乃至相互冲突着的不同层面的想象，在这个调和与联系的过程中，至少需要处理三个方面关于希腊的想象：关于希腊的历史的想象、文化的想象和艺术的想象。在他试图建立这套知识系统的时候，很多情况下这三个方面的想象都是不相匹配的。因此，在具体的建构中温克尔曼就不得不对其中的某些事实进行改造使之与想象的知识系统相适应，尽管或许在大多数情况下他的“改造”也是无意识的。

在对温克尔曼进行过较为全面研究的亚历克斯·波特斯（Alex Potts）的著作中，对温克尔曼所具有的共和主义和反教权主义思想倾向都有所论述，并揭示了温克尔曼所设定的希腊艺术形式需要从希腊城邦政治的自由发展来得到历史主义解释的观念。这些重要的研究显示出温克尔曼关于希腊历史的想象所建立的基础并非来自对于希腊自身的历史进程和政治制度的全面研究，而是立足于作为观者（历史学家）自己的政治意识，在他的判断过程中，政治自由成了衡量的标准。由此，公元前5世纪的雅典（具体地说是公元前5世纪中期伯里克利领导时期的雅典）成了历史发展的最高峰，因而也就成了能够孕育出最佳艺术品的理想时代。虽然，在启蒙时代的思想中，民主与自由被视为一种非常重要的政治价值，但是在公元前5世纪的希腊，民主制却并不意味着是那个时代最好的政治制度，在与以斯巴达为首的伯罗奔尼撒政治联盟的博弈中，恰恰是标榜民主制的雅典为了自己城邦的利益而一步步地走向了帝国主义扩张的道路，成了借助提洛同盟来压榨各盟邦的霸权政体。相反，倒是一贯被视为“守旧”与“保守”的斯巴达在大部分的联盟政治活动中坚持了各盟邦自由自主的原则，充分尊重各盟邦自己的政治自由，并在大国博弈中以希腊世界各城邦政治自由的解放者自居。[5]因此，温克尔曼立足于政治价值所阐述的关于希腊的历史想象实际上是来自自己所处时代的当代政治想象，是当代的政治价值对于历史的投射与规训。

温克尔曼对希腊的文化想象最初来自他那个时代的知识分子对于古典文化的一种普遍憧憬和信仰，但是要使这种想象的建构能够顺利实现，最根本的还是来自他个人的好恶，尤其是那些常常隐藏在文本背后的个人隐私。在这方面，惠特尼·戴维斯（Whitney Davis）的文章《分裂的温克尔曼：哀悼艺术史之死》从性别建构和主客体关系的角度对温克尔曼做出了非常精彩的研究。通过挖掘大量相关材料，惠特尼·戴维斯揭示了温克尔曼明显的同性恋倾向，并探讨了这种特定的性取向对温克尔曼建构古希腊艺术史所产生的影响。“作为一名历史学家，他（温克尔曼）见证了希腊艺术的‘力量’在他所编年的风格转换中的历史性丢失——（见证了）一种从伯里克利到查士丁尼时代的太阳的沉落。也很容易平行地得出结论，一定是凭着他的美学想象，特别是凭着他个人的（同性）色情倾向，温克尔曼把古希腊看成他的‘故乡’。”[6]在惠特尼·戴维斯看来，温克尔曼的主观对象正是他的欲望的对象，在他关于古希腊艺术的研究中，尤其是对那些男性雕塑的研究中，欲望的对象恰好与丢失的历史对象实现了融合，因此，他的研究也正是在欲望的暗示下逐渐走向丢失的历史对象的。所以，温克尔曼对于古希腊文化的想象首先是由他个人的欲望所引导的，在此基础上，才逐渐建立起他对于公元前5世纪雅典的文化想象。在那里，民主社会、纯粹享乐、崇高的思想与性取向的自由完美地融合在了一起，从而构成了一个理想的、能够从中孕育出最伟大艺术的文化氛围。但是，如果我们真正聚焦于这个时代的文化状况，也正是在公元前5世纪的雅典这个“理想社会”中，希腊的文化也已经面临着危机了，而这些文化危机很多又是与雅典的民主制密切相关的。比如关于智者的兴起就是其中的一个问题。在古希腊的城邦里，具备演说的能力是极为重要的，一个没有口才的人会因为缺乏说服别人和为自己辩解的能力而很难在政治上有所作为，在实行民主制的雅典这种情况尤其明显。于是，在伯罗奔尼撒战争开始的时候，专门由智者传授的演说术就已经成了一门商品艺术，而这些人也正是柏拉图在他的对话中最反对和大加贬斥的。因为在这种政治体制之下，大量想做政治家却又并没有什么实际能力的投机者通过学习演说术获得了权力，成了国家重大事件的决策者，他们善于用演说来煽动民众以获取个人的权益，却最终导致了国家的衰落和失败。所以，在修昔底德对伯罗奔尼撒战争的评论中，他把雅典的失败“归因于雅典人民的错误和他们选择的领袖们的失策，这是由于人民自身、各派和各头领的自私自利而造成的错误”。[7]尽管智者的兴起确实带动了希腊文学与修辞的发展，但也在事实上成了与政治投机相联系的畸形文化产业。另外，著名的艺术家菲迪亚斯因为针对伯里克利的政治斗争而受到牵连和陷害，最终被毒死在监狱里。而著名的苏格拉底也正是被雅典民主政府所处死，虽然定罪的理由是误导青年以及渎神罪，但实际上在那个时代，希腊的文化中已经开始出现信仰的动摇了，这一点在当时涌现出的大量悲剧和喜剧著作中已经有明显的体现。所以，温克尔曼对希腊文化的认识是在个人欲望的驱动下形成的相对单纯的文化想象，或许与此同时古希腊的同性恋风俗也在某种程度上推动了这种文化想象。无论如何，公元前5世纪的希腊文化是极为复杂和多样的，相比之下，温克尔曼笔下的古希腊文化则是充满温情的优雅世界。

关于温克尔曼对古希腊艺术品的想象，在学界已经有大量的讨论和关注了，其中最主要的问题就是他所断言的不少希腊的艺术品实际上是罗马时代的复制品。比如著名的《望景楼的阿波罗》，温克尔曼坚持认为这是古希腊的原作，但实为罗马大理石的复制品，可能是根据公元前4

世纪晚期的一件希腊原作制成。当然，这种误解或许是由于时代的局限所造成，但更为重要的问题是，为了与他所建立的希腊艺术史的知识系统相适应，尤其是使风格史与政治史相适应，温克尔曼往往会被自己建立的知识框架所累，主观地改变作品所处的时代。他会因为不愿意将自己喜欢的艺术作品纳入希腊化—罗马时代这一艺术发展的“衰落期”，而经常把雕塑的年代往前推。比如，1506年在罗马出土的《拉奥孔》，温克尔曼对它倾注了极大的热情，进行了仔细的分析和讨论，并将其认定为公元前4世纪的作品。但是，根据雕塑背后的卡拉拉大理石板的使用时间，现藏梵蒂冈博物馆的这件《拉奥孔》被学者鉴定为公元1世纪（即罗马帝国早期）所做，如果这件作品还有一个希腊原作的话，最多也被认为是希腊化时期的作品，时间应在公元前3世纪或前2世纪。也许这件作品还有另一个罗马时代的版本：老普林尼在《自然史》中所描述的那件是用一整块大理石雕凿而成的，而梵蒂冈现存的这件却不是。整体而言，温克尔曼对于古希腊艺术作品的关注与其说是研究，不如说是一种主动的想象性的建构。在对这些艺术品的“意图”的捕获中，温克尔曼的艺术史充分展示了现象学还原的辩证法，他的知识体系通过对艺术品充满想象力的分析而饱含魅力并在后来不断得到完善和延续，而这些他曾经阐释过的艺术品也被赋予了某种或许已经超越其自身的价值，成了艺术史上代表某个特定时代的经典作品。

在今天重新审视温克尔曼的艺术史研究及其思想并没有任何苛责之意，历史的局限不可避免，温克尔曼对于希腊的想象与误解也并不能损害他的伟大。他关于希腊的历史的想象、文化的想象和艺术的想象非但不是苛责他的理由，反而是建立艺术史不可避免的过程，恰好是通过这种想象性的弥合，一套系统的知识才得以整合，从而被更好地认识、理解和传播，这也正是艺术史的艺术的迷人之处。但是，关于古希腊的艺术史并未终结，我们并不能止于这套系统，因为现象始终在发生，而弥合也始终是必要的。

消失的色彩

在这一部分，本文将再度回到开篇所提出的那个问题：一件日常用品究竟在什么条件下可以被视为艺术品？在温克尔曼笔下所讨论过的那些希腊的雕塑为什么天然地被视为艺术品，而同时另一些物品则不被当作（或不被当作“重要的”）艺术品？温克尔曼是最早断言古希腊的雕塑所塑造的是神而不是人，但是他笔下的那些神像雕塑又在多大程度上能够代表希腊雕塑真正的样貌呢？带着这些问题，本文这部分将结合关于希腊艺术作品的一些新的认识重新讨论关于希腊艺术史形态的问题。

传统艺术史中对古希腊艺术史形态的建构在很大程度上主要依赖于雕塑，就艺术史本身的形成而言，这是来源于温克尔曼的《古代艺术史》；但就观念而言，对于艺术品的认定却是来自历史上关于“艺术”的观念传统。今天的古希腊艺术史至少包括雕塑、绘画、建筑这三大基本的类别，但由于希腊绘画（尤其是那些绘制在公共空间的大型壁画）原作留存至今的极少，因此今天我们对于希腊绘画的认识也主要依赖于希腊的瓶画及宫殿遗址和墓室中出土的少量壁画。当然今天的古希腊绘画的概念变得很大，从广义上来说在时间上包括史前时代（从公元前6000年开始）在内，而从空间上则包括克里特岛、季克拉基斯群岛、希腊大陆、大希腊地区以及小亚细亚沿岸等地。整体而言，传统艺术史重点关注的古典时期绘画遗存的稀缺为古希腊艺术史的认识带来了一个极为重要的缺憾就是色彩的缺失，[8]但是伴随着今天希腊考古和研究的逐步推进，关于色彩的问题越来越凸显出来了，因此有必要从这一点出发重新讨论关于古希腊艺术史的那些观念，尤其是那些一直以来被奉为经典的观念。

古代希腊的陶瓶留存至今的并不在少数，却在很晚才被视为“正经的”艺术作品来欣赏和研究，因为传统的观念一直都将瓶画排除在希腊绘画的范围之外。老普林尼在他的《自然史》（卷35）中曾专门谈论过希腊的绘画，对他而言，希腊绘画的辉煌开始于公元前5世纪，到公元前4世纪达到顶峰，这个时代也正是希腊大型壁画和嵌板画发展最兴盛的时代。他的笔下记录了大量的画家和绘画作品，虽然现在没有实物留存下来可供考证，但可以确定的是他说的那些绘画作品基本都是壁画或嵌板画，然而老普林尼却从未谈论过瓶画，根据这一点也说明，即使到了对古希腊艺术作品趋之若鹜的罗马时代，瓶画也并不被视为专门的艺术作品而得到欣赏。到温克尔曼开始建立古希腊艺术史的时候，他似乎也没有把古希腊的陶瓶视为可以和雕塑相媲美的艺术品，甚至在今天的艺术史中，陶瓶仍然在某种程度上被视为不及雕塑珍贵的艺术品。

公元前5世纪的希腊瓶画留存至今的数量相对丰富，主要以红绘和白底彩绘为主（实际上黑绘也在很长时间内与之同时存在），此时瓶画中的人物普遍都描绘得比较精致，内容从神话题材到日常生活都有所体现。雅典所在的阿提卡地区所产的红绘彩陶是作为出口商品生产的，而且根据所销往地区的不同在题材和内容上也会有所差异，无论是描绘的形式和内容都有相对固定的程式。而绘画的色彩问题主要通过白底彩绘瓶反映出来，这种陶瓶主要是用于墓葬中盛放油和药膏之类的器具来使用的，其绘画风格与黑绘和红绘有着显著的差异，黑绘与红绘瓶画基本都是以单色用线条勾勒的方式来完成的，而白底彩绘陶则常在线条勾勒的基础上饰以红、黄、蓝、黑等颜色，有时是晕染填色，有时是直接用颜色勾勒。因为属于明器，所以很多时候一些陶瓶会描绘得比较自如随意，但也恰恰是因为这种随意，使这些画面在今天看来非常具有“绘画性”。从另一个方面来说，这种彩绘也可以从某种程度上为当时的壁画发展情况提供一些线索：比如用阴影来表现体积感的方法、表现空间关系的简单的透视技法的运用，等等，这些都是古希腊的大型绘画在公元前5世纪（尤其是公元前5世纪下半叶）发展起来的重要的绘画技术。

公元前5世纪的白底莱基托斯瓶（Lekythoi）是一种富有鲜明“绘画性”特点的彩绘陶瓶。大约从公元前475—前450年，这些主要作为随葬品的陶瓶普遍地采用了一种在白色底上的“干绘”（secco）技术：在赭石的陶瓶上先敷上一层白色，然后用线条勾画出基本的人物和景物，接着以罩染手法上色。题材有相对固定的程式，大多数是直接描绘与丧葬相关的内容。比如，描绘丈夫与妻子或孩子与父母离别的场景、准备前往墓地的女人、在墓地的场景、遗体、冥河岸边的卡戎（Charon），等等，还有经常与之相伴随的普绪科蓬波斯（Psychopompos：赫尔墨斯的一个祭祀别名，他负责把逝者的灵魂带到冥国）、许普诺斯（Hypnos：睡眠之神）和桑纳托斯（Thanatos：死亡之神）运送逝者尸体的场景。现藏雅典国家考古博物馆的一件白底莱基托斯瓶《雅典娜》（约公元前450）是白底彩绘陶发展初期的作品。这件陶瓶上描绘了一个单一的雅典娜形象，它不像同时期的那些红绘陶瓶描绘的雅典娜那么精致细腻，却显示出了一种轻松自在的味道，雅典娜身穿红色长袍，左手持矛，右手叉腰，虽然整个形体还是按照传统的“正面律”来表现，但头发与胸部的衣饰却描绘得非常自由。与之类似，另一件白底莱基托斯瓶《坐在自己墓阶上的青年女子》（约公元前410—前400）描绘的是一位坐着的青年女子，她右手托着下巴，左手放在腿上，面部表情显示出沉思的神态，其背后是一座墓碑。这是一种固定的表现程式，青年女子并不一定就是墓主人的肖像，但可以肯定的是这样的图像象征了对墓主人的哀悼。陶瓶画家的笔法非常纯熟，似乎画得很快，用赭石色勾画出了整个人物的形体，寥寥数笔就把人物的形体和结构表现得很清楚，尤其是头发的处理用笔连勾带染非常随意，但又显得非常自然。与这种图式类似的还有不少是表现群像的，比如另一件藏于雅典国家考古博物馆的白底莱基托斯瓶《坐在自己墓阶上的青年武士》（约公元前410—前400），画面的中心是一个坐在墓碑前的青年男子，他右手搭在自己的右膝上，左手持长矛，他左边站着一位青年男子，用手扶着立在长矛边的盾牌，而坐着的男子右侧则是一位青年女子，双手抬起似乎拿着什么，又像是在表示哀悼。陶瓶画家的描绘同样是自然而随意，但是整个画面的情绪营造得非常好，尤其是坐着的男子面部表情十分凝重，悲伤之情显而易见。虽然这件陶瓶的颜色脱落了不少，但是根据上面的残留色彩也可以看出原作的色彩构成：墓碑上是蓝色、碑额是黄色、坐姿男子的衣服或斗篷是绿色、站姿男子的衣服有一部分是黑色，等等，通过这些痕迹还是能想象出这件作品原来的样貌应是非常华丽的。另外，这件作品还有一个非常有意思的地方，就是墓碑的碑额画得超出了陶瓶肩部的装饰纹带，暗示着整个画面所表现的空间似乎超越了陶瓶本身所规定的空间，这种技术也是那个时代发展起来的一种新的视幻觉技术，在其他瓶画中也有类似的表现。

如果说白底彩绘陶瓶能够从一个侧面展示希腊绘画斑斓色彩的话，那么彩绘的希腊雕塑则能带给人非常震撼和颠覆性的感觉，它能够最好地显示出希腊艺术华丽的视觉特征，而这种特征又是与传统艺术史所建立起来的希腊艺术的审美特征不甚相同的。虽然关于希腊雕塑本身的样貌是带有彩绘这一点学术界早已知晓，但是却并没有完整的彩绘雕塑留存下来作为直接的例证，因此，那种华丽的视觉效果究竟如何始终是个谜题。伴随着新的研究技术的发展，尤其是近年来雅典卫城博物馆开展的关于希腊雕塑的彩绘研究项目，通过细致的研究和电脑处理已经可以对一些希腊雕塑的原初色彩进行还原了，这为我们重新认识希腊的雕塑打开了一个重要的窗口。现藏雅典卫城博物馆的《披肩科莱女神像》（Peplos Kore，约公元前530）属于发现于雅典卫城的“波斯遗骸”（Perserschutt）系列雕塑中的一件，[9]这件古风后期的雕塑在头发和衣服纹饰等地方留下了相对清晰的颜色残迹，从而为复原其原有的色彩提供了非常好的参考。比这件作品大约晚20年的另一件《希俄斯岛科莱女神像》（Chios Kore，约公元前510）有着更为华丽的色彩，根据其表面留下的大量色彩痕迹，研究者用电脑合成的彩色复原图显示出了其令人惊叹的原初华丽外观：金色的头发、红色的嘴唇、白皙的皮肤和精美的首饰及衣饰，这样的形象甚至很难让人接受她竟然是一件希腊古风时代的雕塑！对于古典时期的雕塑而言，彩绘其实同样是必不可少的，由于目前对帕提农神庙的研究已经进行得很深入了，因此其颜色的复原也有了清晰的样貌。根据复原图，整个神庙的东西三角楣和柱顶檐间浮雕带的原初样貌都是以蓝色为背景对雕塑进行彩绘，在这种情况下，重新再去观看被艺术史奉为希腊古典时期经典雕塑的《命运三女神》竟是如此不同，超乎我们想象的华丽色彩和装饰使一件曾经被广泛接受为庄重和典雅之代表的杰作产生了颠覆性的变化，这种艳丽甚至让作品开始变得俗气，与古希腊雕塑的传统形象格格不入。

在古希腊人的观念中，色彩本身并不仅仅是一种装饰，形体与色彩是一整套完整的组合，承载着特定的观念诉求。比如，神的金发所要表达的是他（她）的力量，勇士或运动员棕色的皮肤是美德与勇气的象征，青年男女像的白色皮肤则是表达了青春的优雅与活力，等等，这些观念都来自古希腊日常生活的习俗和宗教惯例。关于颜色的观念也会被当时流行的哲学思想进一步阐发，从而获得了更为形而上的象征意义。比如，毕达哥拉斯学派认为宇宙由四种基本元素构成：空气、水、火和土，而与之相关便形成了世界的四种基本颜色：白、黑、红和赭石，分别与四种基本元素相对应。因此，颜色的使用在古代希腊艺术中是必不可少的，它们是构造再现世界与想象世界的一个非常重要的媒介。对于希腊雕塑颜色的还原无疑改变了关于古希腊雕塑传统的美学形象，在这种巨大的反差之下，我们就不得不重新审视那些已经在希腊艺术史和相关的美学著作中形成的关于古希腊艺术的那些观念了。

新的想象

关于古希腊雕塑的传统美学形象，最著名的莫过于温克尔曼的那句名言：“希腊杰作有一种普遍和主要的特点，这便是高贵的单纯和静穆的伟大。”[10]温克尔曼的总结很大程度上是通过对《拉奥孔》和《望景楼的阿波罗》的研究得出的，但是，假如他能够看到一件华丽的彩绘希腊雕塑原作的话，也许会做出全然不同的总结，而《古代艺术史》也有可能会重写。对于古希腊的艺术作品而言，无论是作为商品或明器的陶瓶，还是作为宗教活动重要组成部分的神庙和神像，希腊的艺术品本身就是世俗生活的重要组成部分，即使是看上去神圣的宗教崇拜，也在很大程度上与大众娱乐紧密相连，只不过这个丰富的世界在被杰出的视觉艺术永久记录和保存的同时也在很大程度上遮蔽了其世俗的一面。

在古希腊的日常生活中，一件表达庄严主题的作品，不管是一尊雕塑、一幅壁画或是一场悲剧演出，无论在多大程度上强调其宗教性、政治性或者艺术性，在大众生活中或多或少也是娱乐的。雅典卫城上的帕提农神庙中雅典娜的黄金象牙雕像就是一个典型，它不仅表现了作为雅典城邦保护神的雅典娜的崇高与宏伟，更为重要的是，把对女神的崇拜与对城邦政治力量的宣扬联系了起来。帕提农神庙不仅仅是一个单纯发挥敬神作用的神庙，它同时也是雅典城邦的国库，在神庙的密室中存放的是以雅典为首的政治联盟的全部财富。公元前5世纪中叶以后，提洛同盟的国库就设在这里，雅典娜身上的那些黄金都是可以移动的，这也是另一种保存财富的方式。尽管，我们可以说财富是以一种艺术的方式被存储的，然而，黄金象牙的神像从本质上来说却是最具世俗性和炫耀性的，当民众面对着金碧辉煌的神像感叹的时候，当外邦人慕名前来瞻仰这尊神像，同时也是见证巨额财富和雅典之伟大的时候，对神像的瞻仰也就变成了一种观光和娱乐。这个例子说明，美学主义的（或者可以更进一步说理论化的）概括与总结在很大程度上是一种想象性的——因而也是有意识地选择性的——建构，这一点正是艺术史本身的特征，是一种诗意的艺术史的艺术。如果存在一个作为主体的艺术史的话，那么艺术史家的工作就是实现这个主体的建构，而工作的方式便是按照现象学的方法完成现象学的还原，在本文第一部分讨论过的现象学的三个基本原理之外，实际上还存在着第四条原理，即还原越多，给予就越多。这也恰好说明了现象学还原所不可避免的异化。

再回到本文一开始提出的那个问题，我们之所以将一件日常生活的物品视为艺术品，其实很大程度上并不是出于作品本身，而恰恰是出于观者自己，正是主体的欲望、经验与知识决定了他所能识别和捕获的那些形形色色的“意图”，而观者在这个“捕获”的过程中所依赖的工具就是理论。潘诺夫斯基说：“如果没有理论方向，艺术史将永远是一堆无法系统表达的枝节。”[11]这里的“理论”是一种象征，它既意味着一种可操作的模式，同时也暗示着一种目的性的诉求。也就是说，艺术史的生成实际上是一种按照特定目的而完成的建构。

如果我们将希腊艺术史的形态理解为一个在不断建构着的过程的话，那么通过上文的讨论，在希腊艺术史形成的这一过程中至少包含了三重想象：1. 由传统古物收藏构成的希腊艺术作品的第一重想象；2. 由第一重想象带来的关于希腊艺术作品的第二重想象，包括作为一套知识系统的古希腊艺术史以及由此形成的关于古希腊艺术的审美形态；3. 新的材料与研究带来的与第一重想象和第二重想象并不完全相融甚至相冲突的第三重想象。这三重想象之间存在着显而易见的分裂，但却始终作为一个终极的艺术史的构成模式相互进行着弥合，而艺术史又始终处于变动之中，我们仍然需要不断地以想象进行推进，因此这里的三重想象恰好构成了一种运作的模式，后续的艺术史建构正是如同符号的运作模式一般，再度由第三重想象构成新一轮的第一重想象，如此不断推进。所以，关于艺术史的想象始终在进行着，新的想象不断在生成，而弥合也始终在推进。从这个意义上来说，今天的艺术史研究工作所面临的问题和当年温克尔曼从事古希腊艺术研究的时候所面临的问题是相同的，毕竟我们都内在于历史的结构之中。

今天艺术史的研究并不能避免或改变想象本身，但是却让我们可以从更多的层面来思考关于想象的那些问题。作为研究者的主体通过对艺术作品的识别和研究实现了个人主体的建构和完善，而不同的研究又对于艺术史本身这个终极主体的建构提供了形形色色的途径与方法。如果将作为研究者的主体投射为自我的话，那么对艺术史的研究而言，作为终极主体的艺术史本身恰好构成了作为研究者的艺术史家的他者。正如拉康的那句名言所示："每个人都存在于他者的存在"，正是这个艺术史的他者决定了研究者之为研究者本身的存在，而关于艺术品的研究则始终都被捕获在一个相互关联而又不可化约的辩证关系之中，在这个过程中想象始终都在发生着作用。从这个意义上来说，对于艺术作品和艺术史的认识和研究，同时也是对自我的认识和研究。

注释

[1]参见[美]E.潘诺夫斯基《视觉艺术的含义》，傅志强译，辽宁人民出版社1987年版，第14页。

[2]同上书，第15—16页。

[3]关于柏拉图对于希腊古典盛期艺术的了解情况，参见赵炎《古典盛期的希腊艺术与柏拉图的模仿理论》，《装饰》2014年第9期。

[4][古希腊]柏拉图:《智者篇》，236A；或参见《柏拉图全集》(第三卷)，王晓朝译，人民出版社2003年版，第29—30页。

[5]参见[英]N.G.L.哈蒙德《希腊史》，朱龙华译，商务印书馆2016年版。其中对于伯罗奔尼撒战争期间雅典和斯巴达在各自的政治联盟中所扮演的角色做出了精彩的论述。

[6]惠特尼·戴维斯:《分裂的温克尔曼：哀悼艺术史之死》，载[美]唐纳德·普雷齐奥西主编《艺术史的艺术：批评读本》，易英、王春辰、彭筠等译，上海人民出版社2016年版，第40页。

[7][英]N.G.L.哈蒙德:《希腊史》，朱龙华译，商务印书馆2016年版，第660页。

[8]但是在文献中，关于古希腊绘画的资料却不在少数，甚至关于画家的轶闻趣事要远多于雕刻家的轶闻趣事，而且在古典时期，画家的地位要高于雕塑家的地位，比如，绘画的课程还有可能成为自由人家的男孩子教育的一部分，而雕塑学习则从来没有过这样的殊荣。参见[瑞士]雅各布·布克哈特《希腊人和希腊文明》，王大庆译，上海人民出版社2012年版，第266页。

[9]公元前480年第二次希波战争时，温泉关战役之后波斯大军压境，眼看已无险可守的雅典在主帅地米斯托克利的率领下将雅典全城紧急疏散，留下一座空城给波斯，波斯大军随后将雅典城焚毁以泄愤。萨拉米斯海战之后，当胜利的雅典人回到雅典城之后，却发现他们曾引以为傲的高大神庙、精致的雕像、祭品等已被破坏殆尽，此后，雅典人将这些被

破坏的碎片就地掩埋并在此基础上开始重建雅典卫城和神庙，这也在无形中将这些雕塑保存了下来。1885年冬天考古学家在雅典卫城开展发掘工作的时候发现了这批遗骸，其中有不少是保存相对完好的着色雕塑。

[10][德]温克尔曼:《论古代艺术》，邵大箴译，中国人民大学出版社1989年版，第41页。

[11]《视觉艺术的含义》，第26页。

本文载于《美术研究》2016年第4期

赵炎，1985年生，甘肃张掖人。2014年毕业于中央美术学院人文学院，获博士学位。中央美术学院助理研究员，《世界美术》编辑。

重回历史的现场

——大雅宝胡同甲2号的艺术生态研究

吴洪亮

2016年3月31日的午后，笔者和李可染艺术基金会的王小丽造访了大雅宝胡同甲2号。我们围着金宝街、小牌坊胡同、小雅宝胡同转了一圈竟未能找到。当再次穿过小牌坊胡同，左转步入一条更小的巷子时，眼前出现了一座二层小楼，直觉告诉我，“找到了”。在楼边，一位大爷和一个大姐在收破烂儿，我问：“大雅宝胡同5号（就是过去的大雅宝胡同甲2号），是这儿吗？”回答是：“就是过去住了好多画家的？就从这个口进去。”那是一扇夹在两间平房中的院门，灰色的铁门上钉着一个绿色的破旧不堪的信报箱，显眼而刺激。我的心一紧，终于明白：李小可老师为什么死活不愿意再来造访这个凝固了他童年时光的旧地。大约在记忆中思念，总比在现实间痛楚还是要好过一些吧。我和小丽拿着经多位前辈修正所画出的位置图走入了这个三进的院落。大杂院的破败以及面目全非自不必说，一一核对各家的位置，的确已成难事。但说实话，按北京的发展速度，这个院子能保留到今天已是奇迹了。除了那株巨大的非常有历史感的槐树之外，我们竟然在院子里发现了一个画架。想来这应该是陈伟生老师的吧，只是老爷子出去了，没在。或许只有这个画架，还在证明着大雅宝胡同甲2号的身份，而让我以情感的方式进入的研究与思考也由此开始。

“历史的现场包含着历史的逻辑，能否意识到它并遵循它的规律，对历史中人是挑战，对后世读史者同样也是挑战。”[1]大雅宝胡同甲2号就是这样一个具有“挑战”的“历史的现场”。它承载了20世纪以来与中国美术史相关的许多人与事，对它的研究正是以另一种方式进入历史的逻辑，甚至这种现场的逻辑有可能让我们重新感知那个时代以及那个时代的艺术与艺术家的关系，乃至其表象之下的深层状态。大雅宝胡同甲2号不仅具有这样的质地，而且它留给后人的信息是如此丰富与生动，它所具有的活性恰如一出戏剧，甚至在某种程度上符合亚里士多德《诗学》所引申出的“三一律”原则。故而本次研究也想在史实的基础上，变换一下文献的使用以及研究的方法，姑且把大雅宝胡同甲2号作为背景，每一个研究的时间节点，人物的进、出场，都视为别有深意的一幕戏加以叙述、分析，或许可以据此牵连、勾勒出20世纪中国艺术生态的一个侧影。

大雅宝胡同甲 2号是位于北京东城区东南部

大雅宝胡同内的一个三进的院落，如今的门牌是大雅宝胡同5号。“大雅宝胡同”东起建国门北大街，西至春松胡同，其北有小雅宝胡同。“雅宝”原为“哑巴”，因为此地曾居住过著名的哑巴而得名。宣统时以谐音雅化成为今天的称呼。大雅宝胡同在“文革”中曾被称为蓬勃胡同。现在胡同所在地已改建为金宝街。从1946年开始，此地曾是北平艺专的教师宿舍，1950年中央美术学院成立，继续作为美院的宿舍，前后数十年住过几十位艺专、美院的师生及家属。当年，北平艺专的校址位于校尉胡同5号，今已属于协和医院一部分。两地距离约两公里，步行大概二十多分钟。

细究大雅宝胡同甲2号作为这些艺术家居住地的原因，宋步云在《仰之弥高，钻之弥坚》中曾写道：“旧艺专没有教职员宿舍，为了教员教学方便，生活安定，徐先生嘱咐我一定设法廉价购置宿舍。我协助徐先生多方联系，解决了宿舍问题，先生这才放心。”在宋先生的《年表》中也记述了当时购置或租用的宿舍不止一处：水磨胡同、洋溢胡同14号院和47号院、煤渣胡同、火神庙胡同、罐儿胡同及东总布胡同、大雅宝胡同、裱褙胡同等多处四合院。大雅宝胡同甲2号是其中之一。下文就将以大雅宝胡同甲2号所居住的艺术家、学者为线索拉开这一“历史现场”的大幕。

时间节点之一：1948年

1948年是大雅宝胡同甲2号第一次集中迎来入住者的一年。前一年住进这里的叶浅予是大雅宝的第一个艺专教授，他和夫人戴爱莲仅在这里住了约一年就另迁新居。叶浅予夫妇搬走后，董希文一家住进了他们先前的屋子。同年，滑田友、李苦禅、李可染、李瑞年等也纷纷入住大雅宝。几乎同时，毕业留校的韦江凡也住了进来。不过，在这乔迁之喜以前，他们才刚刚经历了一场北京艺坛的大风波——北平艺专三教授罢教事件，而牵涉其中的核心人物就有执掌北平艺专大权的校长徐悲鸿。以上所说诸人之所以住进大雅宝，自然是因为他们是艺专教员，而他们之所以能成为艺专教员大多得益于徐悲鸿。因此，这批教员大多是新派人士，他们到北平艺专的价值不仅在于简单的教学，更有推进徐氏理念等内在原因。

1946年，徐悲鸿重组北平艺专，人事任免之事都要经过他的同意，教员们多是他直接邀聘。先说说最早进驻大雅宝胡同甲2号的叶浅予先生，他与徐悲鸿是老相识，早在30年代中期他们就在南京认识了，介绍人是当时上海一带赫赫有名的出版人邵洵美。当时的徐悲鸿已先后在南国艺术学院、中央大学、北平艺术学院等学校任教，是西画界的领军人物。叶浅予也以“王先生”等成功形象在漫画界占有一席之地。1944年5月，叶浅予在重庆举办“旅印画展”，作品主要是他应邀访问印度时所画的一批国画速写人物。展览得到徐悲鸿的肯定，并撰文评述、赞扬。1947年，从美国访问回来不久的叶浅予，应徐悲鸿邀聘出任北平艺专国画系教授。也就是在这一年，他住进了大雅宝胡同甲2号。

李可染与徐悲鸿认识是在抗战时期的重庆。当时重庆作为战时陪都，聚集了一大批文艺界人士，徐、李也在其中。1942年，徐悲鸿偶然看见李可染的水彩风景画，极为欣赏，亲自写信并以水墨画《猫图》来交换。这一年，李可染开始画牧牛题材的作品，寄托家国情怀。在当年重庆的画家联展上，徐悲鸿甚至订购了一幅他的《牧童遥指杏花村》，两人的交流也越来越多。当时，徐悲鸿收藏有齐白石的作品，李可染常去借阅、参考，对其画风的转变影响颇多。也为此后1946年，李可染同时接到北平艺专和杭州艺专的聘书，最终选择北上，埋下了伏笔。

李苦禅与徐悲鸿的渊源要早许多，徐只比李年长几岁，但说起来却还有一段“师生”关系。1918年，二十出头的李苦禅来到北京，入“北京大学画法研究会”学习西画。这时徐悲鸿尚未出国，在“画法研究会”教授素描和西画，李苦禅曾随其学习炭画，还临摹过徐氏的油画《搏狮》。1946年，徐悲鸿邀请在济南工作的李苦禅到北平艺专，任国画系教授。

李瑞年20世纪30年代在比利时皇家美院学习时就结识了在那里留学的吴作人，回国后他又与王临乙同在战时迁于昆明的国立艺专任教，吴、王两位都是徐悲鸿的得意门生。1940年，经吴作人介绍，正在教育部美术教育委员任职的李瑞年结识了徐悲鸿。两年后，徐氏在重庆组建中国美术学院，李瑞年被徐聘为副研究员。1947年，中国美术学院已被并入重组的北平艺专，李瑞年也在艺专担任教授。除了李瑞年，吴作人还是董希文的介绍人。1946年，从敦煌归来不久的董希文，经李宗津、吴作人的介绍认识了徐悲鸿。徐悲鸿一向爱惜人才，对董希文的绘画才能非常欣赏，很快聘其为北平艺专副教授。徐悲鸿曾在《益世报》上发表文章《介绍几位作家的作品》，文中就盛赞董希文的《瀚海》《马叔衡像》等作品。

徐悲鸿对滑田友和韦江凡则有知遇之恩。1930年，29岁的滑田友创作了木雕《小儿肖像》，并将照片寄给徐悲鸿，结果受到徐悲鸿赞赏，两人当年即在南京见面。后经徐悲鸿帮助，滑田友成为雕塑家江小鹣的助手，正式开始了雕塑生涯。三年后，徐悲鸿赴法国举办展览，也带滑田友到欧洲留学。在徐的帮助下，滑田友成为巴黎国立高等美术学校的预备生，并结识了在法国学习的王临乙、吕斯百等人，从此开启了他的留学生涯。1947年，吴作人赴法举办展览，受徐悲鸿委托，当面邀请滑田友回国任教。次年，滑田友回到了诀别十几年的祖国，出任北平艺专雕塑系教授。韦江凡出身贫寒，少年即成孤儿，从小学开始即以勤工俭学的方式读书。1942年，他考入西安私立中华艺专学习美术，后来一边做美术教师，一边跟随赵望云学习中国画。1946年，在徐悲鸿的帮助下，韦江凡先成为北平艺专的旁听生，后来又成为正式学生。他在校期间成绩优异，颇得徐悲鸿的器重，毕业后留校任教。

因此，第一批入住大雅宝胡同甲2号的艺术家都与徐悲鸿有着密切的关系，或是志趣相投的好友，或是一直辅助的晚辈。回望中国近现代美术史，徐悲鸿占据如此不可替代的重要位置，除了他本身的艺术以及艺术教育的成就之外，很大一部分要归功于他广结挚友、提携后进、培养人才方面的成绩。

再回到三教授罢教事件。1947年10月1日，北平艺专国画系教员秦仲文、李智超、陈缘督三人因对徐悲鸿重组艺专以来在国画教学、招生等方面采取的种种措施感到不满而罢课。并于次日，在《北平时报》上发文对徐悲鸿提出质询。这次的罢教事件，表面上看只是三位教员对徐悲鸿就任以来针对中国画教学的措施表示不满，核心的矛盾则是中国画改革过程中的观点之争。在这次事件中，我们能够明显看到徐悲鸿的态度从始至终都非常强硬，且最后的结果以继续强力推行用素描改革中国画的措施而告终。暂且不论这次论战中的是非对错，其结果无疑显示了徐悲鸿此时在北平艺专乃至中国美术界不可撼动的坚实地位。而之所以有这样的结果，与其此前接受的经验教训及重组艺专以来采取的种种措施直接相关。1928年徐悲鸿初掌北平艺专，即欲推行国画的写实主义主张，但是阻力甚大，并发生萧俊贤、陈半丁辞教事件。孤掌难鸣，新政难行，无奈之下徐悲鸿任职仅四个月就只好辞职南下。这一次的教训不可谓不深刻，于是徐悲鸿1946年第二次执掌北平艺专之初，即辞退溥雪斋、胡佩衡、吴镜汀、溥松窗等颇有名望的传统派画家，并新聘叶浅予、李苦禅、李可染、宗其香、李斛等人教授国画。这些新聘教员如前文所介绍，不仅大多与徐悲鸿颇有私交，且都不属于国画中的传统一派。叶浅予是漫画出身，40年代才转习国画；李苦禅早先学习西画，又曾求教徐悲鸿，后师从齐白石，而齐白石又为不少传统派所轻；李可染亦是先习西画，且到北平不久即拜入齐白石门下；宗其香、李斛更是早就接受了徐悲鸿的写实主义主张。可见，仅在国画一科，徐悲鸿已将旧艺专的格局整个改变了，更不必说西画、雕塑各位教员的意见。1947年10月15日，当时全国美术会的部分北平会员发表公开宣言，认为在罢教事件中北平美术会针对徐悲鸿的私人攻击实属不当，联名者十六人均为北平艺专教员，也都是徐悲鸿的亲信和学生，其中就包括李可染和李瑞年。由此可见，徐悲鸿重组艺专时亲聘的教员是经过深思熟虑和精心布局的，这些人当是他推行写实主义艺术主张的中坚力量，最早入住大雅宝的这批人即是其中不可忽视的重要力量。再加之徐悲鸿在当时政界、文化界的影响力与颇深的人脉关系，“三教授罢教事件”这场风波的最终结果是徐悲鸿的完胜并不足为奇。今天看来，这既是新旧势力、艺术观念的一次冲突，也是一次历史发展逻辑中无法回避的过程。而艺专教师在1948年前后集中入住大雅宝胡同甲2号，正意味着北平艺专的稳定与新时代的开始。

时间节点之二：1953年

1953年9月26日徐悲鸿因病逝世，而此前的四年间，他在获得无数尊崇与荣耀的同时，心中或许也有非常复杂的一面。1949年，人民解放军进入北平。同年，华北大学三部美术系与北平艺专合并，成立“国立美术学院”，并于次年正式更名为中央美术学院。身为首任院长的徐悲鸿本应是志得意满、大展宏图的时候，可新的政治环境和文艺政策却令他有些难以适应。三年前，他可凭绝对实力强行推动自己的写实主义艺术主张；而三年后，徐悲鸿却发现在新中国提倡的“文艺为工农兵服务”的现实主义艺术面前，他显得有些跟不上步伐，甚至有些开始边缘化了。1950年，他创作《毛主席在人民中》，本欲参加在苏联举办的“中华人民共和国艺术展览会”，却未通过最终审查。同一时期，“他撰写的赞扬希腊罗马艺术传统的文章，被《美术》杂志以不合时宜为由拒绝发表”。[2]徐悲鸿这种出人意料的境遇或许是可以想见的，但对于那一历史节点的当事者无疑是个打击。1949年，徐悲鸿在《介绍老解放区美术作品一斑》的文章中曾有过这样的表述：“我虽然提倡写实主义二十余年，但未能接近劳苦大众。”[3]这或许是句客气话，但实际的结果是他在艺术上和实际对学校的管理上都受到了冲击。

徐悲鸿在艺术上的困境显然不是个例，大雅宝的艺术家们也同样面临着“改造”的课题。1950年，花鸟画不能够为无产阶级服务的声音就已经出现，擅长大写意的李苦禅饱受其苦。一次酒后，他挥笔给毛泽东写了一封长信，要求解决自己的不公正待遇问题。李苦禅与毛泽东本是“留法勤工俭学会”时的同学，毛泽东特派中央办公厅田家英去找王朝闻、徐悲鸿等过问，算是解决了此事。李苦禅的个人待遇问题虽然得到处理，但后来却被安排到陶瓷科和王青芳一起画瓷器，远离了中国画教学岗位。中国画改造显然还在继续，且进一步上升到政治要求和思想觉悟的纲线。此时在中央美院任职的国画家们正好处于改造的风口浪尖，面对着前人不曾面临的问题，无论是被迫还是主动，他们确确实实在传统、革新、中西、融合等命题上做出了不少探索。1951年，李可染与夫人邹佩珠共同起稿，最终李可染创作了一生唯一一张新年画《劳动模范赴北海公园》并获奖。而此前他在1949年以大写意的方式创作的人物画《领得土地证 洗雪千年泪》《老汉活到八十八 才知军民是一家》等作品是受到质疑的。再有，新中国成立之后政府对古代石窟等文化遗产十分重视，多次组织考察团到重要石窟寺院考察。1952年，文化部组织考察团赴甘肃炳灵寺石窟，13位成员中有李瑞年、张仃、李可染三位“大雅宝”教师，在赴甘肃途中，他们还参观了龙门石窟、西安碑林、茂陵等古代遗迹。这次考察只是五六十年代众多石窟遗址考察中的一次，这些考察活动不仅是为了保护古代文化遗产，也是让新中国的艺术家能够吸收民族传统，创造出具有民族特色的艺术作品，其影响深远，不仅在中国画领域，更涉及油画、壁画的创作。1954年，中央美院把许多从事国画创作的教师集中起来进修，训练他们画模特儿、白描、勾勒等，以便为今后的新年画、连环画等创作做准备。在这里进修的国画家里就有叶浅予、李苦禅、李可染等人。而那时的中央美术学院已然没有了中国画系的设置，李可染先生在教水彩。李可染试图以自己的方式改变中国画的窘境，他请邓散木刻了“可贵者胆”“所要者魂”两枚印章，决心变革中国画。他与张仃、罗铭南下江苏、浙江、安徽等地写生，三个月后归来，在北海公园举办三人联展。李可染的作品尤为出众，在当时引起反响，黄永玉撰文《可喜的收获——李可染江南水墨写生画观感》进行评述。也就是在这一年，彩墨画科从绘画系分出，发展为彩墨系，后又改为中国画系，奠定了今天中央美术学院国画系的基础。也正是在这些改造实践的前提下，张仃于次年6月在《美术》杂志上发表《关于国画创作继承优良传统问题》一文，对国画界存在的“保守主义”和“虚无主义”两种现象做了分析。

从他提出的改革中国画的方法步骤中，能够很明显地看出他正在继承传统与借鉴西方、写生与临摹之间寻求着平衡。1956年，中央美术学院成立中国画革新小组，张仃为组长，成员有李可染、叶浅予、蒋兆和。可以说在新中国成立初期的中国画革新中，大雅宝的艺术家确实做了不少事情，而且这其中也有一个细节值得注意，就是李可染在国画改革的过程中对邻居董希文意见的重视。因为当时认为中国画尤其是山水画较之西方的风景画表现力有明显的不足，而李可染希望通过写生可以改变山水画在此方面的不利因素，故而他常为此与董希文探讨，虽然两人未能达成完全一致，但在相互的切磋中，李可染对中国画的视觉表现力有了更深刻的认识。经过三次重要的写生活动及反复的实践，李可染在山水画创作上可谓独树一帜，他的《万山红遍》《漓江胜境图》《井冈山》等作品成为20世纪中国艺术具有标志性的作品。

徐悲鸿去世的这一年，李苦禅搬出了大雅宝胡同，从此这里少了一位舞大刀、唱京戏的中国画家。这一年搬出的还有吴冠中。吴冠中是董希文在国立杭州艺专时的同学，他1947年留学法国巴黎国立高等美术学校，1950年毕业回国。董希文把吴冠中推荐进入了中央美术学院。[4]

但是徐悲鸿与吴冠中这两个宜兴老乡显然话不投机。刚刚回国的吴冠中对国内环境并不了解，且艺术观点与徐悲鸿的个人主张和新中国的文艺政策颇有些“格格不入”。他虽然进入中央美院，却最终在1953年被调到清华大学建筑系教水彩，只教技术，远离意识形态。在此之前的1952年底，李瑞年已应卫天霖之请到北京师范大学美术系执教，也搬出了大雅宝胡同。这也就形成了大雅宝胡同甲2号新中国成立后的第一次多位艺术家的人员更迭。

有人搬走，也有人进来。黄永玉和张梅溪夫妇就是这时候住进来的。黄永玉少年离家远游，在集美中学读书时就阅览群书，十四岁即加入中国东南木刻协会，在版画方面经验丰富。1947年，他在上海加入中华全国木刻协会，次年又与夫人张梅溪到了香港，逐渐成名。1953年，在表叔沈从文的劝说下到北京工作，在中央美术学院版画系任教，他重要的木刻作品《春潮》《阿诗玛》都是这一时期创作的。黄永玉的夫人张梅溪也十分爱好艺术和文学，迁居北京后，张梅溪开始儿童文学创作，曾写有《在森林中》《好猎人》《绿色的回忆》《我的家在草原》等作品。70年代末，她开始中国画、油画创作，后来还在香港举办过展览。1953年，丁井文、郑学文夫妇也住进了大雅宝宿舍，此时李苦禅一家正好搬出，他们住的是苦禅先生用过的一间房子。丁井文曾在河南艺术师专学习，当过美术教师，抗战爆发后他曾组织抗日游击队。1939年丁井文到达延安，次年进入鲁艺美术系学习。40年代中期开始，他长期在中央警卫团工作，其间还做过毛泽东女儿李讷的美术老师，与毛泽东、朱德、周恩来等领导人相熟。1949年新中国成立后，丁井文重回老本行，先在中央美术学院工作，又于1953年主持筹建中央美院附中，并担任校长多年，对新中国的美术教育工作贡献良多。

不可忽视的是，在此前的一年，大雅宝胡同甲2号的多位艺术家都开始参与人民英雄纪念碑浮雕的创作。1952年，人民英雄纪念碑工程启动，国家调集大批力量参与纪念碑建设，包括中央美院、中央美院华东分院在内的很多艺术家都参与进来。在大雅宝居住过的中央美院教员里，除雕塑家滑田友（此时已搬出大雅宝胡同）亲手创作浮雕《五四运动》外，彦涵、董希文、邹佩珠也都参与了画稿的设计、起草工作。彦涵设计了《胜利渡长江》的稿子，董希文和邹佩珠则参与了《武昌起义》的起稿工作。除了这些直接参与人民英雄纪念碑建设的艺术家外，曾在“大雅宝”居住过的王朝闻是纪念碑兴建前期的重要当事人。他在国立杭州艺专学习时，曾受教于刘开渠。得知修建人民英雄纪念碑的消息后，刘开渠先生给王朝闻写信，希望参加这项工作。此时的王朝闻已调任中宣部，并参与人民英雄纪念碑兴建委员会的成立工作。收到老师的来信，王立即向领导提出建议，最终确定由刘开渠主持纪念碑的雕塑创作。

从1949年9月30日奠基到1958年5月1日落成揭幕，人民英雄纪念碑凝聚了太多人的努力，也成为新中国成立以来第一个国家级大型公共艺术项目被载入史册，而这其中也有多位“大雅宝”艺术家的贡献。

时间节点之三：1956年

1956年是新中国十分重要的一年，这一年三大改造完成，社会主义制度基本建立。而对于文艺界，它更是可喜的一年——毛泽东提出了“百花齐放，百家争鸣”的科学文化的方针政策，艺术家们在短期内拥有了一个相对自由的言论和创作环境。这一年也是大雅宝人员流动较大的一年，一批教员搬出，几个学生住了进来。

1956年，筹建一年多的中央工艺美院正式成立，中央美院的一批教师被调走。说到中央工艺美院的建立，张仃起到了非常重要的作用。张仃一家是1952年搬进大雅宝胡同的，在这里住了差不多五年。20世纪30年代，张仃曾在北平美术专科学校学习国画，抗战爆发后参加“抗日宣传队”，1938年到达延安。此后他先后在延安鲁艺、文艺界抗敌协会、华北大学三部美术系、东北画报社从事教学、文艺工作。1949年北平解放，张仃和王朝闻等一同参与北平艺专的接管工作，并于1950年正式任教于中央美术学院，担任实用美术系主任。在建国初期的一年多里，他主持或参与完成了全国政协会徽、第一届政协会议纪念邮票、开国大典、国徽等一系列国家重大设计任务，可谓劳苦功高。1955年，中央工艺美术学院开始筹建，在原中央美术学院实用美术系、中央美院华东分院实用美术系、清华大学营建系等师资基础上，又吸收了不少归国专家，最终于1956年正式成立。建院过程中，张仃一直担任主要工作，并于1957年调任中央工艺美院第一副院长。1956年，因调任工艺美院而从大雅宝宿舍搬出的有祝大年、柳维和、袁迈和程尚仁。祝大年曾在国立杭州艺专学习国画，后到日本学习工艺美术，对陶瓷工艺钻研尤深。回国后，他始终致力于中国陶瓷事业的发展。1949年，应中央轻工业部部长黄炎培的邀请，祝大年到北京工作，先后任职于轻工业部、中央美术学院。他是建国瓷的主要制作人，对新中国陶瓷业的振兴功不可没。1956年，中央工艺美院成立，祝大年调任工艺美院陶瓷系主任。柳维和、袁迈、程尚仁都是实用美术系的教员，他们最早在国立杭州艺专（后更名中央美术学院华东分院）工作，50年代调到中央美院工作，1956年又都调到了中央工艺美院。

在这个特别的年份里，大雅宝胡同甲2号迎来了一对中央美院学生小夫妻——万曼和宋怀桂。万曼是保加利亚的留学生，1953年毕业于索菲亚艺术学院后，又到中国留学，先后在中央美术学院和中央工艺美术学院学习。此时，中国已与社会主义阵营的国家建立了相对稳定的外交关系，也有一些国家派遣留学生。虽然人数很少，却是中国文化与国际交流的重要渠道之一。有位外国人住在大雅宝原本就是“稀罕物”，而更稀罕的是他还娶了位中国姑娘作夫人。宋怀桂是北京姑娘，在中央美术学院学习油画，住在大雅宝的董希文就是她的老师。一个是来自异国的青年小伙儿，另一个是美丽浪漫的中国女孩，两人情投意合、互生情愫，却因国籍问题而难以结合。最后，还是由敢打敢冲的宋怀桂给周恩来总理写信，在经过4个月漫长的等待之后，他们的结合成为总理亲批的跨国婚姻。1959年，宋怀桂随万曼去了保加利亚，后来又移居法国。万曼回国后在自己的母校索菲亚艺术学院建立了壁挂系。改革开放后，万曼夫妇于1986年再次来到中国，出任浙江美术学院（现中国美术学院）的客座教授，万曼带领着当时一批青年教师创办万曼壁挂研究所，其中的谷文达、施慧等后来成为中国当代艺术界非常重要的艺术家。2016年，在杭州举办了首届纤维艺术三年展，大家公认30年前万曼创立的壁挂研究所正是这一重要的国际化艺术项目以及中国当代纤维艺术的摇篮。而万曼的夫人宋怀桂更成为中国改革开放后文化艺术界标志性的人物。她是皮尔·卡丹（第一个进入中国的法国服装品牌）的中方首席代表，甚至被誉为西方知名的中国时尚女王。她把法国时装、饮食文化带入中国，也第一次把中国模特带上了西方舞台，多次组织大型中华服饰文化秀，令全球时尚界开始关注中国。她还是北京市第一家中外合资餐厅马克西姆的创始人。在20世纪80年代，马克西姆餐厅在北京是最具人气的时尚之地，崔健曾在这里演出，也是很多明星的聚会场所。如今，万曼和宋怀桂的部分遗物据说已被即将建成的香港M+美术馆收藏，成为可被研究的历史。

20世纪50年代后期的大雅宝胡同甲2号还住着另外一对国际夫妻，捷克斯洛伐克的贝亚杰和朝鲜女子李起顺。贝亚杰是版画系的研究生，据张仃之子张朗朗回忆，他是捷克前国脚，曾带着大雅宝的孩子们横扫南小街。贝亚杰性格开朗，爱说爱笑，留学期间还参加过美院的团组织活动，李可染曾作过《钟馗图》相赠。贝亚杰还成了美院老师们晚画会“十张纸斋”的模特。[5]现存有吴作人、李斛两位先生用毛笔为贝亚杰所画的肖像。尤其是李斛先生在1955年为贝亚杰所画的这幅作品，成了他写生的代表作被反复出版。

其实早在万曼和贝亚杰之前，就有捷克学生海兹拉尔在中央美院学习了。海兹拉尔是捷克研究齐白石的重要专家，他1951年到中国，曾先后在清华、北大学习中文。从1953年开始，海兹拉尔学习中文的同时，也在中央美院跟随王逊先生学习美术史、中国民间艺术，也画画、做木刻。在此期间，海兹拉尔结识了李苦禅、李桦、李可染、张仃、林风眠、张光宇、黄永玉等著名艺术家，当然还有最重要的齐白石。据海兹拉尔回忆，他那时经常到大雅宝去和那里的老师们交流。他向李苦禅求教中国画的问题，曾说："他所画的老松、仙鹤、菊竹以及荷池都令人神往。寥寥几笔便勾画出枯苇和珍珠鸡的轮廓，诗一般的意境。" 1956年9月，江丰校长、李可染教授、李苦禅教授、刘金涛老师以及同学们一同协助，为海兹拉尔和李玳君举办了婚礼，黄永玉是他们的证婚人。海兹拉尔夫妇常到黄永玉家里做客，张梅溪的厨艺令他们赞不绝口。结婚后，当海兹拉尔夫妇准备回国时，黄永玉与张梅溪专门请他们夫妇来家中做客道别。如今李玳君女士还保留着黄永玉邀请他们赴宴的请柬，是一张印有菊花的版画。旁边写着："为了我们的友谊，为了太美的菊花的季节，请务必光临。" 海兹拉尔和李玳君夫妇回到捷克后，依旧与李可染、黄永玉等艺术家保持书信联系。现收藏于北京画院的齐白石画册《可惜无声》，即是李可染先生在1958年寄给海兹拉尔的。1970年，经过多年努力，海兹拉尔在捷克出版了《齐白石》，这是在捷克所出版的第一本全面介绍齐白石艺术的重要著作。

1956年的中国相对封闭，大雅宝胡同甲2号居住着像保加利亚的万曼、捷克的贝亚杰、中国香港回来的黄永玉夫妇、曾经留学日本的王曼硕以及常来串门的海兹拉尔，可谓是四合院中的艺术的国际交往平台。

时间节点之四：1973年

1973年在大雅宝宿舍居住时间超过二十年的两个人相继离开。不同的是，李可染搬到另一个地方，董希文去到了另一个世界。

1973年1月8日，未满59岁的董希文在病床上从容离去，最后一句话："把我放平。" 董希文从1948年搬进大雅宝，在这里住了25年，《开国大典》《千年土地翻了身》《红军过草地》《百万雄师渡长江》等重要作品都是在这里完成的。"文革" 摧残了多少伟大的文学家、艺术家、知识分子，我们不得而知，但董希文无疑是其中的一个。且不说他的身体遭受过怎样的迫害，仅《开国大典》一画给他带来的精神折磨就非同一般。这件作品因主题内容的选择和艺术手法的成功，自诞生之日起就被视为新中国最重要的油画作品之一。他因为这件作品获得了巨大的荣誉，但也因这件作品经受了太多的抑郁。1953年5月，董希文与丁井文、周扬等一起到中南海怀仁堂陪同毛泽东、周恩来等中央领导观看美术作品。毛泽东前后三次观看《开国大典》，兴奋地说："是大国，是中国。我们的画拿到国际间去，别人是比不过我们的，因为我们有独特的民族形式。" 自此《开国大典》一直被视为油画民族化的代表作品。但仅仅一年后，"高饶事件" 发生，董希文奉命将高岗从画上抹去。1971年，已被确诊为癌症的董希文又再次接受上级指示去掉已被打为 "叛徒、工贼" 的刘少奇画像，改为董必武全身像，此时他心情极度矛盾、抑郁。然而改画并未结束，1972年他再度奉命去掉画中某些人物，但此时的董希文身体状况已经极差，根本无力再去修改，只好在他的指导下，由靳尚谊临摹一张。董希文的离世带给后人的是对时代与个人命运的无尽的思考。

比董希文略幸运一些，他25年的老邻居李可染虽然也在“文革”中饱受冲击，但最终还是坚持了下来。李可染一家在这一年搬出了大雅宝胡同，迁到三里河居住。此时已到“文革”后期，他于1971年奉周恩来总理的指示调回北京，有了再拾画笔的机会，不但给民族饭店和外交部分别绘制了巨幅的《阳朔胜境图》，而且还与吴作人一起接受访谈，并被整理为《李可染、吴作人谈齐白石》一文，发表于1973年第12期的香港《七十年代》上。一切看起来都是时来运转的好兆头，可是不幸马上就又到来。就在第二年，《李可染、吴作人谈齐白石》一文，被诬为“妄图否定无产阶级‘文化大革命’的右倾翻案风”，而大受批判;《阳朔胜境图》也被指责为“黑画”。好在已经习惯了此前的游街、关牛棚等非人待遇，对于新一轮的批判李可染也能泰然处之，最终还是熬到了出头之日。只是他再也没有机会去征询董希文对自己作品的看法，再也没机会听到那位老邻居发表关于中、西画表现力的见解了。

同在这一年搬出大雅宝的还有住了近二十年的常濬一家。常濬之前在故宫博物院从事文物管理工作，1954年被选调到中央美术学院，主持美院陈列室工作，负责保管、修复历届美院毕业生的展览工作。据子女回忆，常濬有时也到外面收购古玩字画，充实美院馆藏和教学范本。常濬本就擅长字画修复，后来又从苏联专家秋拉阔夫那里学会了油画修复，发表过相关文章，还修复过徐悲鸿早年的油画，以及国外来华展出不慎破损的油画作品。因工作调动，常濬一家于1954年住进大雅宝，1973年迁出。

影响甚大的“黑画事件”发生于1974年，此事缘起是在1973年。当时不少国画家牵涉其中，大雅宝胡同的几位画家更是首当其冲。当时北京饭店在王府井大街附近修建了新楼，周恩来总理指示，安排一批画家为新楼做些装饰工作。此事由美术界的袁运甫、吴冠中、祝大年和黄永玉负责，众多画家参与其中。这时许多画家正值“五七干校”学习结束，能有作画的机会都非常高兴，却不想这一举动被“四人帮”利用，作为进一步攻击周恩来的工具。

从1973年底的密谋筹划，到1974年初姚文元批判根据周恩来指示精神所编的《中国画》画册，再到“黑画”展览在中国美术馆和人民大会堂展出，包括黄永玉、李可染、李苦禅、吴作人、黄胄、宗其香、许麟庐等多位画家的作品遭到批判。在这些所谓的“黑画”中，不仅有专为北京饭店所画的作品，还有从全国各处搜集上来的绘画，其中不少还是优秀之作，却都被作为反面教材上纲上线、大肆批判。其中首当其冲的就是黄永玉，他本是北京饭店装饰工作的组织者，所画猫头鹰并不是给饭店装饰的作品，却仍以“炮制者”之名遭到批判，因他所画猫头鹰睁一只眼闭一只眼，被诬为“仇恨社会主义革命现实，仇恨无产阶级‘文化大革命’”。李苦禅在《荷花图》中画了八朵荷花和一只小鸟，结果那只鸟被指为暗讽江青称霸，而八朵残荷被说成八个样板戏没人看。此外，还有宗其香画的三只虎被附会为三虎成彪，为林彪翻案；黄胄的毛驴更成为他“驴贩子”的明证。如此种种，看似荒唐，却都切切实实地在当时发生了。这场“文革”后期的“黑画”风波，不仅给大雅宝的画家造成了进一步的精神打击，也是中国现代美术史上一场滑稽而悲哀的闹剧。

大雅宝胡同甲2号的艺术圈与齐白石

大雅宝胡同甲2号从20世纪40年代开始居住的多是美术界知名人士，交游圈子都比较广，因此常常有不少文艺界的名人进进出出。除了校长徐悲鸿外，像齐白石、吴作人、萧淑芳、吴祖光、新凤霞、黄胄、黄苗子、郁风、沈从文、华君武、赵丹、黄宗英、郭沫若、于立群等都来过。特别是齐白石老人，既是画坛前辈，也是大雅宝人的共同老友。身为徒弟的李苦禅、李可染自不必说，叶浅予、黄永玉、张仃、王朝闻、范志超等也都与老人相熟。李苦禅为齐白石大弟子众人皆知，刚入门时，这位徒弟白天学西画，晚上学国画，结果几年间画艺精进，让老师高兴不已，溢美之词屡屡可见。李苦禅最擅大写意花鸟，白石老人曾有“英也过我，英也无敌，若老死不事大名，是无鬼神矣”的赞誉。如此师生可堪名师高徒中的典范了。李可染入门虽晚，却是老人晚年最为倚重的徒弟。1947年，他在李可染的《牧童双牛图》上题：“中国画后代高出上古者在乾嘉间，向后高手无多。至同光间，仅有赵撝叔，再后只有吴缶庐。缶庐去后约二十余年，画手如鳞，继缶庐者有李可染。今见可染画多，因多事饶舌，记数言，后五百年必有定论。”评价之高，在齐白石处当属罕见。李可染有一枚非常珍视的印章，是齐白石所赠，上刻一“李”字，旁边还有一个小圆圈。徒弟最初不解其意，问老师这个小圆圈作何解，老人答道：“你身边配有一颗珍珠啊！”可染、佩珠出双入对，感情甚好，老人刻的这枚图章不但意匠独运，更见一片童心。50年代初，黄永玉搬进大雅宝不久，即经李可染介绍拜访了齐白石，还受到老人“一碟月饼，一碟带壳的花生”的招待。二人是湖南老乡，虽然从未相识，且年纪相差极大，却一起聊天、吃螃蟹，相谈甚欢。黄永玉创作过一幅木刻《齐白石像》，时间就在与老人相识不久的1954年。张仃与齐白石相识也是在解放后，还收藏有齐老的画作精品，其中最珍贵的是那幅《葫芦》。此画上有题款“九十八岁白石”，当为白石老人绝笔之作。据张仃回忆，白石老人逝世后，每隔一段时间，李可染夫妇、黄苗子夫妇以及张光宇兄弟等就会结伴去他那里欣赏此画，充满对老人的无限缅怀。说起藏画，范志超有一幅齐白石的《牡丹》，1951年老人89岁生日时亲绘一幅《牡丹》赠之，并题“莲花心地，雪藕聪明”称赞。

叶浅予和齐白石相识是在1935年。当时叶浅予到北平，在一位金石家的介绍下见到齐白石，叶浅予以速写肖像赠齐，老人则以一小幅《拜石图》回赠。1947年，叶浅予应徐悲鸿邀聘执教于北平艺专，此时齐白石亦为北平艺专名誉教授，叶浅予常到齐老家里做客、买画。北平解放前夕，溥心畬、齐如山（梅兰芳琴师）等先后规劝齐白石赴港台，老人犹豫未决，后来经叶浅予、徐悲鸿、李苦禅等劝说最终留在北平。50年代初，齐白石之前的护士夏文珠出走，齐老非常感伤。叶浅予又出面帮忙，经过与美协领导商量，找来湖南的伍德萱陪老人走完了最后的旅程。王朝闻与齐白石认识是在1949年，据包立民在《漫话叶浅予》一书中所记，北平解放不久，叶浅予曾带艾青、江丰、王朝闻去拜访齐白石，起初齐老不知情况，还十分紧张，待说明来意后，气氛缓和，老人还各赠画一张。不过根据简平所著《王朝闻传》中的记载，王朝闻认识齐白石要稍晚一些。1949年冬天，李可染发起艺专同人一同为齐白石祝寿，以纾解老人因家事纠纷而不快的心情。那天包括徐悲鸿夫妇在内的许多艺专教员都去道贺，王朝闻也在其中。简平说，就是在这一天，王朝闻结识了齐白石。此后王朝闻与齐白石的交往渐多，1953年，他还受中宣部委派，转交毛泽东给齐白石的九十寿辰贺礼。二人结识后，王朝闻曾作多篇文章评述齐白石的艺术，并为齐白石纪录片的拍摄以及《齐白石全集》的出版花费过不少心力。

在20世纪四五十年代，能够把大雅宝的艺术家联系在一起的，除了徐悲鸿就是齐白石了。这种“联系”并非是以老人为中心的团体或画派，而是一种精神向导和榜样力量。齐白石自“衰年变法”之后，渐显大名，作品雅俗共赏的性质更加速了其声名的传播。抗战结束时，他已年近九十，凡在京的文艺界人士无不想慕名拜访。20世纪50年代，齐白石更成为无可争议的艺坛泰斗。在这样的情况下，白石老人已经成为当时艺术界的一个象征，他对周围人所产生的感染作用和凝聚力是无形而深远的。

大雅宝胡同甲2号的“艺二代”

大雅宝既是一个艺界人才的聚集地，也是人才培养地，在这里成长的孩子们有不少在以后的人生中都选择了艺术这条路。像李可染之子李小可、李苦禅之子李燕、黄永玉之子黄黑蛮就是当中的代表。李小可生于抗战后期的重庆，1946年随父母到北京，是在大雅宝成长起来的。受环境影响，他从小就喜爱中国画，70年代开始照顾、协助父亲创作、生活、工作，也在父亲的指导下开始系统研习中国山水画。对于一个家学渊源深厚的艺术家而言，在先辈的成就之外走出一条自己的路子尤为不易，不过李小可始终在这方面不懈努力。这些年来，他先后数十次深入西藏、青海、长江源头、黄河源头、甘肃等西部藏族地区与黄山、太行山、燕山等地，跋山涉水去实地写生及摄影创作。在继承中国艺术的传统、西方艺术的精华与其父亲所创“李家山水”的同时，吸取外来艺术营养，丰富其艺术的广度与深度。如今已是北京画院艺委会主任的李小可更以“水墨家园”为念，探寻着自己的、符合时代的绘画之路。李燕于1958年进入中央美术学院附中，后来又进入中央美术学院中国画系学习。在学生时代他就极为勤奋，常常在星期天去动物园画速写，一次就是好几十张。他画中的猴子、熊猫等动物都活灵活现、极尽情态，与写生方面的苦功是分不开的。苦禅先生在世时，常常教导李燕画境要高，就要注重整体修养，以古代的著名文人为榜样。受苦禅先生影响，李燕对文、史、哲、宗教、民俗等均有涉猎，特别是在易学、金石学、民俗学方面颇有研究。“博学而约取，厚积而薄发”，这是他一直以来的为艺之道。黄黑蛮生于1952年，比李小可、李燕都要小些，“文革”开始时他才刚刚小学毕业，却因父亲的原因成为“反革命”家属，常常要“交代情况”。他在北京时就开始随父亲学画，1978年一家人回到香港，黑蛮在《美术家》杂志做助理编辑。80年代去意大利留学，才算真正进入艺术学院，接受专业的美术训练。他曾在意大利学雕刻，也对油画十分感兴趣，并颇有建树。与父亲的“鬼才”不同，黄黑蛮在为人、从艺上都更“老实”。他的作品不张扬，却十分耐看，既继承了父辈作品里的人文气质，又对现代社会生活十分敏感，这在他的城市街道作品中就能看出。除了以上三人外，大雅宝的孩子里从事与艺术相关活动的还有不少，如李可染之子李庚，李苦禅的女儿李健，黄永玉的女儿黄黑妮，董希文之子董沙贝，张仃之子张朗朗、张寥寥，彦涵之子彦东、彦冰，祝大年之子祝重寿、女儿祝重华和祝重喜等。他们的职业选择固然并不全因父母的缘故，但长辈们潜移默化的影响，以及自小所受艺术氛围的熏陶不能不说是一个重要原因。

结语

以研究的态度回望历史有两个核心问题：一是理念，以何种立场回望；二是方法，以何种方式进入。20世纪的历史还是一段有温度的历史，因为太近，很多问题还不能客观地厘清，更难进行完全的定义，所以此时更需要的是资料的整理、思考的举证。大雅宝胡同甲2号正是这样一个实在的、具有活性的地点。故而，笔者希望相对客观地回望。但由于研究时间以及能力所限，本文仅作为回望的开始。再有，笔者作为一个美术馆人习惯以展览的方式思考。因此，更关心情境与情境中的人和事，所谓知人论事，关心实物以及实物背后的“故事”，所研究的结果更希望是生动的而且可以交流的。

纵观从20世纪40年代末到90年代初，大雅宝胡同甲2号的三进院子，二十多间房子与中央美院的渊源超过40年，大雅宝胡同的人物，涵盖了中央美院学科建制的各个门类，所谓国、油、版、雕、史甚至是工艺美术。这里不仅是一个美院的宿舍，更是一个艺术圈、文化圈。它所建构出的小生态正是一处中国近现代美术史演进的“历史的现场”。

大雅宝胡同甲2号的艺术家们在校是同事，回家是邻居。孩子们每天在一起哄闹，老人们在一块儿唠嗑，上班同行，在家谈艺，几十口人像是一大家子，从工作到生活都多了不少交集。也只有在这样的环境中，李可染可以时常征询董希文对自己作品的看法，黄永玉能够和李可染一起拜访齐白石，董希文能够和王朝闻讨论油画民族化的问题，大院里的人可以看李苦禅耍大刀，听李可染拉二胡，听黄永玉弹手风琴，听常濬、邹佩珠唱京戏……这些仿佛是偶然的小事件，背后恰是历史的必然。这必然与校长徐悲鸿有关，与艺术发展的逻辑有关，甚至与大的历史进程有关。那些人物与事件初看起来仿佛是许多条平行线，却因为大雅宝胡同甲2号，这些平行线成了交织线。可以这样说，交织的点越多，此地的历史价值就越大。应该说大雅宝胡同甲2号的艺术家们代表了20世纪中期中国艺术的主流样貌。他们艺术风格的形成在一个转折的时代，这其中有自我的追求，更有时代的要求，有主动的探索，也有被动的塑造，但他们在通变中求变通，这是某种人生的态度，更是对艺术执着的爱。

总之，大雅宝胡同甲2号是写在正史旁边的真实，是大历史中的小历史，但这部小历史足够作为大历史的精华版带我们进入那个时代的现场，触碰大历史的神经。

注释

[1]李鸿谷:《1921的历史现场》,《三联生活周刊》2011年第26期。

[2]朱京生:《国立北平艺专三教授罢教与国画论争事件考察与研究(上)》,《中国美术研究》2014年第4期。

[3]徐悲鸿:《介绍老解放区美术作品一斑》，收入《徐悲鸿论艺》，上海书画出版社2010年版，第195页。

[4]在吴冠中的自述《永无坦途》中有这样的记述，或许可以作为参考:“离巴黎时，有人托我带点东西给滑田友，我找到大雅宝胡同中央美术学院的宿舍滑田友家。不意在院中遇见杭州老同学董希文，他显得十分热情，邀我到他家小叙，问及巴黎艺坛种种情况，最后提出想到我招待所看我的作品，我很欢迎。好像只隔一两天他真的去了旧刑部街，我出示手头的一捆油画人体，他一幅幅看得很仔细，说想借几幅带回去细看后再送回，当然可以，就由他挑选了带走。大约过了一星期或十来天，他将画送回，并说中央美术学院已决定聘我任教，叫我留在北京，不必回杭州去。当时徐悲鸿任中央美术学院院长，徐一味主张写实，与林风眠兼容甚至偏爱西方现代艺术的观点水火不容，故杭州的学生也与徐系的学生观点相悖。因之我对董希文说，徐悲鸿怎能容纳我的观点与作风。董答，老实告诉你，徐先生有政治地位，没有政治质量，今天是党掌握方针和政策，不再是个人大权独揽。董希文一向慎重严谨，他借我的画其实是拿到党委通过决定聘请后才送回的，用心良苦，我就这样进入了中央美术学院。”

[5]1953年11月，在画家李宗津建议下，吴作人、萧淑芳夫妇将地处水磨胡同49号的自家住宅开辟为供美院教师练笔作画的场所，这一活动在课余的傍晚进行，故称“晚画会”。吴先生的家后被大家称作“十张纸斋”。晚画会坚持到1957年。在反右运动中，“十张纸斋”被批判为“裴多菲俱乐部”而被迫终止。

本文载于《美术研究》2016年第5期

吴洪亮，1973年生，北京人，1996年毕业于中央美术学院美术史系。北京画院副院长，北京画院美术馆馆长。

马远《水图》与南宋的理想国

冯海涛

马远《水图》，共十二帧，现存于北京故宫博物院。绢本，设色，纵26.6厘米，横41.3厘米不等。现在的《水图》是以手卷形式装裱，而不是最初的册页形式。《水图》十二帧除第一幅外均有宋宁宗皇后杨氏题写图名，并书“赐大两府”，钤“壬申贵妾杨姓之章”朱文长方印。《水图》引首有明李东阳篆书“马远水”三字。拖尾也是他的题记，赞曰：“马远画水十二幅，状态各不同，而江水尤奇绝，出笔墨蹊径之外，真活水也。”后纸还有吴宽、王鏊等11家题记。该卷经南宋内府，明耿昭忠，清梁清标及乾隆内府收藏。李日华《六研斋笔记》、陈继儒《妮古录》、《佩文斋书画谱》、《石渠宝笈初编》、《式古堂书画汇考》、《南宋院画录》著录。

宋人绘画向来以体物之深为世人称道，方闻先生更是将这类宋人绘画归纳为“状物形”体系，以区分于从元代逐渐兴起的“表我意”体系文人画。[1]在此十二帧《水图》卷后的题跋部分，历代识者虽多有溢美之词，但核心赞语总结起来无非是“真活水也”。这个结论很容易让人联想到北宋的山水画大家——郭熙。在他所著《林泉高致》一书中，提出了画家要具备“所览欲淳熟”的能力，用今天通俗的话讲就是画家要具备画什么像什么的造型能力。

郭熙作为北宋宫廷最为重要的画家，对后世影响深远。马远的《水图》仿佛证明他也受到郭氏绘画理论的影响。既然历代俊贤都认为《水图》就是“状物形”的典范之作，这幅画作似乎不存在什么需要研究的问题，历代著录此画的言论也多集中在杨皇后的生平。一些记述更望文生义，将杨皇后自称的“杨妹子”指为皇后胞妹，还言之凿凿地说这个妹子叫“杨娃”。更有甚者，还因其经常为马远的绘画题诗，杜撰出一段杨娃与马远的情史。其实，早在元代，大儒吴师道就指出杨妹子即为杨皇后。[2]启功先生更是详尽地论述了为什么会出现杨皇后妹子这样的乌龙事件，盖因年代久远，将字迹模糊的钤印“杨姓”二字误解为“杨娃”。[3]这些笑谈恰恰是忽略了“赐予行为”与“状物形”作品之间的不对等关系，而去关心画作之外的风花雪月，才造成了至今为止学界都没能正视这件作品的价值。其实，郭熙还说过，画家除了具备“所览欲淳熟”的能力外，更要“所养欲扩充”。[4]用今天的话说，就是不单要画得像，还要有想法、有理念。在历代的评价中，大家好像都对此图的理念问题集体失焦。这使我有一探其中奥秘的冲动，而不是停留在浮夸的笔墨品评层面，只有这样，才能接近南宋画家的精神世界。

一、南宋御赐书画的用章规制与《水图》的官方文书属性

杨皇后的墨迹流传至今的除了本文所论之《水图》十二帧外，主要还有马麟《层叠冰绡图》题诗（现藏于北京故宫博物院）；马远《华灯侍宴图》题诗、马远《倚云仙杏》题句、《无款宋人桃花》题句（以上三幅现藏于台北故宫博物院）；楷书《薄薄残妆七绝册页》《蔷薇诗团扇》（以上两件现藏于美国纽约大都会博物馆）、楷书《四时节物七言诗》（现藏于美国普林斯顿大学附属图书馆）；马远《洞山良价渡水图》题句（东京国立博物馆收藏），马远《清凉法眼禅师像》题句、马远《云门大师像轴》题句（以上两件现藏日本京都天龙寺）；2013年香港嘉德秋拍流出一件楷书《清凉境界七绝诗》册页。

在这些作品中，有三件属于杨皇后的书赐行为，即马远《水图》、马麟《层叠冰绡图》、楷书《清凉境界七绝诗》。以上三件有两个共同特点：1. 明确赐予对象；2. 纪年、名款章俱全，或二者功能合为一方印章。

南宋以前的绘画不钤盖画家私印，所以在观看宋代绘画时，不能以今之法度去量古人之体。这一时期的皇家盖章属于官方行为，并不像后世文人画家那样去追求钤印的意趣，而更重辨伪功能及礼仪的作用。

这里需要纠正一个常识性误解，南宋时期帝后钤盖的是“宝”或“章”，而非“印”。宋初，皇帝除了拥有数枚宝之外，还在处理国内政务时兼用印。如“天下合同之印”，于“中书奏覆状、流内铨历任三代状用之”。[5]后因故废印不用，皆以宝代之。宋徽宗在位时，在门下省特设符宝郎四名，其中两人以中人充，掌宝于禁中。对于“宝”的使用，宋代有明确的规定：“镇国宝、受命宝不常用，唯封禅则用之；皇帝之宝，答邻国书则用之；皇帝行宝，降御札则用之；皇帝信宝，赐邻国书及物则用之；天子之宝，答外国书则用之……”[6]以宋初宝印分别用于不同的场合这一事实来推断，虽然宋徽宗之后合二功能为一，但应该还是通过印文及印的大小区分了对内的“私宝”与对外的“国宝”的适用范围。另外，在本文讨论的赏赐书画上，与章、宝同时出现的纪年章或篆文，使我们清晰地认识到，这些用章、用宝还是官方行为，而非私情。因为，宋代无论是宝还是印的使用，其重要作用就是防伪。为此，宋仁宗景祐三年（1036），负责铸印的少府监尝谏言生产一种防伪印，其重要防伪手段就是用纪年、月精确记录使用时间。

> 频有人伪造印记……次一匣篆寅印十二辰，亦十二字；中心篆正字，上连印钮，铸成转关，以机穴定之。用时逐月分对，年终转逮十二月，自寅至丑，终始使用。[7]

通过对宋朝用印、用宝制度的简要说明，我们获得这样两个重要信息：1. 南宋的赐书画行为是一种官方的奖赏体制，有专门的衙署负责用宝、用章，并非即兴行为；2. 马远《水图》的赐

予行为发生在宋宁宗嘉定五年（1212）。在现存的杨皇后书法中，马远《水图》、马麟《层叠冰绡图》、楷书《清凉境界七绝诗》书体一致，体例合规，三本相互印证可知《水图》书法应为杨皇后真迹。

二、《水图》的赐予对象及历史背景

既然《水图》是皇家赏赐给“大两府”的官方文书，这就更加说明它不可能只是“真活水也”的名家写生性质作品。要解开《水图》的真正含义，赐予对象“大两府”的具体所指将是关键所在。遍览《宋史》，我们也很难发现“大两府”三个字。在宋代的统治机构中，皇帝为了加强对内控制，以掌管军事的枢密院（西府）和掌管政务的中书门下（政事堂、东府）共同行使行政领导权，并称为“两府”，为当时最高国家机关。两府制的特点就是文武分权。

王明清的《挥麈录·后录》说：“每朝奏事，与中书先后上，所言两不相知，以故多成疑贰。”[8]为了避免唐末五代的军阀割据、拥兵自大的历史重演，宋朝才设置了这种相互制约的行政手段。但是，凡事有利必有弊，两府制也使政府的运作效率大打折扣，特别是在遇到战争的时候，很容易贻误战机。宋神宗的御史滕达道就曾指出两府共同执政的弊端：“夫战守，大事也，安危所寄，今中书欲战，密院欲守，何以令天下！”[9]既然两府制设置的目的就是平权、制衡，那么皇帝在任命两府长官的时候，正常情况下，自然不会安排同一个人兼任此要职。这就给我们提出一个问题，杨皇后要赐予的“大两府”是指东府、西府吗？如果是的话，这岂不是一次宋代版“二桃杀三士”的历史重现？明明在现实中是存在矛盾的两府，皇后何苦要拿一卷《水图》来难为他们？

要解开这个谜题，我们就得回到杨皇后的时代。《宋史·列传第二·后妃下》载：

> 恭圣仁烈杨皇后，少以姿容选入宫，忘其姓氏，或云会稽人。庆元元年三月，封平乐郡夫人。三年四月，进封婕妤。有杨次山者，亦会稽人，后自谓其兄也，遂姓杨氏。五年，进婉仪。六年，进贵妃。恭淑皇后崩，中宫未有所属，贵妃与曹美人俱有宠。韩侂胄见妃任权术，而曹美人性柔顺，劝帝立曹。而贵妃颇涉书史，知古今，性复机警，帝竟立之。[10]

通过《宋史》的记录，我们得知杨皇后是在宋宁宗嘉泰二年（1202）被正式册立为皇后的，而宋宁宗在嘉定十七年（1224）闰八月卒，宋理宗继位。结合《水图》的赐予行为发生在1212年这个历史事实，是否存在一个人或者一个机构在上述几个时间点上满足其职能高于“两府”之上，如果有，他就是本文的主角——那个《水图》的赐予对象。

查检《宋史》相关篇章，我们看到从杨皇后被册立前后至宋宁宗薨这段时间内，有三个人的职位真的可以称为“大两府”，他们分别是开禧元年（1205）被拜为“平章军国事”的韩侂胄，嘉定元年（1208）被拜为右丞相兼枢密使的钱象祖以及同年稍晚的继任者史弥远。而最后这一个史弥远更是从嘉定元年始，在宁、理二朝，独掌相权二十余年。在他当政的这段时间内，南宋朝廷的两府制已经名存实亡。而《水图》的赐予行为正是发生在嘉定五年（1212），恰值史弥远执政。也就是说，《水图》的第一个所有者就是南宋权相史弥远。

那又是什么样的历史原因让宋宁宗放弃了祖制呢？这就得从废除这一制度的始作俑者韩侂胄说起。开禧元年，他被拜为“平章军国事”，“立班丞相上”。这不是太师一样的正一品虚职，而是实权派，且高于丞相！成就韩侂胄事实上独裁者地位的契机就是发生在南宋的开禧北伐。韩侂胄任“平章军国事”是在开禧元年（1205）七月。开禧北伐发生在1206年，为了集中全国的人财物，便于行事，宋宁宗才打破了祖宗的常规之法，将两府职能授予一人。宋宁宗不仅在人事上进行改革以备战，还在舆论、财政、军事等方面动作频频。“开禧”这个年号也透露出他的志向，其源于宋太祖开宝与宋真宗天禧这两个年号，有不忘故土、恢复祖宗基业的寓意。

北伐虽然失败，韩侂胄也因此事被诛，但是，哪怕是接任韩侂胄的史弥远能够领两府之职，其缘起都与南宋后期的军事形势以及国家意志相关。杨皇后虽然知道南宋政府暂时打不过北方政权，但是恢复中原的初衷并未改变，至少在官样文书中不能改变。史弥远事实上执行的是绥靖政策，但在口头上还是要抗金的，否则，连他的“大两府”都没有存在的前提了。从“大两府”这个因北伐而生的政治怪物来看，它与北伐、山河、统一这些概念的关系最为紧密。

在确定史弥远与《水图》的关系之后，我们不禁要问，杨皇后因何事要赐其十二张《水图》呢？从我们对“大两府”的概念猜想与推断来看，这个“大”字意味深长，与江山一统息息相关。不论是钱象祖、史弥远还是韩侂胄，在他们取得“大两府”的职权过程中，都伴随着血雨腥风。而这三个字天然的是一个独裁者的最佳注脚。针对这样一个机构或个人，还有谁会相信《水图》只是卷后俞允文题跋下的“艺匠纵横，尤能曲尽水之变态”的“状物形”作品呢？杨皇后又怎能将一组写生稿赐予“大两府”的当家人呢？这些疑问都让我对《水图》的真正含义产生了研究的欲望。

三、《水图》与十二州概念的对应关系

历代述及《水图》都会谈及杨皇后的书法以及她的传奇人生。当然，马远的艺术成就也是必须要评述的。但是，还有一个重要信息却被忽略了，那就是《水图》为什么是十二张？中国人对数字的迷恋主要源于道家文化。老子《道德经》即言：“道生一，一生二，二生三，三生万物。”[11]在生活中，我们经常能碰到的与十二有关的词语如12个月、12个时辰、12属相、12地支，等等。这些数字从字面上看都与天文历法有关，《左传·哀公七年》：“周之王也，制礼，上物不过十二，以为天之大数也。”[12]这些与数字十二有关的信息告诉我们，十二《水图》是法天之作，而且用到了“天之大数”。

再说水，我们不能回避的一个人就是大禹，大禹治水是国人熟知的上古传说。大禹治水的

结果就是："茫茫禹迹，画为九州。"[13]这也正是我们今天用九州代指中国的典出之源。何为"州"？《说文解字》川部："州，水中可居者曰州。"[14]也就是说，九州与水有关。那么，中国最初的九州是哪几个呢？《尚书·禹贡》《周礼·职方氏》《尔雅·释地》都有记载，它们有交集又有分歧。综合各书所言，计得十二州，为冀州、兖州、青州、徐州、扬州、荆州、豫州、梁州、雍州、幽州、并州、营州。各书对于九州记述的出入正体现了这一概念的发展特征，也说明数字"九"只是虚数，言多，言大，象征统一的疆域。不同时期的书籍在计算国土时，当然有些许变化。对于这其中的衍变历史，胡阿祥《中国名号与中古地理探索》[15]中有详尽分析，本文不再赘述。

从上述分析来看，同时与法天的数字十二以及水这个主题都有关系的文化概念，只有"十二州"。那么，十二《水图》有没有可能是仿十二州概念而成的应制之作呢？要证明这一假设，我们还得从画作本身入手。

这十二张作品，除卷首第一张只剩半张残纸，跋文已逸外，其余十一张作品都有宋宁宗杨皇后亲自题写的画名，在这十一个标题中，只有"洞庭风细"明确地点明了马远描绘的主体所指。除此之外，"晓日烘山"也稍显特别，明明是《水图》，其他十个标题也都直接与水有关，只有这个仿佛另类。再展《水图》画卷，是幅前景虽也是浩渺的水面，但画面一座山峰却占据了大半的尺幅，山上一轮红日更是夺人眼目。结合题目再览，这幅立意竟在"日出"，水面只是个配角。这两张"水图"所透露的蹊跷之处也从一个侧面佐证了我们前文的判断——《水图》不是一组简单的再现之作。

既然我们猜测这组法天之作与十二州概念有关，那么，它们之间是否能建立起对应关系，就成为我们推论成立与否的关键。为了确定这种关联性，我们先要考察画家所仿照的对象——十二州。现摘录《尚书·禹贡》中对各州地理位置的描述如下：

> 冀州：既载壶口，治梁及岐……济、河惟兖州……海、岱惟青州……海、岱及淮惟徐州……淮、海惟扬州……荆及衡阳惟荆州……荆、河惟豫州……华阳、黑水惟梁州……黑水、西河惟雍州。[16]

很明显，《尚书·禹贡》所列的济、河、海、岱、淮等山川是九州划分的地理坐标与依据，并未用特定山川去指代某州。以淮河来说，它既是徐州的南部边界，又是扬州的北端界河。这样一来，如果用大的坐标来对照十二州，远远不如用十二条水系。更何况，还有青州仅以海、岱来界定的个案。也就是说，某州必定有某河。再细读《尚书·禹贡》，这一判断的正确是显而易见的。我们就拿在字面上与河不相干的"海、岱惟青州"来考证，《尚书·禹贡》在这句话后紧接着阐释道：

> 嵎夷既略，潍、淄其道。厥土：白坟，海滨广斥。厥田：惟上下，厥赋：中上。厥贡：盐、絺，海物惟错。岱畎

丝、枲、铅、松、怪石。莱夷作牧，厥篚檿丝。浮于汶，达于济。[17]

这一篇的主旨是探讨青州的土地、物产、税收问题，同时提及用于交通的四条河流：潍水、淄水、汶水、济水。考《尚书·禹贡》所载其他各州的记述，皆如此。计：冀州述及黄河、漳水、恒水、卫水；兖州述及黄河、济水、灉水、沮水、漯水；徐州述及淮河、黄河、泗水、沂水；扬州述及淮河、泗水、长江；荆州述及长江、沱水、潜水、汉水；豫州述及伊水、洛水、瀍水、涧水、黄河；梁州述及潜水、沔水、渭水、黄河；黑水到西河之间是雍州，雍州述及弱水、泾河、渭河、漆沮水、黄河、沣水。

《史记·五帝本纪》说：

马融曰：禹平水土，置九州，舜以冀州之北广大，分置并州；燕、齐辽远，分燕置幽州，分齐为营州。于是为十二州也。[18]

《尚书·禹贡》中未及描述的三州，在《周礼·职方氏》中被这样记录：

东北曰幽州，其山镇曰医无闾，其泽薮曰貕养，其川河、泲。[19]

泽薮曰昭余祁，川曰虖池、呕夷；其浸曰涞、易。

另，《尔雅·释地》载："燕曰幽州，齐曰营州。"[20]

北魏的地理学家郦道元在《水经注》中这样描述："淄水又北经其城东，城临淄水，故曰临淄……武王以其地封太公望，赐之以四履，都营丘为齐，或以为都营陵。"[21]结合营州与齐的关系，如果参照《尚书·禹贡》的界州体系，应该这样描述：淄海惟营州。也就是说，以汉代人对十二州的定名，青州南端的界山为岱岳，东部的界河变为淄水，而不再是海。幽州因为涵括地域过于广阔，包括今天的河北北部、北京全境、辽宁南部以及部分朝鲜地区，所以涉及河流也众多，比较大的水系包括易水、海河、辽河等。

到此，我们已经将古十二州与其境内比较大的水系进行了初步的梳理。《水图》如果是假借水来暗示与它们相关的州，那么，这其中一定存在着某种对应关系。我们能否将十二《水图》分别与它的描绘客体一一对应，是证明其与十二州是否有关联的最佳办法。

出于这个目的，我们先来看看马远所画《水图》的大致分类：

1. 明确所指——洞庭风细、长江万顷、黄河逆流、云生苍海；

2. 有参照物——寒塘清浅、晓日烘山、秋水回波、湖光潋滟；

3. 描绘物态——云舒浪卷、细浪漂漂、层波叠浪、无名半幅。

从分类中，第一类很容易与十二州建立起关联。在十二州中，与长江有关的州是荆州、扬州；与黄河有关的是冀州、梁州、豫州；与洞庭有关的是荆州，按《尚书·禹贡》所说，古荆州包括今天湖北与湖南的大部分地区；与大海有关的是营州、徐州、扬州。用排除法，我们可以明确地将洞庭风细与荆州相对，长江万顷与扬州相对。“黄河逆流”从字面上看，似乎只是黄河的一种流淌状态，并不能准确地判断它的地点，但这一非常态恰恰就透露了关键信息。《水经注·卷四·河水》曰：

> 龙门未辟，吕梁未凿，河出孟门之上，大溢逆流，无有丘陵，名曰洪水。大禹疏通，谓之孟门。[22]

这里的大河在龙门逆流指出了具体的事件，即大禹治水的起因——黄河泛滥；指出了具体的原因——河道不畅，吕梁挡路；指出了这段黄河的位置——龙门以西（按：禹门口，在今山西省河津与陕西省韩城之间，黄河至此，两岸峭壁对峙，形如阙门，故名），因黄河自西来，东流去，在山陕分界处遇阻，故黄河逆流发生在今陕西一侧，也就是古时的雍州。

对“黄河逆流”这幅作品的分析，使我们有理由相信，马远所画并非通常意义上的自然之水，而是假借自然之水态去呈现文化概念上的水。这幅作品用典巧妙，将当时文人广泛了解的《水经注》作为创作的背景，不露痕迹地将“雍州”这一本义植入画作之中。马远的良苦用心也道出了南宋院画家的创作方法，即立意必须建立在最普遍的集体认知之上。但有些水在各州都是最广为人知的，比如黄河，在雍、豫、徐各州都流经，又有哪条河流能比黄河、长江还具有辨识度呢？

于是，马远采取了假借的手段，以“晓日烘山”来说，虽是水边山，与水有瓜葛，但明眼人都能看出此卷的画眼在山不在水。那么，在十二州之中，哪一州的山比水要著名呢？答案是简单明了的，即青州。前文已经总结出，青州在十二州体系下与汶水、济水、岱岳有关，而《尚书·禹贡》体系下的潍水、淄水、大海这些标签则被营州继承。试问，在华夏寰宇之内，还有哪个地标比岱岳更为重要？济水虽然与黄河、长江、淮河并称四渎，但却是四渎以内最为弱小的。四渎之中，也只有黄河、长江可与岱岳同争日月，其他如淮河、济水根本无法比肩。从马远的创作角度出发，他虽没艰难到巧妇难为无米之炊的境地，但也得量入为出，谨慎用典。因为一个州能同时拥有四渎、岱岳的情况不多，他必须分配好角色。至此，我们知晓了为什么十二《水图》之中单单一幅以山为主题，马远是两利相权取其重。

在给“晓日烘山”找归宿的过程中，我们涉猎到一个概念——四渎。既然马远在表现青州时雪藏了四渎之一的济水，那他一定另有妙用。济水在四渎之中有何特点可资利用呢？

考《水经注·卷七·济水》，济水的重要特点有两个：1. 横贯黄河自不浑；2. 平流不险。究其原因是“潜行地下，至共山南，复出于东丘”，[23] 因济水而得名的济南就是因为这种地质特点才被称为泉城。关于济水，历史上还有一段更为有趣的描述，成书于北宋的《新唐书·奸臣列传·第一百四十八·上》载唐太宗与大臣许敬宗的一段对话：

> 帝曰：“天下洪流巨谷，不载祀典，济甚细而在四渎，何哉？”对曰：“渎

之言独也。不因馀水，独能赴海者也。且天有五星，运而为四时；地有五岳，流而为四渎；人有五事，用而为四支。五，阳数也；四，阴数也，有奇偶、阴阳焉。阳者光曜，阴者晦昧，故辰隐而难见。济潜流屡绝，状虽微细，独而尊也。”[24]

这段对答道出了济水虽“细”，而能为四渎的原因。我们虽无法考证原话是否为唐太宗所言，但至少在该书作者欧阳修生活的时代，北宋的文人士大夫以济水之“细”、之“独流”比德是个通用创作手段。马远用意之深可见一斑，济水对应的就是“细浪漂漂”，个中原因应该不用再赘述了。这样，马远运用比德拟人的手法使济水在兖州复活了。

我们再来研究另外一个特殊的题目：“湖光潋滟”。在《水图》中，两次明确提到“湖”这一水体，鉴于“洞庭风细”已经确认归属，那么，剩余诸州有谁与湖有关呢？以我们今天对地理的了解，在我们还没有界定的幽州、并州、梁州、豫州、徐州、冀州、营州之中，联系湖在北方、西方都另有别称，再加之与长江有关的两州都已排除，能够直称为湖的水体也只能出现在淮河流域了。结果已经呼之欲出，在我们还没有界定的州中，只有徐州的命名与淮河有关。《尚书·禹贡》与徐州有关的描述中，只提到“大野既猪”。这里的“大野”即为大野泽，据与马远同时代的蔡沈所著《书集传》记载：

大野，泽名。《地志》在山阳郡巨野县北，今济州巨野县也。巨，即大也。水蓄而复流者谓之猪。[25]

蔡沈在论述徐州的界河时，曾指出淮河是徐州最大的水系，而且水患也主要发生在徐州，究其原因是这一地区地势低洼。那么，宋代与淮河有关的湖泊又是怎样形成的？又为何今昔迥异呢？这就要归罪于黄河的泛滥了。历史上黄河多次侵泗借淮入海，入海口并不是今天的山东东营。黄河侵泗，最早的记载见于《史记·河渠书第七》。汉文帝后元元年（前163），“河决酸枣，东溃金隄，于是东郡大兴卒塞之”。之后，汉武帝元光三年（前132），“河决瓠子，东南注巨野，通于泗淮”。[26]此次决溢，至元封二年（前109）始塞。黄河流经泗、淮23年。

五代后晋开运元年（944），据《旧五代史·晋书》：

滑州河决，浸汴、曹、濮、单、郓五州之境，环梁山而合于汶水。[27]

黄河泛滥的结果就是使巨野泽变成了由蜀山湖一样的小水体连缀而成的八百里水泊。与今天的地理知识不同，梁山在古人的世界里属于徐州，八百里水泊自然也就是徐州的湖泊。入宋后，黄河决溢次数逐渐频繁，黄河长期夺泗淮入海始于金章宗明昌五年（1194）。[28]斗转星移，今天的八百里水泊只遗留下东平湖，而在马远的时代，那片水域曾经是徐州的象征，创作“湖光潋滟”也就不足为奇了。

徐州的界定为我们带来了意外的收获，那就

是营州。如前文分析，在与大海有关的州之中，扬州、徐州已经各有所属，那么“云生苍海”自然是营州的写照。

至此，我们再将视线投向遥远的北方，“寒塘清浅”入得眼帘。从字面来看，“寒”字自然可以指代北方，但也可以暗示季节、天气，它肯定不是解题的锁钥之在。“塘”字很特别，这是《水图》中又一个全新的水体，我们之前讲到了四渎、湖，现在来看看何为“塘”。《说文解字》[口部]：“大言也。”清段玉裁注：“引申为大也。如说尚书者云。唐之为言荡荡也。见论衡。又为空也。如梵书云。福不唐捐。凡陂塘字古皆作唐。取虚而多受之意。”[29]由是知，“塘”为蓄水用，又称“陂塘”。唐代韩愈在《唐故江西观察使韦公墓志铭》中写道：“筑堤扞江，长十二里，疏为斗门，以走潦水……灌陂塘五百九十八，得田万二千顷。”[30]韩愈的解释进一步明确了陂塘的属性，总结下来就是借用原有的水体，经过人工整饬，形成的具有蓄水功能的工程。这就让我们有点摸不着头脑了，在已经分析完的前几幅画作中，马远采用的象征物都是岱岳、四渎、洞庭这样的具有非凡意义的水体。人工的“塘”在华夏大地还不是比比皆是，有哪一个“塘”可以指代某州呢？查阅古籍，我们不难发现，还真有一个“塘”大到必须浓墨重彩地记上一笔。《宋史·志·第四十五》载户部侍郎苏辙上疏言：

> 三曰河徙无常，万一自契丹界入海，边防失备。按河昔在东，自河以西郡县，与契丹接境，无山河之限，边臣建为塘水，以捍契丹之冲。[31]

在宋哲宗元祐三年（1088）的这份奏疏中，苏辙旨在探讨黄河是否需要人为地再改道南流，这其中有利有弊。他认为黄河东流入海有利于边防，具体措施就是在契丹与北宋边界的低洼地带，引黄蓄水为塘，以阻止契丹的骑兵势头。这无疑是一项国家重大工程，这样举国修建的“塘”倒的确有可能成为马远的选材范畴。又《宋史·志·第四十八》记载，从北宋开始，边臣为了阻止契丹骑兵犯境，利用冀州境内低洼地势，引漳河、滹沱河、御河水修建防御工事“塘泺”。“塘泺”由一系列的深度从浅则三尺，深则一丈三尺的塘、泊、淀组成。[32]今日河北的白洋淀就是这一工程的历史遗存。行文至此，虽然内心有点小喜悦，毕竟“冀州”已明，但旋即又悲叹怅惋起来，我不得不钦佩马远的所思之深。“塘”在马远的《水图》体系里，是一个与人事有关的自然景观。它曾经是北宋边臣抗击契丹的防御工事，曾经因建塘而置太祖陵寝于危难之间。但在他创作这幅作品的时代，塘泺已经为贼寇所据。我想起了唐代诗人赵嘏的《寒塘》：

> 晓发梳临水，寒塘坐见秋。
> 乡心正无限，一雁度南楼。[33]

全诗弥漫着离别与乡愁的情绪，在秋水的映衬下，鸿雁的飞离凸显作者的孤独、寂寞。在古人的诗词里，寒塘—鸟影—离别是一个经典的象征体系。例如，杜甫《和裴迪登新津寺寄王侍郎》诗：“蝉声集古寺，鸟影度寒塘。”[34]

由“寒塘清浅”的析判，我们注意到马远创作《水图》的另一个特点，即“格物移情”。在表现已经失去的故土时，他将离情别绪满满地注入画面。在剩下的几个选题之中，如果以马远的创作方法来看，“云舒浪卷”这样的明媚之词肯定不会与“幽州”这个宋人的伤口去匹对。同样，“层波叠浪”表达的是连绵不绝，源远流长，气势撼人，马远更不会用。那么，幽、并两个北方之州只能对应“秋水”“无名”二作。

细观“秋水回波”一图，画面两只飞起的大雁让我不由得心动。以常识来判断，作为候鸟，大雁秋飞，离开的一定是北方。对于我们而言，最关心的就是它从哪起飞？大雁迁徙经过我国主要有三条路线，第一条路线是西太平洋，主要是从阿拉斯加等到西太平洋群岛，经过我国东部沿海省份。第二条路线是东亚澳洲的迁徙路线，从西伯利亚到新西兰，经过我国中部省份。第三条路线是中亚、印度的迁徙路线，主要从中亚各国到印度半岛北部，实际是从南亚、中亚各国到印度半岛北部，经过西藏，翻越喜马拉雅山，经过青藏高原等西部地区。这三条路线与我们探讨的问题直接对应地点就是幽州、并州。这两个北方之州恰巧都在迁徙路线上，这就使问题变复杂了。

解铃还须系铃人，我们还是要了解一下画眼——大雁。大雁迁徙大多在黄昏或夜晚进行，旅行的途中还要经常选择湖泊等较大的水域进行休息，寻觅鱼、虾和水草等食物。“湖泊等较大的水域”是个重要的信息，这说明“秋水回波”所绘的背景具有这一特点。从《周礼·职方氏》的记述看，并州有薮曰“昭余祁”，幽州有泽曰“貕养”。不难判断，这二州的湖泊还是有区别的，“薮”是草多，水浅；而“泽”与之相反。

这样说来，大雁应该选择了水草丰美的“昭余祁”，即并州。因为此时的幽州应该连“貕养”也不在其境内。后唐时，大将石敬瑭为了争取契丹对他在军事上的支持，以燕云十六州为交换条件，最终取得了政权，是为后晋。也就是说，唐末五代的汉人如果还怀念幽州的话，也只能是这被割走的十六州。所以，宋人也称之为燕云十六州，这正是北宋与契丹结下世仇的原因。燕云十六州包括幽州（今北京）、顺州（今北京顺义）、儒州（今北京延庆）、檀州（今北京密云）、蓟州（今天津蓟县）、涿州（今河北涿州）、瀛洲（今河北河间）、鄚州（今河北任丘北）、新州（今河北涿鹿）、妫州（今河北怀来）、武州（今河北宣化）、蔚州（今河北蔚县）、应州（今山西应县）、寰州（今山西朔州东）、朔州（今山西朔州）、云州（今山西大同）。这样看来，《周礼·职方氏》记述幽州的大部分标志性山川、河流都不在此境，“貕养泽”据记载在今天的山东莱阳。

除了地理上的一些考据外，大雁本身所具有的象征意义也证明它飞经的不是幽州。正如我们在“寒塘清浅”里习得的知识，鸟影的出现暗示的都是与人有关的事情。既然两宋从建国开始就没有真正意义上治理过燕云十六州，怎么会有故人需要牵挂呢？也就不需要大雁来传递书信了。但是，并州则不同，在靖康之变以前，它还在北宋的版图之内。据文献分析，昭余祁这个古湖位于太原盆地中部，约在今介休以北，平遥、祁县、太谷以西，文水、汾阳以东，方圆数百里，是当时山西境内最大的湖泊。还有一点值得注意，马远的祖籍即是河中（今山西永济）。对于马远而言，有太多的思乡情结需要鸿雁传书。如果说“寒塘清浅”表达的是国家层面的离别、思归，那么，“秋水回波”就是马远的一封家书，并州是他的精神故园。

难道是历史的巧合吗？十二《水图》中唯一的既没有标题，画面又不完整的竟然是幽州！虽然当今画界在论及马远、夏珪的山水画时，因为他们的图示具有经营边角的特点，故被戏说为马一角、夏半边。更有甚者，竟将这种图示的产生归咎于南宋偏安一隅的政治现实。但眼前的半幅《无名水图》又的的确确应对的是幽州。我们虽然知道，宣和四年（1122）宋金订立“海上之盟”，约定联合灭辽后，金归还宋燕云十六州。于是北宋预置了燕山府路和云中府路。金太祖完颜阿骨打把辽天祚帝赶到燕山以西之后，于1123年二月把太行山以南的燕京、涿州、易州、檀州、顺州、景州、蓟州如约归还。这七州也基本上等同于当时的半个幽州吧，但我还是不愿意就此将半幅画面的现状归结为马远的妙计，也许这只是历史的巧合。不管怎样，我们还是找回了幽州，这是值得为之一展笑颜的。

接下来的问题就简单了，毕竟只剩下二选一的问题了。那么，“云舒浪卷”“层波叠浪”与“梁州”“豫州”是如何产生对应关系的呢？以词意来看，一个是愉悦，一个是赞颂。在宋代，有哪个州需要马远来赞赏呢？是的，就是这么简单，“云舒浪卷”对梁州；“层波叠浪”对豫州。说到豫州与宋朝的关系，一则，北宋的国都汴京属豫州；二则，宋太祖出生于豫州；三则，宋这个国号源于赵匡胤在后周所领归德军节度使一职的治所，其为春秋时代宋国故地。而归德军驻地也属豫州，也就是说，豫州是宋的龙兴之地。对于豫州，对于这个宋王朝的象征，马远当然要使用“层波叠浪”来祝福它皇嗣永祚。

再说梁州，它的地域界定一直是一个模糊的概念。究其原因，主要还是因为梁州虽在九州之内，但一直到汉武帝时期，中央政府都没有对它进行有效管理。《尚书·禹贡》所说的梁州与华阳、黑水这两个地标相关。在汉以前，史书上对梁州的界定应该相当于今天的甘肃、青海，就是雍州之西南的广大地区。那时的黑水是与昆仑山相联系的地理概念，如《山海经·海内西经》：

> 昆仑之虚，方八百里，高万仞。……洋水、黑水出西北隅以东，东行又东北，南入海，羽民南。[35]

《山海经·大荒西经》：

> 西海之南，流沙之滨，赤水之后，黑水之前，有大山名曰昆仑之丘。[36]

西汉时，随着地质的变迁，河道淤塞，它的地域已经变迁到今天的云贵川，因为他们再次看到了黑水的存在。《汉书·地理志》：“益州郡，武帝元封二年开……县二十四：滇池……有黑水祠……云南，巂唐，周水首受徼外。”[37]从此以后，古梁州通过黑水这一历史记忆逐渐转换为益州，而益州又通过黑水逐渐转换为云南这一具体的县治。《书集传》载：

> 程氏曰，樊绰以丽水为黑水，恐其狭小不足为界，其所称“西洱河”者，

却与《汉志》叶榆泽相贯。广处可二十里，既足以界别二州，其流又正趋南海。又汉滇池即叶榆之地。武帝初开滇嶲时，其地古有黑水旧祠，夷人不知载籍，必不能附会。而绰及道元皆谓此泽以榆叶所积得名，则其水之黑似榆叶积渍所成……[38]

也就是说，在马远生活的年代，知识界已经将滇池基本上等同于黑水了，进而将之与梁州建立起联系。至此，我们应该可以理解为什么"云"字在《水图》标题起首的位置出现两次，一是"云生苍海"，二是"云舒浪卷"了。对于象征营州的大海来说，其参照物只能是天，故而云是唯一可以入画的物像；而对于梁州这个蛮夷之地，马远所能了解的只是文字记载中屡屡提到的云南。

《汉书》只提到"云南"这一县名，并未有为何叫云南的解释。在《后汉书》中，唐代李贤等关于云南的注释已经增加了"……郁然高峻，与云气相连结……"的字迹。[39]我们不用去考证云南之说的由来，但是，至少在马远的时代，用云南指代西南夷已经是通行的做法。《唐书·艺文志》有袁滋《云南记》;《宋史·艺文志》有樊绰《云南志》。但是，与对其他州的了解不同，马远那个时代能亲身到过西南夷滇池的人定是凤毛麟角，他对梁州的表现只能是一种想象。唯一能够让画家利用的就是关于"云"与这个州的传说，"云舒浪卷"应运而生。

在赘述万余言之后，我们终于可以将马远《水图》与十二州建立起完整的对应关系了。无名半幅对幽州；洞庭风细对荆州；层波叠浪对豫州；寒塘清浅对冀州；长江万顷对扬州；黄河逆流对雍州；秋水回波对并州；云生苍海对营州；湖光潋滟对徐州；云舒浪卷对梁州；晓日烘山对青州；细浪漂漂对兖州。

有人也许会产生疑问，南宋画院画家会有这么丰富的知识吗？回答这个问题很简单，只要我们从以下两个角度换位思考一下即可。其一，我们对画院画家的职责有所误解，我们今天的思维定式多会将院画家与画工画等号。但从本文前面对赏赐书画用印的制度来看，院画家的一个重要职能是图像类官方文书的草拟者。如果从这个角度思考，我们就不会怀疑一个待诏会缺乏履职所必需的文化修养。其二，宋代的出版印刷业空前发达，尤其是南宋绍兴年间（1131—1162），大量的类书、典籍，如《尔雅》《汉书》《周礼疏》等广为流传。知识通过印刷术加快了传播的速度与广度。试想一下，南宋宫廷的官员想通过这些典籍获得一些可资借鉴的知识会是一件难事儿吗？很显然，南宋院画家完全有可能具有创作象征十二州《水图》的知识储备。《宋史》曾记载广东主帅连南夫提醒朝廷小心金国使诈的一段话："不信亦信，其然岂然？虽虞舜之十二州，皆归王化；然商於之六百里，当念尔欺！"[40]由是知，在南宋时，文臣武将已经习惯性地使用"虞舜之十二州"指代江山一统，而且将这一用典方式等同于"商於之六百里"所具有的普遍性认知。我们再来看看另外几件南宋的绘画作品，第一件是传为南宋王洪的《潇湘八景图》（现藏美国普林斯顿大学）；第二件是传为李嵩的《西湖图卷》（现藏上海博物馆）；第三件是传为叶肖岩的《西湖十景图册》(现藏台北故宫博物院)。这些画作上的景色或者通过形象，或者通过命名，都能与今天的实景一一相对。这说明，在南宋时期，实景创作是画家惯用的手段。这个实景是指经艺术家诗意化后的自然景色，今天西湖十景的四字命名体系中，如“平湖秋月”“苏堤春晓”等与《水图》标题即是受同样文化背景影响的体现。

四、南宋理想国的生成与图像化

至此，《水图》的授予对象、创作年代、创作手法、题材内容都已经清晰可见。在这个解密过程中，对于《水图》与十二州的关联性，虽有穿凿附会之嫌。但如果综合考虑南宋帝后赐画、题书画的规制，“大两府”产生的时代背景等因素，我们就会发现，绘画—帝后题赐书画—钤印—权臣之间的确存在一条隐秘的线索，绘画在宋朝的某种实用功能被我们忽略了。

宋宁宗杨皇后将象征十二州，也就是一统江山的《水图》赐予“大两府”——这个因北伐而催生的机构，其含义已经赫然纸上。虽然汉代人将“天下分绝，为十二州，使禹治之”归功于上古时代，但是汉武帝在全国范围内首次划分十三刺史部的历史现实告诉我们，以“十二州”指代天下是汉代的事情。除了划分十三刺史部这一行政手段外，汉武帝还通过泰山封禅这一礼仪形式向天下宣告大一统的实现。汉代班固《白虎通义》说：“王者易姓而起，必升封泰山何？教告之义也。始受命之日，改制应天，天下太平功成，封禅以告太平也。”[41]

泰山封禅从一开始就与儒生脱不了干系，秦始皇二十八年(前219)，也就是统一六国后的第三年，始皇东巡郡县，召集齐、鲁的儒生博士七十余人到“天下第一山”——泰山下，商议封禅的典礼，以表明自己当上皇帝是受命于天的。汉武帝的这些行为完全是按照儒家的治国精神去实践的，这从一个侧面向我们展示了何为“独尊儒术”。宋朝在国家制度上是继承唐的衣钵，而在理念上则远承汉儒的精神。汉唐的大一统王朝对于整个宋朝而言是一个巨大的历史存在，这也直接或间接地影响了宋朝的国是制定与执行。宋宁宗开禧年号来源于宋真宗的“天禧”，正是这位宋真宗完成了中国古代史上的最后一次泰山封禅。“泰山封禅”使汉武帝、宋真宗都被串联在儒家的线索里，对这一儒家礼仪的推崇说明这两个帝王有着相似的天下观。

宋宁宗通过年号“开禧”向世人表明，他与先祖有着同样的政治抱负——统一天下，这个理想国的视觉化就是马远的十二《水图》。统一的理想国一直是南宋的希冀，杨皇后通过将这一理想国的视觉符号——《水图》赐予守土有功的“大两府”，是在褒奖史弥远，也是在激励他。在这个语境下，马远的作品已经不是一个仅供欣赏的画作，而更像是一个图文并茂的奖状。此说并非空穴来风，马远曾任南宋画院待诏，这并不是一个官职，只是一个对匠人的尊称。《宋史·职官制》中有“待制”一职，而无“待诏”。按“制”与“诏”的区别，则“待制”相当于政府常设机构的顾问、秘书长一职，而“待诏”则是皇帝私人顾问或秘书长，不在品阶之内，但享有待遇。结合“赐”这一行为对应的官阶及文书名称为“批答”及“诏书”来看，马远这些以绘事供职御前的待诏，主要任务就是为皇帝的诏书提供图像化服务。作为权臣的史弥远获得的《水图》原件应该还有诏文部分，但他显然辜负了杨皇后的厚望。他在宁宗朝、理宗朝独揽相权二十余年，是历史上遗臭万年的奸臣。后世《水图》的藏家可能正是因为史弥远的恶劣行径为世人所不齿，所以才会将这件作品归属于杨次山，并剔除了很多与史弥远有关的信息。

结语

本文的重点在于探索《水图》到底是一组再现“真活水也”的“状物形”绘画，还是在特定的历史背景下产生的政治寓意画，表的是君王意。我的结论是显然的，《水图》是南宋宫廷画家，也许是马远，或者是别人用高超的绘画技能完成了君上的政治意图。从这个特点来看，元之后兴起的“表我意”绘画在肇始之时与政治寓意画颇有渊源。通过对《水图》一系列问题的厘清，我觉得这其中隐藏着的一些关于南宋的绘画史信息已经初露端倪。其一，南宋画院画家的社会职能以及其受意创作的工作方式；其二，书法入画与宋朝皇室通过图像进行表彰的关系；其三，南宋艺术家在手卷与册页这样的具有连续叙事性的绘画样式中，是如何生产及使用视觉符号的。以上是我在山水画创作中偶得的一些碎片化感知，或有贻笑大方之处，权当一个绘画实践者的猜想吧。

注释

[1]方闻:《分界与关联——中国绘画史五讲》(2014年10月《清华大学讲稿》，第7页，“状物形”绘画的流变与“终结”)。

[2]参考元吴师道著，邱居里、邢新欣点校《吴师道集》，浙江古籍出版社2012年版，第107页。

[3]启功:《启功丛稿》之《谈南宋院画上题字的“杨妹子”》，中华书局1999年版。

[4](宋)郭熙著，周远斌点校:《林泉高致》，山东画报出版社2010年版，第41页。

[5](元)脱脱等撰:《宋史·志八》卷一百五十四，中华书局，第3582页。

[6]同上书，第3588页。

[7]同上书，第3592页。

[8](宋)王明清撰，田松清校点:《挥麈录》，上海古籍出版社2012年版，第46页。

[9]同上。

[10](元)脱脱等撰:《宋史·传一》卷二百四十三，中华书局，第8656页。

[11]朱谦之:《老子校释》，中华书局1984年版，第174页。

[12]杨伯峻编注:《春秋左传注》，中华书局1981年版，第1641页。

[13]同上书，第938页。

[14](汉)许慎撰，(清)段玉裁注:《说文解字注》，上海古籍出版社1981年版，第569页。

[15]参考胡阿祥《中国名号与中古地理探索》，生活·读书·新知三联书店2013年版。

[16]慕平译注:《尚书·禹贡》，中华书局2009年版，第52页。

[17]同上书，第56页。

[18](汉)司马迁:《史记》，中华书局1959年版，第27页。

[19]参考徐正英、常佩雨译注《周礼·职方氏》，中华书局2014年版，第702页。
[20]黄侃批校：《黄侃手批尔雅义疏》，中华书局2006年版，第835页。
[21]（北魏）郦道元著，陈桥驿校证：《水经注校证》卷二十六《淄水》，中华书局2013年版，第597页。
[22]（北魏）郦道元，陈桥驿译注：《水经注·卷四·河水》，中华书局2016年版，第27页。
[23]《水经注校证》，第177页。
[24]（宋）欧阳修、宋祁撰：《新唐书·卷二百二十三上·奸臣列传第一百四十八·上》，中华书局，第6335页。
[25]（宋）蔡沈注，钱宗武、钱忠弼整理：《书集传·卷二·夏书》，凤凰出版社2010年版，第47页。
[26]（汉）司马迁：《史记·河渠书》卷二三至卷三〇。
[27]（宋）薛居正等撰：《旧五代史·晋书》卷八十二，中华书局，第1090页。
[28]（元）脱脱等撰：《金史》卷十，中华书局，第233页。
[29]同[14]，第58页。
[30]余冠英等主编：《唐宋八大家全集·韩愈集》卷二十五，碑志二，国际文化出版公司1997年版，第465页。
[31]（元）脱脱等撰：《宋史·志·第四十五》，第2293页。
[32]（元）脱脱等撰：《宋史·志·第四十八》，第2358页。
[33]《全唐诗》第九册，卷五五〇，中华书局1999年版。
[34]《全唐诗》第四册，卷二二六。
[35]王斐译注：《山海经译注》，上海三联书店2014年版，第320页。
[36]同上书，第371页。
[37]（汉）班固撰：《汉书·卷二十八上·地理志第八·上》，中华书局。
[38]（宋）蔡沈注，钱宗武、钱忠弼整理：《书集传》，第60页。
[39]（宋）范晔撰：《后汉书志·第二十三》，第3515页。
[40]（元）脱脱等撰：《宋史·传·第十五》，第13756页。
[41]（清）陈立撰：《白虎通疏证》卷六，中华书局1994年版，第278页。

本文载于《美术研究》2016年第5期

冯海涛，1976年生，辽宁本溪人。2005年毕业于中央美术学院，获硕士学位。中央美术学院继续教育学院院长、副教授。

批评的有效性建立在批评的主体性之上

高　岭

艺术批评的职能、对象、受众的起源与分化

马克·吉梅内斯说："现代形式的艺术批评出现于18世纪，其诞生及发展与艺术史、哲学美学、公共空间、纸质媒体和艺术市场的产生同属于一个潮流，即启蒙运动。"[1]艺术批评诞生于启蒙运动，因而必然承载着启蒙运动在此前崇尚冒险的文艺复兴和追求理性的17世纪哲学思想基础上的历史使命，即对艺术作品的审美品质做出判断和评价，是艺术批评的主要职能。

然而，20世纪50年代后期以来，艺术批评的对象发生了深刻的变化，艺术的媒介和手段发生了勃发性的增长和拓展，新的艺术事物和艺术实践对以审美为标准的批评和判断提出了挑战，不确定的和去定义化的艺术物品和行为大量出现，判断其是否属于艺术范畴，远要比判断其审美价值更加迫切和棘手。标准的问题让位于艺术与非艺术的界限问题。康德之后两百多年来为大多数人接受的、力求客观的审美判断遭遇致命危机。艺术作品与艺术批评在以"美"为核心概念的美术系统内部运行的机制不再具有独一无二的权威效力——一切皆有可能成为艺术，一切皆被允许成为艺术。

那种仅仅针对作品的内在价值、艺术品质、情感能力进行定义和判断，就能引领并且与最广大的公众分享审美经验的美学和批评的评估机制，已经不复存在——艺术批评，被挤压在艺术创作和普通公众之间，无法再像以往那样，运用经典艺术理论来分析、阐释并且赋予艺术家的作品以合法性，因为当代艺术实践不再遵循传统的再现理论和审美范式，与公众的理解力和认知力越来越远。

艺术批评正是在这样的情形下遭受到来自公众以及依然恪守传统再现理论和审美范式的艺术家的指责，同时也遭受来自广泛选择多元媒介的当代艺术家抛弃的危机，或者说，正经历着拼命追赶日益多元自主的当代艺术家的窘迫。

这就意味着艺术批评面临两种艰难的选择：是选择继续恪守传统再现理论和审美范式，以迁就最广大公众对经典艺术规范和标准的依赖，还是选择更新传统的阐释模式，提出新的批评范

式，以适应深刻影响艺术品和艺术家性质的变化？选择前者意味着艺术批评面对普罗大众，选择后者意味着它曲高和寡。这种两难，还意味着前者维护长期以来形成的并且得到官方体制合法化了的审美判断机制，后者选择摆脱现有的话语体制，谋求多元主义和个性化诉求下当代艺术实践的新转型。

艺术批评不再是艺术创作和艺术接受之间无可争议的阐释者和仲裁者，艺术批评正处在不断被分化的情景中，它正在经受被现有的行政体制和公众的审美体制分化的现实中；它正在被要求追赶不断越界的艺术实践；它正在遭遇来自私立或公共的艺术媒体、艺术经纪、艺术展示及艺术拍卖等组织和机构分庭抗礼的削弱力量。不断被解构和分化的艺术理论和艺术批评，不再以严整的面貌面对艺术，因此，“失语”似乎成了它现状的代名词。

显然，艺术批评产生影响的范围正在缩小，或者说，艺术批评作为一个概念正在分化——要么分化为抱守经典的审美标准与当下富有挑战的艺术实践渐行渐远，沦为旧有的审美经验和艺术品质的自足自乐的卫道士，这可以用一般传统意义上的“艺术评论”来指代；要么分化为像纳尔逊·古德曼和阿瑟·丹托那样，对产生艺术作品的哲学和艺术背景提出解释方案，寻求阐述新的审美体验的合理性，这也正是“艺术批评”最近20年在中国被严肃和富有学理性艺术评论的原因；要么干脆分化为“策展人”，主要不是以文本写作的方式表达自己的态度和见解，而是以艺术作品在具体空间中的展览展示的选择行为和组织行为来表达自己的态度和见解。

艺术批评在今天能做什么？

8年前我曾在《市场、策展与批评，你究竟选择谁？》[2]一文中，就当时存在的包括艺术媒体、艺术经纪、艺术展示和艺术拍卖等名目的艺术市场严重影响了当代艺术创作和艺术批评作为艺术主产品的健康有序的发展，表达了自己的担忧。事实上，直至今天，这个问题依然存在，甚至有增无减——包括我本人在内，几乎所有曾经以“述而不作”（指主要使用口头和书面文字语言进行思想表达）为职业特点的批评家们，都成了直接或间接、长期或短期、独立或合作的策展人，而后来进入这个行当的年轻者，几乎全部是以“作而不述”（周旋于各种机构和人群之间，其文字使用主要是为了推广具体的艺术展览）为职业特点的策展人。为某个展览或某个艺术家的作品“量身定做”“就事论事”的美文汗牛充栋，弥漫和充斥在各种展览招贴、图录、请柬、杂志等传统纸媒和网站、微博、微信等新媒体中。

或许诸君会说，公道自在人心，有价值的优秀艺术批评，总能够在浩如烟海、良莠不齐的关于艺术的各种各样的言说中脱颖而出。若问题真的如此，则2016年第10届中国美术批评家年会的主题“批评的有效性”将毫无针对性可言。而事实上，此次年会对于艺术批评所遇到的困境及其在当今的作用和影响的关切，不仅具有针对性，而且具有现实性，只是这种关切显得迟滞了些。

让我们把前面的论述做一个更加清晰的概

括，这就是，一方面，艺术批评对艺术作品的价值开掘性，被艺术策展和展示现场的仪式感以及推介文字的溢美之词所遮蔽。另一方面，艺术批评的标准受到三种势力的牵扯而日益模糊：一是顺从大多数普通观众以“美”为核心的欣赏习惯；二是对求新求异的艺术家在语言和媒介上的行为举动做出阐释；三是追随艺术资本，为以追逐投资和回报为目的的艺术项目摇旗呐喊。

面对这个在三个鸡蛋上跳舞的艺术批评，一些深刻但充满困惑的问题迎面而来：在受众日益成为“分众”（分化了的受众）的今天，我们应当选择何种艺术批评？在资本控制的市场无处不在的当代，在仪式化的现场和光鲜的展览成为艺术传播的主要方式的今天，艺术的批评在何处？在策展中？策展即批评？若此，“批评的有效性”这个问题的另一种表述是否就是“策展的有效性”？若此，批评还有属于自己的领地，有属于自己的价值实现方式吗？策展的操作价值取向，是否就可以取代批评的理论价值取向？

如果策展不是批评，或者说策展行为活动作为一个系统项目，不能涵盖批评的全部，那么，留给艺术批评的空间是什么？或言之，在今天艺术批评能做什么？

其实，在我看来，即便是被称为碎片化的21世纪的今天，艺术批评所能做的，不是去死守传统的再现理论和审美范式，不是去救场式地廓清各种新艺术在艺术与非艺术方面的边界，不是去追逐资本和市场原则下的在场策展，而是不增不减，回到它的本位，讲述在新的时代背景下艺术作品的视觉语言的美学特征和形态特征。法国文学评论家阿纳托尔·法郎士曾说过：“优秀的批评家就是这样的一个人，他叙述着自己的灵魂在许多杰作中的探险活动。”艺术批评当然具有文化的功能、审美的功能和社会的功能，但更为重要的是具有生产的功能。也就是说，它与艺术作品的创作是一种文化实践一样，也是一种特殊的生产实践，它是用文字的形式将批评家对艺术作品的视觉语言的审美特征和形态特征的直觉把握表达出来，从而对艺术家的创作过程、展览展示、传播接受等产生影响和作用。意大利著名的艺术批评家文杜里就认为，“批评家同样需要创造形象的饱满的想象……就像自己掌握了技巧那样”。[3]批评家根据对艺术史考察的丰富知识和对艺术实践的敏锐体验，对远较传统的再现理论和审美范式拓展和丰富了的整个艺术生产过程进行完整和系统的把握与表达，就是艺术批评的本位所在。这个本位的呈现，是用文字体现的艺术作品的视觉语言的美学特征以及与其他艺术作品在形态上的差异特征。这两个视觉语言特征的文字表述，决定了艺术批评在今天复数的、多样的和动态的纷繁艺术世界中的独特的生产性功能和主体性地位。

在今天，要讨论艺术批评的有效性，就必须认清它的本位，就必须拨开笼罩在它身上的僵化的美学原则和艺术观念，必须为新的美学体验寻求合理性的阐释，必须改变一味迁就艺术求新求异的被动，必须在仪式化的现场和物质化的展览背后凸显出承载着思想的文字自身的光芒。一句话，必须用文字的力量将当代复杂的艺术乱象中艺术作品的视觉语言的审美特征和形态特征提炼出来、生产出来。

艺术批评的主体性是保持艺术批评的有效性的根本

讨论批评的有效性，很多人会为批评开出技术、操作和传播层面的各种药方，比如让批评的文字写作搭上移动互联网的快车，再如让批评与高端俱乐部里的品鉴活动相互借力，甚至让批评家出场，以明星大腕的形式为艺术商业活动站台……所有这些献计献策，都出自艺术批评目的论的操作价值取向，而忽视了艺术批评本体论的理论价值取向。

艺术批评，通过怎样的价值取向来完成价值实现，决定了艺术批评的有效性的深度和锐度。如果认为艺术批评只有与市场或者市场所支撑的展览策划结合才能生效的话，如果认为艺术批评只有追随弄潮儿的奇思异想之风才算得上是前瞻和前卫的话，如果认为艺术批评只有恪守大多数人所熟悉的审美原则才接地气的话，艺术批评所能获得的有效性，其实充其量不过是经验层面的工具理性。这些主张都在寻找经验的方法，却没有去寻找方法背后的哲学即方法论，而方法论才是奠定艺术批评有效性的基石。建立在方法论基础上的批评哲学，决定了此种艺术批评不同于彼种艺术批评的核心要素。

寻找方法论的过程，作为一种理论的自觉，也就是确立批评主体性的过程。当批评家用文字的形式将对艺术作品的视觉语言的审美特征和形态特征的直觉把握表达出来，从而对艺术家的创作过程、展览展示、传播接受等产生影响和作用的时候，批评作为独立于艺术创作之外的文本性生产，完成了其自身的价值实现，丰富并且提升了艺术创作的生产实践。而支撑艺术批评的生产实践、推进艺术创作的生产实践并且决定着批评实践不是艺术创作的附庸而具有主体地位的，正是方法论和批评哲学。中国20多年来借助于西方的艺术思潮和理论主张，对保守和传统的艺术观念和审美原则进行“批判的武器”般的挪用，其工具理性和操作价值取向是显而易见的，它剥离了这些思潮和主张在其西方原本语境中的原创性和自洽性（在西方，这些思潮和主张具有“武器的批判”的理论结构）。这种被当成“批判的武器”来使用的思潮和主张，能否最终适应并且转化为中国自己的批判理论的体系和哲学，形成中国当代艺术自己的“武器的批判”，在理论价值取向上形成中国自身独特的视觉美学特征和范畴体系，关键就在于能否建立起适合中国自己的方法论和批评哲学。

只有认识到艺术批评和艺术创作一样，也是一种生产实践，艺术批评的操作价值取向和工具理性才能让位于理论价值取向和价值理性；只有建立起自己的方法论和批评哲学，艺术批评作为一种独立的生产实践，在艺术创作的整个链条中才具有坚实的主体性；而只有批评的主体性的确立，艺术批评在当代才真正获得了有效性。

就像特里·伊格尔顿在其美学名著《审美意识形态》中，将18世纪德国美学的诞生勾勒为一种特定的资产阶级主体的实践手段，描述为是对当时德国政治专制主义的一种问题反映那样，对艺术批评在今天所面临的挑战及其价值作用的认识，也必须站在生产性的实践手段和主体性的方法论这样的高度。[4]本文用有限的篇幅对此做了简单的概述，期待在不久的将来能够有更加深入的探讨。

注释

[1][法]马克·吉梅内斯:《当代艺术之争》，王名南译，北京大学出版社2015年版，第11页。

[2]原文发表于《艺术当代》2008年第4期，后收入《高岭自选集》，北岳文艺出版社2015年版。

[3][意]L.文杜里:《西方艺术批评史》，迟轲译，海南人民出版社1987年版，译者序第10页。

[4][英]特里·伊格尔顿:《审美意识形态》，王杰、傅德根、麦永雄译，柏敬泽校，广西师范大学出版社2001年版，第一章。

本文载于《美术研究》2017年第1期

高岭，1964年生。2005年毕业于中央美术学院美术史系，获博士学位。天津美术学院艺术与人文学院副教授。

理解中世纪大教堂的五个瞬间

李 军

什么是一座“中世纪大教堂”？什么是“哥特式艺术”？

至今犹记得，20年前秋天的一个傍晚，当我拖着沉重的行李，从混乱的地铁站升上来，第一次走进那个金色巴黎时的感觉。里沃利大街幽深笔直，像一道峡谷；两旁楼房的楼层形成一道道横向的直线，在柱廊拱券起伏节奏的有力带动下，把人们的视线，引向无尽的远方；市政厅连带着它的十几个圆塔，沐浴在夕阳中，那些矗立在空中对称展开的古典雕塑，正用它们黑色的剪影注视行人；而行人，则交替行进在阳光和阴影中，他们浅色的头发飘浮在空气中，闪烁着奇异的微光……铁艺的街灯、透明的橱窗、玲珑的造型，到处都是水平线、垂直线、圆形、半圆形和曲线，到处都是符合黄金比例的优雅，我仿佛行进在一个整饬谨严的世界，一个几何的世界中……尽管如此，这个世界于我其实并不陌生，而是早已熟悉。难道它不正是我们打小即从巴尔扎克、福楼拜的小说，稍长则通过印象派的绘画和插图，所看到的场景？仿佛跨越千山万水，我所走进的不是今天，而是19世纪的巴黎，一个古典主义的世界。

但是，真正让我震撼的是第二天。因为时差睡不着，更因为兴奋，我与同事早早起了床，天刚蒙蒙亮就去看风景。我们所住的国际艺术城就在塞纳河畔，据说离巴黎圣母院很近，实际上穿过两座桥就到了。著名的巴黎圣母院仍在沉睡，它那同样著名的正立面笼罩在黑暗中，影影绰绰什么也看不清，我们只好绕着它走。不知不觉来到了它的后面——这时候太阳升起来了，黑暗变得轻纱般透明，远远地，隔着一座桥，就这样与它不期而遇。不，是它，也就是说，一个活着的生命。

这几乎是一个远古的生物，有着乌贼一样的身躯和无数的触角；它的姿态仿佛刚刚从水里上了岸，正绷直它的触角支撑起身体，冷不防撞见外人的目光，顿时凝冻在警觉的样态中。这个外人，一个正好是初升的太阳，你能看到阳光在它的玻璃眼珠上（实际是教堂后殿的圆窗）所折射的反光；另一个恰是初来乍到的我们，两个从欧亚大陆的另一端陡然空降的不速之客。但这一次，居然不是我们，而是它这个地球人无所不知，似乎熟悉得不能再熟悉的著名景观——突然显示了它的另外一面，它那如同天外来客般怪异、阴郁、形态复杂、难以形容的面相，更确切地说，显示了它的原形。

当时的我沉溺于文学，对于建筑所知不多，遑论哥特式建筑，对于它那由高窗、尖拱、扶壁、飞扶壁构成的结构系统，毫无概念。但那一刻的最初印象却始终保留着，终生难忘。那是我与中世纪的第一次照面，我只知道，那是在巴黎的古典主义表层之下的另一个世界，一个与"钟楼怪人"相出没的异形世界，与那个人们耳熟能详的时尚首都，迥然不同。

很久之后才知道，我的这种纯属个人的观感，居然与四百多年前发明"哥特式"概念的那个人所持的态度如出一辙。换句话说，第一眼见到哥特式建筑给予我的那种文化震撼，那种"异形"感受，恰恰是这个词最初所凝聚的情感。

一

1550年，文艺复兴时期的第一位艺术史家瓦萨里（Giorgio Vasari），在其著名的《名人传》（*Le Vite*）中将意大利古典时代至他所在时代之间的所有建筑，斥之为"充满幻想"和"混乱"的形态，认为它们是由野蛮粗鲁的"哥特人"（Gothi）所臆造的德意志（Tedesco）建筑。[1]他所表达的不仅仅是文艺复兴巨人们的文化自信，更是一种强烈的民族自豪感。这里，"哥特人"和"德意志"是来自北方、多次毁灭罗马的野蛮人的标签，更是低劣趣味的表现。截至彼时，作为风格的"哥特式"（the Gothic）概念尚未正式登台（瓦萨里只是提到了"maniera de' Gothi"，即"哥特手法"[2]），但将民族性与风格属性熔为一炉，瓦萨里已经为后世概念的存在准备好了一切条件。其中最为关键的，是将文明和野蛮、此民族（意大利尤其是其中的托斯卡纳人）与他民族（德意志实质是阿尔卑斯山以北的民族）、此时与彼时相区别的那种历史意识；而哥特式正是这种历史意识中不可或缺的一环，位于两个高峰（古代与现代）之间那个最深的低谷。但是，让瓦萨里始料未及的是，他所开启的这部文艺复兴历史正在高歌猛进，无意中亦触动了另一部反向历史的枢纽；或者说，揭开了一种充满张力和生命的文类（genre）的封印。而民族性，正是这一文类诞生的第一个历史规范。

1772年，在瓦萨里建构的风格与民族性訾议风行近两百年之后，一位名叫"歌德"的年轻"哥特人"（Goethe与Gothi十分接近），站在巍峨的斯特拉斯堡大教堂的中殿，被教堂内景的壮丽震撼得目瞪口呆：那是一种集"成千上万的和谐细节于一体"的"巨大印象"，犹如"一棵壮观高耸、浓荫广布的上帝之树"。青年歌德痛心疾首，深刻地反省了自己知识系统中的误区，即长期遭受拉丁"文明"的污染和遮蔽而不自知，竟至于丧失了对于真正美的感知，居然把这种醍醐般的"天国仙乐"，误读成"杂乱无章、矫揉造作"的败坏趣味！而现在，该轮到这位年轻的叛逆者发声了。他以青春期特有的否定性认同方式，以大无畏的"狂飙突进"的激情，将缙绅先生唯恐避之不及的"哥特式"收归己有，声称："这是德意志的建筑艺术，是我们自己的建筑艺术。"[3]也就是说，曾经的贬义词"哥特式"，业已成为一首颂扬德意志民族艺术的无上赞美诗。

然而，21岁的青年歌德的这篇宏文[《论德意志建筑》（*Vondeutscher Baukunst*）]，这篇为德意志建筑艺术翻案背书的檄文，本身却建立在极不牢靠的历史根基上。例如，尽管此文的题献对象埃尔文·冯·斯坦巴赫（Erwin von Steinbach）是个德意志人，但他只是现存西立面的设计者（始于1277年），而教堂的主体部分如祭坛和十字翼堂，却恰恰属于罗马式而非哥特式。即使是教堂的西立面，现存素描设计稿显示，其第一个方案（Plan A，1275—1977）中的具体细节，虽颇有几分兰斯大教堂的况味，整体却更接近于巴黎圣母院东西翼堂的立面。而埃尔文设计的方案（Plan B），则受到拉昂大教堂和兰斯大教堂的影响。[4]最近的研究还提醒人们注意，有一队来自夏尔特的工匠们参与了建造过程。[5]一句话，斯特拉斯堡大教堂的形式渊源与其说是德意志，毋宁说更是法兰西。然而，开弓没有回头箭，在18—19世纪欧洲民族主义风起云涌的时代，民族主义叙事一旦建构起来，就会竞相成为人们追逐的目标。结果，是一个"哥特式民族主义"[6]时代的到来。

随着圣德尼—桑斯—拉昂—巴黎—夏尔特—兰斯等早期哥特式教堂谱系的逐渐建构，法国被公认为哥特式教堂的发源地；[7]与此同时，法国浪漫主义思潮对于"哥特式"进行了重新阐释。学者A.L.米林（Aubin Louis Millin，1759—1818）于1790—1799年间，在巴黎出版的一部4卷本大书，标题即为《为了建构法兰西帝国一般和特殊史而汇集的民族古物或文物》（*Antiquit Éé snationales ou recueil de monuments pour servirà l'histoire général et particulière de l', empire français*），其大部分内容涉及法国中世纪建筑与墓葬——这里，所谓的"哥特式"建筑和器物，被直接贴上了"民族"的标签；[8]换句话说，曾经在青年歌德那里的"德意志"特征，现在摇身一变，居然变成"法兰西"的专属。而亚历山大·勒努瓦（Alexandre Lenoir，1761—1839）在法国大革命之后建构的"法兰西文物博物馆"（Musée des Monuments Français，1795），则为米林的书籍形式提供了空间和实物的形态，其中所陈列的正是从中世纪建筑物（主要是哥特式）肢解而来的大量建筑部件和雕塑残片。博物馆所在的小奥古斯丁修道院（Couvent des Petits Augustins，即今巴黎美术学院所在地），因为到处点缀着中世纪器物，亦成为浪漫主义者探幽访胜、寻觅诗情的绝佳圣地。法国浪漫主义作家则更愿意把自己小说和故事发生的背景，安置在哥特式建筑物的框架中，如雨果笔下的巴黎圣母院和夏多布里昂（François-René de Chateaubriand）的墓穴等。

其他欧洲国家也不例外，"哥特式"变成了时髦，变成了欧洲各国竞相追逐的花环。19世纪以来，经济较为发达的国家如英美诸国身体力行，相继掀起了自己的"哥特式复古运动"；美国甚至创造了"摩天大楼"这种新哥特式建筑形式；就连身处欧洲边缘的西班牙和蕞尔小国瑞典，也不忘记赶赶时髦，期望攀上自己与所谓"西哥特人"的远亲，进而为自己国家的新哥特式建筑张目（如西班牙的高迪和瑞典的"哥特主义"城市建筑）。具有讽刺意味的是，在欧洲各国之间此起彼伏、辗转流播的"哥特式民族主义"，恰好证明的是它的反面：哥特式风格非但不属于民族主义，而是一种国际性和具有内在共性的运动。

二

何谓哥特式建筑的内在共性？被意大利人文主义者訾议为“混乱”和“怪异”的哥特式建筑，在其烦冗复杂的外观之下，真的隐藏着某种内在一致的本质吗？

理解中世纪大教堂的第二个决定性的瞬间，正是产生于对这一问题的追问。

事实上，从技术和结构角度考量建筑的传统在民族主义叙事尚未形成之前，即已在法国开始。1702年，米歇尔·德·弗莱芒（Michel de Frémin）出版了《蕴含着真实与虚伪建筑理念的建筑的批判考察》（*Mémoires critiques de l'architecture, contenans l'idée de la vraye et de lafausse architecture*）一书，从书名即可看出此书的用意在于用“真实”和“虚伪”这一对概念，来区分建筑与建筑的好与坏；而与上述概念相对应的，则是建筑中古典柱式和装饰的对立，言下之意即建筑应该以物质和材料的形态反映功能的要求。[9]在弗莱芒之后，则有阿贝·德·科迪默瓦（Abbé de Cordemoy）和阿贝·劳吉尔（Abbé Laugier）等人接踵而来；而这一领域登峰造极的王者，则是一个世纪之后的维奥莱－勒－杜克（Viollet-le-Duc，1814—1879）。

维奥莱－勒－杜克不仅是巴黎圣母院、圣德尼修道院教堂等著名哥特式建筑的修复师，更是一位伟大的建筑理论家和建筑史家。他的十卷本皇皇巨著《11至16世纪法国建筑分类词典》（*Dictionnaireraisonné de l'architecture française du XIe au XVIe siècle*，1854—1868），以词条和图文并茂的形式，收录了哥特式建筑中几乎每一个部分的细节和内容，并加以详细的解说，堪称19世纪建筑史的里程碑。他的基本观点，被后世的建筑史学家称为“结构理性主义”（Structural Rationalism），即认为哥特式建筑从内到外，是一个理性的结构；[10]在它“简单的建筑外观下，隐藏着建造者所掌握的深奥科学”。[11]这种科学由哥特式建筑的各部分相互叠加而呈现，是一个犹如动物骨架般的功能和力学体系；用维奥莱－勒－杜克的话说，即“一套‘隔空’的撑扶体系”，[12]其中无一处无用处，每一个元素都是体系中的必然。其中最关键的因素，即所谓“尖形拱券”（ogive，又称“尖拱”“肋拱”）或“对角肋拱”（la croisé d'ogives）。在维奥莱－勒－杜克看来，哥特式建筑与古典式建筑最大的区别，在于古典建筑是以立柱为中心、从下往上发展的系统，其基本原则是横梁与立柱之间垂直的承重；而哥特式系统，则是以拱顶为中心的一个从上往下发展的系统，其基本原则在于整体结构的承重。而尖形拱券或对角肋拱，正是这一体系的各种力学关系在拱顶最集中的表达，正是它构成了所谓的哥特式拱顶；它与与之连成一体的组合束柱、与构成拱顶边缘的横拱和边拱一起，形成一个逻辑系统，将侧推力直接传递到系统中的每一个特定承重因素之上。而其他的侧向推力，则由附加的飞扶壁（arc-boutant）、扶壁垛（contre-fort），或者以适当增加竖向压力如小尖塔（pinacle）的方式，来分解和承担。

然而，也正是对哥特式本质的这种纯结构与技术的理解，招致后人从不同方向的攻击。其中最猛烈的火力，来自艺术史学者的“象征性解读”思潮。

三

“象征性解读”并不出自一种统一的方法，更多是一种或多或少相似的立场，源自对于“结构与技术论”共同的反感。

这种反感最早根植于20世纪上半叶维也纳学派的艺术史家[如李格尔（Alois Riegl）]，根植于他们试图对同时代甚嚣尘上的物质—材料主义（Materialist）艺术主张[如戈特弗里德·森柏（Gottfried Semper）的观点]矫枉过正的“艺术意志”。但在哥特式建筑领域，“象征性解读”的代表人物，首推德国艺术史家保尔·弗兰克尔（Paul Frankl，1878—1962）。

作为艺术史中的形式主义代表人物沃尔夫林（Heinrich Wölfflin）的弟子，弗兰克尔早年曾亦步亦趋地追随过乃师的轨迹，在1914年出版了一部《建筑史的基本原则》（*Die Entwicklungsphasen der neuren Baukunst*）。此书把沃尔夫林运用于绘画史的原则搬到建筑史领域，讨论文艺复兴与后文艺复兴时期的建筑风格。他晚年的巅峰之作，是两部均冠之于“哥特式”标题的巨著：其一是《从八个世纪以来的文献记载和诸家阐释中所见的哥特式》（*The Gothic：Literary Sources and Interpretations through Eight Centuries*，1960）；其二是他临终前刚刚完成的《哥特式建筑》（*Gothic Architecture*，1962）。两书均聚焦于对哥特式风格基本原则的探讨：前书处理“涉及哥特式基本原则的历代评论和评述”，而后者则“用具体案例来说明”这种风格的“几项基本原则”及其“逻辑过程”。也就是说，前者用文本证据说话，后者则透过建筑本身阐明原则。[13]

那么，什么是哥特式风格的基本原则呢？最集中体现哥特式风格之基本原则者，不是别的，恰恰是同样成为结构—技术论者立论基石的肋拱（英文 rib，亦即法文中的 ogive）。对此，建筑史家保罗·克罗斯利（Paul Crossley）做了很好的概括：

> 弗兰克尔的《哥特式建筑》是对于理性主义阵营的一次突袭，它将后者视若拱璧的肋拱窃为己有，并将其从结构功能转化为审美功能。不管某个拱顶的实际静力学属性如何（有时起承载作用，有时则不），对弗兰克尔来说，肋拱的重要性首先是审美性质的。假如理性主义者视交叉肋拱为哥特式结构体系之创造者，那么，弗兰克尔则视其为在所有哥特式建筑之审美特性背后发生作用的动力。在他看来，四分肋拱顶是哥特式教堂之三项基本原则的第一要素，即在空间方面，它将整个拱顶区分为四个相互依存的空间部件（它同样也遵从“部件性”的原则）；在视觉方面，肋拱的对角线方向阻碍了罗马式正面性观视的产生，并使观者在观看其他所有形式时，都可以按对角线方向站立，同时体验到空间的退缩，而非处在平面之中；而在力学方面，四分肋拱顶从14世纪初开始已经完全失去了重量和撑扶感，从而变成了纹理（texture）——一种美化拱顶单元的装饰线条的无尽涌流。然

后，这三项原则全部从该拱顶扩散到建筑的其余部分，并使建筑的整个立面变得既通透玲珑又轻盈纤巧，且按对角线方向组织结构，同时在空间上保持开放。[14]

概而言之，哥特式风格的秘密，即在于从肋拱拱顶发端并内蕴于其中，从而在本质上区别于罗马式的一系列基本特征（弗兰克尔的“基本原则”）。具体而言，可以从三个方面来看这些特征：空间形式（ the spatial form ）上，它以“减法”取代罗马式的“加法”，意味着罗马式由不同部分相加而成，哥特式则由具有内在联系的部件形成有机的整体；视觉形式（the optical form）上，它以斜向的对角线性取代罗马式的正面性，意味着罗马式要求的视角是固定、封闭的，哥特式要求的视角是运动、开放的；最后是力学形式（the mechanical form），这一方面的原则是以“纹理”取代罗马式的“结构”。结构意为各部分之间在力学关系（压力与抗压力）中保持的平衡，其中每一个部分都是一个整体，即使在整体中亦保持为一个亚整体[15]，正如罗马式建筑整体由坚固的石头团块垒成的那样。表面看来，以纹理取代结构，具现的是建筑从罗马式向早期哥特式，以及进一步向晚期哥特式演变的趋势。但事实上，命名形式在这里具有鲜明的意向性含义。弗兰克尔指出，来自拉丁文 tegere 的 texture（纹理）一词，其原意恰好为“覆盖”，[16]因此，从结构向纹理的过渡，岂不正好在隐喻的层面上，象征着弗兰克尔所挚爱的形式主义之审美和装饰的“涌流”，对于理性主义者之“结构”的一次永久性的“覆盖”（其实质为“埋葬”）？

事实上，较之文字游戏的雕虫小技，弗兰克尔要在更为宏大的意义上使用象征方法。在他眼里，象征分为意义的象征（ symbols of meaning ）和形式的象征（form symbol）两类。前者类似于图像志含义，意为某个建筑单元在宗教和文化层面上的用意，如修道院院长絮热（Abbé Suger）在圣德尼教堂的内殿建十二根立柱以代表十二使徒，[17]这需要相应的文化知识才能释读；后者指建筑形式或风格本身具有的表现性含义，以及它们在观者那里唤起的审美情感效应。例如，同样作为“新耶路撒冷”象征的教堂，在形式上却有拜占庭、加洛林、罗马式和哥特式等风格之别，遑论同一种风格中，还有不同历史阶段和不同地方流派的差异。[18]

但更重要的是哥特式教堂的总体象征，关涉哥特式教堂的本质所在。这种本质即哥特式教堂的意义象征和形式象征熔铸浇灌而成的一个整体，它是“进入建筑物本身并被融化吸收的文化和智性背景”，是“文化意义与建筑形式的相互渗透和浑融”。[19]而能够将形式与意义两个方面融为一体的唯一形象，非基督教的主耶稣形象莫属。罗马式的上帝虽然也叫耶稣，但仍是《旧约》中的圣父形象；哥特式的上帝才是耶稣，也就是说，是具有“道”和“肉身”之两性的一个整体。因此，“哥特式建筑的本质，即作为耶稣之象征的12和13世纪教堂的形式”，首先呈现为教堂的十字架布局和形状；其次，这种本质必须是“艺术”，因为只有这样，它才能成为“耶稣意义的形式象征”。[20]在作为耶稣之象征的哥特式大教堂内，个人和社会作为部件与“上帝”融为一体，正如教堂内的每一个“部件”与教堂的整体融为一体，“根据这种根本性的部件性意义，部件性的艺术风格才得以出现”。[21]

人们很容易从中嗅到浓烈的宗教和“黑格尔主义”气息。但“象征性解读”并非只有弗兰克尔一家版本。事实上，在20世纪50年代，哥特式艺术的“象征性解读”曾经出现过一个短暂的研究高峰，正如罗兰·雷希特（Roland Recht）所概括的，“短短十年工夫，就诞生了5部巨作，并且每一部都以独特的方式，在哥特式艺术史学上留下了深深的印记”。[22]它们不约而同的前提是“哥特式艺术的实质是精神性的”，[23]但其中潘诺夫斯基（Erwin Panofsky，1892—1968）和奥托·冯·西姆森（Otto von Simson，1912—1993）的研究，则把人们的视线引向了一个更积极、更具经验性意义的方向。

例如，无论是潘诺夫斯基还是西姆森，他们都把哥特式艺术的起源问题，集中在圣德尼修道院教堂和修道院院长絮热身上。其中潘诺夫斯基率先提出，新艺术的发生与伪丢尼修（Pseudo-Denys）的新柏拉图主义的“光之美学”（esthétique de la lumière），存在着具体联系，而絮热则起着中介作用；[24]西姆森进一步发展了这一命题，认为是伪丢尼修的“光之美学”，与从古希腊到中世纪并具现在夏尔特学派中关于和谐、比例与模数的“音乐形而上学”发生的适度融合，才是新艺术诞生的奥秘所在。[25]

尤其是潘诺夫斯基，他对于经院哲学和哥特式建筑之关系的讨论，并未如弗兰克尔那样在思辨的领域展开，而是将其还原到围绕着法兰西岛即巴黎地区方圆一百公里和上下一个多世纪（1130—1270）的具体时空中，进而对其间出现的艺术与神学之间的“平行现象”，进行“真正的因果关系”的探讨。[26]无论他所借助的当时各色人等共同拥有“心理惯习”（mental habit）之说是否成立，这一洞见仍有助于人们深入思考相关问题，同时也在其他社会科学领域结出了硕果。著名社会学家布尔迪厄（Pierre Bourdieu）的“惯习—场域”理论曾受到潘诺夫斯基“心理惯习”说的影响，这是一个不争的事实；[27]而前者，恰好是后者《哥特式建筑与经院哲学》（*Architecture gothique et pensée scolastique*）一书的法文译者。

事实上，正如克罗斯利所指出的，潘诺夫斯基和西姆森这类具体探讨哥特式教堂与特定神学思潮关系的研究，已经越出了“象征性解读”范围，而进入“建筑图像志”的范畴。[28]

四

1942年，建筑史家里夏尔·克劳泰默（Richard Krautheimer，1897—1994）在著名的《瓦尔堡与考陶德研究院学报》（*Journal of the Warburg and Courtauld Institutes*）上发表了《“中世纪建筑图像志”导论》（*Introduction to An “Iconography of Medieval Architecture”*）一文。[29]这篇只有33页的文章的发表，标志着中世纪建筑研究的一次重大转型：从此前盛行一时的形式主义方法，回归追寻建筑之“内容”或意义的图像志方法。

所谓“图像志”（Iconography），按照潘诺夫斯基的经典定义，即“关注艺术作品之题材（subject matter）和意义（meaning），而非艺术作品之形式的艺术史分支”。[30]在潘诺夫斯基看来，“题材”或“意义”包括三个不同的层面：首先是作为“初级或自然题材”的第一层（如辨识一个脱帽的男人）；其次是作为“二级或规范意义”的第二层（如意识到该男人脱帽是出自礼貌的行为）；最后是作为“内在意义或内容”的第三层（如该男人的行为是他整体“人格”的体现，包括他的国别、时代、阶级、知识背景等因素在其上的具体呈现）。[31]与之相对应的则是图像志三个层面的工作：针对第一层的“前图像志描述”（pre-iconographical description），即对于物体和事件的识别；针对第二层的被称为“狭义的图像志分析”（iconographical analysis in the narrower sense），即对于图像中“形象、故事和寓意”（images, stories and allegories）的分析和判定，如把一个持刀的男人解读为圣巴托洛缪；[32]以及针对第三层的所谓“深层意义上的图像志阐释”（iconographical interpretation in a deeper sense），涉及图像的象征价值亦其文化蕴含，例如中世纪晚期的圣母子像之所以从斜躺着的圣母怀抱圣婴的形象，变成了圣母跪在地上膜拜圣婴的形态，其深层原因，恰恰在于“中世纪晚期形成的一种新的情感态度”[33]所致。[34]

正如C.C.默库莱希（C.C.McCurrach）所指出的，克劳泰默《“中世纪建筑图像志”导论》一文在概念和结构上，都烙下了潘诺夫斯基1939年版文章的痕迹。[35]但在方法论的意义上，二者截然不同。首先，克劳泰默所欲建构的是三维空间内发生的建筑图像志，而非潘诺夫斯基更多附属于二维平面的绘画图像志；其次，作为对形式主义方法的一次拨乱反正，克劳泰默所致力于恢复的是一种在“最近50年”才被形式主义取代的“教会考古学家”的古老传统，即对于建筑之宗教内涵或“内容”的关注。[36]尽管在克劳泰默看来，这些“教会考古学家”仅指从17世纪的J. 奇安皮尼（J.Ciampini）到20世纪的约瑟夫·绍尔（Joseph Sauer）形成的一个序列。[37]但实际上，建筑图像志作为对教堂宗教含义的探究，其早期传统更应该追溯到7世纪的塞维涅的伊西多尔（Isidore of Seville）和13世纪的威廉·杜兰（William Durandus）；[38]尤其是后者的同时代人博韦的文森（Vincent de Beauvais），他所建构的包罗万象的知识系统，奠定了19世纪末最伟大的艺术图像志学者埃米尔·马勒（Émile Mâle, 1862—1954）的名著《法国13世纪的宗教艺术》（*L'art religieux du XIIIe siècle en France*）的基础。

马勒之书初版于1898年，其生前共修订再版了8次。该书的第二章标题开宗明义，概述了此书的方法论诉求，即“以博韦的文森所著的《大镜》（*Speculum Maius*）作为研究中世纪图像志的方法”。[39]具而言之，该书的结构亦步亦趋地追随了《大镜》一书的构成：分成“自然之镜”“学艺之镜”“道德之镜”“历史之镜”四大部分。正如中世纪思想把世界理解为“一部上帝亲手书写之书”（Hugh of St. Victor）[40]，而诸如《神学大全》和《大镜》这样的人为之书，则以百科全书的方式，出自对于上帝之“书”中的秘密的解读和注释。图像志学者马勒则进一步在中世纪的百科全书（所谓的“智力的大教堂”）与同一时期物质形态的石质大教堂之间，建立对应关系，并将后者称为前者（即思想）的“视觉形象”（comme l' image visible de l' autre）。[41]从中可以清晰地辨认出，20世纪50年代潘诺夫斯基的另一部图像志名著《哥特式建筑与经院哲学》的思想和灵感渊源。在这种视野的观照下，一种非物质化的过程亦随之产生：教堂的石质材料和其他物质载体变得透明了，仅仅成为呈现时代思想内容的书页。

然而，克劳泰默的建筑图像志却迥异于此。同样是对于内容的关注，其与此前的种种寻求建筑与思想之间一一对应关系的图像志诉求相当不同，他的图像志中的基本关系，发生在建筑的复制品（copies）与其原型（originals）之间。[42]他以耶路撒冷的圣墓教堂和其他四个摹仿它的教堂为例，说明中世纪复制最突出的特点，并不在于惟妙惟肖地追求物理形态的相像和相似，而在于选择性地挪用原型的部分要素，例如满足它是"圆形的"，以及"包含一个圣墓的摹造品，或是题献给圣墓"[43]的基本条件，再加上某些辅助特征，诸如"环形甬道、礼拜堂、回廊、楼廊、穹顶，一些列柱或其他某些尺度"，[44]即可达到复制的目的。在克劳泰默那里，建筑图像志的基本工作首先超越了文本主义的窠臼，变成了建筑与建筑、形式与形式、物与物之间的取与舍、增与删、利用与再利用的一个可供清晰讨论和分辨的过程。换句话说，图像志在这里并非一个在一切方面都与形式主义背道而驰的方法，而是同样整合了形式主义之分析技术在内的一种更高的整合。而在建筑形式与思想或观念的关系上，上述"选择性挪用"法则的运用，一方面意味着在中世纪人们的心目中，观念较之形式具有优先性（人们在传递观念时并不在乎形式的完整性）；另一方面，也意味着观念与形式之间存在着较为松散的联系——观念或象征总是附属或者伴随着特定形式，而非固着于其上。[45]例如在神学家J.S. 埃里金纳（Johannes Scotus Erigena）那里，"数字8的象征"并不确定，它"既可以与礼拜天，也可以与复活节相联系；既可以表示复活和再生，也可以表示春天和新生命"。[46]克劳泰默的建筑图像志也被称作一种"语境主义"（contextualism），[47]这意味着建筑的形式为了适应新的功能和语境的需要，其形态也会改变。例如，克劳泰默讨论了中世纪洗礼堂为什么会具有圆形形制的原因。在他看来，这种形制并非如前人所臆测的那样，是对于古代罗马浴场的模仿，因为3世纪或4世纪时最早的洗礼堂非但不是圆形，反而呈方形或长方形状。[48]一直要到4世纪中期开始，长方形洗礼堂才逐渐被圆形或八边形洗礼堂所取代，并在5世纪变得普遍。[49]导致这一形制变化的最主要的原因，在于同一时期的基督教教父著作家们，在洗礼具有的洗涤罪恶的日常含义之外，日益强调其与象征性死亡和复活相关的神秘蕴含（旧我在洗礼中死亡，新我在洗礼后诞生），致使洗礼堂的形制日益与古代陵墓，尤其是早期基督教陵墓（如耶路撒冷的圣墓）相混同，并逐渐转化为与陵墓相同或相近的圆形或八边形形态。[50]

1969年，在《"中世纪建筑图像志"导论》再版所附的后记中，克劳泰默将其方法的内核概括为"在复制品和原型，以及建筑类型及其意义之间，寻找特殊的第三因素"。[51]这种在因果关系的锁链中具体、审慎的探讨形式和意义因循、变异、生成和流变的方法，迄今仍未失去其重要的意义和价值。汉斯－约阿希姆－昆斯特(Hans-Joachim Kunst)关于"建筑引用"(Architekturzitat)的理论，便是上述因果链条中一个新近的成果。他试图在建筑物的新形式与它所引用的旧形式之间建立辩证联系，并以兰斯大教堂为例，论证被引用的形式(类似于克劳泰默的"复制")往往会给引用者(建筑的赞助人)带来政治或意识形态竞争方面的优势和利益。[52]而罗兰·雷希特于1999年出版的著作《信仰与观看：哥特式大教堂艺术》，则为包括建筑图像志在内的中世纪大教堂艺术的整体研究贡献了最新的第五种范式，同时亦与此前林林总总的研究思潮构成了遥相呼应的复调和对话。

五

作为一名斯特拉斯堡出身、德裔血统、长期从事阿尔萨斯-洛林地区中世纪建筑研究的法国人，艺术史家罗兰·雷希特[53]的身份、经历和研究生涯本身便足以证明，两个多世纪之后，中世纪哥特式艺术研究是如何地远离了曾经盛极一时的其第一种研究范式——民族主义的叙事，并对其他几种规范亦形成了整合和超越。面对同一座中世纪大教堂，青年歌德看到德意志民族艺术，维奥莱-勒-杜克看到结构和技术，弗兰克尔看到耶稣之象征，潘诺夫斯基和西姆森看到经院哲学和新柏拉图主义之神学，雷希特却看到了截然不同的东西。

《信仰与观看：哥特式大教堂艺术》一书的上编，即作者与历史上各种研究范式展开的对话。他所概括的"技术派"与"象征派"之间对立竞争的历史虽稍显简化，但仍是颇中肯綮的。在他看来，以苏弗罗(Suffolot)、维奥莱-勒-杜克和迄止深受前者影响的现代主义者弗兰克·赖特(Frank Lioyd Wright)为代表的"技术派"失之枯涩；而以弗兰兹·维克霍夫(Franz Wickhoff)、汉斯·赛德迈尔(Hans Sedlmayr)、弗兰克尔、潘诺夫斯基和西姆森为代表的"象征派"，则失之蹈虚。疗救二者之弊的不二法门，在于他所尝试的一个"再物质化"的"新阶段"；[54]这种"再物质化"并非回到"技术派"冷冰冰的结构和骨架，而是重返血肉丰满的哥特式建筑的整体——在本书下编，雷希特把这一整体理解为有活生生的人徜徉于其间的，以眼睛和真实视觉经验为基础的，综合考虑人们的观看、信仰与营造活动的，包括"建筑，雕塑，彩画玻璃和金银工艺"[55]在内的一个"视觉体系"(système visuel)；[56]而其方法，亦可相应称为一种"视觉-物质文化"的维度。

例如，标志着哥特式建筑的最基本的问题，并非以往人们念兹在兹的诸如"飞扶壁"或"尖拱"等形式或结构法则，而是决定中世纪教堂之为中世纪教堂的"更为紧迫的问题"，即"深刻改变了中世纪之人对图像和膜拜场所看法的诸多变革"，尤其是"当时于膜拜场所中心举行的圣体圣事和当众举扬圣体的活动"。[57]"圣体圣事"又称"圣餐"，是基督教为纪念耶稣与门徒共进最后晚餐而设行的仪式；它先由主祭神父祝圣饼和酒，然后把饼和酒分发给参加仪式的信徒食用。而"举扬圣体"(l'élévation de l'hostie)，则是13世纪之后才出现并风靡欧洲的一项新实践，意为在分发圣体之前，神甫必须把圣体高高举起，以便在场的所有人都能够观瞻。在这一行为的背后，是一项于1215年拉特兰公会议（Concile du Latran）上颁行的新神学信条“变体说”（transsubstantiation），意为在上述仪式过程中，确定无疑地出现了一项奇迹，即“面包化为圣体、葡萄酒化为圣血的变体现象”。[58]这一表述的内核，即在于肯定“基督真实的身体临现于教堂”的教理。这意味着举行仪式的这一瞬间，与自然的面饼和酒同时出现在教堂的，是救世主本身真实无伪的在场。

尽管此前，学者们多多少少提到了圣体圣事仪式之于哥特式艺术的重要性，[59]但像雷希特那样，将其置于核心位置并深掘出微言大义者，则罕有其匹。他甚至在一种与潘诺夫斯基相仿——在后者赋予15世纪的透视法以一种独特的文艺复兴象征形式——的意义上，提出中世纪大教堂同样具有一种“圣餐仪式的透视法”（la perspective eucharistique）：[60]这种“透视法”以十字架作为标志，以圣体圣事作为仪式而构成其限定条件，存在于由中殿引出的教堂内殿的真实空间中。在这一空间中：已成圣体的面饼被人高高举起；这一行为旨在于空间中一个给定的点位上，显示基督真实的临在。圣体于此如同“准星”或视觉灭点，是所有目光相交汇的地方。正是从这个点出发，整个空间装置获得了存在的意义。而该装置赖以形成的基础是开间有节奏的连续和支柱在视觉上更为紧凑的排列。爬墙小圆柱的增多和高层墙壁元素的分体同样发挥着加强透视效果的作用。[61]

换言之，决定哥特式教堂内部空间之构成的原则，并非前人所谓的任何一种“天上的耶路撒冷”或新柏拉图主义“光之美学”的思辨，而是实实在在地存在于彼时教堂之宗教实践的这种圣体或基督临在的“透视法”。没有这些条件，“这一叫作‘哥特式’的艺术就不可能诞生”。[62]

在宗教仪式和十字架崇拜的观念之外，雷希特还以更大的篇幅，讨论了哥特式艺术成立的第三项条件——智力生活中眼睛的重要性、艺术作品中视觉价值的明显提升和专业艺术态度的形成。这一方面同时涉及对同时代神哲学命题和从绘画、工艺到建筑的大量艺术作品广泛而细致的考察，精彩之处比比皆是，无法一一述及，相信读者自会明辨。其中我只择取予我以深刻印象的几处略加分析，涉及作者对于哥特式建筑的起源、关于建筑图像志和彩画玻璃的二维审美属性的独特理解和重新阐释。

第一个问题：关于哥特式建筑的起源。作者明确否认圣德尼修道院教堂的起源说。鉴于维奥莱－勒－杜克等人的“技术派”和以潘诺夫斯基、西姆森等人以新柏拉图主义“光之美学”立论的“象征派”，二者均以圣德尼教堂作为其逻辑起点，作者的此说犹如釜底抽薪，抽取了上述二论的逻辑基础。在作者看来，圣德尼教堂并非一个原创的新构，而是在原有加洛林建筑基础上改建而成的一个杂糅的产物（1140—1144）：它的西立面保留了源自加洛林建筑所特有的“西面工程”（Westwerke）；其中殿主体也是加洛林时期的，昏暗低沉，其部分厚重墙体得以保留，是因为据说耶稣基督曾经亲手触摸。只有其内殿得到了彻底的改造：一方面抬高地面，导致祭台上的圣物盒更引人注目；另一方面建造了外接放射状礼拜堂的优雅回廊（déambulatoire），以及新的后殿。最后，通过改建中殿的拱顶而将中殿、内殿和后殿融为一个整体，终于“同时制造出一种富有感染力的效果，即信徒在跨入教堂大门的那一刻便被眼前的景象所震撼。因为透过自己所处的漆黑幽暗的世界——加洛林时代残留下来的古老中殿，他将看到远处的圣所沐浴在无限光明之中”。[63]

与此同时，作者在同一时期建造的桑斯大教堂（同样起始于1140年）那里，看到了较之圣德尼教堂更多的原创性。首先，是桑斯大教堂在平面上的匀质性与完整性。作为一座在拆掉了10世纪建筑之后重起炉灶营造的教堂，其平面图可谓浑然天成——它没有袖廊，只有一座延伸在内殿的中轴线放射状礼拜堂；其中殿和内殿各据三层楼的形制；中殿的开间上盖六分式肋架拱顶；由两种样式相交替的墩柱支撑；每种墩柱分别对应一种特定形式的肋拱。一切均显得简洁而整饬。[64]其次，是整座教堂最具创意的景观，即人们赋予上述元素的造型价值：由支撑体和肋拱借助自身外形制造出强烈的光影效果，遍及该教堂的各个部分。这种光影效果不同于絮热在圣德尼回廊中所追求的那种光芒四射的效果，反而显得收敛而抑制，形成一种明暗交错，甚至半明半暗的氛围。作者并不认为“某种神学思想或某种象征模式与建筑之间存在必然的因果关系”，因为“建筑并不是靠概念营造起来的”。[65]然而，如果较真的话，隐藏在这种独特的光影效果背后的观念，在作者看来，与其说是絮热的新柏拉图主义“光之美学”，毋宁说更接近于明谷的圣伯尔纳（Bernard de Clairvaux）——因为在后者那里，真理恰恰来自“阴影与光线的激烈互动”。[66]

第二个问题：建筑图像志的重新阐释。在上文，我们曾经追溯过克劳泰默对于建构建筑图像志的重要贡献，以及建筑图像志从前者的“复制”到昆斯特的引用之方法论意义上的进展。事实上雷希特的此书有意识地主动介入了这场对话。按照昆斯特的本意，建筑引用分为三种类型：

——占主导地位、压倒一切创新的引用；

——强调形式创新的被动的引用；

——与创新完美地融为一体的引用。

针对昆斯特学说的巨大影响力，作者首先指出，“引用”概念在建筑研究中存在含义暧昧的问题，原因很简单，因为“它更适合被用在语言领域，而非视觉形式领域”。[67]而且，正如克劳泰默所述，整个中世纪几乎找不出任何一部建筑作品曾得到完整的复制。然而，文本的引用却是中世纪文人的拿手好戏，该怎样解释这之间的矛盾与反差？

雷希特一方面指出，它缘自昆斯特那样的作者深受20世纪70—80年代建筑界流行的“后现代”思潮影响，借用了当时十分时髦的语言学模型之故；[68]另一方面他则认为，完全能够借用较之现代术语更贴切的同时代术语，来表述哥特式建筑思想的辩证性。这些术语可以在13世纪神学家圣博纳文图拉（St. Bonaventura，1221—1274）的思想中找到。后者提出中世纪著书立说的四种方式：仅仅将别人言辞记录下来的“记录者”（scriptor）；在记录基础上加入其他人言论的“编纂者”（compilator）；记录他人言论并作注解的“注释者”（commentator）；最后才是“著作者”（auctor），但其同样并非现代读者以为的纯粹的作者，而是更多地需要以引经据典的方式来肯定自己言辞的作者。[69]

这套自名的术语较之"引用"确实更适用于中世纪的环境。现代意义上自说自话的作者在中世纪并不存在，"编纂者""注释者"和"著作者"实际上都是借他人之酒杯浇自己之块垒的作者，但彼此之间仍能做具体的区分。把它们应用到中世纪的建筑领域，则根据自身构想与前人元素之间的相关比例和搭配关系，即可对相应中世纪建筑的整体或部分，做出较为准确的描述。

例如，前文谈过的斯特拉斯堡大教堂，其总体风格应该说接近于"编纂者"，因为它是罗马式主体加法兰西哥特式立面的一个组合。而圣德尼教堂则属于"著作者"（絮热院长也自称是一位"著作者"），因为絮热在创新的同时，同样不忘特意保留古代的形式元素或建筑遗存（如正立面的加洛林风格的西面工程；左侧门洞门楣处古代风格的镶嵌画；内殿地下墓室陈列的古代圆柱），以作为权威证据自证。而瓦兰弗洛瓦的戈蒂埃（Gauthier de Varinfroy），则通过翻修建成于12世纪上半叶的中殿，保留主连环拱所在的底层和重建上面的部分，来重新构造埃弗勒大教堂。他的具体做法，造就了一种复杂的、集双重作者于一身的情形：

> 戈蒂埃先用一道挑檐标示出拱廊的下边线，将原先的罗马式爬墙圆柱也收到挑檐里面，然后在挑檐之上竖起中层和上层，他从不同的源头借取了几种不同的巴黎"辐射式"图案，并在中层和上层交叉使用这些图案。可以说，戈蒂埃在对上面的部分进行"编纂式"处理的同时，并未忽略它与原先的罗马式底层建筑的视觉过渡，因为他将前者立于挑檐所形成的基座之上，这个基座在形式上吸取并预示了中上层建筑棱尖角锐的特色，在尺寸比例上却与罗马式爬墙圆柱保持一致。这是一个非常成功的元素并置的例子，在这个例子中，工程指挥希望通过前辈的建筑成果提升自身作品的价值：在这里，他对过去而言是著作者，对当时而言是编纂者。[70]

尽管雷希特对这部建筑图像志的细节语焉不详，尽管这部建筑图像志在其整体论述中仅占很小篇幅，也尽管作者之书亦仅限于为中世纪艺术研究提供一部导论，甚至尽管作者在这一点上显然也模仿了克劳泰默的做法（满足于为未来更深入的研究提供一部导论），在这部图像志最后仍有待于完成的今天，雷希特的"四作者论"以中世纪的自名形式和方法论上的方便、贴切和简洁，无疑标志着建筑图像志在克劳泰默和昆斯特之后的一次重要的进展，其意义将在未来的学术史中更加明显。

最后一个问题：彩画玻璃的二维性。这一问题的核心，在于作者所持的对中世纪艺术总体上具有二维性观视原则的判断。[71]在这一方面，作者自身的观点具有相当的连贯性（例如与上述明暗二重性的光影观保持一致）；但另一方面，也较多显示了德国艺术史学影响的痕迹，令人想到李格尔所提出的"双关性法则"（principe d'ambivalence），即他用以描述罗马晚期工艺美术中常见的图—底关系发生视觉逆转的现象；[72]以及为潘诺夫斯基所揭示并为奥托·佩希特（Otto Pächt）所深化的北方民族特有的所谓“平面性原则”（principe de planéïté）。[73]作者的做法并不限于将其应用于中世纪艺术的领域，而是以洞察入微的细腻观察为基础，结合材料的特性和周遭的环境，做了令人叹为观止的发挥与发展。

比如：

> 在仲夏或秋季，若在一天当中的不同时刻观察夏尔特的圣吕班（Saint Lubin）或布尔日善良的撒马利亚人（Bon Samaritain）的主题玻璃窗，我们会发现在阳光愈发充足的那段时间中，非覆盖性玻璃窗辐射度增大，于是清透的彩窗与覆盖性彩窗之间的对比增强；在傍晚时分，这一对比减弱，颜色的亮度也明显降低。此时，单灰色调画的效果及种种精妙的细节再次显现，不同色调（如绿和紫）的并置所带来的细腻感也再度清晰起来。我们的一个感觉是，彩画玻璃最适宜在中等强度的光线下观看。[74]

再如：

> 随着自身辐射度的增强，趋向于将形象轮廓映衬得愈发鲜明，这样制造出的与其说是形状的纵深感，不如说是形状的隔离感。而光线的缓缓减弱又使画面结构变得渐渐紧凑起来，图与底最终融为一体。光线退减到最后，相邻颜色之间相互作用产生的色变效果消失，红色被蓝色浸染后形成的紫光也越来越模糊。彩画玻璃与壁画和细密画极为不同的一点是，它营造的具象空间随光线而变幻，其色组的平衡感甚至都随之发生变动。这样的变化每时每刻都在窗玻璃表面上演，注意到这一点后，我们不难体会到三维幻视效果与彩画玻璃的审美旨趣是多么格格不入。从其定义来讲，彩画玻璃便是二维艺术。因为在这门艺术中，光线与玻璃和颜色两种物质紧密结合，使它们的样貌不断发生根本性的变化，而且这一变化是随机的。恐怕中世纪没有任何其他艺术手法能与二维空间概念如此相配了。所有的形象，所有的场景，都只是简单地被摆在一个带颜色的底子之上，但图—底关系却能在某些时刻完全颠倒过来。总之，这一关系会利用阳光的变化一次次重建内部的平衡。因此，天气的变化、季节的轮回和时间的推移都在参与着图像的塑造。[75]

最后，是夏尔特大教堂圣厄斯塔什礼拜堂中的有趣个案：

> 圣厄斯塔什玻璃窗的创作者似乎发掘了彩画玻璃较之于壁画和细密画的所有独特属性。他的作品揭示了玻璃画师如何很快学会用发光的颜色营造二维空间，支配这一空间的正是李格尔所称的形象—背景“双关性法则”。在不透明

的载体上，该法则只对装饰产生作用，然而在彩画玻璃中，它可以尽情地施展自己的效力。某些颜色的玻璃在光照强烈的时候，就仿佛退到了图案后面，在光照减弱的时候，又仿佛跨到了图案前面。随着阳光强度的变化（玻璃窗是面向北方的），画面中稀稀拉拉的红色不同程度地被占主导地位的蓝色所浸染，频频亮相的紫色有时射出亮白耀眼的光芒，与白玻璃的反光连成一片，而白玻璃又在单灰色调图案的修饰下呈现出一定的凹凸感。当阳光退下去后，这些颜色之间又建立起新的平衡，就如同在照片上定影了一般。所有形状都仿佛经过一番折叠被塞进了“视觉表面的想象性平面上”（语出佩希特），这种效果是通过全蓝的背景实现的，这一背景可以让人们从视觉角度对上述平面进行定位。[76]

在哥特式彩画玻璃上，人们仿佛经历了一次维特根斯坦（Ludwig Wittgenstein）意义上的“鸭兔图”的智力游戏，以彩画玻璃的色彩和框架为基础，产生出奇妙的或此或彼的交替审美。人们不见得都会同意作者关于中世纪艺术之平面性的断言，对于其诸多观点亦尽可持保留态度，[77]但任何有现场经验者读到上述几段话，无疑都会发出由衷的赞叹。这样的观察在本书中随处可见，其基础是眼睛对于细节的高度敏感（令人想起瓦尔堡的名言：“上帝寓居于细节之中”）；更为重要的是，作者对于物质文化和技术环节烂熟于心的把握，以及把握基础上得心应手的应用——在这一环节，我们亦可补充说：“上帝寓居于技术之中！”眼睛不仅与心灵，更与物质和技术，结成了亲密的同盟，这是作者给予今天的艺术史最重要的启示。

在美不胜收的精神之旅之后，我们将再次面对本文开头提出的问题：

那么，究竟什么是一座“中世纪大教堂”？究竟什么是“哥特式艺术”？

实际上，这样的追问将永无止境。因为每一个时代都会基于自己的体验，提供不同的回答。

上面给出的五种答案，标志着中世纪暨哥特式艺术研究曾经有过的五个重要的历史瞬间。这五个瞬间念念相续，但并非相互替代。如同16世纪西班牙建筑师罗德里格·阿里亚斯（Germán Rodriguez Arias）笔下喻指肋拱组合的五根手指那样，它们彼此不可或缺。[78]而在当下的同时性结构中，它们已变成星辰般的存在，将为未来的求索者在黑夜导航。

注释

[1] Giorgio Vasari, “Ecci un’ altra speci di Lauori, chesichiamano Tedeschil”, *Le Vite*, Florence: Lorenzo Torrentino, 1550, Vol.I, p.43.

[2] Giorgio Vasari, “Questa maniera fu trouata da I Gothi”, *Le Vite*, Vol.I, p.43.

[3] 歌德：《论德意志建筑》（1772），见范景中主编《美术史的形状》第1卷，中国美术学院出版社2003年版，第151—153页。

[4] Paul Frankl, *Gothic Architecture*, Revised by Paul

Crossley, New Haven : Yale University Press, 2000, pp.171-174.

[5] https : //en.wikipedia.org/wiki/Strasbourg_Cathedral.

[6]彼得 · 柯林斯 (Peter Collins)用语。参见彼得 · 柯林斯《现代建筑设计思想的演变》，英若诚译，中国工业出版社2003年版，第92页。

[7]是 A.C. 杜卡雷尔 (A.C.Ducarel)最早在《英格兰一诺曼古物》(*Anglo-Norman Antiquities, Considered in a Tour through Part of Normandy*, 1767)一书中提到，哥特式艺术诞生于法国。G.D. 惠廷顿 (George Downing Whittington) 则在《以说明哥特式建筑在欧洲的兴起与发展的眼光来论述的法国教会古物史纲》(*An Historical Survey of the Ecclesiastical Antiquities of France with a View to Illustrating the Rise and Progress of Gothic Architecture in Europe*, 1809)一书中进一步巩固了这一说法。1841年，F. 默滕斯 (Franz Mertens)在一部研究科隆大教堂和法国建筑学派的专著中，具体证明是建于1135年至1144年的圣德尼修道院教堂而非任何德意志教堂，标志着哥特式教堂的诞生，并将这一成就称作"法兰西的建筑革命"。参见 Jean-Michel Leniaud, *Viollet-le-Duc ou les délires du système*, Paris : Menges, 1994, p.48 ; David Watkin, *The Rise of Architectural History*, London : The Architecture Press, 1980, p.26。

[8] David Watkin, *The Rise of Architectural History*, p.25.

[9] Ibid., p.22.

[10] Peter Collins, *Changing Ideals in Modern Architecture*, 1750 — 1950, Montreali : McGill-Queen's University Press, 1998, p.199.

[11]罗兰 · 雷希特:《信仰与观看: 哥特式大教堂艺术》，马跃溪译，李军审校，北京大学出版社2017年版，第16页。

[12]同上。

[13] Paul Crossley, "Introduction", in Paul Frankl, *Gothic Architecture*, Revised by Paul Crossley, p.9.

[14] Ibid., p.12.

[15] Ibid., p.49.

[16] Ibid..

[17] Paul Frankl, *Gothic Architecture*, Revised by Paul Crossley, p.271.

[18] Ibid., p.275.

[19] Paul Frankl, *The Gothic : literary Sources and Interpretations through Eight Centuries*, New Jersey : Princeton University Press, 1960, p.827.

[20] Ibid., p.828.

[21] Paul Frankl, *Gothic Architecture*, Revised by Paul Crossley, p.277.

[22]罗兰 · 雷希特:《信仰与观看: 哥特式大教堂艺术》，第12页。

[23]同上。

[24] Erwin Panofsky, *Architecture gothique et pensée scolastique*, *traduction et postface de Pierre Bourdieu*, Paris : Éditions de Minuit, 1967, pp.33-47.

[25] Otto von Simson, *The Gothic Cathedral : Origins of Gothic Architecture and the Medieval Concept of Order*, New Jersey : Princeton University Press, 1984, p.58.

[26] Erwin Panofsky, *Architecture gothique et pensée*

scolastique, traduction et postface de Pierre Bourdieu, p.83.

[27] Pierre Bourdieu, "Postface", in Erwin Panofsky, *Architecture gothique et pens é e scolastique*, traduction et postface de Pierre Bourdieu, pp.135-167.

[28] Paul Crossley, "Introduction", in Paul Frankl, *Gothic Architecture*, Revised by Paul Crossley, pp.28-29.

[29] Richard Krautheimer, "Introduction to An 'Iconography of Medieval Architeture'", *Journal of the Warburg and Courtauld Institutes*, Vol.5, 1942, pp.1-33.

[30] Erwin Panofsky, "Introductory", in *Studies in Iconology: Humanistic Themes in the Art of the Renaissance*, Boulder, CO.: Westview Press, 1972, p.3.

[31] Ibid., pp.3-5.

[32] Ibid., p.6.

[33] Ibid., p.7.

[34] 1955年版本的《视觉的艺术的意义》一书中，潘诺夫斯基全文收录了其1939年出版的《图像学研究》中的《导论》一文，同时做了部分重要增补和改写，并改名为《图像志与图像学：文艺复兴艺术研究论》(*Iconography and Iconology: An Introduction to the Study of Renaissance Art*)。增补和改写部分主要体现为：他将1939年文中的"深层意义上的图像志阐释"直接定名为"图像学"(Iconology)，而前者中的"狭义的图像志分析"，则变成了"图像志"，成为为"图像学"即阐释作品深层意义服务的必要基础，除了题材的文本出处之外，还为后者提供"年代、归属和真伪"方面的信息。参见 Erwin Panofsky, *Meaning in the Visual Arts*, Chicago: The University of Chicago Press, 1952, p.31。

[35] Richard Krautheimer, "Introduction to An 'Iconography of Medieval Architecture'", *Journal of the Warburg and Courtauld Institutes*, Vol.5, 1942, p.l.

[36] Paul Crossley, "Medieval Architecture and Meaning: the Limits of Iconography", *The Burlington Magazine*, *Special Issue on English Gothic Art*, Vol.130, No.1019, 1988, p.116.

[37] Ibid..

[38] Ibid., 威廉·杜兰即《信仰与观看：哥特式大教堂艺术》中提到的纪尧姆·杜朗(Guillaume Durand)，参见罗兰·雷希特《信仰与观看：哥特式大教堂艺术》，第86页。

[39] Émile Mâle, *L'artreligieux du XIIIe siècle en France: étudesurl' Iconographie du moyen âge et surses sources d'inspiration*, Paris: Librairie Armand Colin, 1948, p.59.

[40] Paul Crossley, "Medieval Architecture and Meaning: the Limits of Iconography", *The Burlington Magazine*, *Special Issue on English Gothic Art*, Vol. 130, No.1019, 1988, p.121.

[41] Émile Mâle, *L'artreligieux du XIIIe siècle en France: étudesurl'Iconographie du moyenâge et surses sources d'inspiration*, p.59.

[42] Richard Krautheimer, "Introduction to An 'Iconography of Medieval Architecture'", *Journal of the Warburg and Courtauld Institutes*, Vol.5,

1942, p.3.

[43] Ibid., p.15.

[44] Ibid..

[45] Richard Krautheimer, "Introduction to An 'Iconography of Medieval Architecture'", *Journal ofthe Warburg and Courtauld Institutes*, Vol.5, 1942, p.9.

[46] Ibid..

[47] Catherine Carver Mccurrach, "Renovatio' Reconsidered : Richard Krautheimer and the Iconography of Architecture", *Gesta*, Vol.so, No.l, 2011, Chicago : The University of Chicago Press on behalf of the International Center of Medieval Art, p.55.

[48] Richard Krautheimer, "Introduction to An 'Iconography of Medieval Architeture'", *Journal of the Warburg and Courtauld Institutes*, Vol.5, 1942, p.22.

[49] Ibid..

[50] Ibid., pp.26-29.

[51] Paul Crossley, "Medieval Architecture and Meaning : the Limits of Iconography", *The Burlington Magazine*, *Special Issue on English Gothic Art*, Vol.130, No.1019, 1988, p.121.

[52] Paul Crossley, "Introduction", in Paul Frankl, *Gothic Architecture*, Revised by Paul Crossley, p.28.

[53]罗兰·雷希特，法国著名艺术史家、博物馆学专家。曾经师从中世纪建筑与彩画玻璃研究权威路易·格罗德基(Louis Grodecki，1910—1982)。后长期任教于勃艮第大学(1980—1986)、斯特拉斯堡大学(1993—2000)、法兰西学院(2001)，现任法兰西铭文与美文学院院长(2014)，并曾担任过斯特拉斯堡市立美术馆的馆长(1986—1993)。除本书外，尚有《洪堡书简——从景观花园到达盖尔银版照片》(1989)、《思考遗产：艺术的展陈与秩序化》(1999)、《思考遗产 2》(2016)，以及《重访中世纪：哥特式思想及其遗产》(2016)等重要著作名世。

[54]罗兰·雷希特:《信仰与观看：哥特式大教堂艺术》，第39页。

[55]同上书，第4页。

[56]同上书，第357页。

[57]同上书，第6页。

[58]同上书，第86页。

[59]如迈克尔·卡米尔(Michael Camille)，参见 Michael Camille, *Gothic Art : Glorious Vision*, New York : Harry N. Abrams, 1996, p.19。

[60] Ibid., p.358.

[61] Ibid., p.361.

[62] Ibid., p.358.

[63] Ibid., p.138.

[64] Ibid., pp.141-143.

[65] Ibid., p.144.

[66] Ibid..

[67] Ibid., p.164.

[68] Ibid..

[69] Ibid., pp.164-165.

[70] Ibid., pp.168-170.

[71] Ibid., p.8.

[72] Ibid., p.70.

[73] Ibid., pp.73-77.

[74] Ibid., p.214.

[75] Ibid., pp.214-215.

[76] Ibid., pp.219-220.

[77]其中最重要的可议之处，在于作者只是给出了哥特式艺术存在的必要条件，始终没有提供它的充分条件，即圣体圣物崇拜是如何具体生成了哥特式教堂中哪怕任何一个具体空间的形制。

[78]同[59]，第23页。

本文载于《美术研究》2017年第2期

李军，1963年生，浙江杭州人。艺术史学者。1987年毕业于北京大学哲学系美学专业，获硕士学位。中央美术学院人文学院院长、教授、博士生导师。

中央美术学院教学改革之思

苏新平

教学改革既是一个新话题，也是一个老话题。自80年代改革开放以来，这个词语就在不同时期、不同阶段被提出，甚至每一年、每个月、每一天都被提及。教学改革之所以成为热词，而且常讲常新，原因就是在于不同的时期遇到的问题不同，解决的问题也不一样。我们清楚，中国的现代化进程起步较晚，发达国家用了一百多年走过的路，我们试图用几十年去完成，因此我们只能是靠速度去追赶，速度快了必然产生问题，问题多了就得通过不断改革来解决，这也就是我们听到或看到有关改革的字眼频率远多于西方的缘故。

一、中央美院新世纪教学改革历程

世纪之交，中央美院做出了“中国高等教育正在经历跨越式发展”的基本判断。学院积极利用这一历史契机，以新的形象和姿态主动适应高等教育发展的新要求，明确了学科调整的方向和策略，使学科调整始终建立在问题意识之上，开展了学科整合，全校教学单位由专业分类整合为造型艺术、设计艺术、建筑艺术、艺术人文四大学科群。迁入望京新校以来，中央美院学科调整的步伐进一步加快，组建了中国画学院、造型学院、设计学院、建筑学院、人文学院、城市设计学院、实验艺术学院、艺术管理与教育学院八个专业分院，本科专业涵盖了30多个专业方向，建构起了全新的学科构架。

从2003年开始，我们进行了导师工作室的调整和改革，全校建立了以导师工作室为核心的教学体制，形成了108个导师工作室。导师工作室制在中央美院有着深厚的积淀，1959年油画系率先成立了由三位教授命名的导师工作室，分别是吴作人工作室、罗工柳工作室和董希文工作室。紧随其后的是版画系于60年代也实行了以教授命名的导师工作室教学，版画系是以李桦、古元、黄永玉和王琦先生命名的四个工作室。80年代以来，雕塑系和壁画系也分别实行了导师工作室制，雕塑系成立了以司徒杰、曹春生、董祖诒和司徒兆光先生命名的四个工作室，壁画系则是建立了以侯一民和李化吉先生命名的两个工作室。进入21世纪，学科划分后的设计学院和建筑学院也推行了导师工作室模式。与此同时，其他各院系的导师工作室也有所调整，在增加导师工作室数量的同时也调整了教学方向，使各个工作室的教学理念更为明确，教学思想和方向实现了多元化，教学方式、方法实现了多样性，同时也充分激发和释放了导师的教学热情和能量。

专业工作室是学科专业最基本的组成单元，工作室的建设与发展将直接影响学院的学科专业建设和教学质量。因此专业工作室建设工作一直是学院工作的重点，2011年以来学院全面梳理专业工作室的教学思路，做好专业工作室制度、规划和建设，从而进一步完善培养方案，同时理顺基础教学与专业教学的关系，搭建相对稳定的基础课程和专业课程的课程框架与结构，进而建立起更加稳定有序的教学体系。通过工作室教学的动态调整，强化学科专业内涵建设，充分发挥学科特色和优长，将教学资源配置得更为合理，实现四大学科的相互支撑一直是我们的重要课题。

二、国内外教学改革比较分析

由于社会经济的飞速发展，对于创造型人才的大量需求，为此各个国家都在以不同的方式进行着改革，并且走出了各自不同的改革之路，在这一进程当中，一些国际名校的经验确实值得我们借鉴。我们知道美国是一个没有教育部的国度，大学彼此独立完全根据自己的定位谋求各自发展，每当遇到发展瓶颈时，各大学多是自下而上地提出和实行各自的改革。如作为创新创业型大学典型的美国斯坦福大学，于2013年启动了“斯坦福2025计划”，提出“开环大学”的概念，旨在解除入学年龄的限制，17岁前的天才少年、进入职场的中年以及退休后的老人都可以入校学习，这是区别于传统闭环大学（18—22岁之间入学，并在四年内完成本科学业）的最主要一点。如此一来每一位学生都拥有了自由选择学习时段的机会，必然出现不同年龄段、不同经历的学生混合于课堂和校园的局面，受益者无疑是每一位学生。

日本的教育改革有着典型的东方色彩，多是由政府推动自上而下的改革。“二战”后，日本高等教育迅速扩张，从数量上虽然实现了教育的普及化，但教育质量并没有随着显著提升，这一点与中国情况有相似之处。而对于教育领域存在的问题，日本于十余年前从国家层面进行顶层设计并展开实施了改革，其内涵主要是强调最大限度地发挥各大学的特色优势，并且重点瞄准三个面向：一是面向全球尖端科研创新教育；二是面向全国顶尖的科研活动和与世界接轨的特色教育；三是面向培养适应地方需要的人才，解决区域发展多样化需求的教育。

在欧洲也有不少名校针对未来人才需求进行着不同方式的改革，例子不胜枚举。国内大学近几年也是动作频频，尤其是综合性大学，比如北大、清华、上海财经等一批大学都根据自身面临的发展瓶颈和未来的人才培养方向做出了自己的选择，动作之大也是前所未有的，比如非升即走的人事制度改革，课程跨界甚至是跨校资源共享，等等。

三、当前形势下美院的教学改革

在国内外高等教育领域各所大学动作频频的大背景下，中央美院并非无动于衷，表面上看似乎无声无息，实则我们从人才培养的角度对美院需要培养什么样的人才、怎样培养人才，以及今天的教学如何定位等课题进行了细致的思考和分析。中央美院是一所一流大学，不同时期都会面临不同的发展课题，但无论何时，央美人都能够与时俱进，愿意面对问题，迎接挑战，虽然我们的教学在今天遇到的问题比任何时候都复杂，但是我们愿意触碰问题，有信心去解决问题。

我们之所以不断提出和实施改革，是为了提升教学质量，为了培养真正适应今天和未来需要的人才。我们当前的导师工作室教学体制，曾经在相当长的时期里调动了骨干教师的积极性，焕发出了导师的聪明才智。但是在经济、社会高速发展的新形势下，对人才需求不仅仅限于专业程度高的人才，更多的需求是复合型、创造性人才，正因如此，在人才培养模式上必然会更加强调跨越专业边界，强调综合性和创造性。所以我们今天和未来办学定位的思考就不能停留在过去和今天的固有模式上，还要思考未来的发展趋势，并制定出为未来发展所需的教学思路和教学内容。

近几年，部分院系在已有经验的基础上自主开始自下而上的教学改革，可以说是一场“静悄悄的改革”。从各个院系的系列举措中不难看出其中共同的特点，他们都是站在全球教育发展的角度，理性地思考自身学科专业的发展并且在深思熟虑和广泛讨论和论证的前提下开展改革实践。设计学院从2016年9月启动并开展的教学改革，是在新技术和新媒介的发展语境下，以学科融合和跨文化协作为方法，打破原有的专业壁垒，实施的综合性教学改革。具体而言，本科阶段由专业教研室把控具体专业方向，开设各类专业课程供学生选择，学生可以自主选择课程，在规定的时间里修完毕业所需的课程总量即可。导师工作室则主要承担高端教学，如硕博士培养和本科毕业设计的指导任务。具体而言，本科一年级作为专业基础入口导向，以造型基础、设计认知、设计基础与技能作为三个教学方向，注重培养学生基础性的专业修养。二、三年级传统课程占30%，通识课程占70%，其中二年级课程以基础性、综合性素质培养为主，三年级课程以专业性、研究性素质培养为主。四年级作为专业设计的出口导向，学生自选工作室，可自主选择1到3名教师为毕业设计指导教师。另外还设有技术支持平台、移动型教学平台、线上虚拟校园等辅助教学手段。人文学院自2010年开始，启动了本科教学改革的调研与探讨，自2013年开始正式实施，历经三年尝试与实践，2016年开始全面实施新的本科培养方案，在本科阶段构建一个不分专业的“大人文”，由原先分三个专业方向的教学办法，调整为将四年本科教学打通，不分专业。在课程设置方面，注重通识教育和专业教育相结合，建立了以大基础课、专业选修课相结合的课程体系。在低年级，用两年时间，深入而细致地开展中外美术通史的课程；在高年级，开设多元有序的专业选修课程，旨在培养学生扎实的史论修养，为研究生阶段学习提供必要的学术准备。在教学方式、方法上也从过去重视对知识谱系的传授转向注重方法论的训练，在教学中更重视思想和观念的引导，逐渐建立一套训练方法，着重培养学生的方法论意识，用学术思想回答出现的新问题。实验艺术学院也已经提出了课程结构调整以及跨界甚至是跨校课程学习的设想。

当然改革也不能一概而论，需要具体问题具体分析，比如有的院系面向培养为区域和城市所需的实用型人才，有的学科需要面向国家教育、文化发展趋势培养具有综合能力的复合型与研究型人才，有的学科定位是面向艺术与科技创新培养所需的创造型、引领型人才，等等。不同的定位有着不同的发展战略，不同的定位对应着不同的教学方式、教学内容及师资结构。比如纯艺术领域和应用学科就应该有所不同，就纯艺术教学来讲，我们都清楚中央美院的造型学科有着深厚的历史底蕴，在社会文化发展进程当中做出了自己的贡献。然而面对今天和未来的社会需要，造型学科到底如何发展，如何保持特色，确实值得我们深思，坚守什么，改变什么，绝不是拍脑门那样简单。从坚守的角度看，例证也是不胜枚举，比如今天欧洲许多院校仍然延续着师傅带徒弟的工作室教学传统，他们的经验确实值得我们借鉴，但并不是说我们就应该满足于现状，也不是说我们不存在问题，比如各专业工作室骨干课程的打通选修是否就是我们应该面对的问题。而应用领域，比如设计学科，无论国内还是国外，都必须立足于国际并紧随着科技革新寻求发展，只有如此才可能立得住、行得通。所以在面对这两个学科领域时，显然就应该有不同的思路和发展道路。其他学科同样如此，都应该根据各自的专业特点，对历史、现状以及未来的预期做出各自理性的分析和判断，绝不能一概而论。不过有一点是肯定的，无论是纯艺术领域、应用领域还是其他领域都是在动态中谋求进步，世上没有一成不变的事物，即使是昨日的改革有所成就，那也只是面对当时的问题做出调整的结果，随着时间的推移，它的历史局限性在今天必然会凸显出来，因此只有通过不断地调整，才能适应新的环境和新的要求。

我们今天之所以再次提出改革议题，无非是希望通过重新梳理教学思路，调整人才培养模式和教学方式、方法，并且希望在我们的共同努力下走出一条适合今天中央美院特色的创造型人才培养的教学系统和教学体系，用我们这代人的智慧，尽到我们这代人的责任。

本文载于《美术研究》2017年第3期

苏新平，1960年生，内蒙古人。艺术家。1989年毕业于中央美术学院版画系，获硕士学位。中央美术学院副院长、教授、博士生导师。

关于高等美术教育现状的思考

王晓琳

改革开放以来，特别是国家教育发展规划纲要颁布五年以来，我国高等艺术教育得到了长足发展，构建起了完备的高等艺术教育体系，形成普通艺术教育与专业艺术教育相结合的格局，学科专业建设取得可喜成绩，艺术学科门类从文学学科门类分离出来成为独立学科门类，是我国艺术学科专业建设历史上的里程碑。

目前国家学科门类划分如下：

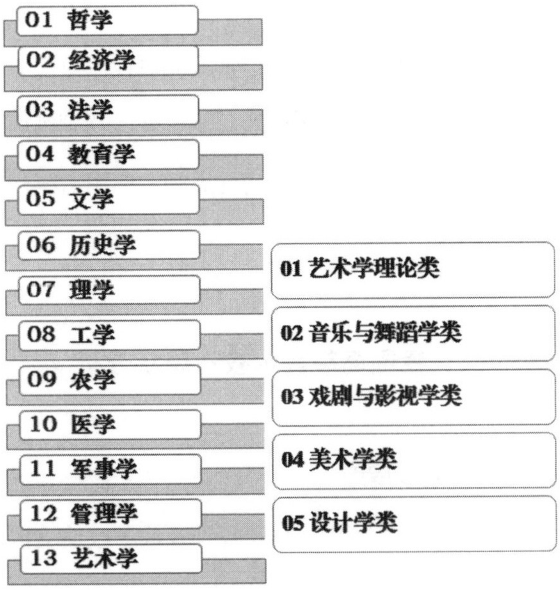

国家学科门类划分

一、国际高等美术教育发展趋势

中央美术学院于2013—2014年组织了国际重点高等美术院校的深入调研，实地走访了17所各具特色的美术院校，了解掌握了国际高等美术教育的现状和发展趋势，对目前国际高等美术院校的教育教学有了较为清晰的整体印象。对我们有很好的启发，同时也让我们警醒，面对国际美术教育的发展，我们该作何应对？

（一）多元办学模式，重视创新教育

调研了17所院校之后，共同的感觉是，每所院校都有自己的特点，并不都是相同的办学模式和特点，办学理念背后是他们的核心价值理念。这其中重要的是对传统的继承和发展创新，还有对社会的适应态度。很多国际上知名的艺术院校都不是单一的发展模式，都强调自己的办学理念与模式，并贯穿整个教学。每所院校的发展核心在于尊重、解决历史问题，科学而合理地安排教学体系，展开与时代适应的教学变革，并影响地域文化乃至国际范围的艺术教育格局。

（二）学科专业的融合与交叉，跨学科成为常态

20世纪50年代国际上流行的教学理念，被称为STEM，即科学、技术、工程和数学，将这四个学科整合起来形成一个新的学科，强调在教育中多学科的交叉融汇。近年，美国有学者提出在STEM中加入ART，变成STEAM，即科学、技术、工程、艺术和数学，以加强跨学科教育的人文属性。国际美术教育的发展与新趋势，强调艺术（ART）在STEAM中的重要性和核心地位，这是多学科跨界的美术教育思考。跨学科的教育是现代集成式教育方式。相较于传统意义上的专业教学之由点及面，跨学科教学已进入由线及面、线面交集的全面刷新。艺术教育更重视通过思维方式的改变、知识结构的优化、综合能力的提升，培养能够审时度势，创新并引领未来社会的艺术人才。对于跨学科教学的了解和把握，体现着现代大学的学术判断、自我修正力和资源整合力。

（三）科技对艺术教育产生巨大影响

我们现在生活的时代已经和数字技术密不可分了，以科技为依托的数字技术已经全方位融入了我们高等艺术教育领域，几乎所有的传统学科（包括艺术、设计、建筑、人文及相关的教育）都已经或者正在与新技术和新媒体产生全面交集，它超越了所有既有学科专业的界限，作为开放性平台与之自然衔接、科学匹配，通过与艺术、设计、人文领域密切的融合进入新的阶段。这种融合带来艺术教育中五个方面的变化：新的创作与表达手段、新的学科和专业、新的知识结构、新的教学模式或方法、新的技术平台。由于数字技术的介入使传统绘画的表现方式趋于多样性，艺术家在探索以数字技术的方式来呈现艺术作品。数字技术也催生了很多新的学科与专业，原来分界清晰的专业趋于模糊，学科专业边界在逐渐消减，逐渐融合。同时产生很多新的课程和知识结构，挑战着传统教学模式和方法。数字技术也为我们的艺术教育提供了更大技术上的平台。

（四）艺术教育中重视人文类课程

人文素养与专业技能都是高素质艺术类人才不可或缺的知识技能。欧美一流艺术院校都非常重视学生人文素养和专业技能的和谐发展，尤其是关注学生人文素养的养成。在调研的艺术学院中，人文课程比例占40%左右。在学科的设置上，人文学科都占有很大的比重，不求宽泛、广博，但求深入，注重与实践专业的对应关系。相对于国内艺术类高校的人文学科构建，国外艺术院校的艺术理论课程设置更具有针对性，更注重艺术史、艺术理论与实践的共同发展，这是国内艺术院校人文学科在今后的发展和完善中需要注意和借鉴的。

二、我国高等美术教育现状分析

（一）宏观层面

1. 缺乏分类管理、顶层设计及改革政策支持

伴随着快速发展，我国高等艺术教育呈现出发展阶段性特点和突出问题。目前国内开设艺术专业的院校占高校的80%以上，只有不

到20%的院校不设艺术专业。本科专业33个布点占比11.6%。艺术类在校生接近150万人，占比近10%。其中包括独立设置的几所高水平的艺术院校，也包括建校多年的师范类大学中的艺术学院。艺术学独立成门类后，一些综合性大学、特殊专业类大学快速成立艺术学院，造成学科专业水平参差不齐，教学质量堪忧。国家对于高水平的艺术院校缺乏政策支持与保护。

2.评估体系难以突出艺术类院校特色，更无法体现中央美术学院这样最好的美术院校优势

以艺术门类为例，除专业院校外，大量综合性高校都在招收艺术生，这种情况彻底改变了艺术队伍的整体结构。这些学生中既包含大量产业化需求人才，也包括未来的精英艺术家，而这两类人群有着截然不同的培养模式。中央美术学院在近百年的办学历史中，一直以培养高端艺术人才为目标，简单套用所有高等学校通用的规范和评估标准，会损害中央美术学院办学模式中的优质成分和特色，与建设世界一流高校的目标更相去甚远。

目前无论是本科评估指标体系，还是研究生学科评估体系，很多二、三级指标不符合艺术教育现状，无法呈现最佳教学成果。例如，很多国际重大展览的奖项不被承认，无法列入，因此无从体现学校最优的水平和价值。

3.一流大学及一流学科的“双一流”建设标准不明确

目前双一流建设标准还不明确，我们认为国内几所高水平的艺术院校，如中央美术学院等，目前已经进入国际一流行列。中央美院为了到2018年建校100周年实现全面建成具有鲜明中国特色的世界一流美术学院的战略目标，自2013年开始对当前世界上最重要的17所欧美著名高等美术学校进行了比较研究，经过与世界范围内的同类优秀艺术院校进行深入翔实的比较，我们更有信心全面把握国际艺术教育未来发展的趋势，科学反映中央美院在国际美术学科专业上的重要学术地位，担当起中国美术创作和美术教育的领军者角色，有能力加入第一批冲击世界一流大学的高校行列。

（二）中观层面

1.最好的艺术院校教师编制偏低，师生比不合理

我国高等教育从1999年开始扩招，在校学生人数成倍增长，但教师编制难以突破，满足不了快速发展的现状。扩招带来的学生底盘变大，但是师生比达不到标准。中央美术学院的传统优势学科和新建国家战略发展的学科专业，希望投入最优的师资建设最好的优势学科，急需引进高水平师资。由于国家人事制度改革步伐的滞后，机制体制支持的不配套，导致高层次与高水平的师资队伍建设步伐缓慢。

2.高水平人才培养与招生规模受限制

中央美术学院是国内最早博硕士授予单位，虽然已有近三十多年的招生历史，但至今博士招生数每年才50名左右，在校博士生规模不大。符合博士生导师资格的高水平教授因为招生计划限制，无法遴选更多，使博士生导师队伍的建设受到制约。博硕士招生计划由国家制定下达，目

前教育部根据学校办学规模、硬件条件等来分配招生计划，而不是根据学校办学水平和学科优势，这种现状不合理也不利于“双一流”的建设发展。

3. 办学空间与经费比重严重不足

国家按照学生规模划拨经费，对于中央美术学院这样独立设置的专业院校，规模适中，生均拨款难以满足学校发展。目前上级部门专项申报经费划拨按学校硬件规模进行财政拨款，不是根据水平，制约了学校发展。要冲击世界一流的大学，国家应有相应的支持配套条件，改善办学条件。随着学校规模的扩大，原有办学空间严重不足，新的学科专业布点到位，但教学空间难以满足长远发展，新学科需要更大空间发展，目前受到制约。若要巩固中央美院世界前列的院校地位，在办学条件方面，国家应给予大力支持和保障。

（三）微观层面

1. 教学理念和方法改革不够

现在国际艺术教育发展迅猛，科技融合、数字技术渗透到各个领域。但学校内部教学理念与教学方法改革步伐还不够快。很多专业教学理念保持十年都不改变，老师有了惰性，习惯了这样教和学。纵观国际其他院校，发展很快，也能很快调整适应，这方面我们做得还不够，要与时俱进。

2. 课程结构与内容的更新较慢

信息科技及数字媒体已进入生活，改变着人们的生活方式，特别是现在的学生生活在媒体时代。如何融入教育？如何体现在课程和教学方法改革方面？目前还只限于很少专业方向内部的尝试和探索，与国际发展趋势相比较，如果我们不能快速调整，将落后于整个世界发展步伐。

3. 专业课程与人文课程比重不合理

我国艺术院校人文课程与专业课程比例为3：7，人文课程中80％是国家规定的外语等通识课程。真正符合艺术人才培养的人文素养课程比例很小，不利于优秀艺术人才培养。同时，在整个课程体系上缺乏学校顶层设计与统筹。

三、未来思考

纵观以上几点，可以看到我们所处的时代，面临着很多发展的问题，艺术作为探究世界的一种方式，处在多学科融合的交叉点上。艺术教育领域中开放式的教学结构，强调师生共同学习越来越受到关注，如何更好地把这样一些新的理念、好的教学方式运用在我们的教育当中？更关键的是，我们会看到现在的艺术教育已经不局限于学校里，而是一个社区、社会，甚至全球化的艺术学习，艺术教育也面临着全球化背景下如何进行的一个新形态。这些变化带给艺术教育的挑战和面临未来的一些发展，给从事艺术教育的研究人员提出一个新思考的出发点，值得不断研究探讨和解决。

今天，对于规模庞大、学校数量众多的中国高等美术教育体系来说，提高教育质量必须是不同类型、不同层次学校组成的结构更加合理，不同类型、不同层次学校甚至不同学校各自的特色更加鲜明，其中必须有若干所学校达到世界一流大学水平。特别是在现阶段，要建成一批国际知名、有特色、高水平的高等美术院校，就必须要让已经具备基本条件的专业院校较快地确立和巩固世界前列地位。一是加强国家层面的顶层设计，建立分类管理机制与双一流评价指标体系。二是按照艺术院校办学水平划拨办学经费，加大力度改善办学条件，扩大高层次学生招生规模。三是尽快建立艺术院校人才培养评价指标，健全艺术专业的准入机制。

本文载于《美术研究》2017年第3期

王晓琳，1966年生，河北邯郸人。毕业于北京大学教育学院管理学专业，获博士学位。中央美术学院副院长。